Julius Theodor Zenker

Turc, Arabe and Persan

Dictionnaire

Julius Theodor Zenker

Turc, Arabe and Persan
Dictionnaire

ISBN/EAN: 9783337310356

Printed in Europe, USA, Canada, Australia, Japan

Cover: Foto ©Thomas Meinert / pixelio.de

More available books at **www.hansebooks.com**

TÜRKISCH-ARABISCH-PERSISCHES

HANDWÖRTERBUCH

VON

Dr. JULIUS THEODOR ZENKER.

ERSTER BAND.

ا [illegible] — خ [illegible].

LEIPZIG,

VERLAG VON WILHELM ENGELMANN.

1866.

DICTIONNAIRE

TURC-ARABE-PERSAN

PAR

JULES THÉODORE ZENKER,

DOCTEUR EN PHILOSOPHIE, MEMBRE DE LA SOCIÉTÉ ORIENTALE DE LEIPZIG ET HALLE

TOME PREMIER.

LEIPZIG,

WILHELM ENGELMANN, LIBRAIRE-ÉDITEUR.

1866.

PRÉFACE.

L'œuvre que je publie a pour but de servir de guide pour l'intelligence de la littérature turque, tant ancienne que moderne, ainsi que de la langue de la conversation.

Bien que je me sois efforcé d'y introduire autant que possible tous les mots que renferme la langue turque, soit propres, soit originaires, ainsi que ceux empruntés aux langues étrangères, et que je croie avoir atteint une plus grande intégralité que les lexicographes qui m'ont précédé dans cette voie, sans toutefois vouloir déprécier leurs travaux, attendu que je dois reconnaître que, si je n'avais eu l'aide de leurs dictionnaires, je serais peut-être resté bien au-dessous d'eux, je n'oserais néanmoins pas affirmer que mon œuvre a atteint un degré de complexité absolue. Un semblable résultat n'est possible que lorsqu'il s'agit d'une langue morte dont les limites du langage et de la littérature sont déterminées, mais non pour une langue vivante et surtout le turc qui renferme en lui-même tous les éléments de progrès et de développement, ainsi qu'une facilité toute particulière à s'approprier les mots étrangers; car il s'est enrichi par des emprunts faits non seulement à l'arabe et au persan, mais encore à l'arménien, au grec, au hongrois, au slave, au rouman et aux autres langues européennes; ces emprunts se continuent encore de nos jours et sont soumis aux transformations nécessitées par la prononciation toute particulière de cette langue et en forment une classe toute spéciale. La tâche de reproduire dans un dictionnaire tous ces éléments étrangers ne me semble pas possible à remplir, ni nécessaire, car toutes les fois qu'ils se rencontreront dans un ouvrage turc, ils seront pour tous faciles à reconnaître; de plus l'orthographe turque de ces mots étrangers est souvent incertaine et même facultative; je me suis donc restreint à ceux que j'ai trouvés reproduits avec l'orthographe vraiment turque, soit dans d'autres dictionnaires soit dans des ouvrages modernes. On peut du reste retrouver une nomenclature complète de cette sorte de mots étrangers en consultant les ouvrages lexicographiques de la société des savants arméniens Méchitaristes.

J'ai cru devoir adopter un tout autre principe pour les mots d'origine arabe et persane. Le nombre de ces mots qui sont entièrement naturalisés, pour ainsi dire, dans la langue turque, n'est pas très-considérable, mais ils se rencontrent très-fréquemment dans la langue littéraire, qui n'a point de bornes pour l'emploi de ces mots étrangers. Il m'a donc paru convenable de ne pas m'astreindre à des limites trop étroites pour leur admission dans mon dictionnaire. J'y ai donc indroduit non seulement les expressions techniques pour les diverses sciences, empruntées à l'arabe et qui sont tombées en quelque sorte dans le domaine public de tout l'orient mahométan, et je pense l'avoir fait aussi complétement que possible, autant que le permettaient les sources que j'ai pu me procurer, mais encore les autres mots qui se rencontrent chez les poëtes et les prosateurs, nommément les substantifs verbaux, les infinitifs et les participes d'origine arabe. L'admission de semblables mots m'a paru d'autant plus nécessaire que parfois la signification dans laquelle ils sont employés diffère souvent essentiellement de leur racine et sont précisément le moins indiqués dans les dictionnaires arabes. Si je dois m'être étendu sous ce rapport plus que ne l'exige la langue turque elle-même, cela ne saurait être un défaut pour l'utilité de mon dictionnaire. Il m'a paru également nécessaire de donner autant d'extension que possible à l'admission des mots d'origine persane, car il est positif qu'il existe peu de mots de la langue vivante des Persans qui n'aient été admis dans celle littéraire des Turcs. Il arrive en plus que le persan possède un grand nombre de mots qui ne se rencontrent que rarement chez les auteurs, qui ne se trouvent peut-être même que dans les dictionnaires et qui pourtant portent évidemment une empreinte turque. J'ai admis de semblables mots en m'appuyant sur l'autorité de mes sources turc-orientales et les ai désignés par le signe *(to)*, tandis que ceux qui n'existent que dans des dictionnaires persans sont indiqués par le signe *(p)*. Ce sont, d'après mon opinion, des mots d'origine turque qui ont été, dans les temps les plus reculés, admis dans le persan; opinion qui pourrait se justifier par les rapports qui existaient autrefois déjà entre les pays iraniens et turaniens. Une étude approfondie de la langue persane fera nécessairement reconnaître qu'une grande partie des mots persans ont une racine primitivement turque, et qu'il existe une grande similitude entre bon nombre d'étymologies persanes et turques.

Une admission complète des dialectes turc-orientaux et tatares, ne pouvait entrer dans le cadre que je me suis proposé pour mon dictionnaire, en raison de ce qu'elle est à peu près impossible, attendu que les sources qui existent jusqu'à ce jour, se réduisent à quelques vocabulaires très-incomplets, et que la littérature des races turques du levant et du nord nous est presque inconnue. Je prie donc que, sous ce rapport, mon travail ne soit considéré que comme une tentative qui n'a d'autre but que de reproduire ce que m'ont offert mes sources restreintes, et d'être peut-être de quelque utilité aux futurs auteurs d'un dictionnaire turc-oriental.

La langue turque possède, en raison de la formation particulière de ses racines et des ses formes grammaticales, une facilité extraordinaire pour employer les éléments qu'elle s'approprie, et pour former de nouveaux mots suivant le besoin du moment, partie à l'aide de composition, partie, et surtout par l'adjonction et l'insertion de la syllabe de formation que l'on connaît. Il n'était donc pas possible d'arriver, sous ce rapport, à une parfaite intégralité, parce qu'il se forme toujours de nouveaux mots et de nouvelles compositions, que le lexicographe est privé de toute possibilité de les découvrir et qu'il n'a pas la faculté de former lui-même de semblables compositions; j'ai néanmoins tâché de donner à cette partie de mon œuvre toute l'extension possible, et ai aussi admis les mots dont la signification était conforme à celle de l'étymologie; car ce n'est que par ce moyen qu'il est possible d'avoir une idée de l'extension donnée aux origines particulières de ces formations de mots et des bornes qu'elle doit avoir. Les verbes de seconde formation peuvent être également rangés dans cette catégorie et je les ai placés, pour plus grande facilité, au-dessous de ceux primitifs; il ne m'a pourtant pas paru nécessaire d'admettre toutes les formes passives et celles négatives, que l'on peut à volonté donner à tous les verbes; je me suis borné en général à ceux dont la signification dans ces deux formes diffère de celle primitive.

Pour donner un aperçu des racines turques et des mots qui en sont dérivés, ainsi que du développement des diverses significations, il aurait fallu admettre l'ordre des racines et étymologies d'après lesquelles sont formés les mots dérivés et ceux composés. Si déjà tout l'ensemble des racines et étymologies turques et des mots qui en sont dérivés était connu et si la langue s'était conservée pure de toute immixtion étrangère, j'aurais sans doute donné la préférence à cet ordre; il n'aurait présenté aucune difficulté à ceux qui connaissent cette langue et aurait facilité la comparaison de la langue turque avec celles qui lui sont parentes; d'autant plus qu'un pareil ordre est plus facile à suivre pour la langue turque que pour toute autre, parce qu'elle n'a point de préfixes et que la racine elle-même reste toujours invariable.

Cependant, pour pouvoir suivre un pareil ordre, il aurait fallu avoir égard aux langues parentes du turc, comme le mongol, le hongrois, le finois, etc.; l'étude approfondie de la grande famille des langues

Ural-Altaïques auxquelles appartient le turc, n'est encore qu'imparfaite; les résultats en sont encore trop peu positifs pour pouvoir servir de base à un dictionnaire; il faut donc abandonner aux recherches futures sur les étymologies en particulier, la tâche d'établir une nomenclature des racines et des étymologies. Les mots tirés de l'arabe, du persan et autres idiomes étrangers ne sauraient être classés d'après des racines turques. J'ai donc dû conserver l'ordre ordinaire alphabétique, sans avoir égard à l'étymologie, lequel, dans tous les cas présente l'avantage de la sureté et de la promptitude dans l'emploi, ce qui est le point essentiel pour les recherches à faire. Seulement, dans le but de gagner de l'espace, je me suis décidé à ajouter au-dessous des mots primitifs les dérivés, soit substantifs, soit adjectifs (relativa abstracta et relativa concreta) avec l'addition de la forme LYK et LY, et je continuerai à l'avenir à employer ce mode pour les substantifs qui sont terminés par la syllabe dı (nomina agentis), puis de n'en donner la signification que lorsqu'elle ne dérivera pas régulièrement du mot primitif. Pour la même raison j'ai également introduit beaucoup de composés persans dans l'article du mot primitif persan ou arabe et je le ferai encore fréquemment; également, pour les participes arabes (Nomina agentis), j'omettrai souvent dans la suite leur signification et je la donnerai à l'infinitif (nomen actionis).

L'incertitude et la variabilité de l'orthographe turque présentaient une difficulté particulière. Dans les mots proprement turcs les voyelles ا, و, ى sont à volonté écrites ou omises, les consonnes présentant un son égal ou semblable sont tout aussi arbitrairement échangées, quelques mots se rencontrent tantôt avec une consonne à voyelle aigüe, tantôt avec une consonne à voyelle ouverte. Il résulte de cette incertitude un inconvénient pour l'ordre orthographique, particulièrement la nécessité de renvoyer d'une orthographe à l'autre, ainsi que la répétition d'un seul et même mot; inconvenients qui ne sont pas à éviter. Pour un grand nombre de mots j'ai indiqué les variations d'orthographe que j'ai trouvées moi-même, mais il n'était pas possible ni nécessaire de les indiquer toutes.

D'après mon plan primitif, j'avais l'intention de donner en allemand seul les explications des mots et d'y ajouter en français seulement leur signification primitive. Néanmoins plusieurs motifs m'ont engagé à donner en français la signification aussi complète que possible; bien que généralement la traduction des locutions soit donnée seulement en allemand. Je l'ai fait non seulement en vue de la plus grande publicité de mon œuvre, mais aussi parce que pour la signification de quelques mots le français possède des expressions plus convenables et par contre l'allemand pour d'autres, de sorte que dans beaucoup de cas l'explication se complète par l'une ou l'autre de ces deux langues. Souvent, il est vrai, ni l'un ni l'autre de ces idiomes ne possède la signification parfaitement correspondante et alors il m'a paru utile en beaucoup de cas d'y ajouter le synonyme turc, arabe ou persan, ainsi que l'explication que j'ai trouvée dans mes sources orientales que j'indiquerai plus loin. L'extension que dans le principe je m'étais proposé de donner à cette œuvre, s'est, il est vrai, trouvée un peu dépassée, mais par contre elle a, par cela même, gagné sous quelques rapports; cependant je me propose à l'avenir d'être un peu plus sobre de ces synonymes et explications.

J'ai ajouté à chaque mot une transcription indiquant la prononciation: quant à cette dernière j'aurais dû préférer, il est vrai, pour les mots arabes et persans, l'emploi des points-voyelles, si ce mode n'avait pas présenté des difficultés techniques pour l'impression: attendu que ces points-voyelles sont toujours placés au-dessus ou au-dessous d'une lettre et auraient nécessité un interligne. La prononciation ne saurait jamais être représentée qu'approximativement par les lettres d'un alphabet étranger, puisque des caractères complétement phoniques n'ont pas encore été découverts. Du reste, dans un dictionnaire, il ne doit être question que de la prononciation grammaticale. Comme il m'a paru nécessaire de représenter chaque consonne par une consonne unique pour éviter une fatigante profusion de lettres, j'ai dû avoir recours à des signes particuliers que je n'ai pas cru utile de multiplier, puisque les Turcs eux-mêmes ne prononcent pas les consonnes que j'ai rendues à l'aide d'une seule lettre, aussi distinctement ni aussi exactement que les Arabes et les Persans. En général je me suis attaché à représenter la prononciation des mots arabes et persans telle qu'elle est dans la bouche des Turcs. Pour être plus facilement compris je crois devoir donner ici l'alphabet turc avec la prononciation de chaque consonne ainsi que la désignation des voyelles.

Consonnes.

Lettres.	Représentation.	Prononciation. allemande.	Prononciation. française.
ا	—	—	—
ب	b	b	b
پ	p	p	p
ت	t	t	t
ث	s	s	s
ج	ǵ	dsch	dj
چ	č	tsch	tch
ح	ḣ	ch	h (fortement aspiré)
خ	ḥ	kh	kh
د	d	d	d
ذ	z	s (doux)	z
ر	r	r	r
ز	z	z (doux)	z
ژ	ž	j (français)	j
س	s	s	s
ش	š	sch	ch
ص	s	s	s
ض	z	s (doux)	z
ط	t	t	t
ظ	z	s (doux)	z
ع	⊥	—	—
غ	g	g	g (dur), — entre deux voyelles comme un h non aspiré.
ف	f	f	f
ق	k	k	k qu
ك (arabe)	k	kj	ky
گ (persan)	g	g	g (dur), — entre deux voyelles comme i ou y.
ڭ	ñ	ng	n (nasal)
ل	l	l	l
م	m	m	m
ن	n	n	n
و	w	w	v
ه	h	h	h (aspiré)
ی	j	j	y

Voyelles.

ـَ	a. e	français à, ê (ai)
ـِ	y. i	français e (muet), i
ـُ	o. u; ö. ü	français o. ou; eu, u.

Je n'ai pas cru nécessaire d'indiquer l'intonation des syllabes. Le turc n'a point de syllabe dominante, seulement on appuie un peu plus fortement sur la dernière syllabe, mais le ton ne s'y arrête pas et varie avec les changements que le mot subit soit par la flexion grammaticale soit par sa position dans la phrase. Dans un dictionnaire on ne pouvait avoir égard qu'à l'intonation des mots isolés, mais comme celle-ci est très-uniforme, il ne m'a pas paru nécessaire de l'indiquer particulièrement; néanmoins j'ai cru indispensable d'indiquer par ⊥ les voyelles longues des mots arabes et persans.

Des exemples et des citations tirés des auteurs, des locutions qui servent à faire mieux connaître la signification d'un mot, sont certainement très-utiles dans un dictionnaire et je dois regretter de n'en pas avoir donné plus que je ne l'ai fait, mais mon œuvre aurait atteint par là une trop grande extension. Le but que je me suis plus particulièrement proposé, a été de donner un ensemble aussi complet que possible pour faciliter la recherche des mots, je devais donc ne pas trop m'étendre sur la phraséologie et les citations; je les ai indiquées seulement dans les cas où cela m'a paru nécessaire pour rendre plus claires la construction particulière et la signification des mots.

Un dictionnaire ne peut être fait qu'à l'aide de travaux antérieurs; j'ai donc puisé dans tous les ouvrages qu'il m'a été possible de me procurer, émanant de savants européens et d'auteurs orientaux. Parmi les premiers je citerai en première ligne Meninski, puis Kieffer et Bianchi, Hindoglu, Redhouse, ensuite la traduction du dictionnaire de l'académie par Handjéri, les divers dictionnaires qui ont été publiés par les savants Méchitaristes, surtout le dictionnaire arménien-turc du P. Sérapion Eminian et plusieurs petits vocabulaires comme celui turc-grec moderne de Demetrios Alexandrides. Pour l'arabe, j'ai consulté surtout Golius, Freytag, Kazimirski-Biberstein; pour le persan Vullers et le dictionnaire hindoustani de Shakspeare; parmi les œuvres orientales je citerai particulièrement les traductions turques du KAMUS et du BORHÂN-I-KÂTI', le LEHEǴET UL-LOǴÂT, MOKADDIMET-UL-EDEB, AḪTERI-KEBÎR, KITÂB TA'RIFÂT. Pour le turc-oriental j'ai eu pour sources le LOǴAT-I-TURKI, paru a Calcutta, le manuscrit du Vocabularium linguae Iguricae et Giagataicae de la bibliothèque de l'université de Leipzig, provenant de la succession de M. de Hammer Purgstall, la traduction de l'ABUŚKA, par Mr. Vambéry, les collections de Quatremère qui ont été mises à ma disposition par la direction de la bibliothèque de la cour et de l'état à Munich, avec une obligeance pour laquelle je dois beaucoup de reconnaissance, enfin un manuscrit de la bibliothèque impériale de Paris, qui a pour titre ḪOLÂSA-I-'ABBÂSI et qui est un abrégé du fameux dictionnaire turc-oriental composé par Mirza Mehdi Khân sous le titre de SENK-I-LÂḪ, que je n'ai pu malheureusement me procurer qu'alors que la plus grande partie de la lettre ELIF était déjà imprimée.

J'ai également trouvé quelques mots turcs orientaux dans le glossaire persan qui est ajouté à l'édition de l'histoire de Wassaf, parue à Bombay. J'ai aussi fait emploi des vocabulaires russe-tatares de Giganoff, Mahmudoff, Kukljascheff, etc., mais seulement partiellement, parce que le dialecte sibérien s'éloigne par trop du but de mon œuvre. Les notes de la collection manuscrite de Quatremère, bien qu'elles ne soient en général que des citations d'Abulgazi et de quelques passages de Mir Ali Schir, m'ont été néanmoins très-précieuses parce qu'elles rendent plus facile l'intelligence des explications par trop courtes du LOǴAT-I-TURKI et du SENK-I-LÂḪ, que dans beaucoup de passages il ne m'a pas été possible de traduire et que j'ai données telles que je les ai trouvées.

J'ai obtenu pour mon travail un secours que je ne saurais trop apprécier et qui mérite la reconnaissance de tous ceux qui feront usage de mon dictionnaire, dans la complaisance sans bornes de M. le professeur Fleischer, qui a mis à ma disposition ses propres notes lexicographiques et m'a assisté avec la plus grande bienveillance de ses bons conseils et de ses grandes connaissances.

Je sais parfaitement que, malgré toutes les peines que je me suis données, mon œuvre n'est pas exempte de fautes et d'ommissions, aussi je prie instamment tous les savants orientalistes qui les découvriront, de me mettre à même de les indiquer aussi complètement que possible par un supplément qui paraîtra à la fin de mon dictionnaire.

Il me reste enfin à témoigner ma reconnaissance pour le soutien qui m'a été accordé par le Ministre des Cultes et de l'Instruction publique en Saxe, pour pouvoir parvenir à faire imprimer mon œuvre, ainsi que pour la bienveillance avec laquelle le Ministre des Affaires étrangères en Saxe a donné sa propre garantie pour qu'il me soit permis d'avoir à ma disposition des manuscrits appartenant à des bibliothèques étrangères.

Leipzig, Septembre 1866.

Dr. J. Th. Zenker.

ABRÉVIATIONS.

a arabe.
a p arabe-persan.
a t arabe-turc.
AB. ABUŠKA
Adj. num. Adjectif numéral.
Adv. Adverbe.
AH AHTERI-KEBIR.
Aor. Aoriste.
BK. BORHÂN-I-KÂTI'.
Collect. collectif.
Compar. comparatif.
Compos. composé.
Conj. Conjonction.
Deriv. Dérivé.
Demin. Diminutif.
Fem. Féminin.
FW. FERHENG-I-WASSAF (Vocabulaire à la suite de l'édition de l'histoire de Wassaf qui a paru à Bombay).
gr. grec.
Interj. Interjection.
it. italien.
Kam. KAMÛS.
lat. latin.
LL. LEHEÇET UL LOGAT.
LT. LOGATI-TURKI.
Nom. pr. Nom propre.
Nom. ag. Nomen agentis.
Nom. unit. Nomen unitatis.
p persan.
p t persan-turc.
Pl. Pluriel.
Q. Quatremère.
Rad. Radix.
Rel. abstr. Relativum abstractum.
Rel. concr. Relativum concretum.
Subst. Substantif.
SL. SENK-I-LÂḪ.
t turc.
tat tatare.
t o turc-oriental.
ungar. hongrois.
Vb. Verbe.
Vb. act. Verbe actif.
Vb. caus. Verbe causatif.
Vb. intr. Verbe intransitif.
Vb. recipr. Verbe réciproque.
Vb. pass. Verbe passif.
Vb. refl. Verbe réfléchi.
VL Vocabularium linguae Iguricae et Giagataicae.
vulg. Vulgairement.

ا ELIF vgl. الف première lettre de l'alphabet; valeur numérique 1. | erster Buchstabe des Alphabets; Zahlwerth 1. vgl. ابجد

t آ Ā. Postp. oui, certainement | ja, gewiss, allerdings. Fr. Bist du da gewesen? Antw. واردم‌آ oder واردمآ WARDYMĀ, allerdings bin ich da gewesen.

t آ Ā. Intrj. praep. o! eh! écoutez! | o! halloh! sieh doch! höre doch! آسلطانم Ā SULTANYM, o, mein Herr. vgl. ای

t آ Ā, E. Intrj. postp. donc. doch. باقسڭا oder باقسنا BAKSANNĀ, sieh doch! اورآ UR-Ā schlag' zu! hurrah! كلسڭآ GELSEN-Ē; komm' doch! ويرسڭآ WERSEN-Ē, gieb doch!

t a آورمق ÜFÜRMEK. Vb. act. souffler. | blasen, vgl. اوفورمق Vb. caus. آوردرمك ÜFÜRTMEK. faire souffler. | blasen lassen.

t a آيشيق ÄŠYK. Sbst. ايشيق lueur. | das Leuchten, der Glanz.

a اب EB. Sbst. Plur. ابا ÄBĀ und آبائر ÄBĀLAR. بابا père; origine, commencement, principe | 1. Vater. 2. Ursprung, Ursache, Anfang, Princip. vgl. آ

p آب ĀB. Sbst. صو 1. eau; pluie, vin, liqueur, larme. 2. splendeur, lueur, clarté. 3. beauté, dignité, rang. | 1. Wasser; alles Flüssige, Regen. آب و هوا ĀB U HAWĀ, Wasser oder Regen und Luft, d. i. die Witterung, Temperatur, Klima eines Landes; 2. Wein, Getränk, Saft. آب فسرده ĀB FESÜRDE, Gefrornes, Geronnenes, Gallerte; آب چشم ĀB-I ČEŠM, Thräne; آب بقا ĀB-I BAKĀ, Wasser oder Quelle der Unsterblichkeit; آب حیات ĀB-I HAJĀT, Quelle des Lebens, der Ewigkeit. آب پشت ĀB-I PÜŠT, der männl. Saame. 3. Glanz, Glätte und Reinheit, Wasser und Glanz, von Edelsteinen, seidenen Stoffen, blau angelaufenem Metall, daher auch die Härte des Stahles, der Zähne u. s. w. 3. Lauterkeit, Schönheit, Anmuth; Würde, Rang. آب مریم ĀB-I MERJEM. Anmuth der Maria, d. i. Ehrbarkeit, Keuschheit.

p آب ĀB. Sbst. le mois d'Août. | Der Monat August.

p آپ ĀP. آب ĀB. Part. praep. placé devant les adjectifs sert pour leur donner une plus grande extension. | Verstärkungspartikel vor Adjectiven. آپاق ĀPAK tout blanc. | ganz weiss. آپانسز ĀPANSYZ آپانسزین ĀPANSYZYN. tout subitement. | ganz plötzlich.

t آپ ĀP. s. آب

t آبا ABA. آبه Sbst. [Tahrif v. عبا] sorte de vêtement d'une étoffe grossière. | ein Mantel von grobem Wollentuch.

a آبآء ĀBĀ. Sbst. Pl. v. اب oder ابو pères, ancêtres. | Väter, Vorfahren.

t آبا Sbst. ABA. père. | Vater.

t a آبا ĀBA. Sbst. oncle paternel. | Oheim von Vaters Seite.

t a آبلا ABLA oder آبه ĀBE. Sbst. sœur aînée. | die ältere Schwester.

p آبا ABA. Intrj. ah! oh!

a اباء IBĀ. [ابى IV.] Sbst. كراهلنمه ابا ايتمك action de refuser, de rejeter, de s'abstenir; aversion. | Verweigerung, Widerwille, Abscheu. — ETMEK — KYLMAK. Vb. act. mit dem Ablativ, sich einer Sache enthalten, Widerwillen empfinden, verabscheuen. — Vb. act. mit dem Accus. etwas abschlagen, verweigern.

a آباب UBĀB. Sbst. ضغطه . سیل vague, lame, torrent. | Woge, Wasserstrom.

a ابابيل EBĀBĪL. Sbst. outarde; troupe. 1. Im Koran, die Vögel welche Gott gegen das Heer des Abraha schickte, nach den Auslegern Trappen oder Schwalben; daher EBĀBĪL KUŠU, d. Trappe. 2. Tahrif von ابیل Schaaren von Kameelen, daher Schaaren überhaupt, alles was in grosser Menge kommt.

a ابانت IBĀTE. [بات IV.] Sbst. كيجه لمك passer la nuit. | Uebernachtung. — ETMEK, übernachten, die Nacht an einem Orte zubringen.

a اباجر Sbst. Pl. v. ابجر

a اباحت IBĀHE. [بوح IV.] Sbst. مباح قیلمق اذن ورمك licence, permission. | Freigebung, Preisgebung einer Sache; Erlaubniss. — ETMEK freigeben, erlauben, gestatten.

a ابخه IBHĀE. [بخ IV.] Sbst. سوندرمك action d'éteindre. | Auslöschung. — ETMEK. auslöschen.

a ابائد ĀBĀD. Sbst. Pl. von ابد

p آباد ĀBĀD. Adj. habité, cultivé; beau. bewohnt, bebaut, schön (v. einer Gegend). — ETMEK. bebauen, bevölkern; wieder bevölkern, wieder herstellen.

p آباد ĀBĀD. Sbst. lieu cultivé, l. habité. bewohnter Ort, Stadt, Wohnort, Ansiedelung.

p آبادان ĀBĀDĀN = آبادنان Adj. cultivé, habité, peuplé, beau, bon. | bewohnt, bebaut, volkreich; gut, schön. — ETMEK. bebauen, urbar machen, bevölkern. آبادان کتاب ein gutes Buch. آبادان کمشی ein guter, rechtschaffener Mann. (Ali Šehir) Q. Sbst. [Gegentheil von خراب] bebautes, urbar gemachtes Land; volkreiche schöne Gegend. Intrj. schön! herrlich!

p t آبادانلق ĀBĀDĀNLYK. Sbst. culture, population; lieu cultivé. | Anbau, Bevölkerung, s. d. Folg.

p آبادانی ĀBĀDĀNĪ. Sbst. = آبادانلق bebauter, bevölkerter Ort, Wohnung; Bevölkerung, Anbau; glücklicher Zustand eines Landes oder einer Gegend.

p آبادانیدن ĀBĀDĀNIDEN. Vb. act. cultiver, peupler; embellir, louer. | bebauen, bevölkern, verschönern; loben, preisen.

p آبادانیدن ĀBĀDĀNIDEN. Vb. act. u. pass. louer, être loué. | loben, gelobt werden.

p آبادی — آبادانی

p آبادی ĀBĀDĪ oder آبادی کاغد ĀBĀDĪ KAGYD. Sbst. papier de soie lisse. | glattes Seidenpapier, eine Art feines Schreibpapier.

a آبار ĀBĀR. Sbst. Pl. v. بئر puits. | Brunnen.

a آبار ABĀR. Sbst. plomb. | Blei.

a ابار IBĀR. Sbst. Pl. v. ابره

a ابّار IBBĀR. Sbst. ابره جی marchand ou fabriquant d'aiguilles. Nadler, Nadelhändler.

p اپار IPĀR. Sbst. origan. | Dost, Wohlgemuth; Thymian, der wilde Mairan. Pfefferkraut. (Origanum vulgare. Thymus vulgaris.

t آپارمق APARMAK. Vb. act. Aor. آپارور APARYR. porter, emporter, conduire. | bringen, wegtragen, fortführen. Prov. in Asien für يوروش آپارمق . كتورمك einen Angriff machen. Derbendname.

a اباریق ABĀRIK. Sbst. Pl. v. ابریق

a ابازیر ABĀZĪR. Sbst. Pl. v. ابزار

p انبش ANBĀŠ und انبشه ANBĀŠE. Sbst. foule, populace. | Menschenmenge, Gedränge; zusammengelaufenes Volk, Janhagel.

t o ایتشلیق YBAŠLYK. Sbst. *le premier jour du mois.* | Der Erste des Monats. s. ای LT.

a ابیت ÂBIT. Sbst. Pl. v. ابت YBT.

a ابثاله ABÂTYLE. Pl. ابتثیل ABÂTÎL. Sbst. *chose inutile, futile.* | unnütze, werthlose Sache.

t o ابغه ABAGA. Sbst. *oncle paternel.* | Oheim von väterlicher Seite. LT.

p ابخت ABÛT. Sbst. *vêtement d'étoffe grossière.* | grobes Kleid.

a ابقا YBKA, IBKA [ابق IV.] Sbst. *fuite d'un esclave.* | Entweichung eines Sklaven.

t ابکسز oder ابکسیز ABÄNSYZ. Adv. *subitement.* | plötzlich, unvermuthet. s. ای und انکسز

a ابل EBIL. Sbst. دوهجی *chamelier.* | Kameltreiber.

a ابلسه EBÂLISE. Sbst. Pl. v. ابلیس IBLIS.

a ایاله IJÂLE. [ال I.] Sbst. *administration; gestion des biens; justice publique, police; clientèle, tribu.* | 1. Verwaltung (des Vermögens) Haushaltung. ذو الایاله ein guter Wirth. 2. Zucht, Handhabung der öffentlichen Sicherheit. 3. Volksstamm.

a ابیسه = ابیس

p ابج ÂBIŠ. Sbst. *tour; colombier; signes du zodiaque; dette.* | 1. Thurm; Taubenhaus. 2. die Zeichen des Thierkreises. 3. = ولم zu bezahlende Schuld.

a ابوین EBWEJN. Sbst. Dual. v. اب *les deux parents, père et mère.* | die beiden Eltern.

p آبان ÂBÂN. Sbst. *le huitième mois de l'année des Persans.* | der achte Monat des persischen Jahres.

p ابتان IBÂN. Adj. ایکی قت *double, paire.* | doppelt, zweifach; paar.

p ابین ÛBIN. Sbst. طاغ *montagne.* | Gebirge.

a ابانت IBÂNET. [بین IV.] Sbst. ایریلق *séparation, discernement, action de séparer, de distinguer; explication.* Trennung, Scheidung, Unterscheidung, genaue Auseinandersetzung, Erklärung. — ETMEK. erklären, auseinandersetzen.

t ابکسیز s. ابکسز

p آبی ÂBÎ. Sbst. اتصوی *bouillon, potage; plat à potage.* | Brühe, Fleischbrühe, Suppe. Suppenteller.

p ابتی ... Sbst. *caparaçon richement brodé.* | eine Pferdedecke, insbes. eine reich gestickte.

p آبوزی ÂBÛZÎ. Sbst. آب بازی *nageur, nage.* | der Schwimmer. Das Schwimmen.

p آبتابه ÂBTÂBE und آفتابه Sbst. ابریق صو *arrosoir.* | Giesskanne.

p آبتاب ÂBTÂB. *lueur.* | Glanz.

a ابتحاث IPTIHÂS. [بحث VIII.] Sbst. مباحثه ایتمک . بحث *action d'interroger, d'examiner; dispute; gageure.* | Untersuchung, Befragung, Verhör; Wortstreit; Wette.

a ابتدا IPTIDÂ. [بدا VIII.] Sbst. باشلامق *action de commencer, commencement.* | Anfang, Beginn; Metrik: der erste Fuss des zweiten Halbverses. — ETMEK. anfangen, beginnen. ابتداء IPTIDÂ-a, am Anfange zuerst.

a ابتداءً IPTIDÂAN. Adv. اولا *d'abord, premièrement.* | Anfangs, erstens, zuerst, ursprünglich.

a ابتدار IPTIDÂR [بدر VIII.] Sbst. باشلامق , مبادرت ایتمک *action de commencer, de hâter.* | das Anfangen, Beginnen, Beeilen einer Arbeit. — ETMEK. sich an etwas machen; eine Sache beeilen, eifrig betreiben.

a ابتداع IPTIDÂ. [بدع VIII.] Sbst. ایجاد . بولمق *invention.* | Erfindung, Entdeckung.

a ابتدائی IPTIDÂÎ. Adj. und Sbst. *commencement; lettre initiale.* | anfangend, Anfangsbuchstabe.

a ابتذال IPTIZÂL. [بذل VIII.] Sbst. قوللنمق *usage quotidien, (p. ex. d'un habit) abus; mépris.* | beständiger Gebrauch einer Sache; Geringschätzung und Missbrauch, Sorglosigkeit und Unvorsichtigkeit beim Gebrauch einer Sache. Abnutzung, Verachtung. ابتذاله دوشمک in Verachtung kommen.

a ابتر APTAR, EPTER. Adj. قویروغی کسیلمش *écourté, mutilé; frustré; qui n'a pas de postérité; qui n'a rien de bon en soi.* | verstutzt, (ein Thier am Schwanze) verstümmelt, verkürzt, zu kurz gekommen; beeinträchtigt (an Gut und Ehre); durch und durch schlecht, nutzlos, kinderlos. — Metrik: ein Fuss bei welchem die Verkürzung بتر eingetreten ist.

t o ابتمک YBTYTMAK. s. ایتمک

a ابتزاز IPTIZÂZ. [بز VIII.] Sbst. زورایله آلمق *action d'enlever, de ravir, enlèvement.* | Entführung, Raub. — ETMEK. rauben, mit Gewalt nehmen.

a ابتزام IPTIZÂM. [بزم VIII.] Sbst. باشلامق *action de commencer.* | Anfangen, Beginn.

a ابتسام IPTISÂM [بسم VIII.] Sbst. کولمک *ris, gaîté, sourire.* | Lächeln, Lachen, Gelächter; Heiterkeit. — ETMEK. lächeln, lachen.

a ابتغا IPTIGÂ. [بغی VIII.] Sbst. ایستمک , استمک *demander, désirer.* | Verlangen, Sehnen, Wünschen.

a ابتکار IPTIKÂR. [بکر VIII.] Sbst. ارکن کلمک *arriver de grand matin; assister à la prière dès le commencement; atteindre la maturité; cueillir et manger les primeurs de l'année; accoucher en premières couches d'un garçon.* | 1. Frühe Ankunft, frühes Kommen zum Gottesdienst. 2. Reifen (der Früchte); 3. Genuss und Ernte der Erstlingsfrüchte. 4. Geburt eines Knaben als Erstgeburt.

a ابتلا IPTILÂ. [بلا VIII.] Sbst. عنوا دنمک , مصیبت ... *essai, épreuve, examen; passion; mauvaise habitude.* | 1. Prüfung, Untersuchung, Probe; 2. Prüfung durch Unglück, Unglück, Leiden. 3. Leidenschaft, Angewohnheit; heftige Neigung zu einem Gegenstande (zur Geliebten). ابتلادن خلاص اولمق sich etwas abgewöhnen. ابتلا وامتحان ایتمک etwas versuchen, einen Versuch anstellen, jemand auf die Probe stellen.

a ابتلال IPTILÂL. [بل VIII.] Sbst. 1. اصلق , اصلانمق *être mouillé, humidité.* Nässe, Feuchtigkeit. 2. صحته دونمک *guérison.* | Heilung, Genesung.

t o ایتمک YBTYTMAK. Vb. intr. *être mouillé.* feucht sein, nass sein. Deriv. ایتیتمک YBTYTMAK. Vb. trans. *humecter.* | befeuchten, benetzen. LT.

t o ... ÜTÜTMAK. Vb. act. *faire couvrir.* bedecken lassen. LT.

a ابتنا IPTINÂ. [بنی VIII.] Sbst. تاسیس , بنیاد ایتمک *action de bâtir, de construire, fondation, établissement; mariage.* | Erbauung, Gründung eines Hauses oder Hausstandes, (Verheirathung). Grundsteinlegung. — ETMEK. aufbauen, gründen (einen Hausstand), Kinder erzeugen.

a ابتنی IPTINÎ. Adj. *construit, fondé.* | erbaut, gegründet.

a ابتناءً IPTINÂAN. Adv. *fondé sur, selon, d'après, conformément.* | gebaut, gegründet auf, sich stützend auf, gemäss, in Folge. vgl. بنا

a ابته EBTE. Sbst. طارغنلق *violence de la colère.* | heftiger Zorn; Hitze.

t o ابته APTA. Sbst. *sœur.* | Schwester. Q.

a ابتهاج IPTIHÂĞ. [بهج VIII.] Sbst. شادلق *gaîté, allégresse.* | Fröhlichkeit, Heiterkeit, Munterkeit. — ETMEK. sich ergötzen.

a ابتهال IPTIHÂL. [بهل VIII.] Sbst. نیاز ایتمک *prière fervente, suppliante.* | inbrünstiges, unterwürfiges Gebet.

a ابتیاع IPTIJÂ. [بیع VIII.] Sbst. صاتون آلمق *achat.* Tausch, Handel, Kauf. — OLUNAN gekauft.

a ابثات IBSÂS. [بث IV.] Sbst. شایع ایتمک , فاش ایتمک *action de divulguer, de publier.* | Ausbreitung, Verbreitung (eines Gerüchts, eines Geheimnisses). — ETMEK. öffentlich bekannt machen.

a ابد EBED. Sbst. = ازل *éternité.* Ewigkeit.

a ابدا EBEDAN. = ابدا Adv. *éternellement.* | immer und ewig; beständig.

a اتجر ENGÂR. Sbst. Pl. v. تجر *peines, afflictions.* | Leiden, Drangsale.

a اجلال IĞLÂL. [جل IV.] اجلال , تعظیم و تشریف ایتمک *honneur, hommage.* | Ehrenerweisung.

p آبدسته ÂBDESTE. Sbst. *cuvette, lavoir.* | Waschbecken.

a انجبر ENĞÛR. Sbst. Pl. von تجر

a ابجد EBĞED. Sbst. *(mot composé des quatre premières lettres de l'alphabet dans l'ordre ancien). Alphabet.* | Anfang der ursprünglichen Ordnung des Alphabets; das ABC. ابجد حسابی die Ordnung der Buchstaben des Alphabets als Zahlzeichen.

p آبجو ÂBĞÛ oder آبجور ABĞÛR. Tahrif von آبخور vgl. Sbst. قارپوز *melon d'eau, pastèque.* | Wassermelone. — 2. اطه *île.* | Insel. 3. چای *petite rivière.* | Bach, Flüsschen.

p ابحاث ABHÂS. Sbst. Pl. v. بحث *discussions, disputes.* | Disputationen, Erörterungen.

a ابحار ABHÂR. Sbst. Pl. v. بحر *mers.* | Meere, See'n.

p آبخانه ÂBHÂNE. Sbst. کنیف , حوضه *(réservoir d'eau) lieu d'aisances.* | (Wasserbehälter), Abtritt.

a ابخره ABHYRE, ABHIRE. Sbst. Pl. v. بخر und بخور *vapeurs, parfums.* | Dämpfe, Räucherungen.

a ابخل ABHAL. Adj. comp. v. بخیل *très-avare.* | sehr geizig.

p آبخور ÂBHÛR oder آبخوره ÂBHÛRE. vgl. Sbst. 1. صو ایچیجی *buveur d'eau.* | Wassertrinker. 2. صوجی *porteur d'eau.* | Wasserträger, Wasserverkäufer. 3. چشمه ، چشمه ، صوگوزی *puits, fontaine.* | Trinkstätte, Brunnen, Quelle. 4. قاون ، قارپوز *melon d'eau, pastèque.* | Wassermelone, Melone. 5. صو ، جلا *eau, lustre.* | Wasser, Glanz. 6. نصیب *sort, fortune.* | Glücksfall, Loos, Glück.

p آبخورد ÂBHÔRD. Sbst. 1. *buveur d'eau; melon d'eau.* | Wassertrinker, Wassermelone. s. d. Vbg. 2. اوتقی تاخیر *retardement, délai.* | Aufschub, Verzögerung.

p آبخورده ÂBHÔRDE. Adj. *arrosé.* | bewässert.

a ابد EBED. Sbst. 1. Plur. آباد ABÂD. *temps infini, éternité.* | unendliche Zeit, Ewigkeit in der Zukunft. Gegentheil von ازل — الی الابد in alle Ewigkeit. ابد الابدین von Ewigkeit zu Ewigkeit. 2. Plur. آبود UBÛD. *siècle.* Jahrhundert, Zeitalter.

a ابّده EBBEDE. Intrj. *il (Dieu) a fait durer, c. à d. qu'il fasse durer!* | er hat dauern lassen, d. i. lasse dauern! ابده الله تعالی Gott erhalte in Ewigkeit!

a ابدًا EBEDÂN. Adv. vgl. ابد *éternellement.* | immer, ewig, in Ewigkeit.

a ابداع IBDÂ'. [بدع IV.] Sbst. وجوده کتورمه *action de produire, créer, commencer.* | Hervorbringung, Erschaffung, Erfindung, Beginn.

p آبدار ÂBDÂR. Adj. 1. صولو *ayant de l'eau, juteux, succulent.* wässrig, saftig, frisch (von Früchten). 2. جلالو *brillant, blanc.* glänzend (von Stahl, Waffen, Edelsteinen, Zähnen u. s. w.) vgl. آب

a ابداع IBDÂ'. [بدع IV.] Sbst. ایجاد *inventer, produire q. ch. de nouveau.* | Erfindung, Hervorbringung von etwas Neuem; Rhetorik: ein Ausdruck, welcher einen durch seine Neuheit überraschenden Gedanken enthält.

a ابدال EBDÂL. Sbst. Pl. von بدیل

a ابدال IBDÂL. [بدل IV.] Sbst. تبدیل ، دکشدیرمه *changer, substituer.* Tausch, Austausch, Vertauschung. — ETMEK, tauschen, ändern.

a ابدان EBDÂN. Sbst. Pl. v. بدن

p آبدان ÂBDÂN. Sbst. 1. صو قابی *réservoir d'eau, bassin, vase, étang.* | Wasserbehälter, Wasserbecken, Teich. 2. سیدك کوکی ، مثانه *vessie.* | Urinblase.

p ابدان EBDÂN oder آبدان ÂBZÂN. Adj. *digne, noble.* | würdig, werth, edel. Sbst. *souche, race, famille noble.* | Stamm, edles Geschlecht, Adel.

p آبدست ÂBDEST. Sbst. وضو *ablution prescrite avant de commencer la prière; l'eau nécessaire à cette ablution.* | die vorgeschriebene Waschung des Gesichts, der Vorderarme und Füsse vor Beginn des Gebets; das zu dieser Waschung nöthige Wasser. — آلمق die Waschung vollziehen. — ابریقی der Waschkrug.

p آبدستان ÂBDESTÂN. = آبدست دانی Sbst. آبدست ابریقی *aiguière, (dont on se sert à l'Abdest).* | das zum Abdest gebrauchte Wassergefäss; Wasserkrug.

p آبدستخانه ÂBDESTHANE. Sbst. *lieu d'ablution.* | Reinigungshaus, Waschhaus. = ابدستلك

p t آبدستلك ÂBDESTLIK. Sbst. نیمچه *sorte de vêtement court et étroit.* | ein kurzer, um die Hüften eng anliegender Rock.

a ابدع EBDA'. Adj. comp. v. بدیع *bien joli, très-beau.* | sehr hübsch, sehr schön.

t a آبدن ÂBDEN. Adj. *beau, bon* | gut, schön; werthvoll; von dem pers. آبدان

p آبدندان ÂBDENDÂN. Sbst. *salive, ce qui fait venir l'eau dans la bouche, sorte de sucrerie, sorte de poire; peur, faiblesse. — blancheur des dents.* | 1. im Munde zusammengelaufener Speichel; etwas, wovon einem der Mund wässert; eine süsse Sorte Birnen; eine Art Zuckerwerk. 2. Schwäche, Furcht. 3. Weisse der Zähne.

p آبدندان ÂBDENDÂN. Adj. کوجسز *faible, infirme; inutile.* | schwach, gebrechlich, hinfällig; ohne Kraft und Saft; nutzlos, untauglich.

a آبده ÂBIDE. Sbst. *chose extraordinaire, étrange; fable, histoire; malheur.* | ausserordentliche Begebenheit; ein schwer auszusprechendes Wort; Fabel, Geschichte, Schwank; ein Unglücksfall.

a ابده IBDE. Sbst. قورقو *peur, crainte.* Furcht, Schrecken.

a ابدی EBEDÎ. Adj. دائم ، ژوالسز *éternel.* | ewig, unendlich. vgl. ابد

a ابدیت EBEDÎJET. Sbst. دائملك ، ژوالسزلك *éternité.* | Ewigkeit, Unendlichkeit, Unaufhörlichkeit, ewige Dauer. vgl. ابد

a t ابدیلك EBEDILIK. Sbst. = ابدیت

t a ابر Sbst. *lien, chaîne.* | Fessel, Kette. سلطانك ابرینی سندوردی er zerbrach des Sultans Fesseln. Abulg. S. 12 (so zu lesen für ابروسیر) Q.

p ابر ЕBR. Sbst. بلوت *nuage.* | Wolke.

p ابر EBER. Präp. = بر *sur.* | über, auf.

a ابر EBR. Sbst. Pl. v. ابره

a ابر EBERR. Adj. comp. v. بر *très-juste.* sehr gerecht, gut, fromm.

a ابرا IBRÂ. [برا IV.] Sbst. قورتولمق *délivrer, décharger, acquitter (en justice).* | Befreiung, Freisprechung. — ETMEK, freisprechen, von Schuld und Strafe; einer Verpflichtung entbinden. — اولنمق *être quitte,* einander nichts mehr schulden. ابرا سندی oder ابرا کاغدی *quittance, décharge.* | Quittung, Freibrief.

t ایرتمق YRTMAK. ایرتمك u. IPRETMEK, s. ایرتمق

a ابراج EBRÂǴ. Sbst. Pl. v. برج

a ابراع IBRÂ'. [برع IV.] Sbst. ابراز ایتمك شایان تعجب شیء *faire q. ch. d'étonnant, ou digne d'admiration; se faire admirer; honorer.* | etwas merkwürdiges, staunenswerthes thun; sich bewundern lassen, jemanden in Verwunderung setzen; jemand Ehre erweisen.

a ابراد IBRÂD. [برد IV.] Sbst. صوغوتمق *action de refroidir, de rafraîchir.* | Abkühlung.

a ابرار EBRÂR. Sbst. Pl. v. بر BERR.

a ابرار IBRÂR. [بر IV.] Sbst. *action d'affirmer par serment; affirmer le serment de q. qn.* | eidliche Aussage, Bestätigung der Aussage oder des Eides eines Andern; Zeugeneid.

a ابراز IBRÂZ. [برز IV.] Sbst. کوسترمك ، میدانه چیقارمق *montrer, produire.* Darlegung, Vorzeigung (von Documenten). IBRÂZ ETMEK, vorzeigen; etwas ans Tageslicht bringen, öffentlich erscheinen lassen.

a ابرز EBRIZ. s. ابریز

a p ابرزدان EBRIZDÂN. s. ابریزدان

a t ابرق IBRIK. s. ابریق

a ابراق IBRÂK. [برق IV.] Sbst. یلدیرمق ، برقلمه *action de lancer des éclairs; flamboyer.* | das Blitzen, Wetterleuchten. Blitzen blanker Waffen etc.

a t ابراقلشمق IBRALAŠMAK. Vb. recipr. v. IBRÂ ETMEK, s. ابرا

a ابرام IBRÂM. [برم IV.] ایصرار ، یالوارمق *sollicitation, action d'importuner, de presser.* | Belästigung, Zudringlichkeit, dringende Bitte. — ETMEK, drängen, belästigen (durch Bitten) etc. ابرام ایله یالوارمق inständigst bitten.

t ایرتمق YRTMAK. Vb. act. trans. und intr. Aor. ایرتر YRTAR. *déchirer, se déchirer, user.* | zerreissen, sich abnutzen (ein Kleid). Deriv. I. Vb. trans. ایرتدمق YRATMAK oder ایرتمك und ایرتمك IPRETMEK. Aor. ایرتیر YPRADYR oder IPREDIR. *déchirer, user.* | zerreissen, abnutzen; zerreiben; zertreten. II. Vb. pass. u. reflex. ایرتلمق YPRANMAK ایرتنمك IPRENMEK. Aor. ایرتنور YPRANYR. IPRENIR *être déchiré, usé.* zerrissen und abgenutzt werden oder sein; sich abnutzen, zerreissen.

p ابرکه ÂBRAKE. Sbst. کمیجی *voyageur par mer.* | Seefahrer; Reisender zur See.

p آبره ÂBRÂH oder آبراهه ÂBRÂHE. Sbst. صو یولی *aqueduc, conduit.* | Wasserleitung, Graben.

a ابره IBRE. Sbst. اکنه *aiguille, aiguillon, pointe.* | Nadel, Nähnadel, Stachel (der Biene, des Scorpions etc.); Spitze. ابره الراعی IBRET ERRÂÎ. *bec de grue.* | Storchschnabel (Geranium). قبله نما ابرهسی PUSLA-IBRESI. *la boussole.* | die Magnetnadel.

t ایرتمك IPRETMEK. s. ایرتمق

t ایرنمك IPRENMEK. s. ایرتمق

a ابرج EBREǴ. Adj. Fem. برجاء BERǴÂ. *ayant de beaux yeux.* | schönäugig.

p ابرجین ، ابرجن ، ابرجون EBREǴIN, EBREǴÛN. Sbst. *bracelet (aux bras ou aux jambes).* | Armband, Beinring.

a ابرد EBRED. Adj. compar. v. بارد *froid, très-froid.* | kalt, sehr kalt. حمی ابرد HUMMA EBRED. *la fièvre intermittente.* | das kalte Fieber.

a ابرده IBRIDE, EBREDE. Sbst. *refroidissement; fraîcheur de la matinée ou de la soirée.* Erkältung; Morgen- und Abendkühle.

a ابرش EBREŠ, EBRAŠ. Adj. آلاجه *bariolé, bigarré, truité.* | schwarz und weiss gefleckt, scheckig (v. Pferden), schimmelfarbig, grau. Sbst. *cheval nuancé de taches blanches.* Schimmel, Schecke (Pferd).

t ابرص ABRAŠ. Tahrif v. ar. ابرص Adj. *galeux.* | räudig, aussätzig.

t ابرشلق ABRAŠLYK. Sbst. *gale, rogne.* Räude, Aussatz, Krätze.

p ابریشمی IBRÎŠIMÎ. Sbst. *ver à soie.* Seidenwurm. s. d. f.

p ابریشم ، ابریشیم IBRÎŠIM. Sbst. *soie, fil de soie.* | Seidenfaden, Seidenzwirn. — قورتی *ver à soie.* | Seidenwurm.

p t ابریشمجی IBRÎŠIMČI. Sbst. *tisseur de soie.*

marchand de fil de soie, ver à soie. | Seidenhändler (der mit gesponnener Seide handelt), Seidenspinner; Seidenwurm.

a ابرص EBRAS. Adj. s. ابرش galeux | räudig, aussätzig.

p ابرشت ÄBREST. Sbst. arrosement | Besprengung des Bodens mit Wasser.

a ابرش EBRAS. Adj. und Sbst. s. ابرش bariolé, bigarré. | schwarz und weiss gefleckt.

t ابریق YBRYK. s. ابریق

p ابرك EBREK Sbst. سونكر éponge. | Schwamm.

p ابركك EBREKEK Sbst. petit nuage. | Wölkchen. s. ابر

p ابركناشه EBREGIÑÄSÄ oder ابركنسه und ابركنه EBREGANIA Sbst. ورمحلكي toile d'araignée. | Spinngewebe.

a ابرمق AYARMAK. s. ابرمق

p ابرندام EBRENDÄM [ابرندام ، ابرنام ، ابرندام] Sbst. sorte de maroquin. | eine Art Saffian, gegerbtes Ziegenleder.

t ابرقه s. ابرقه

p ابرو EBRU. Pl. ابروان EBRUVÄN Sbst. كوز قاشی sourcil. | Augenbraue.

p ابرو ÄBRÜ. Sbst. یوز صویی vgl. آب 1. sueur. | Schweiss (des Angesichtes). 2. honneur, dignité, réputation | Ehre, guter Name, Fleckenlosigkeit, Ruhm. ابروی عسکر ÄBRÜ-I-ASKER. la gloire de l'armée, c. à d. le général | der Ruhm des Heeres, d. i. der Führer des Heeres. ابروی صنم ÄBRÜ-I-SANEM (Hexenkraut: Atropa mandragora).

t ابرو EBRU, ABRY. Adj. und Sbst. couleur de marbre. | marmorfarbig, marmorirt.

p ابروك ÄBRÜK. Sbst. Hyacinthe. | die Hyazinthe.

t ابرولامق ABRULAMAK, (EBRULEMEK). Vb. act. marbrer. | marmoriren.

p t ابرولو ÄBRULU. v. ابرو Adj. honoré, considéré. | angesehen, geehrt.

p ابره s. ابره

p ابره EBRE. Sbst. Tahrif v. ar. حبارى, طوی قوشی outarde. | Trappe (otis hubara).

p ابریز EBRIZ, IBRIZ. Sbst. or ou argent pur. | reines gediegenes Metall (Gold oder Silber).

p ابریز ÄBRIZ oder ابریزه ÄBRIZE. Sbst. seau à puiser l'eau; bassin dont on se sert aux ablutions; latrines. | Eimer, Waschbecken für die vorgeschriebenen Waschungen; Abtritt.

p ابریشم s. ابریشم

a ابریق YBRYK. Sbst. aiguière | ein ausgeschweifter Krug, Wasserkrug, Waschkrug, insbes. zu gesetzl. vorgeschrieb. Waschungen. قهوه ابریقی KAHWÉ-YBRYGY. cafetière, Kaffeekanne.

ابریق YBRYK oder بریق BRYK. Sbst. brick (navire). | Brigg, Zweimaster, Kriegsschaluppe.

ابریل ABRIL. Sbst. le mois d'avril. | der April.

t ابریمك EBRIMEK. Vb. act. Aor. ابریر EBRIR. nasiller, nasonner, rendre un son par le nez. | durch die Nase einen Ton von sich geben, durch die Nase sprechen, näseln.

t ابریمك EBRIMEK. Vb. intr. Aor. ابریر EBRIR. être vieux, usé. | alt und abgenutzt sein. vgl. ابریق

a ابزار EBZÄR. vulg. EBZÄZ. Sbst. Pl. v. بزر BIZR. تانجره صولتجی serments, graines, aromates que l'on jette dans la marmite comme condiment. | Zum Kochen nöthiges Gewürz und Zuthat (wie Pfeffer, Zucker, Kümmel etc.); Gewürze.

a p ابزاردان EBZÄRDÄN, vulg. EBZÄZDÄN. بوتیك، اوزكی boîte aux aromates etc. | Gewürzbüchse.

p ابزن ÄBZEN. Sbst. baignoire. | Wassertrog, Badewanne.

p ابسه ÄBSE. Sbst. القنلمش distillation.

p ابسال ÄBSÄL. Sbst. باغچه jardin, vigne. | Garten, Weinberg.

p ابسن EBSÄN. Sbst. bracelet. | Armband.

p ابست ÄBIST. Adj. حامله grosse, enceinte. | schwanger, trächtig (von Menschen und Thieren).

p ابستانه ÄBISTÄNE. Sbst. فنجان، طاس coupe à boire. | Trinkgefäss, Becher, Tasse.

p ابستنكاه ÄBISTENGÄH. Sbst. میضه latrines. | Abtritt.

p ابستنی ÄBISTENI. Sbst. حامله لك grossesse. | Schwangerschaft.

t ابسه IPSIN. Sbst. jante, moyeu. | Radfelge, Nabe des Rades.

p ابسپال ÄBISPÄL. Sbst. gélatine, gelée. | Gallerte.

p ابسریجن ÄBSERIDEN oder ابسوش ÄBSUNI. Sbst. gonorrhée. | Saamenfluss.

p ابسرد ÄBSERD. Sbst. eau refroidie au vent. | in der Luft abgekühltes Wasser.

t ابسم s. ابسم

t ابسم EPSEM oder ابصم EPSEM. Adj. صوص tranquille, qui se tait. | still, schweigend, ruhig. — OLMAK. — DURMAK. ruhig sein, nichts sagen, sich ruhig verhalten, schweigen. — ETMEK. zum Schweigen bringen, beruhigen, stillen (ein Kind). ابصم حیوان EPSEM HAIWAN. cheval calme. | ein ruhiges sanftes Thier (Pferd).

p ابسنه ÄBSINE. Sbst. terme. | Thräne.

t a ابصمجك EBSIK. Adj. petit, jeune. | klein, jung. I. T.

t ابشك APYŠ. Sbst. l'espace ou l'angle entre les cuisses; aine. | der Raum oder Winkel zwischen den Beinen, Schamleiste. Die innere Seite der Lenden oder Kniee, mit der man im Sattel schliesst. ابشی ایرمق APYŠY AYRMAK oder آجمق — A. AGMAK. écarter les jambes. | die Beine weit auseinander spreizen, grosse Schritte machen. vgl. ابشمق، ابشتمق، ابشتی

p ابشار ÄBŠÄR. Sbst. شاراقیسی murmure de l'eau. | das Murmeln und Plätschern des Wassers.

a ابشار IBŠÄR. [IV. بشر] Sbst. bonne nouvelle, gaieté, bonne humeur. | gute Nachricht, frohe Botschaft. Freude (über eine gute Nachricht), heitere Laune.

t ابشقلی APYŠAK. Adj. écarquillant les jambes. | breitbeinig, mit gespreizten Beinen; mit einwärts gebogenen Füssen. vgl. ابشق ابش، ابشمق

t ابشقلق APYŠAKLYK. Sbst. l'état de celui qui écarquille les jambes. | Breitbeinigkeit, das mit gespreizten Beinen stehen.

p ابشتن ABIŠTEN oder EBIŠTEN. v. act.

صقلامق ، گیزلمك cacher qch. | verborgen halten.

p ابغور v. ابغور

t ابشق oder ابشیق APYŠYK. Sbst. écarquillement. | das Gespreizte. Adj. v. آبشیق breitbeinig.

t o ابشقه oder ابوشقه APYŠKA. Sbst. époux, épouse. | Gemahl. masc. u. fem.

t ابشلق APYŠLYK. Adj. écarquillant les jambes. | breitbeinig.

p ابشم ABRYŠM. Sbst. ابله قوزسی coton, coque de ver à soie; le rebut de la soie. | Seidenpuppe; Abfall der Seide; gröbste Rohseide.

t ابشمق oder ابوشمق auch ابشمق APYŠMAK. Aor. ابشور APYŠYR. 1. Vb. intr. écarter les jambes, faire de grands pas. | die Beine aus einander breiten, spreizen, beim Gehen, Sitzen oder Stehen; weit ausschreiten. vgl. ابشق 2. Vb. act. distribuer, partager; repartir. | aus einander breiten; zertheilen, zerlegen; vertheilen.

p ابشناس ÄBŠINÄS. Sbst. قولاغوز pilote. | Steuermann, Lotse.

a ابصار EBSÄR. Sbst. Pl. v. بصر yeux, aspects, vues. | Blicke, Augen; Einblicke und Einsichten in eine Sache; Scharfsinn, Verstand.

t o ابطه ABDA. Sbst. glouton. | ein unmässiger Mensch, Vielfrass.

t o ابصلقنمق ABSALANAMAK. manger trop. | unmässig essen und trinken; sich überfressen.

a ابض ABD. Sbst. Pl. ابآض ABÄD. siècle, éternité. | Jahrhundert, Ewigkeit.

a ابط ABT. Sbst. Pl. آباط ÄBÄT. قولتق aisselle. | Achsel, Achselhöhle.

t ابطال ABTAL. s. ابطال

a ابطال ABTÄL. Sbst. Pl. v. بطل brave; bon garçon. | Tapferer, Recken; als Singular: ein derber, gutmüthiger Kerl; von Pferden, ein gutes, sanftes Thier.

a ابطال IBTÄL. Sbst. [IV. بطل] بوش ایله action de rendre inutile, d'annuler, d'abolir; être inutile; être oisif; niaiser, faire des discours futiles, bavarder, causer, badiner. | zweckloses oder erfolgloses Handeln, Reden oder Geschehen; müssiges Umhergehen, Arbeitslosigkeit, Müssiggang; Vernichtung des Bestehenden; rückgängig machen, ungültig machen einer Sache.

a t ابطاللق YBTÄLLYK. Sbst. négligence. | Nachlässigkeit, ein sich gehen lassen, Müssiggang. s. d. vorherg.

a ابطن EBTÜN. Sbst. Pl. v. بطن les parties intérieures du ventre, intestins. | die inneren Theile des Unterleibs.

a ابعاد EB'ÄD. Sbst. Pl. v. بعد bo'd. distances. | Entfernungen. ابعاد ثلثه die dreierlei Ausdehnungen des Raumes.

a ابعاد IB'ÄD. Sbst. [IV. بعد] اوزاقلق éloignement, action d'éloigner. | Entfernung. — ETMEK. entfernen, in die Ferne setzen.

a ابغاض IBGÄZ. [IV. بغض] Sbst. سوكیسیزلك haine, inimitié. | Hass, Feindschaft. — ETMEK. hassen.

a ابغث ABGAS. Adj. قیر ، قیرچیل blanc tacheté de noir. | schwarz und weiss gefleckt; grau. — Sbst. قومللو طپراق terrain sablonneux. | sandiger Boden, sandige Gegend.

a ابغض ABGAZ. Adj. haï, détesté. | verhasst, verfeindet.

p آبفت ÂBEFT oder آبفت ÂBIFT. Sbst. پارچه . چاپوت *guenille.* | ein abgetragenes Kleidungsstück, Lappen, Lumpen.

a أبق ÂBYK. Sbst. *esclave fugitif, marron.* ein entlaufener Sclave.

t p أبق ÂBYK. Sbst. s. آبك

a ابقا IBKÂ. [بقى IV.] Sbst. بلاى قيمق *action de faire durer, de confirmer, de laisser.* | dauern lassen; unbeschädigt, unverletzt erhalten; belassen, im Amte oder in einer Würde bestätigen.

a أبقور ABKÛR. Sbst. Pl. v. بقر *pièces de bétail de la race bovine.* | Rinder, Rindvieh.

a أبقى ABKÂ. Interj. *qu'il reste! qu'il soit heureux.* | er dauere! Gott erhalte ihn! er sei glücklich! regiere lange!

p آبك oder آبق ÂBYK, ABAK, ABEK. Sbst. جيوه *vif-argent.* | Quecksilber.

t أيك IPEK. s. ايپك

a ابكا IBKÂ. [بكى IV.] اغلتمق *faire pleurer,* | weinen machen, wehklagen machen.

a أبكار EBKÂR. Sbst. Pl. v. بكر *vierges, jeunes filles.* | Jungfrauen, junge Mädchen, Mägde.

p آبكاه ÂBGIÂH. Sbst. كول *réservoir d'eau, étang.* | Wasserbehälter, Pfütze, Lache, Teich, Cisterne.

p آبكذار ÂBGUZÂR oder آبكزار Sbst. اولاق *courrier.* | Laufer, Eilbote. s. آبكرار

p آبكذر ÂBGUZER. Sbst. صو يولى *conduit d'eau, fossé.* | Wasserleitung, Graben, Rinne.

p آبكرار ÂBKERÂR oder آبكرار s. آبكذار

p آبكرم ÂBGEREM oder ÂBIGEREM. Sbst. قپليجه *source d'eau chaude.* | heisse Quelle.

p آبكش ÂBKESH. Sbst. سقا . آبكار *porteur d'eau.* | Wasserträger, Wasserverkäufer.

a أبكم EBKEM. Adj. دلسز *muet, sourd-muet.* | stumm, taubstumm.

p آبكند ÂBKEND oder آبكنده ÂBKENDE. Sbst. سيل يولى *lit d'un torrent.* | Flussbette.

p آبكور ÂBGÛR. Sbst. صو يولى . قوغه كول *réservoir d'eau, conduit d'eau.* | Wasserbehälter, Cisterne, Trog (in einem Stalle), Wassereimer, Wassergraben.

p آبكون ÂBGÛN oder آبكونه Adj. كوك رنكلى *couleur d'eau, bleuâtre, bleu.* | Wasserfarben, bläulich, blau. Sbst. كوك رنكى *l'azur; empois bleu; acier; glace.* | das Blau; blaue Farbe; Bläue, blaue Stärke. poet.: Stahl. Schwerdt.

p آبكير ÂBGIR. Sbst. كول *étang, mare d'eau.* | Lache, Pfütze, Wasserpfuhl.

p آبكينه ÂBGINE. Sbst. شيشه *verre, cristal; diamant;* poet. *vin, la larme ou le coeur de l'amante.* | was Wasser und Glanz hat, vgl. آب; Glas, Crystall; der Diamant; was aus Glas oder Crystall gemacht ist, Trinkglas, Flasche, Spiegel; poet. der Wein, die Thräne oder das Herz der Geliebten (an Reinheit dem Wasser oder dem Glase vergleichbar).

a أبل EBEL. Adj. تازه *frais, vert, récent et humide.* | frisch, grün, nass. Sbst. *herbe, fourrage.* | frisches oder frisch geschnittenes Gras, Viehfutter.

a ابل IBL. Sbst. دوه . بلوت *chameau, nuage de pluie.* | das Kameel; bildl. eine grosse Regenwolke.

a ابلا IBLÂ. [بلى IV.] Sbst. 1. ابورتمك اسكيتمك *user.* | Abnutzung, Abtragung (eines Kleides u. s. w.) 2. دنمك . دكمك *essayer, éprouver.* | Versuch, Probe.

t ابلا oder ابله ABLA. Sbst. *soeur, s. ainée,* vulg. *femme, bonne femme.* | Schwester, ältere Schwester. vulg. Frau, Ehefrau, gewöhnlich in der Anrede: BENIM ABLAM, liebe Frau!

a ابلاس IBLÂS. [بلس IV.] Sbst. 1. *désespoir, chagrin; étonnement.* | Erstaunen, Verwunderung.

a ابلاغ IBLÂG. [بلغ IV.] Sbst. ولاشديرمق ايرشديرمك *faire parvenir à q. qu., offrir; terminer, perfectionner q. ch.* | wohin gelangen lassen, zukommen lassen; erheben zu; bringen, überbringen, schicken, darbieten; zu Ende bringen, vervollkommnen.

a ابلت IBLET od. ابله IBLE. Sbst. دشمنلك *inimitié.* | Feindschaft.

a ابلت IBILLET. s. جبلت

a أبلد EBLED. Adj. *stupide, paresseux.* dumm, träge.

a أبلغ ABLAG. 1. Adj. comp. v. بليغ *éloquent, parfait.* | sehr beredt, vollkommen, vollendet. | 2. Adv. *assurément, certainement.* ganz gewiss, ganz sicher.

a أبلق ABLAK. 1. Adj. *bigarré, tacheté noir et blanc; vermeil.* | schwarz und weiss gefleckt, scheckig (von Pferden); rothwangig. 2. Sbst. *cheval de deux couleurs; le monde ou le temps (c. à d. nuit et jour); jeune homme (à joues vermeilles).* | Schecke, Apfelschimmel; fig. die Welt oder die Zeit, weil sie aus weiss, dem Tage, und schwarz, der Nacht, besteht. Ein kräftiger, rothwangiger Knabe oder Jüngling.

t ابلق YBLYK. YBLÝK, YMÝLK. Sbst. *animal châtré; chapon; cheval châtré, hongre.* | verschnittenes Pferd, Wallach.

t ابلك IBLIK. s. ايبلك

t ابله EBLE. s. ابلا

p آبله ÂBILE. Sbst. قبارجق . صو قبارجغى *vessie, bouton, pustule.* | Wasserblase, Bläschen, Hitzbläschen, Wasserbläschen, Blatter. آبله چشم ÂBILE-I ÇYSM, *grêle ou tumeur blanche sur l'oeil.* | Gerstenkorn am Auge. آبله فرنك ÂBILE-I FIRENG. *vérole, mal de Naples.* | die Franzosen, französische Krankheit.

a ابله ABLA. Adj. comp. احمق *sot, stupide.* | dumm, einfältig.

a p ابلهانه ABLAHÂNE. Adj. احمق *sot, imbécile.* | dumm, einfältig, eines Dummen würdig.

a p ابلهى ABLAHI und ابلهيه ABLAHIJE. Sbst. احمقلق *imbécilité.* | Dummheit, Albernheit.

t ايلو oder ايبلو IPLÛ. s. ايب Adj. *auquel est attaché une corde.* | mit einer Schnur oder Stricke versehen. بوغازى ايبلو BOGAZY IPLÛ. *qui a la corde au cou, qui doit être pendu, pendard.* | einer der den Strick gleichsam schon um den Hals hat, der den Galgen verdient, Galgenstrick.

p ابلوج EBLÛG. Sbst. *sucre candi.* | Zuckerkand.

t ابلوقه ABLOKA. (ital. blocco.) Sbst. *blocus.* | Blokade.

p ابلوك EBLÛK. Sbst. *hypocrite, tartuffe.* | Zweiächsler, Heuchler.

t آبلى oder آبلو ÂBLY. Sbst. *corde attachée à la voile d'un bateau au moyen de laquelle le batelier dirige la voile d'après le vent, écoute.* | der Segelstrick, ein an der Spitze der Segelstange befestigtes Seil, dessen Ende der Schiffer in der Hand hält, um das Segel sogleich nach dem Winde richten zu können. ابلى قاچيرمق ABLY KAÇYRMAK. *franchir les bornes, faire q. que débauche.* | den Strick loslassen, über die Schnur hauen, ausschweifen.

p آبليته ÂBLITE od. آبليسه ÂBLISE. Sbst. اكينجى *laboureur.* | Sämann, Bauer.

a ابليس IBLIS. N. pr. *le diable.* | Satan, der Teufel. ابليس طرنغى Name einer Pflanze auch طرنك بخورى arab. ظفار oder اظفار

a ابليم IBLIM. Sbst. عنبر . بال *ambre, miel.* | Ambra, Honig.

a ابم IBEMM. Sbst. بم تلى *les basses.* Basssaite, Bass.

t ابم كوجى EBÉM-GÜMEDI. Sbst. s. ابه كومجى

p ايمد IYMID oder ايمق YYMYK, IYMIK und ايمد YYMID. Sbst. 1. صبان *soc de charrue.* | Pflugschaar. 2. جفت *paire de boeufs sous le joug.* | ein Joch Stiere.

a أبن ÂBYN. Adj. قالين *gros, épais.* | dick, grob, derb.

a ابن IBN. Pl. ابناء EBNÂ und ابنلر EBENLER. Sbst. اوغل *fils.* | Sohn. ابناء سبيل EBNÂ-I SEBIL. *voyageurs.* | Wanderer. ابناء جنس EBNÂ-I DJINS, *personnes du même sexe, animaux de la même espèce.* | Menschen von gleichem Geschlecht, Thiere von gleicher Gattung. ابناء زمان EBNÂ-I-ZEMÂN, *contemporains.* Zeitgenossen.

a ابناء EBNÂ. Sbst. Pl. v. ابن

a ابنا IBNÂ. [بنى IV.] Sbst. ياپمق das Bauen. — ETMEK. *bâtir, construire.* | bauen, erbauen.

p ابنخون EBNÂHÛN. Sbst. قلعه . حصار *château, forteresse.* | Schloss, Festung.

p آبناك ÂBNÂK. Adj. صولو *aqueux.* | wässerig.

a ابنت IBNET. s. بنت

a أبنت ÜBNET oder ابنه ÜBNE. Sbst. *noeud.* | Knoten im Holze, Astknoten.

a أبنت ÜBNET oder ابنه ÜBNE und ابنه كلى ÜBNEGIANI. Sbst. *pédérastie.*

a ابنوس ABANOS, EBENUS oder ابنوز Sbst. *ébène.* | Ebenbaum, Ebenholz. (ἔβενος).

a ابنيه EBNIJET. Sbst. Pl. v. بناء 1. *édifices.* Gebäude. ابنيه خيريه EBNIJE-I KHAIRIJE. *établ. de bienfaisance.* | Gebäude zu wohlthätigen Zwecken. ابنيه عليه EBNIJE-I-ALIJE. *bâtiments somptueux.* | prächtige Bauwerke. 2. Gramm. *les formes des mots.* | Wortformen.

p آبو ÂBÛ. Sbst. *nénuphar.* | Seeblume, Wasserlilie.

a ابواب EBWÂB. Sbst. Pl. v. باب

a ابواز EBWÂZ. Sbst. Pl. v. باز

a ابوال EBWÂL. Sbst. Pl. v. بول

a ابو العمر EBULÓMR. Sbst. اق بابا *le vautour.* | der Geyer.

a ابو اللهو EBULLEHU. Sbst. لاعونه *le luth.* | die Cyther, Laute.

a ابو الهول EBULHÛL. Sbst. *Sphinx.*

a ابوبه EBWIBE. Sbst. Pl. v. باب

a ابوّت UBUWWET. Sbst. بابالق *paternité, état de père.* | Vaterschaft.

a ابوجلسا EBÛDŽELSÂ oder — جلسان EBÛDŽELSAN. s. d. f.

a ابوخلسا EBÛHALSA. *buglose.* | Ochsenzunge (anchusa oder buglossum).

a ابود UBUD. Sbst. Pl. v. ابد

a ابو جبور ABUDŽYBYR, ABUDŽUBUR. Sbst. *galimatias, babillage.* | leeres Geschwätz.

p ابوزنه EBÛZINE. Sbst. میمون *le singe.* der Affe.

a ابوسینه EBÛSINE oder ABUSINA. N. pr. Avicenna.

t اوش s. ابوش

a ابوشالدان oder ابوشالداني ABUŠALDAN. Sbst. قره بطق *cormoran (oiseau).* | der Tauchervogel.

t a ابوشقه ABUŠKA. Sbst. *époux, épouse.* Gemahl, Gatte, Gattin.

t ابوغماي? oder ... und ...

ابوطیلون ABUTYLON. Sbst. خطمی اوتی *abutilon.* | die indische Malve, Sammetpappel.

a p ابو قلمش? EBÛKANSYÂ. Sbst. *nom d'une plante qui sert à la teinture.* | Name einer Farbepflanze.

a p ابو قلمون EBÛKALMÛN oder بوقلمون BUKALMÛN. Sbst. قبه کلری? *caméléon.* | das Chamäleon.

a ابو کلب EBÛKELB. Sbst. *ducat de Hollande qui porte l'empreinte d'un léopard lionné.* | der holländische Ducaten (mit dem springenden Löwen).

p ابوهان EBUÂN oder ایبان ÂBIÂN oder ابوهان EBWÂN. Adj. und Sbst. توبه *pénitence.* | Büssung, Busse.

a ابوين EBWEIN. Sbst. dual. v. ابو

t ایا ABA. s. ابا

p اب ABE. Adj. براق *clair, transparent.* klar, hell, durchsichtig.

t ابه EBE, auch ابه قادین Sbst. *sage-femme, grand' mère.* | Hebamme; Grossmutter. ابه کومجی Name einer Pflanze, auch کدی اوتی oder چوچوقلق یمی یمی und چنته اوتی genannt; arabisch خطمی . عرب . ... ابه کومجی EBE GÜMEDŽI oder ابم کومجی EBEM GÜMEDŽI. Sbst. *abutilon mauve, géranium.* | indische Malve, Sammetpappel, Geranium.

t o ابه ÂBE. s. آبا ABA.

a ابتهاج IBTIHÂDŽ [IV بهج] Sbst. سوندرمه, *réjouissance.* | Ergötzen, Erheiterung. — ETMEK. *réjouir.* | ergötzen, erheitern.

a ابهال IBHÂL. [IV. بهل] Sbst. بوشلامق, صالیویرمه — ETMEK. *laisser, abandonner.* | loslassen, eine Sache sich selbst überlassen, eine Sache preisgeben.

a ابهام IBHÂM. Pl. اباهیم und Sbst. بیوک بارماق *le pouce, l'orteil.* | der Daumen, die grosse Zehe.

a ابهام IBHÂM. [بهم IV.] Sbst. مشکول قمغولق *ambiguïté, double sens, expression vague; le pronom indéfini.* | Zweideutigkeit, Dunkelheit im Ausdrucke, unbestimmter Ausdruck, Dunkel das über einer Sache schwebt. Rhetor. Zweideutigkeit, Doppelsinn. Gram. Das Indefinitum oder unbestimmte Pronomen.

a ابهت UBHET oder ابهة UBBEHET. Sbst. بختیت, قدرت, اولولق *magnificence, beauté, bonheur.* | Grossartigkeit, Pracht, Schönheit, Glück.

t ابه جیلك EBEDŽILIK. Sbst. *métier de sage-femme.* Hebammenkunst. s. ابه und ابه لك

a ابهر EBHER. Sbst. *veine jugulaire.* | die Kehlader, (arteria magna). Du. ابهران EBHERETAN, *les deux grandes artères qui partent du cœur.* | die beiden Hauptadern.

a ابهل EBHEL oder EBHUL. Sbst. حلنج سرویسی یمشی *graine de genièvre.* | die Wachholderbeere.

t ابه لك EBELIK. Sbst. *métier de sage-femme.* die Hebammenkunst. — ETMEK. *accoucher une femme.* | eine Frau entbinden; m. d. Acc. s. ابه جیلك und ابه

a t ابی EBI = ابو

p آبی ÂBI. Adj. صولو *aquatique.* | wässerig, zum Wasser in Bezug stehend. Sbst. 1. اوردك *oiseau aquatique, canard.* | Wasservogel, Ente. 2. ایوا *fruit succulent, coing.* wässerige Frucht, Quitte.

a ابیات EBJÂT. Sbst. Pl. v. بیت

p آبیار ÂBJÂR. Sbst 1. صولایجی, صوارنجی *arroseur.* der Bewässerer, Begiesser. 2. صولامق, صوارمق *action d'arroser.* | Bewässerung.

p آبیاری ÂBJÂRI. Sbst. صولامه, صولایجیلق *action d'arroser.* | Bewässerung, das Bewässern, Begiessen.

a ابیان ÂBJÂN. s. آبیان

a ابید EBÎD. Adj. لاینقطع, زوالسز *éternel, perpétuel.* | dauernd, immerwährend, ewig.

t ابیغ s. ابیدوروغ

a ابیض ABJAZ. Pl. بیض Adj. آق *blanc.* weiss.

a ابیعه EBJIʿA. Sbst. Pl. v. بیع *les chalands; acheteurs et vendeurs.* | Käufer und Verkäufer.

p ابیق EBIK. Adj. آچیق *clair.* | hell, von heller, lebhafter Farbe.

t ایك IDIK. s. ابك

a ابیل EBIL. Sbst. 1. حزین وغمکین آدم *homme chagrin, triste.* ein trauriger, betrübter Mensch. | 2. *moine chrétien, prêtre, sonneur qui frappe les planches qui servent au lieu des cloches.* | ein christlicher Mönch, Priester, Kirchenvorsteher; Läuter, der die anstatt der Glocken dienenden Breter [ناقوس] schlägt.

a ابین EBJEN. Adj. comp. v. بین *bien clair; éloquent.* | sehr deutlich, klar; sehr beredt; der sich deutlich ausdrückt.

p ابیون EBJÛN. Sbst. افیون Opium.

t آت AT, auch آط Sbst. *cheval. ch. entier.* Pferd, Hengst. یدك آتی JEDEK ATY, *cheval de main* | Handpferd, Paradepferd. قوشی آتی KOŠU ATY, *coursier, ch. de course.* | Rennpferd beim Wettrennen. صوی آت SOY AT. *ch. de race.* Pferd von Rasse. بوز آت BOZ AT. *ch. qui n'est pas de race. tenité.* | Pferd von schlechter Rasse, Schimmel. آت اوغلانی AT OGLANY, *garçon d'écurie, cavalier.* | Stallknecht, Reiter. آت بازاری AT BAZARY. *marché aux chevaux.* | Pferdemarkt. آت میدانی AT MEIDANY. Vulg. ATMEIDAN. *cirque, hippodrome, la grande place à Constantinople.* | Circus, Rennbahn, Rossplatz; der grosse Platz in Constantinopel. آت بالغی AT BALYGY. *hippopotame, ch. marin.* | Hippopotamus, Seepferd. آت یلسی AT JELESI, *crin.* | Pferdemähne, Rosshaar. آت سکمسی AT SIKMESI oder SILKMESI. *courbette.* | Bogensprung des Pferdes. آت قصنیسی AT KASNYSY. *nom d'un médicament.* | Name eines Arzneimittels. s. — قصنی. آت قویروغی AT KUYRUGU. *queue de cheval; nom d'une plante.* | Pferdeschweif; Name einer Pflanze; arab. لحسوم (LAHSUM) oder لحصم auch لسوم und بوبوملاحه genannt, die bei Krankheiten des Magens oder der Harnblase als Heilmittel angewendet, oder auch als Schönheitsmittel gebraucht wird. vgl. Kamus. s. v. لحسوم. (Das Logat-i-turki bemerkt bei AT, „es kommt auch in der Bedeutung von پندار vor.“ Diese Bemerkung scheint jedoch auf einer Verwechselung des arabischen خیل oder اخیال Pferde, Cavalerie, mit خیال Meinung, Einbildung, zu beruhen).

t o آت AT = آد Sbst. *nom.* | Name. آتسز ATSYZ. *sans nom.* | unberühmt.

t ات ET. Sbst. *viande.* | Fleisch. قره ات KARA ET. *la meilleure viande.* | das derbe Fleisch vom Schinken, (pulpa). قره کتلر KARAGA ETLER. *les muscles.* | die Muskeln, Sehnen. اوتراق اتلری OTRAK ETLERI. *les cuisses* | die Schenkel, Hinterbacken دیش اتلری DIŠ ETLERI, *gencives.* | Zahnfleisch. ات صویی ET SUJU. *bouillon.* | Fleischbrühe. ات قورتی ET KURDU. *ver qui croît dans la chair, trigue de chair.* | Fleischmade. ات کسمسی ET KESMESI oder KESELERI. *carnaval.* | Karneval, Fasching.

p ات ET. Suffix, der. 2. pers. s. d. pers. Gramm.

t ات IT. Sbst. *chien.* | Hund. s. ایت

t اتا ATA und *t o* آتا Sbst. بابا *père.* | Vater. Pl. اتالر ATALAR, *les aïeux, les ancêtres.* | die Vorältern, Ahnen. آتا واوغول بولوب ... *ils furent comme père et fils.* (Abulg.) Q.

a اتاء Sbst. برکت *produit abondant, richesses des campagnes; abondance; bienséance.* | Segen (der Ernte); Wohlstand, glücklicher Zustand.

t o آتاب ATAB. s. اتابك

t اتابك ATABEK. Sbst. *prince d'une tribu (chez les anciens Tatars); majordome, premier ministre, chef de la garde des Abbacides* | (Vaterfürst) Stammesoberhaupt der Tataren; am Hofe der Abbasiden Majordomus oder Oberster der türkischen Leibwache.

t o اتابکلك ATABEKLIK. Sbst. *dignité, rang d'un atabeg; régence, tutelle.* | Würde des Atabeg; Reichsverwaltung, Vormundschaft.

a اتات ATÂT. Sbst. اولولق *pompe, magnificence.* | Pracht, Aufwand.

t o اتاش ATAŠ. Adj. آداش *qui a le même nom.* | gleichnamig.

t o آتشلمق ATAŠMAK. Vb. intr. *se débaucher.* | ausschweifen.

t o آتاق oder آتاغان ATAK. Sbst. *qui se vante, vantard.* | Prahler. vgl. آتمق

t o آتاقلو ATAKLY. Adj. *célèbre, connu.* | berühmt, bekannt.

t o آتالق ATAGA. Sbst. *état de père.* | Vaterschaft. — آتالمق

t آتالق ATALYK. Sbst. von آتا *tuteur, instituteur.* | Vormund, Erzieher.

t o آتالغ und آتالمق ATALYG. 1. von آتا *état de père; beau-père, tuteur, gouverneur.* | Vaterschaft, väterliche Liebe; einer der Vaterstelle vertritt, Stiefvater, Vormund, Erzieher. Adj. *paternel,* väterlich. 2. v. آت — آتلو *cavalier.* | Reiter. s. آتليمق. 3. v. آد — آدلو *qui a un nom, nommé, célèbre.* | mit Namen begabt, benannt, berühmt. s. آتليق

p آتاله ATALA. Sbst. بولمنج *potage.* | Suppe, Brühe.

t آتاليان ITALIAN. Sbst. u. Adj. *italien.* | Italiener, italisch. — ITALIAN LISANI. die italienische Sprache.

t o آتامق ATAMAK. v. آت oder آد Gerund. آتاب ATAB. Aor. آتار ATAR. 1. *nommer.* | nennen, einen Namen geben, benennen. 2. *donner en mariage.* | zur Ehe geben. قيزيني آنكا آتادى er gab ihm seine Tochter zur Frau. (Abulg.) Q.

a اتاوة ITAWET. Sbst. رشوت . ويركو *tribut, don; cadeau pour gagner un juge.* | Tribut, Geschenk; Geschenk das man dem Richter als Bestechung bringt.

a اتاوى ETAWIR. Sbst. يبانجى *étranger, voyageur, pèlerin.* | Fremder, Wanderer, Pilger.

a ائتمار ITMÄR und ائتمار ITTIMÄR. [ثمر IV. und VIII.] Sbst. 1. ايستلق *action de défendre, d'interdire.* | Verbot. 2. ايرمه *action de séparer.* | Trennung, Scheidung. — ETMEK. *défendre, séparer.* | verbieten, trennen.

a اتباس ITTIBÄS. [يبس VIII.] Sbst. قوروتمق *sécher, tarir.* | Austrocknung. Vertrocknung. vgl. ايبس

a اتباع ETBÄ'. Sbst. Pl. v. تابع *domestiques, clients.* | Gefolge, Dienerschaft, Clienten.

a اتباع ITBÄ'. [تبع IV.] Sbst. *action de faire suivre une chose par une autre.* | das Folgen, die Folge; Rhetorik: *adjonction d'un mot de la même signification à un autre.* | Verbindung gleichlautender und gleichbedeutender Wörter, wie حسن بسن schön. كوتلرلى Lärm. ايلجى موكاجى Gesandter. بتزرلى

a اتباع ITTIBÄ'. [تبع VIII.] Sbst. مطيعلك *obéissance.* | Folgeleistung, Gehorsam, Nachahmung. — ETMEK. *suivre q. qn., obéir.* | Folge leisten, sich richten nach, sich fügen, gehorchen. فرمان واجب الاتباع ein Befehl, dem Folge zu leisten ist.

a اتباعا ITBÄAN. Adv. *uni avec un mot de la même signification.* | mit gleichbedeutendem Worte verbunden. vgl. اتباع ITBÄ'.

t آت s. آت بالغى

a اتجار ITTIDJÄR. [تجر VIII.] Sbst. آلش ويرش *commerce.* | Handel. — ETMEK. *négocier, faire du commerce, trafiquer.* | Handel treiben.

a اتجار ITTIDJÄR. [وجر VIII.] Sbst. شربت المق *action de prendre un médicament.* | Einnehmen von Medizin.

t آتجكز ATÖYÖYZ. Sbst. Dim. v. آت AT. *petit cheval.* | Pferdchen.

t آتجكز ETÖIGIZ. Sbst. Dim. v. ات ET. *petit morceau de viande.* | kleines Stück Fleisch.

t ايتجكز ITÖIGIZ. Sbst. Dim. v. ايت *petit chien.* | kleiner Hund.

a اتحاد ITTIHÄD. [وحد VIII.] Sbst. بيرلك . بيرلشمك *union, concorde.* | Vereinigung, Eintracht. اتحاد ووداد Eintracht und Freundschaft. اتحاد بيله vereinigt, in Freundschaft, einmüthig. Theol.: Die Lehre der Sufi, dass Gott mit dem erleuchteten Wesen Eins sei, Vereinbrüdung. — ETMEK. *s'unir.* | sich einigen, einträchtig sein.

a اتحاديه ITTIHÄDIJE. Sbst. Eine Secte der Sufi, welche den Ittihad lehren. s. d. Vhg.

a اتحاف ITHÄF. [تحف IV.] Sbst. ويرمك *don, offrande.* | Geschenk, Gabe. — ETMEK. *offrir, présenter, donner.* | geben, schenken, darbringen (mit Hochachtung).

a اتخاذ ITTIHÄZ. [اخذ VIII.] Sbst. المق . ايديمك *action de prendre en choisissant entre plusieurs.* | Annahme, Auswahl, Besitznahme. — ETMEK. *prendre, choisir; arranger.* | nehmen, annehmen, für sich nehmen, sich etwas auswählen, sich etwas verschaffen, machen, zurecht machen. اتخاذ بهانه ايتمك als Vorwand nehmen. Pass. — OLUNMAK. genommen werden, erwählt werden.

t o آتدن ITDEN. Adv. *après-demain.* | übermorgen.

t آتدرمق ATDURMAK. s. آتمق

t ايتدرمك ETDIRMEK. s. ايتمك

a اتراب ETRÄB. Sbst. Pl. v. ترب TIRB.

a اتراس ETRÄS. Sbst. Pl. v. ترس TURS.

a اتراع ITRÄ'. [ترع IV.] Sbst. طولدرمق Anfüllung. — ETMEK. *remplir.* | anfüllen.

a اتراك ETRÄK. Sbst. Pl. v. ترك TURK.

a اتراك ITRÄK. [ترك IV.] Sbst. براقمق — ETMEK. *laisser, abandonner, délaisser.* | verlassen, sich zurückziehen, eine Sache aufgeben.

a اترايب ETRÄB. Sbst. Pl. v. تراب TURÄB.

a اترج ÜTRUDJ und اترجه ÜTRUDJE oder اترنج ÜTRUNDJ. Sbst. ليمون *citron.* | Zitrone.

a اترجى ÜTRUDJI. Adj. *couleur de citron.* | zitrongelb.

t آترمق ATTYRMAK. s. آتمق

t o ايترمك YYRMAK. Vb. act. *dilacérer.* | zerreissen, zerfleischen. — يرتمق

t ايترمك ITIRMEK. s. ايتمك

a اترنج ÜTRUNDJ. s. اترج

t o اتروى ÜTRU. Adv. روبرو *en face, vis-à-vis, devant.* | gegenüber, vor. s. اوترو

t آتريه ATRYNA. Sbst. Name eines kleinen Fisches, auch طرطور genannt. arab. زمنجه

a اتساع ITTISÄ'. [وسع VIII.] Sbst. كنشلمك *extension, dilatation.* | Erweiterung, Ausdehnung; Unbestimmtheit. Rhetor. verschiedener Auslegung fähige Ausdrucksweise. — BULMAK. *se dilater.* | sich ausdehnen, sich erweitern, verschiedene Auslegung zulassen.

a اتساق ITTISÄK. [وسق VIII.] Sbst. *arrangement.* | Aufstellung in Reih und Glied, Ordnung. — BULMAK. *se ranger, être rangé, s'attrouper, être complet.* | sich in Ordnung, in Reih und Glied stellen, sich versammeln, in Ordnung sein, sich vervollständigen, vollständig sein.

a اتسام ITTISÄM. [وسم VIII.] Sbst. Kennzeichnung, das sich unterscheiden einer Sache. — ETMEK. *se marquer d'un signe, se distinguer.* | sich ein Kennzeichen machen, sich durch etwas auszeichnen.

t اتسز ETSIZ. Adj. v. ات ET. *maigre.* | fleischlos, mager. اتسزجه ETSIZÖE. ziemlich mager.

t آتش ATYŠ. Sbst. *jet, coup.* | Wurf, Schuss. vgl. آتمق

t آتش ÄTEŠ. Sbst. اود . ينقين . قزلو *feu, flamme, inflammation, ardeur, incendie; chose inflammable, passion.* | Feuer, Flamme, Brand, Feuersbrunst; zündbarer Stoff, Zunder, Entzündung; entzündete Leidenschaft. آتش افروز ÄTEŠ AFRÜZ. Sbst. *qui allume le feu.* | Feueranzünder, Brandstifter, Zunder. آتش انكيز ÄTEŠ ENGIZ. Adj. *qui excite le feu.* | feueranfachend. آتشبار ÄTEŠ BÄR. Adj. u. Sbst. *qui répand des flammes; briquet.* Feuer anzündend, flammend; das Feuerzeug. آتشپاره ÄTEŠPÄRE. Sbst. *étincelle; ver luisant.* | Feuerfunken, vgl. پاره; Leuchtwurm. Adj. *ardent, passionné.* | feurig, lebhaft, leidenschaftlich — آتشين . آتشباز ÄTEŠBÄZ. Sbst. *artificier, bombardier; l'éclair.* | Feuerwerker; der Blitz. آتشبازلق ÄTEŠBÄZLYK und آتشبازى ÄTEŠBÄZI. Sbst. *pyrotechnie.* | Feuerwerkerei, Kunst mit Feuerwaffen zu schiessen; Pulverbereitung. آتشپرست ÄTEŠPEREST. Sbst. *ignicole, mage.* | Feueranbeter. آتش بوجكى ÄTEŠ BÖDžEJI. Sbst. *ver luisant.* | Leuchtkäfer. آتشتاب ÄTEŠTÄB. Sbst. *qui allume le feu; fournaise.* Feueranzünder; Brennofen, Schmelzofen. آتشتاو ÄTEŠTÄU. Sbst. *chaleur.* | Hitze, Gluth. آتشخانه ÄTEŠHÄNE. آتشكاه ÄTEŠGAH. — آتشكده ÄTEŠKEDE. Sbst. *temple des mages.* | Feuertempel. آتشدان ÄTEŠDÄN. Sbst. *foyer, réchaud.* | Herd, Kamin, Kohlenpfanne. آتشكيره ÄTEŠGIRE. Sbst. *pelle à feu matière inflammable, réchaud.* | Feuerschaufel, Kohlenbecken, Zunder.

t آتشدرمق s. آتمق

t آتشدرلق s. آتمق

p t آتشلك ÄTEŠLYK. Sbst. اوجاق . منقل *foyer, réchaud.* | Herd, Kamin, Kohlenbecken.

p t آتشلنمك ÄTEŠLENMEK. Vb. intr. Aor. ÄTEŠLENIR. *prendre feu, s'échauffer; se procurer du feu.* | Feuer fangen, sich entzünden, entbrennen (in Zorn); sich Feuer verschaffen.

p t آتشلو ÄTEŠLÜ. Adj. *ardent, brûlant; rouge.* | feurig, brennend; roth (von Haar) — كوزلر feurige Augen, f. Blicke. — توفنك Feuerwaffe.

t ايتشمك ITIŠMEK. s. ايتمك

t آتشمق ATYŠMAK. s. آتمق

p آتشناك ÄTEŠNÄK. Adj. *ardent, enflammé, chaud.* | entzündet, hitzig, heiss, brennend.

p آتشی ÂTEŠI. Pl. آتشیان ÂTEŠIÂN. *brûlant, flambogant, échauffé; passionné, rouge; condamné à l'enfer.* | feurig 1. flammend, lodernd; 2 erhitzt, hitzig. 3. zornig, wüthend 4. zum Zorn geneigt, leidenschaftlich, lebhaft. 5 glühend, feuerfarbig, roth. 6. zur Hölle verdammt.

p t آتشیلق ÂTEŠILYK. Sbst. *feu, chaleur, ardeur, vivacité, emportement* | Feuer, Hitze, Lebhaftigkeit, Heftigkeit.

p آتشین ÂTEŠIN. Adj. = آتشی

a اتصاف ITTISÂF. [وصف VIII] Sbst. *description, qualification; ayant la qualité (exprimée par le mot précédent).* | Beschreibung, Qualificirung; bezeichnet in Zusammensetzungen den Besitz einer Eigenschaft, wie die deutschen Endungen lich, haft, bar. خلوص اتصاف aufrichtig, سعادت اتصاف glücklich.

a اتصال ITTISÂL. [وصل VIII.] Sbst. بتشمك. بتشك اولق *jonction, action de s'unir à q. ch., uni à, doué de.* | Vereinigung, Verbindung. — ETMEK. *unir à.* | vereinigen, verbinden, — OLUNMAK, — BULMAK, *s'unir à.* | sich vereinigen mit, in Berührung kommen mit. In Zusammensetzungen: verbunden mit, vereinigt mit, haftend an. یمن اتصال glückverbunden, d. i. glücklich.

a اتضاح ITTIZÂH. [وضح VIII.] Sbst. روشن اولق . واضح اولق (*être évident, être manifeste*) *évidence, clarté, intelligibilité.* | Deutlichkeit, Klarheit.

a اتضاع ITTIZÂ. [وضع VIII.] Sbst. الچقلق *humiliation, abaissement, bassesse* | Erniedrigung, Demuth, Niedrigkeit — OLUNMAK; *s'humilier, s'abaisser, être humilié.* | sich erniedrigen, sich demüthigen, demüthig sein.

a اتطان ITTITÂN. [وطن VIII.] Sbst. *action de se fixer quelque part, occupation.* Besitznahme (eines Landes, Reiches, des Bodens). Ansiedelung.

a اتعاب IT'ÂB. [تعب IV.] Sbst. یورمق صقلمق وبزمك *se lasser, se fatiguer.* | Ermüdung, Erschlaffung, Langweilung. — ETMEK. *fatiguer, user.* | ermüden, erschlaffen, abnutzen.

a اتعاد ITTI'ÂD. [وعد VIII.] Sbst. وعدلشمك سوز الق *acceptation d'une promesse, se faire donner des promesses.* | Annahme eines Versprechens. — ETMEK. *promettre, menacer.* | sich versprechen lassen, etwas versprechen, drohen.

a اتعاس IT'ÂS oder اتعاس ITTI'ÂS [تعس IV. u. VIII.] Sbst. هلاك ايتمك اولدرمك *perdre, tuer.* | Verderbung, Ermordung. — ETMEK. Zu Grunde richten, verderben, tödten.

a اتعاظ ITTI'ÂZ. [وعظ VIII.] Sbst. *se laisser avertir, écouter les avertissements, en profiter; écouter un sermon.* | Anhörung und Annahme einer Ermahnung, eines guten Rathes; Anhörung einer Predigt.

t o اتغولامق s. اتقولامق

t اتغی ATGY. Sbst. *trait, trâme.* | Schussfaden des Gewebes. vgl. ارغج

a اتفاق ITTIFÂK. [وفق VIII.] Sbst. برلك *union, harmonie, consentement, accord; association, conjuration, complicité; complication des événements, hasard.* | Vereinigung, Eintracht, Uebereinstimmung, Verbindung, Verschwörung, Mitschuld. Zusammentreffen von Umständen, Zufall = قضا. Rhetorik: Verbindung einer zufälligen Thatsache mit dem Namen einer Sache oder einer Person. — ETMEK. *consentir, être d'accord, s'associer, se conjurer.* | übereinkommen, übereinstimmen, sich vereinigen, sich verschwören. اتفاق ایله oder بالاتفاق übereinstimmend, mit Uebereinstimmung. علی الاتفاق einmüthig.

a اتفاقا ITTIFÂKAN. Adv. *par hasard.* | zufällig, unversehens, unverhofft.

a اتفاقات ITTIFÂKÂT. Sbst. Pl. v. اتفاق *circonstances, événements, concours des circonstances.* | zufällige Ereignisse, Umstände.

a p اتفاقجو ITTIFÂKDSCHU. Adj. *s'accordant, tombant d'accord.* | zur Vereinigung oder Eintracht geneigt, verträglich, sich leicht einigend; von selbst treffend, sich von selbst verstehend.

a t اتفاقسز ITTIFÂKSYZ. Adj. *désuni.* | uneinig, ohne Einigung.

a t اتفاقسزلق ITTIFÂKSYZLYK. Sbst. *désunion, discorde.* | Uneinigkeit, Veruneinigung.

a t اتفاقلشمق ITTIFÂKLAŠMAK. Vb. rec. *être d'accord.* | übereinkommen, übereinstimmen.

a t اتفاقلق ITTIFÂKLYK. Sbst. *union, concorde, alliance.* | Vereinigung, Verbindung, Eintracht.

a p اتفاقی ITTIFÂKY. Adj. *étant d'accord; fortuit, éventuel.* | übereinstimmend; zufällig, unvermuthet.

t o اتقامق ATKAMAK. Vb. act. *bénir.* | Gutes wünschen, segnen. Deriv. I. اتقنمق ATKANMAK. Vb. intr. *être béni.* | gesegnet werden oder sein, sich selbst etwas Gutes wünschen. II. اتقتمق ATKATMAK. Vb. trans. *faire bénir.* | Gutes wünschen lassen.

a اتقا ITTIKÂ. [وقی VIII.] Sbst. صاقنوب چكنمك *peur, crainte (de Dieu), dévotion.* | Scheu, Furcht, Gottesfurcht. — ETMEK. *se garantir contre q. ch., craindre q. ch. et éviter* | sich scheuen, sich einer Sache enthalten, sich vor etwas hüten, nicht trauen. m. d. Ablat.

a اتقان ITTIKAN. [تقن VIII.] Sbst. شبهه‌سزلك *certitude.* | Gewissheit, sichere Kunde.

t o اتقولاش ATKULAŠ. Sbst. *charge de cavalerie, bataille.* | Angriff (zu Pferde), Kampf. LT.

t o اتقولاشمق ATKULAŠMAK. s. اتقولامق

t o اتقولامق und اتقولامق ATKULAMAK. Vb. intr. u. act. *monter à cheval; faire une charge (à cheval)* zu Pferde steigen, reiten, einen Angriff (zu Pferde) machen. یاغیی اتقولادی er griff den Feind an. Q. Deriv. اتقولاشمق ATKULAŠMAK. Vb. recipr. *se précipiter l'un sur l'autre.* | sich auf einander stürzen. — LT. لسب كلاحتن

a اتقیا ETKIÂ. Sbst. Pl. v. تقی TEKIJ. *ceux qui craignent Dieu, les dévots.* | die Gottesfürchtigen.

a اتك ETEK. Sbst. *bord, pan, pli (de la robe), penchant (d'une montagne).* | Rand, Saum, Kleiderrand. Vulg. پیش Schoos oder Schleppe eines Kleides. طاغ اتكی [p. دامن كوه] Fuss oder Abhang eines Berges. اتك سلكمك *renoncer à q. ch.* | den Saum schütteln; d. i. auf etwas verzichten, vgl. das Deutsche „den Staub abschütteln". ال بنم اتك سنك (Sprichw.) ich habe die Hand, du den Saum des Kleides, d. i. ich bin der Flehende, die Gewährung steht bei dir.

t o اتك ITTIK. Sbst. *flèche.* | Pfeil. p. تیر LT.

t o اتك ITTIK. Num. *cinquante.* | fünfzig. پنجاه LT.

a اتكا ITTIKÂ. [وكا VIII.] Sbst. صغنمق *confiance.* | anlehnen, stützen, vertrauen auf. — ETMEK. *s'appuyer sur q. ch., se fier à.* | sich stützen auf, lehnen an etwas, sich verlassen auf m. d. Dat.

t o اتكرمك ETGIRMEK. Vb. intr. *passer le temps.* | die Zeit hinbringen, aufschieben. — LT. كچرلمك

a اتكال ITTIKÂL. [وكل VIII.] Sbst. طیانمق كوكل *confiance, courage.* | Vertrauen, Gottvertrauen, Muth. — ETMEK. *se fier à q. qu.* | sich auf einen verlassen, ihm seine Angelegenheit anvertrauen. m. d. Dat.

t اتكلك ETEKLIK. Sbst. v. اتك *étoffe nécessaire pour faire le pan etc. de la robe; sorte d'écharpe que les danseurs publics portent autour des reins.* | das zu einem Saum u. s. w. nöthige Stück Zeug, Rockschoos; ein Stück Zeug wie öffentliche Tänzer als Schärpe um die Hüften tragen.

t اتكلو ETEKLI. Adj. v. اتك *garni d'un bord etc.; à larges pans, ample (des vêtements).* | mit einem Saum u. s. w. versehen, gesäumt, grossschössig, faltig, weit (von Kleidern).

t o اتكلو Adj. *célèbre.* | berühmt. LT.

a اتلاج ITTILÂDSCH. [ولج VIII.] Sbst. ایچرو كیرمك *action d'entrer, d'introduire.* | Eintritt, Einführung.

a اتلاد ETLÂD. [ولد] Sbst. *esclave ou bête qui est né dans la maison du maître.* | Sclave, Sclavin oder Stück Vieh, das im Hause des Herrn geboren ist.

t اتلمق . اتلامق ATLAMAK. Aor. اتلار ATLAR. Vb. act. v. اتمق; *jeter çà et là, sauter, franchir.* | hin- und herwerfen, schütteln; springen, überspringen. مخاطره اتلامق der Gefahr aus dem Wege gehen. vgl. اتلانمق 2. und اتلاندیرمق

t اتلامه . اتلمه ATLAMA. Sbst. vgl. اتمق und اتلامق *pierre mise dans l'eau pour passer à gué.* | Schreitstein.

t اتلانمق ATLANMAK. Vb. intr. 1. von ات *monter à cheval, se mettre en route.* | das Pferd besteigen, reiten; eine Reise antreten. 2. von اتلامق *se précipiter sur..., faire un assaut.* | sich stürzen auf, einen Angriff machen. Deriv. اتلاندیرمق ATLANDYRMAK. Vb. trans. *faire monter à cheval, commander un assaut.* | reiten lassen, aufsitzen lassen, einen Angriff machen lassen.

t o آتلانمق ATLATMAK. Vb. intr. *monter à cheval.* | das Pferd besteigen, reiten. LT.

t آتلمق ATYLMAK. Vb. pass. von آتمق

t o ایلامق YTLAMAK. Vb. act. *demander.* | bitten, fordern, verlangen. LT.

t o ایلامق YYLAMAK. vgl. ایلامق 1. Vb. act. *paître.* | weiden. 2. Vb. intr. *pousser le cri de détresse.* | schreien, klagen. Deriv. ایلاتمق YYLATMAK. Vb. trans. 1. *faire paître.* | weiden lassen. 2. *faire pousser le cri de détresse.* | wehklagen machen.

t آتلو ATLY. Adj. u. Sbst. v. آت AT. *être à cheval, cavalier.* Pl. آتلولر = آتلو عسکر *cavalerie.* | beritten, ein Reiter, Cavallerist. Plur. die Reiterei. آتلو باشی ATLYBAŠY. *officier de cavalerie.* | Cavallerieofficier. آتلو تفنکجی ATLYTÜFENKGI. *dragon.* | Dragoner, Cavallerist. آتلو قرنجه‌سی ATLYKARYNĠASY. *grande fourmi.* | die Rossameise. (formica herculeana.)

t اتلو . اتلی ETLI. Adj. v. ات ET: *corpulent, charnu.* | fleischig, beleibt.

t o آتلیق . آتلیغ ATLYG. Adj. u. Sbst. = آتلو *cavalier.* | Reiter.

t o آدلیق . آدلیغ ATLYG. Adj. u. Sbst. = آدلو *qui a un nom, nommé, célèbre.* | mit einem Namen begabt, benannt; einer der einen Namen hat, genannt, berühmt.

t آتم ATYM. Sbst. vgl. آتمق *portée.* | Wurf, Wurfweite, Schussweite. بر طاش آتمی ein Steinwurf, so weit ein Stein fliegen kann.

t اتم ETEM. Sbst. 1. کیجیکمه . اوپالنمق *délai, retardement.* | Aufschub, Verzögerung. 2. آرقه‌لنمق . بوزکسونلك *lâcheté.* | Feigheit, Schlechtigkeit.

a اتمام ITMÂM. [تم IV.] Sbst. تمام‌لامق . بتورمك *action de finir, d'achever.* | Vollendung. ITMÂM ETMEK. vollenden, fertig machen, beendigen, ein Geschäft abmachen.

t اتمك . s. اکمك

t آتمجه . آتمجه . آتمجه ATMAGA. Sbst. *épervier.* | der Sperber. (astur nisus, L.)

t آتمق ATMAK. Aor. آتار ATAR. Praes. آتیور ATAYOR. Vb. act. 1. *jeter, lancer, tirer, rejeter; carder (du coton); battre (le coeur); rejeter la faute sur qlqu., s'excuser sur qlqu.* | werfen, schleudern, z. B. einen Pfeil, daher überh. schiessen, ein Gewehr abfeuern; wegwerfen, auswerfen, ausspeien; das Schlechte abwerfen, z. B. den Schmutz von der Wolle, daher krempeln; vom Wasser, Schmutz und Schaum am Ufer absetzen; die Spreu vom Getreide wurfeln; von sich abwälzen (die Schuld), auf einen andern schieben; einem etwas vorwerfen; اوزرینه آتمق = بوینمه آتمق auf sich nehmen, Caution leisten; sich bewegen, schlagen (d. Herz, d. Puls). — آدیم Schritte werfen, schreiten [vgl. jedoch آدیم . صچمق]. صچق آدیملر آتمق kleine Schritte machen, trippeln. — دمیر Anker werfen. — کوز Blicke werfen, Blicke zuwerfen. — سوز schlechte, prahlerische Reden führen, durch Reden beleidigen. — یلان albern schwatzen. — طوپ Kanonen abfeuern, salutiren (von Schiffen), sprüchwörtl. Bankrott machen. نفس

اوزرمه آتیورسن du schiebst es immer auf mich (was du selbst gethan). کنوب طوپوغی sich ins Zeug werfen, sich brüsten. 2. Vb. intr. *blêmir, pâlir, changer de couleur; poindre, se faire jour.* | verschiessen, verbleichen (von Farben), sich entfärben, erbleichen (das Gesicht, vor Angst, Schreck, im Tode u. s. w.), grauen, hell werden. تانك آتموجه bis zu Anbruch des Tages. تانك آتمقدن oder آتمقده seit Anbruch des Tages, vom Morgen an. Ali Schir. Q. 3. Vb. impers. آتار ATAR. *il s'agit de . . . es handelt sich um . . .* Deriv. I. آتدرمق od. آتورمق ATTYRMAK. Aor. آتدرر ATTYRYR. Vb. tr. *faire lancer, — tirer etc.* werfen lassen, schiessen lassen u. s. w. II. آتشمق ATYŠMAK. Aor. آتشور ATYŠYR. Vb. recipr. *tirer l'un sur l'autre; s'attaquer l'un l'autre.* | einander werfen, bewerfen, beschiessen, einander angreifen. اوق آتشمق einander mit Pfeilen beschiessen. III. آتشدرمق ATYŠDYRMAK. Vb. recipr. trans. *faire attaquer, faire tirer l'un sur l'autre.* | gegenseitig bewerfen oder beschiessen lassen; zum Angriff commandiren. IV. آتشدرلمق ATYŠDYRYLMAK. Vb. recipr. trans. pass. *être lancé etc. l'un sur l'autre.* | gegenseitig beworfen u. s. w. werden. V. آتلمق oder آتیلمق ATYLMAK. Aor. آتیلور ATYLYR. Vb. pass. 1. *être lancé, être tiré etc.* | geworfen werden, geschleudert werden u. s. w. آتیلمش اوق ein abgeschossener Pfeil. 2. *être lancé du haut en bas, tomber.* | von oben herab geworfen werden, fallen, herabstürzen. شدتله آتیلیر قمق mit starkem Falle fliessen. 3. *être lancé du bas en haut, sauter.* von unten hinauf geworfen werden, aufspringen, springen. صچرایوب آتیلمق sich auf einen stürzen, im Kampfe. آتیلوب صچرامق auf einen einspringen. 4. Vb. intr. *se cambrer, s'arquer (du bois), s'émousser (la lame).* | sich werfen, sich krümmen (vom Holze), stumpf oder schartig werden (ein Schwerdt, Messer).

t اتمك ETMEK. s. ایتمك

t اتمك ETMEK, vulg. EKMEK. *t o* ITMEK und ÖTMEK, vgl. اوتمك Sbst. *pain, nourriture.* | Brod, Nahrungsmittel, Lebensunterhalt, das tägliche Brod. اتمك قبوغی Brodrinde. اتمك ایچی Brosame. اتمك اوروسی Brodsack.

t اتمكجی ETMEKĠI, vulg. EKMEKĠI. Sbst. *boulanger.* | der Bäcker.

t اتمكجیلك ETMEKĠILIK. Sbst. *art, ou état de boulanger.* | Bäckerei, Bäckerhandwerk.

t آتمه ATMA. Sbst. vgl. آتمق: *jet, coup.* Wurf, Schuss. آتمه طوپوغی *ostentation.* Prahlerei. آتمه یلدز *étoile filante.* | Sternschnuppe. vgl. آتمق

t اوتمق . s. اتمك

t اته . s. آته

a اتهام ITHÂM oder اتهام ITTIHÂM [وهم IV. u. VIII.] Sbst. تهمتلو قلمق *accusation (fausse), imputation, soupçon.* Beschuldigung, Verdächtigung, Verdacht. — ETMEK. beschuldigen (m. d. Abl.)

a اتوا ITWÂ. [توی IV.] 8. هلاك ایتمه *action de faire périr, dissipation.* | Verwüstung, Vergeudung. اتواء مال ایتمك sein Vermögen vergeuden, sein Geld schlecht anwenden.

a اتواق ETWÂK. Sbst. Pl. von توق: *passions.* | Liebhabereien, Leidenschaften.

p آتوربان ATORBÂN. Sbst. زاهد *ermite; moine.* | Mönch, Einsiedler.

t o آتورمق ATYRMAK. Vb. act. = آتدرمق

t o آتوز ATOZ. Num. *trente.* | dreissig. LT.

t o آتون ATUN, ATON. Sbst. *intercession, prière.* | Fürbitte, Gebet. LT.

p آتون ATON. Sbst. خواجه قادین *la gouvernante dans le harem.* | Aufseherin und Lehrerin im Harem. | *matrice; membrane qui enveloppe le foetus.* | Mutter (matrix, uterus).

t o آتی ATY. Sbst. *moulinet; moussoir.* | Quirl. LT. آتی کی بلور جغرات جلق کنند بفرسی چرخ کویند

a آتی ATY. Adj. کلجك اولان *qui vient, qui va venir, futur.* | kommend, künftig. آتی البیان . آتی الذکر . ذکری آتی unten zu erwähnen, worüber unten das Weitere.

a ایاس ITTIJÂS. [یأس VIII.] Sbst. نا امید اولمق *désespoir.* | Hoffnungslosigkeit, Verzweiflung. — ETMEK. verzweifeln.

a اتیان ITJÂN. اتیانه ITJÂNE. Sbst. [اتی IV.] 1. کلمه . کلیش *venue, arrivée.* | Ankunft. اولاد وضع Geburt eines Kindes. 2. ایراد . اثبات *mention, confirmation.* | Erwähnung, Bestätigung. — ETMEK. anführen, erwähnen, bestätigen.

t آتیجی ATYĠY. Sbst. vgl. آتمق: *qui jette, tire, lance, carde.* | einer der wirft, Schleuderer, Schütze, Krempler u. s. w.

t آتیلمق Vb. pass. von آتمق

a اتیه ETYH. Adj. متکبر اولان *fier, hautain.* | stolz, anmassend.

a اثابت ISÂBET. [ثوب IV.] Sbst. جزا . اجر ویرمك *récompense, représailles.* | Wiedervergeltung (Gleiches mit Gleichem).

a اثاث ESÂS. Sbst. Pl. خانه متاعی *meubles, effets.* | Hausgeräth, Geräthschaften.

a اثار ESÂR. Sbst. Pl. v. اثر

a آثار ÂSÂR. Sbst. Pl. v. اثر u. اثر

a اثارت ISÂRET. [ثور IV.] Sbst. قالدرمق . قوزغمق *action de remuer, d'exciter.* | Aufrüttelung, Aufwühlung, Anregung, Aufwiegelung. — ETMEK. aufwühlen (d. Boden), Staub u. dgl. erregen; aufregen, aufscheuchen, aufwiegeln.

a اثال ESÂL oder اثالت ESÂLET. Sbst. اولولق *grandeur, gloire.* | Grösse, Adel, Vornehmheit, Ruhm.

a آثام ÂSÂM. Sbst. Pl. von اثم

a اثام ESÂM. Sbst. 1. کناهکارلق *péché, culpabilité, crime.* Verbrechen, Sünde gegen das Gesetz. 2. کناهکار *pécheur, criminel.* | Verbrecher, Sünder. 3. کناهك جزاسی *peine encourue par le péché.* | Vergeltung der Sünde, Strafe. 4. *nom d'une rivière dans l'enfer, l'enfer.* Name eines Flusses in der Hölle; die Hölle.

a اثبات ISBÂT. [ثبت IV.] Sbst. ثابت ایتمك . ثابت وبرقرار ایتمه *confirmation; preuve, démonstration, argumentation, conviction.* | Befestigung, Bestätigung, sichere Kenntniss, Beweis, Ueberführung (vor Gericht durch Zeugenaussage oder Geständniss), Beweisführung durch Argumentation تغيير وتبديل changement, correction. | Abänderung, indem man etwas wegnimmt und dafür etwas anderes setzt, an Gebäuden, Schriften etc. — ETMEK befestigen, bestätigen, beweisen; abändern, verbessern.

a أثر ESER. Pl. آثار ÂSÂR und أثرلر ESERLER Sbst. أثر , نشان 1 trace, vestige, cicatrice, marque. | Spur, Zeichen; Eindruck oder Abdruck; لآثر الشريف niche faite dans un mur dans la direction de la caaba. | Gebetsnische, auch محراب genannt. Marke, Schwiele. 2. monument. | Denkmal. آثار خيريه ÂSÂR-I HAIR, fondations pieuses. | fromme Stiftungen. 3. action ou fait mémorable. | denkwürdige Begebenheit, Handlung, That. 4. histoire de faits mémorables. | Erzählung denkwürdiger Begebenheiten, Lebensbeschreibung. آثار سنويه ÂSÂR-I SENEWIJE. annales. | Jahrbücher, Chroniken. اثرنويس ESER-NEWIS, historiographe. | Geschichtsschreiber, Hofgeschichtsschreiber. — 5. effet, conséquence. Wirkung, Folge. Pl. آثار paroles ou actions de Mahomet. | die mündlichen Ueberlieferungen und Gesetze des Propheten; Ueberlieferungen, Sagen.

a أثر ISR Sbst. أثر 1. marque, signe, trace, vestige. | Spur, Zeichen. 2. Adv. — إثر derrière, après. | hinten, nach. إثرنده après cela. | nach diesem, hierauf.

a أثر ESR, ESER. Pl. آثور USUR. éclat, eau de la lame d'un sabre. | Glanz.

a أثرت ESRET. Sbst. autorité, pouvoir absolu. | absolute Macht und Ansehen.

a p أثرنواز ESRENIS. Adj. und Sbst. واقف , شناسا avisé, informé; complice. | bekannt mit einer Sache, mitwissend, mitschuldig.

a p أثرنگار ESERNIGÂR Sbst. مورخ , تاريخ نويس historiographe. | Geschichtschreiber.

a أثبت ESBT. Adj. ثابت , أثبت 1. ferme, fixe, stable, constant. | fest, sicher. 2. obéissant. | folgend, gehorchend.

a أثقل ASKT. Adj. = أثقل

a أثقال ESKÂL. Sbst. Pl. v. ثقل

a أثقل ESKAL. Adj. comp. أغر pesant, lourd. | schwer.

a أثل ESL. Sbst. ... sorte de tamarin. | eine Art Tamarinthe.

a أثيم ÂSYM. Adj. und Sbst. كناهكار coupable, criminel, pécheur. | schuldig; Verbrecher, Missethäter, Sünder. — OLMAK schuldig sein.

a إثم ISM. Sbst. كناه délit, péché. | Verbrechen, Sünde, Vergehen.

a أثمار ESMÂR. Sbst. Pl. v. ثمر

a أثمان ESMÂN. Sbst. Pl. v. ثمن

a أثمن ESMEN. Adj. comp. قيمتلو précieux. | kostbar, theuer, werthvoll.

a أثناء ESNÂ. Sbst. آرا 1. milieu, intervalle. | Mitte (zwischen zweien), Zwischenraum, von Raum und Zeit. اثناسنده au milieu; entre, pendant. | in der Mitte; zwischen, während. اثناء مكالمه en attendant. | inzwischen. اثناء مكالمه während des Gesprächs. يول اثناسنده — اثناء راهده unterwegs.

a أثناء ESNÂ. Sbst. Pl. v. ثنا qualités, vertus, talents. | gute Eigenschaften.

a أثنا ISNÂ [ثنا IV.] Sbst. مدح ايتمك , ثنا ايتمك action de louer. | Lob, loben.

a اثنين ISNIN. Adj. Num. ايكي deux, zwei. Fem. اثنتان ISNATÂN.

a اثنا عشر ISNÂ'ASER. Adj. Num. اون ايكي douze. | zwölf.

a اثنين ISNEIN. Adj. Num. von اثنان — يوم الاثنين le second jour de la semaine, lundi. | Montag.

a اثنينيت ISNEINIJET. Sbst. ايكيلك , ايكيلك , شبهه ايهام duplicité; ambiguïté, amphibologie. | Doppelheit, Zweifachheit, Zweideutigkeit, Doppelsinn.

a أثنيه ESNIE, EYNIE. Sbst. Pl. v. ثنا éloges, louanges, prières. | Lobsprüche, Lobpreisungen, Gebete.

a أثواب ESWÂB. Sbst. Pl. v. ثوب Vulg. اسباب vêtements, ustensiles, marchandises. | Kleider, Werkzeuge, Materialien, Waaren.

a أثوار ESWÂR. Sbst. Pl. v. ثور

a أثور USUR. Sbst. Pl. v. أثر

a أثيم ASIM. Adj. u. Sbst. كناهكار criminel, pécheur, coupable. | sündhaft, verbrecherisch, schuldig. Verbrecher, der Schuldige.

a إثار ISÂR. [ثأر IV.] Sbst. أوج آلمق action de se venger. | Rache. — ETMEK se venger. | sich rächen.

a أثير ESIR. Sbst. (αἰθήρ) l'éther, l'air, le ciel. | der Aether, Lichtkreis, Himmel. جرم الاثير le firmament. | der Sternenhimmel, d. Firmament.

a أثير ESIR. Adj. qui signe, qui marque; signé, marqué. | zeichnend, bezeichnend; bezeichnet, gezeichnet, erwählt. Sbst. l'élu, l'ami intime. | der Erwählte, Vertraute.

a أثيم ESIM. Sbst. كناهكار criminel, pécheur, coupable. | d. Sünder, Missethäter, Schuldige.

t أج AĠ oder آج ÂĠ. Adj. à jeun, qui a faim. | hungrig, nüchtern. Sbst. faim, avidité, cupidité. | Hunger, Gier, Begierde. آج قرنينه mit leerem Magen, nüchtern, fastend. — كوزلو begierig, unersättlich. — كوزلولك Gier, Begierde. — اولمق Hunger haben, nüchtern sein. آج بيراقمق aufs Hungern setzen, auf schmale Kost setzen, hungern lassen. آجلقدن اولدرمك verhungern.

p آج ÂĠ. Sbst. signe, trace. | Zeichen, Spur.

t o أج ÏĠ. s. ايچ

t آج ÏĠ. s. ايچ

t o آجا AĠA. Sbst. mère. | Mutter.

a اجابت IĠÂB oder اجابت IĠÂBET [جوب IV.] Sbst. جواب ويرمك riposte, acceptation, agrément, consentement. | Antwort, Zusage einer Bitte oder Einladung, Erhörung des Gebets, Annahme eines Geschenks. — ETMEK répondre, agréer, accepter, exaucer. | antworten, zusagen, willfahren; ein Gesuch u. s. w. günstig aufnehmen, ein Geschenk annehmen. امة اجابت das Volk der Zusage, d. i. die Gläubigen.

t o آجيرتمك AĠYRTMEK. Vb. comp. ouvrir. | öffnen. vgl. آجمق ,آجمق

a أجاج UĠÂĠ. Adj. u. Sbst. شوريه , آجي saumâtre, eau saumâtre. | salzig, brackig; Brackwasser.

a اجادت IĠÂDET. [جود IV.] Sbst. ايولك ايتمك , ايولك action de donner largement, de faire du bien, bienfait. | Wohlthat, Gutthat, gute Ausführung.

a أجار AĠÂR. Sbst. Pl. v. اجر

p آجار ÂĠÂR. Sbst. تازه لك vigueur, fraîcheur. | Frische, Kraft.

p آجار ÂĠÂR. Sbst. mélange; ragout; terrain inégal. | Mischmasch; Mischspeise; gemischte unebene Oberfläche des Bodens.

a اجاره IĠÂRE. [اجر IV.] Sbst. ترك , كرا , كرايه loyer, location, profit. Miethe, Pacht, Pachtgeld; Vermiethung, Miethvertrag; Erbpacht. Einnahme oder Rente von einem Grundstücke; Nutzen und Vortheil von einer Sache. اجاره يه ويرمك verpachten, vermiethen. اجارهٔ معجله Lehngeld bei Uebergabe eines Grundstücks. اجارهٔ موجله das jährliche oder monatliche Pachtgeld.

a اجازت IĠÂZET [جوز IV.] Sbst. اذن permission; congé; sanction. | Erlaubniss, Urlaub, Ermächtigung, Bestätigung; Diplom oder Ermächtigung zu einem Lehramte. — آلمق prendre congé. | Urlaub nehmen, um Erlaubniss bitten. — ويرمك permettre, congédier. | Erlaubniss geben (m. d. Dativ.), den Abschied geben, entlassen, beurlauben.

a p اجازتخواه IĠÂZETḪÂH. Adj. u. Sbst. qui demande la permission. | einer der um Erlaubniss bittet, um Urlaub nachsucht.

a t اجازتسز IĠÂZETSIZ. Adv. sans permission. | ohne Erlaubniss, ungeladen.

a t اجازتلنمك IĠÂZETLENMEK. Vb. act. congédier. | verabschieden, beurlauben.

a اجاص oder اجاص IĠÂS. Vulg. IŚĠÂS Sbst. sorte de prunes. | eine Art Pflaumen (Damascener Pflaumen).

t o آجاش ÏĠÂŚ. Sbst. émulation, dispute. | Wetteifer, Wettkampf, Streit. p. ستيزه LT.

t o آجاق ÏĠÂQ. Sbst. trépied; collier (de fer). | Dreifuss (zum Kochen); Halsring. LT.

p آجان ÂĠÂN. Sbst. طوز , طوبراق terre, poussière. | Erde, Staub.

a أجال ÂĠÂL. Sbst. Pl. v. أجل

a اجاله IĠÂLE [جول IV.] Sbst. طولاشديرمق , دوندرمك Wendung, Umwendung, Windung, Circulation. — ETMEK faire tourner, faire aller en cercle; faire caracoler un cheval, le faire aller en rond. | im Kreise gehen lassen, circuliren lassen, in Fluss bringen; ein Pferd im Kreise herumreiten, in der Bahn reiten.

a آجام ÂĠÂM oder أجام IĠÂM. Sbst. Pl. v. أجم

a اجامره EĠÂMIRE. Sbst. Pl. v. جمره

a t أجامي AĠÂMY. Adj. Tahrif v. عجمي ÂĠEMI (s. d.) sot, bête, maladroit. | dumm, ungeschickt, urspr. von Neuen, die weder die Sprache noch eine Arbeit verstehen.

a اجانب EĠÂNIB. Sbst. Pl. v. اجنبي

a اجابت IĠÂBET. Sbst. نفس , نفس كلمجه ...

écuelle, coupe, cruche. | ein grosses Gefäss, Schale, Becken, Krug.

a اجبار IĞBÂR. [جبر IV.] Sbst. زور *action de contraindre.* | Gewalt, Zwang. — ETMEK. *forcer, contraindre.* | Gewalt anwenden, zwingen. Pass. — OLUNMAK اجبارله mit Gewalt.

a اجباراً IĞBÂRAN. Adv. *par force, à contre-coeur.* | mit Gewalt, gewaltsam, wider Willen. s. d. Vbg.

a t اجبارله IĞBÂRILE = اجبارله s. اجبار.

a اجبال IĞBÂL. Sbst. Pl. v. جبل *montagnes, chaîne de montagnes.* | Gebirge, Bergkette, Gebirgsland.

a اجتبا IĞTIBÂ. [جبى VIII.] Sbst. سچمه Wahl, Auswahl. — ETMEK. *choisir, discerner.* | wählen, auswählen, entscheiden, unterscheiden.

a اجتراء IĞTIRÂ [جرأ VIII.] Sbst. جسارتلق *audace, courage.* | das Wagen, Kühnheit, Muth, Wagniss. — ETMEK. *oser, risquer.* | wagen, den Muth zu etwas haben.

a اجتراح IĞTIRÂH. [جرح VIII.] Sbst. قزانمق ، یارالامق 1. *action de gagner, chercher à avoir, à obtenir.* 2. *action de blesser.* 1. Verdienst (zum Lebensunterhalt). 2. Verwundung.

a اجترار IĞTIRÂR. [جرّ VIII.] Sbst. یره چکمک das Ziehen. — ETMEK. *tirer, étendre.* | ziehen, hin und her, hinüber, durchziehen; ausdehnen.

a اجترام IĞTIRÂM. [جرم VIII.] Sbst. جرم ایشلمك ، گناه ایتمك *crime, péché.* | Begehen eines Verbrechens, Vergehen, Versündigung.

a اجتساس IĞTISÂS. [جسّ VIII.] Sbst. تجسس ایتمك *recherche, information, enquête.* | Nachforschung, Untersuchung, Verhör.

a اجتعاف IĞTIÂF. [جعف VIII.] كوكلدن قوپارمق Entwurzelung, Ausrottung. — ETMEK. *arracher.* | ausreissen, entwurzeln.

a اجتماع IĞTIMÂ. [جمع VIII.] Sbst. برلشمه ، طوپلانمق *réunion, rassemblement, accumulation; accord.* | Vereinigung, Versammlung, Zusammenkunft, Uebereinstimmung (in Dingen der Religion u. s. w.) — ETMEK. *se rassembler, être d'accord.* | sich versammeln, einig sein, übereinstimmen.

t اجیقمق اجیقمق AĞYKMAK. s. اجیقمق.

t o اجیقمق YĞYKMAK. s. اجیقمق.

a اجتنا IĞTINÂ. [جنى VIII.] Sbst. میوه طوپلامق ، دیرمك das Pflücken, Einsammlung (von Früchten u. s. w.). — ETMEK. *cueillir, recueillir; imputer faussement à qqn. un crime.* | pflücken, rupfen, sammeln; jemand fälschlich beschuldigen (vgl. d. Deutsche: an einem rupfen).

a اجتناب IĞTINÂB. [جنب VIII.] Sbst. چکنمك ، تحاشی Ausweichung, Abwendung, Vermeidung. — ETMEK. *éviter, s'abstenir.* | einer Sache ausweichen, sich hüten vor, sich enthalten.

a اجتناح IĞTINÂH. [جنح VIII.] Sbst. Verneigung beim Gebet, bei welcher der Betende, auf den Ellbogen gestützt, mit den Händen den Boden berührt. — ETMEK. *se prosterner (en faisant la prière; en appuyant les mains sur la terre; s'incliner; incliner vers q. ch.* | sich neigen, verneigen, zu etwas geneigt sein.

a اجتوار IĞTIWÂR. [جور VIII.] Sbst. قونشولق ، قوکشو اولمق *voisinage.* | Nachbarschaft, benachbart sein, Nähe.

a اجتهاد IĞTIHÂD. [جهد VIII.] Sbst. *application, assiduité, soin, effort; étude assidue (de la loi etc.); interprétation du code religieux en matière de dogme; la guerre pour la religion.* | 1. Anstrengung, Mühe, Eifer bei der Arbeit. 2. ernstes Streben nach Wissenschaft, gründliches Studium des Gesetzes u. s. w. der höchste Grad von Kenntniss in Dingen der Religion. 3. der heilige Krieg zur Vertheidigung und Ausbreitung der Religion.

a اجتهار IĞTIHÂR. [جهر VIII.] Sbst. آشکاره لق *publicité, publication.* | Veröffentlichung, öffentliches Erscheinen.

a اجتیال IĞTIÂL. [جول VIII.] Sbst. دوندرمه ، دولاشمق *action de tourner, rotation.* | Umdrehung, Beschreibung eines Kreises.

a اجحاف IĞHÂF. Pl. اجحافات IĞHÂFÂT. [جحف IV.] Sbst. ظلم ایتمك *oppression.* | Bedrückung, Gewaltthätigkeit, Unrecht gegen Andere.

a اجداث EĞDÂS. Sbst. Pl. v. جدث.

a اجداد EĞDÂD. Sbst. Pl. v. جد.

a اجدر EĞDER. Sbst. = ایدر *serpent.* | Schlange, Drache.

a اجدع EĞDA'. Adj. صاقاتلنمش *mutilé.* | verstümmelt (am Leibe, Arm oder Nase) vgl. اجرم und اجذم.

a اجدل EĞDEL. Pl. اجادل EĞÂDIL. Sbst. صقر، طوغان *épervier.* | Falke, Sperber.

t اجدیدی AĞYDYĞY. Adj. *douloureux.* | schmerzlich. vgl. اجیمق.

a اجذال IĞZÂL. [جذل IV.] Sbst. سوندرمك *action d'égayer, de consoler.* | Erheiterung, Erfreuung, Tröstung.

a اجذام IĞZÂM. [جذم IV.] Sbst. کسمك *mutilation.* | Verstutzung. — ETMEK. *couper; mutiler en coupant les extrémités d'un membre; prendre une résolution.* | verstutzen, beschneiden, abschneiden; die Sache kurz abmachen, beschliessen, einen Entschluss fassen.

a اجذم AĞZAM. Adj. الی کسلمش اولان *mutilé à la main.* | verstümmelt an der Hand. vgl. اجدع und اجرم. Sbst. *celui qui a oublié le coran qu'il avait appris par coeur.* | der den Koran auswendig gewusst aber wieder vergessen hat.

a اجر EĞR. Sbst. 1. Pl. اجور EĞÛR, اجورلر EĞIRLER oder اجار EĞÂR. Sbst. کرا، مکافات *récompense, salaire, loyer.* | Vergeltung, Belohnung, Sold, Tagelohn; Miethe, Pacht. — ETMEK und — WERMEK. bezahlen, belohnen, besolden, den Pacht oder Miethe bezahlen. — 2. Pl. اجور EĞÛR. مهر *dot, don nuptial.* | Brautgabe, Morgengabe.

a اجر AĞER. N. pr. *la mère d'Ismael.* Hagar, die Mutter Ismaels.

a اجر AĞUR. s. اجور.

a اجرا IĞRÂ. [جرى IV.] Sbst. آقیتمق. — ETMEK. *faire couler; exécuter.* | fliessen machen, in Fluss oder in Gang bringen, ins Werk setzen. Pass. — OLUNMAK. *être exécuté.* | zur Ausführung gelangen. اجرا ایتمك einen Gebrauch vollziehen.

a اجراح EĞRÂH. Sbst. Pl. v. جرح ĞURH.

a اجرار IĞRÂR. [جر IV.] Sbst. مهلت ویرمك Frist. — ETMEK. *différer, prolonger le terme.* | aufschieben, eine Sache hinziehen.

a اجراز EĞRÂZ. Sbst. Pl. v. جرز ĞURZ.

a اجراس EĞRÂS. Sbst. Pl. v. جرس ĞERES.

a اجرام EĞRÂM. Sbst. Pl. v. جرم ĞIRM.

a اجرت ÜĞRET oder اجره ÜĞRE. Sbst. vgl. اجر *salaire, loyer.* | Lohn für Arbeit (in Geld und Naturalien), Miethe, Pacht. اجرت مثل Miethlohn, Pachtsumme, das landesübliche Pachtgeld. اجرت ایله آلمق oder اجره طوتمق miethen, pachten. اجره ویرمك vermiethen, verpachten.

a t اجرتسز ÜĞRETSIZ. Adj. *gratis, gratuitement; pour rien; désintéressé.* | unentgeltlich, uneigennützig, gefällig, wohlwollend.

t o اجرتمق ÜĞRATMAK. s. اجیرتمق ÜĞRAMAK.

t o اجرجق ÜĞRUĞAK. Sbst. *clavicule.* | das Schlüsselbein. LT.

a اجرد EĞRED. Adj. تویسز *chauve, nu, dénudé.* | kahl, ohne Haar oder Bart; ohne Federn, ohne Blätter, ohne Baum oder Strauch (eine Gegend).

t o اجرامق ÜĞRAMAK. p. درخورلمق Deriv.

اجرتمق ÜĞRATMAK. p. درخورلمكدن LT. s. اوجرامق.

t اجرمق ÜĞRMAK. s. اوجرمق.

t اجرو IĞRI. s. اگرو.

a اجری IĞRÂ. Sbst. عادت *habitude, usage, coutume.* | Gewohnheit, Sitte.

a اجزا EĞZÂ. Sbst. Pl. v. جزء ĞÜZ'. *parties d'un tout; drogues.* | Theile, Theilchen (die sich nicht verbinden lassen), Atome, Droguen, Apothekerwaaren (die einzelnen Bestandtheile der Arzneien); die einzelnen Theile, Bogen oder Hefte eines Buchs. Als Singular jede chemische Composition, Präparat; Zündhütchen.

a t اجزاجی EĞZAĞY. Vulg. EZAĞY. Sbst. *droguiste, pharmacien.* | Apotheker. — دکانی *droguerie, pharmacie.* Kräuterladen, Apotheke.

a t اجزاجیلق EZAĞYLYK. Sbst. *profession d'un droguiste, pharmacie.* | Apothekerkunst.

a اجزال IĞZÂL. [جزل IV.] Sbst. مکثورت *largesse, libéralité, munificence; hommage.* | Freigebigkeit, Erweisung von Wohlthaten, Ehrenerweisung.

a اجزم EĞZEM. Adj. بورنی کسلمش اولان *mutilé, dont le nez a été coupé.* | verstümmelt (an der Nase) vgl. اجدع und اجذم.

t o اجیمق ÜĞYMAK. s. اوجیمق.

a اجساد EĞSÂD. Sbst. Pl. v. جسد.

a اجسام EĞSÂM. Sbst. Pl. v. جسم.

p اجستن ÄĞISTEN. Vb. act. دیکمك *planter, enfoncer.* | pflanzen, einpflanzen, in den Erdboden eintreiben (einen Pfahl u. dgl.).

a اجسم EĞSEM. Adj. بیوك *grand, corpulent.* | gross, dick, beleibt.

t اجیقمق s. اجیقمق.

t o اجع AĞYK. Adj. s. اجیق.

a اجفار IĞFÂR. [جفر IV.] Sbst. Abgewöhnung, Lassen einer Gewohnheit. — etmek. (Vb. act. u. intr.) *désaccoutumer, perdre une habitude, s'abstenir.* | abgewöhnen, sich enthalten, sich abgewöhnen. m. d. Abl.

a اجفال ıǵfâl. [جفل IV.] Sbst. Eile. — etmek. *se hâter.* | eilen, eilig gehen.

a اجفان eǵfân. Sbst. Pl. v. جفن ǵefn.

a اجفلى ǵefelet Sbst. اجتماع *multitude, foule.* | Menge, Gedränge, Heer.

a اجفليا ǵefeletan. Adv. *en foule.* | in Menge, in Masse.

a اجفلى ǵefeli. Adv. *tous ensemble, sans exception.* | Alle, ohne Ausnahme, gesammt.

a اجفيل ıǵfil. Adj. قورقق *timide, peureux.* | furchtsam, scheu.

t اجى aćyk. Adj. v. آچ *qui jeûne, affamé, insatiable.* | hungrig, nüchtern, gierig, unersättlich.

t اچق ، اچيق ، اچوق aćyk. Adj. *ouvert, découvert; nu; clair.* | 1. offen, geöffnet, unverschlossen (eine Thüre, die Hand), اليك آچيق mit offener Hand, freigebig. 2. unbedeckt, باشى آچيق baarhäuptig, mit blossem Kopfe. 3. auseinanderstehend, ايشى آچيق breitbeinig. آرالرى آچيق weit von einander abstehend. آچيق قاشلو mit weit auseinanderstehenden Augenbrauen. 4. geräumig, آچيق ير ein offener Raum, Oeffnung oder freier Raum zwischen zwei Bergen. آچيق ليمان offene Bucht, Rhede. 5. deutlich, klar, allgemein und öffentlich bekannt, آچيق اولمق offenbar sein, deutlich vorliegen. آچيقدن آچيغه offen, ohne Hehl. آچيق يول die öffentliche Landstrasse. 6. offen, heiter, hell (Witterung, Gesicht). آچيق وآچيق كون ein heiterer heller Tag. 7. hell (v. Farben). آچيق طورى falb, hellbraun, Falbe (mit schwarzen Mähnen und Schweif); 8. offen (von Charakter) frei, keck. آچيق مشرب offenherzig. Sbst. das Offene, die offene See; ein freier Platz. يولك آچيغى die Mitte des Weges. يولك اورتاسى Kam. vgl. آچمق

t آچقلرلق ، آچقلرمق ، آچقلرق s. آچقلمق

t o آچقلنمق ćykalanmak. Vb. pass. wohlwollend behandelt werden. LT.

t o آچقلمق ćykalymak. Vb. trans. Wohlwollen erweisen. LT.

t آچقلق ، آچيقلق ، آچقلق ، t o آچيقلوق aćyklyk. Sbst. v. آچيق *ouverture, fente; sincérité, franchise; renom, célébrité; clarté, couleur claire, beau temps.* Oeffnung, Zwischenraum, Spalte, Lücke; Offenheit (des Charakters); öffentliche Bekanntheit, Berühmtheit. Helle (der Farbe, des Himmels), heiteres Wetter, Glanz. vgl. آچيق und آچمق

t آچقلامق aćykalamak. Aor. آچقلار aćykılar. Praes. آچقليور aćykalıyor. vgl. آچيق Vb. act. *ouvrir; éclaircir, éclairer; publier, rendre public.* | öffnen, eröffnen; offenbar, deutlich, allgemein bekannt machen, aufhellen.

t آچقمق aćykmak. Aor. آچقر aćykyr. Vb. intr. v. آچ *avoir faim.* | hungern, fasten, darben. آچقدم ben آچقمشم ich bin hungrig. Deriv. 1. آچقدرمق und آچقديرمق aćyktyrmak. Vb. trans. *faire jeûner, f. souffrir la faim.* | hungern, fasten, darben lassen. II. آچقديرلمق aćyktyrylmak. Vb. pass. auf schmale Kost gesetzt werden.

t o آچقون s. آچقون ćykun.

t آچى ćeky und آچقلى ćekyly, s. آچى

p آچال ićyl. Sbst. كليد *rot.* | Rülps.

a آجل âǵyl. Adj. u. Sbst. *qui diffère, qui temporise; qui accorde un délai; futur.* zaudernd, Zauderer, der die Erfüllung eines Versprechens hinausschiebt, einen Aufschub gestattet; künftig, zukünftig, aufgeschoben (auf bessere Zeiten). الآجل *la vie future.* | das künftige Leben.

a اجل eǵl. Sbst. *cause, raison.* Ursache, Grund. Adv. *à cause.* | wegen. بو اجلدن wegen dieser Ursache, desswegen, weil.

a اجل eǵel. Pl. آجال âǵâl und اجلل eǵellât. Sbst. *terme, époque fixée d'avance; heure; terme de la vie; mort.* | bestimmte Zeit, Stunde, Ende eines Termines, Todesstunde, Tod. اجليله اولمك natürlichen Todes sterben.

a اجل eǵell. Adj. [Compar. v. جليل] *très grand, haut, célèbre, illustre.* | sehr gross, berühmt, erhaben.

a اجلاء iǵlâ. [جلى IV.] Sbst. سوركونلك *exil, bannissement, émigration.* | Verbannung, Vertreibung, Zerstreuung eines Volks. — etmek. *faire émigrer.* | vertreiben, verbannen.

a اجلاً eǵlan. Adv. *conformément à une promesse.* | versprochener massen.

a اجلاد eǵlâd. Sbst. Pl. v. جلد ǵild.

a اجلاس iǵlâs. [جلس IV.] Sbst. اوطورتمق *installation, intronisation.* | d. Setzen, Setzen lassen, Einsetzung, Thronbesteigung. — etmek. *faire asseoir q. qn., installer, élever au trône.* | sitzen lassen, setzen, einsetzen, auf den Thron erheben. ايلكه يه اجلاس اولندى er ist auf den Thron erhoben worden, hat den Thron bestiegen.

a اجلال iǵlâl. [جل IV.] Sbst. بيوكلك *grandeur, élévation, majesté.* | Grösse, Erhabenheit, Preis, Ruhm, Majestät. — etmek. *élever, honorer.* | erheben, ehren.

a اجلة âǵile. Sbst. *la vie future.* | das künftige Leben.

a اجلة eǵillet. Sbst. Pl. v. جليل

a اجلاد eǵled. Pl. جلد ǵeled. اجلاد eǵlâd und اجاليد eǵâlid. Sbst. يبان، قير *désert, lieu sauvage.* | wilder, rauher Ort. Wildniss.

t آچلق aćlyk. آچلق t o آچليق Sbst. von آچ *faim, aridité, famine.* | Hunger, Gier, Hungersnoth.

t آچمق s. آچمق

t o آچمق ićlamak. Vb. act. *haïr q. qn., faire mal à q. qn.* | hassen, Böses zufügen. LT. دشمنى كوزتمك

a اجلى eǵli und eǵlâ. Adj. [Compar. v. جلى] *bien brillant, resplendissant.* | sehr glänzend.

t o آچلق s. آچلق

a اجم eǵm. Sbst. *broussailles, bois, repaire d'une bête féroce.* | Gesträuch, Gestrüpp, Lager eines wilden Thieres.

a اجم eǵm. Sbst. غضبلنمق *colère, courroux.* | Zorn, Grimm.

a آجام âǵmâd. Sbst. Pl. v. جمد ǵemd.

t آچمز und آچمز aćmaz. Adj. u. Sbst. Gegentheil von آچمق; [Negat. v. آچمق] *fermé, caché, en qui est dans l'obscurité.* | ungeöffnet, dunkel; Sbst. verdecktes Spiel. آچمز قومق oder آچمزده قومق *dissimuler.* | eine Sache im Dunkeln lassen, heucheln, sich verstellen. آچمزدن *sans se découvrir.* | unentdeckt, ohne sich zu erkennen zu geben, incognito.

t آچمزلق und آچمزلق aćmazlyk. Sbst. *dissimulation.* | Heuchelei, Verstellung.

a اجماع iǵmâ. [جمع IV.] Sbst. جمع ايلمك ، طوپلامق ، بريرده *action de rassembler, rassemblement, convocation, réunion; assemblée, conseil; accouplement.* | Vereinigung, Versammlung; Rathsversammlung, Collegium; Zusammenhäufung; Uebereinstimmung. Jurispr. Uebereinstimmung oder Einigung der Gelehrten über Rechtslehren, Gesetze u. s. w.; Ausspruch einer geistlichen Versammlung; اجماع امت die einstimmige Entscheidung der Gemeinde, d. i. der vier Imame. Gramm. Verkürzung oder Zusammenziehung eines langen Vokals. — etmek. *rassembler, s'unir.* | versammeln, zusammenrufen, zusammenkommen; sich einigen, übereinstimmen; sich begatten.

t o اوچماق ، اوچمق ، اجماق ućmak. p. اجماع Sbst. *le paradis.* | das Paradies.

a اجمال eǵmâl. Sbst. Pl. v. جمل ǵemel.

a اجمال iǵmâl. [جمل IV.] Sbst. قصالتمق *action de raccourcir, d'abréger; sommaire, résumé, abrégé, manière de parler en général, sans entrer dans les détails.* Zusammenziehung, Verkürzung; Abkürzung; Auszug (aus einer Schrift). Rede und Urtheil im Allgemeinen, Gegentheil von تفصيل. — etmek oder — aćmak. *raccourcir, réduire, abréger, diminuer.* | verkürzen, verkleinern, zusammenziehen. بر وجه اجمال *en forme d'abrégé.* | in Form eines Auszugs. على الاجمال *en termes généraux.* | kurz zu sagen, überhaupt, im Allgemeinen gesprochen.

a اجمالا iǵmâlan. Adv. *en extrait, en abrégé, sommairement, en général.* | im Auszuge, auszugsweise, kurz, im Allgemeinen.

a اجمالى iǵmâli. Adj. *bref, abrégé.* | kurz, bündig, nicht weitschweifig.

t آچمق aćmyrak oder آچمراق ećmirek. Adj. *âcre, rance.* | herbe, sauer, ranzig آچمراق طاتلو süsssauer.

t آچمراقلق aćmyraklyk. Sbst. *âcreté, rance.* | herbe Säure, herber, verdorbener Geschmack einer Sache.

a اجمعين eǵmaîn. Adj. Pl. v. قموسى *tous.* | Alle, ein Jeder. بالاجمعين *ensemble.* | insgesammt.

t آچمق aćman, s. آچمق

t آچمق aćmak. Vb. act. Aor. آچار *ouvrir, déplier, déployer; rendre clair, expliquer, éclaircir.* | 1. öffnen, etwas Geschlossenes aufmachen, eröffnen, sichtbar machen, zeigen, zugänglich machen; etwas Bedecktes (z. B. Körpertheile) aufdecken, entblössen. — قبو eine

Thür öffnen. — یول einen Weg bahnen — شهر eine Stadt erobern. — قلم eine Feder öffnen, d. i. eine neue Feder schneiden. — سوز oder لاقردی ein Gespräch eröffnen. — اوروج oder روزه das Fasten öffnen, d. i. brechen, aufhören zu fasten. — چهره den Schleier lüften. — یلکن die Segel öffnen, d. i. absegeln. — بیراق die Fahne entfalten, d. i. sich für eine Parthei erklären. — یپراق die Blätter öffnen, ausschlagen. — چراغلر aufblühen. — خمیر oder اکمك den Teig mit dem Rollholze auseinanderbreiten. روزگار هوای اچدی der Wind hat den Himmel geöffnet, d. i. aufgeheitert. — قلجك پاسنی oder قلیج پاسلرنی den Säbel vom Roste reinigen, d. i. glänzend machen, poliren. 2. Unbekanntes enthüllen, entwickeln, erklären, auslegen, ein Räthsel lösen. — فال das Horoscop stellen. Deriv: I. آچمامق ÁCHMAMAK. Vb. neg. Aor. آچماز ne pas ouvrir, pas expliquer etc. | nicht öffnen, nicht erklären; verschlossen, dunkel lassen; davon das Adjectiv آچماز ungeöffnet, dunkel. vgl. oben آچماز. II. آچلمق ÁCYLMAK. Vb. pass. Aor. آچلور ÁCYLYR. être ouvert, s'ouvrir, s'éclaircir, être clair, se déployer, se faire, se former. | 1. geöffnet werden, offen sein, sich öffnen, sich spalten, بولاوت آچلمق auseinanderbersten. 2. sich aufdecken, sich entblössen. 3. sich entwickeln (von körperlichen und geistigen Anlagen), sich bilden, sich entfalten (von Blättern und Blüthen). 4. sich aufklären, sich erheitern (vom Wetter, der Laune u. s. w.). 5 sich ermuntern, seine Schüchternheit ablegen. 6. glänzend und glatt sein oder werden, blank sein. آچلوب چاقمق blitzen = یلدرملمق Kam. 7. erläutert, erklärt werden, klar werden, deutlich sein (vom Sinne einer Schriftstelle u. s. w.). آچلمش ÁCYLMYŠ, offen, offenbar; hell, heiter, glänzend.

t o آتمق YTMAK. Vb. act. = اگیمك.

t o آتمق YTMAK. s. اوتمق.

t o آتمك ITMEK. s. اتمك.

a اجمل ÉGMEL. Adj. [Compar. v. جميل] très-beau, plus beau. | sehr schön, schöner.

t o آچمالق ÁCMALYK. Sbst. savon. | Seife. صابون LT.

a أجمة ÉGME. Pl. اجم ÍGÁM und اجام ÍGÂM. Sbst. broussailles, repaire d'une bête féroce. | Wildniss, Dickicht, Röhricht. vgl. اجم.

a اجناب EGNÂB. Sbst. Pl. v. جنب.

a اجناد EGNÂD. Sbst. Pl. v. جند.

a اجناس EGNÂS. Sbst. Pl. v. جنس.

a اجنبى EGNEBI. Adj. u. Sbst. یباجى étranger, voyageur. | fremd, reisend; ein Unbekannter, Auswärtiger, aus der Fremde eingewanderter.

a اجنبيت EGNEBIJET. Sbst. یباجیلق ، غربتلق état de l'étranger. | das Fremdsein, Unbekanntschaft.

a اجنة EGNE, IGNE, ÚGNE. Sbst. یاكق joue. | die Wange.

a اجنة EGENE. Sbst. دمیر قلمی ، بیز poinçon, burin. | Griffel, Stichel.

a اجنة EGINNET. Sbst. Pl. v. جنین.

a اجنحة EGNIHE. Sbst. Pl. v. جناح.

p اجند ÜGEND. Adj. اطاعتلو obéissant. | gehorsam.

t اجنجق ÁGYNAGAK. Adj. douloureux. | schmerzlich. vgl. آجیمق.

a اجنی EGINNI. Sbst. démon. | ein Dämon.

a اجنیص EGNIS. Adj. lâche, poltron, paresseux, bête. | feig, träge, dumm.

a اجواد EGWÂD und اجاود EGÂWYD. Sbst. Pl. v. جواد GEWÂD.

a اجوار EGWÂR, EGWAR. Sbst. Pl. v. جار GÂR.

a اجواز EGWÂZ, EGWÂZ. Sbst. Pl. v. جوز GEWZ.

a اجوام EGWÂM, EGWÂM. Sbst. Pl. v. جام GÂM.

a اجوب EGWEB. Adj. plus propre à, convenable. | zweckmässig, ziemend, angemessen.

a اجوبة EGWIBE. Sbst. Pl. v. جواب GEWÂB.

a اجود EGWED. Adj. plus ou très-généreux, plus excellent, supérieur. | sehr edel, sehr gut, sehr schön.

a اجور ÁGÜR oder آجر ÂGUR. Sbst. توغله brique cuite au feu. | Ziegel, Backstein.

a اجور ÚGÛR. Sbst. Pl. v. اجر EGR.

t اجوز ، اجوز und die Abl. s. اجو u. f.

t o آجقلق s. آجوغلوغ.

a اجوف EGWEF. Adj. concave, creux. hohl. Gramm. Verb mit zweitem Radical و oder ى.

t آجق ، آجوق s.

t o آجه ÁGA. Sbst. père. | Vater.

a اجهاد IGHÂD. [جهد IV.] Sbst. action de tourmenter, de s'efforcer: peine, effort. | Qual, Mühsal, Anstrengung.

a اجهار IGHÂR. [جهر IV.] Sbst. action de déclarer clairement, distinctement et publiquement. | laute Verkündigung.

a اجهر EGHER. Adj. گونشده گورلو nyctalope, qui cligne les yeux. | vom Lichte geblendet, mit den Augen blinzelnd.

a اجهر EGHUR und اجهرات EGHURÂT. Sbst. Pl. v. جهر.

a اجهل EGHEL. Adj. [Compar. v. جاهل] très-ignorant. | sehr unwissend.

t آجى ÁGY. Adj. u. Sbst. amer, piquant; amertume, douleur. | bitter, brennend, salzig (vom Wasser); das Bittere, bitterer, brennender und gewürziger Geschmack, Säure, Schmerz. vgl. آجیمق. — سوز bitterer, beleidigende Rede. آجى مارول ، ایلغون s. آجى ایلغون s. مارول.

t آجى ÁGY. Sbst. Tahrif v. حاجى pèlerin (chrétien et juif). | Pilger, besonders (mit Anspielung auf das Vorhergehende) von christlichen und jüdischen Pilgern nach Jerusalem.

p آجى ÁGI. Sbst. épervier; noble. | Falke, Sperber; bildl. ein Edler, Vornehmer, Herr.

t o آجى ÁGY. Sbst. beau-frère. | Schwager.

a اجياد EGJÂD. Sbst. Pl. v. جيد GÎD.

a اجياف EGJÂF. Sbst. Pl. v. جيفه GÎFE.

a اجيال EGJÂL. Sbst. Pl. v. جيل GÎL.

t o آجيغ ÁGYG. Adj. affamé. | hungrig vgl. آجق.

t o آجيغ ÁGYG. Adj. amer. | bitter, salzig. vgl. آجى.

t o آجيغ ÁGYG und آجيغ ÁGYG. Sbst. colère. | Zorn. Q.

t o آجيغلانمق ÁGYGLANMAK. v. آجيغ Vb. intr. être affamé. | hungrig sein. آجيغلانيب hungrig. Q.

t o آجيغلانمق ÁGYGLANMAK von آجيغ se mettre en colère. | zornig werden, zornig sein. آجيغلانيب zornig, erzürnt. Q.

a اجيل EGÎL. Adj. u. Sbst. qui diffère, qui temporise. | zaudernd, langsam, der seine Arbeit aufschiebt, der zurückbleibt.

t آجيلق ÁGYLYK u. آجيلك Sbst. amertume. | Bitterkeit. vgl. آجى.

t آجيمق ÁGYMAK. Vb. intr. Aor. آجير oder آجر ÁGYR. Praes. آجيور ÁGYJOR. éprouver de la douleur, souffrir; avoir compassion; causer de la douleur; se garder de q. ch.; épargner. 1. Bitteres [vgl. آجى], Schmerz empfinden, Schmerz erdulden, leiden, Schmerz mitfühlen, Mitleid empfinden (m. d. Dat.), trauern. 2. Schmerz verursachen, schmerzen = اغرتمق. 3. sich hüten, in Acht nehmen, fürchten = آجینمق ، صاقنمق. Deriv. I. آجتمق oder ÁGYTMAK und آجیدرمق ÁGYDYRMAK. Vb. trans. Aor. آجیدر ÁGYDYR. causer des douleurs, faire souffrir, affliger, offenser. | Schmerz verursachen, leiden lassen, betrüben, beleidigen. آغزی آجتمق Schmerzen im Munde verursachen, brennen (vom sauren Getränk u. s. w.) II. آجشمق ÁGYŠMAK. Vb. recipr. Aor. آجشور ÁGYŠYR. se causer des douleurs l'un à l'autre. | einander Schmerz verursachen (z. B. von zwei Theilen des Körpers, die an einander reiben).

t آجى ويرمك ÁGY-WERMEK — آجتمق.

a احابش AHÂBYŠ. Sbst. Pl. v. حبش.

a احاجى AHÂGY. Sbst. Pl. v. احجو.

a احاد ÂHÂD. Sbst. Pl. v. احد.

a احاد UHÂD. احاد احاد UHÂD UHÂD oder احاد واحاد UHÂD U-HÂD. Adv. بر بر un à un. | einzeln, nach einander, der Reihe nach.

a احادیث AHÂDÎS. Sbst. Pl. v. حدیث.

a احاسن AHÂSIN. Pl. v. احسن AHSEN.

a احاطت IHÂTET. fehlerhafte Schreibart für das Folgende.

a احاطه IHÂTA. [حوط IV.] Sbst. چویرمك ، قوشاتمق ، طوتمق ، آلمق Umfassung, Einschliessung, Einhegung. — ETMEK. entourer, environner; renfermer; comprendre; prendre. | 1. umgeben, umfassen, in sich fassen. دیننك بورجمز قدر احاطه so viel als unsere Schuld umfasst, d. i. hinreicht, die Schuld zu decken, einschliessen (eine Stadt, Festung), umzäunen. 2. geistig fassen, begreifen. 3. fassen, halten, erfassen, ergreifen, nehmen.

a احاكه IHÂKE. [حاك IV.] Sbst. کسمك — ETMEK. tailler, faire des entailles. | einschneiden, einen Einschnitt oder Narbe machen.

a احاله IHÂLE. [حال IV.] Sbst. احمرلق *commission, assignation.* | Beauftragung, Auftrag, Anweisung zu Bezahlung einer Schuld. — ETYMK. *donner commission, charger, donner mandat.* | beauftragen, einem etwas übergeben, überlassen, überweisen.

a احانه IHÂNE. [حان IV.] Sbst. هلاك *ruine.* | Zugrunderichtung. — ETYMK. *ruiner, gâter, tuer.* | verderben, tödten.

a احبّ AHABB. [Adj. Comp. v. حبيب *plus cher, très-cher, très-bon.* | lieber, besser, sehr lieb, werth, gut.

a احظيا AHZÂ. Sbst. Pl. *les favoris du prince, courtisans.* | Günstlinge des Fürsten, Höflinge.

a احبّا AHIBBÂ. Pl. v. حبيب HABÎB.

a احباب AHBÂB. Adj. *amant, amoureux, aimé, cher à q. qu.* | geliebt [auch als Plur. von حبيب]

a احبار AHBÂR. Sbst. Pl. *les docteurs des juifs.* | die Schriftgelehrten der Juden. vgl. حبر

a احباس AHBÂS. Sbst. Pl. 1. v. حبس HABS. 2. v. حبس HUBS.

a احباس IHBÂS. [حبس IV.] وقف ايله *faire une fondation pieuse.* | Ueberweisung der Einkünfte eines Grundstücks zu frommen Zwecken.

a احباط IHBÂT. [حبط IV.] ابطال ايله — ETYMK. *rendre inutile, rendre vain.* | unnütz, unnöthig, vergeblich machen.

a احبال IHBÂL. [حبل IV.] حامله ايله *rendre enceinte.* | Beschwängerung.

a احتباس IHTIBÂS. [حبس VIII.] Sbst. الیقومق . طوتمق *action d'arrêter, de retenir, de se retenir, pouvoir sur soi-même.* | Fesselung, Zurückhaltung, Selbstbeherrschung. — ETYMK. *retenir, enfermer; se retenir, être enfermé.* | zurückhalten, festhalten, festnehmen; anhalten; an sich halten, sich bezwingen, sich enthalten.

a احتباك IHTIBÂK. [حبك VIII.] Sbst. طوقونش *tissure, entrelacement.* | Verwebung in einander, Verflechtung, Verwickelung. Theol. Sûf. Verirrung der Speculation. Rhetorik: das Ineinanderwirken verschiedener Ausdrücke in den Theilen eines Satzes.

a احتجاب IHTIDJÂB. [حجب VIII.] پرده‌لنمك *se dérober aux yeux (en mettant un voile), se retirer.* | Verschleierung, Verbergung, Zurückziehen von der Welt.

a احتجاج IHTIDJÂDJ. [حجّ VIII.] Sbst. معارضه ايله . دعوا ايله *alléguer des preuves, des arguments, alléguer pour cause, pour excuse.* | Anführung von Gründen, Entschuldigung, Vorwand. — ETYMK. Gründe anführen, beweisen; احتجاجه صالح triftig, als Entschuldigung geltend.

a احتجام IHTIDJÂM. [حجم VIII.] Sbst. شیشه قومق . حجامت ایلمك *application des ventouses.* | Schröpfung.

a احتداد IHTIDÂD. [حدّ VIII.] Sbst. کسکینلنمك . طارلمق *devenir tranchant, se mettre en colère.* | scharf werden, in Zorn gerathen.

a احتذار IHTIZÂR. [حذر VIII.] Sbst. صاقنمق *circonspection.* | Vorsicht. — ETYMK. *prendre garde, se préserver, éviter.* | sich hüten, sich in Acht nehmen, eine Sache vermeiden (m. d. Ablat.)

a احتراب IHTIRÂB. [حرب VIII.] Sbst. اوغراشمق Bekriegung. — ETYMK. *se battre.* einander bekriegen, sich schlagen, sich treffen.

a احتراث IHTIRÂS. [حرث VIII.] Sbst. چفتجیلك ايله *culture du sol, labourage.* | Ackerbau, Anbau und Bearbeitung des Feldes.

a احتراز IHTIRÂZ. [حرز VIII.] Sbst. صاقنمق *circonspection.* | Vorsicht. — ETYMK. *prendre garde, se précautionner.* | sich hüten, auf der Hut sein, sich in Acht nehmen, sich enthalten. (m. d. Ablat.)

a احتراس IHTIRÂS. [حرس VIII.] Sbst. صاقنمق Vorsicht. — ETYMK. *prendre garde, se préserver.* | sich hüten, sich in Acht nehmen. (m. d. Ablat.)

a احتراص IHTIRÂS. [حرص VIII.] Sbst. طمعكارلك . حریصلق *cupidité, avidité.* | Habgier, gieriges an sich reissen.

a احتراف IHTIRÂF. [حرف VIII.] Sbst. *maîtrise, exercer un métier, une profession etc.* | Meisterschaft, Kunst, Handwerk, Wissenschaft. Betreibung einer Kunst u. s. w.

a احتراق IHTIRÂK. [حرق VIII.] Sbst. يانمق *ardeur, zèle.* | Brand, Brunst, Feuer, Eifer, Ereiferung.

a احترام IHTIRÂM. [حرم VIII.] Sbst. تعظيم . اوكمك *honneur, respect.* | Ehre, Achtung, Ehrenerweisung, Verehrung. — ETYMK. *faire honneur.* | einem Ehrerbietung erweisen (m. d. Dativ.).

a احتساب IHTISÂB. [حسب VIII.] Sbst. *énumération; taxation droit, impôt; charge du Mühtesib.* | Aufzählung, Abschätzung, Abgabe, von Waaren u. s. w., Amt des Mühtesib. [s. احتساب اغاسی . محتسب] oder اغاسی der Oberste der Polizei, Marktmeister, oberster Accisenehmer.

a احتسابيه IHTISÂBIJET. Sbst. *droit, impôt.* | Accise, Abgabe, welche der Mühtesib erhebt, Marktgeld. (s. d. Vorg.).

a احتشار IHTISHÂR. [حشر VIII.] Sbst. طوپلانمق *rassemblement.* | Zusammenschaarung, Zusammenrottung. — اولمق *se rassembler.* | sich zusammenrotten, sich haufenweise zusammenfinden.

a احتشام IHTISHÂM. [حشم VIII.] Sbst. اولومق *grandeur, majesté, pompe, magnificence (en ayant un grand entourage); grand nombre de domestiques; timidité en face de quelqu'un.* | Aufwand, Pracht, Halten eines grossen Gefolges; Schüchternheit (vor einem Höheren). مجد واحتشام Ruhm und Ehre.

a احتضار IHTIZÂR. [حضر VIII.] Sbst. حضوره جلمك *action de se présenter chez quelqu'un; apparaître; approche de la mort.* | das Erscheinen, Eintreten, Zugegensein bei Jemand; Eintritt der Todesstunde, Todesnähe. حال احتضارده در er liegt in den letzten Zügen.

a احتظاظ IHTIZÂZ. [حظّ VIII.] Sbst. سوینمك . شادلق *jouissance, plaisir, bonheur, joie, allégresse.* | Wohlbefinden, Glück, Freude, Heiterkeit, Befriedigung, Zufriedenheit.

a احتفار IHTIFÂR. [حفر VIII.] Sbst. اویمق *action de creuser, excavation.* | Aushöhlung. — ETYMK. *creuser.* | aushöhlen.

a احتفاظ IHTIFÂZ. [حفظ VIII.] Sbst. *action de garder, de se garder.* | Bewahrung. — ETYMK. *garder, prendre garde; prendre q. ch. et la garder; prendre q. ch. en mauvaise part, s'irriter, se venger.* صاقلمق . صاقنمق bewahren, sich bewahren vor etwas, sich in Acht nehmen; کندینه یاپشدیرمق für sich bewahren, für sich nehmen, sich aneignen; طارلمق etwas übel aufnehmen, sich ereifern, in Zorn gerathen, Rache nehmen.

a احتقار IHTIKÂR. [حقر VIII.] Sbst. خوارلق *mésestime, dédain, bassesse.* | Geringschätzung, Verachtung; Niedrigkeit (der Gesinnung), Schlechtigkeit. — ETYMK. *mépriser, dédaigner.* | geringschätzen, verachten.

a احتقاق IHTIKÂK. [حقّ VIII.] Sbst. معارضه ايله *action de se disputer sur le droit qu'on a.* | Behauptung seiner Ansprüche, Rechthaberei. — ETYMK. *se disputer sur le droit qu'on a.* | sein Recht fordern.

a احتقان IHTIKÂN. [حقن VIII.] Sbst. *lavement, clystère.* | Anwendung eines Clystirs. — آلمق ein Clystir nehmen. — ویرمك einem Andern ein Clystir geben.

a احتكار IHTIKÂR. [حكر VIII.] Sbst. *accaparement (des grains).* | Aufkauf von Getreide und anderen Lebensmitteln, Zurückhalten der Vorräthe in den Magazinen, um den Preis zu steigern. Steigerung des Preises. Kornwucher.

a احتكاك IHTIKÂK. [حكّ VIII.] Sbst. *frottement, friction.* | Reibung.

a احتلاط IHTILÂT. [حلط VIII.] Sbst. طارغینلق *colère, indignation.* | Zorn, Entrüstung.

a احتلاق IHTILÂK. [حلق VIII.] Sbst. تراش اولمق . تراش ايله das Rasiren. — ETYMK. *se raser.* | sich rasiren.

a احتلام IHTILÂM. [حلم VIII.] دوش کورمك *pollution nocturne.* | nächtliche Samenergiessung. — ETYMK. *rêver.* | träumen.

a احتما IHTIMÂ. [حمی VIII.] Sbst. صاقنمق *abstinence, tempérance.* | Enthaltung von etwas, Enthaltsamkeit, Nüchternheit.

a احتماش IHTIMÂSH. [حمش VIII.] Sbst. طارلمق *colère, emportement.* | Zorn, zornig werden.

a احتمال IHTIMÂL. [حمل VIII.] Sbst. کوتورمك . قابللق . اولورلمق *action de charger, de supporter; possibilité, probabilité, difficulté, doute, soupçon.* | Beladung, Belastung; Schwierigkeit, Zweifelhaftigkeit, Möglichkeit, Wahrscheinlichkeit, Zulässigkeit. — ETYMK. *charger, supporter, endurer.* | beladen, belasten, auf sich nehmen, ertragen. احتمال ممكن اولمیان unerträglich. احتمال در که es ist möglich, dass …

a احتواء IHTIWÂ. [حوی VIII.] Sbst. قاپلامق *action de rassembler, de contenir, de renfermer.* | das Zusammenfassen, in sich fassen, in sich enthalten; Inhalt. احتواسی اوزره seinem (eines Briefes etc.) Inhalte gemäss. — ETYMK. *comprendre q. ch., être maître de q. ch.* | eine Sache innehaben, einer Sache mächtig sein, sich einer Sache bemächtigen.

a احتياج IHTIÂĠ. [حوج VIII.] Sbst. *nécessité, besoin, indigence.* | Nothwendigkeit, Bedürfniss. Pl. احتياجات IHTIÂĠÂT. die Bedürfnisse (des Lebens).

a احتياز IHTIÂZ. [حوز VIII.] Sbst. طوپلامق *action de rassembler.* Aufhäufung, Zusammenhäufung. — ETMEK. *rassembler, accumuler.* | aufhäufen, aufspeichern.

a احتياط IHTIÂT. [حوط VIII.] Sbst. صقنمق *circonspection, précaution.* | Vorsicht, Umsicht, Rückhalt. احتياط اوزره اولمق = IHT: ETMEK, *user de circonspection.* | vorsichtig sein, für unvorhergesehene Fälle in Bereitschaft halten, einen Rückhalt sichern. احتياط عسكرى Reservecorps.

a احتياطا IHTIÂTAN. Adv. *par précaution, prudemment.* | vorsichtig, umsichtig, der Vorsicht halber.

a احتيال IHTIÂL. [حول VIII.] Sbst. حيله ايله *fraude.* Hinterlist, Bosheit, Tücke. — ETMEK. *intriguer, former des intrigues.* Ränke schmieden.

a احجاب AHĠÂB. Sbst. Pl. v. حجاب HIĠÂB.

a احجاج IHĠÂĠ. [حج IV.] *pèlerinage de la Mecque par député.* | Vollziehung der Wallfahrt durch Stellvertretung.

a احجار AHĠÂR. Sbst. Pl. v. حجر HAĠER.

a احجام IHĠÂM. [حجم IV.] Sbst. قورقمق Zurückweichung von einer Sache. — ETMEK. *s'abstenir, reculer de frayeur, craindre.* | zurückweichen vor oder von einer Sache, sich scheuen, sich fürchten. (m. d. Ablat.)

a احجو UHĠÛ oder احجية UHĠIET. Pl. احاجى EHÂĠY. Sbst. *énigme.* | Räthsel.

a احد AHAD. Num. بر . برلك *un, unité.* eins, Einheit. يوم احد der Sonntag. كل احد oder هر احد ein jeder, alle. Pl. آحاد ÂHÂD. *les unités, individus.* | die Einheiten, Einzelnen.

a احد AHADD. Adj. [Compar. v. حديد] پك كسكين *plus ou très-aigu.* | schärfer, sehr scharf.

a احدى oder احدا IHDÂ. Femin. v. احد AHAD.

a احداث AHDÂS. Sbst. Pl. v. حدث.

a احداث IHDÂS. [حدث IV.] Sbst. *invention, réparation.* | Erfindung, Herstellung und Hervorbringung von etwas Neuem. Erneuerung einer Sache (z. B. Reinigung eines Säbels von Rost). — ETMEK. *inventer, produire; réparer, polir (une lame).* | erfinden, neu machen, wieder wie neu machen, wieder aufputzen, abputzen.

a احداق AHDÂK. Sbst. Pl. v. حدقة HADAKAT.

a احدب AHDAB. Adj. قمبور *bossu.* | buckelig, ein Buckeliger.

a احدهما AHADUHOMA. Sbst. s. احد *un des deux.* | einer von Beiden. Genitiv. احدهمانك AHADAHOMANYŇ.

a احدى IHDÂ. Adj. Fem. v. احد.

a احدية AHADIJJET. Sbst. برلك *l'unité.* | die Einheit, das Eins-Sein, Allein-Sein, die Einheit Gottes.

a احر AHARR. Adj. [Compar. v. حار] پك صيجق *plus chaud, très-chaud.* | heiss, sehr warm.

a احراب IHRÂB. [حرب IV.] Sbst. *action de guider au combat.* | Führung zum Kriege, Anfeuerung zum Kampfe.

a احرار AHRÂR. Sbst. Pl. v. حر HURR.

a احراز IHRÂZ. [حرز IV.] قزانمق *action de gagner, d'obtenir du profit, de remporter un prix, une récompense, d'acquérir du mérite.* | Gewinn, Vergeltung die man erhält, Verdienst um allgemeine Wohlfahrt, (durch fromme Stiftungen u. s. w.) — ETMEK. *gagner, acquérir, garder.* | verdienen, erlangen, erhalten, bewahren.

a احراس AHRÂS. für احرس EHRUS. Sbst. Pl. v. حرس.

a احراض IHRÂZ. [حرض IV.] Sbst. *altération, corruption.* | physische oder moralische Verschlechterung, Verstümmelung des Körpers.

a احراق IHRÂK. [حرق IV.] Sbst. يقمق *incendie.* | Anzündung, Brandsteckung, Feuersbrunst, Ausbruch eines Feuers. — ETMEK. *incendier, brûler, consumer.* | anzünden, in Brand stecken, durch Feuer verheeren. — OLUNMAK. *brûler.* | brennen. (intrans.).

a احرام AHRÂM. Sbst. Pl. v. حرم HARÎM.

a احرام IHRÂM. [حرم IV.] تعتيقلك *consécration, interdiction, anathème; vêtement des pèlerins à la Mecque; sorte d'étoffe de laine, couverture de lit, couv. des chevaux etc.* | 1. Weihung, Entsagung. 2. das Pilgerkleid, welches beim Betreten des heiligen Gebiets angelegt wird. 3. eine Art Plüsch, auf einer Seite rauh, mit gedrehten Verzierungen, woraus man Bettdecken u. dgl. macht, daher Bettdecke, Pferdedecke, Fussdecke.

a احرف AHRUF. Sbst. Pl. v. حرف HARF.

a احرى AHRÂ. Adj. Compar. v. حرى *très-convenable, apte; le meilleur, le plus digne.* | angemessen, würdig; der würdigste, beste.

a احزاب AHZÂB. Sbst. Pl. v. حزب HIZB.

a احزاب AHZÂB. Sbst. Pl. *troupes, cohortes; compagnons.* | Truppen, Heerhaufen; Gefährten; auch = احزاب ; s. حزب HIZB.

a احزان AHZÂN. Sbst. Pl. v. حزن HUZN.

a احزان IHZÂN. [حزن IV.] Sbst. غمكين قلمق Betrübung. — ETMEK. *affliger, contrister.* | betrüben, traurig machen.

a احزم AHZAM. Adj. [Compar. v. حازم und حزيم] *très-prudent, circonspecte, résolu.* | sehr klug, vorsichtig, umsichtig, entschlossen.

a احساس IHSÂS. [حس IV.] Sbst. دويمق Gewahrung, Erkenntniss. — ETMEK. *sentir, éprouver, s'apercevoir.* | fühlen, gewahr werden, bemerken, einsehen.

a احسان IHSÂN. [حسن IV.] Sbst. ايولك . كرم *bienfait, grâce, faveur.* | Güte, Wohlthat, Gunstbezeugung, Dienstleistung. — ETMEK. *faire du bien, faire grâce, avoir la bonté de faire q. ch.* | einem Gutes erweisen, ein Geschenk machen, schenken, geben, wohlthun, die Güte und Gefälligkeit haben, etwas zu thun. احسان ايله = IHSÂN EJLE, sei so gut! احسان ديده einer der Wohlthaten empfangen hat, verpflichtet, verbunden.

a احسانات IHSÂNÂT. Sbst. Pl. des Vorhergehenden.

a احسب AHSAB. Adj. پك شرفلو *plus estimé, pl. considéré; convenable, qui s'adapte.* | geschätzter, sehr zweckmässig, angemessen, vollkommen genügend, passend.

a احسن AHSAN. Pl. احسنين AHSENYN. Adj. [Compar. v. حسن HASAN.] پك كوزل *plus beau, le plus beau, le meilleur.* | sehr schön, das schönste, beste. احسن الخالقين der Beste der Schaffenden, d. i. Gott.

p احسنتا YUSYNTÂ. AHSYNTÂ. Sbst. ميراث *héritage, propriété.* | Erbgut, Eigenthum.

a احشا AHŠÂ. Sbst. Pl. v. حشى HAŠÎ.

a احشام AHŠÂM. Sbst. Pl. v. حشم HAŠEM.

a احصا IHSÂ. [حصى IV.] Sbst. صايمق *action de compter, de raconter, énumération. computation, connaissance de q. ch.* Zählung, Aufzählung, Kenntniss von einer Sache. Erzählung einer Begebenheit. — ETMEK. *compter, calculer, raconter, savoir.* | zählen, aufzählen, erzählen, wissen. — OLUNMAZ. *innombrable.* unzählig.

a احصار IHSÂR. [حصر IV.] Sbst. محاصره ايلمك *action de serrer, d'empêcher, d'assiéger.* Einschliessung, Beengung, Bedrängung, Belagerung. — ETMEK. *serrer de près, retenir, prohiber, empêcher, cerner, assiéger.* | beengen, einengen, eng umschliessen; hindern; belagern.

a احصاص IHSÂS. [حص IV.] Sbst. پاى ويرمك Zutheilung. — ETMEK. *donner une portion, faire participer.* zutheilen, theilnehmen lassen.

a احصان IHSÂN. [حصن IV.] Sbst. متانت . شيقلق *fermeté, chasteté, vertu.* physische und moralische Festigkeit, Standhaftigkeit, Keuschheit, Tugend.

a احضار IHZÂR. [حضر IV.] Sbst. حاضرلق *action d'amener, de faire paraître, présentation, pr. d'une lettre de change.* | Herbeibringung, Herbeirufung, Vorstellung, Bereithaltung, Präsentation eines Wechsels. — ETMEK. *faire comparaître; tenir prêt.* | herbeibringen, vorführen, vorstellen; bereitmachen, bereithalten.

a احضاريه IHZÂRIJJET. Sbst. *droit qu'on paye sur les assignations.* | Stempelgebühren bei Präsentation eines Wechsels, Wechselstempel.

a احطاب AHTÂB. Sbst. Pl. v. حطب HATAB.

a احظ AHAZZ. Adj. [Compar. v. حظى] پك بختلو *très-heureux, très-fortuné.* | sehr glücklich, sehr reich.

a احظاظ IHZÂZ. [حظ IV.] Sbst. قبال بخت *félicité, bonheur.* | Glück, Wohlfahrt, Wohlhabenheit.

a احفات AHFÂS. Sbst. Pl. v. حفش HAFS.

p احفاد AHFÂD. Sbst. Pl. v. حفيد HAFÎD und حافد HÂFYD.

a احق AHAKK. Adj. [Compar. v. حقيق] Pl. احقا AHYKKÂ. *plus digne de q. ch., plus apte à.* | würdiger, sehr würdig, besser, geeigneter zu etwas.

a احقاد AHKÂD. Sbst. Pl. v. حقد HYKD.

a احقار IHKÂR. [حقر IV.] خور باقمق *action de regarder avec dédain, mépris.* | Geringschätzung, Verachtung.

a احقاق IHKÂK. [حق IV.] Sbst. *l'emporter sur son adversaire.* | Recht, Recht behalten, einen Process gewinnen. — ETMEK. sich oder einem Anderen Recht verschaffen. احقاق حق ايلمك Recht sprechen, einen Streit schlichten; einem sein Recht zukommen lassen.

a احقر AHKAR. Adj. [Compar. v. حقير] *plus vil.* | schlecht, gering, verächtlich.

a احكام AHKÂM. Sbst. Pl. v. حكم HUKM.

a احكام IHKÂM. [حكم IV.] قوينلمه Befestigung, Consolodirung, Kräftigung. — ETMEK. *rendre ferme, fortifier.* | befestigen, stärken, kräftigen.

a احكم AHKAM. Adj. [Compar. von حكيم] *plus sage, le plus sage.* | sehr klug, sehr weise. احكم الحاكمين der allweise Richter, d. i. Gott.

a احلا oder احلى AHLÂ. Adj. [Compar. v. حلو] *bien doux, agréable au goût.* | sehr süss, wohlschmeckend.

a احلاء IHLÂ. [حلا IV.] Sbst. طاتلولندرمق *action de rendre doux.* | Versüssung.

a احلاط IHLÂT. Sbst. [حلط IV.] طارلمق يمين ايلمك. — ETMEK. *s'irriter, se mettre en colère, jurer en colère.* | sich ereifern, sich erhitzen, in Eifer und Zorn schwören oder fluchen.

a احلاف IHLÂF. [حلف IV.] Sbst. يمين ويرلمك *action de prêter serment.* | Eidesleistung, Schwur.

a احلال IHLÂL. [حل IV.] Sbst. قوندرمق *donner l'hospitalité; permettre.* | Beherbergung, gastliche Aufnahme; Erlaubniss.

a احلام AHLÂM. Sbst. Pl. v. حلم HULM.

a احلس AHLES. Adj. *bai, rouge brun.* | braunroth.

a احلى AHLÂ. s. احلا

a احمال AHMÂL. Sbst. Pl. v. حمل HAML.

a احمال IHMÂL. [حمل IV.] Sbst. يوكلتمك Beladung, Belastung. — ETMEK. *charger.* | beladen, belasten, tragen lassen, eine Last aufheben helfen.

a احمد AHMED. Adj. [Compar. v. حميد] *plus digne d'éloges, plus glorieux.* | sehr lobenswürdig, ruhmreich. N. prop. Ahmed, auch einer von den Namen Mohammeds.

a احمر AHMER. Adj. قيرمزى , قزل *rouge.* | roth, dunkelroth, blutroth, purpurfarben, dunkelbraun.

a احمرار IHMIRÂR. [حمر IX.] Sbst. قيرمزلق *rougeur.* | Röthe; rothe Farbe. (s. d. Vorherg.)

a احمران AHMERÂN. Sbst. Dual. *les deux rouges, c. à. d. le vin et la viande ou le sang.* | die beiden rothen Dinge, d. i. Blut oder Fleisch und Wein.

a t احمرلك AHMERLIK. Sbst. قيرمزيلق *rougeur.* | d. Röthe, s. احمر

a احمق AHMAK. Adj. u. Sbst. عقلسز *sot, idiot.* | dumm, albern.

a t احمقلق AHMAKLYK. Sbst. عقلسزلق *sottise, bêtise.* | Dummheit, Albernheit.

a احمورار s. احمرار

a احن IHAN. Sbst. Pl. v. احنة IHNET.

a احناق IHNÂK. [حنق IV.] Sbst. طارلتمق *irriter, mettre en colère.* | Erzürnen.

a احنة IHNET. Pl. احن IHAN. Sbst. طارغينلق *colère, haine.* | Groll, Hass, Feindschaft.

a احنف AHNAF. Adj. اكرى محقلو *à angle oblique; qui a les pieds contournés.* | schiefwinklig; krummbeinig, mit eingebogenen Füssen.

a احواج IHWÂG. [حوج IV.] Sbst. محتاج ايتمك *action d'appauvrir.* | Beraubung, Zugrunderichtung eines Anderen, so dass er verarmt.

a احواض AHWÂZ. Sbst. Pl. v. حوض HAWZ.

a احوال AHWÂL. Sbst. Pl. v. حال

a احوج AHWAG. Adj. محتاج , فقير *qui a plus besoin qu'un autre, pauvre.* | bedürftig, arm, sehr arm.

a احوط AHWAT. Adj. *qui entoure, qui comprend.* | umfassend, viel in sich begreifend.

a احول AHWAL. Adj. u. Sbst. شاشى *louche* | schielend, schieläugig. Sbst. ein Schieläugiger, ein schielendes Auge.

a احياء AHJÂ. Sbst. Pl. v. حى

a احياء IHJÂ. [حى IV.] Sbst. ديرلتمك *action de rappeler à la vie; résurrection; action de vivifier (la terre en la rendant fertile) act. de restaurer.* | Belebung, Wiederbelebung, Auferweckung; Rettung; Bevölkerung, Bebauung einer Gegend. — ETMEK. *vivifier, ressusciter; rétablir la fortune de q. qn.* | beleben, auferwecken; erheitern, aufrichten, neue Kraft geben; wieder beleben, wieder in Ordnung bringen, eine Gegend oder Stadt wieder bevölkern, wieder aufbauen; jemand aus Noth und Bedrängniss retten. — كيجه‌يى احيا ايلمك oder احياء ليل ايلمك die Nacht durchwachen oder arbeiten. IHJÂ OLUNMAK. *revivre.* | wieder aufleben.

a احياز AHJÂZ. Sbst. Pl. v. حيز

a احيان AHJÂN. Sbst. Pl. v. حين

a احيانا AHJÂNAN. Adv. كاه كاه *quelquefois, de temps à autre.* | zu Zeiten, zuweilen, von Zeit zu Zeit.

t آخ AH. Interj. *ah! hélas!* | ah! آخ آدم آخ نه‌ايچون سوز دكلمز سن ach, Mensch, warum hörst Du nicht!

a اخ AH. Sbst. قرنداش *frère; ami, compagnon; au fig. semblable, pareil* | Bruder; Freund, Gefährte; der Gleiche, Kamerad, Glaubensgenosse; das was einem andern gleich ist. Plur. اخلاء AHLÂ, اخوان IHWÂN und اخوة AHÛ. die übrigen arab. Pluralformen sind im Türkischen nicht gebräuchlich. اخوان زمان IHWÂN-I ZEMÂN. *les contemporains.* | die Zeitgenossen.

a اخابر oder اخابير AHÂBIR. Sbst. Pl. vom Plur. اخبار [s. خبر]

a اخاديد AHÂDÎD. s. اخدود

p اخاز ÂHÂZ. Sbst. *choses inutiles, balayure, ordure, etc.* | unnützes Zeug, das man wegwirft, Schutt, Kehricht, Abfall von einer Sache = آخال

a اخافة IHÂFE. [خوف IV.] Sbst. قورقتمق *action d'intimider; menace.* | Einschüchterung, Drohung. — ETMEK. *intimider, épouvanter.* Furcht einjagen, erschrecken, drohen.

p آخال ÂHÂL oder آكال ÂKÂL. Sbst. *choses inutiles* | unnützes Zeug, das man wegwirft. vgl. اخاز

a اخالة IHÂLET. Sbst. خيال ايلمك und خيال ايلدرمك *imagination, illusion.* | Vorstellung, Einbildung; Vorspiegelung.

a اخباء IHBÂ. [خبى IV.] Sbst. آتشى سوندرمك Löschung (des Feuers). — ETMEK. *éteindre, étouffer le feu.* | löschen, auslöschen.

a اخباث IHBÂS. [خبث IV.] Sbst. *action de gâter, de souiller; saleté, malpropreté.* | Verunreinigung, Unreinlichkeit (der Person).

a اخبار AHBÂR. Sbst. Pl. v. خبر

a اخبار IHBÂR. [خبر IV.] Sbst. *avertissement.* | Kundmachung, Benachrichtigung, Mittheilung einer Neuigkeit. — ETMEK. خبر ويرمك *avertir, faire part.* | benachrichtigen. اخبار سلامتكزى اخبار ايلك AHBÂR-I SELAMETINIZI IHBÂR EILA. geben Sie uns Nachricht von Ihrer Gesundheit.

a اخبارى AHBÂRIJ. Sbst. u. Adj. *analyste, versé dans les traditions; qui a rapport aux traditions, aux nouvelles etc.* | Chronist, Annalist, Kenner der Tradition; auf die Tradition Bezug habend; auf Nachrichten beruhend, nachrichtlich. vgl. خبر

a اخبث AHBAS. Adj. Compar. v. خبيث *très-vilain, hideux, impur.* | sehr unrein, ekelhaft.

a اخبثان AHBASÂN. Sbst. Dual. (gewöhnlich mit dem arabischen Artikel.) *les deux choses les plus dégoûtantes.* | die beiden Unreinigkeiten, wie Koth und Urin, überhaupt zwei mit einander verbundene unangenehme Dinge, z. B. Husten und Schnupfen, Herzklopfen und Schlaflosigkeit u. dgl.

a اخبية AHBIJET. Sbst. Pl. v. خبا

a اخت UHT oder OHT. Sbst. قيزقرنداش *soeur, amie, compagne; au fig. semblable, pareille.* | Schwester, Freundin, Gefährtin; bildl. das was einer Sache gleicht. vgl. اخ Bruder.

a اختان AHTÂN. Sbst. Pl. v. ختن

t c اختارمق AHTARMAK und Deriv. s. آقتارمق

a اختبار IHTIBÂR. [خبر VIII.] *action d'interroger.* | Nachforschung durch Fragen um etwas zu erfahren. — ETMEK. *interroger, se faire raconter q. ch.* | fragen, ausfragen, sich etwas erzählen lassen.

p اختبوط oder اختپوت AHTYBOT oder AHTAPOT (ὀκτάποδι) Sbst. *polype (sorte de poisson).* Seestern, Seepolyp.

a اختتام IHTITÂM. [ختم VIII.] Sbst. بيتمك *achèvement, conclusion, fin, terme.* | Vollendung, Beendigung, Ende, Schluss. — ETMEK. *achever,* vollenden. — BULMAK. *être fini.* | vollendet sein oder werden. مودت اختتام *amical.* | freundschaftlich.

a اختتان IHTITÂN. [ختن VIII.] Sbst. *action de se faire circoncire; fête et solemnité de la circoncision.* | Beschneidung, Festlichkeit bei der Beschneidung.

t c اختتمق AHTATMAK. Vb. act. vgl. اخته und آختن *châtrer.* | castriren, entmannen. Deriv. اختنمق AHTANMAK. Vb. pass. u. refl. *être châtré, se châtrer.* | entmannt werden oder sein; sich entmannen.

a اختداع IHTIDÂ'. [خدع VIII.] Sbst. الداتمق und الدانمق *action de tromper, de se tromper.* | Täuschung, Betrug.

p اختر AḪTER. Sbst. يلدز . بخت *étoile; constellation, destinée, horoscope.* | Stern, Gestirn, Constellation, Schicksal, Horoscop. نيك اختر unter gutem Stern geboren, glücklich. اخترشناس oder اخترگو Astrolog, Wahrsager.

a اخراج IḪRĀǴ. [خرج VIII.] Sbst. *action de faire sortir, d'extraire.* | das Herausziehen. vgl. استخراج

a اختراع IḪTIRĀ'. [خرع VIII.] Sbst. ايجاد ايتمه *action d'inventer, invention, découverte, innovation.* | Erfindung, Entdeckung, Erneuerung. — ETMEK. *inventer, produire q. ch. d'extraordinaire.* | erfinden, etwas neues, Ausserordentliches hervorbringen.

a اختراق IḪTIRĀḲ. [خرق VIII.] Sbst. ييرتق *lacération.* | Zerfleischung.

t اخترمه s. قاومه

t اخترمك s. اخترمق

a اختشاع IḪTIŠĀ'. [خشع VIII.] Sbst. آلچقلق ، آلوشنمه *soumission, humiliation.* | Unterwürfigkeit, Demuth.

a اختصاء IḪTIṢĀ. [خصى VIII.] Sbst. خايه‌سنى چيقارمق *action de se châtrer.* | Castration (an sich selbst).

a اختصار IḪTIṢĀR. [خصر VIII.] Sbst. قصالتمق *abréviation.* Abkürzung, Verkürzung. — ETMEK. *abréger.* | abkürzen, einen Auszug (aus einem Buche) machen.

a اختصاص IḪTIṢĀṢ. [خصّ VIII.] Sbst. مخصوصلق *propriété, qualité propre d'une chose; dévouement; intimité.* | Eigenthümlichkeit, Besonderheit; besondere Ergebenheit, Aneignung, Zueignung, Freundschaft. Gramm. specielle Relation. — ETMEK. *s'adonner à une chose, être propre.* | einer Sache oder Person ganz ergeben sein, sich hingeben, ganz zu eigen sein, ganz eigenthümlich sein, sich aneignen oder zueignen. اختصاص ايله ganz besonders, ganz ergeben.

a اختصام IḪTIṢĀM. [خصم VIII.] Sbst. خصمانلق *inimitié mutuelle.* | gegenseitige Feindschaft; Streit. — ETMEK. *disputer entre soi.* | sich einander etwas streitig machen, zanken, streiten.

a اختضار IḪTIḌĀR. [خضر VIII.] Sbst. ياش ايكن بچلمه , — وقتسز اولمه *être coupé encore vert; au fig. mourir dans la fleur de l'âge.* | frühzeitiges Abgeschnittenwerden des Grases, des Getreides vor der Reife. bildl. frühzeitiger Tod.

a اختضاع IḪTIḌĀ'. [خضع VIII.] Sbst. آلچقلق كوسترمك *soumission, humiliation.* | Unterwürfigkeit, Demuth.

a اختطاب IḪTIṬĀB. [خطب VIII.] Sbst. خطبه اوقومق *action de dire le prône.* | Gebet der Khutba [s. خطبه] — ETMEK. *prononcer le prône; demander une femme en mariage.* | die Khutba beten; um eine Frau werben, anhalten (für sich oder für einen Andern); Jemanden zur Heirath veranlassen.

a اختطاط IḪTIṬĀṬ. [خطّ VIII.] Sbst. نو خط اولمق , سنور وضع ايتمه *action de tracer les limites d'une terre, occupation d'une terre, d'un pays; poil follet, duvet.* | Bezeichnung der Grenzen, Abgrenzung eines Grundstücks, Besitznahme eines (noch unbebauten) Grundstücks, eines (noch unbewohnten) Landes; — erste Linien des Bartes, Milchbärtigkeit, Wachsen des Bartes bei einem jungen Menschen. vgl. خط

a اختطاف IḪTIṬĀF. [خطف VIII.] Sbst. قاپمق *saisir, prendre par force.* | wegnehmen, festhalten.

a اختطافا IḪTIṬĀFAN. Adv. *par violence.* | mit Gewalt, durch Raub.

a اختفاء IḪTIFĀ. [خفى VIII.] Sbst. صاقلنمق , كيزلنمه *action de se cacher.* | Verbergung. — ETMEK oder ÜZRE OLMAK. *se cacher.* | sich verbergen, verstecken, unsichtbar machen, sich nicht sehen lassen.

a اختلاء IḪTILĀ. [خلو VIII.] Sbst. تنها يره چكلمه *action de se retirer; être seul.* | das sich Zurückziehen, Zurückgezogenheit, Alleinsein. — ETMEK. *se retirer, être seul; se trouver en tête à tête avec q. qn.* | sich an einem Orte allein befinden, sich wohin zurückziehen, mit Jemand allein sein; unter vier Augen sein.

a اختلاج IḪTILĀǴ. [خلج VIII.] Sbst. كوز وعضا سكريمه *action de palpiter, tremblement convulsif (des membres, des yeux, des paupières.)* | Zittern, krampfhafte oder unsichere Bewegung der Glieder, der Augen.

a اختلاس IḪTILĀS. [خلس VIII.] Sbst. قاپمق *action de dérober, d'escamoter.* | wegnehmen, an sich reissen (durch Raub oder List); heimlich wegnehmen, entziehen. اختلاس ايله auf verstohlene Weise, heimlich.

a اختلاط IḪTILĀṬ. [خلط VIII.] Sbst. قوشمق , قارشمه *mélange, confusion; commerce, liaison avec q. qn.* | Vermengung, Vermischung, Verwirrung (in Geschäften, im Umgange mit andern), Anstoss (an etwas), Umgang oder Verkehr mit Jemand. — ETMEK. *mêler, embrouiller; se mêler; avoir affaire avec quelqu'un.* — intr. sich mengen, mischen in etwas; Umgang mit Jemand haben, mit Jemand zu thun haben. act. Verwirrung anstiften.

a اختلاع IḪTILĀ'. [خلع VIII.] Sbst. *divorce.* | Scheidung von der Frau, auf Wunsch der letzteren (Rechtspr.)

a اختلاف IḪTILĀF. [خلف VIII.] Sbst. تورلولك , اويمه *diversité, discorde; différence d'opinions.* | Verschiedenheit der Meinung, Uneinigkeit. — ÜZRE OLMAK — ETMEK. *différer d'opinion; se différencier.* verschiedener Ansicht sein; widersprechen; sich unterscheiden, von einander abweichen. Plur. اختلافات IḪTILĀFĀT. *discordes, dissentions; différends, démêlés.* | Zwistigkeiten, Misshelligkeiten, Missverständniss (unter Freunden). اختلاف منظر die Parallaxe. (Astron.).

a t اختلافسز IḪTILĀFSYZ. Adj. *sans inconvénient, tout-net.* | ohne Anstoss, glattweg.

a اختلاق IḪTILĀḲ. [خلق VIII.] *développement des qualités naturelles, du caractère.* | Entwickelung und Hervortreten des Charakters, der natürlichen Anlagen u. s. w.

a اختلال IḪTILĀL. [خلّ VIII.] Sbst. قارشقلق *altération, confusion, trouble.* | Störung, Unterbrechung der gewöhnlichen Ordnung, Veränderung; Unordnung, Verwirrung, Aufruhr. اختلال مزاج Störung der Gesundheit, Unpässlichkeit. اختلال حال Störung der öffentlichen Ruhe.

p آختن AḪTEN. Vb. act. چكمك , چيقارمق *dégainer, extraire, tirer, extraire le sabre, = dégainer; les testicules, = châtrer; diriger la lance contre q. qn. sortir, aller à la guerre, faire irruption; avancer (lentement); couler; apprendre, s'exercer.* | ziehen, herausziehen, z. B. das Schwert, die Lanze richten; die Hoden ausziehen, castriren; ausziehen, zum Kriege, einen feindlichen Einfall machen; — langsam weiter gehen, fliessen, Fortschritte machen, lernen, üben, Uebung erhalten.

a اختناق IḪTINĀḲ. [خنق VIII.] Sbst. بوغلمق *suffocation, étranglement.* | Erstickung, ersticken, erwürgt werden.

p آخته AḪTE. Particip. v. آختن *châtré, cheval châtré.* آخته خانه AḪTAḪANE. Sbst. *écurie.* | Pferdestall. Q.

a اختيار IḪTIJĀR. [خير VIII.] Sbst. ايستمه , سچمه *choix, option, libre arbitre.* | 1. Auswahl, Erwählung, freie Wahl, freier Wille; Billigung, Zustimmung. — ETMEK. *choisir, consentir.* | auswählen, erwählen, billigen, zustimmen. 2. *vieux, ancien, sage.* | der Alte, Bejahrte, Greis; alt an Verstand, erfahren, besonnen. Plur. اختيارلر *les ancêtres; les anciens du peuple.* | die Voreltern; die Aeltesten, Angesehensten des Volkes; اختيارلرك سيرتمسى die von den Voreltern überlieferte Vorschrift, alte Verordnung. 3. *antique, vieilli.* | das Altherkömmliche, Veraltete.

a t اختيارلق IḪTIJĀRLYK. Sbst. قوجه‌لق *vieillesse.* | das Alter.

a t اختيارلنمق IḪTIJĀRLANMAK. *vieillir.* | altern, veralten.

a اختيارى IḪTIJĀRĪ. Adj. *volontaire, arbitraire.* | nach eigner Wahl, freiwillig, erwählt; erworben, nicht angeboren. [Gegentheil von خلقى]

a اختيال IḪTIJĀL. [خيل VIII.] Sbst. كبرلنمه *arrogance, présomption.* | Stolz, Anmassung. — ETMEK. *marcher avec fierté, être fier.* | wichtig einherschreiten, sich brüsten, stolz sein, stolz thun.

a اختيان IḪTIJĀN. [خون VIII.] Sbst. خيانتلق , ايتمه *action de tromper, perfidie, trahison; ingratitude.* | Treulosigkeit, Verrätherei, Undankbarkeit.

a اخثم AḪŠAM. Adj. u. Sbst. *qui a le nez aplati; le lion; sabre à lame émoussée.* | stumpfnäsig; der Stumpfnäsige, d. i. der Löwe; stumpf, ein stumpfes Schwert.

a احجال IḤǴĀL. [حجل IV.] Sbst. اوتاندرمق Beschämung. — ETMEK. *faire rougir q. qn.* | einen erröthen machen, in Verlegenheit setzen; beschämen.

p اخجسته AḪǴESTE. Sbst. *seuil de la porte; nom d'une fleur.* | 1. Thürschwelle. 2. Name einer rothen Blume, dieselbe wie ارغوان

t اخچه AḲ'A. s. آقچه

a اخدان AḪDĀN. Sbst. Pl. v. خدن

a اخضر AḪḌAR. Adj. قره‌لو *sombre, obscur.* | dunkel (von Farbe).

a أخدرى AHDERI. Sbst. *onagre.* | der wilde Esel.

a أخدع AHDA. Adj. *fallacieux, trompeur.* | sehr listig, pfiffig, durchtrieben.

a أخدود UHDÛD. Sbst. *sillon; fosse, fossé.* | Furche, Graben. Pl. أخاديد AHÀDÎD. *longues ampoules qui s'élèvent sur la peau à la suite des coups de fouet.* | Schwielen auf der Haut.

a أخذ AHZ. Sbst. آلمق ، طوتمق 1. *action de prendre; perception; recette; ce que l'on prend de q. ch.; extrait (d'un livre), plagiat; dérivation (d'un mot d'un autre).* | das Nehmen, Greifen; Besitznahme, Empfangnahme; Annahme, Einnahme; Wegnahme; Auszug (aus einem Buche), Plagiat. Gramm. Ableitung eines Wortes von einem andern. — ETMEK. *prendre, saisir, recevoir, enlever, ôter; attraper; commencer.* | nehmen, annehmen, wegnehmen, angreifen; anfangen. أخذ وإعطا oder أخذ وجر Handel. 2. *peine, châtiment.* | Strafe, Züchtigung. 3. *habitude.* | Gewohnheit.

a أخذ UHZ. Sbst. گوز آغريسى *ophthalmie; chassie.* | Augenentzündung, Augenbutter.

p أخر AHAR. Sbst. *bassin de bain.* | Wasserbecken im Bade.

p أخر ÀHAR. Adv. *certainement, mais, même, au contraire.* | sicher, gewiss, allerdings, aber, selbst, im Gegentheil.

p أخر ÀHUR. Sbst. s. آخور

a أخر AHAR, ÀHER. Adj. Femin. أخرى UHRÀ. *autre, l'autre.* | ein Anderer. أخرلردن von einem Andern, anderswoher. أخر اولمق sich verändern.

a آخر ÀHYR. Adj. u. Sbst. صوڭ ، صوڭكى *le dernier, la fin.* | der letzte, das Ende, Schluss. — ETMEK. بيتورمك *finir, terminer.* | endigen, beendigen. — OLMAK. *finir, mourir.* | enden, sterben. يوم الآخر der jüngste Tag. آخر زمان die letzte Zeit, das Weltende. آخر عمرنده oder عمر آخرينه bis in den Tod. آخر الامر und آخرنده *à la fin, enfin.* | endlich, schliesslich. آخر نفسنه tödten. Abulg. Q آخر يومه sterben. Ali Sehir. Q. الى آخره bis an sein Ende (nemlich des Verses), und so weiter; wird abgekürzt geschrieben الخ

a آخرا ÀHYRAN. Adv. *à la fin, finalement, enfin.* | endlich, zuletzt.

a اخراب IHRÀB. [خرب IV.] Sbst. يقمق *dévastation.* | Verwüstung, Zerstörung. — ETMEK. *dévaster, ruiner.* | verwüsten, zerstören.

a اخراج IHRÀĠ. [خرج IV.] Sbst. چيقارمه ، اوزاتمه ، تحصيل ايتمه *action de faire sortir, d'extraire, de prolonger; privation, extension.* | das Hinausgehenlassen, Austreibung, Ausziehen. Rechtsspr.: Entziehung. Milit.: das Ausrücken der Truppen. Mathem.: Verlängerung, Ausdehnung; Auseinandersetzung. — ETMEK. *faire sortir, débarquer; extraire; se mettre en marche; prolonger; tirer au clair.* | herausgehen lassen, aussteigen lassen, ausrücken, ausdehnen. قره يه اخراج ايتمك ausschiffen. — بسط — ans Licht bringen, klar machen; eine Schuld ins Reine bringen.

a اخراجات IHRÀĠÀT. Sbst. Pl. *dépenses.* | Ausgaben, Kosten.

a اخراس IHRÀS. [خرس IV.] Sbst. *rendre muet, devenir muet.* | Verstummung.

a اخراق IHRÀK. [خرق IV.] Sbst. يرتمق ، قورقوتمق ، مدهوش ايتمك — ETMEK. *déchirer, effrayer, stupéfier.* | zerreissen, in Furcht setzen, in Erstaunen setzen.

a أخرب AHRAB. Adj. Compar. v. خراب *très-dévasté.* | sehr wüst, verwüstet.

a p آخربين ÀHYRBÎN. Sbst. u. Adj. *prévoyant; prudent.* | einer der das Ende bedenkt, vorsichtig. s. آخر ÀHYR und بين BÎN.

a آخرت oder آخره ÀHYRAT und ÀHIRET. Sbst. *extrémité, fin; vie future.* | das äusserste, letzte, Ende; die Zukunft, das künftige Leben, die künftige Welt. آخرت اوغلى ÀHYRAT OGLE = اوغلنلق *fils adoptif.* | Adoptivsohn. — قرنداشى AH: KARYNDAŠY = قرنداشلق *frère adoptif.* | Adoptivbruder. — بابه سى AH: BABASY = باباسى *père adoptif.* | Adoptivvater.

a آخرتلك u. آخرتلق ÀHIRETLIK, ÀHYRATLYK. Sbst. *enfant adoptif.* | Adoptivkind.

a t آخرتلق ÀHYRATLYK. Sbst. *l'autre monde, la vie future.* | das Jenseits, die künftige Welt.

a أخرج AHRAĠ. Adj. u. Sbst. *bigarré; cheval bigarré.* | schwarz und weiss gefleckt. Schimmel, Schecke.

a أخرس AHRAS. Adj. u. Sbst. دلسز *muet.* | stumm.

p أخرك ÀHREK. Sbst. *sternum, clavicule (os).* | das Brustbein, Schlüsselbein.

p آخرك ÀHUREK. Sbst. Dimin. v. آخور

a p آخركن ÀHYRKIN. Adj. *finissant, endigend.* Sbst. *fin.* | Ende, Abschluss.

t اخرمق Vb. intr. *expectorer la pituite.* | Schleim auswerfen. — بلغم توكرمك Kam.

p اخروش AHRÛŠ. Sbst. ايكلمه ، بغرش *gémissement, clameur.* | Geschrei, Gestöhn.

a آخرون ÀHARÛN. Pl. v. آخر ÀHAR.

a آخرون ÀHYRÛN. Pl. v. آخر ÀHYR.

a اخروى UHREWÎ. Adj. [Gegentheil von دنيوى] *de l'autre vie, de l'autre monde, éternel.* | was im künftigen Leben ist, auf das künftige Leben Bezug hat, künftig, jenseits, ewiglich (dem zeitlich entgegengesetzt). Sbst. آخرتلق *l'autre monde.* | das Jenseits, jene Welt.

a أخرى UHRÀ. Fem. v. آخر

a أخريات UHRIJÀT. Sbst. Pl. v. أخرى

t p اخريس AHRÎS. Adj. u. Sbst. دينسز *ignorant (quant à la religion), impie.* | unwissend (in Dingen der Religion).

a t آخرين s. آخرون

a اخزا IHZÀ. [خزى IV.] Sbst. رسوا ايتمك ، رذيل ايتمك *diffamation.* | Beschimpfung, Entehrung.

a أخزى AHZÀ. Adj. Compar. v. خزيان *qui a subi un très-grand affront.* | sehr beschimpft.

a أخس AHASS. Adj. Comp. v. خسيس *très-vil, très-ignoble, avide, avare.* | sehr niedrig, gemein, geizig.

a اخساس IHSÀS [خس IV.] شنيع كارلر ايشلمك *action de commettre une vilenie, une bassesse.* | das Begehen einer niedrigen Handlung, Gemeinheit, gemeine Habsucht.

p اخسيسته AHASITE. s. اخسيسته

t اخسيرمق AHSYRMAK. s. اكسيرمك

p اخسمه ÀHSEME oder اخسمه ÀHSEME. Sbst. *boisson spiritueuse préparée de grains.* | ein gegohrenes berauschendes Getränk von Gersten oder Hirse bereitet.

p اخش AHŠ. Sbst. *prix, valeur.* | Preis, Werth.

p اخش AHŠ. Adj. *précieux.* | werthvoll.

a اخشاب AHŠÀB. Sbst. Pl. v. خشب

a اخشاع IHŠÀ'. [خشع IV.] Sbst. *soumission, humilité.* | Unterwürfigkeit. — ETMEK. *humilier, s'humilier.* | erniedrigen, unterwerfen, sich erniedrigen.

t اخشام AHŠAM und AKŠAM. Sbst. *soir, nuit.* | Abend, Nacht. اخشام گونشى Abenddämmerung. — يلدزى — Abendstern. — يمكى — طعامى — سفره سى *souper.* | Abendmahlzeit.

t اخشامكى AHŠAM-KI oder اخشامدهكى AHŠAMDA-KI. *du soir, hier soir.* | abendlich, gestern Abend, gestrig.

t اخشاملق AHŠAMLYK. Sbst. *crépuscule, obscurité.* | Dunkelheit, Anbruch der Nacht.

t اخشاملمق AHŠAMLAMAK. Aor. اخشاملر AHŠAMLAR. Praes. اخشاملیور AHŠAMLAJOR. Vb. intr. گيجه اولمق ، اخشام اولمق *commencer à faire nuit, se passer pendant la nuit, arriver pendant la nuit, se passer la nuit, ou la soirée.* | dunkel werden, Abend werden, bei Nacht geschehen, bei Nacht oder Abends ankommen; die Nacht oder den Abend (an einem Orte) zubringen, übernachten.

a t اخشامين AHŠAMYN. Adv. *du soir, sur le soir.* | Abends, bei Nacht, gegen Abend.

a اخشب AHŠAB. Adj. *fait de bois.* | hölzern, von Holz oder von Bretern gemacht.

t اخشم AHŠAM und آقشم AKŠAM. s. اخشام

a اخشن AHŠAN. Adj. سرت *très-dur, rude; sévère.* | sehr rauh, grob; hart; streng.

p اخشيج AHŠÎĠ. Sbst. *ennemi, adversaire.* | Feind, Widersacher.

p اخشنده AHŠENDE. Sbst. *hochet, sistre.* | Klapper, Schnurre.

a اخشى AHŠÀ. Adj. قورقونج *très-redoutable, effrayant.* | fürchterlich.

p اخشيج ÀHŠÎĠ oder اخشيك ÀHŠÎK. Sbst. Pl. اخشيجان ÀHŠÎĠÀN od. اخشيكان ÀHŠÎKÀN. *l'opposé, qui répugne; ennemi, adversaire; élément opposé.* | der oder das Entgegengesetzte; der Widersacher, Gegner; Element (als den andern Elementen entgegengesetzt).

a اخص AHASS. Adj. Compar. v. خاص *plus ou très-propre, particulier à q. ch.* | sehr oder mehr eigenthümlich, bestimmter, genauer, besonders, vortrefflich, ausgezeichnet.

a اخضاع IHZÀ'. [خضع IV.] Sbst. *soumission.* | Unterwürfigkeit, Demuth.

a اخضر AHZAR. Adj. يشل *vert.* | grün.

a اخضع AHZA'. Adj. Compar. v. خضوع *très-humble, soumis.* | sehr unterwürfig, sehr demüthig.

a اخطا IHTÀ. [خطأ IV.] Sbst. يڭلمق *péché, faute.* | Vergehen, Fehltritt, Sünde. — ETMEK. *commettre un péché.*

a اخطار AHTÀR. Sbst. Pl. v. خطر

a اخطار IḪṬÂR. [خطر IV.] Sbst. خاطره كتورمه Erinnerung. — ETMEK. rappeler au souvenir. | Jemanden erinnern, sich erinnern.

a اخشم AḪŠAM. Adj. qui a le nez long. | langnäsig, grossnäsig.

a اخفا IḪFÂ. [خفى IV.] Sbst. كيزلمه ، صاقلامه action de se cacher. | Verbergung, Verhehlung. — ETMEK. cacher, dérober à la vue; supprimer. | verhehlen, verschwinden lassen, verheimlichen, verschweigen. اخفا ايله IḪFÂ-YLA. secrètement, à la dérobée. | heimlich, verstohlen. علم اخفا die Kunst, sich unsichtbar zu machen.

a اخفش AḪFAŠ. Adj. nyctalope, qui a les yeux petits, qui a une infirmité aux yeux. | lichtscheu, kleinäugig, kurzsichtig.

a اخفيه AḪFIJET. Sbst. Pl. v. خفا

p اخگر AḪGAR u. AḪKER. Sbst. ايشق كومور ، قور charbon ardent, braise, étincelle. | glühende Kohle, glühende Asche, Funke.

p اخكل AḪOYL. Sbst. اكين باشى ، باشاق épi de froment. | Aehre.

p اخكلنده AḪKELENDE. Sbst. آت قشاغيسى étrille. | Striegel.

p اخكم AḪKEM. Sbst. قويسقون croupière d'un cheval. | Schwanzriemen.

a اخلا IḪLÂ. [خلا IV.] Sbst. بوشالتمق évacuation (d'une place). | Entleerung, Verlassen eines Ortes.

a اخلاّ AḪILLÂ. Sbst. Pl. v. خليل

a اخلاب AḪLÂB. Sbst. Pl. v. خلب

a اخلاص IḪLÂṢ. [خلص IV.] Sbst. تميزلك ، دوغريلك action de purifier, de corriger; propreté, sincérité, candeur. | Reinigung, Reinheit, Reinlichkeit; Reinheit der Gesinnung, Aufrichtigkeit, Redlichkeit, aufrichtige Freundschaft, Treue. اخلاص ايله aufrichtig.

a اخلاصا IḪLÂṢAN. Adv. sincèrement. | aufrichtig.

a p اخلاصمند IḪLÂṢMEND. Adj. u. Sbst. sincère; ami fidèle. | aufrichtig; treuer Freund.

a p اخلاصمندى IḪLÂṢMENDI. Sbst. sincérité. | Aufrichtigkeit, treue Freundschaft.

t اخلاط s. اخلاط

a اخلاط AḪLÂṬ. Sbst. Pl. v. خلط ḪYLṬ. humeurs du corps. | Säfte des Körpers und des Blutes. Die vier Flüssigkeiten, aus denen der thierische Körper zusammengesetzt ist: Blut [دم], Galle [صفرا], Melancholie [سودا] und Phlegma [بلغم]. اخلاط فاسده schlechte, schädliche, verdorbene Säfte.

a اخلاف AḪLÂF. Sbst. Pl. v. خلف

a اخلاف IḪLÂF. [خلف IV.] Sbst. بوزمق action de gâter, corrompre, détruire. | Verderbung.

a اخلاق AḪLÂK. Sbst. Pl. v. خلق ḪULK. dispositions naturelles, qualités du cœur, vertus; naturel, la nature. | Naturanlagen, die Natur; Eigenschaften des Herzens und Geistes, Tugenden, gute Sitte. علم اخلاق ILM-I AḪLÂK. la morale. | Moral, Ethik.

a خلاق ḪYLÂK. Sbst. Pl. v. خلق

a اخلال AḪLÂL. Sbst. Pl. v. خل

a اخلال IḪLÂL. [خل IV.] Sbst. قريشدرمق confusion. | Verwirrung, Störung. — ETMEK. déranger l'ordre, porter le trouble, la perturbation dans q. ch.; confondre; gâter. | verwirren, in Unordnung bringen, stören, verderben.

t اخلامور OḪLAMUR. Sbst. tilleul. | die Linde.

a اخلص AḪLAṢ. Adj. Compar. v. خالص ، بك تميز très-pur, très-sincère. | sehr rein, sehr aufrichtig.

a اخلط u. اخلاط AḪLAṬ. Sbst. يبان الماسى sorte de pomme sauvage. | eine Art wilder Apfel. arab. تفاح البرى Kam. pers. كلوبى قرو LT.

a t اخلاق AḪLYK. Sbst. fraternité. | Brüderschaft, Brüderlichkeit.

a اخلّه AḪILLA. Sbst. Pl. v. خلال

a اخليه AḪLIJÂ. Adj. Pl. v. خلى

a اخماد IḪMÂD. [خمد IV.] Sbst. آتش سوندرمك action d'éteindre les flammes. | Löschung, Unterdrückung des Feuers.

a اخمار IḪMÂR. [خمر IV.] Sbst. اورتمك ، كيزلمك — ETMEK. cacher, dérober. | verbergen, verstecken, den Blicken entziehen.

a اخمر AḪMAR. Adj. سرخوش ivre. | berauscht, trunken.

a اخمس AḪMAS. Adj. dur; vaillant, courageux; très-religieux. | hart, fest; stark, tapfer; glaubensfest.

t اخمق AḪMAK. Vb. intr. s. قمق

a اخنس oder اخنش AḪNAS. Adj. u. Sbst. يصى بورونى camus, camard. | stumpfnäsig, breitnäsig.

p اخنجل AḪENGIL. Sbst. glaive, épée. | Schwert.

a اخنوخ UḪNÛḪ. N. pr. Énoch. | der Prophet Enoch, sonst auch Edris genannt.

a اخوان IḪWÂN. Sbst. Pl. v. اخ

a t اخوانلق IḪWÂNLYK. Sbst. قرنداشلق fraternité. | Bruderschaft, Brüderlichkeit.

a اخوّت oder اخوة UḪUWWET. Sbst. = اخوانلق

p آخور ÂḪÛR oder آخر ÂḪOR. écurie, étable. | Stall, Pferdestall, Kuhstall. امير آخور EMIR-I ÂḪOR. vulg. EMBROḪÔR, EMROḪÔR od. ميراخور MIRAḪÔR. écuyer. | Stallmeister. صغر آخورى Kuhstall.

a اخوف AḪWAF. Adj. Compar. v. خائف ، قورقولو très-timide, très-peureux. | sehr furchtsam, schüchtern.

a اخوق AḪWAK. Adj. u. Sbst. تركورلو borgne, louche. | einäugig, schielend.

p اخون AḪÛN und اخوند AḪÛND. Sbst. maître, tuteur, précepteur; théologien. | Lehrer, Geistlicher.

a اخوى AḪAWI. Adj. fraternel. | brüderlich, schwesterlich, geschwisterlich.

t o اخى AḪY. Sbst. = آغا frère aîné, frère. | der ältere Bruder, Bruder.

a اخيار AḪJÂR. Sbst. Pl. v. خير les bons. | die Guten.

a اخياف AḪJÂF. Sbst. Pl. v. خيف frères et sœurs utérins. | Brüder, Geschwister von einer Mutter, aber verschiedenen Vätern.

a اخيفى AḪJÂFÎ. Adj. né de la même mère. | von derselben Mutter geboren. s. d. Vhg.

a اخيل AḪJAL. Sbst. Pl. v. خيل

a اخير AḪJAR. Adj. Compar. v. خير très-bon, très-beau, meilleur. | sehr gut, sehr schön, besser, das Beste.

a اخير AḪYR. Adj. u. Sbst. le dernier; la fin. | der Letzte; das Ende, die Vollendung.

p اخيز AḪIZ. Sbst. صواجيموري mortier. | Mörtel.

t o آت ÂD = آت ÂT. cheval. | Pferd.

(آد ÂD. Sbst. nom, renommée. | Name, Ruf. آد قومق oder — ويرمك nommer. | benennen. آد وصان oder آد وصان rang, dignité. | Rang, Würde.

a آد ADD oder IDD. Sbst. force, puissance, vigueur. | Kraft, Stärke, Macht.

t آدا oder آطه ADA. Sbst. île, presqu'île. | Insel, Halbinsel. آدا بالغى ADA-BALYGY. baleine. | Wallfisch. آدا طوشانى — TAWŠANY. lapin, lièvre. | Kaninchen, Hase.

p آدا Sbst. herbe. | Kraut, Gras, Unkraut.

a ادا EDÂ. Sbst. 1. accomplissement; payement, action de s'acquitter. | Erfüllung (einer Pflicht), Bezahlung (einer Schuld), Ausführung, Vollziehung, Leistung. اداء مال EDÂ-I MÂL. vulg. اداء مال EDIMÂL. payement, dépense, pension pécuniaire, tribut. | Zahlung, Ausgabe, Abgabe. 2. modulation de la voix; prière instante; charme, appas. | Ausdruck der Stimme; Schmeichelei; flehentliche Bitte; Reiz, Zauber. خوش ادا wohltönend, mit angenehmer Stimme begabt. 3. air, manière; ostentation, affectation. | Haltung (des Körpers), Gang; das Aussehen, welches man sich giebt, Prahlerei. ناز وادا Manier und Haltung. — ETMEK. payer, réaliser, exécuter q. ch.; prier instamment; se donner de l'air. | bezahlen, seine Schuld abtragen; etwas ersetzen, wiederherstellen, wiedergeben, etwas vollführen, ausführen; z. B. اداء سفر ايتمك einen Feldzug ausführen. — Der Stimme Ausdruck geben, inständig bitten; sich ein wichtiges Ansehen geben (in Gang und Manieren), sich zieren.

a آداب ÂDÂB. Sbst. Pl. v. ادب EDEB.

a ادات EDÂT. Sbst. Plur. ادوات EDAWÂT und ادواتلر EDÂTLAR. آلت وادوات outil, instrument, meuble, appareil, apprêt; moyen; particule. | Werkzeug, Geräthschaft; Möbel; Mittel zu etwas, Ursache oder Veranlassung zu etwas. Gramm. Partikel. — توصيل Conjunction. — تشبيه Vergleichungswort.

a اداره IDÂRE. [دار IV.] Sbst. چويرمك ، دوندرمك circulation, circonvention; tournée (d'un fonctionnaire en inspection), inspection; administration, économie; les épargnes. | Kreisung, Umdrehung, Umwendung, Umlauf, Runde, Rundreise; Oberaufsicht, gute Verwaltung, Sparsamkeit; das Ersparte, die Sparpfennige. ادارۀ دم Circulation des Blutes. — ETMEK. circuler, tourner, aller tout autour; entourer; administrer; régler sa dépense sur son revenu; ménager, économiser. | umdrehen, umlaufen, umgehen, umzingeln (eine Festung); seine Geschäfte verwalten, sich versorgen mit etwas; auskommen (mit seinen Einkünften), sparen.

sparsam sein. اداره ایله sparsam, mit guter Verwaltung. خلق اداره‌سی gute Haushaltung

a t اداره‌جی IDÂREDJI. Sbst. *économe, ménager.* | ein sparsamer Mensch, ein guter Wirth.

a t ادارهسز IDÂRESIZ. Adj. *négligent.* | sorglos, nachlässig.

a t ادارهسزلك IDÂRESIZLIK. Sbst. *négligence.* | Sorglosigkeit, Nachlässigkeit.

a t اداره‌لی IDÂRELI. Adj. *économique.* | sparsam, haushälterisch.

t اداش ADAŠ oder آد داش AD-DAŠ. Adj. v. آد *qui a le même nom, synonyme, homonyme.* | gleichnamig.

t o ادامق ADAMAK. Vb. intr. *se retirer.* | zurückweichen, sich trennen, scheiden. قسطنطین اداشدی er trennte sich von seinem Vater. Abulg. 129. Q.

t o اداغ ADAG. Sbst. vgl. ادا und اطه DIL. Insel. LT.

a ادار EDÂR. Sbst. *le membre viril.* | das männliche Glied.

t اداق ADAK. Sbst. *voeu, promesse.* | Gelübde, Versprechen. — ETYMK. s. اداقمق

t a اده ADÂ und اداق ÂDÂK. Sbst. *île; banc de sable, bas-fond.* | Insel, Sandbank, Untiefe. s. اداغ

a اداله IDÂLE. [دول IV.] *action de faire passer une chose (la victoire, le pouvoir etc.) de l'un à l'autre; victoire.* | das von Einem zum Andern übergehen lassen, von Hand zu Hand gehen lassen; Ueberwindung des Feindes, Sieg.

t اداللو ADALY oder اده‌لی Adj. u. Sbst. *insulaire.* | Inselbewohner.

a ادام ADÂM. Interj. *qu'il fasse durer!* | er (Gott) lasse dauern! ادام الله Gott erhalte (ihn)!

a ادام IDÂM. Sbst. قتق *ce qu'on mange avec le pain; la bonne chère.* | Zugemüse, was zum Brode gegessen wird.

a ادم EDÎM. Sbst. سختیانجی *corroyeur, marchand de cuirs.* | Riemer.

a ادامه s. ادام

a ادامه IDÂME [دوم IV.] Sbst. *action de faire durer, conservation.* | Erhaltung, das dauern lassen.

t اداقمق oder ادامق ADAMAK. Vb. intr. *faire voeu.* | geloben, ein Gelübde ablegen, vgl. اداق

a ادانت IDÂNET. [دين IV.] Sbst. ویرمه وینوره and بورج آلمق *prêt, emprunt.* | Darlehn, Anleihe.

a اداني ADÂNI. Sbst. Pl. v. ادنی

a اداوات EDÂWÂT. Sbst. Pl. v. اداة

a ادب EDEB. Sbst. *bonne éducation, culture de l'esprit, politesse, civilité, urbanité; règle, convenance, précepte, réprimande.* | gute Erziehung, Bildung des Geistes, Bildung überhaupt, Höflichkeit, Artigkeit, Wohlanständigkeit, Anstandsregel, Regel, Gesetz, Vorschrift; Zurechtweisung. — ETYMK. s. ادبلنمك Plur. آداب ÂDÂB. *bonnes moeurs; règles, préceptes, cérémonies; compliments; les belles lettres, la littérature.* | gute und feine Sitten, die Gesetze des Anstandes; Ceremonien, übliche Gebräuche, z. B. bei Waschungen, Gebeten u. s. w., Complimente, Begrüssungen, höfliche Anreden und Gegenreden im persönlichen Umgang und Briefwechsel; Ehrenerweisungen; die schönen Wissenschaften, die Literatur. ترك ادب TERK-I EDEB. Unhöflichkeit. ادب یرلری EDEB JERLERI. die Schamtheile.

a ادبا UDEBÂ. Sbst. Pl. v. ادیب

a ادبار ADBÂR. Sbst. Pl. v. دبر

a ادبار IDBÂR. [دبر IV.] Sbst. کیرو کتمك *action de retourner; revers de fortune, adversité, malheur, calamité, le derrière de q. ch.* | [Gegentheil v. اقبال] das Zurückgeben, Zurückwenden, Rückwärts gehen, Zurückkommen in Vermögensumständen, Unglück; Widerwärtigkeit; das Hintere; die Rückseite einer Sache.

a ادبارا IDBÂRAN. Adj. *en arrière, derrière.* | zurück, rückwärts اقبالا وادبارا *çà et là, de côté et d'autre.* | vorwärts und rückwärts, hin und her.

a ادبار IDDIBÂR. [دبر VIII.] Sbst. *action de se retirer.* | das Zurückweichen.

a t ادبارلق IDBÂRLYK. Sbst. *adversité, malheur.* | Unglück, Missgeschick, Widerwärtigkeit [Gegentheil von دولت oder اقبال]

a p ادبانه EDEBÂNE. Adv. *poliment, civilement.* | artig, höflich.

a p ادبخانه EDEB-HÂNE. Sbst. *lieu d'aisances, latrines.* | Abtritt.

a t ادبسز EDEBSIZ. Adj. *qui n'a pas d'éducation, impoli, insolent, malhonnête.* | unhöflich, ungezogen, unanständig.

a t ادبسزلك EDEBSIZLIK. Sbst. *insolence, malhonnêteté.* | Ungezogenheit, Unhöflichkeit, Unanständigkeit. ادبسزلكله EDEBSIZLIGILE. *impoliment.* | unhöflich, ungezogen, auf unhöfliche Weise.

a t ادبلنمك EDEBLEMEK. Vb. act. *instruire, élever dans les bonnes moeurs; reprendre, morigéner, corriger.* | erziehen, unterweisen, Anstand oder gute Sitten lehren, züchtigen. vgl. ادب Deriv. ادبلنمك EDEBLENMEK. Vb. Pass. u. Refl. *être instruit, se laisser instruire; être corrigé.* | Unterweisung erhalten, sich unterweisen lassen, Lehre annehmen, Züchtigung erdulden.

a t ادبلو EDEBLÜ und ادبلی EDEBLI. Adj. *bien élevé, instruit, de bonnes moeurs, honnête, modeste.* | wohlerzogen, gesittet, artig, höflich, anständig, bescheiden.

a ادبی EDEBÎ. Adj. = ادبلو

a ادبیه EDEBIJET. Adj. s. ادب *qui appartient aux bonnes moeurs etc.* | zur Bildung gehörig. Plur. ادبیات EDEBIJÂT. *tout ce qui appartient aux bonnes moeurs etc.* | Alles was zur Bildung gehört.

a اده IDDET. Sbst. *adversité, malheur, affliction.* | Widerwärtigkeit, Unglück, Betrübniss.

a ادحار IDHÂR. [دحر IV.] Sbst. *mépris, dédain.* | Verachtung.

a ادخار IDDIHÂR. [دخر VIII.] Sbst. ذخیره طوپلمق ، بیکتمق ، بر یره یغمق *accumulation, entassement.* | Aufhäufung, Aufsparung, Aufspeicherung. — ETYMK. *accumuler, amasser, emmagasiner; remettre.* | aufsparen, aufhäufen, zurücklegen für späteren Gebrauch, verschieben auf spätere Zeit.

a ادخال IDHÂL. [دخل IV.] Sbst. کیردرمك *introduction.* | Einführung, Einlass, Einschaltung. — ETYMK. *introduire, faire entrer.* | einführen, einlassen, zulassen, aufnehmen, zu etwas zählen.

a ادخال IDDIHÂL. [دخل VIII.] Sbst. کیرمك das Hineingehen. — ETYMK. *entrer, s'introduire.* | hineingehen.

a ادخان IDDIHÂN. [دخن VIII.] Sbst. توتسلمك *action de fumer.* | das Rauchen, Räuchern.

a ادخن ADHAN, EDHEN. Adj. *enfumé, noirci par la fumée, de couleur de fumée, obscur.* | räucherig, verräuchert, rauchfarben, dunkel.

a ادخنه ADHYNA, EDHINE. Sbst. Pl. v. دخان

t اداش ÂD-DAŠ. s. اداش Adj. u. Sbst. *synonyme; surnom.* | gleichnamig; Beiname.

p ادر ÂDER. s. آذر

t o ادر ADYR. Sbst. *collier, monceau, tas.* | Hügel, Haufen. pers. پشته LT.

a ادراك IDDIRÂK. [درك VIII.] Sbst. آکلامق ، مکر ایله الداتمق *action de comprendre, de tromper, de surprendre.* | Verstehen, Begreifen; Ueberlistung, Täuschung, Nachstellung — ETYMK. *tromper, attraper (une bête féroce).* | nachstellen, auflauern (einem Wilde).

a ادراج IDRÂĜ. [درج IV.] Sbst. ایچرو قومق — ETYMK. *mettre dedans, introduire, insérer.* | hineinlegen, einfügen, einrollen, einwickeln.

a ادراج EDRÂĜ. Sbst. Pl. v. درج

a ادرار IDRÂR. [درّ IV.] Sbst. *reichliches fliessen lassen (von Milch, Urin u. s. w.)* — ETYMK. *laisser couler en abondance (du lait etc.); faire couler; tomber par torrents (la pluie); agiter, tourner.* | reichlich fliessen lassen (Milch u. dgl.), viel Milch geben; strömen lassen (den Regen), in Bewegung setzen, bewegen, drehen.

a ادراره IDRÂRE. Pl. ادرارات IDRÂRÂT. Sbst. *gages, solde, traitement (des soldats ou des employés civils).* | Besoldung, Löhnung, Gehalt.

a ادراك EDRÂK. Sbst. Pl. v. درك

a ادراك IDRÂK und ادراك IDDIRÂK [درك IV. u. VIII.] Sbst. ایریشمك ، آکلامق *action de parvenir, de comprendre.* | das Gelangen zu etwas; Einsicht, Verständniss, Scharfsinn. — ETYMK. *parvenir à, réussir, atteindre; comprendre, entendre.* | gelangen zu, einholen ziemlich in gleichem Alter mit Jemand sein (der etwas älter ist); zur Einsicht gelangen, wahrnehmen, einsehen, verstehen; zur Reife gelangen (von Früchten); gar werden (von Speisen); mannbar werden.

a ادره ODRE. Sbst. *hernie (testiculaire ou intestinale).* | Bruch, Bauchbruch.

p ادرنك ÂDRENK u. EDRENK. Sbst. *douleur violente (du corps ou de l'âme); malheur.* | heftiger Schmerz, Trauer; Unglück.

a ادریس EDRIS, IDRÎS. N. pr. *le prophète Enoch.* | Henoch.

t آدسز ADSYZ. Adj. v. آد *qui n'a pas de nom, anonyme.* | namenlos, ungenannt. آدسز پرمق *doigt annulaire.* | der Ringfinger.

a ادسم EDSEM. Adj. *cendré, de couleur foncée.* | aschgrau, dunkelfarbig.

t ادیمك ادمك IDIMEK, s. ایمك

a ادّعا IDDIÁ'. [دعو VIII.] Sbst. دعوی ادعا prétention, arrogance. | Anspruch, Anmassung, Bestehen auf seiner Aussage, auf seinem Rechte. — ETMEK. prétendre. | etwas aussagen, behaupten, beanspruchen, sich anmassen.

a ادعیه ÉDIIJE. Sbst. Pl. v. دعا

a ادغام IDGÁM. [دغم IV.] Sbst. assimilation, redoublement d'une lettre. | Gramm.: Assimilation, Verdoppelung eines Buchstaben.

a ادّغام IDDIGÁM. [دغم VIII.] s. d. Vkg.

a ادغال EDGÁL. Sbst. Pl. v. دغیله

a ادفع ADFA'. Adj. Compar. v. دفع qui repousse avec force. | sehr heftig zurückstossend. دوای — eine stark wirkende Arznei.

a ادق ADAKK. Adj. Compar. v. دقیق très-fin, mince, subtil. | sehr fein, dünn, kleinkörnig; schwer zu verstehen, spitzfindig.

a ادقاق IDKÁK. [دق IV.] Sbst. ازمك action de broyer. | Zermalmung. — ETMEK. broyer, piler, réduire en poudre. | zermalmen, zerstossen, in kleine Stücke zerbrechen, klar und fein machen.

t ادك oder ادیك EDIK. Sbst. sorte de bottines. | eine Art Stiefel wie die Frauen tragen; wie چدك

a ادّكار IDDIKÁR. [ذكر VIII.] Sbst. اكمق action de se rappeler q. ch. | Erinnerung, sich erinnern.

a ادلا IDLÁ'. [دلو IV.] Sbst. action de faire descendre. | das Herablassen, an einem Seile, z. B. des Eimers in den Brunnen.

a ادلال IDLÁL. [دل IV.] Sbst. démonstration; indulgence. | Beweisung, Ueberzeugung durch Beweise; freundliches Zureden; Freundlichkeit, Nachsicht. — ETMEK. être doux, indulgent pour q. qu. | freundlich gegen Jemand sein, ihm schmeicheln.

a ادلّه ADILLE. Sbst. Pl. v. دلیل

t ادلامق u. اكلامق u. اكلامق ADLAMAK. Aor. ادلار ADLAR. Vb. act. v. آد nommer. | nennen, benennen. Deriv. ادلانمق ADLANMAK. Vb. pass. u. refl. être nommé, se nommer. | genannt werden, sich nennen.

t ادلمق u. اتلمق u. اتلامق ADLAMAK. Aor. ادلار ADLAR. Vb. act. faire des pas; mesurer à pas comptés; passer, franchir. | schreiten, einen Schritt machen, mit Schritten messen, hinüberschreiten, vgl. اتلامق u. ادمق

t ادلو ADLY. Adj. v. آد nommé, célèbre. | benannt, genannt, berühmt. ادلو ادلیله ADLY ADYILE, jeder bei seinem Namen.

a ادلهمام IDLIHMÁM. [دلهم XI.] Sbst. قرکلق obscurité, noirceur. | Dunkelheit, Schwärze.

a ادم ADYM. s. آدیم

a آدم ÁDAM und ادم ADEM. N. pr. Adam. Sbst. Pl. آدمون ÁDAMÜN, آدمیان ADEMIJÁN und آدملر ADAMLAR. homme, personne. | Mensch, menschliches Wesen, Mann (ein Mann, Soldat, Diener, Bote u. s. w.); Person, irgend Jemand, m. Negation: Niemand. آدم اغلانی — زاد — اوغلو Menschensohn, der Sterbliche. بنی آدم die Menschen. آدمجه کورہ آدم حور Menschenfresser. nach Ansehen der Person. آدم بلشنه auf den Mann, für den Mann. آدم یورینه صاحبقی — صوبقی — قویمق einen als Menschen schätzen, überhaupt achten, schätzen. — صوقیمق gering achten. آدم کوکی ADAM GÖI, la mandragora. | die Alraunwurzel.

a ادم UDUM. Sbst. Pl. v. ادام IDÁM.

a ادعام IDMÁG. [دعم IV.] Sbst. action de se prêter assistance. | Beistandleistung, gegenseitige Förderung. Rhetor.: Förderung eines Gedankens durch einen Andern (vgl. v. Mehren Rhetorik der Araber S. 121). Metrik: Vertheilung eines Wortes auf zwei Halbverse, so dass, bei arabischen Worten, der Artikel den ersten Halbvers schliesst.

a ادّماج IDDIMÁG. [دمج VIII.] Sbst. بربرینه ادماج état de se tenir enchevêtré l'un dans l'autre. | gegenseitiges fest ineinander hängen.

a ادماق IDMÁK. [دمق IV.] Sbst. ادخال — صوقمق action de faire entrer une chose dans une autre. | Einfügung, Eintreibung (eines Keiles u. dgl.).

a آدمین ÁDAMÍN. Sbst. Pl. v. آدم

a ادمان IDMÁN. [دمن IV.] Sbst. application, assiduité, exercice, pratique, apprentissage. | dauernde Beschäftigung mit einer Sache, Beharrlichkeit, Gewöhnung an e. S., Uebung in e. S., das Exercitium. IDMÁN-YLA durch Uebung. بریشنده ادمان ایتمك sich mit einer Sache fleissig beschäftigen, dabei beharren; sich üben, Jemanden üben, an etwas gewöhnen.

t آدمجك ADEMDŽEK. Sbst. Dimin. v. آدم petit homme. | Männchen.

t آدمجیل ADEMDŽIL. Adj. accoutumé à l'homme, apprivoisé, dompté. | an Menschen gewöhnt, zahm (v. Thieren).

a ادمع EDMU'. Sbst. Pl. v. دمع

a ادمعه ADMYGA, EDMIGE. Sbst. Pl. v. دماغ

t ادمق ADMAK. Vb. intr. faire des pas. | schreiten. s. آدیم

a p آدمکاری ADAMGIÁRI und آدمکری ADEMGERI, s. d. Folgde.

a t آدملق ADAMLYK und آدملك ADEMLIK; auch آدملغی oder آدملیك Sbst. humanité, bravoure, vaillance. | Menschlichkeit, Gesittung; Männlichkeit, männliche Tugend, vgl. انسانیت

a p آدمی ÁDEMÍ. Adj. rougeâtre, brun. | röthlich, braun.

a آدمی ÁDAMII. 1. Adj. appartenant à l'homme; couleur de l'homme, rougeâtre, brun. | menschlich; von menschl. Farbe, röthlich; einem Menschen oder Manne gehörig. آدمی خاتون die rechtmässige Gattin, femme légitime. Abulgasi Q. 2. Sbst. Pl. آدمیّین homme; la population. | Mensch, einzelner Mensch, und Collect. die Bevölkerung eines Ortes.

a آدمیّین ÁDEMIJJÍN. Sbst. Pl. v. آدمی u. v. آدم

a آدمیانه ÁDEMIJÁNE. Adv. en homme, comme homme. | menschlich, als Mensch.

a آدمیّت ÁDEMIJJE. Sbst. — آدملق

a ادنا EDNÁ, s. ادنی

a ادناس EDNÁS. Sbst. Pl. v. دنس DENIS, ordures; populace. | Schmutz, Gesindel, Jahnhagel.

a ادنی ADNÁ. Adj. plus vil, plus chétif, le plus vil; plus proche, le plus près; moins, le moindre. | sehr gering; das Geringste, Mindeste, d. Nächste. Pl. ادانی EDÁNI. les inférieurs. | die Geringen, Niedrigen.

t ادنمك EDINMEK. s. ایدنمك

a ادوا EDWÁ. Sbst. Pl. v. داء

a ادوات EDAWÁT. Sbst. Pl. v. اداة ustensiles, instruments. | Geräthschaften. s. اداة

a t ادواتسز ADAWÁTSYZ. Adj. dégarni, vide. | leer, ohne Alles.

a ادوار EDWÁR. Sbst. Pl. v. دور DEWR circuit, cercle. s. دور, und Pl. v. دار DÁR. demeure. s. دار

a ادون ADWAN. Adj. Compar. v. دون DÜN. très-bas, inférieur, vil. | sehr schlecht, niedrig, gering.

a ادویه EDWIJE. Sbst. Pl. v. دوا médicaments. | Arzneimittel. معرفة الادویه die Arzneikunde.

t اده ADA. s. آطه

t o اده Sbst. famille (?) ادا ربیمك خشك ولباسی عدیم خشك وله اوزدی Ali Schir. Q.

p آده ÁDA. Sbst. perchoir. | Hühnerstange.

a اداها ADHÁ. s. ادهی

a ادهان EDHÁN. Sbst. Pl. v. دهن DUHN.

a ادهان IDHÁN. [دهن IV.] Sbst. 1. ملاحقمق action d'oindre, d'enduire d'une matière grasse, p. ex. la peau, les cheveux, d'une pomade etc. | Einölung, Besalbung, mit Oel, Pomade u. s. w. 2. ادهانلق action de dissimuler. | Verstellung, sich freundlich gegen Jemand stellen.

a ادّهان IDDIHÁN. [دهن VIII.] Sbst. ینملامق action de s'oindre. | Salbung an sich selbst.

a ادهر EDHUR. Sbst. v. دهر DEHR.

a ادهم EDHEM. Adj. u. Sbst. noir, d'un vert très-foncé, qui paraît noir; cheval noir ou bai brun. | schwarz, dunkelgrün. Sbst. Rappe, schwarzes oder braunes Pferd.

t ادهمن s. ادهمن

a ادهی EDHÁ. Adj. Compar. دهی trèsfin, rusé, astucieux, ingénieux, habile. | sehr scharfsinnig, fein, pfiffig, klug, geschickt.

a ادهیه EDHIJE. Sbst. Pl. v. دهی DAHIJ.

a ادیر EDJÁR. Sbst. Pl. v. دیر DEIR.

a ادیان EDJÁN. Sbst. Pl. v. دین DIN.

a ادّیان IDDIJÁN. [دین VIII.] Sbst. بورجه کیرمك ، بورج التمه Verschuldung. — ETMEK. s'endetter. | in Schulden gerathen.

a ادیب EDIB. Pl. ادبا UDEBÁ und ادیبلر EDIBLER. Adj. ادبلی bien élevé, de bonnes moeurs | wohlerzogen, wohlgesittet. Sbst. maître. Lehrer.

t ادیك EDIK. s. ادك

a ادیم EDIM. Sbst. یوز face, surface. Antlitz, Oberfläche. ادیم السماء die Himmelsfläche, das Himmelsgewölbe. ادیم النهار der ganze Tag.

a ادیم EDIM. Sbst. سختیان sorte de maroquin. | gegerbtes Ziegenleder, Saffian.

t آدیم oder آدم ADYM. Sbst. *pas; trace; mesure de trois pieds.* | Schritt, Spur, Fusstapfe; Mass von drei Fuss Länge. ADYM ADYM. Schritt für Schritt. آدیملمق oder آدم آدم — schreiten. s. v. a. آدیملمق

a t آدیملو s. آدیملق und آدیملی t

t آدیملمق oder آدیملامق ADYMLAMAK Aor. آدیملار oder آدیملر ADYMLAR Vb. act. *faire des pas, marcher, mesurer par des pas, passer, traverser* | schreiten, mit Schritten messen, hinüberschreiten.

t آدیملو ADYMLY Adj. *qui fait des pas, qui marche bien.* | Schritte machend, gut schreitend (von Pferden).

a آذان EDHÂN. Sbst. Pl. v. ذهن DHIN.

p آذرخش ADHERDE. Sbst. *l'arc en ciel.* | der Regenbogen.

a اذ IDH und اذا IDHA Adv. *quand, lorsque.* | wenn, als, da.

a اذاء EZÂ. Sbst. *injustice, vexation; tort.* Bedrückung, ungerechte und unwürdige Behandlung, Plackerei; Schade, den man Jemand zufügt.

a اذابت IZÂBET. [ذاب IV.] Sbst. *action de fondre.* | das Schmelzen. — ETMEK. *fondre, dissoudre.* | schmelzen, in Fluss bringen.

a اذایت IZÂJET. Sbst. *tort, injustice.* Schaden, Unrecht, Verdruss. s. اذا.

a آذار ÂZAR. Sbst. *le mois de Mars.* | der Märzmonat des (syrischen) Jahres.

t o آذار IZAR. Sbst. *selle.* | Sattel = اکر oder اگر.

a اذاعة IZÂʿET. [ذاع IV.] Sbst. *action de divulguer.* | Ausrufung, Verbreitung einer Nachricht, Bekanntmachung. — ETMEK. *divulguer q. ch.* | ein Gerücht verbreiten, etwas bekannt machen.

t o اذاق AZAK. Sbst. *pied.* | Fuss = ایاق.

a اذاقة IZÂKET. [ذاق IV.] Sbst. طاتدرمق *action de donner à goûter, donner peu d'une chose, donner (un peu) à boire.* | kosten lassen, wenig von einer Sache geben, ein wenig zu trinken geben. Gramm. Mouillierung, Hörenlassen eines kurzen Vocalanschlages bei der Aussprache eines Consonanten.

a اذلالة IZLÂLET. [ذلّ IV.] Sbst. الچقلمق *avilissement, abaissement, abus.* | Beschimpfung, Erniedrigung, Missbrauch.

a آذان ÂZÂN. Sbst. Pl. v. اذن ÜZN.

a اذان EZÂN. Sbst. *invitation à la prière.* der Ruf zum Gebete (vom Thurme der Moschee herab). — اوقومق — ویرمك *appeler à la prière.* zum Gebete rufen.

t اذبك ÜZBEK. s. اوزبك.

a اذحال EZHÂL. Sbst. Pl. v. ذحل ZAHL.

a اذخار AZHÂR. Sbst. Pl. v. ذخر ZUHR.

a اذخار IZHÂR. [ذخر IV.] Sbst. طوپلمق ییغمق ، بریکدرمك *action d'accumuler.* | Aufhäufung. — ETMEK. *accumuler.* aufhäufen, sparen, zufsparen. vgl. ادخار.

p آذر ÂZER. Sbst. آتش *le feu.* | das Feuer.

t o آذر ÂZAR. Adj. *grand.* | gross.

a اذراع IZRÂʿ. [ذرع IV.] Sbst. ارشونلمق *action de mesurer (à l'aune).* | Messung (mit der Elle). — ETMEK. *mesurer.* | messen, ausmessen.

p آذرپرست ÂZER-PERÉST. Sbst. *adorateur du feu, mage.* | Feueranbeter.

p آذرخش ÂZERAHŠ, AZRAHŠ. Sbst. *tonnerre, foudre, pierre de tonnerre.* | der Donner, Blitz, Donnerstein.

p آذرشین ÂZERŠÎN. Sbst. *salamandre.* | Salamander.

p آذرگون ÂZERGÛN. Adj. *couleur de feu rouge.* | feuerfarben, feuerroth. Sbst. *chrysanthème.* | Goldblume, rothe Anemone (Chrysanthemum, ocimum) arab. اقحوان od. حنوه

a اذعاج IZʿÂǦ. [ذعج IV.] Sbst. زور ایلمك *action de forcer, de tracasser.* | Gewaltanthuung, Zwang, Nothzüchtigung. — ETMEK. *tourmenter, tracasser, forcer.* | zwingen, quälen.

a اذعان IZʿÂN. [ذعن IV.] Sbst. *obéissance, soumission; intelligence; confidence.* | Gehorsam, Unterwerfung; vernünftiges Urtheil; Vertrauen, Glaube. فرمان واجب الاذعان ein Befehl, dem durchaus Folge zu leisten — ETMEK. *obéir, comprendre.* | gehorchen, einsehen.

a t اذعانسز IZʿÂNSYZ. Adj. *désobéissant.* | ungehorsam.

a t اذعانلو IZʿÂNLY. Adj. *obéissant.* | gehorsam.

a اذقان AZKÂN. Sbst. Pl. v. ذقن ZAKN.

a اذكا und اذكى EZKÂ. Adj. Compar. v. ذكى *doué de sagacité, très-vif, très-pénétrant; spirituel, ingénieux.* | sehr scharfsinnig, klug, lebhaft, geistreich, witzig.

a اذكار EZKÂR. Sbst. Pl. v. ذكر ZAKAR und ZIKR.

a اذكار IZKÂR. [ذكر IV.] Sbst. *mention, souvenir.* | Erinnerung, Erwähnung. — ETMEK. *faire mention.* | etwas erwähnen.

a اذكار IZZIKÂR. [ذكر VIII.] Sbst. *mention, souvenir.* | Erinnerung. — ETMEK. *se rappeler q. ch.* | sich an etwas erinnern.

a اذكى EZKÂ. s. اذكا.

a اذكياء EZKIJÂ. Sbst. Pl. v. ذكى.

a اذلّ EZELL. Adj. Compar. v. ذليل *vil.* | schlecht, gemein, niedrig. آلچق

a اذلاء EZILLÂ. Sbst. Pl. v. ذليل ZELÎL.

a اذلال IZLÂL. [ذلّ IV.] Sbst. خورلق الچقلق *avilissement, calomnie, diffamation; mépris.* | Erniedrigung, Verläumdung, Lästerung, Verachtung. — ETMEK. *calomnier, diffamer; mépriser.* | verläumden, lästern; verachten.

a اذلّة EZILLE. Adj. Pl. v. ذليل.

a اذن IZN und IZIN. Sbst. دستور *permission, congé.* | Erlaubniss, Urlaub, Entlassung. — ویرمك *donner la permission, congédier.* | erlauben, verabschieden, entlassen. اذنکزله IZNINIZLE, mit Eurer Erlaubniss. اذن، رخصت erlaubt, بالاذن ، جواز BI-IZN, mit Erlaubniss. اذنسز IZINSIZ, ohne Erlaubniss.

a اذن ÜZN. Plur. آذان und اذنان Sbst. قولاق ، قلب *l'oreille, anse, le manche.* | Ohr, Henkel.

a اذناب EZNÂB. Sbst. Pl. v. ذنب ZENEB.

a اذواق EZWÂK. Sbst. Pl. v. ذوق ZEWK.

p آذون ADÛN. Adv. *ainsi, de cette façon.* so, auf diese Weise.

a اذهاب IZHÂB. [ذهب IV.] Sbst. کیتدرمك کوندرمك *action de renvoyer, de faire aller.* | wegschicken, gehen lassen.

a اذهاب IZHÂB. [Denom. v. ذهب] Sbst. یالدزلمق *action de dorer.* | Vergoldung.

a اذهال IZHÂL. [ذهل IV.] اونوتمق Sbst. *action de faire oublier, oubli.* das Vergessenlassen, Vergessen.

a اذهان EZHÂN. Sbst. Pl. v. ذهن ZIHN.

a آذى ÂZÎ. Adj. *qui fait du mal à q. qn.; qui souffre, lésé.* | betrübend, beleidigend; duldend, bedrückt, betrübt.

a اذى EZÂ. Sbst. *mal, dommage, tort fait à q. qn.* | Schaden, Verdruss, den man Jemand zufügt; Betrübung.

a اذیال EZJÂL. Sbst. Pl. v. ذیل ZEJL.

a اذیت EZIJET. Sbst. *dommage, mal causé à q. qn., vexation; peine, mal éprouvé.* | Schaden und Unrecht, das man Jemand zufügt, oder die man erduldet, schlechte Behandlung, Bedrückung; Qual; das was einen drückt oder quält, Leiden. — ETMEK — WERMEK. *faire tort à q. qn., vexer, opprimer, tourmenter q. qn.* einen bedrücken, beleidigen, belästigen, einem Unrecht oder Gewalt anthun, ungerechter Weise etwas von Jemand verlangen.

p آذین ÂZÎN. Sbst. *ornement; solennité, coutume.* | Zier, Schmuck, festliches Gepränge; Herkommen, Gewohnheit.

a اذین EZÎN. Sbst. *appel à la prière; le Muezzin, crieur qui appelle à la prière.* | der Ruf zum Gebet; der Muezzin.

p آذینه ÂZÎNE. Sbst. *jour de fête, vendredi.* | Festtag, Feiertag, Freitag.

t آر ÂR. Sbst. Tahrif v. عار *honte, sentiment de pudeur.* | Scham. آرسز ARSYZ *impudent, dehonté.* | unverschämt, schamlos.

t ار ER t o ار IR. Sbst. *homme; mari.* | Mann, Gatte. اره وارمق einen Mann nehmen, sich verheirathen. اره ویرمك einem Manne zur Ehe geben. ار باشی ER-BAŠY oder EL-BAŠY Hauptmann, Rädelsführer. ایش اری Beamteter, Vorsteher, Aufseher. قلیچ اری Militärbeamteter. قلم اری Civilbeamteter.

t ار ER. Conj. s. گر WENN.

t ار ER oder IR. Adv. s. ایر früh.

t ار IR. Sbst. s. ایر Gesang.

p آرا ÂRÂ. Adj. [v. آراستن] *en compos. qui orne, ornant.* | in Zusammens. schmückend, zierend. جهان آرا oder عالم آرا *qui orne le monde, excellent, célèbre.* | die Welt zierend, vortrefflich, ausgezeichnet, berühmt. مجلس آرا *qui orne le lieu de réunion, qui orne le festin.* das Gastzimmer schmückend, das Fest zierend.

t آرا ÂRÂ. Sbst. Pl. v. رأى.

t آرا ARA. Imperat. v. آرامق.

t آرا ÂRA. Sbst. *milieu, intervalle, lieu.* | Mitte, Zwischenraum; Ort, Stelle. Adv. *entre.* | zwischen. آرادە in der Mitte, zwischen. ARADA.. ARADA. bald.. bald, bald da, bald dort. بو آرادە BU ARADA oder BURADA, hier, an dieser Stelle, dazwischen, einstweilen. آرا یرده in der Mitte, dazwischen, einstweilen. بو آرایه BU ARAJA, BURAJA, hieher, an diese Stelle. بو آرایه

BU ARALAR, BURALAR, diese Stätten. آرایه آلمق auf-nehmen. آرایه کیرمك dazwischen treten, vermitteln. آراسنه کیرمك dazwischen treten, unterbrechen. — — سوز einem ins Wort fallen. آرایه کیرن der Vermittler. آراسنه کیرمکلك die Vermittlung. آرا صره‌ده zuweilen. آرامزده unter uns. آرامز شکر آب اولدی wir vertragen uns nicht zum Besten.

a آراب ÂRÂB. Sbst. Pl. v. ارب IRB. *les membres du corps (surtout les mains ou la verge).* | die Glieder des menschlichen Körpers. آراب سبعه die sieben Theile des menschlichen Körpers, welche beim Niederwerfen während des Gebets den Boden berühren.

a آرابت ARÂBET. Sbst. [ارب] *intelligence, astuce, finesse, pénétration de l'esprit.* | Verstand, Einsicht, Scharfsinn.

t آرابه oder آرابه ARABA. Tahrif v. عربه Sbst. حال . ق‍ . قلی . قوچو . چرم *roue; chaise roulante, chariot, voiture, petit chariot pour apprendre à marcher aux enfants.* | Rad, Wagen, Karren, Räderstuhl, ein kleiner Wagen, mit dem die Kinder das Laufen lernen. آرابه‌یه بینمك fahren. یوك آرابه‌سی Lastwagen. آرابه سنکری ARABA SENGERI, die Wagenburg. بو آرابه‌نك قیمتنك اولوغ یولینده‌لی کورلکیور Abelg. p. 154. *l'affaire paraît en bon chemin.* Q.

t آرابه‌جی ARABAGY. Sbst. *charretier voiturier; charron.* | Kärner, Fuhrmann, Wagner.

a آرابه جیلق ARABADGYLYK. Sbst. *l'art de mener une voiture; charronnage.* | Kunst mit dem Wagen zu fahren. Wagnerhandwerk.

ارآءت IRÂET oder ارآئه [رأی IV.] Sbst. کوسترمك *action de montrer, marque, déclaration.* | Darstellung. — ETMEK. *montrer, faire voir.* | zeigen, darstellen, vor Augen bringen. — OLUNMAK. mit dem Dativ: betrachtet werden, scheinen.

t o آراجا ARAĆA. Adj. *humble* | niedrig. p. پست LT.

a اراجیز ERÂĜIZ. Sbst. Pl. v. ارجوزه

a اراجیف ERÂĜIF. Sbst. Pl. v. ارجاف

a t ارجوزه ERĜŪZE. Pl. اراجیز Sbst. *poëme composé sur le mètre Redjez.* | ein Gedicht im Versmasse رجز

a اراحه IRÂHE und اراحت IRÂHET. [راح IV.] *action de faire reposer, de calmer, la mort, action de respirer; mauvaise odeur.* 1. آسوده قیلمق Beruhigung. 2. آسوده اولمق Ruhe. 3. اولمك der Tod. 4. صولوق آلمق Athem schöpfen. 5. قوقمق Gestank.

p آراخیدن ARAḲIDEN. s. آرامیدن

a اراده IRÂDE, IRÂDET. Pl. ارادات IRÂDÂT. [راد IV.] Sbst. استمك . دیلمك *volonté, intention, désir; ordre (du gouvernement).* | Wille, Wunsch, Verlangen, Begehr, Absicht, Plan, Vorsatz; Wille eines Obern, Befehl, Verordnung, offizielle Bekanntmachung, Kabinetsordre. Theol.: geistliche Uebung, Unterweisung zur Frömmigkeit. — ETMEK. *demander.* | wünschen, verlangen. Mit dem Dativ: sich zu etwas entschliessen. ارادت ایله gern, willig, aus gutem Willen. اراده کلیه der universale, d. i. der göttliche Wille. — جزئیه der partielle, d. i. menschliche Wille; der freie Wille.

a ارادی IRÂDÎ. Adj. *qui agit à son gré; volontaire.* | eigenwillig, freiwillig, willig.

a اراذل ERÂZIL. Sbst. Pl. v. ارذل ERZEL.

a ارأسه ERÂ'ISE. Sbst. Pl. v. ارئیس

a ارآس AR'ÂS. Sbst. Pl. v. رأس

t آراستق oder آرستق ARASTYK. Sbst. (armenisch). *plafond.* | die Zimmerdecke.

p آراستك ÂRÂSTEK. Sbst. *hirondelle.* | die Hausschwalbe.

p آراستکی ÂRÂSTEGI oder *p t* آراسته‌لك ÂRÂSTELIK. Sbst. *ornement, décoration; apprêts, préparatifs; ordre.* | Schmuck, Verzierung, Verschönerung, Vorrichtung, Anordnung, Ordnung, Verordnung. s. آراستن

p آراسته ÂRÂSTE. Adj. *orné, pourvu, préparé, arrangé.* | geschmückt, in Ordnung gebracht, vorgerichtet. s. آراستن

p t آراسته‌لك ÂRÂSTELIK s. آراستکی

p آراستن ÂRÂSTEN. Vb. act. بزنمك *orner, parer, décorer, arranger.* | schmücken, zieren, ausputzen, in Ordnung bringen, verrichten.

t آراشدرمه ARAŠTYRMA. Sbst. *reconnaissance (Milit.).* Recognoscirung. s. آرامق

t آراشدرمق ARAŠTYRMAK. s. آرامق

t آراشدرجی ARAŠTYRYGY. Sbst. *fureteur.* | einer der überall sucht, alles durchstöbert.

t آراشمق ARAŠMAK. s. آرامق

a اراض ARÂZ u. اراضی ARÂZÎ. Sbst. Pl. v. ارض

t o آراغا ARAGA. p. پست LT. s. آراجا

a اراغه IRÂĞE. [راغ] Sbst. طلب کلمك *action de demander, demande.* | Verlangen, Forderung.

a اراف ARÂF. Sbst. Tahrif v. اعراف

t اراق YRÂK und die Deriv. s. ایراق

a اراقه IRÂKE. [رق IV.] دوکمك . دوکمك . آقتمق *action de répandre, effusion.* | Vergiessung, Ausgiessung. اراقهٔ دما Blutvergiessen.

a اراقم ERÂKIM. Sbst. Pl. v. رقم RAKAM.

آراقی ARAKI. Sbst. *eau de vie.* | Branntwein, Arrak, hauptsächlich von Zwetschen bereitet.

p اراك ERÂK. Sbst. *brosse à dents.* | Zahnbürste. اراك آغاجی ein Dornengewächs, aus dessen Zweigen oder Wurzeln Zahnbürsten gemacht werden, auch مسواك آغاجی genannt.

a اراکین ERÂKIN. Sbst. Pl. v. رکن RUKN.

t o آرال ARAL. Sbst. *île.* | Insel. جزیره LT.

t o آرالاب Gerund. v. آرالامق

t o آرالاش ARALAŠ. Sbst. *mélange, mêlée.* | Mischung, Gemenge, Handgemenge. s. آرالامق

t o آرالاشتورمق Vb. recipr.-trans. v. آرالامق

t o آرالاشمق Vb. recipr. v. آرالامق

t آرالق ARALYK. Sbst. *intervalle, interstice.* | Zwischenraum, Lücke, Zwischenzeit. آرالق آرالق *de temps en temps.* | von Zeit zu Zeit, hin und wieder; hie und da (v. Zeit und Raum). بو آرالقده BU ARALYKTA oder BURALYKTA, inzwischen.

t آرالامق oder آرالمق ARALAMAK. v. آرا Vb. act. *se placer au milieu, séparer (les combattants).* | zwischentreten, trennen (die Streitenden). Deriv. I. *t o* آرالاشمق ARALAŠMAK Vb. recipr. *se mêler entre, être mêlé; se tourner vers.* | sich mischen in etwas, gemischt oder gemengt sein; sich wohin wenden. II. آرالاشتورمق ARALAŠTURMAK. Vb. recipr. trans. *mêler, tourner, mettre de l'autre côté.* | mengen, mischen, drehen, an eine andere Stelle legen.

t o آرام ARAM oder آرام آی ARAM AI. Sbst. *le premier mois de l'année des anciens turcs.* | Name des ersten Monats im Jahre der alten Türken.

q آرام ÂRÂM. Sbst. *repos, bien-être.* | Ruhe, Behagen, Wohlbefinden. — ETMEK. *faire reposer, se reposer.* | beruhigen, ausruhen. — BULMAK. *se reposer.* | Ruhe finden, ruhen, sich beruhigen.

a ارام IRÂM. s. ارم IREM.

p آرامانیدن ÂRÂMÂNIDEN. Vb. caus. v. آرامیدن *calmer, apaiser, tranquilliser, faire reposer.* | beruhigen, zur Ruhe bringen.

p آرامش ÂRÂMIŠ. Sbst. *repos, bien-être; paix.* | Ruhe, Behagen, Wohlbefinden; Friede. — ETMEK. *se reposer.* | ruhen, ausruhen.

t آرامق oder آرمق ARAMAK. Aor. آرار ARAR. Imper. آرا ARA. Praes. آرایور ARAJOR. Vb. act. *chercher, rechercher, visiter, examiner, interroger.* | suchen, untersuchen, durchsuchen (einen Ort), visitiren (die Taschen, das Reisegepäck u. s. w.); besuchen; forschen nach etwas, nachdenken; hervor- oder herausholen, z. B. eine Sache aus einem Behältnisse, wie das Sürme [سرمه] mit der Nadel [میل] aus dem Büchschen [سرمه‌دان]. Vb. intr. *manquer de q. ch.* | etwas entbehren. Deriv. I. آرانمق ARANMAK Vb. refl. Aor. آرانور ARANYR. *chercher pour lui même.* | für sich suchen. II. آراشمق ARAŠMAK. Vb. recipr. Aor. آراشر ARAŠYR. *se chercher l'un l'autre.* einander suchen. III. آراشدرمق und آراشترمق ARAŠTYRMAK. Vb. recipr. trans. Aor. آراشدرر ARAŠDYRYR. *faire chercher l'un l'autre, faire rechercher; reconnaître (Milit.).* | einander suchen lassen, nachforschen lassen, untersuchen, durchstöbern, nach allen Seiten hin durchwühlen (den Boden); recognosciren, s. آراشدرمه. صورمق — einander ausfragen, inquiriren.

t o آرمق URAMAK. Vb. intr. *aboyer.* | bellen.

p آرامکار ÂRÂMGIÂR. Sbst. *homme oisif, fainéant.* | Müssiggänger.

p آرامکاه ÂRÂMGAH. آراملق Sbst. *lieu de repos, séjour.* | Ruheplatz, Aufenthaltsort.

a ارامل ERÂMIL und ارامله ERÂMILE. Sbst. Pl. v. ارمل ERMEL.

p t آراملق ÂRÂMLYK. Sbst. *lieu de repos, séjour, auberge.* | Ruheplatz, Aufenthaltsort; Herberge.

a ارامنه ERÂMINE. Sbst. Pl. v. ارمنی ERMENI.

p آرامی ÂRÂMÎ. Sbst. راحت *repos, bien-être; paix.* | Ruhe, Wohlbehagen, Friede.

p آرامیدن ÂRÂMIDEN. Vb. intr. راحتلمك . دکلنمك *être en repos, se reposer, dormir ces-*

ser de travailler, s'asseoir, s'établir. | ruhen, sich ausruhen, aufhören zu arbeiten, sich niedersetzen, (sich in einer Gegend) niederlassen.

p ارامیده ĀRĀMIDE. (Partic. d. Vbg.) Adj. qui se repose, tranquille, calme. | ausruhend, ruhig, beruhigt.

t o آراس ĀRAS. Sbst. avant-cour. | Vorhof.

t o ارکمك IRKEMEK. Vb. refl. s'accoutumer. | sich gewöhnen.

a ارآئت IRĀET. s. ارائت

p ارایده s. آرایش

p آرایش ĀRĀIŠ. Sbst. action d'orner, d'arranger; ornement, embellissement. | Verzierung, Verschönerung; Zierde, Schmuck — ETMEK. orner, embellir. | zieren, schmücken; in Ordnung bringen. vgl. آرایلمك

t آرایشلامق ARAYŠLAMAK. Vb. act. raccourcir. | abkürzen. (Hindoglu.)

a آرائك ERĀIK. Sbst. Pl. v. اریکه ERIKE.

p آرایشده ĀRĀIŠENDE. Adj. تزین ایدیجی orner, embellissant. | zierend, schmückend.

p آرایی ĀRĀI. Sbst. تزین، ونظام ornement, arrangement, décoration. | Zierde, Schmuck, Ordnung, Verzierung.

p آرایلمق ĀRĀIDEN. Vb. act. تزین، ونظام ویرمك orner, arranger. | schmücken, zieren, in Ordnung bringen.

p آراییده ĀRĀIDE. Adj. orné, arrangé. | geschmückt, geordnet. — ایتمك orner, arranger. | schmücken, in Ordnung bringen. vgl. آرایلمق

a أرب ERB. Sbst. بلمه بیلیجی، تمعدات بیلیجی l'indice. | der Zeichendeuter.

a أرب ARAB. Sbst. indigence, misère. | Armuth, Elend.

a أرب IRB. Sbst. astuce, ruse, finesse. | Schlauheit, List. Verstand. vgl. ارب

a أرب URB. Sbst. malheur, adversité. | Unglück, Widerwärtigkeit.

a ارباء IRBĀ. [ربا IV.] | ارتیرمق action d'augmenter. | Vermehrung. — ETMEK augmenter, multiplier; excéder la mesure; exercer l'usure. | vermehren, über das Maass vergrössern; Wucher treiben (mit seinem Gelde). اربا مال ایتمك sein Kapital vermehren.

t o اربه s. اربه

a ارباب ERBĀB. Sbst. Pl. v. رب REBB.

t o اربق ARBAK. Sbst. enchantement. | Zauberei. p. افسون LT.

a اربة URBE. Sbst. دوکم noeud. | Knoten, Schlinge.

a اربع ERBA'. Num. Fem. درت quatre. | vier.

a اربعا ERBA'Ā. Sbst. چهارشنبه کونی mercredi. | Mittwoch.

a اربعون ERBA'ŪN. اربعین ERBA'IN. Num. قرق quarante. | vierzig.

a اربعة ERBA'A. Num. Masc. درت quatre. | vier. اربعة عشر ERBA'AT AŠAR. quatorze. | vierzehn.

a اربعین ERBA'IN. Num. s. اربعون Sbst. les quarante jours du 9 Kanoun evel ewwel au 17 du Kanoun sani; le quarantième jour après les noces ou après l'enterrement. | die vierzig Tage vom 9ten des Monats Kanūn ul ewwel bis zum 17ten des folgenden Monats; der vierzigste Tag nach der Hochzeit, der vierzigste Tag der Trauer, nach dem Begräbnisse.

t اربه ARPA. Sbst. orge, grain d'orge. | Gerste, Gerstenkorn; als Gewicht = 6 خردل oder 1/4 حبه KAIA. اربه امینی ARPA-EMINI. l'intendant des fourrages pour les écuries de l'empereur. | Gersten-Oberster, Titel des obersten Verwalters der Vorräthe des kaiserl. Marstalles. — اربه صویی ARPA-SUJI. bière. | Gerstenwasser, d. i. Bier. اربه شعریه oder اربه شعرلردسی sorte de gruau. | eine Art Graupen aus Gerste oder Weizen. [τραγος, vgl. طرخانه] arab. سلت oder حنطه, pers. چودرش, Kam., LL.

t اربه جق ARPADJYK. Sbst. orgelet; mire. | Gerstenkorn am Auge; Visirkorn am Gewehr.

t اربه جی ARPADJY. Sbst. devin qui prédit l'avenir au moyen de l'orge. | eine Art Wahrsager, die sich zu ihrer Kunst der Gerste bedienen.

t اربه جیلق ARPADJYLYK. Sbst. l'art de prédire l'avenir au moyen de l'orge. | die Kunst des Arpagy, s. d. Vbg.

t اربه لق ARPALYK. Sbst. (orgerie) revenu additionnel accordé aux gouverneurs de quelques provinces; pension. | Gerstengeld, d. i. ein Lehen oder Bezirk, dessen Einkommen einigen Statthaltern der Provinzen, ausgetretenen Mollahs der ersten Classe, den sechs Räthen des Kaziasker und einigen Müderris als Beilage zu ihren Einkünften gegeben wird. Gnadengehalt, Pension. — ناظری ARPA-NAZYRI. Verwalter des Arpalyk.

t اربه لامق ARPALAMAK. Vb. intr. manger trop d'orge et en tomber malade; sentir l'orge. | zu viel Gerste fressen und in Folge dessen krank werden (v. Pferden); nach Gerste stinken.

p اربو ERBU oder اربون Sbst. امرود poire. | Birne.

t o اربوکون oder اربون ARBUWEN. Sbst. taon. | d. Bremse.

p اربون ERBUN. Tahrif. عربون (μέσπιλον) Sbst. arrhes. (Mitt.) prime d'engagement. | Handgeld, Aufgeld.

t o اربوشمق ARBUTMAK. Vb. act. dire la bonne aventure. | wahrsagen.

t o اربیمق ARBYMAK. Vb. act. caresser, cajoler. | liebkosen.

t o آرت ART. s. آرد

p آرت ĀRET. Sbst. coude. | Ellbogen.

t o ارتارمق ARTARMAK. s. ارتیرمق

t ارتاق ORTAK. s. اورتاق

a ارتام IRTĀM. [رتم IV.] Sbst. — ETMEK. entourer un doigt d'un fil pour se souvenir de q. qch.; se faire remarque. | den Finger mit einem Faden umwickeln, um sich an etwas zu erinnern, sich ein Zeichen machen, um sich etwas zu merken.

t o ارتامق ARTAMAK. s. ارتمق ARTAMAK.

a ارتباط IRTIBĀT. [ربط VIII.] Sbst. بند lien, l. de l'amitié, du sang. | Bande, Bande der Freundschaft, des Bluts etc. — ETMEK. بغلانمق se lier, faire amitié. | sich verbinden (durch Bande des Blutes u. s. w.), Freundschaft schliessen.

t o ارتق s. ارتیرمق

t o ارتکی ARTAGY. Sbst. conte, fable. | Mährchen, Erzählung, Fabel.

a ارتجاء IRTIDJĀ. [رجا VIII.] تورتمه، اومق espoir, crainte. | Hoffnung, Erwartung, Wunsch, Befürchtung.

a ارتجاج IRTIDJĀDJ. [رج VIII.] Sbst. چالقانمه perturbation, agitation forte. | Zittern, starke Bewegung, Aufregung.

a ارتجاف IRTIDJĀF. [رجف VIII.] Sbst. تیترمه ébranlement. | leichtes Zittern.

a ارتجال IRTIDJĀL. [رجل VIII.] Sbst. improvisation. — ETMEK. parler sans préparation, improviser; parler inconsidérément; avoir la répartie facile. | aus dem Stegreife sprechen, unüberlegt sprechen; die Antwort sogleich bei der Hand haben.

a ارتجالا IRTIDJĀLAN. Adv. sans préparation, inconsidéré. | aus dem Stegreife, unvorbereitet, unüberlegt.

a ارتجاك IRTIDJĀK. Sbst. شمشك éclair. | der Blitz.

a ارتحاص IRTIHĀS. [رحص VIII.] Sbst. رسوای اولمق outrage, affront. | Schande, Beschimpfung (die man erduldet).

a ارتحال IRTIHĀL. [رحل VIII.] Sbst. کوچمك émigration; la mort. | Auswanderung, Auszug, Ausgang aus dieser Welt, Tod. — ارتحال دار البقا der Hingang in die Ewigkeit. — ETMEK. émigrer, passer, mourir. | auswandern, ausziehen, hinübergehen, sterben.

a ارتخاص IRTIḪĀS. [رخص VIII.] Sbst. اوجوزلق le bon marché. | Wohlfeilheit.

a ارتداء IRTIDĀ. [ردی VIII.] Sbst. action de s'envelopper d'un manteau, d'une voile qui couvre la tête et le corps jusqu'à la ceinture; | sich in einen Mantel hüllen [vgl. رداء], sich vom Kopfe bis an den Gürtel verschleiern.

a ارتداد IRTIDĀD. [رد VIII.] Sbst. مرتد اولمق apostasie. | Abtrünnigkeit, Abfall von der Religion. — ETMEK. apostasier. | abtrünnig werden, vom Glauben abfallen.

a ارتداف IRTIDĀF. [ردف VIII.] Sbst. action de monter en croupe. | das Hintenaufsitzen mit einem Andern auf einem Pferde. — ETMEK. accompagner q. qn. en voyage, suivre q. qn. | einen begleiten (als dessen Redif); Jemandes Reisegefährte sein. vgl. ردیف

t o ارتدیرمق ARTYRMAK od. ارتیرمق ARTYRMAK und ارتیلمق ARTYRYLMAK. s. ارتمق

t ارتیرجی und ارتیرجی ARTYRYDŽY. v. ارتمق Sbst. u. Adj. qui accroît, qui augmente. | der Mehrer, Vermehrer, Zuwachs; vermehrend, zunehmend.

a ارتزاق IRTIZĀK. [رزق VIII.] Sbst. ارتزاقلق، کچینمه avoir de quoi vivre; action de gagner son nécessaire. | gutes Auskommen, Verdienen des Unterhalts.

a ارتساس IRTISĀS. [رس VIII.] Sbst. مشهور اولمق، آشکارلق publicité, notoriété. | allgemeine Verbreitung (eines Gerüchtes), Oeffentlichkeit.

a ارتسام IRTISĀM. [رسم VIII.] Sbst. نقشلانمق désignation. en compos: ayant la qualité designée par le mot précédant. |

Kenntlichmachung, Kennzeichnung, Kenntlichsein, bezeichnet in Zusammens. den Besitz einer Eigenschaft: قصرت ارتسمه *victorieux.* | durch Sieg kenntlich, d. i. siegreich. موذت ارتسمه *amical.* | durch Freundschaft kenntlich, freundschaftlich. — ETMEK. *recevoir un ordre et y obtempérer, invoquer Dieu, mettre sa confiance en Dieu.* | einem Befehle Folge leisten; Gott anrufen (insbes. mit den Worten ALLAH AKBAR); sein Vertrauen auf Gott setzen.

a ارتشاء IRTIŠÂ. [رشا, VIII.] Sbst. *corruption, action de céder à une corruption; de se laisser gagner.* | Annahme einer Bestechung vgl. رشوة

a ارتشاف IRTIŠÂF. [رشف, VIII] Sbst. صوڭورمق چکوب بوتمق *action d'humer.* | Einschlürfung

a ارتضاء IRTIZÂ. [رضى, VIII.] Sbst. راضى اولمق *acquiescement, consentement.* | Billigung, Zustimmung

a ارتضاخ IRTIZÂH. [رضخ, VIII.] Sbst. عذر ديلمك *action de s'excuser.* Entschuldigung.

a ارتضاع IRTIZÂʿ. [رضع, VIII.] Sbst. امهك *action de téter.* | das Saugen an der Brust.

a ارتعاء IRTIÂʾ. [رعى, VIII.] Sbst. اوتلامق *action de paître.* | das Weiden (von Thieren).

a ارتعاب IRTIÂB. [رعب, VIII.] Sbst. قورقمق *terreur, effroi, alarme.* | Erschrecken, Schreck, Furcht.

a ارتعاج IRTIÂǴ. [رعج, VIII.] Sbst. قورقمق . تتريمك *action de trembler, tremblement, peur.* | Zittern, Beben, Furcht.

a ارتعاد IRTIÂD. [رعد, VIII.] Sbst. قورقمق . تتريمك *action de trembler, état d'être agité, agitation, forte commotion, peur.* Zittern; Aufregung, innere Bewegung, Furcht.

a ارتعاس IRTIÂS. [رعس, VIII.] Sbst. قورقمق . تتريمك *action de trembler, tressaillir.* | Zittern, Beben.

a ارتعاش IRTIÂŠ. [رعش, VIII.] Sbst. قورقمق . تتريمك *action de trembler, tressaillir.* | Zittern, Beben

a ارتغاب IRTIĠÂB. [رغب, VIII.] Sbst. استمك *désir.* | Wünschen, Wollen.

t o آرتقه ARTKA. *par derrière.* | hinten, nach hinten. s. آرد

t آرتقراق ARTYRAK. Adv. v. آرتق *un peu plus.* | ein wenig mehr, etwas mehr.

a ارتفاد IRTIFÂD. [رفد, VIII.] Sbst. ترتيب ايتمك *action de gagner, travail pour gagner de quoi vivre.* | Gewinn, Verdienst, Arbeit um Brod.

a ارتفاص IRTIFÂS. [رفص, VIII.] Sbst. نرخ چقمق *enchérissement des vivres.* | Theuerung der Lebensmittel.

a ارتفاع IRTIFÂʿ. [رفع, VIII.] Sbst. قالدرمق . يوكسلمك *élévation, enlèvement, hauteur.* | Erhebung, Erhöhung, Entrückung; Aufsteigen, Emporsteigen, Höhe. ارتفاع محصول IRTIFÂ-I MAHSÛL. *enlèvement du produit, c. à d. la récolte.* | Erhebung der Feldfrüchte, d. i. die Ernte. — ETMEK. *élever, enlever.* | erheben, erhöhen. — BULMAK. *être élevé, monter.* | erhoben werden, sich erheben. Astron. *hauteur du soleil, élévation du pôle.* | Sonnenhöhe, Polhöhe. — ALMAK. *prendre hauteur.* | die Sonnen- oder Polhöhe messen. غايت ارتفاع GAJET-I IRT: *hauteur méridienne du soleil.* | Mittagshöhe d. Sonne. محلك ارتفاعنده بولنمق sich in der Höhe (Parallele) eines Ortes befinden (auf der See). Jurispr. ارتفاع تهمت IRTIFÂ-I TÜHMET. *témoignage inattaquable, irrécusable.* Unverdächtigkeit der Zeugen. — In Compos. *ayant la hauteur, l'élévation de q. qch.* | hoch wie, erhaben wie. فلك ارتفاع himmelhoch.

t آرتق ARTYK, ARTUK, auch آرتوق . آرتيق . آرتوق. 1. Sbst. v. آرتمق. *ce qui est de plus, ce qui est ajouté, surcroît, le restant, reste.* | das Mehr, Zugefügte, Zuwachs; was über die Zahl oder das Maass ist, das Ueberflüssige, Uebrige, Ueberrest. 2. Adj. u. Adv. *plus, plus grand, davantage, plus fort, dorénavant, principalement; au reste, de reste.* | mehr, grösser, noch mehr, über, übrig, mit Negation: *ne-plus, ne-jamais.* | nicht mehr, nicht wieder. 3. Conjunct. *enfin, encore, pourtant, du moins, dans de telles circonstances.* | doch, endlich, noch, zwar, wenigstens, unter solchen Umständen, mit einem Worte. آرتق سن بندن ايو بيلورسن jedoch Du weisst es besser als ich. — Man unterscheidet durch die Betonung, ÁRTYK, *plus*, mehr, nicht mehr, und ARTÝK, *restant*, übrig, z. B. ÁRTYK GÜLMEJEǴEK er wird nicht mehr kommen. ÁRTYRAK etwas mehr; dagegen ARTYK .... KALMADY es ist kein .... mehr übrig.

a ارتقاء IRTIKÂ. [رقى, VIII.] Sbst. آرتمق *action de monter ou de faire monter plus haut; ascension, promotion, addition, augmentation.* das Emporsteigen, Höhersteigen, (Beförderung im Amte, Range u. s. w.), Zunahme, Wachsthum. — ETMEK. *s'accroître, s'élever, monter, s'augmenter.* | höher steigen, wachsen, zu höheren Ehren gelangen, sich vermehren.

a ارتقاب IRTIKÂB. [رقب, VIII.] Sbst. اوممق *attente, espoir, entreprise.* | Erwartung, Hoffen auf etwas; in Erwartung sein. Unternehmen.

t o آرتقرو ARTKARU. Adv. *par derrière.* | von hinten. s. آرد

a ارتقاش IRTIKÂŠ. [رقش, VIII.] Sbst. كوكشمه قارشمق *engagement (au combat), mêlée.* | Handgemenge. (Hindoglu).

t آرتقلق ARTYKLYK. Sbst. v. آرتق *ce qui excède, addition, augmentation.* | Zuthat, Zugabe, Vermehrung, Ueberfluss.

t آرتقلامق ARTYKLAMAK. Vb. act. *donner par dessus, ajouter.* | zugeben, zufügen.

t آرتقلمه ARTYKLAMA. Sbst. *surplus, surcroît; feuille complémentaire.* | Zugabe; Ergänzungsbogen. دين آرتقلمسى *superstition.* Aberglaube. (Hindoglu).

t o آرتقى ARTKY. Sbst. s. آرد *celui qui est derrière.* | der Hintere, Hintermann.

a ارتكاء IRTIKÂ. [ركى, VIII.] Sbst. طيانمق *confiance.* | Vertrauen, Zuversicht, Zutrauen. — ETMEK. *se fier, mettre sa confiance, s'appuyer.* | vertrauen, Zutrauen haben, sich auf etwas verlassen, sich auf etwas stützen.

a ارتكاب IRTIKÂB. [ركب, VIII.] Sbst. گناه ايشلمك . آلچقلنمق *action de commettre un crime, une faute etc. action de s'abaisser à q. qch.* | Begehung (einer Sünde etc.). | Vergehen, Erniedrigung. — ETMEK. *commettre q. qch., s'abaisser à, prendre sur soi, daigner (avec le Dat.).* | etwas begehen, sich zu einer Handlung erniedrigen; etwas auf sich nehmen, sich etwas vornehmen (m. d. Dat.). قباحت ارتكاب ايتمك eine schlechte Handlung begehen. بو امر جميله ارتكاب ايلدى er hat sich diese schöne That vorgenommen. زحمته ارتكاب ايتمك sich der Mühe unterziehen.

a ارتكاز IRTIKÂZ. [ركز, VIII.] Sbst. ثابت اولمق . دمر سكرمك *battement d'artères; état d'être fixé.* | Schlagen des Pulses; festes Stehenbleiben an einer Stelle.

a ارتكاض IRTIKÂZ. [ركض, VIII.] Sbst. مضطرب وچابق اولمق *action de se mouvoir, de s'agiter, (se dit du foetus dans le sein de sa mère).* | heftige Bewegung (des Kindes im Mutterleibe). — ETMEK. *se donner beaucoup de mouvement, se remuer pour une affaire.* | sich heftig bewegen, heftig bewegt, aufgeregt, unruhig sein; sich tüchtig rühren.

t آرتلمق ARTYLMAK. s. آرتمق

t ارتمكلك IRTMEKLIK. s. ايرتمكلك

t آرتلمه ARTYLMA. Sbst. *accroissement, augmentation.* | Zunahme, Vermehrung. s. آرتمق

a ارتماء IRTIMÂ. [رمى, VIII.] Sbst. بربرينه آتشمق *action de se jeter, de se lancer (réciproquement).* | gegenseitiges Bewerfen, beschiessen.

a ارتماس IRTIMÂS. [رمس, VIII.] Sbst. صويه طالمق Untertauchung. — ETMEK. *être plongé dans l'eau.* | sich unter dem Wasser befinden.

a ارتماص IRTIMÂS. [رمص, VIII.] Sbst. — ETMEK. 1. تعجيل ايتمك *faire sauter (le cheval).* | schnell aufspringen lassen (das Pferd). — 2. تشتتلنمك *se chagriner, se soucier.* | betroffen, betrübt sein, um Jemand besorgt sein. اسيركمك *avoir pitié, compatir.* Mitleid haben.

t o آرتماغ ARTYMAG. Sbst. *vêtement usé.* abgetragenes Kleidungsstück.

t آرتمق ARTMAK. Aor. آرتار ARTAR. Imper. آرت ART. Vb. act. u. intr. *ajouter, augmenter; croître, s'augmenter, être grand.* | zufügen, zusetzen, mehren; wachsen, zunehmen, sich vermehren, چوغالوب آرتمق einen grösseren Umfang gewinnen (z. B. ein Schwamm im Wasser), anschwellen. آرتوب چوغلمق sich mehren, wachsen, zunehmen. Deriv. I. آرتلمق ARTYLMAK. Aor. آرتلر ARTYLYR. Vb. pass. *être ajouté, être augmenté, s'augmenter, croître.* | zugefügt werden, zunehmen, sich mehren. davon آرتلمه u. آرتلك Zunahme, Vermehrung. II. آرتيرمق oder آرتورمق u. آرتدرمق ARTYRMAK. *t o* آرتورمق Aor. آرتورر oder آرتيرر ARTYRYR. Imperat. آرتير oder آرتر ARTYR. *t o* آرتتور ART-TUR. Vb. trans. *faire croître, faire augmenter; augmenter, enchérir.* | zunehmen lassen, wachsen lassen, mehren, vermehren, vergrössern, steigern, mehr bieten (in der Auction). آرتيران ARTYRAN. *offrant, le plus offrant.* | der Mehrbietende, Meistbietende. III. آرتيرشمق ARTYRYŠMAK. Aor. آرتيرشر ARTYRYŠYR. Vb. trans. recipr. *surenchérir.* | einander überbieten (in der Auction). IV. آرتيرلمق ARTYRYLMAK. Aor. آرتيرلر ARTYRYLYR. Vb. trans. pass. *être augmenté.* | vermehrt werden. أرتيلمش ARTYRYLMYŠ. *augmenté, grand, considérable.* vermehrt, gross, bedeutend.

t o أرتق oder أرتمق ARTAMAK. Vb. intr. v. أرت *rester.* | zurückbleiben; zaudern, übrig bleiben, hinter sich lassen. تنغ أرتلديب يورور قونيه يولى روم عزيمين قيلدي nachdem er das Gebirge hinter sich hatte, marschirte er auf dem Wege nach Rum weiter. Iskendernamo. أرتمش ARTAMYŠ. *restant; ce qui manque.* | das übrig Bleibende, Uebrige, das was noch fehlt an einer Sache. أرتان ARTAN. *restant, de reste.* | übrig

t o أرتمق ARTAMAK oder أرتمق ARTYMAK = ARTMAK. LT. Deriv. أرتورمق ARTYTYRMAK. Vb. trans = أرتدرمق

t o أرتمق URTAMAK u. die Deriv. s. اورتمق

t o أرتمق ARTYMAK. Vb. act. und Deriv. أرتورمق ARTYTYRMAK. s. أرتمق

t أرتمقلق ARTMAKLYK. Sbst. v. أرتمق *accroissement, addition.* | Zunahme, Zugabe.

t أرتك oder أرتكمك ERTYMEK. Aor أرتدر ERIDIR. Vb. caus. v. أرمك

t أرتمه ARTMA. Sbst. v. أرتمق *augmentation, crue.* | Vermehrung, Zunahme, Zuwachs.

t أرتن oder أرتان ARTAN. Sbst. u. Adj. (Partic. v. ARTAMAK), *restant, reste, qui excède, dépasse.* | das Uebrige, übrig Bleibende, Rest; was noch darüber.

أرتنا ARTENNA. Sbst. (v. ital. Antenna). *vergue* | Raa, Segelstange.

t o أرتو IRTU. Sbst. *couverture.* | Decke, (Bekleidung)? LT. پوشش

t o أرتوج ARTUČ und أرتوش ARTUŠ s. أرتج

t o أرتوق ARTUK und أرتيق 1. = أرتق 2. von أرتمق ARTYMAK. Adj. *pur.* | rein.

t o أرتوقراق ARTUKRAK. Adj. u. Sbst. *l'aîné.* | der Aeltere.

t o أرتوقلانمق ARTUKLANMAK. Vb. intr. v. أرتوق *se vanter.* | gross thun, wichtig thun.

t o أرتون YRTON. s. لنتون

t أرته ARTA. Sbst. 1. v. ARTAMAK, *le restant, reste.* | das Uebrige, Rest. 2. v. ARTMAK. *augmentation, crue.* | Zunahme, Vermehrung. أرته قالمق 1. ARTA-KALMAK. *rester, échapper.* | übrig bleiben, entkommen, entgehen, mit dem Ablat. 2. ARTA-KALMAK. *s'augmenter croître; avancer* | erwachsen, sich mehren; vorwärts kommen.

t أرته IRTE oder ERTE. s. ايرته

a أرتباك IRTIBÂK. [رتبك VIII.] Sbst. قارشقلق قارشقلق *mélange.* | Verwirrung, Gemenge, das unter einander verwickelt sein.

a أرتعاش IRTIʿÂŠ. [رعش VIII.] Sbst. تيترمه، قورقمق، گوشكلك *relâchement; état d'être détendu, lâcheté, peur.* | Schlaffheit, Feigheit, Furcht. — ETMEK. *être lâche, trembler (de peur).* | schlaff sein, feige sein, sich fürchten, zittern, vibriren (wie eine losgespannte Saite oder Bogensehne).

a أرتهان IRTIHÂN. [رهن VIII.] Sbst. رهن آلمق *action de se faire donner un gage.* | Annahme eines Unterpfandes.

a أرتقا IRTIḲÂ. [رقى VIII.] Sbst. فكر ايتمك *action de considérer q. qch. avec examen soigneux, soin.* | Besorgung, Beachtung, vorsichtige Prüfung. — ETMEK. *considérer avec soin, voir, regarder.* | vorsichtig betrachten, prüfen, hinsehen, sich vorsehen.

a أرتياب IRTIÂB. [ريب VIII.] Sbst. شك ايتمك *doute, soupçon, incertitude.* — ETMEK. *douter, soupçonner.* | zweifeln, bezweifeln, unsicher sein, Verdacht haben. أرتيابله IRTIABILE. *dubitativement.* | zweifelhaft, auf zweifelhafte Weise, unsicher.

a أرتياح IRTIÂH. [روح VIII.] Sbst. شاد اولمق *gaieté.* | Heiterkeit, Fröhlichkeit, Munterkeit.

a أرتياد IRTIÂD. [رود VIII.] Sbst. طلب ايتمك Verlangen, Begehren, Ersuchen. — ETMEK. *désirer, demander.* | verlangen, bitten.

a أرتياش IRTIÂŠ. [ريش VIII.] Sbst. *amélioration de sa position.* | Verbesserung seiner Umstände.

a أرتياض IRTIÂZ. [روض VIII.] Sbst. رياضت چكمك *exercice continuel, efforts que l'on fait pour se maîtriser, pratiques de dévotion, exercice de l'esprit par une étude continuelle.* fortwährende Uebung, Bezähmung (seiner Begierden), Selbstbeherrschung, Selbstunterricht (durch Uebung), geistliche Uebung.

a أرتياع IRTIÂʿ. [روع VIII.] Sbst. قورقمق *peur, frayeur.* | Furcht.

a أرث IRS. [v. ورث] Sbst. *héritage; usage reçu des ancêtres.* | Erbschaft, etwas Ererbtes, ein alter Gebrauch. أرث ايله durch Erbschaft.

a أرثا IRSAN. Adv. *par héritage.* | erblich, durch Erbschaft s. d. Vhg.

a أرثاث IRSÂS. [رث IV.] Sbst. اسكيتمك، ايپرتمك Abnutzung. — ETMEK. *user.* | abnutzen (ein Kleid). — OLUNMAK, *être vieux, usé, crasseux.* | alt, abgenutzt, schmutzig sein.

a أرثى IRSI. Adj. *reçu ou transmis par héritage.* | ererbt, durch Erbschaft auf Jemand übergegangen.

p أرج ERǴ. Sbst. بها *prix, valeur.* | Preis, Werth

a أرجا ERǴÂ. Sbst. Pl. v. رجا RAǴÂ.

a أرجاء IRǴÂ. [رجأ IV.] Sbst. كيجكدرمك *action de différer.* | Aufschub, Verzögerung. — ETMEK. *différer, remettre.* | aufschieben.

a أرجاد IRǴÂD. [رجد IV.] Sbst. قورقمق، تتردمك *action de trembler de peur.* | Zittern vor Furcht. — ETMEK. *faire trembler.* | Zittern machen, in Furcht jagen

a أرجاع IRǴÂʿ. [رجع IV.] Sbst. كيرو چويرمك *action de retourner.* | Umkehr, Umwendung. — ETMEK. *retourner, revenir, convertir, réduire; tourner la main, c. à d. faire un signe pour demander l'aumône.* umwenden, umkehren, umdrehen, die Hand umdrehen, als Zeichen, dass man um ein Almosen bittet.

a أرجاف IRǴÂF. [رجف IV.] Pl. أراجيف ARÂǴÎF. Sbst. *agitation, excitation de troubles par des propos séditieux, bruits alarmants, rumeurs, vacarme.* | Aufregung; beunruhigendes falsches Gerücht, Lärm, Klatschereien, unziemliche Reden.

a أرجح ERǴAH. Adj. *excellent, parfait.* | vortrefflich, vorzüglich.

a أرجل ERǴEL. Adj. Compar. *plus ou très-parfait, comme homme; qui a un gros pied ou de grosses jambes; marqué d'une tache blanche sur l'un des pieds de derrière (se dit des chevaux); endommageant les pieds, dur et raboteux.* | mannhaft; dickbeinig; mit weissem Flecke an einem Hinterbeine (von Pferden); die Füsse aufreibend, hart, rauh, steinig (vom Wege).

a أرجله ERǴILE. Sbst. پياده عسكر *infanterie.* | Fussvolk

p أرجمند ERǴMEND. Adj. قيمتلو، عزتلو *précieux, distingué, honoré, illustre.* | werthvoll, kostbar, ausgezeichnet, trefflich, erlaucht.

p أرجن ERǴEN. Sbst. ياپا *van à vanner, fourche en bois pour enlever le foin ou la paille.* | Wurfschaufel oder Schwinge zum Reinigen des Getreides; hölzerne Heugabel oder Strohgabel.

p أرجوان ERǴUWÂN und أرجوانى ERǴUWÂNÎ s. أرغوان und أرغوانى

a أرجوحه ERǴÛHE. Sbst. قيلوق *balançoire.* | Schaukel, Wippe.

a أرجوزه URǴÛZE. Sbst. *morceau de poésie dans le mètre Redjez.* | ein im Versmaass رجز abgefasstes Gedicht.

t أرجه ERǴE. IRǴE. s. ايرجه

t أرجيفون ARǴYFON. (ἄργυρον?) s. آلاجيفر

t o أرجيمق ARǴYMAK. Vb. act. *nettoyer.* | reinigen.

أرجيمقلق ARǴYMAKLYK. Sbst. die Reinigung. vgl. أريق

a أرحام ERHÂM. Sbst. Pl. v. رحم

a أرحم ERHAM. Adj. Compar. v. رحيم, *très le plus miséricordieux.* | sehr erbarmend, allbarmherzig. أرحم الراحمين der Erbarmendste unter den Erbarmenden, d. i. Gott.

t o أرخ s. أرغ

a أرخا IRHÂ. گوشتمك، اورتمك، صالبويرمك *action de lâcher, relâchement.* | Lockerung. — ETMEK. *lâcher; laisser aller (le cheval).* | locker lassen, aufbinden (eine Schlinge), dem Pferde die Zügel lassen. أرخاء عنان ايتمك oder أرخاء مهار ايتمك dem Pferde die Zügel abnehmen, oder die Zügel lassen, aufbrechen, sich auf den Weg machen.

a أرخاص IRHÂS. [رخص IV.] Sbst. اوجوز صاتين آلمق *action d'acheter une chose à bas prix.* | wohlfeiler Einkauf. — ETMEK. *acheter à bon marché, faire diminuer le prix, la valeur, le nombre d'une chose.* | wohlfeil kaufen, Sinken des Preises oder Verminderung der Zahl bewirken.

t أرختم YRHYTYM. Adv. *pressé, en foule.* | gedrängt, in Menge, in Masse.

a أرخص ARHAS. Compar. v. رخيص *qui est à très-bon marché.* | sehr wohlfeil, vgl. رخيص

a أرخت URHAT. Sbst. *époque, ère, date, ère.* | Epoche, Aera, Datum einer Begebenheit.

t أرد ARD und *t o* أرت und أرط ART. Sbst. *derrière, à la suite, après.* | das Hintere, Rückseite, Hintertheil, das was hinter oder nach einer Sache ist, sowohl dem Raume als der Zeit nach. أرد طوف Hinterseite. أرد قپو Hinterthür. أردى أوكنه verkehrt, das Hinterste zuvörderst. آردندن von hinten. آردمه od. آردمجه hinter mir, nach mir. آردمزجه hinter uns. آردی صره unmittelbar hinter einer Sache; unmittelbar hinter einander. آردی صره كتمك in seinem Gefolge sein. آردنه دوشمك od. آردنه كتمك folgen, nachfolgen, verfolgen. *t o* آردنه nach hinten, hinten zu.

p آرد ÂRD. Sbst. اون *farine.* | Mehl.

p ارد ERD. Adj. *semblable, égal.* | ähnlich, gleich.

p آرداد ÂRDÂD. Sbst. آلداتجی *trompeur.* | Betrüger.

a ارداف IRDÂF. [ردف IV.] Sbst. *action de suivre; de prendre q. qu'un en croupe.* | Mitfolge, Begleitung. — ETMEK. *suivre, mettre en croupe.* | einem folgen, ihn begleiten, einen hinten auf sitzen lassen. vgl. ارداف and ردیف und Rhetor. der Gebrauch eines Ausdrucks, der dem zu bezeichnenden Begriffe ganz nahe liegt, und als gleichbedeutend mit dem eigentlichen Worte gelten kann. v. Mehren, Rhetor. 178.

a اردب ARDEBB. Sbst. *mesure de grains d'environ 5 boisseaux.* | der ägyptische Scheffel = 120 Oka.

p اردبهشت ERDIBIHIŠT. s. اردی

p آردبیز ÂRDBIZ. Sbst. اون الکی *tamis à farine, bluteau.* | Mehlsieb.

a اردج oder اردیج ARDYǴ. *t o* ارتوج und ارتوش Sbst. *genévrier.* | der Wachholderstrauch. نمکنلو اردیج cupressus montanus pers. سلم تخت اردیجی — عرعر arab. Platane, Ahorn, Massholderbaum (?) قزل اردیج arab. اردیج تخمی — ثمر داودج *sabine.* Säbenbaum. تخمی die Wachholderbeere. اردیج صویی Wachholderbranntwein.

t اردومك s. اردومك

p اردشیر ARDEŠIR. N. pr. Artaxerxes.

t آردیلمش ARDYLMYŠ. Adj. *purifié, nettoyé.* | gereinigt, gesäubert. s. آردمق

t آردیله ARDYLA. Sbst. von آرتمق *supplément, surcroit, sombe: sorte de caparaçon.* 1. Zuthat, Ergänzung, Ueberschuss; Haufen auf dem Maasse. vgl. آرتمق ARTMAK. Passiv. 2. eine Art Pferdedecke, Saumsattel.

t اردمز IRDEMEZ. Adj. *qui ne s'informe pas, ignorant.* | unwissend, ungeschickt, unnunterrichtet. s. d. Flg.

t اردمك IRDEMEK. Vb. act. *demander des renseignements, s'informer, s'instruire.* | sich erkundigen, fragen, ausfragen, sich unterrichten; davon das Neg. اردمز

a اردن ÛRDUN oder اردن ÂRDYN. N. pr. *le Jourdain.* | der Jordan.

p اردن IRDEN. Sbst. *aubépine.* | der Weissdornstrauch.

t آردین s. آردن

t o ارده ERDENE. Sbst. *femelle du chameau.* | das weibliche Kamel.

t اردو s. اوردو

p آرده ÂRDA. Sbst. *burin, ciseau.* | Grabstichel.

p اردی ÛRDI od. ERDI. Sbst. *le mois de Septembre.* d. September. اردی بهشت ÛRDI BIHIŠT. *le mois d'Avril.* | der April im alten persischen Jahre.

t اردیج s. اردیج

t اردیجی s. اردیجی

t o اردیق s. آردیق

t آردین oder آردن ARDYN [von آرد] Adv. *en arrière, à reculons.* | zurück. ARDYN ARDYN GITMEK. rückwärts gehen.

a ارذل ERDIJE. Sbst. Pl. v. رداء RIDÂ.

a ارذال ERZÂL. Pl. v. رذیل REZIL.

a ارذل ERZEL. Adj. Compar. v. رذیل *plus ou très-vil, méprisable.* | sehr schlecht, gering, gemein, verächtlich.

p ارز ERZ. Sbst. = ارج *prix, valeur, dignité.* | Preis, Werth, Würde.

t o ارز ÂRZ Sbst. *pain, nourriture, subsistance.* | Brod, Nahrung. LT. روزی vgl. اولوش

p t o ارزانلنمق ERZANLANMAK. Vb. intr. *devenir bon marché.* | wohlfeil werden.

a ارزاق ERZÂK. Sbst. Pl. v. رزق RIZK.

p ارزان ERZÂN. Adj. لایق اولان . اوجوز *à bon marché; digne, convenable.* | wohlfeil, preiswürdig; würdig, geziemend, werth. — بیورمق für werth halten, preiswürdig finden. — تلقی für werth halten, einem etwas zugestehen.

p ارزانی ERZÂNI. Sbst. u. Adj. اوجوزلق . لیاقت . لایق اولان *le bon marché; convenable, dignité.* | Wohlfeilheit, Preiswürdigkeit; Würdigkeit; ein Würdiger, würdig, werth seiner Sache, einer Wohlthat, zu einem Amte u. s. w.) — کورمك — تلقی — بیورمق — تحسین *daigner, trouver digne, accorder, donner.* | für werth achten, würdigen seiner Sachen, einem eine Gnade erweisen, etwas schenken (m. d. Dat.).

p ارزانیدن ERZÂNIDEN. Vb. intr. *être digne, valoir.* | werth sein, den Preis verdienen, nicht zu theuer gekauft sein.

p ارزانیدن ERZÂNÂNIDEN. Vb. act. *rendre digne, faire valoir; faire bon marché.* | werth machen, gelten lassen; wohlfeil machen.

a ارزب IRZAB. Adj. *court, bref; gros, grand.* | kurz, dick, kurz und dick; gross, unförmlich.

a ارزبه IRZEBBE. Sbst. *instrument avec lequel on écrase les mottes de terre.* | Klöpfel zum Zerschlagen der Erdschollen.

a ارزق ERZAK. [für ازرق] Adj. *azur, bleu.* | blau, himmelblau.

ارزو LT. روزی مند der seine Nahrung, sein Auskommen hat. vgl. ارز

p ارزن ERZEN. Sbst. طاری تخمی *millet.* | Hirse.

p ارزنین ERZENIN. Adj. u. Sbst. *ce qui est fait de millet, pain de millet.* | aus Hirse gemacht, Hirsebrod.

p آرزو ÂRZÛ. Sbst. استك *désir, souhait, convoitise, volonté, appétit.* | Begierde, Verlangen, Sehnsucht, Wunsch. — ETMEK. *désirer q. qch., convoiter.* | verlangen nach etwas, sich sehnen. — OLMAK. *être désiré.* | erwünscht, ersehnt sein.

p آرزودن ÂRZÛDEN. Vb. act. استمك . آرزولمك *désirer, convoiter.* | verlangen, ersehnen, lüstern sein.

p آرزوكش ÂRZÛKEŠ. Adj. آرزولو . استكلو *qui désire, désireux, avide.* | verlangend, sehnend, begierig.

p t آرزولو ARZULU. Adj. *qui désire.* | verlangend. s. d. Vbg.

p t آرزولمق ARZULAMAK. Vb. act. [v. آرزو] *désirer, souhaiter, convoiter.* | verlangen nach etwas, wünschen, sich sehnen nach .... lüstern sein nach etwas. Deriv. آرزولنمق ARZULANMAK. Vb. pass. *être désiré.* | erwünscht sein. آرزولنمش ARZULANMYŠ. *désiré.* | erwünscht, ersehnt, verlangt.

p آرزومند ÂRZÛMEND. Adj. = آرزولو

p آرزومندی ÂRZÛMENDI. Sbst. *désir.* | Wunsch, Verlangen. vgl. آرزو

p ارزیدن ERZIDEN. Vb. intr. *valoir, valoir son prix.* | werth sein.

p ارزیر ERZIR und ارزیز ERZIZ. Sbst. *étain.* Zinn.

t o ارزیز = pers. ترنج LT.

p ارزش ERZIŠ. Sbst. *valeur, prix, dignité.* | Werth, Preis, Würde.

t o ارس s. اوروس Sbst. u. Adj. *russe.* | Russe, russisch.

a ارساء IRSÂ. [رسا IV.] Sbst. *action de se tenir ferme; immobilité, fermeté, solidité, constance.* | das Festbleiben, Feststehen, Unbeweglichkeit, Festigkeit (eines Körpers oder des Charakters); fester Vorsatz. — OLMAK. *être ferme, immobile; être ancré quelque part.* | fest, unbeweglich sein, vor Anker liegen. — ETMEK. *raffermir, établir solidement, jeter l'ancre; se proposer fermement.* | befestigen, zum Feststehen bringen, Anker werfen; sich fest vornehmen.

a ارساخ IRSÂḪ. [رسخ IV.] Sbst. *action de raffermir.* | Befestigung. — ETMEK. *raffermir, planter solidement.* | fest machen, zum Feststehen bringen, fest einrammen.

a ارسال IRSÂL. [رسل IV.] Sbst. یوللمق . كوندرمك *action d'envoyer.* | Sendung. — ETMEK. *envoyer, expédier.* | schicken, senden.

p آرستن und آرسته s. آرستن und آرسته

p آرستو ÂRESTU. Sbst. *hirondelle.* | Schwalbe.

a t آرسو ARSYZ für عارسز s. آر *impudent, effronté.* | unverschämt.

a t آرسزلق ARSYZLYK. Sbst. *impudence.* | Unverschämtheit.

a آرسطو ARISTO. N. pr. Aristoteles.

آرسطولوخیه ARISTOLOḰIA. Sbst. Aristolochia, Name einer Pflanze. = p. زراوند

t ارسلان ARSLAN. Vulg. ASLAN. Sbst. *le lion.* | der Löwe. — دیشیسی A. DIŠISI. *la lionne.* | die Löwin. — كوكللو A. GÖNÜLLÜ (GÖJLÜ). *courageux.* | löwenherzig, beherzt, muthig, tapfer.

t ارسلانلو ARSLANLY oder ارسلانلی ARSLANY. Adj. *courageux.* | löwenhaft, beherzt, muthig. Sbst. *Piastre de 40 paras.* | Löwenpiaster, eine alte Münze im Werthe von 40 Para. s. غروش

t ارسلانلنمق ARSLANLANMAK. Vb. intr.

être courageux comme un lion. | sich wie ein Löwe betrhmen, tapfer sein, wie ein Löwe.

p ارسن ERSEN. Sbst. *assemblée, congrégation.* | öffentliche Versammlung.

a ارسی ERSÍ. Interj. *il a raffermi, c. à d. Dieu veuille raffermir.* | Gott stärke! Gott befestige!

a ارش ERŠ. Sbst. *don, dédommagement, amende payée pour le sang versé, prix du sang.* | Geschenk, Entschädigung, Sühnegeld für einen Mord oder eine Verwundung.

ارش ARŠ. Interj. (*Milit.*) *Marche!* | marsch! (milit. Commandowort).

t ارش und ارش ARYŠ. 1. *bras, aune; palme, mesure.* | Arm, Elle; Spanne, Mass. s. ارشون 2. *lame, chaîne d'un tissu; trame d'un tissu.* | die Werfte des Gewebes, Gegentheil von ارغاج. ارش وارغاجی قیوق ایپکدن طوقونمش حریر Seidenzeug, dessen Werfte und Schuss von Seidenfaden gewebt sind. Auch Schuss oder Einschlag des Gewebes, = ارغاج (Emluian).

a ارشاد IRŠÂD. [رشد IV.] Sbst. یول کوسترمك *direction, action de conduire par le chemin droit.* | Führung, Leitung. — ETMEK. *conduite par le chemin droit, diriger, montrer le chemin du salut, convertir.* | den geraden, richtigen Weg zeigen, Jemand leiten, den Weg zum Heile zeigen, bekehren. صبره ارشاد ایلمك zur Geduld ermahnen. Theol. Suf. die geistliche Führung auf dem Wege zur höhern Erkenntniss des göttlichen Wesens. vgl. مرشد und مرید.

a ارشا IRŠÂ. [رشا IV.] Sbst. رشوت ویرمك *action de faire un cadeau.* | Schenkung.

t ارشتیق s. ارشتیوق

t ارشتوق s. ارشتمك

t o ارشتمق IREŠATMAK. s. اورمق

t ارشته RIŠTE. Sbst. *pâte plate, vermicelle.* | Nudelteig, Fladen, Nadel. [pers. رشته]

a ارشد ARŠAD. Adj. u. Sbst. *droit (chemin); celui qui se trouve sur le chemin droit vers le salut.* | gerade (vom Wege); der welcher sich auf dem rechten Wege zum Heile befindet, der dem Heile, der höheren Erkenntniss, nahe ist.

t ارشتیمك s. ارشدیمك

p t ارشلامق ARYŠLAMAK. Vb. act. *mesurer (à l'aune ou au palme).* | messen (nach der Elle oder der Spanne), s. ارش

t o ارشمق ERIŠMAK. s. اورمق

t ارشمك IRIŠMEK. s. ایرشمك

ارشمیدس ERŠIMEDES. N. pr. Archimedes.

t ارشون ARŠŪN u. ارشین oder ارشن ARŠYN. s. ارش Sbst. *aune; dévidoir.* | Elle; Weife, Haspel. — Die grösste Elle. معمار ارشونی Architekten-Elle, = 24 ایشیم; die kleinere ارشونی Turb-Elle, = 8 ربع; vgl. چوقه ارشونی.

t ارشونلق ARŠYNLYK. Sbst. *morceau de drap etc. d'une aune, prix d'une aune de drap etc.* | eine Elle Tuch u. dgl., Preis einer Elle Tuch.

t ارشنلامق . ارشونلامق . ارشینلامق ARŠYNLAMAK. Vb. act. *mesurer par aune.* | mit der Elle messen. — ارشونلنوب اولچلمك

t o ارشن ARŠAN. Sbst. *nuage.* | d. Wolke.

t o ارشی ARŠY. Sbst. *roue (de charrette).* | Rad (am Wagen). Abulgasi. Q.

a ارصاد RASAD. Sbst. Pl. v. رصد

a ارصاد IRSÂD. [رصد IV.] *préparation; observation (des étoiles).* | Vorbereitung; Beobachtung der Gestirne. s. v. a. ارصد. Rhetor. die vorausgeschickte Andeutung. v. Mehren Rhetor. S. 102. الات الارصاد astronomische Instrumente.

a ارصاع IRSÂʿ. [رصع IV.] Sbst. *action de raffermir, de consolider.* | Befestigung, Kräftigung.

t o ارصلان ARSLAN. s. ارسلان

a ارض ERZ. Sbst. یر ، طپراق *terre, terrain, pays.* | Erde, Erdboden, Land, Grundstück. کرهٔ ارض KÜRRE-I ERZ. *le globe terrestre.* | die Erdkugel. ارض عشریه ERZ AʿŠRIJE. *propriété soumise à dîme.* | ein Grundstück, von dem als Abgabe der Zehnte entrichtet wird. ارضی a. ارضات . ارضون . اروض . اراض Pl. Erdarten, Ländereien, Oerter.

a ارضا IRZÂ. [رضی IV.] Sbst. خشنود ایتمك *action de contenter, de satisfaire quelqu'un.* | Wunscherfüllung, Zufriedenstellung, Befriedigung. — ETMEK. Jem. befriedigen.

a ارضات ARAZÂT. Sbst. Pl. v. ارض

a ارضاع IRZÂʿ. [رضع IV.] Sbst. امزرمك *action d'allaiter.* | das Säugen.

a ارضون ARZŪN. Sbst. Pl. v. ارض

a ارضه ARZA. Sbst. اغاج قوردی *un ver qui ronge les arbres.* | Holzwurm (termes arda).

a ارضی ARZÎ. Adj. *terrestre, mondain.* | irdisch, weltlich. Sbst. انکنار *artichaut.* | Artischocke.

t o ارط ART. s. ارد

a ارطا IRTÂ. [رطا IV.] Sbst. *âge nubile, puberté.* | Mannbarkeit, Alter der Mannbarkeit (von Mädchen).

a ارطال ERTÂL. Sbst. Pl. v. رطل

ارطمیس ARTAMYS. N. pr. Artemis. Diana.

a ارعا ARʿÂ. Sbst. Pl. v. رعی

a ارعا IRʿÂ. [رعی IV.] Sbst. اوتلاتمق . اوتلاتمق *action de faire paître.* | das Weiden.

a ارعاس IRʿÂS. [رعس IV.] Sbst. قورقتمق *action de faire tressaillir.* — ETMEK *faire tressaillir, faire peur.* | erschrecken, Furcht einflössen.

a ارعاش IRʿÂŠ. [رعش IV.] = ارعاس

t ارغ auch ارق ARG und ارغ ARK (oder arkeln) oder ارغ u. ارغ ÂRYG (t o) Sbst. *fossé, fosse, conduit, canal, rigole, sillon; raie.* | Furche, Ackerfurche, Graben, Rinne; kleiner Bach.

a ارغ ÂRUG. s. اروغ

t o ارغ ERUG. Sbst. *indigestion.* — اروغ

p ارغاو ارغاب ارغو ERGU. ERGÂB. ERGÂV. Sbst. *petite rivière.* | Bach, Flüsschen.

a ارغاب IRGÂB. [رغب IV.] Sbst. ترغیب ایتمك *action de rendre avide, d'exciter le désir de q. qch.* | Wunscherweckung.

t ارغاج . ارغیج . ارغاچ . ارغج ARGAĆ oder ARGAD. Sbst. 1. *trame d'un tissu.* | Schussfaden des Gewebes, [Gegentheil von ارش]. 2. *versant au pied d'une montagne.* | der Abfall oder Fuss des Berges = توره Kam.

t ارغاجلامق ARGAĆLAMAK. Vb. act. *tramer.* einschiessen (den Faden). — ارغاج آتمق

a ارغاد IRGÂD. Sbst. *cabestan.* | Schiffswinde.

t ارغاد ERGAD. Sbst. (ἐργάτης). *ouvrier, journalier.* | Arbeiter, Tagelöhner. اجیر ارغاد Lohnarbeiter.

t o ارغالامق ARGADAMAK. Vb. act. الدامق *tromper.* | betrügen, täuschen. Ali Schir. VL.

t ارغادلق ERGADLYK. Sbst. *journée.* Tagearbeit, Tagelohn. برکیمسه یی اجرت ایله ارغادلغه طوتمق einen aufs Tagelohn nehmen.

t ارغلامق ARGALAMAK, auch ارغیلامق ارغلامق . ارغنلمق . ارغلامق YRGALAMAK. Vb. act. Aor. ارغلار ARGALAR. *secouer, remuer, agiter avec force, éveiller, exciter, encourager.* | schütteln, rütteln, bewegen, erregen, aufmuntern, aufschrecken, ermuthigen. Deriv. ارغلنمق ARGALANMAK, auch ارغلنمق . ارغلنمق und ارغلانمق Vb. refl. u. pass. *se secouer, se mouvoir d'un côté à l'autre, être secoué, excité etc.* | sich schütteln, sich hin und her bewegen, geschüttelt, gerüttelt, aufgeschreckt u. s. w. werden. [verwandt mit اویغومق]

t o ارغلق ARGALYK. Sbst. *traverse.* | Querbalken.

a ارغام IRGÂM. [رغم IV.] Sbst. الچقلتمق . خوارلق *action d'avilir, d'abaisser, de mépriser quelqu'un.* | Erniedrigung, Verachtung, die man einem beweist, Beschimpfung.

a ارغمونی ERGAMÛNI. Sbst. (ἀργεμώνη) *anémone sauvage.* | Anemone, Windrose.

t o ارغن oder ارغان ARGAN. Sbst. *corde; câble.* | Strick, Seil; Schlinge von einem Stricke.

t o ارغنجی ARGANǴY. Sbst. *cordier.* | der Seiler.

t o ارغنلامق ARGAILAMAK und ارغنلامق ARGANLAMAK. Vb. act. *faire un cable.* | eine Schlinge binden, mit dem Stricke anbinden.

a ارغب ERGAB. Adj. compar. *plus ou très-désirable, très-désiré.* | sehr erwünscht, sehr wünschenswerth.

t o ارغتمق ERGUTMAK. Vb. act. *jeter.* werfen.

t o ارغتمقلق ERGUTMAKLYK. Sbst. *action de jeter.* | das Werfen.

t ارغچ s. ارغاج

t ارغجمق s. ارغاجمق

a ارغد ARGAD. Interj. *qu'il prospère!* | er sei glücklich!

t o ارغدال ERGEDÂL. Sbst. *embuscade, embûche, piège.* | ein zur Wegelagerung günstiger Ort: Hinterhalt, Nachstellung. VL.

t o ارغده ÂRGUDA oder ارغده ARYDA. Adj. *irrité, courroucé, avide.* | aufgeregt, zornig, gierig.

t o ارغشتمق Sbst. *la danse.* | der Tanz. LT. رقص

t o ارغلمق ARUGLAMAK u. Deriv. ARUGLANMAK. s. ارغلمق

t ارغلمق ARGALAMAK u. Deriv. ارغلنمق ARGALANMAK. s. ارغلمق

t o ارغمق ÂRGAMAK oder ARUGMAK (LT) und ارغومق ARGUMAK. (Abulg.) Sbst. *cheval noble, de race arabe.* | Pferd von edler Rasse, von arabischer Rasse.

t o ارغمجی ARGAMĆY. Sbst. *lacet.* | Schlinge. LT. كمند

t o ارغمق YRGMAK. s. اوغمق

p ارغن ARGAN. s. ارغنون.

t ارغون ARGUN. N. pr. *tribu de Mongols.* | Name eines mongolischen Stammes.

p ارغند ERGAND. Adj. *colère; brave.* | zornig; tapfer.

p a ارغنون Sbst. *orgue.* | die Orgel.

p ارغوان ERGHWĀN. a ارجوان ERGUWĀN. Sbst. *l'arbre de Judée* (Cercis siliquastrum. Lin.) Vulg. = لیلك od. بوینوز چیچکی *lilas, fleur du lilas, couleur lilas; rouge; vin rouge.* | spanischer Hollunder, Blüthe des spanischen Hollunders und Farbe dieser Blüthe; roth; rother Wein.

p ارغوانی ERGEWANI. Adj. *ayant la couleur du lilas.* | lilafarbig. s. d. Vbg.

t o ارغوچه ARGUĆAK. Sbst. *meule de moulin.* | Mühlstein. p. آسیا LT.

t o ارغوچی ARGUĆY. Sbst. *criminel.* | Verbrecher.

p ارغیدن ERGIDEN. Vb. intr. *s'échauffer; entrer en fureur, se disputer; se dessécher.* | sich erhitzen, in Hitze gerathen, sich heftig streiten; vertrocknen in Folge der Hitze.

t o ارغیمق ARGYMAK. s. ارغمق URUGMAK.

a ارف ÜREF. Sbst. Pl. v. ارفة.

a ارفاث IRFĀS. [رفث IV.] Sbst. — ETMEK. *dire des obscénités; cohabiter avec une femme.* | zotenreissen, den Beischlaf vollziehen.

a ارفاد IRFĀD. [رفد IV.] Sbst. *action de s'entr'aider.* | gegenseitiger Beistand. — ETMEK, einer dem andern helfen.

a ارفاش IRFĀŠ. [رفش IV.] Sbst. نفسانیات . شهوت *luxure, intempérance; excès, débauche.* | Sinnlichkeit, übermässiger Hang zu sinnlichen Genüssen, Unmässigkeit.

a ارفاق IRFĀK. [رفق IV.] Sbst. *action de s'entr'aider.* | gegenseitiger Beistand. — ETMEK. *aider, vivre les uns avec les autres, être bon envers q. qn.* | beistehen, freundschaftlich mit einander leben, gut und leutselig gegen Jemand sein.

a ارفاه IRFĀH. [رفه IV.] Sbst. راحت ویرمك . راحتلنمق — ETMEK *reposer, faire reposer; vivre dans l'aisance.* | ruhen, ruhen lassen, Bequemlichkeiten verschaffen.

a ارفع ARFA', REFE'. Adj. Compar. v. رفیع *plus haut; sublime.* | sehr hoch, höher, erhaben.

p ارفند ERFEND. s. ارند.

a ارفة ÜRFET. Sbst. *limite, borne.* | Gränze. Pl. ارف ÜREF. *les limites entre le paradis et l'enfer.* | die Scheidewand zwischen Paradies und Hölle; für اعراف.

p ارق ARK. s. ارغ *fossé.* | Graben.

t ارق ARYK (LT.): auch اروق . آریغ t o آرق und اروغ (Ali Schir.) اوروق (Abulgazi). Adj. *maigre, pauvre; mince.* | mager, arm, dünn, schlank.

a ارق ARAKK. Adj. Compar. v. رقیق *très-fin, mince; délicat, doux.* | sehr dünn, fein; zart (von Gliedern des menschlichen Körpers, vom Glanze der Farben u. dgl.), sanft (von der Musik).

t o ارق YRAK. s. ایراق.

t ارق YRK. Sbst. *bonheur.* | Glück. = اوغور (Hindoglu).

t o ارقا ARKA. Sbst. vgl. ارقه *dos, épine dorsale.* | Rücken, Rückgrad. LT. حیلمن گاه

t o ارقا Sbst. *génération, siècle.* | Menschenalter, Jahrhundert. Abulg. p. 22. 33. Q.

a ارقه ARKĀ oder ارقه ARYKKA. Sbst. Pl. v. رقیق.

a ارقا IRKĀ. [رقا IV.] Sbst. *action d'arrêter les larmes ou le sang, d'exciter la transpiration.* | Stillung des Blutes, der Thränen, Erregung des Schweisses.

t ارقاغ ARKAĠ. Sbst. *versant ou pied d'une montagne.* | flacher Bergrücken, unterer Abhang od. Fuss eines Berges, = طاغ دوره oder طاغلق یامشتم اولان صولق Kam.

a ارقاف IRKĀF. [رقف IV.] Sbst. دیترمك *action de trembler, de tressaillir.* | Zittern, Furcht.

a ارقاق IRKĀK. [رق IV.] Sbst. اینجلتمك . اینجلمك *action de rendre fin, délicat ou mince; devenir fin etc.* | Verdünnung, Verfeinerung.

a ارقام ERKĀM. Sbst. Pl. v. رقم.

a ارقان IRKĀN. Sbst. *nom d'une plante dont on fait la poudre rouge appelée ordinairement Henna; Safran.* | Name einer Pflanze, aus der man das Henna bereitet, (Lawsonia inermis); Safranpflanze.

t o ارقت ARKAT. Sbst. *le dos.* | der Rücken. s. ارقه.

t ارقداش ARKADAŠ. s. ارقداش.

t ارقرو ARKURU. s. ارقوری.

a ارقش ARKAŠ. Adj. الاجه *bigarré.* | schwarz und weiss gefleckt.

t o ارقش ARKYŠ. Sbst. *caravane.* | Karawane.

t ارقلق ARYKLYK. t o ارقلق . ارغلق od. اوروقلوق vgl. ارق *maigreur, finesse.* | Magerkeit, Dünnheit.

t ارقلمق oder ارقلامق ARYKLAMAK. t o ارغمق AOT. ARYKLAR. Vb. act. u. intr. *amaigrir; maigrir, devenir mince.* | mager machen, mager werden, abmagern; verschmachten, schlank und dünn werden. Deriv. I. ارقلنمق ARYKLANMAK. Vb. refl. u. pass. *maigrir, être rendu maigre ou mince.* | abmagern, mager, dünn, schlank gemacht werden oder sein, davon ارقلنمش ARYKLANMYŠ. *maigre.* | mager, abgemagert. II. ارقلندرمق ARYKLANDYRMAK. Vb. refl. trans. *faire maigrir, faire devenir mince.* | abmagern lassen, dünn werden lassen. III. ارقلتمق ARYKLATMAK. t o ارغلتمق Vb. trans. *amaigrir, rendre maigre, rendre mince.* | mager machen.

t o ارقلنمق ARKALANMAK. Vb. refl. von ارقه *tourner le dos, se retourner.* | den Rücken wenden, sich umdrehen.

t o ارقلی oder ارقیلی ARKYLY = t ارقوری ARKURY. ارقلی یول *passage, ruelle.* | Durchgang, Seitenweg.

t o ارقودق ARKUDAK. LT. جوزا

t ارقوری ARKURU. vulg. AIKYRY; auch ارقورو oder ارقرو Sbst. *côté.* | Seite. الله ارقوریسیله یورمق mit der Seite der Hand, d. i. mit der flachen Hand schlagen. Adj. u. Adv. *de côté, de travers; biaisement, obliquement; déviant.* | seitwärts, quer, in die Quere, schief, vom gehörigen Wege abweichend; widersinnig. ارقوری کتمك AIKYRY GITMEK, *biaiser, aller de travers.* | schief gehen, die Quere gehen.

ارقوشی ARKUŠU oder ARYKUŠU. Sbst. *guêpier, pivert.* | Bienenvogel, Grünspecht. s. آری.

t ارقه ARKA. t o ارقا und ارقت Sbst. *dos, revers, croupe; dossier, appui, support; protection; protecteur.* | Rücken, Rückseite; Rücklehne, Lehne, Stütze; Schutz; Beschützer. ارقه ویرمك *tourner le dos à; se fier à.* | einer Sache den Rücken wenden. ارقاسینی ترینه بردی er wandte d. Flusse d. Rücken. Abulg. Q. sich den Rücken frei halten, sich auf Jemandes Gunst stützen, sich auf Jemand verlassen (mit dem Dativ). ارقه اولمق oder — طورمق *être l'appui de quelqu'un, protéger, défendre q. qn.* | Jemanden als Stütze dienen, ihn beschützen, vertheidigen, ihm günstig sein (mit dem Dativ). کوب لیکینه ارقه بردی er verliess sich auf seine Menge. Abulg. 174. Q. — چویرمك den Rücken wenden. ارقدن سورمك vor sich her treiben. ال ارقه‌سی der Handrücken. ایاق ارقه‌سی Fussblatt. بچاق ارقه‌سی Messerrücken. سوو نیمك ارقه‌سی Abulg. 150. ult. ultra flumen. Q. ارقه‌ده equo vectus (?) Abulg. 110. 12. Q.

t ارقداش ARKADAŠ od. ارقداش Sbst. *camarade, compagnon.* | Gefährte, Begleiter, Genosse (wörtl. Rückengenosse), Schutzgenosse.

t ارقه‌لو ARKALY. Adj. *qui a le dos large; carré des épaules; bien soutenu, bien appuyé, bien protégé.* | breitrückig, breitschulterig; gut gestützt, gut beschützt, wohlbegünstigt. Sbst. *couteau à large dos.* Messer mit breitem Rücken.

p ارك ERK und ARK. Sbst. *château d'un roi.* | Königsburg. t o ارك oder ارگ

t o ارك AREK. Sbst. *créneau, embrasure.* | Schiessscharte, Schiessloch; ein Loch in der Mauer, durch welches Steine auf den Feind geworfen werden. Ferhad VI.

t ارك ERIK oder اریك t o ارك ÜRÜK. Sbst. *prune.* Pflaume. ارك اغاجی ERIK-AGAGY. *prunier.* Pflaumenbaum. — قوروسی ERIK-KURUSU oder قوری ارك KURU-ERIK *pruneau.* | getrocknete Pflaume. — شربتی ERIK-ŠERBETI. *prunelet.* | Pflaumenmost. طاغ ارکی TAG-ERIJI, چقال ارکی ČAKAL-ERIJI oder (a.) *prunelle.* | wilde Pflaume. بردیك ارکی BURDÄK-ERIJI. *diapré.* Eierpflaume. عین بقر ارکی AIN BAKAR ERIJI oder عینه بقر ارکی AINE BAKAR ERIJI. *reine claude.* | grüne Pflaume. جان ارکی ĠAN ERIJI. Orleanspflaume. موردم ارکی MÜRDEM-ERIJI. Damascenerpflaume.

t o ارك IRRIK. LT. oder اریك Adj. *âpre, dur.* | rauh, hart. اریك سوزلر rauhe Worte Ali Schir.

t ارڭ IRIN. s. ایرڭ

a ارکاب ERKÂB. Sbst. Pl. v. رکب REKEB.

a ارکاع ERKÂ'. Sbst. Pl. v. رکع REK'A.

a ارکاس IRKÂS. [رکس IV.] Sbst. *action de renverser, de retourner q. qch.* | Umstürzung, Umdrehung.

t o ارکاش ARKAŠ oder ARKEŠ. Sbst. *vague.* | Woge, grosse Welle.

a p ارکک IRKIK und ارکلی ERKÂK. Sbst. *pluie fine, bruine, goutte qui tombe.* | feiner Regen, Nebelregen, Regentropfen.

a ارکان ERKÂN. Sbst. Pl. v. رکن RUKN.

t o ارکمك und ارکنمك s. ارکنمك

t o ارکلك s. ایرکلك

t ارکچ ERKEČ. t o ایرکچ Sbst. *bouc.* | Ziegenbock.

t ارکج oder ارکچ s. ایرکچ

t ارکك ERKEK. Sbst. u. Adj. t o ایرکك *mâle, homme; masculin.* | männliches Wesen, Männchen (von Thieren), Mann. Adj. männlich. ارکك تمور oder ارککی تمور *acier.* | Eisenmännchen, d. i. hartes Eisen, Stahl.

t o ارکك IRKAK. Sbst. *chant.* | Gesang vgl. ایر

t ارککلك ERKEKLIK. Sbst. *état de mâle; virilité, bravoure, valeur.* | Mannheit, Männlichkeit; Manneskraft, männliche Stärke, Tugend, Tapferkeit, Würde. — ETMEK. *s'accoupler.* | sich begatten (von Thieren).

t ارکلك oder اریکلك ERIKLIK. Sbst. *prunelaie.* | Pflaumengarten.

t o ارکلمك Vb. intr. vgl. اکیلمك u. ایرلمك *se courber, se tourner, se détourner.* | sich biegen, sich umbiegen, sich umdrehen; sich abwenden. Deriv. I. ارکلنمك Vb. pass. *être courbé, tourné, détourné.* | gedreht sein oder werden. II. ارکلتمك Vb. trans. *faire tourner, faire détourner.* | drehen, umdrehen, abwenden lassen. III. ارکلدرلمك Vb. trans. pass. *être fait détourné.* | umgedreht werden. LT.

t ارکلشمك IRKILŠMEK und ارکشمك IRKEŠMEK. s. ایرکشمك

t o ارکنمك Vb. intr. *être dur.* | hart sein. vgl. ارك

t ارکن ERKIN. Sbst. u. Adj. *célibataire.* | ein Eheloser, Hagestolz, Junggesell. Adj. unverheirathet.

t ارکن ERKEN. Adv. *de bonne heure.* | früh, beizeiten.

t ارکنجه ERKENDŽE. Adv. *d'assez grand matin.* | ziemlich früh.

t ارکنجی ERKENDŽI. Adj. *matinal, matineux.* | früh auf, einer der früh aufsteht.

t ارکندی ERKENDI. s. ایرکندی

t ارکنلك ERKENLIK. Sbst. *état de célibataire, célibat; boutons au visage.* | Ehelosigkeit; vulg. Pickeln im Gesicht, (hauptsächlich jünger unverheiratheter Leute).

t ارکنلمك ERKENLEMEK. Vb. act. *faire q. qch. de bonne heure, venir de bonne heure.* | etwas früh, bei Zeiten thun, früh kommen.

t ارکورمك IRKURMEK. s. ایرکورمك

t o ارلات ERLÂT. Sbst. *réunion d'hommes, assemblage, collection.* N. pr. *nom d'une tribu des turcs tchagataïs.* | Zusammenkunft, Vereinigung von Menschen. Ali Schir. VI. N. pr. Name eines tschagataischen Stammes. LT.

t o ارلاس ERLÂS. N. pr. *nom d'une tribu tatare.* | Name eines tatarischen Stammes.

t ارلامق YRLAMAK. *chanter.* | singen, und die Deriv. s. ایرلامق

t o ارلامق ARLAMAK. Vb. act. vgl. ار *faire rougir q. qn. reprocher.* | einen beschämen, tadeln, einem etwas vorwerfen. Deriv. t ارلنمق ARLANMAK. Vb. intr. Aor. ارلنور ARLANYR. *avoir honte, rougir.* | sich schämen, beschämt werden.

t ارلاتجی YRLATDŽY. s. ایرلاتجی

t ارلاتش YRLATYŠ. s. ایرلاتش

t ارلك ERLIK. t o ERLIK. Sbst. [von ار] *virilité, bravoure, valeur.* | Männlichkeit, Muth, männliche Tugend. ارلك سموی oder — تموی *membre viril.* LT. الب بیمی

t ارلمق YRYLMAMAK. *rester.* | bleiben. s. ایرلمق

t o ارلمق ARYLMAK. s. ارلمق

t ارلمق YRLAMAK. s. ایرلامق

t ارلمق ARALAMAK. s. ارلامق

t ارلمق YRYLMAK. Vb. pass. v. ارمق

t ارلنمق ARLANMAK. s. ارلامق

t o ارلوك ERLÜK. Sbst. *toit.* | das Dach.

t o ارلیق ARALYK. s. آرلق

t o ارم EREM. Sbst. *perte, dépense inutile.* | Verlust, unnütze Ausgabe. — بولمق *se perdre.* | verloren gehen.

a ارم IREM. Coll. *Irem, les Irémites; nom des jardins de Scheddad.* | Irem, oder Iremiten, die Vorfahren des Stammvaters des Stammes Ad; Name der Gärten des Scheddad im Lande des Stammes Ad, auch ارم باغی IREM BAGY, Garten Irem.

a p ارم IRM und IREM. Sbst. *poteau ou borne destinée à indiquer le chemin; cible pour tirer à l'arc.* | Wegsäule, Ziel beim Bogenschiessen.

a ارما IRMÂ. [رمی IV.] Sbst. آتمق *action de jeter.* | das Werfen, Wurf.

a ارماح ERMÂH. Sbst. Pl. v. رمح

a ارماس ERMÂS. Sbst. Pl. v. رمس

a ارماس IRMÂS. [رمس IV.] Sbst. کومدرمه *action d'ensevelir.* | Vergrabung.

t o ارمغ IRMIG und ارمق ARMIK. Adj. آریق ، یورغون ، بیتاب *las, fatigué.* | müde, ermüdet, schwach. Ali Schir. VI.

t ارمغ YRMAG oder ارمق s. ایرمق

t o ارمق ARMAK. Sbst. *or.* | Gold, Geld. LT. زر

a ارمق ERMAK. Sbst. Pl. v. رمق

t o ارمق ARMAK. Vb. intr. طی تاب شلمق *se fatiguer être fatigué.* | ermüden, müde werden, erschöpft sein. Ali Schir. VI.

a ارمال ERMÂL. Sbst. Pl. v. رمل

p ارمان IRMAN u. ERMAN. Sbst. هوس، آرزو *désir, appétit, souhait; pénitence; regret, compassion; pénitent.* | Verlangen, Wunsch; Reue, Busse; Bedauern; Mitleid. Der Büssende. vgl. ارمغانس

p ارمانی ERMÂNI. Adj. *désirant; affligé.* | verlangend, sehnend; betrübt.

p ارمانیدن ERMÂNIDEN und ERMÂNIDEN. Vb. intr. *désirer; être affligé, se repentir; étourdir la douleur.* | wünschen, verlangen nach etwas, betrübt sein, Reue empfinden; den Schmerz betäuben.

t ارمجك s. اورمجك

a ارمد ERMED. Adj. *gris cendré.* | grau, aschgrau.

p ارمیدن ÂRMIDEN. Vulg. ERMIDEN oder ERMIDEN und ارمیده ARMIDE. s. آرمیدن und آرمیده

p ارمز ORMUZ und ارمزد ORMUZD. N. pr. — *la planète Jupiter.* | der Planet Jupiter. هرمز

p ارمش ARMIŠ. Sbst. *repos.* | Ruhe.

p ارمغان ERMAGÂN oder YRMAGÂN. Sbst. تحفه، پیشکش *cadeau, petit présent, pourboire.* | kleines Geschenk, Trinkgeld.

t ارمق YRMAK oder ارماق s. ایرماق *rivière, fleuve.* | Fluss.

t ارمق YRMAK. Vb. act. Aor. ارر YRYR *rompre, casser, briser, déchirer.* | zerbrechen, zerreissen [verwandt mit قیرمق und ییرتمق] Deriv. I. ارلمق YRYLMAK. Vb. pass. u. refl. Aor. ارلیر YRYLYR. Imper. ارل YRYL. *être rompu ou déchiré, se rompre, se déchirer; être séparé, se séparer, s'en aller.* | zerbrochen oder zerrissen werden; zerbrechen, zerreissen (intr.); getrennt, geschieden sein oder werden, sich trennen, auseinander gehen, weg gehen. بوندن ارل BUNDAN YRYL, fort von hier! II. ارلممق YRYLMAMAK. Vb. pass. neg. *n'être pas séparé; rester.* | sich nicht trennen, bleiben, festbleiben, nahe bleiben. III. t o ارنمق YRYNMAK. Vb. refl. u. pass. — ارلمق, vgl. ایرنمق YRANMAK.

t ارمق ARAMAK. s. آرامق

t o ارمق ARYMAK. s. آریمق

t o ارمق YRYMAK. s. ایرمك

t o ارمق URMAK. s. اورمق

t o ارمك ERMEK. Sbst. *drap de laine, sorte de camelot.* | ein festes wollenes Zeug. LT. پشمینه

t o ارمك IRMEK oder ERMEK. s. ایرمك

t ارمك ERIMEK. s. اریمك

p ارمکه ÂRMOÏH. Sbst. s. آرمکه

a ارمل ERMUL. Sbst. Pl. v. رمل REML.

a ارمل ERMEL. Fem. ارمله ERMILE. Plur. ارامل ERÂMIL und ارامله ERÂMILE. Adj. u. Sbst. تول *veuf, veuve; pauvre, malheureux.* | verwittwet, Wittwe, arm, unglücklich.

t o ارملمق YRMLAMAK. Vb. act. vgl. ارمق YRMAK. *être brisé, déchiré.* | zerrissen, zerbrochen sein. LT.

p ارمن ERMEN. Sbst. *endroit frais où l'on passe l'été.* | kühle Sommerwohnung. Eigentl. N. pr. einer Gegend in Aserbeidschan; bei Dichtern die Gegend, in welcher Khosru und Schirin lebten. Armenien.

t o ارمند IRMIND. LT. آری

p ارمند ERMEND und ارمنده ERMENDE. Adj. *tranquille, paisible.* | ruhig, friedlich. Sbst. *pacificateur.* | Friedensstifter.

p ارمنستانلی ERMENISTÁN N. pr. ارمنی ولایتی Armenien.

p ارمنی ERMENI. Sbst. *arménien.* | Armenier. ارمنی ولایتی Armenien.

a ارمنیّة ERMENIJJE. N. pr. Armenien.

p t آرمود ÁRMUD. Sbst. p. امرود u. انبرود *poire.* | Birne. — انجی A. AGAǦY. *poirier.* | Birnbaum. آلتونی — A. ALTYNY, ein mit Perlen verziertes Schmuckstück, in Gestalt einer Birne, welches Frauen und Kinder am Halsbande oder am Kopfputze tragen. ارمودی انجو birnförmige Perle. شربتی — Birnmost. بلك ارمودی die Apothekerbirne oder Pfundbirne. بوزبشلن — سی Weissbirne.

p ارمون ARMÚN, vgl. ارپون Sbst. بیع *arrhes.* | Handgeld, Aufgeld.

ارمه ARMA oder ARME. Sbst. (ital. arme). *les armes, armoiries; agrès, cordages d'un navire.* | Wappen, Rüstung; Takelwerk eines Schiffes.

a ارمیا ERMIÁ. N. pr. *Jérémie.* | der Prophet Jeremias.

p آرمیدن ÁRMÎDEN. s. آرامیدن

p آرمیده‌گی oder آرمیدگی ÁRMÎDEGI. Sbst. *repos; modestie.* | Ruhe; Bescheidenheit.

p آرن ÁREN. Sbst. Abkürzung v. آرنج

t o ارن AREN oder EREN. Sbst. *lèvre.* | Lippe. vgl. ایرین

t o ارن IREN. Sbst. *eau.* | Wasser. vgl. آب LT. ایرمق

t o ارن ERIN. Adj. *aquatique; fluide.* | wässerig, flüssig. vgl. ارقه. LT. لبی

t ارن EREN. Sbst. (Partic. v. ایرمك, wohin gelangen). *adepte, affilié aux mystères d'un ordre; homme, homme d'honneur.* | ein Anlangender, einer der zur Erkenntniss (der Wahrheit) gelangt, Adept, Eingeweihter (in die Geheimnisse eines Ordens); ein Mann, Mann von Wort.

a ارنان IRNÁN. [رنّ IV.] Sbst. صدا چقارمق، صدا ویرمك *action de résonner.* | das Tönen, Schwirren. — ETMEK. *résonner, produire un son.* | tönen, klingen, einen Schall oder Klang geben (z. B. eine Saite oder Bogensehne, ein angestossenes Glas).

t ارنود od. ارناود ARNAUT. Sbst. (Ἀρναβίτης, Ἀλβανίτης) *Albanais.* | Arnaute, Albanese. ارنود ولایتی Albanien. ناروسی — eine Art Hirse oder Heidegrütze. بیری — eine Art Thymian. arab. سعتر

t ارنودلق ARNAUTLUK. N. pr. = ارنود ولایتی Albanien.

a ارنب ERNEB. Sbst. طوشان *lièvre.* | d. Hase.

p آرنج ÁRENĞ. Sbst. قول. دیرسك *coude, bras.* | Ellbogen, Arm.

t o آرندلق LT. الحلن

t o ارندرمق URANDYRMAK. s. ارمق URANMAK.

p آرنده ÁRENDE. Sbst. کتوریجی *porteur.* | Träger, der etwas bringt.

p ارنك ARENK und ERENK. Sbst. vgl. رنك *couleur, manière, forme, espèce; en compos.* *semblable à.* | Farbe, Art und Weise, Gestalt, Art; in Zusammensetzungen: ähnlich, gleich. ارنك ارنك verschiedenartig.

t o ارنقه IRINQ. s. ارنغه

t o آرنمق ARYNMAK. s. آریمق ARYMAK.

t o ارنمق URANMAK. Vb. intr. (vielleicht = YRYNMAK. Vb. refl. u. pass. v. YRMAK). Erlaubniss od. Abschied erhalten (?) LT. رخصت شدن. Deriv. I. ارندرمق URANDURMAK. Vb. trans. caus. LT. رخصت کنانیدن — ارپتورمق URAPTURMAK. Vb. pass. trans. LT. رخصت کرده شدن

t ارنود ARNAUT. s. ارناود

t p آرو s. آری

t o ارو ARUW. Adj. *assez bon.* | ziemlich gut, leidlich.

t o آرولق ARUWLUK. Sbst. *ce qui est assez bon.* | das Leidliche.

a ارواء IRWÁ. [روی IV.] Sbst. 1. قاندرمق، صولامق *action d'arroser, d'abreuver abondemment.* | Bewässerung (des Bodens durch Regen), reichliches Begiessen, reichl. zu trinken geben. 2. نقل اخبار *action de rapporter les paroles d'un autre.* | Wiedererzählung des Gehörten. vgl. روایت

a ارواح ERWÁḤ. Sbst. 1. Pl. v. روح — 2. Pl. v. ریح

t o ارواق ARWAK. Fehlerhafte Schreibart für das Vbg.

a اروام ERWÂM. Sbst. Pl. v. روم *les grecs, les habitants de la Roumélie.* | die Griechen, die Bewohner der europäischen Türkei.

t o اروت oder اروات ARWAT. Sbst. *femme.* | Frau, Weib. vgl. عورت

a اروض URUẒ. Sbst. Pl. v. ارض

p اروغ oder اروق ÁRUǦ. Sbst. گكیرمه. آنجل *rot, bâillement.* | Rülps, Gähnen.

t o اروغ URUǦ. s. اوروق *tribu.* | Stamm.

t o اروغ ARUǦ. s. آرق *maigre.* | mager.

p اروغ URUǦ. Sbst. *peau de boeuf; chathuant.* | 1. Rindshaut; 2. der Uhu.

t اروغن ÁRUǦEN. Adj. u. Sbst. گكیریجی einer der rülpst, dem es oft aufstösst.

t o اروق s. آرق *maigre.* | mager.

t o اروقلق ARYKLYK. Sbst. *maigreur.* | Magerkeit.

t o اروقلامق s. ارقلامق

t اروقه ERUKA. بیبان اروقه‌سی JEBAN ERUKASY. *cresson alénois.* Gartenkresse. (Hindogin.)

t o ارولی IRULI. Adj. *gros, épais.* | gross, dick. vgl. ایری

t o ارولامق ARUWLAMAK. Vb. act. v. آرو *louer.* | loben.

t o اروم IRUM. Sbst. *bonne ou mauvaise augure.* | Vorzeichen, Zeichen von guter oder schlechter Vorbedeutung.

t o آرومق s. آریمق

p ارون ERWÛN. Adj. *colère.* | reizbar, zum Zorne geneigt.

p ارون IRÛN. Sbst. *vautour.* | der Taubengeier.

t o ارون ERÛN. = ارنه

p ارونددن ERWENDIDEN. Vb. intr. کاهل اولمق *être lâche, paresseux.* | schlaff, träge sein.

p آروین ÁRWIN. Sbst. *expérience, épreuve.* | Erfahrung, Probe.

p اروند ERWEND u. ARWEND. Sbst. *l'eau, la mer, le Tigre; désir, souhait; magnificence, majesté; le mont Elwend.* | 1. Wasser; das Meer, der Fluss Tigris. 2. Verlangen, Sehnsucht. 3. Grossartigkeit, Majestät. 4. der Berg Elwend.

p اره ERRE oder ARRE. Sbst. بچقی *scie.* | Säge, Feile. ارّه‌خانه ERREHÂNE. Sägemühle. ارّه‌کش ERREKEŠ. بچقیجی، چکیجی Holzschneider.

a ارهاء IRHÁ. [رهو IV.] Sbst. طاتلو قوللانمق *manière d'agir avec douceur.* | gütliches, mildes Verfahren, Milde.

a ارهاب IRHÂB. [رهب IV.] Sbst. قورقتمق *action d'effrayer.* — ETMEK. *effrayer.* | in Furcht setzen, erschrecken.

a ارهاص IRHÁṢ. [رهص IV.] Sbst. *préméditation.* | Vorbedacht. — ETMEK. *préméditer; faire prospérer (Dieu l'homme).* | vorbedenken, vorsehen, einen in glückliche Umstände setzen (Gott den Menschen).

a ارهاص ARHÁṢ und Pl. ارهاصات ERHÂSÂT. Sbst. *signes qui annoncent la venue d'un prophète.* | Wunderzeichen, welche die Sendung eines Propheten begleiten.

a ارهاف IRHÂF. [رهف IV.] Sbst. بلمك، کسکینلتمك *action d'amincir (une lame).* | Abwetzung, Abschleifung (einer Klinge). — ETMEK. *aiguiser.* | wetzen, schleifen, schärfen.

a ارهاق IRHÁK. [رهق IV.] Sbst. *action de molester q. qn.* | einem Schwierigkeiten, Verdruss bereiten.

a ارهان IRHÂN. [رهن IV.] Sbst. رهین ویرمك *action de mettre en gage.* | Verpfändung.

t ارهه s. ارنه

t ارلق ARALYK. Sbst. *opinion.* | Meinung, Ansicht.

t آرمق s. آریمق

p t آری oder ارو ARY. Sbst. *abeille, guêpe.* | Biene, Wespe. بال آریسی Honigbiene. آت آریسی Wespe, Hummel, Drohne. — Bremse. نیشتلی —، صارو —، اشك آریسی Wespe, Hummel. آری قوشی der Bienenvogel; auch صرد. شقراق. arab. الخطاب. بیبون بوران اخضاری (Merops Apiaster). آری بکی die Bienenkönigin, Weisel. آری قوانی Bienenkorb; Fingerhut (Digitalis oder Campanula rotundifolia?). اشك آریسی قوانی oder آری سورویسی — — Wespennest. Bienenschwarm.

t o آری ARY. p. یوز Panther (?) LT.

p آری ÁRÎ. Part. affirm. *oui, certainement.* | ja, freilich.

t آری ARY. Adj. تمیز *pur, propre; sacré.* | rein, sauber; heilig. بوغدای s. آری بغدای

آری ARY. Adv. *là, au-delà, de l'autre côté.* | dort, jenseits, hinter. آری بری hieher und dorthin. آری یقده an der andern Seite.

t o آری ARY. Postpos. *à cause.* | wegen. = ایچون.

t اری IRI. Adj. u. Sbst. s. ایری gross.

t o آریا ARYA. LT. آرلق s. ارك ب.

a اریاج ERIAJ. Sbst. Pl. v. ریج.

t o ارباغ ERJAG. Sbst. 1. یلان . دروغ *mensonge, fraude.* | Lüge, List. 2. افسون . تعویذ *enchantement, amulette.* | Zauberei, Amulet, Zauberspruch, um den Biss giftiger Schlangen zu heilen. Ali Schir. VI.

ارپال IRIAL. Sbst. *Real.* | spanische Münze.

a اریب ERIB. Adj. *habile, intelligent; fin, rusé.* | geschickt, klug, scharfsinnig, schlau. s. ارب IRB.

t آریچق s. اریچق.

t اریچه s. اریچه.

a اریاح ERIAH. Adj. واسع . کنکیش *large, ample, spacieux.* | weit, geräumig.

a اریحیت ERIAHIJET. Sbst. واسع اولملق. کنکشلك *largesse, libéralité, générosité.* Weite, Geräumigkeit, Freigebigkeit.

t اریدیجی und اریجی ARYDYGY. Adj. u. Sbst. *qui nettoie.* | reinigend, säubernd, der, welcher reinigt. vgl. اریمق.

t اریچلق s. اریجلق.

t اریدلمه s. اریجلمه.

p اریس ERIS. Adj. *intelligent, habile.* | verständig, geschickt.

a اریس ERRIS. Sbst. چفتچی . اکنجی *cultivateur.* | Ackerbauer.

t آرش s. آریش.

t o آریش ARYŠ. Sbst. *blé, grains.* | Getreide, hauptsächlich Roggen.

t o اریشین ARYŠYN = آرشین Elle.

t o آریغ ARYG. Sbst. s. آرغ Furche.

t o آریغ ARYG. Adj. = آری *propre.* | rein.

t o اریغن ARYGAN. Adj. u. Sbst. *très-occupé.* | mit Geschäften überladen. s. اریمق.

t o اریغیر ARYGYR und آریغیر ARYGYR. Adj. *malpropre, sale.* | unrein, unsauber.

t ارپق IRIK. Sbst. ارشون *aune.* | Elle.

t o آریق ARYG. Adj. *maigre.* | mager. s. آرق.

t o آریق ARYG oder آریا ARYA. Sbst. s. آرغ Furche.

t o اریقجی ARYGGY. Sbst. *qui fait des fossés, des canaux etc.* | Grabenzieher, Kanalbauer.

a اریکه ERIKA und اریکه ERIKE. Sbst. *trône (d'un prince); sofa.* | Thron, Sopha.

t اریك ERIK. s. ارك.

t ارینه od. اریك und ارین, auch ارین und ایرین IRIN. *pus, matière.* | Eiter, Materie einer Wunde. = طوتمق — ارینلمك oder ارنلمك — eitern, Eiter absetzen.

t ارینلشمك oder ارینلشمك IRINLEŠMEK. Vb. intr. *suppurer.* | eitern.

t ارینلنمك oder ایرینلنمك Vb. intr. *suppurer.* | eitern, sich mit Eiter füllen, in Eiterung übergehen.

t آریلق ARYLYK. Sbst. v. آری *propreté, pureté; sainteté; purification.* | Reinheit, Reinlichkeit, Heiligkeit, Reinigung.

t ایریلك YRYLYK oder ایرلك IRILIK. s. ایریلك.

t o آریمق od. آرمق ARYMAK. Vb. intr. آری اولمق Aor. آرر ARYR. *être pur.* | rein sein. Deriv. I. آریلمق ARYLMAK. Vb. pass. *être purifié, nettoyé.* | gereinigt werden oder sein, rein sein. II. آریتمق oder آرتمق ARYTMAK. Vb. trans. Aor. آریدر ARYDYR. *nettoyer, purifier.* | reinigen, säubern. vgl. آریدیجی ARYDYGY. III. آریدلمق oder آریتلمق ARYDYLMAK. Vb. trans. pass. *être nettoyé, purifié.* | gereinigt werden. آریدلمش ARYDYLMYŠ. *nettoyé, propre.* | gereinigt, rein, sauber. IV. آرینمق oder آرنمق ARYNMAK. Vb. refl. und pass. Aor. آرینور ARYNYR. *se purifier, être nettoyé.* | sich reinigen, sich säubern, gereinigt werden. آرینمش ARYNMYŠ. *propre.* | rein, sauber.

t o آریمق oder آرمق ARYMAK. Vb. intr. *être occupé, se fatiguer.* | beschäftigt sein, müde werden, sich anstrengen.

t o آریمق ARYMAK. Vb. intr. *se joindre à q. qn.* | sich anschliessen an Jemand.

t اریمك ERIMEK, t o ایریمق YRYMAK. Vb. intr. Aor. ارير ERIR. Praes. اریور ERIJOR. *se fondre, se dissoudre.* | schmelzen, zerfliessen, sich auflösen, weich und flüssig werden, aufthauen. [Gegentheil v. طوکلمق.] Deriv. I. اریتمك u. ارتمك ERITMEK. Vb. caus. Aor. اریدر ERIDIR. *fondre, dissoudre.* schmelzen (activ), auflösen. II. اریدلمك ERIDILMEK. Vb. caus. pass. *être fondu.* | geschmolzen werden. III. ارینمك und ارنمك ERINMEK. Vb. refl. u. pass. *se dissoudre, être fondu.* | zerschmelzen, geschmolzen werden.

t ارین IRIN. s. ارك.

t ارینلشمك s. ارینلشمك.

t ارینلنمك s. ارینلنمك.

t آز Âz, AZ und EZ. Sbst. قلیلك *le peu.* das Wenige, das Geringe. Adj. u. Adv. *peu, petit, mince, de peu, rarement.* | wenig, klein, gering, schmal, dünn, selten. آز آز AZ AZ oder آزجه آزجه AZGA AZGA oder آزار آزار AZAR AZAR. nach und nach, ganz allmälig, langsam. آز کره selten, zuweilen. آزجق ARGYK oder آزاجق AZAGYK. klein, ein klein wenig, geringst, mindestens. آزچوق AZÇOK. wenig oder viel, ob wenig ob viel, bald mehr bald weniger. آز سویلر einer der wenig aber gut spricht. آز سویلر آز شیئه … آز قالدی کی es fehlte wenig dass … آزه قناعت ایتمك sich mit Wenigem begnügen. آز زمانده . عمکره . چوق آزدر das ist gar zu wenig. آز زمانده nach kurzer Zeit.

p آز ÂZ. Sbst. *désir, passion; convoitise avidité, avarice.* | Begierde, heftiges Verlangen; Habgier, Geiz.

p از EZ. Praepos. *de, par.* | von, aus, durch. از نو von neuem. از قدیم von Alters her, von je. از آن جمله oder ازجمله, aus dieser Zahl, von von diesen allen. از این جهت — von jener Seite. از کجا von wo? از خود ausser sich (vor Zorn u. s. w.); zerstreut; von sich selbst.

t از IZ. s. ایز.

p آز AZ'. Sbst. *tranquillité.* | Ruhe.

p آز AZ'. Adj. *intelligent, abstinent.* | verständig, einsichtig, enthaltsam.

a ازاء IZÂ. Sbst. *subsistence, moyens de vivre; position (d'un endroit); objet situé en face d'un autre, vis-à-vis.* | Lebensunterhalt; Lage oder Stellung; das Gegenüber, etwas gegenüber Befindliches.

t o آزاتمق AZATYMAK. Vb. intr. *dire peu.* | wenig sagen. p. کم گفتن LT. vgl. آز u. آیتمق AYTMAK.

t o آزاتلامق AZATLAMAK. s. آزادلمق.

t o آزاتمق AZATMAK. Sbst. *bourse.* | Beutel. LT. کیسه.

p t آزاجق oder آزجق AZAGYK. Adv. Dim. v. آز. *peu, un petit peu.* | wenig, ein klein wenig.

a ازاحه IZÂHA. [زاح IV.] Sbst. *action d'éloigner, d'écarter, déplacement d'une chose; action de terminer une affaire.* | Entfernung, Wegnahme, Beseitigung seines Geschäfts.

p آزاد ÂZÂD. Sbst. u. Adj. *libre, affranchi; ascète; cyprès.* | frei, ein Freier, Freigelassener; einer der sich von den Banden der Welt befreit hat, Einsiedler, Ascet. آزاد درخت Cypresse. = جیقلنمك . اعتاق KANI. — ETMEK. *affranchir, mettre en liberté, relâcher, congédier.* | befreien, frei lassen, loos lassen, verabschieden. = آزاد ایتمك — die Ehescheidung vornehmen. آزاد در er ist frei vom Dienste (von einem Soldaten).

p t آزادسز AZADSYZ. Adj. u. Sbst. [Gegentheil von آزاد] *qui n'est pas libre, esclave non affranchi.* | unfrei, nicht freigelassener Sclave.

p آزادکی ÂZÂDEGI. Sbst. *liberté, indépendance, délivrance, affranchissement; vie ascétique.* | Freiheit, Unabhängigkeit, Freilassung, Lossagung von den Banden der Welt, Einsiedlerleben.

p t آزادلق ÂZÂDLYK oder آزادهلك ÂZÂDELIK. Sbst. *liberté, rédemption, dégagement; rançon.* | Freiheit, Loskaufung, Lösegeld.

p t آزادلمق ÂZÂDLAMAK. Vb. act. *mettre en liberté, affranchir.* | befreien, freilassen = آزاد ایلمك.

p t آزادلو oder آزادلی ÂZÂDLY. Adj. *libre, affranchi, délivré, relâché, congédié.* | frei, freigelassen, loos, verabschiedet, entlassen.

p آزادمردی ÂZÂDMARDI. Sbst. *liberté.* | Freiheit.

p آزاده ÂZÂDE. Adj. *libre, libéral, indépendant, délivré de q. ch.* | frei, freisinnig, ungebunden (in seinen Reden u. s. w.), unabhängig, frei von etwas, einer Sache nicht unterworfen, einer Sache loss.

p آزادهدل ÂZÂDE-DIL. Adj. *libre, franc, sans souci.* | frei, ungebunden; frei von Schulden, sorgenfrei.

p آزادکی ÂZÂDEGI. s. آزادکی.

p آزادی ÂZÂDI. Sbst. *liberté.* | Freiheit = آزادلق oder آزادکی.

p آزار ÂZÂR. Sbst. رنجش . جکش . کدر 1. *trouble, peine, vexation, injure, blâme, reproche; un cri par lequel on effraye ou repousse* quelqu'un. | Beschwerde, Sorge, Verdruss, Betrübniss, Kummer, Schmerz, Aergerniss, Beleidigung, Tadel, tadelnder Zuruf, Ruf, wodurch man Jemand erschrecken oder verjagen will. — ETMEK. = آزارلمق *molester, vexer; importuner, gronder, reprendre.* | beschwerlich fallen, belästigen, beleidigen, hindern, tadeln, schelten, durch einen Zuruf (wie husch!) aufscheuchen oder forttreiben, z. B. einen Hund. — آزار ایله قوومق — آزار خاطرلو چکمك sich betrüben. 2. Partic. v. آزاردن *celui qui afflige, qui cause de la peine, offenseur etc.* | belästigend, beleidigend, Beleidiger. In Compos. beschwerend, beängstigend, beunruhigend. دل آزار herzkränkend.

a آزار ÂZÂR. Sbst. *pièce de monnaie, drachme.* Geldstück, Drachme.

a ازار IZÂR. Pl. ازره ÂZYRA u. ازارلر IZARLAR. Sbst. *espèce de voile ou vêtement de dessus, que portent les femmes par dessus leurs autres vêtements; tablier; haut-de-chausses; jupon; femme; chasteté, continence.* | eine Art Ueberwurf, welchen die Frauen über den übrigen Kleidern tragen, gewöhnlich von Baumwollenzeuge; er wird am Kopfe durch ein Band befestigt und fällt zu beiden Seiten bis zu den Füssen herab, so dass nur ein Stück des Gesichtsschleiers sichtbar ist. Schürze, Beinkleid, Unterrock; Frauensperson; Keuschheit. ازار بند IZÂR-BAND. *ruban de tablier.* | Schürzenband.

p آزاردن ÂZÂRDEN. Vb. act. *troubler, offenser, heurter, outrager.* | beunruhigen, belästigen, Sorge oder Betrübniss verursachen, tadeln, schelten, beleidigen.

p آزاردیده ÂZÂR-DIDE. Adj. compos. vgl. آزار *éprouvé par l'adversité.* | einer der Kummer gesehen, d. i. erfahren hat, geprüft.

p آزاررسان ÂZÂR-RESÂN. Adj. compos. vgl. آزار *fastidieux, pénible.* | Sorgen erregend, Widerwillen erregend, ekelhaft, ärgerlich.

p آزاررسیده ÂZÂR-RESIDE. Adj. compos. vgl. آزار *affligé, attristé.* | einer den Schmerz, Kummer u. s. w. getroffen hat, betrübt, bekümmert.

p آزارش ÂZÂRISH. Sbst. *offense, action de molester.* | Beleidigung, Belästigung.

p t آزارلمق ÂZÂRLAMAK. Vb. act. چکشمك *molester, affliger, injurier, gronder.* | belästigen, schelten, tadeln. vgl. آزار ایلمك

p آزارمند ÂZÂRMEND. Adj. *affligé, troublé, offensé.* | betrübt, beängstigt, bekümmert, beleidigt.

p آزارنده ÂZÂRENDE. Adj. *affligeant.* | bekümmernd. vgl. آزاردن.

p آزاری ÂZÂRI. Sbst. *trouble, peine; troublé, malade; importunant, insolent.* | 1. Kummer, Sorge, Beschwerde = آزار. 2. ein Bekümmerter, ein Kranker. 3. einer der beschwerlich fällt, ein unverschämter, unbescheidener Mensch.

p آزاریدن ÂZÂRIDEN. Vb. act. *troubler, molester.* | belästigen. s. آزاردن

t o آزاق ÂZAK. Sbst. *pied.* | der Fuss. LT. آیاق. Vgl. ایاق

a آزال ÂZÂL. Sbst. Pl. v. ازل EZEL.

a ازاله IZÂLE. [زال IV.] *action d'éloigner, d'écarter, de faire cesser q. ch.* | das von seinem Orte entfernen, verschwinden lassen, Vertilgung, Ausrottung, Verlöschung, Vernichtung. Gramm. Elision eines Buchstabens oder Vokals. Theol. ازاله نجاسات die Entfernung alles Unreinen, vor dem Beginn des Gebets. — ETMEK. *éloigner, écarter, faire disparaître, faire cesser, ôter, chasser, dissiper.* | entfernen, wegnehmen, vertilgen, verlöschen, ausrotten, vernichten, eildiren.

t ازالمق AZALMAK. Vb. intr. *être diminué, se diminuer, décroître; maigrir.* | kleiner, geringer, weniger werden, abnehmen, am Werthe verlieren, schwächer, magerer werden (vom menschlichen Körper). Deriv. ازالتمق AZALTMAK. Vb. trans. *diminuer, amoindrir, retrancher, rabaisser.* | vermindern, verringern, abkürzen. — بهایی den Preis verringern, abschlagen. — سوزی sich kurz ausdrücken, wenig Worte machen. — احسانی wenig geben.

a ازاهیر EZÂHIR. Sbst. Pl. v. زهره *fleurs.* | Blumen.

t o ازایتمق AZAYTMAK. Vb. act. = ازالتمق

p ازایش ÂZIISH. آزمایش

a ازب EZEB. Adj. *velu, hérissé.* | rauh, haarig, borstig, struppig.

a ازبار IZBÂR. [Denom. v. زبر] Sbst. یازمق *action d'écrire.* | das Schreiben, Aufschreiben, Abschreiben. دفتره ازبار ایلمك in das Register eintragen.

ازبندود EZBANDUD. *colossal.* (Hindoglu).

t ازبندید IZBANDYT. (ital. *sbandito*). Sbst. *brigand, pirate.* | Räuber, Bandit, Wegelagerer, Seeräuber.

t ازبندیدلق IZBANDYTLYK. Sbst. *brigandage, piraterie.* | Räuberei, Strassenraub, Seeräuberei. ازبندیدلغه کیتمك auf Raub ausgehen, auf Seeraub ausfahren.

a ازبر EZBER. Adj. *très-fort, vigoureux, robuste.* | sehr mächtig, kräftig, stark.

p ازبر EZBER. Adv. *par coeur.* | auswendig, aus dem Gedächtniss. — ETMEK. *apprendre par coeur.* | auswendig lernen, dem Gedächtnisse einzuprägen suchen. ازبردن اوقومق auswendig hersagen, recitieren.

p t ازبرلمك EZBERLEMEK. Vb. act. Aor. ازبرلیور EZBERLEJOR. *apprendre par coeur.* auswendig lernen, merken.

p ازبرم EZBERM. Adv. *par coeur, de mémoire.* | auswendig, aus dem Gedächtniss.

p ازبر und ازبیر EZBIR. Adj. *habile, ingénieux.* | klug, geschickt.

t o ازیقمق UZUPMAK. s. اوزیقمق

t ازب oder ازبه IZBE. Sbst. *souterrain, tanière, cave.* | Höhle, Grube, Keller, Versteck (insbesondere ein unterirdisches), Ort, wo man etwas verwahrt. = سرداب Kam.

t o ازاتمق UZATMAK. s. اوزاتمق u. اوزاتمق

t ازتمق AZTYMAK. Vb. trans. v. ازمق

t o ازتمق AZTYMAK. Vb. act. *orner, arranger.* | schmücken, ordnen. LT. آراستن

t ازجق AZǴYK. Dim. v. آز Sbst. *un petit peu.* | etwas weniges, ein klein wenig.

t ازجه AZǴE. Dim. v. آز Adv. *peu.* | wenig, ziemlich wenig, gering. ازجه ازجه *peu à peu.* | ganz allmälig, nach u. nach. ازجه ازجه یورمك — ganz allmälig, langsam, Schritt vor Schritt weiter gehen.

a ازدجار IZDIǴÂR. [زجر VIII.] Sbst. *action d'éloigner, d'empêcher; interdiction, défense, prohibition.* | Verhinderung, Verwehrung. ETMEK. verhindern, verwehren. = منع ایلمك oder نهی ایلمك

a ازدحام IZDIHÂM. [زحم VIII.] Sbst. *action de se presser en foule; concours, foule.* | Gedränge, Menschengedränge, Zusammendrang.

p ازدر EZDER. Adj. *digne.* | würdig.

p اژدر AŽDER. Sbst. *dragon.* | der Drache. s. اژدرها

a ازدرا IZDIRÂ. [زری VIII.] Sbst. خورلق *action de mépriser, mépris, dédain, indignation.* | Verachtung, Geringschätzung.

a ازدراع IZDIRÂ'. [زرع VIII.] Sbst. اکین اکمك *action de semer, de cultiver la terre.* | Besäung, Ackerbestellung.

t ازدیرمق AZDYRMAK. Vb. trans. u. ازدرلمق AZDYRYLMAK. Vb. trans. pass. v. ازمق

t ازدرمك EZDIRMEK. Vb. trans. v. ازمك

p اژدرها AŽDERHÂ. Sbst. *dragon, monstre; au fig. homme valeureux.* | Drache, Ungeheuer; bildl. ein tapferer Mann.

t ازدك ÖZDEK. s. اوزدك

p آزدن ÂZIDEN. Vb. act. دلمك *percer (avec une lancette, une aiguille), piquer, contre-pointer, broder; broder en différentes couleurs, peindre.* | durchstechen, mit einer Lanzette oder einer Nadel, durchnähen, sticken, bunt sticken, malen.

a ازدواج IZDIWÂǴ. [زوج VIII.] Sbst. قوشلمق . جفت اولمق . اولنمك *union, réunion de deux personnes ou de deux choses, mariage.* | Verbindung, Aneinanderknüpfung, Paarung, Verehelichung. — ETMEK. *s'unir, se marier, être mêlé.* | an einem Orte vereinigen; sich verheirathen; sich untereinander mengen.

p ازدودن EZDUDEN. Vb. act. پاسی آلمق *dérouiller.* | abrosten, abputzen.

p آزده ÂZDE. Partic. v. آزدن *percé, contre-pointé, brodé.* | durchstochen, durchlöchert, durchnäht, gestickt, bunt gestickt, gemalt, bunt.

a ازدیاد IZDIÂD. [زاد VIII.] Sbst. چوغالمق . ارتمق *accroissement, augmentation.* | Vermehrung, Zunahme. — WERMEK. *augmenter.* | vermehren. — BULMAK. *s'augmenter, croître.* | sich vermehren, zunehmen, wachsen.

a ازدیار IZDIÂR. [زار VIII.] Sbst. زیارت ایلمك *action d'aller voir q. qu'un, visite.* | Besuchabstattung, Besuch.

a ازدیال IZDIÂL. [زال VIII.] Sbst. یوق ایلمك . زائل قلمق *action de faire cesser, de mettre fin à q. ch., de faire disparaître, de détruire, d'anéantir.* | Aufhörenlassen, Verschwindenlassen, Aufhebung, Vernichtung einer Sache. — ETMEK. *faire cesser, éloigner, écarter, mettre fin à q. ch.* | aufhören lassen, bei Seite schaffen.

a ازدیان IZDIÂN. [زان VIII.] Sbst. بزنمك . زینتلنمك *action de s'orner, de se parer, de s'embellir.* | Schmückung, Verschönerung. — ETMEK. sich putzen, sich schmücken.

t ازو s. ازدیش

p آزر ÂZER. Sbst. *feu; force, puissance valeur.* | Feuer. s. آذر; Macht, Stärke, Geltung.

t آزر AZAR oder EZER und آزرآزر s. آز

t o آزراق AZRAK. Adj. u. Adv. Compar. v. آز *moins, plus petit.* | weniger, geringer, ziemlich gering.

p آزرد EZ'HUD. Sbst. *couleur.* | die Farbe.

p آزردن AZERDEN. Vb. act. اوزلمك . انجتمك *offenser, outrager, gronder, molester.* | Schmerz verursachen, einen beleidigen, einem beschwerlich fallen, verletzen, durch Worte oder Handlungen, schelten.

p آزرده AZERDE. Adj. (Partic. d. Vhg.). *vexé, molesté, offensé, outragé: outrageant, molestant.* | 1. verletzt, beleidigt, betrübt, betroffen, آزرده دل oder آزرده خاطر niedergeschlagen, traurig. 2. Schmerz verursachend, schmerzlich, beleidigend, betrübend. — ETMEK. *faire mal à quelqu'un, molester, vexer.* | Schmerz verursachen, schmerzen, verletzen, beleidigen, betrüben.

p آزردهكى oder آزردكى AZERDEGI. Sbst. s. d. Folgde.

p t آزردهلك AZERDELIK. Sbst. *affliction, peine, chagrin.* | Verdruss, Betrübniss, Kummer, Schmerz. vgl. آزردن und آزرده

t o آزرغنمق AZYRGANMAK. *s'affliger.* | sich betrüben. p. كوم كرفتن LT.

a آزرق AZRAK. Adj. صوى *bleu, azuré, qui a les yeux bleus.* | blau, himmelblau, blauäugig. قبهٔ ازرق das Himmelsgewölbe.

p آزرگون ÂZERGÛN. Adj. *couleur de feu, rouge.* | feuerfarben, feuerroth.

p آزرم ÂZERM und ÂZARM. Sbst. اوتنمه. وقار . حرمت *pudeur, honte; respect, honneur; dignité, gravité.* | Wohlanständigkeit, Züchtigkeit, Scham, Schüchternheit, Achtung und Scheu vor Höheren; gemessenes und vornehmes Wesen.

p آزرمیدن AZERMIDEN. Vb. act. *honorer, respecter, estimer quelqu'un.* | Ehre erweisen, ehren, achten.

p آزرنك ÂZERENK. Sbst. *adversité, malheur.* Widerwärtigkeit, Unglück.

t a آزشی AZ-ÄKI. s. آز Sbst. *peu de chose* | wenig, ein wenig. Genit. آزشیسك AZ-ÄKIIS.

a ازعاج IZ'ÂG. [زعج IV.] Sbst. يرندن قوپارمق *action de repousser.* — ETMEK. *repousser, chasser quelqu'un; arracher violemment une chose de sa place.* | fortstossen, fortjagen, wegwerfen, wegreissen, ausreissen.

a ازعاف IZ'ÂF. [زعف IV.] Sbst. *action de mourir d'une mort inattendue.* | plötzlicher Ueberfall und Tödtung, Ermordung.

a ازعاق IZ'ÂK. [زعق IV.] Sbst. *action d'appeler, de crier à quelqu'un, pour l'effrayer ou pour accélérer ses pas.* | Zuruf, um einen zu erschrecken oder ihn herbeizurufen. — ETMEK. *faire venir quelqu'un plus vite.* | machen, dass einer schneller herbeikommt, Jemand rufen oder rufen lassen.

p آزغار IZGÂR. Adj. الچق *ignoble, avare.* | niedrig gesinnt, geizig.

t آزغشمق und آزغشمق AZGAŠMAK. Vb. recipr. *se brouiller, se bouder, vivre mal ensemble, se disputer, se battre.* | sich überwerfen, mit einander schmollen, in Unfrieden leben (von Ehegatten), sich prügeln.

t o آزغنه AZGYNA. Adv. = آزرق v. آز *peu* | wenig.

t آزغون oder آزغين und آزغن AZGYN. Adj. v. آزمق *égaré, effréné, débauché, dépravé rebelle.* | verirrt, in Irrthum befangen; zügellos, ausschweifend, moralisch verderbt, entartet, widerspenstig, gegen Ordnung und Gesetz sich auflehnend; wüthend, wild (von Thieren). آزدروب آزغون قيلمق zu Aufruhr verführen, aufwiegeln.

t آزغونلق oder آزغنلق AZGYNLYK. Sbst. *égarement, dépravation: soulèvement, révolte.* Verirrung, Verderbtheit, Verschlechterung, Widerspänstigkeit, Zügellosigkeit; Aufruhr يول آزغونلغى das Abkommen vom rechten Wege, Verirrung.

a ازفاف IZFÂF. [زف IV.] كوكلمك *action de hâter; de conduire l'épousée chez elle.* | Beeilung; Heimführung der Braut (in ihre neue Wohnung).

p آزفنداك EZEFNDÂK. Sbst. قوس قزح *l'arc en ciel.* | der Regenbogen.

t آزق u. آزمه AZIK. Adj. u. Sbst. v. آزمق *froissé, broyé; foulé; foulure.* | gequetscht, zermalmt, gedrückt, Quetschung.

t آزق oder آزوق und آزوق AZYK. Sbst. ذخيره *provision, les vivres.* | Vorrath, Lebensmittel. يول آزيغى Wegezehrung. اش آزوق Speisevorrath. آزق طوپلمق sich verproviantiren. آزقلنمق = آزق طوپلمق seinen Lebensunterhalt gewinnen آزق جندانسى oder آزق طغرجغى Futtersack.

t آزقلنمق AZYKLANMAK. Vb. intr. *gagner sa vie, chercher son pain; avoir de quoi vivre.* seinen Lebensunterhalt gewinnen, sein Auskommen haben, sich mit Lebensmitteln versorgen. Deriv. آزقلندرمق AZYKLANDYRMAK Vb. trans. *entretenir q qn.* | mit Lebensmitteln versorgen, einen unterhalten.

t آزقلى AZYKLY. Adj. *ayant des provisions; dont il y a provision.* | Vorrath habend, vorräthig.

a ازقه AZIKKA. Sbst. Pl. v. زقاق *les rues d'une ville.* | die Gassen.

a ازكا EZKÂ. Adj. s. ازكى

a ازكام IZKÂM. [زكم IV.] Sbst. — ETMEK. *enrhumer.* | Schnupfen verursachen.

p آزكان AZGÂN und آزكان AZ'GÂN. Sbst. *tristesse, chagrin.* | Traurigkeit, Betrübniss.

a ازكان IZGÂN. [زكن IV.] Sbst. *avertissement, avis.* | Benachrichtigung, das Erfahren einer Nachricht, Erwerbung einer Kenntniss, Mittheilung einer Nachricht oder Kenntniss. — ETMEK. *donner avis.* | Nachricht geben.

t ازكلمل EZGELIL. Sbst. Name eines Baumes, auch كندس ضبرى genannt; arab. بوت

t ازكى EZKÂ. Adj. *très-pur, vertueux.* | sehr rein, tugendhaft.

t ازكى EZGI. Sbst. *a* لحن *son, accents de voix, chant.* | Ton, Stimme des Singenden, Gesang. ازكى طاتلولغى طاتلو ازكى oder Melodie. ازكيسى طاتلو melodisch.

a ازكيا EZKIÂ. Sbst. Pl. v. زكى *les purs, les vertueux.* | die Reinen, Tugendhaften.

a ازل EZEL. Sbst. Pl. آزال *éternité qui n'a pas eu de commencement.* | Ewigkeit, in der Vergangenheit, die keinen Anfang hat [Gegentheil von ابد], uranfängliche Zeit من الازل oder ازلدن ازلدن von aller Ewigkeit her.

a ازلاق IZLÂK. [زلق IV.] Sbst. *action de faire trébucher.* — ETMEK. *faire glisser; faire trébucher q. qn.* | einen straucheln lassen, einen Fehltritt begehen lassen.

a ازلام EZLÂM. Sbst. Pl. v. زلم ZELEM قمار اوقلرى . بختلر *flèches non garnies de plumes; les destins.* | Bolzen, stumpfe oder unbefiederte Pfeile, deren sich die alten Araber zum Loosen bedienten, daher auch die Loose, die Geschicke.

t o ازلتمق YELATMAK. s. ايلتمك Deriv.

t ازلتمق AZALTMAK. s. آزالتمق

t ازلق oder ازلیق AZLYK. Sbst. v. آز *peu, petite quantité, quantité peu considérable.* | Wenigkeit, Seltenheit, Kleinigkeit, geringes Quantum. — difficultas Abulg. p. 12. Q.

t ازلمق AZLAMAK. s. آزالمق

t o ازلمق AZLAMAK. Vb. intr. *décroître.* | abnehmen. LT كم شدن

t ازلمك IZLEMEK. ازلمك s. ايزلمك

t ازلمك EZILMEK. Vb. pass. v. ازمك

t o ازلمك ÜZLEMEK. s. اوزلمك

a ازلى EZELI. Adj. v. ازل *éternel, de toute éternité.* | ewig, von Anfang an, von Ewigkeit her bestehend.

a ازليت EZELIJET. Sbst. *éternité.* | Ewigkeit, Bestehen von Ewigkeit her.

a t ازلیلك EZELILIK. Sbst. = ازليت

t a ازم EZEM. [p. ازم EZM.] Sbst. *fils, race, lignée.* | Sohn, Stamm, Geschlecht.

p ازما ÂZMÂ. Adj. [Partic. v. آزمودن] *en compos. éprouvé, expérimenté, accoutumé* in Zusammensetzungen: versucht, kundig, erfahren, gewohnt.

a ازمان EZMÂN. Sbst. Pl. v. زمان *les temps; époques* | Zeiten, Zeiträume. vgl. زمان

t ازمان AZMAN. Adj. *illimité, énorme.* | gränzenlos; ungeheuer, über alle Maassen gross.

p آزمان ÂZMÂN. Sbst. پشیمانلق *le repentir; pénitence.* | Bereuung, Reue, Busse.

p آزمايش ÂZMÂJIŠ. Sbst. *expérience.* | Erfahrung.

p آزماندن ÂZMÂNIDEN. Vb. intr. *repentir* | bereuen.

p آزمايش ÂZMÂJIŠ. Sbst. *expérience, épreuve* | Erfahrung, Erfahrenheit; Versuch, Probe.

t ازمولا IZMAULA oder ZMAULA. Sbst. *framboise.* | die Himbeere. — FYDANY, — AGAĆY. Himbeerstrauch.

a ازمت EZMET oder AZMET. *disette, année stérile.* | Theuerung der Lebensmittel, unfruchtbares Jahr.

p آزموده ÂZMÛDE. Adj. *avare, paresseux.* | geizig, faul.

p آزمود ÂZMÛZD. Sbst. *la planète de Jupiter.* | der Planet Jupiter. vgl. آزمر

t أزمق AZMAK. Aor. أزار AZAR. Vb. intr. *s'égarer, se corrompre, empirer, être séduit, se débaucher; surpasser les bornes, devenir très-grand; se révolter, se soulever; devenir furieux, devenir sauvage.* | sich verirren, die Gränzen überschreiten, ausarten, entarten, verderben (physisch und moralisch); über alle Maassen anwachsen, gross werden; aus allen Schranken kommen, ausschweifen, sich gegen Gesetz und Ordnung auflehnen, wüthend werden, wild werden, verwildern. يول أزمق oder يولدن أزمق oder يوردن أزب يوريمك vom Wege abkommen, sich verirren, irre gehen. يارە أزوب تباه اولور die Wunde ist ganz schlimm geworden. نوشى أزمق — احتلام s. o. نسلدن أزمق ausarten. *s'abâtardir.* أزمش AZMYŠ. *vicié, corrompu séditieux.* | verirrt, entartet; aufrührerisch. أزمه AZMA. *égarement, débauche.* — Deriv. I. أزدقمق AZYTMAK. Aor. أزدر AZYDYR. Vb. trans. *pervertir, fourvoyer, troubler.* | verführen, verwirren, in Unordnung bringen, stören. يول أزدقمق sich verirren. أزدروب تكس أيلدن يارە eine wieder aufgebrochene Wunde. يارە أزدقمق — a عقر Kam. أزدقمش AZYTMYŠ. *perverti, troublé.* | gestört, in Unordnung gebracht. II. أزدرمق AZDYRMAK. Aor. أزدرر AZDYRYR. Vb. caus. *pervertir, séduire, égarer, effaroucher.* | in die Irre führen, verwirren, verderben, versuchen, in Versuchung führen, verlocken (vom Teufel), verführen (ein Mädchen); zum Ungehorsam, zum Aufruhr verführen, aufreizen, aufwiegeln. يول أزدرمق sich verirren. III. أزدرلمق AZDYRYLMAK. Vb. caus. pass. *être perverti, fourvoyé.* | irregeführt, verderbt werden u. s. w. يولدن أزدرلمق vom Wege abgekommen sein.

t o أزمق UZMAK und die Deriv. أزدقمق UZATMAK und أزدرمق UZARMAK. s. اوزمك

t o أزمق ÜZMEK od. UZMAK. Vb. act. *nager.* | schwimmen. — يوزمك

t o أزمق YZMAK. s. ازمك

t أزمقلق AZMAKLYK. Sbst. *égarement, séduction, sédition.* | Verirrung, Verführung, Aufstand. vgl. أزمق

t ازمك EZMEK. Aor. أزر EZER. t o أزمق Vb. act. *broyer, fouler, piler.* | reiben, zerreiben, zerquetschen, zerstossen, zerschmettern, zerbrechen, zermalmen. Derivv. I. ازلمك EZILMEK. Aor. ازلر EZILIR. Vb. pass. *être broyé etc., s'amoindrir.* | zerrieben u. s. w. werden, kleiner werden, abnehmen, sich aufreiben. II. ازدرمك EZDIRMEK. Vb. caus. *faire broyer etc.* | zermalmen u. s. w. lassen.

a أزمنه EZMINE. Sbst. Pl. v. زمان

p آزمند ÂZMEND. Adj. حرصلو . اچ كوزلو *avare, avide.* | geizig, gierig.

p آزمودن ÂZMÛDEN. Vb. act. تجربه ايتمك . صنامق *éprouver, expérimenter.* | prüfen, versuchen.

p آزموده ÂZMÛDE. Partic. des Vbg. *éprouvé, expérimenté. en compos. instruit, informé de q. ch.* | geprüft, in Zusammens. kundig, erfahren, geübt in einer Sache.

p آزمودهكى oder آزمودكى ÂZMÛDEGI. Sbst. تجربه *expérience.* | Erfahrung.

p آزمون ÂZMÛN. Sbst. *expérience, essai.* | Erfahrung, Versuch.

a أزمه EZIMME. Sbst. Pl. v. زمام ZIMÂM.

t أزمه AZMA. Sbst. *égarement débauche.* | Verführung, Verirrung, Ausschweifung. Adj. *égaré, débauché.* | verführt, ausschweifend. vgl. أزمق

t o أزن Sbst. *lèvre.* | Lippe. LT. [vielleicht Druckfehler für أرن] vgl. أودين

t o أزنجى UZANGI. Sbst. *le tambour.* | der Trommelschläger.

t آزنسيمق ÂZNASYMAK. Vb. compos. s. آز *estimer peu.* | geringschätzen. Kam. s. v. أزدهد

t o أزنكو UZANGU. s. اوزنكى

t o أزوقمق UZUKMAK. s. اوزمك

t أزو od. أزى AZY; auch أزودش u. أزدش AZYDIŠ. t o أزوليس Sbst. *dent oeillère, dent canine; défense (du sanglier etc.).* | Augenzahn, Spitzzahn; Fangzahn (wilder Thiere).

a أزواج EZWÂǦ. Sbst. v. زوج *les époux.* | die Gatten (beiderlei Geschlechts), Paare.

t آزوای AZWAY. Sbst. *myrrhe.* | Myrrhe. صبر Kam.

p آزور ÂZÛR. Adj. *intelligent, perspicace.* | verständig, scharfsinnig.

p آزور ÂZWER. Adj. *avare, avide.* | geizig, gierig.

p أزور EZWER. Sbst. *armée.* | Heer.

p أزوغ AS'ÛG. Sbst. *moisissure.* | Schimmel.

t o أزوق AZYK und p أزوقه u. أزوكه AZUKA. s. أزق

t أزولو AZYLY. Adj. v. آزو *ayant des défenses (une bête).* | mit Fangzähnen versehen. أزولو حيوان ein reissendes, fleischfressendes Thier.

a أزهار EZHÂR. Sbst. Pl. v. زهرة *fleurs.* | Blumen. أزهار دستهسى *bouquet de fleurs.* | Blumenstrauss.

a أزهر EZHER. Adj. آق . پارلاقجى *blanc, brillant.* | weiss, glänzend.

t أزى AZY. s. آزو

a أزيان IZJÂN. [زان IV.] Sbst. زينتلندرمك *action d'orner.* | Schmückung, Verzierung. — ETMEK. *orner, embellir.* | ausschmücken, verzieren, verschönern.

a أزديان IZDIJÂN. [زان VIII.] Sbst. بزنمك . زينتلنمك *action de s'orner, de se parer.* | Schmückung (seiner selbst). — ETMEK. *se parer.* | sich putzen.

p آزيدن ÂZIDEN. s. آزدن

p آزيغ ÂZIG. Sbst. ايكرنش *aversion.* | Widerwille.

t آزوق s. آزق

t اس oder آص ÂS. N. pr. *pays et peuple du Kiptchak.* | Name einer Gegend und eines Volkes im Kiptschak; die Osseten.

t o اس AS. Imperat. v. اصمق

a آس ÂS. Sbst. مرسين Myrthe.

p آس AS. Adj. يومشاق *tendre au toucher, mou.* | weich, zart. Sbst. قاقم *hermine.* | Hermelin. — اسو

t اس oder اس IS. s. ايس

t o اس IS und ÜS. Sbst. *esprit, intelligence.* | Geist, Verstand. LT. عقل

t اس ISS od. اسى ISSI. Sbst. *maître, possesseur.* | Herr, Besitzer. اسسز oder اسسوز ISSIZ oder ÜSSÜZ, herrenlos.

a اس ÜSS. Pl. اسس ISÂS. اساس ÂSÂS und اساسات ESÂSÂT. Sbst. *fondement, base, racine, principe.* | Grund, Grundbau, Basis; Ursprung, Wurzel. Algebr. Wurzel einer Zahl. Der Plur. اساس, als Singul. gebraucht, *fondement, principe.* | Grund, Grundlage eines Gebäudes, Grundwahrheit, Grundsatz, Grundlehre, Grundlage der Wissenschaft, Vorkenntnisse. ESÂS ETMEK, den Grund legen.

p اس ÜS. Sbst. سيلە . تهمار *soufflet.* | Maulschelle, Ohrfeige.

p آسا ÂSÂ. Sbst. أسنمه *bâillement.* | das Gähnen. آسا كشيدن *bâiller.* | gähnen.

p آسا ÂSÂ oder سا SÂ. Partik. in pers. Compos. *comme, semblable à.* | ähnlich. الفاسا ELIFÂSÂ, gerade oder schlank wie ein Elif. فلكاسا FELEKÂSÂ, himmelhoch.

a اسباب ÂSÂB. Sbst. Pl. v. اسب IAB.

a اسابل ESÂBIL. Sbst. Pl. Tabrif von اصطبل *étables, écuries.* | Ställe.

a اسابيع ESÂBÎ'. Sbst. Pl. v. اسبوع

a اسات ISÂET. s. اسأة

a اساتذه ESÂTIZE und اساتيذ ESÂTÎZ. Sbst. Pl. v. استاذ ÜSTÂZ.

a اساجيع ESÂǦÎ'. Sbst. Pl. v. سجع

a اساد ÂSÂD. Sbst. Pl. v. اسد

a اسار ISÂR od. اسارة ISÂRET. Pl. اسر ÜSÛR. Sbst. *lien, captivité, esclavage.* | Bande, Gefangenschaft, Sclaverei.

a اسارا und اسارى USÂRÂ. Sbst. Pl. v. اسير

p آسارە ÂSÂRE. Sbst. حساب *calcul, comput.* | Berechnung, Zusammenrechnung.

a آسارون oder اسرون ASARUN. Sbst. *asarinée.* | Haselwurz (Asarum).

a اسارير ESÂRÎR. Sbst. Pl. v. اسرار [Pl. v. سر] *linéaments, traits du visage.* | die Linien auf der flachen Hand, der Stirn und im Gesicht, die Gesichtszüge.

a اساس ESÂS. Sbst. Pl. v. اس ÜSS. *fondement, principe.* | Grundlage. s. اس

a اساطير ESÂTÎR. Sbst. Pl. v. اسطورە

a اساطين ESÂTÎN. Sbst. Pl. v. اسطوانه

a اسأة ISÂET. [سأ IV.] Sbst. *négligence, abandon.* | Nachlässigkeit, Vernachlässigung.

a اسافل ESÂFIL. Sbst. Pl. v. اسفل

a اساقه ISÂKE. [ساق IV.] Sbst. سوق ايلمك *action de pousser, de stimuler.* | das Vorwärtsstossen, treiben, antreiben.

p آسال ÂSÂL. Sbst. *fondement, base, édifice.* | Grundlage; Gebäude.

a آسال ÂSÂL. Sbst. Pl. *qualités, vertus, talents, connaissances.* | Eigenschaften, Naturanlagen, Tugenden, Talente, Kenntnisse.

a اسالة ISÂLE. [سال IV.] Sbst. آقيتمق *action de faire couler.* — ETMEK. *faire couler, donner cours.* | in Fluss bringen, fliessen lassen.

a اسالة ISÂLE. [سأل IV.] Sbst. باغشلمق *action d'accorder.* | Zugeständniss, Bewilligung — ETMEK. *accorder, concéder.* | zugestehen, bewilligen.

a اساليب ESÂLIB. Sbst. Pl. v. اسلوب

a اسامه ESÂME. Sbst. *le rôle des soldats; nom inscrit sur le rôle; quotité de la paye.* Standliste des Heeres; der in die Soldatenliste eingetragene Name; die geschriebene Anweisung auf Sold und Razion.

a t اسامهلو ESÂMELÜ. Sbst. *soldat immatriculé.* | der in die Liste eingetragene Soldat.

a اسامى ESÂMI. Sbst. Pl. v. اسم

p آسان ÂSÂN. Adj. قولاى *facile.* | leicht.

p t آسانلق ÂSÂNLYK u. *p.* آسانى ÂSÂNI. Sbst. قولايلق *facilité, commodité; repos.* | Leichtigkeit; Bequemlichkeit; Ruhe.

a اسانيد ESÂNID. Sbst. Pl. v. اسناد

p آسانيدن ÂSÂNIDEN. Vb. act. قولايلتمق *faciliter.* | erleichtern.

a اساءت ISÂET. [سوء IV.] Sbst. فنالق، كوتولك *mal, mauvaise action, méfait, méchanceté, malhonnêteté; dommage causé, offense.* | das Böse, schlechte Handlung, schlechte Handlungsweise, Schlechtigkeit, Schaden, den man Jemand zufügt, Beleidigung, Ungezogenheit.

a اساورة ESÂWIRE. Sbst. Pl. v. سوار

p آسايش ÂSÂJISH. Sbst. *repos, tranquillité.* | Ruhe. — ETMEK. *se reposer, s'arrêter.* | ruhen, ausruhen, anhalten.

p آساييدن ÂSÂJIDEN = ÂSÂJISH ETMEK.

p اسب oder اسپ ESP. Sbst. آت *cheval.* | Pferd. اسب انكيز ESPENGIZ. *éperon.* | Sporn.

a اسب ISB. [auch *p.* اسپ] Pl. اسباب Sbst. (pubes.) *poils des parties sexuelles.* | die Haare an Schamtheilen und After.

a اسباب ESBÂB, auch ESBÂP. Sbst. 1. Pl. v. سبب als Singular gebraucht | *matériel, marchandise.* | Material, Waare. بر اسباب eine Waare. vgl. سبب 2. Tahrif v. اثواب *vêtements et Sing. un vêtement; linge de corps.* | Kleider, Kleidungsstücke; Leibwäsche, auch als Singular. بر اسباب ein Kleid.

a اسباط ESBÂT. Sbst. Pl. v. سبط

a اسباق ESBÂK. Sbst. Pl. v. سبق

a اسبال ISBÂL. Vb. [Denom. v. سبيل] Sbst. صالى ويرمك، صارقتمق *action d'expédier, de relâcher, de faire descendre.* — ETMEK. *envoyer; relâcher, faire descendre.* | schicken, hinabsenden, herablassen (einen Körper an einer Schnur, den Eimer in den Brunnen), fallen lassen (den Schleier über das Gesicht).

t اسپان ISPAN. (ungarisch.) Sbst. *préfet d'un district.* | Gespan, Bezirksvorsteher.

p اسپانج ISPÂNDJ oder اسپانك ISPÂNEK Sbst. s. اسپناق

اسپانيول ISPANIOL. (ital.) Adj. u. Sbst. *espagnol.* | spanisch, Spanier.

اسپيتاليه ISPITALIA. (ital.) Sbst. *hôpital.* Hospital.

t a اسپرز USPURZ. Sbst. *clitoris.*

p اسپرك ESPEREK. Sbst. *nom d'une plante tinctoriale.* | (nach dem Kam. s. v. زرلو ein griechisches Wort) eine gelbe Farbepflanze; auch الاجبر und ارجقين genannt.

p اسپس ESPES. Sbst. بيت، كهله *pou.* | Laus.

p اسپغول ISPAGÜL. Sbst. Plantago lapagul(?)

a اسبق ASBAK. Adj. u. Sbst. *qui précède, devancier, supérieur; passé.* | das Ziel zuerst erreichend, zuvorkommend, vorhergehend, vorangehend, vorzüglicher, besser; vergangen. بوندن اسبق vorher, zuvor; früher als, besser als صدر اسبق der vorangegangene Grossvezier, Ex-Grossvezier.

t اسپلاته ISPILATA (ital.). Sbst. *ponton, barque.* | Fähre; Fahrzeug.

t اسپناق oder اسپنوق und اسفاناخ ISPANAK. Sbst. Tahrif von *a* اسفاناخ (Kam.). *épinards.* | Spinat (spinachium, spinacea oleracea).

p اسپنجه ISPENDJE. Sbst. s. باجلق *capitation ou impôt payé sur les prisonniers de guerre.* | Steuer, welche ehedem für die Kriegsgefangenen bezahlt wurde, und die ein Fünftel ihres Werthes betrug.

t اسپنجيار ISPINDJÂR od. اسپچيار ISPIDJÂR (ital. speziale oder spezzatore). Sbst. اجزاجى *pharmacien, droguiste; piteur.* | Apotheker, Drogiste, Stösser in der Apotheke.

t اسپنجيارلق ISPINDJARLYK. Sbst. *pharmacie.* | Apothekerkunst.

t اسپنوس ISPINOS (σπίνος). Sbst. *pinson.* | der Finke.

a اسبوع USBÛ'. Pl. اسابيع ESÂBÎ'. Sbst. *la semaine.* | die Woche.

p اسپه ESPE. Sbst. *poulain.* | Füllen (bis zu zwei Jahren).

p اسپيد ISPID. Adj. s. سپيد

t اسپير ISPIR. Sbst. *garçon, valet.* Bursche, Diener, hauptsächlich von rumelischer Herkunft (Redhouse).

p اسپوش ISPEJÜSH und اسپيوش ISPEJÜN. Sbst. *indigestion.* | Magenbeschwerde.

t a است AST od. است EST. Sbst. = الت [Gegentheil von اوست] *le dessous.* | das Unten, der untere Theil, das Unterste einer Sache. Adv. *dessous, sous.* | unten, unter. ير استنده unter der Erde. اياغى نيك استنده unter seinem Fusse. Ali Schir. Q. استم ASTYM oder ESTIM, unter mir. I.T.

p است ÂST, است IST oder استا Sbst. *louange, estime.* | Lob, Preis. = ستايش

a است IST. Sbst. كوت *le derrière, cul, fondement.* | der Hintere, die Grundlage einer Sache.

t استا USTÂ. Sbst. Tahrif v. استاد *maître, artiste; le premier cuisinier, le premier garde des jardins impériaux; bas officier des janissaires; maîtresse. (nom donné aux femmes de chambre de la mère du sultan, des kadines et de ses enfants).* | Meister, Meister einer Kunst, Vorsteher der grossherrl. Küche, = ASDJI BASHI; Oberster der Gardenwache = BOSTANDJI BASHI; Unteroffizier der Janitscharen; Meisterin (Titel der Dienerinnen im grossherrlichen Harem, die den persönlichen Dienst der Sultansmutter, der Kadinen oder deren Kinder versehen, und die im Range zunächst auf die Odalyks folgen).

p استاخ USTÂKH. Adj. *éhonté, effronté, audacieux.* | frech, kühn. = گستاخ

p استاخ USTAKH. Sbst. دلو *seau.* | Eimer.

p a استاد USTAD oder استاذ ÜSTAZ. Pl. استاذان und اساتيذ Sbst. *maître d'un art ou d'une science, précepteur, docteur.* | Meister in einer Kunst oder Wissenschaft, Doctor. استاد ايشى USTÂD-ISHI. *chef-d'oeuvre.* | Meisterstück.

p استادانيدن ISTÂDÂNIDEN und استادانيدن ISTÂDÂNIDEN. [Vb. caus. v. استادن] *établir, constituer.* | feststellen.

p t استادسز USTÂDSYZ. Adj. *sans maître; peu exercé, maladroit.* | ohne Meister oder Lehrer, ohne Unterricht oder durch blosse Uebung in einer Sache geschickt; wenig geschickt, ungeschickt.

p t استادلق USTÂDLYK oder استالق USTALYK. Sbst. *état de maître, chef-d'oeuvre.* | Meisterschaft, Meisterstück.

p استادن ISTÂDEN. Vb. act. طورمق *être debout, s'arrêter, rester.* | stehen, stehen bleiben.

p استاده ISTÂDE. Partic. d. Vbg. طوريجى اولان *en compos. debout, érigé.* | in Zusammensetz.: stehend, aufrecht.

p استادى USTÂDI. Sbst. = استادلق

a استار ESTÂR. Sbst. Pl. v. ستر SITR.

p آستر ÂSTÂR. Sbst. *doublure; toile grossière qui sert de doublure.* | Unterfutter, Futterzeug, Futtertuch, Wattirung.

p t آسترلمق ÂSTÂRLAMAK. Vb act. تيلمك *doubler, mettre une doublure.* | füttern (ein Kleidungsstück). S. d. Vbg.

p استاره ISTÂRE. Sbst. يلدز *étoile.* | Stern.

t استاقوس ISTAKOS. (ἀστακός). Sbst. خرچنك *écrevisse, homard.* | Krebs, Hummer. s. دنيز ... *locusta marina.*

p استاكر USTAGER. Sbst. u. Adj. *maître d'un art ou science; expert.* | Meister in einer Kunst oder Wissenschaft; geschickt, erfahren.

t استاليه ISTALIA. Vulg. ESTAKI. (ital. stallia). Sbst. *starie, (nom en usage parmi les francs du Levant, pour désigner le lieu convenu pour le chargement ou le déchargement d'un bâtiment — Bianchi). démarrage.* | Liegezeit eines Schiffes.

t استانبول s. استانبول

p استان ESTÂN. Sbst. محل *lieu de repos.* | Ruheort, Standort.

p آستان ÂSITÂN oder آستانه ÂSITÂNE. Sbst. قبو اشيكى *seuil; porte; cour; la capitale; Constantinople.* | Schwelle; Pforte, Hof (eines Fürsten, insbesondere des türkischen Kaisers). Die Hauptstadt, insbes. Constantinopel, gewöhnlich آستانۀ سعادت die Schwelle der Glückseligkeit.

t استانبول ISTAMBOL, auch اسلامبول und استنبول N. pr. Stambul, Constantinopel. ISTAMBOL-AGHASI. der Oberste der Janitscharen oder Platzkommendant von Constantinopel.

ISTAMBOL-EFENDISI. der Stadtrichter von Constantinopel. ISTAMBOL MUKATAASI KALEMI. das Bureau der Pachtungen von Constantinopel. (v. Hammer, Staatsverf. d. osm. Reiches).

p استندن ISTÁNDEN. s. ستدن

p استانه ASITÂNE. Sbst. — آستان

t استانكوى ISTANKÖI. N. pr. Stancho, die Insel Stanko, d. alte Kos. استانكوى چنارى die Platane.

t استاوروس 'STAUROS. (σταυρός). Sbst. *croix, signe de croix.* | Kreuz, Kruzifix, Zeichen des Kreuzes.

a استباحه ISTIBÂHE. [بوح X.] Sbst. مباح كورمك *action de regarder comme permis.* | das für erlaubt halten.

a استباعه ISTIBÂ'E. [بيع X.] Sbst. صاتيلمق *mise en vente, offre de vendre.* | Feilbietung.

a استباق ISTIBÂK. [سبق VIII.] Sbst. يارش *action de chercher à devancer un autre à la course, lutte.* | Wettlauf, Wettrennen, Wettkampf.

a استبانه ISTIBÂNE. [بين X.] Sbst. واضح قلمق . واضح اولمق *action de rendre clair; clarté, évidence.* Deutlichmachung, Deutlichkeit.

a استبداد ISTIBDÂD. [بدّ X.] Sbst. مستقل اولمق *pouvoir absolu, gouvernement indépendant, libre arbitre.* | absolute Macht, Willkühr. باستبداد الراى BI-ISTIBDÂD ER-RÂI *arbitrairement.* | nach Willkühr.

a استبداع ISTIBDÂ'. [بدع X.] Sbst. بديع عد ايله *action de regarder q. ch. comme nouveau ou extraordinaire.* | eine Sache für neu, für ausserordentlich halten.

a استبدال ISTIBDÂL. [بدل X.] Sbst. دكشديرمك . بدل ايله *échange.* (Milit.) *congé.* | Umtausch, Vertauschung. Jurispr. Umtausch eines zu frommen Zwecken vermachten Grundstücks gegen ein anderes. Milit. die Entlassung der ausgedienten Mannschaft und Eintritt der neuen Rekruten. — ETMEK. *changer.* | tauschen, vertauschen, wechseln.

p استير ISTER. Sbst. *ocque.* | ein persisches Gewicht von 4000 Drachmen = dem türkischen Oka. s. اوقه

a استبراء ISTIBRÂ. [برأ X] Sbst. *purification.* | Reinigung. Gesetzspr. 1. Reinigung des Gliedes nach dem Urinablassen, Abtrocknung desselben nach der Waschung. 2. die Zeit, während der eine wieder verheirathete Wittwe oder Geschiedene keinen männlichen Umgang pflegen darf, bis sich zeigt ob sie schwanger ist oder nicht; Enthaltung des ehelichen Umganges überhaupt, zu demselben Zweck. 3. Reinigung der zur menschlichen Nahrung erlaubten Thiere, im Fall dieselben durch Genuss von etwas Unreinem unrein geworden sind. — ETMEK. *se purifier; s'abstenir, de q. ch.; s'assurer, savoir de source certaine.* | sich reinigen, die Reinigung vornehmen; sich enthalten, sich überzeugen, sich vergewissern.

a استبراز ISTIBRÂZ. [برز X.] Sbst. طشره چقارمق *production.* | Hinausbringung. — ETMEK. *produire, publier.* | hinausbringen, in die Oeffentlichkeit bringen oder bringen lassen.

a استبرق oder استبراق ISTEBRÂK. Sbst. *sorte de satin épais.* | ein dicker und kostbarer Seidenstoff. (Ueber die Ableitung des Wortes vgl. Kam.).

a استبراقى und استبرقى ISTEBRÂKI. Adj. *de satin épais.* | seiden, von dickem Seidenstoff.

a استبشار ISTIBŠÂR. [بشر X.] Sbst. شادلق ايله *joie d'une bonne nouvelle.* | Freude über eine gute Nachricht. — ETMEK. *se réjouir d'une bonne nouvelle; annoncer une bonne nouvelle.* | sich über eine gute Nachricht freuen, eine gute Nachricht bringen.

a استبصار ISTIBSÂR. [بصر X.] Sbst. *regard attentif, explication, voir clairement.* | genaue Betrachtung; Verdeutlichung, Deutlichkeit. — ETMEK. *regarder ou faire regarder avec attention, expliquer.* | genau betrachten; sich selbst oder andern eine klare Einsicht oder deutliche Ansicht einer Sache zu verschaffen suchen. — OLMAK. *être clair.* | klar, deutlich sein.

a استبطاء ISTIBTÂ. [بطأ X.] Sbst. كيچ طورمق . كيجكمك *action de tarder.* | Verzug. — ETMEK. *tarder, être en retard.* | sich langsam bewegen, langsam nachkommen.

a استبطان ISTIBTÂN. [بطن X.] Sbst. *action de garder un secret.* | Bewahrung eines Geheimnisses. — ETMEK. *tenir caché.* | um ein Geheimniss wissen, ein Geheimniss bewahren.

a استبعاد ISTIB'ÂD. [بعد X.] Sbst. ايراقلشمق . ايراقلشمق — ETMEK. *s'éloigner l'un de l'autre, se quitter; trouver q. ch. trop éloigné.* | sich von einander entfernen, sich trennen; etwas für fern oder zu weit entfernt halten.

a استبعال ISTIB'ÂL. [بعل X.] Sbst. اولنمك . زوج اولمق *mariage.* | Verheirathung, Ehestand.

a استبغاء ISTIBGÂ. [بغى X.] Sbst. — ETMEK. *prier q. qn. d'une chose.* | um etwas bitten, um Beistand bitten.

a استبقاء ISTIBKÂ. [بقى X.] Sbst. ابقا ايله *action de conserver, de faire durer.* | Erhaltung. ETMEK. *conserver, maintenir.* | eine Sache erhalten, dauern lassen, übrig lassen oder behalten.

a استبكاء ISTIBKÂ. [بكى X.] Sbst. اغلاتمق *action de faire pleurer, tirer des larmes à q. qn.* | weinen machen, zum Weinen bringen.

a استبهاج ISTIBHÂǴ. [بهج X.] Sbst. — ETMEK. *se réjouir, être gai.* | sich freuen, vor Freude strahlen.

a استبهال ISTIBHÂL. [بهل X.] Sbst. ازادلق *liberté, délivrance.* | Uneingeschränktheit, Freiheit und Befreiung von physischem oder moralischem Zwange.

a استبهام ISTIBHÂM. [بهم X.] Sbst. مبهم اولمق . كوللو اولمق *ambiguité; silence.* | Unverständlichkeit; Schweigen.

t استبى ÜSTÜBI. (στύπη). Sbst. *étoupe.* | Werg. vgl. استپى

t استبيلمك ÜSTÜBILEMEK. Vb. act. *étouper.* | mit Werg verstopfen oder vollstopfen.

a استتابه ISTITÂBE. [توب X.] Sbst. توبه ايله *repentir, retour du pécheur à Dieu.* | Reue, Umkehr zu Gott. — ETMEK. *se repentir; engager à revenir à Dieu.* | Reue fühlen; einen andern zur Reue und Besserung ermahnen.

a استتار ISTITÂR. [ستر VIII.] Sbst. كزلنمك *action de se cacher, de se couvrir.* | Verbergung. — ETMEK. *se cacher.* | sich verbergen.

a استتباع ISTITBÂ'. [تبع X.] Sbst. *action de se faire suivre, de s. f. accompagner.* | das Mitgehen lassen, Mitnahme; einen zum Mitgehen oder Nachsenden zu bewegen suchen. Rhetor.: die Subsumtion, Förderung des Gedankens durch einen andern. — تعليع

a استتمام ISTITMÂM. [تمّ X.] Sbst. تمامق *accomplissement.* | Vollendung, Erfüllung. — ETMEK. *compléter, terminer, demander que l'on complète.* | vollenden, zu vollenden suchen, Vollendung einer Sache verlangen.

a استثاره ISTISÂRE. [ثور X.] Sbst. قيزدرمق . قودرمق *action d'exciter, d'irriter.* | Erregung, Aufregung.

a استثبات ISTISBÂT. [ثبت X] Sbst. *manière d'agir avec circonspection et persévérance.* | Bedächtigkeit, Ausdauer, Beharrlichkeit (bei der Arbeit). Rhetor. Unter Tadel verstecktes Lob.

a استثقال ISTISKÂL. [ثقل X.] Sbst. *importunité, difficulté, chose pesante, désagréable.* | Lästigkeit, Unannehmlichkeit, Beschwerlichkeit. Gramm. Schwierigkeit der Aussprache. — ETMEK. *trouver lourd ou pénible.* | für schwer, für lästig halten, sich belästigt fühlen, Jemanden lästig finden, einem zu verstehen geben, dass er sich lästig macht.

a استثنا ISTISNÂ. [ثنى X.] Sbst. *exception; éloge; redoublement.* | Unterschied, Unregelmässigkeit; Ausnahme; Lob; Verdoppelung. — ETMEK. *excepter, ôter, tirer, combler d'éloges.* | eine Ausnahme machen (activ), lobend hervorheben. — OLUNMAK. *former exception à la règle générale.* | eine Ausnahme machen (intrans.). Rhetor. beschränktes Lob. استثناء الحصر d. beschränkende Ausnahme, s. Mehren Rhet 185.

a استثنائى ISTISNÂÏ. Adj. *exceptionnel, anormal.* | eine Ausnahme gestattend, unregelmässig. Log. قياس استثنائى der hypothetische Syllogismus.

t استچو ÜSTÜǴÜ oder USTUǴO. (ital. astuccio). Sbst. *étui de mathématiques, de chirurgie, trousse de barbier.* | Reisszeug, Besteck.

a استجابه ISTIǴÂBE. [جوب X.] Sbst. *réponse favorable, exaucement.* | Zusage, Willfahrung. ISTIǴÂBET ETMEK. *exaucer, agréer.* | etwas zusagen, erlauben, eine Bitte gewähren.

a استجاده ISTIǴÂDE. [جود X.] Sbst. — ETMEK. *s'adresser à la générosité de quelqu'un.* | sich an Jemandes Grossmuth oder Freigebigkeit wenden, sich oder einen andern der Gunst eines Höhern empfehlen.

a استجاره ISTIǴÂRE. [جار X.] Sbst. *action de chercher asile.* — ETMEK. *chercher asile, protection chez quelqu'un, demander secours; prendre à loyer.* | 1. Schutz suchen, Jemand um Schutz oder Hülfe ansprechen. 2. اجاره قلمق miethen, pachten. = استئجار

a استجازه ISTIǴÂZE. [جوز X.] Sbst. اذن استمك — ETMEK. *demander permission.* | um Erlaubniss bitten.

a استجبار ISTIǴBÂR. [جبر X.] Sbst. زور ايله *force, contrainte, effort.* | Gewalt, die man anwendet, gegen Andere und gegen sich selbst, Anstrengung.

a استجداد ISTIĠDĀD. [جدّ X] Sbst. يكى اولمق ، يكى ايلمك *rénovation, renouvellement.* | Erneuerung.

a استجلاب ISTIĠLĀB. [جلب X] Sbst. جلب ايلمك *action d'attirer à soi.* | Heranziehung. — ETMEK. *attirer.* | zu sich ziehen, auf sich ziehen, sich zuziehen.

t o استجلو N. pr. Name eines Volks.

a استجماع ISTIĠMĀʿ. [جمع X.] Sbst. *action de se réunir.* | Versammlung. — ETMEK. *se réunir, se rassembler (en assemblée).* | sich versammeln, zusammenkommen.

a استجهال ISTIĠHĀL. [جهل X] Sbst. — ETMEK. *juger quelqu'un d'ignorant, traiter q. qn. légèrement.* | einen für dumm halten, mit Geringschätzung behandeln.

a استحاره ISTIḤĀRE. [حار X.] Sbst. سؤال ايلمك ، حيران اولمق *étonnement; action de demander, de se faire répondre.* | Erstaunen. Frage. — ETMEK. *s'étonner; être stupéfait; demander une réponse.* | sich verwundern, staunen, in Verwirrung sein; Aufklärung fordern, fragen.

a استحازه ISTIḤĀZE. [حاز X] Sbst. *action de se détourner, de s'enfuir.* | Abwendung, Zurückweichung, Entziehung durch Flucht. — ETMEK. *fuir, se soustraire.* | davon fliehen.

a استحاضه ISTIḤĀŻE. [Denomin. v. حيض] Sbst. Medic.: *hémorragie.* | starker Blutfluss (bei Frauen).

a استحال ISTIḤĀL und استحاله ISTIḤĀLE. [حال X] Sbst. *changement de l'état, de position; examen de l'état d'une chose.* | Veränderung des Zustandes, des Wesens oder der Lage, Umwandelung; Prüfung des Zustandes einer Sache. Theol.: die Verwandlung, welche mit einem unreinen Gegenstande durch Vermittelung eines reinen vorgeht. — ETMEK. *changer, subir un changement.* | verändern, sich verwandeln. — OLUNMAK. *être absurde, impossible.* | widersinnig, unmöglich sein.

a استحباب ISTIḤBĀB. [حبّ X.] Sbst. دوست طوتمق *action de chérir, d'affectionner.* | Freundschaftsbezeugung, freundschaftliche Zuneigung, Freundschaftsschliessung; Beliebtheit. Theol. eine gute Handlung, deren Unterlassung nicht als Sünde gerechnet wird, Supererogationswerk.

a استحداث ISTIḤDĀS. [حدث X.] Sbst. *action de produire, faire q. ch. de nouveau.* — ETMEK. *trouver q. ch. de nouveau.* | etwas Neues hervorbringen; etwas für neu halten.

a استحسان ISTIḤSĀN. [حسن X.] Sbst. بكنمك *approbation, jugement favorable.* | Gutheissung, Billigung. — ETMEK. *approuver.* | billigen, schön und gut finden, Gefallen an etwas haben, als eine Gunst aufnehmen. — OLUNMAK. *plaire.* | gefallen, für schön gelten.

a استحصال ISTIḤṢĀL. [حصل X.] Sbst. *acquisition, action d'acquérir, d'obtenir.* | Erlangung, Erwerbung. — ETMEK. *obtenir.* | erlangen, erwerben.

a استحصان ISTIḤṢĀN. [حصن X.] Sbst. *action de se retrancher.* | Verschanzung. — ETMEK. *se retrancher.* | sich verschanzen (in einer Festung).

a استحضار ISTIḤẒĀR. [حضر X] Sbst. *présentation, citation, invitation.* | Einführung, Vorstellung, Darstellung, Einladung, Vorladung. — ETMEK. *présenter, citer, faire comparaître, inviter.* | Jemanden vorstellen, vorladen, zu sich bescheiden, einladen.

a استحفاظ ISTIḤFĀẒ. [حفظ X.] Sbst. das Auswendigwissen. — ETMEK. *savoir ou apprendre par coeur; prier q. qn. de se rappeler de q. ch.* | auswendig wissen, auswendig lernen; Jemand bitten, sich einer Sache zu erinnern.

a استحقار ISTIḤQĀR. [حقر X.] Sbst. *mépris.* | Geringschätzung. — ETMEK. *mépriser.* | geringschätzen, für geringfügig halten, Jemand mit Verachtung begegnen. استحقار انفس *soumission.* | Demüthigung, Unterwerfung.

a استحقاق ISTIḤQĀQ. [حقّ X.] Sbst. *action de juger digne, être digne de q. ch.; droit qu'on a, mérite.* | richtige Schätzung, gerechte Beanspruchung, Recht an oder auf etwas; Verdienst. — ETMEK. *mériter, être digne.* | verdienen, würdig sein. بر آدمه استحقاقندن زياده تنكيل ايلمك Jemanden mehr als Recht, mehr als er verdient, strafen.

a استحقان ISTIḤQĀN. [حقن X.] Sbst. — ETMEK. *prendre, ou donner un lavement.* | ein Klistier nehmen oder geben. *s.* حقنه

a استحكام ISTIḤKĀM. [حكم X.] Sbst. متين اولمق ، محكم ايلمك *affermissement, consolidation, fortification.* | Festigung, Stärkung, Befestigung; Festigkeit, Stärke. — ETMEK (mit dem Accus.) und — WERMEK (mit dem Dativ.) *affermir, fortifier.* | festigen, befestigen. اردونك استحكامنه ويرمك das Lager befestigen.

a استحكامات ISTIḤKĀMĀT. Sbst. Pl. s. d. Vbg. *fortifications, retranchements; art de fortifier.* | Befestigungen, Festungswerke; Befestigungskunst.

a استحلاف ISTIḤLĀF. [حلف X.] Sbst. يمين ايلمك *confirmation par serment.* | eidliche Bekräftigung. — ETMEK. *jurer, conjurer, protester par serment.* | schwören, einem etwas zuschwören.

a استحلال ISTIḤLĀL. [حلّ X.] Sbst. حلال طوتمق — ETMEK. *regarder comme licite, s'accorder avec q. qn.* | für erlaubt halten, sich mit Jemand hinsichtlich seiner Ansprüche an eine Sache zu verständigen suchen.

a استحماق ISTIḤMĀQ. [حمق X.] Sbst. حماقت ايلمك *sottise, stupidité.* | Albernheit, Dummheit. — ETMEK. *faire une sottise.* | eine Albernheit begehen. — SÖILEMEK. *bavarder.* | albern schwatzen.

a استحمال ISTIḤMĀL. [حمل X.] Sbst. كندوزينه يوكلتمك *action de charger soi-même ou un autre de q. ch.; commission.* | Uebernahme einer Sache, Beauftragung. — الديون Uebernahme von Schulden; Verschuldung, in Schulden gerathen.

a استحمام ISTIḤMĀM. [حمّ X.] Sbst. غسل ايلمك *action de prendre un bain chaud.* | das Baden in heissem Wasser. — ETMEK. *se laver (avec de l'eau chaude).* | sich waschen oder baden, insbesondere mit heissem Wasser.

a استحيا ISTIḤYĀ. [حيى X] Sbst. اوتنمق *confusion, honte.* | Erröthung (vor Scham). — ETMEK. *avoir honte.* | sich schämen.

a استخاره ISTIḪĀRE. [خار X.] Sbst. خير استمك *divination au moyen du Coran; attente d'un bon présage.* | Befragung des Koran, um in zweifelhaften Fällen zu einem Entschlusse zu gelangen; Erwartung eines guten Omen oder Traumes, Deutung eines Vorzeichens. — ETMEK. *désirer, vouloir le bien; souhaiter un bon succès.* | einem Gutes wünschen, guten Erfolg eines Unternehmens wünschen.

a استخبار ISTIḪBĀR. [خبر X.] Sbst. خبر صورمق *action d'interroger, information.* | Erkundigung, Erfahren einer Neuigkeit. — ETMEK. *interroger, demander des nouvelles, apprendre des nouvelles.* | sich erkundigen, etwas Neues erfahren.

a استخدام ISTIḪDĀM. [خدم X.] Sbst. خدمتلنمك *emploi.* | Dienstverwendung, Dienstanstellung; Verpflichtung in einem Amte. — ETMEK. *employer q. qn. à un service; installer dans une place.* | einen als Diener anstellen, in Dienst nehmen, in ein Amt einsetzen. Rhetor.: Redefigur, vermöge welcher von mehreren Bedeutungen eines Wortes, die eine durch das Wort selbst, die anderen durch Fürwörter ausgedrückt werden. v. Mehren. Rhet. S. 107.

a استخذاء ISTIḪẒĀʾ. [خذأ X.] Sbst. اطاعت *soumission, obéissance.* | Unterwerfung, Unterwürfigkeit, Gehorsam. — ETMEK. *se soumettre et obéir à q. qn.* | sich unterwerfen, gehorchen, gehorsam sein.

p استخر ISTAḪR. Sbst. كول *lac, étang.* | See, Teich.

p استخر ISTAḪR. N. pr. Persepolis.

a استخراج ISTIḪRĀǦ. [خرج X.] Sbst. چيقارمق *action de tirer, de sortir, d'extraire, de faire sortir; détermination par calcul, résultat.* | d. Herausziehen, Herausbringen, Hinaustreiben; Schlussfolgerung, Resultat (einer Rechnung u. dgl.). — ETMEK. *extraire, tirer dehors, faire un extrait, déterminer (par calcul).* | herausziehen, herausbringen, ausziehen, einen Auszug machen, ans Licht bringen, ein Resultat gewinnen.

a استخفا ISTIḪFĀ. [خفى X.] Sbst. كيزلنمك *action de se cacher.* — ETMEK. *se cacher.* | sich verstecken, sich verbergen.

a استخفاف ISTIḪFĀF. [خفّ X.] Sbst. خفيف طوتمق *action de regarder comme peu de chose, déprécier.* | Geringschätzung, Missachtung einer Sache. — ETMEK. *regarder comme de peu d'importance, compter pour rien, mépriser.* | eine Sache leicht nehmen, eine Sache oder Person gering achten.

a استخلاص ISTIḪLĀṢ. [خلص X.] Sbst. خلاص ايلمك *action de délivrer, de s'épurer, de prendre pour soi; intégrité, sincérité.* | Befreiung, Läuterung, Lauterkeit der Gesinnung, Aufrichtigkeit. Zueignung einer Sache. — ETMEK. *s'épurer, délivrer et chercher à procurer la liberté, réclamer une chose tout entière pour soi.* | sich läutern; befreien; sich zueignen.

a استخلاف ISTIḪLĀF. [خلف X.] Sbst. — ETMEK. *nommer q. qn. pour son successeur, le désigner comme son suppléant.* | einen zu seinem Nachfolger oder Stellvertreter ernennen.

p استخوان ISTUHÀN. Sbst. os, noyau. | Knochen, Bein eines Gliedes, Kern einer Frucht.

a استداره ISTIDÂRE. [دار X.] Sbst. دونمك action de se tourner. | Herumdrehung — ETMEK. tourner autour, environner. | herumdrehen, umwinden, umgeben.

a استدامه ISTIDÂME. [دام X.] Sbst. دائم اولمق assiduité. | Beständigkeit, Beharrlichkeit.

a استدانه ISTIDÂNET. [دان X.] Sbst. دين آلمق action d'emprunter. | Anleihe. — ETMEK. emprunter, s'endetter. | eine Anleihe machen, Geld borgen, eine Schuld machen.

a استدبار ISTIDBÂR. [دبر X.] Sbst. آرديجه كتمك . آرقه دونمك action de retourner; action de suivre. | Umkehr, Umwendung, Abwendung, Nachfolge. — ETMEK. retourner, tourner le dos; suivre, aller derrière. | umkehren, den Rücken wenden; nachfolgen, hinterhergehen.

a استدراج ISTIDRÂĜ. [درج X.] Sbst. تدريجى ايلمك . آز آز كتورمك action d'avancer par degrés. | stufenweises, allmäliges Fortschreiten, allmälige Veränderung, Stufenfolge. Theol.: das Hereinbrechen der Strafe durch allmälige Entziehung der göttlichen Gnade; fortschreitende Verschlimmerung in Folge des versuchenden, scheinbar glücklichen Erfolgs der Sünde; das stufenweise Entgegenführen der vorausbestimmten Verdammniss. — ETMEK. faire avancer, monter ou descendre par degrés. | allmälig fortschreiten lassen, allmälig erhöhen oder erniedrigen; immer höher oder weiter treiben.

a t استدراجلو ISTIDRÂĜLY. Adj. u. Adv. par degrés, graduel. | stufenweise, nach und nach. Theol.: stufenweise dem Verderben entgegenführend.

a استدراك ISTIDRÂK. [درك X.] Sbst. يتشمك action d'atteindre au but, de se reprendre, de se rétracter, de comprendre. | Erreichung (des Zieles, des Zweckes), Berichtigung; Gelangen zum Verständniss, Begreifen. Gramm. ادات استدراك Berichtigungspartikel. Rhetor.: die Berichtigung (eine rhetorische Figur). vgl. v. Mehren, Rhetor. S. 127.

a استدعا ISTIDʿÂ'. [دعا X.] Sbst. دعوا ايلمك . طلب ايلمك action d'exiger, de demander. | Forderung, Bitte, Gesuch. — ETMEK. prier, supplier; demander des bénédictions. | etwas erbitten oder beanspruchen, um eine Gnade ersuchen, die göttlichen Segnungen erflehen.

a استدقاق ISTIDKÂK. [دق X.] Sbst. انجه اولمق . اينجلنمك devenir menu, mince, fin. | Zermalmung, Verdünnung, Verfeinerung.

p استدن ISTEDEN. Vb. intr. طورمق être debout. | stehen.

a استدلال ISTIDLÂL. [دل X.] Sbst. دليل طلب ايلمك argumentation, induction. | Logik: Argumentation, Induction, auf empirische Beweise gestützte Demonstration. — ETMEK. prouver par induction. | beweisen, zu beweisen suchen.

a استذكار ISTIZKÂR. [ذكر X.] Sbst. خاطرلمق action de se souvenir de q. ch. | Erinnerung an etwas, das Merken, auswendig lernen. — ETMEK. se souvenir de q. ch., se rappeler. | sich erinnern, etwas im Gedächtniss haben, im Gedächtniss zu behalten suchen, sich wieder ins Gedächtniss zurückrufen.

a استذلال ISTIZLÂL. [ذل X.] Sbst. تحقير ايلمك action de mépriser. | Geringschätzung einer Sache oder Person.

a استذمام ISTIZMÂM. [ذم X.] Sbst. action de commettre une mauvaise action. | Begehung einer tadelnswürdigen Handlung.

a استذهان ISTIZHÂN. [Denom. v. اذهن] Sbst. ذهن ايلمك action d'acquérir l'intelligence de q. ch. | das zur Einsicht, zum Verständniss gelangen.

p استر ESTER. Sbst. mulet. | Maulesel, Maulthier.

p استر ASTER. vulg. ASTAR. Sbst. sorte de cotonnade; doublure. | eine Art grober Baumwollenstoff, Futterkattun; Unterfutter. استر شريف die Decke auf dem Grabe Mohammeds.

t استر ISTER. Conj. altern. [von استمك] soit, ou, ou bien. | es sei, oder. استر وزير استر وكيل sei er Vezir oder Vekil.

p استر ISTIR oder استرا ISTIRÂ. s. استبر

p استرا USTURA. s. اوستره

a استرابه ISTIRÂBE. [راب X.] Sbst. شك ايلمك action de concevoir des soupçons; doute. | Argwohn, Verdacht. — ETMEK. concevoir des soupçons, remarquer q. ch. de suspect. | Argwohn oder Verdacht schöpfen.

a استراحه ISTIRÂHE. [راح X.] Sbst. راحتلنمك . دكلنمك repos, tranquillité; les vacances. | Ruhe, Ausruhung, Ferienzeit. — reposer, se reposer. | ruhen, ausruhen.

a استراق ISTIRÂK. [سرق VIII.] Sbst. اوغرلمق . چالمق action de voler. | Diebstahl, Entwendung. — ETMEK. voler, dérober. | stehlen, entwenden, heimlich wegnehmen.

p استربان ESTERBÂN oder استربين Sbst. muletier. | Maulthiertreiber.

a استرجاع ISTIRĜÂ'. [Tahrif v. استرجاع] Sbst. يالوارمق action de supplier, prière, requête, demande. | flehentliche Bitte, demüthige und dringende Bitte. — ETMEK. prier. | bitten.

a استرجاع ISTIRĜÂ'. [رجع X.] Sbst. رجوع ايلمك réclamation, action de réclamer. | Zurückforderung (z. B. eines Geschenks), Bitte um Rückkehr; Ausrufung der Worte INNÂ LILLÂHI WE INNÂ ILEIHI RÂĜIʿÛNA, wenn man sich in Noth befindet. — ETMEK. réclamer, demander qu'on revienne; prononcer la formule de retour à Dieu: INNÂ LILLÂHI etc.; prier, intercéder, demander. | wieder fordern; um Rückkehr bitten; beten, eine Fürbitte thun, bitten.

a استرحام ISTIRHÂM. [رحم X.] Sbst. action de demander la clémence (de Dieu). | Bitte um Nachsicht, um Vergebung, um Erbarmen.

a استرخا ISTIRHÂ. [رخا X.] Sbst. كوشكلك relaxation, relâchement, mollesse. | Schlaffheit, Erschlaffung, Weichheit. Adj. mou, faible, languissant. | weich, schlaff.

a استرخاص ISTIRHÂS. [رخص X.] Sbst. Bitte um Nachsicht, um Erlass. — ETMEK. demander qu'on baisse le prix, marchander; acheter à bon compte; demander rémission, indulgence. | abhandeln, wohlfeil kaufen; um Erlass oder Nachsicht bitten.

a استرداد ISTIRDÂD. [رد X.] Sbst. réclamation, restitution. | Rückforderung, Ersatzforderung, Ersatzleistung, Rückgabe. — ETMEK. réclamer; redemander ce qu'on a donné, faire rendre; demander la restitution de q. ch.; rendre. | Rückgabe oder Ersatz verlangen; ersetzen, wieder geben.

a استرداف ISTIRDÂF. [ردف X.] Sbst. action de demander à q. qn. de l'accompagner (en voyage). | Bitte Jemanden begleiten zu können. s. ارداف und رديف

p استردن USTURDEN. Vb. act. raser, tondre. | bescheeren (das Haar, den Bart). vgl. استره

t استردیه ISTIRDIE. vulg. ISTIDIA. استريديا . استيريديه Sbst. (ὀστρεῖδι), huître. | Auster.

a استرذال ISTIRZÂL. [رذل X.] Sbst. حقير طوتمق mépris. | Geringschätzung, Verachtung. — ETMEK. regarder comme vil, abject; mépriser. | geringachten, schlecht finden.

a استرزاق ISTIRZÂK. [رزق X.] Sbst. demande d'une pension ou de moyens d'existence. | Gesuch um Pension. — ETMEK. chercher à gagner son existence. | seinen Lebensunterhalt zu erwerben bemüht sein.

t استرسه ISTERSEN. Adv. s. استرسك

p استرش USTURIŠ. Sbst. soc de charrue. | Pflugschaar.

a استرشا ISTIRŠÂ. [رشا X.] Sbst. رشوت طلب ايلمك action de demander un cadeau. | Forderung eines Geschenkes (einer Bestechung).

a استرشاد ISTIRŠÂD. [رشد X.] Sbst. طوغرو يولى استمك action de demander à être conduit sur un chemin droit. | Bitte um richtige Leitung. Theol. auf. richtige Leitung (auf dem Wege zur höhern Erkenntniss). Bitte um Leitung auf dem richtigen Wege (zur wahren Erkenntniss oder zur mystischen Vereinigung der Seele mit Gott).

a استرضا ISTIRZÂ. [رضى X.] Sbst. رضا طلب ايلمك action de chercher à contenter q. qn. | das Bestreben, sich beliebt zu machen, zu gefallen. — ETMEK. chercher à être agréable, à plaire. | sich beliebt zu machen, zu gefallen suchen.

a استرعا ISTIRʿÂ. [رعى X.] Sbst. رعايت استمك Bitte etwas in Obhut zu nehmen, Bitte um Schutz. — ETMEK. demander à q. qn. de garder q. ch. | Jemand bitten, etwas in Obhut zu nehmen.

a استرفاد ISTIRFÂD. [رفد X.] Sbst. ياردم استمك action de demander l'assistance de q. qn. | Bitte um Hülfe und Beistand.

a استرفاع ISTIRFÂ'. [رفع X.] Sbst. action de demander qu'une chose soit élevée, haussée ou enlevée. | Verlangen, dass etwas hoch gestellt oder in die Höhe gehoben oder weggenommen werde.

a استرفاه ISTIRFÂH. [رفه X.] Sbst. vie tranquille et sans souci. | ruhiges und bequemes Leben. — ETMEK. reposer, vivre dans l'aisance, vivre au sein de la mollesse. | ruhen, ausruhen, ein ruhiges oder faules Leben führen.

a استرقاق ISTIRKÂK. [رق X.] Sbst. اسير الـمق Gefangennehmung. — ETMEK. faire prisonnier, réduire en esclavage. | Jemand zum Sclaven machen, in die Sclaverei führen (als Kriegsgefangenen).

p استرك ISTEREK. Sbst. (στύραξ) قره كوناك storax. | Storaxbaum.

a استرکاك ISTIRKÂK. [رق X.] Sbst. — ETMEK. *trouver mince, faible ou chétif.* | etwas für zart, schwach, hinfällig halten.

a استزلاب s. استرلاب

p t أستارلق ASTARLYK. Sbst. s. أستر *étoffe grossière de coton; doublure; autant de cette étoffe qu'il en faut pour doubler un vêtement.* | Futterleinwand, das für das Unterfutter eines Kleides nöthige Stück Zeug.

p t أستارلمق ASTARLAMAK Vb. act. *doubler.* s. أستر | füttern, das Unterfutter in ein Kleid nähen.

a t أستارلو ASTARLY. Adj. s. أستر *doublé (un vêtement).* | gefüttert.

t o أستورمق YSTYTURMAK. p. كيه كريتون LT. s. اسيمق

p أسترموك ASTERMÜK. Sbst. *autruche.* | der Strauss.

p استرنج ISTIRENG und استرنك ÇATÜRENG. 1. Mandragora = أبروى صنم 2. *femme stérile.* | eine unfruchtbare Frau.

a استرواح ISTIRWÂH. [راح X.] Sbst. شدتله قوقلامق ، راحتلنمه — ETMEK. *reprendre haleine, se reposer, flairer.* | Athem schöpfen, ausruhen; riechen, wittern.

p استره oder استوره USTURA. vgl. أسترلق Sbst. *rasoir.* | Rasirmesser. أستره قابى Rasirmesserfutteral. أستره طوتمق *sich rasiren.*

a استرهاب ISTIRHÂB. [رهب X.] Sbst. قورقتمق ، قورقتمق *action d'intimider.* | Einschüchterung. — ETMEK. *intimider q. qn., faire peur à q. qn.* | Jemand in Furcht jagen, zum Fürchten machen, einschüchtern.

a استرهان ISTIRHÂN. [رهن X.] Sbst. رهين ويرمك ، رهين آلمق *action de donner ou de recevoir un gage.* | Pfandnahme, Verpfändung.

p t أسترهلق USTURALYK. Sbst. *étui à rasoirs; nécessaire de voyage.* | Rasirmesserfutteral, Reisebesteck.

a استزاد ISTIZÂD und استزاده ISTIZÂDE. [زاد X.] Sbst. der Wunsch, mehr zu erhalten. — ETMEK. *demander de l'augmentation, de l'accroissement.* | die Zunahme, Vergrösserung, Vermehrung einer Sache wünschen, Zulage verlangen; ein Geschenk für zu gering halten.

a استزاره ISTIZÂRE. [زار X.] Sbst. *invitation.* | Einladung zum Besuch. — ETMEK. *inviter, prier de visiter.* | Jemand zu sich zum Besuch laden.

a استزلال ISTIZLÂL. [زل X.] Sbst. — ETMEK. *faire glisser ou trébucher q. qn.* | bewirken, dass Jemand ausgleitet oder strauchelt.

a استسخار ISTISḤÂR. [سخر X.] Sbst. أيكلنمه Verspottung, Verlachung. — ETMEK. *prendre q. qn. pour objet de dérision, se moquer de q. qn.* | einen auslachen, sich über Jemand lustig machen.

a استسداد ISTISDÂD. [سد X.] [Denom. von سداد] Sbst. طوغروليق *droiture.* | Rechtschaffenheit.

a استسعاد ISTIS'ÂD. [سعد X.] Sbst. *demande d'une faveur, d'une grâce.* | Bitte um eine Gunst. — ETMEK. *regarder comme heureux, propice, favorable; se féliciter de q. ch. chercher, trouver de la félicité.* | etwas für eine glückliche Vorbedeutung halten, sich zu einer Sache glückwünschen. — Glück suchen, Glück finden.

a استسقا ISTISKÂ. [سقى X.] Sbst. *hydropisie, altération continuelle, sécheresse; prières pendant le temps de sécheresse pour obtenir de la pluie.* | die Wassersucht, heftiger Durst. Gebete um Regen z. Z. grosser Dürre. — ETMEK. *demander (sans cesse) à boire; implorer la pluie.* | (beständig) zu trinken verlangen; um Regen bitten.

a استسلال ISTISLÂL. [سل X.] Sbst. *action d'extraire.* | Herausziehung. — ETMEK. *tirer, extraire.* | herausziehen, herausreissen.

a استسلام ISTISLÂM. [سلم X.] Sbst. *action de se soumettre au jugement d'autrui; adoption du mahométisme.* | Ergebung, Unterwerfung, Gehorsam; Bekehrung zum Islam; Bekenntniss des Islam. — ETMEK. *se soumettre, se rendre à discrétion; obéir; suivre le chemin droit.* | sich ergeben, sich bekehren; auf dem rechten Wege bleiben.

a استسناد ISTISNÂD. [سند X.] Sbst. سويكنوب طيانمق *action de s'appuyer.* — ETMEK. *s'appuyer sur q. ch.* | sich auf etwas stützen, auf etwas fussen.

a استسهال ISTISHÂL. [سهل X.] Sbst. — ETMEK. *trouver facile.* | etwas für leicht halten, leicht finden.

a استسئال ISTIS'ÂL. [سأل X.] Sbst. سؤال ايلمك *action de s'informer.* | Erkundigung. — ETMEK. *interroger, demander, s'informer.* | sich erkundigen.

a استشاره ISTIŠÂRE. [شور X.] Sbst. دانشمق *délibération, consultation.* | Rathserholung, Berathschlagung. — ETMEK. *demander conseil, se consulter avec q. qn.* | um Rath fragen, sich Raths erholen. — بركمسه ايله sich berathschlagen mit Jemand. ارباب استشاره die Rathsherren, der Reichsrath.

a استشراف ISTIŠRÂF. [شرف X.] Sbst. منتظر اولمق. — ETMEK. *regarder q. ch. en se faisant un garde-vue de la main; observer attentivement.* | die Hand an die Stirn halten, um die Augen vor den Sonnenstrahlen zu schützen; etwas aufmerksam betrachten.

a استشعار ISTIŠ'ÂR. [Denom. v. شعار IŠ'ÂR.] Sbst. فكرلو بيلمك — ETMEK. *s'informer, avoir connaissance de q. ch.* | Kenntniss von etwas haben oder erlangen; nach etwas fragen, um Rath fragen.

a استشفا ISTIŠFÂ. [شفى X.] Sbst. *action de chercher guérison, de chercher un remède.* — ETMEK. *chercher un remède, se faire guérir.* | Heilung von einer Krankheit suchen, sich heilen lassen.

a استشفاع ISTIŠFÂ'. [شفع X.] Sbst. شفاعت استمك *action de réclamer l'intercession.* | Bitte um Fürsprache, um Vermittelung.

a استشفاف ISTIŠFÂF. [شف X.] Sbst. *transparence, diaphanéité.* | Durchsichtigkeit eines Körpers. — ETMEK. *chercher à voir à travers un corps transparent; à voir ce qui est dérobé aux yeux.* | durch einen durchsichtigen Körper zu sehen suchen, versteckte zu sehen suchen, hinter einen Vorhang sehen.

a استشمام ISTIŠMÂM. [شم X.] Sbst. قوقلامق *action de flairer.* | Wahrnehmung durch den Geruch, Witterung. — ETMEK. *flairer, sentir.* | etwas riechen, wittern; etwas von einer Sache merken.

a استشهاد ISTIŠHÂD. [شهد X.] Sbst. شهادت طلب ايلمك ، شهيد اولمق *témoignage; martyre.* | Zeugnissablegung, Berufung auf Zeugen, Märtyrerthum. — ETMEK. *témoigner, prendre à témoin; désirer de souffrir le martyre.* | etwas bezeugen, einen zum Zeugen nehmen, den Tod als Märtyrer suchen oder erleiden.

a استشهار ISTIŠHÂR. [شهر X.] Sbst. شهرت *célébrité; publicité.* Berühmtheit, öffentliche Verbreitung. — ETMEK. *chercher la célébrité; se rendre célèbre.* | nach Berühmtheit streben, Berühmtheit erlangen.

a استصحاب ISTISḤÂB. [صحب X.] Sbst. مصاحبت ايلمك *acquisition (particulièrement d'un compagnon); être le pendant ou la partie intégrante d'une chose.* | Erwerbung (eines Gefährten), Erlangung, Besitznahme, Besitz; Partheinahme; das Zugehören zu einer Sache. — ETMEK. *prendre pour compagnon; prendre avec soi, prendre en possession; prendre le parti de q. qn.* | mit sich nehmen; Jemand zu seinem Gefährten oder Begleiter nehmen; etwas erlangen, in Besitz nehmen; eine Sache bei sich führen; besitzen; für Jemand Parthei nehmen.

a استصحاح ISTISḤÂḤ. [صح X.] Sbst. تصحيح عد ايلمك — ETMEK. *prendre q. ch. pour vrai; chercher à corriger, à rectifier.* | für wahr und richtig halten; etwas richtig zu machen suchen, sich der Correctheit befleissigen.

a استصعاب ISTIS'ÂB. [صعب X.] Sbst. كوچ وكوچلو اولمق *état d'être difficile.* Schwierigkeit (einer Sache).

a استصلاح ISTISLÂḤ. [صلح X.] Sbst. ايو قيلمق *correction.* | Besserung.

a استصواب ISTISWÂB. [صاب X.] Sbst. بكنمك *action d'approuver.* | Billigung. — ETMEK. *approuver, agréer.* | billigen, schön finden, Gefallen an etwas haben; für Recht halten.

a استضحاك ISTIẒḤÂK. [ضحك X.] Sbst. ايكلنمك *dérision.* — ETMEK. *rire de q. qn., se moquer de q. qn.* | Jemand auslachen, sich über Jemand lustig machen.

a استضعاف ISTIẒ'ÂF. [ضعف X.] Sbst. *faiblesse.* | Schwäche. — ETMEK. *regarder comme faible.* | für schwach halten.

a استضمام ISTIẒMÂM. [ضم X.] Sbst. *recueillement.* | Zusammenfassung.

a استضلال ISTIẒLÂL. [ضل X.] Sbst. *action d'induire en erreur; séduction.* | Verführung. — ETMEK. *induire en erreur.* | Jemand zu verführen suchen.

a استطا ISTITÂ. Tahrif v. استعطا s. u.

a استطابت ISTITÂBET. [طاب X.] Sbst. بكنمك وايو بولمق *approbation; purification.* | Gefallen an etwas, Billigung; Reinigung. — ETMEK. *trouver bon, agréable, propre; chercher à se rendre propre; se nettoyer (spec. les parties naturelles).* | billigen, gutheissen; — sich abputzen (spec. den After mit Wasser, die Haare um die Geschlechtstheile).

a استطار ISTITÂR. [سطر VIII.] Sbst. يازمق — ETMEK. *écrire.* | schreiben.

a استطاعة ISTITÂ'AT. [طاع X.] Sbst. قادر اولمق pouvoir, puissance, faculté de faire q. ch.; possibilité; obéissance. | Macht, Vermögen, etwas zu thun, Fähigkeit, Geschicklichkeit; Gehorsam. — ETMEK. pouvoir, oser, entreprendre. | vermögen, unternehmen.

a استطغام ISTITÂM. Tahrif v. استطعام

a استطراد ISTITRÂD. [طرد X.] Sbst. digression. | Abschweifung der Rede von dem Gegenstande (Rhetor.); Einschaltung (einer Geschichte in eine andere); Episode. — ETMEK. s'éloigner de son sujet, faire des digressions. | von seinem Gegenstande abschweifen.

a استطراف ISTITRÂF. [طرف X.] Sbst. — ETMEK. produire une chose neuve ou curieuse; raconter q. ch. de nouveau, faire une chose nouvelle. | etwas Neues thun, eine Neuigkeit erzählen; etwas von Neuem thun.

a استطعام ISTIT'ÂM. [طعم X.] Sbst. — ETMEK. demander à manger. | etwas zu essen verlangen.

a استطلاع ISTITLÂ'. [طلع X.] Sbst. exploration, découverte. | Ausforschung, Auskundschaftung. — ETMEK. chercher à pénétrer, à connaître (la pensée ou l'opinion de q. qn.; connaître à fond; épier. | sich genau nach einer Sache erkundigen, auskundschaften.

a استطلاق ISTITLÂK. [طلق X.] Sbst. diarrhée. | heftiger Durchfall.

a استظلال ISTIZLÂL. [ظلّ X.] Sbst. كولكه‌لنمه action de se mettre à l'ombre. — ETMEK. se mettre à l'ombre; chercher asile. | sich in den Schatten setzen; Schutz suchen.

a استظهار ISTIZHÂR. [ظهر X.] Sbst. یاردم ایسته‌مه action de demander secours. | um Hülfe bitten, Schutz suchen, sich auf etwas stützen, sich auf etwas verlassen. — ETMEK. demander secours, assistance, protection; s'appuyer sur; se fier à.

a استعاده ISTI'ÂDE. [عاد X.] Sbst. عادت ایدنمه habitude. | Angewöhnung. — ETMEK. demander la récidive, la répétition d'une chose; prendre pour habitude. | die Wiederholung einer Sache verlangen; sich etwas angewöhnen.

a استعاذه ISTI'ÂZE. [عاذ X.] Sbst. action de se recommander à Dieu. | Ausrufung der Worte: اعوذ بالله من الشيطان الرجيم — ETMEK. se recommander à Dieu (en prononçant au moment du danger les mots اعوذ بالله etc. | bei Gott Zuflucht suchen, indem man die Worte اعوذ etc. ausspricht, sich der Obhut Gottes empfehlen.

a استعاره ISTI'ÂRET. [عار X.] Sbst. action d'emprunter, emprunt; métaphore. | Entlehnung zu zeitweiligem Gebrauch. Rhet.: auf Vergleichung beruhende Metapher; Allegorie. استعارهٔ بالكنايه die metonymische Metapher. استعارهٔ تخييليه die in der Phantasie begründete Metapher. (v. Mehren, Rhet. der Araber. S. 30 ff.). — ETMEK. emprunter. | etwas zu zeitweiligem Gebrauche leihen; einen Ausdruck metaphorisch gebrauchen.

a استعاضه ISTI'ÂZE. [عاض X.] Sbst. — ETMEK. demander à q. qn. de remplacer l'un par l'autre. | etwas zu vertauschen suchen oder umzutauschen bitten.

a استعانه ISTI'ÂNE. [عون X.] Sbst. یاردم ایسته‌مه action de demander secours. | zu Hülferufung, zu Hülfenehmung. Rhetor. das Einlegen eines ganzen Verses. vgl. ابداع — ETMEK. demander du secours. | Schutz und Hülfe suchen, um Beistand bitten.

a استعباد ISTI'BÂD. [عبد X.] Sbst. كوله ایلمك action de faire q. qn. son esclave, de prendre comme esclave. | Dienstbarmachung, Jemanden zum Sclaven machen.

a استعبار ISTI'BÂR. [عبر X.] Sbst. عبرت المق — ETMEK. prendre exemple; demander l'explication d'un songe. | sich ein Beispiel nehmen; sich einen Traum erklären lassen.

a استعتاب ISTI'TÂB. [عتب X.] Sbst. action de contenter. | Zufriedenstellung.

a استعجاب ISTI'GÂB. [عجب X.] Sbst. تعجب ایلمك — ETMEK. s'étonner de q. ch.; tourner la tête à q. qn. | erstaunen über etwas, einem (durch Coquetterie) den Kopf verdrehen.

a استعجال ISTI'GÂL. [عجل X.] Sbst. ایودرمه . ایومه action de hâter, de faire hâter. | Eile, Beeilung, Antreiben zur Eile. استعجال فرمانی Beeilungsbefehl, ein wiederholt ausgefertigter Ferman, welcher bezweckt, die Ausführung des Befehls zu beeilen. — ETMEK. se hâter, faire hâter. | eilen, sich beeilen, einen zur Eile antreiben.

a استعدا ISTI'DÂ. [عدو X.] Sbst. action de demander secours. | Beistanderbittung, Hülfegesuch. = استعانه

a استعداد ISTI'DÂD. [عدّ X.] Sbst. اویغونلق . كلیش aptitude, habileté, capacité. | Bereitschaft (zu einem Geschäft); Neigung, Fähigkeit, Geschick, Disposition zu etwas, Talent. — BULMAK. se rendre capable. | Geschicklichkeit zu einer Sache erlangen.

a استعذار ISTI'ZÂR. [عذر X.] Sbst. action de s'excuser, de demander pardon. | Entschuldigung. — ETMEK. s'excuser. | um Entschuldigung bitten, sich entschuldigen.

a استعشا ISTI'ŠÂ. [عشا X.] Sbst. — ETMEK. se guider dans l'obscurité de la nuit à l'aide d'un feu que l'on aperçoit au loin. | dem Schein des Feuers nachgehen (wenn man in der Nacht den Weg verloren).

a استعصا ISTI'SÂ. [عصى X.] Sbst. زوربالق ایلمك action de se révolter. | Auflehnung (gegen die öffentliche Ordnung). — ETMEK. être rebelle, se révolter. | sich empören, Aufstand erregen.

a استعصام ISTI'SÂM. [عصم X.] Sbst. کناهدن پاك اولمق . عصمت طلب ایلمك innocence; effort qu'on fait pour obtenir ou pour garder la pureté des moeurs. | Reinheit von Sünden, Streben nach sittlicher Reinheit und Tugend; Unschuld. — ETMEK. chercher refuge auprès de Dieu pour résister à la tentation. | bei Gott vor den Versuchungen zur Sünde Schutz suchen, sich von Sünde rein erhalten.

a استعطا ISTI'TÂ. [عطى X.] Sbst. دیلنمه , عطیه طلب ایلمك action de demander un don. — ETMEK. mendier. | eine Gabe bitten, betteln.

a استعطاف ISTI'TÂF. [عطف X.] Sbst. action de demander la bienveillance de q. qn. | Streben nach Jemandes Gunst und Wohlwollen. — ETMEK. chercher la bienveillance de q. qn., implorer le pardon de q. qn., se concilier q. qn. | um Jemandes Wohlwollen bitten, Jemand flehentlich um Verzeihung bitten, Jemandes Freundschaft gewinnen.

a استعظام ISTI'ZÂM. [عظم X.] Sbst. كبرلنمه action de se donner de l'importance. | Wichtigthuerei, Prahlerei, Grossthuerei, Hochmuth. — ETMEK. — GÖSTERMEK. faire grand, tenir pour grand. | sich wichtig machen, grossthun, hochmüthig sein, sich hochmüthig geberden.

a استعفا ISTI'FÂ. [عفو X.] Sbst. action de demander à être déchargé d'une fonction; démission, abdication. | Gesuch um Entlassung (aus dem Dienste); Verzichtung, Entsagung. — ETMEK. demander sa démission; se désister de q. ch.; renoncer à q. ch. | um seine Entlassung nachsuchen; um Verzeihung bitten; mit دن, sich von etwas los sagen, auf etwas Verzicht leisten.

a استعفاف ISTI'FÂF. [عفّ X.] Sbst. کناهدن صاقینمق continence, action de s'abstenir de tout ce qui est illicite ou indécent. | Selbstbeherrschung. — ETMEK. s'abstenir des choses prohibées; vivre chastement. | sich vor verbotenen Dingen, vor Sünde und Vergehen hüten; keusch und züchtig leben.

a استعكاد ISTI'KÂD. [عكد X.] Sbst. action de se blottir en cherchant un abri. — ETMEK. se refugier. | Zuflucht, Schutz suchen.

a استعلا ISTI'LÂ. [علو X.] Sbst. یوكسلمه action de monter, de s'élever; exaltation. | Emporsteigung, Erhebung. — ETMEK. monter, s'élever plus haut. | emporsteigen, höher steigen; sich erheben.

a استعلاج ISTI'LÂG. [Denom. v. علاج] Sbst. action de demander un traitement médical. | Verlangen nach ärztlicher Behandlung. — ETMEK. demander un traitement médical, consulter un médecin, demander des médicaments. | ärztliche Behandlung verlangen, Arzenei verlangen, einen Arzt consultiren.

a استعلاق ISTI'LÂK. [علق X.] Sbst. action de s'attacher; attachement. | Anhänglichkeit, Abhängigkeit.

a استعلام ISTI'LAM. [علم X.] Sbst. اعلام طلب ایلمك action de s'informer. | amtliche Nachfrage, Untersuchung, Forderung der Berichterstattung. — ETMEK. demander des informations, chercher à comprendre, s'informer. | etwas zu erfahren suchen, sich Kenntniss verschaffen; amtliche Berichterstattung verlangen.

a استعلان ISTI'LÂN. [علن X.] Sbst. اعلان طلب ایلمك action de demander la notification ou la publicité d'une chose; publicité, notoriété. | Forderung einer offenen oder öffentlichen Erklärung, einer öffentlichen Bekanntmachung; Oeffentlichkeit.

a استعمار ISTI'MÂR. [عمر X.] Sbst. معمور ایتمك action de cultiver un lieu, colonisation, population, culture. | Bebauung, Bevölkerung eines Ortes, Colonisation.

a استعمال ISTI'MÂL. [عمل X.] Sbst. قوللانمق usage, pratique. | Gebrauch, Benutzung. — ETMEK. employer, se servir de q. ch.; faire usage de q. ch. | gebrauchen, benutzen. مخالف استعمال ایلمك schlechten Gebrauch machen, missbrauchen. — OLUNMAK. être mis en usage. | gebraucht werden, gebräuchlich sein. استعمال اولان نقود courrante Münze.

a استعمالی ISTI'MÂLÎ. Adj. usuel. | gebräuchlich.

a استعناد ISTI'NÂD. [عند X.] Sbst. *opiniâtreté.* | Eigensinn, Halsstarrigkeit, Aufsätzigkeit.

a استعواء ISTI'WÂ. [عوى X.] Sbst. داد خواه اولمق *action de crier pour demander justice.* | Lauter Ruf um Gerechtigkeit, um Hülfe. — ETMEK. *crier.* | laut rufen, schreien. استعوا ايدرك قشقرتمق laut rufend an einander treiben.

a استغاثه ISTIGÂSE. [غوث X.] Sbst. يارديم طلب ايتمك . مدد ايستمك *action d'implorer le secours de q. qn.* | Hülferuf. — ETMEK. *implorer le secours, l'assistance de q. qn.* | um Hülfe rufen, bitten, Beistand fordern, gerichtliche Hülfe suchen.

a استغراب ISTIGRÂB. [غرب X.] Sbst. شاشقنلق *étonnement.* | Verwunderung. — ETMEK. *s'étonner, être stupéfait.* | erstaunen, verwundert, betroffen sein.

a استغراق ISTIGRÂK. [غرق X.] Sbst. *état d'être plongé, submergé; action de s'emparer de la totalité d'une chose; exagération.* | vollständiges Versunkensein oder sich versenken in einen Gegenstand, im mystischen Sinne, die Versenkung in die Speculation, vollständiges Untergehen des eigenen Wesens in dem göttlichen; vollständiges Ergeben an eine Sache; vollständiges Ergreifen einer Sache; Uebermass, Uebertreibung. Rhet.: die Hyperbel. — ETMEK. *plonger, noyer, se plonger; faire tous ses efforts pour exécuter q. ch.; s'adonner entièrement à q. ch.* | tauchen, sich hineinstürzen, sich einer Sache ganz überlassen, ganz ergeben, z. B. der Verwunderung, dem Schmerz, dem Lachen; etwas übertreiben.

a استغفار ISTIGFÂR. [غفر X.] Sbst. بارلغمق طلب ايتمك *action de demander pardon; pénitence.* | Verzeihungserflehung; Busse, Abbitte. — ETMEK. *demander pardon (avec le Datif et l'Ablatif) spéc. en prononçant les mots: ESTAGFYR ULLAH.* | von Gott [اللهدن] oder bei Gott [اللهه] Vergebung erflehen, mit den Worten استغفر الله

a استغفر الله ESTAGFYRULLAH (vulg. STUGFURULLAH). *(expression arabe, usitée comme interjection ou négation absolue) que Dieu pardonne! que Dieu me préserve! point du tout.* | Gott verzeihe mir meine Sünde: Gott bewahre d. i. nimmermehr, durchaus nicht.

a استغلاب ISTIGLÂB. [غلب X.] Sbst. *développement (des forces du corps); maturité.* | vollständige Ausbildung (der Kräfte, des Körpers), körperliche Reife.

a استغلاق ISTIGLÂK. [غلق X.] Sbst. *conclusion d'un marché, stipulation que la chose vendue ne pourra plus être reprise; obscurité (du sens, de l'expression etc.).* | bestimmter und fester Abschluss eines Handels, Verschlossenheit, d. i. Unverständlichkeit einer Rede, eines Ausdrucks, u. s. w.

a استغلال ISTIGLÂL. [غل X.] Sbst. *cession des revenus d'une propriété etc. à un créancier.* | Verpfändung an den Gläubiger, Beziehung der Einkünfte von dem beweglichen und unbeweglichen Eigenthum eines Schuldners von Seiten des Gläubigers.

a استغنا ISTIGNÂ. [غنى X.] Sbst. *contentement; action d'être satisfait, de se contenter de ce qu'on a; dédain des biens et des choses mondaines.* | Unbedürftigkeit, Geringschätzung irdischer Güter; Theol. Suf. der vierte Grad der sufischen Weisheit, welcher nach der معرفت (Erkenntniss) folgt und dem توحيد (d. mystischen Vereinigung mit Gott) vorausgeht. — ETMEK. *n'avoir pas besoin, dédaigner.* | nicht nöthig haben, nicht bedürfen, sich stellen als ob man die irdischen Güter nicht bedürfe. بيانه استغنا ايلمك der Erklärung nicht bedürfen.

a استغنام ISTIGNÂM. [غنم X.] Sbst. *action d'aller faire du butin.* — ETMEK. *aller butiner.* | auf Beute und Raub ausziehen.

استف ISTIF. (Ital. STIVA). Sbst. *estive, cargaison, ordre, arrangement (Mar.).* Adj. *plein, farci, rangé* Sbst. Packung, Stauung, Gleichgewicht, Ordnung. Adj. vollgestopft, gepackt, aufgeschichtet. — ETMEK. *charger en estive, estiver; arranger la cargaison, arrimer, entasser, empiler.* | packen, stauen, zunächst von einem Schiffe, so, dass es das Gleichgewicht behält, aber auch ganz allgemein packen, aufschichten, aufbewahren. استف اوزره بچمق vollstopfen. متاعى استف ايلمك das Gepäck packen. بر محفوظ محلده استف ايلمك an einem sichern Orte aufbewahren. برى برى اوزره استف ايلمك eines über das andere schichten.

a استفاده ISTIFÂDE. [فاد X.] Sbst. فائده چكمك . قزانمق *action de tirer profit, avantage.* | Gewinnst, Vortheil. — ETMEK. *tirer profit, avantage, gagner la connaissance de q. ch.* Gewinn ziehen, Vortheil ziehen; aus einer Sache etwas lernen, sich etwas zu Nutze machen. خاتوندن ولد استفاده ايلمك von einer Frau ein Kind bekommen.

a استفاضه ISTIFÂZA. [فاض X.] Sbst. داغلمق . جوشمق . بولمقدار اولمق *action de se répandre; surabondance, profusion* | Verbreitung, Ausbreitung (eines Gerüchtes); Ueberfluss. — ETMEK *se répandre (un bruit).* | sich verbreiten, überfliessen. استفاضة ISTIFÂZATAN. Adv. *abondamment, avec profusion.* | in Ueberfluss, überreichlich.

a استفاقه ISTIFÂKA. [فوق X.] Sbst. ايلنمك *action de revenir à soi, après l'ivresse ou la folie.* — BULMAK. wieder zu sich kommen, sich von einer Krankheit, vom Rausche wieder erholen.

a استفتا ISTIFTÂ. [فتا X.] Sbst. *action de demander (à un mufti) une décision sur une question de droit.* | Rathserholung bei einem Rechtskundigen [مفتى] — ETMEK. *demander à q. qn. une réponse, une décision.* | sich den Rath (eines Rechtskundigen) erholen.

استفان oder استفانى ISTIFAN. Sbst. *(στέφανος) couronne.* | Krone, Kranz.

p استفره ISTEFRE. s. استفر

a استفتاح ISTIFTÂH. [فتح X.] Sbst. آچمق *action d'ouvrir (une porte etc.), prise d'une forteresse; demande de secours.* | Eröffnung einer Thüre, Einnahme einer Festung. — ETMEK. *s'efforcer à prendre une forteresse; implorer le secours, l'assistance de q. qn.* | eine Festung einzunehmen sich bemühen; Jemand zu Hülfe rufen.

a استفراد ISTIFRÂD. [فرد X.] Sbst. *action de rechercher la solitude.* | Suchen der Einsamkeit. — ETMEK. *chercher la solitude, se séparer, se retirer, rester seul.* | die Einsamkeit suchen, sich von andern absondern, allein bleiben.

a استفرار ISTIFRÂR. [فر X.] Sbst. قاچمق *action de s'enfuir, de s'échapper.* | Entweichen. — ETMEK. *chercher à s'enfuir, s'échapper, se soustraire.* | zu fliehen suchen, sich heimlich davonmachen.

a استفراز ISTIFRÂZ. [فرز X.] Sbst. آيروب فرز ايلمك *action de séparer.* | Trennung, Scheidung.

a استفراع ISTIFRÂ'. [فرع X.] Sbst. باشلمق *action de commencer.* | das Anfangen, Beginnen.

a استفراغ ISTIFRÂG. [فرغ X.] Sbst. قوصمق *vomissement.* | Erbrechen. — ETMEK. *vomir.* | sich erbrechen.

a استفساد ISTIFSÂD. [فسد X.] Sbst. بوزمق *action de chercher à gâter, à corrompre.* | das Bestreben etwas zu verderben. — ETMEK. *chercher à gâter, à corrompre, à détruire l'ordre; semer des mésintelligences.* | etwas zu verderben, zu verschlechtern suchen; das gute Einvernehmen (zwischen Freunden) zu stören suchen.

a استفسار ISTIFSÂR. [فسر X.] Sbst. آرامق . صورمق *action de demander, de chercher; recherche, demande, information.* Nachfrage, Erkundigung, Untersuchung. — ETMEK. *demander, s'informer, questionner.* | nach etwas fragen, etwas zu erfahren suchen, Jemand ausfragen. استفسار خاطر ايلمك sich nach Jemandes Befinden erkundigen.

a استفلاح ISTIFLÂH. [فلح X.] Sbst. *action de réussir, heureux succès.* | glücklicher Erfolg, glückliches oder endliches Zustandebringen einer Sache.

t استفلك ISTIFLIK. Sbst. *estive.* | Stauung. s. استف.

t استفلمك ISTIFLEMEK. Vb. act. *estiver, charger la cargaison* | laden (ein Schiff). s. استف.

a استفنان ISTIFNÂN. [فن X.] Sbst. *classification.* | Classification. — ETMEK. *classer.* | nach Klassen und Ordnungen scheiden, classificiren.

p استفنه ISTIFE. Sbst. *femme enceinte.* | schwangere Frau.

a استفهام ISTIFHÂM. [فهم X.] Sbst. صورمق *information, demande; interrogation dubitative.* | Frage, Erkundigung, Fragestellung, mit Zweifel verbundene Frage. — ETMEK. *s'informer, chercher à comprendre.* | fragen, sich erkundigen, zu verstehen suchen. Gramm. حرف استفهام oder ادات — Fragepartikel. استفهام ايله frageweise.

a استقا ISTIKÂ. [سقى VIII.] Sbst. صو ايستمك *action de demander à q. qn. de l'eau (à boire ou à irrigation).* — ETMEK. *demander de l'eau, chercher de l'eau, demander à boire.* | Wasser verlangen, Wasser erbitten, zu trinken verlangen, vgl. استسقا.

a استقاته ISTIKÂTE. [قات X.] Sbst. *action de demander à q. qn. de la nourriture, de quoi vivre.* — ETMEK. etwas zu essen, etwas zur Stärkung verlangen oder bitten.

a استقاده ISTIKÂDE. [قاد X.] Sbst. *action de se laisser conduire, et obéir à q. qn.; demander (à un juge etc.) de punir de mort* l'assassin, de venger l'homicide commis. | 1. das Nachgeben, sich leiten lassen; 2. Forderung der Bestrafung eines Mörders.

a استقامه ISTIKĀMÈ. [قام X.] Sbst. طوغریلق، droiture; sincérité. | Geradheit; Aufrichtigkeit, Rechtschaffenheit; gerade Richtung. ایله، ـ اوزره getreulich, offen und ehrlich.

a استقباح ISTIKBĀH. [قبح X.] Sbst. چركنسمك، قبیح كورمك، چركین صایمق action d'abhorrer; horreur. | Verabscheuung, Verachtung. — ETMEK. abhorrer, détester, trouver vilain, laid etc.; mépriser. | verabscheuen, für schlecht, für hässlich halten, nicht für würdig achten, verachten.

a استقبار ISTIKBĀR. [قبر X.] Sbst. دفن ایتمك action d'enterrer. | Beerdigung.

a استقبال ISTIKBĀL. [قبل X.] Sbst. قارشولمق action d'aller à la rencontre; l'avenir. Gramm.: le Futur. | das Entgegengehen; die Zukunft. Gramm.: das Futurum. — ETMEK. aller à la rencontre de q. qn., se tourner le visage vers q. qn., être en face de q. ch. | entgegengehen, sich gegen einen wenden, gegenüber sein.

a استقبالی ISTIKBĀLĪ. Fem. استقبالیه Adj. futur; regardant l'avenir, qui appartient au futur. | zukünftig, der Zukunft angehörig, die Zukunft betreffend.

a استقتال ISTIKTĀL. [قتل X.] Sbst. action de chercher la mort, de s'exposer à la mort; de braver la mort. | muthiges dem Tode entgegengehen, sich dem Tode (Heldentode) weihen; Todesverachtung.

a استقدار ISTIKDĀR. [قدر X.] Sbst. action de demander (à Dieu) d'accorder un heureux destin. | Erbittung eines glücklichen Looses, eine glückliche Vorherbestimmung. vgl. قدر

a استقدام ISTIKDĀM. [قدم X.] Sbst. اوكلورلك action de précéder, d'avancer. | Vortritt, Vorrang. — ETMEK. précéder, exiger le pas et la préséance, surpasser q. qn. | den Vortritt nehmen, vorangehen, den Vorrang behaupten, einen andern übertreffen (an Edelmuth, Tapferkeit u. s. w.).

استقذار ISTIKZĀR. [قذر X.] Sbst. dégoût qu'on a de q. ch. | Ekel, den man vor einer Sache empfindet. — OLUNMAK. causer du dégoût. | unrein erscheinen, schmutzig aussehen, Ekel verursachen.

a استقرا ISTIKRĀ. [قرا X.] Sbst. action de suivre et imiter. | Nachfolge, Nachahmung.

a استقرا ISTIKRĀ. [قری X.] Sbst. action de traverser, de parcourir (des pays etc.) | das Durchgehen, Durchreisen. Logik: der Schluss von der Beschaffenheit der Mehrzahl der einzelnen Theile, die man der Reihe nach durchgeht, auf Eigenschaften und Wesen des Ganzen. Induction.

a استقرار ISTIKRĀR. [قرّ X.] Sbst. permanence, stabilité, durée; établissement; confirmation. | Beständigkeit, Unveränderlichkeit; Bestätigung, Befestigung. — ETMEK. s'établir, se reposer, s'arrêter; confirmer, ratifier. | befestigen, bestätigen, fest machen, sich festsetzen, (an einem Orte niederlassen). — BULMAK. s'établir, se confirmer (une nouvelle), se consolider. | Bestätigung finden, sich bestätigen (ein Gerücht u. s. w.), sich befestigen.

a استقراض ISTIKRĀS. [قرض X.] Sbst. اودنج آلمق emprunt. | Anleihe. — ETMEK. emprunter, demander à crédit, recevoir à crédit. | leihen, auf Borg nehmen.

a استقسام ISTIKSĀM. [قسم X.] Sbst. قسمت طلب ایتمك action de demander le partage. — ETMEK. Theilung verlangen, Antheil an etwas verlangen; seinen Theil fordern.

a استقصا ISTIKSĀ. [قصا X.] Sbst. آراشدرمق désir de parvenir jusqu'au bout de q. ch., de savoir q. ch. à fond; exactitude; curiosité. | gespannte Aufmerksamkeit, Neugierde, genaue Untersuchung. — ETMEK. chercher à pénétrer q. ch.; observer avec attention. | genau untersuchen, genau beobachten.

a استقصار ISTIKSĀR. [قصر X.] Sbst. abréviation, action d'abréger. | Abkürzung. — ETMEK. abréger. | abkürzen.

a استقصاص ISTIKSĀS. [قصّ X.] Sbst. قصاص طلب ایتمك action de demander des représailles, de demander vengeance. | Forderung der Wiedervergeltung, der Rache. (Vergeltung des Gleichen mit Gleichem).

a استقضا ISTIKZĀ. [قضی X.] Sbst. attente de l'arrêt d'un juge; nomination d'un juge. | Forderung gerichtlicher Entscheidung; Ernennung Jemandes zum Richter (Kazi).

a استقطار ISTIKTĀR. [قطر X.] Sbst. distillation. — ETMEK. distiller. | tropfenweise fliessen lassen, träufeln lassen, distilliren.

a استقفال ISTIKFĀL. [قفل X.] Sbst. ténacité, avarice. | Geiz, Kargheit.

a استقلال ISTIKLĀL. [قلّ X.] Sbst. action de s'emparer exclusivement de q. ch., pouvoir absolu, indépendance, souveraineté; plein pouvoir; persévérance, intrépidité, vigueur. | das ausschliesslich haben, ungetheilt mit anderen. Machtvollkommenheit, unumschränkte Macht; Selbständigkeit, Unabhängigkeit, Unerschrockenheit, Entschlossenheit, Ausdauer, Beharrlichkeit, Kraft. — BULMAK. parvenir à la souveraineté. | zur Oberherrschaft, Alleinherrschaft gelangen.

a استقلالی ISTIKLĀLĪ. Sbst. commissaire spécial, revêtu de pleins pouvoirs. | Bevollmächtigter.

a استقلالیت ISTIKLĀLIJET. Sbst. indépendance. | Unabhängigkeit.

a استقناع ISTIKNĀ'. [قنع X.] Sbst. قناعت ایتمك action de se contenter. | Begnügung; Zufriedenheit.

a استقواس ISTIKWĀS. [قوس X.] Sbst. état d'être voûté, arqué (la lune, le sourcil etc.) | Bogengestalt, Bogenförmigkeit (des Mondes, der Augenbraunen u. s. w.).

a استقئا ISTIKĀ. [قیء X.] Sbst. قوصمق action de vomir. | Erbrechen. — ETMEK. vomir. | sich erbrechen.

t استك ISTEK. Sbst. = دلك désir, souhait; volonté, envie, convoitise, avidité, gloutonnerie. | Begierde, Wunsch, Verlangen, Wille (dass etwas geschehe), Lust nach etwas oder zu etwas, Absicht etwas zu thun, Gierigkeit (bei Essen und Trinken). — ETMEK. désirer, souhaiter, convoiter. | begehren, verlangen nach etwas.

a استكانت ISTIKĀNET. [كون X.] Sbst. action de s'humilier, soumission, modestie, humilité. | Unterwürfigkeit, Demuth, Bescheidenheit.

a t استكانتلو ISTIKĀNETLI. Adj. u. Adv. humble, humblement, avec soumission. | demüthig, bescheiden.

a استكبار ISTIKBĀR. [كبر X.] Sbst. كبرلنمك، اولولنمق action de s'enorgueillir; orgueil, arrogance, présomption. | Stolz, Anmassung. — ETMEK. s'enorgueillir, s'enfler d'orgueil, être fier. | sich brüsten, stolz sein.

a t استكبارلق ISTIKBĀRLYK. Sbst. orgueil, arrogance, présomption. | Stolz, Anmassung.

a استكتاب ISTIKTĀB. [كتب X.] Sbst. یازمق ایستمك action de faire écrire. | Aufforderung zum Schreiben. — ETMEK. prier q. qn. d'écrire, dicter; nommer q. qn. son secrétaire. | einen zum Schreiben auffordern, sich etwas (einen Brief) schreiben lassen, Jemand etwas dictiren, Jemand zu seinem Schreiber machen.

a استكتام ISTIKTĀM. [كتم X.] Sbst. سرّ صقلامق action de demander à q. qn. de cacher, de céler, de recéler q. ch. | Bitte etwas geheim zu halten, zu verbergen. — ETMEK. chercher à cacher q. ch. | etwas oder sich selbst zu verbergen suchen.

a استكثار ISTIKSĀR. [كثر X.] Sbst. چوغالتمق ایستمك action de chercher à augmenter q. ch. | das Bestreben, etwas zu vermehren oder zu vergrössern. — ETMEK. demander davantage. | mehr von einer Sache verlangen.

a استكرا ISTIKRĀ. [كرا X.] Sbst. كرا ایله طوتمق ، كرایه ویرمك louage, location. | Vermiethung, Miethung.

a استكرام ISTIKRĀM. [كرم X.] Sbst. désir de faire honneur à q. qn. ou de se faire honorer. | Bestreben nach Ehrenerweisung. — ETMEK. chercher à faire q. ch. de noble; faire honneur à q. qn., trouver noble. | Ehre zu verdienen suchen, einem andern Ehre zu erweisen suchen, einen für der Ehre werth halten.

a استكراه ISTIKRĀH. [كره X.] Sbst. تكسنمك aversion, répugnance. | Ekel, Abscheu. — ETMEK. avoir en aversion, faire à regret. | Abscheu haben, mit Widerwillen thun. محل الاستكراه abscheulich. واجب الاستكراه آدم ein abscheulicher Mensch.

a استكساب ISTIKSĀB. [كسب X.] Sbst. قزانمق gain, profit qu'on cherche. | Gewinn, Vortheil. — ETMEK. chercher à gagner, à profiter de q. ch. | Vortheil von einer Sache haben, daran zu gewinnen suchen.

t استكسز ISTEKSIZ. Adv. involontairement. | unwillkürlich. s. استك

a استكشاف ISTIKŠĀF. [كشف X.] Sbst. action de chercher à découvrir, à être mis à découvert. | das Bestreben, etwas Verborgenes ans Licht zu bringen. — ETMEK. chercher à découvrir (p. ex. par demandes). | etwas zu entdecken, zu enthüllen suchen; einer Sache durch Fragen auf den Grund gehen.

a استكفا ISTIKFĀ. [كفی X.] Sbst. action de demander ce qui suffit. | Verlangen nach dem was hinreicht. — ETMEK. demander ce qui suffit, se contenter, trouver suffisant. | nicht mehr verlangen als nöthig ist, sich begnügen, hinlänglich finden.

a استكفاف ISTIKFĀF. [كف X.] Sbst. دلنمك action de tendre la main pour recevoir q. ch. — ETMEK. tendre la main, mendier. | die (hohle) Hand hinhalten, um etwas zu empfangen; betteln.

a استكلاء ISTIKLÂ. [كلأ X.] Sbst. تأخير مهلت action de contracter une dette à la condition d'avoir des délais pour le payement. — ETMEK. acheter à crédit; retenir, arrêter. | etwas auf Credit nehmen, lange behalten, zurückhalten.

t استكلو und استكلى ISTEKLI. Adj. s. استك und استكلك désireux, qui a envie, qui a ardeur. | verlangend, sehnsüchtig, lüstern nach etwas. استكلى آت ein muthiges Pferd.

a استكمال ISTIKMÂL. [كمل X.] Sbst. تام ايتمك. تكميل ايتمك action de chercher à rendre complet; achèvement, perfection. | Mühe, die man sich giebt, um etwas fertig zu machen, Vervollkommnung, Vollendung, Vervollständigung. — ETMEK. achever, compléter. | vollenden, vervollständigen, zu Stande bringen.

a استكنان ISTIKNÂN. [كنّ X.] Sbst. كيزلنمك état d'être gardé et tenu loin des regards du monde. | Verborgenheit. — ETMEK. garder, cacher. | verbergen, an einem verborgenen Orte aufbewahren.

a استكناه ISTIKNÂH. [كنه X.] Sbst. action de chercher à atteindre le bout, l'extrémité, le fond d'une chose; attention. | gründliche Untersuchung einer Sache, genaue Aufmerksamkeit. — ETMEK. chercher à approfondir, pénétrer, faire attention. | genau untersuchen, einer Sache auf den Grund gehen; genau Achtung geben.

p استل ISTEL. Sbst. piscine, étang, vivier à poissons. | Teich, Fischteich.

a استلاب ISTILÂB. [سلب VIII.] Sbst. قاپمق rapine, pillage, spoliation. | Raub, Diebstahl, Plünderung. — ETMEK. ravir, piller, dépouiller, voler. | rauben, stehlen, plündern.

a استلاج ISTILÂDJ. Tahrif v. استلاج

a استلال ISTILÂL. [سلّ VIII.] Sbst. action de tirer, d'extraire. — ETMEK. tirer (le sabre du fourreau). | herausziehen, z. B. das Schwert aus der Scheide.

a استلام ISTILÂM. [سلم VIII.] Sbst. منقاد اولمق obéissance. | Gehorsam, Unterwürfigkeit; auch استلام ISTIL'ÂM. [لأم X.] action de baiser la pierre noire incrustée dans le mur de la Caaba. | das Küssen des heiligen Steines der Kaaba (oder eines andern heiligen Gegenstandes, den man mit der Hand berührt und diese dann küsst).

a استلانت ISTILÂNET. [لين X.] Sbst. action de trouver doux, tendre; de toucher avec tendresse. | zarte Berührung. — ETMEK. trouver doux, mou, tendre, toucher d'une manière tendre, caresser. | zart, weich finden, zart berühren, liebkosen.

a استلحاق ISTILHÂK. [لحق X.] Sbst. action de chercher à atteindre. | das zu erreichen suchen, Nachstrebung. — ETMEK. chercher à atteindre; se joindre. | zu erreichen suchen, sich mit Jemand zu verbinden, ihn einzuholen suchen.

a استلذاذ ISTILZÂZ. [لذّ X.] Sbst. خوش بولمق. لذتلو كورمك action de trouver q. ch. délicieux; goût qu'on a pour q. ch. | Geschmack an einer Sache. — ETMEK. avoir du goût pour q. ch., trouver bon. | Geschmack an etwas finden, etwas gut und schön finden.

a استلزام ISTILZÂM. [لزم X.] Sbst. nécessité, exigence. — ETMEK. trouver nécessaire, exiger, rendre nécessaire. | etwas für nothwendig halten; etwas fordern; nothwendig machen.

a استلقا ISTILKÂ. [لقى X.] Sbst. état d'être couché sur le dos. | das auf dem Rücken liegen.

t استم ISTAM. s. ستم

t استمه SY'TMA. s. اسيتمه

a استماله ISTIMÂLE. [ميل X.] Sbst. — ETMEK. faire une visite à q. qn.; concevoir une opinion favorable de q. qn. d'après sa physionomie. | Jemand einen Besuch machen; sich von Jemanden je nach seinen Gesichtszügen eine günstige Meinung bilden.

a استماحه ISTIMÂHE. [مسح X.] Sbst. باغشلامق action de faire un don. Schenkung.

a استمازه ISTIMÂZE. [ميز X.] Sbst. séparation; distinction. | Absonderung, Trennung, Unterscheidung.

a استماع ISTIMÂ'. [سمع VIII.] Sbst. ايشتمك. دكلمك action d'entendre, das Hören, Horchen. — ETMEK. entendre, prêter une oreille attentive à q. qn., être aux écoutes, chercher à saisir ce qu'on dit. | hören, horchen, auf etwas hören, aufmerksam zuhören.

t استمك s. ايستمك

a استماله ISTIMÂLET. [ميل X.] Sbst. action de se pencher, de s'incliner vers q. ch.; de chercher à se concilier, à se rendre favorable q. qn.; caresse, flatterie, conciliation, consolation. | Zuneigung, Schmeichelei, Liebkosung, Versöhnung, Tröstung, Ermuthigung. — ETMEK. — WERMEK. se pencher, être porté vers q. ch. ou q. qn., chercher à se concilier, à se rendre favorable q. qn., caresser, flatter q. qn. | Zuneigung zu einer Sache oder Person haben, sich Jemand geneigt zu machen, sich mit Jemand zu versöhnen streben, einem schmeicheln oder liebkosen.

a استمتاع ISTIMTÂ'. [متع X.] Sbst. فائده لنمك action de profiter de q. ch.; usufruit. Benutzung einer Gelegenheit; Niessbrauch von einer Sache. — ETMEK. profiter, jouir de q. ch., avoir l'usufruit de q. ch. | von einer Sache Nutzen ziehen, eine Sache geniessen. Theol. der Besuch, welchen man bei Gelegenheit der Wallfahrt den andern in der Umgegend von Mecka gelegenen heiligen Orten abstattet.

t استمتلو SY'TMALY. s. اسيتمه لو

a استمداد ISTIMDÂD. [مدّ X.] Sbst. يارديم استمك action de demander du secours; prolongation, prorogation. | Nachsuchen um Hülfe, längere Frist. — ETMEK. demander du secours; proroger le terme. | um Hülfe bitten; die Frist verlängern.

a استمرار ISTIMRÂR. [مرّ X.] Sbst. دائم اولمق durée, continuation, persévérance. Dauer, Fortdauer, Beständigkeit, ununterbrochene Dauer. — ETMEK. durer, continuer; faire continuer; s'éloigner. | fortdauern, fortdauern lassen; fortgehen, weggehen.

a استمرارا ISTIMRÂRAN. Adv. continuellement, sans interruption. | unaufhörlich, beständig.

a استمراری ISTIMRÂRÎ. Adj. qui dure, continuel. | dauernd, fortdauernd.

a استمزاج ISTIMZÂDJ. [مزج X.] Sbst. — ETMEK. chercher à connaître le tempérament ou l'état moral de q. qn. avant de se lier avec lui. | Jemandes Umgang suchen, nachdem man seinen Charakter kennen gelernt; vgl. امتزاج

a استمساك ISTIMSÂK. [مسك X.] Sbst. صقنمق. ياپشمق action de saisir, tenir, de se contenir, continence. | das Ergreifen und Festhalten; Enthaltsamkeit, Selbstbeherrschung. — ETMEK. se contenir, être maître de soi, se refuser q. ch. | sich selbst beherrschen, sich einer Sache enthalten, sich etwas versagen.

a استمطار ISTIMTÂR. [مطر X.] Sbst. يغمور طلب ايتمك — ETMEK. demander de la pluie. | um Regen bitten. s. استسقا

t o استمك s. جستمك ISTIMAK. LT.

t استمق TSYTMAK. s. ايستمق

t استمك ISTEMEK; auch ايستمك u. استمنك

t o استمك (Ali Schir.) und استمك ISTIMAK. (LT.) Aor. استر ISTÉR. Vb. act. chercher, demander; désirer, exiger, vouloir, chercher à faire. | suchen (= p. جستن LT.), verlangen, wünschen, fordern, bitten; wollen, etwas zu thun suchen. استر ISTER. (3. Aor.) qu'il soit, soit, il faut; ou bien. | es sei, es ist nöthig; oder, als Conj. altern. gebr. استر او استر بو soit ceci, soit cela. | entweder dieses oder jenes. استر استمز ISTÉR ISTÉMEZ, involontairement. | unwillkührlich, wörtl.: man wolle oder wolle nicht (volens nolens). استمز استر كولمك unwillkührlich lachen. استيجرك دكل ISTIJERÉK DEJIL involontaire | unwillkührlich. استرسك ISTERSEN. si tu veux, quand même, bien que. | wenn du willst, selbst dann, ungeachtet (als Adv. gebraucht). Deriv. I. استنمك ISTENMEK. Vb. pass. und II. استيلمك ISTENILMEK. Vb. pass. être désiré. | gewünscht werden, davon استنلمجك ISTENILEDJEK. désirable. wünschenswerth. III. استتمك ISTITMEK. Vb. trans. faire désirer. | wünschen lassen.

a استملا ISTIMLÂ. [ملا X.] Sbst. يازدرمق — ETMEK. faire écrire, dicter; écrire sous la dictée. | einem etwas dictiren, Jemand etwas niederschreiben lassen; sich etwas dictiren lassen.

a استملال ISTIMLÂL. [ملّ X.] Sbst. اوصانمق Langeweile, Ueberdruss an einer Sache. — ETMEK. s'ennuyer de q. ch. | sich langweilen, Ueberdruss empfinden.

a استمنا ISTIMNÂ. [منى X.] Sbst. onanisme. Onanie.

a استمنان ISTIMNÂN. [منّ X.] Sbst. action de chercher à se concilier la faveur de q. qn. das Streben nach Jemandes Gunst (durch eine Gefälligkeit, die man ihm erweist).

t استمه SY'TMA. Sbst. fièvre intermittente. | Fieber, Wechselfieber. s. اسيتمه

t استملى oder استملو SY'TMALY. Adj. qui a la fièvre, qui cause la fièvre (une contrée), fiévreux. | am Fieber krank; Fieber erzeugend (von einem Orte oder Gegend).

a استمهال ISTIMHÂL. [مهل X.] Sbst. action de demander un délai. | Bitte um Aufschub, um Frist. — ETMEK, demander délai ou prorogation. | um Aufschub, um Nachsicht, um Frist bitten.

p استن ASTEN. Sbst. manche de vêtement. | Aermel.

t o استن ASTYN. Sbst. *partie inférieure d'une chose, base.* | der untere Theil einer Sache, Basis. LT. يكاتمين

p استن ÜSTÜN. Sbst. *colonne, appui, soutien.* | Säule, Stütze.

a استناد ISTINÂD. [سند VIII.] Sbst. طليانمق *action de s'appuyer.* — ETMEK. *s'appuyer sur q. ch., se fier à q. qn.; prendre q. ch. comme la base de ses opérations* | sich auf etwas stützen, sich auf Jemand verlassen (mit dem Dativ); als Basis seiner Operationen nehmen (Redhouse); auf etwas ruhen.

a استناره ISTINÂRE. [نار X.] Sbst. *action de luire, splendeur.* | Glanz, Schimmer. — ETMEK. *luire, briller.* | glänzen, schimmern.

a استنامت ISTINÂMET. [نام X.] Sbst. *action de s'endormir, de faire semblant de dormir.* | Einschlafen; verstellter Schlaf.

a استنباء ISTINBÂ. [نبا X.] Sbst. صورمق — ETMEK. *demander des nouvelles, s'informer.* | fragen, sich nach etwas Neuem erkundigen.

a استنباح ISTINBÂH. [نبح X.] Sbst. حاولمق *hurlement, action d'aboyer.* | Geheul, Bellen der Hunde. — ETMEK. *aboyer.* | bellen.

a استنباط ISTINBÂT. [نبط X.] Sbst. چيقارمق *action de faire sortir, d'extraire extraction, déduction (logique), induction; explication.* | das Herausbringen, Herausziehen; Logik: Folgerung; Auslegung, Erklärung, Anwendung auf etwas. قويدن استنباط اولنان صو das aus dem Brunnen heraufgezogene Wasser. من غير سماع بر نسنه استنباط ايتمك etwas folgern, ohne davon gehört zu haben.

a استنتاج ISTINTÂDJ. [نتج X.] Sbst. *conclusion d'un syllogisme.* | Schlussfolgerung. — *conclure, tirer une conséquence.* | folgern, schliessen. — OLUNMAK. *résulter d'une chose.* | aus einer Sache folgen, woraus hervorgehen.

a استنثار ISTINSÂR. [نثر X.] Sbst. *action de se moucher.* — ETMEK. *se moucher.* | sich schnäuzen; spec. indem man beim Waschen das Wasser in die Nase zieht und wieder ausschnaubt.

a استنجاء ISTINDJÂ. [نجا X.] Sbst. *action de se nettoyer après avoir été à la selle.* | die Reinigung nach natürlichen Verrichtungen. — ETMEK. *ôter q. ch. de sa place; nettoyer, purifier.* | etwas wegnehmen, reinigen.

a استنجاح ISTINDJÂH. [نجح X.] Sbst. *action de mener à bonne fin.* glückliches Zustandebringen einer Sache. — ETMEK. *dépêcher q. ch., demander de dépêcher q. ch.* | eine Sache beschleunigen, Jemand um Beschleunigung einer Angelegenheit bitten.

a استنجاد ISTINDJÂD. [نجد X.] Sbst. معاونت طلب ايتمك — ETMEK. *invoquer l'assistance de q. qn. pour faire q. ch.* | Jemand bei einem Geschäft um Hülfe oder Beistand bitten.

a استنجاس ISTINDJÂS. [نجس X.] Sbst. بولاشترمق ، بولاشمق — ETMEK. *se souiller, souiller.* beschmutzen, sich beschmutzen.

a استنحاس ISTINHÂS. [نحس X.] Sbst. *recherche, enquête.* | Nachforschung. — ETMEK. *s'enquérir avec soin d'une chose.* | Nachforschung anstellen, einer Sache nachforschen.

p استنخلن s. استنخلو.

a استنزال ISTINZÂL. [نزل X.] Sbst. اندرمك *action de faire descendre.* | Herabsendung. — ETMEK. *faire descendre.* | herabsteigen lassen.

a استنساء ISTINSÂ. [نسأ X.] Sbst. مهلت ايستمك *action de demander un délai.* Bitte um Aufschub, um Standung (einer Schuld). — استنظار

a استنساب ISTINSÂB. [نسب X.] Sbst. *action d'interroger q. qn. sur la généalogie; de tirer son origine de q. qn.; de retracer son origine, sa généalogie.* Frage nach Jemandes Herkommen; Angabe seiner Abkunft, seines Geschlechts oder Stammbaumes.

a استنساخ ISTINSÂH. [نسخ X.] Sbst. *action de copier, de transcrire.* | Copierung, Abschrift. — ETMEK. *copier, transcrire, mettre au écrit au net; — effacer (l'original).* | die Copie von einem Bilde machen; eine Abschrift machen, ins Reine schreiben; vernichten (das Original).

a استنشاد ISTINŠÂD. [نشد X.] Sbst. — ETMEK. *demander à q. qn. qu'il récite un poëme.* | Jemand bitten, ein Gedicht vorzutragen.

a استنشاق ISTINŠÂK. [نشق X.] Sbst. *action d'aspirer q. ch. dans les narines.* | Einschnaubung (z. B. des Schnupftabaks, des Wassers bei Vollziehung der Waschung). — ETMEK. *attirer par les narines (une poudre), aspirer une odeur, sentir, flairer, aspirer de l'eau par les narines.* | einschnauben, schnupfen; riechen, einen Duft einathmen; beim Waschen das Wasser in die Nase ziehen.

a استنصاح ISTINSÂH. [نصح X.] Sbst. نصيحت طلب ايتمك *action de consulter q. qn.* | Rathserholung. — ETMEK. *consulter q. qn.* Jemand um Rath fragen; sich Raths erholen.

a استنصار ISTINSÂR. [نصر X.] Sbst. يارده ايستمك *action d'invoquer le secours de q. qn. contre un autre.* | Bitte um Beistand und Vertheidigung. — ETMEK. *demander de l'assistance; prendre ou avoir q. qn. pour défenseur.* Jemand um Hülfe bitten; Jemand als Vertheidiger haben oder nehmen.

a استنصاف ISTINSÂF. [نصف X.] Sbst. حقلشمق ، ابرالشمق *action de régler, de clore un compte.* | Abrechnung. — ETMEK. *compter ensemble, être quitte.* | mit einander abrechnen, quitt sein, sich einer Verpflichtung entbunden achten.

a استنضاح ISTINDÂH. [نضح X.] Sbst. *aspersion des parties naturelles après avoir fait l'ablution.* | Bespritzung der Schamtheile mit Wasser, nach vollzogener Waschung.

a استنطاق ISTINTÂK. [نطق X.] Sbst. سويلتمك *action d'interroger.* Befragung. — ETMEK. *s'informer, questionner.* | fragen, sich erkundigen, verhören.

a استنظار ISTINZÂR. [نظر X.] Sbst. مهلت ايستمك *action de demander un délai.* | Bitte um Aufschub, um Stundung (einer Schuld). — استنساء

a استنفار ISTINFÂR. [نفر X.] Sbst. اوركوب طلاغمق *action de s'enfuir (des animaux); frayeur, horreur.* | scheues Fliehen der Thiere; Entsetzen, Abscheu vor etwas. — ETMEK. *faire fuir, effaroucher.* | scheu machen, verscheuchen. — OLUNMAK. *s'enfuir, se sauver; abhorrer.* | scheu davon fliehen; sich entsetzen vor etwas.

a استنفاق ISTINFÂK. [نفق X.] Sbst. خرج ايتمك *action de dépenser (son argent, son avoir).* | Verausgabung. — ETMEK. *dépenser.* | (Geld) ausgeben, aufgehen lassen.

a استنقاذ ISTINKÂZ. [نقذ X.] Sbst. خلاص ايتمك ، قورتارمق *action de délivrer, délivrance.* | Loslassung. — ETMEK. *délivrer.* | loslassen, freilassen.

a استنقاش ISTINKÂŠ. [نقش X.] Sbst. *action de dessiner, peindre, broder.* | Bildnerei, (Zeichnen, Malen, Sticken u. s. w.).

a استنقاص ISTINKÂS. [نقص X.] Sbst. *action de chercher à diminuer le prix d'une chose.* — ETMEK. *marchander q. ch.* | vom Preise abhandeln.

a استنقاه ISTINKÂH. [نقه X.] Sbst. آكلامق *action de comprendre.* — ETMEK. *comprendre, saisir le sens de q. ch.; demander à q. qn. d'expliquer q. ch.* | begreifen, einsehen, verstehen; um Erklärung bitten, zu verstehen suchen.

a استنكاح ISTINKÂH. [نكح X.] Sbst. نكاحلنمق ايستمك *action de contracter mariage, recherche d'une fille.* | Eheschliessung, Bewerbung.

a استنكار ISTINKÂR. [نكر X.] Sbst. انكار ايتمك *action de nier, de désapprouver dénégation.* | Verläugnung, Verneinung. — ETMEK. *nier, désapprouver; ignorer, s'excuser par ignorance; demander à q. qn. une chose que celui-ci ignore.* | läugnen, verläugnen, sich mit Nichtwissen entschuldigen; Jemanden über Dinge befragen, die er nicht weiss.

a استنكاف ISTINKÂF. [نكف X.] Sbst. *action de refuser, de se détourner de q. ch.; action de se montrer fier, orgueilleux; mépris ou frayeur qu'on a pour q. ch.* | Verweigerung, Verwerfung (einer Bitte); Verachtung oder Abscheu, die man gegen eine Sache zeigt; Stolz, Hochmuth. — ETMEK. *refuser q. ch.; se détourner de q. ch. (avec mépris, dédain); rejeter q. ch.; s'effrayer de q. ch.; être fier, orgueilleux.* | etwas verweigern, rund abschlagen; anderen verächtlich begegnen; einer Sache entsagen, eine Sache verwerfen, sich von etwas gänzlich lossagen, eine Sache abschwören. — بر نسنه دن اورقوب — sich vor einer Sache entsetzen = a. قورقمق oder انف.

a استنكاه ISTINKÂH. [نكه X.] Sbst. *action de sentir l'haleine de q. qn.* | das Anriechen, (um zu erkennen, ob Jemand Wein getrunken). — ETMEK. *chercher à découvrir q. ch.* | eine Sache ausspüren, zu entdecken suchen.

t استنكه und استنكله s. استكه.

t استنكلجه ISTENILDJEK. s. استكه.

a استنهاج ISTINHÂDJ. [نهج X.] Sbst. *action de suivre le chemin qu'un autre a suivi (de manière qu'il n'y ait pas à s'y tromper).* | Nachgehen auf dem Wege, den ein anderer gegangen, so dass man nicht irren kann.

a استنهاض ISTINHÂZ. [نهض X.] Sbst. قوزغارمق *action d'exciter.* — ETMEK. *exciter q. qn., engager q. qn. à se mettre à q. ch.* | Jemand aufrütteln, zu einem Geschäft antreiben.

استو ISTIV, auch استى Sbst. (ital. stiva) *lest.* | Ballast. vgl. استف.

a استواء ISTIWÂ. I. [سوى VIII.] Sbst. *égalité, état d'être égal; action de rendre égal, de se rectifier; action de se diriger tout droit vers ...; d'aller s'asseoir quelque part pour se reposer et s'y affermir.* | Gleichheit (an Gestalt, Grösse, Zahl, Gewicht); Gleichmachung, gleiche Theilung, das in gerader Richtung sich wohin begeben, sich an einer Stelle niederlassen. Theol. das sich niederlassen Gottes auf dem Throne des Himmels (Sur. 2,27.7,52).

خط استوا HATT-I ISTIWĀ, der Aequator. 2. Tahrif v. استواء s. u.

p استوار ISTŪWĀR. Adj. *ferme, fort, solide; fidèle, vrai, constant.* | fest, stark, sicher, treu: قلعه استوار fest und sicher ثابت واستوار oder قلعه استوار eine feste Burg. — ETYMEK. *rendre ferme, solide, fortifier, consolider; attacher; confirmer, observer fidèlement.* | fest machen, fest binden, befestigen (eine Stadt, oder eine Sache an einer andern); bestätigen, fest abschliessen, fest halten (einen Vertrag).

pt استوارلق ISTŪWARLYK und p. استوارى ISTŪWĀRI. Sbst. *fermeté, stabilité, constance.* Festigkeit, Sicherheit, Strenge, Beständigkeit, Treue, Zuverlässigkeit.

p استوان ISTŪWĀN. Adj. *ferme.* | fest s. استوار

p استوانه ISTŪWĀNE. *cylindre, colonne.* | Cylinder, Säule. s. استونه

t استوبج und استوبج ISTŪBEJ oder ISTUBIJ. Tahrif v. اسپيداج *blanc de céruse.* Bleiweiss. s. اسپيداج

t استوپى ISTŪPI. Sbst. (ital. stoppa). *étoupe.* | Werg (von Hanf), Kalfaterwerg. s. استپه

t o آصمق s. آستورمق

p استورمون od. استرموك ISTURMŪN od. ISTERMŪK. Sbst. دوه قوشى *l'autruche.* | d. Strauss.

استره s. استوره

p استوم ISTŪM Sbst. *espèce de jonc.* | eine Art Binse.

p استون ISTŪN. Sbst. *colonne, pilastre, étai, mât* | Säule, Stützbalken, Mast.

p استوه ISTŪWE. Adj. *triste, affligé.* | traurig, betrübt.

a استوى ISTIWĀ. s. استواء

p استه ĀSTE. Sbst. چكردك *noyau, pépin.* Kern (einer Frucht).

a استهال ISTIHĀL. [سهل VIII.] Sbst. *diarrhée.* | Durchfall.

a استهام ISTIHĀM. [سهم VIII.] Sbst. *action de consulter le sort par le jet de flèches.* | das Loosen (mit Pfeilen).

a استهانه ISTIHĀNE. [هان X.] Sbst. *action de dédaigner, dédain* | Geringschätzung, Verachtung. — ETYMEK. *traiter légèrement, dédaigner, regarder comme de peu de valeur.* | eine Sache leicht nehmen, gering schätzen.

a استهجان ISTIHJĀN. [هجن X.] Sbst. *désapprobation.* | Missbilligung. — ETYMEK. *regarder q. ch. comme vilain et déshonorant; désapprouver q. ch.* | für schlecht, hässlich, ungebührlich halten; seine Missbilligung äussern.

a استهداء ISTIHDĀ. [هدى X.] Sbst. *le désir d'être guidé ou instruit.* | Verlangen nach Unterweisung (hauptsächlich in Dingen der Religion).

p استهروش ISTEHRŪŠ. Sbst. توزى قوشى *sorte d'aigle, orfraie.* | der Meeradler.

a استهزاء ISTIHZĀ. [هزء X.] Sbst. *dérision.* Verspottung. — ETYMEK. *se moquer de q. qn., le prendre pour objet de ses railleries.* | verspotten, verlachen, auslachen, Jemand lächerlich machen, Jemand zum Besten haben, necken.

استقوس s. استهلوس

a استهلاك ISTIHLĀK. [هلك X.] Sbst. *action de perdre, de chercher à perdre; de se consumer.* | Vergeudung des Vermögens. Aufwand. — ETYMEK. *perdre, faire périr, ruiner; dilapider, gaspiller, perdre son avoir.* | eine Sache aufreiben, verderben, verzehren, mit seinem Gelde fertig werden; Aufwand machen.

a استهلال ISTIHLĀL. [هلّ X.] Sbst. *premier cri du nouveau-né; apparition ou observation de la nouvelle lune, commencement d'un mois lunaire.* | Aufjauchzen, Erster Schrei oder Lebenszeichen des Neugeborenen; Eintritt des neuen Mondes, Mondwechsel, Beobachtung des Neumondes. Rhetor.: Anwendung mehrerer Synonyme und Homonyme hintereinander. — ETYMEK. *observer ou célébrer la nouvelle lune; tirer le sabre du fourreau et le faire briller; faire entendre des cris de jubilation.* | den Eintritt des neuen Mondes beobachten oder feiern; den Säbel aus der Scheide ziehen und blitzen lassen; Freudenrufe oder Jubelrufe hören lassen.

p استهيدن ISTEHIDEN. Vb. intr. *répugner, s'opposer.* | widerstreiten, sich widersetzen.

p استى ĀSTI oder آستين Sbst. *manche d'un vêtement.* | Aermel.

استى ISTI. s. استو

a استياء ISTIJĀ. [سوء VIII.] Sbst. *mauvaise action; action par laquelle on cause du chagrin à soi-même; chagrin qu'on a d'une mauvaise action.* | Begehen einer schlechten Handlung; Handlung, durch die man sich selbst Verdruss und Schaden bereitet; Verdruss oder Betrübniss über eine schlechte Handlung.

a استيئاس ISTIJĀS. [يئس X.] Sbst. اميدسزلك *désespoir.* | Hoffnungslosigkeit, Verzweiflung. — ETYMEK. *désespérer d'une chose.* | an einer Sache verzweifeln.

a استياق ISTIJĀK. [سوق VIII.] Sbst. سوق ايلمك، سورمك *action de pousser.* | Antreibung. — ETYMEK. *pousser, faire marcher, stimuler à la marche, mener.* | vorwärts treiben, ziehen, stossen, führen.

a استياك ISTIJĀK. [سوك VIII.] Sbst. — ETYMEK. *se nettoyer les dents avec un cure-dents.* sich eines Zahnstochers bedienen.

a استيبال ISTIBĀL. [وبل X.] Sbst. *insalubrité de l'air d'un pays.* | Ungesundheit der Luft einer Gegend.

a استيثار ISTI'SĀR. [أثر X.] Sbst. *action de choisir ou revendiquer exclusivement pour soi.* | Erwählung, Auserwählung.

a استيثار ISTISĀR. [وثر X.] Sbst. *action de demander beaucoup d'une chose, de chercher à augmenter.* — ETYMEK. *demander beaucoup, dem. l'augmentation de q. ch.* | viel zu erhalten suchen, eine Sache zu vermehren, zu vergrössern suchen.

a استيثاق ISTISĀK. [وثق X.] Sbst. *action de compter sur q. qn., sur sa fidélité, avoir confiance en q. qn.* | sicheres Vertrauen, das man auf Jemand setzt, sichere Gewährleistung, Zuverlässigkeit.

a استيج ISTĪJ und استاج ISTĀJ. Sbst. *navette de tisserand.* | Weberschiffchen.

a استيجاب ISTIJĀB. [وجب X.] Sbst. *action de regarder comme nécessaire, obligatoire, convenable.* — ETYMEK. *regarder comme nécessaire.* | für nothwendig, zweckmässig, passend halten.

a استيجار ISTI'JĀR. [أجر X.] Sbst. *louage, location, fret.* | Miethung, Pachtung. — ETYMEK. *louer.* miethen, pachten; vermiethen, verpachten.

t استيجى ISTEJIJI. Adj. u. Sbst. v. استمك *désireux.* | sehnsüchtig; einer der etwas wünscht, ein Wünschender.

a استيحار ISTIHĀR. [أخر X.] Sbst. كيروده قالمق، كيرو قالمق *action de tarder, retardement.* | Verspätigung. — ETYMEK. *tarder, rester en arrière; laisser en arrière; mettre en arrière.* | sich verspätigen, zurückbleiben; zurücklassen, zurücksetzen.

a استيداع ISTIDĀ'. [ودع X.] Sbst. *action de mettre en dépôt chez q. qn.* | etwas bei Jemand niederlegen, zur Aufbewahrung übergeben.

p استيدن ISTIDEN. s. استدن

a استيذان ISTI'ZĀN. [أذن X.] Sbst. اذن طلب ايتمك *action de demander la permission.* | Bitte, etwas zu erlauben. — ETYMEK. *demander la permission d'entrer, d'être admis chez q. qn.* | um Erlaubniss bitten; fragen, ob man eintreten darf.

p استير oder استر ESTIR, ISTIR [auch استرا und استار] Sbst. *poids de six drachmes.* | Apothekergewicht von sechs Drachmen.

a استيراد ISTIRĀD. [ورد X.] Sbst. — ETYMEK. *se trouver à un rendez-vous; donner un rendez-vous à q. qn.* | sich an einem bestimmten Orte einfinden; Jemand bitten sich an einem Orte einzufinden.

p استيزه ISTIZE. Sbst. *rétractation, altercation, dispute.* | Widerspruch, Zank, Streit, Wortwechsel.

a استيسار ISTI'SĀR. [أسر X.] Sbst. اسير ايتمك، اسير اولمق *captivité, arrestation.* | Gefangenschaft, Gefangennehmung.

a استيسار ISTISĀR. [يسر X.] Sbst. قولايلق *facilité, réussite; préparation, disposition pour faire q. ch.* Erleichterung, Leichtigkeit, Gelingen einer Sache, Bereitschaft.

a استيساع ISTISĀ'. [وسع X.] Sbst. *action de s'étendre; étendue.* | Weite, Ausdehnung, Ausbreitung, Erweiterung.

a استيصال ISTI'SĀL. [أصل X.] Sbst. كوكندن قوپارمق *extirpation.* Entwurzelung, Ausrottung. — ETYMEK. *déraciner, exterminer, détruire.* entwurzeln, mit der Wurzel ausreissen, ausrotten.

a استيضاح ISTIZĀH. [وضح X.] Sbst. *action de se faire exposer clairement q. ch.* — ETYMEK. *prier q. qn. de faire voir clairement, d'exposer clairement q. ch.* | um Erklärung (einer schwer zu verstehenden Stelle) bitten; sich etwas erklären lassen.

a استيضاع ISTIZĀ'. [وضع X.] Sbst. — ETYMEK. *demander à q. qn. une remise, une baisse de prix, dem. que l'on rabatte du prix.*

vom Preise abhandeln. Ermässigung des Preises bitten.

a استيطان ISTITÂN. [وطن X.] Sbst. *action de se fixer quelque part, de prendre domicile.* | Ansiedelung, Niederlassung. — ETMEK. *se fixer dans un lieu, faire d'un lieu sa demeure, sa patrie.* | sich in einem Lande ansässig machen, in einer Gegend ansiedeln.

a استيعاب ISTI'ÂB. [وعب X.] Sbst. *action de s'emparer d'une chose toute entière; de faire entièrement, avec perfection; contenance, capacité.* | vollständiges Ergreifen einer Sache; Vollendung; der (räumliche) Inhalt (eines Gefässes). — ETMEK. *contenir, renfermer, comporter; prendre entièrement, faire entièrement; ôter tout; occuper entièrement (un lieu).* | fassen, halten, enthalten (von einem Maasse); umgeben, umfassen — اخذ كلّى ايلمك: alles zusammen, alles auf einmal nehmen, ganz und gar wegnehmen, einen Ort, einen Raum innehaben. استيعاب افكار ايلمك alle Aufmerksamkeit in Anspruch nehmen.

a استيعاباً Adv. *entièrement.* | insgesammt, zusammen.

a استيفا ISTIFÂ. [وفى X.] Sbst. *action de payer ou de prendre entièrement, état d'être au complet.* | Hingabe, Hinnahme; volle Bezahlung, Befriedigung; Vollendung; Aufgebung, Entsagung. — ETMEK. *payer tout ce qu'on doit, satisfaire; prendre ou se faire payer intégralement, q. ch.; renoncer à q. ch.; demander sa retraite; remercier; rendre l'âme à Dieu, mourir.* | (seine Schuld) ganz bezahlen, vollständig ins Werk setzen, استيفاء انتقام ايلمك seine Rache befriedigen. Ganz hinnehmen, eine Schuld ganz bezahlen lassen; einer Sache entsagen, etwas aufgeben, von etwas zurücktreten, ablehnen, danken; seine Seele Gott hingeben, d. i. sterben. استيفاء حظوظ ايلمك seine Lust befriedigen. استيفاء عادت das Vorhandensein der festgesetzten Anzahl Frauen (als eines der gesetzlichen Hindernisse zu Eingehung einer neuen Ehe).

a استيفاق ISTIFÂK. [وفق X.] Sbst. *effort qu'on fait pour obtenir la grâce de Dieu, et la direction dans la voie du salut.* | Theol.: das Streben nach dem Tewfik und Hidâjet, d. i. der Uebereinstimmung mit Gott, oder der göttlichen Gnade, durch welche die Unternehmungen des Menschen einen glücklichen Ausgang finden und der Leitung auf dem rechten Wege in Dingen der Religion. vgl. توفيق und هدايه

a استيقاد ISTIKÂD. [وقد X.] Sbst. يقمق . ياقمق *action d'allumer, de s'allumer.* | Entzündung (des Feuers). — ETMEK. *allumer, s'allumer.* | anzünden, sich entzünden.

a استيقاظ ISTIKÂZ. [يقظ X.] Sbst. اويانمق *réveil.* | das Erwachen.

a استيقان ISTIKÂN. [يقن X.] Sbst. كسب يقين ايلمك *action d'apprendre q. ch. avec certitude; certitude qu'on a de q. ch.* | Streben nach sicherer Kenntniss einer Sache, nach zuverlässiger Nachricht; sichere Kenntniss, die man von einer Sache hat.

p استيبل s. استبر

a استيلا ISTILÂ. [ولى X.] Sbst. *action d'atteindre le but, le terme (dans la course), victoire, prépondérance, avantage.* | das Gelangen zum Ziele; Sieg beim Wettlauf; Oberhand, Ueberwältigung, Sieg. — ETMEK oder BULMAK. *atteindre le but; se rendre maître de q. ch.; avoir la supériorité, prédominer, prévaloir.* | das Ziel erreichen; die Oberhand behalten, die Oberhand gewinnen; Jemanden überwältigen, sich einer Sache bemächtigen (mit Gewalt oder widerrechtlich); ein Land erobern (mit dem Accus. und mit dem Dativ des Objects).

a استيلاد ISTILÂD. [ولد X.] Sbst. *cohabitation avec une esclave, procréation avec une esclave, adoption de l'enfant d'une esclave.* | Beischlaf und Kindererzeugung mit einer Sclavin, Anerkennung des Kindes einer Sclavin.

p استيم ÂSTIM. s. استين

a استيمار ISTI'MÂR. [امر X.] Sbst. *consultation, délibération.* | Berathschlagung. — ETMEK. *consulter, délibérer, demander à q. qn. son avis.* | sich berathen mit Jemand, um Rath fragen.

a استيمان ISTI'MÂN. [امن X.] Sbst. *action de chercher sécurité chez q. qn.* | Erbittung des Schutzes, Gesuch um sicheres Geleit. — ETMEK. *demander protection, grâce à q. qn., se réfugier chez q. qn., faire la paix avec les Ottomans (se dit des nations Européennes).* | Jemandes Schutz oder Gnade erbitten, bei Jemand Schutz suchen; sich Jemandes Schutz oder Gnade ergeben, daher, von europäischen Nationen, Frieden mit der Pforte schliessen. vgl. مستأمن

p آستين ÂSTIN oder ÂSTIN. Sbst. *la manche.* | der Aermel.

a استيناس ISTI'NÂS. [انس X.] Sbst. *action de s'accoutumer; vie sociale, commerce des hommes, rapports suivis, familiarité, habitude; sympathie.* | Gewöhnung, geselliges Leben, Verkehr der Menschen untereinander, Geselligkeit, Vertrautheit; Gewöhnung an einander, der Thiere an den Menschen. — OLUNMAK. *s'habituer, se familiariser avec q. ch., se laisser dompter.* | sich gewöhnen an etwas (m. d. Dativ), sich mit etwas vertraut machen; zahm werden, sich zähmen lassen (von Thieren).

a استيناف ISTI'NÂF. [انف X.] Sbst. باشلامق *action de commencer, commencement; réponse à l'interrogation qui précède.* | Anfang, Beginn; Gramm. Beginn eines neuen Satzes, der sich dem Sinne nach an den zunächst vorhergehenden anschliesst, aber eine andere Construction hat. Antwort auf eine vorhergehende Frage.

p آستينه ÂSTINE. Sbst. يومورطه *oeuf.* | das Ei.

a استيهاب ISTIHÂB. [وهب X.] Sbst. — ETMEK. *demander un présent.* | um eine Gabe, um ein Geschenk bitten.

a استيهال ISTIHÂL. [اهل X.] Sbst. *action de croire q. qn. digne de q. ch.; de se conduire en homme digne de q. ch.; dignité, mérite.* | Würdigachtung, Werthachtung, Würdigkeit, Verdienst. — ETMEK. *estimer digne de q. ch., se montrer digne de q. ch.* | einer Sache werth, für eine Sache geeignet halten; sich einer Sache würdig zeigen.

a استيئاس ISTIJÂS. s. استياس

t استيمرك ISTEJEREK. s. استمك

a اسجان ESǴÂN. Sbst. *les soumis, c. à d. les Juifs et les Chrétiens; capitation payée par les Juifs et les Chrétiens; pièces de monnaie ornées de figures auxquelles on attribue des vertus talismaniques.* | die Unterworfenen, d. i. Juden und Christen; Kopfsteuer der Unterworfenen — جزيه; Münzen mit hieroglyphischen Zeichen, denen man besondere Kräfte zuschreibt.

a اسجاد ISǴÂD. [سجد IV.] Sbst. *action de pencher la tête.* | Senken des Hauptes. — ETMEK. *pencher la tête, s'humilier, s'abaisser, se prosterner (devant Dieu).* | den Kopf niederbeugen, sich demüthigen, sich niederwerfen (im Gebet, vor Gott).

a اسجاع ESǴÂ'. Sbst. Pl. von سجع

t اسجاق oder اسيجاق YSSYǴAK. vulg. SY'ǴAK. Adj. *chaud.* heiss, warm.

t اسجاقلق oder اسيجاقلق YSSYǴAKLYK. Sbst. *chaleur.* | Hitze, Gluth, Erhitzung.

a اسجال ISǴÂL. [سجل IV.] Sbst. فرامش ايلمك . ترك ايلمك *action de délaisser, d'abandonner.* | Aufgeben, Verlassen, Vergessen einer Sache.

a اسحات ISHÂT. [سحت IV.] Sbst. قورو ايلمك *anéantissement, extirpation, destruction.* | Vernichtung, Ausrottung. — ETMEK. *anéantir, extirper, détruire.* | vernichten, verwüsten, ausrotten.

a اسحار ESHÂR. Sbst. Pl. v. سحر *les heures du matin, matinée.* die Morgen, Morgenstunden.

a اسحق ISHÂK. N. pr. Isaak.

a t اسحق قوشى ISHAK KUŠU. Sbst. *chouette, hibou.* eine Eulenart, das Käutzchen. *p.* شب اوز

a اسحوب ESHÛB. Adj. u. Sbst. *gourmand.* lecker, ein leckerer Mensch.

a اسحيه ESHIJET. Sbst. Pl. v. سحا

a اسخا s. اسخى

a اسخاط ISHÂT. [سخط IV.] Sbst. كذكلمك *action d'irriter, d'exciter à la colère.* — ETMEK. *exciter à la colère, irriter.* | erzürnen, in Zorn bringen.

a اسخان ISHÂN. [سخن IV.] Sbst. اصيتمق . قيزدرمق *action de chauffer.* | Erhitzung. — ETMEK. *chauffer.* | erhitzen, heiss machen. اسخان عين ISHÂN-I AIN. *échauffement des yeux.* | Augenerhitzung, Ursache zum Weinen. — ETMEK. *faire pleurer les yeux.* | einem Thränen verursachen.

a اسخم ESHAM. Adj. *noir.* | schwarz.

a اسخى oder اسخا ESHÂ. Adj. Comp. *très-libéral, généreux.* | sehr freigebig, sehr edelmüthig. s. سخى

a اسخيا ESHIJÂ. Sbst. Pl. v. سخى

a اسد ESED. Pl. اسد Sbst. ارسلان *le lion; la constellation du lion.* | Löwe; das Sternbild des Löwen. اسد العدس ESED UL-ADES. *orobanche.* | Sonnenwurz (Pflanze). اسد الله ESED ULLAH. *lion de Dieu, surnom du calife Ali.* | Löwe Gottes, Beiname des Khalifen Ali.

a اسداد ESDÂD. Sbst. Pl. v. سد SEDD.

a اسدال ESDÂL. Sbst. Pl. v. سدل SIDL.

a اسدال ISDÂL. [سدل IV.] Sbst. *action de laisser tomber.* | das Herabfallenlassen. —

ETMEK. *laisser tomber comme un voile.* | wie einen Schleier herabfallen lassen, herunterlassen.

a أسده ESEDE. Sbst. Fem. von أسد ESED. ارسلان دیشیسی *la lionne.* | die Löwin

a آسده ESÂDE. Sbst. Pl. v. سد SEDD.

a أسدی ESEDÎ. Adj. u. Sbst. ارسلانلو *de lion; monnaie qui porte l'empreinte d'un lion.* | löwenhaft; ein Geldstück, welches das Gepräge eines Löwen trägt; Löwenpiaster.

a أسر ESER. Sbst. *verre, vitre.* | Glas.

a أسر ESR. Sbst. أسیر ایتمك ، بغلامق *action de lier, de faire prisonnier, de faire esclave.* | Fesselung, Gefangennehmung, Wegführung in die Sclaverei. — ETMEK. *faire prisonnier.* | zum Sclaven machen.

a أسر USR. Sbst. *captivité, esclavage.* | Gefangenschaft, Sclaverei.

a أسر USR und USUR. Sbst. *rétention d'urine.* | Urinverhaltung, Blasenkrampf.

a أسراء ISRÂ. [سری IV.] Sbst. یورتمك *action de faire voyager, d'envoyer q. qn.* | Absendung Jemandes.

a أسراء USERÂ. Sbst. Pl. v. أسیر ESIR

a أسرار ESRÂR. Sbst. [Pl. v. سر] *mystères, secrets, sacrements; comme singulier: électuaire fait des feuilles du chanvre et d'autres plantes narcotiques et qui produit une violente excitation nerveuse; le chanvre.* | Geheimnisse, geheime Gebräuche, Mysterien, Sacramente; geheime Verhandlungen und Verträge. Als türk. Singular: eine narkotische Bereitung der Blätter des Hanfes u. anderer narkotischer Pflanzen, gewöhnl. بنك genannt, [arab. حشیش], welche einen starken Rausch erzeugt; die Hanfpflanze.

a أسرار ISRÂR. [سر IV.] Sbst. گیزلمك *action de tenir caché (un secret).* | Geheimhaltung, Verheimlichung. — ETMEK. *cacher un secret; divulguer un secret.* | ein Geheimniss bewahren; ein Geheimniss verrathen oder ausplaudern.

a أسراع ISRÂ'. [سرع IV.] Sbst. ایوغمق *action de hâter.* | Beeilung, Beschleunigung. — ETMEK. *hâter, presser.* | beeilen, beschleunigen, schneller gehen lassen.

a أسراف ISRÂF. [سرف IV.] Sbst. *prodigalité, gaspillage.* | Verschwendung, Vergeudung. — ETMEK. *prodiguer, dissiper son bien, passer la mesure.* | verschwenden, sein Vermögen vergeuden; ein lockeres Leben führen.

a أسرافیل ESRÂFÎL, ISRÂFÎL. N. pr. *nom de l'ange de la mort.* | Name des Todesengels.

t o أسرمق s. آسرامق

a أسرائیل ISRAÏL. N. pr. Israël. بنی أسرائیل *les enfants d'Israël.* | die Kinder Israels.

p أسرب USRUB. Sbst. قورشون *plomb; sceau de plomb (appliqué par les douanes).* | das Blei, Plombe, Plombirung zu verzollender Waaren.

p أسربی USRUBÎ. Adj. *de plomb; plombé.* | bleiern; plombirt.

a أسرع ESRA'. Adj. Comp. v. سریع *plus prompt, plus vite, très-vite.* | schneller, sehr schnell.

t o أسركمك USRÜKMEK. Vb. intr. *être dans un état d'exaltation.* | sich in einem Rausche, in einer Aufregung befinden. LT. مست شدن

vgl. أسرمك. Deriv. أسركتمك Vb. trans. *causer un état d'exaltation.* | einen Rausch oder Aufregung bewirken. LT. مست کردن

t أسركمك oder أسركیمك und أسیركمك ESIRGEMEK. Vb. act. *avoir pitié, compassion, de q. qn.* | einen bemitleiden. s. d. Figde.

t أسرمك ESIRMEK oder أسیرمك, auch أسرمك ESRIMEK. t o أسركمك und أسرمق Vb. intr. *être dans un état d'exaltation, par suite de tristesse, de passion, s'affliger, se passionner, enrager.* | in einem Rausche, in Aufregung des Gemüths sein (vor Betrübniss, Freude, Liebe, Mitleid). أسرمش od. أسریمش wüthend, brünstig (von Thieren). Kms. s. v. جفرتخة، طلد، بخلع und öfter.

t o أسرمق oder آسرامق ASRAMAK. Vb. act. *garder, observer; élever, nourrir.* 1. p. نگاه داشتن bewachen, bewahren, schützen. 2. p. پرورش کردن aufziehen, ernähren. Ali Schir. Q. u. LT. Deriv. أسرنمق ASRANMAK. Vb. pass. *être gardé etc.* | bewahrt u. s. w. sein oder werden. نگاه داشته شدن LT.

t o أسرقمق LT. أسرمك s. مست شدن

t o أسرقمق Vb. intr. *lâcher un vent.* | furzen. p. گوز زدن LT. Deriv. أسرقتمق Vb. caus. *causer des pets, être venteux.* | Blähung verursachen. p. گوز انگیختن

p أسرنج ISRINÜ. Sbst. *cinabre, minium.* | Zinnober, Menig.

t أسره ESRE. Sbst. *accent indiquant les voyelles i ou y et qui se place au dessous des lettres.* | das Vocalzeichen unter der Linie (iod. y).

t o أسره Adv. *de l'autre côté.* | von jener Seite. p. ازان سو LT. vgl. أشره und أشوری

a أسره ESIRRE. Sbst. Pl. v. سر SIRR.

t أسرو ESRU oder ESRÜ oder أسروكوب ESRÜKÜP. Adj. und Adv. *beaucoup, le plus, tout; bientôt, ensuite.* | viel, sehr, ganz, zumeist; dann, bald.

p أسروش USRÛŠ. s. سروش

a أسری ESRÂ. Sbst. Pl. v. أسیر

t أسرمك ESRIMEK. s. أسرمك

t أسز oder أسسز ISSIZ, [auch أیسز] von أس Adj. *qui n'a pas de maître, sans maître, désert; épaves (Mar.).* | herrenlos (von unbebautem Lande, Strandgut u. s. w.); vielleicht auch von أز, ohne Spur, wo keine Spur ist, d. i. wüst. أسز یر Einöde, Wüste.

t أسزلك ISSIZLIK. Sbst. *désert.* | herrenloses Land, Wüste.

a أسطار ASTÂR. Sbst. Pl. v. سطر

a أسطاره ISTÂRE oder أسطوره USTURA. Pl. أساطیر ESÂTÎR. Sbst. (ἱστορία) *histoire, conte, récit fabuleux; conte en rimes.* Geschichte, Erzählung, Fabel, Mährchen; eine in Reimen geschriebene Erzählung.

a أسطبل ISTABL. Sbst. (στάβλον). Pl. أسطبلات ESTÂBÎL. *écurie, étable.* | Pferdestall, Stall.

p أسطبر ISTEBR. s. أستبر

t أسطپه USTUBBA, auch أسطوپه ، أسطوپو ، أصطپه ، أصلوپی ، أسپنی ، أستپی ، استوپی Sbst. (ital. stoppa) *étoupe.* | Werg, Kalfaterwerg. Abfall von Baumwolle oder Flachs.

p t أستر und آستر ASTAR. Sbst. *doublure, le dessous.* | Unterfutter, Unterzeug, Wattierung.

(أسترابلیقوس ISTRATYKOS. Sbst. (griechisch) *nom d'un médicament.* | Name einer Arzneipflanze = آیو قولاغی ، آیو

a أسطرلاب USTURLAB. Sbst. (ἀστρολάβος). das Astrolab.

a أسطقس ISTAKOS. Sbst. (στοιχεῖον). *principe, élément.* | Grund, Grundlage, Element. Pl. أسطقسات die vier Elemente.

a أسطوانه oder استوانه USTUWÂNE. Sbst. *colonne, cylindre.* | Säule, Pfeiler, Cylinder.

a أسعاء IS'Â. [سعی IV.] Sbst. *action de mener, d'avancer les affaires de q. qn.* | Betreibung der Angelegenheiten Jemandes.

a أسعاد IS'ÂD. [سعد IV.] Sbst. *action de rendre q. qn. heureux; assistance.* | Beglückung; Beistand. — ETMEK. *rendre heureux; assister.* | beglücken; beistehen.

a أسعار ES'ÂR. Sbst. Pl. v. سعر

a أسعاف IS'ÂF. [سعف IV.] Sbst. *action d'achever, d'avancer, de concéder.* | Zustandebringung, Förderung, Willfahrung. — ETMEK. *achever, accomplir, terminer, avancer, seconder une affaire; secourir, assister, accorder, octroyer, concéder.* | eine Sache zustandebringen, vollenden, vorwärtsbringen, fördern, zugestehen, willfahren (eine Bitte).

a أسعد ES'AD. Adj. *plus heureux, le plus heureux.* | glücklicher, sehr glücklich.

p أسغر USGUR und أسغره USGURA od. أسغرنه USGURNA. Sbst. *hérisson.* | der Igel, das Stachelschwein.

t o أسغر LT. vgl. آسیغ ، كیرپی

t o أسغوروق ASGURUK. Sbst. عطسه LT. *éternument.* | d. Niesen. vgl. أكسیرمك

a أسف ESEF. Sbst. *chagrin, douleur.* | Kummer, Schmerz, Trauer.

a أسفاء ESFÂ. Sbst. Pl. v. أسیف

a أسفار ESFÂR. Sbst. Pl. v. سفر SEFER, *voyage.* | Reise und SIFR, *tome.* | Band.

a أسفار ISFÂR. [سفر IV.] Sbst. *splendeur du soleil levant, de l'aurore.* | Morgenhelle, Glanz der aufgehenden Sonne. — ETMEK. *briller (le soleil, l'aurore); s'éclaircir, se mettre au beau (le temps).* | am Morgen hell scheinen (die Sonne); sich aufheitern, hell werden (das Wetter).

p أسفت ISFET. Sbst. *trèfle.* | der Klee.

p أسفد ESFED und أسفده ÂSFEDE, ÂSEFTE. Sbst. *tison.* | Feuerbrand.

p أسفدنج ESFEDNIĞ. Sbst. *droit d'entrée et de transit.* | Eingangszoll, Durchgangszoll.

p أسفراج ISFIRÂĞ. Sbst. *asperge.* | Spargel.

a أسفل ESFEL. Compar. v. سفیل *plus bas, le plus bas.* | sehr niedrig, niedriger, sehr gering, sehr schlecht. Sbst. *la dernière place, le derrière.* | der hinterste, letzte Platz, der Hintere. Pl. أسافل ESÂFIL. *le peuple, la populace; les dernières places.* | die niedrigsten Stände, das gemeine Volk; die niedrigsten Plätze. أعالی وأسافل die Vornehmsten und die Geringsten.

p اسفناج ISPINÂǴ und اسفناج ISPÂNÂǴ. s. اسپناخ

p اسفنج ÍSFUNǴ. Sbst. (σπόγγος) *éponge*. | Schwamm.

p اسفندان ISPENDÂN. Sbst. خردل *moutarde*. | Senf.

p اسفهسالار ISPAHSÂLÂR. Sbst. *général d'armée*. | Heerführer.

p اسفيد ISPÎD. Adj. آق *blanc*. | weiss.

p اسفيداج ISPÎDÂǴ, auch اسفيداك ISPÎDÂG, vulg. اسپيدلچ Sbst. *blanc de céruse, fard blanc*. | Bleiweiss, weisse Schminke, auch ISPÎDÂǴ RÛMÎ. اسفيداج الرصاص *antimoine*. | Spiessglas.

a اسقا ISKÂ. [سقى IV.] Sbst. *action d'arroser, d'abreuver*. | Bewässerung, Begiessung. — ETMEK. *arroser, donner à boire*. | bewässern, begiessen; trinken lassen, zu trinken geben.

t اسقاره oder اسقره ISKARA. Sbst. *gril, grille, grillage; grillade*. Bratrost, Gitter (von Eisen); Rostbraten. — ETMEK. *griller*. | auf dem Roste braten.

a اسقاط ISKÂT. [سقط IV.] Sbst. دوشورمك *action de faire tomber*. | das Fallenlassen. — ETMEK. *faire tomber q. ch. ou un mot, s'équivoquer; trahir un secret; négliger, omettre, passer q. ch.* | fallen lassen, ein Wort fallen oder sich entschlüpfen lassen, sich versprechen, ein Geheimniss verrathen; etwas vernachlässigen, übergehen. اسقاط جنين ISKÂT-I-ǴENÎN. *avortement*. | Fehlgeburt. اسقاط خيار Erklärung des Verkäufers, dass er sein Recht auf den verkauften Gegenstand dem Käufer übertrage.

a اسقام ESKÂM. Sbst. Pl. v. سقم SAKAM.

a t اسقيل نخمى s. بور قنطوسا

t اسقره s. اسقاره

t اسقلاون ISKLAWUN. Sbst. *slave*. | Slavonier. اسقلاون ولايتى Illyrien.

i اسقنديل ISKANDIL. Sbst. (ital. scandaglio). *sonde. (Mar.)*. Senkblei. — ETMEK od. BRAKMAK. *jeter la sonde, sonder la profondeur, au fig. sonder la pensée de q. qn.* | das Senkblei auswerfen, die Tiefe erforschen, Jemandes Gedanken erforschen, Jemanden sondieren.

t اسقنديللمك ISKANDILLEMEK. Vb. act. *sonder*. | das Senkblei auswerfen. = ISKANDIL ETMEK.

t اسقوچيه USKOČIA. N. pr. *Écosse*. | Schottland.

it اسقوربوت oder اسقوربوت ISKORBUT. Sbst. *scorbut (maladie); sorte de poisson de mer*. | Scharbock, Zahnfäule; ein Seefisch. — a نشفد

gr اسقوردیون USKORDIUN. Sbst. (σκόρδιον) *ail, scordium*. | Lauch, Knoblauch.

gr اسقوريون USKORUN. Sbst. (σκωρία). معدن كيوكى *scorie*. | Schlacken.

gr اسقولوفندريون SKOLOPENDRIUN. Sbst. (σκολόπενδρον) *scolopendre (plante et insecte)*. | Scolopender, Tausendfuss; Hirschzunge. = آنتوپ اوتى

gr اسقمرى USKUMRY. Sbst. (σκόμβρος). *scombre, maquereau*. | Makrele. (scomber scombrus.)

t اسقونه USKUNA (engl.) Sbst. *goëlette*. | Schooner, Zweimaster.

p اسك ESK. Sbst. قورير . اولاق *messager, courrier*. | Bote, Courier.

a اسكات ISKÂT. [سكت IV.] Sbst. اوصوتمق ايلمك *action de calmer*. — ETMEK. *faire taire, calmer; convaincre q. qn.; satisfaire q. qn.* | zum Schweigen bringen; Jemanden befriedigen; beruhigen; Jemanden überzeugen.

a اسكار ISKÂR. [سكر IV.] Sbst. سكر ويرمك Berauschung. — ETMEK. *enivrer, rendre ivre, étourdir*. | berauschen, betäuben.

a اسكاف ISKÂF. Sbst. بشمقجى *cordonnier*. | der Schuster; auch اسكوف

a اسكان ISKÂN. [سكن IV.] Sbst. *action de loger q. qn.* | Beherbergung. — ETMEK. *loger q. qn.; faire rester, faire habiter, q. qn.; habiter, demeurer, être logé; s'établir; se fixer*. | Jemanden an einem Orte wohnen lassen, ihm Wohnung geben; einen Ort bewohnen; an einem Orte leben, sich ansiedeln.

a اسكنه ISKÂNE. Sbst. بالدر *mollet, gras de la jambe*. | Wade.

a اسكت ISKET; Dual. اسكتان ISKETÂN. Sbst. *nymphe (Anatom.)*. | Wasserlefzen.

t اسكتيك s. اسكيتيك

t اسكته ISKETE. Sbst. *petit oiseau jaune*. | ein kleiner gelber Vogel, arab. تُنَوَّط, pers. دارزه I.L. vgl. de Sacy Chrest. arab. III. p. 490.

p اسكدار ÜSKÜDÂR. Sbst. *messager, courrier*. | Bote, Eilbote, Courrier. vgl. اسك

a اسكر ESKYR. Adj. سرخوش . ايچمش *ivre, enivré*. | trunken, berauscht.

p اسكرك ISKERIK. Sbst. هچقرمق *soupir, sanglots*. | Seufzer, Stöhnen, Schluchzen.

it اسكرلت ISKARLAT, ISKERLAT. Sbst. *écarlate*. | Scharlachfarbe.

p اسكره ÜSKÜRE. Sbst. *petite écuelle*. kleine Schale, Näpfchen, Untertasse.

a t اسكف ÜSKÜF; auch اسكوف u. اسكوف oder اسكف Sbst. *bonnet, casque, bonnet de nuit, bonnet de marin*. | Mütze, eine spitz zulaufende mit Gold verzierte Mütze, wie ehedem die Offiziere der Janitscharen und die Diener im kaiserlichen Palaste trugen. Helm, Pickelhaube, — قوقه (v. Hammer, Staatsverf. des osm. Reichs. I. S. 54 f.); Mütze der Schiffer. Pl. اساكف ESÂKIF.

t اسكل oder اسكول ÜSKÜL. Sbst. *lin séparé de l'étoupe, lin fin*. | vom Werg gereinigter Flachs. اسكولى بز feine Leinwand, dünnes Baumwollenzeug — a قصب مصرى Kam.

i اسكله ESKELE, SKELLE. (ital. scala). Sbst. *échelle, débarcadère; port; échafaudage*. | Landungstreppe, Anfuhrt, Landungsplatz, Hafen, Hafenplatz; Gerüst (von Holz am Strande).

a اسكلك s. اسكليك

a اسكمله ISKEMLE oder اسكملى ISKEMLI. Sbst. *escabeau, chaire*. | Schemel, Stuhl.

a اسكن ESKEN. Adj. *tranquille, paisible*. ruhig, still, friedlich, bescheiden.

p اسكنجه ISKENǴE oder اشكنجه IŠGENǴE. Sbst. *torture; question; peine*. | Tortur, Folter, peinliches Verhör; Strafe. — WERMEK. *torturer; donner la question*. | die Tortur anwenden, martern, quälen; Verhör anstellen; schmerzlich strafen. — ČEKMEK. *souffrir la question*. | die Folter aushalten, ein Verhör bestehen.

p t اسكنجه لمك ISKENǴELEMEK. Vb. act. *torturer, appliquer la question*. | foltern, verhören. = ISKENǴE WERMEK.

p اسكند ISKEND. Sbst. ايپ جانبازى *danseur de corde*. | Seiltänzer.

p اسكندان ISKENDÂN. Sbst. *cippe, chevalet (torture)*. | Folterbank.

a اسكندر ISKENDER. N. pr. Alexander.

p اسكندران ISKENDERÂN. Sbst. Dual. *les deux os de la cuisse ou fémurs*. | die beiden Schenkelbeine.

p اسكنه ISKENE. Sbst. *os de la cuisse, fémur*. | Schenkelbein, Schenkel.

p اسكوم ESKÛM. Sbst. *achat; séparation*. | Kauf, Einkauf; Sonderung.

a اسكوف USKÛF. Sbst. پاپوشچى *cordonnier*. | der Schuster; auch اسكاف

a t اسكوف USKÛF. Sbst. *bonnet*. | Mütze. s. اسكف

a t اسكوفيه USKÛFIA. Sbst. = اسكف *bonnet*. | Mütze.

t اسكول und اسكولى s. اسكل

t اسكى ESKI (u. ISKI). Adj. u. Sbst. *vieux, ancien; usé; vétéran, invalide*. | alt, veraltet, von lange her; durch lange Gewohnheit anhaftend; gebraucht, abgenutzt, das Alte; ein Alter, Veteran. اسكى زمان die alte Zeit. اسكى بوسكى alter Kram, altes Gerülle. اسكى شراب alter Wein. اسكى دوستم mein alter Freund. اسكى لفظ ein veraltetes Wort oder Ausdruck.

t اسكيتمك ESKITMEK. Vb. caus. v. اسكيمك

t اسكيجى ESKIǴI. Sbst. *chiffonnier, brocanteur; savetier*. | Trödler, Händler mit alten Kleidern, Lumpensammler, Altflicker.

p اسكيز ESKIZ. Adj. *prompt, vif*. schnell, lebhaft.

t اسكيلنمك ESKILENMEK. Vb. intr. v. اسكى *vieillir*. | alt werden.

t اسكيمك ESKIMEK. Vb. intr. v. اسكى Aor. اسكير ESKIR. *vieillir, être usé, avoir servi long temps*. | alt werden, veralten, sich abnutzen; im Dienste alt werden, lange dienen; von lange her sein. اسكيمش ESKIMIŠ. *vieux, usé*. | alt, abgenutzt. اسكيوب قلمق lange Zeit irgend wo bleiben. Deriv. اسكيتمك ESKITMEK oder اسكتمك. Aor. اسكيدر oder اسكدر ESKIDIR. Vb. caus. *rendre vieux, user q. ch.* | machen, dass etwas alt wird, abnutzen, lange gebrauchen.

a اسل ESEL. Sbst. *jonc dont on tresse des nattes*. | Binse.

a اسلا ISLÂ. [سلا IV.] Sbst. *action de consoler q. qn.* | Trost, Tröstung. — ETMEK od. WERMEK. *consoler*. | trösten.

a اسلا ESLÂ. Sbst. Pl. v. سلى

a اسلاب ISLÂB. [سلب IV.] Sbst. قاپمق *action d'arracher, d'enlever*. — ETMEK. wegreissen, wegnehmen.

a اسلاف ESLÂF. Sbst. Pl. v. سلف

a اسلاف ISLÂF. [سلف IV.] Sbst. *action de prêter à q. qn. (de l'argent, sans intérêt); action de faire précéder*. | Vorschuss, Darlehn ohne Zins. — ETMEK. *prêter sans intérêt; payer d'avance*. | Geld vorschiessen; vorausbezahlen (eine Waare); vorausschicken.

a اسلاك ISLÂK. [سلك IV.] Sbst. *action d'introduire ou de passer une chose dans une* autre. | Einfügung des Einen in das Andere. — ETMEK. emboîter, enchâsser, enfoncer (un clou etc.). | einfügen, in einander fügen, hineintreiben (einen Keil oder einen Nagel).

a اسلال ISLÂL. [سلّ IV.] Sbst. action de tirer ou d'extraire doucement (p. ex. le sabre du fourreau). — ETMEK. extraire doucement; voler, dérober q. ch. | (langsam) herausziehen (z. B. den Säbel aus der Scheide); stehlen.

a اسلام ISLÂM. [سلم IV.] Sbst. (résignation, obédience) l'islamisme. | (Ergebung.) der Islam, die Religion Mohammeds; die Gemeinde der Gläubigen. اهل اسلام ein Gläubiger, Mohammedaner. شيخ الاسلام, der Aelteste des Islam, d. i. d. Haupt der Gemeinde und der oberste Gesetzkundige und Gesetzausleger des Reichs.

t اسلامبول ISLAMBOL. N. pr. Constantinople. neuerer Name Constantinopels für ISTAMBOL, welcher bedeuten soll „Ueberfliessen des Islam".

a اسلامى ISLÂMÎ. Adj. u. Sbst. musulman, mahométan; regardant ou appartenant à l'islamisme. | mohammedanisch, den Islam betreffend. احكام اسلاميه die mohammedanischen Dogmen. ممالك اسلاميه die Provinzen des türkischen Reichs.

t o اسلكمك Vb. act. agiter. | bewegen (hin und her), schütteln, p. جنبانيدن LT.

a اسلحه ESLIHE, ASLYHA. Sbst. Pl. v. سلاح armes. Waffen. اسلحهٔ ناريه ASLYHA-I NÂRIJE. armes à feu. | Feuerwaffen. اسلحهسز ASLYHASYZ. non armé, sans armes. | unbewaffnet.

t o أسلم oder اصلمسز — اسلمسز

a اسلم ESLEM. Adj. qui est plus à l'abri, qui jouit de plus de sûreté; plus ou très-sûr, très-certain. | sicherer, sehr sicher, gewiss.

t o آسيقمق s. اصيقمق

t o اسنمك Vb. act. قوقولق sentir, flairer. riechen, wittern, spüren, Geruch verbreiten. p. بوئيدن. Deriv. اسنتمك Vb. caus. قوقوتمق faire sentir l'odeur, donner à flairer. | riechen lassen. p. بوئيدن LT.

t اشلمك oder اصلمك ESLEMEK. Vb. intr. Aor. اسلر ESLER. écouter, obéir. | hören, gehorchen. الم سوز اسيمز اولان qui fait la sourde oreille. | einer der nicht hören will (was man ihn bittet).

t اسلنمك ESLENMEK. Vb. intr. s'enfumer, se salir, se moisir, se rouiller. | räucherig werden, schmutzig werden, schimmlich werden, rostig werden, anlaufen (von Metall), vgl. اس oder اس

a اسلوب USLÛB. [auch اصلوب] Sbst. chemin; manière, façon d'agir, méthode; ordre, belle proportion, symétrie. | Weg; Art und Weise, Art, Handlungsweise, Methode; Ordnung, passende Zusammenstellung, Symmetrie. Pl. اساليب manières d'agir, habitudes. | Verfahrungsarten, Gewohnheiten, Weisen, Manieren.

a t اسلوبسز USLUBSYZ. Adj. sans ordre, sans méthode, informe. | ohne Ordnung, ohne Methode, ohne Form, formlos.

a t اسلوبسزلق USLUBSYZLYK. Sbst. difformité; manière d'agir sans méthode. | Unförmlichkeit; unordentliches, unmethodisches Verfahren.

t o اسلوق YSLUK. Sbst. anxiété; trouble. | Angst, Verwirrung. p. فتنه, خرخشه LT.

a اسلى ESLÎ. Adj. lettre linguale. حروف اسليه die Zungenbuchstaben.

t o اسليق YSLYK. Adj. qui répand de l'odeur. | riechend, Geruch verbreitend. p. بويا LT.

p اسليمى ISLÎMÎ. Sbst. espèce de peinture chinoise. | eine Art chinesischer Malerei.

a اسم ISM oder ISIM. Sbst. nom, nom propre. | Name — اسم عَلَم Eigenname, Gramm. Nomen. (vgl. die arab. Gramm.). اسمى نا معلوم anonym. Pl. اسما ESMÂ. les noms, les attributs de Dieu. | die Namen, die Beinamen und Attribute Gottes. اسمنى ESMÎ les noms, appellations. | die Namen, Benennungen.

a اسما ESMÂ. 1. Pl. v. اسم. 2. Adj. Compar. v. سمى très-haut, très-élevé, sublime. | sehr hoch, erhaben.

a اسما ISMÂ. [سما IV.] Sbst. آد قويمق, بوجه ألقاب action d'élever, action d'appeler. Erhöhung, Erhebung; Benennung.

p آسما ÂSMA, ÂSUMA. s. آسمان

p اسمار ÂSMÂR. Sbst. feuille de myrte. | Myrthenblatt.

a اسمار ESMÂR. Sbst. Pl. v. سمر

a اسمار ISMÂR. [سمر IV.] Sbst. حكايت, ميخلامق ,اكلنجه action de s'entretenir; action de clouer, d'attacher avec des clous. | 1. Unterhaltung (insbesondere in abendlichen Zirkeln). 2. Festnagelung.

a اسماع ESMÂ'. Sbst. Pl. v. سمع SEM'.

a اسماع ISMÂ'. [سمع IV.] Sbst. ايشتدرمك action de faire entendre. — ETMEK. faire entendre. | hören lassen, erhören lassen.

p آسمان ÂSUMÂN, ASYMAN oder آسما ÂSYMÂ. Sbst. le ciel, sphère céleste, sphère. | Himmel, Himmelskugel, Himmelsfläche. آسمانى كون couleur bleu foncé, azur. | die dunkelblaue Farbe. آسمان دره la voie lactée. | die Milchstrasse.

p آسمانه ASUMÂNE. Sbst. toit, plafond. | Dach, Zimmerdecke.

p آسمانى ÂSUMÂNÎ. Adj. bleu, azur. blau, himmelblau.

a اسمح ESMAH. Adj. Comp. v. سمح très-libéral, généreux. | sehr freigebig.

a اسمر ESMER. Adj. brun, basané. | braun, dunkel von Gesichtsfarbe, von der Sonne verbrannt.

a t اسمرلنمك ESMERLENMEK. Vb. intr. être ou devenir brun ou basané. | braun sein oder werden, sich bräunen.

a اسمعيل ISMAIL. N. pr. Ismael.

t o آسمق ASMAK und die Deriv. s. آصمق

t o اسيمق YSYMAK und die Deriv. s. اصيمق

t o اسمه s. آصمق

t اسمك ESMEK. Vb. intr. Aor. اسر ESER. souffler. | hauchen, blasen, wehen. يل اسر der Wind geht. سرت اسن روزكار ein heftiger Sturm.

t اسن يل ESEN JIL. vent du sud. | Südwind = جنوب يلى oder قبله يلى Kam.

a اسمن ESMEN. Adj. Compar. v. سمين très-gras, plus gras. | sehr fett, dick.

p اسمند ÂSMEND. Adj. étonné, confus, stupéfait; menteur, fallacieux. | verblüfft, lügenhaft, trügerisch, falsch. vgl. آسمه

p اسمندر ESMENDER. Sbst. der Salamander.

t اسمه ESME. Sbst. v. اسمك souffle. | Hauch.

t o آصمه s. آسمه

p آسمه ÂSME, ÂSIME. Adj. étonné, stupéfait. | verblüfft, erstaunt. vgl. آسمند

a اسمى ESMÂ. Adj. Compar. v. سمى bien haut. | sehr hoch.

a اسميه ESMIJE. Adj. Fem. اسميّه ESMIJJE v. اسم appartenant au nom, nominal, de nom. | auf einen Namen bezüglich, nominal (Gramm).

a اسمرار ISMIRÂR. [سمر IX.] Sbst. état d'être brun. | braune Farbe eines Gegenstandes.

t اسن ESEN. Partic. v. اسمك

t اسن ESEN. Adj. sain, bien portant. | gesund, sich wohlbefindend. vgl. اسنملك

a اسنان ESNÂN. Sbst. Pl. v. سن SINN.

a اسنا ISNÂ. [سنا IV.] Sbst. قالدرمق action d'élever, d'exhausser. | Aufhebung, Erhöhung.

a اسناد ESNÂD. Sbst. Pl. v. سند SENED.

a اسناد ISNÂD und اسنادات ISNÂDÂT. [سند IV.] Pl. اسانيد ESÂNÎD. Sbst. action de faire appuyer; citation, allégation d'une autorité à l'appui de son opinion; imputation. | Stützung; Anwendung und Anführung des Ausspruchs eines andern, eines Buchs u. s. w., Beilegung, Beimessung. Gramm. die Beziehung des Subjects und Prädicats zu einander. Theol. = سند, die Reihe der Gewährsmänner, auf welche sich eine Ueberlieferung stützt. — ETMEK. appuyer; citer, attribuer, imputer. | stützen; anführen, beilegen, einer Sache oder Person etwas (Eigenschaft oder Handlung u. s. w.) beimessen oder zuschreiben, Schuld geben, beschuldigen (mit dem Dativ der Person), die Schuld auf Jemand schieben, sich auf etwas berufen, sich auf etwas beziehen (mit dem Dativ oder dem Accus. der Sache), eine Sache anwenden.

a اسنان ESNÂN. Sbst. Pl. v. سن SINN. Zahn und von سنان SINÂN. Lanzenspitze.

t اسنتمك ESNETMEK. s. اسنمك

a اسنع ESNA'. Adj. grand, haut de taille; plus long, plus grand, plus beau. | gross, hoch gewachsen, lang, schön. vgl. سنيع

t اسنك ESNIK. Sbst. bâillon. | ein Knebel von Holz, welcher Kälbern oder Lämmern, die von der Mutter entwöhnt werden sollen, im Maule befestigt wird, damit sie nicht saugen können.

t اسنلمك ESENLEMEK. Vb. act. v. اسن Aor. اسنلر ESENLER. dire adieu à q. qn. | einem Lebewohl sagen. Deriv. 1. اسنلشمك ESENLEŠMEK. Vb. recipr. und II. اسنلشدرمك ESENLEŠDIRMEK. Vb. recipr. caus. se dire adieu. | einander Lebewohl sagen, von einander Abschied nehmen.

t اسنمق ISSINMAK. s. اسيمق

t اسنمك oder استحمك ESNEMEK. [vgl. استك] Vb. intr. Aor. اسنر ESNER. *bâiller; céder, être élastique.* | gähnen, das Maul aufsperren; nachgeben, sich fügen, elastisch sein. (Redhouse). Deriv. I. اسنتمك ESNETMEK. Vb. trans. *faire bâiller.* | zum Gähnen bringen. II. اسنتدرمك ESNETDIRMEK. Vb. trans. caus. *faire faire bâiller.* | zum Gähnen bringen lassen.

a اسنة ESINNE. Sbst. Pl. v. سنان SINÂN.

t اسنجلك ESNELIK. Sbst. *bridon.* | Trense (am Zaume des Pferdes).

a اسنى ESNÂ. Adj. *plus haut, très-haut.* | höher, sehr hoch.

t اسنيش ESNIŠ. Sbst. *bâillement.* | das Gähnen.

p آسو ÂSU oder آسوداك ÂSÛDEK. Sbst. *belette, hermine; botte.* | 1. Wiesel, Hermelin. 2. Stiefel.

p اسو USÛ. s. اوسو

a اسوار ESWÂR. Sbst. Pl. v. سور SÛR.

a اسواق ESWÂK. Sbst. Pl. v. سوق (der Singular im Türkischen nicht gebräuchlich). *les rues et marchés d'une ville.* | Marktplätze, Gassen mit Verkaufsläden.

a اسوت ISWET. Sbst. *modèle (à imiter).* | Muster, Beispiel, Vorbild (von Personen). اسوت الفضلا das Vorbild der Trefflichen.

t اسوج ISWEǴ. Sbst. *Suédois.* | Schwede. — مملكتى Schweden.

t اسوجلو ISWEǴLÜ. Adj. u. Sbst. *suédois.* | Schwede, schwedisch.

a اسود USÛD. Sbst. Pl. v. اسد *lions.* | Löwen.

a اسود ESWED. Adj. قره *noir.* | schwarz.

a اسوداد und اسويداد ISWIDÂD. Sbst. *noirceur.* | Schwärze, schwarze Farbe.

a اسودات ESWIDET. Sbst. Pl. v. سوادا SEWÂD.

p آسودكان und آسودكان ÂSÛDEGÂN. Sbst. Pl. v. آسوده

p آسودكى s. آسودكى

p آسودن ÂSÛDEN. Vb. intr. راحتلنمق *reposer, être en tranquillité.* | ruhen, der Ruhe geniessen.

p آسوده ÂSÛDE. Adj. راحتلو *tranquille.* | ruhig. — KYLMAK. *tranquilliser, calmer.* | beruhigen. Pl. آسودكان ÂSÛDEGÂN. *les défunts.* | die Verstorbenen. آسوده حال ÂSÛDEHÂL. Adj. *qui est dans l'état de la tranquillité.* | im Zustande der Ruhe befindlich. مملكت آسوده حال اولدى das Reich erfreute sich der Ruhe. آسوده دل ÂSÛDE DIL. *ayant l'âme tranquille.* | ruhigen Gemüthes.

p آسودكى oder آسودكى ÂSÛDEGÎ. Sbst. راحتلق *tranquillité.* | Ruhe.

p t آسودهلك ÂSÛDELIK. Sbst. *tranquillité.* | Ruhe.

t o آسورق *p.* كوز LT. Sbst. *pet.* | Furz.

t اسوز ISSIZ. s. اسز *sans maître.* | herrenlos.

t اسوزلك ISSIZLIK. s. اسزلق *désert.* | die Wüste.

a اسوف ASÛF oder ESÛF. Adj. *triste, sensible.* | traurig, empfindlich, zu Traurigkeit gestimmt.

a اسوق ESWÛK. Sbst. Pl. v. سوق

a اسوله ESWILE. Sbst. Pl. v. سؤال

a اسوقه ESWIKA. Sbst. Pl. v. سوق

a اسويداد ISWIDÂD. s. اسوداد

a اسهاب ISHÂB. [سهب IV.] Sbst. چوق سويلمك *bavardage, profusion de paroles; insatiabilité.* | zu vieles Sprechen, Geschwätzigkeit; Ungenügsamkeit.

a اسهار ISHÂR. [سهر IV.] Sbst. *action de faire veiller q. qn.* | einen bei Nacht munter erhalten oder aufwecken.

a اسهال ISHÂL. [سهل IV.] Sbst. *diarrhée.* | heftiger Stuhlgang, Diarrhöe. — ETMEK. *purger; rendre facile.* | purgiren, Durchfall bewirken; eine Sache leicht finden lassen, oder leicht machen. — EDIǴI. *remède purgatif.* | Purganz, abführendes Mittel.

a اسهم ESHUM. Sbst. v. سهم SEHM oder سهم SEHIM. *flèches, portions, lots; bons du trésor.* | Pfeile, Loose, Antheile; die Schatzbons. (*shares or assignments of stock, issued by the treasury at Constantinople, and bearing interest as a life annuity, but formerly transferable to any new life.* Redhouse).

a اسهل ESHEL. Adj. قولاى *facile, très-facile.* | leicht, sehr leicht.

a اسى ÂSÎ. Adj. *triste, affligé.* | traurig, betrübt.

t اسى ISSI. vgl. اش Sbst. = صاحب *maître, possesseur.* | Herr, Besitzer. او اسى EW ISSI. *maître ou propriétaire de la maison.* | Hausherr, Hausbesitzer. عقل اسيلرى die mit Verstand begabten.

t اسى, auch ايسى und ايصى ISSY. Adj. u. Sbst. *chaud; chaleur.* | warm, heiss; Wärme, Hitze. اسى اوت ISSY OT. *gingembre.* | Ingwer. اسى تنوكمش erhitzt.

t آسيا ASIA. N. pr. Asien.

p آسيا ÂSIÂ. Sbst. دكرمن *moulin.* | Mühle.

p آسياب ÂSIÂB. Sbst. صو دكرمنى *moulin à eau.* | Wassermühle.

p آسيباد ÂSIBÂD. Sbst. يل دكرمنى *moulin à vent.* | Windmühle.

p آسيابان ÂSIABÂN. Sbst. دكرمنجى *meunier.* | der Müller.

a اسياف ESIÂF. Sbst. Pl. v. سيف SEIF.

t اسيالو ASIALY. Adj. u. Sbst. *asiatique.* | asiatisch, Asiate.

t اسيتمق ISSYTMAK. s. اسيتمق

t اسيجق oder اسيجاق ISSYǴAK. Adj. *chaud.* | warm. Sbst. *bain chaud.* | warmes Bad.

a اسير ESÎR oder ISÎR. Pl. اسيرلر ESÎRLER und اسرا oder اسرا USERÂ. Sbst. *captif, prisonnier; esclave; condamné aux galères.* | Gefangener, Kriegsgefangener, Sclave, Galerensclave. اسير شهوة *esclave de la volupté.* | Sclave der Begierde, Wollüstling. ESÎR ETMEK. *faire prisonnier, faire esclave.* | gefangen nehmen, zum Sclaven machen.

a t اسيرجى ESÎRǴI. Sbst. *marchand d'esclaves.* | Sclavenhändler.

t اسيركجى ESIRGEǴI. Adj. *compatissant, miséricordieux.* | mitleidig.

t اسيركمك ESIRGEMEK. s. اسركمك

a t اسيرلك ESÎRLIK. Sbst. *captivité, esclavage.* | Gefangenschaft, Sclaverei.

t اسيرمك ESIRMEK. s. اسرمك

a اسيس ASÎS oder ESÎS. Sbst. *fondement, base, origine d'une chose.* | Grund, Grundlage; Ursprung einer Sache.

t o اسيغ ASYG. Sbst. اصى *utilité, profit, avantage.* | Nutzen, Vortheil. Q. u. VL. اسيغسز oder اسيغسز *inutile.* | unnütz.

t o اسيغ ISSYG u. اسيق ISSYK (auch اسيغ LT). Sbst. u. Adj. *chaleur, chaud.* | Hitze, Wärme; heiss, warm. Q. u. LT.

t o اسيغليغ ASYGLYG. Adj. *suspendu.* | hängend. Q. vgl. اصمق

a اسيف ESÎF. Adj. Pl. اسفا USEFÂ. *triste, affligé.* | traurig, betrübt.

t o اسيغ s. اسيق

a اسيل ESÎL. Adj. *long et lisse.* | lang und glatt.

t o اسيلغان ISSYLGAN. Adj. v. اسيق *chaud.* | warm. Q.

t اسيلك oder اسيلك und اسيلق ISSYLYK v. اسى Sbst. *chaleur.* | Wärme, Hitze.

t اسيلنمك ISSILENMEK. Vb. act. v. اسى *chauffer.* | wärmen, heitzen.

t اسيم oder اسم ESIM. Sbst. v. اسمك *souffle.* | das Wehen. بر اسيم يل *un coup d'air, courant d'air.* | ein Windstoss, Luftzug.

p آسيمه oder آسمانه ÂSYMANE. Sbst. *toit, plafond.* | Dach, Zimmerdecke.

t اسيمق, auch ايصمق, ايسمق ISSYMAK, Vb. intr. Aor. اسر ISSYR. *être chaud, avoir chaud.* | warm sein. Deriv. I. اسيتمق Aor. اسيدر ISSYDYR. *t o* اسيتمق ISSYTURMAK. Vb. caus. *faire chaud, chauffer.* | wärmen, erhitzen. II. اسينمق ISSYNMAK. Vb. pass. und refl. Aor. اسينر ISSYNYR. *être chauffé, se chauffer, s'échauffer.* | warm sein oder werden, sich wärmen, sich erwärmen, sich erhitzen, vgl. auch اصنمق

p آسيمه oder آسمه ÂSIME. vulg. سمه Adj. يشى تولاتلو *vertigineux; étonné, ébahi, stupéfait.* | drehend, schwindelig; verblüfft, erstaunt. سر آسيمه schwindelköpfig.

p آسيمه كى ÂSIMEGÎ. Sbst. سرسمه لك *vertige, étourdissement.* | Schwindel.

p آسيون ÂSIUN — آسيمه

p اش AŠ. Sbst. *bouillie, soupe, mets, nourriture.* | Brei, Suppe, Speise, Nahrung, Futter. — حبشى ein süsses Gericht von gekochtem Reiss oder Nüssen und mit Zucker bestreut. — اوى oder — خانه Küche, Garküche. — كشنش [— كشنش], Koriander. — سودلو eine Art saures Ragout. [— p سكبا] Milchreiss. اش اررى چكمك oder اش يرمك verlangen, gelüsten, sich sehnen nach, nach etwas

Appetit haben (von schwangeren Frauen), گوكلم اش دور mein Herz verlangt nach . . .

t آش AŠ. s. آشی

t اش EŠ oder YŠ. Sbst. جفت compagnon, époux, égal; l'une des deux parties d'un couple. der Genosse, der Gleiche, Gatte, der Andere eines Paares. ایكی اشدر sie sind ein Paar [= a ایكسی زوجدر] بو آنك اشیدر dieses ist seine andere Paarhälfte, d. i. sein Gatte, (von Menschen und Thieren): اش اولمق sich paaren [= جفتلنمك] بری برینه اش اولمق mit einander paaren [= جفتلشمك] اش ایلدرمك oder اش ایلمك paaren, verheirathen; sich paaren. اشی یوق ohne gleichen, unvergleichlich. آنك اشی دكل er hat nicht seines gleichen.

t ایش s. اش IŠ

a اشابة OŠÂBET. Sbst. ramassis de gens ou de biens; chose mêlée; richesse bien ou mal acquise. | Zusammenscharung, Gemenge von Menschen aller Art; Anhäufung von allerlei untereinander; zusammengescharrter, schlecht erworbener Reichthum.

t o اشات UŠAT. N. pr. nom d'une tribu turque. | ein osttürkischer Stamm. LT.

p اشخانه AŠḲINE. Sbst. v. آش cuisine. | Küche, Garküche.

a اشادة IŠÂDET. [شاد IV.] Sbst. action d'élever la voix. | Erhebung der Stimme. — ETMEK. crier; rendre public, louer ou réprimander q. qn. publiquement. | laut rufen, schreien, ausschreien, öffentlich bekannt machen, öffentlich loben oder tadeln.

a اشارات IŠÂRÂT. Sbst. Pl. v. اشارة

a اشارة IŠÂRET. [شار IV.] Sbst. action d'avertir; signe, signal, indice, marque. | Zeichen, das man macht, Wink, Kennzeichen, Signal, Marke. — ETMEK. faire signe, avertir, notifier. | ein Zeichen machen, kennzeichnen, ein Zeichen geben, anzeigen, zu wissen thun, winken. — ČEKMEK. faire un signal, arborer le pavillon. | ein Signal (Fahne, Flagge) aufziehen. اللر ایله اشارت ایلمك mit den Händen winken, beim Sprechen mit den Händen Zeichen machen.

a اشاعت IŠÂ'ET. [شاع IV.] Sbst. divulgation, publication. | öffentliche Verbreitung. — ETMEK. divulguer, rendre public, répandre, faire savoir q. ch. | in die Oeffentlichkeit bringen, bekannt machen, wissen lassen, offenbaren. — سری — ein Geheimniss verrathen.

t اشاغه AŠAGA, auch اشغه und اشاغی AŠAGY. Sbst. le bas, le dessous. | das Unten, das Untere oder Unterste einer Sache. Adj. inférieur. | niedriger, tiefer (der räumlichen Lage oder dem Range nach). Adv. en bas. | unten. Postpos. en bas, au dessous, plus bas. | unten, tiefer als. برنسنه دن اشاغه tiefer als ein . . ., اشاغیسی das Untere, Untertheil. اغاجك اشاغه سنده unter dem Baume. اشاغه اشاغی یقلمق niederreissen, einreissen. اشاغی دوشمك oder اشاغی دوشمك herabfallen, einfallen. اشاغه ده ذكر اولنه جق weiter unten (in einer Schrift oder Buche) erwähnen. اشاغه كی der unten befindliche, niedrig gestellte, Untere, Untergebene. اشاغه یه صالیویرمك herunterlassen. — ETMEK. abaisser. | erniedrigen, niedriger stellen, niederlassen, herunter bringen, demüthigen, verringern.

t اشاغلامق AŠAGALAMAK oder اشاغیلمق AŠAGYLAMAK. Vb. act. abaisser. | erniedrigen, niedriger oder tiefer stellen (von Ort und Range), niederlassen, herabsteigen lassen, demüthigen, verringern = اشغه ایتمك, Deriv. اشاغیلنمق AŠAGYLANMAK. Vb. refl. s'abaisser, descendre. | sich erniedrigen, herabsteigen, sich demüthigen, sich herablassen, sinken. سسك اشاغیلمه سی das Sinkenlassen der Stimme.

t اشاغیده AŠAGYDA. Adv. en bas. | unten.

t اشاغلی AŠAGYLY. Adj. bas, profond. | niedrig, tief.

a اشاكی Sbst. Pl. v. شقه

t اشاق AŠAK. (LT UŠAK). broyé. | zermalmt s. اشاقمق

t اشاك UŠAK oder UŠAK. s. اوشاق

t o اشال UŠAL. s. اوشال

t o اشام AŠAM. Sbst. étage. | Stockwerk. Q.

p اشام AŠAM. Sbst. nourriture, aliment. | Nahrungsmittel, Speise und Trank.

a اشأم AŠ'AM. Adj. sinistre, de mauvais augure; malheureux. | von schlechter Vorbedeutung, Unglück weissagend, unglücklich. Sbst. malheureux. | ein Unglücklicher. Pl. اشائم u. اشاملر

p اشام AŠÂM. Sbst. buvant, buveur. | ein Trinkender, Trinker (in pers. Compos.).

t اشامق AŠAMAK. t o UŠAMAK. Vb. act. Aor. اشار UŠAR. broyer, fouler, casser, user. | zerreiben, zermalmen, zertreten, zerbrechen, abnutzen. Deriv. I. اشانمق AŠYNMAK. t o اشانمق UŠANMAK. Vb. pass. u. refl. être broyé, se broyer. | zerrieben sein oder werden, klar sein. II. اشاندرمق AŠANDYRMAK. t o UŠANDYRMAK. Vb. refl. trans. broyer, piler. | klar machen, zerreiben, zerstampfen. vgl. اشالمق UŠALMAK. III. t o اشاتمق oder اشاتمق UŠATMAK. Vb. caus. broyer, casser, piler. | zerreiben, zerstossen, in kleine Stücke zerbrechen.

t o اشامق AŠAMAK. Vb. act. manger. | essen.

p اشامنده AŠAMENDE. Sbst. buvant, buveur. | ein Trinkender, Trinker.

p اشامیدن AŠÂMÎDEN. Vb. act. boire. | trinken.

a اشائم AŠÂ'IM. Sbst. Pl. v. اشأم

t اشب s. اشوب

a اشباح AŠBÂḤ. Sbst. Pl. v. شبح ŠABAḤ.

a اشباع IŠBÂ'. [شبع IV.] Sbst. action de rassasier. | Sättigung. Gramm. u. Metr. Einschiebung eines langen Vokals. — ETMEK. rassasier; saturer (de teinture etc.) se vanter, s'enfler, se donner des airs, se parer outre mesure. | sättigen, sich sättigen; einen Stoff mit Farben sättigen, d. i. färben; sich wichtig machen, ein wichtiges oder vornehmes Ansehen geben, sich übermässig putzen.

a اشبال IŠBÂL. [شبل IV.] Sbst. action de se consacrer entièrement à l'éducation de ses enfants, après la mort de son mari, et ne point contracter d'autre mariage. | Wittwenstand einer Frau wegen Rücksicht auf die Kinder erster Ehe.

a اشباه AŠBÂH. Sbst. Pl. v. شبه

t p آشپز ÂŠPEZ oder آشپزا ÂŠPEZÂ. Sbst. cuisinier. | Koch. = اشجی

p اشپش UŠPUŠ. Sbst. pou, vermine. | Laus, Ungeziefer.

p اشپل AŠPAL. Sbst. oeufs de poisson, caviar. | Fischrogen, Kaviar.

t اشبو IŠBU oder ایشبو t a UŠBU. Pron. demonstr. celui-ci, ce-même. | dieser.

p اشپو EŠPU. Sbst. chaufoir, poële à feu, réchaud, grille, foyer de cheminée. | Kohlenschaufel, Kaminrost.

a اشبه AŠBEH. Adj. très-ressemblant, qui ressemble davantage à . . .; très-beau; très douteux, obscur. | sehr ähnlich (ein Bild); sehr schön; sehr zweifelhaft, dunkel, unverständlich (ein Ausspruch, oder Buch).

p اشتاب ŠTÂB. Sbst. précipitation, hâte. | Eile.

p اشتافتن IŠTÂFTEN. Vb. act. se hâter, se presser. | sich beeilen.

a اشتها IŠTAH. Tahrif v. اشتهاء Sbst. appétit, faim. | Apetit, Hunger. اشتهام وار IŠTAHYM WAR, ich habe Hunger.

p اشتلو s. شتاب

a اشتباك IŠTIBÂK. [شبك VIII.] Sbst. état d'être mêlé, entrelacé, compliqué, confusion, mélange. | Verwirrung.

a اشتباه IŠTIBÂH. [شبه VIII.] Sbst. état d'être douteux, de ressembler peu; doute, ambiguïté, incertitude; ressemblance qui empêche d'être discerné. | Zweifelhaftigkeit, Zweifel, Unähnlichkeit (des Bildes mit dem Original), Undeutlichkeit, Zweideutigkeit. — ETMEK. se douter, être dans incertitude. | an einer Sache zweifeln, seiner Sache nicht gewiss sein, etwas nicht genau erkennen, nicht richtig verstehen. اشكال واشتباهده اولمق in Zweifel und Ungewissheit sein. بی اشتباه sans doute. | ohne Zweifel; in pers. Compos. presque ressemblant. | beinahe gleichend. فلكه اشتباه fast himmelhoch.

t o اشتیورمق Vb. Pass. caus. v. اشتمق

a اشتتات IŠTITÂT. [شت VIII.] Sbst. طاغلمق ، دوشمك اولمق état d'être dispersé, action de se disperser. | Zerstreuung.

a اشتداد IŠTIDÂD. [شد VIII.] Sbst. action de se renforcer; corroboration, force, violence, véhémence. | Kräftigung, Kraft, Heftigkeit. — BULMAK. se renforcer, s'accroître. | kräftig werden, sich stärken, stärker und fester werden, anwachsen.

t اشتدرمك IŠTIDIRMEK. Vb. caus. v. اشتمك

p اشتر UŠTUR. Sbst. دوه chameau. | das Kameel.

a اشترا IŠTIRÂ und اشتری IŠTIRÂ. [شری VIII.] Sbst. صاتون الق action d'acheter, achat; grains que certaines provinces sont obligées de livrer à un très-bas prix au Grand-Seigneur qui les fait transporter dans ses magasins, et les revend ensuite aux boulangers au prix qu'il lui plait de fixer (Bianchi). Kauf, Tausch, Handel. — ETMEK. acheter. | kaufen, einkaufen.

a اشتراط IŠTIRÂT. [شرط VIII.] Sbst. action d'imposer des conditions, condition. | Bedingung, Vorbehalt. — ETMEK. accorder q. ch. à q. qn. sous certaines conditions. | Bedingungen machen, unter gewissen Bedingungen auf etwas eingehen.

a اشتراك ISTIRÂK. [شرك VIII.] Sbst. اورتقلق *action de s'associer; communauté de jouissance, société de commerce.* | Genossenschaft, gemeinschaftlicher Besitz und Genuss einer Sache, gemeinschaftliches Handeln, Compagnie (Handel). — ETMEK. *faire une association, une communauté de commerce, participer.* | eine Genossenschaft, Compagnie bilden, in Compagnie handeln; theilnehmen an etwas. على الاشتراك *gemeinschaftlich.* بر وجه اشتراك in Compagnie.

p اشترپا ÜŠTÜRPÂ. Sbst. كليك *pouliot.* | Polei.

p اشتربان ÜŠTÜRBÂN. Sbst. دوهجى *chamelier.* | Kameeltreiber.

p اشترفه ÜŠTÜRFEH. Sbst. دالغه *vague, flot.* | Woge, Meereswoge.

p اشترغاز oder اشترخار ÜŠTÜRGHAZ, auch اشترخار Sbst. دوه ديكنى *chardon.* | Distel, Kardendistel.

p اشتركاو ÜŠTÜRGÂW oder اشتركاوپلنك ÜŠTÜRGAWPELENK. Sbst. زورافه *girafe.* | Giraffe.

p اشترمرغ ÜŠTÜRMURG. Sbst. دوه قوشى *autruche.* | der Strauss.

a اشتطاط ISTITÂT. [شطّ VIII.] Sbst. *action de dépasser les limites.* Ausschreitung. — ETMEK. *dépasser les limites; être injuste dans ses arrêts, être juge inique.* | zu weit gehen (in seinem Urtheil), unbillig beurtheilen, ein ungerechtes Urtheil fällen.

a اشتعال ISTIÂL. [شعل VIII.] Sbst. شعله ويرمك . آلولنمق *inflammation, ardeur, feu, lueur; zèle.* | Auflodern, Gluth, Feuer (des Kampfes, der Leidenschaft), Eifer. — ETMEK. *enflammer.* | entzünden. — BULMAK. *s'enflammer.* | sich entzünden, in Brand gerathen, auflodern, Feuer fangen, in Feuer, Hitze, Eifer gerathen.

a اشتغال ISTIGÂL. [شغل VIII] Sbst. مشغول اولمق *état d'un homme occupé, occupation, application.* | Beschäftigung, Fleiss, Mühe, Austrengung. — ETMEK. *s'occuper, s'appliquer.* | sich beschäftigen. — ÜZRE OLMAK. *être occupé de q. ch.* | beschäftigt sein mit etwas. Gramm. Voraussetzung des Objects, im Nominativ, vor das Verbum.

a اشتفا ISTIFÂ. [شفى VIII.] Sbst. شفا بولمق *convalescence, rétablissement de la santé.* | Genesung.

a اشتقاق ISTIKÂK. [شقّ VIII.] Sbst. جتلاق اولمق . ديرلمق *action de se fendre, être fendu; dérivation (d'un mot d'un autre), étymologie.* Spaltung, Zerspaltung; Ableitung eines Wortes von einem andern. Rhetor. Anspielung auf die etymologische Bedeutung eines Eigennamens.

t a اشتوق UŠTUK. Sbst. *cheville du pied.* | Fussknöchel (?) LT. شتالنك

p اشتك ÄŠTEK. Sbst. قوندق *lange.* | Windel.

a اشتكا ISTIKÂ. [شكا VIII.] Sbst. *action de se plaindre, lamentation.* | Beklagung, Wehklagen. — ETMEK. *se plaindre, se lamenter; souffrir (dans telle ou telle partie du corps).* | klagen, wehklagen, einen körperlichen Schmerz haben.

a اشتكاك ISTIKÂK. [شكّ VIII.] Sbst. *action de se douter; doute, soupçon.* | Zweifel, Argwohn. — ETMEK. *douter de q. ch.; soupçonner.* | an etwas zweifeln; Argwohn haben, nicht trauen.

p اشتلم ÄŠTÜLUM. Sbst. *querelle, rixe, dispute.* | Streit, Zank. = شتلم

a اشتمال ISTIMÂL. [شمل VIII.] شامل . بورنمك *action d'envelopper, d'embrasser, de comprendre; compréhension.* | Umhüllung, Umfassung, Zusammenfassung. — ETMEK. *embrasser, comprendre.* umfassen, enthalten. دولت اشتمال glück-umhüllt, d. i. glücklich.

a اشتمام ISTIMÂM. [شمّ VIII.] Sbst. شمّ ايتمك . قوقولمق *action de sentir, de flairer; odorat.* das Riechen, Geruch.

t اشتمه‌لك ISITMEZLIK. Sbst. *surdité feinte.* | verstellte Taubheit. s. اشتمك

t اشتمزلنمك ISITMEZLENMEK. Vb. intr. *faire semblant de ne pas entendre.* | sich taub stellen. s. اشتمك

t o اشتمق AŠATMAK. Vb. act. *casser.* | zerbrechen. LT. شكستن (vgl. das Flgde.)

t o اشتمق UŠATMAK. V. Caus. v. اشلمق UŠAMAK. LT. ريزه ساختن

t o اشتمق YSYTMAK. s. اسيتمك

t اشتمك ISITMEK. *t o* اشتمق Vb. intr. Aor. اشيدر ISIDIR. *entendre, écouter.* | hören, erhören. Deriv. I. اشتدرمك ISITTIRMEK. *t o* اشتورمق YSYTTYRMAK. Vb. caus. *faire entendre.* | hören lassen, bewirken, dass Jemand hört. II. *t o* اشيتيورمق YSYTTYTURMAK. Vb. pass. caus. *être fait entendu.* | hörbar gemacht werden. LT. شنيده شدن III. اشتمامك ISITMEMEK. Aor. اشتمز ISITMEZ. *ne pas entendre.* | nicht hören, nicht verstehen, nicht gehorchen; davon اشتمزلك u. اشتمزلنمك

t o اشتن YSTON oder ازتون YSTON. Sbst. بابجقه . ايچ طونى *caleçon.* | Hose. LT.

a اشتواء ISTIWÂ. [شوى VIII.] Sbst. بريان ايتمك *action de rôtir.* | das Braten.

t o اشتين ISTEN. LT. = ازار

t اشته oder ايشته ISTE. Intrj. *voici; voilà!* | hier! da!

a اشتها ISTIHÂ. [شهى VIII.] Sbst. آرزو ايتمك *appétit, faim, envie.* | Appetit, Hunger, Verlangen nach etwas. vgl. اشتها. — ETMEK. *avoir appétit, désirer.* | Appetit haben, verlangen nach etwas.

a اشتهاب ISTIHÂB. [شهب VIII.] Sbst. اغارمق *grisonner, blanchir.* | das Grauwerden im Alter.

a اشتهار ISTIHÂR. [شهر VIII.] Sbst. *célébrité, renommée.* | Berühmtheit, Ruhm, Ruf, öffentliches Bekanntwerden. — BULMAK. *devenir célèbre, notoire.* | berühmt werden, bekannt werden.

p اشتى ÄŠTI. Sbst. *paix, concorde.* Friede, Eintracht, Versöhnung. اشتى سازى *contract.* | Vertrag, Uebereinkommen. اشتى بخشا *pacificateur.* | Friedenstifter.

a اشتياق ISTIÂK. [شاق VIII.] Sbst. *penchant pour q. qn., désir ardent de revoir q qn.* Sehnsucht, Verlangen nach einem Abwesenden. ETMEK. *désirer ardemment.* | sich nach Jemand sehnen; Jemand zu sehen wünschen; etwas heftig verlangen.

t اشتير YSTYR. Sbst. *blette (Bianchi).* | ein Gewächs, welches als Gemüse genossen wird. *a* بقلة اليهودية oder بقلة العربية *p* سومه Kam.

p اشتيم ÄŠTIM oder ÜŠTIM. Sbst. *pus, matière d'un abcès.* | Eiter (eines Geschwüres).

t o اشج AŠČ. Sbst. *pot de terre.* | irdener Topf. LT.

a اشجا IŠĞÂ. [شجا IV.] Sbst. مغلوب اولمق . غصه‌نو ايتمك *action de causer une vive émotion, de causer de la peine; affliction, tristesse; état d'être suffoqué, d'être vaincu.* | Betrübung; Erstickung; Unterwerfung, Besiegung. — ETMEK. *affliger q. qn., faire suffoquer.* | Jemand betrüben; ersticken lassen; einen Aufstand dämpfen.

a اشجار EŠĞÂR. Sbst. Pl. v. شجر

a اشجان EŠĞÂN. Sbst. Pl. v. شجن

a اشجان IŠĞÂN. [شجن IV.] Sbst. غصه لندرمق *affliction.* | Betrübung.

a اشجره EŠĞIRE. Sbst. *pépinière.* | Baumgarten, Baumschule.

a اشجع EŠĞA'. Adj. *très-brave, courageux.* | tapfer, sehr tapfer.

a اشجعه EŠĞI'A. Adj. Pl. des Vhghdn.

t اشجك EŠĞIK. Sbst. Dim. v. اشك *anon.* | Eselsfüllen.

p t اشجى AŠČY od. vulg. AŠČY. Sbst. *cuisinier.* | Koch [s. اش]. اشجى باشى AŠČY BAŠY. Küchenoberst; Oberst einer Janitscharenorta, der zugleich die Aufsicht über die Küche und Polizei des ganzen Corps hatte.

p t اشجيلق AŠČYLYK. *art de faire la cuisine; métier du cuisinier.* | Kochkunst, Gewerbe des Kochs.

a اشخاص IŠHÂS. [شخص IV.] Sbst. *action de médire de q. qn.; médisance.* | Verläumdung, üble Nachreden. — ETMEK. *médire de q. qn.* | übel von Jemand sprechen.

a اشخاص EŠHÂS. Sbst. Pl. v. شخص

p اشخانه AŠHÂNE. Sbst. *cuisine.* | Küche v. اش.

a اشدّ EŠEDD. Adj. [s. شديد] *très-fort.* sehr stark, stärker, sehr hart, sehr kräftig.

a اشدّاء EŠIDDÂ. Adj. Pl. v. شديد

t اشلمق s. اشدرمق

a اشر AŠAR. Sbst. *joie excessive, pétulance.* | übermässige Freude, Ausgelassenheit.

a اشرّ AŠARR. Adj. *très-méchant.* | sehr böse, boshaft.

a اشرا AŠRÂ. Sbst. Pl. v. شرير

a اشراب IŠRÂB. [شرب IV.] Sbst. اچورمك . بيلدرمك *action de donner à boire; de faire comprendre.* | 1. Tränkung. 2. Mittheilung, Benachrichtigung, Kundgebung. — ETMEK. *donner à boire, faire imbiber; faire entendre, insinuer.* | zu trinken geben, tränken (z. B. einen Stoff mit Farbe); eine Nachricht mittheilen; zu verstehen geben, kundgeben, erklären.

a اشرار AŠRÂR. Sbst. Pl. v. شرير u. v. شرّ

a اشراط AŠRÂT. Sbst. Pl. v. شرط

a اشراف AŠRÂF. Sbst. Pl. v. شريف und v. شرفه

a اشراف IŠRÂF. [شرف IV.] Sbst. يقلشمش اولمق *être imminent (se dit d'un danger etc.).* | das Nahesein, Drohen, über einem schweben (einer Gefahr etc.).

a اشرافات EŠRÂFÂT. Sbst. Pl. Fem. v. اشرف

a اشراق IŠRÂK. [اشرق IV.] Sbst. روشن اولمق *action de briller, de luire; lever du soleil; lueur; éclair.* | Erhellung, Leuchten, Glanz, Helle; Sonnenaufgang; Blitz. — ETMEK. *luire, briller; se lever (le soleil.)* | glänzen, leuchten, aufgehen (d. Sonne).

a اشراك EŠRÂK. Sbst. Pl. v. شرك und von شريك

a اشراك IŠRÂK. [اشرك IV.] Sbst. *action d'admettre la pluralité des Dieux, polythéisme, idolatrie.* | Götzendienst, Vielgötterei (indem man Gott Genossen zuschreibt).

a اشربه EŠRIBE. Sbst. Pl. v. شراب

a اشرف EŠREF. Adj. Compar. v. شريف *plus noble, très-noble, illustre; le plus noble.* | sehr edel, vornehm, heilig, der edelste, heiligste. اشرف المخلوقات der edelste unter den Geschöpfen, d. i. Mohammed. اشرف الاماكن der heiligste unter den Orten, d. i. Mecka. Plur. اشرافات EŠRÂFÂT. *les choses les plus élevées, les plus précieuses.* | die erhabensten, höchsten, kostbarsten Dinge.

t اشرومق AŠVRMAK. s. اشورمق

t اشرو AŠRU. s. اشوری

t o اشره IŠRE. vgl. اسره ISRE. = اشوری

t اشسز IŠSIZ. اشسزلك IŠSIZLIK. s. ايش

t اشعق s. اشعق

t اشعمه AŠIMÈ von اش aš oder اشعمه AŠIMA (Kam.) von اشمق AŠMAK. Sbst. *accouplement (des animaux).* | die Begattung (von Thieren).

a اشطاط IŠTÂT. [اشط IV.] Sbst. *action d'aller trop loin, de dépasser les limites dans l'estimation d'une chose.* | das zu weit gehen, Ueberschreitung der Grenzen der Billigkeit bei Beurtheilung einer Sache; ungerechte, unbillige Beurtheilung.

a اشعاب IŠ'ÂB. [اشعب IV.] Sbst. هلاك *action de s'éloigner pour toujours; la mort.* | Entfernung für immer; Tod.

a اشعار EŠ'ÂR. Sbst. Pl. v. شعر ŠA'R und v. شعر ŠI'R.

a اشعار IŠ'ÂR. [اشعر IV.] Sbst. بلدرمك . الكلامق *action d'avertir, notification.* | Bekanntmachung, Anzeige, Benennung. — ETMEK. *avertir q. qn., notifier q. ch., à q. qn., faire connaître; connaître.* | Jemanden etwas bekannt machen, anzeigen, benennen; kennen.

a اشعال IŠ'ÂL. [اشعل IV.] Sbst. شعله لندرمك . يقدرمق *action d'enflammer.* | das Anzünden, Entflammung. — ETMEK. *enflammer, brûler.* | anzünden, zum Brennen bringen, entflammen.

a اشعه EŠI''ET. Sbst. Pl. v. شعع ŠU'Â'.

a اشعر AŠ'AR. Adj. *qui a fait beaucoup de vers (poète); qui a beaucoup de talent poétique, beaucoup de poésie (poëme, vers); spirituel, poétique.* | liederreich, einer der viel gedichtet hat, dichterisch, poetisch, geistreich, einsichtsvoll.

a اشعيا IŠA'JÂ. N. pr. *Isaïe.* | Jesaias (der Prophet).

p اشغار UŠĠÂR oder اشغور UŠĠUR. Sbst. *blaireau.* | der Dachs.

a اشغال EŠĠÂL. Sbst. Pl. v. شغل ŠUĠL.

a اشغال IŠĠÂL. [اشغل IV.] Sbst. مشغول ايلك . مشغول ايلك *action d'occuper q. qn.* | Beschäftigung. — ETMEK. *occuper q. qn., donner de l'occupation, de l'ouvrage; faire travailler; entretenir q. qn.; occuper q. qn. d'une chose pour lui faire oublier une autre; distraire q. qn.* | Jemanden beschäftigen, Arbeit geben, arbeiten lassen; Jemanden mit einer Sache beschäftigen, um ihn von einer andern abzubringen; unterhalten, zu zerstreuen suchen.

a اشغل AŠĠAL. Adj. *très-occupé; qui occupe beaucoup (affaire); difficile.* | sehr beschäftigt, beschäftigend, die Gedanken in Anspruch nehmend, mühsam, schwer.

t اشغى AŠAGY u. اشغه AŠAĠA. s. اشاغى

t اشغيلمق AŠAGYLAMAK. s. اشاغلامق

a اشفا IŠFÂ. [اشفى IV.] Sbst. *état d'être proche, d'être près de q. ch.; action d'arriver au bord, à l'extrémité de q. ch.* | Nähe, Gelangung ans Ende. — ETMEK. — شفا ويرمك *donner un remède, guérir (un malade); demander un remède.* | Arznei geben, heilen (einen Kranken); um Arznei bitten.

a اشفاق EŠFÂK. Sbst. Pl. v. شفق ŠEFAK.

a اشفاق IŠFÂK. [اشفق IV.] Sbst. قورقمق . اسيركمك *action de craindre, de chercher à éviter q. qn., de craindre pour q. qn.; compassion.* | Scheu, Furcht (vor Jemand und für Jemand), Sorge, die man sich um Jemand macht, Mitleid.

p اشفتكى oder اشوفتكى ÂŠÛFTEGÎ. Sbst. *perturbation, inquiétude, trouble; trouble de l'âme, distraction, confusion; dispute, tumulte, sédition; commotion.* | Unruhe (des Gemüths); Bestürztheit; Aufregung, Verwirrung, Störung, Streit, Aufruhr, geistige Störung.

p اشفتن oder اشوفتن ÂŠÛFTEN. Vb. act. *troubler, agiter, troubler l'esprit.* | beunruhigen, das Gemüth bewegen.

p اشفته oder اشوفته ÂŠÛFTE. Adj. (Partic. des Vbgdn.). *troublé, agité, stupéfait, attristé, hors de soi (par suite d'amour, de colère etc.), amoureux.* | beunruhigt, bewegt, bestürzt, betrübt, ausser sich vor Liebe, vor Schreck u. s. w. verliebt. — ETMEK. *distraire, mettre hors de soi.* | stören, Jemanden ausser sich bringen. اشفته حال gestört, in Unruhe, betrübt.

p t اشفته لك ÂŠÛFTELIK. Sbst. *trouble, inquiétude, tremblement.* | Unruhe, Bewegtheit, Zittern.

a اشفى AŠFÂ. Adj. *très-efficace, propre à opérer la guérison (remède).* | sehr heilsam, sehr wirksam (von der Arzenei).

a اشفيه EŠFIJE. Sbst. Pl. v. شفا ŠIFÂ.

t اشق oder اشيق YŠYK. Sbst. *fente; lumière, rayon de lumière; étincelle; moine vagabond; calotte.* | 1. Spalte, Ritze, durch welche Licht eindringt, Lichtloch. اشقلدن بقمق durch eine Spalte oder ein Loch sehen. 2. Lichtstrahl, der durch eine Spalte dringt; ein schnell verschwindendes Licht, Funke, Flamme. 3. ein herumschweifender Derwisch (der kommt und verschwindet wie ein Lichtstrahl oder Funke). 4. ein Käppchen, das unter dem Turban getragen wird. Kam. s. v. عرقيه

t اشق oder اشيق und اشوق AŠYK. Sbst. [LT. بلجيه وبلجيه شقبلر] *osselets, jeu d'osselets.* | Knöchel, von den Füssen geschlachteter Thiere, mit denen die Kinder spielen; das Knöchelspiel. اشق اويناتمق Knöchel werfen, würfeln. = اشق اوينامق

t اشق UŠAK. s. اوشاق

a اشق AŠAKK. Adj. *pénible, difficile.* | peinlich, schwierig. = مشقتلو

a اشقا IŠKÂ. [اشقى IV.] Sbst. شقى قلمق *action de jeter dans le malheur.* | in Unglück stürzen, unglücklich machen.

a اشقاق IŠKÂK. [Denom. v. شق] Sbst. *action de se plaindre de la peine, de la fatigue ou d'un travail pénible.* | Klage über Mühsal, über Ermüdung oder schwere Arbeit.

a اشقر AŠKAR. Adj. *alezan, rouge-brun.* | rothbraun. Sbst. *cheval alezan.* | Fuchs (Pferd).

p اشقلوق ÂŠKELÛK. Sbst. *sanglot.* | Seufzer.

t o اشقش AŠKYŠ. Sbst. *bénédiction.* | Segnung, guter Wunsch. LT. دعاى خير

a اشقيه EŠKIJÂ. Sbst. Pl. v. شقى ŠAKÎ.

a t اشقيالق EŠKIJÂLYK. Sbst. *scélératesse, excès, libertinage, brigandage.* | Schlechtigkeit, Liederlichkeit, Schurkerei, Freigeisterei, Räuberei.

p اشك AŠK. Sbst. سرشك . كوز ياشى *larme.* | Thräne.

t اشك EŠEK. *âne (mascul); sot.* | Esel; Dummkopf (als Schimpfwort gebräuchlich). حشى اشكى oder يبانى اشكى *âne sauvage.* | der wilde Esel. بر اشكبكى oder بر اشكى der wilde Esel, auch اشك قورتى od. اوبعه ايو سى *millepieds.* | Kellerassel. اشك ايكولى *homme irrésolu, indécis.* | ein unentschlossener, unschlüssiger Mensch [Kam. s. v. ثلاثات]. اشك كنكرى eine Distelart od. Grasart, Arabia? [Kam. s. vv. ارينبة. اشك قسونغى . عنتوت . شيشك und öfter]. = الحمار . كسفرلون Name einer Pflanze. اشك بالغى *bacalian, morue.* | Kabeljau, Stockfisch. اشك ارسى oder اشك سنكى *taon, frelon.* | Bremse, Hornisse.

t اشك IŠIK auch اشيك oder ايشك Sbst. *seuil.* | Schwelle, Thürschwelle, Thürbalken. اوست اشكى die Schwelle. آلت اشكى Sturz, Oberbalken.

a اشكا IŠKÂ. [اشك IV.] Sbst. *action de causer du mal à q. qn., au point de lui arracher des plaintes.* | Jemanden Schmerz verursachen und bewirken, dass er sich beklagt.

p اشكار ÂŠKÂR, auch اشكارا ÂŠIKÂRE und اشكارا ÂŠIKÂRÂ. Adj. u. Adv. *clair, évident, manifeste.* | deutlich, klar, offenbar, öffentlich, offen. — ETMEK. *divulguer, publier, montrer, manifester.* | deutlich machen, klar machen, veröffentlichen, zeigen. — OLMAK. *être clair, évident, manifeste.* | deutlich, klar, offenbar sein. — SÖILEMEK. *parler clairement, prononcer.* | deutlich oder verständlich sprechen, etwas aussprechen. بر ايشى اشكاره چيقمق eine Sache an die Oeffentlichkeit bringen.

p t اشكارجه ÂŠIKÂRĞE. Adv. *clair etc.* | deutlich u. s. w.; s. d. Vbg. اشكارجه سوز سويلمك ein Wort aussprechen, eine Sache vorbringen.

p t اشكارلق AŠKIÂRLYK. Sbst. *clarté, évidence, publicité, publication.* | Deutlichkeit, Oeffentlichkeit, Veröffentlichung.

p اشكاره AŠKIÂRE. Adv. *publiquement, ouvertement.* | öffentlich, offen.

p اشكاره AŠKIÂRE. Sbst. اشجى *cuisinier, traiteur.* | Koch, Speisewirth.

p اشكارى AŠKIÂRÎ. Sbst. آوجى *chasseur, oiseleur.* | Jäger, Vogelsteller.

a اشكاع IŠKÂ'. [شكع IV.] Sbst. طارلغمق، كوجندرمه *action de fâcher, de mettre q. qn. en colère, d'ennuyer, d'impatienter q. qn. par son importunité.* | Belästigung, Aergerniss, Langweilung, die man Jemanden verursacht.

a اشكاف IŠKÂF. Sbst. بشمقجى *cordonnier.* | Schuster = اسكاف

a اشكال IŠKÂL. [اشكل IV.] Sbst. كوجلك، دشوارلق *difficulté, ambiguïté; soupçon, suspicion.* | Schwierigkeit, Ungewissheit, Dunkelheit (eines Ausspruchs, eines Räthsels u. s. w.). Gramm. Bezeichnung der Buchstaben mit diakritischen Punkten und Vocalzeichen.

a اشكال EŠKÂL. Sbst. Pl. v. شكل

p اشكنار EŠKNÂR. Sbst. اغلايجى *q. qn. qui pleure, pleureur.* | ein Weinender, weinerlicher Mensch.

t اشكجى EŠEKČI. Sbst. *ânier.* | Eseltreiber, Besitzer des Esels, Stallknecht.

p اشكره ÂŠKERE, EŠKERE u. IŠKERE. s. اشكره

p اشكريز EŠKRÎZ. Sbst. اغلاجى، اغلامق *pleureur; plainte.* | ein Weinender, Klagender; das Weinen, Wehklagen.

p اشكستن s. شكستن

p اشكفتن s. شكفتن

a p اشكل EŠKEL und IŠKIL. Adj. u. Sbst. *très-douteux, difficile, compliqué; très-embarrassant; chose douteuse; doute, soupçon, difficulté, embarras; lien.* | sehr zweifelhaft, schwierig, verworren; sehr hinderlich; zweifelhafte, schwierige, dunkle Sache; Zweifel, Verdacht; Schwierigkeit, Hinderniss; Bande, Fessel.

t اشكلك EŠEKLIK. Sbst. *ânerie, bêtise.* | Eselei, Dummheit.

a t اشكللك EŠKILLIK. Sbst. *suspicion, soupçon continuel.* | Verdacht, Misstrauen.

a t اشكللنمك IŠKILLENMEK. Vb. intr. Aor. IŠKILLENIR. *soupçonner; avoir des doutes, éprouver des difficultés, des contre-temps.* | Verdacht haben, Zweifel haben, auf Schwierigkeiten oder Hindernisse stossen. Deriv. اشكللندرمك IŠKILLENDIRMEK. Vb. trans. *causer des doutes, faire soupçonner, faire des difficultés.* | Zweifel erregen, Verdacht erregen; Schwierigkeiten machen.

p اشكم IŠKEM. Sbst. قرين *ventre.* | der Bauch.

t اشكن EŠKIN. s. اشكين

p اشكمبه IŠKEMBE. Sbst. *tripes, ventricule.* | Eingeweide, Kaldaunen (der Thiere), Magen der wiederkäuenden Thiere.

p t اشكمبهلنمك IŠKEMBELENMEK. Vb. intr. *s'accoutumer à digérer des aliments plus consistants que le lait (se dit du ventricule des animaux ruminants).* | sich an die Verdauung anderer Nahrung als der Milch gewöhnen, zum Wiederkäuen fähig werden (vom Magen der Thiere). Kam. s. v. انجفر.]

p اشكنج IŠKENǴ. Sbst. *ride; radius du bras; poignet, main.* | Runzel, Knochen des Vorderarmes vom Einbogen bis zum Handgelenk; Faust, Hand.

p اشكنجه IŠKENǴE. s. اسكنجه

p t اشكنجهلمك IŠKENǴELEMEK. s. اسكنجهلمك

p اشكندن IŠKENDEN. Vb. act. *casser, briser, rompre.* | zerbrechen.

p اشكنش IŠKENIŠ. Sbst. *construction ou réparation d'un édifice; restauration, rétablissement.* | Erbauung oder Ausbesserung eines Gebäudes, Wiederherstellung.

t o اشكو AŠKÛ. Sbst. *pot, marmite.* | Topf, Kochtopf.

p اشكو EŠKÛ und اشكوب Sbst. *terrasse, balcon, belvéder; palais.* | Kuppel, Söller, Palast.

p اشكوم IŠKÛM. s. شكوم

p اشكوخيدن IŠKÛCHIDEN. s. شكوخيدن

p اشكور ÂŠKÛR. Sbst. *le septième ciel.* | der siebente Himmel.

p اشكوف UŠKÛFE. Sbst. *vomissement; fleur; fleurissant.* | das Erbrechen; Blume, blühend.

t اشكون s. اشكين

p اشكونه ÂŠKÛNE. Adv. *à la renverse, à l'inverse, à contre-sens.* | verkehrt, widersinnig.

p اشكوه IŠKÛH. s. شكوه

p اشكوهش IŠKÛHIŠ. Sbst. اخجقى *sanglot.* | Seufzer, Schluchzen.

p اشكى IŠKÎ. Sbst. سركه *vinaigre.* | Essig.

t اشكين EŠKIN; auch اشكون u. اشكن Sbst. vgl. اشمك *amble; cheval qui va l'amble; cheval, chameau.* | Pass, Zeltergang; Schnellschritt; Passgänger, Zelter; Pferd, Kameel (nach seinem Gange). اشكين، كتمك Pass gehen. اشكين يورر آت ein Pferd, das einen guten Schritt geht, Passgänger. اشكينسز آت ein Pferd, das keinen guten Gang hat, das nicht von der Stelle will.

t اشكينلك, auch اشكونلك und اشكنلك EŠKINLIK. Sbst. *amble, bon pas d'un cheval.* | der Passgang, der gute Gang oder Schritt eines Pferdes. اشكينلك كتمك in einem guten Schritte gehen.

t اشكينلى EŠKINLI; auch اشكونلو u. اشكنلى Adj. *qui va l'amble, ayant un bon pas.* | passgehend, einen guten Schritt gehend. اشكينلى آت Zelter.

a اشل EŠELL. Sbst. u. Adj. *manchot, qui a la main estropiée, mutilée, desséchée, foulée ou luxée; paralytique.* | einhändig, dessen Hand verkrüppelt, gelähmt, verrenkt u. s. w. ist; vom Schlagfluss getroffen.

a اشلا ÂŠLÂ. Sbst. Pl. v. شلو

u اشلامق oder اشيلامق und اشسلمق AŠLAMAK oder AŠYLAMAK. Vb. act. v. اشى Aor. اشلار AŠLAR. *greffer, inoculer.* | propfen, einimpfen. جيجك اشلامق *vacciner.* | die Pocken einimpfen. Deriv. اشلاتمق AŠLATMAK. Vb. trans. *faire greffer, inoculer, vacciner.* | pfropfen u. s. w. lassen, die Pocken einimpfen.

t o اشلامق AŠLAMAK. Vb. intr. [vgl. اش und اشمق] *manger et boire, boire à la santé l'un de l'autre.* | essen, schmausen, einander zutrinken.

t o اشلك und اشمك s. ايشلك

t o اشلغمق AŠLYGMAK. Vb. intr. *soupçonner.* | Verdacht haben (?) LT تهمت كرمك

t ايشلك s. اشلك

t o ايشلكن s. اشلكن

t o اشلمق u. اشمك s. ايشمك

t o اشلمق AŠYLMAK. Vb. act. u. intr. [vgl. اشلمق] *se rompre, se briser.* | zerbrechen, zerbröckeln. LT. شكستن und ريزه شدن. Deriv. اشلتمق AŠALTMAK. Vb. caus. *rompre.* | zerbrechen. LT. شكنيدن

t اشلمك EŠLEMEK. Vb. act. *accoupler.* | paaren, zwei Gleiche zusammenbringen. Deriv. I. اشلدرمك EŠLEDIRMEK. Vb. trans. *accoupler.* | paaren. II. اشلنمك EŠLENMEK. Vb. refl. *s'accoupler.* sich paaren. III. اشلندرمك EŠLENDIRMEK. Vb. trans. *accoupler, faire s'accoupler.* | paaren, sich paaren lassen.

t اشلمك s. ايشلمك

t o اشلق u. اشليغ AŠLYK. Sbst. *denrées, provisions, aliments, fruits.* | Nahrungsmittel, Speise, Mundvorrath, Feldfrüchte = a غله.

t اشلمك u. اشلمك Vb. act. vgl. اشمك *gratter, creuser (la terre), fouiller; tisonner; arranger, disposer.* | scharren, schüren, durchsuchen, durchstöbern; in Ordnung bringen. اتشى اشمك ايوب ونجورمك das Feuer anschüren. ايجرو، اشلمك ايستمك اسونسى اراشدرمق eine Sache von Innen durchsuchen (um etwas Verborgenes zu entdecken).

t ايشلو s. اشلو

t ايشلايجى s. اشلايجى

a اشمام IŠMÂM. [شم IV.] Sbst. قوقلامق، شم ايتمك *action de flairer, de faire flairer.* | das Riechen, riechen lassen. — ETMEK. *donner à aspirer à q. ch., faire sentir ou remarquer légèrement q. ch., donner un léger son.* | riechen lassen, nur wenig bemerken lassen, einen Laut oder Vokal nur leise hören lassen, einen Consonanten mit kurzem u oder o aussprechen.

a اشمال ÂŠMÂL. Sbst. Pl. v. شمل

t اشمق AŠMAK. Vb. act. Aor. اشر AŠAR. *monter sur . . ., assaillir, saillir, (s'accoupler); passer, franchir, outrepasser.* | besteigen, hinaufsteigen (mit dem Dativ u. Accus. des Objects); bespringen, sich begatten (von Thieren, mit dem Dativ [اركك ديشيه يه]); hinüebersteigen, überschreiten (einen Fluss, Gebirge, einen Befehl); übersteigen, höher hinauf kommen (mit dem Ablat.). — باشدن über den Kopf steigen, zu Kopfe wachsen. Deriv. I. اشرمق AŠYRMAK. Vb. trans. Aor. اشرر AŠYRYR. *faire monter, faire assaillir, faire passer etc.* | besteigen lassen; das Männchen zum Weibchen führen; hinüberführen u. s. w. [vgl. اشورمق]. II. اشسمق AŠYŠMAK. Vb. recipr. *s'accoupler.* | sich begatten (von Thieren). Kam. vgl. اشمك EŠMEK. III. اشلمق AŠYLMAK. Vb. pass. *être monté, surpassé etc.* | bestiegen, überschritten werden u. s. w.

t اشمق AŠMAK oder YŠMAK. Vb. act. *manger.* | essen. اش اشمق [vgl. اشلامق]

Deriv. اشتمق Vb. trans. *manger, donner à manger.* | essen, zu essen geben. LT. طعام خوردن، وطعام خورانيدن

آشوری دوكلمك *surcharger, charger trop* | überladen.

آشوریلق ÂŠYRYLYK. Sbst. *excès.* | Uebermaass.

p آشوفتكی ÂŠÜFTEGI. آشوفتن ÂŠÜFTEN. آشفته ÂŠÜFTE. s. آشفتكی etc.

a اشهاد ŠAHÂD. Sbst. Pl. v. شاهد.

a اشهاد IŠHÂD. [شهد IV.] Sbst. شاهد *action de prendre en témoignage.* | als Zeugen nehmen, als Zeugen beibringen.

a اشهار IŠHÂR. [شهر IV.] Sbst. *action de publier, de faire connaître, de se faire connaître, célébrité.* Veröffentlichung, Berühmtheit (die man erlangt).

a اشهب ŠAHEB. Adj. *mêlé de blanc et de noir, gris (d'un cheval).* | grau, aschgrau, schimmelfarbig (von Pferden).

a اشهر ŠEHER oder AŠHAR. Adj. *très-célèbre, plus célèbre.* | sehr berühmt, berühmter.

a اشهر EŠHUR. Sbst. Pl. v. شهر.

t اشلملك ÂŠELEMEK. s. اشلملك.

a اشهی EŠHI u. EŠHÂ. Adj. *plus recherché, désiré; qui désire avec plus d'ardeur, plus avide de.* | sehr erwünscht, gesucht, verlangt; sehr verlangend, gierig nach etwas.

t آشو s. آشی.

a اشياء EŠJÂ. Sbst. Pl. v. شیء.

p آشیان s. آشیا ÂŠJÂ.

t آشی ÂŠY oder آش Sbst. *pollen, greffe; vaccin.* | der befruchtende Same, Blüthenstaub; Propfreiss; Schutzpockenstoff. آشی طوتمق sich befruchten (von Bäumen). آش اكمك impfen. vgl. آشمق und آشلمق.

a اشياع EŠJÂH. Sbst. Pl. v. شبح.

a اشياع EŠJÂ'. Sbst. Pl. v. شیعه.

p آشیان ÂŠJÂN oder آشیب ÂŠJÂ. Adj. u. Adv. *semblable.* | ähnlich.

p آشیانه ÂŠJÂN oder آشیانه ÂŠJÂNE. Sbst. *nid, toit, abri, demeure.* | Nest, Obdach, Wohnung.

t آشیق ÂŠYK. s. آشق.

t آشیق ÂŠYK. Sbst. *casque.* | Helm.

p اشك IŠK. s. اشك.

p آشیكاه ÂŠIGÂH. Sbst. آب خانه *latrines.* | Abtritt.

t آشیلامق ÂŠYLAMAK oder TÂYLAMAK (LI.). Vb. act. u. intr. *enflammer, brûler; se consumer.* | entflammen, brennen, verbrennen, sich verzehren. [vgl. آشیمق]

t آشیلامق ÂŠYLAMAK; auch آشیمق Vb. act. *greffer, inoculer, vacciner.* | pfropfen, impfen. s. آش und آشلمق.

t آشیمق ÂŠYMAK. Vb. intr. *s'enflammer, brûler.* | sich entzünden, brennen. Kam. s. v. آشیلامق لالا vgl.

p آشپز ÂŠIN. Sbst. آشجی *cuisinier.* | der Koch.

p آشیهه ÂŠIHE. Sbst. *hennissement.* | das Wiehern (der Pferde).

t آس AS. Sbst. *hermine.* | das weisse Wiesel, Hermelin.

p آشنایی ÂŠNÂJÎ. Sbst. *connaissance, amitié.* | Bekanntschaft, Freundschaft.

p آشناوی ÂŠNÂÎ. Sbst. *action de nager.* | das Schwimmen.

t o آشنغ ÂŠANG. Sbst. *foi, confiance.* Glaube, Vertrauen. LT. اعتقاد vgl. آشنلمق.

t آشنمق s. آشنمش und آشندرمق.

a اشنع AŠNA'. Adj. *laid, difforme.* | hässlich, missgestaltet.

t آشنمق ÂŠYNMAK. Vb. intr. Aor. آشنور ÂŠYNYR. *être usé, déchiré, s'user.* | sich abnutzen, abreiben, (ein Kleid u. s. w.), ablaufen (die Füsse, Sohlen, Hufe). آشنمش ÂŠYNMYŠ, *usé, déchiré.* | abgenutzt, abgerieben, zerrissen. آشنمش يول ein kahl getretener Weg. Deriv. آشندرمق ÂŠYNDYRMAK. Vb. trans. *frotter, user, déchirer.* | reiben, bereiben, abreiben, abnutzen, zerreissen. (vgl. آشلمق ÛŠAMAK).

t o آشنمق ÂŠANMAK. Vb. intr. *avoir confiance.* | glauben, vertrauen. LT. اعتقاد كتورمك.

t اشنمك IŠINMEK. Vb. pass. v. اشمك.

p آشنوسه ÂŠNÛSE oder اشنوسه ÂŠNÛSE. Sbst. *éternument.* | das Niesen.

p آشنيدن ÂŠNIDEN. s. شنيدن.

t آشی oder آشو ÂŠY. Sbst.; auch آشی بويسی آشی جلالشی *terre rouge.* | Röthel, Mauerröthel, Röthelfarbe.

p آشو ÂŠÛ. Sbst. vgl. آشوب *trouble, perturbation; calamité, dommage.* | Störung, Unglück, Schaden.

a اشوال ŠAWÂL. Sbst. Pl. v. شال.

a اشواط ŠAWÂT. Sbst. Pl. v. شوط.

a اشواق ŠAWÂK. Sbst. Pl. v. شوق.

p آشوب ÂŠÛB. Sbst. vgl. آشو u. آشفتن *trouble, agitation, discorde, perturbation, tumulte, calamité, souci, alarme, terreur, colère, tempête; en compos. qui cause des troubles etc.* | Verwirrung, Störung, heftiger Stoss, Anstoss, Aufregung, Sorge, Schreck, Zorn, Uneinigkeit, Sturm; in Zusammens. Verwirrung oder Störung u. s. w. verursachend. آشوب انكيز *qui trouble la paix.* | Störenfried. آشوبناك *confus.* | verwirrt, in Verlegenheit.

p آشوبيدن ÂŠÛBIDEN. Vb. intr. *être troublé.* | gestört sein oder werden, geistig gestört sein. vgl. آشفتن.

p آشوردن oder آشردن ÂŠÛRDEN. Vb. act. يوغرمق *pétrir (la pâte), mêler.* | kneten (den Teig), mischen, mengen.

t آشورمق oder آشرمق ÂŠYRMAK. Vb. trans. *faire passer, traverser faire assaillir.* | überschreiten lassen, übersetzen, hinüberbringen oder schicken; bespringen lassen; durchgehen; übertragen, hervorragen [vgl. آشمق] — جلدی آشوردی *il passa au delà.* Ali Schir. Q.

t آشوری ÂŠYRY. Adj. u. Adv. vgl. آشمق *au delà, de l'autre côté; excessif, à l'excès.* | über, hinüber, jenseitig, jenseits; übermässig. كسون آشوری *après demain tous les deux jours, fièvre tierce.* | übermorgen, je über zwei Tage, als Subst. das Wechselfieber. آشوری كتمك *passer au delà, traverser.* | hinübergehen (über einen Fluss, einen Berg).

t o آشمق Vb. act. [t آچمق] *ouvrir.* | öffnen (?) LT. كشولوش.

t اشمك ÂŠMEK. Vb. intr. Aor. اشر ÂŠER. *aller, marcher, aller l'amble, l'entre-pas; aller à cheval à la guerre.* | gehen, langsamen Schritt gehen, im Passe gehen [vgl. اشكيمن]; zu Pferde in den Krieg ziehen. آشوب آشوب كتمك oder يوريمك schnell gehen, seine Schritte beeilen.

t اشمك EŠMEK. Vb. act. Aor. اشر EŠER. *gratter, creuser la terre.* | scharren, den Erdboden aufscharren, aufwühlen, aufkratzen (wie Hühner). Löcher in den Boden graben, mit etwas spitzem in den Boden stossen, um etwas darunter liegendes aufzudecken. — قازمق Deriv. اشنمك EŠINMEK. Vb. pass.

t اشمك IŠMEK. t o اشمق s. ايشمك اشمك.

a اشمل EŠMEL. Adj. Compar. *plus ample, parfait, universel.* | umfassender, allgemeiner, vollkommener.

t اشمه EŠME. Sbst. v. اشمك *puits.* | Grube, Brunnen. اشمه قويی Brunnen.

t اشمه AŠMA. Sbst. *ruisseau, fontaine.* | Fluss, Quelle. (D. Alexandrides neugriechisch türk. Vocabul.)

p آشاميدن ÂŠEMIDEN und آشميدن Vb. act. *boire.* | trinken.

a اشمئزاز IŠMIZÂZ. [شمز XI] Sbst. *saisissement (de frayeur; d'horreur).* | Schauder (vor Furcht, Schreck, Angst).

p آشنا ÂŠNÂ. Adj. u. Sbst. *connaissant q. ch. ou q. qn., accoutumé à q. ch., connu; ami; ami de Dieu, saint.* | bekannt mit einer Person oder Sache, gewöhnt an etwas, befreundet mit (mit dem Dativ); Freund, Genosse, Bekannter. Theol. Suf. Freund Gottes, ein Heiliger. موسيقی — ein Musikverständiger, Musikfreund. بر نسنه يه آشنا اولمق oder آشنا اولمق mit einer Sache bekannt sein, sich darauf verstehen, Bekanntschaft mit etwas machen, Freundschaft schliessen mit Jemand. مذاق آشنا Kenner in Sachen des Geschmacks, von gutem Geschmack.

p آشنا ÂŠNÂ und آشناب ÂŠNÂB. Sbst. يوزمك . يوزيجی *action de nager, nageur.* | das Schwimmen, ein Schwimmer.

p آشناختن ÂŠNÂXTEN s. شناختن.

p آشناكر ÂŠNÂGER Sbst. يوزيجی *nageur.* Schwimmer.

p t آشنالق ÂŠNÂLYK. Sbst. *connaissance, amitié, salutation, compliment.* | Bekanntschaft, Freundschaft, Begrüssung, Verbeugung. — ETMEK, *faire connaissance, reconnaître q. qn.; témoigner de l'amitié à q. qn., saluer q. qn.* | Bekanntschaft machen, Freundschaft schliessen, einen begegnenden Freund erkennen, Jemanden Freundschaft erweisen; Jemanden begrüssen, sich vor ihm verbeugen.

p آشنان UŠNÂN oder اشنه ÜŠNE. Sbst. *nom d'une plante dont on prépare une espèce de lessive.* | eine Pflanze, aus welcher eine Lauge zum Waschen bereitet wird. vgl. چوغان.

p آشناو ÂŠNÂW u. آشناور ÂŠNÂWER. Sbst. يوزيجی *nageur.* | Schwimmer.

a اُسّ ISS, Sbst. *racine, fondement.* | Wurzel, Grundlage.

t اصا oder اصه ASA. Sbst. *chose suspendue.* | etwas aufgehängtes. vgl. اصمق

t اصقومق ASAKOMAK. Vb. act. compos. Aor. اصقور ASAKOR. *suspendre.* | aufhängen.

a اصابت ISĀBET. [صاب IV.] Sbst. *action d'atteindre, coup juste; sagacité; justesse, droiture; action d'endommager; contagion (d'une maladie).* | das Treffen, gerade Treffen, gerades Treffen des Zieles, Scharfsinn, Richtigkeit; Beschädigung, Ansteckung. Interj. *bien! très-bien! c'est comme il faut!* | recht! gut! recht so! — ETMEK. *aller directement au but, atteindre (le but), tomber juste; frapper, endommager q. qn., nuire à q. qn.* | gerade auf einen Gegenstand losgehen, das Ziel treffen, den Zweck erreichen, auf etwas treffen oder fallen, das Rechte treffen, das Rechte thun oder sprechen, etwas thun wie es sein soll, etwas gerade heraussagen. — OLMAK. *être comme il faut, être juste.* | sein wie es sein soll, richtig sein. اصابت تدبیر اوزره dem richtigen Urtheil gemäss. آفت اصابتی Unglücksfall.

a اصابع ASĀBY'. Sbst. Pl. v. اصبع

a اصابعی ASĀBY'Ī. Sbst. چبوق کوکردی *soufre jaune.* | der gelbe Schwefel.

a اصبل ASĀBYL. Tahrif v. اصاطبل ASĀTYBL. s. اصطبل

a اصادق ASĀDYK. Sbst. Pl. v. صدیق

a اصاطبل ASĀTYBL. Sbst. Pl. v. اصطبل

a اصاغر ASĀGYR. Sbst. u. Adj. اصغر

a اصاغه ISĀGH. [صاغ IV.] Sbst. قالبه دوکمه *action de façonner, de former sur un modèle.* auf die Form, über den Leisten schlagen, die Form geben.

a اصافه ISĀFE. [صف IV.] Sbst. صاپمق، صاپتمق *action de détourner, d'écarter.* | Abwendung, Abweichung.

a آصال ĀSĀL. Sbst. Pl. v. اصیل

a اصالت ASĀLET oder ESĀLET. [اصل I.] Sbst. *noblesse (de famille, de race), noble extraction; occupation en persone d'un emploi (en opposition de procuration ou substitution).* | Adel (des Geschlechts); persönliches Innehaben eines Amts, Verwaltung eines Amts als wirklicher Angestellter, nicht als Vertreter, [Gegentheil von وکالت]. Als Adv. اصالتا ASĀLATAN. *originairement, en qualité de fonction personnelle.* | ursprünglich, in eigener Angelegenheit, als wirklicher Angestellter. اصالتدن ASĀLATDAN. *à dessein, fermement, de son autorité privée.* | bestimmt, fest, absichtlich, aus eigener Machtvollkommenheit. vgl. d. Flgde.

a اصالت ISĀLET. [اصل IV.] Sbst. *fermeté, caractère ferme, jugement ferme.* | eigentlich Wurzelung, d. i. Festigkeit, Festigkeit des Charakters, Bestimmtheit des Urtheils. Als Adv. ISĀLATAN. *fermement, originairement.* | fest, ursprünglich. vgl. d. Vhgde.

a t اصالتلو ASĀLATLY oder ESALETLI. Adj. *noble.* | adelig.

a t اصالتلو ISĀLETLI. Adj. *ferme, constant.* | fest, beständig.

a اصباح ASBĀH. Sbst. Pl. v. صباح

a اصباح ISBĀH. [صبح IV.] Sbst. *action de faire jour, (du temps) de faire q. ch. de grand matin.* | das Morgenwerden, frühzeitiges Thun einer Sache. — ETMEK. *venir de grand matin; s'éveiller.* | zeitig kommen; aufwachen.

a اصبار ISBĀR. [صبر IV.] Sbst. صبر ایتدرمه *action de faire supporter, de faire patienter.* — ETMEK. *faire supporter à q. qn., faire patienter q. qn.* | geduldig machen, Jemand etwas ertragen lassen, Geduld haben lassen.

a اصطبار ISTBĀR. [صبر VIII.] Sbst. صبر ایلمه *action de supporter, d'avoir patience.* | Geduld haben, etwas ertragen oder erdulden, sich gedulden. vgl. اصطبار

a اصباغ ASBĀG. Sbst. Pl. v. صبغ

t آصبور s. آصمر

a اصبع USBU'. Sbst. Pl. اصابع ASĀBY'. *doigt; pouce (mesure)* | Finger, Zoll.

t اصپور oder اصپر ASFYR. Sbst. Tahrif v. عصفر p کافیشه LL. *carthame.* | Färbedistel. (carthamus tinctorum).

a اصبی ASBĀ oder ASBĪ und اصبیه ASBIJE. Sbst. Pl. v. صبی

a اصح ASAHH. Adj. *plus et très-certain, vrai, authentique.* | sehr gewiss, sicher, wahr, authentisch. vgl. صحیح

a اصحا ASYHHĀ und اصحاء ASYHHAT. Adj. Pl. v. صحیح

a اصحاب ASHĀB. Sbst. Pl. v. صاحب

a اصحاح ISHĀH. [صح IV.] Sbst. صاغلتمق *restitution; rétablissement, guérison.* | Wiederherstellung in einen unverdorbenen Zustand; Heilung, Genesung.

a اصحر ASHAR. Adj. *alezan, fauve.* | fuchsroth. Sbst. *cheval alezan.* | Rothfuchs.

a اصدا ASDĀ. Sbst. Pl. v. صدا

a اصدا ISDĀ. [صدا IV.] Sbst. *action de faire écho.* | das Wiederhallen, Verhallen. — ETMEK. *faire écho, répondre; se perdre (le son), mourir.* | wiederhallen, wiederrufen; verhallen; sterben.

p t اصدر ASTĀR. Sbst. *doublure.* | Unterfutter. s. آستر

a اصدار ISDĀR. [صدر IV.] Sbst. چیقارمق *action de produire, production, émanation, publication.* | Hervorbringung, das Hervorgehen aus einer Sache, Erlass, Befehl. — ETMEK. *produire, faire émaner, publier (un ordre), faire voir, montrer.* | hervorbringen, hervorgehen lassen, herausgeben, erlassen (einen Befehl), herausgehen, sich zeigen. فرمان اصدار اولندی es ist ein Befehl erlassen worden.

a اصداغ ASDĀG. (ASTĀG). Sbst. Pl. v. صدغ

a اصداف ASDĀF. (ASTĀF). Sbst. Pl. v. صدف

a اصداف ISDĀF. [صدف IV.] Sbst. صاپتمق، صاپمق *action de détourner.* | Abwendung, Abweichung. — ETMEK. *détourner, écarter, éloigner.* | seitwärts abwenden, entfernen.

a اصدقا ASDĀK. Sbst. Pl. v. صدق

a اصدق ASDAK. Adj. *très-vrai, très-sincère.* | sehr wahr, treu, zuverlässig. s. صادق

a اصدقا ASDYKĀ. Adj. u. Sbst. Pl. v. صدیق

a اصرار ISRĀR. [صر IV.] Sbst. *persévérance, persistance dans le mal.* | Beharrlichkeit, Ausdauer, Bestehen auf einer Sache; Hartnäckigkeit, Verstocktheit. — ETMEK. *persister, persévérer, continuer.* | ausdauern, beharren bei, etwas unaufhörlich thun, auf etwas bestehen.

a اصراف ASRĀF. Sbst. Pl. v. صرف

a اصراف ISRĀF. [صرف IV.] Sbst. *changement des voyelles d'une rime.* | Verschiedenheit der Vokale in den Endsilben des Reimes.

t o اصرامق ASRAMAK. Vb. act. *nourrir, élever.* | ernähren, erhalten, erziehen.

a اصرت ASYRRAT oder آصرة ĀSYRAT. Sbst. *parenté, liens du sang; présent qu'on donne en gage d'amitié, souvenir.* | Verwandtschaft, Bande des Bluts; Beweis von Wohlwollen, Geschenk zum Andenken, Freundschaftsgeschenk.

t اصرغان YSYRGĀN. s. اصرمق Adj. *brûlant, mordant.* | brennend, beissend, beissig. اصرغان اوتی *ortie.* | die Brennessel.

t اصرمق YSYRMAK oder ایصرمق Aor. اصرر YSYRYR. [verwandt mit اسی] Vb. act. *brûler, mordre.* [brennen, beissen. پرمق اصرمق *regretter.*] sich den Finger beissen, d. i. etwas bereuen. دیشلر ایله اصرمق mit den Zähnen beissen, zerfleischen. [vgl. صرمق]

t اصریجی YSYRYDŸ. Adj. *brûlant, mordant.* | brennend, beissend.

t اصریق YSYRYK. Sbst. *brûlure, morsure.* | Brandwunde, Bisswunde.

t اصسز YSSIZ. Adj. = اسّز *désert.* | öde, verödet. اصسز اووا eine öde Wüste.

t اصسزلق YSSYZLYK. Sbst. *état d'être désert, désolation, abandon d'une contrée, d'une ville etc.* | Verödung (einer Stadt, Gegend u. s. w.) اصسزلقدن قورتارمق *cultiver.* | der Verödung entreissen, anbauen.

a اصطباح ISTIBĀH. [صبح VIII.] Sbst. *action de prendre le coup du matin; déjeuner.* | Einnahme des Morgentrunks [صبوح], Frühstück.

a اصطبار ISTIBĀR. [صبر VIII.] Sbst. صبر ایلمه *action de supporter, patience, tolérance, soumission.* | Geduld, Duldung, Nachsicht, Toleranz; Demuth. — ETMEK. *être patient, affecter de la patience.* | Geduld zeigen, sich gedulden, sich geduldig stellen. vgl. اصبر

a اصطباغ ISTIBĀG. [صبغ VIII.] Sbst. بویامق *action de teindre, immersion d'une étoffe dans la teinture; baptême.* | Eintauchung, Taufung. — ETMEK. *teindre (une étoffe); tremper, plonger dans l'eau; baptiser.* | eintauchen (in Wasser, Farbe u. s. w.), färben; taufen (in letzterer Bedeutung nur von den Moslemen gebraucht, die Christen sagen dafür تعمید).

a اصطبل ISTABL. (stabulum). Sbst. *écurie.* | Stall, Pferdestall, Marstall. Pl. اصاطبل ASATYBL. vulg. اصبل ASĀBYL.

a اصطحاب ISTIHĀB. [صحب VIII.] Sbst. ارقداشلق *association.* | Genossenschaft, Kameradschaft.

a اصطدام ISTIDĀM. [صدم VIII.] Sbst. *action de se heurter, coup, choc.* | an einander stossen, Stoss; aneinander rennen.

a اصطرار ISTIRĀR. [صر VIII.] Sbst. enbarras, peine, détresse. | Bewegung, Angst, Noth, Qual.

a اصطوقه YUTARK, YETTUYK. s. استوقه

a اصطرلاب USTURLÂB. s. اسطرلاب

a اصطفا ISTIFÂ. [صفى VIII.] Sbst. اصطفاء action de choisir, choix, élection. | Wahl, Auswahl.

a اصطفاف ISTIFÂF. [صف VIII.] Sbst. action de se ranger en bataille. | Aufstellung in Schlachtordnung. — ETYMB. se ranger en bataille, en ordre, s'aligner. | sich in Reih und Glied stellen, in Schlachtordnung aufstellen, sich ordnen.

a اصطكاك ISTIKÂK. [صك VIII.] Sbst. action de se heurter l'un contre l'autre, collision. | Zusammenstoss. — ETYMB. se heurter (l'un l'autre); battre le briquet. | aneinanderstossen; Feuer anschlagen.

a اصطلاح ISTILÂH. [صلح VIII.] Pl. اصطلاحات ISTILÂHÂT. Sbst. usage technique d'un mot, signification particulière à la langue d'une science, d'un art etc.; mot technique; correction, phrase ou expression élégante; sens figuré. | technischer Gebrauch eines Wortes, Kunstausdruck, technische Bezeichnung; Kunstsprache [im Gegensatze zu لغت]; Verbesserung der Redeweise, zierlicher Ausdruck.

a اصطلاحى ISTILÂHÎ. Adj. appartenant à la langue technique. | der Kunstsprache angehörend, s. d. Vhgde.

a اصطلام ISTILÂM. [صلم VIII.] Sbst. action d'arracher avec la racine, extermination, extirpation. | Ausrottung. — ETYMB. exterminer. | ausrotten, keine Spur mehr übrig lassen.

a اصطناع ISTINÂ'. [صنع VIII.] Sbst. action de préparer un festin, de faire festin; affectation; bienfait, faveur; action de s'attacher q. qn. par des bienfaits; perception, action de recueillir des biens; exercice. | Vorbereitung und Anordnung eines Festes oder Gastmahls, Gasterei; Ziererei; Gunst, Wohlthat, die man Jemand erweist; Verbindlichmachung; Uebung (in einer Kunst). — ETYMB. faire faire; commander (tel ou tel objet); exercer ou enseigner (un art etc.), former. | machen lassen, anordnen, eine Kunst u. s. w. üben oder lehren; bilden.

اسطنبه s. اصطنبه

a اصطياد ISTIYÂD. [صاد VIII.] Sbst. اوجيلك ايتمك action de chasser. | Jägerei. — ETYMB. aller à la chasse. | auf die Jagd gehen.

a اصطياف ISTIYÂF. [صاف VIII.] Sbst. — ETYMB. passer l'été dans quelque endroit. | den Sommer an einem Orte zubringen.

a اصعاب IS'ÂB. [صعب IV.] Sbst. difficulté. | Schwierigkeit.

a اصعاد IS'ÂD. [صعد IV.] Sbst. action de monter sur des terrains plus élevés; le voyage à la Mecque. | das Hinaufsteigen, Aufsteigen; die Reise nach Mekka. — ETYMB. monter; distiller, sublimer. | hinaufsteigen, aufsteigen, Chemie: distilliren. vgl. تصعيد

a اصعار IS'ÂR. [صعر IV.] Sbst. action de faire une grimace ou mauvaise mine (soit par habitude ou par mépris pour q. qn.) | Verziehen des Gesichts (aus Hochmuth oder aus Gewohnheit), Nase rümpfen. vgl. اصعر

a اصعاق IS'ÂK. [صعق IV.] Sbst. défaillance. | Ohnmacht, Bewusstlosigkeit.

a اصعب AS'AB. Adj. plus difficile, très difficile; très-fortifié. | schwieriger, sehr schwierig; sehr befestigt.

a اصعر AS'AR. Adj. qui regarde les autres avec mépris, hautain. | sehr hochmüthig, dünkelhaft. vgl. اصعار

a اصغا ISGÂ. [صغى IV.] Sbst. action d'entendre, de consentir. | das Lauschen, Erhörung, Beistimmung. — ETYMB. entendre. | auf etwas hören, horchen; beistimmen, zugeben.

a اصغار ISGÂR. [صغر IV.] Sbst. كوجكلتمك action d'amoindrir, de rendre petit; d'abaisser, d'humilier. | Verkleinerung, Verringerung; Erniedrigung; Demüthigung.

a اصغر ASGAR. Adj. très-petit, plus petit. | sehr klein, kleiner. Pl. اصاغر ASÂGYR. les inférieurs. | die Geringeren, weniger Angesehenen.

a اصف ASAF. Sbst. كبر câprier. | der Kapernstrauch. (capparis spinosa).

a آصف ÂSAF oder ÂSEF. N. pr. Asaf. | Asaph, der Vezir des Königs Salomo, berühmt durch seine Weisheit. Sbst. le grand-vizir, pacha grand-vizir. | der Grossvezir, Pascha im Range eines Grossvezir.

a p آصفانه ÂSEFÂNE und آصفى ÂSEFÎ. Adj. à l'instar d'Asaf, sage comme A.; digne d'un vizir. | dem Asaph gleich, weise wie A.; eines Vezirs würdig.

a اصفا ISFÂ. [صفو IV.] Sbst. action de choisir, de préférer, d'épurer, de clarifier, de rendre clair, d'épuiser. | das Auswählen, Vorziehen vor etwas Anderem, Reinigung, Klärung, Erklärung, Deutlichmachung, Ausleerung, vollständiges Wegnehmen. — ETYMB. épurer. | reinigen.

a اصفار ASFÂR. Sbst. Pl. v. صفر

a اصفاف ASFÂF. Sbst. Pl. v. صف

a اصفاف ISFÂF. [صف IV.] Sbst. action de ranger en bataille. Aufstellung einer Schlachtordnung.

a اصفر ASFAR. Adj. jaune, pâle. | gelb, blass.

a اصفرار ISFIRÂR. [صفر IX.] Sbst. صارولق couleur jaune, pâleur des joues; action de faire pâlir; pâlir. | Gelbheit, gelbe Farbe, Blässe, Verblassung, Verbleichung, Erblassung. اصفرار الشمس coucher du soleil. | Untergang der Sonne.

p اصفهسالار ISPAHSÂLÂR; auch اسپهسالار oder اسپاهسالار Sbst. général d'armée. Heerführer, Befehlshaber.

a اصفى ASFÂ. Adj. très-pur, plus pur. | sehr rein, reiner.

p اصفى ÂSEFÎ. Adj. s. آصفانه

a اصفيا ASFIYÂ. Adj. u. Sbst. Pl. v. صفى

a اصفرار ISFIRÂR. s. اصفرار

a اصقاع ASKÂ' oder ESKÂ'. Sbst. Pl. v. صقع SUK'.

t اصقى ASKY. Sbst. [vgl. اصمق] tout ce qui est suspendu pour ornement; amulette etc. fil, courroie ou cordon auquel q. ch. est suspendu; appendice, addition, glose (d'un livre); rubans et petites pièces d'étoffe qu'on donne aux ouvriers, à l'occasion des nouvelles bâtisses; état de suspension, de doute, d'incertitude. | etwas Hängendes, Aufgehangenes, Schwebendes; herabhängende Zierrath (wie Amulette, Kronleuchter u. s. w.), Schnüren, Faden, Bänder u. s. w., an denen solche Zierrathen oder überhaupt etwas aufgehangen wird, Gehenke (Degengehenke u. s. w.), Anhängsel, Zusatz, Randbemerkung; Anmerkung (zu einer Schrift oder einem Buche); schwebender Zustand, Ungewissheit, Unsicherheit.

a اصل ASL oder ASYL. Pl. اصول USÛL. racine; origine, fondement; principe, cause; original; capital. | Wurzel; Ursprung; Grundlage; Anfang, Princip; Ursache; Original; Kapital. Arithm. — اصل جذر Wurzelzahl einer Potenz. Gramm. اصل فعل Grundform des Zeitwerts, Verbalbegriff, Verbalstamm. اصل مصدر der eigentliche Infinitiv. اصول تصريف die Bildungsgesetze. فى الاصل ursprünglich, am Anfang, anfänglich, zuerst, erstens. اصل يوق grundlos, unbegründet. بتون اصل شى ein leeres nichtiges Ding. اصلى يوق oder اصلى فصلى يوق die Sache ist unbegründet. اصلندن von Ursprung, von Anfang an. اصلندن چيقمق ausarten, verschlechtern.

a اصلا ASLAN Adv. (mit folgender Negation) point du tout, jamais, nullement. | durchaus nicht, nie.

a اصلاء ESLÂ. Sbst. Pl. v. اصيل

a اصلاب ASLÂB. Sbst. Pl. v. صلب

t اصلاتمق YALATMAK. Vb. trans. v. اصلامق

a اصلاح ISLÂH. [صلح IV.] Sbst. action de corriger, correction; restitution, embellissement, réconciliation. | Verbesserung, Verschönerung; Wiederherstellung, Versöhnung, Ausgleichung. — ETYMB. corriger, ajuster, réparer, restituer. | ausbessern, wiederherstellen, in Ordnung bringen. اصلاح ذات البين oder اصلاح ما بين الناس eine Versöhnung zu Wege bringen.

a t اصلح ASLAH. Adj. [für اصلاح ASLÂH] le meilleur, très-bon. | das beste, sehr gut. اصلحندن ويرمك der Weg ist gut. يول اصلحدر gieb von dem besten.

t اصلاق YALAK. Adj. humide, mouillé. | feucht, nass.

t اصلاقلق YALAKLYK. Sbst. humidité, moiteur. | Feuchtigkeit, Nässe. — s. يلاق

t اصلامق YALAMAK. Vb. act. Aor. اصلار YALAR. tremper. | anfeuchten, durchnässen, eintauchen. Dativ اصلاتمق YALATMAK. Vb. trans. Aor. اصلادير YELADYR. mouiller, humecter. | nass machen, durchnässen, benetzen, anfeuchten, einweichen, mit Fett anmachen (eine Speise). پينيرى ياغله اصلاتمق den Käse mit Butter versetzen. II. اصلادلمق oder اصلانلمق YELADYLMAK. Vb. trans. pass. être mouillé etc. | durchnässt u. s. w. werden. صوده اصلادلمق im Wasser eingeweicht. III. اصلانمق YELANMAK. Vb. refl. u. pass. Aor. اصلانور YELANYR. se mouiller, être mouillé, se tremper. | sich nass machen, eintauchen, nass sein, durchnässt werden, z. B. طپراق اصلاندى der Staub vom Regen. IV. اصلانمامق oder اصلانمامق YELA'NMAMAK. Vb. pass. neg. ne pas être mouillé etc., être sec. | nicht nass werden. اصلانماماش YELA'NMAMYŠ sec | trocken.

t اصلان ASLAN. Sbst. lion. | der Löwe. s. ارسلان

p اصلبند ASTLBAND. Sbst. *le benjoin.* | die Benzoe.

a اصلت ASALET oder YSALET. *totalité, universalité.* | das Ganze, die Allgemeinheit, Gesammtheit.

t اصلاتمق YSLATMAK. s. اصلامق II.

t اصلاغجق ASYLAGAK. vulg. ASALAGAK. Sbst. s. اصمق *pendard, vaurien.* | einer der verdient gehangen zu werden, ein Galgenstrick, Taugenichts, Schurke, Schelm.

a اصلح ASLAH. Adj. *meilleur, le meilleur; plus correct.* | besser, der Beste; das richtigste, ächte; vollkommener. vgl. اصلاح YSLAH.

a اصلح ASLAH. Intrj. *(il a fait bien) qu'il fasse bien!* | er hat gut gemacht, d. i. er mache gut! اصلح الله ASLAH ALLAH. *que Dieu fasse bien!* | Gott mache es gut!

a اصلخ ASLAH. Adj. *très-sourd; galeux.* | sehr taub; räudig.

a p اصلزاده ASYLZÂDE. s. اصل Sbst. *noble, fils d'une bonne famille.* | ein Adeliger, Mann von gutem Herkommen.

a t اصلسز ASYLSYZ. Adj. *qui n'a pas de race.* | von schlechter Herkunft. Adv. *vain, mal fondu.* | grundlos, vergeblick, umsonst. vgl. اصل

a اصلع ASLA'. Adj. *chauve.* | kahlköpfig.

t اصلق ASLYK. [von آصمق] Sbst. *femme avec laquelle on ne peut pas cohabiter.* | eine zum geschlechtlichen Umgang unfähige Frau. vgl. Kam. s. v. الحصراء und قنعفة

t اصلق YSLYK. Sbst. *sifflement.* | das Pfeifen, ein Piff. — چالق — ويرمك oder *siffler.* | pfeifen.

t اصلمق ASYLMAK. Vb. pass. v. آصمق

t اصلنمق YSLAMAK u. اصلنمق YSLANMAK. s. اصلامق

t اصلمه s. آصمه

t اصلو ASYLY. Adj. *pendu, suspendu.* | hängend, aufgehangen.

t اصلو USLU. s. اوصلو

t اصلوبی USLUBÎ. Sbst. [vulg. für اصطوبه] *étoupe.* | Werg.

a اصلى ASLY. Adj. *original, radical; essentiel, principal; de bonne famille, noble.* | ursprünglich, wesentlich, adelig. s. اصل

a اصم ASAMM. Adj. *muet, sourd, sourd-muet.* | stumm, taub, taubstumm. Ar. Gramm. mit stummer Wurzel, Verbum mit verdoppeltem zweiten Radical. Algebra. irrationale Zahl. جذر اصم die Quadratwurzel einer irrationalen Zahl.

a اصمات ISMÂT. [صمت IV.] Sbst. سكوت *action de se taire.* | das Schweigen. — — ETMEK. *faire taire; rendre massif (et non pas creux).* | zum Schweigen bringen; etwas hohles vollstopfen (so dass es keinen Schall mehr giebt); massiv machen.

t اصمارلمق oder اصمرلمق YSMARLAMAK. S'MARLAMAK. Vb. act. Aor. اصمارلار YSMARLAR. *donner une commission, recommander, commander à q. qn.* | beauftragen, einem etwas übertragen, empfehlen, überlassen (mit dem Dativ der Person). الله اصمارلدق ALLÂHA 'SMARLADYK. *adieu.* | Gott befohlen! leben Sie wohl.

t اصمارلمه YSMARLAMA. Sbst. *commission.* | Auftrag. اصمارلمه ايش S'MARLAMA IŠ oder اصمارلنمش ايش *tâche.* | aufgetragenes übernommenes Geschäft.

t اصمارليج oder اصمريج YSMARYG. Sbst. *commission.* | Auftrag. — a وصيّة.

a اصمام ISMÂM. [صم IV.] Sbst. *action de rendre q. qn. sourd, lui ôter l'ouïe.* | einen taub machen, betäuben.

t اصمارلق s. اصمرلق

t اصمق und آصمق ASMAK. t o آصمه (VI.) Vb. act. Aor. اصار ASAR. *pendre, suspendre.* hängen, aufhängen. Deriv. I. اصدرمق oder آستورمق ASTURMAK. Vb. trans. *faire suspendre.* | aufhängen lassen. II. آصلمق oder آصيلمق ASYLMAK. Vb. pass. u. intr. *être suspendu, pendre.* | aufgehangen sein oder werden, hangen, schweben. t o آصلمه oder آصيلمه ASYLMA. *chose suspendue.* | etwas hängendes, schwebendes.

t آصمه ASMA. Sbst. v. آصمق *suspension; pendant; treille, vigne.* | das Aufhängen; etwas hängendes; Gehänge, Geländer, Weingeländer, Weinstock. آصمه كوپرى *pont-levis.* Hängebrücke. — آصمه چوبوغى *sarment, cep de vigne.* | Weinrebe. — يپراغى *feuillage de la vigne.* | Weinlaub. — قباغى der persische eiförmige Kürbiss (cucurbita ovifera), welcher gewöhnlich an Geländen gezogen wird. آصمه گوبك Hängenabel, ein hervortretender Nabel. اوزوم آصمه سى Weinstock. آصمه يبانى der wilde Wein. آق آصمه bryonia, vitis alba — اورن كلى

t آصملق ASMALYK. Sbst. [vgl. آصمه] *treille, espalier, échalas.* | Weingeländer, Spalier, ein Pfahl, der den Weinstock oder das Geländer stützt. — طرك

a اصناع ISNÂ. [صنع IV.] Sbst. ياردم ايلمك *action d'aider, assistance.* | Hülfe, Beistand. ETMEK. *aider, assister, instruire q. qn.* | einem helfen, beistehen; Jemanden unterrichten (in einer Kunst zum Meister machen).

a اصنع ESNÂ oder اصناعى ESNÂ'Â. Sbst. Pl. v. صنع SIN'.

a اصناف ESNÂF. Sbst. Pl. v. صنف SINF. *espèces, classes, corporations et jurandes,* comme singulier: *corps de métier, artisan, artiste.* | Arten; Klassen, Abtheilungen; Corporationen, Zünfte und Gewerke; als Singular: Zunft, Corporation; Handwerker (der auf dem Markte eine Bude hält), Künstler, (Mechaniker, Werkmeister, Feuerwerker).

a اصنام ASNÂM und ESNÂM. Sbst. Pl. v. صنم

t اصنمق YSYNMAK. s. اسنمق

a اصوات ASWÂT oder ESWÂT. Sbst. Pl. v. صوت SAUT.

a اصواف ASWÂF oder ESWÂF. Sbst. Pl. v. صوف SÛF.

a اصوب ASWAB oder ASWEB. Adj. *meilleur; plus juste, plus raisonnable, plus salutaire, très-bon etc.* | besser, zweckmässiger, richtiger, vernünftiger; sehr gut, zweckmässig, richtig.

a اصوبيتى ESWABÎJETI. Sbst. *le mieux, ce qui est mieux.* | das Beste.

a اصوف ASWAF. Adj. *laineux, couvert de laine (animal).* | wollig, mit wolligem Felle begabt.

a اصول USÛL. Sbst. v. اصل *racines, origines, principes.* | Wurzeln, Ursprünge, Anfänge, Grundsätze, Rechtsgrundsätze, Grundlehren des Rechts اصول الدين die dogmatischen Grundlehren des Korans. اصول وفروع *principes et conséquences, causes et effets, ascendants et descendants.* | Ursachen und Wirkungen, Grund und Folge; Verwandte in aufsteigender und absteigender Linie. Vgl. اصل. — Als Singular. *méthode, manière; cadence, ton fondamental.* | Methode, Art und Weise, Mode. اصول ايله oder اصولله USULLA. *avec méthode, doucement.* | mit Methode, mit Manier; zart, behutsam. بر اصول ايله BIR USÛL YLA. auf eine oder die andere Art. Musik: Grundton, Cadence, Tonschlussfall, Uebergang aus einer Tonart in die andere. پر اصول PUR USÛL, voller Grundtöne, d. i. mit schöner Stimme begabt.

a t اصولله USULLA = اصول ايله Adv. *doucement.* | zart, behutsam. s. اصول

t اصه s. اصا

a اصهار ASHÂR. Sbst. Pl. v. صهر

a اصهار ISHÂR. [صهر IV.] Sbst. دامادلق *action de s'allier avec une famille, alliance affinité.* | Verschwägerung, Schwägerschaft, Verwandtschaft durch Verheirathung.

t اصى ASY. Adj. [von آصمق] *chose suspendue* = اصا

t اصى ASSY. Sbst. *utilité, profit.* | Nutzen, Vortheil.

a اصياف ASJÂF. Sbst. Pl. v. صيف SAIF.

a اصيت ÂSIET. Sbst. *malheur imminent, malheur qui poursuit sans relâche.* | immer drohendes Unglück.

a اصير ASÎR. Adj. *proche, voisin.* | nahe benachbart.

a اصيل ASYL, ASÎL. Adj. vgl. اصل *qui a de racines; fondé, ferme, solide, inébranlable; de bonne famille, noble.* | was Wurzel hat, gegründet, fest, unerschütterlich, adelig. Pl. اصلا USALÂ. *les nobles.* | die Adeligen des Volks.

a t اصيل ASÎL statt اصيله ASÎLE. *le temps entre l'Asr et le coucher du soleil.* | der späte Nachmittag, d. i. die Zeit zwischen dem Asr [s. عصر] und Sonnenuntergang. Pl. آصال ÂSÂL. *les heures du soir.* | die Abendstunden, Abende. بالغدو والآصال *matin et soir.* | Früh und Abends.

t اصيلو ASYLY. Adj. v. آصمق, *suspendu* | aufgehängt, hängend.

t اصيلو ASSYLY. Adj. [v. آصى] *utile, profitable.* | nützlich, vortheilhaft.

a اضاءت IZÂET. [ضاء IV.] Sbst. روشن ايلمك، روشن ايلمك *action d'illuminer, d'éclairer; lumière.* | Erhellung, Erleuchtung, Helligkeit. — ETMEK. *rendre lumineux, faire briller.* | erhellen, leuchten lassen, glänzen lassen.

a اضاعت IZÂET. [ضاع IV.] Sbst. تلف ايلمك، تلف ايلمك *action de perdre, de dilapider.* | Verwüstung. — ETMEK. *perdre; ruiner.* | verwüsten.

a اضافت IZÂFET. [ضاف IV.] Sbst. *adjonction, annexion; rapport d'annexion entre un nom et son complément; qualité accidentelle.* | Verbindung, Anknüpfung; zufällige Eigenschaft. Gramm.: Verbindung eines Nomen mit einem andern, Annexion, Genitivverhältniss. اضافهٔ بیمقیه determinirende Genitivconstruction. اضافهٔ لامیه aneignende Genitivconstruction (vgl. die Grammatiken).

a اضافی IZÂFÎ. Adj. *relatif, qui exprime quelque relation, quelque rapport entre deux choses ou deux mots.* | bezüglich, Bezug habend, die Beziehung zweier Dinge oder Worte zu einander bezeichnend.

a اضمار IZMÂR. Sbst. [ضمر IV.] Sbst. ضم ایتمك *action de serrer.* | das Zusammendrücken, Zusammenschnüren.

a اضماره IZMÂRET. Sbst. Pl. اضمایر *cahier, abécédaire.* | Heft, ABCbuch, Fibel.

a اضباط IZBÂT. [ضبط IV.] Sbst. *fixation.* | Bestimmung, Festsetzung. Gramm.: Bezeichnung der Konsonanten mit Vocalzeichen (de Sacy, Gramm. ar. p. 52).

a اضاحه oder اضاحی AZHÂ. Sbst. Pl. v. اضحیّه (ungebr.). *les sacrifices.* | die Opfer. — عید اضاحیه قربان بیرامی *fête des sacrifices.* | das Opferfest (vom 10—14 des Monats Zilhadsche).

a اضحاك IZHÂK. [ضحك IV.] Sbst. گولدرمك *action d'exciter le rire de q. qn.* | Lachenerregung. — ETMEK. *faire rire q. qn.* | Jemanden zum Lachen bringen.

a اضحوكه ZEHÛK oder اضحوكه ZEHÛKE. Pl. اضاحیك ZEHÂIK. Sbst. *chose ridicule.* | etwas Lächerliches.

a اضاحی s. اضاحه.

a اضداد AZDÂD. Sbst. Pl. v. ضدّ.

a اضرّ AZARR. Adj. *très-nuisible.* | sehr schädlich.

a اضرّ EZURR. Sbst. Pl. v. ضرّاء.

a اضراح IZRÂH. [ضرح IV.] Sbst. ایراق ایتمك، افساد ایتمك *action d'éloigner, d'écarter, de repousser q. qn.; action de gâter, d'abîmer.* | das von sich entfernen, Wegstossen; Zugrunderichtung.

a اضرار AZRÂR. Sbst. Pl. v. ضرر.

a اضرار IZRÂR. [ضرّ IV.] Sbst. ضرر ویرمك *action de nuire à q. qn.* | Beschädigung. — ETMEK. *nuire à q. qn., causer un dommage à q. qn.* | Jemanden Schaden verursachen, Schaden zufügen, beschädigen.

a اضراع IZRÂ'. [ضرع IV.] Sbst. تذلیل ایتمك *action d'abaisser, d'humilier.* | Erniedrigung, Demüthigung.

a اضرام IZRÂM. [ضرم IV.] Sbst. طوتشدرمق *action d'exciter le feu, d'embraser.* | Anfachung, Anzündung.

a اضری AZRÂ. Adj. *très-nuisible.* | sehr schädlich.

a اضطجاع IZTIDJÂ'. [ضجع VIII.] Sbst. *prosternation.* | die Niederwerfung; die Stellung beim Gebet, in welcher der Betende mit der Brust den Boden berührt.

a اضطراب IZTIRÂB. [ضرب VIII.] Sbst. *agitation, commotion, trouble, chagrin, anxiété, impatience, distraction.* | Aufregung, Erregtheit, Unruhe, Störung, Sorge, Angst, Noth, Ungeduld, Zerstreuung. — WERMEK. *agiter, causer des troubles etc. à q. qn.* | Jemand Unruhe verursachen, Jemanden ängstigen. — ČEKMEK. *être agité, impatient etc.* | unruhig, ungeduldig, ängstlich sein, sich ängstigen.

a اضطرار IZTIRÂR. [ضرّ VIII.] Sbst. نا چارلق *nécessité, force de nécessité; violence, dernière misère, désespoir.* | Noth, Zwang, Bedrängniss, äusserste Armuth, Elend.

a اضطراراً IZTIRÂRAN. Adj. *par nécessité, forcément.* | aus Noth, von Noth gezwungen.

a اضطرام IZTIRÂM. [ضرم VIII.] Sbst. *action de flamber.* | Auflodерung (des Feuers).

a اضطلاع IZTILÂ'. [ضلع VIII.] Sbst. *force à porter un fardeau.* | die Kraft, eine schwere Last zu heben oder zu tragen.

a اضطمام IZTIMÂM. [ضمّ VIII.] Sbst. *action de rassembler, de réunir autour de soi; état d'être agrégé, incorporé.* | das um sich versammeln, zusammennehmen; Zusammenfügung, Einfügung. vgl. انضمام.

a اضطناء IZTINÂ. [ضنی VIII.] Sbst. *honte.* | das vor Scham niedergebeugt sein.

a اضعاف AZ'ÂF, EZ'ÂF. Pl. v. ضعف ZY'F.

a اضعاف IZ'ÂF. [ضعف IV.] Sbst. *action d'affaiblir; action de doubler.* | Schwächung; Verdoppelung. — ETMEK. *affaiblir; doubler.* | schwächen, schwach machen; verdoppeln.

a اضعف AZ'AF. Adj. *très-faible.* | sehr schwach.

a اضغاث AZGÂS. Sbst. Pl. ضغث ZYGS.

a اضغاء IZGÂ. [ضغی IV.] Sbst. *action de provoquer, de contraindre à vociférer, à crier.* | Aufforderung oder Anregung zum Schreien.

a اضلّ AZALL. Adj. u. Sbst. *égaré, séduit.* | ein Verirrter, Verführter, der vom richtigen Wege oder vom wahren Glauben abgekommen ist.

a اضلاع AZLÂ', EZLÂ'. Sbst. Pl. v. ضلع ZYL'. *les côtés, les flancs.* | die Seiten. زاویه — متساویة الاضلاع oder مثلّث — *triangle équilatéral.* | ein gleichseitiges Dreieck.

a اضلال IZLÂL. [ضلّ IV.] Sbst. ازدرمق، ازغدرمق *action de séduire, séduction, mauvaise direction donnée à q. qn.* | Verführung, Verleitung, Irreleitung. — ETMEK. *séduire; induire en erreur, perdre, corrompre.* | einen verführen, irreführen, vom rechten Glauben abwendig machen; moralisch verderben. اضلال حال *empirement, altération.* | Verschlechterung.

a اضلوله UZLÛLE. Sbst. *égarement.* | Verirrung (in moralischem Sinne).

a اضم AZM. Sbst. *fureur, colère.* | Wuth, Zorn.

a اضمار IZMÂR. [ضمر IV.] Sbst. *action de cacher; pensée, idée, conception.* | Verbergung, Geheimhaltung; Gedanke. Metr.: Veränderung des Fusses متفاعلن ◡ ◡ — ◡ — in — — ◡ — — ETMEK. *cacher, celer, tenir secret.* | verbergen, geheimhalten, in seinem Herzen verschliessen.

a اضمام IZMÂM. [ضمّ IV.] Sbst. قاتمق *action de serrer; d'adjoindre.* | Zusammendrückung, Zusammenfügung. vgl. انضمام.

a اضمامه IZMÂME. Sbst. *cahier, fascicule.* | Heft.

a اضمحلال IDMIHLÂL. [ضمحل IV.] Sbst. *disparition.* | gänzliches Verschwinden, sich zerstreuen (wie Wolken oder Nebel).

a اضمن AZMAN. Adj. *qui contient beaucoup; qui offre une meilleure garantie.* | gehaltreich; zuverlässiger.

a اضوا AZWÂ. Sbst. Pl. v. ضوء ZAU.

a اضیاف AZJÂF. Sbst. Pl. v. ضیف.

a اضیق AZJAK. Adj. *très-étroit.* | sehr eng, schmal, beengt.

t o اط AT, s. آت und آد.

a اطابت ITÂBET. [طاب IV.] Sbst. *action de rendre bon, d'améliorer; action de se montrer bon envers q. qn.* | Verbesserung, Leutseligkeit.

a اطاره ITÂRET. [طار IV.] Sbst. اوچورمق *action de faire voler, de lancer, de chasser.* — ETMEK. *faire voler etc.* | fliegen lassen; schleudern, fortjagen.

a اطاعت ITÂAT. [طاع IV.] Sbst. *action d'obéir; obéissance, soumission.* | das Gehorchen, Gehorsam, Unterwerfung. — ETMEK oder — ÜZRE OLMAK. *obéir, se soumettre.* | gehorchen, sich unterwerfen, sich ergeben.

a t اطاعتلو ITÂATLY. Adj. *obéissant, soumis.* | gehorsam, unterwürfig, willfährig.

t اطاق ATAK. s. آتاق Sbst. *vantard.* | Prahler.

t اطاقلق ATAKLYK. Sbst. *ostentation.* | Prahlerei.

a اطاقه ITAKA. [طوق IV.] Sbst. قادر اولمق *puissance, pouvoir de faire q. ch.* | das Vermögen, etwas zu thun, im Stande sein etwas zu thun.

a اطاله ITÂLET. [طال IV.] Sbst. اوزاتمق *action d'allonger; prolongation.* | Verlängerung, Ausstreckung, Ausdehnung. — ETMEK. *allonger, prolonger, étendre.* | verlängern, ausstrecken. اطالهٔ ید [دست] ایتمك ITÂLE-I JED (oder DESTI) ETMEK. die Hand ausstrecken, d. i. nehmen. اطالهٔ لسان ایتمك die Zunge ausstrecken, d. i. übles von Jemand sprechen, lästern, verläumden.

t o اطلو ATAU. Sbst. *le mois d'Octobre.* | der October.

a اطاول ATÂWYL. Adj. u. Sbst. Pl. v. اطول.

a اطایب ATÂYB. Adj. u. Sbst. Pl. v. اطیب.

a اطبّا ATIBBÂ. Sbst. Pl. v. طبیب.

a اطباء ATBÂ. Sbst. Pl. v. طبی.

a اطباء ITBÂ. [طبا IV.] Sbst. دعوت ایتمك *action d'appeler.* | Ruf. — ETMEK. *appeler.* | rufen.

a اطّباخ ITTIBÂH. [طبخ VIII.] Sbst. پشمك *état d'être cuit.* | Geniessbarkeit der Speisen. — OLUNMAK. *être cuit, bouilli à point, préparé (pour être mangé).* | gar sein, gekocht sein oder werden; zum essen fertig und geniessbar sein.

a اطباع ATBÂ'. Sbst. Pl. v. طبع.

a اطباق ATBÂK. Sbst. Pl. v. طبق und von طبقه.

a اطباق ITBÂK. [طبق IV.] Sbst. *action de convenir de q. ch., accord.* | Einigung über eine Sache. — ETMEK. *convenir de q. ch., tomber d'accord, s'accorder.* | sich über eine Sache einigen, Uebereinkommen treffen.

a اطبّه ATIBBA. Sbst. Pl. v. طبیب.

a اطبع ATBA'. Adj. *très-sale.* | unflätig.

a اطبقات ATBIKAT. Sbst. Pl. v. طبق und von طبقة

t اطر YTYR. Sbst. Geranium — ابرة الراعى

a اطراء ITRÂ. [طرا IV.] Sbst. *louange immodérée.* | übermässige Lobeserhebung.

a اطراب ITRÂB. [طرب IV.] Sbst. *action d'égayer.* | Erheiterung.

a اطراح ITRÂH. [طرح IV.] Sbst. *action de jeter, de précipiter.* | Sturz. — ETMEK. *se précipiter.* | sich stürzen.

a اطّراح ITTIRÂH. [طرح VIII.] Sbst. *action de rejeter, de lancer loin de soi.* | Wegwerfung, Wegschleuderung.

a اطراد ITRÂD. [طرد IV.] Sbst. *action de bannir, expulsion.* | Verbannung, Vertreibung. — ETMEK. *bannir, chasser.* | vertreiben, verjagen.

a اطّراد ITTIRÂD. [طرد VIII.] Sbst. *action de suivre pas à pas; régularité, état d'être soumis à la règle.* | regelmässiges, gleichmässiges Fortschreiten, Fortbewegung, Regelmässigkeit, Unterwerfung unter eine Regel. — Rhetor. Aufeinanderfolge mehrerer Eigennamen. — ETMEK. *suivre pas à pas, venir ou courir à la suite d'un autre, se trouver juste après l'autre; imiter q. qn.* | einen (regelmässig oder vorschriftmässig) hinter dem andern hergehen, auf dem Fusse folgen; einer den andern jagen; nachahmen.

a اطرار ATRÂR. Sbst. Pl. v. طرّة

a اطراس ATRÂS. Sbst. Pl. v. طرس

a اطراف ETRÂF. Sbst. Pl. v. طرف *côtés, environs, alentours.* | Seiten, Umgebungen. اطرافيله ETRÂFYLE. Adv. *de tous cotés.* | von allen Seiten, in allen Einzelheiten, nach allen Gesichtspunkten. اطرافنه ETRAFYNA oder اطرافنده ETRÂFYNDA. Adv. *alentour.* | ringsumher. اطراف ونهايات *tenants et aboutissants.* | alles was zu einem Grundstücke gehört. اطراف قومشولر *les proches voisins.* | die Nachbarn ringsumher.

a اطراف ITRÂF. [طرف IV.] Sbst. *action de faire cadeau, spéc. de q. ch. de nouveau.* | Jemanden ein Geschenk machen (insbesondere mit etwas Neuem).

a t اطرافلى ITRAFLY. Adj. *libéral.* | freigebig, etwas Neues schenkend vgl. d. Vbg.

a اطراق ATRÂK. Sbst. Pl. v. طرق

a اطرام ITRÂM. [طرم IV.] Sbst. *mauvaise odeur (se dit de la bouche mal entretenue).* | übler Geruch aus dem Munde.

a اطرقه ATRYKA. Sbst. Pl. v. طريق

a اطروش UTRÛŠ. Adj. *sourd.* | taub.

p اطره UTRA. Sbst. *cabaret, plateau.* | Präsentirbrett.

a اطعام IT'ÂM. [طعم IV.] Sbst. *action de donner à manger, sustentation.* | Speisung, Ernährung, Unterhalt. — ETMEK. *donner à manger, alimenter.* | zu essen geben, ernähren.

a اطعمه ET'IME oder AT'YMA. Sbst. Pl. v. طعام

a اطغاء ITGÂ. [طغى IV.] Sbst. آزدرمق، اطغا *séduction.* | Verführung (zum Bösen). — ETMEK. *séduire.* | verführen.

a اطفاء ITFÂ. [طفى IV.] Sbst. سوندرمه *action d'éteindre.* | Brandlöschung. — ETMEK. *éteindre.* | löschen.

a اطفار ITFÂR. [طفر IV.] Sbst. — ETMEK. *faire faire un saut au cheval en le piquant des éperons.* | ein Pferd zum Sprunge anspornen, einen Satz machen lassen.

a اطفال ETFÂL oder ATFÂL. Sbst. Pl. v. طفل

a اطل YTL oder YTYL. Sbst. *côté, flanc.* | die Weiche (zwischen Rippen und Lende).

a اطلاء ITLÂ. [طلا IV.] Sbst. *action d'oindre, d'enduire.* | Besalbung, Besudelung.

a اطّلاء ITTILÂ. [طلا VIII.] Sbst. *action de s'oindre, état d'être oint.* | Besalbung, Besudelung (seiner selbst).

a اطلاب ATLÂB. Sbst. Pl. v. طلب TYLB.

a اطلاب ITLÂB. [طلب IV.] Sbst. استدعا *action de faire demander, d'obliger à demander.* | Aufforderung, einen Wunsch oder Forderung auszusprechen.

a اطّلاب ITTILÂB. [طلب VIII.] Sbst. استدعا *action de demander, d'exiger.* | Wunsch, Forderung.

a اطلاع ITLÂ. [طلع IV.] Sbst. *action de faire observer: action d'instruire, d'informer q. qn. de ch.* | Jemand auf eine Sache aufmerksam machen, ihm eine Sache mittheilen.

a اطّلاع ITTILÂ. [طلع VIII.] Sbst. *état d'être instruit de q. ch.; compréhension, notion, action de s'instruire de q. ch.; de prendre notion; examen, pénétration.* | Kenntniss, die man von einer Sache hat oder nimmt, das Gewahrwerden, Untersuchen, Prüfen. — ETMEK. *comprendre, examiner.* | von einer Sache Kenntniss nehmen, eine Sache begreifen, eine Sache untersuchen, prüfen. — BULMAK, — JÂFTEN. *comprendre q. ch.* | von einer Sache Kenntniss erlangen, begreifen. مضموننه اطلاع بولدقدن nachdem er den Inhalt (des Schreibens) begriffen.

a اطلاق ITLÂK. [طلق IV.] Sbst. *action de lâcher; de mettre en liberté (un esclave); de répudier (une femme).* | Loslassung, Losbindung; Freilassung (eines Sclaven); Verstossung (einer Frau), Ehescheidung. — ETMEK. *relâcher; mettre en liberté, répudier: rendre universel, généraliser; exprimer q. ch. d'une manière absolue.* | loslassen, losbinden; des Dienstes entbinden, freilassen (einen Sclaven, eine Frau), daher verstossen, die Ehe scheiden; einen Ausdruck im allgemeinsten Sinne gebrauchen, verallgemeinern. على الاطلاق *en général, généralement.* | im Allgemeinen, im allgemeinen oder gewöhnlichen Sinne. اطلاق عنان *die Zügel lassen, d. i. sich schnell auf den Weg machen, sich beeilen.*

a اطّلاق ITTILÂK. [طلق VIII.] Sbst. *état d'être délivré de soucis etc.* | Freiheit von Sorgen.

t o اطلامق u. آتلامق ، آتلامق u. اتلامق

a اطلب ATLEB oder ATLAB. Adj. u. Sbst. *qui cherche, qui demande.* | einer, welcher sucht oder verlangt. هم اطلبلق Concurrent. Concurrenz.

a اطلس ATLAS. 1. Adj. *ras, uni, dont la surface ne présente ni aspérité, ni dessin.* | glatt (von einer Fläche), leer (Papier ohne Schrift und Zeichnung). 2. Sbst. *satin; atlas de géographie.* | glatter Seidenstoff, Atlas; geographischer Atlas. فلك اطلس FELEK-I ATLAS. der leere Himmelsraum, jenseits des Sternenhimmels — فلك الافلاك oder فلك اعظم

a t اطلسلو ATLASLY. Adj. *de soie ou de satin.* | von Seide oder Atlas.

a اطليت ATLIJET. Sbst. Pl. v. طلاء TYLÂ.

a اطم UTUM oder UTM. Pl. اطوم ÛTÛM od. آطام ÂTÂM und اطملر UTUMLAR. Sbst. *fort, petit château fort.* | kleine Festung, Burg, Schloss.

a اطماع ATMÂ'. Sbst. Pl. v. طمع TAMA'.

a اطماع ITMÂ'. [طمع IV.] Sbst. *action d'exciter la cupidité.* | Erweckung der Begierde. — ETMEK. *exciter la cupidité, le désir de q. ch.; rendre avide de q. ch.; induire en tentation.* | eine Begierde erwecken, die Lust nach etwas erregen, lüstern machen, in Versuchung führen, Erwartungen erregen.

a اطماس ITMÂS. [طمس IV.] Sbst. *action d'effacer.* | vertilgen, auslöschen (etwas geschriebenes).

b اطمنان od. اطمينان ITMINÂN. [طمن IV.] Sbst. آرام *repos, tranquillité, sécurité, quiétude.* | Ruhe, Sicherheit, Gefühl von Sicherheit. — قلب — خاطر ITMINAN-I KALB oder — HATYR. Seelenruhe, Herzensfriede.

a اطناب ATNÂB. Sbst. Pl. v. طنب

a اطناب ITNÂB. [طنب IV.] Sbst. *prolixité, longueur d'un discours.* | Weitschweifigkeit, Schwülstigkeit (der Rede). — ETMEK. *s'étendre dans son discours.* | seine Rede in die Länge ziehen, viele Worte machen.

a اطنبه ITNÂBE. Pl. طنب TUNEB und اطانيب ATÂNÎB. Sbst. *parasol, parapluie, tente, auvent.* | Sonnenschirm, Regenschirm, Zelt, Wetterdach.

a اطوار ATWÂR. Sbst. Pl. v. طور TAWR.

a اطواس ATWÂS. Sbst. Pl. v. طاوس TAÛS.

a اطواق ATWÂK. Sbst. Pl. v. طوق TAWK.

a اطوال ITWÂL. [طال IV.] Sbst. اوزاتمق *prolongation.* | Verlängerung. — ETMEK. *prolonger, allonger, étendre.* | verlängern.

a اطول ATWAL. Adj. [Compar. v. طويل] *très-long, plus long.* | sehr lang, länger.

t اطه oder آدا ADA. Sbst. *île, presqu'île.* | Insel, Halbinsel. اطه لر دكيزى oder اطه لر اراسى der Archipel.

a اطهاء ITHÂ. [طهى IV.] Sbst. *habileté (dans un art ou métier).* | Meisterschaft, Geschicklichkeit.

a اطهار IT-HÂR. [طهر IV.] Sbst. تميزلك *purification.* | Reinigung.

a اطهار AT-HÂR. Adj. u. Sbst. Pl. v. طاهر TÂHYR.

a اطهاف IT-HÂF. [طهف IV.] Sbst. *facilité et clarté du langage.* | Leichtigkeit des Ausdrucks, Geläufigkeit der Rede.

a اطهر AT-HAR. Adj. *plus pur, très-pur.* | reiner, sehr rein.

a اطياب ATJÂB. Sbst. Pl. v. طيب TYB.

a اطيار ATJÂR. Sbst. Pl. v. طير TAIR.

a اطيب ATJAB. Adj. *très-bon, meilleur, le meilleur.* | sehr gut, besser, der Beste

a اظم AZM. Sbst. گناه ، صوچ *crime, péché, faute.* | Verbrechen, Vergehen, Fehler, Sünde.

a اظافير AZÂFÎR. Sbst. Pl. v. ظفر ZYFR.

a اظراف IZRĀF. [ظرف IV.] Sbst. ظرفه قومق، ظرفلمق action de mettre q. ch. dans un vase, étui etc. | in ein Behältniss, Gefäss u. s. w. legen.

a اظرف AZRAF. Adj. très-joli, élégant, ingénieux. | sehr hübsch, zierlich, sinnreich. s. ظريف.

a اظطلام IZṬILĀM. [ظلم VIII.] Sbst. action de supporter l'oppression, de souffrir l'injustice.| Erduldung des Drucks, der Tyrannei, der Ungerechtigkeit; Unterwerfung unter Druck, u. s. w.

a اظفار AZFĀR. Sbst. Pl. v. ظفر ZYFR.

a اظفار IZFĀR. [ظفر IV.] Sbst. action de rendre q. qn. vainqueur. | Siegverleihung.

a اظفار IZZIFĀR. [ظفر VIII.] Sbst. action de remporter la victoire. | Besiegung, Ueberwältigung. — BULMAK. remporter la victoire, se rendre maître; obtenir q. ch. | den Sieg davontragen, seinen Willen durchsetzen, seinen Wunsch erreichen.

a اظلاف AZLĀF. Sbst. Pl. v. ظلف ZULF.

a اظلال AZLĀL. Sbst. Pl. v. ظل ZYLL.

a اظلال IZLĀL. [ظل IV.] Sbst. action de faire ombre. | Beschattung, Schutz gegen Wind und Wetter. — ETMEK. faire ombre; couvrir, ombrager q. qn. ou q. ch., mettre à l'ombre.| den Schatten auf etwas werfen; etwas schützen oder decken; in den Schatten bringen.

a اظلام IZLĀM. [ظلم IV.] Sbst. obscurcissement. | Verfinsterung, Verdunkelung.

a اظلم AZLAM. Adj. très-obscur; très-injuste, oppresseur. | sehr finster, dunkel; sehr hart, tyrannisch.

a اظنان IZNĀN. [ظن IV.] Sbst. action de soupçonner, soupçon, suspicion. |Vermuthung, Verdacht. — ETMEK. soupçonner, se former une opinion de q. ch. | vermuthen, argwöhnen, meinen.

a اظطنان IZZINĀN. [ظن VIII.] Sbst. action de soupçonner, de rendre suspect, accusation.| Verdacht, Verdächtigung, Anklage. — OLUNMAK. être soupçonné de q. ch. | einer Sache verdächtig sein.

a اظهار IZHĀR. [ظهر IV.] Sbst. action de montrer; exposition, déclaration, manifestation, témoignage. | das Zeigen, Sehenlassen einer Sache, Darlegung, Auseinandersetzung, Zeugniss. — ETMEK. montrer, faire voir, manifester; proclamer, témoigner; faire semblant de q. ch., feindre. | zeigen, darlegen, vorstellen, erklären; etwas bezeugen; etwas zum Scheine thun, sich den Anschein geben. اظهار فرار verstellte Flucht. اظهار مقاومت ایلمك Widerstand zeigen, d. i. Widerstand leisten.

a اظطهار IZZIHĀR. [ظهر VIII.] Sbst. négligence, abandon, oubli. | Sorglosigkeit, Vergesslichkeit, Nachlässigkeit.

a اظهر AZHAR. Adj. très-clair, très-évident, plus clair. | sehr deutlich, klar, deutlicher.

a اعبد A'BYD. Sbst. Pl. v. عبد ABD.

a اعتب A'TYB. Sbst. Pl. v. عتوبة U'TÛBET.

a اعجم A'DJYM. Sbst. Pl. v. اعجم A'DJAM.

a اعاجيب A'ÂDJIB. Sbst. Pl. v. اعجوبة A'DJÛBET.

a اعادة I'ÂDET. [عود IV.] Sbst. عودت ایتدرمه action de faire retourner; répétition, réitération, revision. | Bewirkung der Rückkehr; Wiederholung. — ETMEK. faire retourner, renvoyer, ramener q. qn., répéter, réitérer q. ch.; reparler de q. ch., rentrer dans la matière; repasser, repliquer, revoir. | umkehren lassen, zurückschicken, zurücktreiben, zurückrufen; wiederholen; auf etwas schon früher gesagtes zurückkommen; eine Sache nochmals übersehen, revidiren. اعادهٔ كلام Wiederholung des Gesagten. اعادهٔ نظر Revision.

a اعادی A'ÂDÎ. Sbst. Pl. v. عدو ADUWW.

a اعاذة I'ÂZE. [عوذ IV.] Sbst. صغنمق — ETMEK. chercher refuge. | Zuflucht nehmen zu Jemand oder an einem Orte.

a اعارة I'ÂRE. [عور IV.] Sbst. عاريته ویرمك prêt. | Darlehn. — ETMEK. prêter q. ch. à q. qn. | einem etwas leihen.

a اعارض A'ÂRYZ. Sbst. v. عروض ARÛZ.

a اعاریب A'ÂRÎB. Sbst. Pl. v. عرب ARAB.

a اعازة I'ÂZE. [عوز IV.] Sbst. فقیرلق pauvreté, misère. | Armuth, Elend, Mangel.

a اعاشة I'ÂŠE. [عيش IV.] Sbst. دیرلتمه vivification. | Belebung.

a اعاشیر A'ÂŠÎR. Sbst. Pl. v. عشیرة s. اعشار.

a اعاصب A'ÂṢYB. Sbst. Pl. v. عصبة AṢABET.

a اعاضة I'ÂḌE. [عوض IV.] Sbst. قارشيلق ویرمك action de remplacer q. ch. à q. qn., donner un équivalent. | Ersatzleistung.

a اعاظم A'ÂZYM. Sbst. Pl. v. اعظم A'ZAM.

a اعالة I'ÂLE. [عول IV.] Sbst. soin de l'entretien d'une famille, sustentation de la famille. | Sorge um den Unterhalt der Familie; Nahrungssorge; Unterhalt der Familie.

a اعاليم s. اعلومة.

a اعالی A'ÂLÎ. Adj. Pl. v. اعلی A'LÂ.

a اعانی A'ÂNA. Interj. qu'il (Dieu) aide! qu'il assiste! | er (Gott) helfe! اعانه الله A'ÂNAHU-LLÂH. Gott steh' ihm bei!

a اعانة I'ÂNE. [عون IV.] Sbst. یاردم ایتمك aide, secours, assistance. | Beistand, Hülfe. — ETMEK. assister, aider. | beistehen, helfen.

a اعبا A'BÂ. Sbst. Pl. v. عبء YB.

a اعباد I'BÂD. [عبد IV.] Sbst. قول ایتمك action de réduire en esclavage. | Jemand zum Sclaven machen.

a اعباد A'BÂD. Sbst. Pl. v. عبد ABD.

a اعتاب I'TÂB. [عتب IV.] Sbst. خوشنودلق ویرمك action de contenter, de satisfaire q. qn. | Zufriedenstellung, Befriedigung.

a اعتاد I'TÂD. [عتد IV.] Sbst. حاضر ایتمك action de préparer, de dresser, d'apprêter.| Bereitung, Zurüstung.

a اعتاق I'TÂK. [عتق IV.] Sbst. آزاد ایتمك affranchissement (d'un esclave). | Freilassung (eines Sclaven), Befreiung. — ETMEK. affranchir, mettre en liberté. | frei lassen, in Freiheit setzen, befreien.

a اعتان I'TÂN. [عتن IV.] Sbst. sévérité envers un débiteur. | Härte gegen einen Schuldner. — ETMEK. réclamer (avec violence) d'un débiteur le payement d'une dette. | einen Schuldner um Zahlung drängen.

a اعتباد I'TIBÂD. [عبد VIII.] Sbst. action d'asservir; soumission; dévotion. | Knechtung, Unterwerfung; Ehrerbietung; Andacht.

a اعتبار I'TIBÂR. [عبر VIII.] Sbst. estimation, estime; appréciation, considération; confiance, crédit (mercantil); valeur, honneur; égard, rapport. | Schätzung, Werthschätzung, Achtung, Zutrauen, Credit (kaufmännischer); Werth, Ehre; Beziehung, Rücksicht. — ETMEK. estimer q. qn. ou q. ch., mettre sa confiance en q. qn. | eine Person oder Sache schätzen, Jemanden seine Achtung, sein Zutrauen schenken. — OLMAK. être estimé, avoir de la valeur.| geschätzt werden, etwas gelten, werth sein. اعتباری اولمامق gering sein, unbedeutend, werthlos sein. اعتبار اولنمامش كتاب ein apokryphisches Buch. اعتبارہ المق einer Sache Werth beilegen (m. d. Acc.). جلیل الاعتبار sehr geschätzt, sehr angesehen.

a t اعتبارسز I'TIBÂRSYZ. Adj. qui n'est pas estimé, méprisé. | werthlos, geringgeschätzt, verachtet.

a t اعتبارلو I'TIBÂRLY. Adj. estimé, honoré, honorable. | geschätzt, geehrt, ehrenwerth.

a اعتباری I'TIBÂRÎ. Adj. d'une valeur relative. | durch Schätzung bestimmt, einer Schätzung gemäss, nach Schätzung; relatif (im Gegensatz zu مطلق absolut oder حقیقی unbedingt wahr).

a اعتباط I'TIBÂT. [عبط VIII.] Sbst. action de gâter, de détruire ce qui est en bon état; action de tuer un jeune homme ou un jeune animal; mort subite d'un jeune homme. | plötzliches und gewaltsames Zugrunderichten eines noch unversehrten Gegenstandes, Tödtung eines jungen Menschen, oder eines jungen Thieres; plötzlicher Tod eines jungen Menschen ohne vorhergehende Krankheit. Gramm. Grundlose Quiescirung des Endvocals oder der letzten Silbe eines Wortes; Apocope.

a اعتتاب I'TITÂB. [عتب VIII.] Sbst. action de se retirer et abandonner une chose pour s'occuper d'une autre. | Beendigung oder Aufgeben einer Arbeit oder eines Geschäfts, um sich zu einem andern zu wenden.

a اعتجار I'TIDJÂR. [عجر VIII.] Sbst. action d'entourer la tête ou le menton d'une mentonnière. | sich ein Tuch oder ein Band unter dem Kinne um den Kopf binden, [wie einen معجر]

a اعتداء I'TIDÂ. [عدا VIII.] Sbst. ظلم ایتمك hostilité, haine. | Feindseligkeit, Hass, Bosheit (gegen andere). — ETMEK. être hostile, malveillant, injuste envers q. qn. | sich gegen einen andern feindselig benehmen, ungerecht sein, Jemanden gröblich beleidigen.

a اعتداد I'TIDÂD. [عد VIII.] Sbst. صايمق action de compter, supputation, estimation.| Zählung, Zusammenrechnung, Berechnung, Schätzung. — ETMEK. compter, supputer. | zählen, berechnen.

a اعتدال I'TIDÂL. [عدل VIII.] Sbst. برابرلك égalité des deux côtés, équilibre, symétrie; proportion; état tempéré, modération. | Gleichheit nach beiden Seiten hin, Gleichgewicht, gleiches Maass, Gleichmässigkeit, das rechte Maass (sowohl hinsichtlich der Quantität als der Qualität); Mässigung. — ETMEK. tempérer, modérer. | mässigen. — BULMAK. trouver un juste milieu. | das rechte Maass finden. موزون — modéré, tempéré.| mässig, ohne Uebertreibung. حد اعتدالدن — خارج oder تجاوز — immodérément.| unmässig. حد اعتدالدن تجاوز ایتمك das rechte Maass überschreiten. اعتدال النهار واللیل Tag- und Nachtgleiche, Aequinoctium.

a t اعتدالسز I'TIDÂLSYZ. Adv. *immodérément.* | unmässig, übertrieben.

a t اعتدالسزلق I'TIDÂLSYZLYK. Sbst. *immodération, intempérance.* | Mangel an Mässigung, Uebermaass.

a t اعتدالّلو I'TIDÂLLY. Adj. *tempéré, modéré, moyen.* | mässig, gemässigt, mittelmässig.

a اعتذار I'TIZÂR. [عذر VIII.] Sbst. عذر ايلمك *action de présenter à q. qn. des excuses en alléguant telle ou telle raison; excuse; prétexte.* | Entschuldigung, Vertheidigungsrede, Vorwendung. — ETMEK. *excuser q. qn. ou q. ch., s'excuser, demander d'être excusé; prendre prétexte.* | entschuldigen, sich entschuldigen, um Entschuldigung bitten; einen Vorwand anführen.

a اعتراض I'TIRÂZ. [عرض VIII.] Pl. اعتراضات I'TIRÂZÂT. Sbst. متصدّى اولمق, قيشولق *objection, opposition, obstacle.* | Einwurf, Einwendung, Hinderung, Hinderniss. — ETMEK. *opposer, s'opposer, se trouver en opposition avec q. ch., contrarier q. qn.* | einwenden, Einwürfe machen, hinderlich sein, sich einer Sache entgegensetzen, entgegenwirken; etwas an einer Sache auszusetzen haben.

a اعتراف I'TIRÂF. [عرف VIII.] Sbst. اقرار *aveu, confession.* | Geständniss, Bekenntniss; Beichte. — ETMEK. *avouer, reconnaître.* | gestehen, bekennen, eingestehen.

a اعتراك I'TIRÂK. [عرك VIII.] Sbst اوزدحمه, غلبلك *action de se presser; foule, engagement.* | Gedränge, Handgemenge.

a اعتزاز I'TIZÂZ. [عزّ VIII.] Sbst. عزتلنمك *action de s'enorgueillir (de son origine), de se faire honorer.* | Prahlen mit vornehmer Herkunft; Vornehmheit. — ETMEK. *vouloir se distinguer, avoir des prétentions.* | sich hervorthun, Ansprüche machen.

a اعتزال I'TIZÂL. [عزل VIII.] Sbst. آيرلمق *action de séparer; abandon, désertion, abdication, schisme.* | Trennung, Abfall, Lossagung von einer Sache; Desertion; Schisma. — ETMEK. *se séparer de . . ., faire scission avec la communauté à laquelle on appartient.* | sich lossagen, von einer Gemeinschaft trennen. اهل اعتزال die Schismatiker.

a اعتزام I'TIZÂM. [عزم VIII.] Sbst عزم ايلمك *ferme résolution, application, persévérance.* | fester Entschluss, etwas zu thun, Beharrlichkeit, Ausdauer. — ETMEK. *se proposer sérieusement, poursuivre constamment un but; supporter avec patience (un malheur).* | sich fest vornehmen, beharrlich sein, fest bleiben, etwas durchführen; geduldig ertragen.

a اعتساف I'TISÂF. [عسف VIII.] Sbst. *action de forcer, de contraindre, faire violence.* | Gewaltthätigkeit, Zwang, Gewalt; widerrechtliche und gewaltthätige Wegnahme.

a اعتساس I'TISÂS. [عسّ VIII.] Sbst. طلب ايلمك, كسب ايلمك *action de chercher, de trouver, de gagner, de faire acquisition de q. ch.* | das Suchen, Finden, Gewinnen, Erlangen einer Sache.

a اعتساف I'TISÂF. [عسف VIII.] Sbst. ظلم ايلمك, يولدن صاپمق *action de s'écarter de la route; oppression, injustice, tyrannie.* | Abirren vom rechten Weg; Widerrechtlichkeit, Ungerechtigkeit, Bedrückung, Tyrannei.

a اعتشام I'TIŠÂM. [عشم VIII.] Sbst. اعطا ايلمك *action de donner à q. qn. l'objet convoité.* | Gewährung dessen, wonach Jemand gelüstet.

a اعتشاء I'TIŠÂ. [عشى VIII.] Sbst. *action de se mettre en route à la nuit tombante.* | Aufbruch oder Antritt einer Reise bei Anfang der Nacht.

a اعتشاش I'TIŠÂŠ. [عشّ VIII.] Sbst. يوه ايلمك *action de nicher (d'un oiseau).* | das Nisten der Vögel.

a اعتصاء I'TIṢÂ. [عصى VIII.] Sbst. دكنك, قوللانمق. — ETMEK. *se servir d'un bâton, se servir de q. ch. comme bâton, s'appuyer sur un bâton.* | sich eines Stockes bedienen, sich auf einen Stock stützen, am Stocke gehen; eine Sache als Stock gebrauchen.

a اعتصاب I'TIṢÂB. [عصب VIII.] Sbst. قناعت ايلمك *action de se contenter, contentement.* | Genügsamkeit.

a اعتصاد I'TIṢÂD. [عصد VIII.] Sbst. محكم اولمق *état d'être ferme; fermeté, solidité.* | Festigkeit.

a اعتصار I'TIṢÂR. [عصر VIII.] Sbst. صقلمق, صقمق *action de presser (un fruit etc. pour en exprimer le jus), état d'être pressé.* | Auspressung (des Saftes).

a اعتصاف I'TIṢÂF. [عصف VIII.] Sbst. كسب ايلمك *action de gagner son pain, sa vie.* | Arbeit um Brod.

a اعتصام I'TIṢÂM. [عصم VIII.] Sbst. *action de se contenir, de se préserver de pécher; action de saisir q. qn. par la main, de chercher refuge, protection auprès de q. qn.; innocence, état pur et libre de péché par la grâce et la protection de Dieu.* | Enthaltung (von Sünde und Verbotenem); das Ergreifen der Hand Jemandes, wodurch man dessen Schutz anfleht; Unschuld, Reinheit von Sünde durch die Gnade und den Schutz Gottes (Theol.).

a اعتضاد I'TIZÂD. [عضد VIII.] Sbst. معاونت استمك *action de demander assistance.* | Bitte um Hülfe.

a اعتضاض I'TIZÂZ. [عضّ VIII.] Sbst. اصيرمق *action de mordre.* | das Beissen.

a اعتظام I'TIZÂM. [عظم VIII.] Sbst. *action de parvenir à la grandeur.* | das zu Ehren gelangen.

a اعتفاء I'TIFÂ. [عفى VIII.] Sbst. عفو طلب ايلمك *action de demander et d'obtenir le pardon, la grâce de q. qn.* | Jemand um Verzeihung, um eine Gnade bitten, die Verzeihung Jemandes erlangen.

a اعتفار I'TIFÂR. [عفر VIII.] Sbst. — ETMEK. *terrasser sa proie, la rouler dans la poussière.* | die Beute zu Boden werfen und im Staube hin und her wälzen, oder auf dem Boden hinschleppen (von wilden Thieren).

a اعتفاف I'TIFÂF. [عفّ VIII.] Sbst صاقنمق *action de se garder, précaution.* | Vorsicht — احتراز

a اعتقاب I'TIKÂB. [عقب VIII.] Sbst. *action de retenir les marchandises vendues jusqu'à ce que le prix en soit versé.* | Vorenthaltung oder Rückhaltung der verkauften Waaren bis zur Entrichtung des Kaufpreises.

a اعتقاد I'TIKÂD. [عقد VIII.] Sbst. اينانمق *action d'ajouter foi; foi, conviction, croyance, confiance.* | das Glauben, für gewiss halten; Glaube, Ueberzeugung, religiöser Glaube, Zuversicht. Pl. اعتقادات I'TIKÂDÂT. *articles de foi, dogmes.* | Glaubensdogmen — اصول الدين — ETMEK. *ajouter foi, croire fermement q. ch. prêter foi.* | glauben, fest glauben an etwas, für wahr halten, überzeugt sein.

a t اعتقادسز I'TIKÂDSYZ. Adj. *incrédule; à qui on ne peut pas se fier; infidèle.* | ungläubig; unzuverlässig, der nicht Treue und Glauben hat, treulos.

a t اعتقادلو I'TIKÂDLY. Adj. *fidèle, à qui l'on peut se fier.* | treu, zuverlässig.

a اعتقال I'TIKÂL. [عقل IV.] Sbst. *rétention.* | Zurückhaltung. — ايمجقى — *constipation.* | Verstopfung, Hartleibigkeit.

a اعتكار I'TIKÂR. [عكر VIII.] Sbst. *mêlée.* | das Gemenge, Handgemenge.

a اعتكاس I'TIKÂS. [عكس VIII.] Sbst. — ETMEK. *retourner, renverser, intervertir.* | umkehren.

a اعتكاف I'TIKÂF. [عكف VIII.] Sbst. *action de s'appliquer avec assiduité à q. ch.; contemplation, retraite spirituelle.* | ernstliche Beschäftigung mit einer Sache; Betrachtung, Zurückgezogenheit auf sich selbst, indem man einige Tage und Nächte mit Fasten, Gebet und Nachdenken in der Moschee zubringt; freiwillige Bussübung.

a اعتلاء I'TILÂ. [علا VIII.] Sbst. يوكسلمك *action de monter, de s'élever; élévation, hauteur.* | das Emporsteigen, Emporstreben, Erhebung, Höhe. — ETMEK. *monter, s'élever.* | emporsteigen, emporstreben. — BULMAK. *être élevé.* | emporsteigen, zur Höhe gelangen, zu hohen Ehren gelangen; erhöht werden.

a اعتلاط I'TILÂT. [علط VIII.] Sbst. غوغا ايلمك *action d'engager une querelle, une rixe avec q. qn.* | Wortstreit, Gezänke, Geschimpfe.

a اعتلاف I'TILÂF. [علف VIII.] Sbst. علف يمك *action de manger du foin.* | Futter fressen, Heu fressen.

a اعتلاق I'TILÂK. [علق VIII.] Sbst. محبت ايلمك *action de s'attacher à q. ch.; d'aimer q. qn., amour.* | das einer Sache anhangen; Liebe, Verliebtheit. — ETMEK. *aimer q. qn. ou q. ch.* | eine Person oder eine Sache lieben.

a اعتلال I'TILÂL. [علّ VIII.] Sbst. علتلنمك, بهانه ايلمك *état d'infirmité, indisposition; action d'alléguer un prétexte, une excuse.* | Kränklichkeit, Schwächlichkeit, Uebelbefinden; Vorwendung (einer Krankheit, eines Geschäfts als Entschuldigung). — ETMEK. *chercher ou alléguer des prétextes; être occupé, préoccupé de q. qn. ou de q. ch.* | etwas als Vorwand oder Entschuldigung anführen; sich ausschliesslich mit einem Gegenstande oder einer Person beschäftigen.

a اعتلام I'TILÂM. [علم VIII.] Sbst. بيلمك *avoir connaissance d'une chose.* | Wissen, Kenntniss von einer Sache.

a اعتلان I'TILÂN. [علن VIII.] Sbst. آشكاره اولمق, آشكاره چيقمق *action de rendre public, de devenir public.* | offenbar werden, Oeffentlichkeit; Veröffentlichung, Bekanntmachung.

a اعتما I'TIMĀ. [عما VIII.] Sbst. سچمه action de choisir, de discerner; choix. | Auswahl, Ausscheidung.

a اعتماد I'TIMĀD. [عمد VIII.] Sbst. طیانمق . اینانمق action de s'appuyer, de croire; appui, soutien, foi, confiance. | Stützung; Glaube, Vertrauen. — ETMEK. reposer, s'appuyer sur . . ., prêter foix, se fier, se confier à q. qn. | sich stützen auf etwas, sich auf etwas verlassen; glauben, vertrauen. — WERMEK. faire croire, persuader à q. qn. | Glauben geben an etwas, d. i. Jemanden überzeugen, überreden. اعتماد الدولة das Vertrauen des Reichs oder Stützung des Reichs, d. i. ein Mann auf dem das Wohl des Reichs ruht, dem das ganze Reich vertrauen kann.

a اعتماداً I'TIMĀDAN. Adv. se reposant, plein de confiance. | sich stützend auf, im Vertrauen auf; vertrauensvoll.

a اعتمار I'TIMĀR. [عمر VIII.] Sbst. زیارت اماکن action de séjourner dans un lieu, particulièrement la visite des lieux saints. | zeitweiliger Aufenthalt an einem Orte, insbesondere der Besuch der heiligen Stätten.

a اعتماق I'TIMĀK. [عمق VIII.] Sbst. درینلتمك action de rendre profond, d'approfondir, de descendre dans les profondeurs. | Austiefung, tiefer machen, in die Tiefe gehen, hinuntersteigen.

a اعتمام I'TIMĀM. [عمّ VIII.] Sbst. action de se coiffer d'un turban. — ETMEK einen Turban [عمامه] aufsetzen.

a اعتناء I'TINĀ. [عنا VIII.] Sbst. اهتمام ایتمك action de travailler avec effort, soin, attention. | Anstrengung, Mühe. — ETMEK. s'efforcer, se donner de la peine, faire attention. | sich anstrengen, Mühe geben, aufmerksam sein.

a اعتناق I'TINĀK. [عنق VIII.] Sbst. embrassement. | Umarmung. — ETMEK. s'embrasser l'un l'autre; se saisir (l'un l'autre) au cou. | einander umarmen, um den Hals fallen, am Halse packen.

a اعتواء I'TIWĀ. [عوی VIII.] Sbst. حولامق . اولومق hurlement, aboiement (des loups, chiens). | Geheul, Gebell.

a اعتوار I'TIWĀR. [عور VIII.] Sbst. action de se passer q. ch. les uns aux autres. — ETMEK. von einer Hand in die andere geben, von Hand zu Hand geben lassen.

a اعتوبه Ö'TÜBE. Pl. اعاتیب E'ĀTĪB. Sbst. sujet de reproche ou de querelle. | Gegenstand des Tadels oder des Streits.

a اعتیاد I'TIJĀD. [عاد VIII.] Sbst. عادت ایدنمك habitude, accoutumance. | Angewöhnung, Gewohnheit, Gebrauch. — ETMEK. s'habituer à q. ch. à force de le répéter; prendre habitude; accoutumer q. qn. à q. ch. | eine Gewohnheit annehmen, sich gewöhnen; Jemanden an etwas gewöhnen. In Zusammens.: gewohnt an, passend, eine Eigenschaft besitzend, insbesondere in Folge einer Gewöhnung. حسد اعتیاد envieux. | neidisch. مسرّت اعتیاد joyeux. | fröhlich. داد اعتیاد juste, équitable. | billig.

a اعتیاذ I'TIJĀZ. [عاذ VIII.] Sbst. صغنمق action de se réfugier auprès de q. qn. — ETMEK. Zuflucht suchen bei Jemand.

a اعتیاص I'TIJĀS. [عاص VIII.] Sbst. دشوار اولمق état d'être difficile, compliqué. | Schwierigkeit, Verworrenheit einer Sache.

a اعتیاض I'TIJĀZ. [عاض VIII.] Sbst. عوض المق action de remplacer, d'échanger, de substituer une chose à l'autre. | Vertauschung, Ersatz einer Sache durch eine andere.

a اعتیاق I'TIJĀK. [عاق VIII.] Sbst. الیقومق action de retenir, d'arrêter. | Zurückhaltung, Festhaltung.

a اعتیال I'TIJĀL. [عال VIII. Denom. v. عول IWAL.] Sbst. confiance. | Vertrauen. — ETMEK. se confier à q. qn. mettre sa confiance en q. ch. | sich auf Jemand verlassen, sich Jemand anvertrauen, sein Vertrauen auf eine Person oder Sache setzen.

a اعتیان I'TIJĀN. [عان (عون) VIII.] Sbst. یاردم ایتمك aide, assistance, secours. | Beistand, Hülfeleistung. — ETMEK. aider, assister. | helfen, beistehen.

a اعتیان I'TIJĀN. [عان (عین) VIII.] Sbst. كوزتمك . باقمق action de regarder, d'observer. | Betrachtung, Beobachtung. — ETMEK. regarder, observer; jeter un mauvais oeil. | ansehen (mit dem bösen Blicke), betrachten, beobachten.

a اعجاب I'ǴĀB. [عجب IV.] Sbst. action de s'étonner de q. ch., de causer à q. qn. de l'étonnement; admiration de soi même, orgueil. Bewunderung, Verwunderung, Selbstbewunderung, Selbstüberhebung.

a اعجار I'ǴĀR. [عجر IV.] Sbst. = اعاجز

a اعجاز I'ǴĀZ. [عجز IV.] Sbst. action de rendre impuissant, faible; impuissance, faiblesse, stupeur; action de faire des miracles ou des merveilles. | Schwächung, Erschöpfung, Ohnmacht; Wunderverrichtung, Ausführung einer Sache auf eine bewundernswürdige Weise.

a اعجال I'ǴĀL. [عجل IV.] Sbst. تعجیل ایتمك action de presser, de faire hâter, hâte. | Beeilung, Antreiben zur Eile; Eile.

a اعجام I'ǴĀM. [عجم IV.] Sbst. prononciation, spéc. expression grossière. | Aussprache, insbes. schlechte oder gemeine Ausdrucksweise. — ETMEK. marquer la prononciation. | die Aussprache angeben. [illegible] durch Punktirung der Schrift die Aussprache bezeichnen.

a اعجز A'ǴEZ. Adj. très-faible, impuissant. | sehr schwach, erschöpft, ohnmächtig.

a اعجم A'ǴEM. Sbst. étranger (non Arabe), barbare, païen; qui ne sait pas parler arabe ou qui parle comme un étranger. | Fremder, Nicht-Araber, Barbar, Heide; der kein Arabisch versteht oder es schlecht, wie ein Fremder, spricht, sich fehlerhaft ausdrückt. Pl. اعاجم A'ĀǴIM, اعجمون A'ǴEMŪN und عجملر A'ǴEMLER.

a اعجمی A'ǴEMĪ oder عجمی vulg. اجنبی Adj. u. Sbst. étranger, barbare, non arabe (expression, discours etc.), rude, inculte, grossier, sot, stupide; Persan. | fremd, ausländisch, barbarisch; nicht arabisch, grob, roh, dumm, ungebildet; ein Perser.

a اعجوبه Ö'ǴŪBE u. U'ǴŪBE. Pl. اعاجیب und اعاجب Sbst. prodige, chose merveilleuse. | Wunder, wunderbare Sache oder Begebenheit.

a اعدّ A'ADD. Adj. bien préparé, apprêté, disposé à q. ch. | sehr bereit, fertig, aufgelegt zu etwas.

a اعداء A'DĀ. Sbst. Pl. v. عدوّ ADU'W.

a اعداد A'DĀD. Sbst. Pl. v. عدد ADED.

a اعداد I'DĀD. [عدّ IV.] Sbst. صایمق . حاضرلامق Sbst. action de compter, de mettre au nombre de q. ch.; action d'apprêter, de préparer. | Zählung, Zuzählung zu etwas; Bereitung, Vorbereitung.

a اعدال I'DĀL. [عدل IV.] Sbst. دوزلتمك action d'arranger, d'ajuster, de mettre en ordre. | Einrichtung, Anordnung, Zurechtstellung.

a اعدام I'DĀM. Sbst. یوق ایتمك action d'anéantir, de perdre, d'appauvrir, de tuer. | Vernichtung, Verderbung, Zugrunderichtung, Tödtung.

a اعدل A'DEL. Adj. plus ou très-juste, équitable, le plus équitable. | gerechter, billiger, sehr gerecht, sehr billig.

a اعذاب I'ZĀB. [عذب IV.] Sbst. action d'empêcher, de tourmenter, de punir; action de rendre doux et agréable. | Verhinderung, Quälung, Bestrafung; Versüssung. vgl. اعذب u. عذاب

a اعذار I'ZĀR. [عذر IV.] Sbst. action d'excuser, de s'excuser. | Entschuldigung.

a اعذار A'ZĀR. Sbst. Pl. v. عذر ÖZR.

a اعذب A'ZEB. Adj. très-doux, très-agréable. | sehr süss, wohlschmeckend, angenehm.

a اعراب A'RĀB. Sbst. coll. les Arabes nomades. | die Araber (Nomaden).

a اعراب I'RĀB. [عرب IV.] Sbst. syntaxe désinentielle (voy. les gramm. arabes). | syntaktische Abwandelung der Endsylben. — ETMEK. mettre les points voyelles (selon les règles de la syntaxe). | ein Wort (nach den Regeln der Syntax) flectiren, den richtigen Endvocal setzen oder aussprechen.

a اعرابی A'RĀBĪ. Sbst. Arabe (nomade); vagabond. | ein Araber (Nomade); Herumtreiber, Vagabund.

a اعراس A'RĀS. Sbst. Pl. v. عرس URS und v. URUS.

a اعراش A'RĀŠ. Sbst. Pl. v. عرش ARŠ.

a اعراص A'RĀS. Sbst. Pl. v. عرصه ARASA.

a اعراض A'RĀZ. Sbst. Pl. v. عرض ARZ und v. URZ.

a اعراض I'RĀZ. [عرض IV.] Sbst. یوز چویرمك action de se détourner, de tourner le dos. | Wegwendung (des Gesichts) von einer Sache. — ETMEK. se détourner de q. ch. abandonner q. ch., avoir de l'aversion, s'opposer. | sich wegwenden, nicht sehen wollen, etwas verlassen (mit dem Ablat.); Widerwillen gegen eine Person oder Sache empfinden und zu erkennen geben; sich einer Sache widersetzen.

a اعراف A'RĀF. vulg. ارافی ARĀF. N. pr. Araf, séparation ou mur entre le paradis et l'enfer. | die Scheidewand oder Mauer zwischen Paradies und Hölle. s. عرف

a اعراق A'RĀK. Sbst. Pl. v. عرق IRK und v. ARAK.

a أعرج A'RAĠ, A'REĠ. Pl. v. عرج 'ORĠ u. عرجان 'URĠÂN. Adj. أقسق *boiteux de naissance.* | lahm geboren.

a أعرف A'RAF.' Adj. *qui connaît très-bien une chose, qui a beaucoup de connaissances.* | wohl unterrichtet von einer Sache; kenntnissreich.

a أعز A'AZZ. 1. Adj. Compar. v. عزيز *plus ou très-illustre, le plus illustre.* | erlaucht, 2. 3. S. pr. von عز IV. *il a fait illustre c. à d. qu'il (Dieu) fasse illustre! honore!* | er hat geehrt, d. i. er (Gott) mache erlaucht! ehre!

a أعزا A'YZZA. Adj. u. Sbst. Pl. v. عزيز

a أعزاب A'ZÂB. Sbst. *célibataire.* | ehelos.

a إعزاز I'ZÂZ. [عز IV.] Sbst. حرمت ايلمك *action d'honorer; honneur, vénération, respect.* Ehre; Achtung die man Jemand erweist. — ETMEK. *honorer q. qn., témoigner de la vénération à q. qn., respecter q. qn.* | Jemanden ehren, ihm Ehrerbietung, Achtung erweisen.

a أعزل A'ZEL. Adj. u. Sbst. *qui se sépare des autres, isolé; qui n'a pas d'armes, qui n'a pas de protection.* | getrennt (von seines Gleichen), allein stehend; unbewaffnet, schutzlos.

a أعزة A'YZZA. Sbst. Pl. v. عزيز

a إعسار I'SÂR. [عسر IV.] Sbst. *action de presser (son débiteur).* | Bedrängung (des Schuldners), insbesondere zu einer Zeit, wo er am wenigsten im Stande ist zu zahlen; Bedrängniss. — ETMEK. *presser (son débiteur); avoir un accouchement difficile; éprouver des difficultés dans q. ch.* | den Schuldner drängen; eine schwere Entbindung haben (von Frauen); auf Hindernisse und Schwierigkeiten stossen.

a أعسر A'SER. Adj. *très-pressant, gênant, pénible, difficile.* | sehr drängend, schwierig, Schwierigkeiten verursachend.

a أعشاب A'ŠÂB. Sbst. Pl. v. عشب 'UŠB.

a أعشار A'ŠÂR. Sbst. Pl. v. عشر 'UŠR.

a أعشارى A'ŠÂRIJ. Adj. *décimal (calcul).* | dezimalisch, zehntheilig, aus Zehnern zusammengesetzt. كسر أعشارى KESR-I A'ŠÂRIJ. ein Dezimalbruch.

a أعصاء A'SÂ. Sbst. Pl. v. عصا 'ASÂ.

a أعصاب A'SÂB. Sbst. Pl. v. عصبة 'ASABET.

a أعصر A'SAR. Sbst. Pl. v. عصر

a إعصار I'SÂR. [عصر IV.] 1. *action de presser (un fruit pour en exprimer le suc).* | Auspressung des Saftes. 2. قصيرغه *ouragan; nuage qui amène l'ouragan.* | Unwetter, Sturmwind, Wetterwolke. Pl. أعاصير A'ÂSÎR.

a أعصل A'SAL. Adj. *cagneux.* | krummbeinig.

a أعصم A'SAM. Sbst. *balzane; cheval balzan.* | Blässe, weisser Stirnfleck oder weisses Zeichen am Vorderfusse; Pferd mit solchen Zeichen.

a أعضاء A'ZÂ. Sbst. Pl. v. عضو 'YZW oder 'UZW. *les membres; Singul. membre d'une corporation.* | Glieder; als Singul. Glied, Mitglied einer Körperschaft.

أعضاد A'ZÂD. Sbst. Pl. v. عضد 'AZD.

a إعضال I'ZÂL. [عضل IV.] Sbst. دشوار أولمق *difficulté d'une chose ou d'une entreprise.* | Schwierigkeit einer Sache oder eines Unternehmens.

a t أعضالق A'ZÂLYK. Sbst. v. عضو *état d'être membre d'une corporation.* | Mitgliedschaft.

a إعطاء I'ZÂ. [عطا IV.] Sbst. افلف ايلمك *action de mentir, mensonge.* | Lüge, Verläumdung.

a إعطاء I'TÂ. [عطا IV.] Sbst. ويرمك *action de donner, de faire présent.* | Schenkung. — ETMEK. *donner.* | geben, schenken.

a أعطاف A'TÂF. Sbst. Pl. v. عطف

a إعظام I'ZÂM. [عظم IV.] Sbst. اولولمق، بيوكلمك *action d'honorer, de regarder comme grand; honneur, respect.* | Ehrenerweisung, Hochachtung, Ehre, Achtung die man Jemand erweist.

a أعظم A'ZAM. Adj. *plus grand, très-grand, le plus grand.* | grösser, sehr gross, der grösste. صدر أعظم SADR-I A'ZAM, vulg. SADRÂZAM oder وزير أعظم WEZÎR-I AZAM. *le grand vizir.* | der Grossvezier.

a أعظم A'ZUM. Sbst. Pl. v. عظم 'AZM.

a إعفاء I'FÂ. [عفا IV.] Sbst. عفو ايلمك *action d'exempter, de dispenser q. qn.* | Erlassung, Lossprechung, Entbindung (von einer Obliegenheit, einer Strafe etc.).

a أعفار A'FÂR. Sbst. Pl. v. عفر 'AFAR.

a إعفاف I'FÂF. [عف IV.] Sbst. عفيف قيلمق *action de conserver q. qn. chaste, de le faire vivre dans la chasteté, de le faire s'abstenir des choses défendues (se dit de Dieu).* | Bewahrung (von Seiten Gottes) vor allem unerlaubten, vgl. عفيف

a أعفت A'FET. Adj. أحمق *sot, gaucher.* | dumm, albern, linkisch.

a أعقاب A'KÂB. Sbst. Pl. v. عقب

a إعقاب I'KÂB. [عقب IV.] Sbst. عقبيمق *action de succéder à q. qn., (le fils à son père), de venir immédiatement après q. qn.; de rétribuer q. qn., lui rendre la pareille; succession, rétribution.* | Nachfolge (des Sohnes dem Vater), Entgeltung, Vergeltung (des Gleichen mit Gleichem).

a إعقاد I'KÂD. [عقد IV.] Sbst. باغلمق *action de lier, de nouer, de rendre ferme.* | Bindung, Knüpfung, Verdichtung. — ETMEK. *lier, rendre ferme, stable, faire épaissir, donner de la consistance.* | binden, festmachen, verdicken (durch Kochen, Kneten u. s. w.).

a إعقار I'KÂR. [عقر IV.] Sbst. *action d'effrayer au point de rendre interdit et immobile.* | Betäubung (durch Erschrecken).

a أعقار A'KÂR. Sbst. v. عقر 'UKR.

a إعقال I'KÂL. [عقل IV.] Sbst. *action de regarder q. qn. comme intelligent.* | Jemand für klug halten.

a أعقد A'KAD. Pl. عقد 'UKD. Adj. *noueux; bègue.* | knotig; stotternd.

a أعقل A'KAL. Adj. *très-intelligent, prudent.* | sehr verständig, klug.

a إعكار I'KÂR. [عكر IV.] Sbst. *action de rendre obscur, de troubler (un liquide, en remuant le sédiment).* | Verdunkelung, Aufwühlung des Bodensatzes einer Flüssigkeit, so dass dieselbe trübe wird.

a أعكال A'KÂL. Sbst. Pl. v. عكل 'IKL.

a إعكال I'KÂL. [عكل IV.] Sbst. *état d'être obscur, douteux.* | Dunkelheit, Unverständlichkeit.

a أعكف A'KAF. Adj. *sot, stupide.* | albern, dumm.

a أعلا oder أعلى A'LÂ. 1. Adj. *plus haut, très-haut, le plus haut; meilleur, le meilleur, excellent, agréable, admirable.* | sehr hoch, höher, d. Höchste, besser, d. Beste, trefflich, bewunderswürdig. 2. Sbst. *première des trois classes du tribut.* | die erste der drei Klassen des Tributs [s. خرج]. 3. Adv. *bien.* | gut.

a إعلاء I'LÂ. [علا IV.] Sbst. يوجلتمك *action d'élever, de monter.* | Erhöhung, Erhebung. — ETMEK. *élever, exhausser; monter.* | erhöhen, erheben; emporsteigen.

a أعلاف A'LÂF. Sbst. Pl. v. علف 'ALEF.

a أعلال A'LÂL. Sbst. Pl. v. علة 'YLLET.

a إعلال I'LÂL. [عل IV.] Sbst. *changement opéré sur l'une des lettres faibles pour adoucir la prononciation.* | Abschwächung der Buchstaben ا و ى wie قال für قول oder يقول für يقول (Gramm.).

a أعلام A'LÂM. Sbst. Pl. v. علم 'ALEM.

a إعلام I'LÂM. [علم IV.] Sbst. بلدرمك *action de faire savoir, d'informer, avis, notification; rapport du juge.* | Kundmachung, Benachrichtigung. Jurispr.: Bescheid, Gutachten, richterliches schriftliches Erkenntniss. — ETMEK. *informer, avertir q. qn., notifier q. ch. à q. qn., faire un rapport.* | einen benachrichtigen, Gutachten abgeben, Bescheid ertheilen.

a إعلان I'LÂN. [علن IV.] Sbst. آشكاره بلدرمك، اشهار ايلمك *action de déclarer ouvertement q. ch. à q. qn.; lui faire savoir, notifier q. ch.* | Kundmachung, Anzeige. — ETMEK. *déclarer, publier, notifier.* | öffentlich kundmachen, anzeigen, erklären. إعلان نامه *proclamation, avertissement.* | Manifest, öffentlicher Anschlag. إعلان سفر I'LÂN-I SEFER od. — حرب I'LÂN-I HARB. *déclaration de guerre.* | Kriegserklärung.

a إعلانية I'LÂNIJET. [علن IV.] Sbst. آشكارلق *publicité.* | Oeffentlichkeit.

a أعلم A'LAM. Adj. *plus sage, très-sage, le plus sage (savant, docte, instruit).* | weiser, sehr weise, (gelehrt, kenntnissreich), der weiseste. الله أعلم ALLÂLEM. *Dieu le sait mieux.* | Gott weiss es! سز أعلمسز SYZ A'LAMSYZ. ihr wisst es besser, oder am besten.

a أعلومة U'LÛME. Pl. أعاليم E'ÂLÎM. Sbst. *signe, marque.* | Zeichen, Merkmal.

a أعلى A'LÂ. s. أعلا

a أعم A'AMM. Adj. *commun à tous, universel.* | allgemein, sehr gewöhnlich.

a أعماء A'MÂ. Adj. u. Sbst. Pl. v. أعمى

a إعماء I'MÂ. [عمى IV.] Sbst. *action d'aveugler, de trouver q. qn. aveugle.* | Blendung, Verblendung, das für blind halten. — ETMEK. *rendre aveugle.* | blind machen, blenden, verblenden.

a إعماد I'MÂD. [عمد IV.] Sbst. *action se soutenir, d'étayer.* | Stützung. — ETMEK.

étayer, appuyer à l'aide d'une colonne etc. | stützen, mit einer Stütze versehen, eine Stütze (Pfahl, Pfosten, Säule u. s. w.) errichten.

a أعمار A'MÂR. Sbst. Pl. v. عمر 'ÖMR.

a أعمار I'MÂR. [عمر IV.] Sbst. معمور ايلمك action de rendre habité, de cultiver, de peupler (un lieu). | Belebung, Bebauung, Bevölkerung. — ETMEK. rendre habité (un pays), peupler. | bebauen, wüstes Land anbauen und dadurch Eigenthumsrecht darauf erwerben, bevölkern.

a أعمال A'MÂL. Sbst. Pl. v. عمل 'AMEL und v. 'AML.

a أعمال I'MÂL. [عمل IV.] Sbst. faire travailler q. qn., action d'exécuter, exécution; administration d'une province. | Anstellung zur Arbeit, Ausführung, Fertigung; Verwaltung einer Provinz. — ETMEK. faire faire, agir, administrer, agir comme juge. | etwas machen lassen, fertigen, ins Werk setzen, ausführen, verwalten (eine Provinz), das Richteramt ausüben.

a t أعماليق A'MALYK. Sbst. cécité | Blindheit, Verblendung.

a أعمام A'MÂM. Sbst. Pl. v. عمّ 'AMM.

a أعمدة A'MYDA. Sbst. Pl. v. عمود

a أعمل A'MEL. Adj. qui travaille beaucoup, efficace, plus ou très-agissant. | sehr arbeitsam, wirksam, fleissig, thätig.

a أعمى A'MÎ. Adj. u. Sbst. aveugle, aveuglé, ignorant. | blind, verblendet, unwissend, in der Finsterniss des Heidenthums wandelnd. Plur. أعماء A'MÂ.

a أعناب A'NÂB. Sbst. Pl. v. عنب 'YNEB.

a أعناد I'NÂD. [عند IV.] Sbst. action de couler sans cesse; de faire une opposition continuelle, de s'entêter à. | fortwährendes Fliessen; fortwährender Widerstand, Bestehen auf einer Sache.

a أعناز I'NÂZ. [عنز IV.] Sbst. action de forcer q. qn. à se détourner, à reculer. | gewaltsames Zurücktreiben, Wegdrängen.

a أعناس I'NÂS. [عنس IV.] Sbst. état de rester vieille fille, de rester célibataire; action de vieillir (se dit de l'âge, du temps). | das alt werden als Jungfrau oder als Hagestolz; das Altern.

a أعناف I'NÂF. [عنف IV.] Sbst. action de traiter q. qn. avec dureté. | harte Behandlung, heftiger Tadel.

a أعناق A'NÂK. Sbst. Pl. v. عنق 'UNK und عنق 'ANIK.

a أعنان A'NÂN. Sbst. [Pl. v. عنن] toute l'étendue visible du ciel. | die sichtbare Himmelsfläche.

a أعنة A'YNNA. Sbst. Pl. v. عنان 'YNÂN.

a أعني A'NÎ. [1. Imperf. v. عني] Adv. c'est-à-dire, savoir. | ich will sagen, ich meine, d. i. das heisst, nemlich.

a أعواد A'WÂD. Sbst. Pl. v. عود 'ÛD.

a أعوار I'WÂR. [عور IV] Sbst. soupçon, mauvaise opinion que l'on a de q. qn.; action de rendre borgne. | Verdacht, schlechte Meinung, die man von Jemand hat; Blendung Jemandes auf einem Auge.

a أعواض A'WÂZ. Sbst. Pl. v. عوض 'YWAZ.

a أعواض I'WÂZ. [عاض IV.] Sbst. اعطا compensation. | Gegenleistung. — ETMEK. compenser. | ersetzen, dagegen geben, dagegen leisten

a أعوام A'WÂM. Sbst. Pl. v. عام 'ÂM.

a أعوان A'WÂN. Sbst. Pl. v. عون 'AUN.

a أعوج A'WAǴ. Adj. courbé, recourbé, tortueux | krumm, gekrümmt, gebogen in Schlangenwindungen.

a أعوجاج I'WIǴÂǴ, Y'WYǴÂǴ. [عاج IV.] Sbst. tortuosité, courbure. | Krümme, das krumm und gebogen sein, Krümmung.

a أعود A'WAD. Adj. plus ou très-utile, avantageux, lucratif. | sehr nützlich, Nutzen bringend, vortheilhaft.

a أعور A'WAR. Adj. borgne; faible | einäugig, schwach.

a أعياد A'JÂD. Sbst. Pl. v. عيد 'YD.

a أعياد I'JÂD. [عاد IV.] Sbst. action de répéter, de réitérer, de ramener. | Wiederholung, Zurückführung.

a أعيال A'JÂL. Sbst. famille (femme, enfants et la domesticité). | das Hauswesen (Frau, Kinder und Dienerschaft).

a أعيان A'JÂN. Sbst. Pl. v. عين 'AIN. les yeux; les notables; pièces d'or ou d'argent. comme Singulier, le maire d'une ville ou d'un village. | die Augen; die Vornehmen; Gold- und Silbermünzen; als Singular; der Ortsvorsteher einer Stadt oder eines Dorfes.

a أعين A'JAN. Adj. visible, clair, évident | sichtbar, deutlich, in die Augen fallend. عيان

a أعين A'JUN. Sbst. Pl. v. عين 'AIN.

t أغ AG; auch أو Sbst. filet. | Netz, Geflecht; das Mittelstück, welches bei den Beinkleidern die beiden Schenkelstücke zusammenhält. [Kam. s. v. أنقمة und نيفق.] أورمجك أغى toile d'araignée. | Spinngewebe. بالق أغى rets | Fischnetz. صالحه أغى petit filet. Vogelnetz. اغ بيوك قنداو اغ filet de chasse. Jagdnetz. قويون أغى أغ تورلغى pantière. | Hängegarn. parc à moutons. | Schafhürde. اغ طريقلو oder اغى طريقلى filandreux. | faserig. أغه أغى اتمق طوتلمق im Netze gefangen werden. das Netz auswerfen.

t أغا AGA; auch أغو AGO. Nach Eigennamen gewöhnlich nur Â gesprochen. t o أقا oder أخا Sbst. l'aîné, le frère aîné; chef, maître, seigneur, monsieur; officier; officier de la cour, maître d'hôtel, commandant, comm. des janissaires. | Aeltester, Oberster = شيخ; älterer Bruder; Herr, Freiherr, Adliger, Herr über Sclaven und Diener; der Oberste der Dienerschaft, Hausmeister; Führer, Anführer; Titel der Offiziere des Landheeres und der Flotte, vom BIMBAŠI abwärts, desgleichen als Titel mancher Civilbeamten; gewöhnlicher Höflichkeitstitel, wie das deutsche Herr, daher in der Anrede auch der jüngere Bruder AGAM, monsieur, mein Herr genannt wird; es steht hinter dem Namen der genannten Person أحمد أغا AHMED Â, monsieur Ahmed, Herr Ahmed. ينكيچرى أغاسى oder أغا κατ' ἐξοχήν. der Janitscharenoberst. أغاقپوسى Residenz des Janitscharenoberst, jetzt des ŠEIḪ ÜL-ISLÂM. قپو أغاسى der oberste Eunuch des kaiserl. Harems. ايچ أغا Kammerdiener, Leibdiener, Bediensteter im innern Serail. حرم أغاسى Haremsaufseher, der Eunuch in einem Privathause. قلعه أغاسى commandant de place. | der Platzcommandant. صاغ قول أغاسى erster Major. صول قول أغاسى zweiter Major.

a أغابه IǴÂBE. [غاب IV.] Sbst. absence du mari. | Abwesenheit des Ehemannes.

a أغاثه IǴÂSE. [غاث IV.] Sbst. مدد ايلمك assistance, secours. | Hülfeleistung. — ETMEK. venir au secours. | zu Hülfe kommen.

t أغاج AGAǴ. Sbst. arbre, bois, poutre, bâton, coup de bâton. | 1. Baum, Pflanze überhaupt, Gewächs, Staude, Strauch (mit dem Namen des Baumes zusammengesetzt, wie دفنه أغاجى Lorbeerbaum u. s. w.). 2. Holz. أغاجدن von Holz, hölzern. أغاچ قورتى der Holzwurm, Wurmfrass am Holze. 3. Gehölz, Wäldchen. 4. etwas aus Holz gemachtes, Balken, Pfosten, das Holz an einem Sattel u. dgl. أغاچ صپاغى der Stützbalken, welcher das übrige Holzwerk des Daches trägt. صبان أغاجى der Handgriff am Pfluge. قوغوش أغاجى das Polirholz der Drechsler. 5. Stock, Stockprügel. أغاچ يمك den Prügel kosten, d. i. Schläge bekommen. — أغاچ قاقان قوشى der Specht (picus). أغاچ قاوونى die Citrone [— ترنج] oder أغاچ تورنجى Cedrafrucht. أغاچ سودنلكى Name einer Pflanze (tithymalus?), arab. شبرم oder in Aegypten شبرت حجازى.

t أغاجيق AGAǴYK. Sbst. [Dem. v. أغاچ] arbrisseau, arbuste. | Bäumchen, Strauch, Staude, Staudengewächs.

t أغاجق AGAǴYK. Sbst. [Dim. v. أغا] petit monsieur (terme de caresse). | Herrchen, lieb Herrchen (vulgäres Liebkosungswort).

t أغاجلق AGAǴLYK. Sbst. v. أغاچ bois, forêt; haie. | Gehölz, Holzung, Hecke (von Strauchwerk). أغاجلق ير ein mit Bäumen bepflanzter, mit Bäumen bewachsener Ort. صيق أغاجلق Dickicht.

t o أغاجه AGAǴA. Sbst. [Dim. v. أغا] frère aîné; maire. | der älteste Bruder. (Titel mit welchem die übrigen Prinzen von Geblüt den Tataren-Khan benannten); Ortsvorsteher.

p أغار IǴÂR. Sbst. humectation, irrigation. | Anfeuchtung, Benetzung, Bewässerung. vgl. أغاردن.

p أغارا AGÂRÂ s. أغره.

t أغارتمق AGARTMAK. Vb. trans. v. أغارمق

p أغاريدن AǴÂRIDEN oder أغاريدن IǴÂRIDEN. Vb. act. u. intr. mouiller, humecter; être mouillé. | feucht oder nass machen; feucht oder nass sein.

t أغارتيجى AGARDYǴY. Sbst. v. أغارمق qui blanchit les murs, badigeonneur. | Weissbücher, Anstreicher.

t أغارمش AGARMYŠ. Adj. blanchi, devenu gris (la barbe, les cheveux). | gebleicht, ergraut, weiss (Bart, Haupthaar). vgl. أغارمق.

t أغارمه AGARMA. Sbst. vgl. أغارمق l'aube du jour. | das Grauen des Tages, Anbruch des Tages. صباح اريدلك طاڭ oder صبح أغارمسى أغارمسى das erste Morgengrauen.

t أغارمق AGARMAK. v. آق [t o أقارمق] Aor. أغارر AGARYR. [t o أقارور] Vb. intr. blanchir, devenir blanc (la barbe); commen-

cer à poindre (l'aube du jour). | bleichen, weiss werden, grau werden [von Bart und Haar. vgl. اغارمش]; grauen, hell werden [vom Tage, vgl. اغارمه]. صباح اغارر oder صبح اغارر der Morgen grauet. اورتالق اغاردی die Welt, die Natur grauete, wurde hell; d. i. der Morgen brach an. اچلوب اغارمق hell werden. Derivt. I. اغارتمق oder اغرتمق AGARTMAK. Aor. اغارتیر AGARDYR. Vb. trans. *rendre blanc, blanchir, poudrer.* | weiss machen, weiss färben (mit Farbe, Kalk, Mehl u. s. w.), bleichen, pudern. خدمتده صاچ اغارتمق im Dienste das Haar weiss machen, d. i. im Dienste ergrauen. بز اغارتمه یری Linnen-Bleiche. II. اغاردلمق AGARDYLMAK. Aor. AGARDYLYR. Vb. trans. pass. *être blanchi, blanchir.* | weiss gemacht werden oder sein, bleich werden. III. اغارتمامق AGA'RTMAMAK. *ne pas blanchir.* | nicht weiss machen. صقالمی دکیرمنده اغارتمدم ich habe meinen Bart nicht in der Mühle weiss gemacht, d. i. ich bin in Ehren grau geworden.

p اغره AGÂRY. Sbst. *empeigne (d'une pantoufle de femme).* | das Oberleder, Futterleder (an den Pantoffeln der Frauen); Brandsohle.

a اغاره IOÂRE. [غار IV.] Sbst. سرعتله کتمك اغاره action de faire une incursion déprédatoire; courir avec rapidité. | Raubzug, schneller Lauf.

a اغارتمه, a اغارلمه.

اغاریقون AGARIKON. (ἀγαρικόν.) Sbst. *agaric.* | der Baumschwamm.

p اغاز ÂOÂZ. Sbst. 1. باشلامق *action de commencer, commencement.* | Anfang, Beginn — ETMEK. — KERDEN. *commencer.* | anfangen, beginnen. 2. قصد *intention.* | Absicht, Vorsatz. 3. صدا *voix, son, chant.* | Stimme, Schall, Gesang.

p اغازکار ÂOÂZKÂR. Sbst. *commencement.* | Anfang, Beginn. در اغازکار im Anfang = ابتداده

p اغازگاه ÂOÂZGÂH. Sbst. *principe, origine; Dieu; le ciel.* | Uranfang, Gott; der Himmel.

p آغازه ÂOÂZE. Sbst. = اغاز *commencement.* | Anfang, Beginn.

p آغازیدن ÂOÂZÎDEN. Vb. act. باشلامق 1. *commencer.* | aufangen, beginnen. 2. *avoir l'intention, de proposer.* | beabsichtigen, den Vorsatz fassen.

p آغاره ÂOÂRA. Sbst. = اغاره *empeigne.* | Oberleder, Futterleder, Brandsohle.

p آغشتن oder اغشیدن AGÂSTEN. Vb. act. یغمق *amasser, accumuler, placer l'un sur l'autre, placer l'un devant l'autre.* | aufhäufen, die Dinge über einander oder hinter einander legen.

a اغاضه IOÂZA. [غاض IV.] Sbst. اکسلتمك *action de faire diminuer, de faire décroître.* Verringerung, Bewirken einer Abnahme, eines Sinkens (des Wassers, des Preises u. a.).

a اغاظه IOÂZA. [غاظ IV.] Sbst. اغضاب ایتمك *action d'irriter, de fâcher q. qn.* | Erregung des Unwillens, des Zornes.

p اغال ÂOÂL. Sbst. *encouragement, excitation.* | Ermuthigung, Erregung.

p آغالش ÂOÂLYŠ. Sbst. 1. v. اغالیدن *excitation au mal; séduction.* | Anreizung zum Bösen, Verführung. 2. v. اغالشتن *accumulation.* | Anhäufung.

p آغالشتن ÂOÂLÎŠTEN. Vb. act. = اغشتن

p آغالیدن ÂOÂLÎDEN. Vb. act. *exciter, irriter, affliger, encourager; séduire; chasser, mettre en fuite.* | erregen, aufregen, betrüben, ermuthigen, antreiben; zum Bösen anreizen, verführen; vertreiben, in die Flucht jagen.

a اغالیط AGÂLÎT. Sbst. Pl. v. اغلوطه

t اغان AGAN. Partic. v. اغمق

a اغانی ÂOÂNÎ. Sbst. Pl. v. اغنیه

t p اغایان AOÂJÂN. persischer Plural v. اغا

p اغایش AOÂIŠ. Sbst. *séduction, corruption.* | Verführung (zum Bösen).

a اغبا AOBÂ s. اغبی

a اغبا IOBÂ. [غبی IV.] Sbst. *action de tomber (des gouttes de pluie).* | das Herabfallen(lassen) einzelner Regentropfen.

a اغبار IOBÂR. [غبر IV.] *action de soulever la poussière, de faire de la poussière.* | Erregung des Staubes.

a اغبر AOBAR. Adj. u. Sbst. *poudreux, couvert de poussière, de la couleur de la poussière; espèce de collyre.* | staubig, staubfarben; eine Art Augensalbe.

a اغبرار IOBIRÂR. [غبر IX.] Sbst. *état d'être poudreux; souillure causée par la poussière, couleur sale, sombre; indignation, mécontentement.* | Bestäubung, durch Staub verursachter Schmutz, schmutzige, düstere Farbe; Verdüsterung (des Gemüths), Betrübniss, Missvergnügen. — ETMEK. *rendre poudreux, sale; causer du mécontentement.* | staubig, schmutzig machen; Aergerniss, Betrübniss verursachen. — OLMAK. *devenir poudreux, sale, sombre, obscur; être mécontent, choqué, piqué de q. ch.* | bestäubt, trübe werden, anlaufen (von Glas oder Metall). خاطر اغبرار کوسترمك Aergerniss, Missvergnügen an einer Sache haben, sich beleidigt fühlen.

a اغبس AOBAS. Adj. *couleur de loup.* | wolffarbig, dunkelgelb. — آت dunkelgelbes Pferd, Isabelle.

a اغبی AOBÂ. Adj. 1. *épais, touffu.* | buschig, dicht belaubt. 2. Compar. v. غبی GABIJ. *imbécille, stupide, lâche.* | dumm, albern, träge, feig.

a اغتباط IOTIBÂT. [غبط VIII.] Sbst. *état de prospérité au point d'exciter l'envie.* | Erregung des Neides; Wohlbefinden in solchem Grade, dass man von Anderen beneidet wird.

a اغتدا IOTIDÂ. [غدا VIII.] Sbst. اغدا ایتمك *action de prendre le repas du matin, déjeuner.* | Frühstück.

a اغتراب IOTIRÂB. [غرب VIII.] Sbst. غربته کیتمك *action de voyager à l'étranger; de devenir étranger, de se dénationaliser; de prendre une femme étrangère comme épouse.* | Reise ins Ausland, Wanderung in die Ferne; Aufgeben der Heimath, Auswanderung; Verheirathung mit einer Fremden. [vgl. اغراب]

a اغترار IOTIRÂR. [غر VIII.] Sbst. مغرورلق *illusion qu'on se fait de q. ch. ou de soi-même, présomption, orgueil, ambition.* | Einbildung, Ehrgeiz, Hochmuth.

a اغتراز IOTIRÂZ. [غرز VIII.] Sbst. — ETMEK. *mettre le pied à l'étrier, se mettre en route.* | den Fuss in den Steigbügel setzen; aufbrechen.

a اغترام IOTIRÂM. [غرم VIII.] Sbst. *action de se reconnaître débiteur, de reconnaître telle ou telle obligation.* | Anerkennung einer Schuld, einer Verbindlichkeit.

a اغتزال IOTIZÂL. [غزل VIII.] Sbst. *action de filer (le lin, le coton etc.).* | Spinnen eines Fadens.

a اغتسال IOTISÂL. [غسل VIII.] Sbst. غسل ایتمك *action de se laver, ablution.* | Vollziehung der Waschung. vgl. غسل

a اغتصاب IOTISÂB. [غصب VIII.] Sbst. غصب ایتمك *enlèvement par violence.* | gewaltsame Wegnahme. — ETMEK. *enlever par force.* | mit Gewalt wegnehmen.

a اغتضاب IOTIZÂB. [غضب VIII.] Sbst. غضبه کلمك *action de se fâcher, de se mettre en colère.* | Ereiferung, in Zorn gerathen.

a اغتفار IOTIFÂR. [غفر VIII.] Sbst. یارلغامق *action de pardonner.* | Verzeihung. — ETMEK. *pardonner à q. qn. (une faute, un péché), arranger, ajuster, accomoder q. ch.* | Jemanden verzeihen; eine Sache in Ordnung bringen, ausgleichen, beilegen.

a اغتلا IOTILÂ. [غلا VIII.] Sbst. ایوملق *action de se hâter, de courir vite.* | Eile, schnelles Laufen.

a اغتلام IOTILÂM. [غلم VIII.] Sbst. *érection, rut.* | Brunst, heftige Regung des Geschlechtstriebes.

a اغتماد IOTIMÂD. [غمد VIII.] Sbst. *action d'entrer dans l'obscurité, d'être enveloppé de ténèbres, entrer dans l'obscurité, comme le sabre dans le fourreau.* | sich in die Finsterniss, an einen finstern Ort begeben, wie der Säbel, wenn er in die Scheide gesteckt wird; von Finsterniss umhüllt sein.

a اغتماز IOTIMÂZ. [غمز VIII.] Sbst. عیبلامك *action de blâmer.* | Tadel. — ETMEK. *blâmer, reprocher.* | tadeln, schelten.

a اغتماس IOTIMÂS. [غمس VIII.] Sbst. صویه طالمق *action de se plonger.* | das Untertauchen.

a اغتماص IOTIMÂS. [غمص VIII.] Sbst. *action de regarder avec dédain; de faire peu de cas de q. ch. (p. ex. d'un bienfait), ingratitude.* | Geringachtung einer Sache, einer Wohlthat u. s. w., Undankbarkeit.

a اغتماض IOTIMÂZ. [غمض VIII.] Sbst. کوز یومق *action de cligner, de cligner, de fermer les yeux, de s'endormir.* | Augenblinzeln, Augenschliessen, Einschlafen.

a اغتمام IOTIMÂM. [غم VIII.] Sbst. مغموم اولمق *action de s'affliger de q. ch.* | Betrübniss. — ETMEK. *s'affliger, être triste.* | sich betrüben, traurig sein.

a اغتنام IOTINÂM. [غنم VIII.] Sbst. یغما ایتمك *action de piller.* | Plünderung. — ETMEK. *piller, faire du butin, être enrichi de butin; profiter de q. ch.* | plündern, Beute machen, sich durch Plünderung bereichern; von einer Sache Vortheil ziehen.

a اغتياب IGTIJÂB. [غاب VIII.] Sbst. غيبت سويلمك action de médire de q. qn., médisance | Verläumdung eines Abwesenden. — ETMEK. parler mal d'un absent. | Jemanden verläumden, schlecht von Jemand sprechen.

a اغتياظ IGTIJÂZ. [غاظ VIII.] Sbst. خشمه كلمك accès de colère. | Zorn, Unwille, in Zorn gerathen.

a اغتيال IGTIJÂL. [غال VIII.] Sbst. قلاغه اوغرامق ، الدامق ، ناموسدن action d'attaquer soudainement, de tuer; meurtre. | plötzlicher Angriff, Ueberfall, Meuchelmord.

t اغج AGAǴ. s. اغاج

t اگجوز AGǴYGYZ. Sbst. Dim. v. اغ petit filet. | kleines Netz.

a اغدار AGDÂR. Sbst. Pl. v. غدر

a اغدائي AGDAJY. Sbst. hyacinthe (pierre). der Hyacinth.

t اغديج YODYǴ oder اغديش YODYŠ, auch اكديج Sbst. cheval hongre. | Wallach (Pferd).

t اغدرمق AGDYRMAK. Vb. trans. v. آغمق

t اغده AGDA. Sbst. bonbon (de sucre candi). Zuckerplätzchen von Kandiszucker. a حلوا p آلجيه

t o اغر AGAR. N. pr. d'une tribu turque. | Name eines türkischen Stammes. LT.

t آغر oder آغير AGYR. Adj. p گرانبار lourd, pesant; lourd à l'estomac, difficile à digérer, insupportable, puant; lent, grave, précieux. Sbst. gravité. | schwer, schwer zu tragen, unerträglich; schwer im Magen, unverdaulich; schwer für den Geruch, übelriechend, stinkig, schwer von Bewegung, langsam, träge, schwerfällig, schwer im Preise, theuer, kostbar. Sbst. Ernst, Würde, würdevolles Benehmen. — OLMAK. être à charge à q. qn. | Jemanden zur Last fallen (mit dem Dativ). — GELMEK. peser. | schwer sein, wiegen. — — معدهيه schwer verdaulich sein آغر آغر gravement, lentement. langsam, ernst, schwerfällig. آغر يورومك boiter. | schwerfällig gehen, hinken آغر دورمق être lourd, se mouvoir lentement, tarder. | sich schwer bewegen, schwerfällig sein, zögern. — ديدنجى lambin. | ein Zauderer, der die Zeit vertrödelt. — بهايه چقمق monter en prix | im Preise steigen آغر بها ايلمك renchérir. den Preis erhöhen. — اوتى aigremoine (plante). | Odermennig, Leberklette. — باشلو grave, sérieux, sensé. | ernst, vernünftig. آغر صولومق schwer athmen, tief athmen, keuchen. — باصمه — oder باصان — cauchemar. | Alpdrücken [— اغرلق]. — باصر qui a le cauchemar. | der an Alpdrücken leidet. — جانلو importun, accablant. | lästig. — حركتلو irrésolu. | unentschlossen. — طاغ le mont Ararat. | der Ararat. آغير يارهلي gravement blessé. schwer verwundet. Abulg.

a اغر AGARR. Adj. شريف ، آق يوزلو blanc, brillant; noble, illustre. | weiss (von Gesicht), weiss glänzend, fern schimmernd; durch edle Eigenschaften hervorleuchtend

p اغر AGYR. Sbst. lit à sec (de rivière). | trockenes Flussbett.

a اغرا IGRÂ. [غرا IV.] Sbst. قيشقيرمق تحريض action d'exciter, instigation, impulsion. | Anregung, Anreizung. — ETMEK. instiguer, exciter; pousser l'un contre l'autre; inspirer à q. qn. le désir d'une chose. | antreiben, anregen, an einander hetzen; Reiz erwecken.

a اغرا AGYRRA. Adj. Pl. v. غرير

a اغراب IGRÂB. [غرب IV.] Sbst. ايراق ايلمك action d'éloigner, de s'éloigner, d'entreprendre un voyage lointain. | Entfernung, Reise in die Ferne, vgl. اغتراب

a اغراد IGRÂD. [غرد IV.] Sbst. action de chanter gaiement. | fröhliches, mit Bewegungen des Körpers verbundenes Singen.

a اغرار AGRÂR. Adj. Pl. v. غر

a اغراز IGRÂZ. [غرز IV.] Sbst. بتورمق action d'enfoncer, de plonger (un instrument pointu). | Einsenkung eines spitzen Dinges in einem Gegenstand.

a اغراس AGRÂS. Sbst. Pl. v. غرس GYRS.

a اغراس IGRÂS. [غرس IV.] Sbst. دیکمك، دیکدرمك action de planter, de faire planter. | Pflanzen, pflanzen lassen.

a اغراض AGRÂZ. Sbst. Pl. v. غرض GARAZ.

a اغراض IGRÂZ. [غرض IV.] Sbst. action d'ennuyer, dégoût. | Langweilung. — ETMEK. causer de l'ennui, du dégoût; faire de la peine. | langweilen.

t o اغراقو Sbst. LT. باشه épervier. | der Sperber.

a اغراق IGRÂK. [غرق IV.] Sbst. صويه بوغمق ، غرق ايلمك action de plonger dans l'eau, de submerger. | Untertauchung. — ETMEK. plonger q. qn. dans l'eau. | Jemanden oder eine Sache in das Wasser tauchen, untertauchen.

a اغرام IGRÂM. [غرم IV.] Sbst. action de forcer q. qn. à payer une dette. | Drängung eines Schuldners. — ETMEK. forcer q. qn. à payer une dette, à remplir un engagement; faire payer une amende. | Jemanden zur Zahlung seiner Schuld zu zwingen suchen; Jemanden eine Geldbusse zahlen lassen.

a اغرب AGRAB. Adj. très-étrange, extraordinaire. | sehr fremd, aussergewöhnlich.

t اغرتمق AGARTMAK. Vb. trans. v. اغارمق

t آغرتمق AGRYTMAK. Vb. trans. v. آغريمق

t آغرجه AGYRǴA. Adv. s. آغر

p اغرده IGARDE. Sbst. vêtement trop court, ou trop étroit. | ein knappes, dürftiges Kleid.

t اغرشق AGYRŠAK; auch اغرشق oder اغرشاق AGYRŠAK. Sbst. v. اغر ? virole de fuseau; bouton, noeud, bout, disque; glande, bosse, tumeur. | Wirtel an einer Spindel, Knopf (an einem Stocke, am obern Ende des Zeltpfahles); Knoten; abgerundete Spitze; kleine runde Scheibe; Drüse, Beule. دكوز اغرشغي DOMUZ AGYRŠYGY. racine du pain-de-porc. | Erdwurz, Schweinsbrod (cyclamen).

t اغرشقلنمق AGYRŠYKLANMAK. Vb. intr. se former en noeud, se former comme une excroissance; se former en rond, enfler. | sich zu einem Knoten oder runden Körper bilden, Rundung gewinnen (z. B. die Brust eines jungen Mädchens), schwellen, anschwellen; einen Knoten oder Auswuchs bilden, verharrschen (eine Wunde).

t o اغروق s. اوغروق

a اغرل AGRAL. Adj. u. Sbst. incirconcis. | unbeschnitten.

t اغرلشمق AGYRLAŠMAK. Vb. recipr. v. اغر se charger, être lourd. | sich beladen, schwer tragen, schwer sein, sich schwer bewegen, schwerfällig sein. Deriv. اغرلشدرمق AGYRLAŠDYRMAK. Vb. recipr. trans. charger, faire porter lourd. | schwer tragen lassen, schwer beladen.

t اغرلق AGYRLYK. Sbst. v. اغر pesanteur, chose pesante; bagage, trousseau d'une fiancée, dot, présents de noce; charge, impôt; cauchemar; poids, gravité, dignité, majesté. | Schwere, was schwer ist oder drückt, Last, Gewicht; Gepäck (auf der Reise, bei einem Umzuge, auf dem Marsche); das Gepäck einer Braut, d. i. die Aussteuer (Kleider etc.), Mitgift [صداق od. مهر], Hochzeitgeschenk; drückende Ausgaben und Abgaben; was schwer auf einem liegt, Druck, Alp, Alpdrücken; Gewicht einer Person, Ernst, Würde, Majestät.

t o آغرلمق AGYRLAMAK. Vb. act. u. intr. faire éprouver une douleur; être lourd, difficile. 1. v. آغرى Schmerz verursachen. 2. v. اغر schwer, beschwerlich sein. LT. درد كوردى

اغرلمق u. آغرى ايلا وكرانى شدن وآزرده شدن

t اغرلمق AGYRLAMAK. Vb. act. charger, charger de présents (de noces); honorer q. qn. | beladen, belasten, mit Geschenken (insbesondere zur Hochzeit) überhäufen; Jemanden ehren. Deriv. اغرلنمق AGYRLANMAK. Vb. pass. être chargé, être lourd. | beladen, belastet sein; schwer wiegen. اغرلنمش AGYRLANMYŠ. chargé, honoré de présents.

t o اغرلمق YOYRLAMAK. Vb. act. donner l'hospitalité à q. qn. | Jemanden gastlich bewirthen. LT. مهمانی كردن Deriv. اغرلتمق YOYRLATMAK. Vb. trans. faire donner l'hospitalité. | Jemanden gastlich bewirthen lassen. LT. مهمانی كنانيدن

t o اغرمق YOYRMAK. Vb. intr. sortir. | hinausgehen. LT. بدر رفتن

t اغرمق AGARMAK. s. اغارمق

t آغرمق AGYRMAK. Vb. intr. v. آغرى für آغريمق faire mal. | schmerzen. آغرى آچمق éprouver une douleur. | Schmerz empfinden. دیشنه آغريدقى يره دل دوقنور la langue se porte vers la place où la dent fait mal. | wo der Zahn schmerzt, da fühlt die Zunge hin.

t اغرمق AGYRMAK = اوغرمق

t o اغرمق UGURMAK u. d. Deriv. s. اوغرمق

a اغرى AGRÂ. Adj. Compar. v. غرى très-beau, très-joli. | sehr schön, sehr hübsch.

p اغره ÂGRA. Sbst. dartre. | Flechte, Schwinde.

p اغره UGRA. Sbst. tumeur, enflure, bubon, écrouelles. | Beule, Geschwulst, Drüsengeschwulst, Skropheln.

t أغرى AGRY (vulg. ÂRY). Sbst. *douleur.* | Schmerz. باش أغريسى *mal de tête; chose ennuyante.* | Kopfschmerz; etwas langweiliges und ermüdendes, eine langweilige Geschichte. ديش أغريسى *mal de dents.* | Zahnschmerz. أنج أغريسى *colique.* | Leibschneiden, Kolik (mit Durchfall verbunden, in Folge von Erkältung). قارن أغريسى *colique; enfant pleureur.* | Leibschneiden, Bauchgrimmen; ein weinerliches Kind, Schreihals. كوز أغريسى *lippitude.* | Augenentzündung, Augentriefen. جكر أغريسى [EWINIX أونسك] جسل أوله *mal de coeur.* | Uebelkeit. M.

t o أغريب AGRYP. s. أغريق

t أغريجى AGRYGY (ÂRYGY). Adj. *douloureux, causant des douleurs.* schmerzlich, Schmerz verursachend.

t o أغريغ oder أغريق und آغرق AGRYK. Sbst. *douleur, maladie, compassion.* | Schmerz, Krankheit, Mitgefühl.

t o أغريغن AGRYGAN. Partic. v. أغريق

t أغريمق AGRYMAK (ÂRYMAK). Aor. أغرور AGRYR. Vb. act. u. intr. *faire mal; éprouver une douleur; être affligé, malade, irrité; être en colère.* | schmerzen, Schmerz verursachen; Schmerz empfinden; betrübt, krank, erzürnt sein, zürnen. باشم أغرور ich habe Kopfschmerzen. t o أغريغن iratus. Abulg. Q. كوكلى أغريلدى tristitia affectus fuit. Abulg. Q. Deriv. أغرتمق AGRYTMAK. Aor. أغريدر AGRYDYR. Vb. caus. *faire mal, causer de la douleur.* | Schmerz verursachen, schmerzen. باش أغرتمق *faire mal à la tête à q. qn., c. à d. molester q. qn., importuner.* | Jemanden Kopfschmerzen verursachen, d. i. ihn belästigen.

t o أغريغان AGRYGAN. Sbst. p رنجيدگى *tristesse.* | Traurigkeit, Betrübniss.

t أغز AGZ (ÂZ). t o أغيز AGYZ. Sbst. *trou, embouchure, bouche, au fig. parole, ordre; tranchant.* | 1. runde Oeffnung, Loch, Mündung. نهر أغزى Mündung eines Flusses. قيو أغزى die Mündung eines Brunnens. دورت يول أغزى Kreuzweg, Carrefour, Name einer Vorstadt in Constantinopel, wo sich vier Strassen kreuzen; — Mündung eines Gefässes, einer Säbelscheide, eines Gewehrlaufes, das Loch in der Krempelmaschiene, wo die Baumwolle hineingesteckt wird. دكرمنك أغزى das Schüttloch in der Mühle; das Mundstück (einer Trompete u. s. w.). چبوقك أغزى das Mundstück einer Pfeife; — die Oeffnung an einem Schiffe, wo man aus- und einsteigt; — ein gebohrtes Loch; das Zündloch einer Kanone. أغز أوتى (Mundkraut), Arzenei, die der Kranke durch den Mund zu sich nimmt, a وجور oder لعوق; das Zündpulver, welches in das Zündloch geschüttet wird. [vgl. أوت] t o طاغ نينك أغزى Bergesöffnung, Schlucht, Pass. Q. 2. Mund. أغز طولوسى ein Mundvoll, ein Bissen, ein Schluck. أغز صويى der Speichel. أغز توفنكى Blaserohr. أغز اقرارى das eigene mündliche Geständniss (eines Verbrechers). أغزدن جواب oder أغز جوابى mündliche Antwort. أغز آچمه Mund-Eröffnung, d. i. erste Gewöhnung der kleinen Kinder an Nahrung [Kam. s. v. تحنيك]. أغزى آچيق طورمق mit offenem Maule dastehen, gaffen. أغز آچيق نخمى eine Hülsenfrucht mit röthlicher Schale und schwarzen Körnern, die als Arzneimittel zur Reinigung des Blutes gebraucht wird. a u. p قنتوره LL. 3. Wort, Befehl. أغزينه باقمزلر sie sehen nicht auf seinen Mund; d. i. beobachten nicht seinen Befehl. Abulg. 25 أغزيكز بر بولنسه wenn euer Wort eins ist, d. i. wenn ihr einträchtig seid. Abulg. 17. (Q.). 4. Schärfe, Schneide, Klinge. بالطه نك أغزى die Schneide des Beiles, oder das Eisen des Beiles. بچقى أغزى die Schneide der Säge. — سود أغزى ein klebriger zäher Saft an den Saugwarzen. دشمن أغزى Gränze an Feindesland, dem Angriff ausgesetztes Land, wo ein Beobachtungscorps aufgestellt wird.

a أغزاء IGZÂ. [غزا IV.] Sbst. *action de faire entreprendre une campagne.* | Unternehmung eines Feldzuges. — ETMEK *exciter à une expédition militaire, à un combat.* | zu einem Kriegszuge, zum Kampfe antreiben, auf einen Streifzug aussenden. vgl. غزا

a أغزال IGZÂL. [غزل IV.] Sbst. *action de filer.* | das Spinnen. — ETMEK. *filer (le lin, le coton, la laine); faire la cour aux femmes.* | spinnen, die Spindel drehen; sich viel mit Weibern abgeben.

a أغزل AGZAL. Adj. *versé dans le commerce de galanterie; habile à composer des poésies érotiques.* | im Umgange mit Frauen gewandt und artig; geübt in Fertigung von Gedichten (Gazelen). s. غزل

t أغزلق AGZLYK. Sbst. *bouche, embouchure, orifice.* | Mund, Mündung, Mundstück. s. أغز

t أغزلو AGZLY. Adj. *muni d'une bouche ou d'un orifice.* | mit einer Oeffnung, einer Mündung versehen. ايكى أغزلو توفنك IKI-AGZLY TÜFENG, eine doppelläufige Büchse.

t أغسمق AGSAMAK u. Deriv. s. أقسمق

p آغستن ÂGASTEN. Vb. act. *remplir.* | anfüllen, vollstopfen.

أغستوس AGOSTOS. (Augustus). Sbst. *le mois d'août.* | der Monat August. — بوجكى s. BÖGEÏ *espèce de grillon de nuit.* | Grille, Heimchen. a جدجد

t أغسق AGSAK u. أغسقلق s. أقسق

p أغوش s. آغش

a أغشاء IGŠÂ. [غشا IV.] Sbst. أورتمه *action de couvrir, d'envelopper.* | Bedeckung, Verhüllung, Verschleierung. — ETMEK. *couvrir.* | bedecken.

p آغشتن oder آغيشتن ÂGYŠTEN; (auch ÂGAŠTEN und AGUŠTEN). Vb. act. اصلاتمق, يوغورمق *mouiller, tremper; pétrir.* | nassmachen, benetzen; kneten. آغشته AGYŠTE. *mouillé, trempé; amolli par la macération; mêlé, pétri.* | nass, befleckt, durchweicht; geknetet. آغشته خاك وخون mit Blut und Staub bedeckt.

t o أغشمق YUŠMAK. Vb. refl. v. أغمق YOMAK.

a أغصان AGSÂN. Sbst. Pl. v. غصن GUSN.

a أغضاب IGZÂB. [غضب IV.] Sbst. دارلتمق, كزدرمق *action d'irriter, de mettre en colère.* | Erzürnung. — ETMEK. *exciter q. qn. à la colère.* | Jemanden erzürnen.

a أغضب AGZAB. Adj. *très-irrité, courroucé.* | sehr erzürnt, sehr aufgeregt.

a أغضاف IGZÂF. [غضف IV.] Sbst. قره كولو اولوق *obscurité de la nuit.* | Dunkelheit der Nacht. — ETMEK. *être obscure et noire (la nuit).* finster sein.

a أغفال IGFÂL. [غفل IV.] Sbst. غافل ايلمك *action de faire négliger; action de négliger, insouciance, nonchalance, oubli.* | Ausserachtlassung, Vernachlässigung, Sorglosigkeit. — ETMEK. *faire négliger à q. qn. q. ch., rendre q. qn. insouciant de q. ch., le tromper sur q. ch.; négliger, oublier, laisser q. ch. par insouciance ou nonchalance, passer q. ch.* | machen, dass Jemand etwas ausser Acht lässt, Jemanden sicher machen, ihn über eine Sache täuschen; etwas ausser Acht lassen, vernachlässigen, vergessen. — OLUNMAK. *être négligé.* | vernachlässigt werden.

a أغفر AGFAR. Adj. *le plus miséricordieux (Dieu).* | der Allvergebende (Gott).

t أغل oder أغيل AGYL. (AGÜL). Sbst. *cour, claie, enclos.* | Hof, Hürde, Einhägung, Viehhof, überhaupt Gehöfte, [im Kaukasus Aul, vgl. أول]. قيون أغلى *parc de moutons, bergerie.* | Schafhürde, Schäferei. دوه أغلى Kameelhürde. آى أغلى der Hof um den Mond. كونش أغيلى Dunstkreis um die Sonne. سازلقدن, جوبلاش — اغيل ديوارى oder قمشدن, — eine aus Rohr geflochtene Umhägung.

p أغل, auch أغول AGUL oder أغيل AGYL. Sbst. *regard louche, regard de travers.* | schräger, schielender Blick.

t o أغل s. أوغل

a أغلاء IGLÂ. [غلا IV.] Sbst. فيئتى أغر ايلمه *action de rendre cher, de renchérir un article.* | Steigerung des Preises einer Sache.

a أغلاء IGLÂ. [غلى IV.] Sbst. قاينتمق *action de faire bouillir, de faire bouillonner.* | das Kochen oder Sieden lassen. أغلاءة IGLÂET. *une ébullition, bouillonnement.* | einmaliges Aufsieden, Aufwallung (des kochenden Wassers).

t أغلاتمق AGLATMAK und أغلاشمق AGLAŠMAK. s. أغلمق

a أغلاط AGLÂT. Sbst. Pl. v. غلط

a أغلاط IGLÂT. [غلط IV.] Sbst. يكلتمق *action de faire commettre une faute à q. qn.* | Verleitung. — ETMEK. *induire en erreur.* | zu einem Fehler veranlassen, verleiten.

a أغلاظ IGLÂZ. [غلظ IV.] Sbst. غليظ ايلمه *action de rendre dur, gros, rude.* | Verhärtung, Verdickung, Vergröberung.

a أغلاف IGLÂF. [غلف IV.] Sbst. *action de cacher, de renfermer dans un étui, une gaine etc.* — ETMEK. *remettre dans un étui, rengainer, remettre dans le fourreau.* | eine Sache wieder in das Behältniss, Futteral u. s. w. stecken; einen Säbel in die Scheide stecken.

a أغلاق AGLÂK. Sbst. Pl. v. غلق GALAK.

a اغلاق IGLÂK. [غلق IV.] Sbst. *action de fermer, difficulté, obscurité.* | Verschliessung, Versperrung; Schwierigkeit des Verständnisses, Dunkelheit, Unverständlichkeit. — ETMEK. *fermer (une porte); rendre q. ch. obscur.* | verschliessen, verriegeln, versperren (eine Thüre); Hindernisse entgegensetzen, das Verständniss einer Sache erschweren, eine Sache unverständlich oder dunkel machen.

a اغلال AGLÂL. Sbst. Pl. غل GULL.

a اغلال IGLÂL. [غل IV.] Sbst. الداتمق *action de tromper; fraude, malversation.* Täuschung, Betrug, Unterschleif.

a اغلام IGLÂM. [غلم IV] Sbst. *excitation sexuelle, sodomie.* | Erweckung oder Erregung fleischlicher Begierden; Sodomiterei.

t اغلامق oder اغلمق AGLAMAK. *t o* YOLAMAK LT. Aor. اغلار AGLAR. Vb. intr. *pleurer.* | weinen, klagen, beweinen. Deriv. I اغلاشمق oder اغلاتمق AGLATMAK. Aor. اغلادر AGLADYR. Vb. caus. *faire pleurer* | weinen machen, weinen lassen, bewirken, dass Jemand weint. II اغلاشمق oder اغلشمق AGLAŠMAK. Vb. recipr. *pleurer ensemble.* | einander beklagen, mit einander weinen.

a اغلب AGLAB. Adj. *très-puissant, plus fort; très-fréquent, abondant; le plus souvent.* sehr mächtig, siegreich, stark; häufig vorkommend, meist, zumeist. على الاغلب ALEL AGLAB. *pour la plupart, très-souvent; très-probablement.* | meistentheils, sehr oft, häufig; höchst wahrscheinlich. vgl. غالب

a اغلظ AGLAZ. Adj. *très-dur, gros, épais* | sehr derb, dick, grob, hart. vgl. غليظ

t اغلق AGLYK. Sbst. *enclos.* | Umzäunung. vgl. اغ

t اغلقلنمق oder اغلقلانمق AGYLKANMAK. Vb. intr. *s'entourer d'une claie; être entouré d'une aréole (la lune).* | sich mit einer Umhägung umgeben, einen Hof haben (vom Monde). s. اغل

t اغلمق s. اغلامق

a اغلمه AGLYMA, AGLIMET. Sbst. Pl. v. غلام GULÂM.

a اغلوطه UGLÛTA. Pl. اغاليط AGÂLÎT. Sbst. [illegible] *mot, expression, discours fautif qui induit en erreur; mot difficile à prononcer.* | fehlerhafter und Missverständniss verursachender Ausdruck, falscher, räthselhafter Ausdruck (in Rede und Schrift); schwer auszusprechendes Wort.

t اغلى oder اغلو AGLY. Adj. *entouré de filets, d'entrelacs, d'un enclos.* | mit Netz, Geflecht, Umhägung versehen. vgl. اغ

a اغماد AGMÂD. Sbst. v. غمد GYMD.

a اغماز IGMÂZ. [غمز IV.] Sbst. غمزلق *action de médire de q. qn., médisance, calomnie.* | Verläumdung, Klatscherei. — ETMEK. *médire de q. qn.* | von Jemand schlecht oder geringschätzig sprechen.

a اغماض IGMÂZ. [غمض IV.] Sbst. كورمزلكه اورمه . كوز قيمسلق *action de fermer les yeux, pour ne pas voir ou pour faire semblant de ne pas voir.* | Schliessen der Augen, Nachsicht, Uebersehen einer Sache. اغماض عين ايتمك IGMÂZ-I 'AIN ETMEK. *fermer les yeux (par indulgence); faire signe des yeux, cligneter à q. qn.* | ein Auge zuthun, Nachsicht üben; Jemanden zuwinken (mit den Augen blinzeln), als Zeichen des Einverständnisses.

t آغمق AGMAK. Aor. آغار AGAR. Vb. intr. *s'élever comme en volant (la poussière etc.), voler; s'élever en l'air; aller plus loin; monter plus haut, avoir la prépondérance.* | emporsteigen (wie Staubwirbel in die Luft); emporragen; immer weiter gehen, wichtiger sein, schwerer sein und deshalb sinken (von der Wagschale). (Redhouse). Deriv. آغدرمق AGDYRMAK. Vb. caus. *faire s'élever en l'air, faire monter plus haut.* | emporsteigen lassen, emporheben (der Wind den Staub).

t o اغمق YOMAK. Vb. act. يقمق *dévaster, détruire.* | verwüsten, zerstören. خراب وويران ايتمك LT.

t o اغمق YOYMAK. Vb. act. يغمق *amasser, rassembler.* | aufhäufen, zusammenbringen. جمع كترمك LT. Deriv. اغشمق YOYŠMAK. Vb. refl. *se rassembler.* | sich versammeln. جمع كلمك LT.

a اغناء AGNÎ. Sbst. Pl. *objets nécessaires, ustensiles, mobilier des nouveaux mariés.* | zum Haushalt nöthige Geräthschaften, insbesondere die neue Einrichtung junger Eheleute.

a اغناء IGNÂ. [غنى IV.] Sbst. زنكين ايلمك. مستغنى ايلمك *action de rendre q. qn. riche, content de ce qu'il a.* | Bereicherung Jemandes, Zufriedenstellung. — ETMEK. *enrichir, rendre q. qn. content.* | Jemanden reich machen, machen dass er nichts weiter bedarf.

a اغنام AGNÂM. Sbst. Pl. v. غنم GANEM.

p آغند AGAND und آغندن AGANDEN s. آكندن u. آكند

t اغنمق oder آغنامق AGNAMAK. Vb. intr. *se rouler par terre, se vautrer dans la poussière.* | sich wälzen. = يوارلنمق

a اغنى AGNÂ. Adj. زنكين ايله *très-riche, opulent.* | sehr reich.

a اغنيا AGNIJÂ. Sbst. Pl. v. غنى GANÎ.

a اغنيه UGNIJE. Pl. اغانى AGÂNÎ. Sbst. تركى *chanson, chant.* | Lied, Gesang.

t o آغو AGU. Sbst. *bouche.* Mund. = اغز LT. دهن

t آغو AGU. s. آغا

t آغو AGU. Sbst. *poison, venin.* | Gift. اغو ويرن AGU WEREN. *venimeux, vénéneux.* giftig (von Schlangen). اغو اغاجى *laurier rose.* | der giftige Lorbeer. اغو اوتى *ciguë* | Schierling.

a اغواء IGWÂ. [غوى IV.] Sbst. آزدرمق. ازدرمه *action de séduire, de gâter, de corrompre q. qn. (sous le rapport moral), suggestion, tentation, instigation.* | Verführung (zum Bösen), Versuchung (des Teufels). — ETMEK. *séduire, induire au mal.* | verführen, zum Bösen verleiten.

a اغوى AGWÂ. Adj. *qui est très-égaré, qui égare facilement.* | sehr verführt, sehr verführerisch.

a اغوار AGWÂR. Sbst. Pl. v. غار GÂR.

a اغوال AGWÂL. Sbst. Pl. v. غول GÛL.

t اغور s. اوغر

t o اغورمق und Deriv. s. اوغورمق

t اغوز AGUZ. Sbst. *premier lait qui vient aux femmes et aux femelles des animaux après leurs couches.* | die erste Milch, welche sich bei Frauen und Thieren nach der Geburt einstellt.

اغوستوس s. اغسطوس

p آغوش AGÔŠ. Sbst. قوجاق *sein, poitrine, brasse, embrassement.* | Busen, der Raum zwischen den beiden Armen; Armvoll; Umarmung.

p آغوشيدن AGÔŠTEN und آغوشيدن AGÔŠIDEN. Vb. act. قوجاقلامق *embrasser.* | umarmen. 2. = اغشتن

p آغول AGUL. Sbst. s. آغل

t آغولامق AGULAMAK. Vb. act. v. آغو *empoisonner.* | vergiften.

t آغولو AGULU. Adj. v. آغو *venimeux, vénéneux, empoisonné.* | giftig, vergiftet. آغولو اوق ein vergifteter Pfeil.

t آغى AGY. Sbst. *filet, enclos.* | Netz, Geflecht, Umzäunung. = آغ u. آغلق

t اغيار AGJÂR. Sbst. Pl. v. غير *autrui; comme Singulier, rival.* | die Anderen, Fremde, s. غير; als Singul. Nebenbuhler. يار واغيار Freund und Feind.

a اغيار IGJÂR. [غار IV.] Sbst. *action de rendre une femme jalouse en épousant une autre.* | Erregung der Eifersucht einer Frau, indem man eine andere heirathet.

t آغير AGYR. s. آغر

a اغير AGJAR. Adj. *très-jaloux, zélé, ardent.* | sehr eifersüchtig, eifrig. — غيرتلو

t o اغير s. اغر

p آغيشتن s. آغشتن

t o آغيل AGYL. Sbst. *aréole de la lune; voisin.* | der Hof um den Mond; der Nachbar. vgl. اغل LT. [illegible]

t o اغينمق AGYNMAK. Vb. intr. *se rappeler de q. ch., se souvenir.* | sich erinnern, im Gedächtniss haben. Ali Schir. [illegible] VI.

a آف s. آفت

a اف UF. Interj. *fi!* | pfui. — ETMEK. *détester, désapprouver q. ch.* | verabscheuen, missbilligen.

آفا AFA, Schreibfehler für آغا oder آقا

a آفات ÂFÂT. Sbst. Pl. v. آفت

a افاته IFÂTE. [فوت IV.] Sbst. الدن قاچيرمق *action de faire manquer q. ch. à q. qn.; perte.* Verlust. — ETMEK. *faire manquer, se laisser échapper q. ch.* | sich etwas entgehen lassen, einen Verlust erleiden.

a افاضه IFÂZE. [فيض IV.] Sbst. قيناتمق، اقيتمق *action de faire bouillir, de faire couler.* | das Ueberkochen lassen, Ueberfliessen lassen, vergiessen. افاضهٔ قان، اراقه Blut vergiessen.

a افاقه IFÂQE. [فاق IV.] Sbst. سرينلتمك *action de raffraîchir.* | Abkühlung.

a افاخم EFÂQYM. Sbst. u. Adj. Pl. v. افخم EFQEM.

a افاد IFÂD und افاده IFÂDE. [فاد IV] Sbst. فائده ويرمك، فائده طوتمق *utilité, avantage; exposition, instruction.* | Nutzen; Vortheil; Belehrung. — ETMEK. *faire profiter q. qn. de q. ch., donner connaissance de q. ch. à q. qn., exposer, faire savoir, enseigner; obtenir q. ch., l'employer à son profit; profiter de q. ch.; apprendre.* | Jemanden von einer Sache Nutzen ziehen lassen, Vortheil gewähren, ihm Kenntniss von einer Sache geben, erklären, zu wissen thun, erzählen, lehren; eine Sache erlangen, zu seinem Nutzen anwenden, Nutzen ziehen; aus einer Sache etwas lernen. افاده واستفاده ايتمك von einer Sache Nutzen ziehen lassen und selbst davon Nutzen haben, Kenntnisse von einer Sache mittheilen und erhalten. افاده واعلام اولنمشدر es ist kund gethan und bekannt gemacht worden.

a افاويه EFÂDIH. Tahrif v. افاويه EFÂWIH.

a افاريق EFÂRIK. Sbst. Pl. v. افراق v. فرقه.

a افازه IFÂZE. [فاز IV.] Sbst. *action de faire obtenir q. ch. à q. qn.; de rendre victorieux.* | bewirken, dass Jemand etwas (seinen Zweck) erreicht; Siegverleihung.

a افاضل EFÂZYL. Sbst. u. Adj. Pl. v. افضل EFZAL.

a افاضه IFÂZE. [فيض IV.] Sbst. *action de faire déborder; effusion, propagation; divulgation, publication; prononciation ou exposition claire et distincte; mouvement des flots de la foule.* | Anfüllung eines Gefässes bis zum Ueberfliessen; Ausgiessung; weite Verbreitung, Bekanntmachung; Hin- und Herwogen einer Menschenmenge. — ETMEK. *faire déborder; répandre, propager, divulguer* | überfliessen lassen, vergiessen, verschütten, ausgiessen; weit verbreiten, öffentlich bekannt machen. افاضه بخش IF. BAHŠ. *libéral* | reichlich schenkend, freigebig. افاضه بخشی *don libéral, libéralité.* | reichliches Geschenk, Freigebigkeit.

a افاظه IFÂZE. [فاظ IV.] Sbst. اولدرمك *action de faire mourir.* | Tödtung, Ursache an dem Tode Jemands.

a افاعی EFÂ'I. Sbst. Pl. v. افعی EF'Â.

a افاق ÂFÂK. Sbst. Pl. v. افق UFUK.

a افاقه IFÂKE. [فوق IV.] Sbst. آيلمق *action de revenir à son état normal, de revenir de l'ivresse; convalescence.* | Rückkehr in den normalen Zustand, Rückkehr des Bewusstseins (nach einem Rausche, einer Ohnmacht); Genesung von einer Krankheit — BULMAK. *être rétabli, guéri; revenir de l'ivresse, reprendre connaissance.* | wieder zu sich kommen, genesen, nüchtern werden.

a آفاقى ÂFÂKI. Adj. u. Sbst. *horizontal; universel; qui court le monde, vagabond.* | 1. horizontal; 2. der ganzen Welt angehörig, überall gebräuchlich, überall verbreitet, allgemein, öffentlich; 3. überall herumwandernd, umherschweifend. Sbst. Vagabund, insbesondere einer der nach Mecka kommt und ohne Aufenthalt wieder abreist, nur um den Namen eines HADŠ zu verdienen.

a افانين EFÂNIN. Sbst. Pl. v. فنن FENEN.

a افاوج EFÂWYŠ. Sbst. Pl. v. فوج FEWŠ.

a افاويه EFÂWIH. vulg EFÂDIH Sbst. Pl. v. فوه *aromates, épices.* | Gewürze.

p افت UFT. Sbst. *cas, accident, chute.* | Fall, Verfall, Sturz. s. افتادن.

a آفت ÂFET oder آف Pl. آفات ÂFÂT. Sbst. *malheur, calamité, mal, dommage, perte qu'on éprouve; au fig. belle maîtresse.* | Unglück, Uebel, Schaden, (den man erleidet); — eine hübsche Maitresse. آفت سماويه verderbliches Naturereigniss.

a افتا IFTÂ. [فتا IV.] Sbst. فتوا ويرمك *action d'éclairer q. qn. sur q. ch., de rendre une décision (un fetva), de résoudre une question de foi, ou relative à un cas de conscience.* | Aufklärung, die man Jemanden über eine Sache giebt, Entscheidung eines zweifelhaften Falles, einer Gesetzfrage, Lösung eines Zweifels, Entscheidung einer zweifelhaften Ansicht in Bezug auf Dinge der Religion, der bürgerlichen Gesetze oder des Gewissens.

p آفتاب AFITÂB. Sbst. گونش *le soleil.* die Sonne. — پرست *adorateur du soleil; héliotrope (fleur).* | Sonnendiener; Sonnenwende (helianthus annuus). — كردك *caméléon.* | das Chamäleon.

p t آفتابجى AFITÂBŠI. Sbst. *qui garde ou porte l'aiguière.* | Krug-Träger, Krughalter.

p آفتابه AFITÂBE. [eigentl. آبتابه] Sbst. ابريق، ياغمور، قوغمسى *aiguière.* | Giesskanne, Wasserkrug.

p آفتابى AFITÂBI. Sbst. *lieux embragés; parasol.* | schattiger Ort; Sonnenschirm.

a افتتاح IFTÂH. [فتح IV.] Sbst. آچمق *action d'ouvrir, de conquérir une place.* | Eröffnung, Eroberung eines festen Platzes.

p افتادكى UFTÂDEKI. Sbst. 1. دوشكونلك *l'état d'être tombé, chute, humilité, modestie.* | Fall, Fallen, Gesunken sein, Unterwürfigkeit, Demuth, Bescheidenheit. 2. فقيرلك *misère, pauvreté.* | Armuth, Elend. 3. عشقلق *amour.* | Verliebtheit. vgl. افتادن.

p افتادن UFTÂDEN. Vb. act. دوشمك *tomber, tomber dans la misère, entre les mains de l'ennemi, en ruines; s'écrouler; devenir amoureux; arriver (un événement).* | fallen, in Armuth und Elend versinken, in die Gewalt des Feindes fallen, erobert werden (eine Festung), einstürzen, in Liebe fallen, d. i. sich verlieben; verfallen, sich ereignen.

p افتاده UFTÂDE. 1. Partic. des Vbg. 2. *le rossignol.* | die Nachtigal.

p t افتادلك UFTÂDELIK. Sbst. *chute.* | Fall, Sturz, Einsturz. — افتادكى

p افتاليدن UFTÂLIDEN. Vb. act. ايرتمق، صاچمق *répandre, dissiper, fendre, déchirer.* | auseinander streuen, zerspalten, zerreissen.

a افتان IFTÂN. [فتن IV.] Sbst. آزدرمق، آزغرتمق *action d'induire en tentation; séduction; action d'exciter à la sédition, au désordre.* | Verlockung, Verführung, Aufwiegelung.

p افتان UFTÂN. Gerund. v. افتادن *en tombant.* | fallend, im Fallen. افتان خيزان UFTÂN-HIZÂN oder UFTÂN WE HIZÂN. *tantôt tombant, tantôt se relevant.* | bald fallend, bald wieder aufstehend (wie ein Trunkener oder schwer Verwundeter).

p افتانيدن UFTÂNIDEN. Vb. caus. v. افتادن *faire tomber, renverser, abattre, terrasser.* | fallen machen, niederwerfen, umstürzen, niederreissen.

p آفتاوه ÂFITÂWE. Sbst. s. آفتابه ÂFITÂBE.

a افتتاح IFTITÂH. [فتح VIII.] Sbst. باشلامق، آچمق *action d'ouvrir, de commencer; commencement; conquête (d'une place).* | Anfang, Beginn; Einnahme eines festen Platzes.

a افتتان IFTITÂN. [فتن VIII.] Sbst. فتنه دوشمك *action de se laisser séduire, tentation (à laquelle on succombe).* | Versuchung, Verführung (der man unterliegt).

a افتحاص IFTIHÂS. [فحص VIII.] Sbst. آراشدرمق *action de chercher, enquête, recherche.* | genaue und sorgsame Untersuchung, Erforschung. — ETMEK. *rechercher, scruter q. ch. ou q. qn.* | genau nachforschen, genau untersuchen.

a افتخار IFTIHÂR. [فخر VIII.] Sbst. *action de se vanter, de se glorifier; gloire, honneur, distinction.* | Stolz, edles Selbstgefühl; Ruhm, Ehre; Ueberhebung, Hochmuth. — ETMEK. *se glorifier de q. ch.* | sich einer Sache rühmen. نشان افتخار IFT. NIŠANI oder افتخار نشانى NIŠAN-I IFT. *décoration d'honneur.* | das Ehrenzeichen, der türkische Orden für Verdienst, von Mahmud II. gestiftet.

a افتداء IFTIDÂ. [فدا VIII.] Sbst. فديه ويرمك *action de se racheter en payant une rançon.* | Loskaufung, Auslösung (aus der Gefangenschaft). vgl. افداء

p افدستا EFTIDISTÂ oder افدستا EFDISTA. Sbst. *louange, admiration.* Lob, Bewunderung.

a افتراء IFTIRÂ. [فرا VIII.] Sbst. بلاس، سوكمك *action d'inventer un mensonge contre q. qn., calomnie.* | lügenhafte und falsche Beschuldigung Jemandes, Verläumdung. — ETMEK. *calomnier, imputer à faux.* | Jemanden verläumden, fälschlich beschuldigen. ... افتعل

a t افتراجى IFTIRÂŠI. Sbst. *calomniateur.* der Verläumder.

a t افتراجيلق IFTIRÂŠYLYK. Sbst. *calomnie.* | Verläumdung.

a افتراز IFTIRÂZ. [فرز VIII.] Sbst. آيرمق Sbst. *action de décider q. ch., distinction, séparation.* | Entscheidung, Scheidung, Unterscheidung, Trennung. — ETMEK. *distinguer, séparer.* | unterscheiden, trennen.

a افتراش IFTIRÂŠ. [فرش VIII.] Sbst. دوشنمه *état d'être étendu (comme un tapis)* | hingestreckte Lage, Hinstreckung. — ETMEK. *étendre, s'étendre, étendre les bras (étant couché par terre pendant la prière); suivre les pas de q. qn.* | hinstrecken (auf den Boden), sich hinstrecken; auf dem Boden ausbreiten (wie einen Teppich); beim Gebet die Arme auf dem Boden ausstrecken; — Jemandes Spur verfolgen, ihm auf dem Fusse nachfolgen; — Jemandes Ehre und guten Namen verletzen, durch Reden, die man hinter seinem Rücken führt.

a افتراص IFTIRÂS. [فرص VIII.] Sbst. فرصت کوزلمك *action de guetter l'occasion, de saisir une occasion.* | das Erspähen oder Ergreifen einer Gelegenheit.

a افتراض IFTIRÂZ. [فرض VIII.] Sbst. *action de prescrire q. ch. à q. qn. comme une obligation.* | Auflegung einer Verpflichtung; Erlass einer nothwendig zu erfüllenden Verordnung. vgl. فرض

a افتراع IFTIRÂ'. [فرع VIII.] Sbst. قیزلغی بوزمق *défloration (d'une fille); action de consommer le mariage avec une femme qu'on vient d'épouser (se dit de l'homme).* | Entjungferung, Vollziehung der Ehe in der Brautnacht.

a افتراق IFTIRÂK. [فرق VIII.] Sbst. آیرلمق *action de se séparer; séparation, éloignement.* | Trennung, Entfernung von einander, Geschiedensein, getrennt sein (von Freunden). — ETMEK. *se séparer.* | sich trennen, scheiden.

a p افتراکار IFTIRÂKÂR. Sbst. = افتراجی *calomniateur.* | Verläumder.

a p افتراکاری IFTIRÂKÂRÎ. Sbst. = افتراجیلق *calomnie.* | Verläumdung.

a افتصاد IFTISÂD. [فصد VIII.] Sbst. قان آلمق ، طمر اورمق *saignée.* | Aderlass.

a افتصاص IFTISÂS. [فص VIII.] Sbst. آیرمق *action de séparer.* | Trennung, Scheidung, Lostrennung eines Theiles vom Ganzen. ETMEK. *séparer, disjoindre, détacher, enlever une partie de son tout.* | trennen, scheiden.

a افتصال IFTISÂL. [فصل VIII.] Sbst. *séparation, disjonction, transplantation; décision; action de sevrer un enfant.* | Trennung, Wegnahme von seinem Orte, Umpflanzung, Verpflanzung (z. B. eines Baumes), Abnahme des Kindes von der Mutterbrust, Entwöhnung. Jurispr. Entscheidung einer Rechtssache.

a افتضاح IFTIZÂH. [فضح VIII.] Sbst. رذیل اولمق *état d'être couvert de honte; ignominie.* | Schande, Entehrung, Blossstellung. — OLUNMAK. *être déshonoré.* | mit Schande bedeckt, blossgestellt sein oder werden.

a افتضاض IFTIZÂZ. [فض VIII.] Sbst. قیزلغی بوزمق *défloration.* | Entjungferung. Jurispr. das Nichteinhalten der gesetzlich bestimmten Zeit der 'IDDA. vgl. عدة

a افتعال IFTI'ÂL. [فعل VIII.] Sbst. یلان دوزمك *action d'inventer un mensonge contre q. qn., calomnie.* | fälschliche Beschuldigung, Verläumdung. = افترا

a افتقاد IFTIKÂD. [فقد VIII.] Sbst. آرامق *action de chercher un objet perdu; recherche, examen.* | das Suchen eines verlorenen Gegenstandes, Untersuchung, Nachforschung, Prüfung.

a افتقار IFTIKÂR. [فقر VIII.] Sbst. فقیرلك *pauvreté, humilité, humiliation.* | Armuth, Niedrigkeit, Erniedrigung.

a افتکال IFTIKÂL. [فکل VIII.] Sbst. *action de porter son attention sur q. ch., avoir soin de q. ch.* | Richtung der Aufmerksamkeit auf eine Sache; Fleiss, Sorgfalt, sorgfältige Pflege.

a افتلاء IFTILÂ. [فلا VIII.] Sbst. *action d'élever un enfant.* | Aufziehung eines Kindes.

a افتلات IFTILÂT. [فلت VIII.] Sbst. *improvisation.* | Vortrag (eines Gedichts) aus dem Stegreif. = ارتجال

a افتنان IFTINÂN. [فن VIII.] Sbst. آزدرمق ، آلدنمق *égarement de l'esprit causé par l'amour, la douleur etc.* | Eingenommensein des Geistes von einem Gegenstande (Liebe, Schmerz, u. s. w.), Zerstreutheit. — ETMEK. *dire toute sorte de choses.* | alles unter einander schwatzen, faseln.

a افتهام IFTIHÂM. [فهم VIII.] Sbst. آکلامق *action de comprendre; intelligence, connaissance, conception.* | Verständniss, Einsicht, Erkenntniss.

a افتیاق IFTIJÂK. [فوق VIII.] Sbst. *appauvrissement.* | Verarmung.

a افتیال IFTIÂL. [فأل VIII.] Sbst. فأل طوتمق *action de tirer bon augure de q. ch.; heureux présage.* | glückliche Deutung, glückliche Vorbedeutung. — *regarder q. ch. comme un bon présage.* | eine Sache als ein gutes Zeichen [فأل] nehmen.

p افتیدن UFTÎDEN. Vb. intr. *tomber.* | fallen. = افتادن

p آدجه ÛDJE oder EFDJE. Sbst. اورکوتجی *épouvantail.* | Vogelscheuche.

a افجاء IFDJÂ. [فجا IV.] Sbst. *dépense (pour le soutien de la famille).* | grosser Aufwand für den Haushalt.

a افجاج IFDJÂDJ. [فج IV.] Sbst. ایواملق *action de marcher à grands pas, hâte.* | schneller Gang mit grossen Schritten; Eile.

a افحاش IFHÂŠ. [فحش IV.] Sbst. *action de tenir à q. qn. des propos obscènes; discours malhonnêtes.* | ungezogenes Schwatzen, Zotenreissen.

a افحام IFHÂM. [فحم IV.] Sbst. اسکات ، سوزسز قلمق *action de réduire q. qn. au silence (dans une dispute).* — ETMEK. bei Wortwechsel den Gegner zum Schweigen bringen.

a افخاذ EFHÂZ. Sbst. Pl. v. فخذ

a افخم EFHAM. Pl. افاخم EFÂHYM. Adj. Compar. v. فخیم *plus grand, plus glorieux, le plus...* | grösser, vornehmer, berühmter, der grösste, berühmteste.

p افد EFED u. افدر EFDER. Sbst. نکن *neveu.* | der Neffe.

p افداء IFDÂ. [فدا IV.] Sbst. *action de payer sa rançon à q. qn.; de prendre la rançon de q. qn.* | Loskaufung; Annahme oder Forderung eines Lösegeldes, [فدیة] von einem Gefangenen. vgl. افتداء

p افدستا s. افدستا

a افدع EFDA'. Adj. *cagneux.* | krummbeinig.

p افدیدن EFDÎDEN. Vb. intr. *admirer.* | bewundern.

a افراح IFRÂH. [فرح IV.] Sbst. شادلنمق ، سوندرمك *action de réjouir q. qn.* | Erfreuung. — ETMEK. *réjouir q. qn.* | Jemanden erfreuen.

a افراح EFRÂH. Sbst. Pl. v. فرح FERAH.

p افراختن EFRÂHTEN. Vb. act. *exalter, célébrer.* | erheben, rühmen.

a افراد EFRÂD. Sbst. Pl. v. فرد FERD.

a افراد IFRÂD. [فرد IV.] Sbst. *action d'isoler, de séparer; d'envoyer un seul homme comme messager.* | Isolirung, Trennung (von anderen gleichartigen); Absendung eines Boten.

p افرار IFRÂR. [فر IV.] Sbst. قاچرمق *action de mettre en fuite.* | Vertreibung, Verscheuchung.

p افراز EFRÂZ. Adj. *en compos. qui s'élève; élevé, haut; en haut.* | in Zusammens. emporstrebend; hoch, erhaben, emporragend, oben, auf. سرافراز SERERFRÂZ. das Haupt hoch habend, erhaben. — ETMEK. *élever, exalter.* | erheben, erhöhen.

a افراز IFRÂZ. [فرز IV.] Sbst. *action de séparer, de trier, de choisir, de distribuer.* | Trennung, Aussuchung, Auswahl, Vertheilung. ETMEK. *séparer, distribuer.* | trennen, vertheilen.

p افرازدان EFRÂZDÂN. Sbst. = ابرازدان

p افرازانیدن EFRÂZÂNÎDEN. Vb. caus. v. افراختن

p افرازی EFRÂZÎ. Sbst. *élévation, prolongement.* | Erhöhung, Verlängerung.

p افرازیدن EFRÂZÎDEN. Vb. act. *élever, exalter, célébrer; orner.* | erheben, rühmen; schmücken.

a افراس EFRÂS. Sbst. Pl. v. فرس FERES.

a افراش EFRÂŠ. Sbst. Pl. v. فراش FIRÂŠ.

a افراش IFRÂŠ. [فرش IV.] Sbst. دوشتمه *action d'étendre q. ch. sous q. qn., de faire coucher par terre; de médire de q. qn.* | Ausbreitung einer Sache auf dem Boden (z. B. einer Matratze); heftiger Tadel, Schmähung (wie das deutsche herunterreissen, in den Schmutz ziehen).

p افراشتن EFRÂŠTEN. Vb. act. *élever, exalter, ériger.* | erheben, aufrichten, erhöhen. = افراختن

p افراشته EFRÂŠTE. Adj. (Partic. d. Vbg.). *élevé, érigé.* | erhoben, aufgerichtet, aufrecht.

p افراشتکی EFRÂŠTEGÎ. Sbst. *action d'élever; exaltation, élévation.* | Erhebung, Erhöhung, Aufrichtung.

a افراص IFRÂS. [فرص IV.] Sbst. *occasion favorable.* | das sich Bieten einer günstigen Gelegenheit.

a افراض IFRÂZ. [فرض IV.] Sbst. *action de prescrire positivement q. ch., d'assigner q. ch. (payement, gages etc.) à q. qn.* | bestimmte Vorschrift, Festsetzung einer Sache; einer Bezahlung; Anweisung eines Gehaltes, einer Besoldung.

a افراط IFRÂT. [فرط IV.] Sbst. *action de dépasser la mesure; excès, superfluité, abondance, exagération.* Adv. *trop.* | Ueberschreitung des Maasses, Uebermaass, Uebertreibung.

Adv. *trop.* | zu viel, zu sehr. — ETMEK. *passer la mesure.* | das Mass überschreiten, übertreiben. ابله — *excessivement, extrêmement.* mit Uebermaass, übermässig, ausserordentlich. اخلاط — oder خون — *pléthore, abondance d'humeurs.* | Vollblutigkeit, Vollsaftigkeit. (Medic.).

a افراغ IFRÂG. [فرغ IV.] Sbst. دوکمه. اکتمك *action de verser, de répandre; fonte des métaux, art de fondre les métaux et de les mettre dans un moule.* | Giessung, Vergiessung: Guss der Metalle, Formung durch Guss oder Abdruck. — ETMEK. *verser, répandre, fondre, jeter au moule; former q. ch., mouler; ranger.* | giessen, in eine Form giessen (schmelzendes Metall); formen, einem Dinge die rechte Gestalt geben; etwas in Ordnung bringen.

a افراق EFRÂK. Sbst. Pl. v. فرقة FIRKAT.

a افرض EFRAZ. Adj. *très-versé dans la connaissance des préceptes divins.* | sehr bewandert in der Kunde der Religionsvorschriften. vgl. فرض

a افرغه EFRIGE. Sbst. Pl. v. فراغ *heures de loisir.* | Mussestunden. s. فراغ

a افرنج EFRENDJ u. افرنجی EFRENGI. Pl. افرنجیون EFRENGIŸN. Sbst. u. Adj. *européen.* | Europäer, europäisch. — فرنك

gr افرنجیون EFRENGIŸN oder افریجیون EFRIGIŸN, (περίγειον). Sbst. *Périgée.* | Perigäum, Erdnähe eines Planeten (Astron.). = حضیض und Gegentheil v. اقلجیون vd. اوج

p افرندیدن ÂFRENDÎDEN. Vb. act. *orner, décorer.* | schmücken, verzieren.

p افرنك EFRENK. Sbst. 1. = افرنج 2. — اورنك

p افروختن EFRŪCHTEN. Vd. act. u. intr یاقمق . پارلاتمق . پارلامق *allumer; luire, briller; faire briller, polir.* | anzünden, leuchten. glänzen; glänzend machen, poliren.

p افروخته EFRŪCHTE. Partic. d. Vbg. Adj. یاقلمش *allumé, enflammé.* | angezündet, entzündet.

p افروز EFRŪZ und افروزنده EFRŪZENDE. Adj. *qui allume, éclaire, qui fait briller.* | entzündend, erleuchtend, Glanz gebend.

p افروزانیدن EFRŪZÂNÎDEN. Vb. caus. v. افروختن und von افروزیدن

p افروزیدن EFRŪZÎDEN. Vb. act. u. intr = افروختن

p افروزه EFRŪZE oder ÂFRŪZE. Sbst. فتیله *mèche.* | Docht.

gr افروس ÂFOROS. Sbst. (ἀφορισμός). *excommunication, anathème.* | Ausstossung (aus der Gemeinde), Bann, Verfluchung. — ETMEK *excommunier.* | ausstossen, in Bann thun, verfluchen.

gr t افروسلامق ÂFOROSLAMAK. Vb. act. *excommunier.* | ausstossen. = ÂFOROS ETMEK.

gr t افروسلو ÂFOROSLY. Sbst. u. Adj. *excommunié.* | ein Ausgestossener.

p افروغ EFRŪG. Sbst. v. افروختن *éclat, splendeur, lumière, rayon, clair de la lune; beauté.* | Glanz, Licht, Strahl (der Sonne oder des Mondes), Sonnenschein, Mondschein, Schönheit. — فروغ

a افریت IFRÎT. Sbst. Tahrif v. عفریت *démon malfaisant, homme méchant.* | Unhold, Ungethüm; ein fürchterliches Gespenst, ein fürchtlicher Mensch.

p آفریدگار ÂFERÎDGÂR oder ÂFERÎDEGÂR. Sbst. یرادیجی *le créateur.* | der Schöpfer.

p آفریدن ÂFERÎDEN. Vb. act. یراتمق *créer.* | schaffen, erschaffen.

p آفریده ÂFERÎDE. Adj. (Partic. d. Vbg.) u. Sbst. *créé; créature; le monde.* | geschaffen, erschaffen; das Erschaffene; ein Geschöpf; die Welt. Pl. آفریدگان ÂFERÎDEGÂN. *les créatures.* | die Geschöpfe.

t افریقه AFRYKA. N. pr. *Afrique.* | Afrika.

t افریقه‌لو AFRYKALY Adj. u. Sbst. *africain.* | afrikanisch, Afrikaner.

a افریقیه AFRIKIJE. N. pr. = افریقه

p آفرین ÂFERÎN. Sbst. 1. یرادیجی *le créateur.* | der Schöpfer. 2. تحسین *approbation, applaudissement.* | Beifall, Beifallbezeugung — Interj. *bravo! parfait! c'est bien! c'est juste!* schön! herrlich! oder mit etwas Schadenfreude: schon recht, recht geschehen! — ETMEK oder OKUMAK. *applaudir, approuver, louer.* | Beifall bezeugen, Beifall rufen, beloben.

p آفرینش ÂFERÎNIŠ. Sbst. یرادلش *création, créature, le monde.* | Schöpfung, Erschaffung, Geschöpf, die Welt.

p افزا EFZÂ. Adj. v. افزودن *qui augmente, multiplie.* | mehrend, vermehrend, vergrössernd (in persischen Zusammensetzungen). Sbst. *ce qu'on ajoute, accroissement.* | Vermehrung, Zuthat.

p افزار EFZÂR. Sbst. 1. پاپوش *pantoufle.* | Pantoffel, Schuh. 2. یلکن *voile.* | Segel.

p افزار EFZÂR. Sbst. Tahrif v. ابزار *aromates, épices, les légumes qu'on met dans le pot avec la viande.* | Gewürze, die man bei Bereitung der Speisen gebraucht, Gemüse, die mit dem Fleische gekocht werden.

p افزاردان EFZÂRDÂN. Sbst. بهارلق . تحوزلق *boîte aux épices, boîte au poivre, saucière.* | Gewürzbüchschen, Salzfässchen, Pfefferbüchschen.

p افزائیدن EFZÂÏDEN. Vb. intr. u. act. ارتق . آرتدرمق . آرتمق *s'augmenter, croître; augmenter, multiplier.* | zunehmen, vermehren, vergrössern.

p افزایش EFZÂJIŠ. Sbst. چوغلق . آرتق *accroissement.* | Vermehrung, Zuwachs, Zunahme, Wachsthum. افزایش بار Ueberhäufung von Geschäften.

p افزودن EFZŪDEN. Vb. act. چوغلتمق . آرتمق *augmenter, multiplier.* | vermehren. Partic. افزوده *plus grand.* | grösser.

p افگندن EFKENDEN. Vb. act. یراقمق *jeter, rejeter, rabaisser.* | werfen, hin-, weg-, herabwerfen.

p افژول EFZŪL oder افژل Sbst. *excitation, instigation; hâte.* | Antreibung, Eile.

p افژولیدن EFZŪLÎDEN. Vb. act. *exciter, instiguer, faire hâter, se hâter.* | antreiben; eilen.

p افسولیدن EFSŪLÎDEN. Vb. act. = افژولیدن

p افزون EFZŪN. Adj. u. Adv. زیاده . آرتق *augmenté, multiplié, plus grand, très-grand; très; plus.* | vermehrt, grösser; gemehrt, viel; mehr; sehr. — ETMEK *augmenter.* | vermehren. افزون نان *levain.* | Sauerteig.

p افزونی EFZŪNI. Sbst. چوقلق . کثرت *multitude, abondance, surabondance.* | Vielheit, Grösse; Vermehrtheit, Ueberfluss.

p افزونیدن EFZŪNÎDEN Vb. act. آرتدرمق *augmenter, multiplier.* | vermehren.

p افزیدن EFZÎDEN = افزودن

p افسا EFSÂ. Sbst. بوکیجی *enchanteur, sorcier.* | Zauberer, Hexenmeister.

a افساح IFSÂḤ. [فسح IV.] Sbst. کنکلش اولمق *état d'être large, spacieux.* | Geräumigkeit.

a افساع IFSÂĠ. [فسع IV.] Sbst. اونتمق *action d'oublier.* | das Vergessen. — ETMEK. *oublier.* | vergessen.

a افساد IFSÂD. [فسد IV.] Sbst. آزدرمه . بوزمق *corruption; séduction, excitation au désordre.* | Verderbung, Entartung; Verwirrung (die man anrichtet), Verführung. — ETMEK. *corrompre, gâter, perdre, séduire, détruire.* | verderben, verwirren, in Unordnung bringen, Unordnung oder Unfrieden anrichten, zum Bösen verführen; vernichten. کتابلی بوزوب افساد ایلمک Geschriebenes ausstreichen.

p افسار oder افصار EFSÂR. Sbst. یولار *licou.* | Zaum, Halfter.

p افسای EFSÂJ. Sbst. = افسا *enchanteur.* | Zauberer.

p افسان EFSÂN oder افسانه EFSÂNE. Sbst. *conte fabuleux, roman, fable; chose qui n'existe pas.* | Mährchen, Erzählung, Fabel; eine Sache, die nicht existirt.

p افسانه‌گو EFSÂNEGŪ. Sbst. مداح *conteur de fables.* | Mährchenerzähler, Geschichtenerzähler.

p افسانیدن EFSÂNÎDEN. Vb. act. *raconter une histoire fabuleuse; enchanter q. qn.* | ein Mährchen erzählen; Jemanden bezaubern.

p افسایی EFSÂÏ. Sbst. *enchantement; enchanteur.* | Zauberei, Bezauberung; Zauberer, Bezauberer.

a افسد EFSED. Adj. Compar. v. فاسد *très-corrompu, dépravé, mauvais.* | sehr verdorben, sehr schlecht.

p افسر EFSER. Sbst. تاج . اکلیل *couronne, diadème.* | Krone, Hauptschmuck.

p افسردن EFSURDEN. Vb. intr. *geler; se faner.* | erstarren, gerinnen, gefrieren; verwelken, verdorren. Partic. افسرده EFSURDE. *gelé; fané, flétri; découragé.* | geronnen, gefroren; verwelkt, verdorrt; niedergeschlagen, entmuthigt. آب افسرده Gefrorenes, Gallerte.

a افسق EFSAK oder EFSEK. Adj. *très-impie, le plus mauvais.* | sehr böse, gottlos.

p افسنتین EFSENTIN und افسنتطین Sbst. یلبین *absinthe.* | Wermuth.

p افسوس EFSÛS. Sbst. *dérision, vexation, oppression.* | Verspottung, Verhöhnung, Beleidigung, Bedrückung.

p افسون EFSÛN. Sbst. *enchantement, conjuration; mensonge, fraude.* | Zauberei, Zauberspruch, Zauberformel; List, Lüge, Betrug.

p افسونكار EFSÛNKIÂR oder افسونكر EFSÛNGER. Sbst. *enchanteur.* | Zauberer, Beschwörer.

p t افسونلمق EFSÛNLAMAK. Vb. act. *faire des enchantements, des conjurations.* | Zauberei treiben, Zaubersprüche sprechen.

a افشا IFŞÂ. [فشا IV.] Sbst. ايدوريمق *action de divulguer, de publier, de répandre une nouvelle.* | Verbreitung eines Gerüchts, Veröffentlichung eines Geheimnisses. — ETMEK *divulguer, ébruiter q. ch.; dire ou faire q. ch. ouvertement; révéler, publier, déclarer q. ch.* | etwas verbreiten, unter die Leute bringen, öffentlich thun oder sagen; laut bekannt machen.

t o افشار AFŞAR. N. pr. *nom d'une tribu turque.* | Name eines türkischen Stammes.

p افشار EFŞÂR. Adj. s. d. Flgde. In pers. Zusammensetzungen: *qui verse, qui répand.* | ausgiessend, ausschüttend, ausbreitend.

p افشاردن EFŞÂRDEN und افشاريدن EFŞÂRIDEN. Vb. act. *presser, exprimer; verser, répandre.* | pressen, auspressen = افشردن; ausgiessen, ausbreiten = افشاندن.

p افشان EFŞÂN oder فشان FIŞÂN. Adj. s. d. Flgde. In pers. Zusammens. *qui répand, qui coule, qui jette.* | sprengend (Wasser), streuend, spendend. كل افشان Rosen streuend. آب افشان euphem. für صو دوكمك *pisser.* | Wasser lassen.

p افشاندن EFŞÂNDEN. Vb. act. صاچمق، سپمك، سالمك *répandre, disperser.* | ausbreiten, ausstreuen, aussprengen, ausgiessen.

افشانيدن EFŞÂNIDEN. Vb. caus. des Vrgdn.

p افشردن EFŞÜRDEN. Vb. act. صيقمق *presser, exprimer.* | auspressen, ausdrücken, ausquetschen (den Saft aus einer Frucht).

p افشره EFŞÜRE. Sbst. *toute chose exprimée, suc exprimé (p. ex. l'huile).* | alles Ausgedrückte, ausgedrückter Saft (wie Most, Oel u. s. w.).

p افشرهكر EFŞÜREGER. Sbst. *pressoir; homme qui travaille au pressoir.* | Kelter; Kelterer.

a افصاح IFSÂH. [فصح IV.] Sbst. اظهار ايلمك *action d'exposer clairement, clarté de l'expression.* | Deutlichkeit des Ausdrucks. — ETMEK *exposer clairement q. ch., expliquer.* | eine Sache deutlichmachen, erklären, auseinandersetzen.

a افصام IFSÂM. [فصم IV.] Sbst. دوكنمك، دوكتمك *action de cesser, d'épuiser; épuisement.* | Aufhören, Erschöpfung.

a افصح EFSAH. Adj. *très-éloquent.* | sehr beredt.

a افضا IFZÂ. [فضا IV.] Sbst. *déchirement du périnée.* | unnatürliche Vereinigung beider weiblichen Oeffnungen, die als einer der gesetzlichen Gründe zur Ehescheidung gilt. Rechtsspr.

a افضال AFZÂL. Sbst. Pl. v. فضل FAZL.

a افضال IFZÂL. [فضل IV.] Sbst. احسان، ارتقلق *action de surpasser, d'exceller; grâce.* | Erhöhung zu Rang und Würde; Gnadenerweisung, Ueberhäufung mit Wohlthaten.

a افضل EFZAL. Pl. افاضل EFÂZYL. Adj. *excellent, meilleur, très-distingué, précieux, avantageux.* | vortrefflich, sehr ausgezeichnet (von Personen); werthvoll, vortheilhaft (von Sachen).

a t افضللق EFZALLYK. Sbst. *supériorité, prééminence.* Vortrefflichkeit, Vorzug, Vorrang.

a افضليت EFZALIJET. Sbst. = افضللق

a افطار IFTÂR. [فطر IV.] Sbst. *action de rompre le jeûne; rupture du jeûne; repas que l'on fait à l'expiration du jeûne; souper pendant le mois de Ramazan; déjeuner.* | Brechung des Fastens, Speise, welche man während der Zeit des Fastens oder nach Beendigung des Fastens geniesst; Ramazanschmauss, das Nachtessen während der Fastenzeit; Frühstück. — ETMEK *rompre le jeûne; prendre q. ch. après avoir jeûné.* | das Fasten brechen, d. i. während des Ramazan, nach Sonnenuntergang, die übliche Mahlzeit halten; nach Beendigung der Fastenzeit essen und trinken.

a افعال EF'ÂL. Sbst. Pl. v. فعل FI'L.

a افعى EF'Â. Pl. افاعى EFÂ'I. Sbst. انكرك *vipère.* | die Viper.

p افغان EFGÂN. Sbst. *gémissement, lamentation.* | Klage, Wehklage, Seufzen. — ETMEK *gémir, pousser des plaintes.* | seufzen, wehklagen.

t o افق AFAK. Adj. *droit, juste.* | recht. LT. راست

t o افق AFYK. Adj. *sauvage.* | wild. LT. وحشى

a افق UFUK. Pl. آفاق ÂFÂK. Sbst. *plage, contrée, pays; horizon; monde, univers.* Pl. *contrées, pays du monde.* | Himmelsgegend, Gegend, Land; Horizont; Welt. Pl. Länder.

a افقاد IFKÂD. [فقد IV.] Sbst. *action de faire perdre q. ch. à q. qn.* | bewirken, dass Jemand etwas verliert oder vermisst.

a افقار IFKÂR. [فقر IV.] Sbst. تقير ايلمك *action d'appauvrir q. qn.* | Jemand in Armuth stürzen, arm machen.

t افقان AFKÂN. Sbst. Tahrif v. خفقان *battement du coeur.* | Schlagen des Herzens, Herzklopfen.

a افقاه IFKÂH. [فقه IV.] Sbst. اوكرتمك *action de faire comprendre q. ch. à q. qn.* | Unterweisung, Belehrung.

a افقر AFKAR u. EFKER. Adj. Comp. v. فقير *très-pauvre.* | sehr arm.

t افقيرمق UFKURMAK. Vb. intr. p. آنبيدن *glapir.* | kläffen. ايت افقرر der Hund kläfft.

a افقى UFUKÎ. Adj. *horizontal.* | wagerecht. s. افق UFUK.

a افك IFK. Sbst. كذب، يلان *mensonge, calomnie.* | Lüge, Verläumdung = افيكه

a افكار EFKÂR. Sbst. Pl. v. فكر FIKR.

a افكار IFKÂR. [فكر IV.] Sbst. *méditation.* | das Nachdenken. — ETMEK *méditer, penser, réfléchir, songer à q. ch.* | nachdenken, überlegen.

p افكار EFGÂR. 1. Sbst. *blessure.* | Wunde, offene Stelle der Haut. 2. Adj. *paralytique, perclus; blessé; molesté.* | gelähmt, wund, geplagt.

a افكاك EFKÂK. Sbst. Pl. v. فك FEKK.

p افكانه IFKÂNE und EFGÂNE. Sbst. دوشك *fetus, avorton.* | Fötus, Frühgeburt.

p افكنانيدن EFGÂNIDEN. Vb. caus. v. افكندن *faire jeter etc.* | werfen lassen etc.

p افكن EFGEN. [vgl. افكندن] Adj. en compos. *qui jette, lance, arrache, renverse.* | in pers. Zusammens. werfend, reissend, umstürzend. سنك افكن Steine werfend. كوه Berge umstürzend. بيخ Wurzeln reissend, d. i. Bäume entwurzelnd. مرد Menschen niederreissend (vom Löwen). تاب Glanz werfend, glänzend.

p افكندكى EFGENDEGÎ. Sbst. [vgl. افكندن] *état d'être jeté; objection, abandon, soumission, servitude.* | Zustand des Niedergeworfenseins; Unterwerfung, Unterwürfigkeit, Knechtschaft.

p افكندن EFGENDEN. Vb. act. دوشورمك، دوشورمك *jeter, lancer, renverser, arracher.* | werfen, umwerfen, umstürzen, niederreissen.

p افكنده EFGENDE. Partic. d. Vbg. دوشورلمش *jeté, renversé, soumis.* | geworfen, niedergeworfen, unterwürfig.

a افلّ EFELL. Adj. *ébréché.* | schartig.

a آفل ÂFYL. Adj. *qui disparaît, qui se cache, qui a disparu, qui n'existe plus, invisible.* | verschwindend oder verschwunden, sich verbergend; unsichtbar.

a افلا IFLÂ. [فلا IV.] Sbst. *action de s'engager dans un désert; voyage ou fuite dans un désert; solitude.* | Verirrung in der Wüste; Reise in der Wüste, Flucht in die Wüste; Absonderung oder Zurückgezogenheit von der menschlichen Gesellschaft.

a افلات IFLÂT. [فلت IV.] Sbst. خلاص، خلاص ايلمك، اولمق *action d'échapper, de se sauver, fuite.* | Entwischung, Entrinnung, Flucht. ETMEK *échapper à q. qn. (une chose); se sauver.* | entwischen, entrinnen, entkommen (aus dem Gefängnisse, oder eine Sache, die man fest zu halten glaubt, aus den Händen).

a افلاح IFLÂH. [فلح IV.] Sbst. *bonheur, félicité.* | Glück, Wohlfahrt, Wohlergehen.

a افلاس IFLÂS. [فلس IV.] Sbst. *appauvrissement, disette, pauvreté, indigence; banqueroute.* | Verarmung, Armuth; Zahlungsunfähigkeit, Bankerot.

gr افلاطون EFLÂTÛN. N. pr. Plato.

t افلاق YFLAK. Sbst. *Valaque; Valachie.* | Walach, die Walachei. قره افلاق KARA YFLAK. *la Moldavie.* | die Moldau.

a افلاك EFLÂK. Sbst. Pl. v. فلك FELAK.

a افلاك EFLÂK. Sbst. Pl. v. فلك FELEK.

a p افلاكيان EFLÂKIÂN. Sbst. Pl. v. افلاكى *les étoiles, spécialement les planètes et comètes; les irréligieux, les hérétiques.* | Sterne, insbes. Wandelsterne; die Gottesläugner, Ketzer, Irrgläubigen.

a أفلج EFLEDJ. Adj. *qui a la lèvre inférieure fendue.* | mit gespaltener Unterlippe.

a أفلس EFLES. Adj. *très-pauvre, réduit à l'état de banqueroute, à l'état de misère; grossier, brutal.* | ganz verarmt, heruntergekommen bis zur äussersten Dürftigkeit; niedrig (von Gesinnung und Sitten), grob, gemein.

a أفلس EFLUS. Sbst. Pl. v. فلس

a أفناء EFNÂ. Sbst. Pl. *hommes inconnus, obscurs (dont on ne connaît pas l'origine).* Adj. *inconnu, méprisé.* | unbekannte Menschen, deren Herkunft man nicht kennt; als Adj. unbekannt, geringgeschätzt.

a افناء IFNÂ. [فنا IV.] Sbst. يوق ايلمه. خراب ايلمه *action de faire disparaître, de réduire à néant.* | Vernichtung, Verheerung. — ETMEK. *consumer, détruire.* | vernichten, verheeren, zerstören, gänzlich verzehren.

a أفنان EFNÂN. Sbst. Pl. فنن FENEN.

gr أفخيجيون EFKENDJÛN. (ἀπόγειον). Sbst. *apogée.* | Apogäum. s. أوج; Gegentheil von افرنجيون

t أفندى EFENDI. Sbst. (gr αὐθέντης). *maître, monsieur, seigneur, homme bien élevé, protecteur, bienfaiteur; prince du sang.* | Herr, Gebieter über Untergebene, vornehmer Herr, Mann von Erziehung, von feinen Sitten (Titel, der den Gelehrten und allen, die in öffentlichen Aemtern stehen, zukommt, und dem Namen nachgesetzt wird); Beschützer, Wohlthäter; in der Anrede so viel wie gnädiger Herr. افندم mein Herr! افندمز unser Herr, Sr. Hoheit etc.; auch s. v. a. شوكتلو افندمز unser allergnädigster Herr, der Kaiser.

p أفنديدن ÂFENDÎDEN oder EFENDÎDEN Vb. act. *avoir dispute, affaire avec q. qn., être en procès.* | processiren, sich streiten mit Jemand.

a أفنون EFNÛN. Sbst. *classe, catégorie, mode, manière, façon.* | Klasse, Kategorie, Art und Weise.

a أفواج EFWÂDJ. Sbst. Pl. v. فوج FEWDJ.

a أفواه EFWÂH. Sbst. Pl. v. فوه FÛH oder فم FEMM.

t أفور und افورمه s. اوفورمه اوفور

a أفول UFÛL. [افل I.] Sbst. *action de se coucher, de disparaître de l'horizon (le soleil).* | das Untergehen der Sonne.

a افهار IFHÂR. [فهر IV.] Sbst. *commerce avec une femme en présence d'une autre, qui est défendu par la Sunna.* | fleischlicher Umgang mit einer Frau in Gegenwart einer andern, oder so, dass eine andere es hören kann, was durch die Sunna verboten ist. Rechtsspr.

a افهاق IFHÂK. [فهق IV.] Sbst. طولدرمق *action de remplir.* | Anfüllung.

a أفهام EFHÂM. Sbst. Pl. v. فهم FEHIM.

a افهام IFHÂM. [فهم IV.] Sbst. اڭلاتمق *action de faire comprendre q. ch. à q. qn.* | das zu Verstehen geben, Deutlichmachung, Erklärung. — ETMEK. *donner à entendre, déclarer.* zu verstehen geben, erklären.

a أفيال EFJÂL. Sbst. Pl. v. فيل FIL.

a أفئدة EF'IDE. Sbst. Pl. v. فؤاد FUÂD.

a أفيكه EFIKE. Pl. أفائك EFÂIK. يلان سوز *mensonge.* | Lüge. — افك

p أفيلون EFILÛN. Sbst. *absinthe.* | Absinth, Wermuth.

a أفيون AFJÛN. Sbst. Opium. افيون, افيون خلاصه‌سى oder روحى landanum.

t آق oder آق AK. Adj. *blanc.* | weiss, das Weisse, ein Weisser. كوزك آغى oder كوز آغى GÖZÜÑ AGY oder GÖZ AGY. *le blanc de l'œil.* das Weisse des Auges. يومورطه آغى JUMURTA AGY oder JUMURTANYN AGY. *le blanc de l'œuf.* | Eiweiss. يوزى آق JÜZI AK. *dont le visage est blanc, qui n'a pas à rougir, victorieux.* | weiss von Antlitz, d. i. der sich nichts Schlimmes bewusst, der nicht zu erröthen braucht; siegreich. JÜZI AK ETMEK. *faire honneur à q. qn.* | Jemandes Gesicht weiss machen, d. i. ihn nicht erröthen lassen, ihm Ehre erweisen. آق اصمه s. اصمه v. اورين كلى vitis alba. آق اغاج AK AGAG. *frêne.* | Esche, Eschenbaum. آق بابا AK BABA. *vautour.* | der Geier (wörtl. Weissvater), auch ابو العمر Vater des Alters genannt, weil er ein hohes Alter erreichen soll, weshalb er in besonderer Verehrung steht. آق بنك AK BENEK. *albugo.* | weisser Flecken auf der Hornhaut des Auges. آق تووز آغاجى AK TÜZ AGAGY. *peuplier tremble.* | Zitterpappel. آق جكر AK DJEJER == اويكن *poumon.* | die Lunge. آق جيرملى AK ÇYRMELI; auch blos آق *homme blanc.* | ein Weisser, der Rasse nach, im Gegensatz zu farbig. آق خردل AK HARDAL. == p سفيد اسفند *moutarde blanche.* | der weisse Senf. آق دكز AK DENIZ. *la mer Egée; l'Archipel, la mer méditerranée.* | das ägäische Meer, der Archipelagus, das mittelländische Meer, im Gegensatz zu قره دكز das schwarze Meer. آق دكزلى AK DENIZLI. *grec de l'Archipel.* | ein Grieche aus dem Archipel. آق دوشمه AK DÜŠME. *leucoma.* | weisser Fleck auf der Hornhaut des Auges. vgl. oben AK BENEK. آق سكير AK SINIR. *tendon dont on fait des cordes.* | Sehne, woven die Darmsaiten gemacht werden. آق صاچ *vieillard.* | ein Mann mit weissem Haar, ein Greis. آق صقال AK SAKAL. [Abuig] oder آق صقاللو AK SAKALLY. *vieillard; chef, conseiller; maire d'un village.* | Graubart, Greis, Alter; Häuptling, Führer, Rathgeber, der Aelteste, Dorfälteste. آق صو AK SU. *nom d'une maladie des yeux.* | wörtl. weisses Wasser; eine Augenkrankheit (ähnlich AK BENEK und AK DÜŠME); auch Name eines See's bei Nicäa; der Fluss Bog. آق طوشقان .آغ s. آق طوشقانلو AK TAWŠAN. == a يربوع *gerboise.* | Erdhase. آق قوواق آغاجى AK KOWAK AGAGY. *nom d'un arbre.* | Name eines Baumes, nach Einigen — a Kam. آق قويونلو AK KOJUNLY. ارطى *l'Arménie mineure.* | Kleinarmenien. آق كرمان AK KERMAN. *la ville d'Ackerman.* | Ackermann in Bessarabien (Alba Julia). آق كفال AK KEFÂL. *muge de mer.* | Meeräsche. آق كونلك AK GÜNLIK. == كلبدر gummi ammoniacum (Pharmac.). آق منتار AK MANTAR; auch يللى منتار JELLI MANTAR. *sorte de champignon blanc.* | ein weisser Pilz. a فقع oder فقحيح Kam. آق ايلغون AK ILGUN. — a أثل *tamaris.* | die orientalische Tamariske (tamarix).

t آق AK. Sbst. s. آغ

t o آق AK. Sbst. *tente.* | das Zelt (von der weissen Farbe so genannt). LT. خيمه

t o آق AK. N. pr. *nom d'une tribu d'Usbek.* | Name eines Ulus der Usbek.

t o آقا AKA. Sbst. *seigneur, maître.* | Herr, Gebieter. vgl. آغا

t o اقئه IKIE. [قئ IV.] Sbst. قوصدرمق *action de faire vomir.* — ETMEK. *faire vomir.* | Erbrechen bewirken.

a اقاديح oder اقاديح AKÂDIH. Sbst. Pl. v. قدح

a اقارب oder اقاريب AKÂRIB. Sbst. Pl. v. قريب

t o آقارمق oder آغارمق AKARMAK. v. آق Vb. intr. *blanchir.* | weiss werden. Deriv. آقارتمق und آغارتمق AKARTMAK. Vb. caus. *faire blanchir.* | weiss machen. vgl. آغارمق

a اقسام AKSÂM. Sbst. Pl. v. قسم KISM.

a اقاصى AKÂSI. Adj. Pl. v. اقصا AKSÂ.

a اقاصيص AKÂSÎS. Sbst. Pl. v. قصه KISSE.

a اقاضه IKÂZE. [قضى IV.] Sbst. *action de rendre q. ch. nécessaire.* Nothwendigmachung, Ursache sein, dass etwas nothwendig wird.

a اقاطيع AKÂTÎ'. Sbst. Pl. v. قطيع KATÎ'.

a اقاقيا AKÂKIA. Sbst. *la graine de l'acacia.* die Frucht der Akazie.

a اقاله IKÂLE. [قال IV.] Sbst. *action d'attribuer à q. qn. telle ou telle parole.* | Behauptung oder Beschuldigung, dass Jemand etwas gesagt habe, was er nicht gesagt hat. — ETMEK. *attribuer à q. qn. quelque parole; rompre un contrat, un marché.* | Jemanden fälschlich Aeusserungen schuld geben; sein Wort, einen Vertrag, einen Handel etc. brechen.

t o آقاليلق AKALYLYK. Sbst. *fiancée au état de fiancé.* | Braut oder Brautstand. LT. == نامزد. — vgl. t كلين

a اقاليم EKÂLÎM. Sbst. Pl. v. اقليم

a اقامه IKÂME. [قام IV.] Sbst. طوروزمق. طورغورمق *action de faire rester q. qn. debout; séjour dans un lieu, station, demeure, persévérance; action d'observer les devoirs religieux; le second et dernier appel à la prière; prière parlée dans l'oreille gauche d'un nouveau né.* | das Stehen-lassen, Stehen-bleiben; Aufenthalt an einem Orte, Station; feste Wohnung, Bestehen, Bestand; Ausdauer; Beobachtung religiöser Pflichten und Vorschriften; der zweite und letzte Ruf zum Gebete; das Gebet, welches dem neugebornen Kinde in das linke Ohr gesprochen wird. — ETMEK. *faire rester debout, établir, fixer, dresser; inaugurer, installer; s'arrêter, séjourner, résider, persévérer; s'appliquer avec assiduité à q. ch.; faire la prière.* | stellen, stehen lassen, feststellen, aufrichten, anstellen; stehen bleiben, sich an einem Orte aufhalten oder niederlassen (auf längere oder kürzere Zeit), an einem Orte wohnen; bestehen, d. i. Stand halten, beharren, ausdauern, fest bleiben; sich eifrig und dauernd mit einer Sache beschäftigen; sein Gebet verrichten. اقامت دعوا ايلمك einen Process führen, sein Recht verfolgen. اقامت شهود Zeugenstellung, Beibringung von Zeugen. اقامت خدمت ايلمك sein Zelt aufschlagen. اقامت طاعت ايلمك im Gehorsam bestehen, verharren.

a p اقامتكزين IKÂMETGUZIN. Adj. *qui se fixe quelque part.* | seinen Aufenthalt nehmend, sich irgendwo aufhaltend.

a اقانيم EKÂNIM. Sbst. Pl. v. اقنوم.

a اقوام oder اقاويم EKÂWIM Sbst. Pl. v. قوم.

a اقوال oder اقاويل EKÂWIL. Sbst. Pl. v. قول.

a اقباح IKBÂH. [قبح IV.] Sbst. *action de faire q. ch. de vilain, d'abominable.* | schlechte, nichtswürdige Handlung, Schlechtigkeit.

a اقبار IKBÂR. [قبر IV.] Sbst. گومه *enterrement.* | Beerdigung, Bestattung.

a اقباس IKBÂS. [قبس IV.] Sbst. اوكرتمه *action d'enseigner.* | Unterricht (in einer Wissenschaft).

a اقباض IKBÂZ. [قبض IV.] Sbst. طوتدرمق، آلدرمق *action de faire saisir, de faire prendre; acceptation.* | das Greifenlassen, Nehmenlassen; Annahme einer Gabe, Empfangnahme.

a اقبال IKBÂL. [قبل IV.] Sbst. توجه ايلمك، يوزلمك *action d'arriver, de tourner son visage vers un objet; arrivée, approche; bonheur, sort favorable; prospérité; désir; esclave favorite.* | Ankommen, Annäherung, Gegenübersein, das einem Gegenstande zugewandt sein, das Eintreten, Begegnen einer Sache oder eines Ereignisses; Glück, glückliches Loos, Wohlfahrt. [Gegentheil von ادبار]; Verlangen, Sehnsucht nach einem Gegenstande; — eine Sclavin, welche die Gunst des Sultans besitzt, aber noch nicht in die Zahl der sieben anerkannten Concubinen aufgenommen ist, zu deren Range sie erst emporsteigt, wenn sie schwanger wird. — ETMEK. *se tourner vers q. ch., aller à la rencontre; arriver; approcher.* | sich nach einem Gegenstande zu wenden, ihm entgegengehen, entgegen kommen, zusammentreffen mit . . ., begegnen, sich ereignen, herankommen. اقبال ايله IKBAL YLA oder اقبالا IKBÂLEN. Adv. *avec prospérité, avec félicité.* | glücklich. اقبالا وادبارا IKBÂLEN WE IDBÂREN. *çà et là, de part et d'autre.* | hin und her, vorwärts und rückwärts, sich bald nähernd, bald wieder entfernend.

a p اقبالمند IKBÂLMEND. Adj. سعادتلو، بختلو *heureux, fortuné.* | glücklich, beglückt.

a اقبح AKBAH od. EKBAH. Adj Compar v. قبيح *très-laid, vilain, détestable.* | sehr hässlich, schlecht, abscheulich.

a اقبحه A'KBIJE. Sbst. Pl. v. قبا KABÂ.

a اقتار EKTÂR. Sbst. Pl. v. قتر KUTR. vgl. auch قطر KUTR.

t اقتار AKTAR oder AHTAR. Sbst. Tahrif v. عطار *droguiste, épicier.* | Droguenhändler, Gewürzhändler, Krämer, Materialist.

t اقترمق AKTARMAK; auch اقدرمق، اختيرمق oder اختارمق *t a* u. اقدارمق Vb. act. Aor. اقتارر AKTARYR. *renverser, transvaser, faire tourner la tête en bas; fouiller, remuer, visiter; faire une enquête, examiner.* | [wahrscheinlich eigentl. fliessen lassen], Causativ v. [اقمق], ausgiessen, herunterrollen lassen, ausschütten, aus einem Gefäss in das andere umschütten; umstürzen, umwenden, umdrehen, z. B. das Segel, um den Wind zu fangen und das Schiff zu drehen; umladen, z. B. die Waaren von einem Schiffe in ein anderes; umgraben, das Oberste zu unterst kehren, durchsuchen, genau prüfen, durchstöbern, z. B. das Gepäck Jemandes, die Ladung eines Schiffes u. s. w. — untersuchen, ausforschen, ausfragen = تفتيش. Ali Schir. oder كوزه‌يى اختارمق LT. كوزه‌يى اقتارمق einen Krug ausgiessen oder umstürzen. يرى اوله ايله اقتارمق den Acker mit dem Spaten umgraben. يلكنى برى اوته اقداروب ادارة ايدر er wendet das Segel hin und her und kehrt um. كوز اقداروب التفاتله باقمق den Blick auf Jemand richten. Kam. Deriv. I. اختيرمق u. اقتدرمق AKTARTMAK. Vb. caus *faire demander q. qn., faire faire une enquête à q. qn.* | Jemanden ausfragen lassen, ausforschen lassen. LT. جويلمامق II. اقتارلمق AKTARYLMAK. Vb. pass.

a اقتباس IKTIBÂS. [قبس VIII.] Sbst. *action de faire des emprunts (en fait de science); passages empruntés par un auteur à un autre; compilation, comparaison, dérivation.* | Entlehnung (von Wörtern, Argumenten u. s. w. aus dem Werke eines andern Schriftstellers); Anführung der Worte eines Andern; Vergleichung, Ableitung. — ETMEK. *emprunter ou citer les mots d'un autre; s'instruire auprès de q. qn.; profiter d'un autre; étudier une science.* | die Worte oder Gründe eines andern anführen; sich von einem andern Belehrung holen; von einem andern etwas lernen, profitiren; eine Wissenschaft studiren.

a اقتناص IKTINÂS. [قنص VIII.] Sbst. آلمق، طوتمق — ETMEK. *prendre q. ch. (avec le bout des doigts).* | greifen, fassen (mit den Fingerspitzen).

a اقتباض IKTIBÂZ. [قبض VIII.] Sbst. آلمق، طوتمق — ETMEK. *prendre, saisir (avec la main).* | greifen, erfassen, nehmen (mit der ganzen Hand).

a اقتتال IKTITÂL. [قتل VIII.] Sbst. جنك ايلمك *action de se combattre l'un l'autre.* | Kampf. — ETMEK *se combattre les uns les autres.* | mit einander kämpfen.

a اقتثاث IKTISÂS. [قثث VIII.] Sbst. چكوب قوپارمق *action d'arracher.* | das Ausreissen, Herausreissen.

a اقتحاص IKTIHAS. [قحص VIII.] Sbst. آراشديرمق *action de fouiller, de rechercher, d'examiner.* | Durchsuchung, Untersuchung, Nachforschung.

a اقتحام IKTIHÂM. [قحم VIII.] Sbst. *action de se jeter à l'aveugle, témérairement dans q. ch.* | blindes Hineinstürzen, muthiges Beginnen einer Sache, vollständiges sich Widmen einer Sache, Geringschätzung oder Nichtachtung jeder Gefahr.

a اقتداء IKTIDÂ. [قدو VIII.] Sbst. اقتدا ايلمك *imitation.* | Nachahmung, Nachfolge. — ETMEK. *imiter, suivre l'exemple d'un autre.* | nachahmen, dem Beispiele eines andern folgen.

a اقتداح IKTIDÂH. [قدح VIII.] Sbst. *action d'arranger, de disposer, de faire marcher une affaire.* | Ueberlegung und Anordnung eines Geschäfts.

a اقتداد IKTIDÂD. [قد VIII.] Sbst. *action d'arranger, de disposer et d'exécuter une affaire.* | Ueberlegung und sorgsame Ausführung eines Geschäfts.

a اقتدار IKTIDÂR. [قدر VIII.] Sbst. *pouvoir, puissance, autorité, dignité.* | Macht, Kraft, Vermögen etwas zu thun. صاحب اقتدار ein Mächtiger, viel Vermögender, Hochangesehener. اقتدارلرى اولمدى sie hatten nicht die Macht dazu, sie konnten oder wagten es nicht.

a اقتدام IKTIDÂM. [قدم VIII.] Sbst. ايلرولنمه، ايلرولمه *action d'avancer; progrès.* | das Vorwärtsgehen, Fortschritt.

a اقتراء IKTIRÂ. [قرأ VIII.] Sbst. *action de lire ou de parcourir (un livre du commencement jusqu'à la fin).* | vollständiges Durchlesen oder Durchblättern (eines Buches, von Anfang bis zu Ende, ohne etwas zu übergehen). — ETMEK. *lire, parcourir entièrement, ne rien omettre.* | der Reihe nach durchgehen, nichts übergehen.

a اقتراب IKTIRÂB. [قرب VIII.] Sbst. يقين اولمق، يقلاشمق *action de s'approcher, approche.* | Annäherung, nahe sein. — ETMEK. *s'approcher, venir plus près.* | näher kommen, sich nähern.

a اقتراح IKTIRÂH. [قرح VIII.] Sbst. *action d'importuner q. qn. par des demandes irréfléchies, de parler et de demander à contretemps; improvisation (d'un poème, d'un discours).* | unzeitiges und lästiges Fragen und Sprechen; Improvisation. اقتراح ايله *à l'improviste.* | unvorhergesehen.

a اقتراض IKTIRÂZ. [قرض VIII.] Sbst. عيبت ايلمك، اودونج الق *emprunt à intérêt; action d'attaquer l'honneur d'un absent.* | Aufnahme einer Schuld (gegen Zins); Anleihe; Verläumdung eines Abwesenden. — ETMEK. *emprunter, faire des dettes; médire.* | Schulden machen; einen beschuldigen.

a اقتراع IKTIRÂ'. [قرع VIII.] Sbst. اختيار ايلمك، قرعه صالشمق *action de tirer au sort; de choisir.* | Ziehen des Looses, Wahl durch das Loos; Auswahl.

a اقتراف IKTIRÂF. [قرف VIII.] Sbst. كسب ايلمك *action de gagner, de réaliser un profit.* | Verdienst, Gewinn.

a اقتران IKTIRÂN. [قرن VIII.] Sbst. *action de se joindre, union, association; conjonction de deux planètes.* | Vereinigung, Verbindung, schnelles oder nahes Hintereinander folgen; Astron. Conjunction, Zusammenkunft zweier Planeten in einem Bilde des Thierkreises. توسن اقتران mit dem Glücke vereinigt, glücklich.

t اقترمق AKTARMAK, s. اقترمق.

t اقترمه AKTARMA. Sbst. *troisième défrichement du sol.* | dritte Umackerung, Umstürzung des Bodens [s. اقتارمق]; — *pillage, butin.* | Raub, Beute. M.

a اقتسار IKTISÂR. [قسر VIII.] Sbst. زورلمق *action de contraindre.* | Zwang, Gewalt. — ETMEK. *contraindre q. qn. à q. ch.* | Jemanden zu etwas zwingen.

a اقتسام IKTISÂM. [قسم VIII.] Sbst. يمين ايتمك . بولشمق *action de se partager q. ch., partage, répartition; serment, jurement.* | Theilung, Zutheilung, Austheilung; Schwur, Betheuerung.

a اقتصار IKTISÂR. [قصر VIII.] Sbst. *action de se borner, se restreindre à q. ch., restriction, abréviation.* | Beschränkung auf, Begnügung mit, Einschränkung; Abkürzung (einer Rede). — ETMEK. *se restreindre, abréger.* | sich beschränken, sich kurz fassen

a اقتصاص IKTISÂS. [قص VIII.] Sbst *action de suivre les traces de q. qn.; action de se venger; action de raconter.* Verfolgung einer Spur; Rache, die man nimmt oder zu nehmen sucht; Erzählung.

a اقتضا IKTIZÂ. [قضى VIII.] Sbst. لازم اولمق *exigence, demande, nécessité qui exige l'accomplissement d'une chose; suite nécessaire d'une chose antérieure.* | Nothwendigkeit, Erforderniss, nothwendige Folge — ETMEK oder اقتضا ايتمك اولمق *être nécessaire, être convenable.* | nothwendig, zweckmässig sein; erfordern. اقتضاسنه كوره oder اقتضاسنجه *selon l'exigence.* | dem Erforderniss gemäss.

a اقتضاب IKTIZÂB. [قضب VIII.] Sbst. كسمك *action de couper, de retrancher; retranchement.* | Abschneidung, Abbrechen. Rhetor. plötzlicher Uebergang von der Einleitung eines Gedichts zu dem Hauptinhalte; Einleitung, die mit dem Hauptinhalte des Gedichts nicht in dem gehörigen Zusammenhange steht.

a اقتضاض IKTIZÂZ. [قض VIII] Sbst. قزلغنى المق *action de déflorer une fille.* | Entjungferung.

a اقتطاع IKTITÂ'. [قطع VIII.] Sbst. كسمك *action de couper, de séparer une partie.* | Abschneidung, Trennung eines Theiles vom Ganzen.

a اقتطاف IKTITÂF. [قطف VIII] Sbst. قوپارمق *action d'arracher, de cueillir.* — ETMEK. *arracher; cueillir.* | reissen, abreissen, (mit Gewalt); pflücken.

a اقتفا IKTIFÂ. [قفو VIII.] Sbst. اختيار ايتمك . اردنجه كتمك *action de suivre q. qn.; préférence accordée à l'un sur l'autre* | das Nachfolgen; Bevorzugung des Einen vor dem Andern, Auswahl — ETMEK. *suivre q. qn., suivre l'exemple de q. qn., imiter q. qn.* | folgen, nachfolgen, dem Beispiele Jemandes folgen, ihm nachahmen.

a اقفار IKFIR. [قفر IV.] Sbst. اردنجه كتمك *action de suivre les traces ou l'exemple de q. qn.* | Jemanden nachfolgen.

a اقتلاع IKTILÂ'. [قلع VIII.] ETMEK. كوكلمسن قوپارمق *action de déraciner, d'arracher q. ch. de sa place.* | Entwurzelung, Wegreissung.

t اقيتمق AKYTMAK. Vb. caus. v. اقمق

a اقتنا IKTINÂ. [قنى VIII.] Sbst. *action d'acquérir, de garder, de posséder.* | das Erlangen, Erwerben, Behalten, Besitzen.

a اقتناص IKTINÂS. [قنص VIII.] Sbst. شكار ايتمك *chasse.* | die Jagd. — ETMEK. *aller à la chasse, chasser.* | auf die Jagd gehen, jagen.

a اقتواء IKTIWÂ. [قوى VIII.] Sbst. قوتلو اولمق . قوتلنمك *état de devenir fort, robuste; force.* | Zunehmen an Stärke, Kraft, Stärke.

t اقتى AKTY. Sbst. *travail, façon; prix de la façon.* | Arbeit; Arbeitslohn, Macherlohn.

a اقتيات IKTIJÂT. [قات VIII.] Sbst. قوت المق . غذا المق *action de prendre de la nourriture.* | das zu sich nehmen von Nahrung.

a اقتياد IKTIJÂD. [قيد VIII.] Sbst. يدمك *action de mener, de conduire (un cheval).* | das Führen, hinter sich herziehen (ein Pferd am Zügel).

a اقتيار IKTIJÂR. [قر VIII.] Sbst. تفتيش ايتمك *action d'examiner, de scruter, de fouiller.* Untersuchung, Durchsuchung.

a اقتياس IKTIJÂS. [قاس VIII.] Sbst. *action de comparer l'un à l'autre, d'établir l'analogie de l'un avec l'autre, de mesurer l'un avec l'autre.* | Vergleichung, Nebeneinanderstellung (zur Vergleichung). — ETMEK. *comparer l'un avec l'autre, suivre l'exemple de q. qn. ou de q. ch.; agir par analogie avec q. ch.* | mit einander vergleichen; nach einem Beispiele, nach Analogie eines Andern verfahren.

a اقتياف IKTIJÂF. [قاف VIII.] Sbst. ايزلمك *action de suivre q. qn. pas à pas, de suivre les traces.* | Nachgehen der Spur Jemandes oder Schritt auf Schritt.

t اقچيل AKĆYL. Adj. v. اق *blanchâtre.* | weisslich.

t اقچه AKĆA. 1. Adj. v. اق *blanc, blanchâtre.* weiss, weisslich. اقچه قواق = p. سپيدار *peuplier blanc.* | Weisspappel oder Silberpappel. اقچه اغاج Name eines Baumes, der auf hohen Bergen wächst, aus dessen Holze man Pfeile macht und dessen Blätter als Heilmittel gegen die Ruhr gebraucht werden, p. نشجير a. ذبع, vielleicht *hêtre,* Buche, Weissbuche = قوغوش und قاين اغاجى اغاجى 2. Sbst. *argent monnayé; petite monnaie; aspre.* | Silbergeld; kleine Münze; spec. Asper d. i. $^1/_3$ Para [s. پاره] نقد اقچه صندوقى *caisse.* | Geldkasse. اقچه oder پشين اقچه *argent comptant.* | baar Geld.

t اقچه لق AKĆALYK. Sbst. *valeur d'un aspre.* | Werth eines AKĆA.

t اقچه لو AKĆALY. Adj. *qui a de l'argent, riche.* | reich (an Geld).

a اقحاط IKHÂT. [قحط IV.] Sbst. قحط جكمك *disette (par suite de sécheresse).* Mangel an Lebensmitteln (in Folge von Trockenheit).

a اقحام IKHÂM. [قحم IV.] Sbst. *témérité.* | entschlossenes Ergreifen einer Sache ohne lange Ueberlegung oder Zaudern; schnelle Entschlossenheit.

a اقحوان UKHUWÂN oder قحوان Sbst. پاپاتيا . بابونج *camomille (plante).* | Kamille.

a اقداح AKDÂH. Sbst. Pl. v. قدح KADEH.

a اقدار IKDÂR. [قدر IV.] Sbst. قادر قلمق *action de donner à q. qn. le pouvoir sur q. ch.* | Ermächtigung, Machtverleihung.

a اقدار AKDÂR. Sbst. Pl. v. قدر KADR.

t اقدارمق AKTARMAK. s. اقتارمق

a اقداع IKDÂ'. [قدع IV.] Sbst. منع ايتمك *action d'empêcher.* | Verhinderung. — ETMEK. *empêcher, retenir q. qn. de q. ch., mettre obstacle.* | hindern, verhindern.

a اقدام AKDÂM. Sbst. Pl. v. قدم KADEM.

a اقدام IKDÂM. [قدم IV.] Sbst. جد اولمق *soin, effort, persévérance, diligence; bravoure, courage, audace dans l'attaque.* | Fleiss, Anstrengung, Beharrlichkeit, Ausdauer; Muth, Tapferkeit. — ETMEK oder GÖSTERMEK. *s'efforcer, insister, persévérer, se montrer courageux.* | sich anstrengen, sich bemühen, fleissig und angestrengt arbeiten, bei einer Sache ausharren (m. d. Dativ.); tapfer kämpfen.

a t اقداملو YKDÂMLY. Adj. *qui s'efforce, persévérant; courageux.* | beharrlich, fleissig, einer der angestrengt arbeitet, tapfer kämpft.

t اقدرمق AKDARMAK. s. اقترمق

t اقدرمه AKDARMA. s. اقترمه

a اقدس AKDAS. Adj. *très-saint, le plus saint.* | sehr heilig, der Heiligste.

a اقدم AKDAM. Adj. *antérieur, plus ancien, le premier.* | früher, älter, der erste, älteste, vorderste. Adv. *précédemment.* | früher, eher. BUNDA'N AKDA'M. früher als jenes.

a t اقدمجه AKDAMĆA. Adv. *peu de temps avant, il y a peu de temps.* | kurz vor. BUNDAN AKDAMĆA. vor ganz kurzer Zeit, jüngst.

a اقذ AKAZZ. Sbst. *flèche non garnie de plumes, dard.* | Pfeil ohne Federn, Bolzen.

a اقذار AKZÂR. Sbst. Pl. v. قذر KAZAR.

a اقذار IKZÂR. [قذر IV.] Sbst. *action de salir.* | Verunreinigung. — ETMEK. *salir.* | verunreinigen.

a اقذاع IKZÂ'. [قذع IV.] Sbst. *action de dire à q. qn. des injures, des gros mots.* | Schmähung, Ueberhäufung mit Schimpfworten.

t اقر AKAR. s. اقمق

a اقر AKARR. [3 Pr. v. قر IV.] Interj. *qu'il (c. à d. Dieu) rafraîchisse.* | er (Gott) erfrische! الله اقر عينه *que Dieu rafraîchisse son œil, c. à d. le console, le rende content.* | Gott erfrische sein Auge, d. i. trockne seine Thränen, tröste ihn. vgl. قرة

a اقراء AKRÂ od. AKRU. Sbst. Pl. v. قرء KAR'.

a اقراء IKRÂ. [قرا IV.] Sbst. 1. اوقوتمق *action de faire lire.* | das Lesenlassen. 2. حيض كورمك *avoir ses règles (se dit des femmes.* monatliche Reinigung. 3. يقين كتمك *action d'approcher.* | Herrannäherung.

a اقراء UKRÂ. Sbst. Pl. v. قارى KÂRI.

a اقرار IKRÂR. [قر IV.] Sbst. مقرر قلمق . اعتراف . قرار *action de raffermir, d'établir fermement; affirmation, promesse, aveu, confession, reconnaissance d'une obligation envers q.*

qn.; *acte authentique par lequel on reconnaît q. ch.* | das Festmachen, Befestigung, Bestätigung, Versprechen, Anerkennung einer Schuld, einer Verbindlichkeit gegen Jemand, Bekennung einer Schuld, Geständniss. Rechtsspr. اقرار صريح ein klares, bestimmtes, unumwundenes Geständniss. اقرار مبهم ein unbestimmtes, schwankendes, in unklaren Ausdrücken abgelegtes Geständniss. اقرارى اكر das eigene, mündliche Geständniss. — ETMEK. *affirmer, assurer, promettre, avouer, faire la confession de foi.* | bestätigen, versichern, versprechen, bekennen, das Glaubensbekenntniss ablegen. — TUTMAK oder اقراره وفا ايله *tenir parole.* sein Wort halten. اقراردن دونمك *manquer à sa parole.* | sein Wort brechen. السكوت من الاقرار arab. Sprüchw. qui tacet consentit.

a اقراص AKRÂS. Sbst. Pl. v. قرص KURS.

a اقراض IKRÂS. [قرض IV.] Sbst. 1. اودنج ويرمك *prêt d'argent fait à q. qn.* | Darlehn. 2. كسوب آيرمق *action de couper.* | Abschneidung, Abtrennung. — ETMEK. 1. *prêter (de l'argent) à q. qn.* | Jemanden (Geld) leihen. 2. *couper* | abschneiden.

a اقراع IKRÂ'. [قرع IV.] Sbst. قرعه برقمق *action de jeter un sort.* | Losung, Werfen des Looses. — ETMEK. *jeter le sort; donner à q. qn. à choisir la meilleure partie; continuer, durer toujours (un malheur)* | das Loos werfen; einen andern den besten Antheil wählen lassen; immer wiederkehren, wieder von Neuem anfangen, lange und anhaltend fortdauern (ein Unglück, eine Krankheit u. s. w.). Metrik: *rime vicieuse.* | ein unreiner Reim.

a اقران AKRÂN. Sbst. Pl. v. قرين KARÎN *pairs, égaux* | die Gleichen; als Singular *qui a le même rang, le même âge; contemporain.* Gleicher an Rang [= امثال], Zeitgenosse, Coätan.

t o اقرانجى IKRANGY. N. pr. *tribu turque.* Name eines osttürkischen Stammes.

a اقرب AKRAB oder EKREB. Adj. Compar. v. قريب Adj. *très-proche, plus proche.* | sehr nahe, näher.

a اقربا AKREBÂ. Sbst. Pl. v. قريب *les proches parents.* | die nächsten Verwandten.

a t اقربالق AKREBALYK. Sbst. *parenté, consanguinité.* | Verwandtschaft.

a اقرع AKRA'. Pl. قرع AKRY'. Adj. *très-dur; fort.* | sehr hart, fest, kräftig.

t اقرمق AKARMAK und Derivv. s. اغارمق

t o اقرين AKRYN. Adv. *doucement.* | gemach. LT. آهسته

t o اقيرمق AKYRMAK = t اقمق s. آقمق

a اقساء IKSÂ. [قسا IV.] Sbst. يكشتيرمك *action de rendre dur, d'endurcir.* | Härtung, Festigung, Verhärtung.

a اقساط IKSÂT. [قسط IV.] Sbst. عدل ايله *justice, équité.* | Gerechtigkeit, gesetzliches Verfahren. — ETMEK. *être juste et équitable.* nach Rechtens verfahren.

t اقساق oder اقصاق AKSAK, auch اقسق und اقصق Adj. *boiteux.* | hinkend, lahm; dessen Beine eines länger als das andere

t اقساقلق oder اقصاقلق AKSAKLYK. Sbst. *action de boiter, état d'infirmité de celui qui boite, débilité.* | das Hinken, Schiefgehen, Lahmheit, Schwäche. [عاجز اولمق Kam.]

a اقسام AKSÂM. Sbst. Pl. v. قسم KISM.

a اقسام IKSÂM. [قسم IV.] Sbst. يمين ايتمك *action de jurer, de faire un serment.* | das Schwören.

t اقسامق oder اقصامق AKSAMAK, auch اقصماق AGSAMAK. Aor. اقسار oder اقصار und اقسر AKSAR oder AGSAR. s. اقسقلق Vb. intr. *boiter.* | hinken, lahm oder schief gehen. Deriv. اقساتمق AKSATMAK od. اقصاتمق und *faire boiter, estropier.* | machen, dass einer hinkt, lähmen, verstümmeln.

a اقسة AKSYSAT. Sbst. Pl. v. قسيس KASÎS.

t اقسرق AKSYRYK oder اقسيرق AKSYRYK. Sbst. *éternuement.* | das Niesen.

t اقسرمق oder اقصيرمق AKSYRMAK; auch اقصرمق AGSYRMAK. Aor. اقسرر od. اقصرر AKSYRYR. Vb. intr. *éternuer.* | niesen.

a اقسط AKSAT. Adj. [Denom. v. قسط KIST]. *très-juste, plus juste, loyal.* | sehr gerecht, gerechter, gesetzlicher.

t اقسق s. اقساق

t اقسقلق s. اقساقلق

t اقسم AKSAM. Sbst. *homme ivre.* | ein Trunkener. LT. مرد بدمست

t اقسمق s. اقصمق

t o اقسنقر AKSANKAR od. AKSUNKUR. Sbst. *le faucon blanc; le soleil ou le jour.* | 1. der weisse Falke. 2. die Sonne oder das Tageslicht. LT. آفتاب

t o اقسوم AKSUM. Sbst. توبه *pénitence.* Reue, Busse. Ali Schir.

gr اقسياقنثا OKSIAKANTA. Sbst. (ὀξυάκανθα). *épine-vinette.* | Berberisstrauch.

a اقشاب AKSÂB. Sbst. Pl. v. قشب KISB.

p اقشته IKYSTE. Sbst. كيلار، طولاب *buffet, office* | Speiseschrank, Speisekammer.

t o اقشرمق AKYSYRMAK. Vb. intr. = اقسرمق *éternuer.* | niesen.

a اقشعرار IKSI'RÂR. [قشعر IV.] Sbst. *peur, frisson; faiblesse.* Furcht, Schrecken; Schwäche.

t u اقشم und اخشم AKŠAM. Sbst. = t اخشام *soir, nuit.* | Abend, Nacht.

t اقشمق AKYŠMAK s. آقمق

t o اقصمق YKŠMAK u. YKYŠMAK. Vb. intr. LT. آقمق vgl. اقسمق unter اقشامق

a اقصا oder اقصى AKSA. 1. Adj. *plus éloigné, le plus éloigné.* | sehr fern, fernest, äusserst. 2. Sbst. *terme, extrémité.* | die äusserste Gränze, der höchste Grad. 3. Adv. *extrêmement.* | äusserst. اقصى مرامز unser höchster Wunsch.

a اقصر AKSAR. Adj. *plus court, très-court.* kürzer, sehr kurz.

a اقصاص IKSÂS. [قص IV.] Sbst. قصاص ايله *action d'user de représailles, d'appliquer la peine du talion.* | Wiedervergeltung des Gleichen mit Gleichem.

a اقصى s. اقصا

a اقضا oder اقضى AKZA. Adj. *très-juste, plus juste, plus judicieux.* | sehr gerecht. اقضى قضات AKZA-I KUZÂT. der gerechteste Richter.

a اقضية AKZIJET. Sbst. Pl. v. قضا KAZÂ.

a اقطار AKTÂR. Sbst. Pl. v. قطر KUTR und v. قطرة KATRET.

a اقطار IKTÂR. [قطر IV] Sbst. دملتمك، *action de faire tomber goutte à goutte, distillation.* | tropfenweises Herabfallen lassen; Distillation.

a اقطاع IKTÂ'. [قطع IV.] Sbst. كسمك *action de couper, amputation; décision.* | Abschneidung, Amputation; Entscheidung (durch Rechtsspruch oder Gründe. — ETMEK. *couper, amputer; réfuter par des arguments et réduire au silence; assigner à q. qn. une terre à titre de fief.* | abschneiden, amputiren; einen Streit entscheiden, einem Streite plötzlich ein Ende machen, durch Widerlegung, so dass der Gegner nichts mehr erwidern kann; einen kurz bescheiden; Jemanden ein Lehen anweisen; vgl. تقطيع

a اقطان AKTÂN. Sbst. Pl. v. قطن KUTN.

a اقطع AKTA'. Adj. u. Sbst. *qui a une main mutilée; très-aigu, aigre, acide.* | an einer Hand verstümmelt; sehr schneidend, scharf, sauer. Dual الاقطعان ALAKTAÂN. *les deux choses les plus tranchantes c. à d. le sabre et la plume.* | die beiden schneidenden Dinge, d. i. Schwerdt und Feder.

t o اقطه AKTA. Sbst. = اكدش *cheval hongre, cheval de somme.* | Wallach, Lastpferd.

t o اقطهجى AKTAGY. Sbst. *écuyer du Khan des Tatares.* | der Stallmeister der tatarischen Khane.

a اقعاء IK'Â. [قعا IV.] Sbst. *action de s'accroupir.* | das Kauern (von Thieren).

a اقعاد IK'ÂD. [قعد IV.] Sbst. اوطورتمق *action de faire asseoir q. qn.; en général infirmité qui force à être assis.* | Einladung zum Setzen; eine Schwäche des Körpers, welche bewirkt, dass Jemand nicht aufstehen kann; Lähmung. — ETMEK *faire asseoir, ordonner à q. qn. de s'asseoir; placer q. qn.* | sitzen lassen, sich setzen lassen, an eine Stelle oder auf einen Sitz setzen. الله والاقعاد ALLAH WA-L-IK'ÂD. arab. Betheuerung; bei Gott, so geschah es!

a اقعار IK'ÂR. [قعر IV.] Sbst. قازمق، درينلتمك *action de creuser, d'approfondir.* | das Graben (tief in die Erde).

a اقعس AK'AS. Adj. *ayant la poitrine saillante.* | mit vorstehender Brust [Hühnerbrust; Gegentheil von احدب]

a اقفاء IKFÂ. [قفا IV.] Sbst. *action de préférer.* | Bevorzugung. — ETMEK. *préférer une chose à l'autre.* | eine Sache einer andern vorziehen.

a اقفار AKFÂR. Sbst. Pl. v. قفر oder قفرة

a اقفاص AKFÂS. Sbst. v. قفص KAFES.

a اقفال AKFÂL. Sbst. Pl. v. قفل KUFL.

a اقلّ AKALL. Adj. u. Sbst. *le plus petit; moins nombreux, plus rare; moindre, le moindre.* | das kleinste, weniger, geringer; seltener; das Wenigste, Geringste. اقلّى *au moins, le moins possible.* | wenigstens, so wenig wie möglich. اقلّ قليل *le minimum, le plus bas.* | das Wenigste, das Geringste, das Minimum.

a اقلاع IKLÂ'. [قلع IV.] Sbst. قوپارمق *action d'arracher, de cesser, de quitter.* | das Wegnehmen, Aufhören, Verlassen. Medic. die Zeit der Krankheit, wo das Fieber den Kranken verlässt, Zwischenzeit zwischen zwei Fieberanfällen. — ETMEK. *arracher, extraire; faire cesser, cesser; quitter (un endroit ou q. qn.); partir, mettre à la voile, larguer les voiles.* | herausziehen, wegreissen, von seiner Stelle wegnehmen; aufhören, aufhören lassen; von einer Sache ablassen; einen Ort oder eine Person verlassen; weggehen, abreisen, absegeln.

a اقلال IKLÂL. [قلّ IV.] Sbst. قلیلیتمك, ازالتمق *action de diminuer, d'amoindrir; pauvreté.* | Verminderung, Verringerung; Armuth. — ETMEK. *diminuer, amoindrir; trouver qu'il y a trop peu de ...; donner peu, être timide (comme un pauvre), trembler (de peur).* | verringern, vermindern; finden, dass etwas zu gering oder zu wenig sei; wenig geben; furchtsam und schüchtern sein, zittern und beben (wie ein Armer).

a اقلام AKLÂM. Sbst. Pl. v. قلم KALEM.

t o اقلاتمق UKLATMAK. اوقلاتمق.

t اقلغ YKLYG. Sbst. *lyre; violon.* | Leier, Geige (?) . M. Vielleicht ایقلغ كمانی.

a اقلف AKLAF. Sbst. *incirconcis.* | ein Unbeschnittener.

t اقلق AKLYK. Sbst. v. آق *blancheur, tache blanche (p. ex. sur l'oeil), cécité.* | Weisse, weisse Farbe; ein weisser Fleck, z. B. auf der Pupille oder dem Augapfel, Blindheit. یوز اقلغی Jüz AKLYGY. *bonne réputation, honneur.* | Weisse des Gesichts, d. i. Zustand wo man nicht nöthig hat zu erröthen, guter Ruf, gutes Gewissen, Ehre.

t اقلامق AKLAMAK. Aor. اقلار AKLAR. Vb. act. v. اقمق *transvaser.* | umfüllen, umgiessen (aus einem Gefässe in ein anderes).

t اقلو AKLY. Adj. *blanchâtre.* | weisslich. اقلو قرالو AKLY KARALY. *tacheté blanc et noir.* | weiss und schwarz gefleckt oder gestreift.

a اقلید IKLID. Sbst. *clef, verrou.* Schlüssel, Riegel.

gr اقليدس UKLIDES; auch اقلیدوس AKLIDUS oder اقلیدیس UKLIDIS. N. pr. *Euclide.* | Euklides. Sbst. *le livre d'Euclide.* | das Buch des Euklides.

a اقليم IKLÎM. Pl. اقاليم EKÂLÎM. Sbst. *zone, région.* اقاليم سبعه یدی اقلیم oder *die sieben Weltregionen oder Zonen der Erde.*

a اقليميا IKLIMIA. Sbst. (καδμεία), *calamine, scories d'or ou d'argent.* | Galmei, Gold- und Silberschlacken.

a اقمار AKMÂR. Sbst. Pl. v. قمر KAMR u. v. قمیر KAMIR.

a اقماع IKMÂ'. [قمع IV.] Sbst. قهر ایله قیرمق, تسخیر *action de dompter, de soumettre, de subjuguer.* Zähmung, Bezwingung, Unterwerfung.

a اقمر AKMAR. Adj. *gris de souris.* | mäusefahl.

a اقمشه AKMISE. Sbst. Pl. v. قماش KUMAŠ.

a اقمصه AKMISE. Sbst. Pl. v. قميص KAMÎS.

t اقمق AKMAK; auch اخمق und آقمق. Aor. اقار AKAR. Vb. intr. *couler, flotter.* | fliessen, strömen, schwimmen, mit dem Wasser treiben. اقوب كتمك fortfliessen. اقر صو AKAR SU. fliessendes Wasser. Derivv. I. اقماماق A'KMAMAK. Vb. neg. *ne pas couler.* | nicht fliessen, stehen bleiben. اقماز صو AKMAZ SU. stehendes Gewässer, Lache, Pfütze. II. اقیتمق AKYTMAK. Vb. caus. *faire couler; exécuter, transvaser.* | fliessen lassen, in Fluss bringen, zur Ausführung bringen; umgiessen (aus einem Gefäss in das andere); vgl. AKLAMAK und AKTARMAK. III. اقشمق AKYŠMAK. Vb. refl. *affluer, accourir en foule.* | zusammenfliessen, herbeiströmen. اقشوب كلمك zusammenströmen (von Menschen). IV. t o اقیرمق AKYRMAK; auch آقرمق und اقورمق AKURMAK. Vb caus. *faire couler.* | fliessen machen. = اقیتمق.

t اقمه AKMA. Sbst. v. اقمق *écoulement.* | das Fliessen. ییلدز اقمسی *étoile filante.* Sternschnuppe, [auch ییلدز اقمسی].

t اقن AKAN; auch آغان AGAN. Adj. [Part. v. اقمق] *coulant, flottant.* | fliessend, schwimmend.

t اقن oder اقین AKYN. Sbst. *excursion pour faire du butin, maraude.* | Raubzug, Streifzug (in Feindesland).

a اقنات IKNÂT. [قنت IV.] Sbst. *résignation à la volonté de Dieu, obéissance aux commandements de la religion.* | Ergebung in den Willen Gottes, Befolgung der Vorschriften der Religion, wie Gebet, Wallfahrt, heiliger Krieg.

a اقناع IKNÂ'. [قنع IV.] Sbst. *action de contenter.* | Zufriedenstellung. — ETMEK. *contenter, satisfaire q. qn.; tenir sa tête droite.* Jemanden befriedigen; den Kopf gerade halten, gerade aufsehen.

a اقناعی IKNÂÎ. Adj. *satisfaisant.* | genügend, zufriedenstellend.

gr اقنثیون AKANTIUN. Sbst. (ἄκανθος). *acanthe.* | Bärenklau; auch اییکین اوتی genannt.

t اقنجی oder اقینجی AKYNGY. Sbst. *soldat envoyé au pillage, maraudeur.* | Plünderer, Streifzügler, Renner. اقنجیلر صنفی leichte Truppen zur Plünderung auf Streifzüge ausschicken.

t اقندی AKYNDY oder AKYNTY. Sbst. *courant (d'un fleuve, de la mer).* | Strömung (des Wassers, eines Flusses, des Meeres). اقندی یری AKYNTY JERI. *lit d'un fleuve.* | das Flussbett. اقندی اقور آنافور AKAFOR AK. *remous.* | Gegenströmung. اقندی بورنی AKYNTY BURUN. N. pr. Vorgebirge der Strömung, Name eines Vorgebirges im Bosporus.

t اقندیلی AKYNTYLY. Adj. *courant, penchant.* | Strömung habend, d. i. abwärts geneigt, abschüssig. اقندیلی ایش وکنه یر ein abschüssiger Ort, Abhang. اقندیلی صو herabströmendes Wasser.

a اقنوم AKNÛM, IKNÛM, UKNÛM. Sbst. *origine, racine, substance.* | Ursprung, Wurzel, Wesen; Theol. Hypostase, eine Person der Dreieinigkeit. Pl. اقانيم AKÂNÎM. *personnes, individus.* | Personen, Individuen. اقانيم ثلاثه die drei Personen der heiligen Dreieinigkeit. اقنوم عجم Titel eines persischen Wurzelwörterbuchs; die heiligen Schriften der Hebräer.

a اقوا oder اقوی AKWA. Adj. Compar. v. قوی *très-fort, robuste, puissant.* | sehr stark, kräftig, mächtig.

a اقوا IKWÂ. [قوی IV.] Sbst. Metr. *irrégularité dans les voyelles des rimes.* | fehlerhafte Abwechselung des Vocals in der Reimsilbe.

a اقوات AKWÂT. Sbst. Pl. v. قوت KÛT.

a اقواس AKWÂS. Sbst. Pl. v. قوس KAUS.

a اقوال AKWÂL. Sbst. Pl. v. قول KAUL.

a اقوام AKWÂM. Sbst. Pl. v. قوم KAUM.

t o اقوشاق AKUŠAK. Sbst. *milieu du coeur.* | das Innerste (?) LT. دلك ایچی وکوكسی.

a اقوم AKWAM. Adj. *plus droit.* | gerader, sehr gerade.

a اقوی AKWÂ. s. اقوا.

t o اقوی UKUI. Sbst. *puits.* | Brunnen. — t قویو.

a اقياء IKÂ. [قاء IV.] Sbst. قوصدرمق. — ETMEK. *faire vomir.* | Erbrechen bewirken.

a اقیاد AKJÂD. Sbst. Pl. v. قید KAID.

gr اقیانوس YKJANOS, OKJANOS (ὠκεανός). Sbst. *l'océan.* | das Weltmeer.

t اقیجی AKYGY. Adj. v. اقمق *coulant, liquide.* | fliessend, flüssig.

t o اقیش AKYŠ. Sbst. *bénédiction.* | Segnung. LT. دعای خیر.

t اقین AKYN. s. اقن.

t اك EK. Sbst. *jointure.* | Gelenk, Fuge, Verbindungspunkt zweier Körper. اك یری EK JERI. *articulation.* | Knochenfügung, Gliedergelenk. — اوینق یری [vgl. اكمك u. اكلمك].

p اك ÂK. Sbst. *malheur, perte.* | Unglück, Untergang.

t اك EŇ. Adv. *très, au suprême degré.* | sehr, höchst, im höchsten Grade (dient zur Bildung des Superlativ). اك اولو EŇ ULU. der grösste. vgl. اكن.

t اك IG. Sbst. *fuseau.* | Spindel, s. ایك.

t o اكا ÂGA. Sbst. *frère.* | Bruder. vgl. اقا u. اغا.

a اكابر EKÂBIR. Sbst. Pl. v. اكبر EKBER.

a اكاحه IKÂHE. [كسح IV.] Sbst. غالب اولمق *action de vaincre, de surpasser.* | Ueberwindung, Oberhand.

a اكاذيب EKÂZÎB. Sbst. Pl. v. اكذوبه UKZUBE.

p اكار EKÂR oder UKAR. Sbst. باغجی *jardinier, vendangeur.* | Gärtner, Winzer.

a اكار AKKÂR. Sbst. اكینجی *laboureur.* | Ackersmann, Landmann.

p آكارس AKÂRIS. Sbst. *champignon.* | Pilz.

a اكرم EKRÂM. Sbst. u. Adj. Pl. v. اكرم EKREM.

t اوته‌ری oder اوته‌ری AÑARY, ONARY. Adv. *outre, au delà, là, de ce côté-là.* | ausser, überdiess; dort, dorthin; Gegentheil von بورو hieher. كيم بورى ديو كيم آكارو ديولر der Eine sagt hieher, die Andern sagen dorthin.

a أكاسرة EKÂSIRE. Sbst. *le Cosroes, rois de Perse.* | die Khosroen. s. كسرى

a اكاف IKÂF. Sbst. *bât d'âne ou de cheval.* | der Sattel.

a اكاف EKKÂF. Sbst. *fabricant de bâts.* | Sattler.

a اكال AKKÂL. Adj. *grand mangeur, vorace* | gefrässig.

a آكام ÂKÂM. Sbst. v. اكمة EKIMME.

a اكنان IKÂNE. [كنن IV.] Sbst. *action de supprimer, d'humilier q. qn.* | Unterdrückung, Erniedrigung, Bedrückung.

p آكاه ÂGÂH oder آگه ÂGEH. 1. Adj. *attentif; qui a connaissance de q. ch.; éveillé, alerte.* | aufmerksam, munter, einer Sache kundig, Bescheid wissend, auf seiner Hut seiend. 2. Sbst. *connaissance, avis, notice.* | Kunde, Kenntniss von einer Sache, Bescheid. — ETMEK — بلدرمك *avertir, notifier.* | benachrichtigen, Bescheid geben. آكاه ضمير ÂGÂH-I ZAMÎR. *alerte.* | munter, fröhlich. آكاه اول AGÂH OL. *prenez garde!* | nimm dich in Acht! pass auf! خبرم واكاهم يوقدر ich weiss nichts davon.

p a آكاهدار ÂGÂHDÂR. Adj. *qui a connaissance de q. ch.* | einer Sache kundig. s. d. Vhgd.

p t آكاهلق ÂGÂHLYK. Sbst. *vivacité; annonce, message.* | Munterkeit; Nachricht, Bescheid.

p آكاهى ÂGÂHÎ. Sbst. s. d. Vhgd.

p آكاهيدن ÂGÂHÎDEN. Vb. act. *éveiller, avertir, être averti; être sur ses gardes.* | ermuntern; benachrichtigen, Bescheid geben, Bescheid wissen, auf seiner Hut sein.

a اكباب IKBÂB. [كبّ IV.] Sbst. *application, assiduité.* | lange Beschäftigung mit einer Sache.

a اكباد EKBÂD. Sbst. Pl. v. كبد

a اكبر EKBER. Pl. اكابر EKÂBIR. Adj. *grand, âgé, très-grand, plus grand.* | gross, sehr gross, grösser, älter. اكبر اولادى اوغلى sein ältester Sohn.

t اكت ÖKÜT oder ÖJÜT. s. اوكوت

a اكتاب IKTÂB. [كتب IV.] Sbst. يازدرمق *action de faire écrire, de dicter q. ch.* | das Schreibenlassen, Diktiren.

a اكتاف EKTÂF. Sbst. Pl. v. كتف KITF.

a اكتام IKTÂM. [كتم IV.] Sbst. صقلامق كيزلمك *action de cacher, de céler.* | das Verbergen, Verstecken.

a اكتتاب IKTITÂB. [كتب VIII.] Sbst. يازو يازمق *action de mettre par écrit.* | das Aufschreiben. — ETMEK. *mettre par écrit, écrire, inscrire; s'exercer à écrire.* | für sich schreiben, sich etwas aufschreiben, einschreiben, sich im Schreiben üben.

a اكتتام IKTITÂM. [كتم VIII.] Sbst. كيزلمك. صقلامق *action de cacher, de dissimuler; dissimulation.* | Verheimlichung, Verstellung, Heuchelei. — ETMEK. *cacher q. ch., tenir caché, dissimuler.* | verheimlichen, verhehlen.

a اكتحال IKTIHÂL. [كحل VIII.] Sbst. *action de se mettre du collyre, de se servir de q. ch. comme collyre.* | das Schminken der Augen mit KÖHL, Anwendung von KÖHL oder Verwendung einer Sache zu K. — ETMEK. *se mettre du collyre sur le bord des paupières.* | sich die Ränder der Augenlider mit KÖHL bestreichen. [vgl. كحل]

a اكتراء IKTIRÂ. [كرا VIII.] Sbst. كرايه آلمق u. كرايه طوتمق *action de louer q. ch. de q. qn. et à q. qn.* | Miethung einer Sache von Jemand oder Vermiethung einer Sache an Jemand.

a اكتراث IKTIRÂS. [كرث VIII.] Sbst. درمانسزلق *accablement.* | Entkräftung, Erschlaffung.

a اكتساء IKTISÂ. [كسا VIII.] Sbst. كيمك. كيينمك *action de se vêtir.* | Ankleidung, Bekleidung. — ETMEK. *se vêtir.* | sich bekleiden. — OLUNMAK. *être vêtu.* | bekleidet sein.

a اكتساب IKTISÂB. [كسب VIII.] Sbst. قزانمق *action de gagner, d'acquérir q. ch.; gain, acquisition.* | Erwerbung, Verdienst. — ETMEK. *gagner (p. ex. dans le commerce).* — verdienen, erwerben, gewinnen (z. B. im Handel).

a اكتسار IKTISÂR. [كسر VIII.] Sbst. يارمق. قيرمق *action de casser, de briser.* | Zerbrechung. — ETMEK. *casser.* | zerbrechen.

a اكتفاء IKTIFÂ. [كفى VIII.] Sbst. *action de se contenter de q. ch., contentement.* | Begnügung, Genüge, Bewendenlassen. Rhetor. *réticence.* | die Abkürzung, indem man sich auf einen Theil des zu sagenden beschränkt und die Ergänzung dem Leser überlässt. v. Mehren, Rhetor. d. Arab. S. 132. — ETMEK. *se contenter de q. ch., en avoir assez.* | sich begnügen mit . ., genug haben an . ., [mit ايله]; nicht viel oder nicht mehr von einer Sache verlangen; es bei einer Sache bewenden lassen, genug sein lassen. بركره ايله اكتفا ايتمك es bei einem Male bewenden lassen. بو مقدار ايله اكتفا اولنمشدر man hat sich auf dieses Quantum beschränkt.

a اكتم EKTEM. Adj. *caché, célé.* | versteckt, verborgen, geheim.

t o اكتمك [...] Vb. act. [...] LT. *faire semer.* | säen lassen. s. اكمك Deriv.

t o اكلنمك Vb. intr. *être jeune.* | jung sein. LT. vgl. يكيت

a اكتناء IKTINÂ. [كنا VIII.] Sbst. كنايه ايله *état d'être désigné ou exprimé d'une manière déguisée, à mots couverts, par métonymie.* | unbestimmte mit andern als den eigentlichen Benennungen ausgedrückte Bezeichnung, metonymische Ausdrucksweise oder Benennung.

a اكتناف IKTINÂF. [كنف VIII.] Sbst. احاطه ايتمك *action d'entourer, de cerner de tous côtés.* | Einschliessung, Einhegung. — ETMEK. *entourer.* | umfassen, umgeben, einhegen.

a اكتنان IKTINÂN. [كنّ VIII.] Sbst. استتار. اورتنمك. كيزلنمك *action de se couvrir, de se cacher, de se dérober aux regards, état d'être couvert, caché.* | Verbergung. — ETMEK. *se couvrir, se cacher.* | sich verbergen, sich verstecken.

a اكتناه IKTINÂH. [كنه VIII.] Sbst. *action de chercher à approfondir, de connaître à fond q. ch.* | Streben nach Ergründung oder Kenntniss des Wesens einer Sache. اكتناه سبب ايتمك *chercher à connaître à fond, chercher à connaître la vraie cause.* | zu ergründen suchen, den letzten Grund einer Sache suchen.

t اكشى EKŠI. vulg. EKŠI. Adj. *âpre, aigre.* | herb, sauer. vgl. ايكشى

a اكتيال IKTIJÂL. [كيل VIII.] Sbst. كيله ايله اولچمك *action de mesurer avec le KILE.* | mit dem KILE messen. s. كيله

a اكثار IKSÂR. [كثر IV.] Sbst. چوغالتمق. آرتيرمق *action de multiplier, d'augmenter.* | Vermehrung. — ETMEK. *multiplier, augmenter; abonder en q. ch.* | vermehren; viel haben, Ueberfluss haben an einer Sache.

a اكثر EKSER. Adj. [Compar. v. كثير] *très-nombreux, fréquent.* | sehr zahlreich, häufig. اكثر الناس *la plupart des hommes.* | die Meisten.

a اكثرى EKSERÎ u. اكثريّا EKSERIJÂ. Adj. u. Adv. *fréquent, le plus souvent, pour la plupart.* | häufig, meist, meistens, am häufigsten, am allergewöhnlichsten.

t اكج EGÉ, EJIÉ. Sbst. *crochet, perche.* | Haken, Stange.

t اكجه ÖJÜJE. s. اوكجه

a اكداء IKDÂ. [كدى IV.] Sbst. *action de donner peu, lésine.* | Kargheit.

اكدرمك ÄÑDYRMAK. s. اكلدرمك

اكدرمك TIJÜRMEK u. EKTÜRMEK. s. اكمك | EJMEK u. EKMEK.

p اكدش IKDIŠ. Sbst. *métis, né de deux espèces différentes, né d'un père turc et d'une mère étrangère.* | Bastard, Mischling. vgl. اكديج

t اكده oder ايكده IKIDE. Sbst. *jujube.* | Brustbeere.

t اكدى Adj. *dressé (d'un animal de monture).* | zum Reiten gewöhnt, angeritten. ركوبه قوللنمش اكدى ناقه Kam. s. v. جوق بينلوب وقوللنمقله اكدى اولان الركاب und الركوبه واشتى اولان ناقه Kam. s. v.

p t اكديج EKDIJ, EJDIJ. Adj. u. Sbst. *qui n'est pas de race; châtré (se dit des animaux); cheval hongre, rosse, cheval de somme.* | von schlechter, gemischter Rasse, Gaul, Arbeitsgaul; castrirt, verschnitten (von Thieren), verschnittenes Pferd. vgl. اكدش ، اكديج ، اكدش

t اكديجلمك EKDIJLEMEK. Vb. act. *châtrer.* | castriren.

a اكذاب IKZÂB. [كذب IV.] Sbst. *action de faire mentir q. qn.; d'accuser de mensonge; action de nier q. ch.* | Veranlassung zur Lüge, Beschuldigung der Lüge; Läugnen einer Sache, die ein Anderer aussagt.

a اكذوبة ÜKZÜBE. Pl. اكاذيب EKAZIB. Sbst. *mensonge.* | Lüge.

p اكر EGER (spr. ÄJER oder ÄER), verkürzt ار ER u. كر GER. Conj. condit. *si, quoique.* | wenn (mit dem Subjunctiv). اكرسه اكر *soit — soit; tant — que.* | entweder — oder.

t اكر oder اكر EJER. Sbst. *selle.* | Sattel اكر قاشى *arçon.* | Sattelbogen.

a اكرا IKRÂ. [كرا IV.] Sbst. كرايه ويرمك *action de louer q. ch. à q. qn.* | Vermiethung, Verpachtung.

a اكراب IKRÂB. [كرب IV.] Sbst. كدرلندرمك *action de jeter q. qn. dans l'embarras, d'affliger q. qn.* | Kränkung, Betrübung.

a اكراد EKRÂD. Sbst. Pl. v. كرد KÜRD.

a اكرام IKRÂM. [كرم IV.] Sbst. عزت ايتمك *action d'honorer q. qn, témoignage d'honneur, de vénération, accueil hospitalier fait à q. qn.* | Ehrenerweisung, Ehre die man Jemand erweist, durch gute Aufnahme, Bewirthung, Geschenke u. s. w. — ETMEK. *honorer q. qn, rendre des honneurs; faire présent de q. ch.* | Jemanden ehren, ihn beehren, beschenken mit etwas [mit ايله]; Jemanden gut aufnehmen; ein Geschenk machen, schenken (mit dem Accus. des Objects.).

a اكراه IKRÂH. [كره IV.] Sbst. اكراه ايتمك، جبر ايتمك *action de forcer q. qn. de faire une chose pour laquelle il a de la répugnance; aversion, dégoût, horreur.* | Ausübung eines Zwanges; Widerwille, Ekel, Abscheu. — ETMEK. *forcer, contraindre; avoir en aversion, détester.* | zwingen, nöthigen; Widerwillen haben, Ekel empfinden, verabscheuen. جبر واكراه ايتمك *contraindre par la force.* | durch Gewalt zwingen. اكراه ايله oder اكراهًا IKRÂHEN. *à contre-cœur.* mit Widerwillen. a على اكراه

a t اكراهلنمك IKRAHLENMEK. Vb. intr. *avoir en aversion.* | Abscheu haben vor etwas (mit dem Ablativ).

a t اكرتى EGRETI (spr. EJRETI). Sbst. u. Adj. Tahrif v. عاريتى *chose empruntée, pastiche.* | etwas Geliehenes; falsch, unächt. اكرتى صاچ falsches Haar.

p t اكرچه EGERČE, EJERČE. Adv. *quoique, bien que.* | obgleich, wenn, wenn auch.

t اكرجى EJIRDJI. s. اكيرجى

t اكرس EGRIS. Sbst. *espèce d'habit de paysan.* | ein Kleidungsstück, welches die Bauern tragen.

t اكرك EGIREK. Sbst. *ruisseau, fossé.* | Gosse, Graben.

t اكرلتمك EGRILTMEK. Vb. caus. v. اكريلمك

t اكرلمك oder اكرلمك EJERLEMEK. t o اكرلكو Vb. act. *seller le cheval.* | satteln.

t اكرلمك EGRILMEK. s. اكريلمك

t اكرلمك EGIRILMEK. Vb. pass. v. اكيرمك

a t اكرم EKREM. Pl. اكارم EKÂRIM. Adj. *plus grand, très-grand, plus noble.* | بيوكلو grösser, vornehmer, sehr vornehm.

t o اكرم EGRIM. LT. كرداب *tourbillon d'eau, gouffre.* | Strudel.

t اكرمك AÑYRMAK; auch اكيرمق und اكرمق Aor. اكرر AÑYRYR. Vb. intr. *braire (se dit de l'âne).* | schreien, gröhlen. اشك اكرر der Esel schreit, ya't.

t o اوكورمك s. اكرمك

t اكرمك EGIRMEK. s. اكيرمك

t اكرنمك oder ايكرنمك IGRENMEK. Aor. IGRENIR. Vb. intr. *avoir en aversion.* | Ekel haben, Abscheu haben, sich ekeln vor etwas (mit dem Ablativ).

t اكرو IGRE. Sbst. — a ايرم جلجه *coussinet de selle, housse en feutre.* | Kissen oder Filzlage unter dem Sattel. Kam. s. v. جلجه

t اكرى EGRI. t o IGRI. LT. *courbé, recourbé, coudé, tortueux.* | gebogen, krumm, schief, quer, nicht gerade, gewunden. اكرى بوكرى *très-courbé.* | ganz krumm, ganz quer [s. بوكرى]. اكرى باقمق *loucher.* | schief sehen, schielen. اكرى يل *vent latéral.* | ein Wind, der nicht gerade von einem der vier Centralpunkte her weht.

t اكريجه EGRIDJE. Sbst. *jarret.* | Kniebeuge (von Thieren). Kam. s. vv. ابرة، ملح، عرقوب

t اكريجى EGIRDJI. s. اكيرجى

t اكريلك EGRILIK. Sbst. *courbure, tortuosité.* | Krummheit, Krümme, Schiefe.

t اكريلمك oder اكرلمك EGRILMEK. Aor. اكريلور EGRILIR. Vb. intr. u. act. von اكرى, *se courber, plier, pencher; être recourbé; recourber.* | sich biegen, sich krümmen, gebogen sein, eine schiefe Lage haben; krümmen, biegen. Deriv. اكريلتمك oder اكرلتمك EGRILTMEK. Vb. caus. *courber, rendre courbe.* | krümmen, krumm biegen.

t اكريلمك EGIRILMEK. Vb. intr. *être en stagnation (de l'eau).* | stagniren (von Wasser). vgl. اكيرمك Passiv.

p اكريون EGRIŪN. Sbst. *dartre.* | Flechte. a قوبه

t اكز ÖGZ. s. اكيز

t اكز IKIZ. s. ايكيز

t اكز IÑZ. Sbst. *gémissement.* | Seufzen, Klage. اكز ايلدوب ايلمق in einem klagenden Tone singen.

a اكسا IKSÂ. [كسا IV.] Sbst. كيدرمك، كيندرمك *action d'habiller, de s'habiller.* | das Ankleiden.

a اكساد IKSÂD. [كسد IV.] Sbst. رواج بولمق، صاتلمامق *mauvais débit (de marchandises).* | Sinken des Preises einer Waare, geringe Nachfrage nach einer Waare, schlechter Absatz. vgl. كساد

t اكسر EKSER oder ÄÑSER. Sbst. *clou.* | Nagel (ins Holz zu schlagen). اكسر صوقمق einen Nagel einschlagen.

t اكسرجى EKSERDJI. Sbst. *cloutier.* | Nagelschmied.

t اكسرجيلك EKSERDJILIK. Sbst. *métier de cloutier.* | Schmiedehandwerk, Nagelschmiederei.

t اكسز AÑSYZ. Adj. u. Adv. *subit; subitement.* | plötzlich, unvorhergesehen. اكسز اولوم *mort subite.* | plötzlicher Tod. اكسزين *subitement.* | plötzlich, unvermuthet. اكسز اى *tout subitement, à l'improviste.* | ganz plötzlich. اكسز كلمك *venir à l'improviste.* | unvermuthet kommen.

t اكسك EKSIK. Sbst. *déficit, ce qui manque, qui en est moins.* | das Weniger, der fehlende Theil, Deficit, Mangel. Adj. *moins, incomplet.* | weniger, unvollständig, mangelhaft, woran etwas fehlt. نه ارتق نه اكسك weder mehr noch weniger. يوزدن ايكى اكسك 100 — 2, hundert unvollständig um zwei, d. i. weniger zwei. بو التون اكسك در dieser Dukaten sind zu leicht. — ETMEK. *diminuer, omettre.* | abnehmen, vermindern, weglassen. مكتوبكزى اكسك ايتميكز unterlasset nicht, uns zu schreiben. — OLMAK. *manquer, être absent.* | fehlen, nicht dasein. — DÜŠÜRMEK. *avorter.* | eine Fehlgeburt haben. — SÖJLEMEK. *s'exprimer trop court.* | sich zu kurz, unvollständig ausdrücken.

t اكسكرك EKSIKREK. Adj. *moindre, moins.* | weniger, geringer.

t اكسكلك EKSIKLIK. Sbst. *manque; défaut.* | Mangel, Fehl.

t اكسكلو EKSIKLI. Adj. *défectueux.* | mangelhaft.

t اكسلتمك ÄKSILTMEK und اكسلمك ÄKSILMEK. s. اكسلمك

t اكسلتى EKSILTI. Sbst. *diminution.* | Verkleinerung. s. اكسلمك

t اكسلمه EKSILME. Sbst. *décroissement, amoindrissement, diminution.* | Abnahme, Verminderung. vgl. d. Figdr.

t اكسمك EKSIMEK. Aor. اكسر EKSIR. Vb. act. u. intr. *amoindrir, diminuer, être diminué.* | vermindern, verringern, abnehmen. Deriv. I. اكسلمك EKSILMEK. Vb. pass. u. refl. Aor. اكسلور EKSILIR. *être diminué, décroître, s'amoindrir.* | verringert oder vermindert werden, abnehmen, sich vermindern. II. اكسلتمك EKSILTMEK. Vb. trans. *faire décroître, diminuer, amoindrir.* | abnehmen lassen, verringern, vermindern, verkleinern, abkürzen, abschneiden.

t اكسو oder اكسى EKSÜ, ÖKSÜ, IKSI. Sbst. *tison.* | glühende Kohle.

t اكسه ÄÑSE. Sbst. *partie postérieure d'une chose, derrière de la tête, nuque.* | der hintere Theil einer Sache; der Hinterkopf, Nacken, Genick. اكسه كميكى das Nackenbein. اكسه چويرمك den Rücken wenden (mit d. Dativ). اكسه سنده hinter einer Sache (mit dem Genitiv). اكسه طرفه hinterwärts, Gegentheil von اوك طرفه vorwärts.

t اكسه ÖKSE. s. اوكسه

t اكسهلمك ÄÑSELEMEK. Vb. intr. *tourner le dos, se tourner.* | den Rücken wenden, umdrehen. syn. اكسه چويرمك

t اكسى IKSI. Sbst. s. اكسو

gr a اكسير IKSIR oder الاكسير EL-IKSIR. Sbst. *élixir; liqueur; pierre philosophale.* | Elixir; Liqueur; der Stein der Weisen.

t o اكش ÄKŠ. Adj. *nombreux.* | zahlreich. LT. بسيار

t اکشیتمك EKŠITMEK Vb. caus. v. اکشیمك.

t اکشی EKŠI. t o ایکشی Adj. *aigre; fermenté; morne, sombre, menaçant (front, mine).* | sauer; gesäuert, gegohren; finster, verdriesslich (vom Gesicht). اکشی یکشی saure Gerichte, saure Speisen. اکشی خمیر Sauerteig. اکشی یورتق جهره ein finsteres Gesicht.

t اکشیجه EKŠIGE. Adj. *aigrelet.* säuerlich.

t اکشیرك EKŠIREK. Adj. *plus aigre, assez aigre.* | mehr sauer, ziemlich sauer.

t اکشیلك EKŠILIK. Sbst. *aigreur, acreté, goût aigre.* | Säure, saurer Geschmack.

t اکشیمك und اکشیمك EKŠIMEK. Aor. اکشیر EKŠIR. Vb. intr. *être aigre, s'aigrir, devenir aigre, fermenter; avoir le goût aigre; avoir la mine sombre, menaçante.* | sauer sein, sauer werden, z. B. die Milch, in Gährung gerathen; ein finsteres, mürrisches, drohendes Ansehen haben (das Gesicht). Deriv. اکشیتمك oder اکشیتمك EKŠITMEK. Aor. اکشیدیر EKŠIDIR. Vb. caus. *aigrir, rendre aigre, faire fermenter, confire au vinaigre, au sel, faire aigre mine, rider le front; irriter q. qn.* | säuern, sauer werden lassen, in Essig legen, einsalzen; جهره نی یوزنی — یوز اکشیتمك oder ein saures Gesicht machen, finster sehen, die Stirne runzeln; Jemanden in Zorn bringen.

a اکفار IKFÄR. [کفر IV.] Sbst. *action d'appeler q. qn. infidèle, d'accuser q. qn. de blasphème, d'accuser q. qn. de ne pas croire en Dieu.* | Beschuldigung des Unglaubens, der Gotteslästerung.

a اکفال IKFÄL. [کفل IV.] Sbst. کفیل ایلمك *action de constituer q. qn. garant de q. ch.* | Stellung eines Bürgen.

p اکفت AGEFT. Sbst. *peine, affliction, douleur.* | Kummer, Betrübniss, Schmerz.

t اکك EÑEK. Sbst. چکه *menton.* | das Kinn. اکك اغلجی *bâillon.* | Knebel, Knebelholz. اکك دمیری *bois de charrue auquel est fixé le soc.* | ein Holz am Pfluge, an welchem das Pflugschar befestigt ist. a ذقن Kam.

a اکل EKL. Sbst. یمك *action de manger* | das Essen. — ETMEK. *manger.* | essen. اکل وشرب Essen und Trinken, Speise und Trank.

a آکل ÄKIL. Adj. *qui mange, consume.* | essend, verzehrend. Femin. آکله ÄKILE.

a اکل ÜKL. ÜKÜL. Sbst. *tout ce qui se mange, aliments.* | alles Essbare, Nahrung.

t اکل اکل EÑÜL. EÑÜL. oder اکلو اکلو EÑLÜ EÑLÜ. Adv. *tout doucement, peu à peu.* | ganz sacht, nach und nach (alt).

اکلاتمق Vb. caus. v. اکلامق.

t اکلار AÑLAR oder ANNAR. s. اکلامق.

t اکلاشمق und اکلاشمق s. d. Flgde.

t اکلامق AÑLAMAK. (vulg. ANNAMAK, AGNAMAK). Aor. اکلار AÑLAR (vulg. ANNAR). Vb. intr. [verwandt mit اکمق] *comprendre, entendre; regarder, croire.* | verstehen, einsehen, begreifen; für etwas halten, meinen. اکلار *qui comprend, raisonnable.* | einsehend, vernünftig. سوز اکلار ein verständiger, vernünftiger Mensch, der versteht, was man ihm sagt, der Vernunft annimmt. Deriv. I. اکلاتمق AÑLATMAK. Aor. اکلادیر AÑLADYR. *faire comprendre, expliquer, donner avis de q. ch.; accuser q. qn.* | verstehen lassen, begreiflich machen, erklären, eine Nachricht mittheilen, einen anschuldigen. بر کیزلی سوزی اکلاتمق ein Geheimniss mittheilen. II. اکلاشمق AÑLAŠMAK. Aor. اکلاشور AÑLAŠYLYR. Vb. recipr. *apprendre.* | erfahren, in Erfahrung bringen. III. اکلاشلمق AÑLAŠYLMAK. Vb. recipr. pass. *être appris, être compris.* | erfahren werden, verstanden werden, اکلاشلور in Erfahrung gebracht. اکلاشلمش oder اکلاشلیه بیلجك *intelligible.* | verständlich. IV. اکلانمق AÑLANMAK. Vb. refl. s. اکلانور. V. اکلانمامق AÑLANMAMAK. Vb. refl. neg. s. اکلانمز. VI. اکلانلمامق AÑLANYLMAMAK. Vb. refl. pass. neg. s. اکلانلمز.

t اکلایجی AÑLAYGY. Adj. u. Sbst. *qui comprend, intelligent.* | einer der versteht, einsieht; einsichtig, verständig.

t اکلایش AÑLAYIŠ. Sbst. *intelligence, capacité.* | Begriff, Fassung, Fassungskraft.

a آکلت oder آکله ÄKILET. [Fem. v. آکل] Sbst. کچیك علتی - یمن علتی *chancre.* | der Krebs (Krankheit).

t اکلتمق Vb. caus. v. اکلمق.

t اکلتمق Vb. act. *ériger.* | aufrichten, stellen. I.T. ایستاده کرمك.

t اکلتمك EJILTMEK. Vb. pass. caus. v. اکلمك.

t اکلدمك IÑLETMEK. اکلدی IÑILDI und اکلدمك IÑLEDMEK. s. اینلمك.

t اکلش EJILIŠ. Sbst. *courbure, courbement.* | Krümmung, das Krümmen.

t اکلش s. اکلمك.

t اکلمق AÑLAMAK. s. اکلامق.

t اکلمق AÑYLMAK. Vb. pass. v. اکمق AÑMAK.

t اکلمك EKILMEK. Vb. pass. v. اکمك EKMEK.

t اکلمك BÖILMEK. Vb. pass. v. اکمك BÖKMEK.

t اکلمك EKLEMEK. Aor. اکلر EKLER. Vb. act. [v. اك] *joindre, attacher, allonger.* | aneinanderfügen (annähen, anflicken, binden), hinzufügen, verlängern.

t اکلمك EJLEMEK. Aor. اکلر EJLER. Vb. act. *retenir, retarder q. qn.; entretenir, amuser q. qn.* | Jemanden aufhalten; Jemanden unterhalten. Deriv. I. اکلنمك EJLENMEK. *retarder, s'arrêter, séjourner; passer le temps, s'amuser, se divertir.* | verziehen, zaudern, in die Länge ziehen, sich aufhalten, stehen bleiben, verweilen, die Zeit hinbringen, sich die Zeit vertreiben, sich zerstreuen. بر یرده اکلنوب طورمق an einem Orte stehen bleiben. اکلن بر پاره EJLEN BIR PARA oder BIR FARA, warte ein wenig. اکلنوب کلجکمك zu spät kommen, auf sich warten lassen. صو اکلنوب اکلنجك یر ein Ort, wo das Wasser stehen bleibt u. stagnirt. II. اکلندیرمك EJLENDIRMEK. Aor. اکلندیرر EJLENDIRIR. Vb. refl. caus. *retenir q. qn., retarder q. qn. ou q. ch., amuser q. qn.* | Jemanden aufhalten; verspätigen, etwas zu lange Zeit thun, zu lange dauern lassen; sich zu lange aufhalten, die Zeit hinbringen; die Zeit vertreiben, Jemanden unterhalten.

t اکلمك EJILEMEK. s. ایلمك.

t اکلمك IÑLEMEK. s. اینلمك.

t اکلمه AÑLAMA. Sbst. *intelligence.* | Einsicht. اکلامق.

t اکلن EKILEN. Sbst. u. Adj. [Partic. v. اکلمك] *semeur; semaille; action de semer.* | der Säende, Säemann; Same; das Säen. s. اکمك EJMEK.

t اکلن EJILEN. Adj. [Partic. v. اکلمك] *flexible, courbé.* | biegsam, gebogen. s. اکمك EJMEK.

t اکلنجه EJLENGE. Sbst. *passe-temps.* | Zeitvertreib. s. اکلمك.

t اکلنمز AÑLANMAZ. Adj. [Refl. Neg. v. اکلامق] *qui ne se comprend pas, inintelligible.* | unverständlich, unbegreiflich (was sich nicht begreifen lässt). vgl. اکلامق.

t اکلنمك EJLENMEK. s. اکلمك.

t اکلنلمز AÑLANYLMAZ. Adj. [Refl. Pass. Neg. v. اکلامق] *qui n'est pas compréhensible, inintelligible.* | unverständlich, unbegreiflich (was nicht begriffen wird). vgl. اکلامق.

t اکلنور AÑLANYR. Adj. [Refl. v. اکلامق] *qui s'entend, se comprend.* | verständlich, begreiflich (was sich begreift). vgl. اکلامق.

t اکلنجی EJLENGI. Adj. *lent, tardif, qui passe le temps à rien faire.* | langsam, zaudernd, träge, die Zeit mit Nichtsthun hinbringend.

t اکلی EKLI. Adj. [v. اك EK]. *joint à q. ch., uni ensemble, rapiécé.* | zusammengefügt, nicht aus einem Stücke gemacht; zusammengeflickt. یای که اکلی اولمز ein Bogen, der nicht zusammengefügt ist, d. i. der aus einem Stücke gemacht ist. Kam. s. v. قضیب.

t اکلی oder اکلو ENLÜ. Adj. — رنکلی *qui a une couleur, brun, basané (se dit du visage).* | farbig, insbesondere bräunlich, von der Sonne verbrannt. بغدای اکلو *couleur de froment, fauve.* | weizenfarbig, dunkelgelb, von der Gesichtsfarbe des Menschen. — اسمر Kam.

t اکل اکلو اکلو ENLÜ ENLÜ. s. اکل اکل.

t اکلور EJILÜR, EJLÜR. Adj. *flexible.* | biegsam. s. اکلمك.

a اکلیل IKLIL. Sbst. *bandeau enrichi de pierres précieuses qu'on met sur la tête, diadème, couronne.* | Krone, Königskrone. اکلیل الملك *mélilot (plante).* | die Meliflote.

p اکماك EKMÄK. Sbst. *vomissement.* | das Erbrechen.

t o اکمك EKMAK. Sbst. — اکمك oder اتمك *pain.* | Brod.

a اکمال IKMÄL. [کمل IV.] Sbst. *action d'achever; accomplissement, perfectionnement.* | Vollendung, Beendigung, Vervollkommnung. — ETMEK. *achever, rendre complet et parfait.* | vollenden, beendigen, vervollkommnen.

a اکمام EKMÄM. Sbst. Pl. v. کم KIMM.

t آڭمق AÑMAK. Aor. آڭر AÑAR. Vb. act. u. intr. [verwandt mit آڭلامق] = يادايتمك *mentionner, faire mention de q. ch., songer à .., se souvenir de.., rappeler au souvenir, nommer, prononcer le nom de...* | erinnern, sich oder einen Andern an eine Sache erinnern, sich auf etwas besinnen, an etwas denken. Deriv. I. آڭدرمق AÑDYRMAK. Aor. آڭدرر AÑDYRYR. Vb. caus. *faire souvenir.* | in Erinnerung bringen [براثمه بر نسنه‌یی], ins Gedächtniss zurückrufen, erinnern lassen. II. آڭلمق AÑYLMAK. Aor. آڭلور AÑYLYR. Vb. pass. *être mentionné, être nommé.* | erwähnt werden, genannt werden.

t اكمك EKMEK. *t o* اكمق LT. Aor. اكر EKER. Vb. act. *semer; parsemer, saupoudrer, arroser, ensemencer, cultiver la terre.* | säen, streuen, bestreuen (mit Salz, Zucker u. s. w.), besprengen; das Feld besäen, den Acker bestellen. Deriv. I. اكدرمك EKDIRMEK. Aor. اكدرر EKDIRIR. Vb. caus. *faire semer etc.* | säen, besäen, bestreuen u. s. w. lassen. II. *t o* اكتمق LT. Vb. caus. = *p* كشتند كنفيدن III. اكلمك EKILMEK. Aor. اكلور EKILIR. *être semé, être ensemencé.* | gesäet oder besäet werden oder sein.

t اكمك EGMEK (EJMEK). Aor. اكر EGER (EJER). Vb. act. *courber, incliner, baisser, plier.* | krümmen, biegen, beugen, bücken, falten. ياڭه اكمك zur Seite biegen. چوكان كبى بوكوب اكمك wie einen Krummstab biegen oder krümmen. چهره سنى اكمك seine Stirn falten, d. i. runzeln. Deriv. I. اكدرمك EGDIRMEK. Aor. اكدرر EGDIRIR. Vb. caus. *faire courber, faire plier etc.* | krümmen, biegen, falten. II. اكلمك oder اكيلمك EGILMEK (EJILMEK). Aor. اكلر EGILIR (EJILIR). Vb. pass. *être courbé, se courber, s'incliner.* | gebogen u. s. w. werden, sich bücken, sich verneigen, sich neigen, sich senken.

t اكمك EKMEK. Sbst. *pain.* | Brod = نان

t اكمكجى EKMEKǦI. Sbst. *boulanger.* | der Bäcker. = اكمكچى

a اكمل EKMEL. Adj. *plus parfait, très-parfait.* | vollkommen, sehr vollkommen.

a t اكمللك EKMELLIK und *a* اكمليت EKMELIJET. Sbst. *perfection, état de perfection.* | Vollkommenheit. Fehlerlosigkeit.

t اكمه EKME. Sbst. *semence, action de semer.* | Saat, Aussaat.

p اكين s. آكين

t o اكين IKIN. s. اكين

t اكن EÑEN. Adv. [= اقدم] *très-fort, beaucoup.* | sehr, sehr viel.

t اكن EGN. Adj. *sur soi-même.* | auf sich selbst; nur in der Verbindung اكننه EGNINE gebräuchlich. اكننه بر حله كيمك einen Mantel auf sich anziehen, d. i. sich damit bekleiden.

a اكناء IKNÂ. [كنى IV.] Sbst. *action de mentionner q. ch. d'une manière déguisée.* Nennung einer Sache mit einem andern als ihrem Namen, Erwähnung einer Sache in einer Weise, dass nur die, welche davon wissen, verstehen können, was man meint. vgl. اكتفا und كنيه

a اكناف EKNÂF. Sbst. Pl. v. كنف KENEF.

a اكنان IKNÂN. [كن IV.] Sbst. صقلامق، كيزلمك *action de cacher, de couvrir.* | Verbergung, Verdeckung. — ETMEK. *cacher, couvrir.* | verbergen, verdecken.

p اكنان EGNÂN. Sbst. *caverne, crypte.* | Höhle, Grotte.

a اكنان EKNÂN. Sbst. Pl. v. كن KINN.

a اكنتى EKINTI. Sbst. v. اكمك *ce qui est semé etc., semence.* | das Ausgestreute, Gesäete, die Aussaat. v. اكندى

t اكنج EKENǦ. Sbst. *verrue au visage.* | Warze (im Gesicht).

t اكنجى EKINǦI. s. اكينجى

p t اكنكرك AGENGEREK. Sbst. *gousset (d'une manche de vêtement).* | Achselstück (vielleicht eigentlich Einsatz, Eingestopftes). = قولتق اتكى oder قولتق بيسى *a* قب Kam. *p* خشتك

p اكندن ÂGENDEN. Vb. act. *farcir, bourrer.* | vollstopfen, polstern.

p اكنده AGENDE. Adj. *farci, bourré.* | vollgestopft. Sbst. *farce, bourre, chose farcie, bourrée.* | Füllsen, Stopfung, alles womit man etwas anfüllt oder ausstopft, etwas Vollgestopftes (Wurst etc.). vgl. اكين

a اكندى oder اكنتى EGENDI (EJENTI). Sbst. *limaille, sciure de bois.* | Feilspäne, Sägespäne. vgl. اكه

t اكننه EGNINE. s. اكن EGN.

p اكنون EKNÛN. Adv. *à présent.* | jetzt, nun.

p اكنسه ÂGENSE. Sbst. *farce.* | Füllse. s. اكنده u. اكنش

a اكنه EKINNE. Sbst. Pl. v. كن KINN.

t اكنه IGNE, IJNE. Sbst. *aiguille.* | Nadel. طوپلو اكنه TOPLU IJNE. *épingle.* | Stecknadel.

t اكنهجك IJNEǦIK. Sbst. Dimin. *petite aiguille.* | Nadelchen, kleine Nadel.

t p اكنه‌دان IJNEDÂN und *t* اكنه‌لك IJNELIK. Sbst. *aiguillier, étui à aiguilles.* | Nadelbüchschen.

t o اكو Sbst. *lime.* | Feile = اكه

t o اكو Sbst. *t* اوكى *hibou.* | Eule, Uhu. LT. بوه

a اكواب EKWÂB. Sbst. Pl. v. كوب

a اكواز EKWÂZ. Sbst. Pl. v. كوز

a اكوان EKWÂN. Sbst. Pl. v. كون

p اكوچ ÂGUĆ. Sbst. *crochet, harpon, grappin.* | Haken, Harpone, Enterhaken.

t اوكيغه s. اكورغه

t اوكوز s. اكوز

t o اكوزمشق Vb. act. *conseiller.* | Rath geben. LT. نصيحت كرتن. Deriv. اكوزتمق Vb. caus. *faire conseiller.* | rathen lassen. LT. نصيحت كنانيدن

a اكول AKÛL. Adj. *grand mangeur.* | viel essend, gefrässig. = اكل

p آكه s. آكنه

t اكه EGE oder ايكه IJE. Sbst. قريو *lime.* | Feile.

t اكه‌لمك EGELEMEK. Aor. اكه‌لر EGELER. Vb. act. *limer.* | feilen. Deriv. اكه‌لنمك EGELENMEK. Vb. pass. اكه‌لنوركن während gefeilt wurde.

p آكهى ÂGEHI. Sbst. s. آكاهى

t اكى EGI. Sbst. *côte.* Ribbe. اكى كموكى Ribbenknochen. vgl. ايكو

t اكى IKI. Num. s. ايكى

a اكياس EKJÂS. Sbst. Pl. v. كيس KIS.

a اكيال EKJÂL. Sbst. Pl. v. كيل KIL oder كيله KILE.

a اكيد EKÎD. Adj. *ferme, solide.* | fest.

t o اكيدا EKIDA. Adj. *près, auprès.* | bei, nahe bei. = يقنده Ali Sehir.

p t اكير oder اكر EGIR oder IGIR. LT. Sbst. *p* وج oder وجه *a* قلرون und وج LL. u. Kam. s. v. قرون; *galanga.* | Galgant (acorum). Kalmus (calamus aromaticus). اكير مومى eine Art zäher Honig, oder Honig mit Wachs, auch شوال oder بره مومى genannt. *p* ثارو oder *a* بوموم وسخ الكوائر vgl. Kam. s. v. العكبر

t اكيرمك s. اكيرمق

t اكيرمك oder اكرمك EGIRMEK (EJIRMEK). Aor. اكرر EGIRIR (EJIRIR). Vb. act. *filer (le lin, coton etc.).* | spinnen. Deriv. اكيرلمك und اكرلمك EGIRILMEK. Vb. pass.

t اكيرجى oder اكرجى EGIRǦI (EJIRǦI). *fileur, fileuse.* | Spinner, Spinnerin.

t اكيز oder اكز IKIZ, EKIZ. Sbst. u. Adj. *jumeau, jumelle.* | Zwilling.

t اكيسو oder اكسو ÂGUZ. Sbst. *chaume.* Stoppeln auf dem Felde.

a اكيس EKJES. Adj. *intelligent, doué de sagacité, rusé.* | klug, scharfsinnig, listig.

t اكيش EKIŠ. *outil avec lequel on enlève le miel des ruches.* | Honigmesser, womit man den Honig aus dem Bienenstocke schneidet. *a* مشوار Kam.

p آكين ÂKIN. Sbst. *farce, bourre, tout ce qui sert à farcir ou à bourrer.* | Stopfung, Füllung, Polsterung, in die Polster gestopftes Flockwerk (Wolle, Haare, Werg u. s. w.). Adj. in Compos. *rempli de...* | voll von..., vollgestopft. جوهر آكين voll von Juwelen. سرور آكين wonnevoll.

t اكين EKIN [LT. ايكين] Sbst. *semence, semailles.* | Saat, Saatfeld; das Säen; der Saame. اكين زمانى oder اكين وقتى die Saatzeit.

اكين sien. اكين بچمك mähen. اكين اكمك اكين خوشەسى Aehre, Kornähre.

t اكينجى oder اكينجى EKINǴI. Sbst. *semeur, cultivateur; paysan.* | Säemann, Ackersmann, Bauer, Dorfbewohner.

t اكينجيلك EKINǴILIK. Sbst. *agriculture, labourage.* | der Ackerbau.

t اكينلك EKINLIK. Sbst. *champ ensemencé; quantité nécessaire pour les semailles.* | die Saat; besäetes Feld; für die Aussaat nöthige Quantität Saamen.

t ال EL. Sbst. *main; bras; manche, manivelle; pouvoir.* | Hand, Arm; Handhabe, Griff, Macht, Gewalt. ال دكرمنى EL DEJIRMENI. *moulin à main, moulin à bras.* | Handmühle. ال دكرمنك ال | ايل آيرچى s. دكرمنك | *manivelle du moulin.* die Stange, mit welcher die Handmühle gedreht wird. هوان الى HAWAN ELI. *pilon.* | Stösser, Mörserkeule. ال تكركمسى EL TEKERLEMESI. *civière à bras.* | Handbahre. ال بشكيرى EL PEŠKIRI, oder ال مقرمسى EL MAKRAMASY. *essuie-main.* | Handtuch. ال يازيسى EL JAZYSY. *manuscrit.* | Handschreiben, Handschrift. ال دوكشى EL DÖJÜŠÜ. *boxe, lutte, mêlée.* | Faustkampf, Handgemenge. ال يارديمى EL JARDYMY. *main-forte, assistance.* | kräftiger Beistand. ال ايشى EL IŠI. *ouvrage de la main, manufacture, affaire.* | Händewerk, Geschäft. ال اورمق EL WURMAK. *mettre la main sur q. ch. ou à q. ch., commencer, entreprendre q. ch.* | Hand anlegen; anfangen, unternehmen. ال اورمه *entreprise.* | Unternehmung. ال ويرمك s. ال ويرمك *promettre.* | versprechen. ال ويرمك *trahir q. qn.* | einen verrathen. ال آلب ويرمك *se donner la main, s'entendre.* | sich untereinander über eine Sache verständigen, übereinkommen. اله كيرمك *tomber dans la main, au pouvoir de q. qn.; entrer dans la caisse (l'argent).* | in Jemandes Gewalt kommen; wieder in die Kasse kommen (das Geld). الده در *(l'ouvrage) est en main; la chose est dans le pouvoir de q. qn., n'est pas tout à fait sans surveillance.* | es ist in der Hand, d. i. die Sache ist in der Arbeit; es steht in der Gewalt Jemandes, es ist nicht ganz ohne Aufsicht. المده در *(la chose) est dans mon pouvoir, est d'après mon désir.* | es steht in meiner Gewalt, ist nach meinem Wunsche. الده اولمق *être sous la main, dépendre de q. qn.* | in Jemandes Gewalt sein, abhängen von ... المده دكلدر es steht nicht in meiner Gewalt, ich bin dazu nicht fähig. اله آلمق *prendre par la main, se réconcilier avec q. qn.* | an der Hand nehmen, zu sich ziehen, sich wieder mit Jemand aussöhnen. الدن قاچرمق *laisser échapper de la main, manquer une occasion.* | aus der Hand lassen, eine Gelegenheit versäumen. الدن چيقارمق *vendre, débiter q. ch.* | verkaufen, veräussern.

t آل AL. Imperativ. v. آلمق

t آل AL. Adj. *vermeil, incarnat, rouge, couleur de rose.* | röthlich, roth (von den Wangen), rosenroth, scharlachroth. آل رشته AL RIŠTE. *coton rouge.* | Rothgarn. آل آت AL-AT. *alezan brûlé.* | Goldfuchs, ein braunes Pferd mit röthlicher Mähne und Schweif (dagegen دورى mit schwarzer Mähne und Schweif). t o — آل طمغا oder آلتمغا ÂL-TAMGA. *empreinte rouge, c. à d. le cachet, spéc. cachet d'un prince; lettre impériale.* | der rothe Stempel, d. i. Siegel (eines Fürsten), fürstliches Handschreiben. — ETMEK. *teindre en rouge, faire rougir de sang.* | roth färben, mit Blut besprengen.

t آل ÂL. Sbst. *postérité, descendants, famille, maison.* | Nachkommenschaft, Familie, Haus. آل عثمان ÂL-I OSMAN. das osmanische Herrscherhaus. آل سلجوق die Seldschukiden.

t آل AL. Sbst. *ruse, fraude, stratagème.* | List, Trug, Täuschung, Ueberlistung, Kriegslist. آل ايله AL-YLA. *par ruse.* | mit List, hinterlistiger Weise. vgl. آلدامق

t o آل ALŁ. 1. Sbst. *le devant.* | das Vorn, das Vordere. vgl. الد u. الجن Adv. *devant; avant; à côté de ..., auprès de ...* | vor (von Raum und Zeit), vorn, neben, bei. آلدا ALDA. vorn. آلداكى das was vorn ist. آلدان von vorn. آله oder آلكا nach vorn. آليمدا vor mir, neben mir, bei mir. آليكدا vor Dir, bei Dir. آلينكدا u. آلنده oder آلينده vor ihm, bei ihm.

t ال IL. oder ايل *devant.* | vor. s. ايل

t ال oder ايل IL; (auch EL). Sbst. und Adj. *étranger, autrui.* | Fremder, nicht Blutsverwandter, Anderer, Fremdes. ال ايشى IL IŠI. *ouvrage d'autrui, affaire d'autrui.* | fremde Arbeit, fremde Angelegenheit. ال مالى IL MALY. fremdes Gut. ال اوى IL EWI. ein fremdes Haus, eines andern Haus, (nicht dem zugehörig, von dem die Rede ist). ال حقى des Andern Recht, das dem Andern zukommende. ال دوارى IL DIWARY. *étranger.* | ein Fremder, Ausländer. ال ايله يلان طوتمق eine Schlange fange mit eines Andern Hand.

t آلا ALA. Sbst. u. Adj. *couleur mélangée; bleu-gris; lèpre; tacheté, de diverses couleurs.* | 1. unrein, gemischte Farbe, insbesondere schmutziges in Grau schimmerndes Blau. آلا كوزلو *qui a les yeux bleu-gris.* | einer der grau-blaue Augen hat. آلا قلج جوهرى *damasquinage du sabre.* | die bunte, blau angelaufene Verzierung auf einer Säbelklinge. 2. der Aussatz. vgl. آلاتنلك 3. bunt gefleckt, gestreift, geblümt (von Kleidungsstoffen u. s. w.). vgl. آلاجه

p آلا ALA. Adj. In pers. Compos. *qui souille, qui trouble.* | befleckend, trübend, störend. vgl. آلودن

a الا ELÂ. Interj. *eh! eh bien!* | hoh! wohlan!

a الا ILLA. Praepos. *si non, excepté, si ce n'est.* | wenn nicht, ausser.

t o آلاآتمق ALA-ATMAK. Vb. refl. *se tromper, être trompé.* | sich täuschen, getäuscht, betrogen werden. p يازى خورسن Ali Schir. Q. vgl. آل ÂL und آلدامق

t o آلاآلمق ALA-ALMAK. Vb. comp. v. آلمق *être en état de prendre.* | im Stande sein zu nehmen, nehmen können. آلاآلمدى ALA-ALMADY. er konnte nicht nehmen.

t o آلاب ALAP. Sbst. *sac, corbeille.* | Sack, Korb, Gefäss. von آلمق fassen.

t آلابالق ALA-BALYK. Sbst. *truite.* | die Forelle.

t آلاپاچق ALAPÁAK. Adj. u. Sbst. *bigarré, tacheté, cheval aux pieds blancs.* | bunt, scheckig, Pferd mit weissen Füssen. — a ابلق

t o آلاپچق ALAPÉAK. Sbst. Dem. v. آلاب

t آلابولمق ALA-BULMAK. Vb. comp. v. آلمق und بولمق *prendre.* | nehmen.

a آلات ÂLÂT. Sbst. Pl. v. آلت

t آلاتنلك ALA-TENLIK. Sbst. *lèpre, lèprosité.* | der Aussatz.

t آلاتنلو ALA-TENLÜ. Adj. *lépreux.* | aussätzig. vgl. آلا

t آلاچق oder آلاچوق ALAĆAK. Sbst. *tente, chaumière, camp.* | Zelt, Hütte, Lager. vgl. آلاچوق

t آلاچوق s. آلاچق u. آلق

t آلاجقلو ALAǴAKLY. s. آلاجقلو

t آلاجه oder آلاجا ALAǴA, ALAǴA. 1. Adj. vgl. آلا, *de diverses couleurs, bigarré.* | bunt, gefleckt, gestreift, vielfarbig. آلاجه آت — a ابرش *cheval pie.* | Schimmel, Grauschimmel, Schecke. آلاجه قپلان *tigré.* | tigerartig gefleckt. آلاجه صغرجق *étourneau (oiseau); grive.* | Staar; Drossel; auch ارتچ قوشى 2. Sbst. *étoffe rayée, indienne.* | gestreifter Stoff, insbesondere ein bunt gestreifter Zitz.

t آلاجه بولاجه ALAǴA-BULAǴA. 1. Adj. *bigarré de grandes taches.* | buntscheckig, mit vielen grossen bunten Flecken. 2. Sbst. *mélange, confusion (de couleurs etc.).* | Gemisch, Gemenge.

t آلاجهره ALA-ǴEHIRE. Sbst. *nerprun.* | Kreuzbeere, (eine gelbe Farbepflanze) — a سبيرك oder ارجيجي Kam. u. v. زرنر

t آلاجهلق ALAǴALYK. Sbst. v. آلاجه *couleur mélangée, bigarrure, poil bigarré.* | bunte Farbe, gefleckte Farbe mancher Thiere.

t آلاجه لامق ALAǴALAMAK. Vb. act. v. آلاجه *bigarrer, faire de diverses couleurs.* | vielfarbig machen, bunt färben. Deriv. آلاجه لنمق ALAǴALANMAK. Vb. refl. u. pass. *gagner une couleur bigarrée, être bigarré.* | sich bunt färben, fleckig werden (z. B. reifende Früchte, welche anfangen sich zu färben); fleckig sein.

a الاخشن s. اخشن

t o آلار ALAR. Plur. des Pron. d. 3. Pers. — انلر

t آلارغه ALARGA (ital. a largo). 1. Sbst. *certaine distance de la côte ou de tout autre objet.* | geringe Entfernung, zunächst in der Schiffersprache, die nicht zu grosse Entfernung vom Ufer, sodann auch überhaupt Entfernung, namentlich zur Seite, von einem Gegenstande.

الارغىده ALARGADA und الارغه ĀLARGAJA. *à côté, en distance.* | zur Seite, seitwärts ab, abseits. جكىلور الارغهده مفرح اولور er hält sich vom Kampfe fern. الارغه يه چكىلمك *prendre le large.* | die offene See gewinnen. 2. Adj. und Adv. *au large, à quelque distance, à côté.* | in einiger Entfernung, seitwärts. بشقه الارغه بر محل eine etwas abgesonderte Stelle. 3. Interj. *loin d'ici!* abseits! bei Seite! halt! nicht näher! — ETMEK. — AYLMAK. *éloigner, détourner.* | entfernen, bei Seite bringen. بر طرفه الارغه ايلمك zur Seite treiben. برردن الارغه ايلمك von einem Orte entfernen. — OLMAK *se trouver à q. que distance, à côté de q. ch.* | zur Seite sein, abseits liegen.

t o الارقاب ALARKAP. Sbst. [v. آلمق und قاب *sac.*] Sack. الارقاب نى قوم ايله طولدوروب als er den Sack mit Sand gefüllt. Ali Schir. Q.

t o الارمق ALARMAK. Vb. intr. *être tacheté.* | bunt sein. Deriv. الارتمق ALARTMAK. Vb. caus. *tacheter.* | bunt färben.

p آلاس ALĀS. Sbst. *charbon.* | Kohle.

t o الاشا ALAŠA. الاشه ALAŠA. Sbst. *dos; cheval de fatigue.* | der Rücken. LT. يوكلو Lastpferd.

t o الاشمق YLAŠMAK u. Deriv. s. اولاشمق

t الاصغرجيق ALA'SYGYRDŽYK. Sbst. s. الاجه صغرجيق

t o الاغ ULAG. Sbst. 1. p چهارپا Ali Schir. *cheval, monture.* | Pferd, Reitthier. الاغ لارى تالديلر da seine Pferde ermüdet waren. Ali Schir. Q. 2. *courrier.* | Eilbote. vgl. اولاق

a آلاف ĀLĀF. Sbst. Pl. v. الف ELF.

a آلاف ĀLLĀF. Sbst. Pl. v. الف ELIF.

t p الاقفنته ALAFINTE. Sbst. *coucou (oiseau).* | der Kukuk = قوقوق od. قوسقوروق

t o الاق ULAK. Sbst. *chevreau.* | junge Ziege, Böcklein.

t o الاق بولاق ALAK-BULAK. Adv. [v. آلمق u. بولمق] *sens dessus dessous.* | drunter und drüber, untereinander. = السن اوستن p زير وزبر VL.

t o الاقمق LT. تركيدى ولايتها

t الاقرغه ALA-KARGA. Sbst. *geai.* | der Holzhäher, Hetzel, Dohle.

t o الاقمق ALAKMAK. Vb. intr. *mettre tout sens dessus dessous, disperser.* | das Oberste zu unterst kehren, alles untereinander werfen, umherstreuen. = آلت اوستن ايتمك p تارومار كوردن VL.

t الاك YLIG. Sbst. *vallon, plaine entre des montagnes.* | Thal, Ebene im Gebirge. a كتبه Kam. vgl. ايلغاوق

t o آلالامق ALALAMAK. Vb. act. *rendre tacheté, rendre rayé.* | bunt, oder streifig machen. s. آلا

t o آلالى od. الالى ALĀLY. Adj. [Ger. v. آلمق] *ce qui peut être pris.* | was genommen werden kann. آزوق آلالى قويق ايسه wenn keine Lebensmittel genommen werden können, d. i. nicht vorräthig sind. Abulg. Q.

a آلام ĀLĀM. Sbst. Pl. v. الم ELEM.

t o الامان ALAMAN. Sbst. v. آلمق *voleur; excursion de brigands.* | Räuber, Wegelagerer; Raubzug. Q.

الامان ALAMĀN. Sbst. u. Adj. *allemand.* deutsch, ein Deutscher. الامان طاغلرى *les Carpathes.* | das Karpathengebirge. الامان ولايتى *Allemagne.* | Deutschland.

a الامان EL-EMĀN. Sbst. *sûreté, sauf-conduit; quartier, grâce, pardon.* | Sicherheit sicheres Geleit, Gnade; der Ruf um Gnade oder Pardon (im Kriege). الامان ديوب indem er um Gnade bat.

a آلامه ILĀME. Sbst. *action blâmable.* | tadelnswerthe Handlung.

t آلان ALAN. [Partic. v. آلمق] Adj. *qui prend, qui tient.* | nehmend, fassend, haltend. صو آلان قاب ein Gefäss mit Wasser. آلان كمسنه *un acheteur.* | ein Käufer.

a الآن EL-ĀN. Adv. *maintenant, à présent.* | jetzt, gegenwärtig, jetzt eben.

a آلانام ALANĀM. Sbst. *le monde, les hommes.* | die Menschen überhaupt, die Leute. vgl. انام

t o الانغرات ALANGARAT. LT. موش كلش

t o الانك ELENG. Sbst. *hauteur, grandeur.* | Grösse, Länge. LT. بلندى طولانى

a آلانت ILĀNET. [لين IV.] Sbst. يومشاقلق *action d'amollir, de rendre mou.* | Erweichung.

t o الاو ALAW. Sbst. علو u. آلو *flamme.* Flamme.

a آله ILĀH u. اله Sbst. *Dieu.* Pl. آلهه *les dieux.* | die Götter (der Heiden). Fem. آلاهه oder آلهه ILĀHET *déesse.* | weibliche Gottheit. Pl. آلاهلر ILĀHELER.

a آلهى ILĀHĪ. 1. Adj. *divin.* | göttlich. علم الاهى ILM-I ILĀHĪ. die Theologie. 2. *hymne.* | Lobgesang, geistlicher Gesang.

a آلهيت ILĀHIJET und آلهى Sbst. *hymne.* | Lobgesang, geistlicher Gesang.

t آلاى ĀLĀY. Sbst. *procession, pompe; parade (d'un régiment), ordre de bataille; troupe, régiment, escadron; partie d'un tout.* | Aufzug, Prozession, Aufmarsch (einer Heeresabtheilung), Parade, Entfaltung einer Schlachtordnung; Truppe, Schaar, Regiment, Abtheilung eines Regiments; Theil eines Ganzen (engl. set, lot, parcel. — Redhouse). الاى امينى ĀLĀY EMINI. Major, nach dem Nisami Dschedid, der jedem Regimente beigegebene Rechnungsführer. الاى بكى A. BEJI. Escadronschef, Obrist (zu Pferd), Oberstleutnant. الاى طوپى A. TOPU. Kanone, Feldstück. الاى چاوشى A. ČAVŠI. *huissier du divan.* | Thürsteher im Divan. الاى باغلامق A. BAGLAMAK oder — طورمق A. DURMAK. einen feierlichen Aufzug ordnen. عروس الاى 'ARŪS ALAY. Brautzug der Neuvermählten. امير الاى AMĪR ALAY. Obrist, Regimentscommandeur. الاى الاى ALAY-ALAY. in Ordnung aufgestellt. بر الاى اشقيا eine Schaar Rebellen.

t o الاى ALAI. Adv. *ainsi, comme cela, seulement, oui.* | so, demgemäss, nur, ja. الاى دونسه oder الاى بولاى ايسه wenn dem so ist. الاى بولاى *là (à. passablement.* | so so.

p آلاى ĀLĀI. Adj. in pers. Compos. *souillure, souillant.* | schmutzig, besudelnd. vgl. آلودن

p آلاى ĀLĀI. Rad. v. آلودن

p آلايش ĀLĀIŠ. Sbst. مردارلق, بولاشقلق *souillure, ordure, contamination, impureté.* | Schmutz, Verunreinigung, moralische Verderbniss. آلايش دنيويه ĀLĀIŠ-I DÜNJEWIJE. die Verunreinigung, Sündhaftigkeit dieser Welt.

t آلايش ALAYŠ. Sbst. *pompe, suite d'un prince, parade.* | Aufzug, Gefolge eines Fürsten, Parade. s. آلاى

t الاى ملاى ALAI MALAI. Adv. vgl. الاوق بولاق und الاقلى *sens dessus dessous; oui, certainement; (Bianchi) seulement.* | eines über das andere; ja, gewiss; nur so, allerdings — aber (нотон. Demetr. Alexandr.).

t o آلپ oder الب ALP. (LT. ALAP, ALUP). Adj. u. Sbst. p پهلوان *brave, fort, courageux, vaillant; géant.* | tapfer; Held, Riese. آلپ ارسلان ALP-ARSLAN. (LT. ALAP-ARSLAN). N. pr. wörtl. der tapfere Löwe. آلپ تكين ALP-TEKIN. N. pr. wörtl. der tapfere Krieger.

t آلپ ALYP. Gerund. v. آلمق

a آلبا ELIBBĀ. Sbst. Pl. v. لبيب LEBIB.

a آلباب ELBĀB. Sbst. Pl. v. لب LÜBB.

a آلباس ILBĀS. [لبس IV.] Sbst. اكلندرمك, طورديرمق *action de retarder, de retenir q. qn.* | Aufhaltung Jemandes, Warten lassen.

a آلبسه ELBISE. Sbst. Pl. v. لباس LIBĀS.

a آلباس ILBĀS [لبس IV.] Sbst. كيندرمك, اورتوب بورلمك, كيدرمك *action de vêtir, de couvrir.* | Bekleidung, Bedeckung. — ETMEK. *vêtir, couvrir; se vêtir.* | bekleiden, bedecken, sich bekleiden.

a الباقى EL-BĀKĪ. s. باقى

a البتت ELBETT oder البته und البتته ELBETTE. Adv. *nécessairement, certainement, de toute façon.* | nothwendiger Weise, unbedingt, nach dem Vorhergehenden nothwendig, folglich, natürlich.

t الجر ايتمك ELDŽIR ETMEK. Vb. act. *conspirer. (Bianchi).* — سوز بيرلشمك sich verschwören.

p t البرز ELBURZ oder البرز طاغلرى *le mont Caucase.* | das Caucasusgebirge.

t o البنغا ALBUNGA. LT. كوشواره Sbst. *pendant d'oreille.* | Ohrgehänge.

a آلبسه ELBISE. Sbst. Pl. v. لباس

t آلت ALT. Sbst. *le dessous, le bas, la partie inférieure de q. ch.* | das Untere, der untere Theil (Seite, Raum). Adj. *inférieur.* | unterer. Adv. *sous, dessous, en bas.* | unter, unten. اغاجلرك التنده unter den Bäumen.

قبه آلتی die untere Kubbe (ein Theil des alten Serail, wo am Bairamfeste die Audienz gegeben wird). آلت دوداغی A. DODAGY. *lèvre inférieure* | die Unterlippe. آلتنده ALTYNDA. *dessous, sous, par dessous* | unten, unter. یر آلتنده JER ALTYNDA. *sous terre* | unter der Erde, unterirdisch. ال آلتنده EL ALTYNDA. oder ال آلتندن EL ALTYNDAN. *sous main, secrètement.* | unter der Hand (wie im Deutschen). اولقدر احسانلق آلتنده قالمز er bleibt nicht unter solchen Wohlthaten, d. i. er wird dafür dankbar sein. آلت اوست ALT ÜST. *sens dessus dessous.* | drunter und drüber, das Oberste zu unterst. ALT ÜST ETMEK. *disperser, surprendre* | in Verwirrung bringen, umherstreuen, überfallen, überrumpeln. ALT ÜST OLMAK. *s'embrouiller, se mêler, être surpris.* | in Verwirrung sein, überrumpelt werden. آلت یانی ALT JANY oder آلت طرفی ALT TARAFY. *place suivante en descendant, reste, suite.* | die nächste Stelle nach unten zu, Rest, Folge, Fortsetzung. آلت یاننده ALT JANYNDA. *plus bas.* | unten, weiter unten.

t o آلت ALT. s. آلد

a آلت ÂLET. Plur. آلات ÂLÂT. Sbst. *instrument, ustensile, machine; organe.* | Werkzeug, Geräth, Maschine; Organ des menschlichen oder thierischen Körpers. آلت حرب ÂLET-I HARB, Kriegswerkzeug, Waffe. آلت داخلیه oder آلت باطنه ein inneres Organ. آلت تناسل Zeugungsglied. آلت ذکوریت das männliche Glied. آلت انوثیت das weibliche Organ. آلت بصر Seh-Organ آلت صوت Sprechorgan.

t o آلت ÂLT. سرخاب *rouge, fard.* | rothe Farbe, Schminke. vgl. آل und آلشت

t o آلتلو ALTAW. Adj. Num. = آلتی *six.* sechs. آلتولا ALTAWLA. = آلتیسی *tous les six ensemble.* | alle sechs zugleich. VI.

a التباس ILTIBÂS. [لبس VIII.] Sbst. قریشقلق *état d'être obscur, douteux, compliqué; ambiguïté.* | Verkleidung, Dunkelheit, Verdecktheit (z. B. des Sinnes), Zweideutigkeit, Verwickelung. التباس وابهاملو سوزلمك unverständlich und dunkel, unzusammenhängend, zweideutig sprechen. بر رسول جاسوس التباس *legatus exploratori similis.* M.

a التثام ILTISÂM. [لثم VIII.] Sbst. یاشمقلامق ، بوس ایتمك ، اوپمك *baiser.* | das Küssen, Kuss. — ETMEK. *embrasser.* | küssen.

a التجا ILTIDSCHÂ. [لجا VIII.] Sbst. ارقه‌لنمق ، صغنمق *action de chercher refuge.* | Zuflucht suchen. — ETMEK. *chercher refuge, se réfugier.* | Zuflucht suchen bei Jemand oder an einem Orte.

a التجاج ILTIDSCHÂDSCH. [لج VIII.] Sbst. كورلتیسیلو اولمق ، قارشق اولمق *confusion des voix de plusieurs personnes.* | Gemisch, Lärm, Getöse vieler Stimmen untereinander.

a التحا ILTIHÂ. [لحا VIII.] Sbst. 1. قبوق صویمق *action d'écorcer.* | das Abschälen der Rinde. 2. صقاللو اولمق *état de devenir barbu.* | das bärtig werden (eines jungen Menschen).

a التجاء ILTIDSCHÂ. [لجأ VIII.] Sbst. 1. ارقه‌لنمق ، صغنمق *action de chercher refuge, se cacher.* | Zuflucht-Suchen, sich verbergen, verstecken. = التجا. 2. التجایه ایلتمك زورلمق *action de forcer q. qn. à avoir recours à une chose.* | Jemand dazu treiben, dass er Zuflucht an einem Orte sucht, zu einem Hülfsmittel greift. Jemanden in die Enge treiben.

a التحاد ILTIHÂD. [لحد VIII.] Sbst. طغری یولدن ، میل ایتمك *action de biaiser, de s'écarter de la vraie direction, de la vraie foi.* | Abweichung vom geraden Wege, auch in moralischer Beziehung; Abweichung vom wahren Glauben. vgl. ملحد

a التحاف ILTIHÂF. [لحف VIII.] Sbst. بورنمك ، اورتنمك *action de s'envelopper (d'une pièce d'étoffe).* | Einhüllung (mit einer Decke). — ETMEK. *s'envelopper, se couvrir.* | sich einhüllen, sich bedecken. vgl. لحاف

a التحاق ILTIHÂK. [لحق VIII.] Sbst. ارقه‌لنمق ، یتشمك *action de se joindre, s'attacher à q. qn. ou à q. ch.; accession.* | nahes Herankommen zu einer Sache, Vereinigung mit einer Sache, Anhaften, Anhängen, Beistimmung, Zustimmung.

a التحام ILTIHÂM. [لحم VIII.] Sbst. 1. یره قپانمق *action de se cicatriser (une plaie).* | das sich schliessen und Zuheilen einer Wunde. 2. *action d'être acharné (le combat).* | Hitze des Kampfes.

a التذاذ ILTIZÂZ. [لذ VIII.] Sbst. خوشلنمق *action de savourer q. ch., d'y trouver plaisir.* | Lust, Vergnügen, Geschmack an einer Sache.

a التذاع ILTIZÂ'. [لذع VIII.] Sbst. یانمق *action d'éprouver une douleur brûlante; vive douleur.* | Brennen des Schmerzes, heftiger Schmerz.

a التزاق ILTIZÂK. [لزق VIII.] Sbst. یاپشمق ، اولشمق *action de s'attacher, de se coller.* | das Anhaften, Hängen, Kleben an einer Sache.

a التزام ILTIZÂM. [لزم VIII.] Sbst. قبول ایتمك *action de consentir, de s'engager, d'être lié par q. ch., action de se charger de q. ch.; d'être responsable de q. ch. envers q. qn.; intérêt particulier à …, protection; louage, location, ferme des revenus publiques.* | Zustimmung, Uebernahme einer Verpflichtung, eines Geschäfts, einer Pachtung, Miethe u. s. w., Pachtung der öffentlichen Einkünfte; Interesse an einer Sache oder Person, Beschützung, Begünstigung. — ETMEK. *se charger de q. ch., prendre sur soi; louer q. ch.; protéger q. qn., être responsable de q. qn.* | eine Sache übernehmen, sich verpflichten, einen Contrakt eingehen, pachten; Jemanden beschützen, die Verantwortung für ihn übernehmen.

a التزاماً ILTIZÂMEN. Adv. *par obligation, nécessairement; à titre de ferme.* | nach Verpflichtung, der übernommenen Verpflichtung gemäss, nothwendiger Weise, auf Grund der Pachtung, contraktlich.

a التساق ILTISÂK. [لسق VIII.] Sbst.

a التصاق ILTISÂK. [لصق VIII.] Sbst.

a التصاق ILTISÂK. [لصق VIII.] Sbst. یاپشمق ، اولشمق *action de s'attacher, de se coller à …* | das Anhaften; Anhängen, Kleben an etwas.

a التطاط ILTITÂT. [لطّ VIII.] Sbst. اورتنمك *action de s'envelopper, de se couvrir, de se dérober aux regards.* | Einhüllung, Verhüllung, Verdeckung, Verbergung. — ETMEK. *se couvrir d'un voile.* | sich verschleiern.

a التطام ILTITÂM. [لطم VIII.] Sbst. موج اورمق *action de s'entre-heurter (les vagues).* | das Aneinanderschlagen der Wellen, Wogen.

a التعاب ILTI'ÂB. [لعب VIII.] Sbst. اوینامق *action de jouer, de se divertir.* | das Spielen.

a التفات ILTIFÂT. [لفت VIII.] Sbst. *action de tourner le visage du côté de q. qn., de le regarder avec bienveillance, estime etc.; égard, considération; politesse, estime, faveur, respect, amitié; soin qu'on a pour q. ch.* | Hinwendung des Gesichts nach Jemand, Rücksichtnahme auf Jemand, Achtungerweisung, Gunstbezeugung, Höflichkeit, Freundlichkeit, Artigkeit; Sorge und Aufmerksamkeit für eine Sache. — ETMEK. *avoir égard à q. qn.; faire des politesses, des compliments à q. qn. accueillir, favoriser q. qn.; avoir, prendre soin de q. ch.* | Jemand Achtung erweisen, gegen Jemand höflich sein, sich nach seinem Befinden erkundigen u. s. w., sich vor Jemand verneigen, Artigkeiten erweisen, sich freundschaftlich gegen Jemand erweisen, Jemand Gunst erweisen; Sorge tragen für etwas (mit dem Dativ.). عدم الالتفات gänzliche Verlassenheit.

a t التفاتچی ILTIFÂTÎ. Sbst. Pl. Adj. *homme poli; poli.* | ein höflicher Mensch; höflich, der einem andern Achtung u. s. w. erweist. s. d. Vhgd.

a t التفاتسز ILTIFÂTSYZ. Adj. *impoli, qui n'a pas d'égards.* | unhöflich, rücksichtslos. (Gegentheil des Vhgdn.).

a t التفاتسزلق ILTIFÂTSYZLYK. Sbst. *dédain, mauvais accueil.* | Geringschätzung, Unhöflichkeit [Gegentheil von التفات]. — ETMEK. *dédaigner, mal accueillir.* | mit Geringschätzung begegnen, sich unhöflich benehmen, Jemanden schlecht aufnehmen.

a التفاف ILTIFÂF. [لفّ VIII.] Sbst. بورنمك ، اورتنمك *action de s'envelopper (dans son vêtement).* | Einhüllung (in seine Kleidung).

a التقا ILTIKÂ. [لقى VIII.] Sbst. قاوشمق ، بولشمق *action de se rencontrer, de se toucher, de se heurter; rencontre; mêlée; foule, entrevue, rendez-vous.* | Begegnung, Zusammentreffen an einem Orte, Berührung (zweier Gegenstände); Gedränge, Getümmel, Zusammenkunft, Zusammentreffen (von Freunden). نقطهٔ التقا der Punkt, wo sich zwei Linien berühren. = نقطهٔ المس (Mathem.)

a التقاط ILTIKÂT. [لقط VIII.] Sbst. *action de ramasser, de cueillir par terre; action de trouver q. ch. sans s'y attendre.* | Auflesen, Aufnehmen vom Boden; unerwartetes Antreffen einer Sache. — ETMEK. *ramasser, rassembler.* | auflesen, sammeln.

a التقاع ILTIKÂ. s. انتقاع

a التقام ILTIKÂM. [لقم VIII.] Sbst. دوتمق *action d'avaler.* | das Verschlingen, Auffressen. — ETMEK. *dévorer.* | auffressen.

a التكاك ILTIKÂK. [لكّ VIII.] Sbst. غلمطلق *action de se presser; être serré, comprimé.* | Gedränge. — ETMEK. *se presser (en foule).* | sich drängen, im Gedränge sein. = ازدحام

t آلتلى ALTLY. Adj. s. آلت *inférieur, plus bas.* | unterer, unterst.

a التماع ILTIMÂ. [لمع VIII.] Sbst. رنكى آلمق . تونى دوزلق *changement de couleur.* | Veränderung der Farbe (des Gesichts).

a التماس ILTIMÂS. [لمس VIII.] Sbst. طالب ايله *action de prier; d'adresser une demande.* | Bitte, Gesuch, Einreichung einer Bittschrift. — ETMEK. *prier, demander q. ch.* | um etwas bitten, nachsuchen.

a التماع ILTIMÂ. [لمع VIII.] Sbst. 1. پارلامق . چكوب آلمق *action de briller, de luire; éclat.* 2. *action de dérober.* | 1. das Leuchten, Glänzen, Schillern der Farben, Glanz. 2. Wegnahme. — ETMEK. *briller, resplendir; attirer à soi (le regard), dérober, s'approprier q. ch.* | schimmern, glänzen; an sich ziehen, auf sich ziehen (die Blicke); etwas wegnehmen, sich eine Sache aneignen. التماع انوار دين der Schimmer des Glaubenslichtes.

t *o* آلتمش Sbst. عدد شصت ونوجيكه . . . LT. *soixante; les soixante, troupe (de soixante) à la tête de l'armée.* | sechzig; Trupp (von 60 Mann) an der Spitze des Heeres.

t آلتمش ALTMYŠ. *t o* آلتمش Adj. Num. *soixante.* | sechzig. آلتمش يشنده كى *sexagénaire.* | ein Sechziger.

t آلتمشلق ALTMYŠLYK. Sbst. *monnaie de 60 para.* | Münze von 60 Para, im Werthe von 1½ Piaster.

t آلتمشنجى ALTMYŠYNǴY. Adj. Num. *soixantième.* | der sechzigste.

t o آلتمغا ALTMAGA. (sic.) Sbst. *lettre impériale.* | schriftlicher Befehl des Herrschers. = ... VI. vgl. آل s. v. آل

t o آلتمق ALTMAK. s. آلمق

t التمك ILETMEK. *t o* التمك LT. Vb. act. *porter, conduire, mener, accompagner.* | tragen, führen, leiten, begleiten.

t آلتون s. آلتن

t o آلتنج ALTUNǴ = Adj. Num. آلتنجى *le sixième.* | der sechste. آلتنج آى ALTUNǴ-ÂY. der sechste Monat des uigurischen Jahres.

t آلتنجى ALTYNǴY. Adj. Num. *le sixième.* | der sechste.

t آلتنده ALTYNDA. s. آلت

a التواء ILTIWÂ. [لوى VIII.] Sbst. اكرى وطولاشق اولمق *action de s'entortiller, de se courber, plier, de se contourner, d'être enveloppé, renfermé, d'être compliqué et difficile.* | Verwickelung, Umhüllung; Schwierigkeit (des Sinnes). لواى نصرت التوا *étendard victorieux.* | die siegumhüllte Fahne.

t آلتون oder آلتن ALTUN, ALTYN. Sbst. *or, or pur; monnaie d'or; poids de six grains.* | Gold, reines Gold; Goldmünze; Gewicht von sechs Gran. آلتى جكردك وزنى = ... Ferhad. VI. | آلتون اوتى *scolopendre (plante).* scolopendrium; auch اسقولوفندريون genannt. *a* ..., auch ... oder آلتون قازوق LI. *t o* ... oder آلتون قازوق *l'étoile polaire.* | der Polarstern.

t آلتونجك ALTYNǴYK. Sbst. Demin. 1. *petite monnaie d'or;* 2. *chrysanthème.* | kleine Goldmünze; 2. Goldblume, Chrysanthemum.

t o آلتونلق ALTYNLYK oder آلتونلق ALTYNLYK. *brocart d'or.* | Goldbrokat, Goldstoff.

t آلتونلامق ALTYNLAMAK. Vb. act. *dorer.* | vergolden.

t آلتونلو ALTYNLY. Adj. *d'or, doré.* | golden, vergoldet.

a التهاء ILTIHÂ. [لهى VIII.] Sbst. اوينامق . اكلنمك *action de jouer, de se divertir.* | Spiel, Zeitvertreib, Zeitversäumniss.

a التهاب ILTIHÂB. [لهب VIII.] Sbst. علولنمك *action de s'allumer, inflammation.* | in Brand gerathen, Entzündung. آتش كرم التهاب ein heftig brennendes Feuer.

t آلتى ALTY. Adj. Num. *six.* | sechs.

t آلتى ALTY und آلتى ÂLETI. s. آلت ALT und آلت ÂLET.

t التى ELTI. Sbst. *belle-sœur.* | Schwägerin.

a التى ELLETI: Pron. rel. fem. v. الذى

a التباس ILTIBÂS. [لبس VIII.] Sbst. قارشق اولمق *état d'être embrouillé (les affaires), désordre.* | Verwirrung, Verwickelung der Geschäfte. = اختلاط oder التبس

a التجاء ILTIǴÂ. [لجأ VIII.] Sbst. *action de chercher un refuge.* | das Zufluchtsuchen. — ETMEK. *chercher à se réfugier quelque part.* | sich wohin zu flüchten suchen. تيموره التجا ايتمشدى er hatte bei Timur Zuflucht gesucht. M.

a التياع ILTIJÂ. [لوع VIII.] Sbst. كدر . اندوه *état d'être affligé; affliction, chagrin, douleur de l'âme.* | Kummer, Betrübniss, Seelenschmerz.

a التصاق ILTISÂK. [لصق VIII.] Sbst. دوستلق *état d'être attaché à q. qn.; amitié intime.* | aufrichtige und innige Verbindung mit Jemand, innige Freundschaft.

a التيام ILTIJÂM. [لوم VIII. med. و] Sbst. ... *état d'être blâmé, d'être reproché.* | Tadel, den man erhält; getadelt werden.

a التيام oder التئام ILTIÂM. [لأم VIII.] Sbst. آرزو ايتمك . متمع اولمق . جمع اولمق *action de se joindre et de s'adapter (se dit des parties qui étaient séparées, p. ex. les chairs d'une plaie), réunion, rassemblement; consentement, accord, soumission, obéissance; douceur; désir.* | Vereinigung des Getrennten, daher Heilung einer Wunde, überhaupt Vereinigung, Einigung, Uebereinstimmung, Nachgeben und Unterwerfung unter den Willen eines Andern; Milde; Streben nach Vereinigung mit einem Gegenstande, daher Sehnsucht nach etwas. — ETMEK. *se joindre; guérir (intr.); consentir, se soumettre, désirer q. ch.* | sich vereinigen; zuheilen; zustimmen, nachgeben; gehorchen; sich nach etwas sehnen.

t آلتيوز ALTY-JÜZ. = آلتى يوز *six cents.* | sechshundert.

t آلچ ALǴ. Sbst. *un côté des osselets.* | ... *vous êtes heureux.* Hindoglu.

p آلچ . . . auch آلوچ oder آلچ ALÚǴ. Sbst. *azérole, nèfle, fruit de l'épine-vinette.* Azerole, Mispel, Berberitze. ALÚǴ-AGAǴY. *azerolier, néflier.* | Mispelbaum. vgl. آلوچه u. ...

a الجاء ILǴÂ. [لجأ IV.] Sbst. التوچه . مضطر قلمق *action de forcer à chercher refuge auprès de q. qn., de se confier à q. qn.; action de contraindre.* | Zwang, bei Jemand Zuflucht suchen zu müssen, sich Jemand anvertrauen zu müssen; Zwang. — ETMEK. *contraindre q. qn.; recourir à Dieu.* | Jemanden zu etwas zwingen; seine Zuflucht zu Gott nehmen, seine Sache Gott anheimstellen. — ضرورة الجا ايتمدكجه wenn die Nothwendigkeit es nicht erheischt.

t آلچاق ALĆAK. s. آلچق

t آلچالمق ALĆALMAK. Vb. intr. *s'abaisser.* | sich erniedrigen, sich herablassen. vgl. آلچق

t آلچالق EL-ĆALMAK. Sbst. *battre des mains, applaudir.* | mit den Händen klatschen, als Zeichen des Beifalls.

a الجام ILǴÂM. [لجم IV.] Sbst. اويانلمق *action de mettre la bride.* | Zäumung, Aufzäumung (eines Pferdes). — ETMEK. *brider.* | den Zaum anlegen.

t الجيلر ELǴEBLER. Sbst. Pl. *les manches.* | die Aermel (Handtaschen von ال Hand, und جب Tasche).

t o آلجنمق s. اولاجمك

t آلچق YLYĆAK. Adj. *tiède.* | lau, halbwarm.

t آلچق ALĆYK. s. آلچق

o آلچق oder آلچاق ALĆAK. Adj. *bas, vil, malhonnête, inférieur, humble.* | niedrig, schlecht, gering, demüthig, bescheiden. آلچق طبيعت *vile nature.* | niedrige Gesinnung. آلچق كوكلولك *modestie.* | Bescheidenheit. آلچق عيارلو *de bas aloi.* | von schlechtem Gehalt (Gold oder Silber). آلچق بها *prix bas.* | niedriger Preis. آلچق كمسنه *homme de basse condition.* | von niedrigem Stande, von geringem Herkommen. آلچق يپاغى *laine grossière.* | grobe Wolle, von geringer Qualität. آلچق شراب *petit vin.* | junger Wein, Most. — ETMEK. *abaisser, humilier.* | erniedrigen, demüthigen.

t o آلچق ALĆYK und آلچغين ALĆGAN. Adj. *troublé, stupéfait.* | in Verwirrung gesetzt, verwundert, überrascht.

t آلچقجه ALĆAKǴA. Adv. ALĆAK.

t آلچقرق ALĆAKRAK. Adj. Compar. v. آلچق

t آلجقلمق oder آلجقلامق ALĆAKLAMAK. Vb. intr. u. act. Aor. ALĆAKLAR. *regarder avec dédain, mépriser, faire peu de cas de q ch., traiter q. qn. avec dédain.* | eine Sache gering achten, Jemanden mit Geringschätzung begegnen. خورلبوب آلجقلمق *abaisser, humilier, avilir.* | erniedrigen, niederdrücken, demüthigen. Deriv. I. آلجقلتمق ALĆAKLATMAK. Vb. caus. *faire mépriser; abaisser, humilier.* | machen, dass etwas geringgeschätzt wird, herabsetzen, erniedrigen, demüthigen. II. آلجقلنمق ALĆAKLANMAK. Vb. refl. u. pass. *s'abaisser, s'humilier; être abaissé, humilié.* | sich erniedrigen, sich demüthigen; herabgesetzt, erniedrigt, gedemüthigt werden oder sein. آلجقلنمش ALĆAKLANMYŠ. *abaissé, humilié.* | erniedrigt, gedemüthigt

t آلجقلق ALĆAKLYK. Sbst. *bassesse* | Niedrigkeit.

t آلجقلو ALĆAKLY. Adj. *bas, vil; profond.* | niedrig, gering, tief. s. آلجق

t آلجك ELDIK. Sbst. [Demin. v. آل] *gant.* | Handschuh.

t o آلجمق s. اولجمك

a آلجمه ELGIME. Sbst. Pl. لجام

t آلجو s. آلجى

t آلجوق oder آلاجق ALAĆYK. Sbst. *tente, cabane.* | Zelt, Hütte. LT. كشلك

t آلجى ILĆI. s. ايلچى

t آلجيق ALĆYK. LT. خبركير *espion.* Spion, Kundschafter (?).

t آلجيلك ILĆILIK s. ايلچيلك

t آلجى oder آلجو ALĆY. Sbst. *plâtre.* | Gyps, Gypsmörtel. آلجى ايشى ALĆY iši oder آلجيدن صنم ALĆYDAN SANEM. *figure en plâtre.* | Gypsfigur.

t آلجيلمق ALĆYLAMAK. Vb. act. = آلجى سورمك *plâtrer.* | mit Gypsmörtel bekleiden, bewerfen (eine Wand).

a آلجاء ILǴÂ. [لجأ IV.] Sbst. الاجاء ايتدرمك *action de forcer q. qn. à avoir recours à q. ch.* | Nöthigung Jemandes seine Zuflucht zu etwas zu nehmen, ein Mittel zu ergreifen. vgl. التجاء

a الحاح ILḤÂḤ. [لحّ IV.] Sbst. اقدام وابرام ايله *action d'insister sur q. ch., instance, sollicitation.* | Bestehen auf einer Sache, Drängung, Nöthigung, dringende Bitte. — ETMEK. *insister, presser, solliciter.* | dringend bitten, verlangen; drängen, nöthigen. الحاحيله ILḤÂḤYLA. Adv. *instamment.* | inständig

a الحاد ILḤÂD. [لحد IV.] Sbst. *action de s'écarter de la ligne droite, de la vraie religion; impiété, hérésie.* | Abweichung von der geraden Richtung, vom wahren Glauben, Ketzerei.

a الحاصل EL-ḤÂSYL. Adv. *en somme, bref.* | kurz, mit einem Worte. s. حاصل

a الحاق ILḤÂK. [لحق IV.] Sbst. يتشدرمك ، قاتمق *action d'atteindre, de joindre; annexion, adjonction.* | Hinzufügung, Verbindung einer Sache mit einer andern. — ETMEK. *ajouter; joindre, atteindre* | hinzufügen, hinzusetzen, zusammenfügen; Jemanden einholen — OLMAK. *ajouté, être inséré.* | hinzugesetzt, eingeschaltet sein oder werden.

a الحال EL-ḤÂL. Adv. *à présent.* | jetzt, gegenwärtig. فى الحال FI-L-ḤÂL. *à présent, tout de suite.* | jetzt, sogleich, auf der Stelle. الحالة هذه EL-ḤÂLET HAZIHI. *dans l'état actuel des choses.* | wie die Sachen jetzt stehen, unter solchen Umständen.

a الحان ELḤÂN. Sbst. Pl. v. لحن LAḤN.

a الحان ILḤÂN. [لحن IV.] Sbst. آڭلاتمق *action de faire comprendre à q. qn. un mot, une expression.* | deutliche Aussprache, deutlicher Ausdruck. — ETMEK. *faire comprendre, prononcer clairement et distinctement.* | laut und deutlich sprechen.

a الحق ELḤAKK. Adj. *en vérité, réellement.* | in Wahrheit, wahrlich, wirklich. s. حق

a الحمد EL-ḤAMD. s. حمد

الحميين Nom. propr. LT.

a الخ Abkürzung von الى الآخره ILA-L-ÂḪIRET. *et cætera.* | und so weiter.

a الدّ ELADD. Sbst. u. Adj. *grand disputeur, très-entêté.* | streitsüchtig, heftig streitender Mensch.

t o الد ALD. Sbst. = ال EL. *la main.* | die Hand.

t o الد ALD, auch آلت ALT. Sbst. *le devant.* | das was vor oder vorn ist (dem Raume und der Zeit nach), Vorderseite, Vordertheil; als Adverb. postpos. *devant, en face; auprès de, chez.* | vorn, vor, bei. انينك آلدنده *devant lui, avant lui.* | vor ihm, ihm gegenüber. آلدندن *par devant.* | von vorn. آلدنجا *chez lui.* | bei ihm, bei sich, zu sich (apud se Q.). آلدينه كيلتوروب nachdem er ihn hatte zu sich kommen lassen. اوز آلدنده *chez nous.* | bei uns (apud nos, ut nobis videtur Q.). آلدنده آت آليب equo imponens Q.

t آلداتمق ALDATMAK. s. آلدامق

t آلداتيجى ALDADYĆY. Sbst. u. Adj. *trompeur.* | Betrüger; trügerisch, täuschend. s. آلدامق

a الدارين ED-DÂREIN [für الدارين] Sbst. *les deux demeures, (la terre et le ciel).* | das Diesseits und das Jenseits.

t o آلداغ ALDAG. Sbst. *tromperie, ruse, fraude.* | Täuschung, Trug. vgl. d. Flgde.

t آلدامق ALDAMAK. Aor. آلدار ALDAR. Vb. act. *tromper.* | täuschen, betrügen. Deriv. I. آلداتمق oder آلدتمق ALDATMAK. Aor. آلداتر ALDADYR. Vb. caus. *faire tromper q. qn.; tromper, abuser, décevoir.* | bewirken, dass Jemand sich täuscht; Jemanden hintergehen, täuschen, übervortheilen, hinter das Licht führen; sein Wort nicht halten. II. آلداتلمق ALDATYLMAK. Vb. caus. Pass. *être trompé.* | betrogen, getäuscht werden. III. آلدانمق ALDANMAK. Aor. آلدانور ALDANYR. Vb. pass. u. refl. *être trompé, se tromper, se laisser tromper.* | getäuscht, betrogen werden, sich täuschen, sich versehen, sich betrügen lassen. IV. آلداشمق ALDAŠMAK. Vb. recipr. *se tromper l'un l'autre.* | einander gegenseitig täuschen, einander betrügen.

t آلدانج ALDANǴ. Sbst. *tromperie ou trompeur.* | Täuschung oder Betrüger.

t آلدانغيجى ALDANHGY. Adj. u. Sbst. *trompeur.* | Täuscher, täuschend. جسوبستان قوشى آلدانغيجى ĆOBÂN ALDANHǴY. *petit oiseau bigarré, bergeronnette.* | die Bachstelze. *p* شمشك مكناء *a* اخرج oder قرقب

t آلدانلق ALDANLYK. Sbst. *fraude, tromperie.* | List, Täuschung, Betrügerei.

t آلدانمق ALDANMAK. s. آلدامق

t o آلدايجق ALDAYĆAK (Ali Schir). Sbst. = آلداتيجى

t آلداتيجى ALDATǴY. Sbst. u. Adj. *trompeur.* | Betrüger, täuschend.

t آلدتمق ALDATMAK. s. آلدامق

t آلدرمش ALDYRMYŠ. s. آلمق

t o آلدرمق ALDARMAK. Vb. intr. *être étonné, stupéfait, troublé.* | erstaunt, bestürzt sein. LT. سراسيمه ومضطرب اولمق

t آلدرمق ALDYRMAK. s. آلمق ALMAK.

t آلدرمك ILDIRMEK. s. الك ILMEK.

t آلدعا EDDU'Â. s. دعا

t o آلدكى Sbst. *tromperie.* | Betrügerei. LT. عين كوزلكى

t o آلدم LT. زود Adv. *vite, au premier moment.* | schnell, im ersten Augenblick.

t آلدم ILERIM. Adj. *repentant.* | bereuend [nach Meninski, Tabrif. v. نادم].

t o آلدمجى ALDAMĆY. Sbst. u. Adj. *trompeur.* | Betrüger, betrügerisch. *p* مكار . فريبنده LT.

t آلدنج ALDANǴ. s. آلدانج

t آلدنمق ALDANMAK. s. آلدامق

t o آلدور ALDUR. s. آلمق .

t آلدون EL-DIWEN. Sbst. *gant.* | Handschuh.

t o آلدون s. الون

t o آلديافلوج ALDYAFALǴ. Sbst. *tablier.* | Schürze.

t o آلدين = آلت u. آلتنده

a الذّ ELEZZ. Adj. *plus doux, plus délicieux, facile à digérer,* | süsser, wohlschmeckender, sehr süss; leicht verdaulich.

a الذى ELLEZI. Pron. rel. Fem. التى ELLETI. *qui, le quel.* | welcher, welche, welches.

p آلرد ELERD. Sbst. *sac à provisions.* | Netzsack, in welchem Lebensmittel zu Markte gebracht werden.

t آليلمه ILERLEME und آلرولمه ILERULEME. Sbst. *avancement, progrès.* | Fortschritt, Vorwärtsschreiten.

t آلرو, auch ايلرو und الرو ILERÜ. Adv. *avant, plus en avant.* | vor, vorwärts, weiter vorn. Man unterscheidet durch die Betonung

ILERÜ' (ـ ـ ـ) vorwärts und ILÉRÜ vor, vorn. ایلرو كتمك ILERÜ' GITMEK. avancer, réussir. | vorwärts kommen. ILÉRÜ GITMEK, passer devant. | vorangehen. كچورمك — faire passer devant, faire placer plus avant, plus honorablement. | vorwärts bringen, Jemanden in eine vortheilhafte Stellung bringen. قومق — préférer. | voransetzen, vorziehen.

t ایلروجه ILERIGE. Adv. un peu plus avant. | etwas vorwärts, ein wenig vor.

t ایلرولمك ILERILEMEK. Vb. intr. avancer, progresser. | vorwärtskommen, vorwärtsschreiten.

a الزاق ILZÂK. [لزق IV.] Sbet. یاپشدرمق action d'attacher, de coller. | das Anheften, ankleben. — ETMEK. attacher. | anheften. — OLUNMAK. s'attacher. | anheften.

a الزام ILZÂM. [لزم IV.] Sbet. action de rendre nécessaire, de contraindre, de convaincre, conviction. | Nöthigung, Ueberzeugung [— اثبات] Ueberführung. — ETMEK. rendre nécessaire, contraindre, convaincre. | nöthigen, zwingen zu etwas; nothwendig machen; machen, dass Jemand sich einer Sache unterzieht; Jemanden etwas übernehmen lassen; Jemanden überzeugen, überführen. بو دلیل بنی الزام ایلدی dieser Grund hat mich bestimmt. مشتری یه غبن وتغریر الزام ایلمك den Käufer des Betruges (beim Handel) überführen. الزاماً ایله aus Nothwendigkeit, nothgedrungen; aus Ueberzeugung. ممكن الالزام zwingend, überzeugend, triftig.

a الزم ELZEM. Adj. très-nécessaire, le plus nécessaire. | sehr nöthig, nothwendig; das Nöthigste.

t o الس ELES. Adj. peu, petit. | wenig, klein, gering. LT. اندك

t o الس, auch الوس oder اولوس ULUS. Sbet. origine, tribu; camp; règne, gouvernement. | Stamm, Lager, Herrschaft, Reich.

a الساق ILSÂK. [لسق IV.] Sbet. یاپشدرمق . اولشدرمق action d'attacher, de joindre. | Anheftung, festes Zusammenfügen. — ETMEK. joindre, coller; forcer q. qn. de rester attaché à q. ch. | anheften, fest anfügen, ankleben an eine Sache; Jemanden zwingen bei einer Sache zu bleiben.

a السن ELSEN. Adj. فصیح disert, qui s'exprime avec facilité. | beredt, gewandt im Ausdruck.

a السن ELSUN und السنه ELSINE. Sbet. Pl. v. لسان

t الش ALYŠ. Sbet. v. الق action de prendre, manière de prendre. | das Nehmen, Art und Weise zu nehmen. الش ویرش ALYŠ-WERIŠ. commerce. | Handel, Kauf und Verkauf. ALYŠ-WERIŠ ETMEK. faire commerce, trafiquer. | handeln, Handel treiben.

t الشدرمق ALYŠTYRMAK oder آلشترمق t. الق Deriv.

t الشترمك ILIŠTIRMEK. s. الك

t آلشق und آلشیك ALYŠYK. Adj. u. Sbet. s. الق accoutumé; privé, domestique; pratique, chaland. | gewöhnt, gewöhnt an; Hausfreund; Kunde, Käufer. شو شیئه آلشق an alles gewöhnt.

t آلشقلق ALYŠYKLYK. Sbet. amitié, familiarité. | Gewöhnung, Freundschaft, Vertrautheit.

t الشك ILIŠIK. Sbet. s. الك Deriv. II. attache; empêchement imprévu, échec, difficulté. | Anhängung, Anheftung, Hängenbleiben, unvorhergesehenes Hinderniss, Anstoss, Schwierigkeit.

t آلشمش ALYŠMYŠ. s. آلق Deriv.

t آلشمق ALYŠMAK. s. آلق Deriv.

t الشمك ILIŠMEK. s. الك Deriv.

t o الص ALYS. s. الوس

a الصاص ELSÂS. Sbet. Pl. v. لص

a الصاص ILSÂS. [لص IV.] Sbet. چلمق action de voler. | Raub, Diebstahl.

a الصاق ILSÂK. [لصق IV.] Sbet. یاپشق ایلمق . یاپشدرمق état d'être attaché, adhésion, action d'attacher, de coller à q. ch. | das Zusammenhängen, eng Zusammenfügen. — ETMEK. attacher, joindre, coller à q. ch., faire se toucher. | eng mit einem Gegenstande verbinden, anheften, ankleben, in nahe Berührung bringen. یره بسط والصاق ایلمك auf dem Boden ausbreiten und befestigen.

a الطاف ELTÂF. Sbet. Pl. v. لطف LUTF.

a الطاف ILTÂF. [لطف IV.] Sbet. احسان ایلمك . لطف ایلمك action d'agir avec bonté; de faire du bien. | Güte, Erweisung von Wohlthaten, Gnadenbezeugung.

a الطف ELTAF. Adj. très-bien, très-beau. | sehr gut, sehr schön.

t الطمش ALTMYŠ. — آلتمش Ali Schîr.

a الظاظ ILZÂZ. [لظ IV.] Sbet. ملازمه ایلمق . دائم اولمق . الحاح ایلمك assiduité, persévérance. | Ausdauer, Beharrlichkeit, fortdauernde Beschäftigung mit einer Sache, langes, beständiges Verweilen an einem Orte. الظاظ ایله continuellement, avec assiduité. | beständig, beharrlich.

a الماع IL'ÂĠ. [لعج IV.] Sbet. آتشی ضوطشدرمق action d'attiser, de rallumer le feu. | Wiederanfachung des Feuers (aus noch glühenden Kohlen). — ETMEK. rallumer le feu; allumer. | das Feuer wieder zum Brennen bringen; anzünden, anbrennen.

t o الغ ALYG. Sbet. v. آلق 1. prisonnier. | Gefangener. LT. گرفتار 2. revenus, provisions. | Einkünfte, Vorräthe. LT. حاصلات

t o الغ ULUG. Adj. اولو grand. | gross. الغ قان ULUG KAN. le grand-Khan. | der Gross-Khan der Tartarei. الغ بیرام das grosse Bairamfest.

a الغا ILGÂ. [لغا IV.] Sbet. باطل ایلمك action d'annuler, d'abolir, de déroger, d'omettre, de passer, de négliger. | Aufhebung, Auslassung, Uebergehung. Gramm. Unterdrückung des Einflusses einer Partikel (s. d. Arab. Gramm.). — ETMEK. négliger, passer q. ch., annuler, abolir q. ch., exclure, rejeter, retrancher. | eine Sache nicht beachten, übergehen, abschaffen, verwerfen (z. B. das Zeugniss Jemandes nicht als gültig anerkennen).

t o الغاد YLYGAD. Sbet. vgl. الغمق excursion déprédatoire, pillage. | Raubzug, Streifzug.

t o الغار YLGAR. Sbet. vgl. الغمق marche rapide, marche prompte, galop. | schneller Gang, Eilmarsch; Gelopp. — ETMEK. marcher vite, se hâter; galoper. | schnell gehen, schnell reiten, eilen; einen Streifzug zu Pferde unternehmen (um zu recognosciren). الغار ایله گتمك marcher à la légère, sans bagage. | ohne Gepäck marschieren, einen Eilmarsch machen.

t o الغارجی YLGARĠY. Sbet. courrier. | Eilbote. الغارجیلر troupes légères. | leichte Truppen.

t o الغرمق und ایلغرمق YLGARMAK. Vb. intr. vgl. الغمق marcher vite, se hâter. | schnell gehen, eilen. LT. زود رفتن

a الغز ELGÂZ. Sbet. Pl. v. لغز LUGZ.

a الغاز ILGÂZ. [لغز IV.] Sbet. manière de s'exprimer d'une façon obscure; de parler par énigme. | dunkle Ausdrucksweise, Verhüllung des Sinnes in dunkeln räthselhaften Ausdrücken.

t الغمق oder ایلغمق YLGAMAK. Vb. intr. چاپمق marcher vite, hâter, galoper (le cheval et le cavalier). | eilen, schnell gehen, galoppiren, schnell reiten, einen Eilmarsch oder Streifzug machen. خصم باشینه ایلغملی an das Haupt des Feindes ansprengend. Ali Schîr.

t o الغن ALGAN. Part. v. آلق

a الغرض EL-GARAZ. Adv. enfin, en un mot, c'est-à-dire. | kurz, mit einem Worte, das heisst.

t o الغوما LT. كار زنی [?]

t o الغش s. الغش

t o الغشلمق ALGYŠLAMAK. s. الغشلمق

t ایلغم oder ایلغم سالغم YLGYM SALGYM. mirage. | die Luftspiegelung. a سراب oder صبحه

a الغون YLGUN oder ایلغون الغونجی Sbet. tamaris. | die Tamariske. s. ایلغون

t الغنجار ALGYNĠAR, ALGUNĠAR. espèce de prune ou de cerise amère. | eine Art bittere Pflaume oder Kirsche.

t o القاجق Sbet. tenaille, pince. Zange (?) LT. كز كه بهندی چجولا كویند

t القوجی ALGUĠY. v. الق Sbet. qui prend, qui reçoit. | der Nehmende, Empfänger.

a الغوزة YLUGZET. Sbet. Pl. v. لغز LUGZ.

t o الغه ALGA. s. آل

t o الغه ALGA. s. الق

t o الغین ALGYN. Sbet. réunion. | Vereinigung. LT. مجمع

t o الغیمق ULGAJMAK. Vb. intr. v. الغ devenir grand. | gross werden. LT. كلان شدن

a الوف ELF. Plur. الاف ÂLÂF und ULÛF. Num. الف mille. | tausend. الف رنجه ایله mit tausenderlei Beschwerden.

a الف ELIF. Sbet. première lettre de l'alphabet. | Name des ersten Buchstabens im Alphabet. الف بیا رسی ABC-Buch, Fibel.

a الفاظ ELFÂZ. Sbet. Pl. v. لفظ

a الفاف ILFÂF. [لف IV.] Sbet. action d'envelopper, de fourrer sa tête, la cacher sous les ailes (des oiseaux). | Einhüllung, Verhüllung, insbesondere des Kopfes im Rockkragen, oder von Vögeln, unter den Flügeln.

a الفت ÜLFET. Sbet. دوستلق amitié, rapport d'amitié et de familiarité. | Freundschaft, Bekanntschaft, freundschaftliches Verhältniss. — ETMEK. *contracter amitié, être familier; être en relations d'amitié, s'accoutumer à q. ch.* | mit Jemand Bekanntschaft machen, Freundschaft schliessen, in freundschaftlichem Verhältniss mit Jemand stehen, sich an Jemanden oder an eine Sache gewöhnen.

a t الفتسزلك ULFETSIZLIK. Sbst. *inimitié* | Feindschaft (Gegentheil d. Vhgdn.). الفتسزلك ایتمك sich nicht vertragen können mit Jemand.

a p الفتكارى od. الفتكرى ULFETGERI. Sbst. *amitié, compagnie, société.* | Freundschaft, Gesellschaft, Bekanntschaft.

p الفته ALFETE. Adj. *frappé, stupéfait, épris d'amour.* | betroffen, nicht bei Sinnen, verliebt. Sbst. *vagabond.* | ein Umherstreifender.

a القا ILKÂ. [لقا IV.] Sbst. القى . قومق *action de jeter, de rejeter.* | das Werfen, Wegwerfen, fallen lassen. — ETMEK. *jeter, rejeter q. ch., rejeter (la faute) sur qn., persuader q. ch. à q. qn., attribuer, imputer q. ch. à q. qn.; laisser tomber; mettre bas.* werfen, wegwerfen, fallen lassen; Junge werfen; die Schuld auf Jemand werfen, ihm etwas beimessen, schuldgeben; Jemanden zu etwas bereden. القا ایله *à son instigation.* | auf seinen Antrieb. القا اولناجق ILKÂ OLUNAǦAK. *persuasible.* | überzeugend, wovon man überzeugt werden kann.

t o القه ALKA oder القو ALQY. Sbst. *anneau, bague.* | Ring, Ohrring, Nasenring. Tahrif v. حلقه

a القاب ELKAB. Sbst. Pl v. لقب LAKAB.

a القام ILKÂM. [لقم IV.] Sbst. يوتدرمق *action de faire avaler.* — ETMEK *faire avaler, déglutir.* | verschlingen lassen, in der Kehle herabgleiten lassen.

a القان ILKÂN. [لقن IV.] Sbst. *action de comprendre promptement, d'apprendre facilement par coeur, mémoire facile.* | leichtes Begreifen, Merken, schnelles Auswendiglernen, gutes Gedächtniss.

t o القين oder القن ALQYN. LT. سرخاب *rouge.* | rothe Farbe, Schminke. vgl. ال u. الين

t القش ALKYŠ od. القيش u. الغش Sbst. *bénédiction, approbation.* | Heil, Segen, Beglückwünschung. — ETMEK = ALKYŠLAMAK. s. d. Fgde.

t القشلامق ALKYŠLAMAK oder القيشلامق Vb. act. Aor. القشلار ALKYŠLAR. *bénir, donner une approbation* | mit dem Rufe Heil! begrüssen, segnen, glückwünschen, Beifall rufen. Deriv. القشلنمق ALKYŠLANMAK. Vb. recipr. *se bénir, se faire des acclamations.* | sich einander Heil zurufen etc.

t القشلامه ALKYŠLAMA. Sbst. *approbation.* | Beifall.

t o القمش LT. سنت Beschneidung?

a القصه ELKYSSA. Adj. *bref, en un mot.* | kurz, mit einem Worte.

t الك ELEK. Sbst. *tamis.* | Sieb, Haarsieb, Mehlbeutel. vgl. المك

t الك ILK. ایلك ELIK. LT. ایلك ILIK. Sbst. [zusammengezogen aus ال IL, das Vorn; vgl. الرو . الكارى und dem Pron. rel. كى] *premier, commencement; premièrement.* | الك ابتدا ILK-IPTIDA oder الك اول ILK-EWWEL. *premièrement, d'abord.* | zuerst, zuallererst. الك كره ILK-KERRE. *la première fois* | das erste Mal. الك بهار ILK-BEHAR oder الك یاز ILK-JAZ. *le printemps.* | der Frühling. الك چوجوق ILK-ČOǦUK. *premier-né.* | das erste Kind einer Ehe. الك بكا ویر ILK BANA WER. erstens gib mir!

t الك ILIK oder ELIK. Sbst. *la main.* | die Hand. vgl. ال u. الك

t الك oder ایلك und ایلیك ILIK. Sbst. *moelle (des os).* | das Mark.

t الك, auch ایلك u. ایلیك ILIK. Sbst. v. *boutonnière.* | Knopfloch, Schlinge, Schleife, Ring für einen Haken.

t الكو ÜLEG. Sbst. u. Adj. *mort.* | ein Todter, todt. v. اولمك

t الكا oder الكه ÜLKE. Sbst. *terre, pays, territoire.* | Land, Gebiet. s. اولكه

t o الكا Sbst. *homme, individu.* | Mensch, Person. LT. مردم

t o الكارى ILGARI. Adv. LT. پيش *devant, avant.* | vor. الكارى آلدن vorher, früher als dieses. Abulg.

t o الكاروك ILGARIRAK. Adv. مونلدن الكاروك Abulg. 112. *désormais* (?) Q.

t o الكرى Adv. LT. پیشتر *antérieur.* früher, vorher.

t الكلك ELEKLIK. [v. الك ELEK. das Sieb.] Sbst. *espèce de gaze dont on fait des tamis.* | eine Art Gaze, woraus man Siebe macht.

t o الكمك ILIGLAMAK. Vb. act. *porter à la main.* | mit der Hand tragen. LT. بدست آوردن

t الكلمك ILIKLEMEK. Vb. act. v. الك Aor. الكلر ILIKLER. *boutonner, accrocher, lacer, prendre dans des lacets.* | mit Knöpfen, Haken, Schlingen oder Schnüren befestigen, knöpfen, einhaken, schnüren, verwickeln, verstricken. Deriv. الكلنمك ILIKLENMEK. Vb. pass. u. refl. *se boutonner, s'accrocher.* | mit Knöpfen u. s. w. befestigt werden, sich verwickeln, verstricken.

t الكلنمك oder ایلكلنمك ILIKLENMEK. Vb. intr. *être moelleux.* | markig sein, Mark haben (von Knochen). Kam. s. v. مخخ

t الكلى oder ایلكلى ILIKLI. Adj. *moelleux, vigoureux.* | markig, stark, kräftig, mit Mark gefüllt (von Knochen).

t الكوم صغمه oder الكم صغمه ELKIUM-(?)SPR. ELLIUM SAGMA. [vgl. الم سالم] Sbst. *arc-en-ciel.* | Regenbogen, gewöhnlicher علايم سما 'ALAIM-I SEMA.

t o الكمك ILEMEK = الكمك

t الكن ELKEN. Sbst. = يلكن *voile d'un vaisseau.* | Segel.

a الكن ELKEN. Adj. u. Sbst. بيلسنده *qui ne sait parler qu'avec difficulté,* كوج دیلالو *bègue.* | schwer sprechend, von schwerer Zunge; stotternd, Stotterer.

a p الكن كن ELKENKÜN. Adj. *qui cause du bégaiement, qui fait taire.* | Stottern verursachend, zum Schweigen bringend.

t o الكون ILKUN. Sbst. *le peuple, le monde.* | das Volk, die Leute. vgl. ایل

p الكونه ÂLGUNE. Sbst. *rouge, fard rouge.* | rothe Farbe, rothe Schminke.

t الكه ÜLKE. s. الكا

t الكين ILKIN. Adv. [s. الك] *premièrement, avant tout.* | zuerst, vor allen Dingen.

t اللرو ILLERÜ. s. الرو

t o اللغلمق ULULATMAK. s. اولولتمق

t اللشمك ELLEŠMEK. s. d. Fgde.

t اللمك ELLEMEK. vgl. ال Vb. act. Aor. اللر ELLER. *toucher avec la main, mettre la main à q. ch. ou sur q. qn.; conduire à la main, éconduire; mettre q. qn. à la porte.* | mit der Hand berühren, betasten, befühlen; eine Sache handhaben, Hand anlegen an eine Sache oder an Jemand; an der Hand führen, hinausführen, Jemand zur Thüre hinauswerfen. Deriv. اللشمك ELLEŠMEK. Vb. recipr. *se toucher réciproquement, en venir aux mains.* | sich gegenseitig berühren, gegenseitig Hand anlegen, handgemein werden.

t اللمك ELLEMEK. s. اللمك

t اللمك ELLEMEK. Vb. act. *dévider.* | aufwickeln, aufhaspeln. ایپلك اللمك *dévider du fil et le mettre en peloton.* | einen Faden auf einen Knäuel wickeln. vgl. الیك u. الك Schlinge.

t o اللمك ILMEK = اللمك

t اللنجى ELLINǦI. Adj. Num. *cinquantième.* | der Fünfzigste.

t o اللنمق ULULANMAK. s. اولولنمق Deriv.

t o اللو Sbst. *partie postérieure de la tête.* | der Hinterkopf. LT. پس قفا

a الله ALLAH. Sbst. *Dieu.* | Gott.

a اللهلق ALLAHLYK. Sbst. *divinité, ressemblance avec Dieu.* | Göttlichkeit, Gottähnlichkeit, göttliche Natur.

t اللى ELLI. Adj. Num. *cinquante.* | fünfzig.

t اللیشر ELLIŠER. Num. distrib. *à cinquante.* | zu je fünfzig.

t الم ALYM. Sbst. vgl. المق *action de prendre, de saisir, d'acheter; achat; ce que l'on peut prendre; portée; capacité.* | das Nehmen, Greifen, Kaufen; Kauf, Einkauf; das wie weit man greifen kann. Bereich; das Ergreifen mit dem Verstande, Fähigkeit. الم صاتم ALYM SATYM. *trafic.* | Kauf und Verkauf, Handel. كوز المى GÖZ-ALYMY. *portée de la vue.* | Bereich des Auges, so weit das Auge sehen kann. ال المى EL-ALYMY. *portée de la main.* | Bereich der Hand.

a الم ELEM. Sbst. *douleur, mal, souffrance, anxiété, tristesse.* | Schmerz, Kummer, Trauer, Angst, Sorge. الم چكمك ELEM ČEKMEK. *souffrir, avoir de la douleur, du chagrin etc.* | Kummer etc. haben. — ETMEK oder WERMEK. *causer du chagrin, de la douleur etc.* | Schmerz, Kummer etc. verursachen, betrüben, ängstigen. الم دكل ELEM DEǦIL. *ce n'est pas un sujet de chagrin. cela ne vaut pas la peine.* | es macht keine Sorge, hat wenig auf sich. آلمم وار ELEMI'M WAR. *je suis en peine.* | ich bin in Sorge.

t آلمه ELMA, auch آلما ALMA. Sbst. *pomme.* | Apfel. — اغاجى — E AGAGY *pommier.* | Apfelbaum. يرالمسى JER-ELMASY. *pomme de terre.* | Kartoffel, Erdapfel, [auch Kam. s. v. الاجاص]. كوز المسى *prunelle (de l'oeil).* | der Augapfel. قزل الما KYZYL-ELMA. *pomme rouge; Rome.* | der rothe Apfel; Rom. قزل الما بيوسى *le pape de Rome.* | der römische Pabst. الما بجكمى ELMA BIČMI. *pommette.* | apfelförmige Verzierung.

t المجق ALMAGYK. Sbst. Dim. v. الما *petite pomme; rotule, tête du fémur qui s'emboîte dans le genou.* | Aepfelchen; Kniescheibe, die Kugel des Schenkelknochens am Knie, Kam. s. v. الفلحاس; die hervorstehenden Schulterknochen des Pferdes. Kam. s. v. الشعب, daher المجقلرى بتصق آت *cheval enselle.* Pferd mit eingedrücktem Rücken.

a الماع ILMÁ. [لمع IV.] Sbst. ازاله. سرقه. جملق *action d'enlever, d'emporter, de comprendre.* | Wegnahme, Entwendung, Zusammenfassung. — ETMEK. *enlever q. ch., voler; embrasser q. ch., comprendre.* | wegschaffen, wegnehmen, stehlen; zusammenfassen, fassen, begreifen. = اشتمال

a الماح ILMÁH. [لمح IV.] Sbst. جلوت الله بخمق *action de regarder à la dérobée, de se laisser voir par un passant (en écartant légèrement le bout de son voile).* | verstohlenes Anblicken; Lüftung des Schleiers, damit ein Begegnender das Gesicht sehen kann (von koketten Frauen).

a الماس ELMÁS. Sbst. *diamant, rosette.* | Diamant.

t a الماس ALMAS. s. آلمق

a الماع ILMA. [لمع IV.] Sbst. *signe.* Zeichen, Anzeichen, Andeutung, Wink. — ETMEK. *faire signe, consentir; enlever q. ch. rapidement.* | Zeichen geben, winken, seine Zustimmung zu erkennen geben, beistimmen; wegnehmen, wegstehlen.

t o الماك Sbst. *sangle d'une selle.* | Sattelgurt. LT. قولان اعلقه

t الملق ELMALYK. Sbst. *pommeraie.* | Apfelgarten. المالق اولان بر ein Ort wo Aepfel wachsen.

a المام ILMÁM. [لمم IV.] Sbst. مداومت. نزول *action de faire halte, descendre et rester dans un lieu.* | Einkehr, Verweilen an einem Orte. — ETMEK. *descendre, habiter quelque part.* | einkehren, seine Wohnung nehmen.

t o الماى ALMAI. s. آلمق

t o الاجق ALAMĞAK. Adj. الاجه LT. *bigarré, tacheté.* | bunt, gefleckt. = الاجيق

a p المزده ELMEZDE. Adj. *attristé, affligé.* | betrübt, bekümmert. — OLMAK. *souffrir, avoir du chagrin.* | leiden, betrübt sein, Kummer haben. vgl. الم ELEM.

a المعى ELMAÍ. Adj. *perspicace, doué d'un esprit vif et pénétrant.* | scharfsinnig. المعيت ELMAÍJJET. Sbst. *perspicacité, esprit vif et pénétrant.* | Scharfsinn, Scharfsinnigkeit.

t آلمق ALMAK. Vb. act. Aor. آلور ALYR. *prendre, occuper, recevoir, enlever; comprendre; se charger de q. ch., porter, soutenir; acquérir, acheter; tenir, contenir. t o. être en état de faire, pouvoir.* | nehmen, greifen, fassen; aufnehmen, wegnehmen, erobern; in Besitz nehmen, kaufen; annehmen, empfangen; in sich aufnehmen, halten, fassen, in sich begreifen; auf sich nehmen, sich mit etwas beladen, tragen, stützen; *t o.* im Stande sein zu thun, können. الوب ويرمك oder آلسوب صاتمق *acheter et vendre, négocier, trafiquer.* | kaufen und verkaufen, oder nehmen und geben, d. i. Handel treiben, handeln. كندى آلمق *prendre avec soi.* | mitnehmen. آتش آلمق *prendre feu, se décharger (un fusil).* | Feuer fangen, losgehen (ein Schiessgewehr); auch ALMAK allein توفنك آلدى das Gewehr ist losgegangen. استهزايه آل oder مسخره يه آل *se moquer de q. qn.* | zum Spott nehmen, zum Besten halten. اندازه سنى آل *prendre la mesure.* | das Maas nehmen (z. B. ein Schneider). ويرنسيه آل *prendre à crédit.* | auf Borg nehmen, leihen. اوزرينه آل oder بوينينه آل *se charger de q. ch.* | auf sich oder auf seine Schultern nehmen. سيلوب آل *enlever le tout.* | ganz und gar wegnehmen. سوز آل *prendre la parole.* | das Wort ergreifen. جواب آلدى responsum dedit. Ali Schir. Q. صولوق آلمق *prendre haleine.* | Athem schöpfen. نفس آل *prendre l'air.* | Luft schöpfen, Luft durchlassen, leck sein (z. B. ein Gefäss, Rohr, Pfeife u. dgl.). قان آل *saigner.* | zur Ader lassen. معامله يه آل *emprunter à intérêts.* | auf Zins nehmen. طوتوب آل *arrêter, saisir.* | festnehmen. يول آل *prendre une route.* | einen Weg einschlagen. آل سنه AL SAN-Ä, *prenez! tiens!* | nimm! greif zu! da hast du! كم اويونى آلدى *qui a gagné la partie.* | wer hat das Spiel gewonnen. قيز آلمق oder auch آلمق allein. *se marier.* | sich verheirathen. يونس الدى اسمعيل قيزلرندن بيننك قيزى ايدى *la femme qu'avait épousée Jounous, était fille d'Ismaïl.* Abulg. Q. آلغودای qui in eo est ut capiat. Abulg. Q. آلسسب ferens, sustinens. Abulg. Q. قيلا آلمق *être en état de faire, pouvoir faire.* | im Stande sein zu thun, thun können. آلا آلمق *être en état de prendre.* | nehmen können. بولا آلور *il est possible.* | es ist möglich. قيلا آلغى سيس facere potes. قيلا آلغميس facere possum. اسراى آلغى servare posset. Ali Schir. Q. Deriv. I. آلماق A'LMAMAK. Vb. neg. *ne pas prendre etc. t o. n'être pas en état de faire.* | nicht nehmen u. s. w. *t o.* nicht thun können. آلمادى non potuit. قيلا آلمديلار facere non potuerunt. = *p* نكرد انند Ali Schir. Q. ايلا آلمى = ايته آلمى non potens hoc facere. قيلا آلماس non potest praestare rem. ايلاماسى = ايته آلماس non potest facere. VI. II. آلدورمق und آلدرمق ALDYRMAK, Aor. آلدرور ALDYRYR. Vb. caus. *faire prendre etc., saisir.* | nehmen lassen u. s. w., nach etwas greifen, ergreifen. حجامت آلدرمق *poser les ventouses, saigner.* | den Schröpfkopf in sich aufnehmen lassen, d. i. schröpfen. قان آلدوردى sanguinem elicuit. Abulg. Q. كونكول آلدوروب amorem concipiens. Ali Schir. Q. Partic. آلدرمش ALDYRMYŠ. *saisi, évanoui, hors de soi, pâle de frayeur.* | ergriffen, erschreckt, ausser sich, ohnmächtig, leichenblass (vor Entsetzen). III. *t o* آلتمق ALYTMAK. Vb. caus. LT. گرفتار كردن *laisser prendre, faire saisir.* | ergreifen lassen. IV. آلشمق ALYŠMAK. Aor. آلشور ALYŠYR. Vb. recipr. u. refl. *prendre réciproquement, échanger; prendre en habitude, s'habituer, se familiariser, s'accoutumer, s'apprivoiser (un animal), se mettre en train (une machine); être pénétré de q. ch., s'imbiber.* | 1. recipr. gegenseitig nehmen, einer von dem andern nehmen, tauschen, eintauschen. LT. بدل كردن 2. refl. sich nehmen, d. i. eine Gewohnheit annehmen, sich vertraut machen mit, sich gewöhnen, von Thieren = sich zähmen lassen, zahm werden; von Maschinen u. dgl. = in Gang kommen. كوزى آلشدى *son oeil s'y est fait.* | sein Auge hat sich daran gewöhnt. Partic. آلشمش ALYŠMYŠ. *accoutumé, familiarisé, apprivoisé.* | gewöhnt, vertraut mit …, zahm. ايشه آلشمش *sur* Arbeit gewöhnt. 3. in sich aufnehmen, einziehen, einsaugen. بادام يغنى ينه آلشدقده postquam oleum amygdalinum imbibitum est. V. آلشدرمق oder آلشتورمق ALYŠTYRMAK. Aor. آلشدرر ALYŠTYRYR. Vb. recipr. caus. *faire prendre réciproquement, faire changer, faire s'accoutumer, apprivoiser etc. faire s'imbiber.* | gegenseitig nehmen lassen, tauschen lassen, sich gewöhnen lassen, zähmen (ein Thier) etc., gegenseitig in sich aufnehmen lassen. اسى صويه صوغوق صو آلشدرمق zu heissem Wasser kaltes Wasser zugiessen. بركى عادتلره آلشدرمق Jemand zu neuen Gewohnheiten bringen. VI. آلنمق ALYLMAK. Vb. pass. LT. گرفته شدن *être pris.* | genommen werden. VII. آلنمق ALYNMAK. Vb. refl. *être pris, se laisser prendre; être ému, affecté; être supporté, s'appuyer.* | sich nehmen lassen, sich einnehmen lassen, eingenommen sein; getragen, gestützt sein, sich stützen. بو سوزلردن آلنوب von diesen Worten eingenommen, durch diese Worte bewegt. ديركه آلنمق auf einer Säule ruhen, durch eine Säule gestützt sein. = *a* اعتماد

t o آلمق YLMAK. Vb. act. *faire.* | machen, und die Derivv. آلنمق und آلتمق s. ايلمك und ايلمك

t o آلمق YLMAK. LT. خشم آوردن *mettre en colère.* | in Zorn bringen.

t o آلمق LT. بوكردن [؟]

t o آلمق YLMAK. Vb. intr. act. يپوشمق. پيوند كردن LT. *se joindre, joindre.* | sich verbinden, verbinden. s. الماق ILMAK. Deriv.

I. آلقيق Vb. caus. بيوندك كتلمكدن LT. = التدرمك *faire joindre.* | verbinden lassen.

II. آليقق Vb. pass. بيوندكردة شدن LT. *être joint.* | verbunden werden oder sein.

III. آلشتورتمق Vb. caus. pass. بيوند كنانيده شدن *être fait se joindre.* | in Verbindung gebracht werden.

t الملق ALMAKLYK. Sbst. *action de prendre, acception, accueil; prise (d'une ville).* | das Nehmen, Annahme, Aufnahme, Einnahme. شهرى الملقدن عاجز اولوب da er zu schwach war, um die Stadt zu nehmen. Derbendname.

t الملك ELMEK oder الكمك s. الكمك

t الملك oder ايلشمك ILMEK. t a آلق Vb. intr. *se joindre, s'accrocher; rencontrer q. ch.* | sich mit etwas verbinden, verwickeln, an etwas hängen bleiben; auf etwas treffen = راست كلمك. Derivv. I. الدرمك oder ايلدرمك ILDIRMEK Vb. caus. *joindre, accrocher, attacher, fixer.* verbinden, anhängen, anheften, befestigen an einer Sache. II. الشمك ILIŠMEK. Vb. recipr. *s'accrocher l'un à l'autre, se rencontrer, se heurter contre.* | aneinander hängen, aneinander hängen bleiben, zusammentreffen oder aneinander treffen, stossen u. s. w., zwei Personen oder Dinge, davon الشمك s. o. III. الشدرمك ILIŠTÜRMEK; auch الشترمك und ايلشدرمك Vb. recipr. caus. *faire s'attacher; attacher, coudre légèrement, faufiler.* | aneinander hängen machen; anheften, leicht aneinander nähen, zu Faden schlagen. طرنق الشترمك *enfoncer les ongles dans la chair.* | die Nägel einkrallen.

t الملك ILMEK. Sbst. *lacet.* | Schlinge, Schleife.

t آلملو ALMALY. Partic. Fut. v. آلق

t آلملو ALYMLY. Adj. v. آلق *qui contient, qui a la capacité.* | haltend, fassend, begreifend.

it الموں ILIMÜN. [vulg. لموں LIMÜN.] Sbst. *limon, citron.* | Limone, Zitrone. الموں اغاجى *limonier.* | der Limonen- oder Zitronenbaum.

t الما s. المه

t المه ELEMIŠE. Sbst. *dévidoir.* | Haspel, Weife, Garnwinde.

t آلن ALYN. s. آلين

t النج ILENǦ. s. ايلنج

t o النمه ULANǦ. s. اولنمه

t آلنلو ALYNLY. Adj. v. آلين *qui a un front.* | eine Stirn habend. بيوك آلنلو mit grosser Stirn.

t آلنمق ALYNMAK s. آلق VII.

t o آلنمق YLANMAK. Pass. v. آلق YLMAK. s. اولمق

t آلو ALEW. Sbst. *flamme.* | Flamme. s. علو

p آلو ÂLÜ. Sbst. آلو *prune.* | Pflaume. آلوجه ALÜǦA. Demin. *petite prune, espèce de prune sauvage.* | eine Art kleine wilde Pflaume, (prunus devaricata. Ledeb.).

p آلو بالو ALU BALU. Sbst. *cerise aigre, griotte.* | saure Kirsche.

gr آلنموں ELENIŬN. Sbst. (ἑλένιον). *aunée.* | Alant. (Pflanze).

p آلوا ALWA. Sbst. Aloe.

a الواء ILWÂ. [لوى VI.] Sbst. سنجاقى آلمق, سنجق تيكمك *action de planter ou d'arborer un drapeau.* | Aufrichtung einer Fahne.

a الواح ELWÂH. Sbst. Pl. v. لوح LEWH.

a الوان ELWÂN. Sbst. Pl. v. لون LEWN; als Adj. *de toutes couleurs.* | bunt farbig. الوان شال bunte Schals. الوان سختيان buntes Saffian, الوان حرير bunte Seide.

t آلوبلمق s. آلق

p آلوج ALÜǦ. s. آلج

t آلوجه ALUǦA. s. آلو

p آلود ÂLÜD. Adj., in pers. Compos. *souillé, sali, infecté.* | beschmutzt, befleckt. خواب آلود ḲIN-ÂLÜD. *profondément endormi.* | fest eingeschlafen. چشم مخمور = چشم خواب آلود *œil languissant.* | ein wie im halben Schlafe, halb geschlossenes, schmachtend blickendes Auge. خشم آلود *étant en colère.* | von Zorn befleckt, d. i. zornig. خون آلود blutbefleckt, blutig. غبار آلود staubbefleckt, staubig.

p آلودكى oder آلودكي ÂLÜDEGI. Sbst. *souillure, immondice.* | Schmutz, Unreinigkeit.

p آلودن ÂLÜDEN. Vb. act. u. intr. *souiller, troubler (de l'eau); se souiller, pécher; être souillé, troublé.* | beschmutzen, beflecken, trüben, verunreinigen, sich besudeln, sich verunreinigen, z. B. durch Sünde, daher sündigen; unrein, trübe sein.

p آلوده ÂLÜDE. Partic. d. Vhgdn. — ETMEK. *souiller etc.; enduire (de couleur etc.).* | beschmutzen, besudeln, bestreichen (mit Farbe u. dgl.).

t o آلوس ALUS, auch آلس u. آلص oder آلوص Adj. *éloigné.* | weit, entfernt. دور LT. آلوسقه ALUSKA. in der Ferne.

t آلس s آلوس

t o آلوش oder اولش ULUŠ. Sbst. *portion, part.* | Theil, Antheil, Portion. LT حصه طعام

t o اولشمق ULUŠMAK. Vb. act. *partager.* | theilen, antheilen.

t o آلوق u. آلوغ ALUḲ. Adj. v. آلق *occupé de q. ch.; stupéfait, troublé, attristé, amoureux.* | eingenommen (geistig), von Erstaunen, Bestürzung, Betrübniss, Liebe u. s. w. = آلقمش

t o اولوغ ULUG. Adj. *grand.* | gross. اولوغ آغا ULUGAGA. der ältere Bruder des Vaters. اولوغ ابا ULUGAJA. die ältere Schwester der Mutter.

a آلوف ALÜF. Adj. *amical.* | freundschaftlich.

a الوف ULÜF. Sbst. Pl. v. الف *milliers.* | Tausende.

t آلولنمك ALEWLENMEK. Vb. intr. *s'enflammer.* | sich entzünden. s. علولنمك

t o آلون ALUN. s. آلين

t o آلونك ALUNḲ. LT. چوب تير *bois de la flèche.* | Pfeilschaft.

a الوهيت ULÜHIJE. Sbst. الهلق, تكرلك *divinité.* | Göttlichkeit, Gottheit.

t آلوى ALEWI. Adj. *couleur de feu.* | feuerfarben. s. علوى

t o آلويرمك ELWERMEK. [Compos. v. ال u. ويرمك WERMEK]. Vb. act. Aor. ELWERIR. *donner la main, promettre; se donner la main, s'entendre; se contenter, suffire.* | die Hand geben, versprechen; sich die Hand geben, sich aussöhnen, zum Vortheil wenden, leicht geschehen können, Vortheil bringen; genug sein lassen, hinreichen. آلويرر ELWERIR. *cela suffit, c'est assez.* | es ist gut, es reicht hin. Deriv. I. آلويرمز ELWIRMEZ. Vb. neg. *cela ne suffit pas.* | das ist nicht genug. II. آلويردرمك ELWIRDIRMEK. Vb. caus. *se contenter de q. ch., en avoir assez.* | genug sein lassen, es bei einer Sache bewenden lassen.

a آلاه ILÂH. s. اله

t آلا ALA. s. الا

a الهاء ILHÂ. [لها IV.] Sbst. اكلندرمك *action de préoccuper, de distraire, amusement.* | Abziehung der Aufmerksamkeit von einem Gegenstande, Zerstreuung. الهاء الخاطر *distraction.* | Zerstreutheit. — ETMEK. *préoccuper, distraire, faire se divertir, amuser q. qn., s'amuser.* | zerstreuen, die Zeit vertreiben.

a الهاب ILHÂB. [لهب IV.] Sbst. علولندرمك, شعلهلندرمك *action d'allumer, d'enflammer.* | Anzündung. — ETMEK. *allumer, enflammer.* | anzünden.

a الهاد ILHÂD. [لهد IV.] Sbst. ظلم ايلمك *action de traiter avec dureté, avec mépris; injustice.* | harte, ungerechte, geringschätzige Behandlung.

a الهام ILHÂM. [لهم IV.] Sbst. *inspiration, révélation.* | Begeisterung, Inspiration, göttliche Eingebung, Offenbarung. Pl. الهامات ILHÂMÂT. الهام ربانى die göttliche Begeisterung. — ETMEK *inspirer, révéler.* | begeistern, inspirieren, offenbaren.

a الهامى ILHÂMI. Adj. *inspiré.* | begeistert, der Begeisterte, Dichtername des Sultan Selim III.

t آلاجاش ALABAŠ. Sbst. *espèce de chou.* | eine Art Kohl (wörtl. Buntkopf).

t آلاجق ALAǦAḲ. Sbst. v. آلق *ce qui est à prendre, dette active.* | etwas zu nehmendes, ausstehende Schuld.

t آلاجقلو ALAǦAKLY. Sbst. *créancier.* | Gläubiger.

t آلهك, auch الك und الكمك ELEMEK. Aor. الر ELER. Vb. act. *tamiser, cribler.* | sieben, durchsieben. vgl. الك

t آلهمه ELEME. Sbst. *chose tamisée.* | etwas gesiebtes, von Staub und Schmutz gereinigtes.

a آلهة ILÂHET. s. اله

a الهى ILÂHI. Interj. *ô mon Dieu!*, o mein Gott!

a الهى ILÂHI. *divin, appartenant à Dieu.* | göttlich.

a الهيّة ILÂHIJAT. Adj. Femin. d. Vbgdn. Sbst. *divinité, déité.* | Göttlichkeit. الالهيّة EL-ILÂHIJET oder علم الالهيات *la métaphysique, la théologie.* | Wissenschaft der göttlichen Dinge, Metaphysik, Theologie.

a الى ILA. Präpos. *à, jusqu'à, vers, auprès, chez.* | zu, bis zu, an, bei. الى آخره *jusqu'à la fin.* | bis zu Ende. الى الابد *en toute éternité.* | bis in alle Ewigkeit. الى مستى *jusqu'à quand.* | bis wann, wie lange.

a الى ILAN. Pl. آلاء ÂLÂ. *bienfait.* | Wohlthat.

a الياس ILIÂS. N. pr. *Élie.* | der Prophet Elias.

a الياف ELIÂF. Sbst. Pl. v. ليف LIF.

t اليموش ELIMUŠ. Adj. = الى بوش *dont la main est vide, oisif.* | mit leerer Hand, müssig, unbeschäftigt.

a اليت ELJET. Sbst. قبيچ . قيسلى *fesse.* Hinterbacken.

t اليچه oder اليچ ALYČ. Sbst. *nèfle.* | Mispel.

t الاجى ALYǴY. Adj. v. الق *qui prend, rapace.* | nehmend, raubend. الاجى قوش *oiseau de proie.* | Raubvogel.

t o آليجلا s. آل

a اليس ELIES. Adj. *brave, intrépide.* | tapfer, unerschrocken, beherzt.

t الش s. آليش

t آليشق ALYŠYK. Sbst. *chaland.* | Kunde, Käufer.

a الينط ELJAT oder الوط ALWAT. s. الينق

a اليف ELIF. Sbst. *ami, compagnon, familier, habitué.* | Freund, Vertrauter.

a الينق ELJAK. Adj.; auch الينط ELJAT. *plus ou très-convenable, qui sied mieux, qui tient plus à ..., qui s'attache.* | schicklicher, sehr schicklich, geziemend, anständig, würdig, passend (von Kleidern). vgl. لايق

t o اييق YLYK. Sbst. *ours.* | der Bär. *p* خرس LT.

t اليقومق ALYKOMAK. Vb. act. [v. الق u. قومق] Aor. اليقور ALYKOR. *retenir, arrêter; garder; laisser, empêcher.* | festhalten, behalten, aufhalten, zurückbehalten, zurücklegen, aufbewahren, übrig lassen, an etwas hindern. ايشندن اليقومق Jemanden von seinem Geschäfte abhalten. مقصودندن اليقومق Jemanden von der Verfolgung seiner Absicht abhalten. ايشتمكدن اليقومق am Hören hindern. بر ظرف ايچنده اليقومق etwas in einem Gefässe aufbewahren. بقيه اليقومق übrig lassen, den Rest aufheben. Deriv. اليقونمق ALYKONMAK. Vb. pass. u. refl. *être retenu etc., se laisser retenir.* | festgehalten u. s. w. werden, sich halten u. s. w. lassen. اليقونوب قالمق sich abhalten lassen. اليقونمش *retenu, empêché.* | abgehalten, aufgehalten, verhindert.

t o آليكا s. آل

a اليم ELIM. Adj. *qui fait souffrir, douloureux.* | schmerzhaft, Schmerz erregend.

gr ليمان ILIMÂN. Sbst. *port.* | Hafen. s. ليمن

gr t الميانلق ILIMANLYK. Sbst. *calme (le vent).* | Windstille. s. ليمانلق

t o آلين oder آلن ALYN; auch آلون und آلين Sbst. vgl. آل *le devant.* | das Vordere. Daher *t o* آلين ALYN. Sbst. *sein, mamelle.* | Frauenbrust. LT. پستان، شيردار

t آلين u. آلن ALYN. (s. d. Vbg.). Sbst. *front.* | die Stirn. آلين بورشدق die Stirn runzeln. آلنى دمغلنمش an der Stirn gezeichnet, gebrandmarkt.

t a اليكجى ALYNǴA. Adj. LT. پست *bas, vil, humble.* | niedrig, gering = *t* الچق

a اليوم ELIEWM. Adv. *aujourd'hui.* | heute.

t اليويرمك ALYWERMEK. Vb. act. [vgl. ويرمك] Aor. اليوير ALYWERIR. *donner la facilité ou l'occasion de prendre, présenter, procurer à q. qu.* | zu nehmen geben, Gelegenheit geben etwas zu nehmen, darreichen, übergeben. انتقام آلدرمق آليويرمك Gelegenheit geben, an Jemand Rache zu nehmen.

t ام AM, EM. Sbst. دوا . علاج *médicament, remède.* | Arznei, Heilmittel. — ETMEK. *guérir, traiter.* | heilen. = علاجلمق

a أم AM. Partic. interrog. *est-ce ...?* | ob wohl ...?

t ام AM. Sbst. *parties naturelles de la femme.* | die weibliche Schaam.

t ام YM, IM. *je suis.* | ich bin. s. ايم u. ايمك

p ام EM. Suffix d. 1. Person. s. die pers. Grammatiken.

a أم EMM. Sbst. *dessein, projet, ce qu'on se propose.* | Zweck, Absicht, Vorsatz. أم وهم ايتمك sich vornehmen, sich mit einer Sache ernstlich beschäftigen.

a أم ŮMM. Sbst. آنا *mère; racine, principe.* | Mutter; Ursprung, Anfang, Princip. Plur. امهات ŮMMEHÂT. *mères, principes, ouvrages fondamentaux, sources littéraires.* | Mütter, Principien, Grundlehren, Grundursachen, die Hauptwerke, in denen eine Wissenschaft behandelt wird, die Quellen, auf welche man zurückgeht. امهات جهار die vier Grundeigenschaften. امهات سفلى die vier Elemente. أم ولد ŮMM WELED. *femme esclave qui a accouché d'un enfant reconnu par son maître.* | Sclavin, die ihrem Herrn ein Kind geboren, welches er als das Seine anerkennt. أم القرآن die erste Sure des Koran. أم الخبائث der Wein. أم الدماغ *membrane du cerveau.* | die Hirnhaut, pia mater.

a أما A-MÂ. Conj. [أ u. ما] *est ce que ... ne ...; assurément, sans aucun doute.* | ist es nicht dass ..., sicher, ohne Zweifel.

a أمّا AMMA'. [أم ما] Conj. *mais, cependant, quant à.* | aber, doch, was das betrifft. أمّا بعد *après le préambule nécessaire.* | nun zum Folgenden, (etwa entsprechend dem praemissis praemittendis).

a إمّا IMMA. Conj. *lorsque, si.* | wenn. IMMA — IMMA. *ou — ou.* | entweder — oder.

a اماته IMÂTE. [مات IV.] Sbst. اولدرمك *action de faire mourir, de tuer, de perdre.* | Tödtung, Ertödtung, Zugrunderichtung. اماته اولنمق abgestorben sein.

a اماثل EMÂSIL. Sbst. Pl. v. امثل

t o آماج ÂMAǴ. Sbst. *panis, placentae species.* Zaftername. Q.

p آماج ÂMAǴ. Sbst. نشان، هدف *but, point où l'on vise.* | Ziel, wonach geschossen wird, Zielscheibe.

p t آماجگاه ÂMAǴGIAH. Sbst. = آماج

p آمادگى ÂMÂDEGI. Sbst. مستعدلك . مهيالق . حاضرلق *disposition, habileté, promptitude.* | Bereitschaft, Geschicklichkeit.

p آمادن ÂMÂDEN. Vb. act. حاضرلمق *disposer, arranger, préparer.* | bereiten, in Ordnung bringen.

p آماده ÂMÂDE. Adj. (Partic. d. Vbgdn.). حاضر . حاضرلانمش *disposé, préparé, prêt; habile, prompt; mûr.* | bereit zu etwas, gerüstet, unterrichtet; fertig; reif. — ETMEK. *préparer, disposer.* | bereiten zu etwas, = حاضرلمق oder دوزتمك rüsten. اسباب جنگى آماده ايتمك zum Kriege rüsten. سفر اسبابنى آماده ايتمك sich zur Reise fertig machen. — OLMAK. *être préparé etc.* | fertig sein. = حاضرلنمق

p آمار AMÂR. Sbst. *empois.* | Kleister.

a امارة IMÂRE. Sbst. بيوروق . امر ايتمك *action d'ordonner, de commander; commandement.* | Befehl, Commando, Oberbefehl, Feldherrnwürde. — ETMEK. *commander.* | den Oberbefehl führen.

a امارة EMÂRET. Sbst. نشان *signe, marque, indice.* | Zeichen, Kennzeichen, Spur, Anzeige.

a امّارة EMMÂRE. Adj. [Fem. von امّار, das Mascul. ungebr.]. *qui pousse, qui incite à q. ch., dominant; obstiné.* | treibend zu, herrschend, Gehorsam heischend, hartnäckig, dem man nicht widerstehen kann. نفس امّارة der sinnliche Naturtrieb. vgl. نفس

a امارد AMÂRID. Sbst. Pl. v. امرد

a امازة IMÂZET. [ماز IV.] Sbst. آيرلمه . ايروب بشقه قيلمق *action de séparer, de disjoindre l'un de l'autre; choix.* | Trennung, Scheidung mehrerer Dinge von einander, Ausscheidung, Auswahl. — ETMEK. *séparer, disjoindre, discerner, choisir.* | scheiden, trennen, unterscheiden, auswählen.

p آماس ÂMÂS. Sbst. ورم . شيش *tumeur, enflure, abcès.* | Geschwulst, Geschwür. آماس آماس تبه تشلون ريشلو *abcès.* | Geschwür. *abcéder.* | schwären, eitern.

p آماسيدن ÂMÂSIDEN. Vb. intr. شيشمك . قبارمق *s'enfler.* | geschwellen.

gr اماسيه AMASIE. N. pr. *Amasie, ville d'Anatolie.* | Amasia in Klein-Asien. — اركى s. ERIKI. *prune d'Amasie.* | Damascenerpflaume.

a اماطه IMÂTA. [ماط IV.] Sbst. بعيد ايتمك . بعيد وبر طرف ايلمك *action d'éloigner, d'emmener.* | Entfernung, Beiseitebringung, Beseitigung. — ETMEK. *éloigner, enle-*

cer, ôter, se mettre à l'écart de . . . | entfernen, wegnehmen, bei Seite bringen, zur Seite gehen.

a اماكن EMÂKIN. Sbst. Pl. v. مكان.

a آمال ÂMÂL. Sbst. Pl. v. امل.

a اماله IMÂLE. [ميل IV.] Sbst. *action de faire incliner; prononciation de la voyelle Â comme Ê; accent.* | Beugung; Abbiegung; Beugung der Stimme, d. i. Betonung; die helle, wie E klingende Aussprache des langen A. — ETMEK. *faire incliner, tourner, courber, plier, pencher.* | neigen, beugen, niederbeugen.

a امام IMÂM. Sbst. *chef, guide qui marche à la tête, président (d'une assemblée, de la commune), curé, prélat (titre des Califes et chefs des quatre sectes, spéc de l'Imam Chafeï); livre qui sert de guide, c. à d. le Koran, spéc. l'exemplaire du Calife Osman.* | Vorsteher, Vormann, Vorbeter in der Moschee, [auch پيش نماز oder امام جمعه], überhaupt Vorbeter, der das Gebet vorspricht, Vorsteher der Gemeinde, kirchlicher Würdenträger, daher auch Titel der Khalifen, so wie der Stifter der vier mohammedanischen Hauptsecten, insbesondere des Schafei, der schlechthin der Imam genannt wird; der Koran, insbesondere das Exemplar des Koran, welches der Khalife Osman als Original in Medina aufbewahrte. خونكار امامى der Imam des kaiserlichen Palastes. آغا امامى Imâm im Dienste eines vornehmen Herrn. امام مسجد öffentlicher Imam, im Gegensatze zu امام الخاص Privatvorbeter.

a p امامانه IMÂMÂNE. Adj. *digne d'un Imam.* | einem Imam zukommend, für einen Imam passend.

a امامت IMÂMET. Sbst. *rang, dignité ou qualité de chef, d'imam; fonctions, place d'un imam; succession des imams.* | das Imamat, Amt des Imam = امامليق; Theol. die Erbfolge der Imame.

a t امامتلك IMÂMETLIK. Sbst. *fonction, place d'imam.* | Imamsamt = امامليق.

a p امامزاده IMÂMZÂDE. Sbst. *fils d'imam.* | Imams-Sohn.

a t امامليق IMÂMLYK. Sbst. *place et fonctions d'imam.* | Imamsamt. — ETMEK. *faire les fonctions d'imam* das Amt eines Imam verwalten, ein Gebet vorsprechen, damit ein anderer es nachsprechen kann.

a امامه IMÂME. Sbst. Tahrif v. عمامه *turban d'une forme oblongue, chef-grain du chapelet (qui est généralement en forme de poire), embouchure d'une pipe; pipe à fumer; toute autre chose de figure oblongue ou en forme de poire qui sert d'ornement.* | der birnförmige, halbeirunde Turban, das länglichrunde, birnförmige, grössere Kügelchen des Rosenkranzes; das Mundstück einer Pfeife (gewöhnlich von Bernstein), die Pfeife selbst; jeder längliche oder eirunde Gegenstand, der als Verzierung angebracht wird.

a p امامیانه IMÂMIÂNE. Adv. *à la manière d'imam.* | nach Imams-Art.

a امان EMÂN. 1. Sbst. *sûreté, sécurité, bonne foi, sincérité, pacte, traité qui donne la sécurité, sauf-conduit, quartier, pardon, grâce; protection.* | Sicherheit, Schutz, sicher Geleit, Gnade, Begnadigung. امان كاغدى *sauf-conduit.* | Sicherheitspass, Geleitsbrief. امان نامه oder امان استمك *demander grâce, demander quartier.* | um Gnade bitten. امان ويرمك *donner quartier.* | Pardon geben. الامان EL-EMÂN. *grâce, pardon.* | Gnade, Pardon. 2. Interj. *grâce! pardon! ah! o!* | Gnade! ach! oh! (Ausruf der Verwunderung, des Schmerzes u. s. w.)

t a امين EMÎN. Adv. *aussitôt.* | sogleich, zugleich. (simul Q.). صودن امين چيقدم ich stieg sogleich oder zugleich aus dem Wasser. Abulg. Q.

a امانت EMÂNET. Sbst. 1. *sécurité, protection.* | Sicherheit, Schutz, Verwahrung. 2. *dépôt, objet confié en dépôt; fidéicommis.* | Depositum, anvertrautes Gut, was an heiliger Stätte oder in öffentlichen Gebäuden niedergelegt ist, damit es den Nachkommen erhalten bleibe; Fideicommiss. 3. *charge de confiance ou d'honneur.* | Vertrauensamt, Ehrenamt („an office of trust under government, and conducted on government account, not on farm." Redhouse). امانت قومق *mettre en dépôt.* | in Verwahrung geben, an einem sichern Orte oder bei Jemand niederlegen.

a امانتا EMÂNETEN. Adv. *en sûreté, en dépôt.* | sicher, als anvertrautes Gut, in sicherer Verwahrung.

a t امانتجى EMÂNETǦI und *a p* امانتدار EMÂNETDÂR. Sbst. *dépositaire.* | einer der etwas in Verwahrung hat, dem etwas anvertraut ist; Vertrauensmann.

a t امانتجيلك EMÂNETǦILIK. Sbst. *sûreté, dépôt sûr.* | Sicherheit, sichere Verwahrung.

a t امانتدار EMÂNETDÂR. s. امانتجى.

a p امانتدارلق EMÂNETDÂRLYK u. *a t* امانتدارلق EMÂNETDÂRLYK. Sbst. *sûreté, dépôt sûr.* | Sicherheit, sichere Verwahrung.

a p امانتكار EMÂNETKÂR. Sbst. *contremaître, intendant.* | Werkmeister, Verwalter.

a امانى EMÂNÎ. Sbst. *celui auquel on accorde un sauf-conduit; qui se met sous la protection; chrétiens étrangers au pays et qui vivent sur la foi des traités.* | einer dem Schutz und Sicherheit zugesagt ist, Schützling, Schutzunterthan, Fremde denen vertragsmässig Schutz im Lande zugesagt ist. = مستأمن.

a p امانى AMÂNÎ. Sbst. قورقوسزلق *sécurité, impunité.* | Sicherheit, Furchtlosigkeit, Straflosigkeit.

a امبركريس EMBERKRIS. s. انبركريس.

a امت EMET. Sbst. *femme esclave, servante.* | Sclavin, Magd. Pl. اماء IMA.

a امّت ÜMMET. Pl. امم ÜMEM. Sbst. *assemblée, foule, peuple, totalité des membres d'une religion ou d'une secte; secte; religion.* | Versammlung, Volksversammlung, das Volk im Allgemeinen; die Gemeinde der Gläubigen; die Bekenner einer und derselben Religion, Glieder einer Secte; Religionsgemeinschaft. امت محمد ÜMMET-I MOHAMMED. *la communauté des croyants.* | die Gemeinschaft der Gläubigen Mohammeds. امت عيسى ÜMMET-I 'ISÂ. *l'église chrétienne.* | die christliche Kirche. امت اجابت ÜMMET-I IǦÂBET. das Volk der Zusage, d. i. die zum Islam bekehrten, im Gegensatz zu امت دعوت ÜMMET-I DA'WET. das Volk der Berufung, d. i. die noch nicht Bekehrten. امت ناجيه ÜMMET-I NÂǦIJET. die Gesammtheit derer, welche Rettung von der Höllenstrafe suchen.

a امتثال IMTISÂL. [مثل VIII.] Sbst. *action d'imiter un exemple, imitation, action d'obtempérer, d'obéir, obéissance; action d'observer un usage, observance.* | Befolgung eines Beispiels, Nachahmung, Anbequemung, Gehorsam, Beobachtung eines Gebrauchs. — ETMEK. *se conformer à . . , se soumettre, obéir.* | einem Beispiele folgen, nachahmen, sich fügen, gehorchen (mit dem Dativ) فرمانه امتثال ايلمك sich einem Befehle unterwerfen, sich nach einem Befehl richten.

a امتثالا IMTISÂLEN. Adv. *conformément à.* | gemäss, zufolge. امتثالا للامر السعال dem höchsten Befehle zufolge.

a امتحاء IMTIHÂ oder امتحاء IMMIHÂ. [محو VIII.] Sbst. محو اولمق ، نابود اولمق *état d'être effacé, disparaître.* | das Verschwinden.

a امتخاص IMTIHÂS. [محص VIII.] Sbst. خالص اولمق *pureté.* | Reinheit.

a امتحاق IMTIHÂK. [محق VIII.] Sbst. يوق اولمق ، يانوب اولمق *action de se corrompre, de périr, d'être brûlé, consumé* | das Verschwinden, zu Grunde gehen, vernichtet werden, vom Feuer verzehrt werden.

a امتحان IMTIHÂN. [محن VIII.] Sbst. تجربه ، صنامق *action de soumettre q. qn. à l'épreuve; examen, tentation.* | Versuchung, Prüfung, Examen. — ETMEK. *éprouver, essayer, en faire l'expérience, examiner.* | versuchen, prüfen, einen Versuch anstellen, eine Erfahrung machen. — OLUNMAK. *subir l'examen.* | sich der Prüfung unterwerfen, ein Examen bestehen.

a امتداح IMTIDÂH. [مدح VIII.] Sbst. مدح ايتمك ، اوكمك *action de louer q. qn.* Lob. — ETMEK. *louer, vanter q. qn.* | Jemanden loben und rühmen.

a امتداد IMTIDÂD. [مدّ VIII.] Sbst. چكلمك ، اوزاملق *prolongation, durée, extension, prorogation.* | Verlängerung, Ausdehnung, Dauer, Aufschub. امتداد حيات Verlängerung des Lebens. امتداد بولمق BULMAK. *se prolonger.* | sich verlängern, dauern, sich in die Länge ziehen.

a امتراء IMTIRÂ. [مرى VIII.] Sbst. شك ايتمك ، چكلمك *action de douter de q. ch.; action de tirer, d'extraire.* | Zweifel an einer Sache, Herausziehung.

a امتزاج IMTIZÂǦ. [مزج VIII.] Sbst. اويغونلق *mélange; tempérament, disposition bonne ou mauvaise du corps, état physique ou moral d'un homme; caractère.* | Mischung (Vereinigung, Uebereinstimmung); Temperament, Charakter, physische und moralische Natur des Menschen. — ETMEK. *se lier, s'unir, s'entendre, s'accorder avec q. qn., s'accoutumer, sympathiser.* | sich mischen [— ile اليشمك], sich vereinigen, übereinstimmen; sich einigen, sich gewöhnen, sympathisiren.

a امتعه EMTI'E. Sbst. Pl. v. متاع METÂ'.

a امتلا IMTILÂ. [ملا VIII.] Sbst. طولو اولمق *état d'être plein, d'être rempli de q. ch.; réplétion, rassasiement, indigestion.* | das voll sein, Anfüllung (des Magens), Uebersättigung, Ueberladung des Magens, Magendrücken. — OLMAK. *être plein, rassasié.* | voll sein, ganz satt sein. امتلایه گرفتار اولمق *avoir une indigestion.* | am Magendrücken leiden.

a امتناع IMTINÂ'. [منع VIII.] Sbst. *action de se refuser à q. ch., abstinence, refus, récusation, abnégation; obstacle.* | Enthaltung, Verweigerung, Verläugnung; Hinderniss, Hemmniss, was einer Sache entgegensteht, sie unmöglich macht. — ETMEK. *se refuser à q. ch., s'abstenir, se retirer; renier, refuser.* | sich enthalten, sich zurückziehen; verweigern, verläugnen, abschwören (mit dem Ablativ).

a امتنان IMTINÂN. [منّ VIII.] Sbst. منت ایتمك , نعمت تعداد ... *action de reprocher à q. qn. les bienfaits qu'on lui a faits; action d'obliger q. qn. par une faveur; obligation pour un bienfait.* | das Vorhalten erwiesener Wohlthaten oder Gefälligkeiten; Verbindlichkeit für empfangene Wohlthaten oder Gefälligkeiten. — ETMEK. *reprocher à q. qn. un bienfait, un plaisir etc.* | Jemand eine Wohlthat u. s. w., die man ihm erwiesen, vorhalten. اعانت غالب امتنانی جالب دکلدر die Hülfe, welche man dem Sieger leistet, zieht noch nicht dessen Verbindlichkeit herbei, legt ihm noch keine Verbindlichkeit auf.

a امتیاز IMTIJÂZ. [ميز VIII.] Sbst. آیرلق *état d'être séparé, distingué des autres, séparation, distinction, préférence, prérogative, différence, prééminence, privilège; bonne réception.* | Trennung, Unterscheidung, Auszeichnung, Vorrang, Vorzug, Bevorzugung, Privilegium; gute Aufnahme einer Person. — BULMAK. *se distinguer, surpasser les autres.* | andere übertreffen, sich auszeichnen, den Vorrang haben. امتیاز براتی *privilège.* | Urkunde eines Privilegiums.

a t امتیازلو IMTIJAZLY. Adj. *distingué, privilégié.* | ausgezeichnet, bevorrechtet, privilegirt.

a امتیازی IMTIJÂZIJ. Adj. — امتیازلو

a امثال EMSÂL. Sbst. Pl. v. مثل u. v. مثل

a امثل EMSEL. Adj. *plus semblable, très-semblable, très-louable, célèbre, excellent.* | ähnlicher, sehr ähnlich, sehr löblich, sehr berühmt, ausgezeichnet. Pl. اماثل EMÂSIL. *les semblables, les égaux, personnes du même rang, grands, éminents.* | die Gleichen, gleichgestellten, Personen von Rang und Stande. = اقران

a امثله EMSILE. Sbst. v. مثال

a امثوله UMSÛLE. Sbst. *exemple, ce qui est cité comme exemple (vers, sentence).* | Beispiel, Muster, ein der Befolgung werther Ausspruch oder Vers, Denkspruch.

a امجد EMDJED. Adj. [Compar. v. مجيد] *très-louable, très-grand, glorieux, illustre.* | sehr lobenswerth, edel, vornehm. Pl. اماجد EMÂDJID. *les grands, les illustres.* | die Vornehmen, Erlauchten. افتخار الاماجد والاكارم Ruhm der Erlauchten und Grosswürdenträger.

t امجك EMDJEK. 1 = امجك u. امجك Sbst. [vgl. ممه] *teton, mamelon, première partie de l'embouchure d'une pipe; bec ou col d'un vase d'où on suce q. ch.* | Saugwarze, Brustwarze, Zitze; Pfeifenspitze; Saugröhre, Schnäuzchen an einem Gefäss. vgl. امسوك. امجك باشی EMDJEK-BAŠY. *petit bout de la mamelle, du teton.* | Brustwarze.

p t آمجی AMDJI. s. آمدجی

a امحا IMHÂ. [محو IV.] Sbst. محو ایتمك , ناپدید قیلمق *action d'effacer, de faire disparaître.* | das Verschwinden lassen, Vertilgung, Verwischung. — ETMEK. *effacer, perdre.* | vertilgen, auslöschen, vernichten. خاطردن امحا ایتمك *effacer de la mémoire.* | aus dem Gedächtniss verschwinden lassen, vergessen lassen.

a امحاه IMHIHÂ. s. امحا

a امحاض IMHÂZ. [محض IV.] Sbst. *pureté, sincérité, amitié sincère.* | Lauterkeit, Aufrichtigkeit, aufrichtige Freundschaft und Liebe.

امحاق IMHÂK. [محق IV.] Sbst. *refus de la bénédiction de Dieu.* | Verweigerung des göttlichen Segens, Bewirken dass etwas nicht gedeiht.

a امحال IMHÂL. [محل IV.] Sbst. قیتلق اولمق *sécheresse, disette.* | Dürre, Unfruchtbarkeit.

p آموختن s. آمختن

a امد EMED. Sbst. *terme, limite, espace de temps ou de lieu, fin ou terme de la vie, but, temps, âge.* | Endziel, Ende, Ende des Lebens; Endzweck; Lebenszeit, Zeitraum, Frist. على الامد ALELEMED. *éternellement.* | in alle Ewigkeit. امد یسیره EMED-I JESÎRE. *en peu de temps.* | in kurzer Zeit.

a امدّ EMEDD. Adj. Comp. v. ممدود *très-étendu, très-long.* | sehr ausgedehnt, sehr lang.

a امداد IMDÂD. [مدّ IV.] Sbst. یاردم ایتمك *action de secourir; secours, assistance.* | Hülfe, Beistand. — ETMEK. *venir au secours, assister.* | zu Hülfe kommen, Beistand leisten. — ISTEMEK. *demander du secours.* | um Hülfe bitten.

p آمدانی ÂMEDÂNI und آمدانه ÂMEDÂNE. Adj. *accidentel.* | zufällig.

p t آمدجی ÂMEDDJI, auch *t* آمجی und

p آمدی Sbst. *secrétaire du Reis-Efendi, rapporteur du divan, secrétaire des conférences.* | der Staatssecretär, an welchen die eingehenden Depeschen etc. abgegeben werden; Kabinetssecretär des Reis Efendi. v. Hammer, des Osm. Reichs Staatsverfassung. II. 113.

t امدرمك EMDIRMEK. s. امزرمك

p آمدشد ÂMED-ŠUD. Sbst. *action de venir et d'aller, les allants et venants, voyageurs, passagers.* | das Kommen und Gehen, Ab- und Zugehen, die Ab- und Zugehenden, Reisende, Passagiere. Adv. *çà et là.* | hin und her, ab und zu. — ETMEK. *aller et venir, louvoyer, croiser.* | ab und zugehen, hin und her gehen, kreuzen (von Schiffen).

p آمدشدن ÂMED-ŠUDEN. = آمدشد ایتمك

p آمدن ÂMEDEN. Vb. intr. *venir, arriver.* | kommen, ankommen.

p آمدنی ÂMEDENI. Adj. *à venir.* | künftig.

p آمده ÂMEDE. Adj. [Partic. v. آمدن] *venu, arrivé.* | gekommen, angekommen. آماده قیلمق AMEDE KYLMAK. *préparer.* | bereiten, vorbereiten.

p آمدی ÂMEDI. s. آمدجی

p آمدی ÂMEDI. 2. Sing. Aor. v. آمدن *tu es venu.* | du bist gekommen. خوش آمدی *choš âmedi. sois le bienvenu.* | du bist willkommen.

t امدی IMDI. Conj. *donc, puis, or, ainsi, c'est pourquoi.* | nun, also, nun denn.

p t آمدیه ÂMEDIJÉ. Sbst. *droit d'importation.* | Eingangszoll.

a آمر AMYR. Adj. u. Sbst. *qui commande, qui ordonne, qui exerce le pouvoir; autorité compétente.* | befehlend, Befehl erlassend; Befehlshaber, Machthaber, die competente Behörde.

a امر EMR (vulg. EMIR). Sbst. Plur. اوامر EWÂMIR. بیورق , دیلك , فرمان , بیورلدی *ordre, commandement, édit, ordonnance, décret, exhortation; l'impératif.* | Befehl, Verordnung, Ermahnung, Gramm.: d. Imperativ. امر عالی EMR' ÂLI. *ordre suprême.* | allerhöchster Erlass, kaiserlicher Befehl. یول امری JOL-EMRI. *passeport.* | Reisepass, Passierschein, Befehl an die Reichsposten, dem Reisenden die nöthigen Pferde zu stellen. امرنامه EMR-NÂME. *ordre d'un supérieur.* | Schreiben von einem Vorgesetzten. امر سزك EMR SIZIN. Sie haben zu befehlen, wie Sie befehlen. امر الله Gott steht der Befehl zu, Gott will es nun einmal so, was kann man da weiter thun! من له الامر der welcher zu befehlen hat, die competente Behörde; Sie, Sie selbst. — Theol.: امر بالمعروف ونهى عن المنكر Mahnung das Gute zu thun und das Böse zu lassen. امر ایتمك EMR ETMEK. (vulg. EMIR ETMEK). *ordonner.* | befehlen, einen Befehl erlassen.

a امر EMR. Pl. امور UMÛR. Sbst. *chose, affaire.* Sache, Angelegenheit, Geschäft. Theol.: امر شرعی EMR-ŠER'I. eine gesetzliche, von den Gesetzen gebilligte Handlung. Pl. امور als Singular: *affaire d'importance.* | wichtiges Geschäft. امور دولت UMÛR-I DEWLET. *les affaires d'état.* | die Staatsangelegenheiten. امور دیو UMÛR DIW. *lieu des conférences.* | Versammlungsort, Berathungsort. امور اهلی UMÛR EHLI. mit Geschäften (betraut), d. h. mit dem Range oder Charakter eines Amtes. امور ایتمك UMUR ETMEK. *faire grand cas d'une chose.* | viel Wesens um eine Sache machen. امورمده دكل UMURUMDA DEIL. das ist nicht meine Sache, geht mich nichts an.

a امرّ AMARR. Adj. 1. Compar. v. مرّ, Syn. آجی *très-amer, le plus amer.* | sehr bitter, das bitterste. 2. Compar. v. مریر, Syn. مرانلو *plus tenace, opiniâtre.* | sehr halsstarrig, eigensinnig.

a امرا UMRÂ. Sbst. Pl. v. امیر

a امرار IMRÂR. [مرّ IV.] Sbst. 1. کچورمك *action de faire passer.* | das Vorübergehenlassen, Hinüber- oder Durchführen, Vorübergehenlassen der Zeit, Aufschub. — ETMEK. *faire passer, faire traverser (p. ex. un fleuve),* prolonger (le terme). | vorüber gehen lassen, durchgehen lassen, passiren lassen. امرار وقت يولو جوابلر reponses dilatoires | Antworten, welche nur bezwecken, Aufschub zu gewinnen, hinziehende Antworten. امرار خيط دفعه مكرره اشكاله ممكن اولمسوب da die Bemühung des Durchgehenlassens der Durchsichtfeder nicht möglich war, d. i. da es nicht möglich war, die Sache nochmals mit der Feder in der Hand durchzugehen. 2. زيادة اجى اولمق amertume. | Bitterkeit. — OLMAK. être amer. | bitter sein. 3. ايپى محكم بوكمك tordre fortement une corde. | eine Schnur fest zusammendrehen.

a امراض EMRÂZ. Sbst. Pl. v. مرض MARAZ.

a امراض IMRÂZ. [مرض IV.] Sbst. كيفسز ايتمه , خسته قلمق action de rendre q. qu. malade. | bewirken, dass Jemand sich schlecht befindet, Ursache der Krankheit.

a p آمرانه ÂMIRÂNE. Adj. qui convient à celui qui ordonne, impérieusement. | dem Befehlenden geziemend, gebieterisch. vgl. آمر

a امرأة IMRE'E. Sbst. femme. | Frau. Weib.

a امرد EMRED. Pl. امارد AMÂRID. Sbst. imberbe, adolescent. | Unbärtiger, Jüngling.

p امرزا EMIRZA oder MIRZA. Abkürzung v. امير زاده

p آمرزش ÂMURZIŠ. Sbst. عفو ايته , بغشلمه pardon. | Verzeihung, Vergebung, Nachsicht.

p آمرزگار ÂMURZGIÂR. Sbst. بغشلايجى clément, qui pardonne. | der Nachsichtige, Verzeihende.

p آمرزگارى ÂMURZIGIÂRI. Sbst. بغشلايجيلق indulgence, clémence. | Nachsichtigkeit, Milde.

p آمرزنده ÂMURZENDE. Sbst. u. Adj. clément, qui pardonne. = آمرزگار

p آمرزيدن ÂMURZIDEN. Vb. act. بغشلمك , ترحم ايتمك pardonner, avoir pitié; atteindre q. ch. | verzeihen, Nachsicht üben; wohin gelangen.

t امرنمك IMRENMEK. Vb. act. (alt). convoiter, désirer. | heftig begehren, eifern, missgönnen. Meniski. Deriv. امرندرمك IMRENDIRMEK. Vb. caus. faire désirer. | wünschen lassen.

t p امرود EMRÛD. Sbst. poire. | Birne. v. ارمود. امرود اغاجى poirier. | Birnbaum. نوزشكون مسكت ارمودى pyrum Pompejanum. مسكت ارمودى Muskatellerbirne. بك ارمودى Bergamotte.

p امروز IMRÛZ. [اين روز] Sbst. بوكون ce jour, aujourd'hui; ici-bas. | der heutige Tag, heute; in diesem Leben.

a امريجه EMZIDJE. Sbst. Pl. v. مزاج MIZÂDJ.

t امزرتمك EMZIRTMEK s. امزمك Deriv. II.

t امزرمك EMZIRMEK. s. امزمك Deriv. I.

t اميغنمق YUYUGANMAK. Vb. intr. sommeiller. | schlummern, schlafen. اويوقلمق und اسنيمك Kam. s. v. اسنسوم und اويوق. اويقلقده اميغنق اراسنده ايكن in halbem Schlummer, zwischen Wachen und Schlaf.

t امزك EMZEK. Sbst. bec ou col d'un vase, bec d'une aiguière. | Schnäuzchen an einem Gefäss; Giessröhre an der Giesskanne. معدلك امزكى teton, tetin des animaux, pas des vaches. | Brustwarze, Zitze. vgl. امجك u. امك.

t امزكلنمك EMZEKLENMEK. Vb. intr. prendre la forme d'un jet, d'un bec [امزك], se dit des liquides coulant d'un tube. | die Form eines Schnäuzchens oder Röhrchens annehmen (wie das Wasser wenn es sich mit grosser Gewalt beim Abflusse durch eine Röhre drängt). Kam. s. v. تونس

t امزكلى EMZEKLI. Adj. ayant des tetons, c. à d. allaitant, ayant un bec ou orifice. | Saugwarzen habend, d. i. säugend; mit einem Schnäuzchen versehen. امزكلى خاتون femme qui allaite. | eine stillende Frau. امزكلى برداق pot avec un bec. | Topf mit einem Schnäuzchen.

t امزمك EMZEMEK oder امزمك Vb. act. Aor. امزر EMZER. sucer, teter. | saugen, nutschen (wie z. B. ein Zuckerplätzchen). vgl. امجك und امك. Deriv. I. امزرمك oder امزيرمك EMZIRMEK Aor. امزيرر EMZIRIR. Vb. caus. faire sucer, donner à sucer; allaiter. | saugen lassen, zu saugen geben, säugen. II امزرتمك EMZIRTMEK Vb. caus. trans. faire allaiter. | säugen lassen. III. امزرلمك EMZIRILMEK. Vb. caus. pass. être allaité. | gesäugt werden.

a امسا IMSÂ. [مسى IV.] Sbst. اخشاملق , اخشاملنمق être, faire, souffrir q. ch. le soir. | des Abends sein, thun, dulden u. s. w.

a امساس IMSÂS. [مس IV.] Sbst. action de faire toucher q. ch. | das Berühren lassen, in Berührung bringen.

a امساك IMSÂK. [مسك IV.] Sbst. منع ايتمك , توتمق action de tenir, de saisir; continence, économie, avarice; commencement du jeûne, c. à d. le temps où l'on met de côté tous les vivres avant de recommencer le jeûne. | das Halten, Festhalten, sich enthalten; Sparsamkeit, Geiz; Beginn des Fastens, d. i. die Zeit wo man zur Fastenzeit Speise und Trank bei Seite setzt, um das Fasten wieder zu beginnen. — ETMEK. commencer ou recommencer le jeûne, se contenir, s'abstenir; desservir la table; épargner. | zu fasten anfangen, sich enthalten (der Speisen u. s. w.), Speise und Trank bei Seite setzen; sparen, schonen.

p امشب IMŠEB. [اين شب] Sbst. ce soir der heutige Abend oder Nacht, heute Abend.

t امشمك EMŠEMEK. s. امجك Deriv. II.

a امصار EMSÂR. Sbst. v. مصر MYSR.

a امضا IMZÂ. [مضى IV.] Sbst. انفاذ ايتمه , كچورمه action de faire passer c. à d. d'exécuter (un ordre etc.); exécution d'un ordre, action de mener à bonne fin; action de signer; signature. | Durchführung, Ausführung, Unterzeichnung, Namensunterschrift. — ÇEKMEK. — KOMAK. — ETMEK. signer, faire passer, agréer. | etwas unterschreiben, geschehen lassen, seine Zustimmung geben. زيرنده واضع الامضا der Endesunterzeichnete.

a t امضالمق IMZALAMAK. Vb. act. signer. | unterzeichnen, unterschreiben.

a امضى AMZÂ. Adj. qui pénètre plus avant. | weiter eindringend. = انفذ

a امطار AMTÂR. Sbst. Pl. v. مطر MATAR.

a امعا AM'Â. Sbst. Pl. v. معى MI'Y oder معا MI'Â.

a امعان IM'ÂN. [معن IV.] Sbst. دقت ايتمه assiduité, zèle, attention, regard fixe et attentif. | Emsigkeit, Eifer, Aufmerksamkeit. — ETMEK. être assidu, travailler avec effort, faire attention. | emsig sein, angestrengt arbeiten, Acht geben. امعان نظر ايله باقمق considérer avec attention, regarder attentivement, examiner minutieusement. | aufmerksam betrachten, genau untersuchen.

t امقى IMIK. s. اوموق.

t امك EMEK. Sbst. travail, labeur, fatigue, peine, servitude. | Arbeit, Mühe, Dienst, Sklavendienst. — ÇEKMEK. travailler, fatiguer, être au service. | arbeiten, im Dienste sein. امك صرف ايتمك se donner de la peine. | sich Mühe geben.

t امك EMMEK. s. امجك.

t s امكسك AMGAU, EMGÖG. Sbst. LT. زنخدان menton. | das Kinn. = الكك

a امكان IMKÂN. [مكن IV.] Sbst. possibilité, le possible. | die Möglichkeit, das Mögliche. — OLMAK. être possible. | möglich sein. OLMAMAK. n'être pas possible. | unmöglich sein. امكانى مرتبه على قدر الامكان oder امكان وسع مرتبه‌سنده oder so viel als möglich. حدود الامكان die Gränze der Möglichkeit. عدم الامكان impossibilité. | Unmöglichkeit. ترجمه عدم الامكان impossible. | unmöglich. امكانده اولان وسع وطاقتى صرف ايتمك sein Möglichstes thun. امكانى واريمى ist es möglich? امكانده ايسه حيثيت wenn es möglich ist. دائره امكانده اولان was im Bereich der Möglichkeit liegt.

a t امكانسز IMKÂNSYZ. Adj. impossible. | unmöglich.

a t امكانسزلق IMKÂNSYZLYK. Sbst. impossibilité. | Unmöglichkeit.

t امكجى EMEKÇI. Sbst. qui travaille, homme de peine; serviteur. | Arbeiter, Diener.

t p امكدار EMEKDÂR. Adj. u. Sbst. laborieux; qui a du mérite; qui est en service; vieux serviteur, vétéran. | arbeitsam, einer der im Dienste steht, ein Mann von Verdienst, alter Diener, alter Krieger.

t امكلمك EMEKLEMEK. Vb. act. travailler, se donner de la peine, être au service. | arbeiten, sich Mühe geben, im Dienste stehen.

t امكلمك IMEKLEMEK. s. امكلمك.

t امكن EMKEN. [3. Prs. IV. v. مكن] il est possible. | es ist möglich. مهما امكن MAHMA EMKEN. aussitôt que possible. | sobald als möglich.

a امكنه EMKINE. Sbst. Pl. v. مكان.

a امل EMEL. Sbst. اوميد espoir, désir. | Hoffnung, Wunsch, Verlangen. — ETMEK. اومق espérer, désirer. | hoffen, wünschen, verlangen.

a املا IMLÂ. [ملا IV.] Sbst. طولدرمق action de remplir. | Anfüllung. — ETMEK. remplir. | anfüllen, vollmachen.

a املا IMLÂ. [ملا IV.] Sbst. يازدرمق , يازمق action de dicter à q. qu.; action d'écrire; art d'écrire; orthographe; dictée, composition, rédaction. | das Dictiren, das Schreiben, Schreibekunst, Rechtschreibung, Dictat, schriftlicher Aufsatz; Abfassung, Redaction.

انشا. — etmek. *écrire, écrire correctement, mettre l'orthographe.* | schreiben, etwas niederschreiben, insbesondere richtig schreiben. املا ايله يازمق orthographisch richtig schreiben. املا وانشا ايتمك einen Aufsatz schreiben und redigiren.

a املاءً imlien. Adv. *correctement, orthographiquement.* | orthographisch richtig, correct.

a املاح emlih. Pl. v. مليح.

a t املاسز imlasyz. Adj. *sans orthographe, incorrect.* | unorthographisch, incorrect.

t a املاق ymlaq. Nom pr. *Nom d'une province.* | Name einer Provinz in Turkestan.

a املاك emlâk. Sbst. Pl. v. ملك mülk und melek.

a املاك imlâk. [ملك IV.] Sbst. *action de mettre q. qn. en possession de q. ch.; de rendre maître, état de maître.* | in Besitzsetzung, zum Herrn machen, Herr sein.

a املال imlâl. [مل IV.] Sbst. دوروب اوصاندرمق *action d'ennuyer q. qn., de causer du dégoût à q. qn., de dicter à q. qn. q. ch.* | Langweilung; Dictirung. — etmek *fatiguer, ennuyer q. qn.; dicter (une lettre).* | Jemanden ermüden, langweilen; etwas dictiren.

a املس emles. Adj. *uni, poli, lisse, plat.* | glatt, eben.

t املك ymlyk. Sbst. *chapon, coq châtré.* | Kapaun.

t املكلامق ymlyklamak. Vb. act. *chaponner.* | einen Hahn castriren.

a امم ümem. Sbst. Pl. v. امت ümmet.

t امق ümmak. s. اومق.

t امك emmek; auch امق Vb. act. Aor. امر emer. *sucer, absorber en suçant.* | saugen, aufsaugen. سود امر اوغلان ein saugendes Kind. امویب صومورمق aufsaugen. Deriv. 1. امدرمك emdirmek. Vb. caus. *faire sucer.* | saugen lassen, zu saugen geben. ويلان اغوز امدرمك das Kleine die erste Muttermilch saugen lassen. Kam. II. امشمك emišmek. Vb. recipr. *se baiser les lèvres, s'entre-baiser.* | einander saugen, einander auf die Lippen küssen, sich schnäbeln.

a امن emn (émin). Sbst. *sécurité; tranquillité.* | Sicherheit, Ruhe. vgl. امين.

a امنا imnâ. [منى IV.] Sbst. امنى الانزال *émission du sperme.* | Saamenerguss.

a امناً emnen. Adv. *sûrement, en sûreté.* | sicher, in Sicherheit.

a امنا ümenâ. Sbst. Pl. v. امين.

a امنع emna'. Adj. *plus retranché, inaccessible.* | stark, gut befestigt, unzugänglich, (von einer Festung).

a امنيت emniiet. Sbst. امينلك *sécurité, tranquillité, confiance qu'on est à l'abri de tout péril.* | Sicherheit, Ruhe. — olmak *être tranquille.* | ruhig sein, sich sicher fühlen. كمال امنيت اوزره اولمق in voller Sicherheit sein.

a امنيه ümnijet. Sbst. آرزو *désir.* | Verlangen, Wunsch. امنيه سيله mit dem Wunsche,

dass ... . تمنم ومتمنی امنيتم دور كه mein Vermächtniss und letzter Wille ist, dass ...

a اموات emwât. Sbst. Pl. v. ميت mejjit.

a امواج emwâǵ. Sbst. Pl. v. موج mewǵ.

a اموال emwâl. Sbst. Pl. v. مال mâl.

a امواه emwâh. Sbst. Pl. v. ماء mâ.

a اموجه amuǵa. Sbst. *oncle paternel.* | Vatersbruder.

p آموختن âmuchten. Vb. act. u. intr. *enseigner; apprendre.* | lehren; lernen.

p آموخته âmuchte. Adj. (Partic. d. Vbgdn). *instruit, savant.* | unterrichtet, gelehrt. Pl. آموختگان âmuchtegân.

a p امور ديده umurdide. Adj. *expérimenté, versé dans les affaires.* | in Geschäften geübt, erfahren. s. امر.

t اومز s. اموز.

p آموز âmuz. Adj. u. Sbst. اوكرنيجي in pers. Compos. *instruit, qui s'instruit; savant; qui enseigne, maître.* | unterrichtet, gelehrt. Lehrer. كار آموز kârâmuz. *versé dans les affaires.* | geschäftskundig. دانش آموز *instructif.* | lehrreich.

p آموزش âmuziš. Sbst. *instruction.* Gelehrsamkeit, Kenntniss, Unterricht.

p آموزكار âmuzgiâr. Sbst. *qui enseigne, maître, savant; qui se laisse instruire, qui apprend.* | ein Unterrichtender, Gelehrter welcher unterrichtet, Lehrer; einer der sich unterrichten lässt, der etwas zu lernen sucht, Schüler.

a p آموزنده âmuzende. Sbst. اوكرنيجي *instructeur; cheval de manège.* | der Unterrichtende; Schulpferd.

p آموزى âmuzi. اوكرتمه Sbst. *instruction.* Unterweisung, Belehrung. علم آموزى *instruction, éducation.* | Unterricht (in einer Wissenschaft). اسب آموزى *dressage d'un cheval.* Dressur eines Pferdes.

p آموزيدن âmuziden. Vb. act. u. intr. اوكرتمك . اوكرنمك *instruire, enseigner q. qn.; s'instruire.* | Jemanden unterrichten; sich unterrichten, lernen.

p آموغ âmuġ. Sbst. *pesanteur, gravité, dignité, grandeur (qui inspire du respect).* | Schwere, Gewichtigkeit, Würde, Grösse.

a امومت ümumet. Sbst. انالق *maternité, état de mère.* | Mutterschaft.

p آمه âme. Sbst. لوشك *écritoire, encrier.* | Schreibzeug, Tintenfass.

a امه eme. s. امت ümet.

a امهات ümmehât. s. ام.

a امهال imhâl. [مهل IV.] Sbst. مهلت ويرمك *action d'accorder à q. qn. un délai, action de différer.* | Aufschiebung, Verschub, Aufschub, Frist. — etmek *différer, prolonger le terme.* | aufschieben, nicht beeilen, sich Zeit nehmen; Frist geben. بلا امهال *sans retard.* | ohne Aufschub, unverzüglich.

a امهاس imhâs. [مسحن IV.] Sbst. امتحان ايلمك . حكلمى وبيضاى شق *action*

d'affaiblir, de rendre q. ch. méprisé et peu estimé. | Schwächung, Bewirken dass etwas gering geachtet wird.

a امهق amhaq. Adj. *blanc, blanc mat.* | weiss.

a امى ümmi. Adj. 1. *maternel.* | mütterlich. 2. *illettré, qui ne sait ni lire, ni écrire, ignorant, laïque.* | ungelehrt. Laie.

a اميال emiâl. Sbst. Pl. v. ميل mil.

a اميت ümmijet. Sbst. *maternité.* | Mutterschaft, Mütterlichkeit.

p آميختن âmichten. [Rad. آميز] Vb. act. قريشدرمق *mêler.* | mischen, mengen.

p آميخته âmichte. Adj. u. Sbst. (Partic. d. Vbgdn.). قريشمش . قريشيق *mêlé; mélange.* | gemischt, gemengt; Mischung.

p اميد ümid, (vulg. ümüd) auch اميد und اوميد Sbst. اومو *espérance, espoir, attente.* | Hoffnung, Erwartung. — etmek *espérer, attendre, compter sur ....* | hoffen, erwarten, worauf bauen. — wermek *donner de l'espoir.* | Hoffnung geben, Hoffen lassen. — kesmek oder قطع اميد ايتمك *désespérer, perdre l'espoir.* | die Hoffnung aufgeben, verzweifeln. اميد بورنى ümid burnu. *cap de bonne espérance.* | Vorgebirge der guten Hoffnung.

p اميدبخش ümidbachš. Adj. *qui fait espérer.* | Hoffnung gebend, Hoffen lassend, tröstlich.

p t اميدسز ümidsiz. Adj. *sans espoir, désespéré.* | hoffnungslos, verzweifelnd.

p t اميدسزلك ümidsizlik. Sbst. *désespoir.* | Hoffnungslosigkeit, Verzweiflung.

p t اميدكاه ümidgiâh. Sbst. *lieu, cause d'espérance, consolation.* | Hoffnungsort, Hoffnungsgrund, Trost.

p t اميدلندرمك ümidlendirmek. Vb. act. *faire espérer, donner espoir.* | hoffen lassen, Hoffnung geben.

p t اميدلنمك ümidlenmek. Vb. intr. *espérer, concevoir de l'espérance.* | hoffen, Hoffnung fassen.

p t اميدلو ümidlü. Adj. = اميدوار *qui a de l'espoir, espérant.* | hoffend, der Hoffnung hat.

p اميدوار ümidwâr. Adj. = اميدلو *qui a de l'espoir, espérant.* | hoffend, hoffnungsvoll, erwartungsvoll. — olmak, *espérer.* | hoffen. اميدوارم ümidwârym. *j'espère.* | ich hoffe.

p اميدوارى ümidwâri. Sbst. *espoir, espérance, attente.* | Hoffnung, Erwartung, das Erwarten.

p اميذ ümiz, und die Compos. s. اميد u. s. w.

a امير emir, verkürzt مير mir. Pl. امرا ümerâ. Sbst. *chef, commandant, prince, officier; descendant du prophète Mohammed.* | Haupt, Oberer, Befehlender, Fürst, Häuptling; Abkömmling oder Blutsverwandter des Propheten, vom Geschlecht Ali's, — شريف — امير آخور emir-âqor, (vulg. imrohor u. mir-âqor) *grand-écuyer.* Oberstallmeister. امير آخورلق emir-âqorlyk *emploi de grand-écuyer.* | Oberstallmeisteramt. امير آخوريه emir-âqorije. *revenu du grand-écuyer.* | Oberstallmeistergebühren. امير الامرا

EMIR ÜL-UMERÂ. ميرميران, بكلربكي oder gouverneur d'une grande province. | Statthalter einer grossen Provinz. أمير الجيوش EMIR ÜL-ĞUJÛŠ. سر عسكر general en chef. | oberster Befehlshaber der Armee. أمير العسكر EMIR ÜL-ĞESKER oder أمير حج EMIR-I HAĞĞ commandant de l'escorte qui accompagne les pèlerins de la Mecque. | Anführer der Pilgerkarawane. أمير علم EMIR-I 'ALEM Sbst. prince du drapeau, qui porte l'étendard impérial, officier qui remet aux gouverneurs des provinces, après leur nomination, l'étendard d'installation. | Reichsfahnenträger, Reichsherold; Ueberbringer des Banners an einen neu ernannten Statthalter. أمير المؤمنين EMIR ÜL-MÜMENIN. Sbst. chef des croyants, titre des premiers Califes. Oberhaupt der Gläubigen, Titel der ersten Califen.

a p اميرانه EMIRÂNE. Adj. princier, en prince. | fürstlich, in fürstlicher Weise.

a اميرت EMIRET. Sbst. princesse, épouse d'un Emir. | Fürstin, Gemahlin eines Emir.

a p اميرزاده EMIR-ZÂDE oder اميرزا EMIRZA, abgekürzt ميرزا MIRZA. Sbst. fils de prince, noble, seigneur, descendant d'Ali. | Fürstensohn, Adliger, Herr; Nachkomme des Propheten, vom Geschlecht Ali's. — شريف

a t اميرلك EMIRLIK. Sbst. dignité de prince, de général; commandement. | Fürstenwürde, Feldherrnwürde; Befehl, Commando.

a امير EMIR. Adj. excellent. | ausgezeichnet.

p آميز ÂMIZ. Adj. in pers. Compos. mêlé, entremêlé, contenant. | gemischt mit, zusammengesetzt aus, enthaltend. نياز آمیز suppliant, humble, qui supplie avec soumission. | demüthig flehend. ستم آمیز menaçant. | drohend. نياز وستم آمیز aus Bitten und Drohungen zusammengesetzt (z. B. eine Rede, ein Schreiben).

p آميزش ÂMIZIŠ. Sbst. mélange, confusion. | Mischung, Mengung.

p آميزه ÂMIZE. Adj. mêlé. | gemischt.

p اميجلمي s. املاحلمق

a اميل EMIJL. Adj. très-enclin, porté à q. ch., disposé à q. ch. | sehr geneigt zu etwas, aufgelegt zu etwas, geschickt zu etwas.

a آمين ÂMIN. Interj. Amen, ainsi soit-il. | Amen, so geschehe es.

a امين EMIN. Pl. امنا UMENÂ. 1. Adj. constant, fidèle, sûr, à qui on peut se fier; qui jouit de la sécurité, qui est à l'abri. | sicher, beständig, treu, zuverlässig; sicher vor etwas, geborgen. امين وسالم sicher und wohlbehalten. امين in Sicherheit. امين اولدقلري yerlerde an sicheren Orte. — 2. Sbst. inspecteur, intendant. | Aufseher, Oberer, Beamteter, unter dessen Verwaltung etwas steht. ÂLAI-EMINI, intendant de l'armée. | Generalintendant. ANBAR-EMINI, Aufseher über die Getreidemagazine. TERSANE-EMINI Aufseher über die Flotten und Werften. DEFTER-EMINI Reichsarchivar. GÜMRÜK-EMINI, Oberzollinspector. ŠEHER-EMINI. Aufseher über die Bauten der Hauptstadt. KILÂR-EMINI. Oberkellermeister. ZARABHÂNA-EMINI. Aufseher über die Münze. MATBAH-EMINI. Oberküchenmeister. KOJUN-EMINI Aufseher über die Viehherden. BARUTHÂNA-EMINI. Aufseher über die Pulvermühlen.

a t امينلك EMINLIK. Sbst. sécurité, tranquillité, immunité, impunité; charge d'intendant, de douanier. | Sicherheit, Ruhe, Ungestörtheit, Straflosigkeit; Amt des Aufsehers, insbesondere des Zollaufsehers.

a p امينى EMINI. Sbst. u. Adj. sécurité; sûr, tranquille. | Sicherheit; sicher, ruhig.

t a آن AN. Pron. d. 3. Person. lui, il, er, sie, es; dieser, diese, dieses; immer mit Postpositionen verbunden. آن سوكلقسز oder آن سونكى LT. آن بعد, آن وآخرى nach diesem, hierauf. آن اوستنده oder آن اوستنده LT. آن اوزرنه auf ihm. آن اوچون oder آن اوچون, آن بتلاشى deswegen. بوكى آن, آن قلار, انقلار vgl. auch انجلمين

a آن AN. Sbst. temps, heure, moment. | Zeit, Stunde, Augenblick. بو آنه دك oder بو آنه قدر jusqu'alors, jusqu'à présent. | bis jetzt, bisher. بر آنده dans un moment. | in einem Augenblicke. الآن maintenant. | jetzt, gegenwärtig. الى الآن jusqu'à ce moment, jusqu'à nos jours. | bis auf unsere Tage. من الآن dorénavant, à partir de ce moment. | von diesem Augenblick an, von nun an. آنيده dans le moment. | augenblicklich, sogleich. آناً فآناً de jour à jour, toujours. | von Tag zu Tage, in einem fort, immerwährend, in ununterbrochener Reihenfolge.

p آن ÂN. Pron. Pl. آنها und آنان celui-là, cela. | jener, jenes. اين وآن IN WE ÂN. celui-ci et celui là, le monde d'ici bas et le monde à venir, c. à d. toutes les choses créées. | der und jener, diese und jene Welt, d. i. alles Geschaffene.

t آن EN. Sbst. s. اين largeur. | Weite, Breite. vgl. انسر u. انلو.

a أن EN. Partic. que. | dass. الى أن jusqu'à ce que. | bis dass. على أن à condition que. | unter der Bedingung oder Voraussetzung dass. s. d. arab. Gramm.

a إن IN. Conj. si. | wenn. وإن WE-IN quoique, bien que, quand même. | wenn auch, obwohl. إن حصوصه aussitôt que. | sobald als. إن شاء الله s'il plait à Dieu. | so Gott will.

t a اين IN, ÜN. Sbst. vgl. اين trou, trou de souris, fissure, tanière. | Loch, Mauseloch, Spalte, Loch wo wilde Thiere ihr Lager haben. LT. سوراخ وجوف وشكاف

a أنّ ENNE. Partic. que. لا شك أن il n'y a pas de doute que. | kein Zweifel dass. لأن LIENNE. parce que. | weil.

a إنّ INNE. Adv. certes, certainement. | sicher, gewiss.

t a اين IN. Nom. dir. | sehr. s. اوين

t انا ANA. Sbst. mère; espèce principale ou partie principale. | Mutter; die hauptsächlichste Art, der hauptsächlichste Theil einer Sache. سوت انا SÜD-ANA. nourrice. | Amme. بطرق انا DAJ-ANA. abbesse. | Äbtissin. بيوك انا BÜJÜK ANA. grand-mère. Grossmutter. اوكى انا ÖJ-ANA. seconde-mère. | Stiefmutter. قاين انا KAJN-ANA. belle-mère. | Schwiegermutter. انا ديرك ANA-DIREK. grand mât. | Hauptmast. انا لغم ANA-LAGYM. canal principal. | Hauptcanal. دمير انا سى DEMIRIN ANASY. verge de l'ancre. Ankerruthe, Ankerschaft. انا بابا كونى confusion, tumulte. | Aufruhr, Verwirrung.

a انا ANA. Pron. je, moi. | ich.

a انّا ENNA. Part. inter. comment. | wie. Partic. conjunct. de quelque manière que. | wie auch immer.

a إنّا INNA. certes nous. | wahrlich wir. إنّا لله INNA LILLÂH. certes nous sommes à Dieu. | wahrlich, wir sind Gottes.

a اناء INÂ. Sbst. vase. | Gefäss. Pl. آنية ÂNIJE u. اوانى AWÂNI. اوانى چينى porcelaine de Chine. | chinesisches Porzellan.

a آناء ÂNÂ. Sbst. Pl. v. انى ANAS. temps, heure, temps opportun. | Zeit, Stunde, rechte, gelegene Zeit.

a انابت INÂBET. [انسب IV.] Sbst. تشيمانلق, اوتنمق action de se repentir. | Reue. — ETMEK. se repentir. | bereuen, Reue empfinden.

a اناة ENÂT. Sbst. attente; patience, bonté. | Geduld, Nachsicht, Milde.

a اناث INÂS. Sbst. Pl. v. انثى féminins, femmes. | Frauen, Weiber, weibliche Wesen.

t اناج ANÂČ. Adj. grand, large, dénaisé, rusé. | gross, erwachsen; gewitzigt, zu gross um sich täuschen zu lassen.

a اناجيل ENÂĞIL. Sbst. Pl. v. انجيل INĞIL.

p اناختار ANAHTAR. s. آختار

a p انار ANÂR. vulg. نار NAR. Sbst. pomme de grenade. | Granatapfel. — اغاجى grenadier. | Granatbaum.

p انارستان ANARISTÂN. Sbst. jardin de grenades. | Ort, wo Granatbäume wachsen, Granatgarten.

a انارة INÂRET. [انار IV.] Sbst. آيدنلتمق, نورلندرمق action d'éclairer, d'illuminer. | Erleuchtung, Erhellung.

a اناس ENÂS. Sbst. Pl. v. انسان.

gr اناطولى ANATOLU. (vulg. ANADOLU). N. pr. (ἀνατολή). l'Asie mineure. | Kleinasien. اناطولى طاغى ANADOLU DAGY. le mont Olympe. | der Olymp (bei Brussa). ANADOLA (vulg). en Asie. | nach Asien.

t a اناغ INÂG. LT. u. اينانق Abulg. Sbst. مصاحب ومعتمد ami, confident, courtisan, favori. | Freund, Vertrauter, Höfling, Vertrauter des Fürsten. vgl. انيغ

a آناً فآناً ÂNEN FE ÂNA. Adv. jour pour jour, sans cesse, à coups réitérés. | Tag für Tag, in einem fort. s. آن

gr انفور ANAFOR. (ἀναφορά). Sbst. *tournoiement d'eau, courant opposé, remous.* | Strudel, Wasserwirbel. انفور قندى Gegenströmung (in der Nähe einer Küste). انفور ايلمك *tournoyer.* | im Wirbel herumdrehen, herumwirbeln (vom Wasser). Kam. s. ٢٧. تولب تكركر

t a انك INEK. Sbst. *vache.* | Kuh. s. انك.

t a انكا ANAGA. Sbst. *nourrice* | die Amme. LT. محرر

a انالة INÂLE. [IV. نال] Sbst. اعطا ايلمك *action de faire obtenir une chose à q. qn.* | Darreichung, Schenkung.

t آنالق ANALYK. Sbst. *belle-mère, (seconde mère).* | Stiefmutter.

a انام ENÂM; auch انام ANÂM. Sbst. *coll. les créatures, le genre humain, les hommes.* | die Geschöpfe, das Menschengeschlecht, die Menschen. مشهور انام *célèbre par tout le monde.* | weltberühmt.

a انامل ENÂMIL. Sbst. Pl. v. انملة ENMILE.

p آنان ÂNÂN. Pron. Plur. s. آن

a انين ENÎN. Sbst. *gémissement.* | Gestöhn.

t اينان INÂN (nicht YNAN). Sbst. *foi, croyance, confiance.* | Glaube, Treu und Glauben, stetes Vertrauen. اينان آدم ein Mann von Treu und Glauben. اينان يوق *il n'y a point de foi.*

t اينانجق INÂNAGAK.
t اينانديرمق INANDYRMAK.
t اينانلمق INANYLMAK.
t انانماز INANMAZ.
} s. اينانمق

t اينانمق INANMAK; auch اينانمق Aor. انانور INANYR. Vb. intr. u. act. p باور كردن und باور داشتن *croire, ajouter foi, se fier, avoir confiance; confier q. ch. à q. qn.* | glauben, trauen, an etwas glauben, Jemand etwas anvertrauen. بكا جميع مالني اينانمش ايدى er hatte mir sein ganzes Vermögen anvertraut. Part. fut. اينانجق INANAGAK. Adj. *ce que l'on peut croire; croyable.* | was man glauben kann, glaublich. اينانيرم INANYRYM. *je le crois.* | ich glaube es. Ne... Î. اينانمامق INA'NMAMAK. *ne pas croire, se défier.* | nicht glauben, nicht trauen, misstrauen. بنده اينانمم BENDE INANMAM. ich glaube es auch nicht. Partic. اينانماز INANMAZ. *incrédule, méfiant.* | der nicht glaubet oder trauet, ungläubig, misstrauisch. II. اينانديرمق INANDYRMAK. Vb. caus. *faire croire, assurer, persuader.* | glauben machen, überreden, versichern. III. اينانلمق INANYLMAK. Vb. pass. davon die Partic. اينانلماز INANYLMAZ. Adj. *incroyable* | was nicht geglaubt wird, unglaublich. اينانلهجق INANYLAGAK. *croyable.* | was geglaubt werden wird, glaublich. اينانلمش INANYLMYŠ *croyable, fidèle.* | was man glaubt, glaublich, dem man trauet, treu.

t اينانمامقلق INANMAMAKLYK. Sbst. [Neg. v. اينانمق] *incrédulité, méfiance.* | Unglaube, Misstrauen.

t اينانه INANMA. Sbst. *foi, croyance, confiance.* | Glaube, Treue und Glauben, festes Vertrauen.

a انانية ENÂNIJET. Sbst. [v. انا ich] بنلك *égoïsme, amour-propre, arrogance.* | Selbstsucht, Eigenliebe, Anmassung.

gr انوفتيز ANAWAFTYZ. Sbst. Anabaptist.

p اناهيد ANÂHID. Sbst. *la planète Vénus.* | der Planet Venus. vgl. ناهيد

a انبا ANBA (spr. AMBA). Sbst. Pl. v. نبأ

a انبا INBÂ (spr. IMBÂ). [IV. نبأ] Sbst. بلدرمك، خبر ويرمك *action d'avertir, d'instruire, d'informer q. qn. de q. ch.; communication, avis.* | Benachrichtigung, Mittheilung (mündliche oder schriftliche) dessen was man weiss. — ETMEK. *informer q. qn. de q. ch., communiquer, faire part.* | Jemanden von etwas benachrichtigen, ihm etwas mittheilen, verkündigen.

a انبات INBAT (spr. IMBÂT). [IV. نبت] Sbst. *action de pousser, de germer, de croître (des plantes), de produire des herbes, des végétaux (se dit de la terre).* | das Keimen, Treiben, Wachsen der Pflanzen, Hervorbringung, Wachsenlassen der Pflanzen — ETMEK. *pousser, germer, produire, faire croître.* | keimen, treiben, Pflanzen hervorbringen, gedeihen lassen.

p انباد ENBÂD (spr. EMBÂD). Sbst. s. نباد *brise du soir.* | Abendwind, Abendkühlung.

p انبار INBÂR (spr. IMBÂR). [اين بار] Sbst. *cette fois.* | diesmal.

p انبار ANBÂR, vulg. AMBÂR und HAMBAR. Sbst. *réservoir, magasin, dépôt pour toute chose, grenier, cellier d'un vaisseau, carène, pont d'un vaisseau; caisse, coffre; citerne, puits* | Ort, wo etwas aufbewahrt wird, Speicher, Scheuer, Getreidemagazin; Schiffsraum, Kielraum, das untere Deck eines Kriegsschiffes; Kiste, Truhe. صو انباری Wasserbehälter, Cisterne, Brunnen. AMBAR ETMEK. *amasser, emmagasiner.* | aufspeichern.

p انبارخانه ANBÂR-ḪÂNE. Sbst. *office, garde-manger.* | Speisekammer.

p انباردار ANBÂR-DÂR (AMBARDAR). Sbst. *intendant de la bouche de l'empereur.* | der Hofbeamte welcher die Schlüssel zu den kaiserlichen Küchenvorräthen und Kellern hat, Oberküchenmeister.

p انباردن ANBÂRDEN (AMBARDEN). Vb. act. *remplir.* | anfüllen, vollspeichern.

p انبارده ANBÂRDE (AMBARDE). Adj. (Part. des Vbgdn.) *plein, rempli.* | voll, vollgespeichert, angefüllt.

p t انبارلو ANBARLY (AMBARLY). Adj. *qui a un dépôt ou magasin.* | mit einem Speicher u. s. w. versehen. اوچ انبارلو ÜČ-AMBARLY. *vaisseau à trois ponts.* | Dreidecker (Schiff).

p انباز ANBÂZ (AMBÂZ). Sbst. اورتاق شريك *compagnon, associé.* | Genosse, Theilhaber.

p انبازى ANBÂZÎ (AMBAZI). Sbst. اورتاقلق *association.* | Genossenschaft.

p انبازيدن ANBÂZÎDEN (AMBAZIDEN). Sbst. act. اورتاق اولمق *être associé à q. qn., s'associer, faire une association.* | mit Jemand associirt sein, eine Genossenschaft eingehen.

p انباشتن ENBÂŠTEN und انباشته ENBÂŠTE = انباردن und انبارده

a انباض INBÂZ (IMBAZ). [IV. نبض] Sbst. *action de faire siffler la corde de l'arc en la tirant à soi et la lâchant tout à coup.* | das Anziehen und Loslassen der Bogensehne, so dass sie schwirrt.

p انباغ ANBÂG (AMBAG). Sbst. *l'une des femmes d'un mari, concubine.* | eine von mehreren Frauen eines Mannes, Nebenfrau, Beischläferin.

p انباق ANBÂK (AMBAK). Sbst. *cocu.* | Hahnrei.

p انبان ANBÂN (AMBAN). Sbst. 1. تختيجى *sorte de maroquin d'une qualité inférieure.* | eine Art Schafleder von geringerer Qualität. 2. تغارجق، شكمه *sac de cuir, bésace, valise.* | Ledersack, Lederbeutel, Mantelsack. انبان فتنه وكيسهٔ حيله، ميدانه صالدى er brachte den Sack der Bosheit und den Beutel der List zur Stelle, d. i. er wandte allerlei Ränke an.

p انبانچه ANBÂNČE (AMBANČE). Sbst. Dimin. d. Vbgdn.

p انبانه ANBÂNE und انبانك AMBANIK = انبان 2.

gr انبرباريس ANBERBÂRIS (EMBERBARIS). Sbst. قادين طوزلغى *berbéris, épine-vinette.* | die Berbrize.

a انبساط INBISÂT (IMBISAT). [VII. بسط] Sbst. آچلق، يوزى اولمق، بشاشت *action de déplier, gaieté.* | das sich Entfalten (des Gesichts), Heiterwerden, Heiterkeit. انبساط خاطر INBISÂT-I ḪATYR. *épanouissement du coeur.* | Eröffnung des Herzens, Heiterkeit.

a انبعاث INBI'ÂS (IMBI'ÂS). [VII. بعث] Sbst. گوندرلمك، ارسال اولنمق *état d'être envoyé (p. ex. d'un prophète).* | die Sendung, das gesendet werden oder gesendet sein (z. B. eines Propheten).

a انبغاء INBIGÂ (IMBIGÂ). [VII. بغى] Sbst. سزا اولمق *état d'être convenable, falloir.* | Angemessenheit, Zweckmässigkeit, Nothwendigkeit.

a انبق ENBIK (vulg. IMBIK) u. الانبق EL-EMBIK. s. انبيق

a p انبوب ENBÛB (EMBÛB) und انبوبة EMBÛBE. Sbst. قمش بوغمى *noeud d'un roseau, partie de la tige d'un roseau comprise entre deux noeuds, tuyau.* | Knoten an einem Rohre, Glied des Rohres zwischen zwei Knoten, Röhrchen. = مسوره

p انبوه ENBÛH (EMBÛH). 1. Sbst. *multitude, foule, troupe.* | Menge, Schaar, grosse Anzahl. 2. Adj. *nombreux, multiple, copieux, grand.* | zahlreich, vielfach, aus vielen Theilen zusammengesetzt, gross. انبوهى، نبس oder بغموقلى، گروه انبوه *foule.* | Menschenmenge. بر گروه انبوه *en foule* | in Masse. وقراوللى بر گروه انبوه ايله اوزرينه واردى er griff ihn mit einer grossen Schaar an. انبوه اولمق zahlreich sein.

a انبيا ENBIJÂ (AMBIJA). Sbst. Pl. v. نبى NEBIJ.

a انبياع INBIJÂ' (IMBIJA'). [VII. بيع] Sbst. صاتلمق، سوروب *le courant des marchandises, débit des marchandises.* | das sich Verkaufen lassen, guter Absatz der Waaren.

a انبيق YNBYK (YMBYK), vulg. انبق INBIK, oder mit dem Artikel الانبيق EL-YNBYK. Sbst. **alambic.** | Destillirkolben, Brennblase. انبيقدن چكمك destilliren.

a انت ENTE. Pron. person. *tu, toi* | Du.

t انت INT. Sbst. s. آت

a انتاج INTÂǴ [نتج IV.] Sbst. طوغورمه، *action de produire, d'engendrer, d'enfanter; action de causer, d'occasionner.* | Hervorbringung, Gebärung; Verursachung. — ETMEK *produire, causer, occasionner, avoir des conséquences.* | hervorbringen, verursachen, zur Folge haben, Grund oder Ursache zu etwas sein (m. d. Dativ). نتايج فسده انتاج ايلر (die Sache) hat üble Folgen. تراخى خسرت عظيمه انتاج ايلر Verzug bringt grossen Schaden.

a انتبار INTIBÂR [نبر VII.] Sbst. شيشمك، قبارمه *action d'enfler, de se gonfler.* | das Anschwellen, dick werden.

a انتباه INTIBÂH [نبه VIII.] Sbst. اويانمه، كوزى اچيق اولمه *action de s'éveiller, d'être sur ses gardes, éveil, attention, vigilance, circonspection.* | das Erwachen, Wachsamkeit, Obacht, Vorsicht, Behutsamkeit, Umsicht. Theol. Sûf. die geistige Erweckung. انتباهده اولمق auf seiner Hut sein. كمال انتباه ووزره mit der grössten Wachsamkeit. اهل انتباه ein Vorsichtiger, Wachsamer, Behutsamer. ... مع انتباه mit dem Bedacht (d. h. da er erkannte oder bedachte) dass er zu schwach sei zum Widerstande. ... انتباه ein wachsamer Geist.

a انتثار INTIŠÂR [نثر VIII.] Sbst. طاغيلمه، نثر اولنمه *action de s'épandre, état d'être dispersé, disséminé, répandu* | das sich zerstreuen, nach allen Seiten hin auseinander stieben, nach allen Seiten hin spritzen.

a انتجاء INTIǴÂ' [نجو VIII.] Sbst. ... *action de se parler à l'oreille l'un à l'autre, se communiquer des secrets.* | Geflüster, Zuflüsterung.

a انتجاس INTIǴÂS [نجس VIII.] Sbst. بولانمق، مردار اولمه *action de se souiller, état d'impureté.* | Verunreinigung, Unreinheit.

a انتجام INTIǴÂM [نجم VIII.] Sbst. ... *action de cesser.* | das Aufhören.

t o انتيجمك ENTIČMEK. Vb. act. LT. ... *emprunter, prêter.* borgen. Deriv.

انتيجتورمق ENTIČTYRMAK. Vb. caus. LT. ... *faire emprunter, faire prêter.* | borgen lassen. vgl. ...

a انتحاء INTIHÂ' [نحو VIII.] Sbst. ... *action de se pencher ou de s'appuyer sur q. ch.* | Aufstützung oder Anlehnen an einen Gegenstand, in gebogener Stellung des Körpers.

a انتحاب INTIHÂB [نحب VIII.] Sbst. *action de sangloter, de pleurer tout haut.* | lautes Weinen.

a انتحار INTIHÂR [نحر VIII.] Sbst. *suicide.* | Selbstmord.

a انتحال INTIHÂL [نحل VIII.] Sbst. ... *action de prétendre, de s'attribuer q. ch. à tort, de tirer son nom de ..., c. à d. appartenir à ..., p. ex. une secte.* | unrechtmässige Anmassung, Beanspruchung; das sich bekennen zu einer Mitgliedschaft (einer Secte u. dgl.).

a انتخاء INTIHÂ' [نخو VIII.] Sbst. ... *s'enfler d'orgueil.* stolzes sich Brüsten.

a انتخاب INTIHÂB [نخب VIII.] Sbst. ... *action de choisir, choix, élection.* | Auswahl, das Wählen. — ETMEK *choisir.* | wählen, eine Auswahl treffen.

a انتذار INTIZÂR [نذر VIII.] Sbst. ... *action de s'imposer un voeu, un sacrifice.* | Gelobung, Ablegung eines Gelübdes.

a انتزاع INTIZÂ' [نزع VIII.] Sbst. چكلمه، ... *action d'ôter, d'arracher q. ch. de sa place; état d'être arraché, ôté, enlevé.* | Wegnahme, Entreissung. — ETMEK *arracher, enlever.* | herausreissen, entreissen, wegnehmen. — OLUNMAK *être arraché, enlevé.* | entrissen werden oder sein.

a انتساب INTISÂB [نسب VIII.] Sbst. *action de tirer son nom de q. qn ou de q. ch., rapport, relation de l'un avec l'autre; dépendance; action de s'attribuer, de se réclamer, parenté, généalogie.* | das sich nach Jemand oder nach einer Sache benennen: Beziehung zu einander, Bezug zu ..., Zusammenhang mit ..., Abhängigkeit (von einander), Verwandtschaft, Genealogie; Aneignung, Zueignung. — ETMEK *tirer son nom de ..., appartenir à ..., être admis à ..., se rapporter à ..., s'attribuer q. ch.* | seinen Namen haben von ..., gehören zu ..., in Bezug stehen zu ..., in Zusammenhang sein mit ..., abhängig sein von etwas; sich etwas zueignen, zuschreiben (mit d. Dativ). فلان پاشايه انتسابى وار er gehört zu den Angehörigen (dem Gefolge) des und des Pascha. ... sie schrieben sich der Partei des Fürsten zu, traten auf seine Seite. — In Verbindung mit Substantiven dient das Wort zu Bildung zusammengesetzter Adjective wie شرف انتساب SCHERF-INTISÂB *glorieux, distingué.* ruhmreich, vornehm صواب انتساب SEWÂB-INTISÂB. *juste, vrai.* | richtig wahr. جواب صواب انتساب eine richtige, der Wahrheit gemässe Antwort. vgl. انتما

a انتساج INTISÂǴ [نسج VIII.] Sbst. *texture, liaison des parties d'une chose.* | das Gewebe, Zusammenhang der Theile einer Sache.

a انتساخ INTISÂH [نسخ VIII.] Sbst. 1. *action d'effacer, de faire disparaître.* | Ausstreichung, Vernichtung, Abschaffung, Aufhebung. 2. ... *action de copier, de transcrire.* | Copierung, Abschrift.

a انتساق INTISÂK [نسق VIII.] Sbst. ... *état d'être rangé dans un certain ordre.* | Aufstellung in einer gewissen Ordnung.

a انتشاء INTIŠÂ' [نشا VIII.] Sbst. ... *action de croître, de se produire.* | das Wachsen, Hervorkommen.

a انتشاء INTIŠÂ' [نشو VIII.] Sbst. مست اولمه، ... *état d'être ivre, d'être étourdi par la boisson.* | Rausch, Zustand der Berauschung.

a انتشار INTIŠÂR [نشر VIII.] Sbst. ... *action de se répandre, de s'épanouir, de s'ouvrir; divulgation, explication.* | das sich nach allen Seiten hin zertheilen, nach allen Seiten hin ausbreiten, sich entfalten. — BULMAK *se répandre, se divulguer.* | sich verbreiten.

a انتشاق INTIŠÂK [نشق VIII.] Sbst. *action de respirer, d'attirer q. ch. dans les narines.* | Einschnaubung.

a انتصاب INTISÂB [نصب VIII.] Sbst. ... *action de se dresser, de s'élever, se mettre sur pied; état d'être planté, érigé.* | Aufrichtung, Aufrechtstehen, fest eingepflanzt stehen.

a انتصاح INTISÂH [نصح VIII.] Sbst. ... *action de se laisser conseiller, d'accepter un conseil.* | das sich rathen lassen, Annahme eines guten Raths.

a انتصار INTISÂR [نصر VIII.] Sbst. *action d'être vainqueur, d'avoir le dessus sur son adversaire, vengeance, satisfaction.* Überwindung des Gegners, Rache am Gegner.

a انتصاف INTISÂF [نصف VIII.] Sbst. *action de se faire rendre justice par q. qn; de se faire payer de q. qn ce qu'il devait; revanche, satisfaction.* Verfolgung seines Rechts, Wiedervergeltung.

a انتضاج INTIDÂǴ [نضج VIII.] Sbst. پشمك *état de mûrir.* | das Reifen der Früchte.

a انتظار INTIZÂR [نظر VIII.] Sbst. *action d'attendre q. qn ou q. ch., attente, désir de voir q. qn.* | das Warten auf etwas, Erwartung. انتظارده اولمق (mit dem Dativ) oder انتظار چكمك mit Ungeduld auf Jemand oder auf etwas warten.

a انتظام INTIZÂM [نظم VIII.] Sbst. دوزلمك *état d'être en bon ordre; arrangement, ordre, disposition, série, régularité.* | Ordnung, geordnete Aufstellung, Reihe, Regelmässigkeit. — BULMAK *être arrangé, mis en ordre.* | in Ordnung sein, ordentlich aufgestellt sein. نظم وانتظام Ordnung und Gesetz.

a انتعاش INTI'ÂŠ [نعش VIII.] Sbst. *convalescence, réhabilitation.* | das Aufstehen nach einem Falle, von einer Krankheit, Wiedergenesung, wieder zu Ehren gelangen.

a انتفاء INTIFÂ' [نفى VIII.] Sbst. يوق اولمه *état d'être nié, d'être anéanti, disparaître; extinction, extirpation.* | verschwinden, vernicht werden, zu Nichte werden; Vernichtung.

a انتفاخ INTIFÂH [نفخ VIII.] Sbst. شيشمك *action de s'enfler, état d'être enflé, d'être gonflé.* | das sich Aufblasen, aufgeblasen sein. — ETMEK *s'enfler, se gonfler.* | sich aufblasen, sich aufblähen. معده انتفاخ ايلر der Magen bläht sich auf.

a انتفاش INTIFÂŠ [نفش VIII.] Sbst. *action de se hérisser (les cheveux).* | das sich sträuben, zu Berge stehen der Haare.

a انتفاع INTIFÂ' [نفع VIII.] Sbst. ... *action de tirer profit, de gagner tirer parti de q. ch.* | von einer Sache Nutzen ziehen, eine Sache zu seinem Vortheil anwenden.

a انتفال INTIFÂL. [نفل VIII.] Sbst. *action de dire plus de prières que la loi n'en prescrit.* | Abhaltung von Gebeten über die vorschriftmässige Anzahl. — ETMEK. *prier, demander, postuler.* | beten, bitten, dringend verlangen.

a انتقا INTIKÂ. [نقا VIII.] Sbst. ایرلمك *action de choisir, d'élire, choix.* | das Auswählen, Auslesen, Auswahl.

a انتقاب INTIKÂB. [نقب VIII.] Sbst. نقابلنمق *action de se voiler le visage.* | Verschleierung. — ETMEK. *se voiler.* | sich mit dem Schleier bedecken.

a انتقار INTIKÂR. [نقر VIII.] Sbst. *action d'élire, de choisir entre plusieurs, faire un choix des meilleurs.* | Auswählen, aus mehreren, Auswahl treffen.

a انتقاص INTIKÂS. [نقص VIII.] Sbst. اکسلمك *decroissement, diminution.* | Abnahme, Verminderung.

a انتقاض INTIKÂZ. [نقض VIII.] Sbst. بوزلمق *action de se dissoudre, de s'écrouler, de se corrompre.* | das sich auflösen, Auflösung, Zerbröckelung, zu Grunde gehen, Verderben.

a انتقاث INTIKÂT. [نقث VIII.] Sbst. *action de s'informer de q. ch. minutieusement, demander des nouvelles detaillées.* | genaues Ausfragen, genaue Erkundigung, Punkt für Punkt ausforschen.

a انتقال INTIKÂL. [نقل VIII.] Sbst. *action de changer de lieu, émigration, de passer de l'un à l'autre.* | Vertauschung des Orts, Ortsveränderung, Versetzung, Auswanderung, Umzug; Uebergehen von einem Gegenstande zum andern; Uebergang in ein anderes Leben, d. i. der Tod. — ETMEK. *changer de lieu, se transporter, émigrer, déménager; passer de l'un à l'autre, passer à l'autre monde.* | den Ort verändern, auswandern, ausziehen, von einem Gegenstande zum andern übergehen, einen Gegenstand nach dem andern geistig auffassen und verstehen, leicht auffassen; sich geistig wohin versetzen, sich geistig an die Stelle eines andern setzen; ins Jenseits hinübergehen, d. i. sterben. سریع الانتقال einer der leicht von einem Gegenstande zum andern übergeht. انتقال دار بقا ایلمك in die Ewigkeit hinübergehen.

a انتقام INTIKÂM. [نقم VIII.] Sbst. کین الق *action de se venger, vengeance.* | Rache. انتقام الق oder انتقام ایلمك اخذ انتقام *se venger.* | Rache nehmen, sich rächen. منتقم الجاني der Rächer.

a انتقاه INTIKÂH. [نقه VIII.] Sbst. *action de se consoler, de reprendre courage en entendant q. ch.* | Trost und Beruhigung (die man aus einer Nachricht, aus einem Versprechen u. s. w. zieht).

a انتكاس INTIKÂS. [نكس VIII.] Sbst. باشی اشغه اولمق ، ایطلمق *état d'être renversé, action de tomber la tête la première; renversement.* | Umstürzung.

a انتكاف INTIKÂF. [نكف VIII.] Sbst. یوزین دوندرمك *action de se détourner.* | Abwendung, Wegwendung des Gesichts von einem Gegenstande. — اعراض

a انتما INTIMÂ. [نمى VIII.] Sbst. انتساب ایلمك *action de faire remonter son origine à q. ch.; rapport, appartenance.* | Zurückführung seines Ursprungs auf etwas; Entstehen aus . . . ., Erwachsen aus . . ., Bezug auf . . ., Beziehung zu . . ., Zusammenhang mit . . .; dient zur Bildung zusammengesetzter Adjectiven: سعادت انتما SEÂDET-INTIMÂ. *fortuné.* | beglückt. دعای خیر انتما DUÂ-I ḪAIR-INTIMÂ. segensreich. گردن رعونت انتما GERDEN-I RU'ÛNET-INTIMÂ. ein stolzer Nacken. کلام حکمت انتما ein geheimnissvoller Ausspruch. جواب صواب انتما eine wahre, richtige Antwort. vgl. انتساب

t a انتمك I.T., تمرکردن *aiguiser* | schärfen (?)

t انتمك INTIMEK, s. ایتمك

a انتها INTIHÂ. [نهى VIII.] Sbst. *état d'être fini, achevé; fin, terme, achèvement.* | das zu Ende kommen, Erreichung des Zieles, das bis wohin reichen, Ende, das Aeusserste einer Sache, Ziel, Vollendung, Abschluss. انتهای زمان das Ende der Welt. انتهاء سرحد die äusserste Gränze.

a انتهاب INTIHÂB. [نهب VIII.] Sbst. یغما ایلمك ، قپوشمق *action de piller; rapine.* | Plünderung, Raub.

a انتهاج INTIHÂǴ. [نهج VIII.] Sbst. وارمق ، یول آلمق *action de prendre le chemin, de suivre.* | Verfolgung des Weges, Einherschreiten.

a انتهاز INTIHÂZ. [نهز VIII.] Sbst. *action de saisir une occasion.* | Ergreifen, Wahrnehmen, Benutzen einer Gelegenheit. فرصت انتهاز ایلمك eine Gelegenheit ergreifen.

a انتهاض INTIHÂZ. [نهض VIII.] Sbst. شروع ایلمك *action de se mettre à l'ouvrage.* | Beginnen eines Werks.

a انتياط INTIJÂT. [نوط VIII.] Sbst. *état d'être pendu.* | das Hängen, aufgehangen sein.

a انثا UNSÂ. s. انثی

a انثغار INSIĠÂR. [ثغر VII.] Sbst. das Ausfallen oder Ausbrechen der Zähne.

a انثقاب INSIKÂB. [ثقب VII.] Sbst. دلنمك ، دلیك اولمق *état d'être percé, foré.* | Durchlöcherung, durchlöchert, durchbohrt sein.

a انثی UNSÂ. Sbst. *femme, femelle.* | weibliches Wesen, Weib, Weibchen eines Thiers.

p انجا INǴÂ. Adv. *là, dans ce lieu-là.* | dort.

t a انجاق ANǴAK. Adv. — انجق

a انجا INǴÂ. [نجو IV.] Sbst. خلاص ایلمك ، قورتارمق *action de sauver, de délivrer q. qu.* | Rettung, Befreiung.

t a انجاغ ANǴÂ. I.T. s. انجه ، انجق

a انجاب ANǴÂB. Sbst. Pl. v. نجیب NEǴÎB.

a انجاح INǴÂḤ. [نجح IV.] Sbst. حاجتین بتورمك *action de réussir (une affaire); accomplissement, exécution.* | das Gelingen, Gedeihen einer Sache, Förderung, Ausführung einer Sache. — ETMEK *faire réussir.* | eine Sache fördern, gelingen lassen.

a انجاد INǴÂD. [نجد IV.] Sbst. یاردم ایلمك *assistance.* | Hülfe, Beistand. 2. یوقاری اولمق *action de s'élever, de se dresser et être haut.* | das Emporsteigen, höher werden, eine höhere Stelle erreichen.

a انجاز INǴÂZ. [نجز IV.] Sbst. وعدهیی یرینه کتورمك *action d'accomplir, d'exécuter, de remplir sa promesse.* | Erfüllung, Ausführung eines Versprechens. انجاز وعد ایلمك ein Versprechen erfüllen.

a انجاس ANǴÂS. Sbst. Pl. v. نجس NEǴS.

p انجام ENǴÂM. Sbst. 1. صوڭ *fin, accomplissement, résultat, conclusion* | Ende, Ausgang einer Sache, Abschluss. انجامه واصل اولمق ، انجام بولمق od. انجام بولمق *finir, se terminer.* | endigen, zum Abschluss gelangen. انجام ویرمك *finir, terminer.* | zu Ende bringen (mit dem Dativ). انجام کار ENǴÂM-I KÂR. *réussite, succès, issue.* | Ende, Erfolg, Ausgang. 2. in pers. Compos. als Particip v. انجامیدن *faisant, finissant par.* | endigend mit. ظفر انجام ZAFER-ENǴÂM. *victorieux.* | siegreich. سعادت انجام SEÂDET-ENǴÂM. *heureux.* | glücklich. سلام سلامت انجام *salutation bienveillante.* | ein heilbringender, wohlwollender Gruss.

p انجامپذیر ENǴÂMPEZÎR. Adj. *finissant, fini.* | endigend, beendigt, zum Ende oder Abschluss gelangend.

p انجامیدن ENǴÂMÎDEN. V. act. u. intr. *finir, terminer; être fini, accompli.* | endigen, abschliessen, vollenden; zu Ende sein.

t انجتمك INǴITMEK, s. انجلمك

a انجذاب INǴIZÂB. [جذب VII.] Sbst. جذب اولنمق *état d'être attiré, attraction, inclination, passion.* | das Angezogen sein, sich hingezogen fühlen zu etwas, Neigung zu einer Sache, Leidenschaft. — ETMEK. *attirer.* | anziehen, eine Person oder Sache; die Zuneigung gewinnen. انجذاب خواطر ایلمك *gagner les cœurs.* | die Herzen gewinnen. انجذاب النفس صولوق الماسی *aspiration (de l'air).* | Einathmung.

t انجرقوشی INǴIR-KUŠU. Sbst. *espèce d'oiseau au plumage jaune, loriot (?).* | ein gelber Vogel, auch صاری صملا oder صری اسمه genannt. *a* صفاریه Kam. (Zeisig, Goldammer?)

a انجراد INǴIRÂD. [جرد VII.] Sbst. صویلمق *état d'être dénué.* | Entblössung.

a انجرار INǴIRÂR. [جر VII.] Sbst. چکلمك *état d'être tiré, attiré, entrainé.* | das gezogen werden, fortgezogen, ausgedehnt werden.

a انجزام INǴIZÂM. [جزم VII.] Sbst. کسلمك ، قیرلمق *état d'être coupé, séparé, retranché, cassé.* | das abgeschnitten, abgetrennt, verkürzt, abgebrochen sein. — OLUNMAK. *être coupé, être cassé.* | abgeschnitten, zerbrochen werden oder sein. — Gramm. Bezeichnung eines Consonanten mit dem Zeichen Ǵezm, Vocallosigkeit.

p انجعفار INǴI'ÂR. [جعف VII.] Sbst. کوکلین قوپرمق *état d'être arraché.* | Ausrottung.

t انجق ANǴAK. *t a* انجاق انجوق Conj. *seulement, rien que, pourtant, mais.* | nur, doch, zwar, fast, allein, aber; dient zur Beschränkung oder Berichtigung einer Aussage, welche es einführt, z. B. انجق وعدکزی صدقوب ایلرم *je vous demande seulement votre parole.* | ich verlange nur, nichts weiter als, Ihr Wort. فلان کیشی ایله استقبوب انجق بن کتلم

mit dem und dem ging nur ich nach Stambul. انكله بوكون بن انجق استنبوله كتدم ich ging heute mit ihm nur nach Stambul. بن بوكون استنبوله انجق انكله كتدم ich ging heute nur mit ihm nach Stambul. كلمك ايستدم انجق كله مدم ich wollte kommen, aber ich konnte nicht. Auch am Ende des Satzes. طبولك يانده بورى وصورنا وزيل وجوكلر كيملر ايشدلور انجق neben der Trommel wurden nur die Trompeten, die Hautbois, die Becken und diesen ähnliche Instrumente gehört.

t انكوك YNGYK. s. انجق

t انكيرق YNGYRYK. Sbst. *sanglot, soupir, hoquet.* | Seufzer, Schluchzen.

t انكيرمق YNGYRMAK. Vb. intr. *sangloter, soupirer.* | seufzen, schluchzen, stöhnen.

t انجك INGIK; auch انجوك u. انجق Sbst. *tibia, os de la jambe; jarret.* | Schienbein, Fussbiege; bei Thieren die Häcksе oder Kniebug. انجك كورى *tibia.* | der Schienbeinknochen, == قلم تورك oder

t انجك ENGIK. Sbst. Dimin. v. انك *petit chien.* | Hündchen, kleiner Hund, junger Hund.

t o انجك ENĞEK. Sbst. LT. ينكلك *subtilité.* | Feinheit, Kleinheit, == انجه‌لك

a انجل ENGEL. Sbst. *mauve (plante).* | die Malve.[1]

a انجلا INĞILÂ. [جلا VII.] Sbst. ايلنلق ، روشن اولمق *action de paraître, de briller, de se montrer dans son éclat; apparition, manifestation (de Dieu), éclat, splendeur.* | das zum Vorschein kommen, im vollen Glanze erscheinen; Erscheinung, Glanz, Aufklärung (des Himmels).

t انجه‌لتمك INĞELETMEK und انجه‌لتمه INĞELETME, s. انجلمك

t انجلمك INĞILMEK. Vb. intr. *gemir.* | seufzen, stöhnen, == انكلمك oder ايكلمك

t انجه‌لمك INĞELEMEK. s. انجلمك

t انجيلين ANĞILEIN [vgl. جلين u. اوى] Adv. *comme lui, de même, de la même manière.* | wie er, ebenso, auf gleiche Weise.

a انجم ENĞÜM. Sbst. Pl. v. نجم NEĞM.

a انجماد INĞIMÂD. [جمد VII.] Sbst. قاتيلشمق ، طوكلمق *action de s'épaissir, de se roidir, de geler.* | Verdickung, Verhärtung (durch Frost, Hitze u. s. w.).

a انجماع INĞIMÂ'. [جمع VII.] Sbst. *action de se rassembler, rassemblement.* | Versammlung, Zusammenkommen an einem Orte.

t انجمك INĞIMEK (im West-Türkischen nur die Deriv. gebräuchlich). *t o* انجيمك Vb. intr. LT. رنجيدن *s'affliger.* | sich betrüben, betrübt sein. Deriv. I. انجيتمك INĞITMEK. *t o* انجيتمك Vb. caus. LT. رنجانيدن *affliger, offenser, molester, inquiéter, irriter, insulter.* | betrüben, beunruhigen, quälen, plagen, ärgern, beleidigen. II. انجيتمه‌مك INĞITMEMEK. Vb. caus. neg.; davon der Imperativ. انجيتمه INĞITME, *laissez-moi tranquille.* | störe mich nicht, lass mich in Ruhe. III. انجنمك INĞINMEK. Vb. pass. refl. *être affligé, offensé, s'affliger, se fâcher.* | betrübt, beunruhigt u. s. w. werden oder sein, sich betrüben, sich ärgern. نه سن كيمسه‌يه انجيت نه سن كيمسه‌دن انجن NE SEN KIMSEIE INĞIT, NE SEN KIMSEDEN INĞIN. beleidige Niemand und lass dich von Niemand beleidigen. انجنمش INĞINMIŠ. *fâché, offensé.* | beleidigt, verdriesslich.

t o انجيمسق INĞAMAK. Vb. act. LT. كوشنمك وخورد كردن *rendre mince, subtil; broyer, piler.* | dünn, fein, klar machen, zerstossen, zerbröckeln. vgl. انجه‌لمك

p انجمن ENĞÜMEN. Sbst. جمعيت ، مجلس ، ديرلك *assemblée, réunion, société, compagnie, repas.* | Versammlung, Gesellschaft, Collegium; Gastmahl. انجمن دانش Collegium der Gelehrsamkeit, die Akademie der Wissenschaften in Constantinopel. انجمن سور Hochzeitschmauss.

p انجمنكاه ENĞÜMENGÂH. Sbst. *lieu de réunion, temps de réunion.* | Versammlungsort, Gesellschaftsort, Gastzimmer; Zeit der Versammlung.

t انجين INĞIN. Sbst. *affliction, ennui, chagrin.* | Verdruss, Aerger; und Imperativ von انجنمك INĞINMEK, s. u.

t انجنمش INĞINMIŠ. s. انجنمك

p انجنان ANĞÜNÂN. Adv. *de telle manière, tellement.* | dergestalt, so, auf solche Weise.

t انجنمك INĞINMEK. s. انجمك

p انجيختن ENĞEXTEN. Vb. act. 1. شكافتن *fendre.* | spalten. 2. خرد كردن *couper en petits morceaux.* | in kleine Stücke zertheilen. vgl. انجه‌لمك. 3. انجيتمك *affliger, offenser.* betrüben.

انجو INĞÜ oder انجى Sbst. *perle.* | Perle. انجو دانه‌سى eine Perle. انجو تنزيسى oder انجو رشته‌سى Perlenreihe, Perlenschnur. يالكن انجو unächte, falsche Perle; eine kleine runde, der Perle ähnliche Muschel.

t o انجوق LT. شمنقدر s. انجق

t انجوك s. انجك

t o اونجه; auch انجا ANĞA. LT. oder اولجه Ali Schir. Q. Adv. LT. انقدر *tant, autant, tellement.* | so viel, so gross, in so hohem Grade. Q. tantum, tot, tam diu, usque eo quod. انجه قرت LT. انقدر بار *tant de fois.* | so viel Mal, so oft. انجا قلا قلا in so hohem Grade. LT. — انقدر مرتبه انجه مال وجاه so viel Reichthum u. Macht. Ali Schir. Q. دنكدر اولجه توقتى قيلدى كيم sie (die Sonne) blieb so lange am Himmel stehen, dass . . . Ali Schir.

p انجه ENĞE. Pron. rel. *ce que, ce dont.* | das was.

t انجه INĞE. Adj. *mince, subtil.* | dünn, schmal, fein, schwach. انجه بل *taille fine.* | schlanker Wuchs. انجه كسيم *maigre.* | mager, == جليمسز Kam. s. v. قلمى

t انجه‌لك INĞELEK. *mince, svelte.* Adv. ziemlich dünn, schlank. انجه‌رك ناركيله‌لى خاتون eine schlanke, zierlich gewachsene Dame.

t انجه‌لك INĞELIK. Sbst. *subtilité.* | Feinheit, Dünnheit. انجه‌لك ايله *subtilement.* | auf feine Art.

t انجه‌لمك INĞELEMEK. Vb. act. u. intr. *rendre subtil, rendre mince; devenir mince.* | dünn machen, fein machen, verdünnen, verfeinern, schmal machen; dünn werden. Deriv. I. انجه‌لتمك INĞELETMEK. Vb. caus. *subtiliser; rendre subtil, mince.* | dünn machen, fein machen, verdünnen, verfeinern, zuspitzen; davon انجه‌لتمه INĞELETME. Sbst. *subtilisation.* | Verdünnung, Verfeinerung, Zuspitzung. II. انجه‌لنمك INĞELENMEK. Vb. pass. refl. *devenir mince.* | dünn, fein, schmal werden, sich verdünnen, verfeinern.

t انجى INĞI. s. انجو

t o اينجى s. انجى

p انجيدن INĞIDEN == انجيدن

t انجيدجى INĞIDIĞI. Sbst. *offenseur.* | der Beleidiger. vgl. انجيمك

p انجيزه INĞIZAH. Sbst. *billet des tailles.* | Zettel der zu zahlenden Abgaben, Steuerzettel. Kam. s. v. اوارجه

t انجير INĞIR. Sbst. (ursprünglich persisch ANĞIR). *figue.* | die Feige. انجير اغاجى INĞIR AĞAĞY. *figuier.* | Feigenbaum. قورو انجير KURU INĞIR. *figue sèche.* | getrocknete Feige. قوطولى انجيرى KUTU INĞIRI. *figues en caisse.* | in Schachteln oder Kisten verpackte Feigen. الكمه انجيرى oder الكمه ELLEME INĞIRI *figues cueillis à la main.* | mit der Hand gepflückte Feigen. انجير آدم INĞIR-I ADAM. *fruit qui ressemble à la coloquinte.* | eine der Coloquinte ähnliche Frucht. *a* حنظل

t p انجيرخوارك INĞIRXILEN. Sbst. *becfigue.* | Feigendrossel.

gr a انجيل INĞIL. Pl. اناجيل ENÂĞIL. Sbst. *évangile.* | das Evangelium. انجيل شريف das heilige Evangelium. انجيل كتابى das Evangelienbuch.

a t انجيلجى INĞILĞI oder *a* انجيلى INĞILI. Sbst. *évangéliste.* | Evangelist.

a t انجيللو INĞILLI od. *a* انجيلى INĞILIS. Adj. *évangélique.* | evangelisch, ein Evangelischer.

a انحا INHÂ. Sbst. Pl. v. نحو NAHW.

a انحا INHÂ. [نحا IV.] Sbst. *action de détourner.* | Abweichung von der geraden Richtung. — ETMEK. *détourner de la voie, faire un détour.* | vom geraden Wege nach der Seite abbiegen, einen Umweg machen.

a انحداب INHIDÂB. [حدب VIII.] Sbst. قنبور اولمق ، قنبورلك *action de former une bosse, de présenter une bosse, une convexité.* | Convexität, äussere Wölbung.

a انحدار INHIDÂR. Tekrif v. انحداب

a انحدار INHIDÂR. [حدر VII.] Sbst. اشاغيلنمق *action de descendre.* | das Herabkommen, Herabfallen.

a انحراف INHIRÂF. [حرف VII.] Sbst. صاپمق *action de se détourner, déviation du chemin droit; déclinaison (des astres), déclin *changement.* | Abweichung nach der Seite, Abweichung der Gestirne (declinatio), Neigung der Gestirne zum Untergange. — ETMEK. *se détourner du chemin droit, dévoier.* | abweichen, seitwärts abbiegen. انحراف مزاج INHIRÂF-I MIZÂǴ. *indisposition, maladie.* | Unpässlichkeit, Krankheit. انحراف ابره INHIRÂF-I IBRET oder انحراف پصوله INHIRÂF-I PUSLA. *déclinaison de la boussole.* | Abweichung der Magnetnadel. انحراف خاطر INHIRÂF-I HATYR. *mauvaise humeur.* | Verstimmung, üble Laune.

a انحسام INHISÂM [حسم VII.] Sbst. كسلمك ، قطع اولنمق *état d'être coupé, retranché, être soustrait d'un autre nombre.* | das abgeschnitten, ausgeschnitten, abgezogen werden, Subtraktion.

a انحصار INHISÂR. [حصر VII.] Sbst. *état d'être cerné de tous côtés, d'être bloqué, assiégé; état d'être restreint, d'être empêché de faire q. ch.; action de se restreindre; monopole.* | Eingeschlossensein von allen Seiten, Belagerung, Blokade, Beschränkung der freien Thätigkeit, der Zahl u. s. w., Beschränkung des Handels, Monopol. — BULMAK. *être restreint, borné, assiégé; être compté.* | eingeschlossen, belagert, beengt, beschränkt, zugezählt sein oder werden.

a انحطاط INHITÂT. [حطّ VII.] Sbst. اينمك ، آشاغلنمق *action de descendre, de déchoir, de pencher, de baisser, état d'être penché, penchant; inclinaison.* | das Herabsteigen, Neigung, Sinkung, Sinken, Fallen. Mathem.: Neigungswinkel. انحطاط ابره INHITÂT-I IBRET. die Inclination der Magnetnadel. انحطاط افق INHITÂT-I UFUK. Düking, Kimm, der Winkel, den die Gesichtslinie des über die Oberfläche erhabenen Beobachters mit der Fläche des Horizonts macht. انحطاط اقبال *penchant de la fortune.* | das Sinken der Glücksumstände. انحطاط سن *penchant de l'âge.* | das Abnehmen der Kräfte im Alter.

a انحطام INHITÂM. [حطم VII.] Sbst. قیریلمق *état d'être cassé, action de se casser.* | das Zerbrechen werden, Zerbrechen (intrans.).

a انحلال INHILÂL. [حلّ VII.] Sbst. چوزلمك *action de se dénouer, se dissoudre; dissolution, décomposition.* | Auflösung (eines Knotens), Zertheilung, Zerlegung (eines ganzen, einfachen oder eines zusammengesetzten Körpers in einzelne Theile). مفردلرك انحلالی *la dissolution des simples.* | die chemische Zersetzung.

a انحنا INHINÂ. [حنا VII.] Sbst. اكلمك *état d'être plié, courbé; courbure, révérence, salutation.* | das gebogen sein, Biegung, Krümmung, Verbeugung, Begrüssung. انحنا طریقیله سلام ایلدی er grüsste mit einer Verbeugung.

gr p انختار; auch انلختار oder انختر ANAHTÂR. Sbst. (ἀνοικτήριον). *clef.* | Schlüssel. انختار اغاسی ANAHTAR AGASY oder انختار اوغلانی ANAHTAR OGLANY. *titre d'un des pages de l'intérieur du palais impérial.* | Titel eines der vier Pagen des kaiserlichen Palastes, welche unmittelbar unter dem KAPY AGASY stehen. s. Hammer, Staatsverf. des Osm. Reichs. II. 12; auch in Häusern der Vornehmen, der Schlüsselbewahrer oder Hausverwalter.

a انخدار INHIDÂR. [خدر VII.] Sbst. پرده لنمك ، پرده تلوقمق *action de se cacher, de se voiler, de se couvrir.* | Verbergung, Verschleierung.

a انخداع INHIDÂ'. [خدع VII.] Sbst. الدنمق *action de se laisser tromper, état d'être trompé, circonvenu.* | Täuschung (sich täuschen, betrogen, hintergangen werden).

a انخساف INHISÂF. [خسف VII.] Sbst. vgl. انكساف *état de se trouver dans l'éclipse (se dit de la lune).* | die Verfinsterung des Mondes. s. خسوف.

a انخفاض INHIFÂZ. [خفض VII.] Sbst. آشاغلنمق ، اينمك *état d'être jeté en bas, d'être baissé.* | das herabgesenkt werden, herabsteigen. انخفاض الصوت Senkung der Stimme.

a انخلاع INHILÂ'. [خلع VII.] Sbst. *état d'être ôté de sa place, d'être arraché, d'être luxé; luxation.* | gewaltsames Weggenommenwerden von seiner Stelle, Weggerissenwerden, z. B. eines Gliedes, daher Verrenkung.

a انخناق INHINÂK. [خنق VII.] Sbst. بوغلمق *état d'être suffoqué, asphyxié, étranglé, suffocation.* | Erstickung, Erdrosselung.

t اند AND oder انت ANT. Sbst. *serment.* | Eid, Schwur. اند ایچمك ANT-IČMEK. *faire serment.* | schwören. اند ویرمك *faire prêter serment.* Jemanden schwören lassen. اند بوزمق *rompre le serment.* | den Eid brechen.

p اند END. 3. pers. Plur. des Hülfsvb. s. d. pers. Gramm.

t a اندا ANDA. Adv. *là.* | dort. = اناده

p انداخت ENDÂHT. Sbst. *jet.* | Wurf, Schuss. — ETMEK. *jeter, lancer.* | werfen, schleudern, abschiessen. s. d. Flgde.

p انداختن ENDÂHTEN. (Rad. انداز) Vb. act. *jeter, lancer.* | werfen, schleudern, abschiessen.

p انداخته ENDÂHTE. Partic. d. Vrgdn.

a انداد ENDÂD. Sbst. Pl. v. ند NEDD.

p اندادن ENDÂDEN. s. اندودن

p انداز ENDÂZ. Adj. in pers. Compos. *qui jette, tire, lance.* | werfend, schleudernd, abschiessend. تیر انداز TIR-ENDÂZ. *archer.* | Bogenschütz. توفنك انداز TÜFENK-ENDÂZ. | *fusilier.* | Büchsenschütze. لنكر انداز *jetant l'ancre.* | ankerwerfend. نظر انداز اولمق NAZR ENDÂZ OLMAK. *jeter un coup d'œil.* | sich umsehen. دهشت انداز اولمق *répandre l'épouvante.* | Schrecken verbreiten. حرف انداز HARF-ENDÂZ. *qui lance des mots piquants.* | mit beissigen Reden um sich werfend, viel sprechend, geschwätzig. سنك انداز SENK-ENDÂZ. Steine werfend.

p انداز ENDÂZ. Sbst. = اندازه *mesure.* | Maas. بی انداز BI-ENDÂZ. ohne Maass, maaslos.

p t اندازلق ENDÂZLYK. Sbst. v. انداز *état de celui qui lance etc., action de lancer, tirer.* | das Werfen, Schleudern, Schiessen. حرف اندازلق ایتمك ein langes Gerede machen. تیر اندازلق die Kunst mit dem Bogen zu schiessen.

p اندازنده ENDÂZENDE. = انداز

t اندازه ENDÂZE. Sbst. *mesure, symmétrie; aune.* | Maass, Ebenmaass, Symmetrie; die kleinere Elle (22 PARMAK) für Linnen, Seidenzeug [vgl. ارشون]. اندازه سنی المق . . . *prendre la mesure de q. ch.* | das Maass (von einer Sache) nehmen.

p t اندازه لك ENDÂZELIK. Sbst. *pièce d'étoffe de la longueur d'une aune; valeur ou prix d'une aune d'étoffe.* | Stück Zeug von der Länge einer Elle [s. اندازه]; Werth und Preis einer Elle Zeugs.

p t اندازه لنمك ENDÂZELENMEK. Vb. act. *mesurer.* | messen. اندازه لنمش *mesuré, déterminé.* | zugemessen, bestimmt.

p اندازی ENDÂZI. Sbst. *action de jeter, de lancer; jet, trait.* | das Werfen, der Wurf.

t اندق s. اندوق

t a انداق ANDAK und انداغ ANDAG. LT. اوكجنس ، وار قسم Adj. u. Adv. *un tel; tellement.* | ein solcher, so sehr, so gross, dergestalt. talis, sic, ita; ille. Q. انداق كه ita ut = چندانکه Ali Schir. Q. vgl. اندیك

t a اندك ENDAK. ille. Q.

t a انداكلجا ENDAKAǴA. LT. تا *jusqu'à ce que.* | bis dass.

a اندام INDÂM. [ندم IV.] Sbst. *action d'inspirer à quelqu'un du repentir de ce qu'il a fait.* | Erweckung der Reue.

p اندام ENDÂM. Sbst. *corps, membre, stature, taille; belle proportion.* | Körper, Glied, Geschlechtsglied, Statur, Wuchs (des Menschen), Ebenmaass. بی اندام Adj. *mal proportionné.* schlecht gewachsen, ohne Ebenmaass. اندام دانا ENDÂM-I DÂNA. *l'index.* | der Zeigefinger; — die fünf Sinne. (Meninsky).

p t انداملنمق ENDAMLANMAK. Vb. intr. *avoir ou gagner une belle stature, devenir fort, robuste, gagner une belle proportion.* | einen schönen Wuchs haben oder erhalten, stark und kräftig werden; Ebenmaass erhalten.

p t انداملو ENDAMLY. Adj. *qui a une stature, proportionné.* | einen Wuchs habend. ایو انداملو EJÜ ENDAMLY. *bien proportionné.* | gut gewachsen, wohl proportionirt.

a اندباغ INDIBÂǴ. [دبغ VII.] Sbst. *état d'être tanné.* | Gerbung (des Leders).

p اندر ENDER. Präp. *dans, dedans.* | in, darin.

a اندر ENDER. Adj. *très-rare.* | sehr selten. s. نادر.

a اندراج INDIRÂǴ. [درج VII.] Sbst. دوكنمك *extinction d'une race, d'une famille etc.* | vollständiges Aussterben eines Geschlechts, einer Familie.

a اندراس INDIRÂS. [درس VII.] Sbst. محو اولمق ، بوزلمق *état d'être effacé; action de s'effacer.* | spurloses Verschwinden. — ETMEK. *user, corrompre.* | abnutzen, verderben.

p اندرخور ENDERHÔR oder اندرخورد EN-

DERḪÔR. Adj. [لايق] convenable, digne.| passend, würdig.

p اندرخورمك ENDERḪÔRMEK. Vb. intr. لايق اولمق *être digne, mériter.* | würdig sein, verdienen.

p اندرز ENDERZ. Sbst. پند ، وصيت *conseil, recommendation, testament.* | guter Rath, Vorschrift, Empfehlung, Testament. اندرز ساختن ENDERZ SÂḪTEN = وصيت ايتمك *tester, faire son testament.* | ein Testament machen.

t اندرلمك ENDIRILMEK u. اندرمك ENDIRMEK. s. اينمك

t o اندرلمك = اندرمق s. اينمك

p اندروت ENDERÛD. Sbst. *incrustation, dorure, argenture, ornement.* | Verkleidung, Bekleidung mit Stein, Gold, Silber etc., Plattierung, Verzierung.

p اندرون ENDERÛN. Sbst. u. Präpos. *l'intérieur, ce qui est dedans; dedans.* | das Innere, die innere Seite, das Innere des Hauses, Privatzimmer, Cabinet, Zimmer der Frauen. اندرون اغالرى ENDERÛN AGALARY, *chambellans, officiers de l'intérieur du palais impérial.* | Oberkammerdiener, Kammerherren. اندرون همايون ENDERÛN-I HUMÂJÛN *les appartements intérieurs du palais impérial.* | die inneren Gemächer des kaiserlichen Palastes. اندرون چقمه ENDERÛN ÇYKMA *officier sorti de l'intérieur du sérail pour occuper une place à l'extérieur.* | zu auswärtigem Dienste verwendeter Hofbeamter.

p اندرونه ENDERÛNE. Sbst. 1. = اندرون 2. چارشب *drap de lit, couverture.* | Betttuch, Bettdecke.

p اندرونى ENDERÛNÎ. Adj. u. Sbst. *intérieur.* | inwendig, das Innere.

t اندز ANDYZ; auch اندوز oder اندوز اوتى اندز Sbst. *nom d'une plante.* | Name einer Pflanze. *a* راسن *p* شمس KALHÛH oder ذالموج *a* شمس KAMAS *p* راسن LL. — Nach Meninski ein Kraut das bei Krankheiten der Pferde gebraucht wird.

a اندفاع INDIFÂ'. [دفع VII.] Sbst. 1. صاوشلق ، دفع اولنمق *état d'être repoussé; répulsion; action de faire place, de s'éloigner.* | das Zurückgestossenwerden, von seinem Platze entfernt werden; Zurückweichen, Platz machen. 2. سوزده كيدلمك *action de s'éloigner trop dans son discours, de se laisser entraîner, se laisser aller aux digressions.* | sich hinreissen lassen, sich (in der Rede) zu weit von seinem Gegenstande entfernen, nicht bei der Sache bleiben.

a اندفاق INDIFÂK. [دفق VII.] Sbst. *état d'être renversé avec force (un liquide).* | Erguss (des Wassers).

a اندفان INDIFÂN. [دفن VII.] Sbst. كومولمك *état d'être enseveli, enterré.* | das Begraben werden, Begräbniss.

t اندقى ANDAK oder اندقن Adv. *sur le champ, tout de suite.* | sogleich, auf der Stelle.

a اندقاق INDIKÂK. [دق VII.] Sbst. ازلمك *état d'être broyé, pilé.* | Zerstossung, Zerquetschung, Zermalmung (zermalmt etc. werden).

p اندك ENDEK. Adj. *peu, un peu, petit.* | wenig, klein. اندك نيز ENDEK NÎZ. *quelque fois, rarement.* | nur zuweilen, selten. اندك مختصر ENDEK SÂMÛN. *abrégé (d'un livre).* | kurzer Auszug aus einem Buche.

a اندلس ENDELÛS, ENDÛLUS. Sbst. *Espagne, espagnol.* | Spanien, Spanier; von spanischer (maurischer) Abkunft.

t اندلشمك ANDLAŠMAK. s. d. Flgde.

t اندلمك ANDLAMAK. Vb. intr. [v. اند] Aor. ANDLAR. *adjurer, s'engager par serment.* | beschwören, mit einem Eide verbinden. Deriv. اندلشمك ANDLAŠMAK. Vb. recipr. *s'engager réciproquement par serment.* | einander zuschwören, sich gegenseitig durch Eid verbindlich machen.

t اندلو ANDLY. Adj. [v. اند] يمينلو *juré, assermenté.* | beeidigt, vereidet, durch Eid verpflichtet oder gebunden.

p اندم ANDEM. Adv. *alors.* | damals.

a اندماج INDIMÂǦ. [دمج VII.] Sbst. *action d'être introduit et se tenir enchevêtré solidement l'un dans l'autre.* | das Eindringen und fest halten eines Dinges in einem andern.

a اندمال INDIMÂL. [دمل VII.] Sbst. *action de sécher, de se fermer, de se cicatriser (d'une plaie).* | Heilung, Vernarbung einer Wunde.

t اندن ANDAN. Abl. v. اول

t اندنصكره ONDANSOÑRA. [vulg. ONDANSÔNA]. Adv. [s. اندن u. صكره] *après cela, ensuite, désormais.* | hierauf, nachher, ferner. اندنصكره چوق *peu de temps après.* | bald darauf, nicht lange nachher.

p اندوختن ENDÛḪTEN. [Rad. اندوز vgl. اندوختن]. Vb. act. قزانمق *gagner, acquérir.* | gewinnen, verdienen, erwerben.

p اندوخته ENDÛḪTE. Partic. d. Vbgdn.

p اندوخش ENDÛḪIŠ. Sbst. *gain, profit.* | Gewinn, Verdienst.

p اندود ENDÛD. Sbst. = اندروت *incrustation, revêtement, dorure.* | Verkleidung (mit Stein oder Metall), Plattierung. Adj. (in pers. Zusammensetzungen) *incrusté, revêtu.* | verkleidet mit ..., überzogen, plattiert. زر اندود ZER-ENDÛD. *incrusté d'or, doré.* | mit Gold bedeckt, vergoldet.

p اندودن ENDÛDEN. [Rad. اندای] Vb. act. *incruster, enduire, revêtir; dorer.* | verkleiden (mit Stein oder Metall), überziehen, plattieren, vergolden, versilbern.

p اندوده ENDÛDE. Partic. d. Vbgdn.

p اندوز ENDÛZ s. اندوختن Adj. جمع ايدجى ، قزانجى *qui gagne, qui acquiert, qui amasse.* | gewinnend, verdienend, zusammenhäufend: in Zusammensetzungen: ظلمت اندوز ZULMET ENDÛZ. *sombre (la nuit).* | Finsterniss häufend, d. i. finster. عبرت اندوز 'IBRET ENDÛZ. *digne de considération.* | der Beachtung werth, woran man sich ein Beispiel nehmen kann, bemerkenswerth.

t اندوز اوتى ENDÛZ OTY. s. اندز

p اندوه ENDÛH; auch انده Sbst. *affliction, douleur, chagrin, tristesse.* | Kummer, Betrübung, Schmerz, Traurigkeit.

p اندوهكين ENDÛHGÎN u. اندوهناك ENDÛHNÂK. Adj. *attristé, affligé.* | bekümmert, betrübt.

t انده ONDA, Adv. [Locativ. v. اول] *p* آنجا *là, de ce côté-ci.* | dort, da.

p انده s. اندوه

a اندى ENDIJET. Sbst. Pl. v. نادى u. v. ندى

t انديرمك ANDIRMEK. s. اند

p انديش ENDÎŠ. Adj. (in pers. Zusammensetzungen): *qui pense, médite.* denkend, meinend; خير انديش ḪAIR-ENDÎŠ. *bienveillant.* | wohlmeinend. دور انديش آدم ein weit denkender, alles genau überlegender Mann. غلط انديش unüberlegt sprechend.

p t انديشاك ENDÎŠÂK. Sbst. *réflexion, méditation.* | Nachdenken, Sorge, Ueberlegung. عاقبت انديشلك *prévoyance, prévision.* | Vorbedacht, Vorsicht, Bedenken des Endes.

p انديشمند ENDÎŠMEND. Adj. *pensif, prévoyant, timide, triste.* | nachdenkend, seinen Gedanken nachgehend, besorgt, vorbedacht, bedächtig, schüchtern.

p انديشه ENDÎŠE. Sbst. توشنجه *pensée, considération: crainte, sollicitude, chagrin.* | Nachdenken, Sinnen, Ueberlegung, Sorge, Besorgniss, Befürchtung, Furcht, Betrübniss; Zerstreutheit. — ETMEK. *penser, considérer, s'affliger, craindre.* | nachdenken, überlegen, fürchten, sich fürchten, = خوف ايتمك; — betrübt, besorgt sein, zerstreut sein. خوف وانديشه ده اولمق *être sur le qui-vive.* | auf seiner Hut sein.

p انديشه‌مند ENDÎŠEMEND. Adj. = انديشمند

p t انديشه‌لنمك ENDÎŠELENMEK. Vb. intr. *être pensif, se soucier; rêver.* | in Gedanken sein, sich Gedanken machen; nachdenken, besorgt sein, fürchten, in seinen Gedanken zerstreut sein.

p t انديشه‌لو ENDÎŠELÛ. Adj. *pensif.* | in Gedanken, nachdenkend, zerstreut.

p انديشيدن ENDÎŠÎDEN. Vb. intr. *penser, songer, méditer.* | denken, nachdenken, sinnen. انديشه ايتمك

p انديشيده ENDÎŠÎDE. Partic. d. Vbgdn.

t o انيجك ENJUK. Adv. *jusqu'à, jusqu'à ce que.* | bis, bis dass. LT. *p* تا vgl. انجق

t o اندين *t* اندن Abl. v. اول — اولكى *d'abord.* | vorher, zuvor, (antea. Q.).

a انذار INZÂR. [نذر IV.] Sbst. *action d'avertir q. qu., de prendre garde, de ne pas faire telle ou telle chose: menace.* | Warnung, Drohung. — ETMEK. *menacer, intimider.* | drohen, einschüchtern.

p انز ENZ und انزه ENZE. Sbst. مرجمك *lentille (légume).* | Linse.

a انزال INZÂL. [نزل IV.] Sbst. اندرمك *action de faire descendre; émission du sperme.* | das hinabsteigen lassen, hinablassen, hinabsenden, Ergiessung des Saamens, (auch von der Frau, explere libidinem). — ETMEK. *faire descendre.* | hinablassen, hinabsenden. نصور

انزال انسحك Regen hinabsenden (von der Wolke).

a انزعاق INZI'ÂQ. [زعق VII.] Sbst. قوپيلمق *état d'être arraché, d'être tiré avec violence de sa place, être déraciné.* | Entwurzelung, Ausrodung, ausgerissen, weggerissen werden, erschüttert werden.

t a انزل Sbst. *mensonge.* Lüge *p* دروغ LT.

a انزمام INZIMÂM. [زم VII.] Sbst. بغلنمق *état d'être lié, d'être serré, d'être mis au licou.* | gebunden, angebunden sein, an der Halfter sein.

a انزواء INZIWÂ. [زوى VII.] Sbst. *action de se retirer; retraite du monde, solitude* | Zurückziehung in die Einsamkeit; Zurückgezogenheit, Einsamkeit.

a انزيال INZIJÂL. [زيل VII.] Sbst. آيرلمق *action de se séparer, séparation.* | Trennung.

a إنس INS. Sbst. *genre humain, hommes; homme sociable; ami.* Menschengeschlecht, Menschheit; geselliger Mensch; Freund.

a أنس ÜNS. Sbst. آلشقلق *vie sociale, amitié, familiarité.* | Gewöhnung, Geselligkeit, Freundschaft, Vertrautheit. أنس حفظ ايتمك ein vertrautes Verhältniss aufrecht erhalten.

a انساء INSÂ. [نسأ IV.] Sbst. *action de différer, de remettre à plus tard.* | Aufschub.

a انساء INSÂ. [نسى IV.] Sbst. *action de faire oublier.* | vergessen lassen.

a انساب ENSÂB. Sbst. Pl. 1. v. نسب NESEB. *les parents.* | die Verwandten. 2. von نسبت NISBET. *logarithmes, nombres de proportion.* Logarithmen, Proportionszahlen (Redhouse).

a انسال ENSÂL. Sbst. v. نسل NESL.

a انسان INSÂN. Sbst. *homme (s'applique à l'homme et à la femme opposés à l'animal).* | Mensch, menschliches Wesen (im Gegensatz zu Thier). انسان العين INSÂN ÜL'AIN كوز ببكى *prunelle de l'œil.* | die Pupille. عين الانسان 'AIN ÜL-INSÂN. *l'œil, c. à d. l'honneur, la gloire de l'homme.* | das Auge, d. i. die Zierde, der Ruhm des Menschen.

a انسانى INSÂNÎ. Adj. *humain, appartenant à l'homme, au genre humain.* | menschlich.

a انسانيت INSÂNIJET. Sbst. *nature humaine, vertu et dignité de l'homme, humanité.* menschliche Natur, Menschlichkeit, Humanität, Bildung; Männlichkeit, männliche Tugend und Würde.

a t انسانيتسز INSÂNIJETSIZ. Adj. *inhumain.* | unmenschlich, ungebildet, roh.

a t انسانيتلو INSÂNIJETLI. Adj. *humain, brave, courtois.* | menschlich, männlich tapfer, menschlich gebildet.

a انسب ENSEB. Adj. مناسبترك *plus convenable, plus conforme à ..., qui a plus de rapport avec ...* | zweckmässiger, passender; in näherer Beziehung stehend.

a انسباء ENSIBÂ. Sbst. Pl. v. نسيب

a انسجال INSIĞÂL. [سجل VII.] Sbst. دوكلمك ، دوكلوب اقمق *état d'être versé.* | das Auseinanderfliessen (ausgegossenen Wassers). vgl. das Flgnde. und انصباب

a انسجام INSIĞÂM. [سجم VII.] Sbst. *action de se répandre, de couler; action de s'épuiser.* | das Auseinanderfliessen, sich ausbreiten; ausführliche erschöpfende Behandlung eines Gegenstandes (in Rede und Schrift). vgl. das Vhgde. und انصباب

a انسحاب INSIḤÂB. [سحب VII.] Sbst. چكلمك *état d'être tiré, d'être traîné par terre* | das Gezogen werden, auf dem Boden hingeschleppt werden.

a انسحاق INSIḤÂQ. [سحق VII.] Sbst. *état d'être assoupli par le frottement; contrition.* | Zerreibung (zerrieben sein), Zerknirschung (über begangene Sünden).

a انسداد INSIDÂD. [سد VII.] Sbst. *état d'être fermé, bouché, empêché de faire q. ch.* | Sperrung, Schliessung, Hinderniss, das einem entgegensteht. — BULMAK. *se fermer, se clore; être empêché.* | sich schliessen, sich sperren; auf ein Hinderniss stossen.

a انسدار INSIDÂR. [سدر VII.] Sbst. اورمك ، صارقمق *action d'être dénoué (la chevelure), de descendre la pente et courir.* das Herabhängen des Haares; das schnelle bergab laufen.

a انسدال INSIDÂL. [سدل VII.] Sbst. اشاغى صارقمق *action de descendre, de pendre.* | das Herabhängen, schlaff herabhängen.

t انسز ENSIZ. Adj. Gegentheil von انلو vgl. ان *étroit, pas large.* | eng, schmal, knapp. انسزجه اولان ثوب ein enges Kleid.

t انسز ANSYZ oder ONSUZ. Adv. *sans cela;* ohne dies

t انسز ANSYZ. Adv. *subitement, à l'improviste.* | plötzlich, unvermuthet. s. انسزين

a انسعار INSI'ÂR. [سعر VII.] Sbst. طوتشمق ، يانمق *état de brûler.* | das Brennen.

a انسلاب INSILÂB. [سلب VII.] Sbst. 1. الندن النمق ، صويلمق *état d'être dépouillé.* | Beraubung, Ausplünderung. 2 *être nié, négation.* | Verneinung.

a انسلاخ INSILÂḪ. [سلخ VII.] Sbst. آى آخر اولق *écoulement des derniers jours du mois.* | das Ablaufen des Monats.

a انسلاك INSILÂK. [سلك VII.] Sbst. *action de marcher, de suivre la route* | gerades Fortgehen, auf dem Wege bleiben.

a انسلال INSILÂL. [سل VII.] Sbst. *action de se dérober, de s'esquiver.* | heimliches Fortschleichen.

a t انسلشمك ÜNSILEŠMEK. Vb. recipr. *faire amitié.* | bekannt werden, Freundschaft schliessen.

p انسو ÂNSU oder آنسوى Adv. *de l'autre côté, au delà.* | jenseits, drüben, dort.

a انسى ÜNSÎ. Adj. *familier, apprivoisé.* | vertraut, gewöhnt, zahm. [Gegentheil von وحشى].

a انسياب INSIJÂB. [ساب VII.] Sbst. *action de couler, de s'écouler.* | das Fliessen, davon schleichen, sich schnell und unbemerkt entfernen.

a انسيت ÜNSIJET. Sbst. يولداشلق ، آلشقلق *familiarité, amitié, penchant, état d'être accoutumé.* | Bekanntschaft, Vertrautheit mit ..., Gewöhnung an ..., Zuneigung. — ETMEK. انس طوتمق *maintenir des rapports d'amitié.* | freundschaftlichen Umgang pflegen.

t انش ENIŠ oder اينش Sbst. v. انمك [Gegentheil von يوقش] *descente, déclivité, pente.* | Abschüssigkeit, Höhe, der Weg abwärts. Adj. *penchant, escarpé.* | abschüssig. انش ير eine abschüssige Stelle. انش يوقش bergab, bergauf. vgl. انكبه

انشا ANŠA oder انشه بلغى Sbst. *anchois.* | Anchovis; auch خمسى بلغى

a انشاء INŠÂ. Interj. vollständiger ان شاء الله *si Dieu veut, s'il plaît à Dieu!* so Gott will!

a انشاء INŠÂ. [نشأ IV.] Sbst. *invention, production, composition, rédaction (d'un morceau de prose, d'une lettre); l'art de rédiger, style, l'art d'écrire des lettres; code épistolaire.* | Erfindung, eigene Hervorbringung, Zusammensetzung (Erbauung, Errichtung), Fertigung eines Aufsatzes, Briefes etc.; die Kunst einen Aufsatz zu fertigen, Redaction. [vgl. املاء] Styl, Sammlung von Musteraufsätzen oder Musterbriefen, Briefsteller. — ETMEK. *produire, composer, faire, rédiger.* etwas hervorbringen, zusammensetzen, erbauen, errichten. — (يازمق); einen Aufsatz machen, redigiren. ديوان الانشا *bureau de rédaction.* | die kaiserliche Kanzelei.

a p t انشاپردازلق INŠÂPERDÂZLYK. Sbst. *l'art de rédiger avec élégance, art épistolaire; morceau rédigé d'après les règles du style.* | Redactionskunst, zierlicher Styl, Briefschreibekunst; nach den Regeln der Kunst gefertigter Aufsatz.

a انشاب INŠÂB. [نشب IV.] Sbst. ايلشدروب طوتدرمق *action de ficher, de fourrer, de faire rester dedans* | Befestigung einer Sache an einer andern, Anheftung, Hineintreibung eines Gegenstandes in einen andern.

a انشاد INŠÂD. [نشد IV.] Sbst. *action de faire chercher, d'indiquer l'objet perdu; action de réciter (des vers), déclamation.* | das Suchenlassen, Angabe eines verlorenen Gegenstandes, oder dass etwas verloren ist, oder vermisst wird; Vortrag eines Gedichts, Recitation, Declamation.

a انشار INŠÂR. [نشر IV.] Sbst. *action de ressusciter les morts.* | Wiedererweckung der Todten. vgl. انتشار

a انشاق INŠÂQ. [نشق IV.] Sbst. *action de faire flairer; de faire s'embarrasser dans un lacet.* | das Riechen lassen; verstricken (das Wild im Netze).

a انشائى INŠÂÎ. Adj. *appartenant à la rédaction, bien rédigé, élégant (le style).* | der Redaction, dem guten Style gemäss; gut stylisirt. vgl. انشاء

a انشباب INŠIBÂB. [شب VII.] Sbst. *redevenir jeune.* Jungwerden, Verjüngung.

a انشتات INŠITÂT. [شت VII.] Sbst. *état d'être dispersé, action de se disperser.* Zerstreuung.

t انشته ENIŠTE. Sbst. *beau frère.* | Schwager (Gatte einer Schwester).

a انشراح INŠIRÂḤ. [شرح VII.] Sbst. *état d'être dilaté, élargi; état d'être à son aise,* gaieté, allégresse. | Behaglichkeit, Wohlbefinden, Heiterkeit.

a انشراق INŠIRĀḲ' [شرق VII.] Sbst. état de se fendre. | das sich spalten, bersten.

a انشرام INŠIRĀM. [شرم VII.] Sbst. état d'être fendu. | gespalten sein.

a انشعاب INŠI'ĀB. [شعب VII.] Sbst. action de se diviser en branches. | Verzweigung.

a انشعال INŠI'ĀL. [شعل VII.] Sbst. action de s'enflammer, de brûler, d'être en flammes. | Entzündung, leuchtendes Brennen.

a انشقاق INŠIḲĀḲ. [شق VII.] Sbst. état d'être fendu, action de se fendre. | Spaltung, Zerspaltung. — OLMAK. être fendu, séparé, dispersé. | gespalten, getrennt, zerstreut werden.

a انشلال INŠILĀL. [شل VII] Sbst. action de couler avec violence, de tomber en cascade (se dit de l'eau), action de tomber par torrents (la pluie). | mit starkem Falle, starker Strömung fliessen, wie ein Wasserfall, stromweise herabfallen (der Regen).

a انصاب ANṢĀB. Sbst. Pl. v. نصب

a انصاب INṢĀB. [نصب IV.] Sbst. action de causer de la peine, de molester. | das beschwerlich fallen.

a انصار ANṢĀR. Sbst. Pl. v. ناصر NĀṢIR. نصير NUṢEYR u. نصر NAṢR.

a انصاف ANṢĀF. Sbst. Pl. v. نصف NIṢF.

a انصاف INṢĀF. [نصف IV.] Sbst. action de se tenir dans le milieu, d'être juste, justice, probité, équité, modération, discrétion. | das sich in der Mitte halten; Gerechtigkeit, Billigkeit, Gewissenhaftigkeit, Mässigung, Rücksicht. — ETMEK. agir avec justice, modération, discrétion. | gerecht, billig sein, mit Gerechtigkeit, Gewissenhaftigkeit verfahren, Rücksicht nehmen.

a t انصافسز INṢĀFSYZ. Adj. injuste, indiscret. | ungerecht, unbillig, rücksichtslos.

a t انصافسزلق INṢĀFSYZLYK. Sbst. injustice, indiscrétion. | Ungerechtigkeit, Unbilligkeit.

a t انصافلو INṢĀFLY. Adj. juste, équitable, modeste. | gerecht, billig (beim Handel), bescheiden.

a انصباب INṢIBĀB. [صب VII.] Sbst. دوكلمه état d'être versé. | das sich Ergiessen, am انصجيم انصجيال und

a انصباغ INṢIBĀĠ. [صبغ VII.] Sbst. état d'être teint, état d'être baptisé. | die Färbung (eines Stoffes); die Taufe erhalten.

a انصراح INṢIRĀḤ. [صرح VII.] Sbst. état d'être clair, évidence. | Klarheit, Deutlichkeit, Oeffentlichkeit.

a انصراف INṢIRĀF. [صرف VII.] Sbst. دونمه، چكلمه action de retourner, de se détourner. | Umwendung, Umkehrung, Abwendung (vom geraden Wege). — ETMEK. retourner, se retirer, ne pas aller plus loin. | umkehren, nicht weiter gehen, sich zurückziehen, nach der Seite zu abbiegen oder zurückgehen. اجازت انصراف Erlaubniss zum Zurückziehen, Verabschiedung. — WERMEK. congédier q. qn. | Jemanden verabschieden.

a انصرام INṢIRĀM. [صرم VII.] Sbst. état d'être coupé, d'être totalement terminé; extinction d'une race. | das abgeschnitten, beschnitten werden, ganz zu Ende sein, Aussterben eines Geschlechts.

a انصف ANṢAF. Adj. très-juste, très-discret. | sehr gerecht, sehr billig.

a انضاج INŻĀĠ. [نضج IV.] Sbst. action de donner la coction nécessaire à une chose; concoction, donner la maturité (aux fruits), mûrir. | das Garkochenlassen, vollständige Consistenz gewinnen lassen; Verdauung der Speisen im Magen; zur Reife bringen (die Früchte).

a انضمام INŻIMĀM. [ضم VII.] Sbst. état d'être joint, ajouté, réuni à un autre, état d'être annexé; association, adjonction, réunion. | Zusammenhängen, Vereinigung, Verbindung, Aneinanderfügung. — OLMAK. être joint etc. | verbunden, zusammengefügt sein. انضمام رأى oder انضمام رضا consentement. | Zustimmung, Beistimmung.

t o انت ANT. s. اند

t انتارى ANTARY, ANTERI. Sbst. camisole avec des manches entières; robe à manches que portent les femmes dans la maison. | Jacke mit langen Aermeln, [vgl. زبون], der gewöhnliche Hausrock der Frauen.

a انطباخ INṬIBĀĤ. [طبخ VII.] Sbst. پشورلمه، پشمه état d'être cuit, bouilli. | Kochung (gekocht werden).

a انطباع INṬIBĀ'. [طبع VII.] Sbst. باصلمه، طبع اولنمه état d'être imprimé, faire impression. | Druck (gedruckt werden), Abdruck, das sich abdrücken, einen Eindruck machen.

a انطباق INṬIBĀḲ. [طبق VII.] Sbst. action de s'adapter à q. ch.; imitation. | das sich anbequemen einer Sache, Nachahmung, (nachgeahmt, gleich oder ähnlich sein).

a انطفا INṬIFĀ. [طفى VII.] Sbst. سوينمه، سونمكلك action de s'éteindre, d'être éteint. | Verlöschung, Ausgehen des Feuers.

a انطلاق INṬILĀḲ. [طلق VII.] Sbst. صالويرلمك état d'être lâché, renvoyé, congédié; décharge d'une obligation. | Freilassung, Verabschiedung (frei gelassen, verabschiedet, geschieden sein, gehen können wohin man will), Entbindung von einer Verbindlichkeit.

a انطوا INṬIWĀ. [طوى VII.] Sbst. دورلمه état d'être plié, ployé, roulé. | zusammengefaltet, zusammengewunden, zusammengerollt sein.

a انطياع INṬIJĀ'. [طوع VII.] Sbst. انقياد انصياع obéissance, docilité. | Gehorsam, Folgsamkeit.

a انظار ENẒĀR. Sbst. Pl. v. نظر

a انظلام INẒILĀM. [ظلم VII.] Sbst. état de souffrir, d'éprouver des torts; oppression, injustice (qu'on éprouve). | Erduldung des Unrechts, Erduldung der Bedrückung, Unrecht und Bedrückung die man erduldet.

a انعاظ IN'ĀẒ. [نعظ IV.] Sbst. irritation causée par la concupiscence charnelle. | starke Erregung des Geschlechtstriebes.

a انعام EN'ĀM. Sbst. Pl. v. نعم NA'AM.

a انعام IN'ĀM. [نعم IV.] Sbst. Pl. انعامات IN'ĀMĀT. action de conférer une faveur; grâce, faveur; bienfait, récompense, spéc. d'un supérieur à un inférieur. | Gnadenerweisung, Gunstbezeugung, Gnadengeschenk, Belohnung, insbesondere von Seiten eines Höheren gegen einen Niedern. — ETMEK. accorder des grâces, récompenser. | Gnade erweisen, ein Geschenk machen, belohnen.

a انعامات IN'ĀMĀT. s. d. Vhgde.

a انعدال IN'IDĀL. [عدل VII.] Sbst. صاپمه action de dévier, de se détourner, de s'écarter du droit chemin. | Abweichung (vom geraden Wege).

a انعزال IN'IZĀL. [عزل VII.] Sbst. état d'être éloigné, action de s'éloigner, de faire scission avec la communauté à laquelle on appartient; retraite des affaires, vie retirée, abandon du monde. | das sich entfernen, Entfernung von der Gesellschaft, Zurückziehung (in die Einsamkeit), Lossagung, Abfall, Rücktritt von den Geschäften. vgl. اعتزال

a انعصام IN'IṢĀM. [عصم VII.] Sbst. action de se défendre, se prémunir, se préserver. | Vertheidigung, Schutz, Bewahrung (sich schützen, sich bewahren).

a انعطاف IN'IṬĀF. [عطف VII.] Sbst. دوكلمه، ميل ايله état d'être plié, courbé, cambré; action de se détourner, de diverger; déflexion. | Krümmung, Biegung (sich krümmen, krumm, gebogen sein), Abweichung von der geraden Richtung. اشعه ضوئيه انعطافى la déflexion des rayons de la lumière. | Abweichung der Lichtstrahlen. انعطاف بولمق se courber, prendre une direction détournée. | sich biegen, von der geraden Richtung abweichen.

a انعقاد IN'IḲĀD. [عقد VII.] Sbst. باغلنمه état d'être noué; lien, liaison; état de celui qui a été réuni, conclusion d'un pacte, d'une alliance. | Verknüpfung (eines Knoten), Verbindung (durch Verabredung, Zusage, Contrakt, Eid). — BULMAK. se lier, se resserrer. | sich verknüpfen, sich eng verbinden. انعقاد بيع Abschluss des Handels.

a انعكاس IN'IKĀS. [عكس VII.] Sbst. état d'être retourné, réflexion (des rayons), réfléchissement, réverbération. | Rückprallung (des Lichts, des Schalles). انعكاس ضيا Rückstrahlung. انعكاس صدا Wiederhall, Echo.

a انعم EN'UM. Sbst. Pl. v. نعمت NI'MET.

gr انغريه oder انغريا und انغاريه ANGĀRIJE s. انغاريا

t انغوت ANGUT. انقوت u. انقد t o انكلمن Sbst. canard (d'une grande espèce). | die rothgelbe Ente. (anas rutilla oder casarca).

a انغم p سرخاب Adj. rouge. | roth.

t انكرمق ANGYRMAK; auch انكرمق V. b. intr. Aor. انكرر ANGYRYR. braire (se dit de l'âne). | schreien, brüllen, insbesondere vom Esel, = آنكرمك, vgl. auch بانغرمق

a انغمام INĠIMĀM. [غم VII.] Sbst. état d'être triste, affligé; tristesse. | Traurigkeit, Betrübniss, Kümmerniss.

t o انغيشق ANGYŠK. rouge. | roth. I.T. سرخاب

a انف ENF. Sbst. بورون NEZ. | die Nase. انف الجبل ENF EL-GEBEL = طاغ بورونى

promontoire, cap. | Vorgebirge. رعنف لڭنه oder على رغم انفه malgré lui, en dépit de lui. | ihm zum Trotz.

a آنف ÄNIF. Adj. précédent, qui précède, qui est en première ligne. | vorangehend. آنف الذكر mentionné, susdit. | oben bemerkt, früher erwähnt.

a آنفا ÄNIFEN. Adv. précédemment, d'abord. | vorangehend, vorhergehend, zuvor. آنفا ذكر وتمش mentionné un peu antérieurement. | kurz vorher bemerkt, so eben erwähnt.

a انفاد INFÂD. [نفد IV.] Sbst. توكتمك ، ايله ايتمك ، توزع ايتمك action de faire disparaître, d'achever, de consumer tout ce qu'on a. | das Verschwinden machen, zu nichte machen, Verzehren seines ganzen Vermögens.

a انفاذ INFÂZ. [نفذ IV.] Sbst. كچيورمك action de faire pénétrer, de faire influencer; exécution d'un ordre. | das Eindringen, Durchdringen lassen, Beeinflussung, Nachdruck (den man einem Befehl giebt), Ausführung eines Befehls. — ETMEK. faire pénétrer, faire parvenir un message à q. qu., faire exécuter un ordre. | durchdringen lassen, einen Befehl an Jemand gelangen lassen; einem Befehl Nachdruck geben, zur Ausführung bringen, durchsetzen.

a انفار ENFÂR. Sbst. Pl. v. نفر NEFER.

a انفار INFÂR. [نفر IV.] Sbst. قورقوتوب قاچيرمق action de faire fuir, de mettre en fuite. | verscheuchen, verjagen, in Furcht jagen.

a انفاس ENFÂS. Sbst. Pl. v. نفس NEFES.

a انفاق INFÂK. [نفق IV.] Sbst. نفقه ويرمك action de dépenser (pour de bonnes oeuvres). | Ausgabe für gute Werke. — ETMEK. consacrer son argent à de bonnes oeuvres, faire du bien à autrui. | sein Geld zu mildthätigen Zwecken verwenden. كيمه انفاق ايدهلم für wen, für wessen Unterhalt sollen wir das Unsrige verwenden?

a انفال ENFÂL. Sbst. Pl. v. نفل

a انفت ENFET. Sbst. dédain, dégoût, aversion. | Verachtung, Abscheu, Ekel, Widerwille gegen eine Sache. — ETMEK. avoir en aversion. | Widerwille, Ekel vor etwas haben.

a انفراء INFIRÂ. [فري VII.] Sbst. يارلمق ، شق اولمسق état d'être fendu; action de se fendre, de crever. | zerspalten, zerrissen, geborsten sein.

a انفراج INFIRÂG. [فرج VII.] Sbst. état d'être délivré de soucis, être de bonne humeur. | Freiheit von Sorgen, Heiterkeit des Gemüths.

a انفراد INFIRÂD. [فرد VII.] Sbst. يالكز اولمق action de se séparer, séparation, isolement, singularité. | Absonderung, Trennung, Alleinsein, Einzeln sein. على الانفراد oder انفرادا — يشقه يشقه séparément, spécialement. | einzeln, besonders, jeder für sich.

a انفراق INFIRÂK. [فرق VII.] Sbst. آيرلمق action de se séparer, état d'être séparé, séparation, distinction. | Trennung, Absonderung, Unterscheidung. على الانفراق séparément, distinctement. | einzeln, abgesondert von einander, deutlich getrennt. على الانفراق معلومم دڭل ich kann (sie) nicht einzeln unterscheiden.

a انفس ENFÜS. Sbst. Pl. v. نفس NEFS.

a انفس ENFES. Adj. plus ou très-précieux, plus ou très-recherché. | sehr kostbar, ausgezeichnet, ausgesucht.

a انفساح INFISÂH. [فسح VII.] Sbst. مسرور اولمق ، بول لق action de se dilater (le coeur), de s'élargir; état de se trouver à son aise, gaieté. | Erweiterung (des Herzens, des Gemüthes), behagliches Wohlbefinden, Fröhlichkeit.

a انفساد INFISÂD. [فسد VII.] Sbst. فسادلنمك action de se gâter. | verderben, schlechter werden.

a انفصاص INFISÂS. [فص VII.] Sbst. آيرلمق état d'être séparé, détaché (une partie d'un tout), séparation. | Trennung, Losscheidung (eines Theiles vom Ganzen), getrennt, losgeschieden sein.

a انفصال INFISÂL. [فصل VII.] Sbst. كسلمك ، آيرلمق action de se séparer, état d'être séparé de q. qu., action de quitter un lieu, une place; décision. | Trennung, Scheidung, Verlassen eines Ortes, einer Stellung; Aufgabe eines Amtes; Entscheidung. — ETMEK. séparer, décider. | trennen, scheiden, entscheiden. — BULMAK. être séparé, être décidé. | getrennt, entschieden werden. انفصالى ممكن دڭل inséparable. | untrennbar.

a انفصام INFISÂM. [فصم VII.] Sbst. كسلمك ، قيرلمق ، صنمق état d'être cassé, de se rompre. | gebrochen werden, zerbrochen, abgeschnitten werden. انفصام بولمق اولمق être rompu, interrompu. | gebrochen, unterbrochen werden. انفصام سررشتۀ امل Abschneidung des Hoffnungsfadens, d. i. Verzweiflung.

a انفضاض INFIZÂZ. [فض VII.] Sbst. ختمى بوزلمق ، قيرلمق état d'être rompu, brisé, rupture du cachet. | Bruch, Verletzung, Verletzung des Siegels.

a انفطار INFITÂR. [فطر VII.] Sbst. يارلمق action de se fendre, être crevassé. | sich spalten, Sprünge bekommen, Sprünge haben.

a انفع ENFA'. Adj. plus utile, très-utile. | nützlicher, sehr nützlich.

a انفعال INFI'ÂL. [فعل VII.] Sbst. كوجنمك état d'être affecté par q. ch., souffrir; mauvaise humeur, dépit, affliction. | Erduldung einer Einwirkung (πάσχειν); üble Laune, Verstimmung, Missfallen an einer Sache, Verdruss, Kummer über etwas.

a انفقاء INFIKÂ. [فقأ VII.] Sbst. پتشمك action de crever, aboutir. | das Aufplatzen, das Aufgehen (von Geschwüren).

a انفكاك INFIKÂK. [فك VII.] Sbst. action de se défaire, de se disjoindre; déboîtement (d'un os). | das sich losmachen von seiner Stelle; Verrenkung (eines Gliedes).

a انفهام INFIHÂM. [فهم VII.] Sbst. فهم اولنمق ، انكلاشلمق état d'être compris, d'être compréhensible, intelligible. | das Verständniss, verstanden werden, Verständlichkeit.

t انفيه ENFIJE (ENFIJÈ). Sbst. tabac à priser. | Schnupftabak. انفيه چكمك E. ÇEKMEK. priser du tabac. | Tabak schnupfen. انفيه قوطوسى E. KUTUSU, tabatière. | Tabaksdose.

gr انقريه , auch انقاريه oder انغريه u. انغاريه ANGARIJA. Sbst. (ἀγγαρεία). force, contrainte, oppression, corvée, travaux forcés. | Zwang, Gewalt, Druck, Frohnarbeit, Arbeit ohne Lohn, vergebliche Arbeit, Strafarbeit, militärischer Herrendienst. — TUTMAK. contraindre, forcer, opprimer. | zwingen, bedrücken.

a انقاض ANKÂZ. Sbst. Pl. v. نقض

a انقباض INKIBÂZ. [قبض VII.] Sbst. action de se contracter, de se contenir, de se renfermer en soi; contraction; serrement; froncement; constipation. | das sich zusammenziehen, Zusammenziehung, runzeln (der Stirn), Einziehen (in sich selbst); Beengung [Gegentheil v. انبساط], Beklemmung; Verstopfung, Hartleibigkeit. خاطر خطير سلطنته انقباض عارض اولمش ايدى über den erhabenen Geist des Sultans war Beengung gekommen.

t انقت s. انقد

a انقحام INKIHÂM. [قحم VII.] Sbst. action de se précipiter avec impétuosité et inconsidérément dans q. ch., attaque téméraire. | unbesonnenes, kühnes sich stürzen (in eine Gefahr), plötzlicher, gewagter Angriff.

t انقد ANKYD. Sbst. s. انقت

t t انقدر Adv. tant, tellement. | so gross, so sehr, dergestalt.

a انقراض INKIRÂZ. [قرض VII.] Sbst. صوكى كسلمك action de s'éteindre, extinction (d'une famille, d'une dynastie); expiration (d'un terme). | das Abgeschnitten werden, d. i. zu Ende gehen, Erlöschen (einer Familie oder Dynastie); Ablaufen eines Termins. انقراض زمن la consommation des siècles. | das gänzliche Ablaufen der Zeit, d. i. das Weltende.

t انقريه s. انقاريه

a انقسام INKISÂM. [قسم VII.] Sbst. état d'être divisé, d'être partagé. | Theilung, Vertheilung.

a انقص ANKAS. Adj. très-incomplet, défectueux. | sehr mangelhaft, unvollständig.

a انقصاف INKISÂF. [قصف VII.] Sbst. قاچيلمق état d'être repoussé, d'être refoulé. | das zurückgestossen, zurückgedrängt werden.

a انقصام INKISÂM. [قصم VII.] Sbst. قيرلمك état d'être cassé, d'être brisé. | zerbrochen sein.

a انقضاء INKIZÂ. [قضى VII.] Sbst. تمام اولمق ، آخر اولمق état de finir, de cesser, d'être accompli; expiration, fin, mort. | das Aufhören einer Sache, das zu Ende sein, Vollendung, Ende, Tod. انفاس معدودهنڭ انقضاسى die Vollendung der gezählten Seelen, d. i. der Tod.

a انقضاب INKIZÂB. [قضب VII.] Sbst. كسلمك état d'être coupé, retranché. | abgeschnitten sein, abgeschnitten werden.

a انقضاض INKIZÂZ. [قض VII.] Sbst.

قوپمه ، ایندیرلمه ، انقضاض *état de tomber en ruine, de tomber du haut du ciel.* | Sturz, Zusammensturz (einer Mauer); vom Himmel herabstürzen (wie eine Sternschnuppe).

a انقطاع INḲIṬÂ'. [قطع VII.] Sbst. كسلمه ، اوزلمه *état d'être cassé, rompu; rupture; coupure, interruption, intervalle; cessation, fin; séparation, scission; retranchement, amputation.* | das abgebrochen, abgeschnitten werden, Abschneidung, Abtrennung, Absonderung, Unterbrechung einer fortlaufenden Reihe, Zwischenraum; Bruch (mit seinen Freunden), Abtrennung eines Gliedes, Amputation; Aufhören, Ende, Vollendung; Entsagung und Zurückgezogenheit von der Welt. انقطاع مطر *manque de pluie.* | Regenmangel.

a انقلاب INḲILÂB. [قلب VII.] Sbst. دونمه ، دگشمه *état d'être tourné, d'être changé; renversement, revirement, révolution.* | Umkehrung, Umstürzung, Veränderung der Eigenschaften einer Sache, Verwandlung (z. B. des Weines in Essig); Umwälzung, Revolution.

a انقلاع INḲILÂ'. [قلع VII.] Sbst. قوپارلمه ، سوكلمك *état d'être arraché, déraciné.* | ausgerottet werden, Ausrottung.

t a انقول oder اينكول Sbst. *la main droite.* | die rechte Hand. LT. دست راست

a انقياد INḲIJÂD. [قود VII.] Sbst. منقاد اولمق ، اطاعت *action de se laisser conduire, obéissance, soumission.* | das sich leiten lassen, Gehorsam, Unterwerfung unter den Willen eines Andern. — ETMEK oder — ČEKE OLMAK. *obéir, se soumettre, se laisser conduire.* | gehorchen, sich unterwerfen, sich leiten lassen.

a انقصار INḲIṢÂR, [قصر VII.] Sbst. چوكمك ، ایچقمق *action de s'écrouler, de s'ébouler, écroulement.* | Einstürzen, Zusammenstürzen. — انهيال

t انك ANYŇ. Genit. des Pron. person. اول

t انك und انيك ENIK. Sbst. *petit animal de la race canine.* | ein Junges, insbesondere vom Hundegeschlecht. كوپك انكي *petit chien.* | junger Hund, Hündchen. تلكی انكی *petit renard.* | Füchschen. قورد انكی *petit loup.* Wölfchen.

t انك INEK. *t a* انگك, اينك und اينگك Sbst. *vache.* | die Kuh.

p آنك ÂNEK. Sbst. قورشون *plomb.* | das Blei.

t a انك ENEK. Sbst. يكك *joue.* | die Wange. LT. رخسار

t a انكا ANGA. Dativ. des Pron. pers. اوا oder اول

a انكاح INKÂH. [نكح IV.] Sbst. قوجهيه ويرمك ، اوندرمك *action de marier (une fille).* | Verheirathung (einer Tochter).

a انكاحی INKÂHÎ. Adj. *qui a rapport au mariage.* | auf Ehe Bezug habend, ehelich. عقود انكاحيه *contracts de mariage.* | Ehecontracte.

a انكار INKÂR. [نكر IV.] Sbst. *action de ne pas reconnaître, de nier, de désavouer, de désapprouver; négation, refus, désaveu, déplaisir qu'on éprouve de q. ch.* | das Nicht-Erkennen, Nicht-Anerkennen, Verweigerung, Missbilligung, Verläugnung, Abschwörung (der Religion), Widerruf (einer Irrlehre u. s. w.), Läugnen oder Vorbringen von Einreden (vor Gericht). — ETMEK. *nier, refuser, désapprouver.* | verneinen, verweigern, missbilligen (mit dem Dativ).

t انكارسز INKÂRSYZ. Adv. *sans refus, sans déni.* | ohne Läugnen, ohne Widerstreben, willig.

p انكاشتن ENGÂŠTEN. [Rad. انكار ENGÂR.] Vb. intr. *se figurer, s'imaginer.* | sich vorstellen, einbilden.

t a انكاك Sbst. LT. پيه *graisse.* Fett. [Vielleicht = انيغ]

p انكامه s. شنكامه

t آنكاه ÂNGÂH. Adv. *alors.* | damals.

t انكبه ENKEBE. Adj. Syn. انحدارلي توكسك ، انيشلي *profond, escarpé, penché.* | tief, steil, abschüssig. انيش وانكبه یر abschüssige Stelle, steiler Abhang. vgl. انكه

p انكبين ENGUBIN. Sbst. بال *miel.* | Honig. = انجبين

t a انكتمق LT. سيلكومك، كرتمك *renverser.* | umstürzen.

a انكحه ENKIHE. Sbst. Pl. v. نكاح NIKÂH.

t a انكدومق ANKDUMAK. Vb. act. *épier.* | auf Jemand lauern.

a انكر ENKER. Adj. *très-désagréable; étonnant, inouï.* | sehr unangenehm, erstaunlich, unbegreiflich, unerhört.

t a انكرشمق ANGRAŠMAK. Vb. intr. *gémir, soupirer.* | seufzen, ächzen, stöhnen.

t انكرك ENGEREK. Sbst. *vipère.* | die Viper.

p انكرك ENGÜREK. s. انكورك

p آنكس ÂNKES. [آن und كس] Pron. = اول كمسه *celui.* | Derselbe, Jener.

a انكسار INKISÂR. [كسر VII.] Sbst. *action de se briser, se casser; rupture, contrition, déroute, émotion d'esprit, trouble, consternation, abattement; imprécation.* | das Zerbrechen (gebrochen sein), Zerschmetterung, Zerrüttung, heftige Gemüthsbewegung, Gebrochenheit des Herzens, Betrübniss, Niedergeschlagenheit; Verwünschung. — ETMEK. *être en émotion, jurer.* | in Aufregung sein, ausser sich sein; fluchen. — WERMEK. *mettre en déroute.* | zerrütten, schlagen (ein Heer). — BULMAK. *être en déroute.* | zerrüttet werden, geschlagen werden (ein Heer). — GÖSTERMEK. *faire semblant d'être vaincu.* | sich besiegt, überwunden, oder flüchtig stellen. انكساريافته *mis en déroute.* | zerrüttet, geschlagen. انكسار مزاج *altération de la santé.* | Zerrüttung der Gesundheit.

a انكساف INKISÂF. [كسف VII.] Sbst. *état d'être dans l'éclipse; éclipse du soleil.* Verfinsterung, Sonnenfinsterniss. vgl. كسوف und خسوف

t انكسر ENKESER. Sbst. *clou.* | Nagel. = اكسر

t a انكسز ANGSYZ. s. اكسز

a انكشاف INKIŠÂF. [كشف VII.] Sbst. *état d'être découvert, dévoilé; révélation, divulgation.* | aufgedeckt sein, Aufdeckung, bekannt werden; Kundwerdung, Aufklärung, Aufhellung.

p انكشت ENGIŠT. Sbst. *charbon.* | Kohle.

p انكشت ENGUŠT. Sbst. *doigt.* | Finger. انكشت نما *montré au doigt, célèbre.* | mit Fingern gezeigt, bekannt.

p انكشتر ENGUŠTER und انكشتری ENGUŠTERI. Sbst. *anneau, bague.* | Fingerring.

p انكشتوين ENGUŠTEWIN. Sbst. *bague, dé à coudre.* | Fingerring, Fingerhut.

t a انكغن ANGGYN, LT. سرخاب s. انقن

t انكل ENGEL. Sbst. 1. چتينلك *peine, difficulté.* | Qual, Mühe, Beschwerde. 2. رقيب *rival.* | Nebenbuhler.

t انكلسز ENGELSIZ. Adj. u. Adv. *sans peine, incontesté.* | ohne Mühe, unbestritten.

t a انكلاغوچی ANGLAGUČY. Adj. *intelligent; qui comprend.* | einsichtig, der versteht. بیر ایشتیكیب انكلاغوچی دیبنك آرزوسی دا nach dem Wunsche dessen, welcher versteht, was er hört. Ali Šebir. Q. s. انكلمق

t a انكليتورمق ANGALAPTURMAK. s. انكلمق

t a انكلتيتورمق ANGALTYTTURMAK. s. انكلمق

t a انكلمق oder انكلامق ANGLAMAK. Vb. intr. u. act. vgl. آكلامق LT. فهمیدن *comprendre; faire comprendre.* | verstehen, einsehen; erklären. Deriv. I. انكلتمق u. انكلاتمق ANGLATMAK. Vb. caus. LT. فهمانيدن *faire comprendre, expliquer.* | verstehen lassen, erklären. II. انكليتورمق ANGLAPTURMAK. Vb. pass. LT. فهميده شدن *être compris.* | verstanden werden. III. انكلتتيتورمق ANGALTYTTURMAK. Vb. caus. pass. LT. فهمانيده شدن *être expliqué.* | erklärt werden.

t انكلمك INIKLEMEK. Vb. act. *châtrer.* | castriren. v. انكك

t انكلمك ENIKLEMEK. Vb. act. *mettre bas (se dit des chiennes).* | Junge werfen (von Hunden).

p انكله ENGELE. Sbst. *bouton de vêtement.* | Knopf (am Kleide).

انكليز INGILIZ oder انكليس INGILIS. Sbst. u. Adj. *anglais.* | Engländer, englisch.

gr انكليون INGILJŪN. Sbst. *l'évangile.* | das Evangelium.

gr انكلينه ANGELINE. Sbst. *angélique (plante).* | Angelika, Engelwurz.

t a انكمك Vb. act. LT. كشتن *semer,* säen, = *t* اكمك

t a انكن INGEN. LT. نخد (?)

gr انكنار ENGINAR. Sbst. (κινάρα). *artichaut.* | Artischocke.

t انكو s. اونكو

p انكور ENGÜR oder انكوری ENGÜRI. Sbst. اوزم *raisin.* | Traube, frische Weintraube oder Weinbeere.

p انكورك ENGÜREK oder انكرك Sbst. Dim. des Vhgdn. *petit raisin.* | kleine Weintraube. انكورك چشم *la prunelle de l'œil.* | Augapfel oder Augenstern. = كوزببكی

t انكول ENGÜL. Adj. *lent.* | langsam, träge.

p آنكه ÂNGAH. s. آنگاه

p آنكه ÂNKI = آن كه Pron. rel. *celui qui.* | derjenige welcher.

t انكه ENGUE. Sbst. LT. يڭكز شيرمكار *belle-sœur, femme du frère aîné; nourrice de la fiancée, qui conduit la nouvelle mariée à la maison du mari.* | Schwägerin, Frau des ältern Bruders; Amme der Braut, welche dieselbe bei der Verheirathung in das Haus des Gatten führt.

p آنكهى ÂNGUEHI. Adv. *alors, après, après cela.* | damals, dann, hierauf.

t o انكيتلمك ENGUITMAK. *p* كوش داشتن *t* دكلمك *écouter.* | hören, horchen (audire, auscultare. Ferhad. VI.).

p انكيختن ENGUIKHTEN. Rad. انكيز ENGUIZ. Vb. act. *exciter, susciter, produire.* | erregen, hervorbringen. Part. انكيخته = قوپارلمش *suscité, produit.* | erregt, hervorgebracht.

p انكيز ENGUIZ. s. d. Vbgde; in pers. Compos. *qui excite, qui produit.* | erregend, hervorbringend. فتنه انكيز *séditieux* | Aufruhr erregend, aufrührerisch. خفقان انكيز *qui excite le battement du cœur, qui fait palpiter le cœur.* | Herzklopfen erregend. خلوص انكيز *qui produit de la sincérité, sincère.* | Aufrichtigkeit hervorbringend, aufrichtig. خجلت انكيز *qui excite de la confusion.* | beschämend. الفت انكيز *qui excite de la confiance, bienveillant.* | Zutrauen erregend, wohlwollend. سعى ارشاد انكيز zum Heil führende Anstrengung. انكيز كريز ايلدى er machte Anregung der Flucht, d. i. regte zur Flucht an.

t o انكمك LT. خم شدن *être courbé.* | sich biegen. s. اكمك

t انكين ENGUIN. Sbst. u. Adj. *vaste, le vaste, le large, pleine mer.* | das Weite, weit ausgedehnt, = دكزك — بحرك انكينى oder die offene See. انكينه چيقمق *prendre le large.* | auf das offene Meer hinaussegeln. انكينده اويلمق oder انكينده طورمق *tenir le large.* | sich auf offener See halten. انكين اوالر *de vastes plaines.* | weit ausgedehnte Ebenen.

t انلو ENLU oder اينلو INLU. Adj. *large,* breit, weit (von Kleidern). — ETMEK. *élargir.* | erweitern, weit machen, ausdehnen.

t انلولنمك ENLULENMEK oder اينلولنمك Vb. act. *élargir.* | weit machen, erweitern. *a* تعريض und تشبيع vgl. بولاتمق

t انلولك ENLULIK oder اينلولك Sbst. *largeur.* | Weite, Breite. *a* عرض

t o انليلنمر LT. نماز ديكر *la deuxième des cinq prières prescrites par la loi.* | das zweite der gesetzlich vorgeschriebenen täglichen Gebete.

t o انماجى LT. دلال *courtier.* | Mäkler, Sensal.

a انمحا INMIHÂ. [محا VII.] Sbst. *état d'être effacé, de disparaître.* | das Verschwinden, Verlöschen.

t o انمدرمق LT. فرود آوردن ومطيع كردن s. اندرمك unter انمك Deriv. I

t o انمق LT. انقياد نمودن ، قبول كردن . انمك s. كم شدن ، كم كردن ، فرود آمدن

t o انمق LT. قبول كردن *agréer, consentir.* | gestatten, zustimmen.

t انمك ENMEK, auch اينمك INMEK. Vb intr. Aor. انر ENER, INER. Praes. اينيورم INEJÖRUM. *descendre, décroître, être diminué, diminuer, être abaissé; être baissé; se soumettre.* | herabsteigen, herabkommen, herabgehen, abwärtsfliessen, niedergehen, sinken, sich zu Boden setzen, sich senken, sich erniedrigen, sich demüthigen, sich unterwürfig zeigen. آتدن انمك vom Pferde absteigen. صيد اوزره سوزيلوب انمك auf die Beute aus der Luft herabschiessen (vom Raubvogel). انوب قونوب ENIP-KONUP, vulg. ENI-KONU, Adv. *à l'aise.* | nach Bequemlichkeit. چيقوب اينيورلر sie steigen auf und nieder. Deriv. I. اندرمك ENDIRMEK oder ايندرمك INDIRMEK. Vb. caus. *faire descendre, diminuer, baisser, abaisser, décharger.* | herabsteigen machen oder lassen, erniedrigen, herunterlassen, senken, herabsinken lassen [Gegentheil von بوقارى چيقارمق]; herabnehmen, abladen [Gegentheil von يوكلتمك]; niederreissen; verringern, herabsetzen. بهايى اندرمك den Preis erniedrigen. خراجى اندرمك die Steuer herabsetzen. يوكى اندرمك die Ladung abnehmen. كمى اندرمك ein Schiff vom Stapel lassen. بنايى سوركوب يره قدر اندرمك ein Haus einreissen und der Erde gleichmachen. II. اندرلمك ENDIRILMEK. Vb. caus. pass. *être abaissé, être diminué.* | herabgesetzt, erniedrigt, verringert etc. werden. اندرلمش herabgesetzt, erniedrigt, gesunken (vom Preise). III. اندرمه‌مك ENDIRMEMEK. Vb. caus. imposs. باشنى بر اندرمه‌يوب دائما ايوتشرى طوتلاندرمق seinen Kopf nicht herabsenken können und immer gerade halten.

t انمك ENEMEK. s. انمك

a انمله ENMULE. Sbst. Pl. انامل ENÂMIL. *bout du doigt.* | Fingerspitze (mit dem Nagel, vom Gelenk an).

t انمه INME oder اينمه Sbst. v. انمك *abaissement.* | Erniedrigung. صولرك انمه‌سى das Sinken der Gewässer. سسك انمه‌سى das Sinkenlassen der Stimme.

p a انموذج oder انموزج ENMUZEG. Sbst. *modèle.* | Muster.

t انمچ LT. اعتقاد *foi, confiance.* | Glaube, Vertrauen. s. اينانچ

t انمش ENENMIŠ. Adj. v. انمك *châtré.* verschnitten. انمش آت verschnittenes Pferd, Wallach.

t انمق INANMAK. s. اينانمق

t انمك ENEMEK. s. انمك

a انوار ENWÂR. Sbst. Pl. v. نور NÛR.

a انواع ENWÂ'. Sbst. Pl. v. نوع NAU'.

a انوال ENWÂL. Sbst. Pl. v. نول NEWL.

t o انوتوچ (sic.) ANUTUĜ. LT. قرض *emprunt, prêt; dette.* | Schuld, Anleihe. vgl. اودنچ

a انور ENWER. Adj. *très-brillant, plus brillant.* | sehr glänzend, glänzender.

a انوف UNÛF. Sbst. Pl. v. انف ENF.

t آنه ANA. Sbst. *mère.* | Mutter. s. آنا

a انه INNEHÛ. Adv. تحقيقا *certainement, certes, sans doute.* | gewiss, sicherlich, jawohl.

a انها INHÂ. [نبا IV.] Sbst. بلدرمك، خبر ويرمك *action de faire parvenir (un rapport, une nouvelle etc.); rapport, avertissement.* | das Zukommenlassen einer Nachricht, Mittheilung einer Nachricht; mündliche Mittheilung, Benachrichtigung, Ankündigung. Milit. Rapport. — ETMEK. *faire parvenir, faire savoir, annoncer, communiquer q. ch. à q. qu., avertir q. qn.* | zukommen lassen, zu wissen thun, Jemandem etwas anzeigen, ankündigen.

a انهاج INHÂĜ. [نهج IV.] Sbst. واضح اولمق، واضح قيلمق *état d'être distinct; action de rendre clair et distinct.* | Deutlichkeit, deutliches und sichtbares Hervortreten einer Sache, Verdeutlichung, bewirken, dass etwas deutlich und sichtbar wird.

a انهار ENHÂR. Sbst. Pl. v. نهر NEHR.

a انهباط INHIBÂT. [هبط VII.] Sbst. *action de descendre, de se jeter en bas; état d'être jeté en bas.* | das Herabsinken, Herabkommen, gesunken sein, herabgeschleudert sein oder werden.

a انهتاك INHITÂK. [هتك VII.] Sbst. دولنمق *état d'être déchiré.* | zerrissen sein.

a انهدام INHIDÂM. [هدم VII.] Sbst. يقلمق *état d'être démoli, renversé, anéanti; destruction, ruine.* | Verfall, Einsturz, zu Grunde gehen. — BULMAK. *s'écrouler, être détruit.* | verfallen, einstürzen, zerstört werden.

a انهزام INHIZÂM. [هزم VII.] Sbst. *état d'être mis en fuite, en déroute; déroute, défaite, perte de bataille.* | Niederlage, Zerstreuung (eines Heeres), Verlust der Schlacht. — BULMAK. *être mis en fuite, être défait.* | geschlagen werden, eine Niederlage erleiden, aufgerieben werden.

p انهسون، s. انيسون

a انهضام INHIZÂM. [هضم VII.] Sbst. *état d'être digéré, d'être facile à digérer.* | verdaut werden, Verdaulichkeit der Speisen.

a انهلاك INHILÂK. [هلك VII.] Sbst. *action de se jeter dans un péril.* | sich in Gefahr begeben, sich dem Untergange weihen.

a انهلال INHILÂL. [هلّ VII.] Sbst. *état d'être tombé par torrents (la pluie); état d'être baigné de larmes (les yeux).* | das Herabstürzen des Regens, des Wassers, der Thränen.

a انهماك INHIMÂK. [همك VII.] Sbst. *état d'être tout entier à une chose; application, sollicitude, diligence; abandon.* | gänzliches sich widmen einer Sache; Hingebung, Ergebung an eine Sache, besonders im schlimmen Sinne, sich in Ausschweifungen stürzen; Fleiss, Beharrlichkeit, Mühe, Anstrengung. — ETMEK. *s'appliquer, s'adonner, se livrer à q. ch., s'abandonner à.* | sich einer Sache mit allen Kräften widmen, sich anstrengen, Mühe geben. انهماكله *soigneusement.* | sorgfältig, mit Fleiss, mit Hingebung.

a انهمال INHIMÂL. [همل VII.] Sbst. *état*

d'être baigné de larmes, de déborder de larmes (les yeux). | das Ueberfliessen von Thränen.

a انهمام INHIMÂM. [همّ VII.] Sbst. قوجه‌لق. اختيارلنمق *état de virilesse.* | alt werden, alt sein.

t انسه‌مك ENEMEK, auch انمك und اينمك Vb. act. *châtrer.* | verschneiden [von Thieren, von Menschen gebraucht man خادم ايتمك]. Deriv. انلمك ENENMEK. Vb. pass.; davon انلمش ENENMIŠ. s. o.

a انهيال INHIJÂL. [هال (med. ى) VII.] Sbst. چوكمه. يقلمق *état d'être versé, répandu (se dit des substances sèches); écroulement.* ausgeschüttet werden, zusammenstürzen. — انقباض

t انجيجى ENEJIJI. Sbst. *châtreur.* | der welcher an Thieren die Verschneidung vollzieht.

t o انى ANY. Sbst. *frère cadet.* | der jüngere Bruder.

t انى قونسو ENI-KONU. vulg. für انوب اينمك s. قونوب

a آنى ÂNY. von آن. *qui arrive, opportun (se dit du temps), momentané.* | kommend, günstig, gelegen (von der Zeit), im Augenblick.

a آنيه ÂNIJEY. Sbst. Pl. v. اناء ENÂ.

t o انيجوق LT. سوق *jambe.* | das Bein (?)

t آنيده s. آين.

a انيس ENIS. Sbst. يولداش *familier, ami intime.* | vertrauter Freund.

p انيس ENIS. Sbst. باغچه *jardin.* | Garten.

gr انيسون ANISÛN; auch انسون Sbst. (ἄνισον). Anis. pimpinella anisa.

t انيش ENIŠ, auch انش oder اينيش und اينش Sbst. v. اينمك *pente, penchant, descente.* | Abhang, geneigte Fläche, abwärts führender Weg. Gegentheil von يوقوش.

t انيشلو ENIŠLU. Adj. *penchant.* | abschüssig. s. d. Vbgde.

a انيق ANIK. Adj. *beau, joli, bon.* | schön, hübsch, gut. انيق اولسون gesegnet sei's, Glück auf.

t o انيقمق ANYKMAK. Vb. intr. بيوكمك *p* بيلنمك *croître, s'étendre.* | wachsen, sich ausdehnen. Ali Schir. VI.

t انيك ENIK. s. انك.

t o انيكك ENIKEK. Sbst. LT. انك زنخ *menton.* | das Kinn.

t o انين ÂNIN. Adv. — 1. *t* اينمك *p* اينجا *voici.* | hier, da; ecce tu. 2. *p* اينچون براى *pour, à cause.* | wegen. propter. VI.

a انين ENIN. Sbst. *gémissement.* | Geseufze, Gestöhn.

t o انينكليك ANYN-KEDIK. Adv. *autant.* | so, sehr. انيكليك كبى ita ut, sicut. Ali Schir. Q.

t آو AW. (spr. AU. Gen. AWYN). Sbst. *chasse, pêche; gibier.* | Jagd, Fang, Fischfang; Wild. آو اتى AW-ETI. *venaison.* | Wildpret. آو كوپكى AW-KÖPEKI. *chien de chasse.* | Jagdhund. آو باروتى AW-BARUTU. *poudre de chasse.* feines Schiesspulver. آو يرى AW-JERI. *carrière.* | Jagdgegend, Jagdrevier. آوه كتمك AWA GITMEK. *aller à la chasse.* | auf die Jagd gehen. آو آولامق AW-ALAYMAK. *chasser.* | jagen. سن كوپك اولالو بر آو آولادڭ seit du Hund bist, hast du ein einziges Mal etwas erjagt. Sprüchw. Meninsky.

t o آو AW. Sbst. كشى *p* مرد *personne.* | eine Person, Jemand. بر آو BIR AW. *quelqu'un.*

p آو AW. s. آب.

t او EW. Sbst. *maison (d'un particulier); chambre.* | Haus, Wohnhaus, Privathaus; Zimmer, Stube. او اسبابى EW-ESBABY oder او اوادانلغى EW-AWADANLYGY. *mobilier.* | Möbeln, Hausgeräth. او اوكى EW-ÖŊI. *avant-cour, vestibule.* | Vorhof, Vorhaus, = حوش atrium. او اوشاقلرى EW-UŠAKLARY. *famille.* | Familie, Frauen und Kinder. اوبرق oder او بارق EW-BARYK. *maison et famille, ménage.* | Haus und Haushalt; Frau, Kinder u. Gesinde. او حيوانلرى EW-HAIWÂNÂTY. *animaux domestiques.* | Hausthiere. او خلقى EW-HALKY. *les femmes de la famille.* | die Frauen der Familie. او صاحبى EW-SAHYBI. *maître de la maison.* | Hausherr. او ايچى EW-IČI. *le dedans de la maison, gynécée.* | das Innere des Hauses, Zimmer der Frauen. قره او KARA-EW = قيل چادر *tente.* | Zelt. جان اوى ǦÂN EWI. *le cœur.* | das Herz (als Sitz der Gefühle und Leidenschaften). كوچ اوى GÖČ-EWI. *cabane transportable.* | tragbare Hütte. قيش اوى KYŠ-EWI. *chambre chauffée.* | geheiztes oder heizbares Zimmer. بنم اوم BENIM EWIM = *a* اهلى *ma femme.* | meine Frau (eigentlich mein Frauenzimmer). Pl. اولر EWLER, als Singular gebräuchlich, wie das lateinische aedes; *maison.* | Haus, Wohnhaus.

a او AU. Conj. *ou, ou bien.* | oder.

t او IW. (LL. EW). s. ايو.

t او O. abgekürzt für OL. s. اول.

t او O. Pron. der 3. Pers. s. die persische Gramm.

t اوا oder اوه OWA. Sbst. *plaine, vallée, campagne.* | Ebene, Aue, Landschaft (zwischen Bergen).

p آوا ÂWÂ, EWÂ. Sbst. چوربا. آش *bouillie, soupe.* | Brei, Suppe. برنج آوا *potage au riz.* | Reissuppe. كوشت آوا ein Gericht von gehacktem Fleisch. Meninsky.

t o آوا ÂWA. Sbst. LT. آشيان *nid, demeure.* | Nest, Wohnung. vgl. اويا

p آوا AWA. s. آواز.

t اواتمق UWATMAK, vulg. UFATMAK. s. اوفاتمق.

t اواجق UWAǦYK. s. اوفاجق.

p آواخ ÂWÂH. Interj. *ah! hélas!* | ah! oh!

a اواخر EWÂHYR. Sbst. Pl. 1. v. آخر *les derniers.* | die letzten. 2. v. آخر *les derniers dix jours du mois.* | die letzten zehn Tage des Monats. vgl. اوائل u. اواسط. 3. v. آخره *les extrémités, les bornes.* | die Endpunkte, Grenzen.

p اوادان s. ابادان.

t اوادانلق AWADANLYK. Sbst. *meubles, ustensiles, outils.* | Möbeln, Hausgeräth, Werkzeug. چولمك اوادانلغى ČÖLMEK (vulg. ČÖMLEK) AWADANLYGY. *poterie.* | Töpfergeschirr. — EW-AWADANLYGY. s. او EW.

a p آوارجه ÂWARǦE oder اوارجه Sbst. دفتر s. d. Figde.

p آواره ÂWÂRE. Sbst. دفتر *registre, calcul, compte, livre de comptes, tablettes, table statistique.* | Buch der Einnahmen und Ausgaben, Schreibtafel, Rechnungsbuch; statistische Tabelle.

p آواره ÂWÂRE. Adj. u. Sbst. ايشسز. كوچسز. ديوانه *oisif; errant; stupéfait; vagabond.* | müssig, ohne Arbeit, träge; umherschweifend, wild, verstört (von den Blicken, den Augen); ein Landstreicher, Vagabund. — OLMAK oder — GEZMEK. *être oisif, flâner, errer çà et là, être comme étourdi, être stupéfait.* | müssig sein, herumlaufen; albern, tölpisch sein; wie verstört sein. آواره كوزلر ÂWÂRE GÖZLER. *yeux égarés, hagards.* | verstörte, wildblickende Augen.

p آواره ÂWÂRE. Sbst. روى جامه *l'endroit, le beau côté de l'étoffe.* | die rechte Seite oder glatte Seite eines Stoffes.

p آواره ÂWÂRE. Sbst. *pensée (fleur).* | Stiefmütterchen, Dreifaltigkeitsblümchen.

p t آوارهلك AWARELIK. Sbst. *oisiveté, vagabondage.* | Müssiggang, müssiges Herumtreiben. — ETMEK = AWARE OLMAK.

p آواز ÂWÂZ; auch آوازه ÂWÂZE und آوا ÂWÂ. Sbst. سس *son, voix; renommée; bruit; écho; le rossignol.* | Schall, Klang, Ton (musikalischer Ton), Stimme, die menschliche Stimme; Klang des Namens, d. i. Ruf; Lärm, Gerücht; Widerhall, Echo; bildl. die Nachtigal. آوازى طوتلمق AWAZY TUTULMAK. *enroué.* | heiser. آوازى بوغمق AWAZY BOGMAK. *étouffer la voix.* | die Stimme dämpfen, mit gedämpfter Stimme rufen oder sprechen. آواز ايله AWAZ-ILE oder بلند آواز ايله BULENDI AWAZ-ILE. *à haute voix.* | mit lauter Stimme, laut, deutlich.

p t آوازلى ÂWÂZLY und آوازلو AWAZLU. Adj. *qui a la voix sonore.* | mit Stimme begabt, tönend. خوب آوازلو *qui a une belle voix.* | mit schöner Stimme begabt. شديد آوازلو ŠEDID AWAZLY. *qui a une forte voix.* | mit starker Stimme, laut tönend. قالين آوازلو ساز ein Instrument von schlechtem Tone.

p t آوازلوجه AWAZLYǦA. Adv. سسلوجه *presque à haute voix.* | ziemlich laut, mit lauter Stimme. آوازلوجه اوكسرمك laut stöhnen.

p آوازه ÂWÂZE. s. آواز.

a اواسط AWÂSYT. Sbst. u. Adj. Pl. v. اوسط AWSAT.

a اواصر AWÂSYR. Sbst. Pl. v. آصره.

t اواق UWAK. s. اوفاق.

t اواقلمق UWAKLAMAK. s. اوفاقلمق.

a اوالی EWÂLY. Sbst. Pl. v. اوقیه EWKIJE.

a اوائل EWÂIL. Sbst. Pl. v. اول EWWEL.

p اوام AWÂM. s. وام.

a اوامر EWÂMYR. Sbst. Pl. v. امر EMR.

a اوان ÂWÂN. Sbst. Pl. v. آن ÂN.

a اوانی EWÂNY. Sbst. Pl. v. اناء INÂ.

p اواز ÂWÂZ. s. آواز.

a اوائل EWÂIL. Sbst. Pl. v. اول EWWEL.

a اوب AWB. Sbst. *retour; plage, contrée, patrie, pays.* | Rückkehr, Gegend, Heimath. In Compos. *habité de* ... | bewohnt von ...

t اوب ÖP, OP. Part. präf. *très* | Verstärkungspartikel vor Adjectiven der Vocalklassen o, ö; u, ü. اوب اوزون ÖP-UZUN. *très-long.* | sehr lang. vgl. die Gramm.

t o اوب Sbst. LT. بوسه *baiser.* | Kuss. vgl. اوپمك.

t اوبا oder اوبه OBA. Sbst. vgl. *t a* آوبا *tente, cabane transportable, cabane en feutre, famille d'une seule tente.* | Zelt, tragbare Hütte, tatarisches Nomadenzelt von Filz, Familie eines Zeltes.

a اوبداء EWBÂ. Sbst. Pl. v. وبداء WEBÂ.

a اوبار EWBÂR. Sbst. Pl. v. وبر WEBER.

p اوبار EWBÂR. [Rad. v. اوباشتن] Adj. u. Sbst. *qui dévore (le feu).* | verzehrend, das Verzehrende, d. i. das Feuer. مردم اوبار MERDÜM-EWBÂR. *anthropophage.* | menschenfressend.

a اوباش EWBÂŠ. Sbst. Pl. v. وبش WEBŠ als türk. Singular. *vagabond, mauvais sujet; aventurier.* | ein Landstreicher, ein Kerl, schlechtes Subjekt, toller Kerl. als Collectiv; *ramassis de canaille.* | zusammengelaufenes Volk, Gesindel.

p اوباشتن EWBÂŠTEN. Vb. act. Rad. اوبار *dévorer, couper.* | verzehren, abschneiden.

t o اوبلی Sbst. LT. شتر نر *chameau mâle.* | Kameel männlichen Geschlechts.

t اوبرق OBRUK oder اوبروق Sbst., auch اوبرق یر OBRUK JER. *p* زمین نشیب *terrain bas, vallée profonde.* | Tiefung, Vertiefung, Niederung, tiefes Thal.

a t اوبرقلامق OBRUKLAMAK. Vb. intr. نشیب شدن *être creux, se creuser, se fendre.* | sich austiefen, tief sein; sich ausbreiten (das Gebirge zu einem Thale).

t اوبری O-BIRI. s. اول.

t اوپش ÖPÜŠ. Sbst. *baiser.* | Kuss. *p* بوس vgl. اوپمك.

t اوپشمك ÖPÜŠMEK. s. اوپمك Deriv.

t o اوپكا oder اوپك LT. شش *poumon.* | Lunge, Brust (?)

t اوپكلمك ÖPEKLEMEK. Vb. act. *embrasser à plusieurs fois.* | wiederholt küssen.

t o اوپلوك (sic.) LT. خانه‌دار، كدخدا *maître de la maison.* | Hausherr, Haushalter.

t اوپمك ÖPMEK. *t o* اوپمك Vb. act. Aor. اوپر ÖPER. *baiser embrasser.* | küssen. یر اوپمك JER ÖPMEK. *baiser la terre, faire une profonde révérence, se prosterner.* | die Erde küssen, sich tief verbeugen, sich niederwerfen (vor einem Höheren). Deriv. اوپشمك ÖPÜŠMEK Vb. recipr. *s'embrasser l'un l'autre.* | einander küssen.

fr اوبوز OBUZ oder اوبوز قمبره سی OBUZ-KUMBARASY. Sbst. *obus.* | Haubitzkugel. اوبوز طوپی OBUZ-TOPU. *obusier.* | Haubitze.

gr اوبولوس OBOLUS. Sbst. (ὀβολός). *obole, poids de trois carats.* | Obolus, Gewicht von drei Karat.

t o اوت Sbst. LT. سفیداب *chaux.* | Kalk.

t o اوت LT. 1. آتش *feu.* | Feuer. اوت تاش Feuerstein. 2. تلخی *amer, bile.* | Galle, bitter. 3. Imperat. v. اوتمق.

t اوت OT. Sbst. *herbe, herbage, pâturage; simple, plante médicinale; médicine; poison.* | Gras, Kraut; Weide; Heilkraut, Arzenei, Gift. vgl. اود. — قورو اوت KURU OT. *herbe sèche, foin.* | trockenes Gras, Heu. كوز اوتی GÖZ OTU. *enfraise (plante), poudre pour les yeux.* | Augentrost (Pflanze), Augenpulver, das als Heilmittel in die Augen gestreut wird.

t اوت EWWET. Conj. *oui, mais, mais oui.* | ja, aber, wohl aber, freilich aber.

a اوتاد EWTÂD. Sbst. Pl. v. وتد WETED.

a اوتار EWTÂR. Sbst. Pl. v. وتر WETER.

t اوتارمق OTARMAK. Vb. act. Aor. اوتارر OTARYR. auf die Weide treiben. 2. *empoisonner.* | vergiften. vgl. اوت und اود.

t اوتاغ oder اوتاق، اوتاغ OTAG, OTAK. Sbst. *grande tente, tente royale.* | grosses Zelt, Zelt des Fürsten. اوتاغ همایون OTAGY HUMAJŪN. *tente impériale.* | das kaiserliche Zelt. LT. خانه وحجره vgl. اوده *maison; chambre, cellule.* | Haus, Kammer.

t o اوتاغ OTAG oder اوتاغا OTAGA. LT. رفوه پر مرغ

t o اوتاغه OTAGA. LT. جیغه

t اوتاقلق OTAKLYK. Sbst. حجره *chambre.* | Kammer.

t o اوتالكان *payé.* redditus, solutus. Q. وام بازداده *p* بورجینی اوتالكان لتایتی Ali Schir, er gab sein Darlehn zurück, bezahlte seine Schuld.

t اوتاناغان UTANAGAN. Adj. *chaste.* | keusch, schamhaft. اوتاناغان خاتون *femme chaste.* | eine keusche Frau. vgl. اوتانمق.

t اوتاندرمق UTANDYRMAK. s. اوتانمق.

t اوتانغیج UTANGYČ und اوتانغان UTANGAN. Adj. *honteux, timide, modeste, pudique.* | sich schämend, verschämt, bescheiden, schüchtern, schamhaft. vgl. اوتانمق.

t اوتانغان UTANGAN. Adj. s. d. Vorig.

t اوتانقلق UTANKLYK. Sbst. *pudeur.* | Schamhaftigkeit.

t اوتانماز UTANMAZ Adj. *sans honte, effronté, éhonté.* | unverschämt, frech. s. اوتانمق Neg.

t اوتانمازلق UTANMAZLYK. Sbst. *impudence, effronterie.* | Unverschämtheit, Frechheit. s. اوتانمق Neg.

t اوتانمق UTANMAK. Vb. refl. [vgl. اوت] Aor. اوتانور UTANYR. *avoir honte, être honteux, timide, rougir.* | sich schämen, erröthen, beschämt sein. Deriv. 1. اوتاندرمق UTANDYRMAK. Vb. caus. *faire honte, faire rougir de honte.* | beschämen, erröthen machen. II. اوتانمامق UTA'NMAMAK. *n'avoir pas honte, être éhonté.* | sich nicht schämen, unverschämt, frech sein; davon اوتانماز u. اوتانمازلق.

t اوتانمقلق UTANMAKLYK. Sbst. *honte.* | Erröthung, Schaam.

t اوتاندرمق AWYTYRMAK. s. اوتمق.

t اوتچمك ÖTÜČMEK. s. اوتمك.

t اوتره ÖTRÜ. s. اوتورو.

t اوتراق etc. s. اوتوراق etc.

اوترمق u. اوتورمق s. اوتیمق.

t اوتمك ÖTÜRMEK. s. اوتمك.

t اوتری ÖTRÜ oder اوترو, auch اوتورو Adv. postpos. 1. mit dem Ablativ. *à cause, pour.* | wegen, betreffend, hinsichtlich. بوندن اوتوری BUNDAN ÖTÜRÜ. *à cause de cela, c'est pour cela que.* | deswegen, deshalb, weil. بیلمكدن اوتوری BILMEKDEN ÖTÜRÜ. *afin de savoir, de comprendre.* | um zu wissen, um zu erfahren. 2. mit dem Dativ od. Nomin. *vis à vis, en face.* entgegen, gegenüber. انكا اوترو كیلمیب ihm entgegen kommend. Q. كعبه اوتروسیدا اولتوردی er sass gegenüber der Kaba. Ali Schir. Q. vgl. اوته.

t o اوتروك LT. فروغ *éclat, splendeur.* | Glanz (?)

t اوتوز s. اوتوز.

t اوتسز OTSUZ. Adj. v. اوت *sans herbes.* | ohne Gras oder Kräuter. اوتسز قیر یر *plaine où il n'y a pas d'herbe.* | eine graslose Fläche.

t اوتش ÖTÜŠ. Sbst. *son, ton, chant.* | Klang, Ton, Gesang.

t o اوتقوزمق *perdre au jeu.* | im Spiel verlieren. اوتقوزدی alea victus fuit. Ali Schir. Q.

t o اوتوك s. اوتوك.

t o اوتكارا extra (?) Q.

t o اوتكرمك oder اوتكارمق, auch اوتكوزمق UTKÄRMAK. Vb. act. intrans. u. trans. كچمك u. كچورمك *passer, traverser; passer le temps, passer la revue; faire passer, faire traverser, transporter.* | hinübergehen, hinüberbringen, hinbringen (die Zeit). vgl. اوتمك, auch ingerere, immittere. Ali Schir. VI. معاش اوتكارمق — معاش كچورمك *passer la vie.* | das Leben hinbringen, ein Leben führen, leben. Ali Schir. Q. تجرد وتقوی بیلا اوتكاردی er lebte in Zurückgezogenheit und Gottesfurcht. Ali Schir. [Chrestom. orient. ٣١]. غنی لارغه بیوردی كه چاشت طعامی بیله اوتكاركایلار er befahl den Reichen, dass sie mit dem Morgenimbiss leben sollten (sich begnügen sollten, die Abendmahlzeit aber den Armen geben). Ali Schir. [Chrestom. orient. ٤٢]. صمد بیله كون اوتكارور ایردی er pflegte den

Tag mit der Jagd hinzubringen. Ali Schir. جفا وستمغی حدّ دین اوتكاردی Unrecht und Bedrückung übertrieb er aufs Höchste. اتشغ محبّتی انی اول خیالّ دین اوتكاردی seine väterliche Liebe brachte ihn über diese Einbildung. (*fit renoncer à . . Q.*) Ali Schir. قیلیچ تیغی دین اوتكاردی *il fit passer au fil de l'épée.* | er liess über die Klinge springen. Abulg. 20, 104. اوتكارماكنی trajicere ne sinamus. Abulg. 105. Q. اوتكاریب *qui passe le temps.* Q.; auch = *p* بعوض رسیلیدن Ali Schir. Q.; vielleicht auch calefaciens oder fertilem reddens. Q. جرم قوی الاقتدار توفراغ احراسمنی قویاش دین اوتكاریب Ali Schir.

t o اوتكال UTKAL. Sbst. *gué.* | Furth, Uebergang über einen Fluss.

t o اوتكارمك = كذرانیدن LT. اوتكیمك

t o اوتكنمك UTKANMAK. Vb. act. LT. تقلید كردن *imiter.* | nachahmen.

t اوتلاتمق OTLATMAK. s. اوتلاتمق

t اوتلاق oder اوتلاغ OTLAK; auch اوتلق und اوتلوق OTLUK. Sbst. *lieu de pâturage, prairie, pacage, herbage, foin.* | grasreicher Ort, grasreiche Gegend, Weideland, Wiese, Weide, Gras, Heu. اوتلاق یری Weideplatz.

t اوتلامق oder اوتلمق OTLAMAK. Vb. act. intr. u. trans. Aor. اوتلر OTLAR. Partic. اوتلایان und اوتلیان OTLAJAN. *paître, faire paître.* | von Gras und Kraut fressen, weiden, grasen (das Vieh), von den Blumen saugen (die Biene); auf die Weide treiben. Deriv. I. اوتلاتمق oder اوتلتمق OTLATMAK. Vb. caus. *faire paître,* weiden lassen. II. اوتلانمق oder اوتلنمق OTLANMAK. Vb. refl. *paître.* | auf die Weide gehen, weiden.

t اوتلق OTLUK. Sbst. *lieu herbeux, pré, prairie; foin. t o mangeoire, crèche.* | Ort, wo Gras wächst, Wiese, Weide; Heu. *t o* Futterkrippe. اوتلق خانه *grange à foin* | Heuscheuer. اوتلق یغنی *tas de foin* | Heuschober.

t اوتكلو ÖTLEKLI. Adj. v. اوتمك *qui chante, chantant.* | singend. اوتكلو قوش ÖTLEKLI KUŠ *oiseau chanteur, oiseau chantant.* | ein Singevogel und ein singender Vogel.

t اوتلكن ÖTLEGEN (ÖTLEKEN). Sbst. *oiseau chanteur.* | Singevogel.

t اوتلكو ÖTLEGÜ. Sbst. *vautour.* | der Lämmergeier, auch سكسكه قوشی und اوشلق قوشی genannt. *p* شو برالزان oder استخوان ترازان *a* رخم Kam.

t اوتلمق OTLAMAK. s. اوتلامق u. اوتلمق

t اوتلمك ÖTLEMEK. Vb. intr. *chanter* | singen. vgl. اوتمك

t اوتلمك EWETLEMEK oder IWETLEMEK. s. ایوتلمك

t اوتلمك ÖTLEMEK. s. اوتلمك

t اوتلنمق OTLANMAK. s. اوتلانمق u. اوتلنمق

t اوتلنمك ÖTLENMEK. s. اوتلنمك

t اوتلو OTLU. Adj. v. اوت *herbeux, qui produit des plantes.* | grasreich, mit Gewächsen bewachsen, Gewächse hervorbringend.

t o اوتلو [vielleicht اوتنلو] LT. شرم *pudeur.* | Scham, Schamhaftigkeit.

t اوتلوق OTLUK. s. اوتلاق u. اوتلق

t o اوتلسوق oder اوتلوغ OTLUK. Adj. اوته منسوب . آتشین VL. *igné, ardent, brûlant.* | feurig, brennend, heiss. اوتلوق شموق قسطاش ein heisser, brennender Stein. Ali Schir. Q.

t اوتلمن EWETLEIN. Adj. *hâtif.* | eilig. vgl. ایوتمك

t o اوتمك ÖTMEK. Sbst. اتمك *pain,* das Brod.

t o اوتمك OTMAK. s. اوتمق

t o اوتمق AWUTMAK. Vb. act. Aor. اوتار AWUTUR. LT. مشغول كردن . تسلّی كودكی *occuper, distraire, calmer un enfant.* | ein Kind beruhigen. Deriv. I. اوتدرمق AWUTTURMAK. Vb. caus. *faire occuper, apaiser.* | beschäftigen lassen, beruhigen (ein Kind). vgl. اوكمك

t o اوتمق Vb. intr. LT. كفتن *parler, dire.* | sprechen, sagen.

t اوتمق UTMAK. اویونده اوتمق OJUNDA UTMAK. *gagner au jeu.* | im Spiel gewinnen. (Meninsky). vgl. اوتمك

t اوتمق OTMAK. ایاقله اوتمق AJAKYLA OTMAK. *pousser avec le pied étendu.* | mit ausgestrecktem Fuss stossen. (Meninsky).

t اوتمق UWATMAK. s. اوفاتمق

t o اوتمك oder اوتمك ÖTMEK. Vb. act. كذشتن . *p* كذشتن (transire), *passer, passer outre, traverser; se passer, être, exister, vivre, s'écouler; cesser, périr, mourir; sortir, s'en aller; pardonner.* | übergehen und übergehen; vorübergehen (z. B. die Zeit); hinübergehen, über einen Fluss setzen; vergehen, aufhören zu sein, sterben, fortgehen, hinausgehen; nicht beachten, verzeihen, verschonen (mit Accus. u. Abl. des Objects). اوتكان ایش *ce qui s'est passé.* | was sich ereignet hat, Ereigniss. vgl. اوتكارمك u. d. Flgde.

t اوتمك ÖTMEK oder اوتمك ÖTEMEK. Vb. act. v. اوته *passer, passer outre, surpasser, vaincre, gagner au jeu.* | hinübergehen, weiter gehen, überholen (mit dem Ablat.), einem zuvorkommen, Jemanden besiegen, im Spiele gewinnen. vgl. اوتمق

t اوتمك ÖTMEK. Vb. intr. Aor. اوتر ÖTER. *sonner, résonner; chanter (se dit des oiseaux).* | klingen, wiederhallen; singen, girren, krähen (u. s. w. von jedem Geschrei der Vögel). قولاغم اوتر das Ohr klingt. Deriv. اوتدرمك oder اوتلمك ÖTTÜRMEK. Vb. caus. *faire sonner etc., claquer (p. ex. avec le pouce et le doigt du milieu).* | klingen lassen u. s. w., knallen, schnalzen, knacken, mit der Hand schnappen.

t اوتمه Sbst. *a* كشكه *p* بیشخورد eine schnell bereitete Speise von frischem Weizen der am Feuer geröstet wird. LL.

t اوتنمك s. اوسانمق

t اوتنمج u. اوتنمش s. اوتنمج

t اوتنمو s. اوتنمق u. اوتنمو

t اوتو s. اوتی

t اوتور s. اوتورمق

t اوتوراق und اوتراق OTURAK u. اوطراق Sbst. v. اوتورمق *siège, derrière, lieu où l'on repose, halte de repos, vétéran; garnison, milice.* | Sitz, worauf man sitzt; Bank, Schemel, Lehnstuhl; Ort wo man sitzen oder stehen bleibt, Station; worauf etwas gesetzt wird, Untersatz, Dreifuss; worauf man sich setzt, der Hintere; einer der sich zur Ruhe gesetzt hat, Invalide, Veteran, der einen Gnadengehalt bezieht; stationäre Truppen, Garnison, Landwehr. (Redhouse). — ETMEK. *faire halte, rester.* | Halt machen, stehen bleiben. اوتوراق اتلری *les fesses.* | die Hinterbacken.

t اوتوراقلق OTURAKLYK. Sbst. *l'exemption accordée aux soldats d'aller à la guerre.* (Meninsky).

t اوتوراقلو OTURAKLY. Adj. *siège commode, confortable.* | zum Sitzen eingerichtet, zum Sitzen bequem, eben. Kam.

t اوتورمق u. اوتورمق s. اوتورمق

t اوتورغن OTURGAN. Adj. *sédentaire, qui aime à être assis.* | gern sitzend, sesshaft.

t اوتورمق oder اوطورمق OTURMAK. Vb. intr. Aor. اوتورر OTURUR. *s'asseoir, être assis; rester, couver; demeurer.* | sich setzen, sitzen, aufsitzen, sitzen bleiben, z. B. ein Schiff auf dem Grunde, stranden, landen; da bleiben, aufbleiben (nicht zu Bett gehen); brüten; wohnen; eine Sitzung halten, bei einer Zusammenkunft bleiben; sich senken (vom Grunde eines Gebäudes). قان اوتورمق vom Blute, unter der Haut gerinnen, so dass ein blauer Fleck erscheint. Kam. s. v. شیت — اوتورقلق قیری OTURAKLYK-KYZY. *femme de chambre.* | Magd, Stubenmädchen. كمیسی اوتورمش einer dessen Schiff bei eingetretener Windstille stille liegt. Deriv. I. اوتورتمق OTURTMAK. Vb. caus. *faire asseoir, placer sur q. ch., garnir, marqueter.* | setzen lassen, auf etwas setzen, einsetzen, eine Sache mit etwas besetzen, auslegen. چكه بجیه عاج اوتورمق ein Kästchen mit Schildpatte besetzen. Kam. s. v. اشعوتیم. II. اوتوردرمق OTURDURMAK. Vb. caus. *faire asseoir, mettre sur.* | setzen (auf etwas). III. اوتورشمق OTURUŠMAK. Vb. recipr. *s'asseoir l'un avec l'autre.* | sich zusammen niedersetzen. اوت تیشلدی اوتورشدی das Feuer brannte an und setzte sich wieder.

t o اوتورغان OTURGAN. Sbst. (Partic d. Vbgdn.). | *sédentaire.* | ein Sitzender.

t اوتوروش OTURUŠ. Sbst. *manière d'être assis.* | die Art und Weise zu sitzen.

t اوتورملق OTURMALYK. Sbst. *la place nécessaire pour s'asseoir.* | der Raum oder Ort, welchen ein Sitzender einnimmt, oder zum Sitzen nöthig hat.

t اوتوری ÖTÜRÜ. Sbst. v. اوتمك ÖTMEK. *signe des voyelles o. ö; u. ü.* | Zeichen der Vocale o ö, u. ü. s. die Gramm.

t اوتوری ÖTÜRÜ. Adv. s. اوتری

t اوتوز OTUZ. Adj. Num. *trente.* | dreissig.

t o اوتوزمسك OTUZMAK. Vb. act. = اوتمك oder اوتمق *passer.* | übergehen (transire). اوتوزمدی وقتلدن بر لحظه سودن. طمع ایتمشدی بو سودن آب روشن non praetermisi vel momento temporis aquam ejus; quoniam ab hac aqua lympham faciei illius cupiebat Ferhad. VI.

t اوتوزنجی OTUZUNǦU. Adj. Num. *le trentième.* | d. dreissigste.

t o اوتوك ÖTÜK. Sbst. چدبوب . *p* موزه *soulier, botte.* | Schuh, Stiefel.

t o اوتوكجی ÖTÜKǦI. موزه دوز . پابوججی *bottier, cordonnier.* | Schuhmacher.

t اوتیمك s. اوتولمك

t o اوتون OTUN. LT. غرنم *bruit du tonnerre.* | Donner.

t اوته ÖTE, auch اوتی Sbst. *l'autre côté, ce qui est au delà, ce qui est plus loin, qui suit l'issue, la fin* | das Gegenüber oder darüber hinaus, das Jenseitige, die andere Seite, das Weitere, weiter Folgende, der Ausgang einer Sache. اگر حلبه مالك اولورسكز اوتهسی آسكدر wenn ihr erst Aleppo in Gewalt habt, dann ist das Weitere leicht. Adv. *au delà, de l'autre côté, plus loin.* | drüben, gegenüber, weiter hin. اوته یقه ÖTE JAKA. *la côte opposée.* | das jenseitige Ufer (in Constantinopel: die asiatische Seite des Bosporus). اوته یكنده *vis à vis, en face.* | gegenüber. اوته بری ÖTE-BERI oder BERI-ÖTE. *çà et là, en delà et en deçà.* | hin und her, hie und da. ÖTE BERI ETMEK. *essayer de toute manière.* | auf alle Weise versuchen. اوته قاقمق ÖTE KAKMAK. *pousser, lancer.* | hinüberstossen. اوته كون ÖTE GÜN. *avant-hier.* | vorgestern. اوته كیجه ÖTE GIǦE = *p* دینلوش vorgestern Nacht. اوتهسی چقمز صوقاق ÖTESI ČYKMAZ SOKAK. *cul-de-sac, impasse.* | Sackgasse, = دیمسز صوقاق

t اوتهلنمك oder اوتلنمك ÖTELENMEK. Vb. intr. Aor. ÖTELER. *passer de l'autre côté, aller plus loin.* | hinüber gehen, weiter gehen.

t اوتی ÖTE. s. اوته

t اوتی oder اوتو ÖTÜ oder ÜTÜ. Sbst. *fer à repasser.* | Plätteisen, Bügeleisen.

t اوتیلمك oder اوتولمك ÖTÜLEMEK oder ÜTÜLEMEK. Vb. act. Aor. ÜTÜLER. *repasser, lisser avec le fer chaud.* | plätten, bügeln (mit dem Eisen).

a اوطان EWŢÂN. Sbst. Pl. v. وطن WAŢAN.

t آوچ ÂWUČ oder اوچ AUČ (LT). Sbst. = *p* كفدست *creux de la main, poignée.* | die hohle Hand; flache Hand, eine Hand voll. آوچ طولوسی AWUČ DOLUSU. *une poignée de* | eine Hand voll. اوچی طولدیرن die Hand erfüllend, d. i. was man nur mit der ganzen Hand nehmen kann. بر آوچ صو eine Hand voll Wasser, so viel man mit der hohlen Hand schöpfen kann. بر آوچ آقچه eine Handvoll Laute.

t اوچ ÖČ, *t o* اوچ Sbst. *vengeance.* | Rache. — ALMAK. *se venger.* | Rache nehmen, sich rächen.

t اوچ ÜČ. Sbst. *t o* اوچ *fin, sommet, pointe, extrémité, bord, lisière; cause.* | Ende, Spitze, Zacke, Felsspitze, Bergspitze, Spitze einer erst aufgehenden Pflanze; letzte Grenze, der oberste oder äusserste Rand einer Sache; Sahlleiste; Endursache, Ursache. بچاق اوچی BYČAK UČU. *pointe du couteau.* | Messerspitze. دل اوچی DIL UČU. *bout de la langue.* | Zungenspitze. اوچ كوسترمك *pousser (une plante).* | die Spitze zeigen, aufgehen (v. Pflanze). كوز اوجیله بقمق *regarder furtivement.* | mit dem Ende (äussersten Winkel) des Auges ansehen, d. i. verstohlen hinblicken. باش اوجنده *tout près.* | dicht daneben, nahe bei der Hand, hart zur Seite. كونشك اوجی طلوع ایلدی der oberste Rand der Sonne erscheint am Horizont. قلم اوجنده قالدی es ist auf der Federspitze geblieben, d. i. ausgelassen worden. حسد اوجندن *par envie.* | aus Neid.

t اوچ ÜČ, vulg. ÜČ. Adj. Num. *trois.* | drei. اوچ قات ÜČ-KAT. *triple.* | dreifach. ÜČ-KAT ETMEK. *tripler.* | verdreifachen. اوچ قاتلشی *p* سه ایمان eine Kopfbinde (dreifach um den Kopf gewunden), die unter dem Schleier getragen wird. اوچ چتال ÜČ-ČATAL. *trident.* | dreizackig. اوچ آیلق ÜČ-AILYK. *trimestre.* | ein Vierteljahr, ein Quartal. اوچ آیلر ÜČ-AILAR. *les trois mois de carême.* | die drei Fastenmonate (Redscheb, Schaban und Ramazan). اوچ كونده بر ÜČ-GÜNDE BIR. *tous les trois jours; fièvre quarte.* | alle drei Tage; das Wechselfieber. اوچ دركلو كمی ÜČ-DIREKLI GEMI. *vaisseau à trois mâts.* | Dreimaster. اوچ كوشهلو *t o* اوچ چیتللی *triangulaire.* | dreieckig. *t o* اوچ یپراق ÜČ-JAPRAK. *trèfle.* | der Klee.

t o اوچ Sbst. *parent consanguin.* | Blutsverwandter. Synon. قسلی — حسن قسلی قلی ذری واوچ ذری یوق ایدی Hasan Kuli hatte keine Vettern und Verwandte. Abulg. 115.

a اوج EWǦ. Sbst. *le plus haut point du ciel; apogée; faîte, sommet.* | der höchste Punkt, Gipfel, Culminationspunkt. Astron.: = *p* اوله oder افكتحیون das Perigäum (Erdnähe) oder Perihelium (Sonnennähe); Apogäum (Erdferne), Gegentheil von حضیض und اقرتحیون. — Musik: *be fa be mi.* Meninsky.

p t اوچ ÜČ. Sbst. *p* رهن . كرو . أم *gage, mise, gageure.* | Pfand, Einsatz; Einsatz beim Spiele; Wette. اوجه قومق ÜČA KOMAK. *gager, parier.* | wetten, aufs Spiel setzen. اوچیله ÜČ-ILE. *avec pari, avec lutte.* | mit Wette, um die Wette. ÜČ-ILE OINAMAK. um die Wette spielen, oder auch, um den Einsatz spielen.

t o اوجه ÜČA. s. اوچ

t o اوچار ÜČAR. Sbst. LT. بازار *marché.* | Markt, Bazar.

t o اوچاشمق ÜČAŠMAK. s. اوتمق

a اوجاع EWǦÂ'. Sbst. Pl. v. وجع WEǦA'.

t o اوجاق ÜČAK. Sbst. LT. دیكدان. بلغوی *trépied; collier.* | Dreifuss, Halsband, vgl. اوجاع

t اوجاق OǦAK. Sbst. *foyer, trou creusé dans la terre (où l'on met du feu), four, cheminée; maison, famille, dynastie; caste, corporation, corps (Milit.), spéc. corps des janissaires; colonie, spéc. les régences d'Alger, de Tripolis et de Tunis.* | Herd, Feuerstätte, ein in den Boden gegrabenes Loch (wo man Feuer anzündet), Backofen, Schmiedeofen, Esse; Kamin; Haus; Familie, Dynastie, Körperschaft (religiöse oder weltliche), Milit. Corps, insbesondere das Corps der Janitscharen; Kolonie, insbesondere مغرب اوجاقلری die Kolonieen oder Regentschaften Algier, Tripolis und Tunis. اوجاق دمیری OǦAK-DEMIRI. *la plaque de la cheminée.* | Kaminplatte. اوجاق چكركی OǦAK-ČEKERKE. die essbare Heuschrecke; das Heimchen. اوجاق زاده OǦAK-ZADE. *fils, membre d'une même famille, de bonne famille, d'un même corps.* | Mitglied einer und derselben Familie, von guter Familie, Sohn eines der zu einem Corps gehört. اوجاق زادهلر Janitscharensöhne, die als solche ein Lehen besitzen. Zeitschrift der d. M. G. XVI. 271. اوجاغكز سوكمسون OǦAGYNYZ SÖNMESIN. euer Herd (Haus, Körperschaft) möge nicht verlöschen. جقور اوجاق قازمق ein Loch graben. Kam. s. v. تقویب

t اوجاقجی OǦAKǦY. Sbst. *fumiste, qui fait des foyers, des fours, des cheminées.* | einer der Heerde, Feuerstätten, Oefen u. s. w. baut.

t اوجاقلق OǦAKLYK. Sbst. *domaine privé.* | Hausdomäne, Domäne die unmittelbar dem kaiserlichen Hause gehört, Schatullendomäne.

t اوجاقلو OǦAKLY. Adj. u. Sbst. *qui appartient à une ou la même famille, à la même corporation; fils de bonne famille.* | zu einem und demselben Hause, zu einer und derselben Korporation gehörig, von gutem Hause. vgl. اوجاق زاده unter اوجاق

t o اوجاك Sbst. *trône, siège.* | Thron, Sitz. LT. تخت

a اوجال EWǦÂL. Sbst. Pl. v. وجل WEǦEL.

t اوجالتمق UǦALTMAK. Vb. act. *déployer l'étendard.* | das Banner entfalten. تریمیت علمنی اوجالدوب die Fahne des Aufbruchs (der Abreise) entfaltend, d. i. indem sie aufbrachen. Derbendname. vgl. اوچمق fliegen

t o اوچالاسی ÜČALASY. Adj. Num. *trois.* | drei. اوچالاسی تاش *tres lapides.* Ali Schir. Q.

t o اوچاو ÜČAW. Adv. *les trois.* | die drei. Ali Schir. Q. اوچاولا ÜČAWLA. اوچی بله *tous les trois.* | alle drei zugleich.

a اوجب EWǦEB. Adj. *plus nécessaire, très-nécessaire.* | nothwendiger, sehr nothwendig.

t o اوچرامق ÜČRAMAK. Vb. intr. LT. درخورلمق *convenire.* اوچرادی *decet, occurrit.* Abulg. 34 u. 107 u. Ali Schir. Q. *remontra.* Ali Schir. Q. Deriv. اوچراتمق ÜČRATMAK. Vb. caus. LT. درخورلتمك

t اوچرم und اوچروم ÜČRUM. Sbst. *précipice, abîme.* | Abgrund. Adj. *raide, escarpé.* | jäh, steil.

t اوچرمق ÜČRMAK. s. اوتمق

t اوچرملو und اوچورملو ÜČRUMLU. Adj. *raide, escarpé.* | steil, jäha *t o* اوچرو ÜČRKÜ. Sbst. زمان، قريب die jüngste Vergangenheit oder nächste Zukunft. VL.

t اوچو oder اوچوز *t o* اوچوز ÜČUZ. Adj. *p* ارزان *à bon marché, à bas prix.* | wohlfeil. — GÖRMEK oder BULMAK. *trouver q. ch. bon marché* | für wohlfeil halten, wohlfeil finden.

t اوچوزلق ÜČUZLUK. Sbst. بولنلق *le bon marché; abondance de grains.* | Wohlfeilheit, Menge, Überfluss an Getreide.

t اوچولمق oder اوچوزلمق ÜČUZLAMAK. Vb. intr. *p* ارزان شدن *être bon marché* | wohlfeil sein. Deriv. اوچوزلنمق ÜČUZLANMAK. Vb pass. u. refl. *devenir bon marché, baisser (de prix).* | wohlfeiler werden, abschlagen (im Preise).

t اوچوسمق oder اوچوزمسق ÜČUZMAK. *t o* اچيمق Vb intr. *être à bon marché* | wohlfeil sein. Deriv. اچوزتمق *t o* اوچوزتمق ÜČUZATMAK. Vb. caus. *p* ارزان كردن *faire bon marché, abaisser le prix.* | wohlfeil machen. نرخنى اچوزتمق den Preis niederdrücken.

t اچشمك ÜČÄMEK. Vb. recip. v. اوچ *parier ensemble.* | mit einander wetten.

t اوچوق ÖČAK. s. اوچاق

t اوچوق ÜČUK. Sbst. u. Adj. *bube, bouton de chaleur; gercé.* | Hitzbläschen an der Lippe (bei Fieber); aufgerizt, aufgesprungen (von der Haut, von Kälte oder Hitze). اوچوق شوالمق aufgesprungene Lippen haben (bei Fieber).

t اوچقر oder اوچقور اوچقر ÜČKUR. LT. ازار بند LL. شلوار بند = تكه *ceinture ou cordon qu'on passe dans les coulisses d'un pantalon, pour le serrer.* | Schnur, womit die Beinkleider an den Hüften festgebunden werden, Leibgürtel an Beinkleidern.

t اوچقرلق oder اوچقورلق ÜČKURLUK. Sbst. *coulisse, ceinture d'un pantalon.* | Hosenband, oder der breite Rand oder Saum, durch welchen die Schnur [اوچقر] gezogen wird, Gürteldurchzug an den Hosen.

t اوچقلمق oder اوچوقلمق ÜČUKLAMAK. Vb. intr. v. اوچوق *avoir les lèvres gercées (par la fièvre).* | aufgesprungene Lippen haben (bei Fieber).

t o اوچقون ÜČKUN. Sbst. *p* زبانه *t* تيمللجم *étincelles, cendre rouge.* | Funken, glühende Asche. Ferhad VL.

t اوچغان ÜWGÄN, ÜWRÄN. Adv. *en hâte.* | eilig, in Eile.

t اوچكر ÜWÖRUIZ (ÜYÖŽÜZ) Sbst. Dem. v. او ÜW. *petite maison, maisonnette.* | Häuschen.

t o اوچكو u. اوچكى ÜČKÜ. Sbst. كچى *p* بز *bouc, chèvre.* | Bock, Ziege.

a p اوچكبر ÜWDÖTH. Adj. *qui est parvenu au plus haut point, au sommet.* | zu einem hohen oder dem höchsten Punkte, dem Gipfel u. s. w. gelangt.

a اوچل ÜWÖRL. Adj. *timide, craintif* | furchtsam, schüchtern.

t اوچمق oder اوچلمق AWÜČLAMAK. Vb act. v. اوچ *prendre, saisir.* | greifen, fassen.

t اوچلو ÜČLÜ. Adj. *pointu.* | spitzig.

t o اوتمه und اوتمه ÜČMA. Sbst. LT. خبر *nouvelle.* | Neuigkeit (?)

t o اوتماغ ÜČMAĞ, اوتماغ ÜČMÂG, اوتماق ÜČMAK oder اوتماج ÜČMAČ. Sbst. *paradis, ciel.* | das Paradies, der Himmel.

t اوچمق ÜČMAK. *t o* اتمق u. اوتمق Vb. intr. Aor. اوچار ÜČAR. *voler, s'envoler, tomber, se précipiter.* | fliegen, davonfliegen, herabstürzen (in einen Abgrund), hinabgestürzt werden. Deriv. اوچرمق oder اوچورمق ÜČURMAK. *t o* اچرمق u. اچورمق Vb. caus. Aor. اوچورر ÜČURUR. *faire voler en l'air, faire tomber, lancer, précipiter.* | fliegen lassen, werfen, schleudern, hinabstürzen.

t o اوتمق ÜČMAK. Vb. act. Aor. اوچور ÜČUR. *éteindre, faire disparaître.* | auslöschen, (ein Licht), verschwinden lassen.

t اوتمق ÜČMAK. Sbst. *le paradis.* | das Paradies. s. اوتماج

t اوتمقلو ÜČMAKLY. Adj. *habitant le paradis, élu.* | das Paradies bewohnend, selig.

t o اوتمه ÜČMA. LT. توت *mûre.* | Maulbeere.

t o اوچنچ ÜČÜNČ. Num. ord. *le troisième.* | der dritte. اوچنچ اى ÜČÜNČ AI. Name des dritten Monats des alttürkischen Jahres.

t اوچنجى ÜČÜNŽÜ. Adj. Num. *le troisième.* | der dritte.

t o اوچور ÜČUR. [Partic. v. اوچمق] LT. پران *volant.* | fliegend. بو اچوردا BU ÜČURDA = بو محلده Ali Schir. Q. *sur ces entrefaites, dans cette circonstance.* Q.

t اوچرم s. اوچورم

t اوچرمق s. اوچورمق

t اوچرملو s. اوچورملو

t اوچز s. اوچوز

t اوچزمق s. اوچوزمق

t اوچق s. اوچوق

t اوچقلمق s. اوچوقلمق

t o اوچون ÜČUN. Interj. *p* بهره = عجب mirum! Ali Schir. VL. s. ايچون

t o اوچنجى s. اوچونجى

t اوچه ÜČA. *t o* اوچسا u. اوچه Sbst. سغرى. پشت *p*. كوت. دوچ *croupe, croupion; dos, derrière; cuisse, hanche.* | der untere Theil des Rückens, Kreuz; der Rücken, der Hintere. اوچه كميكلرى *les os de la hanche* | die Hüftknochen.

a اوجه ÜWDÄ. Adj. *plus beau, très-beau, plus considéré.* | schöner, sehr schön; höher geachtet.

a اوجه ÜWDÜH. Sbst. Pl. v. وجه WEDŽH.

t اوچى AWČY (AVĞY). LT. اوچى Sbst. v. او *chasseur, pêcheur.* | Jäger, Fischer, Fänger.

t اوچيلق und اوچيلك AWČYLYK. Sbst. *métier ou occupation du chasseur, du pêcheur; chasse, pêche.* | Jägerei, Fischerei. — ETMEK. *s'occuper de la chasse, de la pêche; chasser, pêcher.* | Jägerei oder Fischerei treiben, jagen, fischen.

t o اوچيلانجى Adj. Num. *le troisième.* | der dritte. اوچيلانجى انا *bisaïeul.* Urgrossvater. Abulg. Q.

t اوچيوز ÜČJÜZ. اوچ يوز Adj. Num. 300.

p اوخ ÄWAH. Interj. (Ausdruck des Schmerzes). *ah! oh, hélas!* | ach! wehe!

t اوخ OH. Interj. (Ausdruck der Freude) *ah! comme c'est beau!* | ah! schön! herrlich! — ETMEK. *pousser une exclamation de joie.* | einen Freudenruf anstossen.

t o اوخشاش OHŠAŠ. LT. مانند Ali Schir: انسسب *semblable, pareil.* | gleich, ähnlich. اوخشاشى *son pareil.* | seines Gleichen. اوخشاشى كوندركه دير convenientius est. Ali Schir. Q. s. d. Flgde. Deriv. II.

t o اوخشمق u. اوخشامق OHŠAMAK. Vb. intr. LT. مانند شدن. — VL. مانستن u. بكزمك *ressembler, sembler, être conforme à ...* | ähnlich sein, gleichen; scheinen. انكا اوخشار = بكا بيزرمى مانستن *il lui ressemble.* | es ist ihm ähnlich. انكا اوخشاركه *il semble que* | es scheint dass ... Q. سزلاركا اوخشاسا si vobis rectum videtur, si placet, si visum fuerit. Q. Deriv. I. اوخشاتمق اوخشاتماق OHŠATMAK. Vb. caus. LT. مانند كردن *faire ressembler, assimiler, comparer; approuver, proposer.* | ähnlich machen, vergleichen; ähnlich finden, passend finden, billigen; vorschlagen. عقل وتوش اهليني بير ديوانه اوخشاتمه كوب noli multum comparare stulto hominem prudentem et ratione praeditum. Ali Schir. VL. اوخشاتسنكز si approbatis, sequum censetis. Abulg. 163. Q. II. اوخشاشمق OHŠAŠMAK. Vb. recipr. *se ressembler l'un à l'autre, ressembler.* | einander gleichen, ähnlich sein. اوخشاشور كيم ايلاكاى عيسى قويلش ايچرا وطن videtur Jesus in sole patriam suam habere. Ali Schir. VL. — II. اوخشاممق OHŠAMAMAK. Vb. neg. اوخشاماس conformis non est, similis non est. Q. اوخشاماتى non approbavit, non gratum habuit. Q.

t اوخشمق oder اوخشامق OHŠAMAK; auch اوشمق und اوششمق Aor. اوخشار OHŠAR. Vb. intr. *caresser, flatter, cajoler.* | liebkosen, streicheln, patscheln, schmeicheln. سوز ايله معصومى اوس ein Kind mit freundlichen Worten liebkosen. ال ايله يوز وچكك اوس mit der Hand Gesicht und Wange streicheln. ارقه صغنسوب اوس den Rücken streicheln. Deriv. اوخشانمق OHŠANMAK. Vb. pass. refl. *être caressé, se faire ou se laisser caresser.* | geliebkost u. s. w. werden, sich liebkosen lassen, Zärtlichkeiten gestatten.

t o اوخشاموز OHŠAMUZ. Adj. *dissemblable, laid, difforme.* | unähnlich, entstellt, hässlich, unförmlich.

t اوخلامور oder اخلامور OHLAMUR. Sbst. *tilleul.* | Lindenbaum.

t o اوت LT. قرض *emprunt, prêt, dette.* | Schuld. vgl. اوتدنج

t o اود LT. كنو *taureau.* | Stier.

t اود اوت ÖD. Sbst. *bile, fiel.* | Galle. اوت قلسغى ÖD KAWYGY oder اود قاوغى ÖD KAWYGY, *vési-*

cule du fiel. | Gallenblase. اودی قوقه‌سی ÖDÜ KOPTU. *il a eu une peur, terreur subite.* | er hat einen plötzlichen Schreck, Furcht, überhaupt heftige Gemüthsbewegung gehabt. (wörtlich: seine Galle ist geplatzt. Zeitschr. der D. M. G. XVI. 586).

t اود ÖD, ÖT. vgl. اوت Sbst. *feu; poison; espèce de dépilatoire.* | 1. Feuer [gewöhnlicher آتش]; اود یالکیسی OT-JALYŇY. *flamme.* | Flamme, Lohe. اود یالکلمق sich entzünden, lodern, hell brennen. 2. Gift; eine die Haare vertilgende Mixtur, deren man sich im Bade bedient. اود یرلری OT-JERLERI. die Stellen des Körpers, an denen die haarbeitzende Mixtur angewendet wird, (Redhouse). vgl. d. Flgde. آغو اودی AGYE ODU = آغو اوتی Zündpulver. [vgl. آغو und اوت].

t اود ÜD. Sbst. vgl. اوتانمق *honte.* | Schaam. — ČEKMEK *avoir honte.* | sich schämen. اود یرلری ÜD-JERLERI oder اود یری *les parties naturelles.* | die Schaamtheile. vgl. d. Vhgde.

t اود EWED oder اوت *t o* اوت ÉWED. vgl. آوت Adv. *oui, certainement.* | ja, gewiss.

t o اودا LT. بلند *haut, élevé.* | hoch.

t اودا ODA. Sbst. s. اوده *chambre.* | Zimmer. اودا آغاجی ODA AGADY. *espèce de bois odoriférant.* | eine Art wohlriechendes Holz, vielleicht Taḥrif v. عود آغاجی Aloe-Holz.

a اوداء EWDÂ. Sbst. Pl. v. وادی WÂDI.

a اوداد EWIDDÂ. Sbst. Pl. v. ودید WEDÎD.

p اوداع ODÂ. Sbst. s. اوتاغ

t اودتمك ÖDETMEK. s. اودمك

t o اودنجی Sbst. LT. کذرلنده *qui fait passer, passeur d'un bac.* | einer der hinüberbringt, z. B. über einen Fluss, Fährmann. vgl. اوده

t o اودنه Sbst. LT. تاوان *plafond.* | Zimmerdecke (?).

t o اودنجق Sbst. LT. بن [بفتح] سنی *tronc d'arbre.* | Stamm (?). vgl. اودون

t اودلامق ODLAMAK; auch اوتلامق *brûler.* | besengen. Deriv. I. اودلانمق ODLANMAK (spr. OTLANMAK) oder اوتلانمق Vb. intr. *se brûler, être brûlé.* | sich verbrennen, besengt werden, verbrannt werden. صقالی اودلاندی sein Bart ist versengt worden. vgl. اود Feuer.

t اودلو ODLU (spr. OTLU). Adj. *venimeux.* | giftig. اودلو بغه OTLU-BAGA. *crapaud.* die giftige Kröte.

t o اودم EWDEM. Sbst. LT. خانه ودیوار *maison, mur.* | Haus, Mauer.

t o اودمك und *t* اودمك ÖDEMEK. s. اودمك

t اودن ODUN. s. اودون

t اودنج ÖDÜNǦ; auch اوتنج ÖTÜNǦ. Sbst. vgl. اودمك *payement à faire, emprunt, prêt, dette.* | etwas zu Bezahlendes, geliehenes, Schuld, Darlehn, geliehenes Geld. — ALMAK *emprunter; prendre à emprunt.* | borgen, auf Schuld nehmen, entlehnen. — WERMEK *prêter à q. qn.* | leihen, auf Borg geben. بن سکا بو کتابی اودنج ویررم ich leihe dir dieses Buch.

t اودون oder اودن ODUN; auch اوطون Sbst. *bois, bois à brûler, poutre.* | Holz, Brennholz, Pfosten, Scheit, Balken. بوکسك چیله اودونی *cèdre.* | Cedernholz. اودون خردهلری *petit bois, menu bois.* | Holzspäne, kleine Zweige, Reisig. اودون یغنی *monceau de bois.* | Scheiterhaufen.

t اودونجی ODUNǦU. Sbst. *bûcheron, marchand de bois.* | Holzhauer, Holzhändler.

t اودونلق ODUNLYK. Sbst. *chantier de bois.* | Ort, an welchem viel Holz ist, Holzhof.

t اوده EWDE. *à la maison, chez soi.* | zu Hause. s. او

t اوده ODA oder اودا Sbst. *chambre; logis, maison, chambrée; compagnie de soldats.* | Zimmer; Wohnung, Haus; Kameradschaft beisammenliegender Soldaten, Compagnie. اوده باشی ODA BAŠY, *capitaine d'une compagnie.* | Hauptmann einer Compagnie (Janitscharen oder anderer Truppen). خاص اوده ḤASS-ODA. *appartement des chambellans du palais impérial.* | die Abtheilung des kaiserlichen Palastes, welche die Kammer- und Leibdiener des Kaisers bewohnen. خاص اوده باشی *premier valet de chambre de l'empereur.* | der oberste Kammerdiener des Kaisers. قلم اوده‌سی KALAM-ODASY. *bureau.* | Schreibstube.

t اوده‌جق ODAǦYK. Sbst. (Dim. d. Vhgdn.) *petite chambre, maisonnette, petit logis.* | Zimmerchen, Kämmerchen, Häuschen, kleine Wohnung.

t o اودنجی oder اوده‌جی Sbst. LT. پیاده *homme à pied, fantassin.* | Mann zu Fuss (?).

t اوده‌داش ODAŠYK. Sbst. *camarade de chambre.* | Stubengenosse.

t اودالق ODALYK. Sbst. *odalisque, concubine, femme au service personnel de l'empereur.* | Odaliske, Concubine. Man nennt so die zum persönlichen Dienste des Kaisers bestimmten Frauen, deren es im Palaste gegen 50—60 giebt und die im Range zunächst unter den sieben Kadinen stehen. vgl. قادین und اقبال

t اودمك oder اوده‌مك ÖDEMEK (spr. ÖDEMEK). Vb. act. Aor. اودر ÖDER. *payer, satisfaire un créancier.* | bezahlen, was man schuldig ist. ضرر اودمك *réparer le dommage.* | Schadenersatz leisten. قانلرینی اوده‌دی zahlet den Preis ihres Blutes. Deriv. اودتمك ÖDETMEK. Vb. caus. *faire payer.* | bezahlen lassen.

a اودیه EWIDIJE. Sbst. Pl. v. وادی WÂDY.

p آور ÂWER. Adj. [Partic. v. آوردن] in pers. Zusammensetzungen: *qui porte, apporte, possède.* | tragend; bringend, besitzend. جنك آور ǦENK-ÂWER. *guerrier.* | Krieger. دلآور DILÂWER. *qui a du cœur, courageux; qui séduit le cœur, (se dit d'une jolie femme, de la beauté etc.)* | Tapferer, Beherzter; herzraubend, d. i. bezaubernd durch Schönheit. مراد آور MURAD ÂWER. *qui apporte une chose désirée.* | wunscherfüllend. زور آور ZOR ÂWER. *fort, robuste.* | stark, kräftig.

p آور ÂWER. Sbst. 1. *vérité, certitude.* | Wahrheit, Gewissheit. 2. *parole obscène.* | Zote.

t اور UR. Sbst. *écrouelles.* | Skropheln, Drüsengeschwulst, Kropf.

t اور OR. Sbst. *fossé.* | Graben, Schanze, Festungsgraben. اور قازمق oder اور کسمك *faire un fossé.* | einen Graben, Schanze aufwerfen. Ableit. اور قپو OR KAPU. *la ville de Précop.* اور بکی OR BEGI. *le commandant de Précop.*

t o اور WUR. Sbst. *coup.* | Schlag. vgl. اورمق

t o اور ER. Adj. LT. جاهل . بد *ignorant, sot, mauvais.* | unwissend, dumm, schlecht.

t o اور ON. Sbst. LT. بلندی . آسمان . مقام VL. فراز . بوقش . vgl. اورك *hauteur, ciel, dignité, montée, penchant.* | Höhe, Himmel, hoher Rang, aufwärts steigende Richtung, Erhebung. Adv. *au-dessus.* | oben, auf.

p اورا ORA. Dativ oder Accus. v. او

t اورا URÂH. Interj. s. آ und اورمق

t اورا ORA. Sbst. [zusammengezogen aus او dieser u. یر Ort]. *ce lieu, cet endroit.* | dieser Ort, diese Stelle. Genit. اورانك ORANYŇ. *de ce lieu.* | dieses Ortes. Dat. اورایه ORAJA. *à ce lieu, vers ce lieu, là.* | nach dieser Stelle zu, dorthin. Accus. اورایی ORAJY. *ce lieu.* | diese Stelle. Loc. اوراده ORADA; gewöhnlich ORDA. *à ce lieu, là.* | an dieser Stelle, dort. ORDA'-DYR. er ist dort, er ist hier. Abl. اورادن *de ce lieu.* | von dieser Stelle, von dort. Eben so im Plural. اورالره *vers ces lieux.* | nach diesen Stellen zu, hinzu, hier herum. اورالرده *à ces lieux.* | an diesen Stellen, hier herum, mit dem Suffix des Possessivpron. اورام ORAM. *ici (en désignant une partie de son corps).* | dieser mein Ort, d. i. hier, diese Stelle meines Körpers. اوراك ORAŇ. *là (du corps de celui à qui l'on parle).* | dieser dein Ort, d. i. hier, diese Stelle deines Körpers. اوراسی ORASY. *là (du corps de celui dont on parle).* | hier, diese Stelle seines Körpers.

t اوراتمق URATMAK (alt). Vb. act. *manger, dévorer.* | essen, fressen, verschlingen.

t اوراجق ORAǦYK. Sbst. [Dim. v. اورا] *petit endroit.* | Oertchen. اوراجقده ORAǦYKTA. *là tout près.* | hier ganz nah. اوراجغه ORAǦYGA. *là, y, un peu plus éloigné.* | dorthin, ein kleines Stückchen weiter hin.

a اوراد EWRÂD. Sbst. Pl. v. ورد WIRD.

t اورالره u. اورالرده s. اورا

t o اورادورمق ORADURMAK. s. اورمق URAMAK.

t o اوراغ URÂG. Sbst. s. اوراق ORAK.

t o اوراق URAK. Sbst. LT. دانش *science.* | Wissenschaft, Kenntniss (?).

t o اوراق URAK. Adv. LT. دور ودراز *loin, éloigné.* | fern, entfernt. vgl. ایراق

t اوراق ORAK. *t o* اوراغ LT. Sbst. Syn. ترپان *faux, faucille, serpette; moisson.* | Sichel, Sense, Gartenmesser; Ernte. اوراق اورمق ORAK WURMAK. *faucher, couper les moissons.* | die Sichel handhaben, d. i. Getreide schneiden. اوراق وقتی ORAK WAKTY. *temps de la moisson.* | Erntezeit. اوراق قوشی ORAK KUŠU oder

اوراق بوجكى ORAK-BÖGEI. *grillon.* | Grille, Heimchen. اوراغه صاپ گچورمك *emmancher une faux.* | einen Griff an die Sichel machen.

a اوراق EWRAK. Sbst. Pl. v. ورق

t اوراقجى ORAKČY. Sbst. *moissonneur.* | der Schnitter. s. اوراق

t اوراقلمق ORAKLAMAK. Vb. act. Aor. ORAKLAR. *moissonner.* | Getreide schneiden, ernten.

t اوراليق ORALYK. Sbst. | zusammengesetzt aus او und اراليق, vgl. اورا und ارا | *ce qui y est (se dit du temps et du lieu).* | das was da ist (von Zeit und Ort). اورالقده ORALYKTA. *là dans ce lieu, sur ces entrefaites, dans ce temps.* | hier, an diesem Orte, zu dieser Zeit, einstweilen, mittlerweile. اورايه ORALYA. *là.* | dorthin.

a اورام EWRÂM. Sbst. Pl. v. ورم

t اوران ORAN. Sbst. *mesure, proportion, manière, façon.* | Maass, Verhältniss, Art und Weise, Methode. اوران ايله ORAN YLA. *avec poids et mesure, avec proportion, adroitement.* | mit Maass, mässig, mit Manier, mit Geschick.

sl اورانجه ORANYČA. Sbst. *bateau long et étroit.* | ein langer schmaler Kahn, Donaukahn.

t اورانسز ORANSYZ. Adv. *sans mesure, sans proportion, immodéré, démesuré.* | ohne Maass, ohne Verhältniss, maasslos, unmässig, unschicklich. s. اوران

t اورانسزلق ORANSYZLYK. Sbst. *immodération, disproportion.* | Missverhältniss, Maasslosigkeit, Unmasse. اورانسزلق ايله oder اورانسزلكله ORANSYZLYG-ILE. *démesurément, immodérément.* | unverhältnissmässig, unmässig, maasslos, über alle Maassen.

t اورانلامق ORANLAMAK. Vb. act. Aor. ORANLAR. *mesurer, façonner, donner la mesure à q. ch., chercher à déterminer la mesure, proportionner.* | messen, abmessen (zwei Dinge gegeneinander), abwägen, in richtiges Verhältniss zu bringen suchen. سوزى و اشى اورانلامق ein Wort, eine Sache abmessen, bemessen, = *p* ورنده زلملمق LI.

t اورانلو ORANLY. Adj. *modéré, modeste.* | gemässigt, mässig, bescheiden.

t o اورتلع *levain.* | Sauerteig. LT. خشكى كه برلى خميرى بشند

t اورپرمك ORPERMEK. Vb. intr. Aor. اورپرر ORPERIR. *être saisi de frisson et avoir la chair de poule (la peau), se hérisser (les cheveux); germer (les plantes).* | Gänsehaut überlaufen, emporstehen, sich emporsträuben, zu Berge stehen (von den Haaren), aus dem Boden hervorkeimen (die Saat, Pflanzen).

t o اورت Sbst. LT. منزل، اغول *parc (de moutons) cour, lieu où l'on fait halte, station.* | Hürde, Viehhof, umzäuntes Lager, Halteplatz, vgl. يورت

t o اورت ORT. Sbst. *etincelle, cendre rouge.* | Funke, glühende Asche. VL.

t اورتا oder اورته ORTA. Sbst. = ارا *milieu, centre; centre de l'armée, phalange; régiment des janissaires.* | Mitte, Mittelpunkt, Centrum des Heeres, Phalanx, ein Regiment Janitscharen. Adj. *ce qui est au milieu, ce qui est entre deux choses ou personnes; moyen, médiocre.* | mittelst, in der Mitte, zwischen, in der Mitte befindlich; mittelmässig. اورته پرمق ORTA PARMAK. *doigt de milieu.* | der Mittelfinger. — بوى ORTA-BOY. *taille moyenne.* | mittler Wuchs. — بويلو ORTA-BOYLU. *de taille moyenne.* | von mittlem Wuchse, von mittelmässiger Grösse (auch von Sachen). اورته تركجه ORTA-TÜRKČE. *langue vulgaire.* Mitteltürkisch, d. i. die Sprache des Mittelstandes zwischen dem Bauerntürkisch (KABA-TÜRKČE) und der feinen Sprache der Gebildeten oder dem höhern Style (TAŠIH TÜRKČE). اورتا حال ORTA-HÂL. *milieu, médiocrité.* | Mitte, Mittelmässigkeit. — حاللو ORTA-HÂLLY. *médiocre.* | mittelmässig, in der Mitte zwischen gut und schlecht. — دڭر ORTA-DIREK. *mât du milieu, le grand mât.* | Mittelmast, Hauptmast. — يلكن ORTA-JELKEN. *la grande voile.* das Hauptsegel. — ير ORTA-JER. *centre.* | Mittelpunkt. — يرده ORTA-JERDE. *au milieu, cependant; ouvertement.* | In der Mitte, unterdessen; öffentlich. — ايلچى ORTA ILČI. *envoyé extraordinaire, plénipotentiaire.* | ausserordentlicher Gesandter, diplomatischer Bevollmächtigter. اورتاده ORTADA. *au milieu, entre.* | zwischen. اورتاده چوق سوزلر اولدى zwischen (zwei Streitenden) wurden viele Worte gewechselt. اورتاده كمسنه يوقدر es ist Niemand hier. اورتاده برشى يوقدر es ist nichts da. اورتاده einstweilen. اورتادن، كلدرمك بو اورتاده fortjagen. اورتادن، بولمك in der Mitte durch theilen.

t اورتانجه ORTAǴA. Adj. *moyen, médiocre.* mittelmässig, von mittler Grösse. vgl. d. Vhgde.

t اورتاق ORTAK. Sbst. *compagnon, associé; concubine.* | Theilhaber, Theilnehmer (an einem Geschäfte); Concubine, Mitfrau, Nebenfrau. تجارت اورتاغى Handelscompagnon. ايش اورتاغى Mitarbeiter. — OLMAK. *participer, s'associer, être en compagnie.* | theilhaben, Theilnehmer sein, in Verbindung sein oder eine Verbindung eingehen.

t اورتاقلق ORTAKLYK. Sbst. *compagnie, association; jalousie, inimitié entre plusieures femmes du même mari.* | Genossenschaft, Theilhaberschaft, Handelsverbindung, Compagniegeschäft; Verhältniss einer Ehefrau zu einer hinzugekommenen Mitfrau oder mehrerer Ehefrauen eines und desselben Mannes unter einander, = مضارّه KAM. s. v. ضرير. — ORTAKLYK BAGLAMAK. *s'associer.* | sich gesellen mit Jemand, in ein Compagniegeschäft mit Jemand treten.

t اورتالق ORTALYK. Sbst. *milieu, interstice du temps et de lieu, choses qui sont au milieu, le monde (les hommes, la nature).* | die Mitte, von Raum und Zeit; das was in der Mitte ist, die Welt (die Natur, die Menschen). اورتالق اغاردى die Welt wurde hell, d. i. der Tag brach an. اورتالق قراردى die Welt wurde dunkel, es wurde Abend. اورتالقده نه خبر وار was giebt es Neues in der Welt. اورتالق بوزلدى die Welt ist verderbt.

t اورتالمق und اورتالامق ORTALAMAK. Vb. act. تنصيف ايلك . تعديل ايلك *partager, diviser par le milieu; tempérer, modérer.* | in der Mitte theilen, mässigen.

t o اورتمق ORTAMAK (Ali Schir) oder ارتمق LT. Vb. act. كويدرمك، سوختن، يقمق *brûler, allumer, enflammer; perdre, tuer.* | brennen, entzünden; verderben, zu Grunde richten, tödten. Deriv. I. اورتنمق, auch اورتلمق u. ارتنمق ORTANMAK. Vb. refl. pass. كويرلمك، سوختن، يانمق *brûler, s'enflammer, périr.* | entzündet werden, sich entzünden, brennen, entbrennen; umkommen, zu Grunde gehen. سموم ايله اورتندى er kam durch den Semum um, wurde durch den Semum verbrannt. Ali Schir. II. اورتتمق oder ارتتمق ORTATMAK. Vb. caus. سوزاندرمك *faire brûler, allumer.* | anzünden, in Brand bringen.

t اورتانجه ORTANǴA od. اورتانجى ORTANǴY. Adj. *qui est au milieu, entre deux, moyen, médiocre, mitoyen.* | in der Mitte seiend, der, die, das mittele, mittelste, von dreien der zweite; mittelmässig, das mittele an Alter und Grösse.

t اورتق ORTAK. s. اورتاق

t اورتلمك ÖRTÜLMEK. s. اورتمك

t اورتلو ÖRTÜLÜ. Adj. *couvert, caché, fermé.* | bedeckt, verborgen, verschlossen.

t اورتممك ÖRTMEMEK. s. اورتمك

t o اورتمق ORTAMAK. s. اورتنمك

t اورتمك ÖRTMEK. Vb. act. Aor. اورتر ÖRTER. *couvrir, voiler, voiler, cacher; fermer, serrer.* | bedecken, verdecken, zudecken, bekleiden, verschleiern; verbergen, verschliessen, zuschliessen. قپويى اورتمك verschliessen. اغزى اورتمك den Mund mit dem LIHAM [لثام] verdecken. Deriv. I. اورتممك ÖRTMEMEK. Vb. neg. *ne pas couvrir, laisser ouvert.* | nicht bedecken, offen lassen. II. اورتنمك oder اورتونمك ÖRTÜNMEK. Vb. refl. syn. بورنمك *se couvrir.* | sich bedecken, sich verhüllen, sich verbergen, über sich decken. بشمق اورتنمك oder بشمقلق اورتو اورتنمك *se voiler.* | sich verschleiern. III. اورتلمك ÖRTÜLMEK. Vb. pass. *être couvert; être fermé.* | bedeckt sein oder werden, sich verbergen; verschlossen sein oder werden.

t o اورتو ÖRTÜ oder اورتى ÖRTI. Sbst. *couverture; voile, rideau, portière; couvercle.* | Decke, Bedeckung; Schleier (Kopfschleier der Frauen), Vorhang (an den Thüren). يوز اورتو JÜZ ÖRTÜ. Schleier. او اورتيسى EW-ÖRTÜSI. *toit d'une maison.* | Dach, oder Estrich auf dem Dache. يوركك اورتوسى der Herzbeutel, pericardium. *a* الشغاف

t اورتولو ÖRTÜLÜ. Adj. *caché, couvert, voilé, obscur.* | verdeckt, verschleiert, dunkel (z. B. der Sinn eines Verses).

t اورته ORTA. s. اورتا

t اورتيجك ÖRTEǴEK. Particip. v. اورتمك

t o اورتنيس s. ورونيس

t اورج, auch اوروج und اورج ORUČ (spr. ORUǴ). Sbst. *jeûne, abstinence.* | Fasten, vollständiges Enthalten von Anbruch des Tages bis Sonnenuntergang — TUTMAK. *jeûner, gar-*

der le jeûne. | fasten, Fasten halten. اورج كونى Fasttag. بيوك اورج die grosse Fasten.

t o اورجنده ORĠANDA. Adv. زمانده، قليلده *en peu de temps.* | in kurzer Zeit, bald. Ferhad. VL.

t اورجلو ORUĠLY. Adj. *qui jeûne; faisant partie du jeûne.* | fastend, Fasten haltend; zum Fasten gehörig.

p اورجه ÎWREĠE = آوارجه s. اوارَه

t اورد AWYRD. Sbst. *a* شدق *mâchoire, le dedans de la joue.* | Backen, Wange, der innere Theil der Wange, Backentasche (der Affen), Mundwinkel. اورد چتلمسى oder اوردن سويلمك = *a* تشدق Kam. *parler avec volubilité.* | die Wange brechen, oder von der Wange sprechen, d. i. geläufig sprechen.

p اورد AWERD. Sbst. *bataille, combat.* | Schlacht, Kampf.

t a اوردا URDA. Sbst. s. اوردو

t a اوردقغا URDABUĠA. N. pr. LT. شاه اميرى

p اوردلغ ORDIĠ. Sbst. s. اورتلمه

t اوردك ÖRDEK. Sbst. *canard; pot de chambre.* | Ente; Nachttopf. خسته اوردكى KHASTA-ÖRDEJI. *urinal* | Uringeschirr für Kranke.

p اوردگاه ÂWERDGÂH; auch اوردگه Sbst. *champ de bataille.* | Schlachtfeld.

t اوردلمك ÖRDÜLEMEK. Vb. act. (alt). *choisir, élire.* | auswählen vgl. اوكورلنمك

t اوردلو AWYRDLY. Adj. v. اورد *qui a des joues.* | backig. بيوك اوردلو dickbackig, mit grossen Mundwinkeln.

p اوردن ÂWERDEN. Vb. act. [Rad. آور od. آر] *porter, apporter; apporter une nouvelle, raconter; présenter q. ch.; emporter q. ch.* | tragen, bringen, eine Nachricht bringen, erzählen, ein Geschenk bringen, überreichen; wegbringen. Partic. اورده ÂWERDE. *apporté, présenté, rapporté, emporté.* | gebracht, dargebracht, geschenkt, erzählt, überliefert, weggebracht.

p اوردنى ÂWERDENI. Sbst *présent, don.* | Darbringung, Geschenk.

p اورده ÂWERDE. s. اوردن

t اوردو URDU, اوردى ORDY, اوردا URDA, und اوردو URDU. Sbst. *camp; marché dans le camp. (de là le mot horde).* | Lager, Heerlager (daher das Wort Horde); Lagermarkt. اوردو چيقمشدر der Lagermarkt ist ausgezogen, d. i. die Händler sind in das Lager hinausgezogen. اوردوى همايون das kaiserliche Lager. اوردويى قورمق das Lager aufschlagen. اوردويى قالديرمق das Lager abbrechen.

p اوردیدن ÂWERDÎDEN. Vb. act. *combattre, attaquer.* | kämpfen, kriegen, einen Angriff machen.

t o اورز URUZ. Sbst. LT. بخت وطالع *bonheur.* | Glück.

t o اورزلك URUZLUK. Adj. LT. طالع مند *fortuné, heureux.* | glücklich.

t اورس ÖRS. Sbst. *enclume.* | Amboss. تيمورجى اورسى Schmiedeamboss.

p اورس AWIRS. Sbst. *genévrier.* | der Wachholder.

a اورس URUS. Sbst. u. Adj. *russe.* | Russe, russisch.

t o اورسنا LT. جاهل *ignorant, païen.* | unwissend, Heide (?)

t اورسپى oder اورسپو ORUSPU, vulg. ORSPU. Sbst. *prostituée.* | Hure, Freudenmädchen. اورسپى اوغلى Hurensohn (Schimpfwort).

t اورسلمك oder اورسلنمك ÖRSELEMEK. Vb. act. Aor. اورسلر ÖRSELER. *froisser, chiffonner, fripper; maltraiter, tracasser.* | schlecht mit einer Sache oder Person umgehen; zerknittern (ein Kleid); nicht schonen, Jemanden unzart behandeln.

p اورسپيد ÎVRISÎD. Sbst. *lis, iris blanc (plante).* | die weisse Lilie.

t اورش URUŠ. Sbst. v. اورمق *coup, combat, choc, bataille.* | Schlag, Stoss, Zusammenstoss, Kampf, Schlacht.

t اورش ÖRÜŠ. Sbst. v. اورمك *aboiement.* | Gebell.

t اورشمق URUŠMAK. s. اورمق

t o اورشمق URŠMAK. LT. تافتن *brûler,* brennen (?).

t a اورشو PUGRAŠA Q. s. اورشمق unter اورمق

it اورصه ORSA. 1. (It. orza, orzare). *action de lofer, de venir au lof.* | das Segeln beim Winde, loven. Interj. *au lof!* | luv an! steure lewärts! — ETMEK. *venir au lof.* | anluven. — GITMEK. *lofer.* | dicht beim Winde segeln. اورصه آلابنده ORSA ALABANDA. *la barre sous le vent!* | steuer in Lee! nieder mit dem Steuer! ORSA ALABANDA ETMEK. *gouverner sous le vent.* | laviren, umlegen. (Redhouse).

t o اورغاچى URAĠAČY. Sbst. LT. ماده *femelle.* | Weibchen (der Thiere).

t اورغان URĠAN. Sbst. *cable.* | Tau, Seil, dicker Strick. vgl. اورمك

t اورغانجى URĠANĠY. Sbst. *cordier.* | Seiler.

gr اورفانه ORFANA. Sbst. (neugr. ὀρφανή). *orpheline, fille, servante; fille perdue, prostituée.* | Waise, Mädchen, Dirne, Lustdirne.

t o اورك ÜRK. LT. زرد آلو *prune.* | Pflaume. s. ارك

p اورك ÂWERK. Sbst. *balançoire.* | Schaukel.

t a اورك ÖRK. vgl. اور Sbst. دوكش *penchant, hauteur.* | Höhe, Anhöhe. Adv. *en haut.* | oben, hoch. خرمنى اورگا چقمغلا توتون دبيك cum fumus in turbinem actus recte ascenderet. Ferhad. VL.

t o اوركتمك Vb. act. *enseigner, faire apprendre.* | lehren, unterrichten. s. اوكرتمك

t o اوركاچى ORKAČY. Sbst. زهرلو اورمجك رتيلا *sorte d'araignée ou tarentule.* | eine giftige Spinne, Tarantel. Ali Schir. VL.

t o اوركنمك Vb. intr. LT. آموختن *apprendre.* | lernen. s. اوكرنمك

t o اوركنتمك Vb. act. LT. ياد دادن، آموزانيدن *enseigner, faire apprendre.* | lehren, unterrichten. s. اوكرتمك

t اوركتمك ÜRKÜTMEK. s. اوركمك

t اوركج ÖRGÜČ. s. اوركوج

t اورك ÜRKEK. Adj. *farouche, effrayé.* | wild, scheu, furchtsam, erschreckt. اورك آت ÜRKEK AT. *cheval ombrageux.* | ein scheues Pferd. vgl. d. Flgde.

t اوركمك ÜRKMEK. Vb. intr. Aor. اوركر ÜRKER. *s'effrayer, s'emporter (d'un cheval), avoir peur, prendre la fuite.* | scheu werden, scheuen (von Pferden); furchtsam, erschreckt sein, sich fürchten, fliehen. اوركوب قاچمق ÜRKÜP KAČMAK. scheu durchgehen (von Pferden), aufgescheucht fliehen (vom Wilde). Deriv. اوركتمك ÜRKÜTMEK und اوركودمك Vb. caus. Aor. اوركدر ÜRKÜDER. *épouvanter, effrayer.* | Jemanden erschrecken, scheu machen, aufscheuchen, in Erstaunen, Furcht, Schrecken setzen. قوشى اوركيدوب قاچيرمق einen Vogel aufscheuchen.

t اوركنتيلك oder اوركنتولك ÜRKÜNTILIK. Sbst. *épouvante subite, fausse alarme, frayeur sans fondement.* | plötzlicher Schreck, blinder Lärm; Scheuen (des Pferdes).

t اوركوج ÖRGÜČ. Sbst. *bosse, bosse du chameau.* | Höker, Buckel, Höker des Kamels.

t اوركوجلنمك ÖRGÜČLENMEK. Vb. intr. *croître (la bosse).* | sich zum Höker entwickeln, seinen Höker bekommen (vom Kamele).

t اوركوجلو ÖRGÜČLÜ oder اوركجلى Adj. *bossu.* | hökerig. بيوك اوركوجلو BÜJÜK-ÖRGÜČLÜ. *qui a une grosse bosse.* | grosshökerig. ايكى اوركجلو دوه IKI-ÖRGÜČLÜ DEWE. *dromadaire.* | das zweihökerige Kamel.

t اوركو s. اوركى

t o اوركون Sbst. طوفان *déluge.* | die Sündfluth. Ferhad. VL.

t اوركه s. اوركى

t اوركى ÖRGÜ oder اوركو Sbst. *contexture, entrelacement, tresse.* | Gewebe, Geflecht, Verflechtung unter einander, Verfilzung, Zopf, Haarzopf.

t اوركيلنمك ÖRGÜLENMEK. Vb. refl. *être entrelacé, s'entrelacer, s'emmêler.* | sich verflechten, verfilzen, vielfach unter einander verflochten sein. vgl. اورمك

t o اورلاتمق *se former.* | sich bilden. اورلادى formatus fuit. يستقمك ايستى اورلاسلدى (de osse). Ali Schir Q. vgl. d. Flgde.

t اورلمك SAXLEMEK (alt). Vb. act. *orner.* | schmücken. Deriv. اورلنمك ÖRELENMEK. Vb. pass. *être orné.* | geschmückt werden oder sein. (Meninski).

t اورلمك ÖRÜLMEK. Vb. pass. v. اورمك

t اورلمق oder آورنمق AWRYLMAK. Vb. intr. *se pencher, s'affaisser sur q. ch.* | sich beugen, niederbücken über etwas. Kam. s. v. اكباب، توشوم، جنا، حنت، الاحسباب، التعميب

t o اورلمق URLAMAK. Vb. intr. LT. بلند

شكلمك *être haut; devenir haut.* | hoch sein, hoch werden.

t اورلو URLU. Adj. *qui a les écrouelles, scrofuleux.* | skrophulös, der einen Kropf hat. vgl. اور

t اورلو oder اورغلو ÖRILÜ. Adj. s. اورمك *tressé.* | geflochten. اورلو صاچ ÖRILÜ SAČ. *cheveux tressés.* | geflochtenes Haar, Haarzopf.

t اورمان ORMAN. Sbst. *forêt, bois.* | Wald, Gehölz.

t اورمانلق ORMANLYK. Sbst. *lieu où il y a beaucoup de bois.* | Waldung, waldreiche Gegend.

t اورمانلو ORMANLY. Adj. *couvert de forêts (une contrée).* | waldreich, bewaldet.

t اورومجك ÖRÜMǴEK (ÖRÜMDŽEK). Sbst. vgl. اورمك *araignée.* | Spinne. — آغى ÖRÜMǴEK AGY. *toile d'araignée.* | Spinngewebe. اورومجكى شكلمش den Spinngeweben ähnliche feine Fäden, die man bei grosser Hitze in der Luft sieht. *s.* اشكلمش ... oder ... Kam.

t اورمق WURMAK *ta.* اورمق Vb. act. Aor. اورر WURUR. *frapper, heurter, battre, pousser, tomber sur q. ch., blesser q. qu.* | schlagen, z. B. mit dem Stocke, den Feind, einen feindlichen Platz nehmen, im Schachspiel eine Figur nehmen, Jemanden schlagen und verwunden; klopfen, an die Thüre u. s. w.; auch vom Herzen; stossen, an etwas stossen, eines an das andere stossen, hineinstossen, mit dem Fusse stossen oder stampfen, das Schwert in die Scheide stossen, in eine Trompete stossen, d. i. blasen; fallen, stürzen auf etwas; drücken. ال اورمق EL WURMAK. *mettre la main à l'ouvrage, entreprendre q. ch.* | Hand anlegen, ans Werk gehen. باش اورمق BAŠ WURMAK. *se prosterner, demander la protection, le secours etc. de q. qu.; tomber à la renverse; s'entêter; decapiter.* | den Kopf (auf den Boden) stossen, d. i. sich niederwerfen vor Jemand; seinen Schutz, Hülfe u. s. w. erflehen; kopfüber stürzen; sich etwas in den Kopf setzen, auf etwas bestehen; den Kopf abschlagen, enthaupten. بوين اورمق BOIUN WURMAK. *décapiter, décoller.* | den Hals abschneiden, enthaupten. كوزه اورمق GÖZE WURMAK. *sauter aux yeux.* | in die Augen fallen, deutlich sein. قولاق — KULAK W. *prêter l'oreille, écouter.* | Gehör geben, hören, horchen. نظر — NAZAR W. *regarder q. ch. ou q. qu.* | den Blick auf Jemand oder auf eine Sache werfen, ansehen. يوزينه — JÜZÜNE W. *réprimander q. qu.* | einem etwas ins Gesicht werfen, vorwerfen, wegen einer Sache tadeln. طيشرى — DYŠARY W. herauskommen, hervorkommen, hervorbrechen, an der Oberfläche zum Vorschein kommen. اوغان — UGAN W. *mettre la bride.* | den Zügel anlegen. اير — EJER W. *mettre la selle, seller.* | den Sattel auflegen, satteln. يوك — JÜK W. *charger.* | eine Last auflegen, beladen. ياقى — JAKY W. *faire une marque par le feu ou l'impression.* | ein Zeichen, Marke, Brandmal eindrücken oder einbrennen. بويا — BOJA W. *badigeonner.* | mit Farbe bestreichen. ير يولدن — JIR JOLDAN W. einen Weg einschlagen. — اوره oder — ...

MIRE W. und بوقاغى — BUKAGY W. *mettre aux fers.* | in Fesseln legen. مكيال — MIKJÄLE W. *mesurer (des grains).* | in das Maass schütten, messen (Getreide u. s. w.). — سوز SÖZ W. ... *calomnier.* | schlechte Reden führen, Jemanden lästern, schimpfen. خط — HAT W. *effacer l'écriture.* | ausstreichen (die Schrift). Ali Schir. Q. يرتقه اورمق JYRTYGA WURMAK. einen Riss zuflicken, einen Flick aufsetzen. vgl. اورمك. سودن اورلمش چوجوق ein Kind das an der Milch Schaden gelitten, d. i. das nicht gedeiht. [*p*. ...] جنكلنوب — *jouer des instruments de musique.* | musikalische Instrumente spielen. يلدرم اورر JYLDYRYM WURUR oder شمشك — ŠIMŠEK WURUR. es blitzt, es donnert. كلمدى يره اورر GELMEDÜ JERE WURUR. *il feignait de l'ignorer.* | er stellt sich unwissend. Deriv. I. اورشمق URUŠMAK. *t s.* und اورشمق Vb. recipr. Aor. اورشور URUŠUR. LT. جنكلشمك *se heurter, se battre, faire la guerre.* | an einander stossen, zusammenstossen; sich schlagen, kämpfen. اورشقوندن كسى *homme capable de combattre.* Q. — II. اورشدرمق URUŠTURMAK s. اورشدرمق Vb. recipr. caus. LT. جنكلشدرمك *faire se battre.* | sich schlagen lassen, kämpfen lassen. III. اورلمق oder اورلمق URULMAK. Vb. pass. refl. *être frappé etc.; s'entrechoquer.* | geschlagen, gestossen u. s. w. werden, sich etwas in den Kopf setzen, = طوقنمق (Eminian). vgl. يلدرمدن اورلمه — دن اورلمق *foudroiement.* | Einschlagen des Blitzes. — IV. اورنمق URUNMAK. Vb. refl. *se frapper etc., toucher, atteindre q. ch.* | sich stossen, schlagen, eine Sache berühren.

t s. اورمق URAMAK. Vb. act. LT. دروكمك *moissonner, récolter.* | mähen, ernten. — Deriv. اورادرمق URADERMAK. Vb. caus. LT. دروكتدرمك *faire moissonner.* | mähen lassen, ernten lassen.

t اورمك ÖRMEK. Vb. act. Aor. اورر ÖRER. *tresser, natter, entrelacer.* | flechten (z. B. das Haar), knüpfen, stricken (ein Netz), fein zunähen, flicken. زره اورمك ZYRH ÖRMEK. *faire une cotte de maille.* | ein Panzerhemd stricken oder flechten. دوار اورمك DIWAR ÖRMEK. eine Wand flechten, d. i. bauen. يرتغه اورمك einen Flick auf einen Riss nähen. vgl. اورمق. — Deriv. اورلمك ÖRÜLMEK. Vb. pass. *être tressé etc.* | geflochten u. s. w. werden oder sein. نيغلمك. ليفدن اورلمش ايپ LIFDEN ÖRÜLMIŠ IP. ein von Palmblättern geflochtenes Seil.

t اورمك ÜRMEK und اوورمك ÜRÜMEK. Vb. intr. Aor. اورر ÜRER und اوورر ÜRÜR. *aboyer, hurler.* | bellen, heulen (von Hunden und andern Thieren). ايت اورر IT ÜRER. der Hund bellt. Deriv. اوردرمك ÜRDÜRMEK oder اوروشدرمك ÜRÜŠDÜRMEK. *faire aboyer, exciter un chien.* | bellen lassen, einen Hund anhetzen. vgl. اورومك.

t s. اورمك ÜRMEK. Vb. intr. *souffler, siffler.* | blasen, pfeifen.

t اورمك EWERMEK. Vb. act. u. intr. Aor. اورر EWERIR. = اولندرمك *marier, donner en mariage.* | verheirathen, zur Ehe geben.

t اورنمك EWLENMEK. Vb. intr. *se marier.* | sich verheirathen. نسللرى اوروب چوغلمق *consanguinei eorum connubiis multiplicati sunt.* (Meninski).

t s. اورن URUN. s. اوروب

t s. اورنشمق URUNAŠMAK. Vb. intr. *se fixer quelque part, se trouver dans un lieu.* | sich an einem Orte niederlassen, sich an einem Orte finden. vgl. اورون

t اوروك طولى Sbst. *s.* كوكب الارض ,طلق *talc.* | Talkstein, talcum lapis.

p اورنج EWRENG und ORANǴ. Sbst. *raisin.* | Traube.

p اورنجين EWRENǴIN oder اورنجين EWRENǴIN. Sbst. *anneau d'or ou d'argent.* | Ring von Gold oder Silber. دست اورنجين *bracelet.* | Armband. پاى اورنجين Beinring.

p اورند EWREND. Sbst. *dignité, majesté.* | Würde, Majestät.

p اورند AWREND und EWREND. Sbst. *fourberie, imposture.* | Betrügerei.

t اوروك كلى Sbst. — شلشوق *s.* تى جمجه auch كوك جمجه bryonia, vitis alba.

t اورنلمك auch اورندلمك u. اورنجلمك ÖRENSIALEMEK (alt). Vb. act. = برجمك *choisir, élire.* | wählen, auswählen. = اختيار ايلمك und كزيدن, كزيده vgl. اوكسيلمك. — Deriv. اورندلنمك ÖRENDILENMEK. Vb. refl. davon اورندلنمش = اوكريلمش *élu, choisi.* | ausgewählt.

t اورنده ÖRENDE. Sbst. = سجمه *choix.* | Wahl, Auswahl.

t اورندى ÖRUNDI. Adj. = سجمش *choisi, élu.* | gewählt, ausgesucht. Sbst. = اورنده.

p اورند EWREND oder اورنك. Sbst. 1. *trône.* | der Thron. اورنك نشين der den Thron bestiegen, der den Thron inne hat. 2. *intelligence, connaissance.* | Kenntniss, Einsicht. 3. *ornement, beauté, majesté.* | Zierde, Schönheit, Würde. 4. *fourberie, imposture.* | Betrügerei. vgl. اورند.

t اورنك ÖRNEK. vulg. ÜRNEK. Sbst. = نمونه *modèle, spécimen, échantillon.* | Muster, Beispiel, Probe, Modell, Muster einer Verzierung, Probe einer Waare. — ALMAK. *imiter.* | nachahmen.

t اورنلمق ORANLAMAK. s. اورلمق

t اورنمق WURUNMAK. 1. Vb. refl. v. اورمق. 2. *se montrer.* | sich zeigen. بر قبا صورتده اورندى er zeigte sich in einer schlechten Gestalt. (Meninski).

t اورو URU. Adv. s. اورى

t اورو URU. Sbst. *pâturage, pacage, prairie.* | Weide, Weideland, Wiese, = اوتلاق II.

t اورو ÖRÜ. Sbst. vgl. اورمك *entrelacement, tresse.* | Geflecht, Zopf. اورو بالجغى ÖRÜ BALČYGY. *pisé.* | mit Stroh oder Werg zusammengekneteter Lehm oder Mörtel, zum Bauen.

t اوروب URUB. Sbst. Tahrif v. ربع *un quart.* | Viertheil.

t اوروسا oder اورسه uruba. (it. roba). *hardes, nippes, effets, habillements, meubles.* | Kleidung aller Art, alte Kleider, Geräth, Möbel, Reisegepäck.

اوروپا اوروپالو awropa. N. pr. Europa. awropaly. Adj. *européen.* | Europäer.

t o اوروت ut. LT. (پ ی) *foudre, foudroiement.* | Blitzschlag (?)

t اوروچ orgü. s. اوروچ

t اوروجی oder اورگچی örgüdi. Sbst. vgl. اورمك *qui tresse, natte, tricote.* | Flechter, Flicker, Stricker. زره اورگچی zyrru örgüi. Panzerhemdenverfertiger.

t اوروجیلك örgüilik. Sbst. *métier de celui qui tresse etc.* | Flechterei, Strickerei u. s. w. s. اورمك

t اوروس urus. Sbst. u. Adj. *russe.* | Russe, russisch.

t o اوروش uruš. Sbst. 1. جنك *combat.* Kampf vgl. اوریش. 2. جسرکی *courage, colère.* | Muth, Zorn. LT.

t o اوروش ریشع uruš-rakau. Sbst. کارویپود *trame et chaine d'une étoffe.* | Schuss und Werfte eines Gewebes.

t o اوروشمق urušmak. Vb. act. *gronder, outrager, reprocher.* | schelten, schimpfen, tadeln, vgl. اورمق Deriv. 1.

t o اوروغ urug. Sbst. LT. روشنی روز *clarté du jour.* | Tageslicht.

t o اوروق uruk; auch اوروغ u. اوروو uruv oder اروغ arug u. اروق Sbst. *tribu, famille, suite d'un prince, camp du prince.* Stamm, Familie; Blutsverwandtschaft, fürstliches Gefolge, Lager des Fürsten. اوروق تشتی Stamm, Sippschaft, Volk.

t o اوروك uruk. Sbst. *p* آلو *prune.* | Pflaume.

t اورمك örümek. s. اورمك

t o اورولمق urulmak. Vb. act. *toucher.* | berühren, — دکمك, vgl. اورمق Deriv. IV.

t o اوروں urun. Sbst. LT. جی VL. مکان، معین فرد LT. قرار فری und اراممکان *lieu, lieu de repos, séjour, place; charge, dignité.* | Ort, Aufenthalt, Platz, Stelle; Amt, Ehrenamt. اتینك اورنیدا سلطنتینی تختیمه اولتوردی er bestieg an seiner Stelle den Thron. اورونی کیجه کنکیه دوزخ تورور quamvis locus mansionis infidelium sit infernum. Iskendername. VL.

t o اورونتین oder اورنتین Adv. *en secret, secrètement.* | ins geheim, verstohlen.

t o اورونسز urunsuz. Adv. *sans place.* | ohne Ort, ohne Stelle, am unrechten Orte.

t o اوروو uruv. Sbst. s. اوروق

t اوروه urum. Sbst. *farine que l'on répand sous la pâte que l'on manipule.* | das Mehl, welches beim Kneten auf das Bret gestreut wird, damit der Teig nicht anklebt. Kam. s. v. لواش

t o اوره örk. Sbst. *p* کواره *coupe à fruits.* | 1. Fruchtschale, Fruchtkörbchen (von Thon, Porzellan oder Korbgeflecht). 2. ات کوستنکی *entraves aux pieds d'un cheval.* | Spannstrick, Spannkette.

t اوره s. اورا

t اورك oder اورگ örek. Sbst. 1. *fuseau, quenouille.* | Spindel, Spinnrocken. اورك اگیرمك örek äirmek. *filer,* spinnen. 2. *chaise pour accoucher.* | Gebärstuhl.

t اوروتمك örenmek. Vb. intr. Aor. اورر ören. *se multiplier, accroître, augmenter en nombre.* | sich vervielfältigen, an Zahl wachsen, sich mehren, Junge gebären.

t اوری oder اورو üre, üru. Adv. *droit, debout, en hauteur.* | aufrecht, in die Höhe, auf. اوری طوتمق in die Höhe halten. اورو طوروسق gerade stehen, sich aufrecht halten; sich aufrichten, aufstehen. طور اورو tur'u uru', steh auf!

p اوری ûwri. Sbst. *probité.* | Rechtschaffenheit.

p اوریلمك âwrilmak. Vb. act. s. اورین

t o اوریمق awrymak. Vb. act. u. intr. *faire mal.* | schmerzen, = اغریمق

t اوزلق s. اوزیق

t اوز üz, öz. 1. Sbst. کنسندی ، اسیچ *l'intérieur d'une chose, cœur, moelle; l'essence, substance d'une chose; le meilleur d'une chose; la chose ou la personne elle-même, lui-même, propre.* | das Innere einer Sache, Herz, Mark, Saft, Kern einer Sache; das Wesen einer Sache, das Beste einer Sache [*p* تمر LT.], die Sache selbst, das Selbst; als Pronomen: selbst, eigen (in dieser Bedeutung nach dem LT uz oder oz mit dunkler Aussprache des Vokals — بعد کدخیم حمه (— *t o* ein Eigener, Angehöriger, Verwandter. — جیبان اوزی čapan üzi. *pus d'une ulcère.* | Eiter eines Geschwüres. موم اوزی mümün üz. *mèche d'une chandelle.* | Docht eines Lichts. اغاج اوزی *moelle d'une arbre.* | Mark eines Baumes. اوز قیداشی *frère germain.* | der leibliche Bruder. اوزك بلورسن *vous le savez, vous-même.* | du weisst es selbst. اوز اوزی بیله انتور اوریشی er sagte zu sich selbst, sprach bei sich selbst. Ali Schir. Q. — اوزی تیمله دار الملکی seine (eigene) Hauptstadt. Ali Schir. اوز حالی بن سیزدین ابو بلوره meinen (eigenen) Zustand kenne ich besser als Ihr. اوزکا تول لار ینلا nach ihren eigenen Worten, wie sie selbst sich ausdrücken. Ali Schir. 2. Adj. *bon, excellent, probe, intègre, pur, sans mélange, vertueux, pieux.* | gut, trefflich, ächt, unbescholten, rein, lauter, tugendhaft, fromm. الی اوز eli-üz *escamoteur habile.* | geschickter Taschenspieler. — LT. اوزسون تمسن *p* جیره شعبدك. اوز اوسسون üz ossun üz ossux. wenig aber gut.

t o اوز üz. Adj Num. = یوز *cent.* | hundert.

t o اوزاتمق und اوزاتمك üzetmek. Vb. act. s. اوز *donner à q. qn. en propriété.* | Jemand eine Sache zu eigen geben. اوزاتتی proprium dedit. Q.

t o اوزامق u. اوزانمق s. اوزامق

t اوزادی uzady. Sbst. [eigentlich 3 Pf. v. اوزامق] *étendue, longueur.* | Ausdehnung, Länge (von Zeit und Raum). اوزادیغه صالمق *tirer en longueur, différer.* | in die Länge ziehen, aufschieben. اوزون اوزادی بسه *longuement.* | lang, ausgedehnt, mit allen Einzelnheiten, weitläufig, weitschweifig. اوزون اوزادی سکوت ایلمك lange Zeit schweigen. اوزون اوزادی انکرمك ein sehr lange ausgedehntes Brüllen von sich geben.

t اوزادیلان uzadylan. s. اوزامق Deriv.

a اوزار ewzâr. Sbst. Pl. v. وزر wizr.

t اوزار âwzâr. s. اوار

t o اوزاغان uzagan. Adj. = اوزاق

t اوزاق uzak, auch اوزق und اوزق Sbst. *distance; longueur, longue durée (du temps).* | Ferne, Entfernung; *t o* Länge, lange Dauer. Adj. *éloigné; long.* | Ferne, entfernt. *t o* lang. اوزاق یاش *une longue vie.* | ein langes Leben. Abulg. 149. Q. اوزاقدین uzaktan. *loin, de loin.* | weit (vom Wege), von Weitem, von Ferne. اوزاغه uzaga. *t o* اوزاققه *au loin.* | in die Ferne, in die Länge. عمری اوزاققه تارتتی er zog sein Leben in die Länge, d. i. lebte lange. ضحاك سلطنتی وظلمی اوزاقلغه تارتتی Zohhak dehnte seine Herrschaft und Ungerechtigkeit weit aus. Ali Schir.

t اوزاقلق uzaklyk. Sbst. *distance, éloignement.* | Ferne, Entfernung.

t o اوزاك Sbst vgl. اوز *moelle rouge au milieu du bois coupé; pus d'un blessure.* | Mark oder Kern des Holzes; Eiter einer Wunde.

t o اوزالمق uzalmak. Vb. intr. *être long, devenir long, se prolonger.* | lang sein, lang oder länger werden. سوز رشتمسی اوزالدی er zog den Faden der Rede lang. Ali Schir. vgl. d. Figde.

t اوزامق oder اوزمق uzamak. Vb. intr. Aor. اوزار uzar. *être long, devenir long, se prolonger, s'étendre, s'éloigner, durer longtemps, avoir besoin de beaucoup de temps.* | lang sein oder werden (zeitlich und räumlich), sich verlängern, sich ausdehnen, wachsen, sich weit hin erstrecken, in die Ferne gehen, lange Zeit brauchen, lange dauern. بویلنوب اوزامق *croître, pousser (se dit des plantes).* | hoch wachsen, in die Höhe schiessen (von Pflanzen). بوی سوروب اوزامق *répandre une odeur au loin.* | weithin duften (von Blumen). صونوب اوزامق *être étendu au loin.* | lang ausgestreckt sein. کون اوزار der Tag währt lange, oder wird lang. اوزادی uzady. *c'est trop long.* | es ist zu lang. vgl. oben اوزادی. — Deriv. 1.

اوزاتمق uzatmak. Vb. caus. LT. اوزت Aor. اوزاتور uzadyr. Imperat. اوزات uzat LT. اوزت. Gerund. اوزاتوب LT. اوزتوب *prolonger, allonger, étendre, tirer en longueur, différer, remettre, retarder, faire des difficultés, éloigner; faire partir, renvoyer.* | lang machen, verlängern, ausdehnen, ausstrecken, (z. B. den Arm, die Hand, die Zunge); aufschieben, in die Länge ziehen

(z. B. eine Arbeit, eine Rede), viele Schwierigkeiten machen, viel Wesens um eine Sache machen. *t* o von sich entfernen, fortschicken, verabschieden, verstossen. کسمجل کوت — اوزاتغی Ali Schir. وباع کیت LT. dimisit, misit, rejecit, repudiavit, recedere jussit. ıı یات بو ز نفد اوزاتمق in eine entfernte Gegend schicken. Abulg. 115. اوچ قیزینی اوزاتمب ایدی er entfernte (d. i. verheirathete) seine drei Töchter. Abulg. 141. Q. تموری چکیچ ایله دوکوب اوزاتمق das Eisen lang oder breit hämmern. ال اوزاتمق *lever la main contre q. qu. ou vers q. ch.* | die Hand gegen Jemand oder nach einer Sache ausstrecken. — II. اوزاتمامق UZA'TMAMAK. Vb. neg., davon اوزاتمایالم UZATMAJALYM. *ne nous étendons pas davantage, soyons bref, bref.* | wir wollen uns darüber nicht weiter auslassen, nicht viele Worte darüber machen, kurz. — III. اوزادلمق UZADYLMAK. Vb. caus. pass. *être étendu, etc.* | ausgedehnt, verlängert werden; davon das Partic. اوزادلمش UZADYLMYŠ = اوزامش *prolongé, étendu, différé.* | ausgedehnt, verlängert, in die Länge gezogen, aufgeschoben. اوزانجلسوب یتورلمش اولمق der Länge lang hingestreckt liegen. — IV. اوزانمق UZANMAK. Vb. pass. u. refl. Aor. اوزانور UZANYR. *s'étendre, être différé, prolongé, être couché.* | sich strecken, ausstrecken, verlängern, in voller Länge daliegen, sich niederlegen, ausgedehnt sein, aufgeschoben werden oder sein. ارقهسی اوزره اوزانمق auf dem Rücken ausgestreckt liegen. اوزانوب یاتمق *être couché dans toute sa longueur.* | der Länge lang ausgestreckt liegen. صونوب اوزانمق *s'étendre, se tirer en longueur.* | sich ausdehnen, sich in die Länge ziehen. اوزانوب طوغریلمق sich gerade strecken, in gerader Linie hinstrecken (z. B. eine Strasse). اوزانوب چقمش lang hervorragend, gerade aufsteigend. اوزانمش UZANMYŠ = اوزانلمش s. o. — بر آیغینکیزنی اوزانکیل dum extendis pedem tuum. Abulg. Q.

o اوزان EWZÂN. Sbst. Pl. v. اوزن WEZN.

t اوزان UZAN. Adj. u. Sbst. | Partic. v. اوزامق | *bavard, prolixe.* | geschwätzig, Schwätzer; der viele Worte macht.

t اوزانلق UZANLYK. Sbst. *prolixité.* | Weitschweifigkeit (der Rede). چوق سویلیوب اوزانلق ایله viel sprechen und sich weitschweifig ausdrücken.

t o اوزآوکون Sbst. LT. دینروز *l'avant-hier.* | der vorgestrige Tag; vorgestern.

t اوزبک ÖZBEK. Nom. propr. (wörtlich Selbst-Herr) vgl. اوز *nom d'une tribu tatare.* Name eines tatarischen Stammes.

t o اوزبکچه s. اوزبکلک Deriv.

t اوزمق s. اوزامق — اوزمق

t o اوزنمق s. اوزنمک Deriv.

t اوزدک ÖZDEK oder اوزک Sbst. *racine, noyau, tronc.* | Wurzel, Kern, Stamm. خرما اوزدکی Dattelkern. vgl. اوز

t اوزره ÜZRE. Sbst. *le dessus, ce qui est en-dessus ou sur q. ch., l'espace au-dessus de q. ch.* Präpos. u. Postpos: *sur, contre, à.* | das Ueber, der Raum über einer Sache, das was über oder auf etwas Anderem ist; als Präpos. oder Postposition: über, auf, an, gegen. اوزرم ÜZERIM. *l'espace au-dessus de moi, sur moi.* | der Raum über mir. اوزرمز ÜZERIMIZ. *l'espace au-dessus de nous, sur nous.* | der Raum über uns, über uns, auf uns. اوزریمه ÜZERIME. *au-dessus de moi, sur moi, contre moi.* | über mich, auf mich, zu mich, gegen mich. نه اوزریمه لازم *que m'importe? qu'ai-je à y faire?* | was geht es mich an, was habe ich damit zu schaden? اوزرمده ÜZERIMDE. *sur moi* | über mir, auf mir. بوقی اوزریمزه لازم دکلدر *nous ne sommes point obligés de faire cela.* das liegt uns nicht ob. اوزری ÜZERI. *l'espace au-dessus de lui, sur lui.* der Raum über ihm. اوزرنده ÜZERINDE. *sur lui, auprès de lui.* | auf ihm, über ihm, an ihm, bei ihm. صلح اوزرنده *pendant la paix.* | auf, oder bei dem Frieden, d. i. während des Friedens. اوزرینه ÜZERINE. *sur lui, contre lui; précédé d'un genitif: sur, au-dessus, selon, après, contre, pour.* | auf ihn, gegen ihn. اوزرینه عسکر کوندردی *il envoya une armée contre lui.* | er schickte ein Heer gegen ihn. قضا الله اوزرینه کلسون das Gericht Gottes komme über ihn; als Postposition mit vorhergehdm. Genitiv: auf, über, nach, gegen, für, wegen. *t* o mit vorhergehdm. Nominativ آنک اوزرینه und آنک اوزرینه über jenem, — بوحال اوزره — بوحاله اوزرینه LT. بالای آن [s. u. اوزره] *d'après cette situation.* | diesem Verhältniss, dieser Lage gemäss. آنک اوزرنده auf jenem, über jenem. بونک اوزرنده über diesem. بر کیمسه‌نک اوزرینه اولمق hinter einem her sein. اوزرلر ÜZERLER. *l'espace au-dessus d'eux.* | der Raum über ihnen. اوزرلرینه ÜZERLERINE. *sur eux, contre eux.* | über sie, zu ihnen, gegen sie. اوزرلرینه وارمشلر sie sind gegen sie ausgezogen. اوزرلرینده اولان حاکملری die über ihnen stehenden Beamteten.

t اوزرلک ÜZERLIK. Sbst. = *cresson, rue (plante).* | Kresse, wilde Raute. اوزرلک تخمی ÜZERLIK TUHUMU, *graine de cresson.* | Kressensaame.

t اوزره ÜZRE. *t* o اوزره Postposition mit vorausgehendem Nominativ, [eigentlich Dativ von اوزر] *sur, au dessus, selon, d'après, contre, pour, à condition que.* | auf, nach, gegen, für, gemäss, verhältlich; [gleichbedeutend mit اوزرینه ÜZERINE mit vorhergehendem Genitiv; vgl. oben اوزر] بوحال اوزره diesem Verhältniss gemäss. بو اسلوب اوزره *de cette manière, ainsi.* | auf diese Weise, so. s. دیدیکی اوزره *d'après ce qu'il dit, comme il dit.* | wie er sagt, nach seiner Aussage. قادر اولدیغی اوزره *selon ce qu'il a pu.* | soviel ihm möglich gewesen, so weit er im Stande. حرب اوزره اولمق im Kriege, mit dem Kriege beschäftigt sein. سنک سوء قصد اوزره در er hat Böses gegen Dich im Sinne. امنیت اوزره اولمق in Sicherheit sein. اعدا اوزره منصور بولنسون Du sollst siegen über die Feinde. Ali Schir. — Nach einem Infinitiv drückt es eine Bedingung oder einen Zweck aus. بر مقداره مال ویرمک اوزره مصالحه اولندیلر unter der Bedingung, dass eine Summe Geldes gezahlt würde, machten sie Frieden. کیتمک اوزره یم GITMEK ÜZRE-IM. ich beabsichtige fortzugehen, bin im Fortgehen. بر کیمسه اولمق اوزره در لر sie sind auf dem Punkte sich zu zerstreuen. اوقومق اوزره مأمور اولندی er war beauftragt zu lesen (zu dem Zwecke des Lesens). ایلمامک اوزره تنبیه صادر اولندی wir haben ihm verboten, dieses zu thun.

t اوزقندی ÖZKONDY (sic). Sbst. *espèce d'insecte.* | ein Insekt. Meninski.

t o اوزک Sbst. LT. رکی که ازدل رسته *veine qui sort du cœur.* | eine vom Herzen ausgehende Ader.

t o اوزک oder اوزوک ÜZÜK. Sbst. — یوزک *anneau, bague.* | Ring, Fingerring mit Stein oder Siegelring.

t o اوزنکسا ÜZGA oder اوزکا ÜZIGA. LT. اوزک s. جور دیکر آن

t o اوزکنجه ÜZGAČE. Adv. u. Adj. *autrement, autre, différent.* | anders, anderer, verschieden.

t o اوزکنجراك ÜZGAČERAK. Adv. *autrement, un peu différent.* | etwas anders, etwas verschieden (Q. alteratus). آنلر نیننك حالی اوزکاچراك بولدی ihr Verhältniss hat sich einigermassen verändert.

t o اوزکارمق ÜZGARMAK. Vb. intr. *se changer.* | sich verändern, anders werden.

t اوزک ÖZGE, *t* o اوزکا u. اوزکه Adj. u. Adv. (ursprüngl. Pronom. impers.) I. *p* دیکر آن، جور، غیره، سوی *celui-là, autre, autrement, différent, différemment; étrange, beau.* | jenes dort, ein anderer, anders, verschieden; fremd, fremdartig, schön. اوزکه وجهله ÖZGE WEGHILE. *d'une autre manière.* | auf andere Weise. اوزکه دنیا *l'autre monde.* | die andere Welt, das Jenseits. اوزکه بشنه پادشاهدر *il est monarque suzerain.* | er ist absoluter Herrscher (wörtl. Herrscher über anderer Haupt). اوزکه‌سی — دیکری *p* *l'autre, ce qui reste.* | das andere, übrige (Q. residuum). اوزکاسین فقرایه تصدق قیلور ایدی das was ihm übrig war gab er den Armen als Almosen. بو نه اوزکه حالدر *quelle étrange chose est ceci!* | was für eine andere (d. i. schönere, schöne) Sache ist das!

t o اوزکی ÜZKI. Sbst. LT. نردبان *échelle, escalier.* | Leiter, Treppe.

t اوزلاشمق oder اوزلشمق UZLAŠMAK. Vb. recipr. v. اوز Aor. اوزلاشور UZLAŠYR. *se convenir l'un à l'autre, être content l'un et l'autre de q. ch., s'accorder sur q. ch., se réconcilier.* | sich einigen über eine Sache, ein

Uebereinkommen treffen, sich mit einander vergleichen, sich versöhnen. — Deriv. اوزلشدرمك oder اوزلشدیرمك UZLAŠDYRMAK. Vb. caus. réconcilier, arranger un différend et mettre la paix entre les adversaires | die Streitenden versöhnen, einen Vergleich zu Stande bringen.

t اوزلمك ÜZLMEK. Vb. intr. faire une rechûte (un malade). | einen Rückfall einer Krankheit bekommen, = نكس ایتمك

t اوزلمك ÖZLMEK. Vb. Passiv. v. اوزمك

t اوزلمك ÖZLEMEK. Vb. intr. Aor. اوزلر ÖZLER. désirer, souhaiter, appeler, regretter, avoir la nostalgie. | heftig begehren, wünschen, sich sehnen nach etwas, das Heimweh haben. vgl. اوزمك

t اوزلنمك ÖZLENMEK. Vb. intr. Aor. اوزلنور ÖZLENIR. vgl. اوز se coaguler, se former en moelle, se former en crême. markig werden, fest werden, sich verdicken, gerinnen, z. B. Milch, indem sich die Sahne sondert, der Saft in den Getreidekörnern, der sich zu Mehlstoff ausbildet. Kam. s. v. ... u. a. Partic. اوزلنمش ÖZLENMIŠ. plein de moelle, de sève. | markig, saftig, fest, kräftig (von Pflanzen). Kam. s. v. ...

t اوزلو ÖZLÜ. Adj. vgl. اوز 1. plein de moelle, de sève | markig, körnig, saftig, hart; fest, dick (von der Milch), zähe. اوزلو بالچق terre glaise. | zäher Thon, Töpferthon. اوزلو بالچقلی ... zäher klebriger Schlamm. 2. qui est son maître, indépendant; présomptueux. | sein eigner Herr, unabhängig; sich selbst fühlend, anmassend, selbstsüchtig.

t o اوزلوك Sbst. la chose ou la personne considérée en elle-même. | das eigne Wesen, das eigene Selbst. اوزلوك ایله مشغول اولمق sich mit sich selbst beschäftigen. Ali Bekir.

t اوزم oder اوزوم ÜZÜM, auch یوزم Sbst. raisin. | Weintraube, Weinbeere. قورو اوزم KURU ÜZÜM. raisin sec. | Rosine. كوش اوزمی KUŠ ÜZMÜ; auch ÜZÜMÜ KUŠ. raisin sec de Corinthe. | Korinthe. فرنك اوزمی FIRENK ÜZMÜ. groseille. | Johannisbeere. تكلیكلی اوزمی TEKLIKLI ÜZMÜ. groseille verte à maquereau. | Stachelbeere (so genannt wegen ihrer Aehnlichkeit mit den gestreiften Mützen der Begtaschi-Derwische). كشمش اوزمی KIŠMIŠ oder KIŠMIŠ ÜZMÜ. petit raisin sans noyau. | die kleine kernlose Beere. پرمق اوزمی PARMAK ÜZMÜ. raisin oblong. | die längliche Beere. a ... sonst auch ... Frauenfinger genannt. مسكت اوزمی MISKET ÜZMÜ. raisin muscat. | Muskatbeere. ایت اوزمی IT ÜZMÜ. fruit du coqueret. | Hundsbeere oder Nachtschatten (solanum). a عنب الثعلب Fuchsbeere. اوزم صالقیمی ÜZÜM SALKYMY. grappe de raisins. | Weintraube. اوزم چكردكی ÜZÜM ČEKIRDEGI. pepin de raisin. | Traubenkern. اوزم دانه‌سی ÜZÜM DANESI. grain de raisin. | Weinbeere. اوزم اولمق mûrir (se dit des raisins). | zur Reife gelangen (von Trauben). اوزمنی یه ده باغنی صورمه iss seine Traube und frage nicht nach seinem Garten. Sprüchwort.

t اوزمجی ÜZÜMǦI. Sbst. vigneron, vendangeur. | der Winzer.

t اوزمق UZAMAK. s. اوزامق

t o اوزمق u. Deriv. اوزلمق . اوزاتمق . s. اوزامق

t o اوزمق Vb. intr. LT. سبقت كرتمك surpasser, devancer. | überholen, übertreffen (Q. praecedere, praevalere). Particip. اوزكن celui qui surpasse les autres, meilleur. | die andern übertreffend, besser, vorzüglicher.

t اوزمك ÖZMEK. t o اوزمك u. اوزمك Vb. act. Aor. اوزر ÖZER. Synon. قوپارمق ، قیرمق ، بوزمق ، كسمك ، p كسستن ، a قطع ، فك ، rompre, arracher, rompre à force de tirer, couper, retrancher, interrompre, affaiblir. | reissen, mit Gewalt ausreissen; abreissen, zerreissen, auseinanderreissen, auseinanderziehen, z. B. einen Strick, einen Knoten; brechen, zerbrechen, abbrechen, unterbrechen, einen Vertrag brechen, die Kraft brechen, schwächen. دریسی اوزمك DERISI ÖZMEK. écorcher. | die Haut abziehen, abschinden. بوینی اوزمك se casser le cou. | sich den Hals brechen. الفت اوزمك rompre les liens d'amitié. | die Freundschaft brechen. امید اوزمك désespérer. | die Hoffnung aufgeben. ... als er die Hoffnung, den Frieden herzustellen, aufgegeben. Abulg. 48. Deriv. — I. t اوزلمك ÖZÜLMEK. Vb. pass. t o اوزلمك Aor. اوزلور ÖZÜLIR. être arraché, tiré, rompu; se rompre, être abattu, être extrait, détaché. | gerissen u. s. w. werden; herausgezogen werden, herausgenommen werden (eine Sache aus einer andern); gebrochen sein (durch Unglück, Kummer u. s. w.), niedergeschlagen, gebrochenen Herzens sein. — II. t o اوزنمك und اوزنمك Vb. pass. être tiré etc. | gezogen u. s. w. werden. III. t o اوزلمامك Vb. pass. neg., davon اوزلمز sans interruption. | ununterbrochen. — IV. t o اوزدرمك oder اوزدرمك Vb. caus. LT. كسلاندرمك faire rompre etc. | zerreissen lassen (Q. frangere, rumpere). — V. اوزشمك ÖZÜŠMEK. Vb. recipr. Aor. اوزشور ÖZÜŠÜR. rompre l'un avec l'autre. | gegenseitig brechen. عهد وپیمانی اوزشمك violer réciproquement le traité. | gegenseitig den Vertrag brechen.

t اوزملی ÜZÜMLÜ. Adj. produisant des raisins. | traubentragend. اوزملی اصمه ein Trauben tragender Weinstock.

t اوزن UZUN. s. اوزون

p اوزن EWZEN. 1. [Rad. v. اوزندن] in pers. Compos.: qui renverse, jette par terre, qui dompte. | niederwerfend. مرد اوزن Männer niederwerfend. شیر اوزن Löwen bändigend. 2. Adj. vaillant, courageux. | tapfer, muthig.

t اوزنكی ÜZENGI, auch اوزكی und ازكی oder ازنكو. t o اوزنكو، ازنكو Sbst. étrier | Steigbügel. اوزنكی اغاسی les seigneurs de l'étrier. | die Vornehmen, welche das Recht haben den Steigbügel des Kaisers zu halten. اوزنكی قایشی courroie de l'étrier. | der Riemen am Steigbügel.

t اوزنمك ÖZENMEK. Vb. refl. Aor. اوزنور ÖZENIR. vgl. اوزلمك désirer ardemment, se donner de la peine. | sehr wünschen, sich sehnen, sich grosse Mühe geben. (to take great pains and use one's best endeavour over any work. Redhouse).

t اوزون UZUN oder اوزن Sbst. u. Adj. longueur; long, haut. | Länge; lang (von Raum und Zeit), hoch. اوزون بویلو UZUN BOJLY. de haute taille. | lang von Wuchs, ein langer Mann. اوزون مشه un grand chêne. | ein hoher Eichbaum. اوزون كربكلو UZUN KIRPIKLI. qui a de longs cils. | mit langen Augenwimpern. اوزون اوزادی très-long, très-grand, long-temps, très-loin, étendu. | sehr gross, sehr lang, lange, weit ausgedehnt. ... اوزون اوزادی قوغوب كوترمك lange hinter einem Wilde herjagen. Kam. s. v. ... — اوزون اوزادی ... ein grosses und schweres Stück. Kam. s. v. ... — اوزون اوزادی كتمك sehr weit gehen. Kam. s. v. ... — اوزون اوزادی یر ein weit ausgedehntes Stück Landes. Kam. s. v. ... — اوزون اوزادی سكوت ایتمك lange Zeit schweigen. اوزون اشك اویونی ein Spiel der Kinder, ähnlich dem Blindekuhspiel.

t اوزونجه UZUNǦA. Adj. longuet, un peu long. | länglich, etwas lang, ziemlich lang.

t اوزونراق UZUNRAK. Adj. plus long. | länger.

t اوزونلق UZUNLUK. Sbst. longueur. | Länge.

t اوزی ÖZÜ, ÖZY. N. pr. la ville d'Oczakoff. | Oczakoff. اوزی صویی ÖZÜ SUJU. le Dniéper. اوزی قزاغی ÖZÜ KAZAGY. Cosaques du Dniéper. | die Kosaken vom Dniepr oder Zagarawinzen.

t o اوزی ÜZI. Pron. lui, lui-même. | er, er selbst. s. اوز

t o اوزیش ÜZIŠ. Sbst. LT. جان، وتن وسر âme, corps et tête; toute la personne. | Seele, Körper und Kopf; die ganze Person.

t o اوزیكا ÜZIGA. s. اوزكه

p اوژن ÄWZIN. Sbst. اردج اغاجی genévrier. | der Wachholderstrauch.

t اوس ÜWES. Sbst. fruit du cormier. | Atels- oder Atlasbeere. اوس اغاجی ÜWES AGAǦY. cormier, sorbier. | Speierlingsbaum (sorbus domestica). ... اوس ... ÜWES. sorbier sauvage. | Ebereschenbaum (sorbus aucuparia).

t اوسانجق s. اوسنمق

a اوساخ EWSAH. Sbst. Pl. v. وسخ WESAH.

a اوساط EWSAT. Sbst. Pl. v. وسط WASAT.

t اوست ÜST. Sbst. le dessus, la partie supérieure. | das Obere, der obere Theil, Oberfläche. Adj. supérieur, prééminent. | der, die, das Obere, hoch, höher, überragend; vgl. اوستون Adv. en haut, au-dessus, sur. | oben.

auf. او اوستی EW ÜSTI. *faite, comble de la maison.* | Gipfel des Hauses. اياغ اوستی AJAG ÜSTI. *plante du pied.* | Fussblatt. مكتوب اوستی MEKTUB ÜSTI. *adresse d'une lettre.* | Ueberschrift des Briefes. اوست يانی ÜST JANY. *côté ou partie supérieure.* | obere Seite, Obertheil. اوست دوداغی ÜST DODAGY. *lèvre supérieure.* | Oberlippe. اوست ديشلری ÜST DIŠLERI. *les dents d'en haut.* | Oberzähne. اوست كلمه ÜST GELME oder اوست اولمقلق ÜST OLMAKLYK. *prééminence.* | Vorrang, Uebergewicht, Vorzug. اوستم باشم ÜSTÜM BAŠYM. *tout ce qui est sur moi.* | alles was an mir ist. اوستی باشی ÜSTI BAŠY. alles was an ihm, an einer Sache ist, ganz und gar. اوستمده ÜSTÜMDE. *sur moi.* | an mir, auf mir, an oder auf meinen Kleidern. اوستكده ÜSTÜŇDE. auf Dir. اوستنده ÜSTUNDE. *sur lui, au-dessus de lui.* | auf ihm. اوستنده كی ÜSTÜNDEKI. *le supérieur, ce qui est au-dessus de q. qn. ou de q. ch.* | das Obere, das was über, auf, oben ist. اوستمه ÜSTÜME. an mich, auf mich, auf meinen Kleidern. اوستمدن ÜSTÜMDEN. von mir ab. اوستنه ÜSTÜNE. *sur lui.* | auf ihm, an ihm. اوستنه ورمك ÜSTÜNE WERMEK. *ajouter par dessus.* | zugeben, obendrein geben. باش اوستنه BAŠ ÜSTÜNE. *sur ma tête, c.-à-d. j'obéis, volontairement.* | auf mein Haupt, d. i. ich gehorche, ich bin sehr gern bereit. شاهه خبر خبر اوستنه كلوردی der König erhielt eine Nachricht über die andere. باشم اوستنه BAŠYM ÜSTE. *sur ma tête: qu'il retombe sur moi.* | auf mein Haupt! d. i. es komme über mich! treffe mich!

t اوستاد USTA oder اوسته USTE. Sbst. *maître.* | Meister. s. استا

p اوستاج USTAǴ. s. استج

t a اوستره USTARA s. اوستره *rasoir.* Scheermesser.

t اوستالق oder اوستالك USTALYK. Sbst. *qualité de maître, habileté.* | Meisterschaft Geschicklichkeit, Fertigkeit. اوستالق ايشی USTALYK-IŠI. *chef-d'œuvre, ouvrage de maître.* Meisterstück.

t اوستلكلی USTELIKLI. Adj. *grand, de haute taille.* | gross, hochgewachsen (von einem Pferde) Kam. s. v. النجيد u. الشقری

p اوستاد USTÂD. s. استاد

p اوستادی USTÂDI. s. استادی

t اوستونج ÜSTÜNĠ. s. استونج

t اوستمی ÜSTÜMI. s. استمه

t a اوسترمق oder اوستره مك USTRAMAK. Vb. act. *traîner.* | schleppen, fortziehen.

t اوستوربه oder اوستوريه USTURPA. vulg. SIHOPA. Sbst. تموكه . تاكنك *grand bâton, houlette.* | grosser Stock, Knüttel, wie die Hirten führen.

t اوستره oder اوستورا USTURA. s. استره Sbst. *rasoir.* | Scheermesser, Rasirmesser.

a اوسترالق USTURALYK. Sbst. *étui à rasoirs, nécessaire à barbe.* | Rasirmesserfutteral.

t اوستلك ÜSTLIK, auch اوستلق Sbst. v. اوست *ce qui est au dessus; robe de dessus; rang supérieur, supériorité, prééminence.* | das was oben ist, das Obere, was über einem andern ist, Oberkleid; Ueberlegenheit, Vorrang.

t اوستلمك ÜSTLEMEK oder اوستلامك ÜSTELEMEK. Vb. act. *ajouter par dessus, continuer, faire en outre.* | zufügen, zugeben, fortsetzen, zugeben, ein Uebriges thun.

t اوستلی ÜSTLI. Adj. v. اوست *supérieur.* | oberer, oberst.

t اوستونج s. استونج

t a اوستورمق s. اوستق

t اوستون ÜSTÜN oder اوستن Sbst. *ce qui est au-dessus; l'accent voyelle qui est placé au-dessus des lettres.* | das Obere, das über den Buchstaben stehende Vocalzeichen für a. e; vgl. die Gramm. Adj. *supérieur, prééminent.* | das obere, erhaben, vorzüglich. اوستون اولق oder اوستون اولمق = *p* دست بلند اولمق *avoir la prééminence, avoir le dessus.* | den Vorrang haben, die Oberhand gewinnen.

t اوستونلك ÜSTÜNLÜK. Sbst. *prééminence, avantage* | Vorrang, Vorzug, Oberhand, Vortheil.

t اوسته ÜSTE vulg. HÜSTE. Sbst. [eigentlich Dativ von اوست] *le dessus, solde, complément d'un marché, d'un échange.* | Zugabe, Ausgleichung, d. i. was beim Tausche zur Ausgleichung zugegeben wird; der bessere Theil. اوسته چيقمق ÜSTE ČYKMAK. *avoir le dessus, l'avantage; l'emporter.* | den bessern Theil haben, die Oberhand gewinnen, den Vortheil haben.

p a اوستا USTA oder اوسته s. استا

p t اوستالق USTALYK s. اوستالق

t a اوسروك ÜSRÜK oder اسروك Adj. *p* سرخوش *ivre.* | trunken. vgl. اسركمك. اولدور اوتاندم كه معنی اوسروك صانمشلردر ich schämte mich, dass sie mich für betrunken halten möchten. Ali Schir.

t a اوسروكلك ÜSRÜKLÜK und اسركلك Sbst. *état d'ivresse.* | Rausch, Trunkenheit. Q. aegritudo, morbus.

a اوسط EWSAT. 1. Sbst. *médium, moyen; qui tient le milieu entre les deux, milieu d'une chose, moitié, médiocrité.* | Mitte, was in der Mitte ist, Hälfte, Mittelmässigkeit, Mittelstrasse. Pl. اواسط AWASYT. *les dix jours du milieu du mois.* | die zehn mittleren Tage des Monats. vgl. اواخر u. اوائل. 2. Adj. Compar. v. وسط *moyen, mitoyen, milieu.* | mittlerer, mittelster.

t اوستنبو s. استنبو

a اوسع EWSA'. Adj. *plus ou très-large, vaste, spacieux.* | grösser, geräumiger, sehr geräumig, weit.

H اوسقوروبوت s. اسقوروبوت

t اوسكل ÜSKIL. s. اسكل

t اوسكوف ÜSKÜF. s. اسكوف

t اوسلك ÜSLIK Sbst. *bandeau; diadème.* | ein Kopfband mit golddurchwirktem Rande, welches die Frauen tragen.

a t اوسلوب ÜSLUB. s. اسلوب

t a اوسمك ÜSMEK. Vb. intr. LT. بالیدن *s'étendre; croître;* | sich ausdehnen, wachsen, grösser werden. vgl. اوزامق — Deriv. اوستورمك ÜSTÜRMEK. Vb. caus. *faire croître; élever.* | wachsen, Wachsthum geben; erziehen.

t اوسون OSUN = اولسون OLSUN. Imperativ. v. اولمق

t اوسون ÏWSUN. Tahrif v. *p* افسون

t a اوش EŠ. Interj. = اشته *voici, voilà* | hier! da!

t a اوشاتمق UŠATMAK. Vb. act. *p* شكستن *rompre.* | zerbrechen. كفار ايمك بت لری داخی اوشاتدی er zerbrach auch die Götzen der Ungläubigen. حجر الاسودنی اوشاتمش دورلر sie zerbrachen den schwarzen Stein. Ali Schir. Q. vgl. اوشالمق

t اوشاغ UŠAG oder اوشاغ تلاقی UŠAG YYDANY. Sbst. *agaillie.* چادر اوشاغی ČADYR UŠAGY. gummi ammoniacum.

t اوشاق UŠAK, auch اوشق . اشاق und unrichtig. اوشاق Sbst. *enfant, petit garçon, garçon, page. petit d'animal.* | Kind, Knabe, Junge, Bursch, Diener, Lohndiener, Page; das Kleine oder Junge eines Thieres. او اوشاقلری EW UŠAKLARY. *les enfants, toute la famille, femmes et enfants.* | die Kinder, die ganze Familie, Frauen und Kinder. قول اوشاغی KUL UŠAGY. *sbire.* Polizeidiener, Polizeisoldat. [Kam. s. v. انقورور und اوشاق قوشی — الانوز] der Lämmergeier, اونلكو —

t a اوشاق UŠAK = اشاق *broyé.* | zermalmt. s. اوشمق

t a اوشل UŠAL, auch اشال oder اوشول UŠOL und اوشو [zusammengesetzt aus اوش s. o. und اول] Pron. demonstr. = شول LT. … und … *celui, lui-même, le même.* | dieser da, er selbst, derselbe. اوشال ساعتده *à la même heure.* | zu derselben Stunde. eâ ipsâ horâ. Abulg. Q. اوشال ايللر tot anni. Q.

t a اوشالمق UŠALMAK Vb. intr. *p* فرو شكستن Ali Schir. Q. *se rompre.* | zerbrechen. اوشالمش قلم eine zerbrochene Feder. Ali Schir. اول كيمه اوشالمش da dieses Schiff gescheitert war. Ali Schir. (Q. cum fracta esset). vgl. اوشاتمق

t a اوشنجه UŠANĠA. [اوش انجه] Adv. LT. … *autant.* | ebenso, ebensosehr.

t a اوشانده UŠANDA. [اوش انده] Adv. s. اوش LT. … *dans ce même endroit.* | eben dort, ebendaselbst. اوشانده قاده UŠANDA KADA. LT. … bis eben dahin. vgl. اوشنده UŠUNDA.

t a اوشاندق UŠANDAK. [اوش اندق] *p* … *tel, tellement, de telle manière.* | so, dergestalt, der Art (Q. sic, taliter, ita). اوشاندق ايدی كه اول شيخ ديب ايردی er war der Art, dass man ihn Scheikh nannte. اوشاندق ايرمديور كه آلار ديب دورلر er ist ein solcher, dass sie sagen. Ali Schir. Q.

p اوشاندن EWŠANDEN. s. افشاندن

t اوشبو ÜŠBU oder اشبو IŠBU. Pron. demonstr. *celui-ci.* | dieser.

t اوشتدرمك ÜŠTÜRMEK s. اوشمك ÜŠMEK. Deriv.

t اوشترمق oder اوشتورمق OWŠTURMAK. s. اوشمق Deriv. III.

t a اوشتلوم ÜŠTILUM. Sbst. LT. ظلم وستم *injustice, oppression.* | Unrecht, Bedrückung.

t اوشتمك ÜŠTMEK s. اوشمك.

t اوشتمك ÜŠTMEK. s. اوشمك ÜŠMEK. Deriv. I.

t اوشتا ÖŠTA. Interj. — اشته IŠTE. *voilà, voici.* | hier.

t اوشرمك ÜŠRMEK und اوشمك ÜŠMEK s. اوشمك ÜŠMEK.

t اوشق ÜŠAK. s. اوشاق.

t اوشك ÜŠEK. Sbst. — وشق *loup-cervier.* | Luchs.

t a اوشلو ÜŠLU. LT. با عقل *raisonnable,* | vernünftig. vgl. *p* هوش.

t اوشمك EWIŠMEK oder IWIŠMEK. s. اوشمك IWMEK.

t اوشمك ÜŠMEK. Vb. intr. Aor. اوشر ÜŠER. *accourir, se réunir, se trouver dans un lieu.* | zusammen laufen, sich schaaren, sich an einem Orte, auf einen Haufen sammeln, sich an einem Orte beisammen finden, heerdenweise, haufenweise beisammen sein. بشنه اوشدیلر sie fielen alle über ihn her. اوشوب دانشمق sich in grosser Menge ansetzen [von Insecten Kam. s. v. تحلیج اوشمش دبهیه]. ein Thier auf dem sich das Ungeziefer sammelt. Kam. s. v. القلة]. Deriv. I. اوشرمك ÜŠÜRMEK und II. اوشتدرمك ÜŠTÜRMEK. Vb. caus. *faire se réunir, faire accourir, faire précipiter en foule.* | zusammenlaufen lassen, einen Zusammenlauf bewirken, bewirken dass alle über einen herfallen. ال اوشتوردیلر sie legten alle Hand an. — III. اوشتشمك ÜŠÜŠMEK. Vb. recipr. Aor. اوشتشور ÜŠÜŠÜR. *se réunir, se rassembler en troupe.* | zusammenlaufen, sich in Schaaren sammeln.

t اوشمك, auch اوشومك und اوشیمك ÜŠÜMEK. Vb. intr. Aor. اوشور ÜŠÜR. *être froid, avoir froid.* | kalt sein, frieren, frösteln. اوشویم ÜŠÜJÜM oder اوشویورم ÜŠÜJORUM. *j'ai froid.* ich friere. اوشومش اولان *qui a froid.* frierend, erkältet. چپکن اوشوین ČAPUK ÜŠÜJEN oder چبك اوشور ČAPUK ÜŠÜR. *frileux.* | frostig. اوشومش آبی — *a* حرص Begierde, Gier. Deriv. I. اوشوتمك oder اوشیتمك und ÜŠÜTMEK. Vb. caus. *occasionner un refroidissement, refroidir, frissonner.* | erkälten, abkühlen, Frost haben. بر کمسنه اوشوتمك jemanden Kälte empfinden lassen, für Jemand kalt sein (z. B. eine kalte Nacht). اوشوتمه ÜŠÜTME. *froid, frisson.* Frost, Fieberfrost. II. اوشوتدرمك ÜŠÜTDÜRMEK. Vb. caus. trans. *refroidir, faire geler, faire périr de froid.* | frieren lassen, gefrieren lassen, erfrieren lassen. III. اوشونمك ÜŠÜNMEK. Vb. refl. *avoir froid, devenir froid.* | frieren, erkalten. vgl. ÜŠÜNMEK.

t a اوشمودنجه ÜŠMUNDA. Adv. *jusqu'à présent.* | bis jetzt. (Q. usque nunc). بنم ایمدی ارامزدا مصاحبت لیغ اوشموندجه بولمش zwischen uns mag bis jetzt Freundschaft sein. Ali Schir.

t a اوشموندق ÜŠMUNDAK. Adv. *p* چنین *de cette manière, tel.* | so, solch. (Q. ita, sic.) اوشموندق واقع بولدی es ereignete sich so. Ali Schir.

t a اوشنده ÜŠUNDA. LT. همین جا *au même endroit.* | eben da. vgl. اوشنده.

t a اوشنداغ ÜŠUNDAG. [اوش اندانغ] LT. همین طور auf dieselbe Weise, ebenso.

t اوشنمك ÜŠNMEK. Vb. intr. Aor. اوشنور ÜŠNUR. (ursprünglich ÜŠÜNMEK, erkalten. Refl. v. ÜŠMEK, s. o.) *être faible, se fatiguer, se lasser; être négligent, indifférent, se dégoûter, se lasser aisément.* | schwach, träge, nachlässig, gleichgültig sein, zaudern, zögern, bei der Arbeit leicht ermüden, sich langweilen, faul sein, eine Arbeit aufschieben, eine Arbeit unvollendet lassen (aus Mangel an Lust zur Sache). Deriv. اوشندرمك ÜŠNDIRMEK. Vb. caus. *dégoûter, ennuyer, causer du dégoût.* | einen langweilen, anekeln.

t اوشنكلك ÜŠNKLIK. Sbst. *apathie, nonchalance, négligence, paresse.* | Fühllosigkeit, Gleichgültigkeit, Nachlässigkeit, Faulheit. روبه. تنبللو. کسل

t اوشنكن ÜŠNGIN. Adj. *paresseux, négligent.* | faul, träge, nachlässig.

t a اوشو ÜŠO und اوشول ÜŠOL. s. اوشبل.

t a اوشلوك oder اوشولوك ÜŠLUK, ÜŠYLYK. Sbst. LT. تخمين *opinion, conjecture.* | Meinung, Vermuthung (?).

t اوشومك und اوشیمك s. اوشمك ÜŠÜMEK.

t اوشونتی ÜŠÜNTI. Sbst. v. اوشمك *attroupement, foule.* | Zusammenlauf. اوشونتی اهله اوشمك [von Insecten. Kam. s. v. الشعرة].

t اوشی ÜŠI. Sbst. v. اوشمك *attroupement.* | Zusammenlauf, Zusammenschaarung. اوشه کلمك ÜŠE GELMEK. *s'attrouper.* | zusammenlaufen, sich zusammenschaaren.

t اوص US. Sbst. *intelligence, esprit, raison, modestie.* | Geist, Einsicht, Vernunft, vernünftiges Wesen, vernünftige Handlungsweise, anständiges Betragen, Sittsamkeit. — *a* عقل. *p* هوش.

t اوصاحبی EWSAHIBI. s. او EW.

a اوصاف EWSAF. Sbst. Pl. v. وصف WASF.

t اوصانج OSANÜ. Sbst. *ennui, dégoût d'une chose.* | Langeweile, Ueberdruss an einer Sache.

t اوصانمق und اصانمق OSANMAK. Vb. intr. Aor. اوصانور OSANYR. *s'ennuyer, avoir du dégoût.* | sich langweilen, einer Sache überdrüssig sein, alle Lust an einer Sache verlieren, Ekel haben, nicht Lust haben zu etwas. طوروه طوروه اوصاندم ich bin des fortwährenden Stehens müde, habe nicht Lust länger zu stehen; auch mit dem Ablativ. حیاتدن اوصانمق des Lebens müde sein. زرق وریادن اوصانمق der Heuchelei und Verstellung satt sein. Partic. اوصانمش OSANMYŠ. *dégoûté, ennuyé.* | verdrossen, verdriesslich, gelangweilt. — Deriv. اوصاندرمق OSANDYRMAK. Vb. caus. *causer du dégoût, ennuyer, molester, importuner q. qn.* | Ueberdruss verursachen, langweilen, belästigen.

t اوصاندریجی OSANDYRYǴY. Adj. *importun, ennuyeux.* | lästig, langweilig, ein langweiliger Mensch. s. d. Vbgde.

t اوصانقلق OSANYKLYK. Sbst. *ennui.* | Langeweile. s. اوصانمق.

t اوصانمش OSANMYŠ. Adj. Partic. v. اوصانمق.

t اوصرش und اوصورش OSURUŠ. Sbst. *l'action de péter.* | das Furzen.

t اوصرغان بوجکی OSURGAN BÖǴEI. Sbst. *fouille-merde, scarabée noir.* | Mistkäfer; auch طوکوز بوجکی.

t اوصرق und اوصورق OSURUK. Sbst. *pet.* | Furz, Wind der einem entfährt.

t اوصرمق und اوصورمق OSURMAK. Vb. intr. Aor. اوصرر oder اوصورر OSURUR. *péter.* | furzen, einen Wind lassen.

gr t اوصقمری بالغی USKUMRU- (auch üsKÜMRÜ-) BALYGY. Sbst. (σκουμπρί, σγουμπρί). *scombre.* | Makrele. *a* کولیوس.

t اوصلاتمق USLATMAK. Vb. act. v. اوص. Aor. اوصلادر USLADYR. *modérer, rendre sage, faire retourner au devoir.* | zur Zucht und Ehrbarkeit leiten, zur Vernunft, zur Pflicht zurückführen.

t اوصلانمق USLANMAK. Vb. intr. v. اوص. Aor. اوصلانور USLANYR. *devenir sage et modeste, se remettre sur le bon chemin.* | sich besser betragen, wieder vernünftig werden, zur Pflicht zurückkehren, verständig, sittsam werden.

t اوصلو USLU. Adj. v. اوص [Gegentheil v. دلی] *sage, modeste, judicieux, tranquille.* | vernünftig, artig, verständig, bescheiden, sittsam, rechtschaffen. اوصلوجه USLUǴA. Adv. *même signif.* اوصلوجه اوطور *assieds-toi tranquillement.* | setz dich ruhig, artig hin.

a t اوصلوب USLUB. Tahrif v. اسلوب.

t اوصلوجه s. اوصلو.

t اوصلولق USLULUK. Sbst. v. اوص *modestie, intelligence, sagesse, gentillesse.* | Bescheidenheit, Sittsamkeit, ruhiges verständiges Wesen, Artigkeit. — *a* ادب.

t اوصرغان s. اوصورغان.

t اوصرق s. اوصورق.

t اوصرمق s. اوصورمق.

t اوصوغ OSUǴ. Adj. *ennuyé, qui est dégoûté.* | gelangweilt, überdrüssig einer Sache. اوصوغ اولمق = اوصانمق sich langweilen, überdrüssig sein, sich ekeln, Abscheu haben.

t اوصوغلق OSUǴLUK. Sbst. *ennui, dégoût, antipathie.* | Langeweile, Ueberdruss, Widerwille, Ekel. اوصوغلق ویرر es verdriesst dich, du langweilst dich, es ist dir lästig.

a t اوصول UŚÛL s. اصول Art und Weise, Methode.

a اوضاع EWZA'. Sbst. Pl. v. وضع

a t اوضاعلو EWZA'LY Adj. s. وضع

a اوضح EWZAH. Adj. Compar. v. واضح *très-clair, évident, manifeste* | sehr klar, deutlich, sicher, offenbar.

t u اوط OT. Sbst. كسو und صغر *taureau*. Stier. — Name des zweiten Jahres im zwölfjährigen Cyclus der Uiguren.

t اوطاق UTAK. s. اوتاق

a اوطان EWTÂN. Sbst. Pl. v. وطن

t اوطوراق OTURAK. Sbst. s. اوتوراق

t اوطورمق OTURMAK. s. اوتورمق

t اوطوز OTUS. s. اوتوز

t اوطوزنجى OTUSNGY. s. اوتوزنجى

t اوطونلق OTUNLYK. s. اوتونلق

t اوطه OTA. s. اوته

a اوعيه EWI'E. Sbst. Pl. v. وعا

a اوغاد EWGÂD. Sbst. Pl. v. وغد

a اوغان EWGÂN oder اغوان AGWÂN. N. pr. *les Afghans ou Aghwan*. | die Agwanen.

p t اوغراق EWGAN oder OGAN. s. اوغراق

t u اوغر Sbst. قلعه وجوبين هاون *mortier de bois; chateau-fort*. | hölzerner Mörser; Burg.

t اوغر OGUR. s. اوغور

t اوغراتمق OGRATMAK. s. اوغرامق Deriv.

t اوغراش OGRAŚ. Sbst. دوكش *rencontre, combat*. | Zusammentreffen, Treffen. s. اوغرامق Deriv.

t اوغراشمق OGRAŚMAK. s. اوغرامق Deriv.

t اوغراق OGRAK. Sbst. vgl. das Flgde. *lieu de rencontre, de rassemblement, lieu où l'on passe*. | der Ort, wo etwas trifft, wo man sich trifft, sich begegnet, wo man vorbei geht; vgl. d. Flgde. يل اوغراغى اولان بر oder ... ein dem Winde, dem Luftzuge ausgesetzter Ort.

t اوغرامق, auch اوغرمق OGRAMAK. Vb. intr. Aor. اوغرار OGRAR. (mit dem Dativ) *rencontrer, passer à, chez, par, se présenter chez*. | treffen auf etwas, eintreffen bei, stossen auf, einfallen, begegnen, vorbei gehen. — بر مخاطره يه اوغرامق *rencontrer un danger*. | auf eine Gefahr stossen, Gefahr laufen. زيانه اوغرامق *éprouver du dommage*. | Schaden nehmen. بر علته اوغرامق *tomber malade*. | eine Krankheit bekommen. بلايه اوغرامق *éprouver un malheur*. | auf ein Unglück stossen, sich einen Schaden, eine Strafe zuziehen. بر كمسنه يه اوغرامق *passer chez q. qu.* | bei Jemand einsprechen, einen kurzen Besuch machen. سحره اوغرامش *enchanté, ensorcelé*. | bezaubert. كوك كوروتيسنه اوغرامق vom Blitze getroffen werden. يل بر نسنه يه اوروب اوغرار der Wind bläst stark auf einen Gegenstand. نهر قويق حلبه اوغرار der Fluss Kowéik fliesst bei Aleppo vorbei. — Deriv. I. اوغراتمق OGRATMAK. Vb. caus. Aor. اوغرادير OGRADYR (mit dem Dativ) *faire rencontrer, faire tomber sur, faire passer, amener, conduire* | treffen lassen u. s. w., herzubringen. بر علته اوغراتمق *causer une maladie*. | eine Krankheit verursachen oder hervorbringen. بر كمسنه يى بر فلاكته اوغراتمق Jemanden ein Unglück treffen lassen. خسارته اوغراتمق zu Grunde richten. حرارته اوغراتلمش *échauffé, erhitzt*. — II. اوغراشمق OGRAŚMAK. Vb. recipr. Aor. اوغراشور oder اوغراشير OGRAŚYR. *tomber l'un sur l'autre, se rencontrer, se toucher l'un l'autre, se battre*. | auf einander treffen; wechselweise einander berühren, auf einander folgen; sich schlagen, kämpfen.

t o اوغرلق s. اوغرلق

t اوغرسز s. اوغورسز

t o اوغرق OGRUK. s. اوقروق

t u اوغرين Sbst. p دزدانكى *vol*. | Diebstahl.

t اوغرلق OGRULYK. s. اوغرلق

t اوغرلامق OGURLAMAK, auch اوغرلمق u. اوغرلتمق Vb. act. *voler*. | stehlen, vgl. اوغرلق

t o اوغرلامق oder اوغرلمق OGURLAMAK. Vb. act. *voler*. | stehlen. Deriv. اوغرلتمق oder اوغرلاتمق OGURLATMAK. Vb. caus. *faire voler*. | stehlen lassen. s. اوغرلمق

t اوغرلانمق OGURLANMAK. Vb. pass. u. refl. *être volé, se dérober*. | gestohlen werden, sich fortstehlen, sich heimlich entfernen. اوغرلنوب كيزلنمك sich verstecken.

t اوغورو s. اوغرو

t اوغرين oder اوغورلاين OGURLAYN. Adv. *à la dérobée, furtivement, en cachette*. | verstohlen, heimlich. اوغرين باقمق verstohlen anblicken.

t اوغرامق OGRAMAK. s. اوغرامق

t o اوغرمق oder اوغريمق OGURMAK = اوغرلمق Vb. act. p دزديدن *voler, dérober*. | stehlen, heimlich wegnehmen. — Deriv. اوغرتمق oder اوغرتمق OGURTMAK = اوغرلتمق Vb. caus. p دزدانيدن *faire voler*. | stehlen lassen, zum Stehlen veranlassen.

t اوكرمك OGURMAK. Vb. intr. *mugir*. | brüllen. = اوكورمك

t اوغرى OGRY, OGRU. Sbst. *voleur, brigand*. | Dieb, Räuber. صمان اوغريسى SAMAN OGRUSY, *voie lactée*. | die Milchstrasse; (wörtl. der Strohdieb).

t اوغرلق OGRULYK, auch اوغرلق und اوغورلق *vol, rapine, ce qu'on fait furtivement*. | Diebstahl, Raub, Räuberei; was auf verstohlene Weise geschieht. بر كمسنه يه اوغرلقله كلمك heimlich zu Jemand kommen.

t اوغرين OGRYN oder اوغورون OGURUN. Adj. u. Adv. *caché; en cachette*. | verborgen, versteckt. اوغرين اوغرين OGRYN-OGRYN. *furtivement, à la dérobée*. | heimlich, verstohlener Weise. اوغرين يول OGRYN JOL. *chemin écarté* | Seitenweg, Richtweg. دوهلر اوغورون صويه دوشر *die Kameele stürzen einem verborgenen Wasser zu*. Kam. s. v. مغمغه

t اوغز OGUZ. s. اوغوز

t اوغشدرمق OGUŚDURMAK und اوغشمق OGUŚMAK. s. اوغمق

t اوغل oder اوغول OGUL. *fils, enfant; essaim d'abeilles*. | Sohn, Kind; Bienenschwarm. t a m ادم اوغلى Adam, der erste Mensch. اوغل ايدنمك OGUL EDINMEK. *adopter*. | an Kindesstatt annehmen. اخرت اوغلى ÂHYRET OGLY. *fils adoptif*. | Adoptivsohn. اوغل اوتى OGUL OTY. *herbe mercuriale*. | Bingelkraut. (herba mercurialis, melissa). اوغل اروسى OGUL-ARUSY. *reine des abeilles*. | Bienenkönigin.

a خشرم

t اوغلاق OGLAK. t o اوغلق u. اوغلاغ Sbst. p بزغاله *petit chevreau*. | das Junge von Ziegen, Böckchen. اركك اوغلاق Böcklein. ديشى اوغلاق Zicklein.

t اوغلامور OGLAMUR Sbst. غلامور *tilleul*. | die Linde.

t اوغلان, auch t o اوغلن OGLAN, vulg. ÖLAN. Sbst. *fils, garçon, jeune homme, valet; enfant dans le sein de la mère*. | Sohn, Knabe, Jüngling, Bursche, Diener; Kind im Mutterleibe. ات اوغلانى AT-OGLANY. *valet d'écurie, groom*. | Pferdejunge, Stallknecht, Reiter. ايچ اوغلانى IČ-OGLANY. ehedem ein Knabe, der in besonderen Schulen für den Staatsdienst vorbereitet wurde und dann als IČ-AGA in den Dienst trat. دل اوغلانى DIL-OGLANY. *jeune élève drogman*. | ein Knabe, der an einer Gesandtschaft eine europäische Sprache erlernt, um sich als Dolmetscher auszubilden. قپو اوغلانى KAPY-OGLANY. *clerc au service d'un interprète*. | Schreiber im Dienst eines Interpreten, der die Papiere in Empfang nimmt oder in die verschiedenen Canzleien bringt. قيز اوغلان قيز KYZ-OGLAN-KYZ. *jeune fille*. | ein junges Mädchen. اوغلان دوشورمك *avorter*. | eine Fehlgeburt thun.

t اوغلانجق OGLANGYK. Sbst. Dimin. v. اوغلان *petit garçon, polisson, gamin, petit vaurien*. | Knäblein, Bube, ungezogener Bengel, Taugenichts, Gassenbube.

t اوغللق OGULLUK. Sbst. *enfance; enfant adoptif*. | Kindheit; Adoptivkind.

t o اوغلمش N. pr. LT. قلعه يانشاغى از ترك

t اوغمق OGMAK. vgl. اوومق und Deriv. Vb. act. اوغار OGAR. *frotter, passer doucement la main sur q. ch., caresser, cajoler*. | reiben, mit der flachen Hand oder den Fingern reiben, bereiben, sich abreiben [s. اوشمق], streicheln. ال ايله اوغمق mit der Hand reiben, oder streicheln. مرهم اوغمق *étendre des onguents sur le corps*. | Salbe einreiben. — Deriv. I. اوغشمق und اوغوشمق OGUŚMAK. Vb. recipr. Aor. اوغشور OGUŚUR. *se frotter l'un l'autre, frotter les mains l'une contre l'autre, se caresser l'un l'autre*. | einander reiben, die Hände aneinander reiben, einander streicheln, d. i. Liebkosen. — II. اوغشدرمق oder اوغوشدرمق OGUSCHDURMAK. Vb. recipr. caus. *faire frotter l'un l'autre; frotter, oindre, graisser; décrotter.* | aneinander reiben lassen, triben, bereiben, besalben, beschmieren, beschmutzen; abreiben (z. B. einen Fleck oder Schmutz vom Kleide). III. اوغشدرلمق oder اوغشدرلنمق OGUSCHDURULMAK. Vb. recipr. caus. pass. *être frotté etc.* | gerieben, berieben u. s. w. werden. ***a*** سورنلوب اوغشدرلهجق شى eine Sache welche eingerieben wird.

t o اوغون Sbst. LT. خداى *Dieu.* | Gott.

p اوغون OGUN. s. آوغون

t اوغنمق OGUNMAK. Vb. intr. Aor. اوغنور OGUNUR. *être sans connaissance, s'évanouir.* | bewusstlos sein, in Ohnmacht fallen. Kam. s. v. الموله

t اوغنمه OGUNMA. Sbst. *défaillance des esprits, évanouissement, lipothymie.* | Abnahme der Lebenskräfte, Ohnmacht, Lipothimie.

t o اوغور UGUR. N. pr.

t اوغور oder اوغر UGUR. Sbst. vgl. اوغراملق *sort, hasard, bonheur, fortune, bon présage.* | was sich trifft, Glücksfall, Glück; gutes Zeichen. اوغور اوله od. اوغر اوله UGUR OLA (spr. ÛROLA'), *que ce soit sous d'heureux auspices! bon voyage!* | Glück zu! Glück auf den Weg! glückliche Reise. وطنى اوغورنده اولمك für sein Vaterland sterben. بر اوغورده auf einen Schlag, auf einen Zug, alle auf einmal. بر اوغورده ويرمك auf einmal geben. Kam. s. v. قلك. — اوغورى اشلير sein Glück arbeitet, d. i. er ist glücklich.

t o اوغورمق s. اوغورلمق

t o اوغورجه LT. هاون, كرت Demin. v. اوغر *petit mortier.* | kleiner Mörser.

t اوغورسز UGURSUZ. Adj. s. اوغور *malheureux, sinistre, fatal.* | von übler Vorbedeutung, unglücklich, unheilvoll. = شومسز

t اوغورسزلق UGURSUZLUK. Sbst. *malheur, mauvaise étoile.* | Unglück, unglücklicher Fall, schlimmes Zeichen, unglücklicher Stern, Unstern.

t اوغرلق s. اوغورلق

t اوغرلمق s. اوغورلمق

t اوغورلو UGURLU. Adj. *heureux, fortuné, béni, de bon augure.* | glücklich, beglückt, gesegnet, von guter Vorbedeutung. — قوتلو

t اوغورلولق UGURLULUK. Sbst. *bonheur, bon présage.* | Glück, glückliches Zeichen. vgl. اوغور

t اوغورلمق oder اوغورمق UGURMAK. Vb. intr. LL. *p* بر خوردن *être heureux, réussir, prospérer.* | sich glücklich treffen, glücklich sein, gedeihen, gelingen. — Deriv. اوغورتمق UGURTMAK od. اوغورتمق UGURATMAK. Vb. caus. *p* بر خوردار كردن *faire prospérer, rendre heureux.* | gedeihen lassen, beglücken.

t اوغرين s. اوغورين

t اوغوز oder اوغز UGUZ. N. pr. *nom d'une tribu turque.* | Name eines türkischen Stammes.

Adj. = توپ *simple, grossier.* | dumm, plump, einfältig, grob. vgl. قبا

t اوغوزلق UGUZLUK. Sbst. *stupidité, imbécillité, rusticité.* | Dummheit, Grobheit, Ungeschliffenheit.

t اوغشدرمق und اوغوشدرمق, s. اوغمق Deriv.

t اوغلو s. اوغل

p اوغون IWAGUN oder اوغن OGUN. Sbst. *aqueduc, canal souterrain.* | unterirdische Wasserleitung.

t اوفاتمق UFATMAK oder اوفاتمق UWATMAK. Vb. act. Aor. اوفادر UFADYR oder اوادر UWADYR. *rendre mince, mettre en petits morceaux.* | klein machen, in kleine Stücke zerschneiden, zerbrechen, zerstossen, zerreiben. قيروب اوفاتمق KYRYP UFATMAK. *casser en petits morceaux.* | in kleine Stücke zerbrechen. توكوب اوفاتمق *piler, briser.* | zerstossen, zerschlagen. — Deriv. اوفادلمق UFADYLMAK oder اوادلمق UWADYLMAK. Vb. pass. *être mis en petits morceaux.* | klein gemacht, zerbrochen u. s. w. werden. vgl. اوفالمق . اوفانمق . اوفامق

t اوفاجق auch اوفاجيق UFAGYK oder اواجق UWAGYK. Adj. *tout mince.* | fein, klein geschnitten, gehackt, gebrochen.

t اوفاق oder اوفق UFAK oder اواق UWAK. vgl. كوچك Adj. *mince, petit.* | fein, klein, dünn. Sbst. *chose mince, petit morceau.* | kleines Stück von einer Sache, Brocken, Krümchen. اوفاق شى *petite chose.* | ein kleines winziges Ding. اوفاق اقچه *petite monnaie.* | kleines Geld, Scheidemünze. اوفاق صمان *paille hachée,* klein geschnittenes Stroh, Siede. اوفاق قطره *ondée* od. اوفاق يغمور oder يغمور *bruine, pluie menue.* | ein feiner Regen, Staubregen. اتمك اوفاغى *miette de pain.* | Brodkrümchen. اوفاق تفك *menus ustensiles de ménage, bagatelles.* | Kleinigkeiten, kleine Geräthschaften, tierlü, Allerlei. — اوفاق اوفاق آتلر — ... schnell trippeln, mit kleinen Schritten laufen.

t اوفالمق UFALMAK. Vb. intr. vgl. اوفانمق *se casser.* | zerbrechen. = *a* انكسار — Deriv. اوفالتمق UFALTMAK. Vb. caus. *mettre en petits morceaux, broyer.* | in kleine Stücke zerbrechen, zerstossen, zermalmen; = *a* انكسار

t اوفانتى UFANTY. Sbst. *petit morceau, miette.* | Stückchen, Brocken, Krümchen. صمان اوفانتيسى ein Strohhälmchen.

t اوفانمق UFANMAK; auch اوامق u. اوفمق Vb. intr. vgl. اوفالمق *se casser, se briser en petits morceaux; être cassé, brisé.* | sich zertrümmern, in kleine Stücke zerbrechen, abbröckeln; von den Zähnen: hohl werden; zerstossen, zerrieben u. s. w. werden. شيشه اوفاندى die Flasche ist zerbrochen.

p اوفشتن s. افشاندن

a اوفر EWFER. Adj. *très-nombreux.* | sehr zahlreich, häufig.

t اوفورش s. اوفرش

t اوفورمك s. اوفرمك

t اوفورملك s. اوفرملك

p اوفسند s. افسند

t اوفق s. اوفاق

a اوفق AWFAK. Adj. *plus ou très-convenable, plus conforme.* | zweckmässiger, geeigneter, sehr zweckmässig.

t اوفلتمك ÖFLETMEK. s. d. Folgde.

t اوفلمك ÖFLEMEK. Vb. act. Aor. اوفلر ÖFLER. *souffler.* | blasen, auf etwas oder in etwas blasen, mit dem Munde oder mit dem Blasbalge. — Deriv. اوفلتمك ÖFLETMEK. *faire souffler.* | blasen lassen, aufblasen oder anblasen lassen.

t اوفلهيجى ÖFLEIDJI. Sbst. *celui qui souffle; instigateur.* | Anbläser, Anfacher. جنك آتشى اوفلهيجى der welcher das Kriegsfeuer anfacht.

t اوفور ÖFÜR. Adj. [Particip. v. اوفورمك] *qui souffle fort (le vent).* | stark wehend (vom Winde). روزكار اوفور اوفور اسير der Wind weht stark.

t اوفورش ÖFÜRIŠ oder اوفرش und اوفورك ÖFÜRIK. Sbst. *souffle.* | Hauch, Lufthauch, das Blasen.

t اوفورمك oder اوفرمك ÖFÜRMEK. Vb. act. Aor. اوفورور oder اوفرر ÖFÜRÜR. *souffler, gonfler, enfler (un ballon).* | blasen, anblasen, anhauchen, aufblasen, z. B. einen Schlauch. Deriv. اوفورلمك ÖFÜRILMEK. Vb. pass. *être enflé.* | angeblasen werden, aufgeblasen werden oder sein. اوفرلمش بوش تلوم ein aufgeblasener leerer Schlauch.

t اوفورملك oder اوفرملك ÖFÜRMELIK. Adj. *qui a la légèreté du souffle, très-mince, très-petit.* | was weggeblasen werden kann, sehr dünn, klein. بر اوفورملك نسنه *a* شى eine kleine unbedeutende Sache. Kam. s. v. رمد انحمش

t اوفورنتى ÖFÜRINTI. Sbst. *chose petite qu'on peut éloigner en soufflant.* | was man wegblasen kann, was zwischen den Zähnen sitzen bleibt und aus dem Munde geblasen wird, z. B. ein Stückchen vom Zahnstocher.

t اوفجق s. اوفاجق

a اوفى AWFA. Adj. *très-complet, entier; abondant, copieux; plus que suffisant.* | sehr vollständig, vollzählig, mehr als genug.

t u اوق OK. Conj. الحسن . ايله كبى . *p* هم . نيز , *encore, aussi, déjà, comme.* noch, dann, auch, schon, doch, gleichwie. اوقدور — قبرى شمدى اوقدور هم ايسمت *etiam est Q.* اوقدور sein Grab ist auch noch dort. Ali Schir. Q. اوقدورور *est, narritur. Q.*

t اوق OK. Sbst. *p* تير *flèche; essieu, timon; poutre transversale au milieu du plancher; archet.* | Pfeil, Achse, Deichsel, Hauptbalken des Daches oder der Decke [*a* سهم] auf dem die übrigen Balken [كريشته] ruhen, auch selbst كريشته genannt. [vgl. Kam. s. vv. تير , النجيح]; — der Fiedelbogen. اوق اتمق *tirer de l'arc.* | einen Pfeil abschiessen, mit dem Bogen schiessen. اوق آتمق

Pfeilschuss vgl. اوق آتیجی — آتمق OK ATYDŸ. *archer.* | Bogenschütze. اوق کیلتمك *encocher la flèche.* | den Pfeil auflegen, zielen. تفنكر اوقی *arquebuse.* | Armbrust. شمر اوقی, auch اوقی ein stumpfer Pfeil oder Bolzen, womit man sich im Schiessen übt. نشسن اوقی Pfeil mit dem nach dem Ziele geschossen wird. کور اوقی Bolzen, Pfeil ohne Befiederung und ohne Spitze. [Kam. s. v. المحجاب.] شیله اوقی ARABA-OKY *timon.* | Wagendeichsel. اوق شنشی Drechselriemen, Krummstrippe. جرخلك اوقی oder تکرلکلك اوقی *essieu.* | die Achse des Rades, [auch تکرلکلك اوقی] — سپن اوقی *flèche de la charrue.* | Pflugbalken. Sterze [Kam. s. v. الوسیع]. — اوق یلانی eine kleine giftige Schlange, s. ابی قتره.

a اوقات KWKÂT. Sbst. Pl. v. وقت WAKT.

a اوقاف KWKÂF. Sbst. Pl. v. وقف WAKF.

t o اوقتدرمق OKUTTURMAK u. t اوقتمق OKUTMAK, s. اوقومق Deriv.

t اوقجی OKDŸ. Sbst. *fabricant de flèches.* | Bolzendrechsler, Pfeilmacher. t o *archer.* Bogenschütz. — اوق آتیجی LT. p تیر انداز.

t o اوقدر OKDAR = اول قدر *tant, autant, tellement.* | so viel, dermassen. نه اوقدر nur so viel, nicht mehr.

t o اوقرا oder اقسرا LT. کسه *coupe.* | Schale, Becher (?).

t اوقرامسق oder اوقرشمق OKRAMAK. Vb. intr. vgl. اوکرمك *braire, mugir, hennir.* | schreien (vom Esel), brüllen (vom Rinde), blöken (vom Schafe), wiehern (vom Pferde). Kam. an vielen Stellen.

t o اوقسروه USRUK; auch اوقرغ . اوقرق . اوقره . اقرغ Sbst. اوردو *horde, camp.* | Horde, Lager.

t اوقشمق s. اوقشیمق s. اوقشمق

t اوقلاغو oder اوقلاغی, auch اوقلاغی OKLAGY (vulg. OKLAWY oder OKLAWA). Sbst. *cylindre, rouleau.* | Cylinder, Walze, Rollholz oder Nudelwalze der Bäcker. = نوردنجی — مرداته. اوقلاغو بچیمی OKLAGY-BIÇIMI. *cylindrique.* | walzenförmig.

t اوقلامق und اوقلمق OKLAMAK t o اقلمق Vb. act. LT. تیرزدن *percer avec une flèche.* mit dem Pfeile treffen, mit dem Pfeile durchbohren. Deriv. اوقلاتمق OKLATMAK. t o اقلتمق Vb. caus. LT. تیرزنخیلمك *faire percer avec une flèche.* | mit einem Pfeile durchbohren lassen.

t o اوقلامسق *éveiller(?)* vielleicht aufwecken, oder aufwachen. اوقلاب ياتمشیب ایردم ich lag wachend. Abulg. S. 169. 1. اوقلانمقیمه ib. 31 dum expergefieret. Q. ib. اوقلامای

t اوقلق OKLYK. Sbst. *carquois.* | Köcher.

t o اوقلی OKLY. Adj. v. اوق *rayé.* | gestreift. اوقلی کونکلاکنکلاری ایرات ein Tribut, bestehend aus gestreiftem Kleidungsstoffe. Abulg. S. 135.

t اوقو UKU. Sbst. *coucou (oiseau).* | der Kukuk.

t o اوقوز LT. ناکاه Adv. *au moment, tout de suite.* | augenblicklich.

t اوقوتمق OKUTMAK s. اوقومق Deriv.

t o اوقوش AW KUŠ. Sbst. s. او *faucon de chasse.* | Jagdfalke. اوقوش عه مشغول اولمق sich mit Falknerei beschäftigen. Ali Sebir.

t اوقومق OKUMAK. Vb. act. LT. اوقمق Aor. اوقور OKUR. Imperat. اوقو OKU. *prononcer, appeler à haute voix; 1. lire, comprendre; apprendre. 2. inviter.* | laut aussprechen, laut rufen; 1. lesen, insbesondere laut lesen, feierlich recitieren (wie man den Koran liest); das Gelesene verstehen, lernen [LT. فهمیدن]. 2. rufen zu etwas, einladen = دعوت ایتمك (zu einem Gastmahle, Hochzeit u. s. w.). سزی اوقور *il vous demande.* | er ruft euch. آفرین اوقومسق *applaudir.* | Beifall rufen. مثل اوقومق *conter des fables.* | Fabeln und Geschichten erzählen. میدانه اوقومق *provoquer.* | herausfordern (zum Kampfe). دوکونه اوقومق *inviter aux noces.* | zur Hochzeit einladen. — Particip. اوقور OKUR. *qui sait lire.* | einer der lesen kann. اوقومش OKUMUŠ. *lettré, savant.* | unterrichtet, gelehrt. — Deriv. I. اوقوتمق OKUTMAK. LT. اوقتمق Vb. caus. *faire appeler, faire lire, instruire.* | rufen lassen, lesen lassen, lesen lehren, unterrichten. II. اوقونمق OKUNMAK. Vb. pass. *être appelé, lu, récité, invité.* | gerufen, genannt, geladen werden oder sein; gelesen werden. Particip. اوقونمش OKUNMUŠ. *lu, invité.* | gelesen, eingeladen. III. اوقونمامق OKUNMAMAK. *n'être pas invité.* | nicht geladen sein. اوقونمدوق یرکه ungeladen zu Tische gehen. IV. اوقوشمق OKUŠMAK. Vb. recipr. *lire l'un à l'autre, se faire lire l'un l'autre; s'inviter réciproquement.* | einer dem andern vorlesen; sich gegenseitig im Lesen unterrichten und üben; einer den andern einladen. V. t o اوقوتدرمق OKUTTURMAK. Vb. pass. LT. خوانانده شدن.

t اوقوجی OKUDŸ. Sbst. *lecteur, liseur; qui invite, mandataire.* | Leser, Vorleser; der Einladende (entweder in eigener Angelegenheit oder im Auftrage eines Andern), Hochzeitbitter.

t o اوقومق OKUMAK, s. اوقومق.

t اوقه OKA. Sbst. a وقیه vgl. اوقیه *ocque.* | Oka, das türkische Pfund, für trockene Gegenstände = 400 Drachmen, $2^{3}/_{4}$ Lbs. avoir du pois. engl., $2^{4}/_{5}$ *livres, françaises*, $2^{3}/_{5}$ Pfund preussisch, 3 Pfund östreichisch; als Maass für Flüssigkeiten = 4 *litres.*

t اوقه لق OKALYK. Sbst. *valeur ou poids d'un ocque.* | Werth oder Gewicht eines Oka.

t اوقه لو OKALY. Adj. *qui contient ou pèse le poids d'un ocque.* | ein Oka schwer, ein Oka haltend.

gr اوقیانوس OKYANOS. Sbst. (ὠκεανός), *l'océan.* | das Meer.

a اوقیه OKYJET. Sbst. Pl. اواقی KWÂKY. *once.* | Unze, $^{1}/_{16}$ *de livre française.* اوقیه آلتون eine Unze Goldes.

p اوك KWG. Sbst. oberste Spitze. = اوج

t o اوك LT. موی تنش *poils de tout le corps.* | die Haare (des ganzen Körpers).

t اوك ÖŇ. Sbst. *le devant, l'espace devant q. ch.* | das was vorn ist, der Raum vor oder vorn. Adv. *devant, avant.* | vorn, vor (von Zeit und Raum). اوکنده ÖŇINDE. *devant lui, en sa présence.* | vor ihm, vor seinen Augen, in seiner Gegenwart. اوك ایاق *pied de devant, soutien principal.* | Vorderfuss, Hauptstütze. انك اوك ایاغیدر *er ist seine Hauptstütze,* sein bester Rathgeber und Vertrauter. اوك بزی *tablier.* | Schürze, Vortuch. — او s. اوکلی. باش اوکی *front.* | Vorderkopf, Stirn. قبو اوکی *le devant de la porte.* | der Raum vor der Thür. اوك قپوسو *porte de devant.* | Vorderthür. قبو اوکنده *devant la porte.* | vor der Thür. اوك کچمك *prendre les devants.* | vorgehen, vorangehen. اوك دوشمك *précéder, montrer le chemin.* | vorausgehen, den Weg zeigen. اوکلمی سکیجی *précurseur.* | Vorläufer.

t o اوك ÜKE. Sbst. *frère cadet.* | der jüngre Bruder. Q.

t اوکات ÖŇAT. Adj. ایو . کوزل *bon, beau, utile.* | gut, förderlich, brauchbar, lehrreich. Sbst. = فائده Brauchbarkeit, Nutzen, lehrreiche Bemerkung. اوکات وجهله *d'une bonne manière.* | auf gute Art, vortheilhaft.

t اوکاتجه ÖŇATDŸE. Adv. *bien, comme il faut, avantageusement.* | gut, ganz wie es sein soll, vortheilhaft.

a اوکار KWKÂR. Sbst. Pl. v. وکر

p اوکار KWGÂR. Adj. s. افکار *paralytique.* | gelähmt. مست اوکار *ivre.* | vom Rausche gelähmt, betrunken.

p t اوکارلق KWGÂRLYK. Sbst. *état d'ivresse.* | vollständige Trunkenheit. اوکارلکندن اوتندی er schämte sich seiner Betrunkenheit. Meninski.

t اوکرمك s. اوکرمك

t o اوکس s. اوکسای

t اوکت oder اوکوت ÖGÜT. (ÖĞÜT). Sbst. *conseil, avis, avertissement.* | Rath, guter Rath, Ermahnung. — WERMEK. Rath geben. — TUTMAK. gutem Rathe folgen, sich rathen lassen.

t اوکتلمك ÖGÜTLEMEK. (ÖĞÜTLEMEK). Vb. act. *avertir, donner conseil.* | rathen = ÖGÜT WERMEK. Deriv. اوکتلنمك ÖGÜTLENMEK. Vb. refl. pass. *être averti, suivre un conseil.* | berathen werden, sich rathen lassen = ÖGÜT TUTMAK.

t o اوکتم Adj. LT. دلیر وزورآور *brave, courageux, violent.* | tapfer, gewaltthätig.

t اوکتمك und اوکوتمك ÖGÜTMEK (ÖĞÜTMEK). Vb. act. Aor. اوکودر ÖGÜDÜR (ÖĞÜDÜR). *moudre, broyer.* | mahlen. بغدای اوکوتدم ich habe das Korn gemahlen. Deriv. اوکدلمك ÖGÜDILMEK. Vb. pass. *être moulu.* | gemahlen werden. Partic. اوکدلمش ÖGÜDILMIŠ. *moulu.* | gemahlen.

t اوکجه ÖŇǴÉ. Adv. s. اوك devant, avant. | vorn, vor. الك اوکجه ILK ÖŇǴÉ. d'abord, premièrement, avant toute autre chose. | zuerst, vor allen Dingen.

t اوکچه ÖKČE. Sbst. talon, quartier. | Ferse; Absatz, Hinterleder am Schuh und Stiefel. قپونك اوکچه‌سی der hintere Rand der Thür, wo sie in den Angeln hängt. Kam. s. v. آلقنبج

a اوکد EWKED. Adj. plus ferme, plus solide, mieux raffermi. | fester, stärker befestigt.

t اوکدرمك s. اوکمك

t اوکدل und اوکدول ÖŇDÜL. Sbst. vgl. اوکللی und اوکردی gageure, gage déposé par les deux parties dans les courses de chevaux, etc. | die bei Wetten, Pferderennen u. s. w. bestimmte oder niedergelegte Summe, Einsatz bei der Wette, — ETMEK, — KOMAK — TUTMAK. parier (pour un cheval de course). | wetten, eine Wette halten. اوکدل میدانی hippodrome. | die Rennbahn.

t اوکدلسز ÖŇDÜLSIZ. Adv. sans gageure | ohne einen Preis für den Gewinnenden.

t اوکدللی ÖŇDÜLLÜ. Adj. u. Sbst. qui gagne la gageure ou le prix. | der die Wette oder den Preis gewinnt.

t اوکدلش s. اوکلمك Deriv.

t اوکدن auch اوکدین und اوکدون ÖŇDÜN. Adv. s. اوك d'abord, auparavant, plutôt, bientôt | zuerst, zuvor, vorher, früher, bald.

t اوکدنجه ÖŇDÜNǴE. Adv. s. d. Vhgde.

t اوکدنج ÖŇDIǴ. Sbst. v. اوك qui marche le premier, précurseur. | der vorangehende, Vorläufer.

t اوکر oder اوکور ÖǴÜR (ÖǴÜR). Adj. accoutumé, habitué. | gewohnt, gewohnt an etwas. — OLMAK. s'habituer, prendre habitude. | sich an etwas, an den Umgang mit Jemand u. s. w. gewöhnen, Umgang pflegen.

t اوکر oder اوکور ÖŇÜR. Adv. avant. | vor. اوکر دوشمك ÖŇÜR DÜŠMEK. devancer. | zuvorkommen. بربرلرندن اوکر دوشمك einer dem andern zuvorkommen.

t u اوکرامك s. اوکورامك

t اوکرتمك u. اوکرتلمك s. اوکورتمك

t اوکرمك s. اوکرتمك

t اوکرتمك ÖŇÜRTMEK. Vb. act. devancer, précéder, faire rester un autre en arrière. | vorangehen, einem andern zuvorkommen, überholen, einen Andern hinter sich lassen. Partip. اوکردن ÖŇÜRDEN, celui qui devance, qui gagne le prix. | der welcher die andern überholt, den Preis gewinnt.

t اوکردی ÖŇÜRDÜ. Sbst. [eigentlich 3. Pf. v. اوکرتمك] prix accordé à celui qui a devancé les autres à la course. | Preis beim Wettrennen, اوکدلی.

t اوکرکه ÖŇÜRGA (ÖMURGA). Sbst. épine dorsale. | Rückgrat. اوکرکه کمکی vertèbre. | Wirbelbein. کمینك اوکرکه‌سی quille d'un navire. | Kiel eines Schiffes.

t o اوکرمك Vb. act. Imperat. اوکر LT. دوندرمك , ترسنه چویرمك , قاچورمك , کیری چویرمك tourner, détourner, retourner. | wenden, umwenden, umkehren (auf einen Ruf). یوز اوکوردی Abulg. 74. vultum avertit, defuit Q. — Deriv. اوکرلمك Vb. pass. refl. LT. کریلمك se détourner. | sich abwenden. قبله طرفندن اوکورلوب sich nach der Kibla hin wendend. Abulg. 116.

t اوکیمك od. اوکدرمك s. اوکمك Deriv. II.

t اوکرمك ÖKÜRMEK. Vb. intr. mugir. t o hurler, lamenter. | brüllen [vom Rinde. vgl. اوکز] = اوکرمك t o heulen, wehklagen.

t اوکرنمك das Stammverbum ungebräuchlich. vgl. اوکر — Deriv. I. اوکرنمك ÖGRENMEK. Vb. refl. pass. LT. اوکرنمك und ورکنمك Aor. اوکرنور ÖGRENIR. s'habituer, s'accoutumer, être habitué, être enseigné, apprendre. | sich gewöhnen, gewohnt oder abgerichtet und dressirt werden (von Hunden, Pferden, Jagdfalken u. s. w.), unterrichtet werden, lernen. یوز کوز اوکرنمك sich an den Anblick einer Sache gewöhnen. ازبردن اوکرنمك apprendre par cœur. | auswendig lernen. اوکرنوب کوررمك oder اوکرنوب کوررمك = کورمك oder ... = کورمك être enseigné. LT. — II. اوکرنممك ÖGRENMEMEK. Vb. pass. neg. n'être pas accoutumé etc. | sich nicht gewöhnen, nicht lernen. اوکرنممش nicht zugeritten, nicht dressirt (ein Pferd). — III. اوکرتمك ÖGRETMEK. LT. اوکرتمك und اوکرتمك Vb. trans. Aor. اوکردر ÖGREDIR. habituer; ordonner à q. qu. q. ch.; faire apprendre, enseigner. | gewöhnen an etwas, lehren, ein Thier abrichten, dressiren, Jemanden unterrichten, lehren, Jemand einen Auftrag geben (mandare Q.). بر کیجه اوچ دورت کشی کہ اوکرتدی eines Abends gab er dreien oder vieren den Auftrag (den Khan zu binden). Abulg. 129. طایلاق بشی اوکرتمك einem Füllen den Kopf gewöhnen, d. i. es zureiten, dressiren.

IV. t o اوکرتلمك Vb. pass. — اوکرنمك —

V. اوکرتلممك Vb. pass. neg. = اوکرنممك nicht lernen. اکر اون کون اوکرتلوب اوتورسه تیللرنی اوکرنمس wenn er zehn Tage unterrichtet würde, ihre Sprache würde er nicht lernen. Abulg. 23.

t اوکرنش ÖGRENIŠ. Sbst. vgl. d. Vhgde. habitude, étude. | Gewohnheit, Gewöhnung, das Angelernte, das Lernen.

t اوکز ÖKÜZ, auch اوکوز und کوز Sbst. بغر bœuf, taureau. | Ochse, Stier, insbesondere ein junger Stier. اوکز اتی ÖKÜZ-ETI bœuf (viande). | Rindfleisch. صغن اوکز SAGAN ÖKÜZ. antilope. | die Antilope.

t اوکسرك oder اوکسورك ÖKSÜRÜK. Sbst. = اوکسورك علتی ÖKSÜRÜK ILLETI. toux. | Husten. اوکسورك اوتی ÖKSÜRÜK-OTU. pas d'âne, tussilage (plante). | Huflattig (wörtlich: Hustenkraut) = a سعلی oder خشمشت , gr p قالحوس , اسعال LT.

t اوکسرکلو ÖKSÜRÜKLÜ. Adj. qui est enrhumé. | am Husten leidend.

t اوکسرمك und اوکسورمك ÖKSÜRMEK. Vb. intr. Aor. اوکسورور ÖKSÜRÜR. LT. سرقلمك , وقرشلمك tousser | husten, schnauben, den Husten haben; laut zerplatzen. Deriv. t o اوکسرتمك Vb. caus. LT. ترشلتمك faire crever. | platzen lassen.

t اوکسز oder اوکسوز ÖKSÜZ. Sbst. u. Adj. orphelin, orpheline. | Waise, verwaist. اوکسوز اوتلاری , چکلکمی Name einer Pflanze, d. ägyptische Teriak. Kam. s. v. الملحا ...

t اوکسزلك ÖKSÜZLIK. Sbst. état d'être orphelin. | Waisenstand, das Verwaistsein.

t اوکسوزجه ایکو اوکسوزجه ÖKSÜZǴE ... les fausses côtes. | die beiden oberen sogenannten falschen Rippen. Kam. s. v. خرت

t o اوکسوك ÖKSÜK. Adj. = اکسك petit, plus petit, le plus petit, le moins. | klein, kleiner, geringer, der kleinste, geringste.

t o اوکسوکرك ÖKSÜKREK. Adj. اکسکرك plus petit, moins, moindre | kleiner, geringer.

t o اوکسوکمك ÖKSÜKMEK. Vb. intr. = اکسکمك être diminué, diminuer. | kleiner werden, abnehmen. Deriv. I. اوکسوکلمك Vb. pass. refl. = اکسکلنمك être diminué, s'amoindrir. | kleiner werden, abnehmen. — II. اوکسوکممك Vb. pass. neg. = اکسکممك ne pas être diminué | nicht abnehmen. — III. اوکسوکتمك Vb. caus. = اکسلتمك faire décroître, amoindrir, abréger, couper. | abnehmen lassen, verkleinern, verringern, abkürzen, abschneiden.

t اوکسه ÖKSE. Sbst. glu. | Vogelleim.

t اوکسه‌لو ÖKSELI. Adj. gluant, visqueux. | leimig, klebrig, mit Vogelleim bestrichen.

t اوکش s. اوکوش

t o اوکشومك LT. مکر .

t اوکلتمك und اوکلدرمك s. اوکمك Deriv.

t اوکلدرمك ÖŇLDERMEK. Vb. act. oder تلیلا اوکلدرمك tirer à force de sucer, ou avec la langue. | mit der Zunge heraussaugen. Meninski.

t اوکلدی ÖŇLEDI. Sbst. [eigentlich er ist geheilt worden; 3. Pf. v. اوکلمك, s. اوکلمك] prix accordé à celui qui gagne à la course. | Preis beim Wettrennen, — اوکردی.

t اوکلدیجی ÖŇLEDIǴI. Sbst. remède. | Heilmittel. s. اوکمك

t اوکلمزلك ÖŇLMEZLIK. Sbst. incurabilité. | Unheilbarkeit. vgl. اوکلمزلك

t اوکلك Sbst. اوکلك قرلی œsophage. | Speiseröhre im Halse = ایکو دیل oder بوغز شیکمی

t اوکمادقلق ÖŇMADYKLYK. Sbst. v. اوکمك Deriv. VI. lésion, affliction, misère. | Verletzung, Schaden, Elend. a نکبا p ... LL.

t اوکمزلق ÖŇMAZLYK. Sbst. v. اوکمك Deriv. VI. incurabilité. | Unheilbarkeit vgl. اوکمزلك

t اوکلمز ÖŇÜLMAZ. Adj. s. اوکمك Deriv. VII.

t اوکمك s. اوکمك

t اوكمز ÖŇMAZ. Adj. s. اوكمق Deriv. VI.

t اوكمق ÖŇMAK. Vb. intr. *prospérer, se corriger, guérir (une plaie), recouvrer la santé*; | gedeihen (von Früchten, Gewächsen u. s. w.), besser werden, sich bessern, wohl von statten gehen, heilen, genesen. — Deriv. I. اوكاردمق ÖŇDERMEK. Vb. caus. *corriger, guérir*. | verbessern, heilen. — II. اوكرمق oder اوكارمق ÖŇARMAK. Vb. trans. *réparer, restaurer, corriger, améliorer*. | verbessern, ausbessern. — III. اوكلمق oder اوكولمق ÖŇELMAK. Vb. pass. refl. *être guéri, guérir, se rétablir*. | geheilt werden, heilen, genesen. يره اوكلمك اكرمك *se cicatriser*. | vernarben. IV. اوكلتمق und اوكولتمق ÖŇÜLTMAK. Vb. pass. caus. *guérir, faire se rétablir*. | heilen (activ), heilen machen. صنق كمكى صارب اوكلتمق einen Verband anlegen, um ein gebrochenes Glied. V. اوكلدرمق ÖŇÜLDERMAK. Vb. pass. caus. *guérir*. | heilen s. اوكلدرمق. VI. اوكمامق ÖŇMAMAK. Vb. neg., davon اوكمز ÖŇMAZ und اوكمياجق ÖŇMAJADŽAK *incorrigible, perdu, vaurien*. | unverbesserlich, Taugenichts. VII. اوكلمامق ÖŇÜLMAMAK. Vb. pass. neg., davon اوكلمز ÖŇÜLMAZ. *incurable, sans remède*. | unheilbar.

t o اوكمك LT. oder اوكمك ÖŇMAK VL. Vb. act. *p* توده كردن LT. كرد كردن und جمع كردن *accumuler, amonceler*. | aufhäufen, sammeln. colligere, congregare. VL.

t اوكمك ÖŇMEK. Vb. act. *louer, donner des louanges*, *t o persuader q. q. à q. ch.*; *appeler*. | loben, *t o* bereden zu etwas, rufen, nennen. Deriv. اوكنمك und اوكونمك ÖGÜNMEK (ÖGÜNMEK). Vb. refl. Aor. اوكنور ÖGÜNÜR (ÖGÜNIR). *se louer, se vanter*. | sich loben, sich rühmen, prahlen, aufschneiden.

t o اوكون LT. خرمنكاه *aire ou récolte*. Tenne, Speicher; Ernte, das eingeerntete Getreide. vgl. اوكمق oder اوكمك.

t اوكمياجق ÖŇMAJADŽAK. s. اوكمق Deriv. VI.

p اوكنج EWERNG. Sbst. *pénitence, regret, chagrin*. | Reue, Bedauern.

p اوكنجر ÖŇÜNIR. s. اوكلى.

t اوكندره ÖGENDERE. Sbst. *aiguillon à piquer les boeufs*. | Stachelstock (um Thiere anzutreiben). *a* منخس *p* بيلمب.

t اوكنمك s. اوكنمك.

t اوكمك s. اوكمك.

t اوكنج ÖGÜNEN. Sbst. vgl. اوكنمك unter اوكمك *vantard, hâbleur*. | Prahler, Aufschneider.

t اوكنكنجى ÖGENDŽI. Sbst. v. اوكنمك *vantard*. | Prahler, Grosssprecher.

t اوكو KÜK. Sbst. s. اوكى.

t اوكوت s. اوكوت.

t اوكو s. اوكوز.

t o اوكوز ÖGÜZ. Sbst. LT. اسب نر *cheval (mâle)*. | Pferd männlichen Geschlechts.

t اوكر.

t o اوكورمك ÖKÜRMEK (Ferhad), auch اوكرمك ÖKRAMAK (Ali Schir). LT. auch خسبيدن und اوكورمك und اوكرمك Vb. intr. *p* خسبيدن. *t* اويقو اوبومق *être couché, dormir*. | liegen, schlafen. VL.

t اوكوتلمك und اوكتلمك ÖGÜTLEMEK. Vb. act. اوكتلمك u. اوكتلمك vgl. auch ايكلمك u. ايكلمك *choisir, élire, éplucher, séparer*. | auswählen, auslesen, aussuchen. Deriv. اوكوتلنمك ÖGÜTLENMEK. Vb. refl. pass. *être choisi, être séparé*. | ausgewählt werden, getrennt, gesondert sein; davon Partic. اوكوتلنمش ÖGÜTLENMIŠ. *choisi, élu*. | auserwählt. بغداى ايكلنوب اوكوتلنمكده wenn das Getreide gereinigt und sortirt wird.

t اوكيه s. اوكيه.

t اوكو s. اوكوز.

t o اوكور LT. مشورت *conseil, avis*. Rath. vgl. اوكت.

t اوكوش und اوكش LT. دوست *ami*. | Freund. Adj. *beaucoup, nombreux*. | viel, zahlreich. Adv. *ensemble*. | zusammen, mit einander. Lt. simul.

t o اوكولكن ÖGÜLGEN. Partic. Pass. v. اوكمك *accumulé, amoncelé*. | aufgehäuft, gesammelt. = *p* توده كرده *t* جمع اولنمش congregatus, collectus. Ferhad. VL.

t اوكولمك und اوكلمك s. اوكمق Deriv. III u. IV.

t o اوكوتمك ÖGÜMAK. LT. آس كردن *rendre mou, amollir*. | erweichen.

t o اوكون ÖKÜN. Conj. *p* جز *a t* غيرى *hormis, excepté*. | ausser. اوكون غيرى رضاسندن تدبير نلمس nulla adest ratio präter voluntatem. Iskendername. VL.

t اوكى ÖGE (ÖGE), auch اوكى oder اوكى *inl. t o* اوكى *qui n'appartient pas en propre*. | fremd, nicht eigenthümlich zugehörig. اوكه آتا ÖGE ATA oder اوكه بابا ÖGE BABA. *beau-père*. | Stiefvater. اوكه آنا *belle-mère*. | Stiefmutter. اوكه اوغل *beau-fils*. | Stiefsohn.

t اوكه s. اوكى.

a اوكه EWKE (vulg. ÖKE, OWKE oder ÖKKE). Sbst. *colère*. | Zorn. vgl. اوكه.

t اوكلتمك ÖKELETMEK. Vb. act. *mettre en colère, irriter*. | erzürnen. vgl. اوكلنمك.

t اوكلنمك ÖKELENMEK. Vb. refl. *se mettre en colère*. | sich erzürnen, zornig werden, sich ereifern. vgl. اوكلنمك.

t اوكلو ÖKELI. Adj. *qui est en colère, colérique*. | zornig, erzürnt. vgl. اوكلو.

t اوكى ÖGI. (ÖKI), s. اوكه.

t اوكى ÖGÜ, auch اوكو und اوكى Sbst. *hibou*. | Eule, Uhu.

t اوكيك ÖGIK (vulg. EWEIK), auch اوكك u. اوكوك Sbst. *pigeon à collier, pigeon ramier*. | wilde Taube, Holztaube, Ringeltaube. (palumbes torquatus).

t o اوكين ÜKIN oder ÜKIN (mongolisch) Sbst. *fille*. | Mädchen, Tochter.

t اول OL. vulg. او o. Pron. der 3. Pers. Pl. اولر ONLAR. [vgl. اون] *lui, elle, il, celui, le même*. | der, die, das; dieser, derselbe. اول كه OL-KI. *qui, celui qui*. | welcher, der welcher. اول برى OL-BIRI oder اوبرى OBIRI. *l'autre, cet autre*. | Jener, der Andere. او برى كون *l'autre jour, c. à d. avant-hier ou après demain*. | den andern Tag, d. i. vorgestern oder übermorgen. اول كونلرده in diesen Tagen, neulich. اول اثناده in diesen Tagen (früherer Zeit), damals. اول زمان zu jener Zeit. اول ساعتده zu jener Stunde, damals. اول تقديرده in diesem Falle.

t a اول AWL, auch اولى AWLY. Sbst. vgl. اوبه *cour, enclos; tente; village; nomade*. | Hof, Gehöfte, Umzäunung; Zelt; Dorf (davon das kaukasische Aul); Zeltbewohner, Nomade. = *p* صحرا نشين LT.

a اول EWL. Sbst. كيرو دونمك *action de revenir, retour*. | Rückkehr, Wiederkehr. — ETMEK. *revenir, retourner*. | zurückkehren, wiederkehren.

a اول EWWEL. Adj., Adv. u. Sbst. Femin. اولى ÜLÂ. *premier, premièrement, d'abord; commencement, le premier de chaque mois*. | der erste; zuerst, zuvor, früher; der Erste, Anfang, Erste des Monats. Pl. 1. اوليون EWWELÎN. *les premiers, les précédents*. | die Ersten, Alten, Vorfahren. اولين وآخرين die Alten und die Neueren. — 2. اوائل EWÂIL. *les premiers, les commencements*. die Ersten, ersten Anfänge. — 3. اوايل EWÂIL. *les premiers dix jours du mois*. | die ersten zehn Tage des Monats. vgl. اوسط und اواخر. — اول بهار *le printemps*. | der Frühling. اول وآخر der Anfang und das Ende. اولدن آخره von Anfang bis zu Ende. بر ساعت اول eine Stunde früher. اول كون بر آن اول sobald als möglich. بر كون اول einen Tag vorher. اول كه zuerst, allererst. اولكى der Erste.

t اولا EWWELÂ. Adv. *premièrement*. | zuerst, erstens.

t o اولمك ÜLMEK, ÖLMEK, s. اولمك. — اولم قشلق *mourir*. | sterben. Abulg. Q.

t اولا OLA. s. اولمق.

a اولا AWLÂ. s. اولى.

t o اولاب AWLAP. Gerund. u. Partic. v. اولامق.

t o اولات ÜLAT. Sbst. *maladie contagieuse, peste*. | ansteckende Krankheit, Seuche, Pest. vgl. اولتمك.

a اولات ÜLÂT. Fem. v. اولو.

t اولاجق OLADŽAK. s. اولمق.

a اولاد EWLÂD. Sbst. Pl. v. ولد WELED. *les enfants, descendants*. | Kinder, Nachkommen. Im Türkischen auch als Singular, *un en-*

fant. | ein Kind. بر اولادم وار ich habe ein Kind.

t o اولار OLAR. Pl. اول, = انلر

t a اولاش ULAŠ. Sbst. LT. قسمت *portion, partie.* | Theil, = اولوش

t اولاشترمق s. اولاشمق

t اولاشترى oder اولشترى, auch اولاشدرى ULAŠYTRY. Adv. [vgl. اولاشمق] *l'un après l'autre, de main en main, consécutivement, continuellement.* einer nach dem andern, dicht hinter einander, aus einer Hand in die andere, unablässig, beständig.

t o اولاشيجى ULAŠYǴY. Adj. [Partic. v. اولاشمق] *contagieux.* ansteckend.

t اولاشترمق s. اولاشمق

t اولاشق oder اولشق ULAŠYK. Adj. *contigu, joignant, touchant contre.* | aneinanderstossend, einander berührend, anstossend, angrenzend.

t اولاشقلق ULAŠYKLYK. Sbst. *contiguïté, cohérence; amitié.* | Aneinanderstossen, Berührung, Zusammenhang, Anhänglichkeit, Freundschaft.

t اولاشقن oder اولاشغن ULAŠGYN. Adj. *contagieux.* | ansteckend. s. d. Flgde.

t اولاشمق oder اولشمق ULAŠMAK. Vb. intr. Aor. اولاشور ULAŠYR. = ايرشمك *atteindre q. ch., parvenir, aboutir, toucher, se joindre, communiquer à q. ch., infecter; s'attacher à q. qu., badiner avec q. qu.* | herankommen, anlangen (an einem Orte), berühren (einen Gegenstand), anhangen (einer Person oder Sache), sich mit einer Sache verbinden, in Berührung kommen, sich einer Sache mittheilen, anstecken (eine Krankheit); sich an Jemand hängen, verliebt sein, Jemanden liebkosen, mit der Geliebten scherzen جانم اللهه اولاشدى meine Seele ist an Gott gelangt. اولوب اولاشمق s. اولمق. — Deriv. — I. اولاشمامق ULAŠMAMAK. Vb. neg. *ne pas atteindre, etc.* | nicht anlangen u. s. w. طاغ طاغه اولاشمز انسان انسانه اولاشور Berge kommen nicht zusammen, Menschen aber treffen sich. Sprichwort. — II. اولاشدرمق oder اولاشدرمق und اولشدرمق ULAŠTYRMAK. Vb. caus. Aor. اولاشدرر ULAŠDYRYR. = ايرشديرمك *faire atteindre, faire parvenir; envoyer; faire se toucher, s'attacher.* | wohin gelangen lassen, wohin schicken, herzukommen lassen, eine Sache mit einer andern in Berührung oder Verbindung bringen, mit einander verbinden, zusammenfügen, aneinander kleben oder haften. — III. اولاشيمق ULAŠYMAK. Vb. trans. = اولاشترمق

t o اولاشمق ULAŠMAK. vgl. اولشمك Vb. act. LT. قسمت كردن *distribuer, partager.* | theilen, vertheilen. اموالنى مستحقلره اولاشيب indem er seine Güter an die Würdigen vertheilte. Ali Sehir. Q. — Deriv. — I. اولاشتمق ULAŠTYMAK und II. اولاشدرمق ULAŠTYRMAK. Vb. caus. LT. قسمت كنانيدن *faire distribuer.* | vertheilen lassen. اوغلانلرى

بولدى، توتوش، لارينه اولاشتوردى er vertheilte (30,000 Sklaven) unter seine Söhne und Fürsten. Abulg. 63.

t o اولاق AWLAK. Adj. *solitaire.* | einsam, vereinsamt.

t o اولاق AWLAK. [LT. اولاق] Sbst. *garenne.* | Jagdgegend, Jagdrevier.

t o اولاق OLAK. Sbst. = اوغلاق *petit chevreau.* | Zicklein.

t اولاق ULAK. *t o* auch اولاغ oder الاغ und اولق Sbst. *courrier, messager; petit bateau-poste.* | Eilbote, Eilschiff, Courierschiff (δρομάς). LT. كشتى خرد Schiffchen. *t o* auch *cheval, monture, cheval de courrier.* | Reitpferd. اولاق بارگيرى *cheval de poste.* | Postpferd, Courierpferd. پياده اولاق *messager.* | Eilbote zu Fuss.

t اولاقلق ULAKLYK. Sbst. *emploi de courrier, la poste.* | das Eilbotenlaufen, Courieramt, Post. اولاقلغه كتمك *aller en courrier.* | als Eilbote gehen.

a t اولاغه oder اولاغى ULALYK oder EWLALYK. = اولويه *prééminence.* | Vorrang.

t اولامق oder آولامق AWLAMAK (AFLAMAK). Vb. act. Aor. آولار AWLAR. vgl. آو *chasser, pêcher.* | jagen, fangen, fischen. قوش آولامق *prendre des oiseaux.* | Vögel fangen, vogelstellen. بالق آولامق *pêcher.* | Fische fangen, fischen. كوكلى سرّن آولامق *tirer les vers du nez.* | Jemanden ausfischen, ausforschen, seine Geheimnisse entlocken. — Deriv. — I. *t o* آولنمق AWLANMAK. Vb. pass. LT. شكار كرده شدن *être chassé.* | gejagt werden. — II. آولتمق AWLATMAK. Vb. caus. LT. شكار كنانيدن *faire chasser.* | jagen lassen, eine Jagd veranstalten. — III. آولدورمق AWLADURMAK. Vb. caus. LT. گيرانيدن *faire tenir, faire prendre.* | festhalten lassen, fangen lassen.

t اولامنوتجه Sbst. *nom d'une plante.* | Name einer Pflanze, *a* ذنب الخيل Kam. eine Art des تكه سقالى

t اولامور OLAMUR. Sbst. = اوغلامور *tilleul.* | Linde.

t اولان OLAN. s. اولمق

t o آولاب AWLAR. Partic. v. آولامق

t اولپرمك ÖLPERMEK. Vb. intr. Aor. اولپرر ÖLPERIR. *frissonner d'horreur, avoir les cheveux hérissés de peur.* | schaudern (vor Furcht), kalt überlaufen, die Haare sich sträuben.

t a اولتز LT بى شرم *impudent, éhonté.* | unverschämt. vgl. اولتسز

t o اولتور Imperativ. v. اولتورمق

t o اولتورشمق s. d. Flgde.

t o اولتورمق OLTURMAK. Vb. intr. = اوتورمق *s'asseoir, être assis; demeurer, rester.* | sich setzen, sitzen; wohnen, verweilen, bleiben. — Deriv. — I. اولتورتمق OLTURTMAK. Vb. caus. = اولتورتمق *faire asseoir.* | sitzen

lassen, setzen. 3. Pf. اولتورتدى u. اولتوردلدى. — II. اولتورغوزمق OLTURGUZMAK. Vb. caus. LT. ساكن نشاندن *faire asseoir.* | sitzen lassen, setzen. III. اولتورلمق OLTURULMAK. Vb. pass. LT. نشانده شدن *être placé.* | gesetzt werden.

t o اولتورمق oder اولتورمه s. اولمك Deriv.

t اولتغه s. اولغه

t اولجه s. اولجا

t o اولچاجق LT. برابر *égal, conforme.* | gleichmässig.

t o اولچالو سز oder اولچالوسز Adj. u. Adv. *immense.* | unermesslich, maasslos. vgl. اولچمك

t اولچوجك s. اولچمك

t اولجك ÖLGEK. Adj. u. Sbst. *moribond, mortel.* | sterbend, sterblich, ein Sterbender. s. اولمك

t اولچك ÖLČEK. Sbst. *mesure.* | Maass; von trockenen Gegenständen und Flüssigkeiten, insbesondere ein Maass von 16 Oka, für Getreide und dgl.

t اولجكلك ÖLGEKLIK. Sbst. *mortalité.* | Sterblichkeit.

t اولچكلك ÖLČEKLIK. Sbst. *action de mesurer, ce qui forme une mesure.* | das Messen, ein Maassvoll.

t اولچملمك ÖLČÜMLEMEK. Vb. act. vgl. اولچمك *mesurer, prendre la mesure.* | messen, abmessen, bemessen, das Maass von einer Sache nehmen. Kam. an vielen Stellen. Deriv. اولچوملنمك ÖLČÜMLENMEK. Vb. refl. pass. *être mesuré.* | gemessen werden, sich messen lassen.

t a اولچمله ÖLÖGÜMLE [von اول u. جمله] Sbst. *ce nombre.* | diese Zahl. اولجملهدن aus dieser Zahl, eins von diesen.

t اولچمك ÖLČMEK. *t o* آلچمق Vb. act. Aor. اولچر ÖLČER. *mesurer.* | messen (mit dem Maasse und der Elle), abmessen. ارشونله اولچمك mit der Elle messen. قارش ايله اولچمك mit der Spanne messen. Deriv. — I. اولچدرمك oder اولچوردمك ÖLČÜRMEK. Vb. caus. *faire mesurer, donner à mesurer.* | messen lassen, zu messen geben. — II. *t o* اولچتمك oder آلچتمق ÖLČETMEK. Vb. caus. *faire mesurer.* | messen lassen. — III. اولچلمك oder اولچولمك ÖLČÜLMEK. Vb. pass. *être mesuré.* | gemessen werden. — IV. اولچونمك ÖLČÜNMEK. Vb. refl. pass. *être mesuré, être mesurable.* | gemessen werden, sich messen lassen, nach dem Maasse bestimmt werden oder bestimmt werden können.

t اولچوردمك ÖLČÜRMEK. Vb. act. *tisonner, attiser, remuer.* | schüren, anschüren. آتش اولچوردمك *attiser le feu.* | das Feuer anschüren. آتشى اولچوروب علولندرمك das Feuer anschüren und in Brand bringen. Kam. s. v. السعار u. آسعار. — آتش دهنى اولچورن. آتش نموب اولچوردمك Kam. s. v. ارثا u. فتنه اولچوردمك *exciter la discorde.* | Zwietracht erregen. Kam. s. v. استفحر

t اولنجو ÖLDCÜ. Sbst. حقه تسمسی *homme peu habile, gâte-métier.* | ein ungeschickter Arbeiter, Pfuscher, Stümper, der eine Arbeit unternimmt, die er nicht versteht.

a t اولجه EWWELDŽE. Adj. [s. اول] *un peu plus tôt.* | etwas früher, kurz zuvor, eher بر کون اولجه einen Tag früher.

t a اولجه OLDŽA. [von اول und جه] — اول که *ce que, celui qui, tant que.* | das was, der welcher, soviel als. Q. *ce qui, quantum, quidcunque.* اولنجه الزمه اولنلر quidcunque iis accidit. اولنجه بولنهلی امکانی oder اولنجه ممکن اولور quantum possibile est. Ali Schir.

t o اولنجه oder اولنجا Sbst. *prisonnier, butin.* | Kriegsgefangener, Kriegsbeute. Abulg. u. Ali Schir. Q.

t اولنجی und اولنجو ÖLČÜ Sbst. *mesure.* | Maass. vgl. اولچمک und اولچمه.

t اولدرجك s. اولمك Deriv.

t o اولدرمق s. اولمق

t اولدرمك und اولدرشمك s. اولمك Deriv.

t اولدرجی ÖLDÜRIDŽI. Sbst. v. اولمك *meurtrier, homicide.* | Mörder.

t اولدم OL-DEM. Adv. *aussitôt, immédiatement.* | sogleich, augenblicklich. همان اولدم *en même temps.* | zugleich, zu gleicher Zeit.

t o اوره LT. موم *cire.* | Wachs (?)

اولمق s. اولسون

t اولسه s. اولسه اولور

a t اولسی EWWELSI. Adj. *d'avant-hier.* | vorgestrig. اول — اولسی کون EWWELSI GÜN. *le jour d'avant-hier.* | vorgestern, der vorgestrige Tag. Redhouse.

t اوش s. اولش

t اولشمق s. اولشدرمق Deriv.

t اولشدرمك s. اولشمك

t اولشدری s. اولشکی

t اولشمق s. اولشمق

t اولشلمق s. اولشلمق

t اولشمق s. اولشمق

t اولشمك ÜLEŠMEK. vgl. *t o* اولشمق Vb. recipr. *distribuer, partager, se partager, se séparer, se détacher.* | theilen, untereinander vertheilen, sich trennen, sich losmachen (ein Theil vom Ganzen). — Deriv. اولشدرمك ÜLEŠDIRMEK. Vb. caus. *faire distribuer, répartir, faire part, donner.* | theilen lassen, vertheilen, mittheilen, geben.

it اولطه, auch اولته und ولته WOLTA. Sbst. (it. volta). *tour, volte; bordée (déviation de route) du navire.* | Wendung, Volte, ein Gang oder Wendung beim Laviren eines Schiffes. — [illegible] ČEVIRMEK, — [illegible] KOMAK, — WURMAK. *faire un tour, se tourner, louvoyer.* | eine Wendung machen, sich wenden, sich drehen, hin und her oder auf- und abgehen, laviren (von Schiffen, dem Winde entgegen segeln). — ایری اولطه ایلمك کلوب کتمك *se démener (en marchant ou en parlant).* | sich drehen und wenden (im Gehen und Reden). Kam. s. v. اره لمحبوب بر اولطه کیتسون — الشو[illegible] اولطه اولطه *rôder çà et là (sous l'impression de la peur).* | unruhig und ohne Rast hin und her laufen (aus Furcht). Kam. s. v. [illegible] اینك اولطه سی چیقمق *se promener en allant et en revenant.* | auf und abgehen.

t اولته oder اولطه OLTA. Sbst. *hameçon.* | Angel, Angelhaken (zum Fischen).

t o اولغالمق ULOATMAK Vb. intr. v. اولوغ *devenir grand, croître, devenir âgé.* | gross werden, wachsen, alt werden. — Deriv. I. اولغالنمق ULOANMAK. Vb. refl. *devenir grand, devenir âgé.* | gross werden, alt werden. Partic. اولغالنمش und اولغالنجی *vieillard.* | alternd, gealtert, ein Greis. — II. اولغالتمق ULOATMAK. Vb. caus. *faire grandir, agrandir; élever.* | gross werden lassen, vergrössern; erziehen. [illegible] اولغالتدی er vergrösserte seine Stadt Isracher. اوغلانجی اولنی اولغالتدی als er seine Kinder erzogen hatte.

t o اولغالمق = اولمك *mourir.* | sterben. اولغالمش *mortuus est.* اولغالمش *sur le point de mourir.* Q.

t اولغو ULGU. Sbst. = اولق OLUK. s. d. Figde.

t اولوق OLUK, ULUK, auch اسوق Sbst. *rigole, gouttière, égout, canal.* | Rinne, Dachrinne, Rinne an einem Mühlrade, Röhre (an einer Cisterne), Gosse durch welche der Schmutz aus dem Hause abfliesst. التون اولوق 1. *gouttière d'or placée sur le haut de la kabe.* | die goldene Dachrinne an der Kaba. 2. *espèce d'étoffe de l'Inde à raies d'or.* | eine Art goldgestreiften indischen Zeuges.

a اولق EWLAK. Sbst. *folie, démence.* | Narrheit, Geistesabwesenheit.

t اولاق ULAK. Sbst. *cheval, petit bateau de poste, courrier.* | Eilbote, Pferd, Schiffchen, Postschiffchen. s. اولاق

t o اولق ULUK. s. اولوغ u. اولوق

t o اولقدر OLKADAR. = اولقدر Adv. *tant, autant, tellement.* | soviel, so gross, dermaassen. اولقدرجه OLKADARDŽE. *à peu près autant.* | etwa ebensoviel, so viel etwa.

t اولك EWLEK. Sbst. *sillon, planche (d'un jardin); raie, le derrière.* | Furche, Ackerfurche, Beet; die Kerbe, der Hintere.

t o اولنك LT. میرنده *homme, un mortel.* | Mensch, ein Sterblicher.

t o اولکن und اولکی Particip. v. اولمك

t اولکه ÜLGEN. Sbst. *a* زهر LL. *le poil d'une étoffe encore neuve, le cotonneux d'une étoffe de laine.* | Strich, Anstrich (des Tuches).

t اولکر ÜLKER. LT اولکر Sbst. *p* پروین *les Pléiades.* | das Siebengestirn.

t o اولکوجه s. اولکوجه

a اولکن کورك ISICH-KONT. Sbst. *cheval! mot employé comme injure.* | Feuerbock im Kamin, ein Schimpfwort, worauf die gewöhnliche Antwort کورك لکچسی sich her sein Haufen. Meninski.

t o اولکو Sbst. *modèle, exemple.* | Muster, Beispiel.

t o اولکو LT. ترازو *balance.* | Wage.

t a اولکونجه ÖLÜNDŽE. Adv. *jusqu'à la mort.* | bis zum Tode. s. اولمك

t اولکه oder اولکا ÜLKE, auch الکه und الکا Sbst. *pays, province, territoire.* | Land, Provinz, Gebiet.

t اولکی OL-KI. Pron. rel. compos. *celui qui.* | derjenige welcher. s. اول

a t اولکی EWWELKI. Adj. *le premier.* | der erste. s. اول

t اولم und اولوم ÖLÜM (vulg. ÖLÜM). Sbst. *la mort.* | der Tod.

t اولمامقلق OLMAMAKLYK. Sbst. *non existence.* | das Nichtvorhandensein, Abwesenheit einer Sache. s. اولمق Deriv. I.

t اولمکلو oder اولوکجل ÖLÜMDŽÜL. Adj. u. Sbst. *moribond, qui est en péril de mort.* | dem Tode nahe, in Todesgefahr, ein Sterbender. اولمکجل اولمق im Sterben liegen, in den letzten Zügen liegen; in Todesgefahr sein. اولمکجل خسته todtkrank.

t اولمز OLMAZ. s. اولمق Deriv. I.

t اولمز ÖLMEZ. s. اولمك Deriv. I. اولمز اغاجی ÖLMEZ-AGADŽY. *airelle.* | Heidelbeerstaude.

t اولمش s. اولمق u. اولمك

t اولمق s. اولمق

t اولمق OLMAK. Vb. intr. Aor. اولور OLUR. *être, exister; être dans un état, atteindre une position convenable, mûrir, devenir complet, devenir comme il faut.* | sein, bestehen, sich in einem Zustande befinden, werden, in einen Zustand kommen, einen geziemenden Zustand erlangen, reif werden (von Früchten), gar werden (von Speisen), vollständig werden, hinreichend werden. اولور OLUR. *cela est, il est possible, il se peut.* | es ist, es ist möglich, es ist thunlich, es geht an. اولورمی OLURMI. *est-il possible?* | ist es möglich? اولمش OLMUŠ. *qui a été, accompli, formé, mûr.* | gewesen, geworden, vollständig, ganz, gar, reif. اولمش قضیه OLMUŠ KAZIE. *fait accompli.* | vollendete Sache. اولسون OLSUN oder اوسون OSUN. *soit, eh bien.* | es sei, wohlan. اولسون دیه oder اوسون دیه OSUN DEMEK. *on sei sagen, d. i.* unterstehe dich; du sollst sehen! (Drohung). اولسه اولور OLSA OLUR. *si cela est, c'est ainsi, c'est possible, peut-être.* | wenn es ist, so ist es; wohl möglich, vielleicht. اولی OLA-WIT. | es sei. اولاکه OLA KI. *soit que, afin que, il se peut que.* | es ist möglich dass, auf dass. اولاجق OLADŽAK. *qui sera, qui pourra être, qui doit être, le futur.* | was sein wird, sein muss, geschehen muss, das Künftige, Mögliche. اولاجغنی دی سوکك *dis ce qui pourra se faire, dis ton dernier prix.* | sage das Mögliche, sage den letzten Preis, das letzte Wort. اولدی *c'est fait de lui.* | es ist um ihn geschehen. اولهرق OLARAK. *étant, existant, comme cela peut être, autant que possible.* | seiend, wie es sein kann, wie nur möglich. الحق اولدرق TIZ TIZ OLARAK. *aussi vite que pos-*

sible. | so schnell wie nur immer möglich. اولسه نسه اولا es geha wie es wolle. Deriv. I. اولمامق ÖLMAMAK. Vb. neg. Aor. اولمز oder اولمز OLMAZ. *ne pas être etc.* | nicht sein u. s. w. اولمامش ÖLMAMYŠ. *ce qui n'est pas, qui n'est pas fini, pas complet, pas mûr,* | was nicht ist, noch nicht ist, noch nicht zu Ende ist, unvollständig, unreif. اولور اولمز OLUR OLMAZ. *incertain, futil, insignifiant, de peu d'importance.* | ungewiss, unsicher, unbegründet, eitel, unbedeutend. اولور اولمز شيلر ungewisse, unsichere, unbedeutende Dinge. — II. اولنمق OLUNMAK. Vb. pass. Aor. اولنور OLUNUR. *être fait, devenir.* | geworden sein, in einen Zustand gelangt sein, vollständig sein; gereift sein; werden.

t اولمق ULMAK. s. اولومق

t o اولمق u. Deriv. s. اولمك

t o اولوقو s. علوقه

t اولمك ÖLMEK (vulg. JOLMEK). Vb. intr. *t o* اولمق und اولمامق Aor. اولور ÖLÜR. *mourir, périr.* | sterben, umkommen, zu Grunde gehen, verderben. اولور بومعنا oder اولورايدى cum moriturus esset. Q. — Deriv. I. اولممك ÖLMEMEK. Vb. neg. Aor. اولمز ÖLMEZ als Adj. *immortel.* | unsterblich. — II. اولدرمك ÖLDÜRMEK. *t o* اولدورمك und اولدورمق Vb. caus. Aor. اولدرر ÖLDÜRIR. *faire mourir, tuer, assassiner, perdre.* | tödten, ermorden, verderben, zu Grunde richten. اولدورر نفس non occidet. Q. — III. اولدرشمك ÖLDÜRIŠMEK. Vb. caus. recipr. *s'entre-tuer etc.* | einander tödten u. s. w. — IV. *t o* اولدورتمق Vb. caus. caus. *faire tuer.* | tödten lassen, ermorden lassen. اولدورتدى Abulg. 150.

t اولمو ÖLÜMLÜ. Adj. *mortel, sujet à mourir.* | sterblich.

t اولمامش ÖLMAMYŠ. s. اولمق Deriv. I.

t اولمامق ÖLMAMAK. s. اولمق Deriv. I.

t o اولنجه ÖLÄNÄK. Adv. v. اولمق *jusque là, jusqu'à présent.* | bis hieher, bis jetzt. Q. usque huc.

t اولنجيه ÖLÄNŽE oder اولنجيه ÖLÜNŽEĴE. Adv. v. اولمك *jusqu'à la mort, pour toute la vie.* | bis an den Tod, lebenslang.

t اولدرمكه OL-NEDIR-KI. Sbst (eigentlich: was ist das). *énigme.* | Räthsel.

t اولنمكه s. اولنمه

t o اولنك ULANG. Sbst. *désert, steppe.* | Steppe. LT. تنك شير Steppe wo sich Löwen finden.

t اولنمق s. اولمق Deriv. II.

t اولنمك EWLENMEK. Vb. intr. Aor. اولنور EWLENIR. *s'établir, c. à d. se marier.* | sich ein Haus machen, d. i. sich verheirathen. Deriv. اولندرمك EWLENDIRMEK. Vb. caus. *faire se marier, marier (une fille), donner en mariage.* | verheirathen, zur Ehe geben.

t اولو u. اولى EWLI. [v. او] Adj. u. Sbst. *qui a une maison.* | der ein Haus oder Haushaltung besitzt, verheirathet. ايكى اولو IKI-EWLI *bigame, marié avec deux femmes.* einer der zwei Frauen hat.

t اولو u. اولى ÖLÜ [v. اولمك] Adj. u. Sbst. *mort, défunt; cadavre.* | todt, verstorben; Leichnam. vgl. اولوك

a اولو ULU u. cas. obl. اولى ULI. Sbst. Pl. ohne Singul. und nur in arabischen Zusammensetzungen. *possesseurs, maîtres, doués de q. ch.* | Besitzer, Herren einer Sache, begabt mit … اولو الالباب oder اولو الاسباب *hommes doués de l'intelligence.* | mit Einsicht begabte, die Weisen, Klugen. اولو القوة die Starken. اولو الامر Befehlshaber, Machthaber, Fürsten; Lehrer des Gesetzes. اولو العزم die Herren der Unternehmung, d. i. die an der Spitze stehenden. اولو الابصار die Hellsehenden, Scharfsichtigen. اولو الطريق die den Weg, die richtige Leitung zur Erkenntniss Gottes besitzenden, Vorsteher religiöser Gemeinschaften.

t اولو ULU. Adj. vgl. *t o* اولوغ *grand, gros, énorme, corpulent, célèbre.* | gross, dick, umfangreich, wohlbeleibt, gross von Ansehen, vornehm; berühmt. اولو يول *grand chemin, rue principale.* | Heerstrasse, Hauptstrasse. اولو پادشاه *un grand roi.* | ein grosser König. اولو دوستمز unser grosser Freund (in der diplomatischen Sprache, Prädicat der europäischen Fürsten).

t اولوجه ULUĴA oder اولوجه Adv. *plus grand, assez grand.* | grösser, ziemlich gross. Sbst. *supérieur.* | Oberer, Vorgesetzter. اولوجه لرك سوزينى طوتميوب den Befehl der Vorgesetzten nicht beachtend.

a اولوجه OL-WEĠH. *de cette manière.* | auf diese Weise. s. وجه

t اولورق ULURAK. Adj. Compar. v. اولو *plus grand, très-grand.* | grösser, recht gross.

t اولورلق OLURLUK. Sbst. v. اولمق *l'existence.* | das Sein, die Existenz.

t o اولوس ULUS, auch اوس oder اولس und اس Sbst. *peuple, peuplade, tribu; les gens.* | Volk, Nomadenvolk, — كوچر اولى Kam. s. v. … — Stamm; die Leute. vgl. اس

t اولوش ÖLÜŠ oder اولش Sbst. *la mort.* | der Tod, Todesart.

t o اولوش ÜLÜŠ. Sbst. vgl. اولشمك *parte, portion, portion journalière, pain quotidien, nourriture, subsistance.* | Theil, Antheil, der tägliche Antheil, das tägliche Brod, Nahrung, Lebensunterhalt, = *a* رزق *p* روزى. ايلچيه بر اولوشى طاپوب قى بر اولوشى قاچيب كتكن اوكسدور ein Theil der Feinde hielt Stand und ein Theil entfloh. Abulg. 166. ايكى اولوش ايدى er gab zwei Theile. Abulg. 114. ايلكدن كلان اولوش اولمز اولسه وقتنده كلمز es ist kein Brod, das von Fremden kommt, wäre es, so käme es nicht zur rechten Zeit. Sprüchw. Kam.

t o اولوغ ULUG, auch اولغ und اغ Adj. und Sbst. = اولو *grand, plus âgé, l'aîné; supérieur, prince; fort, intrépide.* | gross, erwachsen, älter, der Aelteste, älteste Sohn, Obere, Fürst; stark, furchtlos. اولوغ آتا *grand-père.* | Grossvater. خلقك نيشانه اولمغى der Führer des Volks. Abulg.

t o اولوك = اولوغ

gr اولوفر ULUFER. Sbst., auch اولسوفر نيلوفر *nénuphar.* | die Wasserlilie.

t اولوق s. اولوق und اولوك

t o اولوقت OL-WAKYT. Adv. s. وقت *alors, sur le champ.* | damals, sogleich.

t اولوقلنمق ULUKLANMAK. Vb. intr. *devenir grand, être grand.* | gross werden, gross sein. Kam. s. v. تعظم

t o اولوك ULÜK, auch اولك und اولوق Adj. u. Sbst. = اولى oder اولم *mort, défunt, cadavre, corps mort.* | todt, verstorben, ein Todter, Leichnam.

t اولولمق s. اولوق

t o اولولنمق oder اتلنمق LT. Vb. act. *marier.* | verheirathen. Deriv. اولولنمق oder اتلنمق Vb. refl. *se marier.* | sich verheirathen. vgl. اولنمك EWLENMEK.

t اولولك ULULUK. Sbst. v. اولو *grandeur, majesté, magnificence, gloire; action noble et digne d'admiration, fait mémorable.* | Grösse, etwas Grosses; Grossartigkeit, Majestät, Pracht, Herrlichkeit, Ruhm, Adel, Stolz, Würde; grosse, würdige Handlung, grosse Begebenheit.

t اولولمق ULULAMAK. Vb. act. *faire grand, honorer, célébrer.* | gross machen, vergrössern, ehren, preisen. Deriv. I. اولولتمق ULULATMAK [auch اولولتمك] Vb. caus. *faire augmenter, augmenter.* | vergrössern lassen, vermehren, einer Sache mehr Ansehen geben. شرف اولولتمق *ennoblir.* | veredeln. — II. اولولنمق ULULANMAK. Vb. refl. *devenir grand, croître, s'augmenter; se vanter, s'enorgueillir.* | gross werden, wachsen, sich gross machen, sich rühmen, sich brüsten, stolz sein.

t اولم s. اولو

t اولجل s. اولوجل

t اولومق ULUMAK oder WULUMAK. Aor. اولور WULUR. Vb. intr. *hurler, aboyer, glapir, rugir.* | heulen (vom Wolfe und Hunde), bellen, kläffen (vom Hunde und Fuchs), brüllen (vom Löwen).

t o اولونك Sbst. LT. چوب تير *bois de la flèche.* | Holz am Pfeile, Pfeilschaft.

a اولويت EWLEWIJET. Sbst. s. اولويت

t اولى oder اولو AWLY. Sbst. *cour, enclos, village.* | Hof, Gehöfte, Dorf. vgl. اول

t اولى EWLI. s. اولو Adj. *marié.* | verheirathet. s. او

t اولى ÖLI und اولو Adj. u. Sbst. *mort, cadavre.* | todt; Leichnam. s. اولوك

a اولى oder اولا EWLÂ. Adj. (Femin). *meilleur, plus convenable, qui s'adapte mieux, le meilleur, le plus convenable.* | besser, vorzüglicher, geziemender, passender, zweckmässiger, das Beste, Zweckmässigste. اولى كورمك für besser halten, lieber wollen.

a اولى ŪLÂ. Adj. Fem. v. اول

a اوليه EWWELIJE. Adj. u. Sbst. *antérieur, précédent, primitif, qui est au commencement; principe.* | vorangehend, das Vordere, Vorauszuschickende, was in die Einleitung einer Wissenschaft gehört, Grundsatz, Anfangsgründe.

a اولى ŪLÎ. cas. obl. v. اولو *maîtres, possesseurs.* | Besitzer.

a اوليا EWLIJÂ. Sbst. Pl. 1 v. والى *gouverneurs, ministres.* | Statthalter. s. والى. — 2 v. ولى *amis (de Dieu).* | Freunde Gottes. Als türkischer Singular: *saint.* | ein Heiliger. اوليا دوهسى EWLIJA DEWESI, wörtlich: Heiligenkamel, Name eines Insekts, auch دوهجك Kameelchen, oder اشك قورتى Eselswurm genannt, Assel (asellus), vulg. Kellerassel. vgl. اشك

a اوليات EWWELIJÂT. Sbst. Pl. v. اولى

a اوليت EWWELIJET. Sbst. برنجيلك *priorité, prééminence, antériorité.* | das Zuerst sein, Vorzüglichkeit, Vorrang, höherer Werth.

t اولنجه s. اوليجه

t اولنجى ÖLIDI. Partic. v. اولمك *mourant, mortel.* | sterbend, sterblich.

t اولنجى OLIDJÜ. Partic. v. اولمق *étant.* | seiend. فنالغه اولنجى *périssable.* | zu Grunde gehend, vergänglich.

t o اولمغ s. اولوغ

t o اولمك s. اولوك

t اولنكلمش u. اولنكلمش s. d. Figde.

t اولنكلمك ULI-GELMEK, auch ULI-GELMEK (vulg. OLA-GELMEK). Vb. intr. [v. اولمق und كلمك] *être usité, être pratiqué.* | wörtlich: zum Sein gelangen, gewöhnlich sein, üblich sein, zu geschehen pflegen. Partic. اولنكلمش ULI-GELMIŠ und OLA-GELMIŠ, == اولنكن ULIGÂN und OLAGAN. *usité, accoutumé.* | gewöhnlich, gewohnt, üblich. Deriv. اولنكلمامك ULI-GELMEMEK. Vb. neg. Partic. اولنكلمامش *inusité, extraordinaire.* | ungewöhnlich, ausserordentlich.

a اولين EWWELIN. Adj. Pl. v. اول

t اومساچ OMAČ. Sbst. LT. s. آماچ اومساچ *espèce de bouillie de farine.* | Brei, Mehlbrei.

a = *p* اومساج آشى LI. آردشاله Mehlsuppe.

p اومساچ s. آماچ

t o اومغ Sbst. (mongolisch UMAK Mutterleib) == سوتك *race, famille.* | Geschlecht. Abulg. S. 21.

t اومجه UMDJA. ein Wort ohne bestimmte Bedeutung, womit man den Kindern Furcht einzujagen und sie zum Schweigen zu bringen sucht; ähnlich بوجيو, Kam. s. v. آشيبقشرى

t اومجه UMDJA. Sbst. *tronc d'arbre, grosse branche.* | Baumstumpf, geköpfter Baumstamm, ein dicker Knoten oder Ast am Stamme eines Baumes. Kam. an vielen Stellen.

t اوموز s. اوموز

t اوومق OWMAK. Vb. act. *frotter.* | reiben, und Deriv. s. اوومق

t اوماق UMAK. s. اوماق

t اومك EWMEK u. Deriv. s. اومك

t اوممق UMMAK, auch اممق oder اومق u. اومق Vb. intr. Aor. اومار UMMAR. [امار. اومار = امار] *espérer, attendre, désirer, avoir l'intention.* | hoffen, erwarten, wünschen, beabsichtigen. Deriv. — I. اوممامق UMMAMAK. Vb. neg. *désespérer, craindre.* | nicht hoffen, fürchten, verzweifeln. — II. اومدرمق UMDURMAK. Vb. caus. *faire espérer, faire désirer.* | hoffen lassen, wünschen lassen, Hoffnung oder Wunsch erwecken. — III. اومولمق UMULMAK. Vb. pass. *être espéré.* | gehofft, gewünscht werden, davon اومولان s. d. — IV. *t o* اومنمق UMANMAK. Vb. refl. LT. اميدوار اولمق *espérer.* | hoffen. — V. *t o* اومسنمامق UMSUNMAK. Vb. neg. LT. نا اميد اولمق *désespérer.* | nicht hoffen, verzweifeln.

t o اومو UMU. Sbst. *espoir.* | die Hoffnung.

gr اوموز oder اموز und امز OMUZ. Sbst. (ὦμος). *épaule.* | Schulter, Achsel. اوموزى قاشى *arçon.* | der Sattelbogen des Pferdes. اموز باشى *homoplate, garrot (du cheval).* | Schulterknochen, der hervorstehende Schulterknochen (des Pferdes). Kam. s. v. شاشكوب

t اومولان UMULAN. Partic. v. اومولمق s. اوممق Deriv. III. *ce qui est espéré, désiré; espoir, désir, intention.* | das Gehoffte, Gewünschte, Beabsichtigte; Hoffnung, Wunsch, Absicht.

t اومدجه كميكى Sbst. *os sacrum.* Kam. s. v. العصعص

p اوميد UMID. s. اميد

t اون ON. LT. اون Sbst. == آواز *p* سس *voix, bruit, renommée.* | Stimme, insbesondere von der Stimme der Thiere, lautes Geräusch, Ruf. (Redhouse: fame). اون اتمك *hurler, braire, mugir etc.* | heulen, schreien, brüllen. اييت اونى كبى wie das Geheul eines Hundes.

t اون UN. Sbst. آرد, دقيق *farine.* | das Mehl. اون قپانى UN-KAPAN. *halle à farine à Constantinople.* | die Mehlhalle in Constantinopel. اون خاصكى *farine de la première qualité.* | Mehl von der feinsten Sorte.

t o اون ON. Pron. pers. == *t* اول Pl. اونلار oder اونلر == انلر

t اون ON. Adj. Num. *dix.* | zehn. اون باشى ONBAŠY (OMBAŠY). *caporal, décurion.* | einer der über zehn Mann gesetzt ist, decurio; Unteroffizier (Redhouse: „a corporal, a second class petty naval officer"). اون بر ON-BIR. *onze.* | elf. اون ايكى *douze.* | zwölf u. s. w. اون ايكيلك *à onze.* | zu elf. اون ايكيلك ON-IKI-LIK. *une douzaine.* | ein Dutzend.

t o اونامق ONAMAK. Vb. intr. *consentir, agréer.* | beistimmen, zustimmen, == رضا ويرمك und اونسلمق اولمق Ali Schir. VI. Deriv. اونامامق ONA'MAMAK. Vb. neg. اونامادى er wollte nicht. Ali Schir.

t اونتغان und اونوتغان UNUTGAN == اونوتقان Adj. *qui oublie.* | vergesslich.

t اونوتمق oder اونتمق UNUTMAK. Vb. intr. Aor. اونوتور UNUDUR. Imperat. اونت UNUT. *p* فراموش كردن *oublier.* | vergessen. كندلرنى اونتمشلر sie haben sich vergessen. — Deriv. I. اونتدرمق ONUTDURMAK. Vb. caus. *p* فراموشانيدن *faire oublier.* | vergessen machen, vergessen lassen. — II. اونوتلمق oder اونتلمق UNUDULMAK. Vb. pass. *être oublié.* | vergessen werden. Partic. اونتلمش UNUDULMUŠ *oublié.* | vergessen, der Vergessenheit anheimgefallen.

t اونتمقلق ONUTMAKLYK. Sbst. *oubli.* | Vergessen, Vergessenheit.

p اونج UWENG. Sbst. مونسيت *amitié, familiarité.* | Freundschaft.

t o اونچو UNDJU. Sbst. LT. قرض ومسئله *dette, emprunt, demande.* | Schuld. vgl. اونوچ und اونج

p اوند EWEND. Sbst. ظرف *vase.* | Gefäss.

p اوند ÂWEND. Sbst. *argument, démonstration, preuve évidente.* | Beweis, Beweisführung.

t o اوندامق oder اوندمق ONDAMAK. Vb. intr. == آوازلنمق, *p* چاغرمق *crier, appeler.* | schreien, rufen, herbeirufen. اوندادى er rief. Abulg. 6.

t o اوندر, auch اوندر und اندر ONDAR. Sbst. *outre très-grande.* | ein grosser aus Häuten gefertigter Schlauch.

t اوندالق s. اوندلق Deriv.

t اوندابر ONDA-BIR. Sbst. *dime.* | ein Zehntheil. vgl. اون Genit. اوندا برينك UNDA-BIRINIŇ. Dativ. اوندا برينه ONDA-BIRINE. etc. اوندا بر الماق ein Zehntheil abziehen, gegen 10 pC. leihen.

t اوندلق ONDALYK. Sbst. *dizaine.* | Zahl von Zehnen, Zehner, Zig.

t o اونوتجى s. اوندوجى

t o اوندور ONDUR. Adj. == بوجه *p* بلند *haut.* | hoch.

t o اونغون UNGUN. Sbst. *marque (spéc. empreinte au bétail).* | Markzeichen, hauptsächlich das dem Vieh aufgedrückte oder eingebrannte Zeichen.

p اونك IWENK. Sbst. *chose suspendue, raisin suspendu pour le faire sécher.* | etwas Aufgehangenes; zum Trocknen aufgehängte Trauben u. dgl. == اويزه

t o اونك ÖNK. Adj. *p* راست *droit.* | recht. اونك قولى *sa main droite.* | seine rechte Hand. اونك طرافنده *zur rechten Seite.* Sbst. *aile droite (d'une armée).* | der rechte Flügel (eines Heeres).

t o اونك Sbst. LT. رنك *couleur.* | Farbe.

t o اونكشى ONKAŠI. Adj. ايكى قات اولان *p* دوتاه *double.* | doppelt, zweifach. Diwani Lutfi. VI.

t o اونكسول ONK-SOL. LT. چپ وراست *droit et gauche.* | rechts und links.

t a اوڭقول Sbst. = اڭقول la main droite. die rechte Hand. LT. دست راست

t a اوڭكى Adj. u. Adv. droit, à droite. | recht, rechts. اوسكل وسولى rechts und links.

t اوڭكو ÖÑKGÜ. Adj. u. Sbst. معند, عميد, عند, اكحو querelleur, obstiné, opiniâtre, disputeur, adversaire, concurrent, compétiteur, rival. | zänkisch, streitsüchtig, eigensinnig, trotzig, halsstarrig; der das Rechte kennt und das Gegentheil davon thut, Widersacher, Mitbewerber, = اوڭكا

t اوڭكولشجى ÖÑKGÜLIĞI. Sbst. adversaire, concurrent, rival. | Widersacher, Mitbewerber. s. اوڭكو

t اوڭكولشمك ÖÑKGÜLEŠMEK. Vb. recipr. se quereller, être en concurrence, être en rivalité. | sich streiten, mit einander wetteifern, in Competenz kommen, concurrieren.

t اوڭكولك ÖÑKGÜLIK. Sbst. opiniâtreté, obstination, concurrence, rivalité. | Eigensinn, Halsstarrigkeit, Concurrenz, Wetteifer, Widerspenstigkeit. — ETMEK. être en concurrence, rivaliser, s'opposer, contester. | concurrieren, einem eine Sache streitig machen, eigensinnig auf etwas bestehen.

t a اوڭكى Adj. LT. p آسان facile. | leicht.

t a اونلاب ONLAB. Num. distrib. dix à dix. | zu je zehen.

t اونلامق oder اونلمق UNLAMAK. Vb. act. enfariner, saupoudrer de farine. | mit Mehl bestreuen.

t اونلق ONLYK. Sbst. dîme; monnaie de dix (paras etc.). | Zehnt; Geldstück im Werthe von zehn (Paras u. s. w.).

t اونلو ÜNLÜ. Adj. s. اون qui a la voix rauque, qui a de la voix. | mit Stimme (insbesondere mit schlechter) begabt. ار اونلو عورت eine Frau, die eine Stimme hat wie ein Mann.

t اونلمك ÜNLEMEK. Vb. intr. Aor. اونلر ÜNLER. چاغرمق crier, faire entendre sa voix. | schreien, rufen; laut schreien, seine Stimme hören lassen. vgl. اون

t اونمق ONMAK. Vb. act. = يارمق fendre. | spalten. اغاج اونمق Holz spalten. Meninski: findere et expectare. vgl. d. Flgde.

t اونمق oder اونمق AWUNMAK. Vb. intr. LT. مشغول اولمق — II. a تسلى p روزكار كچيرمك s'occuper de q. ch. pour passer le temps, pour attendre q. ch., s'amuser avec q. ch., attendre. | sich beschäftigen mit etwas, um die Zeit hinzubringen, indem man auf etwas wartet; auf etwas warten, erwarten, den Tag oder die Zeit mit etwas hinbringen. vgl. d. Flgde. und اوتمق AWUTMAK und اوندرمق

t a اونمق Vb. intr. LT. روبيدن وكذشتن croître, grandir; excéder, dépasser. | wachsen, gross werden; überschreiten.

t اونمق ONAMAK oder اونامق Vb. intr. souhaiter, désirer; communiquer. | wünschen; mittheilen. بكا اونامز mihi non optas aut non communicas. (Meninski).

t اوانمق UWANMAK oder اوانمق s. اوانمق

t اونجى ONYNĞY. Adj. Num. le dixième. | der zehnte.

t اونوتغن s. اونوتقان.

t اونوتمق ONUTMAK und Deriv. s. اونتمق

t اونوتقلق ONUTMAKLYK. s. اونتقلق

t اونودجى ONUDĞY oder اونودجى Adj. u. Sbst. qui oublie, oublieux. | vergesslich, ein Vergesslicher.

fr اونور ONOR, ONÖR Sbst. honneur. | Ehre.

t a اونونج ONUNĞ. Adj. Num. اونجى dixième. | der zehnte. اونونج آى Name des zehnten Monats des uigurischen Jahres.

t اوى OWY Sbst. farine desséchée au feu. | geröstetes Mehl. vgl. اون

t اووا OWA. Sbst. plaine. | Ebene, Fläche, freies Feld. s. اوا u. اوه

t a اوو oder اوو Conj. LT. آرى oui, certainement. | ja, gewiss. vgl. اوت

t a اووالامق OWALAMAK. Vb. act. frotter, frictionner. | reiben كه سيرى اوواليسونلر damit sie euch reiben (im Bade) vgl. اوومق — اووالايجى بزى frottoir. | Reibelappen.

t اووالامه OWALAMA. Sbst. friction, frottement. | Reibung.

t اووالاجى OWALAJYĞY. Sbst. frotteur. | der Dielenbohner.

t اوودرمق s. اوومق Deriv.

t اووز ÖWEZ. Sbst. sorbier. | Eberäsche. s. اوس

t اووشدرمه OWUŠTURMA. Sbst. friction. | die Reibung. s. اوومق Deriv. III.

t اووشمق s. اوومق Deriv.

t a اووى LT. يوشتر چوبيس خركاه das hölzerne Zeltdach, d. i. der Balken [اوى] welcher das Dach des Zeltes [او] bildet.

t اوومق oder اومق OWMAK. Vb. act. vgl. اوغمق. Aor. OWAR. frotter, frictionner. | reiben, verreiben, abreiben. — Deriv. I. اوودرمق OWDURMAK oder اودرمق Vb. caus. faire frotter, se laisser frotter. | reiben lassen, verreiben lassen, sich zerreiben lassen. = اوغاتمق LL. — II. اووشمق OWUŠMAK. Vb. recipr. se frotter l'un l'autre, se frotter réciproquement. | einander reiben. — III. اووشدرمق oder اووشتورمق auch اووشتورمق OWUŠTURMAK. Vb. recipr. caus. se faire frotter l'un l'autre; frotter, masser. | einander reiben lassen; reiben, walken, kneten. بر آز اووشدريكز BIR AZ OWUŠTURUNUZ. reibe mich ein wenig (im Bade); ČOK OWUŠTURMA. reibe nicht zu stark.

t اوومه OWMA. Sbst. s. d. Vhgde. friction, frottage, massage. | Reibung, Knetung, Walkung.

t a اووا s. اووه

t اوه OWA. Sbst. = او und اووا plaine. | Ebene, Fläche, freies Feld. اوا = p دشت unbebautes Feld, Wüste. اوا كنكش ein weites Feld.

p اوه ÄWE oder اوه AWWE. Interj. ah! hélas! | ach, wehe, (Ausdruck des Schmerzes). = آه

t a اوق Sbst. u. Adj. brigand, fort, courageux. | Räuber, Tapferer.

p آه ä. Interj. ah! s. d. Vhgde.

a اوشام EWŠÂM. Sbst. Pl. v. وشم WEŠM.

t اوجملك s. اوجملك.

a اوهن EWHEN. Adj. Compar. v. وهين très-faible. | sehr schwach.

t a اوى EW, auch اوو Sbst. = او EW. maison. | Haus. اوده dans la maison, à la maison. | im Hause, zu Hause. بيراونك كچار اوردى er ging in ein Haus. اوكدن چقدك سن du bist aus deinem Hause gegangen. Ali Schir. Q. اوى ايه سى der Hausherr.

t a اوى ÖI. Sbst. p گاو LT. boeuf, vache. | Rind; Ochse, Kuh. بيراوى تمريسى eine Rindshaut.

t a اوى Sbst. LT. كنكاش délibération. | Berathschlagung. vgl. اويلمق

t اوى ÜI. Sbst. = سس son, bruit, voix. | Schall, Ton, Laut, Stimme. اوى ويرمك crier. | einen Laut von sich geben, schreien, rufen.

p اويا UJA. Adj. lâche, paresseux, ignare. | feige, faul, unwissend.

t a اويات (Ali Schir.) oder اويس LT. Sbst. اويانمق p شرم pudeur. | Scham, sich schämen. اويانسز UJATSYZ. impudique. | unverschämt, schamlos.

t a اويتمق UJATMAK oder اويلمق LT. شرم داشتن avoir honte, rougir. | sich schämen. vgl. اويلمق

t a اويلانمق oder اويلامق UJATLYN Adj. confus, honteux. | beschämt.

t اويمق s. اويارمق.

t اويارمق und اويرمق OJARMAK oder اويارويرمك OJARYWERMEK. Vb. act. éveiller; allumer. | erwecken; anzünden, = اويندرمق [s. اويانمق] چراغ اويارديلر sie zündeten das Licht an. Meninski.

t a اويانقلق UJANLYK. Sbst. vigilance. | Wachsamkeit, Sorgfalt, = اويانقلق

t a اويلمق UJALMAK. Vb. refl. [vgl. اويانمق] Aor. اويالور UJALYR. p شرم داشتن avoir honte. | sich schämen. اويالورمن j'ai honte. | ich schäme mich. اويال UJAL. schäme dich! اويالمس سن du schämst dich nicht und schämst du dich nicht? اويالماى سين du magst dich schämen. = شرم دارى Ali Schir. Q.

t اويلمق OSALAMAK. Vb. act. Aor. اويلار OJALAR. différer q. ch., remettre à un autre temps, négliger q. ch., amuser q. qn. (par de vaines promesses etc.). | eine Sache aufschieben, hintansetzen; Jemanden hinhalten (durch leere Versprechungen, Entschuldigungen u. s. w.) بو آنده دكين اويلنوب da (die Sache) bis dahin aufgeschoben. — Deriv. I. اويلانمق OJA-

LANMAK. Vb. refl. *tarder, retarder, chercher un prétexte.* zaudern, zurückbleiben, einen Vorwand suchen, = *a* اويلنوب قالمق — تعلل ايتمك , تعللش sich verspätigen, zurückbleiben. آغيرجه اويلنهرق ديرلمك sich schwerfällig bewegen. كيروقالوب اويلنمك zurückbleiben, zu spät kommen. اويالمق s. اويلنوب اويلنمسق. — II. اويالندرمق OJALANDYRMAK. Vb. refl. caus. *différer q. ch., amuser q. qn. par des promesses etc., faire attendre q. qn.* | eine Sache verschieben, einen mit etwas hinhalten, Jemanden warten lassen. بر آدمی در بهانه ايله اويالندرمغله مقصدندن آليقويوب . كچكدرمك Kam. s. v. التمشر Jemanden durch einen Vorwand hinziehen und an seinem Vorhaben hindern.

t اويان OJAN. Sbst. *bride.* | Zaum. اويان اورمق *brider.* | den Zaum anlegen, = اويانلمق

t اويالندرمق s. اويالمق

t اويانق OJANYK. Adj. *p* بيدار *éveillé.* | wach, munter. — OLMAK. *être éveillé* | wach sein, wachen.

t اويانقلق OJANYKLYK. Sbst. *état d'être éveillé, vigilance.* Wachsein, Munterkeit, Wachsamkeit. جوق اويانقلق *insomnie.* | Schlaflosigkeit, = اويقوسزلق

t اويانلمق OJANLAMAK. Vb. act. *brider.* | zäumen, = اويان اورمق

t اويانمش OJANMYŠ. s. d. Flgde.

t اويانمق OJANMAK. Vb. intr. Aor. اويانور OJANYR. *s'éveiller; s'allumer* | erwachen, wachen; sich entzünden. Partic. اويانمش *éveillé.* wach, munter. — Deriv. I. اويانديرمق OJANDYRMAK. vgl. اويارمق *éveiller, exciter, enflammer, allumer.* | erwecken, aufwecken, anzünden. جراغ اويانديرمق eine Flamme anfachen, ein Licht zu hellerem Brennen bringen.

t اويانو OJANY. Adj. *éveillé.* erwacht, wach. اويانو كلمك OJANY GELMEK. *s'éveiller* | erwachen.

t o اويات UJAT. s. اويانت

t اويتلمك ÜJTLAMEK. Vb. act. *choisir, élire, fouiller, éplucher.* | auswählen, aussuchen, = اوكلمك , اينلامق , آيقلمق

t o اويتمق UJATMAK. s. اوياتمق

t اويتمق UJUTMAK. s. اويومق Deriv.

t o اويتمك ÜJTMEK LT. قورقمق *craindre, avoir peur.* | fürchten.

t اويجى EWIDŽI oder IWIDŽI. s. ايويجى

t اويجى ÜJDŽI. Adj. u. Sbst. *qui imite, qui contrefait.* nachahmend; Nachahmer, Nachäffer. vgl. اويمق

p اويختن AWIXTEN. Vb. act. u. intr. [Rad. اويز] | آويختن *pendre, suspendre.* | hängen, aufhängen, anhängen. Partic. آويخته AWIXTE. *pendu, suspendu.* | hängend, aufgehangen, آصلمش

t اويخو oder اويوخو UJUXU. s. اويقو

t اويدرمق s. اويمق Deriv.

t اويدلمق AWYDYLMAK. Vb. intr. [Passiv. v. اويمق] *être occupé, s'occuper s'entretenir.* beschäftigt werden, sich beschäftigen, sich unterhalten. vgl. اويمق

t o اويرت ÜJRET. N. pr. *nom d'une tribu turque.* | Ujräten, türkische Völkerschaft.

t اويرمق UJARMAK. s. اويرمق

t اويز UJUZ. s. اوجوز

p اويز ÄWIZ. Adj. [Rad. v. آويختن] in pers. Compos.: *qui fait pendre, qui attire.* | hängen machend, anhaften bewirkend. دلاويز DIL-ÄWIZ. das Herz anhaften lassend, reizend, entzückend. Sbst. *chose suspendue; croc.* | etwas aufgehangenes; Haken.

p اويزش ÄWIZIŠ. Sbst. *suspension.* | das Aufhängen, Anhangen.

p اويزه ÄWIZE. Adj. u. Sbst. = آويخته. *t* آصمه *suspendu, chose suspendue, p. ex. collier, pendant d'oreille, lustre, etc.* | aufgehängt, angehängt, hängend; etwas hängendes, Verzierung, Gehänge, Halsband, Kronleuchter, Ohrring, Quaste. حلقه آويزه سی oder كوش آويزه سی der Aufputz (von Schnüren, Gehängen u. s. w.), an einer Frauensänfte. ÄWIZE ETMEK. *suspendre.* | aufhängen, anhängen, = آويختن

t اويشدرمق s. اويشمق Deriv.

t اويشمق s. اويوشمق

t اويشمق s. اويمق und اويوشمق Deriv.

t اويشمه oder اويوشمه UJUŠMA. Sbst. von اويمق *accord, convention que l'on fait pour terminer un différend.* | Vertrag, Uebereinkommen.

t اويشمه Sbst. v. اويوشمق s. اويوشمه

t اويشق UJŠAK. Adj. v. اويمق *enclin à q. ch., consentant.* | geneigt zu etwas, seine Zustimmung gebend, mit Allem zufrieden.

t o اويغاتمق UJGATMAK oder OJGATMAK oder اويغتمق Vb. act. اويانديرمق *p* بيدار كردن *éveiller, réveiller.* | erwecken, aufwecken.

t o اويغاق Adj. *t* اويانق *p* بيدار *éveillé.* | wach, munter, wachsam.

t o اويغاقلق Sbst. *t* اويانقلق *état d'être éveillé, vigilance.* | das Wachsein, Munterkeit, Wachsamkeit. Q. evigilatio, surrectio. *a* قومه

t o اويغانمق Vb. intr. *t* اويانمق *p* بيدار شدن *s'éveiller, être éveillé.* | aufwachen, wach sein, munter sein. Partic. اويغانمش *éveillé.* | wach. اويغانغونجه usque dum expergefiat Q.

t o اويغو s. اويقو

t o اويغور UIGUR. N. pr. *les Ouïgours.* | Uigur, Name eines türkischen Stammes.

t o اويغولامق u. Deriv. s. اويقولامق

t اويغون UIGUN. Adj. v. اويمق *convenable, semblable, commode, propice, qui s'accorde, accordant.* Sbst. *instrument musical, luth.* | passend, geeignet, zweckmässig, bequem zu, schicklich, ähnlich einer Sache, übereinstimmend, harmonierend (mit dem Dativ); wohlklingend; harmonisch, daher als Sbst. das Harmonische, d. i. Saiteninstrument, Laute. ارغن ترنمه اويغون *s'accordant, qui s'accorde bien.* | übereinstimmend, zusammenklingend. اويغون كلمك *s'adapter, convenir.* | gut zu etwas passen.

t اويغونسز UIGUNSYZ. Adj. *qui n'est pas convenable etc.* | unzweckmässig, unpassend, unschicklich, ungeschickt, ungefällig (Gegentheil des Vhgdn).

t اويغونسزلق UIGUNSYZLYK. Sbst. *inaptitude, abus.* | Unzweckmässigkeit, Ungeschicklichkeit, Untauglichkeit, schlechter Gebrauch, Missbrauch (Gegentheil des Flgdn.).

t اويغونلق UIGUNLYK. Sbst. *a* استعداد *aptitude, harmonie, convenance.* | Zweckmässigkeit, Schicklichkeit, Tauglichkeit, guter Gebrauch; Harmonie. سس اويغونلغی *accord.* | musikalischer Accord.

t اويق UJUK und OJUK. s. اويوق

t o اويقلاغان UIKULAGAN. Partic. v. اويقلامق

t اويق UJK oder UJYK. s. اويوق

t اويقلامق UJUKLAMAK oder اويوقلامق

t o اويقلامق oder اويقولامق und اويقولمق Vb. intr. [vgl. اويومق] *p* خواب كردن *dormir, sommeiller, s'endormir.* | schlafen, schlummern, schläfrig sein, einschlafen. Synon. اويمق — Deriv. I. اويقلتمق oder اويقولاتمق und اويقولاتمق Vb. caus. = اويوتمق *p* خوابانيدن *faire dormir, faire endormir.* | schlafen lassen, in den Schlaf bringen. — II. اويقولامامق UJUKLAMAMAK. Vb. neg. ابراهيم خجالتدن اويوقلامامش Ibrahim schlief nicht aus Beschämung. Abulg.

t اويقو oder اويوقو UJKU, auch vulg. UJKU. اويخو UXU und *t o* اويغو UJGU. Sbst. *sommeil, somnolence.* | Schlaf, Schlummer. اويقم وار oder اويقم كلدی *j'ai sommeil.* | ich bin schläfrig. اويقويه وارمق *s'endormir.* | einschlafen. اويقويه دويمق *dormir son soûl.* | recht ausschlafen. اويقو سرخوشلغی UJKU-SERHOŠLYK oder — سرخوشلغی Schlaftrunkenheit. اويقو باصار UJKU BASAR. der Schlaf drückt. اويقو اويقويه جكسك ايو du hast gut geschlafen. vgl. جكمك

t اويقوجی UJKUDŽU, auch اويوقوجی Sbst. u. Adj. *dormeur; languissant.* | Schläfer, schläfriger Mensch, verschlafen, viel schlafend.

t اويقوسز UJKUSYZ, auch اويوقوسز Adj. *privé de sommeil.* | schlaflos, der nicht schlafen kann. اويقوسز براقمق oder — قويمق Jemanden nicht schlafen lassen, ihn quälen, indem man ihn des Schlafs beraubt.

t اويقوسزلق UJKUSYZLYK, auch اويوقوسزلق *insomnie.* | Schlaflosigkeit.

t اويمق ÜWAK. s. اووق

t اويكلنمك und اويكلمك s. اويك II.

t اويكن ÖJGEN. Sbst. = آق جكر *poumon.* | die Lunge. قزل اويكن KYZYL ÖJGEN *oesophage.* | die Speiseröhre im Halse, auch *t* قزيل سرت *p* دوكفزر ناكی oder

t اويكنمك oder اويكونمك ÖJKENMEK. Vb. act. (alt). vgl. اويمق. Synon. اوكنمك تقليد *imiter, suivre l'exemple, contrefaire.* | nachahmen, einem Beispiele folgen, nachäffen (mit dem Dativ). اوک صنعته اویکنمك diese Kunst ahmet nach.

t اویکه ÖKE, ÖWKE. Sbst. Tahrif v. اوکه Synon. خشم . تارغنلق colère, indignation, rage, passion, courroux. | Zorn, Eifer, Wuth, Leidenschaft.

t اوک‌لنمك auch اویکلنمك u. اویکلنمك ÖWKELETMEK. Vb. act. — دارلتق. کوجندرمك fâcher, mettre en colère, indigner, irriter. | erzürnen.

t اوک‌لنمك auch اویکلنمك u. اویکلنمك ÖWKELENMEK. Vb. intr. — دارلمق. کوجنمك se fâcher, se mettre en colère, s'indigner. | in Zorn gerathen, zornig werden, in Eifer, in Wuth gerathen. اویکلنمش ÖWKELENMIS. fâché, irrité. | erzürnt, zornig. اویکه‌لنیبوب جحقلوق vor Wuth brüllen (der Löwe). — Deriv. اویکه‌لندرمك ÖWKELENDIRMEK. Vb. caus. = اویکه‌لتمك mettre en colère. | erzürnen, zum Zorne reizen.

t اویکه‌لو ÖWKELI oder اوکه‌لو Adj. fâché, irrité, colérique. | zornig, wüthend, jähzornig, zum Zorne geneigt.

t اویکی ÖWEGI (spr. ÖJE). Adj. — اوکی öjé. اویکی بابا beau-père. | Stiefvater.

t o اویل AWIL. Sbst. t ایل pays, contrée. | Land, Gegend. اویل دا غی خاتون لار die Frauen des Landes. Abulg.

t o اویلانمق oder اویلنمق OJLANMAK. Vb. intr. v. اوی, = اولنمك se marier. | sich verheirathen. — Deriv. اویلاندورمق OJLANDURMAK. Vb. caus. = اولندرمك marier. | verheirathen. اوغلانلارین اوی لاندوروب nachdem er seine Söhne verheirathet.

t اویلاجه s. اویلجه

t اویلق UJLUK. Sbst. = فخذ cuisse, le dedans de la cuisse. | Hüfte, Schenkel, innere Seite der Schenkel, Dicke der Schenkel bis an die Knie. [اوجه اویله بتدرلة ما بینی اولان | عضو]; die Weichen. [Kam. s. v. الاخطب]. اویلق اتلری das Fleisch an den Schenkeln.

t o اویلك Adj. LT. بیمار malade. | krank.

t o اویمق Vb. intr. LT. تدبیر کردن ، سانجیمق considérer, délibérer, disposer. | überlegen, berathen, anordnen. vgl. اوی

t o اویمه Sbst. LT. تدبیر délibération, conseil. | Berathung, Rath. s. d. Vbgde.

t اویلن ÖJLEN. s. اویله

t o اویلاغو s. اویلمق

t o اوی‌لوك LT. oder اویلوك auch اویلوق und اوییوك ÖJLÜK. Sbst. u. Adj. LT. کدخدا ، صاحب خانه maître de la maison, père de famille; appartenant à la maison. | Hausherr, Hausvater; zum Hause gehörig. Abulg. 144.

t اویله ÖJLE. Adv. ainsi, tellement. | also, so, so sehr. اویلهمی ÖJLEMI. n'est-ce pas? | ist es so? nicht wahr? اویله‌در ÖJLE DIR. c'est cela. | so ist es, jawohl. اویله اولجه ÖJLE OLUNCA [oder اویله‌سه — oder اویله‌سه] si cela est. | wenn dem so ist. اویلجه oder اویلجه ÖJLEJIN. comme cela. | ebenso.

t اویله ÖJLE oder اویلن ÖJLEN. Sbst. midi, temps du midi, prière de midi. | Mittag, Mittagszeit, Mittagsgebet. اویله اسیسی ÖJLE ISSISI. chaleur de midi. Mittagshitze. — طعامی oder اویله ماحسی dîner à midi. | Mittagsmahlzeit. اویلهدن صکره کی وقت, auch اویله طعامیدن صکره کی وقت die Zeit nach Mittag, der Nachmittag.

t اویله‌لك ÖJLELIK. Adj. auf Mittag bezüglich. اویله‌لك یول ÖJLELIK JOL. demi-journée de marche. | ein Weg, den man in der Zeit von Sonnenaufgang bis Mittag zurücklegt, halbe Tagereise.

t اویلین ÖJLEJIN. Adv. à midi sonnant. | gerade zu Mittage.

t اویمه‌جی OJMAGY. Sbst. v. اویمق sculpteur, graveur. | Bildhauer, Bildschnitzer.

t اویمه‌جیلق OJMAGYLYK. Sbst. sculpture, art du sculpteur, ou du graveur. | Bildhauerei, Bildhauerkunst.

t o اویمق UIMAK. N. pr. nom d'une tribu tatare. | Name eines tatarischen Stammes.

t o اویمق oder اویمق UIMAK. LT. انکشتوانه dé à coudre. | Fingerhut.

t اویمق OJMAK. Vb. act. Aor. اویار OJAR. tailler, moucheter, chantourner, découper, taillader, denteler; creuser, arracher les yeux, graver, sculpter, ciseler. | schnitzeln, stechen, aushauen, ausmeisseln (in Holz, Stein u. s. w.); ausschneiden (z. B. eine Wunde); auszacken (Stoffe, Stickereien u. s. w.); ausgraben, aushöhlen, ausstechen (z. B. die Augen). ایچینی اویمق ICINI OJMAK. creuser. | aushöhlen. قفه کمککینی اویمق trépaner. | die Hirnschale öffnen. ایکی کوزینی اویوب nachdem er ihm beide Augen ausgestochen. t o کوزین چشم برکنند p = اویغیلار sie mögen ihm das Auge ausstechen. Ali Sekir Q. اغاجی اویوب دلمك das Holz durchbohren [vom Holzwurme. Kam. s. v. الانخوبة]. — Deriv. اویلمق und اویلمق OJULMAK. Vb. pass. être taillé etc. | geschnitzt u. s. w. werden oder sein.

t اویمق UIMAK. Vb. intr. u. act. Aor. اویار UJAR. Imperat. اوی UJ. se conformer, s'adapter, être juste, se rapporter, avoir de la conformité, de la convenance, être convenable, imiter, suivre, obéir, suivre le parti de q. qn. | bequem sein, sich anlegen (aptum esse), schliessen, passen (von Kleidern), sich anbequemen, sich schicken in, sich nach etwas richten, nachahmen, gehorchen, folgen, übereinstimmen, sich zu Jemandes Partei halten, einem anhangen. اویار اولمق UJAR OLMAK. imiter. | nachahmen. ایشی اویار ISI UJAR. seine Sache ist im Gange, wird zur Zufriedenheit betrieben. زمانه اوی ZEMANE UJ. schicke Dich in die Zeit. بر کمسه‌نك ایزینه اویمق Jemandes Spur folgen, ihm nachahmen. اویوب ولاشمق hinter einem her sein, ihn heftig angreifen. [تجسس ، بریك اوستیلا ایمك Kam. s. v. التدلنة]. بریبر اویوب ولاشمق mit einander kämpfen, ringen. Kam. s. v. التواطع und التکسر. — Deriv. I. اویشمق UJSMAMAK. Vb. neg. n'être pas convenable, ne pas s'accorder, ne pas convenir. | nicht zu etwas passen, sich nicht nach etwas richten, nicht zuträglich sein, sich nicht schicken. — II. اویدرمق UIDURMAK. Vb. caus. Aor. اویدرر UJDURUR. accorder, adapter, concilier, arranger, inventer (p. ex. un conte. Redhouse); faire obéir, dompter; faire suivre, faire imiter, séduire; imiter, contrefaire. (Eminian). | gleich machen, gleichen, vergleichen, anpassen, einpassen, einrichten, gemäss machen, in Uebereinstimmung bringen, einfügen, aneinander passen, bequem machen, anbequemen, nach sich ziehen, folgen lassen, nachahmen lassen, zum Gehorsam bringen, bändigen, zähmen, verführen; fleischlichen Umgang haben mit Jemand; nachahmen, nachmachen (Eminian); erfinden, erdichten (z. B. eine Erzählung. Redhouse). کلتری قبویه اویدرمق den Schlüssel in die Thüre passen. اوی برینه اویدرمسق mit einander in Uebereinstimmung bringen. — III. اویشمق oder اویوشمق UJUSMAK. Vb. recipr. Aor. اویشور UJUSUR. s'accorder, s'entendre, s'accommoder, être convenable, être favorable. | zu einander passen, sich einander anbequemen, übereinkommen, einander günstig sein, gefällig sein; davon اویشمه UJUSMA. traité, accord. | Vertrag, Uebereinkommen.

t اویوق UJMAK. s. اویمق

t o اویمق Vb. act. LT. خوردن manger. | essen. = t یمك

t اویملمق OJMALAMAK. Vb. act. — اویمق OJMAK. tailler, sculpter. | ausschneiden. s. o.

t اویمه OJMA. Sbst. vgl. اویمق action de tailler, etc.; sculpture, gravure, ciselure, excavation. | Ausschnitt, Auszackung, Aushöhlung, Bildhauerei, Schnitzerei. خلقی اویمه جقور ein von der Natur gebildetes Loch, Höhle (in einem Felsen u. dgl.). اویمه ایشی Bildhauerarbeit, Schnitzwerk.

t اویمه UIMA. s. اویومه

t اوین oder اویون ÖJÜN. Sbst. (alt). portion; ration journalière. | Portion, Ration, bestimmter Antheil, Deputat, ein gewisses Einkommen, Mahlzeit. ایکی اوین قهوه IKI OJUN KAHWE. zwei Portionen Kaffee. اوینینی ویردکمی OJNYNY WERDIGMI. hast du ihm seinen Theil zukommen lassen? کونده بر اوین طعام ایلمك einmal des Tages essen.

t o اوینس Sbst. LT. بازی jeu. | Spiel. s. اویون

t اویناشلق s. اویناشمق Deriv.

t اویناجق OINAÖYK. Sbst. petit jeu, joujou. | Spielzeug, Spielerei, Spielchen.

t اویناتمق s. اوینامق Deriv.

t اویناش OINAS. Sbst. v. اوینامق dissolution, libertinage, fornication, amant, amante, concubine, femme prostituée. | Leichtfertigkeit, Lüderlichkeit, Hurerei. LT. زنا; — Gespiele, Gespielin, Liebhaber, Geliebte, Buhle, Buhlerin, leichtfertige Dirne. = معشوق ، مول ، خداش p LL. قری بی اویناشلق ایلمك Hurerei treiben.

اویناشدیغنی کوردم ich sah die Frau mit ihrem Buhlen.

t a اویناشیق OINAŠYK Sbst. libertin, dissolu. | liederlicher Mensch, der Hurerei ergeben.

t اویناشمق s. اویناشق

t اویناشمه OINAŠMA s. اویناشمق Deriv. Sbst. concubine. | Gespielin, Concubine.

t اویناق OINAK. Adj. u. Sbst. qui joue, qui badine, vif, folâtre, ombrageux (un cheval), inconstant, dissolu, menteur, trompeur, sur qui l'on ne peut pas compter; — articulation, jointure, articulation de deux os. | spielend, tändelnd, unbeständig, beweglich, leichtfertig, leicht scheuend (von Pferden), ein unbeständiger, unzuverlässiger Mensch, Lügner, Betrüger; die Stelle wo ein Glied sich bewegt, d. i. das Gelenk. auch آت اویناغی = اویناق یری

t اویناتمق oder اوینامق OINAMAK Vb. act. u. intr. Aor. اوینار OINAR. p بازی کردن jouer, badiner, danser, sauter, palpiter, trembler (le coeur), se mouvoir d'un côté à l'autre; mouvoir, tourner | spielen, tändeln, scherzen, tanzen, springen, hüpfen, sich hin und her oder auf und abschieben (von einem Gegenstande der nicht fest an seiner Stelle sitzt), hin und hergeschoben werden, gerüttelt werden, zittern = تپرنمك od. اویتمق — یورك اوینار le coeur bat. das Herz schlägt. تمر اوینار le pouls bat | die Ader, der Puls schlägt. یل اوینار le vent souffle der Wind geht. شمشك اوینار es blitzt. قمار اوینامق jouer un jeu de hasard, risquer q. ch. ein Glückspiel spielen, etwas wagen, ein Loos ziehen. کاغد ایله اوینامق jouer aux cartes | Karten spielen. آشق اوینامق jouer aux osselets, aux dés | das Knöchelspiel spielen, würfeln = باشیله اوینامق — آشیق آتمق oder جانیله اوینامق exposer sa vie | sich tollkühn in Gefahr begeben. اویناره‌رق OINAIARAK, tout en jouant. | scherzweise, spielend. Deriv. — I. اویناتمق oder اویناتمق OINATMAK. Vb. caus. Aor. اویناتیر OINATYR. p بازی کناندن faire jouer, faire mouvoir etc. | spielen lassen u. s. w. آتی اویناتمق faire caracoler le cheval | das Pferd tanzen lassen. کوزلرینی اویناتمق den Augapfel hin und her bewegen. اویناتوب تپرتمك agiter. | schütteln, rütteln — II. اویناتلمق OINATYLMAK. Vb. caus. pass. u. refl. se mouvoir. | sich bewegen. اویناتلی کبی دائما se mouvant comme une toupie. | sich immer bewegend wie ein Spielzeug (z. B. ein Kreisel). — III. اویناشمق OINAŠMAK. Vb. recipr. jouer ensemble, se taquiner, badiner ensemble. | mit einander spielen, scherzen, sich necken.

t اویناتیجی OINATYDŽY. Sbst. [v. اویناتمق] joueur. | Spieler, = اویناجی

t اویناجق s. اویناشجق u. اویونجق

t اویناجی OINADŽY. Sbst. [v. اویون] = اویونجی p بازی joueur, imposteur, comédien. | Spieler, Betrüger, Schauspieler. آتش اویناجیسی artificier. | Feuerwerker, = آتشبازی oder فشنکجی

p اویماق AWYNMAK. Vb intr. امید ایتمک, اومید ایتمک espérer, sommeiller. | hoffen, schlummern.

t اوینقشمق s. اوینقاشمق

t اوینق s. اوینق

t a اوینه Sbst. LT. پر تیر la plume de la flèche. | Feder oder Schwinge des Pfeiles.

t اوینیق s. اوینیمق

t اویناشمق AWYNMAK. Vb. act. pousser d'un côté à l'autre. | hin und her schieben. [Kam. s. v. آلتحوز] اوینیوب اویناشمق s'occuper beaucoup de q. ch., tuer le temps avec q. ch. | sich viel mit einer Sache beschäftigen oder unterhalten, sich die Zeit mit etwas verkürzen. = آلتقشر Kam. s. v. تعلّل ب

t اوینامه OINAMA. Sbst. v. اوینامق action de jouer, de danser, de trembler etc. | das Spielen, Tanzen, Zittern u. s. w. یورك اوینامسی battement du coeur. | Herzklopfen.

t a اویو Sbst. t اوی s. w. maison. | das Haus. اوینمك سول طرافینده zur linken Seite des Hauses. Abulg. 16.

t اویوقلق s. اویوقلق Deriv. I.

t اویقو s. اویقوسو

t اویوتیجی UIUTUDŽY. Sbst. u. Adj. qui fait dormir; somnifère. | Einschläferer; einschläfernd, = اویقو کتوریجی

t اویوشقلمق ÜIÜRILLEMEK s. اوکورلمك

t اویوز oder اویز UIUZ. Sbst. gale. | Räude, Krätze, Ausschlag. اویوزلو = قشنلسو اوسور آتشی = فارسی آتش feu de St. Antoine. | Rothlauf. فرنك اویوزی maladie vénérienne | die französische Krankheit. چکه اویوزی gale au menton. | Bartkrätze am Kinn.

t اویوزلق UIUZLUK. Sbst. gale. | Krätze s. d. Vögel.

t اویوزلو UIUZLU. Adj. galeux. | mit der Krätze behaftet, räudig.

t اویوشق oder اویشق UIUŠUK Adj. v. اویومق Deriv. II. endormi; raide, caillé | eingeschlafen, träge, schläfrig; starr, steif; geronnen.

t اویوشقلق und اویشقلق UIUŠUKLUK. Sbst. a سدر، رکود langueur, apathie, torpeur, engourdissement. Trägheit, Schläfrigkeit, Gefühllosigkeit, Betäubung, Erstarrung. s. اویومق Deriv. II.

t اویوشمق s. اویومق Deriv. II. u. اویمق Deriv. III.

t اویوشمه oder اویشمه UIUŠMA. Sbst. v. اویومق Deriv. II. engourdissement. | das Einschlafen, Erstarrung. اعضا اویوشمسی courbature. | Starrheit, Steifheit der Glieder.

t اویوشوشمه UIUŠMA. Sbst. v. اویشمق s. اویشمه

t اویوق OIUK. Adj. excavé. | ausgehöhlt, ausgeschnitten. s. اویمق

t اویوسوق auch اویسق, اویوغی, und اویوغ

UIUK, UIYK, ÜIÜK Sbst. 1. تپه a تل، کثیب monceau de terre | Hügel, Erdhaufen. 2. p کاشانه

a کوش، کاشانه، خیال epouvantail. | Vogelscheuche, Wildscheuche (auf einer Stange aufgerichteter Schädel eines Thieres).

t اویوقلمق s. اویقلمق

t اویوقو s. اویقو

t اویوم s. اویوق

t اویوشلمستمق UIUKLAMAK. Vb. act. ایری ایری دیکمك coudre à larges points. | mit grossen Stichen nähen. Kam. s. v. تشتیر

t اویولق Pass. v. اویمق u. v. اویومق

t a اویولوك oder اویوملك Sbst. = اویلك maison, famille; propriétaire, maître de la maison. | Haus, Haushaltung, Familie; Hausherr. یتمش ممك اویولوك ایدیلر sie waren 70,000 Häuser (Familien). Abulg. 27.

t اویوم OIUM. Sbst. v. اویمق excavation, feston, ciselure, cavité, orbite. | Ausschnitt, Aushöhlung. یقه‌نك کوکس اویومی der Ausschnitt des Kragens. [Kam. s. v. آلقطاب] — کوز اویومی orbite de l'oeil. | Augenhöhle, Umkreis des Auges. p چشم خانه، جشمه a وقبة العین oder الحجاج. [الحجاج] Kam. s. v. کرة العین und

t اویومق oder اویمق UIUMAK. Vb. intr. Aor. اویور UIUR. [vgl. اویقلمق] dormir, se coucher, s'endormir; se coaguler. | schlafen, schlafen gehen, einschlafen; steif werden (ein Glied), fest werden, gerinnen (die Milch) سود اویودی die Milch gerann. Abulg. 25. Synon. بوغیرت اویدی. Kam. s. v. آمروب، آبروب — Deriv. I. اویوتمق oder اویتمق UIUTMAK. Aor. اویوتور UIUTUR. faire dormir; faire coaguler. | einschläfern, in Schlaf bringen, schlafen lassen; steif und fest werden lassen. — II. اویوتلمق UIUTULMAK. Vb. caus. pass. être fait endormir, être fait se coaguler. | zum Schlafen gebracht werden; geronnen gemacht werden. سود اویوتیلوب یوغرت حاصل اولمش Kam. s. v. آمروب — III. اویوتمامق UIUTMAMAK. Vb. caus. neg. = اویانیق ایلمك éveiller, ne pas laisser dormir. | nicht schlafen lassen, munter erhalten, munter machen, wecken. — IV. اویوشمق oder اویشمق UIUŠMAK. Vb. recipr. s'endormir, s'engourdir. | einschlafen, insbesondere von Gliedern, erstarren, steif werden, starr und steif sein. اویوشمش آیاق ein steifer, eingeschlafener Fuss; geronnen اویوشمش قان geronnenes Blut. — V. اویوشدرمق oder اویشدرمق UIUŠDURMAK. Vb. recipr. caus. faire s'endormir, engourdir. | starr oder steif machen, das Blut gerinnen lassen. — VI. اویومامق UIUMAMAK. Vb. neg. ne pas dormir, être éveillé. | nicht schlafen, munter sein. — VII. اویویامامق UIUIAMAMAK. Vb. impass. ne pas être en état de dormir. | nicht schlafen können. اویویامز آدم einer der nicht schlafen kann.

t اویوقلنمق UIUKLANMAK. Vb. intr. prendre racine. | einwurzeln, festwurzeln. کوکلنوب اویوقلنمق Kam. s. v. التیمب

t اویومه oder اویمه UIUMA. Sbst. action de s'endormir, sommeil. | das Einschlafen, Schlafen. اویومه اوطه‌سی UIUMA ODA. chambre à coucher. | Schlafkammer.

t اویون oder اوین OIUN. Sbst. portion, ration. | Portion, Ration. s. اوین

t اويون, auch اوين OJUN. Sbst. *jeu, badinage, raillerie, farce; imposture.* | Spiel, Scherz, Tändelei, Kurzweil, Schauspiel, Glückspiel; Spiel das man mit Jemand treibt, Betrug, Ränke, Täuschung, List, Streich den man Jemanden spielt. تقليد اويونى TAKLID OJUNU. *comédie.* | Schauspiel. كاغد اويونى oder شرلته *jeu de cartes.* | Kartenspiel. شطرنج اويونى *jeu d'échecs* | Schachspiel. طوب اويونى *jeu de paume.* | Ballspiel. طوله اويونى *trictrac.* | Bretspiel. اويون اوينامق *jouer un jeu.* | ein Spiel spielen. اويون آلمق *gagner la partie.* | das Spiel gewinnen.

t اويونتى OJUNTI. Sbst. v. اويمق OJMAK. *coupe, morceau.* | Schnitt, Abschnitt, Ausschnitt, abgeschnittener Theil. بوغاز اويونتيسى der Ausschnitt am Kragen.

t اويونتى UJUNTI. Adj. u. Sbst. v. اويمق UJMAK. *qui dépend, qui suit, imitateur, sectateur, écornifleur, parasite; qui appartient, dépendance, suite.* | abhängig von Jemand, zu Jemand gehörig, Nachahmer, Nachfolger, Anhänger, = *a* تبع *p* طفيلى; ungebetener Gast, Zudringling, Schmarotzer, = قول قنوق *a* حشم Kam. Anhang, Gefolge.

t اويونجق oder اويونجاق OJUNDAK. Sbst. *jouet, joujou, babiole; sorte de petit jeu de mots, de divertissement de société.* | Spielchen, Spielerei, Spielgeräth, Spielzeug, Gesellschaftsspiel.

t اويوجق UJUJAJAK. Gerund. v. اويومق. اويوجق ير UJUJAJAK JER. *chambre à coucher.* | Schlafstelle, Schlafkammer.

t اويوجى UJUJÖY. Sbst. *dormeur.* | Schläfer, schläfriger oder verschlafener Mensch.

t اويمه OJMA. Sbst. v. اويمق *ourlet, bord, coupure, échancrure.* | Saum, Rand, Ausschnitt eines Kleides.

t اويمه s. اوكمه

a ا Abbreviatur für الآخر

p آه ÂH. Interj. *ah! oh! aie!* | Ausdruck des Schmerzes. Als Sbst. *soupir.* | der Seufzer. — ETMEK, — ČEKMEK. *soupirer.* | seufzen. آهى ÂHI. *un soupir.* | ein Seufzer.

p آهار ÂHÂR. Sbst. *empois.* | Stärke (von Mehl), Kleister von Stärkemehl, Papierglätte (eine Art Glasur von Eiweiss und Alaun, welche dem Schreibpapier Glanz giebt.) آهار صويى *eau de l'empois* | flüssige Stärke. آهار اورمق *empeser.* | stärken, = آهارلمق.

p t آهارلمق AHARLAMAK. Vb. act. *mettre de l'empois.* | stärken, = آهار اورمق.

a آهال ÂHÂL und اهالى EHÂLI. Sbst. Pl. v. اهل.

a اهانت IHÂNET. [هون IV.] Sbst. خورلق. حقير كورمك *action de traiter légèrement q. qn., ou d'en faire peu de cas; dédain, mépris.* Bezeugung von Geringschätzung, Verachtung, Missachtung. — ETMEK. *mépriser, dédaigner, maltraiter q. qn., se déclarer ennemi de q. qn.* | Jemanden geringschätzig behandeln, beleidigen, sich feindselig gegen Jemand benehmen.

a اهتجاء IHTIĜÂ. [هجو VIII.] Sbst. *action de se lancer réciproquement des traits satiriques, écrire des satires les uns contre les autres.* | gegenseitige Verhöhnung, Verspottung (durch Reden und Schriften).

a اهتداء IHTIDÂ. [هدى VIII.] Sbst. طوغرى يوله بولنمق. — ETMEK. *se laisser conduire dans le droit chemin, dans le chemin du salut.* | sich auf dem rechten Wege (zur Erkenntniss, zum Heile) leiten lassen. vgl. استهداء und اهدا.

a اهتزاز IHTIZÂZ. [هز VIII.] Sbst. صرصمق. صالنمق. ديرپنمه *agitation, mouvement, vibration (d'une corde etc.).* | Bewegung (insbesondere zitternde), Schwingung, Vibration (einer Saite u. dgl.), Aufregung, Zustand der Aufregung. — ETMEK. *être agité, secoué, brandi, s'agiter, trembler; être gai, sauter de joie.* | aufgeregt, bewegt sein; sich bewegen, zittern, vibriren; vor Freude hüpfen, springen, munter sein.

a اهتضاض IHTIZÂZ. [هض VIII.] Sbst. *action de casser.* | das Zerbrechen. — ETMEK. *casser, broyer, briser; se soumettre entièrement à la volonté de q. qn.* | brechen, zerbrechen (in kleine Stücke); seinen Willen brechen, sich demüthigen, sich einem andern gänzlich unterwerfen.

a اهتضام IHTIZÂM. [هضم VIII.] Sbst. ظلم ايلمك — ETMEK. *faire une injustice à q. qn.* | Jemanden (im Zorne) Unrecht thun.

a اهتلاك IHTILÂK. [هلك VIII.] Sbst. — ETMEK. *se jeter dans un péril.* | sich in Gefahr begeben, sich dem Untergange weihen, = انهلاك.

a اهتمام IHTIMÂM. [هم VIII.] Sbst. جهد. اقدام. دقت *soin, sollicitude, diligence; faveur; effort.* | Sorgfalt, Sorge, Fleiss, Gunst, Versuch. — ETMEK. *avoir soin, s'efforcer.* Fleiss und Sorgfalt anwenden; eine Sache versuchen, sich Mühe geben [mit dem Dativ des Objects oder mit ادرز, ايله, ده, بابنده]. — اهتمام تام ايله mit vollem Eifer, so sorgfältig als möglich.

a t اهتمامسز IHTIMAMSIZ. Adv. *sans soin, sans effort, négligemment.* | ohne Sorgfalt anzuwenden, sorglos, nachlässig, obenhin.

a اهتيال IHTIJÂL. [هول VIII.] Sbst. قورقونه كرفتار اولمق. قورقمق *peur, frayeur.* (*être effrayé*). | Furcht, Angst, Entsetzen.

a اهجاء IHĜÂ. [هجو IV.] Sbst. *action de trouver ou de regarder q. ch. comme satirique.* | etwas als Satyre, als Spott aufnehmen, oder dafür halten, = استهجان oder اهجيت.

a اهداء IHDÂ. [هدى IV.] Sbst. هديه كوندرمك *action de conduire, de mener, d'apporter, de présenter.* | Geleitung, Leitung, Führung (auf dem rechten Wege zur Erkenntniss); Darbringung (eines Opfers, eines Geschenks), Ueberreichung. — ETMEK. *reconduire (la nouvelle mariée chez son mari); diriger vers le chemin du salut; présenter un cadeau etc.* | zuführen (z. B. die Braut dem Gatten); auf dem rechten Weg (zur Erkenntniss, zum Heile) führen, bekehren (zum wahren Glauben), Führer und Rathgeber sein; ein Geschenk darbringen. vgl. اهتداء.

a اهدار IHDÂR. [هدر IV.] Sbst. *action de regarder comme vain, comme inutile.* | Geringachtung. — ETMEK. *regarder comme vain; permettre que le sang d'un homme soit versé impunément.* | einer Sache geringen Werth beilegen, für geringfügig halten; einen Mord ungerächt lassen.

a اهذار IHZÂR. [هذر IV.] Sbst. شوزه وشكنجار, سويلمك. كوزلنه *bavardage, radotage.* | Schwätzerei, Faselei.

a اهراب IHRÂB. [هرب IV.] Sbst. جهد. كمال *application.* | Sorgfalt, Mühe. — ETMEK. *s'appliquer, s'efforcer, se livrer tout entier à q. ch.; mettre en fuite.* | Fleiss und Sorgfalt anwenden, sich einer Sache ganz widmen; — in die Flucht treiben.

a اهراق IHRÂK. [هرق IV.] Sbst. تكمك. دوكمك. — ETMEK. *verser, répandre, faire couler.* | vergiessen, fliessen lassen.

a اهرام EHRÂM. Sbst. Pl. v. dem ungebräuchlichen Singular هرم oder هرام *les pyramides d'Égypte.* | die ägyptischen Pyramiden; als Singular *pyramide.* | Pyramide, als stereometrische Figur.

p اهرون EHRÛN. Sbst. *hache, cognée.* | Axt, Beil.

p اهرمن EHRIMEN. Sbst. (*Ahriman*) *démon, esprit aérien, le diable.* | böser Dämon, Luftgeist, Teufel.

a اهراق IHZÂK. [هزق IV.] Sbst. چوق كولمك. قهقهه ايله كولمك *rire immodéré.* | lautes unmässiges Lachen.

a اهزال IHZÂL. [هزل IV.] Sbst. — ETMEK. *trouver q. qn. plaisant, regarder q. qn. comme plaisant.* | kurzweilig finden (eine Person oder Sache), scherzhaft finden.

p آهستكى ÂHESTEGÎ. Adv. s. d. Folgde.

p آهسته ÂHESTE. Adj. u. Adv. *doux, tendre; modeste, tranquille; lent; doucement.* | zart, weich; ruhig, bescheiden, langsam, leise (von der Stimme), nicht laut; gemach, nach und nach, (gewöhnlich wiederholt: آهسته آهسته *tout doucement.* | leise, leise).

p آهستكى ÂHESTEGÎ. Sbst. vgl. d. Vhgde *douceur, bonté du caractère, lenteur.* | Weichheit, Zartheit, Güte des Charakters, Sanftmuth; Langsamkeit der Bewegung.

p آهسته جه ÂHESTEDŽE. Adv. vgl. آهسته *doucement, lentement.* | zart, sanft, langsam. آهسته جه يورومك *marcher lentement (comme un vieillard).* | langsam gehen, schleichen (vom Gange der Greise).

p آهسته رو ÂHESTERAU. Adj. *qui va doucement, lent.* | ruhig gehend, ruhig schreitend, langsam sich fortbewegend.

p t آهسته لك ÂHESTELIK. Sbst. = آهستكى — ETMEK. *agir lentement.* | eine Sache langsam betreiben, langsam vorwärts kommen.

p آهك ÂHEK. Sbst. *plâtre, chaux, mortier.* | Gyps, Kalk, Mörtel.

a اهل EHL. Sbst. Pl. آهال ÂHÂL u. اهالى EHÂLÎ. *famille, maison; maître de la maison, maître ou propriétaire de q. ch.; qui appar-*

lient à une communauté, à une localité, à un métier, qui s'occupe de q. ch., qui se mêle de q. ch., habile, capable, digne de q. ch.; doué de q. ch.; habitant, citoyen; époux, épouse. | Familie, Hauswesen, Hausherr, Herr und Besitzer einer Sache, der Mann oder die Frau zu einer Sache, einer Sache fähig, würdig, erfahren, mit etwas begabt, zu etwas gehörig, Bürger oder Bewohner (einer Stadt, eines Landes); zum Hause oder der Familie gehörig, Gatte, Hausgenosse, Diener. اهل بيت EHL-I BEIT. la femme, l'épouse. | die Frau, Gattin, vgl. او EW. اهلم EHLEM. mon époux. | mein Gatte und EHLIM. mon épouse. | meine Gattin. اهل وعيالو EHL Ü 'AJÂLLEH. femme et domestiques, toute la maison. | Frau und Gesinde, das ganze Haus. اهل عيال EHL-I-'AJÂL. père de famille. | Hausvater. اهل خانه EHL-I ḪÂNE. les gens de la maison. | das Hausvolk. اهل حيا EHL-I HAJÂ. femme chaste. | eine züchtige Frau. اهل اسلام EHL-I ISLÂM. musulman. | ein Moslem. اهل دنيا EHL-I DUNIA oder عالم اهلی 'ÂLEM EHLI. l'habitant de ce monde. | Bürger dieser Welt. اول زمانك اهل حالی OL ZEMÂNUÑ EHL-I HALY. les contemporains. | die Zeitgenossen. قلعه اهلی KAL'A EHLI. garnison, habitants d'une forteresse. | Besatzung oder Bewohner einer Festung. اهل كتاب EHL-I KITÂB oder اهل كتابيه EHL-I KITÂBIJJET. gens qui ont le livre, qui ont un code divin; Juifs et Chrétiens. | Leute des Buchs, d. i. solche die sich zu einer Religion bekennen, welche sich auf geoffenbarte Bücher stützt: Juden und Christen. اهل تعدی EHL-I TEADDY oder اهل بغی EHL-I BAGY. injuste, cruel. | ein Ungerechter, Grausamer. اهل خبرت EHL-I ḪIBRET oder اهل وقوف EHL-I WUKÛF. connaisseur, expert. | ein Sachverständiger. اهل تقوی EHL-I TAKWA. dévot. | ein Andächtiger. اهل حكمت EHL-I HIKMET. sage, philosophe, qui fait des choses miraculeuses. | ein Weiser, Philosoph, Wunderthäter. اهل دكان EHL-I DUKKÂN. boutiquier. | Ladenbesitzer, Kaufmann. اهل ديوان EHL-I DIWÂN. membre du conseil impérial. | Mitglied des Staatsraths. اهل شرع EHL-I ŠER'. homme de loi. | Gesetzkundiger. اهل صفا EHL-I SAFÂ. bon vivant. | Bruder Lustig. اهل ذمت EHL-I ZIMMET. tributaire. | ein Tributpflichtiger. اهل عدالت EHL-I 'ADÂLE. homme juste, probe. | ein Gerechter. اهل طريقت EHL-I TARÎKAT. gens de la route, c. à d. moine vagabond. | Volk des Weges, d. i. wandernder Derwisch. اهل كلام EHL-I KELÂM. éloquent. | ein Beredter. اهل منصب EHL-I MANSYB. employé. | ein Beamteter. اهل عرض EHL-I 'IRZ (EHLIRZ). homme honorable, honnête homme, femme honnête. | ehrenwerther Mann oder Frau. اهل هنر EHL-I HÜNER. artiste, virtuose. | ein tüchtiger Mann, ein geschickter Künstler. اهل حرفت EHL-I HIRFET. artisan. | Handwerker. اهل علم EHL-I 'ILM. savant. | Gelehrter. اهل معرفت EHL-I MA'RIFET. habile, adroit, intelligent. | ein Geschickter, Kenntnissreicher. اهل نشست EHL-I NIŠEST. retiré du monde. | einer der sich von der Welt zurückgezogen hat. اهل وقار EHL-I WAKÂR. plein de dignité. | ein Würdevoller. اهل هوا EHL-I HEWÂ, libertin, passionné. | ein Ausgelassener, Ausschweifender, den Leidenschaften ergebener. — اهالی مملكت AHÂLI-I MEMLEKET. les habitans de la province. | die Bürger oder Einwohner der Provinz. اهل فراش EHL-I FIRÂŠ. malade. | bettlägerig. اهل تدبير EHL-I TEDBÎR. homme de conseil. | Rathgeber. اهل لغت EHL-I LOGAT. lexicographe.

a اهلاك IHLÂK. [هلك IV.] Sbst. action de perdre. | zu Grunde-Richtung. — ETMEK. perdre, ruiner, tuer. | zu Grunde richten, verderben, tödten. اهلاك نفس ايلمك IHLÂK-I NEFS ETMEK. se macérer. | sich casteien, seine Lüste bezähmen.

a اهلّة EHILLET. Sbst. Pl. v. هلال HILÂL.

a اهلی EHLÎ. Adj. domestique, non sauvage (se dit des animaux); habitué à un endroit. | häuslich, zum Hause gehörig, gewohnt, gezähmt, zahm (von Thieren, — Gegentheil von وحشی); آهلی, zum eigenen häuslichen Gebrauche bestimmt; gewohnt an einen Ort.

a اهليت EHLIJET. Sbst. aptitude, habileté à q. ch., expérience, devoirs, services qu'on doit rendre. | Tüchtigkeit, Tauglichkeit, Geschicklichkeit zu einer Sache; Erfahrung in einer Sache; Pflichten und Obliegenheiten, Dienste die man Jemanden zu erweisen hat.

p اهليلج IHLÎLÉ. Sbst. myrobalanier. | Myrobolanum.

p a اهليلجی IHLÎLÖJI. Adj. ovale. | eirund, länglich rund (von der Gestalt der Myrobalanusfrucht.)

a اهمّ EHEMM. Adj. très-nécessaire, très-important. | sehr nothwendig, wichtig, woran viel gelegen. اهم امور لاجلوى wegen wichtiger Geschäfte.

a اهماز IHMÂZ. [همز IV.] Sbst. تازيانه, ...چالشدرمق. — ETMEK. instiguer, presser, faire travailler, talonner q. qn. | Jemanden antreiben (zur Arbeit), hetzen, einem auf dem Nacken sein.

a اهمال IHMÂL. [همل IV.] Sbst. ترك ايله, بوشلامق, يلتشمق. négligence, nonchalance, oisiveté; négligent, oisif. | Nachlässigkeit, Sorglosigkeit, Vernachlässigung; Faulheit, Versäumniss, Saumseligkeit; ein nachlässiger fauler Mensch, Müssiggänger. — ETMEK. négliger, remettre, différer, n'avoir pas soin, négliger ou omettre dans l'écriture les points diacritiques. | eine Sache vernachlässigen, sich wenig um etwas kümmern, einer Sache geringe Aufmerksamkeit schenken, etwas versäumen, unterlassen, nicht darnach sehen; aufschieben, lassen wie es einmal ist; einen Buchstaben ohne diakritischen Punkt schreiben.

a اهمالا IHMÂLEN. Adv. négligemment, par négligence. | nachlässig, aus Nachlässigkeit.

a t اهمالجی IHMÂLDJI. Sbst. homme négligent, nonchalant, oisif. | ein nachlässiger Mensch, Müssiggänger.

a t اهماللق IHMALLYK. Sbst. négligence, oisiveté. | Nachlässigkeit, Müssiggang. — اهمال.

a اهمام IHMÂM. [همّ IV.] Sbst. غموملندرمك. action de préoccuper et de rendre soucieux (se dit d'une chose). | das Sorge-machen, Sorge verursachen einer Angelegenheit. — ETMEK. aviser à, chercher un moyen. | auf etwas denken, sich Sorge machen um etwas, Mittel und Wege suchen. vgl. اهتمام.

p آهمند ÂHMEND. Sbst. menteur. | Lügner.

p آهن ÂHEN. Sbst. fer; glaive. | Eisen, das Schwert. آهن جرب ÂHEN-I ĠERB od. آهن نر ÂHEN-I NER. acier. | Stahl. — ارکك دمور. — آهن ربا ÂHEN RUBÂ. aimant (minéral). | der Magnetstein, — مقناطيس und آهنكش. — آهن قبا ÂHEN KABA. cuirasse. | Panzer.

p آهنجيدن ÂHENDJÎDEN. s. آهنكيدن Vb. act. tirer, boire, nager. | ziehen, trinken, schwimmen, ausstreichen (etwas Geschriebenes vertilgen).

p آهنك ÂHENG. Sbst. intention, dessein; application, soin; manière; accord, ton, harmonie; instrument musical, luth; musique guerrière, son du tambour. | Zweck, Absicht, Sorge, Aufmerksamkeit, Art und Weise, Takt, Ton, Harmonie, Musik, musikalisches Instrument, Laute, Kriegsmusik, Trommelschlag. — ETMEK. avoir l'intention, s'appliquer à q. ch., entreprendre q. ch.; rendre un son. | die Absicht haben, beabsichtigen (mit dem Dativ des Objects), sich einer Sache widmen, eine Sache unternehmen; einen Ton von sich geben. — WERMEK. accorder un instrument. | ein Instrument stimmen. آهنك كريز ايلمك ÂHENG-I GURIZ ETMEK. se préparer à la fuite. | sich zur Flucht geschickt machen. آهنك ستيز ايلمك ÂHENG-I SITIZ ETMEK. se préparer au combat. | sich zum Kampfe rüsten.

p آهنك ÂHENG. Adj. préparé à q. ch.; accordé (un instrument). | zu einem bestimmten Zwecke vorbereitet; richtig gestimmt (ein Instrument).

p آهنكاو ÂHENGÂW. Sbst. charrue, soc de la charrue. | Pflug, Pflugschar.

p آهنكر ÂHENGER. Sbst. maréchal-ferrant, serrurier. | Eisenarbeiter, Schmied, Schlosser.

p آهنكرلك ÂHENGERLIK. Sbst. métier ou travail du serrurier. | Schmiede- oder Schlosserhandwerk, Schlosserarbeit.

p آهنكش ÂHENKEŠ. Sbst. aimant (minéral). | der Magnet, — آهن ربا.

p t آهنكلشدرمك AHENKLEŠDIRMEK. s. آهنكلمك.

p t آهنكلك AHENKLIK. Sbst. accord, harmonie. | Accord, Harmonie, rechte Stimmung eines Instruments.

p t آهنكلمك AHENKLEMEK. Vb. act. accorder (un instrument). | stimmen (ein Instrument). — Deriv. I. آهنكلشمك AHENKLEŠMEK. Vb. recipr. être d'accord. | zusammenstimmen, gegenseitig übereinstimmen. — II. آهنكلشدرمك AHENKLEŠDIRMEK. Vb. recipr. caus. harmoniser. | in Uebereinstimmung bringen.

p t آهنكلو ÂHENKLI. Adj. harmonieux. | harmonisch.

p آهنكى ĀHENKÎ. Sbst. *accord, harmonie.* | Uebereinstimmung, Harmonie, = آهنكلك

p آهنكمك ĀHENKMEK. [Rad. آهنك] Vb. act. = چكمك , كشيدن *tirer, traîner, étendre, tendre vers un but, se proposer.* | ziehen, dehnen; einem Zwecke zustreben, sich vornehmen. آواز آهنكلمك die Stimme oder den Ton ziehen, einen Ton geben. تيغ آهنكلمك das Schwert ziehen. صف آهنكلمك eine Reihe ordnen oder aufstellen.

p آهنو ĀHENW. Sbst. *epouvantail.* | Vogelscheuche, Wildscheuche.

p آهنين ĀHENÎN oder آهنى ĀHENÎ. Adj. *de fer.* | eisern, von Eisen. آهنين پنجه mit eiserner Faust, stark, mächtig.

p آهو ĀHU. Sbst. 1. *cerf, gazelle.* Hirsch, Gazelle, Reh; in übergetragener Bedeutung auch das Auge, die Geliebte. آهوى چشمين oder آهوى تاتار der Moschushirsch (Moschus moschiferus. Pall.). 2. *vice, défaut.* | Laster, Fehler. 3. *cri, clameur.* | Geschrei, lautes Schreien.

a أهواء EHWÂ. Sbst. Pl. v. أهوا HEWÂ.

a أهوال EHWÂL. Sbst. Pl. v. هول HEWL.

p آهوبره ĀHUBERE oder آهوبچه ĀHUBETSCHE. Sbst. *jeune cerf, chevreuil.* | junger Hirsch, junge Gazelle, Böcklein. آهوبره فلك das Himmelsböcklein, d. i. die Sonne, das Sternbild des Widders.

a أهول EHWEL. Adj. [Compar. v. هائل] *terrible, redoutable.* | schrecklich, fürchterlich.

a أهون EHWEN. Adj. *léger, facile, qui ne donne pas de peine; plus léger, plus facile à faire ou à supporter; peu important.* | leicht, sehr leicht, leichter [zu thun oder zu ertragen; Gegentheil von أثقل]; unbedeutend, geringfügig, werthlos, unwichtig. أهون الشرين von zwei Uebeln das kleinste.

p آهون ĀHEN. Sbst. *fente, crevasse, brèche; percement, mine; mineur.* | Spalte, Bresche, Loch, Stollen oder unterirdischer Gang, Mine; Minirer.

p آهوى ĀHUÎ. Sbst. v. آهو *crainte, fuite.* | Furcht, Flucht.

p آهى ĀHÎ. Sbst. s. آه

p آهيانه ĀHIJÂNE. Sbst. = a قحف *os de la tête qui garantit le cerveau.* | Hirnschale.

p آهيختن ĀHÎCHTEN oder آهختن *tirer*, ziehen, = چكمك. Partic. آهيخته ĀHÎCHTE. *tiré, p. ex. la sabre.* | gezogen, heraus gezogen, gezückt (das Schwert).

t آى AI. Sbst. = p ماه , a شهر , قمر *lune; mois; le croissant.* | Mond, Mondwechsel, Monat, der Halbmond, Mondsichel. آيدن آيه AIDAN AIA. *de mois en mois, mensuel.* | von Monat zu Monat, allmonatlich. آى طوتلمسى AI TUTULMASY, = a خسوف *éclipse de lune.* Mondfinsterniss. آى ايشغى AI-YŸSCHY. *clair de lune.* Mondschein. آى باشى AI-BASCHY od. آيلك باشى AILYK-BASCHY. *le premier jour du mois; menstrues.* | der erste Tag des Monats; die Menstruation. آى يكيسى AI-JENISI, = هلال *croissant.* | das erste Viertel des Mondes, Neumond. آى صوكى AI SONY. *fin du mois, les trois derniers jours du mois.* | Ende des Monats, insbesondere die drei letzten Tage, das letzte Viertel des Mondes. آى يلديزى AI-JILDYZY. *le croissant des turcs.* | der türkische Halbmond. آى طوتمق AI TUTMAK. *être lunatique.* | mondsüchtig sein. آى طوتمش er ist mondsüchtig (*clignotant*). آى طوتمش od. آى چيچكى ein Mondsüchtiger. آى چيچكى AI-TSCHITSCHEGI oder كون آى چيچكى ... *Sonnenblume (heliotropium).* آى تموری AI-DEMIRI, = a مثقب oder مثقب LL. ein Werkzeug dessen sich die Zimmerleute zum Aushöhlen bedienen, Hohlbohrer, Hohlbeil.

t آى AI. Interj. u. Adv. *ah! eh! bon, bien.* | ach! ei! schön, gut. = آيو

t o آى AI. Sbst. = او , أو *maison.* | Haus. آيكا AIGA. *à la maison.* | zu Hause.

a أى ejj. Pron. *qui, quiconque; qui? quel? lequel?* | wer, wer immer, wer? welcher? was? vgl. die arabische Gramm.

t أى EJ. Interj. *o! eh! écoutez!* heh! hollah! sieh doch! höre! (steht immer vor einem mit آ anfangenden Worte, wie اى افندم EJ EFENDIM. o mein Herr, dagegen آ immer vor Consonanten.)

p آيا AJA oder آيه Sbst. كف يد , كف قدم *paume de la main, plante du pied.* | die innere Handfläche, Handteller, = آيا ايچى AL-AJASY. Fusssohle, = آياق آياسى AJAK-AJASY. آيا اوريشى mit der flachen Hand schlagen.

t آيا AJA. Interj. *chose étonnante! o merveille!* | o Wunder! = عجبا

t o آيا AJA. Sbst. LT. *tante, soeur du père.* | Tante, Vatersschwester(?) أوبه اوجه LT. = عمه كلان

t o آيا auch ايا und آيغسا IJA. Sbst. = صاحب *maître, possesseur, prince.* | Herr, Besitzer, Fürst.

a اياب IJÂB. [اب I.] Sbst. = كيرو دونوش *action de revenir, retour; le coucher du soleil.* | Rückkehr; Untergang der Sonne. — FIMEK. *revenir, se convertir.* | zurückkommen, zurückkehren, sich bekehren. ذهاب واياب ايله hin und her gehen.

a آيات AJÂT. Sbst. Pl. I. آية

a ! حيات AJAT. Sbst. Tahrif. v. حيات *la vie.* | das Leben.

t آيات AJAT. Sbst. [auch حيات] *vestibule.* | Vorhaus, Vorsaal.

a ايان IJÂN. Sbst. *appui, renfort, soutien.* Stütze, Stärkung.

a ايّاد IJÂDET. [أيد IV.] Sbst. قوتلنديرمه *action de donner de la force à q. qn., aider, secourir.* | Kräftigung, Hülfe, Beistand.

a آيادى AJÂDÎ. Sbst. Pl. v. أيد JED.

a ايادم IJÂDIM. Sbst. v. ايدم *sol dur.* | harter Boden; als Singul. *surface de la terre.* | Oberfläche der Erde.

p آيار AJÂR. Sbst. (hebr. Ijar). *troisième mois de l'année solaire.* | der dritte Monat des Sonnenjahres oder zweite des syrischen Jahres, entsprechend dem Monat Mai.

t آيارمق AJARMAK. Vb. intr. (alt) *suivre, imiter q. ch.* | folgen, nachahmen. — Deriv. آيارتمق AJARTMAK. Vb. caus. Aor. آيارتير AJARTYR. *faire suivre, faire imiter, séduire, allécher, débaucher, corrompre la fidélité de q. qn.* | folgen lassen, hinter sich herziehen, nachahmen lassen, verführen, verlocken, abwendig machen, zur Untreue verführen. Synon. عسكرى آيارتمسى — اغلال ايله آيارتمق er versuchte die Truppen zum Abfall zu bringen. خدمتكارلرندن بيرينى آيارتمشلر man hat ihm einen seiner Diener abwendig gemacht.

t آياز AJAZ. Sbst. [= آيدين AJDIN.] *ciel clair, nuit claire, clair de lune, gelée, serein.* | heiterer Himmel, helle Nacht, Mondnacht, helles Wetter mit Frost, Nachtfrost, Nachtthau. Adj. *serein.* | hell, heiter (vom Himmel). آيازده ياتمق AJAZDA JATMAK. *passer la nuit à la belle étoile, bivouaquer.* | die Nacht unter freiem Himmel zubringen. آياز وآچيق كون *un jour serein.* | ein heller Tag. آياز هوا heitere Luft. كيجه آياز اولديغى حالده während einer hellen Nacht. — AJAZ OLMAK. *être serein, faire clair de lune.* | hell sein, Mondschein sein.

t آيازيل AJAZYL. Sbst. zusammengezogen aus خيال ظل *marionnette (en ombres chinoises).* | Schattenfigur des türkisch-chinesischen Schattenspiels, auch خيال genannt. — آيازيل اويونى AJAZYL-OJUNU. *ombres chinoises.* | das Schattenspiel.

t آيازيلجى AJAZYLDSCHY. Sbst. *joueur de marionnettes.* | Schattenspieler, Gaukler, der Puppen beim Schattenspiel tanzen lässt.

t آيازلق AJAZLYK. Sbst. vgl. آياز *sérénité.* | Heiterkeit, Helle (des Himmels).

t آيازلانمق AJAZLANMAK. Vb. intr. v. آياز *s'éclaircir.* | sich aufklären, aufhellen (vom Himmel, Wetter). Syn. s. v. آچلمق

gr آيازمه AJAZMA. Sbst. (ἁγίασμα). *fontaine sacrée et miraculeuse, fontaine.* | heilige oder geweihte Quelle, Gesundbrunnen, Brunnen.

t o آياس LT. = آياز , شواى صاف

a اياس IJÂS. [يأس I.] Sbst. اميدسز اولمه *désespoir.* | Hoffnungslosigkeit.

a ايآس IJÂS. u. ايآست IJÂSET. [يأس IV.] Sbst. اميدسز قيلمه *action de faire perdre à q. qn. l'espoir.* | Beraubung der Hoffnung.

p آيسه IJISE. Sbst. آرزو *désir.* | Verlangen nach einer Sache.

p ایمسی ɪʟᴍɪ, auch ایلری Sbst. *voile de crêpe noir qui couvre le visage.* | ein schwarzer Schleier, der das Gesicht der Frauen verhüllt.

gr ایاصوفیه ᴀʏᴀꜱᴏꜰɪᴀ. Sbst. (ἁγία σοφία). *la Ste. Sophie, grande mosquée à Constantinople.* | die heilige Sophienkirche, jetzt Hauptmoschee in Constantinopel.

p ایغ ᴀʏᴀɢ. Sbst. داغ *cautère, marque faite avec un fer chaud.* | Brandmal.

t o ایاغ od. ایاق ᴀʏᴀɢ. Sbst. ساغر ، كاسه ، قدح *vase, coupe, coupe à boire.* | Gefäss, Trinkgefass, Schale, Becher, insbesondere der Becher, welcher bei Gelagen von Hand zu Hand geht. | التون ایاغ ... Ferhad. VI. | eine goldene Schaale. Abulg ... ایاغ بیله سو قویدی ... er goss mit der Schaale das Wasser in den Kessel über. Ali Schir. 14.

t o ایاغجی und ایاقجی ᴀʏᴀɢᴅᴊɪ. Sbst. شراب دار ، ساقی *échanson.* | Schenke, der den Becher reicht. (pocillator).

t ایاق ᴀʏᴀᴋ, *t o* auch ایاغ oder ایق und ایاغ Sbst. *p* پای ، پی . *a* قدم ، رجل *pied, piédestal, base, fond, degré d'un escalier; — fin de l'année; embouchures d'un fleuve.* | Fuss, Bein (z. B. eines Tisches u. dgl.), Fussgestell, Staffel, Stütze, Untersatz, Piedestal, Grund, Fussboden, Stufe (einer Treppe); Abfluss des Wassers, Unterlauf oder Mündungsarm eines Flusses. (Redhouse: „the tail-stream of any water, by which it flows away"); Ablauf oder Ende des Jahres. ایاق اوزره قالقمق oder ایاغه قالقمق *se lever, se révolter.* | sich erheben, aufstehen, sich auf die Beine machen, rebellieren. ایاقده اولمق *être en révolte.* | auf den Beinen sein, im Aufstande sein. ایاغه طورمق oder ایاق اوزره طورمق *rester debout.* | stehen, stehen bleiben. ایاق بصمق *fixer le pied, prétendre avec obstination.* | Fuss fassen, auf etwas fussen, hartnäckig behaupten. ایاغی ... *perdre pied.* | den Fuss, Boden verlieren. سوز ایاغه دوشمك *être en anarchie.* | in einem Zustande der Anarchie sein, wo Niemand gehorcht (wörtlich das Wort zu Boden fallen). قبری ... ایاغی سری دور der Fussboden seines Grabes ist gelb (von Gold). Ali Schir. ... um Ausfluss des Jaxartes nahmen sie Winterquartier. Abulg. 102. ... zu Ende des Pantherjahres, im Anfange des Zeichens der Fische. Abulg. 173. ... im Jahre der Hedschra 1086 gegen Ende des Huhnjahres. Abulg. 158. — ... Ali Schir. oder ... ایاق Abulg. *de tête en pied, tout à fait.* | von Kopf zu Fuss, ganz und gar. ایاقلری ، اوزنکی *les marches ou degrés de l'escalier.* | die Treppenstufen. ایاق یوصتی ᴀʏᴀᴋ-ʏᴇʀɪ oder ایاق اوزری ᴀʏᴀᴋ-ᴜᴢᴇʀɪ. *plante ou cou de pied.* | Fussblatt. ایاق طاشی ᴀʏᴀᴋ-ᴅᴀꜱʏ. *tuf.* | Tuffstein. ایاق قابی ᴀʏᴀᴋ ᴋᴀʙʏ. *soulier, pantoufle.* | Schuh, Pantoffel. ایاق یولی ᴀʏᴀᴋ-ʏᴏʟᴜ. *latrine.* | Abtritt. ایاق تاقیمی ᴀʏᴀᴋ-ᴛᴀᴋʏᴍʏ. *la populace.* | das gemeine Volk, Janhagel. ایاق دیوانی ᴀʏᴀᴋ-ᴅɪᴡᴀɴʏ. *conseil extraordinaire de l'empire.* | ausserordentliche Versammlung des Reichsraths, bei der sämmtliche Mitglieder stehend den Beschluss fassen. ایاق سورمك ᴀʏᴀᴋ ꜱᴜʀᴍᴇᴋ *être lent.* | langsam sein, schleppen. — *o* ... oder ... Kam. ایاق داش ᴀʏᴀᴋ-ᴅᴀꜱ. *compagnon de route, camarade.* | Genosse, Kamerad, Reisegefährte. — *a* رفیق Kam. ایاق قری ᴀʏᴀᴋ-ʏᴇʀɪ oder ایاق کراسی ᴀʏᴀᴋ-ɢᴇʀᴀꜱʏ. *cadeau, étrennes, pour-boire.* | Geschenk, Trinkgeld. — ... — قرق ایاق ᴋʏʀᴋ-ᴀʏᴀᴋ. *mille-pieds.* | Name eines Insekts, auch ... genannt. Tausendfuss (wörtlich Vierzigfuss). *a* ... Kam. ایاق طپیشی ᴀʏᴀᴋ-ᴛᴀᴘʏꜱʏ. *bruit des pieds.* | Füssegetrampel. *a* ... Kam. ... ایاقلری *les jambes de derrière.* | die Hinterbeine. ... ایاقلری *les jambes de devant.* | Vorderbeine. اوك ایاق.

t ایاقلق ᴀʏᴀᴋʟʏᴋ. Sbst. *échasses.* | Stelzen. ایاقلق جانبازی ᴀʏᴀᴋʟʏᴋ-ᴅᴊᴀɴʙᴀᴢʏ. *qui va sur des échasses.* | Stelzenläufer.

t ایاقلامق ᴀʏᴀᴋʟᴀᴍᴀᴋ. Vb. act. *fouler aux pieds, pousser, battre les flancs (du cheval).* | mit Füssen treten, niedertreten, dem Pferde die Hülfe geben (mit den Beinen). Synon. چکمك ، تپمك.

t ایاقلانمق ᴀʏᴀᴋʟᴀɴᴍᴀᴋ. Vb. intr. (Refl. des Vbgdn.). *se lever, se révolter, se remuer, faire de l'opposition.* | aufstehen, sich aufstellen, sich in Bewegung setzen, rebellieren, Einwendungen machen.

t ایاقلو oder ایاقلی ᴀʏᴀᴋʟʏ. Adj. *qui a des pieds.* | mit Füssen. ایاقلی تپسی ein Präsentierbret mit Füsschen. دورت ایاقلی *quadrupède.* | vierfüssig.

t o آیاکه ᴀʏᴀɢᴀ. Sbst. *nourrice.* | Amme. LT. ... .

t ایكو oder ایكلو ᴀʏᴇɢᴜ. Sbst. *côte.* | Rippe. s. اكو.

a ایالت ᴇʏᴀʟᴇᴛ. Sbst. Pl. ایالات *préfecture, province.* | Statthalterschaft, Provinz, an deren Spitze ein Statthalter [والی] steht.

a ایالت ɪʏᴀʟᴇᴛ. [ول IV.] Sbst. *action de gouverner, gouvernement.* | Regierung, Verwaltung einer Provinz. — ᴇᴛᴍᴇᴋ *gouverner, administrer une province.* | eine Provinz verwalten, Statthalter sein. حسن ایالت ʜᴜꜱɴ-ɪ ɪʏᴀʟᴇᴛ. *bon gouvernement.* | gute Verwaltung.

t آیالمه ᴀʏᴀʟᴀᴍᴀ. Sbst. v. آیا *pierre assez grande pour remplir toute la main.* | ein Stein der so gross ist dass er die ganze Hand füllt. Kam. s. v. ...

a ایام ᴇʏʏᴀᴍ. Sbst. Pl. v. یوم ʏᴇᴡᴍ. *les jours; les temps passés, — espace de temps, saison, temps.* | die Tage; vergangene Zeiten; als Singul. Zeitraum, Jahreszeit; Wetter. ایام بهار ᴇʏʏᴀᴍ-ɪ ʙᴇʜᴀʀ. *le printemps.* | der Frühling. ایام خزان کوز ... *en la saison de l'automne.* | zur Herbstzeit. ایام تموز ᴇʏʏᴀᴍ-ɪ ʙᴀʜᴜʀ oder — ʙᴀʜᴜʀɪʏᴇʏ. *canicule, les grandes chaleurs.* | die Zeit der grossen Hitze, Hundstage. ایام الشعانین ᴇʏʏᴀᴍ-ɪ-ꜱʜᴀʼᴀɴɪɴ. *la fête des rameaux.* | das Fest Palmarum (der Christen). ایام دولتلرنده unter seiner Regierung.

a ایاماً ᴇʏʏᴀᴍᴇɴ. Adv. *des jours entiers; quelquefois.* | tagelang; zuweilen. — احیاناً

t o آیامق ᴀʏᴀᴍᴀᴋ. Vb. intr. *épargner.* | sparen, schonen. جوزمه ، ایمسی ایدی Dscharlik verschonte seinen jüngeren Bruder. Abulg. 32. — Deriv. آیامامق ᴀʏᴀᴍᴀᴍᴀᴋ. Vb. neg. *ne pas épargner.* | nicht schonen. ... آیامای indem er seinen Kopf nicht schonte, d. i. sein Leben daran setzte. آیاماس er schont nicht, spart nicht (Q. non accipit, non exigit(¹), non prohibet).

a ایوین ᴇɪᴡᴀɴ. Sbst. Pl. v. ایوان ɪᴡᴀɴ.

a آین ᴀʏɪɴ. Pl. آیبان ᴀʏʏᴀɴ. Adj. u. Sbst. *qui revient; bonheur, fortune favorable.* | zurückkehrend; Glück.

t ایپ auch اپ und اپ ɪᴘ. *t o* auch ... und جپ Sbst. *p* ریسمان *corde, fil.* | Schnur, Strick, Seil, Faden, Zwirn. ایپ جانبازی ɪᴘ-ᴅᴊᴀɴʙᴀᴢʏ. *danseur de corde.* | Seiltänzer. ایپ اوجی ɪᴘ-ᴜᴅᴊɪ. *fin de la corde c. à d. l'explication de q. ch.* | das Ende des Fadens, d. i. die Erklärung, der Schlüssel zu einer Sache, zu einem Geheimnisse u. dgl. ایپلو ، ایپ ... ɪᴘᴅᴇɴ ɴᴇʀᴅɪᴡᴀɴ. *échelle de corde.* | Strickleiter. چزری ایپی oder بنا ایپی ʙɪɴᴀ-ɪᴘɪ oder ... (ᴛᴀʀʟ ɪᴘɪ). *cordeau (du charpentier).* | die Messschnur (der Maurer und Zimmerleute). ایپی ... یوقدر es hat weder Faden noch Stiel, d. i. die Rede hat keinen Zusammenhang. — ایپ ایپ الله الله die Schnur, die Schnur, Gott, Gott! Ausruf eines der sich hängen will, Sprüchwort, als Bezeichnung höchster Traurigkeit. (Bianchi).

a ایفاد ɪʙᴀᴅ. [وفد IV.] Sbst. *action de séparer, d'isoler.* | Isolirung, Absonderung. — افراد

t o ایبارمق ʏʙᴀʀᴍᴀᴋ. Vb. act. *envoyer.* | schicken. ... علیه السلام ... ایباردی er (Gott) schickte hierauf den Engel Michael. Abulg. 5. ... ایلچینی ایباره‌لی schicken wir diesen Boten an Altan Khan. Abulg. 151.

a ایباس ɪʙᴀꜱ. [یبس IV.] Sbst. قورو قیلمق ، قورو تمق *action de sécher, de rendre sec.* | Trocknung.

t o ایمسی ʏʙᴀꜱʏ. Q. „quinque"; — ... *eux tous, la totalité.* | alle, insgesammt. ایمسی تیلاکی ... alle möglichen Farben, die man wünscht. Ali Schir.

t o ایپك ɪᴘᴀᴋ. LT. ایرتشم s. ایپك.

t ایرتمك ɪʀᴛᴍᴇᴋ. Vb. intr. — ایرتلمق *se déchirer.* | sich abnutzen, reissen. — Deriv. ایرتمك ɪʀᴛʏᴍᴇᴋ. Vb. caus. *déchirer.* | zerreissen.

a ايبس ايبس EIBES. Adj. *sec, dur.* | trocken, hart. ذكر تموزلك ايبس واجونيشه تمبور Zeker (München) wird das sehr harte und beste Eisen genannt.

t ايپسز oder ايپسز IPSIZ. Adj. *sans corde, sans fil, sans connexion, sans lignée, d'une extraction basse.* | ohne Schnur, ohne Faden, ohne Zusammenhang (eine Rede), ohne Stammbaum, von niederer Herkunft. ايپسز سويلمك ohne Zusammenhang sprechen, schwätzen. ايپسز صاپسز schlecht, gering (wörtl. ohne Faden und Stiel).

t ايبك IBEK auch ايبك, ايبك Sbst. *crête; huppe (oiseau).* | Kamm (der Vögel), Federbusch oder Kuppe mancher Vögel; der Wiedhopf. — چاوش قوشی oder هدهد Kam. خروس ايبكی *crête de coq.* | Hahnenkamm; auch Name einer Pflanze.

t ايبك IPEK. *t o* ايبك Sbst. ابريشم *soie.* Seide, insbesondere ungesponnene. خام ايبك *soie écrue.* | rohe Seide. قيناتمش آق ايبك *soie cuite.* | gekochte Seide. ايبك قوردی oder — بوجكی IPEK-KURDU oder BÖDSCHEGI. *ver à soie.* | Seidenwurm.

t ايپلك IPLIK. Sbst. vgl. ايپ *fil, cordon* | Faden, Faden eines Gewebes; Zwirn, Schnur. ايپلك اكيرمك *tordre du fil.* | zwirnen, einen Faden spinnen. ايپلك يوماغی *peloton de fil.* | Zwirnknäuel. پاموق ايپلكی *fil de coton.* | Baumwollenfaden. ايپلكی وطوقومسی كوشك اولان كمك Kleider von welchem Faden und Gewebe. Kam. s. v. الموثوجه.

a آيت oder آية AJET. Sbst. *signe, miracle; verset du Coran.* | Zeichen, Anzeichen; Vers aus dem Koran. آية كريمة der heilige Koranvers.

t o ايت oder ات IT. Sbst. كوپك *chien* | Hund. ايت اوزومی *solanum.* s. اوزوم. — ايت بورنی Name eines Dornengewächses, s. علیق العدس oder علیق الكلب. — ايت بالغی Name eines Insekts oder Wurmes, der im stehenden Wasser lebt. Kam. s. v. دعموص und دعموص. — ايت اوغلی IT-OGLU. Hundssohn (Schimpfwort). ايت الی ات *cheval jarreté.* | hundsbeiniges oder krummbeiniges Pferd. *a* — ايت ييلی *t o* — كوپك يلی *onzième année du cycle des Ouïgours.* | Hundsjahr, Name des 11ten Jahres im Cyclus der Uiguren.

t o ايت ET, IT. Sbst. ات *viande.* | Fleisch.

t o ايتك ETEK. Sbst. *bord, pan.* | Rand, Saum u. s. w. اتك.

a ايتام EITÂM. Sbst. Pl. v. يتيم JETIM.

a ايتثار ITISÂR [اثر VIII.] Sbst. *imitation.* | Nachahmung, Befolgung eines Beispiels.

a ايتجكز ITDSCHIK. Sbst. Dem. v. ايت *petit chien* | Hündchen.

a ايتسار ITISÂR. [يسر VIII.] Sbst. *action de jouer à un jeu de hasard, courir des risques.* | gefährlich Spiel.

a ايتساع ITISÂ'. s. اتساع

a ايتساق ITISÂK. s. اتساق

a ايتسام ITISÂM. s. اتسام

t o ايتسز ITSEZ. Nom. pr. [LT. سلطان خوارزم كه با سلطان سنجر معاصر بود اتسز] sonst auch ايتكو اوزه ختخوی در زمانی اولوره und آتسز genannt.

t ايتشمك ITISMEK. Vb. recipr. v. ايتمك.

a ايتصاف ITISÂF. s. اتصاف

a ايتصال ITISÂL. s. اتصال

a ايتضاح ITIZÂH. s. اتضاح

t o ايتغوجی AITGÜTSCHI. s. آيتغوجی

t o ايتك ITEK, ETEK. Sbst. LT. دامن *bord, pan.* | Rand, Saum. s. اتك.

t o ايتكراتمق ITKIRATMAK. Vb. act. v. ايكلمك, ايكرتمك p. زاريدن *pleurer; faire pleurer q. qn.* | weinen; weinen machen. Ali Schir. VI. [Schreibfehler für ايكراتمق].

p ايتكين ETGIN. Sbst. خانه‌دار, او صاحبی *maître ou propriétaire de la maison.* | Hausherr, Hausbesitzer.

a ايتلاف ITILÂF [الف VIII.] Sbst. *action de se lier, état d'être lié avec q. qn., société, commerce, compagnie, amitié.* | Verbindung mit Jemand, freundschaftliche Beziehungen zu Jemand, Freundschaft, Gemeinschaft.

t ايتلامق AITLAMAK. Vb. act. Aor. ايتلار AITLAR. vgl. ايتمك, ايرتمق, اوكوزلمك, اوزلمك *séparer (une partie du tout) élire, choisir, fouiller, éplucher, émonder, nettoyer, ébourgeonner, ébrancher, effeuiller, peler un fruit.* | ausscheiden (einen Theil vom Ganzen, das Schlechte vom Guten), auswählen, aussuchen, das was nicht zu einer Sache gehört absondern, den Schmutz absondern, reinigen, säubern, einen Baum von überflüssigen Aesten u. dgl., das Feld von Unkraut, von Steinen, die Zähne reinigen (mit dem Zahnstocher), ein Pfeifenrohr reinigen, einen Apfel oder andere Frucht schälen. — Deriv. ايتلانمق AITLANMAK. Vb. pass., davon ايتلانمش AITLAMNYŠ. *nettoyé.* | gereinigt, gesäubert.

t o ايتلكو ITELGÜ. Sbst. چرغ LT. *faucon, épervier.* Falke, Sperber.

t ايتلو AJETLY. Adj. v. آيت mit einem Koranverse versehen. ايتلو آلتون *médaille d'or qui a pour inscription un passage du Coran.* | Goldmünze mit einer Inschrift aus dem Koran.

a ايتمار ITIMÂR. [امر VIII.] Sbst. متابعه ايتمك, مشوره ايتمك. — ETMEK *obéir; délibérer, se consulter les uns les autres au sujet de q. ch., s'occuper de q. ch.* | gehorchen; sich berathen über etwas, berathschlagen; sich ernstlich mit einer Sache beschäftigen.

t o ايتمس s. ايتمش

t o ايتمك s. ايتمق

t o ايتمقليق ITMAKLYK oder ITMEKLIK. Sbst. *action de faire, confection, composition (d'un livre, etc.).* | das Machen, Verfertigung, Abfassung (eines Buches). بو كتاب تصنيف ايتمكلك نچوك تصنيف سببی die Ursache der Abfassung dieses Buches. Abulg. Praef.

t o ايتمق ITMAK oder ITMEK. s. ايتمك

t o ايتمك ITMEK. Vb. intr. ايتمك, يتورمك *perdre.* | verlieren. Ali Schir. VI.

a ايتمان ITIMÂN. [امن VIII.] Sbst. *action de se fier à q. qn., confiance, sûreté, sécurité.* | Sicherheit, sicheres Vertrauen auf Jemand; Sicherung. — ETMEK *avoir confiance en q. ch., se garantir.* | auf etwas vertrauen; sich sicher stellen.

t o ايتمش ITMIŠ. Adj. Num. — يتمش *soixante-dix.* | siebenzig.

t آيتمق AITMAK (alt). *t o* ايتمك Vb. intr. — ديمك *dire, parler.* | sagen, sprechen. آيتغوجی AITGUTSCHI *celui qui parle.* | der Sprechende. — Deriv. I. ايتولمق AITYLMAK. Vb. pass. *être dit.* | gesagt werden. ايتولدی *dictus fuit.* Abulg. Q. — II. ايتمامق Vb. neg., davon ايتماس AITMAS *il ne dit pas.* | er sagt nicht. — III. ايتنمق AITYNMAK. Vb. refl. *se dire à soi même.* | sich selbst etwas sagen, bei sich sagen.

t o ايتسنمق UJATMAK. Vb. intr. LT. شرم كردن *avoir honte.* | sich schämen. — Deriv. ايتنتمق UJATYATMAK. Vb. caus. شرم كنانيدن *faire honte à q. qn.* | Jemanden beschämen.

t ايتمك ايتمك oder اتمك EHMEK (auch ITMEK). *t o* ايتمك and ايتمق oder ايتمك Vb. act. u. intr. Aor. ايدر EDER. Praes. ايدیور EIDJOR. Imperat. ات ET — ايتمه, ايديور. ايتمك p. كردن *faire, opérer, exécuter, agir, rendre; (sert de verbe auxiliaire. Voy. les Grammaires).* | machen, thun, ausführen, vollbringen, bewirken, ins Werk setzen, leisten; dient als Hülfsverbum in Zusammensetzung mit arabischen und persischen Infinitiven und Participien. Intrans. *faire, en parlant des quantités arithmétiques.* | betragen, gleich sein. اون ايكی ميل كه قرق سكز بيك آدم ايدر zwölf Meilen, welche 48,000 Schritt betragen. — ايتمكسزين *sans faire.* | ohne zu thun, ohne zu bewirken. يپراغيله برش زمتمسی اوكوشنديرسه‌ر ندبه ايتمكسزين ازاله ايدر wenn man mit seinem Blatte die Hautflechten reibt, so vergehen sie, ohne Narben zu hinterlassen. — Gerund. ايده, in Zusammensetzung mit andern Vbn. wie ايده بيلمك IDE-BILMEK *savoir faire.* | thun oder machen können. ايده يازمق IDE-JAZMAK, schreiben können. s. die Grammatiken: über Zusammensetzung der Verba. — Deriv. I. ايدلمك EDILMEK. Vb. pass. *être fait* | gemacht werden etc. — II. ايدنمك oder ايدنمك EDINMEK. Vb. refl. Aor. ايدنور EDINIR. *faire pour soi, se procurer q. ch.; adopter, élire.* | für sich machen, für sich nehmen, sich aneignen, sich verschaffen. قرال ايدنمك *s'élire, se constituer un roi.* | sich einen König wählen. دوست ايدنمك *se faire un ami, choisir un ami.* | sich Jemand zum Freunde machen, sich einen Freund wählen. اوغل ايدنمك *adopter un enfant.* | ein Kind annehmen, an Kindesstatt annehmen. او كلاهی افسر شاهی ايدندی er machte sich diesen Hut zur Königskrone. ايدنورت صقلامق etwas für sich aufbewahren. — III. ایلشمك EJLÄŠMEK. Vb. recipr. Aor. ایلشور EJLÄŠIR. *se faire, faire réciproquement.* | für sich machen, sich (gegenseitig) thun oder machen, — dient in der Zusammensetzung zur Bildung des Reciprocum. تزوج ایلشمك *faire se marier.* | mit einander verheirathen. انكار ایلشمك *se refuser q. ch. réciproquement.* | einander etwas abschlagen. زیارت ایلشمك *se visiter réciproquement.* | einander besuchen vgl. ایلشی. — مفتخر ایلشمك *se vanter l'un l'autre.* | einander rühmen, sich gegenseitig rühmen. — IV. ایلدرمك ETTIRMEK. Vb. caus. Aor. ایلدرر ETDIRIR. *faire faire, laisser faire, etc.* | thun lassen, machen lassen u. s. w.

t ایتمك ITMEK. Vb. act. Aor. ایتر ITER. Praes. ایتمیور ITIJOR. Imper. ایت IT. *pousser (avec la main), presser.* | mit der Hand stossen, drücken, drängen, treiben vgl. ایتویرمك. — ایته ایته صدره كچوردیلر mit vielem Stossen haben sie ihn bis zu der vordersten Stelle gebracht. — Deriv. I. ایتلمك ITILMEK. Vb. pass. *être poussé, être pressé.* | gestossen, gedrängt u. s. w. werden. — II. ایتشمك ITIŠMEK. Vb. recipr. *se pousser l'un l'autre, se presser; se taquiner, se quereller ensemble.* | einander stossen und drängen, sich drängen; einander necken, einander schelten, mit einander zanken.

t ایتمك ELTMEK. s. ایلتمك

t ایتمك ITMEK, JITMEK. *t o* ییتمك Vb. intr. — یتورمك ، p گم شدن ، نبود كردن *perdre.* | verlieren. Ali Schir. VL.

t o ایتورمك ITÜRMEK. Vb. intr. گم شدن *être perdu, se perdre.* | verloren gehen. Seba'i Sejare. VL.

t ایتورمك ITIWERMEK. s. ایتیویرمك

t o ایتوك ITÜK und ایتیك ITIK. Sbst. *botte.* | Stiefel.

t o ایتی ITI. Adj. Num. = یدی *sept.* | sieben.

t ایتی ITI, = اكتی und *t o* ایتسیك Adj. — تیز ، p كسكین ، كسر كسره ، بران *tranchant, aigu, âpre, fort, vite, violent.* | scharf (ein Messer u. s. w.), spitz (eine Nadel u. s. w.), scharf von Geschmack (sauer, bitter); stark (der Wein u. s. w.), rasch, energisch. ایتسیك قیلیق حاجت كسكینلیكین acus illius acui debet. Ali Schir. VL.

t o ایتیمك ITIMEK. Vb. intr. كسكین اولمق p بران شدن *être aigu, fort.* | scharf, stark u. s. w. sein. vgl. d. Vbgde.

t ایتیویرمك oder ایتورمك ITIWERMEK. Vb. act. *pousser en avant.* | stossen, vorwärts stossen, zusammentreiben. vgl. ایتمك

a ایثار ISAR. [اثر IV.] Sbst. *action de préférer, de donner la préférence; action d'offrir en présent.* | vorziehen, etwas lieber haben; Jemanden etwas als Geschenk bringen. Synon. ترجیح ایله ، اختیار ایله ، احسان ایله

a ایثام ISAM. [اثم IV.] Sbst. بر آدمی كناه قوییق *action de faire commettre à q. qn. un crime, un péché.* | Jemanden ein Verbrechen begehen lassen, etwas als Verbrechen, als Sünde anrechnen.

t ایچ oder ایچ IČ, auch اچ Sbst. *le dedans, l'intérieur de q. ch.; le creux intérieur; ventre; noyau, moelle;* Adj. *intérieur, intestin, domestique (opposé à étranger).* | das Innere einer Sache, das Inwendige, Kern, Mark einer Sache, = اوز. — Innere Höhlung einer Sache, Bauch, = *a* جوف; — als Adj. innerlich, zum Innern gehörig, nicht fremd. — جوز ایچی *noyau d'une noix.* | Nusskern. قلم ایچی *moelle d'une plume.* | die innern Fasern des Schreibrohres oder der Feder. ایچ یاغی *suif, moelle.* | inneres Fett, Talg, Speck, Mark der Knochen. اوزنوب ایچ یاغلامق *se remplir de moelle.* | sich mit Mark füllen. *a* تلمیح. — ایچ جنكی *guerre intestine.* | Krieg im Innern, Bürgerkrieg. ایچ اغلسی — اوغلان. s. ایچ اوغلانی. — ایچ اوه IČ EWI *chambre intérieure de la maison, gynécée.* | inneres Zimmer des Hauses, Frauengemach. ایچ چكمه *sanglot.* | Seufzer. ایچ اغریسی *mal de ventre.* | Bauchweh. ایچ طونی *caleçon* | Unterhose. ایچنده auch ایچنه IČINE. *dans, dedans.* | in, hinein. شهر ایچنه كیردی er ist in die Stadt (hinein) gegangen. ایچنه دوشمش inliegend. ایچنده auch ایچنده *dans, entre, dans l'intérieur de q. ch.* | in, darin, innerhalb, in seinem Innern. خلق ایچنده unter den Leuten, im Volke. صلح ایچنده im Frieden, während des Friedens. از وقت ایچنده in kurzer Zeit. ایچندن IČINDEN. innerlich. ایچلرنده u. ایچلرندن unter ihnen, von ihrer Zahl. ایچلرنده اصلا یایاو اولمیان سواری الای ein Trupp Reiter, unter denen durchaus kein Fussgänger. ایچلرینه كتوردی er führte ihn zwischen oder unter sie. سرطان ایچنده ، ایچنده innerhalb oder während des Zeichens des Krebses. Abulg.

t ایچ Imperativ v. ایچمك

a ایجاب IĞÂB. [وجب IV.] Sbst. *nécessité.* | Nothwendigkeit, Erforderniss. — ETMEK *rendre nécessaire, être nécessaire.* | nothwendig machen, nothwendig sein, erforderlich sein, erfordern.

a ایجاد IĞÂD. [وجد IV.] Sbst. پیدا ایله *invention.* | Erfindung. — ETMEK *faire exister, créer, imaginer, inventer* | etwas Neues machen, hervorbringen, erfinden. — EDIĞI. *inventeur.* | der Erfinder.

a ایجار IĞÂR. [اجر IV.] Sbst. كرایه ویرمك. اجرا ویرمك *action de prendre q. qn. à gages, payer le salaire, action de louer q. ch. à q. qn.* | Miethung, Miethzahlung; Vergeltung; Vermiethung. — ETMEK *louer.* | miethen. عقد الایجار *loyer, abonnement.* | Miethpreis, Miethe; Abonnement.

t o ایجاری IČÂRI = ایچری

ایجز IĞÂZ. N. pr. *nom d'un pays.* | Name eines Landes. I.T

a ایجاز IĞÂZ. [وجز IV.] Sbst. قصالتمق ، آزلتمق *action d'abréger, abréviation, résumé.* | Kürzung, Abkürzung, Verkürzung, Zusammenziehung. — ETMEK *abréger* | abkürzen.

a ایجازا IĞÂZEN. Adv. *par abréviation* | durch Abkürzung, = d. Flgde.

a p ایجازانه IĞÂZANE. Adv. *par abréviation, d'une manière abrégée, bref, en abrégé.* | auf abgekürzte Weise, kurz, ohne die Sache in die Länge zu ziehen.

a ایجاع IĞÂ'. [وجع IV.] Sbst. اغریتمق ، اینجیتمك *action de faire mal, être à charge à q. qn.* | Schmerzenverursachung, Belästigung — ETMEK. *faire mal à q. qn., molester, causer des douleurs.* | Schmerz verursachen, schmerzen, belästigen.

t o ایچكسو oder ایچكو IČKÜ. Sbst. p رونده LT. *intestin.* | das Inwendige, Eingeweide.

t ایچكیجك s. ایچمك Deriv.

t ایچملك IČMELIK. Sbst. [Gerund v. ایچمك] *qui doit boire; ce qui doit être bu, boisson.* | einer der trinken muss; das was getrunken werden muss, Getränk.

t o ایچنده IČDE. Adv. = *t* ایچرده s. d. Flgden.

t ایچیر IČER oder IČRE. s. ایچره

t o ایچرا IČRA = *t* ایچره

t ایچرو oder ایچری ICERI. Sbst. u. Adv. p اندرون ، درون *l'intérieur, l'espace intérieur; dans, dedans.* | das Innere, der innere Raum; in, darin, hinein, inwendig, innerhalb. بیوركز ایچری BUJURUŇ IČERI. *entrez s'il vous plait.* | treten Sie gefälligst ein. ایچری كیرمك *entrer.* | hineingehen. كچمك — *entrer, passer.* | hineingehen, durchgehen, passiren. ایچریسی IČERISI. *son intérieur; en, dedans.* | sein Inneres, das Innere; als Adv. darinnen, in, hinein.

t ایچره IČRE und IČRE oder ایچر IČER. Sbst. u. Adv. = ایچ *dans, dedans, parmi, entre.* | in, darinnen, unter, zwischen. ایچرودن, IČERDEN oder IČREDEN, *de l'intérieur, dedans* | von Innen, inwendig. ایچروده IČERDE oder IČREDE. *intérieurement, dedans.* | drinnen, inwendig, einwärts. ایچرودهكی *ce qui est dedans.* | das was darin ist, das Inwendige.

t ایچكی s. ایچقی

t ایچكلكی IČKILIKI. Sbst. s. ایچكلیجی

t o ایچكر = ایچرو *intérieur.* | das Innere. ایچكردین *de dedans.* | von Innen, von Innen heraus. ex intra Q. ایچكركیلار die darin (in der Festung) befindlichen. Interiores i. e. obsessi. Abulg. 114. Q.

t o ایچكسری Adv. = ایچرو *dans, dedans.* | darinnen, inwendig, innerhalb (intro, interius, intra).

ایچكریدین ایشنی بتكلاتی ثمو
یتدی كلدا شاقرایتتی رستاخیز

cito interius negotium suum conclusit; et accensus ibi diem extremi judicii manifestavit. Behram-Schah. VL.

t o ایچكو Sbst. = ایچقی Abulg. Q.

t o ایچكو IČKÜ. — ایچكو

t o ایجکوجی Sbst. = ایجکجی Ali Sehir. Q.

t o ایجکه inke. Adj. = اینجه *p* باریك *mince, subtil, tendre.* | dünn, schmal, fein, zart.

t ایچکی iški oder ایچقی Sbst. v. ایچمك *boisson spiritueuse, vin; gorgée, trait, coup (de vin).* | geistiges Getränk, Wein; Schluck, Trunk.

t ایچکیجی ičkiǰi. Sbst. u. Adj. *buveur, ivrogne.* | dem Trunk ergeben, Trinker, Trunkenbold.

t ایچلهجك ičilěǰek. Adj. [Gerund. v. ایچلمك s. ایچمك] *bon à boire, potable.* | trinkbar, = ایچلور oder ایچملی.

t ایچلك ičlik. Sbst. *espèce de corset.* | Leibchen, Mieder, = کوکسلك. کجم کوملکی. Kam. s. v. تلبیب u. الصدرة. یلك. لیمنی

t ایچلمك ičilmek. Vb. pass. v. ایچمك.

t ایچلو ičlü. Adj. *intérieur.* | inwendig. ایچلو لسمنلك ایچی وأوزی das innere Mark und Kern einer Sache. Kam.

t ایچم ičim. Sbst. *un trait, un coup, une gorgée.* | ein Schluck, Zug beim Trinken, Trunk. بر ایچم سود ein Schluck Milch. بر ایچم صو الدم اغزیمه ich habe nicht einen Tropfen Wasser in den Mund genommen.

t ایچمك oder ایچمك ičmek. *t o* ایچمك, ایچمتی auch ایچر u. ایچر Vb. act. Aor. ایچر ičer. Imperat. ایچ *t o* ایچ *boire.* | trinken, einschlürfen (verwandt mit ایچ das Innere). برکمسنه نك صحتنه ایچمك *boire à la santé de q. qu.* | auf Jemandes Gesundheit trinken. آند ایچمك and ičmek. *jurer, faire un serment.* | schwören. توتون ایچمك oder چبوق ایچمك *fumer du tabac.* | Tabak rauchen, eine Pfeife rauchen. چکوب ایچمك *absorber.* | einsaugen, aufsaugen. نفس بنفس ایچمك *humer, boire en humant.* | einschlürfen, Zug um Zug einschlürfen. ایچمش ičmiš. *ivre.* | betrunken. — Deriv. I. ایچلمك ičilmek. Vb. pass. *être bu.* | getrunken werden u. s. w. — II. ایچرتمك ičirtmek. *t o* ایچرتمك Vb. caus. *faire boire etc.* | trinken lassen u. s. w. — III. ایچورمك ičürmek. urspr. ایچوزمك Vb. caus. Aor. ایچورر ičürür. *donner à boire.* | zu trinken geben.

t ایچملی oder ایچملو ičmeli. Adj. *bon à boire, potable.* | trinkbar, = ایچلهجك. — ایچملو صو trinkbares Wasser.

t ایچندی ičindi. s. ایچ.

t ایچنه ičině. s. ایچ.

t o ایچو = *p* کوهر LT. Perle, = انجی.

t ایچورمك ičürmek. s. ایچمك Deriv. III.

t ایچون ičün. Postpos. *pour, à cause; afin que, dans le but.* | wegen, um; hinsichtlich, von; damit, in der Absicht dass. — Bezeichnet die Ursache oder den Zweck und hat sowohl den Nominativ als den Genitiv vor sich. اول ایچون oder انکچون onuń ičün. *pour lui, à cause de lui, de lui, de cela.* | für ihn, seinetwegen, von oder über ihn. انك ایچون نه دیرلر was sagt man von ihm, was spricht man über ihn. بنم خاطرم ایچون *en ma considération, pour m'obliger, par complaisance.* | meinetwegen, mir zu gefallen, in Betracht meiner, mir zu Liebe. رجا ایچون کلدم ich kam um zu bitten. نه ایچون ne ičün oder نیچون niǰün. *pourquoi? à quoi.* | warum? weshalb? wozu? نه مصلحت ایچون *pourquoi? pour quoi faire?* | weshalb? wozu? — Es dient als Partikel der Betheuerung: پیغمبر حقی ایچون *par la vérité du prophète.* | bei der Wahrhaftigkeit des Propheten. — Wenn das vorhergehende Wort das Suffix des Possessivpronomen der 3ten Person hat, wird es in der Schrift mit diesem verbunden. اولدوغیچون oldughiǰün. *parce que cela est.* | weil er (es) ist. باباسیچون babasiǰün. *pour son père.* | wegen seines Vaters. کتدکلریچون gittiklěriǰün. *parce qu'ils sont partis.* | weil sie weggegangen sind. مکریچون mekriǰün. *à cause de ses intrigues.* | wegen seiner Arglist; dagegen مکر ایچون *à cause d'une intrigue.* | wegen einer Arglist. — Mit vorangehender 3ter Person des Imperativs: *afin que, dans le but.* | damit, in der Absicht dass. دوکمسون ایچون dögmesin ičün. *dans le but qu'il ne batte pas.* | damit er nicht schlage. قیریلمسون ایچون kyrylmasyn ičün. *afin qu'il ne se casse pas.* | damit es nicht zerbreche.

t ایچی iči. Sbst. *l'intérieur.* | das Innere. s. ایچ.

t ایچیجی ičiǰi. Sbst. *buveur.* | Trinker, Trunkenbold.

a ایحا ihā. [وحی IV.] Sbst. = الهام *révélation, inspiration.* | Offenbarung, Gottbegeisterung.

a ایحال ihāl. [وحل IV.] Sbst. شری وشوره اوغراتمق *action de jeter q. qn. dans la boue, dans le malheur.* | Jemanden in den Schmutz werfen, in Unglück stürzen.

t آید ājd, oder آید اغاجی ājd-aghaǰy. Sbst. = شیشملی. قلقلم *a* oder بش یپرق *nom d'une plante.* | Name einer Pflanze, dolichos Saisebau. آید کچی die Frucht dieser Pflanze, *a* حب القلقل Kam.

t o آید ajd. Sbst. LT. خوشبوی *parfum.* | Wohlgeruch.

a آید āid. [Partic. v. اود] Adj. اغر *accablant, grave, pesant, pénible.* | schwer, beschwerlich, gewichtig (in moralischem Sinne).

a آید ajd. Sbst. *dureté, force, puissance, vigueur.* | Härte, Stärke, Macht.

a آید ajid. Adj. *fort, robuste.* | stark, kräftig.

a آید ajjed. [3. Pf. v. اید II.] Interj. eigentlich: *il a rendu fort.* | er hat gestärkt. اید الله ajjed allah. *que Dieu rende fort! que Dieu aide, assiste.* | Gott stärke, Gott helfe!

p ایدا ajdā. Interj. *vite!* | schnell!

a ایداع idā'. [ودع IV.] Sbst. *action de placer q. ch., action de confier, de donner q. ch. à q. qn. en dépôt.* | Niederlegung einer Sache irgendwo, Anvertrauung. — Rechtsspr. ein Vertrag nach dem der Eigenthümer die Sache einem Andern zur Aufbewahrung übergiebt, mit der Bedingung, für die Unversehrtheit derselben zu sorgen. s. Tornauw. — Rhetor.: das Einlegen eines Halbverses. vgl. رفع u. استعداد. s. Mehren. — ایمك idā' etmek. *confier q. ch. à q. qn., confier un secret, un dépôt.* | bei Jemand etwas niederlegen, ihm anvertrauen, in Verwahrung geben; ein Geheimniss anvertrauen.

p ایدر ajdyr. Adv. *ici, alors, maintenant, toujours.* | hier, damals, jetzt, immer.

t ایدش idiš oder ajdiš. Sbst. v. ایتمك *apparat, apprêts.* | Vorbereitung, Zurüstung. زیارت ایدشی die Zurüstung zum Besuch der heiligen Stätten.

t ایدشمك s. ایتمك Deriv.

t o آیدکسوز 1. Adj. LT. بهوش *intelligent.* | verständig. 2. Nom. pr. LT. نام امیری

t آیدین oder آیدین آیدن ajdyn. [LT. ایدین] Sbst. vgl. آی *lumière, clarté.* | Licht, Helle, Glanz, Tageslicht, Feuerschein. آی آیدنی aj-ajdyny. *clair de lune.* | Mondschein. کوزك آیدین [oder کوزلر] gözüń ajdyn. *mot-à-mot* روشن *la lumière de tes yeux!* | Deinem Auge Glanz! d. i. freue Dich! Dein Auge möge vor Freude glänzen, nämlich über die Nachricht, welche ich bringe. آیدین ایلی ajdyn-ili. Nom. pr. Name einer Provinz in Anatolien, (das alte Lydien und ein Theil von Karien). آیدین کوزل حصار ajdyn-güzel-hisar. Nom. pr. Magnesia am Mäander.

t آیدنسز ajdynsyz. Adj. *sans lumière, obscur.* | lichtlos, glanzlos, dunkel, finster.

t آیدنلق ajdynlyk. 1. Sbst. = آیدین *lumière, clarté.* | Glanz, Helle. باجه آیدنلغی *fausse porte, petite porte par laquelle on ne passe pas ordinairement.* | blinde Thür, Seitenpförtchen. 2. Adj. = آیدنلو *lumineux, clair.* | hell.

t آیدنلنمق oder آیدنلنمق ajdynlanmak. Vb. intr. Aor. آیدنلنور ajdynlanyr. *a* اشراق *briller, être lumineux.* | glänzen, hell scheinen (die Sonne). آچیلوب آیدنلنمق *s'éclaircir (le temps).* | sich aufheitern (das Wetter u. s. w.). — Deriv. آیدنلندرمق oder آیدنلندرمق ajdynlandyrmak. Vb. caus. *a* انارة *faire briller, éclaircir, illuminer.* | leuchten oder glänzen lassen, erleuchten, erhellen.

t آیدنلو oder آیدینلو ajdynly. Adj. *lumineux, clair.* | leuchtend, glänzend, hell.

t ایدمك EIDNMEK, s. ایتمك Deriv.

a ایادی EJDI. Sbst. Pl. v. ید JED.

t o ایدی IDI. Sbst. LT. کرچ خشتی *tuilerie.* | Ziegelhütte, vgl. d. Flgde.

t o ایدیش IDIŠ, auch ایدی Sbst. = ظرف a *vase de terre cuite.* | Gefäss (Napf, Schüssel u. dgl.) von Thon. چینی ایدیش *vaisselle de Chine.* | chinesisches Geschirr. Ali Schir. VI.

t ایدین s. آیدین

a ایذا IZÂ. [اذى IV.] Sbst. اینجتمك *action de causer du dommage à q. qn., mal causé à q. qn.* | Beschädigung, Verletzung, Uebel das man Jemand zufügt.

a ایذان IZÂN. [اذن IV.] Sbst. آکلاتمق, بیلدرمك *action d'informer q. qn. de q. ch.,* ankündigen, wissen lassen, Jemanden benachrichtigen.

t o ایدکو IDGÜ. Adj. *bon.* | gut. = *t* ایو

t o ایدکولك IDGÜLIK. Sbst. *bonté, grâce.* | Güte, Gnade. = ایولك

t o ایر IR und ار ER. Sbst. مرد ، شوهر *homme, mari.* | Mann, Gatte.

t ایر oder ار IR. Sbst. = ترکی *chant, chanson, air.* | Gesang, Lied, Arie.

t ایر oder ار ER. Adv. *de grand matin, de bonne heure.* | früh, zeitig. ایرکیچ ER-GEČ, *tôt ou tard.* | früh oder spät.

t ایر EJER. Sbst. = اکر *selle.* | Sattel. — ایرلمك EJERLEMEK. = *seller.* | den Sattel auflegen, satteln.

t o آیر AJYR. Sbst. LT. قلم داروی *nom d'un médicament.* | Name eines Arzneimittels.

a ایرا IRÂ. [وری IV.] Sbst. آتش چیقمقی *action de faire jaillir du feu du briquet.* | das Funken schlagen, Feueranschlagen.

a ایراث IRÂS. [ورث IV.] Sbst. *action de constituer q. qn. héritier, de faire hériter q. ch. à q. qn., action de donner q. ch. à q. qn., de causer, d'occasionner q. ch.* | Einsetzung als Erben, Vermachung, in Besitzgebung, Uebermachung an Jemand, Verursachung. برینه ... شر وفساد ایراثنه ... einer dem Andern Schaden zuzufügen suchen. — ETMEK *constituer héritier; faire un héritage; causer, occasionner.* | zum Erben einsetzen; eine Erbschaft machen; verursachen, hervorbringen. کمان ایراث ایلمك oder — شبهه *inspirer des doutes sur q. ch., être suspect, douteux.* | Zweifel erwecken, zweifelhaft, verdächtig sein. قوت قلب ایراث ایلمك das Herz stärken, Trost bringen. امید ایراث ایلمك Hoffnung erwecken.

a ایراد IRÂD. [ورد IV.] Sbst. برینه کتورمك *action de faire venir, d'amener; citation d'un passage; rente, revenu.* | das Kommenlassen, Herbeibringung; Anführung (einer Stelle aus einem Buche, eines Beweises, einer Begebenheit u. s. w.), Erzählung; Einkommen, bestimmte Einnahme, Rente. — ETMEK *faire venir, amener, produire, envoyer quelque part, citer; raconter, expliquer, avoir l'intention.* | wohin gelangen lassen, herzubringen, beibringen; wohin schicken; anführen, citieren, erzählen; einen Grund u. s. w. anführen, erklären, beabsichtigen. ایراد اولنمشدر es wird angeführt, es wird erklärt, es wird beabsichtigt.

t ایراق YRAK. LT. اوزاق] 1. Sbst. ایرق *distance, ce qui est éloigné.* | Entfernung, Ferne, entfernter Ort. 2. Adj. u. Adv. *loin, éloigné.* | fern, entfernt. ایراقده *au loin.* | in der Ferne. ایراقده کیلر *ceux qui sont éloignés, les absents.* | die Entfernten, Abwesenden. ایراقدن *de loin.* | von fern. ایراق اولمق *être loin.* | entfernt sein. ایراق ایتمك *éloigner, ôter, séparer de q. ch.* | entfernen, wegnehmen, trennen von einer Sache. ایراغه صالمق *envoyer fort loin, reléguer.* | weit fortschicken, verbannen.

t ایراقجه YRAKČA. Adv. *loin.* | fern, weit.

t ایراقسنمق YRAKSANMAK. Vb. intr. Aor. ایراقسنور YRAKZANYR. [vgl. صانمق] *regarder comme éloigné.* | für entfernt halten. = استبعاد

t ایراقلق YRAKLYK oder ارقلق Sbst. = اوزاقلق *distance, éloignement.* | Ferne, Entfernung, Abstand, Weite.

t ایراقلمق YRAKLAMAK, auch ارقلمق Vb. act. Aor. ایراقلر YRAKLAR. *éloigner.* | entfernen. — Deriv. I. ایراقلشمق YRAKLAŠMAK. Vb. recipr. *s'éloigner l'un de l'autre, se séparer, être différent, se distinguer.* | sich von einander entfernen, abstehen, zurücktreten; sich trennen, weit von einander abgehen; sich von einander unterscheiden, sehr verschieden sein. — II. ایراقلشدرمق oder ایراقلشتیرمق YRAKLAŠTYRMAK. Vb. recipr. caus. *faire s'éloigner l'un de l'autre, éloigner, séparer.* | von einander entfernen, trennen. — III. ایراقلنمق YRAKLANMAK. Vb. refl. *s'éloigner, se séparer, partir.* | sich entfernen, sich trennen, fortgehen.

t ایران oder آیران AJRAN. Sbst. *p* دوغ LT. *petit lait, lait beurré.* | Molken, Buttermilch; die dünne Milch, welche bei Bereitung des Jugurt übrig bleibt; — bei den Tataren ein aus Kuhmilch bereitetes berauschendes Getränk.

t ایران YRAN. Adj. [alt. Partic. v. ایرمق] *coulant, qui coule.* | fliessend. vgl. ایرمق u.

t o ایرن s. ارن IRAN.

p ایران IRÂN. N. pr. *la Perse.* | Persien.

p ایرانی IRÂNÎ. Adj. *persan.* | persisch.

t o ایراول auch ایراویل Sbst. LT. مقدمه *avant-garde.* | Vortrab des Heeres.

t o ایرالش YRALYŠ. Sbst. LT. زمین پست *terrain bas, plaine.* | niedriges Flachland, Ebene.

t o ایرت IRT. Sbst. لب *p* دوداق *lèvre.* | Lippe. Ali Schir. VI. — Vielleicht Schreibfehler für ایرن

t o ایرلا s. ایرله

t ایرلشمز AJRYLAŠMAZ. Adj. *inséparable.* | unzertrennlich, vgl. d. Flgde. Deriv.

t ایرلمق AJRYLAMAK und ایرلمك EJIRLEMEK. Vb. act. urspr. Intensiv v. ایرمق. — vgl. آیتلامق ، اوکرنمك ، اوزرتمك *choisir, élire; ébrancher, sarcler; nettoyer.* | auswählen, aussuchen, reinigen, säubern, ausfegen, gäten, beschneiden (einen Baum). قویی ایرلمق *curer un puits.* | einen Brunnen reinigen. بوغاز ایرلمق *se nettoyer la gorge, c. à d. expectorer.* | die Kehle reinigen, d. i. sich räuspern. بر نسنه کزیدهسی ایرلوب صاتمق das ausgesuchte einer Sache auswählen und verkaufen. — Deriv. ایرلنمق AJYRYLANMAK. Vb. pass. *être choisi, être nettoyé.* | ausgewählt werden; gereinigt werden. ایرلنوب آتلمق ausgesucht und weggeworfen werden, wie z. B. Unkraut u. dgl.

t ایرتلمك IRTELEMEK, s. ایرتهلمك

t ایرتمق AJARTMAK, s. آیرتمق

t ایرته oder ارته IRTE, ERTE. LT. ایرتا 1. Sbst. *p* بکاه vgl. ایر *le matin, ce qui est de bon matin; le lendemain.* | der frühe Morgen, die Frühe, das Frühe; der folgende Tag, Morgen. — 2. Adj. u. Adv. *de grand matin, de bonne heure.* | früh, zeitig. ایرته کچمش *ce qui est passé, antérieur.* | frühe, d. i. in früher Zeit vergangen, alt; Q. praeteritus, priscus. ایرته کچمش شعراء وفصحا ... die alten Dichter und Redner. Ali Schir. Q. ایرتهسی کون oder ارتسی کون — ERTESI GÜN. *le lendemain.* | der folgende Tag. ارتسی ERTESI. بازار ایرتهسی PAZAR-ERTESI. *lundi.* | der Montag, (Tag nach dem PAZAR-GÜNI), جمعه ایرتهسی DŽUM'A-ERTESI. *samedi.* | der Sonnabend (Tag nach dem DŽUM'A-GÜNI).

t ایرتهلمك oder ارتهلمك auch ایرتلمك IRTELEMEK, ERTELEMEK. Vb. act. *faire q. ch. le matin, arriver au point du jour; différer au lendemain, passer la nuit, rester jusqu'au matin.* | etwas am Morgen thun, am Morgen oder in der Frühe an einem Orte ankommen; etwas auf den Morgen oder folgenden Tag verschieben, bis zum Morgen an einem Orte bleiben, die Nacht zubringen.

t ایرکتی oder ایرکنی EJRKETI. s. اکرتی

t ایرجه oder ارجه IRDŽE, ERDŽE. Adv. *de bonne heure.* | früh, zeitig. vgl. ایر

t ایرشمك s. ایرشمك Deriv.

t ایرثه Sbst. *le monde.* | die Welt. Ali Schir. Q.

gr ایرسا IRSA oder ایرسیا IRSIA. (ἶρις). (*plante*) *racine d'iris.* | die bunte Lilie, die wohlriechende Wurzel der Lilie, die in den Apotheken gebraucht wird, auch منکشه کوکی genannt.

t ایرسز EJERSIZ. Adj. *sans selle, non sellé.* | ohne Sattel, ungesattelt. vgl. ایر

gr ایرسون IRSUN. Sbst. (ἀφρόζων). *talc.* | Talkstein.

t ایرشدرمك s. ایرشمك Deriv.

ایرشمك oder ایرشمق u. ارشمك IRŠIK, IRŠEK, ERŠEK. Sbst. *archevêque.* | Erzbischof (Ex hungarico. Archiepiscopus, per. Strigoniensis. Meninski).

t o ایریلیق AJRYLYK. Sbst. v. ایرلمق *séparation, absence.* | Trennung, Abwesenheit. *p* جدائی LT.

t آيرشمق AIRYŠMAK. s. آيرمق

t ايرشمك IRIŠMEK. s. ايرمك

t o ايرغق YRGAK. Sbst. *harpon des raments, aviron.* | Schifferhaken, Ruderstange (?)

t ايرغلامق YRGALAMAK. s. ارغلامق

t ايرغنمق u. ايرغنمق YRGANMAK. Vb. intr. eigentl. Refl. d. Figdn. دتيرمك *trembler*, zittern. Verhand VL. — ايرى اولمه صاللنوب ايرغنمق = *a* تموج *être agité, trenailler,* | hin und her bewegt sein, zittern. Kam.

t ايرغمق oder ارغمق YRGMAK. Vb. intr. *se dresser, se lever.* | sich aufrichten, aufstehen, aufspringen [verwandt mit ايرغلامق od. آرغلامق].

t o ايرموجى AYRMOĞY. LT. فارق *séparant.* | trennend. s. آيرمق

t ايرق AIRYK. Adj. u. Adv. vgl. آيرمق *séparé, séparément, autre, autrement, différent; plus.* | getrennt, auseinander, verschieden; anders; mehr.

t ايرق اوتى AIRYK-OTI. Sbst. achoenantum, auch مكه صمغى oder مكه ايريغى genannt. *a* قرنو . كورگياه *p* فقنج . اذخر LL. (Meninski: *chiendent, mauvaises herbes.*) Hundskraut)

t o ايرك IRK. Sbst. اختيار, قدرت . *a* اوكرلك LT. u. VL. *choix, option, libre arbitre, pouvoir, puissance.* | Wahl, freie Wahl, freier Wille, Macht etwas zu thun. ايركين الفه ويردى er liess ihm freie Wahl; wörtl.: gab seine Wahl in seine Hand.

t o ايرك IRK. s. ايركلك

t ايرش IRIŠ. s. ارش

t o ايركه IRKA. LT. ناز پرورد *élevé avec tendresse.* | verzärteltes Kind.

t o ايركنج s. اركنج ERGEĞ.

t o ايركك s. اركك ERKEK. ايركك اوغلان *fils.* | Sohn. ايركگى *son mari.* | ihr Gemahl.

t اركچ oder ايركچ s. ايرو ER.

t o ايرگه IRGEH. Sbst. LT. رتبه *degré, dignité.* | Grad, Würde. (?)

t o ايرك لنك كيشى LT. ايرك لنك كيشى Abulg. Sbst. LT. پادشاه *souverain.* | Kaiser, Landesoberherr.

t ايركمك s. ايركمك Deriv.

t ايركمك IRKMEK oder اركمك Vb. intr. Aor. ايركر IRKER. *s'arrêter, croupir.* | stehen bleiben, stocken (vom Wasser). — Deriv. I. ايركلمك oder اركلمك IRKILMEK. Vb. pass. refl. Aor. ايركلر IRKILIR. *s'assembler, être stagnant.* | sich häufen an einem Orte, z. B. Sand, Wasser; stehen bleiben, Pfützen bilden, stagnieren (vom Wasser). vgl. ايرينمك. Synon. در طوپ ايركمش — طوپلانمق u. در ايركمك صو ايركلمكده در قوم تهملرى Sandhaufen. — صو طورمق ايركلموب قالمق od. Lache, Pfütze. stehen bleiben, still stehen. ايركمش صو (fauliges Wasser. — II. ايركنمك IRKENMEK *t o* ايركينمك IRKINMEK. Vb. refl. Aor.

ايركنور IRKENIR. *s'arrêter, croupir.* | stehen bleiben, stocken, z. B. das Blut, das Herz, vor Schreck, Entsetzen u. dgl. كوكل ايركنمك sich entsetzen [vgl. ايركنش u. ايركنجلك]; auch = برقصده مبل وعزيمت ايلمك, قصد كرتمك *se proposer q. ch.* | bei etwas stehen bleiben, sich etwas vornehmen. VL. intendere, attentare aliquid; intendere ad aliquam rem; proponere sibi quidpiam.

t ايركنجك IRKENĞEK. Adj. [Gerund. v. ايركنمك] *abominable.* | entsetzlich, abscheulich. ايركنجك حال eine entsetzliche Sache. ايركنجك نفس شى وجهله auf eine entsetzliche Weise.

t ايركنش IRKENIŠ. Sbst. *abomination, horreur.* | Abscheu, Entsetzen. vgl. ايركنمك Deriv. II.

t ايركندى IRKINDI. Sbst. *mare d'eau.* | Lache, Pfütze. vgl. ايركمك

t o ايركنه LT. دريى كه مثل نيلك ميبلشد

t ايركورمك oder اركورمك IRGÜRMEK, ERGIRMEK. Vb. act. Aor. ايركورر IRGÜRIR. [alt. vgl. ايرمك] = ايرشمك, يتشتيرمك *faire parvenir, faire atteindre, faire arriver.* | wohin gelangen lassen, bis wohin reichen lassen, erreichen lassen, ankommen lassen. عهد ايلدى كه براحدهٔ آزار ايركورميه promisit se nemini molestiam aut injuriam facturum. Meninski.

t o اركين s. ايركين

t o ايركينمك IRKINMAK. s. ايركنمك unter ايركمك

a ايرلامق und ارلامق YRLAMAK. Vb. intr. Aor. ايرلار YRLAR. Imperat. ايرله YRLA. vgl. ايرو YR. *chanter.* | singen. — Deriv. ايرلاتمق oder ارلاتمق YRLATMAK. Vb. caus. Aor. ايرلادر YRLADYR. *faire chanter; chanter.* | singen lassen, und Intrans. singen.

t ايرلاجى YRLAĞY. Sbst. *chanteur.* | Sänger.

t ايرلايش YRLAYŠ. Sbst. *chant.* | Gesang.

t آيرلتمق AJRYLTMAK. s. آيرمق Deriv.

t آيرلتى AJRYLTY. Sbst. *nom d'une plante.* | Name einer Pflanze. *a* سرخس filix.

t آيرلش AJRYLYŠ. Sbst. v. آيرلمق *séparation.* | Scheidung; Ausscheidung (aus einer Gemeinschaft, Secte etc.).

t آيرلق oder آيرلق AJRYLYK. Sbst. v. آيرمق *séparation; luxation.* | Trennung, Scheidung; Verrenkung.

t ايرلامق YRLAMAK. s. ايرلامق

t آيرلمق AJRYLMAK. s. آيرمق Deriv.

t آيرلمز AJRYLMAMAZ. Adj. s. آيرمق Deriv. III. *inséparable.* | unzertrennlich.

t آيرلمازلق AJRYLMAMAZLYK. Sbst. s. آيرمق Deriv. III. das sich nicht entfernen von einer Sache. سوزك معناسندن آيرلمزلق *littéralité (d'une traduction).* | Treue einer Uebersetzung.

t o آيرلامق AJCHLAMAK. Vb. act. *p* كردانيدن LT. *tourner.* | wenden, umwenden. vgl. آيرمق

t o آيرلمق AJCHULMAK. s. آيرمق Deriv.

t ايرلمك IRILMEK. s. ايرمك Deriv.

t ايرلمك EJERLEMEK. Vb. act. = ايرقومق *seller.* | satteln. vgl. ايو EJER.

t آيرلمه AJRYLMA. Sbst. *séparation.* | Trennung, Scheidung, Ausscheidung aus einer Gemeinschaft.

t ايرلو EJERLÜ. Adj. *sellé.* | gesattelt. s. ايو EJER.

t ايرم EJRIM. Sbst. *p* كنكجك *a* جدية *coussinet, housse en feutre qu'on met sous la selle.* | die Filzlage unter dem Sattel, Sattelkissen.

t ايرم oder ايرم IRIM, ERIM von ايرمك Sbst. *portée (d'une arme etc.)* | die Entfernung bis zu welcher etwas reicht oder gelangen kann, Wurfweite. مد البصر = *a* كوز ايريمى der Raum, welchen man mit dem Auge messen kann, Gesichtsweite.

t ايرمق YRMAK, auch ارمق, ايرمق, ارمق Sbst. *fleuve, rivière.* | Fluss; eigentlich das Fliessen. vgl. ايرماق und اران IREN.

p ايرمن IRMÂN. Sbst. *hôte, voyageur.* | Gast, Einkehrender, Reisender, = مهمان u. *a* مسافر

p ايرمانسرا od. ايرمانسراى IRMÂNSERÂ od. IRMÂNSERAJ. *hôtellerie.* | Gasthaus, = مهمانخانه.

t آيرمق AJYRMAK. Vb. act. Aor. آيرور AJYRYR. *p* جدا كردن ابراق ايلمك *séparer, diviser, désunir, éloigner, ôter, choisir, élire.* | trennen, scheiden, spalten, entfernen von, absondern, abtheilen, von einander thun, wegnehmen; auswählen, auslesen, auflesen. آيشى آيرمق oder بچه لرى آيرمق *ouvrir, écarter les jambes.* | die Beine auseinander breiten. كوزلرى آيرمق *fendre.* spalten, zerspalten. آيرمق *ouvrir, écarquiller les yeux.* | die Augen weit aufreissen. اوروب يرندن آيرمق von seiner Stelle verdrängen. آيروب بشقه جنقيه die chemische Scheidung der Metalle. — Deriv. I. آيرشمق AJRYŠMAK. Vb. recipr. Aor. آيرشور AJRYŠYR. مفارقه كردن *a se séparer.* | sich trennen. — II. آيرلمق oder آيرلمق AJRYLMAK. Vb. pass. Aor. آيرلور AJRYLYR. Imperat. آيرل AJRYL. جدا شدن *p* *être séparé, être fendu, se séparer, s'éloigner, se détourner; mourir.* | getrennt, geschieden, gespalten sein oder werden; sich spalten, Risse bekommen; sich trennen, sterben; sich sondern, sich entfernen, sich absondern, sich von Jemand oder einer Sache abwenden. آجلوب آيرلق *s'ouvrir.* | sich öffnen, klaffen (eine Wunde). قطعه قطعه آيرلق Stück für Stück auseinander fallen, stückweise abfallen. ایرلمش AJRYLMYŠ. *séparé*, *écarté*. | getrennt, abgesondert, gespalten, geschieden. قودوب آیلمش abgebrochen. ایرلغو AJRYLYR oder آیریله بلور AJRYLABILIR. *qui peut être séparé*, *séparable*. trennbar.

t ○ آیرلغان AJRYLGAN, ein Sterbender, Todter. Abulg. — III. ایرلتمق AJRYLTMAK. Vb. pass. caus. *séparer*, *choisir*, *se séparer*, *se désister*. | bewirken dass eine Sache getrennt wird, trennen, scheiden, auswählen; sich von einer Sache trennen, von etwas frei machen, sich absondern, lossagen, von einer Sache ablassen. — IV. ایرلمامق AJRYLMAMAK. Vb. pass. neg. *ne pas être séparé*, *etc.* | sich nicht trennen, nicht ablassen von einer Sache. ایزندن ایرلمادی IZINDEN AJRYLMADY, er liess nicht ab von seiner Spur, verfolgte ihn unablässig. Partic. ایرلماغان AJRYLMAGAN, sich nicht trennend, sich nicht entfernend. vgl. ایرلغمز u. ایرلمغونچ. — IV. ایرلشمق oder ایرلشماق AJRYLYŠMAK. Vb. pass. recipr. *se séparer*. | sich scheiden, sich trennen (z. B. von seiner Frau), ausscheiden (aus einer Verbindung mit anderen). شرعی ایله قوجه‌دن ایرلشمیسی Scheidung der Ehe. — V. ایرمامق AJYRMAMAK. Vb. neg. *ne pas séparer*. | nicht trennen. ایرمه بیر بیلمدین ... *noli animam a corde meo invicem separare*. Ali Schir. VI.

t ○ آیرمق AJURMAK. Vb. act. I.T. — گردانیدن، ... *tourner*, *renverser*. | umwenden, umdrehen, umstürzen. vgl. ایرلماق AJURLAMAK. — Deriv. ایرلمق Vb. pass. I.T. گشتن *se tourner*, *être tourné*. | sich umdrehen.

t ○ ایریمق YRYMAK. I.T. گداز گرفتن *se fondre*. | schmelzen, zerfliessen. s. ارمك

t ایرمق YRMAK. Vb. intr. verwandt mit dem Vbgde. und nur in dem Particip. ایران YRAN. *coulant*. | fliessend, erinnern. vgl. YRMAK. Fluss, und *t* ○ ارن IRYN. Wasser.

t ایرمك oder ارمك *t* ○ ایرمك IRMEK, ERMEK. Vb. intr. Aor. ایرور ERER, IRER. *t* ○ ایرور *parvenir*, *atteindre*, *arriver*. | wohin reichen, gelangen, ankommen. عقل ایرمك *comprendre*. | verstehen, einsehen, zum Verständniss gelangen. عقلی ایرشوکی کبی je nachdem er es versteht. s. عقل ایرور شی eine verständliche Sache. هر قیلان بقسم کوزومکا ... ... wohin ich schauen mag, gelangt das Licht dieser Sonne zu meinem Auge. Ali Schir. — Partic. ایرن IREN oder EREN. s. ارن *adepte*. — Deriv. I. ایردرمك ERDIRMEK, IRDIRMEK. Vb. caus. *faire parvenir*, *etc.* | wohin gelangen lassen, ankommen lassen. سلامتکه ایردرمك *sauver*. zum Heil gelangen lassen, retten. — II. ایرشمك ERIŠMEK. Vb. recipr. Aor. ایرشور ERIŠIR. Synon. ... , واصل اولمق , ... *arriver*, *atteindre*, *aboutir*, *toucher*; *mûrir*. | anlangen, ankommen, erreichen, bis wohin reichen, sich erstrecken bis, an etwas stossen, Jemand zum Scherz antasten; zur Reife gelangen, reif werden. ایرشمش ERIŠMIŠ. *arrivé etc.*; *bon à être cueilli*. | angelangt u. s. w.; zum Pflücken reif. — III. ایرشتیرمك ERIŠTIRMEK. IRIŠTIRMEK. ایرشدرمك ، ایرشدیرمك Vb. recipr. caus. *faire parvenir*, *faire atteindre*. | wohin gelangen lassen, bis wohin reichen lassen, wohin führen oder bringen; eine Sache verringern, beschädigen. s. ... نقصان ایرشدرمك , ... einer Sache Schaden zufügen. — IV. ایرلمك oder ایرلمك IRILMEK. Vb. pass. pervenire. (Meninski.)

t ○ ایمك IRMEK. Vb. intr. Aor. ایرور IRUR ... ایمك *être*, *exister*. sein; dient als Hülfsverbum bei der Conjugation der Verba. s. d. Gramm.

t ایرمه AJYRMA. Sbst. *séparation*, *abstraction*. | Trennung, Scheidung, Sonderung, Abstraction (Philos.).

t ○ ایران AIRAN. s. آیران

t ایرن IRIN. s. ارنك

t آیرو oder آیری AJRY. Adj. u. Adv. *p* جدا *séparé*, *éloigné*; *séparément*, *différent*. | getrennt, entfernt, gesondert, abgesondert. آیری قویمق trennen, absondern. آیری اولمق und آیری دوشمك getrennt sein, abgesondert sein oder werden. — آیریلق. — آیری آیری oder آیری اوزره einzeln, getrennt, besonders; auseinander. آیری شیلر getrennte, gesonderte, von einander verschiedene Dinge. آیری منفعتمز یوق wir haben keine verschiedenen Interessen.

t آیروجه AJRYDJA. Adv. s. d. Vbgde.

t آیرق s. آیرق

t ایرقی s. ایرکی YIRKTI.

آیرو s. آیری *t*

t ○ آیری AJRY. Sbst. ... دوکوهلو *double bosse*; *dromadaire*. | Zweizack; zweihöckeriges Kameel.

t ایری oder ارى IRI. Adj. u. Sbst. *grand*, *gros*, *grossier*, *dur*. — *t* ○ *le grand*, *c. à d. Dieu*. | gross, grob, derb, dick, roh, hart. — *t* ○ der Grosse, d. i. Gott. ایری یغمور *giboulée*. Platzregen. ... *p* کاه ... Abfall der Aehren, Spreu.

t ایریجه IRIDJE. Adv. s. d. Vbgde. ایریجه دوکلمش تلوز *gros sel*. | dick gestreutes Salz.

t ایریجی AJRYGY. Adj. u. Sbst. *qui sépare*. | der Trennende. s. ایرمق

t ایرلق s. ایرلق

t ○ ایرك auch ارك und ایرك IRIK. Adj. I. Adj. ایری *p* درشت *grand*, *dur*, *grossier*, *fort*. | gross, derb, rauh, hart, stark. ایرك سوزلر harte, rauhe Worte. Sbst. *château fort*. | Burg, Festung.

t ○ ایرلاجی YRLAGY. Sbst. مغنی *chanteur*. | Sänger.

t ایرلش AJRYLYŠ. Sbst. *séparation*. Entfernung, Abwesenheit, Trennung.

t ایرلك IRILIK, auch ایرلق , ارلك , ارلق . ایرلك Sbst. *grandeur*, *embonpoint*, *grosseur*, *grossièreté*. | Grösse, Dicke, Corpulenz, Schwere, Last, Derbheit, Grobheit.

t ایرلنمك IRILENMEK. Vb. intr. *devenir grand*, *croître*. | gross werden, wachsen.

t آیرلو AJRYLY. Adj. *séparé*, *absent*. | entfernt, getrennt, abgesondert, abwesend. s. ایرمق

t ایرلمك IRIMEK. *t* ○ ایرمك , ایریمك s. ارمك

t آیرلور AJRYLYR. Adj. *séparable*. | trennbar. s. ایرمق Deriv.

t ایرین s. ایرنك

t ○ ایرین IRIN. Sbst. *lèvre*. | Lippe. vgl. ارن und ایرن

t ایرنلشمك und ایرنلمك , ارکلشمك und Figd.

t ایز oder از IZ. Sbst. *a* اثر *p* پی *vestige*, *trace*. | Spur, Fusstapfe. تکرلك ایزلری TEKERLEKAIZLERI. *ornières*. Wagengeleise. ... — ... — *marcher sur*, *les traces de q. qn.* | Jemandes Spur verfolgen, ... ایزلمك

t ○ ایز IZ. Sbst. I.T. ... Kropfgans, Pelikan (?)

p ایزاری IZARI. Sbst. *tablier*. | Schurz, Schürze. vgl. ازار IZAR.

a ایزاع IZA' [وزع IV.] Sbst. ... *instigation*, *action d'inspirer à q. qn. le désir de q. ch.* | Anreizung zu etwas; das Verlangen nach etwas in Jemand erwecken.

t ایزبه IZBE. s. ازبه

p ایزد IZED und YZID. Sbst. *Dieu*. | Gott.

p ایزدی IZEDI, EZEDI. Adj. *divin*. | göttlich.

p ایزغنج IZ'GUNG. Sbst. *sac*, *sachet*, *bourse*. | Sack, Beutel.

p آیزك AIZEK. Sbst. *sorte de ver qui ronge le bois* (Bianchi).

t ایزلمك IZLEMEK *t* ○ ازلمق , ایزلمق Vb. act. Aor. ایزلر IZLER. vgl. ایز *suivre les traces*, *chercher*, *rechercher*. | der Spur folgen, nachspüren. ارسوب ایسلمك *rechercher*. | suchen, aufsuchen, forschen nach etwas. — ... یول ایزلامق den Weg aufsuchen, dem Wege nachspüren. Abulg. — Deriv. I. ایزلتمك IZLETMEK. *t* ○ ایزلتمق oder ازلتمق Vb. caus. I.T. پی زدن *faire suivre*, *instiguer*. | folgen lassen, antreiben. — II. ایزلنمك IZLENMEK. Vb. pass. *être suivi*, *être cherché*. | gefolgt, verfolgt, gesucht werden.

t ○ ایزمك IZMEK. Vb. act. *expédier*, *envoyer*. | abschicken, absenden (einen Boten).

t ○ ایس IS. Sbst. بوی قوقو *p* ... *odeur*; *renommée*. | Geruch, Gestank. Ali Schir. VI. — guter oder schlechter Ruf, in dem Jemand steht.

t ○ ایس IS. Sbst. وقوف *p* خرد *raison*, *intelligence*. | Vernunft, Einsicht. Ferhad. VI.

t ايس und أيس und اس is. Sbst. *p* قوروم *p* دوده *suie, noir de fumée* | Russ, Rauchschwärze (woraus Tinte bereitet wird).

a ايسا isā. [أسى IV.] Sbst. *action de consoler q. qn.* | Trost, Zureden.

a ايساغ isāġ. [وسخ IV.] Sbst. كيرلتمك *action de salir.* Beschmutzung, Verunreinigung.

a ايسار isār. [يسر IV.] Sbst. *action de s'enrichir, accroissement de fortune.* | Bereicherung, Zunahme des Vermögens.

a ايساع isā'. [وسع IV.] Sbst. *action d'élargir, d'étendre, de rendre plus vaste, plus spacieux; action de rendre riche.* | Erweiterung, Vergrösserung, Bereicherung; Reichthum.

a ايساف isāf. [أسف IV.] Sbst. خشمه كتورمك *action de fâcher; de causer de la peine à q. qn.* | Erzürnung, Betrübung, Belästigung.

t o ايستى isti. Sbst. LT. تب *fièvre.* | das Fieber, = اسيتمه

t o ايستاب istab. Sbst. *p* خواهش *a* طلب *désir, demande.* | Wunsch, Verlangen. vgl. استمك

p استكى s. ايستكى

t o ايستككوجى istegüǰi. Sbst. v. ايستمك *qui désire, qui demande.* | der Bittende, Verlangende, Forderer عيب ايستككوجى *calomniateur.* | Verläumder. Ali Schir. Q.

t o ايستنمك istenmek. s. استمك

t o آيسر N. pr. LT. پادشاه خوارزم

a ايسر jeser. Adj. 1. *gauche.* | links. Femin. يسرى. 2. Compar. v. يسير *plus facile.* | leichter.

t o ايسرا isra. Sbst. LT. نسيم صبح *vent qui souffle le matin.* | Morgenwind.

t o ايسرغامق isirgamak. Vb. intr. *t* اسركمك *avoir pitié.* | Mitleid haben mit Jemand, bedauern.

t o ايسز isiz. Sbst. LT. خواب *sommeil.* Schlaf.

t o ايسككرمسك iskarmak. Vb. intr. فرمن بردانتيني *p* سوز اسمك *obéir.* | gehorchen (einem Befehle), einen Rath befolgen. VL.

t o ايسكى s. اسكى

t o ايسلى s. d. Flgde.

t o ايسلامق islamak. Vb. act. *sentir.* riechen, stinken, einen Geruch verbreiten. Partic. ايسلاپ islap. *qui sent.* | riechend, stinkend. — Deriv. ايسلانمق islanmak. Vb. refl. *sentir.* | riechen, stinken. Partic. ايسلانيب islanyp. riechend, stinkend.

t o ايسلك islak. 1. Sbst. = ايس *odeur.* | Geruch. 2. Adj. *qui sent.* | riechend, stinkend.

t o ايسلك islik. 1. Sbst. = ايس *raison.* | Vernunft. 2. Adj. *intelligent, sage,* = عاقل LT.

t ايسسى issy. Sbst. *p* كرم *chaleur.* | Wärme, Hitze.

t o ايسنا isna. Sbst. LT. خميازه *bâillement.* | das Gähnen.

t o ايسنامق isnamak. Vb. act. LT. اسنمك خميازه كردن *bâiller.* | gähnen. s. اسنمك

t ايسنمق s. ايسيمق Deriv.

t ايسى isy. s. ايسك

t ايسى isi. s. اسى

t o ايسيرغانمق ysyrganmak. Vb. intr. = اوتانمق *p* شرمنده اولمق *rougir, avoir honte.* | erröthen, sich schämen. — Deriv. ايسيرغاندرمق ysyrgandyrmak. Vb. caus. = اوتاندرمق *p* شرمسار ايتمك *faire rougir.* | erröthen lassen, beschämen.

آلوب كيتتى آنى اوز مسندنه
ايسيرغاندوردى لطف بى حدنده

accepit eum, et ad suum thronum concurrit, cumque nimiae benignitatis suae pudere fecit. Diwani Lutfi. VL.

t ايسيغ s. ايسيمق u. ايسيغ

t o ايسيك LT. *p* خال *signe, grain de beauté.* | Muttermal. (?)

t ايش und اش iš. Sbst. *chose, ouvrage, travail, façon, affaire; chose fabriquée; emploi.* | Ding, Sache; Werk, Arbeit; Geschäft, Angelegenheit; etwas gethanes, gemachtes, Händewerk, Kunstwerk; etwas das gethan wird, Dienst, Verrichtung. ايش كوچ iš-güǰ. *occupation, affaire.* | Beschäftigung. ايش كوچى اوقوماقدن عبارتدر er thut nichts weiter als lesen. ايشى كوچى يوق er hat nichts zu thun. استاد ايشى ustad-iši. *chef-d'œuvre.* | Meisterstück, Meisterwerk. نقش ايشى nakyš-iši oder سوزنى ايشى — süzeni-iši. *broderie.* | Stickerei. قلمكار ايشى kalemkar-iši. *travail de graveur, gravé.* | Kupferstich, gegrabene Arbeit. قلابدان ايشى klabdan-iši. *broderie d'or.* Goldstickerei. ايش لباسى iš-libasy. *vêtement de travail.* | Arbeitskleid, Hauskleid. ايش باشى iš-bašy. *chose principale.* | die Hauptsache. ايش باشى صاغلقدر Gesundheit ist die Hauptsache. ايش ارى iš-eri. *homme de charge, intendant, l'homme de la chose.* | der Mann zu einer Sache, dem etwas übertragen ist. ايش كونى iš-güni. *jour ouvrable.* | Werktag. ايش كورمك iš-görmek. *avoir affaire, avoir soin d'une affaire, être capable.* Geschäfte haben, ein Geschäft besorgen, brauchbar oder tauglich zu etwas sein. ايش كورمش iš-görmiš = كاركرده *versé, expérimenté dans les affaires; usé.* | erfahren, in Geschäften bewandert; gebraucht, abgenutzt. ايش كور iš gör. *fais ton affaire.* | thue, was du zu thun hast ايشنه كوره išine göre. *selon son ouvrage, selon le travail.* | seiner Arbeit nach. ايش ايلرولتمك iš ilerületmek. *faire avancer, réussir.* die Sache vorwärts bringen, gut ausführen. ايش اولدركه iš oldur ki. *la chose est que…* | die Sache ist die, dass … ايش اولسون *bien (lui) fasse!* | mag es gut gelingen! دلولك ايشى delilik iši. *action de fou.* | Narrenspossen. دوستلق ايشى dostluk iši. *action d'amitié.* | Freundschaftsdienst. فلان ايله ايشم وار *j'ai affaire à q. qn.* | ich habe mit Jemand zu thun, habe mit Jemand Geschäfte. ايشه يرامق išä jaramak. *être utile à q. ch.* | zu etwas nützen. ايش ايشلمك iš išlemek. *s'occuper de q. ch.* | mit einer Sache beschäftigt sein. هر ايش her iš. *toute chose.* | Alles; mit folgender Negation: *rien du tout.* | durchaus nichts.

t o ايش iš. Sbst. = جنك *p* توكش *guerre, bataille.* | Krieg, Schlacht. ايش كونى *dies pugnae.* Ali Schir. VL.

t ايش oder اش iš. Sbst. *arrière-faix, les secondines.* | die Nachgeburt, das dicke Blut welches nach der Geburt folgt. vgl. خصوه und Kam. s. v. حضيرة.

a ايش oder اش iš = اى شى *a* Interj. *quoi? comment?* | was? wie? اش حال *comme c'est étonnant!* | wie wunderbar! kaum möglich!

t o ايش iš. Sbst. LT. يار *ami.* | Freund.

t o ايشاك Sbst. = اشك Esel.

t o ايشاكجى Sbst. = اشكجى Eseltreiber.

p ايشان išān. Pron. 3. Pl. *ils, eux.* | sie.

t ايشت išit. s. ايشتمك

t o ايشتامق ystamak. Vb. intr. يلدرمق *p* درخشيدن *briller, luire.* | glänzen, leuchten, schimmern. vgl. ايشيمق

t o ايشتان ištan. Sbst. = ايچ طون *p* شلوار *caleçon.* | Unterhose.

t ايشتمزلك išitmezlik. Sbst. *surdité feinte.* | verstellte Taubheit. vgl. ايشتمك

t ايشتمزلنمك išitmezlenmek. Vb. intr. *faire semblant de ne pas entendre.* | sich taub stellen.

t ايشتمك išitmek. Vb. act. Aor. ايشيدر išidir. Imperat. ايشيت išit. *entendre.* | hören, s. اشتمك

t ايشتلمك išitilmek. s. ايشتمك Deriv.

t ايشته s. اشته

t ايشجى išči. Sbst. v. ايش *ouvrier, qui travaille, qui fait, qui opère.* | Arbeiter, einer der etwas thut, etwas bewirkt oder ins Werk setzt, = *a* فاعل

t ايشجيلك išǰilik. Sbst. *ouvrage, travail, occupation.* | Werk, Arbeit, Beschäftigung.

t ايشدجى išidiǰi. Sbst. v. ايشتمك *auditeur, qui écoute, qui entend.* | Zuhörer, Horcher, einer der auf etwas hört.

t ايشسز oder اشسز išsiz. Adj. v. ايش *oisif, sans ouvrage, sans emploi.* | arbeitslos, unbeschäftigt, müssig, ausser Dienst. — kalmak — durmak. *être oisif, rester sans rien faire, n'avoir que faire.* | müssig sein, nichts zu thun haben. ايشسز وقت *loisir.* | müssige Zeit.

t ايشسزلك oder اشسزلك išsizlik. Sbst. *oisiveté, loisir.* | Müssiggang, müssige Zeit, Musse.

t o ايشقان yišqan, = اويوشقان *endormi; congelé.* | eingeschlafen; steif, geronnen. s. اويومق Deriv. IV.

t ايشك s. اشك išek. *âne.* | Esel.

ايشك قولاغى eine Art Spinat, in Indien palak genannt. LT.

t ایشیك s. ایشك ışık *porte*. | Thür. ایشك آغاسی ışık-ağa, *portier, officier du Divan.* | Thürsteher, Beamteter im Divan. LT. قپوجی وداروغهٔ دیوانخانه

t ایشکچی oder اشکچی ışıkčı. Sbst. LT. قپوجی *portier.* | Pförtner, Thürsteher.

t ایشکچی s. اشکچی *ânier.* | Eselstreiber.

t ایشلنمك s. ایشلمك

t ایشلر ışler s. ایشلمك

t ایشلك ışlek Adj. vgl. ایشلمك *qui travaille bien, qui fonctionne bien, qui marche bien, qui fait son ouvrage* | leicht und gut oder schnell arbeitend, was gut geht (z. B. eine Maschine). ایشلك دوه ein gut laufendes, tüchtiges Kameel. ایشلك آدم *bon travailleur, homme versé dans les affaires.* | ein tüchtiger Arbeiter, in Geschäften geübter Mann. ایشلك oder ایشلك کسکین قلیچ وآغزلو قلیچ *un sabre bien affilé* | ein gut schneidender, scharfer Säbel. ایشلك یول *un chemin très-fréquenté.* | ein betretener, vielbesuchter Weg. ایشلك چبوق *un tuyau de pipe non bouché.* | ein Pfeifenrohr das leichten Zug hat, nicht verstopft ist. ایشلك یازو *écriture coulante.* | eine leichte, fliessende Handschrift.

t o ایشلکن oder اشلکن ışlegen. Sbst. LT. کار گذار *occupation.* | Beschäftigung.

t ایشلمز ışlemez. s. ایشلمك Deriv. I.

t o ایشلمق oder اشلمق yšlamak und Deriv. s. ایشلمك

t ایشلمك od. اشلمك ışlemek, *t o* ایشلمق yšlamak. Vb. intr. u. act. Aor. ایشلر ışler. s. ایش *travailler, faire, être occupé, être en action (une machine etc.), fonctionner, être en activité.* | arbeiten, überhaupt eine Arbeit thun (besonders eine mühsame, daher sticken, schnitzen, mit Zierrathen versehen, illuminiren u. s. w.), an etwas arbeiten oder eine Sache bearbeiten, im Gange sein, gehen (z. B. eine Maschine); betreten sein, viel Verkehr haben (z. B. eine Strasse); gut gehen; leichten Zug haben (z. B. ein Pfeifenrohr), nicht verstopft sein; aufgehen, eitern (eine Wunde), gähren (der Wein). ایشلین گمی ışlejen gemi oder ایشلر گمی ışler gemi, *vaisseau sous voile.* | ein Schiff das im Gange ist. گمی ایشلر صو gemi ışler su, *rivière navigable.* | ein schiffbares Wasser. قپودن ایشلمك *entrer et sortir par une porte.* | durch eine Thür ein- und ausgehen. — Deriv. ایشلمامك oder ایشلمامك ışlememek. Vb. neg. *ne pas travailler, être oisif, ne pas faire son ouvrage, ne pas aller.* | nicht arbeiten, müssig sein, seine Sache nicht thun, seinem Zwecke nicht entsprechen. ایشلمز ışlemez. *il ne travaille pas, cela ne va pas* | er arbeitet nicht, es taugt nichts, die Sache geht nicht. اوق ایشلمز اورمان ein Wald der so dicht ist dass kein Pfeil eindringt. — II. ایشلتمك ışletmek. *t o* ایشلتمق Vb. caus. Aor. ایشلدر ışledir. *faire faire, faire travailler, faire aller (une machine); faire suppurer (une blessure)* | arbeiten lassen, machen lassen (ein Kunstwerk u. s. w.), eine Wunde eitern lassen, eine Maschine u. dgl. in Gang bringen, illuminiren lassen. ترکمجه اوقی ایله اوروب ایچروسنه ایشلتمك Jemanden mit dem Pfeile treffen und bis auf die innern Theile verwunden. Kam. s. v. حشت — III. ایشلنمك ışlenmek. Vb. pass. u. refl. Aor. ایشلنور ışlenir. *être travaillé, composé, fabriqué, etc.* | gearbeitet oder bearbeitet, gemacht u. s. w. werden, sich bearbeiten lassen, begangen oder betreten werden. قپو که اندن ایشلنه eine Thür, durch welche man ein und aus geht. Kam. s. v. ایلیلی

t ایشلمه oder اشلمه ışleme. I. Sbst. = ایشلیش s. d. Vbgde. *travail, façon.* | Arbeit, Bearbeitung. اسبابك ایشلمه‌سی libâsyn ışlemesi, die Façon des Kleides. — 2. Adj. = ایشلو *travaillé, fabriqué, travaillé à la main, avec art, brodé, enluminé, etc.* | gearbeitet, mit der Hand oder mit Kunst gearbeitet, gestickt, gemalt u. s. w.

t ایشلو oder اشلو ışlü, ışli. Adj. s. ایش *occupé, qui a de l'ouvrage, travaillé, fabriqué avec art.* | beschäftigt, gearbeitet, bearbeitet, mit Kunst gefertigt.

t ایشلیجی und اشلیجی ışleği. Sbst. u. Adj. *qui travaille, fabricant; laborieux.* | Arbeiter; arbeitsam.

t ایشلیش oder اشلیش ışleiš. Sbst. = ایشلمه *travail, façon* | Arbeit, Bearbeitung.

t ایشلین ışlejen. s. ایشلمك

t o ایشمك yšmak. Vb. act. ایشمق = بورکمك *tourner; courber.* | drehen, flechten (z. B. ein Seil); winden; krümmen. Ferhad. VI.

t o ایشیمق yyšymak. s. ویشمق Deriv. IV.

t ایشمك oder ایشه‌مك išemek. Vb. intr. Aor. ایشر išer. *pisser.* | das Wasser lassen. — Deriv. ایشتمك išetmek. Aor. ایشدر išedir. Vb. caus. *faire pisser.* | pissen lassen.

t o ایشنر yšyn. Adj. *brillant, luisant.* | glänzend, leuchtend. ایشنر قوزك *œil luisant.* | Leuchtwurm.

t o ایشنمق yšanmak. Vb. intr. *briller, luire.* | glänzen, leuchten.

t o ایشنغان yšnağan. Sbst. *rayon, lumière.* | Strahl, Lichtschein.

t ایشیك s. ایشك

t o ایشیلمق s. ایشیلمق

t o ایشیك und ایشیك ışık. Sbst. *porte.* | Thüre. = ایشك

t ایشیمق yšymak. Vb. intr. vgl. ایشیق *briller, luire.* | glänzen, leuchten (von der Wolke, von weissen Zähnen u. s. w.). Kam. s. v. الاثتلال

t ایشیلمق yšylamak. Vb. intr. *briller, luire.* | glänzen, leuchten (von der Wolke). vgl. d. Vbgde. سحاب ایشیلموب پارلدی Kam. s. v. ایشیلمق vgl. ایشیق

a ایصا ısâ. | وصی IV. | Sbst. بیورمق *action d'ordonner, de recommander q. ch. à q. qu., donner commission, faire un testament.* | Befehl, Anordnung, Beauftragung, testamentarische Verfügung. vgl. وصیت

a ایصال îsâl. | وصل IV. | Sbst. ایریشدرمه *action de faire arriver, faire parvenir, amener, envoyer, ajouter à q. ch.* | das wohin gelangen lassen, wohin bringen oder schicken, Hinzufügung, Zufügung. ایصال وانصال ایتمك wohin schicken und gelangen lassen. — olunmak. *être fait parvenir à q. ch., être uni à q. ch.* | wohin gebracht, geschickt, befördert werden oder sein, wohin gelangen, ankommen, mit einer Sache vereint sein, einer Sache anhaften. مسند سریرلرینه ایصال اولنمسوب da man nicht zu den Stufen seines Thrones befördert wurde, d. i. dorthin gelangen konnte. اهل اسلامه کمال مرتبه ایصال مضرت ایلدی er fügte den Moslemen den grössten Schaden zu.

t ایصمق s. ایصمق

a ایضا ejzen. Adv. کذا . دخی . بنه *aussi, de même, de nouveau, encore.* | auch, noch noch, ebenso, desgleichen, wiederum.

a ایضاح îzâh. | وضح IV. | Sbst. آشکاره ایتمه *action d'exposer clairement, exposition, explication* | deutliche und leichtfassliche Auseinandersetzung, Erklärung. اچوب ایضاح ایلمك den Sinn eröffnen und deutlich machen.

a ایضاحا îzâhen. Adv. *clairement, évidemment.* | deutlich, klar, leicht fasslich.

a ایضاع îzâ. | وضع IV. | Sbst. سکرتمك . سکردمك *action de se hâter, de se dépêcher, hâte.* | Eile, Beeilung.

a ایطان îtân. | وطن IV. | Sbst. وطن ایتمك *action de choisir un lieu pour sa demeure.* | Niederlassung in einem Lande oder Gegend, Ansiedlung.

t o ایغاج yğač. Sbst. = اغاچ *arbre.* | Baum.

t o ایغانمق yğanmak. Vb. act. = اویاندرمق LT. بیدار کردن *éveiller.* | erwecken. vgl. ایغنمق

ایغلاش ، ایغلادش ، ایغلجی ، ایغلاو *cheval hongre.* | verschnittenes Pferd.

t ایغر aïgyr. *t o* ایغور Sbst. = آیغر *cheval entier, étalon* | Hengst. دکز ایغوری deñiz-aïgyry *hippopotame* | Flusspferd.

t ایغرب yğyrb. Sbst. *filet.* | Wurfgarn, Fischgarn, kleines Netz zum Fischefangen.

t ایغرلنمق aïgyrlanmak. Vb. intr. *se former (du cheval entier).* | Hengst werden, sich zum Hengste ausbilden (von jungen Pferden). Kam. s. v. الرلحة

t o ایغری yğry. Sbst. = آیغر

t o ایغیسی aïgy. Sbst. *accouplement.* | Begattung.

t o ایغنمق yğnamak. Vb. recipr. LT. بیدار کردن *éveiller.* | erwecken. vgl. ایغنمق

t o ایغی vielleicht: Lager. Q. *castra.* ترکمان یرینك ایغکی دا Abulg. S. 133 wo die Variante. ایشکی دا

t o ایغنه yğna. Sbst. LT. مرد *homme.* | Mensch.

t o ایغور yğur. N. pr. LT. قوم ترکی از ایغور جغتای *les Ouigours.* | die Uiguren. s. اویغور

a ایفا irâ. [وفى IV.] Sbst. *action de tenir sa promesse, d'accomplir q. ch., exécution, observation d'une promesse.* | Ausführung eines Versprechens, Worthalten. — etmek. *tenir parole; accomplir q. ch.; faire don de q. ch.* | Wort halten, ins Werk setzen, ausführen, ein Geschenk machen, = اعطا, ایفای لوازم عدالتده اهتمام ایلدی aequitatis leges studiose observavit. Meninski.

a ایفاد irâd. [وفد IV.] Sbst. ایلچی کوندرمك *action d'envoyer q. qu. comme ambassadeur, comme messager.* | Sendung, Gesandtschaft.

a ایفار irâr. [وفر IV.] Sbst. *action d'ajouter, d'augmenter la chose donnée à q. qu.* | Hinzufügung, Mehrung des bereits gegebenen, noch obendrein geben.

p آیفت âjıft. Sbst. *affaire ou travail nécessaire;* vieu. | nothwendiges Geschäft, Gelübde.

t آیق ajak. Sbst. = آیاق *pied.* | Fuss.

t آیق ajyk. Adj. *désenivré, en son bon sens.* | nüchtern, nicht berauscht, bei vollem Verstande. — olmak. *se désenivrer.* | nüchtern sein oder werden, nach dem Rausche wieder zu sich kommen.

a ایقاد ikâd. [وقد IV.] Sbst. اود یاقمق *action d'allumer.* | das Anzünden, in Brand stecken.

a ایقاظ ikâz. [یقظ IV.] Sbst. اویاندرمق، بیدار قلمق *action d'éveiller; excitation.* | Erweckung, Antreibung, Anregung. — etmek. *éveiller, exciter, susciter, faire lever.* | erwecken, erregen, aufstehen lassen. فتنه ایقاظ ایلمك einen Aufstand erregen.

a ایقاع ikâ'. [وقع IV.] Sbst. اورمق، براقمق، اوکرتمك، شتاخون، ایلمك 1. *action de jeter, de faire tomber, d'attaquer.* | Werfen, Fallen, Stürzen, einen Angriff machen. برنسنه یی آخر نسنه یه ایقاع ایلمك aneinander stossen. 2. *mesure, rythme dans un chant, cadence.* | Takt, Cadenz. (Musik).

a ایقاعات ikâ'ât. Sbst. Pl. d. Vhgdn. *droit civil personnel.* | die Lehre von den einseitigen Civilacten. v. Tornauw.

a ایقاف ikâf. [وقف] Sbst. طورغورمق، آلیقومق *action de faire tenir debout, de faire rester, d'arrêter.* | das zum Stehen bringen, Anhalten. Rechtsspr. *consécration à des usages pieux, faire un legs, une fondation pieuse.* | Weihung oder Vermächtniss zu frommen Zwecken. s. وقف

a ایقان ikân. [یقن IV.] Sbst. اینانمق، کمال مسیر اولمق *action d'apprendre avec certitude, certitude qu'on a de q. ch., conviction.* | sichere Kenntniss von einer Sache, festes Glauben, Gewissheit, Ueberzeugung von etwas. — etmek. *savoir pour certain, n'en pas douter, croire.* | sicher wissen, nicht zweifeln, glauben. vgl. استیقان

t ایقداش ajakdaš. s. ایاق داش

t آیقلتمق ajyklatmak. s. آیقلمق vgl. ایقلمق

t o ایقلتمق ujuklutmak. s. ایقلمق ujuklumak.

t آیقلق ajyklyk. Sbst. *état de sobriété.* | Nüchternheit, nüchterner Zustand. Gegentheil von سرخوشلق

t آیقلامق ajyklamak. vgl. آیق ajyk. ungebräuchlich. — Deriv. I. آیقلتمق ajyklatmak. Vb. caus. *désenivrer.* | nüchtern machen. — II. آیقلنمق ajyklanmak. Vb. refl. *se désenivrer.* | nüchtern werden.

t آیقلامق ajaklamak. s. ایاقلمق

t o ایقلمق ujuklumak, Vb. intr. LT. کدخدا شدن *devenir père de famille, ou maître de maison.* | Familienvater oder Hausherr werden. — Deriv. ایقلتمق ujuklutmak. Vb. caus. LT. کدخدا کردن *rendre q. qu. maître de maison.* | zum Hausherrn machen. vgl. اولنمك، اوی، اولنمق ewlenmek.

t ایقلمق yklamak. Vb. act. LT. افکندن *jeter, renverser.* | werfen, umwerfen.

t آیقلنمق ajyklanmak. s. آیقلمق Deriv. II.

t ایقندی aikyndy. Sbst. ایکلتی وصقندی آیقندی ایله صولوق آلمق *respiration pénible, profond soupir.* | Keuchen, lautes Athmen. Kam. s. v. زحیر

t ایقو s. اوقو

t آیقلمق aikylmak. Vb. intr. *respirer avec effort.* keuchen, laut athmen. صقندی ایله ایکلر کبی ایقلمق mit Beängstigung, wie ein Seufzender keuchen. Kam. s. v. الانوح. Deriv. ایقلنمق Vb. pass. u. refl., davon ایقلنور *poussif (d'un cheval).* | keuchend (von Pferden).

t ایك oder اك ık. Sbst. اورکه، میسنه *broche, fuseau, essieu.* | Stift, Zapfen, Spindel, Spille, Achse (des Rades). دکرمن ایکی değirmen ıgı. Zapfen auf dem der Mühlstein geht. p Kam. s. v. القطب، میخ آسیا — ایك طاشی ık-taşy. der obere Mühlstein welcher sich auf dem Zapfen dreht, während der untere [آلت طاشی] fest steht. اوق ایکی Pfeilschaft. Kam. s. v. قصیب — بکره ایکی oder چرخ ایکی Redscher. ایك طولوسی ık-tolusu. *le fil sur le fuseau.* | das Garn auf der Spindel. ایك قوتوسی ık-kotusu. *boîte à fuseau.* | Spinnkästchen, Spinnzeugkästchen. ایکی چویرمك *tourner le fuseau.* | die Spindel drehen, spinnen.

t o ایك ık. Sbst. LT. کسل وبیماری *paresse, maladie.* | Trägheit, Krankheit.

t o ایکا und ایکه ıka. Sbst. ایا = صاحب *maître, possesseur, propriétaire.* | Herr, Gebieter, Eigenthümer.

a ایکا ıkâ. [وکی IV.] Sbst. طیانمق *action d'étayer, de soutenir.* | Stützung. — etmek. *faire s'appuyer, faire s'accouder; remplir une outre, un sac et en nouer l'ouverture.* | an etwas stützen oder lehnen lassen, Stütze gewähren, zum Stehen bringen, z. B. einen Schlauch oder Sack, indem man ihn vollfüllt und zubindet.

t o ایکچی ıgeé. Sbst. *sœur, sœur aînée.* | Schwester, ältere Schwester. vgl. ایکچی

a ایکاد ikâd. [وکد] Sbst. تأکید ایله محکم ایلمك *action de corroborer, corroboration, consolidation, confirmation.* | Festigung, Befestigung, Bestätigung.

t o ایکر ıkar. Sbst. = اکر oder اکر *selle.* | Sattel.

t o ایکرلامق oder ایکرلمك ıkarlamak. Vb. act. = اکرلمك *seller, attler.* | satteln, anspannen. — Deriv. ایکرلاتمق ıkarlatmak. Vb. caus. *faire seller.* | satteln lassen.

t o ایکك ıkak. Sbst. = اکه *lime.* | Feile.

t o ایکلو s. ایکولا ıkala oder ایکلا

t o ایکلامق ıkalamak. Vb. act. صاحب اولمق وضبط ایلمك *s'emparer de q. ch., prendre, occuper.* | sich einer Sache bemächtigen, nehmen, erobern. ملکلارین ایکلادی er bemächtigte sich ihres Reichs. Ali Schir. Q.

t o ایکن ıkan. s. ایکین

t o ایکو ıkaw. Sbst. u. Adv. Num. *le doublé, double.* | Zweiheit, zweifach, beide (ambo). ایکلو تر *tous les deux.* | alle beide, je zwei (bini). ایکلا oder ایکلولا = ایکی بله *tous les deux.* | alle beide, beide zusammen (ambo simul, uterque).

t ایکت ıgıt. Sbst. = یکت LT. جوان *jeune homme.* | Jüngling

a ایکجکز oder ایکجکو ıgnežız (ıgnežık). Sbst. Demin. v. ایك *broche, clou sans tête.* | Stiftchen.

t ایکچی ıgçi. Sbst. *fabricant de broches, de fuseaux etc.* | Spindelmacher, Stiftmacher.

t o ایکجی ıgecı. Sbst. LT. خواهر کلان *sœur aînée.* | die ältere Schwester. s. ایکچی

t ایکدی ıgdıš. s. ایکدیش

t ایکده ıgde. Sbst. a عناب oder عریناب *jujube.* | Jujube, rothe Brustbeere. (zizipha rubra).

t ایکدی s. ایکدیش

t ایکدین ıgdın. Adj. *gâté.* | verdorben, faulig (von Eiern). Kam. s. v. مذر u. مذرة

t ایکرتی ıgırtı. Sbst. = کوکورتی *rugissement, mugissement.* | Gebrüll (der Thiere).

t ایکرجنلك ıgırgınlık. Sbst. *incertitude.* | Unsicherheit, Ungewissheit, unsicheres Schwanken(?)

t o ایکرلك ıgırlık. Sbst. LT. زحمت *peine, douleur, chagrin, aversion.* | Schmerz, Verdruss. vgl. اکرلك

t o ایکرمجی ıgırmeé. Sbst. LT. زه کیر der Daumring, dessen man sich zum Schutz gegen den Schlag der Bogensehne bedient.

t ایکرمنجی ıgırmıncı (vulg. ıgmıncı). Adj. Num. *vingtième.* | der zwanzigste. s. یکرمنجی

t ایکرمی ıgırmı (vulg. ıgmı). LT. ıgırmı, Adj. Num. *vingt.* | zwanzig. s. یکرمی

t ایکرمیلك ایکرمیسلك IGIRMILIK (vulg. IRMILIK) Sbst. *pièce d'or de la valeur de vingt piastres.* | Goldstück im Werthe von 20 Piaster.

t ایکرمیلك s. اکرمیلك

t ایکرمك IGHEMEK. Vb. intr. *rugir, mugir.* | brüllen (von Thieren). Kam. an vielen Stellen. vgl. اکرمك

t o ایکری IGRI. s. اکری

t o ایکریم IKRIM. Sbst. s. اکرم

t o ایکشلك IKISLIK. s. اکشیلك

t o ایکشی IKSI. s. اکشی

t o ایکلامق oder ایکلامك IKLAMAK. Vb. intr. s. ایکلامق

t ایکلتی ISLILI oder ایکلدی ISLIDI, auch ایکلتی Sbst. *gémissement.* | Geseufze, Aechzen. s. d. Flgde.

t ایکلمك oder ایکلنمك ISLEMEK, auch اکلمك ISMEK und ایکلنمك Vb. intr. Aor. ایکلر ISLER. *soupirer, gémir.* | seufzen, stöhnen, ächzen, knarren, quitschen, knistern. صقلندی ایکلیه ایکلمك ängstlich stöhnen. — Deriv. ایکلنمك oder ایکلنمك ISLENMEK Vb. refl. *même signif.* | seufzen, stöhnen u. s. w.

t o ایکمك oder ایکمك YEMAK, EKMEK. Vb. act. = اکمك EKMEK. *semer, planter, cultiver la terre.* | säen, pflanzen, den Boden bebauen. ایکلتی EKTI. er säete, pflanzte.

t o ایکمق und ایکمك YOMAK, EOMEK. Vb. act. = اکمك EOMEK. *courber, plier.* | krümmen, biegen, falten.

t o ایکمه IKME. Adj. اکری *p* کج *courbé.* | krumm.

t ایکن IGEN, IÑEN. s. اکن u. اکین

t ایکن IKEN. *t o* ایکلن u. ایکین s. ایکه

t o ایکین s. ایکن

t o ایکنه s. ایکنه

t اکنتی s. ایکنتی

t ایکنجی IKINGI. Adj. Num. ord. v. ایکی *le deuxième, le second.* | der zweite.

t o ایکنجی s. ایکنجی

t o ایکنجی IKIND. Adj. Num. ord. = ایکنجی *le deuxième.* | der zweite. ایکندی آی oder ایکندی آی *le deuxième mois de l'ancienne année turque.* | Name des zweiten Monats, nach der alten türkischen Zeitrechnung.

t ایکندی IKINDI. Sbst. *le temps entre le midi et le coucher du soleil; la prière que la loi prescrit de faire vers la moitié de ce temps.* | die Zeit oder Stunde, welche zwischen Mittag und Sonnenuntergang in der Mitte liegt; das Gebet, welches zu dieser Stunde verrichtet werden muss, das dritte der fünf vorgeschriebenen täglichen Gebete. [صلوة العصر]. — ایکندی یجکیسی IKINDI JEJEGI. das Vesperbrod.

t ایکندین IKINDIN. Adv. *à l'heure de l'ikindi, c. à d. dans l'après-midi, vers le soir.* | um die Zeit des Ikindi, d. i. Nachmittags, gegen Abend.

t ایکسنمك IGNEMEK oder IGENMEK. Vb. intr. [کاف کجملك] طوغوران حیوان ولد

چالقنمق ایکجون نفسی قصوب صقندیلمق *être en parturition.* | kreissen. Kam. s. v. النتج, Eigentlich Vb. refl. v. ایکمك oder اکمك sich krümmen (vor Schmerz).

t ایکنه oder ایکنه IONE, IJNE, IAZE.

t o ایکنه Sbst. *p* سوزن *aiguille.* | Nadel, Nähnadel. طوپلو ایکنه TOPLU IONE. *épingle.* | Steckenadel. ایکنه بورنیسی IONE BURDISI. *trou d'aiguille.* | Nadelöhr.

t ایکو auch ایکو und ایکو KIROGU und AJAGU. Sbst. قبورغه. یان *p* پهلو *côte, flanc.* | Rippe, Seite. ایکو کمکلری *les côtes (du corps).* | die Rippenknochen. یلان ایکوسی Schlangenrippe, d. i. krummer Streifen. Kam. s. v. معرج

t o ایکوجی IKUGI. Sbst. LT. طعام *nourriture.* | Nahrung, Speise, = یدکی

t اشك ایکولی s. ایکولی

t o ایکون IKUN. s. ایکین

t o ایکونجی IKUNGI. s. ایکینجی

t o ایکونلك IKUNLIK. s. ایکینلك

t o ایکه IKE. Sbst. = ایکا *maître.* | Herr.

t ایکه YIGE. Sbst. = اکه *lime.* | Feile.

t ایکه‌لك s. اکه‌لك

t ایکی IKI. Adj. Num. *p* دو *a* اثنین *deux.* | zwei. ایکی اوچ IKI ÜČ. *deux à trois* | zwei bis drei, einige wenige. ایکی ایاقلو IKI-AOYALY. *à deux canons (un fusil).* | doppelläufig. ایکی ایاقلو IKI-AJAKLY. *à deux pieds.* | zweifüssig, zweibeinig. ایکی باشلو IKI-BASLY. *à deux têtes.* | zweiköpfig. ایکی عورتلو IKI-AWRATLY. *qui a deux femmes, bigame.* | einer der zwei Frauen hat. ایکی یللو auch ایکی یللو oder ایکی یشندلو *de deux ans.* | zweijährig, zwei Jahr alt. ایکی یوز s. ایکیوز. — ایکی یوزلو = *a* ذو الوجهین *p* دو رو *à deux visages, faux, hypocrite.* | mit doppeltem Gesicht, doppelzüngig, falsch, heuchlerisch, Zweiächsler. ایکی یوزلولك Zweiachselei, Doppelzüngigkeit, unredliche Freundschaft. ایکی یوزلوکاغد auf beiden Seiten geglättetes Papier. ایکی بوکلو *à deux fils; coutil.* | zweifädig; Zwillich. ایکی قدر *deux fois autant.* | doppelt so viel. ایکی قات *double.* | doppelt, zweifach. IKI KAT ETMEK. *doubler.* | verdoppeln. ایکی پاره *deux pièces.* | zwei Stück. IKI PARA ETMEK. *partager en deux.* | in zwei Hälften oder in zwei Stücke theilen. ایکیده بر *de deux fois l'une, de temps en temps, souvent.* | in Zweien Eins, d. i. wechselsweise, einmal um das andere, von Zeit zu Zeit, recht oft. ایکیمز *nous deux.* | wir beide. ایکیکز *vous deux.* | ihr beide. ایکیسی *tous les deux.* | alle beide. ایکیسندن بری *l'un des deux.* | einer von beiden. ایکی قرداش قانی (Zwei-Brüder-Blut). Name einer Pflanze und Arzneimittels (crocus, sanguis draconis). *a* دم الاخوین، ایدع، دم الثعبان

t o ایکی IKI. Sbst. LT. صحت وعافیت *santé, bon état.* | Wohlbefinden, Gesundheit.

t ایکدی auch ایکیدی u. اکدی IKIDI. Adj. *dompté, apprivoisé, dressé, domestique (se dit des animaux).* | zahm, gezähmt, abgerichtet (von Thieren), nicht mehr wild, = الشقل ein Thier das sich ruhig melken lässt. ایکدی طلموز = *a* خنزیر ضاری das zahme Schwein, Hausschwein. Kam. s. v. الدنجر

t o ایکیر YOYR. [بتفخیم کسره همزه] نیرون (?) LT. [ورك فارسی]

t ایکیز IKIS. Sbst. *jumeaux.* | Zwillinge. ایکیز طوغورمق Zwillinge gebären.

t ایکیشر IKISER. Num. distrib. v. ایکی *à deux, deux à deux.* | je zwei, s. d. Gramm. دانه‌سی ایکیشر غروشه das Stück für zwei Piaster.

t o ایکیلانجی IKILANGI. Adj. Num. = ایکنجی = *le deuxième.* | der zweite.

t ایکیلك IKILIK. Sbst. *monnaie de deux (aspres, paras, etc.); vase contenant deux mesures.* | Zweiheit, d. i. Doppelstück, Zwei-Asperstück; Gefäss das zwei Maass hält (zwei Kannen, zwei Scheffel u. s. w.).

t o ایکیلمك YOYLMAK. Vb. intr. LT. *être courbé, se courber.* | krumm sein, sich krümmen, = کج شلمق. Pass. v. ایکمك.

t o ایکین oder ایکن LT. auch ایکنی YOIN oder IONI. Sbst. *p* دوش *épaule.* | Schulter, Achsel. (Q. auch corpus).

ایکه s. ایکن = *t* ایکین.

t o ایکین IKIN. Sbst. = اکین *semence, champ labouré.* | Saat, Saatfeld, Acker.

t o ایکینجی IKINGI. Sbst. = اکینجی *laboureur.* | Sämann, Ackersmann.

t o ایکینجیلك IKINGILIK. Sbst. *semence, agriculture, labourage.* | Saat, Saatfeld, Ackerbestellung, Ackerbau.

t ایکیوز IKIJÜZ. Adj. Num. = ایکی یوز *deux cents.* | zwei Hundert.

t ایکیوز IKIJÜZ. Sbst. = ایکی یوز *guêpe (?).* | die Wespe (?) (eigentlich Doppelgesicht), auch یوز الی (hunderthändig). *a* کوره.

t ایل IL oder IL. [ایل und ایل] Sbst. صوی. خلق. فرزند. ولایت *origine, race; lignée; fils, famille, tribu; tribu nomade, peuple; contrée, province.* | Grundbedeutung wahrscheinlich: das was vorn ist, sowohl in räumlicher als in zeitlicher Beziehung [vgl. الك. ال. ایلرو], Ursprung, Anfang, daher Geschlecht, Stamm, Nomadenstamm; Sohn; dann in übergetragener Bedeutung: Leute, Volk, Land, Provinz; Gegend. [vgl. *t o* ایل] — اوغوز ایل نسیمنك بارجه سنی دعوت قیلدی Ogus berief den ganzen Stamm. Abulg. ایل وممالکنکز euer Land und Reich. ایچ ایل das innere Land. اوچ ایل ده واقع دور (die Stadt) liegt mitten im Lande. تاریخ ایلی die Geschichtsschreiber. خراسان ایلی die Einwohner von Khorassan.

t o ایل YL. [بتفخیم کسره همزه LT.]

Sbst. LT. مرد VL. کشی *homme, quelqu'un, étranger.* | Mann, irgend einer, ein Fremder. vgl. ال. — مسلمان ایل نینك اوغلی ایردی er war der Sohn eines moslemischen Mannes. Ali Schir. Q. ایل وکون oder ایل کون die andern, die Leute, die Welt, die Länder (Meninski). ایل اسمه سیله auf den Namen oder die Liste eines andern. ایل عیبینی سنکا سوزلین سنلا عیبنگده سویلر wer dir anderer Fehler sagt, der sagt anderen auch die deinigen.

t o ایل ıl. [LT. کسره ضمه] Sbst. LT. متبع *sujet.* | unterthan, unterworfen. ایل بولدی er wurde unterthan, unterwarf sich. منکا ایل بولوب da er sich mir unterworfen.

t o ایل oder أییل Sbst. LT. یار، دوست *ami, compagnon.* | Freund, Gefährte.

t o ایل yl oder أییل ıl. Sbst. *t* ییل *année, an.* | das Jahr. ایل تور *p* پارسال LT. *l'année passée, il y a un an.* | vergangenes Jahr, vor einem Jahre. ان أییل *cette année.* | dies Jahr, heuer.

t o ایل ıl. Sbst. *p* دست *t* ال *la main.* | die Hand.

t o ایل aıl und ıl. Sbst. = اول *village.* | Dorf.

a ایلاء ılâ. [ولا IV.] Sbst. *serment d'abstinence par lequel le mari s'oblige de n'avoir point de relations charnelles avec sa femme.* | der Enthaltsamkeitseid, ein Act, wodurch sich der Mann verpflichtet, während einer bestimmten Zeit keinen ehelichen Umgang mit seiner Frau zu haben. (Rechtsspr.)

t o ایلا yla. Conj. Postpos. = ایله

a ایلاج ılâdj. [ولج IV.] Sbst. ادخال ایتمه *action de faire entrer un objet dans l'autre.* | das Hineinfügen eines Gegenstandes in einen andern. — etmek. *introduire, enfoncer.* | hineinfügen, hineinstecken, hineindringen lassen.

a ایلاد ılâd. [ولد IV.] Sbst. *engendrer, produire.* | Erzeugung.

a ایلاع ılâ'. [ولع IV.] Sbst. حریص ایتمه. اغراء ایتمه *action de rendre q. qn. avide de q. ch., d'exciter q. qn. à q. ch., excitation, impulsion.* | Anreizung, Anregung, Aufmunterung zu etwas. — olunmak. *être passionné pour q. ch.* | einen besondern Trieb, besondere Lust zu etwas haben.

a ایلاف ılâf. [الف IV.] Sbst. آلشدرمق. انس طوتمق *action de faire prendre habitude, d'habituer q. qn. à q. ch., rapport d'amitié, alliance, pacte; rapport de client à patron.* | Gewöhnung, freundschaftliche Beziehung, in die man zu Jemand tritt; freundschaftliches Uebereinkommen; Verhältniss zwischen Schutzherrn und Schützling.

t ایلاق oder آیلاق aılak. Adj. u. Adv. *a* مفت *p* بخلا، بیکار *oisif; gratuit, pour rien, gratis, en vain.* | müssig, ohne Grund und Zweck, zwecklos; unverdient, umsonst; vergeblich. مفت اولدی = ایلاقه اولدی od. مفته اولدی es ist umsonst. آیلاق کزمکدن آیلاق ایشلمکی یکدر umsonst arbeiten ist besser als Müssiggang.

t o آیلاق aılak. Sbst. LT. جای تابستان *habitation ou campement d'été.* | Sommerwohnung, Sommerlager, Sommerresidenz, = ییلاق

t o ایلاك ılak, ılek. Sbst. LT. *p* غربال *crible, tamis.* | Sieb, = الك

a ایلام ılâm. [الم IV.] Sbst. اجتمق. عذاب والم ویرمك *action de causer de la douleur.* | Verursachung von Schmerz, Qual (insbesondere von den Höllenstrafen). — etmek. *tourmenter, affliger.* | quälen, Schmerz verursachen, betrüben.

t o ایلامه s. ایلمك

t o ایلان ylan oder aılan. Sbst. = یلان *serpent.* | die Schlange (eigentlich die sich windende).

t o ایلانا ylana, auch ایلانی Sbst. *circuit.* | der Umkreis. بو قلعه نینك ایلانسی یکینلدین circa illud castellum. Q.

t ایلانمق und ایلنمق aılanmak. Vb. intr. کشتن، کرد کشتن *p* دونمك *tourner, retourner, se détourner; se balancer en l'air (un oiseau).* | umwenden, sich umwenden, umkehren, sich wegwenden. (VL. redire, converti, avertere se, reverti, deflectere). — اوز عقیده لارین دین ایلانیب ظهیر نینك عقیده سیغه کیلدیلار sie kehrten von ihren eigenen Lehren um und bekehrten sich zu der Lehre des Heiligen. Ali Schir. قوش هواده ایلانمق in der Luft hin- und herschweben (vom Vogel). — Deriv. ایلاندورمق aılandurmak. Vb. caus. کرداندین *p* دوندرمك *tourner, faire tourner.* | umdrehen, umwenden, wälzen, abwenden (VL. convertere, invertere, avertere, volutare, inflectere, circumagi). کوك تیکیرمانی تشین ایلاندورمق استر بشینکا er will den Mühlstein des Himmels auf dein Haupt wälzen. Ali Schir.

t o ایلای ılaï. Sbst. اوك *le devant, l'espace devant q. ch., partie antérieure.* | das was vorn ist, der Raum vor einer Sache, die vordere Seite. — Adv. *devant, auprès, chez.* vor, bei, zu. ایلایلارینکا طعام قویدیلار sie setzten ihnen Speise vor. بو ماکولات الارنینك ایلاینکا تارتیلور ایردی er brachte diese Lebensmittel zu ihnen. بیر پیر ایلایمه کا کیلدی ein Greis kam zu mir. ایلایدا = *p* پیش او vor ihm, bei ihm. ایلایدا نچه کیشی حاضر بولدی es waren einige bei ihm anwesend.

t o ایلایتسا Adv. LT. هر کجا *en quelque lieu que ce soit, partout.* | überall.

t o ایلبیس ılbis. Sbst. *panthère.* | der Panther.

t ایلتکن ıltgan. LT. یوروتکنر *Dieu.* Gott (der leitende).

t ایلتمك oder التمك ıltmek. *t o* ایلتمق Vb. act. Aor. ایلتر ılter. *p* بردن *porter, conduire, mener, emporter, accompagner, expédier.* | tragen, bringen, fortbringen, fortschicken, absenden, wohin befördern, wohin führen, leiten. فرات اریغینی اول قازدی عراقغه سو ایلتتی er (Menutschehr) grub den Euphrat-Canal und leitete das Wasser nach Irak. Ali Schir. تا ایلتی بیر خجسته منزل eumque ad prosperam, seu commodam stationem perduxit. VL.

t o ایلشمك und ایلشمق Vb. intr. LT. بند شدن *être lié.* | gebunden sein oder werden.

t o ایلتوزار ılturar. Adj. ضیا ویریجی *p* تابان *resplendissant.* | glänzend.

t ایلتی elti. Sbst. *femme du beau frère.* | Schwägerin der Frau, oder Frau des Schwagers.

t ایلجق s. ایلجق yldjak.

t ایلجه s. ایلجه yldja.

t ایلجه ıldjé und ایلجنه ıldjinn. s. ایلجه

t ایلچی oder الچی ıldji, eldji. Sbst. *envoyé, ambassadeur; prophète.* | Gesandter (seines Landes oder Stammes); Gottgesandter, = رسول. — نبیوك ایلچی oder ایلچی کبیر *ambassadeur extraordinaire.* | ausserordentlicher Gesandter. اورته ایلچی oder کوچك ایلچی *envoyé internonce.* | Internuncius.

t ایلچیلك ıldjilik. Sbst. *ambassade, fonctions d'ambassadeur ou envoyé.* | Gesandtschaft.

t ایلخان ylhân. Sbst. خاقان، پادشاه *prince de la tribu, prince du pays, souverain, empereur.* | Stammesfürst, Landesfürst, Landesoberherr.

t p ایلخانی ylhâni. Adj. u. Sbst. پادشاهلق، پادشاهه منسوب اولان *appartenant au prince; dignité impériale, souveraineté, empire.* | fürstlich, kaiserlich; Landesoberhoheit, kaiserliche Würde, Kaiserthum.

t o ایلدام ıldam. Sbst. جنبش *p* دیرنش *mouvement, agitation.* | Bewegung (VL. motus, agitatio, gestus. Ali Schir.)

t o ایلدرامق yldyramak. Vb. intr. blitzen, = یلدرامق

t o ایلدرم yldyrym. Sbst. LT. برق وصاعقه *éclair, foudre.* | Blitz, Blitzschlag, Donner, = یلدرم =

t ایلدرمك ıldirmek. s. ایلمك Deriv. I.

t o ایلدز yldyz. LT. بیخ *racine, origine.* | Wurzel, Ursprung.

t ایلرلمه ılerleme. s. الرلمه

t ایلرو ılerü. s. الرو

t ایلرولمك ılerülemek. s. الرولمك

t ایلشمك öilsmek. s. ایلمه öilé.

t o ایلسیك ılsik. Sbst. LT. بادبان کشتی *voile d'un navire.* | Schiffsegel, = یلکن

t ایلشترمك ılıştürmek. s. ایلمك ılmek. Deriv. III.

t ایلشك ılişik. Sbst. *empêchement.* | Hinderniss. s. الشك. — Adj. *légèrement attaché.* leicht angeheftet. s. ایلمك ılmek. Deriv. II.

t ایلشمك ılişmek. s. ایلمك Deriv. II.

t ایلشگچی ılışgiü. Adj. *qui attache, qui s'attache.* | anheftend, anhaftend. s. ایلمك

t o ايلمغ YLG. Sbst. فرس *cheval.* | Pferd (eigentl. Läufer).

t ايلغار YLGAR. s. آلغار.

t ايلغارجى YLGARDY. s. آلغارجى

t ايلغارمق YLGARMAK. s. آلغارمق

t ايلغمق YLGAMAK. s. آلغمق

t ايلغم سالغم YLGYM-SALGYM. s. آلغم سالغم

t ايلغون YLGUN. s. آلغون

t o آيلق AILAK. LT. كمنچه

t آيلق AILAK. s. آيلاق

t آيلق AILYK. Adj. u. Sbst. v. آى *mensuel, âgé d'un mois, le temps d'un mois, ce qui suffit pour un mois, provision d'un mois; gage, salaire, paye d'un mois; les menstrues.* | monatlich; einen Monat alt; das Monatliche, Zeit eines Monats, Vorrath für einen Monat; monatliche Bezahlung, Lohn, Zins u. s. w. ايكى آيلق *de deux mois.* | zweimonatlich; zwei Monat alt; Sold oder Bezahlung für zwei Monat. اوچ آيلق *trimestre.* | dreimonatlich, vierteljährlich. آيلق يول *voyage d'un mois.* | Reise die einen Monat dauert.

t ايلقار YLKAR. Sbst. *courrier; marche rapide.* | Eilbote, Eilmarsch. — آلغار

t ايلقى ELKY oder ايلقى YLGY. Sbst. LT. گله اسبان، سورى *troupeau (de chevaux).* | Heerde [von Pferden. vgl. ايلمغ] Kam. s. v. الجشار

t o ايلقى YLKI. Adj. u. Sbst. يللق *p* سالانه *annuel; espace d'une année, paye ou pension annuelle.* | jährlich, das Jährliche, Zeitraum eines Jahres, Jahresgehalt.

t ايلك EJLIK (vulg. JILIK). Sbst. für ايولك *bonté, bienfait.* | Güte, Wohlthat. — ETMEK. *faire du bien, bien faire, faire plaisir.* | Gutes thun, wohlthun, angenehm sein. — BILMEK. *reconnaître un bienfait.* | eine Wohlthat anerkennen, dankbar sein. ايلك بلمز EJLIK-BILMEZ. *ingrat.* | undankbar. ايلك بلمزلك *ingratitude.* | Undankbarkeit. ايلك ايستمك *chercher à faire du bien à q. qn.* | einem nützlich zu sein suchen. ايلك ايله اولور زور ايله اولمز mit Güte kann es geschehen, mit Gewalt aber nicht. ايلكه ايلك اولدقده كمكدر Gutes für Gutes ist wie ein Tausch.

t o ايلك ILK. Sbst. LT. فرياد *cri, plainte* | Schrei, Klage.

t o ايلك ILK. Sbst. LT. آبادان جاى *lieu cultivé.* | bebauter Ort, schöne Gegend. vgl. آلكا، اولكه

t ايلك ILIK, s. آلك

t o ايلكا ILKA. Sbst. LT. مردم *homme* | Mensch, — آلكا CLOK.

t o ايلكرى ILERI. Adv. — پيش *p* الرو *avant, plus en avant.* | vor (von Ort und Zeit), vorwärts, vorher. ايلكرى يورو *en avant!* | vorwärts! marsch! كيرو وايلكرى — پس وپيش *p* rückwärts und vorwärts. ايلكرى الوب — *p* پيش گرفتن *prendre, embrasser.* Q. | ergreifen, ergreifen, nehmen, umfassen. ايلكرى ياقه — طرف پيش *côté antérieur.* | vordere Seite, Vorderseite. ايلكرى راك مونلدن etwas früher als dieses.

t ايلكلمك ILIKLEMEK. s. آلكلمك

t ايلكلى ILIKLI. s. آلكلى

t o ايلكوه ILGÜ. Sbst. LT. چنكل *croc* | Haken. vgl. آلغه

t o ايلكوى ILGÜI. Adj. LT. نازپرورده *délicat, élevé avec tendresse.* | zart, verzärtelt (?)

gr ايليمان ILIMAN. Sbst. *port.* | Hafen. s. ليمان

gr t ايلمانلق ILIMANLYK. Sbst. *calme du vent.* | Windstille. s. ليمانلق

t آيلمق AILMAK. Vb. intr. Aor. آيلور AILYR. *se désenivrer; revenir à soi.* | nüchtern werden, wieder zu sich kommen. مستيدن آيلمق sich vom Rausche erholen.

t ايلمك oder ايلمك EJLEMEK. *t o* آيلمق. ايلامق AJLAMAK u. ايلمق YLMAK. Vb. act. u. Vb. auxil. Aor. ايلر EJLER. Imperat. ايله EJLE. — *p* كردن، كاركردن، ساختن *faire.* | thun, machen, bewirken. ايلمكسزين *sans faire.* | ohne zu thun, ohne zu machen. *t o* ايلادى *il fit.* | er machte. ايلايجى *faisant.* | machend. ايلايجى *fais* | mache. — Deriv. I. ايلتمك EJLETMEK. *t o* آيلتمق YLTYMAK und آيلتمق AJLATMAK. Vb. caus. *p* كردانيدن *faire faire.* | machen lassen. — II. آيلنمق AJLANMAK und آيلنمق YLANMAK. Vb. Pass. *p* كرده شدن *être fait.* | gemacht werden.

t ايلك ILMEK. s. آلك

t ايلن ILEN. Conj. postpos. — ايله *avec,* | mit.

t ايلنج s. ايلنج ILENÜ oder ايلنش ILENŠ. Sbst. بددعا، نفرين *malédiction, imprécation.* | Fluch, Verwünschung.

t ايلنجه EILENDŽE. Sbst. — شكر ضحكلقى، ايلنجه *amusement, passe-temps, distraction.* Zeitvertreib, Zerstreuung, Mittel zur Aufheiterung.

t ايلنش ILENŠ. s. ايلنج

t o آيلنمق AILANMAK. s. آيلمق

t o ايلنمسق AILANMAK. Vb. act. LT. افسوس كردن

t ايلنمك ILENMEK oder آيلنمك Vb. act. Aor. ايلنور ILENIR. بد دعا ايتمك، لعنت اوقومق *maudire; t o se jouer de q. qn.* | verwünschen, verfluchen; Jemanden verhöhnen.

t ايلنمك EJLENMEK. Vb. intr. Aor. ايلنور EJLENIR. — ايكلنمك s. ايكلنمك Deriv. *tarder, passer le temps, s'amuser.* | zaudern, sich die Zeit vertreiben. — Deriv. ايلندرمك EJLENDIRMEK. ايلندرمك

t آيلنمه AILANMA. Sbst. v. آيلنمق *tourbillon d'eau.* | Wasserstrudel. LT. گرداب

t آيلو oder آيلى AILY. Adj. von آى *qui a rapport à la lune, au mois; lunaire, lunatique; mensuel* | auf den Mond oder Monat bezüglich; monatlich, mondsüchtig. vgl. آيلق

t ايلوك EILUK. s. ايلك EILIK.

p ايلول EILUL. Sbst. (v. d. Hebr. Elul). *le mois de Septembre.* | der September

t ايله EILE. *t o* YLA. Imperativ v. ايلمك

t ايله oder ايلا ILE, YLA, auch ايلن ILEN, YLAN; verkürzt له LE, LA oder لن LEN, LAN. Conj. postpos. Syn. بيله *p* با، هم *avec, ensemble, et, à, en; au moyen de, par.* | mit, vermittelst. — Bezeichnet das Zusammensein mit einem andern, und das Mittel, wodurch etwas geschieht, und hat den Nominativ, und bei Pronom. person. zuweilen auch den Genitiv vor sich. سن ايله بن SEN ILE BEN oder سنك ايله بن SENIŇ ILE BEN. *toi et moi.* | du mit mir, d. i. du und ich. انك ايله ONUŇ-YLA. *avec lui.* | mit ihm. خواجه ايله چيقدم *je sortis avec le maître.* | ich ging hinaus mit dem Lehrer. بچاق ايله كسدى mit dem Messer schneiden. قلم ايله يازمق mit der Feder schreiben. قيز ايله تزوج ايتمك sich mit einem Mädchen verheirathen. دوست ايله مدعيى فرق ايتمك den Freund von dem Betrüger unterscheiden. كيله ايله صاتمق mit dem Scheffel verkaufen, d. i. indem man mit dem Scheffel misst, oder auch Scheffel zu Scheffel, scheffelweise. هجوم ايله mit Angriff, angriffsweise. سورى ايله *en foule.* | in Menge, schaarenweise. — Wenn das vorhergehende Wort das Suffix der 3ten Person des Possessivpronomen hat, wird es in der Schrift gewöhnlich mit diesem verbunden. قلميله KALAMYILA — قلمى ايله *avec sa plume.* | mit seiner Feder. اهتماملريله IHTIMAMLERIJLE — اهتماملرى ايله *par leurs soins.* | durch ihre Vorsorge. يمينيله JEMINIJLE, mit seiner Rechten. — Nach Infinitiven steht es gewöhnlich in der verkürzten Form und drückt eine Ursache aus. سومكله SEWMEKLE. *à cause d'aimer.* | wegen des Liebens. يازمغله JAZMAGLA. *à cause d'écrire.* | wegen des Schreibens. — Nach Wörtern die mit ه endigen, wird es ohne ا geschrieben. بلطه يله BALTAJLA. *avec la hache* | mit der Axt. vgl. die Grammatiken. — قواعد عثمانيه S. 152 der deutschen Uebersetzung.

t ايله ÖJLE. Sbst. *midi.* | Mittag. s. اويله

t ايله ÖJLE. Adv. *ainsi.* | so. s. اويله. — ايله اولسه oder ايلهسه ÖJLESE. *ainsi-soit-il.* so sei es.

t آيلى AILY. s. آيلو

t ايلى YLY. Adj. *tiède.* | lau, lauwarm.

t o ايليمين ILIT. LT. [تركى كرش] vielleicht

t o ايليجق oder ايليجق YLYDŽAK. Adj. v. ايلى *tiède.* | lau.

t ايليجه oder ايليجه YLYDŽA, auch ايليجى YLYDŽY. Sbst. ابلجه، بلغه *thermes, eau chaude, bains chauds.* | warme Quelle, warmes Wasser, warmes Bad.

t o ايليمين ILIST. Sbst. LT. پير *vieux, vieillard.* | Alter, Greis.

t o ايليمغ YLYG. Sbst. ايلى u. ايليجه YL.

a p گرمابه حمام tiède, bain chaud. | lau, warm warmes Bad. چشمه‌لارده سو بولور ایلیغ صوا یوزغلی سووق in den Augen wird das Wasser warm gefunden, wenn auch die Luft kalt ist. Ali Schir.

t o ایلیلك ILIK [auch ایلیك und ایلیك Q.] Adj. Num. = اللّی cinquante. | fünfzig.

t o ایلیك ILIK. Sbst. = ال vgl. الك main. | die Hand. اوڭ ایلیكلاری ihre rechten Hände, oder rechten Heeresflügel. اوڭ ایلیكینی كوتاردی er erhob seine rechte Hand. Ali Schir.

t o ایلیكلامق Vb. act. = الكلمق porter à la main; prendre. | mit der Hand tragen, fassen, nehmen.

a ایما IMÂ. [اومی VI.] Sbst. بالشله اشارت ایتمك signe de tête; allusion. | Wink, Nicken mit dem Kopfe, um seine Zustimmung zu erkennen zu geben; Anspielung, Andeutung. — ETMEK. faire signe avec la tête, donner à entendre (par un signe de tête); faire allusion à q. ch. | zuwinken, zunicken, Beifall zunicken, etwas andeuten.

a ایّما EJJEMÂ. Pron. indef. quiconque. | wer immer. s. ایّ und die arab. Gramm.

t o ایماس IMAS. Vb. impers. = دكل، اولز nicht, ist nicht; eigentlich Negativ v. ایمك.

t o ایماق AIMAK. LT. قومی race, tribu. | Geschlecht, Stamm.

t o ایماق oder ایمك Vb. act. — ایمك sucer. | saugen. — Deriv. ایمدورمك Vb. caus. faire sucer, allaiter; sucer. | saugen lassen, säugen; saugen. ایمجاك ایمانورغان اوغلان غنچ ein an der Brust saugendes Kindchen. Abulg. 66.

a ایمان EIMÂN. [Femin. ایمی EIMA] Sbst. دول veuf. | Wittwer.

a ایمان EIMÂN. Sbst. Pl. v. یمین

a ایمان IMÂN. [امن IV.] Sbst. التیمن، a اعتقاد ، تصدیق action de rassurer; conviction intérieure en matière de religion; explication allégorique du Coran. | Versicherung, Beschützung, Anvertrauung, religiöser Glaube, Rechtgläubigkeit, innere religiöse Ueberzeugung [vgl. ادين]; — Theol. myst. allegorische Auslegung des Koran — ETMEK. rassurer q. qn., inspirer à q. qn. de la securité, protéger q. qn., regarder q. qn. comme fidèle et sûr; confier q. ch. à q. qn., croire q. qn., croire en Dieu. | Jemanden sicher machen, Vertrauen in Jemand erwecken; Jemand Schutz und Sicherheit gewähren; Jemanden für treu und sicher halten, Zutrauen haben, sich Jemand anvertrauen; glauben. — ETMEK oder — GETÜRMEK. croire. | glauben, sich zum Glauben bekennen. — IMÂNE GELMEK. embrasser la vraie foi. | sich zum wahren Glauben bekehren. — IMÂNE GETÜRMEK. convertir q. qn. | Jemanden bekehren. ارباب ایمان ERBÂB-I IMÂN. partisans de la vraie foi. | die Rechtgläubigen.

a p ایمان دار IMÂN-DÂR. Adj. sûr, consciencieux, honnête, qui a de la foi; religieux | sicher, dem man vertrauen kann, gewissenhaft, gläubig.

a p ایماندارلق IMÂNDÂRÎ. Sbst. foi, fidélité, honnêteté, religion. | Treue, Gewissenhaftigkeit, Glaube.

a t ایمانسز IMÂNSYZ. Adj. sans foi, irréligieux. | ohne Glauben, ohne Religion.

t ایمانمق und ایمانمق IMANMAK. Vb. intr. avoir soin, soigner. | sorgen. VL. curare, curam habere. Ali Schir.

p ایمبار IMBÂR. s. انبار IN.

lat ایمپراطور IMPERATOR. Sbst. vgl. چاسار، قیصر empereur. | Kaiser (von Oestreich, Russland und Frankreich). روم ایمپراطور oder ایمپراطوریچه der römische oder deutsche Kaiser. — ایمپراطوریچه IMPERATORIČA. impératrice. | die Kaiserin (nur von der Kaiserin Maria Theresia).

t o ایمجاك oder ایمجك Sbst. s. ایمجك

t o ایمجی IMEĆI. LT. طبیب médecin. | Arzt. vgl. ایمجی

a ایمت EIMET oder ایمّت EIMMET. Sbst. Pl. v. ایم EIM.

p ایمسه EIMED. auch ایمر EIMER. Sbst. سوك de charrue. | Pflugschar. LL.

t ایمدی IMDI. s. امدی t o ایمدیكلاچا usque nunc. Ali Schir. Q.

p ایمر EIMER. s. ایمد

t ایمر ایمر سوزلیك parler sans cesse | immerwährend sprechen. Kam. s. v. الفلفلة

t ایمرقمك IMRENMEK. s. ایمرقمك

t ایمزغنمق YMYZGANMAK. s. ایمزغنمق

t ایمزگنمك IMIZGENMEK Vb. act. سوندرمك éteindre. | auslöschen. Meninski.

t o ایمش IMIŠ. Sbst. = یمیش fruit; vivres. | Frucht, Nahrungsmittel. LT. طعام خوردنی ومیوه از تر قسم

t o ایمق LT. كردن faire. | machen; vielleicht Schreibfehler für ایتمك = ایتك

t o ایمق AIAMAK. LT. دریغ داشتن refuser. | vorenthalten, verweigern, abschlagen.

t o ایمسق LT. مكیدن sucer. | säugen. s. ایمك

t ایمك IMIK. Sbst. = بنقلحدیق fontanelle (du crâne). | Blättchen, Schlagbrunnen der Hirnschale, die Zusammenfügung der Hirnschale. bregma capitis. Kam. s. v. یافوخ

t ایمك IMEK. t o ایمك IMMEK. Vb. intr. اولمق être. | sein. — Ein selbstständiges Verbum, das eigentliche Verbum substantivum, das zur Bildung der Personalendungen des Vb. dient (vgl. die Grammatik), aber auch als selbstständiges Vb. mit vollständiger Verbalbedeutung gebraucht wird. ایم ، ام ، یم EM, IM, YM. ich bin. انلردن بیرم ONLARDAN-YM. ich bin einer von ihnen. Kam. an vielen Stellen. بونلارك اولوغیم ich bin der grösste von ihnen. بونلارك مهترم ich bin ihr Oberster. یكرمی سكزنجی بنم كه آخرزمان پیغمبری ایم der achtundzwanzigste bin ich, der ich der Prophet der letzten Zeit bin. Kyrk Sual. سن oder سین SEN. du bist پادشاه روی زمین سین du bist Oberherr der Erdoberfläche. ساحر وعالم سن du bist ein Zauberer und Weiser. — Gerund. ایكن IKEN, t o ایكین oder ایركن étant, tandis (qu'on) est, quoique (l'on) soit. | seiend, während ist, obgleich ist. ایكین من ich bin seiend, d. i. ich bin. Ali Schir. — ایسه ISE. 3. Sing. Conj. Praes. als Postpos. s'il s'agit de, quant à, mais, au contraire; alors, tout de suite. t o aussitôt que, dès que. | es sei, was anbelangt, zwar, aber, hingegen. t o damals als, sobald als, gleich darauf. بز ایسه BIZ-ISE. quant à nous. | was uns anbelangt. بو جانبده ایسه quant à cela. | nach dieser Seite nun zwar, was das anbelangt. زید ایسه بوكا راضی اولمادی aber Zeid willigte nicht ein. وار ایسه ben ایسه ایتدم ich aber sagte. وار ایسه WAR ISE oder t o بار ایسه si (cela) est. | wenn (es) ist. یوق ایسه JOK ISE oder یوقیسه JOKYSA und zusammengezogen یوقسه JOKSA oder یوخسه JOKSA. si non, autrement; ou bien, peut être, s'il n'y a pas. | wenn es nicht giebt, wenn es nicht ist, wenn nicht, wo nicht, sonst; oder vielleicht, vielleicht. t o من آنی كوردوم ایسه تنكورمن sobald ich ihn gesehen, erkenne ich ihn. بو سوزنی اشتدی ایسه اتاسی جواب بیردی sobald er das Wort ausgesprochen, antwortete sein Vater. — In Vergleichungssätzen steht es nach dem von dem Comparativ regierten Ablativ. اوزره كزمكدن ایسه اوقومق اولا دكلمی ist es denn aber nicht besser zu lesen, als sich herumzutreiben? آیلاق كزمكدن ایسه آیلاق ایشلمكی یكدر es ist aber doch besser umsonst zu arbeiten, als müssig zu gehen. — Deriv. I. t o ایمكس oder ایمس Vb. neg., davon ایماس IMAS und ایماس IMAS. Vb. neg. impers. il n'y a pas, ne pas. | es giebt nicht, ist nicht; nicht. — II. ایتمك ITMEK. Vb. caus. faire exister, faire. | zum Sein bringen, d. i. machen. s. o ایتمك

t ایمكلمك oder امكلمك IMEKLEMEK. Vb. intr. — دب ، سورنمك ، دبیب se traîner, ramper, se glisser. | sich langsam fortbewegen, ruhig und gleichmässig fortgehen, schleichen, kriechen, sich auf der Erde hinziehen (von Schlingpflanzen). دیوی اوزره امكلیو امكلیو ایمكلیرك یوریك auf den Knieen fortrutschend kriechen, herbeischleichen.

t o ایمك oder ایمك IMEK. Sbst. t ایمك EMEK. LT. محنت ورنج ، مشقت affliction, peine, difficulté; travail. | Plage, Schwierigkeit, Arbeit. — ایمكچی oder ایمك قیلغوچی einer der die Arbeit verrichtet, Knecht, Diener. ایمك قیلغلی بر قاری قولوڭ من ich bin dein alter arbeitender Knecht. Abulg.

t o ایمککلمك IMEKLEMEK. Vb. act. *t* امککلمك *travailler, se donner de la peine, être au service.* | arbeiten, sich mühen, im Dienste stehen.

a ایمن EIMEN. Adj. Compar. v. یمین u. یمین *très-heureux, fortuné, prospère.* | sehr glücklich. ایمن اوقات واسعد ساعاتده zu glücklichster Zeit und günstigster Stunde.

a ایمن EIMEN. Sbst. *côté droit.* | die rechte Seite.

a p ایمن EIMEN. Adj. *sûr, en sûreté.* | sicher. ایمن ایلك *lieu sûr.* | sicherer Ort.

t ایمجق s. ایمجق

a p ایمنی EIMENI. Sbst. *sûreté.* | Sicherheit.

t o ایمك IMEK. LT. دارو *médicament.* | Arznei. vgl. ایماجی

a ایمه EIMME. Sbst. Pl. v. امام

p ایّن ÏIN. s. آیین

a این EIN. Conj. interr. *où? d'où?* | wo? woher?

p این IN. Pron. demonstr., in Zusammensetzungen und vor Labialen ایم, verkürzt ام IM. Plur. اینها INHÂ und اینان INÂN. بو *celui-ci, celle-ci, ceci.* | dieser, diese, dieses, vgl. آن und die pers. Grammatik. این جهان = بو دنیا *ce monde d'ici bas.* | diese Welt (dagegen آن جهان jene Welt, das Jenseits). این قدر = بو قدر *autant.* | ebensoviel. این جا oder اینجا INDJÂ. *cet endroit, ici.* | diese Stelle, hier. این چنین oder اینچنین INTCHNIN *de telle manière, ainsi, également.* | auf diese Weise, so, ebenso. این بار oder اینبار INBAR *cette fois.* | dieses Mal.

t این IN, Sbst. Breite. s. ان IN, EN.

t این oder اون IN, ÜN. Sbst. Loch. s. ان IN, ÜN.

t o این IN. Sbst. jüngerer Bruder. s. اینی

t o این IN. Imperativ. v. اینمك s. اینمك

t این این AIYN-OIUN. Sbst. — ابورجبور *galimatias, babillage, tromperies, intrigue.* | leeres Geschwätz, Vorspiegelungen, Spiegelfechterei.

t اینانجی ÏIVNADJY. s. اینمجی

a ایناس INÂS [انس IV.] Sbst. انس طوتمق . آلشدرمق . انس ویرمك . انس کوسترمك *action de remarquer q. ch.; d'apercevoir q. ch.; action d'habituer; familiarité, vie sociale, amitié.* | Wahrnehmung, Gewöhnung, vertraut werden mit einer Sache oder Person, vertrautes Verhältniss, geselliges Leben, Freundschaft, vgl. انس und استیناس

t o ایناغ oder ایناق u. اناق YNAG. Sbst. نقیب . مشاور . وکیل امور . ندیم مقامنده کمسنه *p* *ministre, chargé d'affaires, conseiller intime du prince, courtisan.* | Minister, Bevollmächtigter, Rathgeber des Fürsten, Geheimrath, Höfling.

a ایناق INÂK. [انق IV.] Sbst. خوش کلمك *action de plaire, de causer de l'admiration.* | das Gefallen. اینكی بویلدر *tel est son plaisir.* | es gefällt ihm so.

t o ایناقلیق YNAKLYK. Sbst. v. ایناغ *charge ou dignité de ministre, de conseiller.* | Amt und Würde des Ministers, des Geheimraths u. s. w.

t p ایناکی INAKI. Sbst. = ایناقلیق

t o اینك s. انك INEK. die Kuh.

p اینانك INÂK. s. اینك

t o ایناکلك INELIK. Sbst. *sage-femme.* | Hebamme.

p اینان INÂN. Pl. v. این

t اینان INAN. s. انان Glaube.

t ایناغمق INANMAK und Deriv. s. انانمق

t o اینتقمق INITMAK — *t* اندرمك Caus. v. اینمك

t اینتمك oder انتمك INITMEK oder ENETMEK. Vb. act. *châtrer.* | castrieren. vgl. اندمك

p اینجا INDJÂ. s. این

t o اینجه INDJE. LT. نازك *mince, subtil.* | fein, dünn. s. انجه

t اینجیتمك INDJITMEK. Aor. اینجیدر INDJIDIR und *t o* اینجیتمك s. انجیمك INDJIMEK.

t o اینجغه INDJGA. LT. نازکلك *finesse, subtilité.* | Dünnheit, Feinheit, Schlankheit.

t اینجیك INDJIK. s. انجیك

t o اینجکه INDJK. Adj. *mince, subtil* = انجه

t o اینجکه INDJKE. Adj. = اینجکه

t o اینجکلیك INDJKELIK. Sbst. *finesse, subtilité.* | Dünnheit, Feinheit, Genauigkeit. اینجکلیك ایله *minutieusement, en détail.* | genau. حسابمی قیلدیلر اینجکلیك ایله sie machten mir die Rechnung mit Genauigkeit.

t اینجلتمك INDJELETMEK. s. انجلمك Deriv.

t اینجینمك INDJINMEK. Aor. اینجینور INDJINIR. s. انجینمك Deriv. III.

p اینجنین INDJNIN. s. این

t اینجو oder اینجی INDJI. *t o* اینجی Sbst. Perle. s. انجو

t o اینجو oder اینجی auch اینچی oder انجی Sbst. 1. اجارہ طوتلمش خدمتکار *p* مزدور *mercenaire.* | gemietheter Diener. — 2. *fief, domaine.* | Lehnsgut; dem Fürsten persönlich zugehöriges Grundstück.

t اینجه INDJE. s. انجه

t اینجلمك INDJELMEK u. Deriv. s. انجلمك

p اینجیدن INDJIDEN. Vb. act. *blesser.* | verwunden. s. انجیدن

t o ایندب INDAB. Sbst. *p* آواز *cri, appel, voix.* | Geschrei, Ruf, Stimme; verwandt mit ایندمك

t o ایندب INDAB. Gerund. v. ایندمك s. اینمك Deriv.

t o ایندکسی اجی INDEKÇI. Sbst. LT. انکه بر پشت بر آمده آواز بلند einer der hinter einem her ruft.

t o ایندورمك INDÜRMEK. s. اینمك Deriv.

p آینده ÄIENDE. [Partic. v. آمدن] Adj. u. Sbst.; Plur. آیندکان *qui vient, venant, futur; voyageur, passager; ouvrage qui doit être fait, affaire.* | kommend, künftig, bevorstehend; Kommender, Reisender; zu thuendes oder bevorstehendes Geschäft. آینده وروند ÄJENDE WE REWENDE. kommend und gehend, ab und zugehend, Reisende die kommen und abreisen. — واروب کلنلر

t اینسر ENSIR s. انسر ENSIR.

t اینش s. انش *descendant, déclivant, penchant.* | abschüssig.

t اینشلك INIŠLIK. Sbst. *déclivité.* | Abschüssigkeit, Gegentheil v. یوقشلق. — vgl. انش

t o اینك ING, IÑ. Adv. — *t* اك *très.* | sehr. اینك یقین *le plus proche, très-proche.* | sehr nahe, das nächste.

t اینك INEK. s. انك

p اینك INEK. Interj. *t* اشته *voici, voilà.* | hier, da. اینکم INEK-EM. *me voilà.* | sieh mich! hier bin ich. اینکیم INEK-IM. *nous voilà.* | hier sind wir. اینکت INEK-ET. *voilà.* | sieh! sieh da.

t o اینك Sbst. LT. ثقل s. الك

t o اینکلیك INKELIK. Sbst. LT. *p* غلغله *voix, clameur.* | Geschrei. vgl. اینلمك

t o اینکرالمق INKRATMAK, INKRETMEK. Vb. intr. *p* زاریدن *gémir.* | seufzen, stöhnen, — اینلمك

t اینلتی INILTI, auch اکلتی . اینکلتی اینلدی Sbst. *gémissement; glapissement, roucoulement.* | Geseufze, Aechzen, Gestöhn, Gewimmer, Gekläffe (von den Stimmen verschiedener Thiere, Girren der Tauben, Geschrei junger Hunde u. s.). s. اینلمك

t اینلتیلو oder اینکلتیلو INILTILI. Adj. vgl. d. Vbgde. *plaintif.* | klagend, wimmernd, weinerlich. ایکلتیلو وهمسی شمدالك das klagende Girren der Taube.

t اینلمك INLEMEK, auch اینکلمك u. اکلمك Vb. intr. Aor. اینلر oder اینکلر INLER. *gémir, glapir.* | seufzen, ächzen, stöhnen, wimmern, kläffen. — Deriv. I. اینلتمك INLETMEK, auch اینکلتمك und اکلتمك Aor. اینلدر oder اینکلدر INLEDIR. Vb. caus. *faire gémir.* | seufzen u. s. w. lassen, zum Seufzen und Aechzen bringen; auch intransitiv, in gleicher Bedeutung mit dem Stammverb. — II. اینلشمك oder اینکلشمك INLEŠMEK. Vb. recipr. *se plaindre réciproquement.* | mit einander seufzen, sich gegenseitig beklagen, einer dem andern seine Noth klagen.

t اینلك INLIK. Sbst. *largeur.* | Breite, Weite. s. ان EN.

t اینلسو INLÜ und اینلولك INLÜLIK. s. اللو . اللولك

a اینما EINEMÂ. Conj. *en quelque lieu que, partout où.* | wo immer, wohin immer, überall wo, überall wohin.

t o اینمق und die Deriv. اینمق und اینك s. ایندورمق

t اینمك INMEK und INEMEK und Deriv. s. انمك u. اینمك

t اینمه INME. s. اینه

a آیینه ÂJINE, auch آینه ÂWINE. Sbst. Pl. v. اولن Adv. parfois, quelquefois. | zuweilen.

p آینه oder آئینه ÂJINA, auch آینا Sbst. t کوزکسو a مرآت vgl. آیین ÂJIN. forme, figure, manière; miroir. | Erscheinung, Form, Art und Weise; Spiegel. اینه سوزان oder آینه یاقیجی Brennspiegel.

p t آینه جی oder اینه جی AJINAGY. Sbst. qui fait ou vend des miroirs; imposteur, charlatan. | Spiegelverfertiger, Spiegelhändler; Vorspiegler, Schwindler, Betrüger.

p t آینه دار ÂJINADÂR. Sbst. 1. — آینه جی 2. esclave qui tient le miroir. | der Diener, welcher den Spiegel hält.

p t آینه لو AJINALY. Adj. qui a des miroirs. | mit Spiegeln versehen oder ausgestattet. آینه لو قواق سرای (Spiegelpalast) Name eines Schlosses in Constantinopel.

t ایسنهسن AJYNHAN (INHAN?) Adj. a عبد البطن . آکول qui mange beaucoup, gourmand. | gefrässig. Kam. und LL.

t آینی INI oder اینین ININ. Sbst. gémissement. | Geächze, Klage. s. انین

t o اینی INI und انی oder این IN. Sbst. LT. Abuig. کوچک قرنداش برادر خورد petit frère, frère cadet. | kleiner Bruder, jüngerer Bruder. vgl. اینك

t o اینیك INJEK. Sbst. — انك t اینك LT. ماده کلو vache. | Kuh.

t ایو AJY. Sbst. a دب p خرس ours. | Bär. ایو پنچه سی AJY-PENGESI. acanthe, branche ursine. | Bärenklau. ایو یوزی AJY-DUDU a علیق الجبل p درکوشی mûre sauvage. | die wilde Brombeere [بوکرتلن] die an hoch gelegenen Stellen wächst. LL. — ایو قولاغی AJY-KOLAGY. pivoine. | Pumpelrose (paeonia) — a p اسطرابلیقوس حالبی LL.

t ایو EÏ (Ï, Ü). Adj. u. Adv. طیب . خیر . ملیح a کوزل . یخشی p خوش . نیك beau, bien. | gut, schön, wohl. ایو آدم homme de bien. | ein guter, rechtschaffener, frommer Mann. ایو اولمق être bien; se porter bien, guérir (intr.). | gut sein, sich wohlbefinden; heilen, genesen. ایو قلمق faire bien q. ch.; corriger. | etwas gut machen; verbessern. ایو ایو EÏ-EÏ, assez bien, joliment. | recht gut, recht hübsch. پك ایو PEK EÏ. très-bien. | sehr gut. اك ایوسی EÑ-EÏ-SI. le meilleur. | das Beste. ایو وارلمه دیمك consentir, approuver, louer q. ch. | seinen Beifall ausdrücken.

t o ایو EW (IW, IÜ, UJU). Sbst. — او maison, famille. | Haus, Familie. اوز ایومده ایدم ich war in meinem Hause. ایومکا meinem Hause. ایوکا واردیم ich kam zu seinem Hause. ایو اوغلانی Cabinetsbeamteter des Fürsten.

t ایو und او IW (vulg. EW). Sbst. a عجله . سرعت hâte. | Eile.

t آیوا oder آیوه AIWA. Sbst. سفرجل coing. | Quitte. آیوا اغاجی cognassier. | Quittenbaum. آیوه طلمه aurone. | abrotomum. a شواصرا . قیصوم p بوی مادران LL.

a ایوا IWÂ. [اوی IV.] Sbst. action de recevoir q. qn. chez soi. | gastliche Aufnahme Jemandes bei sich, Bewirthung, Beherbergung. — ETMEK. nicher. | nisten, ein Nest oder Lager machen (von Vögeln und andern Thieren).

p ایوار IWÂR. Sbst. a عصر l'après-midi. | der Nachmittag.

p ایوان EIWÂN, IWAN. Sbst. ایوان صفه . کوشك . سرای . رواق . دیوان خانه . چارطاق grande estrade dans la salle de réception; belvéder, salon d'audience; palais. | der erhöhte Theil des Empfangzimmers; Audienzsaal; Veranda; Palast, Lustschloss.

t ایواه EIWAH. Interj. ah! hélas! ach! wehe!

t ایوتلمك IWETLEMEK — ایومك se hâter. | eilen.

t o ایورمك oder ایوورمك IWIRMEK. Vb. act. p کرداندن . چویرمك tourner. | drehen, wenden, umwenden. هرا عیوز نایماری یوز ایوورو اوز ملکی کا عزیمت قیلدی da er keine Hülfe fand wandte er sein Gesicht (d. i. kehrte um) und marschirte nach seinem Reiche. تسبیح — تسبیح ایوورور ایردی ناشتی درتسبت er drehte (hielt) den Rosenkranz (in der Hand). Particip. ایورکلی IWIRKAD — چویره جك gyrandus, circumagendus. Ferhad. VI. — Imperativ. ایور IWER. LT. سرنکون کن drehe um, stürze um. — Deriv. ایوریلمك Vb. pass. u. refl. être tourné; se tourner. | gedreht, gewandt werden; sich drehen, sich wenden. مکتب لار تیکریسیکا p کرد مکتبها میکشت — ایوروب er drehte sich viel in den Schulen herum (d. i. hielt sich viel in den Schulen auf).

t ایوشغلق s. ایوشغلق

a ایوب EJJUB. N. pr. Job. | Hiob.

t ایوتلمك IWETLEMEK. s. ایومك Deriv.

t ایوجه EJIGE. Adv. v. ایو bien, assez bien. | gut, recht gut.

t ایوز UJUZ. s. اوپوز

t ایوك UJUK. s. اوپوق

t ایوکن IWGEN. s. ایومك

t ایولتمك EJILETMEK. Vb. act. faire bien; améliorer, corriger. | gut machen; bessern, verbessern; — ایو قلمق

t ایولشمك EJILEŠMEK. Vb. recipr. guérir. | heilen, zuheilen (eine Wunde).

t ایولك EJILIK. Sbst. le bon, bonté. | das Gute, Güte, Wohlthat, — ایلك

t ایولنمك EJILENMEK. Vb. refl. devenir meilleur. | besser werden, sich bessern.

t ایومق UJUMAK. s. اویومق

t ایومك IWMEK oder اومك EWMEK. Aor. ایور IWER. Vb. intr. a عجله p شتابیدن hâter, se hâter. | eilen, sich beeilen. ایوکن oder ایوکن IWGEN. qui se hâte, pressé, qui va toujours en avant. | einer der Eile hat, der immer weiter strebt, immer vorwärts will. — Deriv. I. ایودرمك IWDIRMEK. Vb. caus. faire hâter. | zur Eile antreiben. — II. ایوشمك IWIŠMEK. Vb. recipr. se hâter ensemble. | zusammen eilen.

t آیوا s. آیوه

t ایوجیلك oder اوجیجیلك IWGILIK. Sbst. hâte. | Eile, Eilfertigkeit.

t ایومك IWEMEK — ایومك

t ایوی IWI. Sbst. — ایو hâte. | Eile.

t آیه oder آیا آیه AJA. Sbst. — اوج ایاجی a کف la paume de la main. | die flache Hand, Handteller. ایاق ایاسی AJAK AJASY. la plante des pieds. | Fussohle.

a ایها EJJUHÂ. Vocativpartikel s. d. arab. Gramm.

a ایهاب IHÂB. [وهب IV.] Sbst. mettre à disposition de q. ch., être à la disposition de q. qn., apprêter. | in Bereitschaft sein, in Bereitsch. setzen.

a ایهام IHÂM. [وهم IV.] Sbst. action de donner à deviner, q. ch.; allusion, amphibologie. | das Rathen-lassen, Anspielung, Zweideutigkeit, Wortspiel, wenn ein Wort neben dem gewöhnlichen Sinne noch einen andern hat. Rhetor.

a ایهان IHÂN. [وهن IV.] Sbst. سست ایلمك action d'affaiblir, de rendre faible. | Schwächung.

t آیکو AJAGY. s. ایکو EJROG.

t آیله AJALAMA. s. ایلمه

gr آیانی AJAJANY. N. pr. (ἅγιος Ἰωάννης). St Jean. | der heilige Johannes.

p ایی Rad. v. آیدن

t o ایی IJI. Sbst. — ایکا a صاحب maître. | Herr, Besitzer.

t o ایپمك YIYMAK. Vb. act. — یمك manger. | essen, fressen. — Deriv. ایپدرمك YIYDURMAK. Vb. caus. — یدرمك donner à manger. | zu essen geben, füttern.

p آیین ÂJIN. Sbst. عادت . قانون forme, figure, manière, mode, loi, canon, rite, usage, coutume. | Gesetz, Regel, Einrichtung, Gewohnheit. هر آیینه oder هرآینه de toute manière. | auf alle Weise, auf alle Fälle. آیین سلاطین پیشین اوزره nach der Einrichtung alter Könige.

t o اییل IJIL. Sbst. — ییل année. | Jahr.

t o ایین IJIN. p روشن LT. splendeur, resplendissant. | Glanz, glänzend.

p آیینه ÂJINE. s. آینه

ب

ب B. — بای موحّده BÂ-I MUWAḤḤEDE oder بای أبجد BÂ-I EBDJED. *seconde lettre de l'alphabet: prononciation b et à la fin des mots p. valeur numérique 2; comme abréviation marque du mois Redjeb.* | das einpunktige B oder B des ABC, zweiter Buchstabe des arabischen Alphabets; Aussprache im Anlaut b, im Auslaut, insbesondere vor Lingualen und am Ende der Wörter p; — Zahlwerth 2. — Abkürzung für den Namen des Monats رجب. — Wird oft mit پ verwechselt, und in persischen Wörtern mit و ، ف und م.

پ P. — بای فارسیّه BÂ-I FÂRISIJE. *troisième lettre de l'alphabet turc et persan, sans valeur numérique.* | das persische B; dritter Buchstabe des persisch-türkischen Alphabets; ohne Zahlwerth; Aussprache p; — steht oft für ب und wird mit ف verwechselt.

p بـ BE. Praep. Praefix. به ، ایله *à, avec, par.* | bei, mit, an; bezeichnet den persischen Dativ. vgl. با und به und die persischen Grammatiken.

a بـ BI. Praep. Praefix. به ، ایله *à, avec, par.* | bei, mit, an, in. vgl. die arabische Grammatik.

p بـ ، بـ ، بـ BU, BE, BI. Praep. praefix. *sert à déterminer particulièrement le futur et l'impératif du verbe persan.* | dient besonders zur Bildung des Futurums und Imperativ der persischen Verba. s. die pers. Gramm.

a با BÂ oder باء BÂ'UN. Sbst. Name des Buchstabens B. s. o. ب

t با BA. Interj. *eh! ben! bah! point du tout.* | ach! schön! sieh doch! vgl. به u. بـ

p با BÂ. Praepos. *a* مع *t* ده ، ایله *avec, à.* | mit, bei, zu. Gegentheil von بی ohne; dient zur Bildung zusammengesetzter Adjective, die den Besitz einer Eigenschaft bezeichnen, welche das damit verbundene Nomen Substantivum ausdrückt; vgl. die pers. Gramm. با اثر BÂ-ESER. *avec marque c. à d. remarquable.* | mit Zeichen, d. i. bezeichnet, ausgezeichnet, merkwürdig. با اخلاص BÂ-IḪLÂS. *sincère.* | aufrichtig. با ایمان BÂ-ÎMÂN. *religieux.* | gläubig. با احترام BÂ-IḤTIRÂM. *avec respect, digne de vénération.* | mit Achtung, verehrungswürdig. با استعداد BÂ-ISTI'DÂD. *doué de talent.* | talentvoll. با افسر BÂ-EFSER. *avec couronne, couronné.* | mit Krone, gekrönt. با تأیید BÂ-TE'JÎD. *avec la faveur divine, favorisé, par la grâce de Dieu.* | mit Gottes Gnade, begünstigt, von Gottes Gnaden. با تدبیر BÂ-TEDBÎR. *avec délibération, prudent, sage.* | mit Ueberlegung, klug. با تمکین BÂ-TEMKÎN. *puissant.* | mächtig. با تمیز BÂ-TEMÎZ. *discret, prudent, sage, judicieux.* | vorsichtig, verständig. با حسب BÂ-ḤASAB. *modeste.* | bescheiden. با خرد BÂ-ḪIRED. *doué d'intelligence, prudent.* | mit Klugheit, klug. با خصوص BÂ-ḪUṢÛṢ. *avec particularité, particulier;* Adv. *particulièrement, spécialement.* | mit Besonderheit, als Adv. insbesondere, hauptsächlich, namentlich. با شعور BÂ-ŠU'ÛR. *intelligent.* | einsichtsvoll. *a* با قاعده BÂ-ḲÂ'IDE. *régulier.* | regelmässig. با مروت BA-MURUWWET. *avec humanité, noble, généreux.* | mit Menschlichkeit, männlich, edelmüthig. *t p* با مزه BÂ-MEZE. *avec goût.* | geschmackvoll. با وجود BÂ-WUDJÛD. *nonobstant.* | ungeachtet. با وفا BÂ-WEFÂ. *fidèle.* | treu. — با آنکه BA-ÂNKI. *malgré que, quoique.* | ungeachtet, obgleich. با این همه BÂ IN ḤEME. *avec tout cela.* | neben diesem allen, ausser diesem allen.

p پا PÂ oder پای PÂI. Sbst. *t* ایاق *pied, piédestal; trace, cause, prétexte.* | Fuss, Spur; das worauf eine Sache ruht oder beruht, Fussgestell; Grund einer Sache, Vorgeben, vgl. پی — پا در عقل PÂ DER 'AḲÎL. *embarrassé.* | Fuss in Banden, d. i. gehemmt, gehindert, in Verlegenheit. پا در گل PÂ DER GIL. *avili, humilié; humblement.* | Fuss in Schmutz, d. i. erniedrigt, gedemüthigt, in tiefster Unterwerfung. پا شکسته PÂ ŠIKESTE. *faible, humilié.* | gebrochen, d. i. gedemüthigt, schwach, erniedrigt. پا بر جا PÂ BER DJÂ. *fixe.* | Fuss zur Stelle, d. i. fest, unbeweglich. چهار پا ČEHÂR-PÂ. *quadrupède.* | vierfüssig.

a باب BÂB. Sbst. Pl. ابواب EBWÂB und ابوبه EBWIBE. *t* قپو *p* در *porte.* | Pforte, Thür. باب الابواب BÂB EL-EBWÂB. *la porte des portes, c. à d. les portes caspiennes.* | Thor der Thore, d. i. die kaspischen Thore, Derbend. باب الاسواق BÂB EL-ESWÂḲ. *porte des rues, c. à d. le détroit de Gibraltar.* | Pforte der Gassen, d. i. die Meerenge von Gibraltar. باب المندب BÂB EL-MANDEB. *porte des pleurs, le détroit dans la mer rouge.* | Thränenthor, d. i. die Meerenge Babelmandeb. جبال الابواب DJEBÂL EL-EBWÂB. *les Pyrénées.* | das Gebirge der Pforten, d. i. die Pyrenäen. باب همایون BÂB-I HUMÂJÛN. *la première porte du palais impérial à Constantinople.* | die erlauchte Pforte, d. i. die erste äussere Pforte der kaiserlichen Residenz in Constantinopel. باب سعادت BÂB-I SA'ÂDET. *la seconde porte intérieure du palais impérial.* | Pforte des Glücks, d. i. die zweite oder innere Pforte der kaiserlichen Residenz. 2. *hôtel, résidence d'un ministre, où se font les affaires publiques.* | Regierungsgebäude, Amtsgebäude oder Amtswohnung eines Ministers, Ministerium. باب عالی BÂB-I 'ÂLÎ. *hôtel du premier ministre.* | das oberste Ministerium, Residenz des Premierministers, auch پاشا قپوسی oder وزیر قپوسی und schlechthin قپو genannt. 3. *a* ماده ، امر *t* *matière, affaire, objet, catégorie.* | Materie, Gegenstand von dem die Rede ist, Kategorie. باب شوادن BÂB-I ŠAWÂDEN. *par cause de plaisir, c. à d. pour s'amuser.* | aus Sache des Vergnügens, d. i. zum blossen Spass, umsonst. *t* بو بابده BU BÂBDA. *dans cette affaire, sur ce point.* | in diesem Punkte, in dieser Sache. *t* حدیث بابنده ḤADÎS BÂBYNDA. *pour ce qui touche la sentence du prophète.* | was den Ausspruch des Propheten anbelangt. 4. فصل *chapitre d'un livre.* | Abschnitt eines Buches, Capitel. — Pl. الابواب EL-EBWÂB. *les portes, c. à d. du salut, la pénitence.* | die Pforten, nämlich des Heils, oder der göttlichen Verzeihung, d. i. die Busse.

t بابا und بابه BABA. Sbst. *t* ددە ، آتا *a* اب ، جد *p* پدر ، پیر *père, grand-père, vieillard.* Adj. *bon; vénérable.* | Vater, Grossvater; Alter, Greis; als Adj. väterlich, wohlwollend, ehrwürdig. حضرت باباسی ḤAẒRET-BABASY. *père adoptif.* | Adoptivvater. اوکی بابا ÖJ-BABA. *beau-père.* | Stiefvater. بابا شاهی BABA ŠÂHÎ. eine Art grosser Kürbis oder Wassermelone. بابا آدم BABA ADEM. *homme bienveillant, un bon homme.* | Vater-Mann, d. i. ein guter, gutmüthiger oder wohlwollender Mann. باباجغم BABADJAN. *cher enfant!* | gute Seele! liebes Kind! (in zärtlicher Anrede) باباخان BABAḪAN. Vaterfürst, als Nom. propr. Babekhan.

p بابا BABA. Sbst. Pl. باباین *grand-père; prince d'une tribu.* | Grossvater; Fürst eines Stammes.

t gr پاپا PAPA oder پاپ PAP. Sbst. *le pape.* | der Pabst. روم پاپا *le pape de Rome.*

der römische Pabst. مسقو پاپاسی MOSKOV PAPASY. pope; prêtre russe. | Pope, russischer Priester. پاپا دینی PAPA-DÎNI oder پاپا کلیساسی PAPA-KILISESI. l'église romaine. | die römisch katholische Kirche, Papismus.

p بابیت BÂBÎT. Adj. سعادتلو fortuné, puissant. | glücklich, mächtig.

gr پاپادیه PAPADIE. Sbst. (παπαδία) | 1. femme d'un prêtre chrétien. | Frau eines christlichen Priesters. 2. la camomille. die Kamille, Anthemis nobilis; auch قیون گوزی صغری — ابونه p ادخوان a oder پاپونج Buphthalmus silvester, die kleine gelbe Kamille, auch بقر گوزی genannt; a بقر — پاپادیه یخنیسی PAPADIE JAQ-NYSY, ragoût de moules cuites avec de l'huile et des oignons. (Bianchi).

gr پپری PEPERI. Sbst. (πέπερι). poivre.| Pfeffer, Piper nigrum.

gr پاپاز PAPAZ oder پاپاس PAPAS. Sbst. (παπᾶς). کشیش prêtre, Priester (jeder nicht muhammedanischen Religionsgemeinschaft), Geistlicher, Mönch. پاپاز اطه سی PAPAS-ADASY. l'île de Padadonisia. die Insel Padadonisia, eine der sieben Prinzeninseln bei Constantinopel.

gr t پاپازلق PAPAZLYK. Sbst. کشیشلک prêtrise, sacerdoce. | Priesterthum, Priesterschaft.

t پپقوری BABAKURU. Sbst. agate. | der Agatstein.

t پپه گوش BABAGÛS. Sbst. nom d'un serpent. | Name einer grossen schwarzen Schlange. Kam. s. v. حفث u. أسبع

t بابالق BABALYK. Sbst. paternité; père adoptif, qui tient lieu de père, beau-père; homme âgé. | Vaterschaft, väterliche Würde oder Gewalt; der Vaterstelle vertritt, Adoptivvater, = حضرت بابالسی, Schwiegervater, Stiefvater; ein bejahrter Mann, den man als Vater betrachten kann.

t a بابلی LT. کوکل

p بابه s. بابانه

p بابیانه BÂBİJÂNE. Adj. u. Adv. پدرانه پدر کبی, بابانه یولنجه paternel, comme un père, à la manière des ancêtres. | väterlich, wie ein Vater, nach der Väter Sitte.

p بابانه BIPÂZEN. s. بابه

a بابت BÂBET. Sbst. نوع, وجه, طریقه, بابت p بابه t بوی manière, façon, genre, espèce, classe, catégorie, classification. | Art und Weise, Klasse, Kategorie, Klassificirung. بابت بابت قومق oder آیرمق — classer. | nach Klassen eintheilen.

بابت BABET. Sbst. Diamantengarnitur in Form eines Zweiges.

a t بابتلمك BABATLEMEK. Vb. act. classer. | nach Klassen eintheilen.

a t بابتلمش BABETLEMİŠ. Sbst. classification. | Klassificierung. s. d. Vhgde.

p با s. بابوج

p بابزن BÂBZEN. Sbst. کباب شیشی broche. | Bratspiess.

it پاپیست PAPIST, auch پاپیشت PAPIŠT oder پاپیشته PAPIŠTA. Sbst. u. Adj. papiste, catholique romain. | Papist, römisch katholisch. پاپیسته دائر papistisch.

p پابسته PÂBESTE. Adj. ayant des entraves aux pieds, empêché. | gefesselt an den Füssen, verhindert. s. پا

بابقه BAPKA. Sbst. eine alte polnische Silbermünze, im Werthe von 6 Kreuzer. Meninski.

p بابك BÂBEK. Demin. v. باب oder بب N. pr. Babek.

a بابل BABYL oder بابول BÂBÛL. Sbst. la ville de Babylone, Babylonie; la planète Jupiter. | Babylon, Babylonien; der Planet Jupiter.

a p بابل خانه سی BABYL-ḪÂNE. Sbst. روسپی خانه, قحبه دوکان maison de prostitution. | Hurenhaus.

p t بابل خانه جی und بابول خانه جی BABYL-ḪÂNEGİ. Sbst. maquereau. | Hurenwirth.

t بابللق u. بابوللق BABYLLYK. Sbst. maquerellage. | Kuppelei, Hurenwirthschaft; schlechte Kneipe.

p پابند PÂBEND. Sbst. پابنده t قیوراق, کوستك, تشوشلق entraves, lien, obstacle; piège. | Fussfessel, Fussband, Bande; Verhinderung, Hemmung, Umstrickung, Umgarnung (auch in übergetragener Bedeutung). پابند ایلك arte, astû a me arcepit. Meninski.

p پاپوج PÂPÛĠ, s. پاپوش

p t پاپوجی PAPUĠİ (spr. PABUĠY). s. پاپوشجی

p پابوس PÂBÛS. Sbst. baisement des pieds, vénération; celui qui baise le pied à q. qn. Fusskuss (Zeichen der Verehrung), Verehrung; einer der den Fuss Jemandes (eines Fürsten) küsst; zum Fusskuss zugelassen.

p پابوسی PÂBÛSÎ. Sbst. baise-pieds, vénération. | Fusskuss, Verehrung.

p پاپوش PÂPÛŠ oder t پاپوج Sbst. پشمق p کفش soulier, pantoufle. | türkischer Schuh, Pantoffel ohne Absatz.

p پاپوشجی PAPUŠĠİ oder پاپوجی PAPUĠİ (spr. PAPUḪÖY). Sbst. چاروقجی. p کفشکر بشماقجی cordonnier. | Schuhmacher. پاپوشجیلر کارخانه سی Schuhmacherwerkstätte.

a پابونج BÂBUNĠ u. p بابونه s. پاپادیه

p پاپوش PÂPÛŠ — پاپوچ

t ببه BABA. s. ببه

t a باده BADA. Adv. LT. اولیمن alors. | damals.

t a بات BAT. Adj. u. Adv. p زود, زود, تیز و تیز eigentlich Imperativ von باتمق descends vite! dépêche-toi! prompt, promptement, vite, bientôt. | eile! schnell herbei! — schnell, flink; bald.

کتور ساقی قدح خورشیدینی بات،
ایچه شهزاده یاری ایله شمات،

bring' Schenke des Bechers Sonne, schnell! es trinke der Fürst mit seinem Freunde, fort! Ferhad. VI.

p تخت BÂT oder بات PÂT. Sbst. تخت trône. | Thron.

t باتاق BATAK. Sampl. s. باتقن u. باتاقلق

fr باتالیون BATALJON. Sbst. bataillon. | Bataillon.

p a بتعجیل BI-TEʻĠÎL. s. ب

t باتدیرمق BATDYRMAK. s. باتمق Deriv.

t a باترانچ oder باتراق BATRAQ. Adj. [Compar. v. بات] plus vite, plus prompt. | schneller, flinker.

t باتردی BATYRDY oder پاتردی PATYRDY. Sbst. gewöhnlich in der Zusammensetzung کورلدی پاتردی bruit, tumulte. | Lärm, starkes Geräusch, grosses Geschrei, Aufruhr, Empörung. آیاق پاتردیسی bruit des pieds; fausse alarme. | Geräusch der Fusstritte, Füssegetrampel; blinder Lärm.

gr پاتریق PATRIQAH. Sbst. patriarche. | Patriarch.

t پاتیرمق PATYRMAK. s. باتمق Deriv.

it پاترون PATRON und پاترونه PATRONA. Sbst. patron d'une barque, vice-amiral. Schiffsherr; Vice-Admiral.

p پاتس BÂTES. Sbst. orange. | Orangen-Frucht.

t a باتش BATYŠ. Sbst. s. باتمق coucher du soleil; occident. | Untergang (der Sonne), Westen. کونش باتشی Sonnenuntergang.

a باتفاق BI-ITTIFÂK. s. اتفاق

t باتق s. باتمق

t a باتقلق BATKAK. Sbst. p دمدمه gémissement, soupir. | Seufzer.

p t پاتکه PÂTKÂ. Sbst. petit sentier. | Fusssteig.

t پاتلادی PATLADY. Sbst. bruit, fracas. | Lärm, Gekrache. s. d. Flgde.

t پاتلامه PATLAMA. Sbst. bruit, fracas, explosion. | Lärm, Gekrache, Explosion. s. d. Flgde.

t پاتلامق PATLAMAK. Vb. intr. Aor. پاتلار PATLAR. craquer, crever, faire explosion. | krachen, knallen, knirschen, zischen, platzen, bersten (mit oder ohne Geräusch), explodiren. Synon. چاتلامق

a t پاتلیجان PATLIĠAN. Sbst. solanum melongena. فرنك پاتلیجانی solanum Lycopersicum, Lycopersicum esculentum. s. بادنجان

t a باتلق BATLYK. Sbst. a سرعت vitesse, promptitude. | Schnelligkeit. ظالمه ظلمه قهوسی دور اولور باتلغیسی dem Ungerechten ist Strafe die Schnelligkeit des Todes, d. i. den Ungerechten trifft schnell der Tod. Ali Sch̄ir.

t a باتمان BATMAN. Sbst. a بطمن sorte de mesure, de poids. | ein Maas oder Gewicht. ایکی باتمان اتمك zwei Batman Brod. Ali Sch̄ir.

p a باتمکین BÂ-TEMKÎN. s. با

it باتنته BATENTA. Sbst. patente de santé. | Gesundheitspass.

t باتق oder باتمق BATMAK. Vb. intr. Aor. باتار BATAR. غرق اولمق — LT. فرو رفتن descendre, s'abîmer, s'enfoncer, plonger, couler à fond, s'écrouler, se perdre; se coucher (des astres). | hinabsteigen, sinken, versinken, einsinken (im Sumpfe), untersinken; zu Boden sinken, sich zu Boden setzen (als Niederschlag. Chem.), versiegen (das Wasser im Boden), untertauchen, untergehen (die Sonne, Sterne u. s. w.), verschwinden, nicht wieder zum Vorschein kommen, verloren gehen (der Werth einer Sache, das Geld dem Eigenthümer); sich in etwas versenken, auch bildlich, einer Sache auf den Grund gehen. جلمور ايچنده باتمق in den Schlamm versinken. بلتوب كومولمك باتمش tief vergraben. ديرنا بلتيب ايدم ich war in Schweiss getaucht. بالسه بير كوكب سعادت چرخنى بونسون بر دوام wenn auch ein Stern des Glückes untergeht, sein Kreisen soll immer währen. Ali Schir. — Deriv. I. باتدرمق BATDYRMAK, auch باتسورمق BATYRMAK. باتورمق بتدرمق und باتورمق Vb. caus. Aor. باتورر BATYRYR. LT. فرو بردن faire descendre, porter en bas, faire plonger, submerger. | herabsteigen lassen, versinken lassen, versenken, einsenken, untertauchen, eintauchen, zu Boden sinken lassen. بر آدمك يوزينه طرنق باتورمق die Nägel Jemanden ins Gesicht einkrallen. قايى صو ايچنه باتورمق den Eimer in das Wasser hinablassen.

p باتاجيلى s. باتاجيلق

t بتقين BATKYN. Adj. enfoncé. | versunken, eingesunken. باتقين كوزلو einer der tief liegende Augen hat, hohläugig. a اخوص العين

t باتقو s. باتورمق Deriv.

t باتى BATY, auch باتو Sbst. vgl. باتق coucher du soleil, couchant, ouest, vent d'ouest. | Sonnenuntergang, Abend, Abendland, Westen, Westwind. باتى لدوس vent du sud-ouest. | WSW-Wind. باتى قره يل vent du nord-ouest. | WNW-Wind.

t پاتداق PATADAK. Adv. subitement. | plötzlich, unerwartet.

t باتيق BATYK. Adj. [eigentl. Gerund. von باتمق] enfoncé | eingesunken, tiefliegend. باتيرى باتيق چقور كوزلو hohlliegende eingesunkene Augen.

it پاتيل PÂTIL oder پاتيله PATILE (patella). marmite, chaudière. | Kessel, Pfanne.

p پاتيمار PÂTIMAR. Sbst. hâte, précipitation. | Eile, Schnelligkeit, Beeilung.

p باج BAĠ. Sbst. ويركو don, tribut, droit de douane, de passage, de transit, etc. | Gabe, Abgabe, Zoll, Wegegeld, Durchgangszoll. قره مارينه باجى KARAMARINA BÂGY. Abgabe für Pferde die über den Bosporus gehen.

t o باجاناق BAĠA. Sbst. LT. … beau-frère. | Schwager.

p باجام s. باجه

t باجارز oder باجارزق PAĠARYS. Adj. u. Sbst. difficile; difficulté, obstacle. | schwierig; Schwierigkeit, was Schwierigkeiten bewirkt oder in Verlegenheit setzt.

t باجق oder باجاق u. بجق BAĠAK. Sbst. cuisse, jambe, le dedans de la cuisse; pattes d'écrevisse. | Schenkel, Bein, die inwendige Dicke am Schenkel; Krebsscheeren. Meninski.

t باجاقسز BAĠAKSYZ. Sbst. basset, homme dont les jambes sont trop courtes. | Kurzbein, ein Kurzbeiniger.

t باجاقلو BAĠAKLY. Sbst. homme dont les jambes sont très-longues; ducat d'Hollande avec la figure d'un homme à jambes ouvertes. | Langbein, ein Langbeiniger; Holländischer Ducaten, dessen eine Seite das Bild eines breitstehenden Mannes hat. اكرى باجاقلو ein Krummbeiniger.

t باجاناق BAĠANAK. auch باجناق BAĠANAK. باجنيق BAĠANAK und باجناق BAĠYNAK. Sbst. beau-frère. | Schwager (Bruder des Mannes).

t پاچاوره oder پاچاورا PAČAWRA. Sbst. torchon, serviette, mouchoir. | Hader, Lappen; Taschentuch, Wischtuch. بر پاچاوره ايله صيلمق mit einem Lappen abwischen. t باقلو پاچاوره torchon incendiaire, bombe incendiaire. | ein geölter mit Theer bestrichener Lappen, der angezündet auf feindliche Schiffe oder in belagerte Städte geworfen wird; Brandbombe.

p باجدار BÂĠDÂR und باجگير BÂĠGIR. Sbst. v. باج douanier, percepteur. | Zöllner, Zolleinnehmer.

p باجگذار BAĠGUZÂR. Sbst. u. Adj. celui qui paye des impôts etc.; tributaire. | zollpflichtig, steuerpflichtig.

a باجمعين BI-ĠEMÂ'IN. s. اجمعين

p باجه oder باجا BÂĠA. Tahrif v. بالاجه Sbst. ouverture par laquelle entre l'air ou la lumière, soupirail, ventilateur, vasistas; cheminée, créneau; le toit. | Luftloch, Luftfenster, Oeffnung im Dache oder der Decke, durch welche das Licht eindringt (in Ställen, Bädern u. s. w.); Luftschacht, Zugröhre, Schornstein, Schiessscharte (in Mauern), das Dach des Hauses, wohin man geht, um Luft zu schöpfen. Oeffnung, durch welche man zu den Wasserröhren sehen kann. باجه سيلمك BAĠA SILMEK. den Schornstein fegen. باجه سيلمجى ramoneur. | Schornsteinfeger. قپو باجه Thür, Fenster, etwa s. v. a. Haus und Hof. قپو باجاڭ يوقدر du hast weder Thür noch Fenster, d. i. dich hindert nichts.

p پاچه PÂČA. Sbst. a كراع partie inférieure de la jambe; jambe; pied de mouton; gelée ou ragoût de pieds de moutons; pieds de zibeline ou d'autres animaux dont la peau sert de fourrure; partie inférieure des pantalons. | Bein, Fuss, insbesondere der untere Theil vom Knie abwärts, hauptsächlich von Thieren; Schaafsbein, aus Schaafsbeinen und Kopf bereitete Gallert oder Ragout, Beinstück (von Pelzwerk, insbesondere von Zobel); der untere Theil oder Beinstück der Hosen. طومان پاچه‌سز oder پاچه‌سز طون caleçon. | kurze Hose (an der das Stück vom Knie abwärts fehlt).

p t پاچه‌جى PAČAĠY. Sbst. a كراعى p پاچه فروش vendeur de PAČA. | einer der Beinstücke oder Ragout von Schafsbeinen verkauft.

p t پاچه كونى PAČA-GÜNI. Sbst. jour de ragoût, c. à d. lendemain des noces. | Tag nach der Hochzeit, Nachhochzeit, an welchem Tage die Ueberreste des Mahles (als Ragout) verzehrt werden. vgl. Hammer Staatsverf. des Osm. Reichs. I. 482.

t باجى BAĠY. Sbst. p خواهر soeur, soeur aînée, femme en général. | Schwester, ältere Schwester [in Kleinasien für ابله]; Frauenzimmer.

p باجره BÂĠYR. Adj. ديل قلى . احمق . بيهوده étourdi, écervelé. | tollköpfig, unbesonnen.

a باحور BÂḤÛR oder بحور Sbst. coeur de l'été, canicule. | Hochsommer, Hundstagehitze. ايام باحور EJJÂM-I BÂḤÛR. die Hundstage.

p باختر BÂḪTER. Sbst. مشرق . مغرب l'occident; l'orient. | der Westen; der Osten.

p باختن BÂḪTEN. [Rad. باز] Vb. act. اويناماق 1. jouer, jouer aux jeux de hasard; dissiper ou perdre au jeu, prodiguer; faire présent, perdre dans le commerce; 2. sauter; danser. | 1. spielen, im Spiel verlieren, verspielen, verschwenden. 2. springen, tanzen. Particip. باخته BÂḪTE. perdu au jeu. | verspielt. در باختن = باختن

p باخته BÂḪTE. Sbst. مهره ديوار crépi. | Mauerbewurf, polirter Mauerüberzug.

t باخجه BAḪĠA. s. باغچه

p باخرد s. با

t o پاخسا PÂḪSA. Sbst. LT. ديوار خام unbeworfene Wand.

p a باخصوص BAḪUṢÛṢ. s. با u. خصوص

a باخل BÂḪYL. s. بخيل

p پاخواست PÂḪAST. Adj. ايلق آلتنده چيكنمش foulé aux pieds. | mit Füssen getreten, zertreten, zerstampft.

a باخور BAḪÛR. s. بخور

gr باخوس BAḪOS. N. pr. Bacchus. باخوس كونلرى bacchanales, carnaval. | Bacchustage, Carneval.

p باد BÂD. Imperat. v. بودن = اولسون qu'il soit. | es sei, lass sein. هرچه بادا باد = نه اولورسه اولسون soit ce que ce soit | es sei was es wolle.

p باد BÂD. (vulg. BÂD). Sbst. 1. هوا . روزكار p يل . نفس . قسو . رنج . صولق vent, air, souffle, haleine, soupir; vanité, rien; mot, parole; cheval, coursier. Adj. (en composition), vite, vain. | Wind, Luft, Luftzug, Kühlung; Hauch, Seufzer; bildlich: was schnell vorübergeht, wie der Wind, das Eitele, Nichtigkeit, das Nichts, ein Wort, ein schnelles Pferd. Als Adj. in pers. Zusammensetzung schnell, flüchtig, nichtig. باد صبا BÂD-I SABÂ. vent du matin, brise, zéphyr. | frisches Lüftchen (des Morgens, uneigentl. des Abends), Zephyr. باد مراد BÂD-I MURÂD. vent favorable. | günstiger Wind. باد مخالف BÂD-I MUḪÂLYF. vent contraire. | ungünstiger Wind. باد فنا BÂD-I FENÂ. vent de la destruction, vent pernicieux, froid. | kalter, schädlicher Wind; der kalte Wind des Todes, der Vernichtung; das Verderben. باد فنايه ويرمك = … detruire. | dem kalten Winde, d. i. dem Verderben überliefern, verderben, vernichten. باد هوا BÂD-HEWÂ (vulg. BADHAWA oder BEDAWA). gratis, gratuitement. | umsonst, vergeblich; ohne Kosten erworben, ohne Mühe erreicht. باد و هوا BÂD U HAWÂ. air et vent; revenus irréguliers (de *l'état, par ex: des amendes etc.).* | Luft und Wind, zufällige Einkünfte (des Staats durch Strafgelder u. dgl.) v. Hammer. des Osm. Reichs Staatsverf. I. 215. باد خزان *vent froid de l'automne.* | der kalte Herbstwind. بلد شدن *disparaître.* | verschwinden, schnell vorübergehen. باد رفتار BĀD-REFTĀR. Adj. *vite comme le vent.* | windschnell.

p بلد BĀD oder باده BĀDE. Sbst. شراب *vin.* | der Wein.

p پلد PĀD. Sbst. نگهدار . پاسدار *a* حافظ . محافظ . ارقه اچلی . قوروبوجی *protecteur, conservateur, défenseur.* | Beschützer, Bewahrer, Vertheidiger. vgl. پادشاه

p بادا BĀDA. Optativ v. بودن s. o. بلد. — یا ربّ اینتاچینیمین بادا *o Gott! so mög' es sein!*

p بلداد BĀDĀD. Adv. s. با u. داد *avec justice.* | mit Gerechtigkeit, nach Recht.

p پاداش PĀDĀŠ. Sbst. *a* اجر . جزا . عوض . مکافات . ثواب *rétribution, récompense, revanche, vengeance.* | Wiedervergeltung (des Guten oder Bösen); Rache.

p t پلداش PĀDĀŠ. Sbst. ایقداش *compagnon (de route).* | Gefährte, Reisegefährte.

p بادام BĀDĀM. s. بادم BĀDEM.

p بادامی BĀDĀMĪ. Adj. *qui a la qualité ou la forme d'une amande.* | mandelförmig.

p بادامه BĀDĀME. Sbst. *chrysalide (du ver à soie); espèce d'étoffe de soie.* | eingepuppte Seidenraupe; eine Art Seidenzeug.

p بلداور BĀDĀWER oder بلداورد BĀDĀWERD und بلداورده BĀDĀWERDE. vgl. بلد u. آوردن Sbst. کلدیبر . خداوردی نعمت *aubaine, avantage inespéré.* | was ohne Mühe erworben wird, von selbst anfällt, gleichsam durch den Wind zugeführt wird.

p بلدپا BĀDPĀ. Sbst. *coursier vite comme le vent.* | wörtl.: Wind-Fuss; Schnellläufer (von Pferden).

p بلدبان BĀDBĀN, BĀDIBĀN. Sbst. یلکن *voile d'un navire.* | Segel.

p بلدبانکشا BĀDBĀN-KUŠĀ. Sbst. u. Adj. *action de mettre à la voile.* | Ausspannung der Segel, Absegelung; die Segel ausspannend, mit vollen Segeln. بادبانکشای صوب مرام اولدق wir segelten nach dem Orte unserer Bestimmung ab.

p بلدبدست BĀD-BEDEST. Sbst. u. Adj. *pauvre, qui n'a rien.* wörtl.: Wind in der Hand, d. i. mit leeren Händen, der nichts besitzt, arm.

p بلدبر BĀD-BER. Sbst. 1. *a* اوچورمه *cerf-volant.* | Papierdrache. 2. لاقردی *fanfaron.* | Windbeutel.

p بلدپیچ BĀDPĪČ. *balançoire.* | Schaukel. *s.* بازیچ

p بادپیما BĀD-PEIMĀ. Adj. روزگار اولچیجی *rapide comme le vent, infatigable; pauvre.* | wörtl.: Wind-Messer; schnell laufend, nie rastend; arm, = بلدبدست

p بلد تخم BĀD-TUḪUM. Sbst. *t* رزنه *fenouil.* | Fenchel.

p بلدخانه BĀD-ḪĀNE. Sbst. *faîte, sommet.* | Giebel.

p بلدخایه BĀD-ḪĀJE. Sbst. فتق علتی . قاسیق یاریغی *hernie.* | Bruch, Darmbruch. vgl. بلدگند

p بلدخیز BĀD-ḪIZ oder بلدگیر BĀD-GIR. Sbst. *lieu exposé au vent.* | dem Winde ausgesetzter Ort.

a بادر BĀDIR. Adj. آلسزین حادث اولان *survenant soudain, surprenant.* | schnell und unerwartet eintretend, überraschend.

p بادر BĀDER. Sbst. *érésipèle; le 29me jour du mois; laitue (plante).* | Rothlauf, Rose (Krankheit); der 29ste Tag des Monats; Lattich (Pflanze).

p بادرام BĀD-RĀM. Adj. *vain, frivole.* | eitel, nichtig.

p بادزن BĀDZEN. Sbst. *t* یلپازه *éventail.* | Fächer.

p بادزهر BĀD-ZEHR oder پادزهر PĀNZEHIR. Sbst. *antidote, contrepoison, la pierre bezoar.* | Gegengift, Bezoarstein.

p t بادزهرلك BĀD-ZEHRLIK oder بادزهریه BĀD-ZEHRIJE. *qualité de contrepoison,* | die Eigenschaft das Gegengift zu sein; Kraft oder Wirkung des Gegengifts.

p پادست PĀDEST. Sbst. = پسادست

p بادسوار BĀD-SUWĀR. Adj. *qui marche vite comme le vent.* | wörtl.: windreitend, mit dem Winde reitend, schnell wie der Wind.

p a بادسیر BĀDSEIR. Adj. *qui marche vite comme le vent.* | wie der Wind gehend, schnell laufend.

p پادشاه oder پادشه PĀDŠĀH u. PĀDIŠAH. Sbst. سلطان *monarque, empereur.* | Monarch, Kaiser, Landesoberherr, Titel des türkischen Kaisers. پادشاه مصاحبی *confident ou favori de prince.* | Vertrauter oder Günstling des Fürsten. پادشاه اوتی PADŠĀH-OTU. *impératoire.* | Kaiserwurz, Meisterwurz.

p پادشاهانه PĀDŠĀHĀNE. Adj. u. Adv. *impérial, royal; royalement, en roi.* | kaiserlich, königlich.

p t پادشاهلق PĀDŠAHLYK. Sbst. *dignité impériale, monarchie, règne.* | Kaiserwürde, Kaiserthum, Monarchie, Regierung. پادشاهلق سورمك *régner.* | regieren.

p پادشاهی PĀDŠĀHĪ. Sbst. = پادشاهلق

p پادشه PĀDŠAH = پادشاه

p a بادعنان BĀD-'INĀN. Adj. u. Sbst. *qui n'a d'autre rêne que le vent, prompt, rapide; coursier.* | den Wind als Zügel habend, d. i. schnell; ein guter Renner (von Pferden).

p بادگیس BĀD-GIS. s. بادگیر

t o بادقان BADKAN. Sbst. LT. چمچه *coupe ou cuillère en bois.* | grosser Schöpflöffel.

p بادگرد BĀD-GIRD. Sbst. قصیرغه *tourbillon.* | Wirbelwind.

p بادگند BĀD-GEND und بادگندی Sbst. *hernie.* | Bruch, = بادخایه

p بادگندلك BĀD-GENDLIK = بادگند

p بادنجان BĀDINĞĀN od. PATLYĞAN, auch بادنجان . باطلجان . بادنجن . بادنجسان . بادنجان . بادشكان . بادنكان, gewöhnlich فرنك پاتلجانی FIRENK-PATLAĞANY. Sbst. *melongène, aubergine.* | die essbare Frucht der Eierpflanze, der rothe Liebesapfel. (Lycopersicum esculentum; Melongena).

p بادم und بادام BĀDEM. Sbst. *a* لوزه *amande.* | die süsse Mandel. بادم اغاجی *amandier.* | Mandelbaum. *a* موج = آجی بادم *amande amère.* | die bittere Mandel. آجی بادم اغاجی der bittere Mandelbaum. *a* ارزن. بادم پرمغی *l'index.* | der Zeigefinger. بادم حلواسی *pâte d'amande.* | Mandelkuchen.

t بادانا oder بادانه BADANA. Sbst. *chaux pour blanchir, badigeon.* | Kalk zum Weisstünchen oder Bewerfen der Mauer. بادانه اورمق *badigeonner.* die Mauer bewerfen, weisstünchen.

t بادانجی BADANAĞY. Sbst. *badigeonneur.* | Mauertüncher.

t بادانلمق BADANAMAK. Vb. act. *blanchir un mur.* | weisstünchen, weissen, = بادانه اورمق

p بادنما BĀD-NUMĀ. Sbst. یل قوان *girouette.* | Windfahne, Wetterhahn.

p بادوز BĀD-WIZ. Sbst. *t* یلپازه *éventail.* | Fächer.

p باده BĀDE und بلد BĀD. Sbst. شراب *vin.* | Wein. باده پرست BADE-PERRST. *adonné au vin, buveur.* | dem Wein ergeben, Trinker.

t o پاده PĀDA. Sbst. *troupeau.* | Heerde, Rudel.

p پادبان PĀDABĀN. Sbst. *pâtre.* | Hirt.

p باده‌پیما BADE-PEIMĀ. Sbst. *buveur.* | Trinker. s. باده

p t باده‌پیمالق BĀDE-PEIMANLYK. Sbst. *crapule, ivrognerie.* | Völlerei.

p باده‌نوش BĀDE-NŪŠ. Sbst. *buveur, ivrogne.* | Trinker, Trunkenbold. s. باده

p t باده‌نوشلق BADE-NUŠLUK. Sbst. *ivrognerie.* | Trunksucht.

p بادشوا BADDEWA. s. بلد

t o بادای BADAI. Nom. pr. LT. فرقه از ازبك Name eines Stammes der Usbek.

a بادئ BĀDI. Sbst. [Partic. v. بدأ] *qui commence, auteur, créateur; cause, motif.* | der oder das Beginnende, Verursachende, Hervorbringende, Schöpfer, Urheber, schaffende Kraft, Grund, Ursache.

a بادی BĀDI. [Partic. v. بدا. Fut. یبدو] Adj. *visible, clair.* | erscheinend, sichtbar, deutlich. Sbst. *bédouin.* | Beduine.

p بادی BĀDĪ. Adj. *venteux, gonflé.* | windig, aufgeblasen.

t o بادیراق BADI-RAK. Sbst. eine Art Kürbiss oder Wassermelone.

p بادینجان BĀDINĞAN. s. بادنجان

p بادیه BADIA. Sbst. *a* بطیه *cruche.* | Krug (zu Wein, Limonade u. dgl.).

a بادیه BĀDIE. Sbst. *t* اووه . چول *a* صحراء *désert.* | Wüste, herrenloses Land. بادیه پیما BĀDIE-PEIMĀ. *t* یولجی . رهرو *voyageur, vagabond.* | einer der die Wüste durchwandert, Wanderer, Landstreicher.

a باذل BĀZYL. Sbst. u. Adj. *donneur, généreux.* | einer der grosse Geschenke macht, freigebig.

a بالن BI-IEN. s. الن IEN.

t a BAR. s. بارمق

t a BĀR. tl. tempus. قوشی بارنده Ali Schir.

p بار BĀR, Sbst. vgl. بارش ,آغورلق ,يوك 1. *ce qui doit être porté, qui est lourd; charge, fardeau, bagage, poids, chagrin; fruit, fleur, récolte; fétus, grossesse.* — 2. *ce qui porte, base; fondement, branche.* | 1. was getragen wird, oder schwer zu tragen ist; Bürde, Last, Gewicht; in übergetragener Bedeutung: Beschwerlichkeit, Mühsal, Sorge, Kummer, schwere Aufgabe; was die Gewächse oder Felder tragen: Blume, Frucht, überhaupt alles Essbare, Ernte, Ertrag; die Leibesfrucht: Schwangerschaft. 2. das was trägt, Basis, Fundament, Unterlage, Ast des Baumes. برگ وبار *feuillage et fruit.* | Laub und Frucht. بار اولمق *être à charge.* | zur Last sein. بار وبنگاه *tout ce qu'on mène après soi, suite, bagage.* | was man mit sich führt, Gefolge, Gepäck. بار بغلامق *faire son bagage, se préparer pour le départ.* | das Bündel schnüren. ثمر بار آچمق *s'épanouir.* | zur Blüthe kommen.

p بار BĀR. [Rad. v. باريدن] (in pers. Zusammensetz.:) *qui fait pleuvoir, qui verse, répand.* | der regnen lässt, ausschüttet, spendet. گوهربار *qui répand des perles.* | Perlen regnend, Perlen streuend.

p بار BĀR, Sbst. = گره *fois.* | Mal. يك بار *JEK-BĀR* = بر كره *une fois.* | ein Mal. دوبار *DU-BĀR, deux fois.* | zwei Mal. هر بار *HER-BĀR, toutes fois, à chaque fois.* | alle Mal, jedes Mal. Pl. بارها BĀRHĀ, *mainte fois.* | manches Mal, zu mehreren Malen.

p پار BĀR und پار PĀR, Sbst. *l'année dernièrement passée.* | das letztverflossene Jahr, = پارسال

p بار BĀR, Sbst. *permission, audience.* | Erlaubniss, Audienz. vgl. باريكى ,باردار ,بارگاه

t p بار BĀR, Abkürzung von بارى Sbst. *Dieu.* | Gott. بارخدايا *ô mon Dieu!* | o Gott! بير = بير وبار

a بار BĀRR, Adj. *vertueux, pieux.* | gerecht, fromm, tugendhaft.

t a بارب BARAB, Gerund. v. بارمق

t a بارابارا BARA-BARA, Adv. v. بارمق *peu à peu.* | nach und nach.

it باركا oder بركه BARETA, Sbst. *barrette, bonnet de laine.* | Baret; rothe wollene Mütze (Kopfbedeckung der Bostandschis).

t بارجلمق BARGALAMAK u. بارچلنمق s. بارجلمق

p باران BĀRĀN, Sbst. يغمور *pluie.* | Regen. باران رحمت *la pluie de la grâce de Dieu.* (*merhameti*). | der Regen (d. i. Reichthum) der göttlichen Gnade. — Prov. *grande quantité de vignes plantées dans un lieu.* | eine Menge dicht zusammengepflanzter Weinstöcke. باغنده اوزم

سوغلك Kam. s. v. كك

it بارانغون BARANGON, Sbst. (scarlatto di paragone). *couleur écarlate.* | Scharlachroth, Purpur.

p بارانيك BĀRĀNIK, Sbst. *traverse, poutre qui porte les solives.* | der Träger, Hauptbalken auf dem das Dach oder die Zimmerdecke ruht.

p بارانى BĀRĀNI oder بارانيه BĀRĀNIE, Adj. *appartenant à la pluie; pluvieux.* | zum Regen gehörig; regnerisch. Sbst. يغمورلق *manteau pour la pluie, capote, parapluie.* | Regenmantel, Regenschirm.

p باراوَر BĀRĀWER, Adj. برکتلی ,محصولدار *fertile.* | fruchtbringend, fruchtbar.

p باراه BĀRĀH, Sbst. vgl. ره *qui suit la route droite ou juste.* | mit dem Wege, d. i. der auf dem rechten Wege geht.

p باراهى BĀRĀHĪ, Sbst. *action de suivre le bon chemin, la route juste.* | das Wandeln auf richtigem Wege, der richtige Weg. Gegentheil von بيراهى Abweg.

p باربار BĀRBĀR, Adv. *à plusieurs reprises, souvent.* | zu wiederholten Malen, oft.

t باربار PARPAR, s. بير u. بارلا

p باربر BĀR-BER, Sbst. حمّال *portefaix.* | Lastträger, Lastthier.

p باربردار BĀR-BERDĀR, Sbst. حمّال *portefaix.* | Lastträger.

p باربردارى BĀR-BERDĀRĪ, Sbst. *fartage, portage, frais de port.* | Lastträgerei, das Lasttragen, Mittel Lasten fortzuschaffen, Beförderung der Lasten oder des Reisegepäcks, Trägerlohn.

it باربونيا BARBUNJA, Sbst. (barbio). *barbeau (poisson).* | Barbe.

p t باربيكى BĀRBEGI, Sbst. *prince de l'audience, c. à d. maréchal de la cour.* | Fürst der Audienz, d. i. Oberhofmarschal, Grossceremonienmeister, der die Leute zur Audienz vorführt.

t باروت BARUT, s. باروت

t بارجه s. بارجا

t بارجق BARĠAK, Sbst. p. بروانه a قبيعة *garde d'épée.* | Stichblatt.

t a بارجه BARĠA und بارجا u. بارى Adj. LT. كلو وجمع وشمار — VL. p. همه ، ديگران a *tous, les autres, un grand nombre.* | alle, die übrigen, alle und jede, viele, eine Anzahl (ceteri, reliqui, omnis, cunctus). t جميلر ، شوكلى

p بارجه BĀRĠA oder پارچه PARĠA, Sbst. zusammengezogen aus پارچه [s. پاره] = قطعه *morceau, pièce; navire, barque.* | ein Stück, Theil, ein Einzelnes, Abgetrenntes; ein Schiff; (in letzterer Bedeutung vielleicht aus dem italienischen barca, Barke). بر پارچه BIR-BARĠA, *un petit morceau.* | ein Stückchen, Brocken, klein Wenig. بارجه منصب *un petit emploi.* | ein kleines Amt. تيمور بارجه‌سى *scories de fer forgé, écailles.* | Hammerschlacken, die beim Schmieden des Eisens umherspringenden Funken. پارچه پارچه اتمك in Stücken zertheilen = پاره پاره اتمك und پارچلمق. — بنك بر عجز پارچه‌سى ايم ich, der ich nur ein einzelner (nur ein Stück, d. i. ein armseliger) Gelehrter bin.

p t پارجلمق PARĠALAMAK, s. پارچه Vb. act. *couper en morceaux.* | in Stücken schneiden, zertheilen, zerstückeln. — Deriv. پارچلنمق PARĠALANMAK, Vb. pass. und refl. *être coupé, tomber en pièces, se dissoudre.* | zerstückt werden oder sein, in Stücken zerfallen, sich auflösen.

p بارخانه BĀR-ḪĀNE, vgl. بار Sbst. *magazin, dépôt.* | Lasthaus, d. i. Waarenhaus, Waarenlager, wo verpackte Waaren, Reisegepäck u. dgl. aufbewahrt werden.

t a بارخى LT. نيزه *lance, pique.* | Lanze, Spiess.

a بارد BĀRYD, Adj. صوغوق *froid; métaph.: qui a peu d'esprit et de vivacité, insipide, absurde.* | unfreundlich, schlecht (vom Wetter); matt, kraftlos, ohne Geist und Witz, dumm. بارد المزاج BARYD-EL-MIZĀG, *de sang froid.* | kaltblütig.

p باردار BĀRDĀR, Sbst. 1. اجازت ويرمك *permission, audience.* | Erlaubniss, Audienz. 2. حاجب ، قپوجى *chambellan, valet de chambre.* | Kammerherr, Kammerdiener. vgl. بار

p باردار BĀRDĀR, Adj. u. Sbst. حامله , يمش ويرجى *fertile; enceinte, grosse (de la femme et des femelles).* | fruchtbar, fruchttragend (von Bäumen); schwanger, trächtig (von Menschen und Thieren); eine schwangere Frau.

t بارشق s. بارشق

p باردم BARDUM und پاردم (vulg. PALDYM), Sbst. قوسقون *croupière.* | Schwanzriemen.

a بارز BĀRYZ, Adj. آشكاره *qui sort du fond et paraît en dehors, extérieur, clair, manifeste.* | von innen oder von unten hervorkommend, auswendig erscheinend, zum Vorschein kommend, deutlich, offenbar. بارز وبى حجاب *manifeste et sans voile.* | offen und unverhüllt. بارز وقضحسز اولمق klar und deutlich sein. آچيق وبارز يا بارز مكان oder بارز مكان ein offener, freier Platz.

t a پارس PARS oder پارس PARS, Sbst. قپلان , يوز , پلنك *tigre, panthère, lynx.* | Tiger, Panther, Luchs. پارس ايلى Name des dritten Jahres im Cyclus der Uiguren.

p پارس PĀRS, N. pr. *la Perse.* | Persien. s. فارس

p پارسا PĀRSĀ, Adj. پرهيزكار ,تقوى ,زاهد *abstinent, pur, chaste; dévot.* | rein, keusch, fromm, gottesfürchtig.

it پارسا PARSA, Sbst. (it. borsa). *bourse.* | Börse.

p پارسال PĀRSĀL, Sbst. *l'année passée.* | das letztverflossene Jahr. vgl. پار

p t پارسالق PARSALYK, Sbst. زاهدلق , تقوى , پرهيزكارلك *abstinence, pureté, dévotion, crainte de Dieu; vie monastique.* | Enthaltsamkeit, Reinheit des Lebens, Frömmigkeit, Gottesfurcht, Leben des von der Welt zurückgezogenen, Einsiedlerleben.

p پارسائى PARSĀĪ, Sbst. = پارسالق

gr پارسطارون und پارستارون BARISTAR-ŪN, Sbst. (περιστερεών). a رعى الحمام *verveine (plante).* | Eisenkraut (verbena officinalis).

p پارسى PĀRSĪ, Adj. u. Sbst. *persan.* | Perser. s. فارسى

p بارش BĀRIŠ, Sbst. يغمور *la pluie.* | der Regen.

t بارش BARYŠ. Sbst. *a* صلح *paix, amitié.* | Friede, Freundschaft. — ETMEK. *faire la paix.* | Friede machen, versöhnen. — OLMAK. *être en paix* | in Frieden mit einander leben. s. d. Flgden.

t بارشدیرمق s. بارشمق Deriv.

t بارشدیرمه BARYŠTYRMA. Sbst. *pacification.* | Friedensstiftung, Versöhnung. s. بارشمق Deriv.

t بارشق BARYŠYK. Adj. *en paix.* | friedlich, in Frieden mit einander. Sbst. = بارشقلق *paix, accord.* | Friede, Uebereinstimmung, Vertrag, Vereinbarung. — ETMEK. *faire la paix, se réconcilier.* | Friede machen, sich versöhnen. s. d. Vbgde.

t بارشقلق BARYŠYKLYK. Sbst. *paix, accord, réconciliation.* | Friede, Uebereinstimmung, Versöhnung.

t بارشمق BARYŠMAK und BARAŠMAK. Vb. act. Aor. بارشور BARYŠYR. (urspr. Recipr. v. بارمق einer zu dem andern gehen) = صلح ایتمك *faire la paix, s'accorder, se réconcilier.* | Friede machen, sich vertragen, sich versöhnen. بارشمش BARYŠMYŠ *réconcilié.* | versöhnt, wiedervereinigt. — Deriv. بارشدیرمق und بارشدرمق BARYŠDYRMAK. Vb. caus. *mettre en paix, réconcilier.* | Frieden stiften, versöhnen.

a بارع BÂRI'. Adj. *surpassant les autres, extraordinaire.* | besser als andere, ausgezeichnet, vorzüglich.

a بارعة BÂRI'ET. Adj. Femin des Vbgde. u. Sbst. *supériorité, mérite.* | Vorrang, Verdienst.

t o بارغاچ BARGAĠ und بارغان BARGAN. Particip. v. بارمق

t o بارغو BARGU. Sbst. s. بارمق *action d'aller, de s'en aller; marche.* | das Gehen, der Gang. تنجانتن بارغوسی تور er geht aus der Welt. Ali Schir. بارغوم تور mein Gehen ist, d. i. ich will gehen. Abulg. 68.

t o بارغونجه BARGUNǴA. Gerund. v. بارمق

t بارق BARK. s. برق

a بارق BÂRYK. Adj. شمشکلو بلوت, یلدرمجی *respiendissant (lame, sabre, métal); luisant, qui lance des éclairs.* | glänzend, schimmernd, blitzend. Sbst. = بارقة *nuage orageux, éclair.* | Wolke, Gewitterwolke; das Wetterleuchten.

a t بارقلی BARYKLY. Adj. *resplendissant, luisant; clair.* | glänzend, leuchtend; hell, deutlich.

a بارقة BÂRYKA. Adj. Fem. v. بارق Sbst. *nuage orageux; fig.: avant-coureur.* | Wolke, Gewitterwolke, Wetterleuchten; Vorläufer. البارقة *premiers rayons de la révélation divine.* | das erste Licht der Offenbarung.

a p بارقه‌نما BÂRYKA-NŪMÂ. Adj. *resplendissant, luisant.* | glänzend, schimmernd, blitzend.

a بارك BÂRAK. *il a béni, c. à d. qu'il bénisse.* | er hat gesegnet, d. i. er segne. بارك الله BÂRAK-ALLÂH. *que Dieu bénisse, préserve.* | Gott segne! Gott sei Dank! Gott bewahre!

p بارك BÂRIK. s. باریك

p t بارگاه BÂRGÂH. Sbst. دیوانخانه، سرای، قپو *cour, avant-cour; palais, salle d'audience.* | Hof, Vorhof; königlicher Hof, Palast, Audienzlocal im Palast eines Vornehmen. بارگاه خاص BARGÂH-I ḪÂṢṢ. *cabinet particulier.* | Privatzimmer, Cabinet. — عام BARGÂH-I ʿÂMM. *grande cour du palais.* | öffentlicher Hof oder Halle wo Jedermann Zutritt hat.

p بارکش BÂRKEŠ. Sbst. *chargé; portefaix; affligé.* | ein Beladener; Lastträger; Bedrückter, Bedrängter.

p بارکشی BÂRKEŠI. Sbst. *action de porter des charges, métier de portefaix.* | das Lastentragen, Lastträgerei.

p بارگیر BÂRGIR. vulg. BEGIR. vgl. بکیر Sbst. *cheval, cheval de somme, rosse, cheval hongre.* | Pferd, Lastpferd, Gaul, Wallach. عربه بارگیری ARABA-BÂRGIRI. *cheval de charrette.* | Karrengaul. قوچی بارگیری QOTŠY-BÂRGIRI. *cheval de carrosse.* | Kutschpferd. توله بارگیری *cheval de bagage.* | Packpferd. چفت بارگیری *cheval de charrue.* | Ackergaul. بارگیر دکرمنی BÂRGIR-DEĠIRMENI. *moulin à manège.* | Pferdemühle.

t پارل PARYL. Part. praep. vgl. پر und پار *sert à donner à la signification du mot suivant plus d'intensité.* | Verstärkungspartikel. پارل پارل پارلدامق *briller d'un vif éclat.* | hell glänzen, hell leuchten. Kam. s. v. تور. — vgl. پارلتی

t o پارلاس PARLAS. Sbst. *chef de l'armée.* | Haupt des Heeres, Anführer. Abulg. S. 39 lin. 6. [so سپهسالار zu lesen, für سپهسالار]. N. pr. *nom d'une tribu turque.* | Name eines tschagataischen Stammes.

t پارلاق PARLAK. Adj. *brillant, luisant.* | glänzend, leuchtend; weit sichtbar.

t o پارلامچ PARLAMAǴ. Sbst. LT. تازه قتمیری *pain sans levain.* | ungesäuertes Brod.

t پارلامق oder پارلمق PARLAMAK. Vb. intr. *briller, étinceler, faire des éclairs, réverbérer.* | hell sein (sowohl für das Auge, als auch vom Schalle für das Ohr); glänzen, blitzen, einen Widerschein geben, flackern, prasseln (von der Flamme). vgl. پارلتی. — قوش پارلمق *s'élancer au vol.* | sich zum Fluge richten (Meninski). Deriv. پارلاتمق PARLATMAK. Vb. caus. *faire briller etc., polir; boire un coup.* | glänzend machen, leuchten lassen; polieren; einen Schluck trinken. آتشی پارلاتمق *faire briller le feu, c. à d. allumer.* | das Feuer anzünden. = *a* اشعال

t پارلتی PARYLTY und پارل PARYL. Sbst. vgl. das Vbgde. *éclat, bruit.* | Glanz, Lärm. پارلتی ایله *à grand bruit, avec ostentation.* | mit Gepränge.

t پارلدامق PARLADAMAK. Vb. intr. [Intensiv. v. پارلامق] *briller, luire.* | glänzen, leuchten, strahlen, weithin sichtbar sein. — Deriv. پارلداتمق oder پارلدتمق PARLADATMAK. Vb. caus. *faire briller.* | glänzen lassen, leuchten lassen. کوزی چراغ کبی پارلداتمق sein Auge wie ein Licht leuchten lassen.

t پارلدامه PARLADAMA. Sbst. *éclat.* | Glanz. بشره نك پارلدامه سی *éclat du teint.* | Glanz der Hautfarbe. Kam. s. v. النصعة

t o بارلق BARLYK. Sbst. *existence.* | das Sein. بارلقه کلمك zur Existenz gelangen, werden. s. بارمق

t o بارلیغ BARLYG. Adj. *riche.* | reich.

t o بارمس BARMAS. s. بارمق

t o بارمق oder بارماغ s. بیرمق

t o بارمق oder بارمق BARMAK. Vb. intr. *t* وارمق *p* رفتن *aller, continuer, durer, être.* | gehen, fortfahren, dauern, sein. 3. Aor. impers. بار BAR = *p* هست وار *il y a.* | es ist, es giebt. بارمو BARMY oder verkürzt بارم BARM. LT. هست یا نیست *y a-t-il? n'y a-t-il pas?* | giebt es? ist nicht? — Imperat. بار BAR. *va-t'en!* | geh! fort! Gerund. بارا BARA. *en allant, en étant.* | im Gehen, im Sein. اولسون بارا تسورغسان als er im Sterben lag. Abulg. 157. — بارو BARU und باری BARY. بارویه عوبت تملادی er beabsichtigte zu gehen. — بارغونجه BARGUNǴA = *p* تا رفتن *jusqu'à aller, être.* | bis dass er ging oder war. تونیادین بارغونجه bis er aus der Welt ging. بارغاچ BARGAĠ = *t* وارنجه *dès qu'(il) était allé.* | sobald (er) gegangen war. Partic. Perf. بارغان BARGAN. *étant allé.* | gegangen seiend. بارغانلكلادین nachdem du gegangen, weil du gegangen. — Deriv. I. بارمامق BARMAMAK. Vb. neg. davon das Impersonale بارمس BARMAS. *t* دکل، یوق *p* نیست *il n'y a pas.* | es ist nicht, giebt nicht. — I. بارشمق BARYŠMAK. Vb. recipr. *s'accorder; être ensemble, vivre ensemble.* | übereinkommen, sich einigen, zusammen leben. vgl. بارشمق

p بارنامه BÂRNÂME = کشاد نامه *t* یرلیغ، برات *brevet, diplôme, privilège.* | Freiheitsbrief, Privilegium.

p بارنج BÂRENǴ. [پای رنج] Sbst. بخشیش *pour-boire (qu'on donne aux commissionnaires, aux musiciens etc.)* | Laufgeld, Botenlohn; Musikgeld welches in Kaffeehäusern oder bei Festen von den Musikanten eingesammelt wird.

p بارندگی BÂRENDEGI. Sbst. باران *pluie.* | Regen, das Regnen.

p بارو BÂRU, auch باری u. باره Sbst. دیوار حصار *rempart, mur d'une forteresse, créneau.* | Festungswerk, Stadtmauer, Zinne. قلعه باروسی Festungswerk.

t o بارو s. باری

t o بارو BARU. Sbst. *peau, cuir.* | Haut, Fell, Leder.

t باروت oder بارت BARUT. Sbst. Tahrif v. *a* بارود [eigentlich ملح بارود Salpeter]. Sbst. *poudre à canon.* | Schiesspulver. آو باروتی ÂV-BARUTY. *poudre de chasse.* | feines Pulver. باروت خانه BARUT-ḪÂNE. *magasin à poudre, moulin à poudre.* | Pulvermagazin, Pulvermühle.

t باروتجی BARUTǴY. Sbst. *fabricant de poudre, artificier.* | Pulvermacher, Feuerwerker. باروتجی باشی BARUTǴY-BAŠY. *chef des artificiers; directeur des magasins à poudre impériaux.* | Oberfeuerwerker, Direktor der kaiserlichen Pulvermühlen und Pulvervorräthe.

t باروتخانه oder بارتخانه BARYT-ḪÂNE. s. باروت

p باروشه BÂRÛŠ. Sbst. بتغ شرگی *échalas.* | Baumpfahl, Rebenpfahl.

p باروَر BÂRWER. Adj. vgl. بار *fertile; pleine (des femelles), enceinte.* | Früchte tragend, fruchtbar; trächtig, schwanger.

t باروش BARUŠ. Sbst. *faubourg.* | Vorstadt, = واروش

t o بارون BARUN. s. باری

p c باره BÂRA. Sbst. *arack, eau-de-vie.* | Arack, Brandtewein (aus Reis oder Hirse).

p c باره BÂRA. Sbst. s. بارو

p t باره BÂRA. Sbst. آت *cheval.* | Pferd.

p a باره BÂRA. Sbst. vgl. بار *fois, cas.* | Mal, Fall, Rücksicht, Hinsicht. دیگر باره DIGER BÂRA. *une autre fois.* | ein anderes Mal, zum andern Male. — دربارهء DER BÂRE-I ....*en cas que*...| im Fall dass, in Rücksicht auf, in Bezug auf. دو باره DU-BÂRA. *deux fois; de nouveau, encore; doublet, rafle (au jeu); mauvais tour.* | zwei mal; nochmals, wieder; die Zwei, od Doppelwurf, Pasch (im Würfelspiel); ein böser Streich, Hinterlist.

p a پاره PÂRA, PÂRE. Sbst. قطعه *morceau, pièce; pièce de petite monnaie; le 40me de la piastre turque, petite monnaie, argent (en général), boulet de canon.* | Stück, sowohl ein einzelnes Ganzes als ein abgebrochenes Stück; ein Geldstück, spec. $^{1}/_{40}$ Piaster, im Werthe = $^{1}/_{2}$ Pfennig sächsisch; in der Vulgärsprache überhaupt Geld, kleines Geld; — eine Stückkugel. بر پاره ein Stück. پاره پاره *en pièces.* | stückweise; — bei Aufzählung einzeln gedachter Gegenstände, Personen u. s. w. بیج پاره بر پاره سی قلاع einige (Stück) Festungen. چوق عقلی آز آدم ein Mensch der viel Geld und wenig Verstand hat. اون پاره طوپ zehn (Stück) Kanonen. — ETMEK = پارچلمق

p t پارچلمق oder پارچلامق PARALAMAK und پارچلمک PARELEMEK. Aor. پارچلر PARALAR, PARELER. Vb. act. *mettre en pièces, casser, briser, hacher, déchirer, distribuer; tuer.* | zerstückeln, zerhacken, zerbrechen, zerspalten, zerreissen, zerschneiden, vertheilen; todtschlagen. — Deriv. پارچلنمک PARELENMEK Vb. refl. u. pass. *se briser, se mettre en pièces.* | zerstückelt u. s. w. werden, zerbrechen (intr.).

a باری BÂRI. Sbst. *créateur, Dieu.* | der Schöpfer, Gott vgl. بر

p باری BÂRÎ. vgl. بار Sbst. برکره *une fois.* | ein Mal; als Adv. *par une fois, au moins.* | einmal, auf einmal, wenigstens.

t o باری BARY oder بارین BARYN, auch بارو und باروین Sbst. *totalité, le tout, achèvement; tous.* | das Ganze, Totalität, Vollendung, alle, = *p* همه . همیسی. — باری ییل *toute l'année.* | das ganze Jahr. بارین اول اویقودن اویغاتدیک du erwecktest Alle aus diesem Schlafe. بارین ایلکا ارسال ایتدی er schickte zu dem ganzen Stamme. بارین بوعیمن همه سوین آلدیلار sie haben Alles zusammengenommen. قیلمالی انی بارچدین ممتاز indem du ihn vor Allen auszeichnest.

p باریدن BÂRÎDEN. Vb. intr. *pleuvoir.* | regnen.

t o باریش BARYŠ. Sbst. v. بارمق *action d'aller, marche.* | das Gehen, der Gang.

t o باریشمق BARYŠMAK. s. بارمق Deriv. III.

p باریک BÂRIK. Adj. اینجه *mince, subtil.* | fein, zart, dünn. باریک میان BÂRIK-MIJÂN oder باریک بدن BÂRIK BEDEN. *à taille svelte.* | von zartem oder schlankem Wuchse. باریک بین BÂRIK-BÎN *sagace.* | scharfsichtig, scharfsinnig. سخنهای باریک SUḪENHÂ-I BÂRIK. *tendres, douces paroles.* | zärtliche Worte.

p باریکی BÂRIKÎ. Sbst. *subtilité.* | Feinheit.

t o بارین BARYN. s. باری

p a باز BÂZ. Sbst. = باری = طوغان s. u. *faucon.* | der Falke. قزل قوش = باز خشیم der schwarze Falke, = قره صونقر شاهیس

p باز BÂZ. [Rad. v. باختن] in pers. Zusammens. *jouant, qui joue.* | spielend. جان باز DJÂN-BÂZ. *qui risque sa vie, danseur de corde.* | einer der mit dem Leben spielt, Wagehals, Seiltänzer. حیله باز HILE-BÂZ. *astucieux, fourbe.* | Ränkespieler, schlauer, listiger Mensch. کوشباز KUŠ-BÂZ. *oiseleur.* | Vogelsteller. قمار باز KYMÂR-BÂZ. *joueur.* | ein Spieler, = قمارجی

p باز BÂZ. Sbst. *répétition; de nouveau, encore, à reculons, en arrière.* | Wiederholung, ein neues Mal, als Adv. = *t* گیرو nochmals, wieder, von neuem; zurück, rückwärts. باز گفتن *dire ouvertement.* | offen sagen. در باز است *la porte est à reculons (ouverte).* | die Thür ist rückwärts (steht offen).

p باز BÂZ. s. باج

p t بازار BÂZÂR, auch پازار Sbst. = سوق *p* چهارسو *marché; lieu de marché; jour de marché.* | Markt, Marktplatz, Markttag, Kauf, Handel. — ETMEK, *marchander, commercer, faire le marché, convenir du prix.* | markten, handeln, sich über den Preis einigen. بازار بوزمق BAZAR BOZMAK *rompre le marché.* | den Handel abbrechen. قطع بازار ایتمک *conclure le marché.* | den Handel abschliessen, = کسمک. — بازار کونی BAZAR GÜNI, auch schlechthin BAZAR *dimanche.* | der Sonntag, (an welchem Markt gehalten wird), = شنبه. — بازار ایرتهسی *lundi.* | Montag vgl. ایرته. — بیت بازاری BIT-BAZARY. vulg. für بیات بازاری *lieu des enchères.* | Ort wo öffentliche Versteigerungen gehalten werden. vgl. بیع بیات. — بازاره گیدن BAZARA-GIDEN, *acheteur, pourvoyeur.* | Einkäufer, Schaffner. بازار خلقی BAZAR-ḪALKY *les hommes du marché, de la halle.* | das Marktvolk, Janhagel. شکار بازار ŠIKÂR-I BAZAR. *chose achetée au-dessous du prix.* | etwas wohlfeil oder unter dem Preise eingekauftes (wörtlich Marktbeute).

p t بازارجی BAZARDJI. Sbst. *revendeur, petit marchand, débitant.* | Händler, Kleinhändler.

p بازرگان s. بازارگان

p t بازارلشمق BAZARLAŠMAK. Vb. intr. *marchander, traiter du prix, convenir du prix.* | handeln, sich über den Preis einigen, den Kauf machen.

p t بازارلق BAZARLYK. Sbst. *commerce; commerce charnel.* | Handel; fleischlicher Umgang. Kam. s. v. الاختضاع. — بازارلق بوزمق = بازار بوزمق den Handel abbrechen, den Handel nicht halten.

p بازاری BÂZÂRÎ. Adj. u. Sbst. *qui a rapport au marché, qui n'est pas artistique; public; négociant, vendeur.* | zum Markte gehörig, marktmässig, öffentlich; Handelsmann, Verkäufer, = بازارجی

p بازام BÂZÂM. Sbst. صالنجق *escarpolette, balançoire.* | Schaukel, Schwinge.

p بازپرس BÂZPURS. Sbst. *interrogatoire.* | wiederholtes Fragen, Ausfragen, Ausforschen, Verhör, Untersuchung.

p بازپس BÂZPES. Sbst. *derrière.* | die Rückseite, das Hintere, Letzte, Ueberbleibsel. Adv. *par derrière.* | rückwärts, Gegentheil v. پیشتر

p بازپسین BÂZPESÎN. Adj. u. Adv. *dernier, à la fin.* | der Letzte; zuletzt.

p بازپیچ BÂZPÎČ = auch بادپیچ Sbst. *balançoire, escarpolette.* | Schaukel, Schwinge. vgl. بازام

p بازخاست BÂZḪÂST v. خاستن Sbst. قیامت *le jour de la résurrection.* | Auferstehung, Auferstehungstag.

p بازخواست BÂZḪÂST v. خواستن Sbst. جواب ایلمک *interrogatoire; réponse; le jour du dernier jugement.* | Verhör; Antwort; der Tag des Gerichts bei der Auferstehung.

p t بازخواه BÂZḪÂH v. خواستن Sbst. *qui fait l'interrogation, juge instructeur.* | einer der verhört, Untersuchungsrichter.

p بازخیز BÂZḪÎZ v. خاستن Sbst. قیامت *résurrection.* | die Auferstehung, = بازخاست

p بازدار BÂZDÂR. Sbst. طوغانجی *fauconnier.* | Falkner.

p بازداشت BÂZDÂŠT. Adj. منع ایلیجی *qui empêche, opposant.* | hindernd, hinderlich.

p پازده PÂZEDE. Adj. *foulé aux pieds.* | mit Füssen getreten.

p t بازرگان BAZYRGÂN (BÂZYRGJAN u. BAZYRGUN), auch بازرگن, gebräuchlicher als بازارگان Sbst. *marchand, négociant, acheteur, chaland; vulg. fripier.* | Kaufmann, Handelsmann (im Grossen und im Kleinen), Käufer, Kunde; vulg. Trödler. بازرگان باشی BAZYRGAN-BÂŠY. *chef-fournisseur.* | Lieferant, Hoflieferant.

p t بازرگانلق BAZYRGANLYK. Sbst. *commerce, négoce.* | Handel, Handelschaft. — ETMEK. *commercer, négocier, trafiquer.* | Handel treiben.

p بازرگانی BÂZYRGÂNÎ = بازرگانلق

p بازک BÂZEK. Sbst. Demin. v. باز *épervier.* | Sperber, auch بازک ترکی oder بازکی und *t* دلوجه طغل

p بازگشت BÂZGAŠT. Sbst. *retour.* | die Rückkehr.

p بازگون BÂZGÛN und بازگونه BÂZGÛNE, auch بازگون und وازگون Adj. عکس . ترس *renversé; à l'envers.* | verkehrt, das Oberste zu unterst gekehrt. بازگونه خط *genus scripturae.* Ali Schir. Q *p* بازكى BÂZKÜI. s. بازيجه

p بازكير BÂZGIR. Sbst. مورّخ *historien, narrateur.* | Erzähler, Referent, Geschichtsschreiber.

t بازلامه BAZLAMAǴ. Sbst. *sorte de pain qui se mange pendant le carême du Ramazan.* | ein dünner Brodkuchen. Kam. a v. ازلجامه — ein Gebäck welches zur Zeit des Fastens im Ramazan gegessen wird.

t بازلمه BAZLAMA. Sbst. = بازلامه

p بازمانده BÂZMÂNDE. Adj. u. Sbst. باقى قالمش . كيرو قالمش *qui reste, restant, reste* | zurückbleibend; das Zurückbleibende, der Ueberrest.

fr بازن BÂZEN oder پازن PAZEN. Sbst. *basin.* | eine Art feiner Barchent.

p بازنده BÂZENDE. [v. باختن] Sbst. *joueur.* | der Spieler.

p بازو BÂZU. vulg. BÂZY. Sbst. قول *bras; force, vigueur, autorité.* | Arm, Oberarm; Kraft, Stärke, Gewalt, Ansehen. بازو كمكى BAZYKEMIKI. *Os du bras.* | der Armknochen.

وار قوتنى بازوى oder وار قوتنى بازوه ويرمك

شمته كتورمك seine ganze Kraft anwenden.

p بازوبند BÂZUBEND. Sbst. *a* تمائم . عضاده *t* قولباغى *bracelet, brassard.* | Armband (als Schmuck oder Amulet getragen;) Armschiene.

p بازودراز BÂZU-DERÂZ (BAZYDIRAZ). Adj. u. Sbst. *à longs bras.* | langarmig; einer dessen Macht sich weit erstreckt, ein mächtiger Sieger und Herrscher.

p t بازولى BAZYLY. Adj. *ayant des bras.* | armig. عريض بازولى *à longs bras.* | langarmig.

p t پاروند PARWAND = بازوبند

p بازى BÂZI. Sbst. كوك *t* اويون *jeu, badinage.* | Spiel, Scherz, Tändelei. قمار بازى *jeu de hasard.* | Glückspiel.

a بازى BÂZI. [باز] Sbst. Pl. بوازى u. بيزان auch ابوز u. ابواز *faucon.* | Falke. vgl. باز

p t پازى oder پازو PAZY. Sbst. *bette, poirée.* | Bete, Beisskohl, Mangold.

p t بازيچه BÂZIČE. Sbst. اويونجق *petit jeu; chose subtile, mince; joujou.* | Spielchen, Spielerei, Spielwerk.

p بازيدن BÂZIDEN. s. باختن

p بازيگاه BÂZIGÂH und بازيكده BÂZIGEDE. Sbst. *place de jeux.* | Spielplatz.

p بازيكر BÂZIGER. Sbst. *jongleur.* | Gaukler, Seiltänzer.

p بازيكرى BÂZIGERÎ. Sbst. *métier du jongleur.* | Gaukelei, Seiltänzerei.

p باس BÂS. Sbst. قورقو *crainte, peur.* | Furcht.

t o باس BAS. Imperat. v. باصمق

a بأس BEʾS. Sbst. بكيتلك . شقاوت . زور . ضرر *mal, malheur, adversité, peine, affliction, intention du mal; bravoure, audace, valeur, intrépidité, puissance.* | Schaden, Uebel, Unglück, Widerwärtigkeit, Absicht zu schaden, Tapferkeit, Kühnheit; Macht, Gewalt. لا بأس فى القطع oder لا بأس بو قلده ايله دكل *il n'y pas de mal, il n'y a point d'intention de nuire.* | es ist keine üble Absicht dabei, es ist durch Zufall geschehen.

t پاس PAS. Sbst. زنك آهن و آينه *rouille, vert-de-gris, oxyde.* | Rost, Grünspan, Schmutz der sich an eine Sache ansetzt. پاس طوتمق oder پاس باغلامق = پاسلنمق *se rouiller.* | rostig werden, verrosten, Rost ansetzen. پاسدن آلمق (mit dem Accusa. d. S.) oder پاسنى آلمق (mit dem Genit. d. S.) *dérouiller, polir.* | vom Roste reinigen, polieren. پاس يمش *rouillé.* | vom Roste angefressen, rostig.

p پاس PAS. Sbst. *garde, protection; garde de nuit; partie de la nuit et en général partie d'une chose; soin, peur; gardien.* | Wache, Schutz; Nachtwache (vigilia), Theil der Nacht; überhaupt Theil einer Sache; das Wachen, Schlaflosigkeit vor Kummer, Sorge, Furcht; Wächter. = پاسبان

it پاسابورته PASAPORTA. Sbst. *passeport.* | Reisepass.

p پاسبان PÂSBÂN und پاسوان PÂSWAN (vulg. PASWAND), auch kurz پاس Sbst. *gardien de nuit.* | Wächter, Nachtwächter, Feuerwächter auf einem Thurme, Schildwache, Turner. پاسبان فلك PÂSBÂN-I FELEK. *la planète Saturne.* | Himmelswächter, d. i. der Planet Saturn.

p پاسبانى PÂSBÂNÎ. Sbst. *garde, vigilance, soin.* | Wache, Bewachung, Bewahrung, Vorsorge. — ETMEK *garder.* | bewachen, Wache halten.

پاستا . پاسطو . پستو . پاستو auch PASTA, پاسطو . پاستو . پستو PASTAW. Sbst. (ungarisch posztó.) *pièce de drap.* | ein Stück Tuch.

p پاستاده PÂSTÂDE. Adj. *a* حاضر *prompt, en ordre.* | auf dem Fusse stehend, d. i. bereit, fertig zu einer Sache.

t پاسترمه PASTYRMA. s. باصدرمه

پاستيناى PASTINAI. Sbst. *panais.* | Pastinake. (pastinaca).

t o پاستون BASTUN. Sbst. LT. بالين *coussin, lit.* | Kissen, Bett.

it پاستيون BASTIÛN. Sbst. طابيه *bastion.* | Bastion.

p پاسخ PÂSUḪ. Sbst. جواب *réponse.* | Antwort. پاسخ دادن *répondre.* | Antwort geben.

p t پاسدار PÂSDÂR. Sbst. = پاسبان

a بالسويه BI-ESSÜIJE. [بالسرتمه . بالسرتمامها] *complet, total, exclusivement.* | vollständig, ausschliesslich.

t o پاسروق BASRYQ. Sbst. *objets meublant une tente.* | Geräthschaften im Zelte.

a باسط BÂSYT. 1. Sbst. فرّاش *celui qui étend; qui étend les tapis etc. dans les maisons des grands; qui tend l'arc.* | der welcher etwas ausbreitet, der Diener in den Häusern der Vornehmen, welcher den Teppich u. dgl. ausbreitet; der Bogenspanner. 2. Adj. *étendu, ouvert, vaste.* | ausgebreitet, offen, weit.

t پاسطرمه oder پاسترمه PASTYRMA richtiger باصدرمه Sbst. (*pastourmás*). *viande séchée à l'air, chair fumée.* | an der Sonne gedörrtes Fleisch, Rauchfleisch. پاسترمه يغلى Speckseiten.

t o پاسقى = *t* پسقى Presse. s. باصمق

gr پاسقاليا PASKALIA oder پاسخاليسه

1. Sbst. (πασχάλια). *pâques.* | das christliche Osterfest. 2. پاسقاليا (*lilas (plante)*.) | der sogenannte türkische Hollunder, welcher zu Ostern blüht (syringa vulgaris).

t o پاسقليچ und باصقلچ BASKYĠ. Sbst. *escalier, échelle.* | Treppe, Leiter.

t پاسلامق oder پاسلنمق PASLAMAK. Vb. intr. v. پاس Aor. پاسلار PASLAR. *rouiller, enrouiller, oxyder.* | rosten, einrosten, oxydiren. پاس پاسلار PAS PASLAR. *oxydable.* | verkalkbar. — Deriv. 1. پاسلانمق PASLANMAK Aor. PASLANYR. Vb. refl. pass. *se rouiller, s'oxyder.* | rostig werden, verrosten, oxydiren, Grünspan ansetzen, schmutzig werden, verschmutzen. — II. پاسلاندرمق PASLANDYRMAK. Vb. refl. caus. *oxyder.* | oxydiren. vgl. پاس

t پاسلامه PASLAMA und پاسلاندرمه PASLANDYRMA. Sbst. *oxydation.*

t پاسلو PASLY. Adj. *rouillé.* | rostig, grünspanig, schmutzig. s. پاس

t پاسلولق PASLYLYK. Sbst. *rouille, état d'être rouillé.* | Rost, das rostig sein, Schmutz, Verschmutzung. s. پاس

t o پاسلبق PASLYK. Adj. = پاسلو

t o پاصمق BASMAK. Vb. act. Aor. پاصار BASAR. LT. بخش كردن *distribuer, partager.* | vertheilen. — Deriv. پاصدرمق BASDYRMAK u. پاستورمق Vb. caus. LT. بخش كنانيدن *faire distribuer.* | vertheilen lassen. vgl. باصمق

t پاصمق s. باصمق

p پاسوان s. پاسبان

a باسور BÂSÛR. Pl. بواسير BEWÂSÎR. Sbst. ماده سيل *hémorroïde.* | Hämorrhoïden.

p پاسيدن PÂSIDEN. Vb. act. = پاس داشتن *t* بكلمك . صاقلامق *garder, conserver, observer.* | bewahren, bewachen, beobachten.

p باش BÂŠ. Rad. u. Imperat. v. بودن = *t* اول *sois.* | sei.

t باش BAŠ. Sbst. *a* رأس *p* سر LT. خوشه . سردار *tête; tout ce qui est en haut, le haut, sommet, bout; qui est à la tête, chef, principal, premier; qui est au commencement, racine, source, origine; — proue d'un navire, chapitre (spéc. le premier) d'un livre; sommet de la tête, épi, bouton (v. BAŠ WERMEK); personne, individu.* | Kopf, Haupt, überhaupt was oben ist, oberes Ende [Gegentheil v. اياق], Spitze, Gipfel, Scheitel oder Wirbel des Kopfes, Kornähre, der junge Trieb bei Pflanzen, Knospen, das Eiterbläschen an der Spitze eines Geschwüres (s. BAŠ WERMEK), was am Anfange ist, vorderes Ende, Anfang, Vordertheil des Schiffes, Vorsteher, Anführer, Anfangskapitel eines Buchs (überhaupt Kapitel), Quelle, Ursprung, Person, Individuum. — ETMEK oder — KYLMAK. = *a* ترئيس *préposer q. qn. à q. ch., faire q. qn. chef de q. ch.; faire réussir.* | Jemanden vorsetzen, zum Vorsteher oder Anführer machen; Jemanden das Uebergewicht über andere oder das höhere Ansehen geben, ihn vorwärts bringen. — OLMAK *être préposé, présider, être chef, être* دن *à q qn., réussir* | einer Sache oder Andern vorstehen, vorgesetzt sein, das höhere Ansehen haben, gleich und ebenbürtig sein, seine Sache vorwärts bringen. باش قالدرمق *lever la tête, se révolter; encourager q. qn.* | das Haupt erheben, Muth gewinnen, sich empören; einem Andern das Haupt erheben, ihn ermuthigen. باش ویرمك *donner la tête, ta vie pour . . .; présenter le bout, bourgeonner; se former en épi.* | den Kopf hingeben, sein Leben opfern; eine Spitze bieten, eine Spitze treiben, z. B. von einem Geschwür ein Eiterbläschen bilden, eitern, schwären; von Pflanzen: Sprossen oder Knospen treiben; vom Getraide: Aehren ansetzen. باش قومق *baisser la tête, se prosterner.* | das Haupt niederbeugen, sich niederwerfen. باشنه وارمق — s. باش اوکرمك — اوکرمك *être fini.* | zu Ende kommen, fertig sein. باشنه قاقمق *faire des reproches.* | einem an den Kopf werfen, Vorwürfe machen. باشه کچمك *devenir chef.* | an die Spitze kommen, die Führung übernehmen. باشلرینه کچمك oder باشنه کچمك *arriver à q. qn. (des événements).* | einem anstossen. باشه چقمق *parvenir, réussir, rivaliser, réussir.* | zu Kopfe wachsen, einem nacheifern, zu gleichen streben, wohin gelangen, seinen Zweck erreichen. باشدن چقمق *perdre la tête, se révolter.* | den Kopf verlieren, rathlos werden; sich der Obergewalt entziehen, die schuldige Achtung verweigern, sich unabhängig zu machen suchen, sich auflehnen. باشدن چقارمق *séduire, débaucher.* | verführen. باشدن قره یه ورمق *gouverner droit sur la côte.* | gerade auf die Küste zusteuern. باشده اولنورمق *avoir la première place.* | an der Spitze sitzen, den ersten Platz oder Rang innehaben. باش اغریسی *mal de tête, désagrément, déboire, difficulté.* | Kopfschmerz, Unannehmlichkeit, Ungelegenheit, Täuschung. یاره باش اغریسی *migraine.* einseitiger Kopfschmerz. باش اوستنه oder باش اوزره *volontiers.* | auf das Haupt, d. i. von Herzen gern. باش اوجنده *sur la tête, tout près.* | auf dem Kopfe, dicht daneben. کندی باشنجه nach eigenem Gutdünken. کندی باشنه کتمك nach seinem Kopfe gehen, auf seinem Kopfe bestehen. باشنه صوغق کچمك *s'enrhumer du cerveau.* | den Schnupfen haben. باشم اوچون und باشك اوچون *par ma tête ou par ta tête (formule d'affirmation).* bei meinem Haupte, oder bei deinem Haupte (Betheuerungsformel). باشدن باشه oder باشدن آیاغه *de fond en comble, d'un bout à l'autre.* | von einem Ende zum andern. ییل باشی *nouvel an.* | Neujahr. باش آلتی, auch alleiu اقچه باشی *agio.* | Aufgeld. بیگ باشی BIŇ-BAŠY (BIMBAŠY). *chef de bataillon.* Anführer über Tausend, Bataillonschef. vgl. باشی. — باش چاوش *sergent-major.* | Oberfeldwebel. s. چاوش — باش وبوغ BAŠ WE BOG. *chef, chef de bande.* | Anführer, Bandenführer. باش اشاغی BAŠ-AŠAGY u. t o باش توتی BAŠTUMAN od. باش تومان BAŠTUMAN. *à la renverse, la tête en bas.* | verkehrt, das Oberste zu unterst. — باشی بشره عورت — سرکوی *p* منکوس *a femme galante.* | eine leichtsinnige, liederliche

Weibsperson. — صوغوك سپوكنمسي عورت — اموز باشی — جنقه s. باش جنقه سی — باش اورمق — بیمق s. باش بیمق — اموز s. باشك صاغ اولسون، — باشورمق — dein Haupt sei gesund! d. h. wenn du nur gesund bist, oder wenn du nur den Kopf nicht verlierst, dem andern Schaden kann noch abgeholfen werden. عقلی باشنده در sein Verstand ist in seinem Kopfe, d. h. er hat seine fünf Sinne, weiss sich zu helfen, weiss wie die Sachen stehen. عقلی باشنده دکل oder عقلی باشندن — ne کیتمشدر er weiss nicht was er thun soll. بالق باشدن قوقر der Fisch stinkt (zuerst) am Kopfe. Sprüchw. d. i. das Verderben kommt von oben. (Redhouse).

p باش PÂŠ. | Rad. v. پاشیدن | in pers. Compos. *qui répand.* | verbreitend. چمن باش — ATI-PÂŠ oder نور باش NÛR-PÂŠ. *qui répand de la lumière, luisant.* | Licht verbreitend, leuchtend. شعله باش ŠÔLE-PÂŠ. *flamboyant* | flammend. شعشعه باش ŠA'ŠA'A-PÂŠ. *éclatant.* | Strahlen verbreitend, strahlend.

t باشه oder باشا BAŠA. Sbst. *Bacha des Janissaires.* | Ehrentitel mit dem man früher die Janitscharen anredete; ursprünglich BAŠ mit dem Vocativpartikel ا. s. |

t پاشا PAŠA Sbst. امیر الامراء، دستور، وزیر *Pacha; titre des grands, des ministres, des gouverneurs des provinces; le grand-vizir.* | Pascha, höchster Titel der Civil- und Militärbeamteten, eigentlich Oberster, Meister. Den Titel, welcher auf Lebenszeit verliehen wird, führen der Grossvezir und die gewesenen Grossvezire, durch Heirath mit der Familie des Kaisers verschwägerte Personen, alle Minister und höhern Staatsbeamteten, Statthalter, Generale, Admirale; Pascha, ohne weiteren Zusatz, ist immer der Grossvezir. پاشا قپوسی PAŠA-KAPYSY. *palais ou résidence du grand-vizir; dans les provinces: l'hôtel du gouverneur.* | Residenz des Grossvezir, in den Provinzen: das Regierungsgebäude oder Palast des Statthalters.

t باشارمق BAŠARMAK und باشرمق Vb. act. Aor. باشارر BAŠARYR. *accomplir, achever, venir à bout.* | vollenden, zu Stande bringen. — Deriv. I. باشارلمق BAŠA'RYLMAK. Vb. neg. — II. باشاره مامق BAŠARA'MAMAK. Vb. neg. imposs. *ne pas être en état d'achever.* | nicht zu Stande bringen können. BU IŠI BAŠARAMADYLAR. sie konnten damit nicht zu Stande kommen.

t باشاشاغی BAŠAŠAGY. s. باش اشاغی s. v. باش

t o باشاق BAŠAQ, auch باشاق u. بشاق Sbst. اوق تمرلی *p* پیکان *pointe de la flèche.* | Pfeilspitze. vgl. d. Flgde.

t o باشاق BAŠAK. Sbst. I.T. بدعت *nouveauté, nouvelle.* | etwas Neues, was (zum ersten Male) zum Vorschein kommt. vgl. d. Flgde.

t باشاق BAŠAK. باشق، بشاق Sbst. *a* سنبل *p* خوشه *épi.* | Aehre. باشاق طوتمق *monter en épi.* | Aehren ansetzen. vgl. باش u. d. Vhgde.

t پاشالق PAŠALYK. Sbst. *dignité, charge, gouvernement d'un Pacha; province de l'em-*

pire. | Rang und Würde eines Pascha; Provinz des Reichs, an deren Spitze ein Pascha steht.

t پاشالو PAŠALY. Adj. u. Sbst. *digne d'un pacha; espèce de vêtement.* | eines Pascha würdig, pascha-ähnlich; Benennung einer Art Kleidung. پاشالو قواق *espèce de bonnet.* | eine Art Kopfbedeckung, die für die anständigste gilt.

p باشامه BAŠAME. Sbst. *voile dont les femmes se couvrent la tête.* | ein Schleier, womit die Frauen den Kopf verhüllen.

t o باشباغ BAŠBAQ. Sbst. I.T. سربند *bandeau, bandelette.* | Kopfbund.

t باشبرمق BAŠPARMAK. s. پرمق

t باشبوغ BAŠBOG. Sbst. *a* رئیس *p* سر بوغ *chef de division, de nation, de secte, général d'armée.* | Haupt, Vorsteher, Stammesoberhaupt, Commandirender einer Armee oder Division. s. باش u. بوغ

t باش ترجمان BAŠ-TERDŽUMÂN. Sbst. *premier drugman.* | oberster Dolmetscher. s. باش u. ترجمان

it باشترده BASTARDA oder باشترده Sbst. *(it bastarda). galère.* | Galeere (mit Segeln), ein langes Lastschiff auf Flüssen. — Meninski: Hauptschiff, Admiral-Galeere, *capitane, galère bâtarde.*

t o باشتومان BAŠTUMAN oder باشتوماق BAŠTUMAN. s. باش

t باشجغز BAŠÄGYZ. Sbst. Dem. v. باش *petite tête, bouton.* | Köpfchen, Knopf, Knöpfchen.

t o باشجی BAŠÂY. Sbst. *qui marche à la tête, chef, guide.* | der vorangeht, Führer, Oberhaupt. vgl. باش.

t باشجی BAŠÂY. Sbst. *qui cuit et vend des têtes et pieds de mouton.* | eine Art Koch, der die Köpfe und Beine, hauptsächlich von Schafen, zubereitet und verkauft. — باشجی

t باشرمق BAŠARMAK. s. باشارمق

t o باشلمق und باشلامق Vb. act. I.T. سرکرمك *commencer.* | anfangen. — باشلامق vgl. باش

t باشترده s. باشترده

t بشق s. باشق

t o باشقا s. باشقه

t o باشقارمق BAŠKARMAK. Vb. act. *commencer, gouverner, guider; achever.* | anfangen, anführen, vorangehen; ausführen, zu Ende bringen. (VL. *t* آغیز *p* براغلیدن projicere et abigere. Ali Schir.). باشقارا آلمادی *il ne sut pas gouverner.* Q. باشقارغوديك qui exequi rem posset. Q.

t باشقه BAŠKA oder بشقه und باشقا Pronom. indef. Adj. u. Adv. علیحده تنها *a autre, seul, différent, séparément, à part; précédé de l'ablatif: un autre que, autre chose que, autrement, outre.* | anderes, ein anderes, abgesondertes, allein stehendes; abgesondert, allein, verschieden; mit vorhergehendem Ablativ: ein anderer als, ein anderes als, andere als, ausser, ausserdem. بر باشقه آدم *un autre homme* | ein Anderer. بر باشقه *séparé, un autre.* | einzeln, getrennt, abgesondert, ein

Anderer. جدا جدا p — بشقه بشقه *chacun separément.* | einzeln, jedes für sich. بتم بشقه HAM BAŠKA *tout à fait un autre.* | durchaus anders, ganz anders. بشقه چقمق *devenir son maître, passer maître, avoir fini son apprentissage.* | selbstständig werden, d. i. nach vollendeter Lehrzeit Meister werden, sein eigenes Geschäft gründen. بشقه يره قويمق *mettre à part, mettre séparément.* | bei Seite legen, die Sachen einzeln hinlegen. بشقه بشقه — مستقل a — بشقه بشلرينه oder بشنه برأسه *indépendant.* | selbstständig, jedes für sich. Kam. s. v. أنشلدون

t بشقهجه BAŠKAGA. Adv. s. d. Vbgbde. *separément.* | einzeln, getrennt. بشقه جه قومق — بشقه قومق

t o بشقلیان BAŠKYJAN. Sbst. LT. بغلوق شترکیر *artillerie à dos de chameau.* | auf dem Rücken eines Kameels befestigte Kanone.

p بشكو BAŠKO. [بلش كه او] Interj. *attendez! eh bien!* | warte! sieh zu! nun, wohlan!

t o بشلاب u. بشلانيب s. d. Flgde.

t بشلامق BAŠLAMAK. u. بشلمق Vb. intr. v. بلش vgl. بشومق Aor. بشلار BAŠLAR. شروع ايلمك . اغاز ايلمك . ابتدا ايلمك . سرکرمك LT. پيش رفتن p ايلرو كيتمك VL. *être à la tête, commencer, commander, passer devant, guider.* | an der Spitze stehen, den Befehl führen, anfangen, vorangehen, führen, den Weg zeigen. اول چريكنی بشلاب dieses Heer anführend. Ali Schir. (Q. admonens, increpans). يول بشلامق den Weg zeigen. — Deriv. I. بشلامامق BAŠLAMAMAK. Vb. neg. بزنی بشلامسلسكز wenn ihr uns nicht führt. Abulg. — II. بشلانمق oder بشلامق BAŠLANMAK. Vb. pass. LT. سردار شلمق *être mis à la tête.* | Anführer werden. — III. بشلاتمق oder بشلاتمق BAŠLATMAK. Vb. caus. LT. سردار كرمك *mettre à la tête.* | an die Spitze stellen, zum Anführer machen.

t بشلانغج BAŠLANGYĠ. Sbst. *commencement.* | Anfang, Beginn. Adv. = ابتداسنده *au commencement.* | am Anfange. ابتشلا بشلانغجی — فاتحة الامر *l'introductif.* | Einleitung eines Processes, womit ein Rechtshandel beginnt.

t بشلق BAŠLYK. Sbst. *vêtement de tête, bonnet, capuchon, casque, têtière de la bride d'un cheval; chapiteau.* | Kopfbedeckung, Haube, Mütze, Kappe, Kapuze, Helm, [auch جمه بشلغی]; Kappzaum des Pferdes; Säulencapital oder Querbalken auf einem Pfosten.

t بشلو BAŠLY u. بشلی Adj. *qui a une tête, une cime.* | einen Kopf oder Spitze habend, köpfig, spitzig. اوچ بشلو ÜČ-BAŠLY. *qui a trois têtes.* | dreiköpfig. بللو بشلو BELLI-BAŠLY. *notable, distingué.* | wohlbekannt, hervorragend, ausgezeichnet. بيوك بشلو BÜJÜK-BAŠLY. *qui a une grande tête, un grand esprit.* | dickköpfig; guter Kopf. بك بشلی PEK-BAŠLY *entêté.* | hartköpfig, eigensinnig. سوری بشلو SIWRI-BAŠLY. *tête pointue* | Spitzkopf. طلس بشلو TAS-BAŠLY. *chauve.* | Kahlkopf. بشلو صوپه *bâton en canne avec une pomme.* | ein Stock mit einem Knopfe. بشلو بشنه BAŠLY BAŠYNA. *indépendant, émancipé, libre.* | unabhängig, frei, der nach seinem Kopfe handelt, für sich selbst arbeitet. بنكو بشلو بشنه نماز قلمق für sich allein beten. بشلو اولچمش اولچك *mesure qui est comble.* ein gutgemessenes, volles, gehäuftes Maass. Kam. s. v. الزاهج. — بشلو طولمق *être plein au point de déborder.* | bis zum Ueberlaufen voll sein. بشلو طولدرمق *remplir jusqu'à faire déborder.* | bis zum Ueberlaufen anfüllen. Kam. s. v. الطفوح u. الاطفاح. — بشلو اولمق BAŠLY OLMAK. (vom Winde) eine bestimmte Richtung haben. بشلو اولميوب اقسنتجه كاه بوطرفدن وكاه او طرفدن اسمك ohne bestimmte Richtung bald von einer bald von der andern Seite wehen. Kam. s. v. انتكاب.

t بشلوجه BAŠLYĠA. Adv. *principalement.* | hauptsächlich.

t o بشليغ BAŠLYG und بشلق BAŠLYK oder بشلق Sbst. LT. بلش vgl. سردار *commandant, général; commandement, domination.* | Anführer; Oberbefehl, Herrschaft.

t o بشليغ BAŠLYG und بشليق BAŠLYK. Conj. *et, avec, et les autres.* | und, mit, und die andern. سلطان احمد ميرزا ومظفر حسين ميرزا بشليغ سلاطين وبكشهزادهلار Sultan Ahmed Mirza und Muzaffer Hosein Mirza und die übrigen Fürsten und Prinzen. Ali Schir. خواجه فخر الدين بشليغ بارچه Khodscha Fakhreddin und alle übrigen. Ali Schir. سيونج بشليق بارچا ايل لارنينك خانلارى Sujuntsch und die übrigen Stammesfürsten. Abulg. 10. حكسنك بهادور بشليق اول جماعت ايتديلار Haksang Bahadur und jene Versammlung sagten. Abulg. 23. Q.

t بشمق BAŠMAK oder بشماق Sbst. بابوج . كفش *sandale, soulier.* | Sandale, Pantoffel, Schuh. بشمق ديكجى *sandalier.* | Sandalenverfertiger.

t بشمقجى BAŠMAKĠY. Sbst. = بشمق ديكجى *sandalier, cordonnier.* | Sandalenverfertiger, Schuster.

t بشمقلق BAŠMAKLYK. Sbst. *droit de chaussure, revenus assignés sur des villes conquises ou sur les domaines impériaux, à la mère du grand-seigneur.* | Pantoffelgeld, eine Art Nadelgeld für die Mutter des Sultans, welches von den eroberten Städten oder auch von den grossherrlichen Domänen bezogen wurde.

t o بشين BAŠYN. Sbst. LT. برق *éclair.* | Blitz.

t بشنمق BAŠYNMAK. *se refuser, se cabrer contre q ch.* Bianchi. بشنوب *confugiens.* Q.

p بشنه PĀŠINA. Sbst. اوكچه *talon.* | Ferse.

p بشه BĀŠE. Sbst. آتجه طوغان *épervier, faucon de chasse.* | Sperber, der gelbe Jagdfalke. a بشق.

t o بشورمق BAŠURMAK. [بلش اورمق] Vb. intr. *se soumettre.* | sich unterwerfen. Q. = سر زمین *evenire, nasci.*

t بلش وكيل BAŠ-WEKIL. Sbst. *premier ministre, premier plénipotentiaire.* | oberster Minister, oberster Bevollmächtigter. s. وكيل.

t بشی BAŠY. Sbst. (eigentlich بلش mit Pron. poss. der 3ten Person) *maître, chef, monsieur.* | Meister, Oberer, Herr; wird als blosse Höflichkeitsformel gebraucht, besonders in der Anrede, gegenüber Gewerbtreibenden, Kaufleuten u. s. w. ترجمان بشی TERĠÜMAN BAŠY. *chef des drogmans, monsieur le drogman.* | Oberdolmetscher, vulg. Herr Dolmetscher. حكيم بشی HEKIM BAŠY. *chef des médecins, monsieur le docteur.* | Oberarzt. vulg. Herr Doktor (Arzt). درزی بشی DERZI BAŠY. *maître tailleur.* | Schneiderobermeister, Herr Schneider.

p بشی PĀŠI. Sbst. صاچلمجلك *diffusion.* | Zerstreuung. s. بشيدن.

t بشی بوزق BAŠY BOZUK. Sbst. (eigentlich: dessen Kopf verdreht ist, Tollkopf). *milice irrégulière.* | die irreguläre Miliz, türkische Landwehr. (Redhouse: „one whose clothes are not uniform").

p بشيدن PĀŠIDEN. Vb. act. صاچمق . صاچلمق *répandre, disperser.* | ausbreiten, umherstreuen. بشيده PĀŠIDE. *répandu, dispersé.* | ausgebreitet, umhergestreut. = صاچلمش.

t بصامق BASAMAK, auch بصمسق und باصامق = بصمق Sbst. *échelon, degré d'un escalier.* | Sprosse einer Leiter, Stufe einer Treppe, Fussschemel, Fussgestell, Staffel worauf man tritt.

t بصدرمق oder باصدرمق BASTYRMAK s. بصمق Deriv.

t بصدرمه BASDYRMA oder بصدرمه Sbst. *viande pressée et sechée.* | gepresstes und getrocknetes Fleisch.

a باصر BĀSYR. Fem. باصره BĀSYRA. Adj. [Part. v. بصر] *qui voit bien, voyant, clairvoyant, perspicace.* | sehend, scharfsehend, scharfsichtig.

t باصدرمق BASTYRMAK. s. باصمق Deriv.

a باصرت BĀSYRAT. (BĀSIRET). Sbst. *sens de la vue, faculté de voir, la vue.* | Gesicht, Gesichtssinn, das Vermögen zu sehen. = قوت باصره.

t باصقون oder بصقون BASKUN. Sbst. = باصقنجيلق *attaque.* | plötzlicher Angriff. باصقون ايلمك *faire une attaque, un assaut.* | einen Angriff, einen Ueberfall machen, insbesondere bei Nacht.

t باصق BASYK. Adj. v. باصمق *déprimé, comprimé, serré.* | gedrückt, gepresst, niedergedrückt, eingedrückt, angedrückt. بوطـلـرى باصق آت ein Pferd, dessen Schenkel eingedrückt sind. Kam. s. v. حكل. — باصق صاچ an den Kopf angedrücktes Haar. Kam. s. v. الاستقاف.

t o باصقيچ BASKYĠ. Sbst. *escalier, échelle.* | Treppe, Leiter.

t باصقلق BASYKLYK. Sbst. *impression, pression.* | das Drücken, Druck, Eindruck, eingedrückte Stelle, Vertiefung. اويقو باصقلغى *sommeil.* | Schläfrigkeit. هوانك باصقلغى *pression de l'air.* | Luftdruck.

t باصقى BASKY. Sbst. *presse.* | Presse (Werkzeug zum Pressen). باصقى آلسر BASKY ĀSER. *clou à tête plate.* | Nagel mit flacher Kappe.

t باصقين oder باصقون und بصقين und بصقون Sbst. v. باصمق 1 *quelque chose de pressé, de comprimé.* | etwas gepresstes, ausgepresstes, zusammengepresstes. خرما باصقين *compote de dattes.* | eingestampfte Datteln, Dattelbrei — *a* رثيد Kam. 2. — باصقون *p* شبیخون *surprise, attaque inopinée, attaque nocturne, assaut; — attestation (en flagrant délit).* [Ueberfall bei Nacht, Ueberrumpelung, Ueberraschung, plötzlicher Angriff (Milit.); Ergreifen auf frischer That; Festnahme. باصقين كتمك oder باصقين ايتمك *faire une invasion.* | einen Einfall machen, in das feindliche Land. — حمام باصقيني Ueberfall der Bäder während sich Frauen darin befinden. — Adv. *subitement, inopinément, irrésistiblement, pressant.* | plötzlich, unwiderstehlich, überwiegend, drängend.

a بالاصاله BI-ASLIHI. s. اصل Adv. *dans son origine, originairement, par sa nature.* | In seinem Ursprunge, in seinem Wesen, eigentlich, von Haus aus, ursprünglich.

t باصمهجی BASMAĠY, auch بصمه‌جی, بصمجی . باصمجی . بصمه‌جی Sbst. v. باصمق *imprimeur, pressier, imprimeur d'indienne.* | Drucker, Buchdrucker, Kattundrucker.

باصمق BASAMAK s. باصامق

t باصمق BASMAK oder بصمق und باصمق Vb. intr. u. act. Aor. باصار BASAR oder باصر Imperat. باص BAS und بص oder باصسن — Synon. چیكمك . اوكمك . ورمق . اوتیمك . دوزمك . اوزره وارمق . تكمك . تدوه . تشك . باصكن ايله . شبيخون ايله . تسير ايله *être hardi, peser sur q. qu., presser, imprimer, fouler, attaquer, surprendre, vaincre, attraper sur le fait.* | drücken, pressen, schwer auf etwas liegen; auf etwas drücken, so dass eine Spur zurückbleibt, eindrücken, drucken; pressen, etwas in die richtige Lage drücken, mit den Füssen drücken, d. i. treten, eintreten, auftreten, stampfen; bedrücken, bedrängen; andringen, eindringen, z. B. im Feindesland, einen Einfall machen, überhaupt plötzlich eindringen, plötzlich angreifen, überrumpeln, überwinden, besiegen; überraschen, unerwartet (zu Besuch) kommen, bei einem Verbrechen überraschen, bei der That ergreifen, festnehmen. اويقو باصر *le sommeil le presse.* | der Schlaf drückt (auf Jemand, d. i. er ist schläfrig). ايزى باصمق *suivre la trace.* | der Spur folgen. اياغى باصمق — اياقله باصمق *fouler aux pieds; persister à.* | treten; worauf bestehen. ... باصمق *mettre le pied sur.* | den Fuss worauf setzen. يول باصمق *couper le chemin.* | den Weg abschneiden. مهر باصيور دور er drückt das Siegel auf. Abulg. جنگيز خانى ايوينه باصه‌لم wir wollen den Tschingiskhan in seinem Hause angreifen. Abulg. قلعه باصمق *surprendre, attaquer une fortresse.* | eine Festung überrumpeln. اوزنى باصمر *il lui coupe la parole, il le fait taire.* | er unterdrückt seine Stimme, d. i. fällt ihm ins Wort, überschreit ihn, bringt ihn zum Schweigen. باص قلاغى BAS KALAĠ *tape dessus!* | vereinige ihn gut, d. i. immer drauf zu geschlagen! wacker drauf! اوروب باص ايتمك ÜRT BAS ETMEK *assoupir une chose, la couvrir.* | decke drücke machen, d. i. zudecken. — Deriv. I. باصدرمق BASDYRMAK. Vb. reg. — II. باصدیرمق oder باصدرمق und بصدرمق BASDYRMAK. Vb. caus. *faire fouler, faire envahir, etc., étouffer, opprimer, supprimer; charger.* | drücken lassen, drängen lassen, einen Druck bewirken, eine Last auflegen, beladen; unterdrücken (z. B. einen Schmerz, einen Aufstand), zurückdrängen, niederhalten, am Aufstehen hindern. چوقه‌یی باصدرمق *fouler les draps.* | das Tuch walken. دری‌یی باصدرمق *fouler les cuirs.* | das Leder walken. اوزوم باصدرمق *fouler ou écraser les raisins.* | die Trauben eintreten, keltern. — III. باصیمق BASYMAK. Vb. caus. *presser, serrer.* | drücken, festdrücken. قپویی قپانوب باصیمق *fermer la porte en la poussant.* | die Thür andrücken. — IV. باصلمق BASYLMAK. Vb. pass. *être foulé, pressé, opprimé, attaqué, etc.* | getreten, gedrückt, gedrängt, angegriffen u. s. w. werden.

t باصمقلق oder بصمقلق BASMAKLYK. Sbst. *action de fouler, etc.* | das Treten, Drücken u. s. w. s. باصمق

t باصمه u. بصمه BASMA. s. باصمق *action de fouler etc. impression, pression, empreinte.* | das Treten, Drücken u. s. w., Druck, Eindruck, Prägung. — ETMEK *imprimer.* | drucken. باصمه‌خانه BASMA-ḪANE *imprimerie.* | Druckerei, Buchdruckerei. باصمه‌جی‌چرخى BASMA-ĠARḪY. *presse.* | Presse, Maschine zum Pressen, Buchdruckerpresse, — *a* مطبعه

t باصمه‌جی oder باصمجی und BASMAĠY. Sbst. v. باصمق *imprimeur, pressier, imprimeur sur indienne.* | Drucker, Buchdrucker, Kattundrucker.

t باصمه‌جیلق BASMAĠYLYK. Sbst. *imprimerie.* | Druckerei.

t باصامق BASAMAK und بصامق Sbst. *degré d'un escalier.* | Treppenstufe, Tritt. s. باصمق

t باصغوچ BASYĠY Sbst. — باصمه‌جی *pressier, imprimeur.* | Drucker. كتاب باصيجى *pressier dans une imprimerie.* | der Drucker (in der Buchdruckerei) — طبعه‌كار

a باضعه BAZ'A. Sbst. *blessure, coupure (lorsque le sang paraît à la surface, mais ne coule pas).* | Quetschung, Verletzung die nicht zum Bluten kommt. — ارلك ETMEK.

t بات PAT. Wort ohne bestimmte Bedeutung, das den Schall nachahmt, auch پات vgl. پاتلامق. — پات پات يوريمك PAT-PAT JÜRÜMEK. *marcher lourdement, avec bruit.* | fest auftreten, trappen, aufstampfen. Kam.

t پاتردى PATYRDY. Sbst. *bruit produit par les pieds des chevaux.* | Pferdegetrampel. s. پاتردى

gr باتوس oder باطوس BATYS. Sbst. (βάτος). *groseiller.* | Stachelbeerstrauch, — فرنك اوزومى فدانى

a باطل BÂTYL. [Partic. v. بطل] Adj. *vain, faux, futile, inutile, absurde, hors d'usage, obscur.* | nichtig, leer, eitel; unnütz; falsch, unächt; grundlos, albern; veraltet, nicht mehr im Gebrauch (z. B. ein Wort); müssig — Sbst. *fausseté, mensonge; jeu.* | Falsches, Falschheit, Lüge, Gegentheil von حق; Spiel. — ETMEK, *annuler, abolir, casser, etc.* | zu nichte machen, vertilgen, abschaffen, kassieren, abthun (von einem Akte), wegnehmen; vgl. ذو الباطل — ابطال ZÜ-L-BÂTYL. *habile joueur; le diable.* | geschickter Spieler; der Teufel. باطل السحر BÂTYL ÜS-SEḤR *celui dont l'enchantement est inefficace.* | dessen Zauber unwirksam ist. كلمات وكو وكلام باطل unnütz Geschwätz, leere Worte.

a باطلاً BÂTILEN. Adv. *en vain, inutilement.* | umsonst, vergeblich, unnütz.

a بطالجى s. بطالچى

a t باطللق BÂTYLLYK. Sbst. بيهوده‌لك *vanité, frivolité.* | Nichtigkeit, Eitelkeit, unnützes Thun und Sprechen.

a t باطلمش BATYLMYŠ. Adj. [Participialform von einem sonst ungebräuchlichen Verbum باطلمق] *tombé en désuétude, aboli.* | abgekommen, abgeschafft, abgethan, aufgehoben, — معطل اولمش . باطل اولمش

a باطن BÂTIN. Pl. بواطن BAWÂTIN. Sbst. u. Adj. Gegentheil von ظاهر *intérieur; intime, caché, abstrus, mystique ou allégorique (le sens d'un passage ou d'un livre); celui dont l'être est caché, c. à d. Dieu.* | das Innere, Herz, Gemüth; inwendig, verborgen; dunkel, unverständlich [vgl. باطنى]; was man nur durch innere Betrachtung, durch mystische Versenkung erkennt, dessen Wesen verborgen ist, das geheime Wesen d. i. Gott. vgl. Beidhawi zu Sur. 57. 3. ماده باطنى oder شيئك باطنى der innere Stoff, das innere Wesen einer Sache [Gegentheil von صورة oder قشر die äussere Form]

a باطناً BÂTINEN und بطانة BATINETEN. Adv. *en secret.* | im Geheimen.

it باطنته PATENTA. Sbst. *patente.* | Patent, Gesundheitspass, Geleitsbrief.

t باطنتهلو PATENTALY. Adj. *qui a une patente.* | mit Patent versehen, Inhaber eines Geleitsbriefes.

a باطنى BÂTINÎ. Adj. vgl. باطن *intime, caché, mystique.* | innerlich, verborgen, mystisch.

a t باطنيه BÂTINIJE. Sbst. *le Batenis, secte mahométane.* | Bateniten (d. i. Innerer), Name einer mohammedanischen Secte, deren Hauptlehre, dass jedes Aeussere ein Inneres und jede Koranstelle einen innern allegorischen Sinn habe.

gr باطوس BATYS s. باتوس

t باطى BATY. s. بطى

a باع BÂ'. Sbst. قولاچ *brasse, mesure de longueur égale à cinq pieds.* | ein Längenmaass von etwa 3 Ellen oder 1 Faden.

a باعث BÂ'IS. [Partic. v. بعث] Sbst. سبب . موجب . بادى . قوبريجى . كوندريجى *qui envoie, qui excite, qui donne l'impulsion; auteur, créateur; cause, motif, occasion.* | der schickende, der welcher oder das was zu einer Sache Veranlassung giebt; Urheber, Schöpfer; Ursache, Veranlassung, Beweggrund, Motive, Gelegenheit. — OLMAK (mit dem Dativ des Obj). *causer q. ch.* | Ursache oder Veranlassung zu etwas sein, Schuld sein an etwas.

اشبو بعثت مكتوب dies ist der Grund, (Ursache, Zweck, Veranlassung) des Briefes.

a باعثة BÂ'ISET. Sbst. Femin. d. Vhgdn. *cause, impulsion.* | Ursache, Veranlassung.

a باعثيت BÂ'ISIJET. Sbst. سببيت *causalité.* | Causalität.

a باعد BÂ'ID. Adj. اوزاق ، ایراق *éloigné.* | weit, entfernt.

t باغ und بغ BAG. Sbst. *p* بند *a* قيد ، عقد *lien, nœud, bande, bandelette, courroie; botte de foin ou paille, faisceau.* | Band, Binde, Schnur, Schlinge, Riemen, Fessel, Bund, Gebund. باغ چوزمك BAG ČÖZMEK. *défaire un nœud.* | einen Knoten auflösen. باغ ایتمك BAG ETMEK oder بوكى باغ ایتمك BÖGÜ-BAG ETMEK. *enchanter.* | durch Zauber binden, bezaubern, behexen. vgl. باغلمق. — قلج باغى KYLYǴ-BAGY. *baudrier, ceinturon.* | Degengehäng. چوراب باغى ČORAB-BAGY. *jarretière.* | Strumpfband. صاچ باغى SAǴ-BAGY. *bandeau.* | Kopfbund (der Frauen). یاى كرشى باغى JAYŠ-BAGY. *corde de l'arc.* | Bogensehne. اوت باغى oder ایرە باغى *botte d'herbages.* | Kräuterbündel. قول باغى KOL-BAGY. *bracelet.* | Armband, Armring. باغ یرى BAG JERI. die Stelle (an Armen oder Beinen) wo die Fesseln angelegt werden.

p باغ BÂG [auch *t o* باق und بغ] Sbst. vgl. باغچه *jardin, verger, vigne; lieu d'agrément; metaph.: le monde.* | Garten, insbesondere Baumgarten, Weingarten; Lusthain; in übergetragener Bedeutung: die (irdische) Welt. باغ بديع BÂG-I BADÎ', auch باغ رفيع BÂG-I REFÎ' oder باغ قدس BÂG-I KUDS. *le paradis.* | das Paradies. — ارم = باغ ارم. — باغ صارمشغى BAG-SARMAŠKY. *espèce de lierre.* | eine Art Epheu. *a* شجرة الحيمنة ، كشوثا ، قلا LL. باغ بوزمق BÂG BOZMAK. *vendanger.* | Weinlese halten. باغ بوزمى BÂG-BOZUMU [— بوزغنی — بوزشى] *vendange.* | die Weinlese, Obsternte. باغ ایستلامق BÂG AÏTLAMAK [oder — بوزمق] *tailler la vigne.* | den Weinstock beschneiden. باغ ایتلاجى BÂG-AÏTLAǴYǴY. *jardinier, vigneron.* | Gärtner (der die Bäume beschneidet). باغ چارطاقى BÂG-ČARDAGY. *treille.* | Laube. باغ وقتى BÂG-WAKTY. *temps des vendanges.* | Zeit der Weinlese, der Obsternte. باغ بچقچغى BÂG-BYČAKǴYGY. *serpette.* | Gartenmesser.

t o باغان BAGAN. Sbst. LT. فيل *éléphant.* | der Elephant (?)

t باغنه auch باغنه und بغنه BAGANA. Sbst. اوغلان *enfant, agneau.* | Knabe, Kind, Lamm. باغنه كوركى BAGANA-KÜRKI. *pelisse d'agneaux morts-nés d'Astracan.* | Pelz von ungebornem Lammfell, sogen. Astrakhan.

p باغبان BÂGBÂN oder باغوان Sbst. = باغچوان *jardinier, vigneron, gardien des jardins.* | Gärtner, Winzer, Gartenhüter.

p باغبانى BÂGBÂNÎ. Sbst. باغچوانلق مشغولیتى *jardinage.* | Gärtnerei, Beschäftigung mit Gartenbau.

p t باغبندس BAGBUDENDIS. Sbst. *serpette à tailler la vigne.* | Reb-Messer. (Meninski).

p باغچوان BÂGČEWÂN oder باغچه‌بان BÂGČEBÂN. Sbst. *jardinier.* | Gärtner.

p t باغچوانلق oder باغچه‌بانلق BAGČEBÂNLYK. Sbst. *jardinage.* | Gärtnerei, Gartenkunst.

p t باغچه BAGČA. Sbst. eigentl. Demin. v. باغ im Türkischen aber das gewöhnlichere Wort: *jardin.* | Garten, insbesondere Baumgarten und Blumengarten. [vgl. بستان]. — باغچه دوزتمك BAGČE DÜZETMEK. *jardiner.* | gärtnern, den Garten anrichten. باغچه سراى BAGČE-SERÂÏ. Gartenschloss, N. pr. die alte Hauptstadt der Krim-Khane. باغچه قپوسى BAGČA-KAPYSY. Name eines Thores in Constantinopel. باغچۀ همايون BAGČA-I HUMAJÛN. der kaiserliche Garten in Constantinopel.

p t باغچه‌جق BAGČAǴYK. Sbst. Demin. *jardinet.* | Gärtchen.

p t باغچه‌جى BAGČAǴY, BAGČEǴI. Sbst. باغچوان *jardinier.* | Gärtner.

p t باغچه‌لق BAGČALYK. Sbst. *forme de jardin.* | Eigenschaft oder Wesen eines Gartens, Gartenland. vgl. باغلق und باغستان.

p t باغچه‌لقلى BAGČALYKLY. Adj. *ayant la qualité d'un jardin.* | die Eigenschaft eines Gartens habend, einem Garten ähnlich, zum Gartenbau geeignet. باغچه‌لقلى مرغزار *prairie qui ressemble à un jardin.* | einem Garten ähnliche Wiese.

p t باغچى BAGǴY. Sbst. *jardinier, vigneron.* | Gärtner, Winzer.

t باغجى BAGYǴY. s. باغلاجى.

t باغجيلق BAGYǴYLYK. s. باغلاجيلق.

t o باغلو Sbst. LT. شعاع *lumière, rayons de lumière.* | Licht, Lichtstrahlen, Sonnenlicht.

t باغر BAGYR und بغر Sbst. *a* كبد ، جگر *foie, cœur.* | Leber, Herz. باغر يلككى BAGYR-JELEKI. *a* صدرية *p* شلشه *gilet, camisole.* | Weste, Jacke, Kamisol.

t باغرساق BAGYRSAK und بغرسق Sbst. *a* امعا *intestins, estomac, entrailles.* Eingeweide, Magen.

p باغر BÂGUR oder باغره BÂGURA. Sbst. *elephantiasis morbus.*

t باغرش BAGYRYŠ. Sbst. v. باغرمق *cri (des animaux), mugissement, hurlement, aboiement, etc.* | Geschrei der Thiere, Gebrüll, Geheul, Gebell, Geblöke, Krähen des Hahnes u. dgl.

t باغرمق BAGYRMAK. *t o* باقيرمق Vb. intr. Aor. باغرر BAGYRYR. = چاغرمق ، بوكرمك *crier, hurler, mugir, rugir, aboyer etc.* | laut rufen, schreien (von verschiedenen Thieren), brüllen, blöcken, bellen, heulen, krähen u. s. w. سببسز باغرمق دليلكدر ohne Ursache schreien (jammern) ist Narrheit. Sprüchw.

t o باغرى قره BAGRY-KARA. Sbst. LT. سياه سينه مرغيست *nom d'un oiseau à poitrine noire, corneille(?)* | ein Vogel mit schwarzer Brust. Krähe (?).

t باغرلكى s. باغر.

t o باغرن BAGRYN. Sbst. LT. شانه *peigne.* | Kamm.

p باغستان BÂGISTÂN. Sbst. باغ وباغچه بحقى *vignoble.* | Weinland, Weingegend. vgl. باغچه‌لق und باغلق.

p t باغشش oder باغشيش BAGŠYŠ. Sbst. *p* بخشش *a* عطية ، عطا ، جرج *don, cadeau, pour-boire.* | Geschenk, Trinkgeld.

t باغشلاجى BAGYŠLAǴY. Sbst. *donneur, libéral.* | Geber, ein Freigebiger. s. d. Flgde.

t باغشلامق oder باغشلمق u. باغشلامق BAGYŠLAMAK [für بخشلامق] Vb. act. Aor. باغشلار BAGYŠLAR. *p* بخشيدن *a* اهدا ، ايلاء ، اعطا ، احسان *donner, faire présent, pardonner, faire grâce.* | geben, schenken, das Leben oder die Strafe schenken. — عفو ايتمك vergeben, verzeihen, begnadigen. صوچ باغشلامق *pardonner la faute.* | die Sünde vergeben. — Deriv. باغشلنمق BAGYŠLANMAK. Vb. pass. *être donné, être pardonné.* | geschenkt, vergeben sein oder werden. عمرى باغشلنمش *celui à qui on a donné la vie.* | einer dem das Leben geschenkt ist, ein Begnadigter.

t باغلامق oder باغلمق und بغلمق BAGLAMAK. *t o* بغلمق Vb. act. Aor. باغلار oder بغلر BAGLAR. *a* بند ايتمك ، قيد ايتمك ، عقد ايتمك ، ربط ايتمك *p* بستن ، بندن ، چكمك *lier, nouer, (t o tricoter) attacher, mettre la ceinture, fermer; metaph.: fasciner, ensorceler, nouer l'aiguillette. (— t o s'attribuer, s'approprier q. ch., obliger, engager. Ali Schir. Q.).* | binden, knüpfen, (*t o* stricken), festbinden, anbinden, zubinden, zuschliessen, schliessen; in übergetragener Bedeutung: umstricken, verstricken, bezaubern, behexen, insbesondere durch Zauber der Mannheit berauben, nestelknüpfen; verbindlich machen, verpflichten. ايش باغلامق IŠ B. *conclure une affaire, bâcler une affaire.* | ein Geschäft schliessen, abmachen, einen Contract eingehen. رصد باغلادى *il rédigea l'observation.* Q. | er schloss die Beobachtung. Ali Schir. سد باغلادى er erbaute einen Damm. Ali Schir. دمت باغلامق DEMET BAGLAMAK. *lier en faisceaux, fagoter.* | in Bündel binden (z. B. das Holz) in Bündel zusammen binden. نكاح باغلامق NIKÂH BAGLAMAK. *conclure un mariage.* | einen Ehecontract schliessen. صلح باغلامق SULH B. *conclure la paix.* | den Frieden schliessen. ال باغلامق EL B. *joindre les mains.* | die Hände falten, auf der Brust kreuzen. يولار ايله باغلامق JULAR ILE B. *mettre le licou.* | mit dem Zaume binden, zäumen. كوز باغلامق GÖZ B. *fasciner.* | den Blick auf Jemand oder auf etwas heften, mit dem Blicke bezaubern. بوكى باغلامق BÖGÜ B. *ensorceler.* | einen Zauber auf etwas binden, d. i. bezaubern, behexen. دانه باغلامق DÂNE B. *former des grains ou des graines.* | Körner oder Beeren ansetzen [von Aehren, Trauben u. dgl. Kam. s. v. الضرور]. — ايلك باغلامق ILIK B. oder اوزنوب ايچ باغلامق ... IČ B. *se remplir de moelle.* | Mark ansetzen, sich mit Mark füllen [Holz, Knochen u. dgl. Kam. s. v. الارشاء]. — يوز باغلامق JÜZ B. *former de la crème (le lait).* | die Oberfläche binden (von der Milch), d. i. Rahm ansetzen [Kam.

s. v. إطتور]. — صفلر باغلامق SAFLAR B. se ranger en ordre de bataille, se placer en haie, former la haie sur le passage d'un cortège | sich in Reih und Glied stellen, eine Gasse bilden. ايراد باغلامق ÏRÂD B. assigner un revenu à q. qn. | Jemanden eine Rente aussetzen. بر كمسنه‌نك شكلنى باغلامق prendre la tournure de q. qn. | Jemandes Gestalt annehmen. — Deriv. I. باغلاتمق oder باغلاتمق BAGLATMAK. Vb. caus. faire lier, etc. | binden u. s. w. lassen. — II. باغلانمق oder باغلنمق BAGLANMAK. — t o بغلنمق Vb. pass. être lié, etc. être obligé, s'engager. | gebunden u. s. w. sein oder werden, u. s. w., sich verbindlich machen, verpflichtet sein. نبوت ايشيكى باغلاندى die Thüre der Prophetie wurde geschlossen. Ali Sehir.

t باغلايجى BAGLATŸY Sbst. lieur, celui qui lie, sorcier. | der Bindende, Zauberer. s. باغلامق

t باغلاش باغلايش BAGLAYŠ. [Meninski باغلش BAGYLYŠ]. Sbst. ligature, fascination, enchantement. | Bindung, Verknüpfung, Verstrickung, Verzauberung, Zauberei. vgl. باغلامق

t باغلدق BAGYLDYK. Sbst. قنداق (ange.) Windel.

t باغلق BAGLYK. Sbst. — باغستان vignoble. | Weinland, Weingegend, Weingarten.

t باغلامقلق BAGLAMAKLYK. Sbst. fascination, enchantement, sorcellerie. | Verzauberung, Zauberei.

t باغلو BAGLY. Adj. vgl. باغ lié, attaché, noué, fermé, fasciné, dépendant de q. ch., obligé de q. qn. | gebunden, angebunden, verstrickt, verzaubert, behext, durch Zauber seiner Mannheit beraubt. = p بسته a مربوط. — Jemanden verbunden, von Jemand abhängig, = a منسوب . متعلق. — اوكرنشه باغلو selon l'habitude. | je nach der Gewohnheit.

t o باغليغ BAGLYG und باغليق Adj. — باغلو — LT. بندى lié, captif | gebunden, ein Gefangener.

t o باغليق und باغليغ BAGLYG. Sbst. jardin. | Garten. s. باغ

t o باغمق BAGMAK oder بغمق BAKMAK. Vb. act. v. باغ vgl. باغلامق lier. | binden, verbinden. دادكا باغلدى il le lia (maria) avec Dadga. | er band (d. i. verheirathete) ihn mit Dadga. Abulg. — Deriv. I. باغنمق BAGYNMAK und بغنمق Vb. pass. refl. être lié, se soumettre, adorer. | gebunden sein, sich unterwerfen. Abulg. 26, 115, anbeten. Imper. بغين BAKYN. unterwerft euch. Abulg. 24. — II. باغينمامق Vb. neg. Abulg. 114. — III. باغندرمق und بغيندورمق Vb. caus. soumettre. | unterwerfen.

t o باغيندورمق BAGYNDURMAK oder باغيندورمق s. باغمق Deriv.

t باغندورمقلق BAGYNDURMAKLYK oder باغندورمقلق Sbst. assujettissement. | Unterwerfung. s. باغمق Deriv.

p باغنده BAGANDA und پاغنده PAGANDA. Sbst. fil de coton. | Baumwollfaden, gesponnene Baumwolle.

t o باغينمق BAGYNMAK oder باغنمق s. باغمق.

it باغنو BAGNO. Sbst. ترسخانه زندانى bagne. | öffentliches Gefängnis, Zuchthaus.

t باغنه BAGANA. s. باغنه

t o پاغنه PAGNA. LT. پغندى پاجو Keil (?)

t باغو BAGY. Sbst. باغ , لمس lien, bande, bandelette. | Binde, Band, Gürtel; Bund, Gebund. صمان باغولرى SAMAN BAGYLARY. bottes de paille. | Strohbunde, Strohseile.

p باغمان s. باغوان.

t بغه s. باغه.

a باغى BAGÏ. [Partic. v. بغى] Adj. u. Sbst. qui dépasse, qui excède les limites, transgresseur, injuste, insolent, effréné; rebelle, pécheur, tyran. | die Grenzen überschreitend, ausschweifend, zügellos, frech, das Gesetz überschreitend, aufrührerisch, ungerecht, widerspänstig, abtrünnig; Empörer, Sünder, Tyrann. — OLMAK. excéder les limites, s'écarter de ce qui est juste, être injuste, se révolter. | aus den Grenzen schreiten, das Gesetz übertreten, ungehorsam sein, ungerecht sein, sich empören.

t باغيجى BAGYŸY und بغجى auch Sbst. — باغلايجى celui qui lie, lieur. | der Bindende, Binder. vgl. باغ und باغلامق. — كوز باغيجى qui fascine, sorcier, escamoteur, imposteur. | Zauberer, Gaukler, Betrüger.

t باغيجيلق BAGYŸYLYK und auch باغيجيلك Sbst. vgl. باغ und باغلامق action de lier enchantement, imposture. | das Binden, Gaukelei, Zauberei. كوز باغيجيلغى GÖZ-BAGYŸYLYGY. fascination par le regard. | Bezauberung durch das Auge.

t o باغيش BAGYŠ. action de lier, état d'être lié; lien, corde, cordage de la tente. | das Binden, Gebundensein; Bande, Strick, Seil; Zeltstricke. باغيشا اولتورمق mit gekreuzten Beinen sitzen, die Hände über der Brust kreuzend stehen. Ali Sehir.

p باف BÂF. [Rad. v. بافتن] in persisch. Zusammens. qui tisse, qui tresse; tissé, tressé. | webend, flechtend; gewebt, geflochten. زرباف ZER-BÂF. brodeur, tisseur d'étoffes d'or; brocart. | Goldweber und Goldgewebe.

p بافتن BÂFTEN. Vb. act. = اورمك , توقومق tisser, tresser. | weben, flechten.

p بافته BÂFTE. (Partic. des Vbdn.) Adj. tissé, tressé. | gewebt, geflochten. Sbst. [auch يافته] petites boules ou plaques de métal suspendues à la bride d'un cheval. | Zaumschmuck der Reitpferde (aus metallenen Verzierungen, Kügelchen u. s. w. bestehend).

p بافنده BÂFENDE. [Partic. v. بافتن] Sbst. توقوجى . جولاه tisserand. | Weber.

t o باق BAK und باغ BAG. Sbst. p باغ jardin. | Garten.

t o باقه BAKA. Adv. Q. juxta, secundum. مرتبه‌سى قيسينى كه باقا in Rücksicht auf seinen Rang. vgl. باقمق Gerund.

t o باقاجق BAKAÿAG. s. باقمق.

t باقجى BAKYŸY. Sbst. v. باقمق personne qui regarde, qui voit; devin, devineur, augure. | Seher, Wahrsager, = فالجى. — فالجى قارى = باقجى قارى devineresse. | Seherin, Wahrsagerin.

t باقجيلق und باقجيلك BAKYŸYLYK. Sbst. فالجيلق l'art de deviner, divination. | Wahrsagerei. Kam. s. v. الزجر. — ETMEK deviner. | wahrsagen.

t باقر und بقر BAKYR. t o باقرى p مس cuivre (airain, bronze); pièce de monnaie en cuivre; doublage des navires en cuivre. | Kupfer (reines und gemischtes, Kanonenmetall, Messing u. dgl.); Kupfermünze; Kupferbekleidung der Schiffe. Pl. باقرلر BAKYRLAR. ustensiles en cuivre. | Kupfergeräth (Kessel, Pfannen u. dgl.)

t باقراج oder باقراچ BAKRAÇ. Sbst. vase ou seau de cuivre (pour puiser de l'eau de la citerne), petit chaudron. | Topf oder Schöpfgefäss von Kupfer, kleiner Kessel.

t باقرجى BAKYRŸY. Sbst. chaudronnier. | Kupferschmied.

t o باقرى BAKRY. LT. مس s. باقر.

t باقش BAKYŠ. Sbst. v. باقمق action de regarder, regard. | das Anschauen, Betrachten, Anblick. يان باقش ايله باقمق regarder de travers. | zur Seite sehen, von der Seite ansehen.

t باقشلو BAKYŠLY. Adj. qui a un regard, qui a la vue perçante. | Blick habend, blickend. شاهين باقشلو ŠAHIN-BAKYŠLY à oeil de faucon. | einen Falkenblick habend, d. i. scharf und fernsehend.

t باقشمق BAKYŠMAK. s. باقمق Deriv.

t باقل BAKYL. Sbst. Tahrif v. بقال s. u.

t باقلا und باقله BAKLA. Sbst. [Tahrif v. a بقلا von dem lateinischen bacillum, eigentlich Stäbchen] flor. | Bohne.

t باقلاوا BAKLAWA. s. بقلاوا

t o باقمق BAKMAK. s. باغمق.

t باقمق und بقمق BAKMAK. Vb. act. Aor. باقار und بقار BAKAR. Imperat. باق BAK. Syn. p نكريستن . كورمك . نظر ايلمك regarder, prendre garde, avoir égard, avoir soin de q. ch., être en face de q. ch.; dépendre de q. qn. | ansehen, betrachten, wonach sehen, Acht geben, Sorge für etwas haben, eine Sache in Acht nehmen, Aufsicht über eine Sache führen, für Instandhaltung oder Ausbesserung einer Sache sorgen, ausbessern, sich einer Person oder Sache gegenüber befinden, die Aussicht haben auf einen Gegenstand, auf Jemand sehen, seine Befehle beachten, von Jemand abhängig sein. = تابع اولمق. — بر شيئك چاشنيسنه باقمق goûter, éprouver le goût de q. ch. | eine Sache kosten. چالوب آلمه باقمق ÇALUP ALMA BAKMAK. regarder à la dérobée. | verstohlen hinblicken. دورت يانه باقمق DÖRT JANYNA B. regarder de tous cotés. | sich nach allen (vier) Seiten umsehen. يان طرفدن باقمق JAN TARAFDAN B. regarder de côté. | zur Seite sehen. اكرى كوزله باقمق EGRI G. B. voir de mauvais oeil. | scheel sehen. خسته‌يه باقمق HASTAJA B. traiter un *malade.* | einen Kranken behandeln oder pflegen. باق آباقه oder — . باقشمق = برپرینه باقمق BAKY. **Imperat.** mit Postpos. vgl. آ *regardez, écoutez, voyez donc! attention! hah!* | Achtung! gieb Acht! höre doch! he da! باق بكا BAÑA BAK, vulg. BAKNABAK, *garde à vous!* | vorgesehen! Ausruf wenn man Jemand von weitem anreden oder aufmerksam machen will. باقه BAKA. Gerund. in Compos. *en regardant.* | blickend, sehend. اوته باقه LT. آنسطرف *de ce côté.* | von dieser Seite. بر كسنهنك آردنجه باقه قالمق *suivre q. qn. avec le regard.* | Jemanden mit dem Blicke verfolgen, ihm nachsehen. ظاهره باقیلسه *selon l'apparence.* | dem Scheine oder dem Ansehen nach. باقالم BAKALYM. *nous verrons.* | wir wollen sehen, die Zeit wird das Uebrige thun! — Deriv. I. باقمامق BAKMAMAK. Vb. neg. *ne pas regarder, etc., négliger, peu estimer.* | nicht ansehen, nicht beachten, gering achten, vernachlässigen. صیغی وصیغی باقمیه‌رق سویلمك ohne Zusammenhang sprechen. — II. باقشمق BAKYŠMAK. Vb. recipr. *se regarder l'un l'autre.* | einander ansehen. — III. *t o* باقتورمق BAKTURMAK. Vb. caus. *faire regarder.* | sehen lassen. اوز امرینه باقتوروب seinen Befehl beachten lassend. Abulg.

t o باقه BAKA. Sbst. LT. سنك پشتی Schildkröte. vgl. بغه

a باقی BÂKÎ oder باقی [Partic. v. بقی] Adj. u. Sbst. Syn. *p* پایدار, قالان, طیقلی *a* مستحكم [Gegentheil v. فنی] *qui reste, qui survit aux autres, permanent, durable, stable, immortel, éternel, fixe; reste.* Adv. *au reste, au surplus.* | bleibend, überdauernd, überlebend, dauerhaft, beständig; unsterblich, ewig; das Uebrige, der Rest. Adv. übrigens, überdiess. الباقی EL-BÂKÎ. *ce qui reste, ce qui reste à dire* | das Uebrige, was nun noch zu sagen übrig bleibt. الباقی الدعا oder باقی السلام *il n'y a plus rien à dire que: adieu (épistolaire).* | übrigens noch der Gruss, oder: was nun noch übrig bleibt ist das Gebet, nämlich für das Wohl des Empfängers (gewöhnliche Schlussformel in Briefen). باقی قالمق BAKY KALMAK. *rester, être de reste.* | übrig bleiben. باقیسی oder باقی قالان *le reste, le restant.* | der Rest, Ueberrest. باقی اولمق BAKY OLMAK = طیانمق *durer, demeurer.* | dauern, beharren.

t o باقینمق BAKYNMAK. s. باقنمق

a باقیه BÂKIJET. (Femin. v. باقی) Sbst. *la chose qui dure.* | das Dauernde. Pl. باقیات BÂKIJÂT. *les bonnes œuvres.* | die guten Werke. الباقیات الصالحات die guten Werke gehen nicht verloren.

p باك BAK. Sbst. *p* ترس, قورقو دهشت *a* خوف, غم *crainte, peur, embarras, sollicitude.* | Furcht, Sorge, Angst, Kummer. باك داشتن *craindre.* | fürchten, besorgt sein. بی باك *sans crainte, sans peur.* | furchtlos. باك وبروا چكمك in Furcht und Sorge sein.

p t بانك BAÑ. Sbst. 1. *p* بانگ *cri, plainte.* | Schrei (wenig gebräuchlich). 2. *p* بنگ. — بانك اوتی BAÑ-OTU oder بانك تخمی BÂÑ-TOHUMY. *jusquiame.* | Bilsenkraut. vgl. بنگ und بنج

p پاك PÂK. Adj. تمیز, آری *pur, propre, net; chaste, pudique, innocent, parfait.* | rein, sauber, keusch, unschuldig, vollkommen. پاك شاعر ein vollkommener Dichter. آق پاك *tout blanc.* | ganz weiss. پاك صو *eau pure.* | reines Wasser. پاك وپاكیزه *tout net, entièrement.* | sauber und rein, ganz und gar. — ETMEK = آریتمق, تمیزلمك *purifier, nettoyer, polir.* | säubern, reinigen, putzen, polieren.

p پاكیزه‌لوی PÂKÎZELÎ. s. پاكدامن

p پاكاه PÂGÂH und پایگاه PÂJGÂH. Sbst. *échelon, degré d'un escalier; latrines.* | Stelle wo man den Fuss hinsetzt, Sprosse einer Leiter, Stufe einer Treppe; euphemistisch: der Abtritt, = آیاق یولی

p پاكباز und پاك باز PÂKBÂZ. Adj. u. Sbst. *qui ne triche pas, homme de bien, religieux, chaste.* | rein spielend, d. i. im Spiele ehrlich; rechtschaffen, religiös, keusch. vgl. پاك

p t پاكجه PÂKČE. Adv. *net, proprement.* | sauber. — TUTMAK. *tenir pur.* | rein halten, sauber mit einer Sache umgehen.

p پاكدامن PÂKDÂMEN und پاكدامنی Adj. u. Sbst. پاكیزه *a* عفیف *pur, chaste, intègre.* | rein, keusch, unbescholten.

p پاكدل PÂKDIL. Adj. *pur de cœur.* | herzensrein.

a باكره BÂKIRET. Sbst. قیز اوغلان, قیز *vierge, pucelle.* | Jungfrau. Pl. بواكر BEWÂKIR.

p t پاكلك und پاكلق PÂKLYK. Sbst. تمیزلك, طهر *pureté, netteté, chasteté, perfection.* | Reinheit, Reinlichkeit, Reinheit des Lebens und der Sitten, Keuschheit, Vollkommenheit.

p t پاكلنمق PÂKLANMAK. Vb. refl. *se purifier.* | sich reinigen. — Deriv. پاكلنمامق Vb. neg. پاكلنمامش بغدای ungereinigtes, ungesiebtes Getreide.

p a پاك كمال BÂ-KEMÂL. Adj. u. Adv. *a* كمل *parfait, parfaitement.* | vollkommen.

p باكند BÂKEND. Sbst. یاقوت *hyacinthe, rubis, saphir.* | Rubinstein.

a باكوره BÂKÛRE. Sbst. *a* طرفه *p* نوبوه *prémice des fruits, les primeurs, le premierné.* | Erstlingsfrucht, Erstgeburt.

a باكی BÂKÎ und باكیه [Partic. v. بكی] Adj. آغلایجی *qui pleure.* | weinend. Femin. باكیه BÂKIJE. *pleureuse, femme qui pleure un mort.* | eine Weinende, Klagefrau (bei Begräbnissen).

t o باكی Abulg. 139, *novacula.* Q.

p پاكی PÂKÎ. Sbst. تمیزلك, پاكلق *pureté.* | Reinheit. vgl. پاك

p پاكیزه PÂKÎZE. Adj. *a* عفیف, طاهر *pur, chaste.* | rein, keusch. vgl. پاك

a بال BÂL. Sbst. 1. فؤاد, قلب, خاطر *cœur, esprit, âme, l'intérieur, pensée intime.* | Herz, Seele, Geist, das Innere, der innerste Gedanke. خالص البال *pur de cœur.* | herzensrein. — 2. حال, تسلی *état, condition.* | Zustand, Lage. فارغ البال وحسن حال ایله mit Heiterkeit und Schönheit. — 3. *t* ایش *p* كار *ouvrage.* | Geschäft, Werk.

a بال BÂL. Sbst. *p* وال *t* قادرغه بالغی *baleine.* | der Wallfisch.

p بال BÂL. Sbst. *t* قناد, بو *a* جناح, قول *aile, bras.* | Flügel, Arm. بال قناد *aux ailes ouvertes.* | mit ausgespannten Flügeln. بال شكسته *l'aile basse, c. à d. triste, affligé* | mit gebrochenem Flügel, d. i. traurig, niedergebeugt. بال دیكری ایله پریدن mit fremdem Flügel fliegen, d. i. mit fremder Hülfe thun (wie das deutsche: mit fremdem Kalbe pflügen). پر و بال s. پر

p بال BÂL. s. بلا

t بال BAL. Sbst. *a* عسل *p* شهد, انگبین *miel.* | Honig. بال صویو BAL-SUJU, vulg. BALSU. *hydromel.* | Meth. بال مومی BAL-MUMU. *cire, cierge, bougie.* | Wachs, Kerze. كومج بالی GÖMEČ-BALY. *rayon de miel.* | Honigwabe, ungeschnittener Honig. بال صاغمق BAL SAGMAK. *couper le miel.* | den Honig schneiden, aus dem Bienenstocke abzapfen.

t o بالا BALA. Sbst. LT. بچه *petit (d'animal.* | Junges (eines Thieres). vgl. بالاز

p بالا BÂLÂ. [verkürzt بال] 1. Adj. u. Adv. *t* یوقری, یوكسك = *haut, élevé, grand, grand de taille; en haut.* | hoch, gross von Wuchs, vornehm; oben. بالا وپست hoch und niedrig, vornehm und gering. خداوند بالا وپست der Herr des Himmels und der Erde. 2. Sbst. *a* قد, قامت, یوكسكلك, بوی *hauteur, éminence, cime, stature.* | Höhe, das Oberste, Gipfel, Spitze, Grösse, Statur. بال وبال صاحبی اولمق *être grand.* | gross und ausgewachsen sein. رتبهٔ بالا RUTBE-I BÂLÂ. *dignitaires immédiatement au-dessous du muchir ou du ministre.* | Grad oder Rang der Vornehmen zunächst unter dem Müschir oder Minister. بالای عموده BÂLÂ-I 'AMÛDDA. *en haut de la colonne.* | oben auf der Säule. زیر و بالا ZIR U BÂLÂ. *sens dessus dessous.* | drunter und drüber. ZIR U BÂLÂ ETMEK. *renverser.* | umstürzen, untereinander mengen. بالا و پستی BÂLÂ WE PESTÎ. Höhe und Tiefe. عالم بالا 'ÂLEM-I BÂLÂ. die obere Welt, der Himmel, das Jenseits. بالاده ذكر اولنان BÂLÂDA ZIKR OLUNAN oder بالاده مسطور اولان BÂLÂDA MESTÛR OLAN. *susdit, susmentionné.* | der oben erwähnte, obengenannte. بالاده ذكر اولندیغی اوزره wie oben bemerkt worden. طاغك بالاسنه چیقمق *gravir la cime d'une montagne.* | die Spitze eines Berges besteigen. بالا پرواز BÂLÂ-PERWÂZ. *qui vole haut.* | hochfliegend.

p بالا BÂLÂ. Rad. v. بالیدن

t پالا und پاله PALA. Sbst. *a* مستعمل, سیج *p* قمه, كارد, اوزون بچاق *sabre très-court, poignard, stilet.* | ein kurzer Degen oder Dolch, den man unter dem Kleide versteckt tragen kann.

p پالا PÂLÂ. Rad. v. پالودن in pers. Zusammensetzungen: *purifiant, filtrant.* | durchseiend. پالا لایشی *filtre, passoire.* | Durchseiher, Durchschlag.

p پالاپال PÂLÂPAL. Adj. *filtré.* | durchgeseihet. vgl. پالودن

p پالاپال PÂLÂPÂL. Adj. *bras à bras; ferme, dur, durable.* | Arm an Arm, hart, fest, dauerhaft.

p بالاتر BÂLÂTER. Adj. Compar. v. بالا *plus haut, plus élevé.* | höher, erhaben, höher hinauf.

a بلاالتفاق BILITTIFÂK. s. اتفاق

t پلاچقه und پلاچقه PALAĆKA. Sbst. قولوچقه *poule qui couve, qui a des poussins.* | Gluckhenne, Bruthenne. vgl. پلاز und *t o* پلا

p بالاخانه BÂLÂ-ḪÂNE. Sbst. *cime ou belvédère d'une maison, balcon.* | das Oberste des Hauses, Terrasse oder Belveder auf dem Dache, Balkon, (davon das Wort Balcon).

p پالادم PÂLÂD, auch پالای und پالادم Sbst. يدك *a* جنيبت *cheval de main.* | Handpferd.

p بالادست BÂLÂ-DEST. Sbst. *qui a la place supérieure, supérieur, prééminent.* | der die Oberhand, den ersten Platz behauptet; etwas Vorzügliches.

p بالادستی BÂLÂ-DESTI. Sbst. *supériorité, prééminence, prépondérance.* | Oberhand, Vorrang.

p بالار BÂLÂR. Sbst. *p* شاهتير *t* اورتا ديرك *poutre transversale au milieu du plancher; soutien principal; au figuré: enfant gâté, mignon.* | Hauptbalken, Hauptstütze; in übergetragener Bedeutung: Goldsohn.

t پلاز PALAZ. Sbst. *petit (d'oiseaux).* | Junges (von Vögeln). اوردك پلازی ÖRDEK PALAZY. *caneton.* | eine junge Ente.

it پلاستروپه PALASTRUPA. Sbst. (palla stopaccio) *tire-bourre.* | Kugelzieher.

پلاسقه und پلاسقه PALASKA. Sbst. (ungar. palaczk, Flasche) *poire à poudre, giberne.* | Pulverflasche, Pulverhorn, Patrontasche.

a بلااضطرار BILIZTIRÂR. s. اضطرار

lat پلاتينوس und پلاتينوس PALATINOS. Sbst. palatinus. مجار پلاتينوس MAĠAR PALATINOS. *le palatin de Hongrie.* | der Palatin von Ungarn.

a بلااقتضا BILIKTIZÂ. s. اقتضا

t o بالالاب BALALAB. *mettant bas, couvant.* | Junge gebärend, brütend. vgl. *t o* بالا

p t بالالق BALALYK. Sbst. *hauteur, élévation.* | Höhe. s. *p* بالا

t پلامار PALAMAR. Sbst. قوشاق . قومنه *câble, amarre, cordage.* | Tau, Tauwerk. پلامار ايله باغلامق *amarrer.* | fest binden (mit dem Tau).

t پلاموت PALAMUD. s. پلاموت

p بالان BÂLÂN. Partic. v. باليدن

p بالان BÂLÂN. Sbst. دهليز *vestibule.* | Vorbau.

p پالان PÂLÂN. Sbst. سمر *selle, bât.* | Sattel, bes. gepolsterter Sattel zum Reiten, Sattelkissen. پالان اورمق PALAN WURMAK. *seller.* | den Sattel auflegen, satteln. پالان اغاجلری Sattelhölzer, Sattelbogen. قود سلاسی oder پالان شتر Kameelsattel.

p t پالانجی PALANĠY. Sbst. سراجی *sellier.* | der Sattler, = d. Vbgde.

t p پالانوز PÂLÂNDUZ. Sbst. سراج *bourrelier.* | Sattelsticker, = d. Vbgde.

p بالانشين BÂLÂ-NIŠIN. Sbst. توكسك اوتوران *qui est assis en haut; qui occupe la première place, président.* | der Hochsitzende, Vornehme, Vorsitzende, Präsident. بالانشين مسند ارشاد die hoch auf dem Throne der Leitung sitzenden, d. i. die vornehmsten Lehrer der Religion.

پالانقه oder پلانقه PALANKA. Sbst. (ungar. palánk). *espèce de fortification, lieu palissadé.* | Planke, mit Planken oder Palisaden befestigter Ort.

t o بلانك BILANK. Adj. *p* برشمه جملو *nu.* | markt. Ferhed. VI.

p t پالانلی PALANLY. Adj. سمرلو *sellé.* | gesattelt. s. پالان

p بالانی BÂLÂNI. Sbst. بشك اورته سی *sommet de la tête; petit bonnet.* | Wirbel des Kopfes; Mützchen, Käppchen. vgl. بالاپوش

p بالانيدن BÂLÂNIDEN. Vb. act. *faire croître.* | wachsen lassen, zunehmen lassen. [Causativ v. باليدن].

p پالاوين PÂLÂWEN. Sbst. سوزكی *filtre, passoire.* | Durchschlag. از پالاوين پالايدن *filtrer.* | durchseihen, = *t* سوزكدن سوزمك

p بالاهمت s. بالانشين

p a بالاهمت BÂLÂ-HIMMET. Adj. *d'un esprit élevé, magnanime, généreux.* | Hochherzig, edelmüthig.

t بالباللنمق BALBALLANMAK. Vb. intr. (vielleicht aus dem italienischen barbagliare oder barbottare). *s'embrouiller dans le discours, barboter, bégayer.* | sich in der Rede verwirren, stammeln, stottern. — Deriv. بالباللندیرمق BALBALLANDYRMAK. Vb. caus. *embrouiller un récit, embellir un conte.* | in einer Erzählung übertreiben.

t بالبان BALBAN. Sbst. سولش *a* جغلر *p* چرغ *espèce d'épervier.* | eine Art Sperber oder Jagdfalke.

a بلابداهه BILBEDÂHE. s. بداهه

a بالتحری BITTEHARRI. s. تحری

a بالتفصيل BITTAFSIL. s. تفصيل

t o پالتاق PALTAK. I.T. كنك بی زبان *muet.* | stumm. vgl. پلتك

t o بالتاق BALTAK. Sbst. بالته *hache.* | Axt. Ali Schir.

a بالتمام BITTEMÂM. s. تمام

t بالته auch بالطه BALTA. Sbst. *hache, cognée, hallebarde.* | Axt, Beil, Streitaxt. آی بالته AJ-BALTA. *espèce d'hallebarde.* | eine Art Hellebarde, deren sich die Tataren zur Jagd bedienen.

t بالته جی und بالطه جی BALTAĠY. Sbst. *pionnier, sapeur; autrefois valet dans le palais impérial.* | Holzhauer oder Beilträger, Knechte im kaiserlichen Palast, welche zu den niedrigsten Arbeiten verwendet werden. (s. Hammer des Osm. Reichs Staatsverfassung. II. 49). بالته جيلر كتخداسی *officier des baltadjis.* | Vorsteher oder Verwalter der Baltadschis.

t o بالتو BALTY. Sbst. I.T. تير *flèche.* | Pfeil.

t بالته جق oder بالطه جق BALTAĠYK. Sbst. Dem. كوچك بالته *hachette.* | kleines Beil.

t بالچق und بالچق BALĆAK. Sbst. *a* قبضه . قوبه *t* I.T. قبضه سی . Kam. *pommeau, garde, poignée du sabre, garniture du fourreau.* | Bügel am Säbel, das metallene Beschläge an der Säbelscheide, durch welche die Bänder oder Riemen gezogen werden. (Redhouse: (BALĆYK) the cross-piece or guard of a sword handle).

t بالچق BALĆYK. Sbst. بتاق . چامور *p* گل *a* طين *argile, limon, mortier, boue, fange, bourbier, terre.* | zähe Erde, Thon, Lehm, Mörtel, Schlamm. اولو بالچق ULU BALĆYK *terre glaise.* | Töpferthon. قزل بالچق KYZYL BALĆYK = آشی *terre rouge.* | Röthel. اورو *a* بالچغی كدرمك — اورو بالچق BALĆYK GIDERMEK = كدرمك *décrotter.* | den Schmutz vom Kleide abputzen.

t بالچقلامق BALĆYKLAMAK. Vb. act. چامورلتمق . چمورلو بولاشدرمق *crotter, salir, couvrir de fange.* | mit Schlamm u. dgl. beschmutzen. — Deriv. — بالچقلنمق BALĆYKLANMAK. Vb. refl. چامورلنمق *se crotter.* | sich beschmutzen.

t بالچقلو BALĆYKLY. Adj. چامورلو *limoneux, bourbeux, fangeux.* | lehmig, schlammig. بالچقلو صو BALĆYKLY SU. *eau bourbeuse.* | schlammiges Wasser.

a بالجمله BILĠUMLE. s. جمله

t بالجی BALĠY. Sbst. *vendeur de miel et d'hydromel.* | Honig- oder Methverkäufer.

a بالحق BILHAKK. s. حق

a بالحلال BILHILÂL. s. حلال

a بالخطر BILHATAR. s. خطر

a بالخير BILHAIR. s. خير

t o بالداق BALDAK. Sbst. I.T. قبضه *a* شمشير *garde, poignée d'une épée.* | Degengriff.

t بالدر oder بلدر BALDYR. Sbst. *a* ساق . بوزم *p* خدمه . كراع *jambe, mollet; tige.* | Bein (bei Thieren und Menschen vom Knie bis zum Knöchel), Wade; Pflanzenstengel. بالدر كمكی BALDYR GEMIGI. *l'os de la jambe.* | Schienbeinknochen. قبا بالدر KABA BALDYR. *la grosse jambe.* | das dicke Bein. بالدری اوزون اولمق *avoir les jambes longues.* | lange Beine haben. بالدری چپلاق تختمی BALDYRY ĆYBLAK TAKYMY. *la populace.* | das nacktbeinige Volk, d. i. der Janhagel. چكركه نك بالدری *la jambe de la sauterelle.* | das Beinchen der Heuschrecke. نباتك بالدری *tige de la plante.* | Stengel der Pflanze. Kam. s. v. بالدری قره اوتی — الزنجر und البيعقر BALDYRY KARA OTU = *a* سلق الاسود *adiante, plante capillaire.* | Frauenhaar (polytrichum commune?)

t بالدران BALDYRAN. Sbst. *a* شوكران، بنج *p* نقت بردی . توریس . شوکه . سرت *p* کاخجاد LL. und Kam. *ciguë.* | der Schierling.

t بالدیرغان BALDYRGAN. Sbst. حلتیت *a* انجدان، اغاجی laserpitium. Laserkraut. Kam. s. v. محروث und حلتیت

t بالدز BALDYZ und بالدوز auch بالدیز Sbst. شوشو، خواتو *belle-sœur.* | Schwägerin.

a بالدفعات BIDDEF'ÂT. s. دفعه

p پالدم PÂLDUM = پاردم Sbst. *a* قبات *p* کوزیبل *le derrière de la selle; croupière.* | der hintere Theil des Sattels; Schwanzriemen.

t پالدان PALDAN. Sbst. LT. خیار *concombre.* | Gurke.

t بالدور BALDUR. Sbst. LT. بند دست *menottes; bracelet.* | Handfessel, Armband (?)

a بالذات BIDZÂT. s. ذات

p بالزین BÂLZIN. Sbst. = بال زین BÂL-I ZIN. *côté de la selle.* | Sattelseite, Sattelflügel.

t بالش BALYŠ. Sbst. (mongolisch). *monnaie mongole.* | eine mongolische Münze. بالش زر Goldbalisch = 8 Miskal 2 Dang (etwa 20 Rthlr.). بالش نقره Silberbalisch = 8 Dirhem 2 Dang (2 Rthlr.). بالش چاو Papierbalisch = 10 Dinar (35 Rthlr.). Quatremère hist. des Mongols. I. 320. Jahrbücher der Litteratur. Bd. 67. S. 39.

p بالش BÂLIŠ. Sbst. *a* مخدة *coussin.* | Kissen, Polster. بالش عالی das erhabene Polster, der hohe Thron.

p بالشچه BÂLIŠČE. Sbst. Dem. d. Vhgdn. ایر بالشچه‌سی *coussinet de selle.* | Sattelkissen.

a بالصواب BISSEWÂB. s. صواب

a بالضرورة BIZZARÛRE. s. ضرورة

a بالضروری BIZZARÛRÎ. s. ضروری

a بالطوع BITTAU'. s. طوع

a بالطول BITTAWL. s. طول

t بالطه BALTA und بالطا s. بالطه‌جی

a بالعکس BIL'AKS. s. عکس

a بالغ BALIG. [Partic. v. بلغ] Femin. بالغه BALIGA. Adj. یتمش . کامل *qui arrive, qui parvient à ..., majeur, parvenu à la majorité, qui a atteint l'âge de la puberté, mariable; parfait, excellent, mûr.* | ankommend, angelangt; der das Alter der Reife erreicht hat, erwachsen, mannbar, mündig, auch عاقل بالغ; vollkommen trefflich, reif (von Früchten); als Sbst. *jeune homme ou jeune fille.* | Jüngling, Jungfrau.

p پالغز PÂLAGZ. Sbst. *faux-pas.* | Fehltritt; auch in übergetragener Bedeutung: Sünde, Vergehen.

t بالغم BALGYM. Tahrif v. *a* بلغم s. u.

t بالقجیل s. بالقیجیل

a بالفعل BILFI'L. s. فعل

t بالق BALYK. Sbst. *a* حوت . سمك *p* ماهی *poisson.* | Fisch. بالق آغی BALYK-AGY. *filet.* Fischnetz; als N. pr. = بالقلوا Balaklawa in der Krim. بالق اتی BALYK-ETI. *muscle.* | Muskel. بالدر اولانی، بالق اتی der Muskel in der Wade. بالق اتلری BALYK ETLERI. *les muscles, les glandes.* | die Muskeln, die Mandeln. بالق اوتی BALYK OTU. *coque du levant (plante).* | Fischkörner, wovon die Fische betäubt werden. بالق سپدی BALYK-SEPEDI. *nasse.* | Fischreuse. بالق خانه BALYK-QANE. *vivier.* | Fischteich, Weiher; ein ehemaliges Staatsgefängniss in Constantinopel. بالق ترشیسی BALYK-TURŠISI. *poissons salés, salaison.* | eingesalzene Fische. بالق قولاغی BALYQ-QULAGY. *p* گوش ماهی *ouïe de poisson, c'est le nom d'un petit coquillage (conque de Vénus?).* | Fischohr, Name einer kleinen Muschel. بالق یومورطه‌سی BALYK JUMURTASY. *œuf de poisson, boutargue.* | Fischeier, Rogen, Batargum, getrockneter Kaviar. (Redhouse: the dryed roe of the grey mullet). بالق نفسی BALYK NEFSI. *blanc de baleine.* | Wallrath. اوفاق بالق UFAK BALYK. *fretin, poissonnaille.* | kleine Fische, Fischwerk. بالسی آولامق s. بالق اوی — آولامق BALYQ-AWY *pêche.* | Fischfang.

t a بالق BALYK oder BALYQ, auch بالغ، بالیغ، بالیق Sbst. *ville entourée de murailles, ville.* | Stadt, insbesondere eine mit Mauern umgebene Stadt. خان بالق HAN-BALYK. *ancien nom de la ville de Pékin.* | Königsstadt oder Kaiserstadt, alter Name der Stadt Peking.

t بالقان BALKAN und بالقن Sbst. *grande montagne, chaînes de montagnes, spéc.:* Nom. pr. *le Balcan.* | grosses oder hohes Gebirge mit Waldung, Gebirgskette; insbes. als Nom. propr. das Balkangebirge.

t بالقجیل BALYKČYL, auch بالقیجیل und بالیقجیل Sbst. *héron.* | der Reiher, Reiherbusch, als Schmuck des Turbans. v. Hammer. Staatsverf. des Osm. Reichs. I. 447. II. 209. Auch *pigeon ramier.* | wilde Taube, = یوتیار

t بالقجی BALYKČY. Sbst. *p* ماهی فروش *pêcheur, poissonnier.* | Fischer, Fischverkäufer.

a بالقصد BILKASD. s. قصد

t بالقلو BALYKLY. Adj. *poissonneux.* | Fische habend, Fische besitzend; als Nom. propr. *nom d'un quartier à Constantinople.* | Name eines Stadtviertels in Constantinopel.

t بالقلوا BALYKLAWA. Sbst. *vivier, étang* | Fischteich, Weiher. Nom. pr. Balaklawa in der Krim. s. بالق آغی

t a بالقمق Vb. intr. *luire, briller.* | leuchten, glänzen, = پارلمق

p پالگانه PALGÂNE. Sbst. پاوری قاپو *guichet.* | kleines Thürchen in einer grösseren Thür.

a بالکلیة BILKULLIJE. s. کلیة

a بالکمال BILKEMÂL. s. کمال

t باللو BALLY. Adj. *mielleux, fait de miel.* | honigsüss, Honig enthaltend, aus Honig bereitet.

a بالله BILLÂH. *par Dieu.* | bei Gott. s. الله

t بالمومی BAL-MUMU. s. بال

a بالمشافهه BILMUŠÂFEHE. s. مشافهه

a بالمعنی BILMA'NA. s. معنی

a بالمعیة BILMA'IJET. s. معیة

a بالمواجهه BILMUWÂCEHET. s. مواجهه

t پالانقه PALANKA. s. پالانقه

p بالوار BÂLWÂR und بالور BÂLWER Adj. *ayant des ailes.* | geflügelt. vgl. بال قنادلو

p پالوانه PÂLWÂNE. Sbst. سوزگو ، سوزگچ *filtre.* | Durchschlag.

p پالودن PÂLÛDEN. [Rad. پالای] Vb. act. سوزمك *extraire, filtrer.* | ausquetschen (den Saft), durchseihen.

p پالودگی PÂLÛDEGI. Sbst. سوزلمه *filtration.* | Durchseihung.

p پالوده PÂLÛDE oder پالوده und پالوزه PÂLÛZE. Sbst. u. Adj. سوزلمش . پالته *a* خلاصه . خلوص *extrait, filtré; jus condensé, gelée, glace; spéc. sorte de gelée composée de farine et de miel.* | Extrakt, condensirter Saft (von Früchten u. dgl.), Fruchteis, geronnene Fleischbrühe, insbesondere süsse Gallert, eine süsse Speise die mit feinem Mehl, Honig und verschiedenen Gewürzen aus der Brühe von Schaffüssen bereitet wird. پالوده سیب PÂLÛDE-I sib. *gelée, compote de pommes.* | eingesottener Apfelsaft.

fr بالوس BALOS. Sbst. *bal.* | Ball, Tanzgesellschaft.

p پالونه PÂLÛNE. Sbst. *filtre.* | Durchschlag. s. پالاون

a بالوعه BÂLÛ'A. Sbst. *p* چاه آبریز . کاریز *t* لغم . آغوز *égout, conduit souterrain, cloaque.* | Gosse, durch welche Schmutz aus dem Hause abfliesst, Kloak.

p پالهنگ PÂLHENK oder پالاهنگ PÂLÂHENK. دیزگین . قیش . کمند . اپ *corde, lacet, courroie, bride.* | Strick, Riemen, Halfter, Spannseil. Theol. myst. پالهنگ تعلق *ce qui attire le dévot à Dieu.* | das was den Andächtigen zu Gott hinzieht.

t a بالیجاق BALYČAK. Sbst. کلهپوش *petit bonnet.* | Mützchen, Käppchen. vgl. *p* بالای

a بالی BÂLÎ oder بالی Adj. اسکی *vieux: usé, râpé.* | alt, abgenutzt.

p بالیدگی BÂLÎDEGI. Sbst. *agrandissement, végétation.* | Wachsthum, Vegetation. s. d. Figde.

p بالیدن BÂLÎDEN. [Rad. بالای] Vb. intr. اوزمق *grandir, croître, s'étendre.* | gross werden, wachsen, sich ausdehnen.

p پالیز PÂLÎZ. Sbst. باغ . بوستان . کشتزار *a* بستان *jardin, champ cultivé.* | Garten, Saatfeld, insbesondere Melonengarten.

p پالیزبان PÂLÎZBÂN. Sbst. باغچوان *jardinier, laboureur.* | Gärtner, Ackerbauer.

t بالیق s. بالق

p بالین BÂLÎN. Sbst. = بالش *a* مخدة *coussin.* | Kissen, Polster, insbesondere Ruhepolster. بالین پرست BÂLÎN-PEREST. *adonné au coussin, c. à d. paresseux, fainéant.* | ein Kissenanbeter, d. i. Faullenzer.

it بالیوس BALIOS oder بالیوس BALJOS. Sbst. (bailo). *baile, autrefois titre de l'ambassadeur de la république de Venise à la sublime porte, ainsi que du chargé d'affaires de la France et des consuls européens dans les échelles du Levant.* | ehedem Titel des Venetianischen Gesandten, des französischen Geschäftsträgers und der europäischen Consule in den levantischen Hafenstädten.

t بام BAM. Verstärkungspartikel بام بلشقه s. بلشقه

p بام BÂM, auch بان Sbst. *a* قبه . سقف *t* طوان . دام *voûte, toit, plafond.* | Kuppel, Dach, Decke. بام سنون oder بامستون BÂM-SUTÛN. *belvédère, terrasse découverte.* | Terasse auf dem Dache. بام خانه BÂM-I ḪÂNE. *toit de la maison.* | Dach des Hauses. بام رفيع auch بام بديع oder بام فراخ der oberste Himmel, Thron Gottes. بام زمين der unterste Himmel, Sphäre des Mondes. بام چشم BÂM-I ČEŠM. *paupière.* | Augenlid.

p بم BAM. Sbst. *a* بم . ابم *t* قبا صدا *basse, basse-taille.* | Bass (die Stimme), Basssaite (einer Geige), Gegentheil von زير . بام سس BÂM-SES. *basse.* | Bass, die unterste Stimme (im Chorgesang oder Accord). بام سسلو BAM-SESLI KEMÂN, *basse (violon).* | Bassgeige.

p بام BÂM. Sbst. *a* صباح . فجر . ضحى *t* طان . آلاز *lumière, aurore.* | Licht, Morgenlicht, frühe Morgenstunde. vgl. بامداد

p بام BÂM, auch بام Partikel in persischen Zusammensetzungen, welche eine Farbe bezeichnen. s. فام und die persischen Grammatiken. سرخ بام SURḪ-BÂM. *rougeâtre.* | röthlich.

p باما BÂMÂ [s. با und ما] *avec nous.* | mit uns, = بزمله

p بامال PÂMÂL. Adj. = پایمال *foulé aux pieds, ruiné, dévasté.* | mit Füssen getreten, zertreten, verwüstet.

p پامالی PÂMÂLÎ. Sbst. *dévastation, ruine.* | Verwüstung.

t باميره BAMÎREH. Meninski: درجه *gradus, ordo, dignitas;* wahrscheinlich eine Verstümmelung des persischen s. بام راه BÂM-RAH, *escalier, échelle.* | Leiter (wörtl. Dach-Weg).

p بامداد BÂMDÂD. Sbst. *a* صبح *t* ارته . صباح وقتى *lever de l'aurore, grand matin.* Tagesanbruch, früher Morgen. vgl. بام

a بمرالله BIEMRILLÂH. Sbst. *par la volonté de Dieu.* | mit Gottes Befehl. s. امر

p پامرد PÂMERD und پامردی PÂMERDÎ. s. پایمرد und پایمردی

p پامزد PÂMUZD. s. پایمزد

p بامزه BÂMIZE. Adj. طاتلو *doux.* | süss.

p بامستون BÂMSUTÛN. s. بام

p a بامسكنت BÂ-MESKENET. Adj. *modeste.* | bescheiden.

p بامگاه BÂM-GÂH. Sbst. ارته وقتى *heure du matin.* | Morgenzeit, = بامداد

p بامن BÂMEN [s. با und من] *avec moi.* | mit mir, = بنم ايله

t پاموق PAMUK, auch پموق u. پامبوق oder پاموق Sbst. *p* پنبه *a* قطن *coton.* | Baumwolle.

p بامون BÂMÛN oder باموں [Tahrif v. *a* مأمون] Sbst. *a* مخنث *t* شبير اوغلان *homme qui se livre à la prostitution, homme adonné aux vices; vicieux, lâche, sale, paresseux.* | Cinäde, lasterhafter Mensch; als Adj. lasterhaft, schlecht, gemein, faul.

a بان BÂN. Sbst. *nom d'arbre: le saule d'Égypte.* | Name eines Baumes, die ägyptische Weide oder Moschusweide. جوز البان *nux unguentaria,* die Frucht des Bân. دهن البان eine wohlriechende von diesem Baume gewonnene Salbe. بانك s. بان اوازى und بنك

p بان BÂN oder وان ursprünglich selbstständiges Substantiv, = dem Figdn.: *gardien, maître.* | Hüter, Beschützer, Herr; dient zur Bildung persischer Substantive, wie باغبان BÂĠBÂN oder باغچه بان BÂĠČABÂN. *garde de jardin.* | Gartenhüter, Gärtner. دربان DER-BÂN. *gardien de porte.* | Thürhüter. مرزبان MERZBÂN. *gardien de la frontière.* | Gränzhüter, Markgraf.

بان BÂN. Sbst. (slav. ban). *seigneur, gouverneur.* | Herr, Gebieter, Statthalter; ursprünglich dasselbe Wort, wie das vorhergehende, in das Türkische aber erst aus dem Slavischen oder Ungarischen aufgenommen.

p بدانجا BE-ÂN-ǦÂ. Adv. اوراية *dans ce lieu, là.* | an diesen Ort, dorthin.

t پانجار PANǦAR. Sbst. *a* سلق *p* چغندر *betterave, spéc. les feuilles de la betterave* | Runkelrübe, insbesondere die Blätter oder der ganze Stock; auch = پازى LL.

it باندره BÂNDIRA und باندیرا BÂNDIRÂ. Sbst. (bandiera). سنجاق . بيراق *pavillon de navire, bannière; étendard.* | Flagge (fremder Nationen), Fahne, Banner.

p t پانزده PÂNZEDEH. Adj. Num. card. اون بش *quinze.* | fünfzehn.

p پانزدهم PÂNZEDEHUM. Adj. Num. ord. اون بشنجى *le quinzième.* | der fünfzehnte.

p پانزهر PÂNZEHR. s. پادزهر

p پانصد PÂNṢAD. Adj. Num. card. بشيوز *cinq cents.* | fünfhundert.

t a بانقان BANKAN. LT. جنبر معى Name einer Frucht (?)

t باندرمق BANMAK. Vb. act. Aor. باندر BANAR. Imperat. بان BAN. *tremper.* | eintauchen. لقمه يى چروشش يغده بولاسوب باسمقده einen Bissen in Fett tauchen. Kam. s. v. آلوت . — پرمغكى بنه بان tauche deinen Finger in Honig. — Deriv. باندرمق BANDYRMAK. Vb. caus. *faire tremper, tremper.* | eintauchen lassen, eintunchen.

p بنك s. بنگ

p بانگ BANG. Sbst. *t* اون . چغلرق . سس *a* صدا . الحان . صوت *voix, son, ton, cri, appel du muezzin, cri du coq.* | Stimme, Schall, lauter Ton, Schrei, lautes Rufen. بانگ نماز BANG-I NAMÂZ oder بانگ الله BANG-I ALLÂH. der Ruf des Müezzin zum Gebet. بانگ خروس BANG-I ḪURÛS. das Krähen des Hahnes. بانگ زدن oder بانگ كسردن BANG-ZEDEN. *crier.* | schreien, brüllen, = بانگلمك Jemanden anschreien, überschreien, zum Schweigen bringen.

p بانگش BÂNKEŠ. Sbst. *crieur; la tourterelle.* | der Schreier; die Turteltaube.

p بانگه s. بانگ

p بانگيدن BÂNGÎDEN. Vb. intr. باغرمق *crier.* | schreien. vgl. بانك

p بانو BÂNÛ. Sbst. [Femin. von بان] خاتون . قادين . سلطان *dame, madame, princesse.* | vornehme Frau, gnädige Frau, Fürstin. بانوى مشرق *le soleil.* | die Fürstin des Ostens, d. i. die Sonne.

p بانوا BÂ-NEWÂ. vgl. با u. نوا Adj. آوازلو . خوش آواز . غنى . زنگين . مالدار . جنكلو . صاحب شهرت *doué d'une belle voix, riche; célèbre; guerrier.* | mit schöner Stimme begabt, reich; berühmt; Krieger.

gr پانوقله PANUKLA. Sbst (πανούκλα). *a* وبا طاعون *la peste.* | die Pest.

it بانيه BÂNE. Sbst. (bagno). ايلجه *bain chaud, thermes.* | warmes Bad, warme Quelle.

p بانسه BÂNE. Sbst. زلف . قسق قيلى *poil autour des parties de la génération.* | die Haare an den Schamtheilen.

p t پانهاده PÂ-NIHÂDE. s. پا u. نهادن Adj. ورت اولان . اياق باصمش اولان *qui a mis pied, qui commence.* | Fuss gefasst habend, beginnend. — OLMAK. *mettre le pied sur q. ch. ou dans q. ch.* | den Fuss setzen auf oder in. *t* پانهاده ظهور اولمق PÂNIHÂDE-I ZUHÛR OLMAK. *se faire voir.* | Fuss fassend (d. i. Beginnend) des Erscheinens sein, d. i. zum Vorschein kommen, sich zeigen.

a بانى BÂNÎ. [Partic. v. بنى] Sbst. بابلاجى . بنا ايلاجى . يابلجى *qui construit, qui fabrique, architecte, fondateur, inventeur, auteur.* | der Erbauer, Baumeister; Gründer, Urheber, Erfinder, Producent einer Sache. — OLMAK. *construire, produire, faire* | erbauen, hervorbringen. بومعمانك بانى بنى der Erbauer des Baues dieser Dunkelheiten (dunkeln Sprüche). بانى خيرات . مستحبات der Gründer frommer Stiftungen.

p بنو BE-O, aus ب und او *à, avec, par lui.* | an, mit durch ihn, = آكا . انكله ايله . انكله

p بانو BÂ-O, aus با und او *avec lui.* | mit ihm. انكله ايله . انكله

t o باو BAW. Sbst. *corde.* | Seil, Strick.

p باوجود BÂ-WUǦÛD. Adv. s. وجود und با *(avec existence) malgré.* suiv. du Génitif. | ungeachtet. با وجود اين كه oder با وجود كه *malgré que, quoique, tandis que.* | ungeachtet dessen, während, bei alledem dass.

p باور BÂWER. [Rad. v. باوريدن] Sbst. 1. امنيت . اعتماد *confiance.* | das Trauen, Vertrauen, Glauben. — ETMEK = باور كردن oder امنمق . تصديق ايلمك . باور داشتن *croire, avoir confiance, reconnaître pour vrai.* | glauben, trauen, als wahr anerkennen. كسمى كمشى كوروب كودكجه باور نميكند was man ohne es gesehen zu haben nicht glaubt.

Ali Schir. 2. Adj. *a* صحيح . صادق طوغرو سويلن . كرچك اولان *t* راست كو *vrai, sincère, digne de foi.* | wahrhaftig, Glauben verdienend.

t o بلورج BÂWARĈ. Sbst. LT. چاشنى كير *officier dégustateur à la cour d'un prince; cuisinier.* | Vorkoster am Hofe eines Fürsten; Koch.

t بلورچى BAWARĈY. Sbst. LT. پسرنده *cuisinier.* | der Koch.

p بسلوريدن BÂWERÎDEN. Vb. intr. *t* اينانمق *p* باور داشتن *croire, prêter foi, avoir confiance, reconnaître pour vrai.* | glauben, trauen, für wahr halten, als wahr anerkennen.

p a باوقار BÂ-WEKÂR. Adj. *avec dignité, avec gravité, majestueux, digne de considération.* | mit Ernst, mit Würde, majestätisch, der Auszeichnung würdig.

t o باولى BAWLY. Sbst. طيارى چقور ein Vogel oder anderes Thier, mit dem die Falken zur Jagd abgerichtet werden. كه بعضى از پر ويا وى كنده پيش باز وشاهين نو تيار كرده سر دهند Borhân-i kâtı'.

t باولمق BAWLYMAK. Vb. act. *dresser à la chasse.* | zur Jagd abrichten. باولمش BAWLYMYŠ = قفلمش *dressé à la chasse.* | zur Jagd abgerichtet. Kam. s. v. الاسد. — شكاره باولمش تازى ein dressirter Jagdhund. Kam. s. v. الدارب

p باوى BÂWEI = با او und *avec lui.* mit ihm.

a باه BÂH. Sbst. جماع . تجمع *t* سكش *cohabitation, commerce charnel, coït.* | Beiwohnung.

p باه PÂH. Sbst. آش . ماچه *nourriture.* | Speise (Suppe, Fleisch, Gemüse).

a باهر BÂHIR. [Partic. v. بهر] Adj. آشكار . روشن . مشهور . ظاهر . بارع . غالب *éblouissant, brillant, resplendissant, clair, évident, manifeste, éminent; qui surpasse les autres, vainqueur.* | glänzend, klar, deutlich, offenkundig, schön, vortrefflich, übertreffend, besiegend, Sieger. — ETMEK. *manifester.* | bekannt machen, kund thun. شاه باهر الاقبال ŠAH-I BÂHIR ÜL-IKBÂL. *roi très-fortuné.* | ein hochbeglückter (im Glücke die andern übertreffender) König. كلام باهر الانتظام KELÂM-I BÂHIR ÜL-INTIZÂM. *discours bien ordonné, parole sensée.* | vortrefflich geordnete Rede.

a باهره BÂHIRE. Sbst. *veine du front.* | Stirnader.

a باهظ BÂHIZ. Adj. كوچ . مشقتلو *lourd, difficile, pénible.* | schwer. Sbst. *adversité.* | Unglück.

p باهك BÂHEK und پاهك PÂHEK. Sbst. اشكنجه *torture.* | Folter.

p باهكيدن BÂHEKÎDEN und پاهكيدن Vb. act. اشكنجه كرمك *appliquer la torture.* | foltern.

a باهل BÂHIL. Adj. خودسر . بشلو بشنده *libre; indépendant, désœuvré.* | frei; ungehindert, unabhängig, unbeschäftigt.

p باهم BÂ-HEM. vgl. هم Adv. برابر . بيله *ensemble, dans le même endroit.* | zusammen, beisammen, an einem und demselben Orte. باهم آمدن BÂ-HEM ÂMEDEN = جمع اولمق . غضبه گلمك *s'assembler, se réunir, en venir aux mains, se mettre en colère.* | zusammenkommen, zusammengerathen, in Zorn gerathen. باهم آوردن BÂ-HEM ÂWERDEN. *assembler.* | zusammenbringen. باهم ديكر BÂ-HEM-DIGER. *les uns avec les autres, mutuellement.* | einander.

p باهمه BÂ-HEME. Adv. *avec tout cela, néanmoins.* | bei alledem, nichts desto weniger. vgl. همه

p باهو BÂHU. Sbst. كوچك دكز *petite mer, lac.* | kleines Meer, See, Binnenmeer.

a باهى BÂHI oder باه Fem. باهيه Adj. معطل . خالى *t* بوش *vide, vacant.* | leer. باهى خانه BÂHI ḪÂNE. *maison abandonnée.* | ein leerstehendes, unbewohntes Haus.

t باى BAJ. Sbst. u. Adj. LT. بك توانكر *seigneur, homme riche, opulent, fortuné.* | vornehmer Herr, Fürst, reicher Mann; reich, glücklich. = سعيد . — باى و كدا BAJ Ü GEDÂ. *les riches et les pauvres, c. à d. tout le monde.* | reich und arm, d. i. Alle ohne Ausnahme. باى ايتمك *rendre riche.* | bereichern.

t o باى BAJ. Sbst. = بايقوش

a باى حال BI-AJJI. s. اى — باى حال BI-AJJI HÂL (BEJ HÂLIN). *en quelque façon que ce soit, certainement.* | auf welche Weise, unter welchen Umständen es auch sei; sicher, jedenfalls, durchaus.

t باى PAJ. Sbst. بهره . *a* قسمت . عنيملق . حصه . قسم *part, portion, lot, sort, bonheur, richesse.* | Theil, Antheil, Loos, glückliches Loos, Glück, Reichthum. — ETMEK = پايلاشمق *répartir, distribuer.* | theilen, vertheilen. بنم پايمه BENIM PAJMA. *pour ma part, à ma place.* | für meinen Theil, meinetwegen; an meiner Stelle. پاى اولمش PAJ OLMYŠ. *partagé, divisé.* | getheilt. بخش . پاى بخش

p پاى PÂJ. Sbst. *t* اياق = پام . پايه . پى *pied, base, degré, trace.* | Fuss, Fussgestell, Grundlage, Stufe, Spur. در پاى رفتن DER PÂJ REFTEN oder بپاى كسى رفتن *suivre les pas de q. qn.* | auf dem Fusse folgen. — In übergetragener Bedeutung: 1. *p* بهانه *a* علة . عذر vgl. پا — *prétexte, cause.* | Grund einer Sache, Vorgeben. پاى داشتن PÂJ DÂŠTEN = پاى طوتمق *être stable ou permanent.* | Stand halten, Bestand haben, bleiben. vgl. پايدار 2. *a* مقاومت *t* بكمه *ce qui dure, fermeté, constance; attente.* | das Dauernde, Bestand, Dauer, Beharren, Erwarten. — 3. تاب . طاقة *a* قدرة *force, puissance.* | Kraft, Macht.

p پاياب PÂJÂB. Sbst. vgl. پاى u. آب 1. *fond de l'eau, eau non profonde, source, gué.* | Ort wo man Fuss findet, Grund des Wassers, frisches Wasser, Quelle, Furt. — 2. In übergetragener Bedeutung: مقاومت . تاب . توانائى *force, pouvoir, puissance.* | Kraft, Macht.

a بايات BÂJÂT [v. بات med. ى] Adj. اسكى . كوتو . فنا *rassis; vieux, fade.* | übernächtisch, was über Nacht gestanden, schal, matt, alt, nicht mehr frisch, verdorben. بايات خبز ḪUBZ BÂJÂT. *pain rassis.* | altbackenes (über Nacht gestandenes) Brod.

t o بايتقى BAJAGY. Adv. *autrefois, d'auparavant, de ce temps-là.* | ehemals, früher, ehedem, damals.

p پايان PÂJÂN. Sbst. صوك . اوج . كنار *fin, terme, bout, extrémité.* | Ende, Ziel, Endpunkt, Aeusserstes.

p پاى انداز PÂJ-ENDÂZ oder پانداز und پااندار Sbst. *ce qui est lancé aux pieds de q. qn., c. à d. étoffes de soie, draps, tapis etc. qu'on étend sur le pavé devant un prince, un conquérant; présents offerts à un prince.* | was zu Füssen geworfen wird, d. i. Teppiche, seidene und andere Stoffe, die bei dem Einzuge eines Fürsten oder Eroberers auf dem Wege ausgebreitet werden; Geschenke die man einem Fürsten oder Eroberer zu Füssen legt.

p پاى بست PÂJ-BEST. Adj. u. Sbst. 1. اياغى باغلو اولان *qui a le pied lié, qui est empêché; captif; amoureux.* | an den Füssen gebunden, gehindert, verhindert, verstrickt; ein Gefangener; in Liebesbanden verstrickt, verliebt. — 2. = اساس *a* تمل *fondement d'une construction.* | Grundmauer eines Gebäudes. — 3. *qui attend, oisif.* | erwartend, wartend, müssig stehend.

p پاى بسته PÂJ-BESTE. s. d. Vbgde.

p پاى بند PÂJ-BEND (PAJWANT), پابند und پايوند Sbst. *entrave, piège; fraude.* | Fessel, Beinschlinge der Pferde, Schlinge; Hinterlist.

p پاى بوس PÂJ-BÛS. s. پابوس

p پاى پوش PÂJ-PÛŠ. Sbst. s. پاپوش

p پاى تخت PÂ-I TAḪT. Sbst. *pied ou base du trône, le trône, la résidence d'un souverain.* | Fuss des Thrones, der Thron, Hauptstadt, Residenz des Fürsten.

t باياجى BAJAĈY. Sbst. s. بلغاجى

t باياجيلق BAJAĈYLYK. Sbst. s. بلغاجيلق

p پاى خست PÂJ-ḪAST, auch پاخوست und پايخواست Adj. *foulé aux pieds.* | mit Füssen getreten, betreten (vom Wege).

p بايد BÂJED. 3. Aor. v. بايستن = شايد *il faut, il se peut, peut-être.* | es muss, kann sein, vielleicht. = *t* كرك . اولا

p پايدار PÂJDÂR. Adj. *a* ثابت . باقى . قوى *t* بركت *ferme, stable, constant.* | dauernd, fest, beständig, fortdauernd. مقيدا پايدار اولمق fest an seiner Stelle bleiben.

p t پايدارلق PÂJDÂRLYK. Sbst. *a* متانت . ثبات *fermeté, stabilité, constance.* | Festigkeit, Beständigkeit, Dauer.

p پايدارى PÂJDÂRÎ. Sbst. = پايدارلق

p پايدام PÂJDÂM oder پادام PÂDÂM. Sbst. *piège; lacet des oiseleurs; appeau.* | Fangschlinge, Sprenkel; Lockeule, = براق oder ملواح موصطره Kam. s. v.

p پايدان PÂJDÂN. Sbst. 1. پاپوش *chaussure, soulier.* | Fussbekleidung. Schuh. — 2. = طیانق t پیندان soutien. | Stütze.

پایدوس PAJDOS oder پایدوست PAJDOST. Sbst. cessation du travail. | Ruhe von der Arbeit, Aufhören zu arbeiten; als Interj. cessez! | hört auf! macht Feierabend! (vielleicht ursprünglich eine Verunstaltung des deutschen Commandowortes Bei Fuss! vgl. Leipziger Litteraturzeitung 1830, No. 16. Col. 125). — ETMEK. cesser le travail. | aufhören zu arbeiten, die Arbeit abbrechen und aufschieben.

a باقره BÂÏR. Adj. u. Sbst. qui a perdu la tête, étourdi, étonné, stupéfait, confus; homme perdu, vaurien, impie. | einer der den Kopf verloren hat, rathlos ist, nicht weiss, was er thun soll, bestürzt, in Verwirrung; ein verlorener Mensch, Taugenichts.

t بایر BAJYR. Sbst. coteau, côte, colline. | Abhang, Bergwand, Hügel. قرق s. قیرق بایر

t بایرجق BAJYRDŽYK. Sbst. Demin. des Vhgdn. petite colline. | Hügelchen.

a e بایره BAÏRE, auch بایر BAÏR. Sbst. jachère. | Brachfeld.

t o بایری BAJRY. Adj. قدیمی ancien, antique. | alt, alterthümlich.

p پایز PÂÏZ. s. پاییز

p پایزار PÂJZÂR oder پازار PÂZÂR. Sbst. پاپوش . ایاق قابی soulier. | Schuh.

p پایزن PÂJZEN oder پازن PÂZEN. Sbst. 1. اسیر . خدمتکار captif, esclave. | einer dessen Fuss gebunden, Gefangener, Sclave. — 2. پزونك . مبیحجی entremetteur, maquereau | Gelegenheitsmacher, Kuppler.

p پایزه PÂÏZE, auch پایزه und پایزه Sbst. (mongolisch) معافنامه . عطیه . احسان . خلعه diplôme royal, veste d'honneur, présent d'honneur, privilège, exemption, immunité. | königliches Dimplom (das chinesische Pai, eine goldene Tafel, deren Inhaber überall Gehorsam zu leisten ist); königliches Ehrengeschenk, Ehrenkleid, vom König verliehene Gerechtsame.

p بایستن BÂÏSTEN. [Rad. باي] Vb. impers. کرك اولمق . لازم اولمق devoir, falloir. | müssen, nöthig sein. Partic. بایسته BÂÏSTE. nécessaire, convenable. | nothwendig, nöthig, geziemend, = لازم اولان . کرکلو

p پایستن PÂÏSTEN. [Denom. v. پای] Vb. intr. s. پاییدن Partic. پایسته PÂÏSTE. stable, permanent. | dauernd, beständig, = ثابت . باقی

a بایض BÂÏZ. Adj. qui pond des œufs. | Eier legend.

t o بایطال BAJTAL. Sbst. jument. | Stute.

a بایع BÂÏʿ. [Partic. v. بیع] Sbst. صاتیجی vendeur, marchand. | Verkäufer, Händler, Kaufmann, Gegentheil von مشتری

t o بایغاج BAJGAČ. Sbst. LT. درخت arbre. | Baum, = اغاج

t بایغین BAJGYN, auch بایغون u. بایقین Adj. a مغشی p وانش pâmé, évanoui, languissant. | ohnmächtig, bewusstlos, matt. بایغین اوله رق یره دوشمك tomber en défaillance. | ohnmächtig auf die Erde niederfallen. vgl. بایلمق

t بایغینلق BAJGYNLYK, auch بایغینلق und بایغونلق Sbst. a بیهوشی . غشی . موت pamoison, défaillance, langueur, accablement. | Ohnmacht, Bewusstlosigkeit, Schwäche, Mattigkeit. معده بایغینلغی MIʿDE BAJGYNLYGY. pyrosis. | Sodbrennen. بایغینلقله BAJGYNLYKLA. languissamment. | schwach, matt.

t o بایغوز BAJGUZ oder بادغیز BADGYZ. Sbst. village, campagne. | Dorf, Land.

t بایقوش BAJKUŠ und بیقوش Sbst. a بوم . p بیغام chouette, chat-huant, hibou. | Eule, Uhu, Käutzchen. اورمان بایقوشی ORMAN BAJKUŠU. eine in Wäldern wohnende Eulenart. بایقوش — p جغد = بایقوش بوغو قوشی عقللو dumm wie eine Eule.

a بایقه BÂÏKA. Sbst. = داهیه malheur, calamité. | Unglück.

p پایکار PÂJGÂR. Sbst. garçon d'hôtel. | Aufwärter, Diener (der die niedrigsten Arbeiten verrichtet).

p r پایکاه PÂJGÂH. Sbst. vgl. پاکاه 1. lieu fréquenté, chemin; latrines. | betretener Ort, Weg; Abtritt. 2. rang, dignité. | Rang, Würde. = عزت . مرتبه

p بایکدیکر und بایکدکر BÂ-JEK-DIGER. l'un avec l'autre, ensemble. | mit einander, zusammen. s. دیکر und یکدیکر

p پایکوب PÂJKÛB. Sbst. sauteur, baladin. | Springer, Tänzer.

t بایلاق und بایلاق BAJLAK. Sbst. homme riche. | ein Reicher. s. بای

t بایلش BAJLYŠ. Sbst. défaillance. | Ohnmacht. s. بایلمق

t بایلاشمق oder بایلاشمق BAILAŠMAK. Vb. recipr. v. بایل répartir, distribuer, partager entre soi, faire part. | vertheilen, unter sich theilen, = بیننده اکشمك. — Deriv. بایلاشدیرمق PAILAŠTYRMAK. Vb. recipr. caus. faire partager entre … | unter einander vertheilen lassen.

t بایلق BAJLYK, t o بایلیغ Sbst. v. بای — زنکینلك . تونکلك . غنیلك richesse. | Reichthum. بایلغه سوینمك BAJLYGA SEWINMEK. se plaire dans les richesses. | seine Freude am Reichthum haben.

t o بایلمق Vb. act. = t باغلمق lier, attacher etc. | binden. ایشکینی بایلییب nachdem er seine Thüre zugebunden (verschlossen). Abulg. 80.

t بایلمق BAJYLMAK. Vb. intr. Aor. بایلور BAJYLYR. tomber en défaillance, s'évanouir, manquer de force. | in Ohnmacht fallen, schwach und matt sein. بایلمش = بایغین pâmé. | ohnmächtig. کوله کوله بایلدم GÜLE GÜLE BAJYLDYM. j'ai pensé pâmer de rire. | ich habe mich fast todt gelacht.

t بایلمقلق BAJYLMAKLYK. Sbst. évanouissement. | Ohnmacht, = بایغینلق

t بایلمه BAJYLMA. Sbst. s. بایلمش. — بیهوشی evanouissement. | Ohnmacht. = غشیان النفس

it بایلوس BAÏLOS. s. بالیوس

it بایلاغ BAILAG. Sbst. (baillage). consulat. | Konsulat. بایلاغ حقی BAILAG-HAKKY. droits de consulat. | Konsulatsrechte, Gebühren. (Bianchi).

t o بایلیق بایلق BAJLYK. Sbst. LT. بچهدان uterus.

p پایمال PÂJMÂL u. پامال PÂMÂL. Adj. پایخسته . ضایع . ذلیل . خوار foulé aux pieds; ruiné, détruit; démoli, abattu; méprisé, qui périt. | mit Füssen getreten, zertreten; verwüstet, zerstört; verfallen; elend, niedrig, verachtet, zu Grunde gehend. — ETMEK. fouler aux pieds, maltraiter, détruire. | mit Füssen treten, misshandeln; zerstören. رعایاسنی پایمال ایتمك opprimer ses sujets. | seine Unterthanen bedrücken. عرض پایمال ایتمك blesser l'honneur de q. qn. | Jemandes Ehre zertreten, d. i. ihn verläumden.

p پایمرد PÂJMERD oder پامرد Sbst. شفیع . مددکار qui aide, intercesseur. | Helfer, Fürsprecher.

p پایمردی PÂJMERDÎ oder پامردی PÂMERDÎ. Sbst. مدد assistance, secours, intercession. | Hülfe, Beistand, Fürsprache.

p پایمزد PÂJMUZD, auch پایموزد PÂJMÛZD und پامزد Sbst. ایاق قری . ایاق کراسی salaire, pour-boire. | Lohn, Botenlohn, Trinkgeld.

t o بایمق BAJMAK. Vb. intr. غنی اولمق être riche. | reich sein.

t بایمق BAJMAK. Vb. act. = باغلمق lier, fasciner, tromper. | binden, bezaubern, betrügen. کوز بایلمق = کوز بایمق enchanter par le regard. | bezaubern (durch den Blick).

a باین oder بائن BÂÏN. 1. Adj. آیری . آشکار séparé, distinct; clair, manifeste. 2. Sbst. femme divorcée. | geschiedene Frau.

p باین BÂ-ÏN = با این avec cela, néanmoins. | bei dem, nichts desto weniger. باین همه BÂ-ÏN HEME. avec tout cela. | bei Alle dem.

t o بایندر BAÏNDYR. Adj. پرنعمت gracieux. | gnädig. N. pr. Name eines Sohnes oder Enkels des Ogus Khan.

a باینت BÂÏNET. s. بینة

p پایندار PÂJENDÂR. s. پای اندار

p پایندان PÂJENDÂN. Sbst. 1. دستك . ضباط étai, soutien. | Stütze, Stützpfahl, Stützpfeiler, Mauerstütze. Kam. s. v. اتکلیب. — 2. کفیل . ضامن . رهن répondant, garant; caution, otage; gage, otage. | Bürge, Bürgschaft, Unterpfand.

p پاینده PÂJENDE. 1. Adj. دائم . باقی . پایدار . ثابت stable, constant, ferme, permanent, perpétuel, éternel. | fest, dauernd, dauerhaft, beständig, ewig. 2. Sbst. = پایندان étai. | Stütze. Kam. s. v. رفو

p پاینون PÂJUN. Sbst. espèce d'ornement que les femmes portent aux pieds. | ein Beinschmuck der Frauen.

p پایوند PÂJWEND. s. پایبند

p پایه PÂJE. Sbst. a پای . درجه . رتبه . پایت . کرته . بوی t مرتبه . طبقه pied, *piedestal; escabeau; grade, degré, classe, catégorie, rang, dignité, charge.* | Fuss, Fussgestell, Fussschemel, Staffel, Stufe, Grad, Klasse, Kategorie, Rang, Würde, Amt. پایهٔ سریر oder پای تخت und پایهٔ تخت oder پای سریر *pied ou base du trône.* | Fuss oder Basis des Thrones, die Erhöhung auf welcher der Thron steht. سه پایه آهنین PÂJE-I ÂHENIN = سه ایاقلی تیمور *tripied de fer.* | eiserner Dreifuss. پایهٔ نردبان NERDÜBÂN PÂJESI *marche de l'escalier.* | Treppenstufe, Leitersprosse. پایهٔ بلند PÂJE-I BULAND. *rang élevé.* | hoher Rang. بی پایه BI-PÂJE = پایه ایله oder رتبه ایله *qui a un rang, grand, digne.* | mit Rang, d. i. vornehm, angesehen.

p پایه دار PÂJEDÂR. Adj. = پایه لو

p t پایه لو PÂJELÜ. Adj. = *qui a un rang ou une charge, digne, illustre.* | einen Rang habend, beamtet, angesehen, vornehm.

p پایستن s. پاییدن

p پاییدن oder پائیدن PÂJIDEN. [Denom. v. پای] Vb. intr. = توقف ایتمك, محکم طورمق, ثبات اولمق, بکلمك *mettre le pied sur.., prendre pied; persister, persévérer, attendre, guetter, observer.* | fussen, treten, fest halten, beharren, dauern; erwarten, lauern, beobachten.

p پاییز PÂJIZ, auch پائیز und پاییز Sbst. برکریز, خزان *l'automne.* | der Herbst. — In übergetragener Bedeutung = پیری *vieillesse.* | Alter, Greisenalter.

p پایین PÂJIN oder پائین PÂIN. Sbst. = ایاق, دیب *t* پای *partie inférieure, dernier degré de l'escalier, pied d'une montagne, base.* | das Unterste einer Sache, unterste Stufe, Fuss des Berges. پایین تخت شاهانه *au pied du trône.* | am Fusse des Thrones. پایین پیرهنی PÂJIN PERESTÎ. *soumission, obéissance.* | Unterwerfung, Unterthänigkeit, Gehorsam.

p پبلا BEBILÂ. s. بلا

gr پاپاتیه PAPATIA. s. پاپاتیه

t o پپوک Sbst. LT. شانه شانه *huppe.* | der Wiedehopf.

p پپتك BEBETEK oder پپتك PEPETEK. Sbst. *petite branche.* | Zweig, Aestchen.

gr بیبر BIBER oder بوبر FÜBER. Sbst. (πέπερι). قرمزی, فلفل, بلبل *poivre.* | Pfeffer. قرمزی بیبر KYRMYZY BIBER. der spanische oder Cayennepfeffer.

p ببر BEBER, BEBIR, BEBÜR und BEBR. Sbst. LL. *a* فرانق *léopard.* | der Leopard.

p ببرو BIBER. Imperat. v. بردن

t بیبرجی BIBERDŽI. Sbst. *marchand de poivre, épicier.* | Pfefferhändler, Gewürzkrämer.

t بیبرجی BEBÜRDŽI, vielleicht = بوبورکی

t بوبرك BÜBREK. Sbst. *a* کلیه *p* بلك *rein, rognon.* | Niere. LL. vgl. بوکرك

t بیبرلك BIBERLIK oder بوبرلك Sbst. *boîte au poivre.* | Pfefferbüchsen.

t بیبرلمك BIBERLEMEK. Vb. act. *poivrer.* | pfeffern. Deriv. بیبرلنمك BIBERLENMEK. Vb. pass., davon بیبرلنمش BIBERLENMIŠ. *poivré.* | gepfeffert.

t ببرلمك BEBÜRLENMEK. Vb. intr. *se mettre en colère, devenir féroce (semblable à un léopard), être fier, faire le fier.* | sich wie ein Leopard geberden, d. i. ergrimmen, in Zorn gerathen; sich brüsten. [wie das arab. تنمر, تنمّر]

t ببرلنمه BEBÜRLENME. Sbst. *action de faire le fier.* | stolzes sich brüsten.

t بیبرلو BIBERLÜ. Adj. *poivré.* | gepfeffert.

t بیبرنه BIBERNE. Sbst. s. بیبره

t پپره PEPRE. Adj. مسن, قوجه مش *vieux, vieilli.* | alt, gealtert.

t پپرمك PEPRIMEK. Vb. intr. *vieillir.* | alt werden. پپرمش اسکی ثوب *vêtement usé, râpé.* | ein altes abgetragenes Kleid. Kam. s. v. خلق

t بیبره BIBERIE oder بیبرنه BIBERNE. Sbst. *romarin.* | Rosmarin.

t پاپغان und پاپاغان PAPAGAN. Sbst. *a* ببغا *p* طوطی *t* توتی *perroquet.* | der Papagei.

p بچه BEBEK. Sbst. چوجوق *petit enfant qui est encore dans les langes.* | kleines Kind, Wickelkind. بچه اشی BEBEK-EŠI. *arrière-faix.* | Nachgeburt. گوز بیبکی GÖZ-BEBEGI. *prunelle, pupille.* | Augapfel, Pupille, *p* مردم چشم = انسان العین *a*

t پپکی PEPEGI. s. پپکی

t بوبورکی BEBÜRGI. Sbst. بیبقمبر *muguet (plante).* | Maiblümchen. (Meninski: lilium convallium).

t پپه PEPE. Sbst. *bègue.* | Stotterer. پپه سویلمك *bégayer.* | stottern.

t پپله مك PEPELEMEK. Vb. intr. پلتکلمك *bégayer, balbutier.* | stottern, stammeln.

t پپه لی PEPELÎ. پپکی Sbst. پلتك *bègue.* Stotterer, Stammler. پپه لی اولمق oder پپه لك سویلمك *bégayer.* | stottern, = پپه لمك

t پپه لك PEPELIK. Sbst. پلتکلك *bégaiement.* | das Stottern, mit Stottern hervorgebrachtes Wort, = تکلتك, تکلمك Kam.

p پت BET. Sbst. آهار *bouillie, colle; pinceau à colle.* | Kleister von Mehl, Weberschlichte; auch die Bürste oder Pinsel, mit dem dieselbe aufgetragen wird.

p بت BAT. Sbst. *a* بطّ *t* اوردك *canard.* | Ente.

t بیت oder بت BIT. Sbst. کهله *pou, vermine, insects.* | Laus, Ungeziefer, Wurm. بت اوتی BIT-OTU. *pédiculaire (plante).* | Läusekraut. بت بازاری BIT-PÂZÂRY. s. بازار بت بازارجی BIT-PAZARDŽY. *marchand d'habits.* | Kleidertrödler. بت سرکه سی BIT-SIRKESI oder بت یومورطه سی BIT-JUMURTASY. *la lente.* | Nisse in den Haaren. بغدای بتی BOGDAI-BITI, auch غله بتی GALLE-BITI oder تخل بتی TEHYL-BITI. *charançon.* Kornwurm. تختیه بتی TAHTA-BITI. *punaise.* | Wanze. قاسق بتی KASYK-BITI oder ام بتی AM-BITI. *morpion.* | Filzlaus. فدان بتی FIDÂN-BITI. *puceron.* | Blattlaus. قولاق بتی KULAK-BITI. *perce-oreille.* | Ohrwurm. کاغد بتی KÂGYD-BITI. *teigne, gerce.* | Bücherwurm, Motte, Papierwurm. کوپك بتی KÖPEK-BITI. *tique.* | Hundslaus, Schaflaus, Zecke.

p بت BUT oder پت PUT, PUT. Sbst. صنم *idole, image qu'on adore; metaph.: l'amant, l'amante.* | Götzenbild, Bild das man anbetet; in übergetragener Bedeutung: der oder die Geliebte.

p پت PAT. Sbst. *laine de chèvre la plus fine.* | feinste Ziegenwolle.

t o پت PIT. LT. بلش

a بتّ BETT. Sbst. 1. کسمه, قطع ایتمك *action de couper, séparation.* | Abschneidung. 2. کلیم, طیلسان *pièce de vêtement de Derviches, manteau ou tapis des Derviches.* | Kleidungsstück der Derwische, von grober Seide oder Wolle, womit sie Kopf oder Rücken bedecken, und das zugleich als Mantel und als Teppich dient. Plur. بتوت BETÛT.

a بتات BETÂT. Sbst. توشه, مقطوع, کلیم, جهاز, رخت خانه, ازق, طیلسان *t* حوز, صوف *ce qui est coupé, arraché, séparé de son tout, pièce; effets, hardes etc. de voyage; mobilier, tapis etc. de la maison; trousseau de la jeune mariée; pièce de vêtement des Derviches, =* بتّ. | ein abgeschnittenes, abgetragenes Stück; Stück das man auf die Reise nimmt, Reisegepäck, Reiseproviant; Stück Hausgeräth, insbesondere Teppiche u. dgl. von grober Seide oder Wolle, welche die Braut als Ausstattung mitbringt; Derwischmantel oder Teppich, = بتّ

a بتّات BATTÂT. Sbst. کلیم صاتیجی *qui fabrique ou vend des tapis de Derviches.* | der Verfertiger oder Verkäufer von Derwischteppichen. s. بتّ

t پتادق PATADAK. Adv. آنسزین *t* دفعةً *à l'improviste, subitement.* | plötzlich, unvergesehen.

t پاتاق oder بتاق BATAK v. بتمق Sbst.

a بتاقلق *p* علیبونکاه سواحی *marc, marais, bourbier, fondrière; sable mouvant; coupe-gorge; affaire où l'on s'embourbe.* | Sumpf, Schlamm, Schlammloch, Pfütze, Treibsand, Ort, wo man versinkt oder zu Grunde geht, Mörderloch, schlechtes Haus, dessen Besucher ermordet werden, schlechtes Geschäft, Handel u. s. w., bei dem man zu Grunde gehen kann. چامور بتاقلغی ČAMUR-BATAGY. *marais.* | Sumpf. قره بتاق KARA-BATAK. *plongeon (oiseau).* | der Taucher (Vogel).

t بتاقجی BATAKDŽY. Sbst. *pirate, coupe-jarret.* | wörtlich: Versenker; Räuber auf dem Meere, welche die kleinen Fahrzeuge plündern und versenken; Halsabschneider, der die Leute in sein Haus lockt, um sie zu plündern und zu morden; Gauner, der den Leuten das Geld oder ihre Waaren abschwindelt. بتاقجی ینی BATAKDŽY-JENI. *coupe-gorge.* | Mordhöhle.

t بتاقلق BATAKLYK. Sbst. بتاق يرى endroit marécageux. | sumpfige Stelle, Sumpfloch.

t بتاقلو BATAKLY. Adj. marécageux. | sumpfig, schlammig.

p بتاوار BETÂWÂR. Sbst. انجام ، عاقبت ، آخر كار fin, conclusion. | Ende, Beschluss.

p بت‌پرست BÜT-PEREST und بتپرست BÜT-PEREST. Sbst. u. Adj. بته طپيجى idolâtre; qui adore une idole, l'amant. | Götzendiener, götzendienerisch; in übergetragener Bedeutung: der Liebhaber (der die Geliebte anbetet).

p t بت‌پرستلك BÜT-PERESTLIK u. p بتپرستى BÜT-PERESTI. Sbst. idolâtrie. | Götzendienerei, Götzendienst.

p بت‌تراش BÜT-TERÂŠ. Sbst. صنم اويجى sculpteur d'idoles. | Bilderschnitzer, Bildhauer.

p بتخانه BÜT-ḪÂNE. Sbst. = t بتكده temple d'idole, pagode; église des Chrétiens; taverne. | Götzentempel; christliche Kirche (wegen der Heiligenbilder); Schenke.

a p بالخصيص [statt بالتخصيص] BE-TAḪṢÎṢ. Adv. = على خصوص ، خصوصا particulièrement. | insbesondere.

t بتلمق ، بتورمق s. باتمق = بتدرمق Deriv.

a بتر BETR. Sbst. قطع t كسمك action de couper, de retrancher, de suspendre une action. | das Abschneiden, Abbrechen, Aufhören mit einer Sache ehe sie vollendet ist.

p بتر BETER und بتر BETTER. s. بدتر.

p بتره PETRE. Sbst. plaque de métal avec caractères, servant de talisman. | dünne Metallplatte, mit Zaubersprüchen u. dgl. beschrieben, die als Talisman gilt.

a بتراء BETRÂ. Adj. Fem. v. ابتر.

t بترق BUTRAK. s. بوترق.

t o بترمك BYTYRMAK. LT. بهم رسيدن faire parvenir en même temps. | zu gleicher Zeit ankommen lassen.

t o بترمق LT. s. بتمق ، قويسقجلق.

t بترمك BITIRMEK. s. بتمك Deriv.

t بترمكلك BITIRMEKLIK. Sbst. achèvement. | Vollendung.

t بتريلمك BITIRILMEK. s. بتمك Deriv.

t بترمه BITÜRME. Sbst. accord définitif. | Abschluss. Bianchi: „On appelle ainsi un droit abusif perçu à Constantinople, et dans d'autres échelles du levant, par le douanier sur les passagers d'un bateau du pays au moment où il va mettre à la voile."

t بتشق und بتشك BITIŠIK. Adj. بتلشق contigu, voisin. | zusammenhängend, anstossend, angränzend. بتشك قومشو خلقسى le voisin le plus proche. | der nächste Nachbar.

t بتشكلك BITIŠIKLIK. Sbst. cohérence, cohésion, contiguïté. | Zusammenhang, Angränzung.

t بتشمك BITIŠMEK. Vb. intr. Aor. بتشور BITIŠIR. être en cohérence, en cohésion. | mit etwas zusammenhängen, anhängen, anhaften. — Deriv. بتشدرمك BITIŠDIRMEK. Vb. caus. = قاتمق adjoindre, ajouter. | anfügen, hinzufügen, anheften, zusammenfügen.

t بتق BATAK. s. بتاق.

t بتقه PATKA. Adj. بتقه بورنلو PATKA BURUNLU. camus. | stumpfnäsig. vgl. پتك.

a بتك BETK. Sbst. قطع t كسمك action de couper, de retrancher, spéc. l'oreille. | Abschneiden (insbes. die Ohren).

p بتك BÜTEK. Sbst. Dem. v. بت petite idole. | kleines Götzenbild.

t o بتك BITIK, auch بتك und بيتيك Sbst. a كتابه p نامه ، كتاب عنوانى écrit, ligne écrite, inscription, titre d'un livre. | Schrift, etwas Geschriebenes, Buch, Briefzeile, Aufschrift, Titel eines Buches.

t o بتكجى BITIKČI oder بيتيكجى Sbst. LT. نويسنده ، يازوجى écrivain. | Schreiber. بيتيكجى قوميدين تور er ist einer von dem Volke der Schreiber, d. i. gehört zu den Schreibern.

t بتك PETEK. Sbst. LL. a شهد p كليبودان Kam. كندوج قولى ، صمرون rayon de miel; ruche. | Honigwabe; Bienenkorb (von Lehm in Gestalt eines Bechers) Kam. s. v. [چلمور] كندوج und خليّة.

p بتك PETK. Sbst. marteau de forgeron. | Schmiedehammer.

p بتكده BÜT-KEDE. Sbst. = بتخانه temple d'idole etc. | Götzentempel u. s. w.

t o بتكرمق BUTOURMAK u. بوتكارماك LT. accomplir, terminer, exécuter. درست كردن vollenden, zurecht machen, ausführen. vgl. بوتمق.

t بتكير PETGIR. Sbst. crible, tamis. | Sieb.

p بتكش PETGIŠ. Sbst. carquois. | Köcher.

t بتلادى und پتلدى PATLADY. Sbst. bruit, fracas. | Lärm, Krachen.

t پتلامق oder پتلمق s. پتلامق.

t پتلنغچ PATLANGYČ oder پتلنغچ BATLANGYČ. Sbst. sarbacane, pétard, canon de sureau. | Platzbüchse, Knallbüchse (Spielzeug der Kinder).

t o بتلمك BÜTÜLMAK. Vb. intr. LT. درست شدن être fini, accompli. | zu Stande kommen, fertig, vollendet werden.

t بتلمك und بتلمك BITLEMEK. Vb. act. v. بت BIT. épouiller. | lausen, die Läuse suchen. — Deriv. بتلنمك BITLENMEK. Vb. refl. s'épouiller. | sich lausen, sich von Läusen reinigen.

t بتلو BITLÜ, BITLI. Adj. pouilleux. | Läuse habend, lausig.

a بتلميهى BITEMÂMIHI und بتماميها BITEMÂMIHÂ. s. تمام.

t بتمز PETMEZ. s. بكماز.

t بتمش BITMIŠ. Adj. accompli, fini. | fertig, vollendet. s. بتمك.

t بتمق BATMAK. s. باتمق.

t o بتمق BYTMAK und بيتمك Vb. act. écrire. | schreiben. — Deriv. بتلمق BYTYLMAK. Vb. pass. davon بتلكان écrit. | geschrieben. Abulg. 23 u. Neg. بتماكان nicht geschrieben. ibid.

t بتمك BITMEK. t o بوتمق u. بوتماك Vb. intr. Aor. BITER 1. = p بيتور رستن a نبت بوميدن croître, germer, pousser. (se dit des plantes), d'une dent qui pousse, etc.), prospérer. | wachsen, hervorkeimen (von Pflanzen, den Zähnen, den Haaren u. s. w.), gedeihen, vorwärts kommen. قدانى كيج بتمك = a تعتيم tarder à croître (une plante). | langsam wachsen (eine Pflanze). ايشى بتن آدم ايش ilš BITEN ADAM oder ايش بتورن آدم iš BITÜREN ADAM. un homme dont les affaires prospèrent. | ein Mann, dessen Sache vorwärts geht, der es zu etwas bringt. 2. توكنمك ، اوكنمك prendre fin, finir, être fini, être épuisé. | zu Ende kommen, fertig werden, fertig sein, zu Ende sein, alle sein. اولدى بتدى OLDU BITTI. c'est fini. | es ist zu Ende. چكيلوب بتمك être épuisé (un puits). | ausgeschöpft, erschöpft sein oder werden (ein Brunnen). — Deriv. 1. بترمك BITIRMEK oder بتورمك BITÜRMEK Vb. caus. Aor. بترر BITIRIR. 1. p رويانيدن a انبات faire croître. | wachsen lassen, gedeihen lassen. — 2. توكتمك finir, terminer, achever. | zu Ende führen, endigen. حاجت بتورمك HÂǴET BITÜRMEK. mener une affaire à bonne fin. | eine Sache gut durchführen, glücklich zu Stande bringen. ايش بتورجى آدم homme heureux, qui réussit, qui a toujours du succès. | ein Glücklicher, dem Alles gelingt. — II. بتريلمك BITIRILMEK oder بتورلمك BITÜRILMEK. Vb. caus. pass. être fini, être terminé, être achevé. | beendigt oder zu Ende geführt werden oder sein.

p بتنها BETENHÂ. s. تنها.

p بتو BETU. Sbst. = t تكاب خونى entonnoir. | Trichter.

t o بتو BITU. Sbst. LT. اشتر chameau. | Kameel.

t بتورمك BITÜRMEK. s. بتمك Deriv.

p بتوك BETÛK. Sbst. grand plat de bois. | grosse hölzerne Schüssel oder Napf, Mulde.

a بتول BETÛL. Sbst. اردن كسمش عورت femme non mariée, veuve; vierge; la sainte vierge; Fatime, la fille du prophète. | Unverheirathete, Jungfrau, Wittwe; die heilige Jungfrau; Fatime, die Tochter des Propheten.

t بتون BÜTÜN. Sbst., Adj. u. Adv. p درست le tout; entier, tout; tout-entier, tous ensembles, entièrement. | das Ganze; ganz, gänzlich, insgesammt. — ETMEK = تكميل p درست كردن accomplir, compléter. | vervollständigen. — OLMAK = تكمل p درست شدن être complet, se compléter. | vollständig sein. بتون بتون entièrement. | ganz und gar. بتون كون BÜTÜN GÜN. pendant toute la journée. | den ganzen Tag. بتون شهر BÜTÜN ŠEHIR. toute la ville, tout le monde. | die ganze Stadt. بتون اوقومق BÜTÜN OKUMAK = باشدن باشه اوقومق lire d'un bout à l'autre. | ganz durchlesen. قار باغچه‌يى بتون اورتمش der Schnee hat den Garten ganz überdeckt.

t o بتون BÜTÜN. Sbst. امشب ce soir. | der heutige Abend.

t بتونجه BÜTÜNǴE. Adj. entièrement. | gänzlich.

t بتونلمك BÜTÜNLEMEK. Vb. act. rendre entier, refaire, réparer. | ganz machen, wieder ganz machen, etwas Zerbrochenes wieder herstellen. قريقي بتونلمك KYRYGY BÜTÜNLEMEK *remettre ce qui est cassé, p. ex. un os.* | etwas Gebrochenes, wie einen Knochen, wieder einrichten.

t بتوى BITEWI. Sbst., Adj. u. Adv. — *p* يكپارچه بتون *entier, tout d'une pièce, compacte.* | ganz, aus einem Stück, aus dem Ganzen.

t بتك BITK. Sbst. بسورك *pâté, tourte.* | Pastete, Torte.

p بتى PETE. Sbst. آقاجه قواق *peuplier blanc.* | Weiss-Pappel.

t a بتى BITI. Sbst. مكتوب *écrit, amulette, lettre.* | etwas Geschriebenes, Amulet; Brief, Buch, — بتك BITIK.

p بتيا BATIA. Sbst. *a* صدر ، سينه *poitrine.* | Brust.

p بتيارة BETJÄR, BITJÄR. *a* بتيارة BETJÄRE, auch بتيار PETJÄR. *a* بتيارة PETJÄRE und بتيرة PETIRE. 1. Sbst. آفت ، بلا ، مكر ، فريب ، حيله دغا ، شكايت ، مخنتى *toute chose désagréable, mal, malheur, affliction, calamité, adversité, ruse, intrigue, tromperie, déception fraude, imposture; violence, force, véhémence.* | alles Unangenehme, Uebel, Unglück, Widerwärtigkeit; Trug, Täuschung, List; Härte, Gewalt, Bedrückung. — 2. Adj. مهيب ، قاريغا ، كدورن مكتوب *laid, difforme, fâché, attristé, triste.* | hässlich, traurig, betrübt.

p بتيان PITJÄN. Sbst. دشمن *ennemi, adversaire.* | Feind, Widersacher.

p بتيل PETIL und بتيله PETILE. Sbst. = *a* فتيل ، فتيله *mèche.* | Docht.

fr بتين BOTTIN. يارم چسومه Sbst. *bottine.* | Halbstiefel.

a بث BESS. Sbst. آشكار ايتمك ، شايع ايتمك ، ياپمق ، طاغتمق *action de disperser, de répandre, de divulguer.* | Ausbreitung, Verbreitung. vgl. ابثاث und تمثيت

a بثرة BESRE. Sbst. 1. چيبان *p* شودر *bouton, pustule.* | Bläschen, Blätterchen auf der Haut. Pl. بثور BUSÜR und بثرلر BESRELER.

a بثير BESIR. Adj. كثير ، وافر ، *t* چوق ، *p* فراوان *nombreux, beaucoup.* | zahlreich, viel.

t بج BEČ. N. pr. (ungar. Bécs). *Vienne.* | Wien. بجلو BEČLI. *Autrichien.* | ein Oesterreicher. بج طاوقى BEČ-TAWUGY. *pintade.* | das Perlhuhn.

t بچ BIČ oder بيچ BIČ. Imperativ. v. بچمك

p بچ BUČ. Sbst. آغز ايچى يوزى *le dedans de la joue.* | der innere Theil der Wange.

t بيچ PIČ, auch پيچ Sbst. *a* ولد زنا ، *p* مجهول ، مخفون *bâtard, enfant trouvé.* | Bastard, Findelkind.

p t بجا BAČA. Sbst. *fenêtre.* | Fenster. s. باجه

p بجا BE-DŠÄ. Adj. *ce qui est à sa place, convenable, digne.* | was an seiner Stelle ist, geziemend, passend, würdig. Sbst. vgl. بجايش *changement, échange.* | Wechsel, Tausch. نابجا NA-BEDŠA, *qui n'est pas convenable.* | unpassend.

t بچارز PAČARYZ. Adj. چتين ، چيلرز ، *p* دشوار *a* صعب ، صرب ، كوچ *difficile, pénible* | schwierig, beschwerlich. Sbst. *difficulté* | Schwierigkeit, Beschwerde. — ETMEK *rendre difficile, faire des difficultés, embrouiller, empêcher, intriguer.* | Schwierigkeit machen, hinderlich sein, verhindern.

t بچارزلق PAČARYZLYK. Sbst. چتينلك ، چيلرزلق *difficulté.* | Schwierigkeit.

t بجاق BAČAK. s. بلجاق

t بچاق BUČAK oder بوجاق Sbst. *a* زاويه *p* گوشه *angle, coin; la Bessarabie.* | Ecke, Winkel; Bessarabien oder die kleine Tatarei. بچاق تاتارى BUČAK-TATARY. *tatare de Bessarabie.* | Budschakischer Tatare.

t a بچاق BUČAK. LT. بوستى

t بچاق BYČAK oder بچاق Sbst. *a* سكين *p* كارد *couteau.* | das Messer.

t بچاقجى BYČAKČY. Sbst. *coutelier.* | Messerschmied, Messerverkäufer.

t بچاقجيلق BYČAKČYLYK. Sbst. *coutellerie.* | Messerschmiedekunst.

t بجال BUDŠAL. Sbst. آتش قورى *charbon (allumé ou éteint).* | Kohle (sowohl glühend als verlöscht).

a بجال BADŠAL und بجيل BEDŠIL. Sbst. عظيم *homme âgé, corpulent, respecté, homme respectable.* | ein gewichtiger, stattlicher Mann, ein angesehener Mann.

a بجالت BEDŠALET. Sbst. هيئة عظمت *port noble.* | Anstand, Stattlichkeit.

a بجنب BI-DŠÄNIB. s. جنب

t بجنق BADŠANAK. s. بجناق

t بچاوره PAČAWRA. s. پاچاوره

p t بجايش BEDŠAJYŠ. Sbst. vgl. بجا BE-DŠA, *a* بدل ، مبادله ، عوض *t* ترانيه *changement de place, de charge.* | Stellenwechsel, Amtswechsel. Redhouse: „(in its place, in lieu ad. p.) an exchange of places or offices. — ETMEK. to exchange offices with one another."

t a بجنورمق s. باجمك Deriv.

p بچبچه PYČPYČA. Sbst. قسقس ، فجفج *t* فسلدى *murmure, bruit sourd des voix.* | Gemurmel.

a p بجد BEDŠIDD. s. جد

p بجدا BEDŠÜDA. Adv. *séparément.* | einzeln, besonders.

t بچيغن PYČYRGAN. s. بچلغن

t بچيمك s. باجمك Deriv.

p بجز BEDŠÜZ. Adv. *outre, hormis.* | ausser. s. جز

p بجشك BEDŠEŠK. *maréchal ferrant, vétérinaire.* | Hufschmied, Pferdearzt.

t بچوق s. بچق u. بچوق

t بچقجى s. بچاقجى

t بچقلق s. بچقجيلق

t بچقى u. بچقسو BYČKY. Sbst. *p* اره ، بوسه *a* ازميل ، شفره *scie, couteau, tranchet.* | Säge, Messer, insbesondere um Leder zu schneiden). پاپوشجى بچقيسى PAPUŠČY BYČKYSY. *tranchet de cordonnier.* مجلدجى بچقيسى *tranchet de relieur.* | Messer, dessen sich der Buchbinder zum Beschneiden der Bücher bedient.

t بچقجق BYČAKČYK. Sbst. Demin. d. Vhgdn. *petit couteau, serpette.* | kleines Messer, Gartenmesser. s. باغ

p بچگان Sbst. Pl. v. بچه

p بچگانه BEČEGÄNE. Adv. *à la manière des enfants.* | nach Art der Kinder, kindisch. s. بچه

p بچكله BEČKELE. Sbst. زيادة پشكين محكم پيداني LL. *pot de terre bien cuit.* | ein gut gebrannter, hart gebrannter irdener Topf.

t a بچكم BEČKEM. Sbt. u. N. pr. *le loup; nom d'une tribu turque.* | der Wolf; Name eines türkischen Stammes.

t a بجل und بجول BEDŠÜL. Sbst. LT. استخوان بند بلاى يا كب بدان بازى ميكنند *osselet pour jouer.* | Knöchel zum Spielen oder Würfeln, = *p* شتالنك *a* كعب

t بچلغان BYČYLGAN oder بچلغن auch بچيلگن oder بچيلكن Sbst. *a* غسون LL. *maladie aux jambes des bêtes, malandre, jacart.* | eine Krankheit an den Beinen der Pferde. Kam. s. v. البلاجمة neben طبوق چلك

t بچلمك BIČILMEK. s. باجمك Deriv.

p بچم BIČEM oder بجم BEDŠEM. Sbst. نظام ، انتظام *affaire bien arrangée, ordre, arrangement, disposition.* | gut geordnete Sache, Ordnung, Anordnung, Reihe. كاره بچم كرفت — ايشم نظام طوتدى *res mea in ordinem redacta procedit. Meninski.*

t بچم BIČIM. Sbst. vgl. باجمك *action de couper; coupe d'habit, mode, forme, taille, manière.* | das Schneiden, Schnitt des Kleides, Mode, Gestalt, Form, Art und Weise. اكين بچم وقتى EKINIŇ BIČIM-WAKTY. *le temps de la moisson.* | Erntezeit.

t a بچمق BIČMAK. LT. قطع كردن جامه s. باجمك و درويدن

t باجمك BIČMEK. *t a* بچمق und بيچمق Vb. act. Aor. بچر BIČER. *t a* بچارى Imper. بچ BIČ. *t a* بيچ u. بچ *couper, scier, couper un habit, tailler, trancher, faucher, moissonner; décider, déterminer, estimer, conclure.* | schneiden, sägen, zuschneiden (ein Kleid), mähen; entscheiden, bestimmen, schätzen, folgern, schliessen. اوت باجمك OT BIČMEK. *faucher l'herbe.* | das Gras absicheln. اكين باجمك EKIN BIČMEK. *couper le blé.* | das Getreide mähen. بها باجمك BEHA BIČMEK. *fixer le prix, taxer, convenir du prix.* | den Preis bestimmen, schätzen, sich über den Preis einigen. پاى باجمك PAJ BIČMEK. *conclure, inférer d'une chose à l'autre; prendre la proportion, la mesure de q. ch.* | folgern, schliessen (von Einem auf das Andere); den Maasstab anlegen, eine Sache nach einer andern beurtheilen. كسوب باجمك — تدبير وتچمير ايلمك *méditer, arranger une affaire, décider.* | bedenken, entscheiden, ins Reine bringen. Kam. s. v. اقتدار. — Deriv. I. بجدرمك BIĆDIRMEK. *to* بجتورمك BIĆTURMAK. Vb. caus. I.T. قنيع كسلمك. — II. بجيرمك BIĆIRMEK und بجورمك BIĆÜRMEK. *faire couper, scier, faucher, moissonner etc. donner à couper.* | schneiden, sägen, mähen u. s. w. lassen; zum Zuschneiden geben. — III. بجلمك BIĆILMEK. Vb. pass., davon بجلمش BIĆILMIŠ. *coupé, fauché, séché.* | geschnitten, gemäht; getrocknet. بجلمش اوت *foin.* | Heu.

a بجملتيه BIĆMLETIHI s. بجمله.

t بچمه BIĆME. Sbst. *coupe d'habit.* | Schnitt des Kleides.

t o بچين BIĆIN, auch بچى u. بيچين PIĆIN. Sbst. *p* بوزنه، ميمون *singe; la neuvième année du cycle des Ouigours.* | Affe; Name des neunten Jahres im Cyclus der Uiguren.

t بجن Sbst. ارمنى خيارى *sorte de concombre.* | eine Art Gurke. Kam. s. v. القلنوى.

t بچيجى BIĆEN. [Partic. v. بچمك] Adj. u. Sbst. *qui coupe, qui moissonne; herbe ou blé fraîchement coupé, foin.* | der Schneidende, Schnitter, geschnittenes Gras oder Getreide; Heu.

t o بچنلك BIĆENLIK. *t o* بچانلق BIĆANLYK. Sbst. *lieu de la moisson, pré.* | Ort, wo geschnitten oder gemäht wird, Wiese, reifes Saatfeld.

t بجنق BAĜANAK oder بجنق u. بجناق Sbst. قمداماداً *a* سلف *beau-frère* | Schwager. — I.T. آنكه خواهر زن او زنش بشد.

p بجواك PEĆWÂK. Sbst. ترجمان، مترجم ترجمه *interprète, interprétation, traduction.* | Uebersetzer, Uebersetzung.

t بچوق BUĆUK und بچق Sbst. *a* نصف *p* نيم *moitié, demi.* | Hälfte, das Halb. بر بچوق BIR BUĆUK. *un et demi.* | anderthalb. ايكى بچوق IKI BUĆUK. *deux et demi.* | drittehalb.

t بچوقلق BUĆUKLUK und بچقلق Sbst. *moitié.* | Hälfte, ein Halbes. s. d. Vhgde.

t بچه BEĆE und پچه PEĆE. Sbst. *a* برقع *p* چشم آويز *voile.* | Schleier. بچه باغلرى die Schleierbänder. *a* شمله ابرقع

p پيچه PEĆE. Sbst. *lierre.* | Epheu.

p بچه BEĆE oder بچه BEĆČE. Pl. بچكان BEĆEGÂN. Sbst. دلورى، چوجوق *petit d'animal; petit enfant.* | das Junge eines Thieres; kleines Kind. كرك بچه *petit loup.* | junger Wolf.

p بچه دار BEĆE-DÂR. Sbst. *animal qui a un petit.* | ein Thier das Junge hat.

p بچه دان BEĆEDÂN. Sbst. *a* رحم *uterus.*

p بچه كو BEĆEGÜ. Sbst. *bâtard, fils illégitime, vaurien.* | Bastard, Findelkind, Taugenichts.

t o بچى PIĆI. I.T. ميمون s. بچين.

t o بچيجى BIĆIĆI. Sbst. *moissonneur.* | Schnitter. s. بچمك.

a بجيل BEĜIL. Sbst. s. بجل.

t بچين BIĆIN. Sbst. *moisson.* | die Ernte. s. بچمك.

a بحار BIHÂR. Sbst. Pl. v. بحر.

t بحشى BOHAŠY. s. بوغشى.

t بحت BAHT. Adj. *t* صافى، خالص *p* ياك *pur, sans mélange, sans alliage.* | rein, unvermischt, ächt.

a بحث BAHS. Pl. ابحاث ABHÂS. Sbst. *action de gratter la terre pour y chercher q. ch.; action de fouiller; recherche, investigation, examen, enquête, interrogation, question, discussion, dissertation, dispute, pari; lieu où l'on fouille ou cherche, mine.* | das Scharren im Boden um etwas zu suchen, Durchsuchung, Untersuchung, Nachforschung (durch Fragen), gelehrte Untersuchung, Abhandlung, Wortwechsel, gelehrter Streit, Disputation, Wette; Ort wo man scharrt und sucht, Bergwerk. — ETMEK. *chercher à découvrir q. ch., examiner, disputer, discuter, traiter, parier, gager, faire gageure.* | untersuchen, über etwas streiten, eine Sache erörtern; wetten. — KOMAK. *déposer la somme du pari* | die Wette einsetzen.

a بحر BAHR. Pl. ابحار ABHÂR, بحور BUHÛR und بحرلر BAHRLAR. Sbst. *t* دكز *p* دريا *mer, grande rivière.* | Meer, grosser Fluss oder Strom. بحر محيط BAHR-I MUHÎT, *l'océan.* | das Weltmeer, welches das ganze Festland umgiebt. بحر ابيض BAHR-I ABIAZ. *la mer blanche, mer méditerranée, l'Archipel grec.* | das weisse Meer, d. i. das Mittelländische Meer und der griechische Archipelagus, im Gegensatz zu بحر اسود BAHR-I ESWAD. *la mer noire.* | das schwarze Meer. بحر احمر BAHR-I AHMAR. بحر قلزم BAHR-I KULZUM und بحر سويس BAHR-I SÜWEIS. بحر اليمن BAHR UL-JEMEN oder بحر الحجاز BAHR-UL-HEĜÂZ. *mer rouge.* | das rothe Meer. بحر لوط BAHR-I LÛT. *mer morte.* | das todte Meer. بحر گيلان BAHR-I GHILÂN oder بحر خزر BAHR-I HAZER. *mer Caspienne.* | das kaspische Meer. بحر و برّ BAHR U BERDEN. *par mer et par terre.* | zur See und zu Lande.

a بحران BUHRÂN. Sbst. *crise d'une maladie.* | Crisis oder Entscheidung einer Krankheit. يوم بحرانى JEWM BUHRÂNÎ. *jour de crise.* | der entscheidende Tag einer Krankheit.

a بحرى BAHRÎ. Adj. u. Sbst. *qui a rapport à la mer, maritime, couleur de mer;* was zum Meer in Beziehung steht, zum Meer gehört; seefarbig; Seemann. جانور بحرى ĜANWER-I BAHRÎ. *monstre marin.* | See-Ungeheuer. امور بحريه UMÛR BAHRIJE. *marine.* | Seewesen.

a بحرين BAHRAIN. [Dualis v. بحر] Sbst. *les deux mers, c. à d. l'archipel et la mer noire* | die beiden Meere, nämlich das griechische Meer und das schwarze Meer. vgl. برّين.

a بحسب BIHASBI. s. حسب.

a بحق BIHAKK. s. حق.

a بحكم BIHUKMI. s. حكم.

a p بحل BEHIL und بحلّ BEHILL. Sbst. vgl. *a* حلّ HILL. *permission, licence.* | Erlaubniss. بحل كردن *pardonner, gracier.* | vergeben, begnadigen. = عفو ايتمك.

a بحمد BIHAMDI. s. حمد.

a بحور BUHÛR. Sbst. Pl. v. بحر.

a t بحور BUHÛR. Falsche Schreibart für بخور BUHÛR.

a بحيره BOHAIRA. [Demin. v. بحر] Sbst. كوجك دكز، كول *petite mer, lac.* | kleines Meer, See.

t بخليك vielleicht = بخلى Abulg. 85. بخليكلار تيلاب بارور ايرلى لار nachdem sie um Erlaubniss gebeten, gingen sie.

p بخ BAH oder پخ PAH. Partikel der Verwunderung, immer wiederholt und getrennt geschrieben. بخ بخ BAH BAH. *très-bien! bon!* | sehr gut! bravo!

a بخار BUHÂR. Sbst. — Pl. v. ابخره ABHYRA und بخارلر BUHARLAR. *vapeur, exhalaison.* | Dampf, Dunst, Ausdünstung. بخار فاسد FÂSID BUHÂR. *mauvaise exhalaison, mauvaise odeur.* | schlechte Ausdünstung, Gestank. بخار الماء BUHÂR UL-MÂ. Wasserdämpfe. شراب بخارى MEIJIN BUHÂRY oder شراب بخارى ŠERÂB BUHÂRY. Weindunst (der einem, der getrunken hat, aus dem Munde kommt).

p بخار BUHÂR. Sbst. علم، فضل *science* | Wissenschaft.

p بخارا BUHÂRA oder بخاره N. pr. *la ville de Bokhara.* | die Stadt Bokhara (berühmt durch Pflege der Wissenschaft).

a t بخارلنمق BUHARLANMAK. Vb. intr. بوغلنمق = *exhaler, fumer.* | dampfen, rauchen. Kam. s. v. الابخار.

a بخال BAHHÂL. Adj. *très-avare.* | sehr geizig.

p بخاو BAHÂW. Sbst. *cheville (aux pieds d'un prisonnier) de fer.* | eiserne Fussschelle.

p بخت BAHT. Sbst. *a* قسمت، طالع، قدر ... *t* دكز، اقبال، عزت، دولت، سعادت، اوغور *sort, destinée, hasard, fortune, bonheur, chance favorable, puissance, richesse; bonne étoile; horoscope, nativité.* | Schicksal, Geschick, Glück oder Unglück, Zufall (insbes. glücklicher), Glück im Spiele, glückliche Wendung des Schicksals; irdisches Glück (Reichthum, Ehre, Macht, Ansehen); glücklicher Stern; Horoscop, Nativität. بخت سعيد BAHT-I SAÎD oder بخت نيكو BAHT-I NÎKÛ. *bonne fortune, heureuse destinée.* | glückliches Loos, Glück. بخت شوم BAHT-I ŠÛM. *malheureuse destinée, mauvaise fortune.* | unglückliches Loos, Unglück. حادثات بخت HADISÂT-I BAHT. *les accidents de la fortune.* | die Wechselfälle des Glücks. نيك بخت NÎK-BAHT oder بخت قوى KAWI-BAHT. *heureux.* | glücklich. بد بخت BED-BAHT. *malheureux.* | unglücklich. بختنى تجربه ايتمك *tenter fortune.* | das Glück versuchen. تاج بخت TÂĜ-I BAHT. *couronne de la gloire.* | die Krone des Ruhmes, Ehrenkrone.

p بخت BUHT. Vollständiger بخت النصر BUHT-EN-NASR. N. pr. *Nabuchodonosor.* | Nebukadnezar.

p بختان BAHTÂN. Sbst. مغفره كلاه آهن *casque en fer.* | eiserner Helm.

p بختاور, BAḪT-ÂWER. Adj. *heureux, fortuné, prospère.* | glücklich, beglückt. s. آورس.

p بختبركشته, BAḪT-BERKEŠTE. Adj. *à qui le bonheur a tourné le dos, malheureux.* | unglücklich, von dem sich das Glück abgewendet. v. كشتن.

p بختبيدار, BAḪT-BÎDÂR. Adj. *heureux.* | glücklich, dessen Glück wacht. s. بيدار.

p بختخفته, BAḪT-ḪUFTE. Adj. *malheureux.* | unglücklich, dessen Glück schläft. s. خفتن.

pt بختسز, BAḪTSYZ. Adj. *sans fortune, malheureux, sinistre, fatal, funeste.* | unglücklich. Gegentheil von بختلو.

pt بختسزلق, BAḪTSYZLYK. Sbst. *mauvaise fortune, malheur, infortune.* | Unglück.

p بختك, BAḪTEK. Sbst. Demin. v. بخت *mauvaise fortune.* | wenig Glück, d. i. Unglück.

pt بختلق, BAḪTLYK. Sbst. *fortune.* | Glück, = بخت. — نيك بختلق NÎK BAḪTLYK. *bonne fortune.* | Glück.

pt بختلو, BAḪTLY. Adj. *heureux, fortuné.* | glücklich. بد بختلو BED-BAḪTLY. *malheureux.* | unglücklich.

p پختن PUḪTEN. [Rad. پز PEZ.] Vb. act. u. intr. پشرمك . پشمك *cuire, être cuit.* kochen, backen.

p پخته PUḪTE. Partic. d. Vhgdn. پشمش . پشكين *cuit, mûr.* | gekocht, reif. [Gegentheil von خام]; als Sbst. *décoction.* Absud, Decoct (Medic.), = مطبوخ. — In übergetragener Bedeutung, = كارديده *a* مجرّب, عاقل *expérimenté, intelligent, sage.* | erfahren, klug, weise. پختكان حقيقت PUḪTEGÂN-I ḤAḲÎḲAT. die der Wahrheit kundigen, welche die Geheimnisse der Religion kennen.

pto پختهلق PUḪTALYQ. Sbst. *maturité; sagesse.* | Reife; Reife des Geistes, Weisheit. نظمی خالی از پختهلق ایرماس seine Poesie ist nicht ohne Weisheit (Witz). Alî Schîr.

p پختی PUḪTÎ (PYḪTY). Sbst. *a* قريس *p* آبسوك *gelée, gélatine.* | Gallerte, Sülze; klebriger, schleimiger Saft. پختی واری PUḪTIWARY. *gélatineux.* | gallertartig.

p بختی, BUḪTÎ. Sbst. *dromadaire.* | das Dromedar.

p بختيار, BAḪTIJÂR. Adj. *heureux, fortuné, riche.* | glücklich, reich, dem Glücke befreundet, vom Glück begünstigt. s. يار.

p بختياری, BAḪTIJÂRÎ. Sbst. *bonheur, chance heureuse.* | Glück, Begünstigung des Glücks.

t بخچه, BAḪČA. Sbst. = باغچه *jardin.* | Garten.

to بختيور, BAḪTIWER. Adj. *heureux, fortuné, riche.* | glücklich, reich.

p بخور, BAḪYR. Sbst. = بقر oder بكر *cuivre; monnaie de cuivre.* | Kupfer, Kupfermünze. LT. مس وفلوس.

a بخس, BAḪS. Adj. ناقص . اكسك *défectueux, incomplet; bas (le prix d'une chose).* | unvollständig, mangelhaft, niedrig (vom Preise), zu niedrig.

a بخس, BAḪS. Sbst. *plante ou semence de terre sèche.* | Pflanze oder Saat, die ohne künstliche Bewässerung gedeiht.

p بخس, BAḪS. Rad. v. بخسيدن.

p بخسانيدن, BAḪSÂNÎDEN. Vb. caus. v. بخسيدن *faire fondre, dissoudre.* | schmelzen, zerfliessen lassen, auflösen.

p بخست BAḪAST. Sbst. v. بخستن *ronflement.* | das Schnarchen.

p بخستن BAḪASTEN. Vb. intr. *ronfler.* | schnarchen.

p بخسيدن BAḪSÎDEN. Vb. intr. u. act. — كداختن *fondre, se fondre.* | schmelzen, zerfliessen, sich auflösen.

p بخش, BAḪŠ. Rad. v. بخشيدن, Sbst. *action de donner, de distribuer; portion, partie, sort; en Compos. qui donne, qui distribue, donneur.* | das Geben, Theilen; das Zugetheilte, Theil, Schicksal; in Zusammensetz. zutheilend, schenkend, Geber, — بخشلايجى, — ETMEK = بخشيدن, *distribuer.* | vertheilen, zutheilen. دنيا دورت بخش در *le monde a quatre parties.* | die Welt hat vier Theile. جان بخش DÂN-BAḪŠ oder حيات بخش ḤAJÂT-BAḪŠ. *qui donne la vie.* | der das Leben schenkt. خطا بخش ḪAṬÂ-BAḪŠ. *clément.* | der das Vergehen (Strafe für Vergehen) schenkt, mild. تاج بخش TÂG-BAḪŠ. *le distributeur des couronnes.* | der Kronen schenkt.

p بخشا BAḪŠÂ und بخشاى BAḪŠÂJ [v. بخشيدن] Sbst. بخشلايجى *qui donne, qui distribue.* | Schenker, Geber, Vertheiler. vgl. d. Vhgde.

p بخشاييدن s. بخشيدن.

p بخشايش BAḪŠÂJIŠ [v. بخشودن] Sbst. *a* احسان . اعطا . مرحمت *don; pardon, compassion.* | Geschenk, Verzeihung, Erbarmen.

p بخشش BAḪŠIŠ und بخشيش [von بخشيدن] *a* احسان . عطيه *t* ويرلن نسنه, vgl. بخشيش *don, présent; pardon.* | Gabe, Geschenk (insbes. das ein Höherer einem niedriger gestellten giebt); Vergebung. بخشيش ويرمك BAḪŠÎŠ WERMEK. *donner un présent, un pour-boire.* | ein Geschenk, ein Trinkgeld geben. بخشيش آتك ديشنه بقلمز *à cheval donné on ne regarde pas la dent.* | einem geschenkten Gaul sieht man nicht ins Maul. Sprüchw.

p بخشنده BAḪŠENDE. [Partic. v. بخشيدن] ويريجى . عفو ايديجى . باغشلايجى Adj. *qui donne, généreux, qui pardonne.* | gebend, schenkend, freigebig; verzeihend, vergebend.

p بخشودن BAḪŠÛDEN. [Rad. بخشاى] Vb. act. عفو ايلمك *pardonner.* | vergeben.

p بخشيدن BAḪŠÎDEN. [Rad. بخش] Vb. act. *a* وهب *t* شفقت ايلمك . بغشلامق . عفو ايلمك . ويرمك . تقسيم ايلمك *donner, faire présent; pardonner, avoir pitié.* | geben, schenken; mittheilen, vertheilen, zutheilen; vergeben, verzeihen, gnädig und barmherzig sein. خطا بخشيدن ḪAṬÂ BAḪŠÎDEN oder كناه بخشيدن GUNÂH BAḪŠÎDEN. *pardonner un péché.* | eine Sünde, ein Vergehen verzeihen. خون بخشيدن ḪÛN BAḪŠÎDEN. das Blut, d. i. das Leben schenken, einen begnadigen.

pt بخشيش BAḪŠÎŠ. s. بخشش.

to بخشى BAḪŠÎ. Sbst. *lieutenant, secrétaire du prince; médecin de la cour, chef de l'armée, inspecteur général, grand veneur.* | oberster Intendant, Secretär, Aufseher über die Armee, die Vorräthe u. s. w., Oberjägermeister. LT. خليفه وجراح ونالار وهبر شكار. — بخشى الممالك *général en chef.*

to بخشيكرى BAḪŠÎGERÎ. *dignité du* BAḪŠÎ. | Amt und Würde eines BAḪŠÎ. s. d. Vhgde. vgl. Quatremère. Hist. d. Mongoles. I. p. 184.

a بخل BUḪL (BAḪAL, BUḪL; BAḪL). 1. Sbst. ناكسلك . خسيسلك . طمعكارلق *avarice, lésine.* | Geiz, Habsucht, Knauserei, Knickerei. بخل وخست ايلمك BAḪL WE ḪYSSET EJLEMEK. *être avare.* | geizig sein. 2. Adj. = بخيل.

a بخلا BUḪALÂ. Sbst. Pl. v. بخيل.

ap بخلاف BE-ḪILÂF. s. خلاف.

p بخنودن BAḪNÛDEN. Sbst. يلدرم *foudre.* | Donnerschlag, Blitzschlag. بخنودن زدن — يلدرم چالمق *foudroyer.* | donnern und blitzen. بخنودن زده *foudroyé.* | vom Blitze getroffen.

a بخلوت BE-ḪALWET. s. خلوت.

p بخود BE-ḪÛD. s. خود.

a بخور BUḪÛR, auch BUḪḪÛR; (arabisch richtiger BAḪÛR). Pl. ابخره ABḪYRA. بخورات BUḪÛRÂT und بخورلر BUḪURLAR. Sbst. *a* عطر *p* بوى خوش *encens, parfum.* | Weihrauch, künstlicher Wohlgeruch. بخور مريم *cyclamen hiderifolium.* قسوه بخور *storax.*

at بخورجى BUḪURDŽU. Sbst. = مسككجى *parfumeur.* | Wohlgeruchverkäufer.

ap بخوردان BUḪÛR-DÂN. Sbst. *a* مبخرة, مجمرة . مقتر *parfumoir, encensoir.* | Räuchergefäss.

ap بخورشيشه BUḪÛR-ŠÎŠE. Sbst. = بخوردان.

at بخوردانلق BUḪÛRDÂNLYK. Sbst. = بخوردان.

at بخورلمق BUḪURLAMAK. Vb. act. تبخير ايلمك . توتسولمك *parfumer.* | räuchern, Wohlgeruch machen, beräuchern. — Deriv. I. بخورلتمق BUḪURLATMAK. Vb. caus. *faire parfumer.* | räuchern lassen. — II. بخورلنمق BUḪURLANMAK. Vb. refl. توتسولنمك *se parfumer.* | sich beräuchern, sich parfümieren.

a بخى BAḪÎ und بخّى Sbst. *monnaie qui porte l'empreinte* بخ. | eine Münze auf der die Buchstaben بخ eingeprägt sind.

pt بخيده BAḪÎDE. [Partic. v. بخيدن] Adj. *cardé (laine ou coton), émondé.* | gekrämpelt, gereinigt, ausgelesen.

a بخيل BAḪÎL (vulg. PAḪYL). Pl. بخلا BUḪALÂ. Adj. u. Sbst. ناكس . خسيس . طمعكار *avare.* | geizig, karg, Geizhals.

ap بخيلك BAḪÎLEK. Sbst. Demin. v. بخيل.

at بخيللق BAḪÎLLYK. Sbst. *a* بخل

t طمعكارلق *avarice, lésine.* | Geiz, Kargheit, Knauserei.

a p باخيل BAḪÎL. Sbst. = باخيللق

p بخيه BAḪIJA. Sbst. دكش . دكلمه . يامه . چاتمه *piqûre, couture, faufilé; pièce, rapportée pour boucher un trou.* | Aussteppung, Steppnath, Nath; Heftstiche, leichte Nath die nur dient die Stücke festzuhalten bis sie zusammengenäht werden; Flick, über einen Riss genähtes Stück. بخيه دار BAḪIJA-DÂR = دكشلو . چتكيلو *faufilé.* | angenäht, zusammengeheftet oder zusammengestückelt. بخيه زن BAḪIJA-ZEN = چاتانجى اولان . دكش دكانجى اولان . يماماجى *qui coud, qui faufile.* | einer der näht, anheftet, flickt.

p بد BED. 1. Adj. فنا . ردى . قبيح . شنيع *t* كوتو . يارامز . چركين *mauvais, corrompu, méchant, laid, vilain, désagréable, nuisible.* | böse, übel, schlimm, verdorben, schlecht, hässlich, widerlich, unangenehm, schädlich.

2. Sbst. شرّ . قبح *t* فنالق . كوتولك *le mal, difformité, laideur.* | das Böse, Schlimme, Hässlichkeit. — بد اختر BED-AḪTER. *né sous une mauvaise étoile, disgracié, malheureux.* | unter bösem Stern geboren, vom Schicksal nicht begünstigt, unglücklich. [Gegentheil نيك اختر]. — بد اخلاق BED-AḪLÂḲ. *de mauvaises mœurs, impoli, grossier.* | von schlechten Sitten, ungesittet, grob. — بد اسلوب BED-ÜSLÛB. *de mauvaises manières, laid.* | der schlechte Manieren hat, hässlich. — بد اصل BED-AṢL. *de basse origine, ignoble.* | von schlechter Herkunft, von unedlem Stamme, niedrig geboren.

بد آموز BED-ÂMÛZ. *connaissant le mal, mal appris, qui a de mauvaises habitudes, qui enseigne le mal, qui donne un mauvais exemple.* | der Schlechtes gelernt hat, Schlechtes lehrt, schlechtes Beispiel giebt. — بد اندام BED-ENDÂM. *mal proportionné, mal bâti, mal fait, mal tourné, difforme.* | unförmlich, plump, schlecht gewachsen, hässlich von Gestalt, ohne Proportion. — بد اندامليق BED-ENDÂMLYḲ. *mauvaise stature, mauvaise taille.* | schlechter Wuchs, Plumpheit der Gestalt. — بد انديش BED-ENDÎŠ und بد انديشه BED-ENDÎŠE oder بد انديش BED-ENDÎŠ. *mal intentionné, malveillant.* | böswillig, übelwollend, missgünstig. — بد انديشى BED-ENDÎŠÎ. *malveillance.* | Uebelwollen, Missgunst. — بد آيين BED-ÂJÎN. *de mauvaises coutumes, de mauvais principes, mal élevé.* | von schlechten Sitten, schlechten Grundsätzen; schlecht erzogen. — بد بخت BED-BAḪT. *malheureux.* | unglücklich. — بد بختى BED-BAḪTÎ. *malheur, infortune.* | Unglück. — بد پرتو BED-PERTEW. *malheureux.* | unglücklich. — بد پرهيز BED-PERHÎZ. *intempérant, incontinent.* | unmässig, unenthaltsam. — بد بو BED-BÛ. *de mauvaise odeur.* | übelriechend, stinkend. — بد بوى BED-BÛJ. *mauvais, vil, détestable.* | schlecht, abscheulich. — بد بوك BED-BÛK. *malveillant; peureux, craintif.* | übelwollend, böswillig; furchtsam. — بد بين BED-BÎN. *désagréable à voir.* | schlecht anzusehen, hässlich. — بد تبار BED-TEBÂR oder بد جنس BED-GINS. *de mauvaise famille.* | von schlechtem, geringem Herkommen. — بد چشم BED-ÇEŠM *à mauvais œil, envieux.* | einen bösen Blick habend, neidisch. — بد چهره BED-ÇEHRE. *laid (de visage).* | hässlich von Gesicht. — بد حال BED-ḤÂL. *misérable, malheureux.* | in schlechten Umständen befindlich, unglücklich. — بد حواس BED-ḤAWÂS. *insensible, bête.* | unempfindlich, dumm. — بد خصال BED-ḤIṢÂL. *mauvais (de nature), de mauvaises qualités, vicieux.* | schlecht von Natur, von Sitten, von Eigenschaften, lasterhaft. — بد خط BED-ḪAṬṬ. *qui a une mauvaise écriture.* | der eine schlechte Hand schreibt. — بد خلق BED-ḪALḲ. *d'un mauvais naturel.* | schlecht von Natur, von Charakter. — بد خو BED-ḪÛ oder بد خوى BED-ḪÛJ. *de mauvaises mœurs, vicieux, hargneux, habitué au mal.* | schlecht von Sitten, lasterhaft, boshaft, bösartig, an Böses gewöhnt.

بد خويلق BED-ḪUJLUḲ oder بد خويى BED-ḪÛJÎ. *mauvaise vie, mauvais naturel, morosité.* | schlechtes Leben, moralische Schlechtigkeit, Bosheit, Verdrüsslichkeit, mürrisches Wesen. — بد خويلق ايتمك sich nicht vertragen können, Händel suchen. — بد خواه BED-ḪÂH. *malveillant, ennemi, envieux.* | Böses wünschend, übelgesinnt, feindlich, neidisch, Feind, Neider. — بد خواهلق BED-ḪÂHLYḲ oder بد خواهى *malveillance, haine, inimitié, envie.* | Bosheit, Hass, Feindschaft, Neid. — بد دعا BED-DU'Â. *malédiction, imprécation.* | Verwünschung, Fluch. BED-DU'Â ETMEK. *maudire.* | verfluchen, verwünschen. — بد دل BED-DIL. *lâche, pusillanime.* | feig, furchtsam. — بد دلى BED-DILÎ. *lâcheté, pusillanimité; malveillance.* | Feigheit, Furchtsamkeit; Bosheit. — بد دين BED-DÎN. *irréligieux, hérétique.* | ohne Religion, irrgläubig. — بد رام BED-RÂM. *indompté.* | wild, unbändig. — بد راه BED-RÂH. *déviant (de la bonne route, des lois), pécheur, fauxchemin.* | auf schlechtem Wege, auf falschem Wege gehend, auf Abwegen befindlich, Sünder; Abweg. بد راه كورمك *séduire.* | verführen. دشمن بد راه *ennemi déviant, c. à d. non croyant, irréligieux.* der auf Abwegen gehende, d. i. ungläubige Feind. — بد رأى BED-REJ. *malveillant, qui donne un mauvais conseil.* | Böses sinnend, Böses rathend, üblen Rath ertheilend. — بد رفتار BED-REFTÂR oder بد رو BED-REW. *qui a un mauvais pas (un cheval).* | schlecht schreitend, schlecht gehend. — بد رنك BED-RENG. *laid de couleur.* | schlecht von Farbe. — بد رك BED-REG. *de mauvaise origine, ignoble; d'un mauvais naturel, malveillant.* | von schlechtem Herkommen, unedel, von schlechtem Charakter, boshaft. — بد ركى BED-REGÎ. *mauvaise origine, ou naturel.* | Schlechtigkeit (des Herkommens, der Gesinnung u. s. w.). — بد زبان BED-ZEBÂN. *médisant, méchant, détracteur, calomniateur.* | verläumderisch, Verläumder. — بد زبانى BED-ZEBÂNÎ. *médisance.* | Verläumdung. — بد زندكانى BED-ZINDEGÂNÎ. *de mauvaise vie.* | von schlechtem Lebenswandel. — بد زهره BED-ZEHRE. *craintif, lâche, malveillant, méfiant.* | übelwollend, misstrauisch, furchtsam, feige. — بد سرشت BED-SIRIŠT. *d'un mauvais naturel, ignoble.* | von schlechtem Charakter. — بد سكال BED-SIGÂL. *malin, malicieux, ennemi.* | bösherzig, tückisch, feindlich gesinnt. — بد سكالى BED-SIGÂLÎ. *malignité, malice profonde et secrète.* | Bosheit, Tücke. — بد سيرت BED-SÎRET. *de mauvaise vie, vicieux.* | von schlechtem Wandel, lasterhaft. — بد طالع BED-ṬÂLI'. *né sous une mauvaise étoile, malheureux.* | unter bösem Stern geboren, unglücklich. — بد عمل BED-'AMEL. *qui agit mal, malfaisant, scélérat.* | Uebelthäter. — بد عهد BED-'AHD. *qui manque à sa foi, perfide.* | wortbrüchig, treulos. — بد عهدى BED-'AHDÎ. *manquement de foi, perfidie.* | Wortbruch, Verletzung des Vertrages, Treulosigkeit. — بد فرجام BED-FERǴÂM. *de mauvaise fin, méchant.* | ein schlimmes Ende habend, schlimm, böse. — بد فرما BED-FERMÂ. *qui ordonne du mal.* | Böses befehlend. — بد فعال BED-FI'ÂL. *qui agit mal, malfaisant, méchant.* | böse handelnd, Uebelthäter. — بد قمار BED-ḲIMÂR. *tricheur, déloyal.* | falsch spielend, unredlich, unehrlich. — بد كار BED-KÂR. *malfaiteur, méchant, perfide.* | schlecht handelnd, Uebelthäter, schlechter Mensch, treulos. — بد كارلق BED-KÂRLYḲ und بد كارى BED-KÂRÎ. *malfaisance, scélératesse, perfidie, méchanceté; mauvaise action, méfait.* | Schlechtigkeit, Bosheit; schlechte Handlung, Uebelthat. — بد كارى ايشلمك oder بد كارى كورمك *faire de méchantes actions.* | schlechte Handlungen begehen. — بد كردار BED-KERDÂR. *malfaisant.* | boshaft. — بد كردارى BED-KERDÂRÎ. *malfaisance, mauvaise action, vice.* | Bosheit, böse Handlung, Verbrechen. — بد كمان BED-GUMÂN. *malintentionné; méfiant.* | Böses sinnend; misstrauisch. — *t* بر كمسنه حقنده بد كمان اولمق *penser mal de q. qn.* | Jemanden in schlimmem Verdachte haben. — بد كمانى BED-GUMÂNÎ *méfiance.* | Misstrauen. — بد كمانى كورمك *se méfier.* | nicht trauen. — بد كو BED-GÛ. *médisant, détracteur, calomniateur.* | Schlechtes sprechend, Verläumder. — بد كويلك BED-GÛJLUK und بد كويى *médisance.* | Verläumdung, Schmähsucht. — بد كهر BED-GUHER. *de mauvaise origine.* | von schlechtem Herkommen. — بد كيش BED-KÎŠ. *infidèle, impie, qui veut faire du mal à q. qn.* | ungläubig, gottlos, boshaft, ein gefährlicher Mensch. — بد لقا BED-LIḲÂ. *laid, difforme.* | hässlich, unschön. — بد لهجه BED-LEHǴE. — بد زبان. — بد مذهب BED-MEẒHEB. *hérétique, irréligieux.* | ketzerisch, ohne Religion. — بد مزاج BED-MIZÂǴ. *de mauvais caractère, de mauvais naturel.* | schlecht von Charakter, moralisch schlecht. — بد مزاجلق BED-MIZÂǴLYḲ. moralische Schlechtigkeit. — بد مشرب BED-MEŠREB. *de mauvaises mœurs.* | unsittlich. — بد معاش BED-MA'ÂŠ. *de mauvaise vie, méchant.* | von schlechtem Leben, böse. — بد منش BED-MENIŠ. *déloyal, perfide, méchant homme.* | unredlich, treulos, böse. — بد منشى BED-MENIŠÎ. *malice, méchanceté, déloyauté, perfidie.* | Bosheit, Unredlichkeit, Treulosigkeit. — بد مهر BED-MIHR. *inhumain, illibéral.* | unfreundlich, ungefällig, unhöflich. — بد نام BED-NÂM. *malfamé, qui a une mauvaise réputation, décrié, impie, scélérat.* | übel berüchtigt, verrufen, gottlos. — بر آدمى بد نام ايتمك *faire un affront à q. qn.* | Jemanden beschimpfen. — رسواى بدنام اولدى *il a été couvert de honte.* | er ist zu Schanden geworden. — بد نامی BED-NÂMI. *mauvaise réputation.* | schlechter Ruf, übler Leumund. — بد نژاد BED-NIŽÂD. *de mauvaise origine, ignoble, vil.* | von schlechtem Herkommen, unedel, schlecht. — بد نسل BED-NESL. *de mauvaise origine, bâtard.* von schlechter Abkunft, Bastard. — بد نفس BED-NEFS. *vicieux, méchant.* | von schlechtem Gemüth, lasterhaft, böse. — بد نگر BED-NIGER. *qui ne voit pas bien.* | nicht gut sehend, kurzsichtig. — بد نما BED-NÜMA. *d'un mauvais aspect, laid.* | schlecht anzusehen, hässlich. عجوز بد نما *une laide vieille femme.* | eine hässliche Alte. — بد نهاد BED-NIHÂD. *de mauvais naturel, malicieux, perfide.* | boshaft. — بد نهادی BED-NIHÂDI. *malice.* | Bosheit. — بد نیت BED-NIJJET. *qui a de mauvaises intentions, malin, intrigant, malicieux.* böswillig, heimtückisch, hinterlistig.

p بد BUD. Verkürzung von بود.

a بدّ BEDD. Sbst. عوض وبدل . آیریلمه فراق *séparation, éloignement, action d'éviter q. ch., d'échapper à q. ch.*; — *rétribution, récompense.* | das sich Trennen, Trennung, Entfernung, Entgehen, Vermeidung einer Sache; — Entgelt, Ersatz. لا بدّ LA BUDD — قو جاره . لا فراق من . البتّه . مطلقا . لازم *il n'y a pas moyen d'éviter, c. à d. il faut que cela se fasse, nécessairement, infailliblement, immanquablement.* | es ist kein Entgehen, d. i. es muss, nothwendig, durchaus, unbedingt, unausbleiblich, unvermeidlich. خورشید طلوعنده لا بدّ نهار اولور *lorsque le soleil luit, il fait nécessairement jour.* | wenn die Sonne leuchtend aufgeht, wird es (ohne Zweifel) Tag. لا بدّ ظهور ایده جکدر *cela arrivera immanquablement.* | das wird unbedingt geschehen.

a بدّ BIDD. Adj. *égal, pareil.* | gleich, gleichend.

a بدّ — *p* بت *idole.* | Götze.

a بدأ BED', بدء BEDU', بداء BEDA' u. بدأت BEDET [v. بدأ] Sbst. آغاز ابتدا . باشلامق *action de commencer, commencement.* | das Anfangen, Anfang, Beginn. Genit. بدء ... BEDINIŇ. Dat. بدئه BEDIE. Accus. بدئی BEDII. — بدء كلام ETMEK. *commencer.* | anfangen. بدء كلام ایتمك BED-I KELÂM ETMEK. *commencer à parler, commencer le discours.* | zu sprechen anfangen, die Rede beginnen. سلطنته بدء ایلدی *il commença à régner.* | er trat die Regierung an.

a بدءًا oder بدأً BED'EN. Adv. *au commencement, dès le commencement.* | zu Anfang, von Anfang an.

a بدأة BEDETEN. Adv. *d'abord, premièrement, avant tout.* | zuerst, vor allen Dingen.

t بوداق BUDAK und بداق s. بوداق.

p بدان BEDÂN = بدین BE-ÎN. Dat. v. آن s. die pers. Gramm. بدانكه BEDÂNKI. *parce que.* | weil.

t پداوره PADAWRA oder پدوره PEDWRA, PADRWA. *latte, ais, bardeau.* | Latte, dünnes Bret, Schindel, Dachschindel.

t پداورهجی PADAWRADI. Sbst. *qui fait des bardeaux, couvreur.* | Schindelmacher, Dachdecker.

a بداوة BEDÂWET. s. بداوت.

a بداوی BEDÂWI. s. بدوی.

a بداهة BEDÂHET. Sbst. *événement inattendu, surprise, discours improvisé* | was unerwartet, unvorbereitet kommt, unerwartete Begebenheit, Ueberraschung, Improvisation (einer Rede u. dgl.). بالبداهة BIL-BEDÂHE. *à l'improviste.* | plötzlich, unvermuthet, = آنسزین unvorbereitet.

a بدایت BEDÂJET oder بداوة [v. بدی] Sbst. سرآغاز باش . باشلایش ; اوّل ، مبدا *commencement.* | Anfang, Beginn. بدایت خلقتده BEDÂJET-I ḪALKATDA. *au commencement du monde.* | am Anfange der Welt. عقیب بدایتندن بری 'AKIB-I BEDÂJETINDEN-BERI. *dès le commencement.* | seit dem Anfange, von Anfang an. وقت بدایتنده WAKT-I BEDÂJETINDE. *au commencement.* | im Anfange. بدایت ظهور سلطنتندن برو BEDÂJET-I ZUHÛR-I SULṬENET-INDEN-BERI. *depuis le commencement du règne.* | seit Beginn der Herrschaft.

a بدایع BEDÂJI'. Sbst. Pl. v. بدیعه.

p بدبدر BED-PEDER. s. بدر.

p بدبرون BED-BÛRDEN. s. برون.

p بدتر BEDTER und بتر BETER. Adj. Compar. v. بد BED. *pire, plus mauvais.* | schlechter, schlimmer.

p بدترین BEDTERÎN und بترین BETERÎN. Adj. Superl. v. بد *le pire.* | schlechtest, schlimmst.

p بدخشان BADAḪŠ oder بدخشان BADAḪŠAN. N. pr. Badakhschan, Name einer Provinz im Osten von Persien. کوه بدخشان KOH-I BADAḪŠAN. *montagne de Badakhschan, célèbre par ses rubis.* das Gebirge von Badakhschan, berühmt durch seine Rubinen. لعل بدخشان LA'L-I BADAḪŠAN. *rubis-balais.* | Rubin-Ballass.

a بدر BEDR. Pl. بدور BUDÛR Sbst. طولون آی *pleine lune; au fig.: beau visage.* | Vollmond; in übergetragener Bedeutung: schönes Gesicht. لیلة البدر LEILET ÜL-BEDR oder بدرشب BEDR-ŠEB. *la quatorzième nuit de chaque mois lunaire.* | die vierzehnte Nacht jedes Monats des Mondjahres.

a بدر BEDR (BEDIR, BEDER) N. pr. *Bedr, nom d'un lieu dans le Hedjaz, célèbre par la première victoire du prophète sur ses adversaires.* | Name eines Ortes in Hedschas, berühmt durch den ersten Sieg Mohammeds im Jahre 2 der Flucht. یوم بدر JEWM-I BEDR. *jour du combat de Bedr.* | der Schlacht-Tag oder das Treffen von Bedr. — بدر غزاسی

p بدر BE-DER. Präp. طشره . خارج اولان [vgl. در] *hors, dehors.* | aussen, draussen. بدر آمدن BE-DER ÂMEDEN. *sortir.* | hinausgehen. بدر نیامدن BE-DER NIJÂMEDEN. *ne pas sortir, rester dans la misère.* | nicht hinauskommen, im Elend bleiben. بدر افتادن BE-DER UFTÂDEN. *tomber dehors.* | hinausfallen. بدر بردن BE-DER BÜRDEN. *porter ou conduire dehors.* | hinaustragen, hinausführen. بدر جستن *se sauver.* | sich retten, einer Gefahr entgehen. بدر رفتن BE-DER REFTEN s. بدر شدن BE-DER ŠÜDEN. *sortir.* | hinausgehen. بدر كردن BE-DER KERDEN. *chasser dehors, mettre à la porte.* | hinaustreiben, hinauswerfen.

t a بدور BUDUR. I.T. قمستی *il est, il existe.* | es ist. — بودر.

p پدر PEDER. Sbst. 1. اب ، بابا ، آتا *père.* | Vater. پدر زن PEDER-I ZEN. پدر شوهر oder پدر شوی PEDER-I ŠÜJ oder PEDER-I ŠOHAR — خسر *p* قاینآتا *beau-père.* | Schwiegervater. پدر اندر PEDER-ENDER oder PEDER-I ENDER und بدپدر BED-PEDER oder پدندر PEDENDER = اوكی بابا *beau-père.* | Stiefvater. پدر فرزندی PEDER-FERZENDI. *relation entre père et fils.* | das verwandtschaftliche Verhältniss zwischen Vater und Sohn.

p بدرام BED-RÂM. Adj. s. بد.

p بدرام BEDRÂM oder پدرام PIDRÂM. Adj. u. Sbst. *orné, beau; lieu orné qui sert de promenade, jardin, salle de réception.* | geschmückt, schön, geschmückter Ort (Garten, Spaziergang, Putzzimmer wo Gäste empfangen werden).

p پدراندر PEDER-ENDER oder PEDER-I ENDER. s. پدر.

p پدرانه PEDERÂNE. Adj. u. Adv. *paternel, paternellement, en père.* | väterlich, als Vater.

a بدرت BEDRET. Sbst. *œil qui a tout son éclat et toute sa vivacité.* | glänzendes Auge.

p پدرخته PEDRAḪTA. Adj. *triste, affligé.* | traurig, betrübt.

p بدرستی BE-DÜRUSTI. s. درستی.

p پدرشب PEDER-ŠEB. s. بدر.

p بدرقه BEDRAKA. Sbst. قولاغز *guide, conducteur, compagnon de voyage; escorte.* | Führer, Begleiter, Reisegefährte; bewaffnete Begleitung. — Theol. myst. = مرشد *précepteur spirituel.* | Führer auf dem Wege zur höheren Erkenntniss.

t بدرك BEDREK. (Provinzialismus). Sbst. یموق سیكیكسی *flocon de coton roulé pour être filé.* | zum Spinnen zusammengerollter Büschel Baumwolle. Kam. s. v. سمع.

p بدرود BEDRÛD oder پدرود PEDRÛD [BE-DURÛD s. درود]. Sbst. *a* سلامت ، وداع *salut, congé, adieu.* | Heil; Abschied. بدرود كردن PEDRÛD KERDEN. *dire adieu, prendre congé.* | Abschied nehmen, sich verabschieden. = استعفا ، وداع ایلك . سلامليوب كتمك.

t بدروه s. پداوره.

p بدره BEDRE Sbst. ربونجه اغاج قوردی *artison, ciron.* | Holzwurm, Milbe.

a بدره BEDRE oder بدری BEDRI. Sbst. *bourse (en cuir de chèvre), valeur de 10000 Drachmes.* | Beutel (von Schaf- oder Ziegenleder), Summe oder Gewicht von 10000 Drachmen.

p پدری PEDERI. Adj. u. Sbst. *paternel; paternité.* | väterlich; Vaterschaft.

p بدست BEDEST. Sbst. قارش *empan, palme.* | Spanne. s. بدست

p بدستان BEDESTÂN, vulg. BEDESTEN. [verkürzt aus بزازستان] Sbst. *marché.* | Markt.

p بدسكان auch بدستكان und بدسكن Sbst. *nom d'une plante.* | Name einer Pflanze.

t كرّث الكلاب = كوپك آيسى Kam.

a بدع BIDA'. Sbst. Pl. v. بدعة

a بدع BID'. Adj. يڭى *nouveau, nouvellement inventé.* | neu, neu erfunden. Sbst. *invention.* | Erfindung.

a بدع BEDÜ'. Sbst. Pl. v. بديع

a بدعة BID'AT. Pl. بدع BIDA' und بدعتلر Sbst. *innovation, spéc. en matière de religion, hérésie, doctrine nouvelle; nouvelle mode, nouvelle invention.* | Neuerung, insbesondere in Sachen der Religion, neue Lehre, Ketzerei; neue Verordnung; neue Mode, neue Erfindung, neue Auflage oder Steuer. اهل بدعت EHL-I BID'AT. *novateur, hérétique.* | Neuerer, Irrlehrer.

t a بدغن BEDAGH. LT. قوراسوى *chien barbet.* | zottiger Hund, wahrscheinlich Schreibfehler für بوين vgl. بوگن. — Ein Thier dessen Geruch dem Löwen zuwider ist. Senkiah. جانورى بدبو كه شير از بوى آن نفرت كند

t a بدك BUDUK. LT. خسيس *vil, méchant, vil.* | dumm, schlecht, gemein.

p بدكن = بدكون

p بدل BEDIL. s. دل DIL.

a بدل BEDEL. Sbst. عوض *ce qui est donné ou reçu en échange, équivalent, remplaçant (Milit.)* | das was für eine andere Sache gegeben oder genommen wird, was an die Stelle eines Andern tritt, Ersatz; Ersatzmann. — ETMEK (mit dem Dativ) *substituer.* | an die Stelle eines Andern setzen. — OLMAK (mit dem Dativ) *remplacer.* | ersetzen (intr.), Ersatz für etwas Anderes sein. — WERMEK. *donner l'équivalent.* | Ersatz geben, erstatten, ersetzen (trans.). — GUERMEK. *échanger.* | umtauschen. برينه بدل JERINE BEDEL. *au lieu de, en échange.* | an Statt, für. — Gramm. *permutatif; mot qui sert de remplaçant d'un autre.* | einem andern Worte als Ergänzung, gewissermassen zu dessen Stellvertretung beigefügtes Wort, Apposition s. d. arab. Gramm.

a بدلا BEDELEN. Adv. *au lieu de, en échange, pour.* | anstatt, für.

p بدلك BEDLIK. Sbst. [v. بد] *méchanceté.* | Schlechtigkeit, Bosheit.

a t بدللشمك BEDELLESHMEK. Vb. recipr. [v. بدل] *donner réciproquement un équivalent.* | tauschen, umwechseln.

p t بدلنمك BEDLENMEK. Vb. refl. [v. بد] *se détériorer, se gâter; se faner, se décolorer.* | sich verschlechtern, ausarten; von der Farbe: verschiessen, verbleichen.

a بدلة BEDLAT. Sbst. *habit, habillement complet, habillement ou ornement sacerdotal.* | Kleid, vollständiger Anzug. Meninski. *chasuble.* | Messgewand (casula).

a بدن BEDEN. Sbst. *corps, tronc; cuirasse courte; corps de bâtiment, de forteresse; courtine, rempart, créneau.* | Körper, Rumpf; Rumpfpanzer; Mittelgebäude, Mauer zwischen je zwei Bastionen, Mittelwall (eines befestigten Lagers); Zinne, Schiessscharte. بدنى قلعه KAL'A-BEDENI. *rempart.* | Festungsmauer. بدن آرهسى BEDEN-ARASY. *créneau.* | Mauerzinne.

a بدن BUDN. Sbst. *obésité, corpulence.* | Beleibtheit.

p بدن BEDEN s. بودون

p بدندر BEDENDER s. بدر

a t بدنلو BEDENLI. Adj. *qui a un corps; muni de remparts ou de créneaux, crénelé.* | einen Körper habend; mit Mauern oder Zinnen befestigt. اول قلعهنك بدنلو ديوارلرى *les murailles crénelées de cette place.* | die bezinnten Mauern dieser Festung.

بدنوس BEDENOS. Sbst. *nom d'un oiseau huppé.* (Bianchi.)

a بدنه BEDENE. Sbst. *victime qu'on immole à la Mecque.* | das Opfer, welches in Mekka geschlachtet wird, = قربان

t a بدوره = بدوره

a بدنى BEDENI. Adj. *corpulent, gros.* | beleibt, dick.

a بدنيت BEDENIJET. Sbst. *corpulence.* | Beleibtheit.

a بدو BEDU'. s. بدء

a بدو BEDW. Sbst. صحرا *désert.* | Wüste.

p بدو BEDO = بدو oder بدو Dativ. v. او s. die pers. Gramm.

p بدو BEDU. s. تو

a بدوح BUDUH. *forme épistolaire qui sert de talisman et que l'on met sous l'adresse d'une lettre.* | ein Wort von unbekannter Bedeutung. (nach Ahteri einer von den Namen Gottes), welches gewöhnlich unter die Adresse der Briefe gesetzt, zuweilen auch durch den Zahlwerth seiner Buchstaben ٨٢٤ ausgedrückt wird und das die sichere Ankunft des Briefes bewirken soll.

a بدور BUDÛR. Sbst. Pl. v. بدر

p بدواز BEDWÂZ oder پتواز PATWÂZ. Sbst. *endroit où l'oiseau de chasse a été habitué de se tenir; perchoir.* | die Stelle oder Stange auf welcher der Jagdfalke zu sitzen gewöhnt wird; Hühnerstange.

p بدوس BEDÛS oder بدوش BEDÛSH. Sbst. *espoir, attente.* | Hoffnung, Erwarten.

a بدوى BEDEWI und BEDWI, auch بداوى BEDÂWI. Pl. بداوى BEDÂWI und بدويون BEDEWIJÛN, cas. obl. بدويين BEDEWIJÎN. Sbst. *bedouin, nomade, habitant du désert.* | Beduine, Nomade, Wüstenbewohner. بدوى آت BEDEWI AT. *cheval de race (arabe).* | Pferd von guter (arabischer) Zucht.

p t بده BEDE oder پته PETE. Sbst. Burhân-i kâti'. خشكه پلاو *pilau sec, préparé sans graisse etc.* | trockener Pilaw, d. i. ohne Fett u. dgl. bereitet.

t a بده BEDE. پته PITE. Sbst. *gâteau.* | Kuchen, Lebkuchen, Fladen. Meninski. چقل بدهسى zwischen heissen Steinen gebackener Kuchen. Kam. s. v. طيموت

p t بده BEDE. Sbst. قاو *amadou.* | Zündschwamm, Zunder.

p t بده BEDE. Sbst. *arbre qui ne porte pas de fruit, bois à brûler, saule.* | nicht Früchte tragender Baum, Brennholz, Weide. vgl. بيد

p t بده BIDEH. Impér. v. دادن

p بدى BEDI. [v. بد] Sbst. عصيان, فساد *mal; malignité, désobéissance.* | das Böse; Schädlichkeit, Widersetzlichkeit.

p بديد BEDID und پديد PEDID. Adj.

p آشكار = ظاهر *visible, clair, public, manifeste, ostensible.* | sichtbar, klar, deutlich, öffentlich, offenbar, kundig. بديد آمدن PEDID ÂMEDEN = BEDID OLMAK. *se montrer, paraître, devenir ou être public, se faire voir, sortir.* | sich zeigen, sich sehen lassen, offenbar und offenkundig werden oder sein; herauskommen, erscheinen.

p بديدار BEDIDÂR und پديدار PEDIDÂR. Adj. = بديد

p بديشان BEDISHÂN. Dat. v. ايشان s. die pers. Gramm.

a بديع BEDI'. 1. Sbst. *inventeur, créateur, Dieu.* | Erfinder, Schöpfer, Gott. 2. Adj. = *t* يڭى = *a* عجيب *nouvellement inventé, nouveau, rare, merveilleux.* | neu erfunden, neu, selten, wunderbar. Rhetor. *figures de rhétorique.* | rhetorische Figuren. علم البديع 'ILM EL-BEDI'. *partie de la rhétorique qui traite des figures.* | der Theil der Rhetorik, welcher die Figuren oder Tropen behandelt, Tropenlehre. v. Mehren. Rhetor. der Araber. S. 97.

a بديعة BEDI'ET. Sbst. Fem. v. بديع *nouvellement inventé, nouveau.* | neu erfunden, neu. s. d. Vorige. — 2. Pl. بدايع BEDÂJI'. *choses nouvelles, étranges, merveilleuses.* | neue, wunderbare Dinge.

a بديل BEDIL. Pl. ابدال EBDÂL u. بدلا BUDELÂ. Sbst. 1. *équivalent, remplacement.* | das was für eine Sache gegeben oder genommen wird, Ersatz = بدل. — 2. *derviche, homme saint.* | Derwisch oder Heiliger; eigentlich der Nachrückende, weil jeder der Reihe nach in die höhere Rangstufe aufrückt, bis er zuletzt den Rang des Kutb erreicht.

p بدين BEDIN. Dativ. v. اين s. die pers. Gramm.

t a بدين LT. بوزينه تشتى *singe sauvage.* | wilder Affe.

a بديهة BEDIHEN. Adv. ابتسيرن *à l'improviste, inopinément.* | unvermuthet, unvorhergesehen.

a بديهيت BEDIHET. Sbst. آنسيزين طلوع ايلمك *action de se présenter à l'improviste; impromptu, réplique caustique.* | plötzliches zum Vorschein kommen; schnell aufgegriffener witziger Gedanke, witzige Bemerkung.

a بديهى BEDIHI. Adj. u. Sbst. *qui se présente inopinément, évidemment inattendu, évident, clair, sûr, dont on ne peut pas douter, vérité irréfragable, axiome.* | unerwartet kommend, unerwartetes Ereigniss, Ueberraschung; klar, deutlich, was so gleich in seinem wahren Wesen erscheint, was keinen Zweifel zulässt, unumstössliche Wahrheit; allgemein gültiger Grundsatz. Pl. بديهيات BEDIHIJÂT.

a بدلات BEDÂTIHI s. ذات

a بذّار BEZZĀR. Pl. بذّارين BEZZĀRĪN. Sbst. *p* بذركوم *a* اكينجى *semeur.* | Säemann.

a بذر BEZR. Pl. بذار BIZĀR u. بذور BU-ZŪR. Sbst. تخم . كشت . زراعت . زرع . كتان تخمى *action de semer, semence, germe, graine de lin; au fig. postérité.* | das Säen, Saat; Saatfeld; Keim, Saamen, insbes. Leinsaamen, = تبزر; in übergetragener Bedeutung: Nachkommenschaft. بذر البيض BEZR UL-BEIZ. *germe d'oeuf.* | das weisse Bläschen im Ei. نموت البذر NUBŪT UL-BEZR. *germination* | das Keimen. بذر ايتمك BEZR ETMEK. *germer* | keimen. شذر s. شذر بذر

a بذر BEZR. Sbst. *p* سخن چين *bavard, rapporteur.* | ein Geschwätziger, Zuträger, Klätscher.

p بذر PEZER. s. بذر

p بذرفتن PEZRÜFTEN s. پذيرفتن

a p بذركار بذركوم BEZR-GER, BEZIR-GER u. Sbst. اكينجى *semeur, laboureur.* | Säemann, Ackersmann.

a p بذركرى BEZR-GERĪ. Sbst. اكينجيلك *agriculture.* | Ackerbau.

a بذل BEZL. Sbst. اعطا . خرج . صرف . سرپستلك . بخشيش *action de donner (avec générosité), de dépenser; libéralité, don, dépense; action de donner des soins à q. ch., de diriger ses efforts vers q. ch.* | Geben, Schenken, Aufwand, Freigebigkeit; Aufwand aller Kräfte, Anstrengung und Sorge die man einer Sache widmet. بذل همت ايتمك . بذل دقت ايتمك . بذل السعى والاقدام ايتمك . بذل مقدور ايتمك *s'efforcer.* | sich anstrengen. بذل صدقات ايتمك *faire de grandes aumônes.* | grosse Almosen geben.

a بذلة BIZLE. Sbst. كوندلك *habillement de tous les jours, habillement de travail.* | Alltagskleidung, Arbeitskleidung.

p بذله BEZLE. Sbst. *a* لطيفه . هزل *t* شقا . مقلدلق . خوراته *plaisanterie, raillerie, bon-mot.* | Spass, Scherz, Witz.

p بذله باز BEZLE-BĀZ. Sbst. *t* مسخره . شقاجى *plaisant, qui fait des plaisanteries; paillasse.* | Spassmacher, Possenreisser, Hanswurst.

p بذله كو BEZLE-GŪ oder بذله كوى Sbst. *plaisant, qui dit des plaisanteries, des bons mots.* | Witzbold.

a بذوق s. نوق

p پذير PEZIR. [Rad. v. پذيرفتن] قبول ايدجى . قبل اولان . مائل اولان in persischen Zusammensetzungen zu Bildung von Adjectiven, entsprechend dem türkischen — لو oder — ايدجى *qui prend, reçoit, admet, accepte, fait; ayant, susceptible de . . .* | annehmend, zulassend, habend, thuend, empfänglich für, einer Sache ausgesetzt, unterworfen. فنا پذير FENĀ-PEZIR. *corruptible, corrompu.* | der Verderbniss, der Bestechung empfänglich, vergänglich, bestechlich. FENĀ-PEZIR ETMEK. *détruire.* | zerstören. پوزش پذير PŪZIŠ-PEZIR. *excusable.* | zu entschuldigen. صورت پذير SŪRET-PEZIR. *ayant la forme, la couleur etc. de q. ch., ressemblant.* | gestaltet wie, ähnlich. SŪRET-PEZIR ETMEK. *paraître, ressembler; réussir.* | erscheinen, gleichen, erscheinen wie etwas; gelingen. خلل پذير HALEL-PEZIR. *en désordre, troublé, vicieux.* | der Störung unterworfen, gestört, fehlerhaft, in Unordnung. زينت پذير ZINET-PEZIR. *orné.* | geschmückt. صفا پذير SEFĀ-PEZIR. *pur, sincère.* | rein, aufrichtig. عبرت پذير 'IBRET-PEZIR. *susceptible de leçons.* | Lehre annehmend. دين پذير DIN-PEZIR. *religieux.* | für Religion empfänglich, religiös, fromm. دانش پذير DĀNIŠ-PEZIR. *désireux d'apprendre.* | wissbegierig. ختام پذير اولمق *être fini.* | zu Ende sein (z. B. eine Erzählung). تمشيت پذير ايتمك *faire marcher, faire avancer (une affaire).* | in Gang bringen (eine Angelegenheit).

p پذيرا PEZIRĀ. [Partic. v. پذيرفتن] Adj. u. Sbst. قبول ايدجى *prenant; receveur.* | annehmend; Empfänger. vgl. d. Vhgde.

p پذيرانيدن PEZIRĀNIDEN. Vb. caus. v. پذيرفتن

p پذيرائى PEZIRĀĪ. Sbst. *a* قبول *action d'accepter, acceptation, obéissance.* | das Annehmen, Empfänglichkeit (z. B. für gute Lehren), Gehorsam. سزاوار پذيرائى *acceptable.* | annehmbar.

p پذيرش PEZIRIŠ. Sbst. = d. Vhgdn.

p پذيرفتن PEZIRUFTEN oder پذرفتن Vb. intr. قبول ايتمك *accepter, agréer, approuver, admettre.* | annehmen, zulassen, zustimmen, zugeben.

p بر BER. Sbst. = بر *fruit.* | Frucht. برك وبر Laub und Frucht.

p بر BER. 1. Sbst. *t* اوزر . صدر . سينه *le dessus, ce qui est au-dessus, partie protubérante de q. ch., élévation, cime, hauteur, largeur, sein, poitrine, coeur, mémoire.* | das was oben ist, Gipfel, Spitze; der hervortretende Theil einer Sache, Busen, Brust; Herz, Gedächtniss; Höhe, Breite. برابر BER-Ā-BER. *sein à sein, vis à vis, également.* | Brust an Brust, gegenüber; gleich [s. u. برابر]. — از بر رفتن *s'arracher des bras de q. qn.* | sich von Jemandes Brust (Umarmung) losreissen. — از بر خواندن *réciter par coeur.* | auswendig sagen. [vgl. ازبر]. — 2. Praepos. *t* اوزره *sur, selon, dans, à, en, d'après, à côté.* | auf, über, in, an, bei, neben, nach, gemäss. بر بر BER BER. *sur la cime, très-haut; sur le coeur.* | auf dem Gipfel; sehr hoch; auf der Brust, auf dem Herzen. بر سر BER SER. *sur la tête.* | auf dem Kopfe. بر قرار BER KERĀR. *en stabilité, constamment.* | in Beständigkeit, immerwährend. بر طرف BER TARAF. *de côté, à part.* | bei Seite. BER TARAF ETMEK. *mettre de côté, mettre à part, lever, accomoder, se délivrer de q. ch.* | bei Seite legen, aufschieben, aus dem Wege schaffen, sich von etwas los machen, etwas beseitigen. بر خود بستن BER HUD BESTEN. *s'obliger.* | sich selbst etwas auflegen, zu etwas verpflichten, sich verbindlich machen. بر وقت BER WAKT. *à l'heure, à propos.* | zur rechten Zeit, zur gelegenen Zeit; zu günstiger Stunde. بر حسب فرمان BER HASB-I FERMĀN. *selon ou d'après l'ordre.* | nach oder gemäss dem Befehle. بر منوال محرر BER MINWĀL-I MUHARRER. *selon la manière mentionnée.* | nach der angegebenen Weise. بر موجب BER MŪDŽEB mit folg. Genitiv. *conformément à.* | gemäss. بر مقتضاى حال BER MUKTAZĀ-I HĀL. *selon les circonstances.* | je nach den Umständen. بر معتاد BER MU'TĀD. *selon l'usage.* | wie es Sitte ist. بر مراد اولمق BER MURĀD OLMAK. *obtenir ce qu'on désire, venir à bout de son dessein.* | seinen Wunsch erreichen, zum Ziele gelangen. بر عكس BER 'AKS. *à rebours, dans le sens inverse, au contraire, vice versa.* | verkehrt, gegen den Sinn, im Gegentheil, umgekehrt.

p بر BER. [Rad. v. بردن] in pers. Zusammensetzungen = اليجى . كوتوريجى *qui porte, emporte, apporte.* | tragend, wegtragend, bringend. فرمان بر FERMĀN-BER. *qui se charge de l'exécution d'un ordre, qui obéit à un ordre.* | der einen Befehl auf sich nimmt, einem Befehle gehorcht. نامه بر NĀME-BER. *porteur d'une lettre.* | der einen Brief überbringt. دلبر DIL-BER. *qui emporte, ravit le coeur, beau.* | das Herz davon tragend, Herz-raubend, d. i. schön, = كوكل آلجى

t بر BIR und بير Adj. Num. ord. *a* واحد *p* يك *un; unique, seul; une fois; un certain, le même.* | eins; ein (wie der unbestimmte Artikel); einer, einzig, allein, einmal, ein gewisser, einer und derselbe. بر بر BIR BIR. *un à un.* | einzeln, eins nach dem andern, alles ordentlich. بربرى BIR BIRI oder برى برى BIRI BIRI. *l'un l'autre.* | einander. برى برينه اويمز *l'un ne ressemble pas à l'autre.* | einer (eins) gleicht nicht dem andern. بر برله BIR BIRILE. *l'un avec l'autre.* | einer mit dem andern. بر بريندن BIR BIRINDEN. *l'un de l'autre.* | von einander. بر ايكى BIR IKI. *un ou deux, quelques uns.* | einer oder zwei, einige. ايكيده بر IKIDE BIR. *de temps en temps.* | in Zweien eins, d. i. zuweilen, dann und wann. برى BIRI oder بريسى BIRISI. *un, quelqu'un, un d'eux.* | einer, Jemand, einer von ihnen. برى . . . و بريسى BIRI . . . WE BIRISI. *l'un d'eux et l'autre.* | der eine von ihnen und der andere. بر ايتمك BIR ETMEK = آلتحاد ايتمك *unir.* | einigen, vereinigen. بر اولمق BIR OLMAK. *s'accorder.* | eins sein, sich vereinigen, einstimmig handeln. بردر BIR DIR. *c'est un, c'est égal, c'est la même chose.* | es ist einerlei; es ist alles eins. بر دكلدر BIR DEGILDIR. *ce n'est pas la même chose, c'est autre chose.* | das ist nicht einerlei, bleibt sich nicht gleich, ist etwas anderes. بردخى BIR-DAHA. *encore une fois.* | noch einmal. بردن BIR-DEN. *à la fois, tout à la fois.* | auf einmal. بر كره BIR KERRE. *une fois.* | einmal. اول بر OL-BIR. *autre.* | der andere, jener.

بر آز BIR ĀZ oder برز BIREZ. = *a* آز *p* اندكجك — *un peu.* | ein wenig. بر آزدن BIR ĀZ-DAN. *un peu après.* | nach einer Weile, bald darauf. بر بار BIR BAR. LT. خداى يكتا oder خداى واحد Mohammedijet بير وبار *ال*. der alleinige Gott; der alleinige Schöpfer. vgl. بار und بارى. — بر سنه BIR SENE. *une an-*

née. | ein Jahr. بر سنەلك BIR-SENELIK. *le produit d'une année.* | der Ertrag eines Jahres. بلشقه s. بشقه بر — بلمق s. بر باقه

p پر PER, auch پـر PERR, Sbst. vgl. پره 1. *a* جناح *t* قناد . قول . قناد *a* بال *aile, plume d'aile; bras; bord d'une chose.* | Flügel, Feder, Schwungfeder; Arm; Rand einer Sache. دکرمن پری DEÏRMEN-PERI. *aile de moulin.* | Mühlflügel. *a* شاغوره Kam. کلید پری KILID PERI, auch کلید پره *a* oder کلید پرپسی *pène de serrure.* | Riegel des Schlosses = قراشة القفل . طملق . کلید دلی Kam. پر پهن PER-PEHIN. portulaca = الرجلة . پر افشان PER-EFŠÂN, Kam. عريض الاجنحة *qui étend les ailes.* | die Flügel ausbreitend. پر بسته PER-BESTE. *ayant l'aile coupée, empêché.* | mit gebundenem Flügel, d. i. gehindert. پر شکسته PER-ŠIKESTE. *ayant l'aile brisée, basse, c. à d. triste, affligé.* | mit gebrochenen Flügeln, d. i. traurig, niedergeschlagen. — 2. Rad. v. پریدن *le vol, action de voler; ce qui vole.* | der Flug, das Fliegen, das was fliegt (z. B. Feder, Blatt u. dgl.).

t پر PIR, PYR = پار PAR. vgl. پارل Part. praefix. *sert à donner à la signification du mot suivant plus d'intensité.* | Verstärkungspartikel. پر پر یانمق PYR-PYR JANMAK oder پار پار یانمق PAR-PAR JANMAK. *brûler, luire, briller dans tout son éclat.* | lichterloh brennen, hell leuchten, glänzen. پر پر دونمك FIR-FIR DÖNMEK. *tourner toujours.* | immerfort drehen.

p پـر PUR. Adj. u. Adv. *t* طولو ، بسیار *a* مملو ، تکرار *plein, rempli; beaucoup, souvent.* | voll, angefüllt [Gegentheil von تهی]; viel, oft. پرآب PUR-ÂB. *rempli d'eau, plein de splendeur.* | voll Wasser, voll Glanz, [von den Zähnen: Kam. s. v. اغر]. — پر آتش اولمق PUR ÂTEŠ OLMAK. *être plein d'ardeur.* | voll Feuer sein, von Zorn entbrannt sein. پر دل PUR-DIL. *plein de courage.* | muthvoll. پر کو PUR-GU = چوق سوزلو *bavard.* | geschwätzig. پر کویلق ایلمك PUR-GUILYK EILEMEK. *être bavard.* | viel schwatzen. پر خور PUR-ḪOR = اکول gefrässig. سلطان پر زور ein Sultan voller Gewalt, ein gewaltthätiger Sultan. پر اپر PUR-Â-PUR. *tout plein, à comble.* | ganz voll, bis zum Rande voll.

a برّ BERR. Sbst. *t* قره *p* زمین *a* ارض *terre ferme, rivage, continent, pays, champs, campagne.* | das Festland, [Gegentheil von بحر] Küste, Ufer, Land, Gefilde, Flur. براً وبحراً BERREN WE BAḤREN = بحر وبرده *par terre et par mer.* | zu Land und zu Wasser. بر بیابان BERR-I BIJÂBÂN. *le désert.* | die Wüste. البرين EL-BERREIN. *les deux continents (Roumélie et Anatolie).* | die beiden Continente, (d. i. die europäische und die asiatische Türkei).

a برّ BERR. Sbst. *bonne foi dans le serment.* | Zuverlässigkeit des Schwures.

a برّ BERR. Adj. Fem. برّة BERRET. Pl. ابرار EBRÂR = ایو صالح . ایو ادمن *vrai, véritable, véridique; juste, bon, libéral, généreux, bienfaisant;* Sbst. *Dieu.* | wahrhaftig, gerecht, gut, edelmüthig, freigebig, wohlthätig; als Sbst. Beiname Gottes, der Wahrhaftige, Gerechte. vgl. حق

a برّ BIRR. Sbst. ایلك vgl. d. Vbgde. *piété filiale, amour paternel et maternel, vertu, bonne foi, justice, innocence.* | das Gutsein, Eltern- und Kinderliebe, Tugend, tugendhaftes Leben, Redlichkeit, Unschuld.

a برّ BURR. Pl. ابرار EBRÂR. Sbst. = حنطة *t* بغدای *froment.* | Weizen.

a برء BER'. [von برأ] Sbst. 1. = خلق *t* یارتمق *action de créer.* | das Schaffen. vgl. باری. — 2. خلاص بولمق . خلاص اولمق *t* قورتلمق *état d'être libre, d'être affranchi d. q. ch., d'être innocent, pur de q. ch.* | frei sein von etwas, an etwas keine Schuld haben. vgl. براءه und بری

a برء BUR'. Sbst. شفا بولمق . خسته ایو اولمق *état d'être libre, d'être délivré, affranchi de q. ch. état de guérir, de sortir d'une maladie.* | Befreiung von etwas, Befreiung von einer Krankheit, Genesung. برء الساعة BÜR-ESSÂ'ET. *guérison instantanée.* | augenblickliche Heilung.

a براءة BERÂ. Sbst. بری اولمق . معاف اولمق . قید وحکم تحتنده اولمق *état d'être libre, d'être pur, innocent d. q. ch.* | das Freisein, frei sein von etwas, Schuldlosigkeit, nicht vor Gericht stehen oder als unschuldig losgelassen werden.

a براء BERÎ. Adj. u. Sbst. *libre, exempt, affranchi de q. ch., innocent, pur de q. ch; le premier ou le dernier jour de chaque mois lunaire.* | frei von etwas, rein von etwas, unschuldig; der Neumond (erste oder letzte Tag des Monats, an welchem der Mond ganz von der Beleuchtung frei ist).

a براء BÜRÂ. Sbst. Pl. v. بریئه

p براء BERÂ. s. برای

p برّا BURRA. s. بران [von بریدن]

p پرآب PUR-ÂB. s. پر

p برابـر BERÂBER. vgl. بر Adj. u. Adv. *a* مساوی . مقابل . متقابل . مثل . یکسان *t* قرشو *égal, pareil; également, pareillement; ensemble; corps à corps, vis à vis, opposé.* | gleich, eben; gleicher Massen, auf gleicher Linie, auf gleichem Fusse, zusammen, miteinander, zu gleicher Zeit, Brust an Brust, gegenüber, gegeneinander gewendet, entgegen. — ETMEK. *égaliser, placer vis à vis, opposer.* | gleich machen, gleichstellen, gegenüberstellen, entgegensetzen. — OLMAK. *être égal.* | gleich sein, im Gleichgewicht sein (von den Wagschalen). برابر ایشلمك BERÂBER IŠLEMEK oder برابر چالشمق BERÂBER ČALYŠMAK. *coopérer, concourir.* | einander entgegenarbeiten, oder mit einander arbeiten, einander in die Hand arbeiten. در برابر DER BERÂBER. *vis à vis, en face.* | gegenüber. برابر دکل BERÂBER DEÏL. *inégal.* | ungleich. برابر امدن BERÂBER ÂMEDEN oder برابرینه وارمق... BERÂBERINE WARMAK. *aller à la rencontre de q. qn.* | einem entgegengehen. خاك برابر ایتمك ḪÂKE (ZEMINE, JERE) BERÂBER ETMEK. *démolir, raser (une ville).* | der Erde gleich machen, zerstören (z. B. eine Stadt).

a برابر BERÂBER und برابره BERÂBERE. Sbst. Pl. s. بربر

p پراپر PUR-Â-PUR. s. پر

p t برابرجه BERÂBERDŽE. Adj. *également.* | gleichmässig. s. برابر

p t برابرلشمك s. برابرلمك Deriv.

p t برابرلك BERABERLIK. Sbst. *parité, égalité.* | Gleichheit. vgl. برابری

t برابرلمك BERABERLEMEK. Vb. act. *égaliser.* | gleichmachen, = برابر ایتمك. — Deriv. برابرلشمك BERABERLEŠMEK. Vb. recipr. *être égaux, se ressembler.* | einander gleich sein, sich gleichen.

p برابری BERÂBERI. Sbst. = برابرلك *égalité, émulation, rivalité, concurrence.* | Gleichheit, gleich zu sein streben, Wetteifer, Concurrenz.

a براءت BERÂET oder برائت Sbst. *immunité, exemption, privilège.* | Freiheit von etwas (Flecken, Fehler u. dgl.), Befreiung von etwas, Privilegium. براءت من الغرض *impartialité.* | Unpartheilichkeit. براءت من الالم *impassibilité.* | Schmerzlosigkeit, Gefühllosigkeit. یمین البراءت *serment solennel par lequel on renonce à la protection de Dieu dans le cas où une chose ne serait pas vraie.* | der heiligste Betheuerungs-Eid, so genannt, weil der Schwörende dabei die Finger auf eine Stelle der Sure البراءت (Sure 9) legt.

t برات BERÂT. Sbst. Tahrif d. Vbgdn. *privilège, brevet, diplome, exequatur d'un consul.* Privilegium, Urkunde eines Privilegium, Diplom, Ernennung zu einem Amte, Exequatur eines Consuls. برات آزادی BERÂT-I ÂZÂDI = آزاد کاغدی *lettre ou diplome d'affranchissement (d'un esclave.)* | Freibrief. برات عالیشان BERÂT-I 'ÂLIŠÂN (auch BERÂT-I SULTÂN, BERÂT-I HUMAJUN) *diplome illustre de l'empereur.* | hohes, kaiserliches Diplom. برات کیجه‌سی BERAT-GIDŽESI. *a* لیلة البراءت *p* شب برات oder شب برات *la nuit du 15 du mois Cha'bân.* | die Nacht des 15ten des Monats Schaban, auch لیلة النصف من شعبان in welcher das Schicksal aller lebenden Menschen für das folgende Jahr bestimmt wird.

a t براتلو BERATLY. Adj. u. Sbst. *p* برات دار *porteur d'un diplome, privilégié.* | mit einem Brevet versehen, Inhaber eines Brevets oder Diploms, priviligirt.

p براجیل BERÂDŽIL. Sbst. *a* کرفس *t* کرویز *céleri (plante).* | Sellerie.

p برادر BURÂDER, BIRÂDER. Sbst. *a* اخ *t* قرنداش *frère, ami, compagnon.* | Bruder, Freund, Gefährte, Geselle. برادر خوانده BURÂDER-I ḪÂNDA. *frère adoptif.* | Adoptivbruder. برادر زاده BURÂDER-ZÂDE. *neveu.* | Brudersohn, Neffe.

p t برادرانکو BRADERANGYR. Sbst. *frère cadet.* | der jüngere Bruder. LT *p* برادرانه BURÂDERÂNE. Adj. u. Adv. *fraternel, en frère.* | brüderlich, als Bruder.

p t برادرلق BRADERLYK. Sbst. *p* برادری *fraternité.* | Brüderschaft, Brüderlichkeit.

a برادة BURÂDET. Sbst. اگنتی *limaille.* | Feilspäne.

p برآور BER-ÂW. Imperat. v. برآوردن

s u. als Sbst. 1. *t* بوقرو گتورنجی u. بر آوردن . شاللرنجی *qui fait monter, qui danse.* — 2. *a* صلح *t* آشتی *paix, concorde.* | Friede, Eintracht. Meninski.

a برازی BERÂZÎ. Sbst. Pl. v. برزة

t برآز BIR-ÂZ. *un peu.* | ein wenig. s. بر u. آز

p براز BERÂZ. Imperat. v. برازیدن

p براز BÛRÂZ und برازر BIRÂZER. Sbst. *ornement, beauté, élégance.* | Schmuck, Zierde, Schönheit.

p t برازونه und پرازونه PYRÂZWÂNE. *p* برازوان . بشیره . برازیان *a* قلة السیف . شعیرة . قبیعة *t* تجلد . قین دیملکی *garde (d'épée, de poignard etc.), bout d'une gaine, bouterolle, bouton en métal ou en pierre précieuse à la poignée d'un sabre, au manche d'un couteau etc., en guise d'ornement ou pour raffermir le manche.* | Heft, Knauf eines Degens, Messers u. dgl.; unteres Ende der Scheide, Beschlag der Scheide. Redhouse: „the ferrel usually placed at the bottom of sticks, scabbards etc."

p برازیدن BURÂZÎDEN. Vb. act. u. intr. *agir convenablement, décemment; convenir.* | anständig handeln; geziemen, passen.

p برازیدن BERÂZÎDEN. Vb. act. *lier.* | verbinden, verknüpfen.

p براسودن BER-ÂSÛDEN. s. آسودن

t براسه oder براصه PYRASA. Sbst. *a* کرات *p* گندنا . برینه *poireau.* | Lauch, vgl. برینسه

p براشفتن BER-ÂŠUFTEN. s. آشفتن

a براطیل BARÂTÎL. Sbst. Pl. v. برطیل

a براعت BERÂ'ET. Sbst. *perfection, excellence.* | Vollkommenheit, Vortrefflichkeit (insbesondere von Geistesprodukten). براعت استهلال BERÂ'ET-I ISTIHLÂL. besondere Schönheit des Einganges eines Gedichts, der Vorrede eines Buchs u. dgl., wenn die ersten Worte sogleich eine Andeutung des ganzen folgenden Hauptgegenstandes enthalten. v. Mehren. Rhetor. der Araber. S. 143. Redhouse: „the beauty of symbolic literary composition, by which the technical terms of any science are used (for example, in a preface) and symbolized".

p براغالیدن BER-ÂGÂLÎDEN. s. اغالیدن

t براغنتی BRAGYNTY und براغندی [von براقمق] Sbst. *a* لقاء . ملقی . موضوط *p* افکنده *chose jetée, rejetée, bonne à jeter, rebut.* | Auswurf, was man liegen lässt oder wegwirft.

t o براغسو BARAGU. LT. صغرکلو *vache.* | Kuh.

it براغه BRAGA. Sbst. *brague.* | Brokk oder Bracks einer Kanone, Anhalttau.

t o براق BARAK. N. pr. LT. شاه پادشاهی ونه آلوسی از ترکمان

t براق BARAK. Sbst. *barbet, braque.* | Pudel, zottiger Hund.

a براق BURAK. Sbst. *monture du prophète dans son voyage nocturne au ciel.* | ein fabelhaftes Wesen auf dem Mohammed bei seiner nächtlichen Reise in den Himmel geritten sein soll.

a براق BERRÂK. Adj. *brillant, éclatant, resplendissant; pur, limpide.* | glänzend, leuchtend, hell, rein, nicht trübe.

a t براقلق BERRAKLYK. Sbst. *éclat, splendeur, pureté.* | Helligkeit, Reinheit.

t براقمق BRAKMAK, BYRAKMAK. Vb. act. Aor. براقور u. براغور oder براغر BRAKYR, BRAGYR und BRAGAR = *a* ارماء . حفض اتمك . ترك اتمك *p* افکندن *laisser, abandonner, délaisser, négliger, jeter, rejeter, quitter, cesser, perdre, omettre.* | lassen, liegen lassen, vernachlässigen, bei Seite lassen, bei Seite legen, auslassen, ablassen, aufhören, weglassen, wohin legen oder werfen, wegwerfen, verlieren. اشغه براقمق AŠAGA BR. *jeter en bas.* | hinabwerfen. اوزرینه — اوستنه — ÜSTÜNE BR. oder ÜZERINE BR. *rejeter sur q. qu., imputer q. ch. à q. qu.* | auf Jemand schieben, Jemanden einer Sache beschuldigen. یره براقمق JERE BR. *renverser.* | zu Boden werfen, niederwerfen. آغی صوینه براقمق *jeter les filets.* | das Netz (zum Fischen) auswerfen. صاغ براقمق SAG BR. *épargner la vie à q. qu., faire grâce.* | einen am Leben lassen, begnadigen (mit dem Accus. der Pers.). قپویی آچق براقمق die Thür offen lassen. بر کمسنه نك تعقیبنی براقمق von Jemandes Verfolgung ablassen. بدننده علامت براقملیم wir müssen an seinem Körper ein Zeichen lassen (ihn zeichnen, brandmarken). — Deriv. براقلمق BRAKYLMAK. Vb. pass.

t براقیویرمك BRAKY-WERMEK. Vb. act. *laisser tomber, faire tomber.* | fallen lassen.

p پراکندکی PERÂGENDEGÎ. Sbst. پریشانلق *dispersion, dissipation, distraction.* | Zerstreuung.

p پراکندن PERÂGENDEN. Vb. act. پراکنده اتمك *dissiper, disperser, troubler.* | zerstreuen, zertheilen, stören, auseinander werfen.

p پراکنده PERÂGENDE. (Part. d. Vbgdn.) Adj. طاغنیق . طاغنق . پریشان . متفرق *dissipé, dispersé, répandu, épars, distrait, troublé.* | zerstreut, zertheilt nach allen Seiten hin, geistig zerstreut, gestört. — ETMEK. *dissiper, distraire.* | zerstreuen, auseinander werfen, auseinander schicken (die Truppen = beurlauben, entlassen), versprengen (ein feindliches Heer); geistig zerstreuen, stören. بیهوده کو = پراکنده کو PERÂGENDE-GU *qui parle de choses futiles.* | der unnütze eitle Dinge schwatzt.

p t پراکندهلك PERÂGENDELIK. Sbst. = پراکندکی

p برآمدن BER-ÂMEDEN. Vb. intr. بوقاروكتمك *surmonter, s'élever, maîtriser une chose, dépasser.* | hinaufkommen, emporkommen, zum Vorschein kommen, überkommen, eine Sache überwältigen. vgl. آمدن

p بران BURRÂN [von بریدن] Adj. کسکین *aigu, tranchant.* | scharf, schneidend. تیغ بران ein scharfes Schwerdt.

p بران BERÂN = بر آن *sur lui, avec lui.* auf ihm, über oder mit ihm.

p پران PERRÂN und پران PERÂN [von پریدن] Adj. اوچوجی *volant.* | fliegend. شواند پران اولمق *voler, s'envoler.* davon fliegen.

p برانداختن BER-ENDÂHTEN. s. انداختن

براتقه s. برانغار

t o برانغار BRANGAR. (mongolisch). Sbst. صاغ قول . دست راست *côté droit, l'aile droite de l'armée.* | die rechte Seite, der rechte Heeresflügel.

it برانقه BRANKA oder برانقه Sbst. (branca). *chaîne des galériens.* | Kette der Verurtheilten und Sträflinge.

براوجه PRAWGA (polnisch; prawdzie). Sbst. *vérité, nudité.* | nackte Wahrheit. براوجهسنی سویلدی er hat die reine Wahrheit gesagt.

p برآور BER-ÂWER. Adj. = بیار *fertile.* | fruchttragend. s. d. Figde.

p برآوردن BER-ÂWERDEN [von آوردن und قالدرمق . قبول اتمك . دوزمك] Vb. act. [بر *enlever, élever, accepter, séparer, produire, créer, construire, accomplir, séparer.* | davon tragen, an sich nehmen, aufheben, in die Höhe heben, zu Ehren erheben, aufziehen, erziehen, erbauen, fertig machen, schaffen, trennen, scheiden. زیر برآوردن *abaisser, vaincre, surpasser.* | herunterbringen, d. i. überwältigen. پشت بر آوردن *tourner le dos.* | den Rücken wenden. دست برآوردن *élever la main.* | die Hand erheben. تیغ برآوردن *tirer le sabre.* | das Schwerdt ziehen.

p برآورده BER-ÂWERDE. (Partic. d. Vbgdn.) Sbst. *construction, édifice, mur, château-fort.* | das Erbaute, Gebäude, Mauer, Burg.

t براوغوردن BIR-OGURDAN. s. اوغور

t براوه PYRAWA. Sbst. کلید *serrure.* | Schloss.

p برآویختن BER-ÂWÎHTEN. Vb. act. *suspendre.* | aufhängen, anhängen. s. آویختن

p براه BERÂH und BURÂH. Sbst. u. Adj. = براز . براقش . زینت *ornement, élégance, beauté; orné, beau, bon, convenable.* | Schmuck, Zierde, Schönheit; geschmückt, schön, gut, zierlich, artig, anständig, ziemend.

p براه BE-RÂH. s. راه

a براهمن BRAHMAN. Pl. براهمه BARÂHIME. Sbst. *bramine.* | Brahmane.

p براهیدن BERÂHÎDEN. [Denom. v. راه] Vb. act. = براه کردن *envoyer.* | schicken.

a براهین BERÂHÎN. Sbst. Pl. v. برهان

p برای BERÂI oder برأی Praepos. *t* ایچون . اوتری *à cause, pour.* | wegen, um, in der Absicht dass. برای چه BERÂÏ ČI oder نیچون — ازبرای چه pourquoi, par quelle raison? | warum, weshalb? برای او BERÂÏ O. pour lui. | seinetwegen. برای تو BERÂÏ TU. pour toi. | deinetwegen. برای آن BERÂÏ ÂN oder برای آنکه à cause de cela. | deswegen, deshalb. برای خدا BERÂÏ ḪUDÂ. par la volonté de Dieu. | um Gottes willen. برای ادب par civilité. | aus Höflichkeit. برای خاطر par complaisance, pour plaire. | aus Gefälligkeit, zu Gefallen. برای ضبط اطراف um die Gränzen zu schützen.

a برایا BERÂJA. Sbst. Pl. v. بریّة

a برائة BERÂET. s. برات

a برایة BURÂJET. Pl. برا BÜRA Sbst. یونقه. تلاش. قرقندی. کسندی éclat de bois, copeau. | Span, Spänchen, Abschnitzel (Federschnitzel, Hobelspäne, Papierspäne u. dgl.).

p برپا BER-PÂ. Adj. sur les pieds, debout, marchant. | auf den Füssen, stehend, gehend. s. پا

p برباد BERBÂD. [s. باد] Adj. تلف اولمش. خراب اولمش détruit, ruiné, perdu, dévasté, anéanti. | zerstört, verwüstet, verloren, vernichtet. — ETMEK. jeter au vent, disperser, détruire, gâter. | dem Winde übergeben, zerstreuen, umherstreuen, verderben, vernichten. برباد داده jeté au vent, dispersé. | dem Winde übergeben, umhergestreut.

p t بربادلق BERBÂDLYK. Sbst. ruine, destruction. | Vernichtung, Verheerung, Verfall.

t بربار BIR-BAR. LT. بر s. خدای یکتا und بار

p بربار BER-BÂR. Adj. fertile. | fruchttragend, = بارآور

p بربار PUR-BÂR. [s. پر und بار] Adj. حامل. یوکلو portant un fardeau, chargé, couvert de fruits (un arbre), fertile. | beladen, voll, voll von Früchten.

p t بربارہ BERBÂRE oder بربارہ s. فروار
بربارس oder بربریس s. ادبربارس

a بربر BERBER. Pl. برابر BERÂBIR und برابرة BERÂBIRE. Sbst. berbère. | Berber, Bewohner der Berberei.

p بربر BERBER. Sbst. barbier, chirurgien. | Barbier. بربرخانه BERBER-ḪÂNE oder بربر دکانی BERBER-DÜKÂNI. boutique du barbier. | Barbierbude, Barbierstube.

p بربر BERBER. Adv. au-dessus, en dehors. | darüber. s. بر

t بربر BIR-BIR. Adv. un à un. | je eins, einzeln. s. بر BIR.

t بربردن BER-BÜRDEN. [s. بردن] Vb. act. davon das Partic. بربرده BER-BÜRDE. enlevé, emporté. | aufgehoben, weggetragen.

p بربست BERBEST. Sbst. obligation, loi, règle. | Verpflichtung, Verordnung, Gesetz, Regel.

p بربستن BER-BESTEN. [s. بستن] Vb. act. باغلامق lier, attacher à . . ., obliger q. qn. | anbinden, verknüpfen mit . . ., verbinden, verbindlich machen.

p بربط BARBUT. Sbst. espèce de luth. | eine Art Laute oder Guitarre.

t بربت BERT. Sbst. (alt). کل teigne | Grind, Kopfgrind, Krätze.

p برتاب PERTÂB oder پرتو PERTIW. Sbst. 1. آتمه. ثقله. صچرامه saut, élan, culbute; portée de la flèche; flèche à quatre plumes | Sprung, Wurf, Sturz, Burzelbaum; Pfeilschuss, Schussweite oder Flugweite des Pfeiles, Ziel des Pfeiles — اوق منزلی, der vierfiedrige Pfeil = تیر پرتابی *p* مرتبه *a* منزل اوقی. — ETMEK. jeter, lancer, sauter, franchir un fossé. | werfen, schleudern, überspringen (einen Graben). — 2. = پرتو. پساراسته rayons de lumière, splendeur. | Strahlen, Lichtglanz.

p برتافتن BER-TÂFTEN. Vb. act. tordre; retourner. | drehen, umwenden. s. تافتن

t o برتمق BARATYIMAK. Vb. act. LT. آفریدن créer. | schaffen.

p برتر BERTER. Compar. und برترین BERTERIN. Superlat. v. بر

p برتك BERTEK. Sbst. اشکین یوریدن ات cheval qui va l'amble. | Passgänger, Zelter.

p برتلك PERTELE. Sbst. پیشکش don présent. | Geschenk.

p برتله PERTELE. Sbst. *a* برنس mitre. | die persische spitze Mütze, Mitra. Meninski: „pileus tartaricus sub involucro carbasino, et fasciae, teniae pedales."

t برتمك BURTMEK, BÜRTMEK [ursprünglich Vb. caus. v. بورمق] Vb. act. tourner, disloquer, luxer. | drehen, renken, verrenken. ایاق برتمسی AJAK-BÜRTMESI. luxation du pied, entorse. | Verrenkung, Verstauchung des Fusses, = ایاق بورقلمسی. — Deriv. 1. برتنمك BÜRTINMEK. Vb. refl. und II. برتلمك BÜRTILMEK. Vb. pass. être luxé. | sich verstauchen, verstaucht oder verrenkt sein.

p پرتو PERTEW, Sbst. *a* ضیا. نور rayons de lumière, splendeur, lumière. | Lichtstrahlen, plötzliches Licht (wie der Blitz), Sonnenstrahl; Licht, Glanz, Helle. پرتو افشان PERTEW-EFŠÂN oder پرتو انداز PERTEW-ENDÂZ. rayonnant, brillant, resplendissant. | Strahlen werfend, strahlend, glänzend, hell leuchtend. پرتو صالمق PERTEW SALMAK. lancer des rayons. | Strahlen werfen.

p پرتوسوز PERTEWSUZ oder پرتوسوز PERTEWSÜZ. Sbst. [ohne Strahlen, oder mit Strahlen brennend, von سوختن] verre convexe, lentille, loupe, verre lenticulaire. | bauchig geschliffenes Glas, Linse, Lupe, Brennglas, Vergrösserungsglas.

p t پرتولو PERTEWLÜ. Adj. rayonnant, strahlend, glänzend.

p برتو = برتاب s. پرتلی
it برته s. بارثه

a برثن BURSUN. Pl. براثن BERÂSIN. Sbst. پرنده. چنکال جانور griffe d'animal féroce. | Klaue, Kralle, Fangkralle (eines Raubthieres).

p برج BERǴ. Sbst. 1. اوکلانو cylindre, rouleau. | Walze, Bäckerwalze. LL. — 2. = برس s. u.

a برج BURǴ. Pl. ابراج EBRÂǴ und بروج BURÛǴ. Sbst. قله *p* دکین tour, bastion, fort, citadelle; signe du zodiaque, constellation. | Thurm, Festungsthurm, Festung, Burg; der Thierkreis, Sternbild, Gestirn. برج حمام colombier. | Taubenhaus. = برج آسمان — *a* البروج. le zodiaque. | der Thierkreis.

p برجا BER-ǴÂ. Adv. = *t* یرنده en son lieu, en sa place. | an seiner Stelle. — ETMEK = یرینه کتورمك mettre en place, exécuter. | zur Stelle bringen, ausführen. vgl. جا

a p برجاس BERǴÂS, BIRǴÂS. Sbst. نشانه تیر. آماجکاه but, point où l'on vise. | Ziel, Zielscheibe (beim Bogenschiessen). pierre qu'on jette dans un puits pour ouvrir les veines d'eau bouchées et pour en clarifier l'eau. | ein Stein den man in den Brunnen wirft, um die Quelladern zu öffnen und dadurch das Wasser zu klären. FW

t برجك s. بورجك

p برجستن BERǴESTEN. Vb. act. صچرامق sauter, s'élancer. | aufspringen, anspringen.

p برجسیدن BERǴESIDEN. s. جستن

t برجك BIRǴIK, BIRǴÜK. Adj. [Demin. v. بر] un, un seul. | ein, ein einziger, einziges. برجك کوردم je ne l'ai vu qu'une seule fois. | ich habe es ein einziges Mal, nur einmal gesehen.

p برچم PERČEM. Sbst. *p* کاکل. بشک. فش. طره. سمعه. ذوابه. ناصیه. کاکل *a* touffe ou toupet de cheveux, crinière (du lion, du cheval), huppe d'oiseau, tresse de cheveux, touffe de crins placée au bout d'un drapeau. | Haarbüschel (der auf dem Kopfe stehen bleibt, während das übrige Haar abrasirt wird), Schopf, Zopf, Locke, Kuppe auf dem Kopfe der Hühner und anderer Vögel; Mähne, Rossschweif. برچم قومق PERČEM KOMAK. coiffer en toupet. | einen Schopf stehen lassen, = تاکتب u. الکاب. — جیوان برچمی GIWÂN-PERČEMI. mille-feuille. | Schafgarbe (achillea mille folium).

p t برچملو PERČEMLI. Adj. qui a un toupet; huppé. | einen Schopf habend, eine Kuppe habend. s. d. Vhgde.

a برجمه BURǴUME, auch برجمه BURǴUM. Pl. براجم BERÂǴIM. Sbst. articulation du milieu d'un doigt. | Mittelglied des Fingers.

t o برچه BARČA = بارچه tous. | alle.

t برچه BARČA. Sbst. barque. | Barke. s. *p* بارچه

p برچه PARČA. Sbst. pièce, morceau. | Stück. s. *p* پارچه

p برچیدن BERČIDEN. Vb. act. دیوشرمك rassembler, amasser. | zusammenlesen, zusammenhäufen. Partic. برچیده BERČIDE = دیوشرلمش. طوپلانمش rassemblé, entassé | zusammengelesen, zusammengehäuft. vgl. چیدن

p برچیدن PERČIDEN. Vb. act. river (un clou). | vernieten, einen Nagel umschlagen.

p برچین BERČIN oder برچینا BERČINÂ. [v. چیدن] Adj. دیوشرجی اولان ramassant. | zusammenhäufend.

p پرچين PERČÍN. [von پرچيدن] Sbst. *a* تمشيه *p* قلقاله LL. *action de river, rivet; clou, cheville; pointes ou clous placés sur le haut d'un mur.* | Vernietung; Zwecke, Nagel, Beschlag mit Zwecken oder Nägeln [am Panzer, Lanzenschaft u. dgl. Kam. s. v. آلتحرپيه u. الشموب]. Spitzen oder Nägel auf dem Rande einer Mauer, um das Uebersteigen zu verhindern. — ETMEK = پرچيدن u. پرچينلمك.

p پرچين PER-ČÍN. Adj. بورشق *plein de rides, ridé.* | voller Runzeln, runzelig, faltig, zerknittert. s. چين.

p t پرچينلمك PERČÍNLEMEK. Vb. act. u. پرچينلتمك PERČÍNLETMEK. Vb. act. = پرچيدن. كسرى پرچينلمك *river.* | vernieten. پرچينلمك مسمارى *river un clou.* | einen Nagel vernieten.

p t پرچينلو PERČÍNLI. Adj. *rivé.* | vernietet. بو كسم پرچينلو اولمغله چيقمزلر توپرقدن da dieser Nagel vernietet ist, lässt er sich nicht herausziehen.

a برح BARH. Sbst. شدّت . الم *violence, véhémence, vexation, malheur, adversité.* | Heftigkeit (z. B. einer Krankheit); Widerwärtigkeit, Unfall.

a برحق BER-HAKK. s. حق.

a برحمت BERÂHMET. s. رحمت.

p برخ BERH oder برخ PERH. Sbst. حصّه . بهره . بر مقدار *part, portion, peu, un peu.* | Theil, Antheil, kleiner Antheil, ein Wenig.

p برخ BARQ. Sbst. گولاب *lac, étang, citerne.* | See, Teich, unterirdisches Wasserbehältniss.

p برخ BURH. Sbst. شبنم *rosée.* | Thau.

p برخاستن BER-ḪÂSTEN. [v. خاستن] Vb. intr. قالقمق . ايكلمك *se lever, paraître.* | sich erheben, zum Vorschein kommen. گرد برخاستن GERD BER-ḪÂSTEN = توز چيقمق *faire de la poussière (intrans.).* | stauben. برخاسته اولمق BER-ḪÂSTE OLMAK, *se lever, être levé.* | sich erheben, aufgestanden sein.

p برخاش BERḪÂŠ und پرخاش PERḪÂŠ. Sbst. *t* غوغا . جنگ *p* . كورلدى . جنگ *a* وغا . جدال *bruit, tumulte, dispute, guerre, combat, bataille.* | Lärm, lautes Streiten, Krieg, Kampf, Schlachtgewühl.

p t پرخاشجى PERḪÂŠČÍ. Sbst. غوغاجى *querelleur, tapageur.* | Lärmer, Streit und Händel Suchender, = d. Flgde.

p پرخاشخور PERḪÂŠ-ḪÔR. [vgl. خوردن] Sbst. u. Adj. غوغاجى . بهادر . جنگ آشناجى *querelleur, guerrier, homme courageux.* | wörtl. Streit-Fresser, d. i. ein Streitsüchtiger, Kampfbegieriger, Tapferer, Krieger.

p برخفج BERḪEFĆ oder برخفج BERḪENĆ [auch برخفج] Sbst. *a* كابوس *cauchemar.* | der Alp.

p برخوار BER-ḪÔR oder برخور BER-ḪÛR. 1. Sbst. *a* حصّه . نصيب *p* بهره . پاى *part, portion; sort, lot, bonheur, prospérité, fortune, gloire.* | Theil, Antheil, Loos, Schicksal, Glück, Ruhm. 2. Adj. حصّه دار . بهره دار . نصيبلو *qui prend part, participant; fortuné.* | theilhaftig, Theilnehmer, Theilhaber, Genosse; glücklich.

p برخوردار BER-ḪÔRDÂR. Sbst. u. Adj. بهره دار . ونعمت دولت . صاحب . نصيبلو *qui prend part, participant, qui obtient ce qu'il désire, heureux, fortuné.* | Theilhaber, der seinen Theil erhält, seinen Wunsch erreicht, ein glückliches Loos hat, ein Glücklicher. برخوردار او BER-ḪÔRDÂR OL. *soyez heureux! que Dieu vous bénisse!* | sei glücklich, lass' dir es wohlgehen, Gott behüte dich!

p برخوردارى BER-ḪÔRDÂRÍ. Sbst. *prospérité.* | Wohlfahrt, Glück. برخوردارى گرفتن *être heureux.* | ein glückliches Loos ziehen, glücklich sein.

p برخوردن BER-ḪÔRDEN. [s. خوردن und بر] Vb. act. ايكوزمق *avoir sa part, jouir du bonheur, être heureux.* | seinen Theil haben, glücklich sein. — Auch *manger un fruit.* | eine Frucht essen.

p برخى BAHQÍ. Sbst. = برخ *part; peu, récompense, sacrifice, offre de se donner en sacrifice pour un autre, être sacrifié ou se sacrifier pour q. qn.* Theil; ein Wenig, Vergeltung, Opfer indem man sich selbst zum Opfer bringt, Selbstaufopferung, Hingabe für einen Andern.

p برخيز BERḪÍZ und برخيزش BERḪÍZIŠ. Sbst. *action de lever, de se relever; soulèvement, départ.* | Erhebung, Aufstehen, Aufstand, Aufbruch. vgl. برخيزيدن.

p برخيزانيدن BERḪÍZÂNÍDEN. Vb. caus. v. برخاستن *soulever, exciter.* | erregen, aufregen. امواجرا برخيزانيدن *soulever les flots (se dit du vent).* | die Wogen erregen (vom Winde).

p برخيزيدن BERḪÍZÍDEN. Vb. act. قالقمق . دپرلمك . زورلنمق ايتمك Nebenform v. برخاستن *se lever; se soulever; fermenter.* | erheben, sich erheben; einen Aufstand machen, sich empören, aufgehen oder in die Höhe gehen (vom Teige) = قبارمق.

p برخين BERḪÍN. Sbst. = برخ u. برخى *part; peu.* | Theil; ein Wenig.

a برد BERD. Sbst. صوغوق Gegentheil v. حر oder حرارت *le froid, frais, fraicheur; réfrigération; sommeil; salive.* | Kälte, Frische, Mangel an Wärme; Abkühlung, Erkältung, Schlummer; Speichel. البردان ELBERDÂN. *les deux fraicheurs, le matin et le soir.* | die beiden Kälten, d. i. Morgen und Abend. حر وبرد Wärme und Kälte. برد وشتا Kälte und Winter. برد عجوز s. عجوز.

a برد BERID. Femin. بردة BERIDET. Adj. *froid; qui fait tomber la grêle (nuage).* | kalt, hagelnd, schlossend (eine Wolke). سحاب برد SEḤÂB-I BERID. Hagel-Wolke.

a برد BERED. Sbst. طولو . گوز آرپه جقى *grêle; orgelet.* | Hagelkorn; Gerstenkorn (am Auge).

a برد BURD. Pl. برود BURÛD. ابراد ABRÂD u. ابرد ABRUD. Sbst. جامه نورلك . الاجه قماش *étoffe rayée; vêtement d'étoffe rayée.* | gestreiftes (schwarz und weiss) Zeug. Kleid von gestreiftem Zeuge. Nomen unitatis: بردة BURDET. *le manteau du prophète; titre d'un célèbre poème mystique en l'honneur du prophète.* | der Mantel Mohammeds; Titel eines berühmten mystischen Gedichts zur Ehre Mohammeds.

p برد BERD oder پرد PERD. Sbst. بكلمه ج . *a* لغز *p* چيستان *énigme.* | Räthsel.

p برد BURD. s. بردن.

a برد BURUD. Pl. v. بريد.

p پرد PERD. Sbst. *pli.* | Falte. In Zusammensetzung mit Zahlwörtern zu Bildung der Multiplicativa gebraucht. يك پرد JEK-PERD. *simple.* | einfach. دو پرد DU-PERD. *double* | zweifach, doppelt.

p پردا = فردا *demain.* | Morgen.

p پرداخ PERDÂḪ. Sbst. = پرداز *lustre, polissure.* | Glanz, Politur, letzte Vollendung, Glätte.

p پرداختن PERDÂḪTEN = پرداخ u. پرداخته s. d. Flgde.

p پرداختن PERDÂḪTEN. [Rad. پرداز] 1. Vb. act. دوزمك . ترتيب ايتمك . جلا ويرمك . ايشلمك . تمام ايتمك mit dem Accus. *polir, orner, donner un dernier coup de main, achever, terminer, arranger, disposer.* | glätten, putzen, poliren, die letzte Vollendung geben; eine Sache bewerkstelligen, vollführen, fördern, abthun, vollenden. 2. Vb. intr. اشتغال ايتمك mit der Praep. ب *s'efforcer, se donner de la peine, être occupé de q. ch. entreprendre q. ch., se vouer à q. ch.* | sich mit etwas beschäftigen, sich auf etwas einlassen, sich Mühe geben, sich anstrengen. Partic. پرداخته PERDÂḪTE und پرداخت PERDÂḪT — *a* كامل *t* دوزلمش . پيشمش *accompli, achevé, fait, orné, poli* | vollendet, fertig, ausgeputzt, polirt. پرداخت ايتمك PERDÂḪT ETMEK = پرداختن s. d. Flgd.

p t پرداخلمق PERDÂḪLAMAK. Vb. act. *orner, polir.* | ausputzen, glätten, poliren. s. d. Vhgde.

p برداريدن BERDÂRÍDEN s. بردن.

p بردار BER-DÂR. Adj. [vgl. دار] آصلمش . قالدرمش *pendu, suspendu.* | gehänkt (am Galgen). — ETMEK = بردار آويختن oder برداريدن *pendre.* | hangen. — OLMAK *être pendu* | hängen, aufgehänkt sein. ايكيسنى بردار ايلسونلر man soll sie alle beide aufhängen.

p بردار BER-DÂR [von بر und داشتن] Adj. = ثمره لو . يمش ويرمجى *qui porte des fruits, fertile.* | fruchttragend.

p بردار BERDÂR [von برداشتن] in pers. Zusammensetzungen = قالدرجى *qui soulève, soutient, qui porte, supporte.* | der etwas aufhebt, in die Höhe hält, auf sich nimmt, trägt. فرمان بردار FERMÂN-BERDÂR oder حكم بردار ḤUKM-BERDÂR. *qui supporte l'ordre, c. à d. qui obéit.* | der den Befehl auf sich nimmt, d. i. gehorcht. باربردار BÂR-BERDÂR. s. o.

p بردارى BERDÂRÍ [von برداشتن] In Zusammensetzungen *action de supporter, de porter.* | das Aufsichnehmen, Tragen. فرمانبردارى FERMÂN-BERDÂRÍ. *obéissance, soumission.* | Gehorsam, Unterthänigkeit. باربردارى BÂR-BERDÂRÍ. s. o.

p برداريدن BERDÂRÍDEN = بردار ايتمك und برداشتن

p پرداز PERDÂZ. [v. پرداختن] Adj. in Zusammens. = ایدیجی . بتوریجی . دوزیجی . ترتیب ایلیجی . جلا ویریجی *qui s'efforce, qui arrange, dispose, fait, termine, achève, qui donne le dernier coup de main, orne, polit.* | der sich müht, etwas macht, in Ordnung bringt, endigt, die letzte Hand anlegt, glättet, ausputzt. سخن پرداز SUḪAN-PERDÂZ oder نکته پرداز NÂTIKA-PERDÂZ. *recherché dans son langage.* | der sich gut zu sprechen bemüht, wohl beredt. ترانه پرداز TERÂNE-PERDÂZ. *qui fait des modulations, chanteur.* | der Modulationen der Stimme macht, Sänger. براعت پرداز BERÂ'ET-PERDÂZ. *qui cherche à exceller.* | der nach Vollkommenheit strebt, sich auszuzeichnen sucht. طبع نکته پرداز TAB'I NUKTE-PERDÂZ. *caractère spirituel, naturel ingénieux, sagacité.* | geistreiches Wesen, natürlicher Witz, Scharfsinn. دشمن پرداز DÜŠMEN-PERDÂZ. *qui cherche à exterminer les ennemis.* | sich um die Feinde bemühend, die Feinde zu vertilgen strebend.

p t پردازلق PERDÂZLYK. Sbst. *action d'achever, d'orner, de polir.* | die Vollendung, Ausschmückung, Glättung. انشا پردازلق INŠÂ-PERDÂZLYK s. انشا

p t پردازلمق Vb. Act. vgl. پرداختن *finir, polir, orner, donner un dernier coup de main.* | ausputzen, glätten, letzte Hand anlegen, endigen.

p پردازی PERDÂZÎ. Sbst. = پردازلق *action d'achever, etc.* | Vollendung u. s. w. سخن پردازی SUḪAN-PERDÂZÎ. *ornement du discours, éloquence.* | Schmuck oder Ausschmückung der Rede, Beredsamkeit.

p برداشتن PERDÂŠTEN. [vgl. داشتن] Vb. act. یوقری طوتمق . یوقری قالدرمق . رفع ایتمك . کتورمك *élever, soulever, supporter, porter, ramasser, enlever, ôter.* | aufheben, in die Höhe heben, in die Höhe halten, auf sich nehmen, tragen, ertragen, wegtragen, wegnehmen. Particip. برداشته PERDÂŠTE. *élevé, enlevé, fuyard, fugitif.* | aufgehoben, weggetragen; als Sbst. einer der sich davon macht, entflieht (aus Furcht vor Strafe). — PERDÂŠTE ETMEK = PERDÂŠTEN.

t برداق BARDAK auch بردق u. برداغ Sbst. = کوزه . قدح . شیشه . قدح *pot de terre, jarre en terre, cruche, flacon, coupe* | irdenes Gefäss, Topf, Krug, Flasche, Becher zum Trinken. صو برداغی *cruche à eau.* | Wasserkrug.

t برداقجی BARDAKÖY. Sbst. = *a* فاخوری . *p* کوزه‌گر فخار *potier.* | Töpfer.

p پردان PUR-DÂN. Sbst. *qui est plein de savoir, homme savant.* | einer der des Wissens voll ist, ein Gelehrter. vgl. پر u. دانستن

p پرداخ PERDÂḪ. Sbst. = پرداخ *lustre, politesse, dernier coup de main, ornement* | Glanz, Glätte, letzte Vollendung, Ausschmückung. vgl. پرداختن

p t پرداخلمق PERDÂḪLEMEK. Vb. act. = پرداختن *donner le dernier coup de main, donner le lustre, polir, limer.* | letzte Hand anlegen, Glanz und Glätte geben, poliren, glatt feilen, glatt rasiren.

p بردبار BURD-BÂR. Sbst. u. Adj. [vgl. بار u. بردن] *qui porte un fardeau; qui souffre, endure.* | der eine Bürde trägt, der etwas (ein Unrecht, eine Beleidigung) erträgt, erduldet, Träger, Dulder.

p بردباری BURD-BÂRÎ. Sbst. *action de porter un fardeau, patience.* | das Tragen, Ertragen, Erdulden, Geduld. = *a* حلم . وقار

t بر دخی BIR-DAḪA, BIR-DAḪI [vgl. بر u. دخی] Adv. *encore un, encore une fois.* | noch ein, noch einmal.

t بردخیجك BIR-DAḪIǦÊ. Demin. d. Vhgdn. *encore une petite fois.* | noch ein einziges kleines Mal.

t o بردر İT. = ایسه *il est.* | er ist, es ist = وار در

a برذعه BARDA'A. Pl. براذع BARÂDI'. Sbst. = *t* کچه . حلس *t* تکلتی . آشك سمری *couverture de laine ou coussin qu'on met sous le bât, bât d'âne.* | Sattelunterlage, Sattelkissen; Eselssattel.

a برذعی BARDA'ÎY. Sbst. *fabricant ou vendeur de bâts d'âne.* | Sattler. vgl. d. Vhgde.

t o بورشمق BIRSHUMAK. İT. = دشلمك vgl. بورمق

t بردق BARDAK. s. برداق

p برده BERDEK oder BURDEK. Sbst. *narration fabuleuse, énigme* | fabelhafte Erzählung, Räthsel.

p بردگان BERDEGÂN. Sbst. Pl. v. برده BERDE.

p پردگی PERDEGÎ. Sbst. [von پرده] *chose cachée; femme voilée, femme chaste.* | etwas Verborgenes oder Verschleiertes; verschleierte Frau, ehrbare, keusche Frau.

t p بردل BIR-DIL. Adj. *unanime.* | eines Herzens, ein Herz und eine Seele.

p پردل PUR-DIL. Adj. = بهادر *plein de cœur, c. à d. valeureux, courageux, noble, magnanime, intelligent.* | voll von Herz, d. i. beherzt, muthig, edel, hochherzig, einsichtsvoll.

t پردەلمك PERDELEMEK. s. پردەلمك

t بردم BIRDEM. Sbst. *un moment, un instant.* | ein Augenblick.

p بردن BURDEN [Rad. بر BER.] Vb. act. = ایلتمك . کتورمك *porter, conduire, emporter, vaincre, gagner au jeu, obtenir q. ch.* | tragen, führen, forttragen, davontragen, wegnehmen, rauben; den Preis oder Gewinn davon tragen, im Spiele gewinnen, eine Sache erlangen. بدبردن BED-BURDEN = کجنمك *se fâcher.* | übelnehmen. حسد بردن HASED-B. *porter envie.* | Jemanden beneiden. بسر بردن BE-SER B. *accomplir; passer le temps, se chagriner.* | zu Ende führen, die Zeit hinbringen, sich grämen. = غصه‌لو کچورمك . — حمله بردن HAMLA B. = حمله آوردن *faire un assaut, une attaque.* | einen Angriff machen. فرمان بردن FERMÂN B. *supporter un ordre, obéir.* | einen Befehl tragen, d. i. gehorchen. شك بردن ŠEK B. *douter, soupçonner.* | zweifeln, Verdacht haben. پیش بردن PÎŠ B. *précéder, devancer; faire avancer, apporter.* | vorgehen, vorangehen, zuvorkommen, vorwärtsbringen (z. B. ein Geschäft), bringen.

t بردن بره BIRDEN-BIRE. Adv. [s. بر] *promptement l'un après l'autre.* | schnell hintereinander.

p بردوام BER-DEWÂM. Adj. u. Adv. *persévérant, perpétuel; perpétuellement, continuellement, toujours.* | beharrend, dauernd, beständig. بردوام باد es möge immer währen.

بردوامی BER-DEWÂMÎ. Sbst. *durée continue.* | ununterbrochene Dauer.

p بردوش BER-DÛŠ [s. دوش] Adj. *qui est sur l'épaule, porté sur l'épaule.* | auf der Schulter befindlich, auf die Schulter gehoben, auf der Schulter getragen.

p برده BERDE. Pl. بردگان BERDEGÂN. Sbst. = کوله . اسیر *prisonnier, esclave.* | Kriegsgefangener, Sclave. = بنده

a بردة BURDE. s. برد BURD.

p برده BURDE. Part. v. بردن

p پرده PERDE. Pl. پردها PERDEHÂ. Sbst. = ستر . نقاب . حجاب *a* . قنوق . اورتو *t* *voile, rideau, cloison, écran; pterigium, cataracte de l'œil; péricarde; touche d'un instrument musical; ton; air; modestie.* | Schleier, Vorhang, Scheidewand, Schirm; Augenfell, der Staar im Auge; das Pericardium; Leiste auf dem Griffbret musikalischer Instrumente zur Abtheilung der Töne, Griffbret, Ton, Tonweise, Melodie; höhere oder tiefere Tonlage (Stimmung, Gehör) der Instrumente. In übergetragener Bedeutung: Sittsamkeit, Bescheidenheit. پرده در PERDE-I DER od. قپو پردەسی *rideau-portière.* | Thürvorhang. تخته پرده *cloison de bois.* | Bretterverschlag. کارکیر پردەسی *cloison de maçonnerie.* | Scheidemauer. آتش پردەسی *écran.* | Feuerschirm. پردهٔ چشم *tenture.* | Tapete. دیوار پردەسی pterigium Kam s. v. آتغرب — . بوره پردەسی شغاف *a* پردهٔ دل oder یورکك اورتوسی = u. pericardium. پردهٔ آواز *élévation ou abaissement de la voix.* | höhere und tiefere Lage der Stimme. پردهٔ تعلم *ton fier.* | stolzes, hochmüthiges Wesen. اهل پرده EHLI PERDE. *femme chaste, femme honnête.* | eine sittsame Frau. — ETMEK (mit dem Accus.) und — ČEKMEK (mit dem Dativ.) *voiler, tirer le rideau.* | verschleiern, einen Vorhang vorziehen, einem die Aussicht verbauen. پرده بی صاحبوبیه oder پرده را فروهشتن *cacher avec le rideau* | mit dem Vorhang verhängen. = پرده یوشمق — . پردەسنی قالدرمق — . پرده‌نسندرمك oder = آچمق *ouvrir, tirer le rideau de devant q. ch.* | den Vorhang wegziehen. = پرده‌را برکشیدن — . پرده دریدن *déchirer le rideau, dévoiler q. ch. commettre une action honteuse.* | den Vorhang zerreissen, etwas (Verborgenes) enthüllen, eine schimpfliche Handlung begehen. پرده از روی کار برانداختن *dévoiler q. ch.* | den Schleier vom Gesicht einer Sache abwerfen, d. i. etwas an das Licht bringen. فلانك پرده سنی یرتمق *déshonorer q. qn.* | Jemanden entehren, schänden.

p پردەباز PERDE-BÂZ. Sbst. *musicien.* | Musiker, wörtl. Tonspieler.

p پردەبرانداز PERDE-BERENDÂZ. Adj. *qui découvre q. ch.* | der den Vorhang oder Schleier lüftet, etwas verborgenes sehen lässt, enthüllt.

p پردەپوش PERDE-PÛŠ. Adj. u. Sbst. *qui garde un secret.* | der ein Geheimniss bewahrt, verschwiegen.

p پرده‌بیرون PERDE-BIRŪN. Adj. *impudent indécent.* | frech, schamlos.

p t پرده‌جی PERDEǦI. Sbst. *a* حاجب = *p* پرده‌دار *gardien de l'entrée, chambellan qui ouvre et ferme la portière.* Thürsteher oder Kammerdiener in den Häusern der Vornehmen, der die Vorhänge an den Thüren öffnet und hinter den Eintretenden wieder zuzieht.

p پرده‌دار PERDEDĀR. Sbst. = پرده‌جی

p پرده‌دارلق PERDEDĀRLYK. Sbst. *charge du* PERDEǦI. | Thürsteherdienst s. d. Vhgde.

p پرده‌در PERDE-DER [v. دریدن] Adj. *qui découvre q. ch.; impudent.* | der etwas verborgenes entblösst, ein Geheimniss verräth; auch schamlos = الحسیز . عارسیز

p پردۀ دل PERDE-I DIL, vulg. پردل PERDEDIL. Sbst. *membrane qui couvre le cœur, péricarde.* | das Pericardium.

p پرده‌سرا PERDE-SIRĀ. Sbst. *instrumentiste, musicien.* | der ein Instrument spielt, Musiker, wörtl. Töne singend.

p پرده‌سرای PERDE-SARĀÏ. Sbst. *t* چادر = *a* خیمه *tente, pavillon.* | Zelt, wörtl. Vorhang-Palast.

p پرده‌شناس PERDE-ŠINĀS. Sbst. *musicien; savant.* | Musiker, Gelehrter, wörtl. Tonkundiger.

p پرده‌گاه PERDE-GĀH. Sbst. *lieu caché par le rideau, ce qui est derrière le rideau.* | durch einen Vorhang verborgener Ort; was hinter dem Vorhange ist.

p پرده‌کش PERDE-KEŠ. Sbst. *qui tire le rideau.* | der den Vorhang auf- oder zuzieht.

p t پرده‌لمك PERDELEMEK. Vb. act. اورتمك *voiler, couvrir, cacher, celer.* | verschleiern, verdecken, verbergen, verhehlen. Deriv. پرده‌لنمك PERDELENMEK. Vb. refl. *se voiler, se cacher.* | sich verschleiern, sich verbergen.

p پرده‌نشین PERDE-NIŠIN. Sbst. *qui se tient derrière le rideau, qui se cache, homme solitaire, femme chaste.* | der hinter dem Vorhange sitzt, d. i. sich verbirgt, der im Verborgenen etwas unerlaubtes thut (z. B. Wein trinkt); der im Verborgenen lebt, Einsiedler; eine sittsame Frau, die sich nie ohne Schleier zeigt.

a بردی BERDI. Sbst. *papyrus (plante).* | die Papyruspflanze.

p پرژین BERDIN. Sbst. *saleté, impureté.* | Schmutz.

t برر BIRER. Adj. num Distrib. *un à un.* | je ein, einzeln, allein.

a بررة BERERE. Sbst. Pl. v. بار

t برز BIRZ. Adv. = براز *un peu.* | ein wenig.

p برز BERZ Sbst. تخم . کشت وزراعت . اکین *semence, agriculture.* | Samen, Saat, Saatfeld, Ackerbau. vgl. برزیدن

p برز BERZ oder BÜRZ. Sbst. یوکسکلك . بوی . قد . بوجه‌لك *hauteur, haute taille, homme de haute taille.* | Höhe, Grösse, hoher Wuchs, ein Mensch von grosser Statur.

p برز PÜRZ u. برزه PÜRZE. Sbst. *duvet (d'une étoffe), poil.* | Flaum (insbesondere auf manchen Früchten, wie Pfirsichen) Rauches vom Sammet, Wolle am Tuche. vgl. پروز

a برزخ BARZAḪ. Pl. براززخ BARĀZIḪ. Sbst. *intervalle, gouffre; gouffre entre le paradis et l'enfer; temps entre la mort et la résurrection.* | Zwischenraum, Kluft; Kluft zwischen Himmel und Hölle; Zeit zwischen Tod und Auferstehung.

p برزدن BER-ZEDEN. Vb. act. قالدرمق *lever, élever, enlever; séparer; s'opposer.* | in die Höhe heben, aufheben, wegheben, wegnehmen; trennen; sich widersetzen. بانك برزدن BANK BER-ZEDEN, *pousser des cris.* | Geschrei erheben دامن برزدن DĀMEN BERZEDEN *être prêt à qu. ch.* | den Kleidersaum in die Höhe heben, d. i. sich bereit oder fertig machen zu einem Geschäfte. دوش برزدن DUŠ BER-ZEDEN, *hausser l'épaule, être hautain, être pétulent.* | die Schultern heben, d. i. mit den Achseln zucken, aus Hochmuth, oder als Zeichen des Uebermuthes.

p برزگر BERZ-GER oder برزگار BERZGĀR. Sbst. اکینجی *semeur, laboureur.* | Säemann, Ackerbauer.

p برزگری BERZ-GERI. Sbst. اکینجیلك *agriculture.* | Ackerbau.

p برزوانه s. برزوانه

p برزه BERZE. [v. برزیدن] Sbst. = برز *semence, agriculture.* | Saat, Ackerbau. برزه‌گاو BERZE-GĀW. *bœuf de labour.* | Ackerstier.

p برزه BERZE. Sbst. شاخ *branche d'arbre* | Baumast.

p برزه BERZE. Sbst. *étoffe demi soie et laine.* | ein halbseidener und halbwollener Kleidungsstoff.

p برزه PÜRZE. s. برز

p پرزیب PUR-ZIB. Adj. *plein d'ornements.* | voll von Schmuck, reich geschmückt. پرزیب ورزور *historié.* | verziert (von Gebäuden).

p برزیدن BERZIDEN. Vb. act. *semer, labourer.* | säen, den Acker bestellen.

p برزفق BARSIK. Sbst. ناشناس *homme ignorant.* | ein ungebildeter, unwissender Mensch.

p برزین BÜRZIN. Adj. آشکاره . ظاهر *public, manifeste.* | offenbar, öffentlich, deutlich.

a برس BERS oder برج BERǦ, auch برش Sbst. معجون حشیش *drogue préparée avec des feuilles de chanvre.* | Präparat aus Hanfblättern, dessen Genuss Heiterkeit erweckt.

a برس BIRS u. BURS. Sbst. پاموق . قطن *duvet cueilli de la plante du papyrus; coton.* | Papyruswolle, Baumwolle.

a برس BERS. Sbst. قشغی . یولار *licou; étrille.* | Halfter; Striegel.

t a برس BERES. [*p* برس für پلرس] Sbst. LT. پارس ویلنك *panthère, léopard.* | Panther, Leopard.

p پرس PERES. Adv. *livide.* | blass. یوزی کو زی پرس اولدی factus est totus lividus. Meninski.

p برسام BERSĀM. Sbst. *inflammation ou douleur de poitrine.* | Brustentzündung, Brustschmerz.

p برسان BERSĀN und BISSĀN. Sbst. دوشاب *sirop.* | Sirup, eingesottener Most oder Fruchtsaft.

p پرسانیدن PURSĀNIDEN. Vb. caus. v. پرسیدن

p پرست PEREST. [Rad. v. پرستیدن] in persisch. Zusammensetz. = طاپیجی *qui adore* | Anbeter. vgl. بت پرست . آتش پرست

p پرستار PERESTĀR und پرستا PERESTĀ. [Partic. v. پرستیدن] Adj. u. Sbst. قول . قراوش *servant, adorant.* | anbetend, dienend, Diener, Dienerin, Anbeter. قیزم اوغلکك پرستاریدر meine Tochter ist die Magd deines Sohnes. پرستاران خیال PERESTĀRĀN-I ḪAJĀL, *les adorateurs des fantômes c. à d. les poëtes.* | die Anbeter phantastischer Gebilde, d. i. die Dichter und Romanschreiber.

p پرستاری PERESTĀRI. Sbst. *service, adoration, culte.* | Dienst, Anbetung, Cultus.

p پرستان PERESTĀN. Pl. v. پرست

p پرستش PERESTIŠ. Sbst. طاپنمه . عبادت . خدمتکارلق *culte, service, adoration.* | Anbetung, Cultus, Dienst. — ETMEK. *adorer.* | anbeten.

p پرستك PIRISTEK und پرستو PIRISTU. Sbst. قرلانغیج قوشی *hirondelle.* | die Schwalbe.

p پرستنده PERESTE. Sbst. خدمتکار زنی *servante.* | Magd. vgl. d. Figde.

p پرستیدن PERESTIDEN. Vb. عبادت کرتمك . خدمتکارلق ایتمك *servir, adorer.* | anbeten, verehren, dienen. Partic. پرسته PERESTE und پرستیده PERESTIDE. *adoré.* | angebetet.

p پرسش PURSIŠ. Sbst. سؤال . صورش . تفقد *demande, question, information.* | Frage, Erkundigung, Nachforschung. پرسش خاطر PURSIŠ-I ḪATYR. *information sur la santé de q. qu.* | Erkundigung nach dem Befinden Jemandes. — ETMEK. *demander.* | fragen, nachforschen. پرسش سمت توجهی ایاجون um zu erforschen nach welcher Seite er sich wende.

t a پرسق BYRSYK. LT. روزه *jeûne.* | fasten.

p پرسن Sbst. vgl. برس BIRS. *coton* | Baumwolle oder ein dieser ähnlicher Stoff. FW.

p پرسنك BERSENK u. PERSENK für پارسنك s. پار Sbst. *contrepoids.* | Gegengewicht (wörtl. Gewicht-Stein), der Stein welcher als Gewicht in die Wagschale gelegt wird.

p پرسوز PUR-SŪZ. Adj. *ardent, enflammé.* | brennend, flammend. شمع پرسوز ŠEM'-I PURSŪZ. *chandelle allumée.* | ein brennendes Licht; als Sbst = موم شمعی *chandelier, boîte à bougie.* | Leuchter, Wachsstock-Büchse.

p پرسه PERSE oder پارسه Sbst. *pauvreté; état, situation de q. qu.* | Armuth; Zustand oder Lage in der sich Jemand befindet. = حال

p پرسیدن PURSIDEN. Vb. act. سؤال ایتمك . صورمق *demander, s'informer.* | fragen, sich erkundigen.

p پرسیدنی PÜRSIDENI. Sbst. لغز *énigme.* | Räthsel.

a برش BERŠ. Sbst. *taches sur la peau.* | Flecken auf der Haut.

a برش BERŠ. s. برس BERS.

p پرش PERIŠ. [von پریدن] Sbst. *vol (des oiseaux).* | der Flug.

p پرش PERŠ. Sbst. لرزه *agitation, tremblement.* | Bewegung, Zittern.

t o پرش BURUŠ. LT. چين *pli, ride.* | Falte, Runzel; = بورش

t پرشيتمك BIRIŠTIRMEK. Vb. act. [von بر] *réunir, retirer.* | vereinigen. طاغلمش عسكرى برشترمك ein zerstreutes Heer wieder sammeln.

p برشته BERIŠTE [von dem ungebräuchl. برشتن] Adj. پشمش، قورلمش، يانمش، كاولمش *rôti, brulé.* | gebraten, geröstet, geschmort, gebrannt. تخم مرغ برشته *oeuf à la coque.* | gesottenes Ei, = رفداى

p برشنج Sbst. FW. *absynthe.*

p برشدن BER-ŠIDEN. [von شدن] Vb. intr. *monter, s'élever.* | aufsteigen, sich erheben.

t o برشق BURŠUK. LT. انكور خور *nom d'un oiseau.* | Traubenfresser (Name eines Vogels?)

t o برشلك BERŠLEK. Sbst. قشلور، قولان *ceinture, sangle.* | Gurt, Sattelgurt.

p برشنه BERŠYK. Sbst. *pressoir.* | Presse.

t o برشلق LT. اشتى كرين vgl. بارشمق und برشمق unter برزق

p برشنده PERŠENDE. s. پراكنده

p برشيدن PERŠIDEN. Vb. act. پريشان قلمق *disperser.* | zerstreuen.

a برص BERAS, BARAS. Sbst. جذاملق *lèpre.* | Aussatz.

a t برصلو BERASLY. Adj. *lépreux.* | aussätzig.

p a برطرف BER-TARAF. s. طرف

p برطله BARTALA und BERTULA. Sbst. قرمزى بورك وكلاهى *bonnet rouge.* rothe Mütze.

a برطيل BIRTIL. Pl. براطيل BARATIL. Sbst. FW. رشوت سنك دراز *pierre oblongue; cadeau donné pour corrompre, séduire un juge.* | länglicher Stein; Geschenk das dem Richter als Bestechung gegeben wird.

p برغ BARG. Sbst. بند *digue.* | Damm, Deich.

p برغاب BARGÂB. Sbst. *étang.* | Teich.

p برغليدن BERGILIDEN. Vb. act. *animer, exciter.* | ermuntern. vgl. اغاليدن

p برغندان BERGENDÂN u. برغنداى Sbst. *jour et fêtes qui précèdent le jeûne du Ramazan.* | der letzte Tag des Monats Schaban oder die Festlichkeiten am Ende dieses Monats, unmittelbar vor Beginn des Fastens im Monat Ramazan.

t o برغو BURGU. Sbst. LT. كوسالە *veau.* | Kalb; vielleicht zu lesen بزغو vgl. بوزاغو

t برغو BURGU. s. بورغو

a برغوث BURGÛS. Sbst. *puce.* | Floh.

p برغول s. برغور

gr برغوز BURGOZ, auch بورغوز und بورغاز Sbst. πύργος *tour, château, Pyrgos (la ville).* | Thurm, Burg. N. pr. Stadt Pyrgos in Thrazien.

p برغول BURGUL. vulg. برغور BURGUR u. بلغور BULGUR, [auch mit پ] Sbst. ارلمش بغداى *blé moulu, gruau.* | Graupen (von Weizen).

t برغولمق BURGULAMAK. s. بورغولمق

p برغونه PUR-GÛNA. Adj. زشت ونازيبا *laid, difforme.* | hässlich, ungestaltet, nicht schön.

p برف BERF. Sbst. قار *neige.* | Schnee.

p برفاب BERF-ÂB. Sbst. *eau rafraîchie avec de la neige.* | Schneewasser, mit Schnee gekühltes Wasser. برفاب داكمك *désabuser qn.* | einen enttäuschen, eigentlich abkühlen, wie das deutsche: mit kaltem Wasser begiessen.

p برفدان BERF-DÂN. Sbst. بوز خانه *glacière.* | Eiskeller.

a p برفراغ BER-FIRÂG. s. فراغ

p برفناك BERF-NÂK. Adj. *couvert de neige.* | mit Schnee bedeckt.

p برفنج BERFENG. Sbst. صعب وتشوار يول *route raboteuse.* | rauher Weg.

p برفنجك BERFENGEK. Sbst. كابوس *cauchemar.* | der nächtliche Alp.

p برفنداز BERFENDÂZ. Sbst. مفسر وشارح، اهل علم وعالم، مفتى *homme de droit qui donne des décisions; commentateur; savant.* | Rechtsgelehrter der streitige Fälle entscheidet; Ausleger und Erklärer (eines Buches); Gelehrter.

t برق oder بارق BARK oder BARYK. Sbst. *maison, famille.* | Haus, Familie; immer mit EW verbunden; s. o. — او برقم وار EWIM BARKYM WAR. *j'ai maison et famille, je suis établi.* | ich habe Haus und Hof. اولى برقلى EWLI BARKLY der Haus und Hof, Weib und Kind hat.

a برق BARK. Pl. بروق BURÛK. Sbst. شمشك، يلدرم، رخشش *éclair, foudre.* | Blitz, Blitzstrahl, Donnerschlag. — ETMEK oder WURMAK = درخشيدن *faire des éclairs, reluire, briller.* | blitzen, leuchten, glänzen. برق انداز BARK-ENDÂZ. تفنكچى *qui lance des éclairs, fusilier.* | einer der Blitze schleudert, Feuerwaffen abschiesst, Musquetier.

t a برقتده BIR-KÂTDA. s. قات

a p برقاعده BER-KÂIDE. s. قاعده

a برقان BARAKÂN. Sbst. ايشلدامق *action de produire des éclairs.* | das Blitzen.

a برقان BARKÂN. Adj. *éclatant, brillant.* | blitzend, glänzend.

a p برقان BURKÂN. Sbst. *peau d'agneau.* | Lammfell.

t o برقانلق BURKATLYK. Sbst. LT. بتخانه *temple d'idoles.* | Götzentempel.

p a برقرار BER-KERÂR. s. بر u. قرار

a برقع BURKA. Sbst. بوز اورتوسى، يشمق *voile (des femmes).* | Schleier.

t برقلنمق BARKLANMAK. Vb. intr. Aor. برقلنور BARKLANYR. اولنمك *s'établir, se marier, avoir famille.* | sich häuslich einrichten, sich verheirathen, Familie haben. s. برق

t برقلو BARKLY. Adj. اولو *marié, établi.* | verheirathet, Familie oder Hausstand besitzend. s. برق

t برقمق BRAKMAK. s. براقمق

t برقمق BURKMAK. s. بورقمق

gr برقوق BARKÛK. Sbst. (βερίκοκον). *abricot.* | Aprikose.

t a برك BERK u. پرك PERK. LT. oder SL. Adj. u. Adv. محكم *a* استوار *p* *fort, ferme, fortement, très, beaucoup.* | stark, fest, steif, sehr, fast. برك يوزلو BERK-JÜZLÜ. *d'une figure sévère.* | ernst (von Gesicht). — ETMEK = بركتمك

p برك BERG. Sbst. 1. *a* ورق *t* ياپراق *feuille d'arbre.* | Blatt, Laub. بار و برك — برك چشم BERG-I ČEŠM. *paupière.* Augenlid. 2. روزى، سفرمان، ازوقه، سوز وهواه وسباب *provisions de bouche, nourriture, ustensiles de ménage.* | was zu des Leibes Nahrung und Nothdurft gehört, das tägliche Brod; Hausgeräth. مال ومنال oder برك وساز = برك ونوا Hab und Gut. مفلس بى برك ein Armer ohne Nahrung, oder ein Armer, der nicht ein Blättchen besitzt.

t بورك BÖRK oder برك Sbst. كلاه (mongolisch BÖRÖG). *bonnet en peau de mouton.* | Pelzmütze.

p برك PEREK. Sbst. *canope (étoile).* | der Canopus.

p برك PIRK. Sbst. *paupière.* | Augenlid, = پلك

t o برك BIRGE u. بوركه BÜRGE. Conj. = بيله *avec, ensemble.* | mit, zugleich mit. Q. simul.

a بركات BEREKÂT. Sbst. Pl. v. بركت

p بركار PUR-KÂR. Adj. *plein d'art, travaillé avec art.* | kunstvoll.

p بركار PERGÂR (PERGIÂR), auch بركال PERGÂL, vulg. پركل PERGEL. Sbst. *a* فرجار *compas.* | Zirkel. بركار ايله *tourner le compas.* | mit dem Zirkel einen Kreis ziehen.

p t بركارلمق PERGARLAMAK. vulg. PERGELLEMEK. Vb. act. *compasser.* | mit dem Zirkel messen.

p بركستوان BERKISTEWÂN. s. كستوان

p بركه PERGÂN. Sbst. پرتحمدان، رشتدان *sacs ... ?*

a بركت BEREKET. Pl. بركات BEREKÂT. Sbst. *bénédiction de Dieu, prospérité, bonheur, abondance, fertilité; récompense.* | Segen Gottes, Wohlfahrt, Glück, Ueberfluss, Fruchtbarkeit; Vergeltung. بركت ويرسون *que Dieu vous bénisse!* | mag es Segen bringen! Gott lohne es! بركتله BEREKETILE. *abondamment,* reichlich, in Ueberfluss.

a بركه BIRKET. Sbst. كول، حوض، بند، فورنه *étang, réservoir d'eau, bassin d'un bain.* | Teich, Wasserbehälter, Badebassin.

a بركه BÜRKET. Sbst. مرغاب، مارتنى *mouette.* | Möve.

t بركتمك BERKITMEK. s. بركتدرمك Deriv.

t بركتلمك BERKITLEMEK oder بركتلمك PERKETLEMEK. Vb. act. [Intensivum v. بركتمك] *rendre solide, fermer.* | befestigen. vgl. برك. — Deriv. I. بركتلنمك BERKITLENMEK. Vb. refl. pass. *se consolider; croître, être ferme.* | fest und stark werden, wachsen; an Kraft zunehmen, sich festigen, fest sein. اوجى بركتلنمش كسر *rivé.* | ein vernieteter Nagel. بركتلنوب ارتمق *croître.* | wachsen, = *a* نما Kam s. v. نشو — II. بركتلنديرمك BERKETLENDIRMEK. Vb. refl. caus. *faire se consolider, faire croître.* | bewirken dass etwas fest und stark wird, wachsen oder zunehmen lassen. Kam. s. v. آنتقمر

a t برکتلو BEREKETLI. Adj. *copieux, abondant, fertile, qui fait profiter.* | was Segen hat; reichlich, überflüssig, fruchtbar, Nutzen bringend.

t برکتمك BERKETMEK oder برکتمك PERKETMEK. [v. برك] Vb. act. *rendre ferme, rendre solide, consolider, fortifier.* | festigen, befestigen. vgl. برکتمك.

p برکدار BERK-DÂR. Adj. *feuillu, touffu.* | belaubt. — OLMAK, *reverdir, être touffu.* | sich belauben, wieder Blätter bekommen.

t برکدرمك BIRKDIRMEK. s. برکمك Deriv.

p برکدار BERGUZÂR. Sbst. *petit présent, souvenir.* | kleines Geschenk, Andenken.

p برکر PERGER. Sbst. *collier garni de pierres precieuses des anciens rois de Perse* | die mit Edelsteinen besetzte Halskette der persischen Könige.

p پرکردن PUR-KERDEN. Vb. act. *remplir.* | voll machen, füllen.

p برکریز BERG-RIZ. Adj. u. Sbst. کوز. صوغتمز . یپراقلری دوکلدیکی اولان *qui fait tomber, disperse les feuilles; automne.* | Blätter streuend; der Herbst, vgl. برك und ریختن.

t برکز BIR-GEZ. *une fois.* | einmal.

p برکزیدن BER-GUZÎDEN. s. کزیدن.

p برکزیده BERGUZÎDE [Partic. v. برکزیدن] Adj. منتخب . مجتبی *élu, choisi.* | erwählt. — ETMEK, *élire, choisir.* | auserwählen.

t برکوین BIR-GEÜIN. Adv. *unanimement.* | einstimmig, einmüthig.

p برکشته BERGESTE [s. کشتن] Adj. دچار . بختسز . دوشکون *déchu, rompu, affligé, malheureux.* | herabgekommen, unglücklich.

p t برکل PERGEL. s. پرکال.

t برکلك BERKLIK. Sbst. *fermeté, solidité, force.* | Festigkeit, Kraft.

t برکلمك PERGELLEMEK. s. پرکاللمك.

t برکلنمك BIRIKLENMEK. Intensivum des Vbgdn.

t برکمك BIRIKMEK. Vb. intr. اوشمك . اجتماع *s'assembler, se rassembler, se réunir dans un lieu (avec le Datif).* | sich häufen, sich sammeln, sich an einen Ort zusammenfinden (mit dem Dativ des Ortes). طلو بلنوب برکمك haufenweise zusammenkommen. برکمش صو BIRIKMIŠ SU. *eau stagnante.* | Wassertümpel. — Deriv. برکدرمك BIRIKDIRMEK oder برکتمك Vb. caus. *faire assembler, réunir, ramasser.* | an einem Orte zusammen bringen [Gegentheil v. طاغتمق], zusammen treiben (z. B. das Vieh), zusammen raffen, sammeln, aufhäufen, zusammen fassen. آرجه آرجه برکدرمك nach und nach sammeln.

p برکنج BERENǴ oder BIRINǴ Sbst. *crème de noix ou d'amandes.* | eine süsse Speise [حلوا], die aus Mehl mit Eiern, Honig und Nüssen oder Mandeln bereitet wird.

p برکند BERKEND. Sbst. رشوت donum judici vel praefecto, corrumpendi ergo datum et اوکی قوشی bubo. Meninski.

p برکندن BERKENDEN. Vb. act. چیقارمق . قوپارمق . استئصال ایتمك *arracher, déraciner, extirper.* | ausgraben, ausreissen, entwurzeln, ausrotten. از بن برکندن oder کوکلی قوپارمق = از بیخ برکندن vollständig mit der Wurzel ausreissen, von Grund aus ausrotten.

p برکنده BERKENDE. Partic. d. Vbgdn. *déraciné, extirpé.* | ausgerottet. — ETMEK = برکندن ausrotten. برکنده ساز *extirpateur.* | Vertilger.

p برکندکی oder برکندکی BERKENDEGI. Sbst. قوپارمه *extirpation.* | Ausrottung, s. d. Vbgdn.

p پرکندن PERGENDEN u. پرکنده PERGENDE. s. پراکندن.

it برکنتی BIRKENTI, BERKENTI. Sbst. (brigantino) *brigantin, chebec.* | Brigantine, Schebecke.

p پرکو PUR-GÛ. Adj. und Sbst. *t* مکثار = چوق سوزلو *qui parle beaucoup, bavard.* | geschwätzig, Schwätzer.

t برکوزلو BIR-GÖZLÜ Adj. u. Sbst. *borgne.* | einäugig, ein Einäugiger.

t a برکه Sbst. LT. کمك = *t* پیره *puce.* Floh.

a برکه v. برکت.

p برکین PERGIN. Adj. u. Adv. آشکار *public, manifeste.* öffentlich, offenbar, bekannt.

p برکینه PERGÎNE auch برکنه PERGENE. Sbst. *espèce de parfum, espèce d'élixir qui excite la gaîté.* | eine Art wohlriechendes Räucherwerk; Goldwasser, d. i. ein Elixir, welches Heiterkeit erwecken soll und das mit feinen Feilspänen von Gold und Silber bereitet wird.

t پرلاتمق PARLATMAK. Vb. act. *éclairer.* | hell machen, erleuchten; erklären, = ایضاح s. پرلامق Deriv.

t a برلاجه BIRLEǴE. Conj. = برله *avec, ensemble.* | mit. برلاجه برکا کیلدیم ich bin zugleich mit ihm gekommen. Abulg. S. 166. Q.

t a برلاس BARLAS. Sbst. LT. جوان شجاع s. بارلاس.

t پرلانغیچ PYRLANGYǴ, auch پرلانقیچ PYRLANGYǴ. پرلانغیج oder پرلنغیچ und پرلنقیچ Sbst. *toupie, sabot.* | Kreisel, Schnurre (Spielzeug für Kinder). Kam. s. v. الخذروف.

t پرلاق PARLAK. Adj. *brillant.* | glänzend.

t پرلاق PARLAK. Sbst. بلبدام *p* موصطره . رامیج . ملواح *appeau.* | Lockvogel oder Lockeule der Vogelsteller.

p پرلامق u. Deriv. s. بارلامق.

t a برلان BIRLAN u. برلن s. برله.

fr پرلانتی BYRLANTY oder پرلانتی und پرلانته Sbst. *brillant (diamant)* | Brillant, geschliffener Diamant. پرلانتی تراشیله ایشلمك od. پرلانتی تراشی ویرمك *brillanter.* | als Brillant schleifen.

t پرلدامق s. پرلدامق.

t a برلیغ BARLYG. Sbst. Nebenform von یرلیغ *ordre d'un prince.* | königlicher Befehl. LT. فرمان یکشاهی یرلیغ بنام تحقیق نمی اسب لنران.

t برلشمك BIRLEŠMEK. Vb. intr. *être uni, s'accoupler.* | vereinigt sein, verbunden sein, sich paaren. — Deriv. برلشدرمك BIRLEŠDIRMEK. Vb. caus. *unir, réconcilier; accoupler.* | verbinden; paaren.

t برلك BIRLIK. Sbst. *a* وحدت . توحید . یکتکی *p* صلح . اتفاق . قوالمه . آتحاد *union, unité, uniformité, singularité, accord, contentement, concorde, paix; conjuration.* | Einheit, Vereinzelung, Einigkeit, Vereinigung, Gleichförmigkeit, Uebereinstimmung, Eintracht; Verschwörung. انلر برلکده *ils sont d'accord.* | sie stimmen überein, sind eines Sinnes. برلکدن آیرلمه *désunion.* | Zertheilung, Trennung. برلکی بوزمق *rompre la bonne intelligence.* | das gute Einvernehmen stören. برلکده BIRLIKDE. *ensemble.* | zusammen, gemeinschaftlich. سوز برلکی SÖZ-BIRLIGI. *unanimité.* | Einstimmigkeit.

t برلکسزلك BIRLIKSIZLIK. Sbst. *a* عدم الوحدة *p* ناییکتکی *disparate.* | Ungleichförmigkeit. Gegentheil von برلك.

t برلمك BIRLEMEK. Vb. act. توحید *reconnaître l'unité de Dieu.* | die Einheit Gottes bekennen.

t برلنمك BIRLENMEK. Vb. refl. *s'unir, être uni, convenir.* | sich einigen, vereinigt sein, überein kommen.

t برله BIRLE, auch *t a* برلان oder برلن BIRLEN. Conj. Postpos. = ایله . ابله‌جون *avec, ensemble, aussitôt que, dès que, pour, en; t a et.* | mit, bei, zu gleicher Zeit als, sobald als, um, wegen. Bezeichnet das Zusammensein oder Begleitung und gleichzeitige Handlung, und nach Infinit. den Grund und die Ursache. عون الهی برله *avec l'assistance divine.* | mit Gottes Hülfe. ایمان برله آخرته کتدی *en croyant il a passé dans l'autre monde.* | mit Glauben ist er in die andere Welt gegangen. کلدکی برله *aussitôt qu'il vient, dès qu'il arrive ou arrivera.* | sobald (zu derselben Zeit) als er kommt, kam oder kommen wird. کتمك برله *allant, étant allé, en allant, pour aller.* | indem er geht oder ging; um zu gehen. — Im Osttürkischen auch einfache Copula für و und. انینك آرلسیده برله مغول طائفه سی نیمه آرسیده zwischen ihm und den Mongolen. قسم خان، محمود سلطان برله آنلارنی die Mutter des Kasim Khan und Mahmud Sultan. Scheibani name.

p برم BERM. Sbst. 1. حفظ وازبرکردن . بیاد نگاه داشتن *action de se rappeler, mémoire.* | das sich merken, Erinnerung. 2. انتظار *espoir, attente.* | Hoffnung, Erwarten, = برمو oder برمر 3. آلاب وآبکیر *lac, étang.* | See, Teich. 4. چشمه آب *source d'eau.* | Wasserquelle. 5. *nom d'une plante.* | Name einer Pflanze, die am Rande des Wassers wächst.

p برمسیدن BERMÎSIDEN. Vb. act. *t* یوقلامق . لامسه کردن *toucher, tâter, palper,* examiner, s'informer. | betasten, befühlen, untersuchen, prüfen.

to پرمق s. پرمغ u. پرمقو

p پرمال BERMÂL. Sbst. قاچمه *t* كورو *fuite* Flucht. پرمال كورمك = كريخته oder پرمال زدن *fuir.* | fliehen.

p پرماليدن BERMÂLÎDEN. Vb. intr. (Denom. des Vbgdn.) *fuir.* | fliehen.

p پرماه BERMÂH, auch پرمه oder برمه und پرمه Sbst. *a* مثقب *t* بورغو *tarière.* | Bohrer.

p پرمجيدن BERMEGÎDEN. Vb. intr. u. act. سورنمك und سورتمك *se traîner, ramper; traîner.* | sich schleppen, kriechen; schleppen, ziehen.

p پرمچيدن BERMEČÎDEN. s. پرمسيدن

p پرمنج BERMANĞ Sbst. *a* مخالفت وخودرأيى *opposition, entêtement, désobéissance.* | Widerspenstigkeit, Eigensinn, Ungehorsam (der Kinder gegen die Eltern).

p پرمنجيدن BERMANĞÎDEN. Vb. intr. (Denom. d. Vbgdn.) *s'opposer, s'entêter, désobéir.* | sich widersetzen, eigensinnig und ungehorsam sein.

p پرمر BARMER. s. پرم

a p پرمراد BER-MURÂD. s. مراد

p پرمسيدن BERMESÎDEN. s. پرمسيدن

to پرمق BARMAK. s. پرمق

to پرمق BIRMAK. Vb. act. ويرمك *donner.* | geben; gewöhnlich in Zusammensetzungen wie اچا پرمق = آچمق *ouvrir.* | öffnen. Abulg. 132. قوپا پرمق *se lever.* | aufstehen. ibid. 126. اوتا پرمق *traverser.* | hindurch oder hinübergehen. ibid.

t پرمق oder پارمق PARMAK. *to* پرمق ، پرمغ Sbst. *p* انكشت *a* اصبع *doigt, orteil; pouce; barreau, balustre, balustrade, grille, grillage; rais, rayon d'une roue; raie.* | Finger, Zehe; Fingerbreite, Zoll; Stab in einem Gitter oder Geländer, Barren, Speiche eines Rades, Zweig oder Stengel einer Pflanze; Streifen auf bunten Stoffen u. dgl. آلتى پرمق ALTY-PARMAK *espèce d'étoffe rayée.* | eine Art streifiges Zeug; auch Name eines Fisches (Redhouse: „the tunny-fish (?)."). باش پرمق *pouce.* | der Daumen. آياق باش پرمغى *l'orteil.* | die grosse Zehe. سبّابه پرمق SEBBÂHE PARMAK. *l'index.* | der Zeigefinger, auch شهادت پرمغى ŠEHÂDET-PARMAGY. Zeugnissfinger. *p* خدا اخوان weil er als Zeichen des Schwurs erhoben wird. پرمق كتوردى مسلمان اولدى er erhob den Finger und wurde Muselmann. — اورته پرمق ORTA-PARMAK *doigt du milieu.* | Mittelfinger. يوزك پرمغى JÜZÜK-PARMAGY. *doigt annulaire.* | der Ringfinger. سرچه پرمغى SERČE-PARMAGY. *petit doigt.* | der kleine Finger. بر ايشده پرمغى اولمق *être intéressé dans une affaire.* | bei einer Sache betheiligt sein, in eine Sache verwickelt sein, die Hand im Spiele haben.

a p برمقتضا s. مقتضا

t پرمقلق PARMAKLYK. Sbst. vgl. پرمق *balustrade, barrière, balustre, grillage, jalousie.* | Geländer, Gitter, Gitterfenster.

t پرمقلى PARMAKLY. Adj. v. پرمق *muni d'une balustrade etc.* | mit Geländer, Gitter u. s. w. versehen.

p پر مگس PERR-I MEGES. Sbst. *aile de mouche; au fig. toute chose mince et subtile; espèce d'étoffe de soie très fine.* | Fliegen-Flügel; in übergetragener Bedeutung: etwas sehr Feines und Zartes; eine Art feines Seidenzeug.

p پرمو s. پرم

a p برموجب s. موجب

p پرموه s. پرچوك

p پرمه BERMA. s. پرماه

a برمه BURMA. Sbst. *pot, marmite (de terre, de pierre).* | irdener Topf, Gefäss von Stein.

t پرمه PERME. Tahrif v. پرنده Sbst. كمى قايق *petite barque, nacelle.* | Kahn.

t پرمه جى PERMEĞI. Sbst. *batelier.* | Fährmann.

p پرن BIREN oder برن BEREN. Sbst. سوركو L.L. *herse.* | Egge. برن زدن u. ZEDEN. *herser.* | eggen. = سوركو چكمك

p برنا BARNA u. BURNA. Sbst. كنج ، جوان ، دلى قنلو اوغلان *jeune homme, étourdi.* | Jüngling, junger, unbesonnener Mensch. 2. لطيف ، خوب ، شريف *élégant, beau, bon.* | hübsch, gut, schön.

t پرنار PERNAR, PIRNAR. Sbst. *yeuse.* | Steineiche.

p برناس BERNÂS. Sbst. *négligent, ignorant, inepte.* | nachlässig, unwissend, ungeschickt.

p برنامه BERNÂME u. *p a* برنامج BERNÂMEĞ. Sbst. 1. انموذج *modèle, exemple.* | Muster, Beispiel. Mohammedije. 2. s. سرنامه

p برنائى BERNÂÏ. Sbst. *jeunesse.* | Jugend.

p برنج BIRINĞ, vulg. PIRINĞ. Sbst. *riz, grain de riz.* | Reis, Reiskorn als Gewicht = 3 خردل. — برنج زار oder zusammengez. برنجار BIRINĞÂR *rizière.* | Reisfeld. برنج زرد BIRINĞ-I ZERD. *riz cuit avec du safran.* | mit Safran gekochter Reis.

p برنج BURINĞ, auch برنجك u. پرنك PIRINĞ. Sbst. *cuivre jaune, laiton, bronze.* | Messing. (davon das Wort Bronze).

t برنجك BURUNĞUK oder برنجك BÜRÜNĞÜK. Sbst. *toile anglaise, gaze, crêpe.* | Schleiertuch, Krepp, Flor.

fr پرنجه PRINČE. Sbst. *prince.* | Prinz. پرنچيپسا oder پرنجسه PRINČESSA. *princesse.* | Prinzessin.

to برنجى LT. حلقهٔ بينى *anneau de nez.* | Nasenring.

t برنجى BIRINĞI. Adj. Num. ord. *premier.* | der erste.

t برنجيلك BIRINĞILIK. Sbst. اولكلك *a* اوّليّت *priorité.* | das Zuerstsein, Vorrang.

p پرند PEREND, auch پرند BEREND, BÜREND. Sbst. *étoffe de soie; lustre (des armes de Damas).* | ein seidener Stoff, Atlas; Glanz oder Wellenlinien auf dem Stahle einer Klinge von Damascener Stahl, = جوهر

p پرندخ PERENDIḪ. Sbst. *flèche.* | Pfeil.

to پرندكى Sbst. SL. زين پوشى *housse pour couvrir la selle.* | Satteldecke.

p پرندك BERENDEK. Sbst. *petite colline.* | kleiner Hügel.

p پرندوش PERENDÛŠ. Sbst. *jour et nuit d'avant-hier.* | vorgestern, vorgestern Abend.

p پرنده PERENDE u. پرنده [Partic. v. پريدن] Adj. u. Sbst. اوچيجى ، قشر *qui vole, oiseau, nacelle; soubresaut.* | fliegend, Vogel, geflügeltes Insect, Kahn (ein leichter, der schnell dahin fliegt s. پرمه); Purzelbaum. پرنده چراغ *papillon.* | Schmetterling (der um das Licht flattert). پرنده دادن آلتمق *tromper, duper.* | täuschen, einen anführen, wörtl. aus dem Kahne werfen. پرنده باز *qui fait des soubresauts.* | der Purzelbäume schiesst.

p پرندوار PERENDWÂR oder پرندو PERENDÛ. Adj. u. Sbst. جوهردار *lustré (comme une lame d'acier poli).* | was Glanz und Wellenlinien hat wie eine Klinge von gutem Stahl.

p پرنزن BEREN-ZEN. Sbst. سوركو چكن *herseur.* | der Egger.

a برنس BURNUS. Sbst. *bournous.* | der arabische Mantel.

t برنسنه BIR-NESNE, s. نسنه

p برنشاندن BERNIŠÂNDEN. Vb. act. اوتورتمق ، قوندرمق *faire asseoir, enfoncer, planter.* | setzen, festsetzen, festpflanzen.

p برنشستن BER-NIŠESTEN. Vb. act. بنمك ، ركوب ايتمك *monter (un cheval etc.).* | besteigen, aufsteigen.

to برنغار LT. قول ميمنه *aile droite de l'armée.* | der rechte Heeresflügel. vgl. برانغار

p پرنك BERENK. Sbst. اصل ، هيولى *matière, élément, principe.* | Materie, Grundstoff, Element.

پرانغه FRANGA oder پرانكر FRANGER (deutsch). Sbst. *poteau.* | Pranger.

t بورنمك BÜRÜNMEK. s. بورنمك

p پرنو BERNÛ und پرنيان PERNIJÂN. Sbst. *espèce de satin peint.* | eine Art feines gemustertes Seidenzeug.

p برنهادن BERNIHÂDEN. s. نهادن

p پرنيان s. پرنو

t برو BERÜ und برى BERI. Sbst. [Gegentheil v. اوته und *to* اتيرو] *ce côté-ci, l'espace de ce côté.* | das Diesseits, der diesseitige Raum; als Adv. *de ce côté-ci, ici, en deçà; depuis.* | in örtlicher Beziehung: diesseits, herüber, her, hier; von der Zeit: seit, bis jetzt; mit vorhergehendem Ablativ und oft mit der Ablativpartikel verbunden. برو اوته oder برى اوته BERI ÖTE, *çà et là.* | hin und her, hie und da. برى برنه برو اوته قاقشدرمق *s'insulter réciproquement.* | einander ausschimpfen. كيمى بروده كيمى اوته ده ديرلر einige sagen her, andere sagen hin. بروسى BERISI. *l'espace entre un objet et celui qui parle.* | der Raum diesseits von einer Sache. برو سمده BERISINDE oder برو طرفده BERÜ TARAFDA oder بروده oder بريده BERIDE und بروليرده BERILERDE, *de ce côté.* | an dieser Seite. بروليرده قالمق

rester de ce côté, ne pas atteindre le but. | bleiben, das Ziel nicht erreichen. بروسنه BERUSINE oder بروىه BERÜJE. vers ce côté-ci. | nach dieser Seite zu, an dieser Seite. مدتدن برو depuis longtemps. | seit langer Zeit. قنغى وقتدن برو depuis quand? | seit wann? [كلدكلرندن] كلدكدن برو depuis que.... est venu. | seitdem gekommen ist. برلسمق être exempt de q. ch. | sich diesseits einer Sache, d. i. ausser ihrem Bereiche befinden, ihr nicht ausgesetzt sein. برواولق

t o برو s. بجرو

p بروو BERU. s. ابرو EBRU.

p بروو BIREW. Imperat. v. رفتن

t بروا BIROW. s. بيرو

t بروا BORU. s. بورو

a بروّ BUR'. s. بره

p برواه PERWĀ. Sbst. اضطراب . قورقو . ملالت وآرام . رغبت soin, souci, peur, sollicitude, souhait, désir; repos, loisir, tranquillité; patience; puissance. | Sorge, Angst, Furcht, Kummer, Befürchtung, Verlangen nach etwas; Ruhe, Musse; Geduld; Macht. پاك وپروليسى آت un cheval paisible. | ein ruhiges Pferd, das nicht scheut. كمسهدن پرواسى يوقدر il ne craint personne. | er fürchtet sich vor Niemand, kümmert sich um Niemand.

a بروات BERAWĀT. Sbst. Pl. v. برات brevets, diplômes. | Privilegien, Urkunden.

p t پروارى PERWĀRI und پرواری PERWĀRĪ. Adj. [von پروردن] nourri, engraissé. | genährt, gemästet, fett. پرواری اوكوز bœuf engraissé. | ein gemästetes, fettes Rind.

p t پرواز PERWĀZ und پروز PERWEZ. Sbst. a حاشيه p كنار cadre, châssis, métier à broder, corniche, garniture, bordure. | Rahmen, Einfassung, Rand, Stickrahmen, Karniess, Besatz an einem Kleide, einem Tuche, einem Zelte, wie Frauen u. dgl.

p پرواز PERWĀZ. Sbst. t اوچمق . اوچنجى vol, action de voler, de s'élever, de viser plus haut; en compos. volant. | der Flug, das Fliegen, Emporsteigen, Hochstreben. In Zusammens. fliegend, aufstrebend. vgl. بلند پرواز — ETMEK. voler; précédé de l'ablatif: dépasser, surpasser q. qn. | fliegen; mit dem Ablat. einen überflügeln, übertreffen. پرواز كلمك s'envoler. | davon fliegen. 2. نور . پرتو splendeur, lumière, éclat. | Glanz, Licht.

p t پروازلق PERWAZLYK. Sbst. action de voler, etc. | das Fliegen u. s. w. بلا پروازلق BALA-PERWAZLYK. arrogance. | Anmassung, hochfahrendes Wesen.

p پروازى PERWĀZI. Sbst. = پرواز action de voler, etc. | das Fliegen u. s. w. بلند پروازى كرمك nach hohen Ehren streben.

p t پرواسز PERWASYZ. Adv. sans peur, sans crainte. | furchtlos.

p t پرواسزلق PERWASYZLYK. Sbst. hardiesse, courage. | Furchtlosigkeit.

p پرواسيدن PERWĀSIDEN. Vb. act. tâter. | tasten, fühlen (ob etwas hart oder weich).

a p پرواق PARWAK. Sbst. t چرش اوتى asphodèle. | Asphodille, Goldwurz.

p پرواك PERWĀK. Sbst. بكجى gardien, sentinelle. | Wächter, Wache.

p t پروانه‌جى PERWANEǦI. Sbst. u. d. Flgde. secrétaire du prince. | Geheimschreiber, Cabinetssecretär des Fürsten. ديوانلرنده مهرپيشى وپروانه‌جى بولندى er war Siegelbewahrer und Geheimschreiber in seinem Diwan. Abulg.

p پروانه PERWĀNE. Sbst. — فروانه a فراش t كلبك papillon, teigne; roue motrice. | Schmetterling, Motte; Schwungrad an einer Maschine. 2. ordre du roi. | königlicher Befehl, Cabinetsordre (Flugblatt).

a پروج BURŪǦ. Sbst. Pl. v. برج

a p پروجه BER-WEǦHI. s. وجه

a پرودت BURŪDET. Sbst. صوغوقلق . حرارتسزلك froid, froideur, refroidissement (de l'amitié, de l'amour, du zèle), négligence. | Kälte, Frost, Abkühlung, Erkaltung (der Freundschaft, Liebe, des Eifers), Lauigkeit, Nachlässigkeit.

p پرور PERWER. Adj. fertile. fruchtbar. s. بر

p پرور PERWER. Sbst. بسلیجی qui nourrit, qui élève. | der Ernährer, Erzieher. s. تن پرور TEN-PERWER oder نفس پرور — NEFS-PERWER. homme sensuel. | ein Weichling, der nur seinen Körper pflegt.

p پروردكار PERWERDIGĀR. Sbst. Dieu, le nourrisseur du monde. | Gott der All-Ernährer.

p پروردن PERWERDEN. Vb. act. t بسلمك nourrir, élever. | nähren, aufziehen, erziehen. 2. = پرستيدن servir, adorer. | dienen, anbeten.

p t پرورده PERWERDE. Partic. des Vbgdn. nourri, élevé; nourrisson, pupille, élève; dressé (un animal). | ernährt, aufgezogen. Pflegling, Zögling; dressirt. — ETMEK. nourrir, élever. | ernähren, aufziehen.

p پرورش PERWERIŠ. Sbst. nourriture, nourrissage; soin, entretien, éducation (des enfants); dressage. | Ernährung, Aufziehung, Pflege der Kinder, Erziehung; Abrichtung, Dressur (von Thieren). پرورش بولمق PERWERIŠ BULMAK. être élevé. | erzogen werden.

p پرورش آموز PERWERIŠ-ĀMŪZ. instructeur, sage. Theol. myst. qui montre le chemin du salut. | Erzieher, Lehrer; ein Weiser; Theol. myst. der Lehrer oder Führer auf dem Wege zur höheren Erkenntniss. = مرشد

p t پرورلك u. پرورلق PERWERLIK. Sbst. nourriture, soin, éducation. | Nahrung, Pflege, Erziehung.

p پرورى PERWERĪ. Adj. engraissé. | gemästet, fett. = پرواری

p پرورى PERWERĪ. Sbst. = پرورلك

p پروريده PERWERĪDE. Partic. von پروريدن = پرورش nourri, élevé, dressé. | ernährt, aufgezogen, abgerichtet. پرورده آت cheval bien nourri, cheval dressé. | ein gut genährtes Pferd, ein zugerittenes Pferd.

p بروز BE-RŪZ. Adv. de jour. | bei Tage. روز بروز RŪZ BE-RŪZ. de jour en jour. | von Tag zu Tage.

a بروز BURŪZ. Sbst. اچيغه چيقمق . اشكار اولمق action de sortir, de paraître, devenir évident, être évident. | das Hinausgehen, Heraustreten aus der Reihe oder der geraden Linie (z. B. ein Stein aus der Mauer), zum Vorschein kommen, sich zeigen, sich auszeichnen, klar und deutlich sein oder werden.

p پروز PERWEZ. s. پرواز bordure. | Besatz.

p t پرز PURZ. Sbst. خاو p پرزه . پرز . زئبر . زغبر . پرزه duvet du velours, poil du drap, le cotonneux ou le velu d'une étoffe, franges. | das Rauche, Wollige, Faserartige eines Stoffes, Rauche des Sammets, Fasern am Rande, am Saume oder der Naht.

t پرزلنمك PURZLENMEK. Vb. intr. avoir du poil, être velu ou cotonneux, être frangeux. | wollig sein, Wolle oder Fasern haben (von gewebten Stoffen), faserig werden, sich aufräufeln.

Kam. s. v. البيغر . المهرج u. Flgde. آلبيغره . الاعشيرار u. öfter.

p t پروزه s. پيروزه

t بروشق s. بورشق

p بروشه BERUŠE. Sbst. a تراب poussière. | Staub.

t بروشكى s. بورشكى

p بروفرود BER-U-FURŪD. Sbst. u. Adv. آشاغى يوقارى . اتش چقش montée et descente, dessus-dessous. | auf und ab.

p پروند BURŪND. Sbst. دستمال . فوطه . كمربند . مندیل serviette, essuie-main, tablier; ceinture. | Serviette, Handtuch, Schürze; Schärpe, die man um den Gürtel trägt.

a پرواق BARWAK. s. پرواق

a پروق BURŪK. Sbst. Pl. v. برق BARK.

fr پروقه PERRUKA. Sbst. perruque. | Perrücke.

پروقه‌جى PERRUKAǦY. perruquier. | Perrückenmacher.

t o پروكمك s. بيركمك

p پرومند BERUMEND. Adj. بارور . غنى . قوتلو . طالعلو fertile, heureux, fortuné, riche, prospère, sain, vigoureux, frais. | fruchtbar, glücklich, wohlhabend, reich, gesund, kräftig, frisch.

p t پرومندلك BERUMENDLIK. Sbst. = d. Flgd.

p پرومندى BERUMENDĪ. Sbst. بركت fertilité, prospérité. | Fruchtbarkeit, Wohlhabenheit, ruhiges und bequemes Leben.

t پرومه BURUMA. Sbst. vis. | Schraube. vgl. بورمه und بورمق

p پرون s. بيرون

t برون s. بورون

t بروندلق s. بورندلق

t برونسدلق s. بورنسدلق

p پرويز PERWIZ. Adj. عزيز . مظفر . سعيد victorieux, heureux, qui obtient l'objet de ses vœux, généreux, libéral. | siegreich, der seinen Wunsch erreicht, glücklich, edelmüthig, freigebig.

p پرويزن PERWIZEN. Sbst. a غربال crible

ou tamis très-fin, étamine. | ein feines Sieb, womit man Mehl, zerstossenen Zucker oder Gewürze u. dgl. siebt, und dessen man sich in den Apotheken bedient.

t بره BRE. Interj. *hé! holah!* بره آفرین BRE ÄFERIN. *bravo!* | sehr gut! بره اوغلان BRE OGLAN. *hé garçon!* | heh Bursch!

t بره BERE. Sbst. *blessure, cicatrice, contusion, ecchymose.* | Verletzung des Körpers, insbes. eine nicht blutende; Narbe, Beule, Schwiele, Quetschung.

p بره BERE. Sbst. *agneau; constellation du bélier.* | Lamm; Sternbild des Widders. als Adj. *faible.* | schwach.

t p بره s. بیره

p پره PERRE. Sbst. vgl. پر u. پرلمن *aile, aile de l'armée; incursion.* | Flügel, Heeresflügel; Streifzug, fliegendes Corps.

a برهان BURHÂN. Pl. براهین BERÂHIN. Sbst. آیقاد *p* حجت . دلیل . اثبات *argument, preuve, démonstration.* | Argument, Beweis, Beweisführung. برهان مسکت BURHÂN-I-MUSKET. *preuve convaincante.* | überzeugender Beweis, der keine Entgegnung zulässt. برهان قاطع *preuve décisive.* | entscheidender Beweis.

gr برهونی PYRABOLY. Sbst. (προπολις) *propolis, matière gluante que l'on trouve dans le miel.* | Bienenharz, Vorwachs, eine zähe Substanz die man im Honig findet, = اکیر موسی

p برهوم , مسح آنکوانره موم سیاه , برهوم Kam. s. v. اکیر vgl. الاکبر u. العکبر

a برهت BURHET oder BIRHET. Sbst. مدة طویلة . چوق وقت *long espace de temps.* | lange Zeit. برهة من الزمان *depuis longtemps.* | seit langem.

a برهلمك BERELEMEK. Vb. act. [s. بره] *blesser, contusionner, égratigner, effleurer.* | am Körper verletzen, quetschen, stossen, kratzen, streifen (eine Kugel) u. s. w. اصروب وطرملایوب برهلمك *mordre et égratigner.* | mit Zähnen und Nägeln verwunden. — Deriv. I. برهلنمك BERELENMEK. Vb. refl. pass. *se blesser, être blessé.* | sich verwunden, verwundet oder wund werden, sich wund liegen (z. B. der Körper eines Kranken, der lange Zeit bettlägerig ist Kam.). — II. برهلندیرمك BERELENDIRMEK. Vb. refl. caus. *occasionner une blessure.* | eine Verletzung (Reibung, Quetschung u. dgl.) bewirken. Kam. an vielen Stellen.

p برهم BER-HEM. Sbst. u. Adj. قارشق , قارش مورش *mélange, confusion; confondu, sens dessus dessous.* | Wirrwar, Verwirrung, untereinander gemischt, in Verwirrung. برهم تبرهم = قارمه قارشق *tout mêlé, confondu, mis en désordre.* | in grösster Verwirrung, alles untereinander. قارمه قارشق ایلمك = برهم زدن *mettre en confusion, brouiller, mélanger, mêler.* | in Verwirrung bringen, mengen, mischen. دست برهم زدن *en venir aux mains.* | in Handgemenge gerathen. برهم زده *mis en confusion.* | in Verwirrung gebracht. برهم زن BERHEM-ZEN. *qui excite la confusion, brouillon.* | einer der Verwirrung anrichtet, Störenfried.

a p برهمن BERHEMEN, BERHÜMEN, BEREHMEN, BRHÜMEN. s. براهمن

p برهنگی BERHENEGI. Sbst. چپلاقلق *nudité.* | Nacktheit.

p برهنه BERHENE, BEREHNE. Adj. چپلاق , عاری *a* آچیق . یالین *nu.* | nackt, entblösst. برهنه پا BERHENE-PA. *nu-pied.* barfuss. برهنه سر BERHENE-SER. *nu-tête; derviche.* | barhäuptig; Derwisch. شاخ برهنه *branche sans feuilles.* | unbelaubter Ast.

a برهوت BERHÛT, BURHÛT. Sbst. *séjour des âmes des infidèles après leur mort.* | Aufenthaltsort der Seelen der Ungläubigen nach dem Tode (bis zur Auferstehung).

p برهود BARHÛD. Sbst. صابون *savon.* | Seife.

p پرهختن PERHIHTEN. Vb. act ادب کوزتمك *enseigner les bonnes mœurs.* | gute Sitte lehren.

p پرهیز PERHIZ [eigentl. Rad. v. پرهیختن] Sbst. *abstinence, continence, jeûne (spéc. des chrétiens), régime, diète; précaution, crainte.* | Enthaltung, Enthaltsamkeit, Enthaltung von Verbotenem, von fetten Speisen, Lebensordnung, Mässigkeit, Diät, Fasten (insbes. der Christen), Vorsicht, Furcht. Theol myst. — زهد Vermeidung alles dessen, was nicht zu Gott führt. — ETMEK oder KERDEN. *s'abstenir, se contenir, garder le régime, faire maigre, jeûner.* | sich enthalten, enthaltsam sein, mässig leben, Diät halten, fasten. — TUTMAK. Fasten halten.

p پرهیزکار PERHIZKÂR. Adj. u. Sbst. *abstinent, sobre, qui s'abstient des choses défendues, chaste, qui jeûne.* | enthaltsam, mässig, der sich des Verbotenen enthält, der seine Leidenschaften bezähmt, keusch, fastend.

p t پرهیزکارلق PERHIZKÂRLIK. Sbst. = d. Folgde.

p پرهیزکاری PERHIZKÂRI. Sbst. *continence, abstinence, sobriété, chasteté.* | Enthaltsamkeit, Mässigkeit, Nüchternheit, Keuschheit, Bezähmung der Leidenschaften.

p پرهیزیدن PERHIZIDEN. [Denom. v. پرهیز] Vb. intr. صاقنمق *s'abstenir.* | sich enthalten, = پرهیز کردن

t بری BERI. s. برو

t بری BIRI. s. بر

a بری BERI. Adj. قورتلمش . دورم اولان *libre, affranchi de q. ch., pur, innocent, guéri, convalescent, loin de, exempt de q. ch.* | frei von etwas, frei gesprochen (vor Gericht), unschuldig, rein, frei von Krankheit; fern von etwas, losgesagt von, nichts mit einer Person oder Sache zu schaffen habend.

a برّی BERRIJ. Adj. *sauvage, terrestre.* | was sich auf dem Felde findet, wild (von Pflanzen und Thieren); was sich auf dem Lande findet, zum Festlande in Beziehung steht, ländlich, als Gegentheil v. بحری; was sich auf der Erde findet, irdisch, Gegentheil v. معنوی

p پری PERI. Adj. قناتلو *ailé.* | geflügelt. Sbst. جن *génie, ange* | eine Art überirdischer Wesen, die man sich geflügelt vorstellt, guter Geist, Engel [entgegengesetzt dem دیو]. پری روی PERI-RÜJ. پری پیکر PERI-PEIKER. پری رخ PERI-RUH. پری رخسار PERI-RUHSÄR. پری رو PERI-RÛ. *beau de visage, comme un ange.* | das Antlitz oder die Wange eines Peri habend, schön wie ein Engel. پری زاد PERIZÂD. Engelskind, schön wie ein Engel.

p پری PURI. Sbst. *plénitude.* | Fülle.

a بریّات BERIJÂT. Sbst. Pl. v. بریّة

p بریان BURJÂN, BIRJÂN und بریان Adj. u. Sbst. شواء *a* . کباب . قوورمه *rôti, viande rôtie, friture,* gebraten, geschmort; Braten. بریان پلاوی BIRJÂN-PILAWY. mit Fleisch geschmorter Reis.

a بریّة BERIJET. Sbst. I. Pl. بریّات BERIJÂT. مخلوق . انسان . آدم *créature, homme.* | Geschöpf, Mensch. 2. Pl. برایا BERÂJA. خلق *peuple, vassaux, citoyens.* | Volk, Vasallen, Bürger des Staats. برایا و رعایا *les vassaux et les sujets.* | Vasallen und Unterthanen.

a بریّة BERIJET oder بریّة BERRIJET. Sbst. چول . قیر . صحرا *champ, désert.* | Gefilde, freies Feld, Wüste, herrenloses Land, Wildniss.

a p بریّت نشین BERRIJET-NISIN. Sbst. *habitant du désert, ermite.* | Bewohner der Wildniss, der Wüste, des Gebirges, Einsiedler.

t بریجك BIRIDJIK. Adj. *seul.* allein. یکیجه اولمق oder یالکز قالمق — بریجك اولمق allein sein.

p پریخوان PERIHAWÂN. Sbst. *nécromancien, magicien.* | Geisterbeschwörer.

p برید BERID. Sbst. منزل بارکیری . اولاق . منزل *courrier, postillon; cheval de poste, relais, poste, station de poste, distance de 4 parasanges.* | Courrier, Postillon; Postpferd oder Courrierpferd; Post, Poststation, Strecke von vier Parasangen. صاحب البرید SÂHIB EL-BERID. *maître de poste.* | Postmeister.

p پریدار PERIDÂR. Sbst. جن الله کورنمش . جنلو . مجنون . دیوانه *nécromancien, démoniaque.* | Geisterbanner, Besessener, Sitz eines Dämon.

p بریدن BURIDEN. Vb. act. کسمك . قطع *a* *trancher, couper, retrancher, scier.* schneiden, abschneiden, sägen. راه بریدن den Weg schneiden, d. i. den Weg zurücklegen.

p پریدن PERRIDEN. Vb. act. اوچمق *voler.* | fliegen.

p پریدن PURIDEN. Vb. act. u. intr. *remplir, se remplir.* | anfüllen, voll werden.

p بریده BURIDE. [Partic. v. بریدن] Adj. کسلمش . مقطوع اولان . کسلمش *coupé, retranché, mutilé.* | abgeschnitten, verstümmelt.

p پریر PERIR oder پریروز PERIRÛZ. Sbst. *le jour d'avant-hier.* | der vorgestrige Tag. پریر سال PERIR-SAL, = پارسال das letztverflossene Jahr.

p پریر PERIR. Sbst. 1. غلغله *clameur,* Geschrei. 2. = پریروز

t پرسه BARYSA. Sbst. Tahrif v. پراسه SL. = پراسه *poireau.* | Lauch.

p پریش Rad. v. پریشیدن

p پریشان PERIŠAN. Adj. طاغینیق . پراکنده *dispersé, en désordre, confus, distrait, troublé, en ruine, affligé, malheureux, frivole.* | zerstreut, zerrüttet, gestört, in Unordnung, in Verfall, verwirrt, beängstigt, betrübt, unglücklich.

leichtfertig. پریشان مشرب oder پریشان حال *qui se trouve dans un état de désordre, de trouble, d'affliction etc.* | der sich in einem Zustande der Störung befindet, dessen Geschäft in Unordnung. زلف پریشان ZULF-I PERIŠÂN. *cheveux flottants.* | aufgelöstes, in Unordnung befindliches Haar. پریشان دل oder پریشان خاطر *dont le cœur est en trouble, affligé.* | dessen Herz, dessen Inneres in Verwirrung ist, betrübt, unglücklich. — ETMEK. *disperser, troubler, ruiner, affliger.* | zerstreuen, umherstreuen, stören, zerrütten, betrüben, unglücklich machen. پریشان اوراق PERIŠÂN-EWRÂK oder EWRÂK-I PERIŠÂN. *des feuilles dispersées.* | einzelne, umher gestreute oder umherfliegende Blätter. 2. Sbst. *espèce de coiffure ou d'ornement de tête.* | eine Art Kopfputz oder Kopfbedeckung; Kopfbedeckung der Subaschi (v. Hammer).

p t پریشانکه PERIŠÂNGE. Adv. s. پریشان

p t پریشانسز PERIŠÂNSIZ. Adj. *qui disperse.* | zerstreuend (vom Winde).

p t پریشانلق PERIŠÂNLYK. Sbst. طاغنقلق *p* آشفتگی . پژمرده گشتن . پسرآ ... . *dispersion, confusion, trouble, affliction, étonnement, désordre, ruine.* | Verwirrung, Betrübniss, Erstaunen, Unordnung, Störung, Verfall.

p پریشانی PERIŠÂNÎ u. *p a* پریشانیت PERIŠÂNIJET, = پریشانلق

p پریشانیدن PERIŠÂNÎDEN. Vb. act. *disperser; affliger.* | zerstreuen; betrüben. s. پریشان

p پریشم BERIŠEM. Sbst. = ابریشم *soie.* | Seide.

p پریشیدن PERIŠÎDEN. Vb. act. u. intr. *dissiper; se dissiper.* | sich zerstreuen, verwirrt werden.

p t پریشیده PERIŠÎDE. Adj. *dispersé, dissipé, distrait.* | zerstreut. vgl. پریشان

a بریق BARÎK. Sbst. *éclat.* | Lichtglanz.

it بریق BRYK u. بریك BRIK. Sbst. = ابریق *brick (navire).* | Brigg, Zweimaster.

a بریکه BERIKE. Adj. *béni, heureux, prospère, abondant.* | gesegnet, glücklich, überflüssig, was man in Ueberfluss besitzt.

t بریکمك BIRIKMEK. s. برکمك

p برین BER-ÎN, = ابر این

p برین BERÎN. Adj. *t* یوکسك *a* زیاده علی *a* اعلی *p* بلندترین . بالاترین *très-haut, le plus haut, sublime.* | sehr hoch, der höchste, erhaben. پایهٔ برین PÂJE-I BERÎN. *le plus haut degré, le plus haut rang.* | die höchste Stufe, der höchste Rang. چرخ برین ĆARH-I BERÎN. *le ciel le plus haut.* | der oberste Himmel. خلد برین ḪULD-I BERÎN. *le paradis.* | das Paradies. باد برین BÂD-I BERÎN. *le vent sublime, c. à d. le zéphyr.* | der erhabene Wind, d. i. der Zephyr. = باد صبا

p برین BÛRÎN [v. بریدن] Sbst. برجه *tranche.* | ein abgeschnittenes Stück.

a برّین BERREIN. Sbst. Dual. v. برّ

p پریوار PERI-WÂR. Adj. *angélique, semblable à un ange, beau comme un ange.* | engelgleich, engelschön. s. پری

p پریوین BERIWEN. Sbst. *dartre.* | Flechte. Schwinde. Kam. s. v. قوبا

p پریوین PERIWÎN. Sbst. قورلغان *panaris.* | Nagelgeschwür; auch = پریوین

a بزّ BEZZ. vulg. بز BEZ. auch بیز BIZ. Sbst. *t* قماش *p* کرپاس *étoffe de lin, de coton ou de soie; toile.* | gewebter Stoff (im Allgemeinen); Leinwand. کتان بزی KETEN-BEZI. *toile de lin.* | Linnengewebe. صوغوق بز SOĞUK-BEZ. *toile froide c. à d. toile de lin.* | kaltes Gewebe, d. i. Leinwand. همایون بزی HUMAJÛN-BEZI. *percale.* | eine Art besonders feiner Leinwand. پلاستك بزی *batiste.* | Battistleinen. قبا بز KABA BEZ. *grosse toile.* | grobe Leinwand. آلاجه بز ALAĠA BEZ. *toile peinte.* | bunte, gestreifte Leinwand. یاغلو بز JAĠLY BEZ. *toile de mai.* | Butterpflaster.

t بز BEZ. Sbst. *a* غدّه *glande, grain de ladrerie, kyste.* | Drüse, Knötchen unter der Haut, Finne [auch ات بزی ET-BEZI], Balggeschwulst, wildes Fleisch in einer Wunde.

t بز BIZ. Pron. pers. *nous.* | wir. Genit. بزم BIZIM u. بزوم BIZÛM. *notre.* | unser. بزمکی BIZIMKI. *le nôtre.* | der, die, das unsrige.

t بز u. بیز BIZ. Sbst. *alène, poinçon.* | Ahle, Pfriemen.

p بز BEZ. Sbst. قانون . آیین *règle, manière, rite, canon, coutume.* | Regel, Art und Weise zu handeln, Einrichtung, Gebrauch.

p بز BIZ. Sbst. *a* زنبور *t* صاری آری *guêpe.* | Wespe.

p بز BUZ. Sbst. *t* کچی *chèvre.* | Ziege. بزنر BUZ-NER. *bouc.* | Ziegenbock. بزماده BUZ-MÂDE. *chèvre.* | Ziege. بزکوهی BUZ-KÛHI. *chevreuil.* | Reh. شیر بز ŠÎR-I BUZ. *lait de chèvre.* | Ziegenmilch.

p بز PEZ. Rad. v. پختن

بزادی BEZÂDI. Sbst. *beryl (pierre précieuse)* Bianchi.

a بزّاز BEZZÂZ. Sbst. قماشجی . بزجی *marchand d'étoffes.* | Zeughändler, Leinwandhändler.

a بزّازستان BEZZÂZISTÂN. vulg. BEZZISTÂN u. BEZESTÂN. Sbst. چارسوبزی *lieu où l'on vend des toiles, grande foire, marché.* | Ort wo Zeuge verkauft werden, Leinwandmarkt, Marktplatz.

t بوزاغو s. بزاغو

a بزاق BUZÂK. Sbst. توکرك *crachat.* | Auswurf, Spucke.

p بزباز BEZBÂZ u. بزبازه BEZBÂZE. Sbst. *a* بسباسه *macis.* | Muskatnuss.

p بزبان BUZBÂN. Sbst. *chevrier.* | Ziegenhirt.

t a بزتمك v. بوزمق Deriv.

t بزجه BIZĠE. Adv. [v. بز] *selon nous, selon notre avis, de notre manière.* | nach unserer Meinung, nach unserer Art.

t بزجی BEZĠI. Sbst. قماشجی *marchand d'étoffes.* | Tuchhändler, Leinwandhändler. = بزّاز

t بزدم کمیکی Sbst. بسوسج کمیکی

a عصعص . دنبلیچه *coccyx.* | Steissbein. Kam. s. v. دنبلیچه

p بزدل BUZ-DIL. Adj. u. Sbst. *timide comme une chèvre, poltron.* | wörtl. der das Herz einer Ziege hat, furchtsam, feigherzig.

a بزر BEZR. vulg. BEZIR. Pl. بزور BUZÛR. Sbst. تخم . کتان تخمی vgl. بذر *graine, semence, spéc. graine de lin.* | Samenkorn, Samen, insbes. Leinsamen. بزریاغی BEZIR-JAĠY. *huile de lin.* | Leinöl. بزرقطونا BEZIR-KATUNA, = قرنی بزری تخمی . اسبغول تخمی *plantago ispagul, semen psyllii.* *a* بنم . شروقه . اسپیوش *p* تخمدق LL. u. Kam.

t بزریاغجی BEZIR-JAĠYĠY. Sbst. *qui fait et vend de l'huile de lin.* | Leinölverkäufer, = d. Vlgde.

a بزرجی BEZIRĠI. Sbst. *qui vend du lin ou de l'huile de lin.* | Leinsamenhändler, Leinölverkäufer, = d. Vlgde.

p بزرك BUZURG, auch بزرج Adj. *t* بیوك . *a* عظیم . یشلو . زنکنو *grand, estimé, puissant, âgé.* | gross, vornehm, mächtig; gross an Jahren, bejahrt. Pl. بزرکان *les grands.* | die Grossen, Vornehmen.

p بزرکانه BUZURGÂNE. Adj. u. Adv. *magnifique, en seigneur.* | grossartig.

a p بزرکر BEZIRGER. Sbst. اکینجی *semeur, laboureur.* | Säemann, Ackerbauer, = بذرکر

a p بزرکری BEZIRGERI. Sbst. اکینجیلك *agriculture.* | Ackerbau.

p t بزرکزاده BUZURG-ZÂDE. Adj. u. Sbst. *noble, homme de grande extraction.* | Vornehmer, von hoher Abkunft.

p بزرکسال BUZURG-SÂL. Adj. u. Sbst. *âgé; vieillard.* | alt, hoch an Jahren; Greis.

p بزرکوار BUZURG-WÂR. Adj. u. Sbst. اولو . اولوغ لایق *noble, grand, excellent, illustre, magnifique.* | vornehm, ein Vornehmer, hoch angesehen, grossartig, erlaucht.

p بزرکواری BUZURGWÂRI. Sbst. *a* عظمت . جلالت . کبریا *excellence, grandeur, magnificence, noblesse, honneur.* | Vornehmheit, Grossartigkeit, hoher Rang, hohes Ansehen.

p بزرکی BUZURGI. Sbst. *grandeur, état d'être grand.* | Grösse [Gegentheil von کوچکلك Kleinheit].

a p بزستان BEZISTÂN, = بزّازستان

p بزسر PEZ-SER. Adj. طازباش *chauve.* | kahlköpfig.

t بزسز BIZ-SIZ. *sans nous.* | ohne uns. s. بز

p بزشك PIZIŠK. Sbst. *a* طبیب *médecin.* | Arzt.

p بزغ BAZAĠ oder وزغ Sbst. قورباغه *grenouille.* | Frosch.

p بزغاله BUZĠÂLA. Sbst. اوغلاق . قوزی . بوزاغو *chevreau, agneau, veau.* | Zicklein, Lamm, Kalb. بزغاله فلك *capricorne.* | Sternbild des Steinbocks, = جدی

a بزق BAZK. Sbst. *action de cracher.* | das Ausspucken. — ETMEK, = توکرمك *cracher.* | ausspucken.

t بزقجی BYZYKĞY. Sbst. *chicanier, chipotier.* (Hindoglu).| Tadler, Krittler.

t بزقجلق BYZYKĞYLYK Sbst *chicane.* (Hindoglu).| Zänkerei, Krittelei.

t بزقجلنمق BYZYKĞYLANMAK. Vb. act. *chicaner, chipoter, chicoter* (Hindoglu).| Streit suchen, über Kleinigkeiten zanken.

t بزق BYZK. Sbst. Name eines Vogels. SL.

t بزك BEZEK. LT. بزك Sbst. زينت *ornement, parure.* | Schmuck, Ausschmückung, Verzierung, Zierrath, Putz.

t o بزگ BIZOK u. بزگنه BIZGKA. Sbst. LT. قتپ ارزه *froid de fièvre.* | Fieberfrost.

p بزكر BEZ-GER. Sbst. آشجی *cuisinier.*| Koch.

t o بزلك s. بزلق u. بورمق

t بزلنغو BYZLANGYÓ. Sbst. [v. بز] *aiguillon du bouvier.* | Stachel der Ochsentreiber.

p بزم BEZM. Sbst. صحبت ، جمعيت ، مجلس شراب *assemblée, repas d'hospitalité, banquet.* | Gesellschaft, Gastmal, Gelage.

t بزم BIZIM oder بزوم Genit. v. بز

p بزم PEŽM oder PEŽEM. Sbst. شبنم ، دومان ، قيراغی *brouillard, rosée, gelée blanche.* Nebel, Thau, Reif.

p بژمان PEŽMÂN u. PIŽMÂN, Adj. صولمش ، آفسرده *flétri, affligé.* | verwelkt; niedergeschlagen betrübt. FW

t بزمجه s. بورکچه

p بژمردگی PEŽMURDEGI. Sbst. *pâleur.*| Blässe. vgl. d. Figd.

p بژمردن PEŽMURDEN. Vb. intr. صولمق *se faner, pâlir, être pâle.* | verwelken, blass werden, blass sein. — Partic. بژمرده PEŽMURDE. *fané, flétri, pâle.* | verwelkt, blass. بژمرده کردن PEŽMURDE KERDEN oder — ETMEK. = صولدرمق *flétrir, faner.* | welk machen, die Frische benehmen. بژمرده شدن PEŽMURDE ŠUDEN, = بژمردن

p بزمزه BEZMEZE. Sbst. s. بورکچه

t بزمك u. بزمك BEZEMEK. *t o* بزمك Vb. act. Aor. بزر BEZER. آراستن *p* دوناتمق *orner, embellir, parer.* | schmücken, putzen. — Deriv.

بزنمك BEZENMEK. *t o* بزنمك Vb. pass. refl. Aor. بزنور BEZENIR. آراسته شدن *p* دونانمق *être orné, s'orner, se parer.* | geschmückt sein oder werden, sich schmücken, sich putzen. Partic. بزنمش BEZENMIŠ, = دونانمش *orné* | geschmückt.

t بزمك BEZMEK Vb. intr. Aor. بزر BEZER. بیزار اولمق ، اوصانمق *être las de q. ch., avoir du dégoût, s'ennuyer, être empêché de faire q. ch.* | Ueberdruss haben, Ekel haben, einer Sache müde sein, sich langweilen, an etwas verhindert sein. بزر اولدم BEZER-OLDUM oder بزدم آرتق BEZDIM ARTYK. ich habe mich sehr gelangweilt.

t بزمك BÜZMEK. s. بوزمك

p بزمگاه BEZM-GÂH oder بزمگه Sbst. *lieu de réunion, de festin.* | Ort wo ein Gastmal gehalten wird, Speisesaal.

t بزمکی BIZIMKI. s. بز

p بزن BEZEN. Sbst. سورگو *herse.* | Egge. vgl. بزرن

p بزن BI-ZEN Imperat. v. زدن

t بزنمك s. بزمك Deriv.

t o بزق [زای معجمه] LT. بمعنی BYZ | die Nase. *t* بورون

t o بزوغ BUZUĞ u. بزوق BUZUK. Adj. LT. بوزوق ، ويران *ruiné, désert.* | verwüstet. vgl. بوزمق

t o بزوغلق BUZUĞLUĞ. Sbst. LT. ويرانلق *lieu désert.* | wüster Ort, Ruine. s. بوزمق

t بزونك PEZEWENK oder پزونك PEZEWENK [Tahrif. v. *p* پيشاوهنك Kam. s. v. آلدقت]

Sbst. *a* قواد *maquereau, maquerelle.*| Kuppler, Kupplerin.

t پزونكلك PEZEWENKLIK. Sbst. *a* قيادت *maquerellage, paillardise.* | Kuppelei, öffentliche Unzucht.

t o بزوك s. بورك

p بزول PUZÛL. Sbst. شتالنك ، آشیق *t* ، كعب *a* چچوق *cheville du pied, osselet; mamelle.* | Fussknöchel, Knöchel zum Spielen; vergleichsweise auch die Brüste.

t بزوم BIZUM. s. بز

p پژوه PIŽŪH. Rad. v. پژوهیدن in pers. Zusammensetzungen: *qui recherche, qui s'informe.* | der nachforscht, ausfragt, sich zu unterrichten sucht. دانش پژوه DANIŠ-PIŽŪH. *qui cherche à s'instruire.*| der nach Kenntniss strebt.

p پژوهش PIŽŪHIŠ. Sbst. *recherche, information.* | Ausforschung.

p پژوهیدن PIŽŪHIDEN. Vb. act. تجسس ، آراشدرمق *rechercher, s'informer.* nachforschen, ausfragen, zu ergründen suchen.

t بزه BIZE. Dativ. v. بز BIZ.

p بزه BÜZE. Sbst. *chèvre (constellation), capricorne.* | Sternbild der Ziege, Zeichen des Steinbocks. = برج جدی ، برغاله فلك

p بزه BEZE. Sbst. گناه ، اثم ، قباحت ، جرم ، جنحه ، تصوج *péché, faute, délit, crime* | Sünde, Vergehen, Verbrechen.

p بزیچه BÜZÎĞE. Sbst. Demin. v. بز *chevreau.* | Zicklein.

p بزیدن s. بیزیدن

t برش oder برنيش BEZEIŠ. Sbst. آرایش *ornement, décoration.* | Verzierung, Ausschmückung.

p بس BES Adj. u. Adv. *t* بك ، چوق ، آنجق ، بللو ، يتيشير *beaucoup de choses ou de personnes, suffisant; très, suffisamment, assez, seulement.* | viel, manch, hinlänglich, genug, nur [immer mit folgendem Singular. vgl. بسا | بسی | ای بس ای بس] *ei* BES oder بسا BESÂ. *o combien! beaucoup, plusieurs.* | o wie viele, d. i. viele, recht viele. بسسبا بسسا oder بسیار بسیار جندین جند بسا *bien beaucoup, innombrables.* | sehr viele, unzählige. بس كردن *faire assez, c. à d. finir, terminer.* | genug machen, d. i. aufhören, ein Ende machen, = قطع ايتمك

p پس PES. Sbst. u. Adv. *t* آرد ، صوكره ، آكسه [Gegentheil v. پيش] *ce qui est derrière ou après q. ch., partie postérieure, à la suite, après, ensuite, ainsi, donc, mais.* | das was hinter oder nach einer Sache ist (sowohl dem Raume als der Zeit nach), hinten, nach, hierauf, ferner, dann, so (als Einführung des Nachsatzes). پس آنگاه oder پس ازان *après cela.* | hierauf. پس افكندن *mettre de côté, laisser un héritage.* | zurücklegen, aufbewahren; zurücklassen, hinterlassen (eine Erbschaft). پس افكند PES-EFKEND. das Zurückgelegte; Hinterlassenschaft. — Theol. Werke, deren Lohn im künftigen Leben erfolgt. — پس رفتن oder پس آمدن *venir après q. qn., suivre.*| hinterher kommen, nachkommen. پس افتاده PES-ÛFTÂDE. *posthume,* | ein nach des Vaters Tode Geborener. پس ديوار PES-DIWÂR *arrière-muraille.* | Hinterwand, Rückseite eines Gebäudes. — PES-I DIWÂR. *derrière la muraille.* | hinter der Mauer. پس فردا PES-FERDÂ. *après-demain.* | übermorgen. پس گردن PES-GERDEN. = آكسه قفا *derrière de la tête, occiput.*| Hinterkopf. پس لشكر PES-LEŠKER. *arrière-garde.*| Nachtrab des Heeres. پس از پس PES EZ PES. *peu à peu.* | nach und nach. پس چون *après que.* | als aber, nachdem nun. پس پيش PES-PÎŠ. *çà et là.* | hinten und vorn, rückwärts und vorwärts, hin und her, auf und ab. پس و پيش كردن *hésiter* | hin und her überlegen, schwanken, Bedenken tragen, Ausflüchte suchen. پیشین پلی und پسينيلی s. پس پلی

t پس oder پیس PIS. Adj. *mauvais, sale.* | schlecht, schmutzig. بر عظيم عمارت پس سقفلو واراكی es war da ein schlecht bedecktes, grosses Gebäude. Derbendname.

a بساتين BESÂTÎN. Sbst. Pl. v. بستان

a بساط BESÂT. I. Sbst. *pays étendu et ouvert de tous côtés.* | Ebene, weite, offene Fläche. 2. = بسيط

a بساط BISÂT. Pl. بسط BUSÛT. Sbst. كليم ، دوشك ، حصير *toute étoffe qu'on étend par terre, tapis, natte, matelas, lit.* | was man auf dem Boden ausbreitet, Teppich, Matte, Matratze, Bett u. s. w. بساط شطرنج BISÂT-I ŠATRANǴ. *échiquier.* | Schachbret. بساط كون و مكان BISÂT-I KEWN Ü MEKÂN. *l'univers.*| das Ausgebreitete des Seins und des Raumes, d. i. die ganze Welt. بساط مطرزی BISÂT-I MUŽERRÂŽ. *tapis brodé.* | ein gestickter Teppich.

t بساط BUSAT. s. يوسات

t o بساده BUSADA. s. يوساده

p بساك BESÂK u. بسك Sbst. *couronne de fleurs.* | Blumenkranz.

p بسالت BESÂLET. Sbst. بسد ، مرجان ، بيخ مرجان FW *corail.*| Koralle, Korallenstock.

a بسالت BESÂLET. Sbst. دلاوری ، يكيتلك ، بهادرلك ، جسارت *hardiesse, bravoure, courage.* | Kühnheit, Tapferkeit, Muth.

p بسسمان BES-SIMÂN [richtiger بسامان] Adj. *heureux, fortuné, probe.* | glücklich, in guten Umständen, rechtschaffen.

p بسان BE-SÂN. Adj. a مثال t كبى à la manière de, comme. | nach Art, nach Weise, wie. vgl. بسن

p بسوند BESIWAND u. پسوند PASÂWAND. Sbst. rime (de vers); analogie entre deux choses. | Reim; Analogie zwischen zwei Dingen

a بسائط BESÂÏT Adj. Pl. Fem. v. بسيط

a بسباسه BESBÂSE. Sbst. = p بوزيدان macis. | Muskatnuss.

p بسپال PESPÂL. Sbst. بغداش arcroupissement, manière d'être assis les pieds croisés. | Kauern, Sitzen mit untergelegten Beinen (die gewöhnliche Art zu sitzen im Orient); gesellschaftliches Beisammensitzen. بسپايدان PESPÂIDAN. familièrement, en compagnie, en commun, ensemble. | vertraulich, in Gesellschaft.

p بست BEST. [Rad. v. بستن] Sbst. بغلامق 1. action de lier, d'attacher etc. | das Binden, Verbinden, Verknüpfung u. s. w. s. بستن — بست و بند ايتمك BEST Ü BEND ETMEK lier, attacher. | binden, festbinden, verknüpfen. 2. ce qui sert à lier, ligature, lien, naud; barrière, digue, mont, montagne; sillon. | das was bindet oder womit gebunden wird, Band, Knoten, Binde, Kopfband; Schranke, Damm (der das Wasser bindet), Berg oder Gebirge (das eine Ebene abschliesst oder wie ein Band umgiebt); kleine Wasserfurche (die sich wie ein Band auf dem Boden hinzieht).

p بست BIST. s. بيست

p پست PEST. Plur. پستان Adj. Gegentheil v. بالا u. بلند t آلچق a حقير ، رذيل. نوزن humble, petit, bas; mauvais, ignoble, avare. | niedrig, klein, gering, tief; schlecht, gemein, geizig. زمين پست un pays bas. | tief gelegenes Land. آواز پست t پس سس ton bas (d'un instrument). | ein tiefer Ton. اسب پست cheval ensellé. | Pferd mit eingedrücktem Rücken. پست كردن oder — ETMEK. abaisser, baisser; abattre, démolir, tuer; avilir. | erniedrigen, niederdrücken, niederreissen, niedermachen. Theol. myst.: Als Sbst. qui ne peut pas atteindre le plus haut degré de perfection. | ein Niederer, d. i. der den höheren Grad der Vollkommenheit oder Erkenntniss noch nicht erreicht hat oder nicht erreichen kann.

p پست PÜST u. PIST. auch پوست BÜST. Sbst. farine grillée, décoction de farine ou de grains. | geröstetes Mehl; Aufguss von Mehl oder Körnern. = قاوت a سويق

p بستم BISTÎM. Sbst. corail rouge. | rothe Coralle.

p بستان BISTÂN u. پستان PISTÂN. Sbst. t ممه ، ايمجك ، مميك باشى a ثدى sein (des femmes), mamelle. | weibliche Brust, Brustwarze, Zitze.

p بستان BI-SITÂN. Imper. v. ستاندن

p بستان BUSTÂN. volg. BOSTÂN. Sbst. jardin, potager. | Garten, insbes. Gemüse- oder Melonengarten. بستان افروز oder بستان كوزلى amaranthus.

p پستان PISTÂN. Sbst. فستقلق forêt de pistachiers. | Pistazienwald.

a بستان پيرا BOSTÂN-PÎRÂ. Sbst. بوستانجى ، باغچوان ، باغبان jardinier. | Gärtner.

t بستانجى BOSTANGY. Sbst. jardinier; soldat de la garde impériale à pied. | Gärtner, Gartenknecht; Soldat der kaiserlichen Garde zu Fuss. بستانجى اوجاغى تفنكچيسى ، بستانجيلر corps de fusiliers. | Corps der Füseliere oder sogenannten Bostandschi. بستانجى باشى BOSTANGY-BAŠY. chef de la garde impériale, chef de la police du Bosphore. | Oberst der kaiserlichen Garde, der die Aufsicht über die Polizei am Bosphorus führt.

t بستانجيلق BOSTANGYLYK. Sbst. jardinage. | Gartenbau, Gärtnerei.

p بستانسراى BOSTANSERÂI. Sbst. كوشك kiosk, palais ou pavilion dans un jardin. | Gartenhaus, Palast in einem Garten.

p بستانى BUSTÂNÎ. 1. Sbst. بستانجى ، باغچوان jardinier. | Gärtner. 2. Adj. cultivé dans un jardin. | im Garten gezogen, nicht wild wachsend, Gegentheil von يبانى oder بورى

p بستر BISTER. Sbst. يتاق ، دوشك ، خوب ، جامه lit, coussin, matelas. | Polster, Bett, Kissen, Lager, Matratze.

p بستگى BESTEGÎ. Sbst. بغلولوق ، بغلولق état d'être lié, d'être ensorcelé, captivité, lien. | gebunden sein, behext sein, Gefangenschaft, Bande. s. بستن

p بستم BISTÛM. Adj. num. ord. يكرمنجى le vingtième. | der Zwanzigste.

p بستن BESTEN [Rad. بند]. Vb. act. بغلامق lier, attacher, nouer, fermer, boucher, ensorceler. | binden, knüpfen, sperren, schliessen, behexen. در بستن DER BESTEN fermer la porte. | die Thür schliessen. دل بستن DIL BESTEN. s'occuper sérieusement de q. ch. | sich ernstlich mit einer Sache beschäftigen. راه بستن RÂH BESTEN. barrer la route. | den Weg versperren. كار بستن KÂR BESTEN. accomplir q. ch., bâcler l'affaire. | eine Sache zu Stande bringen, beeilen, übereilen. Partic. بسته lié, etc. | gebunden u. s. w., = صاريلمش ، بغلو. بستن — ETMEK, = BESTEN. بستهٔ زنجير BESTE-I ZENǴÎR, chargé de chaines. | mit Ketten beladen.

p بسته BESTE [Partic. v. بستن] Sbst. تركى chanson, morceau de musique, chant, mélodie. | Lied (eigentlich was in gebundener Rede ist), insbes. Gedicht von vier Versen; Musikstück, Gesang, Melodie.

p پسته PISTE. Sbst. pistache. | Pistazie.

بستو PASTAW. Sbst. argenture. | Versilberung. Hindoglu. — vgl. يلمه

p پستى PESTÎ. Sbst. آلچقلق bassesse. | Niedrigkeit. s. پست

p بسد BUSSAD oder BISSAD. Sbst. مرجان corail. | Coralle. = بسد

t بسدل PESDEL. Sbst. crème (entremets). | eine süsse Speise. a فرنى p فالوده

p بسر BE-SER. s. سر

p پسر PÜSER. Sbst. اوغلان ، اوغل fils, jeune garçon. | Sohn, Knabe.

t بسرك Sbst. (Provinzialismus). dromadaire. | Dromedar. Kam. s. v. كچنه

p پسرو PESREW. Sbst. اتباع ، صحابه qui marche par derrière, qui suit, sectateur, client. | der Hintennachkommende, Folgende [Gegentheil v. پيش رو], der einem andern folgt, Anhänger, Anhang Jemandes, Freunde, Verwandte, Clienten.

t بسس PÜSÜS. Ll. بسس كه موه دورلر ايمسى تشنوش در لسقت مولده در. شرسيمى يجوزلر.

a بسط BAST. Sbst. ييغمه ، سريلمه ، اچمه action d'étendre, d'expliquer. | Auseinanderbreitung, Auseinandersetzung. — ETMEK. étendre, ouvrir, expliquer. | auseinanderbreiten, ausbreiten, öffnen, auseinandersetzen, erklären. بسط كلام ايتمك BAST-I KELÂM ETMEK. étendre en paroles. | mit vielen Worten auseinandersetzen, viel Redens machen. بسط مقدمات اعتذار ايلدنصكره nach vorausgeschickten langen Entschuldigungen.

it بستارده BASTARDA. Sbst. s. بستارده — بستارده چلكنى BASTARDA JELKENI. la grande voile d'une galère. | das Hauptsegel einer Galeere.

a بسطت BASTAT u. BUSTAT. Sbst. étendue, ampleur, extension; connaissances étendues, capacité de contenir, d'embrasser q. ch.; parfaite conformation. | Ausdehnung, Geräumigkeit, Besitz ausgebreiteter Kenntnisse, Vollkommenheit, vollkommene Ausbildung, vollkommene (geistige) Fähigkeit.

t بسقورمه s. بوسقورمه

t a بسقونجى BASKUNGY. LT. بخشش كننده qui donne. | Geber, Schenker.

gr بسقوپوس BISKOPOS. Sbst. évêque. | Bischof.

t بسكل s. بوسكل

p بسكله BESKELE oder پسكله PESKÜLLE. Sbst. قبو مندالى verrou. | Riegel (von Holz). در بسكله Thür-Riegel.

p بسكوهه PES-KÛHE. Sbst. arçon. | der hintere Theil des Sattels, Sattelbogen.

a بسل BESL. Sbst. violence. | Gewalt. — ETMEK. faire violence. | Gewalt üben.

t بسكى s. ايه بسكى

t بسلك PISLIK. Sbst. v. پس saleté. | Schmutz.

t بسلمك BESLEMEK. Vb. act. Aor. بسلر BESLER. p پروردن nourrir, élever, maintenir, entretenir; engraisser. | ernähren, erziehen, auferziehen, erhalten; füttern, mästen. — Deriv. بسلنمك BESLENMEK. Vb. pass. refl. = غدالنمق être nourri etc., se nourrir, prendre nourriture. | ernährt u. s. w. werden, sich nähren, Nahrung zu sich nehmen. بسلنى حيوان ein Thier das im Hause gefüttert wird. بسلنمش BESLENMIŠ. nourri, élevé, engraissé. | ernährt, aufgezogen, gemästet, fett.

t بسلمه BESLEME. Sbst. action de nourrir etc., nourrisson; femme domestique, servante. | Ernährung; dem man Nahrung giebt, ein Kind das man aus Mitleid ernährt; weibliche Bedienung im Hause, Magd.

t بسلو BESLI und بسيلی BESILI. Adj. — *a* مربی *p* توسه *nourri; engraissé* | genährt; gemästet, fett.

t بسلهجی BESLEJIGI Sbst. پرورد کار *qui nourrit, qui élève, nourrisseur* | Ernährer, Erhalter.

t بسلهجيلك BESLEJIGILIK. Sbst. *a* ربوبيه *état de nourrisseur.* | Ernährerschaft.

a بسم BESM. Sbst. *action de sourire.* | das Lächeln. ═ تبسم

a بسم BISM, — بسم الله BISMI-LLÂH. *au nom de Dieu* | im Namen Gottes.

p بسمانده PES-MÂNDE [v. پس] Adj. u. Sbst. کيرو قالمش، ترك اولنمش *restant, résidu, reste* | übrig bleibend, übrig gelassen, zurückgelassen, Ueberbleibsel, Ueberrest.

a p بسمل BISMIL. Adj. بوغازلانمش، بوغولمش، قربان کسلمش اولان *égorgé, tué, sacrifié* | erwürgt, geschlachtet, geopfert; eigentl. worüber das BISMILLÂH gesprochen. بسمل کردن BISMIL KERDEN *égorger, tuer.* | erwürgen, schlachten, tödten.

a بسمله BESMELET. Sbst. بسم الله اوقومق *action de prononcer la formule bismilla* | das BISMILLAH aussprechen.

a p بسملکاه BISMIL-GÂH. Sbst. بوغازلامق يری *boucherie, abattoir.* | Schlachthaus.

p بسنج BI-SENǴ. Imperat. v. سنجيدن.

p بسند BESEND und *t* بسنده BESENDE Adj. تام، كافی، سزاوار *suffisant, parfait.* | genügend, vollkommen.

p بسند PESEND. Adj. قبول اولنمش *qui accepte, approuve, loue; qui est accepté, loué, approuvé, qui plaît, plaisant.* خود پسند *qui se plaît à soi-même* | sich selbst gefallend, eitel. پسند آمدن *être agréé, plaire.* | angenehm sein, gefallen. پسند کردن *accepter, être content de q. ch.* | annehmen, mit etwas zufrieden sein [mit der Präpos. ب]. عوام پسند *ce qui plaît à tout le monde, populaire.* | was allgemein gefällt, volksthümlich.

p پسنديدن PESENDÎDEN oder پسندیدن PESENDÎDEN. Vb. intr. u. act. *t* بكنمك *approuver, accepter, louer, permettre; choisir, plaire* | billigen, annehmen, loben, erlauben, wählen; für erlaubt halten; gestatten.

p پسنديده PESENDÎDE. Adj. (Partic. des Vbgdn.) مقبول اولان *approuvé, accepté, loué, choisi.* | gebilligt, angenommen, gelobt, erwählt. پسنديده آمدن PESENDÎDE ÂMEDEN. *être agréable.* | angenehm sein, willkommen sein. پسنديده بولمق PESENDÎDE BULMAK. *trouver agréable, approuver.* | angenehm oder annehmbar finden, billigen.

p بسنه BESENE. Sbst. *cheval jeune et indompté.* | ein junges noch nicht gezähmtes Pferd.

t بوسو s. بسو.

p بسوته BESÛTE u. BESÛTE Sbst. زلف *boucle de cheveux.* | Locke.

a بسول BESÛL. Adj. u. Sbst. بهادر، جسور *brave, courageux, audacieux* | muthig, tapfer, kühn.

a بسول BUSÛL. Sbst. *bravoure, courage.* | Muth, Tapferkeit, Kühnheit.

t بسه BASA (mongolisch). Conj. *encore* | auch, noch, ferner.

t بسی BESI. Sbst. *engraissement.* | Mästung. بسيه قومق BESIJE KOMAK *engraisser* | mästen (Hindoglu).

p بسی BESI. Adj. u. Adv. [Imâle von بس] *beaucoup, plus, plusieurs, très, souvent, long-temps.* | viel, sehr, oft, lange [sowohl mit dem Singular als dem Plural des folgenden Substantivs vgl. بس]. بسی فرسنك BESI FARSANG. viele Parasangen. بسی مردان حق BESI MERDAN-I HAKK. viele fromme Männer.

p بسی BESI. Sbst. — بسيارى، زيادهلك *t* كثرت چوقلق، زيادهلك *multitude, grande quantité.* | Vielheit, Menge.

t بسی PISI. Sbst. — بالغی *plie (poisson).* | Plattfisch. بسی بسی ═ ابو بسكی *valériane (plante).* | Baldrian.

p بسيار BISJÂR. Adj. u. Adv. *t* چوق *beaucoup, plusieurs.* | viel [mit dem Singular des folgenden Nomens vgl. بس und بسی]. بسيار بودن *être abondant, abonder.* | viel sein, in grosser Menge vorhanden sein. بسيار كردن *multiplier, augmenter.* | viel machen, vervielfältigen, vermehren. بسيار شدن *être augmenté.* | vermehrt werden, zahlreich sein.

p t بسيارلق BISJARLYK. Sbst. *abondance, grande quantité.* | Vielheit, grosse Menge, Ueberfluss.

p بسيارى BISJÂRÎ Sbst. — بسيارلق.

p بسيچ BESIǴ. Imperat. v. بسيچيدن.

Sbst. يراق، قصد، آهنك، ادوات سفر *appareil, apparat (de voyage etc.), préparation, intention; départ. en compos.: qui se prépare.* | Zurüstung (zur Reise, zum Kriege u. dgl.), Vorbereitung, Absicht; Abreise. In Zusammens.: der sich Rüstende, — سازكار.

p بسيچيدن BESIǴIDEN. Vb. intr. قصد ايله، براقلمق *se préparer, se proposer q. ch.* | sich rüsten, sich bereit machen; sich etwas vornehmen.

a بسيط BASIT. Femin. بسيطه BASITE. Adj. *t* واسع، كنكش، ترکيبسز *étendu, ample, large, spacieux; simple, non composé, clair, intelligible.* | ausgedehnt, ausgebreitet, geräumig; einfach, nicht zusammengesetzt, untheilbar, einfach und deutlich (von der Rede u. s. w.). سنه بسيطه SENNE BASITE. *année ordinaire* | gemeines Jahr (nicht Schaltjahr). — als Sbst. *lieux spacieux, ample superficie; nom d'un mètre (de vers) arabe.* | geräumiger Ort, weiter Raum, grosse Fläche; Name des arabischen Versmasses مستفعلن فاعلن. — ETMEK. *étendre, déterminer, exposer clairement, établir, statuer.* | ausdehnen; einfach und deutlich darlegen, bestimmen. بو قاعده بی بسيط ايلديلر sie haben diese Regel einfach dargelegt, oder aufgestellt. بسيطه BASITE. Sbst. *surface, superficie; cadran solaire.* | Fläche, Oberfläche; Sonnenuhr. Plur. بسائط BESÂIT. *corps simples, éléments.* | einfache Körper, Elemente.

t بسيلی BESILI. Adj., — بسلو *nourri, engraissé.* | ernährt, gemästet.

a بسيم BESIM. Adj. متبسم، تبسم *qui sourit, gai* | lächelnd, heiter, freundlich.

p پسين PESIN [v. پس]. Adj. صكركی، اك صكره، آخر، اولاکی *qui vient après un autre; suivant, dernier, extrême.* | nachkommend, hinterdreinkommend, letzt, jüngst, äusserst. جنك پسين ǴENK-I PESIN. *le dernier combat.* | das letzte (zuletzt vorgefallene) Treffen.

t بش BAŠ. s. باش.

t بش BEŠ. Adj. num. *a* خمس *p* پنج *cinq.* | fünf. بش يبرمق BEŠ-PARMAK *quintefeuille.* | Fünffingerkraut, ein Dornengewächs. *a* عوسج *p* بكون.

p بش Sbst. بند، رزة *lien (de fer), gond* | Band (von Eisen), Haspe.

p بش BUŠ. Sbst. برچم، تشی *touffe de cheveux.* | Haarbüschel, vgl. d. Vigde.

p بش PEŠ. Sbst. *crinière.* | Mähne. vgl. d. Vbgde.

p بش PEŠ. Adj. ناقص *défectueux.* | mangelhaft, unvollkommen.

p بش PIŠ s. بيش.

t o بش PIŠ u. بش BIŠ. LT. مير *prince* | Fürst.

p بش PUŠ. Sbst. جغد *hibou.* | Eule.

t o بشاره BUŠÂR. Sbst. LT. مضايقه *difficulté* | Schwierigkeit, Beengung, Armuth.

a بشارت BEŠÂRET. Sbst. جمال، حسن *t* کوزللك *beauté (de la forme).* | Schönheit der Gestalt.

a بشارت BIŠÂRET und BÜŠÂRET. Sbst. *p* مژده، سوينج *bonne nouvelle, heureux événement; joie causée par un heureux événement ou une bonne nouvelle, cadeau qu'on donne au porteur d'une bonne nouvelle; l'évangile* | gute Nachricht, frohes Ereigniss; Freude über eine gute Nachricht oder ein fröhliches Ereigniss; Geschenk für Ueberbringung einer guten Nachricht; das Evangelium. — ETMEK *annoncer une bonne nouvelle.* | eine gute Nachricht bringen. بشارت كونی BIŠÂRET GÜNI oder بشارت بورتيسی BIŠÂRET JORTUSU. *la fête de l'annonciation.* | das Fest Mariä Verkündigung.

a t بشارلامق BUŠÂRALAMAK Vb. act. — بشارتلمق — Deriv. بشارتلنمق BUŠARATLANMAK. Vb. refl. pass. *recevoir une bonne nouvelle.* | eine gute Nachricht erhalten. بشارتلنوب فرحناك اولمق sich über eine gute Nachricht freuen. — استبشار.

t بشارمق BAŠARMAK. s. باشارمق.

a بشاش BEŠÂŠ. Adj. — شرحسناك، خنده رو، اچق يوزلو *qui a le front déridé, gai, riant.* | mit heiterer Stirn, heiter, freundlich.

a بشاشت BEŠÂŠET. Sbst. يوز اچقلغی *sérénité du visage, gaieté.* | Heiterkeit, Freundlichkeit.

a t بشاشتلو BEŠÂŠETLI. Adj. اچق يوزلو *gai, riant.* | heiter, freundlich.

t بشاق BAŠAK u. بشاق. Sbst. *épi de froment, grappe.* | Aehre, Traube.

t بشاقجی BAŠAKGY. Sbst. *qui ramasse*

les épis ou les grappes, moissonneur. | Aehrensammler, Schnitter, Traubensammler. Kam. s. v. انكرايه

t o بشاقه BAŠAKA. Sbst., — بشتق LT. p خوشه

t بشاك BIŠAK oder BIŠEK. LT. كهنه vieux. | alt.

پشپك PÜŠPEK (ungarisch. PÜSPÖK) Sbst. évêque. | Bischof.

p پشت PUŠT. Sbst. ظهر . ظهيره ارقه a dos; appui, soutien, protection, protecteur; race. | Rücken, Rücklehne, Stütze, Schutz, Beschützer; Abstammung (in aufsteigender und in absteigender Linie); پشت پاى PUŠT-I PĀI. plante des pieds; cinède. | Fusssohle, — اياق طمنى. — Cinäde, — پس پاى. — پشت پاى زدن donner un coup de pied; chasser q. qn.; marcher, courir, se sauver. | einen Fusstritt geben, wegstossen, fortjagen; gehen, laufen, davonlaufen. پشت كارد PUŠT-I KĀRD. dos du couteau. | Messerrücken. پشت ملك PUŠT-I MULK. puissance du royaume; soutien ou protecteur du royaume. | Macht des Reichs; Stütze oder Beschützer des Reichs. پشت به پشت PUŠT BE-PUŠT. de père en fils. | von Geschlecht zu Geschlecht. آب پشت ĀB-I PUŠT. sperme. | der männliche Samen. پشت دادن [— نمودن — كردن] tourner le dos, fuir. | den Rücken wenden, fliehen.

p پشتاره PUŠTĀRE. s. پشتواره

p پشتالم BIŠTĀLIM oder بشتام BIŠTĀM. Sbst. طفيلى qui vient manger sans être invité, parasite. | ungeladener Gast, Schmarotzer.

p پشتبان PUŠTBĀN oder پشتوان PUŠTWĀN. Sbst. vgl. پشت appui, dossier, soutien, protection, protecteur; barre pour fermer une porte. | Stütze, Rückenlehne, Schutz, Beschützer; Schutzriegel oder Pflock an einer Thür.

p پشت بست PUŠT-BEST. Sbst. besace ou autre chose, que l'on porte sur le dos. | wörtl. was auf den Rücken gebunden ist, Sack den man auf dem Rücken trägt, Rückenkissen.

p پشتخم PUŠTHAM. Adj. u. Sbst. قمبورا كوز پشت bossu. | bucklich.

p پشتمازه PUŠTMĀZE, auch پشتمازو und تمازو t ارقه كميكى . اوكوز a Sbst. پشتماز épine dorsale. | Rückgrat.

p t پشتمال PEŠTIMĀL, PUŠTMĀL u. پشتمال PUŠTIMĀL Sbst. tablier, linge dont on se couvre au bain, essuye-main. | Schürze, Schurz, Badeschurz, Tuch von grober Leinwand womit man sich im Bade bedeckt oder abtrocknet, Handtuch.

i t پشتو PIŠTOW. Sbst. pistolet. | Pistol.

p پشتوار PUŠTWĀR u. پشتواره PUŠTWĀRE. vulg. پشتاره Sbst. ارقه يوكى بر a كاره tant qu'un homme peut porter sur le dos, fardeau. | eine Rückenlast, soviel man auf dem Rücken tragen kann.

p پشتبان s. پشتوان.

p پشته PUŠTE. Sbst. پشت . يوكسكجه يز a تپه appui, soutien, élai; colline, monceau; fardeau. | Stütze; Hügel, Erdhaufen, Sandhaufen; Rückenlast, — پشتوار. — پشته بند PUŠTE-BEND. endiguement. | Eindämmung.

p پشته باغ PUŠTE-I BĀG. — چمن وسبزه زار a t چايير pré, verger. | Wiese, Aue, Garten.

p پشتى PUŠTI. Sbst. پشت a مظاهره . مساعده action de soutenir; dossier; protection, protecteur, aide; cinède. | Stützung; Rückenlehne; Beschützung, Hülfe, Beschützer, Helfer; Cinäde.

p پشتيبان PUŠTĪBĀN oder پشتيوان PUŠTĪWĀN. s. پشتبان.

p پشخدن BIŠHIDEN oder بشخودن BIŠHŪDEN. s. بشخودن.

p بشخيدن PAŠHIDEN. s. بشخيدن.

a بشر BEŠR u. BUŠR. Sbst., — بشارة BIŠĀRET. bonne nouvelle; cadeau. | gute Nachricht, Geschenk für eine gute Nachricht.

a بشر BIŠR. Sbst., — بشاشت gaîté. | Heiterkeit. بشر وبشاشت ايلمك sich freuen, heiter und freundlich sein.

a بشر BEŠER. Sbst. انسان . انسانيه homme, genre humain, humanité. | Mensch, Menschheit. ابو البشر EBU-L-BEŠER. le père du genre humain, c. à d. Adam. | der Vater der Menschheit, d. i. Adam. مقدور بشر دكلدر es übersteigt menschliche Kräfte.

a بشره BEŠERE u. بشرة BEŠERET. Sbst. جلد peau, épiderme. | Haut, Oberhaut.

a بشر BEŠER. Adj. num. distrib. cinq à cinq. | je fünf.

a p بشرم BE-ŠERM. s. شرم.

a بشرا BUŠRA. s. بشرى.

a بشرت BEŠERET. s. بشره.

a p بشرط BE-ŠART. s. شرط.

t بشرمق BIŠIRMAK. s. پشرمق.

t o بشمك u. بشورمك s. بشرمق Deriv.

p بشرو PEŠREW. Sbst. تقسيم . سرآهنك prélude (de musique). | Vorspiel (Musik). vgl. پيشرو.

t بشرمق s. بشرتمق Deriv.

a بشرى u. بشرا BUŠRA. Sbst., — بشارة bonne nouvelle. | gute Nachricht.

a بشرى BEŠERI. Sbst. انسانى humain, appartenant à l'homme, à l'humanité. | menschlich. عقل بشرى l'intelligence humaine. | die menschliche Vernunft.

a بشريت BEŠERIJET. Sbst. انسانيت genre humain, nature humaine, humanité. | Menschheit, Menschlichkeit, menschliches Wesen.

t o بشغ BAŠAG. s. بشاغ.

t بشق BAŠAK. s. بشاق u. بشق.

t بشقاغه BAŠKAGA. s. بشقاغه.

t بشقه BAŠKA. s. بشقه.

t بشك oder بشيك BEŠIK. Sbst. a مهد p كهواره berceau. | Wiege, weiches Lager für ein Kind, Kinderbettchen. بشك صاللق berçer. | wiegen.

t o بشك BIŠEK u. BIŠIK. Sbst. LT. كربه chat. | Katze. vgl. پيشيك.

p t پشكش PEŠKEŠ. s. پيشكش.

p t پشكير PEŠKIR. s. پيشكير.

p بشكل BIŠKIL. Sbst. غم واندوه tristesse, affliction. | Traurigkeit, Betrübniss.

p پشكله BIŠKILE oder بسكله BESKILE. Sbst. تيمور قللبى anneau ou bouton de porte. | Handhabe an der Thür.

p پشكليدن BIŠKILIDEN. Vb. act. قورچلمق . ترنغلمق oder پرمغله نشان ايلمك t تيرمالامق égratigner, faire une entaille, faire impression avec l'ongle. | kratzen, ritzen, mit den Fingern oder Nägeln ein Zeichen oder einen Eindruck machen. Meninski.

t پشكن PIŠKIN. s. پشكين.

t پشكن PIŠGEN (PIŠGIN). Adj. u. Sbst. facile à cuire. | leicht zu kochen, was sich schnell kochen lässt.

t پشكين PIŠKIN oder پشكن Adj. bien cuit, mûr, brûlé; expérimenté dans les affaires. | gut gekocht, gar, gut gebacken, durchgebacken (Brod), gut durchgebrannt (Ziegel u. dgl.); reif, gut gehärtet (Holz, Rohr zum Schreiben u. dgl.); erfahren (in Geschäften), geprüft, zuverlässig im Dienst.

t بشلمق BAŠLAMAK. s. باشلامق.

p پشليدن PEŠLIDEN. Vb. act. LL. مس ايتمك t يوقلامق a جس toucher, palper, tâter. | berühren, befühlen, betasten.

p پشم PEŠM. Sbst. t يوك a صوف laine, poil. | Wolle (von Ziegen, Schafen); Haare (am Körper bei Menschen und Thieren).

t بشمق u. بشمك BAŠMAK u. Deriv. s. باصمق.

p پشمان PIŠMĀN. s. پشيمان.

t پشمش PIŠMIŠ. Partic. des Figdn. cuit, mûr; déniaisé. | gekocht, gar, reif; gewitzigt.

t پشمك PIŠMEK. t o پشمك u. پشمق Vb. intr. Aor. پشر PIŠER. نضج . پخته شدن SL. être cuit, brûlé, s'enflammer, se froisser, mûrir, être déniaisé, être versé dans les affaires. | gar werden, kochen, braten, backen, reifen (Früchte, junges Holz u. s. w.), sich härten; sich entzünden oder erhitzen; in übergetragener Bedeutung: gewitzigt werden, tüchtig werden (in Geschäften u. s. w.), Besonnenheit gewinnen. يوتلر برى برينه سورنوب پشمك die Schenkel sich durch Reibung erhitzen. اويلقلرك اچ طرفى برى برينه سورنكله پشمك die innere Seite der Schenkel sich wund reiben, auch سورنكله پشوب — اچشمق Kam. s. v. الوذع . المحن . المذح Deriv. I. پشورمك PIŠURMEK. t o پشرمق Vb. trans. Aor. پشورر PIŠIRIR. پخته كردن . برشتن faire cuire, rôtir, brûler etc., faire mûrir, déniaiser. | kochen, braten, sieden, backen, zur Reife bringen, härten, witzigen, tüchtig machen. جيكجه پشورمك halb gar kochen. — II. t o پشوروتمك PIŠÜRTMEK. Vb. caus. پختن faire cuire. | kochen u. s. w. — III. t o پشوروتدرمك PIŠÜRTDIRMEK. Vb. trans. caus. faire cuire. | kochen u. s. w. lassen.

t پشممش PIŠMEMIŠ [Partic. Neg. v. پشمك] Adj. cru; qui n'est pas déniaisé. | roh, ungekocht; unerfahren, unbesonnen, unklug.

p پشمين PEŠMIN u. پشمينه PEŠMINE. Adj. *fait de laine; laineux.* | von Wolle, wollen; wollig. — پشمينه پوش تصوفي in Wolle gekleidet.

t o پشتوسمق PUŠUSMAK. Vb. intr. ملول اولمق *être triste, affligé.* | traurig sein, betrübt sein.

t پشورمك PIŠURMEK. v. پشرمك Derir.

t o پشوك PIŠUK. LT. پشمش *cuit* | gekocht.

p پشوليده PEŠÛLIDE. [Partic. von پشوليدن] Adj. پريشان *confus, troublé.* | bestürzt.

a بشير BEŠIR. Sbst. مژدهجي *porteur d'une bonne nouvelle.* | Bote, der eine gute Nachricht bringt.

a t بشيرلك BEŠIRLIK u. *a p* بشيري BEŠIRI. Sbst. *action de porter une bonne nouvelle.* | das Bringen einer guten Nachricht.

p پشيز PEŠIZ u. پشيزه PEŠIZE. Sbst. بالق پولى، اوزنكلرى، پول، فلس *écailles de poisson; petite monnaie.* | Fischschuppen; kleine Münze; das um den Griff des Messers gelegte dünne Metallplättchen.

a بشيع BEŠI'. Adj. كريه *désagréable, abominable.* | unangenehm, hässlich.

t پشيك BEŠIK. v. بشك

p پشيمان PEŠIMAN (PIŠMAN) Adj. *repentant, fâché.* | reuig, bereuend, betrübt über etwas. — OLMAK *se repentir, regretter.* | Reue empfinden, bereuen, bedauern.

p t پشيمانلق PEŠIMANLYK u. *p* پشيماني PEŠIMÂNI. Sbst. *repentir, regret.* | Reue, Bedauern.

p پشين PIŠIN. v. پيشين

t بشيوز BEŠ-JUZ. Adj. num. *cinq cents.* | fünfhundert.

a بصارت BASÂRET. Sbst. كورمه *action de voir, de comprendre q. ch.* | das Sehen, Einsicht haben in eine Sache; deutliche Erkenntnis, aufmerksames Betrachten. vgl. بصيرة.

a بصائر BASÂIR. Sbst. Plur. v. بصيرة.

بصتل oder بصتق v. بصمق

t بصدرمه BASDYRMA oder بصدرمه richtiger بصدرمه oder بصدرمه [v. بصدرمق] s. بصدرمه

t بصدرمق BASDYRMAK. s. باصدرمق Deriv.

a بصر BASAR. Pl. ابصار EBSÂR. Sbst. كورمك، كوز، *p* بينائي، بينش، ديدار *action de voir, intelligence, vue, œil.* | das körperliche Sehen [vgl. بصيرت], Erkennen, Einsicht, Erkenntnis, Wissen, Sinn des Gesichts, Auge. ملالى فاقد البصر *aveugle.* | ein Blinder. خارج بصريه *à perte de vue.* | ausser der Gesichtsweite, weiter als man sehen kann.

t بصرا BASRA, s. باصمق

a بصرا BUSARÂ. Pl. v. بصير

a بصره BASRA. N. pr. *la ville de Bassora.* | Basra im Irak. Dual. بصرتين BASRATAIN, Basra u. Kufa. بصره بالى BASRA-BALY. *manne.* | Basra-Honig, Manna, = قدرت بالى oder قدرت حلواسى

t بصرق BASARAK. Sbst. [v. باصمق]

pédale de métier de tisserand. | Tritt am Webstuhl.

بصطال BASTAL. s. بصطه *pièce de drap.* | ein ganzes Stück Tuch.

t بصغو BASGU. s. باصقو

t بصقى BASGY, auch بصقو s. باصقى

g r بصقالة BASKALIA. s. اسقالة

t بصقون BASKUN. s. باصقون

a بصل BASAL vulg. BASL. Sbst. صوغان *oignon.* | Zwiebel.

t بصلمق BASYLMAK. Passiv. v. باصلمق

t بصمه‌جى BASMAGY. s. باصمه‌جى

t بصمق BASMAK. s. باصمق

t بصنمق BASYNMAK. s. باصنمق

t بصنيجى BASYNDGY. s. باصنيجى

t بصو BUSU. s. بوصو

a بصير BASIR. Pl. بصرا BUSARÂ. Adj. u. Sbst. كوزى آچيق، كوره‌ن، عقللو، بصيرتلو *qui a une bonne vue; intelligent, doué de perspicacité, de pénétration; le clair-voyant, un des surnoms de Dieu.* | scharfsehend, scharfsinnig, der Hellsehende oder Durchschauende, einer der Beinamen Gottes.

a بصيرت BASIRET. Pl. بصائر BASÂIR. Sbst. عقللولق، ادراك، فهم، حسن تدبير، كورمكلك *intelligence, perspicacité, pénétration, soin, attention, prévoyance, vigilance, circonspection, démonstration claire, preuve, argument.* | das geistige Sehen [vgl. بصر], Einsicht, Scharfsinn, Verständnis, scharfes Eindringen in eine Sache, Aufmerksamkeit, Sorgfalt, Vorsicht, Umsicht, Wachsamkeit; klarer und deutlicher Beweis. Theol. myst. der verklärte Blick oder die höhere Anschauung, welche das innere Wesen der Sache erkennen lässt. بصيرت نظر oder تحرى بصيرت *attention, prévoyance.* | Vorsicht, Umsicht, Achtsamkeit, aufmerksames Betrachten. بصيرتسزلك *inattention.* | Sehen ohne Sehen, d. i. gedankenloses Sehen. بصيرت اهلى oder بصيرتلو = ذو بصيرت، صاحب بصيرت *attentif.* | ein Aufmerksamer. — ETMEK oder UZRE OLMAK. *être attentif, se tenir sur ses gardes.* | aufmerken, vorsichtig, auf seiner Hut sein. بصيرتسزلك، بى *sans prévoyance.* | unvorsichtig. بصيرتله كورمك *regarder avec attention.* | aufmerksam betrachten.

a t بصيرتلو BASIRETLI. Adj. متنبه، عقللو *attentif, intelligent, judicieux, prévoyant.* | aufmerksam, einsichtsvoll, verständig, vorsichtig. = ذو بصيرت

بضاعة BIZÂ'AT. Pl. بضائع BEZÂI' und بضاعات BIZÂ'ÂT. Sbst. مايه، تجارت مالى، سرمايه *capital, quantité de marchandises dont on trafique, fonds.* | Kapital, Quantität der Waaren mit denen man Handel treibt, Betriebscapital, Anlage im Handel; auch in übergetragener Bedeutung, innerer Gehalt, Schatz von Kenntnissen. بضاعت مزجاة BIZÂ'AT-I MÜZGÂT. *marchandises de peu de valeur; capital exigu.* | unbedeutender Waaren-Fonds (Sur. 12. 88.), kleines Capital, geringe Anlage. قليل البضاعة KALÎL-ÜL-BIZÂ'A. *qui a un petit capital, petit négociant.* | der mit kleinem Capital handelt.

بضاعتسى يوقدر BIZÂ'ATI JOKDUR. *il n'a point de fonds.* | er hat kein Capital, keinen innern Gehalt.

a بضاع BIZÂ'. Sbst. *cohabitation, commerce charnel.* | Beiwohnung.

a بضرا BIZRÂN. Adv. *en vain.* | umsonst. بضرا بضرا BIZRÂN BIZRÂN. *en pure perte, sans être vengé.* | ungerächt, ungestraft.

a بضع BAZ'. Sbst. قطعه، كسمك، بضع، نكاح *action de couper, de retrancher; avoir commerce charnel avec une femme, épouser une femme. partie retranchée, morceau, petit nombre (entre trois et sept).* | das Abschneiden; fleischlicher Umgang mit einer Frau; Ehelichung; Stück, eine kleine Anzahl (von 3—7).

a بضع BUZ'. Sbst. *partie de la génération de la femme, mariage, dot d'une femme.* | weibliche Geschlechtstheile; Ehe; Mitgabe der Frau.

a بضعه BIZ'A. Pl. بضع BIZ'. *morceau, pièce.* | Stück.

a بطّ BATT. Pl. بطوط BUTÛT. Sbst. قاز، اوردك، مشربه، طلوم *oie, canard; bouteille ou vase à boire en cuir.* | Gans, Ente; eine Art Schlauch oder Flasche, Gefäss zum Trinken von Leder, auch بطّه

a بطّ BATT. Sbst. يارمق *action de percer, de fendre.* | das Spalten, Aufstechen, Aufschneiden (z. B. ein Geschwür).

t بطّ PAT. Adj. *p al.* flach, breit. بطّ بورونى PAT-BURUN oder بطّ بورونلو *camard, camus.* | stumpfnasig, breitnasig, = *a* افطس، افطس، *p* پهن بورون vgl. بطه

a s بطء oder بطؤ BUT' u. بطاءة BITÂ'ET. Sbst. كچيكمه، يواشلق [Gegentheil v. سرعت] *manque de célérité, lenteur.* | Schwerfälligkeit, Langsamkeit. بطء الاكتشاف *lenteur de l'esprit, de l'imagination.* | Mangel an geistiger Munterkeit. — ETMEK *tarder, être en retard.* | zaudern, langsam gehen, zurückbleiben.

a s بطاريقات BATÂRIKAT. Sbst. Pl. v. بطريق

a s بطاركه BITÂRIKET. Sbst. Pl. v. بطريق

t بطاق BATAK. s. باتاق

g r بطاقه BITÂKET. Sbst. (πιττάκιον) پوصله *billet, petite lettre, étiquette.* | Briefchen, Etiquette (an Waaren u. dgl.).

a بطّال BATTÂL. Adj. *oisif, fainéant, désœuvré; qui n'est plus en usage, aboli, vieilli, affaibli, ruiné; vain, vide.* | müssig, unbeschäftigt; nicht mehr im Gebrauch, abgeschafft, abgenutzt, altmodisch, unnütz geworden, heruntergekommen, gesunken (von einem früheren besseren Zustande in Armuth u. dgl.); eitel, leer, läppisch. — ETMEK. *annuler, rendre inutile, abolir, supprimer, casser.* | zu nichte machen, untauglich machen, aufheben, abschaffen, als unnütz bei Seite werfen, unterdrücken, vertuschen, ungültig machen, = بوزمق، ابطال ايتمك، معطّل ايتمك — Als Sbst. *farceur, plaisant; homme brave, champion; lettre que l'on laisse sans réponse, écrit qu'on met de côté.* | ein läppischer Mensch, Spassmacher; ein beherzter, tollkühner Mensch, wackerer Kämpe; ein Brief den man ohne Antwort lässt oder den zu beantworten unnöthig ist, Geschriebenes das man als nutzlos bei Seite legt.

a بطالت BETÂLET. Sbst. تنبللك . جسارت . بهادرلق *oisiveté, paresse; valeur, courage.* | müssig, unbeschäftigt sein, Trägheit; Tapferkeit, Beherztheit.

a بطانت BITÂNET. vulg. BATANA. Pl. بطائن BETÂÏN. 1. *p* آستر . *t* چارشب . قات قلیفه *doublure de vêtement; drap de lit.* | Unterfutter, Bettuch. — 2. راز . *a* سرّ . سرلوه *secret.* | Geheimniss. — 3. صادق دوستلق *amitié intime, sincère.* | aufrichtige Freundschaft. — 4. یك جهتلو دوست *ami intime.* | vertrauter Freund. — 5. متانت *solidité, force.* | Festigkeit.

a بطبقه s. طبقه

a بطر BATYR. Adj. جسور *insolent, pétulant.* | muthwillig.

a بطر BATAR. Sbst. جسورلك *insolence, pétulance.* | Muthwille, Uebermuth, Ausgelassenheit. بطر الحق *mépris de la vérité.* | ausser Acht lassen der Wahrheit.

a بطرا BATARÂN. Adv. بطرانه *en homme pétulant.* | muthwilliger Weise.

a p بطریق BE-TARÎK. s. طریق

lat. بطریق oder بطریك und بطریرك PATRIK, auch بطریکی PATRIKI. [Verwechslung von *a* بطریق Plur. بطارقه oder بطارق und بطریك patricius, und بطرك oder بطریرك Pl. بطارکه u. بطارکه πατριάρχης] Sbst. *patriarche.* | der Patriarch, Oberhaupt der Christen im türkischen Reiche.

a بطریکیه BATRIKIJE. s. d. Flgde.

t بطریکلك PATRIKLIK. Sbst. *patriarchat.* | Patriarchat, Patriarchenwürde.

a بطش BATŠ. Sbst. قوت . عنفله طوتمق *action de se saisir de q. qu. par force; violence, impétuosité.* | gewaltsames Ergreifen und Fortreissen; Heftigkeit, Gewalt, Ungestüm.

a بطل BATAL. Sbst. یکیت . بهادر *homme brave, vaillant, valeureux.* | ein Tapferer, Beherzter. vgl. بطال

a بطل BUTL. Sbst. بطلان . بطلول . یلان . بوش شی . [Gegentheil v. حق] *ce qui est vain, qui n'a pas de réalité, mensonge, vanité.* | das Nichtige, Eitle, was keinen Bestand hat, Eitelkeit, Lüge. — OLMAK. *devenir à rien, avoir été fait en vain, en pure perte ou impunément.* | nichtig werden oder sein, umsonst sein, vergeblich gethan sein, ungerächt und ungestraft bleiben.

a بطلا BUTLEN. Adj. *en vain, en pure perte.* | umsonst, vergeblich.

t بطلاق PATLAK. Adj. u. Sbst. *borgne, aveugle.* | blind; einer dessen Augapfel aus seiner Stelle getreten ist. Kam. s. v. الجحوظ

a بطلان BUTLÂN. Sbst. *a* بوش شی . بطل BUTL. vgl. بوش اولمق . بطل اولمق *ce qui est faux et vain, chose vaine, vanité, oisiveté, absurdité, futilité.* | Eitles, Nichtiges Falsches, Eitelkeit, Nichtsthun; Thorheit, Albernheit; das umsonst gethan sein und keinen Erfolg haben عمرلرینی بطلان ایله چکدیلر اسراف ایلدیلر *ils ont consumé leur vie dans l'oisiveté.* | sie haben ihr Leben mit Nichtsthun hingebracht.

a p بطلانی BUTLÂNI. Adj. *vain, futile.* | eitel, thöricht. بطلانی شبهه *vain scrupule.* | thörichtes Zweifeln.

t بطلامق PATLAMAK. s. پاتلامق

t بطمن BATMAN u. بطمان *t* بتمن Sbst. *poids de six oka.* | Gewicht von 6 Oka vgl. اوقه

a بطن BATN. vulg. BATYN. Pl. بطون BUTÛN, ابطن EBTÛN u. بطنان BUTNÂN. Sbst. 1. *p* شکم . *t* قارین [Gegentheil v. ظهر] *ventre.* | Bauch. بطن پرست BATYN-PEREST. *gourmand.* | Bauchdiener, Schlemmer. بطن طوغورمق BATYN DOGURMAK *accoucher, mettre au monde.* | gebären. — 2. ایچری . ایچ طرفی [vgl. بطون] *l'intérieur, partie intérieure; le sens caché ou mystique.* | das Innere, innere Seite, innerer Theil; der innere oder verborgene mystische Sinn (einer Schriftstelle, eines Buches u. s. w.) — 3. عشیرت جزوی . اوبه قبیله *division d'une tribu, petite tribu.* | Stammesabtheilung, Sippschaft; kleiner Stamm (Redh. a generation, or degree of relationship).

a بطنان BUTNÂN. Sbst. (Plur. d. Vhgdn.) *les choses intérieures, l'intérieur.* | das Innere.

a بطول BUTÛL. s. بطل BUTL u. بطلان BUTLÂN.

a بطولت BUTÛLET. Sbst. جسارت . بهادرلق *bravoure, courage.* | Beherztheit.

a بطون BUTÛN. Sbst. Pl. v. بطن

a بطی BATIJ. Adj. آغر . آغیرجه . کاهل [Gegentheil v. سریع und چابك] *lent, lourd, difficile à digérer.* | langsam, schwerfällig, schwer zu verdauen. بطی الهضم BATIJ UL-HEZMI. *lent de sa nature.* | langsam von Natur. بطی الحرکت BATIJ UL-HAREKET, — آغر دپرنیجی *lent dans ses mouvements.* | sich langsam bewegend.

a بطیش BATÎŠ. Adj. u. Sbst. شدید . قوی *fort, violent.* | gewaltig, heftig; ein Gewaltthätiger. vgl. بطش

a بظر BAZR u. BAZAR. Pl. بظور BUZÛR. Sbst. آم دلجکی . دیلاق *clitoris.*

a بظرا BIZRÂ. s. بظرا

a بعاد BI'ÂD. Sbst. ایراق اولمق . اوزاقلق *éloignement, être éloigné.* | Entfernung, das entfernt sein.

a بعال BI'ÂL. Sbst. 1. مجمع النساء . جماع اتمك *cohabitation.* | Beiwohnung. 2. Pl. v. بعل

a بعث BA'S, BE'S. Sbst. ارسال اتمك . گوندرمك . اویاندرمق . دیریلتمك . خلقی اتمك *action d'envoyer, mission, action d'éveiller, d'exciter, de ressusciter; résurrection, vivification; action de causer, de donner l'impulsion.* | Sendung (z. B. eines Propheten), Erweckung, Wiederbelebung [= نشر]. Auferweckung der Todten (am Tage des Gerichts), Belebung; Verursachung, Antrieb zu etwas, Veranlassung [vgl. بعثت und بعثه] — ETMEK. *envoyer, éveiller etc.* | senden, erwecken u. s. w. یوم البعث *le jour de la résurrection.* | der Tag der Auferstehung. Pl. بعوث BU'ÛS. *corps d'armée envoyé en expédition, détachement.* | Expeditionscorps, Heerhaufen.

a بعثت BI'SET, Sbst. vgl. d. Vhgde. *mission, réveil, résurrection.* | Sendung, Erweckung (sowohl causativ als passiv), Auferstehung.

a بعد BU'D. Sbst. دوری . ایراقلق . اوزاقلق [Gegentheil von قرب] *éloignement, distance, absence.* | Entfernung, Abstand, Abwesenheit, Fernbleiben von einer Sache (nichts damit zu thun haben).

a بعد BA'D. Prâp. u. Adv. *t* صکره [Gegentheil von قبل] *après.* nach. بعده BA'DEHU oder بعد ازان BA'D EZ-IN u. بعد ازین BA'D EZ-ÎN. *après cela.* | nachher, hierauf. ما بعد MÂ BA'D. *ce qui suit.* | was nun zunächst folgt. وبعد WE-BA'D oder اما بعد AMMA BA'D. s. اما. — فیما بعد FI-MÂ BA'D. *désormais, dorénavant.* | künftig, ferner, von nun an. من بعد MIN BA'D. *désormais.* | wieder. لیس من بعد ... MIN BA'D. *jamais.* | niemals wieder. بعد وقت BA'DA WAKTIN oder بعد حین BA'DA HÎNIN. *après un laps de temps.* | nach einer längeren Zeit.

a بعدا BU'DEN. Adv. *loin, de loin.* | fern, von fern. قربا و بعدا *de près et de loin.* | von nah und fern.

a بعدیت BU'DIJET. Sbst. *distance.* | Entfernung, — بعد BU'D.

a t بعدلق BU'DLUK. Sbst. *éloignement, distance.* | Entfernung, Abstand, — بعد BU'D.

a بعر BA'AR und BA'R. Sbst. قیع *fiente orbiculaire des bêtes à sabot.* | Mist (von Schafen, Ziegen, Hirschen u. dgl.).

a p بعزت BE'IZZET. s. عزت

a بعض BA'Z und بعضی BA'ZI. Pl. ابعاض EB'ÂZ. Sbst. برمقدار *portion, partie; quelqu'un, quelque, certain, quelques-uns.* | Theil; in der Genitivverbindung: etwas von, einiges, einige, irgend welches. بعضیسی BA'ZISI oder بعضیلری BA'ZILERI. *quelques uns d'eux.* | einige von ihnen. بعض کمسه BA'Z-I KIMSE. *quelqu'un.* | irgend einer. بعض کره BA'Z-I KERRE. *quelquefois.* | einige mal, zuweilen, — احیانا. بعض یرلرده BA'ZI JERLERDE. *en certains lieux.* | an manchen Orten. بعض لیلده BA'Z-I LEILDE. *dans une certaine nuit.* | in irgend einer Nacht.

a بعل BA'L. Pl. بعال BI'ÂL u. بعول BU'ÛL. Sbst. زوج u. زوجه . صاحب *époux, épouse; maître, propriétaire.* | Gemahl, Gatte, Gattin; Herr, Besitzer.

a بعله BA'LET. Sbst. Fem. des Vhgdn.

a بعلیت BI'ALIJET. s. بعولت

a بعوث BU'ÛS. Pl. v. بعث

a بعوض BA'ÛZ u. بعوضه BA'ÛZE. Sbst. سیوری سینك *cousin (mouche).* | Mücke.

a بعولت BU'ÛLET. Sbst. 1. زوجیت *état de*

mari ou de femme | Ehestand, verheirathet sein. — 2. Pl. v. بعل u. بعلة

a بعون BI'AUN. s. عون

a بعيد BA'ID. Pl. بعد BU'UD. بعداء BU'ADÂ. بعدان BU'DÂN. Adj. ايراق . اوزاق [Gegentheil von قريب] *distant, situé au loin, absent.* | fern, weit, entlegen, abwesend. — ETMEK. *éloigner, séparer.* | entfernen, trennen. — OLMAK. *s'éloigner.* | sich entfernen. عهد بعيد در *il y a longtemps.* | es ist lange her. بعيد دكلدر كه *il s'en faut peu que, il n'est pas impossible que.* | es fehlt wenig dass, es ist leicht möglich dass. امر بعيد در *c'est une chose bien difficile, il n'est pas probable.* | es ist eine schwierige oder unwahrscheinliche Sache, liegt noch in weitem Felde. البعيد EL-BA'ID *le maudit (p. ex. le diable).* | der Verwünschte (den man weit von sich wünscht, z. B. ein Dämon, der Teufel).

a بعيينه BI'AINIHI. s. عين

t بغ BAG. s. باغ

p/a بغا BAGÂ. Sbst. روسبى . حيز اوغلان *cinède; prostituée.* | Cinäde; Hure.

t/a بغا BUGA. s. بوغا

a بغات BUGÂT. Sbst. Pl. v. باغى

p بغاز BIGÂZ oder بغز Sbst. چوب *masse de bois.* | ein hölzerner Keil oder Pflock zum Eintreiben.

a بغال BIGÂL. Sbst. Pl. v. بغل

a بغال BAGGÂL. Sbst. استربان *p* قاطرجى *muletier.* | Maulthiertreiber.

t بغانه BAGÂNA. s. باغانه

p بغانوش BAGÂNUŠ. Sbst. اتكبس ات وقاطر *cheval ou mule qui va l'amble.* | Passgänger (Pferd oder Maulthier).

a بغاوت BAGÂWET. Sbst. باغيلق . زوربالق *rébellion, désobéissance, injustice.* | Auflehnung, Ungehorsam, Ungerechtigkeit.

a بغايا BAGÂJÂ. Sbst. Pl. v. بغى

a بغايا BAGÂJÂ. Sbst. عسكرك چرخه جيلر *avant-garde.* | Vortrab eines Heeres.

a بغايت BIGÂJET. s. غايت

p بغتاق BAGTAK u. BUGTAK. auch بوغتاق , بغتاق . بغتاق . بغلطاق zusammengezogen aus بغلطاق oder بغلطاق Sbst. شوطه . بغرتق . كلاه . قرچى . دستار *bande de mousseline ou châle qui sert de turban, de vêtement, de lien pour emmailloter un enfant, tunique sans manches.* | ein Streifen von Mousselin u. dgl. der als Kopfband getragen wird, insbes. der hohe Kopfputz der mongolischen und chinesischen verheiratheten Frauen höherer Stände. *Quatremère Hist. mong. I. 102.* Ein Tuch (Shawl) das man um den Leib bindet, sowohl über als unter den Kleidern, Oberkleid ohne Aermel (das man unter dem Panzer trägt). vgl. *Dozy Dict. des vêtemens Pag. 81.* v. Hammer Gesch. der gold. Horde. 44; Wickelband oder Wiegenband der Kinder.

a بغتة BAGTET. Sbst. آنسزلق *événement inattendu, surprise.* | unerwartetes Ereigniss, Ueberraschung. als Adv. BAGTETEN. *soudain, subitement, à l'improviste.* | plötzlich, unerwartet, auf einmal, = برلن بره . آنسزين

a t بغثرة BAGSARAT [Verstärkung v. بغثرة], Sbst. قرشقلق *agitation des flots, de la foule, etc., tumulte, désordre, bouleversement.* | starke Bewegung der Wellen, Wogen der Volksmenge, allgemeine Verwirrung.

p بغجه BAGČA. s. باغچه

t بغداش u. بغداج BAGDAǦ, auch بغداش Sbst. بسيلق *accroupissement, manière de s'asseoir les jambes croisées.* | Sitzen mit gekreuzten Beinen. بغداج قورمق BAGDAǦ KURMAK. *être assis à la manière turque.* | mit gekreuzten Beinen sitzen.

a بغداد BAGDÂD. N. pr. *la ville de Bagdad.* | die Stadt Bagdad. بغدادلو *de Bagdad,* bagdadisch, ein Bagdader.

a t بغدادليلانمق BAGDADLYLANMAK. Vb. intr. *dire qu'on est de Bagdad, dériver son origine de Bagdad.* | sagen dass man aus Bagdad sei, sein Herkommen aus Bagdad ableiten.

a بغدادى BAGDÂDÎ. Adj. u. Sbst. *de Bagdad; stuc ou plâtre à la manière de Bagdad.* | bagdadisch; eine Art Mauerbewurf, auch بغدادى ضوء BAGDÂDÎ ZIWÎ d. i. bagdadischer Glanz genannt.

t بغداج s. بغداش

t بغدالمق BAGDALAMAK. Vb. intr. vgl. بغداج *s'asseoir à la manière turque; donner le croc en jambe (Bianchi).* Meninski: divaricare coxas.

t بغدان BUGDAN. N. pr. *Moldavie.* | die Moldau. بغدان بكى oder بغدان ويوده سى *le prince de Moldavie.* | der Fürst oder Wojwode der Moldau.

t بغدانلو BUGDANLY. Adj. u. Sbst. *moldave.* | moldauisch, Moldauer.

t بغداى BOGDAI. Sbst. 1. *p* كندم *a* حنطه . تخل . قمح *blé, froment.* | Getreide, Waizen, auch آرناود بغداى ARNAÏD BOGDAI. albanischer Waizen. مصر بغداى MISR BOGDAI. auch ترك بغدى TÜRK BOGDAI u. هند بغداى HIND BOGDAI. *blé de Turquie.* | türkischer Waizen, Mais. بغداى زوانى BOGDAI ZEWANI. *ivraie.* | Lolch, Trespe. بغداى بتى BOGDAI BITTI. *charançon.* | Kornwurm. — 2. چكرده *grain (poids),* = $^1/_4$ *karat.* | Gran, Gewicht von $^1/_4$ Karat.

t بغدايجق BOGDAǏYK Demin. des Vhgdn. بغدايجق اوتى BOGDAǏYK OTU, = اشتر كنكرى *chardon des champs.* | eine Distel, die als Unkraut im Getreide wächst. Kam. s. v. حلى . نصى . صليان u. a.

t بغدامق BAGDAMAK. s. بغدالمق

t بغر BAGYR. Sbst. جكر . كوكس vgl. بغر *poitrine, cœur, intestins, entrailles.* | Brust, Herz, die oberen Eingeweide, auch die Eingeweide überhaupt. بغريمه طاشلر اوراىم ich werde mich mit Steinen auf die Brust schlagen. بغرينه باصمق einem auf dem Herzen liegen, oder am Herzen liegen. ياياك بغرى JAJYN BAGRY, = *a* كبد *le cœur de l'arc, c. à d. la partie de l'arc où l'on le tient en tirant.* | das Herz des Bogens, d. i. der mittlere Theil des Bogens, wo man ihm beim Schiessen hält, oder wo der Pfeil aufliegt, Kam. چاك اوق, oder überhaupt das Holz des Bogens als Gegensatz zur Sehne. Kam. s. v. چاك موضعى القبج

t/a بغرا BOGRA. 1. N. pr. Name eines Khans von Kharizm, auch بغراخان genannt. 2. Sbst. *sorte de pâte plate, ou de vermicelle.* | eine Art Nudeln oder Maccaroni, auch بغرا oder تتماج . بغرا خنى genannt, die von Bogra erfunden worden sein sollen.

t/a بغرقاش s. بغرقانش

t بغرتلاق BAGYRTLAK oder BOGURTLAK. s. بوغرتلاق

t بغردق BAGYRDAK. Sbst. بقشلق . جكمه . حواء شلوتى . برتمك . بغدق . قماط *maillot langes, maillot d'enfant.* | Windel, Wickeltuch oder Wickelband der Kinder.

t بغرسق BAGYRSAK oder بغرسمق s. بغرصماق Sbst. طوغرى بغرسق *rectum.* | Mastdarm.

t/a بغرقاش BAGYRKAŠ, auch بغرقانش und بغرقاش [in den Wörterbüchern unrichtig بغرقانش] Sbst. *cuiller de cuivre.* | ein kupferner Löffel.

t بغزلق u. Deriv. s. بوغازلق

t بغشلمق s. باغشلامق

t بغشلانمز BAGYŠLANMAZ. vulg. BAŠLANMAZ. Neg. v. باغشلانمق *irrémissible.* | unnachlässlich, unverzeihlich.

a بغض BUGZ. Sbst. دشمنلك . شنئان . عداوت [Gegentheil von محبت] *haine, aversion, rancune.* | Hass, Widerwille, Abneigung, Groll. بغض خفى innerer, verhaltener Groll. — ETMEK. *haïr.* | hassen (mit dem Dativ des Objectes).

a بغضاء BAGZÂ. Sbst. شدت بغض *haine violente.* | heftiger Hass.

a بغضى BUGZÂ. Adj. Compar. Fem. v. ابغض

a بغل BAGL. Pl. بغال BIGÂL. Sbst. قاطر *p* استر *mulet.* | Maulesel.

p بغل BAGAL u. BAGL. Sbst. *a* ابط *t* قولتق *aisselle.* | Armgrube. بغل كشادن *entreprendre, tâcher q. ch.* | die Armgrube öffnen, d. i. sich zu etwas rüsten, etwas unternehmen, ein Werk angreifen. دربغل دست نهادن *être oisif, sans mouvement.* | die Hand unter den Arm legen, d. i. müssig dastehen, sich ruhig verhalten, sich nicht bewegen.

t بغلامق u. Deriv. s. باغلامق BAGLAMAK. صدق بغلاغان اوغلان *fils légitime.* | ein rechtmässiger, als legitim anerkannter Sohn. Abulg. 114. 143. 145 u. öfter.

p بغلان BAGLÂN. Sbst. *a* تابع *t* اويونجى *partisan, sectateur.* | Parteigänger, Anhänger.

p بغلبند BAGALBAND. Sbst. *espèce de vêtement.* | ein Kleidungsstück das unter den Armen festgebunden wird.

p بغلتاق BAGALTAK oder بغلطاق Sbst. *tunique à manches courtes.* | Rock ohne Aermel, den man unter dem Panzer trägt. s. بغلتاق

t o بغلنمق BYGLATMAK. LT. جمع كرمك *unir.* | vereinigen, verbinden. s. بغلامق Deriv.

p بغلك BAGLEK. Sbst. *a* طاعون عروسك *bubon pestilentiel.* | Pestbeule unter dem Arm.

p بغلكيرى BAGL-giri [v. بغل u. كيرى] Sbst. قولتوق طوتمق *manière de tenir q. qn. sous le bras comme marque d'honneur.* | den Arm halten, unter dem Arme stützen (als Zeichen der Hochachtung gegen Vornehme).

t بغلامق BAGLAMAK (LT. BYGLAMAK) und Deriv. s. باغلامق

t بغلو s. بغلو

t بغلمه s. بغلمه

t بغه oder بقه BAGA. Sbst. *nom générique des animaux batraciens; tortue, écaille de tortue.* | allgemeiner Name der Thiere vom Froschgeschlecht; Schildkröte, Schale der Schildkröte. قوربغه KUR-BAGA oder قورباغه KURBAGA und يشل بغه JEŠIL-BAGA *grenouille* | Frosch. قره قوربغه KARA KUR-BAGA oder اوتلو بغه OTLU BAGA *crapaud.* Kröte. قابلو بغه KAPLY-BAGA (vulg. KAPLYMBAGA) oder توسبغه TUS-BAGA. *tortue.* | Schildkröte.

t o بغو BAGU. Sbst. LT. چرا *pâturage.* | Weideland (?).

t o بيغو PIGU und بغو PIKU (LT.) oder بيغو (SL.) BIGU. Sbst. LT. شكره *nom d'un oiseau qui sert à la chasse.* | ein dem Falken ähnlicher Vogel, der zur Jagd abgerichtet wird.

t بغورا BUGURA, بوغور BUGUR. Sbst. اركك دوه *chameau mâle.* | Kameelhengst.

a بغى BAGI. Sbst. ازغونلق *excès, libertinage, fornication, insolence, injustice, opiniâtreté.* | Ausschweifung, Liederlichkeit, Hurerei, Frechheit; Ungerechtigkeit und Bedrückung; Trotz (insbes. in religiöser Beziehung), Gottlosigkeit. — ETMEK. *sortir des bornes, faire des excès; commettre la fornication ou l'adultère (se dit des femmes), agir avec injustice; enfler; demander q. ch. avec insolence.* | das Maas überschreiten, ausschweifen, ein liederliches Leben führen (insbes. vom weiblichen Geschlechte); andere bedrücken und bedrängen; durchgehen (von Pferden); stark anschwellen (eine Beule, Wunde u. dgl.); ungestüm fordern und verlangen. vgl. باغى

a بغى BAGIJ u. بغو BAGUWW. Adj. u. Sbst. سركش . ظالم وستمكار . ازغون . زناكار عورت *injuste, insolent, opiniâtre, débauché; femme qui se livre à la fornication, femme adultère.* | ein ungerechter, frecher, trotziger, liederlicher Mensch, liederliches Frauenzimmer, Ehebrecherin.

t بغيان BUGJAN. Sbst. ظلم وستم . سركش ايلك *injustice, opiniâtreté.* | Ungerechtigkeit, Bedrückung, Trotz, Gottlosigkeit.

a بغير BI-GAIR. s. غير

بف PF, PÜF. Wort ohne bestimmte Bedeutung, welches den Laut nachahmt, der beim Blasen gehört wird. بف ديمك PF DEMEK oder *p* بف كردن PF KERDEN. *souffler, éteindre une lumière en soufflant.* | pf sagen oder machen, d. i. blasen, ein Licht ausblasen. als Interj. *fi, fi donc.* | pfui.

p بفتره PAFTRA oder PFTRE. Sbst. خروته . *a* بقلاد جنلو *leurre du fauconnier.* | Vorlossspiel, ein Wedel mit dem man den Jagdfalken zurücklockt.

p بفج BAFÜ. Sbst. *salive.* | Speichel.

p بفلاد BEFLÜD. Sbst. s. بفتره

p بفش BEFŠ. Sbst. عظمة . شوكت *pompe, magnificence, puissance.* | Pracht, Macht.

a بفضله BI-FAZLIHI. s. فضل

t بفكرمك PÜFKÜRMEK. Vb. act. *p* بيكيدن *souffler de l'eau avec la bouche.* | aus dem Munde Wasser spritzen (Meninski).

p بفيدن PÜFIDEN. Vb. act. = بف كردن s. بف

t بق BAK u. بقه BAK-A. Imperat. von باقمق s. بقمق

t o بق BUK. LT. *p* كند

a بقا BAKA. Sbst. ثبات . دوام . تسبيحات . دكشمامك . بوزلمامق . پايدارلق . حصلت [Gegentheil von فنا] *durée, stabilité; permanence.* | Dauer, Beständigkeit, unverändertes Fortbestehen oder Verharren in einem Zustande. دار بقا DĀR-I BAKĀ oder دار البقا *l'éternité, l'autre monde.* | das künftige Leben, die Ewigkeit, wörtl. Wohnung der Dauer.

a بقار BIKĀR, Sbst. Pl. v. بقره

a بقار BAKKĀR. Sbst. صغرجى *bouvier, marchand de boeufs.* | Ochsentreiber, Viehhändler.

a بقاع BIKĀ', Sbst. Pl. v. بقعه

a بقال BAKKĀL. Sbst. *marchand de légumes et d'autres comestibles, fruitier.* | Victualienhändler, Höke. كوى بقالى Dorfkrämer بقال القرى Stadtkrämer

t بقام s. بقام

a بقامه BUKĀME, vulg. بقام BUKAM. Sbst. *laine grossière et non préparée, rebut de laine; copeau; homme de peu d'esprit, imbécile.* | rohe Wolle, Abfall (von Wolle und anderem); ein Mensch von wenig Geist und Anlage, ein Dummkopf.

a بقايا BAKĀJA. Sbst. Pl. v. بقيه

t o بقچه BUKČA. s. بوغچه

a بقدر BI-KADRI. s. قدر

a بقر BAKAR. Pl. بقور BUKŪR und ابقار ABKĀR. Sbst. صغر . اوكوز *p* كلو *boeuf, race bovine.* | Rind. جوع البقر ĠŪ' UL-BAKAR. *boulimie.* | Heisshunger. عيون البقر 'OJŪN UL-BAKAR. *prunes de Damas.* | Damascener Pflaumen.

t o بقره BAKR. oder بقر BAKR. s. باقر

t بقراج oder بقرج BUKRAĞ. Sbst. LL. *a* سطل . *p* ستل . كوكل *vase à une anse, en cuivre ou en fer blanc; seau de cuir, piston.* | Gefäss von Kupfer oder Blech mit einem Henkel; Pumpenstock (Redhouse: leather bucket; the piston of a pump). vgl. بقراچ

gr بقراط BUKRĀT, N. pr. Ἱπποκράτης.

a بقره BAKARET. Sbst. صغر . انيك . اوكوز nom. unit. und Femin. v. بقر *pièce de la race bovine; vache.* | ein Stück Rindvieh, Kuh. بقره طاغى BAKARA TAGY. *le mont Taurus.* | das Taurusgebirge.

t o بقش BAKYŠ. Sbst. LT. بيخ *racine.* | Wurzel. 2. نكاه *regard.* | Anblick. s. بقش

t بقشلو BAKYŠLY. s. باقشلو . — سسنى — باقشلو كوز — چشم خسته *oeil malade.* | ein blödes oder krankes Auge.

t o بقشى BAKŠI. Sbst. (mongolisch). *maître, précepteur.* | Meister, Lehrer. vgl. بخشى

a بقعه BUK'A und BIK'A. Pl. بقاع BIKĀ'. Sbst. جاى . ارض . قطعهسى *propriété champêtre, terrain, champs, endroit.* | bewohnte Gegend, Stück Land, ländliches Grundstück, Ort, Stelle.

a بقله BAKLA. Nom. unit. v. بقل BAKL. Pl. بقول BUKUL und ابقال EBKĀL. Sbst. 1. *légume.* | ein Gemüse. — 2. = باقلا *fève.* Bohne. آجى بقله AGY BAKLA. *lupin.* | Lupine. بقله قيرى BAKLA-KYRY. *cheval gris moucheté.* | Grauschimmel.

t o بقلامق BAKLAMAK. s. باقلامق

t بقلوا BAKLAWA auch باقلاوا Sbst. *espèce de pâtisserie ou de gâteau coupé en rhomboïdes.* | ein Gebäck von Blätterteig, mit Syrup oder Honig und rautenförmig geschnitten, überhaupt: Kuchen, Leckerbissen. بقلوا بقلوا *divisé en rhomboïdes.* | rautenförmig getheilt.

t بقم u. بقم *t o* بخم BAKAM. Tahrif v.

a بقم Sbst. *a* عندم *p* چوب سرخ . دارپهال . ابراخون *bois du Brésil, bois de campêche.* | Brasilienholz, rothes Farbeholz.

t بقمزلنمق BAKMAZLANMAK. Vb. intr. *faire semblant de ne pas regarder.* | sich stellen als ob man etwas nicht sehe, durch die Finger sehen. vgl. باقمق

t بقمق BAKMAK. s. باقمق

t بقمق BYKMAK. Aor. بقار BYKAR. Vb. intr. LL. *a* تخمه . تخمه . *p* آكنده شدن . كوار شدن *avoir du dégoût, se dégoûter de q. ch.* | Ekel haben, sich ekeln. — Deriv. بقدرمق BYKDYRMAK. Vb. caus. LL. *a* اتخام *p* كوار كردن *causer du dégoût.* | Ekel verursachen.

t o بقمق BUKMAK. s. بوقمق

t بقناق auch بقنق u. بقناق BAKANAK. Sbst. *sabot, pied des animaux à double sabot.* | Klaue (von Thieren mit gespaltenem Hufe).

t o بقو s. بقوه

a بقول BUKŪL. Sbst. Pl. v. بقل

t بقه BAKA. s. باقمق

a بقى BAKI. s. باقى and بقيه

t بقياز BYKJAZ. Sbst. *a* خنيره . شيلان *banquet donné par celui qui vient de poser le fondement ou d'achever la construction d'une maison.* | Schmauss der bei der Grundsteinlegung oder der Vollendung eines neuen Hauses gegeben wird, Richtschmauss. Kam.

a بقيه BAKIJE. Sbst. شلان بوزلمامش نسنه

ce qui reste, le reste, restant. | das übrig bleibende, Uebrige, Rest. بقية السيف BAKIJET ES-SEIF. les survivants, les restes de la défaite. | die das Schwert verschont hat, die Ueberlebenden. بقيه عمرى BAKIJE-I 'OMRI le reste des ses jours. | seine übrige Lebenszeit.

t بقيه BAKYH s. بكو.

t بك BEG (BEJ) auch بيك *t* o. und بى vgl. بكى Sbst. *a* امير خان *p* ميرو prince, seigneur, monsieur, fils de pacha, chef d'un district etc.; titre des officiers de l'armée et de la marine, spéc. des capitaines de vaisseau, des ambassadeurs européens et vulg. des européens en général, des princes de Moldavie, de Valachie et de l'île de Samos. | Fürst, Herr; überhaupt ein Mann von vornehmer Herkunft oder von höherem Range; Sohn eines Pascha oder anderen hohen Beamteten, Vorsteher eines Districtes u. dgl.; Titel der Offiziere des Heeres und der Flotte, insbes. der Schiffscapitäne, der Gesandten auswärtiger Mächte und im gewöhnlichen Umgange aller europäischen Ausländer; amtlicher Titel der Fürsten der Moldau, Walachei und der Insel Samos. ايلجى بكى ILČI-BEGI. Mr. l'ambassadeur. | der Herr Gesandte, Herr Gesandter. ترجمان بكى TERDŽÜMÂN-BEGI. Mr. le drogman. | Herr Dolmetscher [vgl. ...]. كوى بكى KOÏ-BEGI, — كوى كتخداسى maire de village. | Dorfschulze. آرى بكى ARY-BEGI und آريلرك بكى ARYLARYŇ BEGI. reine-abeille. | Bienenkönigin, Weisel. بك بالغى BEG-BALYGY. esturgeon. | der grosse Stör. بك اوغلى BEG-OGLY. fils de beg, surnom du Péra, l'un des faubourgs de Constantinople. | Beg-Sohn, Beiname der Vorstadt Pera (wo die meisten Gesandten und Europäer wohnen). بكزاده s. بكلر بكى — بكلر بكى s. u.

t o بك BEK. Adj. LT. جميع , همه tout, tous. | alle, alles.

t بك PEK u. *t* o بك Adj. u. Adv. *a* محكم dur, fort, solide, très. | hart, fest, sehr. بك ايو PEK EJI fort-bien. | sehr gut. بك صوى اولادن آت cheval de race. Pfard von guter Rasse. الى بك avare, tenace. | Hart-Hand d. i. geizig. بك طاشلق يو sol dur. | fester und steiniger Boden. — ETMEK. raffermir, fortifier. | festmachen, befestigen.

t o بك BUK. Sbst. بيشه forêt. | Wald.

p بك BAK und BUK, auch بيباك Adj. ignare, inepte; capricieux, entêté. | ungeschickt, eigensinnig, eigenwillig. بى شعور وبى عقلى — بك وبك Borhan-i kaťi'.

p بك BEK Sbst. ustensile. | Geräth. بك بكوك — الات خانه ustensiles de ménage. | Hausgeräth. Sl.

p بك BAK oder بك Sbst. بغه grenouille. | Frosch.

p بك BUK. Sbst. joue, face. | Wange, Antlitz.

t بك BEŇ oder بين BEN u. بنك Sbst. خال tache sur la peau, envie, éphélides (hommes et fruits). | Flecken auf der Haut, Muttermal, Sommersprossen; die farbigen Flecken auf reifenden Früchten. بك لنمك sich färben (von Trauben), — اوزم رنكلنمك Kam. s. v. تمويع.

a بكا BUKA und بكاء BUKÂ. Sbst. اغلامق action de pleurer. | das Weinen. — ETMEK. pleurer. | Weinen.

t بكا BAŇA. Dat. v. بن.

a بكى BUKÎY. Sbst. Pl. v. باكى.

p بكام BE-KÂM. s. كام.

t بكار BYŇÂR. s. بيكار.

a بكارت BEKÂRET. Sbst. قيزلق , بكرلك virginité, pucelage. | Jungfrauschaft. بكارت الق — قيزلق الق déflorer une fille. | entjungfern.

p بكام BE-KÂM. s. كام.

a بكامت BEKÂMET. Sbst. 1. دلسزلك , تكلمدن اجتناب ايلمك état d'être muet, action de se taire. | Stummheit, Schweigen. 2. تاهل وعيالدن اجتناب ايلمك état de vivre dans le célibat. | Enthaltung des fleischlichen oder ehelichen Umgangs.

t o بكاول BAKAWUL u. BUKAWUL. Sbst. LT. چاشنى كير officier dégustateur à la cour d'un prince, chef de la cuisine, cuisinier. | Vorkoster an der fürstlichen Tafel, Oberkoch, Koch.

p بكاه BE-GÂH oder بكاه PEGÂH und بكه PEGEH. Sbst. u. Adv. وقتلو , ايو وقت صبح le matin; à temps, de bonne heure. | Morgen, Frühe; früh, zeitig, bei Zeiten. s. كاه.

t بكتاش BEK-TAŠ. N. pr. village près de Constantinople. | Name eines Dorfes bei Constantinopel.

t بكتاش BEŇTAŠ oder بكداش u. بكدش BEŇDAŠ. Adj. pareil, semblable, ressemblant. | ähnlich, gleich [z. B. an Rang Kam. s. v. الكفو]. سنجين ولاايك بكتاشى مشرب sans-souci et de nature semblable. | leichtsinniges und sorgloses und derartiges Naturell [Kam. s. v. مسو]. حاجى بكتاش طوزى Name eines besonders weissen Salzes. Kam. s. v. الذرآنى.

t بكتاشلق BEŇTAŠLYK. Sbst. égalité, parité. | Gleichheit. Kam. s. v. الكفاء.

t o بكتر BEKTER. Sbst. cotte de mailles. | Schuppenpanzer.

p بكجا BE-KUǦÂ. s. كجا.

t بكجكز BEGDŽIGEZ (BEJDŽIZE). Sbst. Demin. v. بك petit monsieur. | Herrchen.

t بكجه PEKǦE. Adv. vgl. بك assez fort ou dur, fortement, attentivement, un peu plus fort, un peu plus. | ziemlich stark, ziemlich sehr, etwas mehr oder stärker, angestrengt, aufmerksam. بكجه سويلمك PEKǦE SÖJLEMEK. parler haut. | stark oder laut sprechen. بكجه ديكلمك PEKǦE DIŇLEMEK. avoir l'ouïe dure, écouter avec attention. | harthörig sein, schwer hören, aufmerksam oder mit Anstrengung hören.

t o بكجه oder بكجه BEGÛÉ. Sbst. princesse, épouse de prince. | Fürstin, Gemahlin des Khan oder Fürsten.

t بكجى BEKǦI und بكجى Sbst. قراول , پروك *p* حارس , پاسبان gardien, sentinelle. | Wächter (z. B. auf einem Thurm des Viehes auf der Weide, des Feldes u. s. w.) Wache, Nachtwächter, Schildwache. بكجى قراغل قلهسى BEKǦI-KOŠK, — كوشكى échauguette. | Warte, Wachthurm. بكجى قوليبهسى BEKǦI-KULIBESI. guérite. | Wachhäuschen, Schilderhaus.

t بكجيلك BEKǦILIK und بكجيلك Sbst. action ou métier de faire la garde. | Wache. — ETMEK. monter la garde. | Wache halten.

t بكداش BEŇDAŠ. s. بكتاش.

p بكذاريدن s. كذاريدن.

a بكر BIKR, BEKIR. Sbst. قيز اوغلان , قيز vierge, pucelle; virginité, pucelage. | Jungfrau, Jungfrauschaft. ازالة بكر , قيزلق الق — بكارة الق.

t o بكراى BUKRAN. Sbst. sédiment au fond d'un pot. | Ueberbleibsel im Topfe, was am Topfe sich fest ansetzt, anbäckt.

a بكره BEKRE u. BEKERE. Sbst. vgl. محلاق poulie, roulette, roue (d'un chariot, d'une machine hydraulique etc.) | Globen, Rolle, Rad, Wasserrad.

a بكرت BIKRET. Sbst. قيز اوغلان قيز vierge, pucelle. | Jungfrau.

a بكرت BUKRET Sbst. صباح , صبح *p* بام aube du jour, grand matin. | Tagesanbruch, früher Morgen. Als Adv. BUKRETEN. de grand matin. | früh morgens. قلقم بكرة KÂIM BUKRETEN. matinal. früh aufgestanden. — صباح قالقمش.

p بكره BUKRE. Sbst., — ميخانه cabaret. | Schenke.

t بكرتلن s. بوكرتلن.

p بكرانيدن BEGERRÂNIDEN. s. كردانيدن.

t بكرجه s. بوكرجه.

a بكرلك BEKIRLIK. Sbst. قيزلق état de vierge, virginité, pucelage. | Jungfrauschaft.

a بكرى BIKRI. Adj. virginal. | jungfräulich.

p t بكرى BEKRI. Sbst. ميخوار , ميكسار ivrogne. | Trunkenbold. مستخمره.

t بكريلك BEKRILIK. Sbst. ميكسارى ivrognerie. | Trunksucht. — ETMEK. ivrogner, s'enivrer continuellement. | dem Trunke ergeben sein.

t بكريلنمك BEKRILENMEK. Vb. intr. Aor. بكريلنور BEKRILENIR. devenir ivrogne. | sich dem Trunke ergeben.

t بكز BEŇZ. Sbst. *a* لون *p* رنك LL. teint, coloris du visage, mine. | Gesichtsfarbe, Ansehen des Gesichts, Gesichtsbildung. بكزى صولدى BEŇZI SOLDU oder بكزى صارارمش BEŇZI SARARDY. il a pâli. | er wurde blass.

t p بكزاده BEGZÂDE (BEJZÂDE). Sbst. بك اوغلى fils de bey, cavalier, gentilhomme. | Sohn eines Beg, Edelmann, vornehmer Herr.

t بكزلك s. بكزلمك Deriv.

t بكزر BEŇZER. Adj. semblable, ressemblant, égal. | ähnlich, gleichend. vgl. بكزمك.

t بكزرجه BEŇZERǦE. Adv. a. d. Vgde. بى بكزرجه ايلمك machen, dass alle zusammen wie ein einziges Stück oder wie ein Ganzes aussehen. Kam. s. v. التمحيص.

t بگزرلك BEÑZIRLIK. Sbst. *ressemblance.* | Aehnlichkeit

t بگزش BEÑZIŠ. Sbst. *ressemblance.* | Aehnlichkeit.

t بگزلو BEÑZELI. Adj. رنكلو, *ayant de la couleur.* | farbig. قزل بگزلو KYZYL-BEÑZELI. *à joues vermeilles.* | rothwangig. صارى بگزلو SARY-BEÑZELI. *pâle.* | blass. بياض بگزلو BEJÂZ-BEÑZELI. *blanc.* | weiss.

t بگزمك oder بگوزمك BEÑZEMEK. Vb. intr. Aor. بگزر BEÑZER. *a* مشابهه *p* . ماننده *p* مانستن . ماننده *ressembler.* | gleichen, ähnlich sein. — Deriv. بگزتمك BEÑZETMEK. Vb. caus. *a* تشبيه *p* مانند كردن *faire ressembler, rendre semblable, trouver ressemblant, assimiler, comparer, adapter, approprier.* | ähnlich machen, gleich machen, ähnlich finden (eines dem andern), vergleichen, anpassen, einer Sache gemäss einrichten. بونى اكا بگزتدم BUNU OÑA BEÑZETTIM. *il me semble qu'il lui ressemble.* | er (es) scheint mir jenem ähnlich.

p بكسستن BÜKSÜSTEN. s. گسستن

p بگسل BIGSIL. Imperat. v. گسيختن n. v. گسستن

p بكسلك BEKSELEK. Adj., = زورمند . توانا *fort, robuste.* | stark.

p بكسمات PEKSIMAT. auch پكسمات volg. بكسمت PEKSEMET. Sbst. *a* كعك *p* خشكنان *biscuit (de mer).* Zwieback (als Proviant auf der Reise), Schiffszwieback.

p بكشتن s. كشتن

t پكشمك PEKIŠMEK. Vb. intr. Aor. پكشور PEKIŠIR. كراص *se durcir, s'endurcir, s'affermir, se raffermir.* | sich härten, hart und fest werden, fest zusammenhängen [vgl. پك u. پكلمك]. — Deriv. s. پكشدرمك oder پكشترمك PEKIŠTIRMEK. Vb. caus. احكام *p* نشاختن *affermir, raffermir, consolider, endurcir, fortifier, faire tenir ensemble, attacher fermement.* | härten, festigen, befestigen; fest, dick, hart machen, fest zusammen fügen [durch binden, nageln, nieten u. s. w., = چاتلرمق]. — II. پكشممك PEKIŠMEMEK. Vb. neg. *être mou.* | weich sein oder bleiben, sich nicht härten. چكردكى پكشميان خرما eine Dattel deren Kern sich nicht gehärtet hat, eine taube Dattel.

t بكشى BEKŠI. Adj. s. اكشى

t بگكلمك BEÑEKLEMEK. s. بنككلمك

t پكلتمك PEKLETMEK. s. پكلمك

t بكلربكى BEGLER-BEGI (BEJLERBEJI). Sbst. امير الامراء *gouverneur général.* | Ober-Statthalter, der andere Statthalter unter sich hat, früher Titel der Statthalter von Rumelien, Anatolien und Syrien.

t بكلربكيلك BEGLER-BEGILIK. Sbst. ايالت *gouvernement, charge de gouverneur général.*, Oberstatthalterschaft, Provinz eines Oberstatthalters, Würde und Rang des Beglerbeg (die zweite Stelle nach dem Seriasker oder Generalissimus, zunächst unter dem Vezir).

t بگلشمك BEÑLEŠMEK. Vb. intr. [v. بگلر] *devenir tacheté.* | Hautflecken bekommen, sich zu färben anfangen [von reifenden Früchten. Kam. s. v. التوكيت] vgl. بنك und بنكلمك

t پكلشمك PEKLEŠMEK. Vb. intr. *a* عسلب . تصلب *p* شكرفيدن . تقرب *se durcir, se fortifier, s'attacher, s'accrocher à q. ch.* | sich härten, sich befestigen, sich fest anhängen.

t بكلك BEGLIK (BEJLIK). Sbst. لوا . امارت . سنجق *dignité de bey, principauté, seigneurie, gouvernement; fisc ou trésor public.* | Würde eines Beg, Herrschaft, Fürstenthum, Bezirk an dessen Spitze ein Beg steht; Staatseigenthum jeglicher Art, = ميرى. — ETMEK, 1. = بكلك سورمك *gouverner une province, régner.* | die Herrschaft verwalten, regieren. 2. = بكلكه قبض ايتمك oder ميريه كرفتن ايتمك *confisquer.* | confiscieren, zu Staatseigenthum machen. بكلك كميسى BEGLIK GEMISI. *vaisseau de l'état, vaisseau de guerre.* | ein Staatsschiff, Kriegsschiff. بكلك بنيسى BEGLIK JAPYSY. *bâtiment public.* | Staatsbau, öffentlicher Bau (auf Staatskosten).

t o بكلك LT. بكلد [?]

t پكلك PEKLIK. Sbst. برككلك . سرتلك . *a* صلابت . غلظت *p* سختى *dureté, solidité, fermeté, force.* | Härte, Festigkeit, Kraft, Gewalt [vgl. پك]. — پكلك ايله PEKLIK-ILE. *violemment.* | mit Gewalt.

t بكلكجى BEGLIKĆI. Sbst. *chancelier, chef du bureau impérial.* | Staatskanzler.

t o بكلمق BIGULMAK. LT. بركرديدن دم شمشير وخيرو *s'émousser.* | sich werfen (die Spitze des Säbels oder der Lanze sich umbiegen).

t بكلمك BEKLEMEK. Vb. act. und intr. Aor. بكلر BEKLER. حراست ايتمك . انتظار ايتمك . صقلمق . قوللامق . ديدهبانلق ايتمك *p* پاس داشتن *monter la garde, garder, conserver, prendre garde, attendre.* | Wache halten, Wache stehen (ein Soldat), bewachen, bewahren, behüten, warten, Achtung geben, erwarten.

p t بگلمق BAÑLAMAK oder بگلمك Vb. act. بانك كردن *crier, appeler à la prière.* | laut schreien, zum Gebet rufen. s. بانك

t پكلمك PEKLEMEK oder پكلتمك PEKLETMEK. Vb. act. *rendre dur, endurcir.* | härten [vgl. پكشمك]. — Deriv. پكلنمك PEKLENMEK. Vb. refl. *s'endurcir.* | sich härten, hart und fest werden.

t بگلنمك BEÑLENMEK. Vb. refl. *être tacheté.* | gefleckt, gesprenkelt sein [von reifenden Früchten. Kam. s. v. الموكوت] vgl. بنك . بنكلمك u. بگلشمك

t بكلنجى BEKLENĆI. Sbst. Cordonsoldat.

t بكلندى BEKLENDI. Sbst. *garde.* | Wache.

t بكلو BÜKLÜ. s. بوكلو

t بگلو BEÑLI. s. بنكلو

p بكم BEKEM. Sbst. *a* بقم *bois du Brésil.* | Brasilienholz.

t o بكم BEGIM. Sbst. والده *reine-mère, douairière, veuve de tout grand dignitaire.* | Königin-Mutter, Mutter des regierenden Oberhauptes (Khan); Witwe eines Vornehmen des Reiches [vgl. بيكم und بيم]

p بگمار BI-GUMAR. s. كماشتن

t o بكماز BEGMAZ und BIGMEZ. Sbst. مهمتى . پياله . شراب . شراب خوردن *boire du vin, trinquer, coupe de vin; repas.* | Weintrinken, Zechen; Weinbecher; Gastmal, Gelage. بكماز كردن ein Gelage halten.

t بكمز BEKMEZ, auch بكماز BEKMÂZ und پكمز PEKMEZ. volg. پتمز PETMEZ, PETMAZ. Sbst. *a* دبس *p* ميبختج . دوشاب *raisiné.* | Traubensyrup, eingekochter Most, auch اوزم بكمزى

p بكمون BEKMÛN. Sbst., = بش يوق s. بش

t o پكند PEKEND. Sbst. نان *pain.* | Brod.

t بكنمك BEGENMEK (BEJENMEK). *t o* بكنمق Vb. act. und intr. Aor. بكنور BEGENIR. تحسين ايتمك . قبول ايتمك . پسند ايتمك . پذيرفتن . پسنديدن . استحسان ايتمك *approuver, agréer, plaire.* | Gefallen haben an etwas, gut heissen, billigen, gern haben; gefallen. بونى بكندم BUNU BEGENDIM. *cela me plait.* | das gefällt mir, ich billige es. كندينى بكنمش GENDINI BEGENMIŠ. *qui s'applaudit soi seul.* | der sich selbst gefällt. — Deriv. I. بكنممك BEGENMEMEK. Vb. neg. *désagréer, déplaire.* | missbilligen, missfallen. كمسه يى بكنمز KIMSEJI BEGENMEZ. *il (ou: celui qui) ne trouve personne à son gré.* | ihm gefällt niemand, oder: einer dem niemand gefällt, dem jeder missfällt. — II. بكنلمك BEGENILMEK. Vb. pass. *être agréé, plaire.* | angenehm sein, gefallen. Davon Partic. بكنلمش BEGENILMIŠ. *agréé.* | angenehm, gern gesehen, = *p t* پسنديده. — III. بكنلممك BEGENILMEMEK. Vb. pass. neg., = ناپسنديده اولمق . نامقبول اولمق *déplaire.* | missfallen. — IV. بكندرمك BEGENDIRMEK. Vb. caus., = پسنديده ايتدرمك *rendre agréable, faire accepter.* | angenehm oder annehmbar machen, gefallen machen.

p پكنه PEKNE. Sbst. فربه كوتاه بالا *gras, de stature courte.* | fett, von kurzer Statur.

p بگو BI-GU u. بگوى BI-GÛJ. Imperat. v. گفتن

a بكورى BEKÛRI. Sbst. اول طوغان چوجق . نخستزاده الك اولان *enfant premier né.* | das zuerst geborene Kind.

a بكوريه BEKÛRIJET. Sbst. نخستزادلك . الك اولادلك حقى وكيفيتى *primogéniture, droits de primogéniture.* | Erstgeburt, Rechte der Erstgeburt.

p بكوك BEKÛK und پكوك PEKÛK. Sbst. اوق نشانى *but de tir à l'arc.* | Ziel beim Pfeilschiessen.

t بكون BÜGÜN, = بوكون *p* امروز LT. *aujourd'hui.* | heute.

p بكه BE-KI, — *t* كيمه *à qui.* | wem.

p بكه BEGEH. s. بكاه

t o بكه LT. پهلوان *homme fort, courageux.* | ein Tapferer.

p بکیتا BEKÎTÂ. Sbst. اکابر واعیان ورؤسای قوم *les grands de l'empire.* die Grossen des Reiches.

a بکیم BEKIM. Adj. und Sbst. *muet* | stumm, ein Stummer. Pl. بکم BÜKÛM.

t بل BEL. [Tabrif. v. *p* بیل] *t* کورك . کننده *p* محتساب . قدکه . مبتعد . منقره . بنکوی . تلند . بارو 1. *fourche, houe, bêche* | Zweizack oder Gabel (beim Ackerbau gebraucht, Heugabel, Strohgabel, Mistgabel u. dgl.) Hacke, Schaufel, Grabscheit. 2 *défilé, gorge.* | Bergsattel, Pass über ein Gebirge zwischen zwei Bergspitzen oder an einer Einbucht des Bergrückens, Hohlweg über ein Gebirge چاملو بل طاغ ČAMLY-BEL-TAG d. i. Fichtelgebirge (in Kleinasien). قورد بلی KURD-BELI Wolfsberg (Ort in Kleinasien). 3. *a* ازر، صلب . بهرة . أيطال . خصره *p* میان . کمر . پشت *milieu du corps, taille, ceinture, reins, lombes.* | Mitte des menschlichen Körpers, Taille, Hüfte, Gürtel, Lende اینجه بل INǦE BEL. *taille fine.* | schlanker Wuchs. بل اغریسی BEL-AGRYSY. *maux de reins.* | Leibweh. قوشاق (للربته قوشاشق) *mettre une ceinture autour des reins.* | einen Gürtel um die Hüften binden. Kam. s. v. الحقلب. — بل صوغوغی — صوغقلغی BEL SOĞUĞU oder SOĞUKLUĞU. gonorrhea. بل باغلمق BEL BAĞLAMAK. *confier, se fier.* | trauen, vertrauen. دوستلغمزه بل باغلمق ایله im Vertrauen auf unsere Freundschaft. بل ویرمك BEL WERMEK. *se courber, former une courbe.* | sich krümmen (in der Mitte, wie z. B. eine Stange die man an beiden Enden hält), eine Bucht oder Sattel bilden (z. B. ein Berg).

p بل BEL oder پیل PIL. Sbst. باشنه یا *t* اوکچه *talon.* | Ferse.

a بل BEL. Adv. بلکه *au contraire, bien plus, plutôt, certainement, sans doute.* nicht doch, im Gegentheil, sicherlich, vgl. die arab. Gramm.

t بل BIL. Imperat. v. بلمك.

p بل PIL, — بهل HIHIL. Imperat. v. هلیدن.

p پل PÜL. Sbst. کوپری *pont.* | Brücke.

p پل PUL. s. پول.

a بلا BELÂ. Sbst. محنت . داهیة . آفت *malheur, calamité, misère, peine, affliction.* | Unglück, Schaden, Elend, Mühe, Mühsal. Theol. myst. *tout ce qui sert à éprouver l'homme de la part de Dieu.* | Prüfung Gottes oder des Schicksals. بلا ایله BELÂ ILE oder بیك بلا ایله BIŇ BELÂ ILE. *avec grande difficulté, à peine.* | mit tausend Mühen, kaum. بلای الهیه *épreuve, ou fléau que Dieu envoie.* | eine Prüfung oder ein Unglück, eine Plage die Gott schickt. بلایه اوغراتمق *faire tomber dans un malheur.* | in's Unglück stürzen. الله بلالرینی ویرسون *que Dieu t'accable de malheur!* | Gott verdamme Dich! بلا زده BELÂ-ZEDE. *malheureux.* | unglücklich, den ein Unglück betroffen.

a بلا BI-LÂ. Präpos. — سز . اولمیرق *sans* | ohne, un... بلا فائده BI-LÂ FÂIDE, — *sans profit, inutile.* | ohne Vortheil, unnütz. بلا لوم BI-LÂ LEWM. *irréprochable.* | untadelhaft. بلا فاصله BI-LÂ-FÂSILE. *sans cesse.* | unaufhörlich.

t a بلا ایشته LT. هر کیجا *partout où.* | überall wo, wo es auch sein mag.

t بلابان BALÂBÂN. Adj. *grand, gros, fort.* | gross, dick, stark. Sbst. *butor* | Busshart (Vogel). Meninski.

p بلابه BELÂBE. Adj. u. Sbst. فلجشه . زن فاحش *méchant, malhonnête, vaurien; femme malhonnête, courtisane.* | schlecht, gemein, Taugenichts; schlechtes Frauenzimmer.

p بلاتکین BALATKIN. Sbst. جوسیان *massue de bois ou de fer.* | Keule von Holz oder Eisen.

p بلاد BALÂD. Adj. مذموم . نامقبول *qui déplait, désagréable.* | verachtet, getadelt, missfällig.

a بلاد BILÂD. Sbst. Pl. v. بلد BELED.

p بلاد BULÂD. s. پولاد.

a بلادة BELÂDET. Sbst. احمقلق *stupidité.* | Dummheit, Geistesschwäche.

p بلادا BALÂDA u. پلادا PALÂDA. Adj. u. Sbst. فلسق . بدکار *méchant, malhonnête, malfaisant, scélérat.* | böse, schlecht, Uebelthäter, Verbrecher.

p بلارك BELÂREK, auch بلارك oder بلالك Sbst. جوهر شمشیر . شمشیر جوهردار . جوهردار فلاد *acier brillant, sabre d'acier brillant, brillant de l'acier.* | blanker Stahl, blanke Waffe, Glanz des Stahles.

t پلاز PULÂZ. Sbst. *petit d'oiseau.* | junges Vöglein. کوکرجین پلازی junge Taube.

a p بلازده BELÂ-ZEDE. s. بلا.

t بلازك BELÂZIK, und بلزك BYLAZYK, BELEZIK. Sbst. *a* قلب . سوار *p* . بارق . اورنجن *bracelet.* | Armband. ایاق بلازکی AJAK BELEZIGI. Knöchelring (Schmuck der Frauen). vgl. بیلکجه und بیلك.

p بلاش s. بلاس.

p پلاس PELÂS. Sbst. خرقه . جول . بشیینه *étoffe grossière, bure, froc, habit de moine.* | grobes Wollenzeug, wollene Decke (Pferdedecke), Kutte der Derwische.

p پلاس PELÂS. Sbst. *a* مکر . حیله . مکار *ruse, intrigue, machination; fourbe, astucieux trompeur.* | List, Hinterlist; ein Hinterlistiger, Schelm.

پلاسقه PALASKA. s. پالاسقه.

p پلاسك PELASEK. Sbst. *calamité, adversité.* | Widerwärtigkeit, Unglück.

a بلاش BILÂŠ. Adv. بلاوش [zusammengezogen aus *a* (بلا شی)] *sans cause, sans raison, gratis.* | ohne Grund, zwecklos, umsonst.

t بلاشدرمق s. بولاشمق Deriv.

gr پلاطر PALÂTYR. Sbst. (πλατύθυρον) پنجره *fenêtre.* | Fenster.

lat پلاطیموس s. پلاطینوس.

a بلاغ BILÂĠ [بلغ III] Sbst. چالشمق . سعی *action de s'efforcer, de travailler avec zèle.* | Anstrengung, Eifer bei der Arbeit.

a بلاغة BELÂĠET. Sbst. *éloquence.* | Beredsamkeit, Wohlredenheit [vgl. فصاحت u. v. Mehren. Rhet. d. Arab. S. 1] علم بلاغة 'ILM-I BELÂĠET. die Rhetorik.

t a بلاق BULAK. s. بولاغ.

t بلالا BELEŠ. s. بیلاك.

a p بلاكش BELÂ-KEŠ. Sbst. [v. کشیدن] *u.* [بلا] درد وبلایه کرفتار اولان *souffre-douleur, malheureux.* | der Unglück erduldet, ein Unglücklicher, Elender.

a p بلاکشی BELÂ-KEŠÎ. Sbst. *misère, souffrance.* | Elend, Erduldung des Unglücks.

t a بلال BALAL. Sbst. Sl. علمه . سقالة *vase de terre.* | irdenes Gefäss, Krug.

p بلالك BELÂLEK. s. بلارك.

a t بلالیق BELALYK. Sbst. *malheur.* | Unglück. s. بلا.

a t بلالو BELALY. Adj. *qui cause le malheur, qui souffre le malheur.* | Unglück bringend, unglücklich.

gr پلامر PALAMÂR. پلامار auch پلامور PALAMOR. Sbst. (παλαμάρι). *câble, cordage, amarre.* | Schiffstau, Ankertau.

gr پلاموت PALAMÛD oder پالاموت Sbst. (βαλανίδι, βαλανίδι). *gland, fruit du chêne.* | Eichel (Frucht). پلاموت قبوغی PALAMÛD KABUĞU. *cosse du gland.* | Eichelschale, Akkerdoggen [die zum Gerben des Leders gebraucht werden. Kam. s. v. السبتى]

gr پلامید PELAMÎD. Sbst. (παλαμίδα). *thon, bonite.* | Thunfisch.

t پلان PALÂN. Sbst. *a* اکاف *bât (d'âne, de cheval, de chameau).* | Sattel (für Esel, Pferde, Kameele).

t پلاندز Sbst. Ausgussstein an einer Cisterne, von welchem das Wasser weiter in die Trink- oder Bewässerungsrinnen fliesst. Kam. المرطبل قنادیل وزلنده بر کونه اوزون ویلك تاشه دمنور تركیبده پلاندز طلشی تعربی

پلانقه PALANKA. s. پالانقه u. پلنقه.

t پلاو PILAW. Sbst. *riz cuit.* | gekochter Reis (mit Butter übergossen). عجم پلاو 'AǦEM PILAW. *riz cuit avec des petits morceaux de viande.* | persischer Pilaw d. i. Reis mit klein geschnittenem Fleische gekocht پلاو زرده PILAW ZERDE. *riz cuit avec du miel ou du sucre.* | Reis mit Honig oder Zucker und mit Safran gelb gefärbt. پلاوقاشی PILAW-KAŠY. *grande cuiller.* | ein grosser Löffel.

a بلاهة BELÂHET. Sbst. 1. دلو لك . ویرقلق ابله لك . عاجزلق *stupidité, bêtise, imbécillité.* | Dummheit, geistige Schwachheit. — 2. *t* بون . الیوز *p* کالیون *homme stupide, sot, imbécile.* | ein Dummer, Dummkopf.

p بلاهنك s. بلهنك.

a بلایا BELÂJÂ. Sbst. Pl. v. بليّة.

t بلایکی BELAJ-KI. s. بولایکی.

a بلبال BELBÂL. Sbst. *trouble, agitation, souci.* | Sorge, Kummer, — بلبله

t بلبان BALBAN. s. بالبان.

p بلكه BELEKE. Sbst. مسكه وكره تازه *beurre frais.* | frische Butter.

p بلبل BÜLBÜL. Sbst. *a* عندليب *rossignol.* | die Nachtigal. بلبل كنج BÜLBÜL-I GENǦ. *hibou.* | die Eule. بوقلوجه بلبل BOKLUǦA BÜLBÜL. *roitelet.* | der Zaunkönig.

p بلبل PILPIL. Sbst. *a* فلفل *t* بيبر *poivre.* | Pfeffer. بلبل خام PILPIL-I ḪÂM. *poivre cru.* | roher Pfeffer, d. i. weisser Pfeffer.

t o بلبلانى BELBELÂNI. Sbst. *espèce de mets sucré.* | eine süsse Speise.

p بلبله BELBELE. Sbst. *a* بُلْبُلَه *cruche à long bec ou à tube; glouglou (d'une bouteille que l'on verse).* | Krug mit einem Halse oder Giessröhre; Laut den man beim Ausgiessen einer Flasche hört.

a بلبله BELBELE. Sbst. *confusion, trouble, agitation; souci, chagrin.* | Verwirrung; Bekümmerniss, Sorge.

t o بلپوش PELPUŠ, PÜLPUŠ. Sbst. *poutre principale d'un toit.* | Hauptbalken des Daches.

t o بلتور BILTÜR. s. بلدر.

t o بلترمق LT. از حريف بر كشتن *se détourner de q. qn., quitter q. qn.* | sich von Jemand wegwenden, Jemanden verlassen.

t بلتك PELTEK [auch بلتك SL.]. Sbst. *qui bégaie* [Stotterer, Stammler. SL. *p* كنك . لال.

t بلتكلك PELTEKLIK. Sbst. *bégaiement.* | das Stottern, Stammeln.

t بلتكلمك PELTEKLEMEK. Vb. intr. *bégayer, balbutier.* | stottern, stammeln.

t بلتمك BILETMEK. s. بيلمك BILEMEK. Deriv.

t بلته PELTE. Sbst. Tahrif v. پالوده [Kam. s. v. الفالوذ] s. پالوده.

t بلچ PILIǦ. auch پلیچ Sbst. *a* فرّوج . فرّ. *p* جوژه . چغور *petit d'oiseau, poulet.* | das Junge eines Vogels, Küchlein.

t o بلجاش Sbst. LT. وعده *promesse.* | Versprechen.

p بلجم BELǦEM. Sbst. Tahrif. v. بلغم u.

t بلجه BILǦE. s. بله.

t o بلجى Sbst. LT. كشنده وتاراج كننده *qui tue et pille.* | der Mordende und Plündernde, Raubmörder.

t بلجى BILIǦI. Adj. *qui sait, expérimenté.* | wissend, kundig. s. بلمك.

t o بلجيق s. بلجيع u. بلجيق.

p بلخ BALḪ. N. pr. *la ville de Balkh.* | Balkh in Khorasan.

a بلد BELED. Pl. بلدان BULDÂN u. بلاد BILÂD. Sbst. كوى . قصبه . مملكت . ديار . شهر . اولكه *ville, contrée, pays, royaume.* | Stadt, Gegend, Land, Reich.

t بلخان BALḪAN. Sbst. s. بالقان.

t o بلداق BALDAK. Sbst. LT. دسته *manche, anse.* | Griff (eines Messers u. dgl.).

a بلدان BULDÂN. Sbst. Pl. v. بلد u. بلده.

t بلدر BALDYR. s. بالدر.

t بلدر oder بيلدر BILDIR. *t o* بلتور LT. u. بيلتور SL. Sbst. *p* پارسال كذشتن يل *a* عام اوّل *l'année passée.* | das letztverflossene Jahr. — بيلدركى يل Kam. s. v. اوّل.

t بلدرجين BELDERǦIN, BELDIRǦIN, BYLDYRǦYN, auch بولدرجين Sbst. *caille.* | die Wachtel.

t بلدرمك BILDIRMEK. s. بلمك Deriv.

t بلدرجى BILDIRIǦI. Sbst. *qui annonce q. ch.* | der Verkündiger, Bote der eine Nachricht bringt. vgl. بلدرمك.

t بلدك BILDIK oder بلدوك BILDÜK. Gerund. v. بلمك als Sbst. — بلش . بلشك *personne de connaissance; connaissance; savoir.* | Bekannter; Bekanntschaft; Wissen. بونده بر بلدوكيم يوق *je n'ai point de connaissance ici* | ich habe hier keine Bekanntschaft, bin fremd hier.

a بلده BELDE. Pl. بلدان BULDÂN. Sbst. nomen unitatis v. بلد *ville, contrée.* | Stadt, Gegend. بلده طيبه BELDE-I TAJJIBE. *la bonne ville, c. à. d. Constantinople.* | die gute Stadt, d. i. Constantinopel.

a بلدى BELEDI. Adj. u. Sbst. شهرى Gegentheil v. بدوى *urbain, qui appartient à une ville, citadin.* | städtisch, Städter.

a بلديّت BELEDIJJET. Sbst. شهرليك . شهرده ساكن اولمق *état et mœurs de citadin.* | Stadtleben, städtische Sitte.

a p بلذّت BE-LEZZET. s. لذّت.

t o بلره u. بلغه . بو.

t o بلرمك LT. تضرّع كردن *s'humilier, supplier.* | sich demüthigen, bitten.

t بلرمك BELERMEK. Vb. intr. كوز آچوب قالق . كنشوده *p* برهمه . شخص . اشخاص . LT. چشم شخ *regarder fixement un objet, être immobile (se dit des yeux).* | starren, starr und unbeweglich auf einen Gegenstand blicken. — Deriv. بلرتمك BELERTMEK. Vb. caus. *fixer le regard sur un point.* | starr blicken, scharf auf eine Stelle hinsehen. Kam. s. v. الجراشى.

t بلرك BILREIK. s. بلازك.

p بلس BÜLS und بلسن BÜLSÜN. Sbst. *a* عدس *t* مرجمك *lentilles (légume).* | Linsen. auch تين ابيض انجير سفيد oder *ficus alba.*

p بلسم BILSÎM. s. برسام.

p بلسان BELESÂN. Sbst. vulg. بلسنك PELESENG. Sbst. *baumier.* | Balsambaum (amyris gileadensis). بلسان يغى BELESÂN JAGY. *baume.* | Balsam.

p t بلسانلمق BELESANLAMAK. Vb. act. *embaumer.* | balsamiren.

p بلسانناك BELESÂN-NÂK. Adj. *balsamique.* | balsamisch.

p بلستك PELISTÜK. s. دوستك.

بلاسقه PALASKA. s. بلسقه.

p بلسك BILISK. Sbst. شيش *broche (à rôtir).* | Bratspiess.

t o بلسن BÜLSÜN. s. بولوك.

t p بلسنك PELESENK. s. بلسان.

t بلسنكلو PELESENKLI. Adj. *balsamique.* | balsamisch.

t بلش BILIŠ. Sbst. [v. بلمك] *p* آشنا [Gegentheil v. يات] *connaissance; personne de la connaissance.* | Bekanntschaft, Bekannter, — بلدك.

p بلشت BILIŠT. Sbst. *palme.* | Spanne.

p بلشت PELEŠT. Adj. چركين . مردار . پليد *impur, immonde, sale.* | unrein, schmutzig.

t بلشك BILIŠIK. Sbst. [v. بلمك] آشنالق *connaissance, personne de la connaissance.* | Bekanntschaft, Bekannter, — بلش.

t بلشلك BILIŠLIK. Sbst. [Gegentheil v. يبانجلق]. *connaissance.* | Bekanntschaft, — d. Vhgdn.

t o بلشن LT. آشنا *connu.* | bekannt.

a بلطف BE-LUTF. s. لطف.

a بلع BALA'. Sbst. يوتمق . — ETMEK. *avaler, engloutir, consommer, consumer.* | verschlingen, auffressen, verzehren.

a بلعه BUL'A. Sbst. دكرمن طاشنك ايچنده اولان دلوكى *trou au milieu de la meule.* | Loch in der Mitte des Mühlsteines.

a بلغاء BULAGÂ. Sbst. Pl. v. بليغ.

t بلغار BULGÂR u. بولغار Sbst. *Bulgare.* بلغار مملكتى BULGAR MEMLEKETI. *Bulgarie.* | die Bulgarei.

t بلغار BULGAR, auch بولغار und بلغار Sbst. *cuir, spéc. cuir de Russie.* | russisches Leder, Juchten, auch — كلاقتين und ادیم *saffian.* | gegerbtes Ziegenleder.

t بلغارى BULGARI. Sbst. 1. — بلغار *cuir de Russie.* | Juchtenleder. — 2. *mandoline.* | eine Art Laute oder Mandoline mit Drahtsaiten.

t o بلغق und بلغاى s. بولغاق.

t o بلغلى s. بولغلى.

t o بلغور BULGUR. LT. آش كنده s. بلغور.

a بلغم BALGAM, auch بلغم Sbst. (φλέγμα) كش *muquosité, flegme, pituite.* | zähe Flüssigkeit, Schleim, Rotz. Medic. eine der vier Grund-Substanzen des animalischen Körpers.

a t بلغملو BALGAMLY u. *a* بلغمى BALGAMI. Adj. *flegmatique, pituiteux.* | schleimig, voll zäher Flüssigkeit. بلغمى المزاج *flegmatique de complexion.* | phlegmatischer oder feuchter Natur. امراض بلغميه *affections pituiteuses* | schleimige Krankheiten. بلغملو يشم oder بلغمى طاش *chalcédon tacheté, onyx.* | der gefleckte Chalcedon oder Onix.

t o بلغمق BULGAMAK. LT. كاويدن *creuser, fouiller, bêcher.* | graben. vgl. بل.

t o بلغمق BULGAMAK. LT. آميخته شدن s. بولغمق.

t o بلغنجوق BULGANǦUK. LT. آلوده s. بولغنجوق.

t بلغور BULGUR. LT. بلغور u. بلغر vgl.

بُرغول Sbst. Nach LL. eine Verunstaltung des arabischen بُرغور p دَلیده . جَشیش = بُربر *blé mondé, gruau, bouillie.* | Graupen, Grütze, Grützebrei, vgl. بلغر und بورغول

t بلغور BULGUR. Sbst. LL. قارا اوقوتو ده نفي a خشیف . ارزیز p زنكلاك . بز *neige ou grêle fine, poussière de neige.* | dünner feiner Schnee oder Hagel.

t بلغورلو BULGURLU. Adj. und N. pr. *neigeux; montagne en face de Constantinople.* | schneeig; Name eines Berges gegenüber Constantinopel (Schneekoppe).

p بلغونه BULGŪNA. Sbst. كلكونه . عورتلر قزل سوردكی سی *fard rouge.* | rothe Schminke.

p بلغه BULGA. Tarif v. بلغه

a بلق BALAK. Sbst. *poil bigarré; tente ou rideau de poil de chèvre; marbre tacheté.* | gefleckte (graues) Haar (der Thiere), Zelt, Vorhang u. dgl. von Ziegenhaar; bunter Marmor, vgl. ابلق

t بلقار BULKAR. s. بلغار

t بلقان BALKAN. s. بالقان

t بلقمق BALKMAK. Vb. intr. *étinceler.* | funkeln, glänzen. — Deriv. بلقدرمق BALKDYRMAK. Vb. caus. *faire étinceler.* | aufglänzen lassen (das Feuer).

a بلقه BULKA. Sbst. *couleur grise, mêlée de blanc et de noir.* | grau, schwarz und weiss gemischt oder gefleckt. vgl. ابلق

a بلقيس BILKIS. N. pr. Bilkis, Königin von Saba.

t o بلك BILIK (LT. BELK). Sbst. *savoir.* | das Wissen, Einsehen, vgl. بلمك

t بلك BILIK. Sbst. *avant-bras.* | Vorderarm. s. بيلك

t بلك BELKO u. BELEŠ. Sbst. *colline.* | Hügel, s. بيلك

t بلك BELIŠ. Sbst. p بيم *crainte, peur.* | Furcht. Kam. s. v. ارود

p بلك BILEK. Sbst. *nouveauté (chose nouvelle), présent, souvenir.* | Neuigkeit (etwas Neues); Geschenk (als Andenken).

p بلك PELEK, PÜLK, u. بلك BILEK. Sbst. a جفن t كوز قپاغی *paupière.* | Augenlid.

p بلك PÜLK. Sbst. t بوبرك *rognon.* | Niere.

t o بلك s. بيلك

t o بلكا LT. داننا وشتوتوچه 1. von بلمك *connaissant, sachant.* | wissend, kennend. 2. *petit de chameau.* | junges Kameel.

t بلكچ BILGIĆ u. بيلكچ [v. بلمك] Adj. u. Sbst. a عالم . دانا p كونتورزی . كبنجور *érudit, savant, instruit, apprivoisé.* | wissend, gelehrt; der etwas gelernt hat; abgerichtet.

t بلكچه u. بيلكچه

t بلكچلك BILGIĆLIK. Sbst., — دانالك *sagesse, érudition.* | Weisheit, Gelehrsamkeit.

t o بلكسز BILIRSIZ (LT. BELKSIZ). Adj. *ignorant; inconnu.* | unwissend, nichtwissend; unbekannt.

t بلكلمك BELIŠLEMEK. Vb. intr. u. act. *réveiller en sursaut, s'effrayer ou effrayer subitement.* | im Schlafe aufschrecken, plötzlich erschrecken. Gerund. بلكلیو BELIŠLEJÜ. Adj. *en sursaut.* | plötzlich erschreckend. — Deriv. I. بلكلتمك BELIŠLETMEK. Vb. caus. *effrayer.* | erschrecken, plötzlich aufschrecken. برآدمی قورقتوب نسنه ایله بلكلتمك Jemanden mit irgend etwas Fürchterlichem erschrecken. — II. بلكلنمك BELIŠLENMEK. Vb. refl. pass. *s'effrayer, être effrayé.* | erschrecken, erschreckt werden. — III. بلكلندرمك BELIŠLENDIRMEK. Vb. refl. caus. *faire q. qn. s'effrayer.* | Jemanden sich erschrecken lassen, d. i. erschrecken, Furcht einjagen [Kam. s. v. اتعاد بلكلندروب] اويقودن بلكلدرمك *réveiller en sursaut.* | plötzlich aus dem Schlafe aufschrecken [Kam. s. v. الايزاع].

t بلكو oder بلكی BILGI. s. بيلكی

t بلكو BILGI. Sbst. a علم p دانش *connaissance, science.* | Kenntniss.

a p بلكه BELKI, auch بلكی und بلكيده BELKIDE. Conj. [v. a بل u. كه] *au contraire, plutôt; peut-être.* | im Gegentheil, vielmehr, eher (immo, quin potius); vielleicht.

t بلمك BELLEMEK u. بلمك BELEMEK, auch بيلمك Vb. act. Aor. بلر BELLER [v. بل] *bêcher, houer, enfouir.* | graben, umgraben, schaufeln, hacken. برنسنه‌يی طپراغه بيلمك etwas in den Boden vergraben. Kam. s. v. العفر. — Deriv. بلنمك BELLENMEK. Vb. pass. طپراغه بلنمك Kam. s. v. العفر.

t بلمك BELLEMEK, BILLEMEK. Vb. intr. Aor. بللر BELLER, BILLER. [Intens. v. بلمك BILMEK] *faire attention, se souvenir, remarquer.* | einzusehen und zu verstehen streben, aufmerken, sich etwas merken, dem Gedächtniss einprägen.

t بلمك BILLEMEK. Vb. act. *aiguiser.* | schärfen. s. بيلمك

t بللو BELLI. Adj. [v. بل] انجه بللو INJE BELLI. *à taille fine, élancée, mince.* | schlank.

t بللو BELLÜ u. بلى BELLI. Adj. [v. بلمك] a معلوم . معروف . ظاهر p روشن . آشكار *connu, certain, manifeste, reconnaissable.* | bekannt, sicher, offenbar, kenntlich. — ETMEK, — ايله اعيان *manifester, déclarer, prouver, expliquer, assurer.* | bekannt machen, offenbaren, klar darthun, erklären, versichern. — OLMAK. *être assuré, certain, connu, clair.* | bekannt, sicher, gewiss, klar sein oder werden. بللو دكل *il n'est pas assuré, il est incertain, ignoré, douteux, en doute, méconnaissable.* | er oder es ist nicht sicher, ist ungewiss, zweifelhaft, unkenntlich, nicht zu erkennen, unbekannt, unbewusst, = غير معلوم . مجهول . بلمش دكل بللو بشلو BELLÜ BAŠLY. *personne connue.* | eine bekannte Persönlichkeit.

a بللوره oder بيللور BILLŪR. Sbst. (βήρυλλος). a بلور p بلور *crystal, spéc. cristal de verre.* | Crystall, insbes. Glascrystall, helles farbloses Glas, geschliffenes Glas.

t بلورمه BELLÜRME. Sbst. *manifestation.* | Kundgebung, vgl. بلورمك

t بللولك BELLILIK. Sbst. [vgl. اينجه‌لك] انجه وارق بللولك حالتی *état d'être mince, maigre.* | Schlankheit, Magerkeit. Kam. s. v. ذت

t بلمغ BULAMAĠ. s. بولامغ

t بلمچ BILEMĆE. s. بله

t بلمجه BILMEJE, auch بلمجه u. بيلمجه [v. بلمك Neg.] Sbst. a معمّا . لغز p چيستان *énigme.* | Räthsel.

t بلمدك BILMEDIK. s. بلمك Deriv. II.

بلمزلك BILMEMEZLIK u. بلمزلك BILMEZLIK. Sbst. a جهل . جهالت p نادانی *ignorance, feinte de ne pas savoir.* | Unwissenheit, Unkenntniss, Nichtwissen von einer Sache, das sich nicht wissend stellen.

t بلمز BILMEZ. s. بلمك

t بلمزلك BILMEZLIK. s. بلماملك

t بلمزلنمك BILMEZLENMEK. Vb. intr. a تجاهل p نادانی نمودن . تنكره *feindre de ne pas savoir.* | sich unwissend stellen, vgl. بلمك Deriv. II.

t بلمك BILMEK und بيلمك t o بلمق Vb. intr. Aor. بلور BILIR. a علم . شعور p دانستن . خبر داشتن . بشولیدن . بسودن . آگاه *savoir, connaître, être instruit de q. ch., reconnaître pour, regarder, estimer, supposer; en compos. pouvoir, être en état de, ..* | wissen, kennen, anerkennen, dafür halten, vermuthen. ايلك بلمك ILIK BILMEK. *reconnaître un bienfait, être reconnaissant.* | eine Wohlthat erkennen, erkenntlich sein, dankbar sein. ازبر بلمك EZBER BILMEK. *savoir par cœur.* | auswendig wissen. ايش بلور IŠ BILIR. *il connaît les affaires.* | er kennt die Sache. — Partic. بلور BILIR. *qui sait, savant, expérimenté.* | wissend, gelehrt, kundig, erfahren. بلن BILEN. *sachant, qui sait.* | wissend. بلمش BILMIŠ. Part. perf. act. بلمش اولا BILMIŠ OLA. *qu'il sache.* | wisse. — In Zusammensetzung mit dem Gerund. eines anderen Verbum: können, im Stande sein. كوره بلمك GÖRE-BILMEK. *pouvoir voir.* | sehen können. ايده بلمك IDE-BILMEK. *pouvoir faire.* | thun können. كله بلمك GELE-BILMEK. *pouvoir arriver.* | kommen können. اوله بلور OLA BILIR. *il est possible.* | es ist möglich, kann sein (vgl. die Gramm. über Bildung zusammengesetzter Verba). — Deriv. I. بلدرمك BILDIRMEK. t o بلدرمق Vb. caus. p آگاه كردن . آگاهانيدن a اعلام . اخبار . افاده *faire savoir, faire connaître, avertir, annoncer, manifester.* | wissen lassen, Nachricht geben, in Kenntniss setzen, ankündigen, kundgeben. كندينی بلدردی GENDINI BILDIRDI. *il se fit connaître.* | er gab sich zu erkennen. يازوب بلدرمشسز JAZYB BILDIRMIŠSIZ. *vous avez signé.* | ihr habt unterschrieben. — II. بلمامك oder بلمامك BILMEMEK. Vb. neg. *ne pas savoir, etc.* | nicht wissen u. s. w. Aor. u. Partic. بلمز BILMEZ. als Adj. *ignorant, ignare.* | unwissend, unerfahren, nicht wissend; — davon بلمزلك, بلمزلك s. o. ايده بلمدی IDE-BILMEDI. *il était hors d'état de faire.* | er war nicht im Stande zu thun. بلمم نه BILMEM NE. *je ne sais quoi.*

Ich weiss nicht was. — Gerund. بلمدك BILMEDIK als Adj. *inconnu.* | unbekannt, unbewusst. — III. بلمهمك BILEMEMEK. Vb. imposs. بيلهمجورم BILEMEJORUM. *je ne puis pas savoir.* | ich kann nicht wissen. — IV. بلنمك BILINMEK. Vb. pass. *être connu.* | gewusst werden, bekannt sein. — Partic. بلنمش BILINMIŠ. *connu.* | bekannt. — V. بلنممك BILINMEMEK. Vb. pass. neg. *être inconnu.* | unbekannt sein. — Partic. بلنمز BILINMEZ als Adj. *inconnu, incertain.* | unbekannt, ungewiss.

t بلمك BELEMEK. Vb. act. *bêcher.* | graben. s. بللمك

t بلمك BILEMEK. Vb. act. *aiguiser.* | schärfen. s. بيلهمك

t بلمكلك BILMEKLIK. Sbst. *état de savoir.* | der Zustand des Wissens. بلمكلكله BILMEKLIGILE. Adv. *sciemment.* | wissentlich.

t بلممك BILMEMEK. s. بلمك Deriv. II.

t بلن BILEN. s. بلمك

t o بلن Sbst. LT. جرغ *faucon, épervier.* | Falke, Sperber.

p بلنج BELENǴ, BILINǴ. Sbst. اندازه . مقدار . قدر *mesure, quantité d. q. ch.* | Maass, Quantum einer Sache.

p بلند BÜLEND, BELEND. Adj. رفعتلو . يوكسك . يوجه . *a* رفيع . عالى *haut, élevé, sublime; long; à haute voix.* | hoch, erhaben; lang; laut. — ETMEK. *hausser, élever, agrandir.* | erhöhen, erheben, vergrössern, = بلند برداشتن. — كوه بلند وبالا GOHI BÜLEND Ú BÁLÁ. *haute montagne.* | hohes Gebirge. بلند آواز BÜLEND ÁWÁZ. *haute voix.* | laute Stimme, oder BÜLEND-ÁWÁZ. (als Compos.) *ayant la voix haute.* | lautstimmig, mit lauter Stimme begabt. — آوازه سنى بلند ائتمك *hausser la voix.* | seine Stimme erheben. بلند آوازايله اوقومق *lire à haute voix.* | laut lesen. بلند اختر BÜLEND-AḤTAR oder بولند كوكب BÜLEND-KEWKEB, = نيك اختر *très-fortuné, très-puissant.* | dessen Stern hoch steht, glücklich, mächtig. بلند اقتدار BÜLEND-IKTIDÁR. *très-puissant.* | sehr mächtig. بلند پرواز BÜLEND-PERWÁZ. *qui vole haut.* | hochfliegend (ein Vogel). بلند پرى BÜLEND-PERI. *vol élevé, arrogance.* | hoher Flug, Hoffarth, Prahlerei. بلند پايه BÜLEND PÁJE oder بلند جا BÜLEND ǴÁ. بلند مرتبه BÜLEND MERTEBE oder *rang élevé; très-distingué.* | hoher Rang, sehr vornehm. بلند همت BÜLEND HIMMET. *très-assidu, très-ambitieux.* | der sich sehr anstrengt, sehr ehrgeizig. بلند نظر BÜLEND-NAZAR oder بلند بين BÜLEND-BÍN. *prétentieux.* | hochblickend, hochstrebend. — بلندبينان BÜLEND-BÍNÁN. die Heiligen u. Erwählten Gottes, denen die Geheimnisse offenbart sind (die den Blick nach Oben haben). بلند وپست s. پست

p بلندتر BÜLENDTER. gewöhnlicher بلندر BÜLENDER. Comparat. u. بلندترين BÜLENDTERÍN. Superlat. des Vbgd.

p t بلندجه BÜLENDǴE. Adv. *un peu plus haut.* | etwas höher

p بلندى BÜLENDÍ. Sbst. يوجه لك . يوكسكلك *hauteur, élévation, sublimité; le ciel.* | Höhe, Erhabenheit; das Hohe, der Himmel.

بلنقه PALANKA. Sbst. s. پلانقه *palissade* | Verpfählung (um eine Festung), Aussenwerk am Eingange einer Festung, verpalisadirte Schanze. Redhouse: a small fort or stockade, a tackle or double pulley.

p بلنك PELENK. Sbst. *t* قپلان *Léopard, tigre.* | Leopard, Tiger. شترگاوپلنك *girafe.* | Giraffe. پلنك جرده *cheval tigré.* | tigerartig gefleckter Pferd.

p پلنكين PELENGÍN u. پلنكينه PELENGÍNE. Adj. *tigré.* | tigerartig gefleckt.

t بلنمز BILINMEZ. s. بلمك Deriv. V.

t بلنمش BILINMIŠ und بلنمك BILINMEK. s. بلمك Deriv. IV.

t بلوت BULUT. Sbst. *nuage.* | Wolke. s. بولوت

t بلوج BULUǴ. s. بولوج

a بلوج BULÚǴ. Sbst. *état d'être clair, évidence, manifestation.* | Klarheit, klare Kundgebung. بلوجله BULÚǴILE. *clairement, ouvertement.* | klar, offen, deutlich.

a بلوره BELLÚR u. *p* بلور BILÚR. s. بللور

t بلور BILIR. s. بلمك

t بلورمك BELÜRTMEK. s. بلورمك

t بلورسز BELÜRSIZ. Adj. غائب *invisible, disparu.* | unsichtbar, verschwunden. بوزبلوب بلورسز اولمق *être effacé.* | verwischt, ausgelöscht werden.

t بلورمك BELÜRMEK. Vb. intr., = اچيلمق *a* ظهور *p* آشكار شدن *apparaître, être vu, se manifester.* | zum Vorschein, zur Erscheinung kommen, sich kund geben. — Deriv. بلورتمك BELÜRTMEK. Vb. caus. *a* اظهار . ابصتلع *p* آشكار كردن *faire apparaître, manifester.* | zur Erscheinung bringen, kund geben.

p بلوس BELÚS. s. چابلوس

a بلوط BELLÚT vulg. بلوط PELÜT. Sbst. ميشه اغاجى . پلموت *chêne, gland.* | Eiche, Eichel.

a بلوع BELÚ'. Sbst. اكول *vorace, glouton.* | Gefrässiger, Vielfrass.

a بلوغ BULÚG. Sbst. ايرشمك . اولاشمق . يتشمك . ارگين ارككلكى *action d'atteindre à, arrivée, approche; âge de la puberté (d'un jeune homme).* | das Anlangen, Erreichen des männlichen Alters, Mannbarkeit.

بلوغ PULUG (poln. plug). Sbst. صبان *charrue.* | Pflug. بلوغ سورمك PULUG-SÜRMEK. *labourer.* | pflügen, ackern.

a بلوغيت BULÚGIJET. Sbst. ارگين ارككلكى تمام اولمق *majorité, puberté.* | vollkommene Mannbarkeit. vgl. بلوغ

t بلوك s. بولوك

t بلون PELÜN und بلين PELIN. Sbst. *absinthe.* | Wermuth. عرق پلون Absinth-Branntwein.

t بله BILE oder بيله *t o* بيلا Conj. postpos., = ايله u. برله *a* معا *p* باهم *avec, ensemble, de même, l'un comme l'autre, tous les deux, aussi; avec négation: pas, pas même.* | mit, zugleich mit, zusammen, gleicherweise, das Eine wie das Andere, alle beide, auch; mit Negation: nicht, selbst nicht, nicht einmal. اوغلانى دكل اغلسنى بله اوردم oder اغاى بله اوردم دكل كه اوغلانى ich habe nicht allein den Diener, sondern auch den Herrn geschlagen. بريسى بله كلمدى es ist auch nicht Einer von ihnen gekommen. بله اولمق *être ensemble.* | beisammen sein, beisammen wohnen. بله جه oder بلكجه BILEǴE und بلكجه BILEǴE. *ensemble.* | zusammen. بلمجه BILEMǴE. *avec moi.* | mit mir. بلكجه BILEŇǴE. *avec toi.* | mit dir. بله سنجه BILESINǴE oder بله سنده BILESINDE. *avec lui.* | mit ihm. بله لرنجه BILELERINǴE. *avec eux.* | mit ihnen. بلهده oder بلده BILDE. *de même, aussi.* | ebenfalls, auch.

a بله BULH. Adj. Pl. v. ابله

p بله PELE. s. فله

p بله PELE. Sbst. نردبان . ايشكى . مرتبه . درجه *degré d'un escalier, échelon.* | Stufe, Leitersprosse.

p بله PELLE. Sbst كفه ترازو *plateau de la balance.* | Waagschale.

p بله PILE. Sbst. ابريشم *soie, étoffe de soie.* | Seide, Seidenstoff.

t بلهمك BILEMEK. Vb. act. *aiguiser.* | schärfen u. Deriv. s. بيلهمك

a بلى BELI. Adv. اوت *p* آرى . بس *a* نعم *oui, sans doute, certes.* | ja, gewisslich, sicher. بلى ديمك BELI DEMEK. *consentir, céder, accorder.* | ja sagen, angeben, nachgeben. بلى ديمز *il n'y consent pas.* | er willigt nicht ein, giebt nicht nach.

a بليه BELIJET. Pl. بليات BELIJÁT. Sbst. آفت . داهيه *malheur, mal, accident.* | Unglück, Uebel, Unglücksfall. s. بلا

t بليت PELIT, PILIT und پليد PILID [Tahrif v. بلوط] Sbst. *gland.* | Eichel.

p بليته PELITE. Sbst. *a* فتيله *mèche (d'une lampe, etc.).* | Docht.

t بليج PILIǴ. s. بلچ

a بليد BELID. Adj. احمق *stupide, sot, insensé, imbécile.* | dumm, albern, geistlos und gefühllos.

p پليد PELID. Adj. ناپاك . بولاشق . مردار *impur, sale.* | unrein, schmutzig.

t بليد PILID. s. پليت

p پليدى PELIDÍ. Sbst. مردارلق *ordure, saleté.* | Schmutz.

t بليش BELIŠ. s. بلش

t بليش BILEIŠ. s. بيلهيش

t o بليغ BALYG. Sbst. بالق *poisson.* | Fisch.

a بليغ BELIG. Adj. *grand, hyperbolique; éloquent, persuasif.* | gross, gewaltig; emphatisch, hyperbolisch; beredt, überredend. سعى بليغ SA'I BELIG. *grand effort.* | grosse Mühe, grosse Anstrengung.

a p بلیغانه BELÎGÂNE. Adv. *éloquemment.* | auf beredte Weise.

a بلیل BELÎL und بلیله BELÎLE. Sbst. یاشلو صوغوق یل *vent humide et froid.* | nasser und kalter Wind.

t o بلیلابی LT. حلواجی *espèce de sucrerie.* | eine Art Zuckerwerk.

t بلین PELIN. s. پلون.

بلیناس BELINAS oder بلینوس BELINUS. N. pr. Name eines griechischen Philosophen, der sich im Gefolge Alexanders des Grossen befunden haben soll. Apollonius? Plinius?

p بم BAM u. بمّ BAMM. Sbst. *basse.* | Bass, Basssaite, vgl. أبم.

p بم BEM. s. بوم.

p بما BEMÂ. Dat. v. ما = بزه *à nous* | uns.

a بمه BI-MÂ. u. بماکه BI-MÂ-ZI. s. ما.

p بمان PEMÂN. Imperat. v. ماندن.

a p بمعناه BEMA'NAHU. s. معنی.

t بموق PAMUK. s. پنبوق Sbst. *coton.* | Baumwolle.

p بمهر BE-MUHR. Adj. مهرلو, مختوم *muni d'un cachet, cacheté.* | mit Siegel, d. i. versiegelt. کیسهٔ سربمهر ein versiegelter Beutel. s. مهر.

t بن BEN. Sbst. s. بنك.

t بن BEN. Pron. pers. *p* من *a* انا *je, moi.* | ich. Gen. بنم BENIM. Dat. بکا BAÑA. Accus. بنی BENI. vgl. die Gramm. بنمله BENIMLE, = بنم ایله *avec moi.* | mit mir. بن دخی BEN DAHI, vulg. BENDAHA und BENDE, auch بنده und بنداخی *moi aussi.* | ich auch. بنجه BENDJE. *à ma manière, selon moi.* | nach meiner Weise, nach meiner Ansicht. بنسز BENSIZ. *sans moi.* | ohne mich.

a بن BIN. Sbst. = ابن *fils.* | Sohn.

a بن BUNN. Sbst. قهوه, قهوه اغاجی *baie de café, caffier.* | Kaffeebohne, Kaffeebaum.

p بن BÜN. Sbst. *a* اصل, قعر, دیب, نهایت *racine, fond, base, fondement; fin, extrémité de q. ch.; tronc; en compos. la plante elle-même.* | Wurzel, Grund, Grundlage; Ende (das untere); Stamm, in Zusammens. die Pflanze selbst. کل بن GÜL-BÜN. *rosier.* | Rosenstock. خرما بن HURMA-BÜN. *palmier.* | Palmbaum. بن چاه BÜN-I ČÂH. *fond d'un puits.* | Grund eines Brunnens. بن دندان BÜN-I DENDÂN, = *a* مغرز الاسنان *gencive.* | Zahnfleisch. بن دامن BÜN-I DÂMEN, = *a* ذیل *bas d'une robe.* | der untere Rand eines Kleides. الی وبنی باغلو *ayant les mains et les pieds liés.* | an Hand und Fuss gebunden. بنا گوش *s.* بن گوش.

a بنا BINÂ. Sbst. یاپو, یاپمق *action de bâtir, bâtisse, construction, édifice.* das Bauen, Erbauung, Bau, Gebäude. Gramm. *qualité de mot inflexible; forme (active ou passive) du verbe.* | Unwandelbarkeit der Worte, unwandelbare Wortform oder Endung; Wortform, active oder passive Form des Verbum. vgl. die arab. Gramm. — WURMAK. *fonder* | gründen, den Grund legen. — ETMEK. *bâtir, fonder, construire; conjuguer.* bauen, gründen, machen, zurichten; conjugiren. بنا امینی BINÂ-EMÎNI. *inspecteur des bâtiments.* | Oberaufseher der Bauten.

a بناء BINÂEN. Adv. مبنی اولرق, مبتنی *fondé sur, conformément à, en conséquence de, d'après, selon.* | gegründet auf, bauend auf, zufolge, gemäss. بناء علی ONA BINÂEN. — بناء علیه بناء علی ذلك oder *en conséquence de cela.* | demzufolge, demgemäss, folglich.

a بنّاء BENNÂ. Sbst. یاپیجی, یاپوجی, معمار *architecte, maçon, constructeur, fondateur.* Baumeister, Maurer, Erbauer, = بنالی.

a p بنابر BINÂ-BER [= بنا بر] Adv. بناءً, بسببنه, مناسبتیله *à cause de, en conséquence de, conformément.* | in Folge, gemäss, wegen. بنابرین oder بنابراین *à cause de cela, en conséquence de cela.* deshalb, deswegen, demgemäss, = بناء علی هذا.

a بنات BENÂT. Sbst. Pl. v. بنت. — بنات النعش BENÂT UN-NA'Š. *la grande ourse.* | schlechthin: das Sternbild des grossen Bären, speciell: بنات نعش الکبری, wogegen بنات نعش الصغری *la petite ourse.* das Sternbild des kleinen Bären.

a بنادر BENÂDIR. Sbst. Pl. v. بندر.

a بنادق BENÂDIK. Sbst. Pl. v. بندق.

p بناگاه PENÂ-GÂH. s. پناهگاه.

p بناگر BINÂ-GER. Sbst. *architecte, constructeur.* | Baumeister, Erbauer.

p بناگوش BÜNÂGÛŠ, = بن گوش Sbst. *a* شحمه الاذن, قولاق یومشقی, قولاق کوزی *bout de l'oreille, partie saillante du crâne derrière les oreilles, creux derrière les oreilles.* | Ohrläppchen, Erhöhung der Hirnschale oder Grübchen hinter dem Ohre.

gr بناغیر PANAGÎR. s. پنایر.

p بنام BE-NÂM. Adj. نامدار, مشهور, اسمنه مسما اولان *ayant un nom, renommé, célèbre.* | mit Namen genannt, berühmt.

p بنام PENÂM. Sbst. *talisman contre le mauvais œil.* | Amulet gegen den bösen Blick.

t بنامش BUNAMYŠ. s. بونامش.

t بنامق BUNAMAK. s. بونامق.

a بنان BENÂN. Sbst. پرمق اوجلری *bouts des doigts, les doigts.* | die Fingerspitzen, die Finger.

a بنانت BENÂNET. Sbst. Nom. unit. des Vhgdn.

p بناور BÜN-ÂWER. Adj. دیبلو *qui a un fond, fondé.* | was Grund hat, gegründet, vgl. بن.

p بناور BÜNÂWER. Sbst. چبان *ulcère.* | Geschwür.

p پناه PENÂH. Sbst. صغنجق یر, *a* ملجأ, حمایت *asile, refuge; protection; appui, ombrage.* | Zufluchtsort, Zuflucht; Schutz; Stütze; Schatten. بناه بردن [auch — آوردن] *chercher refuge auprès de q. qn.* | Zuflucht oder Schutz bei Jemand suchen [mit ب]. In Zusammens., als Rad. v. پناهیدن, zu Bildung von Adjectiven, welche ausdrücken, dass eine Eigenschaft in besonders hohem Grade an einer Person zu finden ist, z. B. دولت پناه DEWLET-PENÂH oder سعادت پناه SE'ÂDET-PENÂH. *asile de la fortune, c. à d. le plus fortuné.* | Zuflucht des Glückes, d. i. der Hochbeglückte. عالم پناه *asile du monde ou de tout le monde, c. à d. le plus clément.* | Zuflucht der Welt, bei dem Jeder Zuflucht findet (Ehrentitel für Herrscher). شفقت پناه ŠEFKAT-PENÂH. *le plus clément.* der Allermildthätigste. عصمت پناه 'ISMET-PENÂH. *le plus chaste, très-chaste.* | der keuscheste, sehr keusche. فضائل پناه FAZÂIL-PENÂH. *qui a les plus grands mérites.* | höchst verdienstvoll.

p پناهگاه PENÂH-GÂH. Sbst. *lieu de refuge, asile.* | Zufluchtsort.

p پناهیدن PENÂHÎDEN. Vb. denom. v. پناه = پناه بردن, پناه آوردن *chercher refuge, se refugier, recourir à.* | Zuflucht suchen, seine Zuflucht nehmen. Partic. پناهنده PENÂHİDE. *qui cherche asile et qui donne asile.* | der Schutz suchende und der Schutz gewährende.

p پناهی PENÂHÎ. Sbst. *protection.* | Beschützung. — In Zusammensetzung zu Bildung von Substantiven, die eine Würde bezeichnen, z. B. رسالت پناهی RISÂLET-PENÂHÎ. *dignité de prophète.* | Prophetenwürde. صدارت پناهی SADÂRET-PENÂHÎ. *dignité de visir.* | Würde des Vezir, Vezirat.

gr پنایر PANAJIR und پناغیر Sbst. (πανηγύρι). *marché, foire.* | Markt, Jahrmarkt.

t پنبوق PAMBUK (PAMBUK), auch بموق oder پموق PAMUK. Sbst. *p* پنبه *a* قطن *coton, ouate.* | Baumwolle, Watte. پنبوق ایپلکی PAMBUK-IPLIGI, = رشتهٔ پنبه *coton filé.* | Baumwollengarn. پنبوق قومق PAMBUK KOMAK. *ouater.* | wattiren, auch PAMBUK ATMAK.

t پنبوقلق PAMBUKLUK. Sbst. *p* پنبه زار *plantation de coton.* | Baumwollenpflanzung.

p پنبه PEMBE und پنبه زار PEMBE-ZÂR. s. d. Vhgdn.

p پنبه رنگ PEMBE-RENG. Adj. *couleur du coton, rouge clair, rosé.* | baumwollfarben, d. i. fleischfarben, blassroth.

p پنبه زن PEMBE-ZEN, auch پنبه زه PEMBE-DEZ. Sbst. پنبوق آتیجی *a* حلاج *cardeur de coton.* | Baumwollenkrämpler (der die Wolle von den Samenkörnern scheidet und reinigt).

p بنت BINT. Pl. بنات BENÂT. Sbst. قز, قیز, کریمه, دختر *fille, demoiselle, fille de qualité.* | Tochter, Mädchen, Fräulein (von höherem Stande).

gr پنتافیللون PENTAFILLŪN. Sbst. (πεντάφυλλον). *t* بشیپرمق *p* پنج انکشت *quintefeuille.* | Fünffingerkraut.

پونتالومبه PANTALUMBA. auch پوتالمبه PUTALAMBA. Sbst. شنک رجنده سی *gomme-gutte.* | Gummigutti.

پنته PINTE (ungarisch: pint). Sbst. *pinte (mesure de liquide).* | Pinte, Mass.

a بنتی BINTIJ. Adj. قیزلره متعلق اولان *convenable à une fille ou demoiselle.* | mädchenhaft, für ein Mädchen schicklich.

t پنتی PINTI. Adj. *souillé, sale, misérable; avare.* | schmutzig, ärmlich, lumpig, knickerig, geizig.

a پنج BENĞ. Sbst. s. بنك und بانك

p پنج PENĞ. Adj. num. card. t بش a خمسة *cinq.* | fünf. — Als Sbst. *les cinq points du dé.* | die Fünf auf dem Würfel. پنج ارکان *les cinq colonnes, c. à d. les cinq commandements fondamentaux de la religion.* | die fünf Säulen, d. i. die fünf Hauptgrundsätze der Religion, nämlich توحيد Bekennung der Einheit Gottes, نماز Gebet, روزه Fasten, حج Wallfahrt und زکوة Religionssteuer. — پنج بلنده درونی *les cinq sens intérieurs.* | die fünf inneren Sinne [باطنی], d. i. حس مشترك das allgemeine Wahrnehmungsvermögen, خيال die Einbildung, واهمة die willkürlich schaffende Phantasie, حافظة das Gedächtniss und متصرفة das Begriffsvermögen. پنج پابنده برونی *les cinq sens extérieurs.* | die fünf äusseren Sinne [ظاهری], die den fünf inneren entsprechen. پنج انگشت = پنجقلیلمون, s. بش پرمق

t پانجار PANĞAR. s. پنجر

t o پانجار BUNĞAR. Sbst. LT. وعده *promesse.* | Versprechen.

p پنجاه PENĞĀH. Adj. num. card. t اللی a خمسون *cinquante.* | fünfzig.

p پنجاهم PENĞĀHUM. Adj. num. ord. اللنجی *cinquantième.* | der fünfzigste.

p پنجایك PENĞĀJEK oder پانجایك PENĞĀJEK. Sbst. یڭکج *écrevisse.* | der Krebs.

t پانجر BENĞER. Sbst. SL. ترة . خبازی *mauve; herbe potagère.* | Malve, Gemüsegewächs überhaupt, vgl. d. Flgde.

t پانجر PENĞER und پانجار PANĞAR. Sbst. *betterave.* | Runkelrübe.

p پنجره PENĞERE. Sbst. روزنه . دریچه *fenêtre.* | Fenster. پنجره قفسی PENĞERE-KAFESI, *jalousie, treillis de fenêtre.* | Fensterschräge, Fenstergitter.

p t پنجره‌لو PENĞERELI. Adj. *ayant des fenêtres.* | mit Fenstern versehen.

p پانجشك PENĞIŠK Sbst. سرچه *moineau.* | der Sperling.

p پنجشنبه PENĞŠENBE, vulg. PERŠEMBE u. پرشنبه PERŠEMBE, *jeudi.* | der fünfte Tag der Woche, Donnerstag.

t پانجوق s. بونجوق

p t پنجك PENĞIK. Sbst. vgl. اسپانجه *carte de légitimation d'un esclave.* | Sclavenkarte, d. i. Quittung über erlegte Eingangssteuer für einen Sclaven, welche mit dem Sclaven dem Käufer eingehändigt wird und auf welcher das Signalement des Sclaven angegeben ist.

p پنجگاه PENĞGĀNE. Sbst. *les cinq prières quotidiennes.* | die täglichen fünf Gebete.

p پنجگوشه PENĞ-GÔŠE. Sbst. *pentagone.* | Fünfeck.

p پنجم PENĞUM. Adj. num. ord. بشنجی *le cinquième.* | der fünfte.

t پانجه BENĞE. s. بن

p پنجه PENĞE. Sbst. *serre, griffe, le devant de la semelle d'une botte; signature d'un gouverneur ou d'un ministre.* | Hand, Pfote, Kralle (von Raubthieren und Vögeln); der vordere Theil der Sohle, Klaue, Handzeichen der Minister, Statthalter und anderer höherer Beamteten (ähnlich der Tugra des Kaisers). کویك s. کویك پانجه‌سی

p t پنجه‌لمك PENĞELEMEK u. پانجه‌لیمك PENĞELEJEMEK. Vb. act. پنجه زدن *saisir avec les griffes.* | mit den Krallen fassen. — Deriv. پنجه‌لشمك PENĞELEŠMEK. Vb. recipr. *en venir aux mains.* | handgemein werden, einander in die Krallen gerathen.

p t پنجه‌لو PENĞELI. Adj. *qui a des ongles, des griffes.* | Klauen habend, bekrallt. شیر پنجه‌لو ŠIR-PENĞELI, *qui a les griffes d'un lion.* | der Klauen hat wie ein Löwe.

t o بانجی BINĞI. Sbst. LT. بیکم *princesse, grande dame.* | Fürstin, vornehme Frau.

t o بنجیك BINĞIK (mongolisch). Sbst. *relai.* | Ort wo die Courier-Pferde Halt machen, Poststall, Station.

t بنجیلك BINĞILIK. Sbst. [v. بنمك] *art de monter à cheval.* | Reitkunst.

a بند BEND. Pl. بنود BUNÛD. Sbst. سنجاق t لواء . علم *étendard, drapeau; corps d'armée de dix mille hommes.* | Fahne; Heeresabtheilung von 10,000 Mann.

p بند BEND. Sbst. بلغ . بوغنتی . بولار . بوغون . دوکم *ce qui lie, lien, nœud, digue; ce qui est lié, reliure d'un livre, couple de bœufs; vers, refrain, paragraphe d'un chapitre; réservoir d'eau;* au fig. *promesse, contrat, captivité, soin, souci.* | das Bindende, Band, Binde, Fessel, Riemen, Knoten, Zaum, Gurt, Sehne, Damm an der Mündung eines Thales, der dasselbe zu einem Wasserbecken oder künstlichen See macht, Deich, Teich. In übergetragener Bedeutung, das wodurch man gebunden oder gehemmt ist, Versprechen, Vertrag, Gefangenschaft, Sorge, Noth, Kummer. Das Gebundene, Verbundene, Band eines Buches, Joch Stiere, gebundene Rede, Vers, Refrain, überhaupt ein kurzer Ausspruch, kurzer Abschnitt eines Kapitels. In Zusammensetzung, als Particip oder Radix von بستن der oder das bindende, festigende, vgl. میان بند . حیله بند . بیبند . نعل بند — ETMEK, p بستن t بغلامق *lier, attacher, obliger, faire des vers.* | binden, anbinden, verbinden, verbindlich machen, Verse machen. قپانوب بند *fermer, barrer, barricader (une porte).* | fest verschliessen, verrammeln (eine Thür). بنا بند بند سوکیلوب چوکمك *s'écrouler.* | zusammenstürzen (ein Gebäude). Kam. s. v. لاجلاجلة

p پند PEND. Sbst. t اوکت a نصیحت . موعظة *conseil, avis, admonition.* | Rath, gute Lehre, Ermahnung. پند نامه PEND-NÂME, *livre de morale.* | Sittenbuch. — ETMEK oder — WERMEK, *donner des conseils.* | guten Rath geben, gute Lehren geben.

p بنداب BENDĀB. Sbst. بیغاب . جزیره *réservoir, étang; île.* | Wasserbehälter, Teich; Insel.

p بنداد BUNDĀD. Sbst. a اسلس t اساس بنیاد . بلی بست *base, fondement d'édifice, mur.* | Grundlage, Grundmauer, Mauer. بنداد تپه‌لو *jeter les fondements.* | den Grund legen.

p پندار PINDĀR. Sbst. a مطالعة . تصور خیال . غرور . عجب *pensée, opinion, imagination, orgueil, chose étonnante.* | Gedanke, Meinung, Einbildung, Stolz, Wunder. — Rad. v. پنداشتن

p پنداشتن PINDĀŠTEN. Denom. v. پندار Vb. intr. *juger par induction, estimer, penser, croire, savoir.* | folgern, meinen, denken, für wahr halten, wissen.

t بن‌داغی BEN-DAĞA. s. بن

p بندار BUNDĀR. Sbst. [v. بن] بنلو *qui a des fonds, homme riche, négociant riche.* | einer der Grund (Kapital) besitzt, ein Reicher, reicher Kaufmann.

p بندوز BEND-DÛZ oder بندوز BENDÛZ. Sbst. جوال دوز *aiguille d'emballage.* | Packnadel [in den Wörterbüchern irrthümlich بندروز u. بندرز].

a بندر BENDER. Pl. بنادر BENÂDIR. Sbst. لیمان . کمی بکلنکی یر . اسکله *rade, port, échelle du Levant, port de mer, ville ou fort maritime, place de commerce.* | Rhede, Hafen, Hafenstadt, Hafenfestung, Handelsplatz.

a p بندرگاه BENDER-GÂH. Sbst. — بندر *lieu de port, port.* | Hafenplatz.

t بندرمك BINDIRMEK. s. بنمك Deriv.

p بندروغ BEND-RÛG. Sbst. *digue d'irrigation.* | Damm auf dem Acker (zur Bewässerung).

a بندق BUNDUK. Pl. بنادق BENÂDIK. Sbst. فندق . قورشون . تفنك *noisette; balle de fusil; fusil.* | Haselnuss; Gewehrkugel; Schiessgewehr, Flinte.

a t بندقجی BUNDUKĞY. Sbst. تفنکجی *fusilier.* | Füselier, Musketier.

a بندقة BUNDUKA. Sbst. Nom. unit. v. بندق — خرده چقل کبی بندقلر Kugeln wie kleine Kiesel. Kam.

a بندقیة BUNDUKIJE. Sbst. *fusil.* | Flinte.

p بندگان BENDEGÂN. Sbst. Pl. v. بنده

p بندگی BENDEGI oder t بنده‌لك BENDELIK. Sbst. خدمتکارلق . عبودیت . کوله‌لك *état d'esclavage, servitude, service.* | Sclaverei, Knechtschaft, Dienst. بندگی کردن *être esclave, servir.* | Sclave sein, Dienst leisten, dienen.

p بندکیر BENDGIR. Sbst. *espèce de ciment.* | eine Art Kitt.

p t بندلامق BANDLAMAK. Vb. act. *lier.* | binden [illegible]. Abulg. S. 84.

P [illegible] LYK. Sbst. *siège d'une ville.* | Belagerung. قلعه بندلکی ایتمك eine Stadt belagern. Derbend-name S. 51.

p بندو PENDU oder PINDU. Sbst. [illegible] *ricin (plante).* | Ricinus (Pflanze).

t o بندوك Sbst. LT. غنچه *bouton (de fleur).* | Knospe.

t بنده BEN-DE s. بن

p بنده BENDE [Partic. v. بستن] Sbst. كفيل . خدمتكار . كسولى . عبد . اسير *lié, captif, esclave, serviteur; garant.* | ein Gebundener, Gefangener, Sclave, Diener; Bürge. بنده نواز بنده پرور BENDE-PERWER oder BENDE-NUWÂZ. der seine Sclaven gut hält. بنده خانه BENDE-ḪÂNE. *maison de serviteur, c. à d. de votre serviteur, ma maison.* | Diener-Haus, d. i. Ihres Dieners Haus, in höflicher Rede s. v. a. mein Haus, vgl. قوليغكده. — بنده زاده BENDE-ZÂDE. *fils d'esclave, mon fils.* | Sclavensohn, in höflicher Rede s. v. a. mein Sohn.

p بندگى BENDEGI u. t بندهلك BENDELIK. s. بندگى.

p بندگير BENDEGIR. Sbst., — بنده *esclave, serviteur.* | Sclave, Diener.

p بندى BENDI. Pl. بنديان BENDIJÂN. Sbst. محبوس *captif, prisonnier.* | Gefangener.

p بنديدن PENDIDEN. Vb. act. *conseiller.* | Rath geben, — پند ويرمك.

p بنديده BENDIDE. Partic. v. بستن. Adj. u. Sbst. — بنده *lié; esclave.* | gebunden; Sclave.

t پنز PENEZ (ungarisch *pénz*, Geld) *petite monnaie hongroise.* | eine kleine ungarische Scheidemünze (alt).

p بنسال BUN-SÂLE. Adj. سالخورده . كهنه *vieux, ancien.* | alt.

t بنش BENIŠ. Sbst. *manteau.* | Mantel (ohne Aermel).

t بنش BINIŠ. Sbst. v. بنمك *action de monter à cheval.* | das Reiten.

a بنش BENŠ. Sbst. . الشمشل . التهاك . كوشكك . تنبللك . استرخاء *mollesse, manque de vigueur.* | Schlaffheit, Langsamkeit der Bewegungen.

p بنفسج BENEFSIĞ. s. بنفشه.

p بنفشجى BENEFSEĞI. Adj. *violet.* | veilchenblau.

a بنفسه BI-NEFSIHI. s. نفس.

p بنفشه BENEFŠE, auch بنفشه BENEFŠE u. بنفسج BENEFSEĞ, vulg. منكشه MENEKŠE. Sbst. *violette.* | Veilchen. بنفشه كوكى BENEFŠE KÖKI, *racine de violette.* | Veilchenwurz (Iris). بنفشه مربّاسى BENEFŠE MURABBASY. *conserve de violette* | Eingemachtes von Veilchen. قطمر بنفشه KATMAR BENEFŠE oder بنفشه مضاعف BENEFŠE MUZÂ'IF, *violette double, marguerite.* | Tausendschön, Masslieben.

t بنقلدق Sbst. بكوم . يره سرم ايمك *fontanelle, endroit des sutures du crâne.* | Schlagbrunnen oder Zusammenfügung der Hirnschale (bregma capitis). Kam. s. v. اليكوم . الفلقة . الكوثة u. s.

it بنقه BANKA. Sbst. *banc, banc de galère.* | Bank, Ruderbank auf Galeeren.

p بنك BENG. Sbst. مسكر . اسرار . مستطيق . حشيشه vgl. بنج u. بنك *chanvre; maslach, plante narcotique, électuaire narcotique fait des feuilles du chanvre etc., jusquiame; amorce, appas, allèchement.* | Hanfpflanze; überhaupt narkotische Pflanze, wie Bilsenkraut u. dgl., bei den Tartaren auch der Tabak; ein berauschendes Präparat aus den Blättern des Hanf und anderer narkotischen Pflanzen. بنكدانه BENG-DÂNE oder schlechthin BENG, — بنك يم Körner mit denen man die Fische betäubt, Köder. — بنك قومق oder بنك ويرمك *allécher.* | ködern, — يم ويا قه لوكمك.

t بنك BENEK. Sbst. الاجه . بنك *tache, mouches de diverses couleurs (p. ex. sur la peau), fleurs du visage d'un buveur; pointillage, ouvrage pointillé, satin pointillé.* | Fleckchen, Flecken auf der Haut, Sprenkel (z. B. auf der Haut oder dem Felle mancher Thiere), Pickel auf der Haut in Folge des Genusses geistiger Getränke; Punktirung, punktirte (mit der Nadel gestickte oder gemalte) Figuren; eine Art bunter (punktirter) Atlas. — BENEK-BENEK. *moucheté.* | gesprenkelt, gefleckt, scheckig.

t بنك BINEK und بنجك Sbst. [v. بنمك] *monture, cheval de selle.* | Reitthier, Reitpferd. بنك دوه BINEK-DEWE. Kameel zum reiten. بنك طاشى BINEK-TAŠY. *montoir.* | Tritt, Aufsteigestein (auf den man tritt, um leichter auf das Pferd zu steigen).

t بيك BING. Adj. num. *mille.* tausend, — بيك.

p پنگان PINGÂN. Sbst. a فنجان *coupe à boire; mesure à eau.* | Becher oder Tasse; Wasseruhr oder Wasserwaage, Instrument zum Messen der Wassermenge.

p بنكاه BENGÂH u. بنكاه PENGÂH. Sbst. . بوبه . اغرلق . خزينه . اوتلمسى . بولاجادرى . اغرلق *tente en étoffe de laine ou de feutre; cabane de nomades, l'intérieur de la tente; trésor; fardeau, bagage, attirail.* | Zelt von Wollenstoff oder Filz, turkomanische Lagerhütte; die innere Abtheilung des Zelts wohin nur die Familie und vertraute Freunde Zugang haben; Schatzkammer; Last; Gepäck und Geräthschaften. بار و بنكاه *bagage, tout ce qu'on mène après soi.* | Gepäck und Alles was man bei sich führt.

p بنكشتن BENGEŠTEN. Vb. act. بلع *avaler.* | verschlingen.

p بنكشمك BINGIŠMEK. s. بنمك Deriv.

t بنكلشمك BENGLEŠMEK. s. بكلشمك.

t بنكلمك BENEKLEMEK u. بكلمك BEŇEKLEMEK. Vb. act. [vgl. بنك . بنك . بكلشمك s. بكلمك] *tacheter, moucheter, pointiller, peindre de diverses couleurs.* | sprenkeln, punktiren, bunt verzieren.

t بنكلو BENEKLI oder بكلو BEŇLI. Adj. [vgl. بنك u. بنك الاجه] *tacheté, moucheté.* | gesprenkelt, bunt. الوان بنكلو اطلس ايله زاينته mit goldenen und blauen Punkten verziert.

p پنكن BENKEN u. پنكن PINKEN. Sbst. *râteau, herse.* | eine Art Rechen oder Egge. سورگى

p بنكى BENGI. Adj. u. Sbst. *qui s'enivre au moyen de beng.* | der sich mit Beng berauscht. vgl. بنك.

p پنكيدن PINKIDEN. Vb. intr. كنكدو كندو ايله سويلنمك ويا تنقدمك *parler à soi-même, murmurer; être en colère.* | mit sich selbst sprechen, murren, zürnen.

t بنكلك BENGLIK. Sbst. *usage fréquent du beng; ivresse produite par l'usage du beng.* | Genuss des Beng, Berauschung durch Beng. vgl. بنك.

p بنلاد BUNLÂD. Sbst., — بنداد und بنياد *fondement d'édifice.* | Mauergrund.

t بنلك BENLIK. Sbst. [v. بن] a انانيت *égoïsme.* | Selbstsucht, Eigensucht.

t بنلمك BINILMEK. s. بنمك Deriv.

p t بنلو BÜNLI. Adj. *qui a un fond, fondé.* | was einen Grund hat, gegründet, vgl. بن.

t بنم BENIM und بنوم BENÜM. Genit. v. بن BEN. Pron. poss. *mon, à moi.* | mein. بنمكى BENIMKI. *le mien.* | der, die, das meinige.

t بنمك BINMEK und بيمك (o بنوق) Vb. intr. Aor. بنر BINIR. a ركوب . p سوار شدن *monter, aller à cheval, aller en voiture.* | besteigen, aufsteigen, einsteigen, reiten, fahren. Mit dem Locativ des Objectes. آته بنمك ATA BINMEK, *monter à cheval.* | zu Pferde steigen, auf einem Pferde reiten. آق قطره بنمشيدى er ritt auf einem weissen Maulthier. Mohammedije. كميه بنمك *s'embarquer, monter à bord, naviguer.* ein Schiff besteigen, sich einschiffen, in einem Schiffe fahren. — Deriv. I. بندرمك BINDIRMEK. Vb. caus. *faire monter etc.* | besteigen u. s. w. lassen. — II. بندرمه‌مك BINDIRMEMEK. Vb. caus. neg. davon بندرمز BINDIRMEZ. *qui ne se laisse pas monter (un cheval).* | nicht aufsteigen lassend, sich nicht besteigen lassend (ein Pferd). Kam. s. v. الشماس. — III. بنلمك BINILMEK. Vb. pass. — IV. بنكشمك BINGIŠMEK für بنشمك Vb. recipr. I.I. a تراكب . تداؤم . ارتجسام p برقم نشستن *monter l'un sur l'autre.* | übereinander steigen, sich übereinander häufen. بنكشب قاتلمق übereinander zusammenkleben (von nassen Blättern). Kam. s. v. التجدب . انتحجيد.

t بنمكى BENIMKI. s. بنم.

t بنمه BINME. Sbst. *action de monter à cheval, etc.* das Reiten, Besteigen.

a بنو BENÛ. s. بنون.

p بنو BENÛ. Sbst. خرمن *tas de grains.* | Getreidehaufen.

p بنوان BUNWÂN. Sbst. بغچوان *gardien du jardin, gardien des moissons.* | Gartenwächter, Feldwächter.

a بنوة BUNUWWAT. Sbst. اوغللق . اوغل اولمق . كيفيتى . اوغل اولمق *qualité de fils.* | Sohnschaft.

a بنود BUNÛD. Sbst. Pl. v. بند *étendards.* | Fahnen.

p بنوك BENÛK oder بنوك كسوم BENÛK-I KIHM. Sbst. *lézard.* | Eidechse.

t بنوم BENÜM. s. بنم.

a بنون BENÛN. Sbst. Pl. v. ابن *fils.* | Sohn. In Genitivverbindung (stat. constr.) بنو BENÛ, oder nach türkischer Schreibart بنى BENI. — بنى آدم BENI-ADAM *les fils d'Adam, les hommes.* | die Adams-Söhne, Menschen. بنو الاصفر oder بنو اصفر *les Européens.* | die Europäer. vgl. Zeitschr. der deutsch. morgenl. Gesellsch. Bd. 11, S. 237 ff.

a بنوى BENEWI. Adj. اوغلنه منسوب ومتعلق اولان *filial, se rapportant à un fils.* | kindlich, dem Sohne geziemend, auf den Sohn bezüglich.

t بنوشى BENEWIŠ. Adj. *pourpre.* | purpurroth, = منوش

p بنه BENE und پنه PENE. Sbst. *a* مزبله *fumier, endroit où l'on met les ordures.* | Misthaufen, Schutthaufen.

p بند BENŠ. Sbst. *cordon.* | Schnur, Bindfaden. بنش بناء BENŠ-I BENNÂ, die Schnur, Richtschnur der Architekten.

p بنه BUNA. Sbst. منزل، خانه، اسباب خانه *attirail, bagage; auberge.* | Geräthschaften, Gepäck; Herberge. بنه بستمك *faire son paquet.* | das Bündel schnüren, fortgehen.

a بنّة BENNET. Sbst. رائحه . بوى . قوقو *odeur.* | Geruch, Duft.

p پنهان PENHÂN. Adj. اورتيلى . گيزلو . [اشكار *o* پيدا Gegentheil v.] مخفى . *a* متخفى *caché, occulte, mis de côté, couvert, clandestin, secret.* | verborgen, versteckt, bei Seite gelegt, aufgehoben, verdeckt, geheim.

p پنهانى PENHÂNÎ. Sbst. *cachette, chose cachée, action de cacher.* | Versteck, das Versteckte, das Verstecken. در پنهانى *en cachette.* | im Verborgenen.

t پنه‌كى PENEGI. Sbst. نوم قلميان كسه *léger sommeil.* | leichter Schlummer. Kam. s. v. سنيع الشباب اوبور النعساب

t بنه‌كيد BINEGID. Sbst. *plateau, huche* (Hindoglu). | Teigschüssel.

t بنى BENI. Accus. v. بن

t بنى BINI. Sbst. *montant d'une porte.* | Pfosten zwischen den beiden Flügeln einer Thür. Kam. اسلسلجه واسلجه وزنسنده سلجمه معسلسنه لرك تركيمده بنى تعمير اتدكلرى در قابولرده وثوابت قطالرنده اولور

p بنياد BUNJÂD. Sbst. = بسيخ . بسن *a* بنا . بنيا . *t* بنا . اساس . بنى . بدو . اصل *racine, origine, fondement, base, bâtisse, constitution physique.* | Wurzel, Ursprung, Grund, Grundlage, Grundmauer; Bau, Erbauung; körperliche Constitution (vgl. d. Flgde.). — ETMEK, *poser les fondements, fonder.* | den Grund legen, gründen, begründen. نصيحت بنياد قيلدى er begründete den Rath, ertheilte ausdrücklichen Rath. Ali Schir.

a بنيان BUNJÂN. Sbst. . بنيى يابمسق . بناء . مرام بنا *action de bâtir, bâtisse, construction, édifice, constitution du corps, le corps.* | Bau, Erbauung, Gebäude, Körperbau, der menschliche Körper.

a بنية BINJET, BUNJET. Sbst. طرز، صورت . بنيى بنا شكل *construction, édifice, constitution, organisation, forme, charpente du corps.* | Bau, Gebäude, Natur und Wesen einer Sache, Organisation, Körperbau, Leibesbeschaffenheit, Knochenbau. صحيح البنية الخلقة von guter Constitution.

a بنيّة BENIJET. Sbst. *l'édifice, c. à d. le temple de la Mecque.* | das Gebäude, d. i. der Tempel in Mekka.

t پنكى BINGÜI. Sbst. *cavalier.* | Reiter. s. بنمك

p پنير PENIR und پنير PEINIR. Sbst. *a* جبن *fromage.* | Käse. پنير ماسطى PENIR MÂSTI, = قورتق ماستى *a* انفحه *présure.* | Käselab. پنير شكرى PENIR ŠEKERI, = قنمش حلواسى *p* پنيده *a* قليد *lait caillé avec du sucre.* | saure Sahne mit Zucker.

p بنير BENIR. s. نير

t بو BU. Pron. demonstr. *a* ذلك *p* اين *ceci, celui-ci.* | dieser, diese, dieses. Gen. بونك BUNUŇ. Pl. بونلر BUNLAR. *t o* بولر und بلر BULAR. Gen. بلرنك BULAR-NING. Dat. بلرغه BULAR-GA. s. d. Gramm. بوبكا . بوندن . آرا . اندا . بوارده . بوانتده

p بو BU. Rad. u. Imperat. v. بويدن

p بو BU. Sbst. verkürzt aus بوى s. u. *odeur.* | Geruch. In Zusammensetzung zur Bildung von Adjectiven, z. B. خوشبو CHOŠ-BU. wohlriechend عنبربو 'AMBER-BU. ambraduftend.

a بو BU. Sbst. verkürzt aus ابو ABU und nur in Zusammensetzung gebraucht. بو العجب BU-L-'AĞAB. *père de l'étonnement, c. à d. prodige, chose étonnante, merveille; parasite, imbécile.* | Vater des Wunders, d. i. etwas Wunderbares, Wunder; Schmarotzer, Dummkopf [= طفيلى بوداله] بو الفضول BU-L-FUZÛL. *prétentieux, bavard, impudent.* | ein anmassender, dünkelhafter Schwätzer, unverschämter Mensch. بو الهوس BU-L-HEWES. *passionné, capricieux, ignorant.* | ein Eigensinniger, Unwissender, Dummer [= عقلسز . جاهل . بوداله].

t بو BU. [Rad. v. بونمق] *action de courir çà et là, de chercher q. ch.* | das Herumlaufen, Suchen. In Zusammens. *qui court, qui cherche.* | laufend, suchend.

p بوا BEWÂ. Sbst. Abkürzung v. جوز بوا *noix muscade.* | Muskatnuss, = شندسقى جوزى

a بواء BEWÂ. Sbst. برابرلك *égalité, égal et équivalent à un autre.* | Gleichheit. دمبوادم *sang pour sang, talion.* | Blut um Blut, Blutrache.

a بوّاب BEWWÂB. Sbst. قپوجى *p* دربان *portier, concierge, valet de chambre.* | Thürhüter, Thürsteher, Kammerdiener. سربوابين SER-I BEWWÂBIN. Oberstkämmerer.

a بوابت BIWÂBET. Sbst. قپوجيلق . قپوجى خدمتى *charge de portier, de valet de chambre.* | Dienst des Thürstehers oder Kammerdieners.

a بوابى BEWWÂBI. Adj. *convenable à ou regardant le portier.* | dem Thürsteher oder Kammerdiener zukommend.

a بواحا BEWÂHEN. Adv. *p* آشكارا ظاهرا *ouvertement, en public, en plein jour.* | offen, öffentlich, ohne Hehl.

a بوار BEWÂR. Sbst. هلاك، هلاكلك، فساد *ruine, perte, perdition: se gâter.* | das Verderben, zu Grunde gehen, Verwesen, Verfaulen. دار البوار DÂR EL-BEWÂR. *l'enfer.* | Haus des Verderbens, d. i. die Hölle (Sur. 14. 33).

a بوارد BEWÂRID. Adj. Pl. v. بارد

a بوارق BEWÂRIK. Sbst. Pl. v. بارقه

a بوارى BEWÂRI. Sbst. Pl. v. *p* بوريا

a p بواسطه BE-WÂSITE. s. واسطه

a بواسير BEWÂSIR. Sbst. Pl. v. باسور

t o بوايل BU-JYL. LT. امسال *cette année.* | dieses Jahr, heuer. s. بو u. ايل

p پوپ PÛB. Sbst. كاكل مرغان Federbusch oder Krone mancher Vögel vgl. پوپك

p پوپ PÛB. Sbst. بساط . جاجم كليمى . او بركى *tapis.* | Teppich, Tapete.

it پوپا PUPA. Sbst. (poppa). *poupe, l'arrière d'un vaisseau.* | Hintertheil des Schiffes.

p بوبر BÛBER, auch بوبرد BUBERD und بوبردك BÜBERDEK. Sbst. بلبل *rossignol.* | die Nachtigal.

gr بوبر BÛBER. s. بپر *poivre.* | Pfeffer.

t بوبرك BÖBREK. Sbst. *rein, rognon.* | die Nieren. بوبرك ياغى BÖBREK-JAGY. Nierenfett.

t بوبرلك BÜBERLIK. s. بوبك

t o پوپك PÜPEK, auch پوپوك . بوبوك . پوپك Sbst. [Demin. v. *p* پوپ] LT. پوپولدك SL. تاج مرغان *couronne de plumes à la tête de quelques oiseaux, touffe de plumes, de cheveux; huppe.* | Federbusch oder Krone von Federn auf dem Kopfe mancher Vögel, besonders des Wiedehopfes; Schopf, Quaste; Wiedehopf, = شدشد

t پوپله PUPLA. Sbst. *édredon, plumes.* | Eiderdunen, Federn. پوپله دوشكى *lit de plumes.* | Federbett.

a بوبو BUBU. Sbst. انسان العين . كوز بيبكى *prunelle, pupille de l'œil; le meilleur de q. ch. ce qu'on aime ou estime le mieux.* | Augenstern, Augapfel; in übergetragener Bedeutung: das Mittelste, Beste, Kern einer Sache, das was man am höchsten schätzt, besonders werth hält.

t بوبو BUBU oder بوبو قوشى BUBU KUŠU, auch *t o* پوپوش PUPUŠ. Sbst., = شدشد . پوپك *huppe.* | der Wiedehopf.

t بوبو PUPU. s. بوبو ديمك—بكرمك Beifall rufen.

p بوبور BÛBUR. s. بپر *poivre.* | Pfeffer.

t o پوپوش PUPUŠ. s. بوبو

t o بوبوك BUBUK. s. پوپك

t o بوبوكيكس N. pr. LT. ذى الوسى ازبك

t o بوبنجك Sbst. vgl. بوبو *prunelle, pupille.* | Augapfel, Augenstern. Abulg.

t بوت BUT, auch بود BUD u. بوط Sbst. *a* فخذ *p* ران *cuisse, jambe.* | Schenkel, Bein. قويون بوتو KOJUN-BUDU. oder قورتچق بوتو KYWYRĞYK BUDU. *gigot de mouton.* | Schöpsenkeule. طوكوز بوتو DOŇUZ-BUDU. *jambon.* | Schinken.

p بوته BÜT. s. بوت u. بت

t بوت POT. Sbst. 1. صال *bac.* | Fähre.

2. گورك *plis, froncis.* | Falte (Hindegin). vgl. بوتك

t o بوتاه und بوته Sbst. [vgl. پوتوق] *rejeton, petit d'animal, enfant; broderies et peintures sur un tapis etc.; point sur lequel on vise.* | Schössling, Sprössling, das Junge eines Thieres, Kind, Knabe; Stickereien u. dgl. auf einem Teppich; das Ziel (Scheibe oder Punkt an der Scheibe) nach dem mit dem Pfeile geschossen wird. = طبله

t o بوتالق s. بوتلق

t o بوتالیغ und بوتالیق BUTALYG Adj. *qui a un petit; pleine (femelle d'un animal).* ein Junges habend, trächtig بوتالیغ تیوه ein trächtiges Kameel. Abuš.

t o بوتاو BUTAW. Adj., = بتون *tout, tous.* | alles, ganz, alle.

بوتلر POTÜR. s. بوتور

t o بوترامق s. بوترالمق u. بوترالمق

t بوتراق u. بوتراق BUTRAK. Sbst. [vgl. بوداق] *nœud d'arbre.* Astknoten. بوتراق دیکنی BUTRAK DIKENI, Name eines dornigen Gewächses oder einer Art Klette. = ا u. حسك بلسك *p* شكوفه دلقه LL.

t بوتراقلو und بوتراقلی BUTRAKLYK und BUTRAKLY. Adj. *noueux.* | knotig, knorrig.

t o بوترامق BUTRAMAK. SL. oder بوترمق LT. und پوترامق POTRAMAK. VL. Vb. intr. پراكنده شدن *se dissiper, se déployer, se défaire.* | sich zerstreuen, zerstieben, sich entfalten, sich auflösen. — Deriv. I. بوتراتمق oder پوترانمق POTRATMAK. Vb. caus. پراكنده كردن *dissiper, faire se déployer, mettre en fuite, chasser.* | zerstreuen, auflösen, auseinanderwerfen, treiben, jagen u. s. w., in die Flucht jagen, vertreiben. عقل ودانش قوشلارین كوكلم اویندن بوتراتدی nachdem sie (die Blicke der Geliebten) die Vögel der Vernunft und Klugheit aus dem Hause meines Herzens verscheucht. Ali Schir. — II. بوترالشمق u. بوتراشمق Vb. recipr., = بوترالشمق SL. بوترالشتورمق — پریشان ومنتشر شدن III. Vb. recipr. caus. = بوتراتمق

t o بوترامق POTRAMAK Vb. intr. *p* بوییدن *t* قوقولامق *sentir, flairer.* | riechen, wittern. Ali Schir: olfacere, odorari. Q.

t o بوتره POTYRA. Sbst. *alarme et sortie des habitants armés pour se défendre ou courir sur quelques assassins* | ein Ausschuss der Inwohner Gemeinde. Meninski.

t بوتك POTIK. Sbst. *pll. godron.* | Falte (Hindeglu).

t o بوتكرمك 1. Vb. act. caus. v. بوتمك *accomplir.* | vollenden, = بتورمك u. بوتورمك und بوتكمك 2. بوتسمك SL. *couvrir.* | bedecken. — Deriv. بوتكلنمك Vb. pass. refl. پوشیده شدن *être couvert, se couvrir.* | bedeckt werden, sich bedecken, vgl. بورومك

t بوتكلمك POTIKLEMEK. Vb. act. *friser.* | kräuseln (Hindeglu).

t o بوتلم LT. شترچه *jeune chameau.* | junges Kameel.

t بوتلهار s. بوتمار

t o بوتمك LT. und بوتمك SL. Vb. intr. درست شدن = *t* بتمك *croître, devenir entier et complet, se guérir.* | wachsen, vollständig werden, heilen (eine Wunde). — Deriv. بتورمك = درست كردن بوتكزمك Vb. caus. *faire croître; accomplir.* | wachsen lassen, vollenden s. بتكرمك. — II. بوتكزیلمك Vb. caus. pass. = بتیرلمك

t o بوتنمك LT. u. بوتنمك Vb. intr. وثوق واعتماد كردن *avoir confiance.* | trauen, vertrauen.

بتون s. بوتون

بوتو PUTE oder پوتانه PUTANA, auch بوتی und بوتن Sbst. كوفه *hotte.* | Butte, Rückenkorb. Meninski.

t بوتور POTUR. Adj. *ridé.* | faltig, runzlich. الّثغ اوست تمكنك بوتور بوتور اولان صوقیه تیمور EL-NIT'U wird der runzliche vordere Obergaumen genannt. Kam.

t بوته BUTA, auch بوته und بوتله PUTA (vulg. PÜTE) Sbst. Tahrif v. بوته *creuset.* | Schmelztiegel.

t بوتالومبه PUTALUMBA. s. بنتالومبه

p بوتیمار BÜTIMÂR. Sbst. بالقجیل *héron.* | der Reiher.

p بوچ PUČ u. پوچ u. پوچ Adj. بوش *t* اجوف, انباشته, اجوف *vide, creux, enflé, gonflé, vain, inutile; absurde, imbécile, stupide.* | hohl, leer, aufgeblasen, eitel, nichtig, unsinnig, unnütz; dumm, blöde. Als Sbst. 1. اغزك ایچی *l'intérieur de la bouche* | die Mundhöhle. 2. = پوچ كمكی PUČ KEMIGI, *os sacrum, os coccyx.* | Schwanzbein, Steissbein, Steiss, = قویرق صوقومی اوجه s. u. عصعص Kam. s. v. العصعص، العصعص، التعقعة، العسعة، [الحجعة] — ETMEK. *détruire, anéantir.* | zerstören, vernichten. Derbend-name.

t بوجاق s. بوجق u. بوجاق

t o بوجاق PUDAK. Sbst. *courge.* | eine Art Kürbis.

t بوجالامق POJALAMAK u. بوجالمق Vb. intr. *chancelier.* | taumeln. بوجالیوب كتمك = بوجه ایله بوریمك Kam. s. v. التوقه، التكسع, vgl. بوجه

t بوجك BÖJEK. Sbst. حشره، شامه، قیقه، بورد *reptile, insecte, scarabée, ver.* | Reptil, Insekt, Wurm, Käfer, Krebs, Schnecke). تسبیح بوجکی TESBIH-BÖJEGI, = *p* هزارپا Skolopender (?). LL. اكین بوجكی EKIN-BÖJEGI, = كفشیار Saatkäfer (?). LL. حمام بوجكی HAMAM BÖJEGI, = *p* خرخاكی Assel (?). LL. یلدز بوجكی JYLDYZ BÖJEGI. *ver luisant.* | Leuchtwurm. صومكلو بوجك SÜMÜKLÜ BÖJEK. *limaçon.* | Schnecke. قوندز بوجكی KUNDUZ BÖJEGI. *cantharide.* | spanische Fliege. خرده بوجك QURDE BÖJEK. *petits insectes.* | kleines Gewürm.

p t بوجمغز PUĞ-MAGZ. Adj. *vide, creux.* | leer, hohl. vgl. پوچ Kam. بوش ایچی ابوجمعر بوش وبوجمعز تعبیر دنیورکه تولوق تعبیر اولنور

t بوجو BÜĞÜ. Sbst. = *p* ترسانك ترسانك *épouvantail, menace.* | ein Ding oder ein Wort womit man die Kinder in Furcht jagt. LL. vgl. معصوم ملری قورقتق ایچون ایچون دیو الكنى دیملری s. Kam. s. v. بوجه

t o بوجوق PÜTÜK. s. بچوق

t بوجورغاد BOJURGAD. Sbst. *cabestan.* | Ankerwinde auf dem Schiffe.

t o بوجوق BÜĞÜK. 1. Sbst. = بچوق *moitié, demi.* | Hälfte, halb. 2. Adj. *dont le nez a été coupé ou écrasé.* | an der Nase verstümmelt. LL. u. SL.

it پوجه POGA. Sbst. (poggia). كمیننك صاغ طرفی *tribord.* | rechte Seite des Schiffes (starboard side), Aufduven des Schiffes (Redhouse: an easing of the helm, a bearing up). — ETMEK. (it. poggiare) das Schiff aufduven oder abfallen lassen, um von da an mit dem Winde zu segeln. اورجه بوجه یوریمك oder بوجه اورمق بوجه اورق یوریمك oder *chanceler en marchant.* | beim Gehen hin und her taumeln. vgl. بوجالمق u. Kam. s. v. النشع s. النثع

t بوجسی BUHSY. s. بوغتمی

t بوحیم s. بوی u. بوخم

t o بوخلاوه s. بوشلقی

t o بوخاق BUHAK. Sbst. *bandage.* | Verband um eine Wunde.

t o بوخسمق BUHAMAK. Vb. intr. *avoir du dégoût, être affligé.* | etwas hässlich finden, Widerwillen empfinden, betrübt sein, Liebeskummer haben.

t o بوخاو BUHAW. Sbst. طوق كردن زنجیر SL. *carcan.* | Halskette.

p بخشی s. بوخشی

t بود BUD. Sbst. *cuisse.* | Schenkel. s. بوت

p بود BÜWED. 3. Aor. v. بودن

p بود BÛD. vgl. بودن Sbst. = *t* واركلك، وجود، كینونت = *a* *existence* | das Sein. بود ونابود Sein und Nichtsein.

p بود PÜD, auch بوت u. بوت Sbst. ارش *trame d'un tissu.* | Schussfaden des Gewebes [Gegentheil v. تار u. تار].

p بود PÛD. Sbst. قو *amadou* | Zündschwamm.

t بوداجق BUDAGYK. Sbst. Demin. v. بوداق s. d. Figde

t بوداق BUDAK u. بوداغ Sbst. دال، چیوق، شعبه = *p* شاخ، شلم، غصن *branche d'arbre, cep de vigne; nœud dans le bois.* | Ast, Rebe, Astknoten im Holze, = بوتراق

t بوداقلنمق BUDAKLANMAK. Vb. intr. *pousser des branches.* | Aeste treiben.

t بوداقلو BUDAKLY. Adj. دالّو *plein de branches, de ceps; noueux.* | voller Aeste oder Reben; ästig, knorrig.

t o بودال BUDAL. Sbst. جای ومكان *lieu, place.* | Ort und Stelle. SL.

t بوداله oder بودالا BUDALA. Adj. und Sbst. = *a* خشك مغز *p* مخلوط عقلی قیت *sans capacité, imbécile, idiot.* | dumm, Dummkopf, Tölpel.

t بوداليق BUDALYK. Subst. *imbécilité*; Dummheit, Verstandesschwäche.

t بودامق BUDAMAK. Vb. act. Aor. بودار BUDAR u. بودانمق BUDANMAK. Aor. بودانور BUDANYR. *a* خضد *p* فروخويدن ، بيراستن *ébrancher, ébourgeonner, tailler la vigne.* die Aeste oder Reben beschneiden. — Deriv. بودانلمق BUDANYLMAK. Vb. pass.

t بودانتی BUDANTY oder بوداندی BUDANDY. Sbst. كسنتی *sarments.* abgeschnittene Aeste oder Reben, Reissig.

to بودانمق BUDANMAK. SL. برهنه شدن *être nu.* | nackt sein. s. بودامق

to بودلامق SL. سكندری خوردن *culbuter.* | kopfüber stürzen. s. بودامق سكندری 2. ==

to بودای BUDAJ. Sbst. *espèce de vêtement particulier aux grands.* | ein Kleidungsstück der Vornehmen Uzbeken. SL. نوعی از برود خصّاص اوزبكيه

t بوداجی BUDAJGY. Sbst. *ébrancheur, vigneron.* | Bäumebeschneider, Gärtner, Winzer.

t بودور s. بودرا

t بودروم BODRUM, auch بودروم und بودرومه Sbst. سرداب *cave.* | Keller.

p بودش BUDIŠ. Sbst. *existence.* | das Sein. vgl. بودن

t بوداق s. بوديق

to بودلمه BUDALMAG. Sbst. LT. قسمی از نان *sorte de pain.* | eine Art Brod. vgl. بولماج

p بودن BÛDEN. Vb. Sbst. Rad. بو u. باش *être.* | sein.

to بودنه BÜDENE. Sbst. بلدرچين *caille.* | die Wachtel.

p بودنی BUDENI. Sbst. u. Adj. *ce qui est capable d'être, ce qui peut être, qui est possible.* | das was ist oder sein kann, das Mögliche.

t بودور BUDUR, auch بودر u. بودور Adj. u. Sbst. *a* قصير *p* كوتاه *court, petit de taille: courtaud, nain.* | kurz, untersetzt; von kurzer, plumper Statur; Zwerg. Kam. s. v. الحبحب ، الشبه ، الارب

t بودورلق BODURLUK u. بودورلق Sbst. *taille courte.* | Untersetztheit, kleiner Wuchs.

to بودی BUDI. Adj. *profond.* | tief.

p بودش BÛDI. Sbst., — بود und بودش *existence.* | das Sein.

a بور BEWR, oder nach türkischer fehlerhafter Aussprache: BÛR [Kam. s. v. البور] Sbst. *jachère.* | Brachland, Brachfeld.

p بور BÛR. Adj. *rouge, qui tire sur le jaune.* | rothgelb, als Sbst. رنك اسپيكه

بور آت LT. رنكش زرد مثل يسبحی بود BUR AT. *cheval alezan.* | fuchsrothes Pferd. 2 سويلوی قوشی *faisan.* | Fasan.

t بور PUR. Adj. u. Sbst. *dur et pierreux: sol dur et pierreux.* | hart und steinig; harter und steiniger Boden. Kam. an vielen Stellen.

p بور PÛR. Sbst., — پسر *fils.* | Sohn.

p بور PÛR. Sbst. *cheval.* | Pferd. vgl. بور

t بورا BURA. Sbst. zusammengez. aus بو und اورا *cette place*, dieser Ort, diese Stelle. بورام BURAM. *cette place à moi, cette place de mon corps.* | dieser mein Platz, diese Stelle an meinem Körper. بوراك BURAŇ. diese Stelle an deinem Körper u. s. w. بورايه BURAJA. *là, vers cette place.* | hierher, an diese Stelle meines Körpers. بورادن BURADAN. *de là, de cette place.* | von da, von dieser Stelle. بوراده BURADA. *ici.* | hieher. بورايه دك BURAJA DEK. *jusqu'ici.* | bis hieher. بورالر BURALAR. *ces lieux, par là.* | diese Orte, hier herum.

to بوراغان BURAGAN, auch بوراغن und بوران oder بوران Sbst. [Partic. v. بورمق] *tourbillon, ouragan, tempête.* | Wirbelwind, Sturm, Wind mit Regen, — *t* بورا

t بوراق BURAK. s. بورق

to بوراك LT. دل و كرده — *t* بوركه *coeur et poumon.* | Herz und Lunge.

t بوران BURAN. Partic. v. بورمق *tournant, piquant.* | drehend, bohrend. دل بوران *vin piquant, qui pique la langue (vin de Champagne).* | die Zunge bohrend, d. i. die Zunge kitzelnder Wein (insbes. vom Champagner-Wein).

to بوراغان s. بوران

a بورانی BÛRÂNI. Sbst. *un mets délicat.* | eine leckere Speise [طعام لطيف] nach Buran bint Hasan, der Gemahlin des Chalifen Mamun genannt. Kam. s. v. البورانية

t بورايه BURAJA. s. بورا

t بورت PURT. Sbst. بورش *pli, froncer.* | Falte. vgl. بورت

to بورتلو und بورتلق Sbst. *escarpé.* | abschüssig, steil, unwegsam.

t بورتمق BURTARMAK. Vb. intr. [Intens. v. بورمق] oder بورتلمق Vb. denominat. v. بورت *se rider, se refrogner.* | faltig werden, sich runzeln. vgl. بورتمق BORTURMAK. Caus. v. بورمق

t بورتشق BORTUŠUK. Adj. *ridé, ratatiné.* | runzelig, geschrumpft. ات بورتشق و بورتشق *chair ridée et ratatinée* | zusammengeschrumpftes Fleisch. Kam. s. v. البمازير

t بورتق BURTUK. Sbst. *ride.* | Runzel, بورتشق

it پورتقال PORTUKAL. *le Portugal; orange.* | Portugal; Apfelsine (Frucht aus Portugal).

t بورتلمق BURTYLMAK. s. بورمق Deriv.

t بورتوراجی BURTURGUĞY. Sbst. *qui ride le front, homme d'un air sévère.* | einer der die Stirn runzelt, ein Mann von finsterem oder ernstem Ansehen.

t بورتون BURTUN, auch بورتلو u. برتلو Sbst. *gabare.* | Gabarre, Lastschiff. — Meninski: navis vectoria bellica.

to بورته BÜRTE. Sbst. *cheval blanc.* | Schimmel (Pferd).

t بورج BURǦ. Sbst. *gui.* | die Mistel (viscum album). SL. دبق

t بورج BORǦ. Sbst. *a* قرض ، وام ، دين *dette, emprunt; obligation, devoir; prêt.* | Schuld (passive und active), Schuldigkeit — ETMEK oder بورجه كيرمك BORǦA GIRMEK. *contracter des dettes.* | Schulden machen. بورجنى اودمك BORǦUNY ÖDEMEK oder بورجدن چقمق BORǦDAN ÇYKMAK. *payer ses dettes.* | seine Schuld bezahlen. بورجم در BORǦUM DUR. *c'est mon devoir.* | es ist meine Schuldigkeit.

t بورجاق BURǦAK, auch بورجاق und برجق Sbst. *vesce.* | Wicke.

to بورجك LT. زلف *boucle de cheveux.* | Locke.

to بورجنسك SL. لاله صحرائی *tulipe sauvage.* | wilde Tulpe.

t بورجلانمق BORǦLANMAK. Vb. intr. *contracter des dettes, s'endetter.* | Schulden machen, in Schulden gerathen, verschulden.

t بورجلو BORǦLU u. بورجلی Adj. und Sbst. وام دار ، مديون ، غريم *endetté, débiteur; créancier.* | verschuldet, Schuldner; Gläubiger. Kam. s. v. الخلو

to بورجی BURǦY. Sbst. LT. بافنده *qui tresse, natte, tisserand.* | der Flechter, Weber. vgl. بورمق

to بورجين Sbst. آهوی ماده *gazelle femelle.* | Gazellenweibchen.

to بورداجی BURDAGY. Sbst. LT. ويران كننده *qui ruine, destructeur.* | der Zerstörer.

to بورداغ Adj. فربه و پرور *gras, engraissé.* | fett, gemästet.

to بورداغان BURDAGAN. Sbst. *couveuse.* | Bruthenne.

t بورده BORDA, BURDA. Adv., — بوراده oder بورده *ici, çà, dans ce lieu.* | hier, da. بورده در BORDA DYR. *le voilà, il est ici.* | hier ist er.

to بوردامق BURDAMAK. Vb. intr. SL. فربه و پرواری شدن *être gras, engraissé.* | fett, gemästet sein oder werden. — Deriv. بوردالتمق Vb. caus. *engraisser.* | mästen.

it بورده BORDA. Sbst. *bord (de navire).* | Bord, Seite des Schiffes, Gang beim Laviren (Redhouse: tack in sailing). بورده بورده Bord an Bord, dicht neben einander (Redh.: side by side, porthole to porthole).

t بورسمق BORSUMAK und بورسمق Vb. intr. *être décrépit.* | abgelebt sein. بورسبوب چورومك BORSUBUB ČÜRÜMEK. ex antiquitate computrescere et cariosum esse. Meninski.

بورسوق BORSUK und بورسق Sbst. (polnisch Borsuk). *taisson, blaireau.* | Dachs.

t بورسی BURSEWI. Adj. u. Sbst. *habitant de Brousse.* | Einwohner von Brussa.

بورسه BURSA nach بروسه und BURSE und BRUSA. N. pr. *la ville de Brousse.* | die Stadt Brussa in Kleinasien.

t بورش BURUŠ. Sbst. v. بورمق *ride.* | Falte, Furche, Runzel. بورش بورش اولمق voller Runzeln und Risse sein (die Haut). Kam. s. v. التشنّج

t بورشترمق s. بورمق Deriv.

t بورشق BURŠUK. Adj. u. Sbst. *ride, pli, sillon; ridé.* Falte, Runzel, Furche, Unebenheit des Bodens; faltig, runzelig. — بوصلريننك دريسى بورشق اولان آت ein Pferd dessen Schenkelhaut runzelig ist. Kam. s. v. الشنج

t بورشقلق BURŠUKLUK. Sbst. *état d'être ridé; ride.* | das Runzelig sein; Runzel.

t بورشقلو BURŠUKLU. Adj. *ridé.* faltig, faltig, runzelig, gefurcht.

t بورشمش BURŠMUŠ. Adj. *ridé, crispé, ratatiné; flétri.* runzelig, zusammengeschrumpft, zusammengedrückt, untereinander verwickelt; verwelkt. s. بورشمق

t بورشمق BURŠMAK. s. بورمق Deriv.

t o بورشمنق s. بورمق Deriv. III.

بورسوق s. بورصق

t بورمق s. بورشمق

t بورغاج BURGAǴ. Adj. بوكرى *recourbé, tortu, de travers.* | krumm, gebogen, schief. — بورشلر *coude ou sinuosité (d'une vallée, de la route, d'une rivière).* | Krümmung, z. B. eines Flusses, eines Thales, des Weges u. s. w. Kam. an vielen Stellen. قويروغى بورغاج *qui a la queue courbée.* | mit krummen Schwanze. بورغاج وچمبشك سوزلر *ambages du discours, discours embrouillé* | Ausreden, Ausflüchte, Umschweife. Kam. s. v. المعاذير

t بورغو oder بورغى BURGU, auch بورقى u. بورغى Sbst. [v. بورمق] *tarière, foret, vilebrequin; vis.* — *to trompe, cor, trompette.* etwas gedrehtes oder gewundenes, Bohrer (von verschiedener Grösse und Art); Schraube. — *tu* Horn zum Blasen, Trompete. vgl. بورو. — توفنك بورغوسى TÜFENK BURGUSU. *tire-bourre.* | Krätzer. شيشه جكجك بورغو ŠIŠE ČEKEǴEK BURGU. *tire-bouchon.* | Pfropfzieher. فوجى بورغوسى FUǴY BURGUSU. *perçoir.* | Fassbohrer.

t بورغوجى BURGUǴY. Sbst. *qui manie la tarière; qui fait des tarières.* | der den Bohrer handhabt oder Bohrer verfertigt.

t بورغولامق BURGULAMAK. Vb. act. *manier la tarière, percer avec la tarière.* | bohren, durchbohren.

a بورق BEWRAK. vulg. بوراق BORAK. Sbst. *p t a* تنكار. بوره *natre, borax.* | Nitrum, Borax.

t بورقتمق BURKUTMAK. s. بورقمق

t بورقلق BURKLUK u. بورقلنق Sbst. *contorsion.* | Verdrehung, Verrenkung. — سكير بورقلغى *entorse.* | Verstauchung. vgl. d. Folgde.

t بورقمق BURKMAK u. بورقيمق BURKUMAK, auch بيرقمق Vb. act. vgl. بورمق *tourner, disloquer.* | drehen, ausdrehen, ausrenken. قولني بوردقلر man hat ihm den Arm ausgerenkt.

t o بورگنمك BÜRGÜNMEK. Vb. act. vgl. بورك *couvrir la tête.* | den Kopf bedecken, die Mütze aufsetzen. — Deriv. I. بورگتمك BÜRGÜTMEK u. بورگتمك Vb. caus. *faire couvrir.* | bedecken oder verhüllen lassen. II. بورگنمك BÜRGÜNMEK u. بورگنمك Vb. pass. u. refl. *se couvrir, s'envelopper.* | sich bedecken, sich verhüllen oder einhüllen. — بورنك

t o بورك BÜRG. Sbst. Pelzmütze. s. برك

p بورك BÖREK. Sbst. *pâté, tourte.* | Pastete, Torte. سلطان بوركى SULTAN BÖREGI. *amaranthe (fleur).* | Amaranthe.

t o بوركو s. بورگه

t o بوركوت s. بوركت

p t بوركجى BÖREKǴI. Sbst. *pâtissier.* | Pastetenbäcker.

t o بوركجى BÜRGǴÜ u. بركجى Sbst. *bonnetier.* | Mützenmacher. s. برك

t o بورگنمك s. بورگنمك Deriv.

t o بوركو BURGU u. بوركا BURGA. Sbst. *cerf.* | der Hirsch.

t o بوركوت BÜRKÜT und بوركت Sbst. *aigle, vautour.* | Adler, Geier.

t o بوركوت BURKUT. Sbst. *temps nébuleux, mauvais temps.* | nebliges Wetter, schlechtes Wetter.

t بورلق s. بورمق Deriv.

t o بورلوج BURLUǴ. Sbst. *jardin.* Garten.

t بورمق BURMAK. Vb. act. Aor. بورار BURAR. *a* تلويه. عصد. عقف. *p* پيچيدن. تاب دادن. پيچيده كردن. *tourner, tordre, coucher, plier, cambrer, tresser, tourner avec force, tourner q. ch. dans le sens opposé.* | drehen, winden, renken, flechten, biegen, krümmen, falten, bohren, schrauben. — قتى بورمق = *a* عرقسك *tourner q. ch. pour le rendre plus solide.* | fest drehen (z. B. ein Seil). بوروب قيرمق *tourner q. ch. pour le rompre.* | etwas durch drehen zerbrechen oder etwas aufdrehen. — اجرلسى صاجيندن بوروب قيرمق — لفت = بوروب چويرمك *tourner et retourner.* | hin und her drehen. قول بورمق *tordre le bras.* | den Arm ausdrehen oder auswinden. بويون بورمك = *a* انقلاء *incliner le cou, pencher la tête.* | den Hals biegen, den Kopf senken. قولاغنى بوردى *il lui a tiré les oreilles.* | er hat ihn an den Ohren gedreht. Deriv. I. بورلق und بورلمق BURULMAK. Vb. pass. und refl. *a* تقع. التواء. انعصار *p* پيچيده شدن *être tordu etc., se tourner, se contourner, se rider, se plier, se serpenter.* | gedreht u. s. w. werden oder sein, sich drehen, wirbeln (der Wind), sich biegen, sich winden (z. B. vor Schmerz), sich runzeln, sich schlängeln (z. B. die Streifen auf farbigen Stoffen), unter einander gedreht und verflochten sein. انقطاع = اياق سكرى بورلق *être luxé (le pied).* | sich den Fuss verstauchen. اچورلهرب بورلق *éprouver des courbatures, des crampes.* | sich winden, Krämpfe haben. بورلمش صاچ بلوكى = *a* قصة oder عقصة *boucle, mèche de cheveux qui frisent.* | zusammengedrehte Haarlocke. بورلمسو بورلسلو يل oder بورلسدرق ايتك *tourbillonner.* | im Wirbel wehen (der Wind). Kam. s. v. الشعفر, الشعير. صلعة وصعوب بورلەرك بوروب *aller en zigzag, serpenter.* | rechts und links gewendet, im Zickzack gehen, sich schlängeln. Kam. s. v. النعقع. العسج. العوج. — II. بورشمق BURŠMAK. Vb. coopr. refl. Aor. بورشور *a* تعكد. تقبض. تشنج. شسع *p* چين شدن. خوشيدن *se contracter, se crisper, faire des plis, être ridé, ratatiné; se flétrir.* | sich zusammendrehen, sich zusammenkrümmen, sich verwickeln, Runzeln oder Falten bilden, zusammenschrumpfen (z. B. die Haut oder Blätter), verwelken. — III. *t o* بورشمنق Vb. recipr. neg. SL. يكديكر تقدم جستن *chercher à se devancer l'un l'autre.* sich nicht untereinander verwickeln, d. i. einer dem anderen zuvorzukommen suchen. — IV. بورشدرمق und بورشدرمق BURŠTURMAK. Vb. recipr. refl. caus. — تقبض. تشنج *p* خوشيدن *contracter, crisper, faire se rider, rider le front, avoir l'air sévère.* zusammenziehen, zusammenfalten, bewirken dass etwas Runzeln oder Falten u. dgl. bekommt, die Stirn runzeln, finster blicken. — V. بورتورمق oder بورتورمق BURTURMAK. Vb. caus. = بورشمق vgl. بورتمق BURTARMAK *faire se rider, rider le front.* | falten, runzeln, die Stirn runzeln. بورشوب بورتورمق *faire rider la peau.* | die Haut zusammenziehen, so dass sich Runzeln bilden. بورتلوب بورتورمق = تحلحم *se ratatiner.* | zusammenschrumpfen. Kam. يوزكوز بورتوروب بورشدرمق ein finsteres Gesicht machen. Kam. s. v. الصرن. — VI. بورلتمق u. بورلتمق BURULMAK. Vb. pass. | von einem ungebräuchlichen Caus. بورلق *se rider, se crisper.* | runzelig werden, zusammenschrumpfen, sich zusammenziehen. بورشوب بورلتمق = تقبض *se contracter.* | sich zusammenziehen. Kam. s. v. الحعد. — بورتلوب منقبض اولق zusammengeschrumpft sein. Kam. s. v. الصعبة. — VII. *t o* بورولق Vb. refl. = خوتوا. جمى شمسلى *se plier, se courber.* | sich krümmen, sich falten.

t بورمك s. بورمق BURMAK.

t بورمك BÜRMEK. Vb. act. *envelopper.* | einhüllen. Deriv. بورنمك BÜRÜNMEK. Vb. refl. Aor. بورنور BÜRÜNÜR *s'envelopper.* sich einhüllen. vgl. بورنك

t بورمه لامق BURMALAMAK. Vb. act. *forer.* | die Schraube oder den Bohrer drehen, schrauben, bohren.

t بورمه BURMA. 1. Sbst. vgl. بورمق *action de tourner, contorsion, vis, tarière; escalier à vis.* | Windung, Drehung, Verrenkung; etwas gewundenes, Schraube, Bohrer, Wendeltreppe. يورك بورمه لرى JÜREK BURMALARY. *colique.* | Leibschneiden. بورمه توتونى BURMA TÜTÜNI. *tabac en rouleau.* | Rollentabak. 2. Adj. *tourné, tordu.* | gedreht, gewunden.

t بورون s. بورون BURUN.

t o بوراخس, s. بكد و بنار Sbst. LT. بورون

t o بورنا BURNA. Adj. und Sbst. SL. اول. وابتدا *premier, commencement.* | das Erste, Anfang. vgl. بورلاق u. بورتلقى

t o بورنقجى BURNAǴAK. Sbst. SL. زمان پيش *temps antérieur.* | frühere Zeit.

to بورناراق BURNARAK. Comparat. v. بورنا Sl. مقدم تر *plus antérieur, plus-tôt.* | mehr vorn, früher. vgl. بوروراق

t بورناز BURNAZ. Adj. u. Sbst. *a* عنّاب *p* بورك بينى *qui a un grand nez.* | grossnasig. vgl. بورون

to بورناغى BURNAGY. Adj. *p* نخستين *antérieur, premier.* | der vorderste, erste. vgl. بورنا

t بورونجق BURUNǦUK und *to* بورنجك . بورونجك . بورونجاك . بورنجاك Sbst. مقنعه . معجر زنان . برقع *voile des femmes, gaze, crêpe, toile fine.* | Schleier, Schleiertuch, Gaze; feine Leinwand.

t بورنجك Sbst. LT. *a* غريشه *p* سريش . سيريش . سريش *glu.* | Kleister, Leim.

t بورندى BÜRINDI. Sbst. vgl. بورمك *action de se contracter.* das sich zusammenziehen. گوبك بورندسى krampfhaftes Zusammenziehen des Nabels. Kam. s. v. الرحارة

t بورندلق BURUNDALYK, auch بورنسلق oder بورنصالق BURUNSALYK und بورونلق BURUNLUK. Sbst. *muselière.* | ein Knebel von Holz oder ein Ring, der den Thieren in der Nase befestigt wird, um sie zu leiten, Maulkorb. Kam. an vielen Stellen.

a بورنس BURNUS. s. برنس

t بورنسو s. بورونسو

to بورنغى oder بورنقى s. بورونغى

t بورنلو s. بورونلو

t بورنمك BÜRÜNMEK. s. بورونمك

t بورو BURU oder BORU und بورى BORY. Sbst. *a* قلداق vgl. بورغو und بورمق 1. *contorsion, tranchées du ventre, douleurs de l'enfantement.* | Verdrehung, das sich Winden vor Schmerz, Leibschneiden, Geburtsschmerzen, Wehen (auch von Thieren), auch بورسى oder ولادت بورسى . — 2. *tuyau, tube; cor (instrument), trompette* | Rohr, Rinne; Rohr oder Horn zum Blasen, Trompete, = *a* بوق . *p* شيپور . — بوروزن oder بوروجى BORUǦY. *sonneur de trompette.* | Trompeter. بورمين بوروسى BÜRMIN BORUSU. *tuyau de lunette à longue vue.* | Fernrohr. چشمه بوروسى ČEŠME-BORUSU, = چشمه اولوغى *tuyau de fontaine.* | Brunnenrohr. چوبان بوروسى ČOBAN-BORUSU. *cornet de vacher.* | Hirtenschalmei. — بورو خنطيلى s. خنطيلى

p بوروز s. بوروز u. بروز PÜRÜZ.

t بوروشمق BURUŠMAK. s. بورمق Deriv.

t بورون BURUN, auch برون oder بورن und برن Sbst. *a* انف 1. *nez, bec, promontoire; moucheron de chandelle.* | das was vorn ist oder hervortritt, in räumlicher Beziehung, hervortretende Spitze, Nase, Schnabel, Schnauze, Vorgebirge, Landspitze, Schnuppe am Lichte. بورون دركى BURUN-DIREGI. *l'os du nez.* | Nasenbein. بورن دلكلرى BURUN-DELIKLERI. *les narines.* | die Nasenlöcher. بورننى صومورمك BURNUNU SÜMÜRMEK. *se moucher.* | sich schnäuzen. موم بورننى آلمق MUM BURNUNU ALMAK. *moucher la chandelle.* | das Licht putzen. آياق قابنڭ بورونى AJAK KABYNYŇ BURUNU. *pointe du soulier.* | die Spitze am Schuh. قره بورون KARA BURUN. *cap noir.* | das schwarze Vorgebirge. سراى بورنى SARAI-BURNU. *la pointe du sérail à Constantinople.* | die Serailspitze bei Constantinopel. — ايست بورنى . سلبق . مقدمه *a* ابتدا . — 2. *to* علّيك الكلب *s.* ايندلك *ce qui est avant q. ch., temps antérieur, commencement.* | das was vorher ist, in zeitlicher Beziehung, frühere Zeit, Anfang. — Als Adv. u. Adj. *avant, antérieurement, antérieur.* | vor, vorher, früher. بورون زمانده *autrefois.* in früherer Zeit, in alter Zeit. بورون لدين بيتلس antequam pervenerunt. Ali Schir. بورون انلدين كه antea. انلدين بورون antequam. Q.

to بوروندوس BURUNDUS. Sbst. Sl. معاريمنى شتر و سيمبسلار 1. *bride ou muselière (du chameau)* | Zaum oder Nasenring (des Kameeles), = بورندلق 2. *chef de l'armée.* | Anführer des Heeres.

to بوروراق BURUNRAK. Adj. u. Adv. vgl. بورون *antérieur, avant.* | früher, vor. انلدين بوروراق *avant lui.* | vor ihm, früher als er. متوشلخ دين بوروراق اولتى er lebte vor Methusalem. Ali Schir.

to بورونغى BURUNGY, auch بورنغى . بورنقى u. بورونقى Adj. *antérieur, premier.* | früher, vorher, der frühere, erste, = برنجى

t بورا BORA oder بوراى Sbst. قلى *tempête, ouragan, ondée de pluie, grain sur mer; soulèvement, révolution.* | Sturm, heftiger Wind vor dem Regen, Windstoss, Unwetter, plötzlicher Regenguss. Kam. s. v. الانبعلى . آلاناكب — In übergetragener Bedeutung: ein Erguss von Scheltworten; Empörung. بورا يمك BORA ČEKMEK. *être exposé à une tempête, souffrir une tempête; avaler une ondée de sottises.* | einen Sturm aushalten, tüchtig ausgescholten werden. بورا قوپدى ein Sturm hat sich erhoben, eine Empörung ist ausgebrochen.

p بوره BORA. Sbst. s. بورق *borax, nitre.* | Borax, Nitrum.

t بوره PÜRE. s. پيره

t بورادن BURADAN und بوراده BURADA. = بو u. ارا s. بورادن u. بوراده oder بوارادن

t بورى s. بورو

to بورى BURI Sbst. u. N. pr. Sl. كرك LT. قرغه از جغتى *loup; nom d'une tribu turque.* | der Wolf; Name eines tschagataischen Stammes.

to بورياتا N. pr. LT. نام الويسى از اوزبك

p بوريا BURJA. Sbst. *tissu grossier de roseaux et de paille, natte de paille.* | Strohmatte, Schilfmatte. بوريا بساك BURJA-BAF. *faiseur de nattes.* | Mattenflechter

t بوروجى BORUǦY. Sbst., = بوروزن *trompette (instrumentiste).* | Trompeter. s. بورو

t بورش s. بوروش

gr بوريطس BURITIS u. بوريطش BURITIŠ. Sbst. (πυρίτης) *pierre à feu, marcassite* | Feuerstein, Markasit.

t بوريلو BURULU. Gerund. v. بورلمق

t بوريمك BÜRIMEK v. بورمك BÜRMEK, auch بورمق BURMAK und بورومق BURUMAK Vb. act. LL. . تغطية . اغشاء . تزميل . زرّقى ارغاق *envelopper, couvrir entièrement, saisir et pénétrer entièrement, obscurcir.* | einhüllen, ganz bedecken [z. B. vom Wasser welches das Land überschwemmt, = اغمر Kam.], ganz und gar einnehmen [z. B. Hitze oder Kälte den Körper, = تعمم oder اشتمال LL.], verdunkeln. بر نسنه يى بوريوب ستر ايتمك eine Sache ganz verhüllen. طبابه ايله بوريوب قيمق fest mit dem Riemen umwickeln. عقلى بورر es umhüllt, verdunkelt, stört den Geist. — Deriv. بورنمك BÜRINMEK u. بورنمك Vb. refl. Aor. بورنور BÜRINÜR. *a* اعتشاء . ترمّل . تغشى *s'envelopper, se couvrir.* sich einhüllen, einwickeln, sich bedecken (mit dem Dativ der Sache). جبه يه بورنمك sich in ein Kleid hüllen. بر نسنه يه صارلوب بورنمك sich mit einer Sache umwickeln.

to بوز BOZ. Sbst., = بز Sl. كرباس *tissu, toile.* | gewebter Stoff, Leinwand.

t بوز BUZ. Sbst. *a* جمد . *p* يخ . فسرت . خسر *glace.* | Eis. بوز خانه BUZ-HANE, = بوزلق *glacière.* | Eiskeller. بوز پارچه سى BUZ-PARČASY. *glaçon.* Eisscholle. بوزلر چوزلمه BUZLAR ČÖZÜLME. *dégel.* | Thauwetter. بوز كبى BUZ GIBI. *blanc et transparent ou poli et lisse comme la glace.* | wie Eis, d. i. weiss und durchsichtig oder spiegelglatt. الماس بوزى ELMAS-BUZU, auch schlechthin BUZ. *gendarmes des diamants.* | kleine Flecken in einem Diamant oder anderen durchsichtigen Körpern.

t بوز BOZ, auch *to* بوز Adj. بوز رنكى . قمر كبودى مايل سفيدى . گوزلك *p* *a* اشهب *gris, grisâtre, bleuâtre, blanc de glace.* | grau, stahlgrau, blaugrau, eisgrau. بوز آت BOZ AT, auch schlechthin بوز = *p* خنگ . اسب سفيد *a* اشهب . اسب نجيبلك رنك *cheval gris; cheval de mauvaise race.* | Schimmel, auch ein Pferd von unedler Rasse [= تركى oder تركمانى, Gegentheil von عرّاب Kam. s. v. الاعراب ff. u. öfter]. قزل بوز KYZYL BOZ. *fauve.* | röthlichgrau. Kam. s. v. الاصحر. — = بوز چيله اسب سيلك *cheval truité.* | Rothschimmel. بوز بقال BOZ-BAKAL, = *p* شحرور *a* قرهقوش *merle.* | die Amsel. LL. u. Kam. بوز يلان = *a* ارقد Name einer Schlange. Kam.

t بوز Sbst. طبراغى يتلر *sol dur.* | harter Boden. Kam. s. v. تمبر

t بوزا BUZA u. BOZA u. *t* بوزه Sbst. *a* غبيراء . غلو . سقرقه *p* سقرقع . سكركه LL. *boisson faite de millet.* | ein Getränk das aus Hirse bereitet wird, in manchen Gegenden auch aus Mais, Buchweizen oder Hafermehl.

to بوزا BUZA. s. بوزاغى

t بوزرمق s. بوزارمق

t o بوزرگر Sbst. LT. دهقان *habitant d'un village.* | Dorfbewohner.

t بوزاغی BUZAGY u. بوزاغو *t o* بوزاو بوزو u. بوزه Sbst. SL. بچه گاو و میش و گوسالہ. ترشیپ *p* گاو. فرغند. بچه گاو u. LL. گوساله آهو و امثال آن. بره *petit de bête fauve, veau, agneau.* | Kalb, Lamm, Junges von Rothwild, Nashorn, Antilope u. s. w. کیک بوزاغیسی GEIK-BUZAGYSY. Hirschkalb. بوزاغی اتی BUZAGY-ETI, = دانا اتی *viande de veau.* | Kalbfleisch. بوزاغیلق اوگرغسی *carré de veau.* | Kalbskeule. بنی اسرائیلك بوزاغیسی das Kalb der Kinder Israel in der Wüste.

t بوزاغیلق BUZAGYLYK. Sbst. *qualité, état, nature du veau.* | Kalbsnatur. گر بوزاغیلق سنك خلقتك ایسه wenn die Kalbsnatur dir angeschaffen ist, d. i. wenn du von Natur ein Kalb bist. 1001. N.

t بوزاغیلمق BUZAGYLAMAK oder بوزاغولق Vb. intr. *veler.* | kalben.

t بوزاغیلق BUZAKLYK. Sbst. اوتلاق تمکلمك *regain.* | Grummet (Meninski).

t بوزلمق BOZALAMAK. Vb. act. *grisailler.* | grau färben.

t o بوزبوغا BOZBOGA. Sbst. LT. زنجبیل *gingembre.* | Ingber.

t o بوزبوغه Sbst. = بوز *tissu, toile.* | gewebter Stoff, Leinwand.

t o بوزجعی BOZDŸN. Sbst. *biche.* | Hirschkuh.

t بوزدغان BOZDOGAN, auch بوزدغن Sbst (ungarisch: buzogány). چماق *massue.* | Streitkolben, Streitaxt.

t o بوزره LT. Sbst. درفش

t o بوزرق LT. چوب بینی شتر Nasenknebel des Kameels. vgl. بورندق

t بوزرمق BOZARMAK u. بوزارمق Vb. intr. vgl. بوز *devenir gris, pâlir, blanchir (de vieillesse).* | grau werden (z. B. im Alter), blass werden, die Farbe verlieren. Partic. بوزرمش BOZARMYŠ. *pâle, livide, languissant.* | blass, matt.

t بوزش BOZYŠ. Sbst. *rupture, défaite.* | Bruch, Niederlage. باغ بوزشی *vendange.* | Weinlese. vgl. بوزمق

p پوزش PŪZIŠ. Sbst. عذر خواهی *excuse, apologie, action de demander pardon.* | Entschuldigung, Vertheidigung, Rechtfertigung. پوزشلمق = پوزش ایتمك oder پوزش کردن *excuser q. qn., s'excuser, demander pardon.* | jemanden entschuldigen, sich entschuldigen, um Verzeihung bitten; auch پوزش خواستن. — پوزش پذیر *excusable; excusé; qui agrée des excuses, clément.* | zu entschuldigen; entschuldigt; einer der Entschuldigung annimmt, gnädig. عذری قبول ایتمك = پوزش پذیرفتن Entschuldigung annehmen oder gelten lassen.

t بوزشق BOZUŠUK. Sbst. und Adj. von بوزشمق [Gegentheil von بارشق] *rupture; qui a rompu l'amitié.* | Freundschaftsbruch; der Freundschaft und gutes Einvernehmen gebrochen hat.

t بوزشقلق BOZUŠUKLUK. Sbst. *rupture, désaccord.* | Freundschaftsbruch, Uneinigkeit.

t بوزشمق BOZUŠMAK. s. بوزمق Deriv.

t بوزغون BOZGUN u. بوزغین Adj. u. Sbst. *troublé, gâté, débauché, rompu, défait; qui est échappé à la défaite; trouble, défaite, déroute.* | verwirrt, verderbt, geschlagen, aufgerieben; von der Niederlage übrig; Niederlage, Verderben. بوزغون عسکر ein in die Flucht geschlagenes, aufgeriebenes Heer.

t بوزغونلق BOZGUNLUK. Sbst. *défaite, déroute, trouble, confusion.* | Niederlage, Verwirrung, Niedergeschlagenheit.

t بوزق BOZUK u. بوزوق Adj. u. Sbst. vgl. بوزمسق ویران *p* *détruit, gâté, ruiné, rompu; mauvais; changé en petite monnaie; ruine, déroute.* | verderbt, zu Grunde gerichtet; schlecht, böse; gewechselt (in kleines Geld); Verderben, Niederlage. بوزوق دیوار eine niedergerissene oder eingestürzte Wand. Ali Schir. بوزوق سوزلر schlimme Worte, böse Reden, Schimpfreden. Abuig. S. 12. شوا بوزوق در HEWA BOZUK DUR. es ist schlechtes Wetter. بوزق پاره BOZUK PARA. *petite monnaie.* | Scheidemünze. در ویرانی تمامه = بنی بوزقه گرفتم ich erlitt eine Niederlage, war im Verderben. آغزی بوزق اولمق *gueuler* (Hindoglu). | das Maul aufreissen, schimpfen. بشی بوزق s. o. بشی

t بوزق BUZUK. Sbst. *piquette.* | Lauerwein (Meninski Rat: lora, posca).

t o بوزق u. بوزوق Sbst. u. N. pr. SL. نوعی از صحرا که شمشیر بلشد و طائفه از اوغوز خان

(?) بوزق BOŽIK. Sbst. (slavisch). *noël.* | Weihnachten. Hindoglu, = عیسی قوزی بیرامی

t o بوزقچی BOZUKČY. Sbst. *fourbe, coquin.* | ein Schelm.

t o بوزقچیلق BOZUKČYLYK. *fourberie, coquinerie.* | Schelmerei, Unredlichkeit.

t o بوزقش LT. بار [?]

t بوزقلق BOZUKLUK. *t o* بوزقلوق und بوزوقلوق Sbst. vgl. بوزمق ویرانی *ruine, défaite, rupture.* | Niederlage, Verderben, Bruch. برلکه بوزقلغی *rupture de l'amitié, mésintelligence, division.* | Freundschaftsbruch, Missverständniss; Spaltung. برلکه بوزقلق گتورمك das gute Einvernehmen stören. ایرانی ملکیدا تورون بوزوقلوق قیلدی اولنوع کیم آز ییرده آبادانلیق قالدی in Iran richtete er solche Verheerungen an, dass an wenigen Stellen Bevölkerung blieb. Ali Schir.

t o بوزلامق BOZLAMAK. Vb. intr. *crier, pleurer.* | schreien, weinen. — Deriv. بوزلتمق BOZLATMAK. Vb. caus., = بوزمق ویران کردن *p* *dévaster, ruiner.* | verwüsten, verderben. Imperat. بوزلت = ویران کن LT.

t بوزلق BOZLUK. Sbst. *gris.* | graue Farbe. vgl. بوز

t بوزلمز BOZULMAZ. Adj. *inviolable, incorruptible.* | unverletzlich, dem Verderben nicht ausgesetzt. *t* بوزلمش BOZULMYŠ. Adj. *gâté, corrompu.* | verderbt. vgl. بوزمق Deriv.

t بوزلمق BOZULMAK. s. بوزمق Deriv.

t بوزلمك BÖZÜLMEK. s. بوزمك Deriv.

t بوزلمه BÖZÜLME. Sbst. *contraction.* | Zusammenziehung. vgl. بوزمك Deriv.

t بوزلنمق BUZLANMAK. Vb. intr. v. بوز. انسرمك اولمق. طوکمق *geler, se changer en glace.* | gefrieren, sich in Eis verwandeln.

t بوزلو BUZLU. Adj. *glacé.* | eisig, eiskalt, mit Eis gekühlt.

t بوزمه‌جی BOZMAGY. Sbst. *fripier, dégraisseur.* | Trödler, Gewandmacher.

t بوزمتراق BOZMATRAK und بوزمتق BOZMATYK. Adj. *grisâtre.* | grau, in grau schimmernd, gelblich-grau, grau gesprenkelt. Kam. an vielen Stellen.

t بوزمجه oder بوزمجسه BOZMAGA. Sbst. ورل *a* بزمجه *p* *espèce de lézard.* | eine Art Eidechse (lacerta nilotica). Kam. s. v. ضعت

t بوزمق BOZMAK. *t o* بوزمق und بوزمق Vb. act. Aor. بوزار BOZAR. *a* نکث، فسخ، شکستن، تبدیل *p* مثلی، نقض، شوه، تلوبث. کسلمك، ویران کردن، خراب کردن *ruiner, gâter, violer, défaire, changer, altérer, démolir, rompre, détruire, mettre en déroute, abolir, abroger; couver des œufs.* | zerstören, verderben, vernichten, verletzen, zerbrechen, auflösen, auflockern, verändern, in Unordnung bringen, schlechter und geringer machen, zertheilen, zerlegen, auseinander treiben, in die Flucht schlagen; Eier ausbrüten, = قوچیقه اولمق Meninski. بازار بوزمق BAZAR BOZMAK, = *a* اقالة قراك *rompre le marché.* | den Handel brechen. قریغ *a* = بسوسه ارله الفسات الحلوب بوزمق *semer des inimitiés entre les hommes.* | Feindschaft stiften, die Leute verunreinigen. عسکر بوزمق *mettre en déroute, en fuite une armée.* | ein Heer schlagen oder aufreiben. عهد و پیمانی بوزمق *rompre un traité.* | den Vertrag brechen. ایپك فتاللری جسوروب بوزمق *défaire une corde.* | die einzelnen Theile einer Schnur auflockern. اقچه بوزمق *changer de l'argent.* | Geld wechseln (in kleine Münze). اورجلو اورجنی = قطر ایتمك = بوزمق *rompre le jeûne.* | das Fasten unterbrechen. بر نسنه‌نی اوسکی = تغییر *a* = صورتلرینی بوزمق *changer, altérer q. ch.* | eine Sache verändern. قیز بوزمق oder — مهرنی بوزمق und قیزلك قزلغنی بوزمق *déflorer ou séduire une fille.* | eine Jungfrau verführen. مهر بوزمق *décacheter (une lettre).* | das Siegel erbrechen. باغ بوزمق *vendanger.* Weinlese halten. کلیدلی بوزمق *forcer une serrure.* | ein Schloss erbrechen. آتی اشکینینی بوزمق *détraquer un cheval.* | ein Pferd aus dem ordentlichen Gange bringen. بر ساعتی بوزمق *détraquer une montre.* | eine Uhr aus dem Gange bringen. گونش بر نسنه‌نك رنگینی بوزدی *le soleil a flétri la couleur de q. ch.* | die Sonne hat die Farbe eines Dinges ausgezogen. — Deriv. I. *t o* بوزتمق und بوزدمق BOZATMAK. Vb. caus. LT. ویران کردن *ruiner, dévaster.* | verheeren, zerstören. — II. بوزدرمق BOZDURMAK. Vb. caus. SL. خراب قیلدرمق *faire* ruiner. | verwüsten lassen. — II. بوزلمق BOZULMAK. LT. بوزلق und بوزلمق Vb. pass. u. refl. s. شكسته شدن p. انفساد. تغيّر. تفسّخ . خراب شدن . ويران شدن . واتمه آمدن être gâté, ruiné; etc.; se gâter, se corrompre, se détraquer, etc. | verderbt, zerstört u. s. w. werden, schlechter und geringer werden, sich verändern, im Werthe sinken, in Unordnung gerathen. تشسيل، بوزلق s'effacer, disparaître (une marque) | verschwinden, verlöschen (ein Zeichen), — s. تسوم. — رواج بوزلمق être peu prisé, peu recherché. | im Preise sinken, wenig Nachfrage haben. چچكلرك رنكي بوزلمغه باشلدى die Farbe der Blumen hat zu verbleichen begonnen. — IV. بوزشمق BOZUŠMAK. Vb. recipr. se brouiller, devenir ennemis, rompre la paix, recommencer la guerre. | sich entzweien, uneinig werden, den Frieden brechen, den Krieg wieder anfangen.

t بوزمك BÖZMEK u. BÜZMEK u. بيزمك Aor. بوزر BÖZER. Vb. act. contracter, rétrécir, serrer, faire contracter les muscles. | zusammenziehen, enger machen, zusammenpressen, zusammenschnüren, die Muskeln zusammenziehen. Imperat. بوز u. بوز BÖZ, BÜZ. اغزيى بوز AGZY BÜZ. fais la petite bouche. | ziehe den Mund zusammen. — Deriv. بوزلمك BÖZÜLMEK und BÜZÜLMEK. Aor. بوزلور BÖZÜLÜR. Vb. pass. être contracté, etc., se ratatiner. | zusammengezogen u. s. w. werden; sich zusammenziehen, sich zusammenkrümmen, zusammenschrumpfen, einschrumpfen. تقلّص = بوزيلوب دوشمك se contracter. | sich zusammenziehen. كربى كبي بوزيلوب كوچلمك se rouler comme un hérisson. | sich zusammenrollen wie ein Igel.

t بوزمك BÜZMEK. Vb. act. orner. | schmücken. s. بيمك.

t بوزموز BUZMUZ. Sbst. glace. | Eis. Abulg. vgl. بوز

p بوزن BÜZEN. Sbst. champ. | Feld.

t بوزنتى BOZYNTY. Sbst. انبكث ce qui est détordu, défait, effilé. | das Aufgedrehte, Aufgetröselte. vgl. بوزمق

p بوزنه BÜZNE oder بوزينه BÜZINE. Sbst. قرد . ميمون singe. | Affe.

t بوزوه LT. بوزاغى s. كوساله.

t بوزولمك oder بوزلنكلك u. بوزولمك s. بوزلك u. flg.

t بوزا s. بوزا.

t بوزيجى BOZYDŽY. Sbst. s. بوزمق destructeur, violateur. | der Verderber, Verletzer. آند بوزيجى AND BOZYDŽY. parjure. | der Meineidige.

p بوزيدن BÜZÎDEN. Vb. act. excuser, s'excuser, demander pardon, agréer des excuses, pardonner. | entschuldigen, sich entschuldigen, um Verzeihung bitten; Entschuldigung annehmen, verzeihen.

p بوزنه s. بوزينه.

p بوس BÛS, BÔS. Sbst. t اوپيش a قبله baiser. | Kuss. — ETMEK. baiser, embrasser. | küssen. als Rad. v. بوسيدن in Zusammens., — بوسنده qui donne des baisers. | küssend. پابوس PÂ-BÛS. qui baise le pied de q. qn. | den Fuss küssend, Fuss-Kuss. دامن بوس اولمق baiser le bas de la robe. | Saum-küssend sein, d. i. den Saum des Kleides Jemandes küssen, ihm seine Ehrfurcht beweisen.

p بوس BÛS. Sbst. چرب زبانى déception, captation par caresses. | Schmeichelei, Bethörung durch süsse Worte.

t بوس PUS, auch بوص Sbst. und Adj. brume, brouillard; tristesse; triste, mélancolique. | Nebel, trübes Wetter; in übergetragener Bedeutung: trüber Sinn, Traurigkeit; als Adj. trübe, betrübt.

it بوسا s. بوصه.

t بوساط PUSAT, auch بوسات u. بوسات Sbst. آلت . طقم [Tahrif. v. بساط s. o.] outil, instrument, ustensile, appareil. | Zeug, Werkzeug, Geräth, Rüstung. آت بوساتى AT-PUSATY. harnais. | Pferdegeschirr. آلت بوسات ALET PUSAT. armes. | Waffen.

t بوساطلو PUSATLY und بوساتلو Adj. armé. | gerüstet, bewaffnet.

t o بوساغا BUSAGA, auch بوساكه oder آستانه . بيشكاه und بوسغه Sbst. بوسكه seuil; tente ou cour du prince. | Schwelle; Zelt oder Hof des Fürsten.

p بوسغه PÛSINE. Sbst. vgl. بوس Sbst. چرب زبان trompeur, flatteur. | der mit süssen Worten täuscht, Schmeichler.

p بوست PÛST, Sbst. a جلد t درى . قبوق peau (tannée ou non tannée), écorce, croûte, coquille. | Haut, Fell (gegerbt und ungegerbt), Rinde, Schale (als Gegensatz zu Kern). بوست جوز PÛST-I DžEWS. Nussschale. بوست پيرا PÛST-PEJRA. tanneur, corroyeur. | Lederbereiter, Gerber, Lederarbeiter.

fr بوست POST. Sbst. poste, emploi. | Posten, Amt.

t o بوستغان BUSTAGAN. Sbst. bocal, coupe à boire. | ein hoher Becher.

t بوستال POSTAL, auch بوصتال u. بوستال Sbst. pantoufle. | Pantoffel (wie früher die Janitscharen und Läufer trugen). بوستال اوغلى POSTAL OGLU. fils de pantoufle (terme de mépris). | Pantoffel-Sohn (ein Schimpfwort). Kam. s. v. بنو المقعب

p بوستان BUSTAN u. Deriv. s. بستان.

p بوستپوش PÛST-PÛŠ. Adj. vêtu d'une peau. | mit einem Felle oder einer Thierhaut bekleidet.

p بوستيبرا s. بوست.

p t بوستكى PÛSTEKI, POSTEKI, — بوست peau (tannée et non tannée). | Fell, Thierhaut, insbes. v. Schafen. خام بوستكى ḤAM PÛSTEKI. peau crue. | ungegerbte Haut.

it بوسته POSTA. Sbst. la poste, relais; le poste, corps de garde. | die Post; Posten. Redhouse: a watch or relay of workmen.

t بوسته‌جى POSTADŽY. Sbst. postillon. | Postillon.

p بوستين PÛSTÎN. Adj. u. Sbst. كورك fait de peau; pelisse. | aus Fell gemacht; Pelz. بوستين درلمك oder بوستين كرلمك déchirer la pelisse; calomnier, blâmer q. qn. | den Pelz zerreissen, Jemanden schmähen, tadeln. كوركجى — بوستين دوز PÛSTIN-DÛZ, pelletier. | Kürschner. بوستين دوزى = كوركجيلك pelleterie. | Kürschnerhandwerk.

t o بوشراق LT. قسمى از شيرينى sorte de confiture. | eine Art süsse Speise oder Confekt.

بسوز s. بوسر PÛSUR.

t بوسطل s. بوسطل.

p بوسگاه PÛSGÂH. Sbst. اوپلوب بوسه اوپلمجيق محل lèvre. | die Stelle auf welche geküsst wird; Lippe. = بوسجه.

t بوسكورمك s. بوسكرمك.

t بوسكل s. بوسكول.

t بوسكورمك PÜSKÜRMEK oder بوسكورمك auch بسكرمك und بسكرمك Aor. بوسكورور PÜSKÜRÜR. Vb. act. نفكيدن = انتثار. استنشاره souffler de l'eau avec la bouche, cracher, jeter par la bouche; jaillir, faire jaillir, faire avec la bouche un signe de mépris. | aus dem Munde Wasser spritzen, aussprudeln, ausspeien; hervorsprudeln, ausschnauben, einen aussprudeln, anspucken, als Zeichen der Nichtachtung. = بوسكررك جريان ايدن صو — زورت ويرمك sprudelnd fliessendes Gewässer. = ميماه متدفق Kam. s. v. الفعب

t بوسكورمه PÜSKÜRME. Sbst. action de cracher, de jeter par la bouche. | das Ausspeien. آتشطاغك بوسكورمسى ATEŠDAGYŇ PÜSKÜRMESI. éruption volcanique. | Ausbruch eines feuerspeienden Berges.

t پوسكوريجى PÜSKÜRIDŽI. Adj. s. پوسكورمك jaillissant. | hervorsprudelnd. بوسكريجى سيل ein sprudelnder Bach.

t بوسكول PÜSKÜL u. PÜSGÜL, auch بوسكل u. بسكل Sbst. houppe. | Troddel. ايبك بوسكول IPEK-PÜSKÜL. gland de soie. | Quästchen von Seide. محفه بوسكولى MIḤAFFA-PÜSKÜLI. Troddel an einer Frauensänfte.

t بوسكى PÜSKI. Wort ohne bestimmte Bedeutung und nur in Zusammensetzung mit اسكى gebräuchlich: اسكى بسكى ESKI-PÜSKI. vieilleries, lambeaux, etc. | altes Gerülle, alte Lumpen u. dgl.

fr بوسله PUSLA. s. بوصوله.

t o بوسمق BUSMAK. Vb. intr. شلو وكمين vgl. بوصو se tenir en embuscade. | auf der Lauer, im Hinterhalt liegen. قاچغمن بوسقان fliehend und sich verbergend. Abulg. 175 قلجغب بوسيب قالغان Abulg. 72

t بوسمق PUSMAK. Vb. intr. v. بوس être sombre, triste, fâché. | trübe, finster, traurig sein.

t o بوسو oder بوسون LT. شلو وكمين s. بوصو.

t o بوسوملا BUSUMLA. Sbst. poirier. | Birnbaum.

p بوسه BÛSE. Sbst. اوپيش baiser. | Kuss. بوسكاه s. بوسجه‌جا.

p t بوسه‌لك BÜSELIK. Sbst. action de donner un baiser. | das Küssen.

t پوسی PÜSÜ. s. پوصو

tt پوسی POSA. s. پوسا

p پوستتان PÜSITÂN. Sbst. *t* صاغری *chagrin (cuir).* | eine Art feinen, gegerbtes Leder.

p پوسیدکی PÜSIDEGI. Sbst. *corruption, putrification.* | Fäulniss. s. پوسیدن

p پوسیدن BÜSIDEN. Vb. act. اوپمك *baiser, embrasser.* | küssen.

p پوسیدن PÜSIDEN. Vb. intr. چوریمك ، چوریوب یاپسلانمق *se corrompre, s'user, se faner.* | faulen, vermodern, verderben, sich abnutzen, verwelken, — پژمرده شدن. — Partic. پوسیده PÜSIDE. *pourri, corrompu, gâté, usé, vieux.* verfault, vermodert, verdorben, abgenutzt, alt.

a بوسیر BEWSIR. Sbst., = بلسور *hémorroïdes.* | Hämorrhoiden.

t بوش BOŠ. Adj. بوك *p* خالی ، تهی ، مفرغ ، سست نسنت و زن بوش LT. كنواك ، قهی *vide, creux en dedans; libre, désœuvré; veuve, divorcée.* | leer, inwendig hohl; ledig, frei, müssig, unnütz, vergeblich, ungebunden, verwittwet, geschieden (eine Frau). بوم بوش BOM-BOŠ (vulg. BAM-BOŠ). *tout à fait vide.* | ganz leer. بشنی بوش BAŠY-BOŠ. *libre, sans bride.* | frei (z. B. Vieh auf der Weide ohne Aufsicht des Hirten), ungezügelt (von Pferden). بوش ال ایله BOŠ EL-ILE oder بوش الن BOŠ ELLEN (EL-ILEN). *les mains vides.* | mit leeren Händen. بوش یر BOŠ JER. *espace vide; lieu vague, non cultivé; désert.* | leerer Raum; unbebautes, herrenloses Land; Wüste. بوش بوغاز s. بوغز. — بوش لاقردی BOŠ LAKYRDY. *discours futiles, non-sens.* | leeres Geschwätz, Unsinn. بوش وقت BOŠ WAKYT. *temps libre.* | freie Zeit, Musse. بوش بوغاز BOŠ BOGÂZ. *rodomont, vantard.* | Schwätzer, Prahler. بوش بوشنه BOŠ-BOŠYNA oder allein بوشنه *en vain, infructueusement.* | vergeblich, umsonst, fruchtlos. بوش اولمق BOŠ OLMAK. *être vide, être libre, n'avoir rien à faire.* | leer sein, frei sein, nichts zu thun haben. عورتم بوش اولسون *que ma femme soit libre de mes liens (formule de divorce et de serment).* | mein Weib sei ledig, d. i. für immer von mir geschieden (Scheidungsformel und stärkste Betheuerung). بوش در BOŠ DYR. *ce n'est rien, il ne vaut rien.* | es ist leer, es ist nichts; er ist ein leerer Wicht. بوش طورمق BOŠ TURMAK. *être libre, vacant, désœuvré.* | müssig, ledig, frei sein. بوش قومق BOŠ KOMAK. *laisser libre, laisser aller.* | frei lassen, gehen lassen. كندلوینی بوش قومق *être sans soucis, négliger ses affaires.* | sich gehen lassen, unbesorgt, unbeschäftigt sein, sich nicht kümmern, seine Sachen vernachlässigen. دیزگینی بوش قومق *lâcher la bride.* | den Zügel lassen. بوش گزمك BOŠ GEZMEK. *être sans emploi, sans place.* | herumschlendern, ohne Arbeit, ohne Dienst, ohne Anstellung sein.

a بوش BAWŠ. Sbst. غلبه لق *foule, cohue, ramassis de gens de toute espèce, vacarme.* | Gedränge, zusammengelaufene Volksmenge; das Lärmen und Tosen der Menge.

p بوش BEWŠ oder بسوج Sbst. كروفر ، خودنمائی *ostentation, jactance; puissance, magnificence.* | Selbstrühmen; Macht, Pracht.

p بوش BOWIŠ. Sbst. v. بودن *essence, existence.* | Wesen, Sein.

p پوش PÜŠ [Rad. v. پوشیدن] Adj. u. Sbst. اورتنمش ، اورتلكی ، اورتی *ce qui couvre, couverture, couvert; espèce de turban.* | bedeckend, Bedeckung, bedeckt; eine Art Turban, gewöhnlich von schwarzem oder rothem Seidenstoffe. In Zusammensetzung: پا پوش PÂ-PÜŠ. *qui couvre le pied, soulier.* | den Fuss bedeckend, Schuh. جرم پوش DJURM-PÜŠ. *qui couvre le délit; qui pardonne.* | Vergehen zudeckend, d. i. verzeihend. كلاه پوش KELLE-PÜŠ. *qui couvre la tête, calotte.* | den Kopf bedeckend, Mütze.

p بوشا BÜŠÂ. Sbst. اندیشه ، فكر *pensée, méditation.* | Gedanke, Nachdenken.

p پوشاك PÜŠÂK. Sbst. [Partic. v. پوشیدن] *vêtement.* | Bedeckung, Bekleidung.

t o بوشاب = بوش *vide.* | leer.

t بوشاتمق s. بوشامق Deriv.

t بوشانلمز BOŠADYLMAZ. Adj. *inépuisable.* | unerschöpflich. vgl. بوشالمق Pass. neg.

p بوشاسپ BÜŠÂSP oder بشلسپ Sbst. رؤیا ، خواب دیدن *songe, rêve.* | Traum, = بوشیاس

t o بوشاغا LT. آستانه ، بوساغا

t بوشامق BOŠAMAK. LT. بشقمق Aor. بوشار BOŠAR. Vb. act. LT. سست شدن ، خالی شدن vgl. بوش *évacuer, vider; laisser aller, décharger.* | leeren, ausleeren, entledigen, entladen, frei gehen lassen, entlassen. عورتنی بوشامق *répudier sa femme.* | seine Frau verstossen; sich scheiden. — Deriv. I. بوشاتمق BOŠATMAK oder بوشتمق LT. بشتمق und بوشادمق Aor. بوشادیر BOŠADYR. Vb. caus. خالی كردن und II. بوشالتمق BOŠALTMAK. Aor. بوشالدیر BOŠALDYR. Vb. caus. *évacuer, vider, décharger, lâcher, répudier; transvaser, verser d'un vaisseau dans l'autre; changer (de l'argent).* | leer machen, ausleeren, ausgiessen, ausschöpfen, erschöpfen; loslassen, entlassen; umschütten, umladen; wechseln (Geld). — III. بوشانمق BOŠANMAK oder بوشنمق Aor. بوشنور BOŠANYR. Vb. refl. pass. *être vidé, versé, répandu, etc., se vider, se décharger, s'emporter, se déchaîner; être répudié.* | geleert u. s. w. werden oder sein; sich leeren, sich losmachen, losgehen, sich entladen (ein Gewehr); durchgehen (ein Pferd), sich frei machen; entlassen; frei gelassen, geschieden werden. اغیلدن قبیح ونلسوا سوزلر بوشانمق = التفات schlechte und ungebührliche Reden führen. لاقردیه بوشانمق sich in ein langes Gespräch einlassen, seinen Worten freien Lauf lassen. بوشلیب كتدی آت oder آت بوشاندی das Pferd hat sich losgemacht, ist durchgegangen. اكر بوشاندی der Sattel ist losgegangen oder herabgeglitten. — IV. بوشادیلمق BOŠADYLMAK. Aor. BOŠADYLYR. Vb. caus. pass. *être vidé, etc.* | geleert u. s. w. werden oder sein. — V. بوشادیلمامق BOŠADYLMAMAK. Vb. caus. pass. neg. Davon بوشانلمز unerschöpflich. s. o.

t بوشبغاز BOŠ-BOGAS. s. بوش

t بوشبغازلق BOŠ-BOGAZLYK. Sbst. *vanterie, forfanterie.* | leeres Geschwätz, Prahlerei.

t بوشت BOŠAT. Imperat. v. بوشاتمق

t o بوشت BUŠAT. N. pr. LT. نه الوسی ارجقنا

p پوشت PUŠT u. بوشت BUŠT. Sbst., = پشت *homme qui se livre à la prostitution.* | Cinäde.

t o بوشتو BUŠTU und بوستی Sbst. SL. طپانچه *soufflet.* | Ohrfeige.

بوشته POŠTA. Sbst. (ungarisch posta). vgl. بوسته *la poste, messager.* | Post, Bote. مكتوب بوشتهسی Briefpost, Briefbote.

p پوشش PÜŠIŠ. Sbst. قاب ، اورتی ، اورتمه ستر [vgl. پوشیدن] *action de couvrir; couverture, vêtement.* | Bedeckung, Bekleidung. پوشش دل PÜŠIŠ-I DIL. *péricarde.* | der Herzbeutel.

t o بوشقمق BOŠKMAK. s. بوشوقمق

t o بوشك s. بشك BUŠEK. *chat.* | Katze.

t بوشلامق BOŠLAMAK, auch بوشلمق u. بوشلمق Aor. بوشلار BOŠLAR. Vb. intr. vgl. بوشلمق *laisser vide, laisser libre, laisser de côté, omettre.* | leer, frei, bei Seite lassen; einen in Ruhe lassen, sich selbst überlassen; auslassen, übergehen. Kam. s. v. اشحیا ، الروب ، بنی بوشله شمدی مراجم — u. öfter. الهجو دعنی آن نفسی غیر مرآ = لنخوشمدر lass mich, ich bin jetzt nicht aufgelegt. Kam. s. v. التمرا. — Deriv. بوشلامامق BOŠLAMAMAK. Vb. neg. *ne rien omettre.* | nichts übergehen, nichts auslassen.

t بوشلق BOŠLYK. Sbst. مفرغ ، تهی شدن *état d'être vide; le vide, loisir.* | Leere, Leerheit; leerer Raum, freie Zeit. vgl. بوش

t بوشنمق BOŠAMAK. s. بوشامق

t o بوشمق SL. ل قلق رسیدن *accourir.* | schnell herbei laufen.

p پوشنده PÜŠENDE. Partic. v. پوشیدن als Sbst. *vêtement.* | Bekleidung.

t بوشنه BOŠUNA. Adv. *en vain, vainement.* | umsonst, vergeblich. s. بوش

t o بوشوقمق BOŠUKMAK, auch بوشقمق und بشوقمق Vb. intr. LT. ملول شدن *être triste, être affligé.* | traurig sein — Deriv. بوشوغانمق BOŠUGANMAK. Vb. refl. SL. حیرت و تشنب خوردن *être étonné, s'affliger.* | erstaunt sein, sich betrüben, Kummer haben.

p پوشه PÜŠE. Sbst. ستر ، اورتی *couverture, voile; épouse.* | Bedeckung, Decke, Schleier; Gattin. Ali Sehir. Q.

t بوشه POŠA. Sbst. *bohémien de l'Arménie.* | Armenischer Zigeuner (Hindegli).

p پوشیدن PÜŠIDEN. Vb. act. ستر ایتمك ، كیمك ، اورتمك *couvrir, vêtir, se vêtir; enduire; cacher, celer.* | bedecken, bekleiden, sich bekleiden, überziehen, verhüllen, verbergen. چشم پوشیدن mit dem Auge blinzeln (am besser zu sehen). — Partic. Praes. پوشنده pūšende. Partic. perf. پوشیده pūšide, — اورتلو . اورتلمش . گیمش . مستور *couvert, vêtu, caché, retiré, chaste (une femme); couverture.* | bedeckt, bekleidet, verborgen, zurückgezogen, keusch (eine Frau); Decke. Kam. s. v. التستر . — ETMEK, = پوشیده ایلمك . — OLMAK. *être couvert, etc.* | bedeckt u. s. w. sein oder werden. لا یخفی — پوشیده دکلدر *il n'est pas caché, on sait.* | es ist nicht verborgen, ist bekannt, ist offenbar. Kam. an vielen Stellen. پوشیده راز pūšide-rāz, *qui cache son secret.* | der sein Geheimniss bewahrt.

p پوشیدنلی pūšideni. Sbst. a لباس , p جامه *vêtement.* | Bekleidung, Kleid.

t بوص بوص s. بوص.

t بوص pus, vgl. بوس Sbst. 1. طومان a خیشاء p خرخ LL. *bruine, brume, brouillard.* | Nebel, Thau, Staubregen. بوص باغمق pus jaġmak. *bruiner.* | nieseln. — 2. صمغ *résine, gomme.* Harz, Gummi. اغاچ بوصی Baumharz, eine Art Gummi. a صعرور oder صعرز Kam. — eine körnige Substanz, die sich bei den Schafen, bald nachdem sie geworfen, in den Zitzen findet. a صمغ Kam.

t بوصارق pusaryk. Sbst. *brume, brouillard.* | Nebel, Thau. Kam. s. v. الاجلاب , الاتحیه , الهیف , الضراب u. öfter.

t بوصالمق pusalmak. Vb. intr. *bruiner.* | nieseln. vgl. بوص Kam. s. v. الغفاء.

t بوصتال postal. s. بوستال.

t بوصله pusla. s. بوصوله.

t o بوصمق pusmak. Vb. act. *émigrer.* | auswandern.

t بوصو pusu, auch بوصی . بوسو . بوسی . بتمو . کمین . کرموس . بوسی . بوسو Sbst. a کمین p کمینگاه *embuscade, embûche.* | Hinterhalt, Versteck. بوصو قورمق pusu kurmak. *dresser une embuscade, des embûches.* | einen Hinterhalt legen, eine Falle stellen.

t بوصولنمق puslanmak. Vb. intr. *s'embusquer, se tenir en embuscade.* | in einem Hinterhalte liegen. بوصولنه جق یر puslanadžak jer. *lieu d'embuscade.* | Hinterhalt, = a عوره Kam.

it بوصوله pusula oder بوصله pusla, auch بوسوله Sbst. (bussola). 1. a قطب نما p بوصوله *boussole.* | See-Compass. بوصوله شاشرمق = it perder la bussola. *perdre la raison, perdre la tête.* | den Kopf verlieren, rathlos sein. — 2. تذکره *billet, petite lettre, petit compte.* | Briefchen, Zettel, kleine Rechnung, Nota.

t بوصون pusun. Sbst. a اشنه *mousse (herbe).* | Moos, Schaum. صو یوزنده اولان بوصونلی Moos oder Schaum auf der Oberfläche des Wassers. Kam. s. v. الکدرا , الطاحر . — اغاچ بوصونی aġač pusunu. *mousse d'arbre.* | Baummoos.

it بوصه posa oder بوساره Sbst. (posatara). کتلار . درد . کسبه p تورتی . ثفل . عکره a دورتلی . چوکنتی *sédiment, lie, marc.* | Bodensatz, Hefen, das Dicke oder Trübe im Glase. باغ بوصهسی jaġ-posasy. *marc de beurre, d'huile.* | der trübe Bodensatz bei geschmolzener Butter oder Oel.

t بوصهلو posaly. Adj. a عکر *trouble, chargé d'un sédiment.* | trübe, nicht klar (vom Wasser, Wein u. dgl.), hefig, wolkig, was einen Bodensatz hat. Kam. s. v. التعکیر.

t بوصیر busir oder بوسیر Sbst. Tabrif v. بتسور Hämorrhoiden.

t بوط but. Sbst. vgl. بوت *cuisse.* | Schenkel. قادین بوطی Frauen-Schenkel, ein Gericht aus feingehacktem Fleisch mit frischen Eiern, auch a زموزد شخمی Kam.

t بوطا pot. Sbst. *habit trop large qui forme beaucoup de plis.* | bauschiges Kleid. Meninski.

t o بوطاق putak. — بوداق.

t بوطر und بوطور s. بطور und بوطور.

t بوطسز butsyz. Adj. *qui n'a point de cuisses, maigre aux cuisses.* | ohne Schenkel, mager an den Schenkeln.

t بوطلق butluk. Sbst. پاچه‌سز طون. *culotte.* | kurze Hose. Kam. s. v. التبان.

t بوطور botur und بوطر , بوتر oder بوتور Sbst. *homme gros et petit, courtaud.* | ein untersetzter Mensch.

t بوطور butur. Adj. [Tabrif. v. بطر] شاطر . نشاطلیند . حنیشلو *très-gai, pétulant.* | sehr fröhlich, munter, ausgelassen, beweglich. Kam. s. v. المتشمر , المرح u. öfter.

t بوطوری poturi. Sbst. *pantalons larges du haut et étroits du bas.* | eine Art Hose, oben weit und vom Knie abwärts eng anliegend und mit Hefteln befestigt; früher Spottname für neu zum Islam übergetretene Christen.

t بوطورلق buturluk. Sbst. کورلق . شلقلق a فرح *gaîté, pétulance, insolence.* | Munterkeit, Fröhlichkeit, Ausgelassenheit, Unbändigkeit, Unverschämtheit (z. B. bei Forderungen), Zudringlichkeit (bei Bitten), Undankbarkeit (für Empfangenes). Kam. s. v. الفرح , الاخفاء , البطر , الاشر.

t بوطورلق boturluk. Sbst. *petite taille.* | Untersetztheit. vgl. بوطور.

t بوطه puta und بوطه pute oder بوته Sbst. *creuset.* | Schmelztiegel.

t o بوطه Sbst. Tabrif v. a فوطه Decke, Mantel. Q. mantile. Abuig. Seite 163. بوی یرکا بوطه سالیب über uns einen Mantel geworfen.

t بوغ buġ oder بوغ Sbst. a بخار p تف . تبه *vapeur, exhalaison.* | Dampf, Dunst. بوغی چیقمق *s'exhaler, s'évaporer.* بوغ چیقمز es verdunstet nicht, kann nicht ausdünsten.

t بوغ boġ u. بوق Sbst. 1. *suffocation.* | Erstickung. 2. Imperat. v. بوغمق LT. [بتقخیم ضمه] خفه وخفه بکن.

p بوغ boġ, Sbst. بوغچه *morceau de toile pour envelopper q. ch., paquet.* | Tuch zum Einschlagen oder Einpacken; Paquet. vgl. بوغچه.

t o بوغ boġ, Sbst. (slavisch) *chef, maître.* | Anführer, Herr, vgl. بشبوغ.

t o بوغ pug. Sbst. LT. صور *cor, trompette.* | Trompete, = a بوق.

t o بوغ pog. LT. [بتقخیم ضمه] غائط *merde.* | Dreck. s بوق.

t بوغا buġa, auch بوغه und بغا , t o بوقا 1. Sbst. SL. کتورکلومیش نر *taureau, buffle.* | Stier, Büffel. 2. N. pr. Buga, ein Urahn Tschingiskhans.

tt بوغاجه boġaġa, auch بوغجه oder بوغاچه u. بوغاجه poġača. Sbst. (it focaccia). کتمه . ستکاروم طرموس oder طرموت *espèce de gâteau ou de pain cuit sous les cendres.* | eine Art Kuchen oder Brod das in Asche gebacken wird. LL. Kam. s. v. طرموس. التی بوغاجه alty-boġaġa. Sechs-Kuchen (Name einer Moschee in Constantinopel).

t بوغاز boġaz. Sbst. حلق . حلقوم . انکر a تربند *gorge, gosier, gencive; embouchure; détroit, défilé, canal; mal de gorge.* | Kehle, Schlund, Luftröhre, Rachen, Mündung, Schüttloch [in der Mühle, = دکرمن اغزی]; Engpass, Meerenge, Kanal, Meeresarm; die Meerenge von Constantinopel; Halsübel. بوغاز اولمق boġaz olmak. *avoir mal à la gorge.* | einen bösen Hals haben. بوغاز قصلمسی oder بوغاز طوتولمسی — boġaz kysylmasy oder boġaz tutulmasy. *esquinancie, enrouement.* | Halsentzündung, Bräune, Heiserkeit. دلکی بوغازی dilki-boġazy. *peau du cou de renard.* | Kehlstück vom Fuchspelze. بوغازه اولمق boġaza olmak. oder بوغاز بوغازه اولمق *se prendre à la gorge, en venir aux mains, se disputer, se battre.* | Handgemein werden, sich streiten. چای بوغازی čai boġazy. *embouchure.* Flussmündung. بوغازده دورور boġazda durur, = بوغازه طورلو oder بوغاز الاس *âpre, rude.* | streng, rauh. بوغز بوش s. بوش.

t بوغازلق boġazlyk. Sbst. *pelisse faite de peaux de cous d'animaux.* | Pelz aus Kehlstücken, Kehlpelz.

t بوغازلامق boġazlamak oder t o بوغوزلامق boġuzlamak. Vb. act. بسمل کردن . ذبح اهلك *égorger, couper la gorge.* | erwürgen, erdrosseln, die Kehle abschneiden. بوغازلیه‌جق بچاق Schlachtmesser. کندوی بوغازلمق = a انتحار sich entleiben. — Deriv. I. بوغازلانمق boġazlanmak oder t o بوغوزلنمق Vb. pass. refl. *être égorgé, s'égorger.* | erwürgt werden, sich erdrosseln. — II. بوغازلاتمق boġazlatmak und t o بوغوزلاتمق Vb. caus. *faire égorger.* | erwürgen lassen.

t بوغسی buġasy, auch بوغاسی und بوخسی oder بخسی Sbst. *bocassin, canevas, toile de coton.* | dünner, baumwollener Stoff, Kattun.

t o بوغلغو buġaġu, = t بوغاغو.

t بوغاق buġak. Sbst. LT. آماس گلو *enflure de la gorge.* | Halsgeschwulst.

t بوغن buġan und بوغاو budaw. Sbst. p بند دست LT. *lien, entrave.* | Fessel.

t p بوغجمه boġčame. Sbst. SL. چادرشب و سیاروکه بدان رخت بندند s. d. Figde.

t بوغچه BOGČA. *t s* بوقچه und بقچه Sbst. [vgl. بسوغ] *a* شريطه . رتيطه . ملائه *p* كاريچو . جامه پيچ . بنبره *châle carré; drap ou morceau d'étoffe ou de cuir pour envelopper q. ch., enveloppe, porte-manteau, paquet.* | Umschlagetuch, Ueberzug, ein Stück Zeug oder Leder um etwas einzupacken, Mantelsack, Packet. تحريرات بوغچه سى *paquet de lettres.* | Briefpacket.

t بوغچه جى BOGČADY. Sbst. *porte-balle.* | Hausirer (eigentl. Packträger).

t بوغچه BOGAČA. s. بوغاچه

t بوغچه لمق BOGČALAMAK. Vb. act. *envelopper, faire un paquet* | einwickeln, einpacken.

t s بوغاچى BAVOČY. Sbst. كرده ودل *rognon et cœur.* | Nieren und Herz, Eingeweide.

t o بوغداق BUGDAK. Sbst., = بوداق *nœud d'arbre.* | Knoten am Baumstamme. SL. كرشى كه اغاج كوده سنده بولنور

t بوغداى BOGDAJ. s. بغداى

t o بوغدايني Sbst. SL. طاغ پرندسى كه شماشى اطلاق ايدرلر Name eines Vogels. vgl. شما

t o بوغجى BOGČY. s. بوقچى

t o بوغرا BUGRA. I. Sbst., = بوغور LT. ايكى هوركلى دوه *dromadaire.* | Dromedar. 2. N. pr. *a* بغرا

t بوغرتلاق BOGURTLAK. auch بغرتلق BOGYRTLAK und بوغورتلق Sbst. خرتلق *a* حنجره . عنصب *p* نائى كلو *larynx.* | Kehlkopf, Luftröhre, Gurgel. بوغرتلاق قوشى *sarcelle.* | Kropfgans; der Kutavogel. Kam. s. v. القطاة . النضرية LL. تكدرى . عنطاط *p* كرانه شوز

t بوغرمق BOGURMAK. Vb. intr. vgl. بوكرمك *beugler, mugir.* | brüllen

t بوغز BOGAZ. s. بوغاز

t بوغزلمق s. بوغازلمق

t بوغزلايجى BOGAZLAJYČY. Sbst. *a* جزار *boucher.* | Schlächter.

gr بوغلس BUGLAS oder بوغلوص BUGLOSUS. Sbst. (*bovglossos*). *a* لسان الثور *buglose (plante).* | Ochsenzunge (anchusa officinalis).

t بوغلش BOGULYŠ. Sbst. *suffocation.* | Erstickung.

t بوغلمق u. بوغلنمق s. بوغلمش Deriv.

t بوغلنمق BOGLANMAK. Vb. intr., = بوغ vgl. بخارلنمق *laisser échapper la vapeur, exhaler, fumer.* | dämpfen, rauchen. Kam. s. v. التبخر

t بوغم BOGUM oder بوغوم Sbst. *a* انبوبة . بند *p* بند شلغ . بند . *p* برجم . عجره *nœud (d'un roseau, dans le bois); ce qui est entre deux nœuds ou jointures; jointure, articulation des os; collier.* | Knoten oder Glied am Rohre, Gelenk an einem Gliede; Halsband. بوغوم باشى der Knoten zwischen zwei Gliedern des Rohres, = *a* كعب

t بوغمق BOGMAK oder بوغمق Sbst. *a* عقد *p* بند . كردن بند *collier.* | Halsband, Halsschmuck; Halseisen.

t بوغمه جه BOGMAĜA. Adj. *suffocant, étranglant.* | erstickend, erwürgend, Würger. بوغمه جه اوكسرك BOGMAĜA ÖKSÜRÜK. *coqueluche.* | der Keichhusten.

t بوغمق BOGMAK. Aor. بوغار BOGAR. Vb. act. *a* خنق . تخنيق *p* خفه كردن . كلورا تماله اقشردن *suffoquer, étrangler.* | ersticken, erwürgen. صوده بوغمق = تغريق *noyer.* | ertränken. اوازى بوغمق *étouffer la voix.* | die Stimme ersticken oder dämpfen. — Deriv. I. بوغدرمق BOGDURMAK. Vb. caus. *faire suffoquer.* | ersticken lassen. — II. بوغوشمق BOGUŠMAK. Vb. recipr. *s'étrangler l'un l'autre.* | einander erwürgen. — III. بوغلمق BOGULMAK, auch بوغولمق und بوغيلمق Vb. pass. refl. *être suffoqué, etc., se noyer.* | erstickt, erwürgt u. s. w. werden, vor Lachen, Zorn u. s. w. beinahe ersticken; ertrinken. سسى بوغلمق *être enroué.* | heiser sein. Kam. s. v. العصعصة

t بوغملنمق BOGUMLANMAK. Vb. refl. *former des nœuds (une plante).* | Knoten treiben, Knoten oder Glieder ansetzen (von Pflanzen). Kam. s. v. التنعيب

t بوغملى BOGUMLU, auch بوغوملى u. بوغملو Adj. انبوبه لو . منعب *ayant des nœuds, noueux.* | knotig, knorrig.

t بوغمليجه BOGUMLYĜA. Adj. s. d. Vbede. اسوخ *a* ات قوييغى = بوغمليجه اوت Kam. Name einer Pflanze.

t بوغمه BOGMA. Sbst. LT. خناق وبلا وشش كلو *angine, inflammation de la gorge.* | Bräune, Halsentzündung.

t بوغون BOGUN u. بوغنمق BOGNAK, Sbst. *nœud, jointure.* | Knoten, Glied, = بوغم

t بوغنق BOGNAK oder بوغنوق Adj. u. Sbst. *suffoquant.* | erstickend, erstickende Luft; vorübergehender Regen; Wirbelwind. SL. هواى متعفنس وبرده بارانى كه كاه يغمده بكشد وكرد باد بود

t بوغنقلق BOGUNUKLUK oder بوغونقلق Sbst. *suffocation, étouffement.* | Erstickung. سس بوغنقلغى SES BOGUNUKLUGU. *étouffement de la voix, enrouement.* | Erstickung der Stimme, Heiserkeit. Kam. s. v. البحة

t o بوغو [به تفخيم ضمه با وفتحه غين] Sbst. طوق جواهر *collier.* | Halsschmuck.

t o بوغو Sbst. (mongolisch). SL. آهوى نر LT. كاوك اشقى (sic) *cerf.* Hirsch. vgl. بوغا und بوغه

t بوغو BUGU oder بوغى Sbst. *vapeur.* | Dampf, Dunst (von heissem Wasser).

t بوغو BOGU. s. بوكو *magie.* | Zauberei.

p t بوغو BUGU. Sbst. *hibou.* | Uhu.

t بوغور BUGUR u. بوغور BUGUR. Sbst. *dromadaire (mâle).* | Dromedar.

t o بوغوز BOGUZ u. بوغز Sbst. LT. كلو *gorge.* | Kehle, = بوغاز

t o بوغوز u. بوغر Sbst. LT. اسب شكم دارو SL. علمق نواب

t o بوغوزداق BOGUZDAK. Sbst. LT. كلو *gorge.* | Kehle.

t o بوغوزداق BOGUZDAK. Sbst. SL. بند ومفصل واعضاى ونته درخت شا *lien, articulation, membre, tronc.* | Band, Gliederverbindung, Glied, Baumstamm. vgl. بوغم

t o بوغوزغه Sbst. LT. نائى حلقوم *larynx.* | Luftröhre im Halse.

t o بوغوزلمق s. بوغازلمق

t بوغوق BOGUK. Adj. *suffoqué, étouffé, étranglé, rauque, enroué.* | erstickt; gedämpft; heiser. بوغوق سس BOGUK SES. *voix rauque, étranglée; enrouement.* | rauhe oder heisere, dem Ersticken nahe Stimme, Heiserkeit. *a* بحة Kam. s. v. الكرير . الحاحة u. öfter.

t بوغوقلمق BOGUKLAMAK. Vb. act. (ungebr.) Deriv. I. بوغوقلتمق BOGUKLATMAK. Vb. caus. *enrouer, rendre la voix rauque.* | heiser machen. — II. بوغوقلنمق BOGUKLANMAK. Vb. refl. pass. *s'enrouer, être enroué, être étouffé (la voix).* | heiser oder rauh sein, dem Ersticken nahe sein (die Stimme).

بوغوقلى BOGUKLU. Adj. *rauque, enroué.* | heiser, rauh. s. بوغوق

t بوغوقلجه BOGUKLYĜA. Adj. s. d. Vbede. بوغوقلجه اوازلى اواز *voix rauque, enrouée.* | heisere Stimme. Kam. s. v. أبحوح

t بوغوم s. بوغم

t بوغوملمق s. بوغملمق

t o بوغون Sbst., = بوغن LT. بند اعضا *articulation, membre.* | Gliederband, Gelenk, Glied. بوغون بوغون كسمك Glied für Glied abschneiden. Abulg. S. 49.

t بوغونقلق BOGUNUKLUK. s. بوغنقلق

t o بوغه BUGA. Sbst. LT. اركك اكوز . اركك كيك *taureau; cerf (mâle).* | Stier, Hirsch. vgl. بوغا

t بوغه دكنى BUGA DIKENI. Sbst. *espèce de chardon.* | eine Distelart, die auch als Arzneimittel gebraucht wird (Artischoke?). *a* شوكة البيضاء *p* كنكر سفيد spina alba. echinops spinosus (?)

t بوغينا oder بوغينه BUGINE. Pron. demonstr. *p* اينك *celui-là, peut-être celui-là.* | dieser da, etwa der da. SL. اسم اشارت مصغر اين يعنى اينك

p بوف BUF. Sbst. *hibou.* | Uhu.

t بوف PUF. s. پف

p بوفروش s. بوفروش

t بوفكرمك PÜFKÜRMEK. s. پفكرمك und پوسكرمك

t بوفلمق PUFLAMAK oder بوفلامق und بوفلمق Vb. intr. *souffler, siffler, ronfler.* | blasen, pfeifen, schnauben, schnarchen. كوروك كبى هوايى بوفلر er bläst die Luft wie ein Blasebalg; vom Schnauben des Löwen. Kam.

s. v. — الكر ايوركن پوف پوف ديو پوفلمق im Schlafe schnarchen. Kam انكخكخ

t پوفله PUFLA oder پوپله PUPLA. Sbst. a ځمخ p مرغ موى duvet.| Flaumfedern, Dunen.

t بوق BOK und بوغ BOĠ oder بوغ POĠ. t e بوغ . بوه Sbst. a تخليص . غائط impureté, immondice, merde, excréments, fiente, toute chose abominable; Adj. abominable.| Dreck, Koth, Mist (von Thieren und Menschen), alles Ekelhafte, Gräuel; als Adj. ekelhaft, abscheulich. شيطان بوقى ŠEITĀN BOKU. assa-fœtida. | Teufelsdreck. معدن بوقى MA'DEN BOKU. scorie. | Schlacken. بوق بوجكى BOK-BÖĠEGI. fouille-merde. | Mistkäfer, Rosskäfer. بوق يمك BOK JEMEK. dire des grossièretés, des bêtises. | Dreck fressen, d. i. ungewaschenes Zeug schwatzen.

t e بوق Sbst. LT. پوست درخت و خفه écorce d'arbre; étranglement. | Baumrinde, = قبوق; Erstickung, = بوغ

t e بوقه BUKA. Sbst. SL. گوساله دوساله نر taureau de deux ans | zweijähriger Stier. vgl. بوغه u. بوغا

t e بوقاه BUKA. Sbst. LT. نان تنك pain mince et plat. | Brodkuchen.

a بوق BÛK. Sbst. cor, trompette, clairon.| Horn zum Blasen, Trompete. s. بوغ

t بوقاغلامق BUKAGYLAMAK s. بوقاغولمق

t بوقاغو BUKAGY, auch بوخساغو und بوقاغو oder بوقاغى Sbst. ceps, chaîne, fers aux pieds. | Fessel (an den Beinen), Kette für Thiere und Verbrecher.

t بوقاغيلق BUKAGYLYK. Sbst. endroit de la jambe où se placent les entraves. | die Stelle am Beine, wo die Fesseln angelegt werden. Kam. an vielen Stellen.

t بوقاغيلمق BUKAGYLAMAK Vb. act. entraver, enchaîner. | Fesseln anlegen, fesseln.

t بوقاغيلو BUKAGYLY oder بوقاغيلى Adj. entravé. | gefesselt an den Füssen. Kam. oft.

t e بوقتورمه BOKTURMA. Sbst. embûche, embuscade. | Hinterhalt. جمعى كه كمين كرده در عقب خصم در آيند SL.

t بوقجى BOKĠY. Sbst. كريهجى vidangeur. | Mistränmer, Grubenräumer.

t e بوقجى Sbst. LT. قلبو كننده qui dresse une embuscade, qui s'embusque. | der einen Hinterhalt stellt, im Hinterhalte liegt, auflauert.

t e بوقدا BUKDA, = بغداى

t e بوقدر BUKADAR. s. قدر

t بوقلغه بلبل BOKLUĠA-BÜLBÜL. Sbst. چالى قوشى roitelet. | der Zaunkönig.

t بوقلق BOKLUK. Sbst. vgl. بوق fumier, ordure. | Misthaufen, Unrath.

gr بوقلمون BUKALMÛN, auch بوقلم BUKALAM. a ابوقلمون Sbst. (ὑποκάλαμον). étoffe changeante; tout ce qui change souvent; caméléon. | ein schillernder Stoff, Wandeltaffet, vgl. Zeitschrift der deutschen morgenl. Gesellsch. Bd. 6 S. 58 u. 59 Anm.; alles schillernde, oft wechselnde; das Kamäleon. نوائب دهر بوقلمون die Wechselfälle des unbeständigen Schicksals.

t بوقلمق BOKLAMAK. Vb. act. Aor. بوقلار souiller, salir. | besudeln, beschmutzen.

t بوقلو BOKLU. Adj. sale, fangeux.| schmutzig, kothig.

t e بوقمق BUKMAK und بقمق Vb. act. LT. قطع كردن و قسمت كردن couper; partager. | abschneiden; theilen.

t e بوقمق BUKMAK. Vb. intr., = بوصولمق s'embusquer | sich in einen Hinterhalt legen, auf der Lauer liegen. يول نيك ايكى طرافيندا بوقوب دورديلار sie lauerten zu beiden Seiten des Weges. Abulg. S. 126, 136, 176. — Deriv. بوقتورماق BUKTURMAK. Vb. caus. faire s'embusquer. | in Hinterhalt legen, auflauern lassen. SL. جمعى را در عقب خصم در كمين كذاشتن

t بوقه BUK. Sbst. صيقلى اورملى . a غابة . أجمة LT. تنك و خفه lieu étroit (p. ex. gorge, défilé), endroit couvert de buissons; étreinte, serrement; asthme, toux. | enger Ort, Enge, Engpass, dichtes Gehölz; Beengung (z. B. der Brust), Husten. vgl. بوكلمق

t e بوقه Sbst. LT. شتر يك كوهنه dromadaire. | das einhöckerige Kameel.

p بوك PUK. Adj., = t بوش vide, creux.| leer, hohl.

t e بوكاه Sbst. كشتيكير . پهلوان . عذاب lutteur, athlète, champion. | Ringer, Kämpfer.

t e بوكلت Sbst. SL. سدّ آب digue | Deich, Damm.

t بوكلر BUĠĀR. s. بيكار

t بوكلمق BUĠALMAK Vb. intr. Aor. بوكلور BUĠALYR. غشيان استغراق كردن étouffer, avoir la respiration empêchée, être stupéfié, se trouver dans une calamité, se pâmer. | ersticken, nicht athmen können, in Noth, in Angst sein, in Ohnmacht fallen. نفس بوكلمسى étouffement, difficulté de respirer.| Erstickung. بر آدمى بوكلوب بوغمق égorger q. qn. | Jemanden erwürgen. اجلقدن بوكلمق mourir de faim. | vor Hunger sterben. نفسى بوكلمش étouffé. | erstickt. — Deriv. بوكلتمق BUĠALTMAK. Vb. caus. étouffer, asphyxier, égorger, noyer.| ersticken, erwürgen, ertränken. نفسى بوكلتمق étouffer q. qu.| Einen ersticken.

p بوكان PÛKĀN und بوكان BÛKĀN. Sbst. رحم a بچه‌دان matrice. | Mutterleib (uterus).

t e بوكلول s. بكلول

t بوكر BÖGÜR. s. بوكور

t بوكرك s. بوكره

t e بوكراكجى (SL.) oder بويراكجى (Abulg.) Sbst. SL. جمعى باشد كه در جنك كاه بعنوان طرح در يمين و يسار روند يمين را سانق بوكرك و يساررا سول بوكراك نامند eine Schaar, die einen Angriff auf der Seite macht, in die Flanke fällt. Abulg. S. 174.

t بوكرايمك Vb. refl. SL. خميده و دوتا شدن = بوكلمك s. بوكمك Deriv. I.

t بوكرتلن BÖGÜRTLEN. Sbst. بوكرتلن e. ČALYSY بوكرتلن اغاجى ronce.| Brombeerstrauch. بوكرتلن يمشى mûre sauvage. | Brombeere.

t بوكرتلنلك BÖGÜRTLENLIK. Sbst. ronceraie. | Brombeerbüsche.

t بوكرلمك s. بوكرمك Deriv.

t بوكرك BÖGREK. Sbst, = بويرك p كرده rein, rognon. | Niere.

t بوكرلتمك BÖGRÜLTMEK. Vb. act. vgl. بوكرى courber, recourber. | krümmen. Kam. s. v. اكدودحه

t بوكرولجه BÖGRULĠE oder بوكرلجه auch بوكروكجوك Sbst. fasiole, haricot. | Bohne, = a لوبيه

t بوكرمك BÖGÜRMEK. s. بوكورمك

t e بوكروك LT. دونكك coureur. | Läufer.

t بوكرلجه s. بوكرولجه

t e بوكرون LT. كوشه زين arçons de la selle. | Sattelbogen.

t بوكرى BÖGRI, auch بكرى und بوغرى Adj., = اكرى courbé, tortueux. | krumm.

t بوكريلك BÖGRILIK. Sbst., = اكريلك courbure, tortuosité. | Krummheit.

t بوكريلو BÖGRILÜ. Adj. courbé. | krumm.

t بوكز BÖGEZ. s. كو

t e بوكسمات LT. . نسمى از نان . پكسمات

t بوكلم BÖKLEM. Sbst. بوكلمنى a جمع . شكنج . اسكنه p منعطف . غر . جلى pli, tresse, nœud. | Falte, Geflecht, Knoten. vgl. بوكمك

t بوكلمق s. بوكلمق

t بوكلمك u. بوكلمك s. بوكمك Deriv.

t بوكلو BÖKLÜ. Adj. qui a des plis, tordu, noué. | faltig, gedreht, geknüpft. ايكى بوكلو IKI-BÖKLÜ. tissu à double fil. | Zwillicht. اوچ بوكلو ÜĠ-BÖKLÜ. Drillicht. vgl. بوكمك

t بوكم BÖKÜM. Sbst. pli, nœud. | Falte, Knoten. اثواب بوكمى Falte in einem Kleide. بوكم يرى die Stelle wo etwas (z. B. die Bogensehne) festgebunden wird. vgl. d. Flgde.

t بوكمك BÖKMEK und BÖGMEK. Vb. act. Aor. بوكر BÖKER. p خم كردن . تافتن . تا كردن courber, plier, tordre, tresser, nouer.| krümmen, biegen, falten, flechten, drehen, knüpfen, binden. ايپى محكم بوكمك tresser une corde. | eine Schnur fest drehen. دز بوكمك - چوكمك fléchir les genoux. | die Knie beugen, niederknien. دوروب بوكمك DÜRÜB BÖKMEK. plier (du linge, un papier, etc.). | zusammenbiegen, falten, zusammenlegen (z. B. Wäsche, Papier u. dgl.). ظلمه بوين بوكمك = تذلّل souffrir l'oppression ou l'injustice. | der Bedrückung den Nacken beugen, d. i. Bedrückung, Unrecht erdulden. Deriv. I. بوكلمك BÖKÜLMEK u. BÖGÜLMEK. Vb. pass. refl. a انلواء . p منحنى شدن . پيچيده شدن étre courbé, plié, tordu, etc.; fléchir sous. | gekrümmt, gebogen u. s. w.

werden, sich biegen, krümmen u. s. w. ایكی بوكلمك IKI BÖKÜLMEK. *se plier en deux*; sich in Zwei beugen, sich zusammenklappen. بل بوكلمك = a قتنو *être courbé, penché vers la terre*; sich niederbücken. — II. بوكلنمك BÖKÜLENMEK u. BÖGÜLENMEK, Vb. refl. *se rider, former des plis*; sich falten, Runzeln oder Falten bilden. — III بوكنمك BÖKÜNMEK, Vb. refl. ungebr. بوكنمش صو BÖKÜNMIŠ SU, *eau stagnante*; stehendes Wasser.

t بوكملو BÖKÜMLÜ, Adj., = بوكلو.

t بوكن Sbst. *nom d'un oiseau.* | Name eines Vogels.

t بوكملدی BÖKÜNDÜ, Sbst., = بوكلم pli, *tresse, nœud.* | Falte, Geflecht, Knoten.

t بوكنمش s. بوكمك Deriv. III.

بوكو s. بوكی.

t o بوكو نلامق Sbst. [illegible] *faire une digue, endiguer*; einen Damm machen, das Wasser abdämmen. vgl. بوكت.

t بوكور BÖGÜR und بوكر Sbst. a كشح, p تهیگاه *endroit du corps entre les côtes et les hanches, abdomen, défaut des côtes; flanc.* | Weichen, Unterleib | gewöhnlicher طاغلق بوكوری BÖGÜRI: Seite بوكر *flanc ou penchant d'une montagne.* | Seite des Berges, Berglehne. Kam. s. v. العقاب und [illegible].

t بوكورلی BÖGÜRLÜ, Adj. [illegible] *qui a les flancs développés* mit grossen oder dicken Weichen, dickbäuchig. Kam. s. v. [illegible].

t بوكورمك BÖGÜRMEK oder بوكورمك Vb. intr. Aor. بوكورر BÖGÜRÜR, = [illegible] p [illegible] *crier, hurler, mugir, beugler.* | schreien, heulen, brüllen, blöken (von Thieren und Menschen). — Deriv. بوكرتمك BÖGÜRTMEK, Vb. caus. [illegible] *faire crier, faire hurler.* |

t بوكورمه BÖGÜRME, Sbst. *hurlement, mugissement.* | Geheul, Gebrüll.

t بوكورجی BÖGÜRĠI, Sbst. *animal qui hurle, qui crie.* | Schreier, schreiendes oder brüllendes Thier.

t o بوكول LT. [illegible]

t بوكونو s. بوكلم.

t بوكون BU-GÜN (spr. BÖGÜN), Adv. p امروز *aujourd'hui.* | heute. vgl. كون.

t بوكونه BU-GÜNE, Adv. *de cette manière*; auf diese Weise, solch. بوكونه امور derartige Geschäfte. vgl. كونه.

t بوكلجك BÜKELIK, Sbst. [illegible] *mouche bleue qui importune les chevaux etc.*; eine blaue oder grüne Fliege, welche Pferde und anderes Vieh belästigt. LI.

t بوكو BÖGÜ oder بوكو auch بوكی Sbst. p [illegible] *magie, charme, fascination.* | Zauberei, Zauber. بوكی [illegible] s. بیكلملك.

t بوكوجی BÖGÜĠI, u. بوكلاجی Sbst. v. بوكمك *qui tord, plie, tresse, etc.; magicien, sorcier*, der Dreher, Flechter, Knüpfer u. s. w.; Zauberer, Hexenmeister, = بیكلاجی. — ابریشم بوكوجی IBRIŠIM BÖGÜĠI. *fileur de soie.* | Seidenspinner.

t بوكلرك BÖGÜLEREK Gerund. v. بوكلمك.

t بوكلی BÖGÜLI, Adj. *plié, tordu, tressé*; gefaltet, gedreht, geflochten. چوق زمان بوكلی صورمق *rester longtemps plié sur le même pli.* | lange Zeit auf eine und dieselbe Falte zusammengelegt bleiben. Kam. s. v. [illegible].

t بوكلاجی BÖGÜLĠI, Sbst. *qui se plie, se tord.* | der sich bückt, faltet, dreht u. s. w. Kam. s. v. [illegible].

a بول BEWL. Pl. ابوال ABWÂL. Sbst. t سدك, p چمیز, شاشه *urine* | Urin. — ETMEK, = صو دوكمك, [illegible] *uriner, pisser.* | das Wasser lassen.

t بول BOL. Adj. a وسیع, فسیح, p فراخ, چوق, ككش, ایملو قولای *ample, vaste, large, grand, abondant, copieux.* | weit (z. B. ein Kleid, faltig), breit, geräumig, reichlich, viel, im Ueberfluss. بول بول [illegible] *abondamment, amplement*; reichlich, überflüssig, weitläufig, ausführlich. — ETMEK, *élargir, étendre, prolonger, augmenter, multiplier.* | erweitern, ausdehnen, vergrössern, vermehren.

t o بول Adj. LT. مردانه *viril, brave, courageux.* | mannhaft, tapfer.

t بول BUL und BOL. Imperat. v. بولمق u. بولمك.

p پل PUL, Sbst., = پل *pont.* | Brücke.

p پول PUL vulg. POL, Sbst. (*pouls* und *pulsis*) فلس, [illegible] *écaille de poisson, petite monnaie, tout objet rond ajouté comme ornement etc., paillette d'or ou d'argent, pain à cacheter, tache ronde.* | Fisch-Schuppe; kleine Kupfermünze, kleines Geld überhaupt, runde Zierrath, runder Fleck, Klecks, Oblate, Flitter; Blättchen von Metall oder Horn, das zum Schutze über Siegelwachs gelegt wird. دف پولی DEFF POLU, *petit objet rond en cuivre au bord d'un tambour de basque.* | rundes Metallstück an der Handtrommel, = a [illegible]. — بالق پولی BALYK POLU, *écaille de poisson.* | Fischschuppe. پول پول بنكلرلی آت *cheval pommelé*; Pferd mit runden Flecken, Apfelschimmel. بالغی پولندن چیقارمق oder بالق پوللرینی قازیمق *écailler un poisson.* | einen Fisch abschuppen. پول پول قوپمق [illegible] *s'écailler.* | sich abblättern, = [illegible].

t بولا BULA. Sbst. *tante (maternelle).* | Frau des Oheims (mütterlicher Seite).

t بولاج BOLAČ oder بولوج POLUČ. Adj. [illegible] *impotent*; zeugungsunfähig. LI. u. Kam.

p پولاد PULÂD. Sbst. a فولاذ [illegible] *acier; tout ce qui est dur; glaive, massue* | Stahl, alles Harte, Schwert, Klinge, Keule. پولاد دمشقی *acier de Damas* | Damascener Stahl, Damascener Klinge. پولاد دل [illegible] hartes Herz.

t بولاشقمق s. بولاشمق Deriv.

t بولاشق BULAŠYK, auch بیلاشق Adj. u. Sbst., = بولانق, [illegible] p شوریده, كدر, تیره, آلوده, آمیخته *trouble, troublé, mêlé, souillé, sale.* | trübe, getrübt, gemischt, beschmutzt, unrein. یاغ بولاشغی JAG BULAŠYGY, *grumeau de beurre qui s'est attaché à la paroi de l'outre.* | Fettigkeit oder Butterrest im Schlauche. a [illegible] LI. u. Kam. اوقلو بولاشغی [illegible] p [illegible] fester Schlaf. یاغ بیلاشق ال fettige Hand. Kam. s. v. الزهمة.

t بولاشقلق BULAŠYKLYK Sbst. p [illegible] *état de trouble*; Trübheit, Unreinheit.

t بولاشمقلق BULAŠMAKLYK Sbst. p آلایش *souillure, contamination.* | Befleckung, Verunreinigung.

t بولاشمه BULAŠMA oder بیلاشمه Sbst. *contagion.* | Ansteckung. s. بولاشمق Deriv. I.

t بولاشیجی BULAŠYĠY oder بیلاشیجی Adj. *contagieux* | ansteckend. s. بولاشمق Deriv. I.

t o بولاغ BULAG u. بولاق BULAK. Sbst. (mongolisch). p چشمه *source, ruisseau.* | Quell, Riesel, Bach. [illegible] er verschüttete ihre Gräben und Bäche. Ali Sehir.

t o بولاغ Sbst. SL. [illegible] *jeune herbe aquatique.* | das erste Gras welches am Rande des Wassers wächst.

t o بولاغ Sbst. SL. [illegible] *cheval à nez fendu.* | ein Pferd mit gespaltener Nase.

t بولاق BULAK. Adj. *mêlé.* | gemischt, gemengt. الاق بولاق ALAK BULAK, *pêle-mêle, confus, éperdu, surpris*; untereinander gemischt, verworren, verwirrt. vgl. آلاق.

t o بولاك BULAK und بولاك Sbst. SL. = بولك *division.* | Abtheilung. [illegible] sie waren drei Heerhaufen. Abulg.

t بولالمق BOLALMAK oder بولالمق Vb. intr. LI. a توسع, تفسح, p فراخ شدن Kam. [illegible] *s'élargir, s'étendre, se dilater, être large, être spacieux*; sich erweitern, sich ausbreiten, sich ausdehnen, lang werden (z. B. der Weg), anschwellen, gross oder breit u. s. w. sein. — Deriv. بولالتمق BOLALTMAK und بولالتمق Vb. caus., = [illegible] a توسیع, تفسیح, p فراخ كردن *rendre spacieux, élargir, étendre, dilater.* | geräumig machen, erweitern, ausdehnen, verlängern. [illegible] بولالتمق etwas enger erweitern.

t بولاماج BULAMAǴ, auch بولماج. t o بولاماق Sbst. [illegible] *bouillie; sirop*; Brei, Breisuppe, Mehlbrei; dick gekochter Fruchtsaft oder Most. خرما بولاماجی = a [illegible] *sirop de dattes.* | Traubensyrup.

t o بولامق BULAMAK. Vb. act. — بولق trouver. | finden.

t بولامق BULAMAK oder بولمق Vb. act. t Aor. بولار BULAR. rendre trouble, mêler, mélanger une chose avec une autre, souiller. | trübe machen, mischen, mengen, mit etwas anderem vermischen, beflecken mit etwas (mit dem Dativ der beigemischten Sache). اتمكى قاتيقه بولامق mettre quelque assaisonnement sur le pain. | das Brod mit einer Zuthat (Butter, Fett u. dgl.) schmieren. Kam. s. v. الادم. — اتى كوله بولامق salir la viande avec des cendres. | das Fleisch mit Asche beschmutzen. Kam. s. v. ... — برلسنده توزه بولامق salir q. ch. avec de la poudre, mettre du sel. | mit Staub oder mit Salz bestreuen. تتوش صواليه يخود يغله اصلاشوب بولامق mélanger avec de l'eau ou avec de la graisse. | Wasser oder Fett zur Brühe thun. Kam. s. v. الثت. — فتيلى يغه بولامق imbiber la mèche d'huile | den Docht mit Oel tränken. Kam. s. v. المشقة u. öfter. — Deriv. I. بولاشمق BULAŠMAK, auch بيلاشمق Vb. recipr. u. refl. Aor. بولاشور BULAŠYR. a تضرّج . تلطّخ p آلوده se troubler, se mêler avec q. ch., se souiller, être souillé, se communiquer par contagion (une maladie), se mêler d'une affaire, entreprendre une affaire. | sich trüben, sich mit etwas mischen, trübe oder flockig werden, besudelt, befleckt werden; anstecken (eine Krankheit), sich mit etwas abgeben, auf etwas einlassen, eine Sache unternehmen. t چاموره بولاشمق = a ارتطم se souiller de boue. | sich mit Schlamm besudeln. قانه بولاشمق — a تلطّخ . ارتطّ se souiller de sang, être souillé de sang. | sich mit Blut beflecken oder blutbefleckt sein. ياغ بيلاشوب زنگير اولمق être souillé de graisse. | mit Fettigkeit befleckt sein. Kam. s. v. الوضم. — II. بولاشدرمق BULAŠTURMAK oder بلاشدرمق . بولاشدرمق oder قارشدرمق بيلاشدرمق Vb. refl. caus. — a تلويث p آلودن troubler, mêler, souiller. | trüben, mischen, besudeln, beflecken. خلطه تذكير . لمت a = بولاپوب بولاشدرمق im Staube wälzen. نجس بولاشدرمق — a تلتيع mit Koth besudeln. — III. بولانمق BULANMAK. Vb. pass. refl. Aor. بولانور BULANYR. a تكدّر . غثى . رنق . p تيره شدن . كدر . ترشتن . منش كشتن se troubler, être troublé, terne, mêlé; se trouver mal, avoir mal au cœur, s'altérer. | sich trüben, trübe sein oder werden (vom Wasser, Farbe, Wetter), gemengt, verwirrt, gemischt sein; Uebligkeit oder Ekel haben. يورك بولانمق JÜREK BULANMAK oder كوكل بولانمق GÖNÜL BULANMAK avoir des nausées. | Uebelkeit haben. Kam. s. v. معده بولانمسى . التبعثر . التعرث u. ff. MI'DE BULANMASY. nausée, expectoration. | Uebelkeit, Erbrechen. — IV. بولاندرمق BULANDYRMAK. Vb. refl. caus. — بولامق a تكدير . تلبيق . تمغيص p شورانيدن . شوريدن rendre trouble, mêler, brouiller, embrouiller; souiller; causer des nausées. | trüben, mischen, mengen, verwirren; besudeln; Ekel und Uebelkeit verursachen.

t o بولامك BÜLEMEK. s. بوله.

t o بولامك PÜLEMEK. Vb. act. SL. پف كردن souffler. | blasen. — Deriv. I. بولاشمك PÜLEŠMEK. Vb. recipr. souffler l'un contre l'autre. | einander anblasen. — III. بولانمك PÜLENMEK. Vb. pass. être soufflé. | geblasen werden. — III. بولاتمك PÜLETMEK. Vb. caus. faire souffler. | blasen lassen.

t بولانق BULANYK. Adj. — بولاشق trouble, qui n'est pas clair (p. ex. l'eau, le ciel); qui a mal au cœur. | trübe, nicht rein; krank am Magen, von Uebelkeit geplagt. بولانق صو eau trouble. | trübes Wasser. بوز ماتل بولانق رنك t couleur gris de cendre. | trübe, in Grau schimmernde Farbe, aschgrau. بولانقسى اقلق die weissliche Farbe (des Zuckers oder des Silbers) Kam. s. v. الغمرة.

t بولانقلق BULANYKLYK. Sbst. état de trouble. | Trübheit, Unreinigkeit des Wassers u. dgl.

t بولاو s. پلاو.

t بولايكه BULAIKI oder بوليكى Adv. Dieu veuille, plût à Dieu | Gott wolle, Gott gebe es.

t o بولباد SL. خراب شدكى dévastation. | Verwüstung.

t o بولبارس Sbst. LT. شير lion. | Löwe.

t بولت s. بولوت.

it بولتقه POLITIKA. Sbst. politique. | Staatskunst.

t o بولتقه und بولته Sbst. SL. كفتار die Hyäne (?).

t o بولجار BULǦAR. Sbst. SL. محلّ موعد كه از براى اجتماع لشكر معين شود lieu de rendez-vous militaire. Sammelplatz des Heeres.

t بولجه BOLǦA. Adv. s. بول.

it بولچه s. بولچيه.

t بولدرمه Sbst. SL. بروى نسبت و قصاص prime. | gerichtliche Strafgewalt oder Strafe.

a p بولدان BEWILDĀN. Sbst. — آبدان t اورنك pot de chambre. | Nachtgeschirr.

t بولدر BÜLDÜR. Sbst. l'année passée. | das vergangene Jahr. vgl. بلدر BILDIR.

t بولدرگين BÜLDÜRGIN. s. بلدرجين.

t بولدرمق s. بولمق Deriv.

t بولر BULAR, = بونلر Pl. v. بو.

t بولسز POLSUZ. Adj. und Adv. sans argent, gratis; sans écailles. | ohne Geld, umsonst; ohne Schuppen. s. بول.

t بولشدرمق s. بولمق Deriv.

t بولشق s. بولاشق.

t بولشمق s. بولمق u. بولامق.

t بولغار s. بلغار.

t o بولغاق BULGAK u. بلغاق Sbst. und Adj. PW. فتنه وآشوب مقول است SL. انقلاب وآشفتكى ومنقلب وآشفته trouble, confusion, tumulte; troublé, agité, renversé. | Verwirrung, verwirrt, getrübt. vgl. d. Figde.

t o بولغامق BULGAMAK. LT. بلغمق Vb. act. p آلودن vgl. بولامق troubler. | trüben. — Deriv. I. بولغاتمق BULGATMAK. Vb. caus. faire troubler | trüben lassen. — II. بولغاشمق BULGAŠMAK. Vb. recipr. se troubler l'un l'autre. | einander trüben, stören. — III. بولغانمق BULGANMAK. LT. بولغنمق = آلوده شدن être troublé, être souillé. | trübe, schlammig, schmutzig sein oder werden.

t o بولغن BULGAN. Sbst. (mongolisch). p سمور martre zibeline. | Zobel.

t o بولغان BULGAN. Partic. v. بولمق.

t o بولغانجيق BULGANǦYK, auch بلغانجوق Adj. آلوده troublé. | trübe, schlammig. vgl. بولغامق.

t o بولغانجقلق BULGANǦYKLYK und فتنه . انقلاب . آشفتكى Sbst. بولغانجقلق Ali Schir. état de trouble, bouleversement, confusion, tumulte, révolution. | Trübheit, Verwirrung, bürgerliche Unordnung, Umsturz, Revolution. Q. divisio, schisma.

t o بولغنج Gerund. v. بولمق u. بولامق.

t o بولغور BULGUR. Sbst. — برغول blé mondé. | Graupen.

t o بولغو BULGU oder BOLGU. Sbst. vgl. بولمق le futur, ce qui doit être dans l'avenir. | das Zukünftige, was in Zukunft sein wird. عروس كوب عويدا بولغوسى دور si peregrinus cyathus conspicuus fiat. Ferhad. VI.

t o بولون BULUN oder بولن BULUN. Sbst. LT. اسير و كنداه از غلام esclave, jeune garçon. | Sclave, Diener, Bursche.

t o بولونجه BULUNǦA. LT. تا شدن Gerund. v. بولمق.

t o بولنغق BULANKAK. Adj. آب كل آلود troublé, bourbeux. | trübe, schlammig (v. Wasser).

t بولوك BÖLÜK, auch بلوك u. بوليك t o بولاك BÖLEK. a فرقة . قطيع . قطعة p كروه . بوره LT. قوم بوره SL. محلّ مشتمل بر چندين ده division, portion, partie, troupe, corps de troupes, détachement, régiment. t o division d'une tribu, famille, dynastie, canton, district | Abtheilung, Theil, Stück; Heeresabtheilung, Truppe, Regiment, Rotte, Schaar, Parthei. — t o Stammesabtheilung, Familie, Dynastie, Landesabtheilung, Bezirk. — بولك صاچ BÖLÜK-SAČ oder صاچ بولكى SAČ-BÖLÜGI. boucle de cheveux. | Haarlocke. Kam. s. v. سبيب und سبيبة. — بولك باشى BÖLÜK BAŠY. colonel. | Oberst. پارچەلوب بولك بولك ايتمك couper en morceaux. | in Stücke zerschneiden. ايكى بولوك بولنديلر sie theilten sich in zwei Heerhaufen oder in zwei Partheien. Abulg. an mehreren Stellen.

t بولك BEWELIK. s. بولك.

t o بولك PÜLEK. Sbst. — p بلك LT. كرده rein, rognon. | Niere.

t o بولك PÜLEK, auch بولك BÖLEK. Sbst. SL. باباى مجمى يوركى بود كه در كوشه كمان در زير چسله كذرند Unterlage der Bogensehne, wo dieselbe an den Enden des Bogens befestigt ist.

t بوكلو BÖLÜKLÜ. Adj. u. Sbst. qui fait partie d'un corps ou d'un régiment etc. | der zu einem Heerhaufen, einem Regiment u. s. w. gehört; Kamerad. vgl. بولك

t بوللق BOLLUK. Sbst. vgl. بول a سعة largeur, distance, abondance. | Weite, Geräumigkeit, Menge, Ueberfluss.

t بولالمق BOLALMAK. s. بولانق

t پوللو POL-LU. Adj. qui a des oboles, de la monnaie, de l'argent; couvert d'écailles. | mit Obolen, Geld, Münze versehen; mit Schuppen bedeckt vgl. پول

t o بولمق LT. تيمار كردن préparer. | bereiten.

t o بولمق BOLMAK oder BULMAK. Vb. intr., — t اولمق p بودن être, exister, devenir, durer. | sein, werden, dauern. اتا واوغل بولوب تورديلار sie waren mit einander wie Vater und Sohn. Abulg. — Deriv. بولدرمق BOLDURMAK. Vb. caus. faire durer; rester, retarder. | zum Sein bringen; bestehen lassen, dauern lassen, zögern, bleiben. SL. درنك كردن و باز ايستادن

t بولمق BULMAK. Aor. بولور oder بولور — p يافتن وجدان ايلمك trouver. | finden, antreffen, begegnen. قوت بولمق prendre des forces. | zu Kräften kommen. آرامليق بولمق se reposer. | Ruhe finden, ausruhen. ايو شى بولمق faire une bonne trouvaille. | einen guten Fund thun. [يمين] يرنى بولمق être sincère (le serment). | seine Stätte finden [vom Eide, = صادق اولمق wahrhaftig sein. Kam.] ديبى بولمق prendre pied (dans l'eau) Grund finden. — Deriv. I. بولشمق BULUŠMAK. Vb. recipr. se trouver ensemble, se rencontrer, s'aboucher. | sich finden, treffen, zusammen kommen, begegnen. — II. بولشترمق BULUŠTURMAK. Vb. recipr. caus. faire aboucher, donner audience, procurer une audience, introduire à l'audience. | einer den andern finden lassen, sich treffen lassen, einem Gelegenheit zu einer Unterredung geben, Audienz geben, Audienz verschaffen. — III. بولنمق BULUNMAK. t o Aor. بولونور BULUNUR. يافته شدن، موجود شدن، شدن Vb. pass refl. être trouvé, se trouver, se trouver en état, dans le cas de faire q. ch.; être présent; être. | gefunden, angetroffen werden, sich befinden, vorhanden sein, gegenwärtig sein, sich in einem Zustande befinden, sein. خدمتنده بولندى er befand sich in seinem Dienst, hat ihm einen Dienst geleistet, hat ihm geholfen. عودتمزه منتظر بولنان وزير der auf unsere Rückkehr harrende [= منتظر اولان] Vezir. — IV. بولنشمق BULUNUŠMAK. SL. بولمق [ضفعا] Vb. refl. recipr. se trouver l'un l'autre. | einander finden, einander antreffen. — V. بولدرمق BULDURMAK. Vb. caus. faire trouver. | finden lassen, antreffen lassen. — VI. بولمامق BULMAMAK. Vb. neg. ne pas trouver. t o ne pas pouvoir. | nicht finden. t o nicht können. Aor. t o بولمز BULMAZ, il ne peut pas. | er kann nicht, ist nicht im Stande. — VII. بولامامق BULAMAMAK. Vb. imposs. بولامايورم BULAMAJORUM. je ne puis pas trouver. | ich kann nicht finden.

t o بولمقجى BULMAKĚY. Sbst. LT. شونده، قسمت كننده qui existe; qui partage. | der, das Seiende; der Theilende. vgl. t o بولمق u. بولك

t بولمك BÖLMEK t o بولمك Aor. بولر BÖLER. Vb. act. تقسيم ايلمك ، حصه كردن vgl. بولك divisés, partager | theilen, vertheilen, zertheilen. بولك بولك بولمك partager par petits morceaux. | Stück für Stück theilen, in einzelne Theile zerlegen. اورتادن بولمك partager en deux parties égales | in der Mitte durch theilen, in zwei gleiche Stücke theilen. — Deriv. I. بولشمك BÖLÜŠMEK. t o بولشمك، بولشمق، بولشمق Vb. recipr. تقسيم، انقسام partager q. ch. avec q. qu. | mit jemand theilen, untereinander theilen, mit einander theilen. — II. بولنمك BÖLÜNMEK. t o بولونمك Vb. refl. pass. être divisé, se diviser, se laisser diviser. | getheilt werden oder getheilt sein, sich theilen lassen, theilbar sein. بولنمكه كلور BÖLÜNMEGE GELIR. divisible | theilbar. بولنمكه كلمكلك BÖLÜNMEGE GELMEKLIK. divisibilité. | Theilbarkeit. Partic. بولنمش BÖLÜNMIŠ. divisé, partagé. | getheilt. ايكى بولندى (das Heer) theilte sich in zwei Theile. Abulg.

t بولمكلك BÖLMEKLIK. Sbst. action de partager. | Theilung, das Theilen.

t o بولموق BULMUKD. Sbst. LT. شدنى l'existence. | das Sein, Werden.

t بولنمه BÖLÜNME. Sbst. division, partage. | Theilung, getheilt sein oder werden.

t o بو بوآيه Adv. LT. اين جانب ce côté, de ce côté. | diesseits.

t بولوت BULUT, auch بلوت، بولود، بولوط، بولوت t o بولت BULIT. Sbst. a سحاب p ابر nuage. | Wolke. t o بولوت بولدى es ist Wolke, d. i. der Himmel ist bewölkt. كوك بولوتلنه der Himmel hat sich bewölkt. كبردى

t بولوتسز BULUTSUZ, auch بلوتسز، بولوتسز Adj. sans nuages, serein, clair. | unbewölkt, heiter.

t بولوتلنمق BULUTLANMAK und بلوتلنمق Vb. refl. se couvrir de nuages, être voilé (le ciel). | sich bewölken, trübe sein.

t بولوتلو BULUTLU oder بلوتلو Adj. couvert de nuages, nébuleux. | bewölkt, düster (der Himmel).

t بولوچ POLLÜ. s. بولاج

t بولوك s. بولك

t o بولوم BULUM. Sbst. SL. ثبات و پايدارى existence, durée, constance, stabilité. | Existenz, Bestehen, Dauer, Beständigkeit. vgl. t o بولمق

t o بولون s. بو قون

t بولمق s. بولنمق

t o بوليان BULIAN. Adj. u. Sbst. chaud, chaleur. | heiss, Hitze. بوليان بولدى il fait chaud. | es ist warm.

it بوليجه POLIČA oder بوليسه POLISA. Sbst. سفته كروتسكه p سفتجه lettre de change. | Wechsel (Papier).

t بولوجى BÖLIĞI. Sbst. v. بولمك distributeur. | der Theilende, Vertheiler.

t بولوجى BULUĞY. Sbst. v. بولمق inventeur. | der Finder, Erfinder.

t بولجيكى s. بولجيكى

t بولوويرمك BULU-WERMEK, BULIWERMEK. Vb. act. compos. faire trouver, procurer. | finden lassen, verschaffen.

t بوم BOM. Verstärkungspartikel. s. بوش

p بوم BÜM. Sbst. t يورت ، اوبك . سنور p جا ، زمين ، سرحد p مقام ، ولايت ، مملكت a limite, frontière, territoire, pays, contrée, lieu de séjour; terre, fond d'une broderie ou d'un tableau. | Grenze, abgegrenztes Gebiet, Land, Gegend, Stätte, Wohnort, Grund und Boden; Grund einer Stickerei oder eines Gemäldes. بوم آباد BÜM-I ABAD. contrée habitée | bewohnte Gegend. بوم ويران BÜM-I WIRAN. contrée déserte. | unbewohnte Gegend, Einöde. بوم و بر BÜM U BERR, auch بومبر BÜM-BERR oder بر و بوم territoire, pays. | Gebiet, Landesgebiet.

p بوم BÜM. Sbst. p سرشت a طبيعة naturel. | natürliche Beschaffenheit. BÜM-I-I RAST.

p بوم BÜM. Sbst. بايقوش ، جغد hibou. | Uhu, Nachteule.

p بوم BÜWEM, = بباشم I. Aor. von بودن

it بومبا POMPA. Sbst. طولومبه pompe (à eau). | Pumpe.

t بومبار oder بومبار BUMBAR. Sbst. boyau, saucisson, andouille. | Darm, Wurst. s. مومبار

p بومبر BÜM-BERR. s. بوم

it بومسه POMZA. Sbst. (it pomice) سونكر تاشى pierre ponce. | Bimsstein. بومسه ايله دوزلتمك POMZA YLA DÜZLEMEK. poncer. | mit Bimsstein glätten, = d. Flgd.

t بومسه لامق POMSALAMAK. Vb. act. poncer. | mit Bimsstein glätten.

a t بومقونه BU-MAKŬLE. s. مقوله

p بومهن oder بومهين BÜMEHIN. Sbst. زلزله tremblement de terre. | Erdbeben.

t بون BON. Adj. u. Sbst. a احمق ، ابله sot, stupide, ignorant. | dumm, albern, unwissend; ein Dummer, Thor. بون عورت ein thörigtes Weib.

a بون BEWN. Sbst. آرالق intervalle, espace entre deux choses, différence. | Zwischenraum, Unterschied.

p بون BUN. Sbst. = بن base, fondement. | Grund, Grundlage. s. بن

t بونالمق BUNALMAK. s. بوكالمق

t بونامق BUNAMAK u. بنامق SL. بونمك Vb. intr. a خرف ، سبع p خرتوت tomber en enfance, radoter de vieillesse. | vor Alter schwach und kindisch werden, kindisch schwatzen. Kam. s. v. الخفد. — Partic. بونامش BUNAMYŠ als Adj. décrépit | altersschwach, kindisch, = a مفند ، مسبوه p خرتوت

t بونمار s. بومبار

fr بونج PUNŠ. Sbst. punch | Punsch, Schlaftrunk.

t بونجوق BUNǴUK, auch بونجوق und بونجق Sbst. *a* خرزه . جزع . كشتی . مهره *p* باجوق *petit coquillage, conque de Vénus, petits grains, boules de verroterie, etc. qui servent d'ornement.* | kleine Muschel, Venusmuschel; kleine Kugel oder Perle, Glasperle, Glaskorallen u. dgl., die als Zierrath gebraucht werden. بونجق دیزیسی BUNǴUK DIZISI, *verroterie en chapelet.* | Schnur von Glasperlen oder Kügelchen. گوز بونجغی GÖZ-BUNǴUǴU, — *a* تمیمه grössere Kügelchen (wie man aus Mekka mitbringt), die an den Halsketten in einzelnen Zwischenräumen eingereiht werden. قاطر بونجغی KATYR BUNǴUǴU, — *p* خر مهره Kaurimuschel, in manchen Ländern als Geld gebraucht (cypraea moneta).

t بونجلین s. d. Folg.

t بونجه BUNǴA. Adv., = بونكبی BU-NIǴE, *tant, beaucoup* so viel, so gross; viel. بونجه كره BUNǴE KERRE, *tant de fois.* | so oft. بونجه زماندن بری BUNǴA ZEMĀNDAN BERI, *depuis si longtemps.* | seit so langer Zeit. بونجلین oder بونجلاین BUNǴYLEIN, Tsig. BUNǴYLAIN, auch بونجلیمن *de cette manière, comme cela, tel, semblable.* | auf diese Art, auf ähnliche Weise, solch. — vgl. چلبی چكمین.

t o بوندان BUNDAK. Adj. und Adv. LL. *un tel, tellement.* | ein solcher, solch. vgl. اندای.

t بوندروق BUNDURUK. Sbst. *masque.* Maske (Bianchi).

t بوندن BUNDAN. Abl. v. بو *de cela, d'ici,* davon, von hier. بوندن اوتورو BUNDAN ÖTÜRÜ, — *p* ازین رو *a* لذلك *pour cela, en raison de cela.* | deshalb, deswegen. بوندن اول . بوندن اسبق . بوندن مقدم . بوندن اقدم — سابقا *plus tôt que maintenant, antérieurement, jadis.* | vor diesem, früher, ehedem. بوندن بونجه ییل اول vor einigen Jahren. بوندن صكره BUNDAN SOŃRA, *après ce temps-ci, désormais.* | nach diesem, künftig hin. بوندن ماعدا oder بوندن غیری *outre cela, en outre.* | ausserdem, übrigens.

t o بونده BUNDA. Locativ v. بو als Adv. *ici.* | hier, hieher. بونده كلنجه BUNDA GELINǴE, *jusqu'ici.* | bis hieher.

t بونسنمك BÖNSENMEK. Vb. act. *chercher à surpasser un autre en sottise.* | es einem anderen an Albernheit zuvor zu thun suchen. المراقلة ... برآدمی بونسنمك معناسنه در یقال راشاه الا حمقه Kam.

t o بونكاره BUNGAR. s. بیكار

t o بونكور Sbst. SL. نتاج حیوانات *parturition des animaux.* | das Gebären der Thiere.

t بونلك BÖNLIK, auch بونلق Sbst. *a* بلاهت . حماقت *stupidité, sottise.* | Dummheit, v. بون.

t o بوه BÜ. Sbst. اورمجك جنسندن رتیلا *a* رتیلا *p* رتیله علامت زتیلدر [LL. nach dem كنز المغات] *espèce d'araignée très-venimeuse.* | eine sehr giftige Spinne.

t o بوغ BUM. Sbst., — بوغ *vapeur, exhalaison.* | Dunst.

a بوه BÜH. Sbst. بوم *p* بلقوس *hibou.* | Uhu.

بوشاه BUHAD (pein. buharz) Sbst., — بوم *hibou.* | Uhu.

t بوتپوت BU-PUT. s. بتپرست

t بولك BÜBLEK oder بولك BÜLEK. Sbst. *a* نعره . نعكشتر *espèce de frelon.* | eine Art Horniss oder Bremse, auch اركنجه genannt. Kam.

a بوهه BÜHE. Sbst. Femin. v. بوه *femelle du hibou.* | Uhu-Weibchen.

t بوی BOJ. Sbst. [verwandt mit بیوك] بلندی *p* بالا . قامت . قد *a* بوكسكلك . بویونجه LT. القوام *hauteur, longueur, stature, taille.* | Höhe, Länge, Grösse, Statur, Wuchs. بوی باشی BOJ-BAŠ. SL. سراپا وتمش وسروپا *de la tête aux pieds; entièrement (de la longueur du corps).* | von Kopf zu Fuss, über und über; ein Kleid (das die ganze Länge des Körpers bedeckt). بوی بوی BOJ-BOJ, — *p* بالا . بالای . قد وبالا *stature (de l'homme).* | Statur. آدم بوی ADAM-BOJU, *longueur d'un homme.* | Mannsgrösse. ایكی آدم بوی مقداری *double longueur d'homme.* | zwei Mannslängen hoch (Kam.). آفتاب ایكی نیزه [نیزه] بوی چقمشدی als die Sonne um zwei Lanzenlängen emporstieg. Abulg. S. 46 u. 267. اورته بوی ORTA BOJ, *moyenne grandeur; taille moyenne.* | mittelmässige Grösse (eines Körpers), mittlere Grösse (eines Menschen). بر بوده اولان *de la même longueur ou hauteur.* | von derselben Länge oder Höhe. بو بونجه BU-BUNǴA, *de sa hauteur.* | von seiner Höhe, etwa so hoch. بوبونجه بوبونجه SL. شخص شخص *homme et homme, longueur et longueur (en ligne).* | Mann an Mann, Statur an Statur. قیونك صوبی بوی طوتماز *l'eau du puits ne s'élève pas si haut.* | das Wasser des Brunnens steigt nicht so hoch. بویسز BOJSYZ, *qui n'a pas de taille.* | der keinen (hohen) Wuchs hat. بویسز اكین Saat die nicht wächst. Kam. s. v. النحافت

t بوی BOJ. Sbst. *a* حلبه *p* شنبلیله . كرنده *fenugrec (plante).* | Bockshorn. بوی تخمی BOJ-TOHUMU, semen foenugraeci.

t o بوی BOJ. Sbst. *a* شعب *partie d'une tribu séparée du reste.* | bei den Turkomanen der Theil eines Stammes, der sich von den übrigen getrennt hat. Kam. s. v. العمره

t o بوی BOJ. Sbst., — بویا LT. رنك *couleur.* | Farbe.

t o بوی BOJ. Sbst., = بوبون cou. Nacken. Hals. بوبون صونمق — بوی صونمق *se soumettre.* | den Nacken beugen, sich unterwerfen. بوی باغ BOJ-BAG oder بویجق BOJNAG. LT. كردن بند *collier.* | Halsband.

t o بوی Sbst. *crocodile.* | das Krokodil. بوی ییل LT. سال نهنك Krokodil-Jahr, Name des fünften Jahres im zwölfjährigen Cyclus der alten Türken.

p بوی BÜJ, verkürzt بو Sbst. قوقو *a* رائحه *odeur, parfum.* | Geruch, Gestank, Wohlgeruch, Räucherwerk. — In übergetragener Bedeutung, — معنایی . محبت . آرزو . امید *espoir, désir, amour, amitié.* | Hoffnung, Verlangen, Liebe, Freundschaft. — بد بوی BED BÜJ. *mauvaise odeur.* Gestank. بد بوی دهن *haleine mauvaise.* | schlechter Geruch aus dem Munde. بوی كرمك . بوی انتشار . بوی داغتمق *répandre une odeur.* | einen Geruch verbreiten, duften. — بوی افراز . — بویخش BÜJ-EFZĀR. *cassolette, encensoir.* | Räucherungsgefäss, Räucherbecken. بوی دان . بویدان BÜJ-DĀN. *boîte à parfums.* | Räucherbüchschen. بوی پرست BÜJ-PEREST, *animal quêteur pour la chasse, parasite.* | Spürhund, eine Art Leopard der zur Jagd gebraucht wird; Schmarotzer. بوی شروش BÜJ-FERŪŠ, — عطار *droguiste, parfumeur.* | Gewürzhändler, der Wohlgerüche bereitet oder verkauft. بوی مادران BÜJ-MĀDERĀN, *a* قیصوم *aurone.* | Eberraute, abrotonum.

p بوی PUJ, verkürzt بو Rad. v. بوئیدن in Zusammens. *qui court.* | rennend, laufend. جهان بوی *parcourant le monde.* | die Welt durchlaufend. بوی بوی PUJ-PUJ, *vite, promptement; fi donc.* | schnell, hurtig; pfui.

p بویا BÜJĀ oder بویان BÜJĀN. Partic. Präs. v. بوئیدن.

t بویا BOJA oder بوی BOJ u. بویاغ *t o* und بویاو Sbst. *p* رنك . تلوه . صبغ *a* لون *couleur.* | Farbe. قره بویا KARA BOJA, — *a* زاج *acide sulfurique, vitriol.* | Schwefelsäure, Vitriol. — بویا اوتی BOJA OTU. *garance (plante).* | Färberröthe (rubia tinctorum).

p بویان PUJĀ. Partic. v. بوئیدن.

t بویاتمق s. بویاتمق Deriv.

t بویاجی BOJAǴY. Sbst. *a* صباغ *p* رنكرز *teinturier.* | Färber.

t بویاجیلق BOJAǴYLYK. Sbst. *l'art de teindre, métier du teinturier.* | Färberei.

بویار BOJAR. Sbst. (walachisch). *boyard.* | Bojar.

t o بویاغ s. بویا

t o بویاغجی s. بویاجی

t o بویاغجیلق s. بویاجیلق

t o بویاغلق s. بویالق

t o بویاق BOJAK. Adj. رنكین LT. *teint.* | gefärbt.

t بویالامق BOJALAMAK. Vb. act., — بویامق *teindre.* | färben.

t بویالی oder بویالو BOJALY. Adj. *a* مصبوغ . مصبغ *p* رنك شده . رنكین . دارش *teint.* | gefärbt, farbig.

t بویامق BOJAMAK oder بویامق *A* or. بویار BOJAR, Vb. act. *p* صبغ *a* رنك كردن *teindre, peindre, colorer.* | färben, malen, anstreichen. — Deriv. I. بویاتمق BOJATMAK. Vb. caus. *faire teindre.* | färben lassen, zum Färber geben. — II. بویانمق BOJANMAK u. بویانمق Vb. pass. u. refl. *être teint, se teindre.* | gefärbt werden oder sein, sich färben, Farbe bekommen. Partic. بویانمش BOJANMYŠ, *teint.* | gefärbt, farbig. — III. *t o* بویالمق BOJALMAK. SL. oder بویلمق BOJULMAK. LT. Vb. pass. — رنك شدن . بویلمق

t بویامه BOJAMA. Sbst. u. Adj. *action de teindre; teint.* | Färbung; gefärbt. اول سمور بویامه اولمغله weil diese Zobel gefärbt sind.

t بویان BU-JĀN. s. بلون

p پویان PŪJĀN. Partic. v. پوئیدن. — OLMAK. *courir, courir çà et là, vaguer.* | laufen. herumschweifen.

t بویان کوکی BOJĀN KÖKI. s. میان کوکی

t بویشمش u. بویشمق s. بویمق Deriv.

t بویداش BOJDAŠ. Adj. und Sbst. SL. هم قد و هم انداه *qui a la même stature, de la même grandeur.* | von gleichem Wuchs, gleich gross

p بویدان BŪJDĀN. Sbst. *boîte à parfums.* | Räucherbüchschen. vgl. بوی

t بویور BUJUR. Imperat. v. بیورمق

gr بویراز BOJRAZ oder بوبراس POJRAS. Sbst. (βορέας). *a* شمال *borée, vent du nord-est; le nord-est.* | Nord-Ostwind, auch بویراز یلی; Nord-Ost als Himmelsgegend. بویراز لیمانی POJRAZ LIMAN. Name eines Forts am asiatischen Ufer des Bosporus.

t o بوکراکجی s. بویراکجی

t بویرق BUJRUK, auch بویوروق BUJURUK und بیورق *t o* بویوروق ، بویسروغ Sbst. *a* حکم، امر *p* فرمان ، تیکوز *ordre, commandement, diplôme royal.* | Befehl, königliches Handschreiben. بویرق طوتمق BUJURUK TUTMAK. *a* اطاعة *p* فرمان داشتن ، فرمان بردن *obéir.* | gehorchen

t بویرمق u. Deriv. s. بیورمق

t o بویروغجی SL. فرمانده *commandant.* | befehlend, Befehlshaber.

t بیورلدی s. بویرلدو u. بویورلدی

p بویوزه PŪJUZE. Sbst. امیدوار شدن *espoir, espérance.* | Hoffnung, Erwartung.

t بویسز BOJSYZ. s. بوی

p بویش BŪIŠ. Sbst. *action de flairer, de sentir.* | das Riechen.

p بویفروش s. بوی

t بویق BŪJIK oder بیق BIJIK. Sbst. *moustache.* | Schnurrbart.

t o بویقجی BOJAKČY. Sbst. LT. رنکریز *teinturier.* | Färber, = بویلجی

t بویوك BÜJÜK oder بیوك s. بویوك *grand.* | gross.

t o بوی کره [کاف فارسی] Sbst. LT. حیض *menstrues.* | Menstruation.

t o بویلامق BOJLAMAK. Vb. intr. SL. قد کرفتن *grandir, croître.* | Grösse erlangen, wachsen. — Deriv. I. بویلاشمق BOJLAŠMAK Vb. recipr. refl. [مفاعلة] *grandir.* | gross werden. — II. بویلاتمق BOJLATMAK. Vb. caus. [متعدیة] *faire grandir.* | gross werden lassen. — III. بویلانمق BOJLANMAK. Vb. refl. *grandir, croître.* | gross werden, wachsen, in die Höhe schiessen (von Pflanzen).

t بویلجه BÖJLEǴE. s. بویله

t o بوی لق BOJLUK. بویلو LT. رنکین

t بویلو BOJLU oder بویلی Adj. vgl. بوی *qui a une (grande) taille.* | der Wuchs, Höhe hat, lang. آلچاق بویلو ALČAK BOJLU. *de petite taille.* | von niedrigem Wuchs. اورته بویلو ORTA BOJLU. *de moyenne taille.* | von mittlem Wuchs. اوزون بویلو UZUN BOJLU. *de grande taille.* | von hohem Wuchs. پك قصه بویلو بودور *courtaud, petit de taille.* ein sehr kleiner Knirps.

t o بویلون oder بویلوغ LT. قد آور *grand de taille.* | hoch von Wuchs. بویلوغ وعقلیم hoch und lang. Ali Schir. Q.

t o بویلوك LT. بزرکتر *plus grand.* | grösser.

t o بوی لوك LT. مجرد vgl. بوی

t بویله BÖJLE. Adv. u. Adj. *a* کذلك ، کذا *p* چنین ، اینچنین vgl. شویله ، اوله *ainsi, tellement, de cette manière.* | so, also, solchergestalt, auf diese Weise. بوکندن بویله BUNDAN BÖJLE. *dorénavant, désormais* | von nun an, fernerhin. بویله ایکن BÖJLE IKEN oder بویله اولنجق BÖJLE OLUǴAK. *la chose étant ainsi.* | da dem so ist, unter diesen Umständen. بویلهسه BÖJLESE. oder بویله ایسه BÖJLE ISE. *si cela est ainsi, ainsi donc.* | wenn es so ist, dann, also. بویله اولورمی BÖJLE OLURMU. *est-ce ainsi?* | ist es so? بویله بر BÖJLE BIR. *un tel.* | ein solcher. بویله کار BÖJLE KIR. *pareille chose.* | solche Sache, dergleichen. بویلهجه oder بویلهجك oder بویلهجه BÖJLEǴE und بویلهجنه BÖJLEǴINE. *ainsi.* | also, so, auf diese Weise. بویلهجه معلومکز اوله *sachez-le ainsi* | so sollt ihr wissen.

t بیومش u. بیومك s. بیومك

t بویلمق s. بویامق

t بویمل BÖJMEL. Sbst. *faucon, gerfaut.* | Falke, Geierfalke.

t بوین BOJUN oder بویون *t o* بوی Sbst. *a* جید ، عنق ، رقبة *p* بال ، کردن *cou.* | Hals, Nacken. بوین اکمك BOJUN EGMEK. *courber le cou, se soumettre, supplier.* | den Hals beugen, sich unterwerfen, demüthig bitten. بوین طوتمق *tenir le cou droit, être fier, hardi.* | den Hals gerade halten, stolz, kühn, unternehmend sein. بوین ویرمك BOJUN WERMEK, = انقیاد ایله *donner le cou, être obéissant, se soumettre.* | den Hals geben, d. i. gehorsam, unterwürfig sein. بوین اورمق BOJUN WURMAK. *couper le cou.* | den Hals abschneiden, köpfen. بوین اولمق BOJUN OLMAK, = کفیل اولمق *être caution, être garant.* Bürgschaft leisten. بوین قاشیمق BOJUN KAŠYMAK, — خجل شدن *se gratter l'oreille, avoir honte.* | sich hinter den Ohren kratzen, in Verlegenheit sein, sich schämen. بوینه المق BOJNUNA ALMAK. *prendre sur soi.* | auf sich nehmen, übernehmen. بوین باغی BOJUN BAGY oder بوین باغلمسی BAGYLMASY, — *p* کردنبند *collier, cravate.* | Halsband, Halsbinde. بوین بورجی BOJUN BORǴU. Sbst. *devoir, obligation.* | Schuldigkeit, Verbindlichkeit. بوینه بورجدر BOJNUNA BORǴ DUR. *il est obligé.* | er ist verbunden, verpflichtet, schuldig. کناهی بوینکه GUNĀHI BOJNUÑA. *que le péché reste sur toi.* | die Sünde bleibe auf deinem Halse, d. i. du magst die Verantwortung tragen.

دوه بوینی DEWE BOJUNU. Kameelhals, Name einer Hügelreihe östlich von Erzerum.

t o بوین oder بویون Sbst. *rivage, bord.* | Ufer. ایدیل سوینینك بوینده am Ufer der Wolga. Abulg. S. 91. سو بوینده ibid. 115. بوینغجه zum Ufer hin.

t o بوین s. بویون Sbst. *matrice, uterus.* | Mutterleib. بوینده بولمق *être enceinte.* | schwanger sein. اکر بری سیزنك بوینده بولسه wenn eine von ihnen schwanger ist. Abulg. S. 91. اوزکه سیزنینك بوینده بوق ibid.

t بویون بوران BOJUN BURAN. Sbst. *a* اخیل ، سقراق ، شوشق *p* کنسکینه ، کراکه *un oiseau de plumage bigarré, pie (?).* | ein bunter Vogel, wörtl. Halsdreher, Specht (?).

t بویندروق BOJUNDURUK, BOJUNDURAK, auch بیوندرق oder بوینتدروغ Sbst. *collier, joug de bœufs, collier ou bourrelet de cheval.* | Halsband, Joch, Kummet. بویندروق اورمق BOJUNDURUK WURMAK. *imposer le joug.* | das Joch auflegen.

t بوینز BOJNUZ, auch بوینوز und بینوز LT. Sbst. *p* شاخ *a* قرن ، صور *corne d'animal, cor (instrument).* | Horn eines Thieres, Horn zum Blasen. آوجی بوینوزی AWǴY BOJNUZU. *cor de chasse.* | Jagdhorn. بوینوز اوتی BOJNUZ-OTU. *ellébore.* | Nieswurz (?). کچی بوینوزی KEČI-BOJNUZU. Zuckerschote (wörtl. Ziegenhorn, von der Gestalt). بوینوز چیچکی BOJNUZ ČIČEGI, = ارغوان

t بوینوزسز BOJNUZSUZ. Adj. *qui n'a pas de cornes.* | ungehörnt.

t بوینوزلو BOJNUZLU. Adj. *qui a des cornes.* | gehörnt.

t o بوینغو LT. کسرلوی کش *réfractaire, obstiné.* | widerspenstig.

t o بوینوك LT. پرمرغ *plume ou collier d'oiseau.* | Vogelfeder, Halskrause oder Federkragen mancher Vögel (?).

t بوینلق BOJUNLUK. Sbst. *collier (de cheval).* | Halsband (für Pferde).

t بوینمق = بویلمق s. بوینمق Deriv.

t بویوك BÜJÜK. s. بیوك

t بویومك BÜJÜMEK. s. بیومك

t بوینلو BOJUNLU. Adj. *qui a un cou.* | halsig. اکری بوینلو اولمق EGRI-BOJUNLU OLMAK. *avoir le cou de travers.* | einen schiefen Hals haben.

t بویه BOJA. s. بویا

p بویه BŪJE, richtiger BUWEIH. N. pr. آل بویه die Bujiden, Sultane von Dilem.

p بویه BŪJE. Sbst. آرزومندلی ، رغبة *désir, souhait.* | Sehnsucht, Verlangen.

p بوئیدن BŪIDEN. Vb. intr. Denom. v. بوی = *t* قوقمق *exhaler une odeur.* | duften. بد بوئیدن BED BŪIDEN. *puer.* | stinken.

p پوئیدن PŪIDEN [Rad. پو]. Vb. act. جستجو کردن ، ارشدرمق ، ارامق *courir, courir çà et là pour chercher q. ch.* | laufen, hin und her laufen, um etwas zu suchen.

t به BEH u. په PEH. Interj. der Verwunderung. *bon! bravo!* | gut! بخ بخ — په په gut! gut! په په دیمك PEH PEH DEMEK, auch بوبو دیمك *applaudir.* | Bravo rufen, Beifall rufen.

a به BIHI (masc.), بها BIHÂ (fem.). *avec lui, avec elle.* | mit ihm, mit ihr, s. ب u. die Gramm.

p به BIH. Adj. ایو *bon, beau, meilleur.* | gut, schön, besser. اوز تو بهست *il vaut mieux que toi.* | er ist besser als du. Compar. بهتر BIHTER. *meilleur.* | besser.

p به BIH. Part. praef. s. ب . ب . ب u. die pers. Gramm.

p به BEH. Sbst. = بوه *hibou.* | Uhu.

p بها BEHÂ. vulg. پها PAHA. Sbst. = ذکرا ثمن . قیمت *a* اخش . ارزش . ارز *prix, valeur.* | Preis, Werth. بها قومق oder — کسمك oder — بچمك — *fixer le prix.* | einen Preis bestimmen. بهاسنی ارتومق oder — زیاده ایتمك *augmenter le prix de q. ch.* | den Preis einer Sache erhöhen, aufschlagen. بهایه چقمق *renchérir, devenir cher.* | im Preise steigen, theuer werden. بهاسی ازالتمق *baisser le prix.* | den Preis herabsetzen, abschlagen. بها ایله ازات ایتمك oder — کیرو الق *payer la rançon pour q. qn., racheter q. qn.* | das Lösegeld für Jemand bezahlen, ihn frei kaufen. اوجوز بها ایله *à bon marché.* | wohlfeil. بی بها BI-BEHÂ. *sans prix, sans valeur.* | werthlos. بهاده اولمق *être en valeur.* | im Werthe sein, gut bezahlt werden. نه بهایه استرسکز NE PAHAJA ISTERSIÑIZ *à quel prix désirez-vous?* | zu welchem Preise wünschen Sie?

a بهاء BEHÂ. Sbst. *t* کوزللك *a* حسن . جمال *beauté.* | Schönheit.

p t بهادر BEHÂDYR, BAHADUR (mongolisch bagadur). Pl. بهادرلر u. بهادران Adj. und Sbst. *a* جسور *p* دلاور . پهلوان *valeureux, courageux, vaillant, homme de cœur, athlète, guerrier.* | muthig, tapfer, stark, mannhaft, streitbar, streng, grossmüthig: ein Starker, Kämpfer, Ringer, Krieger, Streiter, Held.

p بهادرانه BEHÂDIRÂNE. Adv. *courageusement.* | muthig, tapfer, heldenmüthig.

t بهادرلق BAHADYRLYK. Sbst. *a* حمیت . جسارت *p* مردلك . کشتی کیرلك . کنلك *courage, bravoure.* | Tapferkeit, Heldenmuth, Mannestugend. جنکده بهادرلق ایتمك sich im Kriege tapfer zeigen.

t بهادرلنمق BAHADYRLANMAK. Vb. refl. *être vaillant, courageux.* | sich tapfer zeigen, stark, muthig sein.

p بهادری BEHÂDERÎ. Sbst., = بهادرلق.

a بهار BEHÂR. Sbst. *buphthalme (fleur); beauté, éclat; ce qui est beau et brillant.* eine Art Kamille | عین البقر . صغر کوزی . بهاریه ; Schönheit, Glanz; das Glänzende, Schöne. — Als Adj. *beau, brillant.* | schön, glänzend. الآلا جنس آجی نبات در که دائم تازه در بهاردر der Elâ ist eine Art bittere Pflanze, die immer schön (d. i. immer grün) ist. Kam.

pa بهار BEHÂR, BAHÂR, Sbst. Pl. بهارات *épice, aromate.* | Gewürz. بهارات صاتیجی BAHÂRÂT SATYGY, = عطار . بهارجی *épicier.* | Gewürzhändler. بهارات حقه سی = اتوارداني *poivrière.* | Gewürzkästchen, Pfefferbüchschen.

a بهار BUHÂR u. BAHÂR. Sbst., = صنم . بت *idole.* | Götzenbild. بهار خانه = بتخانه Götzentempel.

p بهار BEHÂR. Sbst. فصل ربیع *printemps; le temps entre l'équinoxe et le solstice.* | Frühling, Zeit zwischen Tag- und Nacht-Gleiche und Sonnenwende. اول بهار EWWEL BEHÂR oder الك بهار ILK-BEHÂR. *printemps.* | der Lenz. صوك بهار SOÑ-BEHÂR. *l'automne.* | der Herbst. وقت بهار عمر WAKT-I BEHÂR-I 'OMR. *temps de la jeunesse.* | der Lenz des Lebens, die Jugendzeit.

p بهاران BEHÂRÂN. Adj. u. Sbst. *printanier; printemps.* | auf den Frühling bezüglich; Frühling.

a بهارت BEHÂRET. Sbst. . فضیلت . غالب اولمق . آکدین ومقدم اولمق *beauté, éclat, supériorité, excellence, prééminence.* | Schönheit, Glanz, Vortrefflichkeit. مرید بهارتله معروف durch seine grosse Vortrefflichkeit bekannt.

p t بهارجی BEHÂRGI. Sbst. *épicier.* | Gewürzkrämer.

p بهارستان BEHÂRISTÂN. Sbst. الك بهار . بهارخانه *printemps; jardin de fleurs.* | Lenz; Blumengarten.

p t بهارلو BAHÂRLY, BEHÂRLY. Adj. بهاری *aromatique, épicé, poivré.* | würzig, gewürzt.

t o بهارلو N. pr. LT. شاه الویسی ازلر کملن

t بهارلولق BEHÂRLYLYK. Sbst. *arome, aromatisation.* | Aroma, Würzhaftigkeit.

a بهاری BEHÂRÎ. s. بهارلو.

p بهاکیر BEHÂGÎR. Adj., = بهالو *précieux.* | kostbar, werthvoll [vgl. کیر].

p t بهالی BEHÂLÎ oder پهالی PAHALY. Adj. *a* غالی *p* کران . ثمین . قیمتلو [Gegentheil s. اوجوز] *cher, précieux.* | theuer, kostbar, köstlich. بهالو اولمق = بهالی اولمق *être cher, de haut prix.* | theuer sein, im Werthe sein. کران بها = کرانبها *précieux, de haut prix.* | werthvoll, kostbar.

a بهائم BEHÂIM. Sbst. Pl. v. بهیمه als Collectiv: *bétail.* | Vieh, Kleinvieh.

a بهبال BEHBÂL. Adj. *t* طولو . ملو (Abteri). *plein, rempli.* | voll.

a بهانه BEHÂNE. vulg. BAHANA. Sbst. *a* عذر . سبب . باعث . واسطه *p* بورش *prétexte, excuse, cause, motif.* | Vorwand, Vorgeben, Entschuldigung, Grund, Beweggrund. بهانه کوسترمك *alléguer ses motifs, motiver q. ch.* | seine Gründe anführen, eine Sache motiviren. بهانه ارامق oder بهانه استمك *chercher un prétexte.* | einen Vorward suchen. بهانه ویرمك oder بهانه اولمق (mit dem Dativ des Objects) *donner un prétexte.* | Vorwand geben zu etwas. بهانه بولمق oder — بولمق *trouver un prétexte, trouver une faute.* | einen Vorwand finden, einen Fehler finden (z. B. an einer Waare). بهانه ایتمك *se servir de q. ch. comme prétexte.* | eine Sache als Vorwand gebrauchen, auch — بهانه بولمق.

p بهاور BEHÂ-WER. Adj., = بهالو *précieux.* | werthvoll, theuer.

a بهائم BEHÂIM. Sbst. Pl. v. بهیمه.

p بهبود BIH-BÛD. Adj. مبارك . شریف . خیر *bon, noble; précieux, glorieux, illustre.* | gut, edel, werthvoll, erlaucht.

t پپه PEPE. Sbst. *bègue.* | Stotterer. s. پهپه.

t پپه لك PEPELIK. Sbst. *bégaiement.* | Stottern, Stammeln.

t پپه لنمك PEPELEMEK. Vb. intr. *bégayer, balbutier.* | stottern, stammeln.

a بهت BUHT und بهتان BUHTÂN. Sbst. *p* بهتان . افترا *a* اسناد . یلان سویلمك دروغ *mensonge, calomnie, médisance, fausse imputation, fausse accusation, fausse allégation, en sens passif: état de stupéfaction, extase.* | Lüge, falsche Beschuldigung, falsches Zeugniss, Verdächtigung, Verläumdung, Lästerung, falsche Anklage, falsche Angabe einer Nachricht, einer Quelle u. dgl.; in passiver Bedeutung حال المبهوتیه Verblüffung, das Ausser sich sein. — ETMEK *calomnier, imputer faussement.* | fälschlich beschuldigen, lästern, verläumden. — OLMAK *être inculpé à tort, rester stupéfait.* | fälschlich beschuldigt werden, verläumdet werden, ganz erstaunt, betroffen, ausser sich sein. بهتان کوی BUHTÂN-GÛJ oder بهتان انداز BUHTÂN-ENDÂZ. *calomniateur, menteur.* | Verläumder, Lügner. بهتان زده BUHTÂN ZEDE. *calomnié.* | verläumdet, falsch beschuldigt.

بهتان آمیز BUHTÂN-ÂMÎZ. *calomnieux.* | verläumderisch.

a t بهتانجی BUHTANGY. Sbst. افتراجی *calomniateur, menteur.* | Verläumder, Lügner.

p بهتر BIHTER und بهترین BIHTERIN. s. به BIH.

a بهجت BEHGET. بهج BEHG u. بهجت BEHÂGET. Sbst. *t* کوزللك . شنلك . شادلق *a* ابتهاج . صفا . جمال . حسن . بها *beauté, amabilité; expression, figure aimable; allégresse, gaieté, joie.* | Schönheit, Freundlichkeit, freundliches und heiteres Ansehen des Gesichts, Fröhlichkeit, Freude. پر بهجت PUR BEHGET. *plein de joie, très-gai, riant.* | voll Freundlichkeit oder Freude, lachend, heiter, lieblich.

a بهر BAHR. Sbst. *éblouissement; éclat, splendeur, beauté.* | Glanz, Schönheit.

p بهر BE-HER. s. هر.

p بهر BEHR, BEHER. 1. Sbst., = بهره *lot, part, sort.* | Loos, Antheil, Schicksal. شاد بهر ŠÂD-BEHR, = خوش حال *heureux.* | glücklich. vgl. بهره. — 2. Praepos. auch بهر u. از بهر = بچون . ایچون *à cause, pour.* | wegen, für. بهر فقرا BEHR-I FUKERÂ. *pour les pauvres.* | für die Armen. s. die pers. Gramm.

a بهرت BEHRET. Sbst. *a* غلبه *p* بزرگی *beauté, excellence, magnificence.* | Schönheit, Vortrefflichkeit, Pracht.

p بهره BAHRE. vgl. بهر Sbst. حصه . نصیب *lot, portion, part, sort, bonheur, profit.* | Loos, Theil, Antheil, Schicksal, Glück, Vortheil. تمامی بهره ویردی *il en tira tout le profit.* | er hatte vollen Nutzen davon. بی بهره BI-BEHRE. *qui ne participe pas, disgracié, privé, dénué.* | der nichts davon hat, keinen Theil hat, unbegünstigt.

چهرهٔ بی بهره CHEHRE-I BI-BEHRE, *visage, disgracié, désagréable.* | ein unangenehmes Gesicht. بی بهره قالمق *ne pas réussir, être frustré, déçu, désappointé dans ses voeux ou ses espérances* | nicht vorwärts kommen, kein Gelingen haben, sich getäuscht sehen in seinen Erwartungen, im Nachtheil sein. ادراکدن بی بهره اولمق nicht zur Einsicht gelangen.

p بهرهدار BEHREDÂR, = بهرهور BEHRE-WER und بهرهمند BEHRE-MEND. Adj. نصیبلی. حصه‌سی اولان *qui a sa part, participant, favorisé de la fortune, qui obtient ce qu'il désire* | der seinen Theil erhält, theilhaftig, vom Glück begünstigt, der erlangt was er wünscht.

p بهره PEHRE. Sbst. نوبت بکلمک . نوبت *garde, faire la garde.* | Wache, Nachtwache.

p بهرهدار PEHRE-DÂR. Sbst. بکجی . نوبتچی *garde de nuit, sentinelle.* | Nachtwächter, Schildwach.

a بهره BAHR. Sbst. عنفله دفع ایتمه *action de repousser.* | das Zurückstossen, Wegstossen. — OLUNMAK. *être repoussé avec force* | mit Gewalt zurückgestossen werden.

p بهزاد BIH-ZÂD. Adj. حسبی ونسبی پاکیزه اولان *bien né, de bonne extraction, de bon caractère, homme honnête.* | wohlgeboren, untadelhaft, unbescholten (von Person und Herkommen).

p بهشت BEHIŠT u. BIHIŠT. Sbst. فردوس *a* جنت *le paradis, le ciel.* | Paradies, Himmel. بهشت نشین BEHIŠT-NIŠÎN *bienheureux.* | selig, ein Seliger.

p بهشتی BEHIŠTÎ. Adj. *céleste, bienheureux* | paradiesisch, himmlisch, selig.

t o بهکه I.T. بغلنج وکسر نمر نیشستنکی بهله *s.* جلوران شکاری

p پهلو PEHLU. Sbst. *t* یان *a* جنب . نقع وفائده *côté, flanc, l'espace entre les aisselles et les hanches; force; avantage, profit.* | Seite, Seite des menschlichen Körpers zwischen Armhöhle und Hüfte; Kraft; Nutzen, Vortheil. پهلو پهلو oder پهلو به پهلو = کوکس کوکسه Seite an Seite, Brust an Brust. پهلوی در PEHLU-I DER *poutre latérale de la porte.* | Thürpfosten. پهلوی لشکر PEHLU-I LEŠKER. *aile de l'armée.* | Heeresflügel. پهلو به بستر برمق *se mettre sur le flanc (se coucher), sommeiller.* | die Seite auf das Kissen bringen, d. i. schlummern. پهلو تهی شلمق *se retirer, s'abstenir.* | die Seite leer sein, d. i. sich zurückziehen, sich wegwenden, sich enthalten. پهلو ویرمك *prêter le flanc, assister, aider.* | die Seite geben, d. i. beistehen, Hülfe leisten. پهلو کرتمك *se détourner, fuir, abandonner.* | sich wegwenden, fliehen, verlassen. پهلو دار PEHLU-DÂR. *secourable, aide.* | hülfreich, Helfer, Beistand. پهلوسی PEHLU-SÂI. *rival, émule, collègue, compagnon* | wetteifernd; Nebenbuhler, der gleiche Anstrengung macht, einem gleich kommt, Genosse.

p پهلو PEHLEW und پهلوان PEHLEWÂN. Sbst. سوسیلار ,لشکر دلاور ,جنکجی ,پهلوان *héros, athlète, lutteur, guerrier, champion; général d'armée.* | Held, Kämpfer, Krieger, Ringer, Heerführer. پهلوان تکیه سی *école des lutteurs, salle d'armes.* | Ringerschule, Fechtschule. پهلوان سپهر PEHLEWÂN-I SIPEHR. *la planète Mars.* | der Planet Mars.

p پهلوانه PEHLEWÂNE. Adv. *héroïquement.* | heldenmüthig, heroisch.

p t پهلوانلق PEHLEWANLYK. Sbst. *art des lutteurs; bravoure.* | Ringkunst; Tapferkeit.

p پهلوانی PEHLEWÂNÎ u. پهلوی PEHLEWÎ. Adj. *héroïque.* | heroisch. زبان پهلوی oder زبان پهلوانی die alte persische Sprache.

t o بهله BEHLE und بهلی BEHLI. SL. vgl. بهکه Sbst. ein Stück Leder oder eine Art Handschuh der dem Falken über die Kralle gezogen wird, um die Hand des Falkoniers, der ihn trägt, zu schützen.

p بهم BE-HEM. s. هم

p بهمن BEHMEN. 1. Adj. [Gegentheil v. دشمن] *bienveillant* | wohlwollend. 2. N. pr. Sohn des Esfendiar. 3. der elfte Monat des alten persischen Jahres.

p بهن PEHN u. پهنن PEHIN. Adj. und Sbst. *a* عریض *t* اینلو *large, ample, dilaté; largeur, ampleur* | breit, weit, ausgedehnt; Weite, Ausdehnung. پهن دشت = صحرای عریض weit ausgedehntes Gefilde, weite Ebene.

p پهنا PEHNÂ oder پهنه PEHNE. Sbst., = 1. *a* عرض *t* این , عرض *ampleur, latitude.* | Breite, Weite. 2. چوکان *battoir.* | Pritsche beim Ballspiel.

p بهنانه BEHNÂNE u. بهنکه Sbst. میمون . بوزنه *espèce de singe.* | eine Affenart.

p پهناور PEHNÂWER. Adj. *t* اینلو . رضی *ample, large.* | weit, breit.

p پهناوری PEHNÂWERÎ und پهنائی PEHNÂÎ. Sbst. *ampleur, largeur.* | Weite, Breite, پهنا ست

p بهند PEHEND. Sbst. *t* توزاغ , تلك , دام *piège, trébuchet.* | Schlinge, Netz, Jagdnetz.

t بهی BEHEI. Interj. oh! eh! بهی اشك BEHEI EŠEK. *eh, âne que tu es!* | o du Esel!

a بهی BEHÎ. Fem. بهیه BEHIJE. Adj. *beau.* | schön.

a بهیره BEHÎRE. Sbst. سیده وشریفه اولان کوزل دلبرلری . خاتون *femme jolie; femme honorée et respectée.* | eine schöne Frau, angesehene und geachtete Frau.

a بهیه BEHÎJE. Sbst. *bile.* | Thier.

p بهین BIHÎN, بهترین Superl. v. به BIH.

p بی BÎ. Praep. Gegentheil von *t* سوز با *a* غیر , لا *sans.* | ohne. Dient als Praefix in Zusammensetzung mit arabischen und persischen Wörtern zur Bildung des Negativum oder zur Bezeichnung des Gegentheils des durch das einfache Wort ausgedrückten Begriffes. بی آب BÎ-ÂB. *sans eau, sans splendeur; sec; désert.* | ohne Wasser, ohne Glanz, trocken, Wüste. بی اتفاق BÎ-ITTIFÂK, = اتفاقسز *désuni.* | uneinig. بی اشتباه BÎ-IŠTIBÂH *sans doute* | ohne Zweifel. بی ادب BÎ-EDEB, = ادبسز *grossier, impoli, malhonnête.* | grob, ungezogen. بی ادبانه BÎ-EDEBÂNE. *incivilement.* | unhöflicher Weise. بی ادبلك BÎ-EDEBLIK. *incivilité.* | Unhöflichkeit. بی امان BÎ-AMÂN. *cruel.* | grausam. بی اندازه BÎ-ENDÂZE. *immense.* | unermesslich. بی اختیار BÎ-IHTIJÂR. [Gegentheil v. اختیارلی] *involontairement, contraint, par force.* | unfreiwillig, gezwungen. بی اختیاری BÎ-IHTIJÂRÎ [Gegentheil v. اختیار] *nécessité.* | Nothwendigkeit. بی آهنك BÎ-ÂHENK *dissonant, discordant.* | verstimmt, uneinig. بی آهنکلك BÎ-ÂHENKLIK *dissonance, disconvenance.* | Verstimmung, Missstimmung, Uneinigkeit. بی باك BÎ-BÂK. *intrépide.* | furchtlos. بی پایان BÎ-PÂJÂN. *infini, immense.* | unermesslich. بی بدل BÎ-BEDEL. *incomparable.* | unvergleichlich. بی پرده BÎ-PERDE. *ouvertement, clairement.* | unverhüllt, offen, deutlich. بی پر و بال BÎ PER U BÂL. *sans plumes ni ailes, sans moyens.* | ohne Feder und Flügel, hülflos, mittellos. بی بصر BÎ-BASAR. *imprudent, inconsidéré.* | unüberlegt. بی بقا BÎ-BAKÂ. *qui n'est pas stable, variable.* | unbeständig, veränderlich. بی جان BÎ-ĠÂN. *sans âme, inanimé.* | ohne Seele, entseelt, todt. بی دست وپا بالجان کرتمك *tuer.* | tödten. *sans main ni pied; sans moyens.* | ohne Hand und Fuss, mittellos, hülflos.

t o بی BI u. بعد BIE. I.T. مادیان *jument.* | Stute. vgl. بعشك

t o بی BEI. Sbst., = بك *prince, chef.* | Fürst, Anführer. جغتای بی لری die Fürsten von Tschagatai. بارچه بی لر sämmtliche Fürsten. Abulg.

t بی PEI. Sbst. *a* عربون *arrhes.* | Aufgeld, Handgeld.

p پی PEI. 1. Sbst. *t* سکیر *nerf, muscle.* | Sehne, Muskel. پی کرتمك = سکیری کسمك *couper le nerf, tuer; renoncer à q. ch.* | den Muskel oder Lebensnerv abschneiden, d. i. tödten; auf etwas verzichten. امید پی کرتمك *désespérer.* | die Hoffnung aufgeben, verzweifeln. باز آمدن پی کرتمك die Rückkehr aufgeben. — 2. *a* عقب *talon; base; degré; trace, vestige.* | Ferse, Grundlage; Stufe, Spur. 3. Praepos. *après.* | nach. از پی EZ-PEI, = ازبرای oder ازبهر , اوتوروا *à cause, pour.* | wegen, für. از پی تو EZ PEI-I TŬ, = سندن اوتوروا *pour toi, à cause de toi.* | deinetwegen. از پی تفریح *pour divertissement.* | zum Vergnügen, zur Unterhaltung. از پی رفتن oder از پی کوشن *suivre les pas, marcher ou venir après q. qu.* | auf dem Fusse folgen, hinterher kommen. پی در پی PEI DER PEI oder پیاپی PEIÂPEI. *l'un après l'autre, sans interruption, successivement.* | Ferse an Ferse, d. i. eins hinter dem andern, in ununterbrochener Reihe, nach und nach. پی در پی اوروج طوتمق *jeûner sans interruption.* | ohne Unterbrechung das Fasten halten. پی در پی شمشك چاقمق *faire des éclairs sans cesse.* | in Einem fort blitzen. پی کرفتن PEI GIRIFTEN, = قصد ایتمك *tendre vers un but.* | nach einem Ziele streben, einen Vorsatz fassen. پی بردن PEI BURDEN. *découvrir la trace.* | eine Spur erlangen, auf die Spur kommen. پی رو = پس رو *a* مقلدی *qui imite, sectateur.* | Nachfolger.

p پیه PÎ oder پییه PÎJE. Sbst. *t* یاغ. ادیج یلکی *graisse.* Speck, Fett. پیه سورمك oder پیه‌لمك *enduire de graisse.* | mit Fett schmieren.

p بیان BEJÂ. Partic. interrog. *t* نیجه *comment?* | wie?

p بیا BI-Â. Imperat. v. آمدن

p بیاب BI-ÂB. s. بی

a بیّاب BAJJÂB. Sbst. صوجی *distributeur ou vendeur d'eau.* | Wasservertheiler (der auf Gassen und Plätzen frisches Wasser austheilt, entweder für Geld, oder um ein gutes Werk zu thun).

p بیابان BI-ÂBÂN, vulg. BEJÂBÂN [v. بی u. آب] = *t* قیر *plaine inculte, désert, terre inculte.* eigentlich: ohne Wasser, d. i. unbebaute Wüste, unbebautes Land, Einöde. بیابان‌نشین BEJÂBÂN-NISÎN, *habitant du désert.* | Wüstenbewohner, Einsiedler.

p بیابانی BEJÂBÂNÎ. Adj. vgl. das Vhgde. *désert, sauvage.* | wüste, unbebaut, wild.

p بیانی PEJ-Â-PEJ, = بی در بی s. بی PEJ.

t o بیات BAJÂT, BEJÂT. 1. Sbst. Sl. خداوند *Dieu.* | Gott. 2. N. pr. *nom d'un petit-fils d'Oghus Khan et de sa tribu.* | Name eines Enkels Oghus Khans und seines Stammes.

t بیات BAJÂT. Adj. Tahrif v. بایات *vieux, rassis.* | alt. s. بایات

it پیاته PIATA. s. پیاتله

a p بیاختیار BI-IHTIJÂR. s. بی

a p بی‌ادب BI-EDEB, بی‌ادبانه BI-EDEBÂNE, بی‌ادبلك BI-EDEBLIK. s. بی

p پیاده PEJÂDE. Sbst. *a* راجل *t* یایان *qui marche à pied, homme à pied, fantassin; pion (au jeu d'échecs); petite barque à deux rames.* | Fussgänger, Mann zu Fuss, Infanterist; Bauer im Schachspiel, = پیادق; eine kleine Barke mit zwei Rudern. — OLMAK. *aller à pied; mettre pied à terre; descendre de cheval, de voiture, etc.* | zu Fuss gehen; fussen, d. i. den Fuss an das Land setzen, aus dem Schiffe aussteigen, vom Pferde, aus dem Wagen u. dgl. steigen. پیاده گیتمك PEJÂDE GITMEK, = یایان یورومك *marcher à pied.* | zu Fuss gehen. پیاده سورمك PEJÂDE SÜRMEK. *avancer un pion.* | einen Bauer rücken. پیاده توتمق *mésestimer q. qu., faire peu ou pas de cas* | einen für schwach, für gering halten. پیاده نفرات PEJÂDE NEFERÂT oder پیاده عسکری PEJÂDE 'ASKERI oder عسکر پیادگسی 'ASKERIN PEJÂDESI. *infanterie.* | die Infanterie.

p بیار BI-ÂR. Imperat. v. آوردن

p بیارستن BI-ÂRÎSTEN. s. آراستن

p پیاز PEJÂZ. Sbst. *t* صوغان *a* بصل eine Art Zwiebel, allium cepa (?). پیاز دشتی oder بصل الفار *a* پیاز موش scilla (?).

p پیازك PEJÂZEK. Sbst. Demin. des Vhgdn. *masse armée de pointes de fer.* | eine Art Streitkolben oder Morgenstern.

a بیاض BEJÂZ. Adj. u. Sbst. *t* آق *p* سفید *blanc; blancheur; papier blanc, carte blanche; copie au net.* | weiss; Weisse, weisses unbeschriebenes Papier; Reinschrift. بیاضه چیقارمق BEJÂZA ÇYKARMAK. *tirer au clair.* | in's Reine bringen, an's Licht bringen. بیاضه چکمك *mettre au net.* | auf Reine schreiben. بیاض اوزرنده اراده BEJÂZ ÜZERINDE IRÂDE. kaiserlicher Machtbefehl. Redhouse: an imperial command given proprio motu, and not on any petition or ministerial report.

a t بیاضلق BEJÂZLYK. Sbst. *a* بیاضه *t* آقلق *blancheur, quelque chose de blanc.* | Weisse, etwas Weisses oder Weissliches (wie z. B. die Milchstrasse). سودك بیاضلغی SÜDÜÑ BEJÂZLYGY. *la blancheur du lait.* | die weisse Farbe der Milch, Milchweisse.

a بیاضه BEJÂZE. Sbst., = بیاضلق

it پیاطه PIATA oder پیاده Sbst. (piatello). طبق *plat, assiette.* | Teller

a بیّاع BEJJÂ'. Sbst. صاتوجی. صاتیجی آلیجی *a* مشتری *vendeur, petit marchand; acheteur, chaland.* Verkäufer, Händler, Krämer; Käufer, Kunde.

a بیاعة BIJÂ'AT. Sbst. (collectiv). *t* مال صاتلق. صاتیش. صاتمق آلمق *a* متاع *marchandises, tout ce qui est à vendre; action de vendre, d'acheter.* | Waare, alles was feil oder zu verkaufen ist; das Verkaufen, das Kaufen.

a p بیاعتبار = بی اعتبار

p بیاغارلن s. آغارلن

t بیاغی BAJAGY oder بیغی Adj. u. Adv. *simple, pur, commun, vil, ignoble, communément, tous les jours, tout simplement.* | einfach, rein, lauter, gewöhnlich, schlecht, gemein, alltäglich, ganz einfach.

p پیاله PIÂLE. Sbst. 1. قدح *coupe ou verre à boire.* | Trinkbecher, Glas, Schale. 2. *t* فغفوری طوپراغی *terre à porcelaine.* | Porzellanerde.

p پیام PEJÂM oder پیغام Sbst. *t* سلام *nouvelle, avis, salutation, compliment.* | Nachricht, Meldung, Gruss. پیام مودّت اختتام *salutations amicales, compliments affectueux.* | freundschaftliche Begrüssung. پیام آور PEJÂMÂWER, پیامبر PEJÂMBER, پیامرس PEJÂMRES. *envoyé, messager.* | Bote, Gesandter. vgl. پیغمبر

a بیان BEJÂN. Sbst. فصاحة. ایضاح, واضح و آشکار ایلمك *évidence, explication, éloquence.* | Klarheit, Erklärung; Beredtsamkeit, deutlicher Ausdruck. — ETMEK. *expliquer, manifester, exposer clairement.* | erklären, deutlich machen. بیان در BEJÂN DYR. *c'est clair, c'est évident.* | es ist klar, es ist erwiesen. آتی البیان ÂTI-'L-BEJÂN. *ce qui sera expliqué plus bas.* | das unten zu erklärende, wie unten das weitere erklärt wird. بیان نامه BEJÂN NÂME. *déclaration publique.* | Manifest, öffentliche Erklärung. علم بیان 'ILM-I BEJÂN. die Darstellungslehre. v. Mehren, Rhetor. der Arab. S. 53.

t o بیان BAJAN. Sl. علفی بلند دوائی شیرازن بیان, وجی بیان عبارت اوت بلند *plante médicinale.* | ein Heilkraut.

t o بیان BEJAN, = بوین *ce côté, de ce côté.* | diesseits.

it پیانقو PIANKO. Sbst. *loterie.* | Lotterie, Spiel.

it پیانو PIANO. Sbst. *piano.* | Klavier. پیانو چالمق *toucher du piano* | Klavier spielen. پیانو چالان *pianiste.* | Klavierspieler.

p بیاون, s. بیاوان

t o بیبك oder بیبیك BIBEK. Sbst. گوز ببکی *prunelle.* | Augapfel. s. ببك

t o بیبر BIBER. Sbst., = بیبر *poivre.* | Pfeffer.

p پیبند PAJ-BAND. s. پای بند

t o بیبی BIBI oder BEBE. Sbst. Sl. خوتون سرای *sage-femme.* | Hebamme.

p بی بی BIBI. Sbst. *femme honnête, dame, demoiselle.* | ehrbare Frau, vornehme Frau oder Jungfrau.

p بی بی BI-BI. Interj., = به به *bon! bon!* | gut! gut!

a بیت BEIT. Pl. ابیات EBJÂT und بیوت BUJÛT. Sbst. *t* او *p* خانه . سرای *maison; vers, distique.* | Haus; Vers, Doppelvers, der aus zwei مصراع besteht. بیت الله oder بیت الحرام oder بیت الله الحرام *la Mecque, le temple de la Mecque.* | Mekka oder das Heiligthum in Mekka. بیت القدس *Jerusalem.* بیت المعمور das besuchte Haus, d. i. das himmlische Urbild des Tempels in Mekka (*Quarante questions. Chap. VII.*). بیت عنکبوت = اورمجك اغی *toile d'araignée.* | Spinnengewebe. بیت المال BEIT-ÜL-MÂL oder بیت المال المسلمین *le fisc ou trésor public.* | das Schatzhaus oder der Staatsschatz, Fiskus. بیت المالجی BEIT-ÜL-MÂLGY, vulg. PETELMAGY. *procureur du fisc.* | Procurator des Fiscus, der bei Erbschaften u. dgl. das Interesse des Fiskus vertritt.

t o بیت BIT. LT. شش [vielleicht شش پا Sechs-Fuss, d. i. Insekt]. s. بت

p بیتاب BI-TÂB. Adj. *faible.* | schwach. s. تاب

p بیتابانه BITÂBÂNE. Adv. *faiblement.* | schwach, schwächlich.

t o بیتاق BAITAK. Adj. *cagneux.* | krummbeinig.

p a بیتمثال s. تمثال

t o بیتمی BITIT. Sbst. *frontière.* | Grenze, Grenzmark (?). (finis). توراني بیتمی کا دکیتولجه آلیب nachdem er Turan bis an die Grenze erobert. Ali Schir. (Chrestom. Orient. p. 56).

t o بیتکوجی BITKÖGI. Sbst. *écrivain.* | Schreiber.

t o بیتمك BYTMAK und BITMEK. Vb. act. *écrire.* | schreiben. vgl. بیتوك

t o بیتمك BITMEK. Sl. رویدن, کیاه و نباته زخم وسمخته شدن, و اجسام کار وحیوان شدن vgl. بیتمك

t o بیتمکلك Sl. صاحب ترکیب و اندام ein wohlgebildeter Mensch, von gutem Wuchse.

t o بیتو BITAW. Adj. LT. درست و سالم *entier.* | ganz, = بوتون

a بیتوتت BEITÛTET. Sbst. *nuitée dans un endroit, gîte de nuit.* | Uebernachtung an einem Orte, Nachtquartier. — ETMEK. *passer la nuit.* | übernachten. بیتوتت اوطه‌سی BEITÛTET-ODASY. *chambre à coucher.* | Schlafzimmer.

t o بيتمك und بتمك s. بيتكيجي und بتكيجي

t o بيتكيلك BITIKLIK. Sbst. *écriture, art d'écrire.* | Schrift, Schreibekunst.

t بيچ PIČ u. بيچ Sbst. SL. *p* حرامزاده *bâtard, enfant trouvé; rejeton qui pousse de la racine d'une plante.* | Bastard, Findelkind; Räuber oder Schössling aus der Wurzel einer Pflanze.

p پيچ PIČ. Rad. v. پيچيدن Adj. und Sbst. *t* طولاشق بوكلم . بورغاو . بورمه *entortillé; tortuosité, pli; contorsion, convulsion, douleur, peine.* | gedreht, gewunden; Windung, Krümmung, Drehung; Falte; krampfhaftes sich winden, Schmerz, Kummer, Sorge, Qual. پيچ در پيچ PIČ-PIČ oder پيچ در پيچ PIČ DER PIČ oder پيچ در پيچ PIČ DER PIČ. *entortillé, compliqué; tourment, torture.* | Falte in Falte, Krümmung in Krümmung, d. i. sehr zusammengefaltet, zusammengedreht, verflochten; Krümmung; Qual.

p پيچاپيچ PIČ-Â-PIČ. Adj. vgl. d. Vorige. بوكلملو . بورغلو *entortillé, compliqué, embrouillé, mêlé.* | zusammengedreht oder gebogen, untereinander verflochten, verfitzt.

p پيچاده BIČADE. Sbst. سنكزاده . كهربا *ambre jaune; sorte de rubis.* | Bernstein, eine Art Rubin.

p بيچاره BI-ČÂRE. Adj. *sans moyens, pauvre, malheureux.* | unbemittelt, arm, elend. vgl. چاره

t o بيچال BAIČAL. Sbst. *jument.* | Stute.

p بيچكين BI-ČÎN. s. چين

p پيچان PIČÂN. Partic. praes. von پيچيدن *entortillé.* | zusammengedreht. پيچان شدن *avoir de la peine, s'affliger.* | Kummer haben, sich quälen, sich grämen.

p پيچدار PIČ-DÂR. Adj. vgl. پيچ *entortillé.* | gedreht, verflochten.

p پيچش PIČIŠ. Sbst. بوكلمه بورولمه . بوروشق قيورلمه *état d'être tordu, tortuosité, repli, pli* | Verdrehung, Krümmung, Falte.

t بيچاق BYČAK u. بچاق Sbst. *couteau.* | Messer.

p بيچكر BI-ČIGER. Adj. *peureux, lâche.* | furchtsam, feige. vgl. جكر

t o بيچمك Vb. act., = بچمك *couper.* | schneiden.

a p بيجواب BI-ĞEWÂB. s. جواب

p بيچون BI-ČÛN. Adj. und Sbst., = بيچگونه vgl. چون u. چه *sans comme, c. à d. sans pareil; l'incomparable, l'inexplicable, Dieu.* | ohne Wie, d. i. ohne Gleichen, der Unvergleichliche oder Unbegreifliche, d. i. Gott. حق بيچون وچرا Gott ohne Wie und Warum, der unbegreifliche und unerforschliche.

t o بيچه BIČE. Sbst. *femme, épouse.* | Frau, Gattin.

p پيچه PIČE u. پيچك Sbst. *t* بوروشق *quelque chose de tortillé; lierre; boucle; décoration en forme de limaçon; torsière; énigme.* | etwas gedrehtes, gewundenes, verwickeltes; der Epheu; Locke; schneckenförmige Verzierung, Bohrer; Räthsel.

p پيچيدن PIČÎDEN. Vb. act. u. refl. بورمق . بورلمق *tordre, tourner, courber, plier, se contourner, éprouver des douleurs; s'embrouiller (en parlant).* | drehen, winden, krümmen, biegen, zusammenfalten, sich winden, Schmerzen haben, sich quälen; sich verwickeln (in der Rede). — Partic. پيچيده PIČÎDE. *entortillé.* | gedreht, verwickelt.

t o بيچيچه BIĞIK. Sbst. *p* سوزن *a* ابره *aiguille.* | Nadel.

t o بيچين BIČIN. s. بچين *singe.* | Affe.

a p بيحاصل s. حاصل

a p بيحجاب s. حجاب

a p بيحد s. حد

a p بيحضور s. حضور

a p بيحيا s. حيا

p بيخ BIĤ. Sbst. *a* اصل *racine, origine, principe.* | Wurzel, Ursprung, Anfang, Princip.

p پيخ PIĤ. Sbst. *cire des oreilles; chassie.* | Ohrenschmalz; Augenbutter oder Schlaf in den Augen.

a p بيخبر BI-ĤABER. s. خبر

p بيختن BIĤTEN [Rad. بيز]. Vb. act. *t* الكمك *cribler, tamiser; répandre; percer.* | sieben, ausstreuen; durchlöchern.

p پيختن PIĤTEN. Rad. پيچ = پيچيدن

p بيخرد s. خرد BIĤRED.

t o بيخلنمق BYĤMAK. Vb. intr. بيزار شدن *s'ennuyer, se fâcher.* | verdrüsslich sein.

p بيخود BI-ĤÛD oder BIĤOD. Adj., = بيهوش *insensible, privé de sens, évanoui, hors de soi, insensé.* | ausser sich, ohne Empfindung, ohnmächtig, von Sinnen.

p t بيخودلك BIĤÛDLYK oder BIĤODLYK. Sbst. *extase.* | das ausser sich sein, Entzückung.

p بيد BID. Sbst. سوكوت اغاجى *a* صفصاف *saule.* | die Weide. بيد مشك Moschusweide, eine Art Weide mit wohlriechender Blüthe.

بيدا BIDÂ. Pl. بيداوات BID und بيد BEIDÂWÂT. بيابان *a* فلاة FW. جول بياباني كه رونده درآن هلاك شود *désert dangereux.* Wüste, insbes. eine gefährliche Wüste in welcher die Reisenden umkommen.

p پيدا PEIDÂ u. پيدان PEIDÂN. Adj. u. Sbst., = آشكار . شويدا [Gegentheil von پنهان u. پوشيده] *connu à tout le monde, manifeste, public, visible, présent, existant, découvert, inventé; manifestation, invention.* | offenkundig, öffentlich, deutlich, sichtbar, was vor aller Augen liegt, gegenwärtig, bestehend, entdeckt, erfunden; Veröffentlichung, Erfindung, Entdeckung. — ETMEK oder — KERDEN. *rendre manifeste, montrer, développer, inventer, se procurer q. ch., se servir de q. ch.* | öffentlich und sichtbar machen, aufdecken, zeigen, entfalten, entwickeln, entdecken, erzeugen, erwerben [= كسب ايتمك . الوب اشتمك], gebrauchen. مكنت وشوكت پيدا قيلمق Macht und Pracht entfalten. Ali Schir. پيدا ايدنجى PEIDÂ EDIĞI. *inventeur, auteur.* | Erfinder, Urheber. — OLMAK oder — ŠUDEN. *être public, provenir, être présent.* | öffentlich u. s. w. werden oder sein, klar vorliegen, zum Vorschein kommen.

p بيدام BAIDÂĤ oder بيدم Sbst. SL. اسب تيز رونده *cheval agile, coursier, cheval fougueux.* | schnelles Ross, Renner, muthiges Ross, Streitross. — 2. — بيدق *pion.* | Bauer im Schachspiel.

p بيداد BI-DÂD. vgl. داد Adj. und Sbst. ستم . ظلم . جور . ظالم *injuste; injustice.* | ein Ungerechter, das Ungerechte.

p بيدادگر BI-DÂD-GER. Sbst. ظالم . ظالم وجور ايدنجى *injuste, oppresseur.* | der Ungerechte, Bedrücker.

p بيدار BIDÂR. Adj. اويانيق . اويقوسز . اويومايان *éveillé, vigilant, qui ne dort pas ou ne peut pas dormir.* | wach, munter, aufgeweckt, der nicht schläft oder nicht schlafen kann, wachsam. بيدار بخت BIDÂR-BAĤT. *fortuné, heureux.* | dessen Glück wacht, d. i. glücklich. بيدار دل BIDÂR-DIL. *dont le cœur est éveillé, alerte.* | dessen Herz und Sinn munter, aufgeweckt. بيدار مغز BIDÂR-MAĠZ. *intelligent.* | dessen Gehirn munter, d. i. ein Verständiger, Einsichtiger — OLMAK oder ŠUDEN. *s'éveiller, se réveiller; être alerte, apprendre q. ch., être informé de q. ch.* | aufwachen, munter sein, etwas erfahren, einer Sache kundig sein, — اگاه وخبردار اولمق

p بيدارى BIDÂRÎ. Sbst. اويانيقلق *vigilance, vivacité, allégresse, attention.* | Wachsamkeit, Munterkeit, Aufmerksamkeit.

a بيدان s. بيداق

t بيدالامق PAIDALAMAK und پيدالمك PEIDALEMEK. Vb. act. — پيدا ايلمك s. پيدا

p بيدانجير BIDINĞIR, vulg. BIDENĞIR. Sbst. *a* خروع *t* كنه اغاجى *ricin ou palma-Christi.* | Ricinuspflanze.

p بيدپاى BIDPÂI. N. pr. Bidpai oder Pilpai, ein indischer Philosoph, Arzt und Vezir des Königs Dabischlim und angeblicher Verfasser des berühmten Fabelbuches Pantschatantra, des Originals des arabischen Kalila wa Dimna, des persischen Anwar-i Soheili und des türkischen Humajun-name.

p بيدم s. بيدام

p بيدخت BIDUĤT oder BIDOĤT. Sbst. *la planète Vénus.* | der Planet Venus.

p بيدرد s. درد

p بيدرمان s. درمان

p بيدرنگ s. درنگ

p بيدريغ s. دريغ

p بيدستان BIDISTÂN. vgl. بيد Sbst. *saussaie.* | Ort wo Weiden wachsen, Weidengebüsch.

p بيدستر BI-DESTER. Sbst. (wörtl. ohne Hand-Säge). *castor.* | der Biber. جند بيدستر *castoréum.* | Bibergeil. vgl. قوندز

a p بيدق BAIDAK, vulg. PAITAK oder بيدق auch بيدق Pl. بيادق BAJÂDIKE.

Sbst. [Verunstaltung des persischen پیاده] *pion du jeu d'échecs.* | Bauer im Schachspiel. vgl. بیدام

t a بیدکان BID-KAN. LT. هفت ستاره Siebengestirn.

p بیدل s. دل

p بیدانجیر s. بیدانجیر

p بیدولت s. دولت

t بیده PIDE und PITE oder *t* بیده BIDE. Sbst. *sorte de pain plat ou gâteau.* | eine Art flaches Brod oder Brodkuchen, Kuchen.

t بیدهجی PIDEǦI. Sbst. Kuchenbäcker.

a p بیدین s. دین

t p بیر s. بیر

a بئر BI'R. Sbst. *t* قویو *p* چاه *puits* | Brunnen. بئر زمزم BI'R-I ZEMZEM. der Brunnen Zemzem in Mekka.

p بیرق BIK. Sbst. *t* یلدرم *a* صاعقه *foudre.* | Blitzstrahl.

p پیر PIR. Sbst. *t* قوجه *a* شیخ، مرشد، اختیار *vieillard, supérieur (d'un corps de métier, d'un ordre religieux, etc.), fondateur d'un ordre religieux; guide ou précepteur spirituel.* | Greis, Alter, Aeltester, Vorsteher einer Corporation (sowohl weltlicher als geistlicher), Stifter eines geistlichen Ordens; geistlicher Führer und Lehrer der Religion. پیرسال PIR SÂL. *vieux* | alt an Jahren. پیرتعلیم PIR-I TA'LIM. *précepteur.* | Lehrer, insbes. Religionslehrer. پیرمغان PIR-I MUGÂN. *supérieur des mages c. à d. des païens, prêtre chrétien ou juif; cabaretier, tavernier.* | Vorsteher der Magier, d. i. der Heiden, christlicher oder jüdischer Geistlicher; Wirth in einer Weinschenke. پیرو بار PIR U BAR. ein Beiname Gottes. s. unter بر. — پیرو جوان PIR U ǦEWÂN. Alt und Jung. — OLMAK. *être vieux, vieillir.* | alt sein, altern, alt werden. پیراول PIR-OL. *vive longtemps! Dieu te préserve.* | lebe lange! Gott schenke dir ein langes Leben!

p پیرا PEJRÂ. Rad. v. پیراستن in Zusammensetzung: *qui prépare, orne, embellit, met en ordre.* bereitend, schmückend, ordnend. vgl. پوست پیرا

t a بیرر BIRER. Adj. num. distr., = برر *un à un.* | je ein, einzeln, allein — Q. aliquis; بیرازجه aliquid, paullulum.

p پیرار PIRAR. Sbst., = پیرر *t* اوکه کون *avant-hier.* | der vorgestrige Tag. پیرارسال PIRÂR SÂL. *l'avant dernière année.* | das vorletzte Jahr.

t a بیرازنه BIRERNE. Adv. SL. گاهی و بعضی وقت *quelquefois, parfois.* | zuweilen.

p بیراز BIRÂZ. Sbst. بویور، شلیغ *corne d'animal.* | Horn.

p پیراستن PEJRÂSTEN. Imperat. پیرا PEJRÂ u. پیرای PEJRÂJ. Vb. act. vgl. آراستن *t* بزمك، دوزه‌تمك، تریین ایتمك *arranger, orner, embellir (en ôtant q. ch.); ébourgeonner.* | in Ordnung bringen, schmücken, verschönern, insbes. durch Wegnehmen des Ueberflüssigen, ausputzen, einen Baum beschneiden. پوست پیراستن *apprêter des cuirs, tanner, corroyer.* | vom Leder die Haare abputzen, gerben. Partic. پیراسته PEJRÂSTE. *arrangé, orné, corroyé.* | geordnet, geschmückt, gegerbt.

p بیراق BAIRÂK u. بیرق Sbst. *t* سانجق *a* لواء، رایة، علم LT. علم حرب *drapeau, étendard; pavillon de vaisseau; compagnie de soldats.* | Fahne, Standarte, Flagge; Fähnlein oder Rotte. بیراقی آلتنده BAIRAGY ALTYNDA. *sous son drapeau, dans sa compagnie.* unter seiner Fahne, in seiner Rotte. آچیق بیراقلر ایله *à drapeaux déployés.* | mit fliegenden Fahnen.

p بیرقدار BAIRÂKDÂR. Sbst. سانجقدار *porte-enseigne.* | Fahnenträger.

t a بیراقمق s. براقمق

p t بیراقلق BAIRAKLYK. Sbst. *compagnie de soldats.* | Fähnlein, Rotte.

p بیرام BAIRÂM. Sbst. *a* عید *fête, jour de fête.* | Fest, Festtag, Feiertag. قربان بیرامی KURBÂN-BAIRAMY. *a* عید اکبر *la fête des sacrifices.* | das Opferfest, am 10—12 des Monats Zilhedsch, zum Andenken an die Opferung Isaaks. شکر بیرامی ŠEKER-BAIRAMY oder کوچك بیرام KÜČÜK BAIRAM. *a* عید الصغیر *la fête du sucre ou la petite fête, immédiatement après le jeûne du Ramazan.* | Zuckerfest oder das kleine Fest, das sogenannte türkische Ostern, an den drei ersten Tagen des Monats Schawal, unmittelbar nach Beendigung des Fastens im Ramazan. قیش یاری بیرامی KYŠ-JARY-BAIRAMY. *noël.* | Weihnachten. خمسین بیرامی HAMSIN BAIRAMY. *pentecôte.* | das christliche Pfingstfest. قمش بیرامی KAMYŠ-BAIRAMY. *la fête des tabernacles.* | das jüdische Lauberhüttenfest.

p پیرامن PEJRÂMEN oder PIRÂMEN und پیرامون PIRAMUN. Sbst. *t* کنار، چوره *a* اکناف، اطراف، نواحی، حوالی، کنار، دامن *circuit, contour, environ, alentour; bord.* | Umkreis, Umriss, Umgebung, Umhegung oder äussere Abgrenzung eines Raumes, Rand, Saum. پیرامن سرای PIRÂMEN-I SERÂI. *les alentours de la maison.* | die Umgebung des Hauses. پیرامنی لور الك *contourner.* | den Umriss ziehen. پیرامنرا بستن *cerner, assiéger.* | den Umkreis binden, d. i. eine Stadt belagern. — Als Adv. *autour.* | um, herum, ringsum. — KERDEN. *aller autour.* | herumgehen. درکسی پیرامن کردن Jemandes Thür belagern.

p پیرامنگرد PIRÂMEN-GIRD. Sbst. *alentours, environs.* | die Umgebung.

p بیران BIRÂN. s. ویران

p پیرانه PIRÂNE. Adv. *à la manière des vieillards.* | nach Art der Greise, ältlich, altväterisch.

t a بیراو BIREW oder بیرو *p* یکی *quelqu'un.* | einer, irgend einer, jemand.

p بیراه BI-RÂH. Sbst. u. Adj. ارکون، یولسز *t* دینسز *égaré, vagabond, hérétique.* | ohne Weg, d. i. vom Wege abgekommen, verirrt, in Irrthum befangen; Landstreicher; Ketzer.

p t پیرای PEJRÂJ. Sbst. v. پیراستن *tanneur, corroyeur.* | Lederbereiter, Gerber.

p پیرایش PEJRÂJIŠ. Sbst. v. پیراستن *t* سپیلتش *apprêt des cuirs.* | Lederbereitung, Gerberei. پیرایش دادن *apprêter les cuirs, corroyer.* | gerben. vgl. پیراستن u. پیرایش

p پیرایشگاه PEJRÂJIŠGÂH. Sbst. دباغخانه *tannerie* | Gerberwerkstätte, vollständiger: پوست پیرایشگاه

p پیرایشگر PEJRÂJIŠ-GER. Sbst., = پوست پیرا *tanneur, corroyeur.* | Gerber.

p پیراهن PIRÂHEN oder PIRAHEN u. پیرهن Sbst. *t* کوملك *a* قمیص *chemise.* | Hemd.

p بیراهی BI-RÂHI. Sbst. Gegentheil von براهی *erreur.* | das Herumirren, auf Abwege gerathen, Abweg (in moralischer Beziehung), Irrthum, Ketzerei.

a p بیرای s. رای

p پیرای PEJRÂI. Rad. von پیراستن in Zusammensetzung: *celui qui arrange, décorateur.* | Ordner, Schmücker.

a p بیرایج s. رایج

p پیرایش PEJRÂJIŠ. Sbst. *action d'arranger, arrangement, ornement, décoration* | Schmückung, Verschönerung, Verzierung, Ausputzung, vgl. پیرایش u. پیراستن

p پیراینده PEJRÂJENDE. Sbst. [Partic. v. پیراستن] *t* دوزنجی *p* سازنده *a* مرتب، ترتیب *apprêteur, décorateur.* | Bereiter, Verschönerer, Ausschmücker.

p پیرایه PEJRÂJE. Sbst., = زیب، زیبایش، پیرایش *t* بزك *a* زینة، زیور، آرایش *ornement, décoration.* Verzierung, Schmuck. پیرایه بخش PEJRÂJE-BAHŠ. *décorateur.* | Schmücker. پیرایهٔ نسوان NISWÂN-PEJRÂJE. *ornement, parure des femmes (bijoux etc.).* | Frauenschmuck.

p بیرحم s. رحم

p بیرزد BIRZED, auch بیرزه und بیرزی Sbst. 1. *a* بارزد، قنه galbanum. 2 *a* برادة *t* اکنتی *limaille de fer.* | Eisenfeilspähne.

a پیرزن PIR-ZEN oder پیرهزن PIRE-ZEN. Sbst. *t* قوجه قاری *a* عجوزه *vieille femme.* Greisin. vgl. پیر

p بیرزه BIRZE u. بیرزی BIRZI. s. بیرزد

p بیرق s. بیراق

t a بیرك s. *t* برك BERK.

t a بیرکا Dativ v. بیر als Adv., = برکا *ensemble.* | zugleich, als Sbst. *compagnon.* | Begleiter, = *p* همراه، ششیر SL. LT.

t a بیرکیجك s. برکیجك

t بیرکوجی BIRGÜǦI oder Sbst. LT. *t* صنجقدار *celui qui donne, qui présente q. ch.* | Geber, Schenker, Darreicher. شربت بیرکوجی *échanson.* | Mundschenk. Ali Sehir. vgl. بیرمق

t a بیرکل BIRGIL. Imperat. v. بیرمق

t بیرکمك Vb. act. vgl. برکمك PIRIKMEK Deriv. I. بیرکتورمك Vb. caus. — II. بیرکیشمك Vb. recipr. refl.

t a بیرکول BIRGUL. N. pr. LT. نام امیری

t o بيركونلك u. بيركونجيلك SL. = بكروزه *une journée.* | ein Tag, eine Tageszeit.

t o بيركنلك s. بيركيجيلك

t o بيرلاش n. برلاس BIRLAS. N. pr. Name eines tschagataischen Stammes. Ali Schir. VL.

t o بيرلان oder بيرنه s. بيرنه

p t بيرلك PIRLIK. Sbst. قوجه‌لق *vieillesse.* | das Alter.

p t بيرلمك PIRLEMEK Vb. intr. قوجه‌لمق *vieillir.* | altern.

t o بيرمق BIRMAK oder بيرمك BIRMEK. Vb. act., = ويرمك *donner.* | geben; dient sowohl als Hülfszeitwort als zur Bildung zusammengesetzter Verba. توتا بيرمك *prendre* | greifen, fassen, nehmen [vgl. طوتمق]. بيرا الملق *être en état de donner.* | geben können. [vgl. الملق]. ايلا يكا قيب بيرور ايدى *il trompait le peuple.* | er täuschte das Volk. Ali Schir. — Deriv. بيريلمك BIRILMEK. Vb. pass.

p t بيرملق BAIRAMLYK. Sbst. LT. عيدى vgl. بيرام

p بيرنك BI-RENG. Adj. u. Sbst. شمولا *sans couleur; esquisse, ébauche* | farblos; Skizze, Entwurf eines Gemäldes. FW.

بيرو BIROW (ungarisch biró). Sbst. *maire de village.* | Dorfrichter.

p بيرو PEI-REW vgl. پى Sbst. = پيس رو *a* تابع *qui suit les pas de q. qn., sectateur, compagnon.* | der auf dem Fusse folgt, Nachfolger, Anhänger, Begleiter. — OLMAK. *suivre q. qn.* | einem nachfolgen.

a p بيروح s. روح

p بيروز oder بى روز s. روز

p بيروزه BIRUZE Sbst. Name eines grünen Steines von geringerem Werthe als der Smaragd. vgl. بيروزه

p بيروز FIRUZ. Adj. u. Sbst., = فيروز *victorieux, victoire.* | siegreich, Sieger, Sieg.

p بيروزان BIRUZAN. Sbst. يوكلك *fardeau.* | Last.

p t بيروزه BIRUZE. Sbst. شركونلك ثياب *vêtement de tous les jours.* | Alltagskleidung.

p بيروزه FIRUZE und بيروزه auch بيروزج u. بيروزج Sbst. *a* فيروزج *turquoise.* | Türkis. vgl. بيروز

p بيروزى BIRUZI. Sbst., = فيروزى *victoire, triomphe.* | Sieg, Triumph.

p بيرون BIRUN und بيرون 1. Sbst. ظاهر. خارج. طيش يوزى. طيش طرف [Gegentheil von اندرون] *l'extérieur.* | das Aeussere eines Dinges, die Aussenseite. از بيرون EZ BIRUN oder در بيرون DER BIRUN. *à l'extérieur, extérieurement, au dehors, dehors.* | von aussen, auswendig, an der Aussenseite. — 2. Adv. طشره. طيشرى *hors, dehors, au-delà, outre.* | aussen, auswendig, draussen, ausserhalb, heraus, hinaus, darüber hinaus, ausser. پاى بصحرا بيرون ننهادى er setzte den Fuss nicht aus der Wüste. سر از كنشم بيرون كردن den Kopf aus dem Loche herausstecken. كار بيرون از دو حال نيست die Sache ist nicht ausser zweierlei Zuständen, d. i. man hat die Wahl nur zwischen zwei Dingen. — 3. Adj. *qui est au dehors; qui excède les bornes; trop cher, très-cher.* | auswärtig, fremd; die Grenzen überschreitend, übermässig, unmässig, = *a* متجاوز *t* كچكين; zu theuer, theuer, — *p* كران *a* غالى

p بيرونى BIRUNI. Adj. u. Sbst. *extérieur, le dehors.* | auswendig, Aussenseite, das Aeussere. استحكامات بيرونى *fortifications extérieures.* | Aussenwerke der Festung.

p بيروى PEIREWI. Sbst. *action de suivre, imitation.* | Nachfolge. vgl. پيرو PEI-REW.

t بيره PIRE oder بره auch بوره PÜRE. Sbst. *a* برغوث *p* كيك. شبكر *puce.* | der Floh. بيره اوتى PIRE-OTU, = *a* حشيشة البرغوث *p* كيكوتنه *pyrethrum offic.* بيره درمانى PIRE DERMANI. (bei den Tartaren) das persische Insektenpulver. بيره اصيرغى PIRE YASYRGY. *piqûre de puce.* | Flohstich.

gr بيرهونى s. پرهونى

p بيرزان s. بيرزن

p بيرهن PIRHEN. s. پيراهن

t o بيرى LT. قلايه vgl. بيرى

t o بيرى s. برو

p بيرى PIRI. Sbst. شيخوخت. قوجه‌لق. اختيارلق *vieillesse.* | Greisenalter.

a p بيرضا s. رضا

a p بيرغب s. رغب

t o بيريكرمنجى BIR-JIRMENǴI. Adj. num. ord. *p* يازدهم *t* اون برنجى *le onzième.* | der elfte. بيريكرمنجى آى der elfte Monat des alten türkischen Jahres. Hadschi Khalfa.

t بيز BIZ. Sbst. 1. = بز BEZ. *toile.* | Leinwand. 2. = بز BIZ. *alène.* | Ahle.

t o بيزه BIZE. Sbst. LT. غده [l. غدة] *glande.* | Drüse. vgl. بز BEZ.

t o بيز BIZ. Pron. pers., = بز *nous.* | wir. Genit. بيزننك BIZNING. Dat. بيزكا BIZGA. Accus. بيزنى BIZNI. — بيزبيز BIZ-BIZ oder بيزوز BIZÜZ. *nous sommes* | wir sind.

p بيز BIZ. Rad. v. بيختن In Zusammensetzung: *action de cribler, de répandre, de frapper; oppression.* | das Sieben, ausstreuen, durchlöchern, schlagen; Bedrückung. 2. *qui crible, répand, perce.* | siebend, ausstreuend, durchlöchernd. فتنه بيز FITNE-BIZ. *qui répand la discorde, des troubles.* | Unruhestifter, = فتنه انكيز FITNE ENGIZ.

p بيزار BIZAR. Adj. *t* اكيمش. اوصانمش *a* برى اولان *dégoûté, fâché, qui se délivre de q. ch.* | einer Sache überdrüssig, ärgerlich über etwas. — ETMEK. *ennuyer, dégoûter* | einen langweilen. — OLMAK. *s'ennuyer, se dégoûter, être las de q. ch., se délivrer de q. qn. ou de q. ch., n'avoir plus affaire avec q. qn. ou avec q. ch.* | Widerwillen haben, einer Sache überdrüssig sein, sich mit Widerwillen von einer Sache oder Person wegwenden, sich von etwas lossagen, nichts mehr damit zu thun haben.

p بيزارى BIZARI. Sbst. اوصانمق. خلاص اولمق. ترك ايتمك. اوصانقلق. كوسكنلك. اكيمش اولمق *ennui, dégoût d'une chose.* | Ueberdruss, Widerwillen, Abscheu. — ETMEK oder — KERDEN [mit از] = بيزار اولمق *se détourner, se délivrer de q. qn., fuir q. ch.* | sich mit Widerwillen von etwas abwenden, sich losmachen, sich lossagen von einer Person oder Sache, nichts damit zu thun haben, Jemanden fliehen.

t o بيزاك Sbst. SL. آرايش s. بزك *ornement.* | Schmuck.

t o بيزاكلك Adj. SL. آراسته و بزنمور *orné.* | geschmückt.

t o بيزامك BIZEMEK. Vb. act., — بزمك *orner.* | schmücken. Gerund. بيزاب BIZEB. — Deriv. 1. بيزالمك BIZELMEK. Vb. pass. *être orné.* | geschmückt sein oder werden. Gerund. بيزالب BIZELIB. Partic. بيزالكن BIZELGEN. — II. بيزاشمك BIZEŠMEK. Vb. recipr. refl. [متحلّى] *s'orner.* | sich schmücken. — III. بيزاتمك BIZETMEK. Vb. caus. [متحلّى] *faire orner.* | schmücken lassen. SL.

p بيزبان BI-ZEBAN. Adj. *muet.* | stumm. s. زبان

p بيزبانى BI-ZEBANI. Sbst. *mutisme, état d'être muet.* | Stummheit.

p بيزر BI-ZER. Adj. فقير *pauvre.* | arm. s. زر

p بيزرى BI-ZERI. Sbst. فقيرلك *pauvreté, misère.* | Armuth, Elend.

t o بيزاككى BIZEKǴI. Sbst. SL. آرايش كر *celui qui orne, décorateur.* | der Schmückende, Schmücker.

t o بيزمك BIZEMEK, = بيزامك

t o بيزمك BIZMEK, = بزمك BEZMEK. Vb. intr. بيزار اولمق *être las de q. ch., se détourner de q. ch., s'éloigner.* | einer Sache überdrüssig sein, sich wegwenden, sich entfernen.

t بيس s. بيسر

a بئس BI'S oder BI'SE, vor einem Femininum بئست BI'SET. Interj. (eigentlich 3. Person Perfecti). *oh comme c'est vilain! oh le vilain;* | o wie schlecht! der Schlechte! vgl. die arab. Gramm.

p بيس PIS. Sbst. برص *lèpre.* | Aussatz.

a p بيساز s. بى ساز

a p بيسامان s. بى سامان

a p بيسبب s. بى سبب

p بيسپار PEI-SIPAR. Adj. u. Sbst. *piéton (voyageur); piétiné (un chemin).* | mit den Fersen tretend, d. i. gehend, ein Wanderer; betreten (z. B. ein Weg).

p بيسبب s. سبب

p بيست BIST. Num. card. يكرمى *vingt.* | zwanzig.

p بيستى PISTI. Adj. *lépreux.* | aussätzig.

p بيستانغ BISTAŃ und بستنغ Adj., = كستاخ *effronté, impudent.* | der sich nicht scheut, ungezogen.

p بيستاره s. ستاره

p بیستگنی BISTEGINÎ. Sbst. solde, salaire, ration. | (eigentl. was am zwanzigsten Tage des Monats gegeben wird) Sold, Razion, Lohn.

p بیستم BISTÜM. Adj. num. ord. یگرمنجی le vingtième. | der zwanzigste.

p بیستون BISUTÛN. N. pr. montagne en Perse; le ciel. | (eigentl. ohne Säulen) Name eines Gebirges in Persien; bildlich: der Himmel.

p بیسکلین s. حکلین

p بیسرو s. سرو

t بیسیلك und بیسرك oder بیسرك Sbst. SL. تیشتر ذرودثخمه دوی fort chameau bâtard. | kräftiges Bastard-Kameel.

p بیسکی BISEKÎ. Sbst. برص وجذام ابلق lèprosité. | Aussatz. vgl. بیسی

t بیسلمك LT. s. بسلمك ، پرورلن

t بیسلمق LT. پرورلن nourrir, | ernähren, = بسلمك

p بیسه BISE. Adj. und Sbst. ابلق ، الاقرغه bigarré; geai, pie, corneille. | scheckig (schwarz und weiss); Dohle, Krähe, Elster.

p بیسی بالغی BISI-BALYGY. Sbst. plie. | Plattfisch, Scholle.

t بیش BIŠ und پیش PIŠ. Adj. num. card., = بش cinq. | fünf. بیشلاسی BIŠLASI, tous les cinq, cinq à cinq. | alle fünf, je fünf.

p بیش BIŠ, Sbst. u. Adv. a زیاده t چوق accroissement, le plus; beaucoup, plus, davantage. | das Mehr, Zuwachs; mehr. Compar. بیشتر BIŠTER. plus. | mehr. ایکی یا بیشتر deux ou plusieurs. | zwei oder mehr. Superl. بیشترین BIŠTERIN. le plus. | meist.

p پیش PIŠ, vulg. پش PEŠ. Sbst., Adj. und Adv. قبل ، اوك ، ایلرو a [Gegentheil von پس] le devant, l'espace de devant, temps antérieur, partie de devant, partie antérieure, frontispice, avant-corps, ce qui devance, antérieur; guide, chef; la voyelle ـُ; antérieurement, avant, devant, vis à vis, en présence, chez. | das was vorn oder vorher ist (von Raum und Zeit), der vordere Raum, der vordere Theil, Vorderseite eines Gebäudes, Vorderstück, Saum eines Kleides [vgl. اتك]; der Vorangehende, Führer, Vorsteher; Gramm. das Vocalzeichen ـُ; als Adj. vorherig, früher, vorhergehend oder vorangehend; Präpos. vor, bei; Comparativ پیشتر PIŠTER. antérieur, plus grand, plus excellent, très-excellent. | mehr vor, früher, vorzüglicher, vornehmer, sehr vornehm. Superl. پیشترین PIŠTERIN oder پیشین PIŠIN. le plus antérieur, excellent, etc. | der Vorderste, Vornehmste u. s. w. طرف پیشین کشتی TARAF-I PIŠIN-I KEŠTI, = پیش کشتی PIŠ-I KEŠTI, proue, la partie antérieure d'un vaisseau. | das Vordertheil eines Schiffes. — از پیش EZ-PIŠ oder در پیش DER PIŠ (in persischer Construction EZ PIŠ-I und DER PIŠ-I mit folg. Genitiv). avant, devant, en avant. | vor, vorn, voraus, nach vorn zu. در پیش کردن = تقدیم ایتمك placer en avant. | versetzen. در پیش نهاده placé en avant, en face, opposé. | gegenübergestellt, entgegengesetzt, gegenüberstehend. پیش از PIŠ EZ. avant. | vor, früher als. پیش از وقت avant le temps, par avance, par anticipation. | vor der Zeit, im Voraus, vorzeitig. پیش از این ci-devant. | vordem, ehedem. پیش از وقت آمدن avoir lieu avant q. ch. | vorangehen (hinsichtlich der Zeit). پیش از وقوع دانستن prévoir q. ch. | etwas voraussehen, kommen sehen. پیش از واپسین l'avant-dernier. | der Vorletzte. پیش آمدن = تعرض ایتمك ، ایلرو کلمك prévenir, devancer, venir le premier, avancer, sortir de l'alignement. | vorgehen, vorangehen, entgegengehen, entgegenstehen, widerstehen, hervorragen, vorspringen (aus der geraden Linie). پیش آمد PIŠ-ÂMED oder پیش افتاد PIŠ-UFTÂD. cas, accident, événement. | Vorfall, Ereigniss. t پیش آهنك devancier, prédécesseur. | Vorgänger. پیش آهنکان — a اسلاف les prédécesseurs, ancêtres. | die Vorgänger, Vorältern. پیش آهنك précurseur. | Vorläufer. پیش رفتن précéder. | vorangehen. پیش بین PIŠ-BIN. prévoyant, précautionneux. | vorsichtig. پیش دستی PIŠ DESTÎ. prééminence; préséance; avancement. | Vorhand; Vorsitz, Vorrang, Vorwärtskommen. پیش دستی نمودن oder پیشیای کردن, پیش رو شدن = t ایلرو کچمك devancer un autre. | einen überholen, den Vorrang haben, einem den Rang ablaufen. پیش جسته بنا avant-corps. | Vorbau (eines Hauses). پیشاپیش oder پیش آپیش PIŠ-Â-PIŠ, = برابر vis à vis. | gegenüber. پیش انداز PIŠ-ENDÂZ. don présenté; collier qui pend sur la poitrine. | dargebrachte Geschenke; ein Halsschmuck der Frauen, der vorn auf die Brust herabfällt. پیش نماز PIŠ-NAMÂZ, = امام curé, prêtre. | der Vorbeter in der Moschee, Geistlicher.

p پیشاب PIŠÂB oder پیشار PIŠÂR. Sbst. بول urine. | Harn (insbes. von Kranken).

p پیشادست PIŠ-Â-DEST. Sbst., = اجرت پیشکی a نقد arrhes, comptant. | Handgeld, Angeld; baares Geld, baare Zahlung.

p پیشان PIŠÂN. Sbst. l'antérieur, le meilleur. | das vordere Ende, das Vorderste, das Vorzüglichste, Beste.

p پیشانداز PIŠ-ENDÂZ. s. پیش.

p پیشانی PIŠÂNÎ. Sbst. t آلن a ناصیه ، جبهه front; toupet ou cheveux qui tombent sur le front; impudence; bonheur, prospérité. | Stirn, Stirnhaar oder Stirnlocke; Unverschämtheit, Frechheit; Glück, Wohlfarth, = دولت. — Als Adj. opposé. | gegenüber, entgegengesetzt. — پیشانی کردن = کستاخلق وقرلدلق ایتمك être impudent. | unverschämt sein, frech sein. پیشانی بند PIŠÂNI-BEND, = t النجه بندی a عصابه Stirnband. پیشانی دار PIŠÂNI-DÂR. qui avance dans ses affaires, qui a du succès, heureux. | der seine Sache vorwärts bringt, dem Alles gelingt, glücklich, = دولتمند. — پیشانی کشاده PIŠÂNI GUŠÂDE. à front découvert, sincère. | mit offener Stirn, aufrichtig. علم پیشانی 'ILM-I PIŠÂNÎ. chiromancie. | die Kunst aus den Linien der Stirn oder der Hand zu wahrsagen.

t بیشلو BIŠLÜ. Sbst. le nombre de cinq, tous les cinq. | Fünfheit, ein Ganzes von Fünf, alle Fünf. vgl. بیش.

p پیشمار PIŠ-MÂR u. پیشماره PIŠ-MÂRE. Sbst. t ابه قادین sage-femme. | Hebamme.

t بیش پارمق BIŠ PARMAK. Sbst. 1. = بش پرمق 2. N. pr. Name eines Gebirges in Russland. SL.

p پیشناز PIŠNÂZ. Sbst. t قارشو قوجی ، قارشولاجی a استقبال ، مستقبل ce qui nous fait face, l'opposé; être en face. | das oder der Gegenüberstehende, Entgegenkommende, das Gegenüber, Gegenübersein.

t بیش بالیغ BIŠ BALYK und بیش بلیق N. pr. Name einer Stadt im westlichen China oder Turkestan, vierzig Tagereisen von Khanbalyg oder Peking. SL. u. FW.

بیشپك PIŠEK oder PIŠEK (ungarisch: püspök). évêque. | Bischof.

a پیشبه s. شبهه

p پیشبین PIŠ-BIN. s. پیش.

p پیشتخته PIŠTAHTA, vulg. پشتخته PEŠTAHTA. table à écrire, table d'étalage dans une boutique, secrétaire (meuble). | Schreibtisch, Ladentisch, Schreibepult, Secretär. پشتخته ساعتی PEŠTAHTE-SA'ATY. pendule. | Stutzuhr.

p پیشتر u. پیشترین s. پیش

p پیشتور u. پیشترین s. پیش

p پیشتال s. پیشتال

t پیشتوره u. پیشتوره s. پیشتك

p پیشخانه PIŠHÂNE. Sbst. 1. avant-corps d'une maison, balcon. 2. tente d'avant-poste, d'avant-garde. | 1. Vorbau eines Hauses, Balcon. 2. das vorderste Zelt eines Lagers oder das Zelt, welches zuerst aufgeschlagen wird; Zelt oder Zeltgeräth, welches vorausgesandt wird, = پیشخیمه.

p پیشخوان PIŠHÂN (PIŠHÔN). Sbst. سفره باشی qui préside à table, à dîner. | der Oberste an der Tafel.

p پیشخورد PIŠHÔRD oder پیشخور Sbst. چاشنه ، چاشنکیر léger repas pour mettre en appétit, petit déjeuner, goûter; dégustateur. | was vor der Mahlzeit genossen wird (um den Appetit zu reizen), kleines Frühstück; Vorkoster, auch = پیشکی s. d.

p پیشخیمه PIŠHÎMA oder PIŠHIME Sbst. tente ou pavillon du prince ou du vizir. | Zelt des Fürsten oder des Vezir. vgl. پیشخانه.

p پیشداد PIŠDÂD. Sbst. 1. arrhes, ce qui est donné en avance, payement qu'on fait avant le terme. | Vorauszahlung. 2. = قانونجی législateur, légiste. | Gesetzgeber, Ordner oder Handhaber der Gesetze. 3. N. pr. nom de la première dynastie des anciens rois de Perse. | Name der ersten Dynastie der alten persischen Könige.

p پیشدار PIŠDÂR. Sbst. frontispice. | Vorderseite (eines Gebäudes).

p پیشدستی s. پیش.

p پیشرو PIŠREW, vulg. پشرف PEŠREF. Sbst. a مقدم ، امام t ایلرو اولان ، قولاغوز ، اولکجه کلنجی qui va ou vient le premier, avant-coureur, préposé, chef, conducteur, avant-garde; mitraille; prélude, ouverture.

Adverb. *par devant.* | der oder das Vorausgehende, Vorläufer, Führer, Vorgesetzter, Vortrab des Heeres; Kartätsche; Vorspiel. — als Adv. voran, voraus. پيشرو شدن pîšrew šuden, = پيش رفتن *précéder.* | vorausgehen. پيشرو چالمق pîšrew čalmak. *préluder.* | präludiren, die Ouverture spielen. پيشرو كير pîšrew gîr, *préalable.* | vorläufig.

p پيشروى pîšrewî. Sbst. *le devant, partie antérieure.* | das Vordere, der vordere Theil.

p پيشطاق pîštâk. Sbst. دهليز *vestibule, portique, entrée de la maison.* | Vorhaus.

(پيشك s. پشك)

ap پيشقه s. شقه

p پيشكار pîškâr u. پيشكر pîškar. Sbst. مترجم، قهرمان، خدمتكار، كتخدا، امين، كدخداى خانه، معتمد a *qui est à la tête de q. ch., chef, maître, premier valet, première servante qui a la surveillance des autres; qui présente q. ch., présentateur, celui qui présente un mémoire, drogman, interprète.* | Vorsteher, Vormann, oberster Diener, Diener. als Fem. Aufseherin über die Mägde; — Ueberreicher einer Bittschrift u. dgl., Dolmetscher. — als Adj. *habile, adroit.* | der Sache gut verstehend, geschickt, tüchtig. Kam. s. v. اسكلنى، اپمشى u. öfter.

p پيشگاه pîšgâh oder پيشگه pîšgeh. Sbst. اوكى، صدر مجلس، صدر *espace de devant, place antérieure, première place (dans une société); avant cour, façade, vestibule,* | das was vorn ist, der Raum vor einem; die vordere Stelle, erste Stelle, Vorort, Vorsitz, Vorhof, Vorhaus, Vorderseite. — als Adv. *avant, devant, en présence.* | vorn, vor. حضره قرب و پيشگاه kurb u pîšgâh, = a حضور، حضرت، محضر *présence de q. qu.* | die Gegenwart oder das Zugegensein Jemandes. پيشگاه سپاه pîšgâh-i sipâh. *première ligne d'un ordre de bataille.* | das Vordertreffen. پيشگاهمزده بر شهر نمايان اولنجه da vor uns eine Stadt zum Vorschein kam.

پيشگار s. پيشكار

p پيشكش pîškeš, vulg. پشكش peškeš u. peškeš. Sbst. هديه، تحفه، تبرك، ارمغان *présent offert comme hommage à un supérieur; petit présent, pour-boire.* | Geschenk das einem Höheren als Ehrengabe gebracht wird; kleines Geschenk, Trinkgeld. — etmek, — čekmek, — wermek, — kylmak. *faire un présent.* | ein Geschenk machen.

p پيشكشجى pîškešǵi oder peškešǵi. Sbst. *gardien des présents (charge à la cour).* | der Geschenkeordner (v. Hammer: des osm. Reiches Staatsverfassung).

ap پيشكمس s. شكمس

p پيشكير pîšgîr, vulg. پشكير pešgîr. a كندورى، سفره خوان، پلوز، منديل LL. *serviette, nappe, essuie-mains.* | Serviette, Tischtuch, Handtuch. پيشكير اوغلانى pîšgîr oglany. *conservateur des serviettes (charge à la cour).* | Tischtuchwärter (v. Hammer: des osm. Reiches Staatsverfassung). پيشكير شاكردى pîšgîr šâgirdi. *l'adjoint du* pîšgîr oglany. | Gehülfe des Tischtuchwärters (v. Hammer).

pt پيشكيرجى باشى pîšgîrǵi-baši. Sbst. *premier conservateur des nappes et serviettes à la cour.* | Obertafelwäschemeister (v. Hammer: des osm. Reiches Staatsverfassung).

to پيشم pišim, auch پشم Sbst. SL. پشرمك، پختن *action de faire la cuisine.* | das Kochen.

to پيشما oder پيشمه pišme, auch پشمه Sbst. SL. كوچك قتلمه روغنى *gâteau gras.* | eine Art kleiner in Fett gebackener Brode oder Kuchen. vgl. پشمه.

p پيشمرد s. شمر

to پيشمك u. Deriv. s. پشمك

p پيشمن s. پشمن

p پيشنهاد pîš-nihâd. Sbst. a موضوع، قاعده، عادت، قانون، اساس، اصول، تمل *règle, coutume, loi fondamentale, institution, manière; modèle, exemple à suivre.* | was vor oder vorausgesetzt ist, Regel, Gewohnheit, Grundgesetz, bürgerliche Einrichtung, Muster, Beispiel, Vorbild. — etmek. *se faire loi de q. ch..., s'accoutumer.* | sich etwas zum Gesetz machen, sich gewöhnen.

p پيشوا pîšwâ, vulg. pišwa. Sbst. a مقتدى، امام، سركرده، پيشرو *celui ou ce qu'on imite, exemple à suivre, modèle; chef, conducteur.* | das was vor einem ist, Vorbild, Muster, Richtschnur, Beispiel dem man folgen soll, einer dessen Beispiel zu befolgen ist, der voransgeht, Führer. پيشواى محافظين حصار pîšwâ-i muḥâfizîn-i ḥiṣâr. *le commandant de la garnison.* | der Befehlshaber der Besatzung. ركابنى پيشوا ايتديلر *ils l'ont accompagné,* | sie haben ihn begleitet, wörtl. haben sich seinen Steigbügel als Vorgehenden genommen. علما فتواسنى پيشوا اتخاذ die Entscheidung der Gelehrten zur Richtschnur nehmend. اول پيشواى اهل ضلال jener Führer der Irrgläubigen.

to پيشوك oder پيشوغ Adj. *cuit.* | gekocht.

to پيشوك pišük. LT. s. كهواره s. بشك

p پيشه pîše. Sbst. كورلك، اورمان، سازلق ير، جنكور نيستانلغى *forêt, massif de roseaux, retraite des bêtes sauvages.* | Wald, Röhricht, insbes. wo sich wilde Thiere aufhalten.

p پيشه pîše. Sbst. صنعت، هنر، كار a عمل، كسب، شغل، مشغوليت *occupation, travail, métier, habitude.* | Geschäft, Beschäftigung, Arbeit, Handwerk, Gewerbe, Gewohnheit. پيشه من بيشه پيمودن است meine Beschäftigung ist den Wald zu durchstreifen. — In Zusammensetzung: *qui s'occupe de q. ch., qui a l'habitude de q. ch., qui fait q. ch.* | der sich mit etwas beschäftigt, etwas thut, eine Gewohnheit hat. جفا پيشه ǵefâ-pîše, = ستمكار، ستمكر *qui fait tort, tyran.* | Uebelthäter, Tyrann. صداقت پيشه sadâkat-pîše. *sincère.* | der aufrichtige. نخوت پيشه *Orgueilleux.* | der Stolze. معرفت پيشه *savant, possédant des connaissances.* | der sich des Wissens befleissigt, der Gelehrte. سپاه جهاد پيشه *troupes accoutumées à la guerre.* | kriegsgewohnte Truppen.

p پيشه كار pîše-kâr und پيشه كر pîše-ger. Sbst. اهل صنعت، ايشجى، اهل حرفت، كه بكسب قدرت دارد *artisan.* | Handwerker.

p پيشه گاه pîše-gâh. Sbst. كارخانه، ايشجى دكانى *atelier, boutique.* | Werkstätte, Verkaufsladen eines Handwerkers.

pt پيشه لو pîšeli. Sbst. *habile.* | geschickt, geübt. مهندس پيشه لو اولدى، معمارلر Architekten, die geschickte Messkünstler sind. Derbendname.

p پيشوار pîšwâr oder پيشور pîšwer. Sbst. = پيشه كار.

p پيشى bîšî. Sbst. زيادة *le plus, augmentation, accroissement.* | das Mehr, Zuwachs, Mehrung.

p پيشى pîšî. Sbst. پيشدستى a تقدم t اوككلك، ايلرواولمق *le devant, place antérieure, prééminence, préséance, rang élevé.* | das Vorn, Vorrang, Vorsitz, hoher Rang.

p پيشين پيشاپيش pîšîn. Sbst. *arrhes, payement d'avance; prédiction.* | Vorauszahlung; Voraussagung.

p پيشين pîšîn, vulg. پشين pešîn. اولكى، ايلرواسكى، كچمش، اوتلدن، اوكلى a قديم، مقدم | Gegentheil von پسين | Adj. u. Adv. *antérieur, précédent, anticipé, ancien; d'avance.* | vorherig, früher, alt, alterthümlich; vorher, voraus, zuvor, im Voraus. بر وجه پيشين ber weǵh-i pîšîn. *par avance, par anticipation.* | vorzeitig, vorläufig, vor der Hand. بر وجه پيشين ادا كرمك *avancer (de l'argent).* | im Voraus bezahlen, pränumeriren. ايله پيشين ile pîšîn. *par avance.* | gleich im Voraus. پيشين سويلمك pîšîn söilemek. *prédire, prophétiser.* | voraussagen. چاشنۀ پيشين čâšne-i pîšîn. *avant-goût.* | Vorgeschmack. — etmek. — wermek. *donner par avance.* | zum Voraus geben, vorauszahlen, vorstrecken. — als Sbst., = پيشين اقچه *finance, argent comptant.* | baar Geld.

p پيشينه pîšîne. Adj. und Sbst. = پيشين، پيشاپيش، پيشوا *antérieur, etc., modèle, exemple à suivre; arrhes, payement d'avance.* | vorherig; Vorbild, Muster, Beispiel; Vorauszahlung, vorgestrecktes Geld. Plural پيشينيان pîšînijân *les ancêtres, les prédécesseurs.* | die Vorgänger.

p پيشينى pîšînî. Sbst. ايلرولك، ايلروده *état d'être avant.* | das Vorher oder Voransein. پيشينى وقت pîšînî-i wakt. *anticipation.* | das Vorausthun, Vorgreifen. پيشينى راه pîšînî-i râh. *avance.* | Vorsprung, was man auf dem Wege einem anderen voraus ist.

a بيض bîz. Adj. Pl. v. ابيض *les blancs; poét. les glaives.* | die weissen; dichterisch: die Schwerter. ايام البيض ejjâm el-bîz. *les jours du 10—15 du mois, où le clair de lune est le plus vif.* | die Tage vom 10—15ten des Monats, wenn der Vollmond am hellsten scheint.

a بيضا baizâ. Adj. Fem. v. ابيض

a بيضاوى baizâwî u. بيضوى baizewî. s. بيضى

a بيضه baiza. Sbst. p خايه t يمورطه *œuf; ovale; casque.* | Ei; Oval; Helm. als Adj. *ovale, elliptique.* | eirund, elliptisch.

a بیضی BAIZI. Adj., — بیضوی und t بیورطه بجمعده بیضوی ovale, ovalaire, elliptique. | eiförmig, eirund, elliptisch. — Als Sbst. ovale, ellipse. | Oval, Ellipse, — خط بیضوی

a بیطار BAITÂR. Sbst. حیوان حکیمی . نعلبند vétérinaire, maréchal-ferrant. | Thierarzt, Hufschmied.

a بیطارة BAITÂRET, richtiger بیطرة Sbst., — d. Flgde.

a t بیطارلق BAITAR·LYK. Sbst. نعلبندلك art vétérinaire, l'art du maréchal-ferrant. | Thierarzneikunde, Kunst die Pferde zu beschlagen.

a p بیطاری BAITÂRI. Sbst., — d. Vhgdn.

t بیطاق BAITAK. Adj. und Sbst. 1. — بیطاق cagneux. | krummbeinig, ein Krummbeiniger. 2. — بیدق pion au jeu d'échecs. | Bauer im Schachspiel. 3. — عسکرلکی . پیاده fantassin, soldat. | ein Mann (Soldat), Infanterist.

a p بیطاقت BI-TÂKAT Adj. faible. | schwach. s. طاقت

a بیع BEJ', vulg. پیع PEJ'. Sbst. صاتمق . صاتون آلمق vendre; acheter. | kaufen; verkaufen. — ETMEK. vendre. | verkaufen. بیع وبات BEJ' U BÂT, encan, enchère légale. | öffentliche Auction, Versteigerung. بیع وشرا BEJ' U ŠERÂ, vente et achat, trafic, négoce. | Verkauf und Kauf, Handel.

a بیعت BEJ'ET. Sbst. hommage, serment, inauguration d'un prince, d'un juge, etc. | Huldigung, Eidesleistung eines Fürsten, eines Richters u. s. w. — ETMEK. prêter serment, reconnaître q. qn. pour prince légitime. | einem huldigen, Treue schwören, als legitimen Herrscher anerkennen.

a بیعت BI'ET. Pl. بیع BEJ'. Sbst. کلیسا église, temple chrétien. | Kirche.

a بیعت BI'ET. Sbst. forme de vente, contrat, stipulation. | Uebereinkommen beim Handel, Verkaufscontrakt. — ETMEK. s'accorder, convenir, contracter, stipuler. | sich einigen beim Handel, abschliessen.

a p بیعدیل s. عدیل

t a بیغ Sbst., — بیق moustache. | Schnurrbart.

t a بیغ Sbst. قصد وعزم . مهیا شدن SL. être prêt; intention, projet. | Bereit sein, Absicht, Vorhaben.

t a بیغاج BIGAČ. Sbst., — آغاج arbre. | Baum. Alt Schir. vgl. بیغاچ

p بیغاره PEJGÂRE, auch پیغاره und پیغار Sbst. بیغاره . طعن a ننسرا سوز . سرزنش . افترا . ملامه calomnie, médisance, blâme, fausse accusation. | Tadel, Schmähung, Beleidigung mit Worten, falsche Beschuldigung, Verwünschung.

p بیغاله PEJGÂLE. Sbst., — پیاله coupe, bocal. | Becher, Trinkglas.

p بیغام PEJGÂM oder پیغم Sbst., — پیام a خبر . جستمه nouvelle, message; avis; nouvelle qui se répand. | Neuigkeit, neue Nachricht, Botschaft, ein neues Gerücht das sich unter den Leuten verbreitet. عرض پیغام ایلك 'ARZ-I PEJGÂM ETMEK. apporter une nouvelle. | eine Nachricht bringen. پیغام رسان PEJGÂM-RESÂN. messager. | Bote.

p پیغامبر PEJGÂMBER oder پیغمبر Sbst. — پیامبر a رسول . نبی p وخشور qui apporte une nouvelle (céleste), envoyé céleste, apôtre, prophète. | der eine (himmlische) Botschaft bringt, Gottgesandter, Apostel, Prophet. پیغمبر سوزی PEJGAMBER SÖZI. discours prophétique, prophétie. | prophetische Rede, Ausspruch eines Propheten. پیغمبر قوشی PEJGAMBER KUŠU, — a شرشور Name eines kleinen Vogels. s. ارید پیغمبر

p پیغامبرانه PEJGÂMBERÂNE oder پیغمبرانه Adv. prophétiquement. | prophetisch, wie ein Prophet.

p t پیغامبرلك PEJGAMBERLIK oder پیغمبرلك Sbst. نبوت . رسالت prophétisme, titre de prophète. | Prophetenthum, Prophetenamt, Prophetenwürde, Prophetengabe. — ETMEK. prophétiser. | prophezeihen.

p پیغامبری PEJGÂMBERI oder پیغمبری 1. Sbst., — پیغامبرلك 2. Adj. prophétique. | prophetisch.

p پیغامگذار PEJGÂM-GUZÂR. Sbst. خبر کتورجی qui apporte une nouvelle. | der eine Nachricht bringt.

p پیغان PEJGÂN oder پیغون PEJGÛN. Sbst. عهد وپیمان pacte, promesse, obligation. | Uebereinkommen, Versprechen, Verpflichtung.

a p بیغده s. غده

a p بیغرضانه u. بیغرض s. غرض

a p بیغش s. غش

t a بیغلامش Sbst. SL. حاضرلق état d'être prêt. | Bereitschaft. vgl. بیغ

p بیغوله s. بیغله

a p بیغم s. غم

p پیغم u. پیغمبر u. s. w. s. پیغام u. f.

p پیغن PEJGEN. Sbst. سذاب rue (plante). | Raute.

t a بیغو BIGU oder بیغوت 1. Sbst. مرغ شکاری شبیه به باز oiseau de chasse. | ein dem Falken ähnlicher Jagdvogel. 2. N. pr. SL. نام پادشاهی

a p بیغور s. غور

p بیغوله PEJGÛLE oder بیغله und پیغوله Sbst. کوشه . بوجاق t مغاره . غار angle, coin, antre, caverne, cachette. | Winkel, Ecke, Höhle, Versteck, Schlupfwinkel. بیغوله زار PEJGÛLE-ZÂR. anguleux, lieu très-anguleux. | winkelig, Ort mit vielen Winkeln.

p پیغوی PEJGWI. Sbst. langue turque, écriture turque. | türkische Sprache, türkische Schrift.

t بیغی BAJAGY. s. بیاغی

t a بیغین BYGYN. Sbst. بهلو وتهی کاه SL. lieu spacieux et vide. | geräumiger und leerer Ort, oder côte, flanc, abdomen. | Seite, Unterleib.

a p بیفاصله s. فاصله

a p بیفائده s. فائده

a p بیفروغ s. فروغ

t بیق BYJYK. Sbst. a شارب . p سبلة . p بروت moustache. | Schnurbart, auch der Bart mancher Thiere. عاصمه بیغی ASMA BYJYGY. vrille (de la vigne). | Klamme, Schlinge (am Weinstock).

t a بیققی L.T. چهار مغز sorte de fruit (?). Name einer Frucht (?).

a p بیقرار BI-KARÂR. Adj. inconstant. | unbeständig. s. قرار

p t بیقرارلق BI-KARARLYK. Sbst. inconstance, instabilité. | Unbeständigkeit.

a p بیقصور s. قصور

t بیقلو BYJYKLY. Adj. qui a des moustaches. | schnurbärtig.

t بیقمق s. بقمق BYKMAK.

t بیقوش s. بایقوش

a p بیقیاس s. قیاس

t a بیك BIG oder BIK, auch بیك PIK (BEIK, PEJK). Sbst. prince, seigneur. | Fürst, Herr. s. بك

p بیك BE-JEK. s. یك

t بیك BIÑ oder بك Adj. num. card. a الف p هزار mille. | tausend. بیك ایاق BIÑ-AJAK. mille-pieds (insecte). | Tausendfuss, Name eines Insektes, Meninski: Wandläuschlein. بیك باشی BIÑ-BAŠY, vulg. BIM-BAŠY. colonel, commandant de la flotte. | Chiliarch, Oberster über ein Bataillon, Major in der Armee, Commodore bei der Flotte. بیك جانله BIÑ ǴÂNYLA. avec grande impatience. | mit grosser Ungeduld.

p بیك PEJK. Sbst. اولاق . ایلچی . ایلتجی . کوکب سیار flèche; envoyé, messager, coureur, laquais; planète, satellite. | Pfeil; Bote, Laufbursche, Diener; Planet, Nebenplanet. پیك اجل PEJK-I EǴEL. l'ange de la mort. | der Todesengel.

t a بیكچ BIGEǴ. Sbst. بکیج princesse, grande dame; belle fille; belle fleur. | Fürstin, vornehme Frau; schönes Mädchen; schöne Blume [SL. گل بستان افروز Rose die den Garten schmückt].

p t بیكلاه BI-KULÂH. Adj. t بولمای impotent, inhabile à la procréation. | zeugungsunfähig.

p بیكار BI-KÂR. Adj. u. Sbst. ایشسز . کوچسز . کارسز sans occupation, oisif, inutile; vagabond, vaurien; célibataire. | ohne Arbeit, müssig, unnütz; Müssiggänger, Landstreicher, Taugenichts; Junggesell (Redhouse: bachelor). زار بیکار ZÂR-I BI-KÂR. gémissements inutiles. | unnütze, nichts fruchtende Klagen.

p بیكار PYÑAR oder بکار auch بوکار BUÑAR, vulg. PUÑAR. Sbst. a عین . p چشمه ینبوع source, fontaine, puits. | Quelle, Brunnen. کوزك بیکاری GÖZIÑ PUÑARY. coin de l'œil. | der äussere Augenwinkel. بیکار باشی PUÑARBAŠY. source principale d'un fleuve. | Hauptquelle eines Flusses.

p پیکار PEJGIÂR. Sbst. 1. جنك . جدال t صواش combat, guerre, bataille, dispute. | Kampf, Krieg, Treffen, Streit. — ETMEK. combattre, se disputer. | kämpfen, sich streiten. — 2. اراده . قصد intention. | Absicht, Vorhaben.

p بیکاری BI-KÂRI. Sbst. *oisiveté.* | Müssiggang, das Unbeschäftigtsein. s. بیکار BI-KÂR.

p بیکام s. کام

p بیکان PEIKÂN. Sbst. اوق تمرنی *pointe ou fer de la flèche, de la lance.* | Pfeilspitze, Lanzenspitze. بیکان شکاری PEIKÂN-I ŠIKÂRI. *épieu.* | Jagdspiess.

p بیکانلك s. بیکنلك

t o بیکانه s. بکنه

p بیکانه BIGÂNE. Pl. بیکانکان BIGÂNEGÂN. Adj. u. Sbst. *t* بیلمز . بلمدك . بیلنجی بلمدك *a* اجنبی [Gegentheil v. آشنا] *inconnu, étranger, incompétent.* | unbekannt, fremd, fremdartig, nicht zur Sache gehörig, nicht verwandt; ein Fremder, Ausländer, nicht Verwandter. بیکانه زاده BIGÂNE ZÂDE. *fils d'étranger, étranger.* | fremd geboren, ein Fremder. بیکانه لر ایچون

بیکانه دانلر آتیلان اکینلوب Körner welche als nicht zum Getreide gehörig weggeworfen werden. شاه که احسانه ایله بیکانه در ein König der mit Wohlthun nichts zu schaffen hat. وجود بیکانه کبی wie ein unbekanntes Wesen.

p t بیکانه لك BIGÂNELIK oder *p* بیکانکی BIGÂNEGI. Sbst. *t* بیلنجیلك . طانشیلمامزلق *a* اجنبیة *état d'étranger, demeure dans le pays étranger.* | Fremdsein, Unbekanntschaft, Aufenthalt in der Fremde.

p بیکانی PEIKÂNI. Sbst. *espèce de rubis et de turquoise, de sel ammoniac.* | eine Art Rubin, Türkis, Ammoniak, so genannt von der pfeilähnlichen Gestalt, auch لعل بیکانی Pfeil-Rubin und فیروزه بیکانی Pfeil-Türkis. نشادر بیکانی Pfeil-Ammoniak.

p بیکاه BI-GÂH. Sbst. und Adv. . وقتسز بیوقت *contre-temps, à contre-temps, tard.* | Unzeit, unzeitig, nicht zur Zeit, spät.

p بیکبار BE-JEK-BÂR. s. بار u. یك

t بیکتاش BEKTAŠ. N. pr. Name eines Königs von Kharism, Name des Stifters der Begtaschi. vgl. بکداش

t o بیکره BIGIR (?). Sbst. (؟) ماتخرمه *dame, matrone.* | ehrsame Frau, Dame.

p بیکر PEIKER. Sbst. *a* صورة . قالب *p* کالبد . بت *forme, face, figure, portrait, idole.* | Form, Gestalt, Gesicht, Bild, Götzenbild. ماه بیکر MÂH-PEIKER. *qui a la forme ou la figure de la lune.* | mondförmig, mit Mondes-Antlitz. بیست و یك بیکر BIST Ü JEK PEIKER. *le zodiaque.* | die einundzwanzig Bilder, d. i. der Thierkreis. بیکر پرست PEIKER-PEREST, — بت پرست *idolâtre.* | Götzendiener. — Theol. myst. بیکران درخشش — صورتهای بیکران مثال = روحانی die geistigen Bilder. ملکوت و ملك میان عالمی die Bilder der Mitte, d. i. das was zwischen der sinnlichen und der übersinnlichen Welt ist.

t o بیکره Sbst. *cotte de maille.* | Panzerhemd SL. نوعی از سلاح جنك پارچهای آن آهن است که بطریق قبا بیکدیکر دوخته پوشند

t o بیکره BIGIZ (SL.) und بیکیز (Abuig.) Sbst., = بیز . بز SL. درفش *alêne.* | Ahle.

p بیکس s. کس

t o بیکم oder بیکیم BIGIM. vgl. بکم s. بیم BEGIM.

p بیکمان BI-KEMÂN u. BI-GÜMÂN. s. کمان

p بیکنه s. کنه

t بیکیر BEGIR. Sbst. Tabrif. v. *p* بارکیر *cheval.* | Pferd. s. بارکیر

a p بیکیف s. کیف u. بیچون

t o بیکین BIGIN, auch بیکن . بکن . بوکن *p* مانند *a* شبیه *p* بکبین *semblable, pareil, ressemblant; comme.* | gleich, ähnlich; wie, = کبی

p بیل BIL. Sbst. *houe.* | Hacke, Grabscheit s. بل BEL.

p بیل FIL. Sbst. فیل *éléphant; fou (au jeu d'échecs).* | der Elephant; der Läufer im Schachspiel.

t o بیله BILE u. بیلن BILEN. Postpos. s. ایله u. بله *avec.* | mit.

t o بیلاّرچین Sbst. LT. پستان *mamelle, sein.* | Brust, Zitze (?).

t o بیلازوك u. بیلازیك s. بلازك

t o بیلارسنك BILER-SENG. Sbst. SL. فسان *pierre à aiguiser.* | Schleifstein, Wetzstein.

p بیلاسته FILÂSTE, auch بیلاس und بیلسته Sbst. فیل دیشی *ivoire.* | Elfenbein.

t بیلاشان BYLAŠAN. Sbst. u. Adj. *qui est toujours sale.* | ein immer schmutziger. s. بولاشق

t بیلاشیق u. بیلاشمق . بولاشق Deriv. *t* بیلاشق . بیلاشقلق . بیلاشمق . بولاشق

t بیلاشیم BYLAŠYM. Sbst. *saleté, ordure.* | Schmutz.

t o بیلاغو BYLAK. Sbst. SL. کمربند *ceinture.* | Gürtel. vgl. بیلباغ

t بیلاك BELEG, auch بیلیك . بلاك . بلك . زمین بلند که باران آنرا بیلك Sbst. SL. سوراخ کرده باشد *colline, coteau.* | Hügel, Anhöhe, Abhang, vom Regen durchrissener Abhang. صرب یوقشلو بیلاك ein schwer zu ersteigender, steiler Abhang, — *a* ثنیة

t o بیلاك BILEK, auch بیلیك . بیلك Sbst. تحفه . هدیة SL. u. FW. *cadeau, présent.* | Geschenk. vgl. بلك

t o بیلاکیجه s. بیلکیجه

t o بیلامك BILEMEK. s. بیلمك

t o بیلاماق BAILAMAK. *t.* Vb. act., = باغلامق *lier, nouer.* | binden, knüpfen.

p بیلاو FILAW. s. پلاو

t o بیلباغ BYLBAG. Sbst. کمربند LT. *ceinture.* | Gürtel.

t o بیلتور BILTÜR u. بیلتوركی BILTÜRGI. s. بلدر BILDIR. *l'année passée.* | vergangenes Jahr.

p بیلبان BIL-BÂN. Sbst. *conducteur d'éléphant, cornac.* | Elephantenführer, Elephantenwärter.

p بیلبانی FIL-BÂNI. Sbst. فیلبانلك خدمتی *charge de cornac.* | Dienst des Elephantenführers, Pflege des Elephanten.

p بیلتن FIL-TEN. Adj. u. Sbst. *grand, énorme.* | gross, unförmlich (wörtl. Elephantenkörper).

t o بیلچ s. بلچ

t o بیلدسر BILDESER (?). Sbst. LT. کف پا *plante du pied.* | Fussohle.

t o بیلدورکا BILDÜRGE. SL. s. بارسنها بلدر BILDIR.

t o بیلدورکا BILDÜRGE. SL. تسمه که بقبضه شمشیر یا تازیانه کرده دست از ان کذرانند وچوبی بشد که دست حلقه کرده دام ساخته صید طیور کنند *dragonne.* | ein Riemen oder Schlinge am Säbelgriff oder Peitschenstiele um denselben fester halten zu können; Schlinge oder Sprenkel der Vogelsteller.

t o بیلورك BILEZEK. Sbst. LT. دستانه بیرانه

p بیلزور FIL-ZOR. Adj. *ayant la force d'un éléphant, très-fort.* | stark wie ein Elephant, sehr stark.

p بیلس FILES. Sbst. *ivoire.* | Elfenbein. s. بیلاسته

t بیلش BILIŠ. Sbst. v. بیلمك *savoir, connaissance.* | Wissen, Kenntniss.

a p بیلطاق s. لخلخه

p بیلك BILEK. Sbst. [Demin. v. بیل] تمر که بیکان او دوشنم بشد *flèche à pointe double.* | Pfeil mit doppelter Spitze.

t بیلك BILEG oder BILIK, auch بیلیك . بلك . بیلاك *t o* BÜFLEK. Sbst. *a* ساعد . زند *p* رسغ . مرسن . بشکنج . دست . سلّن *avant-bras; poignet.* | Vorderarm, zwischen Ellenbogen und Hand [bis zum کف], Faust, Ballen. بیلك کمکی BILEG KEMÜGI. *os du bras.* | Armknochen, Knochen am Handgelenk. آت بیلکی AT BILIGI, = *a* حوشب . معتبل *canon, articulation du tibia chez le cheval.* | Beinknochen des Pferdes (am Vorderfusse). بیلك حمو بوغون = عبل *bras gros et gras.* | ein feister Arm.

t بیلکچ s. بلکچ

t بیلکیجه BILEGÜIK. Sbst. *a* مقطره *p* کلندر *t* طومش *menottes.* | Handfessel.

t بیلکیجه BILEKÜR oder بلکیجه Sbst. بلازك موضعی *place de menottes, tarse.* | die Stelle wo das Armband oder die Fessel angelegt wird, Handwurzel, Fusswurzel (auch von Pferden).

t بیلکو BILGÜ. Sbst. LT. نشانه *signe, marque.* | Zeichen, Merkmal. vgl. بلکو und بیلکورما

t بیلکو BILKOI. s. بیلمکو

t o بیلکوت BILGÜT. N. pr. طایفه از اتراك

t o بیلکوجی BILGÜDŽI. Sbst. *savant.* | der Gelehrte.

t o بیلکونلك und بیلکولوك BILGÜLIK. Sbst. *savoir, connaissance.* | Wissen, Kenntniss, Kunde, Erkenntniss, Gelehrsamkeit.

t o بیلکورمه BILGÜRME. Sbst. علامه , اثر *signe, marque.* | Zeichen, Merkzeichen. vgl. بیلکو

t o بیلکورمك BILGÜRMEK. Vb. intr. معلوم تسلمن , بدید شدن *p* ظاهر اولمق [Compos. v. بیلك u. کورمك] *apparaître, être visible, se lever (le soleil).* | erscheinen, zum Vorschein kommen, sichtbar werden, aufgehen (die Sonne). — Deriv. بیلکورتمك BILGÜRTMEK. Vb. caus. *faire apparaître.* | zum Vorschein bringen.

t o بیلسلك s. بیلك

t o بیلمك und Deriv. s. بیلك

p بیلور s. بلوره

t o بیلو Sbst. سنك کرد *pierre à aiguiser.* | Schleifstein.

p بیلو PILÜ. Sbst. مسواك اغاجی *arbre à cure-dents.* | Baum von dem man die Zahnstocher nimmt.

p بیلوار PILWÂR. Adj. *semblable à un éléphant, très-grand, énorme.* | elephantenähnlich, unförmlich gross.

p بیلور PILEWER oder بیلهور Sbst. *boutiquier, colporteur, mercier.* | Kleinkrämer, Tabulettkrämer, der mit allerlei Kleinigkeiten handelt.

t بیله BILE. Conj. postpos. s. بله

p بیله PILE. Sbst. vgl. پله *soie, ver à soie, cocon.* | Seide, Seidenwurm, Seidenwurmpuppe.

t بیلهجی BILEǦI oder بلهجی Sbst. *émouleur.* | Schleifer.

t بیلهکی BILEGI, auch بلکو , بیلکو , بیلکی , بلکی Sbst. افسار , فسان *p* مسن , مشحذ *pierre à aiguiser.* | Schleifstein, Wetzstein. یاغ بلکیسی JAG BILEGISI *pierre à rasoir.* | feiner Schleifstein der mit Oel bestrichen wird.

t بیلهمك BILEMEK oder بلهمك und بلمك Vb. act. Aor. بیلر BILER. Gerund. بیلیوب BILEJÜB. *a* تیز کردن *p* تشحید , تسنین *aiguiser.* | schärfen, wetzen, schleifen. — Deriv. بیلنمك BILENMEK. Vb. pass. *être aiguisé.* | geschärft werden.

t o بیله باغلی BILE-BAGLY. Sbst. SL. نوعی پرنده شبیه به باز ein dem Falken ähnlicher Vogel.

t بیلیجی BILIǦI. Sbst. *a* عالم *p* دانای *savant.* | ein Wissender, Gelehrter, vgl. بیلك

t بیلیجی BILIǦI. s. بیلجی

t o بیلیك BILIK u. بلك Sbst., — بلکو *p* SL. دانش عالم ودانشمند *savoir, science; savant; ce que l'on doit connaître, ordre royal.* | Wissen, Kenntniss, Gelehrsamkeit; ein Gelehrter; was man wissen oder kennen muss; königlicher Befehl. بیلیکمینی ایشتسلار wenn sie meinem Befehle gehorchen. Abulg. 77.

t o بیلین BILIN. Sbst. LT. پستان *mamelle.* | Brust, Zitze (?).

t o بیم BIIM. Sbst., — بکم *reine-mère.* | Königin-Mutter. Abulg. S. 119.

t o بیم BIM. Sbst. *t* قورقو [Gegentheil v. امید] *crainte, peur, danger, péril.* | Furcht, Gefahr. بیم جان BIM-I ǦÂN. *crainte pour la vie, danger de la vie.* | Furcht für das Leben, Lebensgefahr. بیم دوزخ BIM-I DÛZAH. *crainte de l'enfer.* | Furcht vor der Hölle. از بیم آنکه *de crainte que . . .* | aus Furcht, dass . . . با بیم و هراس mit Furcht und Schrecken.

p بیم PEJEM. Sbst., — بیلم *nouvelle.* | Neuigkeit.

p بیما PEIMÂ oder بیمای Rad. v. بیمودن in Zusammensetzung. *mesureur.* | der Messende. باده بیما BÂDE-PEIMÂ. *mesureur de vin, c. à d. buveur.* | Wein-Messer, d. i. Trinker. بادیه بیما BÂDIE-PEIMÂ. *voyageur.* | der die Wüste durchmisst, Wanderer. سخن بیما SAHUN-PEIMÂ. *éloquent, orateur.* | Worte-Messer, d. i. Redner.

p بیمار BIMÂR. Adj. und Sbst. خسته *a* سقیم , علیل , مریض *malade, faible, infirme, indisposé.* | krank, unwohl; ein Kranker.

p بیمارخانه BIMÂR-HÂNE. Sbst., — بیمارستان *hôpital, infirmerie, spéc. hôpital de fous.* | Krankenhaus, Lazareth; insbes. Irrenhaus.

p بیمارخیز BIMÂR-HÎZ. Adj. und Sbst. خسته‌خانه‌دن قالقمش *convalescent.* | genesen, einer der aus dem Lazareth entlassen ist.

p بیماردار BIMÂR-DÂR. Sbst. *garde-malade, infirmier.* | Krankenwärter.

p بیمارستان BIMÂRISTÂN. vulg. مارستان MÂRISTÂN. Sbst., — بیمارخانه *hôpital des fous.* | Krankenhaus, Irrenhaus.

p بیماری BIMÂRI. Sbst. کیفسزلك , خسته‌لك *a* مرض *maladie, infirmité.* Krankheit, Kränklichkeit, Unwohlsein.

a p بیمثال BI-MEŠÂL. Adj. *absurde.* | unsinnig s. مثال

p بیمان PEIMÂN. Sbst. عهد , شرط *promesse, alliance, confédération, convention, accord, stipulation, entreprise.* | Versprechen, Uebereinkommen, gemeinschaftliche Unternehmung, Bund, Bündniss. بیمان بستن *faire un accord, une stipulation.* | einen Vertrag schliessen. بیمان شکستن *rompre l'accord.* | den Vertrag brechen.

p بیمانه PEIMÂNE. Sbst. *t* اولچی , اولچك *a* کیل . چمچاق , بارداق *mesure, spéc. pour des liquides; vase, coupe, gobelet, tasse.* Maass, insbes. für Flüssigkeiten; Gefäss, Becher, Tasse, Schüssel.

p بیمانه‌کش PEIMÂNE-KEŠ. Sbst., — شراب خورنده *qui vide la mesure, buveur, co-buveur.* | der das Maass leert, Trinker, Mittrinker bei einem Gelage.

p بیمانه‌کشی PEIMÂNE-KEŠÎ. Sbst. قدح چکمك چبلك *action de vider les coupes, les verres.* | das Becherleeren, Trinken, Zechen (Sururi zu Hafis).

p بیمای s. بیما

a p بیمثال BI-MIŠÂL. Adj. *incomparable.* | unvergleichlich. s. مثال

a p بیمثالی BI-MIŠÂLÎ. Sbst. *incomparabilité, excellence.* | Unvergleichlichkeit, Vortrefflichkeit.

a p بیمجال BI-MEǦÂL. Adj. قوتسز *faible, impuissant, fatigué.* | schwach, kraftlos, erschöpft. — ETMEK. *affaiblir.* | entkräften.

a p بیمجاب s. مجاب

a p بیمحابا s. محابا

a p بیمحل s. محل

a p بیمدد s. مدد

p بیمر BI-MAR. Adj., — بیشمار *innombrable.* | unzählig.

a p بیمروة s. مروة

a p بیمزه BI-MEZE. Adj. *insipide.* | geschmacklos, fade. s. مزه

p t بیمزه‌لك BI-MEZELIK u. *p* بیمزی BIMEZI. Sbst. *insipidité.* | Geschmacklosigkeit.

a p بیمسلس s. مسلس

a p بیمعنی BI-MA'NA. Adj. *sans raison, absurde.* | sinnlos, unsinnig. s. معنی

p t بیمعنیلق BIMA'NALYK. Sbst. *vanité, absurdité.* Sinnlosigkeit, Thorheit.

p بیمغز BI-MAGZ. Adj. *qui n'a pas de cervelle, stupide.* | hirnlos, dumm. s. مغز

a p بیمقال BI-MAKÂL. Adj. *muet.* | stumm. s. مقال

a p بیمقدار s. مقدار

a p بیمکان s. مکان

p بیمناك BIMNÂK. Adj. v. بیم *craintif, timide.* | furchtsam. دانم که دل تو بیمناك است ich weiss, dass dein Herz furchtsam ist.

a p بیمنت s. منت

p بیمند BIMEND. Sbst. *trémie (d'un moulin).* | Trichter in der Mühle. چقلدق که دکرمان طشنی اوزرینه قورلر دانه‌یی تدریجله دوکمك ایجون وعمیده تخی اولور Ferheng-i Schuûri.

p بیمودن PEIMÛDEN. Rad. بیما Vb. act. اولچمك *mesurer.* | messen. راه بیمودن RÂH PEIMÛDEN. *marcher.* | den Weg messen, d. i. einherschreiten, gehen, reisen. vgl. بیما

t بین BEIN. Sbst., — بینی *cerveau.* | das Gehirn.

a بین BEIN. Sbst. *t* آرا , ایراقلق *p* میانه فراق , بعد , مسکه *intervalle, interstice, distance entre deux choses, milieu entre deux choses, relation entre deux choses, espace entre deux lieux, séparation.* | Zwischenraum, Entfernung zwischen zwei Dingen oder Orten, Mitte zwischen zwei Dingen, Verhältniss zweier Dinge zu einander, Unterschied, Trennung, Scheidung. بیننده BEININDE oder ارالرنده *au milieu, entre.* | in der Mitte, zwischen. بیننده BEININDE oder بینلرنده BEINLERINDE. *entre eux.* | dazwischen, zwischen ihnen, unter ihnen. بینلری BEINLERI. *ce qui est entre eux, relation entre eux.* | was zwischen ihnen ist, ihr Verhältniss zu einander. بینلرنده zwischen sie. بینمزده اولان محبت die zwischen uns bestehende Freundschaft.

a بین BEINE. Praepos. (Accus. des Vbgd.). ارالرنده , میاننده *entre, parmi, au milieu.* | zwischen, unter, in der Mitte. بین الناس BEINE-N-NÂS, — خلق ایجنده *parmi les hommes.* | unter den Leuten. بین الاقران BEINE-L-AKRÂN. *entre les égaux.* | unter Gleichen. بیننا BEINE-NÂ-DA. *entre nous.* | zwischen uns und euch, unter uns. بينهما BEJNEHUMÂ. *entre les deux.* | zwischen beiden, zwischen zweien.

p بين BIN. Rad. v. ديدمك in Zusammens. Adj., = كورجى . مشاهده ايدجى . كشف ايدجى *voyant, qui voit, qui regarde* | sehend, betrachtend, schauend. بلند بين BULEND-BIN. *ambitieux.* | hochschauend, hochstrebend. خودبين ḲHUD-BIN *vain coquet.* | sich selbst betrachtend, selbstgefällig. خرده بين ḲURDA-BIN. *microscope.* | kleines sehend, scharfsichtig; Mikroskop. دور بين DÛR-BIN *télescope* | weit sehend, Fernrohr. جهان بين DJEHAN-BIN *surveillant du monde (Dieu).* | die Welt überschauend (Gott).

a بين BEJIN. Adj., = *p* واضح . روشن *t* آچيق . آشكار *manifeste, évident, clair; éloquent.* | deutlich, klar, offenbar, beredt.

p بينا BINÂ. Adj. [Partic. v. ديدمك] *a* بصير . كورجى *voyant, clairvoyant, perspicace* | sehend, schauend, betrachtend, scharfsichtig. بينا شدن BINÂ ŠUDEN, = ديدمك *voir.* | sehen. بينا دل BINÂ-DIL *perspicace, ingénieur.* | scharfsinnig.

a بيناً BEJJENEN. Adv. آشكار اوله رق *clairement.* | klar, deutlich.

a بينات BEJJINÂT. Sbst. Pl. v. بينة

to بينجى Sbst. LT. چوال دوز *ravaudeur (de sac).* Sacknäher, Sackflicker. vgl. بينه جى

p بينش BINIŠ u. Demin. بينشك BINIŠEK. Sbst. *t* پنجره *fenêtre.* | Fenster.

p پيناك PEJNÂK. Adj. *nerveux, plein de nerfs.* | nervig, muskulös. s. پى

p بينام BI-NÂM. Adj. u. Sbst. آدسز , آدسز پرمق *anonyme, inconnu; doigt annulaire.* | namenlos, unbekannt; der Ringfinger.

a p بينموس BI-NÂMÛS. Adj. *qui n'a pas de loi, sans religion, incivil.* | gesetzlos, ohne Religion, sittenlos, unhöflich. s. ناموس

p بينائى BINÂÎ. Sbst. *a* بصر *vue, perspicacité; œil.* | Gesicht, Scharfblick; Auge.

a بينة BEJJINET. Pl. بينات BEJJINÂT. Sbst. *preuve évidente, argument qui prouve jusqu'à l'évidence; témoignage précis; évidence; chose claire.* | deutlicher Beweis, überzeugender Grund oder Beweisführung, bestimmtes Zeugniss, klarer Thatbestand.

p بيند BINED. 3. Aor. v. ديدمك

p بيننده BINENDE. Sbst. بد اصل . حرامزاده *bâtard, fils illégitime.* | Bastard.

t بينير s. پينير

p بينش BINIŠ. [v. بين] Sbst. كورمك . كورش *action de voir, perspicacité.* | das Sehen, Scharfsinn. اهل بينش EHL-I BINIŠ *perspicace, intelligent.* | ein scharfsinniger, einsichtiger.

t بينش BINIŠ. Sbst., = بنش *promenade à cheval; espèce de manteau.* | das Reiten, Spazierritt, insbes. der Spazierritt oder Paraderitt des Kaisers bei besonderen Gelegenheiten (v. Hammer: des osm. Reichs Staatsverfassung. II. 139); ein weites Obergewand oder Mantel ohne Aermel.

a p بينظير BI-NAẒIR. Adj. *incomparable* | unvergleichlich. s. نظير

p t بينظيرلك BI-NAẒIRLYK. Sbst. *incomparabilité, excellence.* Unvergleichlichkeit, Vortrefflichkeit.

p بينك BINEK. Demin. von بين Sbst. مردمك *pupille (des yeux).* | Pupille im Auge.

p پينكى PINEKI. Sbst. *léger sommeil* | Schlummer.

t a بينلى BEJNLI. Adj. v. بين *ayant la cervelle ... (avec Adj.).* | Gehirn habend. قورى بينلى dessen Gehirn vertrocknet ist, dumm, = *p* خشك مغز

p بينمازى BI-NAMÂZI. Sbst. *temps de souillure religieuse (des femmes).* | Gebetlosigkeit; Zeit wo den Frauen die Theilnahme am öffentlichen Gebete untersagt ist.

p بينمك BI-NEMEK. Adj. طوزسز . طاتسز *sans sel, sans goût, sans saveur, insipide.* | ungesalzen, ohne Geschmack.

p بينمكى BINEMEKI. Sbst. *insipidité.* | Geschmacklosigkeit. بينمكى . كرلمك *agir avec insipidité.* | unziemlich, thöricht handeln.

p بيننده BINENDE. Adj. [Partic. von ديدمك] مشاهده ايدجى . كورجى *voyant, regardant, perspicace.* | sehend, betrachtend, scharfsinnig.

p پينو PEJNÛ oder پينوك PEJNÛK. Sbst. *t* قوروت . كشك *lait coagulé, fromage séché.* | geronnene Milch, getrockneter Käse. vgl. پينير

p بينوا BI-NEWÂ. Pl. بينوايان BINEWÂJÂN. Adj. بيچاره . فقير . بيقوت ولاچار *pauvre.* | arm, hülflos. s. نوا

p بينوائى BINEWÂÎ. Sbst. فقر *pauvreté, misère.* | Armuth, Elend.

a p بينور s. نور

t بينوز BUJNUZ. s. بوينوز

a بينونة BEJNÛNET. Sbst. vgl. بين BEJN, آيرلق . آيرلق . اچقلق *intervalle; solution de continuité.* | Zwischenraum; Trennung des Zusammenhanges, das Getrennt sein, Geschieden sein, Einzeln sein.

p پينه PINE. Sbst. پارچه كه بر جسمه وخرقه دوزلنه *morceau (de toile, de cuir, etc.), pour rapetasser.* | Flicklappen, Stück Zeug oder Leder u. s. w. das auf ein Loch genäht wird. پينه زدن PINE ZEDEN. *rapetasser.* | flicken. پينه دوز PINE-DÛZ, = *t* پينه جى *rapetasseur.* | Flicker, Ausbessrer.

a p بينهايه BI-NIHÂJE. Adj. *infini* | endlos, unendlich. s. نهايه

p پينه جى PINEǦI. Sbst. پينه دوز . خرقه دوز *rapetasseur.* | Flicker, Ausbessrer. vgl. پينه جى

a بينهما s. بين BEJN.

t بينى BEJNI. Sbst. *p* مغز vgl. بين *moëlle, cerveau.* | Mark, Gehirn (von Knochen oder Pflanzen.) خرما بينيسى ḲURMA BEJNISI, = جمار . جذب . جنور . خرما كوبكى *chou de palmier.* | Palmengehirn, eine weisse Substanz, die den Wipfel der Palme bildet Kam. بينى چورك BEJNI ČÜRÜK *déraisonnable.* | hirnverbrannt, unvernünftig.

p بينى BINI. Sbst. *a* انف *t* بورون BURUN. die Nase. بينى كوه BINI-I KÛH. *promontoire.* | Vorgebirge, Bergvorsprung. بينى در BINI-I DER *rideau mis devant la porte.* | Thürvorhang.

t پينيال PINJAL oder پيميل Sbst. شيش *p* پلسك *broche.* | Bratspiess.

p پينير PEJNIR s. پنير

t بيو BÛJÜ. Sbst. *a* شعوزه . اخذه . سحر . عقله . نشره *p* جادو . بى سالى . افسون *enchantement.* | Zauber, Zauberei. vgl. بوكو

p بيور BIWÂR oder بيور BIWER. Adj. num. *dix-mille.* | zehntausend.

p t بيوار BI-WÂRIS. Adj. اجنبى . يبانجى *étranger.* | fremd. s. وارث

p بيواز BIWÂZ oder بيواز Sbst. شب پره . مرغ عيسى *a* خفاش *chauve-souris.* Fledermaus.

p پيوسته PIWÄSTE. Sbst. چقمه طابيه . برج *bastion.* | Bastion. پيوسته دار PIWÄSTE-DÂR, = طابيه لو *bastionné* | mit Bastionen befestigt.

p بيوه s. وايه

a بيوت BUJÛT. Sbst. Pl. v. بيت *maisons.* | Häuser.

t بيوكلك s. بيوك Deriv.

t بيوجك BÜJÜǦEK. Adj. Compar. *un peu plus grand* | etwas grösser. s. بيوك

a p بيوجود s. وجود

t بيوردى oder بيورلدى BUJURDU, fehlerhafte Schreibart für. اوردو s. اوردو

t بيوردى BUJURDU. s. بيورلدى

t بيورق BUJURUK. Sbst. *ordre.* | Befehl. s. بويورق

t بيورقجى BUJURUKǦY. Sbst. *commandant* | Befehlshaber.

t بيورلدى BUJURULDU, verkürzt بيوردى BUJURDU. Sbst. [eigentl. 3. Perf. Pass. v. بيورمق] *ordre d'un gouverneur de province.* | Befehl oder Verordnung eines Pascha.

t بيورلمش BUJURULMYŠ s. بيورمق Deriv.

t بيورلمق BOJRULMAK. Vb. Intr. *être penché, être courbé.* | gebeugt oder gebogen sein. بيورلمق — بيوك *a* تقعر Kam.

t بيورمق BUJURMAK, auch بويورمق und بويورمق Vb. act. Aor. بيورر BUJURUR. فرمودن . *p* امر ايتمك *ordonner, commander; daigner, dire, faire.* | befehlen, gebieten; in höflicher Rede: geruhen, thun, machen, sagen. Mit dem Accus. der Sache und dem Dativ der Person: كم بويوردى بو ايشى سزه wer hat euch diese Sache befohlen Mohammedije. Dient in Verbindung mit arabischen Wörtern als Hülfsverbum: تشريف بيورمق TEŠRIF BUJURMAK. *faire honneur à q. qn.* | einem Ehre erweisen, = تشريف ايتمك — نه بيوردكز NE BUJURDUŇUZ oder نه بيورسكز NE BUJURSUŇUZ *que désirez vous? plaît-il?* | was befehlen Sie? wie sagen Sie! — Imperativ بيورك BUJURUŇ oder Pl. بيوركز BUJURUŇUZ. (*expression de politesse dont on se sert à toute* occasion pour inviter à faire q. ch., plaît-il, s'il vous plaît. | Ausdruck der Höflichkeit, etwa: befehlen Sie, ist es gefällig. بيورك اقندم BUJURUŃ EFENDIM. prenez s'il vous plaît; prenez place; voici; entrez! | befehlen Sie? d. i. wollen Sie gefälligst zulangen, sich setzen, eintreten u. s. w.; oder indem man Jemand etwas überreicht: hier ist, da! — ايچرو بيورك IÇERI BUJURUŃ oder BUJURUŃUZ. entrez s'il vous plaît! | nur herein! بيورك سلامتله حال سبيلكه كيت geh nun in Gottes Namen deiner Wege. توجه بيورديلر sie (oder: er, der Herr) machten eine Wendung, kehrten um — Deriv. I. بيورلمق BUJURULMAK oder بيورلق Vb. pass. p فرموده شدن être commandé etc., être fait. | befohlen werden, gethan werden, geschehen. Partic. بيورلمش BUJURULMUŚ. ordonné, commandé. | befohlen, verordnet. — II. بيورلتمق BUJURULTMAK. Vb. pass. caus. faire décider sur une requête. | ein Gesuch entscheiden lassen.

p بيوس BEJWES. Sbst. اميد . چابلوس s. بيوسيدن espoir, désir; flatterie. | Hoffnung, Erwartung, Begehr; Schmeichelei.

p بيوست PEJWEST. Rad. v. بيوستن In Zusammensetzung = t بيوند . اولاشدجى qui tient à, parvient, lié avec... | sich anfügend, sich verbindend mit, angelangt bei, zusammenhängend mit. Als Sbst. اولاشقلق conjonction, adhésion, liaison, amitié. | enge Verbindung, Zusammenhang, Freundschaft. Theol. myst. l'union spirituelle avec Dieu. | die Vereinigung des Individuums mit dem Absoluten, d. i. Gott.

p بيوستكى PEJWESTEGI. Sbst. اولاشقلق connexité, liaison, continuité, adhérence, continuation, union. | enge Verbindung, Zusammenhang, Vereinigung, ununterbrochene Reihenfolge, Fortsetzung.

p بيوستن PEJWESTEN. Vb. act. u. intr. [بى u. بستن] Imperat. بيوند PEJWEND. اولاشمق und اولاشترمق joindre, atteindre, entrer, parvenir. | zusammenhängen, zusammenfügen, in Verbindung kommen, sich verbinden mit, ein Bündniss eingehen, vereinigen, erreichen, hineingelangen [mit به . با . در]. Partic. بيوسته PEJWESTE. Adj. u. Adv., — دائما . اولاشق qui atteint, qui parvient; contigu, conjoint, aboutissant, sans interruption, immédiatement après; incessamment; continuellement, toujours. | erreichend, anlangend, zusammenhängend, angrenzend, zusammengefügt, vereinigt, gleich darauf, beständig, unaufhörlich, stets, ununterbrochen. Plur. بيوستكان PEJWESTEGÂN, = a مركبات choses (médicaments etc.) composées. | die zusammengesetzten (nicht einfachen) Dinge. — PEJWESTE ETMEK oder — KERDEN, = بيوستن joindre. | verbinden, zusammenfügen. — OLMAK, — BÛDEN, — ŚUDEN. être lié; parvenir. | verbunden sein oder werden; gelangen. بيوسته اختتام [oder ختام] اولمق parvenir à la fin, être fini. | an das Ende gelangen, zu Ende sein. مباحثه در بيوسته بود il avait entamé une conversation. | er hatte eine Unterredung angeknüpft. تير در كمان بيوستن mettre la flèche sur l'arc. | den Pfeil auf den Bogen legen. بيوسته حصول اولمق réussir, atteindre le but. | Erreichung des Zweckes sein, d. i. zum Ziele gelangen. بيوسته تحصيل علوم اعمال اتمك s'exercer continuellement à acquérir des connaissances. | sich unaufhörlich in dem Gelangen zu Erwerbung der Wissenschaften üben.

p بيوسيدن PEJWESÎDEN. Vb. intr. اميد وطمع داشتن . چابلوسى وملق كفتن PW espérer, désirer; flatter. | hoffen, begehren; schmeicheln.

a p بيوفا BÎ-WEFÂ. Adj. sans foi, perfide, ingrat. | treulos, undankbar. s. وفا

p t بيوفالق BIWEFÂLYK oder p بيوفائى BÎ-WEFÂÎ. manque de foi, perfidie, ingratitude. | Treulosigkeit, Undankbarkeit.

a p بيوقت s. وقت

a p بيوقوف s. وقوف

t بيوك BÜJÜK oder بيوك u. بيوك Adj. verwandt mit اولو . بيوعون . ايرى = بيوى p بزرك . كبيره . عظيم grand, étendu, important, principal, considérable. | gross, ausgedehnt, wichtig, vornehm. بيوك بابا BÜJÜK-BABA, = ندد grand-père. | Grossvater. بيوك عموجه BÜJÜK-'AMÛǴA. grand-oncle. | Gross-Oheim. بيوك ادملر BÜJÜKLER oder بيوكلر BÜJÜK ADEMLER. le grand monde, les personnes de qualité. | die grosse Welt. بيوك ادملر كبى à la manière des grands seigneurs. | nach grosser Herren Art. بيوك ميراخور grand écuyer. | Oberstallmeister. بيوك بطروس BÜJÜK PITROS. Pierre le grand. | Peter der Grosse.

t بيوكرك BÜJÜKREK. Adj. Compar. v. بيوك plus grand, un peu plus grand. | grösser, etwas grösser.

t بيوكسنمك BÜJÜKSENMEK. Vb. intr. اكبارة . اولو كوروك regarder comme grand. | für gross ansehen, für gross halten.

t بيوكلك BÜJÜKLIK. Sbst. ايريلك . عظمة . فخامة . علوه . بوركوك . بوركى p بزركى . كبار . كبر . جسامة grandeur, étendue; excellence, sublimité; le grand, le sublime. | Grösse, Erhabenheit, das Grosse, Erhabene. بر ولايتك بيوكلكى la grandeur ou l'étendue d'une province. | die Grösse einer Provinz. بو دار دنيانك بيوكلكلرى les grandeurs de ce monde. | die Herrlichkeiten dieser Welt.

t بيوكلنمك BÜJÜKLENMEK. Vb. intr. a تكبر grandir, croître; se vanter, se glorifier. | gross werden, wachsen, zunehmen, sich gross machen, wichtig thun, sich rühmen.

p بيوكى BIWEGI oder بيوكى Sbst., — t طولك a ايمه لك . اوله لك veuvage. | Witwenthum. s. بيوه

t بيومك BÜJÜMEK, auch بيومك oder بيومك u. بيومك Vb. intr. Aor. بيور BÜJÜR. كبير اولمق . بزرك شدن . اولولنمق . ارتمق grandir, croître. | gross werden, wachsen, heran wachsen. آى بيورر AI BÜJÜRÜR. la lune croît. | der Mond nimmt zu. طاغده بيومك TAGDA BÜJÜMEK. croître sur les montagnes, être sauvage (plantes etc.). | auf dem Gebirge wachsen, wild wachsen (z. B. Pflanzen). Partic.

p بيمهوش BIHUŚ. Hauptstichwort:

p بيومش BÜJÜMIŚ. grandi, adulte, parvenu à l'âge de raison. | erwachsen, herangewachsen, gross und verständig geworden. — Deriv. بيوتمك BÜJÜTMEK. Vb. caus. اولولتمق . ارتدرمق faire grandir, faire croître, augmenter. | gross werden lassen, wachsen lassen, gross machen, vergrössern, vermehren.

t بيون BOJUN. s. بوين

t بيونلولق BOJUNLULUK. Sbst. قالين بيونلولق Dickhalsigkeit.

p بيون BEJÛN. Sbst., — افيون Opium.

p بيوند PEJWEND. s. پيوند

p بيوند PEJWEND. Rad. v. بيوستن In Zusammensetzung, = بيوست a متصل qui atteint, parvient, aboutissant, lié avec. | erreichend, anstossend, zusammenhängend, verbunden mit. ابد بيوند EBED-PEJWEND. éternel. | mit Ewigkeit verbunden, d. i. ewig. نكته بيوند NÜKTE-PEJWEND. ingénieux, qui dit ou fait des bons-mots. | mit Geistesschärfe verbunden, d. i. witzig. Als Sbst., = a اتصال liaison, union, alliance, lien; proches parents. | Verbindung, Vereinigung, Bündniss, Bande, Bande des Blutes, Verwandtschaft, Sippschaft, — خويش وقربا. — بيوند كردن PEJWEND KERDEN. lier, joindre, unir. | verbinden, verknüpfen, vereinigen.

p بيوه BIWE. Sbst. u. Adj. t طول . دول قارى a ايم . ايمه p كلم veuf, veuve. | verwitwet, Witwe. بيوه زن BIWE-ZEN. veuve, femme divorcée. | Witwe, Geschiedene.

p بيه PIH. Sbst. s. بى graisse. | Fett. بيه خرما بهنيسى = بيه خرما s. بهنى

a p بيهراس s. هراس

p بيهسوز PIHSÛZ oder بيسوز vulg. بيوسس PÎSÛZ. Sbst. شمعدان chandelier, lanterne, boîte à chandelles (de bois ou de ferblanc). | Leuchter, Laterne, Lichtbüchse oder Wachsstockbüchse (von Holz oder Blech).

p بيهكست PIHKIST. Sbst. Name eines Arzneimittels. Meninski: nux vomica.

p بيهم PEJHEM. Adv. successivement. | Schritt für Schritt, = دى در بى

a p بيهمال s. همال

a p بيهمتا s. همتا

a p بيهنر s. هنر

p بيهنكام s. هنكام

p بيهوده BIHÛDE. Adj. u. Adv. t بوش a بطل vain, futile, absurde, sans raison, mal à propos; vainement. | nichtig, eitel, thörigt, zwecklos, unnütz, vergeblich, umsonst. بيهوده سوزلر BIHÛDE SÖZLER. paroles futiles. | thörigte, unnütze Reden, leere Worte, = كذاف

p بيهودكى BIHÛDEGI. Sbst. vanité, absurdité, état d'être sans raison. | Nichtigkeit, Thorheit, Besinnungslosigkeit, = بيهوشى

p بيهوش BIHUŚ. vulg. BEJHUŚ. Adj. u. Sbst. بيعقل privé de raison, étourdi, stupéfait, évanoui. | seiner Vernunft beraubt, besinnungslos, bewusstlos, betäubt, erstaunt.

t بيهوشى *p* بيهوشلق BIHOŠLYK oder BIHUŠI. Sbst. عقلسزلق *état d'être privé de sa raison, extase, étourdissement, stupéfaction.* | nicht bei Verstande sein, ohne Besinnung sein, Bestürzung, Betäubung.

p بيهين BIHIN. Adj. Compar. u. Superl. v. به *meilleur, le meilleur.* | besser, best.

p بيى PEJI. Adj. سكيرلره متعلق *qui appartient aux nerfs, nerveux* | mit den Nerven oder Muskeln zusammenhängend, nervös (z. B. eine Krankheit). vgl. پى

a بئيس BEIS. Adj. شديد , قما , اليم *fort, violent, douloureux, mauvais.* | heftig, schmerzlich, schlimm.

t بيق BYJYK. Sbst. — بيق *moustache.* | Schnurrbart.

t بيبك BIJIK. Adj. — بيوك *grand.* | gross.

t بييكلك BIJIKLIK. Sbst. — بيوكلك *grandeur.* | Grösse.

ت

ت T. — تاء مثناة فوقيا , تاء مثنّاة , تاء فوقيه , تاء فوقانيه (das oben punktirte oder zweipunktige TA). *troisième lettre de l'alphabet arabe et quatrième de l'alphabet turc; prononciation t; valeur numérique* 400. | dritter Buchstabe des arabischen, oder vierter Buchstabe des arabisch-persisch-türkischen Alphabetes. Aussprache t; wechselt oft mit ك und ط, und hat in türkischen Wörtern in der Regel die Vocale der hellen Vocalklasse. — Zahlwerth, in Chronogrammen, 400.

p ت oder ات ET. Suffix der 2ten Pers. Singul. s. d. pers. Gramm.

a تَ TA, TE. Partikel der Betheuerung s. d. arab. Gramm. u. تالله

p تا TÂ. Präpos. *jusque, jusqu'à, avant que, afin que, tant que.* | bis (in räumlicher und zeitlicher Beziehung und zur Bezeichnung der Absicht), bis dass, vordem dass, so lange als, auf dass, damit; mit folgender Negation: damit nicht. vgl. die pers. Gramm. تا صباح TÂ SABÂH oder تا صباحه‌دك TÂ SABÂHADAK. *jusqu'au matin.* | bis zum Morgen. ازشرق تا بمغرب EZ ŠARK TÂ BEGARB. *de l'orient jusqu'à l'occident.* | vom Aufgang bis zum Niedergang. ازسرتا پا EZ SER TÂ PÂ. *de la tête aux pieds.* | von Kopf zu Fuss. تا قيامته دكين TÂ KIÂMETE DEGIN. *jusqu'au jour de la résurrection.* | bis zum jüngsten Tage. والدينكه احترام قيل تا عمرك طويل اولا sei ehrerbietig gegen deine Eltern, damit du lange lebest. تا بو آنه قدر كورمدم bis zu diesem Augenblicke habe ich (ihn) nicht gesehen.

p تا TÂ. Sbst. — تاى , كات In Zusammensetzung: يك تا JEK-TÂ. *simple.* | einfach. دوتا DU-TÂ. *double.* | zweifach u. s. w. s. d. pers. Gramm.

p تاب TÂB. Rad. v. تافتن verkürzt تب TEB. In Zusammensetzung: *luisant, ardent, resplendissant, brillant.* | leuchtend, wärmend, brennend, hitzend. جهانتاب GEHÂN-TÂB. *éclairant le monde, enflammant, brûlant le monde (p. ex. la glaive d'un conquérant).* | die Welt erleuchtend, flammend oder entzündend (z. B. das Schwert eines Eroberers). آفتاب عالمتاب *le soleil éclairant le monde.* | die welterleuchtende Sonne. — Als Sbst. حرارت , ضياء , نور , آتش , پيچ , قوه , طاقت *force, pouvoir de résister, résistance, pouvoir; contorsion; en sens figuré: douleur, peine; — rayon, lumière, splendeur, éclat, beauté; ardeur, chaleur; en sens figuré: colère.* | Spannung, Widerstandskraft, Kraft, Macht, Widerstand, Festigkeit, Dauerhaftigkeit; Spannung durch Drehen, Drehung, Windung, Krümmung; in übergetragener Bedeutung: Schmerz, Qual; — Strahl, Licht, Glanz, Schönheit; Wärme, Hitze; in übergetragener Bedeutung: Eifer, Zorn: das richtige Verhältniss von Härte und Weiche, Licht und Schatten u. s. w., richtige Mischung. تاب دادن TÂB DÂDEN oder تاب ورمك TÂB WERMEK. *donner de la force; tordre; donner du lustre, polir, aiguiser, affiler, filer; enflammer.* | Spannung und Festigkeit geben, fest drehen, drehen, winden, — بورمق, Glanz geben, glatt schleifen, poliren, schleifen; Hitze geben, anzünden, entzünden. تاب آور TÂB-ÂWER. *qui a de la force, vigoureux.* | stark, kräftig, ein Starker. بى تاب BI-TÂB. *sans force, impuissant, faible.* | kraftlos, schwach. رشته پر پيچ وتاب RIŠTE-I PUR PIČ U TÂB. *fil entortillé.* | Faden voller Krümmung und Drehung, d. i. ganz verfitzt. Kz. تكرى تعالى نينك غضبى و عذابيغه تابم يوق تورور gegen Gottes Macht und Strafe habe ich keinen Widerstand. Abušk.

p تابا TÂBÂ. s. تابه

t تاپا TAPA oder طاپه Sbst. *bouchon.* | Stöpsel.

t تاپالامق TAPALAMAK oder طاپه‌لمق Vb. act. *boucher.* | zustöpseln, verstopfen.

t تابان TABAN oder طابان Sbst. *p* پاشنه *talon, plante du pied.* | Ferse, Fusssohle. تابان چالمق TABAN ČALMAK. *marcher à pied.* | zu Fuss gehen.

p تابان TÂBÂN [Partic. v. تابيدن]. Adj. *brillant.* | glänzend. تابان دمير TÂBÂN DEMIR [auch TÂBÂN allein und تابان geschrieben]. *acier de Damas, damasquinage.* | Damascener Stahl, Damascirung.

p تاباور TÂB-ÂWER. s. تاب

to تاپاى TAPAJ. Partic. Praes. von تاپمق

p تابخانه TÂB-CHÂNE. vulg. تاوخانه TAWCHÂNE u. تاوقانه TAWÂNE. Sbst. *serre chaude, chambre à chauffer, salle à feu, demeure d'hiver, chambre de malade; salle de bain où l'on se déshabille.* | Hitzhaus, Heizzimmer [= كرمخانه], heizbares Zimmer, Winterwohnung, Zimmer für Kranke, An- und Auskleidezimmer in Bädern [جامكان].

p تابداده TÂB-DÂDE. Adj. *enflammé.* | entzündet. vgl. تاب دادن unter تاب

p تابدار TÂB-DÂR. Adj. *chaud, ardent; brillant.* | warm, brennend, heiss; glänzend, strahlend.

p تابدان TÂB-DÂN. Sbst. تيمه جلغى , روزن , اوجاق *fenêtre à barreaux, grillée (au toit); foyer, cheminée; salle à feu (au bain).* | Gitterfenster an der Decke oder im Dache; Feuerstelle (z. B. in einer Schmiedewerkstätte), Schmelzhütte (bei Bergwerken), Heizzimmer (in einem Bade).

to تاپير TAPYR oder تاپيرجير TAPYRGYR. *ce qui se remue.* was sich hin und her bewegt, springt, hüpft, zappelt.

p تابستان TÂBISTÂN. Sbst. ياز *été.* | der Sommer.

p تابستانى TÂBISTÂNI. Adj. und Sbst. *qui a rapport à l'été; habitation d'été.* | sommerlich; Sommerwohnung.

p تابسه TÂBSA. Sbst. اوتى وصويى بول اوتلاق وچايرلق *pâturage abondant en eau.* | an Futter und Wasser reicher Weideplatz oder Weidegegend.

p تابش TÂBIŠ [vgl. تاب] Sbst. ضياء , اشيلك , پارلاقلق *splendeur, lumière; chaleur.* | Glanz, Helligkeit; Wärme. تابش هوا TÂBIŠ-I HEWÂ. *chaleur de l'air.* | Schwüle, Wärme der Luft.

to تابشى TABŠY. Sbst. *coupe à boire.* | Trinkgefäss.

to تاپشمق u. تاپشماق s. Deriv.

to تاپشورماق TAPŠURMAK. Vb. act. SL. سپارش *confier, commettre, livrer, remettre, recommander.* | anvertrauen, übergeben, ausliefern, übertragen. ديبيرگه تاپشوردى übergab (den Prinzen) einem Führer. ملكنى اسكندرگه تاپشوردى trat die Regierung an Alexander ab. آتسينى تاپشوروب das Pfand (ihm) anvertrauend. Abušk. u. Ali Schir. — Deriv. تاپشورلمق TAPŠURULMAK. Vb. pass. *être confié, etc.* | anvertraut u. s. w. sein oder werden.

a تابع TÂBI'. Pl. تبع u. تبعه Adj. und Sbst. *qui suit, qui imite, qui obéit; suivant, dépendant de q. qn. ou de q. ch., sujet, sec-*

tateur; domestique; ange tutélaire; — Gramm. *l'appositif, le régime indirecte.* | folgend, nachfolgend, nachahmend, abhängig von einem Anderen, unterworfen, gehorsam; Anhänger, Nachahmer, Bekenner; Diener. Theol. Schutzengel oder Schutzgeist der den Menschen überall begleitet. Gramm. das in Apposition stehende Wort; ein zur Verstärkung einem anderen nachgesetztes Adjectiv; das zweite Object eines doppelt transitiven Verbum; vgl. d. arab. Gramm. — ETMEK *soumettre.* | unterwerfen. — OLMAK, *être soumis, suivre, obéir.* | unterworfen sein, folgen, gehorchen.

a تابعة TÂBI'ET (Femin. des Vhgdn.). Pl. توابع TEWÂBI'. Adj. u. Sbst. *suivante; conséquence, suite.* | die nachfolgende, Dienerin; Folge (einer Handlung).

a تابعون TÂBI'ÛN [Pl. v. تابع]. Sbst. *successeurs des premiers sectateurs du prophète.* Anhänger des Propheten in zweiter Reihe (Schüler der ersten Bekenner). تابعو التابعين Schüler der TÂBI'ÛN.

to تابقو TAPKU. Sbst. طعن وسرزنش *blâme, reproche, réprimande.* | Tadel, Verweis.

to تابقو TAPKU. Sbst. vgl. تابمق *action de trouver.* | das Finden.

to تابقور TABKUR. Sbst. SL. فوج وكروه وروهيه بلخور [?] كويند وبمعنى تحميل وتكليف زايد بر خراج وبرومى كسل كشتن بود *bande; chargement, extraordinaire, impôt excessif, qui surpasse l'impôt régulier; lâcheté.* | Schaar; Belastung, ausserordentliche Auflage oder Steuer; Trägheit.

to تابقولوق TAPKULUK. Sbst. *action de trouver.* | das Finden. تابقولوق بولايلار *ils trouvaient.* | sie fanden.

a تابل TÂBEL. Sbst. تابجه حوايجي *assaisonnements qu'on met dans la marmite.* | Zuthat zur Speise beim Kochen, wie Salz, Gewürze, Zwiebeln u. s. w.

to تابلغا TABULGA. Sbst. (polnisch: tawala). species arboris cujus ramis, seu bacillis utuntur ad provocandam urinam equis. Meninski.

to تابمق TABMAK. Vb. act. SL. پرستيدن vgl. طابمق *adorer.* | anbeten. — Deriv. I تابنمق TABYNMAK. SL. خم كردن براى نماز وپرستش كردن وصاحبدل شدن Vb. pass. refl. *se courber pour prier, se prosterner, adorer; être pieux.* | sich niederbücken um zu beten oder beim Gebet, anbeten, fromm sein.

to تابمق TAPMAK [SL. بناء عجمى], auch تابمق TABMAK (Ali Schir u. Abulg.) Vb. act., = طابمق *trouver, rencontrer, trouver son existence.* | finden, begegnen, antreffen, entstehen. يول تابتى er fand den Weg. استيلا تابتيلار sie erlangten das Uebergewicht. Ali Schir. وقت تابغاچ nachdem er Zeit gefunden. وفات تابغاندين سونك nachdem er gestorben war. Abulg. ضحاك جورلاريدين تابقان زخم لاريغه عدل بيله مرهم قويدى die durch Zahhaks Ungerechtigkeit entstandenen Wunden heilte er durch Gerechtigkeit. Ali Schir. — Deriv. I. تابلمق TAPYLMAK. Vb. pass. *être trouvé etc.* gefunden werden u. s. w. — II. تابيشمق TAPYŠMAK, auch تابوشمق und تبشمق Vb. recipr. *se trouver l'un l'autre, se rencontrer.* | einander finden, begegnen, sich treffen. اوركنجده تابوشالى in Oerkendsch wollen wir zusammentreffen. Abulg. — III. تابمامق TAPMAMAK. Vb. neg. اوغلان تابمادى er fand, d. i. erzeugte keinen Sohn. Abulg.

p تابناك TÂB-NÂK. Adj. پارلاق اولان ضيادار *a* منور *éclairé, illuminé, brillant.* | erleuchtet, hell, glänzend.

p تابنده TÂBENDE. Partic. Praes. v. تابيدن — تافتن

a t تابوت TABUT. Sbst. Pl. توابيت *p* كبو، كاشو، كاشوكب I.L. *caisse de bois; cercueil; arche d'alliance.* | Kasten von Holz, Sarg; die Bundeslade [auch تابوت العهد].

t تابوتلمق TABUTLAMAK. Vb. act. *mettre en caisse, mettre dans le cercueil.* | in einen Kasten legen, in den Sarg legen. تابوتلنمش TABUTLANMYŠ. *mis en caisse.* | in einen Kasten gelegt, eingeschlossen.

to تابوغ oder تابوق Sbst. *a* خدمة *p* پرستش *t* طابو *service, culte, adoration; supplique en grâce d'un crime devant le prince.* Dienst, Anbetung; förmliche Abbitte eines Vergehens dem Fürsten gegenüber. SL. u. BK. اول غزلين بابر ميرزا تابوغيغا كيلتوردى diese beiden Lieder brachte er in den Dienst Baber Mirza's, d. i. legte sie ihm vor. Ali Schir.

to تابوغچى TABUGČY. Sbst. SL. پرستش كننده *adorateur.* | ein Anbetender.

to تابوقچى TABUGČY, auch تابوقچى u. تابوغچى Sbst. پرستش كننده وخدمتكار *adorant, serviteur.* | Anbeter, Diener, Knecht.

to تابوق TAPUK. Sbst. *trouvaille, chose trouvée; personne qu'on rencontre.* | Fund, etwas Gefundenes; ein Begegnender.

to تابولماق TABULAMAK. Vb. act. *augmenter.* | vermehren. خلق تابولماق ايچون um die Bevölkerung zu vermehren. Derbendname.

p تابه TÂBA oder vulg. تاوا طاوه، تاوا، تاوه Sbst., = *a* ساج *poêle à friture.* | Tiegel, Bratpfanne.

a تأبه TEʾEBBUH [تأبه V.]. تعظيم ايلمه. تكبر ايلمه، كبرلو اولمق *action de se montrer orgueilleux, être hautain.* | das sich stolz geberden, Hochmuth, Anmassung.

p تابى TÂBI. Sbst. *éclat, splendeur, lumière.* | Glanz, Licht. vgl. تاب

a تأبيد TEʾBÎD [أبد II.]. Sbst. دائم ايلمه، همواره ايلمه *action de faire durer éternellement.* | das ewige Dauer geben, Verewigung. ETMEK. *éterniser, perpétuer.* | ewig dauern lassen, verewigen.

p تابيدن s. تافتن

a تأبيس TEʾBÎS [أبس II.]. Sbst. خوارلمق — ETMEK. *mépriser, dédaigner, abaisser, avilir.* | gering schätzen, verachten, erniedrigen.

to تابيشوره I. بسيار آش

to تابين SL. بمقولى جمعى نفررا كويند *troupe d'environ quarante.* | eine Schaar von etwa vierzig.

to تابين Imperativ. von تابمق

t تابيه TABIA. s. طابيه

to تات TAT. Sbst., = *t* تاد، طات *goût, saveur, douceur, dégustation.* | Geschmack, Wohlgeschmack, Süssigkeit, Probe zum Kosten. Auch = *p* داد *a* عدل *justice, équité.* | Gerechtigkeit, Billigkeit. SL.

a تأتأ TEʾTEʾ. Sbst. پپتى *bègue.* | Stotterer.

a تأتأة TEʾTEʾET. Sbst. *bégaiement; pas incertain des enfants.* | das Stammeln; der unsichere Gang der Kinder.

t تاتار TATAR und تتار N. pr. *fils d'Alyndja Khan; nom de nation et de pays, Tartare, Tartarie.* | Sohn des Alyndscha-Khan und Bruder des Mogul; Name dessen Stammes und Landes. Sbst. *tartare; courrier.* | Tatar; Eilbote.

t تاتارجق TATARǴYK u. تتارجق Sbst. (Demin. des Vhgd.). *a* تهبيب، سكيتة *p* موچه LL. *morpion.* | Filzlaus.

p تاتارى TÂTÂRÎ. Adj. *tatare.* | tatarisch.

p t تاتارجه TATARǴE. Adv. *à la manière tartare.* | nach tatarischer Art. چيكجه و تاتارجه پشمش ات *viande à demi crue.* | halbrohes und nach tatarischer Art gekochtes Fleisch. Kam. s. v. النهىء، النبلوة

p تاتارچه TÂTÂRIǴ. Sbst. *pigeon ramier.* | Holztaube.

to تتلوه Sbst. LT. نعل اسب *fer à cheval.* | Pferde-Huf oder Hufeisen.

to تاتاق TATAK. [Partic. v. تاتمق] Adj. und Sbst. *goûtant; gourmet; dégustateur.* | kostend, schmeckend; der Koster.

to تاتار TATYR. Adj. [Partic. v. تاتمق] LT. مزه دار *délicieux, succulent, doux.* | wohlschmeckend, süss.

to تاتسز TATSYZ. Adj. *sans goût, insipide.* | ohne Geschmack, = طاتسز

to تاتليغ und تاتليق TATLYK. Adj. LT. مزه دار *délicieux, doux.* | wohlschmeckend, süss, = طاتلو

to تاتمق TATMAK. Vb. intr. u. act. Aor. تاتر und تاتار TATAR. Imperat. تات TAT. SL. چشيدن *goûter.* | schmecken, kosten, = طاتمق. — Deriv. تاتورماق TATYRMAK. Vb. caus. *faire goûter, donner à goûter.* | kosten lassen.

to تاتوق und تاتيغ TATYK. Sbst. LT. مزه *goût.* | Geschmack.

to تاتوقلوق Sbst. LT. گواهى *témoignage.* | Zeugniss.

a تأثر TEʾESSUR [أثر V.]. Sbst. *action de suivre les traces de q. qn.; état d'être affecté par q. ch., de recevoir une impression; affliction, tristesse, trouble.* | Verfolgung einer Spur; Erduldung einer Einwirkung; das einen Eindruck auf sich machen lassen; Kummer, Betrübniss.

a تأثير TEESÎR [أثر II.] Sbst. Pl. تأثيرات TEESÎRÂT. *action de faire impression, de produire un effet sur q. qn. ou sur q. ch., impression de la chaleur, du froid; influence (d'un astre).* | Eindruck machen (auf einem Körper, auf den Geist, das Gemüth u. s. w), Zurücklassung einer Spur, das Eindringen oder Durchdringen (von Kälte, Hitze), Einfluss. يلدزلرڭ تأثيرى oder تأثيرات الكواكب oder تأثير اختر *influence (des étoiles).* | Einfluss der Gestirne. كوكبڭ تأثير مسعودى *bénigne influence.* | glücklicher Einfluss des Gestirnes. — ETMEK. *laisser une marque, faire impression, produire un effet; toucher; passer, pénétrer.* | eine Spur oder Eindruck machen, eindringen, durchdringen. وجودڭ دريسنه اصلنله تأثير ايتمك *laisser des traces sur la peau* | auf der Haut eine Spur machen. بر سوز آدمه تأثير ايتمك *faire impression sur q. qn. (un mot).* | ein Wort auf Jemand Eindruck machen. تدبير زود تأثير TEDBIR-I ZÛD TEESÎR, ein schnell wirksamer guter Rath, der seinen Eindruck nicht verfehlt.

a تأثيل TEESÎL [أثل II.] Sbst. استوار ثموش، وتحميل دوشى *consolidation, fermeté.* | Befestigung, Festigkeit.

a تاج TÂG. Pl. تيجان TIGÂN. Sbst. *couronne, diadème; espèce de turban que portent les derviches.* | Krone, eine Art Turban der Derwische. تاج كيمك TÂG GEJMEK. *se couronner, être couronné.* | die Krone (selbst) aufsetzen, gekrönt werden, den Thron besteigen. تاج كيدرمك TÂG GEJDIRMEK. *mettre la couronne, couronner.* | die Krone (einem) aufsetzen, einen krönen. تاج خوروس TÂG-I ḪOROS, *haut-peigne (fleur)* | Hahnenkamm | Name einer Blume, auch سلطان بوركى SULTÂN BÖRKI genannt |. تاج الله TÂG-ULLAH. [*corruption de* تجلى *au lieu de* تجلى] *la fête de la transfiguration de J. C.* | das Fest der Transfiguration. تاج بخش TÂG-BAḪŠ. *distributeur des couronnes, Dieu.* | Kronenvertheiler, d. i. Gott.

a تأجج TEEGGÜG [أج V.] Sbst. كلمنى طوتشوب علونمك *action de s'enflammer.* | Selbstentzündung, in Brand gerathen.

a p تاجدار TÂG-DÂR. Adj. u. Sbst. *couronné, tête couronnée, roi.* | eine Krone haltend, d. i. gekrönt; gekröntes Haupt, König.

a p تاجدارانه TÂGDÂRÂNE. Adv. *en roi, royalement.* | königlich, fürstlich.

a p تاجدارى TÂG-DÂRÎ. Sbst. *dignité royale.* | königliche Würde und Majestät.

t o تاجلانمق TAGANMAK. Vb. refl. SL. خوتوارى كرمك *se mettre la couronne, se faire roi.* | sich die Krone aufsetzen, den Thron besteigen.

a تاجر TÂGIR. Pl. تجار TIGÂR u. تجار TUGGÂR. Sbst. بازركان *marchand, négociant.* | Kaufmann.

p تاجك TÂGEK. Sbst. Demin. v. تاج *petite couronne; crête de coq.* | Krönchen, Hahnenkamm.

p تاجكاه TÂG-GÂH. Sbst. درگاه *cour, siège du gouvernement, résidence du prince.* | königlicher Hof, Sitz der Regierung, Hauptstadt.

t o تاجكين TECKIN. LT. تكبر *orgueil.* | Stolz.

t تاجلامق TAGLAMAK. Vb. act., = تاج كيدرمك *couronner.* | krönen. — Deriv. I. تاجلانمق TAGLANMAK. Vb. refl., = تاج كيمك *se couronner.* | sich krönen. — II. تاجلاندرمق TAGLANDYRMAK. Vb refl. caus. *se faire couronner.* | sich krönen lassen.

p تاجور TÂGWER. Adj. und Sbst., = تاجدار *couronné, roi.* | gekrönt; König.

p تاجيك TÂGIK. Sbst. عجم عرب وترك *habitant de la Perse.* | Einwohner oder Landeseingeborener der gewerbtreibenden Classe in Persien.

a تأجيل TEEGÎL [أجل II.] Sbst. تأخير، مهله ويرمك *action de donner délai, de différer, de prolonger un terme.* | Stundung, Aufschieben, Vertröstung auf spätere Zeit. — In übergetragener Bedeutung, = كوكلنى اوكدنه علاج ويرمك *consolation.* | das Trösten.

p تاخت TÂḪT. Rad. v. تاختن Sbst. *a* غارة . نهب . يغما *t* چپاول، *incursion; rapine, pillage.* | Einfall in Feindesland, Raubzug, Plünderung, = تالان

p تاختن TÂḪTEN. Imperat. تاز TÂZ. Vb. act. I. = دولاشمق، دوندرمك und چاپمق، سكرتمك، قتى ايوكمك *t* غارت كرمك *courir, galopper, faire courir, chasser; faire incursion, piller.* | rennen, galoppiren, zum Rennen antreiben, jagen; einen Einfall in Feindesland machen, plündern. بيرون تاختن *sortir, chasser dehors.* | hinausrennen, hinaustreiben [mit از]. 2. = تافتن *tordre.* winden, drehen.

t o تاخقو SL. علاف صالح، و تركش *fourreau; carquois.* | Scheide, Köcher.

a تأخر TEEḪḪUR [أخر V.] Sbst. اكلنمك، كيرو قالمق *état d'être en retard, de rester en arrière, d'être différé, de venir le dernier.* | Verzug, Verzögerung; das hinterdrein kommen, zuletzt kommen, Aufschub. موجب تأخر حصول مقصود در er ist Schuld an der Verzögerung des Planes. موتڭ حياتدن تأخرى مقرر ايكن da das Hinterherkommen des Todes nach dem Leben sicher ist, d. h. da nach dem Leben der Tod ganz sicher eintritt.

t o تاخمق TAḪMAK. Vb. act., = طاقمق *attacher.* | befestigen, anheften.

t o تاخوق TAḪUK. Sbst., = طاوق *poule.* | Huhn.

a تأخير TEEḪÎR [أخر II.] Sbst., = تراخى . عوق . تأجيل . صالق . اكلندرمك *t* [تقديم und تعجيل Gegentheil von] كيرو قومق *action de tarder, de venir le dernier, de poser après, retard, délai.* | Aufschub, Verzug, Verweilung, zuletzt kommen, zuletzt setzen. — ETMEK. *différer, poser après, estimer moins.* | aufschieben, verziehen, verhindern, aufhalten, den Rücken kehren, hinter sich zurücklassen, hintansetzen, nachsetzen. تقديم و تأخير *transposition* | Umsetzung, Umstellung, indem man das letzte zuerst setzt. بلا تأخير oder تأخير الجواب *sans retard, sans différer.* | unverzüglich, ohne Aufschub. بونلره جواب ويرمكده تأخير ايلدى er zögerte, nahm Anstand, ihnen Antwort zu geben.

t o تاخيل Sbst. *t* تاخل LT. غله *céréales, produit des champs.* | Feldfrüchte.

a تأدب TEEDDÜB [أدب V.] Sbst. ابجلنمك *instruction, éducation qu'on reçoit.* | Erziehung, Bildung die man erhält.

a تأدم TEEDDÜM [أدم V.] Sbst. اتمكه قتق، اتكوب يمك *mettre quelque assaisonnement sur le pain qu'on mange.* | das Brod mit irgend einer Zuthat essen.

a تأدى TEEDDÎ [أدى V.] Sbst. اودنمك *payement (d'une dette), acquittement d'une obligation.* | Bezahlung (einer Schuld), Entledigung einer Verbindlichkeit.

a تأديب TEEDÎB [أدب II.] Sbst. *éducation, instruction qu'on donne; réprimande, censure, punition, châtiment.* | Erziehung, Bildung, Unterricht; Zurechtweisung, Züchtigung, Strafe. — ETMEK, = ادب اوكرتمك . ادبلمك *enseigner les belles lettres, élever dans les bonnes mœurs, instruire, reprendre, réprimander, blâmer, morigéner q. qn.; châtier, punir.* | die schönen Wissenschaften lehren, in guten Sitten unterweisen, Jemanden zurechtweisen (Mores lehren), einen Verweis ertheilen, gelinder strafen als das Gesetz es vorschreibt. Kam. s. v. التعزير

a تأديه TEEDIJET [أدى II] Sbst. اودنمك ، درنسنه يرينه كتيرمك *action de mettre à sa place, d'effectuer, d'accomplir, d'exécuter, de s'acquitter d'un devoir, de payer une dette.* | das an seinen Ort bringen, leisten, verrichten; abtragen, bezahlen. vgl. موتى

a تأذى TEEZZÎ [أذى V.] Substant. اذيه چكمك ، انجيمه اولمق ، انجمك *éprouver du dommage, du mal, être affligé.* | Schadenerleidung, Verdruss, Aerger.

a تأذين TEEZÎN [أذن II.] Substant. اذان اوقومق ، اعلام ايتمك *action d'annoncer q. ch. (à haute voix) d'appeler à la prière.* | Ausrufung, lautes Schreien und Rufen, Rufen zum Gebet. vgl. اذان

t o تار TÂR. Adj., = طار *p* تنك، تاريك FW. *étroit; obscur, ténébreux.* | schmal, eng; dunkel, finster. بر تار كوپروك eine schmale Brücke. Ali Schir.

p تار TÂR. Sbst. تپه *cime.* | Spitze, Gipfel.

p تار TÂR. Sbst. *t* تل، ارش FW. حلقه دام *fil, corde; chaîne de la toile, filet, maille d'un filet.* | Faden, aufgespannter Faden, Saite, Bogensehne, Jagdnetz, Schlinge eines Jagdnetzes, Werfte des Gewebes. تار عنكبوت *toile d'araigne.* | Spinngewebe. تار باريك *fil délié.* | dünner Faden.

t تاره TÂRE. Adj. *p* تر ,تازه ,نمناك رطوبتلو ,صولو *juteux, humide.* | saftig, nass, feucht, frisch.

p تاراة TÂRÂT. Sbst. غارة ,يغما — u. تاراج u. تاخت *incursion; pillage.* | Raubzug, Plünderung.

p تاراج TÂRÂǴ. Sbst., — تارات *pillage.* | Plünderung.

p تاراجكر TÂRÂǴ-GER. Sbst. غارتجى ,يغمجى *qui pille, brigand.* Plünderer, Räuber, Raubzügler.

p تاراش TÂRÂŠ, — تاراج.

to تاراق TARAK. تاراغ Sbst. شانه *peigne.* | Kamm.

to تاراماق TARAMAK. Vb. act. شانه كورتمك *peigner.* | kämmen. — Deriv. I. تاراتماق TARATMAK. Vb. caus. [متعدّيه] *faire peigner.* | kämmen lassen. — II. تارانمق TARYLMAK. Vb. refl. [لازم] *se peigner.* | sich kämmen.

p تاريك TÂRÎK. Adj., — تاريك *ténébreux, obscur.* | finster, dunkel.

to تاراولق TARAWLIK. Sbst. SL. غم ,خوف *anxiété, tristesse.* | Beengung, Angst, Kümmerniss, vgl. تاريقمق.

a ترتّب TERETTÜB [V ترب]. Sbst. *état d'être attaché à q. ch. assiduité, persistance, opiniâtreté.* | fest an etwas hängen, fest auf etwas bestehen, Beharrlichkeit, Halsstarrigkeit.

t تاره TÂRET. Sbst. *fois.* | Mal. als Adv. TÂREHEN. *une fois, quelquefois.* | einmal, irgend einmal, zuweilen. تاره بعد تاره *une fois après l'autre* einmal um das andere. تاره — تاره *tantôt — tantôt.* | bald — bald.

to تارتاو TARTAW. Sbst. LT. صو يولى *canal, conduit d'eau.* | Wasserröhre.

to تارتماق TARTMAK. Vb. act. — طارتمق *peser.* | wägen.

to تارتماق TARTMAK. Vb. act. Aor. تارتار TARTAR. *t* چكمك *p* كشيدن *tirer, traîner, arracher, étendre, retirer, contracter.* | ziehen, schleppen, herausreissen, ausdehnen, zusammenziehen, zurückziehen. قلنج تارتمق *tirer le sabre.* | das Schwert ziehen. ديوار تارتمق *construire un mur.* | eine Mauer ziehen. صف تارتمق *ranger en bataille.* | die Schlachtordnung aufstellen. صو تارتمق *puiser de l'eau.* | Wasser schöpfen. خوان تارتمق *arranger la table.* | den Tisch decken. اوزاقه تارتمق *étendre, prolonger.* | ausdehnen, in die Länge ziehen. عمرى يوز يكرمى يلغه تارتتى er brachte sein Leben auf 120 Jahr. اوزون يراغه تارتتى er zog sich weit zurück. بارچه يوكنى تارتتم ich habe die ganze Last geschleppt oder getragen. اوز آتاسى اوچنى آلماقه تارتتى روم ايلدن چريك تارتيب خراسانغه باردى um sich an seinem Vater zu rächen, zog er das Heer aus Griechenland zurück und ging nach Khorasan. Ali Schir. — Chrest. or. p. 54. — Deriv. I. تارتلماق TARTYLMAK. Vb. pass. u. refl. *être tiré etc., se prolonger, durer, endurer.* | gezogen werden; sich ausdehnen, dauern; erdulden. بسى زحمت تارتلدى er erduldete viel Kummer. Ali Schir. — II. تارتماماق TARTMAMAK. Vb. neg. ايليك تارتماس ايدى er zog die Hand nicht zurück.

to تارتى TARTY. Sbst., — طارتى *poids.* | Gewicht.

to تارتيغ TARTYǴ und تارتيق oder تارتغ Sbst. *p* پيشكش *présent, cadeau.* | Geschenk.

p تارخينه TÂRḪÎNE. Sbst. — ترخوانه *a* عجينة *un mets préparé avec du lait aigre et du gruau.* | eine Suppe oder Brei von saurer Milch mit Grupen. Kam.

to تارس Sbst. FW. سپردار *porte-bouclier.* | Schildträger.

to تارشيماق TARŠYMAK. Vb. intr. SL. تاريقمق vgl. دل تنك شدن.

to تارغاچى TARGAČY. Sbst. جماعت متفرقه كه از ولايتى كوچيده بولايت ديكر ساكن شوند *troupe d'émigrants.* | Schaar Auswanderer. SL.

to تارغالق TARGALYK. Sbst. *dispersion.* | Zerstreuung. s. d. Figde.

to تارغاماق TARGAMAK oder تارغاشماق Vb. intr. *p* پراكنده شدن *être dispersé, se disperser, se débander.* | sich zerstreuen, zerstreut oder in Unordnung sein. Deriv. I. تارغاشماق TARGAŠMAK. Vb. recipr. und caus. [متعدّيه] *se disperser; disperser.* | sich zerstreuen; zerstreuen, in Unordnung bringen.

p تارك TÂREK. Sbst. Demir. v. تار *cime, sommet de la tête.* | Gipfel, Wirbel des Kopfes.

a تارك TÂRIK. Adj. *qui abandonne, qui quitte.* | verlassend, weggehend.

t تارلا TARLA, auch تلا und تارله Sbst. *champs labouré.* | Acker, Saatfeld.

to تارليق TARLYK. Sbst. LT. عشوه دار *qui a la vue faible.* | blödsichtig.

to تارليق TARLYK. Sbst. *rétrécissement.* | Enge, Beengung, Bedrückung.

p تارم TÂRIM. s. طارم.

t تارمار TARMAR. oder تارومار TAR-U-MAR. Adj. *p* پراكنده *dispersé, confus.* | zerstreut, in Unordnung.

a ترهيب TERHÎB. [II. رهب] Sbst. منتمى و محكم ايتمك *action d'attacher, de lier.* | Befestigung an etwas.

a تاريخ TÂRÎḪ Pl. تواريخ TEWÂRÎḪ. Sbst. *date et époque d'un fait, d'un événement, date d'une lettre etc., histoire, chronique, chronogramme.* | Zeit oder Zeitpunkt einer Begebenheit, Datum (eines Briefes u. dgl.), Geschichtsbuch, Chronogramm. تاريخ هجرى TÂRÎḪ-I-HIǴRÎ *époque de la fuite, ère mahométane.* | das Jahr der Flucht, die mohamedanische Zeitrechnung. تاريخ رومى TÂRÎḪ-I-RÛMÎ. *l'ère chrétienne du vieux style.* | die griechische Zeitrechnung nach dem julianischen Kalender. آلافرانغه تاريخى ALAFRANGA TÂRÎḪI. *l'ère européenne du nouveau style.* | die europäische Zeitrechnung nach dem gregorianischen Kalender. بيك يوز تاريخنده *l'an 1100.* | im Jahre 1100. موت تاريخى oder تاريخ موت *épitaphe.* | Grabschrift (mit Angabe des Todestages). تاريخ يازمق *mettre la date, mettre l'inscription.* | das Datum oder die Ueberschrift schreiben.

to تاريغ TARYǴ oder تاريق Sbst. *p* ارزن *t* تارى *millet.* | Hirse.

to تاريق TARYK, — تاراغ Sbst. *p* شانه *t* طراق *peigne.* | Kamm.

to تاريقمق TARYKMAK. Vb. act. *p* شانه‌يدن *peigner.* | kämmen.

to تاريقمق TARYKMAK und تاريغمق Vb. intr., — دل تنك شدن SL. تارلق VL. *p* كوكل طارلق وطولقمق تنك شدن Ali Schir. *éprouver un serrement de cœur, s'inquiéter, avoir peur.* | sich ängstigen, in Furcht sein. ايديلر تاريقيب شديم ايتياده sie waren in Angst wegen seiner Ungerechtigkeit. Ali Schir. اوينداغ كونى جسم جانم آشفته تينى تاريقيب da plötzlich meine bewegte Seele in dem Hause des Körpers beängstigt war. Ali Schir.

to تاريقمق TARYKMAK. Vb. act. *p* طلبيدن.

t تقوز ايتمك *agir avec précipitation, entreprendre sans réflexion.* | unüberlegt handeln. (VL. inconsiderate aliquid agere.)

to تاريك s. تريك.

p تاريك TÂRIK und تارى TÂRIK. Adj. *t* قراكو *obscur, ténébreux.* | dunkel, finster. شب تاريك ŠEB-I TÂRÎK. *nuit obscure.* | finstere Nacht. تاريك چشم TÂRIK ČEŠM. *qui a la vue faible.* | blödsichtig.

p تاريكى TÂRÎKÎ. Sbst. *t* قراكولق *obscurité, ténèbres.* | Finsterniss, Dunkelheit.

t تاز TAZ. Sbst. بهار وكل *fleur.* | Blume.

p تاز TÂZ. Rad. v. تاختن in Zusammens. *qui court, qui tord, tordu.* | laufend, rennend, drehend, gedreht.

p تاز TÂZ. Sbst. *a* خيمه *tente.* | Zelt.

p تازانه s. تزنه und تازيانه.

p تازش TÂZIŠ Sbst. *course rapide.* | schneller Lauf, Anlauf.

to تازكل LT. بى زيان *muet.* | stumm.

p تازكى TÂZGÎ. Sbst., — تازه‌لك *fraîcheur.* | Frische.

p t تازه‌لك TÂZELE Adv. v. *p* تازه *nouvellement.* | neulich, jüngst, vor Kurzem. Sadi ev. Hafiz S. 82.

p t تازنه TÂZENE. Sbst. *p* زخمه, تازيانه, *a* مضراب *marteau d'un instrument de musique, archet de violon.* | Schläger oder Plectrum womit die Saiten musikalischer Instrumente geschlagen werden, Fidelbogen, vgl. تازيانه.

p t تازو TAZY. Sbst. s. تازى.

p t تازه TÂZE. Adj. *t* يكى *a* جديد, طرى, نو. *p* كهنه [Gegentheil von قديم] حادث [Gegentheil von پژمرده] *frais, vert, jeune, tendre, nouveau.* | frisch, grün, jung, zart, neu. — KERDEN s. — ETMEK, — تازه‌لمك s. u. — تازه سپاه TÂZE SIPÂH. *troupes fraîches.* | frische Truppen.

p t تازه‌لك TÂZELIK. Sbst., — *p* تازكى *fraîcheur, jeunesse.* | Frische, Jugend.

p t تازه‌لمك TAZELEMEK und تازه‌لامق TAZALAMAK. Vb. act. *rendre frais, renouveler, faire de nouveau, rafraîchir.* | wieder frisch machen, erfrischen, erneuern, etwas von neuem thun, wieder thun; eine frische Pfeife stopfen. —

Deriv. تازه‌لنمك TAZELENMEK u. تازه‌لشمك Vb. refl. se renouveler, rajeunir. | wieder frisch und jung werden, sich erneuern. تازه‌لنوب یپراقلنمق reprendre de la verdure. | neue Blätter treiben, frisch ausschlagen.

p تازی TÂZÎ [vgl. تاز] Sbst. u. Adj. course rapide; qui court vite, cheval léger, coursier, chien de chasse, lévrier. | schneller Lauf, Renner, schnell laufendes Pferd; Jagdhund, Windspiel. [Auch تازو]

p تازی TÂZÎ auch تازو TÂZY Adj. u. Sbst. [Tahrif v. a تازی] a عربی arabe. | arabisch, Araber. لسان تازی langue arabe. | arabische Sprache. تازی دل oder لسان تازی auch allein تازی cheval arabe. | arabisches Pferd. (vgl. das Vbgde.) بتازی BE-TÂZÎ, en arabe. | auf arabisch.

p تازیانه TÂZIÂNE oder تازانه TÂZÂNE Sbst. قرباچ، قامچی fouet; marteau d'un instrument musical. | Peitsche, Geissel, Schlägel (plectrum) womit die Saiten musikalischer Instrumente geschlagen oder geritzen werden. [vgl. قامچی] — تازیانه یمك = تازیانه چكمك être fouetté. | die Peitsche kosten, d. i. gepeitscht werden. تازیانه اورمق oder تازیانه‌لمك fouetter. | die Peitsche geben, peitschen.

p تازیدن s. تازلمق

p تازیك TÂZIK oder تازیك TÂZIK. Sbst. تاجیك

p تاس TÂS Sbst., = طاس coupe, tasse. | Tasse.

p تاس TÂS. Sbst. تشویش، اندیشه، تلاش، غصه، آرزو، ویتقیزاولمق، دوشنوب غصه. Bk. inquiétude, anxiété, affliction, peine, concupiscence (des femmes enceintes.) | Beängstigung, Unruhe, Kummer, Gelüsten (von schwangeren Frauen.)

to تاسامق TASAMAK SL. تیوگنمك، سوزكنمك نفس آرزولی وخسته‌لك vgl. تاسه angoisse, désir, maladie. | Seelenqual, Sehnsucht, Verlangen, Krankheit.

t تاسب TASIB oder تعصب Sbst. [Tahrif v. a تعصب Fanatismus] fanatique. | Fanatiker, Christenverfolger.

a تاسع TÂSI' Adj. num. ord. طقوزنجی neuvième. | der, die, das neunte.

a تأسف TE'ESSÜF. Pl. تأسفات TE'ESSÜFÂT. [V. اسف] Sbst. حسرت ایله یكلمك، تلهف regret, chagrin, affliction, soupir. | Bedauern, Reue, Kummer, Betrübniss, Seufzen, Klage. — ETMEK. regretter, soupirer, gémir, se plaindre. | bedauern, bereuen, nach etwas seufzen, klagen, sich beklagen. وفات ایلمش، اوجسنه الاجرون تأسف ایلمك um einen verstorbenen Freund trauern. اوقات مضیعه تأسفنی چكمك oder مرور ایلمش اوقاتی تأسف ایلمك die vergangene Zeit bedauern. تأسف، متأسف regretté. | betrauert, dessen Verlust man allgemein beklagt.

to تاسقی TASKY. Sbst. SL. سیلی وطپانچه soufflet. | Ohrfeige, Maulschelle.

t تاسلاق TASLAK. Adj. = طاسلاق SL. بی‌تحشیم، قاباومعنوی gros, grossier, rude, non poli, âpre. | grob, rauh, ungehobelt.

t تاسلامق TASLAMAK SL. ایسناد ایلمك بی‌وقوع دالیل citer une autorité pour une chose sans réalité. | für etwas nicht thatsächliches einen Beleg angeben.

p تاسمه TÂSMA. Sbst. cuir brut, courroie. | rohes Leder, Riemen, vgl. تسمه

fr. تاسه TASA. Sbst. (tasse) = مقطعه petite coupe de bronze etc., que l'on met sous la pipe. | eine kleine Schale, gewöhnlich von Messing, in welche man beim Rauchen den Pfeifenkopf stellt, damit die Asche nicht auf den Teppich fällt.

p تاسه TÂSSA, TÂSSE auch تاسا Sbst. غم، غصه، ملال، اندیشه chagrin, tristesse, angoisse, ennui. | Angst, Sorge, Unwille, Trauer, Betrübniss, auch اشتها concupiscence, appétit (des femmes enceintes). | Das Gelüsten (von schwangeren Frauen). = تاسی. —

تاسا ویرمك TASSA WERMEK, = TASSA ETMEK. — WERMEK. — GETIRMEK ennuyer, chagriner, fâcher. | ängstigen, bekümmern, Verdruss machen.

pt تاسه‌لنمك TASSELENMEK oder تاسالانمق TASSALANMAK. Vb. intr. قیغرمق، تاسه چكمك se chagriner, s'ennuyer, se fâcher. | sich ängstigen, sich Sorge machen, sich grämen (mit dem Dativ der Sache), verdriesslich sein. — Deriv. تاسه‌لندیرمك TASSELENDIRMEK. Vb. caus., = تاسه ویرمك chagriner, causer de l'ennui. | einen verdriessen, langweilen.

t تاسنالو TASNAL, TASNALY Adj. triste, chagrin, de mauvaise humeur. | traurig, verdrieslich, betrübt, unwillig.

p تاسیدن TÂSIDEN, = تاسلنمق

a تأسی TE'ESSÎ. [اسی V.] Sbst. تسلی، یوتوب صبر ایتمك action de supporter avec patience, se consoler. | das sich über eine Sache trösten, etwas geduldig ertragen.

a تأسیه TE'SIJE. [اسی II.] Sbst. تسلی ویرمك وصبره اوندمك action de consoler, d'engager à supporter avec patience. | Ermahnung zu Geduld, Trost, Tröstung.

a تأسیس TE'SÎS. [اس II.] Sbst. بنا یرلشدرمق، محكم قلمق action de fonder, fondation, consolidation, établissement, poser le principe. | Gründung, Feststellung, Begründung (Gegentheil von تفریع Folgerung.) — ETMEK. jeter les fondements, poser les bases, établir sur une base, consolider. | den Grund legen, gründen, auf einen Grund bauen, fest machen, Dauer geben, = قرارداد قلمق

to تاش TAŠ Sbst., = طاش pierre. | Stein. تاش تپلك TAŠ-TEPLEK. silex; pierre avec laquelle on chasse un chien, etc. | Kiesel, Stein den man nach einem Thiere wirft um es zu verscheuchen.

to تاش TAŠ. Sbst. u. Adv., t طشره، بیرون a خارج، بعید، دور extérieur, partie ou côté extérieure, dehors, loin, outre. | das Aussen, Aeussere, Aussenseite; ausserhalb, fern, weit, ausser. قپودن تاشقاری en dehors de la porte. | aussen vor der Thür. تاشندن، غیری بوندن بشقه ایشلمدی outre cela il ne fit rien. | ausser diesem that er nichts. Abulg. تاشدقی qui est au dehors. | der aussen befindliche. LT. طشره‌ده‌كی، بیرونی

t تاش TAŠ Part. affix. = داش s. d. Gramm.

to تاشیاق TAŠJAK. Sbst. LT. گوشه‌ایه arc trop peu bandé. | ein schlaffer Bogen.

to تاشتقی SL. بیرونی extérieur. | das Aeussere.

to تاشقی TAŠYDY. LT. گیدی گیدی vgl. تاشمه

to تاشقاری TAŠKARY. Adv. طشره dehors, en dehors, à l'extérieur. | aus, hinaus, heraus, auswendig. تاشقاری چیقدی er ging hinaus. Abulg. حسابدن تاشقاری ausserhalb der Berechnung, unzählig. Ali Schir. تاشقاریلار die aussen Befindlichen, die Belagerer. Abulg. S. 114.

to تاشقان TAŠKAN oder تشقان TE-KAN, Sbst. p خرگوش، t طوشان lièvre. | Hase.

to تاشقون TAŠKYN. Adj. p لبریز plein jusqu'au bord. | zum Ueberlaufen voll. vgl. تاشمق

to تاشی s. تاشقی

to تاشلامق TAŠLAMAK. Vb. act. بیرون چیقارمق SL. vgl. آتمق، طاشلامق und تاشلا Aor. تاشلار TAŠLAR. Imperat. تاشلا TAŠLA 1. faire sortie, laisser échapper, jeter dehors. 2. jeter, lancer des pierres, lapider. | 1. hinaus bringen, hinaus führen, hinaus lassen, loslassen, entfliehen lassen. 2. Steine werfen, steinigen, werfen. عصاسنی تاشلاغاچ indem er seinen Stab hinwarf. Ali Schir. بر نیچه خلقنی دریاغه تاشلاغاندین نكره nachdem er einige Leute in den Fluss geworfen. Abulg. — Deriv. I. تاشلاتمق TAŠLATMAK. Vb. caus. faire lapider, faire lancer. | werfen lassen etc. — II. تاشلانمق TAŠLANMAK. Vb. pass. u. refl. être lapidé, être lancé. | geworfen u. s. w. werden, sich werfen lassen.

t تاشلیق TAŠLYK. Sbst. SL. سنكلاخ LT. سنكلاخ، قورساق endroit pierreux; jabot, poche des oiseaux. | steiniger Ort; Kropf der Vögel.

to تاشمق TAŠMAK. Vb. intr. SL. طاشمق vgl. آب ویرمك طولمق déborder, être plein. | überlaufen, voll sein. Gerund. تاشقونچه TAŠKUNĞA. plein jusqu'à déborder. | zum Ueberlaufen voll. قدحغه باده تریاكلی تاشقونچه قویغیل ای ساقی bis zum Ueberlaufen fülle, o Schenke, den Becher mit Wein, der mit Theriak gewürzt ist. Ali Schir.

to تاشنو TAŠNU. Sbst. LT. كفشكن entrée d'une salle. | der vordere Theil des Zimmers, wo man die Schuhe stehen lässt.

to تاشیرماق TAŠYRMAK. Vb. intr. SL. سبوده شلمك، صو سنتورنا تمكی s'user (que le sabot d'une bête de somme s'use et que la bête en devient boiteuse.| sich abreiben oder ablaufen (die Klauen oder Hufe der Thiere).

to تاشیقماق SL. گوفته وخسته شدن *être contusionné et blessé;* شکست وبدبختی وتسلی *adversité, chagrin.* | gestossen und verwundet werden; Widerwärtigkeit, Betrübniss, u. dgl.

to تاشیمق TAŠYMAK. Vb. act. SL. نقل vgl. طشیمق. از جایی بجایی کوچن *transporter, traverser,* | von einem Orte zum andern bringen, hinüberbringen, an einen Ort zusammenbringen. — Deriv. I. تاشینماق TAŠYNMAK. Vb. refl. pass. *être transporté.* | von einem Orte zum andern gebracht werden, sich von einem Orte zum andern begeben. — II. تاشیتماق TAŠYTMAK. Vb. caus. *faire transporter.* | hinüberbringen lassen.

p تاشمه s. تاشمه und تاشمه

to تاغ TAĠ. Sbst. طاغ *montagne* | Berg, Gebirge.

p تاغ TĀĠ u. تاغی Sbst. *tamaris.* | Tamariske.

p تاغستان TĀĠISTĀN. Sbst. *lieu qui abonde en tamaris.* | Tamariskenwald.

tp تاغستان TAĠISTĀN. Sbst. u. N. pr., s. طاغستان u. داغستان *contrée montagneuse.*| Bergland; Dagestan.

to تاغا TAĠA. Sbst. LT. خال یعنی دایی *oncle maternel.* | Oheim.

to تاغوق TAĠUK. auch تاقوق u. تاغوق Sbst., = طاووق *poule.* | Huhn.

p تافتن TĀFTEN. u. تفتن TEFTEN. Rad. تاب Vb. act. u. intr. *tendre, tordre, tisser, luire.* | spannen, drehen, flechten, weben, leuchten, vgl. تاب

p تافته TĀFTE. Particip des Vbg. *tordu courbé, tissu, luisant, brillant, ardent, échauffé, affligé.* | gespannt, gedreht, krumm, geflochten, gewebt; strahlend, leuchtend, glänzend; brennend, heiss, erhitzt; betrübt — als Sbst. *taffetas.*| Seiden-Taffet.

to تاق TAK. LT. اور کتش Imperat. von تاقمق

to تاق TAK und تاقه TAKA. Sbst. LT. نعل *fer à cheval.* | Hufeisen.

to تاقچی TAKČY. Sbst. نعلبند LT. *maréchal ferrant.* | Hufschmied.

to تاقار TAKAR. Sbst. [Partic. v. تاقمق] LT. *qui attache; raccommodeur.* | anheftend etc.; Sackflicker.

to تاقتو TAKTUR. SL. غلافی که در روی ترکش وجعبهٔ کمان باشد *étui de carquois, fourreau.* | Futteral, Scheide.

t تاقلادماق TAKTADYMAK, Vb. act. *heurter.* | laut pochen.

t تاقمق TAKMAK. Vb. act. Aor. تاقار TAKAR, = طاقمق SL. بستن زنور وزینت وحلقه وطوق بگردن وگوش وغیره و آویختن *attacher, suspendre, mettre un ornement.* | anbinden, befestigen, aufhängen, anstecken (z. B. einen Ring u. dgl.), anhängen (ein Halsband), بوینینه ایپ تاقیپ mit einem Stricke am Halse. Ali Schir. — Deriv. I. تاقیلمق

TAKYLMAK. Vb. pass. SL. بسته شدن *être attaché, s'attacher à q. ch., ou à q. qu., se tourmenter de q. ch., se jouer de q. qn.* | angebunden oder an etwas befestigt sein oder werden; sich an eine Sache oder Person hängen sich mit einer Sache quälen; sich mit jemand necken, einem etwas anhängen, einen zum besten haben. — II. تاقینمق TAKYNMAK. Aor. تاقنور TAKYNYR. Vb. refl. *s'attacher à q. ch.* sich (selbst) eine Sache anbinden, anhängen. آغرینی تاقینمق AGRYNY TAKYNMAK. *prendre un air triste ou sévère.* | eine traurige oder ernste Miene oder ein ernstes Wesen annehmen.

to تاقوق s. تاغوق

to تاقی s. تاقه

to تاقی TAKY oder تاقی Conj., = دخی *aussi, encore.* | auch, noch, und.

to تاقیم TAKYM. Sbst. = *t* تاقم *appareil, meuble; foule.* | Hausgeräth, Menge.

at تاقیه TAKIE. Sbst. = طاقیه *bonnet.* | Haube, Mütze.

p تاک TĀK. Sbst. رز تاک اصمه *vigne, cep ou sarment de vigne.* | Weinstock, Ranke, Rebe.

a تأکد TEEKKÜD [أكد V.] Sbst. تاکید قوتلنمه پوکلشمه قوت بولمق *action de se raffermir; état d'être raffermi.* | das sich festigen, sich stärken, fest sein vgl. تأکید

p تاکه TĀ-KI, = تا u. که *afin que* | damit, auf dass.

a تأکل TEEKKÜL [أكل V.] Sbst. یئلمک یئنمک تلف اولمق آکل اولنمق *état d'être dévoré, mangé, rongé; sentir de la démangeaison; être usé, être épuisé.* | das gefressen oder zerfressen werden, sich verzehren, abgenutzt werden; Jucken empfinden; sich abnutzen, aufgerieben werden.

a تأکید TEEKĪD [أكد II.] Sbst. توکید محکمت ویرمک قوتلندرمک احکام تقویت *action de raffermir, raffermissement, consolidation, corroboration, confirmation, insistance que l'on met à q. ch., répétition de ce qu'on a dit.* | Festigung, Kräftigung, Verstärkung, Bekräftigung, Bestätigung, Wiederholung des Gesagten, Nachdruck den man auf etwas legt, Bestehen auf einer Sache. — Gramm. ausdrückliche Bestätigung eines schon im Vorhergehenden liegenden Begriffs durch eine Apposition. — Rhetor. Bekräftigung durch Hinzufügung eines andern Ausdrucks, der scheinbar das Gegentheil des Gesagten enthält. v. Mehren, Rhet. S. 120. — ETMEK, *raffermir, consolider, confirmer, stabiler, répéter, persister.* | befestigen, bekräftigen, bestätigen, wiederholt sagen, nachdrücklich befehlen. تأکید ایله *fortement, sérieusement, itérativement.* | nachdrücklich, zu wiederholten Malen. تأکید محبت Befestigung der Freundschaft.

to تال TAL. Sbst., = *t* دال *branche.*| Ast.

to تال TAL. Sbst. بید. درخت *arbre; saule* | Baum; Weide, Sandweide (salix capres) [SL. خلاف ägyptische Weide, = بان].

to تال TĀL. Sbst. برنج. تونج. تنکه. طشت. پیه. آیکنه *bronze, fer-blanc, plat rond de métal, bassin; paupière; étang.*| Messing, Blech, rundes Blechstück, Teller von Metall; Becken, (musikal. Instrument); Augenlid; Teich, — تالاب

to تالا TALA und تالا Sbst. سبزه زار، چمن *verdure; lieu plein de verdure, pré.* | Grün, grüner Ort, Wiese.

to تالا TALA. Adj. غوص کننده *qui plonge, nage.* | tauchend, schwimmend.

p تالاب TĀLĀB. Sbst. آبگیر، برکه *étang* | Teich

to تالاك TALAK. Sbst. *butin.* | Beute vgl. تالامق

p تالاچ TĀLĀČ. Sbst. *son, voix.* | Laut, Stimme. vgl. تلاچ

t تالاچ TĀLĀČ. Sbst. *pillage.*| Plünderung.

to تالاچ TALAČ. Adj. *louche.* | schielängig s. تلاچ

to تالاز TALAZ. Sbst. SL. گردباد، کردیلنه، گردیدنه oder کردیلد *tourbillon.* | Windwirbel.

gr تالاس TALAS. Sbst. (θάλασσα) *flot, vague.* | Woge. s. تلاس

t تالاسلانمق TALASLANMAK. Vb. intr. *s'agiter comme les flots.*| wogen. s. تلاسلنمق

to تالاش TALAŠ. Sbst. جنک، کوشش *dispute, bataille, combat.* | Zank, Streit, Prügelei. vgl. تلاش

to تالاشمق TALAŠMAK. Vb. act. SL. جنگ کردن، کوشش کردن *se disputer, se battre, combattre.* | zanken, sich schlagen, bekämpfen. اوز اورانلاری تالاشتی لار sie bekämpften ihre eigenen Freunde. Ali Schir. Q. Deriv. تالاشتورمق TALAŠTURMAK [auch *t* تالاشتورمق] Vb. caus. *faire se disputer etc.* | sich zanken lassen, zum Streit oder zum Kampfe anreizen.

to تالاشمان TALAŠMAN. Sbst. غوغا *p* غلغله *tumulte, rassemblement d'hommes.*| Lärm, Getümmel. VL.

to تالاق TALAK. Sbst. LT. سپرز *rate.*| Milz.

to تالال TALAL. Sbst. LT. بنفشه [illegible]

to تالامسه TALAMAK. Vb. act. SL. سگ گزیدن *mordre.* | beissen (vom Hunde). s. طلمق

to تالامق TALAMAK. Aor. تالار TALAR. Vb. act. غارت کردن *piller, faire du butin.*| plündern, Beute machen — Deriv. I. تالاتمق TALATMAK. Vb. caus. *faire piller.* | plündern lassen. — II. تالانمق TALANMAK. Vb. pass. *être pillé.* | geplündert werden.

to تالان TALAN oder طالان Sbst. یغما SL. غارت و تاراج *pillage, butin.* | Plünderung.

p تالانک TĀLĀNEK. u. تالانک TĀLĀNK. Sbst. *sorte de pêche.* | eine Pfirsich-Art.

to تالای TALAI. Sbst. پیشانی *front.*| Stirn.

to تالای TALAI. Adj. فراوان، بسیار *copieux, nombreux.* | viel, zahlreich.

t u تلاچمق TALAJMAK. Vb. act. SL. طمعدن, *agiter.* | bewegen. — Deriv. تلاچنمق TALYN-MAK. Vb. refl. pass. SL. طمعلنمك *s'agiter, être agité.* | sich bewegen, zappeln, bewegt werden. تیرلیمیی تلاچنمیب wieder lebendig geworden, zappelnd. Ali Schir.

t u تلپنمق TALPYNMAK. Vb. intr. *s'efforcer, se donner de la peine, travailler.* | sich anstrengen, sich Mühe geben, arbeiten.

a تلاد TÄLID. Sbst. مال قدیم [Gegentheil v. طارف] *biens héréditaires.* | ererbtes Vermögen.

تلر TALER. Sbst. ریال, Thaler.

p تالسان TÄLISÄN oder تالشان TÄLISÄN. Sbst. *a* طيلسان *pièce d'étoffe que l'on jette sur les épaules et qui pend sur le dos.* | ein Streifen Zeug den man über die Schultern geworfen trägt, und dessen Zipfel hinten herabhängen.

t u تلغان s. تلغمن.

t u تلغا TALGA u. تلغه Sbst. انقلاب دریا, موج *vague, flot.* | Woge. s. تلغه.

t u تلغالق TALGALYK Adj. SL. متموّج *s'agitant comme les flots.* | wogend.

t u تلغامق TALGAMAK. Vb. intr. SL. میشی ایو جیم قیلی كی آرالقنی *laisser un intervalle, une différence entre deux choses.* | einen Unterschied oder Zwischenraum lassen. Deriv. تلغنمق Vb. pass. [انفعال].

t u تلغان TALGAN und تلغا TALGA oder تلقان TALKAN oder تلقا TALKA. Sbst. *pillage, butin; qui pille.* | Raub, Plünderung; der Plündernde, Räuber.

t u تلغان TALGAN. Partic. v. تلمق.

t u تلغان TALGAN oder تلقان TALKAN. Adj. u. Sbst. *broyé, pilé, écrasé; mou; un mets préparé avec du froment broyé.* | zerstampft, zerquetscht; weich gedrückt, weich; ein Gericht von zerstossenen Graupen oder Waizenkörnern.

t u تلغوم TALGUM. Sbst. تموّج وانقلاب ثوا *agitation des flots, de l'air.* | Wogen, Wirbeln des Wassers, der Luft.

تلغه TALGA s. تلغا.

a تلاطف TELÄLUF [الف V.]. Sbst. متحقق الفة, الفت *action de se familiariser, de faire amitié.* | Befreundung. vgl. تالیف.

t u تلغوچ Sbst. LT. جرغ *faucon, épervier.* | Falke, Sperber.

a تالله TALLÄH. vgl. ت u. الله *par Dieu!* | bei Gott! so wahr Gott lebt!

a تألّم TEELLÜM [الم V.]. Sbst. اغرى وكدر غصه وكرب و جفا *action de souffrir; douleur, chagrin, angoisse.* | Erduldung, Schmerz, Aerger, Verdruss, Trauer. تألم كورمك Schmerzen haben, traurig sein.

t u تلمق TALMAK. Vb. intr. SL. خسته شدن, قرو رشتن بقلر و قمل اوق VL. یوریلمق, ضعلنمسى اوقه *t* بى تلب شدن *être malade; être fatigué, épuisé, se fatiguer.* | krank, schwach, matt, erschöpft sein oder werden, ermatten, ermüden; in Gedanken versunken sein. — Deriv. تلدرمق TALDYRMAK. Vb. caus. *fatiguer, épuiser.* | erschöpfen, ermüden, matt machen.

t u تلا TALA. Sbst. SL. سنجه *poids.* | Gewicht.

t u تلا TALA. Sbst. پاره *morceau.* | Stück, Splitter. تلا تلا = پاره پاره *en morceaux.* | Stück für Stück, stückweise.

p تلواسه TALWÄSE. Sbst. = تلش.

p تال و مال TÄL U MÄL. *dispersé.* | zerstreut. vgl. تار و مار.

a تالى TÄLI. Adj. = تابع [Gegentheil von مقدّم] *t* ارديجه كلیجى *qui suit, qui vient à la suite.* | folgend, nachfolgend, hinterherkommend. بعض شيئى بعض شيئه تابع و تالى قيلمق das Eine auf das Andere folgen lassen. Als Sbst. — Log. *la mineure du syllogisme.* | der Untersatz (minor) des Schlusses.

t u تلاقان TALIGAN. Sbst. LT. بادنجان *lycopersicum esculentum.* vgl. بادنجان.

t u تلغوچى TALYGÖY. Sbst. غوّاص *plongeur, nageur.* | Taucher, Schwimmer.

a تأليف TEELIF [الف II.]. Sbst. تركيب, جمع ایله ترتيب و تشكيل, تصنيف *action de joindre, de réunir; compilation, composition d'un livre; recueil, ouvrage, œuvre.* | das Vereinigen, Zusammenbringen, Zusammentragung (aus Büchern), Abfassung eines Buches, ein Band, Werk, Buch. — ETMEK *réunir, faire amitié; tirer; réunir dans un volume; composer un livre.* | vereinigen, Freundschaft schliessen; in einem Bande oder Buche vereinigen, ein Buch verfassen. تأليف خواطر ايله oder تأليف قلوب ايله die Herzen vereinigen, die Herzen gewinnen.

a p تأليفكرده TEELIF-KERDE. Sbst. *compilation, œuvre compilée.* | Sammelwerk.

t تلكه TALIKA. Sbst. [Tahrif von *a* تعليقه]. 1. auch تلقه und تلكه *attelage; petit chariot à un cheval.* | Gespann, kleines vierrädriges Fuhrwerk, Einspänner. 2. *note mise à la hâte, note marginale.* | eine in der Eile niedergeschriebene Bemerkung; Randbemerkung in einem Buche.

t u تلمى TALYN. Sbst. *bave, salive (des chiens).* | Geifer, insbes. von Hunden.

t u تلاپلمق s. تلاپلنمق.

t u تام TAM. Sbst. *t* تام LT. باه و ديوار *toit; muraille.* | Dach; Mauer.

a تامّ TÄMM. Adj. = تمام, *t* بتون, كامل, تمام *entier, absolu, parfait, complet, plein.* | ganz, vollständig, vollkommen, voll. عدد تامّ 'ADED-I TÄMM, = عدد كامل *nombre pair.* | gerade Zahl. تامّ الوزن TAMM ÜL-WEZN. *de poids (monnaie etc.).* | vollwichtig. اعتماد تامّ I'TIMÄD-I TÄMM. *grande confiance.* | volles Vertrauen. تامّ الاجزاء بر جنس ein vollständiger Anzug. مسئله يه وقوف تامّى وار در er hat vollkommene Kenntniss der Sache. خالقن تمويجى, انقطاع تامّ ايله امرار اوقات ايلدى da er die Zeit in vollständigster Entsagung von weltlichen Dingen verlebte.

p تام TAM. Adj. u. Adv. BK. سخت, بسيار *très-peu.* | sehr wenig. اوقليل قليل

t u تمغ TAMAG. Sbst. *p* كام *palais de la bouche.* | Gaumen.

t u تمچى TAMÇY und تامچى TAMCY. Sbst. *t* تمله *a* قطره *goutte (de liquide).* | Tropfen. vgl. تمحى.

a تأمّل TEEMMÜL [امل V.]. Sbst. تفكّر *p* انديشه, فكر ايلمك, دوشونمك *action de regarder avec attention; contemplation, considération, réflexion, pensée, méditation.* | genaues und aufmerksames Betrachten, Ueberlegen, Nachdenken, Gedanke. — ETMEK *contempler, considérer, réfléchir.* | betrachten, überlegen, bedenken. بى تأمّل BI-TEEMMÜL oder تأمّلسز TEEMMÜLSIZ. *inconsidérément, sans réflexion.* | unüberlegt, voreilig.

t u تمشیمق TAMÄYMAK. Vb. act. SL. گوده گوده نوشیدن *boire goutte à goutte.* | tropfenweise oder schluckweise trinken.

t u تملامق TAMLAMAK. Vb. intr. = تقطّر, چكيدن SL. طمیدن *tomber goutte à goutte.* | tropfen.

t u تاممق TAMMAK. Vb. intr. = تملامق. — Deriv. تمیرمق TAMYRMAK. Vb. caus. SL. چكانيدن *faire tomber goutte à goutte.* | herabträufeln lassen.

a تأمّم TEEMMÜM s. تيمّم.

a تأمّن TEEMMÜN [امن V.]. Sbst. امنيت آراماق, امین اولمق, امنیت استحصالی *chercher sécurité auprès de q. qn.; avoir sécurité.* | das sich zu sichern suchen, sich sicher fühlen.

t u تامور TAMUR. Sbst. *t* طمر *veine.* | Ader.

t (*a*) تاموراق TAMURAK. Sbst. (Demin. d. Vhg.). SL. ريشه درخت *racines d'arbre.* | Baumwurzeln.

t u تموق TAMUK, auch طامو, تموغ. Sbst. = تامو SL. جهنم, دوزخ *enfer.* | die Hölle.

p تمول TAMÜL s. تنبول TAMBÜL.

t u تمور TAMUR u. تمیرمق TAMYRYP s. تمیمق.

a تأمين TEEMIN [امن II.]. Sbst. بر آدمی آمین ایتمك, بر شیئه اوزرده امين قیلمق *action de faire que q. qn. se confie à q. ch. ou à q. qn.* | Erweckung eines Gefühls von Sicherheit, von Zutrauen. — ETMEK *inspirer à quelqu'un de la confiance, donner à quelqu'un l'assurance, lui garantir de la sureté.* | einem volles Vertrauen geben, einem volles Vertrauen einflössen, bei jemand ein vollständiges Gefühl von Sicherheit erwecken.

t u تمیمق TAMYM. Aor. v. تامق | = مى = اتمسند.

t u تن TAN. Sbst. LT. اکسکاشما *irrigation.* s. تنقیم

t u تنا TANA. Sbst. تنه SL. كوساله *génisse.* | Färse, junge Kuh.

to تنتتن TANATAN. LT. منكر *qui nie.* | läugnend verneinend. s. تانموق

p تانبول TANBÛL oder تمبول TAMBÛL. Sbst. تمبول يپراغى = پلن يپراغى Betel-Blatt.

a تأنّس TEÄNNUS [V. أنس] Sbst. الفت. انسيت *t* آلشمق كسب الفت *action de s'habituer, de se familiariser.* | Gewöhnung, das sich gewöhnen. — ETMEK. *se familiariser, s'accoutumer.* | sich gewöhnen (an eine Person oder Sache). vgl. استيناس und تأنيس

to تنسوق oder تنسوغ TANSUQ, auch تنشوق u. تنكسوق Sbst. vgl. *p* تنسخ SL. نادر بندبلنى اسب . LT. اچيرى عجيب وكم بلب 1. *chose rare, chose étonnante.* 2. *entraves.* | 1. etwas seltenes, wunderbares, erstaunliches; 2. Fessel, die Pferde damit fest zu binden.

to تنغو TANGU. LT. منكر

to تنغوچى TANGUČY. Sbst. LT. انكار كننده Partic. v. تانمق

to تنك TANK. Sbst. *t* تنك *a* عجيب SL. تواری که بر کمر تواب بنددند 1. *admiration, étonnement.* 2. — تنك *clinquant dont on orne, les courroies de la selle.* | 1. Verwunderung, Staunen. 2. Flitter am Reitzeuge oder Gürtel des Reitthieres.

to تنك TANK. Sbst. *t* طاك . طلك *a* صبح *aube du jour, matin.* | Tagesanbruch, Morgen, Morgenroth. تنك آتمق TANK ATMAK oder تنك بلنمك TANK BILENMEK. *faire jour.* | tagen, Tag werden. تنككچه TANKGAČA oder تنك آتقونچه TANK ATKUNČA. *jusqu'au point du jour.* | bis zu Tages Anbruch تنك يولدوزى TANK JULDÛZÎ. *étoile du matin.* | der Morgenstern. تنكلا — تنكدا كون TANKDA-GÛN. — *le jour prochain, demain.* | der nächste Tag, morgen. تنكدا ييل TANKDA-JIL. *l'année prochaine.* | das nächstfolgende Jahr.

to تنكا TANKA und تنكه TENKE, aus dem persischen دانك granulum, russisch: dengi Sbst. SL. فلوس *argent, monnaie,* | Geld, Münze.

to تنكرى TANGRY. Sbst. *Dieu.* | Gott.

to تنكريسانمق TANGYRSANMAK oder تنكريغايمق TANGYRGAJMAK Vb. intr. تعجب ايلمك كردن *être étonné.* | sich wundern, staunen, erstaunt sein. تنكريغما TANGYRGAMA. *ne t'étonne pas.* | wundere dich nicht, erschrick nicht.

to تنكسوقليق TANKSUKLIK. Sbst. تعجب *admiration, étonnement.* | Verwunderung, Erstaunen.

to تنكسونلاتمق TANKSUNLATMAK. SL. تعجب كردن *s'étonner, admirer.* | erstaunen, sich verwundern.

to تنكغوت TANKGUT. N. pr. LT. نام قومى از ازبك die Tanguten.

to تنكلا TANKLA. Sbst., Adv. u. Adj. فردا *le jour de demain, demain.* | das Morgen, d. i. der folgende Tag, morgen, früh. تنكلا كيجه TANKLA GIGE. *demain soir.* | Morgen Abend, nächstfolgende Nacht. تنكلا سى ايرته برلان *demain matin.* | am nächsten Morgen in der Frühe. Abulg.

to تنكلاماق TANKLAMAK. Vb. act. SL. سرزنش وتوبيخ كردن *maudire, menacer.* | verwünschen, drohen. Deriv. تنكلاتمق TANKLATMAK. Vb. caus.

to تنكلامق TANKLAMAK. Vb. intr. *faire jour.* | tagen. — Deriv. تنكلانمق TANKLANMAK. Vb. refl. *se lever le matin.* | am Morgen aufstehen. Abulg. 61. ult.

to تنكلاى TANKLAJ. Sbst. *t* دماغ . دماق SL. كام دهن *palais de la bouche.* | der Gaumen.

to تنكمق TANKMAK. Vb. act. SL. پيچيدن . وجستن *tordre; lier.* | drehen, winden, herumdrehen, knüpfen, binden.

p تنكوم TÂNGU oder تنكر TÂNGUR. Sbst. BK. بربر . حلاق *barbier, tondeur de la tête.* | Barbier, Haarschneider.

to تنكورغق TANKURGAK. Sbst. *chose rare, étonnante.* | etwas seltenes, wunderbares, vgl. تنكسوق

to تانكى TANKI. Adj. *t* يكى *nouveau.* | neu. Ferhad. VI.

to تنلامق TANLAMAK. Vb. act. SL. بركزيدن و انتخاب كردن *choisir, élire, séparer, distinguer.* | wählen, auswählen, scheiden, unterscheiden.

to تنمق TANMAK. Vb. intr. انكار كردن *nier.* | läugnen, verweigern, verneinen.

to تنوق TANUK. oder تنوغ Sbst. *t* طنق LT. شاهد وكواه *témoin.* | Zeuge.

to تنوقليق TANUKLYK. Sbst. *témoignage, indice.* | Zeugniss, Anzeichen. تنوقلق بيرمك Zeugniss geben, bezeugen, mit dem Dativ des Objects. يوسف نيمك پاكليكى كا تانوقلوق بيرب Joseph's Unschuld bezeugend. اوزى نبوتى كا تانوغلوق بيردى er bezeugte sein Prophetenthum. Ali Schir.

to تنيمك s. تنومق

to تنى TANY. Sbst. *homme que l'on connait, ami.* | Freund, Bekannter. vgl. تانيماق

a تأنّى TEÄNNI, richtiger تانّى und mit dem Artikel التانّى [V. انى] Sbst. Gegentheil von عجله und شتاب *lenteur, douceur, sage lenteur dans les affaires.* | das sich Zeit nehmen, sich nicht übereilen, ruhiges und bedächtiges Handeln.

a تأنيث TEÄNIS. [II. انث] Sbst. Gegentheil von تذكير Gramm. *le genre féminin.* | das Femininum. — ETMEK. *faire un mot féminin.* | ein Wort im Femininum setzen, nach der weiblichen Form bilden.

a تأنيس TEÄNIS [II. انس] Sbst. انس طوتدرمق *action d'accoutumer, d'apprivoiser.* | Gewöhnung, Zähmung. vgl. تأنّس

to تنيمق TANYMAKU تانوماق Vb. intr. Aor. تنير TANYR auch تنور und تنر — *t* تانمق *p* شناختن *connaître, comprendre, savoir, avoir connaissance de q. ch.* | kennen, verstehen, wissen. يازو تنيرم JAZY TANYRYM ich kann schreiben. — Deriv. I. تنيتمق TANYTMAK und — II. تنيدورمق TANYDYRMAK Vb. caus. *faire connaître, faire savoir, notifier.* | wissen lassen, bekannt machen. — III تنيشمق TANYŠMAK. Vb. recipr. refl. *s'instruire l'un l'autre, se consulter l'un l'autre s'instruire.* | einer dem andern zu wissen thun, sich berathen, sich Raths erholen, sich über eine Sache unterrichten. — IV. تنيلمق TANYLMAK. Vb. pass. *être connu etc.* | bekannt oder gewusst werden etc. — V. تنيماق TANYMAMAK. Vb. neg. *ne pas savoir.* | nicht wissen etc. تنيماس مين TANYMAS MIN. *je ne sais pas.* | ich weiss nicht, kenne nicht. — VI. تنيلماماق TANYLMAMAK. Vb. pass. neg. تنيلماس TANYLMAS. *on ne sait pas, ne connaît pas.* | man weiss nicht, kennt nicht.

to تاو TAU auch طلو Sbst. vgl. *p* تو . تاى *un tout, un seul; fois, tour, (p. ex. en buvant); occasion; moyen, manière.* | ein Ganzes, Einziges; Mal; die Reihe welche einen trifft oder an die jemand kommt (z. B. beim Trinken in der Runde); Gelegenheit; Mittel, Art und Weise. — ETMEK *boire à la santé.* | in die Runde trinken, auf Jemandes Gesundheit trinken. عشقكه تو سكا بكلر *à vous une fois c. à d. à votre santé, monsieur!* | Dir ein Mal, Herr! d. i. auf Dein Wohl, Herr! Die Antwort darauf نصيب اولسون ASIP OLSUN. Meninski.

to تاو TAW. Sbst. = *t* طاغ *mont, montagne.* | Berg, Gebirge.

p تاو TÂW = تاب Als Sbst. *degré convenable de fermeté, brillant, chaleur etc.* | der gehörige Grad von Härte, Festigkeit, Glanz Hitze u. s. w. تاو ويرمك *donner le degré convenable.* | den gehörigen Grad von Härte u. s. w. geben; Glas ausbrennen, härten.

p تاوا TÂWÂ. vulg. für تابه *poêle à frire.* | Tiegel.

p تاوان TÂWÂN. Sbst. جزا . جرم . عوض *faute, crime, péché, délit; compensation, châtiment.* | Vergehen, Verbrechen, Sünde, Schuld; Vergeltung, Strafe.

to تاوان TAWAN. Sbst. *p* آسمانه خانه *a* سقف . سقيفه *toit, plafond; carreau (aux cartes.)* | Decke, Dach; Eckstein (im Kartenspiel.)

t تاوانلمق TAWANLAMAK. Vb. act. *couvrir d'un toit, mettre un toit à un édifice.* | das Dach oder die Decke auflegen. Kam. s. v. سقف

p تاونك TÂWÂNK und تاوخانك TÂWḪÂNK Sbst. vulg. für تاوخانه

to تاودغ Sbst. LT. مرغ *nom d'un oiseau.* | Vogel, oder Name eines Vogels.

to تاوره Sbst. LT. ديوار جماعه شا

p تاوسه TÂWSE. Sbst. اوتى وصوبى فراوان مرغاب *pâturage qui abonde en herbes et en eau.* | reicher Weideplatz.

to تاوش TAUŠ und تووش TAWUŠ. Sbst. آواز پاى *p* آيلق سسى *bruit des pieds; bruit en général.* | Füssegetrampel, Lärm.

to تاوش TAUŠ. Adj. زبون ، قوار *mince, étroit; faible.* | dünn, schmal; schwach. (VL. tenuis, gracilis.)

to تاوشالمق TAWŠALMAK. Aor. تاوشالور TAWŠALUR. Vb. intr. زبون اولمق ، قوارشلمق خسته وملكه شلمق *être ou devenir mince, faible; se fatiguer, être fatigué.* | dünn werden schwach werden oder sein; müde werden oder sein. — Deriv. تاوشالدورمق TAWŠALDURMAK. Vb. caus. *rendre mince etc.; fatiguer q. qn.* | dünn, schwach machen; einen ermüden.

to تاوشانكيل TAWŠANGYL. Sbst. s. طاوشانجيل

to تاوشقان TAWŠKAN auch طوشقان Sbst. *p* خرگوش طاوشقان *lièvre; nom de la quatrième année du cycle duodécimal de l'ancienne ère.* | Hase; Name des vierten Jahres im zwölfjährigen Cyclus der alten Türken.

to تاوشماق TAWŠMAK. Vb. intr. جيسمق *sauter, courir, fuir.* | springen, laufen, fliehen. Deriv. تاوشاتمق TAWŠATMAK. Vb. caus. *faire sauter etc.* | springen machen u. s. w., jagen.

t تاوق TÂUK, oder طاوق Sbst. *p* مرغ خانگى *poule, gélinotte.* | Huhn, Haushuhn. مصر تاوغى MISR TÂGHY. *dinde.* | Truthahn. تاوق گوزى TÂUK-GÖZI. *cor au pied* | Hühnerauge. تاوق گوتى T.-KÖTÜ *verrue, poireau.* | Warze.

p تاوك TÂWEK. Sbst. اشك صويجسى . صيغير طلمسى BK. *ânon; veau.* | Eselsfüllen, Kalb.

p تاول TÂWIL. Sbst. *t* قبارجق ، آبله *ampoule.* | Hautblase (an der Hand, von schwerer Arbeit, an den Füssen, von langem Gehen), Brandblase.

a تاوّل TEʾEWWUL. [آل med. و, V.] Sbst. تفسير معنا وبرلمك ، تاويل اولنمق *explication, interprétation, (être expliqué), interprétation recherchée.* | Erklärung, Auslegung, Deutung, Deutelei. vgl. تاويل

to تاولغان TAWULGAN, oder تاولغا TAWULGA. Sbst. (mongol. TUHULHA). *casque.* | Helm.

t تاولنمق TAWLANMAK, auch طاولنمق Vb. intr. *a* اعشاب ، تعشب *devenir gras* | fett werden [von Thieren bei gutem Futter; wörtl. den gehörigen Grad von Stärke u. s. w. erlangen. vgl. تاو.] — Deriv. تاولندورمق TAWLANDURMAK, auch طاولندورمق Vb. caus. *faire engraisser.* | fett machen, mästen.

it تاوله TAWLA, oder طاوله Sbst. (tabula). *damier, échiquier, trictrac; mannequin (panier) des boulangers.* | Damenbrett, Schachbrett, Tricktrack; Verkaufsbrett der herumgehenden Bäcker und Brodverkäufer.

t تاولهجى TAWLAǴY. Sbst. *maître d'hôtel (à la cour); boulanger ambulant.* | Tafelwärter (bei Hofe); herumgehender Brodverkäufer.

to تاولوغا TAWLUGA. Sbst. SL. كلاهلو *qui est couvert d'un casque.* | ein mit einem Helme bekleideter.

a تاوّه TEʾEWWUH [اوه V.] Sbst. *action de gémir, de se lamenter.* | Gestöhne, Seufzen, Klagen.

p تاوه TÂWE. Sbst. LL. *t* بويه *couleur.* | Farbe.

p تاوه TÂWE. s. تابه

to تاووغ Sbst. = تاوق

a تاوّى TEʾEWWI [اوى V.] u. تاويه TEʾWIJE [اوى II.] *action de se mettre en sûreté, de séjourner quelque part.* | das sich wohin in Sicherheit begeben, sich irgendwo aufhalten.

p تاويدن s. تافتن

a تاويل TEʾWÎL [آل med. و, II.] Sbst. *interprétation, explication; explication (par rapport au sens), interprétation recherchée, explication du Koran.* | Erklärung, Auslegung, insbes. in Bezug auf den Sinn, Realerklärung. Theol. die den Sinn erklärende Auslegung des Koran [vgl. تفسير]. — ETMEK. *expliquer, interpréter.* | erklären, auslegen, künstlich und gezwungen interpretiren, deuteln. vgl. تاوّل

a تاويلى TEʾWÎLÎ. Adj. *suivant l'interprétation.* | der Auslegung gemäss, der Erklärung entsprechend.

p تاه TÂH. Sbst. بس ، تكه *rouille.* | Rost.

p تاه TÂH. Adj. صرف ، محض ، خالص *pur.* | rein, lauter, unvermischt.

a تاهّب TEʾEHHUB [اهب V.] Sbst. حاضرلنمق *action de se préparer, de se munir de q. ch. de nécessaire.* | Bereitmachung, Rüstung (zu einem Geschäft). — ETMEK, *se préparer, se disposer.* | sich bereit, fertig machen.

a تاهّل TEʾEHHUL [اهل V.] Sbst. *action de se marier.* | Verheirathung. — ETMEK, = اولنمك *se marier.* | sich verheirathen — ETDIRMEK, = اولندرمك *marier (sa fille).* verheirathen (z. B. seine Tochter).

p تاهو TÂHU. Sbst. عرق بلاد BK. *sorte d'eau-de-vie.* | eine Art Branntwein.

a تاهيل TEʾHÎL [اهل II.] Sbst. لايق ايتمك *action de rendre q. qn. digne de q. ch.* | Würdigung oder Würdigmachung (Jemandes, einer Sache).

تاى TAI. Sbst. *farce, farcis* (Hindoglu). | Füllsel (?).

to تاى TAI. Sbst. = طاى LT. اسب بچه سى *poulain.* | Füllen.

p تاى TÂI. Adj. u. Sbst. طاق ، فرد ، عدل ، عديل *un, seul, unique; sans pareil, incomparable; une pièce (de différentes choses comme d'étoffes, d'habits, etc.); le pendant d'une chose, un côté de la charge, un ballot qui forme le contrepoids de l'autre.* | eins, allein, einzig, ein Ganzes, Einziges, ein Stück, das Eine im Paare, das Entsprechende, Seitenstück, die eine Seite der Ladung (eines Thieres) welche der andern das Gleichgewicht hält. چند تاى جامه = چند تاى جامه einige Anzüge. چند تاى كاغذ = بر تاى طاقه كاغذ einige Stück (Bogen, Lagen) Papier. — In Zusammens., — تك vgl. تا z. B. يكتاى JEKTÂI. *simple, unique en son genre, incomparable.* | einfach, einzig in seiner Art.

to تايا TAIA. Sbst. Nebenform von تانا *veau.* | Kalb. LT.

to تاياجق s. تاياتمق Deriv.

to تاياغلامق TAIAGLAMAK. Vb. act. SL. چوب زدن vgl. دايقلمق *donner des coups de bâton.* | prügeln. — Deriv. I. تاياغلاتمق TAIAGLATMAK. Vb. caus. *faire bâtonner.* | prügeln lassen. — II. تاياغلاشمق TAIAGLAŠMAK. Vb. recipr. *se battre l'un l'autre.* | einander prügeln. — III. تاياغلانمق TAIAGLANMAK. Vb. pass. u. refl. *être bâtonné, se laisser bâtonner.* | geprügelt werden, sich prügeln lassen.

to تاياق TAIAK u. تاياغ Sbst. SL. تكيه ، طيانق ، دايانق vgl. عصا LT. چوب دستى *appui, pieu, bâton.* | Stütze, Stab.

to تاياقغان TAIAKGAN. Sbst., = تاياق [VL. تكيه conventus Dervisiorum, religiosorum. Miri Alîšir].

to تايامق TAIAMAK. Vb. intr. SL. تكيه دادن vgl. دايانمق *donner soutien.* | Stütze gewähren. — Deriv. I. تاياتمق TAIATMAK. Vb. caus., = طيانتمق ، دايانتمق *appuyer, soutenir.* | stützen. — II. تايانمق TAIANMAK. Vb. refl., = دايانمق SL. تكيه كردن *s'appuyer.* | sich stützen, sich auf etwas stemmen.

to تاياندجاق TAIANDJAK. Sbst. SL. تكيه گاه نيزه كوتاه ، بروى شمشيرة مادر يعنى خاله *lieu d'appui; lance courte; tante maternelle.* | Stützort; kurzer Spiess; Mutterschwester.

a تائب TÂʾIB. Adj. u. Sbst. توبه ايدجى ، پشيمان اولان *pénitent, converti.* | reuig, der Reuige, Bekehrte. — OLMAK. *se repentir, se convertir.* | bereuen, sich bekehren (mit dem Ablativ des Obj.)

a تايّد TEʾEJJUD [ايد V.] Sbst. تأييد اولنمق ، قوت بولمق *action de se raffermir; de se consolider; état d'être consolidé.* | das sich festigen, stark werden oder sein; Kräftigung, Stärke. vgl. تأييد

to تايغاق TAIGAK. Partic. von تايمق 1. *p* لغزنده *glissant.* | gleitend, rutschend. 2. *p* بسيار گوى *a* كثير الكلام *bavard.* | Schwätzer.

a تائق TÂʾIK. Pl. توقة TAUKAT. Sbst. خسته لكدن يكى قورتلوب قالقمش كمسه *convalescent.* | ein von einer Krankheit Genesener.

a تايّم TEʾEJJUM [ايم V.] Sbst. ارسز وعورتسز اولمق *état d'être dans le veuvage, d'être sans époux ou sans épouse.* | Witwenstand, Ehelosigkeit.

to تايمق TAIMAK und تايماق Vb. intr. لغزيدن *glisser, trébucher.* | ausgleiten, rutschen, straucheln. — Deriv. تايتمق TAIJTMAK oder تايدرمق und تايدمق TAIJMMAK. Vb. refl., = *t* طايمق (dieselbe Bedeutung). اوزه مقعمم تيمى تايلمدم ich bin von meiner Stelle hinabgerutscht oder ausgeglitten. Ali Šehir.

a تأييد TEʾJÎD oder تائيد [ايد II.] Sbst. استوار كردن ، محكم قيلمق ، قوت ويرمك ، يارديم ايتمك *action de rendre fort, de consolider, de raffermir, d'affirmer, de soutenir, d'aider; aide, assistance, secours.* | Befestigung, Kräftigung; Hülfe, Beistand. — ETMEK. *raffermir, soutenir, appuyer.* | befestigen, bekräftigen, stützen, behaupten (sein Recht, seine Meinung

u. dgl.) معرض كذب اولان شيئى كلام حق كبى تأييد ايتمك eine blosse Lüge behaupten, aufrecht erhalten, als ob es eine Wahrheit wäre. كنديى استحقاقنى تأييد ايتمك sein Recht behaupten. تأييد كردكار ايله mit dem Beistande Gottes.

a تأييدات TEJÎDÂT. Sbst. Pl. d. Vbgd.

p تاييدن TÂJÎDEN. Vb. intr. LL. بكزمك *ressembler, former le pendant de q. ch.* | gleichen, ähnlich sein, das Seitenstück oder Gegenstück zu einer Sache bilden. vgl. تاى

a تأييس TEJÎS [أيس II.] Sbst. اوموشتمق . تأثير ايتمك . ارتسيمق . نااوميد ايتمك *action de faire désespérer q. qn. de q. ch.; de faire peu de cas de q. ch., d'imprimer une marque, une trace sur un corps mou; de rendre mou, d'amollir.* Benehmen der Hoffnung auf etwas; Geringschätzung; Eindrückung einer Spur u. dgl. in einen weichen Körper; Erweichung.

t e تايغ TAJYG. Sbst. LT. حالى كذر آب *gué, bas-fond.* | Furth.

t a تايلغاج Partic. v. تايلمق a تايلنمق

a تأييم TEJÎM [أيم II.] Sbst. برادمى جفتسز قومق *action de rendre veuf* | Beraubung des Gatten.

p تب TEB. Sbst. vgl. a تاب استعداد حقى *fièvre.* | Fieber, Fieberhitze. تب كرم TEB-I GERM, = صالب Kam. *fièvre accompagnée de frissons.* | hitziges Fieber mit Frost. تب زده TEB-ZEDE. *fiévreux, fébricitant.* | fieberkrank. تب بلاد TEB-BÂDE. *frisson de fièvre.* | Fieberfrost.

t تبّ TEB. Interj. *hop (exclamation pour faire avancer) un chien.* | Wort ohne Bedeutung, womit man den Jagdhund anhetzt. LT. سلك شكارى را بهنكام كار كويند

p تپ TEP. Sbst. اضطراب ويى قرارى BK *agitation, inquiétude, anxiété.* | Bewegung, Unruhe (körperlich und geistig); vgl. تپيدن

t e تپ TEP. LT. پيشكاه *devant.* | vorn.

a تبّ TEBB oder تبب TEBEB und تباب TEBÂB. Sbst. زيان وهلاك *dommage, tort causé à q. qn., perte, ruine* | Schaden.

a تبادر TEBÂDUR [بدر VI.] Sbst., = تسابق t اوزومك . اوكرلمك *action de chercher à se devancer les uns les autres (à la course).* | einander zuvor zu kommen suchen, Wettlauf.

a تبادل TEBÂDUL [بدل VI.] Sbst. دكشمك *action de faire un échange, permutation.* | Verwechslung, Umtausch, Austausch. Pl. تبادلات TEBÂDULÂT.

a تباذل TEBÂZUL [بذل VI.] Sbst. برى برينه عفوا ايلمك *action de s'offrir ou de se faire des dons, se donner mutuellement de bon gré et avec libéralité.* | gegenseitige Freigebigkeit gegen einander, sich gegenseitig reiche Geschenke machen.

p تبار TEBÂR Sbst. خصم واقربا . قوم وقبيله صوى واصل ونژاد *consanguinité, famille, parents, tribu, peuple, race, origine, extraction.* | Sippschaft, Stamm, Volk, Herkommen. شهريارى عالى تبار ein König von erlauchtem Stamm. بد تبار BED-TEBÂR. *de mauvaise origine.* | von schlechtem Herkommen.

a تبار TEBÂR. Sbst. تلف . هلاك t خرابلق *perte, ruine, perdition.* | Verderben, Verwüstung. دار التبار *l'enfer.* | Haus des Verderbens, d. i. die Hölle.

a تبارك TEBÂREK [برك VI. 3 Pf.]. *il (Dieu) est infiniment parfait.* | er (Gott) ist unendlich vollkommen. vgl. Sitzungsberichte der Leipz. Gesellsch. der Wissensch. 1863. S. 164 ff.

p تبارى TEBÂRÎ. Sbst. وظيفه روزى a راتب *salaire, appointements, pension fixe.* | Tagelohn, Gehalt.

a تبارى TEBÂRÎ [برى VI.]. Sbst. تعارض . بر خصوصده معارضه ايلشمك *action de rivaliser réciproquement en q. ch., être en émulation l'un avec l'autre.* | gegenseitiges Nacheifern; Wetteifern in einer Sache.

a تباشر TEBÂŠUR [بشر VI.]. Sbst. مشتلقلشمق . مبشرت ايلشمك *action de s'annoncer une bonne nouvelle, de se féliciter.* | gegenseitiges Verkünden einer guten Nachricht, gegenseitige Beglückwünschung.

a تباشير TEBÂŠÎR. Sbst. Pl. v. تبشير

p تباشير TEBÂŠÎR, vulg. تبخشير TEBEŠÎR, auch تبشير und تبشور Sbst. LL. a طباشيره p خوروكل خورنلسى *craie.* | Kreide (auch neugriechisch τεμπεσίρι); — eigentlich der kreidehaltige Bambuszucker oder Bambusmanna.

a تباطؤ TEBÂTU' [بطأ VI.]. Sbst. آغر ديرنمك . بطالت . يواشلق *lenteur, manque de célérité.* | Langsamkeit, nicht fertig werden können.

a تباع TIBÂ'. Sbst. Pl. v. تبيع

a تباع TIBÂ' [تبع III.]. Sbst. اردنجه اوروب امتثال ايتمك . تيشوب كتمك *action de suivre q. qn. dans q. ch., de suivre et d'imiter un exemple; imitation, suite, ou ordre dans lequel les choses se suivent.* | Nachfolge, Verfolgung eines und desselben Zweckes wie ein Anderer, genaue Nachahmung, Folge, Ordnung der Folge.

a تباعة TIBÂ'ET [تبع I.]. Sbst. تابع اولمق . تعيروى كرتمك p براور كتمك . اردنجه يوريمك *action de suivre q. qn., suite, conséquence d'une action.* | Nachfolge; Folge einer Handlung. — ETMEK. *suivre q. qn., suivre un dogme, une doctrine; obéir.* | folgen, hinter einem gehen, eine Lehre befolgen.

a تباعد TEBÂ'UD [بعد VI.] Sbst. اوزاغه چكلمك . اوزاقلق *action de s'éloigner l'un de l'autre; éloignement.* | Entfernung (von einander). — ETMEK. *s'éloigner, se quitter; se mettre à distance de q. qn., être éloigné.* | sich entfernen (von Jemanden oder von einem Orte); fern sein.

a تباعيّة TEBÂ'IJET. Sbst. تابع اولمق . حكم تحتنده t اولمق *obéissance.* | Gehorsam.

a تباغض TEBÂGUZ [بغض VI.]. Sbst. بغض ايلشمك *action de se haïr réciproquement, inimitié réciproque.* | gegenseitiger Hass, Feindschaft, Befeindung. عداوت دينى وتباغض طبعى مقتضاسى اوزره ihrem Religionshasse und gegenseitiger anerschaffener Feindschaft gemäss.

a تباقى TEBÂKÎ [بقى VI.]. Sbst. بقاى قالشمق . — ETMEK. *survivre les uns aux autres.* | einer den andern überleben, überdauern.

p تبك TEPÂK. Sbst., = تپ *agitation, inquiétude.* | Unruhe

a تباكى TEBÂKÎ [بكى VI.]. Sbst. اغلاشمق *action de pleurer ensemble, de se contraindre à pleurer, de simuler les pleurs.* | mit einander weinen, verstelltes Weinen.

t a, e تبان TABAN. Sbst. 1. = تابان t طبان p پاشنه *talon, plante du pied.* | Ferse, Fusssohle. — 2. a ملاح *navigateur.* | Schiffer. LT.

p تپان TEPÂN Partic. v. تپيدن

t تبانجه TABANDJA. Sbst., = طبانجه *coup avec le pied ou la main ouverte, soufflet; pistolet; vague.* | Fusstritt, Schlag mit der flachen Hand, Ohrfeige; Pistole; Welle, Woge.

p تباه TEBÂH. Adj. u. Sbst. نيست x بكمال اعدام اولنمش . بوزلمش . بوزق t نابود كرديده *anéanti, ruiné, corrompu, incomplet, défectueux: anéantissement, néant, corruption, ruine.* | zu nichte gemacht, vernichtet, verdorben, unvollständig, unvollkommen, schlecht; Vernichtung, Nichts, Verderben. — ETMEK oder — KERDEN *anéantir, réduire à rien, ruiner, corrompre, détruire.* | zu nichte machen, verderben, zerstören. — OLMAK oder — ŠUDEN. *être ruiné, anéanti, etc.* | vernichtet, verdorben werden, zu Grunde gehen.

p تباهكار TEBÂH-KÂR Sbst. und Adj. بوزيجى *destructeur, qui ruine; malveillant.* | Vernichter, Zerstörer, Verderber; boshaft.

p t تباهلق TEBAHLYK. Sbst., = p تباهى *anéantissement, corruption, destruction, ruine* | Vernichtung, Verderben.

p تباهى TEBÂHÎ Sbst., = تباهلق. — KERDEN. *corrompre, perdre, ruiner; agir mal.* | verderben; schlecht handeln.

p تباهيدن TEBÂHÎDEN. Vb. act. u. intr. فاسد اولمق . آزمق . تباه اولمق und تباه ايلمك *anéantir, corrompre, gâter; se corrompre.* | zu Grunde richten; zu Grunde gehen, verderben.

a تبايع TEBÂJI'. Sbst. Pl. v. تبيع

a تباين TEBÂJÛN [بين VI.]. Sbst. آيرلق . تفارق *action de se séparer les uns des autres, état d'être séparé; différence entre deux choses, contraste.* | Trennung von einander, Scheidung, Unterschied, Abstand, Nichtübereinstimmung, Contrast. تباين اعداد *imparité de deux nombres.* | Ungleichheit der Zahlen (wenn zwei Zahlen nicht durch ein und dieselbe Zahl ohne Rest dividirt werden können), Verschiedenheit der geraden und ungeraden Zahlen

تبت TÜBBUT, auch تبّت TÜBBÖT. N. pr. *le royaume de Tibet.* | Thibet.

a تبتل TEBETTUL [بتل V.] Sbst. خلقدن، خلقدن انقطاع کسیلوب عزلت ایله *détachement des choses mondaines.* | Entsagung der Welt. vgl. تبتیل.

a تبتیر TEBTIR [بتر II.] Sbst. هلاک ایله *p* شکستن *action de détruire.* | Vernichtung. — ETMEK. *détruire, ruiner, anéantir.* | verderben, zerbrechen, vernichten, zu Grunde richten.

a تبتیل TEBTIL [بتل II.] Sbst. — تقطیع *t* کسمک، اخلاص ایله اللهه بالتمامه *action de couper, de séparer.* | das Abschneiden, Trennung, Scheidung. — ETMEK. *séparer, se séparer, se consacrer entièrement à Dieu.* | sich trennen (von der Welt), sich ausschliesslich dem Dienste Gottes widmen vgl. تبتل u. Koran. Sur. 73. v. 8.

a تبجح TEBEDJDJÜH [بجح V.] Sbst. *p* فرحناک وشاد شدن *se réjouir avec orgueil, se pavaner.* | sich stolz freuen, sich brüsten, sich breit machen; stolze Freude.

a تبجیل TEBDJIL [بجل II.] Sbst. بیوک کورمک، عزت داشتن *p* تعظیم ایله *action d'honorer, vénération, glorification.* | Ehrenerweisung, Hochachtung, Ehrerbietung, Hochpreisung. Pl. تبجیلات TEBDJILÂT. *grands témoignages de respect, cérémonies.* | grosse Ehrenerweisungen, grosse Ehrerbietung. — ETMEK oder — KERDEN. *honorer, respecter, vénérer q. qn.* | einem Achtung erweisen.

a تبحث TEBAHHUS [بحث V.] Sbst. استحداث — تفتیش ایله *action d'examiner q. ch., de faire une enquête sur q. ch.* | genaue und sorgfältige Untersuchung, Ausforschung.

a تبحر TEBAHHUR [بحر V.] Sbst. بر علومده ڭنیشلنمک اولمق، دریا ڭبی، دکز اولمق 1. *débordement (former, pour ainsi dire, une mer).* 2. *action de s'enfoncer dans la mer, d'approfondir les sciences, d'être plongé dans l'étude; grand savoir, parfaite connaissance.* | 1. das sich zum Meere machen, von einem Flusse oder See, der weit über seine Ufer tritt, sich wie ein Meer ergiessen. 2. das sich in das Meer versenken, Vertiefung (in eine Sache, eine Wissenschaft), grosse Gelehrsamkeit, umfassende Kenntniss, tiefes Ergründen.

p تبخاله TEBHÂLE und تبخال TEBHÂL. Sbst. اوچوق، قبارجق *bouton de chaleur causé par la fièvre; pustule, bulle.* | Hitzbläschen, Fieberbläschen; Schaumbläschen (beim Einschenken im Glase) شده تبخاله لب شیرین دلبرزدن چشم، تبخالهٔ می در پیاله Lippen-Bläschen waren auf dem süssen Munde, gleich den Bläschen des Weines im Glase.

p تبخاله‌دار TEBHÂLE-DÂR. Adj. اوچقلو *qui a des boutons etc.* | voller Bläschen.

a تبختر TEBAHTUR. Sbst. صالنمق *action de se balancer (en marchant); démarche gracieuse.* | Hin- und Herschaukeln des Körpers beim Gehen, graziöse Haltung.

a تبخر TEBAHHUR [بخر V.] Sbst. بخورلنمق، توتسولنمق *action de se parfumer, état d'être parfumé.* | das sich selbst parfümiren oder beräuchern, parfümirt sein. — ETMEK. *se parfumer.* | sich parfümiren.

a تبخیر TEBHIR [بخر II.] Sbst. بخورلمق، توتسیلمک *action de parfumer.* | Beräucherung. — ETMEK. *parfumer, répandre des parfums.* | räuchern (mit Weihrauch u. dgl.), beräuchern, Duft verbreiten.

a تبخیل TEBHIL [بخل II.] Sbst. بخل نسبت ایتمک *action d'accuser q. qn. d'avarice.* | einen geizig schelten.

a تبدد TEBEDDÜD [بدد V.] Sbst. پراکنده اولمق *état d'être dispersé.* | Zerstreuung.

a تبدع TEBEDDU' [بدع V.] Sbst. *action de se jeter dans des novations.* | Neuerungen machen (in Religionssachen).

a تبدل TEBEDDÜL [بدل V.] Sbst. حالدن حاله دونمک، منصب دکیشمسی *changement d'état, permutation, changement de fonction, dégradation.* | Veränderung eines Zustandes, Wechsel, Amtswechsel, Absetzung. — ETMEK. *changer, être changé, être remplacé.* | sich verändern, verändert, versetzt, ersetzt werden, sich verändern oder ersetzen lassen.

a تبدلات TEBEDDÜLÂT. Sbst. Pl. des Vhgden., — تبدلات *changements de fonction.* | Amtsveränderungen, Stellenwechsel.

a تبدی TEBEDDI [بدو V.] Sbst. بادیه نشین اولمق، صحراده چالمق *action de passer sa vie dans le désert (à la manière des peuples nomades).* | Leben in der Wüste, ein Nomadenleben führen.

a تبدید TEBDID [بدد II.] Sbst. تفریق *t* پراکنده کرون *p* داغتمق *action de disperser.* | Verstreuung. — ETMEK. *disperser, dissiper, séparer.* | auseinander streuen, ziehen, theilen.

a تبدیع TEBDI' [بدع II.] Sbst. بدعته نسبت ایتمک، اختراع وایجاد ایتمک، یکی شی چیقارمق *action de regarder ou de déclarer q. qn. comme novateur ou hérétique; regarder ou déclarer q. ch. comme nouveau; produire q. ch. de nouveau; invention.* | das als neu erklären, für neu halten, einen als Neuerer oder Irrlehrer erklären. vgl. مبتدع; etwas neues erfinden.

a تبدیل TEBDIL [بدل II.] Sbst. دکشدرمک، تغییر ایتمک *action de changer, changement, permutation, échange, altération, mutation, transposition, différence, déguisement; déguisé.* | Wechsel, Veränderung, Verwechslung, Umtauschung, Umsetzung, Verkleidung; ein Verkleideter. — ETMEK. *changer, altérer, déguiser.* | umwechseln, verändern, verkleiden, sich verkleiden. — OLUNMAK. *être changé etc., être déguisé; aller incognito.* | verändert, gewechselt u. s. w. werden; unerkannt (incognito) gehen, reisen u. s. w. تبدیل جامه *changer d'habits.* | die Kleider wechseln. تبدیل مکان TEBDIL-I MEKÂN. *émigration, déménagement.* | Auswanderung, Umzug. تبدیل هوا سببیله *afin de changer d'air.* | um die Luft zu wechseln, frische Luft zu schöpfen.

a تبدیلات TEBDILÂT. Sbst., — تبدلات *changements de fonctions.* | Veränderungen, Wechsel (der Minister und anderer Staatsämter), Amtswechsel.

a تبذلا TEBEZZULÂ. Adv. *en déguisement, incognito.* | in Verkleidung, incognito.

a تبذخ TEBEZZUH [بذخ V.] Sbst. تکبرلنمک *orgueil, s'enorgueillir.* | sich brüsten.

a تبذل TEBEZZUL [بذل V.] Sbst. تبذل ده اوسورسه سقیجوب قو، ترک حفظ ایله بر نوعده طوتوب استعمال ایله *incurie, négligence.* | Sorglosigkeit, Nachlässigkeit, Fahrlässigkeit.

a تبذیر TEBZIR [بذر II.] Sbst. اسراف ایله، تفریق المال علی وجه الاسراف *action de dissiper; prodigalité.* | Verstreuung, Vergeudung (des Geldes), Verschwendung.

a تبر TIBR. Sbst. ایشلنمامش التون *métal précieux (or ou argent) brut.* | edles Metall, bes. in unbearbeitetem Zustande.

p تبر TEBR. Sbst. *a* — *t* بلطه *hache, plane; hallebarde; tubéreuse.* | Beil, Hackemesser; Hellebarde; Tuberose.

t o تبرامك s. تبرکمك Deriv.

t o تبراجلامق TEPRADJLAMAK. Vb. intr. SL. الی و ایاغی اویناتمق *s'agiter, palpiter.* | Hände und Füsse bewegen, zappeln vgl. das Fgde.

t o تبرمك TEPREMEK (SL.) oder تپرمك (Abulg. u. Ali Schir.) Vb. intr. — جنبیدن *s'agiter, sauter.* | sich bewegen, springen. Deriv. 1. تبرتمك Vb. caus., — *t* تپرتمك *agiter, exciter.* | bewegen, erregen. — II. تپردمك Vb. caus., — تپراتمك — III. تپرنمك — *t* تپرلنمك Vb. refl. pass. *s'agiter, trembler; être agité, être excité.* | sich bewegen, zittern; bewegt, erregt sein oder werden. — IV. تپرشمك Vb. recipr. *s'agiter ou se secouer l'un l'autre.* | einander bewegen, schütteln.

t تپرتمك TEPRETMEK. Vb. act. *agiter, exciter.* | bewegen, aufregen. vgl. das Vhgd. Deriv. I.

p تبرخون TEBER-HÛN oder طبرخون Sbst. 1. عناب *jujube.* | ziziphus rubra. 2. قیزیل اغاجی *baguette rouge des coureurs, fauconniers etc.* | ein rother Stab, den Läufer Falconiere etc. in der Hand tragen. 3. سرخ بید *t* قزل سکود *le saule rouge.* | die rothe Weide. 4. تبرخون — بقم اغاجی *bois du Brésil.* | Brasilienholz. 5. طرخون *estragon (plante).* | Dragun, Kaiserssalat. 6. رنگ سرخ *couleur rouge.* | rothe Farbe. BK.

p تبردار TEBER-DÂR. Sbst. *hallebardier (de la garde du corps de l'empereur).* | Hellebardier (von der kaiserlichen, rothen Leibgarde).

a تبرر TEBERRUR [برر V.] Sbst. اللهه طاعت واطاعت ایلمک *soumission; piété.* | Unterwerfung, (unter den Willen Gottes), sich fromm zeigen, Frömmigkeit.

a تبرز TEBERRUZ [برز V.] Sbst. بروز ایله، طشره چیقمق، قضای حاجت ایچون چیقمق، کورنمک، آشکار اولمق *action de sortir, spéc. pour satisfaire un besoin naturel; sortir en public, se faire voir, se montrer, se révéler.* | Hinausgehen, insbes. wegen eines natürlichen Bedürfnisses [— قیرلی سورمك]; sich öffentlich zeigen.

p تبرزد TEBER-ZED u. *p* تبرزه TEBER-ZE. *a* طبرزد Sbst. 1. لوبت شكرى . قند سفيد *sucre candi blanc et très-dur qu'on ne peut casser qu'à coups de hache.* | weisser Zuckerkand (der so hart ist, dass er mit dem Beil zerschlagen werden muss). 2. بماش وشفاف وسنكبرتلوز *sel blanc et dur, sel de roche.* | weisses, durchsichtiges und hartes Salz, Steinsalz. 3. *espèce de raisin à peau très-dure.* | eine Art Weintraube mit sehr harter Schale die in Azerbeidschan wächst. 4. آرولى . صبر *aloès (médicament), myrrhe* | Aloe, Myrrhe. BK.

p تبرزن TEBER-ZEN. Sbst. *qui se sert d'une hache, bûcheron, hallebardier.* | Beilträger, Holzhauer, Hellebardier.

p تبرزين TEBER-ZIN. Sbst. 1. أبر بالتحسى *hache d'armes.* | Sattelbeil, Streitaxt der Reiter. 2. = تبرزد *sel blanc et dur.* | hartes und weisses Salz.

a تبرّع TEBERRU' [برع V.] Sbst. بخش ايلمه . بلا عجمويه اعطا ايلمه *donation.* | Schenkung. Redhouse: „an act of donation, or of attaching something to any property in mortmain, without an intention of claiming payment for it."

a تبرّعاً TEBERRU'EN. Adv. *gratuitement, spontanément.* | umsonst, freiwillig. تبرّعاً للوقف als freiwillige Schenkung oder Vermächtniss. Redhouse: „as a voluntary free service done to the property in mortmain."

a تبرّك TEBERRÜK [برك V.] Sbst. تيمّن *action de regarder q. ch. de bon augure, se promettre de q. qn. ou de q. ch. une influence bienfaisante, se féliciter d'avoir gagné q. ch.; chose dont on se promet ou dont on espère une influence bienfaisante, don bienfaisant, don, cadeau.* | sich von einer Person oder Sache etwas Gutes versprechen, sich zu etwas Glück wünschen; in concreter Bedeutung: etwas wovon man sich einen segensreichen oder guten Einfluss, gute Folgen verspricht; wohlthätiges Geschenk, überhaupt Geschenk, Gabe. تحفه وتبرّكلر مرتب قيلمب Geschenke und Gaben bereitend. Ali Schir. تبرّك TEBERRÜKEN. Adv. *comme chose bienfaisante, en don, gratuitement.* | als wohlthätiges Geschenk, unentgeltlich. تبرّكات TEBERRÜKÂT. *dons, bienfaits.* | Geschenke, Wohlthaten.

p تبرك TEBREK. Sbst. قلعه *citadelle, forteresse.* | Burg.

p تبرلگام TEBER-LIGÂM. Sbst. *mors.* | Trense (des Pferdes.)

p تبرخون TEBERHÛN. Sbst. بقم *bois du Brésil.* | Brasilienholz. vgl. تبرخون

a تبرّؤ TEBERRU'. [برأ V.] Sbst. برى الذمت اولمق *état d'être acquitté, absous; innocence.* | das frei sein von etwas, Freisprechung, Schuldlosigkeit.

a تبرئة u. تبرية TEBRIJET [برأ II.] Sbst. ابرا كاغدى . برى الذمت قيلمق *action d'acquitter, acquittement de la dette, exemption, sentence par laquelle on prononce l'acquittement, quittance.* | Befreiung von Schuld, Freisprechung, Quittung. تبرية لقمت *justification.* | Rechtfertigung, Darlegung seiner Unschuld. — ETMEK. *absoudre, acquitter.* | freisprechen, quittiren.

a تبريح TEBRÎH [برح II.] Sbst. ضرر وزحمت ايرشدرمك . اينجتمك . بورمق *action d'inquiéter; de molester, action d'endommager.* | Beunruhigung, Beschädigung, Belästigung. Pl. تباريح TEBÂRÎH.

a تبريد TEBRÎD [برد II.] Sbst. صوغتمق *action de rendre froid; rafraîchissement.* | Abkühlung. — ETMEK. *rafraîchir, refroidir.* | abkühlen.

a تبرير TEBRÎR [برّ II.] Sbst. قبلحتمسر چيقارمق *action de reconnaître q. qn. pour juste, justification.* | Rechtfertigung.

a تبريز TEBRÎZ [برز II.] Sbst. تكمرتمك . ايلرولمك . طشره چيقارمق *action de faire sortir au grand jour, faire voir, avancer, manifester; dépasser à la course, surpasser ses égaux.* | das Hervortreten lassen, sich zeigen, sich vor andern auszeichnen, vorauskommen, im Wettlauf andere überholen, es andern zuvorthun.

p تبريز TEBRIZ. N. pr. *la ville de Tauris en Perse.* | die Stadt Tebriz.

p تبريز TIBRIZ. Sbst. *a* سفره *nappe (en cuir ou en étoffe) que l'on étend par terre pour y mettre les plats.* | Tischtuch oder Leder, das auf dem Boden ausgebreitet wird um die Schüsseln darauf zu setzen.

a تبريص TEBRÎS [برص II.] Sbst. *action de tacheter.* | das Sprenkeln.

a تبريق TABRÎK [برق II.] Sbst. قورقتمق . دقتله نظر ايلمك *action de regarder fixement, menacer par des regards.* | scharf und drohend Jemand ansehen, durch Blicke in Furcht zu setzen suchen.

a تبريك TEBRÎK [برك II.] Sbst. آلقشلمق . تهنيه ايلمك . بركتله ثنا ايلمك *action d'invoquer la bénédiction de Dieu sur q. qn. ou sur q. ch., bénédiction, félicitation.* | Erflehung des göttlichen Segens auf Jemand oder auf eine Sache (z. B. über zu geniessende Speise); Sprechen des Segens; Glückwunsch den man Jemanden bringt. — ETMEK *féliciter, rendre des actions de grâces.* | wünschen, dass Gott eine Sache segensreich mache, seinen Segen zu etwas verleihe; beglückwünschen, danken, das Dankgebet sprechen. تبريك عيد TEBRÎK-I 'ÎD. Glückwunsch zum Feste (an den beiden Festen des Bairam). تبريك منصب ايلمك einem zu dem Antritt eines Amtes seinen Glückwunsch bringen.

a تبريم TEBRÎM [برم II.] Sbst. *action de consolider le fil en le tordant.* | den Faden fest drehen (beim Spinnen.)

p تبرزه TEB-REZE. s. تب

a تبزّل TEBEZZÜL. [بزل V.] Sbst. يارلمق *action de se fendre, état d'être fendu.* | das sich spalten. — ETMEK. *se fendre, se crever.* | sich spalten, bersten.

p تبستن TEBEST. Adj. 1. تباه *anéanti, corrompu, inutile.* | vernichtet, verdorben, zu nichts mehr nütze. 2. عبوس . قبيح . چركين *laid, difforme, sombre (figure).* | hässlich, ungestaltet, finster (ein Gesicht). BK.

p تبست TEBIST. Sbst. مذهب ضعيف وملت قليلوق eine Secte, die nur wenige Mitglieder, eine Lehre, die nur wenige Bekenner hat. BK.

p تبستغ TEBESTÛG. Sbst. حاضر جواب . بليغ . فصيح *homme éloquent, disert, prêt à répondre.* | ein Beredter, um Ausdruck oder Antwort nicht verlegener. BK.

t تبسرمك TEBSIRMEK, auch تبسرمك und تبسرمك Vb. intr. Aor. تبسرور TEBSIRUR. LL. *a* عصب . شمله *p* شوازيلين *se gercer (les lèvres), avoir les lèvres fendues, avoir des boutons aux lèvres (par suite de la fièvre), sécher (la salive sur les lèvres par suite de soif).* | aufspringen (von den Lippen, in Folge von Trockenheit oder Fieberhitze.) تودلق تبسروب شيشمك = *a* تمطط vor Hitze anschwellen und aufspringen (die Lippen). Kam.

a تبسّل TEBESSÜL. [بسل V.] Sbst. *air sévère, austère.* | ein strenges, finsteres, verdriessliches Gesicht machen, die Stirn runzeln.

a تبسّم TEBESSÜM. [بسم V.] Sbst. آهسته و نازكانه كولمك *action de sourire* | das Lächeln.

t تبسى TEPSI und تپسى auch *p* تبشى und *a* طبشى Sbst. *p* تشتخوان . تغلدان *plat, assiette, porte-assiette, plateau.* | flacher Teller, Unterteller, Präsentirbrett. كومش تبسى = *a* قلموره oder تبسق *plateau d'argent.* | silbernes Präsentirbrett. LL.

t تبسلاجى TEPSIĜI. Sbst. *surintendant de la vaisselle (charge à la cour).* | Tellerwärter (ein Dienst am kaiserl. Hofe; von Hammer, des Osm. Reichs Staatsverf.).

p تبسيدن TEBSÎDEN. Vb. intr. *avoir la fièvre, avoir les lèvres gercées par la fièvre.* | Fieber haben, vor Hitze aufgesprungene Lippen haben, = تبسيدمك BK.

a تبسيم TEBSÎM [بسم II.] Sbst. *sourire, air riant.* | Lächeln, freundliche Miene.

p تبش TEBIŠ. Sbst. = تبش [vgl. تاب] فروغ . حرارت *chaleur; splendeur.* | Hitze; Glanz.

p تبشش TEBIŠ. Sbst. [vgl. تبيدن] اضطراب و حركت *agitation, tremblement.* | Hin- und Herbewegung, Zappeln, Zittern.

a تبشار TIBŠÂR. Sbst., = تبشير *p* مژده *bonne nouvelle.* | frohe Kunde.

a تبشبش TEBEŠBÜŠ. Sbst. *action de montrer à q. qn. un air prévenant, faire bon accueil à q. qn.* | einem ein freundliches Gesicht zeigen; gute Aufnahme.

t تبشرمق LT. تبشرمك . سيوتمك *a* تبشرمك

t تبشمك TEPIŠMEK s. تبشك Perle.

p تبشى TEPŠI. s. تبسى

a تبشير TEBŠÎR. [بشر II.] Sbst. بشارت ايلمك . مژدهلمك *action de réjouir q. qn. par une bonne nouvelle.* | Mittheilung oder Ueberbringung einer guten Nachricht. — ETMEK. *donner de bonnes nouvelles.* | gute Nachrichten bringen. تبشير نامه TEBŠÎR-NÂME. *lettre renfermant une bonne nouvelle.* | ein Brief mit einer guten Nachricht. Pl. تباشير TEBÂŠÎR. *bonnes nouvelles; évangile; annonce, commencement de toute chose* | gute Nachrichten, Freudenkunde, Evangelium; Ankündigung die einer Sache vorausgeht, erster Anfang oder erste Anfänge einer Sache. اوائل الصبح — تباشير الصبح *première apparition de l'aurore.* | erstes Morgengrauen.

p t تبشیر TEBŠÎR s. تباشير

a تبصبص TEBAṢBUṢ. Sbst. دكلونمك . تملقلق *action de remuer la queue, flagorner, flatterie, adulation.* | Schwänzeln (des Hundes); Fuchsschwänzerei, niedrige, kriechende Schmeichelei.

a تبصر TEBAṢṢUR [بصر V.]. Sbst. شمليا تمسلم *p* دقتله باقمق ، توشنمك . تعقل كرلمن *action d'observer avec attention, de considérer, de réfléchir.* | Betrachtung, Beobachtung; Bedenken. — ETMEK. *regarder avec attention, considérer, comprendre, concevoir.* | etwas zu sehen suchen, betrachten, bedenken, begreifen.

a تبصرة TABṢIRET. Sbst. *ce qui fait bien comprendre une chose, ce qui rend intelligent.* | was zum Verständniss einer Sache führt, was klug macht, vgl. تبصیر

a تبصیر TABṢÎR [بصر II.] Sbst. 1. كسمك *action de couper, de retrancher; amputation.* | Abschneidung, Ablösung eines Gliedes, Enthauptung. 2. تعريف وايضاح ايلمك . عبرت كوسترمك *action de faire voir clairement, de rendre clair, évident, d'enseigner, de montrer q. ch. comme exemple.* | das deutlich sehen lassen, Verdeutlichung, Belehrung über eine Sache, Aufstellung eines Beispieles oder Hinzeigung auf ein Beispiel das als Lehre dienen kann. 3. N. pr. Name des Gebirges Kaf, welches nach orientalischer Vorstellung die ganze Welt umgiebt und von Smaragd sein soll.

a تبطل TEBAṬṬUL [بطل V.] Sbst. . بطالرلمق . كرتلك ايلمك . باطل اولمق بطل اولمق *action de s'occuper de choses inutiles, de faire de vains efforts, de montrer du courage, de se mettre énergiquement à q. ch.* | sich mit unnützen Dingen abgeben, vergebliche Anstrengungen machen; sich tapfer zeigen, tüchtig drein schlagen.

a تبطن TEBAṬṬUN [بطن V.] Sbst. برنسنه نك داخل وباطنه كسب وقوف ايتمك اسبي ر اثوابك آلتنه كيرمك *p* *action de mettre q. ch. sous ses habits, de pénétrer dans l'intérieur de q. ch.* | Verbergung einer Sache unter seinen Kleidern; Eindringen in das Innere einer Sache.

a تبطؤ TEBAṬṬU' [بطو V.] Sbst. كیم قالمق . اكلنمك *lenteur, (être lent, ne pas finir), retardement.* | das Zurückbleiben, Zaudern, sich aufhalten, Langsamkeit.

a تثقلة ETEBṬIYET oder تبطئ TEBṬÎ [بطو II.] Sbst. اكلندرمك . معطل و تأخير ايلمك اغيرلكله يوكلتمك *action de retarder q. qn. par q. ch.* | Aufhalten, Verzögerung, Aufschub. — ETMEK. *retarder q. qn.; accorder un délai; charger lourdement, faire porter lourd.* | einen mit etwas aufhalten; die Schnelligkeit oder Bewegung Jemandes oder einer Sache hemmen; etwas aufschieben, einen Aufschub geben; schwer beladen, schwer tragen lassen.

a تبع TOBBA'. Sbst. *titre des anciens rois de l'Arabie heureuse.* | Titel der alten Könige von Jemen.

a تبعة TABA'AT. Sbst. Pl. v. تابع *sujets.* | Unterthanen.

a تبعیت TEB'IJET u. TEBA'IJET [تبع]. Sbst. اردنجه كتمك . امتثال ايتمك . تابع اولمق . اتباعه *p* يوروك كرلمن *action de suivre q. qn., obéissance, imitation.* | Nachfolge, Nachahmung, Unterthänigkeit, Gehorsam. — ETMEK. *suivre q. qn., être ou devenir le sujet de q. qn., obéir, imiter.* | folgen, gehorchen, nachahmen, Jemandes Unterthan sein oder werden.

a تبعیتا TEB'IJETEN, Adv. *en imitation de q. qn. ou de q. ch.* | als Nachahmung, nach dem Beispiel Jemandes oder einer Sache. اك تبعیتا um ihm nachzuahmen, nach seinem Beispiel; seinem Vorgange.

a تبعید TEB'ÎD [بعد II.] Sbst. بعید ايتمك . ابراغ ايتمك . اوزاقلق [Gegentheil v. تقریب]. *action d'éloigner.* | das Entfernen. — ETMEK. *éloigner, enlever.* | entfernen (einen Gegenstand von dem andern), auseinander rücken, in die Ferne rücken, wegnehmen.

a تبعیض TEB'ÎẒ [بعض II.] Sbst. . بلوك بلوك ايتمك . بولمك . تقسيم ايتمك پارچه پارچه قلمق *action de partager, de diviser en parties, en lots; division, distinction; assortiment de marchandises.* | Theilung in einzelne Abtheilungen, Ordnen nach den verschiedenen Theilen (z. B. ein Waarenlager), Eintheilung, Unterscheidung. Gramm.: Ausdruck des Verhältnisses, des Theiles zum Ganzen, z. B. durch die Präposition من (MIN partitivum).

a تبغض TEBAGGUẒ [بغض V.] Sbst. بغض كوسترمك . دشمن اولمق *état d'être ennemi de q. qn., inimitié.* | Feindschaft, Verfeindung mit Jemand, sich gegen Jemand feindlich zeigen.

a تبغیض TEBGÎẒ [بغض II.] Sbst. بر كمسنه يه بغض ايتدرمك *action de faire inimitié.* | Verfeindung, Feindschaft stiften. — ETMEK. *faire ennemi, faire haïr, rendre odieux.* | verfeinden, verhasst machen.

p تبفوز TEBFÛZ. Sbst. اغزلك ايوجورسى . منقار *a* قوش بورنى BK. *tour de la bouche; bec d'oiseau.* | Umkreis des Mundes, Schnabel.

a تبقر TEBAKKUR [بقر V.] Sbst. معلومات وسعت اوزرنده اولمق . بولامق *état d'être riche en biens, en science, grand savoir, grande instruction.* | das reich sein, insbes. an Kenntnissen; grosse, ausgebreitete Gelehrsamkeit.

a تبقیة TEBKIJET [بقی II.] Sbst. بر مقدار باقيه براقمق . بر نسنه دن بقيه قلمق . برآقمق *action de laisser le reste de q. ch.* | das Übrig lassen.

p تبك TEBK. Sbst. *bordure, franges de soie, etc.* | Besatz, Einfassung von Franzen u. dgl. von Seide.

t o تفنك TÜFÜK. Sbst. LT. تفنك *fusil.* | Flinte.

a تبكية TEBKIJET [بكی II.] Sbst. مسببت اوزره مرثيه ايله اغلامق و بشخود اغلامغه قالدرمق *action de pleurer ou de faire pleurer un mort.* | Beweinung eines Todten, zur Beweinung eines Todten anstellen (die Klagefrauen).

a تبكیر TEBKÎR [بكر II.] Sbst. اوبه ايرته قالقمق *action de se lever de bonne heure, de faire q. ch. de grand matin, visite du matin; action de hâter q. ch.* | das früh aufstehen, früh am Tage thun, Beeilung einer Sache; früher Morgenbesuch.

t تبل TEBEL. Sbst. BK. بورشق ، بوزوق . وجين وشكنج *pli, ride.* | Falte, Runzel.

a تبلبل TEBELBUL. Sbst. سوزلن اولمق وسواس وغم واختلاط زبانده جكن بلمك *sollicitude; murmure; confusion.* | Gemüthsunruhe, Gemurmel, Stimmengewirr; Verwirrung: nicht zu antworten wissen.

a تبلد TEBELLÜD [بلد V.] Sbst. كسل و كاهل اولمق . نقص العقل اولمق *se montrer* بليد *(voy. ce mot), être balourd, d'un esprit lent et obtus.* | das sich stumpfsinnig zeigen, von stumpfem, blödem, trägem Geiste, albern sein, Stumpfsinnigkeit, Albernheit [vgl. بليد].

a تبلیغ TEBLÎG [بلغ II.] Sbst. ايلتمك . ايرشدرمك . اولاشدرمق [Gegentheil v. تبعید]. *action de faire parvenir, communication d'une affaire à q. qn.* | Herbeibringung, Ueberbringung, Zuführung, Mittheilung (einer Nachricht u. dgl.). Rhetor. eine Art Hyperbel, Steigerung, die weder undenkbar, noch der Erfahrung nach unglaublich ist, v. Mehren, Rhetor. S. 113. — ETMEK. *faire parvenir, porter un message de la part de q. qn.; faire approcher.* | einem etwas zukommen lassen, überbringen (z. B. eine Nachricht, einen Brief), einen Gegenstand einem andern näher bringen, erreichen lassen.

a تبلیل TEBLÎL [بلّ II.] Sbst. بلّ ايتمك . اصلاتمق *action de mouiller.* | Nässung. — ETMEK. *mouiller fortement, arroser, baigner.* | durchnässen, bewässern, baden.

تابمق u. تلمق s. تبمق u. تيمق (a

t تپمك TEPMEK, auch تپمك Vb. act. u. intr. Aor. تپر TEPER. *p* لكد زدن *ruer, regimber, donner des coups de pieds.* | stossen, mit den Füssen stossen, ausschlagen (von Pferden), تپه جكی الوار = شموس *a bête qui rue.* | ein Thier das ausschlägt. كيرو تپمك *retourner (une maladie, la fièvre).* | wiederkehren, rückfallen (eine Krankheit, das Fieber u. s. w.), zurückstauen (vom Wasser). آقيندى ، شلاله كيرو تپمك von seiner Mündung mit Gewalt zurückstauen. Kam. s. v. بوتك. — Deriv. I. تپشمك TEPIŠMEK. Vb. recipr. *se donner des coups de pieds l'un à l'autre.* | einander mit den Füssen treten oder schlagen. — II. تپنمك TEPINMEK. Vb. refl. Aor. تپنور TEPINIR, *se démener, ruer au vent, trépigner des pieds.* | mit den Füssen stampfen, um sich herum schlagen und stossen (vor Wuth), sich wie ein Rasender geberden. — III. تپلمك TEPILMEK.

Vb. pass. *être foulé aux pieds, etc.* | getreten werden u. s. w.

t تپمه TEPME, auch تیمه Sbst. *p* لگد *coup, ruade.* | Stoss, Schlag, Fusstritt. تپمه ایله اورمق T. WURMAK oder تپمه اورمق *donner des coups de pied.* | Fusstritte austheilen. تپمه یمك T. JEMEK. *recevoir un coup de pied* | einen Fusstritt erhalten.

a تبن TIBN u. TEBN. Sbst. *t* صمان *p* كاه *paille.* | Stroh.

t تباخچه s. تیاخچه

p تبند TEBEND. Sbst. لف . دسیسه . دوبارە *fraude, tromperie, fourberie;* دوبارەجی *fourbe, trompeur.* | Trug, Schelmerei, Schelmenstück; Schelm, Betrüger.

p تبندر TEBENDER. Sbst. قپو طرقوی *verrou.* | Thür-Riegel.

p تپنك TÜPENK. Sbst. *baquet, moule; tambour de basque; son perçant.* Mulde (der Gemüsehändler), Gussform (der Gold- und Silberarbeiter); Handtrommel; lauter Schall. BK.

p تبنكو TEBENGÜ und تبنكو Sbst. *case pour y mettre q. ch., panier, corbeille; caisse, armoire; boîte, tiroir, moule, grenier, trou à fumier.* | ein Behältniss oder Gefäss um etwas hineinzulegen, Korb, Kasten, Schrank, Büchse, Kübel, Trog, Speicher, Düngergrube.

t تپنكو TEPENGÜ, auch تكنكو u. تپمكو SL. oder تپنكی und تبینكو LT. Sbst. زین دامنه *courroies de selle, sous-selle* [Sattelriemen, Sattelunterlage [bei dem بلاژ, dasselbe was تكلتو bei den ابر Kam. s. v. البداید]. تپنكو آغاجی Sattelholz. Kam. s. v. الماجد

p تبنك TEBENGE, Sbst. 1. — تبنكو 2. *four.* | Backofen. BK.

t تپلك s. تیپلك

a تبنّی TEBENNI [بنی V.]. Sbst. بر كمسەنك اوغل ایلمك *adoption.* | Annahme an Kindesstatt. — ETMEK. *adopter, reconnaître pour fils.* | an Kindesstatt annehmen, als Sohn anerkennen.

a تبنیه TEBNIJET [بنی II.]. Sbst. بنا دیمك *action de bâtir.* | das Bauen, Erbauung. — ETMEK. *bâtir, construire, édifier.* | bauen, erbauen.

p تبوراك TEBÛRÂK. Sbst. دائره . دف . طبلك *timbale, tambour de basque.* | Handpauke, Handtrommel. 2. قلبور . غربال *crible.* | Sieb. 2. بقاللرك كلاتبر *baquet des fruitiers etc.* | Mulde, Kübel (der Gemüsehändler u. dgl.).

t o تبوججی LT. تبوكجی s. خدمت كار

p تبوك TEBÛK. Sbst. بقال طبلەسی كلاتبر *baquet (des fruitiers).* | Mulde oder Kübel (der Gemüsehändler u. dgl.)

t o تپوك TEPÜK, auch تیپوك Sbst. *p* لگد *pertinement; ruade.* | Fusstritt. vgl. تپمك

a تبوّل TEBEWWÜL [بول V.]. Sbst. سدك چیقارمق . صو دوكمك . ایشەمك *action de pisser, de chier.* | körperliche Ausleerung, Verrichtung eines natürlichen Bedürfnisses.

a تبویب TEBWIB [باب II.]. Sbst. ابواب اوزرینه قیلمق . باب باب تقسیم ایلمك . ترتیب ایلمك *action de diviser en chapitres (un livre).* | Eintheilung und Anordnung nach Capiteln.

p تبه TEBEH, = تباه

t o تبّه LT. تارك سر *cime de la tête.* Wirbel oder Scheitel vgl. تپه u. تیپه

t تپه TEPE oder دپه DEPE, auch *p* تپّه Sbst. *cime, colline; chef; espèce de coiffure des femmes en Perse.* | Gipfel, Hügel, Scheitel des Kopfes; Spitze; Anführer; eine Art Kopfputz der persischen Frauen.

p تبه كار TEBEH-KÂR. Sbst., = تباه كر . تباهت صاحبی . گناهكار *destructeur, malfaiteur.* | Vernichter, Uebelthäter, böser Mensch.

a تبهّل TEBEHHÜL [بهل V.]. Sbst. تحصیل ایچون رنج و زحمت چكمك *application.* | Fleiss, Anstrengung bei der Arbeit.

t o تپەلامق TEPELAMAK. SL. بر شیئه زدن s. d. Figde.

t o تپەلمك TEPELEMEK. Vb. act. اولدرمك *p* كشتن *frapper sur la tête, tuer.* | auf den Kopf schlagen, todtschlagen.

a تبهّم TEBEHHÜM [بهم V.]. Sbst. مبهم و مشكوك و بللو سز اولمق *état d'être vague, incertain, douteux.* | unbestimmt, ungewiss, zweifelhaft sein, Unbestimmtheit, Zweifelhaftigkeit.

a تبهیج TEBHIG [بهج II.]. Sbst. سوندرمك . سوندرمك و سوندرمك . بهجتلندرمك *action de rendre beau, de rendre gai; embellissement.* | Verschönerung, Erheiterung.

t تپی TIPI oder تیپی Sbst. LL. كولاك . تمدو دمنی *a* قار یاغشمله برنوعی *tourbillon de neige.* | Schneesturm, Schneewetter.

p تبیرزه TEBIZÈ. Sbst. دتریه كه طلاق سببیله حادث اولور *tremblement (causé par le travail de l'enfantement.)* Zittern (bei Geburtsschmerzen).

a تبیین TIBJÂN. Sbst. آشكاره اولمق *manifestation, déclaration, exposition claire, clarté d'une chose.* | Klarheit, deutliche Erklärung.

p تپیدن TEPIDEN. Vb. intr. BK. بیقرار اولمق . حركت مذبوح كبی خفقان واضطراب ایلمك . یوصمولنمق . یوصویه كیرمك . چملمق *s'agiter; trembler, palpiter, vaciller; se tenir en embuscade.* | zappeln, zucken, zittern, unruhig und beweglich sein, locker sein, wackeln; lauern.

p تبیره TEBIR u. تبیره TEBIRE. Sbst. 1. = دهل . طبل . كوس *tambour, grande timbale.* | eine Art grosser Trommel. تبیره زن TEBIRE-ZEN. *qui bat le tambour.* | Trommelschläger. 2. قشقملق *tas de fumier.* | Misthaufen.

t تپیر TEPIR. Sbst. (türkische Schreibart des Vbgden.) *grand tamis.* | grosses Sieb (von Palmenblättern geflochten). Kam. s. v. الغترا

a تبیع TEBI'. 1. Pl. تباع TIBÂ'. Adj. u. Sbst. تبع اولان *suivant, obéissant; sectateur.* | folgend, folgsam, gehorsam, unterthänig; Anhänger. 2. Pl. تبایع TEBÂJI'. veau. | Kalb.

t o تبیكچی TEBIKÇI. Sbst. (mongolisch) جاسوس واستراق سمع كننده FW. *espion, écouteur.* | Spion, Horcher.

a تبیّن TEBEJJÜN [بین V.]. Sbst. واضح و آشكار اولمق *état d'être clair, distinct; devenir clair.* | Deutlichkeit, Klarheit; deutlich werden; Begreiflichkeit einer Sache. — ETMEK. *devenir clair, se manifester.* | klar oder begreiflich sein oder werden. vgl. تبیین

a تبییت TEBJÎT [بات II.]. Sbst. شبخون ایلمك . بر ایشه كیجه ایله ایشلمك *occupation pendant la nuit; attaque nocturne.* | Beschäftigung mit etwas bei Nacht; nächtlicher Ueberfall oder Angriff. — ETMEK. *faire pendant la nuit.* | bei Nacht thun.

a تبییض TEBJÎZ [باض II.]. Sbst. بیاض ایلمك *action de rendre blanc.* das weiss machen. — ETMEK. *blanchir, peindre en blanc, écrire au net, copier.* | weiss machen, weiss färben u. s. w., auf weisses (reines) Papier schreiben, ins Reine abschreiben. تبییض اولنمش یازی *copie au net.* | Reinschrift.

a تبیین TEBJÎN [بان II.]. Sbst. واضح و آشكار قیلمق *action de distinguer, explication claire, détermination du sens d'un passage ou d'une expression.* | Unterscheidung, deutliche Erklärung, Darlegung des Sinnes einer Stelle oder eines Ausdruckes. — ETMEK. *distinguer, expliquer, manifester, déclarer, rendre évident.* | unterscheiden, zwischen zwei Dingen den Unterschied klar machen, deutlich erklären, klar darlegen.

a تتابع TETÂBÜ' [تبع VI.]. Sbst., = توالی . پیاپی شدن *p* بلا فصله بربری اردنجه اولمق *suite non interrompue, continuité, continuation, réitération.* | ununterbrochene Folge, Fortdauer, Fortsetzung, Wiederholung. تتابع و تسابع محاربات اوجندن wegen der beständig auf einander folgenden Kriegsereignisse. تتابع نعم كردكار die beständig fortdauernde Güte Gottes.

t تتار TATAR. s. تاتار

t تتارجق s. تاتارجق

t o تتارغه TATARGA. Sbst. تیر تركی *flèche.* | türkischer Pfeil, Pfeil mit eigenthümlicher Spitze. | كه دمرنی معهود دمیرلره مخالف اولور BK. |

a تتارك TETÂRÜK [ترك VI.] Sbst. ایكی طرفدن ترك ایلمك . بر نسنه یی ترك ایلمشمك *action d'abandonner q. qn. ou q. ch. d'un commun accord.* | beiderseitiges u. freiwilliges Verlassen, Aufgeben einer Sache, Abstehen von etwas.

a تتالی TETÂLI [تلی VI.]. Sbst. بربری نسنه پیدرپی اولمق . اردنجه واقع اولمق *action de suivre l'un après l'autre, suite continue.* | Aufeinanderfolge, Reihenfolge, ununterbrochener Zusammenhang.

t o تتب TUTUB. LT. گرفته Gerund. v. توتمك

a تتبّع TETEBBU' [تبع V.]. Sbst. تفحّص، برشیئك آردینه دوشوب *t* تفتیش . تجسّس طلب جهتی *p* كسی كبی آرامق

تتبع ایلمك , تدقیقاتده بولنمق *action de poursuivre ou de rechercher avec soin, recherche, enquête, demande, information, étude approfondie.* | sorgfältiges Nachgehen, Nachforschen, Durchsuchen, Nachspüren, sorgfältiges Nachsuchen in Büchern, gründliches Studium eines Buches, einer Wissenschaft. تقیّد و تتبع ایتمك aufmerksam und sorgfältig nachforschen. تتبع تواریخ TETEBBU'-I TEWÂRIH, die Durchsuchung der Geschichtsbücher.

a تتبیب TETBÎB [تبّ II.]. Sbst. زیان , وخسارته اوغرامق , تلف ایتمك *action d'endommager.* | Beschädigung. — ETMEK, *causer du dommage à q. qn., gâter q. ch. et q. qn.* | Jemandem Schaden zufügen, beschädigen, verderben.

a تتبیر TETBÎR [تبر II.]. Sbst., = تكسیر *t* قیرمق , پارچه‌لمق , تلف ایتمك *action de briser, de gâter, de ruiner.* | zerbrechen, verderben, vernichten.

a تتبیع TETBÎ' [تبع II.]. Sbst., = تتبع *action de poursuivre etc. avec soin.* | sorgfältiges Nachgehen u. s. w.

a تتبیین TETBÎN [تبن II.]. Sbst. تدقیقلو , ذیرینه وخرده‌سنه بقمق اوله *examen exact et en détail.* | genaue Untersuchung. — ETMEK, *examiner avec exactitude et en détail.* | scharf und genau untersuchen, prüfen.

t تتر s. تتار

a تترا TETRÂ, s. تتری

t تتراق TYTRAK. Sbst. LT. = قوتق سر *sommet de la tête.* | Scheitel des Kopfes.

a تترّب TETERRÜB [ترب V.]. Sbst. توز وطپراغه بولانمق *état d'être couvert de poussière.* | mit Staub bedeckt sein. vgl. تتریب

t تترمك TITREMEK oder تترەمك Vb. intr. Aor. تترر TITRER und TITIRIR. = تتره‌مك *trembler.* | zittern, beben. s. دتره‌مك

p تتره Sbst. لاغ وشوخلق , وشقه , ومسخره‌لق BK. *plaisanterie, badinage.* | Scherz, Spiel, Spass.

a تتری TETRÂ oder تترا Adv. [Rad. وتر] *les uns après les autres, continuellement.* | hintereinander fort, immer fort.

p تتری TETRI. Sbst. *a* سماق *t* صوماق , صوماق *sumac; pavot.* | Sumach (RHUS OBSONIORUM, Pflanze und Beere); Mohn [in letzter Bedeutung auch تتری BK.].

p t تتری TATARI, = تتاری Adj. *tatare.* | tatarisch.

a تتریب TETRÎB [ترب II.]. Sbst. *p* خاك‌آلود ایتمك , توز وطپراغه بولاشدرمق , طپراغه بولامق *action de couvrir de terre, de poussière.* | mit Erde oder Staub bedecken oder überschütten.

a تتریح TETRÎH [ترح II.]. Sbst. محزون ومكدر ایتمك *action d'attrister.* | Betrübung.

t تتز TITIZ u. تتیز Adj. u. Sbst. دارغین *a* زعلكی , *p* تندخو LL. *emporté, qui s'emporte facilement; querelleur, chagrin, bourru, hargneux.* | reizbar; eigensinnig, dem man nichts recht machen kann.

t تتزلك TITIZLIK. Sbst. غضبه وارغینلق *p* تندخوی *irritabilité, morosité.* | Geneigtheit zu Zorn, Reizbarkeit, verdrüssliches Wesen.

t تتسنمك TITSINMEK oder دتسنمك DITSINMEK. Vb. intr. ایكرنمك *avoir de l'aversion, du dégoût pour q. ch.* | sich vor etwas ekeln (mit dem Ablativ des Objectes). تتسنمه TITSINME. *dégoût, aversion qu'on a pour q. ch.* | Ekel vor etwas. بو طعامدن تتسنمكده‌در er ekelt sich vor dieser Speise.

t تتسمك TITSIMEK. Vb. intr. *bruiner.* | nieseln (Hindoglu).

a تتفل TETFÜL. Sbst. خوروز , تلكو انكی *p* روبه‌چه *renardeau.* | junger Fuchs.

a تتفّل TETEFFÜL (Denom. v. d. Vbgdn.). Sbst. تلكولنمك *action de caresser, de flatter comme le renard, de flagorner, adulation.* | Fuchsschwänzerei, Schmeichelei.

p تتق TUTUK. Sbst. بیوك پرده *grand rideau, grande tente.* | grosser Vorhang, grosses Zelt.

t تتك TETIK u. تتیك 1. Adj. *vif, éveillé, léger, subtil, délicat, tendre.* | munter, völlig wach, schnell, leicht, zart; was man nur leicht berühren darf. تتك طورمق TETIK DURMAK. *être sur ses gardes.* | auf seiner Hut sein, die Augen offen haben, wachsam sein. 2. Sbst. = *a* مسقطه *p* تفنك‌كاه *la détente d'un fusil.* der Drücker am Gewehr, Einschnitt oder Kerbe am Vorderroste des Flintenschlosses. اوست تتك ÜST TETIK der obere Einschnitt, in welchem der Hahn zum Losdrücken bereit steht. آلت تتك ALT-TETIK, der untere Einschnitt, Ruhe des Gewehrs. اوست تتكه آلمق *armer un fusil, un pistolet.* | den Hahn zum Abschiessen bereit spannen. آلت تتكه آلمق *mettre une arme au repos.* | ein Gewehr halb spannen, bis zur halben Ruhe aufziehen. آلت تتكه اندرمك *désarmer.* | ein Gewehr in die Ruhe bringen, bis zur Ruhe abspannen (Redhouse).

a تتلّع TETELLÜ' [تلع V.]. Sbst. بوینینی اوزاتوب بلنمك قالدرمق *action de dresser la tête (pour mieux voir ou pour écouter q. ch.).* | Vorstrecken des Kopfes (um besser zu sehen oder zu hören, oder indem man aufsteht).

a تتلّی TETELLÎ [تلی IV.]. Sbst., = تتبع *action de poursuivre, de rechercher.* | das Nachgehen, Nachspüren.

a تتلیة TETLIJET [تلی II.]. Sbst. برکیمسنه‌یه تكرینی , فریضه‌دن صكره‌سنتله قیلمق , تابع اولمق , ادا ایتمك *action de suivre, de poursuivre, d'accomplir un acte surérogatoire de dévotion, d'accomplir un voeu.* | das Folgen, Nachfolgen; Vollziehung einer gesetzlich nicht vorgeschriebenen Handlung, wie z. B. ein Gebet über die vorgeschriebene Anzahl, Ausführung eines Gelübdes.

p تتم TETIM. Sbst., = تتری *t* صوماق *sumac.* | Sumach.

a تتمّات TETIMMÂT, Sbst. v. تتمّه

t تتماج TUTMADŽ u. تونماج Sbst. *a* لاكشه , لاخشه , *p* لاخشه , لاكشه , تونماج , سرنكج , جوجوره *espèce de vermicelle taillé en carré, potage au vermicelle.* | eine Art Nudeln, in eckige Stücke geschnitten; Nudelsuppe oder Nudelgericht.

a تتمّة TETIMMET. Sbst. طولدرمه , تمام ایلدیكی , متعلق قسمه *complément, ce qui complète q. ch., qui s'ajoute à q. ch. pour lui donner sa perfection, accomplissement, supplément, appendice.* | das wodurch eine Sache fertig und vollständig wird, was eine Sache voll macht, Vervollständigung, Ergänzung, letzte Zuthat, Anhang.

a تتمیم TETMÎM [تمّ II.]. Sbst. تمام قیلمق , تكمیل , تمام ایتمك *action de compléter, de parfaire.* | Vervollständigung, Vollendung. — ETMEK. *compléter, parfaire, achever, exécuter.* | fertig machen, vollführen, vollständig ausführen, sich eines Auftrages vollständig entledigen.

t تتوتمق s. تتوتمق *t*

t توتن s. تتون *t*

a تتویة TETWIJE [تاب]. Sbst. توبه ایتمك , استغفار ایتمك *action de revenir à Dieu, de se repentir.* | Umkehr zu Gott, Bereuung der Sünde.

a تتویج TETWÎDŽ [تاج II.]. Sbst. تاج كیدرمك *couronnement.* | Krönung. — ETMEK. *couronner q. qn.* | krönen.

t تتھی TETEHI. Sbst., = چوقچوق *qui fait souvent entendre en parlant le son TE, bègue.* | einer der beim Sprechen oft den Laut TE hören lässt, Stotterer. Kam. s. v. التأتأة

t تثلمك u. تتر s. تتر‌لمك u. تتیرر

t تتك s. تتیك

a تثابر TESÂBUR [ثبر VI.]. Sbst. صاحب‌جرأتمق , ملازمت ایتمك *action de s'attacher à q. ch. avec assiduité; action de s'attaquer les uns les autres.* | beharrliches Anhaften; gegenseitiges Angreifen.

a تثاقل TESÂKÜL [ثقل VI.]. Sbst. وشتنوب اغرلشمق *état d'être lourd, paresseux, appesantissement.* | Schwerfälligkeit, Trägheit, Verdrossenheit bei der Arbeit. — ETMEK *s'appesantir, ne faire q. ch. qu'à contre coeur.* | träge werden oder sein, sich mit Schwerfälligkeit bewegen; etwas langsam oder mit Widerwillen thun.

a تثاؤب TESÂÜB [ثأب VI.]. Sbst. خمر ازتسدرمق , عطالت اولمق , اسنمك , خمیازه كش اولمق *bâillement, état d'être inerte, paresseux; paresse.* | Trägheit. — ETMEK. *bâiller, être inerte; se faire raconter des nouvelles.* | gähnen, mit offenem Munde dastehen, nichts thun; sich Stadtgeschichten erzählen lassen.

a تثبّت TESEBBUT [ثبت V.]. Sbst. تمر وثبوت اوزره اولمق , تعلق , توقف , برنسنه‌یه ییشمق *état d'être constant, d'être attaché à q. ch., persistance, persévérance, lenteur dans q. ch.* | Beharrlichkeit, Ausdauer, Geduld, Festhängen an einer Sache, Langsamkeit, Bedächtigkeit, Stehenbleiben. — ETMEK. *s'appliquer avec assiduité à q. ch., agir avec lenteur.* | sich beharrlich mit etwas beschäftigen, langsam verfahren, sich Zeit nehmen bei einem Geschäfte. vgl. d. Figde.

a تثبيت TESBÎT. [ثبت II.] Sbst. برشيئي برنده ثابت وبرقرار قيلمق *action de fixer, de consolider q. ch.; consolidation.* | Befestigung einer Sache.

a تثجير TESǦÎR. [ثجر II.] Sbst. 1. توسيع. كنشلتمك. انلسولتمك. بولالتمق *t* تعريض *action d'élargir; élargissement.* | Erweiterung, Vergrösserung. 2. *t* وجودده اولان كوشكلك. رخاوه وسلبوكلك *relâchement.* | Schlaffheit.

a تثريب TESRÎB. [ثرب II.] Sbst. 1. قنمق. لوم وسرزنش ايتمك *action de réprimander, de blâmer, de faire des reproches à q. qn.* Tadeln, Schelten. 2. توروب بوكمك *action de rouler, de plier (une étoffe, du papier etc.).* | Zusammenrollen, Zusammenfalten, Zusammenlegen.

a تثقيب TESKÎB. [ثقب II.] Sbst. دلكروروشن ايتمك. دلكلو ايتمك. دلمك دلمك *action de percer, de rendre transparent.* | Durchlöcherung (so dass man durch einen Körper hindurch sehen kann).

a تثقيف TESKÎF. [ثقف II.] Sbst. 1. تسويه. طوغرولتمق *action de mettre droit.* | gerade machen. 2. تعليم وتربيه ايله حاذق وجيرجست وانيركلر قيلمق *action de rendre intelligent, habile.* | Belehrung, durch Belehrung klug oder geschickt machen. vgl. تثقيف

a تثقيل TESKÎL. [ثقل II.] Sbst. آغر عدّ ايتمك. آغرلتمق. آغر قيلمق *action de rendre pesant, aggravation; trouver ou déclarer q. ch. lourd.* | Beschwerung, Belastung; für schwer halten. Gramm., = تشديد Verdoppelung eines Buchstaben. — ETMEK. *aggraver, surcharger.* | belasten, beladen, überladen.

a تثلّم TESELLÜM. [ثلم II.] Sbst. كدك اولمق. چنتك ودبش ديش اولمق *état d'être ébréché.* | schartig werden oder sein.

a تثليث TESLÎS. [ثلث II.] Sbst. اوچ ايتمك *action de rendre triple ou triangulaire, de compter trois, division en trois parties égales; confession de la trinité.* | Verdreifachung, Dreitheilung, Theilung in drei gleiche Theile, dreieckig machen, Dreizählung, Wegnahme von zwei Drittheilen (z. B. zwei Drittheile einkochen lassen); Lage oder Stellung in einem Winkel von einem Drittheil (120°) des Kreises. Bekenntniss der Dreieinigkeit. تثليث زاويه TESLÎS-I ZÂWIJE. *trisection de l'angle (Géom.).* | Dreischnitt des Winkels.

a تثليم TESLÎM. [ثلم II.] Sbst. چنتكلمك. كدكلمك. ديش ديش ايتمك. رخنه دار ايتمك *action d'ébrécher.* | schartig machen.

a تثمير TESMÎR. [ثمر II.] Sbst. ثمر ويرمك. چوغالتمق *augmentation (en donnant des fruits), multiplication.* | das Fruchtgeben, Fruchttragen; Vervielfältigung.

a تثميم TESMÎM. [ثمّ II.] Sbst. 1. ايالق ايله بصوب چكنمك *action de fouler aux pieds.* mit Füssen treten. 2. بتشك كمكى آيرمق *amputation d'un membre fracturé.* | Abtrennung eines zerbrochenen Gliedes.

a تثمين TESMÎN. [ثمن II.] Sbst. 1. سكز ايتمك *action de rendre octuple, de compter jusqu'à huit, de rendre octogone, de partager en huit.* | Verachtfachung, achteckig machen, auf acht zählen, in acht Theile theilen. 2. [Denom. v. ثمن] قيمت وبها قومق *évaluation.* | Abschätzung.

a تثنّي TESENNÎ. [ثني V.] Sbst. ايكلمك. ايكي قات اولمق. بوكلمك *état d'être double, courbé, plié.* | Verdoppelung, zweifach sein, zweifach zusammengelegt, zusammengefaltet sein, doppelt übereinander liegen.

a تثنيه TESNIJE. [ثني II.] Sbst. 1. ايكي قات قيلمق *action de doubler; le nombre duel.* | Verdoppelung. Gramm. der Dualis. — ETMEK. *doubler; marquer une lettre de deux points diacritiques; mettre un mot au nombre duel.* | verdoppeln; zwei Punkte machen (über einen Buchstaben, aus Versehen, oder einen mit zwei Punkten versehenen Buchstaben schreiben); ein Wort im Dualis setzen. 2. مدح ايتمك *action de louer, éloge.* | das Loben, Lobpreisung. — ETMEK. *louer, écrire ou prononcer l'éloge de q. qn.* | Jemanden loben (mündlich oder schriftlich).

a تثوّب TESEWWÜB. [ثوب V.] Sbst. تنفّل. فريضه دن صكره نافله نماز قيلمق *mériter une récompense extraordinaire; bonne action surérogatoire, action de faire une prière surérogatoire.* | Verdienen einer besonderen Vergeltung, gute Handlung, die über das Geforderte hinausgeht, Beten über die gesetzlich vorgeschriebene Anzahl von Gebeten.

a تثويب TESWÎB. [ثوب II.] Sbst. اجر وجزاء ويرمك. عوض ويرمك. رجوع ايتمك *action de retourner, de rétribuer, de payer de retour; appel (spéc. second appel) à la prière du matin; prière surérogatoire.* | Wiederkehr, Wiedererstattung, Vergeltung; Ruf zum Gebet, insbes. zum zweiten Morgengebet; überzähliges Gebet. — تثوّب

a تثوير TESWÎR. [ثور II.] Sbst. بحث وتفتيش ايتمك. اثاره ايتمك *action de soulever, d'exciter; action de scruter (p. ex. un passage du Coran).* | Aufregung, Aufrüttelung; Durchforschung, Grübeln, z. B. über den Sinn einer Koranstelle.

a تجاحم TEǦÂḤUM. [جحم VI.] Sbst. تخاصم = نزاع ايتمك، خصومت ايتمك *action de se quereller, de plaider, de contester, contestation.* | Streit, Bestreitung, Processiren.

a تجادل TEǦÂDÜL. [جدل VI.] Sbst. كين وعداوت ايلشمك *action de se disputer, haine et inimitié mutuelle.* | Streit, Hader, gegenseitige Feindschaft. vgl. مجادله

a تجاذب TEǦÂZÜB. [جذب VI.] Sbst. جذب ايلشمك *action de se tirer l'un l'autre, de se houspiller.* | gegenseitiges Ziehen, Zerren, Zausen, sich balgen.

a تجاذم TEǦÂZÜM. [جذم VI.] Sbst. تقطع = كسشمك *action de se mutiler l'un l'autre.* | gegenseitiges Verstümmeln.

p تجار TEǦÂR und تجاره TEǦÂRE. Sbst. *cheval indompté.* | ein ungebändigtes, noch nicht gerittenes Füllen.

a تجّار TÜǦǦÂR. Sbst. Pl. v. تاجر. Als türkischer Singular: *marchand.* | Kaufmann.

a تجارب TEǦÂRIB. Sbst. Pl. v. تجربه

a t تجارت TIǦÂRET. Sbst. آلش ويرش ايتمك. بازركانلق *commerce, négoce, profit, gain.* | Handel, Handelsgeschäft; Vortheil, Gewinn, Nutzen durch Handel. — ETMEK. *faire le commerce.* | Handel treiben. اصحاب تجارت ASḤÂB-I TIǦÂRET. *marchands, négociants.* تجارت ناظرى TIǦÂRET NÂẒIRI. *ministre du commerce.* | Handelsminister.

a p تجارتگاه TIǦÂRET-GÂH. Sbst. *place de commerce.* | Handelsplatz.

a تجارى TEǦÂRÎ. [جرى VI.] *action de se réunir, de convenir de q. ch., convention.* | mit einander um die Wette laufen; mit einander übereinkommen, übereinstimmen.

a تجاسر TEǦÂSÜR. [جسر VI.] Sbst. دينى طلب ايتمك. تقاضا ايتمك *action d'exiger, de réclamer une dette.* | drängen um Zahlung einer Schuld.

a تجاسر TEǦÂSÜR. [جسر VI.] Sbst. جرأت واقدام ايتمك. خوف بيلمك. جساره. سركشلك ايتمك *audace, courage, hardiesse, opiniâtreté, présomption, effort.* | Muth, Kühnheit, Unerschrockenheit, Trotz, Halsstarrigkeit, Anstrengung. — ETMEK. *oser, être hardi.* | wagen, kühn und unerschrocken sein.

a تجاعل TEǦÂ'UL. [جعل VI.] Sbst. برنسنه ده بينلرنده جعل وشرطنه تعيين ايلشمك *action de convenir mutuellement de q. ch.* | gegenseitige Festsetzung, Uebereinkommen über eine Sache.

a تجافى TEǦÂFÎ. [جفى VI.] Sbst. يرندن آيرلمق *action de se déplacer, de s'éloigner de sa place.* | das nicht an seiner Stelle bleiben, sich von seinem Platze entfernen, seitwärts abrutschen.

a تجاليف TEǦÂLÎF. Sbst. Pl. v. تجفاف

a تجالّ TEǦÂLL und تجالل TEǦÂLÜL. [جلّ VI.] Sbst. = تعاظم *t* اولولنمق. بيوكى موندن *p* كبر وتعظيم ايتمك. ترفّع ايتمك *état d'être grand, d'être trop grand pour q. ch., faire le grand, se vanter.* | Gross sein, zu gross für etwas sein, sich gross machen (gegen andere), sich überheben.

a تجالد TEǦÂLÜD. [جلد VI.] Sbst. دوكشمك. غوغا ايتمك *action de se battre l'un avec l'autre, se disputer.* | sich schlagen, sich streiten.

a تجالس TEǦÂLÜS. [جلس VI.] Sbst. عقد مجلس ايدوب بله اوتورمق *action de tenir séance; assemblée, cercle.* | das beisammen sitzen, Sitzung, gesellige Vereinigung. — ETMEK. *tenir séance; être en conversation, en société, en conférence les uns avec les autres, converser, causer.* | Sitzung halten, mit einander in Gesellschaft sein, gesellig beisammen sein, sich unterhalten (im Gespräch).

a تجالل TEǦÂLÜL. s. تجالّ

a تجالى TEǦÂLÎ. [جلى VI.] Sbst. انكشاف حال ايلشمك *action de se faire connaître mutuellement son état civil.* | sich gegenseitig zu erkennen geben, sich wechselseitig Person, Namen, Verhältnisse u. s. w. entdecken.

a تجانب TEǴÂNUB. [جنب VI.] Sbst. تحفظ ، چكلمك ، چكلمك *action d'éviter, de se retirer; être sur ses gardes; précaution.* | das Ausweichen, aus dem Wege gehen, sich in Acht nehmen; Vorsicht.

a تجانس TEǴÂNUS. [جنس VI.] Sbst. بر جنسدن اولمق *état d'être du même genre, de la même espèce, homogénéité.* | Gleichartigkeit; vgl. متجانس

a تجانف TEǴÂNUF. [جنف VI.] Sbst. تمائل *action de s'écarter de la bonne voie, de se laisser séduire.* | Abweichung vom rechten Wege, (vom rechten Lebenswandel zur Sünde). vgl. متجانف

a تجانن TEǴÂNUN u. تجانّ TEǴÂNN. [جنّ VI.] Sbst. دلولنمك ، دلو ملك *action de feindre la folie, faire le fou; folie feinte.* | sich närrisch stellen, das sich wie ein Besessener geberden. vgl. تجنّن

a تجاوب TEǴÂWUB. [جاب VI.] Sbst. بربرينه جواب ويرمك ، جوابلشمق *action de correspondre, de se répondre l'un à l'autre, de s'entretenir; conversation.* | das einander antworten; Unterhaltung, Gespräch.

a تجاور TEǴÂWUR. [جار VI.] Sbst. قومشولق ، قوكشولق ، برى برينه يقين اولمق *état d'être voisin les uns des autres, voisinage.* | das einander nahe sein, Nachbarschaft.

a تجاوز TEǴÂWUZ. [جاز VI.] Sbst. افراط ، اوتدن كچمك ، آشورمق ، تسعدّى ايتمك ، حقسزلق ، حقى ايشال ايدوب ظلم ايتمك ، حددن كچمك ، اشيى كچمك ، قراتمى ايتمك ، p بيرون كذاشتن *action de passer, de dépasser, de passer outre, de faire passer; transgression, excès, déviation, exorbitance, offense.* | das Hinübergehen, Ueberschreitung, Uebertretung, Uebertreibung, Uebermass, Abweichung vom rechten Wege, Ausschweifung; Beleidigung. — Gramm. *état d'être transitif, influence transitive d'un verbe.* | die transitive Kraft oder Einwirkung eines Verbum. — ETMEK *dépasser, passer outre, passer les bornes, aller trop loin dans q. ch., aller au delà de q. ch.; entrer sur les frontières, faire invasion; ne pas garder la mesure; outrepasser (une loi), commettre des excès; détourner les yeux de q. ch., passer une faute à q. qn.; être transitif (un verbe), régir un autre mot.* | überschreiten, (das Maas, Gesetz,) übertreiben, übertreten, zu weit gehen, eine Ungerechtigkeit begehen; von etwas absehen, etwas mit Worten oder Werken nicht ahnden, etwas so hin gehen lassen, ein Vergehen nicht bestrafen; die Grenzen überschreiten, einen Einfall in fremdes Gebiet machen; transitiv sein, ein anderes Wort regieren. حدود مأمورتتمى لاتجاوز ايتمك die erhaltenen Befehle übertreten. اول قانوندن اصلا لاتجاوز اولنمه dieses Gesetz soll durchaus nicht überschritten werden. حدود اسلاميّه تجاوز ايتديلر sie (die Feinde) haben die Grenzen des Gebiets der Gläubigen überschritten, sind in das Land eingefallen.

a تجاوزى TEǴÂWUZI. Adj. *offensif (un traité).* | den Angriff betreffend (ein Vertrag): تجاوزى و تدافعى offensiv und defensiv. Redhouse.

a تجاول TEǴÂWUL. [جال VI.] Sbst. بربرى اطرافنه طولاشمق ، جوق طولاشمق *action d'attaquer une aile (Milit.).* | das einander umgehen um einen Seitenangriff zu machen.

a تجاويف TEǴÂWIF. Sbst. Pl. v. تجويف

a تجاه TEǴÂH. [Rad. وجه] Sbst. und Adv., = قارشو ، وجهاً بوجه ، p روبرو *vis à vis, en face.* | Gegenüber. تجاهنده TEǴÂHINDA. *en face de lui.* | dir gegenüber.

a تجاهد TEǴÂHUD. [جهد VI.] Sbst. سعى ايدوب بذل مقدرت ايتمك ، جهد ايتمك *action de s'efforcer, application, assiduité.* | Anstrengung, Aufwand von Kräften und Eifer bei der Arbeit.

a تجاهر TEǴÂHUR. [جهر VI.] Sbst. آشكاره اولمق *action de se montrer, de paraître au grand jour.* | das sich zeigen, offenbar werden.

a تجاهل TEǴÂHUL. [جهل VI.] Sbst. جهلنى صورتنده كوسترمك ، بلمزلكدن ، بلميورم ديمك ، بلمزلك كوسترمك *action de feindre l'ignorance, simulation.* | das sich unwissend stellen, nicht wissen wollen von einer Sache, Verstellung. — ETMEK. *faire semblant d'ignorer q. ch., de ne pas connaître q. qn.* | sich stellen, als ob man etwas nicht wisse, Jemanden nicht kenne.

a تجاهم TEǴÂHUM. [جهم VI.] Sbst. يوز بورشدرمق *action de prendre un air sévère.* | ein finsteres Gesicht machen.

a تجبّر TEǴEBBUR. [جبر V.] Sbst. كبر و تعظّم ايتمك ، اولوئمق ، t تكبّر *orgueil, fierté.* | Stolz, Hochmuth. — ETMEK. *être orgueilleux, s'enorgueillir, être hautain, fier.* | stolz, hochmüthig, anmassend sein.

a تجبّن TEǴEBBUN. [جبن V.] Sbst. كسلوب پينير اولمق *action de se cailler et se changer en fromage (le lait).* | das sauer und dick werden, Gerinnen der Milch.

a تجبيب TEǴBÎB. [جبّ II.] Sbst. اوركمك *action de fuir, fuite.* | das Entfliehen, Flucht.

a تجبية TEǴBIJET. [جبى II.] Sbst. كشى ركوع ايدر كبى اكلوب طورمق *attitude quelconque d'un homme qui prie.* | jede Stellung die man beim Gebet annimmt.

a تجبير TEǴBÎR. [جبر II.] Sbst. صنق كميكى صاروب اوكونلمك *action de panser, de bander et remettre un membre cassé.* | Einrichtung eines gebrochenen Gliedes.

a تجبين TEǴBÎN. [جبن II.] Sbst. قورقاق عدّ ايتمك ، برادمى قورقاقلقه نسبت ايتمك *action d'accuser q. qn. de lâcheté ou de poltronnerie; trouver q. qn. lâche ou poltron.* | Beschuldigung der Furchtsamkeit oder Feigheit; Jemanden für furchtsam oder feige halten.

a تجثّم TEǴESSUM. [جثم V.] Sbst. برادمه قرتّمه حريص و طمعكار اولمق ، نفسى طلوب چكشوب تنكلنمك *état de brûler d'un désir, d'avidité; être dans l'angoisse, avoir un serrement de coeur.* | brennende Habgier, Habsucht, Beklemmung.

a تجدّد TEǴEDDUD. [جدّ V.] Sbst. يكيلنمك ، يكى اولمق *action de se renouveler, état d'être renouvelé, d'être remis à neuf, renouvellement.* | Erneuerung, wieder neu gemacht oder hergestellt werden oder sein.

a تجديع TEǴDÎH. [جدح II.] Sbst. بر نسنه يه برشى ايله بلاشدرمق ، لطخ ايتمك *action de salir, de souiller.* | Besudelung, Beschmierung.

a تجديد TEǴDÎD. [جدّ II.] Sbst. يكيلمك ، يكيلندرمك ، يكى باشدن *action de renouveler, de rétablir, renouvellement, rénovation, innovation.* | das Erneuern, Erneuerung, Wiederherstellung, von Neuem machen; etwas Neues machen, Neuerung. تجديد قوّت ايتمك *rétablir ses forces.* | neue Kräfte sammeln, sich stärken.

a تجدير TEǴDÎR. [جدر II.] Sbst. چوجقه چيچك چيقارمق ، جدرى آشلامق *inoculation de la petite vérole, vaccine.* | Blattern-Impfung.

a تجديع TEǴDÎ'. [جدع II.] Sbst. قطع اعضا ايتمك ، سقطلمق *action de mutiler, mutilation.* | Verstümmelung (an Nase, Ohren, Lippen).

a تجديف TEǴDÎF. [جدف II.] Sbst. نامكورلق ايتمك ، كفران نعمت ايتمك *ingratitude envers Dieu.* | Undankbarkeit gegen Gott.

a تجديل TEǴDÎL. [جدل II.] Sbst. يره اورمق ، يره آتمق *action de jeter par terre, de renverser.* | auf den Boden werfen, umwerfen.

a تجذير TEǴZÎR. [جذر II.] Sbst. كوكندن قوپارمق ، كوكنى چيقارمق *action d'arracher, de déraciner, d'extirper.* | Ausreissen, Ausrottung, Entwurzelung.

a تجذيم TEǴZÎM. [جذم II.] Sbst. كسمك ، قطع ايتمك *action de couper, de mutiler.* | Verschneidung, Verstümmelung, Verstutzung.

a تجر TEǴR. Sbst. آلش ويرش ايتمك ، تجارت ايتمك *action d'exercer le commerce, négoce, commerce, trafic.* | das Handeln, Handeltreiben.

a تجربه TEǴRIBE. Sbst. اختبار ، امتحان ، t صنمق ، دنهمك *action d'expérimenter, épreuve, expérience.* | das Versuchen, Versuch, Prüfung, Erfahrung. — ETMEK. *expérimenter, essayer, faire l'épreuve, faire expérience de q. ch.* | versuchen, prüfen, erfahren. تجربه يه چكمك TEǴRIBEJE ČEKMEK. *mettre à l'épreuve, faire expérimenter.* | zur Probe, zum Versuch bringen, probiren lassen. تجربه اولنمش t. OLUNMUŠ. *expérimenté, éprouvé.* | erprobt, versucht, erfahren, bewährt.

a t تجربه سز TEǴRIBE-SIZ. Adj. عديم التجربه ، تجربه سى يوق *inexpérimenté, qui n'a pas d'expérience.* | unerfahren.

a p تجربه كار TEǴRIBE-KÂR. Adj. u. Sbst. *expérimenté.* | erfahren, ein Mann von Erfahrung. تجربه كاران روزكار die in den Dingen dieser Welt erfahrenen.

a تجرّد TEǴERRUD. [جرد V.] Sbst. يالكز اولمق ، يالكزلنمك ، تنها اولمق

état d'être dépouillé de tout, dépouillement; nudité; isolement, célibat, occupation exclusive de q. ch., détachement des choses mondaines; abstinence de toute sensualité; indépendance de ce qui entoure; abstraction. | völlige Entblössung, Vereinzelung, Einzelnstehen, Ehelosigkeit; Beschäftigung mit einem einzigen Gegenstande; Zurückgezogenheit von der Welt zu ausschliesslicher Andachtsübung; Entäusserung von aller Sinnlichkeit; philosophische Abstraction. علی وجه التجرد abstractivement, par abstraction. | abstract, an und für sich. Gramm. das nicht vorhanden sein eines grammatisch einwirkenden Wortes. حال تجردده مداومت ایلدی er beharrte im Stande der Ehelosigkeit, blieb unverheirathet. مسند علیه اولدیغی موضوعدن تجرد برله برشیئك كیفیتی die Eigenschaft einer Sache, ganz abgesehen von dem Gegenstande auf den sie sich stützt. علی وجه تجرد ملاحظه ایلمك von etwas abstrahiren, eine Sache an und für sich, abgesehen von allem andern, betrachten.

a تجرع TEĠERRU'. [جرع V.] Sbst. خشمین وغضبین . تموی صوره صوره یجمك سوپوب دفع ایلمك action de boire par gorgées, d'avaler ses chagrins, la colère. schluckweises Trinken, Verschlingen, Unterdrückung des Zornes, des Verdrusses.

a تجرم TEĠERRUM. [جرم V.] Sbst. 1. زمان, گچوب گیتمك se passer, s'écouler (le temps). | das Verlaufen der Zeit, Ablauf eines Zeitraums, überhaupt: dahingehen, vergehen. 2. برآدمه بر جرم وتهمت اسناد ایلمك imputation (d'un crime à q. qn.) | Beschuldigung (falsche, eines Verbrechens).

a تجرؤ TEĠERRU' oder تجرئه [جرأ V.] Sbst. جرأت وجسارت ایتمك . بیلدرلق ایتمك audace, hardiesse, être courageux, action d'oser q. ch., de se montrer hardi. | Kühnheit, Ausführung einer kühnen, gewagten That, das Wagen, sich muthig, kühn, beherzt erweisen.

a تجریب TEĠRIB. [جرب II.] s. تجربه

a تجریح TEĠRIH. [جرح II.] Sbst. یاره لمك action de blesser. | Verwundung.

a تجرید TEĠRID. [جرد II.] Sbst. آیرمق ایتمك . یالكز ایتمك . تموق action de dépouiller, de mettre à nu, d'isoler; dépouillement, isolement, séparation, accomplissement des cérémonies du pèlerinage seul et sans caravane; envoi d'un corps détaché; vie ascétique; abstraction; exposition claire. | Entkleidung, Abstreifung jeder Hülle, Blosslegung, Entäusserung oder Entfernung alles dessen was nicht zum Wesen einer Sache gehört, unverhüllte Darstellung, offene Darlegung oder Erklärung; Abtrennung, Vereinzelung, Einzelwallfahrt (ohne Karawane — اقران), Absendung eines Einzelnhaufens; Zurückgezogenheit von der Welt, Entäusserung der Sinnlichkeit, philosophische Abstraction. Rhetor. eine rhetorische Figur die zur Steigerung dient. v. Mehren. Rhetor. S. 112 تجرید الاستعاره Isolirung der Metapher, d. h. Unterlassung der Fortführung, Herausfallen aus der Metapher. v. Mehren. S. 37. de Sacy zu Hariri. S. 7. Gramm. Nichtvorhandensein eines grammatischen Einflusses, — تجرد

a تجریر TEĠRIR. [جر II.] Sbst. چكمك action de tirer, de traîner. | das Ziehen, Schleppen.

a تجریع TEĠRI'. [جرع II.] Sbst. ایچیروب یوتدرمق faire boire, faire avaler des chagrins. | das trinken lassen, verschlingen lassen, (Aerger). vgl. تجرع

a تجریم TEĠRIM. [جرم II.] Sbst. imputation d'un crime, condamnation à payer une amende. | Beschuldigung eines Vergehens, Verurtheilung zu einer Geldstrafe.

a تجزئة TEĠZIE. [جزأ II.] Sbst. جزء جزء قسم ایلمك action de diviser, de partager en portions. | theilen, vertheilen.

a تجزیه TEĠZIJE. [جزی II.] Sbst. جزا وجزاات ویرمك indemnité, rétribution. | Vergeltung.

a تجسد TEĠESSUD. [جسد V.] Sbst. تجسم . جسد كسب ایلمك incarnation. | Verkörperung, Annehmen einer körperlichen Gestalt. Theol. die Fleischwerdung. گویا حسد تجسد ایتمش gleichsam der verkörperte Neid.

a تجسس TEĠESSUS. [جس V.] Sbst. جاسوسلق ایلمك . یوقلیوب آرشدرمق action de rechercher, d'épier, d'observer q. qn., recherche, information, examination. | genaue Untersuchung, Prüfung, gerichtliche Untersuchung. — ETMEK. rechercher etc., épier les discours de q. qn. | untersuchen, nachsuchen, einem nachspüren, seinen Handlungen, Reden, u. s. w., einen beobachten.

a تجسم TEĠESSUM. [جسم V.] Sbst. جسم كسب ایلمك . a تجسم گورنمك action de se faire corps, incarnation, corporification, corporisation. | das sich zu einem Körper bilden; Annahme einer festen Form, als fester Körper erscheinen. Chem. Figirung der zerstreuten Theile in einen Körper.

a تجشؤ TEĠEŠŠU'. [جشأ V.] Sbst. گكیرمك . چوق یمكدن امتلا اولمق réplétion de l'estomac, roter. | Ueberladung des Magens; Rülpsen.

a تجشم TEĠEŠŠUM. [جشم V.] Sbst. زحمت اختیار ایلمك action de se charger d'un travail pénible, s'y donner beaucoup de peine. | angestrengte Arbeit, Mühe die sich jemand bei einer schweren Arbeit giebt.

a تجشئة TEĠŠIET. [جشأ II.] Sbst. — تجشؤ

a تجشیم TEĠŠIM. [جشم] Sbst. تجشمك . تكلیف ایتمك action d'imposer un fardeau, un travail pénible. | Belastung, Auflegung einer Last, einer schweren Arbeit.

a تجصیص TEĠSIS. [جص II.] Sbst. 1. شیئی طولدرمق action de remplir un vase. | Füllung eines Gefässes. 2. Denom. v. [جص] بنایی كرج ایله صوامق action de récrepir un mur. | das Bewerfen einer Wand (mit Gyps oder Mörtel u. dgl).

a تجعجع TEĠA'ĠU'. [جعجع II.] Sbst. یره دوشمك . ییقیلمق action de se jeter par terre, de tomber par terre. | das sich zu Boden werfen, zu Boden fallen.

a تجعد TEĠA''UD. [جعد V.] Sbst. صاچ قیورجقلنمق . بوكلم بوكلم اولمق état d'être crépu, froissé. | Lockig sein (des Haares). knitterig sein. — ETMEK. se créper, se froisser. | sich locken, sich knittern.

a تجعید TEĠ'ID. [جعد II.] Sbst. قیورجقلنمق action de friser, de créper. | Das Kräuseln. تجعید ایتمك oder تجعید شعر ایتمك friser les cheveux. | das Haar kräuseln.

a تجفیف TEĠFIF. [جف II.] Sbst. قورتمق action de rendre sec, exsication. | Austrocknung.

a تجفاف TEĠFÂF. Pl. تجافیف TEĠÂFIF [eigentlich Tafrif von تجوف — تجویف] Sbst. p برگستوان . t كجیم . چوقال barde, armure de cheval. | Vollharnisch der Pferde, ein Panzer der das ganze Pferd bedeckt.

a تجفجف TEĠEFĠUF. [جفجف II.] Sbst. قوروولمق — d. Figde.

a تجفف TEĠEFFUF. [جف V.] Sbst. قورولمق = تیبس état d'être sec, exsiccation. | Trockenheit, Austrocknung.

a تجفل TEĠEFFUL. [جفل V.] Sbst. خروس بیونندقی تویلرینی قبارمق action de se hérisser (les plumes du coq). | das sich sträuben oder zu Berge stehen (der Federn am Halse des Hahnes).

a تجفیه TEĠFIJET. [جفا II.] Sbst. الیمت ایتمك . جفا چكدرمك vexation, oppression. | harte Behandlung, Quälerei, Plackerei, Bedrückung.

a تجفیف TEĠFIF. [جف II.] Sbst. 1. قورتمق action de sécher, de rendre sec. | Trocknung. 2. جبه گیدرمك . چوقال گیدرمك barder un cheval. | den Panzer anlegen (einem Pferde). vgl. تجفاف

t تجكره TEĠEKRE. Sbst. — تسكره oder زنبره p. تجكره a . تسكره . تكنه bard, civière. | Tragbahre, Handtrage.

a تجلب TEĠELLUB [جلب V.] a تجلیب TEĠLIB. [جلب II.] Sbst. قریاد ایتمك . غوغا وغوغا وگورلدی ایتمك action de pousser un cri, d'éclater de rire, bruit. | Schreien, Lärmen, lautes Lachen.

a تجلد TEĠELLUD. [جلد V.] Sbst. جلادت گوسترمك . سرگشتلك ایلمك . عناد ایتمك action de se montrer dur, de s'obstiner; opiniâtreté, fermeté. | Strenge, Hartnäckigkeit. — ETMEK. s'opiniâtrer, être sévère, se montrer dur, ferme. | streng sein, hartnäckig sein, sich fest zeigen, sich strenger und fester zeigen als man wirklich ist.

a تجلس TEĠELLUS. [جلس V.] Sbst. مجلس ایلوب اوطورمق action de tenir séance, de converser. | das Beisammensitzen, sich unterhalten. vgl. تجالس

a تجلی TEǦELLI. [جلی V.] Sbst. روشن اولق. آشكاره اولق. انكشاف. تكشف. تشعشع. تجنت. ظهور *action de se faire voir dans son éclat, manifestation, révélation (de la divinité à l'homme), vision, apparition (d'un ange, d'un saint dans l'état de l'extase); épiphanie; éclat, lumière; sort, bonheur, fortune.* | das in vollem Glanze erscheinen, Erscheinung, Licht, Glanz; das jedem zugetheilte Schicksal, Glück. Theol. Enthüllung der Gottheit, Erscheinung eines höheren Wesens (im Zustande der Verzückung) تجلی الذاتی Enthüllung des göttlichen Wesens تجلی الصفاتی Enthüllung der göttlichen Eigenschaften عید التجلی [oder تجلی allein] das Fest der Erscheinung, Epiphanias, oder das Fest der Transfiguration [vgl. اتام الله] ارواح تجلیسی Geistererscheinung. — ETMEK. *faire voir q. ch. ou se faire voir dans son éclat, manifester, révéler; faire briller, polir, éclairer, orner, embellir.* | etwas oder sich selbst in seinem Glanze zeigen, erscheinen lassen, erscheinen, offenbaren; leuchten lassen, glänzend machen, glätten, erleuchten, aufputzen, schmücken, verschönern.

a تجلیات TEǦELLIJÂT. Sbst. Pl. d. Vhgd.

a تجلیه TEǦLIJET. [جلی II.] Sbst. جلا ویرمك. روشن ایتمك *action de rendre clair, brillant, d'expliquer, de manifester; révélation.* | das hell und glänzend machen, Erhellung, Erleuchtung; Enthüllung, Offenbarung. — ETMEK. *rendre clair, éclaircir, polir.* | hell und glänzend machen, einer Sache Glanz geben.

a تجلید TEǦLÎD. [جلد II.] Sbst. 1. — تسلیخ *action d'écorcher, d'ôter la peau.* | Abziehen der Haut eines geschlachteten Thieres. 2. قمچیلمق *action de fouetter, flagellation.* | das Peitschen, Geisselung. 3. زورله ایتمك. اقدام اتدرمك *faire hâter.* | zur Eile antreiben. 4. جلد ایتمك. قپلامق *action de relier, reliure (d'un livre).* | das Binden eines Buches, Buchbinderei. — ETMEK. *relier ou faire relier un livre.* | ein Buch binden oder binden lassen.

a تجلیل TEǦLÎL. [Denom. v. جلّ] Sbst. p فراز گرفتن *action de couvrir de tous côtés, d'envelopper, de comprendre tout, de s'étendre à tout.* | vollständiges Bedecken, Umfassen, sich auf alle erstrecken.

a تجمّد TEǦEMMÜD. [جمد V.] Sbst. طوكلمق *action de se congeler, de s'épaissir.* | das Gerinnen, Gefrieren, fest werden, sich verdicken.

a تجمّر TEǦEMMÜR. [جمر V.] Sbst. جمعیت اوزره اولق. خلق طوپلانمه *action de se rassembler, rassemblement du peuple.* | Zusammenrottung, Zusammenlauf des Volks, Volksversammlung.

a تجمّع TEǦEMMÜ'. [جمع V.] Sbst. طوپلانوب برارایه گلمك *action de se rassembler, de se rendre à une assemblée, de tenir conseil.* | das Zusammenkommen, Zusammenkunft, gemeinschaftliche Berathung.

a تجمّل TEǦEMMÜL. [جمل V.] Sbst. آلات. اسباب. اوتولو گوسترمك. زینتلنمك. احتشاملو. راحت *action de s'orner, de se parer, de montrer de belles manières; pompe, parade, éclat, splendeur; chose belle, mobilier etc. qui appartient à la commodité ou au luxe, à l'ornement ou l'embellissement.* | das sich schmücken, Pracht, Glanz, Prachtentfaltung; das Bestreben, fein, liebenswürdig u. s. w. zu erscheinen; ein schöner oder hübscher Gegenstand, ein Geräth u. dgl., das zur Bequemlichkeit, zum Luxus, zum Putze dient, Luxusgegenstand. Pl. تجملات TEǦEMMÜLÂT. *meubles, attirails etc. du luxe, ornements.* | Hausgeräth, Meubles, Luxusgegenstände, Putz.

a تجمید TEǦMÎD. [جمد II.] Sbst. طوكلدرمه *action de faire s'épaissir, de changer en glace.* | Verdickung. — ETMEK. *congeler, coaguler.* | verdicken, gerinnen oder gefrieren lassen.

a تجمیر TEǦMÎR. [جمر II.] Sbst. طوپلامق. بركلدرمه *action de faire se rassembler, de réunir.* | das zusammenbringen, zusammenfassen (z. B. Dinge in ein Bündel); Zusammenberufung (der Leute zu gemeinschaftlicher Berathung).

a تجمیع TEǦMÎ'. 1. [جمع II.] Sbst. بر یره جمع ایتمك *action de rassembler dans un lieu.* | das sich an einem Orte versammeln, Zusammenkunft, Versammlung. 2. [Denomin. v. جمعه]. جمعه نمازه گلمك *action de se réunir à la prière du vendredi.* | Versammlung zum öffentlichen Gebet in der Moschee; Freitags-Feier.

a تجمیل TEǦMÎL. [جمل II.] Sbst. تزیین ایتمك. بزمك. گوزلتمك *action de rendre beau; embellissement, décoration.* | Verschönerung, Ausschmückung. — ETMEK. *orner, décorer, embellir.* | schmücken, ausputzen, verzieren.

a تجمیلات TEǦMÎLÂT. Sbst. Pl. d. Vhgd.

a تجنّب TEǦENNÜB. [جنب V.] Sbst. اراق اولق. صاقنمق. چكنمك. قاچنمق *action de s'éloigner; écart.* | Entfernung, das sich entfernen, Ausweichen (einer Gefahr), Seitensprung. — ETMEK. *s'éloigner, se retirer; écarter, être loin de q. ch., éviter (avec l'accus.).* | sich entfernen von, sich zurückziehen, bei Seite gehen, ausweichen (mit dem Ablativ des Objects); vermeiden (mit dem Accus.) اوركوب تجنب ایتمك scheu bei Seite springen.

a تجنّد TEǦENNÜD. [Denom. v. جند] Sbst. بر یره طوپلانوب لشكر اولق *action de se rassembler, d'être assemblé (des troupes).* | Versammlung oder sich Zusammenziehen eines Heeres.

a تجنّس TEǦENNÜS. [جنس V.] Sbst. جنس واحدلن اولق *état d'être du même genre, de la même espèce ou catégorie, homogénéité.* | Gleichheit des Geschlechts, der Abkunft, der Art.

a تجنّن TEǦENNÜN. [جن V.] Sbst. دلی اولق. مجنون اولق *état d'être possédé d'un démon, rage, démence; action de donner des symptômes de folie, de paraître fou; être furieux ou enragé.* | Besessenheit, Wahnsinn, Wuth; als rasend erscheinen, sich wie toll oder wahnsinnig geberden, wüthend sein. — ETMEK. *être fou, faire le fou.* | wahnsinnig sein, sich wahnsinnig stellen, den Narren machen.

a تجنّی TEǦENNÎ. [جنی V.] Sbst. بر آدمه جرم اسناد ایتمك *action d'imputer faussement à q. qn. un crime.* | falsche Beschuldigung eines Verbrechens.

a تجنیب TEǦNÎB. [جنب II.] Sbst. اراق ایتمك. تبعید *action d'éloigner, d'écarter.* | das Entfernen, zur Seite ausweichen lassen. vgl. تجنب

a تجنید TEǦNÎD. [Denom. v. جند II.] عسكر ترتیب وجمع ایتمك *action de rassembler une armée.* | Versammlung, Zusammenziehung oder Aufstellung eines Heeres.

a تجنیز TEǦNÎZ. [جنز II.] Sbst. اولوی طابوته قویمق وتبع ایتمك *action de mettre dans le cercueil, de mettre dans la bière.* | Einsargung, Aufbahrung (eines Todten).

a تجنیس TEǦNÎS. [جنس II.] Sbst. *action de rendre homogène, de faire des assonances, paronomasie, équivoque, jeu de mots.* | das Homogen machen, Anwendung von Assonanzen, Wortspiel (in der Rede und Schrift), doppelsinniger Ausdruck. Rhetor. die Paronomasie [vgl. جنس v. Mehren, Rhet. der Araber. S. 154 ff., de Sacy zu Hariri S. 233 ff.] تجنیس سوزلرله شقا *calembour.* | Wortspiel تجنیس سوز سویلمك *équivoquer.* | zweideutig reden.

a تجنیق TEǦNÎK. [Denom. v. منجنیق] Sbst. *action de lancer des pierres etc. à l'aide de machines de guerre.* | Schleudern von Steinen u. dgl. mit Kriegsmaschinen.

a تجوال TEǦWÂL. [جال II.] Sbst. حركت وجولانه گلمك *action de se mouvoir dans un rond.* | das sich im Kreise bewegen, kreisförmige Bewegung. اگر برقوش تجعو شرقلدن اهل غربه قوسه معر بلده ٬ بولارك بینلرین اتشی الهوب قینالدی تجوالی

Wenn ein Vöglein von Osten gelangte zu den Leuten im Westen, so erhitzte dessen taumelnde Bewegung das Gehirn dieser (der Höllenbewohner) und brächte es zum Sieden. Mohammedije.

a تجوّر TEǦEWWÜR. [جار V.] Sbst. یقلمق. یان اوزره یاتمق. یقلمق *action de tomber, de tomber sur le côté, de crouler.* | das fallen, hinfallen, auf die Seite fallen, zusammenstürzen (eines Gebäudes).

a تجوّز TEǦEWWÜZ. [جاز V.] Sbst. اغماض عین ایتمك. تخفیف ایتمك. مجاز اوزره سویلمك *action de regarder comme de peu de valeur, de se montrer indifférent pour q. ch., de faire peu de cas de q. ch., de fermer les yeux par indulgence (laisser impuni, passer outre); action de parler par métaphore.* | das Leichthinnehmen, Nachsicht; bildliche Rede. vgl. مجاز

تجوّع TEǴEWWÜ'. [جاع V.] Sbst. عن قصد آجلقمق action de supporter la faim. freiwilliges oder geduldiges Ertragen des Hungers, freiwillig verhungern.

تجوّف TEǴEWWÜF. [جاف V.] Sbst. بر نسنەنك ايچنده . ايچی بوش اولمق . نفوذ ايلمك état d'être creux ou concave; action de se faire creux, de pénétrer ou de se cacher dans le creux, dans l'intérieur de q. ch. | das hohl sein, Hohlheit, Aushöhlung, sich in einer Höhlung oder in dem hohlen Innern einer Sache verbergen.

تجويد TEǴWÎD. [جاد II.] Sbst. ايو سويلمك . ايو ايلمك action de faire bien, d'achever bien q. ch.; de parler ou de prononcer bien; l'art de lire bien le Coran. | das gut machen, gute Ausführung; gute Aussprache; Koranlesekunst. تجويد القراء Beachtung und deutliche Aussprache jedes Buchstabens beim Lesen. — رعاية مخارج الحروف

تجوير TEǴWÎR. [جار II.] Sbst. 1. بر نسنەنك آلتنی اوستنه . ىرا جيقلق يعنى قيسنه جويرمك action de faire tomber, de renverser, d'abattre, de démolir un édifice | das Niederwerfen, Umstürzen, Einreissen eines Gebäudes. 2. بر آدمی جور وستمه نسبت ايلمك action d'accuser q. qn. d'injustice, de regarder comme injuste. | Beschuldigung der Ungerechtigkeit, für ungerecht erklären oder halten.

تجويز TEǴWÎZ. [جاز II.] Sbst. تجاوز ايتديرمك . جائز كورمك . اوتجه تجويزمك action de faire passer, de faire passer outre, de laisser commettre des excès, de regarder comme licite, de laisser impuni; permission, approbation; se permettre q. ch. à soi-même, prendre la liberté de... | Das Ueberschreiten lassen, für erlaubt halten, Gestattung, Zulassung, Erlaubniss, Gutheissen einer Sache; sich selbst etwas erlauben, sich die Freiheit nehmen etwas zu thun.

تجويع TEǴWÎ'. [جاع II.] Sbst. اجقدرمق . اجلقله هلاك ايتمك action d'affamer, de rendre affamé, de faire périr par la faim. | das Hungern lassen, Aushungerung.

تجويف TEǴWÎF. [جاف II.] Sbst. جقور . قازمه . ايچنی اويمق . ايچنی بوش ايلمك action de rendre creux ou concave; excavation | das Aushöhlen, Aushöhlung (auch als Concretum). Pl. تجاويف TEǴÂWÎF.

تجويل TEǴWÎL. [جال II.] Sbst. چوق طولاشمق . سياحت ايلمك . طولاشق ايلمك action d'aller autour, de parcourir le monde, de voyager. | das Herumgehen, Umherschweifen, Reisen.

تجهّز TEǴEHHUZ. [جهز V.] Sbst. دوزلمك . دوزلمك action de se munir, de s'orner; état d'être muni, d'être pourvu des choses nécessaires. | Ausrüstung, Ausschmückung (gerüstet sein, versehen sein).

تجهيز TEǴHÎZ. [جهز II.] Sbst. دوزمك . قايرلتدرمق . تهيئة ايلمك . دوزمك action de se munir, de faire des apprêts, d'armer, d'équiper, de pourvoir avec tout ce qui est nécessaire, équipement, préparatifs, expédition, envoi de troupes. | Ausrüstung, Ausschmückung, Ausstattung (einer Tochter die man verheirathet). — ETYMK. équiper (une armée), expédier avec tout ce qui est nécessaire; armer, orner; préparer les funérailles; faire le trousseau, faire la dot. | ausrüsten, ausstatten, mit allem Nöthigen versorgen, bewaffnen, die Ausstattung machen, ein Leichenbegängniss zurüsten. — تجهيز لشكر ايتمك — جهاز ايتمك ein Heer ausrüsten, ein wohlgerüstetes Heer ins Feld stellen.

تجهيل TEǴHÎL. [جهل II.] Sbst. جهله نسبت ايلمك action d'accuser q. qn. d'ignorance, de trouver ou de juger q. qn. ignorant, de montrer ou de prouver l'ignorance de q. qn. | Jemanden dumm schelten, für dumm erklären, Jemandes Dummheit zeigen oder darlegen, auf Jemandes Dummheit aufmerksam machen.

تجيّش TEǴAYYÜŠ. [Denom. v. جيش V.] Sbst. لشكر . عسكر طوپلانوب اردو اولمق . لشكر اولمق action de se réunir en régiment, en armée; rassemblement de troupes, de corps. | das sich sammeln oder zusammentreten eines Heeres oder einer Heeresabtheilung; unter die Fahne treten.

تجييف TEǴYÎF. [جاف med. ى II.] Sbst. جوروب قوقمق . قوقو ايلمك . ىعفن ايلمك odeur fétide. | Gestank, fauliger Geruch. — ETYMK. exhaler une odeur fétide. | faulig riechen, stinken.

تجييش TEǴYÎŠ. [Denom. v. جيش II.] Sbst. عسكر طوپلايوب اردو ترتيب ايتمك . لشكر دوزمك action de rassembler des troupes. | Sammlung oder Einberufung des Heeres.

تجييف TEǴYÎF. [جاف II.] Sbst. قوقوتمق . تحقير وتذليل ايتمك . لاشه كبى قوقتمق . تخويف ايتمك . قورقوتمق action de faire exhaler une odeur fétide; de rendre vil, méprisable, action de faire peur à q. qn. | stinkig machen, schlecht und verächtlich machen, Furcht einjagen, zum Fürchten machen.

تحابّ TEḤÂBB oder تحابب TEḤÂBÜB. [حبّ VI.] Sbst., = سوشمك . توادّ action de s'entre-aimer, amour ou affection mutuelle. | gegenseitige Liebe oder Zuneigung. مدتدن برو بينلرنده تحابّ وتوادّ در sie lieben sich seit langer Zeit.

تحاثّ TEḤÂSS. [حثّ VI.] Sbst. بر ايشه برى برينی تشويق . ترغيب ايتمك و ترغيب ايدوب قيندرمق action de s'exciter, de se pousser mutuellement à q. ch. | gegenseitiges Antreiben oder Anregen. vgl. تحاضّ.

تحاجّ TEḤÂǴǴ oder تحاجج TEḤÂǴÜǴ. [حجّ VI.] Sbst. حجتلشمك . جكشمك . خصومت ايتمك action de se quereller, de disputer. | mit einander streiten (mit Worten), sich einander etwas streitig machen.

تحاجز TEḤÂǴÜZ. [حجز VI.] Sbst. تمانع = منع ايلشمك action de s'écarter réciproquement de q. ch., de s'en défendre mutuellement l'accès. | gegenseitiges Abwehren, Abhalten von einer Sache.

تحاجى TEḤÂǴÎ oder تحاجو TEḤÂǴÜ. [حجى VI.] Sbst. جيوانلشمك . مثل سويلشمك . بربرينه جيوانلشمك action de se proposer réciproquement des énigmes à deviner, de dire réciproquement de bons mots. | gegenseitiges Räthsel-Aufgeben; sich gegenseitig Sprüche sagen.

تحادّ TEḤÂDD. [حدّ VI.] Sbst. مخالفت ايلشمك action de se faire opposition, de se combattre, de lutter les uns contre les autres. | gegenseitiges Bekämpfen.

تحادث TEḤÂDÜS. [حدث VI.] Sbst. خبرلشمك . بربرينه خبر سويلشمك . حوادث نقل ايلمك action de se raconter réciproquement des nouvelles, de s'entretenir, de causer ensemble. | gegenseitige Unterhaltung durch Mittheilung von Neuigkeiten, Unterhaltung, Gespräch.

تحارب TEḤÂRÜB. [حرب VI.] Sbst. جنكلشمك action de faire la guerre ensemble, de guerroyer les uns contre les autres, combattre, livrer combat. | gegenseitiges Bekämpfen, Bekriegen, sich schlagen (im Felde).

تحاسب TEḤÂSÜB. [حسب VI.] Sbst. حسابلشمق action de compter ensemble. | gegenseitige Abrechnung, mit einander Abrechnung halten.

تحاسد TEḤÂSÜD. [حسد VI.] Sbst. حسد ايلشمك . برى برينه حسد ايلمك action de se porter réciproquement envie. | gegenseitiges Beneiden.

تحاشد TEḤÂŠÜD. [حشد VI.] Sbst. تناس برلكمك action de se réunir, de se rassembler pour s'aider mutuellement. | Vereinigung zu gegenseitiger Hülfe.

تحاشى TEḤÂŠÎ. [حشى VI.] Sbst. اجتناب ايلمك . چكنمك . صاقنمق . بركنارده اولمق . اوزاقلق . مستثنى état d'être mis à part, d'être séparé; exception, séparation, action de se retirer. | das bei Seite sein; Ausnahme; Meidung, Vermeidung, Enthaltung von. — ETYMK. se tenir séparé, s'abstenir, se retirer, se sauver, éviter q. ch., se garder de faire q. ch. | sich von etwas fern oder bei Seite halten, mit einer Sache nicht in Berührung kommen, sich hüten, meiden, vermeiden.

تحاصّ TEḤÂSS. [حصّ VI.] Sbst., = حصەلشمك . بيللشمك . تقاسم action de se partager, de se distribuer des portions. | Austheilung zu gleichen Theilen unter einander.

تحاضّ TEḤÂZZ. [حضّ VI.] Sbst., = بربرينه برلرلى قيندرمق . تحاثّ action de s'exciter mutuellement. | gegenseitiges Anreizen.

تحاكم TEḤÂKÜM. [حكم VI.] Sbst. محاكمه حكم ايلشمك action de se citer l'un l'autre devant le juge; se faire mutuellement un procès, gegenseitiges Verklagen, vor Gericht bringen, mit einander processiren.

تحالف TEḤÂLÜF. [حلف VI.] Sbst. عهدلشمك . تعاهد action de se confédérer, *de comploter.* | Verschwörung, sich gegenseitig durch Schwur binden.

a تحالم TEHÂLUM. [حلم VI.] Sbst. حلم صورتنى كوسترمك *action d'affecter de la douceur.* | das sich freundlich stellen, verstellte Freundlichkeit.

a تحامق TEHÂMUK. [حمق VI.] Sbst. احمقلغه . احمقلق صاتمق *action de simuler la stupidité, de faire le sot.* | das sich dumm oder brutal geberden, dumm thun.

a تحامل TEHÂMUL. [حمل VI.] Sbst. بر آدمه تحملندن . غيرلك زحمتنى يوكلمك *s'imposer soi-même à autrui, être injuste, partial envers q. qn., surcharger q. qn., s'imposer la charge d'autrui.* | das sich selbst einem andern auflegen, auf einem (mit der ganzen Wucht) liegen, einem andern mehr auflegen oder mehr von ihm verlangen als er leisten kann, ungerecht oder partheiisch gegen Jemand sein; das auf sich nehmen der Mühe welche eine Sache erfordert, sich für einen andern einer Sache unterziehen.

a تحامى TEHÂMÎ. [حمى VI.] Sbst. صاقنمق . حساب اوزره اولمق *action de se garder, de prendre garde.* | das sich hüten, sich in Acht nehmen, auf seiner Hut sein; Vorsicht.

a تحاور TEHÂWUR. [حور VI.] Sbst., — جوابلشمه . محاوره ايلشمك . تحاور *action de s'entretenir, conversation.* | Unterhaltung, Gespräch.

a تحاوز TEHÂWUZ. [حوز VI.] Sbst. *action de se mettre à distance (p. ex. deux rangs de bataille) l'un de l'autre.* | sich in einer gewissen Entfernung (in Schussweite) einander gegenüber aufstellen (z. B. zwei Schlachtordnungen).

a تحائف TEHÂIF. Sbst. dem Sinne nach Plural von تحفه

a تحبب TEHABBÜB. [حب V.] Sbst., — سوشلمك و محبت كوسترمك . تودد . *action de témoigner de l'amour, de l'amitié.* | Bethätigung der Liebe oder Freundschaft.

a تحبس TEHABBÜS. [حبس V.] Sbst. *action de s'astreindre à q. ch; persévérer dans l'exercice d'une chose; se maîtriser; continence.* | das sich binden an etwas, beharrlich und ausdauernd mit etwas beschäftigt sein; Selbstbändigung, Selbstbeherrschung.

a تحبيب TAHBÎB. [حب II.] Sbst. *action de se faire aimer; de rendre amis; de rendre aimable ou cher.* | das sich beliebt machen; werth und theuer machen.

a تحبير TAHBÎR. [حبر II.] Sbst. تحسين ايتمك . تزيين ايتمك *action d'embellir, embellissement.* | Verschönerung, Ausschmückung.

a تحبيس TAHBÎS. [حبس II.] Sbst. حبس ايتمك . طوتمق *action d'emprisonner, d'enfermer, de retenir.* | Gefangennahme, Gefangenhaltung, Einkerkerung. — Jurispr. das im Besitz behalten eines Grundstücks u. dgl., dessen Ertrag man zu frommen Zwecken bestimmt.

a تحت TAHT. Sbst. oder TAHTA, Praep. [Gegentheil von فوق] التى طرفى . الت *le dessous, partie inférieure;* Praepos. *sous.* | das Unten, Untere, untere Seite, der untere oder niedere Theil einer Sache, der untere Raum oder der Raum unter einer Sache. تحت الارض *souterrain.* | unterirdisch تحت القلعه TAHT EL-KAL'A *la place sous le château, c. à. d. devant le château, la grande place dans une ville, place de la justice.* | unter der Burg, d. i. der Platz vor der Burg, Hauptplatz einer Stadt, Gerichtsplatz. تحتنده TAHTYNDA, — آلتنده *sous q. ch., dessous.* | unter einer Sache, unter ihm. تحت يدنده TAHT-I JEDINDE. *sous sa main, en son pouvoir.* | unter seiner Hand, in seiner Gewalt. تحت تصرفنده in seinem Besitz. تحت قضاسنده oder تحت حكومتنده unter seiner Jurisdiction. تحت امرنده unter seinem Befehl. تحت حسابه داخل دكلدر es geht nicht unter die Berechnung, d. i. es lässt sich nicht zählen.

a تحوت TUHUT und تحوت TUHÛT. Sbst. التحوت *la populace.* | Janhagel.

تحتى fehlerhafte, türkische Schreibart für تحت

a تحتانى TAHTÂNÎ. Adj. u. Sbst. [Gegentheil von فوقانى] *inférieur, placé en dessous; le rez-de chaussée d'une maison; planète inférieure; lettre ponctuée en dessous.* | unten stehend, unterst, untergesetzt, der Untere, das Untere, z. B. das untere Stockwerk oder Erdgeschoss; ein unterer oder niederer Planet, d. i. der sich zwischen Sonne und Erde bewegt. Gramm. unten punktirt, ein Buchstabe dessen diakritische Zeichen unten stehen, wie ى u. ب

a تحتم TEHATTÜM. [حتم V.] Sbst. لازم وواجب اولمق *nécessité de q. ch., être nécessaire, indispensable à faire.* | Nothwendigkeit, das nothwendig sein einer Sache.

تحته TAHTA, fehlerhafte türkische Schreibart für تحت

a تحثيث TAHSÎS. [حث II.] Sbst. *action d'exciter, de pousser à q. ch. ou contre q. qn., exciter du penchant ou de l'affection pour q. ch.* | Anreizung, Antreibung zu etwas, Anstoss (etwas zu thun), Erregung der Lust zu einer Sache, Anhetzung oder Aufhetzung gegen Jemand.

a تحجر TEHAĞĞÜR. [حجر V.] Sbst. طاش كسلمك *action de se changer en pierre, pétrification; action de s'endurcir, endurcissement.* | Versteinerung, sich in Stein verwandeln; Verhärtung, hart werden wie Stein.

a تحجى TEHAĞĞI. [حجى V.] Sbst. اوزره اولمق *action de s'arrêter, de s'attacher à q. ch., constance, persévérance.* | das Festbleiben, Stehen bleiben, nicht von der Stelle weichen; Beständigkeit, Beharrlichkeit.

a تحجير TAHĞÎR. [حجر II.] Sbst. طاشه چويرمك . طاشه دوندرمك *action de pétrifier, de changer en pierre.* | Versteinerung, das zum Stein machen, einem Dinge das Ansehen des Steines geben.

a تحدب TEHADDÜB. [حدب V.] Sbst. قنبور اولمق *état d'être convexe, convexité.* | äussere Wölbung, Convexität. كرهنك تحدبى *la convexité d'un globe.* | äussere Wölbung einer Kugel.

a تحدث TEHADDÜS. [حدث V.] Sbst. *action de raconter, de causer; d'annoncer q. ch. de nouveau, de faire la conversation, de s'entretenir, de parler; action de provenir, de résulter.* | das Erzählen, Mittheilung einer Neuigkeit, sich unterhalten, sprechen; das Entstehen aus etwas. — ETMEK. *provenir, survenir, résulter, être après.* | entstehen, aus einer Sache hervorgehen, sich in Folge von etwas anderem ereignen, Folge sein von etwas.

a تحدس TEHADDÜS. [حدس V.] Sbst. اخبار و حوادث ادراك ايلمك *action de s'enquérir de la vérité de q. ch., de prendre des informations sur q. qn., enquête, exploration.* | Erkundigung (hinsichtlich der Wahrheit eines Gerüchts oder über eine Person die man nicht kennt), Auskundschaftung.

a تحدى TEHADDÎ. [حدى V.] Sbst. منازعه ايلمك *action de faire opposition à q. qn., de lutter, de disputer, de rivaliser avec q. qn., provoquer à faire q. ch. de pareil ou de semblable, faire q. ch. exprès, exécuter avec soin, avec attention.* | das Widerstehen, sich widersetzen, mit Jemand um etwas streiten; Aufforderung etwas einer Sache gleiches oder ähnliches zu thun oder hervorzubringen, etwas absichtlich thun, mit Sorgfalt ausführen.

a تحديب TAHDÎB. [حدب II.] Sbst. قنبور ايتمك *action de rendre q. ch. convexe.* | das nach aussen rund oder erhaben machen [Gegentheil von تقعير] vgl. تحدب

a تحديث TAHDÎS. [حدث II.] Sbst. نقل وروايت ايتمك *action de raconter, de rapporter q. ch. d'après q. qn., action de produire, de faire q. ch. de nouveau, invention, reproduction.* | das Erzählen, Wiedererzählen von etwas gehörtem oder einer Ueberlieferung; Hervorbringung von etwas Neuem, Erfindung, Erneuerung.

a تحديد TAHDÎD. [حد II.] Sbst. 1. بلكلمك . كسكين ايتمك *action d'aiguiser, d'affiler.* | Schärfung. 2. حدود قومق *action de limiter.* | Eingrenzung, Abgrenzung. — ETMEK. *limiter, circonscrire, définir, déterminer, borner, restreindre.* | abgrenzen, die Grenze ziehen oder zeichnen; den äussersten Punkt oder höchsten Grad bestimmen; einschränken beschränken. تحديد حدود TAHDID-I HUDUD. *démarcation des limites.* | Grenzbezeichnung. بر مملكتى تحديد ايتمك *limiter une province.* | die Grenzen einer Provinz bestimmen. بر شيئك بهاسنى تحديد ايتمك *fixer le prix de q. ch.* | den höchsten Preis einer Sache bestimmen. تحديد حكومت ايتمك *restreindre le pouvoir absolu (d'un prince).* | die Macht (z. B. eines Fürsten) beschränken.

a تحذّر TEHEZZUR. [حذر V.] Sbst. دكتلوجه طورمق . حذر اوزره اولمق *action de prendre garde.* | das sich in Acht nehmen, auf seiner Hut sein.

a تحذير TAHZIR. [حذر II.] Sbst. قورقودوب كندوني . قورقتمق . تخويف ، اعمولدن احتراز ايتمك . صاقندرمق *action de faire peur, d'intimider, d'effrayer, de faire prendre garde, de prendre garde: avertissement; précaution.* | das in Furcht setzen, bewirken dass Jemand sich in Acht nimmt; Warnung; das sich in Acht nehmen [= تحذّر], Vorsicht.

a تحرّج TEHERRUDJ. [حرج V.] Sbst. *s'abstenir d'une iniquité, d'un délit, se faire conscience de q. ch.* | sich ein Gewissen aus einer Sache machen. vgl. تحريج

a تحرّز TEHERRUZ. [حرز V.] Sbst. صاقنمق ، تحفظ ايتمك . احتراز *action de se tenir sur ses gardes.* | das auf seiner Hut sein. تحرز النفس ايتمك *s'observer, être réservé dans ses actions, ses paroles.* | auf sich Achtung geben. vgl. das Flgde.

a تحرّس TEHERRUS. [حرس V.] Sbst. كندوى حفظ ايتمك . صاقنمق *action de se garder.* | das sich in Acht nehmen. vgl. d. Vhg.

a تحرّف TEHERRUF. [حرف V.] Sbst. تغيّر *état d'être changé, détourné, interverti, dévier de la ligne droite, de la bonne voie, perdre la bonne qualité, se détériorer.* | das im Zustande der Veränderung sein; das sich Abwenden, abgewendet sein, von der geraden Richtung abkommen; Ausartung.

a تحرّق TAHARRUK. [حرق V.] Sbst. يانمق *action de s'enflammer, état de brûler.* | Entzündung, Brennen.

a تحرّك TEHERRUK. [حرك V.] Sbst. *action de se mouvoir, mouvement, se donner du mouvement, être actif.* | das sich bewegen, Bewegung, sich in Bewegung setzen, thätig sein. vgl. تحريك

a تحرّم TEHERRUM. [حرم V.] Sbst. *état d'être sacré et inviolable.* | Unverletzlichkeit, Heiligkeit. vgl. تحريم

a تحرّى TEHERRI. [حرى V.] Sbst. تفتيش ايتمك . آراشدرمق . بوقلامق *action de chercher à prendre ou à faire ce qui vaut mieux, de rechercher; recherche, examen; choix entre le bien et le mal; action de différer.* | das Beste aussuchen oder zu finden suchen; das Untersuchen, Untersuchung, Visitation; Untersuchung über das was sich ziemt oder nicht ziemt, Wahl zwischen Gutem und Bösem; sich Zeit nehmen, sich nicht übereilen, mit Ueberlegung zu Werke gehen.

a تحريب TAHRIB. [حرب II.] Sbst. *action d'irriter, d'exciter la colère, la guerre.* | Erregung des Zornes, des Streites, des Krieges.

a تحريج TAHRIDJ. [حرج II.] Sbst. *action de rendre étroit, d'embarrasser q. ch.* | das eng machen, einem Gewissensscrupel machen, einen ängstlich machen. vgl. تحرّج

a تحرير TAHRIR. [حرّ II.] Sbst. قيد ايتمك ، دفتره كچورمك ، قول آزاد ايتمك . يازمق . تسطير ايتمك *action de rendre libre, mettre en liberté, affranchir; action d'inscrire, d'enregistrer, de rédiger un écrit, écrire correctement et exactement; écrire.* | Freilassung (eines Sclaven); Eintragung in ein Register oder Buch, Aufzeichnung, Abfassung eines Schreibens, genaues und sorgfältiges Schreiben. — als Concret.: *diplôme d'affranchissement, lettre officielle, écrit.* | Freibrief, schriftliche Legitimation, Schriftstück, Schrift. Pl. تحريرات TAHRIRÂT, als türkischer Singular, — = قائمه *p* دستنباله *dépêche.* | Depesche. ذكر وتحرير اولنمش angegeben und aufgeschrieben.

a تحريرًا TAHRIREN. Adv. *par écrit, daté.* | schriftlich, brieflich, geschrieben, datirt. تحريرا فى اوائل رجب المرجّب من شهور سنة... gegeben im ersten Drittheil des Monats Redscheb, des verehrungswürdigen unter den Monaten des Jahres...

a تحريرات TAHRIRÂT. s. تحرير

a p تحريركش TAHRIR-KEŠ Sbst. = *a* كاتب *t* يازيجى *écrivain, secrétaire.* | Schriftführer, Schreiber.

a تحريص TAHRIS. [حرص II.] Sbst. زياده آرزوكش و طلبكار قلمق ، حريص قلمق *action d'exciter un désir immodéré.* | Erweckung einer unmässigen Begierde.

a تحريض TAHRIZ. [حرض II.] Sbst. تحريك ايتمك ، تشويق ايتمك ، قوشمق ، اغوا ايتمك ، قيزدرمق *action d'exciter, d'encourager, de stimuler, de provoquer, de pousser q. qn. contre ou à q. ch.; instigation, provocation.* | Antreibung zu etwas, Ermunterung, Ermuthigung, Anfeuerung. — ETMEK. (mit dem Dativ) *exciter à, encourager à.* | antreiben, ermuthigen. قتاله تحريض ايتمك zum Kampfe anfeuern.

a تحريضات TAHRIZÂT. Sbst. Pl. des Vhg.

a تحريف TAHRIF. [حرف II.] Pl. تحريفات TAHRIFÂT. Sbst. تبديل وتغيير . قلمك بوشنى ، وضع ايتمك . حذف ايتمك . ديوندرمك . دكشدرمك *action de changer, changement, transposition des lettres d'un mot, anagramme, métaplasme, prononciation ou orthographe vulgaire et incorrecte d'un mot; action de retrancher, de couper la pointe d'une plume ou d'un roseau à écrire.* | das Verändern, Veränderung, Abänderung, insbes. von etwas geschriebenen; Verstümmelung eines Wortes durch, Abkürzung, Versetzung der Buchstaben u. s. w., vulgäre oder unrichtige Schreibart oder Aussprache, Theol. *corruption des livres sacrés par les juifs et les chrétiens.* | Verfälschung der heiligen Bücher durch die Juden und Christen. اسمى تحريف ايتمك *estropier un nom.* | einen Namen verstümmeln. كوشك سلطنتى تحريفله خاك در das Kjöšk (Belvedere) seiner Herrschaft ist durch die Veränderung (der Buchstaben, oder des Schicksals) ḪÂK (Staub).

a تحريق TAHRIK. [حرق II.] Sbst. ياقدرمق *action d'allumer, de faire brûler.* | das Anzünden. — ETMEK. *allumer, brûler.* | anzünden, verbrennen.

a تحريك TAHRIK. [حرك II.] Sbst. حركته كتورمك ، القا ، اغوا ، تحريض ، آيارتمق ، قيزدرمق ، قيملدتمق ، ديريلتمك *action de mettre en mouvement, de mouvoir, d'ébranler, de secouer, d'irriter, de provoquer; mouvement, excitation, instigation, agitation; action de faire sonner une corde en la touchant, de marquer une lettre d'un point voyelle; présence des accents voyelles à chaque lettre d'un mot.* | das in Bewegung setzen, Schütteln, Rütteln, Aufregung, Erregung, Erweckung, Antreibung; das Tönenlassen einer Saite (indem man sie berührt). Gramm. [Gegentheil von تسكين] Vocalisirung der Buchstaben, Vocal eines Buchstaben oder das vocalisirt sein sämmtlicher Buchstaben eines Wortes, so dass keiner mit dšm bezeichnet ist. بر شيئى يرندن تحريك ايتمك eine Sache von ihrer Stelle bewegen. هبوب رياح تحريك درياى مستلزم در das Wehen des Windes verursacht die Bewegung des Meeres. تحريك الرأس Kopfschütteln. انك تحريك واغواسيله اولمشدر durch seine Anhetzung und Verführung geschah es. فتنه تحريك ايتمك Unruhen erregen. تحريك الى السوء Verführung zum Bösen. تحريك مرحمت ايتمك das Mitleiden erregen. تحريك شهيه Erregung oder Erweckung des Appetits.

a تحريم TAHRIM. [حرم II.] Sbst. حرام قيلمق ، ممنوع ايتمك *action de défendre, d'interdire, de prohiber, de déclarer illicite, de déclarer sacré et inviolable.* | das Verbieten, Verbot; von einer Sache abhalten, den Zugang verhindern; für unerlaubt erklären; für heilig und unverletzlich erklären; Heiligung, Heilighaltung.

a تحريمة TAHRIMET. Sbst. (nomen unitatis des Vbgdn.). حجاجك احرام اكتسابى احرام بستنى ، قيملقى *cérémonie de mettre le vêtement de pèlerin.* | Ceremonie der Anlegung des Pilgerkleides (IHRÂM). تحريمه بسته TAHRIME-BEND, *celui qui prend le vêtement de pèlerin.* | der das Pilgerkleid anlegt oder angelegt hat.

a تحريمى TAHRIMÎ. Adj. *qui a rapport à la défense, prohibé, défendu par la loi.* | zu dem Verbote (TAHRIM) in Beziehung stehend, durch das Gesetz verboten.

a تحزّب TEHEZZUB. [حزب V.] Sbst. بر يره جمع اولمق . طقم طقم جمع اولمق *action de se réunir par troupes, de se rassembler, se pelotonner; rassemblement, confédération.* | Zusammenrottung (in einzelne Haufen), Verschwörung.

a تحزن TEHEZZÜN. [حزن V.] Sbst. محزون اولمق، كدر ايتمك، غصه‌لنمق، *action de s'affliger, tristesse, affliction, regret.* | das sich betrüben, Betrübniss, Kummer, Traurigkeit, Bedauern.

a تحزيب TAHZÎB. [حزب II.] Sbst. طاقم طاقم ايتمك، حزب حزب تقسيم ايتمك *action de réunir en troupes, de partager en sections.* | das Sammeln in einzelne Haufen, in einzelne Abtheilungen theilen.

a تحزين TAHZÎN. [حزن II.] Sbst. تسلي، ملول ايتمك، كدر ايلدرمك *action d'attrister, d'affliger.* | Betrübung.

a تحسر TEHASSÜR. [حسر V.] Sbst. غائب اولان نسنه ايچون تأسف ايتمك *action de soupirer après q. ch.; désir, regret.* das sich Sehnen nach einem entfernten Gegenstande, Sehnsucht, Verlangen, Bedauern (von etwas verlorenem).

a تحسس TEHASSÜS. [حس V.] Sbst. خبر آراشدرمق، ديكلمك *action d'écouter, de prendre des informations.* | das Hören, Horchen, sich erkundigen.

a تحسين TAHSÎN. [حسن II.] Sbst. كوزل بولوب بكنمك *action de rendre beau, embellissement; de trouver beau, de louer; approbation.* | das schön machen, Verschönerung; schön finden, Lob, Beifall. ادای تحسين ADÂ-I TAHSÎN, *applaudissement.* | Beifallsruf.

a تحشد TEHASCHSCHÜD. [حشد V.] Sbst. ، بركمك، تجمع ايتمك، بركوب طوپلانمق *action de se réunir, de se rassembler, de s'attrouper.* | Vereinigung, Zusammenschaarung vgl. تحشد

a تحشر TEHASCHSCHÜR. [حشر V.] Sbst. حشر، ديريلمك *résurrection* | die Wiedererweckung aus dem Grabe.

a تحشم TEHASCHSCHÜM. [حشم V.] Sbst. استحيا سببيله بر نسنه‌دن استنكاف ايتمك *action de rougir à cause de q. ch. indécent* | Erröthen über etwas Unschickliches.

a تحشيه TAHSCHİYET. [حشى II.] Sbst. حاشيه يازمق، كنار يازمق *action d'écrire à la marge, écrire des notes marginales.* | das am Rande (eines Buches) schreiben, Anmerkungen an den Rand schreiben.

a تحشيم TAHSCHÎM. [حشم II.] Sbst. حشم ايلدرمك، قيزدرمق، داريلتمق *action de faire rougir (de honte, de colère etc.)* | Erröthen machen (durch Beschämung, unziemliche Reden, Beleidigungen die den Zorn reizen u. s. w.).

a تحصل TEHASSÜL. s. تحصيل

a تحصن TEHASSÜN. [حصن V.] Sbst. متحصن اولمق *action de se retrancher.* | Verschanzung. — ETMEK. *se retrancher, se fortifier dans un camp, se retirer, ou s'enfermer et se défendre dans une forteresse.* | sich verschanzen, sich in ein festes Lager oder eine Festung zurückziehen und dort vertheidigen.

a تحصيص TAHSÎS. [حص II.] Sbst. *p* آشكار كوسترمك، شقشق ايتمك *action de rendre évident, manifeste.* | klare Auseinandersetzung, Aufzählung.

a تحصيل TAHSÎL. [حصل II.] Sbst. اله كتورمك، قزانمق *action d'acquérir, acquisition (des biens, des connaissances etc.), étude; action d'obtenir, d'atteindre un but, obtention; action de gagner, profit, avantage; conclusion (tirée des prémisses); collecte (des impôts etc.).* | das Erlangen, Erwerben, Verdienen; Erwerbung von Kenntnissen, Studium; Schluss oder Schlusssatz; Einsammlung von Steuern u. dgl. Pl. تحصيلات *acquisitions, revenus, connaissances.* | Erwerbungen, Einkünfte, Kenntnisse. — ETMEK. *acquérir etc., faire la collecte des impôts.* | erlangen, erwerben, die Steuern eintreiben. تحصيلي دشوار بر مسئله eine schwer zu erlangende Vergünstigung. بر امتيازك تحصيلي Erwerbung oder Erlangung eines Privilegiums. تحصيل رخصت Erlaubniss erhalten. تحصيل توشه ايتمك روزی ورزش كوچ sein Brod mit Mühe und Arbeit verdienen. تحصيل القوة ايتمك oder قوت تحصيل ايتمك sich ermannen, wieder zu Kräften kommen. قوت قلب تحصيل ايتمك wieder Muth gewinnen. تحصيله چالشمق dem Studium obliegen. اثناء تحصيلده während des Erwerbens (nämlich von Kenntnissen), während (er) den Wissenschaften oblag, oder während der Lehrzeit. تحصيل يقين ايتمك Gewissheit erlangen. تحصيل الوقوف ايتمك sichere Kenntniss erlangen, sich überzeugen.

a p تحصيلدار TAHSİLDÂR. Sbst. *receveur.* | Einnehmer, Zolleinnehmer.

a p تحصيلدارى TAHSİLDÂRI, oder *t* تحصيلدارلق TAHSİLDÂRLYK. Sbst. *charge de receveur.* | Einnehmerdienst.

a تحصين TAHSÎN. [حصن II.] Sbst. متحصن ايلمك، قپاتمق، استحكام ايتمك، قويلمق *action de retrancher, de fortifier, de renfermer.* Verschanzung, Befestigung, Einschliessen, Verschliessen, gut verwahren. تحصين المملكة die Festigung des Reichs.

a تحضر TEHADDÜR. [حضر V.] Sbst. حاضر ودر پيش اولمق *état d'être présent, action de se présenter.* | das Zugegensein, Gegenwart (einer Person).

a تحضيض TAHDÎD. [حض II.] Sbst. يك قيزدرمق، كشكيب ايتمك *action d'exciter, de stimuler, de rendre avide.* | Anreizung, Erweckung der Begierde.

a تحطم TEHATTÜM. [حطم V.] u. تحطيم TAHTÎM. [حطم II.] Sbst. پاره پاره ايتمك، قيرمق *action de casser.* | das Zerbrechen (in Stücke).

a تحفه TOHFE. Pl. تحف TUHAF. Sbst. هديه، پيشكش، ارمغان *don, présent, tout objet précieux propre à être offert en présent, chose rare, chose belle; grâce, faveur, bienfait.* | Geschenk, Kostbarkeit, Rarität, jede hübsche Sache die sich zu einem Geschenk eignet, Gunstbezeugung, Wohlthat. — ETMEK. *donner, offrir, présenter.* | geben, zum Geschenk machen.

a p تحفه كش TOHFE-KESCH. Sbst. قومانلر *qui apporte des présents, vassal, sujet* | Geschenke-Ueberbringer, d. i. Vasall, Unterthan.

a t تحفه‌جى TUHAFDSCHİ. Sbst. چرچى، خرده‌جى *mercier, marchand d'articles de luxe.* | Kleinhändler, Galanteriehändler der allerlei hübsche Sachen verkauft. Kam. s. v. الفلاوز

a t تحفه‌جيلك TUHAFDSCHİLİK. Sbst. چرچيلك *mercerie, commerce d'articles de luxe.* | Handel mit Galanteriewaaren. Kam. s. v. الصيدلة

a تحفظ TEHAFFÜZ. [حفظ V.] Sbst. 1 صاقنمق *action de se garder, de se protéger des maladies contagieuses, action de se défendre; défensive.* | das sich hüten, sich vertheidigen, sich schützen, sich in Acht nehmen, sich vor Ansteckung schützen. تحفظ خانه TEHAFFÜZ-HANE, *lazaret.* | Contumaz-Haus, Lazareth. 2. *action d'imprimer dans sa mémoire.* | das Merken, dem Gedächtniss einprägen.

a تحقق TAHAKKUK. [حق II.] Sbst. درست وصحيح اولمق *action d'apprendre avec certitude; certitude, conviction, vérification.* | Vergewisserung; das sich als sicher und gewiss oder als wahr herausstellen, Sicherheit, Gewissheit. تحقق علمی oder تحقق عقلی moralische Gewissheit oder Ueberzeugung. تحقق طبيعى physische Gewissheit.

a تحقير TAHKÎR. [حقر II.] Sbst. الچقلمق، خور لامق *action d'humilier, d'abaisser; de regarder avec dédain; humiliation, avilissement, mépris.* | Erniedrigung (in physischem und moralischem Sinne); Herabwürdigung, Demüthigung, geringschätzige Begegnung. — ETMEK. *abaisser, déshonorer, dédaigner.* | erniedrigen, herabwürdigen, verächtlich und ohnmächtig machen.

a تحقيق TAHKÎK. [حق II.] Sbst. مقرر ايتمك، تصديق ايتمك، اثبات ايتمك، كرچكلمك، بر نسنه‌يى واجب ولازم ايتمك *action de constater la vérité, vérification, confirmation, affirmation, certitude, vérité; action de rendre nécessaire; sens bien défini d'un mot; emploi d'un mot dans sa signification propre, approfondir l'essence d'une chose, l'étudier à fond.* | Constatirung der Wahrheit, Bewahrheitung, Bestätigung, Versicherung, wahre Aussage, wahre Bedeutung; Ergründung des wahren Wesens einer Sache, tiefes und gründliches Eingehen. — ETMEK. *avérer, reconnaître pour vrai, rechercher si une chose est vraie, s'assurer d'un fait, assurer comme vrai.* | bewahrheiten, bestätigen, als wahr erkennen oder zu erkennen suchen; für wahr halten, glauben; als wahr versichern, beweisen. تحقيق مجلسى TAHKÎK-MEDSCHLİSI, *tribunal d'enquête, d'instruction.* | das (neu eingeführte) gerichtliche Untersuchungs-Conseil. تحقيقى نا قابل بر شى eine Sache für deren Wahrheit man nicht einstehen kann, die sich nicht als wahr beweisen lässt. كسب التحقيق ايتمك sich von einer Sache überzeugen. تحقيق حال ايچون um sich der Wahrheit zu versichern. تحقيق حالنه مبادرت ايتمك den Beweis führen. تحقيق بلمك sicher wissen.

a تحقيقا TAHKIKEN. Adv. تحقيقا وحقيقتده اوزره *à la vérité, certainement, assurément, vraiment, certes.* | der Wahrheit gemäss, wahrhaftig, sicher, gewiss, untrüglich.

a تحقيقات TAHKIKÂT. Sbst. Pl. v. تحقيق *les vérités, certitudes.* | die Wahrheiten, Gewissheiten.

a تحقيقى TAHKIKI. Adj. صحيح اولان، درست اولان، خقيقى اولان *certain, avéré, vrai, indubitable.* | sicher, wahr, nicht zu bezweifeln, untrüglich. نتائج تحقيقيه sichere Schlüsse, untrügliche Beweise.

a p تحقيقشناس TAHKIK-ŠINAS. Adj.

a محقق *vérifié.* | als wahr erwiesen.

a تحكك TEHAKKÜK. [حك V.] Sbst. شرّ وشرور ايچون تعرّض ايتمك شركير اولمق، كيلميك، بهانه مزموسلق *action de chercher querelle.* | sich an Jemand reiben, Händel suchen.

a تحكم TEHAKKÜM. [حكم V.] Sbst. ضبطلق طاشلق. تكبر وتعظم ايتمك *action de maîtriser, présomption, arrogance, assertion arbitraire.* | unberechtigte Anmassung des Ansehens oder der Gewalt; den Herren spielen, sich zum Herrn, zum Schiedsrichter u. s. w. aufwerfen, willkürliche Behauptung.

a تحكير TAHKIR. [حكر II.] Sbst. ساڭرلة بنايه شروع ايتملرينى منع ضمننده عرصه سنى ديوار ايله احاطه وسد ايتمك *action de clore un terrain.* | Umzäunung eines Platzes (um andere zu hindern daselbst zu bauen).

a تحكيم TAHKIM. [حكم II.] Sbst. منع ايتمك. پكشدرمك. قوى ومحكم ايتمك. حاكم نصب ايتمك *action de rendre ferme, stable, solide, de consolider, d'assurer (une dette); action de tenir ferme, d'écarter ou éloigner de q. ch.; action de faire prononcer q. qn. une sentence, de nommer ou de reconnaître q. qn. juge, arbitre, gouverneur; désigner q. qn. son agent plénipotentiaire.* | Befestigung; Sicherung, Consolidirung einer Schuld; das Festhalten, von einer Sache oder einer Gefahr zurückhalten; Ernennung oder Anerkennung Jemandes als Richter, als Schiedsrichter, als Statthalter oder Geschäftsführer.

a تحلّة TEHILLET, und تحلّ TEHILL. [حلّ II.] Sbst. كفارت يمين ايتمك *action d'expier, ou de dégager son serment (par des aumônes, fondations pieuses etc., quand on ne veut ou ne peut l'accomplir à la lettre); action de dégager sa parole.* | Loskaufung von der Erfüllung eines Eides, Sühnung eines Eides durch Almosen oder andere fromme Werke, sein Wort einlösen, Erfüllung eines Versprechens. تحلّة TEHILLETEN oder تحلّة القسم TEHILLETE-L-KASEM. *pour l'acquit du serment fait, par manière d'acquit, pour l'acquit de sa conscience, légèrement.* | als Sühnung des Eides, d. i. um sein Gewissen zu beruhigen, leichthin, obenhin, um der Sache genug zu thun.

a تحلّق TEHALLÜK. [حلق V.] s. تحليق.

a تحلّل TEHELLÜL. [حلّ V.] Sbst. يمينده شرط استثنا ايتمك *action de prêter un serment, ou de donner sa parole avec réserve ou à condition.* | Ablegung eines Eides mit Vorbehalt oder unter gewissen Bedingungen.

a تحلّم TEHELLÜM. [حلم V.] Sbst., = يالاندن رؤيت دوزوب سويلمك. ادّعاء دوش كورمك *action de prétendre d'avoir rêvé q. ch.* | Erzählen von Träumen die man nicht gehabt, Vorgeben eines Traumes.

a تحلّم TEHALLÜM. [Denom. v. حلم] ذاتنده حلم اولمايوب آنى كوجله حليملنمك وحلم كوسترمك *action de se donner l'air doux.* | das sich bemühen besonnen und sanftmüthig zu erscheinen.

a تحلّى TEHALLI. [حلى V.] Sbst. بزلنمك. دوننمك *action de se parer d'ornements, de faire toilette; état d'être orné.* | Anlegung von Schmuck, sich putzen; geputzt oder geschmückt sein.

a تحلية TAHLIJET. [حلى II.] Sbst., = تزيين، بزمك. دوناتمق *action d'orner, de parer, d'enrichir d'ornements, de pierres précieuses etc.* | Schmückung, Ausschmückung, Belegung mit Edelsteinen u. dgl.

a تحليف TAHLIF. [حلف II.] Sbst. آند ايچورمك. يمين ايتدرمك *action de faire jurer q. qn., de faire prêter serment, de provoquer ou de demander le serment.* | das Schwören lassen, einem den Eid zuschieben.

a تحليق TAHLIK. [حلق II.] Sbst. 1. تراش ايتمك. حلق ايتمك *action de raser, de raturer.* | das Glattmachen, Glättung, Rasieren, Radieren. 2. [Denom. v. حلقه] *action de faire ou décrire des cercles, de tournoyer; former un cercle; se former un cercle; faire un discours en présence d'un cercle d'auditeurs.* | das Beschreiben eines Kreises, Kreise ziehen, in kreisförmigen Linien schreiben, im Kreise herumgehen oder fliegen, einen Kreis (Versammlung) bilden, vor einem Kreise von Zuhörern sprechen oder Vorlesungen halten.

a تحليل TAHLIL. [حلّ II.] Sbst. 1. حلال ايتمك. مباح ايتمك. حل ايتمك *action de déclarer permis, de rendre licite; épouser une femme après avoir trois fois divorcé avec elle.* | als erlaubt erklären; Wiederehelichung einer dreimal geschiedenen. 2. كفارت ايتمك = تحلّة *action de dégager sa parole.* | Erfüllung eines Versprechens. 3. ازمك *action de dissoudre, d'analyser; analyse chimique.* | Auflösung (eines Körpers, eines Räthsels) Zersetzung, Zerlegung, chemische Analyse; Erweichung einer Geschwulst.

a تحليم TAHLIM. [حلم II.] Sbst. حليم قلمق. يوموشاتمق *action de rendre doux, patient, indulgent.* | Besänftigung; Ermahnung zu Geduld, zu Besonnenheit; Begütigung.

a تحمّد TEHEMMÜD. [حمد V.] Sbst. منتنى ايتمك *action de se laisser remercier, mériter les éloges ou les remercîments de q. qn., reprocher à q. qn. un bienfait etc.* | das sich danken lassen, sich loben lassen, Dank oder Lob verdienen, einem seine Wohlthaten oder Verdienste vorhalten.

a تحمّس TEHEMMÜS. [حمس V.] Sbst. ثابت ومقدم وغيرتلو اولمق *action de se montrer ferme, constant, brave, audacieux etc., fermeté, hardiesse, constance, bravoure.* | das sich fest zeigen, Festigkeit (des Charakters, des Glaubens), Tapferkeit, Kühnheit (im Kampfe).

a تحمّل TEHEMMÜL. [حمل V.] Sbst. يوكلنمك، صبر ايتمك، قبول ايتمك و بردباري *action de se charger, de porter un fardeau, de supporter, de tolérer, force de supporter, patience, longanimité, tolérance.* | das Ertragen, auf sich nehmen einer Last, Kraft zu tragen, Geduld, Langmuth, Duldsamkeit; — ETMEK *porter, supporter, souffrir, être patient, tolérer* | ertragen, auf sich nehmen, erdulden, dulden (mit dem Accus. u. Dativ des Obj.) هيچ بر كمسنه يه ظلم اولنديغنى تحمّل ايتمه dulde nicht dass man Jemand Unrecht thut بوكا تحمّل ايتمك صبر عظيمه محتاجدر es gehört grosse Geduld dazu dies zu ertragen. شدت برودته وبرد جوعنه تحمّل ايتمك Kälte und Hunger ertragen. تحمّل قبول دكل es ist unerträglich. تحمّل اولنمياجق TEHEMMÜL OLUNAMAJAGAK. *insupportable.* | unerträglich, unausstehlich.

a t تحمّلسز TEHEMMÜLSIZ. Adj., = بى تحمّل *impatient, peu endurant, qui ne peut pas souffrir ou supporter.* | ungeduldig, wenig ertragend, der nichts ertragen oder erdulden kann.

a t تحمّلسزلك TEHEMMÜLSIZLIK. Sbst. *impatience.* | Ungeduld.

a p تحمّلكداز TEHEMMÜL-GUDÂZ. Adj. *qui fait perdre la patience, insupportable.* | die Geduld ermüdend, unerträglich vgl. كداز.

a تحميد TAHMID. [حمد II.] Sbst. مكرراً حمد وثنا ايلمك *action de louer Dieu en disant ou en répétant les mots: EL-HAMDU LILLÂH.* | Lobpreisung Gottes, insbes. durch Aussprechung oder Wiederholung der Worte „Gott sei gelobt".

a تحميس TAHMIS. [حمس II.] Sbst. 1. غضبه كتيرمك. طارلتمق *action d'irriter, de mettre en colère.* | Erhitzung, Reizung vom Zorne. — 2. fehlerhafte Schreibart für تحميص s. d. Figde.

a تحميص TAHMIS. [حمص II.] Sbst. قوورمق، قورولتمق، طوكمك، اوكوتمك *action de torréfier, de pulvériser, de moudre (le café); lieu ou place où l'on torréfie le café; nom d'un marché à Constantinople.* | das Rösten und Pulverisieren des Kaffee's, Ort wo Kaffee geröstet oder gemahlen wird, Name eines öffentlichen Platzes in Constantinopel. تحميص خانه TAHMÎS-ḪÂNE die öffentliche allgemeine Kaffeemühle, oder Kaffeestampfe, wo der Kaffeebedarf für die ganze Stadt gestampft wird.

a تحميص TAHMÎS. [محص II.] Sbst. آزويرمك ، آز ايتمك action de donner peu, de traiter mesquinement (un hôte). | Knauserei, kärgliche Bewirthung.

a تحميق TAHMÎK. [حمق II.] Sbst. ترك: احمق تسميه ايتمك action d'appeler q. qn stupide, d'attribuer q. ch. à la stupidité de q. qn., croire q. qn. stupide. | das dumm schelten, für dumm halten, etwas der Dummheit Jemandes zuschreiben.

a تحميل TAHMÎL. [حمل II.] Sbst. يوكلتمك ، كوتورتمك ، طاشتمق action de faire porter, de charger. | Beladung, Belastung. — ETMEK, charger q. qn. de q. ch., imposer un fardeau | beladen, (mit dem Dativ des Objects); einem etwas auflegen. دوشنه تحميل ايلدم ich habe es auf seine Schulter geladen. عربه‌لره تحميل ايلدكدن صوكره nachdem er die Wagen beladen. تكاليف شاقه تحميل ايتمك schwer belasten (mit Steuern, Auflagen u. s. w.).

a تحميم TAHMÎM. [حم II.] Sbst. ايصيتمق ، صوبى اسيتمق action de chauffer (l'eau), de faire bouillir | das Heissmachen (Wasser); zum Sieden bringen.

a تحنث TEHANNUS. [حنث V.] Sbst. كناهدن اجتناب ايتمك action d'éviter le péché | Meidung der Sünde.

a تحنط TEHANNUT. [حنط V.] Sbst. حنوطه p مومنالق كفنى حنوط ايله ضبطلمق ، بوى تنلى حنوط état d'être embaumé, de sentir les aromates dont on embaume les morts. | das einbalsamirt sein, nach Spezereien riechen.

a تحنف TEHANNUF. [حنف V. Denom. v. حنيفه] Sbst. حنفى مذهب اولمق action de confesser la vraie religion, prétendre d'y adhérer; confesser la doctrine d'Abou Hanifa. | Bekenntniss zur wahren Religion, von sich sagen dass man den wahren Glauben habe, Bekenntniss zur Lehre oder Mitgliedschaft der Secte des Abu Hanifa.

a تحنن TEHANNÜN. [حن V.] Sbst. ميل و محبت ايتمك ، مرحمت ، تعطف action de s'attendrir sur q. qn.; compassion, bienveillance. | Mitleid, Wohlwollen, Zuneigung.

a تحنى TEHANNÎ. [حنى V.] Sbst. 1. انعطاف ، اكيلمك ، قات اكيلمك état d'être plié, courbé. | das sich krümmen, sich neigen. 2. = تحنى inclination. | Zuneigung.

a تحنى TEHENNÎ und تحنيه TEHNIJE. [Denom. v. حنا] Sbst. حنا ايله بويامق action de teindre en rouge avec le henna. | mit Henna roth färben (den Bart, die Finger).

a تحنيه TEHNIJET. [حنى II.] Sbst. اكمك action de pencher, d'incliner; inclination. | das Biegen, Beugen, Neigen, Verneigung. تحنيه رأس ايتمك pencher la tête. | den Kopf neigen. تحنيه انا ايتمك ein Gefäss neigen (oder umlegen um den Inhalt auszugiessen).

a تحنيط TAHNÎT. [حنط II.] Sbst. مملق كفنه حنوط صالمق و تحجير ايتمك p بيرابكلى حنوط مرلرا action d'embaumer avec les aromates. | Einbalsamirung. تحنيط ميت ايتمك einen Todten einbalsamiren.

a تحوت TUHÛT s. تحت

a تهور TEHEWWUR. Subst. Tahrif v. تهور précipitation | Uebereilung.

a تحوش TEHEWWUS. [حوس V.] Sbst. بهادرلك كوسترمك action de se montrer brave, intrépide; courage, bravoure | Mannhaftigkeit, Muth, Tapferkeit.

a تحول TEHEWWÜL. [حال V.] Sbst. انقلاب ، دكشمك ، دكشمك ، تغير آسنحال ، وسيمتى action de se changer, changement (d'état, de demeure), métamorphose. | das sich verändern, Veränderung des Zustandes, des Aufenthalts, des Wesens; Wechsel, Verwandlung. — ETMEK, se métamorphoser. | sich verwandeln. فصول اربعه نك منتظم تحولى der regelmässige Wechsel der Jahreszeiten. — vgl. تحويل

a تحويج TAHWÎDJ. [حوج II.] Sbst. سالكى سلوك ايلديكى طريقدن تحريف و تحويل ايله صاپدرمق action de détourner du chemin, de faire changer de route | das Abbringen vom Wege, einen andern Weg einschlagen lassen, auf einen andern Weg bringen.

a تحويل TAHWÎL. [حال II.] Sbst. انتقال ايتمك ، چويرمك ، دكشديرمك ، دكشمك action de changer, de détourner, de transférer, de transporter; changement d'état, de condition, de place, de position, de direction; transformation, transsubstantiation, métamorphose; entrée d'une étoile dans un autre signe du Zodiaque, renouvellement de la lune; lettre ou billet de change, assignation. | das Verändern, Veränderung des Wesens, des Zustandes, des Ortes, der Richtung, des Schicksals; Verwandlung; Eintritt eines Gestirnes in ein anderes Zeichen des Thierkreises, Mondwechsel; Wechsel, — پوليچه Anweisung. خزينه تحويلى HAZNE TAHWÎLI, assignation du trésor public. | Tresorschein, Cassenbillet. تحويل ايتمك changer, transformer, transmuter, métamorphoser; donner une assignation. | wechseln, verwandeln, umbilden; eine Anweisung oder Wechsel ausstellen. بر سمته تحريف و تحويل ايتمك nach einer Seite zu abbiegen. آفتاب حمل برجنه تحويل ايلر die Sonne tritt in das Sternbild des Widders. قابل تحويل transmuable. | verwandelbar.

a تحويلات TAHWÎLÂT. Pl. des Vhgdn. changements. | Verwandlungen u. s. w.

a تحيات TEHIJÂT. Sbst. Pl. des Vhgdn.

a تحيه TEHIJET. [حيى II.] Sbst. دعا ، سلام و ثنا action de saluer, salutation, compliment, bénédiction; souhait, prière | Begrüssung, Glückwünschung, Wunsch, Gebet. Pl. تحيات TEHIJÂT, als türkischer Singular salutation, bénédiction, souhait, formule de prière. | Gruss, Segensspruch, Gebetsformel.

a تحير TEHAJJÜR. [حار V.] Sbst. متعجب اولمق ، قاله قالمق ، شاشه قالمق état d'être stupéfait, interdit; être dans l'embarras, ne savoir que faire; stupéfaction, étonnement. | Erstaunen, Verwunderung, sich nicht zu rathen und zu helfen wissen.

a تحيز TEHAJJÜZ. [حاز V.] Sbst. بركمك ، جمع اولمق ، طقلمق اولمق ، طولاشمق action de se pelotonner, se rassembler, se trouver renfermé dans un lieu, occuper un espace. | das sich zusammenknäueln (wie eine Schlange), einen Knäuel bilden (ein Volkshaufe); in einen Raum eingeschlossen sein, einen Raum einnehmen.

a تحيض TEHAJJÜZ. [حاض V.] Sbst. عورت حيض سببيله نماز قيلمامق s'abstenir de faire la prière à cause d'impureté religieuse (des femmes) | Enthaltung vom Gebet (von Frauen).

a تخاتل TEHÂTÜL. [ختل VI.] Sbst. فريفته اولمق p بربرينى آلداتمق action de se tromper l'un l'autre; être trompé l'un par l'autre. | gegenseitiges Täuschen.

a تخادع TEHÂDÜ'. [خدع VI.] Sbst. آلداتيلمش كبى آلداتلمش كورنمكى كوسترمك p مكر ايتمك action de faire semblant d'être trompé, se croire trompé; se tromper mutuellement. | das sich hintergangen stellen, sich für hintergangen halten; einander täuschen oder zu täuschen suchen.

a تخاذل TEHÂZÜL. [خذل VI.] Sbst. جنكدن قاچمق عسكرلردن تخلف ايله ديكرلرى ترك ايتمك p كيرو دونمك action de fuir du champ de bataille, de faire défection, s'abandonner (les uns les autres); désertion. | Flucht vom Schlachtfelde, Desertion, Abfall, gegenseitiges sich im Stiche lassen.

a تخارج TEHÂRÜDJ. [خرج VI.] Sbst. action de partager les frais, les dépenses. | gemeinschaftliches Tragen der Kosten. Jurispr. partage de la succession. | Erbsonderung, Erbvergleich. — ETMEK, faire bourse commune (comme en voyage), partager entre soi. | gemeinschaftliche Kasse machen; unter sich theilen.

a تخاشى TEHÂŠÎ. [خشى VI.] Sbst. خوف و بيم ايله قورقمق crainte, se craindre l'un l'autre. | Furcht (vor einander). ابدا تخاشيلرى يوقدر sie haben durchaus keine Furcht (vor einander). — vgl. تخشى

a تخاصر TEHÂSUR. [خصر VI.] Sbst. — برآدمك الني النه آلوب كيتمك ، تخاصر action de marcher en se donnant la main | einander führen (die Hand oder den Arm geben).

a تخاصل TEHÂSUL. [خصل VI.] Sbst. اوق آتمقده اوكلى اولمق action de tirer de l'arc en déposant chacun une gageure. | um einen Preis um die Wette schiessen (mit Pfeilen).

a تخاصم TEHÂSUM. [خصم VI.] Sbst. خصومت ايلشمك *action de se témoigner mutuellement de l'inimitié, se disputer, se quereller.* | sich einer dem andern feindlich zeigen, sich streiten; Streit, Hader; mit einander processiren.

a تخاطر TEHÂTUR. [خطر VI.] Sbst. ايكى طرفدن بر نسنه اوزره اوكسدل وضع ايلمك = تراهن وتعيين *action de parier, de gager, de faire un pari.* | das Wetten, von beiden Seiten eine Wette setzen.

a تخافت TEHÂFUT. [خفت VI.] Sbst. سوزى كيزلجه سويلشمك *action de parler tout bas, de se communiquer des secrets.* | heimlich mit einander sprechen.

t تخاقو TAHAKU oder تخاقوى TAHÂKUJ. Sbst., = تاوق vgl. تخاقوى *poule; nom d'une année du cycle duodécimal de l'ère ancienne.* | Huhn; Name eines Jahres im zwölfjährigen Cyclus der alten Türken.

a تخاويف TEHÂWIF. Sbst. Pl. v. تخويف

a تخبير TAHBIR. [خبر II.] Sbst. آكاه ايلمك . خبر ويرمك *action d'avertir; avis, avertissement.* | Benachrichtigung, Anzeige.

p تخت TAHT. Sbst. *a* سرير . كرسى *trône, siège; capitale.* | Thron; Sitz, Gestell, Bettstelle; Residenz des Fürsten [= تختگاه oder تخت همايون] عالى تخت TAHT-I HUMAJUN. *trône sublime, trône royal ou impérial.* | der erlauchte, d. i. der königliche oder kaiserliche Thron. تخت يولى TAHT JOLY. *grand chemin.* | Landstrasse.

p تخت TOHT. Sbst. التيموز درهم *poids de 600 drachmes.* | Gewicht oder Summe von 600 Dirhem.

p تخت TOHT. Sbst., = دختر *fille* | Tochter.

p تختدار TAHTĪ-DÂR. Sbst. آل و قسره تتق ؛ جسه خوب *p* چيوقلى لاجه پارچه *a* تختدار *étoffe précieuse qu'on étendait sur le trône des rois de Perse; étoffe rayée; pièce d'étoffe, drap de lit.* | ein kostbarer Stoff, womit man den Thron der persischen Könige bedeckte; gestreiftes Zeug; ein Stück gestreiftes Zeug; Bettuch.

p تختروان TAHTĪ-REWÂN oder تخت روانه Sbst. *trône portatif, litière, palanquin; les quatres étoiles de la grande ourse.* | tragbarer Thron, Tragsessel, Sänfte; die vier grossen Sterne im Sternbilde des Bären. *a* نعش

p تختگاه TAHTĪ-GIAH. Sbst. دار السلطنت پايتخت *résidence du prince, ville capitale du royaume.* | Hauptstadt des Reichs, Residenz des Fürsten.

a تختم TEHATTUM. [ختم V.] Sbst. طاقموب ايسم اوزق . يعنى خاتم تختم *action de mettre la bague à cachet, de garder un secret.* | Anlegung des Siegelringes; Verschweigen einer Sache. Theol. suf. *impression de la vérité sur le cœur.* | Eindruck der Wahrheit auf das Herz.

p تخت نشان TAHTĪ-NISÂN. Sbst. *qui érige le trône. (Dieu).* | der den Thron aufrichtende, der oberste König, Gott.

p تخت نشين TAHTĪ-NIŠÎN. Sbst. *qui est assis sur le trône, roi.* | der Thronende, auf dem Thron sitzende, König. تخت نشينان خاك die im Staub thronenden, d. i. die Menschen, menschlichen Seelen, die welche ein beschauliches Leben führen.

p تخته TAHTE. Sbst. *a* لوح . صفيحه *p* تختال . سكاله *planche, table, ais, plaque (de métal, de pierre etc.); carreau, brique.* | Brett, Tafel, überhaupt jedes zu einem bestimmten Gebrauche bereitete flache Holz, Metall, Stein u. dgl., wie Lineal, Streichbrett, Schindel, Dachstein; was die Form einer Tafel hat, Gartenbeet; ein Stück Pelzwerk (so viel zu einer Seite des Kleides nöthig). تخته ماله TAHTE-MÂLE. *établi.* | Streichbrett (der Maurer). تخته سنك T.-SENK, *pierre plate.* | flacher Stein, Tafelstein. تخته صقال T.-SAKAL, — كور وتميه صقاللى ein dickbärtiger. تخته پرده T. PERDE oder تخته ديوارى T. DIWÂRI. *cloison.* | Bretterverschlag. تخته جامه T. ĜÂME, — *t r* جندره *a* ملوحه *presse des relieurs.* | Buchbinderpresse. تخته بند T. BEND, Schiene (für gebrochene Glieder). تخته بتى *punaise.* | Wanze. تخته پوش T. PÛŠ, *échafaud, échafaudage, plancher.* | Bretter-Dach, ein Verschlag auf dem Dache, wo man Wäsche trocknet, oder wo man sich aufhält um frische Luft zu schöpfen. تخته شطرنج TAHTE-I SATRANG, *échiquier; fourrure de dimension pour faire la moitié d'une robe.* | Schachbrett; eine Tafel Pelzwerk تخته پابوجى Holzpantoffel. تخته اول TAHTE-I EWWEL, = لوح محفوظ die Schicksalstafel [s. لوح] جدول تختهسى ĜEDWEL-TAHTESI. *règle de bois.* | Lineal. كوكس تختهسى *sternum (Anat.).* | das Brustbein. تخته ربع *petit cadran solaire.* | Taschenquadrant, kleine Sonnenuhr von Holz. باصمه تختهسى BÂS TAHTESI, oder كتاب مكنه سنك اشمر تختهسى *plateau de presse* [Druckbrett (an der Buchdruckerpresse). تخته كوكرجنى T. GÜWERĜINI, *pigeon ramier.* | Holztaube. تخته قاقمق TAHTA KAKMAK. *s.* قاقمق — تخته زدن T. ZEDEN, = يموق تاقق *carder.* | krämpeln.

p t تختهلو TAHTALY. Adj. *planchéié.* | bretern.

a تختيم TAHTIM. [ختم II.] Sbst. مختوم قيلمق . مهرلمك *action de cacheter.* | Versiegelung.

p تخجم TAHĜÜM. Adj. حريص وطمعكار BK. *cupide.* | gierig.

a تخجيل TAHĜÎL. [خجل II.] Sbst. اوتاندرمق . خجالت ايلمك *action de faire honte à q. qn.* | Beschämung.

a تخدر TEHADDUR. [خدر V.] Sbst. *action de se tenir dans l'appartement des femmes, loin des regards des hommes (se dit d'une femme).* | das sich im Weibergemach aufhalten, sich den Blicken der Männer entziehen, sich verborgen halten (von Frauen oder Mädchen), vgl. تخدير

a تخديد TAHDÎD. [خدّ II.] Sbst. ضعيفلتمك . بالصلرمه ايجى قورو ايلمك . قورولق *action d'amaigrir, de sécher, de faire se rider, devenir maigre.* | Eintrocknen, zusammenschrumpfen lassen; Abmagerung.

a تخدير TAHDÎR. [خدر II.] Sbst. پرده تلوتلدروب مستور قيلمق *action de cacher dans l'appartement des femmes, de tenir loin des regards (une femme).* | im Weibergemache verborgenhalten (eine Frau). vgl. تخدر

a تخديش TAHDÎŠ. [خدش II.] Sbst. طرمالابوب يارا ايلمك . طرنقله جريح ايلمك *action d'égratigner, de déchirer avec les ongles.* | das Kratzen, mit den Nägeln verwunden oder zerreissen.

a تخديع TAHDÎʿ. [خدع II.] Sbst. حيله ايلدوب آلداتمق *action de tromper par des ruses.* | Ueberlistung.

a تخذيل TAHZÎL. [خذل II.] Sbst. خوار وذليل و متروك قيلمق . رسوا ايلمك *action d'aliéner à q. qn ses amis; diffamation; action de rendre q. qn. abandonné de ses amis; action de rendre vil, de déshonorer, de diffamer.* | einem seine Freunde entfremden, bewirken dass er allein und verlassen steht; Jemandes guten Ruf vernichten; Verlästerung.

a تخرج TEHARRUĜ. [خرج V.] Sbst. 1. كسب كمال ايله استاد چيقمق . تعلم *action d'apprendre un art, une profession.* | Erlernung einer Kunst oder eines Handwerks; Meisterwerden. 2. Tahrîf v. تحرج *action d'éviter le péché.* | Meidung der Sünde.

a تخرد TEHARRUD. [خرد V.] Sbst. اوتانوب ساكت اولمق *timidité.* | schüchternes Schweigen.

a تخرص TEHARRUS. [خرص V.] Sbst. بر كمسنه يه افك و افترا ايلمك *action de calomnier, d'inventer un mensonge contre q. qn.* | Verläumdung, lügenhafte Beschuldigung.

a تخرق TEHARRUK. [خرق V.] Sbst. سوكلمك . قوپارلمق . يرتلمق *état d'être déchiré, lacéré, déraciné* | das zerrissen, zerzaust, zerfleischt, ausgerissen werden.

a تخريب TAHRÎB. [خرب II.] Sbst. ييقمق . ييقمق . بوزمق . خراب ايلمك *action de détruire; dévastation.* | Zerstörung, Verwüstung, Verheerung. — ETMEK. *ruiner, dévaster, démolir, abattre, extirper.* | zerstören, verheeren, verwüsten, ausrotten.

a تخريج TAHRÎĜ. [خرج II.] Sbst. چيقارمق *action de faire sortir, laisser sortir de l'apprentissage, faire passer q. qn. maître.* | das hinausgehen lassen, Hinausbringen, Hinausschicken, Entlassung (aus der Lehre), Ernennung zum Meister. Theol. Vollständige und wörtliche Anführung einer Tradition, mit Angabe der ganzen Reihe der Gewährsmänner.

a تخريق TAHRÎK. [خرق II.] Sbst. يارمق چيقمق سوكمك . پاره پاره ايلمك *action de déchirer, de lacérer, de calomnier.* | Zerreissung, Zerfleischung; Verläumdung.

a تخرير TAHRÎR. [خرر II.] Sbst.

action de rétrécir, de contracter. | Einziehung, Verengung, Zusammenziehung.

p تخس TAḤAS oder TAḪS. Sbst. BK. شدّت غم و غصه‌دن عارض اولان احتراق قلب و التهاب *tristesse.* | Traurigkeit.

p تخسير TAḪSIR. [خسر II.] Sbst. خسارت وزيانه دوچار ايتمك . نقصان ، اتلاف ، اضرار *action de causer du tort, du dommage, des pertes à q. qn.* | Schädigung, Beeinträchtigung Jemandes.

a تخشّع TEḪAŠŠÜ'. [خشع V.] Sbst. كندوينى آلچاق طوتمق ، تضرّع [Gegentheil v. تكبّر] *action de s'humilier, humilité, humiliation.* | Demuth, Unterwürfigkeit.

a تخشّل TEḪAŠŠÜL. [خشل V.] Sbst. تخشّل و تحقر ايتمك . ذليل و حقير اولمق *état d'être avili, avilissement; tomber dans la misère.* | das Herunterkommen (in seinen Umständen), in Elend und Verachtung sinken.

a تخشّن TEḪAŠŠÜN. [خشن V.] und تخشين TAḪŠIN. [خشن II.] Sbst. خشونت وسرتلك كسب . سرد و درشت اولمق *dureté, aspérité, rudesse.* | Härte, Rauheit.

a تخشّى TEḪAŠŠI. [خشى V.] Sbst. خوف ايتمك ، قورقمق *frayeur, crainte, peur.* | das Fürchten, Furcht, Schrecken.

a تخشية TAḪŠIJET. [خشى II.] Sbst. قورقوتمق . ايتمك تخويف *action d'épouvanter, d'effrayer.* | Erschrecken, in Furcht jagen.

a تخشين TAḪŠIN. [خشن II.] Sbst. 1. بر شيئى خشن قيلمق ، سرد و درشت ايتمك . اوزكدرمك *action de rendre rude, âpre au toucher, exaspérer, irriter q. qn.* | das hart und rauh machen, Erzürnung. 2. = تخشّن

a تخصّص TEḪAṢṢÜṢ. [خصّ V.] Sbst. خاص و مخصوص اولمق *état d'être propre ou particulier à q. qn. ou à q. ch.; état d'être affecté, lié, attaché spécialement à q. qn. ou à q. ch.* | Eigenthümlichkeit; besondere Zuneigung zu einer Person, besondere Neigung zu einer Sache.

a تخصيص TAḪṢIṢ. [خصّ II.] Sbst. سائره مشارك اولمديغى شئ . خاص ايلمك ايله مقيّد و ممتاز ايلمك *action de rendre propre ou particulier, d'attribuer exclusivement à q. qn. ou à q. ch., spécification, détermination.* | ausschliessliche Bestimmung zu etwas oder für Jemand, Beschränkung auf etwas, ausschliesslicher Gebrauch; eigentliche Benennung [Gegentheil v. تعميم], namentliche Aufführung und Aufzählung, Specification. — ETMEK. *destiner q. ch. à un usage particulier, effecter, spécifier, s'approprier q. ch.* | ausschliesslich zu einem bestimmten Zwecke thun oder machen (weihen oder widmen), namentlich aufführen, mit bestimmtem oder eigentlichem Namen nennen, bestimmt bezeichnen, sich aneignen. بالتخصيص oder بتخصيص BITTAḪṢIS. *en particulier, spécialement* | insbesondere, namentlich.

a تخصيصاً TAḪṢIṢAN. Adv. *spécialement* | insbesondere.

a تخصيصات TAḪṢIṢÂT. Sbst. Pl. von تخصيص *fonds publics destinés à des buts particuliers.* | zu bestimmten Zwecken ausgesetzte Staatscapitalien oder Einkünfte.

a تخضّع TEḪAẒẒÜ'. [خضع V.] Sbst. كندوينى آلچاق طوتمق *action de se soumettre, se montrer humble ou soumis; humilité.* | Unterwerfung, Demuth, Unterwürfigkeit.

a تخضير TAḪẒIR. [خضر II.] Sbst. يشللندرمك *action de rendre verdoyant, de faire prospérer.* | das Grünenlassen, Gedeihenlassen.

a تخضيع TAḪẒI'. [خضع II.] = تخضّع

a تخطّى TEḪAṬṬI' und تخطّؤ TEḪAṬṬÜ'. [خطأ V.] Sbst. يكلش ايتمك ، خطا ايتمك . يكلمق *action de se tromper, de commettre une erreur, de faire une faute, de pécher.* | das sich täuschen, sich irren, einen Fehler begehen, sündigen.

a تخطّى TEḪAṬṬI. [خطا V.] Sbst. آشلوب كچمك ، حدّى تجاوز ايتمك *action de dépasser, de passer outre.* | das Ueberschreiten.

a تخطئة TAḪṬI'ET. [خطأ II.] Sbst. بركمسه‌يى خطا ايله اتهام ايتمك ، خطاده نسبت ايلمك *action d'accuser q. qn. d'erreur, de péché.* | Beschuldigung des Irrthums; der Sünde zeihen. — ETMEK. *accuser q. qn. d'erreur.* | einen des Irrthums beschuldigen, sagen dass er sich getäuscht habe (mit dem Accus. der Person).

a تخطيط TAḪṬIṬ. [خطّ II.] Sbst. چيزمك ، رسم ايتمك ، يازمق *action de rayer, de tracer des raies, des lignes, de dessiner, d'écrire, de fabriquer des étoffes rayées.* | Streifig machen; Streifen oder Linien ziehen, zeichnen, schreiben; gestreifte Stoffe weben.

a تخطيف TAḪṬIF. [خطف II.] Sbst. قاپوب آلوب كتورمك *action d'enlever, de ravir.* | gewaltsames wegführen einer Sache.

a تخفّق TEḪAFFÜQ. [خفق V.] Sbst. بر طرفه ميل ايتمك . اكلمك *état d'être penché, incliné; action de se pencher.* | Neigung, nach einer Seite zu geneigt oder gebogen sein, sich neigen.

a تخفّر TEḪAFFÜR. [خفر V.] Sbst. صيغينمق ، صاقينمق ، حمايه ايستمك *action de protéger, d'implorer la protection de q. qn.; confusion, honte.* | Beschützung, Bitte um Schutz; Verlegenheit, vgl. تخفير

a تخفير TAḪFIR. [خفر II.] Sbst. اوتاندرمق ، صيغندرمق ايلمك *action de protéger, de faire rougir.* | Beschützung, Beschämung, vgl. تخفّر

a تخفيف TAḪFIF. [خفّ II.] Sbst. اينجلتمك ، خفيف ايتمك ، اغرلغى آزالتمك *action d'alléger, de rendre plus léger en ôtant q. ch., suppression d'une lettre, élision.* | das leichter machen, Erleichterung. Gramm. Unterdrückung der Verdoppelung eines Buchstabens, Auslassung eines Buchstabens, leichtere Aussprache oder Verkürzung einer Silbe. — ETMEK. *alléger, rendre plus léger, décharger un fardeau, adoucir un mal, diminuer la douleur, regarder comme de peu de valeur, faire peu de cas de q. ch., dédaigner.* | leicht machen, erleichtern, lindern (den Schmerz), leicht nehmen, wenig beachten, gering achten, wenig Wesen von einer Sache machen. تخفيف ايلمك دوكنى die Ladung eines Schiffes löschen. تخفيف الالم Linderung des Schmerzes. بتر بعلتر تخفيف اولنمشدر BETER ist aus dem Worte BEDTER verkürzt.

t تخل TAḪYL u. تخيل TAḪYL. Sbst. *blé, céréales, produit des champs.* | Getraide, Feldfrüchte. تخل بتى TAḪYL BITI. *charançon* | Kornwurm. تخل بچمك TAḪYL BIČMEK. *moissonner.* | das Getraide schneiden.

a تخلّج TEḪALLÜǴ. [خلج V.] Sbst. يوچيجيرق يورومك *action de branler, de chanceler.* | das Schwanken, Taumeln, schwankender unsicherer Gang.

a تخلخل TEḪALḪUL. [خلخل II.] Sbst. *action de rendre peu serré, état d'être peu serré.* | Lockerung, Lockerheit [Gegentheil von تكاثف].

a تخلّد TEḪALLÜD. [خلد V.] Sbst. ابدى كسب ايتمك . دائمى اولمق *état de durer perpétuellement, de rester éternellement;* stete Dauer, ewige Fortdauer.

a تخلّس TEḪALLÜS. [خلس V.] Sbst. قاپمق ، *p* ربودن *action d'enlever, d'emporter, de voler.* | das Wegnehmen, Stehlen. vgl. اختلاس

a تخلّص TEḪALLÜṢ. [خلص V.] Sbst. رهاسر دوست اولمق . قورتلمق ، خالص و صافى اولمق *action de se sauver, de se délivrer; état d'être sauvé ou délivré; état d'être pur; pureté, sincérité.* | das sich befreien von etwas, befreit sein, rein sein; Befreiung, Reinheit, Echtheit, Aufrichtigkeit, Treue, ungeheuchelte Freundschaft. — ETMEK. *se délivrer de q. ch.* | sich frei machen von etwas. Rhetor. Uebergang von der Einleitung zu dem Hauptgegenstande eines Gedichts. (v. Mehren. Rhetor. der Arab. S. 145). — Der angenommene Dichtername, (wie Newâï, Dichtername des Mir Ali Šehir) welcher gewöhnlich im Schlussverse eines Gedichts genannt wird.

a تخلّط TEḪALLÜṬ. [خلط V.] Sbst. قرشق اولمق ، قارشمق *action de se mêler; état d'être mêlé, mélangé, embrouillé.* | das sich einmischen, Einmischung, Vermengung, vgl. تخليط

a تخلّع TEḪALLÜ'. [خلع V.] Sbst. عياشلق *débauche.* | Ausgelassenheit, ausgelassen sein, sich einem zügellosen Leben ergeben.

a تخلّف TEḪALLÜF. [خلف V.] Sbst. تأخّر ايتمك ، كيرو قالمق ، مخالفت ايتمك ،

آوكي حال و نصيبدن چقمامق *action de rester en arrière.* | das Zurückbleiben. — ETMEK. *rester en arrière, être laissé en arrière, refuser d'avancer, s'opposer, être en opposition; reculer devant q. ch.* | zurückbleiben, zurückgelassen werden (von Erbschaften u. dgl.); nicht vorwärts wollen, sich weigern, sich widersetzen, widerstreiten; zurückweichen vor etwas. ايلروكتمكدن تخلف ايدرسه wenn er sich weigert weiter zu gehen.

a تخلّق TEHALLUK. [خلق V.] Sbst. = خوى و خلق پيدا ايله . تطبّع *action d'affecter les manières, les habitudes etc. de q. qn.* | Nachahmung oder Angewöhnung der Sitten, Manieren u. s. w. eines andern. خداوندكك خلقيله تخلّق ايتدك du hast deines Herrn Manieren angenommen.

a تخلّل TEHALLUL. [خلّ V.] Sbst. *p* درميان قسوم شدن . سيري شدن چيري *action de pénétrer dans l'intérieur d'un lieu ou d'une chose, action de se fendre.* | im Innern Risse und Spalten bekommen; in das Innere einer Sache eindringen, darin herumstören; Zerrüttung, Zerwürfniss.

a تخلّى TEHALLI. [خلا V.] Sbst. يالكز اولمق . خالى محلّه چكلمك *action de se retirer (dans un lieu vide ou dans la solitude), vivre isolément; se dédire de q. ch.* | das sich zurückziehen an einen Ort wo man allein ist, Absonderung (von der Welt); sich einer Sache entschlagen, nichts damit zu thun haben.

a تخليب TAHLIB. [خلب II.] Sbst. *action de tromper, de circonvenir.* | Täuschung, Hintergehen.

a تخلية TAHLIJET. [خلى II.] Sbst. بوش براقمق . خلاص ايتمك . بوش ايتمك . بوشاتمق *action de vider, d'évacuer, de laisser libre, de laisser; divorce.* | Leerung, Ausleerung, Loslassung, Verabschiedung, Entlassung eines Sclaven oder einer Frau. — ETMEK. *évacuer, laisser libre, relâcher, répudier une femme.* | ausleeren, frei lassen, loslassen, einen gehen lassen; überhaupt: lassen. سبيلمى تخليه ايلدى er liess mich meines Weges gehen. قصرى تخليه ايلديلر lasst den Palast ausleeren.

a تخليد TAHLID. [خلد II.] Sbst. ابدى قيلمق *action de se rendre éternel, de perpétuer, de conserver éternellement.* | Verewigung, stets dauern lassen.

a تخليص TAHLIS. [خلص II.] Sbst. كيجندركلك . خالص ايتمك . قورتارمق . چقارمق *action de rendre pur de q. ch., de délivrer de q. ch.; action de témoigner des sentiments purs ou sincères pour q. qn.* | Befreiung (von Unreinigkeit, Uebel, Mangel u. dgl.); Erlösung, Rettung; Lauterkeit (der Gesinnung, Freundschaft). vgl. تخلّص

a تخليط TAHLIT. [خلط II.] Sbst. قارشق ايتمك . فاسد ايتمك . قارشدرمق *action de mêler, d'embrouiller, de confondre, de déranger, de troubler; confusion, trouble.* | Mischung, Verwirrung, Störung, Verfälschung, Betrug, Wirwarr (etwas das ohne Sorgfalt oder innern Zusammenhang gemacht ist). — ETMEK. *mêler, mélanger, confondre; mettre de la confusion ou du désordre dans une affaire, la gâter; se troubler (la raison).* | mischen, mengen, vermengen, Verwirrung in eine Sache bringen, eine Sache verderben; in Verwirrung gerathen.

a تخليع TAHLI'. [خلع II.] Sbst. قوپارمق . چيقارمق *action d'ôter, d'enlever, d'arracher, d'ôter de sa place.* | Wegnahme, Wegreissen. Metr. *changement du pied.* مفعول en مستفعلن | Verkürzung des Fusses — — ◡ — in — — ◡

a تخليف TAHLIF. [خلف II.] Sbst. بر آدمى كندى مقامنه . كيروده قومق . خليفه ايتمك *action de placer q. ch. derrière ou après une autre; action de laisser q. qn. comme successeur, faire succéder.* | das hinter setzen, hinter sich lassen, zurücklassen; nachfolgen lassen; als Nachfolger lassen oder einsetzen.

a تخليل TAHLIL. 1. [Denom. von خل Essig] Sbst. اكشى ايتمك . اكشتمك *action de rendre aigre, de changer en vinaigre.* | Säuerung, sauer werden lassen. — 2. [خلّ V.] Sbst. vgl. تخلّل Reinigung (Kämmen mit den Fingern) des Bartes bei der gesetzlich vorgeschriebenen Waschung; Ausstochern der Zähne.

a تخم TAHM. Sbst. *frontière, confins, limite.* | Grenze.

p تخم TOHUM oder TOHM. Sbst. دانه *a* بذر *grain, semence, sperme; œuf; racine, origine; postérité.* | Samenkorn, Samen; Ei; Wurzel, Ursprung, Geschlecht, Nachkommenschaft. تخم مرغ TOHUM-I MURG. *œuf.* | Ei. تخم كتان TOHUM-I KETTĀN. *graines de lin.* | Leinsamen. تخم ريز TOHUM RIZ. *semeur; champ préparé pour la semence ou champ ensemencé.* | Säemann; Saatfeld.

a تخمة TOHAMA, vulg. TOHMA. Sbst. امتلا معده طولغونلغى *indigestion.* | Ueberladung des Magens.

a تخمّد TEHAMMUD. [خمد V.] Sbst. آتشك اطفاسنه يوز طوتمسى *action de commencer à s'éteindre (le feu).* | das zu verlöschen anfangen des Feuers.

a تخمّر TEHAMMUR. [خمر V.] Sbst. 1. [Denom. v. خمار] خماروى بلسنه . بشقلمق كسالى طولنمق *action de mettre le voile, se voiler.* | sich verschleiern, den Schleier über den Kopf ziehen. 2. [Denom. v. خميره] مايەلنمك . اختمار *action de s'agiter sous l'action du ferment, fermentation.* | Gährung.

p تخم خرفه TOHMI-HURFE. Sbst. *pourpier.* | Portulack.

p تخمكار TOHUM-KĀR. Sbst. *semeur.* | Säemann.

p تخمدان TOHUMDĀN. Sbst. طاشاق *les testicules.* | die Hoden.

p t تخملق TOHUMLUK. Sbst. *fécondation.* | Besamung, Befruchtung, Beschälung [Kam. s. v. العسب].

p t تخملنمق TOHUMLAMAK. Vb. intr. بشقلمق . بشن طوتمق . دانه كلمك *former des grains, des épis (une plante)* | in Samen schiessen, Samenkörner oder Aehren ansetzen (eine Pflanze). — Deriv. تخملنمق TOHUMLANMAK. Vb. refl. *se former en grains, en épis.* | sich als Same oder Aehre ausbilden.

a تخمير TAHMIR. [خمر II.] Sbst. 1. بورومك سترايتمك *action de couvrir, de voiler.* | Bedeckung, Verhüllung. 2. مايه لندرمك *action de faire fermenter, ajouter du levain ou q. ch. à la pâte; fermentation.* | Gährung, zum Gähren bringen (Wein u. andere Getränke), den Teig säuern, zu dem Teige oder einer teigartigen Masse etwas hinzufügen. مسك وسائر خوش نسنه لرايله تخمير ايتمك mit Moschus und andern schönen Dingen vermischen oder zusammenkneten. تخمير اولنمش بر شمع عنبر وعود ايله eine aus Wohlgerüchen und Aloe zusammengesetzte Kerze.

a تخميس TAHMIS. [خمس V.] Sbst. بش نسنه بش . بشه بولك . بش قات ايتمك . اركانى اوزره ترتيب و اعمال ايتمك *action de partager en cinq, de multiplier en cinq, de faire en cinq manières différentes, de faire un pentagone.* | Fünftheilung, Verfünffachung, fünffach übereinander legen oder zusammenflechten u. s. w., auf fünferlei Weise machen, fünfeckig machen, ein Fünfeck bilden. Poët. Erweiterung eines Verses zu fünf mit einander gereimten Halbversen.

a تخمين TAHMIN. [خمن II.] Sbst. دليل ضعيف اوزرنلمق . ظن ايتمك . تقدير ايتمك اوزره حكم و قياس ايتمك *action de conjecturer, de préjuger, de déterminer approximativement; conjecture, estimation, évaluation.* | Muthmassung, ungefähre Schätzung, Rathen, Meinen. ظنّ و تخمينمده خطا بولنمسه wenn meine Vermuthung mich nicht täuscht. بونك تخمينات اوزره مبنى در diese Sache beruht auf blosser Vermuthung.

a تخميناً TAHMINEN. Adv. عملى . تقريبا *par conjecture, à-peu-près, environ, approximativement.* | nach Vermuthung, muthmasslich, ungefähr, ziemlich, nach annähernder Schätzung. تخميناً سويلرم ich sage es nur so als Vermuthung.

a تخمينات TAHMINĀT. Sbst. Pl. v. تخمين *conjectures.* | Muthmassungen u. s. w.

a p تخمين كرده TAHMIN-KERDE. Adj. *conjecturé.* | gemuthmasst, gerathen.

a تخنّث TEHANNUS. [خنث V.] Sbst. صالقى و ملايم كوزلو اولمق . قيوريلوب اكيلوب اكلى بوكلم اولمق . بوكلملو اولمق *action de se courber, se pencher; se plier à q. ch., se montrer doux.* | das sich biegen, zusammen biegen, sich biegen lassen, nachgiebig sein, sich weichlich oder weibisch geberden.

a تخنّس TEHANNUS. [خنس V.] Sbst.

غائب وناپود اولمق *action de se cacher, de disparaître.* | sich Verbergen, Verschwinden.

a تخنيث TAḪNIS. [خنث II.] Sbst. برنسنه يى اكوب ايكى . عطف . تعطف بوكلم ايتمك *action de se courber, se pencher.* | das Biegen, Zusammenbiegen.

a تخنيق TAḪNIḲ. [خنق II.] Sbst. *action d'étrangler, d'étouffer, de suffoquer.* | Erstickung.

a تخوض TEḪAWWUẒ. [خاض V.] Sbst. *action de chercher à plonger, à s'enfoncer.* | das hineinzutauchen, tief einzudringen suchen.

a تخوف TEḪAWWUF. [خاف V.] Sbst. خوف ايتمك . قورقمق *action de s'épouvanter de q. ch., de s'effrayer; crainte, peur.* | Furcht, Entsetzen, Befürchtung.

a تخوم TUḪÛM. Sbst. Pl. v. تخم TAḪUM.

a تخومة TAḪÛME. Sbst. سرحد . حد . سنور بشى *borne, limite entre deux territoires.* | Grenze. vgl. تخم

a تخون TEḪAWWUN. [خان V.] Sbst. خيانت ايتمك . خائن اولمق *action de tromper, de trahir, de causer un préjudice à q. qn.* | Täuschung, Verrath, Veruntreuung; Schädigung, Beeinträchtigung.

a تخويض TAḪWIẒ. [خاض II.] Sbst. *entrer dans l'eau; plonger dans . . ., remuer, agiter pour mélanger un liquide.* | Tauchen, Eintauchen, Umrühren einer Flüssigkeit.

a تخويف TAḪWIF. [خاف II.] Sbst. 1. قورقيه كيرتمك قيلمق . قورقتمق *action de faire peur, intimidation.* | das in Furcht jagen, Einschüchterung. — ETMEK *faire peur, effrayer, épouvanter.* | in Furcht jagen, erschrecken. Pl. تخاويف TEḪÂWIF. *terreurs, périls, dangers.* | Furcht, Schrecken, Gefahren. — 2. (als Concretum) قورقنج . اوماجى *qui a peur, qui désespère.* | ein Furchtsamer, Hoffnungsloser, Verzweifelnder.

a تخويل TAḪWIL. [خال II.] Sbst. بر آدمه احسان و تفضل وجهيله نسنه اعطا ايتمك *action de faire participer q. qn. à q. ch., lui accorder q. ch. (se dit de Dieu).* | das theilhaftig werden lassen, Verleihung durch göttliche Gnade.

a تخوين TAḪWIN. [خان II.] Sbst. بر آدمى خيانته نسبت ايتمك *action d'accuser q. qn. de perfidie.* | Beschuldigung der Treulosigkeit, des Verraths. 2. بر نسنه يى اكسلتمك *action d'amoindrir.* | Verringerung. 3. بر نسنه يى كوروب كوزتمك *action de faire grande attention à q. ch., prendre garde.* | sorgfältige Beachtung einer Sache, ängstliche Vorsicht.

a تخير TEḪAIJUR. [خار V.] Sbst. *action de choisir, de préférer.* | Auswahl. vgl. تخيير

t تخيل TAḪYL. s. تخبيل

a تخيل TEḪAIJUL. [خال V.] Sbst. خيالمق . *p* انكارلمق *action d'imaginer, de s'imaginer; imagination.* | Einbildung, Ersinnung, Ausdenkung. ممكن التخيل MUMKIN ET-T. *imaginable.* | denkbar, vorstellbar. سريع التخيل SERÎ' ET-T. *imaginatif.* | erfindsam, sich leicht etwas einbildend. معشوق لطيفه تخيل ايدن مألوف *qui imagine de belles choses.* | der schöne Sachen ausdenkt. — ETMEK. *s'imaginer q. ch., se mettre q. ch. dans la tête; avoir des soupçons.* | sich etwas einbilden, sich in den Kopf setzen, argwöhnen.

a تخيلات TEḪAIJULÂT. Sbst. Pl. d. Vhgd. *imaginations.* | Einbildungen.

a تخييب TAḪJÎB. [خاب II.] Sbst. مأيوس ايتمك . اميدلرين منع ايتمك . تخسير محروم قيلمق *action de frustrer, de priver q. qn. de son dû ou de ce à quoi il s'attend.* | Täuschung der Erwartung oder der Hoffnung Jemandes. بنمى حقومدن تخييب ايلدى er hat mich um mein Recht gebracht. آلاجقلو سنى تخييب ايلدى er hat seinen Gläubiger getäuscht (um das Seine gebracht).

a تخيير TAḪJÎR. [خير II.] Sbst. نسنه نك انتخاب و اختيارينى مختير قيلمق بريمه احاله ايتمك *action de donner le choix; d'avoir le choix libre.* | die Wahl lassen, wählen lassen, zu freier Wahl stellen. Rhet. Eine rhetorische Figur, welche darin besteht, dass das letzte reimbildende Wort eines Verses verschieden sein kann, indem mehrere Wörter einen ähnlichen Sinn ausdrücken, so dass das Schlusswort der Wahl des Lesers überlassen ist. v. Mehren. Rhet. d. Arab. Seite 155.

a تخييس TAḪJÎS. [خاس II.] Sbst. تذليل ايتمك *action d'humilier, d'abaisser, de soumettre.* | Erniedrigung, Unterwerfung.

a تخييل TAḪJÎL. [خال II.] Sbst. خيله ايتمك . بر آدمه سوء ظن ايتمك . خيالتمق *action de faire imaginer q. ch., action de présenter à l'imagination telle ou telle chose; rendre q. qn. objet de quelque soupçon.* | Vorspiegelung, Täuschung, Verdächtigung. Rhetor. rhetorische Figur, welche darin besteht, dass man ein Wort gebraucht, welches der Leser zunächst in der eigentlichen Bedeutung auffasst, während man die bildliche Bedeutung desselben im Sinne hat. — ETMEK. *faire imaginer q. ch.* | der Einbildungskraft etwas vorspiegeln.

a تدابير TEDÂBÎR. Sbst. Pl. v. تدبير *délibérations, dispositions, mesures.* | Berathungen, Anordnungen, Massregeln.

a تداخل TEDÂḪUL. [دخل VI.] Sbst. بربرى ايچنه كيرمك *action de pénétrer l'un dans l'autre, se mêler.* | das in einander hineingehen, eindringen, einander durchdringen, sich einmischen (einer in die Angelegenheiten des andern); in einander aufgehen (eine Zahl in der andern, bei der Division); von einem Termin zum andern bleiben (z. B. die Bezahlung der Miethe, der Zinsen für ein Capital u. s. w.). تداخله بنمك TEDÂḪULE-BINMEK. *être en retard (le payement d'une dette).* | in Rückstand bleiben (so dass ein Termin erst mit Ablauf des folgenden bezahlt wird).

a تدارس TEDÂRUS. [درس VI.] Sbst. اوقومق و يازمق . درسه مشغول اولمق *action d'étudier, de lire et écrire.* | Das Studieren, Lesen und Schreiben.

a تدارك TEDÂRUK. [درك VI.] Sbst. حاضرلق . تشوب لاحق اولمق . تتميمه تدبير . لوازمكى مهيا قيلمق *action de réparer, réparation; action de pourvoir, provision, préparatif, appareil; mesure par laquelle on atteint ou remédie q. ch.* | Ersetzung, Ersatz, Vorkehrung, Massregel, Vorbereitung, Zurüstung, Herbeischaffung. — Rhet. Zurücknahme oder Einschränkung von etwas vorher Gesagtem, durch Adversativpartikel, wie aber, jedoch u. a. — ETMEK oder — GÖRMEK. *réparer, obvier, prendre des mesures, des expédients, se pourvoir, préparer.* | wieder gut machen, ersetzen, einer Sache abhelfen; Vorkehrungen, Vorbereitungen treffen; sich mit etwas versorgen, Massregeln ergreifen. تدارك مافات ايتمك *réparer la perte.* | den Verlust ersetzen, sich entschädigen. تدارك الدواء ايتمك *remédier, apporter remède.* | Gegenmittel anwenden oder bereiten. اعمال التدبير قبل الفور الآفت تدارك ايتمك einem Unglücke vorbeugen. تداركات ضيافت Vorbereitung zu einem Gastmal. تداركات سفريه Kriegsrüstungen. ذخيره تداركنه كتمك für Vorrath sorgen.

a تداركات TEDÂRUKÂT. Sbst. Pl. d. Vhgd.

a t تداركلنمك TEDÂRUKLENMEK. Vb. act. تدارك كورمك . حاضرلنمق *faire des préparatifs, se préparer.* | Vorbereitungen treffen, sich bereit machen. — Deriv. تداركلنديرمك TEDÂRUKLENDIRMEK. Vb. caus., — حاضرلمق *pourvoir, munir, garnir.* | Vorbereitungen treffen lassen, mit Vorräthen versorgen. برقلعه يى مهمات لازمه سيله تداركلنديرمك eine Festung verproviantiren.

a t تداركلو TEDÂRUKLU. Adj. *qui a fait des préparatifs, préparé, prêt à . . ., muni, pourvu des choses nécessaires.* | bereit zu etwas, versehen, gerüstet. تداركلو اولمق mit dem nöthigen versehen sein, bereit sein; sich bereit machen.

a تدافع TEDÂFU'. [دفع VI.] Sbst. كندولى حفظ ايدوب دشمنى دفع ايتمك . دفع ايلشمك *action de repousser, d'éloigner l'un de l'autre; action de se défendre, défense.* | gegenseitiges Wegstossen, von einander entfernen, von sich abhalten, sich vertheidigen; Vertheidigung.

a t تدافعى TEDÂFU'Î. Adj. تحفظى [Gegentheil von تجاوزى und تعرضى] *ayant rapport à la défense, défensif (un traité etc.).* | die Vertheidigung betreffend. شروط تدافعى محتوى برقطعه عهدنامه *traité défensif.* | ein Defensiv-Tractat. شروط تدافعى حاوى اتفاق *alliance défensive.* | Defensiv-Bündniss.

a تدافف TEDÂFUF. [دف VI.] Sbst. *action de se presser en foule.* | Gedränge.

a تدافن TEDÂFUN. [دفن VI.] Sbst. كتم ايلشمك . تكاتم *action de se cacher mutuellement q. ch.* | Verheimlichung einer Sache vor einander *a* تدافع TEDÂFU. Sbst. Tahrif. v. تدافع

a تداق TEDÂKK oder تداقق TEDÂKUK. [دقّ VI.] Sbst. بيله تدقيق، اكلشمك بري برله معرفت بتدقيق، ايدرك حساب ايله ايلمك *action d'agir minutieusement l'un avec l'autre.* | genau mit einander handeln, genaue Abrechnung mit einander.

a تداميج TEDÂMÜG. [دمج VI.] Sbst. برخصوصده برلكلشمك *action de s'entre-aider.* | gegenseitige Hülfeleistung.

a ايلمك تدامل TEDÂMÜL. [دمل VI.] Sbst. تصالح نفس بري برله بيتارى اصلاح اولوب بارشمق *action de se réconcilier les uns avec les autres.* | gegenseitige Aussöhnung, Versöhnung, sich vertragen.

a تدانى TEDÂNI. [دنى VI.] Sbst. بري برينه يقلشمق *action de s'approcher l'un de l'autre; rapprochement.* | gegenseitige Annäherung. Theol. معراج المقربين *ascension de ceux qui sont admis à la proximité de Dieu.* | das Aufsteigen derer welche in die Nähe Gottes gelangen.

a تداور TEDÂWUR. [دار VI.] Sbst. كرد آمدن و نوبتله بري برينه دور وحوالة ايتمك *action de se tourner l'un autour de l'autre, action de tourner en cercle.* | das sich um einander herumbewegen, im Kreise gehen.

a تداول TEDÂWÜL. [دال VI.] Sbst. عموم، الدن اله ويرمك، الدن اله كچمك استعمال ايتمك *action de se passer q. ch. les uns aux autres; circulation (p. ex. de l'argent).* | das von Hand zu Hand gehen, von Hand zu Hand geben, Umlauf. — ETMEK. *circuler.* | in Umlauf sein, im allgemeinen Gebrauche sein. — ETDIRMEK. *faire circuler.* | in Umlauf setzen. نقود ايادئ ناسده تداول ايدر das Geld läuft in den Händen der Leute um.

a تداون TEDÂWUN. [دان VI.] Sbst. بورج ايلشمك *entrer ou être dans le rapport de créancier et de débiteur.* | Verhältniss zwischen Gläubiger und Schuldner.

a تداوى TEDÂWI. [دوى VI.] Sbst. *action d'employer des médicaments.* | Gebrauchen von Medizin; Medizinieren, sein eigener Arzt sein.

a تداوير TEDÂWIR. Sbst. Pl. v. تدوير

a تدبر TEDEBBUR. [دبر V.] Sbst. برمادّه نك سرانجامنى فكر ايتمك، تدارك كورمك ملاحظه و تفكر ايلمك *action de réfléchir, d'agir avec discernement; préméditation.* | das Vorherbedenken, mit sich zu Rathe gehen, Bedenken, Ueberlegen, sich vorsehen.

a تدبير TEDBIR. [دبر II.] Sbst. [Plur. تدابير u. تدبيرات] *direction, arrangement; maniement des affaires, gouvernement; conduite; délibération, discernement, plan, conseil, avis; mesure, expédient* | Leitung, Führung, Ordnung der Geschäfte, Regierung; Aufführung, Betragen; Ueberlegung, Berathschlagung, Rath, Plan, Mittel zu einem Zwecke (nach vorheriger Ueberlegung); Massregel, Gegenmittel. Jurispr. تعليق العتق بالموت Testamentarische Verfügung, einen Sclaven nach dem Tode (des Testators) frei zu lassen. — ETMEK. *délibérer, considérer la fin, méditer, prendre conseil, diriger, remédier.* | berathschlagen, bedenken, Massregeln ergreifen (für oder gegen eine Sache); Gegenmittel anwenden; eine Angelegenheit, die Regierung u. s. w. führen. تدبير ملك TEDBIR-I MILK. oder تدبير سلطنت *maniement des affaires de l'état, art du gouvernement, politique.* | Leitung der Staatsgeschäfte, Staatsklugheit, Staatsökonomie, Politik. اهل تدبير EHL-I TEDBIR. oder تدبير شناس TEDBIR-ŠINÂS. *homme prudent, de bon conseil, qui délibère ou médite avant d'agir.* | ein kluger, verständiger Mann, der guten Rath weiss, nach vorhergegangener Ueberlegung handelt. تدبيردن عاجز اولمق *être hors de mesure.* | sich keinen Rath wissen. تدارك تدبير *prendre des mesures.* | Massregeln ergreifen, Vorkehrungen treffen. علته يقى ايله تدبير ايلمك eine Krankheit durch Ausbrennen heilen, einen Schaden ausbrennen. تدبير تقدير تدبيرى بوزر der göttliche Rathschluss macht menschliche Klugheit zu nichte, der Mensch denkt und Gott lenkt.

a تدبيرات TEDBÎRÂT. Sbst. Pl. d. Vhgd.

a تدبيق TEDBÎK. [دبق II.] Sbst. اوكسه ايله قوش طوتمق *action de prendre les oiseaux à la glu.* | Vogelfangen mit Leim.

a تدثر TEDESSÜR. [دثر V.] Sbst. *action de se couvrir, s'envelopper.* | sich verhüllen, in sein Kleid hüllen. vgl. متدثر

a تدجج TEDEGGÜG. [دجّ V.] Sbst. سلاحلنمق *action de se couvrir d'armes, être couvert d'armes.* | sich mit Waffen bedecken, bis an die Zähne bewaffnet sein. vgl. تدجيج

a تدجن TEDEGGÜN. [دجن II.] Sbst. *état d'être couvert d'épaisses ténèbres (se dit du ciel).* | Verdüsterung des Himmels. vgl. das Fgde.

a تدجيج TEDGÎG. [دجّ II.] Sbst. سلاح كيدرمك، كوك يوزى بولوتلو اولمق *action de se couvrir (le ciel de nuages), se couvrir d'armes.* | das sich bedecken oder bedeckt sein z. B. mit Waffen, Rüstung, oder der Himmel mit Wolken.

a تدجيل TEDGÎL. [دجل II.] Sbst. قيلامق، برنسنه نك بتمامه بورمك آلتون ايله ياللدزلق *action d'enduire, de dorer, d'argenter.* | vollständiges Bedecken einer Sache, Anstreichen, Vergoldung, Versilberung.

a تدحرج TEDEHRÜG. [دحرج II.] Sbst. يوارلنمق *action de rouler, dégringoler, se rouler.* | das Rollen, Hinabrollen, sich zusammenrollen.

a تدحلم TEDAHLÜM. [دحلم II.] Sbst. *se contracter, se ratatiner.* | Zusammenschrumpfung.

a تدخل TEDAHHUL. [دخل V] Sbst. *action d'entrer, de s'indroduire, d'intervenir, d'entremettre.* | das hineinkommen, sich einschleichen, dazwischen kommen. آرا صوقلمق اوچنجى كمسنه نك تدخلى كركدر es muss ein Dritter zwischen sie kommen.

a تدخن TEDAHHUN. [دخن V.] Sbst. توتون ويرمك، توتونلمك *action de fumer, faire de la fumée.* | Das Rauchen (intr.).

a تدخين TADHÎN. [دخن II.] Sbst. توتونلمك، توتسيلمك *action de fumer, de parfumer.* | Räucherung, Beräucherung, Durchräucherung.

a تدرب TEDERRÜB. [درب V.] Sbst. الشمق، كسب الفت ايلمك *action de s'habituer, de prendre l'habitude de q. ch.* | Gewöhnung, Angewöhnung.

a تدرج TEDERRÜG. [درج V.] Sbst. *action de s'élever ou d'arriver, d'avancer par degrés.* | stufenweises oder allmähliges Aufsteigen, Fortschreiten, Gelangen zu etwas. vgl. تدريج

a تدرس TEDERRÜS. [درس V.] Sbst. درس المق، اوقومق، درسه مشغول اولمق تحصيله چالشمق *action d'étudier; étude, lecture; action de prendre des leçons; état d'apprentissage.* | Studium, Lesen, Unterricht nehmen, Arbeit in der Lehre bei einem Meister.

a تدريب TEDRÎB. [درب II.] Sbst. آلشدرمق *action d'habituer, d'accoutumer, de faire prendre l'habitude, de dresser.* | Gewöhnung. اطفالى رسوم اطاعت و انقياده تعويد و تدريب ايلمك die Kinder an Gehorsam gewöhnen.

a تدريج TEDRÎG. [درج II.] Sbst. درجه درجه حركت ايتدرمك *action de faire avancer par degrés.* | stufenweises Vorwärtsbringen. على التدريج oder بالتدريج nach und nach. vgl. تدرج

a تدريجا TEDRÎGEN. Adv. *par degrés.* | stufenweise.

a تدريجى TEDRÎGÎ. Adj. *graduel.* | stufenweise. تزايد تدريجى TEZÂJÜD-I TEDRÎGÎ. *gradation.* | Steigerung, allmähliges Anwachsen.

a تدريس TEDRÎS. [درس II.] Sbst. اوكرتمك، اوقوتمق، درس ويرمك *action d'enseigner, donner des leçons; fonction de maître ou de professeur.* | das Unterricht ertheilen, Lesen lehren; Vorlesungen halten, Amt oder Geschäft eines Lehrers.

a تدسم TEDESSÜM. [دسم V.] Sbst. مردارلغه بيلاشمق، كيرلنمك *action de se graisser, de devenir sale et crasseux.* | das sich mit Fett beschmutzen.

a تدسيم TEDSÎM. [دسم II.] Sbst. ياغ ايله زفيرلتمك، ياغه بيلاشدرمق *action de graisser, de souiller de graisse, de rendre sale.* | mit Fett beschmutzen.

a تدسية TEDSIJET. [دسى II.] Sbst. براكمى افساد واغوا ايله كمراه ايلمك *action de séduire, séduction, corruption.* | Verführung.

a تدفن TEDEFFÜN. [دفن V.] Sbst.

action de se cacher, se dérober. | das sich Verbergen.

a تدفيع TEDFI'. [دفع II.] Sbst. تدفيع ايتمك . دفع ايتمك *action de repousser, de chasser, de rejeter avec violence; répulsion.* | Verstossung, Vertreibung.

a تدفين TEDFIN. [دفن II.] Sbst. گومك . دفن ايتمك *action d'enterrer, de cacher; enterrement.* | das Begraben, Vergraben, Verbergen; Begräbniss.

a تدقيق TEDKIK. [دقّ II.] Sbst. انجه‌لتمك . بر نسنه‌يى گركى كبى توكوب خرد ايتمك . حقيقت ارامق . خرده‌كارلق ايلمك *action de piler menu, de rendre mince, d'examiner minutieusement* | das Zerstampfen (zu Staub), klein machen; genaue bis auf das Kleinste eingehende Untersuchung oder Ausforschung.

تدلّس TEDELLUS. [دلس V.] Sbst. تكلّفله كيزلمك *dissimulation.* | Verstellung, Verhehlung.

a تدلّك TEDELLUK. [دلك V.] Sbst. اووالنمق . سورنمك . دلك اولنمق *action de se frotter.* | Reibung, Bereibung, Einreibung mit etwas. 2. übergetrag. Bedeutung, — تخلّق . بر خويه ايله طبيعتلنوب خويلنمق *action de s'habituer à q. ch., de prendre l'habitude de q. ch.* | Angewöhnung.

a تدلّل TEDELLÜL. [دلّ V.] Sbst. نازلنمق . شيوه‌كارلق ايتمك . شيوه وادا كوسترمك *coquetterie.* | übermüthiges Benehmen, zu grosses Selbstvertrauen, besonders von Weibern gegen Männer, Coquetterie.

a تدلّى TEDELLI. [دلى V.] Sbst. 1. صارقمق *action de se laisser descendre.* | das sich herablassen (wie an einem Strick). Theol. das sich wieder herabsenken oder zurückweichen aus der unmittelbaren Nähe Gottes [Gegentheil von اَلتَّدانى]; Rückkehr zu sich selbst aus der Extase; das sich herablassen Gottes (zu dem Andächtigen). 2. — تدلّل

a تدليه TEDLIJE. [دلى II.] Sbst. يوقاريدن اشاغى براقمق . صالقمق *action de descendre.* | hinablassen. 2. دليل و حجت احضار ايتمك *démonstration.* | Beibringung eines Beweises, Beweisführung.

a تدليس TEDLIS. [دلس II.] Sbst. متاعڭ عيبنى كتم ايتمك . آلداتمق *action de tromper (dans la vente en cachant les défauts de l'objet vendu); déguisement de la vérité.* | Täuschung (beim Handel, durch Verhehlung der Fehler einer Waare); Entstellung der Wahrheit, Fälschung. Theol. Falsche Angabe der Quellen oder der Gewährsmänner einer Tradition; Fälschung der Tradition.

a تدليك TEDLIK. [دلك II.] Sbst. سورشتيرمك . اووالمق . سورمك *action de frotter, de frotter l'un l'autre.* | das Reiben, einander reiben.

a تدليل TEDLIL. [دلّ II.] Sbst. شوخلق ايلدوب ناز و عشوه ايلمك *coquetterie outrée.* | ausgelassene Coquetterie. vgl. تدلّل.

a تدليه TEDLIH. [دله II.] Sbst. غم و غصه يا خود عشق بر آدمى عقلدن ايتمك و مدهوش ايلمك *action de faire perdre la tête, de rendre fou q. qn. (une passion ou une vive émotion).* | den Kopf verlieren lassen, das toll machen (eine Leidenschaft oder heftiger Affect).

a تدمر TEDMU'R oder تدمير TEDMIR. N. pr. Tadmor oder Palmyra.

a تدمّر TEDEMMÜR. [دمر V.] *s.* تدمير

a تدمّع TEDEMMU'. [دمع V.] Sbst. اغلايوب كوزيشى توكمك *action de pleurer, être en larmes.* | das Weinen, Thränenvergiessen.

a تدمّل TEDEMMÜL. [دمل V.] Sbst. كوبرة ايله اصلاح اولنمق . كوبرة لنمك *état d'être préparé à l'engrais, être engraissé, être amélioré par l'engrais (le sol).* | Düngung, gedüngt sein, durch Düngung verbessert sein (der Boden).

a تدمّن TEDEMMÜN. [دمن V.] Sbst. *état d'être sali de fiente.* | Verunreinigung durch Unrath. vgl. تدمين

a تدمية TEDMIJET. [دمى II.] Sbst. قانلانمق . اوزره جرح ايتمك . اوروب قناتمق *action de blesser à faire couler le sang.* | blutige Verwundung.

a تدميث TEDMIS. [دمث II.] Sbst. نرم ايتمك . يومشق ايتمك *action de rendre uni, égal.* | Ebenung, Glättung (des Bodens).

a تدميج TEDMIĞ. [دمج II.] Sbst. بر نسنه‌يى دورلمه وجمع ايدوب كركى كبى برلشدرمك *action de faire entrer q. ch. dans une autre.* | Einfügung, Ineinanderfügung.

a تدمير TEDMIR. [دمر II.] Sbst. تارمار . اعدام ايتمك . يوق ايتمك . هلاك ايتمك و پريشان ايتمك *action de perdre, perte, ruine, destruction, dégât, extermination.* | Verderbung, Vernichtung, Zerstörung, Störung. — ETMEK. *perdre, ruiner, anéantir, abîmer, mettre en désordre, troubler.* | verderben, zerstören, zu Grunde richten, in Unordnung und Verwirrung bringen.

a تدميس TEDMIS. [دمس II.] Sbst. ستر واخفا ايتمك *action de cacher, d'enterrer.* | das Verbergen, Vergraben.

a تدميق TEDMIK. [دمق II.] Sbst. ادخال ايتمك . ايچرو صوقمق *action de faire entrer, introduire, mettre une chose dans une autre.* | das Hineinbringen einer Sache in eine andere, in einander setzen, einfügen, hineinstecken.

a تدمين TEDMIN. [دمن II.] Sbst. مواشى بر يرى كوبرله ونشقيلق ايلمك *action de salir d'ordures ou de fiente.* | Verunreinigung durch Unrath. vgl. تدمّن

a تدنّس TEDENNÜS. [دنس V.] Sbst. رذيل ودنى اولمق . پاسلنمق . كيرلنمك *action de se salir, se souiller, se gâter; état d'être souillé, d'être vil, abject, mauvais.* | Besudelung, Beflecktung, Verschlechterung; sich besudeln, schlecht werden, verderben; verdorbener oder schlechter Zustand einer Sache, das Verdorben sein.

a تدنّى TEDENNI. [دنى V.] Sbst. تدانى وتنزل كسب ايتمك . آزجه آزجه يقلشمق *action d'approcher doucement, de s'approcher, de descendre, de déchoir.* | langsames und allmähliges Näherkommen, sich herabsenken, herablassen; allmähliges Sinken, schlechter werden.

a تدنية TEDNIJET. [دنى II.] Sbst. بر نسنه‌نك صغير و كبيرى . دقيقنه قدر ... تتبع ايلمك *action d'approcher; action de descendre dans les détails de q. ch.* | das näher bringen; näher auf eine Sache eingehen, sich im Grossen und Kleinen mit einer Sache beschäftigen.

a تدنيس TEDNIS. [دنس II.] Sbst. بر آدمڭ عرض وناموسنه . بر نسنه‌يى كيرلتمك شين وخلل و بر ..... اشلمك *action de salir, de souiller, de tacher q. ch.; action de ternir la réputation de q. qn.* | Verunreinigung, Befleckung, Besudelung; Verunglimpfung, Beschimpfung. تدنيس النفس geistige Befleckung.

a تدوير TEDWIR. [دار II.] Sbst. دولاندرمق . دور ايتدرمك . تكرملنمك . مسلسل دور وتطاولنمق دولى ورمق . طولاشترمق *action de tourner, de faire tourner, de faire aller en rond, de faire aller tout autour, d'imprimer une rotation, d'arrondir; cercle, circonférence, épicycle. (Astron.).* | das im Kreise herumgehen oder herumgehen lassen, Kreisung, Drehung; Beschreiben eines Kreises; die Runde machen; rund machen; Umkreis. Astr. Epicyclus. — Pl. تداوير TEDÂWIR.

a تدويم TEDWIM. [دام II.] Sbst. دوام ايتمك . دوام . دائم وباقى اولمق *état d'être continué, permanent; continuité, permanence; action de se tourner en rond, de pirouetter, de tourner sur soi-même, mouvement rotatoire; action de tourner, d'aller autour.* | Fortdauer, Dauer; Drehung, Kreisung, Rotation, Drehung um sich selbst.

a تدوين TEDWIN. [Denom. v. ديوان] Sbst. ديوانه تحرير ايتمك . ديوان ايلمك *action de recueillir dans un volume (p. ex. les œuvres, les poésies d'un auteur).* | das Zusammenfassen oder Sammeln (in einen Band) der Werke oder Gedichte eines Autors, Sammlung eines Diwan. — ETMEK. *recueillir dans un volume, enregistrer, inscrire, écrire l'histoire, écrire.* | in einen Band zusammenschreiben oder einen Band, ein Buch schreiben, in ein Buch oder Register schreiben, eintragen, ein Geschichtswerk oder überhaupt die Geschichte schreiben; schreiben (im Allgemeinen).

a تدهيش TEDHIŠ. [دهش II.] Sbst. دهشت و خوف وحيرته كرفتار ايلمك . مدهوش ايلمك *action de consterner, de jeter dans la stupéfaction, de faire perdre la tête ou la présence d'esprit.* | Bewirken dass Jemand die Geistesgegenwart verliert (durch Furcht, Schreck, Staunen u. dgl.).

a تدخيم TEDHÎM. [دخم II.] Sbst. *action de noircir (comme le feu la marmite).* | Schwärzung (durch Russ).

a تدهين TEDHÎN. [دهن II.] Sbst. [illegible] *action d'oindre, d'enduire d'huile, de graisse etc., onction.* | Beölung, Einölung, Bestreichen mit Oel.

a تديّث TEDEJJÜS. [ديث V.] Sbst. [illegible] *action de faire l'entremetteur (spéc. de sa propre femme), maquerellage.* | das sich zum Hahnrei machen, Hahnrei sein, Kuppelei.

p تديّن TEDEJJÜN. [دين V. Denom. v. دين DEIN.] Sbst. [illegible] *action de s'endetter, de contracter des dettes; état d'être endetté.* | Schulden machen, Verschuldung.

a تديّن TEDEJJÜN. [دين V. Denom. v. دين DÎN.] Sbst. [illegible] *action de suivre la religion, être attaché à la pratique extérieure de la religion.* | Religiosität (äussere), Ausübung der religiösen Ceremonien, Festhalten an seiner Religion.

a تديين TEDJÎN. [دين II. Denom. v. دين DÎN.] Sbst. [illegible] *action de faire confesser à q. qu. la religion qu'il professe.* Jemanden veranlassen anzugeben zu welcher Religion er sich bekennt, einen auf seine Religion verweisen.

a تذامّ TEZÂMM. [ذمّ VI.] Sbst. [illegible] *action de s'adresser réciproquement des reproches.* | einander tadeln, Vorwürfe machen.

a تذبذب TEZEBZÜB. [ذبذب II.] Sbst. [illegible] *état d'être agité; agitation, palpitation, oscillation; incertitude, irrésolution.* | das Schwanken, nicht fest sein; Unsicherheit, Unentschlossenheit. — ETMEK. *remuer, brandiller, être agité, être en incertitude, en suspens* | schwanken, wackeln, sich unsicher hin und her bewegen, unentschlossen sein. [illegible] *en suspens* | unentschieden, ungewiss über eine Sache, über eine Entscheidung u. s. w. [illegible] er ist der Sache nicht gewiss.

a تذبيب TEZBÎB. [ذبّ II.] Sbst. [illegible] *action de prohiber, de repousser.* | Abhalten (mit Gewalt), Zurückstossen, nicht an seiner Stelle lassen.

a تذبيح TEZBÎH. [ذبح II.] Sbst. [illegible] *action de couper (la gorge), d'égorger, d'immoler (un victime).* | Schlachten, Erwürgen, Opferung (eines Thieres).

a تذرّع TEZERRU'. [ذرع V.] Sbst. 1. [illegible] *action de mesurer avec l'aune.* | das Messen mit der Elle. — 2. [illegible] *action de s'étendre longuement sur une chose* | ein langes und Breites über eine Sache sprechen.

p تذرو TEDREW. Sbst. [illegible] *faisan.* | der Fasan.

a تذريب TEZRÎB. [ذرب II.] Sbst. [illegible] *action d'aiguiser, d'affiler.* | das Schärfen, Wetzen, Schleifen.

a تذرية TEZRIJET. [ذرا II.] Sbst. [illegible] *action d'emporter q. ch., comme de la poussière (se dit du vent), faire voler en l'air, vanner, élever les mérites de q. qu.; action de fouiller la terre (une mine) en cherchant de l'or.* | wie Staub in die Luft werfen (vom Winde), in die Höhe heben, erheben, loben, preisen; den Staub vom Winde fortführen lassen, worfeln (das Getreide); im Sande oder im Boden nach Gold suchen.

a تذريع TEZRÎ'. [ذرع II. Denom. v. ذراع] Sbst. *action de faire q. ch. avec le bras, étayer, embrasser; mesurer avec l'aune; faire beaucoup de mots sur q. ch.* | etwas mit dem Arme thun; mit dem Arme stützen, umarmen, durch Umarmung ersticken; mit der Elle messen; viele Worte machen. vgl. تذرّع

a تذريف TEZRÎF. [ذرف II.] Sbst. *laisser tomber, verser des larmes (les yeux); dépasser, excéder (un chiffre).* | das fallen lassen; Thränen vergiessen; überschreiten.

a تذعّر TEZE'ÜR. [ذعر V.] Sbst. *avoir peur, être saisi de frayeur.* | Furcht, Schrecken, sich fürchten.

a تذكير TEZKÎR. [ذكر II.] Sbst. [illegible] *action de faire souvenir; souvenir.* | das Erinnern; ein Andenken. — ETMEK. *faire souvenir, rappeler à la mémoire de quelqu'un* | erinnern. [illegible] *mémorable.* | denkwürdig, der Erinnerung werth. [illegible] denkwürdige Begebenheit.

a تذكّر TEZEKKÜR. [ذكر V.] Sbst. [illegible] *action de se souvenir, se ressouvenir, se rappeler q. ch., penser à q. ch., apprendre par cœur; souvenir, mention; action d'imprimer dans sa mémoire.* | Erinnerung, sich erinnern; Erwähnung von etwas Geschehenem, Denken an etwas, dem Gedächtniss einprägen, seine Lection wiederholen.

a تذكره TEZKIRET vulg. TEZKERE. Sbst. *billet, obligation par écrit, note, certificat, acquit, mémoire (écrit).* | beschriebener Zettel, Briefchen, Rechnung (über gelieferte Waaren u. dgl.), Nota, Quittung, Schuldverschreibung, schriftliche Legitimation, Erlaubnissschein, Bescheinigung, Pass; Aufzeichnung von Erlebnissen, Tagebuch, kurze Lebensbeschreibung. [illegible] *acquit de la douane.* | Zollbescheinigung, Steuerzettel. [illegible] und تذكرجى، تذكره قلمى

a t تذكرجك TEZKEREǴIK. Sbst. Demin. d. Vhgdn. Zettelchen, Note mit Rechnung.

a t تذكرجى TEZKEREǴI. Sbst. *notaire du grand vezir (charge à la cour).* | Notar des Grossvezir, Titel zweier Beamteten: بيوك تذكرجى BÜJÜK TEZKEREǴI oder تذكرۀ اوّل Gross-Notar oder Ober-Notar und كوچك تذكرجى KÜĆÜK TEZKEREǴI oder تذكرۀ ثانى Klein-Notar oder Unter-Notar.

a تذكيره TEZKÎR. [ذكر II.] Sbst. [illegible] *action de faire souvenir, de rappeler un souvenir, de remémorer, d'avertir; avertissement.* | Erinnerung.

a تذكير TEZKÎR. [Denom. v. ذكر] Sbst. Gegentheil von تأنيث. Gramm. *faire du genre masculin.* | Gebrauch der Masculinform, Bildung eines Wortes in Masculinform.

a تذلّل TEZELLÜL. [ذلّ V.] Sbst. [illegible] *action de s'humilier devant q. qu., de s'abaisser, de se soumettre; humilité.* | das sich erniedrigen, sich demüthigen, sich ergeben zeigen, Unterwürfigkeit.

a تذليل TEZLÎL. [ذلّ II.] Sbst. [illegible] *action d'humilier, d'abaisser, d'avilir, de mépriser.* | Erniedrigung, Demüthigung, Verachtung. — ETMEK. *avilir q. qu., traiter avec mépris.* | Jemanden erniedrigen, demüthigen, ihm mit Verachtung begegnen. [illegible] *méprisable.* | verächtlich. [illegible] *avilissant.* | erniedrigend. [illegible] *s'avilir.* | sich erniedrigen, sich Schande machen. [illegible] *s'humilier* sich demüthigen.

a تذمّم TEZEMMÜM. [ذمّ V.] Sbst. [illegible] *action de regarder q. ch. comme blamable, s'abstenir d'une action parce qu'on la regarde comme blamable, sentir qu'on mérite des reproches, s'attirer des reproches.* | sich bewusst sein dass man Tadel verdient, Unterlassen einer Handlung weil man sie für tadelnswerth hält; Tadel verdienen, sich Tadel zuziehen, etwas mit Furcht vor Tadel oder mit dem Bewusstsein dass man Tadel verdient thun.

a تذميم TEZMÎM. [ذمّ II.] Sbst. [illegible] *action de blâmer, de reprocher, de relever les défauts ou les vices de q. qu.* | das Tadeln, Vorwürfe machen, die Fehler Jemandes aufdecken.

a تذنّب TEZENNÜB. [ذنب V.] Sbst. [illegible] *action de laisser une queue (un bout du turban, après l'avoir mis sur la tête), de laisser dépendre q. ch. comme une queue* | einen Schwanz machen oder lassen, die Zipfel (z. B. des Turbans) wie einen Schwanz herabhängen lassen.

a تذنيب TEZNÎB. [ذنب II.] Sbst. [illegible] *action d'attacher ou de faire une queue à q. ch.* | an einer Sache einen

Schwanz, ein herabhängendes Ende, einen Zipfel machen.

a تذوق TEZEWWÜK. [ذوق V.] Sbst. برشیدی تکرار تکرار تطعم *action de savourer, de goûter à plusieurs reprises.* | zu wiederholten Malen kosten, Geschmack an einer Sache finden.

a تذهن TEZEHHÜN [ذهن V.] Sbst. حدتلی و فراستلو اولمق *action de se montrer sagace, intelligent, subtil; sagacité, intelligence.* | das sich scharfsinnig zeigen; Scharfsinn, Klugheit.

a تذهیب TEZHIB. [ذهب II.] Sbst. قماش التجمه، التون سوردمک، التونلامق سیمه اورمه التونلوق *action de dorer, de couvrir d'or, de brocher une étoffe.* | das Vergolden, mit Gold durchweben.

a تذییل TEZEIJÜL. [ذیل V.] Sbst. 1. تبختر، تصلتی *action de se balancer en marchant.* | das Hin- und Herschaukeln des Körpers beim Gehen (wie eine Schleppe bewegen). 2. برکمسه یه کستاخجه معامله ایتمك *action de traiter q. qn. sans égards.* | einen rücksichtslos behandeln.

a تذییل TEZIL. [Denomin. v. ذیل] Sbst. تطویل ایتمك، ذیل علاوه ایتمك، اتکلو ایتمك، اورتمق *action d'ajouter une queue, un pan (à la robe), un appendice ou supplément; action de prolonger.* | Anfügung einer Schleppe, eines Randes (an das Kleid), eines Anhanges, eines Zusatzes; Verlängerung einer Sache. Als Concret. *appendice.* | Anhängsel; Anhang; Rhetor. Zusatz, der das schon gesagte mit andern Worten, aber kürzer, ausdrückt. تذییل بحث ایتمك eine langwierige Untersuchung anstellen, die Sache in die Länge ziehen.

p تر TER. Adj. 1. *t* یاش *a* رطب *humide, frais, récent, tendre, mou, lâche.* | feucht, frisch, jung, neu, zart, weich, locker. 2. فاجر، فاسق *a* آلوده، مردار *souillé; relâché (des moeurs), débauché.* 3. *facile à émouvoir, qui se laisse facilement emporter* | leicht erregbar, reizbar; als Sbst., = *t* ترباجی ein leicht zu Streit geneigter Spieler, der mit Leidenschaft spielt oder wenn er verloren, den Einsatz wieder zurückverlangt. ترو تازه frisch und jung. تر مزاج weich von Complexion, von Gemüth. تر کیلمك *rendre humide, humecter, souiller.* | befeuchten, benetzen, beschmutzen. تر کیلمك زبان *humecter la langue, boire un coup; souiller la langue, dire des grossièretés.* | die Zunge benetzen, d. i. einen Bissen oder Schluck nehmen; die Zunge beschmutzen, schlechte Reden führen. ترشدن *être humecté, être offensé par des discours.* | nass werden; durch schlechte Reden verletzt werden.

t تر TER. (*a* تعرق) Sbst. *a* عرق *p* خوی، تعرق، تسری (ursprünglich = *p* تری Feuchtigkeit, Nässe) *sueur.* | Schweiss. آیاق تری AJAK TERI, = *p* ترپای، آیاق کری *cadeau, pour-boire; payement qu'on donne au médecin pour une visite.* (wörtl. Fuss-Schweiss oder Fuss-Benetzung) Bezahlung für einen Gang, Trinkgeld; Bezahlung für eine ärztliche Visite.

p تر TER. Sbst. Name eines Vogels auch *t* دونلد قوشی، قونیق *t* صلاور، صعوه *a* قبیرة، یمغمیر قوشی *bouvreuil.* | Blutfink (?)

p تر TER. Comparativpartikel. s. d. pers. Gramm.

t تر *a* TER oder اولور = *t* در 3. Person. Sing. Praes. des Hülfsverbum.

p ترا TERÂ. Sbst. بلند دیوار، بوکسك دیوار *haute muraille.* | hohe Mauer, Schutzmauer.

p ترا TERÂ. Cas. obl. des Personalpron. der zweiten Person. s. d. pers. Gramm.

p تراب TERÂB und TIRÂB. Rad. v. ترابیدن.

a تراب TURÂB. Sbst. *t* طپراق *p* خاك. Pl. اتربه TIRBÂN. اتربه ETRIBE und ترابلر TURÂBLAR. *terre, poussière; territoire.* | Erde, Erdreich, Staub, Erdart; Grund und Boden. الاعصب بحرینده ترابلر بر چشمه اسمی در LL. ASHAB ist der Name einer Quelle auf Grund und Boden von Bahrein. Kam.

gr. ترابیزه TERABEZA (τράπεζα), Sbst. *table.* | Tisch.

a ترابی TURÂBÎ. Adj. *terrestre.* | irdisch.

p ترابیدن TERÂBÎDEN. Rad. تراب s. تراویدن.

p تراتور TERÂTOR oder ترابلسور Sbst. *sorte de compote de noix.* eine Art Brühe von gestossenen Nüssen mit Lauch, Oel und saurer Sahne.

p تراتیزك TERÂTÎZEK oder تریزك TERETIZEK, Sbst. *a* حرجیر *t* صو تره سی، تره تیزك، صو کرسی eine Art Kresse.

t تراج TURAĠ, auch طوراج Sbst. Tahrif v. *a* دراج *p* تذرو، تذرو LL. *gélinotte.* | Birkhuhn, Haselhuhn, = *a* حجلقوشی Kam.

a تراجع TERÂĠU'. [رجع VI.] Sbst. رجعت ایتمك، کیرو کتمك، کیرو کلمك *action de revenir, de retourner, rétrograder.* | wiederkommen, zurückschreiten.

a تراجم TERÂĠUM [رجم VI.] Sbst. طاشلشمق ایتمك *action de se jeter des pierres.* | sich gegenseitig mit Steinen werfen.

a تراجم TERÂĠIM. Sbst. Pl. v. ترجمه und ترجمان.

a تراجمه TERÂĠIMET und تراجم TERÂĠIM. Sbst. Pl. v. ترجمان.

p تراخشن TIRÂŠTEN. Vb. act. *hâter.* | eilen.

a تراخی TERÂHÎ. [رخی VI.] Sbst. کیرو چکیلمك، کیجکمك *action de tarder, de reculer; manque de zèle; délai, retard.* | das Zaudern, Zurückweichen, Mangel an Eifer bei einer Arbeit, Aufschieben einer Sache, Verzögerung, Verzug.

a تراد TERÂDD. [ردّ VI.] Sbst. بری برینه ردّ ایلمك *action de repousser l'un l'autre.* | gegenseitiges von sich stossen.

a ترادف TERÂDÜF. [ردف VI.] Sbst. ارقه‌لشق اولمق، بری بریسنه تبیع اولمق ترادفلشمق *action de se suivre l'un l'autre, suite non interrompue, série; action de monter en croupe; action de se porter mutuellement secours (être uni l'un de l'autre).* | ununterbrochene Folge, Reihe, das hinter einem andern auf dem Pferde sitzen, sein Redif sein. [vgl. ردیف]; gegenseitige Hülfeleistung. — Rhetor. Aufeinanderfolge mehrerer sinnverwandter Worte, als Attribute eines und desselben Objects, fortgesetzte Apposition; paronomastische Verbindung zweier Wörter, von denen das zweite keine selbstständige Bedeutung hat, wie z. B. HASAN-BASAN.

a ترازة TERÂZET. [Rad. ترز] Sbst. کودمسی، معموله، حمقی شغفلی اولمق *obésité, embonpoint.* | Beleibtheit.

p تراز TERÂZ. Sbst. 1. بوکمده خام ایپلك، ایپك کلی *fil de soie crue.* | roher Seidenfaden. 2. طراز = چنه اعجمی *cyprès.* | Cypresse. 3. Name einer Stadt in Turkestan, berühmt durch die Schönheit ihrer Bewohner. BK

p تراز TIRÂZ. Sbst. بکسکولی، حسن خوبی *beauté.* | Schönheit.

p ترازو TERÂZÛ auch *t* ترازی Sbst. میزان 1. *balance, poids, contrepoids; constellation de la balance.* | Wage, Gewicht, gleiches Gewicht, Gegengewicht; Sternbild der Wage. 2. in übergetrag. Bedeutung, = عدل وداد *équité, justice.* | Billigkeit, Gerechtigkeit, Recht und Billig. 3. = ادراك وفهم وشعور *connaissance, perception.* | Einsicht, richtige Kenntniss oder Ansicht von einer Sache. ترازو کوزی TERAZY-GÖZI. auch ترازو چنادلغی oder ترازو کفه سی = کوزی ترازو پله *p* *bassin ou plateau de balance.* | Wagschale. ترازو دیلی v. DIL, oder ترازو دلجکی *p* زبانه ترازو *a* لسان المیزان *languette.* | das Zünglein. ترازو قولی v. KOL. *le fléau (de balance).* | Wagbalken. صو ترازوسی su TERAZYSY. eine Art künstliche Wasserleitung mit natürlichem Drucke. خورشید انور = ترازوی زر die goldene Wagschale, dichterisch: die Sonne. ترازوی کلام = سجع das Gleichmass der Rede, d. i. Reim, Rhythmus, Assonanz, in der gereimten Prosa. ترازو شکستن sich die Wage oder das Gleichgewicht halten, d. i. einander an Kraft, Muth u. s. w. gleichsein, einander nichts nachgeben. اینجا ترازو hier die Wage, ein persisches Sprüchwort, entsprechend dem türkischen اشته حلب اشته ارشون LL. (hic Rhodus, hic salta!)

a تراس TERRÂS. 1. [Denomin. v. ترس] Sbst. قالقانلو *armé d'un bouclier; fabricant de boucliers.* | Schildträger, mit einem Schilde bewaffneter; Schildmacher. 2. [Denomin. v. متریس] *chargeur.* | einer der mit dem Hebebaum arbeitet, Auflader.

a تراسة TERÂSET. Sbst. قالقانجیلق، متریسجیلق *l'art de fabriquer des boucliers.* | Schildmacherei (Handwerk).

p تراس TERÂŠ und TIRÂŠ. Sbst. طمع وتوقع وامید حضور *espoir, attente, désir.* | Wunsch, Erwartung, Hoffnung. BK

p تراش TERÂŠ. TIRÂŠ. vulg. TRAŠ. [Rad. v. تراشیدن] Adj. in Zusammens. *qui rase,* qui coupe; rasé, coupé. | abschneidend, abscheerend; abgeschnitten, abgeschoren. | Sbst. tonsure, taille. | Schnitt (des Kleides), die Schur, d. i. zum Scheeren oder Rasieren reifes Haar oder Bart. تراشم گلدی meine Schur ist gekommen, d. i. es ist Zeit dass ich mich scheeren oder rasieren lasse. — ETMEK. raser, couper, tondre, ratisser, racler; tailler la plume. | scheeren, rasieren, abschneiden, verstutzen; die Feder schneiden oder abkippen. — OLMAK. être coupé, rasé etc., se faire raser, se faire faire la barbe. | geschoren oder verstutzt werden u. s. w.; sich rasieren lassen. قلم تراش KALEM-TRAŠ. canif. | Federmesser.

p تراشش TERÂŠÎŠ. Sbst. action de raser etc. | das Abscheeren u. s. w. vgl. das Vbgde.

p تراشه TERÂŠE. Sbst. تلاش ، يونقه ، قازنتی ، يونتنتی partie découpée. | abgeschnittenes Stück, Schnitzel, Schnitt oder Schnitte, z. B. Stücke von Melonen u. dgl. [BK. قاون و قارپوز دلیملری], ein zugeschnittenes Stück z. B. Leder zu einem Schuh. — vgl. تیشه

p تراشیدن TERÂŠÎDEN. Vb. act. يونمق ، قیرمق ، کسمك raser, couper, tondre, tailler, raboter, ratisser, polir. | rasieren, abscheeren, glattscheeren oder glattschaben, verstutzen u. s. w., — تراش ایتمك

p t تراشیده TERÂŠÎDE. Part. pass. des Vbgde. Adj. قازنمش ، کسلمش ، يونلمش rasé, coupé, raclé, taillé. | geschoren, geschnitten, verstutzt.

a تراص TERÂSS. [رص VI.] Sbst. action de se serrer, état d'être serré les uns contre les autres. | das sich fest aneinander drängen, fest aneinander gedrängt sein (in gerader Linie), = dem Flgd.

a تراصف TERÂSUF. [رصف VI.] Sbst. = صف و طابور بغلمقده بر برینه ، تراص قندرمه طاشلری گبی یناشوب صقشمق état d'être serré l'un à coté de l'autre, action de se tenir en ligne, en bataille. | der Reihe nach dicht an einander gedrängt sein (wie Pflastersteine), eine geschlossene Reihe bilden.

a تراضی TERÂZÎ. [رضی VI.] Sbst. ایکی طرفدن راضی اولمق satisfaction mutuelle, être content l'un de l'autre, se convenir l'un à l'autre. | gegenseitiges Gefallen; sich einer den andern gefallen lassen, nichts gegeneinander haben; an einander Gefallen haben, gegenseitige Zufriedenstellung, Genugthuung, Uebereinstimmung.

t o ترغ TARAĠ, s. تراق

t تراغمه s. طراغمه

t o ترغای TARAĠAJ. Sbst. بلند ودرخت سرو LT. 1. épervier. | Sperber, Falke. 2. cyprès. | Cypresse.

a ترافع TERÂFU'. [رفع VI.] Sbst. محاکمه ومرافعه ایلشمك action de se citer l'un l'autre devant le juge. | gegenseitiges vor Gericht citiren, einer den andern verklagen.

a ترافق TERÂFUK. [رفق VI.] Sbst. یولداش اولمق ، بر برینه رفیق اولمق état d'être compagnons ou camarades. | Kameradschaft, Beisammenleben, Miteinandergehen.

a تراقص TERÂKUS. [رقص VI.] Sbst. برابر حورا دبمك ، برابر رقص ایتمك action de danser l'un avec l'autre. | mit einander tanzen.

p ترак TERÂK. [Rad v. تراکیدن] Sbst. برنسنه یارلوب ، چاتلمش اولان ، چاتلامق — چاتلدقده t صدر اولان صوت craquement; crevé. | Platzen; geplatzt; Krach, Platz.

a تراکب TERÂKUB. [رکب VI.] Sbst. کتلشمك ، بنکلشمك ، طوپلامق action de s'agglomérer, état d'être aggloméré, agglomération. | Zusammenhäufung, festes Zusammenhängen. vgl. ترکیب

a تراکم TERÂKUM. [رکم VI.] Sbst. یغلمق ، بریکمك ، مجتمع اولمق ، جمع اولمق état d'être entassé, entassement; foule, rassemblement. | Häufung, Anhäufung; Ueberhäufung, Haufen, Menge. — ETMEK. être entassé, se rassembler en foule. | einen Haufen bilden, sich häufen, angehäuft sein. تراکم امور ومصالح entassement d'affaires. | Anhäufung von Geschäften.

a تراکمه TERÂKEME. Sbst. Pl. v. ترکمان

a تراکیب TERÂKÎB. Sbst. Pl. v. ترکیب

p تراکیدن TERÂKÎDEN. Rad. تراك Vb. intr. چاتلامق ، چاتردامق craquer, crever. | krachen, platzen, = ترکیدن

fr. ترامپته TRÂMPETE. Sbst. trompette. | Trompete.

it. ترامپه TRÂMPA (it. tramuta). Sbst. échange. Tausch, Wechsel. — ETMEK. changer, brocanter. wechseln, tauschen, trödeln (Tauschhandel betreiben).

t ترامپجی TRAMPAĠY. Sbst. تحفه‌جی brocanteur. | Trödler (der allerlei verhandelt und eintauscht).

a ترامی TERÂMÎ. [رمی VI.] Sbst. (اوقلشمق) action de se lancer réciproquement (des traits etc). | das sich gegenseitig beschiessen, bewerfen.

ترانسی TRANSI (walachisch). Sbst. espèce de barque dont on se sert sur le Danube. | Donaukahn.

t o ترانغو TARANĠU oder ترانغی TARANĠY. Sbst. tamaris. | die Tamariske.

p ترانگبین TERÂNGUBÎN oder ترنگبین Sbst. a ترنجبین ، منّ t قدرت حلواسی ، تصوره بالی manne. | Manna.

p ترانه TERÂNE. Sbst. a مقام ، ترنّم ، نغمه chant, modulation, mélodie, fredon, ton de musique; morceau de musique en trois parties. | Lied, Modulation, Melodie, Coloratur der Stimme oder des Tones, Triller, Ton; dreitheiliges Musikstück. — ETMEK oder — KERDEN. chanter. | singen. ترانه خوان oder ترانه پرداز chanteur, musicien. | Sänger, Musiker.

p t ترانه‌لی TERÂNELI. Adj. s. d. Vbgde. ترانه‌لی نغمات ایلمك = a ترجیع fredonner. | trillern.

p تراو = تراب Rad. v. تراویدن

p تراوش TERÂWIŠ. Sbst. a ترشّح t صیزمه suintement, transsudation, distillation. | Ausschwitzung, Tropfen, Distillation. — KERDEN, = تراویدن suinter. | tröpfeln.

t تراوی TERÂWÎ. Tahrif des Flgdn.

a تراویح TERÂWÎH. Sbst. Pl. v. ترویحه als türkischer Singular; prière que l'on fait pendant les nuits du Ramazan. | Abendgebet im Fastenmonat.

p تراویدن TERÂWIDEN. [Rad. تراو] Vb. intr. a ترشّح t صیزمق suinter, transsuder. | tropfen, ausschwitzen, ausfliessen.

a ترائب TERÂÏB. Sbst. Pl. v. تریبه — FW. استخوانهای سینه وموضع قلاده partie supérieure de la poitrine. | der obere Theil der Brust (wo das Halsband herabhängt).

p ترب TERB. Sbst. صنعت ، مکر ، حیله ، لاف وگزاف ، صورت ایکیلکی ، تزویر ، زرق ، ریا fraude, fausseté, hypocrisie, tromperie, mensonge, falsification; vanterie, fanfaronade. | Falschheit, Trug, Heuchelei, Lüge, Fälschung; Prahlerei.

a ترب TIRB. Sbst. t ارقداش ، یاشداش ، p همزاد ، همال ، همسن né en même temps, compagnon, ami. | Altersgenosse, Zeitgenosse, Gespiele, Freund. Pl. اتراب ETRÂB.

p ترب TURB u. TURUB. Sbst. طورپ rave, radis, raifort. | Rübe, Rettig.

p ترب TERF u. تربه Sbst. کشك سیاه ، قره‌قروت ، قره‌کشك lait caillé cuit et puis séché. | gekochter und getrockneter Quark.

a تربان TIRBÂN. Sbst. Pl. v. تراب

t تربلی s. تربیلی

a تربه TERBET. Sbst. پرمق اوجی bout du doigt. | Fingerspitze (der ganze fleischige Theil des obern Gliedes).

a تربه TURBET. Sbst. terre, sol; tombeau, sépulcre; chapelle sépulcrale d'un saint. | Erde, Boden; Grab, Grabmal, Grabcapelle eines Heiligen. تربه دار TURBE-DÂR. gardien d'une chapelle sépulcrale. | Aufseher eines Grabmals.

a تربّث TERABBUS. [ربث V] Sbst. اویالنوب قالمق t اکلنمك action de tarder, lenteur à faire q. ch. | das Zaudern, langes Verweilen, langes Hinziehen einer Sache.

a تربّد TERABBUD. [ربد V.] Sbst. بولوتلو اولمق état d'être couvert de nuages, être sombre (le ciel, le front). | umwölkt sein (der Himmel, die Stirne), trübe sein.

a تربب TERABBUB. [ربّ II.] Sbst. état d'être multiplié, action de se condenser, de s'amasser. | Vervielfältigung, Anhäufung, Verdichtung. 2. [Denomin. v. ربّ Herr.] action de se gérer en grand seigneur. | das sich als Herr geberden.

p تربز TERBEZ u. تربزه Sbst. قارپوز ، قاون ، هنده‌ك ، خیار Melone, Kürbis, Gurke.

gr. تربزه TERBEZE. s. ترابوزه

p تربسه TERBESE. Sbst. ایکم ، قوس قزح ، صاغمه arc-en-ciel. | Regenbogen.

a تربّص TERABBUS. [ربص V] Sbst. action d'attendre une occasion favorable. | Erwartung, auf eine Gelegenheit warten.

a تربع TERBBU'. [ربع V.] Sbst. *action de se carrer.* | gerade und hochaufgerichtet sitzen, sich sitzend in die Brust werfen.

p ترپك TERPEK. Sbst., = چوكلك ، تريب getrockneter Quark, Bodensatz (?).

p تربين TERBIN. Sbst. زمين كه شوره كى ... *sol très-dur*, harter Boden.

p ترپند TERBEND. Sbst. ... *cataplasme*, nasser Umschlag (um eine Wunde und dgl.).

a ترقى TERAKKI. [رقى V.] Sbst. ... *action d'élever.* | Aufziehung. s. ترقيه

a تربيب TERBIB. [ربب II.] Sbst. ... *action d'élever.* | s. d. Figde.

a تربيه TERBIJET. [ربى II.] Sbst. *a* ... *p* ... *t* ... *action d'élever, de nourrir; d'apprêter, de confire, nourrissage, soin, élève des bestiaux, culture des plantes; éducation, instruction, bonnes mœurs; correction, punition; apprêt, préparation des étoffes; assaisonnement (des mets), sauce; composition littéraire.* | Grossziehung, Ernährung, Aufziehung (eines Kindes oder eines Thieres), Pflege (der Pflanzen), Erziehung, Zurechtweisung, Bestrafung, Züchtigung; gute Sitten, Appretur (von Stoffen), Anrichtung vulg. Mache der Speisen, Brühe, Einkochen oder Einmachen von Früchten u. dgl. — ETMEK *élever, nourrir, soigner, cultiver etc.* | aufziehen, ernähren, erziehen, ein Thier abrichten, Speisen u. dgl. zubereiten u. s. w. ... تربيه ... *donner à q. qn. une correction* | einem eine Lehre geben, ihn züchtigen. تربيه قبول *T.* PEZIR. *docile* gelehrig. *a p* تربيه كرده TERBIJET-KERDE. Adj. und Sbst. *élevé, instruit, assaisonné; élève, nourrisson* | erzogen, unterrichtet, zubereitet; Zögling, Pflegling.

a تربيح TERBIH. [ربح II.] Sbst. *action de faire le commerce, gagner sa vie dans le commerce.* | Handeltreiben.

a تربيع TERBI'. [ربع II.] Sbst. ... *action de quadrupler, de rendre quadrangulaire, de compter quatre, de faire une chose quatre fois; division en quatre parties égales; quadrature; quart d'un cercle,* = 90°. | Vervierfachung; viereckig machen, vier zählen, Viertheilung, viermal machen; Quadratur, Viertheil des Kreises, Abstand der Gestirne von einander um 90 Grad. ... *parfaitement carré.* | vollständig viereckig, gleichseitig viereckig. ... Quadrat-Elle ... oder ... Quadratur des Zirkels.

p ... تربين TERBIN. [Denomin. v. ...] Sbst. ... PW. *action de donner des arrhes, cadeau.* | Angeld geben, Geschenk.

a ترتب TERETTUB. [رتب V.] Sbst. ... *état d'être fermé, d'être rangé ou disposé, être compté au nombre de ...; action de s'ensuivre.* | das Feststehen, geordnet sein, Stattfinden, zu etwas gehören; Folge von etwas. — ETMEK. *avoir lieu, procéder, résulter, s'ensuivre.* | stattfinden, entstehen, aus etwas hervorgehen oder folgen, die Folge von etwas sein. ... welcher Art Entscheidung soll nun aus dieser Rede hervorgehen? (d. i. was folgt daraus?)

p ترتيدن TERTEBIDEN. Vb. intr. *s'agiter.* | sich bewegen, = ...

t a ترتيمق TARTYVMAK. s. ترتى Deriv.

a t ترترت TERTERET. Sbst. ... *action de secouer, secousse, branlement, loquacité; relâchement.* Schütteln, Wackeln, beständiges Hin- und Herbewegen; in übertr. Bedeut: Zungengeläufigkeit, Geschwätzigkeit; Erschlaffung.

a ترتيل TERETTÜL. s. ترتيل

a ترتم TERETTUM. [رتم V.] Sbst. ... *action de se mettre un fil autour du doigt pour se rappeler de q. ch.; se faire une marque.* | sich einen Faden um den Finger wickeln um sich an eine Sache zu erinnern, sich ein Merkzeichen machen.

t a ترتمق TARTMAK. Vb. act. LT. ... *tirer, étendre.* | ziehen, ausziehen.

s. ترتى = Deriv. ترتيمق TARTYRMAK. Vb. caus. LT. ... *faire tirer etc.* ziehen lassen.

t a ترتمق TARATMAK. Vb. intr. ... *être ignorant, ignorer.* | unwissend sein, nicht wissen.

t a ترتمق TYRATMAK. LT. ... v. ...

t ترتور TERATUR. s. ترتور

p ترت و مرت TART U MART. Sbst. *confusion, galimatias.* | Wirrwarr, alles durch einander.

a ترتيب TERTIB. [رتب II.] Sbst. ... *action d'affermir, de fixer; action de disposer par ordre, de mettre chaque chose à sa place, de ranger; arrangement, ordre, disposition; ordonnance; système; plan, projet d'un ouvrage.* Festsetzung, Feststellung, Aufstellung der Reihe nach, Anordnung, Ordnung, Reihenfolge, Reihe, systematische Anordnung, System, Methode, Plan, Entwurf, Verordnung. حكيم ترتيبى HEKIM TERTIBI, — *ordonnance d'un médecin, recette,* ärztliche Verordnung, Recept. ... MUHAREBE TERTIBI *ordre de bataille.* | Schlachtordnung. ... *méthodiquement* | methodisch. ... *sans ordre,* | unordentlich. — ETMEK *arranger, disposer, ordonner.* | ordnen, anordnen, verordnen. ... ein Gastmahl veranstalten. ... ordnet seine Strafe, d. i. straft ihn wie er es verdient. ... setzen (in der Druckerei).

a p ترتيبساز TERTIBSÂZ. Sbst. *qui arrange, ordonnateur, compositeur.* | Anordner, Ordner, Setzer (in der Druckerei). ... *poseur (Archit).* | Steinsetzer (bei einem Bau).

a p ترتيبسازى TERTIBSÂZI. Sbst. *arrangement, disposition, agencement.* Anordnung, Zusammenstellung.

a p ترتيب كرده TERTIBKERDE. Adj. *arrangé, mis en ordre* | geordnet, angeordnet, gereiht.

a t ترتيبلو TERTIBLU. Adj. u. Adv. *qui a de l'ordre, de la règle, régulier, méthodique; régulièrement, méthodiquement.* | ordentlich, regelmässig, methodisch. ... *suite régulière.* | Ordnung, Reihenfolge.

a ترتيل TERTIL. [رتل II.] Sbst. *récitation cadencée (spéc. du Coran).* | gesangartige Recitation (insbes. des Koran).

a ترثيه TERSIJET. [رثى II.] Sbst. ... *action de pleurer un mort, faire une élégie ou un discours funèbre.* | Beklagung eines Todten durch eine Elegie oder Leichenrede u. dgl.

a ترجح TERÉĞÜH. [رجح V.] Sbst. ... *avoir la prépondérance, de la supériorité.* | das sich mehr nach einer Seite Hinneigen (z. B. eine Wage); überwiegen; gewichtiger sein, mehr für sich haben (von Behauptungen u. dgl.).

a ترجف TERÉĞÜF. [رجف V.] Sbst. *être agité, trembler, branler.* | Zittern, Beben, Schwanken.

t ترجمه TYRĞAK. Adj. u. Sbst. Sl. ... *nu, sans pudeur.* | nackt, schamlos.

a ترجل TERÉĞÜL. 1. [رجل V.] Sbst. ... *action d'aller à pied, de mettre pied à terre; de descendre.* | das zu Fuss gehen, den Fuss setzen, fussen, den Fuss auf die Erde setzen, vom Pferde absteigen. 2. [Denomin. von رجل d. Mann] *ressembler à un homme.* | einem Manne gleichen, sich wie ein Mann benehmen.

a p ترجمان TERĞÜMÂN u. TERĞEMÂN, Sbst. Pl. ترجمه u. تراجمه ، تراجم *interprète, drogman.* | Uebersetzer, Dolmetscher. ترجمان افندى T. EFENDI-LER, ... *T.* DIWÂN-I HUMAJUN. *premier drogman de la sublime porte.* Oberdolmetsch der hohen Pforte. ... ELČÂBET-TERĞÜMANY. *drogman d'une ambassade* | Gesandtschaftsdolmetscher.

a t ترجمانلق TERĞÜMANLYK. Sbst. *fonction ou place d'interprète.* | Dolmetscherei, Amt des Dolmetschers.

a p ترجمانى TERĞÜMÂNI. Sbst., ...

a ترجمه TERĞÜMET oder TERĞAMET. Sbst. *interprétation, traduction; article, paragraphe; article biographique.* | Uebersetzung, Verdolmetschung; Artikel oder Paragraph eines diplomatischen Schriftstückes u. dgl.; biographischer Artikel [Pl. تراجم] — ETMEK. *traduire, interpréter.* | übersetzen, verdolmetschen.

a ترجى TERÉĞĞI. [رجى V.] Sbst. ...

رجا ایتمك action de mettre son espoir en q. qn.; de prier humblement. | seine Hoffnung auf Jemand oder auf eine Sache setzen; demüthiges und inständiges Bitten, — ترجيه

a ترجيب TERǴÎB. [رجب II.] Sbst. تكريم ایتمك، تعظيم ایتمك action d'honorer, de vénérer, de respecter. | Ehrenerweisung, Verehrung.

a ترجيه TERǴÎJET. [رجا II.] Sbst. رجا ونياز ایتمك، اومق action d'espérer, espoir; action de supplier. | Hoffnung, Bitte, — ترجّی

a ترجيح TERǴÎH. [رجح II.] Sbst. اختيار ایتمك، يگ طوتمق action de faire prépondérer, préférer, de mettre au dessus d'un autre; préférence accordée à q. qn., supériorité | Das Vorziehen (einen dem andern), Bevorzugung; — ETMEK. préférer, estimer; donner l'avantage à q. qn. ou à q. ch. au dessus d'un autre. | überwiegen lassen, den Vorzug geben, einem mehr geben als einem andern [mit dem Dativ oder mit اوزره], vorziehen, hochschätzen.

a ترجيع TERǴÎ'. [رجع II.] Sbst. گیرو گوندرمك، گیرو گتورمك action de faire revenir, de ramener, de renvoyer, de répéter; répétition des mots, écho; répétition des deux articles de foi par le Muezzin, d'abord à demi-voix et puis à haute voix. | das Zurückkommen lassen, Zurückbringen, Wiederholung, Wiederhall, Echo, Wiederholung des muhammedanischen Glaubensbekenntnisses im Ezân, das erste Mal mit leiser, das zweite Mal mit lauter Stimme. Rhetor. parallélisme des rimes d'une période; refrain. | Parallelismus der beiden Hälften einer Periode, so dass Wort für Wort auf einander reimen; Wiederkehr derselben Worte am Ende der verschiedenen Strophen eines Liedes vgl. de Sacy Chrest. arab. II. 302. ff.

a p ترجيع بند TERǴÎ'BEND. Sbst. stance dont les couplets ont le même refrain. | Gedicht mit stets wiederkehrendem Schlussvers am Ende der einzelnen Strophen.

a ترجيل TERǴÎL. [رجل II.] Sbst. 1. action de faire prendre pied, de prêter appui, de raffermir. | Fuss fassen lassen, Stütze gewähren; 2. tache blanche sur l'un des pieds de derrière d'un cheval | weisser Fleck am Hinterfusse des Pferdes.

a ترجيم TERǴÎM. [رجم II.] Sbst. طاش ایله اولدرمك، طاشلامق action d'assommer à coups de pierre, lapidation. | Steinigung.

a ترح TERAH. Sbst. غصه، غم، تاسه [Gegentheil von فرح] trouble, tristesse, chagrin, souci, sollicitude. | Traurigkeit, Sorge, Kummer, Betrübniss. ترح آور qui cause de la tristesse, affligeant. | Kummer bringend, betrübend ترح فزا qui augmente la tristesse. | Kummer mehrend, betrübend. Pl. اتراح ETRÂH.

a ترح TERH. Sbst. فقر pauvreté. | Armuth.

a ترحاب TERHÂB. Sbst. bon accueil, salut. | gute Aufnahme, freundlicher Gruss, Bewillkommung, — ترحيب

a ترحال TERHÂL. Sbst. départ. | Abreise, Aufbruch, — d. Figd.

a ترحّل TERAHHUL. [رحل V.] Sbst. نقل مكان، کوچ ایتمك، یوله چیقمق، منزله قونمق action de se mettre en route, de partir; départ; changement de demeure; action de s'arrêter en voyage. | Aufbruch, Abreise, Veränderung des Aufenthalts, Einkehr auf der Reise.

a ترحّم TERAHHUM. [رحم V.] Sbst. اسيرگمك compassion, pitié, miséricorde. | Erbarmen, Barmherzigkeit, Mitleid. — ETMEK. avoir pitié. | sich erbarmen.

a ترحّی TERAHHÎ. [Denom. v. رحی Mühle] Sbst. ییلان، چوره کلمك action de se contourner, de se recoquiller, de former un cercle (la tête au milieu, se dit du serpent). | das sich (einem Mühlstein ähnlich) zusammenringeln (v. d. Schlange).

a ترحيب TERHÎB. [رحب II.] Sbst. برینه مرحبا دیمك action de saluer q. qn. qui arrive, de faire bon accueil à q. qn. | Begrüssung eines Ankommenden, Willkommen heissen.

a ترحيل TERHÎL. [رحل II.] Sbst. نقل مكان ایتدرمك، یوله چیقارمق action de faire faire à q. qn. un changement de place, de faire partir, de faire entreprendre un voyage, d'expédier. | eine Ortsveränderung machen lassen, Jemanden eine Reise machen lassen, abreisen lassen, absenden.

t o ترخان TARHAN. Sbst. charge à la cour des princes tatares. | Titel eines Würdenträgers am Hofe der tatarischen Khane, der besondere Privilegien genoss, wie Freiheit von Abgaben, freien Zutritt zum Herrscher, Unverletzlichkeit der Person u. s. w. 2. N. pr. Name eines tschagataischen Stammes.

p ترخانه TERHÂNE. Sbst., — ترخنه espèce de fromage. | eine Art Käse.

a ترخّص TERAHHUS. 1. [رخص V.] Sbst. مساعده ورخصت بولمق permission, concession, pardon (qu'on obtient). | Erlaubniss, Nachsicht, Verzeihung (die man erhält). 2. [Denom. v. رخص] اوجوز اولمق، بهاسی اشاغی بولنمق le bon marché. | Wohlfeilheit, Sinken des Preises.

p ترخون TARHÛN. Sbst. estragon, pyrèthre. | Dragon, Bertram (dracunculus).

a ترخيص TERHÎS. [رخص II.] Sbst. اذن، ورخصت ویرمك action de donner permission, de faire concession, d'accorder; permission (qu'on donne), indulgence (pour rachat de péchés) | Erlaubnisertheilung, Nachgeben, Zugeben; Indulgenz, geistliche Licenzertheilung.

a ترخيم TERHÎM. [رخم II.] Sbst. retranchement d'une ou de plusieurs lettres, abréviation, apocope. | Abkürzung eines Wortes.

p تردامن TER-DÂMEN oder تردامان TER-DÂMÂN. Adj. und Sbst. فاحشه، فاسق، روسپی [Gegentheil v. پاك دامن] sordide, scélérat; prostituée. | schmutzig (von Sitten), niederträchtig, lasterhaft, ein verworfener Mensch, schlechte Frauensperson.

p تردامنی TERDÂMENÎ u. تردامانی TERDÂMÂNÎ. Sbst. dépravation, scélératesse. | Verworfenheit, Niederträchtigkeit, Unsittlichkeit.

a تردّد TEREDDÜD. [ردّ V.] Sbst. 1. قرارسزلق، طلوشمق action d'aller et venir, vacillation; incertitude, irrésolution, hésitation. | das sich Hin- und Herbewegen, sich wiederholen, Schwanken, Bedenken, Unentschlossenheit, Unentschiedenheit, Ungewissheit. — ETMEK. hésiter. | unschlüssig sein, Bedenken tragen. جواب ويرمكه تردّد ایلدی er trug Bedenken zu antworten, er wusste nicht was er sagen sollte. بی تردّد وتكلّف ohne Bedenken oder Schwierigkeiten zu machen. تردّدله متردّد اولمق sich nicht entscheiden (können oder wollen). تردّدم اثناسنده während ich unentschieden war. — 2. — ترديد

a تردّاد TERDÂD. s. ترديد

p تردست TER-DEST. Adj. u. Sbst. agile, prompt | schnell (mit der Hand); flink, geschickt.

p تردستی TER-DESTÎ. Sbst. agilité, promptitude. | Schnelligkeit (bei der Arbeit), Flinkheit, Geschicklichkeit.

p تردك TERDEK. Sbst. ذبابه، بغدای بتی teigne, gerce. | Kornwurm (Heuschrecke?)

a تردّم TEREDDÜM. [ردم V.] s. ترديم

a تردّی TEREDDÎ. 1. [ردی V.] Sbst. action de se précipiter; être précipité, tomber d'en haut. | das sich hinabstürzen, hinabgestürzt werden, herunterfallen. 2. [Denom. v. رداء Mantel] action de se couvrir d'un manteau, état d'être enveloppé. | das sich mit einem Mantel bedecken, sich verhüllen, ganz von einer Sache umhüllt oder ganz in eine Sache versunken sein.

a تردية TERDIJET. 1. [ردی II.] Sbst. action de précipiter. | das Hinabstürzen (trans.). 2. [Denom. v. رداء] action de couvrir ou d'envelopper d'un manteau. | Bedeckung, Umhüllung mit einem Mantel.

a ترديد TERDÎD. [ردّ II.] Sbst. action de faire aller et venir, de mouvoir çà et là, de répéter, de retourner, de faire retourner, de repousser, de se contredire; répétition, refus, résistance, répétition du même mot dans un sens différent. | das Hin- und Hergehenlassen, hin- und herbewegen, das Wiederkehren, wieder zurückkehren lassen, Zurückstossen, öfteres Wiederholen, sich wiederholen (in der Rede, so dass Verwirrung entsteht, sich widersprechen), Widerstand, Weigerung. Rhet. Wiederholung desselben Wortes in verschiedenen Bedeutungen. — Gramm. u. Logik. die disjunktive Satzbildung. حروف الترديد disjunctive Partikeln.

a ترديف TERDÎF. [ردف II. Denom. von ردیف] Sbst. برابر گوندرمك، یشنه قوشمق action de faire q. qn. le compagnon d'un autre, de faire escorter q. qn. | Jemand einem andern zum Begleiter geben, einem Geleit geben.

a ترديم TERDÎM. [ردم II.] Sbst. قپامق، تكمیل ایتمك action de fermer, de boucher, de raccommoder, de perfectionner, d'achever. | das Verstopfen, flicken, ganz oder fertig machen.

a ترذیل TERZÎL. [رذل II.] Sbst. اعتبار قیرمق ، رذیل و رسوای قیلمق action de rendre vil, d'avilir, de déshonorer, de détériorer, humiliation, avilissement | Verringerung, Verschlechterung, eine Sache geringer oder schlechter machen, den Werth einer Sache benehmen, die Achtung Jemandes schmälern, Erniedrigung, Demüthigung.

t a ترزیق TAR-ZYK. Sbst. LT. دنبه کوسفندلرک که بسیار کوتک باشد der kurze Fettschwanz einer Art Schafe.

p ترزبان TER-ZEBÂN. Adj. u. Sbst. éloquent, disert. | der fliessend spricht, beredt.

p ترزی TERZI oder ترزی Sbst. = خیاط tailleur. | Schneider.

a ترزیق TERZÎK. [رزق II.] Sbst. = تورلق، تسویه ایله action de lisser (le papier); de rendre égal, d'aplanir (une affaire). | Glättung (des Papiers u. dgl.), Ebnung.

a ترزیق TERZÎK. [رزق II. Denom. von رزق] Sbst. رزق ویرمک action de donner de quoi vivre, de nourrir. | Nahrung geben, Ernährung, Verleihung des täglichen Brodes.

p ترزنق TERZIK Adj. u. Sbst. futile, futilité. | nichtig, Nichtigkeit, nichtige Sache oder Rede. ترزیق طراز TERZIK-TERÂZ, Schwänke-Erfinder.

t ترس TERS. Sbst. Adj. u. Adv. 1. واژگون p مقلوب ، معکوس a عکس Gegentheil von یوز | l'envers; retourné, renversé, pris à rebours, en sens contraire; obstiné. | die Rückseite, Kehrseite, das Umgekehrte; umgekehrt, verkehrt. ترسنه TERSINE. à l'envers. umgekehrt, entgegen, widerspenstig, störrig, eigensinnig. ترس چویرمک ترسنه چویرمک oder auch ترس اولدرمق ، ترس دوندرمک oder = آیچینی تشره چویرمک umwenden, das Aeussere nach innen kehren. ترس عقللو à rebours, revêche | widerspenstig. 2. مردار ، بوق = a کثافت p سرکین ، کثوه ، تجس ، غایط excrement, fiente. | Dreck, Mist.

p ترس TERS. Rad. v. ترسیدن Sbst. t a خوف = قورقو crainte, peur. | Furcht.

a ترس TURS. Sbst. t سپر قلقان 1. bouclier. | Schild. Pl. اتراس ETRÂS, تروس TURÛS und اتراس ETRÂS. 2. croûte dure du sol | harte Erdrinde.

t ترس TERS. Sbst. cocu. | Hahnrei.

p ترسا TERSÂ. Sbst. = a کافر ، نصرانی infidèle, païen, chrétien. | Ungläubiger (nicht Mohammedaner), Heide, Christ. ترسابچه TERSÂ-BETSHE, = کافر اوغلو Sohn eines Ungläubigen (Schimpfwort).

p ترسا TERSÂ. s. ترسیدن.

t a ترسات TERSÂT. Sbst. LT. نسنه تبر manche de la hache. | Stiel oder Griff des Beiles.

p ترسان TERSÂN. [Partic. v. ترسیدن] Adj. قورقولو ، قورقاق ، خوفلی craintif, timide. | fürchtend, furchtsam.

p ترسخانه TERSÂNE auch ترسخانه TERSHÂNE. Sbst. arsenal de marine. | See-Arsenal.

p ترسانیدن TERSÂNIDEN. Vb. caus. v. ترسیدن faire peur. | Furcht einjagen.

t a ترسک TIRSEK. Sbst. = ارنج p آرنج LT. coude. | Ellnbogen.

p ترسکار TERS-GIÂR. Adj. u. Sbst. craignant Dieu. | Gottesfürchtig. ترسکاری crainte de Dieu | Gottesfurcht.

a ترسل TERESSÜL. [رسل V.] Sbst. p آهستگی خوشلق ، از خود کرتمی action de procéder lentement, d'agir avec lenteur, de lire tout doucement | das sacht thun, sacht gehen, sacht lesen.

t ترسلمک TERSLEMEK. Vb. act. Aor. ترسلر TERSLER. vgl. ترس — 1. faire à l'envers, à rebours; mettre à l'envers; tourner, faire opposition, quereller, gronder sévèrement. | das Umgekehrte thun, umkehren; sich widersetzen, widerspenstig sein, heftig schelten. 2. fienter, engraisser (le sol), fumer. misten, den Unrath von sich geben [Kam. s. v. ثلط]; den Acker düngen.

a ترسم TERESSÜM. [رسم V.] Sbst. تتبع نظر و تأمل ایله action de regarder attentivement (pour découvrir les traces de q. ch.) | genaues Nachspüren.

p ترسناک TERSNÂK. Adj. قورقولو craintif, timide. | fürchtend, furchtsam.

p ترسیدن TERSIDEN. Vb. intr. قورقمق p واهمه کرتمی craindre, avoir peur, s'imaginer q. ch. | fürchten, Furcht haben; sich Schreckbilder schaffen.

a ترسیل TERSÎL. [رسل II.] Sbst. = ترسل

a ترسیم TERSÎM. [رسم II.] Sbst. ایزلمک ، چیزمک ، رسم ایلمک action de faire des traces, d'empreindre, de tirer des lignes, d'écrire; action de mettre q. qn. en surveillance, faire garder à vue, consigner q. qn. | das Spuren machen oder eindrücken, scharf aufdrücken (beim Schreiben), deutlich schreiben, Linien ziehen; in offenem Arrest halten, unter Aufsicht stellen.

t a ترش Sbst. LT. خلنجی

p ترش TURŠ. Adj. آکشی aigre, amer, salé. | sauer, bitter, salzig; in übertragener Bedeutung: grondeur, sombre, triste, chagrin. | mürrisch, verdriesslich, traurig. ترشروی TURŠ-RÛ der ein finsteres Gesicht macht ترشرویلق air sévère. | finsteres Gesicht, ernstes Ansehen. ترش طبع v. TAB' oder ترش مزاج v. MIZÂG. malveillant, misanthrope, übelwollend, unfreundlich. ترش شیرین v. ŠIRIN. aigrelet. | süsssauer, säuerlich.

p ترشانیدن Vb. caus. v. ترشیدن

p ترشتی TURŠTI und TIRŠI. Sbst. چاپا houe. | Hacke.

a ترشح TEREŠŠUH. [رشح V.] Sbst. p تراوش تیرمک action de transpirer; transsudation | Ausschwitzung, Durchsickern.

ترش s. ترشروی und ترشرو

p ترشکک TURŠEKEK. Adj. aigrelet. | säuerlich.

p ترشناک TURŠNÂK. Adj. aigre. | sauer.

p ترشه TURŠE und ترشه TURŠÂ. Sbst. قوزی قولاغی oseille. | Sauerampfer.

t ترشه TIRŠE. Sbst. [Tabrif v. تراشه Kam. s. v. السیر] 1. partie découpée. | abgeschnittenes oder zugeschnittenes Stück. 2. parchemin, Pergament. 3. Adj., = ترشه رنکی bleuâtre, grisâtre. | pergamentfarbig (grau in grün oder blau schimmernd).

p t ترشی s. ترشو

p t ترشولمق TURŠULANMAK. Vb. act. آکشتمک p ترشیدن faire aigrir, confire dans le sel. | säuern, sauer werden lassen, einsalzen (z. B. Früchte u. dgl.).

p ترشی TURŠI. vulg. ترشو TURŠU. Adj. u. Sbst. آکشیلک ، آکشی aigre, aigreur; sombre, triste, confit dans le sel ou le vinaigre; conserve de tout genre dans le vinaigre, choucroute. | sauer, Säure; finster, verdriesslich, traurig; sauer eingemacht, in Essig eingelegte oder eingesalzene Früchte u. dgl., Sauerkraut. ترشو طاغ (Sauerkraut-Berg) ein Beiname des Libanon. کمنج ترشی eine saure Brühe, = a مری Kam. ترشی یاغمورلمق s'aigrir. | sauer werden.

a ترشیح TERŠÎH. [رشح II.] Sbst. action de nourrir avec soin, d'élever; traitement d'un malade. | (eigentl. Einträufelung) sorgsame Pflege, Aufziehen eines Kindes, Krankenpflege. Rhet. der Ausdruck welcher eine rhetorische Figur begründet oder weiter fortführt. v. Mehren. Rhet. S. 177, de Sacy zu Hariri. S. 7.

p ترشیدن TURŠÎDEN. Vb. act. u. intr. آکشتمک und آکشیمک aigrir; devenir aigre | sauer machen; sauer werden.

a ترصد TERESSÜD. [رصد V.] Sbst. = ترقب action d'observer attentivement, guetter, attendre; observation (des étoiles etc.). | aufmerksames Beobachten und Erwarten, Aufpassen, Beobachtung (z. B. der Gestirne).

a ترصع TERESSU'. [رصع V.] und ترصیع TERSÎ'. [رصع II.] Sbst. gaîté, enjouement. | Heiterkeit.

a ترصیص TERSÎS. [رص II.] Sbst. action de rapprocher deux objets ensemble, de joindre l'un à l'autre, attacher la voile. | fest an einanderfügen, zusammenbinden; den Schleier fest anbinden, so dass nur die Augen sichtbar sind.

a ترصیع TERSÎ'. [رصع II.] Sbst. action d'incruster, (d'or, d'argent, de pierreries etc.). | Belegung mit Gold oder Edelsteinen. Rhetor. Parallelismus der Reime (in gereimter Prosa), sowohl hinsichtlich der grammatischen Form als der Bedeutung der Worte.

a ترصیف TERSÎF. [رصف II.] Sbst. بتشدرمک action d'annexer l'un à l'autre. | fest an einander heften.

a تصحين TERSÎN. [رصن II.] Sbst. محکم قیلمق action de raffermir, de consolider. | Festigung, fest machen, Festigkeit geben.

a ترضیه TARZIJE. [رضی II.] Sbst. راضی قیلمق action de contenter, de satisfaire, satisfaction, réparation. | Genugthuung, Abbitte — ETMEK. donner satisfaction à q. qn., demander pardon, prononcer la formule de bénédiction. | einem Genugthuung geben, eine Beleidigung abbitten, um Verzeihung bitten; die Segensformel رضی الله عنه aussprechen.

a ترطیب TERTÎB. [رطب II.] Sbst. یاش ایتمك action de humecter, mouiller. | Befeuchtung.

a ترطیل TERTÎL. [رطل II.] Sbst. طارتمق action de peser (dans la balance). | mit der Wage wiegen.

a ترعی TERA'Î. [رعی V.] Sbst. اوتلامق action de paitre, aller paitre. | weiden, auf die Weide gehen.

a ترعیب TER'ÎB. [رعب II.] Sbst. قورقوتمق action d'effrayer, d'épouvanter. | Erschrecken, in Furcht setzen.

to ترغیمق Vb. refl. pass. v. ترغیمق.

to ترغیمك s. ترکویمك v. ترغیمك.

tp ترغو TURGU. Sbst. provision. | Mundvorrath.

to ترغون TURGUN u. TARGUN [oder *p* ترغوز II.] Sbst. یورلیغ ordre du prince, diplôme royal. | königlicher Befehl.

to ترغی Sbst. LT. کنجشك un petit oiseau. | ein kleiner Vogel.

a ترغیب TERGÎB. [رغب II.] Sbst. استکلندرمك action de faire désirer. | Erweckung eines Wunsches. — ETMEK. faire désirer, exciter l'émulation de q. qn. | Verlangen erwecken, Wetteifer erwecken.

a ترفه TÜRFET. Sbst. نعمت حضور رفاهیت bien-être. | Wohlbehagen.

a ترفع TERETTÜ'. [رفع V.] Sbst. یوکسلمك یوکسلمك action de s'élever, de s'enorgueillir. | sich erheben, emporsteigen; Ueberhebung, Stolz.

a ترفق TERETTÜK. [رفق V.] Sbst. رفق ومسولتله معامله ایتمك action de traiter q. qn. avec douceur, bienveillance. | Freundlichkeit, Wohlwollen, Leutseligkeit.

tr ترفنده TERFANDA. vulg. TROFANDA auch طرفنده Sbst. les primeurs de la saison. | die ersten Früchte der Jahreszeit. ترفنده لق موسمی la primeur. | die erste Zeit der reifen Früchte.

a ترفید TERFÎD. [رفد II.] Sbst. تعظیم ایتمك action d'honorer q. qn. | Ehrenerweisung.

a ترفیع TERFÎ'. [رفع II.] Sbst. یوکسلتمك قالدرمق action d'exalter, d'élever, action d'enlever, d'ôter. | Aufheben, in die Höhe heben; wegheben, Wegnahme.

a ترفیق TERFÎK. [Denom. v. رفیق] Sbst. action d'accompagner q. qn. en voyage. | Reisegefährtschaft, Begleitung.

a ترفیه TERFÎH. [رفه II.] Sbst. رفاهیت ایتمك action d'assurer à q. qn. le bien-être, de traiter avec bienveillance. | Sorge für das Wohl anderer, Wohlwollen, gütige und freundliche Behandlung der Untergebenen.

a ترقب TERAKKÜB. [رقب V.] Sbst. = ترصد action d'attendre, d'observer, de contempler. | Erwartung, Beobachtung, Betrachtung.

a ترقص TERAKKÜS. [رقص V.] Sbst. صالالنمق action de se mouvoir (en haut et en bas), de balancer, de sauter, de danser. | das sich auf und ab bewegen, schaukeln, hüpfen, tanzen.

a ترقق TERAKKÜK. [رق V.] Sbst. action de s'attendrir sur q. qn., pitié, compassion. | Bemitleidung, Bedauern, Mitleid, Erbarmen.

to ترقلامق TARAKLAMAK, = ترقلامق.

a ترقی TERAKKÎ. [رقی V.] Pl. ترقیات TERAKKIJÂT. Sbst. یوکسلمك action de s'élever, de monter plus haut, ascension, avancement, progrès, accroissement, augmentation (de paye etc.). | Erhöhung, Aufsteigen, Aufrücken, Zuwachs, Zunahme, Zulage, Fortschritt (in Kenntnissen). — ETMEK. augmenter. | vermehren. — BULMAK oder — OLUNMAK. s'augmenter, être augmenté, avancer, s'accroître. | sich mehren, wachsen, zunehmen, steigen. ترقیدار augmenté. | erhöht, erhaben, vermehrt.

a ترقیه TERKIJET. [رقی II.] Pl. ترقیات TERKIJÂT. Sbst. ارتدرمق action d'élever, de faire monter, avancement, augmentation. | Erhebung, Erhöhung, Beförderung.

a ترقیح TERKÎH. [رقح II.] Sbst. action d'administrer avec soin ses biens, de mener une vie régulière. | gutes Haushalten mit dem Seinigen, Ordnung und Sparsamkeit.

a ترقیش TERKÎŠ. [رقش II.] Sbst. نقش ایتمك action d'embellir, d'orner (son discours de figures ou de métaphores). | Ausschmückung, insbes. der Rede oder des Styles mit Bildern, rhetorischen Figuren u. dgl.

a ترقیص TERKÎS. [رقص II.] Sbst. صالالندرمق action de faire sauter, de faire danser. | das Hüpfen lassen, Tanzen lassen.

a ترقیع TERKÎ'. [رقع II.] Sbst. 1. یامه اورمق action de rapiécer (un vêtement déchiré). | das Zusammenflicken, Flicke aufsetzen. 2. = ترقیح action de mener bien ses affaires. | Haushalten, Sparsamkeit.

a ترقیق TERKÎK. 1. [رق II.] Sbst. انجه لتمك action de rendre mince, fin, délicat, de diminuer, d'adoucir. | Verfeinerung, Verkleinerung, Erweichung; feiner, dünner, zierlicher, zarter machen. — Rhet. zierlicher Gebrauch eines Wortes, als feine Metonymie. — 2. [Denom. v. رق RIKK oder رقیق] کوله ایتمك action de faire q. qn. son esclave. | einen zu seinem Knechte oder Sclaven machen.

a ترقیم TERKÎM. [رقم II.] Sbst. یازمق action d'écrire, de tracer des lignes, de noter, d'inscrire; enregistrement, complot. | das Schreiben, Aufschreiben, Einschreiben, auf die Liste setzen; geheime Verbindung (deren Glieder aufgeschrieben sind), Verschwörung.

a ترقین TERKÎN. [رقن II.] Sbst. چیزمك یوزمق action d'effacer ce qui est écrit. | das Durchstreichen (des Geschriebenen), Ausstreichen aus der Liste, aus einem Protokoll u. s. w.

a ترك TERK. Sbst. براقمق, واز کچمك action de laisser; abandon, relâchement, cessation. | das Lassen, Aufgeben, Unterlassung; Theol. myst. Verlassen und Aufgeben der Welt; völlige Hingabe an Gott. — ETMEK. laisser, abandonner, délaisser, négliger, omettre, renoncer, quitter. | lassen, ableassen, verlassen, nachlassen, eine Sache gehen lassen wie sie einmal ist, aus der Acht lassen, aufhören, unterlassen, auslassen. ترك سر ایتمك sein Leben lassen. باشی ترکنی اورمق auf seinen Kopf verzichten, seinen Kopf hingeben. ترك دیار ایتمك auswandern. ترك ادب TERK-I EDEB. manque de politesse. | Unhöflichkeit, Grobheit. بترك کتمك BI-TERK GÜTTEN. dire adieu. | Lebewohl sagen.

a ترك TERK u. ترکه TERKE. Sbst. casque. | Helm.

to ترك TEREK. Sbst. peuplier. | Pappel, Espe. (?)

p ترك Rad. v. ترکیدن = ترك.

t ترك TÜRK. Sbst. Pl. *p* ترکان TÜRKÂN. *a* اتراك ETRÂK. turc d'Asie, turcoman; barbare, vagabond; lourdaud, rustre; poet. beau garçon, amant. | Türke aus Asien, Bewohner von Turkestan und Hinterasien, Turkmane, Nomade [im Gegensatz zu تاجیك], Landstreicher, Soldat von der Leibwache, Trabant; ungebildeter Mensch, Tölpel. Poet. ein schöner Knabe, der Geliebte. — ترکجه ترکلك türkisch. ترکلك türkisches Wesen, Grobheit; türkisches Land.

to ترك TÜRÜK. Sbst. LT. = سنکون دیرك.

to ترك TIRIK. Adj. LT. زنده s. تیریك.

a ترکب TEREKKÜB. [رکب V.] Sbst. état d'être composé, de se laisser composer; composition. | Zusammensetzung, vgl. ترکیب.

a ترکة TERIKET, vulg. TEREKE. Sbst. succession, hérédité. | Nachlass, Hinterlassenschaft, das worauf kein anderer Ansprüche hat.

p ترکتاز TÜRK-TÂZ. Sbst. vagabondage, pillage; pillard. | das Herumschweifen, Räuberei, Raubgesell.

p ترکستان TÜRKESTÂN. N. pr. Turkestan.

p ترکسوار TÜRK-SUWÂR. Sbst. cavalier, cavalerie. | Reiter, Reiterei.

p ترکش TERKEŠ u. تیرکش TIRKEŠ. Sbst. اوق قبوری carquois. | Köcher.

t ترکشکامك TIRKEŠÂMEK. Sl. ردیف بیکدیکر و قطار از عقب هم رفتن se suivre l'un l'autre. | einer dem andern auf dem Rücken sitzen (wie ein Köcher), in einer Reihe hinter einander gehen.

p ترکمان TÜRKMÂN, vulg. ترکمن TÜRKMEN. Sbst. Turkmane. ترکمنستان TÜRKMENISTÂN. Land der Turkmanen.

a ترکن TEREKKÜN. [رکن V.] Sbst. وقار وتمکین پیدا ایتمك, قوت وشدت بولمق

fermeté, solidité; gravité, sévérité. | Festigkeit; Ernst, Strenge.

t o ترکن‌ هن LT. درام شلمن

t ترک TERKEK. Sbst. تحل *céréales.* | Getreidefrüchte.

t ترکی TERKI, oder ترکو Sbst. vollständiger ترکی بغی T. BAGY. LL. *p* ترکش *a* ممجد *courroie qui tient à la selle* | Sattelriemen. ترکی یری T. JERI, — *a* آمعیشه die Stelle wo der Mantelsack aufgeworfen wird. Kam. ترکیه آصمق an den Sattelriemen binden, hinten anbinden, hintan setzen.

a ترکی TÜRKI. Adj. *turc.* | türkisch. Pl. ترکیات TÜRKIJÂT. *choses turques.* | türkische Dinge (Sprache, Schriften und dgl.). Sbst. *chanson.* | Lied. ترکیجه TÜRKIǦE, — ترکجه s. ترك

a ترکیب TERKIB. [رکب II.] Sbst. Pl. تراکیب TERÂKIB. *action de composer, chose composée, composition, assemblage; rapport d'un tout avec ses parties; mot composé, phrase; mixtion; recette.* | Zusammensetzung, Vereinigung, Abfassung einer Schrift; das Ganze, in Bezug auf seine Theile; etwas zusammengesetztes (Wort, Phrase); Mixtur; Recept. ترکیب بند künstliches Gedicht. ترکیبدار der Zusammensetzung gemäss, zusammengesetzt. وصف ترکیبی zusammengesetztes Epitheton.

t ترکیبلمك TERKIBLEMEK. Vb. act., — ترکیب ایتمك *composer*, zusammensetzen. Deriv. ترکیبلنمك Vb. pass. rafl.

p ترکیدن TERKIDEN. s. ترکیدن

a ترکیز TERKIZ. [رکز II.] Sbst. مضبوطلمق، صابتلمق *action de ficher, de clouer, enfoncer un clou* | das Einschlagen, Festschlagen (einen Nagel u. dgl.).

a ترکیك TERKIK. [رق II. Denom. v. رکیك] Sbst. — ترقیق *t* انجه‌لتمك، ضعیف ایتمك *action d'amincir, d'affaiblir.* | dünner, feiner schwächer machen.

a ترلا TARLA. *a* ترلا Acker. ترلا صچیجی Erdkasse. Kam. s. v. القلان — عرب تلوشکی

t o ترلاو [SL. جانوارچ سوره ر اکوبند] Jagdthiere, Jagdvögel (?)

t ترل ترل TARYL-TARYL. Wort ohne bestimmte Bedeutung, welches eine schwankende oder elastische Bewegung ausdrückt. پلوده — کی بدنی کبی ترلترل دقور اوله (ein Mädchen) deren Körper sich wie Gallerte bewegt (elastisch ist). Kam. s. v. المرمرة

t ترلك TERLIK. Sbst. [vgl. تر] 1. *fraîcheur.* | Frische, Zartheit. 2. — تکلتی کچیسی *feutre ou drap (sous la selle) pour absorber la sueur.* | Schweisslappen (von Filz, unter dem Sattel). 3. *sorte de camisole ou de gilet.* | eine Art Weste, ähnlich dem ملتان، زیمون oder 4. *chausson de maroquin.* | gelbe Damenstiefel.

t o ترلك TIRLIK. LT. کچمن اجرة (?)

t ترلمك TERLEMEK, auch ترلمك LT. تیلمق SL. تمرلامك Vb. intr. Aor. ترلر TERLER. Praes. ترلیور TERLIJOR. Partic. praes. ترلین TERLEJEN. *suer, transpirer, suinter; pousser (les moustaches).* | schwitzen, durchsickern; durchbrechen, zu wachsen anfangen, (vom Barte). Kam. s. v. الطرور، التغزر، الامرن — Deriv. ترلتمك TERLETMEK. *t o* تمرلاتمك SL. Vb. caus. *faire suer etc.* | in Schweiss bringen, u. s. w.

t o ترلنکن TERLINGÂN. LT. زنده کننده، وتدیده آرنده *qui rend vivant; qui publie.* | der zum Leben bringt; der in die Oeffentlichkeit bringt.

p ترم TERM. Sbst. دوع *vapeur, exhalaison.* | auf dem Boden liegender Dunst (wie der Abendthau). LL.

t o ترمه LT. کوشه در Thür-Ecke.

a ترمس TURMUS. Sbst. (Θέρμος) 1. *lupin.* | Lupine. 2. کچی بونوزی *caroube.* | Johannisbrod.

p ترمس TERMUS. Sbst. بوکرتلن آغاجی LL. *ronce.* | Brombeerstrauch.

t o ترمق TARAMAK. s. تارامق

t o ترمق TARMAK. LT. لنفدشلر، وکل شلر *devenir ou être tendre et mince; fleurir.* | zart und dünn werden oder sein; Blume werden.

t o ترمق TURMAK. LT. s. ایستملی، تورمق

a ترمل TERMMÜL. [رمل V.] Sbst. دول اولمق *veuvage, devenir veuve.* | Witwe werden, verwitwet sein.

t o ترمه LT. ترب BK. طوروب *raifort.* | Rettig.

p ترمه TERME. Sbst. — ترلك 2. BK. تکلتی *feutre sous la selle.* | Schweissfilz unter dem Sattel.

p t ترموك TERMÜKE. Sbst. صالنجق *balançoire.* | Schaukel.

a ترمید TERMID. [Denom. v. رماد] Sbst. کل ایتمك، خاکستر ایتمك کبی اوب *action de changer q. ch. en cendre, de mettre dans la cendre.* | in Asche legen.

a ترمیع TERMIG. [رمع II.] Sbst. تنظیم ایتمك *action d'arranger, de coordonner, d'ajuster les parties d'un discours.* | Anordnung und Verbindung der einzelnen Theile eines Ganzen, einer Rede u. s. w., — d. Figdn.

a ترمیق TERMIK. [رمق II.] Sbst. *action d'ajuster les parties d'un discours.* | Anordnung der einzelnen Theile der Rede, — d. Figdn.

a ترمیم TERMIM. [رم II.] Sbst. مرمت ایتمك، اوکلمق *action de réparer, de raccommoder, de restaurer.* | Ausbesserung, Wiederherstellung.

p ترن TEREN. Sbst. اوو، دشت وصحرا 1. *champ, désert.* | Gefilde; Wüste. 2. — مشکلی *espèce de rose.* | eine Art Rose.

p ترنس TERNÂS. Sbst. اوق آتلدقده پای کریشندن چکیلمسی و آوازی *vibration de la corde de l'arc.* | das Schwirren der Bogensehne.

t o ترنم TYRNAK und ترنق s. طرنق

p ترنه TERNÂNE. Sbst. *a* ادام *t* قتیق *ce qu'on mange avec le pain.* | Zugemüse.

a ترنج oder تورنج TURUNǦ. Sbst. تورنج صیغی دیو اغاج شونکی *citron.* | Citrone. ترنجلی ein Mädchen mit schwellenden Brüsten. ترنجی Adj. citrongelb.

a p ترنجان TERENǦÂN und TURUNǦÂN. Sbst., — ترنجان اوتی، اوغول اوتی، توکن اوتی *mélisse (plante).* | Melisse.

p ترنجبین TERENǦÜBIN und ترنکبین TERENGÜBIN. Sbst., — ترنکبین

p ترنجیدن TERENǦIDEN u. TURUNǦIDEN. Vb. act. قوشمق، بوزمق، صقمق، قیصمق، قوشاق، چکمك *serrer, presser, serrer la ceinture.* | zusammenziehen, pressen, schnüren.

p ترنك TERENG. Sbst. تپه سی و آواز کمان FW. Kopf-Scheitel; Schwirren der Bogensehne.

p ترونازه Adj. compos. s. تر u. تازه

a تروح TERAWWÜH. s. ترویح

a تروس TURÛS. Sbst. Pl. v. ترس

a ترؤس TERE'ÜS. [رأس V.] Sbst. رأس باش اولمق، نصب اولنمق *action de se mettre à la tête; être chef.* | sich an die Spitze stellen, an der Spitze stehen.

p ترشه TURŠE. s. ترشه

a تروع TERAWWÜ'. [روع V.] Sbst. قورقمق، قورقوب اورکمك *action de s'effrayer, avoir peur.* | Erschrecken, sich fürchten.

a ترویع TERWI'. [روع II.] Sbst. *son de la trompette, alarme.* | Schall der Trompete oder des Hornes, Lärmsignal.

a ترؤف TERE'ÜF. [رأف V.] Sbst. مرحمت ایتمك، شفقت ایتمك *action de se montrer doux, bienveillant, clément.* | Milde, Mildthätigkeit, Wohlwollen.

a ترؤم TERE'ÜM. [رأم V.] Sbst. اسرکمك، شفقتلو *action de montrer de la tendresse pour q. qn., avoir pitié, prendre soin.* zärtliche Sorgfalt.

p تروشه s. ترشه

a ترویه TERWIJET. Sbst. *huitième jour du mois ZIL-HIǦǦE.* | der achte Tag des Wallfahrtsmonats, Vorabend der Wallfahrt nach dem Arafat.

a ترویج TERWIǦ. [راج II.] Sbst. رواج ویرمك *action de donner cours, de mettre en vogue, action de débiter, de donner du débit à une marchandise.* | in Umlauf bringen, in Ruf bringen, bewirken dass viel Nachfrage nach einer Waare u. dgl. ist, ein Geschäft in die Höhe bringen, die Waaren vertreiben. علمنی ترویج و ترویج ایتمك sein Wissen zur Geltung bringen.

a ترویح TERWIH. [راح II.] Sbst. هوا ویرمك، *action de donner de l'air, faire prendre haleine (du repos); aérer, parfumer.* | Lüftung, Luft geben, ausruhen lassen, Wind machen (mit dem Fächer), duften lassen.

a تراویح TERÂWIH. Sbst. Pl. ترویحه *prière que l'on fait dans les nuits du Ramadhan.* | Abendgebet im Fastenmonat.

a ترویض TERWIZ. [راض II.] Sbst. *action de dresser, de dompter.* | Abrichtung, Zähmung. — 2. [Denom. v. روضه] *action d'arranger un lieu comme un jardin.* | Ausschmückung eines Ortes mit Blumen und dgl., in einen Garten verwandeln.

a ترويع TERWI'. [راع II.] Sbst. قورقوتمق، تخويف اخافه action d'effrayer, de faire peur. Erschrecken, Furcht einjagen.

a ترويق TERWÎK. [راق II.] Sbst. action de clarifier. | Klärung.

p تره TERE. Adj. u. Sbst. frais; cru; impoli; toutes sortes d'herbages frais. | frisch; roh, ungekocht, ungeschliffen. Kam. s. v. آلفهجب; frisches Gewächs oder Kraut, frisches Gemüse. تره اوتی v. OTI oder einfach تره cresson. | Kresse. صو تره سی Brunnenkresse. تره تیزه Gartenkresse. تره یاغی beurre frais. frische Butter. تره یومورطه frisches Ei

gr. تره پیزه TEREPEZE. s. ترپزه

a ترقّب TERAKKUB. 1. [رقب V.] Sbst. قورقمق crainte, peur. | Furcht, sich fürchten. 2. [Denom. v. رهبان] se faire moine. | sich zum Mönche machen, sich ausschliesslich dem Dienste Gottes widmen.

a ترّهات TURREHÂT. Sbst. Pl. ترّهه TERREHÂT bagatelle, chose de rien; parole futile. | unnützes Ding, Schnurrpfeiferei, leeres Geschwätz, Unsinn.

t ترمنتی TIREMENTI. Sbst. *a* علك البطم *p* بن‌ستیح térébenthine (gomme). | Terebinthenharz. LL.

a ترهیب TERHÎB. [رهب II.] Sbst. قورقوتمق action de faire peur. | Erschrecken, in Furcht setzen.

a تریاق TIRIÂK auch تریاک Sbst. thériaque, antidote de tout poison, opium. Theriak; Gegengift; Opium. تریاکی TIRIÂKI. mangeur d'opium. | Opium-Esser (der viel Theriak als Gegengift gebraucht).

a ترائب TERÂIB Sbst. Pl. تریبه sternum. | Brustbein.

t ترید TIRID. Sbst. Tahrif v. ترید potage au pain. | Fleischbrühe mit Brod, Suppe.

p تریدن TERÎDEN. Vb. act. چکمک. چکمك لتشره چیقارمق tirer, extraire. | ziehen, herausziehen.

p ترسیدن TIRSÎDEN. Vb. intr. اورکمك

a توحّش s'effrayer. | sich entsetzen, scheu werden.

p t تریز TIRIZ oder تیریز Sbst. *a* بنیقه. تخریص poitrine d'un habit, gousset de manche d'habit. | keilförmiger Einsatz, Bruststück eines Kleides, Keilstück unter den Aermeln.

t o تریك s. تریك TIRIK.

a تریکه TERIKE. Sbst. = ترکه

p t تز TEZ. Adv. u. Deriv. s. تیز

t o تزه TEZ. Sbst. LT. آسپ ابیض Schimmel.

t o تزه TIZ. s. تیز

a تزاحف TEZÂHUF. [زحف VI.] Sbst. (وارشمه چیقمق) action de s'avancer les uns vers les autres dans le combat. | gegeneinander Vorrücken (zwei Heere zum Kampfe).

a تزاحم TEZÂHUM. [زحم VI.] Sbst. قلمبه‌لنمق، اوبه صیقشمق action de se presser en foule. | Gedränge.

a تزاور TEZÂWUR. [زار VI.] Sbst. 1. زیارتلشمك، ملاقات action de se faire réciproquement des visites | gegenseitiges Besuchen. 2. تجنب، انحراف ایتمك action de s'écarter, se détourner; déviation, écart. | Ausweichen, bei Seite gehen; Abweichung.

a تزاید TEZÂJUD. [زاد VI.] Sbst. آرتمق action de s'accroître; accroissement, augmentation. | Anwachsen, Zunahme, Vermehrung.

a تزبّد TEZEBBÜD. [زبد V.] Sbst. کبوکلمك action d'écumer, de mousser. | das Schäumen. شراب تزبّد ایدر der Wein schäumt.

a تزبید TEZBÎD. [زبد II.] Sbst. action de faire écumer, de faire mousser. | schäumen machen. تزبید الحمی ایتمك battre le beurre. | buttern.

a تزبیل TEZBÎL. [زبل II.] Sbst. کوبرلمك action de fumer, de mettre l'engrais. | Düngung (des Ackers).

a تزجیة TEZDJIJET. [زجی II.] Sbst. دفع ایدرك سوروب ایلتمك action de faire avancer doucement, de pousser en avant; passer (en parlant du temps). | vorwärts bewegen, schieben; hinbringen (die Zeit).

p t تزد TEZD. Sbst. اکمك اوغلی، چکرکه LL. sauterelle. | Heuschrecke.

p تزرو s. تذرو

t o تزمن LT. قدم و ایستاده qui est debout. | ein stehender.

a تزعزع TEZA'ZU'. [زعزع II.] Sbst. چالقنمق، صارصلمق action de vaciller, de chanceler, état d'être agité, d'être secoué. | das Schwanken, Wanken, Wackeln, geschüttelt oder gerüttelt werden.

a تزفیت TEZFÎT. [Denom. v. زفت] Sbst. زفتلمك action d'enduire de poix. | Pichen, mit Pech überziehen.

p t تزك TEZEK. LT. u. SL. TIZEK. Sbst. سرکین fiente, bouse desséchée pour brûler. | Kuhfladen, bes. in Kuchen getrockneter Kuhmist, der zur Feuerung dient.

t o تزك TIZEK. Interj. SL. [پیس پیس] صدائی که بهول واستنعراه از شخص برآرند chut! | scht!

t o تزك TÜZÜK. Sbst. LT. ضبط و آراست régie, ordre; pompe, appareil magnifique. | Verordnung, Befehl; Pracht, Aufzug. vgl. توزك

p t تزکاه TEZGÂH. Sbst. Tahrif v. دستگاه atelier, métier de tisserand, établi. | Werkstätte, Webestuhl, Hobelbank.

t تزکاهلمق TEZGÂHLAMAK. Vb. act. disposer, arranger, adapter au but. | dem Zwecke gemäss einrichten. Kam. s. v. آستيحت

t o تزکو LT. فتراك vgl. *t* ترکی

a تزکّی TEZEKKI. [زکی V.] und تزکیه TEZKIJET. [زکی II.] Sbst. purification; sanctification (de soi-même); action d'acquitter la dîme. [v. زکوة] | Reinigung, Erklärung oder Beweis der Unbescholtenheit (z. B. der Zeugen vor Gericht), Erkundigung nach dem Rufe oder Lebenswandel einer Person; Heiligung; Entrichtung der gesetzlichen jährlichen Religionssteuer, im Betrage des vierzigsten Theiles des Vermögens (und dadurch Heiligung des übrigen Vermögens).

p تزلیب TEZLEB. Sbst. قسقردانی. قوورلمش قویروق queue de mouton rôtie | geschmortes Fettschwanz von Schafen.

a تزلزل TEZELZUL. [زلزل II.] Sbst. صارصلمق action de trembler, ébranlement, commotion, tremblement de terre. | Zittern, Beben, Erschütterung, Erdbeben.

t o تزلغ LT. قشلورزی = agriculture. | Ackerbau.

p t تزلق TUZLUK oder تزلکی Sbst. sorte de fromage séché et pulvérisé. | eine Bereitung von saurer Milch, die gekocht, getrocknet und dann zerrieben wird.

t o تزلکه LT. تکلمن [wohl Druckfehler für توزلوق vgl. تکلمن]

t o تزلوك LT. زانوبند genouillère. | Kniebund. vgl. تدز

t o تزلیك u. Deriv. s. توزمك

a تزمیم TEZMÎM. [Denom. v. زمام] Sbst. action d'attacher la bride. | einem Kameele u. s. w. das Leitseil anlegen.

p تزنه TEZNE, s. تزنه

a تزنیة TEZNIJET. [زنا II.] Sbst. زنا ایتمك، زنا ایتمکله ایتهام adultère; action d'accuser d'adultère. | Ehebruch; Beschuldigung des Ehebruchs.

a تزنید TEZNÎD, [Denom. v. زند] Sbst. چقمقله آتش چقمق action de battre le briquet. | Feueranschlagen (mit Stahl und Stein).

a تزوّج TEZEWWÜDJ. [Denom. v. زوج] Sbst. قاری آلمق، اولنمك action de se marier, de prendre en mariage. | Verheirathung, einen Gatten oder eine Gattin nehmen.

a تزوّد TEZEWWÜD. [زاد V.] Sbst. آزقلندرمق approvisionnement. | Verproviantirung.

a تزویج TEZWÎDJ. [Denom. v. زوج] Sbst. چفتلمك، اولندرمك action d'accoupler, de joindre par mariage. | Paarung (activ); Verheirathung (einen Gatten geben oder nehmen lassen).

a تزوید TEZWÎD. [زاد II.] = تزوّد

a تزویر TEZWÎR. [زار II.] Sbst. یلانجیلق، کذب و حیله ایتمك action d'altérer par le mensonge, de dénaturer, de contrefaire; mensonge, imposture, falsification. | falsche Angabe, Verfälschung, Fälschung, Täuschung, Lüge, Betrug.

a تزویق TEZWÎK. [Denom. v. زاووق] Sbst. نقش و نکار ایله تزیین ایلمك dorure sur acier; action d'incruster, d'orner. | Vergoldung (des Stahles mit Quecksilbertinktur), Verkleidung (einer Mauer mit Steinplatten), Ausschmückung, Verzierung mit Figuren.

a تزهّد TEZEHHÜD. [زهد V.] Sbst. زاهد و پرهیزکار اولمق vie ascétique. | ascetische Lebensweise.

a تزهید TEZHÎD. [زاد V.] Sbst. آرتلمق

accroissement, augmentation de prix. | Zunahme, sich mehren; Steigen (des Preises).

a تزيّن TEZEJJÜN. [زان V.] Sbst. دوناغش *action de s'orner; ornement, embellissement.* | Verzierung, Verschönerung.

t تيز ١ تزيد.

a تزييد TEZJÎD. [زاد II.] آرتورمق *action d'augmenter, augmentation.* | Vermehrung, Vergrösserung.

a تزييف TEZJÎF. [زاف II.] Sbst. قلب ايتمك *action d'altérer, de falsifier, déclarer q. ch. pour faux.* | Verfälschung, Fälschung (des Metalles oder Goldes); für falsch und unächt erklären.

a تزييل TEZJÎL. [زال II.] Sbst. *action d'écarter, d'ôter.* | Wegnehmen.

a تزيين TEZJÎN. [زان II.] Sbst. دوناتمق، آراسته قيلمق *action d'orner, de parer, d'embellir; ornement.* | Ausschmückung, Verschönerung, Verzierung.

p تس TES. Sbst. 1. تيركل وچچك غنچه سى *bouton (de fleur).* | Knospe. 2. اختار ديلدانكسى *panneton.* | Schlüsselbart. 3. اوستوان المساجد *poutre-mère.* | Hauptbalken. 4. سنبله اوجلرنده اولان قيلجق *barbe de l'épis.* | Granne. BK.

p تس TES. Sbst. 1. سيلله *soufflet (sur la joue).* | Ohrfeige. 2. خرطه *vesse.* | ein Wind.

t تس ٤ LT. تسكلى vgl. قوس.

a تساؤل TESÄÜL. [سأل VI.] Sbst. صورشمق *action de s'interroger réciproquement.* | gegenseitiges Fragen.

a تسابّ TESÄBB. [سبّ VI.] Sbst. بربرينى سب ايتمك *action de se dire réciproquement des injures, de se faire des reproches.* | gegenseitiges Schimpfen, einander beleidigen, Vorwürfe machen.

a تسابق TESÄBUK. [سبق VI.] Sbst. يارشق ايتمك *action de devancer, de surpasser, de lutter, de rivaliser, de chercher à se devancer les uns les autres.* | Wettlauf, Wetteifer, einander zuvorzukommen suchen, zuvorkommen, überholen. تسابق ايلدك بنا Du hast mich überholt. vgl. تسبيق.

a تساقط TESÄKUT. [سقط VI.] Sbst. *action de tomber l'un sur l'autre.* | hintereinander fallen, übereinander fallen.

a تساكر TESÄKÜR. [سكر VI.] Sbst. سرخوشلنمق *action de simuler l'ivresse.* | sich trunken stellen.

a تسامح TESÄMUH. [سمح VI.] Sbst. تساهل، اهمال *action de se traiter mutuellement avec douceur, indulgence mutuelle; esprit de conciliation, douceur, agrément; prendre des libertés dans l'usage des mots quant à leur forme ou à leur signification.* | wechselseitiges Nachgeben, nachsichtig sein, Zugeben, Zustimmung; im Gebrauch eines Wortes sich eine Freiheit erlauben, sowohl hinsichtlich der Form als der Bedeutung die Sache nicht eben genau nehmen.

a تسامع TESÄMÜ'. [سمع VI.] Sbst. *action de faire semblant d'écouter, d'écouter avec attention, (en parlant de plusieurs) écouter ensemble.* | das sich hörend oder horchend stellen, von mehreren Personen: zusammen oder gemeinschaftlich hören.

a تساوى TESÄWÎ. [سوى VI.] برابر اولمق *état d'être égal l'un à l'autre, égalité.* | Gleichheit (unter einander). تساوى ليل و نهار *équinoxe.* | Tag- und Nacht-Gleiche.

a تساهل TESÄHÜL. [سهل VI.] Sbst. اهمال، تسامح *indulgence mutuelle.* | gegenseitiges Nachgeben, Nachsicht. — ETMEK. *être indulgent.* | nachsehen, nicht genau nehmen.

a تسبيح TESBÎH. [سبح II.] Sbst. *action de louer ou d'exalter Dieu en disant le chapelet; chapelet.* | Lobpreisung oder Erhebung Gottes [mit den Worten سبحان الله], Abbetung des Rosenkranzes; als Concret. der Rosenkranz, d. i. eine Schnur mit 99 Kügelchen, nach der Zahl der Attribute Gottes. تسبيح چكمك *égrener le chapelet.* | den Rosenkranz durch die Finger laufen lassen. — Theol. تنزيه الحق عن نقائص الامكان والحدوث Glauben und Sagen, dass Gott frei ist von den Unvollkommenheiten des bedingt möglichen und zeitlichen Seins. Pl. تسبيحات *hymnes, prières.* | Lobgesänge, Gebete. — تسبيح اغاجى eine Art Cypresse. Kam. s. v. الغرقد. — تسبيح بوجكى Name eines Insekts, Ohrwurm (?) *a* قرنقشه *p* بزاق LL.

p تسپيدن TESPÎDEN. Vb. act. بوغمق *suffoquer, étrangler.* | ersticken, erwürgen.

a تسبيع TESBÎ'. [سبع II.] Sbst. *action de diviser en sept parties, de septupler, de porter au septuple la récompense d'une action (se dit de Dieu).* | Siebentheilung, Versiebenfachung, siebenfältige Vergeltung (guter Handlungen, von Seiten Gottes).

a تسبيغ TESBÎG. [سبغ II.] Sbst. *action d'allonger; addition d'une lettre quiescente à la fin de la rime.* | Verlängerung. Prosod. Verlängerung der Reimsilbe durch Hinzufügung eines quiescirenden Buchstaben.

a تسبيق TESBÎK. [سبق II.] Sbst. ايلرو كچمك *action de devancer, de dépasser, de gagner le prix.* | Zuvorkommen, Ueberholen; zuerst ankommen, den Preis gewinnen. vgl. تسابق.

a تسبيك TESBÎK. [سبك II.] Sbst. *action de fondre (des métaux).* | Schmelzung und Guss der Metalle.

a تسبيل TESBÎL. [Denom. v. سبيل] Sbst. *action de faire une bonne œuvre pour l'amour de Dieu, de consacrer à un usage pieux; bonne œuvre.* | Verrichtung eines guten Werkes, etwas um Gottes Willen thun, Weihung zu heiligem Zwecke.

p تست TEST. s. تسمى تشت.

a تستّر TESETTÜR. [ستر V.] Sbst. ستللنمك *action de se voiler, se couvrir, se cacher.* | Verhüllung, sich bedecken, sich verbergen.

p تستى TESTÎ. Sbst. *cruche.* | Krug = تشت.

a تستير TESTÎR. [ستر II.] Sbst. ستللمك *action de voiler, de cacher.* | Verhüllung, verbergen.

a تسجير TESGÎR. [سجر II.] Sbst. *action d'allumer le feu, de chauffer.* | Heitzung. تسجير التنور ايتمك Feuer im Ofen anzünden.

a تسجيع TESGÎ'. [سجع II.] Sbst. *action d'écrire, ou de parler en prose rimée; prose cadencée et rimée.* | gereimtes Schreiben oder Sprechen, gereimte Prosa.

a تسجيل TESGÎL. [Denom. v. سجل] Sbst. *action de dresser un document, de mettre dans un document.* | Aufnahme einer Urkunde, Eintragung in eine Urkunde.

a تسجين TESGÎN. [Denom. v. سجن] Sbst. حبس ايتمك *action d'emprisonner.* | Einkerkerung, gefangen setzen.

a تسحير TESHÎR. [Denom. v. سحور] Sbst. *action de prendre le SAHÛR.* | Morgenfrühstück im Ramazan. vgl. سحور.

a تسحير TESHÎR. [سحر II.] Sbst. الدانتمق، سحر ايتمك *action d'enchanter, d'ensorceler, de fasciner, action de tromper, d'enjôler.* | Bezauberung, Behexung; Täuschung, Beschwatzung, durch Ueberredung hintergehen.

a تسحيه TESHİJET. [Denom. v. سحاية] Sbst. *action de relier un livre, faire le dos de reliure en parchemin.* | Papier u. dgl. mit Bändchen von Pergament zusammenheften.

a تسخر TESAHHUR. [سخر II.] Sbst. مسخره ايتمك، ايكلنمك *action de se moquer, moquerie, ironie, raillerie, dérision.* | Verspottung. — ETMEK. *prendre pour objet de dérision, rire au dépens de q. qu.* | einen auslachen, sich über eine Person oder Sache lustig machen, etwas in's Lächerliche ziehen.

a تسخير TESHÎR. [سخر II.] Sbst. ضبط ايتمك *action d'assujetir, de soumettre, de dompter; pays assujetti.* | Bezwingung, Unterwerfung; als Concret. unterworfenes Land.

a تسخين TESHÎN. [سخن II.] Sbst. اسيتمق *action de chauffer.* | Erwärmung, Erhitzung (eines kalten Gegenstandes).

a تسديد TESDÎD. [سدّ II.] Sbst. طوغرولتمق، طوغريلتمق *action de dresser, de rendre q. ch. droit, de diriger vers le juste.* | das gerade machen, gerade richten, eine Sache in die gerade Richtung bringen, auf etwas zu richten, auf den richtigen Weg bringen (der zum Ziele oder zum Guten führt).

a تسديس TESDÎS. [Denom. v. سادس] Sbst. *action de former des figures hexagones; distance sextile.* | Bildung eines Sechsecks; Astron. Abstand der Gestirne um 60 Grad.

a تسرى TESERRÎ. [Denom. v. سرية] Sbst. اودالق ايلمك *action de prendre ou d'entretenir une concubine.* | Unterhalt einer Beischläferin.

a تسريج TESRÎG. 1. [Denom. v. سرج] Sbst. *action de seller (un cheval); action de tresser les cheveux.* | das Satteln; Haarflechten.

2. [Denom. v. سراج] مسوه تشعل *action d'allumer (une lampe etc.); action de parer, d'embellir.* | Anzünden (einer Lampe, einer Kerze); putzen, schmücken.

a تسريح TESRIH. [سرح II.] Sbst. تعلاق آتمك، تحشبويرمك *action de laisser aller, de congédier, congé, renvoi; action de répudier (sa femme), de relâcher, de dénouer, de peigner les cheveux.* | das gehen lassen, Entlassung (z. B. einer Frau); lose machen, Erleichterung, Auflockerung, Kämmen des Haares.

a تسريد TESRID. [سرد II.] Sbst. *action d'enfiler les mailles (d'une cotte de mailles); action de réciter (raconter, lire) avec rapidité.* Aneinanderreihung der Ringe eines Panzerhemdes; schnelles (ohne Anstoss, in einem Flusse fort) Sprechen oder Lesen.

a تسريق TESRIK. [سرق II. Denom. v. سرقة] Sbst. *action d'appeler q. qn. voleur, d'accuser de vol.* | Beschuldigung des Diebstahls.

a تسطير TESTYTÜR. [Denom. v. اسطار] Sbst. *action de débiter des contes, des nouvelles.* | Neuigkeiten unter die Leute bringen.

a تسطيح TESTIH. [سطح II.] Sbst. دوزلتمك *action d'aplanir, d'aplatir, de rendre uni.* | Ebnung, Abflachung, Glättung.

a تسطير TESTIR u. TASTIR. [سطر II.] Sbst. يازمق *action d'écrire, de tracer des caractères avec soin.* | Schreiben inabes, schön und mit deutlichen Zügen schreiben.

a تسعر TES'UR. [سعر V.] Sbst. يانمق *état de brûler, d'être enflammé.* | das Brennen (des Feuers); Entbrennen, entflammt sein (der Wuth).

a تسعير TES'IR. 1. [سعر II.] Sbst. يالدوب طوتشدرمه *action d'allumer, d'attiser.* | Anzündung. 2. [Denom. v. سعر si'r.] نرخ تعيين ايتمك *action de taxer, de fixer le prix des denrées.* | Bestimmung des Preises der Lebensmittel.

a تسفير TESFIR. [سفر II.] Sbst. سفره چیقارمق *action de faire entreprendre un voyage, d'envoyer, d'expédier.* | Fortsendung, Absendung Jemandes (auf die Reise oder in's Feld).

a تسفيع TESFI'. [سفع II.] Sbst. آتش حرارتی كوندیرمه *action de hâler, de brûler le teint.* | Bräunung der Haut (durch die Hitze).

a تسفيل TESFIL. [سفل II.] Sbst. آشاغیلندیرمق *action de baisser, d'abaisser.* | Erniedrigung.

a تسفيه TESFIH. [سفه II.] Sbst. سفيه و عقلسز عد ايتمك *action de déclarer ou de regarder q. qn. comme sot ou insensé.* | einen für einen Thoren oder Narren halten oder erklären.

a تسقف TESAKKUF. [Denom. v. اسقف] Sbst. *état d'être nommé, sacré évêque.* | Wahl zum Bischoff (gewählt werden).

a تسقية TESKIJE. [سقى II.] Sbst. اچيرمك *action de donner à boire; d'arroser* | zu trinken geben; Bewässerung.

a تسقيف TESKIF. Sbst. *action de nommer q. qn. évêque.* | das zum Bischoff wählen. vgl. تسقف 2. [Denom. v. سقف II.] *action de couvrir d'un toit, de mettre un toit à un édifice.* | Aufsetzung des Daches.

a تسقيم TESKIM. [سقم II.] Sbst. خسته و مريض قيلمق *action de rendre malade, d'occasionner une maladie.* | das krank machen, eine Krankheit verursachen.

t تسكره TESKERE, s. تذكره.

t تسكرى LT. u. SL. auch تمسكرى

SL. كنز معكوس *renversé.* | umgekehrt, verkehrt.

a تسكن TESEKKÜN. [سكن V.] Sbst. مسكنلك و فقير اولمق *appauvrissement, pauvreté, misère.* | Armuth, Elend, Verarmung.

a تسكيت TESKIT. [سكت II.] Sbst. سوسدرمق *action de faire taire q. qn., réduire au silence, imposer silence.* | zum Schweigen bringen, Stillschweigen auferlegen.

a تسكير TESKIR. [سكر II.] Sbst. سرخوش قيلمق *action de rendre ivre, d'enivrer.* | Berauschung, trunken machen.

a تسكين TESKIN. [سكن II.] Sbst. *action de rendre tranquille, de calmer, d'apaiser (p. ex. la douleur, la soif, une sédition etc.).* | Beruhigung, Beschwichtigung, (z. B. des Schmerzes, der Leidenschaft, des Hungers und Durstes, eines Aufstandes u. s. w.).

a تسلب TESELLÜB. [سلب V.] Sbst. سوگلوسنی زينتی بر طرف ايتمك *action de déposer ses ornements (en signe de deuil).* Ablegung des Schmuckes (als Zeichen der Trauer).

a تسلت TESELLUT. [سلت V.] Sbst., so ارقه داشلرندن كيزلوجه. تسلل. انسلات صاووشمق *action de se dérober, de s'esquiver* | heimliches sich entfernen, davonschleichen, sich aus dem Staube machen.

a تسلح TESELLÜH. [Denom. v. سلاح] Sbst. *action de s'armer, de prendre les armes.* | Bewaffnung, die Waffen ergreifen.

a تسلسل TESELSÜL. [سلسل II.] Sbst. *enchaînement; série continue, avancement hiérarchique; suite d'aïeux ou de descendants; ordre de l'arbre généalogique.* Verkettung, der unendliche Fortgang von Dingen in gerader Linie, ununterbrochene oder endlose Reihe, Reihe von Beförderungen bei Erledigung eines hohen Amtes, Reihe der Ahnen oder Nachkommen, Aufführung des Stammbaumes. Philos. unendlicher Progress der Ursachen und Wirkungen, unendliche Verkettung der rückwärts laufenden Ursachen.

a تسلط TESALLUT. [سلط V.] Sbst. *action de s'emparer du pouvoir; pouvoir absolu et volontaire; poursuite injuste et violente, persécution.* | Anmassung der Gewalt, willkührliche und unbeschränkte Herrschaft, Missbrauch der Gewalt, Bedrückung.

a تسلف TESELLÜF. [سلف V.] Sbst. پيشين آلمق *action de prendre et de demander d'avance le payement de q. ch.* | Vorschuss nehmen, Vorausbezahlung verlangen.

t تسلك LT. توپ s. صاحب شكل

a تسلل TESELLUL. [سل V.] Sbst., so انسلال *action de s'esquiver.* | sich davon schleichen.

a تسلم TESELLÜM. [سلم V.] Sbst. *action de recevoir la chose livrée, se mettre ou être mis en possession de q. ch.* | Uebernahme, Besitzergreifung, sich in Besitz einer Sache setzen.

a تسلى TESELLI. [سلى V.] Sbst. *consolation; action de se calmer, se consoler.* | Beruhigung, Tröstung, Trost. — ETMEK u. — WERMEK *consoler.* | trösten. — BULMAK u. — ALMAK *se consoler.* | sich trösten, Trost finden.

a تسليت TESLIJET. [سلى II.] Sbst. *action de calmer, de consoler.* | Beruhigung, Tröstung. — WERMEK — ETMEK, *consoler, soulager.* | trösten.

a تسليح TESLIH. [Denom. v. سلاح] Sbst. *action d'armer, de faire prendre les armes.* Bewaffnung, Rüstung, die Waffen ergreifen lassen.

a تسليخ TESLIH. [سلخ II.] Sbst. درى يوزمك *action d'écorcher, de dépouiller la peau.* | Schinden, die Haut abziehen.

a تسليط TESLIT. [سلط II.] Sbst. حكم و سلطنت ويرمك *action de donner à q. qn. le pouvoir.* | Verleihung der Gewalt. — OLUNMAK, — تسلط ايتمك *être fait supérieur, exercer le pouvoir.* | die Gewalt erhalten, die Gewalt haben.

a تسليم TESLIM. [سلم II.] Sbst. *action de remettre, de livrer, de délivrer, de dévouer; livraison, remise; action de se rendre, se soumettre à q. qn.; action de concéder, de convenir de ...; résignation; action de saluer, salutation.* | Uebergabe, Hingabe, Widmung, Auslieferung, Lieferung, Nachgeben, Ergebung, sich unterwerfen; Zugeben (im Disputiren); Begrüssung (mit den Worten سلام عليك). — ETMEK *délivrer (p. ex. une marchandise), livrer, remettre, rendre, confier, dévouer, consigner.* | überliefern, ausliefern, übergeben, anvertrauen, abliefern. — OLMAK *se rendre, se soumettre; mourir.* | sich ergeben, sich hingeben; sterben. تسليمم وارد *je me rends, je cède.* | ich ergebe mich, gebe zu. جان تسليم ايتمك den Geist aufgeben. رسالهنك كتابك تسليمى die erste Lieferung eines erscheinenden Buches. Theol. unbedingte Ergebung in den Willen Gottes, Ergebung in das Schicksal. Rhet. Concession, d. i. eine rhetorische Figur durch welche die Unmöglichkeit einer Annahme durch das was daraus folgen würde bewiesen wird. v. Mehren. S. 128.

a تسليمة TESLIMET. Sbst. *inclinaison de la tête en faisant la prière.* | Neigung des Hauptes beim Gebet.

a تسليميت TESLIMIJET. Sbst. *dévouement, résignation.* | Ergebenheit, Ergebung in das Schicksal.

a تسمّع TESEMMU'. [سمع V.] Sbst. = استماع action d'écouter. | Zuhören, Horchen. p تسمع s. تسمّع

a تسمّى TESEMMÎ. [سمو V.] Sbst. 1. توجّه و علو اولمق état d'être élevé, d'être haut, sublime; action de s'élever. | Erhöhung, Erhebung, hoch sein. 2. بر آدله آدلنمق action de se nommer, état d'être nommé ou appelé d'un nom, recevoir le nom de ... | Nennung, sich nennen, genannt werden, einen Namen erhalten.

a تسمية TESMIJET. [سمو II.] Sbst. 1. action d'élever; exaltation. | Erhebung, Erhöhung. 2. action de nommer, d'appeler, donner un nom. | Nennung, einen Namen geben. 3. invocation du nom de Dieu, action de prononcer la formule BISMILLÂH. | Nennung des Namens Gottes; Aussprechen des بسم الله

a تسميح TESMÎḤ. [سمح II.] Sbst. 1. مساهله = رفق و ملايمت ايله معامله ايلمك action de traiter q. ch. avec douceur, d'agir, de procéder avec douceur. | Gelindigkeit, Milde, in der Handlungsweise, im Verfahren.

a تسميد TESMÎD. [سمد II.] Sbst. كوبرلمك action de fumer, d'engraisser la terre. | Düngung des Bodens.

a تسمير TESMÎR. [سمر II.] Sbst. مخلمق، چويلمك action de clouer, d'attacher avec des clous. | das Nageln, Annageln.

a تسميط TESMÎṬ. Sbst. [Denom. v. سمط] Rhet. sorte de quatrain. | Viertheilige Strophe, deren drei erste Glieder unter sich reimen, während das vierte Glied den Hauptreim des Gedichtes hat.

a تسميع TESMÎ'. [سمع II.] Sbst. اشتدرمك action de faire écouter; action de divulguer, de rendre célèbre, répandre la renommée de q. ch. | das hören lassen, in die Oeffentlichkeit bringen, berühmt machen, den Ruf verbreiten.

a تسميم TESMÎM. [سم II.] Sbst. action d'empoisonner. | Vergiftung.

a تسمين TESMÎN. [سمن II.] Sbst. سمورتمك action d'engraisser, de donner de l'embonpoint; engraissement. | Mästung, dick und fett machen, Fett zu einer Speise thun.

a تسنّم TESENNUM. [سنم II.] Sbst. action de monter, de se placer sur le sommet de q. ch. | hinaufsteigen, auf die Spitze steigen.

a تسنّن TESENNUN. [Denom. v. سنّة] سنّى اولمق action de professer ou être adhérent d'un des quatres rites orthodoxes, observer la loi ou la tradition. Bekenntniss oder Uebertritt zu einer von den vier als orthodox anerkannten Secten; Befolgung der Vorschriften des Gesetzes oder der Tradition. vgl. سنّة

a تسنيد TESNÎD. [سند II.] Sbst. طيانديرمق action d'étayer, d'appuyer; alléguer des autorités (ESNÂD). | Stützung (durch Pfeiler u. dgl.); Begründung durch Belege oder Citationen vgl. سند und اسناد

a تسنيم TESNÎM. [سنم II.] Sbst. action de faire une élévation de terre sur une fosse. | ein Grab mit einem aufgeworfenen Erdhügel versehen. — als Concret. nom d'une source au paradis. | Name einer Quelle oder eines Baches im Paradiese.

a تسويط TESWÎṬ. [سوط II.] Sbst. action de blâmer, de reprendre. | Tadel.

a تسوية TESWIJE. [سوى II.] Sbst. دوزلتمك action d'égaliser, de rendre égal, d'apprêter, arranger comme il faut, faire que q. ch. soit à point; action d'aplanir, de lisser, de polir, d'ajuster; égalisation, égalité. | gleich und eben machen, Ebnung, Glättung, gerade machen, in's Gleiche bringen; etwas so machen wie es eben ist oder sein soll, zurichten; Gleichmachung, Gleichheit.

a تسويد TESWÎD. [Denom. v. اسود] Sbst. قرالتمق action de noircir, action de faire la minute d'un écrit; brouillon d'une lettre. | Schwärzung; den Entwurf einer Sache schreiben; als Concret. Concept oder unreine Abschrift eines Briefes. — in übertr. Bedeut. chagrin, douleur, ennui. | Verdruss, Schmerz, Aerger.

a تسوير TESWÎR. [سور II.] Sbst. معطلق، صور و ميلنه ترفيع ايلمك action de faire monter, d'élever. | Erhöhung, Erhebung.

a تسويغ TESWÎĠ. [سوغ II.] Sbst. = تجويز action de permettre, de ne pas empêcher. | Erlaubniss, nicht hindern.

a تسويف TESWÎF. [سوف II.] Sbst. = صوكره يه قومق ، تأخير action de différer, de remettre à un autre temps. | Aufschub, verschieben.

a تسويق TESWÎK. [سوق II.] Sbst. action de pousser, de faire avancer. | vorwärts stossen, treiben.

a تسويك TESWÎK. [Denom. v. سواك oder مسواك] Sbst. action de curer ou de nettoyer les dents avec un curedents. | Ausstocherung der Zähne.

a تسويل TESWÎL. [سول II.] Sbst. = اغوا action de représenter q. ch. comme facile à obtenir; séduction, tentation, illusion, tromperie, fiction. | Verlockung, Anreizung zu einer Sache als einer leicht zu erlangenden und reizenden. تسويلات شيطان die Verlockungen des Teufels.

a تسهيل TESHÎL. [سهل II.] Sbst. قولايلق action de faciliter, d'aplanir; adoucissement de la prononciation d'un mot. | Erleichterung, leichter machen, die Schwierigkeiten entfernen; Erweichung der Aussprache eines Wortes.

a تسيير TESJÎR und تسيار TESJÂR. [سير II.] كوندرمك، يوللامق action d'envoyer, d'expédier. | Sendung, Absendung.

a تسيّب TESEJJUB. [سيب V.] Sbst. négligence, manque de soin (en regard de ses affaires. | Vernachlässigung wichtiger Geschäfte (aus Trägheit, Gleichgültigkeit, Leichtsinn).

a تسوّل TESEWWUL. [سول V.] دلنمك action de mendier. | das Betteln.

a تسييل TESJÎL. [سيل II.] آقتمق action de laisser couler, de faire couler. | das fliessen lassen, in Fluss bringen.

t تش TEŠ, TAŠ. Sbst. le dehors. | das draussen s. دش

t تش TIŠ. Sbst. = دیش

a تشأّم TEŠE''UM. [شأم V.] Sbst. action de regarder comme de mauvais augure, de faire q. ch. de sinistre. | etwas für ein böses Anzeichen halten (z. B. das Geschrei eines Thieres); etwas thun was schlimme Folgen hat.

a تشابك TEŠÂBUK. [شبك VI.] Sbst. Refl. u. Pass. v. تشبيك état d'être enlacé, entrelacé. | Verflechtung, Verschlingung, verflochten sein.

a تشابه TEŠÂBUH. [شبه VI.] Sbst. بكزشمك ressemblance, se ressembler l'un à l'autre. | Aehnlichkeit, das einander gleichen, ähnlich sein.

a تشاتم TEŠÂTUM. [شتم VI.] Sbst. سوكشمك action de se dire réciproquement des injures. | gegenseitiges Schimpfen.

a تشاجر TEŠÂĠUR. [شجر VI.] Sbst. چکشمك action de se disputer, se quereller, état d'être brouillé ensemble. | sich streiten, hadern, zanken.

a تشارك TEŠÂRUK. [شرك VI.] Sbst. اورتقلق action de s'associer; association, société, communauté. | Vereinigung zu einer Genossenschaft, Gemeinschaft, Gemeinde.

a تشعّب TEŠA''UB. [شعب VI.] Sbst. چتال چتال ايلمك action de se diviser en branches, de se fendre, se fourcher; état d'être divisé. | Theilung in verschiedene Zweige, Verzweigung. vgl. تشعيب u. تشعّب

a تشاكل TEŠÂKUL. [شكل VI.] Sbst. = تشابه ressemblance, se ressembler l'un à l'autre. | Aehnlichkeit, einander gleichen, ähnlich sein.

a تشاكى TEŠÂKÎ. [شكى VI.] Sbst. بربرلرندن شكايت ايلمك action de se plaindre les uns des autres, de se plaindre mutuellement. | sich übereinander beklagen; sich untereinander beklagen, seine Klage wechselseitig aussprechen.

a تشاور TEŠÂWUR. [شور VI.] Sbst. مشورت ايلمك action de se consulter l'un avec l'autre. | gemeinschaftliche Berathung, wechselseitigen Rath geben.

a تشاوم TEŠÂ'UM. [شأم VI.] = تشأّم s. d.

a تشبّث TEŠEBBUṮ. [شبث V.] Sbst. يپيشمق action de s'attacher fortement, de s'appliquer à q. ch.; application, assiduité. | sich fest an etwas hängen, sich eifrig mit einer Sache beschäftigen, Fleiss, Ausdauer, eifriges Ergreifen einer Sache. تشبّث ذيل الطاف sich an Jemandes Saum hängen, d. i. sich unter seinen Schutz stellen, seinen Schutz erflehen.

a تشبّه TEŠEBBUH. [شبه V.] Sbst. ressemblance; assimilation. | Aehnlichkeit, Verähnlichung. Refl. u. Pass. v. تشبيه

a تشبيب TEŠBÎB. [شب II.] Sbst. éloge de la beauté d'une femme dont on est amoureux (spéc. au commencement d'un poème).

Preis der Schönheit der Geliebten, die erotische Einleitung eines Gedichtes.

a تشبيك TEŠBIK. [شبك II.] Sbst. دری بربره كچورمك *action d'enlacer, enlacement.* | Verflechtung, Verschlingung.

p تشبيل TEŠIL. Sbst. اولطه *hameçon.* | Angel.

a تشبيه TEŠBIH. [شبه II.] Sbst. Pl. تشبيهات TEŠBIHÂT. بكزتمك *action de comparer, d'assimiler l'un à l'autre; comparaison, assimilation, allégorie, anthropomorphisme.* | Vergleichung, Verähnlichung, Gleichheit, Allegorie. Theol. Verähnlichung oder Versinnbildlichung Gottes, Gegentheil von تعطيل

p تشت TEŠT. [auch تست] Sbst. لكن ، سينى ، طبله *plateau, cabaret, bassin, plat.* | Flaches Becken, Präsentirbrett.

a تشتت TEŠETTÜT. [شت V.] Sbst. طاغلمق *action de se disperser, état d'être dispersé ou séparé.* | Zerstreuung. Refl. u. Pass. v. تشتيت

a تشتى TEŠETTI. [شتى V.] Sbst. قيشلامق *action de passer l'hiver dans un lieu.* | Verbringung des Winters an einem Orte, Winterquartier halten.

a تشتيت TEŠTIT. [شت II.] Sbst. طاغتمق اولمق ، طاغتمق *action de disperser; dispersion.* | Zerstreuung. vgl. تشتت

a تشجيع TEŠǴÎ'. [شجع II.] Sbst. شجاعتلندرمك *action d'exciter le courage de q. qn., de rendre brave, inspirer du courage à q. qn.* | Ermuthigung, Anfeuerung zum Muthe, zum Kampfe.

a تشجين TEŠǴIN. [شجن II.] Sbst. *action de causer de la peine à q. qn., action d'attrister, d'affliger.* | Betrübung, Erweckung von Sorge, von Kummer.

a تشخص TEŠAḪḪUS. [شخص V.] Sbst. *action de se distinguer, de se présenter comme une personne, de prendre une forme distincte.* | das sich unterscheiden, als Person auftreten, eine besondere Form annehmen.

a تشخيص TEŠḪIS. [شخص II.] Sbst. *action de faire paraître distinctement, de faire paraître comme une personne, de personnifier, de distinguer, de reconnaître, de discerner; distinction, perception; diagnostic des maladies.* | Unterscheidung, als Person erscheinen oder auftreten lassen; deutliches Sehen, Erkennen; ärztliche Diagnose. — Rhet. *prosopopée.* | Personification, Prosopopöie.

a تشدد TEŠEDDÜD. [شد V.] Refl. d. Flgdn.

a تشديد TEŠDID. [شد II.] Sbst. قوتلمك *action de raffermir, de consolider, d'endurcir, de corroborer; renforcement, corroboration.* | Härtung, Festigung, Stärkung, Kräftigung. — Gramm. das Zeichen der Verdoppelung eines Buchstaben.

a تشذيذ TEŠZIZ. [شذ II.] Sbst. آيروب الارقه ايتمك *action d'isoler, de séparer du reste.* | Vereinzelung, Trennung von allem Anderen.

a تشرع TEŠERRU'. [Denom. v. شريعة] Sbst. *manière d'agir conformément à la loi divine.* | dem Gesetz entsprechendes Handeln oder Handlungsweise.

a تشرف TEŠERRUF. [شرف V.] Sbst. مشرف اولمق *état d'être honoré, honneurs qu'on reçoit.* | das geehrt werden, Ehre die einem zu Theil wird.

a تشريح TEŠRIḤ. [شرح II.] Sbst. پاره پاره كسمك *action de disséquer; dissection (des cadavres), anatomie.* | Zerlegung; Anatomie.

a تشريد TEŠRID. [شرد II.] Sbst. *action de décrier q. qn.* | Verlästerung, einen in schlechten Ruf bringen.

a تشريع TEŠRÎ'. 1. [Denom. v. شريعة] Sbst. *action d'alléguer la loi divine.* | Berufung auf das göttliche Gesetz. تشريعى TEŠRÎ'I. Adj. *appartenant à la loi.* | gesetzlich, dem Gesetze gemäss. 2. [Denom. v. شرع] Paarung der Reime eines Gedichtes, so dass, wenn der letzte Versfuss weggenommen wird, ein vollständiger Vers nach anderem Metrum und mit anderen Reimen übrig bleibt; vgl. v. Mehren. Rhetor. S. 173. Hariri ed. de Sacy. S. 418 u. 419; oder so dass mehrere Glieder des Verses untereinander reimen.

a تشريف TEŠRIF. [شرف II.] Sbst. مشرف قيلمق *action d'honorer, d'illustrer, d'anoblir, de rendre honneur à q. qn.; de faire un présent d'honneur, de revêtir q. qn. d'une robe d'honneur, de rendre visite (à un inférieur).* | Ehrenerweisung, Ehrung, Erhebung zu Ehren, Verleihung eines Ehrengeschenkes oder Ehrenkleides, Erweisung der Ehre eines Besuchs. Pl. تشريفات TEŠRIFÂT. *cérémonial ou ordre du cérémonial de la cour.* | Hofceremoniel, Hofrangordnung. تشريفاتجى TEŠRIFÂTǴI, oder تشريفاتلى TEŠRIFÂTLI. *grand-maître des cérémonies.* | Grossceremonienmeister.

a تشريق TEŠRIK. [شرق II] Sbst. *action d'exposer au soleil pour sécher (la viande); les trois jours après la fête des sacrifices.* | Aussetzung (des Fleisches zum Trocknen) in die Sonne; die drei Tage nach dem Opferfeste, d. i. der 11 — 13 des Monats ZILHIǴǴE.

a تشريك TEŠRIK. [شرك II.] Sbst. *action d'associer, de faire participer.* | als Genossen annehmen, Theil haben lassen.

تشرين TEŠRIN. Sbst. تشرين اوّل *le mois d'Octobre.* | der October. — ثانى *le mois de Novembre.* | der November.

a تشعب TEŠA''UB. [شعب V.] Sbst. چتاللانمق Refl. des Folgenden.

a تشعيب TEŠ'IB. [شعب II.] Sbst. آيروب قول قول ايلمك ، چتال ايتمك *action de diviser en branches, de séparer.* | Theilung oder Spaltung in verschiedene Zweige oder Unterabtheilungen.

a تشعير TEŠ'IR. [شعر II.] Sbst. بلدرمك *action de faire savoir, de faire connaître.* | das Wissenlassen, zur Kenntniss bringen.

a تشفع TEŠEFFU'. [شفع V.] Sbst. شفاعتجى اولمق *action d'intercéder pour q. qn.; action d'accepter l'intercession d'un autre.* | als Vermittler oder Fürsprecher für einen andern eintreten; die Vermittelung oder Fürsprache eines anderen annehmen.

a تشفى TEŠEFFI. [شفى V.] Sbst. صاغلمق *guérison; se guérir.* | Genesung. Refl. des Folgenden.

a تشفيه TEŠFIJET. [شفى II.] Sbst. صاغلتمق *action de guérir.* | Heilung.

a تشفيع TEŠFÎ'. [شفع II.] Sbst. *action d'accueillir l'intercession de q. qn. en faveur d'un autre.* | Annahme der Vermittelung des Einen für einen Anderen.

t *e* تشقرى und تشكارى LT. بيرون s. تشقارى

t *e* تشقلى LT. خرگش s. تشقلى

a تشقق TEŠAKKUK. [شق V.] Sbst. يارلمق *action de se fendre.* | Spaltung. Refl. u. Pass. des Folgenden.

a تشقيق TEŠKIK. [شق II.] Sbst. يارمق *action de fendre.* | das Spalten, der Länge nach theilen.

a تشقيه TEŠKIJET. [شقى II.] Sbst. *action de jeter dans la misère, de rendre q. qn. malheureux, faire damner q. qn.* | unglücklich machen, in Unglück und Elend stürzen, besonders: machen dass Jemand ewig verdammt wird.

t *e* تشك TIŠÜK. [auch تيشك ، تيشوك u. تونشوك] Sbst. سوراخ ، شكاف *p* دلك *fente, trou.* | Spalte, Loch. vgl. تيشك u. تيشيك

a تشكر TEŠEKKÜR. [شكر V.] Sbst. *action de remercier, reconnaissance, gratitude.* | Dankbarkeit, Erkenntlichkeit (für Wohlthaten).

a تشكك TEŠEKKÜK. [شك V.] Sbst. شبهه ايلمك *action de douter; doute, soupçon.* | Zweifel, Verdacht.

a تشكل TEŠEKKÜL. [شكل V.] Sbst. صورت كيرمك *action de prendre la forme de q. ch. ou de q. qn.; état d'être formé, être de telle ou telle forme.* | Gestaltung, Annahmen einer Gestalt.

a تشكى TEŠEKKI. [شكى V.] Sbst. شكايت ايلمك *action de se plaindre.* | Klage, sich beklagen.

a تشكيك TEŠKIK. [شك II.] Sbst. شبهه ايتدرمك *action d'élever des doutes.* | Zweifelserregung: an einer Sache zweifeln lassen, etwas unentschieden lassen, als unentschieden annehmen.

a تشكيل TEŠKIL. [شكل II.] Sbst. شكل ويرمك *action de former, de figurer, de façonner.* | Gestaltung, Bildung, eine Form oder Gestalt geben.

t *e* تشلك LT. سوراخ *trou.* | Loch. vgl. تشك

t o تشلمق TAŠLAMAK. LT. دوندرمك وسنك دوندرمك وبرآمدن *tourner, retourner; lapider.* | wenden, umkehren; mit Steinen werfen. vgl. تشلامق

t o تشلمق TYŠLAMAK. LT. تشلامق كرمك ويكلمك *saisir avec les dents; mordre* | mit den Zähnen packen; beissen.

a تشمر TEŠMMUR. [شمر V.] Sbst. Refl. v. تشمير

t o تشمق TAŠMAK. LT. تجاوز كتمك طاشمق vgl. تشمق und جوشمق

t o تشمك TYŠMAK. LT. شككلمك وسورلمك تمشاك s. كردن

a تشميت TEŠMIT. [شمت II.] Sbst. خذلان ونوميد قيلمق *action de tromper l'espoir de q. qn.; action de souhaiter la santé à q. qn. qui éternue.* | der Hoffnung berauben; einem Niesenden Gesundheit wünschen (eigentl. einem wünschen, dass er nicht Gegenstand der Schadenfreude — شماتة — werde).

a تشمير TEŠMIR. [شمر II.] Sbst. اتكه چكمك . يلكه صيواملق *action de retrousser ses habits, se mettre à l'ouvrage, s'appliquer, se hâter dans une affaire.* | Aufschürzung (des Kleides, der Aermel) um sich an die Arbeit zu machen; Beginn der Arbeit, Eifer bei einer Sache.

a تشميع TEŠMÎ'. 1. [شمع II.] Sbst. *action de faire plaisanter, de rendre ridicule, de tourner en ridicule.* | Scherzen machen, Spass machen, über etwas lachen lassen. 2. [Denom. v. شمع Wachs] *action de cirer, d'enduire de cire, de mettre de la cire d'Espagne.* Ueberziehung mit Wachs, wichsen; mit Siegellack siegeln.

a تشميل TEŠMÎL. [شمل II.] Sbst. 1. احرامه بورنمك *action de mettre le vêtement des pèlerins.* | Anlegung des Pilgerkleides. — 2. = تشمير

a تشميم TEŠMÎM. [شم II.] Sbst. قوقلامق *action de flairer.* | das Spüren, Wittern, Schnopern.

a تشنج TEŠENNUǴ. [شنج V.] Sbst. Refl. v. تشنيج *action de se rider; convulsion, spasme.* | das sich runzeln, Zusammenziehen der Muskeln, Krampf.

p تشنه TIŠNE. Adj. عطشان . صوصمش *altéré (de soif); avide.* | durstig; begierig. تشنكى TIŠNEGÎ *soif.* | Durst. تشنه لك TIŠNELIK. *grande soif.* | heftiger Durst.

a تشنيج TEŠNÎǴ. [شنج II.] Sbst. *action de rider, recoquiller.* | Zusammenringeln, Zusammendrehen, runzeln.

a تشنيع TEŠNÎ'. [شنع II.] Sbst. عيبلمك . قبيحلك *action de blâmer, de reprocher, de diffamer.* | Tadel, Missbilligung, Schmähung.

a تشنيف TEŠNÎF. [Denom. v. شنف] Sbst. *action de mettre des pendants d'oreilles.* | Anlegung von Ohrringen. تشنيفسز TEŠNÎFSÂZ. mit Ohrringen geschmückt.

a تشوش TEŠEWWUŠ. [شوش V.] Sbst. *trouble; indisposition.* | Störung; Unpässlichkeit. Refl. von تشويش

a تشوق TEŠEWWUK. [شوق V.] Sbst. *action d'exprimer son désir.* | Verlangen nach etwas ausdrücken. Refl. von تشويق

t o تشوشلمق LT. تشوش s. سورلمك كردن

a تشوير TEŠWÎR. [شور II.] Sbst. اوتاندرمق . شرمسار قيلمق *action de faire rougir q. qn.* einen blossstellen vor Anderen, blamieren.

a تشويش TEŠWÎŠ. [شوش II.] Sbst. شوريده قيلمق . قارشدرمق *action de troubler, de mêler, de déranger; trouble, dérangement, désordre, confusion; indisposition.* | Störung, Verwirrung, Störung der Gesundheit, Unpässlichkeit. تشويشلنمك TEŠWÎŠLENMEK. *se troubler, s'embrouiller.* | sich verwirren.

a تشويق TEŠWÎK. [شوق II.] Sbst. آرزومند ايلمك *action d'enflammer q. qn. du désir de q. ch., d'inspirer un vif amour, action d'exciter, de stimuler.* | Entflammung, Erweckung eines heftigen Wunsches, der Liebe; Anfeuerung, Anregung zu etwas.

a تشهد TEŠEHHUD. [شهد V.] u. تشهيد TEŠHÎD. [شهد II.] Sbst. كلمهٔ شهادت ذكر وتلفظ ايلمك *action de prononcer la profession de foi musulmane.* | Aussprechen des Glaubensbekenntnisses, s. شهادة

a تشهية TEŠHIJET. [شهى II.] Sbst. آرزومندلك . شهوته كتورمك *action d'exciter dans q. qn. le désir d'une chose, de faire désirer.* | Erweckung des Verlangens, der Begierde.

a تشهير TEŠHÎR. [شهر II.] Sbst. شهرتلندرمك . مشهور قيلمق *action de divulguer, de publier, de diffamer; de faire promener un criminel par les rues.* | Bekanntmachung, öffentlich von Jemand oder von einer Sache sprechen, insbes. schlecht von Jemand sprechen, berüchtigt machen, Verlästerung; Schaustellung oder Herumführen eines Verbrechers in den Strassen.

a تشيخ TEŠEJJUḪ. [Denom. v. شيخ] Sbst. اختيارلنمق . قوجه‌لمق *état de devenir vieux, action de faire le vieux, de faire le scheikh.* | das Altern, den Alten spielen, sich wie ein Alter oder wie ein Scheikh geberden.

a تشيد TEŠEJJUD. [شيد V.] Sbst. بنا كبى كوكه طوغرى يوكسلمك *action de s'élever, être haut, être érigé.* | hoch aufgeführt sein (ein Gebäude), hoch emporragen. Refl. v. تشييد

a تشيع TEŠEJJU'. [شيع V.] Sbst. *action de se confédérer, entrer au nombre des sectateurs de quelqu'un, se faire Chiite.* | Zusammenrottung, Uebertritt auf die Seite der Sectirer, auf die Seite der Anhänger Ali's.

t o تشيقمق Sbst. LT. طغيان *débordement d'un fleuve.* | Uebertreten, Austreten, vgl. طاشمق

a تشييد TEŠJÎD. [شيد II.] Sbst. قويلمك . بناى يوكسك ايلمك *action d'élever un édifice; construction; action de raffermir, de consolider.* | Aufführung eines Gebäudes, Erbauung; Festigung, fest und stark machen.

a تشييع TEŠJÎ'. [شيع II.] Sbst. اوزاتمق كتمك *action de conduire q. qn. et lui faire ses adieux; conduite.* | Geleit, Begleitung eines Fortgehenden (um noch einmal Abschied zu nehmen). تشييع جنازه *conduite d'un mort.* | Leichenbegleitung.

a تشيين TEŠJÎN. [شين II.] Sbst. = تعيير *action de blâmer q. qn. de q. ch., reprocher à q. qn. q. ch.* | Vorwurf, einem etwas zum Vorwurf machen, schmähen (mit dem Accus. der Person).

a تصادف TEṢÂDUF. [صدف VI.] Sbst. راست كلمك *action de rencontrer, de trouver par hasard; rencontre.* | zufälliges Zusammentreffen (von Personen, Sachen, Umständen), Zufall.

a تصادم TEṢÂDUM. [صدم VI.] Sbst. توقوشمق *action de s'entre-heurter, de s'entrechoquer.* | Zusammenstossen.

a تصريف s. تصارف . تصارفات . تصارف

t تصارلامق TASARLAMAK. Vb. intr. Aor. تصارلار TASARLAR. *projeter, imaginer.* | einen Plan entwerfen. — تصورلمك oder تصور ايلمك Redhouse: to arrange (any scheme) in one's mind.

a تصاعب TEṢÂ'UB. [صعب VI.] Sbst. *action de s'obstiner, opiniâtreté.* | das sich Widersetzen, Eigensinn, Halsstarrigkeit.

a تصالح TEṢÂLUḤ. [صلح V.] Sbst. بارشمق *action de se réconcilier, de faire la paix.* | Aussöhnung, Friede machen.

a تصبيغ s. تصليف

a تصوير s. تصاوير

a تصبر TEṢABBUR. [صبر V.] Sbst. صبر كوسترمك *action de simuler la patience ou la constance, la fermeté, la persévérance; prendre patience, avoir patience, se donner patience.* | Geduldung, Ausharren, sich bemühen geduldig, standhaft, ausdauernd zu scheinen.

a تصحيح TAṢḤÎḤ. [صح II.] Sbst. *action de corriger; correction, rectification, vérification, rétablissement (de la santé), retouche (d'un tableau). Arithm. suppression des divisions.* | Wiederherstellung, Ausbesserung, Besserung (eines Kranken), Verbesserung, Auffrischung (eines Gemäldes), Berichtigung, Ausgleichung (einer Differenz, der Bruchtheile, z. B. bei Erbschaftstheilung).

a تصحيف TAṢḤÎF. [صحف II.] Sbst. *action de commettre une faute en écrivant ou en lisant; altération ou corruption d'un mot par changement des points orthographiques; omission des points orthographiques; mauvaise leçon ou variante.* | Fehler beim Lesen oder Schreiben, Schreibfehler, Verwechslung der diakritischen Punkte, Verstümmelung eines Wortes; absichtliches Auslassen der diakritischen Punkte, damit das Wort auf verschiedene Weise gelesen werden kann, schlechte oder falsche Lesart oder Variante.

a تصدّد TESADDÜD. [صدّ V.] Sbst. — وقوع بولق . تصادف *action de rencontrer q. qn., se trouver avec lui face à face.* | Zusammentreffen mit Jemand, gegenüber sein. ايجاب التصدّد ايلمك entgegen oder gegenüber stellen. vgl. تصدّى

a تصدّر TESADDÜR. [صدر V.] Sbst. صدر مجلسه اوتورمق *action d'occuper ou de s'arroger la première place; présiance.* | das sich Vordrängen; Vorsitz.

a تصدّق TESADDÜK. 1. [صدق V.] Refl. v. تصديق. 2. [Denom. v. صدقة] *action de donner pour les pauvres.* | Almosen geben.

a تصدّى TESADDÏ. [صدى V.] Sbst. پيش امدن *p* وقوع بولق . تصادف . تعرّض *action de rencontrer, de survenir.* | das Begegnen, sich ereignen, stattfinden. 2. *action de prendre la résolution de faire q. ch.* | das Unternehmen einer Sache. — ETMEK. *entreprendre, oser, se permettre.* | unternehmen, sich vornehmen, sich unterstehen.

a تصدية TASDIJET. [صدى II.] Sbst. آلقيش ويرمه ال چارپمق *action de battre des mains; applaudissement.* | Beifallklatschen.

a تصدير TASDIR. [صدر II.] Sbst. *action de mettre q. qn. à la première place, d'accorder la préséance, mettre un mot au commencement de la proposition.* | Anweisung des ersten Platzes, Ueberlassen des Vortritts; Setzung eines Wortes an den Anfang des Satzes. 2. *action de faire émaner.* | das hervorgehen lassen, von etwas ausgehen oder ausfliessen lassen.

a تصديع TASDÏ'. [صدع II.] Sbst. صيقلدى ويرمك . باش اغرتمق . تازمق *action de fendre, de briser; action de casser la tête, de causer un mal de tête, d'importuner; ennui, peine.* | Zerspaltung, Kopfzerbrechen, Verursachung von Kopfschmerz, Belästigung. — ETMEK. *rompre la tête, importuner.* | den Kopf zerbrechen, belästigen, lästig fallen.

a تصديق TASDÏK. [صدق II.] Sbst. گرچكلمك *action de vérifier, de confirmer, d'affirmer, d'assurer, de ratifier, de reconnaître officiellement, affirmation, ratification, sanction; action de croire, prendre pour vrai.* | Bewahrheitung, Bestätigung, Versicherung, Bekräftigung, Glauben, für wahr halten. تصديق شرعى *affirmation (juridique).* | gerichtliche Aussage, gerichtliche Anerkennung. تصديق سندى oder تصديقنامه *lettre de ratification (d'un traité, etc.).* | Ratificationsurkunde. تصديق صورتيله *affirmativement.* | bejahungsweise. سوزى تصديقله *l'affirmative.* | bejahende Aussage. تصديقى *vrai.* | der Versicherung gemäss, wahr.

a تصرّف TESARRÜF. [صرف V.] Sbst. ضبط ايتمك . مالك اولمق . تمتّع *action ou faculté d'agir à son gré dans q. ch., de s'emparer de q. ch., de saisir q. ch., disposer de q. ch.; possession, pouvoir, jouissance, emploi à son gré; commerce charnel avec une femme; action de limiter ses dépenses.* | Besitznahme; Besitz; über etwas schalten und walten; unbeschränkter Gebrauch einer Sache, Vollgenuss, volle Gewalt über eine Sache; Verfügung, Verfügungsrecht; willkührliches Gebahren, der physische Besitz oder Gebrauch, fleischlicher Umgang mit einer Frau; Einschränkung des Haushaltes. عقل الدن تصرّف ايدهمز die Vernunft kann davon nicht Besitz ergreifen, d. i. kann es nicht begreifen. — Pl. تصرّفات *les possessions; les manières de faire usage de q. ch.; les dépenses.* | Besitzthümer; Gebrauchsweisen; Eigenthümlichkeiten; Ausgaben.

a تصريح TASRÏH. [صرح II.] Sbst. آچيق سويلمك [Gegentheil von تعريض] *action de dire clairement, de déclarer, de mettre au jour, de faire voir clairement; explication, publication; état d'être clair, de se montrer clairement; évidence.* | Deutlichmachung, deutliche Erklärung, Verdeutlichung, Kundmachung; gerade Aussage, der eigentliche Ausdruck, das richtige Wort für eine Sache; Deutlichkeit. على وجه التصريح oder تصريحا *expressément, explicitement.* | ausdrücklich, mit bestimmten Worten. تصريحكرده *dit explicitement, expressément.* | ausdrücklich gesagt.

a تصريع TASRÏ'. 1. [صرع II.] Sbst. *action de jeter, de renverser avec force.* | gewaltsames Hinwerfen. — 2. [Denom. v. مصراع] *action de faire un vers de deux hemistiches; rime des deux hemistiches d'un vers.* | Dichten eines Verses von zwei Gliedern; Reim der beiden Hälften eines Verses. (Rhetor.)

a تصريف TASRÏF. [صرف II.] Sbst. *action de changer, changement; dérivation de toutes les formes verbales et nominales d'une racine.* | Veränderung, Wechsel; grammatische Ableitung aller Verbal- und Nominalformen von einer Wurzel. Pl. تصريفات u. تصاريف. تصاريف *changements dans les affaires publiques, révolutions; ordres ou décisions d'un gouvernement absolu.* | Abänderungen der bestehenden Ordnung, Staatsumwälzungen; willkürliche Verordnungen eines absoluten Herrschers.

a تصعّب TESA''ÜB. [صعب II.] Sbst. گوچ ودشوار اولمق *état d'être difficile.* | Schwierigkeit einer Sache.

a تصعيد TAS'ÏD. [صعد II.] Sbst. آغيقلرى چيقمق . يوكسلتمك *action de faire monter, de monter.* | das Aufsteigen lassen, Emporsteigen. — Chem. *action de sublimer, de distiller; distillation.* | Sublimation, Emportreibung, Verflüchtigung, Distillation.

a تصغير TASGÏR. [صغر II.] Sbst. كوچلتمك *action d'amoindrir, de diminuer, de dédaigner, d'abaisser, d'humilier.* | Verringerung, Verkleinerung, Erniedrigung, Geringschätzung. — Gramm. *diminutif.* | Verkleinerungsform.

a تصفّح TESAFFÜH. [صفح V.] Sbst. *action d'examiner, de considérer, de rechercher avec soin.* | sorgfältige Untersuchung, Prüfung, Betrachtung.

a تصفّى TESAFFÏ. [صفى V.] Refl. des Folgenden.

a تصفية TASFIJET. [صفى II.] Sbst. *action d'épurer, de clarifier, purification.* | Reinigung, Läuterung.

a تصفيح TASFÏH. [صفح II.] Sbst. يصيلتمق *action d'aplatir; aplatissement, action de plaquer.* | Abplattung, platt schlagen (z. B. einen Nagel), Belegen mit Platten.

a تصفيد TASFÏD. [صفد II.] Sbst. بند ايلمك . بغلامق *action de mettre dans les fers.* | das in Fesseln legen.

a تصفير TASFÏR. [صفر II.] Sbst. صارارتمق . صارى ايتمك *action de jaunir, de rendre pâle.* | gelb machen, gelb färben; blass machen.

a تصفيف TASFÏF. [صفّ II.] Sbst. صره ايله ديزمك *action de ranger, de disposer en ordre, en série; action de se ranger, aligner.* | Aufstellung in Reih und Glied.

a تصفيق TASFÏK. [صفق II.] Sbst. *action de battre des mains, d'applaudir.* | mit den Händen klatschen (als Beifallsbezeugung)

a تصقيل TASKÏL. [صقل II.] Sbst. مصقله ايله جلا ويروب آچمق *action de polir, de rendre lisse (avec le polissoir).* | Glättung, glatt und glänzend machen (z. B. das Schreibpapier mit dem Polirstein).

a تصلّب TESALLÜB. [صلب V.] Sbst. 1. قوى ومحكم اولمق Refl. v. تصليب *action de se durcir, de s'endurcir.* | hart oder fest werden oder sein. 2. دينسنده وتعصب گوسترمك *action de se montrer austère et sévère en fait de religion et d'esprit de parti.* | sich streng und fest zeigen (in Bezug auf Religion u. s. w.).

a تصلّف TESALLÜF. [صلف V.] Sbst. لاف اورمق . اوگمك *action de se louer, se vanter, de viser à l'effet; vaine gloire.* | Prahlen, zu glänzen suchen (viele und grosse Worte machen, denen keine Thaten entsprechen).

t تصلق TASLAK. Adj. *grossier, rude, âpre, raboteux.* | plump, roh, ungeschliffen, grob, holperig. تصلق آدم ein roher Mensch.

a تصليب TASLÏB. [صلب II.] Sbst. 1. پك وقاتى قيلمق *action de durcir.* | Härtung, Festigung. 2. بردار ايلمك . خاچه آصمق *action de crucifier, de pendre.* | Kreuzigung, Aufhängen.

a تصلية TASLIJET. [صلى II.] Sbst. *action de prononcer (ou d'écrire) la formule de bénédiction.* | Anwendung (Aussprechen oder Schreiben) der Segensformel صلى الله عليه bei dem Namen oder anstatt des Namens des Propheten.

t تصمه لامق TASMALAMAK. Vb. act. [Denom. v. تصمه] *garnir de rubans, etc.* | mit Bändern u. s. w. schmücken, binden u. s. w. s. d. Flgd.

t تصمه TASMA oder تاسمه Tahrif v. *p* تسمه Sbst. شريت *courroie, semelle; bande, ruban, galon.* | Lederstreif, Riemen, Schuhsohle, Gurt, Band (gewebtes). كوپك تصمه سى KÖPEK TASMASY. *collier de chien.* | Hundehalsband.

بر برلتمحمسى BERBER T. *cuir à rasoir.* Streichriemen (der Barbiere).

a تصميت TASMÎT. [صمت II.] Sbst. سكوت ايلمك *action de faire taire, de réduire au silence.* | zum Schweigen bringen.

a تصميم TASMÎM. [صم V.] Sbst. توكيلك اوزرلدء نيت ايتمك *action de se résoudre; de prendre une résolution ferme, résolution, détermination, dessein que l'on forme, parti que l'on prend.* | Entschluss, Beschluss, Festsetzung, Bestimmung. — ETMEK. *prendre une résolution, se proposer, déterminer.* | sich fest entschliessen, sich fest vornehmen, eine Sache fest bestimmen.

a تصنع TESANNU'. [صنع V.] Sbst. صنعتن و معرفت كوستريلك *action de démontrer un art, de se montrer artiste; artifice, ruse, déguisement, dissimulation.* | das Zeigen einer Kunst, sich als Künstler zeigen, sich den Schein geben, Verstellung. (simulare u. dissimulare.) Pl. تصنعات — تصنعله TESANNU'LE. mit Verstellung, verstellter Massen.

تصنعلدن عارى بر آدم ein Mann der sich giebt wie er ist. حيل و تصنعلدن عبارت بر حركت ein Verfahren voller List und Ränke.

a تصنيع TASNÎ'. [صنع II.] Sbst. بر صنعتله يالمق . بر صنعتله مشغول اولمق *action d'exercer un art, de faire q. ch. avec art ou artistement.* | Ausübung einer Kunst, kunstreiche Herstellung einer Sache, etwas künstlich machen, einer Sache einen künstlichen Schein geben.

a تصنيف TASNÎF. [صنف II.] Sbst. صنف صنف قيلمق *action de diviser, de séparer en différentes catégories; action de composer un livre; composition littéraire, rédaction, publication d'un livre; ouvrage, livre.* | Eintheilung, Scheidung, Trennung nach verschiedenen Classen; Abfassung und Veröffentlichung eines Buches; Schriftstellerei; schriftstellerisches Werk, Buch. Pl. تصانيف TESÂNÎF.

a تصنيم TASNÎM. [Denom. v. صنم Götzenbild.] Sbst. *action de se faire une idole; adoration des idoles.* | sich Götzen machen, Götzendienst.

a تصور TESAWWUR. [صر II.] Sbst. *action d'imaginer, de s'imaginer, de se faire une idée, de penser à q. ch., de méditer, de réfléchir, supposer, croire possible; idée; action de se montrer, se présenter, apparaître.* | sich einbilden, an etwas denken, für möglich halten, sich als möglich vorstellen, sich im Geiste ein Bild oder Vorstellung von einer Sache machen, Einbildung, Idee, Bild oder Vorstellung von einer Sache; in die Erscheinung treten. تصور المسائل المشكله seinem Geiste schwierige Fragen vorführen. — Pl. تصورات

a تصوف TESAWWUF. [Denom. v. صوفى] Sbst. *pratique de la doctrine des soufis, vie contemplative, théologie des soufis ou mystiques, mysticisme* | Lehre und Leben der Sufis beschauliches Leben, mystische Philosophie, Mysticismus. اهل تصوف *homme mystique.* | Mystiker, der ein beschauliches Leben führt.

علم تصوف Wissenschaft der Mystik.

a تصون TESAWWUN. [صان V.] Sbst. كندو نفسنى قايرمق *action de se garder.* | das sich hüten.

a تصويب TASWÎB. [صاب II.] Sbst. اوكمك . بكنمك *action de juger louable, action d'approuver, de louer; approbation.* | Belobung, Gutheissung, Billigung. مشعر التصويب der seine Zustimmung zu erkennen giebt.

a تصوير TASWÎR. [Denom. v. صورة] Sbst. صورت رسم و نقش ايلمك *action de tracer ou de peindre des figures, des tableaux; action de faire se présenter q. ch. dans l'esprit d'un autre sous telle ou telle forme, d'exciter des idées.* | Das Malen, Zeichnen, Malerei, Jemandem eine Vorstellung oder Vorstellungen beibringen, etwas ihm (geistig) vorstellen. als Concret: Pl. تصاوير TESÂWÎR. *image, peinture, tableau, portrait; statue.* | Bild, Gemälde; Bildsäule. تصويرجى *peintre.* | Maler. تصويرجيلق *peinture (art.).* | Malerkunst, Bildnerei. تصوير مجسم *hypotypose.* lebhafte Schilderung. Rhet.

a تصويف TASWÎF. [Denom. v. صوفى] *action de s'exprimer à la manière des mystiques.* | seinen Worten einen mystischen Sinn unterlegen, mystische Ausdrucksweise, Einkleidung seiner Gedanken, Reden u. s. w., in mystische, den Sufis eigenthümliche Worte.

p t تصنه TASSA. Tahrif v. تاسه

a تصيد TESAIYÜD. [صاد med. ى V.] Sbst. آو آولمق *action de chasser, d'aller à la chasse.* | das Jagen, auf die Jagd gehen.

a تصيف TESAIYÜF. [صاف med. ى V.] Sbst. بر يرده يازلمق *action de passer l'été dans quelque endroit.* | Verbringung des Sommers an einem Orte, Sommeraufenthalt.

a تصيير TASJÎR. [صار med. ى II.] Sbst. كرداننيدرمك *p* ايلمك . قيلمق . بر صورتده قومق *action de faire que q. qn. ou q. ch. devienne tel ou tel, rendre q. qn. ou q. ch. tel ou tel.* | zu etwas machen, bewirken, dass Jemand oder eine Sache etwas wird.

a تضاد TEZÂDD. [ضد VI.] Sbst. ضدلشمق *état d'être opposé l'un à l'autre, opposition mutuelle, contraste, hostilité, inimitié, antithèse, réunion de deux significations opposées l'une à l'autre dans le même mot.* | das einander entgegengesetzt sein, Gegensatz, feindliches sich Gegenüberstehen, Feindschaft, entgegengesetzte Bedeutung eines und desselben Wortes.

a تضارب TEZÂRUB. [ضرب VI.] Sbst. اورشمق *action de se frapper mutuellement.* | gegenseitiges Schlagen.

a t تضريس s. تضاريسلى

a تضاعف TEZÂ'UF. [ضعف VI.] Sbst. بر نسنه بر مثلى ياخود ايكى ياخود امثال قدر زيادلشمك *action de se doubler, de s'augmenter; redoublement, accroissement.* | Verdoppelung, Vermehrung, Zuwachs. — ETMEK. *redoubler.* | verdoppeln.

a تضاعيف TEZÂ'ÎF. Sbst. [Pl. v. تضعيف] *les intervalles d'une chose pliée et repliée, les plis ou replis, l'intérieur d'une chose, en parlant du temps: le cours du temps.* | Falten, Zwischenräume der Falten, das Innere einer Sache; von der Zeit: das Innerhalb einer Zeit, der Verlauf der Zeit.

a تضايف TEZÂJUF. [ضاف VI.] Sbst. *relation, rapport de deux choses ou de deux mots; qualité d'un terme relatif.* | Beziehung, das sich auf einander beziehen, zu einander im Verhältniss stehen.

a تضجر TEZAĞĞUR. [ضجر V.] Sbst. طارلغنلق *état d'être affligé; angoisse, anxiété, agitation.* | Beängstigung, Angst, Aufregung (des Gemüthes).

a تضحك TEZAHHUK. [ضحك V.] Sbst. كولمك *action de rire.* | das Lachen, Gelächter.

a تضرر TEZARRUR. [ضر V.] Refl. u. Pass. v. تضرير

a تضرع TEZARRU'. [ضرع V.] Sbst. التجا . جلب و دلدن تذلل ايله يلوارمق . كوكونلونك *action de supplier, de s'humilier; soumission, humilité, abaissement.* | demüthiges Bitten, Demuth, Unterwürfigkeit.

a تضرير TAZRÎR. [ضر II.] Sbst. ضرر و زيانه مبتلا و دوچار قيلمق *action d'endommager.* | Beschädigung, Schaden zufügen.

a تضريس TAZRÎS. [ضرس II.] Sbst. *dentelure, surface inégale.* | Auszackung, unebene Oberfläche. Pl. تضاريس TEZÂRÎS. — تضاريسلى TEZÂRÎSLI. *dentelé, inégal.* | zackig, uneben, ** چالر چقور

a تضعف TEZA''UF. [ضعف V.] Sbst. Refl. des Figdn.

a تضعيف TAZ'ÎF. [ضعف II.] Sbst. 1. بر نسنه اوقدر دخى زياده قيلمق *action de doubler, de rendre double, de multiplier.* | Verdoppelung (urspr. durch Zusammenfalten, um etwas dünnes oder schwaches stärker zu machen), Verzweifachung, Vervielfachung. 2. ضعيف عد ايلمك *action de regarder comme faible, de trouver faible.* | für schwach halten. 3. ضعيفلتمك *action d'affaiblir.* | Schwächung, Abschwächung. — Alchem. — تبييض oder جلاء الكيميا alchymistischer Zusatz oder Zuthat, als Basis der Verbindung der Goldtinktur mit dem in Gold zu verwandelnden Körper.

a تضليل TAZLÎL. [ضل II.] Sbst. آزغين ايلمك . آزدرمق *action de séduire, d'égarer q. qn., action d'accuser d'erreur, trouver que q. qn. est dans l'erreur ou en mauvais chemin.* | Verführung, Irreleitung, auf schlechte Wege bringen; Beschuldigung des Irrthums, finden dass Jemand im Irrthum oder auf schlechtem Wege ist.

a تضمن TEZAMMUN. [ضمن V.] Sbst. 1. كفيل اولمق *action de se charger de q. ch. à la place d'un autre, prendre sur soi.* | Uebernehmen einer Sache, Bürgschaft, etwas auf sich nehmen. 2. حاوى و مشتمل اولمق *état de contenir.* | das in sich enthalten. Refl. von تضمين — ETMEK *contenir, comprendre, renfermer.* | enthalten, einschliessen, begreifen.

a تضمين TAZMÎN. [ضمن II.] Sbst. بر نسنه يى ديكر بر نسنه يه ادخال ايلمك *action de placer une chose dans une autre (comme dans une vase), d'insérer; insertion.* | Hineinbringung einer Sache in eine andere, Einfügung. 2. ضرر اودمك *action de se porter garant d'une chose, de dédommager; indemnité, réparation.* | Gewährleistung für etwas, Entschädigung, Schadloshaltung, Schadenersatz — Rhetor. Einschiebung oder Anführung eines Verses oder der Worte eines andern Dichters in einem Gedichte. — Uebergreifen der Construction in einer grammatischen Periode aus einem Verse in den folgenden. — تضمين المزدوج Einschiebung eines Reimes vor den Hauptreim.

a تضييع TAZJÎ'. [ضيع II.] Sbst. *action de perdre, de dissiper, de ruiner.* | Verwüstung, Vergeudung. تضييع وقت ايلك die Zeit vergeuden.

a تضييف TAZJÎF. [ضيف II.] Sbst. *action de donner ou de pratiquer l'hospitalité* | Ausübung der Gastfreundschaft, Bewirthung.

a تضييق TAZJÎK. [ضيق II] Sbst. [Gegentheil von تسهيل] تضرر ايلك *action de rendre étroit, de presser, de resserrer, d'opprimer.* | Beengung, Bedrückung, Bedrängung, Ausübung eines Druckes, drücken, pressen.

a تطابق TETÂBUK. [طبق VI.] Sbst. *action de s'accorder, de convenir de q. ch. les uns avec les autres; être d'accord.* | Einigung, Uebereinstimmung; sich einer nach dem andern richten.

a تطارق TETÂRUK. [طرق VI.] Sbst. بر برينك ارديجه دوشوب كتمك *action de se suivre à la file.* | einander auf dem Fusse folgen, einer in die Spur des anderen treten.

a تطاول TETÂWUL. [طول VI.] Sbst. زور ايله ضبط ايلك *action d'étendre la main vers q. ch.; de prendre avec force; usurpation, oppression, tyrannie, violence.* | Ausstrecken der Hand nach etwas, mit Gewalt nehmen; Ausdehnung der Gewalt, Usurpation, Tyrannei, Bedrückung, Gewaltthätigkeit.

a تطبع TETABBU'. [طبع V.] Sbst. بر نسنه ايله ايله طبيعت ايلمك *action de prendre une habitude.* | Angewöhnung.

a تطبق TETABBUK. [طبق] Refl. v. تطبيق

a تطبيع TATBÎ'. [طبع II.] Sbst. باصوب نقش ايتك *action d'imprimer (p. ex. un cachet), de faire une empreinte, une marque.* | Eindrückung, Abdrückung, Abdruck.

a تطبيق TATBÎK. [طبق II.] Sbst. اويدرمق. بكزتمك *action d'accorder, d'adapter, d'ajuster, de comparer, de confronter.* | das Anpassen, in Uebereinstimmung bringen; Vergleichen, Zusammenstellen, Gegenüberstellen. تطبيق مهرى Abdruck des Siegels der einem Bevollmächtigten zur Vergleichung mit dem Siegel einer Urkunde u. dgl. übergeben wird.

a تطرب TETARRUB. [طرب V.] s. تطريب

a تطرق TETARRUK. [طرق V.] Sbst. 1. قرشى سوز. دفعاتله متتابعا اورمق *action de frapper à coups réitérés; action de se mettre en opposition, de contrarier; opposition.* | mehrmals hintereinander stossen, hämmern u. s. w., sich zum Stosse gegen etwas in Bewegung setzen, sich widersetzen. — ETMEK, anstossen (etwas Unangenehmes). 2. [Denom. v. طريق u. طريقة], = p راه يافتن *action de se frayer le chemin, trouver moyen de faire ou d'obtenir q. ch.* | sich Weg bahnen, Mittel und Wege zu etwas finden.

a تطريب TATRÎB. [طرب II.] Sbst. *action d'exciter à la joie, d'égayer; action de chanter, de danser ou de sauter de joie.* | Anreizung, Erheiterung, Gesang, Hüpfen und Springen vor Freude.

a تطريد TATRÎD. [طرد II.] Sbst. قوغمق *action de chasser, d'éloigner.* | Vertreibung.

a تطريز TATRÎZ. [طرز II.] Sbst. طراز ايشلمك *action de broder (un habit).* | das Sticken.

a تطريس TATRÎS. [طرس II.] Sbst. *action de retoucher une écriture effacée* | Schwärzung, Auffrischung verblichener Schrift.

a تطعيم TAT'ÎM [طعم II.] Sbst. آشيلمق *action d'enter, de greffer.* | Pfropfen, Impfung.

a تطفئة TATFIJET. [طفى II.] Sbst. *action d'éteindre.* | das Auslöschen.

a تطفيف TATFÎF. [طف II.] Sbst. طرتى واولچيده اكسك ويرمك *action de vendre à faux poids.* | schlecht Maass oder Gewicht geben.

a تطلب TETALLUB. [طلب II.] Sbst. دفعه بدفعه طلب ايلك *action de rechercher, de chercher avec soin, avec empressement.* | Durchsuchen, sorgfältiges Suchen.

a تطلس TETALLUS. [طلس II.] Refl. v. تطليس

a تطلع TETALLU'. [طلع V.] Sbst. دقتله باقوب اكلامق *action de regarder avec soin, de considérer, d'examiner.* | genaue Betrachtung, Prüfung.

a تطليب TATLÎB. [طلب II.] Sbst. آرامق. طلب ايلك *action de chercher.* | das Suchen.

a تطلية TATLIJET. [طلى II.] Sbst. قابلامق . بوياشدرمق . سورمك . صوامق . يالدزلامق *action d'enduire, d'oindre, de dorer.* | das Ueberstreichen, Bestreichen, Ueberziehen, Besalben, Beschmieren, Vergolden.

a تطليس TATLÎS. [طلس II.] Sbst. يازوى سيلوب نابديد ايلمك . بوزمق *action d'effacer (l'écriture).* | Ausstreichen (des geschriebenen). قابل التطليس *effaçable.* | auslöschlich, vertilgbar.

a تطليق TATLÎK. [طلق II.] Sbst. *action de renvoyer, de rendre libre, de répudier sa femme; répudiation* | Fortschicken, geben lassen, die Freiheit geben; Verstossung der Frau, Scheidung.

a تطميع TATMÎ'. [طمع II.] Sbst. آرزومند قيلمق . طمع اندرمك *action d'exciter un désir, de rendre avide.* | Erweckung einer Begierde, eines Verlangens.

a تطمين TATMÎN. [Denom. v. طمأن] Sbst. راحتلاندرمك . تسكين *action de tranquilliser.* | Beruhigung. تطمين نفس ايتك *se tranquilliser.* | sich beruhigen.

a تطويف s. تطواف

a تطوس TETAWWUS [Denom. v. طاوس] Sbst. *action de se pavaner, de se parer comme un paon.* | sich brüsten, sich putzen (wie ein Pfau), bunte Kleider anlegen oder tragen.

a تطوع TETAWWU'. [طوع V.] Sbst. *action d'obéir, de faire spontanément; servir comme militaire volontaire; œuvre méritoire, surérogatoire et qui n'est pas de précepte rigoureux* | das Gehorchen, freiwillig thun; freiwilliger Gehorsam, freiwilliger Dienst (als Soldat), freiwillig gethanes gutes Werk, welches nicht durch das Gesetz vorgeschrieben ist. Pl. تطوعات

a تطوف TETAWWUF. [طوف V.] Refl. v. تطويف

a تطوق TETAWWUK. [Denom. v. طوق] Refl. v. تطويق

a تطول TETAWWUL. [طول V.] Sbst. اوزون اولمق *action de s'étendre, se prolonger, être long; action de se montrer fier ou hautain; action de se montrer généreux, de donner libéralement.* | Ausdehnung, sich ausdehnen, lang sein; sich gross machen, stolz sein; Freigebigkeit.

a تطويف TATWÎF u. تطواف TATWÂF. [طوف II.] طواف . طولاشمق . طولاشدرمق . دولاندرمق *action de tourner sans cesse autour de . . . ou de faire tourner autour, de faire circuler.* | beständiges oder oft wiederholtes Herumgehen oder herumgehen lassen, Kreisen, Kreisenlassen.

a تطويق TATWÎK. [Denom. v. طوق] Sbst. 1. بيونه طوق كچورمك *action de mettre (à q. qn. ou à soi-même) un collier ou q. ch. en guise de collier.* | Umhängung eines Halsbandes oder eines andern Gegenstandes um den Hals. 2. بر كمسنه يه بر ايش تكليف ايلمك *action d'imposer à q. qn. q. ch.* | Auferlegung (einer Pflicht). 3. اقتدار ايلمك *action de donner à q. qn. le pouvoir de q. ch.* | Ermächtigung zu etwas.

a تطويل TATWÎL. [طول II.] Sbst. اوزاتمق . اوزون قيلمق *action de prolonger, d'étendre.* Ausdehnung, Verlängerung. تطويل الكلام *prolixité.* | Weitschweifigkeit (der Rede). تطويلا TATWÎLEN. Adv., = على وجه التطويل *diffusément.* | weitläufig, weitschweifig.

a تطهر TETAHHUR. [طهر V.] Sbst. پاك اولمق *pureté.* | Reinheit. Refl. des Figdn.

a تطهير TATHIR. [طهر II.] Sbst. پاك ايلمك *purification.* | Reinigung.

a تطيّب TETAJJUB. [طاب V.] Sbst. بخورلنمق . تبخّر *action de se parfumer, être imprégné de bonnes odeurs* | das sich parfümiren, mit Wohlgeruch angefüllt sein, duften.

a تطيّر TETAJJUR. [طار V.] Sbst. [Gegentheil von تفأّل] *action d'augurer mal, de tirer un mauvais augure de q. ch.* | Unglücksahnung, etwas als böse Vorbedeutung nehmen.

a تطييب TATJIB. [طاب II.] Sbst. خوش ايلمك . ايو و كوزل قيلمق *action de rendre bon, de rendre agréable, de causer à q. qu. du plaisir, plaisanter, amuser, cajoler, adoucir; action de parfumer.* | das gut machen, wieder gut machen, angenehm machen, Gutes erweisen, liebkosen, besänftigen, begütigen. Parfümierung, wohlriechend machen. تطييب خاطر *réparation, conciliation, satisfaction.* Genugthuung, Versöhnung.

a تطيير TATJIR. [طار II.] Sbst. *action de faire voler en l'air, agiter rapidement; action d'augurer mal.* | fliegen machen, stark bewegen; Schlimmes ahnen, = تطيّر

a تطيين TATJIN. [طين II.] Sbst. *action d'enduire de terre, d'argile, etc.* | mit einer Erdart (wie Thon, Kalk, Siegelerde u. dgl.) überziehen.

a تظالم TEZÂLUM. [ظلم VI.] Sbst. *action de se causer réciproquement du tort, s'accuser réciproquement d'oppression auprès d'un tiers.* | gegenseitige Beeinträchtigung oder Bedrückung, einer über Unrecht oder Bedrückung von Seiten des andern klagen.

a تظاهر TEZÂHUR. [ظهر VI.] Sbst. *action de se faire voir, de paraître, d'être visible l'un à l'autre, action de feindre, faire semblant.* | sich einer dem andern zeigen, einander erscheinen; sich stellen, thun als ob . . . 2. [Denom. v. ظهر Rücken] *action de se mettre dos contre dos, se prêter un appui mutuel, s'entre-aider.* | sich Rücken gegen Rücken stellen, sich Rückenhalt gewähren, einander unterstützen.

a تظرّف TEZARRUF. [ظرف V.] Sbst. تكلّفله ظريفلنمك *action de faire le fin, le spirituel, le coquet, l'aimable, de chercher à briller par l'esprit jusqu'à l'affectation.* | das Bestreben fein, geistreich witzig oder liebenswürdig zu erscheinen, den Geistreichen oder Witzigen spielen.

a تظفّر TEZAFFUR. [ظفر V.] Sbst. غلبه ايلمك . ظفر بولمق *action de remporter la victoire, de triompher.* | Erlangung des Sieges, Triumph.

a تظلّل TEZALLUL. [Denom. v. ظلّ] Sbst. كولكه ده اولمق *état d'être à l'ombre, d'être sous la protection de q. qn.* | das sich im Schatten befinden, sich unter Jemandes Schutze befinden.

a تظلّم TEZALLUM, TAZALLUM. [ظلم V.] Sbst. ظلمدن شكايت ايلمك *action de se plaindre du tort ou de l'oppression d'autrui.* | Beklagung über erlittenes Unrecht oder Bedrückung. تظلّم حال ايلمك *se plaindre de sa condition malheureuse.* | sich über seine bedrückte Lage beklagen.

a تظليل TAZLIL. [Denom. v. ظلّ] Sbst. كولكه يه قويمق *action d'ombrager, de mettre à l'ombre, de donner protection à q. qn.* | Beschattung, in den Schatten bringen; Schutz gewähren.

a تظليم TAZLIM. [ظلم II.] Sbst. *action d'accuser q. qn. d'injustice, d'oppression, de regarder q. qn. comme oppresseur, comme tyran, de se plaindre de l'oppression.* | Beschuldigung der Ungerechtigkeit, der Bedrückung, einen für einen Bedrücker oder Tyrannen halten; sich über Bedrückung beklagen, = تظلّم

a تظنّن TEZANNUN. [ظنّ V.] Sbst. ظنّ ايلمك *action de se former une opinion, de penser, de croire, de juger.* | das Meinen, sich eine Meinung oder ein Urtheil bilden.

a تظهّر TEZAHHUR. [Denom. v. ظهار] Sbst. زوجه سنه ظهار ايلمك *action de répudier sa femme ou de faire vœu de s'abstenir du commerce avec sa femme en prononçant les paroles: tu es pour moi comme le dos de ma mère.* | Verstossung der Frau oder Gelübde sich des Umgangs mit ihr zu enthalten, indem man die Worte spricht: أنتِ عليّ كظهر أمّي

a تظهير TAZHIR. [ظهر II.] Sbst. اهمال . تسامح *action de tourner le dos, de négliger, d'abandonner, de répudier sa femme.* | den Rücken wenden, Vernachlässigung, Aufgeben einer Sache; Verabschiedung der Frau, — dem Abgehen.

a تعاتب TE'ÂTUB. [عتب VI.] Sbst. عتاب وازارش ايلمك *action de se faire des reproches réciproques, se quereller.* | sich gegenseitig Vorwürfe machen.

a تعاجيب TE'ÂGIB. Sbst. Pl. v. تعجيب *merveilles.* | Wunder, Wunderdinge.

a تعادل TE'ÂDUL. [عدل VI.] Sbst. *action de se montrer réciproquement juste, équitable; équité réciproque.* | Billigkeit gegen einander.

a تعادى TE'ÂDI. [عدا VI.] Sbst. *état d'être mutuellement hostiles, être ennemis les uns des autres.* | gegenseitige Feindschaft, Verfeindung.

a تعارض TE'ÂRUZ. [عرض VI.] Sbst. قارشى طورمق . ممانعت ايلمك *action de se faire obstacle, se combattre mutuellement; opposition, résistance.* | gegenseitiges Hindern, sich bekämpfen, Widerstand.

a تعارف TE'ÂRUF. [عرف VI.] Sbst. *action de se connaître mutuellement, état d'être connu.* | gegenseitiges Erkennen; allgemein bekannt und gewöhnlich sein.

a تعاريف TE'ÂRIF. Sbst. Pl. v. تعريف

a تعاسر TE'ÂSUR. [عسر VI.] Sbst. صعوبتلو كوجلك *état d'être dur, pénible, difficile.* | Schwierigkeit.

a تعاشر TE'ÂŠUR. [عشر VI.] Sbst. برابر كچينمك *action de vivre en société, de vivre ensemble comme mari et femme.* | geselliges Beisammenleben, eheliche Beiwohnung.

a تعاضد TE'ÂZUD. [عضد VI.] Sbst. يارداشمق *action de s'entre-aider, assistance mutuelle.* | gegenseitiger Beistand, gegenseitige Hülfeleistung.

a تعاطف TE'ÂTUF. [عطف II.] Sbst. بربرينه مهر و شفقت ايلمك *action de se témoigner mutuellement de l'inclination, de l'affection; sympathie mutuelle.* | wechselseitige Zuneigung, gegenseitiges Wohlwollen, sich gegenseitig Freundschaft und Liebe erweisen.

a تعاطى TE'ÂTI. [عطا VI.] Sbst., = تعطّى *action de prendre en main, de manier q. ch., action de s'appliquer à q. ch.* | etwas in die Hand nehmen, handhaben, hantieren, Beschäftigung mit einer Sache.

a تعاقب TE'ÂKUB. [عقب VI.] Sbst. بربرى ارديجه كلمك يا قوغمق *action de se suivre tour à tour, de se succéder l'un à l'autre, action de poursuivre.* | einander folgen, wechselseitige Nachfolge; gegenseitige Verfolgung; Erbfolge.

a تعالى TE'ÂLÂ. [علا VI. 3 Pf.] vollständiger حق تعالى oder الله تعالى *il (Dieu) est infiniment élevé.* | er (Gott) ist unendlich erhaben. vgl. تبارك

a تعامس TE'ÂMUS. [عمس VI.] Sbst. *action de faire semblant de ne pas se soucier, de ne pas remarquer q. ch.* | sich stellen als ob man sich um etwas nicht bekümmere.

a تعامل TE'ÂMUL. [عمل VI.] Sbst. بربرله معامله ايلمك ايش كورمك *action de traiter des affaires les uns avec les autres, être en rapport les uns avec les autres.* | Geschäftsverbindung, mit einander Umgang oder Geschäfte haben, mit einander in Verbindung stehen.

a تعامى TE'ÂMI. [عمى VI.] Sbst. تصنّعله كورلك كوسترمك *action de faire l'aveugle, de dissimuler, faire semblant de ne pas remarquer q. ch.* | verstellte Blindheit, sich stellen als ob man etwas nicht bemerke.

a تعانق TE'ÂNUK. [عنق VI.] Sbst. بربرينه بويونه صارلمق *action de s'embrasser, de se donner une accolade.* | gegenseitiges Umarmen.

a تعانى TE'ÂNI. [عنى VI.] Sbst. اعتنا ايلمك . اوزنمك *action de se donner de la peine, action de travailler avec effort.* | Anstrengung, Mühe bei der Arbeit, sich Mühe geben.

a تعاون TE'ÂWUN. [Denom. v. عون] Sbst. يارديم ايلمك *action de se prêter mutuellement secours.* | gegenseitige Hülfeleistung.

a تعاويذ TE'ÂWIZ. Sbst. Pl. v. تعويذ

a تعاهد TE'ÂHUD. [عهد VI.] Sbst. بربرينه عهد و قول و ميثاق ايلمك *action de* conclure un pacte, une alliance; traité, convention mutuelle, confédération. | Abschliessen eines gegenseitigen Vertrags, gegenseitiges Uebereinkommen, Verbindung, Bündniss.

a تعاتب TE'ÂTÜB. [عتب VI.] Sbst. action de se blâmer les uns les autres, de se faire mutuellement des reproches | gegenseitiges Tadeln, Vorwürfe machen, Schelten, Schimpfen.

a تعاين TE'ÂJÜN. [Denom. v. عين] Sbst. گورنمك action d'apparaître, de devenir visible. | Erscheinung, sichtbar werden.

a تعب TA'B. oder TA'AB. Sbst. action de se donner de la peine; travail, fatigue, lassitude. | Abmühung, Arbeit, Anstrengung, Mühe, Ermüdung, Müdigkeit. تعب چكمك sich abmühen. تعبناك qui reste toujours en arrière. | Zauderer, der immer nachbleibt. Relat. concret. تعبلو

a تعب TA'IB. Adj. يورغون اولان، يورولمش fatigué, las. | ermüdet.

a تعبّد TE'ABBÜD. [عبد V.] Sbst. ferveur, dévotion, piété. | eifrige Andachtsübung, Frömmigkeit, Religiosität.

a تعبّس TE'ABBÜS. [عبس V.] Sbst. action de prendre un air sévère, de faire mauvaise mine à q. qn. | sich streng und finster zeigen, ein finsteres Gesicht machen. اشخاصه تعبّس ايتمك faire mauvais accueil à q. qn. | einem mit finsteren Gesicht, d. i. schlecht aufnehmen.

a تعبية TA'BIJET. [عبى II.] Sbst. يرلشدرمق action d'arranger, d'apprêter, de préparer, de disposer, de mettre en ordre. | Verrichtung, Zurichtung, Vorbereitung, Rüstung. Aufstellung (in Ordnung).

a تعبيد TA'BÎD. [عبد II.] Sbst. كوله ايدنمك، قول ايتمك، خدمتچى ايتمك action de réduire à l'esclavage, rendre esclave, prendre pour domestique, soumettre, asservir, avilir. | Dienstbarmachung, zum Sclaven machen; in Dienst nehmen; unterwerfen, erniedrigen.

a تعبير TA'BÎR. [عبر II.] Sbst. 1. كچيرمك action de faire passer, de faire traverser. | Ueberführung, Uebersetzung (von einem Orte zum anderen). 2. — تأويل، تفسير، بيان action d'expliquer, d'interpréter; explication, interprétation, expression, énonciation, appellation, description, parole. | Erklärung, Auslegung; Ausdruck, Benennung, Wort. — ETMEK. énoncer, exprimer q. ch. | etwas ausdrücken. تعبير عن المرام ايتمك seine Gedanken, seine Absicht oder seinen Willen zu erkennen geben. تعبير رؤيا explication des songes. | Traumdeutung.

a تعتّى TE'ATTÎ. [عتا V.] Sbst. عتو ايتمك. تكبّر ايتمك action de transgresser, d'aller au-delà des bornes, de se donner des airs de grandeur; orgueil démesuré; être orgueilleux, insolent envers les autres; outrage. | Ueberschreitung des Masses; Uebertreibung, übertriebener Stolz; Hochmuth, Uebermuth.

a تعتيد TA'TÎD. [عتد II.] Sbst. حاضرلمق action de préparer, de disposer, d'apprêter. | Bereitmachung, Instandsetzung.

a تعجّب TE'AĠĠÜB. [عجب V.] Sbst. شاشمق action de s'étonner; étonnement, admiration. | Erstaunen, Verwunderung, Entsetzen. Refl. v. تعجيب

a تعجّل TE'AĠĠÜL. [عجل V.] Sbst. اچيلك ايتمك، عجله ايتمك action de se hâter. | Eile, sich beeilen.

a تعجيب TA'ĠÎB. [عجب II.] Sbst. شاشرتمق action de causer de l'étonnement, de frapper d'admiration. | Staunenerregung, in Staunen oder Verwunderung setzen.

a تعجيز TA'ĠÎZ. [عجز II.] Sbst. action de rendre faible, de fatiguer, d'importuner, de tracasser. | Schwächung, Ermüdung, Ueberdruss verursachen, Belästigung, Beunruhigung, Störung (transitiv). سنى تعجيزدن احتراز ايدرم ich fürchte dich zu stören. زيارتلر ايله تعجيز ايتمك durch Besuche belästigen.

a تعجيل TA'ĠÎL. [عجل II.] Sbst. عجله ايتمك، عجله ايتدرمك action de faire se hâter; hâte, promptitude. | Beeilung, Antreiben zur Eile; Eile, Eilfertigkeit. تعجيلاً Adv. à la hâte. | in Eile.

a تعجيم TA'ĠÎM. 1. [عجم II.] Sbst. يازويى نقطه‌لمق action de marquer de points diacritiques (une lettre etc.) | das Setzen der diakritischen Punkte. 2. [Denom. v. أعجم] action de traduire en persan. | Uebersetzung ins Persische.

a تعداد TA'DÂD. [عدّ II.] Sbst. صايمق action de compter, d'énumérer; énumération, dénombrement. | Zählung, Aufzählung. خارجاً من حدّ التعداد innombrablement. | unzählig, unzählbar.

a تعدّد TE'ADDÜD. [عدّ V.] Sbst. چوغالمق action de se multiplier, d'accroître en nombre; grand nombre, pluralité. Wachsen an Zahl, sich mehren; Mehrheit, Vielheit, zahlreich (mehr als zwei) sein.

a تعدّى TE'ADDÎ. [عدا V.] Sbst., = ظلم وجور ايتمك، تجاوز، تعسّف action de passer, de dépasser, de passer outre, de passer les limites du licite et du vraisemblable; transgression, excès, outrage, violence, injustice, oppression, tyrannie, acte d'iniquité, attentat. | Ueberschreitung der Grenzen (sowohl in örtlicher Beziehung als in übertragener Bedeutung: der Grenzen des Erlaubten, des Wahrscheinlichen u. s. w.), Uebertreibung, Uebertretung, Gewaltthätigkeit, Ungerechtigkeit, Bedrückung, Tyrannei, Frevelthat. اشيايه تعدّى ايتمك usurper q. ch. | unrechtmässig in Besitz nehmen. Jurispr. abus d'une chose confiée. Ueberschreitung des verliehenen Rechts auf einen Gegenstand, Missbrauch geliehener oder anvertrauter Dinge. Gramm. état d'être ou de devenir transitif (un verbe) | die transitive Eigenschaft eines Verbum, das transitiv sein oder zum Transitivum werden.

a تعدية TA'DIJET. [عدا II.] Sbst. action de faire passer (d'un lieu à un autre). | das Hinüberbringen, Uebersetzen, an einen andern Ort bringen. تعدية المادّة الشارية Hinüberleitung des elektrischen Stromes von einem Körper auf einen andern, Elektrisirung. Gramm. action de rendre un verbe transitif ou actif. | das transitiv oder activ machen, einem Verbum eine transitive Bedeutung geben, ein Vb. als Transitivum construiren.

a تعديد TA'DÎD. [عدّ II.], = تعداد

a تعديل TA'DÎL. [عدل II.] Sbst. طوغرلتمق action de rendre droit, de rendre égal, de rendre juste, de modérer, d'adoucir; égalisation, rectification. | Gleichmachung, Berichtigung, Mässigung, Milderung. تعديل صوت Mässigung der Stimme. حرف تعديلسار correctif. | Milderungswort.

a تعديم TA'DÎM. [عدم II.] Sbst. يوق ايتمك action d'anéantir. | Vernichtung. = اعدام

a تعذّر TE'AZZÜR. [عذر V.] Sbst. كوچ اولمق action de s'excuser sur la difficulté ou l'impossibilité de q. ch.; état d'être difficile (à faire, à comprendre, à atteindre, etc.), difficulté d'une chose; impossibilité de ... | Entschuldigung mit der Schwierigkeit oder Unmöglichkeit einer Sache, Schwierigkeit (einer Arbeit, des Verständnisses u. s. w.), Unmöglichkeit der Ausführung.

a تعذيب TA'ZÎB. [عذب II.] Sbst. عذاب ويرمك action de punir, de châtier, de faire subir un supplice, action de fatiguer, d'importuner. | Bestrafung, Züchtigung, Leibesstrafe; Belästigung, = تعجيز

a تعذير TA'ZÎR. [عذر II.] Sbst. 1. عذر كتورمك action de s'excuser, de prétexter de fausses excuses. | Entschuldigung mit leeren Ausflüchten. 2. = تعزير

a تعرّض TE'ARRÜZ. [عرض V.] Sbst. تصدّى ايتمك، قرشولمق action de rencontrer, de s'opposer, de molester; opposition, démarche offensive. | das entgegensein, hinderlich sein, Belästigung, unberechtigte Einmischung, Angriff, Unrecht das man Jemand thut. على طريق التعرّض oder تعرّضكارانه offensivement. | angriffsweise.

a تعرّف TE'ARRÜF. [عرف V.] Sbst. action de s'informer, de chercher à connaître q. ch. | etwas kennen zu lernen suchen, das sich unterrichten über eine Sache. Refl. v. تعريف

a تعرّى TE'ARRÎ. [عرى V.] Sbst. صويونمق Refl. des Folgenden. action de se dénuder, se déshabiller. | Entblössung, Entkleidung, sich entkleiden. اثوابندن تعرّى ايتمك seine Kleider ausziehen.

a تعرية TA'RIJET. [عرى II.] Sbst. صويمق action de mettre à nu, de dépouiller, de déshabiller. | Entblössung, Entkleidung.

a تعريض TA'RÎZ. [عرض II.] Sbst., = كناية وتوريه ايله سويلمك، ايماله سويلمك، توسيع، كنيشو سويلمك action d'élargir, de rendre large; action d'indiquer q. ch. indirectement, de faire allusion, action d'exposer, de déclarer, action de contredire, de redire, de reprendre, critiquer, chicaner; contradiction | Erweiterung; Andeutung, nicht offen heraussagen | Gegentheil von تصریح |; Erklärung Auseinandersetzung; Widerede, Entgegnung, Einwurf, Tadel, Bemäkelung, Widerspruch. پاپوشلری توسیع و تعریض ایتمك seine Schuhe weiter machen. بر کمسنه یه تعریض ایتمك einem widersprechen. تعریض کرده contredit. | widersprochen.

a تعریف ta'rif. | عرف II. | Sbst. بلدرمك | Gegentheil v. تنکیر | action de faire connaître q. ch. à q. qn, d'informer, d'instruire q. qn. de q. ch., d'affirmer; d'expliquer; définition, description, explication, affirmation, assertion, notification, déclaration, divination, action de prédire l'avenir. | das wissen lassen, zur Kenntniss bringen, Erklärung, Beschreibung, Versicherung, Bestätigung, Anzeige, Voraussagung. Gramm. détermination | Bestimmtmachung eines Wortes (durch den Artikel oder Hinzufügung eines andern Wortes; s. die arab. Gramm.) حرف تعریف oder لام تعریف der arabische Artikel. Log définition. | Definition. تعریف حقیقی Begriffsbestimmung. تعریف لفظی Erklärung eines Wortes durch ein anderes, gewöhnlicheres. — 2. | Denom. v. عرفات | séjour et accomplissement des cérémonies sur le mont Arafat | Aufenthalt und Vollziehung der religiösen Gebräuche auf dem Berge Arafat, während der Wallfahrt nach Mekka.

a تعریفه ta'rife oder تعرفه tarife. Sbst. (Nom. unit. des Vhgdn.) tarif. | Preisverzeichniss.

a تعریق ta'rik. | عرق II. | Sbst. ترلتمك action de faire suer, de faire transpirer; étuvée, action d'étendre le vin avec de l'eau. | in Schweiss bringen, durchschwitzen lassen, dämpfen (eine Speise), Verdünnung des Weines mit Wasser, = اعراق

a تعریك ta'rik. | عرك II. | Sbst. اوغمق. ير چمنه اتلاخلنن. تأدیب. کوشمال ویرمك action de frotter; action d'infliger un châtiment, une correction, un soufflet; action de se mêler, d'en venir aux mains. | das Reiben, Ertheilung einer Züchtigung, Ohrfeige, Handgemenge.

a تعزّب te'azzüb. | Denom. v. عزب | Sbst. اركن طورمق état de célibataire. | Ehelosigkeit, Hagestolz bleiben.

a تعزّز te'azzüz. | عزّ V. | Sbst. عزت کسب ایتمك action d'acquérir de la puissance, de la grandeur, de la considération | Erlangung von Macht und Ansehen. Refl. v. تعزیز

a تعزّل te'azzül. | عزل V. | Sbst. چکلمك. چکلوب ایتمك. انعزال ایتمك action de se retirer, de s'éloigner, de se séparer de ses compagnons, de faire défection, de se mettre à l'écart. | das sich zurückziehen, sich entfernen, bei Seite gehen, sich von seines Gleichen trennen; Abfall. Refl. v. تعزیل

a تعزیه ta'zije. | عزی II. | Sbst., = تسلیه action de consoler; consolation, condoléance, lettre de condoléance. | Tröstung, Beileidsbezeugung (mündlich oder schriftlich).

a تعزیر ta'zir. | عزر II. | Sbst. آزارلمق. سرزنش ایتمك action de réprimander, de blâmer, de donner une correction; réprimande, correction, répréhension. | Tadel, Zurechtweisung, Züchtigung. Jurispr. châtiment corporel. | die gesetzlich oder gerichtlich zuerkannte körperliche Züchtigung von weniger als achtzig Streichen.

a تعزیز ta'ziz. | عزّ II. | Sbst. عزتلو قیلمق action de rendre puissant, respecté, etc., action de vénérer. | Erhebung zu Macht, zu Ehren; Ehrenerweisung.

a تعزیل ta'zil. | عزل II. | Sbst. عزل ایتمك action d'éloigner, de destituer. | Entfernung, Absetzung.

a تعس ta's. Sbst. هلاك اولمق action de périr, de tomber, perdition; action de perdre sa réputation. | Untergang, Verderben, Sturz (in das Verderben); Verlust der Ehre, des guten Namens. | Gegentheil von انتعاش |

a تعسّر te'assür. | عسر V. | Sbst. Refl. v. تعسیر

a تعسّف te'assüf. | عسف V. | Sbst. ظلم ایتمك. جور ایتمك. تعدّی déviation du chemin droit; 1. excès, acte d'iniquité, outrage, violence, oppression. 2. action de conjecturer, de deviner à l'aventure. | Abkommen vom rechten Wege; 1. Ausschweifung, Gewaltthat, Bedrückung. 2. Rathen aufs Gerathewohl.

a تعسیر ta'sir. | عسر II. | Sbst. کوجلشدرمك action de rendre difficile, de mettre des obstacles. | Erschwerung.

a تعشّق te'aššuk. | عشق V. | Sbst. عاشق اولمق action de s'amouracher, état d'être épris d'amour. | das sich verlieben, verliebt sein.

a تعشّی te'aššî. | عشی V. | Sbst. اخشام یمکنی یمك action de souper; repas de nuit. | zur Nacht essen, Abendmahlzeit.

a تعشیه ta'šije. | عشی II. | Sbst. اخشام یمکنی یدیرمك action de donner à souper. | die Abendmahlzeit geben, Abend-Bewirthung.

a تعشیر ta'šir. | Denom. v. عشیر | Sbst. action de décimer, de prendre la dîme, de dîmer. | Zehntheilung; Zehntenerhebung. تحت التعشیر décimable. | zehntpflichtig.

a تعصّب te'assüb. | عصب V. | Sbst. zèle aveugle, zèle religieux, fanatisme, bigoterie; partialité; népotisme. | blinder Eifer (für oder gegen eine Sache oder Person), Religionseifer, religiöse oder nationale Unduldsamkeit; Partheilichkeit, ungerechter Tadel anderer; Protection der Verwandten und Freunde. تعصّبات principes de parti auxquels on est attaché. | Parteigrundsätze.

a تعصّر te'assür. | عصر V. | Refl. v. تعصیر

a تعصّی te'assî. | عصی V. | Sbst. زوربلق ایتمك action de se révolter. | Empörung, Erregung eines Aufstandes.

a تعصیر ta'sîr. | عصر II. | Sbst. صیقمق. صیقلوب صوینی چیقارمق action d'exprimer (le suc, etc.). | Ausdrückung, Auspressung (z. B. des Saftes einer Frucht).

a تعضّی te'azzî. | عضی V. | = تعضیه ta'zije. | عضی II. | Sbst. تفریق، تجزیه partage. | Theilung.

a تعطّش te'attuš. | عطش V. | Sbst. صوسامق. آرزومند اولمق. صوصوزلق état d'avoir soif; état d'être désireux. | das Dürsten, Verlangen nach etwas. Refl. v. تعطیش

a تعطّف te'attüf. | عطف V. | Sbst. اسیرکیوب شفقت ایتمك bienveillance, complaisance. | Wohlwollen, herablassende Güte und Freundlichkeit. Refl. von تعطیف

a تعطّل te'attul. | عطل V. | Sbst. état de rester désœuvré, désœuvrement. | das unbeschäftigt sein; müssig sein, Müssiggang, Geschäftslosigkeit. Refl. v. تعطیل

a تعطیر ta'tîr. | عطر II. | Sbst. کوزل قوقولو قیلمق. معطّر قیلمق action de parfumer, d'imprégner d'odeurs liquides. | das wohlriechend machen (mit flüssigen Substanzen).

a تعطیس ta'tîs. | عطس II. | Sbst. اقسرتمق action de faire éternuer. | Erregung des Niesens, Jemand niesen machen.

a تعطیش ta'tîš. | عطش II. | Sbst. عطشه مبتلا قیلمق. صوصوزلتمق action de causer de la soif, de faire subir la soif. | Erweckung des Durstes, Durstenlassen. vgl. تعطّش

a تعطیف ta'tîf. | عطف II. | Sbst. بوکوب ایکی قات ایتمك action de plier, de courber, de fléchir; de rendre q. qn. complaisant ou bienveillant. | das Biegen, Zusammenbiegen; geneigt machen, wohlwollend machen, vgl. تعطّف

a تعطیل ta'tîl. | عطل II. | Sbst. action de rendre désœuvré, de mettre hors d'activité, de faire rester inactif, d'abolir; jour de repos, de fête, vacances. | das Müssig machen, ausser Thätigkeit oder ausser Wirksamkeit setzen, von der Arbeit abhalten; Bewirken dass eine Sache müssig, d. i. unbenutzt bleibt, unwirksam machen, nutzlos machen; müssig und unbenutzt bleiben; vgl. تعطّل — Tag an dem nicht gearbeitet wird, Feiertag. تعطیل کونلری les vacances. | die Ferien. — Theol. Gegentheil von تشبیه und تشبیه Entäusserung Gottes von allen Eigenschaften, Leugnung der Eigenschaften Gottes.

a تعظّم te'azzum. | عظم V. | Sbst. کبرلنمك. بیوکلك صاتمق action de faire le grand seigneur; orgueil. | Grossthuerei, den Herrn spielen; Stolz, Hoffarth.

a تعظیم ta'zîm. | عظم II. | Sbst. action d'honorer, de témoigner du respect, de vénérer; respect, honneur, vénération. | Ehrerbietung, Ehrenerweisung, Verehrung, Hochachtung.

تعظيم نفس *orgueil, amour-propre.* | Selbstüberhebung.

a تعفّف TE'AFFUF. [عفّ V.] Sbst. *action de s'abstenir des choses défendues, de vivre chastement; continence.* | Enthaltung von Verbotenem; Keuschheit, Enthaltung von fleischlichen Lüsten.

a تعفّن TE'AFFÜN. [عفن V.] Sbst. چوریمك Refl. v. تعفين *putréfaction.* | Verwesung. — ETMEK. *se putréfier, pourrir, sentir la pourriture.* | faulig werden, in Fäulniss übergehen, faulig oder wie Aas stinken.

a تعفّى TE'AFFÎ. [عفى V.] Sbst. *état d'être effacé, disparu.* | Verschwinden, verlöscht, verschwunden sein. Refl. d. Vfgnds.

a تعفير TA'FIRET. [عفر II.] Sbst. *action de couvrir de poussière; action d'effacer.* | das Verschwinden machen, mit Erde bedecken.

a تعفير TA'FIR. [عفر II.] Sbst. *action de couvrir de poussière, de salir de poussière; de cacher sous terre, d'enfouir, d'ensevelir.* | Bedeckung mit Staub; Beschmutzung mit Staub; Verscharrung.

a تعفين TA'FÎN. [عفن II.] Sbst. چورتمك *action de faire putréfier, de faire pourrir.* | in Verwesung bringen, Fäulniss verursachen. vgl. تعفّن

a تعقّب TE'AKKUB. [عقب V.] Sbst. *action de s'informer soigneusement de q. ch.; investigation; action de critiquer, action de reprimander, de punir; action de molester.* | hinter einer Person oder Sache hersein, genaue Erkundigung; genaues Kritisiren, Zurechtweisung, Strafe; Belästigung.

a تعقّد TE'AKKUD. [عقد V.] Sbst. قاتيلشمق *état d'être noué, de former un nœud, d'être embrouillé; action de se former, de prendre telle ou telle forme; consistance.* | Verknüpfung, Verknotelung, verknüpft, verfilzt sein, einen Knoten bilden; Annehmen irgend einer Gestalt, Bildung, Gestaltung, Verdichtung.

a تعقّل TE'AKKUL. [عقل V.] Sbst. *action de réfléchir, finir par comprendre.* | durch Nachdenken auf etwas kommen, an etwas denken, sich auf etwas besinnen.

a تعقيب TA'KÎB. [عقب II.] Sbst. *action de suivre, de venir à la suite, de poursuivre, de rester en arrière.* | das Nachkommen, Nachfolgen, Verfolgen, hinterher kommen, zurückbleiben, bis zuletzt bleiben; nach dem öffentlichen Gebet noch in der Moschee bleiben (um allein zu beten), Nach-Gebet, Gebet das nach Vollendung des Gottesdienstes gehalten wird. Pl. تعقيبات TA'KÎBÂT.

a تعقيد TA'KÎD. [عقد II.] Sbst. بك دوكمك *action de nouer fortement, de lier; difficulté, obscurité (d'un discours etc.); périodes liées avec art.* | Festknüpfung, Verknüpfung, Verschlingung; Verworrenheit und Undeutlichkeit des Sinnes oder der Construktion, Schwierigkeit des Stiles, künstlicher Periodenbau.

a تعقير TA'KÎR. [عقر II.] Sbst. *blessure grave.* | schwere Verwundung.

a تعكّس TE'AKKÜS. [عكس V.] Sbst. *état d'être renversé, d'être mis à rebours; se renverser.* | Umkehrung (das Erste zuletzt, das Oberste zu unterst gekehrt sein); im Gehen oder Laufen, wie die Schlange, sich zurückwerfen.

a تعلّق TE'ALLUK. [علق V.] Sbst. Refl. v. تعليق *état d'être suspendu, accroché, attaché; action de s'attacher, etc.; dépendance, attachement, rapport, parenté, amitié.* | das angehängt sein, verbunden, verknüpft sein; sich anhängen, abhängen von, festhängen; Abhängigkeit, Beziehung zu, Verbindung mit; Verwandschaft, Freundschaft; Jemandes Anhang, d. i. seine Verwandten, Freunde, Clienten. Theol. myst. *attachement aux choses mondaines.* | das Hängen an weltlichen Dingen [Gegentheil von تجرّد]. — Pl. تعلّقات *dépendances, relations, parents, personnes ou choses dépendantes* | von einem andern abhängige oder mit einem andern in Verbindung oder Beziehung stehende Dinge oder Personen. — ETMEK. *s'attacher, être attaché, dépendre, être en rapport avec…, être adonné à q. ch.; devenir ou être amoureux de q. qu.* | einer Person oder Sache anhängen, ergeben sein, sich viel damit beschäftigen; in eine Person verliebt sein.

a تعلّل TE'ALLUL. [علّ V.] Sbst. بهانه, اوسق Refl. v. تعليل *action d'alléguer des prétextes, de s'excuser; de différer ou de retarder q. ch. sous tel ou tel prétexte, de s'occuper de q. ch. pour passer le temps, de s'amuser avec des bagatelles.* | Vorschützung (von Abhaltungen u. s. w.), Vorwand, Entschuldigung, Aufschub; Verzögerung; Zeitvertreib, Tändelei.

a تعلّم TE'ALLÜM. [علم V.] Sbst. 1. Refl. v. تعليم *action de s'instruire, d'apprendre (une science, etc.).* | das sich unterrichten, Erlernung (einer Wissenschaft, Kunst u. s. w.) — ETMEK. *s'instruire, apprendre, prendre des leçons.* | sich unterrichten, lernen, Unterricht nehmen. 2. = تعليم

a تعليق TA'LÎK. [علق II.] Sbst. بند اتمك, ايلشدرمك, آصدرمق, آصمق

vgl. تعلّق *action de suspendre; action de mettre en rapport, de rendre dépendant de q. ch. ou de q. qu.; action d'attacher, de fixer les yeux sur q. ch.; action de différer, de remettre; attachement; suspension.* | das Anhängen, in Beziehung bringen, von etwas andern abhängig machen; den Blick auf etwas heften; Aufschub, Verzögerung. Theol. myst. = تعلّق. Als Conret. *sorte d'écriture.* | Talikschrift, so genannt weil die Buchstaben zu hängen scheinen.

a تعليقه TA'LÎKA. vulg. تليقه Sbst. *note marginale.* | flüchtiggeschriebene Randbemerkung in einem Buche.

a تعليل TA'LÎL. [علّ II.] Sbst. بهانه ويرمك, سبب و علت اولمق *action de causer, d'occasionner, d'alléguer des prétextes, de motiver.* | Verursachung; Anführung der Ursachen und Gründe, Entschuldigung, Verwand. vgl. تعلّل

a تعليم TA'LÎM. [علم II.] Sbst. *action d'enseigner, d'instruire; enseignement, instruction, exercice (de troupes); modèle d'écriture (exemple pour un écolier).* | Unterricht, Unterweisung, Uebung, Waffenübung, Exercieren der Soldaten; Vorschrift für einen Schüler. — ETDIRMEK. *faire exercer.* | exercieren lassen, die Soldaten einexercieren. تعليم خانه oder تعليمكاه *maison ou place d'exercice; école* | Exercier-Haus oder Platz; Schule. تعليمجى oder تعليمجى باشى *instructeur militaire* | Exerciermeister. تعليمكار *maître (d'école).* | Lehrmeister, Schulmeister. Pl. تعليمات TA'LÎMÂT. *instructions; ordre par écrit.* | Unterweisungen, Anweisungen, Anordnungen, Verhaltungsbefehle; schriftlicher Verhaltungsbefehl.

a تعمّد TE'AMMÜD. [عمد V.] Sbst. 1. قصد ايله *action de se proposer q. ch.; action de faire q. ch. exprès, de propos délibéré; intention, préméditation, dessein prémédité de faire q. ch.* | Vorbedacht, vorhergehende Ueberlegung, vorbedachtes und planmässiges Handeln; Absichtlichkeit. تعمّداً Adv. *exprès, de propos délibéré.* | absichtlich, mit Vorbedacht. — 2. *baptême, être baptisé.* | Taufe, getauft sein, sich taufen lassen.

a تعمّق TE'AMMUK. [عمق V.] Sbst. درينه وارمق Refl. v. تعميق *action d'approfondir, de se plonger, de s'enfoncer dans q. ch.* | Vertiefung, sich Versenken, tiefes Eindringen in eine Sache.

a تعميه TA'MIJET. [عمى II.] Sbst. معمّا سويلمك, ستر ايتمك, اخفا ايتمك, كور ايتمك *action de rendre aveugle, d'éblouir; action de cacher, de dérober, de rendre obscur ou énigmatique (p. ex. le sens de ses paroles), de parler en énigmes; énigme.* | Blendung, blind machen, Verbergen, Verdunkelung oder Verhüllung des Sinnes seiner Worte hinter räthselhaften Ausdrücken, in Räthseln sprechen; Räthsel. كلام تعميت آمير räthselhafter Ausdruck. بالتعميه oder على طريق التعميه räthselhaft, dunkel.

a تعميد TA'MÎD. [عمد II.] Sbst. 1. طيانمق, طيانديرمق *action d'étayer, d'appuyer.* | Stützung. — 2. *action de baptiser, baptême.* | Taufhandlung, Taufe.

a تعمير TA'MÎR. [عمر II.] Sbst. معمور و مستداد ايتمك *action de cultiver, de rendre peuplé, de faire prospérer, de mettre ou remettre en état, de monter q. ch., de réparer; — donner à quelqu'un une longue vie, prolonger la vie* | Anbauung, Anbau (z. B. einer Gegend); Gedeihen lassen, Zurechtmachung, Bestellung, Instandsetzung, Ausbesserung; — Verlängerung des Lebens.

a تعميق TA'MÎK. [عمق II.] Sbst. درين قيلمق, درينه وارمق, درينلتمك *action de rendre profond, d'enfoncer, d'approfondir.* | Vertiefung, tief machen, tief einsenken; Ergründung. تعميق أفكار tiefes Nachdenken, Eindringen in einen Gegenstand.

a تعميل TA'MÎL. [Denom. v. عامل] Sbst. عامل نصب ايلمك action de nommer q. qn. 'ÂMIL (percepteur des revenus d'une province.) | Ernennung eines Steuereinnehmers oder Statthalters.

a تعميم TA'MÎM. [Denom. v. عم] Sbst. 1. [Gegentheil v. تخصيص] عمومى قيلمق action de rendre général, universel, commun; généralisation. | Verallgemeinerung, allgemein machen, dem allgemeinen Gebrauche übergeben, ein Wort im allgemeinen Sinne gebrauchen. — 2. [Denom. v. عمامه] بريني قومه رأس وحاكم قيلمق action de coiffer q. qn. du turban, de constituer q. qn. chef ou juge. | Aufsetzung des Turbans, Einsetzung Jemandes als Oberhaupt oder Richter.

a تعنت TE'ANNUT. [عنت V.] Sbst. بركمسه نك خطا و ذلّه سنى طوتمق قيلمسنه اولمق action de chicaner q. qn. | einen schikanieren (z. B. bei einer Disputation die Blössen welche sich der Gegner giebt, sogleich benutzen).

a تعند TE'ANNÜD. [عند V.] Sbst. انكارلك ايلمك . عناد ايلمك action de s'opiniâtrer, de s'obstiner; obstination. | Eigensinn, Bestehen auf einer Sache.

a تعنى TE'ANNÎ. [عنى V] und تعنية TA'NÎJET. [عنى II.] Sbst. زحمت چكوب امك تعب ايلمك action de se donner de la peine, travail pénible, effort, fatigue. | Anstrengung, schwere Arbeit, Mühe, Ermüdung.

a تعنيف TA'NÎF. [عنف II.] Sbst. عنف و شدتله لسوء وسرزنش ايلمك action de traiter q. qn. avec dureté, de reprocher sévèrement. | Strenge, harte Behandlung, strenger Tadel.

a تعوج TE'AWWÜG. [عوج V.] Refl. v. تعويج

a تعود TE'AWWÜD. [عاد V.] Sbst. 1. Refl. v. تعويد — 2. كثيراً عيادت مريضه اتمك action d'aller souvent voir un malade. | öfterer Krankenbesuch.

a تعوذ TE'AWWÜZ. [عاذ V.] Refl. v. تعويذ

a تعوض TE'AWWUZ. [عاض V.] Refl. v. تعويض

a تعوق TE'AWWUK. [عاق V.] Refl. v. تعويق

a تعويج TA'WÎG. [عاج II.] Sbst. اكمك . چارپق ايلمك (وكمك) action de tortuer, de courber. | Krümmung, schief oder krumm machen.

a تعويذ TA'WÎZ. [عاذ II.] Sbst. action de garantir q. qn. (contre un danger) à l'aide d'une amulette, etc., faire chercher refuge, faire se réfugier (auprès de Dieu). | Bewahrung (vor Schaden) durch Zaubermittel u. dgl., Schutz suchen lassen oder suchen (bei Gott); als Concret, amulette, talisman. | Amulet oder anderes Schutzmittel gegen schädliche Einflüsse. Pl. تعاويذ TE'ÂWÎZ. — مريضه رقيه وتعويذ ايله ايلمك einen Kranken durch Zaubermittel heilen.

a تعويض TA'WÎZ. [عاض II.] Sbst. عوض و بدل ويرمك . دكشديرمك action de changer, de donner en échange, de remplacer une chose par une autre, de rendre la pareille, de récompenser, de compenser. | Tausch, Austauschung, Gleiches für Gleiches geben, Vergeltung, Ersetzung, Ausgleichung.

a تعويق TA'WÎK. [عاق II.] Sbst. ايشدن اليقومق . اكلنديرمك action de faire tarder, de faire attendre, de retenir, de détourner de q. ch., de suspendre, de différer. | Verzögerung, Abhalten (von einem Geschäft), Aufhalten, Abwenden von einer Sache, Aufschub, Wartenlassen. بلا تعويق sans retard, unverzüglich.

a تعهد TE'AHHÜD. [عهد V.] Sbst. اقرار . عهدنمدنه . تكفل action de s'engager, de s'obliger, de prendre sur soi, de promettre, de se confédérer; promesse. | Aufsichnehmen, Uebernahme einer Sache, sich verbindlich machen, für etwas stehen, Bündniss schliessen; Verpflichtung, Versprechen, gegebenes Wort. — ETMEK. s'engager. | sich verpflichten zu u. s. w. (mit dem Accusativ der Sache). خدمتكارى خدمت ايلمكى تعهد ايلمك oder ... sich zum Dienste verpflichten.

a تعيش TE'AJJÜŠ. [عاش V.] Sbst. كچنمك . كفايت مقدارى كسبى اولمق . يشامق Refl. v. تعييش action de s'entretenir, de chercher à gagner sa vie; entretien, subsistence. | Arbeit um Brodverdienst, Lebensunterhalt. — ETMEK. vivre de q. ch., vivoter. | leben (von etwas), sein Leben hinbringen, dürftig leben, sich durchbringen.

a تعين TE'AJJÜN. [عان V.] Sbst. كورنمك . بللو بلشلو اولمق . بللو اولمق état de paraître, apparaître; devenir clair, évident, déterminé, s'individualiser, être ou devenir nécessaire à l'exclusion de toute autre possibilité. | das erscheinen, sich bemerkbar machen, in die Augen springen; sich als das einzig mögliche und nothwendige zeigen, so und nicht anders sein können; Individualisation.

a تعييب TA'JÎB. [عاب II.] Sbst. تعيير . آرارش و سرزنش اتمك . عيب و قبيح ايلمك action de trouver en faute, de blâmer, de reprocher; reproche. | Fehler an etwas finden, Tadel. Pl. تعييبات TA'JÎBÂT.

a تعييد TA'JÎD. [Denom. v. عيد] Sbst. بيرام ايلمك action de célébrer un jour de fête ou une fête. | Festfeier.

a تعيير TA'JÎR. [عار II.] Sbst. تعييب . اوتاندرمق . عارلندرمق action de faire honte, de couvrir d'opprobre. | Beschämung, Beschimpfung, Schändung.

a تعييش TA'JÎŠ. [عاش II.] Sbst. كفايت مقدارى كسب ويرمك . كچندرمك action de faire vivre q. qn. de telle ou telle manière, de donner à vivre, d'entretenir, de sustenter. | Gewährung des Lebensunterhaltes, von etwas leben lassen, zu leben geben.

a تعيين TA'JÎN. [عان II.] Sbst. كوسترمك . سپارش ايلمك action de faire voir, de désigner, de montrer, de déterminer particulièrement et exclusivement, de spécifier, de fixer, d'appointer, de constituer; désignation, destination. | Zeigen, sehen lassen, Bezeichnung, ausschliessliche Bestimmung, Anweisung, Festsetzung, Anordnung, Einsetzung, Ernennung (zu einem Amte u. s. w.). تعيين اولنان مدت و ايام ايچنده zu der bestimmten Frist. — als Concret. Pl. تعيينات TA'JÎNÂT. — provision journalière (spéc. somme d'argent et provisions que recevaient autrefois les ambassadeurs étrangers), ration, portion. | tägliche Provision, insbes. die früher den Gesandten fremder Mächte ausgezahlte tägliche Geldspende und Kost, auch تعيين تعيينات genannt; Kost, Nahrung, eine Portion Speise.

a t تعيينجى TA'JÎNGI. Sbst. 1. qui donne le TA'JÎN. | der die Provision giebt, das TA'JÎN verabreicht oder auszahlt. 2. — شالجلر (qui reçoit le TA'JÎN); sodomite, cinède. | der seine Zahlung erhält, Sodomssünder, Schandknabe. Kam. s. v. آلجوارح

a تغابن TEGÂBÜN. [غبن VI.] Sbst. بر برينى آلداتمق action de se tromper l'un l'autre, déception réciproque. | gegenseitige Täuschung, einander hintergehen, einander im Stiche lassen. يوم التغابن le jour du jugement dernier. | der jüngste Tag, an dem die falschen Götter und ihre Anbeter sich gegenseitig von einander getäuscht sehen.

t تغار TYGAR (TUGAR u. TAGAR. SL. u. LT.) auch تغر Sbst. écuelle, cruche, case à eau, sac à provisions; provisions de voyage; mesure de dix MENN. | irdener Napf, Krug, grosses Gefäss, Trog, Kübel, Eimer, Schlauch, Futtersack (der zu beiden Seiten des Sattels herabhängt); Futter, Mundvorrath, Reiseproviant, ein Maas = 10 منّ. — Demin. تغارجق petit sac. | Säckchen, Beutel (von Leder) s. طغارجق

a تغافل TEGÂFÜL. [غفل VI.] Sbst. عن قصد غفلت كوسترمك action de faire semblant de ne pas voir, de ne pas faire attention, de dissimuler (un affront); inattention, insouciance, négligence. | das nicht bemerken wollen, nicht zu beachten scheinen, sich unwissend stellen, absichtliches Uebersehen einer Sache, Uebersehen aus Nachlässigkeit; Nachsicht, Unachtsamkeit; Nichtbeachtung. — تغفل

a تغالب TEGÂLÜB. [غلب VI.] Sbst. غلبه يه سعى ايلمك action de chercher à avoir la prépondérance. | die Oberhand zu gewinnen suchen (einer über den andern).

a تغامز TEGÂMÜZ. [غمز VI.] Sbst. برى برلرينه كوز ايله اشارت ايلمك action de se faire mutuellement des signes, de s'entendre, être en connivence les uns avec les autres. | gegenseitiges Zublinzeln, sich untereinander verständigen.

a تغاوط TEGÂWUT. [غاط VI.] Sbst.

تصويه طالشمق *action de se plonger réciproquement dans l'eau.* | einander untertauchen.

a تغايُر TEGÂJUR. [غار VI.] Sbst. *jalousie réciproque; diversité.* | gegenseitige Eifersucht; Verschiedenheit.

to تغاى TAGAI. (Abulg.) تغالي (LL.) oder طغاي (Ali Schir.) Sbst. = *t* داي *oncle maternel.* | Oheim.

a تغبير TAGBÎR. [Denom. v. غبار] Sbst. توز توزلق . برنسنه يى توزه بولنمق *action de couvrir ou de salir de poussière; action de soulever de la poussière.* | Bestäubung; Stauberregung.

a تغدّى TEGADDÎ. [غدى V.] Sbst. *action de déjeuner, de dîner.* | Frühstücken, Mahlzeit bei Tage halten [entgegengesetzt dem تعشّى].

a تغذية TAGDIJET. [غذى II.] Causat. des Vbgdn.

a تغذّى TEGAZZÎ. [غذى V.] Sbst. غدالنمق *action de prendre de la nourriture, se nourrir.* | Nahrung zu sich nehmen, etwas geniessen.

a تغذيت TAGZIJET. [غذى II.] Sbst. غدالندرمق Causativ. des Vbgdn.

a تغرّد TEGARRÜD. [غرد V.] und تغريد TAGRÎD. [غرد II.] Sbst. اوتمك *action de chanter, chant ou ramage des oiseaux.* | Singen, Girren (von Vögeln).

a تغرّر TEGARRÜR. [غرّ V.] und تغرير TAGRÎR. [غرّ II.] Sbst. كندو نفسنى تهلكه يه قومق *action de se jeter aveuglément dans les périls, de braver les dangers.* | sich blindlings in Gefahr stürzen.

a تغريب TAGRÎB. [غرب II.] Sbst. *action de faire s'éloigner, d'éloigner, de bannir, d'exiler.* | Vertreibung, Verbannung.

a تغرّد s. تغريد.

a تغرير TAGRÎR. [غرّ II.] Sbst., = تغرّر und Causat. شيطنلك . آلداتمق . تسويل . آلداتمسى *action d'aveugler; illusion, action de tromper (dans une vente).* | Täuschung, Verblendung, Betrug. تغرير شيطنتى *illusion diabolique.* | teuflisches Blendwerk. Pl. تغريرات TAGRÎRÂT.

a تغريس TAGRÎS. [غرس II.] Sbst. آغاج غرس *action de planter un arbre.* Pflanzen (eines Baumes).

a تغريق TAGRÎK. [غرق II.] Sbst. 1. صويه بتورمك . بوغمق *action d'enfoncer dans l'eau, de faire périr dans l'eau, noyer.* | Versenkung (in das Wasser), Ertränkung. 2. ياى طوتدرمق *action de bander (l'arc pour tirer), tendre q. ch. avec effort.* | Spannung, den Bogen spannen oder die Sehne scharf anziehen, um den Pfeil abzuschiessen.

a تغريم TAGRÎM. [غرم II.] Sbst. *action d'imposer à q. qu. une dette, une amende à payer.* | Auferlegung einer Schuld, der Zahlung einer Geldstrafe.

a تغزّل TEGAZZÜL. [غزل V.] Sbst. غزل سويلمك . غزل يازمق *action de faire des poésies érotiques, de faire la cour à une femme avec des vers.* | Abfassung von Liebesgedichten, dichterische Liebeständelei.

a تغزية TAGZIJET. [غزا II.] Sbst. غزايه چيقارمق *action d'envoyer des troupes en expédition.* | Truppenaussendung.

a تغسّل TEGASSÜL. [غسل V.] Sbst. يقانمق *action de se laver.* | Waschung, sich waschen. Refl. des Vbgdn.

a تغسيل TAGSÎL. [غسل II.] Sbst. يقامق *action de laver.* | Waschen. Causativ. des Vbgdn.

a تغشّى TEGAŠŠÎ. [غشى V.] Refl. d. Vbgdn.

a تغشية TAGŠIJET. [غشى II.] Sbst. بورتمك . قاپلامق . اورتمك *action d'envelopper, de couvrir, de cacher.* | Verhüllung, Verbergung.

a تغشيش TAGŠÎŠ. [غشّ II.] Sbst. *action de tromper, de n'être pas sincère; action de falsifier, d'altérer par un mauvais mélange.* | Täuschung, Falschheit; Fälschung, Verfälschung. تغشيش معادن Fälschung der Metalle.

a تغضّب TEGAZZUB. [غضب V.] Sbst. دارلمق *action de se mettre en colère, de se fâcher.* | Ergrimmen, in Zorn gerathen, aufgebracht werden oder sein.

a تغطّس TEGATTUS. [غطس V.] Sbst. صويه طالمق *action de plonger, de s'enfoncer entièrement dans l'eau.* | Untertauchung. Refl. des Vbgdn.

a تغطيس TAGTÎS. [غطس II.] Sbst. طالدرمق *action de plonger, de baptiser.* Untertauchung; Taufe.

a تغفّل TEGAFFUL. [غفل V.] Sbst. غفلت ايتمك *action de négliger q. ch., de ne pas faire attention.* | Vernachlässigung, ausser Acht lassen, Nichtbeachtung, auch = تغافل.

a تغفيل TAGFÎL. [غفل II.] Sbst. على غفلت باصمق . غافل آولمق . غفلتلمك وترويب طوتمق *action de rendre insouciant, de prendre au dépourvu, de surprendre.* | sicher machen, einen der sich sicher meint plötzlich überfallen, Ueberraschung, Ueberrumpelung, Ueberlistung. 2. ستر ايتمك *action de cacher.* | Verbergung.

t تغل TUGAL. Sbst., = اغل *cour, enclos.* | Hof, Hürde.

a تغلّب TEGALLÜB. [غلب II.] Sbst. استيلا . غالب اولمق *action de s'emparer de q. ch. par le droit du plus fort, être le plus fort, se rendre maître absolu de q. ch., être vainqueur; supériorité, prépondérance, oppression, occupation (d'une ville etc.).* | Geltendmachung oder Ausübung des Rechts des Stärkeren; mit Gewalt wegnehmen, der Stärkere sein, Sieger sein; Wegnahme, Unterwerfung, Besetzung (einer Stadt, des feindlichen Landes u. s. w.).

t تغلغه TUGULGA oder تولغه Sbst. *casque.* | Helm.

a تغلّل TEGALLÜL. oder تغلّى TEGALLÎ. [Denom. v. غاليا] Sbst. *action de se parfumer avec du galia.* | Anwendung des Galia. s. غاليا.

to تغلى TOGLÎ Sbst. LT. بر سنه لك *agneau de trois mois.* | ein drei Monat altes Lamm.

a تغليب TAGLÎB. [غلب II.] Sbst. *action de rendre fort, de donner le pouvoir sur …* | das überwiegend machen. Term. techn. der überwiegende Sprachgebrauch.

a تغلية TAGLIJET. [غلى II.] Sbst. قيناتمق . غليان ايتمك *action de mettre en ébullition, de faire bouillonner.* | aufwallen oder aufsieden lassen, zum Kochen bringen.

a تغليط TAGLÎT. [غلط II.] Sbst. آلداتمق . يانلتمق *action de faire q. qn. se tromper, d'induire en erreur, faire commettre une erreur, faire faire une faute; action de surprendre, d'abuser, de tromper; séduction.* | Irreleitung, Verführung, bewirken dass Jemand sich irrt, sich täuscht, eine Sache mit einer andern verwechselt; Täuschung, Hintergehen.

a تغليظ TAGLÎZ. [غلظ II.] Sbst. قالين وقبا ايتمك *action de rendre gros, épais, dur, grossier.* | dick, derb, hart, grob, rauh machen.

a تغليف TAGLÎF. [غلف II.] Sbst. *action de renfermer (dans un étui, etc.), de cacher, de garder.* | Einstecken (in ein Futteral, Scheide u. dgl.), verstecken, aufheben.

a تغمّد TEGAMMÜD. [غمد V.] Sbst. تغميد بورتمك . اورتمك . ستر ايدلمك Refl. v. *action de se cacher, de se couvrir.* | Verbergung, Verdeckung (reflex.).

to تغمق TYGMAK. LT. دوكمك وخموش 1. *attacher.* | anheften. vgl. 2. *se taire.* | schweigen.

to دوكمك s. تغمق.

a تغميد TAGMÎD. [غمد II.] Sbst. ستر ايتمك *action de cacher, de couvrir.* | Verbergung, Verdeckung (activ).

a تغميض TAGMÎZ. [غمض II.] Sbst. *action de fermer les yeux, de faire semblant de ne pas voir.* | die Augen zudrücken, sich stellen als ob man etwas nicht sehe.

a تغنّم TEGANNÜM. [غنم V.] Sbst. برنسنه يى غنيمت عدّ ايتمك *action de regarder q. ch. comme bonne prise, action de profiter de q. ch.* | etwas für gute Beute halten; aus einer Sache Vortheil ziehen, sich etwas zu Nutze machen.

a تغنّى TEGANNÎ. [غنى V.] u. تغنية TAGNIJET. [غنى II.] Sbst. *action de chanter.* | das Singen.

to تغوة N. pr. LT. قرقه از جغتاى

a تغوّط TEGAWWUT. [Denom. v. غائط] Sbst. تبول ايتمك . قضاى حاجت ايتمك *action de rendre les excréments, d'aller à la selle, embréner.* | natürliche Ausleerung, zu Stuhl gehen; von Kindern: in die Windeln machen.

t o تغولق s. توغمق

a تغويه TAGWIET. [غوى II.] Sbst. *action d'induire en erreur, d'égarer, de séduire.* | Irreleitung, Verführung.

a تغيّر TEGAIJUR. [غير V.] Sbst. Refl. v. تغيير *action de se changer; changement (d'état, de forme etc.), altération, corruption.* | Veränderung, sich verändern (dem Wesen oder dem Zustande nach), verderben. لا تغيّر *immuable.* | unveränderlich.

a تغيّظ TEGAIJUZ. [غيظ V.] Sbst. Refl. u. Pass. v. تغييظ طارلق *action de s'irriter, de se mettre en colère; état d'être fâché, d'être en colère.* | in Zorn gerathen, zornig sein; erzürnt werden.

a تغيير TAGJIR. [غير II.] Sbst. *action de changer, d'altérer, de gâter; changement, altération, mutation.* | Veränderung, Verderben. Activ. u. Causativ. v. تغيّر

a تغييظ TAGJIZ. [غيظ II.] Sbst. داريلتمق *action de fâcher, de mettre en colère, d'irriter.* | Erzürnung. Activ u. Causativ. zu تغيّظ

p تف TEF. Rad. v. تفتن تفتن oder تفتيدن Sbst. = تب *chaleur, ardeur, splendeur, rayon, chaleur de la fièvre, fièvre.* | Hitze, Wärme, Glanz, Strahl; Fieberhitze, Fieber.

p t تف TÜF. Sbst. s. تفو *crachat, salive.* | Speichel. تف اتمك *cracher.* | spucken.

a تفّاح TUFFÂH. Sbst. *t* الما *p* سيب *pomme.* | Apfel. تفاح الارض T. UL-'ARZ. *pomme de terre.* | Kartoffel. = يرالماسى

a تفاحش TEFÂHUSH. [فحش VI.] Sbst. آچقلق، فحش سويلمك وايشلمك *action de dire des obscénités, de commettre des actions immorales.* | unsittliches Sprechen und Handeln, Zotenreissen, Vergehen gegen die öffentliche Sittlichkeit.

a تفاخر TEFÂHUR. [فخر VI.] Sbst. *action de se vanter de ses talents, etc., de rivaliser de gloire.* | Prahlen mit irgend welchen Eigenschaften, Talenten oder Leistungen; mit einem andern um den Ruhm streiten, den Vorrang streitig machen (besonders von Dichtern untereinander).

a تفارط TEFÂRUT. [فرط VI.] Sbst. اوكيتمك *action de se devancer mutuellement.* | einander zuvorkommen, Ueberholen.

a تفارق TEFÂRUQ. [فرق VI.] Sbst. بری برندن آیریلوب بشقه اولمق *état d'être séparé l'un de l'autre; séparation.* | Trennung, einzeln sein, von einander getrennt sein.

a تفاريق TEFÂRIQ. Sbst. Pl. v. تفريق u. تفرقه

a تفاسير TEFÂSIR. Sbst. Pl. v. تفسير

a تفاسح TEFÂSUH. [فسح VI.] = تفسّح

a تفاصيل TEFÂSIL. Sbst. Pl. v. تفصيل

a تفاضل TEFÂZUL. [فضل VI.] Sbst. *action de rivaliser de supériorité les uns avec les autres; prétention, prééminence, supériorité de nombre ou de quantité; reste, différence.* | gegenseitiges Streben nach Vorzug oder Vorrang, vorzüglicher oder besser sein wollen als andere; Anmassung; Uebergewicht (an Zahl, Mass, Gewicht u. s. w.); das Mehr, Rest, Differenz (zwischen zwei Zahlen oder Grössen). علم تمامى و تفاضلى Integral- und Differenzial-Rechnung.

a تفاقد TEFÂQUD. [فقد VI.] Sbst. بری برینی سؤال ایدوب. بری بری غائب ایتمك آرانشدرمق *action de se chercher les uns les autres (sans se trouver).* | einander suchen und nicht finden, einander vermissen, einander verlieren.

a تفاقم TEFÂQUM. [فقم VI.] Sbst. بر مادّه نك بيوك و مشكل اولمسى *importance ou difficulté d'une affaire.* | Wichtigkeit oder Schwierigkeit eines Geschäfts oder einer Angelegenheit.

a تفاكه TEFÂKUH. [فكه VI.] Sbst. بری برله لطیفه ایتمك *action de plaisanter, de badiner les uns avec les autres.* | Scherzen mit einander.

a تفال TEFAL. s. تفل

a تفوّل s. تفأّل

a تفاوت TEFÂWUT. [فوت] Sbst. *état d'être à une certaine distance les uns des autres; action de différer les uns des autres: distance, distinction, disparité, différence, le surplus, surcroît, reste; vice, défaut.* | Entfernung des Einen von dem andern, Abstand, Unterschied, Ungleichheit; das Mehr oder Weniger, Mangel, Fehl. تفاوتسز *sans différence.* | ohne Unterschied.

p تفت TEFT. Rad. v. تفتن

a تفتّح TEFETTUH. [فتح V.] Sbst. بر نسنه نك آچلمسى آچلمق *action de s'ouvrir, de s'épanouir (une fleur).* | das sich öffnen, Eröffnung, Entfaltung.

t تفتر TEFTER. s. دفتر

t تفتك TIFTIK u. TEFTIK, auch تفتيك u. تفتيق Sbst. *poil de chèvre.* | feine Kameelwolle von der Angoraziege.

p تفتن TEFTEN. s. تافتن، تفته und تاب

a تفتيح TEFTIH. [فتح II.] Sbst. *action d'ouvrir (l'estomac), causer l'éructation.* | das Oeffnen (des Magens), Aufstossen bewirken (von Arzneien).

a تفتير TEFTIR. [فتر II.] Sbst. *action d'affaiblir, d'abattre, de faire perdre la force.* | Schwächung, Abschwächung.

a تفتيش TEFTISH. [فتش II.] Sbst., = آرشدرمق، اقلرمق *t* تفحّص *action de rechercher, d'examiner; recherche, examen, information, investigation.* | genaue Durchsuchung, Untersuchung, Prüfung, Erkundigung. تفتيشجى *inquisiteur, examinateur, inspecteur.* Untersucher; Untersuchungscommissar (der in die Provinzen geschickt wird um die Verwaltung zu untersuchen).

a تفتيك u. تفتيق s. تفتك

a تفتيل TEFTIL. [فتل II.] Sbst. *action de tordre avec force, de faire plusieurs tours à une corde.* | fest drehen (einen Faden, Schnur u. dgl.).

a تفتين TEFTIN. [فتن II.] Sbst. فتنه به آزدرمق، دوشورمك *action de tenter; tentation, séduction.* | Versuchung, Verführung.

a تفث TEFS. Sbst. *action de se nettoyer, c. à. d. cérémonie du pèlerinage à la Mecque qui consiste à se raser, se couper les ongles, etc.* | Reinigung oder Abputzen des Körpers bei der Wallfahrt.

a تفجّر TEFEDJDJUR. [فجر V.] Sbst. 1. يردن چيقمق *action de sourdre; jaillissement.* | Hervorbrechen aus dem Boden, Hervorquellen des Wassers. 2. [Denom. v. فجر] شفق سوكمك، طاڭ آتمق *apparition de l'aurore.* | Anbrechen des Tages, der Morgenröthe.

a تفجّع TEFEDJDJU'. [فجع V.] Sbst. Refl. v. تفجيع اجمق *action de s'affliger, de plaindre, témoigner de la compassion.* | sich schmerzlich berührt fühlen; Beklagung, Bedauern.

a تفجير TEFDJIR. [فجر II.] Sbst. صويى آقتمق *action de donner une issue à l'eau, de faire couler.* | Abfluss geben, fliessen lassen. — 2. [Denom. v. فجر] *action d'accuser q. qn. de libertinage, de scélératesse; action de se livrer au désordre, devenir libertin.* | Beschuldigung der Liederlichkeit; Verliederung, liederlicher Lebenswandel.

a تفجيع TEFDJI'. [فجع II.] Sbst. *action de frapper, d'affecter douloureusement, de faire éprouver un malheur, une calamité.* | das Schlagen, schmerzlich berühren, Heimsuchung mit einem Unglück, Betrübung. بر دردله تفجيع ايتمك mit einer Krankheit heimsuchen.

a تفحّش TEFAHHUSH. [فحش V.] = تفاحش

a تفحّص TEFAHHUS. [فحص V.] Sbst., = آقتارمق *t* تفتيش *action de rechercher, de s'informer; perquisition, recherche, enquête, information.* | Untersuchung, Erforschung, Erkundigung.

a تفحيه TEFHIJET. [فحو II.] Sbst. *action d'indiquer le sens (d'un mot, d'un discours etc.) par des allusions.* | Erklärung des Sinnes (eines Wortes, einer Rede u. dgl.) durch Andeutungen.

a تفخّذ TEFAHHUZ. [فخذ V.] Sbst. كيرويه قالمق، تأخير ايتمك *action de rester en arrière.* | Zurückbleiben, Aufschub, Zögerung.

a تفاخر TEFAHQÛR. [فخر V.] Sbst. بیوکلك صاتمق . کبرلنمك . قورلق *action de se vanter, se glorifier, s'enorgueillir; arrogance.* | sich brüsten, prahlen, sich wichtig machen; Anmassung, Stolz.

a تفاخره TEFAHQÛZ. [فخر V.] Sbst. تکبّر و تعظیم ایتمك . کبرلو اولمق *action de se vanter, de se donner des airs.* | sich brüsten, sich rühmen, sich ein Ansehen geben.

a تفخیم TEFHÎM. [فخم II.] Sbst. تفخیم ایتمك *action de rendre grand ou illustre, d'élever, d'exalter par des louanges etc., d'honorer; considération, respect que l'on témoigne à q. qn.* | Erhöhung, Erhebung (durch Lob), Ehrenerweisung, Achtung (gegen Jemand). — Gramm. [Gegentheil v. امالة u. ترقیق] *prononciation sourde des voyelles, prononciation emphatique d'une consonne.* | dunkle Aussprache eines Vokals, emphatische Aussprache eines Consonanten. — Rhetor. *répétition d'un mot (au lieu d'un pronom).* | Nachdruck durch Wiederholung eines Wortes anstatt des dafür zu setzenden Fürworts.

a تفدیة TEFDIJET. [فدا II.] Sbst. *action de déclarer qu'on est prêt à se sacrifier pour un autre.* | Erklärung dass man bereit sei sich für einen andern aufzuopfern [mit den Worten جعلت فداك oder فدیتك u. dgl.]

a تفدیك TEFDÎK. [فدك II.] Sbst. پموق آتمق *action de carder (du coton).* | Krämpeln.

a تفذّذ TEFERRÜZ. [فذّ V.] Sbst. *action de s'isoler, de faire l'original: action d'agir arbitrairement ou indépendamment.* | Absonderung, sich absondern, den Sonderling spielen; willkührliches und unabhängiges Handeln, auf seinem Kopfe bestehen.

a تفرة TIFRET und TEFRET. Sbst. *fossette au milieu de la lèvre supérieure.* | Grübchen oder Einschnitt an der Oberlippe.

a تفرّج TEFERRÜG. [فرج V.] Sbst. جاتشا . شنلك . کوکل آچلمق Refl. v. تفریج *action de se réjouir (se promener etc.); récréation, amusement, distraction, délassement, promenade, partie de plaisir, voyage d'agrément.* | sich ergötzen; Ergötzung, Ergötzlichkeit, Erfrischung des Gemüths, Erheiterung, Zerstreuung, Spaziergang, Spazierritt, Lustreise, Betrachtung eines Schauspiels u. s. w.; in früherer Zeit ein von den einzelnen Zünften von Zeit zu Zeit veranstaltetes Fest, zur Feier des Meisterwerdens.

a تفرجة TEFRIĞET. Sbst. آچقلق . آرالق *interstice, ouverture, fente, déchirure, créné d'un habit.* | Zwischenraum, Oeffnung, Schlitz, Riss in einem Kleide. — فرجه

a p تفرجگاه TEFERRÜG-GÂH. Sbst. *lieu ou site agréable pour se promener, jardin de plaisir.* | Erholungsort, Vergnügungsort, Lustgarten.

a t تفرجلنمك TEFERRÜĞLENMEK. Vb. intr. = تفرج ایتمك *se délasser, se promener, etc.* | sich erholen, spazieren gehen u. s. w. s. تفرج

a تفرّح TEFERRÜH. [فرح V.] Sbst. سوینمك *action de se réjouir.* | das sich freuen. Refl. v. تفریح

a تفرّد TEFERRÜD. [فرد V.] Sbst. یالکز اولمق *action de se séparer, de s'isoler, se distinguer des autres, se singulariser, faire bande à part; état d'être seul ou séparé; isolement, singularité.* | Absonderung, Unterscheidung von andern, Sonderbarkeit (der Lebensweise, der Ansichten u. dgl.), Leben auf eigene Faust; Auflehnung gegen die allgemeine Ordnung. vgl. تفرید

a تفرّز TEFERRÜZ. [فرز V.] Sbst. آیرلوب بشقه اولمق *état d'être séparé; séparation.* | Trennung, Absonderung. Refl. v. تفریز

a تفرّس TEFERRÜS. [فرس V.] Sbst. دقت و تأمل ایله ادراك ایتمك *action de tenir ses yeux fixés sur q. ch.; de juger ou de deviner q. qn. ou q. ch. par l'extérieur ou l'apparence.* | Heften des Blickes auf einen Gegenstand; Jemand nach seinem Aeussern oder eine Sache nach dem Aussehen beurtheilen.

a تفرّط TEFERRÜT. [فرط V.] Sbst. *action de surpasser, de dépasser les autres; s'accroître, être augmenté.* | das Uebertreffen, mehr werden oder sein.

a تفرّع TEFERRÜ'. [فرع V.] Sbst. *action de se diviser en branches, de se ramifier.* | Verzweigung. Refl. v. تفریع

a تفرّغ TEFERRÜĠ. [فرغ V.] Sbst. Refl. v. تفریغ *état d'avoir du loisir; action de se livrer entièrement à q. ch., de s'occuper entièrement de q. qn.* | Musse; sich einer Sache ganz hingeben. استماع حکایه یه تفرغ ایتدی er hatte Musse sich die Geschichte anzuhören. عیش و عشرته تفرغ ایتدیلر sie überliessen sich ganz dem Vergnügen.

a تفرّق TEFERRÜK. [فرق V.] Sbst. *séparation, dispersion.* | Trennung, Zerstreuung. Refl. v. تفریق

a تفرقة TEFRIKE. [فرق II.] Sbst., = تفریق *séparation, dispersion.* | Trennung, Zerstreuung. تفرقه بخش trennend, scheidend, Trennung bewirkend. — Theol. myst. Zerstreuung des Geistes; Gegentheil v. جمعیة

t تفره TAFRA. Sbst. *orgueil, faste.* | Stolz, Hoffarth, Uebermuth, Pracht. Relat. concr. تفرهلو

a تفریة TEFRIJET 1. [فری II.] Sbst. *action de tailler, de couper.* das Schneiden, Zuschneiden, Abschneiden. 2. [Denom. v. فرا] *action de fourrer, de doubler de fourrure.* | Verbrämung, Fütterung eines Kleides mit Pelzwerk.

a تفریح TEFRÎH. [فرح II.] Sbst. دفع غموم ایتمك . اکلندرمك . مسرور قیلمق *action d'égayer, de faire réjouir q. qn., d'amuser, de consoler.* | Erheiterung, Erfreuung, Unterhaltung, Tröstung. Causat. v. تفرّح

a تفریج TEFRÎĞ. [فرج II.] Sbst. فرح ویرمك . مسرور قیلمق *action d'égayer, de réjouir.* | Erfreuung, Erheiterung.

a تفریخ TEFRÎH. [فرخ II.] Sbst. قوش بالورینی یمورطه‌دن چیقارمق *action d'éclore (des poussins).* | das Hervorbrechen aus dem Ei.

a تفرید TEFRÎD. [فرد II.] Sbst. *action d'isoler, de rendre seul et unique; isolement.* | Absonderung, Vereinzelung, das einzig sein in seiner Art, Unvergleichlichkeit. — Theol. myst. Absonderung (von der Welt, oder der Gedanken von allem Irdischen) um mit Gott allein zu sein; Verehrung und Dienst Gottes einzig und allein um seiner selbst willen, ohne Rücksicht auf Vergeltung.

p تفریدن TEFRÎDEN. Vb. act. *frire.* | schmoren.

a تفریر TEFRÎR. [فرّ II.] Sbst. فرار ایتدرمك . قوغمق . قاچرمق *action de faire fuir, de chasser.* | Vertreibung, in die Flucht treiben.

a تفریز TEFRÎZ. [فرز II.] Sbst. بری برندن آیرمق *action de séparer une chose d'avec une autre.* | Trennung, Absonderung vgl. تفرز

a تفریش TEFRÎŠ. [فرش II.] Sbst. یایوب دوشه‌مك *action d'étendre (p. ex. un tapis).* | das Ausbreiten auf dem Boden (z. B. einen Teppich).

a تفریض TEFRÎZ. [فرض II.] Sbst. فرض و واجب قیلمق *action de prescrire q. ch. comme obligatoire et nécessairement à remplir.* | Anordnung einer Sache als nothwendig zu erfüllende Pflicht. vgl. فرض

a تفریط TEFRÎT. [فرط II.] Sbst. قصور ایتمك . اهمال و تقصیر ایتمك [Gegentheil v. افراط] *action de manquer à son devoir, de faire moins qu'on ne doit, d'agir avec négligence; omission, négligence; le trop peu.* | Uebertreibung in Bezug auf das zu wenig, das Fehlen lassen an ..., Ablassen von ..., Vernachlässigung, Versäumung, Nachlässigkeit, Beiseitesetzung (eines Geschäfts), weniger thun als nöthig ist; das zu wenig. — Rhetor. Eine Art Litotes, der Hyperbel entgegengesetzt.

a تفریع TEFRÎ'. [فرع II.] Sbst. [Gegentheil v. تأسیس] *action de déduire, de tirer des conséquences, développement des déductions.* | Folgerung, Schlussfolgerung, Anknüpfung an etwas anderes, als diesem untergeordnet; die weitere Entwickelung.

a تفریغ TEFRÎĠ. [فرغ II.] Sbst. دوکمك . خالی قیلمق . بوشالتمق *action de verser, de vider; action de rendre q. qn. libre d'occupation, de donner à q. qn. le loisir de s'occuper de q. ch.; action de finir, d'achever.* | Ausschüttung, Ausleerung; Musse die man einem andern giebt; fertig sein mit einer Sache und zu etwas andern übergehen. vgl. تفرّغ

a تفریق TEFRÎK. [فرق II.] Sbst.

تفرقه == بری برلك، آیرمق action de séparer, de disjoindre, de disperser, de distinguer, d'établir une différence. | Trennung, Zertheilung, Zerstreuung, Scheidung, Unterscheidung. عسكری تشتیت و تفریق ایلك ein Heer aufreiben und zerstreuen. — Logik. Hervorhebung des Unterschiedes zwischen zwei zu einer und derselben Gattung gehörigen Dingen. — Pl. تفاریق TEFÂRÎK. portions, parties d'un tout; choses rares, précieuses, élégantes; raretés, curiosités. | Theile, einzelne Stücke eines Ganzen; Kleinigkeiten, Seltenheiten, Kostbarkeiten.

a تفزیع TEFZÎ'. [فزع II.] Sbst. قورقتمق action de faire peur à q. qn., d'effrayer, d'épouvanter. | Erschrecken, in Furcht setzen.

a تفس TEFS. Sbst. chaleur. | Hitze, Wärme.

p تفسیدن TEFSÎDEN. s. تفسیدن

a تفسح TEFESSÜH. [فسح V.] Sbst. بوللانمق، گنشلمك action de s'élargir; état d'être large et spacieux. | Erweiterung, sich erweitern, Geräumigkeit. Refl. v. تفسیح

a تفسره TEFSIRET. [فسر II.] Sbst. 1. — تفسیر 2. action d'examiner l'urine d'un malade | ärztliche Prüfung des Urins eines Kranken. — als Concret. l'urine du malade que le médecin examine. | der Urin des Kranken.

p تفسه TEFSE. Sbst. vgl. تفس chaleur (extérieure et intérieure): bouton de chaleur, tache de rousseur; inquiétude (du cœur). | Hitze (äussere und innere), Hitzbläschen, Sommerflecken; innere Unruhe.

a تفسیح TEFSÎH. [فسح II.] Sbst. بوللاشدرمق action de rendre spacieux, d'élargir, de dilater. | Erweiterung, Ausweitung, geräumig machen.

p تفسیدن TEFSÎDEN. Vb. intr. u. act. être chaud, se chauffer; chauffer. | warm sein, sich wärmen; wärmen, erhitzen. تفسیده لب der heisse oder aufgesprungene Lippen hat. — vgl. تفسیدن

a تفسیر TEFSÎR. [فسر II.] Sbst. action d'expliquer, de commenter; explication verbale ou grammaticale du Coran. | Erklärung; die wörtliche und grammatische Erklärung des Koran. vgl. تأویل — Pl. تفسیرات TEFSÎRÂT. explications, commentaires. | Erklärungen, Commentare (im Allgemeinen). Rhet. تفسیر الخفی nähere Erklärung des in einem dunklen Worte enthaltenen Begriffs. تفسیرجی TEFSÎRDJI. commentateur. | Erklärer.

p تفشع TEFŠÎ'. Sbst. سرزنش، تقریع réprimande, reproche. | Tadel. BK

a تفصح TEFESSÜH. [فصح V.] Sbst. action de parler avec lucidité, de s'exprimer avec clarté. | Deutlichkeit der Rede, fliessender, geläufiger Ausdruck.

a تفصیل TEFSÎL. 1. [فصل II.] Sbst. اوزونجه و اطرافلو بیان ایتمك [Gegentheil von اجمال] action d'exposer en détail, de raconter q. ch. avec toutes ses circonstances; discours détaillé et diffus, prolixité. | Ausführlichkeit, Eingehen in die Einzelheiten (bei einer Erzählung u. dgl.), Weitschweifigkeit. — Pl. تفصیلات TEFSÎLÂT. les détails. | die Einzelheiten. Adv. تفصیلاً TEFSÎLEN, == تفصیل اوزره oder علی التفصیل en détail. | im Einzelnen, weitläufig. 2. [Denom. v. فصل Abschnitt.] action de partager en plusieurs morceaux, division d'un livre en chapitres. | Theilung in einzelne Stücke, Eintheilung eines Buches in Abschnitte.

a تفضل TEFAZZUL. [فضل V.] Sbst. مناسب وکرم، برکمسه یه میزیتلك و احسان ایلك action de se montrer supérieur à q. qn., d'exceller; d'obliger q. qn. par des bienfaits, d'accorder une faveur, de se montrer généreux, de daigner de . . .; excellence, prééminence, générosité; vulg. ayez la bonté. | Ueberlegenheit, Vortrefflichkeit; sich gegen einen andern überlegen zeigen, sich gnädig oder freigebig gegen Jemand erweisen, die Güte haben, Freigebigkeit; vulg. haben Sie die Güte! Adv. تفضلاً == علی وجه التفضل éminemment, excellemment. | vortrefflich. تفضل ایلیه prédilection. | Vorliebe.

a تفضیح TEFZÎH. [فضح II.] Sbst. action de faire affront à q. qn. en faisant connaître ses défauts. | Beschämung oder Blossstellung Jemandes, indem man seine Fehler oder schlechten Handlungen aufdeckt.

a تفضیض TEFZÎZ. [Denom. v. فضه Silber] Sbst. action d'argenter, d'orner ou d'enrichir d'argent. | Versilberung, Verzierung oder Ausschmückung mit Silber.

a تفضیل TEFZÎL. [فضل II.] Sbst. فضل و مزیت ویرمك action de préférer, de regarder q. qn. comme supérieur, d'accorder la préférence ou la prééminence; préférence accordée à q. qn., supériorité. | das Vorziehen, den Vorzug geben, Zugestehen des Vorrangs oder der Vorzüglichkeit; Vorrang, Vorzug. — OLUNMAK. être préféré, avoir la supériorité. | vorgezogen werden, den Vorzug oder Vorrang haben. — Gramm. Comparativ und Superlativ.

a تفطر TEFATTUR. [فطر V.] Sbst. یارلمق، شق اولمق، آچلمه action de se fendre. | sich spalten.

a تفطن TEFATTUN. [فطن V.] Sbst. آكلامه action de comprendre. | Verständniss. Refl. v. تفطین

a تفطیر TEFTÎR. [فطر II.] Sbst. صائمه افطار ایتدیرمك action de faire rompre le jeûne à q. qn., de rompre le jeûne, c. à d. prendre quelque nourriture après avoir jeûné (pendant le mois de Ramazan). | Brechen des Fastens, d. i. während der Fastenzeit nach Sonnenuntergang essen oder einem andern zu essen geben.

a تفطین TEFTÎN. [فطن II.] Sbst. آكلاتمه action de faire comprendre. | begreiflich machen, zum Verständniss bringen.

a تفعیله TEF'ÎLET. Pl. تفاعیل u. تفعیلات TEF'ÎLÂT. Sbst. pied d'un mètre de trois jusqu'à cinq syllabes. | Versfuss von drei bis zu fünf Silben.

a تفقح TEFAKKUH. [فقح V.] Sbst. == چیچکلنمك، آچلمق، تفتح action de s'ouvrir, de s'épanouir comme une fleur. | das sich öffnen, sich entfalten, wie eine aufblühende Blume.

a تفقد TEFAKKUD. [فقد V.] Sbst. آرایوب صورمق، غائب اولانی آراشدرمق action de s'informer d'un absent ou de q. ch. | recherche, demande. | Erkundigung, Nachfrage, Suchen eines Abwesenden. تفقد حال ایتمك sich nach dem Befinden erkundigen.

a تفقه TEFAKKUH. [فقه V.] Sbst. آكلامق، ادراك ایتمك action de comprendre. | Verständniss. [Denom. v. فقه] action d'étudier la jurisprudence. | Studium der Rechtsgelehrsamkeit; sich zum Rechtsgelehrten ausbilden. Refl. des Folgenden.

a تفقیه TEFKÎH. [فقه II.] Sbst. آكلاتمق، تفهیم ایتمك، اوگرتمك action de faire comprendre, de rendre intelligent, d'enseigner. | zum Verständniss bringen, Unterweisung, Belehrung. — [Denom. v. فقه] action d'enseigner la jurisprudence. | Unterricht in der Rechtsgelehrsamkeit.

t تفك TUFEK, nur in Zusammensetzung mit UFAK. s. اوفاق

p تفك TEFEK. s. تفنك

a تفكر TEFEKKÜR. [فكر V.] u. تفكیر TEFKÎR [فكر II.] Sbst. p اندیشه، دوشنمك action de réfléchir; méditation, considération, réflexion. | Bedenken, Nachdenken, Erwägung, Betrachtung.

a تفكك TEFEKKÜK. [فك V.] 1. Refl. v. تفكیك 2. == حركتلری نظامسز اولمق، پریشانلق اولمق désordre, confusion dans ce qu'on fait. | Verwirrung, regelloses Handeln.

a تفكه TEFEKKÜH. [فكه V.] Sbst. 1. پك خوشلنوب تعجب ایتمك transport d'admiration. | Entzücken. 2. پك ندم و پشیمان اولمق regret, repentir. | Reue.

a تفكیر TEFKÎR. [فكر II.] Sbst. دوشنمك، دوشندرمك action de réfléchir, de faire réfléchir, de donner à penser. | Nachdenken, nachdenken machen, zu denken geben. Causat. v. تفكر

a تفكیك TEFKÎK. [فك II.] Sbst. یاپشقی اولدقلری یرلردن آیرمق action de disjoindre, de séparer, de détacher. | Auflösung einer Verbindung, Lostrennung, Entbindung (von einer Obliegenheit u. dgl.). Gramm. Trennung zweier durch ein Teschdid vereinigter Consonanten, durch Wiederherstellung des ursprünglich dazwischen stehenden Vokals.

a تفل TEFL, TUFL u. تفال TUFÂL. Sbst. t توكرك، تكوروك crachat, crachotement, salive, écume. | Speichel den man ausspuckt, öfteres Ausspucken; Schaum.

a تفننق TEFENNÜK. [فنق V.] Sbst.

نازو نعمتله بیوردہ اولمق *action de se délicater, de vivre dans la mollesse.* | Verzärtelung. Refl. v. تفنیق

p t تفنك TÜFENK auch تفك TÜFEK und تفنگ TÜFEŠ. Sbst. *canon, fusil, sarbacane.* | Rohr, Gewehrlauf, Blasrohr, Schiessgewehr, Flinte, Muskete, Büchse. آو تفنکی *fusil de chasse.* Jagdflinte. آتلو تفنکی oder آت تفنکی *carabine.* | Karabiner. اجزالو تفنك EGZALY T. Percussionsgewehr. تفنك آتمق *tirer le fusil.* | das Gewehr abschiessen. تفنك طولدرمق *charger le fusil.* | das Gewehr laden.

t تفنکجی TÜFENKDŠI. Sbst. *armurier; fusilier; soldat d'infanterie, soldat de police, gendarme, soldat de marine.* | Büchsenmacher; Füsilier, Soldat der Infanterie, Polizeisoldat, Soldat der Marine, auch بحریه تفنکجیسی

t تفنکلمك TÜFENKLEMEK. Vb. act. *fusiller.* | erschiessen.

a تفنن TEFENNÜN. [تفعّل V.] Sbst. 1. Refl. v. تفنین — 2. [Denom. v. فنّ] = بر فنده کسب مهارت ایتمك ، تخرّج *action d'acquérir de l'adresse, de l'habileté dans un art ou une profession.* | Erwerbung von Geschicklichkeit in einem Geschäft oder einem Gewerbe.

p تفنه TEFNE u. تفنی TEFNI. Sbst. *toile d'araignée.* | Spinngewebe.

a تفنیق TEFNÎK. [تفعیل II.] Sbst. نازو نعمتله بیوردہ ایتمك *action de délicater, d'élever un enfant dans la mollesse.* | Verzärtelung (activ).

a تفنین TEFNÎN. [تفعیل II.] Sbst. تنویع ، تخلیط ، قارشدرمق ، درلودرلو ایتمك *action de diversifier, de varier, de diviser en différentes catégories, de mélanger.* | Veränderung, Abwechselung in eine Sache bringen; Eintheilung in verschiedene Classen; Vermischung, Vermengung تفنین کلام ایتمك Abwechselung in die Unterhaltung bringen.

p تفو TEFŪ. Sbst., = توکرك ، تکوك *a salive.* | Speichel. تفو زدن oder تفو کردن *cracher, crachoter.* | ausspucken. تفو سازی *crachotement.* | öfteres Ausspucken. تفودان *crachoir.* | Spucknapf.

a تفوّت TEFEWWÜT. [تفعّل V.] Sbst. زیاده و متجاوز اولمق ، تعدّی و تجاوز ایتمك *action de surpasser, d'outrepasser, d'excéder.* | das Uebertreffen, Ueberwiegen, über das rechte Maass hinaus sein. Refl. v. تفویت

a تفوّق TEFEWWÜK. [تفعّل V.] Sbst. فائق ، یوکسکلکده کچمك ، امتیاز ، ترفّع و متمیز اولمق *action de s'élever au-dessus des autres, être plus haut, action de surpasser (en mérite etc.), d'exceder, de se distinguer, de prétendre à la supériorité des autres; supériorité, distinction.* Ueberragen, Uebertreffen, Ueberhebung, Uebermacht, Ueberlegenheit. صاحب الامتیاز و التفوّق ein Mann von grosser Auszeichnung, von grossem Verdienst.

a تفوّل TEFEWWÜL oder تفأل [تفعّل V.] und تفاؤل [تفاعل VI.] Sbst. فأل آلمق ، تخیّل ایتمك ، فال آچمق [Gegentheil v. تشاؤم] *action de tirer un bon augure, de regarder q. ch. comme bon augure, de présager, de consulter le sort.* | etwas für ein gutes Vorzeichen halten; Befragung des Looses.

a تفوّه TEFEWWÜH. [تفعّل V.] Sbst. تلفظ ایتمك ، سوز سویلمك *action de prononcer, énoncer, mentionner.* | das Aussprechen, Aussagen, Erwähnen, Ausdrücken.

a تفویض TEFWÎZ. [تفعیل II.] Sbst. احاله و سپارش ایتمك *action de donner commission, de recommander q. ch. à q. qn., de confier, d'abandonner aux soins de q. qn.; de conférer des faveurs ou des honneurs à q. qn., de remettre à q. qn., de donner en charge.* | Anvertrauung, Beauftragung, Uebergabe einer Sache an Jemand, Belehnung (mit einer Provinz), Uebertragung an eine Person, Ehrenverleihung, Gunstbezeugung, Anheimgebung einer Sache an einen Andern. — Theol. Anheimgebung seiner selbst an Gott, d. i. absolute Resignation. Jurispr. Schliessung einer Ehe, mit Anheimgebung, d. i. ohne Festsetzung der zu zahlenden Morgengabe.

p تفه TEFE. Sbst., = تعب *haine.* | Hass. [eigentl. inneres Brennen. vgl. تفیدن]

t تفه TEFE. Sbst. Tabrif v. ثفه *quartier de la selle.* | Sattelklappe. اسکی روسیده اولان قسمدن بیونه واریجه یره دینورکه ایکی طرفلو اولان تفه سنك دشمله اتکیدر TERKWIEND wird die vom Sattelbogen an den Hals gehende Stelle genannt, welches der überhängende Rand der zweiseitigen Sattelklappe ist. Kam.

t تفه جك TEFEĎIK, nur in Zusammensetzung mit اوفلی u. تفه s. اوفنجك

t تفلو TEFELÜ auch تفلی u. تفلو Adj. *serré (toile, etc.)* | fest (von Leinwand, Tuch u. dgl.) تفلی بز feste Leinwand. Kam.

s. v. اوجیع u. الوجیع

a تفهّم TEFEHHUM. [تفعّل V.] Sbst. آکلامق *action de comprendre; intelligence.* | das Verstehen; Verständniss, Einsicht.

a تفهیم TEFHÎM. [تفعیل II.] Sbst. آکلاتمق *action de faire comprendre, de donner à entendre, d'expliquer.* | zum Verständniss bringen, Deutlichmachung, Erklärung.

p تفیدن TEFÎDEN. Vb. intr. u. act. = *être chaud, échauffer.* | heiss sein, heiss machen.

a تقابل TEKÂBÜL. [تفاعل VI.] Sbst. قرشو قرشویه اولمق ، یوز یوزه اولمق *action de se rencontrer; rencontre.* | Begegnung, Zusammentreffen, Treffen. تقابل صفّین das Zusammentreffen zweier Heere.

a تقوی TAKWÂ. [Rad. وقی] Sbst. الله دن قورقمه *crainte de Dieu, piété.* Gottesfurcht, Frömmigkeit.

a تقاتل TEKÂTUL. [تفاعل VI.] Sbst. قتل ایلشمك ، اولدرشمك *action de se combattre, de s'entretuer.* | einander zu tödten suchen, sich schlagen, Kampf.

t تقاج s. تقنج

a تقادع TEKÂDÜ'. [تفاعل VI.] Sbst. بری برینی قاقشدروب منع و دفع ایتمك *action de se repousser, de s'écarter les uns les autres.* | gegenseitige Abstossung, Abwehrung, Zurückstossen.

a تقادم TEKÂDIM. Sbst. Pl. v. تقدمه

a تقادیر TEKÂDÎR. Sbst. Pl. v. تقدیر

a تقارب TEKÂRÜB. [تفاعل VI.] Sbst. بری برینه یقلاشمق [Gegentheil v. تباعد] *action de s'approcher l'un de l'autre; accès, approchement.* | gegenseitige Annäherung. — ETMEK. *approcher, avoir quelque coincidence, quelque ressemblance.* | nahe kommen, ähnlich sein.

a تقارض TEKÂRUZ. [تفاعل VI.] Sbst. ویرشمك ، اودنجلشمك *action de se prêter réciproquement; action de se rendre la pareille, de se louer réciproquement.* | Wechselseitiges Borgen und Leihen, Vergeltung des Gleichen mit Gleichem, gegenseitiges Loben. vgl. تقریض

a تقاسم TEKÂSÜM. [تفاعل VI.] Sbst. 1. بری برینه پایلاشمق *action de se partager q. ch.* | mit einander theilen. 2. بری برینه یمین ایتمك *action de se faire des serments, de s'adjurer réciproquement.* | einander zuschwören, sich gegenseitig durch Eid verpflichten.

a تقاسیط TEKÂSÎT. Sbst. Pl. v. تقسیط

a تقاص TEKÂSS. [تفاعل VI.] Sbst. برکسه دن اوچ المق *action de prendre des représailles, d'exercer la loi du talion.* | das Gleiche mit Gleichem vergelten nach dem Rechte der Wiedervergeltung.

a تقاصر TEKÂSUR. [تفاعل VI.] Sbst. *action de faire semblant de ne pouvoir faire ce qu'on peut faire.* | sich unzulänglich stellen, thun als könnte man nicht leisten was man kann.

a تقاضا TEKÂZÂ oder تقاضی [تفاعل VI.] Sbst. طلب دین ایتمك *action d'exiger le payement d'une dette, action de presser, d'importuner; exigeance, nécessité, besoin.* | Einforderung einer Schuld, Drängen um Zahlung, Forderung, Beanspruchung, Nothwendigkeit, nothwendiges Bedürfniss. مالکانه تقاضاسی von einer Provinz die Contribution eintreiben. تقاضای تعظیمات ایتمك Ehrenerweisung beanspruchen. تقاضی ایدر es ist nothwendig. آکا بر تقاضا عارض اولدی es ist ihm ein Bedürfniss angekommen.

a تقاطر TEKÂTUR. [تفاعل VI.] Sbst. تقمور یاغمق ، دملانمق ، طاملمق *action de tomber goutte à goutte, de pleuvoir, de dégoutter; instillation.* | tropfenweises Herabfallen, Regnen; Träufeln, Eintröpfelung. قانی بروندن تقاطر ایدر das Blut tropft ihm aus der Nase.

a تقاطع TEKÂTU'. [تفاعل VI.] Sbst. کسشمك ، بری برینی قطع ایتمك [Gegentheil von تواصل] *action de se couper l'un l'autre; intersection; action de se séparer totalement.*

Durchschneidung des Einen durch das Andere; völlige Trennung von einander.

a تقاطير TEKĀTĪR. Sbst. Pl. v. تقطير

a تقاعد TEKĀ'ŪD. [تفاعل VI.] Sbst. اوتورقلق *état ou qualité de vétéran; vétérance, pension de retraite.* | Dienstruhe, Ruhegehalt. — ETMEK *pensionner q. qn., obtenir sa retraite.* | aus dem Dienste entlassen, den Abschied geben (mit Pension); den Dienst verlassen, sich zur Ruhe setzen, = اوتوراق اولمق

a تقاليب TEKĀLĪB. Sbst. Pl. v. تقليب

a تقامر TEKĀMUR. [تفاعل VI.] Sbst. بر بريله قمار اوينمق *action de jouer avec q. qn. à un jeu de hasard.* | Glückspiel spielen.

a تقاول TEKĀWUL. [تفاعل VI.] Sbst. بر بريله سويلشمك *action de s'entretenir, de parler, de causer ensemble, se donner mutuellement la parole.* | Unterhaltung, mit einander sprechen, einander das Wort geben.

a تقاوم TEKĀWUM. [تفاعل VI.] Sbst. بر بريله جنگه طورمق *action de se lever les uns contre les autres, en venir mutuellement aux mains.* | sich gegeneinander erheben, handgemein werden.

a تقاويم TEKĀWĪM. Sbst. Pl. v. تقويم

a تقايل TEKĀJUL. [قيل med ى VI.] Sbst. بايع ايله مشترى بينلرنده معقود اولان بيعى بوزمق *action de résilier mutuellement le marché, de se dédire l'un l'autre.* | beiderseitiges Zurücktreten von einem abgeschlossenen Handel, einander den Kauf aufsagen.

a تقبّح TEKABBUH. [تفعّل V.] Sbst. چركين عدّ ايتمك *action de désapprouver.* | Missbilligung, Missfallen an einer Sache. Refl. v. تقبيح

a تقبّض TEKABBUZ. [تفعّل V.] Sbst. Refl. v. تقبيض

a تقبيب TAKBĪB. [Denom. v. قبّة] Sbst. *action de construire une coupole, une voûte.* | Erbauung einer Kuppel, eines Gewölbes.

a تقبّل TEKABBUL. [تفعّل V.] Sbst. *action d'accepter, de recevoir, d'accueillir.* Annahme, gute Aufnahme.

a تقبيح TAKBĪH. [تفعيل II.] Sbst. چركين عدّ ايتمك لوم وذمّ ايلمك ازارلامق *action de désapprouver, reproche, réprimande.* | Ausdruck des Missfallens, Missbilligung, Tadel.

a تقبير TAKBĪR. [تفعيل II.] Sbst. دفن ايتمك, گومك *action d'inhumer; enterrement.* | Grablegung.

a تقبيض TAKBĪZ. [تفعيل II.] Sbst. ال ايله طوتمق, قبض ايلمك *action de serrer avec la main, de prendre, de contracter.* | das fassen, fest greifen, Zusammenfassen, Zusammenraffen.

a تقبيل TAKBĪL. [تفعيل II.] Sbst. اوپمك, بوس ايتمك *action d'embrasser, de baiser.* | Küssen, insbes. als Zeichen der Achtung. تقبيل دست ايتمك die Hand küssen.

a تقتيت TAKTĪT. [قتّ II.] Sbst. برى برينه قاتوب قارشدرمق *action de mélanger, de mixtionner.* | Mischung, Mengung; als Concret. *mixtion.* | Mixtur.

a تقتير TAKTĪR. [تفعيل II.] Sbst. نفقه عيالده تضييق و تقتير ايلمك, اكسك ايتمك *action de lésiner sur la nourriture de sa famille; vie très-frugale.* | Sparsamkeit oder Kargheit im Haushalte, Darbenlassen der Seinigen; geringer Aufwand.

a تقتيل TAKTĪL. [قتل II.] Sbst. اولدرمك *action de tuer.* | vollständige Tödtung. [Intensiv v. قتل]

a تقحيم TAKHĪM. [تفحيم II.] Sbst. تهجوم ايلدرمك *action de faire q. qn. se précipiter avec impétuosité et inconsidérément dans q. ch., faire faire une attaque téméraire.* | Jemanden sich blindlings in eine Sache stürzen lassen, eine Tollkühnheit begehen lassen, zu einem kühnen Angriff antreiben oder führen.

a تقدّر TEKADDUR. [قدر V.] Sbst. *état d'être déterminé, d'être destiné, décrété.* | das vorher bestimmt sein. Refl. v. تقدير

a تقدّس TEKADDUS. [قدس V.] Sbst. *purification, sanctification (de soi-même).* | Reinigung, Heiligung. Refl. v. تقديس

a تقدّس TEKADDESE. [3 Pf. v. قدس V.] *il (Dieu) est très-saint.* | er (Gott) ist allheilig. vgl. تعالى

a تقدّم TEKADDUM. [قدم V.] Sbst. ايلرو واقع اولمق, ايلرو گيتمك, ايلرو گچمك *action de marcher à la tête, de précéder; état d'être mis en première ligne, d'être préféré; préséance, priorité, antériorité, première place.* | das Vorangehen, den Vorzug haben, Vorrang, Vorsitz, erste Stelle; das Vorausgehende, als Grund oder Ursache des daraus folgenden; das Vorausgehende der Zeit nach. تقدّمى تقديرنده in der Voraussetzung dass dieses vorhergeht. — Pl. تقدّمات TEKADDUMĀT. die vorausgehenden Dinge, Prämissen, Antecedentien.

a تقدمة TAKDIMET. Sbst. عرض و تقديم, اوتمش, هديه *offrande, présent, cadeau.* | Darbringung, Geschenk. Pl. تقادم TEKĀDIM.

a تقدير TAKDĪR. [قدر II.] Sbst. *action de décréter, de déterminer, d'apprécier, d'estimer, de mesurer; appréciation, supposition, hypothèse.* | Bestimmung, Schätzung, Messung (z. B. mit den Augen), Annahme einer Sache als Grund vorhandener Folgen. تقدير القيمة Bestimmung des Preises. — Theol. Pl. تقادير TEKĀDĪR u. تقديرات TAKDĪRĀT. *destin, prédestination, arrêts immuables de Dieu, providence.* | Schicksal, Vorausbestimmung, der unveränderliche Rathschluss Gottes, die göttliche Vorsehung. Gramm. *action de déterminer le sens virtuel d'un mot ou d'une phrase, action de suppléer q. ch. pour déterminer le sens virtuel.* Bestimmung des virtuellen Sinnes; der eigentliche Sinn eines Wortes oder Satzes. Supplirung, Ergänzung eines Wortes als vom Sinn nothwendig. تقديرى *virtuellement tel ou tel (non par sa forme grammaticale).* | dem eigentlichen Sinne nach (nicht der grammatischen Form oder dem Wortlaute nach) [Gegentheil v. لفظى] — تقديرجه oder بو تقديرده *dans ce cas, au cas que . . ., cela étant ainsi.* | im Falle dass . . ., angenommen dass . . . ايمدوكى تقديرجه angenommen dass er es thut. بولنديغى تقديرجه in dem Falle dass es sich findet.

a تقديس TAKDĪS. [قدس II.] Sbst. پاكلمك, تطهير, پاك و تمييز قيلمق *action de sanctifier, de purifier; sanctification, consécration.* Heiligung, Reinigung, Weihung. — Theol. *sanctification de Dieu.* | die Heiligung Gottes, d. i. Vorstellung von Gott als frei von allen Eigenschaften die der Heiligkeit seines Wesens nicht entsprechen, die reinste Abstraction des göttlichen Wesens.

a تقديم TAKDĪM. [قدم II.] Sbst. ديلمك اوكنه وضع ايتمك, اوكه گچورمك, عرض *action de faire précéder, de faire avancer, de préposer, de préférer; action de présenter; présentation, offre; motion (d'une opinion).* | das Vorangehenlassen, Vorausschickung, den Vorzug geben, den Vorrang lassen, Voranstellen, Vorziehen; Vorlegung, Ueberreichung (eines Geschenks), Geschenk; Vorschlag, Darlegung einer Meinung oder Ansicht. — تقديم سلامدن صوكره nach vorausgeschicktem Grusse (Anfang von Briefen). تقديم اوقت Beschleunigung.

t a تقر LT. تلخ وزهرخند *amer, aigre.* | bitter, sauer.

a تقرّب TEKARRUB. [تفعّل V.] Sbst. يقينلشمق, ياقلاشمق *action de s'approcher, de se rapprocher; approche, accès, intimité.* Annäherung, nahe kommen, nahe sein, Zutritt bei Jemand; vertrauter Umgang. تقرّب الوقت das Herannahen eines Zeitpunktes. تقرّب ليلة Einbruch der Nacht. تقرّب ايتمك تقربى Zutritt bei Jemand finden. تقرّب صحبتى vertrauter Freund (der immer Zutritt hat).

a تقرّر TEKARRUR. [قرّ V.] Sbst. بقا بولمق, قوّت بولمق, درشوب پايدار اولمق Refl. v. تقرير *action de s'établir, état d'être établi, d'être consolidé; confirmation, ratification, ferme détermination.* | Festigung (seiner selbst), Bestätigung, fester Entschluss. — BULMAK *se fixer, se déterminer.* | sich fest setzen, sich fest entschliessen.

t o تقرينى LT. تقر s. زهرخند شدن Vb. intr. *aigrir.* | sauer werden, sauer sein.

a تقريب TAKRĪB. [قرب II.] Sbst. ياقلاشدرمق *action d'approcher; rapprochement, approche, approximation; occasion, moyen, motif, apparence; offrande, don, présent; preuve d'amitié.* Annäherung, näher bringen, näher kommen, zu etwas führen; Mittel zu . . ., Gelegenheit zu . . ., Beweggrund;

Darbringung, Opfer, Geschenk; Freundschaftlichkeitsbeweiss, Gunstbeweiss. Mathem. Approximation. Logik. Beweisführung von der Nothwendigkeit, Schlussfolgerung, welche auf die Nothwendigkeit einer Sache führt. دائما تقدمهی بر تقریبله مسرور ایدر اولان خاتون eine Frau die ihren Gemahl stets durch irgend ein Geschenk erfreut. [Kam. s. v. السُّرّة] — بر تقریب BER. T. *par apparence.* | zum Schein, dem Anschein nach. بر تقریب ایله BIR. T. ILE. *d'une manière ou d'autre.* | auf irgend eine Weise. بو تقریب ایله *par ce moyen, par ce motif.* | vermittelst dessen, dadurch bewogen. تقریبا TAKRIBEN, Adv. — تخمینا *par approximation, approximativement, environ, à peu-près, presque, quasi.* | annäherungsweise, ziemlich, ungefähr, etwa, gleichsam. — تقریبی *pas tout à fait vrai.* | nicht ganz der Wahrheit gemäss, der Wahrheit ziemlich nahe.

a تقریر TAKRIR. [قرّ II.] Sbst. برقرار ایتمه، ذکر و بیان ایتمه *action de fixer, d'établir, de confirmer, d'exposer, de raconter; rapport, relation, exposé, note diplomatique, mémoire officiel, attestation, déposition sous serment; conscription militaire.* Befestigung, Festsetzung; Bestätigung, Erklärung, Erzählung, Beglaubigung, beschworene Aussage, officieller Bericht, diplomatische Note; Rekrutierung. — ETMEK. *confirmer, raconter, faire un rapport, présenter une note.* | bestätigen, erzählen, aussagen, Bericht erstatten, eine Note überreichen. بر محلده تقرر ایتمک sich an einem Orte fest niederlassen.

a تقریس TAKRIS. [قرس II.] Sbst. طوکدرمق، صوغتمق *action de refroidir, de changer en glace.* | Abkühlung, in Eis verwandeln, gefrieren lassen.

a تقریص TAKRIS. [Denomin. v. قرص] Sbst. اتمك یاپمق ایچون، سوملی یومق خمیری کسمك *action de former de la pâte de petits pains ronds.* | das Kneten und Schneiden des Teiges zu kleinen runden Brödtchen.

a تقریض TAKRIZ. [قرض II.] auch تقریظ Sbst. مدح و ثنا ایله *action de louer; approbation d'un livre.* | Belobung; lobende Empfehlung oder Begutachtung eines Buches (von einem competenten Kritiker, die dem Buche angeheftet wird).

a تقریع TAKRI'. [قرع II.] Sbst. آزارلق، باشه قاقمق، سرزنش ایتمك *action de gronder, de réprimander, de faire des reproches.* | Schelten, Tadeln, Vorwürfe machen.

a تقرین TAKRIN. [قرن II.] Sbst. قرین و رفیق ایتمك، باغلامق *action de joindre ensemble, de lier, d'attacher ensemble.* | Vereinigung, Verknüpfung.

a تقسیط TAKSIT. [قسط II.] Sbst. بولمك، تقسیم عیاله، دکنی بولك بولك ادا ایتمك، تقسیم ایلمك *action de partager, d'économiser, de payer une dette par termes.* | Theilung, sparsame Eintheilung im Haushalt; Theilzahlung, Ratenzahlung einer Schuld. als Concret. *terme, somme due au bout du terme.* | Termin, zum Termin fällige Zahlung, der (einem) zukommende Theil. — Pl. تقاسیط TEKÂSIT.

a تقسیم TAKSIM. [قسم II.] Sbst. پاره پاره ایتمك، اولاشدرمق، بولمك *action de diviser, de répartir, de partager, division, répartition, partage.* | Theilung, Vertheilung, Eintheilung, Austheilung; Theilungszeichen; Division (arithm. Species). — Musik. *prélude, ouverture.* | Vorspiel, — *p* پیشرو oder سر آهنك; auch eine Art von Gesängen. Kam. s. v. الأغنية. — Poetik. Vertheilung des Sinnes auf die einzelnen Verse oder Halbverse eines Gedichts, so dass jeder Vers ein in sich abgeschlossenes Ganzes bildet. — Rhetor. Vertheilung, d. i. Zusammenstellung des jedem Einzelnen zukommenden mit dem zu dem es gehört. v. Mehren, Rhet. d. Arab. S. 109 u. 111. — Als Nom. propr. Name eines grossen Wasserbehälters in Constantinopel, der einen Theil der grossen öffentlichen Wasserleitung bildet.

t تقسیملو TAKSIMLÜ. Adj. *réparti, mesuré* | getheilt, zugemessen, Maassabend, tacktmässig.

t a تقش I.T. عدد نود [بالفتح] = تقسن neunzig.

a تقشیر TAKŠIR. [قشر II.] Sbst. *action de dépouiller de l'écorce, de la coque.* | Abhülsung. شعیر تقشیر ایتمك *monder l'orge* | die Gerste reinigen, dreschen (wurfeln u. s. w.).

a تقصار TIKSÂR. Sbst. PW. قلاده و کردن بند *collier.* | Halsband, Halsgeschmeide.

a تقصیر TAKSIR. [قصر II.] Sbst. *action d'abréger, de raccourcir; abréviation, manquement, défaut, faute, erreur, négligence.* Kürzung, Verkürzung, Verschneiden (des Bartes bei der Wallfahrt); Mangel, Fehler, Nachlässigkeit. — ETMEK. *manquer, faillir, omettre, négliger.* | mangeln, fehlen, einer Sache oder seiner Pflicht nicht nachkommen, nicht leisten, abnehmen, abweichen, von einer Sache abkommen. بی تقصیر *sans défaut.* | fehlerfrei. — Pl. تقصیرات TAKSÎRÂT und تقاصیر TEKÂSIR. — Rel. abstr. تقصیرلق — Rel. concr. تقصیرلو

a تقضیه TAKZIJET. [قضی II.] Sbst. مقصوده نائل اولوب بر نسنه یی اتمام ایتمك، بورجنی اودمك *action d'obtenir q. ch. d'espéré, d'accomplir, d'achever, d'effectuer, d'exécuter; action de payer une dette.* | Erreichung (eines Wunsches), Ausführung (eines Vorhabens), Bewerkstelligung; Bezahlung einer Schuld. — [Denom. v. قاضی] *action de nommer ou d'établir q. qn. juge.* | Ernennung zum Richter, Einsetzung in das Amt eines Richters.

a تقطب TEKATTUB. [قطب V.] Refl. v. تقطیب

a تقطر TEKATTUR. [قطر V.] Sbst. طملا طملا آقمق، طملامق *action de tomber goutte à goutte, de dégoutter.* | Herabträufeln.

a تقطیب TAKTIB. [قطب II.] Sbst. یوز قاش بورشدرمق *action de froncer les sourcils, de rider le front.* | Stirnrunzeln.

a تقطیر TAKTIR. [قطر II.] Sbst. آقیتمق، چکمك، طملاتمق *action de faire ou de laisser tomber goutte à goutte, de faire dégoutter, de distiller; distillation.* | Herabträufeln lassen; Distillation. [vgl. تصعید u. استقطار]; تقطیر البول *rétention d'urine.* | Zurückhalten des Urines, Harnstrenge.

a تقطیع TAKTI'. [قطع II.] Sbst. پاره پاره کسمك *action de couper en morceaux, de tailler, de partager; de scander un vers; taille, stature; format d'un livre; césure d'un vers.* | das Zerschneiden, Zertheilen, Zuschneiden, Scandiren; Zuschnitt, Statur, Grösse, Format eines Buches; Cäsur in einem Verse.

a تقعد TEKA''UD. [قعد V.] Sbst *action de se désister de q. ch., renoncer à q. ch. et s'occuper exclusivement d'une autre.* | Abstehen, Ablassen von einer Sache; mit Hintansetzung alles andern sich ausschliesslich einer Sache widmen.

a تقعر TEKA''UR. [قعر V.] Sbst. بر شیئك ایچ یوزینی تفتیش ایتمك *action d'examiner l'intérieur de q. ch., d'approfondir q. ch.* | Untersuchung des Innern einer Sache; Ergründung.

a تقفل TEKAFFUL. [قفل V.] Refl. v. تقفیل

a تقفی TEKAFFI. [قفی V.] Sbst. بر آدمی آردنه دوشوب کتمك *action de suivre q. qn., d'imiter l'exemple de q. qn., de prendre q. qn. ou q. ch. comme modèle.* | Nachfolge, Nachahmung, als Beispiel oder als Muster nehmen. Refl. d. Flgdn.

a تقفیه TEKFIJET. [قفی II.] Sbst. 1. Causativ des Vhgdn. *action de faire suivre q. qn. par un autre, de faire imiter par q. qn. l'exemple d'un autre.* | nachfolgen oder nachahmen lassen, Aufstellung des Einen als Beispiel für einen Andern. 2. [Denom. v. قافیه] *action de faire des rimes.* | Reime machen, in Reimen sprechen oder schreiben.

a تقفیل TAKFIL. [قفل II.] Sbst. قفل ایله سد ایتمك *action de cadenasser, de fermer au cadenas.* | Anlegung eines Vorlegeschlosses.

a تقفین TAKFIN. [قفن II.] Sbst. *action de couper la tête.* | Köpfen.

t تقلاق TAKLAK oder تقله TAKLA. Sbst. (*n. gr.* τακλάς) *culbute.* | Purzelbaum. تقله تقلاق قلمق — بارلق ایتمك *faire la culbute.* | Purzelbäume schiessen, Rad schlagen.

a تقلب TEKALLUB. [قلب V.] Sbst. Refl. v. تقلیب بر و اوته دوندرمك *action de se tourner; renversement, révolution, changement.* | Umdrehung, Umstürzung, Veränderung; Staatsumwälzung, gewöhnlicher im Pl. تقلبات TEKALLUBÂT.

a تقلد TEKALLUD. [قلد V.] Refl. v. تقلید

t تقلداماق TAKYLDAMAK. Vb. intr. Aor. تقلدار TAKYLDAR. *craquer, claquer, faire du bruit.* | rasseln, klappern.

a تقليب TAKLIB. [قلب II.] Sbst. برنسنه يى چويرمك كيرو دوندرمك . برشيئك ترسنى چويرمك action de tourner, de retourner, de renverser, de bouleverser. | Umdrehung, Umkehrung, Umstürzung.

a تقليد TAKLID. [Denom. v. قلادة] Sbst. action de mettre à q. qn. un collier, ou q ch. en guise de collier, spec. comme marque d'honneur ou de haute fonction; action de donner à q. qn. l'investiture, investir q. qn. d'un emploi; action de regarder q. qn. comme autorité, suivre l'autorité ou l'exemple de q. qn.; action d'imiter, de singer, de contrefaire; imitation, représentation (d'une comédie, etc.); action de croire aveuglément, foi aveugle. | Umhängung eines Halsbandes u. dgl., besonders als Ehrenzeichen oder Zeichen eines hohen Amtes; Belehnung mit einem Amte, Investitur; Anerkennung des Ansehens oder der Authorität Jemandes, Befolgung des Beispiels oder der Anordnung eines Andern, Folgeleistung, Gehorsam; Nachahmung, Nachäffung, Aufführung (eines Stücks im Theater); Theol. blindes Glauben auf Auctorität eines Andern; Köhlerglaube. als Concret. chose imitée, ouvrage fait sur le modèle d'un autre. | Nachahmung, nachgemachtes oder nachgeahmtes Ding. تقليد اويونى farce, pantomime, comédie. | Lustspiel, Possenspiel.

a تقليدا TAKLIDEN. Adv. à l'imitation, à l'instar, à l'exemple de, sur le modèle de. | als Nachahmung, nach dem Muster.

a t تقليدجى TAKLIDGI. Sbst. imitateur, mime, comédien. | Nachahmer, Nachäffer, Schauspieler, Possenreisser.

a p تقليدساز TAKLID-SÄZ. Sbst. imitateur. | Nachahmer.

a تقليدى TAKLIDII. Adj. imité. | nachgeahmt.

a تقليس TAKLIS. [قلس II. deriv. v. κλαίω?] Sbst. démonstration de joie et d'honneur à l'entrée solennelle d'un grand personnage dans une ville. | Freudenbezeugungen und Ehrenbezeugungen beim Einzuge eines Fürsten in eine Stadt.

a تقليع TAKLI'. [قلع II.] Sbst. ييلمك سوكمك . قوپارمق action d'arracher, d'ôter q. ch. de sa place, de déraciner. | das Wegreissen, Ausreissen.

a تقليل TAKLIL. [قل II.] Sbst. آزالتمق action de diminuer, d'amoindrir. | Verkleinerung, Verringerung (von Zahl und Maass).

a تقليم TAKLIM. [قلم II.] Sbst. كسمك . يونمق action de couper (les ongles), de tailler (la plume). | Schneiden oder Beschneiden (die Nägel, eine Feder u. dgl.).

t o تقمق TAKMAK oder تغمق TAGMAK. Vb. act. I.T. كدرالدن جيجى ارسوراى سوزن . s. تقمق u. طقمق.

t o تقمق TYKMAK u. TYKAMAK. Vb. act. s. طقمق.

a تقوا TAKWÂ oder تقوى [Rad. وقى oder اتقاء] Sbst. آلله دن قورقمه . كناهلردن صاقنمق . تقى . پرهيز action de s'abstenir du mal; crainte de Dieu, piété, abstinence, vertu. | Enthaltung vom Bösen, Gottesfurcht, Frömmigkeit, Tugend. بى تقوى impie | gottlos.

a تقوت TEKAWWÜT. [قات V.] Sbst. بسلنمك . كچينمك action de se nourrir, de vivre de q. ch. | das sich nähren, von etwas leben.

a تقوس TEKAWWÜS. [قوس V.] Refl. v. تقويس.

t o تقوق TAKUK. Sbst. t طاوق poule. | Huhn.

a تقول TEKAWWÜL. [قال V.] = تقويل.

t o تقولمق TUKULMAK s. توقلمق.

a تقوم TEKAWWÜM. [قام V.] Refl. v. تقويم.

a تقوى s. تقوا.

a تقوى TEKAWWÎ. [قوى V.] Refl. des Flgndn.

a تقوية TAKWIJET. [قوى II.] Sbst. قوت و ييله . تحكيم قيلمق action de raffermir, de renforcer, de consolider, de fortifier; corroboration, affermissement. | Festigung, Kräftigung, Stärkung, Befestigung. تقويت القلب encourager. | ermuthigen.

a تقوير TAKWIR. [قار II.] Sbst. برنسنه يى ييغشدرمق دكرمه جه اويوب كسمك action de découper en rond. | rund ausschneiden. قفطانك ياقه سنى تقوير ايلمك den Kragen des Rockes ausschneiden.

a تقويس TAKWIS. [Denom. v. قوس] Sbst. بوكرلتمك . بوكمك . اكمك action de courber, de cambrer, d'arquer. | krumm biegen, wölben.

a تقويل TAKWIL. [قال II.] Sbst. سويله ديلمى ديمك . برقولى برينه اسناد ايلمك action de dire que q. qn. a dit q. ch. | Sagen, dass einer etwas gesagt habe, einem etwas in den Mund legen.

a تقويم TAKWIM. [قام II.] Sbst. اكرى يى قيمت تعيين ايلمك . تعديل ايلمك . طوغرلتمق action de rendre droit, de redresser, de rectifier, de préciser et d'établir comme il faut, de mettre en ordre, de disposer, d'ajuster (une mesure); de fixer le prix, de déterminer la valeur; disposition; évaluation, estimation des biens. | Gerade machen, Geraderichtung, Aufrechtstellen, in Ordnung stellen, aufrecht stellen, berichtigen; Anordnung, Aufstellung, Abschätzung, Bestimmung des Preises oder Werthes. Concret. ouvrage disposé par tables, almanach, éphémérides, calendrier, etc. | Tabelle oder nach Tabellen geordnetes Buch, Almanach, Kalender, Geschichtstafeln u. dgl.

t a تقه TOKA. s. طوقه.

t o تقه I.T. تقلغه casque. Helm. (?) vgl. تقى

a تقهير TAKHIR. [قهر II.] Sbst. قهر ايلمك , action de prendre avec force; violence; oppression. | gewaltsames Wegnehmen, Gewaltthat; Besiegung, Unterjochung.

t o تقى Conj., = دخى aussi, et, encore. | auch, und, noch.

t o تقى TAKY. Sbst. I.T. كلاه bonnet. | Mütze vgl. تقيه u. تقه.

a تقى TUKA. Sbst., = تقوا.

a تقى TAKII. Adj. qui s'abstient, qui craint Dieu, pieux. | enthaltsam, gottesfürchtig, fromm. Pl. اتقياء ETKIJÂ u. اتقوا ETKAWÂ.

a تقية TAKIJET. [تقى II.] Sbst., = تقوا crainte; crainte de Dieu, observation des préceptes de la religion. | Furcht; Gottesfurcht, Beobachtung der Vorschriften der Religion. — Theol. die Lehre, dass es erlaubt sei, im Falle der äussersten Lebensgefahr seine Religion zu verläugnen.

a تقيد TEKAJJÜD. [قاد V.] Sbst. اشتغال . جهد و اهتمام ايلمك action de s'attacher à q. ch.; attachement, application, attention, soin, zèle. | sich an etwas binden; Aufmerksamkeit, Zusammennehmen seiner Gedanken, Anstrengung, Fleiss, Eifer bei der Sache. تقيد اوزره اولمق s'appliquer, être attentif. | Fleiss und Mühe anwenden, aufmerken. تقيد ايله avec soin, soigneusement. | sorgfältig.

a t تقيه TAKIE. s. تكيه.

a تقييد TAKJID. [قاد II.] Sbst. 1. باغلامق action de lier; de nouer l'aiguillette. | das Binden; Nestel knüpfen. — 2. Gramm. détermination du sens des mots en mettant les points voyelles ou diacritiques. | Bestimmung des Sinnes der Wörter durch Setzung der Vokalpunkte oder diakritischen Zeichen. Logik. détermination restrictive, restriction. | Beschränkung, näher bestimmender Zusatz, wodurch der Begriff verengt wird, Gegensatz von اطلاق.

a تقييس TAKJIS. [قاس II.] Sbst. دوزمك . دوناتمق . تزيين ايلمك action d'arranger, d'orner, de parer. | in Ordnung bringen, Ausschmückung, schmücken, putzen.

t a تك TEK. تكلك 1. Sbst. چفتك يارسى SL. قليل و زوج une des parties d'une paire, un seul, une part, un peu. | eine Hälfte des Paares, ein Einzelnes, Theil, ein Weniges. — 2. Adj. تاكر Gegentheil von چفت impair (des nombres), seul; calme, tranquille. | ungleich, ungerade, nicht ohne Rest durch Zwei zu dividiren; einzeln, allein; ruhig, still. تك و چفت اوينمق jouer à pair ou impair. | gerad und ungerad spielen. تك طورمق rester seul, être tranquille | allein bleiben, sich still verhalten, ruhig sein. تنهالكده براقمق laisser seul | allein lassen تك قوميق ein trauriger, stiller und einsamer Ort. Kam. s. v. الوحيد. — 3. Adv. seulement, une fois seulement. | allein, nur, nur einmal. تك شول oder تك شوكه pourvu seulement que. | wenn nur. تك اول بهانه ايله par ce seul prétexte. | nur unter diesem Vorwande. تك تك TEK-TEK çà et là. | hie und da, dann und wann. (Redh. now and then, here and there one.) يكه ايو تك بنى خاطرلرينه كلمه يه سكز sehr wohl! wenn Sie mich nur nicht vergessen.

p تك TEK. Sbst. 1. trône royal. | der königliche Thron. 2. papyrus (plante). | die Papierstaude. SL.

p تك TEK. [Rad. v. تكمك] Sbst. *course.* | Lauf. تك ويو ايلمك *rechercher avec soin.* | ängstlich suchen. vgl. يو — In Zusammensetz. *vite.* | schnell. vgl. تكتاز . تكاور

p تك TIK. *s.* تيك TIKE.

a تكبر TEKÂBUR. [كبر VI.] Sbst. كندو نفسنى بيوك عد ايلمك . كبر وتعظيم ايلمك *action de s'enorgueillir; orgueil, fierté.* | Selbstüberhebung, Aufgeblasenheit, sich wichtig machen.

a تكاتب TEKÂTUB. [كتب VI.] Sbst. مكتوبلشمق *action de s'écrire mutuellement; correspondance.* | einer dem andern schreiben; Briefwechsel, = مكاتبه

a تكاتم TEKÂTUM. [كتم VI.] Sbst. برى برندن شيء كتم ايتمك *action de se cacher mutuellement q. ch.* | gegenseitiges Verhehlen einer Sache; vor einander geheim halten, Geheimnisse haben.

a تكاثر TEKÂSUR. [كثر VI.] Sbst. كثرت بولمق . چوقلق *action de se multiplier, état d'être nombreux.* | Vermehrung, Wachsen an Zahl, zahlreich werden oder sein.

a تكاثف TEKÂSUF. [كثف VI.] Sbst. قلينلشمق . صيقلشمق *action de se condenser; épaississement, condensation, épaisseur.* | Verdickung, Verdichtung, fester Zusammenhang der einzelnen Theile eines Ganzen oder eines Körpers, [Gegentheil v. تخلخل]

a تكاذب TEKÂZUB. [كذب VI.] Sbst. برى برينه يلان سويلمك *action de se faire mutuellement des mensonges.* | gegenseitiges Belügen.

p تكاور *s.* تكاور

a تكارم TEKÂRUM. [كرم VI.] Sbst. نفسنى مكرم طوتمق *action de se donner l'air d'un homme noble et généreux.* | den Edeln, Edelmüthigen spielen.

t o a تكاروه Adv. = *t* قسوم آكاروه *outre, au-delà, de l'autre côté.* | über, jenseits, darüber hinaus (VL. ultra, trans).

a تكاسل TEKÂSUL. [كسل VI.] Sbst. اوشنمك قيد و احتشمسز طورمق *état d'être paresseux; paresse, négligence.* | Trägheit, Nichtsthun, Nachlässigkeit.

a تكافؤ TEKÂFU auch تكافى [كفأ VI.] Sbst. بر برينه مساوى اولمق *état d'être égaux les uns aux autres en rang.* | das einander im Range gleich sein, ebenbürtig sein. Rhet. = تضاد Antithese.

t تكاك TEKIK, Sbst. *p* تاك *cep de vigne, rejeton d'arbre, vigne.* | Ranke, Weinstock. vgl. *t o* تيك

a تكالم TEKÂLUM. [كلم VI.] Sbst. برى برينه جوابلشمق *action de se répondre les uns aux autres, de s'entretenir, de se parler, de s'aboucher.* | gegenseitiges Antworten, Unterredung, sich besprechen.

a تكاليف TEKÂLIF, Sbst. Pl. v. تكليف

a p تكامشى TEKÂMISÏ auch richtiger تكامش [كمش VI.] Sbst. *hâte, célérité, persécution.* Eile, Schnelligkeit, Verfolgung. [SL. بعقوب تعجيل وسرعت بلشمق]

t o تكه Sbst. 1. *p* بز تكه *bouc.* | Bock. 2. تاك تكه *cep de vigne.* | Ranke, Weinstock.

p تكاو Sbst. = تكاب *petit ruisseau, filet d'eau.* kleiner Bach, Riesel, Gebirgsbach, Bach in einem Thale.

p تكاور TEK-ÂWER. Adj. u. Sbst. *qui court vite; coursier.* | schnell laufend; Renner (Pferd).

a تكاهل TEKÂHUL. [Denom. v. *p* كاهل] Sbst. = تكاسل *paresse, négligence, nonchalance.* | Trägheit, Nachlässigkeit.

a تكبر TEKEBBUR. [كبر V.] Sbst. مغرورلنمق . اولولنمق *action de s'enorgueillir; orgueil, arrogance, présomption, ambition.* | Stolz, Anmassung, Hoffarth, Ruhmredigkeit, Ehrsucht. — ETMEK, *s'enorgueillir, être arrogant, etc.* | stolz oder anmassend sein u. s. w.

تكبرلى Relat. abstr. تكبرلو Relat. concr.

t تكبرلنمك TEKEBBURLENMEK. Vb. intr., = تكبر ايتمك

a تكبير TEKBÎR. [كبر II.] Sbst. تعظيم ايلمك *action d'élever, de proclamer grand, de révérer Dieu; répétition des mots* ALLAH AKBAR. | Grossnennung, Erhebung, Hochpreisung Gottes, Wiederholung der Worte الله اكبر. — Gramm. *la forme primitive d'un nom, en opposition à la forme diminutive.* | die nicht verkleinerte Form eines Wortes, [Gegentheil v. تصغير]

p تكتاز TEK-TÂZ. Adj. u. Sbst. *qui court vite; hâte, précipitation.* schnell laufen, schneller Lauf, Eile.

a تكتيب TEKTÎB. [كتب II.] Sbst. 1. يازدرمق *action de faire écrire, de laisser écrire, d'enseigner à écrire.* | Schreiben lassen; Schreiben lehren. — 2. [Denom. von كتيبه] عسكر بولك بولك ايلمك *action de former des corps de troupes.* | Abtheilung oder Aufstellung eines Heeres in einzelnen Haufen.

a تكتيع TEKTÎ'. [كتع II.] Sbst. تكه تكه ايلمك توغرامق *action de couper, mettre en morceaux.* | Zerschneiden, Zerlegung in Stücke.

a تكثر TEKESSUR. [كثر V.] Refl. v. تكثير

a تكثف TEKESSUF. [كثف V.] Refl. v. تكثيف

a تكثير TEKSÎR. [كثر II.] Sbst. چوغالتمق *action d'augmenter, de multiplier.* Vermehrung.

a تكثيف TEKSÎF. [كثف II.] Sbst. صيقلشدرمق . كثيف قيلمق *action de condenser, d'épaissir; condensation.* | Verdickung, Verdichtung, dicht und fest machen.

a تكحل TEKEHHUL. [كحل V.] Refl. des Folgenden.

a تكحيل TEKHÎL. [كحل II.] Sbst. سورمه سورمك *action de mettre du collyre aux yeux de q. qn. ou aux siens.* | Bestreichung der Augen mit KOHL (einem andern oder sich selbst).

a تكدر TEKEDDUR. [كدر V.] Refl. v. تكدير

a تكديح TEKDÎH. [كدح II.] Sbst. يوزى طرمالمق *action d'égratigner (la figure), de rendre laid.* | das Gesicht oder die Oberfläche zerkratzen, hässlich machen; Verunstaltung.

a تكديد TEKDÎD. [كد II.] Sbst. طرد ايلمك شديد ايله قوغمق *action de repousser, de chasser.* | Forttreiben, Verjagen.

a تكدير TEKDÎR. [كدر II.] Sbst. آزارلمق . بولاندرمق . كدرلندرمك *action de troubler (au propre); action d'affliger, de chagriner, d'attrister, de fâcher; trouble, offense, injure.* | Trübung (z. B. des Wassers); Betrübung, Beleidigung.

a تكذيب TEKZÎB. [كذب II.] Sbst. يلانجى چيقارمق *action de démentir; démenti.* | Lügen strafen, gerade zu widersprechen.

t تكر TEKIR. Tahrif. v. تكفور s. d.

t تكر TEKER. Sbst., = تكرلك *p* چرخ *roue.* | Rad. تكر مكر ايلمك TEKER MEKER ETMEK. = يووارلامق *rouler; jeter q. qn. en bas de l'escalier.* | wälzen, umwälzen, überstürzen; einen die Treppe hinabwerfen, zum Hause hinausjagen.

t o تكر TÜKER, Sbst. LT. آسپ سى بيشقلى *Pferd mit einer Blässe auf der Stirn.*

a تكرار TEKRÂR. [كر II.] Sbst., = تكرير . بر دخى ايلمك *action de répéter; répétition.* | Wiederholung. — Adv. *de nouveau, encore une fois.* | nochmals, wieder, noch einmal. تكرار ديمك noch einmal sagen. تكرار اولنمك sich zum zweiten Male verheirathen. تكرار نشانلو noch einmal zeichnen. تكرار بتكرار ايلمك wieder und immer wieder, in einem fort.

t تكرارلمق TEKRARLAMAK u. تكرارلمك Vb. act. Aor. تكرارلار TEKRARLAR, = TEKRÂR ETMEK. *répéter, réitérer, refaire.* | wiederholen, noch einmal thun, wieder machen.

a تكرر TEKERRUR. [كر V.] Sbst. تكرار اولمق Refl. v. تكرار *action de se répéter.* | das sich wiederholen, Wiederkehr, Wiederholung des Gesagten. تكرر كلام *redite.* | Wiederholung des Gesagten. — Rhet. *répétition du même mot.* | Wiederholung eines und desselben Wortes.

p تكرك TEGERG. Sbst. *t* طولو *grêle.* | Hagel. تكرك يارمق hageln.

t تكرلك TEKERLEK. Sbst., = تكر *roue.* | Rad. تكرلك اسلوبى *ornières.* | Geleise. تكرلكجه ايكى تكرلكلى *à deux roues.* | zweirädrig. تكرلكجه TEKERLEKCE. *rond.* | rund.

t تكرلمك TEKERLEMEK. Vb. intr. u. act. *rouler.* | rollen, wälzen. — Deriv. تكرلنمك TEKERLENMEK Vb. refl. pass. Aor. تكرلنور TEKERLENIR. *se rouler, se tourner, être roulé, rouler de haut en bas; dégringoler, tourbillonner (dans les airs, p. ex. les nuages, un oiseau, etc.)* | sich um sich selbst drehen, sich wälzen, über und überstürzen, überpurzeln, herabrollen, = *a* تدحرج; sich im Kreise drehen, kreisen [wie der Vogel oder die Wolke in der Luft, = *a* تكركر Kam.]

a تكرّه TEKERRÜH. [كره V.] Sbst. *répugnance qu'on a pour q. ch.* | Widerwillen, Ekel vor etwas.

t تكري TAÑRY. (alt) Sbst. *ciel; Dieu.* | der Himmel, Gott. [verwandt mit تنكري] تكري دوجكي Name eines Insects, Assel. Kam. s. v. قرقجه. — Rel. abstr. تكريلك *déité, divinité.* | Gottheit, = الوهيت

a تكرير TEKRIR. [كرّ II.] Sbst. = تكرار *répétition.* | Wiederholung.

a تكريم TEKRIM. [كرم II.] Sbst. حرمت و تعظيم ايله *action d'honorer, de vénérer, honneur ou respect qu'on témoigne.* | Ehrenerweisung, Ehrerbietung, ehrerbietige Begrüssung.

a تكريه TEKRIH. [كره II.] Sbst. كريه و ناخوش كوسترمك [Gegentheil von تحبيب] *action de rendre odieux, de rendre désagréable, de dégoûter q. qn. de q. ch.* | Bewirken des Missfallens, verhasst machen, einem eine Sache verleiden.

a تكسّب TEKESSÜB. [كسب V.] Sbst. قزانمق *action de chercher à gagner sa vie; travail.* | zu verdienen suchen; Arbeit um Broderwerb. Refl. v. تكسيب

a تكسّر TEKESSÜR. [كسر V.] Refl. v. تكسير

a تكسّل TEKESSÜL. [كسل V.] Sbst. بر خصوصك اجراسنده كوشك طوراملق *relâchement (dans l'exécution d'une affaire).* | Erschlaffung bei Betreibung eines Geschäfts.

t تكسنمك TIKSINMEK. Vb. intr. Aor. تكسنور TIKSINÜR. *avoir du dégoût.* | Widerwillen empfinden, sich ekeln vor etwas.

a تكسّى TEKESSI. [كسو V.] Sbst. كيمك كيمش اولمق *action de se vêtir de q. ch., être vêtu de q. ch.* | Bekleidung, Anlegung eines Kleidungsstückes, mit etwas bekleidet sein. Refl. v. تكسيه

a تكسيب TEKSIB. [كسب II.] Sbst. قزاندرمق *action de faire gagner, de donner à gagner, de faire acquérir q. ch.* | Verdienen lassen, Verdienst oder Arbeit geben, etwas erwerben lassen.

a تكسيه TEKSIJET. [كسو II.] Sbst. *action de vêtir (soi ou un autre).* | Bekleidung, ein Kleidungsstück anziehen (sich oder einem andern). vgl. تكسّى

a تكسير TEKSIR. [كسر II.] Sbst. پاره پاره ايله *action de rompre, de casser, de mettre en pièces.* | Zerbrechen, in Stücken zerschlagen.

a تكسيف TEKSIF. [كسف II.] Sbst. *action de fendre, de couper en plusieurs pièces.* | Zerspalten, in Stücke schneiden.

t o تكسين TEKSIN. N. pr. Name eines Stammvaters der Türken. SL. u. LT.

t o تكش TEKŠ. N. pr. Name eines Königs von Kharezm und Zeitgenossen Alparslans. SL.

t o تكشّف TEKEŠŠÜF. [كشف V.] Refl. v. تكشيف

t o تكشمشي TEKÊŠMÊŠI auch TIKIŠMÊŠI. تكشيمشي und تكشيمشي Sbst. SL. بمشكش كتورلمك وزمين بوسي معمولي اعزاز FW. در خدمت سلاطين و نوازش و التفات يافتن *action d'apporter des présents, de rendre hommage.* | Darbringung von Geschenken und Küssen des Fussbodens vor dem Herrscher, Huldigung.

a تكشيف TEKŠIF. [كشف II.] Sbst. *action de découvrir, de révéler, de montrer, de déclarer; révélation.* | Enthüllung, klare Darlegung, Erklärung, Offenbarung.

a تكفّف TEKEFFÜF. [كفّ V.] Sbst. دلنجيلك ايله *action de tendre la main (pour recevoir q ch.), action de mendier.* | Ausstrecken der Hand um etwas zu empfangen, Betteln.

a تكفّل TEKEFFÜL. [Denom. v. كفيل] Sbst. برينه كفيل اولمق *action de répondre pour q. qn., de garantir à q. qn. q. ch., de prendre q. ch. sur soi.* | Eintreten für Jemand, Gutsein für etwas, dafür stehen, Gewährleistung, Bürgschaft. vgl. تكفيل

t تكفور TEKFÜR. Sbst. (Verstümmelung von *Νικήφορος*) vulg. تكور TEKÜR und تكر TEKIR. *empereur (du bas empire), prince, roi, gouverneur de province, commandant d'une forteresse.* | bei den Geschichtsschreibern: der oströmische Kaiser; Fürst, König; Statthalter einer Provinz, Commandant einer Festung. استنبول تكفورلري die Kaiser von Constantinopel. تكفورچايري die Kaiser-Au (Name einer Ebene in Bithynien). تكفور بالغي vulg. تكر بالغي oder kurz تكر *mulet de mer.* | (Kaiserfisch) Meeräsche, Barbe. تكفور طاغي oder تكور طاغي (Kaiserberg) Rodosto (Stadt am Marmorameer.)

a تكفير TEKFIR. 1. [كفر II.] Sbst. كفارت ويرمك ، ستر ايله ، اورتمك *action de couvrir, de racheter un péché par un acte méritoire, expiation.* | Verdeckung, Verhüllung, Verdeckung einer Sünde durch eine gute Handlung, d. i. Sühne; Entsündigung einer Person. (Theol.) — 2. [Denom. v. اكفر] *action d'accuser q. qn. d'incrédulité, d'appeler q. qn. incrédule ou infidèle.* | Beschuldigung des Unglaubens, Jemanden einen Ungläubigen schelten.

a تكفيل TEKFIL. [Denom. v. كفيل] Sbst. *action de constituer q. qn. garant de q. ch.; action de se porter garant, se charger de l'entretien de q. qn.* | Bürgestellung, einen für etwas Gewähr leisten lassen; Gewährleistung für einen andern, Sorge für Jemandes Unterhalt, = تكفّل

a تكفين TEKFIN. [Denom. v. كفن] Sbst. ميته كفن صارمق *action d'envelopper un mort dans un linceul, d'ensevelir.* | Einhüllung des Todten in das Leichentuch, Bestattung.

t تكلتى TEGELTI oder تكلتو, vulg. TELTI Sbst. *courroie à la partie postérieure de la selle; coussin qu'on place sous la selle.* | Riemen am hintern Theile des Sattels mit dem der Mantel u. dgl. festgeschnallt wird; Sattelkissen, Sattelunterlage.

a تكلّف TEKELLÜF. [كلف V.] Sbst. زحمت چكمك vgl. تكليف *action de se charger d'une tâche difficile, de se donner de la peine, de dissimuler; peine, forme étudiée, incommodité, cérémonial ou usage des cérémonies entre des particuliers.* | Uebernahme eines schwierigen Geschäfts, Mühe die man sich giebt; Verstellung; Schwierigkeit die man sich selbst macht, Förmlichkeit, Umstände mit Jemand (z. B. mit einem Gaste); sich in Unkosten setzen (für einen andern); gesuchte oder künstliche Erklärung oder Deutung einer Schriftstelle. بى تكلّف *sans cérémonie, librement, brusquement, délibérément, sans égard.* | ohne Umstände, ohne Umschweif, gerade heraus; unbedachtsam. تكلّف اظهار ايله *faire des cérémonies, faire des difficultés.* | Schwierigkeiten oder Umstände machen. — Pl. تكلّفات TEKELLÜFÂT. تكلّفات رسميه‌دن حظّ ايتمز er ist kein Freund von grossen Umständen. Rel. concr. تكلّفلو Adj. *somptueux.* | kostbar. بر تكلّفلو ضيافت *un repas d'apparat.* | ein kostbares Gelage.

a تكلفه TEKLIFE. Sbst. *ouvrage pénible que l'on s'impose à soi-même; charge.* | schwieriges Werk das man übernimmt, Last die man sich auferlegt.

a تكلّم TEKELLÜM. [كلم V.] Sbst. سوز سويلمك *action de parler, conversation.* | das Sprechen, Gespräch.

t o تكلو N. pr. LT. تلم اليوسى ازتورلنلش

a تكليف TEKLIF. [كلف II.] Sbst. *action d'imposer à q. qn. q. ch.; ouvrage pénible, charge, commission, cérémonie, dépenses, frais.* | Belastung, Aufbürdung, schwere Aufgabe; Vorschlag, Anerbieten, Ceremonieen, Umstände (die man einem macht oder einen andern machen lässt); Unkosten, in die man sich setzt. Als Concret. *imposition, droits.* | Auflage, Steuer. Pl. تكاليف TEKÂLIF. — تكليف عرفيه willkührliche oder aussergewöhnliche Auflage. خلاف تكليف übermässige Forderung, unbilliges Verlangen. دوستلر ارا سنده تكليف يوق unter Freunden keine Umstände. — ETMEK. *imposer à q. qn. (un devoir, etc), engager, exiger, proposer, offrir.* | einem etwas auferlegen (als Pflicht u. s. w.), etwas von Jemand verlangen, einem ein Anerbieten oder einen Vorschlag machen. تكليف وزارت ايلدى er übertrug (einem) die Würde des Vezir oder bot ihm das Vezirat an. تكليف انقياد ايلدى er verlangte Unterwerfung. — تكليفسز *sans cérémonies.* | ohne Umstände.

a تكليل TEKLIL. [Denom. v. اكليل] Sbst. تاج كيدرمك *action de couronner de fleurs, d'entourer de joyaux, etc.* | Bekränzung, Umkränzung (mit Blumen, Juwelen u. dgl.).

t o تكمك 1. Vb. act., = t تكمك LT. ايوختمق *attacher.* | anheften. 2. Vb. intr., =

دکمه LT. خاموش شدن *se taire, se calmer.* | schweigen, sich beruhigen.

a تکمّل TEKEMMÜL. [کمل V.] Refl. v. تکمیل

a تکمله TEKMILET. [کمل] Sbst., = طونلدرمق, تتمّه, تکمیل *action d'achever, de finir, de compléter; complément.* | Vollendung, Ergänzung. تکمله مبلغ der Rest, Ergänzung der Summe.

a تکمّم TEKEMMÜM. [کمّ V.] Sbst. اورتلوب بورنمه *état d'être couvert, action de se couvrir.* | Bedeckung.

a تکمّن TEKEMMÜN. [کمن V.] Sbst. پوصویه کیرمك, کیزلنمك *action de s'embusquer.* Auflauerung, im Hinterhalt liegen.

t تکمه TEKME. Sbst. *coup de pied, ruade.* | Fusstritt. تکمه آتمق einen Fusstritt geben; ausschlagen.

p t تکمه TÜKME. vulg. DÜJME. Sbst. *bouton (d'habit), nœud (d'un bâton).* | Knopf (an einem Kleide, einem Stocke u. dgl.), Knoten. سیم تکمه ein silberner Knopf. داغلامق تکمه‌سی *bouton de feu.* Brenneisen (der Chirurgen). — Demin. تکمه‌جك Knöpfchen; ein kleiner Knochen in der Rippenhöhle. Kam. s. v. الزرّ — تکمه‌جی TÜKMEJI *boutonnier.* | Knopfmacher. Rel. concr. تکمه‌لو *noueux.* | knotig. دوز اولمیوب تکمه‌لو اولان دکنك ein nicht glatter, knotiger Stock.

t تکمه‌لمك TÜKMELEMEK. vulg. DÜJMELEMEK. Vb. act., = ایلیکلمك *boutonner (un habit).* | knöpfen.

a تکمیل TEKMIL. [کمل II.] Sbst. تمام و کامل قیلمق *action de compléter, d'achever; achèvement, perfectionnement, terminaison.* | Vervollständigung, Ergänzung, Vollendung, Beendigung. Rhetor. *phrase incidente.* | eingeschobener Satz.

a تکمین TEKMIN. [کمن II.] Sbst. پوصویه اوتورتمق, پوصو قورمق *action de dresser des embûches.* | Auflauerung, in Hinterhalt legen, eine Falle stellen.

a تکمیه TEKMIJET. [کمی II.] Sbst. *action de cacher.* | Verbergung, Verhehlung.

t o تکن TIKEN. LT. تیکن = خار

p تکنك TEKNED. Sbst. طاوق کومسی *poulailler.* | Hühnerstall.

a تکنّف TEKENNÜF. [کنف V.] Refl. v. تکنیف

t o تکنه TEKNE. Sbst. *fichu de tête blanc des femmes.* | weisses Kopftuch der Frauen. SL.

t تکنه TEKNE. Sbst. *baquet, cuve; corps d'instrument à cordes; corps de navire; navire.* | Kübel, Zuber, Trog (von Holz, Thon, Stein u. s. w.); Waschtrog, Backtrog; Bauch eines Saiteninstruments; Schiffsrumpf; Schiff.

a تکنیه TEKNIJET. [Denom. v. کنیه] Sbst. کنیه وضع ایتمك *action de donner à q. qn. un surnom composé avec le mot „père" ou „mère".* | Beilegung eines Beinamens mit „Vater ابو" oder „Mutter ام".

a تکنیف TEKNIF. [کنف II.] Sbst. بر قسمه نسنه اطرافنی چویروب قوشتمق *action d'entourer, d'environner.* | Umringung, Umgebung.

a تکنین TEKNIN. [کنّ II.] Sbst., = اکنان und استنان *action de couvrir, de cacher, de dérober; de se cacher.* | Verbergung, Verhehlung; sich verbergen, im Geheimen thun.

t o تیکورمك s. تکورمك

t o تیکیرمك s. تکورمك

a تکوّن TEKEWWÜN. [کون V.] Sbst. وجوده کلمك, موجود اولمق, وار اولمق Refl. v. تکوین *action d'entrer dans l'existence, se former, devenir, paraître; existence.* | zum Sein gelangen, Werden, Form erlangen, sich bilden, zum Vorschein kommen, in die Erscheinung treten, Existenz.

a تکویر TEKWIR. [کور II.] Sbst. عمامه صارمق, باشه صارمق *action d'envelopper la tête avec le turban.* | den Turban um den Kopf binden.

a تکویم TEKWIM. [کوم II.] Sbst. بیغمق *action d'accumuler, d'entasser.* | Aufhäufung, über einander häufen. دینار بر دینار جمع و تکویم ایلمك Groschen auf Groschen zusammenlegen.

a تکوین TEKWIN. [کون II.] Sbst. وار قیلمق, موجود ایتمك, وار ایتمك *action de faire exister, de donner l'existence, de créer, de former; création.* | das zum Sein bringen, entstehen lassen, erschaffen, bilden; Schöpfung.

a تکوینی TEKWINIJ. Adj. *existant, créé.* | existirend, erschaffen.

p t تکه TEKE auch تکّه TIKKE. (LT.) u. تکا Sbst. 1. *bouc.* | Ziegenbock. تکه صقالی Bocksbart [Name einer Pflanze. *a* لحیة التیس]. *p* *o* [ریش بز] 2. *crabe. (?)* | Krabbe (*locusta marina*). (?). 3. N. pr. Name eines türkischen Stammes.

p تکه TEKE. u. تیکه TIKE. Sbst. 1. لقمه [SL. بفارسی جلد دفتر و سرکین و اشتلی آن که بلاست بهی ساخته خشك کنند و بند کوچك] *bouchée, morceau.* | Bissen, Stück, insbes. ein flaches Stück. تیکه تیکه, — کسمك, طوغرامق, — ایتمك — in Bissen zertheilen, in Stücken zerschneiden, Stück für Stück abschneiden. = تکه تع *a* پارچه پارچه

t تکا [Tahrif. v. *a* تکیه] u. تکیه s. تکه‌لو

t تکه‌لك TEKELIK. Sbst. *qualité de bouc.* | Bockheit. تکه‌لك = تکه‌لك صفتی

t تکه‌لنمك TEKELENMEK. Vb. intr. *se faire ou se présenter comme un bouc.* | sich als Bock zeigen; die Ziege bespringen [Kam. s. v. التیاب]; sich wie ein Bock gebehrden [von der Ziege. Kam. s. v. الاستتیاس]

a تکهّن TEKEHHÜN. [کهن V.] u. تکهین TEKHIN. [کهن II.] Sbst. کاهنلك ایلمك *action de se faire devin, de prédire l'avenir.* | das Wahrsagen, Prophezeien. تکهّنات TEKEHHÜNÂT. Prophezeihungen.

p تکی TEKI. Sbst. s. تکه *course.* | Lauf.

p تکیدن TEKIDEN. [Rad. تك] Vb. act. یلوب یوکورمك, سکیرتمك *courir, courir çà et là.* | laufen, hin und her laufen.

a p تکیه TEKJE. [Rad. وکی] Sbst. *action de s'appuyer.* | das sich aufstützen. — ETMEK u. KERDEN, = تکیه‌لنمك *s'appuyer, se reposer, se confier, se fier.* | sich auf etwas stützen, ruhen; auf etwas vertrauen, seine Zuversicht auf etwas setzen. — als Concr. vulg. تکه TEKKE. *place de repos, coussin; asile, couvent de derviches.* | Ruheort, Kissen; Zufluchtsstätte; Derwischkloster oder Herberge. تکیه‌دار پهلوان تکیه‌سی Fechterschule. تکیه‌دار oder تکیه‌نشین *moine, derviche.* | Mönch, Derwisch. تکیه‌کاه *place de repos.* | Ruheort. Rel. concr. تکیه‌لو oder تکه‌لو *claustral; moine.* | klösterlich; Mönch.

t تل TEL. Sbst. *fil, brin, filet, fil de fer, fil de laiton, etc., caret; plume, plumet, panache.* | Faser, Faden, Kabelgarn, Draht, Drahtsaite; Feder, Federbusch, (Straussenfeder oder Reiherfeder). آلتون تللر *fils d'or.* | Goldfäden. — تلجی TELGI. *fabricant de fils de métal ou de plumets.* | Drahtzieher; Federschmücker. Rel. concr. تللو TELLÜ. *broché, entrelacé de fils d'or ou de clinquant; panaché.* | mit Fäden (Goldfäden u. dgl.) durchzogen oder durchwirkt, mit Metallsaiten bezogen (z. B. ein musik. Instrument); mit Federbusch geschmückt.

t o تل TIL. Sbst., = دل LT. زبان *langue, langage.* | Zunge, Sprache.

t تلاتین TELATIN. Sbst. بلغار *cuir de Russie.* | Juchtenleder.

p تلاغ TELÂG u. تلاج Sbst. غوغا SL. *son, voix, bruit, clameur, tumulte.* | Laut, Stimme, Geräusch, grosses Geschrei, Lärm, Tumult. vgl. تلاش

t o تلاغ TALÂG u. تلاج Sbst. u. Adj. SL. چشم بزرك و شهلا *œil grand ou fixe; louche.* | grosses und stieres Auge; schielängig.

a تلاحق TELÂHUK. [لحق VI.] Sbst. اردی صره کلمك, تعقب, تسلسل *action de venir les uns à la suite des autres, suivre; suite.* | Folge, in ununterbrochener Reihe auf einanderfolgen.

a تلاد TILÂD. [Rad. ولد] Sbst. (collectiv.) *bestiaux ou esclaves nés dans la maison, biens héréditaires.* | im Hause geborne Sclaven oder Vieh; ererbtes Gut.

t تلاس TALAS oder تلاش Sbst. (collectiv.) دوکر یونقه‌سی *sciure, éclat de bois.* | Späne, Splitter.

t تلاش TELÂŠ. Sbst. [vgl. تلاغ und تلاج] *fracas, tumulte, embarras, inquiétude, vive émotion.* | Lärm, Anstrengung, Unruhe, Angst, Gemüthsbewegung, Aufregung. (Redh.: a fuss, a hurry). — ETMEK u. — KERDEN. *s'embarrasser, se soucier de q. ch., se donner beaucoup de mal pour q. ch., chercher.* | sich Sorge machen um etwas, unruhig, ängstlich sein; viel Wesens um eine Sache machen. (Redhouse: to make a fuss, be alarmed), sorgfältig suchen, überhaupt: suchen. تلاش ایتمك

تلاشى ايدر er macht sich Sorge um die geringste Kleinigkeit. زحمت و تلاش ايته mache Dir keine Sorge. تلاشندن فرار ايدر in seiner Angst ergreift er die Flucht.

t o تلاشمق s. تلاشيق

p تلاشى TELAŠI. Sbst. [persisches Abstract. v. تلاش] , اضطراب . شوريدهلك *inquiétude, dérangement, confusion.* | Unruhe, Zerstörung, Verwirrung. تلاشى اورمق *causer de l'inquiétude.* | beunruhigen.

a تلاشى TELÂŠI. [لشى VI.] Denom. v. لا شى Sbst. *état d'être réduit à rien, perdre son rang, etc.* | zu Nichts werden, seinen Rang, Ehre u. s. w. verlieren.

p تلاشى TELAŠI. Sbst. بوكرتلن *ronce.* | Brombeerstrauch. LI.

a تلاصق TELASUK. [لصق VI.] Sbst. بربرينه يپشمق اولمق *état d'être collé l'un à l'autre.* | aneinander kleben, fest zusammenhängen.

a تلاطف TELÂTUF. [لطف VI.] Sbst. *action de simuler la bienveillance.* | sich wohlwollend oder freundlich stellen, sich freundlich benehmen. vgl. تلطف

a تلاطم TELÂTUM. [لطم VI.] Sbst. *action de se souffleter l'un l'autre; agitation des vagues, choc des flots.* | einander ohrfeigen; das Aneinanderschlagen der Wellen. تلاطم بحر مواج , Brandung des Meeres.

a تلاعب TELÂ'UB. [لعب VI.] Sbst. اوينلشمق . اوينشمق *action de jouer, de jouer ensemble.* | mit einander spielen.

t o تلاغ s. طولاغى

a تلافى TELÂFI. [لفى VI.] Sbst. تدارك *action de chercher à regagner, rattraper, réparer (une perte, du temps perdu, etc.); réparation* | das wiedereinzuholen oder zu ersetzen suchen (einen Verlust, verlorene Zeit oder Gegenheit); Ersatz. تلافى تقصير ايچون um den Fehler wieder gut zu machen. تلافى ما فات ايتمك den Verlust ersetzen.

a تلاقى TELÂKI u. تلاق TELÂK. [لقى VI.] Sbst. بربرينه قارشو كلوب كورشمك و بولشمق *action de se rencontrer; rencontre mutuelle; action d'accueillir, de recevoir q. qn.* | gegenseitiges Entgegenkommen und sich treffen; Zusammenkunft, Begegnung; Aufnahme Jemandes. يوم التلاقى der Auferstehungstag (Tag der gegenseitigen Begegnung).

t o تلاك TELLAK. s. دلاك

t تلال TELLAL. s. دلال

a تلال TILÂL. Sbst. Pl. v. تل

a تلامذه TELÂMIZE u. تلاميذ TELÂMIZ. Sbst. Pl. v. تلميذ

t o تلامق TALAMAK u. تلامق s. تلامق u. f.

تلاوه v. تلاوم

a تلاوت TILÂWET. [Rad. تلى] Sbst. *lecture d'un livre, spéc. d'un livre sacré, du Coran.* Lesen eines Buches, insbes. eines heiligen Buches, Verbeugung beim Lesen des Koran. — ETMEK. *lire à haute voix, psalmodier.* | laut lesen, absingen (den Koran oder ein anderes Buch).

a تلاوم TELÂWUM. [لوم VI.] Sbst. برى برينه لوم ايتمه *action de s'adresser réciproquement des reproches; récrimination mutuelle.* | gegenseitiges Tadeln, einander Vorwerfen.

a تلاهى TELÂHI. [لهو VI.] Sbst. تلاعب , وقت كچورمك . اوينمق . اكلنمك *action de jouer, de s'amuser, de se divertir, de passer le temps.* | Spielen, sich unterhalten, sich belustigen, sich die Zeit vertreiben.

p تلايه TELÂJE und تلاوا TELÂWÂ. Tahrif v. طلايع *avant-postes.* | Vorposten.

t o تلبرمق LT. دلورمك s. ديوانه شدن

a تلبس TELEBBUS. [لبس V.] Sbst. برنسنه ، كيينمك . اورتنمك . مخلوط اولمق . آخره بيلاشوب ياپشمق *action de s'habiller, de se vêtir, de se couvrir de q. ch.; état d'être vêtu; état d'être mêlé dans q. ch.; action de se mêler, de s'ingérer dans une affaire; action de s'attacher.* | Bekleidung, sich bekleiden, bekleidet oder bedeckt sein; Einmischung; Anhaften, Anhängen.

a تلبيه TELBIJE. Sbst. *exclamation de la formule* LEBBEIKE *(pendant le pèlerinage).* | wiederholter Ausruf der Formel لبيك („Ich stehe zu Deinem Dienste", eine der vorgeschriebenen Ceremonieen bei der Wallfahrt).

a تلبيس TELBIS. [لبس II.] Sbst. آلداتمق ، مخلوط ايله مشتبه قيلمق . اورتمك فريب . مكر . تدليس *action de couvrir, de vêtir, de déguiser; fraude, ruse, intrigue, tromperie, fourberie, fausseté, confusion, illusion causée à q. qn.* | Bekleidung, Verhüllung, Verkleidung, Verhüllung der Wahrheit, falsche Darstellung, Täuschung, Verfälschung, Betrug, Falschheit, Schelmerei, List. — ETMEK. تلبيس ايتمك *tromper, falsifier.* | täuschen, fälschen. Rel. abstr. تلبيسلك Rel. concr. تلبيسلو

a تلثم TELESSUM und تلثيم TELSIM. [Denom. v. لثام] اورتمك ، اغزينه پيچه تاقمق *action d'appliquer q. ch. (p. ex. le voile) sur la bouche (pour le baiser); action de baiser, d'embrasser.* | den Schleier oder überhaupt eine Sache an den Mund bringen um es zu küssen; überh. küssen تلثم شفه ايتمك oder تلثيم فم ايتمك auf den Mund küssen.

t تلجى TELĞI s. تل

t o تلجى TILCI. Sbst. LT. جاسوس *espion.* | Kundschafter.

a تلجج TELEĞĞUĞ. [Denom. v. لجه] Sbst. صوبولنكلين يرينه طلمق *état d'être lancé en pleine mer, de se trouver en pleine mer.* | das sich auf offener See befinden.

a تلجيم TELĞIM. [Denom. v. لجام] Sbst. لجام اورمق ، دابيه ، گم اورمق *action de mettre le mors, de brider.* | Anlegung des Gebisses oder des Zaums.

a تلحيد TELHID. [Denom. v. لحد] Grabhöhle.] Sbst. لحده كومك . دفن ايتمك *action d'ensevelir dans une tombe.* | Beisetzung in einer Grabhöhle.

a تلحين TELHIN. [لحن II.] Sbst. نغمه وزكسى ايله اجراى مقام ايدرك اوقومق *action de lire en chantant, de psalmodier.* | Lesen mit singender Stimme, Absingen.

p تلخ TALH u. TELH. Adj. u. Sbst. آجى *amer; amertume.* bitter; Bitterkeit; im mystischen Sinne: das Elend dieser Welt. تلخاب *eau amère, salée, saumure; larme.* | Bitterwasser, Salzwasser; Thräne. تلخبار *dont le fruit est amer; fruit amère.* | bittere Frucht tragend; bittere oder wilde Frucht. تلخرو *austère.* | dessen Gesicht finster, ernst. تلخكام *qui a le palais (la bouche) amère.* | der den Mund bitter hat. تلخكو oder تلخگفتار *dont les paroles sont amères.* | der bitteres oder kränkende Reden führt. تلخمزاج *qui est de mauvaise humeur.* mürrisch, verdriesslich, übel gelaunt. تلختلخ *très-amer.* | sehr bitter. Rel. abstr. تلخلق u. تلخى Sbst. *amertume.* | Bitterkeit. تلخى چشيده der Bitteres gekostet, bittere Erfahrungen gemacht hat.

a تلخيص TELHIS. [لخص II.] Sbst. *action de résumer, de reprendre en peu de mots (un discours, etc.), de faire un rapport (au souverain); rapport que le ministre fait au souverain.* | Zusammenfassung in wenigen Worten (z. B. eines längeren Vortrags), Berichterstattung, Geschäftsvortrag; der tägliche Bericht über Staatsgeschäfte, welche der Vesir dem Sultan vorlegt. — تلخيصى *rapporteur, référendaire.* | Berichterstatter, Referendar, Schreiber und Ueberbringer des TELHIS.

t تلدرمق s. تلمق

a تلدين TELDIN. [لدن II.] Sbst. *action d'amollir, de rendre mou ou tendre.* Erweichung, Einweichung.

a تلذذ TELEZZUZ. [لذ V.] Sbst. *action de trouver goût, de prendre plaisir.* | Geschmack an einer Sache, Genuss, Ergötzen.

a تلزج TELEZZUĞ. [لزج V.] Sbst. يابشقمق ، و يمشاق اولمق *action de s'attacher, de se coller; état d'être visqueux, gluant, ductile* das sich ankleben; Klebrigkeit; Zähigkeit.

a تلصص TELESSUS. [لص V.] Sbst. خرسزلق ايتمك . چاپلق . سرقت ايتمك *action de voler, de se faire voleur.* | Rauben, Stehlen, Räuberei, Strassenraub.

a تلطط TELATTUT. [لط V.] Sbst. حقى كيزلمك . انكار ايتمك *action de nier, de cacher la vérité.* | Läugnen, Verhehlung der Wahrheit.

a تلطف TELATTUF. [لطف V.] Sbst. بر كيشى رفق و سهولتله نزاكتله ايشلمك *action de traiter avec douceur, avec bienveillance; douceur et amabilité dans les rapports avec les autres.* | Wohlwollen, Güte, Gefälligkeit, Gunstbezeugung, Liebkosung, freundliche Begegnung, gute Behandlung. Pl. تلطفات *caresses, cajoleries.* | Liebkosungen. تلطفا Adv. TELATTUFEN. *par faveur.* | aus Gunst.

a تلطیخ TELTÎH. [لطخ II.] Sbst. مردارلق ، ملاشدرمق *action de souiller, de salir, de barbouiller.* | Besudelung, Verunreinigung, Beschmutzung.

a تلطیف TELTÎF. [لطف II.] Sbst. *action d'adoucir, d'amollir, de rendre plus tendre; marque de faveur.* | Milderung, Erweichung; Milde gegen Andere, freundliches und herablassendes Benehmen des Höheren gegen den Niederen, Gunstbezeugung.

a تلعاب TEL'ÂB. 1. [لعب II.] Sbst. = تلعیب *jeu, divertissement.* | Spiel, Zeitvertreib. 2. als Concr. *qui aime à jouer.* | einer der gern spielt.

a تلعّب TELA''UB. [لعب V.] u. تلعیب TAL'ÎB. [لعب II.] Sbst. اوینامق *action de jouer, de s'amuser; divertissement.* | Spiel, Zeitvertreib, Belustigung.

a تلعین TEL'ÎN. [Denom. v. ملعون] Sbst. = تعذیب *action de damner, de punir, de châtier (se dit de Dieu).* einen zum Gegenstande des Fluches oder der Verdammung machen (von Gott), göttliche Verdammung, Strafe.

to تلغك Sbst. *sorte de vêtement.* Benennung eines Kleidungsstückes. Abulg. S. 124. برکمه تلغك رجبکمن کیمدی

fr. تلغراف TELEGRAF. Sbst. Telegraph.

to تلفشمق u. Deriv. s. تونشمق

a تلف TELEF. Sbst. *perte, ruine; dissipation.* | Zugrunderichtung, Verderben, Verschwendung, Vergeudung (des Geldes, der Zeit u. s. w.). — ETMEK. *perdre, ruiner, tuer q. qn.; dissiper (ses biens).* | zu Grunde richten, umbringen, verschwenden. — OLMAK. *périr.* | umkommen, zu Grunde gehen.

a تلفّت TELEFFÜT. [لفت V.] Sbst. بر کسنه یه شویله یوزینی چویرمك *action de tourner le visage du côté de q. qn. ou de q. ch., de se tourner vers q. ch.* | Hinwenden des Gesichts (nach einer Person oder Sache), sich auf etwas zu wenden.

a تلفّظ TELEFFUZ. [لفظ V.] Sbst. سوز سویلمك *action de prononcer; prononciation, articulation.* | das Aussprechen; Aussprache.

a تلفّف TELEFFÜF. [لفّ V.] Refl. des Folgdn.

a تلفیف TELFÎF. [لفّ II.] Sbst. صارمق ، اورتمك ، بورومك *action d'envelopper, de couvrir.* Einhüllung, Bedeckung.

a تلفیق TELFÎK. [لفق II.] Sbst. شی برییره کتورمك ، جمع ایتمك *action de rassembler, de réunir dans un lieu; action de rapiécer, de rapetasser.* | Zusammenbringen an einen Ort; Zusammenfügung, Zusammenflicken. بر جامه تلفیق شقه ایتمك ein Kleid zusammenflicken.

a تلقا TILKÂ [Rad. لقی] Sbst. *p* دیدار *rencontre.* | Zusammentreffen, Begegnung [= تلاقی] — als Präpos. *en face de.* | gegenüber. تلقاسندن *de la part de . . .* | von Seiten . . .

a تلقّف TELAKKUF. [لقف V.] u. تلقیف TELKÎF. [لقف II.] Sbst. تعجیل تعجیل دوتمق *action de saisir (également par l'esprit).* | schnelles Fassen, auffassen (auch geistig: schnell fassen, verstehen), aufschnappen, verschlingen.

a تلقّم TELAKKUM. [لقم V.] Sbst. *glouglou (bruit de l'eau).* | Schluckern (des Wassers). — [Denom. von لقمه] لقمه لقمه اکل ایدوب دوتمق *action d'avaler bouchée par bouchée.* | schluckweise oder bissenweise verschlingen.

a تلقّن TELAKKUN. [لقن V.] Sbst. اوکرنمك ، آکلامق ، فهم و ادراك ایتمك *action de comprendre, de s'informer.* | in Erfahrung bringen, Erkundigung. Refl. von تلقین

a تلقّی TELAKKÎ. [لقی V.] Sbst. کورشمك *action de rencontrer; rencontre, réception, accueil.* | Zusammentreffen mit Jemand, Annahme, Aufnahme Jemandes. تلقی بالقبول ایتمك *faire un bon accueil.* gut aufnehmen. سوء تلقی *mauvais accueil.* | schlechte Aufnahme.

a تلقیب TELKÎB. [لقب II.] Sbst. لقبلمق ، لقب ویرمك *action de surnommer, de donner un surnom ou un titre.* | Benennung mit einem Beinamen, Beilegung eines Beinamens oder Titels.

a تلقیة TELKIJET. [لقی II.] Sbst. القا ، علاوه ایتمك *action de jeter q. ch. sur une autre, d'ajouter, d'additionner.* | zu etwas anderem werfen, zufügen, zugeben.

a تلقیح TELKÎH. [لقح II.] Sbst. آشیلمق *action de greffer, d'enter, d'inoculer.* | Pfropfung, Impfung, Oculierung. تلقیح جدری *vaccination.* | Blatternimpfung.

a تلقیم TELKÎM. [Denom. v. لقمه] Sbst. *action de faire prendre à q. qn. une bouchée d'aliments.* | einen Bissen zu essen geben.

a تلقین TELKÎN. [لقن II.] Sbst. آکلاتمق *p* فهماندن *action de faire comprendre, de faire entendre, d'instruire; information; instruction à un mort (cérémonie avant l'enterrement.* | Unterweisung (insbes. mündliche), Belehrung über eine Sache; die Unterweisung des Todten, eine Ceremonie welche bei dem Begräbnisse von dem MULEKKIN vollzogen wird. vgl. Lane: Manners and customs of the modern Egyptians. Cp. 28.

t تلك TELEK. Tahrif. v. دلاك

to تلك TILEK. Sbst. LT. مطلب و مراد *demande, désir.* | Verlangen, Wunsch. vgl. تلمك

to تلك TÜLEK. Sbst. LT. کوزلو کیزلو خنه *refuge, asile.* | Zuflucht, Asyl.

to تلکین TELKIN. Sbst. Sl. نوعی از عراده *sorte d'arme de guerre.* | eine Art Geschoss oder Kriegsmaschine.

to تلکو oder تلکی TILKI. Sbst. *renard.* | Fuchs. s. دلکی

t تللو TELLÜ. s. تل

to تلمّاجی Sbst. LT. دلال *crieur public.* | Ausrufer.

to تلمّاجی Sbst. LT. دلنجی = کدا *mendiant.* | Bettler. vgl. تلمك

to تلمّق Vb. act. LT. تاراج کیلمك *piller.* | plündern. vgl. تالامق

to تلمك Vb. act. LT. طلب ایلمك *demander.* | verlangen, bitten, = دلمك. — Deriv. تلمشمك Vb. caus. LT. طلب ایتدرمك

to تلمك u. تلمق LT. پرکوشمك ، پرشدمك Deriv. تلدرمك Vb. act. s. طولدرمق

a تلمیح TELMÎH. [لمح II.] Sbst. *allusion.* | Anspielung, kurze Andeutung eines bekannten Verses, Sprichworts u. dgl. (Rhetor.)

a تلمیذ TILMÎZ u. TELMÎZ. Sbst. شاکرد *écolier, étudiant, élève, disciple.* | Schüler, Student, Pflegebefohlener. Pl. تلامذه TELÂMIZE u. تلامیذ TELÂMÎZ.

p تلنده TELENDE. Sbst. LL. پلتك *bègue.* | Stammler.

to تلنمك N. pr. LT. نام کوسی از ازبك

to تلنمك LT. طلب ایلمك s. تلامق

to تلنمق Vb. intr. LT. آرامیدن *se reposer.* | ruhen.

a تلوّث TELEWWÜS. [لوث V.] Sbst. مردارلنمه بولشمق *action de se souiller, se salir; état d'être souillé.* | Beschmutzung, Besudelung, Befleckung. Refl. v. تلویث

a تلوّط TELAWWUT. [Denom. v. لوط] *action de se rendre coupable du crime de sodomie.* | sich der Sodomie schuldig machen.

t تلوم u. Deriv. s. طلوم

a تلوّن TELEWWÜN. [Denom. v. لون] Sbst. رنکلنمك *action de se colorer; changement de couleur; inconstance.* | sich färben; Farbenwechsel, Schillern der Farbe, Veränderlichkeit. تلوّن اخلاق Unbeständigkeit des Charakters. — Pl. تلوّنات TELEWWÜNÂT. *mutations, changements; vicissitudes.* | Veränderungen, Wechselfälle.

t تلوه TELWE. Sbst. *lie, sédiment.* | Hefe, Bodensatz. قهوه تلوسی *marc de café.* | Kaffeesatz. عین تلوه 'AIN-I TELWE. *la lie du peuple.* | Grundwesen der Hefe, d. i. Hefe des Volks.

a تلویة TELWIJET. [لوی II.] Sbst. چویرمك ، بوكمك *action de tordre.* | das Drehen, Krümmen.

a تلویث TELWÎS. [لوث II.] Sbst. بولاشدرمق *action de souiller, de salir, de barbouiller; souillure.* | Beschmutzung, Befleckung, Besudelung; Schmutz, Fleck. — Pl. تلویثات TELWÎSÂT.

a تلویح TELWÎH. [لوح II.] Sbst. *action de faire apparaître; action de blanchir les cheveux ou la barbe de q. qn.; action de fair briller; splendeur.* das erscheinen lassen; weiss färben (Jemandes Haar oder Bart); glänzen lassen; Andeutung; Glanz. Rhetor. eine Art Metonymie (v. Mehren, Rhet. d. Arab. S. 95 u. 96) Pl. تلویحات TELWÎHÂT. *additions aux notes marginales.* | Andeutungen, Erläuterungen zu den Glossen.

a تلویم TELWÎM. [لوم II.] Sbst. لوم ایتمك. *action de blâmer, de reprendre.* | Tadeln, Schelten.

a تلوین TELWÎN. [Denom. v. لون] Sbst. رنكلندرمه *action de colorer, de donner de la couleur, de donner à q. ch. des couleurs changeantes, diversifier, faire apparaître sous des formes diverses.* | Färbung, die Farbe wechseln lassen, unter verschiedener Gestalt erscheinen lassen. — Theol. suf. Darstellung des Absoluten in wechselnder Erscheinungsform.

a تلهّب TELEHHUB. [لهب V.] Sbst. علولنمه *action de brûler, de s'élever en flamme.* | das Lodern (des Feuers), in Brand gerathen. Refl. v. تلهیب

a تلهّف TELEHHUF. [لهف V.] Sbst. تأسّف, تحسّر *action de s'affliger d'une perte, regret, tristesse.* | Bedauern eines Verlustes, Traurigkeit. اظهار تلهّف ایتمك sein Bedauern zu erkennen geben. فلچوردیغی فرصتمی الچون تلهّف ایتمك bedauern, dass man sich eine günstige Gelegenheit entgehen liess.

a تلهّی TELEHHÎ. [لهو V.] Sbst. اویناشمق, اکلنمه وقت کچورمه *action de jouer, de se divertir, de passer le temps.* | Spielen, sich die Zeit vertreiben, sich belustigen. Refl. von تلهیه

a تلهیب TELHÎB. [لهب II.] Sbst. علولندرمه *action de faire brûler, de faire flamber le feu.* | zum Brennen oder zum Lodern bringen. Causat. v. تلهّب

a تلهیه TELHIJET. [لهو II.] Sbst. اکلندرمه, اوینتمق Causativ. v. تلهّی *action de distraire; distraction, divertissement, passe-temps.* Zerstreuung, Zeitvertreib. — Als Concret. *joujou.* | Spielzeug.

a تلید TELÎD. Sbst. = تلاد

a تلیّن TELEJJÜN. [لین V.] Sbst. *amollissement.* | Erweichung. Refl. d. Figdn.

a تلیین TELJÎN. [لین II.] Sbst. یومشتمق *action d'amollir, d'adoucir, d'alléger.* | Erweichung, Besänftigung, Linderung, Erleichterung. تلیین صوت Milderung der Stimme. تلیین الم Linderung des Schmerzes.

t تم TAM auch تمّ und تمه Sbst. قطره. LT u. SL. westtürk. طامله, طامله *goutte.* Tropfen. vgl. طمغون

a تمّ TEMM, TIMM, TUMM. Sbst. (Nom. actionis). *action de finir; fin, complément, perfection.* | Vollendung, Ende.

a تمّ TEMME. (3 Pf.) *c'est fini.* | es ist zu Ende; als Sbst. *fin d'un livre* | Ende eines Buches, **finis**.

a تماثل TEMÂSÜL. [مثل VI.] Sbst. *action de se ressembler, d'être égaux les uns aux autres, état d'être pairs ou égaux, égalité des nombres.* | das einander gleichen, Gleichheit, ohne Bruch in einander aufgehen (von Zahlen).

a تماثیل TEMÂSÎL. Sbst. Pl. v. تمثال

a تماجد TEMÂDJÜD. [مجد VI.] Sbst. *action de se disputer la gloire, l'honneur entre soi.* | einander den Ruhm streitig machen, Wetteifer um Ehre.

a تمادی TEMÂDÎ. [مدی VI.] Sbst. *action de se prolonger, de durer, continuer d'être, persévérer.* | sich lang machen, sich in die Länge ziehen; Dauer, Beharren.

a تمارض TEMÂRUZ. [مرض VI.] Sbst. *action de simuler une maladie, de faire le malade.* | sich krank stellen, Krankheit vorgeben.

a تمازح TEMÂZÜH. [مزح VI.] Sbst. شقالاشمه, برى برينه شقا ایتمك *action de plaisanter, de badiner les uns avec les autres.* | mit einander scherzen.

a تماسّ TEMÂSS. [مسّ VI.] Sbst. بربرینه طوقنمق *action de se toucher, être en contact.* | gegenseitige Berührung, aneinander stossen.

a تماسخ TEMÂSUH. [مسخ VI.] Sbst. Theol. *métempsychose (migration de l'âme du corps humain dans le corps d'un animal).* Seelenwanderung aus dem menschlichen in einen thierischen Körper (eine besondere Art des تناسخ)

a تماسك TEMÂSÜK. [مسك VI.] Sbst. برتوتوشمق, امساك ایتمك *action de se tenir, se saisir, action de se contenir, se maîtriser; continence.* | gegenseitiges ergreifen, halten; sich bändigen, Selbstbeherrschung, Enthaltsamkeit.

a تماشا TEMÂŠÂ, richtiger تماشی TEMÂŠÎ [مشی VI.] Sbst. نظر ایتمك, سیر, جنكلوق, تفرّج *action de se promener; d'aller à quelque spectacle; spectacle, promenade, divertissement.* | gehen um etwas zu sehen; Schau, Beschauen; Spaziergang, Ergötzlichkeit, Schauspiel. — ETMEK. *regarder q. ch.* | sich eine Sache ansehen. تماشای خوب *un beau spectacle* | ein schönes Schauspiel. تماشاجی TEMÂŠÂDŠI oder تماشاکر TEMÂŠÂGER. *spectateur.* Beschauer, Zuschauer. تماشاکری TEMÂŠÂGERÎ. Beschauung. تماشاکاه TEMÂŠÂ-GÂH. *lieu de spectacle, théâtre* | Schauplatz, Schauspielhaus. Rel. abstr. تماشالق TEMÂŠÂLYK. *chose digne d'être vue, spectacle, théâtre* | sehenswerthe Sache, Schaustück, Wunderding, Schauplatz.

a تمالك TEMÂLÜK. [ملك VI.] Sbst. کندو نفسنی ضبط ایتمك *action de se maîtriser, de se posséder.* | Selbstbeherrschung, seiner mächtig sein, sich bemeistern.

a تمام TEMÂM. Adj. u. Sbst. بتون *complet, entier; fini, achevé; complément, perfection.* | vollständig, ganz, vollendet, fertig; genau, richtig; Vollständigkeit, Ergänzung, Vollkommenheit. — Mathem. Complement einer trigonometrischen Grösse, des Zirkels, eines Winkels. تمام سنه das ganze Jahr. اوچ کون تمام drei ganze Tage. — ETMEK. *rendre complet, compléter, finir, achever.* | vollständig machen, ergänzen, fertig machen, vollenden. — als Interjection: *par exemple!* | gar! das ist arg! das muss ich gestehen! — تماماً TEMÂMEN und تماميله TEMÂMÎLE. Adv. *entièrement, totalement, complètement.* | ganz und gar, vollständig. — تمامی TEMÂMÎ. Adj. *entier, etc.* | ganz, u. s. w.

t تماملق TEMAMLYK u. *p* تمامی TEMÂMÎ. Sbst. *perfection, accomplissement.* Vollendung.

t تماملامق TEMAMLAMAK. Vb. act., = تمام ایتمك *compléter.* | vervollständigen, vollenden.

a تمامیت TEMÂMIJET. *état de perfection, intégrité.* | Vollendung, Vollständigkeit, Integrität.

a تمایل TEMÂJÜL. [میل VI.] Sbst. میل ایتمك, اکلمك *action d'incliner, avoir du penchant pour q. ch.; action de pencher (au neutre); inclination.* | Neigung (nach einer Seite). بر رأیه تمایل ایتمك sich einer Ansicht zuneigen. تمایل ایدن اغاج ein Baum der sich nach der Seite neigt.

a تمتّع TEMETTU'. [متع V.] Sbst. تصرّف, فائده لنمه Refl. d. Figdn. *action de jouir; abus, jouissance.* | Nutzung, Niessbrauch. Genuss. — ETMEK *jouir, tirer profit.* | sich eine Sache zu Nutze machen, Vortheil ziehen, geniessen. — Theol. *réunion du* حجّ *au* عمره | Vereinigung des Besuchs der heiligen Stätten mit der Wallfahrt.

a تمتیع TEMTÎ'. [متع II.] Sbst. فائده لندرمه, تصرّف ایتدرمه Caus. d. Vbgdn. *action de faire ou de laisser jouir q. qn. de q. ch., de donner en possession.* Vortheil oder Nutzen aus einer Sache ziehen lassen, den Niessbrauch einer Sache gewähren.

a تمتین TEMTÎN. [متن II.] Sbst. متانت ویرمك, قوتلندرمه *action de raffermir, de rendre ferme et solide, de consolider.* | Festigung.

a تمثال TEMSÂL. s. تمثیل

a تمثال TIMSÂL. Sbst. Pl. تماثیل *figure, modèle, exemple, ressemblance, image, effigie, statue.* | ähnliche Gestalt, Aehnlichkeit, Gestalt, Bild, Vorbild, Bildsäule, Götzenbild. تمثال کر *peintre, sculpteur.* | Maler, Bildhauer.

a تمثّل TEMESSÜL. [مثل V.] Refl. d. Figdn.

a تمثیل TEMSÎL u. تمثال TEMSÂL. [مثل II.] *action de rendre semblable, reproduction de q. ch., de manière qu'elle ressemble à une autre; assimilation, analogie, parabole; impression d'un livre.* | Aehnlichmachung, Verähnlichung, Gleichmachung; Vergleichung, Gleichniss; Vervielfältigung durch den Druck. — ETMEK. *comparer.* | vergleichen, durch Gleichnisse oder Beispiele erläutern. Pl. تمثیلات TEMSÎLÂT. *exemples, paraboles, similitudes.* | Beispiele, Aehnlichkeiten.

a تمجّد TEMEDJÜD. [مجد V.] Refl. von تمجید

a تمجس TEMEǦǦÜS. [Denom. v. مجوس] Sbst. آتش پرست اولمق *action d'embrasser le culte des Mages, c. à d. des adorateurs du feu.* | Magier, d. i. Feueranbeter sein oder werden.

a تمجيد TEMǦÎD. [مجد II.] Sbst. اولولمق . اوكمك *action de louer, de glorifier (Dieu), de célébrer, de solemniser; prière chantée à l'aube du jour au haut des minarets.* | das Loben, Rühmen, Lobpreisung (Gottes), Feiern (eines Festes); erster Morgengesang des MÜEZZIN. تمجيد وقتى frühe Morgenzeit. تمجيد يكى das erste Morgenfrühstück, = معمور

a تمدح TEMEDDÜḤ. [مدح V.] Refl. v. تمديح

a تمدد TEMEDDÜD. [مد V.] Refl. v. تمديد

a تمدن TEMEDDÜN. [Denom. v. مدينة] Sbst. *action de se fixer ou de s'établir dans une ville; état social policé; civilisation.* | Niederlassung in einer Stadt, Bildung einer städtischen Gemeinde, städtisches oder staatliches Gemeinwesen; Civilisation.

a تمديح TEMDÎḤ. [مدح II.] Sbst. مدح و ثنا ايلمك *action de louer, de vanter, de combler d'éloges.* | das Loben, Rühmen, mit Lob überhäufen.

a تمديد TEMDÎD. [مد II.] Sbst. اوزاتمق . اوزاتمق ، قيصقمق *action de prolonger, d'allonger, de tendre, de bander, de faire durer plus longtemps.* | Verlängerung, in die Länge ziehen (räumlich und zeitlich); straff ziehen, spannen.

a تمر TEMR u. TEMER, vulg. DEMIR. Sbst. Pl. تمور TÜMÛR, *datte (fruit).* | Dattel. تمر هند TEMR-HIND (DEMIR-HIND) oder تمر هندى *tamarin (fruit)* | Tamarindenfrucht, indische Dattel.

to تمر TEMIR oder تمور TEMÛR Sbst., = تمير *fer.* | Eisen.

a تمرد TEMERRÜD. [مرد V.] Sbst. عناد ايلمك *action de s'obstiner; obstination, opiniâtreté, désobéissance.* | sich widersetzen; Widersetzlichkeit, Halsstarrigkeit, Ungehorsam.

to تمرقزيق Sbst. سيارهٔ قطب *l'étoile polaire* | der Polarstern.

to تمرقه u. تمرقيه Sbst. *le Coran.* | Name des Koran.

t تمركى TEMREKI auch تمركو u. تمركى Sbst. *p* بيقوبى *a* قوبه *dartre.* | Flechte, Schwinde.

t تمرن TEMREN auch تمرين Sbst. [Genit. oft تمرنسنك] *fer de la flèche, pointe du dard, etc.* | die eiserne Spitze des Pfeiles, Wurfspiesses u. dgl. موراق تمرنى Lanzenspitze. تمرنسز اوق Bolzen ohne Spitze.

a تمريح TEMRÎḤ. [مرح II.] Sbst. يغلمق . يغ ايله سوريمك *action d'oindre; onction.* | Einreibung von Salbe oder Oel.

a تمرير TEMRÎR. [مر II.] Sbst. آجيتمق . *action de rendre amer.* | Verbitterung, bitter machen. بو يمش اغزى تمرير ايلر diese Frucht macht den Mund bitter.

t تمير TEMIR s. تمر

to تمزق s. تمزيق

to تمزليت TEMZILIET. [مزل II.] Sbst. مدح و ثنا ايتمك *action de louer, d'exalter.* | Loben, Preisen.

a تمزيج TEMZÎǦ. [مزج II.] Sbst. قارشدرمق *action de mêler, de mélanger.* | Mischung, Mengung.

a تمزيق TEMZÎḲ. [مزق II.] Sbst. ييرتمق . پارچه پارچه ايتمك *action de déchirer, de mettre en pièces, de calomnier.* | zerreissen; Lästerung. بركيمسه نك نام و شرفنه تمزيق ايتمك Jemandes guten Namen lästern.

a تمساح TIMSÂḤ. Sbst. Pl. تماسيح TEMÂSÎḤ. *crocodile.* | Krokodil, auch تمسح بالغى

a تمسح TEMESSÜḤ. [مسح V.] Sbst. سلنمك *action de se sécher, s'essuyer.* | sich abwischen (den Schmutz abwischen), Abtrocknung (nach dem Waschen).

a تمسخر TEMESḪUR. [Denom. v. مسخره] Sbst., — تمسخر *action de faire le bouffon, de se moquer, de rire aux dépens de q. qu.* | den lustigen Rath, Lustigmacher (Hofnarren) spielen; Verspottung, Auslachen.

a تمسك TEMESSÜK. [مسك V.] Sbst. بر نسنه يه قوى ياپشوب طوتمق *action de saisir q. ch., de s'emparer de q. ch.; acte obligatoire, reconnaissance (d'une dette).* | das Festhalten, Ergreifen; gerichtliche Anerkennung einer Schuld. — als Concret. Pl. تمسكات TEMESSÜKÂT, *billet obligatoire.* | Schuldverschreibung, schriftliches Versprechen. — EIDINMEK. *s'obliger par écrit.* | sich schriftlich verbindlich machen, unterschreiben. ابرا تمسكى *quittance.* | Quittung.

a تمسكن TEMESKÜN. [Denom. v. مسكين] Sbst. فقير اولمق *appauvrissement.* | Verarmung.

a تمشى TEMEŠŠÎ. [مشى V.] Sbst. ايشك ايلرولمك . مصلحتك يوريمك *avancement (d'une affaire).* | das Vorwärtskommen, Fortgang einer Sache. Refl. d. Figndu.

a تمشيت TEMŠÎIET. [مشى II.] Sbst. ايش ايلرولتمك . مصلحت يورتمك *action de faire marcher, de faire avancer les affaires.* | das Vorwärtsbringen, in Gang bringen, Förderung. خلقك امورينه تمشيت ويرمك die Angelegenheiten der Leute fördern.

a تمشيج TEMŠÎǦ. [مشج II.] Sbst. برى برينه قاتوب قارشدرمق *action de mixtionner.* | Untereinandermischung.

a تمشيط TEMŠÎṬ. [مشط II.] Sbst. طراقلمق *action de peigner.* | das Kämmen.

a تمضمض TEMAZMUZ. [مضمض II.] Sbst. صو ايله چالقيوب ينقامق *action de se rincer la bouche.* | sich den Mund ausspülen.

a تمطر TEMAṬṬUR. [مطر V.] Sbst. يغمور ياغمق *pleuvoir.* | das Regnen.

a تمطط TEMAṬṬUṬ. [مط V.] Sbst. كلامده درلو درلو سويلمك *action d'allonger un récit; prolixité du discours.* | Weitschweifigkeit (der Rede, einer Erzählung).

a تمعق TEMA'UḲ. [معق V.] = تعمق

p t تمغا TAMGA auch طمغا u. تمغا Sbst. بلو، نشان، مهر، داغ *marque, empreinte (faite avec un fer chaud), timbre, griffe, poinçon, coin, contrôle; cachet d'un prince, diplôme du souverain; droit de passage, plombs de douane.* | Marke, eingebranntes Zeichen (auf Pferden u. s. w.), Brandmal; Stempel, Prägezeichen, Gold und Silberstempel; Siegel des Fürsten, fürstliches Handschreiben [= آل تمغا]; Wegzoll, Durchgangszoll, Plombe. قيشون تمغا اورمق *plomber (une marchandise).* plombieren. تمغالو TAMGALY oder تمغا زده TAMGA-ZEDE *marqué, timbré.* | gestempelt. als Sbst. *or ou argent contrôlé* | gestempeltes Gold oder Silber. تمغاجى TAMGAǦY *marqueur; percepteur, douanier.* | Stempler, Zolleinnehmer.

t تمغالمق TAMGALAMAK auch تمغالمق u. طمغالمق Vb. act. تمغا قومق ، داغلمق *marquer, timbrer, stigmatiser, mettre le poinçon, contrôler.* | ein Zeichen eindrücken oder einbrennen, brandmarken, stempeln. — Deriv. تمغالنمق TAMGALANMAK. Vb. refl. pass.

to تمق TAMAK. Sbst. LT. حلق و كام *palais de la bouche, gosier.* | Gaumen, Schlund. = *p* تمغ

a تمكن TEMEKKÜN. [Denom. v. مكان] Sbst., = قدرت، توكل Refl. des Figndu. *action de s'établir, de fixer sa demeure; action de se rendre maître de q. ch.; puissance, pouvoir, autorité, influence; consistance; devenir ou être en état de faire q. ch.* | das sich fest setzen an einem Orte, seine Wohnung nehmen; sich zum Herrn einer Sache machen, Macht, Gewalt, Ansehen, Einfluss; Festigkeit; etwas zu thun im Stande sein oder in Stand gelangen.

a تمكين TEMKÎN. [Denom. v. مكان] Sbst. قدرت ويرمك . ايرلشدرمك *action d'établir, de faire résider, de rendre fixe, de fixer, de fonder, de donner consistance; action de rendre puissant, de donner le pouvoir de q. ch., mettre en état de faire q. ch.; puissance, autorité, dignité.* | das fest machen, Festigung, Gründung, Begründung; eine Stelle zur Wohnung geben; in Stand setzen etwas zu thun, Machtverleihung, einen zum Herrn einer Sache machen; Macht, Ansehen, Ehre, Würde. — Theol. Suf. die Einnahme eines festen Standpunktes auf dem Wege der Speculation [entgegengesetzt dem حال]. — تمكين راى ايتمك *fonder son opinion.* | seine Ansicht begründen. ارباب جاه و تمكين Herren in Amt und Würde, Leute von Einfluss. Rel. concr. تمكينلو TEMKINLI. تمكينلو صاحب ein vornehmer Herr.

gr. تمل TEMEL. (θεμέλιον) Sbst. اساس *fondement, base.* | Grund (eines Gebäudes). تمل ياپوسى *fondation* | Gründung, Grundlegung. تمل چقورى *fondation* | der gegrabene Grund. — براقمق — oder — قومق — *jeter ou poser les fondements.* | den Grund legen. Rel. concr. تمللو TEMELLI. *fondé, basé, ferme, durable, permanent.* | gegründet, fest, dauernd.

تمسز TEMELSIZ. *sans fondement; frivole.* | unbegründet, unbeständig, leichtfertig.

t تملمك TEMELLEMEK. (ungebräuchlich) — Deriv. I. تملشدرمك TEMELLEŠDIRMEK.

Vb. act., = تأسيس *fonder.* | gründen. — II تمللنمك TEMELLENMEK. Vb. refl. pass. *se fonder, être fondé, prendre racine.* | sich gründen, gegründet sein, wurzeln.

a تملّج TEMELLUǴ. [Denom. v. املج] Sbst. ملبج ملبج ايلمك *action d'approuver.* | Billigung, Beistimmung.

a تملّق TEMELLUK. [ملق V.] Sbst. يلتقلق *action de flatter, de flagorner, flatterie, caresse, adulation.* | Schmeichelei; Liebkosung.

a تملّك TEMELLÜK. [ملك V.] Sbst. Refl. v. تمليك

a تملّل TEMELLÜL. [Denom. v. ملّة] Sbst. برملتى قبول ايلمك *action d'embrasser une religion, de s'attacher à une doctrine.* | Annahme einer Lehre, Anhängen einer Religionspartei.

a تملئة TEMLIJET. [ملا II.] Sbst. طولدرمق *action de remplir, de rendre plein.* | Anfüllung, voll machen.

a تمليح TEMLIH 1. [Denom. v. ملح] طوزلو ايلمك *action de saler, de mettre trop de sel.* | Salzen, Einsalzung, Versalzung. — 2. [Denom. v. مليح] كوزل و ظريف شعر سويلمك *action de produire q. ch. de beau ou d'élégant (se dit d'un poëte).* | etwas Schönes (insbes. eine schöne Dichtung) hervorbringen.

a تمليس TEMLIS. [ملس II.] Sbst. دوزلتمك *action de lisser, de rendre lisse.* | Glättung, glatt machen.

a تمليك TEMLIK. [ملك II.] Sbst. متصرف مالك و صاحب قيلمق . قيمق *action de mettre en possession, de rendre q. qn. maître de q. ch., de donner en propriété; de réduire q. qn. sous l'obéissance d'un autre; don en propriété héréditaire; possession.* | Einsetzung in den Besitz einer Sache, Besitzgabe, Unterwerfung einer Person oder Sache unter die Gewalt Jemandes; Verleihung zu erblichem Besitz; Besitzthum, Erbgut.

a تمليكى TEMLIKI. Adj. *qui concerne la possession; donné en propriété; héréditaire.* | den Besitz betreffend; in Besitz gegeben; erblich.

a تمليكيّة TEMLIKIJET. Sbst. *hérédité, droit de succession.* | erblicher Besitz, Erbfolge, Erbrecht. *a* تمليكيت اوزره erblich, nach dem Rechte der Erbfolge.

t a تمّق TAMMAK. Vb. intr. چكيلمك Deriv. تموسق TAMYSMAK. [رائ معاجمه] تمّق IT. *s.* چكنقيلمك

p تمن TÜMEN. *s.* تومان

a تمنّا TEMENNÂ. auch تمنّى oder richtiger تمنّى (s. u.) Sbst. *manière de saluer en portant ses doigts aux lèvres et ensuite au front.* | eine Art zu grüssen und zu danken, indem man die innere Seite der Finger seiner rechten Hand küsst und dann an die Stirne legt.

a تمنّع TEMENNÜ'. [منع V.] Sbst. قورونمق. ممتنع اولمق . احتراسى غير ممكن اولمق *état d'être défendu, prohibé, impossible à exécuter; action de se défendre, de se rendre inaccessible.* | Verhinderung, Unmöglichkeit der Ausführung, Unnahbarkeit. Refl. v. تمنيع

a تمنّى TEMENNÎ. [منى V.] Sbst. رجا ايلمك . آرزو و خواهش ويالوارمق *action de souhaiter, de prier, de supplier, de demander une faveur; souhait, désir.* | Wünschen, Wunsch; demüthige oder bescheidene Bitte, Gesuch; Verlangen.

a تمنيع TEMNÎ'. [منع II.] Sbst. تمنيع ايلمك . منع ايلمك *action de prohiber, d'empêcher, de refuser, de défendre.* | Weigerung, Hinderung, Verweigerung.

a تموّج TEMEWWUǴ. [Denom. v. موج] Sbst. طالغه لنمق . طلاطملق *agitation de la mer.* | das Wogen des Meeres.

t a تمور *s.* تمور u. تموره طمر

p تموز TEMÛZ. Sbst. *le mois de Juillet; chaleur de l'été.* | der zehnte Monat des syrisch-makedonischen Jahres (Juli); Sommerhitze.

t a تموق *s.* تموق u. تموغ

a تموّل TEMEWWÜL. [مال V.] Refl. v. تمويل

a تمولى TEMEWLÂ. [Denom. v. مولى] *action de se faire maître ou seigneur.* | sich zum Meister oder zum Herrn machen.

a تمويل TEMWIL. [مال II.] Sbst. زنكينلتمك *action d'enrichir, de rendre riche.* | Bereicherung, reich machen.

a تمويه TEMWIH. [ماء II.] Sbst. يالدزلمق . تلبيس ايلمك . آبدار ايلمك *action de moirer, de rendre ondé, de rendre brillant, de dorer ou argenter q. ch., de donner une fausse apparence, de déguiser la vérité; dissimulation.* | Wässerung, z. B. einem Stoffe einen wellenartigen Schimmer geben, glänzend machen, einer Sache einen falschen Schein geben, Ausschmückung (einer Sache durch Colorit, Vergoldung u. dgl. oder einer Erzählung durch Zusätze oder Unwahrheiten), Entstellung, Verkleidung der Wahrheit; Verstellung. دليل بى تمويه eine unverfälschte Urkunde.

a تمهّد TEMEHHÜD. [مهد V.] Refl. v. تمهيد

a تمهّر TEMEHHÜR. [مهر V.] Sbst. اوز وحذق اولمق *habileté, finesse d'esprit.* | Geschicklichkeit, Klugheit.

a تمهّص TEMEHHUS. [مهص V.] Sbst. صويه طلمق *action de se plonger, état d'être plongé dans l'eau.* | das Tauchen, Untertauchen.

a تمهّل TEMEHHÜL. [مهل V.] Refl. von تمهيل *action de prendre son temps.* | sich Zeit nehmen.

a تمهيت TEMHIJET. [مهى II.] Sbst. كسكينلتمك *action d'aiguiser, de rendre pointu ou tranchant.* | Schärfung, scharf und spitz machen.

a تمهيد TEMHID. [مهد II.] Sbst. براشى تسويه و تنظيم . ياتوب دوشمك و اصلاح ايلمك *action de donner un fondement large et solide, d'étendre, d'aplanir, d'arranger comme il faut, de consolider; affermissement, aplanissement, disposition, arrangement.* | auf breiter und fester Grundlage bauen, feste Begründung, Festigkeit; Anordnung, Einrichtung, eine Sache machen wie sie sein muss. تمهيد الاساس ايلمك *établir des fondements; établir sur un principe, appuyer ses raisons.* festen Grund legen, begründen; durch Gründe stützen. تمهيد الامور *arrangement des affaires.* Anordnung, Einrichtung der Geschäfte.

a تمهيل TEMHIL. [مهل II.] Sbst. مهلت ويرمك *action d'accorder un délai; répit, remise, retardement.* | Aufschub, Frist.

a p تميم TEMIM. Zusammenziehung v. تميمه

a تميّز TEMEJJÜZ. [ماز V.] Refl. v. تمييز

t a تميز TEMIZ auch تمز Adj. عرضلو . آرى تميز *p* پاك *a* طاهر *propre, net; pur, honnête, bon.* rein, sauber, reinlich; lauter, keusch, ehrbar, unbescholten, gut. تميز صو reines oder abgeklärtes Wasser. Rel. abstr. تميزلك oder تميزلك *propreté, pureté, honnêteté.* | Reinheit, Reinlichkeit, Unbescholtenheit.

t تميزلمك TEMIZLEMEK u. تميزلمك Vb. act. تطهير *rendre pur, nettoyer.* | reinigen, säubern, putzen. — Deriv. تميزلنمك Vb. refl. u. pass. — تميزلنمامش ungesäubert.

a تميمة TEMIMET. Sbst. *amulette (pour se garantir contre l'action du mauvais œil).* | Amulet gegen den bösen Blick.

t تمين TIMIN. [Tabrif v. ثمين] Sbst. *un huitième (ancienne pièce de monnaie française qui valait 5 sous de France.)* | ein Achtel (eine französische Münze im Werthe von etwa 2 Groschen, die früher im Orient Cours hatte).

a تمييز TEMJIZ, auch zusammengez. تميز TEMIZ. [ماز II.] Sbst. سچوب آيرمق *action de séparer, de discerner, de juger un différend; séparation, discernement, distinction, différence; spécification.* | Trennung von anderen, Trennung der Partheien, Schlichtung eines Streites; Unterscheidung, Unterschied; Unterscheidungsvermögen, Urtheil, Klugheit. اهل تميز EHLI-TEMIZ ein Kluger. بى تميز BI-TEMIZ unklug, dumm. — Gramm. das die Unterscheidung bezeichnende Wort, Angabe des Unterschiedes, Specification.

a تمييل TEMJIL. [مال II.] Sbst. مائل قيلمق . ميل ايتدرمك *action de pencher, d'incliner, de courber.* | das Neigen, biegen, krümmen. [Activ. v. تميل]

t a تن IT. شو (sic.) دم و بمعنى سكوت

s. خموش آمده *silence.* | Schweigen, schweige تنبع u. تمهلت . تموق vgl. [ساكت شو I.]

p تن TEN. Sbst. جسد . جسم . بدن . گوده . جثه . وجود *corps; personne* Körper, Leib, Person, der eigene Körper, die eigene Person, Selbst. تن بتن TEN BE-TEN. *l'un après l'autre; successivement.* | einer nach dem andern, nacheinander, nach und nach. تن دادن T. DÂDEN. *consentir, accorder.* | beistimmen, zugeben. تن پرست T. PEREST. *égoïste.* | selbstsüchtig, selbstgefällig, eitel. تن پرستی T. PERESTI. *égoïsme.* | Selbstliebe. تن پرور T. PERWER. *sensuel, paresseux, délicat.* | sinnlich, verweichlicht, Weichling. T. P. OLMAK. *prendre du bon temps.* | seinen Körper pflegen, sich gute Zeit machen. Relat. abstr. تنلك TENLIK u. تنلق *corpulence.* | Beleibtheit. Rel. concret. تنلو TENLI u. تنلی *corpulent.* | beleibt. — vgl. الاتنلو u. الاتنلك

p a تن TUN u. تن TUNN. Sbst. *thon (poisson.)* | der Thunfisch.

t تن TUN. N. pr. *le Don (fleuve)* | der Don.

a تناثر TENÂSUR. [نثر VI.] Sbst. صاچلمق . جابجا ايركلمك . دوكلمك *action de se répandre, de disperser, tomber çà et là, tomber par morceaux, s'émietter.* | sich zerstreuen, hie und da oder stückweise abfallen, (z. B. das Laub), ausfallen (das Haar); vgl. تنثير u. تنثر

a تناجی TENÂGÎ. [نجا VI.] Sbst. فسلدشمق u. فسلداشمك *action de se parler mutuellement à l'oreille, se communiquer des secrets.* | Flüstern, Mittheilung von Geheimnissen, einander zuflüstern, heimlich sprechen.

a تنادّ TENÂDD. [ندّ VI.] Sbst. = بری برندن اورکمك . طاغلمق . تنافر . تفرق *action de se disperser, de fuir de tout côtés, avoir peur les uns des autres; dispersion.* | Flucht nach allen Seiten, Zerstreuung; Furcht vor einander. يوم التناد *le jour du jugement dernier.* (Tag der Zerstreuung, d. i. der jüngste Tag. Kor. Sur. 40, 35. [nach anderer Lesart ohne Teschdid; vgl. تنادى]

a تنادم TENÂDUM. [Denom. v. نديم] Sbst. بر برينه نديم اولمق *action de se tenir compagnie les uns aux autres.* | einander Gesellschaft leisten.

a تنادی TENÂDÎ. [ندو VI.] Sbst. بری برينه چاغرمق . بنلر بر اراية كلوب بركمك *action de s'appeler réciproquement les uns les autres, de se réunir sur convocation.* | einander rufen oder zurufen, Zusammenberufung, Versammlung. يوم التنادی *jour du jugement dernier.* | Tag des gegenseitigen Rufens, d. i. der jüngste Tag (an welchem die Götzendiener ihre Götzen vergeblich um Beistand anrufen werden). vgl. تنادّ

a تنازع TENÂZUʿ. [نزع VI.] Sbst. خصومت ايلمك *action de se disputer, être en contestation.* | Streit, Hader, einander eine Sache streitig machen.

p تن آسان TEN-ÂSÂN. Adj. تندرست . آسوده [vgl. تن] *bien-portant, en repos, tranquille.* | dessen Körper in Ruhe, gesund. تن آسانی TENÂSÂNÎ. *tranquillité, bien-être, bonne santé.* | Ruhe, Wohlbefinden, Behagen.

a تناسب TENÂSUB. [نسب VI.] Sbst. *action de se correspondre, être en proportion; belle proportion.* | das sich entsprechen (zweier Theile), das richtige Verhältniss zu einander, Ebenmaass.

a تناسخ TENÂSUḪ. [نسخ VI.] Sbst. بر برينی ازاله ايله متعاقب اولمق *succession non interrompue.* | ununterbrochene Folge. — Jurispr. Uebergang der Erbschaft auf die Erben des vor dem Erblasser verstorbenen nächsten Erben. — Theol. Metempsychose, Seelenwanderung oder Wanderung der Seele in andere Körper. تناسخی Anhänger der Lehre der Metempsichose. تناسخية Bekenntniss oder Lehre von der Metempsychose.

a تناسق TENÂSUK. [نسق VI.] *a* تنسّق

a تناسل TENÂSUL. [نسل VI.] Sbst. بری برندن طوغوب اورمك *propagation par la génération.* | Fortpflanzung durch Zeugung.

a تناسی TENÂSÎ. [نسی VI.] Sbst. اونتمق *action d'oublier (la faute), de faire semblant d'oublier, de pardonner à q. qn. q. ch.* | Vergessen, einer dem andern etwas vergessen, d. i. vergeben, nicht nachtragen, sich Mühe oder sich den Anschein geben etwas zu vergessen.

a تناشد TENÂŠUD. [نشد VI.] Sbst. بری برينه شعر اوقومق *action de se réciter des vers les uns aux autres.* | einander Gedichte vortragen.

a تناصح TENÂSUḤ. [نصح VI.] Sbst. نصيحت ايلشمك *action de se conseiller, de s'avertir réciproquement.* | gegenseitiges Ermahnen, Rathgeben, Benachrichtigen.

a تناصر TENÂSUR. [نصر VI.] Sbst. ياردم ايلشمك *action de s'entre-aider, de se secourir mutuellement.* | gegenseitige Hülfeleistung.

a تناظر TENÂZUR. [نظر VI.] Sbst. باقشمق *action de se regarder mutuellement.* | gegenseitiges Ansehen, Anblicken.

a تنافر TENÂFUR. [نفر VI.] Sbst. بر برندن اورکمك *action de s'effrayer, de s'effaroucher les uns des autres; action de se disperser.* | sich vor einander entsetzen, fürchten, scheu werden, vor einander fliehen, sich zerstreuen. — Rhetor. Uebellaut eines Wortes, oder Uebellaut der durch Zusammenstellung mancher Wörter entsteht.

a تنافی TENÂFÎ. [نفی VI.] Sbst. بری برينه مخالف وضدّ اولمق . تناقض *action de se contredire, de se contrarier les uns les autres, de se désavouer réciproquement q. ch., contradiction réciproque, discordance entre deux ou plusieurs choses.* | einander entgegen oder entgegengesetzt sein, einander widersprechen, einander etwas ablеugnen oder abschlagen. Term. techn. das Zusammentreffen zweier sich widersprechenden Eigenschaften an einem und demselben Gegenstande.

a تناقص TENÂKUṢ. [نقص VI.] Sbst. اكسلمك . مقداری آز اولمق *état d'être diminué, d'être amoindri, être chétif.* | Verkleinerung, Verringerung, verringert sein oder werden; Kümmerlichkeit, Aermlichkeit der Lage.

a تناقض TENÂKUḌ. [نقض VI.] Sbst. بر برينه مخالف اولمق . تنافی *état d'être contradictoire, contraire ou opposé l'un à l'autre, avec exclusion d'un troisième; action de contraster; opposition, contraste, contradiction.* | das einander entgegengesetzt sein (so dass Eins das Andere aufhebt, exclusoтertio), sich widersprechen; Gegensatz, Widerspruch. شو ايكی كشی بيننده تناقض واردر diese beiden sind einander gerade entgegengesetzt. سويلديكی كلامده تناقض ظاهر واردر in dem was er sagt liegt ein offener Widerspruch.

a تناكث TENÂKUS. [نكث VI.] Sbst. بينلرنده اولان عهد و پيمانی اوزشمك *action de rompre réciproquement (les alliances, etc.), de manquer aux traités.* | gegenseitiger Vertragsbruch oder Wortbruch.

a تناكح TENÂKUḤ. [نكح VI.] Denom. v. تنكيح Sbst. بری برينه نكاح ايلشمك *action de se marier, de cohabiter.* | Verheirathung, Beiwohnung.

a تناكر TENÂKUR. [نكر VI.] Sbst. بيلمزلك . تجاهل *action de faire l'ignorant; ignorance feinte.* | sich unwissend oder von einer Sache nichts wissend stellen.

a تنانير TENÂNÎR. Sbst. Pl. von تنّور

a تناوب TENÂWUB. [نوب VI.] Sbst. نوبتلشمك *action de faire q. ch. tour à tour, d'alterner.* | gegenseitiges Abwechseln, Ablösen, abwechselnd thun.

تن آور TEN-ÂWER. Adj. جسيم . كودهلی *corpulent.* | wohlbeleibt.

a تناول TENÂWUL. [نول VI.] Sbst. الهمق . ال صونوب آلمق *action de prendre, de prendre une nourriture, de manger, de boire.* | das Nehmen, etwas zu sich nehmen, essen, trinken. تناول دوا ايلمك Arzenei nehmen.

a تناوم TENÂWUM. [نوم VI.] Sbst. مواضعه اويور شكلنی كوسترمك *action de faire semblant de dormir.* | sich schlafend stellen.

a تناهد TENÂHUD. [نهد VI.] Sbst. يولداشلر قماليه ايلشمك . توزيع *action de se cotiser pour les frais de voyage.* | gemeinschaftliches Tragen der Reisekosten.

a تناهی TENÂHÎ. [نهی VI.] Sbst. يساق ايلمك *action de prohiber, de défendre, de s'interdire réciproquement l'usage de q. ch.* | sich gegenseitig etwas verbieten, verwehren, untersagen. — [Denom. v. نهاية] = نهايت بولمق *action de parvenir aux dernières limites, à l'extrémité, au but* | zum Ende, zum Ziele, zum Zwecke gelangen.

p t تنباكو TENBÂKÛ. Sbst. *tabac à fumer.* | persischer Rauchtabak, den man in der Wasserpfeife [نارگله] raucht.

p تنبان TENBÂN. Sbst. *caleçon.* | kurze Hose.

p t تنبل TENBEL. Adj. u. Sbst. *a* كاهل *paresseux, lent, cagnard.* | träge, langsam, schwerfällig; Faulenzer. تنبلی und تنبللك *paresse.* | Faulheit.

pt تنبللنمك TEMBELLENMEK. Vb. intr. *être paresseux.* | faulenzen.

pt تنبلوت TEMBELÎT u. تنبلوت Sbst. *a* زیاده *surcharge.* | Überlast, ein kleineres Bündel das der grösseren Ladung zugefügt wird.

p تنبور TEMBÛR. Sbst. *pandore, guitare à longue queue.* Pandura, Guitarre mit langem Hals. s. طنبور

to تنبول LT. جاکیر و علوفه *retraite.* | Ruhegehalt, als Pension gegebenes Grundstück.

a تنبه TENEBBUH. [نبه V.] Sbst. اویانمق *action de s'éveiller; action de faire attention; être averti.* | Erwachen, Aufmerken, seine Aufmerksamkeit einer Sache plötzlich zuwenden (in Folge eines Rufs), aufmerksam gemacht werden.

a تنبئة TENBIET. [نبا II.] Sbst. خبر ویرمه *action d'avertir.* | Benachrichtigung, Meldung, kund thun.

a تنبیت TENBÎT. [نبت II.] Sbst. نبت ویتدیرمك و بیتمك *action de faire croître, de faire pousser, de planter un arbre, d'élever un enfant.* | das Wachsen lassen, Pflanzen; Aufziehen eines Kindes. — Alchem., = تنبیمث alchymistische Basis.

p تنبیدن TENBÎDEN. Vb. act. ایپ اورمك *tordre (p. ex. une corde).* | zusammendrehen, flechten.

a تنبیه TENBÎH [نبه II.] Sbst. اویاندرمق، سسلنمك ، تنبیه ، بیورمق ، یاساق ایتمك *action d'éveiller q. qn., de donner avertissement à q. qn.; ordre, injonction, proclamation, inhibition.* | das Erwecken, aufmerksam machen, Erlass (eines Befehles), Befehl, ausdrückliche Einschärfung eines Befehles, öffentliche Bekanntmachung, Proclamation; Warnung, Verbot; ein Notabene in einem Buche. — ETMEK *avertir, ordonner, réprimander, admonester, prohiber.* | aufmerksam machen, befehlen; warnen etwas zu thun, verbieten. Pl. تنبیهات TENBÎHÂT.

to تنتك u. تنتك TINTEK. LT. احمق *sot, imbécile.* | dumm, albern. تنتك و تیتك سمر و تموس مشهور سمر کشی اولدی Abulg. S. 134 تنتك کشی ibid. 128.

it. تنته TENTA. Sbst. (it. tenda) *a* ظلل [ثناء مهمله] *p* پوشیده کشتی LL. *tendelet, tente (sur embarcation).* | Schirmdach gegen die Sonnenstrahlen (auf Gondeln u. dgl.)

a تنته TENTE. Sbst. اورمجك اغی *toile d'araignée.* | Spinngewebe.

a تنتیر TENTÎR. [نتر II.] Sbst. برقسندیی پك زور و زنكله چکمك *action de tirer avec force, de tendre, de bander (l'arc).* | spannen, fest anziehen (die Bogensehne).

a تنثر TENESSUR. [نثر V.] Refl. d. Figdn.

a تنثیر TENSÎR. [نثر II.] Sbst. صاچمق *action de dissiper, de répandre, de jeter çà et là.* | Verstreuung, Auseinanderwerfen.

to تنسیج TINÇ. LT. آرام *repos, silence.* | Ruhe, Schweigen. vgl. تین

to تنجره TENDJERE. Sbst. *a* طنجره *p* تنجیره *casserole, chaudière, marmite.* | kleine Pfanne, Kasserol. تنجره حلواسی Zuthat zur Speise. = تنجل

a تنجس TENEDJDJÛS. [نجس V.] Refl. v. تنجیس

a تنجم TENEDJDJÜM. [Denom. v. نجم] Sbst. یلدزلره باقمق Refl. v. تنجیم *action d'observer les étoiles ou les astres.* | Beobachtung der Gestirne (als Astrolog).

p تنجیدن TENDJÎDEN. [Rad. تنجیده] 1. Vb. intr. صقیلمق *être serré, s'affliger.* | beengt sein, sich beengt fühlen, sich betrüben. Partic. تنجیده *attristé, affligé.* | betrübt. — 2. Vb. act. *tendre, bander.* | spannen, straff ziehen.

a تنجیس TENDJÎS. [نجس II.] Sbst. مردار ایله بولاشدرمق *action de souiller, de rendre impur.* | Besudelung (mit Koth), Verunreinigung. — als Concret. *amulette pour éloigner les mauvais génies.* | ein aus verschiedenen ekelhaften Substanzen bereitetes Amulet, welches zur Verscheuchung der bösen Geister am Halse getragen wird.

a تنجیم TENDJÎM. [نجم II.] Sbst. *observation des étoiles.* | Beobachtung der Gestirne. (vgl. TENEDJDJÜM.)

a تحسس TENEHHUS. [نحس V.] s. تنحیس TENHÎS. [نحس II.] Sbst. *action de s'enquérir avec soin, de questionner beaucoup sur q. ch.* | genaue Erkundigung, Ausforschung, Fragen nach einer Sache.

a تنحنح TENAHNUH. [نحنح II.] Sbst. کلو روشن کردن *p* اوکسورمك *action de tousser, d'expectorer.* | sich räuspern, husten.

a تنحی TENEHHÎ. [نحی V.] Sbst. *action d'aller de côté, de s'écarter.* | auf die Seite gehen, sich entfernen. Refl. d. Figdn.

a تنحیة TENHIJET. [نحی II.] Sbst. تبعید ، اتحا ایتمك *action de mettre de côté, d'éloigner.* | Entfernung (eines Gegenstandes von seiner Stelle), wegnehmen, Beseitigung, Jemanden aus dem Wege gehen lassen.

a تنخم TENAHHUM. [نخم V.] Sbst. بلغم چیقارمق *action d'expectorer, de se moucher.* | sich räuspern, sich schnäutzen.

p تنخواه TENHWÂ (TENHÂ) Sbst. collect. بازرکان متاعی *marchandise.* | Waare, Kaufmannsgut.

p تند TÜND. Adj. und Adv. سرت ، سریع ، چابك ، تیز ، شدید ، خشونتلو *dur, grossier, austère, sévère; rapide, impétueux.* | derb, grob, hart, schnell, heftig. تند آواز TÜND-ÂWÂZ. *qui a la voix forte, retentissante.* | mit lauter Stimme begabt, laut schreiend. تند باد T.-BÂD. *vent violent, ouragan.* | starker Wind, Orkan. تند رفتن T. REFTEN. *aller vite, courir.* | schnell gehen, laufen. تند رفتار T.-REFTÂR u. تند رو T. REW. *qui va très-vite, ardent, impétueux (en parlant d'un cheval); coursier.* | schnell gehend, feurig (von Pferden); Renner. تند رو T.-RÜ oder تندروی *austère de visage; avare.* | finster von Gesicht; geizig. تند خوی T.-HUÎ. *d'un mauvais caractère.* | bösartig, boshaft. تند عنان T. 'INÂN. تند تکاو ، تند تکاور oder تند *qui a les rênes ou la bride forte, cheval rapide.* | mit starken Zügeln, muthiges Pferd.

p تندالاو ، *s* تن دالان

p تندر TÜNDER und TÜNDÜR auch تندور Sbst. *tonnerre.* | Donner.

p تندرست TEN-DURUST. Adj. *s* این *bien portant, sain, vigoureux.* | gesund, kräftig. — Rel. abstr. تندرستی u. تندرستلك

a تندم TENEDDÜM. [ندم V.] Sbst. پشیمان اولمق *action de se repentir.* | Bereuung, Reue, Bedauern.

p تندور TENDÛR vulg. TANDYR. Sbst. Tahrif v. تنور *brasier, poêle.* | Heizpfanne, Kohlenbecken, Ofen, der Heizapparat in orientalischen Zimmern (ein mit Tüchern überhangenes Gestell unter dem ein Kohlenbecken steht.) vgl. تنور

p تندهی TEN-DEHÎ. Sbst. *dévouement, assiduité, application.* | Hingabe an eine Sache, Fleiss, Aufopferung.

p تندی TÜNDÎ. Sbst. [nomen abstractum und nomen unitatis v. تند] *véhémence, sévérité, colère; grandeur; homme sévère, morose; chose dure, chose pointue; bosse.* | Heftigkeit, Zorn, Strenge; Grösse; ein heftiger, strenger, verdriesslicher; etwas hartes, festes, spitzes; Höker.

p تندیه TENDÎH. Sbst. = تنته *toile d'araignée.* | Spinngewebe.

a تنذر TENEZZÜR. [نذر V.] Sbst. قورقمق *action de se laisser avertir, de prendre garde.* | sich warnen lassen, sich in Acht nehmen. [Denom. v. نذر] نذر ایتمك *action de faire vœu.* | Ablegung eines Gelübdes.

a تنزل TENEZZÜL. [نزل V.] Sbst. اشاغیلنمق Refl. v. تنزیل *action de descendre, de déchoir, de s'abaisser, de diminuer (intrans.); action de condescendre, de daigner; condescendance, complaisance.* | das Herabsteigen, sich herablassen, Sinken; Herablassung. — Theol. myst. die Herablassung Gottes, d. i. sich zu erkennen geben, dem Andächtigen gegenüber.

a تنزه TENEZZÜH. [نزه V.] Sbst. اوزاقلشمق *action de s'éloigner, de se retirer de lieux malsains ou désagréables, de faire un voyage pour sa santé, une partie de plaisir, de se promener; état d'être exempt de tout vice; élévation de l'âme.* | Entfernung, sich entfernen oder fern halten von etwas Unangenehmen, von ungesunden Orten, Reise die man seiner Gesundheit wegen unternimmt, Vergnügungs- oder Erholungsreise, Spaziergang; fern oder frei sein von aller Unvollkommenheit; Erhebung des Gemüths. — OLMAK. *être éloigné, être solitaire.* | fern sein, einsam sein.

a تنزهه TENEZZEHME. (3 Pf. des Vbghdn.) *il (Dieu) est exempt de tout vice.* | er (Gott) ist frei von allem Fehl.

a تنزيل TENZÎL. [نزل II.] Sbst. اشاغى ايندرمك *action de faire descendre; abaissement, diminution, déduction, soustraction; action de faire descendre q. qn. dans sa maison, lui donner hospitalité, l'héberger, faire loger q. qn. chez un autre.* | das Herabsteigen lassen, herabsenken, Erniedrigung, Verminderung, Abziehen (von einer Zahl oder Summe); Absteigen lassen (einen Gast bei sich), Beherbergung, in Quartier geben, bei einem andern einquartieren. — Theol. *révélation divine; le Coran.* | die göttliche Offenbarung; der Koran.

a تنزيه TENZÎH [نزه II.] Sbst. نقصدن قصورلردن آرى ايتمك *action de rendre exempt de tout vice; sanctification; action de purger d'une accusation, d'un crime; action de purger la conscience.* | Freimachen von allem Fehl (einem andern), Heiligung, Reinigung von Verdacht, von Anschuldigung; Reinigung des Gewissens. — Theol. — الله *sanctification, de Dieu, c. à d. croire, que Dieu est exempt de toute imperfection* Heiligung oder Heilighaltung Gottes, Glaube oder Lehre dass Gott frei sei von allen Unvollkommenheiten. تنزيهى TENZÎHÎ. Adj. *exempt de . . .* | frei von . . .

a تنسّب TENESSÜB. [نسب V.] Sbst. *prétention d'appartenir à une famille.* | Anspruch auf Verwandtschaft mit Jemand oder mit einem Geschlecht.

a تنسّج TENESSÜĞ. [نسج V.] Sbst. طوقونمش نسنه . اوراق . طوقوناق *tissage, tissu.* | Weben, Gewebe.

p تنسخ TENSUḤ auch تنسوخ , تنسق . تنسوخت Pl تنسوخه , تنسوق Sbst. vgl. تنسوق *chose rare; pastilles du sérail.* | etwas seltenes, wunderbares, Rarität; Seraîlplätzchen, eine Art stimulirende Pillen oder wohlriechende Plätzchen, mit eingepressten Verzierungen, die von den Frauen auch als Schmuck oder Amulette am Halse oder an Armbändern u. s. w. getragen werden.

a تنسّق TENESSÜK. [نسق V.] Refl. v. تنسيق

a تنسّك TENESSÜK. [نسك V.] Sbst. حقّ تعالى يه قوللق ايتمك *action de vénérer Dieu, dévotion.* | Gottesverehrung, Demüthigung vor Gott.

a تنسّل TENESSÜL. [نسل V.] Sbst. طوغوب اورەمك *action de se multiplier par voie de génération.* | Mehrung (seiner Art) durch Fortpflanzung.

a تنسّم TENESSÜM. [نسم V.] Sbst. روزكار خفيفجه اسمك , صولوق آلمق *action de respirer; exhalaison, souffle de vent.* | Athmen, Hauchen, leichtes Wehen des Windes

a تنسية TENSIJET. [نسى II.] Sbst. اونوتدرمق *action de faire oublier q. ch. à q. qn* | vergessen machen, einem etwas aus dem Gedächtnisse bringen.

p تنسيدن TENSÎDEN. Vb. intr. u. act. *être consterné; consterner, causer de la consternation.* | bestürzt sein, sich ängstigen; bestürzt machen, ängstigen. Partic. تنسيده TENSÎDE. *consterné.* | bestürzt.

a تنسيق TENSÎK. [نسق II.] Sbst. نظام اوزره دزمك *action de ranger dans un certain ordre, d'arranger.* | Aufstellung in einer gewissen Ordnung, regelrechte Anordnung, Aneinanderreihung. تنسيقات عسكريه TENSÎKÂT-I 'ASKERIJE. *règlement de l'armée.* | Heerregulativ. (Redhouse: the new regulations for the army as to time of service, recruiting, pensions, promotion, etc.)

a تنسيم TENSÎM. [نسم II.] Sbst. بر ايشه ابتدا ايتمك , ازاد ايتمك , احيا قيلمق *action de rendre vivant, de donner la vie, de rendre la vie; fig. affranchir, donner ou rendre la liberté; action d'animer une affaire, c. à d. de commencer, d'entamer une affaire.* | Belebung, Wiederbelebung; Befreiung, Freilassung, einem Sclaven Freiheit und Leben wieder geben; Belebung eines Geschäfts, d. i. Beginn.

a تنشّب TENEŠŠÜB. [نشب V.] Refl. v. تنشيب

a تنشّد TENEŠŠÜD. [نشد V.] Sbst. براكنده صورشدرمق *action de s'informer, d'interroger sur q. ch.* | sorgfältige Erkundigung nach einer Sache, Nachforschung.

a تنشّم TENŠÎM. [نشم II.] 1. ات بوزلمق *état d'être gâté et commencer à sentir (se dit de la viande)* | angegangen sein und zu riechen anfangen (vom Fleische). — 2. برنسنه يه شروع و ابتدا قيلمق *action d'entreprendre ou de commencer q. ch.* | Unternehmen, Beginnen. — 3. بر شر و كينه يه اولشوب اوغراشمق *action d'éprouver un malheur.* | einen Unfall erleiden.

t تنشرا TENŠÎR. s. تنشير u. تنشوى

a تنشّر TENEŠŠÜR. [نشر V.] Refl. v. تنشير

a تنشّط TENEŠŠÜT. [نشط V.] Refl. v. تنشيط

a تنشّف TENEŠŠÜF. [نشف V.] Refl. v. تنشيف

a تنشّؤ TENEŠŠÜ'. [نشأ V.] Sbst. قالقوب ايشه باشلمق *action de se lever et se mettre à q. ch.* | Aufstehen und sich an eine Sache machen, eine Arbeit beginnen.

p تنشوى TEN-ŠÛJ, Sbst. تنشير t *table sur laquelle, ou bassin dans lequel on lave le corps d'un mort.* | Leichenbret, Steinplatte oder Becken in dem der Leichnam gewaschen wird.

a تنشّى TENEŠŠÎ. [نشى V.] Sbst. مستجه و سرخوش اولمق *état d'être un peu enivré.* | ein Räuschchen haben.

a تنشيب TENŠÎB. [نشب II.] Sbst. 1. — آيلجيرو ايشلتمك , صاپلامق , انشاب *action de fixer dans ..., de plonger dans q. ch., de faire s'attacher dans q. ch.* | Hineintreibung, Befestigung im Innern einer Sache. — 2. روزكار اسمك *action de souffler; léger souffle du vent, action d'aspirer légèrement avec la bouche.* | leises Wehen des Windes; Blasen (mit dem Munde).

a تنشير TENŠÎR. [نشر II.] Sbst. 1. نشر ايتمك , سرمك , طاغتمق *action de répandre, de déployer, de divulguer.* | Ausbreitung (einer Sache auf dem Boden), Verbreitung (eines Gerüchts unter den Leuten). — 2. [Denom. v. نشره] رقيه ايله تعويذ ايلمك *action de garantir ou de préserver q. qn. à l'aide d'une amulette.* | Bewahrung (vor Krankheit u. dgl.) durch ein Zaubermittel oder Amulet, Präservation.

a تنشيط TENŠÎT. [نشط II.] Sbst. نشاطلندرمك , سوندرمك *action de rendre gai, donner de la vivacité à q. qn.* | Erheiterung, Ermunterung.

a تنشيف TENŠÎF. [نشف II.] Sbst. قر و صو مقوله سنى منديل و سوكر و بز طوزومقوله سيله آلمق *action d'essuyer, de sécher avec un linge, etc.* | Abtrocknung; eine Feuchtigkeit mit einem Tuche u. dgl. auftauchen und abwischen.

a تنصّب TENASSUB. [نصب V.] Refl. v. تنصيب

a تنصّح TENASSUḤ. [نصح V.] Sbst. نصيحت قبول ايتمك *action de se laisser conseiller.* | sich rathen lassen, guten Rath annehmen.

a تنصّر TENASSUR. [Denom. v. نصرانى] Sbst. *action de se faire chrétien.* | Uebertritt oder Bekenntniss zum Christenthum.

a تنصيب TANSÎB. [نصب II.] Sbst. دوكسك قالدرمق *action de dresser, d'élever, d'ériger.* | Aufrichtung, aufrecht stellen.

a تنصير TANSÎR. [Denom. v. نصرانى] *action de faire embrasser à q. qn. la religion chrétienne.* | Bekehrung zum Christenthum.

a تنصيص TANSÎS. [نصّ II.] Sbst. بر مادّه يى كركى كبى اسقصا و مناقشه و تعيين ايتمك *action d'examiner et traiter minutieusement, énoncer précisément et expressément.* | genaue Untersuchung und Behandlung, ausdrückliche Darstellung. Gramm. نفى على سبيل التنصيص ausdrückliche Verneinung.

a تنصيف TANSÎF. [نصف II.] Sbst. برنسنه يى برابرسنجه ايكى بلوك ايلمك *action de partager en deux moitiés ou parties égales.* | Theilung in zwei Hälften oder gleiche Theile, in der Mitte durch theilen.

a تنضيج TANZÎĞ. [نضج II.] Sbst. كركى كبى پشورمك *action de faire cuire, de faire mûrir parfaitement.* | vollständig gar kochen, zu vollständiger Reife bringen.

a تنضيد TANZÎD [نضد II.] Sbst. برى برى اوزرنه نظامله استف ايتمك *action de mettre en ordre les uns sur les autres.* | über einander schichten.

a تنضير TANZÎR. [نضر II.] Sbst. نضارتلو قيلمق *action de donner de l'éclat à q. ch., de faire briller.* | Glanz und Frische geben, Auffrischung.

a تنطّس TENATTUS. [نطس V.] Sbst.

. تنظّفت خصوصنده پك دقتلو و اختلاط ايلمك ، معلومات دقّت و اختلاط اوزره اولمق *action d'éviter tout ce qui peut salir.* | äusserste Sorgfalt für Reinlichkeit und Sauberkeit, sorgfältige Vermeidung alles Unreinen.

a تنطّع TENATTU'. [نطع V.] Sbst. تعمّق و تكلّفله فصاحت صاتمق، تكلّم ايلمك *action de se plonger dans q. ch., de s'engager trop loin (dans le discours) pour faire parade de son éloquence.* | sich versenken in etwas, sich zu weit auf etwas einlassen, viele Worte machen um mit seiner Beredtsamkeit zu prunken.

a تنطّف TENATTUF. [نطف V.] Sbst. 1. *action de se mouiller, être mouillé; action de s'apercevoir, de sentir, d'apprendre q. ch.* | sich mit einer Sache benetzen, beträufeln; eine Sache gewahr werden, etwas merken, Kunde erhalten. — 2. [Denom. v. نطف NATIF.] Refl. v. تنطيف *se souiller, être souillé; fig. se mettre en soupçon d'un crime, devenir suspect d'un crime.* | Befleckung; übergetr. sich einer schlechten Handlung verdächtig machen oder in Verdacht gerathen. — 3. *action de se tenir à l'écart de tout ce qui peut souiller, qui peut rendre suspect.* | Vermeidung alles dessen was beflecken kann, sich rein erhalten (von Verdacht). — 4. [Denom. v. نطفه] *action de mettre des boucles d'oreilles.* | Anlegung von Ohrgehängen.

a تنطّق TENATTUK. [نطق V.] Sbst. قوشاق قوشنمق *action de mettre une ceinture.* | sich gürten. — 2. [Denom. v. نطق] تكلّم ايتمك *action de proférer des paroles, de parler.* | sprechen.

a تنطيف TANTIF. [نطف II.] Sbst. ترعيب و تقبيح ، زنا ايله نيتّهن ايلمك بولاشدرمق *action d'accuser q. qn. d'adultère, de fornication, de mettre en suspicion d'un crime ou d'une turpitude.* | Beschuldigung oder Verdächtigung Jemandes einer schlechten Handlung, eines Verbrechens oder Lasters, Verunglimpfung.

a تنطيق TANTIK. [نطق II.] Sbst. قوشاق قوشاتمق *action de ceindre.* | gürten. bildl. bis an den Gürtel oder bis an die Mitte reichen (z. B. das Wasser).

a تنظار TENZÂR. [نظر II.] Sbst. بقمق ، نظر ايله بقمه ايلمك *action de regarder, d'examiner q. ch.* | Betrachtung, Prüfung.

a تنظّر TENAZZUR. [نظر V.] Sbst. تجسّس ، فكر و تأمّل ايدرك تقتله بقمق ، تأنّى ايدرك معامله ايتمك *action de regarder avec attention, d'observer, d'agir lentement et avec précaution; attente.* | genaues Betrachten und Beobachten, sich eine Sache genau ansehen, vorsichtiges und bedächtiges Handeln; zusehen, erwarten; Erwartung dessen was kommen soll.

a تنظّف TENAZZUF. [نظف V.] Refl. v. تنظيف

a تنظّم TENAZZUM. [نظم V.] Refl. v. تنظيم

a تنظيف TANZIF. [نظف V.] Sbst. تميز ايتمك ، پاك و پاكيزه قيلمق *action de nettoyer, de purifier.* | Reinigung, Säuberung.

a تنظيم TANZIM. [نظم II.] Sbst. دوزمك ، صيره ايله دوزمك *action d'arranger, de disposer, de mettre en ordre ou en série (p. ex. les perles en les enfilant sur un cordon, les mots en composant un vers ou un poëme); ordre.* | Anordnung, der Reihe nach aufstellen, aneinanderreihen (z. B. Perlen an einer Schnur, Worte zu Versen); Ordnung, Verordnung. Pl. تنظيمات TANZIMÂT *ordres, édits, code de justice.* | die neuen polizeilichen, criminal- und civilrechtlichen und politischen Verordnungen.

a تنعّل TENA''UL. [نعل V.] Sbst. نعلين كيمك *action de mettre des sandales.* | Sandalen anlegen.

a تنعّم TENA''UM. [نعم V.] Sbst. Refl. v. تنعيم *action de se réjouir, de mener une vie agréable; jouissance, plaisir, prospérité.* | sich ergötzen; Ergötzen, Ergötzlichkeit, angenehmes Leben, Lebensgenuss, Wohlfahrt.

a تنعيش TEN'IŠ. [نعش II.] Sbst. *action d'élever q. qn. (se dit de Dieu); action de souhaiter à q. qn. que Dieu l'élève.* | Erhebung, Erhöhung; Wunsch dass Gott Jemanden erhebe, mit den Worten: نعشه الله

a تنعيل TEN'IL. [نعل II.] Sbst. *action de ferrer (un cheval).* | beschlagen mit Hufeisen.

a تنعيم TEN'IM. 1. [نعم II.] Sbst. نعمتلندرمك *action de faire q. qn. se réjouir, de préparer à q. qn. une vie agréable, de faire du bien, de dorloter q. qn.* | Jemanden sich ergötzen lassen, Genuss verschaffen, einem ein angenehmes Leben bereiten, mit allen Bequemlichkeiten versorgen; Gutes thun, wohlthun; Verzärtelung. — 2. [Denom. v. نعم NE'AM]. *action d'approuver, de dire oui.* | Ja sagen, Zustimmung.

t *a* تنغل TANGAL. (mongolisch) Sbst. FW. حكم كلى

a تنغّم TENAGGUM. [نغم V.] Sbst. نغمه ايتمك ، ازلامق *action de chanter, de fredonner.* | das Singen, Trillern.

t *a* تنغوت TANGUT. N. pr. LT. قرشه ارلرنه

t *a* تنغوز TUNGUZ. s. تونغوز

a تنغيص TANGIS. [نغص II.] Sbst. بر كمسنه نك عيش و زندكانيسنى مكدّر ايتمك *action de troubler la vie de q. qn.* | Störung (des Lebens Jemandes), Belästigung, Beunruhigung.

t تنف TÜNÜF oder TUNUF. Sbst. Tabrif v. طناب oder تنب *corde (pour dresser une tente ou pour étrangler).* | Strick, Zeltstrick; Strang oder Schnur zum Erdrosseln.

a تنفّج TENEFFUǴ. [نفج V.] Sbst. *arrogance, présomption.* | eitles Prahlen, Anmassung.

a تنفّر TENEFFUR. [نفر V.] Sbst. تكسلمك *répulsion qu'on éprouve pour q. ch., répugnance, dégoût, aversion, antipathie.* | Abscheu, Ekel, Widerwillen gegen eine Sache.

a تنفّس TENEFFUS. [نفس V.] Sbst. صولوق آلمق ، صولومق *action de respirer, respiration; action de prendre haleine, de se reposer.* | Athmung, Athem schöpfen, zu Athem kommen, ein wenig ausruhen.

a تنفّل TENEFFUL. [Denom. v. نافله] Sbst. *action de faire une œuvre surérogatoire; action de prélever une plus grande partie du butin qu'on ne devait.* | Verrichtung einer nicht durch das Gesetz vorgeschriebenen guten Handlung oder Gebetes; mehr thun als verlangt wird; von der Kriegsbeute einen grösseren Theil nehmen als einem rechtlich zukommt.

a تنفيخ TENFIH. [نفخ II.] Sbst. اوفورمك ، شيشرمك *action de souffler, de bouffir, d'enfler.* | starkes Blasen, Aufblasen.

a تنفيذ TENFIZ. [نفذ II.] Sbst. *action de faire pénétrer q. ch. dans une autre; action de faire parvenir au but, de faire valoir (un ordre), de faire exécuter, de donner efficacité; expédier, envoyer.* | das Eindringen oder Durchdringenlassen, zum Zwecke gelangen lassen, in Wirksamkeit setzen, einem Befehle Nachdruck geben, auf Ausführung dringen; absenden, abschicken.

a تنفير TENFIR. [نفر II.] Sbst. اوركتمك ، قورقتمق *action de faire peur, d'effaroucher, de faire fuir, d'éloigner, de repousser, d'inspirer de l'aversion, de l'antipathie, de faire reculer (d'horreur).* | in Furcht setzen, Schrecken einjagen, verscheuchen, scheu machen, vor etwas zurückschrecken lassen, zurückstossen, abstossen (von sich), Widerwillen einflössen. تنفير قلوب ايتمك die Herzen (d. i. die Zuneigung der Leute) zurückstossen.

a تنفيس TENFIS. [نفس II.] Sbst. Caus. v. تنفّس

a تنقّص s. تنقيص

a تنقّب TENAKKUB. [Denom. v. نقاب] Sbst. *action de se voiler.* | sich den Kopf verschleiern.

a تنقّص TENAKKUS. [نقص V.] Refl. v. تنقيص

a تنقّط TENAKKUT. [نقط V.] Refl. v. تنقيط

tu تنقتر oder تونقطر TUNKATAR. Sbst. پاسبان ، بكجى ، جوبدار *gardien, garde de nuit.* | Wächter, Nachtwächter. — 2 *veilleuse.* | Nachtlicht (eine dünne Kerze die bis zum Morgen brennt). LT. SL. BK.

a تنقّل TENAKKUL u. TENEKKÜL. [نقل V.] Sbst. *action de se transporter d'un lieu à un autre.* | Ortsveränderung, sich von einer Stelle an eine andere begeben.

a تنقّى TENAKKI. [نقى V.] Sbst. *action de s'épurer; action de choisir par le triage; état de ce qui est choisi, trié ou épuré.* | Selbstreinigung; Auswahl, Sichtung.

a تنقيب TENKÎB. [نقب II.] Sbst. طولاشوب كزمك قرية شرين *action de parcourir un pays.* | Durchstreifung (einer Gegend, eines Landes).

a تنقية TENKIJE. [نقا II.] Sbst. پاكلمه، اجتناقلمق، اتمك *action de nettoyer, de mondifier (p ex. une plaie), d'épurer, déterger (les intestins), purger, prendre un lavement.* | Reinigung, Auswaschung (einer Wunde); Purgieren, Klistir nehmen. تنقيهٔ اجبار Reinigung des Herzens.

a تنقيح TENKÎH. [نقح II.] Sbst. پاكيزه و مهذب اتمك *action d'épurer, d'émonder, spéc. une composition littéraire; concision d'un discours.* | Säuberung, insbes. eines Aufsatzes oder Gedichts von Fehlern, schlechten Ausdrücken u. dgl.; Sauberkeit und Kürze des Stiles. كلامى لحن و خطالردن پاك و تنقيح ايلمك seine Rede von Fehlern rein halten. — Theol. Entäusserung Gottes von weltlichen Eigenschaften.

a تنقيذ TENKÎZ. [نقذ II.] Sbst. قورتارمق *action de délivrer, de sauver.* | Befreiung, Rettung.

a تنقير TENKÎR. [نقر II.] Sbst. آراشدرمق *action de rechercher, de scruter, d'éplucher q. ch.* | Durchsuchung, Durchforschung, Untersuchung. تنقير اعمى ايتمك die Fehler aufstöbern.

a تنقيز TENKÎZ. [نقز II.] Sbst. اوينتمق، رقص ايتدرمك *action de faire sauter, de faire bondir.* | springen, tanzen, hüpfen lassen.

a تنقيس TENKÎS. [نقس II.] Sbst. 1. برينه لقب قومق *action de donner à q. qu. un sobriquet.* | Beinamen geben. — 2. [Denom. v. نقس NIKS] *action de remplir l'encrier.* | Füllung des Tintenfasses.

a تنقيش TENKÎŠ. [نقش II.] Sbst. *action de peindre, de colorier.* | Farbung, Bestreichen mit Farben, Bemalen mit Farben, Bemalen mit Figuren.

a انتقاص TENKÎS u. تنقص TENKÎS. [نقص II.] Sbst. اكسلتمك، نقص ويرمك، اكسلتمك *action d'ôter, de retrancher, de diminuer, d'amoindrir.* | Abnahme, Wegnahme, Verminderung, Verringerung, Verkürzung.

a تنقيط TENKÎT. [Denom. v. نقطه] Sbst. حرفى نقطه لمق *action de mettre les points diacritiques aux lettres.* | Punktirung der Buchstaben (mit diakritischen Punkten).

p تنك TENÜK, TÜNÜK oder TÜNEK. Adj. اوفاق *mince, fin, subtil.* | dünn, fein, klein, zart. تنك مايه der nur ein kleines Kapital besitzt.

p تنگ TENG. 1. Adj. طار *étroit, restreint, serré, gêné, triste, affligé, troublé, pauvre; avare.* | eng, eingeengt, eingeschränkt, bedrängt (in seinen Umständen), in Verlegenheit oder in Bedrängniss befindlich; betrübt, arm; geizig. Rel. abstr. تنگى. — ETMEK. *restreindre, réduire à la gêne.* | beengen, beschränken, einschränken, in Verlegenheit oder in Bedrängniss bringen. بتنگ آمدن oder بتنگ شدن in die Enge kommen, in Bedrängniss gerathen; nahe kommen. تنگ يغموته *le monde d'ici bas.* | der enge Winkel, d. i. die irdische Welt. — 2. Sbst. *balle de marchandises.* | Waarenballen, Bündel. vgl. دنك

to تنك TÜNK oder تونك Sbst. كوزه، دقيق تنك SL. *cruche ou bouteille de terre, de cuivre, etc.* | Flasche oder Krug von Thon, Holz, Kupfer u. s. w. mit langem Halse und kleiner Oeffnung, aus der man trinkt.

p تنگى TENGÎ. Sbst. طار يول، صيقنلى *défilé, passage étroit; détroit; serrement de cœur, trouble.* | Enge, enger Weg, enges Thal, Meerenge; Beengung; Kummer, Betrübniss.

p تنكار TENĞÂR und TINKÂR. Sbst. بورق هندى *borax (sel).* | Borax.

a تنكب TENEKKÜB. [نكب V.] Sbst. 1. Refl. v. نكب يولدن صاپمق و اوموزه آلمق *action de se détourner, de diverger.* | Abweichung (vom Wege). — 2. [Denom. v. منكب] *action de prendre q. ch. sur une épaule.* | etwas auf eine Schulter nehmen.

p تنگبار TENG-BÂR. Adj. u. Sbst. *dont l'accès est difficile; lieu inaccessible, passage ou chemin étroit.* | schwer zugänglich, unzugänglicher Ort, enger Weg. — Theol. myst. *Dieu.* | Gott.

p تنگچشم TENG-ČEŠM. 1. Adj. *qui a les yeux étroits; avare.* | engäugig; geizig. Rel. abstr. تنگچشمى *avarice.* Geiz. — 2. Sbst. *femme qui n'a été mariée qu'à un seul mari.* | eine Frau die nur mit einem Manne verheirathet gewesen.

p تنگحال TENG-HÂL. Adj. *gêné, pauvre.* | bedrängt in seinen Umständen, arm. Relat. abstr. تنگحالى und تنگحاللق

p تنگحوصله TENG-HAWSELE. Adj. *qui a la poitrine étroite; égoïste.* | engbrüstig, engherzig.

p تنگخو TENG-HU. Adj. تنز *querelleur.* | zanksüchtig, eigensinnig. Rel. abstr. تنگخويى تنزلك —

a تنكد TENEKKÜD. [نكد V.] Sbst. صيقلمق، صيقنتيده اولمق *état de se trouver mal à son aise, éprouver du mal, de la peine.* | Unbehaglichkeit, sich beengt fühlen.

p تنگدست TENG-DEST. Adj. *faible, pauvre, avare.* | schwach, arm, geizig. Relat. abstr. تنگدستلك u. تنگدستى

p تنگدل TENG-DIL. Adj. *affligé, triste; consterné, compatissant.* | traurig, niedergeschlagen, betrübt; betroffen; mitleidig. Rel. abstr. تنگدلى

a تنكر TENEKKÜR. [نكر V.] Sbst. Refl. v. تنكير *changement en pis; déguisement, incognito.* | Veränderung (zum Schlechten), unkenntlich werden oder sein, sich unkenntlich machen, bes. sich verkleiden, verstellt sein, Unkenntlichkeit, Incognito.

to تنكره TENEKRE. s. تنكره

t تنكرى TANGRI s. تكرى

p تنگسار TENG-SÂR. Sbst. عقل و فكرده تنگلك *imbécillité.* | Beschränktheit des Verstandes, Geistesschwäche.

p تنگسال TENG-SÂL. Sbst. غلا، قتلق، قحط *sécheresse (de l'an), cherté (des vivres), disette.* | Theuerungsjahr, Theuerung oder Mangel an Lebensmitteln.

p تنگشكر TENG-ŠEKER. Sbst. دهن محبوبه تلك اغزى *la bouche de l'amante.* | der Mund der Geliebten (wörtl. Zuckerbündel).

p تنگعيش TENG-'AIŠ. Adj. u. Sbst. *pauvre, indigent.* | dessen Leben bedrängt, arm, dürftig.

to تنكلمق I.T. تعجب ايتمك *s'étonner.* | erstaunen. vgl. تنكرقالمق، تنك

p تنگمشرب TENG-MEŠREB. Adj. *égoïste.* | engherzig.

to تنكن I.T. دونكى — دون *hier.* | gestern.

p تنگناى TENG-NÂJ. Sbst. *lieu étroit; défilé; tombe; le corps humain; le monde d'ici bas.* | enger Ort; enges Thal, Engpass; das Grab; der menschliche Körper (als Wohnung der Seele), die irdische Welt.

t تنكه TENEKE od. تنكه Sbst. *fer-blanc, ustensile en fer-blanc.* | Blech, blechernes Gefäss. صارى تنكه SARY T. *laiton en plaque.* | Tafelmessing. Rel. concr. تنكه جى

to تنكه I.T. مرغابى *oiseau aquatique.* | Wasservogel, Gans (?)

to تنكه oder تنكا Sbst. *argent.* | Geld. s. تنكه

to تونغوز s. تنغوز

p تنگى TENGÎ. Sbst. [Abstr. v. تنگ] *être étroit, état de ce qui est étroit; angoisse, peine, indigence.* | Enge, Beengung, Bedrängniss.

to تنكى TENGI. Sbst. I.T. دريا — دكز *la mer.* | das Meer.

p تنگياب TENG-JÂB. (spr. TENGJÂB.) Adj. كوچ بولنور، ال ويرر *difficile à trouver, à obtenir.* | selten zu finden, schwer zu erreichen.

a تنكيب TENKÎB. [نكب II.] Sbst. بر كمسنه يى طوغرى يولدن صاپمق، يولدن چيقارمق *action de détourner (du chemin droit), de mettre à l'écart.* | Abwenden, vom Wege abbringen, bei Seite bringen. — Caus. v. تنكب

a تنكير TENKÎR. [نكر II.] Sbst. Caus. v. تنكر. Gegentheil von تعريف — *action de rendre méconnaissable, de déguiser, de changer en pis.* | Unkenntlichmachung, Verstellung, Veränderung zum Schlechten. — Gramm. *indétermination d'un nom.* | Indetermination eines Nennwortes. تنكير الصوت Verstellung der Stimme. تنكير الخط Verstellung der Handschrift.

a تنكيس TENKÎS. [نكس II.] Sbst. باش اشاغى چويرمك *action de renverser.* | Umstürzung, Umkehrung.

a تنكيل TENKÎL. [نكل II.] Sbst. *action de réprimer, de châtier, châtiment, punition,* correction. | durch Strafe zurückhalten, abschrecken, Züchtigung, Bestrafung, Zurechtweisung.

t تن s. تنلق u. تنلك

t o تنقی LT. انتخاب کزیدن choisir. | auswählien.

t تن s. تنلو u. تنلی

a تمیص s. تماص

a تنمر TENEMMUR und تنمر TENMIR. [Denom. v. نمر Panther] Sbst. action de se mettre en colère, état d'être en colère, être courroucé. | in Zorn oder Wuth gerathen, aufgebracht sein.

a تنمس TENEMMUS. [نمس V.] Sbst. صاقلنمق . کیزلنمك action de se dérober, de se cacher, état d'être caché. | Verbergung, Verborgensein, sich verstecken. Refl. v. تنمیس

a تنمص TENEMMUS. [نمص V.] Refl. v. تنمیص

t o تنهق LT. تنلنی vgl. منکر شدن

t o تنهی LT. طالیون s. شمنتختی

t o تنهن LT. تنمنق s. آرامیدن

t o تنهی LT. توملق s. برتنه شدن

a تنمیة TENMIJET. [نمی II.] Sbst. 1. برکلنموب آرتمق action de faire croître, de faire grandir, de faire prospérer, de nourrir, d'élever. | wachsen lassen, gedeihen lassen, Ernährung, Aufziehung. — ETMEK. croître, grandir, prospérer, être élevé, être nourri, recevoir l'éducation. | wachsen, zunehmen, gedeihen, ernährt oder erzogen werden. — 2. بر خبر و کلامی بر آدمه عزو واسناد ایتمك action d'attribuer à q. qn. telle ou telle parole. | Zurückführung (einer Aussage u. dgl.) auf Jemand, einem etwas in den Mund legen.

a تنمیر TENMIR. s. تنمر

a تنمیس TENMIS. [نمس II.] Sbst. آلداتمق . تلبیس ایتمك action de cacher, de céler, de dissimuler; déguisement. | Verstecken, Verbergen, Verstellung.

a تنمیص TENMIS und تنماص TENMAS. [نمص II.] Sbst. قیل یولمق action d'arracher le poil (avec des pincettes). | Ausreissen des Haares (mit der Zange).

a تنمیط TENMIT. [نمط II.] Sbst. یول کوسترمك . دلالت ایتمك action d'indiquer la manière d'agir, le procédé; enseigner. | die Art und Weise des Verfahrens zeigen, Anweisung geben.

a تنمیق TENMIK. [نمق II.] Sbst. یازمق . تحریر و تسطیر ایتمك action d'écrire, de mettre par écrit. | schriftliche Aufzeichnung, etwas niederschreiben, aufschreiben.

a تنوع TENEWWUH. [نوح V.] Sbst. صارقوق نسنه بری اوته اویناوب ایرغنمك état de pendiller. | das sich hin und her bewegen eines hängenden Gegenstandes.

a تنود TENEWWUD. [نود V.] Sbst. بری اوته حرکت ایتمك action de s'agiter, être agité (p. ex. une branche par le vent). | das sich hin und her bewegen, bewegt oder geschüttelt werden (z. B. ein Zweig vom Winde).

p تنور s. تنیدن

a تنور TENEWWUR. [نور V.] Sbst. منیر اولمق . پارلامق . منور اولمق action de briller, de resplendir, de luire; état d'être éclairé, d'être illuminé. | das Leuchten, Glänzen, Funkeln, hell und erleuchtet sein.

a تنور TANNÛR. Sbst. [vgl. آتشکده] تندور . صو منبعی . تکر . اکمکجی فرونی four, fournaise, réservoir d'eau, source d'eau; superficie de la terre. | ein rundes Loch im Boden das als Backofen dient, Backofen, Heizofen; Wasserloch, Wasserbehälter, Quelle; Oberfläche der Erde.

a تنورة TANNÛRA. Sbst. nom. unit. des Vhgdn. فرون . اوجاق four. | Backofen, Feuerstätte.

t تنورة TANURA. Sbst. = p تنکمه تنیدن LI. robe (vêtement des derviches). | ein weiter Rock (wie die Derwische tragen).

t o تنوزه LT. خویشاوند زن parent ou parente de la femme. | Verwandter der Frau (?).

a تنوس TENEWWUS. [نوس V.] Sbst. صالنمق action de vaciller, de se balancer légèrement. | schwanken, locker sein, wanken, wackeln.

a تنوع TENEWWU'. [نوع V.] Refl. v. تنویع

a تنوفة TENÛFE und تنوفیة TENÛFIJET. Sbst. بیابان . بریة . چول désert. | Wüste, das freie Feld.

a تنوق TENEWWUK u. تنیق TENEJJUK. [نوق V.] Sbst. délicatesse recherchée dans la manière de vivre (de manger et boire, de s'habiller, etc.) | gesuchte Zierlichkeit und Pracht in Lebensweise, Speise, Trank und Kleidung.

t u تنوق Sbst. = طانق témoin. | Zeuge. Rel. abstr. تنوقلوق témoignage. | Zeugniss.

t o تنوقمق u. تنوقلوقمق Vb. act. rendre témoignage. | Zeugniss ablegen. vgl. تنوق u. Flg.

a تنوم TENEWWUM. [نوم V.] Sbst. رویا کورمك و اویومق songe. | Schlummer. — ETMEK. songer, rêver. | schlummern, träumen.

p تنومند TENÛMEND, TANÛMAND. Adj. [vgl. تن] grand et épais de taille, fort, corpulent, bien nourri, robuste, sain. | gross und dick, wohlbeleibt, wohlgenährt, stark, kräftig, gesund. Rel. abstr. تنومندی u. تنومندلك

a تنویة TENWIJET. [نوی II.] Sbst. برشیئی ایشلمك بتورمك action d'achever, d'accomplir; achèvement, accomplissement. | Vollendung, Ausführung, zu Stande bringen.

a تنویخ TENWIH. [نوخ II.] Sbst. دوه چوکدرمك . چوکرتمك action de faire un chameau se mettre à genou. | ein Kameel niederknieen lassen.

a تنویر TENWIR. [نور II.] Sbst. منور ایتمك . آیدینلتمق . روشن قیلمق مضی ایتمك action de rendre resplendissant, de faire briller, de faire luire, illumination. | Erleuchtung, glänzend machen, Erhellung; Illumination. — [Denom. v. نوور] action de tatouer. | Tätowirung. — ETMEK. illuminer, tatouer. | erleuchten, illuminiren, tätowiren.

a تنویع TENWI'. [نوع II.] Sbst. اوته برو صاللاوب تحریك ایتمك action d'agiter (p. ex. le vent un rameau). | das Hin- und Herbewegen (z. B. der Wind einen Ast). — [Denom. v. نوع] action de diviser en diverses espèces, de distinguer, de varier, de diversifier. | Eintheilung in verschiedene Arten, Unterscheidung, Abzweigung, Abänderung, Variierung.

a تنویل TENWIL. [نول II.] Sbst. عطا ایتمك action de fournir, de procurer, de donner q. ch. à q. qn. | Lieferung, einem etwas verschaffen, geben.

a تنویم TENWIM. [نوم II.] Sbst. اویوتمق . اویقویه واردرمق action de faire dormir, d'assoupir, engager q. qn. se coucher. | Einschläferung, schlafen lassen, zum schlafen schicken.

a تنوین TENWIN. [Denom. v. نون] Sbst. nunnation c. à d. ajouter le son nasal à la fin d'un mot. | Nunation, d. i. Anfügung des Lautes N an den Endvocal eines Wortes. s. d. arab. Gramm.

a تنویه TENWIH. [نوه II.] Sbst. مدح ایتمك معظم و مشهور قیلمق action d'élever, d'exalter, de louer, de rendre célèbre. | Erhebung, Lobeserhebung, Rühmen, berühmt machen.

p تنه TENE. Sbst. 1. — تن corps. Körper. 2. اورمجك آغی toile d'araignée. | Spinngewebe vgl. تنیدن

p تنها TENHÂ. Adj. u. Adv. یالکز . یالکزجه seul, isolé, unique, solitaire; seulement, à part, en particulier, en secret. | allein, einzig, einsam, geheim, abgesondert; nur allein, nur, insbesondere. تنها نشین solitaire. | der die Einsamkeit liebt, gern allein ist. تنهاجه Adv. en secret, en particulier. | geheim. تنهاجه بولشمق avoir une audience privée. | geheime Audienz haben. Rel. abstr. تنهائی u. تنهالك

t تنهشیر TENHÂIR auch تنشیر u. تنشیو Sbst. Tahrif. v. p تنشوی Leichenbrett. s. o.

t تنهك TENHEK. s. تنکه

a تنهنه TENEHNUH. [نهنه II.] Sbst. ممنوع اولان نسنه دن کیرو طورمق action de se contenir, de s'abstenir de ce qui est défendu. | Enthaltung, Unterlassung des Verbotenen.

a تنهیة TENHIJET. [نهی II.] Sbst. یساق و ممنوع قیلمق action de prohiber, d'interdire; prohibition, défense. | Untersagung, Verbot. — [Denom. v. نهایة] action de faire parvenir jusqu'à un certain point. | das Gelangen machen oder Gelangen lassen bis zu einem gewissen äussersten Punkte.

p تنيدن TENIDEN. [Rad. تن] Vb. act طوقومق *tordre, tresser, tisser.* | drehen, flechten, weben. Partic. تنيده *tissu, etc.* | gewebt u. s. w. als Sbst. *toile d'araignée.* | Gewebe, Spinngewebe.

p تنيزه TENIZE. Sbst. اوج و اتك *bord.* | Rand. كوه تنيزهٔ كوه = طاغ اتكى *pied d'une montagne.* | Fuss eines Berges.

a p تنين TINNIN. Sbst. اژدرها *dragon, serpent.* | Drache, Schlange. التنين فلك *le dragon (constellation); les deux points opposés ou l'écliptique est coupée par l'orbite de la lune; la voie lactée.* | Sternbild des Drachen; Kopf und Schwanz des Drachen, der aufsteigende und niedersteigende Knoten, die beiden Punkte wo die Ekliptik von der Mondbahn durchschnitten ist; die Milchstrasse.

p تنينه TENINE. Sbst. *araignée.* | die Spinne. LL. vgl. تنيدن

p تو TÜ oder توى TÜI. Sbst. = تا, كت, قات (in Zusammensetzung) = چهارتو *quadruple.* | vierfach. سه تو *triple.* | dreifach. تو بر تو = قات قات *multiple.* | vielfach.

a توّاب TEWWÂB. [Rad. تاب] Adj. u. Sbst. 1. Intensiv. v. تائب *très-repentant.* | sehr reuevoll. — 2. *qui pardonne (un des noms de Dieu).* | der Verzeihende, die Reue annehmende (ein Beiname Gottes).

a توابع TEWÂBI'. Sbst. Pl. v. تابع und تابعه als Collectiv: *suite, dépendances, sujets.* | Gefolge, Anhang, Unterthanen, von einer Stadt abhängiges Gebiet, abhängige Dinge oder Personen. — Gramm. Einem andern syntaktisch coordinirte Worte, Appositionen.

a توابيت TEWÂBIT oder توابيط Sbst. Pl. v. تابوت oder تابوط

a تواتر TEWÂTÜR. [وتر VI.] Sbst. بسر بسر ارديجه اولمق *succession non interrompue, continuité; propagation continuelle d'une nouvelle, notoriété.* | ununterbrochene Folge, Zusammenhang; stetige Verbreitung einer Nachricht. — ETMEK. *divulguer, rendre public et notoire.* | ein Gerücht in Umlauf bringen (indem einer es immer dem andern sagt); — Theol. die ununterbrochene Ueberlieferung einer Tradition oder die ununterbrochene Reihe sicherer Gewährsmänner für eine Tradition.

a تواثب TEWÂSÜB. [وثب VI.] Sbst. بربرى اوزرينه اتلاوب هجوم ايتمك *action de s'attaquer réciproquement, de fondre les uns sur les autres.* | gegenseitiges auf einander losstürzen, gegeneinander anspringen, gegenseitiger Angriff.

a تواثق TEWÂSUK. [وثق VI.] Sbst. بربرى ايله ميثاق عهد و پيمان ايتمك *action de se donner des assurances, des garanties les uns aux autres; stipulation réciproque.* | gegenseitige Zusicherung, sich gegenseitig Sicherheit geben.

a تواجد TEWÂǴÜD. [Denom. v. وجد] Sbst. Theol. myst. *extase, ravissement.* | Entzückung, — توجد vgl. وجد

a تواجه TEWÂǴÜH. [وجه VI.] بربرى ايله قارشو قارشويه اولمق *action de se regarder en face, de se mettre ou être vis à vis.* | Gegenübersein, einander ins Gesicht sehen, sich einander gegenüberstellen. تواجها TEWÂǴÜHEN. Adv. *en face, vis à vis.* | gegenüber.

t a تواجى Sbst. LT. نقيب *chef, préposé, inspecteur.* | Oberer, Vorsteher, Aufseher.

a توادّ TEWÂDD. [ودّ VI.] Sbst. سوشمك *action de s'entre-aimer, amitié mutuelle.* | gegenseitige Liebe und Freundschaft.

a توادع TEWÂDU'. [ودع VI.] Sbst. بربرى ايله بارشمق. صلح ايلشمك *réconciliation.* | Aussöhnung.

a توارث TEWÂRÜS. [ورث VI.] Sbst. بربريندن ميراث يمك *action d'hériter l'un de l'autre; succession par droit d'héritage.* | Beerbung.

a توارد TEWÂRÜD. [ورد VI.] Sbst. كلشمك. يتشمك *action d'arriver, arrivée réciproque ou successive.* | das Ankommen, zu einander kommen, hintereinander kommen. توارد مكاتيب *correspondence* | das Ankommen der gegenseitigen Briefe, Briefwechsel.

a توارى TEWÂRI. [ورى VI.] Sbst. گيزلنمك *action de se cacher, de se soustraire aux regards; état d'être caché.* | Verborgenheit, sich verbergen, sich den Blicken entziehen, in der Ferne verschwinden, nicht mehr sichtbar sein.

a تواريخ TEWÂRIH. Sbst. Pl. v. تاريخ

a توازن TEWÂZÜN. [وزن VI.] Sbst. اغرلقده برابر اولمق. برابرلشمك *état d'être égaux ou pareils les uns aux autres (quant au poids, mesure, etc.).* | Gleichheit, einander gleich sein an Gewicht, Mass u. s. w.

a توازى TEWÂZI. [وزى VI.] Sbst. برابر و همتا و همقدر اولمق *état d'être parallèle, d'être égaux les uns aux autres, parallélisme.* | Gleichläufigkeit, Parallelismus, Gleichmässigkeit, Gleichheit.

a تواصف TEWÂSUF. [وصف VI.] Sbst. وصف ايلشمك *action de se décrire, de se dépeindre, de se raconter ou expliquer réciproquement q. ch.* | gegenseitige Schilderung einer Sache, einander etwas beschreiben, erzählen, erklären.

a تواصل TEWÂSUL. [وصل VI.] Sbst. بربرينه اولاشمق *action de s'unir les uns aux autres; réunion, liaison, jonction.* | gegenseitige Vereinigung, Verbindung, Zusammenkunft. Pl. تواصلات

a تواصى TEWÂSI. [وصى VI.] Sbst. وصيت سپارش ايلشمك *action de se recommander réciproquement q. ch., de s'exhorter réciproquement, de se donner commission l'un à l'autre.* | gegenseitige Beauftragung, Ermahnung, Anempfehlung, Uebertragung.

a تواضع TEWÂZU'. [وضع VI.] Sbst. فروتنى *p* الچقلق كوكللولك كوسترمك *action de s'humilier, de s'abaisser; humilité, soumission, modestie.* | Unterwerfung, Erniedrigung, Demuth, Bescheidenheit.

a تواطؤ TEWÂTU'. [وطئ VI.] Sbst. = توافق

a تواطح TEWÂTUH. [وطح VI.] Sbst. بربرينه شركير اولمق و اوروب اولاشمق. حمله و مقاتله ايتمك *action de se faire réciproquement du mal, de lutter les uns avec les autres.* | einander gegenseitig zu schaden suchen, einander stossen, stechen u. s. w., mit einander kämpfen, ringen.

a تواطس TEWÂTUS. [وطس VI.] Sbst. طالغه‌لر تلاطم. برگمسنه اوزرينه شركير اولمق *action de se tuer l'un sur l'autre, de s'attaquer, de s'entre-heurter, s'entre-choquer (se dit des vagues).* | aufeinander stossen, einander angreifen; Wogen des Meeres.

a تواعد TEWÂ'UD. [وعد VI.] Sbst. بربرينه سوز ويرمك. وعدلشمك *action de se promettre réciproquement q. ch.; se donner la parole l'un à l'autre.* | gegenseitiges Versprechen, sich gegenseitig das Wort geben.

t a توافى v. تواغ

a توافر TEWÂFUR. [وفر VI.] Sbst. وفرت و كثرت اوزره اولمق *état d'être en grande quantité, en grand nombre; abondance, action de s'accroître.* | Vorhandensein in grosser Menge, Ueberfluss an einer Sache, Zunahme, = توفر

a توافق TEWÂFUK. [وفق VI.] Sbst. اويغون اولمق. بربرى بربرينه اويمق *action de convenir, de tomber d'accord sur q. ch., de s'accorder, de conspirer, de contribuer au même effort; coïncidence, accord de plusieurs personnes au sujet de q. ch.* | Uebereinkommen, Uebereinstimmung, Zusammentreffen, Zusammenkommen, sich vereinigen (von Dingen die gleichen Zweck haben, gleiche Wirkung hervorbringen). — Arithm. Gleichnamigkeit der Zahlen, Verhältniss zwischen zwei Zahlen die durch ein und dieselbe Zahl theilbar sind.

a توافى TEWÂFI. [وفى VI.] Sbst. تمام اولمق *état d'être au complet.* | vollständig beisammen sein.

a تواقح TEWÂKUH. [وقح VI.] Sbst. كبر ايتمك. عناد ايتمك *action de s'obstiner; obstination, insolence, arrogance.* | Trotz, Unverschämtheit, Uebermuth.

p تواقف TEWÂKUF. [وقف VI.] Sbst. بربرى بربرينه قرار ايلشمك *action d'être debout ou en face de l'autre, contre l'autre, l'un de l'autre.* | bei einander oder einander gegenüber stehen.

a تواقيع TEWÂKÎ'. Sbst. Pl. v. توقيع

a تواكل TEWÂKÜL. [وكل VI.] Sbst. بربرينه اعتماد ايدرب كوونمك *action de se fier l'un à l'autre; confiance mutuelle.* | gegenseitiges Vertrauen, sich aufeinander verlassen.

t a تواچى Sbst. LT. طلبواز *milan (oiseau).* | Weihe, Taubenfalke.

t توال TUWAL. Tahrif. v. تويل s. u.

a توالد TEWÂLÜD. [ولد VI.] Sbst. طوغوب طوغرمق *action d'engendrer les uns par les autres, de se multiplier par génération, de faire souche.* | Erzeugung des Einen durch den Andern (z. B. des Enkels durch den Sohn), Vermehrung durch Fortpflanzung.

a تـوالـى TEWÂLÎ. [ولى VI.] Sbst. بربرى آرديجه اولمق *action de se suivre sans interruption, succession non interrompue, continuation; série.* | ununterbrochene Folge, Fortsetzung, Reihe. على التوالى *sans interruption, successivement.* | in einem fort, nach einander, der Reihe nach.

a توأم TEW-EM. Fem. توأمـه TEW-EME Dual. توأمين TEW-EMÎN. Plur. توائم TEWÂIM. Sbst. اكيز *jumeau.* | Zwilling. توامان اخوت ايكى قرداش zwei Zwillingsbrüder. توأمه همشيره sie ist seine Zwillingsschwester. نصرت توأم oder ظفر توأم dessen Zwillingsbruder der Sieg, d. i. immer siegreich.

a توانى TEWÂN. s. توانى

p توان TEWÂN. [Rad. v توانستن]

Sbst. u. Adj. كوچ، قوت، زور، جلادت *puissance, force, bravoure; puissant, fort.* | Stärke, Kraft, Muth; stark, muthig, mächtig. توانا TEWÂNÂ. Adj. intensivum, davon das Rel. sbstr. توانائى oder توانايى

p توانستن TEWÂNISTEN. [Rad. توان] Vb. intr. *pouvoir, être puissant, être capable.* | können, mächtig sein.

a توانى TEWÂNÎ u. توانى TEWÂN. [ونى VI.] Sbst. بر ايشده تقصير و تكاسل و فتور ابتمك سستلك، سلوكلك، كوشكلك *action de se montrer lent et lâche dans une affaire; paresse, langueur, mollesse.* | Schlaffheit, Weichheit. Kam. s. v. الرخوة، الرخاوة

t توب TÛB oder توب TÜP. Sbst. LT. توب t = زير، تحت SL. پايان، تحت *partie inférieure de toute chose; fond, pied (de montagne, etc.), bas, racine.* | das Unterste einer Sache, unteres Ende, Grund, Fuss (eines Berges), Stock oder Wurzel eines Baumes. دكزك توبى Meeresgrund. توبنه اولوق unten sein; wurzeln. بر بلند ياريك توبنده am Fusse eines hohen Ufers. Abulg. 161. — توب قراغاج Eichengrund, Name verschiedener Thäler in Schirwan, Georgien u. s. — كوشك توبى دا = زير كوشك unter dem Schlosse oder unten am Schlosse. Ali Schir. — توبسوز grundlose, bodenlose.

t توب TOP. Sbst. SL. u. LT. فوج، كمرك بلشمش اداملر، جرغه، معروف، جمعيت s. طوب

t توبا TUBA. Sbst. Tahrif. v. طوبى *l'arbre du paradis.* | Baum im Paradiese.

t توبه s. توبا

t توبلامق und توبرلامق s. طوپلامق u. طوپرلامق

t توپوز Sbst. LT. طوپوز = كرز *massue.* | Keule.

t توياق Sbst. LT. سم *corne du pied.* | Klaue, Huf. vgl. طوياق

t توپسوز Sbst. LT. يوماق، ريسمان

fil ou cordon tordu, pelote. | gedrehter Faden oder Strick, Knäuel.

p a توبال TUBÂL, TOBAL. Sbst. vulg. توال TUWAL, *scories.* | Schlacken, Schaum der sich beim Schmelzen der Metalle absondert.

t توبيل s. توبيل

t طوپرلامق s. توبرلامق

t توبلانقه Sbst. SL. باران شديد بى صرابر *vent sans pluie.* | Sturm ohne Regen. vgl. توبلانجى

t توبلنمش Adj. SL. تكوس *renversé, retourné.* | umgekehrt.

a توبه TEWBET. vulg. TÖBE. [Rad. تاب] Sbst. پشيمان اولمق *action de revenir (à Dieu); repentir, pénitence, voeu de ne plus pécher, de ne plus faire telle ou telle chose.* Rückkehr (zu Gott), Reue, Busse, Versprechen das man sich selbst giebt, sich einer begangenen Sünde nicht wieder schuldig zu machen oder überhaupt etwas nicht wieder zu thun. توبه اولسون oder توبه لر اولسون es sei Versprechen, d. i. ich werde es sicher nicht wieder thun. Rel. concr. توبه كار = توبه كر oder توبه كار *pénitent.* | ein Bereuender, Büsser. توبه كارلق *pénitence.* | Busse.

t توپ توز TÜP-TÜZ. Adj. SL. راست و مسطح *tout plat, applati.* | ganz flach, geebnet. s. توز

t توبوچاق auch توبچاق oder توبوجاق und توبورچاق *beau cheval.* | schönes Pferd.

t توبچمشى Sbst. *précaution, soin.* | Vorsicht, Sorge.

t توبچين بشاسى ein Beiname Dschingischans. vgl. بشا

t توبراق s. طوبراق

p t توبره TOBRA. vulg. توبره TOBRA u. طوبره Sbst. *sac, besace.* | Sack, Futtersack, Ranzen.

t توبطه Sbst. LT. يشم *laine.* | Wolle.

t توبن Sbst. LT. پستى *bassesse, profondeur.* | Niedrigkeit, Tiefe vgl. توب

t توپه TÖPE, auch توبا Sbst., = توپه *colline.* | Hügel.

t توبنچه Sbst. auf der Weide fettgewordene Stute. LT. ماديانكه كه در صحرا چريده فربه شده باشد

t توبوغلى Sbst. سعد *p* مشك زمينى *cyperus, nom de plante.* | Name eines wohlriechenden Krautes, welches bei Wunden als Heilmittel gebraucht wird. LL.

t توبوغلى Sbst. LT. خاك و باران *poussière et pluie.* | Staub und Regen.

t توبوز s. طوپوز

t توبوق s. طوپوق

t توبوغو Sbst. *nom d'arbre.* | Name eines Baumes, aus dessen Holze man Peitschenstiele macht. SL.

t توبولامق TOBULAMAK. Vb. act. vgl. طوپ u. توب *faire attaque.* | einen Angriff machen auf einen feindlichen Heerhaufen SL.

t توبى TUPI (mongolisch). Sbst. SL. عرقچين يعنى كه در زير طاس كلاه بوسر پوشند *calotte.* | Schweisskäppchen, Filzkappe die unter dem Helm getragen wird.

a توبية TEWBIET. [توب II.] Sbst. تركيب اتمك، تهيئه اتمك، حاضرلق *action de disposer, d'apprêter, d'arranger, de préparer.* | Zurichtung, Bereitung.

a توبيخ TEWBÎH. [وبخ II.] Sbst. ازارلامق *action de réprimander; reproche, réprimande.* | Tadel, Vorwurf, Schelten. — توبيخا TEWBÎHEN. Adv. *par reproche.* | vorwurfsweise.

p t توت TÜT auch توث، طوت، توذ Sbst. *a* توث، فرصاد، توذ، توت *mûre.* | Maulbeere. توت آغاجى *mûrier.* Maulbeerbaum. قره توت *mûre sauvage.* | schwarze Maulbeere, Brombeere, = بوكورتلن يمشى

t توته بيرمك TUTA-BIRMEK. Vb. act. compos. *p* كرفتن *prendre, saisir.* | greifen, ergreifen, vgl. طوتمق

t توتاش TUTAŠ. Adj. بهم پيوسته *lié, ajouté; proche.* | verbunden mit, angefügt; nahe. vgl. طوتاش u. توتشمق

t توتاشتورجق TUTAŠTURDŽUK. Sbst. *allumette.* | Zündhölzchen, Span. vgl. طوتشدرمق

t توتمق TUTMAK und توتمق TUTMAK. Vb. act. *prendre, tenir.* | nehmen, halten. — Derit. توتشمق u. توتنمق Vb. recipr. *croire, penser.* | dafür halten, glauben, meinen. vgl. طوتمق u. Derit.

t توتسى TÜTSÎ auch توتسو u. توتسى Sbst. *fumigation.* | Räucherung. — WERMEK, = توتسولمك *fumer.* | räuchern.

t توتك s. توتك und توتك

t توتمك TÜTMEK u. توتونمك Vb. act. Aor. توتر TÜTER. *faire de la fumée, fumer.* | rauchen.

t توتون s. توتون

t توتورغو TUTURGHU u. توتوغو TUTURGU. LT. (sic) SL. تيزبر دون

t توتوك TUTUK u. توتوك TÜTÜK. Sbst. (alt) *rideau.* | Vorhang.

t توتوسو Sbst. LT. سماق، ماهى *1. sumac.* | Sumach. *2. poisson.* | Fisch. (?)

t توتون TÜTÜN, auch توتون oder دوتون und توتون Sbst. *fumée; tabac à fumer.* | Rauch; Rauchtabak. توتون ايچمك *fumer du tabac.* | Tabak rauchen.

t توتونجى TÜTÜNDŽÎ. Sbst. *marchand de tabac; valet de chambre chargé des pipes et du tabac.* | Tabakshändler; Pfeifenputzer oder Pfeifendiener (in Häusern der Vornehmen.)

t توتونلمك TÜTÜNLEMEK oder توتونلنمك Vb. act. *fumer, infecter de fumée.* | rauchen, räuchern.

t توك und توكك Sbst. LT. نى *roseau; bois de flèche.* | Rohr; Pfeilschaft von Rohr.

p t توك TÜTK. Sbst. اربه جق *orgelet.* | Gerstenkorn am Auge [ähnlich einer Maulbeere توت].

p توتيا TÜTIA. Sbst. سورمه *antimoine, tutie fossile; collyre.* | Spiessglass, Spiauter; Augensalbe. توتيا آق *calamine.* | Galmei. — Alchim. *pierre philosophale.* | der Stein der Weisen.

p توتيد TEWTID. [وتد II.] Sbst. قازيق قاقمق *action d'enfoncer, de ficher (un pieu, etc.)* | Einschlagen, Einpflanzen (einen Pfahl u. dgl.).

a توتير TEWTIR. [وتر II.] Sbst. ياى قورمق *action de tendre l'arc, de mettre la corde.* | Anbinden der Sehne an den Bogen, Spannen des Bogens.

a توثب TEWESSÜB. [وثب V.] Sbst. آتلامق، صيچرامق *action de sauter.* | Springen, Sprung.

a توثق TEWESSÜK. [وثق V.] Refl. des Figeda.

a توثيق TEWSIK. [وثق II.] Sbst. محكم ايتمك *action de raffermir, de rassurer, de confirmer, de ratifier, de redonner confiance* | Befestigung, Bestätigung, Bekräftigung, Ermuthigung.

p توج TÜG. Sbst. آيوا *coing.* | Quitte.

p توج TÜG und توچ TÜČ. Sbst. *p* روى *bronze.* | Erz, Bronze. Rel. concr. توچلى

t توچجى TÜGÜČI. Sbst. *a* روى گر *ouvrier et fondeur en bronze.* | Gelbgiesser, Glockengiesser.

a توجد TEWEGGÜD. [وجد V.] Sbst. كندن گچمك، وجده اولمق *état d'être hors de soi, être ravi, être en extase, soit par tristesse ou par un desir amoureux.* | vor Sehnsucht, Traurigkeit u. s. w. ausser sich sein, in der äussersten Gefühlsaufregung sein.

a توجع TEWEGGÜ'. [وجع V.] Sbst. آجيمق، آغريمق، درد ايلمك *action d'éprouver une douleur, de souffrir, de plaindre, de témoigner de la compassion.* | Empfinden oder Erdulden eines Schmerzes; Mitempfinden, Bedauern, Bemitleidung.

a توجن TEWEGGÜN. [وجن V.] Sbst. خضوع ومسكنت ايتمك *action de s'humilier, de s'abaisser.* | sich demüthigen, sich erniedrigen.

a توجه TEWEGGÜH. [وجه V.] Sbst. يوز طوتمق، برسمته طوغرى يوللنمق Refl. v. توجيه ... *action de se tourner ou se diriger vers q. qn. ou vers q. ch., de s'acheminer vers ..., de partir pour ..., de faire attention, de faire une faveur à q. qn., de se mettre en fuite (une armée), de se tourner vers Dieu, de prier; départ ou marche vers un lieu.* | Zuwendung, Hinwendung zu einer Person oder Sache, sich wohin begeben, wohin auf den Weg machen, Abreise nach einem Orte, seine Aufmerksamkeit wohin richten, seine Gunst einem zuwenden; sich zur Flucht wenden (ein Heer); sich zu Gott wenden, beten. Pl. توجهات TEWEGGÜHÂT *marques de faveur.* | Gunstbeweise.

t o توچى Adj. *doux.* | süss(?) Q.

a توجيب TEWGIB. [وجب II.] Sbst. لازم وواجب قيلمق *action de rendre nécessaire.* | nothwendig machen, für nothwendig erklären, als Nothwendigkeit auferlegen.

a توجيه TEWGIH. [وجه II.] Sbst. توجه ايتدرمك، يوللنمق Act. v. توجه *action de tourner, de diriger q. ch. vers ..., conversion, action d'envoyer, d'expédier; mission; action de donner à quelqu'un un emploi, employer, nomination à une place; motiver, justifier q. ch., en indiquer la raison et le but.* | Wendung, einen Gegenstand nach etwas zu wenden, eine Richtung geben, wohin senden; Ernennung zu einem Amte, Anstellung oder Bestätigung in einem Amte; Motivirung, Angabe seiner Gründe (für eine Handlungsweise). Pl. توجيهات die Ernennungen zu, oder Bestätigungen in den Aemtern, Promotionen (die in der Zeitung bekannt gemacht werden). توجيه امرى — براتى . فرمانى *diplome, lettre de commission.* | Bestallungsschreiben. بركمسه توجيه خطاب ايتمك *adresser la parole à q. qn.* | Jemanden anreden. — Rhetor. die Zweideutigkeit. — Prosod. der dem Reimbuchstaben vorhergehende Vokal, Vokal der Endsilbe des Reims.

a توحد TEWEHHÜD. [وحد V.] Sbst. يالكز ويكانه اولمق Refl. v. توحيد *état d'être seul, d'être unique; isolement; action de s'isoler.* | Allein sein, Einzig sein, Absonderung.

a توحش TEWEHHÜŠ. [وحش V.] Sbst. قاچيق، آجقمق، اوركمك، اسلاسمه Refl. v. توحيش *état d'être dévasté, d'être dépeuplé; état d'avoir le ventre vide; action de s'effaroucher.* | Verödung; Leere, Verwilderung (einer Gegend); Leere des Magens, Nüchternheit; wild und scheu werden (eines Thieres); sich unheimlich fühlen, sich vor etwas scheuen, fürchten.

a توحيد TEWHID. [وحد II.] Sbst. بيرلمك، بر ايلمك *action de rendre unique, de regarder q. qn. ou q. ch. comme seul et unique.* | Vereinzelung, eine Person oder Sache als einzig in seiner Art ansehen oder dafür erklären. — Theol. *doctrine ou profession de l'unité de Dieu.* | Lehre und Bekenntniss der Einheit Gottes. — Theol. suf. Betrachtung Gottes in seiner absoluten Einheit [احديّة], abgesehen von allem ausser Ihm; die fünfte Stufe der sufischen Speculation. — Gramm. *action de mettre au singulier; de donner à une lettre un seul point diacritique.* | Setzung oder Gebrauch des Singular; Punktierung eines Buchstaben mit nur einem diakritischen Punkte.

a توحيش TEWHIŠ. [وحش II.] Sbst. اوركتمك، اسلاك *action de dévaster, de désoler, d'effaroucher.* | Verwüstung, Verödung, wild und scheu machen. Caus. v. توحّش

t o توختامق TOQTAMAK s. طاختامق Vb. intr. LT. طورشمق، يلدار شمق SL. وارام ...سكرشمسى *s'arrêter, attendre.* | anhalten, stehen bleiben, verweilen, warten. قانى توختامادى das Blut floss in einem fort. Abulg. 127.

a تودد TEWEDDÜD. [ود V.] Sbst. بركمسنه تحبّبتى كندوسنه جلب ايلمك، دوستلق و محبّت ايتمك *action de se faire aimer, de rechercher l'affection de q. qn., de témoigner de l'amitié à q. qn.* | sich beliebt machen; Freundlichkeit und Gefälligkeit gegen andere; einem seine Freundschaft beweisen.

a تودر TEWEDDÜR. [ودر V.] Refl. v. توديز

a تودع TEWEDDÜ'. [ودع V.] Sbst. *action de se faire donner ou de prendre q. ch. en dépôt, de garder, de conserver.* | sich etwas zur Aufbewahrung geben lassen, in Verwahrung nehmen, aufbewahren.

p توده TÜDE. Sbst. يغين، تل، پشته *a* كومه *monceau, monticule, tertre.* | Haufen, Hügel.

a توديس TEWDIS. [ودس II.] Sbst. گيزلنمك، صقلانمق *action de se cacher, état d'être caché.* | Verbergung, sich verbergen, verborgen sein.

a توديع TEWDI'. [ودع II.] Sbst. *action de donner à q. qn. une chose en dépôt, de consigner, de confier à ...; action de dire adieu, de prendre congé.* | Anvertrauung (einer Sache zur Aufbewahrung, eines Geheimnisses u. s. w.); Verabschiedung, Abschied nehmen.

t o تور s. تر u. تورا

t o تور TUR. Sbst. LT. دام وكوسله *chevreau, veau.* | Böckchen, Kalb.

t o تور TUR, TÜR auch طور Sbst. SL. صدر خانه *vestibule, place d'honneur, trône.* | Vorhaus, Ehrenplatz, Thron. تورنا اولتورمق تورصدر نشيمن = سيسن Ali Schir. Q.

t o تور TOR, TÖR auch تورا u. تورى Sbst. SL. آغى مشبك بافته باشند *qui est fait en forme de réseau, filet; clayonnage.* | Netzgeflecht, Netz, Jagdnetz; Flechtwerk, geflochtenes Schirmdach oder Brustwehr.

p تور TEWER s. تبر

t o تورا TURA. Sbst. (mongolisch) *guide, seigneur, prince.* | Führer, Herr, Fürst. Rel. abstr. توراليق

t o تورا TORA. Sbst. (tatarisch) *ville.* | Stadt. تورالى TORALYK. Adj. *citadin.* | städtisch.

a تورات TEWRÂT oder تورية TEWRIJE Sbst. *le pentateuque.* | der Pentateuch.

t o توراج LT. تذرو *faisan.* | Phasan.

t o توراق Sbst. *flèche à pointe en forme d'ancre.* | Pfeil mit ankerförmiger Spitze.

t توراق s. طوراق

t o توراليق TURALYK u. توراليك Sbst. 1. Abstr. v. تورمق *action de rester, de demeurer.* | das Stehen, Verweilen. توراليك قيلديلر sie blieben stehen. Abulg. 2?5. —

2. Rel. abstr. v. تورا *dignité de prince.* | Fürstenwürde.

t o تورامق TURAMAK u. تورامق Vb. act. SL. بهم رسیدن *s'assembler, s'unir.* | zusammenkommen, sich vereinigen. — Deriv. I. تورالتمق und تورالتمق Vb. caus. SL. فرو بسردن *faire descendre, descendre* (trans.). | herabbringen, herunterlassen. II. تورالتلمق Vb. caus. pass.

t o توران TURAN. N. pr. Turan.

p t توربه TORBA s. توبره

t تورتی s. توردملك u. تورتی

t o تورت oder تورتا Adj. num. cardin. — تورت *quatre.* | vier. — Ordin. تورتونجی und تورتنجی — Distr. تورتلو . تورتلا . تورتلاسی . تورتنولا

a تورّد TEWERRÜD. 1. [ورد V.] Sbst. وارد اولمق . كلمك . ورود ايتمك *action de descendre, d'arriver, d'approcher.* — 2. [Denom. v. وردة] Refl. v. توريد *action de rougir, de se mettre du rouge; couleur de rose.* | roth werden, erröthen; sich roth färben, sich schminken; Rosenfarbe.

p تورزی TEWRESI u. تورزن s. تبرزن

t o تورسوق TURSUK. Sbst. *outre en cuir en forme d'une cruche.* | krugförmiger Leder-Schlauch.

a تورّط TEWARRUT. [Denom. v. ورطة] Refl. v. توريط

a تورّع TEWERRÜ'. [ورع V.] Sbst. Refl. v. توريع *action de s'abstenir de q. ch. d'inconvenant ou illicite.* | Unterlassen einer unziemlichen oder unerlaubten Handlung; Gewissensscrupel.

t o تورغاق TURGHAK. Sbst. پاسبان . پاسبانی . نگهبان *gardien, sentinelle; garde.* | Wächter, Schildwache, Wache. SL.

t o تورغای TURGHAI. Sbst. 1. LT. جل اسب *couverture de cheval.* | Pferdedecke. — 2. LT. طوغری از گنجشك بزرگتر SL. گنجشك طورغای vgl. تورغی und بفارسی شلنه سر — 3. N. pr. SL. نام پدر امیر تیمور گورکان

t o تورغتشی Sbst. SL. اخراج و دور کردن *action d'éloigner, de chasser.* | Entfernung, Vertreibung.

t o تورغو TURGHU. Sbst. *enveloppe en soie d'un diplome, etc.* | seidene Umhüllung (Schnur u. s. w.) um ein Diplom oder anderes Schriftstück. SL.

t o تورغوزمق TURGHUZMAK. s. تورمق

t o تورلجه s. تورکجه u. تورله

t o تورلو تورلو LT. رنگارنگ — درلودرلو *divers.* | verschieden. vgl. تورلو

t تورلا s. تورلی u. طورلی

t تورلاق s. طورلاق

t o تورلامق TURLAMAK. Vb. act. SL. نقش دوختن و بدان شبكه انداختن 1. *broder.* | sticken, bunt sticken. — 2. *faire entrer dans le filet, dans le réseau* | in das Netz bringen, verstricken. — Deriv. تورلانمق Vb. refl. pass.

t o تورلوغ TURLUG und تورلوق Sbst. تنیدن *p* آبی اورمك *action de tordre.* | Drehung, Windung, Flechten (VL. contorquere, nectere funem).

t o تورلوك TÜRLÜK. Sbst. u. Adj. درلو *p* گونه *sorte, espèce; divers.* | Art; verschieden. هر تورلوك von allerlei Art. گوروب باغیدا يوز تورلوك عجیب da er in seinem Garten hunderterlei Wunderdinge sah. Ferhad. VI.

a تورّم TEWERRÜM. [ورم V.] Sbst. شیشمك . قبارمق . انتفاخ *action de s'enfler, état d'être enflé.* | Anschwellung. Refl. v. تورم

t o تورمه TÖRME oder تورمه auch تورمكی TÖRMEKI. Sbst. *étoffe de laine fine.* | feiner wollener Stoff.

t o تورمق TURMAK. Vb. intr. — طورمق *être debout, rester, vivre.* | stehen, bleiben, leben. — Deriv. تورغوزمق TURGUZMAK. Vb. caus. vgl. طورمق u. Deriv.

t o تورمتای o. تورمتی LT. مشهور (?)

t o تورموجن SL. گیاهیست صحرائی ماکول Name einer Pflanze.

t o تورنه auch تورنه oder تیله u. تورلی LT. طورنا s. كلنك

t تورنج s. تنج

p تورنك TÜRENG. Sbst. تذرو *faisan.* Fasan.

t o تورنی LT. كلنك s. طورنا

t o z توره Sbst. LT. كمند BK. دمور بوقاغی *lacet; entrave; barrière.* | Fangschlinge, Fessel, Schranke, eine Art Palissade. vgl. تور — SL.

چوبهای تخت ورشتهای آهن كه بازنجیرهای آهن وقلابها در روز جنك بریكدیگر بپیوسته حصار لشكر میسازند

t o z توره Sbst. SL. نسل و نژاد شاهزادگان *race ou lignée de princes.* | Fürstengeschlecht.

t o توره TÖRE. Sbst. قانون . عادت *loi, coutume, usage; spec. le code de Dschingiskhan.* | Gesetz, Sitte, Gebrauch; insbes. das Gesetzbuch Dschingiskhans.

t تورهمك TÜREMEK. Vb. intr. Aor. تورر TÜRER. *être nombreux, s'augmenter.* | zahlreich sein oder werden, sich vermehren. (Redhouse: to breed and increase and multiply in a prolific manner.) — Deriv. تورتمك TÜRETMEK. Vb. caus. (Redh.: to cause to breed greatly).

t توردی (?) SL. بروجی رنك سرخ

t o توروق TURUK. Sbst. LT. اسب كمیت *cheval alezan.* | Fuchs (Pferd).

t o توروم Sbst. SL. شتر بچه دو ساله نواده باشد بروجی *chameau de deux ans; petit-fils* | zweijähriges Kameel; Enkel, — d. Pigd.

t تورون TURUN. Sbst. *petit-fils.* | Enkel, — طوروں

t تورولون TÜRWIN (ungar. törvény Gesetz) Sbst. *diète hongroise.* | der ungarische Reichstag.

a توری TEWERRI. [وری V.] Sbst. گیزلنمك *action de se cacher.* | sich verbergen. Refl. v. توریه

a توریب TEWRIB. [ورب II.] Sbst. *action de faire aller ou mettre de travers, donner une direction diagonale; action d'insinuer indirectement.* | quer durchgehen lassen, die Quere richten; Andeutung, Anspielung, etwas zu verstehen geben und errathen lassen.

a توریة TEWRIJET. [وری II.] Sbst. گیزلمك *action de cacher, de céler q. ch., de taire q. ch., de simuler l'ignorance de q. ch.; de mettre q. qn. à couvert d'un danger etc.; feinte, dissimulation, ambiguité.* | Verbergung; Verhehlung; Verschweigen einer Sache die man weiss, sich stellen als wisse man von einer Sache nicht; Jemanden decken, vor Gefahr u. s. w. schützen; Verstellung; Zweideutigkeit Rhetor. Simulation, verstellte Ausdrucksweise, — ایهام v. Mehren. Rhetor d. Arab. S. 103 ff. تعریض — كنایه و توریه ایله سویلمك auf versteckte Weise zu erkennen geben. — Rel. concr. توریه‌لو *ambigu.* | zweideutig, doppelsinnig.

a تورات s. توریت

a توریث TEWRIS. [ورث II.] Sbst. وارث قیلمق *action de faire hériter, de constituer q. qn. héritier.* | Erblassung, einen als Erben einsetzen.

a توریخ TEWRIH. [Denom. v. تاریخ] Sbst. تاریخ قومق *action de mettre la date.* | Datierung (eines Briefes), Angabe des Datum einer historischen Begebenheit.

a توريد TEWRID. [Denom. v. ورد Blüthe] *action de fleurir (se dit d'un arbre).* | das Blühen, Aufblühen eines Baumes. — [Denom. v. وردة Rose] *action de mettre du rouge.* | das Schminken, Roth auflegen.

a توریش TEWRIŠ. [ورش II.] Sbst. خلقی بر برینه دوشورمك *action d'exciter des inimitiés entre les gens.* | Erregung von Feindschaft, Aufhetzung der Leute gegeneinander.

a توریط TEWRIT. [ورط II. Denom. v. ورطة] Sbst. ورطه یه دوشورمك . بلایه گرفتار ایتمك *action de précipiter q. qn. dans un abîme, dans la perte.* | Jemanden in einen Abgrund, in's Verderben stürzen.

a توریع TEWRI'. [ورع II.] Sbst. پرهیز ایتدرمك . صقندرمق . گیرو طوردرمق *action de retenir q. qn. de q. ch., de faire q. qn. se garder, de faire s'abstenir.* | Zurückhaltung (von etwas Verbotenem, von Gefahr u. s. w.).

a توریق TEWRIK. [Denom. v. ورق] Sbst. اغاج یپراقلنمق *action de se couvrir de feuilles (se dit d'un arbre).* | das Blätter treiben, sich mit Blättern bedecken (ein Baum).

a توریم TEWRIM [ورم II.] Sbst. شیشیرمك . اویكه‌لندرمك . قبارتمق *action de faire enfler, de faire se gonfler; action de mettre en colère* | Bewirken einer Geschwulst (durch Stoss u. s. w.), einer Aufschwellung; in übertr. Bedeut.

vor Zorn anschwellen machen, Erzürnung. توزيم آنك das in Zorn gerathen.

t توز TOZ auch طوز Sbst. *p* غبره ,گرد *poussière, poudre.* | Staub, Pulver. صمان توزى *paille hachée.* | Häckerling. بچقو توزى *sciure.* Sägespäne. توزكار *p* تنكار — قويومجى توزى Borax. توزلو Rel. concr. توزلق — توز قيلرمق Rel. abstr. توزلق

t توز TOZ. Sbst. پس كوش *creux derrière les oreilles.* | Grübchen unter dem Ohr (wo das Ohrgehänge anschlägt), vollständiger قولاق توزى

t توز TUZ. [SL. بشبح LT. توزّ] Sbst. *sel.* | Salz. s. طوز u. Deriv.

to توز TÜZ. 1 Adj., = *t* توز *p* راست *uni, égal, plat; droit, vrai, sincère; conforme.* | gleich, eben, gerade; wahr, aufrichtig; ebenmässig. 2. Sbst. ميدان ,شمواز ,سشو ,صحرا *plaine.* | Ebene. — توز يول gerader oder ebener Weg. خراسان توزنده اوتوروجى ايل ein in der Ebene von Khorasan ansässiger Stamm. Ali Schir. Rel. abstr. توزلوك Rel. concr. توزلو [die übrigen Deriv. s. توز]

to توز TÜZ. Sbst. SL. پوست درخت بادام *écorce de l'amandier.* | die Rinde des Mandelbaums. (?)

p توز TÜZ. [Rad. v. توختن] in Zusammensetz., = جمع كننده .توزنده *qui accumule, ramasse.* | zusammenhäufend, zusammenraffend. als Sbst., = نهب , غارت ,يغما *pillage.* | Raub, Plünderung.

t توزامق s. توزمق Deriv.

to توزامك Vb. act. = دوزمك vgl. توزمك

to توزاغ TUZAG oder توزاق TUZAK und توشاغ LT. حلقهٔ دام و پای بسند اسپ *t* توزاق und توزاق *lacet, filet.* | Schlinge, Netz.

t توزاق TOZAK. Sbst. *duvet; plume.* Flaum, Faser, Pflanzenfaser (an Blüthe und Blättern). Kam. s. v. الزغب , آلچوغوسى توش المكتبة , المشر u. a. Feder المصرة اوچوتقى توزاغى Flugfeder der Vögel. Kam. s. v. الخبرة

t توزاقلانمق TOZAKLANMAK. Vb. intr. *se couvrir de duvet.* Fasern oder Flaum haben oder sich bilden (z. B. von Pflanzen). Kam. s. v. المشر

to توزاك TÜZEK. Adj., = توز TÜZ.

t توزان TOZAN. Adj. *poudreux, qui produit de la poussière.* | staubig [Partic. von توزمق]

to توزانك TOZANG. Sbst. SL. زمينى كه خشك آن ,نرم باشد *sol poussiéreux ou mou.* | staubiger oder weicher Boden (in dem sich keine Steine finden).

t توزاتمق TOZATMAK. Vb. act. *faire de la poussière.* | Staub erregen. s. توزمق Deriv.

a توزره TEWEZZÜR. [Denom. von وزير] Sbst. توزير Refl. von وزيرلك وزير اولمق

action de se charger du vizirat et de l'administrer. | das Amt eines Vezir übernehmen oder bekleiden.

a توزّع TEWEZZU'. [وزع V.] Sbst. حصه حصه بولنمه *action de se partager q. ch.; partage.* | unter sich theilen; Theilung. Refl. v. توزيع

to توزوك s. توزك

to توزكن TÜZGEN. LT. زود *vite, prompt.* | schnell. vgl. تيز u. توزوك

to توزكمك s. توزكنمك

t توزلا s. توزلاق ,توزلق ,توزلامق ,طوز

to توزلك s. توز und توزلامك

t توزلق TOZLYK auch طوزلق Sbst. *habit court; guêtre.* | kurzes Kleidungsstück; Gamasche. خالتون — قاتين توزلغى oder die Berberitze.

t توزلامق TOZLAMAK oder طوزلمق Vb. act. *couvrir de poussière.* | mit Staub bedecken, bestieben. — Deriv. I. توزلانمق TOZLANMAK, Vb. refl. — II. توزلاتمق TOZLATMAK. Vb. caus.

t توزلو s. توز u. طوز

t توزلولانمق TOZLULANMAK. Vb. refl. *se couvrir ou être couvert de poussière.* | staubig sein, sich bestieben.

to توزلوك und توزلوق s. توز , طوز und توزلك

t توزله s. طوزله

to توزمك SL. oder توزمق LT. u. Deriv. s. توز u. توزمك

t توزمق TOZMAK oder توزمق u. توزومق [Kam. s. v. الهيب] auch طوزمق Vb. act. *faire de la poussière.* | Staub erregen, stieben. — Deriv. I. توزاتمق TOZATMAK auch توزتمق und توزدتمق TOZDUTMAK. Vb. caus. Aor. توزار TOZAHER u. توزدر TOZUDUR. Particip. توزيجى Gerund. توزيجوب، توزيب — II. توزشمق TOZUŠMAK. Vb. recipr. SL. گرد بر انگيختن

to توزمك TÜZMEK. (tatar.) Vb. intr. *endurer, souffrir.* | erdulden, ertragen.

t توزنلى TOZYNDY, TOZUNDU. Sbst. *tourbillon de poussière.* | Staubwirbel. طبراق توزندسى aufgewirbelter Staub. Kam. s. v. الهوع

to توزنى Sbst. LT. كوساله ماده *veau femelle.* | Kalb (weibl. Geschlechts).

to توزوك TÜZÜK auch توزك und تزك 1. Adj. vgl. توز u. تيز *arrangé, fait, droit; prompt, vite.* | geordnet, bereitet, fertig, gerade; schnell. — 2. Sbst. vgl. توزه *ordre; pompe.* | Verordnung; Pracht. مير توزك der Ceremonienmeister bei Hofe. Rel. abstr. توزوكلوك *ordre; droiture; culture.* Ordnung; Geradheit, Rechtschaffenheit; Kultur. SL. u. LT. آبادى ومعمورى

to توزياكا TÜZ-JAKA. Sbst. LT. طرف راست *côté droit.* | rechte Seite. vgl. توز

a توزيع TEWZÎ'. [وزع II.] Sbst. حصه حصه بولوب اولشدرمه *action de distribuer; distribution, division.* | Vertheilung zu gleichen Theilen. ويركو توزيعى *répartition des impôts.* | Vertheilung einer allgemeinen Auflage. توزيع صالمق *cotiser.* | den Anschlag der Steuer machen.

a توزيف TEWZÎF. [وزف II.] Sbst. عجله و سرعت ايتمك *action d'aller vite, de se dépêcher.* | schnell gehen, Beeilung.

a توزين TEWZÎN. [وزن II.] Sbst. *action de s'accommoder à q. ch., d'adapter son esprit.* | Anbequemung. — [Denom. v. وزن Gewicht.] *action de peser.* | Abwägung.

to توس oder تس Sbst. LT. شكل SL. گمان ,وبمعنى نژاد و سرشت *forme, figure; espèce; qualité naturelle, naturel, caractère.* | Gestalt, Art, natürliche Beschaffenheit, Charakter. Rel. abstr. und concr. توسلوق oder توسلك und تسلق LT. صاحب شكل SL. توسلو نيكو سرشت و عالى نژاد Rel. concr. توسلو oder توسلك LT. كوندكون

to توس TOS, = توز *poussière.* | Staub. (ABUŠKA).

to توسق LT. s. خشمه توسق

to توستوكن Sbst. SL. كوزه نودار و ابريق *aiguière.* | Krug.

a توسخ TEWESSUH. [وسخ V.] Sbst. مردارلنمق ,پسلنمق ,كيرلنمك *action de se salir.* | Verunreinigung, Besudelung, Verschmutzung.

a توسّد TEWESSÜD. [Denom. v. وساد] Sbst. يصدغه يصدلنوب طيانمه Refl. v. توسيد *action de s'appuyer sur q. ch.* — p. ex. *sur un coussin.* | sich auf etwas, wie auf ein Kissen, auflehnen.

a توسّط TEWASSUT. [وسط V.] Sbst. ميانجيلك ايتمك ,آرايه كيرمك ,اورتهيه كيرمك *action de se mettre au milieu, être médiateur; intercession.* | Dazwischentreten, Vermittelung.

a توسّع TEWESSU'. [وسع V.] Sbst. گنشلنمك ,بوللنمق Refl. v. توسيع *action de s'élargir, de se mettre à son aise, être à son aise; élargissement.* | Erweiterung (intrans.), sich Raum verschaffen, den nöthigen Raum haben, es sich bequem oder gemächlich machen. Term. techn. Erweiterung des Umfangs eines Begriffs oder der Gebrauchsweise eines Wortes über die eigentlichen Grenzen hinaus. Adv. توسعاً TEWESSU'EN. *par extension.* | durch Erweiterung, im weiteren Sinne.

a توسعه TEWSI'ET. [وسع II.] Sbst., = گنشلك ,بوللق ,توسيع *élargissement, largeur.* | Erweiterung, Weite, Geräumigkeit.

to توسقوول TUSKAWUL. SL. مستحفظ راه و نگهبان *gardien.* | Wächter, Wache, Wegehüter.

to توسكرك TÜSKÜRÜK. Sbst. LT. عطسه *éternuement.* | das Niesen. vgl. تكسرمق

t توسكرمك TÜSKÜRMEK. Vb. act. *a* قطع *p* باز داشتن *arrêter.* | anhalten, zum Stehen bringen. آتى كرو توسكردم ich habe das Pferd wieder zum Stehen gebracht. — *a* تكمتين آلفرس LL. [Meninski: i. q. اورگمك slaterreri. — Deriv. توسكرتمق amoliri seu i. q. اورگتمك]

a توسّل TEWESSUL und توسيل TEWSIL. [وسل V. u. II. Denom. v. وسيلة] حق تعالى درگاهنه تقرب ايدجك عمل اشلمك *action de rechercher l'accès auprès de Dieu à l'aide d'une bonne action* | sich Mittel und Wege bahnen zu etwas, insbes. sich durch gute Werke den Weg zu Gott bahnen, sich ihm zu nähern suchen. — ETMEK. *mettre sa confiance en ..., avoir recours à ..., se recommander.* | sein Vertrauen setzen auf ..., sich empfehlen. اللهه توسّل ايتمك sich zu Gott wenden.

to توس s. توسلو . توسلك . توسلق

to توسّمق SL. يايلمق

p توسن TEWSEN. Sbst. *cheval indompté, cheval jeune et ardent, cheval de bataille* | junges, rasches, ungebändigtes Pferd, Streitross. Adj. سركش و حرون *opiniâtre, obstiné, réfractaire.* | wild, unbändig, störrig.

p توسنك TÜSENK. Sbst. قناعت *action de se contenter de q. ch.* | Genügsamkeit, Begnügung.

to توسون TUSUN. Sbst. SL. يملولى روغن دسمت *graisse.* | Fett, Fettigkeit.

p توسه TÜSE. Adj. بسلنمش *nourri, engraissé.* | gemästet, fett. — KERDEN. *engraisser.* | mästen. — KERDEN *s'engraisser.* | fett werden.

a توسيخ TEWSIH. [وسخ II.] Sbst. كيرلنمك . مردار كتمك *action de salir, de barbouiller.* | Beflecknng, Beschmutzung.

a توسيد TEWSID. [Denom. v. وساد] Sbst. دستكاهه سويكلدرمك وتيكلدرمك

Caus. v. توسّد *action de faire q. qn. s'appuyer sur q. ch. comme sur un coussin.* | einen sich aufstützen oder ruhen lassen (wie auf einem Kissen), einem eine Stütze bereiten.

a توسيط TEWSIT. [وسط II.] Sbst. اورتيه بولمك . اورتيه كتورمك . اورتيه صوقمق *action de mettre ou de placer au milieu, de prendre pour médiateur; de partager en deux parties égales.* | in die Mitte setzen, als Mittler nehmen, in der Mitte durchschneiden.

a توسيع TEWSI'. [وسع II.] Sbst. بول و كنش و وسعتلو قيلمق *action d'élargir, de dilater.* | Erweiterung, Ausdehnung. توسيع بلاد ايتمك die Grenzen eines Landes erweitern.

a توسيل TEWSIL. s. توسّل

a توسيم TEWSIM. [Denom. v. موسم] Sbst. موسم حج موسمنده حجاج تجمع اولمق *rassemblement des pèlerins dans la saison du pèlerinage.* | Versammlung der Pilger in der Zeit der Wallfahrt.

to توش Sbst. [vgl. طوش u. دوش] 1. خواب و رويا *songe.* | Traum. 2. طرف سمت *côté.* | Seite, Gegend, Grenze, Theil. قوكنى ولايتى نيمك توشيدن von der Seite (oder Grenze) des Gebietes von Kazgun. Abulg. — 3. مقابل *qui rencontre, rencontre, vis à vis.* | der Begegnende, Begegnung, Entgegenkommen, Gegenüber. توش بسونمق entgegenkommend, gegenüber befindlich. 4. سينه *poitrine.* | Brust. 5. توشه = وقت ظهر . لشعب روز *midi, temps du midi, grand jour.* | Mittag, Mittagszeit, heller Tag. تا توشكجه = تا نيمروزه bis zu Mittag. توش بولماس اولمدن بورون bevor es Mittag wurde. كون كوش بوشمدا zu Mittage. Abulg. — 6. قوّت . توانى . شلات . بدن *corps; puissance, force.* | Körper; Kraft, Stärke. 7. خوراك بقدر احتياج *vivres, provisions* | Lebensmittel, Mundvorrath, = توشه — Rel. abstr. توشلق . توشلوق 1. = سمت *côté.* | توشلوق توشه = سمت بسمت Seite an Seite. 2. = چاشتكاه *temps du midi.* | Mittagszeit. توشلوق بر eine halbe Tagereise entfernter Ort. 3. — تنومند . جسيم . بقدر زورمند *grand, fort, corpulent.* | gross, stark. — Rel. concr. توشلو

to توشر Adj. LT. بد *méchant, mauvais.* | böse, schlecht.

to توشق Sbst., = *t* تشاق *testicule.* | Hode.

to توشاك . توشمق . توشاق . توشو Sbst. چتى بند اسب و حلقه دام *entrave, lacet.* | Fessel, Schlinge.

to توشك u. توشاك Sbst. فرش و نهالى = *t* دوشك *lit, tapis, couche.* | Bett, Teppich, Lager.

to توشمك u. توشمق Vb. act. كسترمك . فرش كرمك *étendre sur le sol.* | hinbreiten, auf dem Boden ausbreiten. — Deriv. I. توشتمك Vb. caus. II. توشلمك Vb. pass. توشلمك كسترلمك SL. u. VL. s. توشامك

to توشامق u. توشامق Vb. act. *enlacer.* | fesseln, verstricken, in der Schlinge fangen, verlitzen.

to توشبغا TÜSBAU. Sbst. LT. سنك پشت *tortue.* | Schildkröte.

to توشچلك Adj. SL. بقدر نيم روز و چاشت روز *qui dure une demi-journée ou jusqu'à la moitié du jour.* | halbtägig, vormittäglich, bis zum Mittag, mittäglich.

a توشيح TEWSSÎH. [Denom. v. وشاح] Sbst. قلج قوشانمق . وشاح تشاقمق *action de se ceindre.* | Umgürtung (mit einem Gürtel oder Säbel). Refl. v. توشيح

p توشدان s. توشه

to توشاك s. توشك

to توشكان TÜŠKÂN. Sbst. كلخن حمام *four (dans un bain).* | Heizofen oder Feuerstätte im Badehause.

to توشكرك s. توسكرك

to توشلاغ TÜŠLAU. Sbst. توجار و مقابل *rencontre.* | Begegnung, Entgegenkommen. s. توش

to توشلامك Vb. intr. SL. چاشتكاه كچرمك *passer le temps du déjeuner.* | die Mittagszeit oder die zweite Frühstückszeit zubringen.

to توشمق Vb. intr. LT. اقتمق *tomber.* | fallen. s. توشمك

to توشلو . توشلوق . توشلك s. توش

to توشمك TÜŠMEK. SL. oder توشمق TUŠMAK. LT. Vb. intr. = توشمك *étendre; tomber; songer.* | ausbreiten; fallen; träumen. — Deriv. I. توشورمك oder توشورمق Vb. caus. II. توشولمك oder توشلمق Vb. pass. III. توشتوشمك Vb. recipr. vgl. توشمك u. Deriv.

to توشمال s. توشيمال

to توشوق s. توشوق

to توشوك TÜŠÜK. Sbst. سوراخ *trou, ouverture, porte, fenêtre.* | Loch, Oeffnung, Thür, Fenster.

to توشه TÜŠE. Sbst. سينه *poitrine.* | Brust, = توش

p توشه TÜŠE. Sbst. ازق *provision de bouche.* | Proviant, Mundvorrath, tägliche Nahrung. توشه دان TÜŠE-DÂN oder توشدان TÜŠDÂN. *sac à provisions.* | Futtersack, Vorrathssack.

a توشّى TEWESSÎ. [وشى V.] Sbst. الاجه لنمق . بيضلنمق . اغرمق *action de se colorier, de se blanchir, de grisonner.* | Färbung; von den Haaren des Kopfes und des Bartes, sich grau oder weiss färben, verschiedenfarbig werden.

a توشيح TEWŠÎH. [وشح II.] Sbst. 1. Activ. v. توشّح — 2. Rhetor. Andeutung des Reimes durch ein vorhergehendes Wort. v. Mehren. Rhetor. d. Arab. S. 163. 175. Hariri. ed. de Sacy. S. 229.

a توشيع TEWŠÎ'. [وشع II.] Sbst. Rhet. Gebrauch eines Duals am Ende eines Satzes, mit folgender Erklärung desselben durch zwei Worte die durch und verbunden sind.

a توشيق TEWŠÎK. [وشق II.] Sbst. پارچه لره ايلمك . كسوب تلوكه صوقمق *action de fendre, de séparer.* | Spaltung, Trennung, Zerstreuung.

a توشيم TEWŠÎM. [وشم II.] Sbst. دوكمه . دوكمك *action de tatouer.* | Tätowierung.

p توشيمال TÜŠIMÂL oder توشمال TUŠMAL. (mongolisch). Sbst. چاوش *huissier, appariteur.* | Diener im Diwân des Monarchen.

a توصّب TEWASSUB. [وصب V.] u. توصيب [وصب II.] Sbst. خسته و دردناك اولمق *état d'être malade, épuisement.* | Kranksein, Entkräftigung (in Folge von Krankheit).

a توصّف TEWASSUF. [وصف V.] Sbst. وصف اولنمق . صفتلنمق *description.* | Beschreibung. Refl. v. توصيف

a توصّل TEWASSUL. [وصل V.] Sbst. Refl. v. توصيل . بتشمك . اولاشمق *action de s'unir à ..., d'arriver à ..., de se joindre à q. qn., de contracter parenté.* | Vereinigung mit . . ., Ankunft bei . . ., Verbindung mit Jemand (durch Heirath).

a توصّم TEWASSUM. [وصم V.] Sbst. توصم Refl. v. رنجیده اولق . دردناك اولق état d'être malade, d'être souffrant; langueur, torpeur. | Krankseie, Leiden, Schmachten, Mattigkeit.

a توصيه TEWSIJET. [وصى II.] Sbst. action de recommander; de léguer par testament; recommendation; testament. | Anempfehlung, Auftrag, Testament. — ETMEK. enjoindre, mander, exhorter, recommander, conseiller, faire un testament. beauftragen, ermahnen, anempfehlen, ein Testament machen. توصيه نامه lettre de recommandation. Empfehlungsschreiben.

a توصيد TEWSID. [وصد II.] Sbst. قورقتمق action d'intimider, d'effrayer. | Einschüchterung.

a توصيف TEWSIF. [وصف II.] Sbst. مقلتمق action de décrire, de qualifier, d'expliquer, d'exposer les bonnes qualités de q. ch., de louer; description, qualification. | Beschreibung, insbes. lobende Beschreibung, Hervorhebung der guten Eigenschaften und Vorzüge einer Sache.

a توصيل TEWSIL. [وصل II.] Sbst. اولاشدیروب اکلمك Activ. v. توصّل action de joindre étroitement, d'approcher et unir deux choses. | feste Zusammenfügung, Zusammenbringen, aneinander bringen, Vereinigung (zweier Dinge).

a توصيم TEWSIM. [وصم II.] Sbst. دردناك ایلمك . كسل و فتور ویرمك Act. v. توصّم action de causer de l'affaiblissement, de la douleur, torpeur, langueur. | Verursachung von Schmerz, Schwäche, Mattigkeit.

a توضّح TEWADDUH. [وضح V.] Refl. v. توضيح

a توضّؤ TEWADDU'. [وضأ V.] Sbst. آبدست آلمق action de faire l'ablution avant la prière. | Waschung (vor dem Gebete).

a توضيح TEWZIH. [وضح II.] Sbst. آچمق . روشن و عیان قیلمق action de manifester, de déclarer ouvertement; manifestation, déclaration. | Kundthun, offene Darlegung. Pl. توضيحات TEWZIHÂT. manifestations, déclarations publiques | öffentliche Bekanntmachungen.

a توطّن TEWATTUN. [وطن V. Denom.] Sbst. Refl. v. توطين action de s'établir, de prendre pour domicile, se fixer, demeurer; action de s'habituer, de s'accoutumer. | Niederlassung an einem Orte (Stadt, Land u. s. w.), beständiges Verweilen (bleiben, wohnen), sich ansässig machen an einem Orte [mit ده des Ortes]; Gewöhnung an etwas, Angewöhnung.

a توطئه TEWTIE. [وطأ II.] Sbst. دوز وملایم ایلمك action de rendre plat, d'aplanir, d'aplatir (la route), de faciliter (l'entente d'un ouvrage par une introduction). | Beseitigung der Schwierigkeiten, Erleichterung des Verständnisses (eines Buches oder Vorbereitung des Lesers durch Vorrede, Einleitung u. s. w.)

a توطيد TEWTID. [وطد II.] Sbst. مركوزيله كركى كبى برقشدروب جوكرمك action de raffermir, de consolider, de rendre durable. | fest machen, dauerhaft machen, fest stampfen.

a توطين TEWTIN. [Denom. v. وطن] Activ. u. Caus. v. توطّن action de donner un lieu pour domicile, d'habituer q. qn. à q. ch. | einen irgend wo ansässig oder wohnhaft machen; einen an etwas gewöhnen.

a توظيف TEWZIF. [Denom. v. وظيفه] Sbst. وظيفه تعيين ايلمك . وظيفه‌لنمك action d'assigner la paye, de payer la solde. | Anweisung oder Auszahlung des Lohnes, Besoldung, Ablöhnung.

a توعّد TEWA'UD. [وعد V.] Refl. v. توعيد

a توعّر TEWA'UR. [وعر V.] Sbst. Refl. v. توعير

a توعيد TEW'ID. [وعد II.] Sbst. وعيد ايله قورقتمق action d'effrayer, d'intimider par des menaces. | Drohung, Einschüchterung durch Drohungen.

a توعير TEW'IR. [وعر II.] Sbst. بسر أتمك ايشمك . صرب و درشت قيلمق اكلنمك action de rendre dur, inégal, rude, etc.; faire des difficultés à q. qn., retenir q. qn. de ses affaires. | rauh, hart, holprich, schwirrig u. s. w. machen; Schwierigkeiten machen, einen von seinen Geschäften abhalten.

a توعّز TEW'IZ. [وعز II.] Sbst. سبق ايتمك . و تقدّم ايلمك action de précéder, d'ordonner. | Vorangehen; Befehlen.

a توعيق TEW'IK. [وعق II.] Sbst., = واز كچورمك . منع ايلمك . تعويق action de contrarier q. qn., de s'opposer, de retenir, de détourner de q. ch. | Zuwiderhandeln, sich entgegensetzen; abhalten (von einem Geschäfte). — [Denom. v. وعق WA'K] action de dire ou de regarder q. qn. comme insociable ou difficile à vivre. | einen für unverträglich halten oder dafür erklären.

t توغ TOG. Sbst., = توز poussière. | Staub.

t توغ TUG oder طوغ und توق und توغا (mongolisch) Sbst. علم touc, queue. | der Rossschweif (als Feldzeichen). — توغجى oder علم بردار توغاجى u. توغاغجى LT. u. SL. porte-enseigne. | Fahnenträger. (Abulgasi u. Ali Sehir). Rel. abstr. توغجلوق LT. علم دار

p توغلو TÜGLÜ. Sbst. vulg. توغلو TEWAGUG écorce de frêne. | Rinde des Eschenbaumes [دیش بوداق اغاجى BK.]

t توغان TUGAN oder توغنك Sbst., = طوغان faucon. | Falke.

t توغان TOGAN, auch توغساق oder توغش Adj. u. Sbst. né en même temps, des mêmes parents; jumeau. | zu gleicher Zeit geboren, Geschwister, Zwilling. Rel. abstr. توغانلوق

t توغاى TUGAJ und توقاى Sbst. SL. ييم و خم كه دریمو رودخانه باشد zigzag d'un fleuve der gekrümmte Lauf eines Flusses. — tatarisch: prairie. | Wiese.

t توغجى s. توغ

t توغداق TUGDAK. Sbst. جوز . تغدرى outarde. | Trappgans (avis otis tarda).

a توغّر TEWAGGUR. [وغر V.] Sbst. خشم و كينلمك . بر آتش اولق Refl. v. توغير action de s'enflammer, de bouillonner de colère. | in Hitze oder Eifer gerathen, Entbrennen des Zornes.

t توغرامق u. Deriv. s. طوغرامق couper. | zerstücken.

t توغرى s. طوغرى

a توغّل TEWAGGUL. [وغل V.] Sbst. بر ايشده يك طلمق . يك ايرلى كتمك action de pénétrer bien avant dans une chose, de s'occuper sérieusement de q. ch. | tiefes Eindringen in eine Sache; weitgehen, sich weit einlassen auf etwas, sich ernstlich mit einer Sache beschäftigen.

t توغلغا TUGULGA oder توغلقه (mongolisch). Sbst. p. سرپوش casque. | Helm.

t توغلا TUGLA. Sbst., = طوغله brique, tuile. | Ziegel.

t توغلوق s. توغ

a توغّم TEWAGGUM. [وغم V.] Sbst. دارلمق action de se fâcher contre q. qn. | auf Jemand böse werden oder sein.

t توغمق TOGMAK auch توغمق oder توقمق und توقوماق Vb. act. LT. كره زدن nouer, tisser. | knüpfen, weben. توقومق s.

t توغمق TOGMAK. Vb. intr. p. زادن naître; se lever (le soleil). | zur Welt kommen; aufgehen (die Sonne u. s. w.). طوغمش زاده — توغمش p. زاده genitus, generatus. — توغمش = p. زاده t. طوغمش natus, partus. VL. — Deriv. I. توغورمق Vb. caus. — II. توغلمق u. توغولمق Vb. pass. vgl. طوغمق u. Deriv.

t توغمق Vb. intr. LT. تمام شدن être complet. | vollständig sein. Deriv. I. توغتمق Vb. caus. — II. توغلمق Vb. pass. refl. vgl. توكمك

t توقمق Vb. act. LT. توكماك = زدن

t توغمه LT. غلام بچه enfant, garçon. Kind, Knabe, Bursch.

t توغور TIGUR. Sbst. SL. خرگاه (sic.) خيمه و خرگاه tente. | Zelt, Nebenzelt. (?)

t توغوشمق u. توغورشمق Vb. récipr. se heurter, se battre. sich stossen, sich schlagen. s. طوقشمق

t توغوز s. توقوز

t توغوش TOGUŠ. Sbst. زادكى naissance, noblesse. | Geburt, Herkommen, Adel (der Geburt und des Charakters); Aufgang eines Gestirnes. Rel. abstr. توغوشسلیغ und توغوشلوق Sl. شجاعت و اصلی *noblesse, courage, bravoure.* | Adel, Edelmuth, Muth, Tapferkeit. Rel. concr. توغوشلی und توغوشلیق *noble, courageux.* | edel, tapfer. عقلی بیر توغوش ییکیت ein verständiger und edler Jüngling. Abulg.

t a توغه s. توکه

t a توغای LT., = طوغری ، توغی

a توغیر TEWGIR. [وغر II.] Sbst. خشم و کین و عداوه تشویق ایتمك *action d'irriter, de mettre en colère.* | Anreizung zu Zorn, zu Hass; Erzürnung.

p توف TÔF. [Rad. v. توفیدن] Sbst. *écho; son, bruit.* | Echo, Wiederhall, lauter Schall, Lärm.

a توفد TEWEFFÜD. [وفد V.] Sbst. ارتفاع، نشئی اطرافنه حواله اولمق *action de se dresser ou s'élever au-dessus de ..., dominer les points d'alentour.* | das höher sein als ...., Ueberragung, sich erheben über ..

a توفر TEWEFFÜR. [وفر V.] Sbst. بول اولمق . عزت و توقیر بولنمق Refl. v. توفیر *abondance, action de rendre à q. qu. de grands honneurs.* | Ueberfluss; Erweisung von Hochachtung. توفر اوزره اولمق *abonder, être en grande quantité.* | in Menge vorhanden sein.

t a توفراق TOFRAK und توفراغ Sbst., = طپراق *terre, poussière.* | Erde, Staub.

t a توفراقلامق TOFRAKLAMAK. Vb. act. LT. طوز قالدیرمق *faire de la poussière.* | Staub erregen, stieben.

a توفق TEWEFFUK. [وفق V.] Sbst. Refl. v. توفیق *action de se faire assister, assistance qu'on reçoit de Dieu, succès, réussite.* | das sich beistehen lassen; der göttliche Beistand, dessen man theilhaftig wird; Gelingen, guter Erfolg.

t a توفقان TUFKAN. LT. خوش (?)

t a توکرمك TÜKÜRMEK s. توکورمك *cracher.* | ausspucken.

t a توکرمك TÜTLEMEK. Vb. act. آغزدن توکرمك *crachoter.* | ausspuken, den Speichel ausspritzen. Kam. s. v. انتفث

t a توکورجك TÜKÜRÜK und توکورك TÜKÜRÜK. Sbst. *salive.* | Speichel.

t a توکون Adj. u. Sbst. گرد ومدور یعنی قبه *rond, circulaire; voûte, coupole (d'une tente).* | rund; Rundung oder Wölbung eines Zeltes.

a توفی TEWEFFI. [وفی V.] Sbst. وفات ایمك ... جمعی آلمق ، توفی اولمق *action de recevoir ou de prendre q. ch. tout entière, de prendre l'âme d'un homme, laisser mourir q. qu. (se dit de Dieu).* | etwas ganz oder vollständig nehmen; die Seele eines Menschen zu sich nehmen (von Gott), einen Menschen sterben lassen.

a توفیه TEWFIJET. [وفی II.] Sbst. توفی ویرمك ... *action de donner ou de payer le tout.* | ganz geben, ganz bezahlen.

a توفید TEWFID. [وفد II.] Sbst. ایلچیلکله یوللامق *action d'envoyer en message, d'expédier un messager.* | Absendung eines Boten, eine Botschaft schicken.

p توفیدن TÔFIDEN. [Rad. توف] Vb. intr. سس و شماطه ایتمك *faire du bruit.* | einen Laut oder Schall geben, tönen, lärmen.

a توفیر TEWFIR. [وفر II.] Sbst. چوغالتمق Activ. zu توفر *action de multiplier, de rendre nombreux, d'augmenter, de multiplier à q. qu. les honneurs, lui rendre de grands honneurs.* | Vermehrung, Vergrösserung, grosse Ehrenerweisung. توفیر و اجلال مراسمنی توفیر ایتدی er erwiess ihm grosse Ehre. توفیر احتساب ایله mit grosser Gunstbezeugung, mit vieler Güte. توفیر اسباب حرب ایتمك grosse Kriegsrüstungen machen.

a توفیق TEWFIK. [وفق II.] Sbst. بر امره دلیل و حجتنی راست کتورمك Activ. v. توفق مصیب ایتمك *action de faire réussir q. qu. (se dit de Dieu), de seconder, de rendre apte; assistance que Dieu accorde à l'homme.* | das Gelingen lassen, Erfolg geben, in Uebereinstimmung bringen; der göttliche Beistand der eine Sache gelingen lässt oder die Handlungen der Menschen mit dem göttlichen Willen oder der göttlichen Vorsehung in Uebereinstimmung bringt. — ETYMR. *seconder, diriger, ajuster, rendre propre à.* | helfen, leiten, bereiten, passend machen. بی توفیق *malheureux.* | elend, des göttlichen Beistands nicht theilhaftig.

t a توق s. توغ

t توق TOK oder طوق Adj. سیر *plein, rassasié.* | voll, satt. سیر چشم = توق کوز LT. *avide.* | gierig. کوزی توق *son œil est rassasié, il n'a plus de désir.* | sein Auge ist satt, d. i. er hat alles was er wünscht. قارنم توقدر *j'ai le ventre plein, je suis rassasié.* | mein Bauch ist voll, ich bin satt. — Rel. abstr. und concret. *t a* توقلق oder طوقلق *satiété; fertile, abondant.* | Sättigkeit; Sättigkeit gebend, fruchtbar. توقلوق و زراعت ایچون بیر یل ein fruchtbares, saatreiches Jahr. بیل توقلوق بولوب da das Jahr fruchtbar war.

a توق TEWK. Sbst. آرزو *désir, souhait.* | Verlangen, = توقان

t توقاچ TOKAČ. Sbst. *maillet; bouchon.* | Schlägel; Pfropf. vgl. طوقماق

t a توقال TUKAL. Sbst. زنلرك کوچك اولانی *l'épouse la plus jeune; femme servante.* | die jüngste Frau, Dienerin.

t a توقای s. توکلی

t a توقتامش N. pr. LT. نه الوسی ازجغتای

t a توقتاش TOKTAŠ. SL. آرام و سکون *repos.* | Ruhe. vgl. d. Folgende.

t a توقتامق TOKTAMAK und توقتاماق TOKTAMAK. Vb. intr. SL. آرام ایتمك *se reposer, rester, durer.* | Ruhe finden, ruhen, bleiben, verharren. Imperat. توقتا — Partic. توقتامش LT., = آرام کرفته SL. *stable.* | zur Ruhe gekommen, stehend, fest. — als Nom. propr. Name eines Zeitgenossen Timurs; Name eines türkischen Stammes. SL.

a توقح TEWAKKUH. [وقح V.] Sbst. وقحت = شدید و خشونت اولمق *action de se conduire avec insolence envers q. qu.; impudence.* | Unverschämtheit im Betragen gegen andere.

a توقد TEWAKKUD. [وقد V.] Refl. v. توقید

a توقر TEWAKKUR. [وقر V.] Sbst. وقور اولمق . وقار وتمکین ایله ایتمك *action de se montrer grave et sérieux.* | ernstes und würdevolles Benehmen.

t a توقسبای LT. میر تورك Titel eines Beamteten am Hofe, Ceremonienmeister.

t a توقسان TOKSAN. Adj. num., = طقسان

a توقع TEWAKKU'. [وقع V.] Sbst. رجا و امید ایتمك . بر نسنه وقوعنه منترصد اولمق *action d'attendre q. ch., de s'attendre à q. ch., attente, espérance, souhait.* | Erwartung, Hoffnung, Wunsch.

a توقف TEWAKKUF. [وقف V.] Sbst. اکلنوب ، سوز سویلرکن دورمق ، منتظر اولمق ، دورمق ، اکلنوب دوشونمك ، بر ایشده ترددی *action de s'arrêter, de faire une pause en parlant ou en lisant, de tarder, d'attendre, d'être indécis, incertain sur ce qu'on doit faire.* | Anhalten, Innehalten (im Lesen oder Sprechen), stehen bleiben, warten, zögern; etwas zu thun zögern, unschlüssig sein; Unentschlossenheit.

a توقل TEWAKKUL. [وقل V.] Sbst. صعود ایتمك بر کوه *action de monter sur une montagne.* | Besteigen eines Berges.

t توقلی TUKLU auch طوقلو oder توقلو Sbst. *agneau, chevreau.* | Lamm, Zicklein (bis zu einem Jahre). Kam. s. v. الجذع

t a توقلوق TUKLUK oder TOKLUK. Sbst. *bouton à la tête d'une flèche.* | Kuppe oder Knopf an der Spitze eines Pfeiles (anstatt der eisernen Spitze). SL.

a توقم TEWEKKUM. [وقم V.] Sbst. *action de s'enfoncer dans q. ch., de s'adonner à q. ch., de se proposer q. ch., de se graver q. ch. dans la mémoire, de menacer q. qu.* | sich auf etwas werfen oder legen; sich angelegen sein lassen, eine Sache vornehmen, beschliessen; sich einer Sache befleissigen, eifrig betreiben, dem Gedächtnisse einprägen, sich merken; einem drohen (mit Worten).

t توقماق TOKMAK. 1. Sbst. s. طوقماق *maillet.* | Schlägel. 2. Nom. pr. eine türkische Völkerschaft. SL. طایفه از اتراك

t a توقماق TOKYMAK u. توقیماق TOKYMAK. s. توقماق TOKMAK.

t a توقونقه Sbst. LT. آتش دانی *foyer.* | Herd.

t o توقوز TOKUZ auch تقوز und تغوز Adj. num. cardin., — t طقوز *neuf.* | neun. — Ordinale. توقوزنجى TOKUZUNǦU und توقوزلانجى TOKUZLANǦY.

t o توقوز TOKUZ. Sbst. *présent, cadeau, hommage.* | Geschenk, Ehrengabe, Huldigung. — توقوش 3.

t o توقوزشون TUKUZŠUN. Sbst. SL. نام درختى *nom d'un arbre.* | Name eines Baumes.

t o توقوش TOKUŠ. Sbst. 1., — طوقش vgl. d. Flgnd. *choc* | Zusammenstoss. 2. ماكوى جولاى SL. *navette de tisserand.* | Weberschiffchen. 3. خدمه SL. *service, hommage.* | Dienst, Huldigung. vgl. توقوز

t o توقوشمق TOKUŠMAK oder توقوشمق Vb. recipr. SL. بهم خوردن تو چمو *se heurter.* | aneinanderstossen. — Deriv. توقوشتورمق und توقوشدرمق Vb. caus. s. طوقشمق

t o توقولغه TUKULGA. Sbst., — تسوغلغه *casque.* | Helm. SL. يمقولى جل اسب *couverture de cheval.* | Pferdedecke.

t o توقولق LT. زاييدن s. توغمق TOGMAK. Deriv. II.

t o توقولمق TOKULMAK. Vb. act. بافتن t طوقومق *tisser.* | weben (Ali Schir). VL.

t o توقوم TUKUM. Sbst. SL. پالان دواب LT. خوى گير و پالان و جل دواب *selle, bât; couverture de bête de somme.* | Sattel; Pferdedecke.

t توقه TOKA. t o توقه Sbst., — تقه u. طوقه SL. اسباب تجمل *boucle, quincaillerie.* | Schnalle, Heftlein; kurze Waare, Luxusgegenstände. توقه دلى T. DILI der Stachel an einer Schnalle.

t o توقده — توقه LT. سر و خليفه

t o توقداتيم LT. شكم سير *ventre plein.* | voller Bauch.

a توقى richtiger تقى [Rad. وقى] Sbst. تقوى حذر اللهدن قورقمق *crainte de Dieu.* | Gottesfurcht.

a توقى TEWAKKÏ. [وقى V.] Sbst. حذر واحتراز ايلمك . صاقنمق *action de se garder, de se garantir, de craindre, d'appréhender.* | sich hüten, sich fürchten. Refl. des Flgndn.

a توقيه TEWKIJET. [وقى II.] Sbst. گوروب گوزتمك . صاقنمق *action de garder, de conserver, de préserver; garde, conservation.* | Bewahrung (vor Schaden), in Acht nehmen, hüten.

a توقيت TEWKÏT. [Denom. v. وقت Stunde] وقت تعيين ايلمك *action d'observer l'heure de q. ch., de fixer l'heure; emploi d'un* MUWAKKIT. | Beachtung der Stunde oder Zeit (z. B. des Gebets); Bestimmung oder Feststellung der Stunde oder Zeit (für ein Geschäft); Amt und Geschäft des Muwakkit. s. موقت

a توقيد TEWKÏD. [وقد II.] Sbst. اتش طوتشدرمق . ايقاد ايلمك *action d'allumer le feu, d'enflammer, de faire brûler, faire prendre feu.* | Anzünden, in Brand setzen. Activ. zu توقد

a توقير TEWKÏR. [وقر II.] Sbst. تعظيم و احترام ايلمك *action d'honorer, de traiter avec respect; honneur, respect.* | Ehre, Achtung (die man Jemand erweist).

a توقيع TEWKÏ'. [وقع II.] Sbst. 1. *action d'apposer le chiffre impérial (sur un firman, etc.)* | Setzen des kaiserlichen Namenszuges (auf ein Diplom u. s. w.). 2. als Concret., — طغرا . نشان . فرمان *chiffre de l'empereur en tête d'un édit, lettre patente, diplôme.* | der kaiserliche Namenszug auf einem Diplom u. s. w., kaiserlicher Befehl, Diplom, Brevet u. dgl.

a توقيعى TEWKÏ'Ï. Sbst. نشانجى . طغراكش *grand dignitaire chargé de tracer le chiffre impérial sur les diplômes, etc.* | Titel eines Beamteten dem die Zeichnung des kaiserlichen Namenszuges obliegt.

a توقيف TEWKÏF. [وقف II.] Sbst. اليقونوب طوردرمق Activ. v. توقف *action d'arrêter, de retenir, de faire station, de fixer; détention.* | Anhalten, zum Stehen bringen, Haltmachen (z. B. an einer Station), in der Rede innehalten; festmachen, festhalten; Festnahme, gefängliche Haft.

t o توك TÜK. Sbst., — t توى *crin, cheveu, poil.* | Haar.

t o توكمك s. توكمك

t o توكزداشى TÖGER-DÂŠY. Sbst. SL. سنگهاى ريزه كه بر زمين و يا صحن خانه فرش كنند [vgl. توكمك . توكمق] Schuttstein, d. i. auf den Fussboden gestreuter Sand, Kies u. dgl.

t o توكك TÜKEK. Sbst. SL. تفحص و جستوجو *recherche.* | Suchen, Untersuchung. vgl. توكلامك

t o توكلى TÜKELI. Adv. t توكلى *tout.* | ganz. vgl. توكمك

t o توكن TÜKEN u. توكين Adj. LT. تمام *complet, fini.* | ganz, vollendet. vgl. توكمك

t o توكان TÖGEN u. توكين Sbst. داغ t لخما *cautère, plaie* | Brandmal, Narbe, Wunde. كوكسومداكى ايسكى توكنلار die alten Narben auf meiner Brust. برليجه اوتونك زخمى برليجه توكنلار دور aliquot sagittarum vulnera, totidem stigmata sunt. (Ali Schir). VL.

t توكك — توكمك s. توكمك Deriv.

a توكد TEWEKKÜD. [وكد V.] Sbst. متكن واستحكام بولمق *action de se raffermir, se consolider.* | Festigung, fest werden. Refl. v. توكيد

t o توكرامق Vb. act. SL. مسرور كردن *rendre gai, réjouir.* | erheitern.

t توكرك TÜKRÜK. Sbst. *salive, crachat.* | Speichel.

t o توكرمك TÜKÜRMEK auch توكورمك und توكورمك t o تكورمك Vb. act. Aor. توكور تف كردن *cracher.* | ausspucken, den Speichel ausspritzen.

t توكرمك TÖKEMMEK auch توكرمك und توكسمك TÖKESMEK. Vb. intr. *broncher; trébucher.* | straucheln, stolpern.

a توكل TEWEKKÜL. [وكل V.] Sbst. *confiance en Dieu, résignation.* | Vertrauen auf Gott, Ergebung in den Willen Gottes. — Bel. concr. توكللو TEWEKKÜLLI. vulg. TEWEKKELLI oder توكلى TEWEKKELI. *qui se repose en Dieu.* | auf Gott vertrauend, ergeben in den Willen Gottes. — mit negativem Verbum: *sans raison.* | ohne vernünftigen Grund. (Redhouse: without good reason).

t o توكلمق u. توكلامك Vb. act. جستن LT. تفحص و جستجو كردن *chercher, rechercher.* | suchen, durchsuchen, untersuchen.

t o توكلك TÜKELEK. Sbst. LT. خربزه خام *melon vert.* | unreife Melone.

t o توكلمك s. توكلامك u. توكمك

t توكمك s. توكمك Deriv.

t o توكمه TÜKME oder توكمه Sbst., — تكمه *bouton.* | Knopf. آلتون توكمه لار goldene Knöpfe. Abulg.

t o توكمك TÜKMAK. Vb. intr. SL. تمام شدن vgl. توغمق (Stammvb. im westtürk. ungebräuchlich) *être complet, être entier.* | ganz sein. Deriv. I. توكتمك SL. u. توكتمق LT. Vb. caus. تمام كردن — t توكتمك oder توكتمك *rendre complet, achever, finir, épuiser.* | vollständig machen, endigen, erschöpfen. — II. توكلمك und توكلمق Vb. refl. pass. تمام شدن — t توكنمك u. توكنمك *être complet, fini, épuisé, expiré (un temps)* | vollständig sein, zu Ende sein, aufhören, sich erschöpfen, ablaufen (ein Zeitraum). توكنكونجه *jusqu'à la fin.* | bis zu Ende.

t o توكمك TOOMAK. SL. oder توكمق LT. Vb. act. p ريختن — t توكمك u. توكمك *verser, répandre.* | ausgiessen, ausschütten, ausbreiten. — Deriv. I. توكولمك u. توكولمق Vb. pass., — t توكلمك oder توكلمك. — II. توكتدورمك u. توكتدورمك Vb. caus. — III. توكوشمك Vb. recipr. SL. بكديگر ريختن — s. توكمك u. Deriv.

t o توكمك TÖGMEK oder توكمق vgl. توغمق TOGYMAK. Vb. act. SL. گره زدن — t توكمك *faire un nœud, nouer.* | knüpfen. — Deriv. توكوشمك Vb. recipr. SL. گره زدن *se nouer.* | sich verknüpfen.

t o توكمه s. توكمه

a توكن TEWEKKÜN. [وكن V.] Sbst. يرلشمك *action de s'établir, de se placer.* | sich festsetzen', seine Stelle nehmen, — تمكن

a توكن TÖGEN. s. توكن

t توكمك s. توكمك

t o توكوز Adj. u. Adv. SL. تمام وكامل *tout, entier, complet.* | ganz, vollendet, vollständig.

t o توكوس Sbst. LT. مصفا *filtre.* | Durchschlag.

t o توكوش TOGUŠ. [LT. بتفخيم ضمه] Sbst. = توكش *combat.* | Treffen.

t o توكوشمك TOGUŠMAK. Vb. recipr. = توكشمك *se battre.* | sich schlagen, kämpfen.

t o توكول TÖGÜL. Adv. = دكل *non, pas.* | nein, nicht.

t o توكون TÖGÜN. Sbst. LT. كره وعقد = توكم *nœud.* | Knoten.

t o توككي Sbst. SL. دانه شبيه با زرك eine Beere, ähnlich der Berberitzenbeere.

a توكيد TEWKID. [وكد II.] Sbst. محكم واستوار ايتمك *action de lier fortement, d'attacher, d'appuyer, d'insister; raffermissement, consolidation, insistance que l'on met à* | Befestigung, Stützung, Bekräftigung, Beharren bei einer Sache — Gramm. *corroboratif.* | Nachdruck, Verstärkung. s. d. arab. Gramm.

a توكيل TEWKIL. [Denom. v. وكيل] Sbst. وكيل قيلمق *action de faire q. qn son agent, son procureur.* | Stellung oder Ernennung eines Bevollmächtigten, eines Sachwalters.

t توكيلمك s. تولمك Deriv.

t o تول TUL. Adj. u. Sbst. *t* دول u. طول *veuf, veuve.* | verwitwet, Witwe.

t o تول TUL. Sbst. SL. نتاج كوسفند وكاو *petit des brebis et des vaches.* | das Geborne der Schafe und Kühe. vgl. دول

t o تول TUL. Sbst. SL. اسبي كه براى تعريبر آراسته باشند *cheval harnaché pour affronter les dangers d'une bataille, d'un combat.* | für den Kampf gepanzertes Ross, Streitross.

t o تول Bildungspartikel am Ende von Wörtern welche eine Farbe bezeichnen. SL.

p تول TÜL. Sbst. خصومت . جنك *combat, dispute.* | Kampf, Streit.

t o تولا TÜLE. Sbst. LT. پر مرغ *plume d'oiseau.* | Vogelfeder. vgl. تولمك

t o تولا TOLA. Adj. = طولو SL. پر و مملو *plein, rempli.* | voll, angefüllt.

t o تولاشيق TOLAŠYK. Adj. *t* تولاشق und طولاشيق SL. پيچيده *qui ne va pas droit.* | nicht gerade, gebogen, gewunden. vgl. تولغمق

t o تولاق TULAK. Sbst. *t* طولاق SL. پاتابه *enveloppe du pied, chausson.* | Fusslappen, Strumpfsocke.

t o تولامشي TULAMAŠY. Sbst. SL. اسب *cheval (de bataille).* | Pferd, Streitross. vgl. تولاماق u. تول

t o تولاماق TULAMAK. Vb. act. SL. اسب آراستن براى تعريبر *harnacher un cheval.* | ein Pferd aufputzen oder panzern. vgl. تول u. تولامشي

t o تولامق TOLAMAK u. ثنمق Vb. act. از بيراهه راه بدرست آوردن *retrouver le bon chemin.* | vom falschen Wege wieder auf den rechten Weg kommen.

t o تولامك TÜLEMEK. Vb. act. SL. تبديل و عوض كردن عموما تير عوض كردن جوارح خصوصا *changer, échanger, compenser, rétribuer, payer; changer les plumes (se dit des oiseaux).* | wechseln, tauschen, bezahlen, vergelten; die Farbe oder die Federn wechseln, sich mausen (von Vögeln). vgl. تولمك u. تولك

t o تولان TULAN. Sbst. LT. كوزه [leg. كوزه؟] *cheval fougueux.* | muthiges Pferd. (?) vgl. تولامق . تول

t o تولاى TULAJ. Sbst. 1. *foule.* | Menge, Schaar. — 2. *exclamation d'appel.* | ein Wort mit dem Verschworene einander Zeichen geben, oder zurufen. — 3. *lièvre.* | Hase. — 4. Gerund oder Partic. praes. v. تولامك — [SL. بمعنى جمع و جمعى كه باحداث فتنه شده باشتان باشند بكديكر را بدين لفظ اخبار نمايند و بمعنى خركوش و بمعنى مشتق از تولامك [عمر داده

t o تولب LT. الحلى (?)

a تولج TEWELLUǴ. [ولج V.] Sbst. كيرمك . Refl. v. توليج *action d'entrer, de pénétrer dans l'intérieur.* | das Hineingehen, Eindringen.

a تولد TEWELLUD. [ولد V.] Sbst. طوغمق *action de naître.* | das Entstehen (von Naturerzeugnissen u. s. w); — ETMEK. *naître, être produit.* | entstehen, geboren werden. بلده قسطنطينيه ده تولد ايلدى da er in Konstantinopel geboren war. Hadji Khalfa.

t o تولغاش TOLGAŠ. Sbst. SL. پيچ وتاب *tortuosité, contorsion.* | Krümmung. vgl. d. Figgd.

t o تولغمق TOLGAMAK. Vb. act. SL. پيچيدن vgl. طولامق . تولامق *tordre, courber; aller autour, tourner.* | drehen, krümmen, herum gehen, wenden, umwenden. بوين تولغمق *se détourner.* | den Hals drehen, sich abwenden. تكرى امريدين بوين تولغادى er wandte sich von dem Befehle Gottes ab. Ali Schir. — Deriv. I. تولغنماق TOLGANMAK u. تلغنمق Vb. refl. pass. LT. پيلوكشتن vgl. تولانمق *se tourner.* | sich wenden, die Seite zukehren. — II. تولغندورمق TOLOANDYRMAK. Vb. refl. caus., = *t* تولاندرمق *faire q. qn. se tourner; circonvenir, tromper.* | einen sich wenden lassen; hintergehen, täuschen. — III. تولغشمق TOLGAŠMAK. Vb. recipr. und refl. SL. پيچيده شدن — IV. تولغتدورمق TOLGATDYRMAK. Vb. caus. LT. پيچيدن vgl. تولاشمق

t o تولغمه TOLGAMA oder تونغمه TONGAMA, Sbst. SL. جمعى كه در كمين معين باشند كه در حين مقابله كمين كشايند *corps de réserve, embuscade.* | Hinterhalt, Truppe der auf der Lauer liegt, oder in den Rücken fällt.

t o تولغنمق s. تولغندورمق u. تولغمق

t o تولغه TULGA. Sbst. = طولغه *casque.* | Helm.

t o تونق SL. شور باشد *salé.* | salzig. (?)

t تولك TÜLEK. Sbst. LT. عوض وتاوان . كرزه p. LL. *a* كرزه p. پرريختن جوارح SL. vgl. تولامك u. تولمك *change, échange, rétribution, payement, compensation; changement des plumes (des oiseaux); épervier qui a changé ses plumes.* | Wechsel, Tausch, Vergeltung, Bezahlung; Federwechsel, Mause der Vögel; Terzlet, oder ein Habicht welcher überwintert und ausgemausert hat (Meninski).

t تولك TÜLEK. Sbst. [vgl. تلك] *refuge, asile.* | Zuflucht, Asyl, Sicherheitsort, Versteck des Jägers. Kam. s. v. العكد . الكنّس

t o تولكجي [بتفخيم ضمه تا] LT. [قومى از چغتاى] Name einer tschagataischen Völkerschaft.

t o تولكو TÜLKÜ. Sbst. *t* دلكى *renard.* | Fuchs.

t o تولم TULM. Sbst. LT. طلوم *t* مشك *outre.* | Schlauch.

t o تولغن Vb. act. LT. تافتن *tendre, tordre.* | spannen, drehen. vgl. تولامق

t o تولمق TOLMAK. Vb. intr. *t* طولمق *être rempli, se remplir.* | voll sein, sich füllen. — Deriv. تولدورمق TOLDURMAK. Vb. caus. *remplir.* | anfüllen.

t o تولو TOLU. Adj. 1. دولو . طلو *plein, rempli.* | voll.

t o تولو SL. كوهى است *nom d'une montagne.* | Name eines Berges.

t o تولواى TOLWAJ u. طولواى (ungarisch). Sbst. *voleur, brigand.* | Dieb, Räuber.

t o تولوك TÜLÜK. Sbst. LT. شفتالو *pêche (fruit).* | Pfirsich.

t o تولوك und تونوكلوك Sbst. SL. اجناس ماكول بود سواى غله *aliments autres que les grains.* | alle Arten Essbares ausser dem Getreide.

t o تولوكم TÜLÜKUM. Sbst. SL. يكنوع سرود است *manière de chanter.* | eine Art Gesang.

t o تولوم TULUM. Sbst. 1. SL. آلات جنك LT. اسلحه *armes.* | Waffen, Kriegsgeräth. 2. = طلومبه *pompe.* | Pumpe. [SL. بروسى چغالى است كه بچوب ازان آب كشند]

t o تولون TOLUN. Adj., = تولو SL. پر و مملو *plein, rempli.* | voll.

t تولون TOLUN und طولون Sbst. *tempe.* | Schläfe.

t o تولده Adj. LT. كوته قد *petit de stature.* | kurz von Statur.

a توله TEWELLUH. [وله V.] Sbst. Refl. v. توليه واله و سرسم و حيران اولمق *action de s'étonner; être stupéfait; étonnement, stupeur, trouble violent; être hors de soi-même, être en extase.* | Erstaunen, Bestürzung; ausser sich sein, Extase.

t تولمك TÜLEMEK. Vb. intr. LL. *a* كرزه *p* كريزه وكريخته شدن *muer, changer les* plumes. | die Federn wechseln, sich mausern. vgl. تولاماق u. تولنمك

t o تولی TÜLI (mongolisch). SL. عقولی آینه بولد miroir. | Spiegel. — N. pr. Name eines Sohnes Dschingiskhans, Vaters des Hulaku.

a تولّی TEWELLI. [ولی V.] Sbst. 1. اکسنه جویروب كیتمك action de se tourner, se détourner, retourner, reculer. | Umkehr, Rückkehr, Zurückweichen. — Theol. suf. رجوعك ایلمك معنا (Ibn Arabi) das wieder zu sich kommen aus der Extase. — 2. [Denom. v. ولی oder ولی] قرابت. برومی دوست ایتمك action de s'approcher, proximité; action de se choisir un ami, de prendre q. qn. pour ami. | Annäherung; Nähe; Freundeswahl, Freundschaft schliessen. — 3. اوزرینه آلوب در عهده ایتمك action de se charger de q. ch., de prendre sur soi | etwas übernehmen, auf sich nehmen; Uebernahme eines Amtes oder überhaupt eines Geschäftes zu eigener Verrichtung. — 4. [Denom. v. والی] préfecture, gouvernement d'une province. | Verwaltung einer Provinz.

a تولیت TEWLIJET. [ولی II.] Sbst. اعراض ایلوب یوز دوندرمك action de reculer, se détourner. | Zurückweichen, sich abwenden von, . . . — Jurispr. cession (d'un objet acheté). | Rücktritt vom Kauf, Abtretung des gekauften Gegenstandes an einen andern unter gleichen Bedingungen. — 2. [Denom. v. والی] بر آدمی بر ایشه والی و متصرف قیلمق action de faire q. qn. administrateur de q. ch., investiture; administration des biens ecclésiastiques; préfecture, gouvernement d'une province. | Einsetzung Jemandes als Verwalter, als Statthalter u. s. w.; Vorsteherschaft, Oberaufsicht über ein Geschäft u. s. w.; Verwaltung oder Amt eines Verwalters frommer Stiftungen, Verwaltung einer Provinz als Statthalter.

a تولیج TEWLIǴ. [ولج II.] Sbst. Activ. v. تولّج ادخال ایلمك، كیردرمك action de faire entrer, de faire pénétrer dans l'intérieur de q. ch. | Hineinbringen, eindringen lassen. — Term. techn. donation de son vivant faite à son fils. | Uebergabe des Vermögens bei Lebzeiten an den Sohn.

a تولید TEWLID. [ولد II.] Sbst. Activ. v. تولّد طوغرتمق action de faire naître; procréation, génération, production; action d'accoucher une femme. | Erzeugung, Hervorbringung; Gebären lassen, Entbinden, einer Gebärenden beistehen. — ETMEK. procréer, produire, faire naître. | entstehen lassen, erzeugen, hervorbringen. — Term. techn. mittelbare Verursachung einer Bewegung oder Thätigkeit durch eine andere; Anwendung einer von keinem früheren Dichter gebrauchten Vergleichung, Bildes u. dgl.; eigene Produktion einer noch nicht dagewesenen literarischen Erscheinung.

a تولیه TEWLIH. [وله II.] Sbst. Activ. v. تولّه واله و سرسم و حیران قیلمق action d'étonner. | in Staunen, Verwundrung oder Bestürzung versetzen.

g r تومار TUMAR oder طومار Sbst. (τόμαρος) rouleau de papier, etc. | Rolle von Papier u. dgl.

t o تومغه TOMAGA. Sbst. SL. چرخ و شاهین épervier, faucon | Sperber, Falke.

t o تومان TUMAN. Sbst. كروه، ده هزار LT. nombre de dix mille, myriade, corps d'armée de dix mille hommes, troupe, cohorte; somme de dix mille AKĆA, pièce d'or (vulg. TÜMEN.) de la valeur de 20 francs (en Perse de 10 francs); petite province dépendante d'une autre plus grande; marchandise. | Zehntausend, Myriade; Corps von zehntausend Mann, Schaar, Truppe; Summe von zehntausend AKĆA, Goldstück [gewöhnlich TÜMEN] von etwa 5 Thaler (in Persien ein Ducaten); kleine von einer grössern abhängige Provinz; Waare.

t o تومان TUMAN. Sbst., = طومان، دومان brouillard. | Nebel.

t تومان TUMAN. Sbst. Tahrif v. a تنبان culottes larges. | weite kurze Hose. vgl. طومان

t o تومانراق TUMANRAK. Adv. plus tard, après. | später, nachher. مونلادن صوكره uach diesem, hierauf. Abulg. S. 97.

t o تومنكی TÜMENGI. Sbst. partie inférieure de toute chose. | das Unterste eines Dinges.

t o تومانمق TUMANMAK. Vb. intr. LT. مالدار شدن être ou devenir riche. | reich sein oder werden.

t تومباز TOMBAZ auch طومباز Sbst. ponton (barque). | Brückenkahn.

t o تومروق TOMRUK. Sbst. p كنده cepe Fussschelle. vgl. طومروق

t o تومسك TÜMSEK. Adj. طومالق، طومرو convexe. | rund erhaben, bauchig. vgl. تومك

t o تومشماق TOMUŠMAK. Vb. intr. être morne, chagrin. | traurig und schweigend da sitzen, betrübt sein. — Deriv. تومشتورمق Vb. caus.

t o تومشوغ TUMŠUG. Sbst. bec d'oiseau, pic, promontoire. | Schnabel, Bergspitze, Bergvorsprung. SL. LT. Abuška.

t o تومماق TUMMAK. Vb. intr. SL. بآب فرو رفتن aller en aval, descendre la rivière. | zu Thale gehen, flussabwärts gehen oder fahren. — Deriv. تومولماق Vb. pass. SL. بآب فرو رفته شدن

t تومك TÜMMEK u. تومك TÜMEK. Vb. intr. prendre une forme convexe, s'enfler, se gonfler. | rund erhaben oder bauchig werden, anschwellen. النثو بر لسنه بوخاری طومالوب شیشوب قالمق معناسنه در كه تومك و سوسلك و طومقمق تعبیر اولنور Kam rund hervortreten. Kam تومب چقمق

t o تومجی Sbst. SL. برومی آب فرو رونده qui va en aval, qui descend la rivière. | ein zu Thal gehender, den Fluss abwärts gehender oder fahrender.

t o تومزغان Sbst. SL. جغل باشد vgl. تونكوزلان

t o تون TÜN, TUN Sbst. شب، تاریك، غبار

nuit, ténèbres; poussière. | Nacht, Finsterniss; Staub. vgl. دون

t o تون TON. Sbst. LT. موزه وجامه SL. درونی قرار كاه نطفه و روده كوسفند kahit quiconque; botte; matrice; entrailles (des brebis). | Kleidungsstück welches unmittelbar den Körper bedeckt, überhaupt: Bekleidung, Hülle; Fussbekleidung, Stiefel; Hülle des Fötus, Mutterleib, Eingeweide (von Schafen). تونلیق Rel abstr. بر تونلیق یون Wolle zu einem Kleide. Abulg. 71. s. u. تونلق

p تون TÜN. Sbst. كلخن حمام four de bain. | Heizofen im Bade.

p تون TÜN. Nom. pr. Name einer Stadt oder einer Landschaft in Khorasan.

t o تونكون TÜNGÜN auch تنكن und تونكی Sbst. u. Adv. SL. روز كذشته تونكی كون hier. | Gestern, jüngst, vor kurzem.

t o تونلمق u. تنلمق Vb. act. برهنه كردن mettre à nu, deshabiller. | nackt machen, entblössen, entkleiden. — Deriv. تونلنمق und تنلنمق Vb. refl. und pass. برهنه شدن SL. u. LT.

t o تونلی Sbst. SL. هیمه فراوان كه بر سر هم ببندند شعله دار سازند torche de bois. | Reisigbündel oder Bündel von Spänen, welches angezündet als Fackel dient.

t o تونامه s. تونامه

t o تونلمن u. تنبان TUMBAN. Sbst. culotte. | kurze Hose, = تومان

t o تونبك u. تنبك TÜMBEK. Sbst. petit tambour. | kleine Trommel.

t o تونقوز s. تونغوره

t o تونغمه TONGAMA. Sbst. LT. قوچیكه تونغمه از عقب غنم در آید vgl.

t o تونغوچ TUNGUĆ und تنغوچ Sbst. fils premier né. | der erstgeborne Sohn.

t o تونكوز s. تونغوره

t o تونقطار s. تنقطار

t o تونك TÖNG. Sbst. lie. | Hefe, Bodensatz.

t o تونك TÜNK. Sbst. LT. طرف سفله s. تنك

t o تونك TONG. Sbst., = طونك glace, gelée. | Eis, Frost, Gefrorenes.

t o تونكانماق TONGANMAK auch تونكانمق und تونكولامق TONGULAMAK. Vb. intr., = طونلمق geler, être glacé. | gefrieren, gerinnen, gefroren sein.

t o تونكتارماق Vb. intr. SL. واركون شدن retourner. | umkehren. s. تونمك und تونكرمك

t o تونكراغو Sbst. LT. جرس clochette. | Glocke, Klingel.

t o تونكلامك oder تنكلمك TÜNGLEMEK. Vb. act. entendre, obéir. | hören, gehorchen.

t o تونكلوك TÜNGLÜK auch تونلیك Sbst. روزنه خانه ouverture au toit de la tente, fenêtre. | Oeffnung im Dache; Fenster. Abulg.

t o تونكوز TONGUZ, oder تومز TOMUZ auch تنغر. تنقوز. طونغوز. تنغوز. تنگوز. تنقر Sbst. *t* طوكز *cochon.* | das Schwein.

t o تونكوزلان TONGUZLAN. Sbst. auch تونكوزلان oder تونوزغلن تورشا Sbst. SL. جعل *escarbot.* | Käfer, Mistkäfer.

t o تونكوك Sbst. SL. كثرت بلشد *multitude.* | Menge (?)

t o تونكه TÜNGE. Sbst. قره شب تاريك LT *nuit obscure.* | finstere Nacht. vgl. تون

t o تونكلماق Vb. intr. *faire nuit.* | Nacht sein. vgl. تون — SL. شب كيركيدن = تكللماق *faire jour.* | tagen.

t o تونلق TONLUK. Sbst. Rel. abstr. v. تون = جامكيه (vestiarium), *pension, retraite.* | Pension, Jahrgehalt, Ruhegehalt.

t o تونمق Vb. act. u. intr. تيره كردن تيره و تار شدن . خيره شدن *obscurcir; être obscur, ténébreux.* | verfinstern; finster sein. vgl. تون

t o تووناق TUWAK oder تواغ TUWAG. Sbst. *p* برقع . نقاب *a* سربوش . روبوش *voile; rideau.* | Schleier, Vorhang von Filz an den Seiten des Zeltes.

t o توباق تواغ . تواق TUWAK auch Sbst. سم ستور *ongle, corne du pied.* | Klaue, Huf.

t o تووق TAWUK. Sbst. LT. طاوق s. مرغ

t o تووق TUWUK. Sbst. LT. ماديان تازاد *jument qui n'est pas de bonne race.* | Stute von schlechter Rasse.

a توهج TEWEHHÜG. [وهج V.] Sbst. آتش طوتشمق . يالدرامق . يالدرامق *action de s'allumer, de brûler; action de briller* d'un *vif éclat.* | hell brennen (vom Feuer), Glänzen, Schimmern.

a توهم TEWEHHÜM. [وهم V.] Sbst. Refl. v. توهيم *action de s'imaginer, de soupçonner, de douter, de supposer, de croire.* | sich etwas einbilden, muthmassen, zweifeln, fürchten, glauben.

a توهيل TEWHIL. [وهل II.] Sbst. تخويف اتمك . قورقتمق *action d'effrayer, d'épouvanter.* | Erschrecken, in Furcht setzen.

a توهيم TEWHIM. [وهم II.] Sbst. Act. v. توهم *action de faire q. qn. s'imaginer q. ch., lui donner une idée, un soupçon, persuader, accuser q. qn. d'erreur, intimider.* | Bewirken, dass sich Jemand etwas einbildet, Argwohn oder Furcht erregen, überreden; einen des Irrthums beschuldigen. جوهرى نى توهيمى نامرجه اولديغى بوشيده دكلدر dass sein Vorgeben, GAUHARI habe sich geirrt, unmotivirt ist, ist offenbar. Kam. s. v. الاباءة

a توهين TEWHIN. [وهن II.] Sbst. سست و ضعيف قيلمق *action d'affaiblir, de rendre faible.* | Schwächung.

t توى TÜI auch تولو Sbst. *a* ريش *p* پر . موى *plume, poil, poil follet, duvet, plumet.* | Feder, Haar, Flaum, weiches Haar. توى يولمق *plumer, épiler.* | die Federn oder die Haare ausrupfen. توى قلم *pinceau.* | Haarpinsel. توه توى *poil de chameau, couleur de chameau.* | Kameelhaar, Farbe des Kameelhaares: hellbraun und weiss gemischt. (Redhouse: camel's down, the colour of camel's down, resembling that of grated nutmeg). — Rel. concret. تويلو TÜILÜ. *couvert de plumes, de poils.* | befiedert, behaart. يوفقه تويلو آت ein Pferd mit dünnen Haaren. تويسز *chauve.* | kahl, kahlköpfig.

t توى TOI oder طوى Sbst. تويغدرى *a* حبارى *outarde.* | Trappe.

t توى TOI oder طوى Adj. *imbécile, sot.* | dumm.

t o توى TOI. Sbst. جشن و مجمع سرور *festin.* | fröhliches Gelage, Hochzeitsschmause.

p توى TÜI. Sbst. u. Adv. اندرون *l'intérieur; dedans.* | das Innere; darinnen, inwendig.

p توى TÜI, in Zusammens., = تا . تو z. B. سه توى تكه SI-TUI. *triple; cordon triple.* | dreifach; ein dreifach gedrehter Strick.

t تويقه TOJAKA. Sbst. *gros bâton, houlette.* | Knüttel, Hirtenstab. (Meninski.)

t o تويا TÜJE. Sbst. *t* توه *chameau.* | Kameel.

t تويجك TÜJÖIGEK. Sbst. Demin. v. توى *poil follet, duvet.* | Härchen, Flaum.

t o تويمق s. تويدورمق

t تويغار TUJGAR oder طويغار Sbst. *alouette.* | Lerche.

t o تويمق s. تويغرمق

t o تويغون TUJGUN oder تويغون Sbst. باز سفيد *faucon blanc.* | der weisse Falke.

t o تويوق TÜJÜK. Adj. LT. خبردار وآگاه *informé de q. ch.* | wissend, kundig. vgl. تويمق

t o تويلمق s. تويلامق

t تويلنمك TÜILENMEK. Vb. intr. *se couvrir de duvet, de poil, etc.* | Haare oder Federn u. s. w. bekommen, sich befiedern. يكى خرده تويلنمك dünnes Haar bekommen. باغر بری تويلنمك neues Haar bekommen. تويلنمك — *a* اندمال *se fermer (une plaie).* | sich schliessen, verharrschen (eine Wunde). LL.

t o تويماغور TOJMAGUR. Adj. *insatiable, affamé.* | unersättlich, hungrig. (Negat. des Pigin.)

t o تويماق TOJMAK. Vb. intr. LT. u. SL. تويمق s. طويمق *t* سير شدن *se rassasier, être rassasié.* | sich sättigen, satt sein. — Deriv. I. تويغورمق TOJGURMAK oder تويغرمق TOJGARMAK und تويغارمق Vb. caus. Partic. تويغار TOJGAR. Gerund. تويغوچ u. تويغلى TOJGAČ u. — II. تويدورمق TOJDURMAK. Vb. caus. LT. سير كردن *rassasier, donner à manger, nourrir.* | sättigen, zu essen geben, nähren, füttern. — III. تويماماق TOJMAMAK. Vb. neg. Gerund. تويماى TOJMAJ.

t o تويماق TUJMAK. [SL. بشنيدن] Vb. intr. طويمق *t* تويمق und فهميدن *sentir, comprendre, s'apercevoir.* | fühlen, einsehen, gewahr werden. — Deriv. تويغورمق TUJGURMAK und تويدورمق TUJDURMAK. Vb. caus. SL.

t o تويمه TÜJME. Sbst. = تكمه *bouton.* | Knopf.

t o تويناغ TUJNAG oder تويناق TUJNAK. Sbst. *t* طيرنق oder طويناق SL. u. LT. ناخن و سم ستور *ongle, corne du pied.* | Klaue, Huf.

t o تويناماق TUJNAMAK oder تويلامق TUJLAMAK. Vb. act. لكد پرانيدن *ruer.* | ausschlagen (von Pferden). آط تويلادى Abuig. 131.

t o تويندك LT. روزن *fenêtre.* | Fenster.

t o تويمك TÜJENMEK. Vb. act. *faire un nœud.* | einen Knoten binden.

t o توبوك TUJUK oder توشوق TUJUK. Sbst. SL. نوع از صنايع بديعيه كه اورا جناس كويند Paronomasie. Rhetor.

t o تويولوق SL. غنيمت بلشد *butin, richesse.* | Beute, Reichthum (?).

p زير TEH. Sbst. u. Adv. 1. زير و پايين [Gegentheil von بالا] *ce qui est au-dessous, la plante des pieds; sous.* | das Untere, untere Seite, die Fusssohle; unten — 2. = تا . تو . تاى . ته

a تهاتر TEHÂTIR. Sbst. Pl. بسرى برلى مكذب اولان شهادتلر *récriminations, fausses accusations réciproques.* | falsche Beschuldigungen, falsch Zeugniss gegeneinander.

a تهاتر TEHÂTÜR. [هتر VI.] Sbst. احدهما آخردن بيهوده و باطل ادعا ايدهمك *action de s'adresser réciproquement des prétentions mal fondées.* | gegenseitige falsche Beschuldigung, unbegründete Ansprüche gegen einander erheben.

a تهاتم TEHÂTÜM. [هتم VI.] = تهاتر

a تهاته TEHÂTIH. [Rad. تهته] Sbst. Pl. باطل و بيهوده نسنه *choses vaines; bagatelles.* | nutzlose Dinge.

a تهاجر TEHÂGÜR. [هجر VI.] Sbst. تقاطع = برى برندن آيرلوب كسلمك *action de se séparer, s'éloigner les uns des autres, rompre.* | sich von einander trennen, mit einander brechen.

a تهاجم TEHÂGÜM. [هجم VI.] Sbst. برى برينى هجوم ايلمك *action de s'attaquer les uns les autres avec impétuosité.* | gegenseitiger heftiger Angriff.

a تهاجى TEHÂGÎ. [هجا VI.] Sbst. بر برينه هجو ايلمك *action de se lancer réciproquement des traits satiriques, écrire des satires les uns contre les autres.* | gegenseitiges Verspotten, Satiren gegen einander schreiben.

a تهادد TEHÂDÜD. [هدّ VI.] Sbst. *action de se menacer, de se faire peur les uns aux autres.* | gegenseitiges Drohen oder Furcht einjagen.

a تهادم TEHÂDÜM. [هدم VI.] Sbst., = تهادى u. تهاتم

a تهادى TEHÂDÎ. [هدى VI.] Sbst. بر برینه هدیه ویرمه *action de se faire réciproquement des présents.* | gegenseitiges Beschenken.

a تهارش TEHÂRÜŠ. [هرش VI.] Sbst. كوپكلر بربرى ايسرانه دیشه‌سب طولاشمق وحرلدشمق *être irrité les uns contre les autres (comme les chiens).* | wüthend gegeneinander sein, einander anknurren (wie die Hunde).

a تهافت TEHÂFÜT. [هفت VI.] Sbst. برشيئه اوزره بلاتحاشی بعدكرى دوشمك *action de tomber ou de se jeter à l'aveugle dans q. ch., se suivre aveuglément l'un l'autre.* | das sich Hineinstürzen in etwas, hintereinander her, oder übereinanderstürzen. تهافت پروانه das Stürzen des Schmetterlings in die Flamme.

a تهالك TEHÂLÜK. [هلك VI.] Sbst. خودرا حرص ايله برشيئه آتلمق *action de se jeter ou se précipiter passionnément sur q. ch.* | begieriges Stürzen auf oder in eine Sache, = تهافت. — 2. *action de se perdre, de se faire périr mutuellement.* | sich gegenseitig verderben, zu Grunde richten, umbringen.

p تهى TEHÎ. Adj. *vide.* | leer, = تهى

a تهانؤ TEHÂNÜ'. [هنأ V. Denom. v. تهنئه] Sbst. *action de se féliciter les uns les autres.* | gegenseitiges Beglückwünschen.

a تهانى TEHÂNÎ. Sbst. Pl. v. تهنئه

a تهاون TEHÂWUN. [هون VI.] Sbst. قيلمامق ، برشيئه اهميت ويرمامك *action de prendre pour rien, de ne pas faire cas de q. ch.; négliger; négligence.* | Nichtbeachtung, Vernachlässigung, es mit einer Sache leicht nehmen.

a تهبير TEHBÎR. [هبر II.] Sbst. كسمك ، طوغرامق *action de couper, de partager.* | Zerstückung, Zerlegung.

a تهتك TEHETTÜK. [هتك V.] Refl. v. تهتيك

a تهتيك TEHTÎK. [هتك II.] Sbst. ييرتمق وشوشه خلل ويرمك ، عرض وناموسنى ييرتمق *action de déchirer q. ch. (p. ex. une voile); de léser la renommée ou l'honneur de q. qn.* | das Zerreissen (z. B. einen Schleier); Jemandes Ehre und guten Namen verletzen.

a تهجد TEHEĞĞÜD. [هجد V.] Sbst. *action de veiller, de se réveiller, de prier pendant la nuit; prière que l'on fait pendant la nuit.* | Aufwachen, nicht schlafen können, beten in der Nacht.

a تهجؤ TEHEĞĞÜ' oder تهجى TEHEĞĞÎ und تهجيه TEHĞIJET. [Denom. v. تهجى] حروف تهجىاى تعداد وتلفظ ايتمك *action d'épeler, épellation.* | Buchstabieren, die Buchstaben einzeln hersagen. حروف تهجى *les lettres de l'alphabet.* | die Buchstaben, das Alphabet.

a تهجير TEHĞÎR. [هجى II.] Sbst. هجو واستهزا ايتمك *action de faire une satire contre q. qn.* | Verspottung, Abfassung einer Satire gegen Jemand.

a تهجير TEHĞÎR. [هجر II. Denom. v. هاجره] Sbst. هاجره وقتنده كيتمك ويريمك *action de voyager ou de cheminer pendant la chaleur du midi.* | reisen oder wandern während der Mittagshitze.

a تهجين TEHĞÎN. [هجن II. Denom. v. هجين] Sbst. دنى وتقبيح ايتمك *action de traiter q. qn. comme un homme vil, insulter, outrager, faire affront à q. qn.* | einem mit Wegwerfung begegnen.

a تهدم TEHEDDÜM. [هدم V.] Sbst. 1. يقلمق ، هدم اولنمق *action de s'écrouler, être démoli, abattu.* | zusammenstürzen, eingerissen werden.

a تهدى TEHEDDÎ. [هدى V.] Sbst. *action de se faire montrer le chemin, se laisser guider, se trouver en bon chemin.* | sich den Weg zeigen lassen, sich leiten lassen, gute Leitung der man folgt, sich auf rechtem Wege befinden. vgl. اهتدا

a تهديه TEHDIJET. [Denom. v. هديه] Sbst. ارمغان كوندرمك *action de présenter un don.* | Darbringung eines Geschenks.

a تهديد TEHDÎD. [هدّ II.] Sbst. قورقتمق *action d'intimider, d'effrayer; menace.* | in Furcht jagen; Drohung. — Pl. تهديدات *menaces.* | Drohungen.

a تهديم TEHDÎM. [هدم II.] Sbst. بنالرى يقمق ، يره اينديرمك ، يقمق *action de démolir, de détruire.* | Einreissen, Abtragung eines Gebäudes, der Erde gleich machen.

a تهدئه TEHDI'E. [هدأ II.] Sbst. آسوده ايتمك ، تسكين وتخفيف ايتمك . آوتمق ، اكلنديرمك *action de calmer, de flatter; adulation; action de retenir q. qn.* | Beschwichtigung, Schmeichelrede; Zurückhalten.

a تهذب TEHEZZÜB. [هذب V.] Refl. d. Folgnd.

a تهذيب TEHZÎB. [هذب II.] Sbst. پاكلامق *action de nettoyer, de rectifier, d'embellir (en ôtant q. ch.), de cultiver; arrangement convenable d'une affaire.* | Säubern, durch Wegnahme des Ueberflüssigen; Berichtigen, durch Beseitigung des Falschen; gut einrichten; cultiviren. تهذيب اخلاق Cultur der Sitten.

a تهريب TEHRÎB. [هرب II.] Sbst. فرار ايتديرمك ، قاچيرمق *action de mettre en fuite, en déroute.* | in die Flucht treiben.

a تهريش TEHRÎŠ. [هرش II.] Sbst. قشقيرتمق *action d'exciter; d'irriter, d'agacer, d'impatienter.* | Anhetzung, zum Zorne reizen.

a تهزج TEHEZZÜĞ. [هزج V.] Sbst. ترنم ونغمات ايتمك *action de fredonner, de chanter.* | Trillern, Singen.

a تهزز TEHEZZÜZ. [هز V.] Sbst. ديپرانمق ، حركت ايتمك ، ديپرنمك *action de se mouvoir, être agité.* | sich bewegen, gerüttelt werden, wackeln. Refl. v. تهزيز

a تهزل TEHEZZÜL. [هزل V.] Sbst. لاغ وخوراته ايتمك *action de plaisanter, badinage.* | Scherzen.

a تهزم TEHEZZÜM. [هزم V.] Sbst. صدا ايله چاتلامق وقيرلمق *action de se casser avec bruit, avec fracas.* | mit lautem Geräusch oder Krachen zerplatzen oder zerbrechen.

a تهزؤ TEHEZZÜ'. [هزأ V.] Sbst. استهزا ايتمك مسخره‌يه آلمق *action de se moquer de q. qn.* | Verspottung, sich über einen lustig machen.

a تهزيج TEHZÎĞ. [هزج II.] = تهزج

a تهزيز TEHZÎZ. [هز II.] Sbst. قيميلداتمق ، ديپرتمك ، تحريك ايتمك *action de faire mouvoir, d'agiter, de secouer.* | Bewegen, Schütteln, Rütteln.

a تهزيل TEHZÎL. [هزل II.] Sbst. آرقلتمق ، ضعيف وزبون ايتمك *action d'amaigrir, de rendre faible.* mager machen, schwach machen.

a تهشم TEHEŠŠÜM. [هشم V.] Sbst. قيريلوب اوفلنمق *action de se casser, être cassé, être brisé.* | Zerbrechen (intrans.), zerbrochen sein oder werden.

a تهضم TEHAZZUM. [هضم V.] Sbst. غضب وشمله حقسزلق ايتمك *action de faire une injustice à q. qn. (dans la colère).* | einem im Zorne unrecht thun, = اهتضام

p تهك TEHEK. Sbst. خاك *terre, poussière.* | Erde, Staub. — Adj., = تهى *vide.* | leer.

a تهكر TEHEKKÜR. [هكر V.] Sbst. متعجب ومتحير اولمق *action de s'étonner, être saisi d'étonnement.* | Staunen, Verwunderung.

a تهكم TEHEKKÜM. [هكم V.] Sbst. براغمه يقلمق ، استهزا ايتمك ، بر كيشى به يوكلمك *action de s'écrouler, de tomber en ruine; se ruer sur q. qn. en fureur, action de se moquer amèrement de q. qn.; sarcasme.* | Zusammenstürzen (ein Gebäude); in Wuth über einen herfallen; Verhöhnung; Sarcasmus.

a تهلكه TEHLIKE. [هلك II.] Sbst. هلاكه سبب اولاجق حال ياخود محل ، مخاطره *perdition, perte, ruine, danger, péril, chose dangereuse, lieu périlleux.* | Verderben, Untergang, Gefahr; gefährliches oder verderbliches Ding, gefährlicher Ort. تهلكه‌يه دوشمك in Gefahr stürzen. Rel. comer. تهلكه‌لو TEHLIKELI. *dangereux.* | gefährlich.

a تهليك TEHLÎK. [هلك II.] Sbst. اولديرمك ، هلاك ايتمك *action de perdre, de ruiner, de tuer.* | zu Grunde richten, tödten.

a تهليل TEHLÎL. [Denom. v. هلال Mond] *action de donner à une chose la forme d'un croissant, courber q. ch.; se former en crois-*

sant (la lune); einem Dinge die Gestalt eines Halbmondes geben, krümmen, krumme Linien ziehen oder schreiben. — [Deformativum v. لا اله الا الله] exclamation des mots LA ILLÂH ILLÂ'LLÂH, du cri de guerre: ALLÂH, ALLÂH. | Ausruf der Worte لا اله الا الله oder des Kriegsrufes الله الله.

p تهم TEHEM oder TEHM. Adj. كوده‌لر, بويلو بوسلو grand de taille, fort, robuste. | gross, stark.

a تهمة TEHEMET [Rad. تهم] Sbst. ترزوب قوقمق odeur fétide. | fauliger Geruch.

a تهمة TUHEMET, vulg. TÖHMET [Rad. وهم] Sbst. *p.* گمان soupçon; accusation (fausse); crime, faute, action coupable. | Verdacht; Anschuldigung, Schuld, strafbare Handlung, Vergehen. — Rel. soner. تهمتلو TÖHMETLI, coupable, accusé. | verdächtig einer Sache, angeschuldigt, schuldig.

p تهمتن TEHEMETEN. Adj. u. Sbst. fort, robuste; courageux, valeureux; général d'armée. | stark, tapfer; Feldherr.

a تهمك TEHEMMUK [همك V.] Sbst. بر ايشه كيرشوب جد و تعزز ايله مشغول اولمق, اك ممنوعل ويوب اوغراشمق action de s'adonner tout entier à une chose. | vollständige Hingabe an eine Sache, bes. im schlimmern Sinne. Vgl. تعمق.

a تهمم TEHEMMUM [همم V.] Sbst. جستجو ايلمك action de chercher, d'explorer, de s'informer avec soin. | sorgfältiges Suchen, sich Erkundigen.

a تهنئة TEHNIET [هنأ II.] Sbst. تعزيه, Gegentheil v. تعزيه; تبريك و استحسان ايلمك action de féliciter, de complimenter q. qn. à l'occasion de q. ch. | Beglückwünschung. — ETMEK, féliciter, complimenter. | zu einer Sache (dem Antritte eines Amts u. dgl.) gratuliren, glückwünschen. تهنيه نامه lettre de félicitation. | Gratulationsschreiben.

t تهنيه‌لمك TEHNIELEMEK. Vb. act., = تهنيه ايتمك.

p تهو TEHÜ. Sbst., = تفو salive. | Speichel. تهو كوتمك cracher. | spucken.

p تهو TIHÜ, s. تهيو.

a تهود TEHEWWUD [هود V.] Sbst. 1. توبه ايتمك résipiscence, rentrée dans le devoir. | Besserung, Sinnesänderung. — 2. [Denom. v. هود] Refl. v. تهويد.

a تهور TEHEWWUR [هور V.] Sbst. چوكوب يقلمق [Refl. v. تهوير] action de s'écrouler. | Einstürzen (eines Gebäudes); in übertr. Bedeut.: بي‌پروا, بيباكلق, action de se précipiter témérairement dans q. ch.; témérité, étourderie, impétuosité, imprudence, courage aveugle, accès de colère, de fanatisme. | sich ohne Ueberlegung auf etwas stürzen, Ueberstürzung, Uebereilung, Tollkühnheit, blinde Wuth, Ungestüm.

a تهوش TEHEWWUSH [هوش V.] Refl. v. تهويش.

a تهوك TEHEWWUK [هوك V.] Sbst. 1. سركشته و متحير اولمق étonnement, stupéfaction. | Staunen, Bestürzung. — 2. = تهور.

a تهول TEHEWWUL [هول V.] Refl. v. تهويل.

a تهوم TEHEWWUM [هوم V.] Sbst. اويوقليين, اكه باشنى دوز اوله تمسى action de branler la tête en sommeillant. | Nicken (im Schlafe).

a تهويد TEHWID [هود II.] Sbst. repos, sommeil. | Ruhe, Schlummer. — [Denom. v. يهود] action de faire q. qn. juif, de convertir au judaïsme. | Bekehrung zum Judenthume.

a تهوير TEHWIR [هور II.] Sbst. ترجيح ايلمك, Activ v. تهور action de renverser, jeter à terre, démolir. | Umstürzen, Niederwerfen, Einreissen.

a تهويش TEHWISH [هوش II.] Sbst. تخليط ايتمك, قريشدرمق action de mêler, de brouiller, de mettre en confusion. | Vermengung, in Verwirrung bringen.

a تهويل TEHWIL [هول II.] Sbst. قورقتمق, ايله قورقتمق action d'effrayer, d'épouvanter, de frapper de terreur; intimidation. | Erschrecken, in Furcht jagen; Einschüchterung. — als Concret. Pl. تهاويل TEHÂWIL, épouvantail. | Schreckbild. — Rhetor. Nachdruck durch Wiederholung eines Wortes, anstatt des dafür zu setzenden Fürwortes. — تكرير.

a تهويم TEHWIM [هوم II.] = تهوم.

a تهوين TEHWIN [هون II.] Sbst. خفيفلتمك, ترقيق ايتمك, سهل و آسان قلمق, ترقيق ايتمك, استخفاف ايلمك action d'alléger, de rendre léger; action de faciliter, de rendre facile à faire ou facile à endurer; action de mépriser, de faire peu de cas de q. ch. | Erleichterung; Gering achten, als unbedeutend behandeln.

p تهى TEHI. Adj. خالى, بوش, vide. | leer. تهى چشم TEHIÇESHM, avide, gierig. تهى دست TEHI-DEST, pauvre; avare. | arm; geizig. تهى مغز TEHI-MAGZ oder تهى دماغ TEHI-DIMÂG, ignorant. | unwissend. تهى ميان TEHI-MIJÂN, creux. | hohl.

a تهى TEHÎ, s. تهيئة.

a تهيب TEHEJJUB [هيب V.] Sbst. 1. قورقمق, خوف ايتمك action de craindre, avoir peur, être effrayé. | sich fürchten. — 2. تهيب ايلمك, قورقمق action d'effrayer q. qn. | zum Fürchten machen, in Furcht setzen.

a تهيت TEHJJET s. تهيئة.

a تهيج TEHEJJUÇ [هيج V.] Sbst. قوزغالمق, قوپمق être excité, soulevé (la poussière par le vent). | Aufregung (z. B. des Staubes durch den Wind). Refl. v. تهييج.

a تهيجر TEHEJJUR [هجر V.] Sbst. تهور = چوكوب يقلمق action de s'écrouler. | Zusammenstürzen.

p تهيگاه TIHI-GÂH, Sbst. les hypocondres. | Die Weichen.

a تهيؤ TEHEJJÜ' [هيأ V.] Refl. v. تهيئة.

a تهيئة TEHIET auch تهيه oder تهيئه. [هيأ II.] Sbst. تهيه ايتمك, حاضرلامق, ترتيب و تنظيم, حاضر و آماده قلمق, ونسوب اصلاح ايلامك action d'arranger, de disposer; disposition des choses nécessaires, préparatifs, appel. | Bereithaltung, in Bereitschaft setzen, Vorbereitung. Pl. تهيئات TEHIIÂT, préparatifs. | Vorbereitungen.

a تهييب TEHIB [هيب II.] Sbst. بر كمسه يى بركمسه دن قورقولو كوسترمك, و هيبتلو بيلدرمك action de montrer ou de faire connaître à q. qn. une chose effrayante. | etwas Furchtbares zeigen oder kennen lehren, einen durch etwas in Furcht setzen.

a تهييج TEHIÇ [هيج II.] Sbst. قوزغالمق, تحريك ايتمك action d'exciter, de soulever, d'irriger. | Aufregung (des Staubes, einer Leidenschaft u. s. w.), Aufwiegelung.

it. تياترو TIATRO. Sbst. théâtre. | Schauspielhaus, Schauspiel.

a تيار TEJJÂR [Rad. تير] Sbst. موج, تكرلانمش دالغه, دكز دالغه‌سى onde, flot, vague de la mer qui se brise. | brandende Woge, Meereswoge.

p تيار TEJÂR u. تيمار Adj. آماده, حاضر, تكميل اولمش prêt, préparé, accompli, fini, complet. | bereitet, vollendet, fertig, vollständig. — KERDEN, préparer, accomplir. | bereiten, fertig machen, vollenden. — Rel. abstr. تيارى TEJÂRI, perfection. | Vollendung.

t تيارلق TAJARLYK. Sbst. ديوار, LT. تنكجى اوطه lieu étroit. | Enge.

t تيامن s. تيمن.

a تيامن TEJÂMUN [يمن VI.] Sbst. action de se diriger du côté droit, de faire q. ch. avec la main droite. | sich rechts wenden, etwas zur rechten Seite hin oder mit der rechten Hand thun.

t تيجانه TAJANA. Sbst. چوالدوز grande aiguille. | grosse Nadel, Packnadel.

t تيب TIB. Sbst., = دوب ce qui est en bas, fond. | das Untere, Grund. — als Adv. en bas, sous, sous, unter. تونغه تيب unter dem Feldzeichen. Abulg. 51.

p تيب TIB. Adj. étonné, stupéfait, surpris. | erstaunt, überrascht. تيب و تيبب ganz erstaunt.

t تيبه TIBE, تيپه TIPE auch تپه u. تبه Sbst., = تپه, colline, cime, sommet de la tête. | Hügel, Spitze, Scheitel des Kopfes.

t تيبلكو s. تيپلكو.

t تيبيت TIBIT auch تبت u. تبيت Sbst.

تبت تيو *laine fine (laine de Thibet).* | feine Wolle (eig. Tibet-Wolle).

t o تيمراجى TIMRADJI. LT. oder تيمراجى TIMRÖDI (ABUSKA). Sbst. تونولك *canal, conduit d'eau.* | Kanal, Wassergraben.

t o تيمراچلاماك تيمراچلاماك TIMRECHLEMEK u. Vb. intr. (Frequentativ d. Flgnds.) SL. تمسمق و ايله تپيك *s'agiter avec violence (des pieds et des mains), trembler.* sich heftig (mit Händen und Füssen) bewegen, zittern.

t o تيمرامك TIMRAMAK und تيمرامك TIMRETMEK auch تيمراتمك und تيمراتمك Vb. act. u. intr., = تپرتمك *mouvoir, agiter; se mouvoir; trembler.* | bewegen, schütteln; sich bewegen; zittern. الارسو كيمكاچه تيمرادى er bewegte sich (d. i. marschirte) hinter ihnen. Ali Schir. اوز شهريغه تيمرادى er marschirte auf seine Stadt zu. Ali Schir. (Q. *il se dirigea vers sa ville.*) — Deriv. I. تيمرالماك Vb. refl. u. pass. — II. تيمراشماك Vb. recipr. — III. تيمراتورماك Vb. caus. — IV. تيمرالدورماك oder تيمرالتورماك Vb. refl. caus. — vgl. تيمراك.

t o تيمراك TIMREK. Sbst. LT. دف *tambour de basque.* | Handtrommel.

t o تيمسمك (LT.) oder تيمسمك (SL.) TIPEMEK. Vb. act. تپمك, تپكلاماك *ruer.* | ausschlagen, treten. vgl. تيپمك.

t o تيمين TIMIN. Sbst. LT. سوزن كلان *grande aiguille.* | grosse Nadel.

t o تيموك TIMÜK. Sbst. SL. تپكه تپشك *ruade.* | Fusstritt.

t تيمسيس TERSIS. [تيمسيس II.] Sbst. قوروتماق *action de rendre sec, de sécher, de dessécher.* Trocknung, Austrocknung, Abtrocknung.

t o تيمراكوچى TITREKTCI. Adj. und Sbst. *tremblant.* | zitternd, ein Zitternder (vor Furcht Schwäche u. s. w.).

t o تيمراماك TITREMEK. Vb. intr. SL. تيرراماك *trembler.* | Zittern. — Deriv. I. تيمراتشماك Vb. recipr. — II. تيمراتماك Vb. caus. — III. تيمرالماك Vb. refl. pass. vgl. ديرماك.

t o تيلماك TITMEK. Vb. act. پاره پاره كردن, رخنه كردن *casser, briser, percer, trouer; rapetasser.* zerbrechen, zermalmen, durchstechen, durchlöchern; ausbessern, flicken (?).

t o تيتنك TITING. Sbst. LT. يلقوت, الماس *pierre précieuse.* | Edelstein.

t o تيت و بيت TIT U BIT. SL. از انسساخ احست از هم دريده و پاره پاره *tout brisé, tout percé.* | ganz zerstochen, durchlöchert, zerbröckelt.

t o تيتموك oder تيتمك u. تيتموكلمك oder تيتمكلمك s. تيتمك.

t تيتيم TEITIM. [تيم II.] Denom. v. يتيم Sbst. اوكسوز ايتمك *action de rendre q. qu. orphelin.* | einen zum Waisen machen.

a تيغ TIG und تيغان TIGAN. Sbst. Pl. v. تيغ

t o تير TIR od. TER. Sbst. LT. عرق وخوى *I. sueur.* | Schweiss. vgl. تير [VL. *p* خوى] — *t o* توره *mos, consuetudo.* Ali Schir.] — 2. Imperat. v. تيرمك.

a تيره TIRAH. Sbst. Pl. v. تيره als Adv. تيره TIRHEX *à plusieurs reprises, quelques fois, souvent.* | zu wiederholten Malen, zuweilen, oft.

p تير TIR. Sbst. اوق *flèche; en général tout bois rond et poli, rouleau, cylindre, mât de navire, poutre transversale au milieu du plancher, essieu, timon, archet, fléau de balance, bois de l'aune, etc.* | Pfeil, überhaupt jedes geglättete, gerade Holz, Walze (z. B. der Bäcker zum Ausbreiten des Teiges), Balken, der Träger des Gebälkes an der Decke, Keilerholz, hölzernes Ellenmass u. s. w. تير كشتى Der Mastbaum. تير چرخ Radachse. تير گردونه Deichsel. تير كمان Fidelbogen. تير ترازو Wagebalken. — In übertr. Bedeut. *la planète de Mercure; sort, destin; puissance, colère, indignation.* Der Planet Merkur [auch تير چرخ Himmelspfeil oder تير فلك Achse des Himmelsgewölbes]; Loos, Schicksal; Macht; Zorn.

t o تيراچى s. تيمراجى.

p تير و قزح TIRUZE. Sbst. قوس قزح *arc-en-ciel.* | Regenbogen. BK.

t o تيراك TIRAK. Sbst. LT. شانه = تاراق *peigne.* | Kamm.

t o تيراك TIREK oder تيرك Sbst., = تيراك LT. درخت سفيد *saule (arbre); pieu, pilier, mât.* | Weide; Pfeiler. Pfahl. Mast.

p تيرك s. تيراك.

t o تيرالوچى TIRELCU, = تيمراكوچى LT. ترزان *qui tremble.* | ein Zitternder.

t o تيرالماك TIRLEMEK. Vb. act. SL. تيمسى بلند كردن و راست كردن, راست نمودن *ériger, élever, rendre droit.* | aufrichten, gerade richten. ايكى قولارين بيرگه تيرالدى *et erkob seine beiden Hände zugleich.* Ali Schir. — Deriv. تيرالمك TIRELMEK. Vb. refl. pass. SL. بلند شدن و راست شدن.

p تير انداز TIR-ENDÄZ. Sbst. اوق آتقچى *tireur à l'arc, archer.* Schütze (mit Pfeil und Bogen). تير انداز نكاه اولماق seinen Blick auf etwas werfen. — Rel. abstr. تير اندازى TIRENDAZI oder تير اندازى TIRENDAZLYK, = اوق آتمق, اوقچيلق *action de tirer à l'arc; art ou métier d'archer.* | Schiessen mit Pfeilen; die Kunst mit Pfeilen zu schiessen.

p تير باران TIR-BARAN. Sbst. *nuage de flèches.* | Pfeilregen.

p تيردان TIR-DAN. Sbst. اوق قويلاجق يرى *carquois, trousse à mettre les flèches.* Köcher, Pfeilkasten.

p تيرزن TIR-ZEN. Sbst. اوقچى, اوق آتيجى *archer, tireur à l'arc.* Schütze. — تير انداز.

t o تيرسك TIRSEK. Sbst. *coude.* | Ellenbogen. = تيرسك.

p تيرك TIREK oder تيرك Sbst. Demin. v. تير *petite flèche; bulle à la surface de liquides bouillants; douleur brûlante (d'une blessure).* Pfeilchen; Bläschen die beim Kochen vom Boden auf die Oberfläche aufschiessen; Stich, Schmerz in einem Gliede, einer Wunde.

t o تيرك s. تيراك.

t o تيركاك TIRKEK. Sbst. تكلتو, كلتوك *coussin qu'on place sous la selle, courroie qui tient la selle.* | Schweisskissen unter dem Sattel; Sattelriemen.

t o تيرگاماك TIRKEMEK. Vb. act. SL. مواخذه و پرسش كردن, و حسب, منع كردن و نكاه داشتن [VL. *p* بمحكم ايله, قايل كردن] I. *reprendre, prohiber, défendre.* | schelten, zur Verantwortung ziehen, verbieten, verhindern. [VL. *vetare, impedire, interdicere.*] تيرگه تيرلمس هر نرسه نى تيركاماك بولمس es ist nicht möglich alles was er will zu verbieten. — 2. *ériger, appuyer.* aufrichten; stützen. vgl. تيراماك.

p تيرگر TIR-GER. Sbst. اوق ياپجى *faiseur de flèches.* | Pfeilmacher.

p تيرکش TIR-KEŠ. Sbst. I. = تير انداز und تركش — 2. = تيردان.

t o تيرگلاوى [vielleicht zu lesen تيرگلاوى] SL. تينمگى *Schärfe (?).*

t o تيريلماك TIRILMEK. Vb. intr. *p* زنده شدن VL. *vivre.* | leben. vgl. تيريك. — Deriv. I. تيريلتورماك TIRILTÜRMEK SL. oder تيرگوزماك TIRGÜZMEK auch تيريكوزماك und تيريلگوزماك LT. Vb. caus. زنده كردن *rendre vivant, vivifier, ressusciter.* | beleben, wieder beleben. vgl. تيرگوزماك. — II. تيريلمك Vb. refl. pass. زنده شدن *être vivifié, être ressuscité.* | belebt sein oder werden, wieder lebendig werden.

p تيرگى TIREGI. Sbst. Rel. abstr. v. تيره *ténèbres, obscurité; trouble, malheur.* | Dunkelheit, Finsterniss; Betrübniss, Unglück.

تيرل تيرل s. تيرل تيرل.

t o تيرلاماك Vb. intr., = تيرلاماك *suer.* | schwitzen. ايسسيغ دين قسسيراب ايردى *er schwitzte vor Hitze.* Ali Schir.

t o تيرلاتماك Vb. act. *faire dire q. qu. q. ch.* | einen etwas sagen lassen. اتين تيرلاتماك ihn zwingend seinen Namen zu nennen. (?) Abulg. 164.

t o تيرلماك Vb. intr. LT. ليزيدن *glisser, trébucher.* | ausgleiten, straucheln.

t o تيرلينغ TYRLANG. Sbst. SL. آهنى بودن مرغ شعره از لرزه شن آهنى زيغار Quirl (?).

t o تيرماه Sbst. SL. خواهر بزرگ باشد *soeur aînée.* | ältere Schwester.

t o تيرماغ TIRMAH s. تيرماش.

t o تيرماق TIRMAK s. تيرناق.

t o تيرماك TIRMEK. Vb. act. *p* چيدن, كرد آوردن *cueillir, ramasser; assembler, réunir.* pflücken, zusammenraffen, sammeln, versammeln.

t o تیرمك TIRMEK, TIRRMEK und تیرمق oder تیرمق TYRMAK Vb. intr. SL. = تحرك *se mouvoir.* | sich bewegen. — Deriv. 1. تیرمتمك oder اوزتمق Vb. caus. *p* جنبانیدن *mouvoir.* | bewegen. — II. تیرلدیرمك Vb. caus. زنده گردانیدن *vivifier.* | beleben. — III. تیرلمك oder تیرلمق und تیرنق Vb. refl. pass. *p* جنبیدن *se mouvoir.* | sich bewegen. — IV. تیریلمك TIRILMEK. Vb. pass. *être vivifié, vivre.* | belebt sein oder werden, leben. Imperativ. تیریل wach' auf!

t o تیرمالامق TYRMALAMAK und تیرمالمق TYRNAMAK. *t* تیرمالامق Vb. act. = خرشیدن و خراشیدن *égratigner, ramasser (en tas) avec les ongles.* | kratzen, zusammenkratzen. تیرماب منقاری بیله mit seinem Schnabel kratzend. Ali Schir. — I. Deriv. تیرمانشمق TYRMANMAK. Vb. refl. und — II. تیرماشمق TYRMAŠMAK. Vb. recipr. vgl. با چنگ و ناخن چسپیدن و بالا رفتن *arracher avec les ongles; se déchirer avec les ongles; ramper, grimper.* | mit den Nägeln greifen; sich oder einander zerkratzen; sich anklammern, klettern.

t o تیرمق تیرماق TYRMAK. LT. چسپیدن *s'adapter.* | sich anschliessen, an etwas passen, passend oder schicklich sein. [vielleicht zu lesen چسپیدن oder vgl. تیرمك]

t o تیرناق TYRNAG u. تیرمق TYRMAK. SL. Sbst. = ناخن *p* ناخن *ongle.* | Kralle, Klaue, Nagel (am Finger).

t o تیرمقلق s. تیرناقلق

t o تیرینك oder تیرینلك TIRINK. 1. Adj. LT. = عمیق *t* تیرین *profond.* | tief. — 2. Imperat. v. تیرینمك

t s p تیره TIRE. Sbst. *fil (à coudre).* | Faden, Zwirn (zum Nähen).

p t تیره TIRE. Adj. مكدر، قرنكو، بولانق، غمناك *obscur, sombre, trouble, triste.* | dunkel, finster, betrübt, traurig. تیره بخت TIRE-BAHT *malheureux.* | unglücklich. تیره دل T.-DIL und تیره ضمیر T.-ZAMIR *attristé.* | betrübt. تیره رنك T.-RENG *couleur sombre.* | dunkle Farbe. سرخ تیره SURḪ TIRE *bai brun.* | rothbraun.

t o تیری TIRI. Sbst., = پوست *p* دری *peau, écorce.* | Haut, Rinde, Schale.

p t تیزه s. تیزو

t o تیریق TIRYK. Sbst. SL. [illegible] Name einer Pflanze.

t o تیرك Adj., = *p* زنده *vivant, vif.* | lebendig. كوب ییل تیریك تورادی er lebte viele Jahre. Rel. abstr. تیركلك *p* زندگی *la vie.* | das Leben.

t o تیریل TIRIL. Sbst. جان و حیات *âme, vie.* | Seele, Leben.

t o تیرلمك TIRILMEK s. تیرمك

t o تیرم TIRIM. Sbst. [vgl. تیرمك] SL. خوشه بوی [illegible] بعد از درویدن مسحص زراعت بماند *épis restés après la moisson.* | bei der Ernte nachgebliebene Aehren.

t o تیرمچی TIRIMČI oder تیرمكچی Sbst. خوشه چین *glaneur.* | Aehrenleser.

t o تیزلمك s. تیزلنمك

t o تیز TIZ, = تز und توز

t o تیز TIZ. Sbst., = تیز *genou.* | Knie.

p t تیز TIZ. vulg. TEZ auch تز Adj. und Adv. *aigu, tranchant; aigre; fort, impétueux; sagace; vite, habile, vif, prompt.* | scharf, schneidend, spitz; sauer; schnell, geschwindt, behend; lebhaft, feurig, heftig, zornig; scharfsinnig. تیز اول TEZ OL oder تیز طوت TEZ TUT. *vite! hâte toi!* | mach schnell, spute Dich. تیز رایحه اولان *qui a une odeur pénétrante.* | scharf riechend, stinkig. تیز فهم تیز عقل oder schnell oder leicht begreifend. تیز دست geschickt. تیز مساغ تیز زیستان oder تیز بو betrudt. تیز بین leicht reizbar, تیز چشم scharf sehend. تیز الدن TEZ ELDEN *d'un coup de main, sur le champ.* | sogleich, auf der Stelle. تیز كیمك TEZ KIRMEK. *aiguiser, exciter.* | schärfen, anregen, entzünden. — Rel. abstr. *p* تیزی TIZI und *t* تیزلك TEZLIK oder تیزلك رایحه تندی تیزلكی Heftigkeit des Geruchs. تیزجه TEZDJE. *promptement, subitement.* | schnell, plötzlich. Abulg. — Rel. concr. تیزلی TEZLI. تیزلی كمیل خوش ازكمال ایله نغمه سنی تیز و انداخته ایله den Ton schnell sinken und anschwellen lassen. Kam. s. v. انتزمة. — Adv. تیزجه TIZ-E u. تیزجه TIZIE oder تیزچه TEZČE.

p تیزاب TEZ-ÂB. Sbst. گوگرد *eau forte, acide sulfureux.* | Scheidewasser, Schwefelsäure (Redh. nitric acid).

p تیزك TIZEK. Sbst. *crepitus ventris.*

t o تیزكمك TIZMEK. LT. شتر را ... بستن قطار Kameele so zusammenkoppeln, dass sie in einer Reihe hinter einander gehen. vgl. *t* تیزمه

t s تیزكلی s. تیزكلی

t o تیزگین TIZGIN. Sbst., = *t* دزگین *rêne.* | Zügel.

t تیزلك s. تیز

t تیزلنمك TIZLENMEK oder TEZLENMEK. Vb. intr. [v. تیز] *être prompt; se fâcher aisément.* | schnell sein, jäh sein; leicht in Zorn gerathen.

p تیزنا TIZNÂ. Sbst. *tranchant, le fil (d'une lame).* | Schneide, scharfe Seite eines Messers, Säbels, Beiles u. s. w.

t تیزه TEZE. Sbst. *tante.* | Schwester der Mutter.

p تیزی TIZI und تیزیه TIZIE s. تیز

a تیس TEIS. Sbst. *bouc, nigaud, butor.* | Bock; Einfaltspinsel, Dummkopf.

a تیسیر TEJESSÜR. [یسر V.] Sbst. Refl. v. تیسیر *être facile; réussir, avoir du succès.* | sich leicht machen, leicht sein, gelingen, Erfolg haben.

t o تیسكری und تیسكری s. تیسكری

t تیسكنمك TISKENMEK. Vb. refl. *avoir du dégoût, être nauséabond, éprouver des nausées.* | sich ekeln. (?) یقوب تیسكنمك Kam. s. v. [illegible] [vgl. تكسنمك]

a تیسیر TEISIR. [یسر II.] Sbst. قولای قیلمق *action de rendre facile, de faciliter, de faire réussir, de seconder; réussite, succès.* | Erleichterung, Förderung, Gelingen, guter Erfolg, Glück haben bei einer Sache.

t o تیش TIŠ und تیشی Sbst. *t* دیش *dent, croc.* | Zahn, Haken.

t o تیشك TIŠ auch تیشك، تیشوك، تیشك und تیشی Sbst. *p* سوراخ *trou.* | Loch.

t o تیسكری = تیشكری

t o تیشلمك TIŠLEMEK und تیشلامق Vb. act. = *t* دیشلمك *mordre.* | mit den Zähnen fassen, beissen. — Deriv. تیشلاشمق TIŠLÄŠMEK. Vb. recipr.

t o تیشمك TIŠMEK und تیشمق Vb. act. *t* تشمك *p* سفتن، سوراخ كردن، شكافتن *percer, perforer, fendre, ouvrir.* | ein Loch machen, durchstechen, durchbohren, spalten, öffnen. كمه تیشمك توبین تیشوب den Boden des Schiffes durchbohrend oder spaltend. Ali Schir. — Deriv. تیشلمك TIŠILMEK. Vb. pass. سوراخ شدن SL. u. LT.

t o تیشی s. تیش، s. تیشلمك s. تیشوك

p تیشه TIŠE. Sbst. تیشه *hache.* | Axt, Beil, Hacke.

t o تیشی TIŠI auch تیشوك und تیشك Sbst., = تیشی *femelle.* | Weibchen (von Thieren).

t o تیشی TIŠI. Sbst. LT. طبق *disque, plateau.* | Scheibe, Teller, Präsentirteller.

t o تیغ TIGH. Adj. LT. عمیق *profond.* | tief.

p تیغ TIGH. Sbst. *toute chose pointue, sabre, épée, couteau; sommet, faîte; éperon de navire; rayon de lumière, du soleil.* | alles spitzige, Degen, Dolch, Messer; Bergspitze, Giebel oder Spitze des Daches, eines Thurmes u. s. w.; Schnabel des Schiffes; Lichtstrahl, Sonnenstrahl. تیغ آفتاب Strahlenbrechung in einem Glase. تیغ خورشید Sonnenstrahl, Sonnenaufgang. تیغ كوه Bergspitze. تیغ آبدار damascirter Säbel. تیغ آتشبار flammendes Schwert. تیغ تیز Schwertfeger, Schwertpolirer. تیغ بند Schwertgürtel, oder mit dem Schwerte umgürtet. تیغ دار Schwertträger. تیغ زن mit dem Schwerte schlagend. تیغ زن آسمان oder تیغ زن فلك der Planet Mars.

t تیغر s. تیغر

p تیغال TIGHÂL. Sbst. *résine ou gomme de l'asclepias gigantea.* | Harz oder Gummi des عشر. Kam. s. v. عشر، اكلش، سكر العشر

t o تیفك TIFEK oder تفك Sbst. پشم نرم *laine fine.* | weiche oder feine Wolle.

a تیقظ TEJAKKUZ. [یقظ V.] Sbst.

اویانمق. اویانقلق Refl. v. تیقیقلق *action de se réveiller, s'éveiller; vigilance.* | das Aufwachen, wach sein; Wachsamkeit.

t o تیقمق TYKMAK, Vb. act. انباشتمق طقمق *t* u. دقمق وطیلمك *boucher, obstruer.* | verstopfen, vollstopfen. — Deriv. I. تیقیلمق TYKYLMAK. Vb. pass. und II. تیقشمق Vb. reeipr. SL. بساطمقلمق طقمق s. وازدحام بجای طیقلمق und Deriv.

a تیقن TEJKKUN. [یقن V.] Sbst. تحقیق وجهله بسی شبهه بلمك *action de s'assurer de q. ch., d'apprendre avec certitude; certitude.* | das sich versichern; Gewissheit, Sicherheit; als gewiss erkennen; Bestätigung erhalten.

a تیقیظ TEJKIZ. [یقظ II.] Sbst. اویقدرمق Activ zu تیقظ *action d'éveiller.* Erwecken, einen aufwecken.

t o تیك TIK oder تك Adj. VL. مانند, بكزر *semblable.* | ähnlich, gleich. — Als Postpos., = *t* كبی *comme.* | wie. vgl. تك

t o تیكه TIKE, TEKE. Sbst. LT. كرم s. *p* تاك و بوركلان

t o تیكر TEJKER, Sbst. LT. خار *épine.* | Dorn. vgl. تیكن

t o تیكرا s. تیكمق

t o تیكرمك TIKERMEK. Vb. intr. *obéir.* gehorchen. تنكری نینك حكمی تیكاریب dem Befehle Gottes gehorchend. Abulg. Q.

t o تیكه TIKEN. Sbst., = *t* دكمه SL. تك انكور ودال ساق اشجار *cep de vigne, rejeton.* | Rebe, Ranke, Schössling. vgl. تیكمق

t o تیكن TIKEN. Sbst. s. تیكن

t o تیكتورمق TEK-TURMAK 1. Vb. compos. vgl. تك *se taire.* | schweigen. Imperat. تیكتور *tais-toi.* | schweige. — Deriv. تیكتورغوزمق Vb. caus. SL. u. LT. — 2. Vb. caus. v. تیكمق

t o تیكدی TIGDI. Sbst. SL. توبره كه از پوست یا نمد دوزند *sac de cuir ou de feutre.* Sack von Leder oder Filz. vgl. تیكمق

t o تیكر TIKER. Sbst. *roue.* | Rad. Dem. تیكرجك Abulg.

t o تیكرا TIKRA u. تیكره TIKRE. 1. Sbst. = چوره *t* پیرامون VL. *p* اطراف, دائره *cercle, circonférence, circuit.* | Umkreis, Kreis, Runde, Umgebung. 2. Adj., = گرداور *rond.* | rund. 3. Adv. *autour, environ, près, à peu près, presque.* um, herum, bei, nahe, beinahe. انینك تیكراسیدا مجمع تورلار sie sind um ihn (bei ihm) versammelt. تیكراسیدا هیچ كیشی قالمدی Niemand blieb bei ihm. تیكرانكدا um Dich, bei Dir.

t o تیكرامق TIKRAMAK, und تیكرامك TIKREMEK. Vb. act. *aller autour, tourner, rouler.* | herumgehen, drehen, kreisen, rollen. — Deriv. تیكرانمق Vb. refl. دور زدن و گردیدن *se tourner, circuler.* | sich drehen, herumgehen. — II. تیكرالندورمق Vb. refl. caus. دایر ساختن *faire se tourner.* | umdrehen, wälzen.

t o تیكر s. تیكرجك

t o تیكرلامك TIKERLEMEK. Vb. act. SL. غلطانیدن *rouler.* | rollen, wälzen. — Deriv. I. تیكرلانمك Vb. refl. — II. تیكرلاشمك TIKERLEŠMEK. غلطیدن SL. s. تكرلمك

t o تیكرلك TIKERLEK. Sbst. *roue.* | Rad. s. تكرلك

t o تیكرمه TIKERME auch تیكرمه Adj. *t* دكرمی *t* — مدور *rond.* | rund.

t o تیكرمن TIKERMEN auch تیكیرمن u. تیكرمن Sbst., = دكرمن *moulin.* | Mühle.

t o تیكرو TIGRU. Postpos., = *t* دكین *jusqu'à.* | bis انكا تیكرو كه *jusqu'à ce que.* | bis dass.

t o تیكس Adj., = *t* دوز LT. هموار *uni, égal.* | gleich, eben.

t o تیكش TIKIŠ u. تیكیش Sbst. = *t* دكش *couture.* | Naht. vgl. تیكمك

t o تیكش TIGIŠ u. تیكیش Sbst. 1. *réunion, rencontre.* | Zusammenkunft, Zusammentreffen, Treffen. 2. *valeur.* | Werth. vgl. تیكمك

t o تیكلاشمك TIKLEŠMEK. Vb. reeipr. SL. تیز نكاه كردن وراست استادن یاشد *fixer ses regards sur . . ., être érigé.* | scharf ansehen, aufrecht stehen. — Rel. abstr. تیكلاشمكلیك SL.

t o تیكلاشمك TIGLEŠMEK, s. تیكشمك

t o تیكلشمك TIGLIŠMEK oder تیكشمك Vb. act. *changer.* | wechseln. s. دكشمك

t o تیكلامك TIKLAMEK. Vb. act. 1. *planter, ériger.* | pflanzen, aufrichten. — 2. *coudre.* | nähen. vgl. تیكمك u. تیكمك s. دكمك. — Deriv. تیكلشمك Vb. reeipr. an einander nähen, befestigen. vgl. تیكمك u. دكمك

t o تیكلمك TIGLEMEK. Vb. act. *faire parvenir.* | gelangen lassen. vgl. تیكمك

t o تیكلی TIGLI. Postpos., = *t* دك *jusqu'à.* | bis.

t o تیكلیك TIKLIK. SL. دوخته شده *cousu, attaché.* | genäht, befestigt. s. تیكمك

t تیكمق oder تیكمك auch تقمق, تیكمق Vb. act. 1. *planter, ériger.* | pflanzen, aufrichten. 2. *attacher; coudre.* | anheften, nähen. — Deriv. I. تیكیلمق Vb. pass. — II. تیكتورمق u. تیكدورمق Vb. caus. vgl. دكمك u. Deriv.

t o تیكمك auch تیكمك oder تیكمك [بلا اشباع وكاف عجمی] Vb. intr. *parvenir; atteindre; convenir, se rencontrer; valoir.* | gelangen zu; sich treffen, zusammenkommen, gelten. Partic. تیكار *valant.* | geltend, werth. — Deriv. I. تیكورمك und تیكتورمك Vb. caus. vgl. دكمك

t o تیكن TIGEN. LT. دوخته *cousu, couture.* | genäht, Naht. s. تیكمك

t تیكن TIKEN. Sbst., = *t* دكن *épine.* | Dorn, Stachel. — Rel. abstr. تیكنلك Dorngewächse, Dorngehege. — Rel. concr. تیكنلو *épineux.* | dornig.

t o تیكنه TIKENE. Sbst. LT. ظرف كلان *grand vase.* | grosses Gefäss.

p تیكوز TIKÜZ. Sbst. Jugurt mit Graupen. LL. s. v. بلغور

t تیكی TIKI. Postpos., = كبی *comme.* | wie. vgl. تیك

t o تیل TIL. Sbst., = *t* دل *langue.* | Zunge. خان نینك تیلندین بر خط بیتدی er schrieb nach der Zunge (nach dem Befehl oder im Auftrage) des Khan. Abulg. 121. تیل آلمق Befehl annehmen, sich unterwerfen (Abulg. 48), Kunde erhalten, = *p* زبان گرفتن Q. تیل سز = *p* بی زبان *muet.* | stumm.

t o تیلا TILA. Sbst. LT. چنبر رسن تناب وامثال آن *cordon et tout ce qui sert à étrangler.* | Schlinge, Strick u. dgl. zum Erdrosseln.

t o تیلانچی Sbst. SL. گدا یساشلد *pauvre, mendiant.* | Armer, Bettler. vgl. تیلامك

t a تیلاك TILEK. Sbst., = دلك *désir.* | Verlangen, Wunsch.

t o تیلامچ s. تیلاماچ

t o تیلامك TILEMEK, Vb. act. u. تیلاشمك TILEŠMEK, Vb. reeipr., = *t* دلمك u. دلشمك *vouloir, désirer, demander.* | wollen, wünschen, verlangen. — Deriv. I. تیلانمك TILENMEK. Vb. refl. u. pass. — II. تیلاتمك TILETMEK. Vb. caus. s. دلمك u. Deriv.

t o تیلبه TILPE oder تیلبه TILBE. Sbst. *t* دلی دلو دیوانه *fou, sot.* | Narr, Thor, Unkluger. Rel. abstr. تیلبه لك 1. = *p* دیوانكی *folie.* | Thorheit. 2. خون *sang.* | Blut.

t o تیلبرامك TILBEREMEK. Vb. intr. u. تیلبرامك Vb. refl., = دلورمك *être fou.* | närrisch sein.

t تیلتی TILTI. Sbst. *sorte de selle ou de bât.* | eine Art Sattel.

t o تیلكو TILKU. Sbst., = دلكی *renard.* | Fuchs.

t o تیلماچ TILMAǴ. Sbst. u. تیلاماچ TILAMAǴ. ترجمان *drogman.* | Dolmetscher.

t o تیلمك TILMEK. Vb. act. SL. سوراخ كردن وشرحه شرحه بریدن = *t* دلك *trouer, percer, trancher, couper.* | durchlöchern, durchbohren, zerstücken. Imperat. تیل TIL u. تیلی TILI.

t o تیلمورمك TILMÜRMEK u. تیلمورمك Vb. intr. LT. بازماندن SL. انتظار داشتن چشم در انتظار در جنك نظر كردن *attendre, rester en arrière pour attendre.* | warten, erwarten, zurückbleiben um zu warten.

t o تیلوك TILÜK. Sbst., = دلك *trou.* | Loch.

to تيلي TILI. Sbst. 1. پرتلو ,پرتليك = *plume.* | Feder. 2., — تيل oder دل *langue.* | Zunge.

to تيليميش ILT. تسمكن | vielleicht حلقون *disque, plat* | Scheibe, Teller. (?)|

to تيليك TILIK. Sbst. ... دليك دلشك *trou, trace, vestige.* | Loch, Fusspur, Spur.

to تيليمشاق TILIM-KAG. Adj. بريلمش *tranché, percé.* | zerschnitten, durchlöchert. vgl. دليم und تيلماك

p تيمر TIM. Sbst. 1. كروانسرای بيوك . بزازستان *grande hôtellerie, caravanserail, halle pour le commerce.* | grosses Karawanenhaus, Kaufhalle. — 2. اندوه *chagrin, tristesse* Kummer.

a تيمه TEIMĀ. Sbst. دشت و بيابان *campagne, plaine, désert.* | Gefilde, Ebene, Wüste.

p تيماج TIMĀǦ auch تماج Sbst. سختيان *maroquin.* | feines gefärbtes Leder.

p تيماچ TIMĀČ. Sbst., — نشانه, اماج, هدف *but, point où l'on vise.* | Ziel nach dem geschossen wird

p تيمار TIMĀR. Sbst. خدمت و محافظه *cure, soin (d'un malade, d'un animal, d'un jardin, etc.).* | Pflege, Sorgfalt, Abwartung (eines Kranken, eines Thieres, eines Gartens u. s. w.) — ETMEK. *soigner.* | pflegen, abwarten (mit dem Accus. oder mit dem Dativ des Objects). تيمارخانه TIMĀR-ḪĀNE, = مارستان *maison de santé, hôpital des fous.* | Krankenhaus, Irrenhaus. تيمارجی oder تيمارخانه‌جی = مارستانجی , سرادار *garde-malade.* | Krankenwärter. — 2. *pension; fief, timar.* Versorgung, d. i. Belehnung mit einem Grundstücke mit der Bedingung persönlichen Kriegsdienstes zu Pferde und Ausrüstung auf eigene Kosten. (Redhouse: a military fief, the value of which was under 20,000 (or 3000?) Aćka in the Doomsday Book of the empire). — تيمارلو اقا تيمار u. تيمار صاحبى oder سپاهى *timariot.* | Inhaber eines solchen Lehns. — Rel. abstr. تيمارلق

to تيماغسو TIMAGUS. Sbst. Erbarmen, Mitleid. Abuška.

to تيمق TAIMAK oder تيمق TAJIMAK. Vb. act. منع ايلمك, اپا كورمك *refuser, empêcher.* | verweigern, abschlagen, verhindern.

to تيمك TIMAK oder تيمك Vb. act. تيمك = *dire.* | sagen.

to تيمن N. pr. LT. ننه آتوسی اوارتك

to تيم تيم TIM-TIM. Adv. *goutte à goutte.* | tropfenweise. vgl. تم SL. كل كل

p تيمچه TIMČE. Sbst. Demin. v. تيم

to تيمسی تيب TIMSI-TIP. *que cela soit ou non.* | sei es nun oder nicht. SL. معلومدر يا اولمسن حروف ترديد اسن

a تيمّم TEJEMMÜM. [تمّ V.] Sbst. قصد ايلمك *action de se diriger tout droit vers un lieu, de se proposer q. ch.* | gerade auf etwas losgehen, sich etwas vornehmen, Vorsatz, Vorhaben. — Theol. *purification avec du sable (au lieu d'eau).* | Reinigung oder Abwaschung mit Sand, Asche u. dgl. wenn kein Wasser vorhanden ist.

a تيمّن TEJEMMÜN. [يمن V.] Sbst. مسعود و مبارك و ذوخجسته اولمق *prospérité, se trouver heureux; regarder q. ch. comme de bon augure.* | sich in glücklichen Umständen befinden; etwas für ein Glück oder für glückliche Vorbedeutung nehmen. تيمنا TEJEMMÜNEN. Adv. *heureusement.* | glücklicher Weise.

t تيمور TIMŪR. Sbst. [alte Schreibart für تمر oder دمير] *fer, tout instrument fait de fer, ancre.* | Eisen, jedes Instrument von Eisen, Anker. تيمور قزيق Sternbild des Steinbocks [جدى SL.] تيمور تفاك *oiseau qui mue.* | ein Vogel der neue Federn bekommen hat [مرغی كه تيمور قنات .[SL تازه پر و بال آورده باشد (Eisenflügel) Name eines Vogels (eine Art Ente) تيمور باش (Eisenkopf) das Inventar an Vieh, Samenkorn und Geräthschaften die zu einem Grundstücke gehören; ein alter Knecht. (Redhouse: the stock in trade of cattle, seed, and implements, belonging to a farm, and let with it; an old servant or pensioner. — This is the term which was applied to Charles XII of Sweden, and meaning „an established pensioner", but translated by his biographers „iron-headed" or „obstinate".) تيمور بلبغ Beiname des Vaters Seldschuks تيمورلنك oder kurz تيمور Tamerlan.

p تيمور TIMŪR. Sbst. SL. خار و خسك *épine.* | Dorn.

a تيميم TETMĪM. [تمّ II.] Sbst. 1. قصد ايلمك — 2. [Denom. v. تيمم] تيمم ايتدرمك = تيمم die Waschung mit Sand vornehmen lassen

a تيمين TEJMĪN. [يمن II.] Sbst. تبريك و تهنيه ايلمك *action de souhaiter du bonheur à q. qn.; de féliciter q. qn.* | Glückwünschung.

t تين TEIN oder تيين TEJIN. Sbst. موش بيلدك *écureuil.* | das Eichhörnchen.

a تين TIN. Sbst. [Collectiv. v. تينة] *figues.* | Feigen.

to تينج TINĆ. Sbst. *repos, silence.* | Ruhe. vgl. تينجلق u. تنج Q. sanus. Abulg. u. Ali Schir.

to تينمق s. تينلورمق

to تينغو TINGU oder تينسغو Sbst. مكث و استراحت و وقفه ايات قرائی *repos, pause.* | Ruhe, Pause.

to تيغاك TEING, = تانك *matin.* | Morgen. تيغاك ايل TEING-ILI. LT. يل صباح Morgenwind

to تينك TING. Adj. برابر و مساوی *égal pareil, semblable.* | gleich, ähnlich. تينك تولك = مثل و همتا — Rel. abstr. تينكلك *égalité.* | Gleichheit.

to تينكشمك TINGEŠMEK oder تينكشمك und تينكشمق Vb. intr. مساوى شدن . بكزمك و برابر اولمق *être égal, ressembler.* | gleich sein, ähnlich sein. Deriv. تينكشتورمك oder تينكشدرمك Vb. caus. ساجمك, و موازنه كورمك *rendre égal.* | gleichmachen, abwägen.

to تينكرى TINGRI. Sbst., — تكرى *Dieu.* | Gott. Rel. abstr. تينكريلك Gottheit, Göttlichkeit

to تينكيز TINGIZ u. تينكيز Sbst. = دكز *mer, fleuve.* | Meer, Fluss

to تينكلامك TINGLEMEK und تينكلمك Vb. act. برابر كورمك *rendre égal.* | gleichmachen. Deriv. تينكلاشمك TINGLEŠMEK Vb. recipr. مسابقت جستن و شمر , و مساوی شدن *être égaux les uns aux autres, rivaliser, rivaliser de vitesse.* | einander gleichen oder zu gleichen suchen, um die Wette laufen, sich beeilen um einem andern gleich oder zuvor zu kommen.

to تينكلامق TINGLAMAK. Vb. intr. SL. = شنيدن *t* دكلمك *écouter, obéir.* | hören, gehorchen. تينكلامز nicht hörend, nicht gehorchend. Abulg. 125.

to تينكلامق — تانكلامق *faire jour.* | tagen.

to تينمغور TINMAGUR oder تينمغاور Sbst. بچاره‌لق *faiblesse.* | Schwäche, Schwachheit.

to تينمق TYNMAK oder تينمق u. تينمك TINMEK. Vb. intr. *t* طينمق LT. آرامیدن SL. آسايش و آرام كرفتن *se reposer.* | ruhen. — Deriv. I. تيانمق TYJANMAK. Vb. refl. LT. تكيه كردن *se reposer, s'appuyer.* | ruhen, sich stützen. — II. تينلورمق Vb. caus. LT. آرام دادن *faire reposer; reposer.* | ruhen lassen; ruhen. SL. آرام كرفتن

to تينمك TYNMIK. Vb. intr. [Refl. v. تيمك] = سخن كفتن *dire.* | sagen. — Deriv. تينلورمك Vb. caus. سخن در آوردن SL.

p تينه TINE. Sbst. *toile d'araignée.* | Spinngewebe.

a تينة TINE. Sbst. انجير *figue.* | Feige vgl. تين

t تيو TYJU = ديو *t* [Gerund. v. تيمك] *disant, ayant dit, c'est-à-dire.* | gesagt, zu sagen, das heisst, nämlich.

to تيورمك oder تيوارمك Vb. act. = *t* دورمك DEWIRMEK und DÜRMEK. *tordre, retourner, mettre à l'envers.* | drehen, z. B. den Rosenkranz zwischen den Fingern; umdrehen, umstürzen; zusammendrehen; zusammenheften oder nähen. — Deriv. I. تيورتمك Vb. caus. — II. تيورلمك und تيورلانمك Vb. refl. pass. SL.

to تيورك TIŪRUK oder TIWRIK. Adj. u. Sbst. كرد و مدور و چوب و ميل آهنی كه بر وسط سنك زيرين نصب آسيا محكم كرده باشد *t* *rond, courbé, tordu* | rund, krumm, gewunden; der eiserne Zapfen um den sich der obere Mühlstein dreht.

to تيوشسز Adj. *indigne.* | unziemlich, unwürdig, unanständig

to تيوشلی Adj. *digne, convenable.* | geziemend, würdig, = *a* جلدو

t o تيوك LT. جاكير [vielleicht (تيول)]

p تيول TIJÜL. Sbst. Pl. تيولات *timar, fief, retraite.* | Lehnsgut, als Ruhegehalt gegebenes Grundstück.

t تيون TEJJÜN. s. تيبس

t o تيوه TIWE oder TEJWE. Sbst. — دوه *chameau.* | Kameel. تيوهجي Kameeltreiber.

a تيه TIH. Sbst. *grand désert; égarement.* | grosse Wüste; Verirrung, Täuschung. تيه بني اسرائيل die Wüste der Kinder Israel. 2. تكبر, اوڭونمك *orgueil, fierté.* | Stolz.

p تيهو TIHÛ, vulg. تيهو auch تيهوج oder تيهور u. تيهوش Sbst. چيل قوشي *petite perdrix grise.* | das kleine graue Rebhuhn.

a تيهور TEIHÛR. Sbst. بيابان, بيرينه, صحرا, بلادي, چول قير *désert, plaine inculte.* | Wüste.

t o تيانق TEJANÖ. LT. اعتماد *action de s'appuyer; appui.* | sich stützen, Stütze.

t o تيماق s. تيمق

ث

ث SE, SÂ. ثاء مثلثه (das dreipunktige s#) *quatrième lettre de l'alphabet turc; prononciation arabe* TH *(anglais), prononciation turque* s; *valeur numérique* 500. | vierter Buchstabe des arabischen, fünfter des persisch türkischen Alphabets; Aussprache, arabisch TH (englisch), türkisch s; Zahlwerth 500.

a ثآليل SEÂLÎL. Sbst. Pl. v. ثؤلول

a ثابت SÂBIT. [اثبت I.] Adj. بلكدار اولان *fixe, stable, constant; sûr, prouvé, démontré, incontestable.* | fest, unbeweglich, beständig; sicher, erwiesen, unbestreitbar. — ETMEK. *fixer, établir; confirmer, démontrer.* | befestigen, bestätigen, beweisen. ثابت اولمق *t* بر نسنه اوزره *persister en q. ch.* | auf etwas bestehen. ثابت قدم S.-KADEM. *ferme, constant, persévérant.* | fest, beharrlich, ausdauernd. ثابتقدملق oder ثابتقدمي *constance, persévérance.* | Beständigkeit, Beharrlichkeit, Ausdauer. — Femin. ثابته SÂBITE. Pl. ثوابت SEWÂBIT. *étoile fixe.* | Fixstern.

a ثأر SEÂR. vulg. ثار SÂR. Sbst. انتقام. ديت قصاص *peine du talion, vengeance.* | Blutrache, Rache. اخذ ثار ايتمك *tirer vengeance, rendre la pareille.* | Rache nehmen, Gleiches mit Gleichem vergelten. — Pl. آثار ASÂR und ثارلر SARLAR.

a ثافل SÂFIL. [ثفل I.] Sbst. — ثفل *t* دردي *p* بوسه. چوكندي. طورتلي *sédiment, lie.* | Bodensatz, Hefe.

a ثاقب SÂKIB. [ثقب I.] Adj. *pénétrant, perçant, brillant, luisant, d'un vif éclat.* | durchdringend, strahlend, hellleuchtend, durchbohrend, scharf. بيز ثاقب eine scharfe oder spitze Ahle. فكر ثاقب oder راى ثاقب *esprit pénétrant.* | ein durchdringender Verstand. النجم الثاقب der Planet Saturn. شهاب ثاقب ein hellleuchtendes Meteor. — Fem. ثاقبه SÂKYBE. *étoile brillante.* ein hellleuchtender Stern. — Pl. ثواقب SEWÂKYB.

a ثاقل SÂKYL. [ثقل I.] آغر *t* آغر *p* كران *pesant, lourd, fastidieux.* | schwer, gewichtig, lästig. Als Sbst., *pièce de monnaie qui a le poids voulu.* | vollwichtige Münze. — ETMEK. *aggraver.* | beschweren. — تثقيل ايتمك. — Pl. ثواقل SEWÂKYL.

a ثالث SÂLIS. Adj. num. ord. *t* اوچنجي *troisième, tiers.* | der dritte. Adv. ثالثا SÂLISEN. *troisièmement.* | drittens. — Femin. ثالثه SÂLISE. *un troisième; $^1/_{60}$ d'une seconde.* | ein Drittheil; $^1/_{60}$ der Secunde. — Pl. ثوالث SEWÂLIS ثالثون SÂLISÛN u. ثالثين SÂLISIN. s. ثلاثه

a ثالوث SÂLÛS. Sbst. *trinité.* | Dreieinigkeit.

a ثامر SÂMIR. [ثمر I.] Adj. — مثمر *p* ميوه‌دار *t* يمش ويرن *qui donne des fruits.* | fruchttragend, fruchtbar; als Sbst. *arbre fruitier.* | Fruchtbaum.

a ثامن SÂMIN. Adj. num. ord. سكزنجي *huitième.* | der achte. Adv. ثامنا SÂMINEN. *huitièmement.* | achtens.

a ثاني SÂNI. Adj. num. ord. ايكنجي *deuxième, second.* | der zweite. Adv. ثانيا SÂNIEN. *secondement.* | zweitens. — Fem. ثانيه SÂNIJE, als Sbst. *seconde, $^1/_{60}$ d'une minute.* | Secunde, $^1/_{60}$ der Minute. — Pl. ثواني SEWÂNI.

a ثبات SEBÂT. [ثبت I.] Sbst. — بلكدار اولوب طورمق. ثبوت *fermeté, immobilité, constance, stabilité, durée continuelle, persévérance; certitude.* | Festigkeit, Unbeweglichkeit, Beständigkeit, Ausdauer; Bestimmtheit. ثباتي يوق es hat keinen Bestand; er hat keine Ausdauer. ثبات قدم ايتمك *être ferme, constant, tenir bon.* | fest sein, gut halten.

a ثبت SEBT. Adj. — ثابت *ferme, fixe, stable, constant.* | fest, beständig. — ETMEK. *rendre stable; mettre par écrit, inscrire.* | fest machen, aufschreiben, einschreiben.

a ثبت SEBET. Sbst. — ثبات *fermeté, constance; argument solide, document, certificat.* | Festigkeit, Beständigkeit; triftiger oder unwiderstreitbarer Grund; urkundliches Zeugniss.

a ثبوت SUBÛT. [اثبت I.] Sbst., — ثبات *fermeté, constance, incontestabilité, certitude, affirmation, preuve par témoins ou par des raisons évidentes.* | Festigkeit, Beständigkeit; Unbestreitbarkeit, Gewissheit, Versicherung, Erhärtung, Feststellung einer Thatsache durch Zeugen oder sichere Beweise. — ETMEK, — اثبات *constater.* | sicher erweisen, erhärten. بعد الثبوت nach Feststellung der Thatsache. — Philos. ثبوت اضافي die relative Affirmation. ثبوتي SUBÛTI. Adj. *affirmatif, positif, certain.* | sicher, zuverlässig, gewiss. — Theol. صفات ثبوتيه die positiven Attribute Gottes (Allmacht, Allwissenheit, Wille u. s. w.) — صفات نفسيه entgegengesetzt den صفات معنويه oder سلبيه.

a ثبيت SEBIT. Adj. — ثابت

a ثخانت SEHÂNET. [ثخن I.] Sbst., — ثخونه. قالين ر يغلظ صيق اولوق *épaisseur, grosseur.* | Dicke, Dickeein.

a ثخن SAHEN. Sbst. *p* سبطبرلي. سطرشدن — ثخانت — Mathem. u. Physik. — الجسم التعليمي der (mathematische oder physicalische) Körper.

a ثخين SAHIN. Adj. *épais, solide.* | dicht, massiv.

a ثدي SEDI. (SIDI, SEDA) Sbst. *t* ممه *p* پستان *sein, mamelle, teton.* | weibliche Brust, Brustwarze, Zitze.

a ثراء SERÂ s. ثرى

a ثراء SERÂ. Sbst. I. — ثروت *t* زنكينلك *richesse, opulence.* | Reichthum.

a ثرائد SERÂID. Sbst. Pl. v. ثريد

a ثرم SERM. Sbst. *action de casser une dent à q. qn.* | Einem einen Zahn ausschlagen. — Metr. *retranchement du pied* ⏑ – ⏑ – *en* – ⏑. | Abkürzung des Fusses فعولن in عول oder فعل.

a ثروان SERWÂN. [Rad. ثرا] Adj. زنكين. صاحب ثروت *riche.* | reich, ein Reicher.

a ثروت SERWET. [Rad. ثرا] Sbst. زنكينلك *richesse, opulence; grand nombre, multitude.* | Reichthum, Menge.

a ثرى SERA oder ثرا Sbst. طپراق *terre, poussière.* | Erde, Staub. عرشدن ثرايه دكين vom Throne Gottes bis zur Erde.

a ثريا SÜREJJÂ. Sbst. ايلدز. اوركر. يدي يلدز *p* پروين *les Pléiades.* | das Siebengestirn.

a ثريد SERID. vulg. تريد oder تريت TIRIT. [Rad. ثرد] Sbst. *rôtie, potage au pain.* | geröstete Brodschnitte, Brodstückchen die in die Suppe geschnitten werden, Brodsuppe. آرق طاوقدن سمز تريت اولماز von magerem Huhn wird keine fette Suppe. Sprüchw.

a ثطلع SUTÂ'. [Rad. سطلع] Sbst. نوازل علتي. زكام علتي *rhume de cerveau, fluxion.* | Schnupfen, Rheuma, Fluss (Medic.). — ثطاعي SUTÂI. *enrhumé, fluxionnaire.* | am Schnupfen oder an einem Flusse leidend.

a ثعبان SO'BAN. [Rad. ثعب] Sbst. اژدرها *grand serpent, dragon* | grosse Schlange, Drache.

a ثعرور SU'RÛR. [Rad. ثعر] Sbst. — گوكه p سكيل t ثؤلول *verrue.* | Warze.

a ثعلب SA'LEB. Sbst. 1. دلكى *renard.* der Fuchs. 2. — ساليب oder صالب *salep.* | Salepwurzel. خصية الثعلب oder خايه ثعلب *orchis.* | die Saleppflanze. عنب الثعلب *morelle.* | Nachtschatten (solanum). 3. بوم كمكى oder بردم كمكى *coccyx.* | das Schwanzbein.

a ثغور SUGÛR. Sbst. Pl. v. ثغر SAGR. تشمن اغزلرى . دار الحرب سرحدلرى *confins, places de frontière, défilés, etc. non fortifiés par lesquels l'ennemi peut faire invasion.* | Gränzplätze, Gränzen, unbefestigte Pässe, Flussübergänge u. dgl. die dem Angriffe des Feindes ausgesetzt sind.

a ثفل SUFL. s. ثافل

a ثقابة SIKÂBET. [ثقب I.] Sbst. نفوذ كچمه *action de pénétrer, pénétration* | Eindringung, Durchdringung. ثقابة الفكر *sagacité.* | Scharfsinn.

a ثقات SIKÂT. Sbst. Pl. v. ثقة

a ثقافة SEKÂFET. [ثقف I.] Sbst. چابك الالمق . ظرافت لطفى *intelligence, adresse* | geistige Fähigkeit, schnelles Begreifen, Witz. ثقافت العقل *adresse d'esprit.* | Gewandheit des Geistes.

a ثقال SEKÂL oder SUKÂL. Adj. — ثقيل

a ثقالة SEKÂLET. [ثقل I.] Sbst. اغرلق . اغرلق . مكدرلق . اغرنسى *lourdeur, pesanteur; chose pénible, peine, importunité, chagrin.* | das schwer sein, zur Last sein; Schwere, Schwierigkeit; etwas schweres, drückendes, Last, drückende Lage, Kummer, Noth. ثقالت ايله wider Willen, ungern, nothgedrungen. ثقالت ضربه Schwere eines Schlages. ثقالت هوا Schwüle der Luft.

a ثقب SAKB. Sbst. دلمه . دلك *action de percer, de forer, de pénétrer; pénétration; trou (de part en part)* | Durchbohrung, Durchdringung, durch und durch gehendes Loch. — Nom. unit. ثقبة SAKBE.

a ثقة SIKAT. [وثق I.] Sbst. اينمق . مس يعتمد عليه فى الاحوال . اعتماد اتمك والافعال *action de se fier, confiance; tout ce à quoi on peut se fier; personne digne de confiance, ami sûr; personne qui fait autorité.* | Vertrauen auf . . . .; Sache oder Person auf die man sich verlassen kann, sicherer Freund, zuverlässiger Gewährsmann, Vertrauensmann, sichere Aussage, Schuldverschreibung, Bürgschaft u. s. w., zuverlässiger Freund. — Pl. SIKÂT. — ثقات *les compagnons et confidents du Prophète.* | die Vertrauten Mohammeds.

a ثقف SAKF. Sbst., — ثقافت *action de surpasser en esprit, intelligence.* | schnelles Begreifen.

a ثقل SAKAL u. SYKL. Sbst. *ce qui est lourd, charge, poids, bagage, effets; objet précieux.* | was schwer zu tragen, Last, Gewicht, Gepäck; Kleinod. — Pl. اثقال ESKÂL u. ثقلار SAKALLAR. — Dual ثقلان SAKALÂN. cas. obl. ثقلين SAKALEÏN. *les hommes et les génies.* | die Menschheit und die Geisterwelt.

a ثقلا SÜKELÂ. Pl. v. ثقيل

a ثقلت SYKLET, SAKALET, SAKLET. Sbst. اغرلق *pesanteur, charge, poids, gravité, oppression, pesanteur d'estomac, torpeur dans les membres, lassitude, effort; serrement de cœur, angoisse; incommodité.* | Schwere, Gewicht, Schwerkraft, Druck; Magenbeschwerde; Schwere der Glieder, Müdigkeit; Anstrengung; Angst; Unbequemlichkeit. — ETMEK. *charger, surcharger, accabler, molester, importuner.* | beladen, überladen, beschweren, lästig fallen. — ÇEKMEK. *être molesté, avoir du chagrin.* | belästigt werden, Kummer haben. ثقلت آور *ennuyant.* | lästig, langweilig. ثقلت خاصيه das specifische Gewicht. — Pl. اثقال ESKÂL u. ثقلتلر SYKLETLER.

a ثقف SAKYF. [Rad. ثقف] Adj. *intelligent.* | leicht begreifend, gescheit vgl. ثقافت u. ثقافة

a ثقيل SEKÎL, SAKYL. Adj. اغر *pesant, lourd, oppressif, accablant, pénible, importun, incommode.* | schwer, gewichtig; drückend, lästig, unbequem. — GÖRMEK. *trouver difficile.* | für schwer halten, schwer finden. — GELMEK *paraître ou être difficile.* | schwer sein, einem schwer ankommen.

a ثكل SEKEL. Sbst. *état d'une personne privée de ceux qu'elle aime.* | Zustand Jemandes der die welche er liebt verloren hat.

a ثكلى SEKLÂ. Sbst. fem. *celle qui a perdu ceux qu'elle aime, femme qui a perdu son enfant ou ses enfants.* | eine die ihre Lieben verloren, eine Frau die ihr Kind oder ihre Kinder verloren hat.

a ثلاث SÜLÂS. Num. distr. *à trois.* | je drei. Davon Adj. rel. ثلاثى SÜLÂSI. *qui a q. ch. à trois; trilittère.* | etwas in der Dreizahl oder zu je drei bestehend; dreibuchstabig; als Sbst. *racine trilittère.* | dreibuchstabige Wurzel.

a ثلاثة oder SELÂSET ثلث Adj. num. card. اوچ *trois.* | drei. Fem. ثلاث oder ثلث SELÂS. — Plur. ثلاثون oder ثلثون SELÂSÛN oder. Cas. obl. ثلاثين oder ثلثين SELÂSÎN *trente.* | dreissig. — Adj. rel. ثلاثى SELÂSI *tout ce qui appartient au nombre trois.* | auf drei bezüglich, dreierlei.

ثلاثا oder ثلثا SELÂSÂ. Sbst. صالى كونى *mardi.* | Dienstag.

a ثلاج SELLÂG. [Denom. v. ثلج] Sbst. برف فروش p قار صاتان . كشمه *vendeur de neige, glacier.* | Schneeverkäufer, Eisverkäufer.

a ثلب SELB. Sbst., — قصمق . ذلم — تعييب *action d'ébrécher; action de blâmer.* | Ausbrechung, schartig machen, Schmähen, Verunglimpfen.

a ثلث SÜLS u. SÜLÜS. Sbst. اوچده بر *tiers, un troisième.* | Drittheil. اوچده ايكى بلى حقوزك ثلثى اوچدر drei ist das Drittheil von neun. — Dual ثلثان SÜLSÂN. Cas. obl. ثلثين SÜLSEÏN.

a ثلاثه s. ثلثين , ثلثون , ثلثة

a ثلثى SÜLSI, SÜLÜSI. Sbst. *sorte d'écriture plus grande que l'écriture ordinaire.* | eine Art Schrift, grösser als die gewöhnliche.

a ثلج SELG. Sbst. t قار p برف *neige.* | Schnee — Pl. ثلوج SULÛG u. ثلجلر SELGLER.

a ثلم SELM. Sbst. رخنه كرلمى *action d'ébrécher; brèche.* | Ausbrechung. — Metr. *retranchement du pied* ‿ — — *en* — ‿ Abkürzung des Fusses فعولن in عولن oder فعلن — Nom. unit. ثلمة SELMET. *brèche, trou.* | Lücke, Loch.

a ثمّ SÜMME. Conj. بعده . اندنصكره . پس *ensuite, puis.* | dann, hierauf.

a ثمار SIMÂR. Sbst. Pl. v. ثمر

a ثمال SIMÂL. Sbst. *protecteur, défenseur.* | Beschützer, Vertheidiger. — OLMAK. *aider, secourir.* | helfen, beistehen.

a ثمانى SEMÂNÎ oder ثمان SEMÂN (Fem.) u. ثمانية SEMÂNIET. (Mascul.) Adj. num. card. سكز *huit.* | acht. — Pl. ثمانون SEMÂNÛN. Cas. obl. ثمانين SEMÂNÎN. *quatre-vingt.* | achtzig.

a ثمر SEMER. Sbst. ميوه . يمش *fruit.* | Frucht. — Pl. ثمار SIMÂR, ثمر SÜMÜR, اثمار SEMÂR und ثمرلر SEMERLER. — Nom. unit. ثمرة SEMERET. Pl. ثمرات SEMERÂT

a ثمن SEMEN. Sbst. بها . قيمت . كدر *prix, valeur.* | Preis, Werth. ثمن قليل niedriger Preis. ثمن اصليه der eigentliche Werth.

a ثمن SÜMN, SÜMÜN. Sbst. سكزده بر *un huitième, huitième partie.* | ein Achttheil. Pl. اثمان EMÂN.

a ثمير SEMÎR. [Rad. ثمر] Adj. يمشلو . بارلار اولان . ميوه دار *fertile, qui donne des fruits.* | fruchttragend, fruchtbar.

a ثمين SEMÎN. Adj. بهالو . قيمتلو *précieux, cher, de grand prix.* | kostbar, theuer. دُرّ ثمين kostbare Perlen.

a ثناء SENÂ. [Rad. ثنى] Sbst. [Pl. اثنية ESNIJET.] *éloge, louange; hymne.* | Lob, Preis, Lobgesang. — ETMEK. *louer, saluer, faire des vœux pour q. qn.* | loben, gut von Jemand sprechen, für einen Gutes wünschen. ثناخوان SENÂ-HÛN oder ثناكار SENÂ-KÂR oder ثناكو SENÂ-GÛ und ثناور SENÂ-WER. Einer der ein Lob ausspricht, einen Lobgesang recitirt. — Rel. abstr. ثناكارى . ثناخوانى . ثناورى . ثناكوى — Adv. ثناكرانه SENÂ-GERÂNE oder ثناورانه auf lobende Weise.

a ثناء SUNÂ. Adj. num. *à deux.* | je zwei. ثناء ثناء SUNÂ-SUNÂ. *deux à deux.* | zu zweien, je zwei.

a ثنائى SUNÂÏ. Adj. *bilittère.* | zweibuchstabig.

a ثنوى SENEWI. Sbst. مجوسى *dualiste, mage.* | Magier, Bekenner des Dualismus.

a ثنويّة SENEWIJET. Sbst. *dualisme.* | Dualismus.

a ثنى SENI. Sbst. *action de plier, de courber, de plier en deux.* | Zusammenfaltung.

a ثواب SEWÂB (SEWAP). Sbst. *récompense des bonnes œuvres; œuvre pieuse, méritoire.* | Vergeltung der guten Werke; gutes oder verdienstliches Werk. — ثواب جزيل *grand mérite.* | grosses Verdienst. — ETMEK, — قازانمق oder ثوابه نائل اولمق ثوابه كيرمك *faire des bonnes œuvres, bien mériter auprès de Dieu.* | sich durch gute Werke verdient machen. — Rel. conner. ثوابلو SEWÂBLY. *méritoire.* | verdienstlich.

a ثوابت SEWÂBIT. Sbst. Pl. v. ثابتة v. ثابت

a t ثوابلنمك SEWABLENMEK. Vb. refl., — ثواب اتمك

a ثواقب SEWÂKIB. Pl. v. ثاقبة

a ثوالث SEWÂLIS. Sbst. Pl. v. ثالثة

a ثوانى SEWÂNI. Sbst. Pl. v. ثانية

a ثوب SEWB. Sbst. رخت، لباس *étoffe, vêtement, habit.* | Zeug, Stoff; Kleid, Rock. ثوب سمور Zobelpelz. — Pl. اثواب EWÂB und ثياب SIJÂB.

a ثور SEWR. Sbst. اوكوز، صغر *taureau, signe du taureau.* | Stier, Sternbild des Stieres. — Pl. ثيارة SIJARET. ثيار SIJÂR. ثيران SIRÂN.

a ثورياّ SÜREJJÂ s. ثريا

a ثولول SU'LÛL. Sbst. يسقلو، ممه، سكيل *verrue, mamelon.* | Warze, Brustwarze. — Pl. ثاليل

a ثوم SÛM. Sbst. صارمساق *ail.* | Knoblauch.

a ثياب SIJÂB. Sbst. Pl. v. ثوب

a ثيابى SIJÂBI. Sbst. *gardien des vêtements (dans un bain, etc.).* | der Kleiderbewahrer (in einem Badehause u. dgl.).

a ثيّبة SEJJIBE. Sbst. *femme qui n'est plus vierge, femme mariée, divorcée ou veuve.* | Frau die nicht mehr Jungfrau; Verheirathete, Geschiedene oder Witwe.

ج Ǧ. — جيم عربى (das arabische ǧîm). *quatrième lettre de l'alphabet arabe, sixième de l'alphabet turc et persan; prononciation DJ (g italien); valeur numérique 3; abréviation de جمادى الآخرى* | vierter Buchstabe des arabischen und sechster des persisch-türkischen Alphabets, oft mit چ verwechselt; Aussprache DSCH; Zahlwerth 3; — Abkürzung des Monatsnamens ǦUMÂDI-L-UCHRÂ.

چ Č — جيم فارسى (das persische ǧîm). *septième lettre de l'alphabet turc et persan; valeur numérique en chronogrammes 3; prononciation TCH (c italien).* | siebenter Buchstabe des persisch-türkischen Alphabets, Aussprache TSCH; Zahlwerth in Chronogrammen 3.

جا *abréviation de* جمادى الاولى | Abkürzung des Monatsnamens ǦUMÂDA-L-ÛLÂ.

p جا ǦÂ oder جاى Sbst. مكان، يير، *lieu, endroit, place, rang, temps convenable ou juste.* | Ort, Stelle, die einem zukommende Stelle, Rang; gelegene Zeit, der rechte Zeitpunkt. بجا BE-ǦÂ. *digne, convenable.* | würdig, geziemend, recht, gelegen. نابجا NÂ-BEǦÂ. *indigne.* | unziemlich, ungelegen. جابجا ǦÂ-BE-ǦÂ. *où et là, de temps à autre.* | hie und da, dann und wann. — بجا اولمق، يرينه كلمك *être exécuté, être mis à sa place.* | zu Stande kommen, an seinen Platz kommen.

t چا *s.* چه u. چا

t چاب ČAP. Imperat. v. چاپمق — SL. تلاشيله، بروسى ياپشدر vielleicht Verkürzung v. چاپلوس

t چاپ ČAP. Sbst. *calibre (Artill.).* | Weite des Geschützes, Kopfmaass.

p چاپاندز ČÂBÂNDYZ u. چاپلاس Sbst. *grosse boîte que l'on met par-dessus d'autres.* | Ueberlaststiefel.

p چاپاتى ČÂPÂTÎ. Sbst. *pain azyme.* | ungesäuertes Brod.

p t چاپار ČÂPAR oder چپر Sbst. *courrier.* | Eilbote. [Partic. v. چاپمق]

t s چاپان ČAPAN. SL. تحفه و عطيه بخشش *tout; don, présent, cadeau.* | gens; Geschenk. (?)

t s چاپاولى ČAPAWLY. Sbst. SL. چپاول و تازلمه و بسرعت رفته *incursion hostile; marchant vite.* | Einfall in Feindesland; schnell gehend, eilend. vgl. چاپمق

t s چاپاغان ČAPAGAN. SL. دائم تازلمه Gerund. v. چاپمق

t s چاپاق ČAPAK. Sbst. collect. SL. ماهى ده پتيت *petits poissons.* | kleine Fische.

t چاپالامق ČABALAMAK auch چاپالمق oder چاپلامق und چاپالانمق Aor. چاپالار oder چاپلار ČABALAR. Vb. act. SL. تلسمق و بازش dürmek تيپرنمك — p اضطراب gewöhnlicher چاپالانمق oder چاپلنمق Vb. refl. vgl. چاپالقمق *s'agiter, se démener, se remuer pour une affaire, se débattre.* | sich bewegen (hin und her, auf und ab), sich regen, sich abmühen, sich anstrengen, sich sträuben. — قسمت اولمديغيچه نه چاپالارسن wenn es nicht Schicksal ist, setzest du dich umsonst ab.

t s چاپان ČAPAN auch p چپان Sbst. لباس زنده و پاره *haillon, vêtement usé.* | Lappen, altes Kleid, Oberhaupt Kleid.

t s چاپاول u. چاپول Sbst., — t چاپاول *incursion; attaque.* | Streifung; Angriff. — Abulgasi.

t s چاپچوق ČAPČUK. Sbst. LT. سراجه *fût, bol.* | Endziel (das wonach gelaufen oder getrieben wird). Gerund. v. چاپمق

a چاپره ČÂPIRE. [جبره L.] Sbst. قيرقجى و جبيلقجى *qui remet les os fractures, chirurgien.* | Gliedereinrenker. — 2, — چپر *orgueilleux, tyran, cruel.* | ein Stolzer, Tyrann, Grausamer.

چپراز ČAPRAZ s. چاپراز

t s چاپراق ČAPRAK. Sbst. *Amazes de cheval, schabraque.* | Schabrake, Pferdedecke.

t s چاپغورمق ČABGURMAK. Vb. intr. SL. باد شديد و با برف و باران وزيدن *faire un vent violent avec de la neige et de la pluie.* | heftig stürmen mit Schnee und Regen.

t s چاپغولاش ČABGULAŠ. Sbst. دوكرمه و ستيز و دعوا كشمكش رفتن *action d'en venir aux mains.* | Handgemein werden.

t s چاپغولاشمق ČABGULAŠMAK. Vb. recipr. SL. يكديكر دوكشمو رفتن و ستيز دعوا كردن *en venir aux mains.* | handgemein werden, auf einander einhauen.

t چاپغون ČABGUN. چابقون s. چابقون Adj. u. Sbst. 1. — چاپقون [Partic. von چاپمق — چاپغلق oder چاپيلق] *qui va vite.* | schnell laufend. چاپغون يوريمك schnell laufen. 2. t s SL. تازلمش و تاخت *action de courir; incursion dans un pays.* | das Laufen, Rennen; Einfall in ein Land. 3. t s LT. باد شديد با برف و باران و باران SL. *tempête.* | Sturm, Unwetter (mit Regen oder Schnee).

t s چاپغونجى ČABGUNǦI oder چاپقونجى Sbst. 1. LT. تازلمه SL. غارت كرجيمن *qui va vite; qui fait une incursion.* | ein laufender; einer der einen Einfall oder Streifung macht. 2. SL. بروسى چرك چشم *chassie.* | Augenbutter, — چپاق

t s چاپغو ČAPKU. Sbst., — چاپغون 3. LT. باد و باران

t s چاپقولیس ČAPKULAIS. Sbst. LT. جنك جنك دوشمير *combat, duel.* | Zweikampf.

t چاپقون ĆAPKUN und چاپقین ĆAPKYN. und چاپوین ĆAPOYN. Adj. u. Sbst. vgl. چاپقون *qui va vite, coureur; cheval qui galoppe; vagabond, fripon, polisson.* | schnell laufend, Läufer; Pferd welches Galopp läuft, Herumstreicher, Taugenichts, Lump, Gassenbube. — چاپقون رختی *harnais dégagé.* | mit Silber ausgelegter Zaum. — Rel. abstr. چاپقونلق ĆAPKUNLUK. *amble du cheval; course, vitesse; vagabondage.* | Galopp eines Pferdes; Lauf, Schnelligkeit; Herumtreiben, Ausschweifen.

p t چابک ĆABIK oder چاپک ĆAPIK und چاپوک ĆAPUK und چاپوق Adj. u. Adv. *vite, agile, leste, prompt; bientôt.* | schnell, gewandt, geschickt, rasch; bald, sogleich. چابک خرام ć.-ḥIRAM. beim Gehen schnell den Körper bewegend, schnell gehend. چابک دست schnell mit der Hand, geschickt. چابکرو ć.-REW. schnell laufend. چابکسوار ć.-SUWÂR. schnell reitend, geschickter Reiter, kühner Reiter, Kunstreiter. — Rel. abstr. چابکی u. چابکلک *vitesse, agilité, adresse, promptitude.* | Schnelligkeit, Gewandtheit, Behendigkeit, Ringfertigkeit.

t چاپل ĆAPUL u. چاپول Sbst., = چتە *excursion, incursion, course.* | Ausfall, Streiferei in Feindesland. Kam. s. v. النهب، الكتيبة u. a.

t چاپالاقلامق ĆAPALAKLAMAK. Vb. intr. vgl. چالامق *regimber, faire le récalcitrant, s'agiter.* | strampeln, sich regen, sich bewegen.

p چابلوس ĆABILÛS (ĆABELÛS, ĆABULÛS) auch بلوس und چپلوس verkürzt چلوس und umgestellt چسابوس Adj. und Sbst. متملق ومتبصبص اولان، یلتاقلنجی *flatteur, adulateur, trompeur; flagorneur.* | Schmeichler, Fuchsschwänzer; schmeichelnd, täuschend. — Rel. abstr. چابلوسی und چاپلوسی *flatterie, adulation, flagornerie; tromperie.* | Schmeichelei, Fuchsschwänzerei; Täuschung.

t چاپمق ĆAPMAK und چپمق Vb. act. Aor. چاپار ĆAPAR. SL. تاختن ودویدن و غارت کردن و شمشیر زدن و زخم کردن *courir, galoper, faire une incursion dans un pays; attaquer; tirer l'épée, blesser, couper, frapper en coupant.* | laufen, rennen, galoppiren; einen Einfall oder eine Streiferei in ein Land machen; feindlich einfallen, anfallen, angreifen; (mit dem Schwerdte) einhauen, abhauen, verwunden. اوغور بلاریب تاتارلی چاپدی Ogur griff den Tataren an. Abulg. — Deriv. I. *t c* چاپدرمق ĆAPTURMAK. Vb. caus. — II. چاپشمق ĆAPYŠMAK. Vb. recipr. — III. چاپلمق ĆAPYLMAK. Vb. pass. دوانیده شدن و تاخت شدن و زخمدار شدن و امثال آن *être entraîné à courir; être attaqué.* | zum Laufen getrieben werden; ein Einfall gemacht werden; angegriffen oder verwundet werden: einen Einfall erleiden u. s. w. — IV. *t* چاپنمق ĆAPYNMAK. Vb. refl. *accourir, courir sus.* | herbei laufen, zu etwas hinlaufen.

t c چاپمقلیق ĆAPMAKLYK u. Sbst. *course, incursion.* Lauf, Streifung u. s. w. s. d. Vbgde.

t c چاپو ĆAPU u. چپو Sbst. تاخت وتاراج — d. Vbgdn.

t چاپوت ĆAPUT. Sbst. *guenille, haillon.* | Lappen, Lumpen.

t چاپوق ĆAPUK und چاپوق ĆAPUK oder چاپیق Sbst. I. *p* دامن قبا SL. تریزه جامه، شلم *parement; pan de la robe.* | keilförmiger Einsatz an einem Kleide. Kam. s. v. النقبة — 2. [با گجمی] SL. کشیکه درصورت علامت زخم داشته باشد Jemand dessen Aeusseres die Spur einer Verwundung trägt.

p t چابوک u. چاپوق s. چابک.

t چاپول s. چاپل.

t چبا ĆABA s. چبا.

t چاپا ĆAPA oder چپه auch چاپیا und Sbst. (*ngr. τζάπα*). *a* مسحاة، مجرفة، چپا *p* کلند، کند، ترشت *houe, bêche.* | Hacke (der Gärtner), Grabscheit, Spaten.

t چاپالامق ĆAPALAMAK. Vb. act. *p* کلندن *houer, creuser.* | hacken, graben.

a چابی ĆÂBÎ. [جبا I.] Sbst. *p* باجکاری I. L. *collecteur de revenus de l'état, d'un* WAKF, *etc.* | Einnehmer von Staats- und andern Einkünften, vgl. وقف. — Rel. abstr. جابیلک *collecte.* | Sammlung (von Almosen u. dgl.).

t چاپیجی ĆAPYĠY, auch چاپوجی Adj. u. Sbst. *qui court, coureur; guerrier.* | laufend, Läufer; Krieger. Abulg. vgl. چاپمق.

t چات ĆAT. Sbst. (*mot imitatif qui exprime le choc d'une chose contre l'autre*) *cliquetis.* | Klatsch, Klapp (der Schall beim Zusammenstossen zweier Körper). چات چات ایله ĆAT-ĆAT oder ĆAT A ĆAT ETMEK. *claquer,* klappen (z. B. mit den Zähnen). چات پات ĆAT PAT. *de temps à autre.* | dann und wann (aber selten).

t c چاتاق ĆATAK oder چستاق Sbst. SL. کلباجة خیمه و آن تخته سوراخی است که بر سر ستون خیمه باشد das Brett am obern Ende der Zeltstange, vgl. چاتمه.

t c چاتاق ĆATAK. Sbst. SL. شریك وملازم *compagnon, ami.* | Genosse, Freund.

t چتال s. چاتال.

t چاتلدرمق s. چاتلق Deriv.

t چاتردامق ĆATYRDAMAK auch چتردامق oder چترتمق ĆYTYRDAMAK. Vb. intr. Aor. چاتردار ĆATYRDAR. *p* ترا کیدن *a* القرقعة *bruire, claquer, craquer, faire du bruit* | laut zusammenschlagen, klatschen, klappen, knistern, prasseln. آرقلقدن اتلری چتردامق vor Magerkeit klappern, klapperdürr sein. قان چقارکن طمر چتردامق *battre (des artères).* | laut klatschen (von der Ader, wenn das Blut ausströmt). Kam. s. v. النعسار — Deriv. چاتردتمق ĆATYRDATMAK oder چسترتمق Vb. caus. *p* ترا کنیدن *faire claquer.* | klappen lassen. پرمق چاتلتمق = پرمق چتردتمق mit den Fingern klatschen.

t چاتردی ĆATYRDY und چترتی ĆYTYRDY. Sbst. *claquement, bruit, pétillement.* | Klatsch, Klang (welchen zwei aneinandergestossene Körper geben), Knistern (des Feuers.), vgl. چات.

t چاتره پاتره ĆATARA-PATARA. Sbst. u. Adv. *écorchement (du langage).* | das Radbrechen; gebrochen (sprechen). Redhouse: to be able to say a few words of a language in a broken manner. vgl. چات پات.

t چاتلق s. چاتلشمق Deriv.

t چاتق ĆATYK, ĆATUK. Adj. *attaché, joint l'un à l'autre, mis ensemble, engrené.* | zusammengefügt, an- oder eingefügt, anstossend, fest an. چاتق قاشلو dessen Augenbrauen zusammenstossen.

t چاتقون ĆATKUN. Adj. *attaché; lié d'amitié.* | zusammengefügt; freundschaftlich verbunden.

t c چتلاقوچ ĆATLAGUĆ. s. چتلاقوچ.

t چاتلاق ĆATLAK auch چتلاق، چتلاك. شکافته *p* شق، *a* یارق چاتلق Adj. u. Sbst. *fendu, crevé; fente, fissure, crevasse.* | geborsten, gestossen, gespalten; Spalte, Riss, Kluft, enge Bergschlucht, Sprung, Ritze, Scharte.

t چاتلامق ĆATLAMAK oder چاتلمق und چتلمق Vb. intr. Aor. چاتلار ĆATLAR. انصداع، تشقق *a* ترا کیدن، کفتن *p* یارلق *crever (neutr.), se fendre, éclater, se crevasser.* | bersten, platzen, aufspringen, Risse bekommen. — Deriv. چاتلتمق ĆATLATMAK u. چتلتمق Vb. caus. *faire crever, fendre, rompre, faire claquer (p. ex. les doigts).* | bersten machen, sprengen, spalten. عین چاتلاتمق den Buchstaben ع herausplatzen lassen, d. i. richtig aussprechen. پرمق چاتلتمق = پرمق چاتردتمق.

a چاتلادی ĆATLADY. Sbst. *fente, crevasse; nom d'une porte à Constantinople.* | Spalte, Kluft; Name eines Stadtthores an der Südseite von Constantinopel.

g r چاتلیق ĆATLYK oder جاثلیق ĠAṮLYK. Sbst. (καθολικός) بیوك چلبی، بطریق *catholique; prélat chrétien, patriarche.* | Katholik; kirchlicher (christlicher) Würdenträger, Patriarch.

t چاتم ĆATYM. Sbst., = یاپو *assemblage (d'une charpente).* | Gefüge, Zusammenfügung.

t چاتما s. چاتمه.

t چاتمق ĆATMAK, auch چتمق Vb. intr. u. act. Aor. چاتار ĆATAR. *p* بهم پیوستن، بهم رسانیدن *a* قرن، تقلب *se joindre, être joint et attaché; se toucher, être proche (le temps); se heurter, s'aborder et se briser (deux navires); s'engrener, être mis l'un dans l'autre; faufiler, bâtir, coudre provisoirement à longs points.* | anstossen, nahe sein (räumlich und zeitlich), dicht neben einander stehen (z. B. Stäbe eines Gitters); zusammengefügt oder eingefügt sein, sich berühren, fest anschliessen, passen, dicht aneinander kommen, zusammenrennen, anlaufen (zwei Schiffe aneinander), zusammentreffen mit Jemand, einander nahe stehen (von Personen), befreundet sein, sich kennen lernen, Freundschaft schliessen; von der Zeit: nahe sein, kommen (von Thieren deren Gebärzeit nahe ist, Zeit des Eierlegens, Zeit der Reife); activ. nahe bringen, verbinden, einfügen, anfügen, zusammentroddeln. کلوب کلمک oder چاتوب چاتمق nahe kommen. چارپمق چاتلوب aneinander stossen. شمشك آچلوب چاتمق in einem fort blitzen. برنسنه یه یله بقین اوروب چاتمق sehr nahe an eine Sache herantreten. قاش چاتمق die Brauen zusammenziehen, die Stirn runzeln. — Deriv. I. چاتدرمق čatdyrmak oder چاتلدرمق Vb. caus. *joindre, attacher, faire joindre, faire tenir l'un dans l'autre, engrener, emboîter.* | nahe bringen, aneinander bringen, anfügen, einfügen. چاتدیروب چاربدرمق eines an das andere schlagen. Kam. s. v. الادغام. — II. چاتشمق čatyšmak. Vb. recipr. *tenir l'un à l'autre, être attaché ensemble, s'engrener.* | aneinanderstossen, anrennen, aneinander hangen, aneinander gefügt sein. گمی چاتشمسی *abordage.* | das Aneinanderstossen, Ansegeln zweier Schiffe.

t چاتمه čatma oder چاتما Adj. u. Sbst. SL. دام صیادی که از چوب سازند وسیاه خیمه *joint, emboîté; jointure, emboîtement, assemblage de planches et de charpentes, hutte (faite de planches); t o. piège (fait de perches, etc.).* | angefügt, eingefügt; zusammengefügt; Einfügung, Zusammenfügung von Bauholz, Balken, Brettern u. dgl., Hütte von Brettern oder Stangen; *t o* eine Art Falle von Stangen (um das Wild zu fangen). چاتمه پرده *cloison.* | Bretterverschlag.

t چاتی čaty. Sbst. LL. *a* عرش. سقف

p [v. چاتق] ییلار. اسمخدم *jointure; toit, chevrons, faîtage; structure des os.* | eigentlich Zusammenfügung; der Theil eines Gewölbes oder Bogens, wo die beiden Hälften in einem Winkel zusammenstossen. Kam. s. v. الحنیرة — Dach, Sparrwerk, Dachstuhl; Gerüste, Knochengerüste. چاتی طبقی *faîtage.* | Schlussbalken des Daches. اویساسق دیملری و چاتیلری واسع اولان دابه ein Reitthier mit breiten Hüften und Knochengerüste. Kam. s. v. البدحاء

t چاتوجی čatvöj. Sbst. [von چاتمق] *p* تخییت, *qui faufile, rapièce* | Antrakler, Flickschneider.

t چاتیلدور čatyldyr. Sbst. SL. یوروجی تکلیف بشد *imposition d'un devoir, d'une taxe, obligation à q. ch.* | Auferlegung.

a چاتلیق s. چتلیق

p t چچ čič auch چچس. چاش. چاچ u. چیچ 1. Sbst. صبره. خرمن *tas, monceau de grains.* | ein Haufen gereinigtes Getreide, Körnerhaufen. vgl. چچ — 2. N. pr. Name einer Stadt (Taschkend).

t چاجق ğağyk. Sbst. *sorte de salade.* | eine Art Salat. Kam. s. v. المرتی. الغنلوی

t جاجیم ğağym. Sbst. زیلوچه *tapis de différentes couleurs.* | eine Art bunter Teppich. Kam. s. v. الولیة

a جاحد ğâhid. [جحد I.] Adj. *renieur, qui nie une chose qu'il sait être vraie.* | etwas läugnend, wovon man weiss dass es wahr ist.

t جاجرق oder جاغشرق Sbst. *p* جرزه خراطه خسیه Name eines Vogels. BK.

p جاخسوق ğâhsük oder جاخشوق ğâhčük. Sbst. اوراق *faux.* | Sichel.

a جاذب ğâzib. Sbst. [جذب I.] Adj. und Sbst. — کذاب *t* یلانجی *menteur.* | Lügner.

a جادّه ğâddet. vulg. جاده ğâde. Sbst. شاهراه. اولو یول *grande route, chaussée.* | Landstrasse, Kunststrasse. — Pl. جوادّ ğewâdd.

p t چادر čadyr und چادر auch چادور Sbst. خیمه *tente, pavillon; voile de femme qui couvre tout le corps.* | Zelt; Frauenschleier der den ganzen Leib bedeckt. چادر قورمق oder چادر زدن *dresser une tente.* | ein Zelt aufschlagen. چادر خواب *rideau de lit.* | Bettvorhang. چادر شب *drap de lit; couverture.* | Betttuch; Bettdecke. ال چادری el čadyry. *parapluie.* | Regenschirm. چادر اوشاقی s. اوشاق

t چادردتمق čadyrdatmak. Vb. act. *grincer des dents.* | mit den Zähnen knirschen [vollständiger دیشی چادردتمق] Meninski.

p جادو ğâdu auch جادو ğâzû. vulg. جادی ğâdy u. جادی Sbst. *sorcière, sorcier; sorcellerie; vampire (spectre).* | Hexe, altes Weib, Zauberer, Schwarzkünstler; Vampyr (Gespenst); Hexerei. — Rel. abstr. *p* جادوی *t* جادولق ğâduluk oder جادیلق ğâdylyk. *magie, sorcellerie.* | Zauberei.

p جادوگر ğâdû-ger. Sbst., — جادو *sorcier.* | Hexenmeister, Zauberer.

p جادوکش ğâdu-keš. Sbst. — جادوگر

t جادولمق ğâdulamak. Vb. act. *ensorceler, fasciner, charmer.* | hexen, behexen, bezaubern. — Deriv. جادولنمق ğâdulanmak. Vb. pass. refl.

p جادو s. جادوی

p جادّه s. جاده

a جاذب ğâzib. [جذب I.] Adj. *qui attire, attractif.* | anziehend, reizend. Fem. جاذبه ğâzibe, als Sbst. *force attractive, attraction, attrait, charme.* | Anziehung, Anziehungskraft [قوّه جاذبه Gegentheil von قوّه دافعه] Reiz.

جادو s. جادی s. جادو

t o جار ğar. Sbst. خبر. منادی. آواز *cri, appel; annonce.* | Schrei, Ruf, Meldung; Befehl. ایلکا جار قیلدوردی er kündigte dem Stamme an. Abulg. 14. — Nom. propr. Name einer türkischen Völkerschaft.

p جار ğâr u. جار ğâr. Sbst. vgl. چادر SL. نوعی از بافته باشد به قماش *drap, châle.* | Tuch, Shawl. ملاّء ریطه معنلسنه در Kam. جار که ذخلونلر بورندکلری جار در یکتوغ بافته به قماش تازه ğâr-tâze. SL. *châle.* | Shawl. (Redh.: a single whole shawl; a square shawl). جار دیوار ğâri diwâr. *tapisserie du mur.* | Tapete. جارشب ğâr-šab und جارشف oder vulg. جارشاف und جارشب *drap de lit.* | Betttuch. vgl. چادر

t o جار ğar. Adj. *escarpé.* | steil, hoch (altus). Abulg. 135. ایکی ایکی جار بولور seine beiden Ufer sind steil.

a جار ğâr. Sbst. قونشو و بقین، قریب اولان *voisin; protégé, client, qui est sous la protection de quelqu'un; ami, compagnon, associé de négoce.* | Nachbar; Schutzgenosse, Schützling; Freund, Theilhaber an einem kaufmännischen Geschäft, Geschäftsfreund. جار الله Schutzgenosse Gottes, einer der in der Nähe des Tempels (der Kaba) wohnt.

a جارّ ğârr. [جرّ I.] Adj. und Sbst. جر ایدیجی. چکیجی *qui tire, qui attire, qui traîne à sa suite* | ziehend, an sich ziehend, hinter sich ziehend. Gramm. ein Wort welches mit einem folgenden in Genitivverbindung steht, Präposition die den Genitiv regiert, حرف جرّ.

t o جاره ğâre. Sbst. SL. چهره. قسوای رخسار *charmes du visage; joue.* | Liebreiz des Gesichts; Wange.

t چار čar. Sbst. (russ.) *le czar.* | Zar, مسقو چاری der Zar von Moskau, der russische Kaiser.

p چار čâr. 1. Adj. num., — چهار *quatre.* | vier. 2. Sbst., — جار *drap.* | Tuch. 3., — چاره Sbst. u. Adv. *remède, moyen; de bon gré.* | Mittel zu oder gegen; freiwillig. چار ناچار oder استر استمز — چار ناچار و ناچار *bon gré mal gré.* | freiwillig oder nicht, sei ein Mittel dagegen oder nicht. چاروچدر čaru-čeder. Mittel und Weg — دوچار اولمق s. دوچار

p چارپای čâr-pâ oder چارپای Adj. und Sbst. *quadrupède.* | vierfüssig, vierfüssiges Thier.

p چارپاره čâr-pâre. Sbst. vulg. چاپاره s. چلپاره čulpâre, — زیل. زل *castagnette.* | Castagnette.

p چارباغ čâr-bâğ. Sbst. *jardin, château de campagne.* | Garten, Landhaus.

p چاربالش čâr-bâliš. Sbst. *siège royal composé de quatre coussins; les quatre éléments.* | Sitz des Königs, aus vier Kissen bestehend; die vier Elemente.

t چارپق čarpyk. Adj. *plié, courbé.* | zusammengeklappt, gebogen, krumm. برنسنه بر طرفه طوغری چارپق کبی اکیلوب میل ایتمك etwas an einer Seite gerade, gleichsam zusammengeklappt, gebogen, sich neigen. چارپق ایتمك — تعویج *courber.* | krümmen. چارپق اولمق — انعطاف *être courbé.* | krumm sein, sich krümmen. vgl. چارپمق

t چارپمق čarpmak u. چرپمق Vb. act. Aor. چارپار čarpar. *frapper (avec une chose plate ou longue, et avec bruit), heurter, faire tomber un malheur sur q. qn., tomber (la foudre), battre (des ailes, des mains pour applaudir).* | schlagen, anschlagen (mit einem flachen oder langen Gegenstande und so dass man es hört), klatschen, mit Lähmung schlagen (vom Schlagflusse), mit einem Unglücke schlagen, einschlagen (vom Blitze), zusammenschlagen (die Flügel). یره چارپمق *terrasser*, | zu Boden schlagen. آقرین ایسرینه ال چارپمق *applaudir*. | mit den Händen Beifall klatschen. جن چارپمش *possédé du démon*. | besessen. دکزده ایسر قایقلک آخسره چالتوب چارپمسی Zusammenstoss zweier Fahrzeuge auf dem Meere. علو کبی بری اولنه چالتوب چارپمق wie die Flamme hin und herschlagen. — Deriv. I. چارپدرمق ČARPDYRMAK. Vb. caus. *faire frapper, etc.* anschlagen lassen u. s. w. چالدیروب چارپدرمق aneinanderstossen lassen. — II. چارپشمق ČARPYŠMAK. Vb. recipr. *se heurter les uns contre les autres, se choquer.* | aneinander schlagen oder stossen. موج ترپسا چارپشدرمق .III — تلاطم = چارپشمق ČARPYŠDYRMAK. Vb. recipr. caus. = چارپمق z. B. آقرین ایسرینه ال چارپشدرمق — IV. چارپلمسق ČARPYLMAK, Vb. pass. refl. Aor. چارپلور ČARPYLYR. *être frappé; se cambrer.* | angeschlagen werden, sich zusammenschlagen, zusammenklappen, sich krümmen. (Redhouse: to become warped or crocked). اسیل صوبی درنلک کنارلرینه چارپلمغله کورلر das Wasser des Baches, weil es an die Ränder des Flussbettes angeschlagen wird, rauscht.

p چارپهلو ČAR-PAHLU. Sbst. LL. جوز *noix*. | Nuss (eig. vierseitig, wegen der Theilung des Kernes durch die innere Zwischenwand in vier Theile).

p چارتا ČARTA oder چارتار Sbst. *guitare à quatre cordes.* | viersaitige Laute.

to چارتی ČARTY. N. pr. LT. نام الوسی ارچقنای

p چارچوبه ČARČUBE. s. چرچوبه

to چارجی ČARČY. Sbst. LT. منادی کننده *crieur, héraut, porteur d'une nouvelle ou d'un ordre.* | Ausrufer, Herold, Ueberbringer einer Nachricht oder eines Befehls. چارجی oberster Herold (am Hofe der persischen Könige).

a جارح ĞARIH. [جرح I.] Adj. *qui blesse.* | verwundend.

a جارحه ĞARIHE. Sbst. *tout membre du corps qui sert à procurer de la nourriture ou de l'argent; oiseau de proie.* | Glied des menschlichen Körpers mit dem man erwirbt; Raubvogel. — Pl. جوارح ĞEWARIH.

t چارطاق s. چارداق

p چارسو ČARSU oder چارشو ČARŠU (vulg ČARŠY) auch چارشی ČARSY und چارشوب ČARŠUB. Adj. u. Sbst. *quadrangulaire, tétragone, place quadrangulaire; marché, grande rue avec des boutiques des deux côtés.* | viereckig, Viereck, viereckiger Platz, Marktplatz, breite Strasse mit Verkaufsläden an den Seiten (gewöhnlich Bazar genannt). چارشو حماملری *les bains publics.* | die öffentlichen Bäder. چارشو دکانی *boutique.* | Marktbude.

p چارشب ČAR-ŠEB oder چارشف Sbst. *drap de lit.* | Betttuch, s. چار

p چارشنبه ČARŠEMBE. Sbst. *mercredi.* | Mittwoch.

t چارطاغ ČARTAG. N. pr. *le point le plus élevé des Balkhans.* | Viergebirge, der höchste Berg des Balkhangebirges.

p چارطاق ČARTAQ oder چارداق ČARDAQ u. چرداق Sbst. غرفه . بلاخانه . دیرکه اوستنه *belvédère d'une maison, balcon; tonnelle, berceau.* | auf vier Pfosten ruhendes Holzgerüst, Gerüst auf dem Dache an dem Wäsche zum Trocknen aufgehangen wird; ein auf Pfeilern ruhendes Holzgerüst für Wachposten; Belveder auf dem Dache, Altan, Balkon, Laube. اصمه چارداغی *treille.* | Weinlaube. چارداغی اصمه an der Laube gezogener Wein.

to چارق Sbst. *p* چرم SL. عمل آردوزی که در گریبان و اطراف دامن خفتان بکار برند و خفتان را نیز گویند *couture sur l'ouverture du cou et le bas du caftan.* | eine Näherei die an der obern Halsöffnung und den äussersten unteren Säumen des Kaftans angebracht wird, auch der Kaftan selbst.

t چارق ČARYK oder چارق *to* چاروق . چارغ . چاروغ Sbst. (n. gr. τζαρούχι) *espèce de gros soulier, pantoufle des paysans et des bergers.* | Pantoffeln, wie Bauern und Schäfer tragen (ein Stück Leder das am Fusse festgeschnürt wird).

t چارقجی u. چارقه s. چارقجی u. چرقجی

p چارکو ČARKU. Sbst. *commandant (d'un corps de troupes, etc.)* | Anführer (eines Heerhaufens, einer Karawane u. s. w.).

p چارکاه ČAR-GAH Sbst. *les quatre régions du ciel* | die vier Himmelsgegenden.

to چارکه ČARKE Sbst *to* چرکه SL. شادروان و خیمه وخرکاه و امثالی خیمه کوچک که قلندری کویند *petite tente.* | kleines Zelt.

p چارکوشه ČAR-GUŠE. Adj. *carré.* | viereckig, vierseitig, würfelförmig.

to چارلامق ČARLAMAK u. چارلمق Vb. act. SL. چاغرمق *t* = منادی کردن. LT. چار زدن *pousser un cri, crier, appeler, commander, convoquer, inviter.* | einen Schrei ausstossen, schreien, rufen, herbeirufen, zusammenrufen, einladen, befehlen. تا بو لقب بیله چارلامیسالر so lange sie ihn nicht mit diesem Beinamen nannten. Abulg. — Deriv. چارلاتمق ČARLATMAK. Vb. caus. *faire appeler.* | rufen lassen.

a جارم ĞARIM. [جرم I.] Adj. u. Sbst. جرم و قباحت صاحبی *criminel, coupable.* | Missethäter, Verbrecher.

p چارم ČARUM. s. چهارم

p چارمغز ČAR-MAĞZ. Sbst. *noix.* | Nuss.

p چارمیخ ČAR-MIH vulg. چارمق ČARMIK. Sbst. *les haubans (terme de marine).* | vier Pflöcke mit denen Verbrecher auf dem Boden oder an einer Wand angepflöckt werden, Kreuz (zur Hinrichtung); die Wanten (auf einem Schiffe). (Redhouse: a full size cross for criminals, the shrouds of a mast), die Stricke mit denen das Seil eines Seiltänzers festgespannt wird. — ETMEK. *crucifier; tendre les haubans, tendre fortement une corde.* | anpflöcken, die Wanten oder überhaupt einen Strick fest anziehen.

p چارمین s. چهارم

p چارنا چار s. چار

p جاروب ĞARUB, auch جارو . جارویه . جاروب Sbst. سپورکه *balai.* | Besen. — ETMEK. — KERDEN, — ZEDEN *balayer.* | fegen. جاروبکش ĞARUB-KEŠ oder جاروبزن ĞARUB-ZEN. *balayeur.* | Feger, Auskehrer.

p چاره ČARE oder چار ČAR. Sbst. علاج و تدبیر *remède, moyen.* | Mittel gegen etwas, Abhülfe. — BULMAK. *trouver du remède, remédier.* | ein Mittel finden gegen ..., abhelfen. — KEDEN. *être guéri.* | geheilt werden. نه چاره oder چه چاره *que faire?* was soll man thun? چاره یوق *il n'y a pas moyen.* | es ist kein Mittel, nämlich es abzuwenden, es kann nichts helfen, es muss geschehen. چاره سز oder بی چاره *sans remède; sans moyens, malheureux.* | ohne Mittel, mittellos, hülflos, elend. چاره سزلق Hülflosigkeit. چاره کر oder چاره ساز und چاره‌ساز *qui porte remède.* | Helfer in der Noth. — Rel. abstr. چاره کری . چاره کاری چاره = چاره‌سازی

a جاری ĞARI. [جری I.] Adj. Fem. جاریه ĞARIJE. اثار Gegentheil v. جامد *coulant (l'eau etc.), qui coule, qui passe (le temps), qui a cours (l'argent); qui a lieu, qui s'exécute ou reçoit son exécution (un ordre etc.), qui est conforme à ...* | fliessend, was im Umlauf ist (Geld u. s. w.), vergehend, vorübergehend (die Zeit), sich ereignend, stattfindend, wohin laufend, bezweckend; was befolgt wird (z. B. ein Befehl, eine Bitte u. s. w.), gebräuchlich; zu bestimmten Zeitpunkten regelmässig erfolgend. — OLMAK. *couler, arriver, se passer, avoir lieu, trouver son exécution.* | fliessen, in Umlauf sein, sich ereignen, stattfinden, befolgt werden. نهر جاری ein fliessendes Gewässer. بهای جاری *le prix courant.* | der gewöhnliche Preis. بینلرنده جاری اولان دوستلق die zwischen ihnen bestehende Freundschaft.

a جاریه ĞARIJE. Sbst. *suivante, jeune fille, jeune servante ou esclave.* | Mädchen, junge Sclavin (weisse).

t چاریچه ČARIČE. (russisch) Sbst. *la czarine.* | die Kaiserin von Russland.

t چاریک ČAR-JEK. vulg. چیرک ČEJREK. Sbst. *un quart; un quart d'heure.* | Viertheil; ein Viertel z. B. von einem Schlachtvieh; Viertelstunde.

a جازم ĞAZIM. [جزم I.] Adj. *qui coupe, qui décide, qui fixe.* | abschneidend; entscheidend; feststellend; Log. *apodictique.* | apodiktisch. — OLMAK. *conclure, statuer, être sûr d'une chose.* | entscheiden, über eine Sache zum Abschluss kommen.

p جازو s. جادو

t چاسار ČASAR (Caesar). Sbst. (aus dem Ungarischen aufgenommen). *l'empereur.* | der Kaiser. نمچه چاسار der deutsche Kaiser.

a جاسر ĞASIR. [جسر I.] Adj. *hardi, courageux, audacieux.* | kühn, muthig, unternehmend.

t چاسکه ČASKE. Sbst. *gingembre.* | Ingwer. (?)

t چاسوت ČASUT. Tahrif s. جاسوس

t چاسوتلمق ČASUTLAMAK. Vb. act. *espionner.* | kundschaften = جاسوسلق ايتمك

p جاسوس ǰâsûs. Sbst. vulg. چاسوت چاشيد . چاشد *espion.* | Spion, Kundschafter. Rel. abstr. *p* جاسوسى ǰâsûsî. چاسوتلق . جاسوسلق ǰâsûslyk. vulg. چاشيدلق ČAŠYDLYK شاشيدلق ŠAŠYDLYK. *espionnage, reconnaissance (milit.)*. | Kundschaftung, Recognoscirung.

to چاش s. چاس

to چاشار ČAŠAR oder چاش و پاش ČAŠ u PAŠ. Adj. پريشان *dissipé, dispersé.* | umhergestreut, zerstreut.

p چاشت ČÂŠT. Sbst. قوشلق وقتى . قوشلق طعامى *matinée, midi; temps du déjeuner, le déjeuner.* | Vormittagszeit, Mittagszeit, Frühstück. — KERDEN. — ETMEK. *déjeuner.* | frühstücken.

p چاشتكاه ČÂŠTGÂH oder چاشتكه ČÂŠTGEH چاشت چاشته ČÂŠTE. چاشنى ČÂŠNÎ, = چاشت

t چاشد ČAŠYD. Tahrif von جاسوس Rel. abstr. چاشدلق ČAŠYDLYK. Vb. deriv. چاشدلمق ČAŠYDLAMAK, s. جاسوس u. جاسوتمق

p چاشدان ČÂŠDÂN und چاشكدان ČÂŠKDÂN oder چاشكدان ČÂŠKDÂN. Sbst. *petite corbeille pour y mettre le pain etc.; corbeille ou boîte à ouvrage (des femmes).* | Brodkörbchen, Arbeitskörbchen der Frauen.

to چاشمق ČAŠMAK. Vb. intr. SL. مضطرب شاشمق *être troublé, agité, se troubler.* | bewegt, gerührt sein. — Deriv. چاشيرمق ČAŠYRMAK. Vb. caus.

p چاشنى ČÂŠNÎ u. چشنى ČAŠNÎ. Sbst. تاتمق . داد *le peu d'une chose que l'on prend pour la goûter; goût, saveur, avant-goût.* | das Wenige von einer Sache das man nimmt um sie zu kosten; Geschmack, Wohlgeschmack, Vorgeschmack. چاشنى المق oder برلسنمك چاشنيسنه باقمق *goûter, tâter (d'un mets).* | kosten.

p چاشنيكير ČÂŠNÎGÎR oder چاشنكير ČAŠNGIR. Sbst. دادنجى *dégustateur (l'un des 40 pages de l'intérieur).* | Vorkoster, Kredenzer, Truchsess (einer der vierzig Pagen des inneren Palastes). — BAŠY. Oberst-Truchsess. — Rel. abstr. چاشنيكيرلك ČAŠNIGIRLIK. *action de goûter, fonction du dégustateur.* | das Kosten; Vorkoster-Amt.

p چاشو ČÂŠÛ. Sbst. كميجى *matelot.* | Matrose.

t چاشوت ČAŠUT. چاشود . چاشوتلق . جاسوس s. چاشوتلمق

to چاشى ČAŠY. Adj. LT. احول — *t* شاشى *louche.* | schieläugig.

a جاعل ǰÂ'IL. [جعل I.] Adj. u. Sbst. *qui met, qui place, établit, institue; fondateur.* | machend, einrichtend; Begründer.

pt چاغ ČÂG oder چاق ČAK, auch چغ u. چق Sbst. Adj. u. Adv. SL. وقت و معنى صاغلم . صحيح و درست . BK عصمت . ساعت . زمان . VL. مقدار . شكنه *quantité; espace de temps et de lieu; temps, saison, âge; moment, heure; lieu, endroit; état d'être complet; santé.* | Maass (in Bezug auf Zeit, Raum und Zustand), Quantität, Vielheit; Zeitraum, Zeitpunkt, Jahreszeit, Lebenszeit, Stunde, die rechte Zeit zu einer Sache; Ort, Stelle, die rechte Stelle; der rechte Zustand, Vollständigkeit, Wohlbefinden, Gesundheit. نه چاغلر oder نه چاغلر *combien de fois.* | wie oft. اول چاغدا oder اول چاغدا *alors.* | damals, zu jener Zeit. لشكرينك چاغينى كوروب *ayant vu la place de son armée.* | als er die Stelle seines Heeres gesehen. Abulg. 183. — Adj. صحيح و درست *entier, sain, bien portant, alerte.* | vollständig, ganz, im Wohlbefinden, gesund, munter. طاغك چاغ تپه سى der ganze Gipfel des Berges. Kam. s. v. — چاغ اوق چيقان موضعى . انشخوب اوقنك يقين die ganze Stelle (des Bogens) wo der Pfeil ausgeht. Kam. s. v. انكبد — Adv. قدر *tant, autant que, jusque, jusqu'à ce que, à un tel point que, jusqu'à ce qu'enfin, à peu près, presque.* | so viel, so gross, bis, sogar bis, bis endlich, beinahe. چاغ حمالره وارنجه شنلك كونلرنده ... *il n'y a pas jusqu'aux portefaix qui, dans leurs jours de fêtes, etc.* | bis auf die Lastträger, die an ihren Festtagen u. s. w. (Bianchi). سك دولت تو كراق چاغ بو قدر زنكين اولديكه *summa tibi felicitas usque adeo gratis obtigit, ut . . . . .* (Meninski.) — Rel. concr. چاغليغ ČAGLYG oder چاغليق ČAGLYK. — 1. Sbst. قدر . اندازه . درستى . صحت SL. *quantité, mesure, état d'être entier, santé.* | Quantität, Maass das richtige Maass, Vollständigkeit, ganz und unverletzt sein, Gesundheit. — 2. Adj. u. Adv. تمجيون . مثللو VL. *autant que, égal, semblable, presque, comme.* | so gross oder so viel wie, gleich, ähnlich, fast, wie, gleichsam. كرمينك كنجى يوز جهان چاغليغ *thesaurus beneficentiae ejus centum mundos aequatur.* Sebai Sejare. VL. صبح دن كون تشلم چاغليغ vom Morgen bis fast zum Abend. Ali Schir. بر الما چاغليغ fast so gross wie ein Apfel. — *p* مقدار سيمى Ali Schir. Q. چاغليغ ازوق so viel Vorräthe. Abulg. 59. نه چاغليغ يورت ير was für ein grosser Ort. Abulg. 55. نه چاغليق چريكى بولغنى wie gross sein Heer war. ibid. — Rel. concr. چاغلى ČAGLY und چاقلى ČAKLY. *tant, comme, presque.* | so viel so gross, wie, beinahe, etwa. نه چاغلى *combien.* | wie viel, wie gross. اول چاغلى اوتوب مال توشدى er fand so grosse Reichthümer. Abulg. 12. نه چاغلى كشى تورور wie viele ihrer etwa sind. ib. 55. اون بش چاغلى كشى etwa fünfzehn Leute. ib. 115.

to چاغلى s. چاغلى *to*

to چاغان ČAGAN. Sbst. SL. بعلولى روز عيد بيرام . مغيد يشند *jour de fête.* | Festtag.

to چاغانق ČAGANAK. Sbst. SL. آرنج و انبر نسعت *coude, avant-bras.* | Ellenbogen, Vorderarm.

to چاغدارق ČAGDARAK. Sbst. vgl. چاغداق SL. خيمة الاچوق سورلم دارك چويلمش ازاو كلدرد durchlöchertes Brett im Zelte durch welches die Zeltpfähle gesteckt werden.

to چغداول ČAGDAWEL, oder چغداول auch (LT) چنداول u. چغدول . چغدل Sbst. لشكرده ارد سوروجى . سلك قوى . دمدار . عسكر سور كيجسى *arrière-garde; commandant de l'arrière-garde.* | Nachtrab des Heeres; Führer des Nachtrabs. Rel. abstr. چغداولى . چنداولى . چغداولى *dignité et charge de celui qui commande l'arrière-garde.* | Würde und Rang des Führers der Nachhut.

p چاغر ČÂGAR. Sbst. قوش قورساغى . قوشلق BK *jabot ou poche des oiseaux.* | Kropf der Vögel.

to چاغر ČAGYR u. چاغر oder چاقر Sbst. شراب LT. u. SL. *vin; taverne.* | Wein; Weinschenke. vgl. چقر

t چاغرلق s. چاغرمق Deriv.

t چاغرش ČAGYRYŠ. Sbst. Abstr. v. چاغرمق *cri, chanson.* | Geschrei u. s. w., Gesang.

t چاغرغان ČAGYRGAN. Adj. [Partic. v. چاغرمق] *qui crie, etc.* | schreiend u. s. w., besonders von Vögeln, wie Pfau, Trappe u. a.

t چاغرمق ČAGYRMAK u. چاغرمق Vb. act. *to* چقرمق u. چغرمق Abulg. Aor. چاغرر ČAGYRYR. *crier, appeler, convoquer, inviter, chanter, hurler, etc. (du cri des animaux).* | schreien (von Menschen und Thieren), rufen, nennen, herausrufen, zusammenrufen, herbeirufen, einladen; singen; brüllen. چاغرلدقده da er eingeladen wurde. Abulg. ترکى چاغرمق *chanter des chansons.* | Lieder singen. Deriv. I. چاغرتمق ČAGYRTMAK. چاغرتمق Abulg. Vb. caus. *faire crier (p. ex. q. qu. de douleur), faire appeler; faire chanter.* | schreien lassen oder machen (z. B. Jemand vor Schmerz), rufen lassen, singen lassen. — II. چاغرشمق ČAGYRYŠMAK. Vb. recipr. *crier entre soi ou ensemble, s'appeler les uns les autres.* | zusammen schreien, einander anschreien, einander rufen. — III. چاغرلمق ČAGYRYLMAK oder ČAGRYLMAK. Vb. pass. *être crié, être appelé.* | geschrieen werden; gerufen werden.

t چاغرجى ČAGYRYǰY. Sbst. *crieur public.* | Ausrufer.

t چاغل ČAGYL und چغل oder چاقل ČAKYL und چقل oder چنقل Sbst. *petit caillou, gravier; murmure de l'eau qui coule.* | Kiesel; Grobsand; Rieseln, Rauschen oder Murmeln des fliessenden Wassers. چاغل چاغل ČAGYL-ČAGYL. *avec murmure.* | murmelnd (von fliessendem Wasser), plätschernd, rauschend. — Rel. concr. چاقللو u. چاغللو ČAKYLLY. *plein de gravier.* | sandig. — Rel. abstr. چاقللق *lieu plein de gravier.* | sandiger Ort.

to چاغلا ČAGLA. — LT. بوديها — Imperativ v. چاغلامق

t چاغلامق ČAGLAMAK auch چغمق u. چاغلامق [v. چاغ] Vb. intr. تخمین ایتمك , ملاحظه ایله , ظن ایتمك , کمان کوتورمك , اورانلمق , وزن , تقدیر و تعیین ایتمك *évaluer; penser, croire, juger, avoir une opinion de q. ch., considérer* | Grösse und Betrag oder Maass einer Sache bestimmen, messen; meinen, glauben, dafür halten, genau erwägen. طشره غوغاسی اول کشورده چاغلاب da er meinte dass in jener Gegend ein Getümmel der Freude sei.

t چاغلامق ČAGLAMAK. [v. چاغل] Vb. intr., Aor. چاغلار ČAGLAR, = چاغلدامق LL. = خرخریتمك , خشخش , خریر *murmurer (l'eau qui coule), ruisseler.* | rauschen, murmeln (über Steine fliessendes Wasser). چاغلایوب آقان صو rauschend fliessendes Wasser چاغلایان ČAGLAJAN. rauschender Wasserfall. — vgl. چاغلدامق

t چاغلاما ČAGLAMA. Sbst. SL. بروسی آواز پشند *murmure (d'un ruisseau).* | Murmeln (eines Baches).

t چاغلدامق ČAGYLDAMAK auch چاغلدامق u. چاغلدامق Vb. intr. Aor. چاغلدار ČAGYLDAR. *murmurer (l'eau qui coule), gringotter, fredonner (des petits oiseaux).* | murmeln [von fliessendem Wasser; schwächer als چاغلامق] vgl. — چاغلامق — zwitschern (von Vögeln), = جیویلدمك und جیولمق

t چاغلدی ČAGYLDY, auch چاغلتی Sbst. abstr. des Vbgdn.

t چاغلمق ČAGYLMAK, = چاغلدامق — چاغلغان صو ČAGYLGAN SU. *eau qui murmure, qui coule; ruisseau.* | murmelndes Wasser, Quell, Bach.

t چاغله بادم ČAGALA-BADEM. Sbst. *amande verte avec l'écorce.* | grüne, unreife Mandel.

t چاغلی ČAGLY und چاغلیق ČAGLYG. s. چاغ

t چاغلی ČAGLYK. Adj. *considéré, considérable, important, célèbre.* | angesehen, beträchtlich, bedeutend, berühmt.

p چغانه ČAGANA auch چغانه u. چغانه Sbst. *nom d'un instrument de musique, sorte de violon.* | ein musikalisches Instrument, eine Art Violon.

t چغانوس ČAGANOS. Sbst. (n. gr. τὶγγανος) *crabe, cancre.* | Krabbe.

t چاغه ČAGA. LT. دیبی ترلنه [vielleicht zu lesen فارندة]

t چاغر s. چاغیرمق

t چاغرجی s. چاغیرجی

t چاغرغه ČAGYRGA. Sbst. SL. سایبان بفارسی شادروان *parasol; tente.* | Sonnenschirm, Zelt.

a چاف ČAFF. [L. جف] Adj. *sec, séché.* | trocken.

p چاف ČAF oder چاف چاف Sbst. قحبه , روسبی RK. *femme débauchée.* | liederliches Weib.

a چافی ČAFI. [L. جفا] Adj. u. Sbst. جفا ایلیجی *qui fait tort, injuste, cruel tyran, féroce, oppresseur.* | der Unrecht thut, ungerecht, hart, grausam; Tyrann, Bedrücker.

t چاق s. چاغ

t چاق ČAK und چق ČAK, ČYK vgl. چق , چت *mot imitatif qui exprime le choc d'une chose contre une autre.* | Laut den man beim Anschlagen oder Aufeinandertreffen zweier Körper hört, Klapp, Klatsch, Klirren; als Sbst. *battoir.* | Schlägel, Klopfer. چاقچاق ČAK-ČAK oder چاق چاق ČAKA-ČAK auch چکا چك , چقا چق , چاقا چاق , چکاچاك LT. آواز تیغی آن چکاچاك *bruit, cliquetis d'armes etc.* | Waffengeklirr u. dgl. چق چق ČYK-ČYK ČYKARMAK. *cliqueter.* | klirren.

t چاقار ČAKAR oder چاقرشر ČAKKAR Sbst. SL. موضعی است که ترکمان آنرا ...... قلاع جمع در انجا تحوطه و حصار ساخته مستحکم سنکی تمامند eine Art Aussenwerk einer Festung (?).

t چاقال ČAKAL. s. چقال

t چاقتامق ČAKTAMAK. Vb. intr. und چاقتاشمق ČAKTAŠMAK. Vb. recipr. SL. منقلب شدن , ویهم برآمدن *être renversé; choquer l'un contre l'autre.* | umstürzen; zusammenstossen. — Deriv. I. چاقتاشدرمق ČAKTAŠTYRMAK, Vb. caus. — II. چاقتوروشمق ČAKTURAŠMAK. Vb. caus. recipr. — III. چاقتوروشدرمق ČAKTURAŠTURMAK. Vb. caus. recipr. caus. vgl. چاقشمق

t چاقچاق ČAKČAK. Sbst. [vgl. چاق] *marteau d'une porte.* | Klopfer an der Thür.

t چاقچالاتای ČAKČALATAJ. Sbst. انقلاب و برهم خوردکی *renversement; collision.* | Umstürzung; Zusammenstoss.

t چاقر ČAKYR. Sbst. SL. شراب و ازرق 1. *vin.* | Wein, = چاغر — 2. *qui a les yeux bleus.* | der blauäugige, چاقر طغلی oder schlechthin چاقر *épervier, émérillon.* | der Sperber, weisse Falke. [? چاقر قوش ...] SL. نوعی از مرغابی ein Wasservogel.

t چقور s. چاقر چقور

t چاقرجی ČAKYRČY u. چاقرجی Sbst. *fauconnier.* | Falkonier, Falkenwärter.

t چاقرق ČAKRYK. LT. چرخه *roue.* | Rad.

t چاقرمق ČAKYRMAK. s. چاغیرمق

t چاقشبوط آی ČAKŠABUT AJ. Sbst. *douzième mois de l'année des anciens turcs.* | der zwölfte Monat im Jahre der alten Türken.

p چاقشیر ČAKŠYR, auch چاقشور , شاقشیر Sbst. = چاقشر , چاقشر , چاقشیر vollständiger طوملق چاقشیری (n. gr. τὰ σκέλη?) *espèce de pantalon, chausses longues.* | lange und weite Hose, die an den Knöcheln anschliesst. Schifferhosen. دیز چاقشیری *pantalon court qui va jusqu'au genou.* | Hose die unter dem Knie anschliesst, = ایچ طون oder دیزلیق

t چاقشمق ČAKYŠMAK. [vielleicht zu lesen چاقیشمق] Vb. intr. SL. بهم خوردن *s'entrechoquer, zusammenstossen.* vgl. چاقتامق

t چاقل ČAKYL. Sbst. *gravier, caillou.* | Sand, Kiesel. s. چاغل

t چاقلدق ČAKLAK. Sbst. vgl. چاقلداق *claquet; bavard.* | Holz an einer Mühle über welches das Wasser fliesst und rauscht, Klapper, in übergetragener Bedeutung: einer der viel Worte macht, Schwätzer. SL. چوب آسیا که آب بر آن میریزد و صدا میکند

t چاقلامق ČAKLAMAK und چاقمق Vb. act., = چاقلمق und چقمق

t چاقلداق ČAKYLDAK u. Sbst. 1. LL. = تیمندر , p دلو , خدروت *claquet, trémie d'un moulin.* | Klapper, Trichter in der Mühle. — 2. ... *suint, fiente séchée qui se colle à la laine.* | getrockneter Koth der unter dem Schwanze der Thiere festhängt. Kam. s. v. البولع , الوشح — 3. *bavard.* | Schwätzer. vgl. چاقلاق — الحجر

t چاقم ČAKYM auch چاقم Sbst. *battement d'un briquet.* | Feueranschlagen. Kam. s. v. القدحة

t چاقماق ČAKMAK auch چقماق , چقمق u. چاقمق Sbst. *briquet, fusil.* Feuerstahl, Feuerzeug (alles womit Feuer angezündet wird). چاقماق طاشی ČAKMAK TAŠY. *pierre à fusil, batterie de fusil, de pistolet.* | Feuerstein, Flintenstein; Gewehrschloss. — Rel. conc. چاقماقلو ČAKMAKLY. *muni d'un briquet, d'une batterie.* | mit Feuerschloss versehen (ein Gewehr).

t چاقمق ČAKMAK. Vb. act. u. intr. Aor. ČAKAR. *frapper à q ch.; battre le briquet; lancer des étincelles, faire des éclairs; boire, s'enivrer.* | anschlagen; Feuer anschlagen; aufleuchten, blitzen; bildl trinken, sich berauschen. Redh.: to use intoxicating drinks. شمشك چاقمق blitzen. — Deriv. چاقلمق ČAKYLMAK. Vb. pass. بر نور چاقلدی es wurde ein Licht angezündet. Ali Sekir (Q. Fulnit).

t چاقمق ČAKMAK auch چقمق und چاقمق Vb. act. کوزلمك SL. u. LT. *piquer, mordre; accuser.* | stechen, beissen, anklagen, beschuldigen. Deriv. چاقیشمق ČAKYŠMAK. Vb. caus. LT. کوزلمدن

t چاقمق ČAKMAK u. چقمق Vb. intr. — چقمق

p چاقو ČAKU u. چاقی Sbst. [Tabrif v. p چاکی Kam. s. v. المزنود] *couteau de poche qui se ferme par le moyen d'un ressort; canif.* | Taschenmesser, Federmesser.

t چاقیرجی ČAKYRČY. Sbst. SL. بروسی جلاد پشند *bourreau.* | Henker (?) — vgl. چاقرجی

t چاقیل s. چاغل

t چاقلا ČAKYLA. Sbst. بروسی آوازی که بهم خورد مثل جمجی که بیهم میسد *cli-*

quetis. | Schall beim Zusammenstoss zweier Körper.

to چاقين ČAKYN. Sbst. برق و لمع برق و آتش LT. SL. *éclair, étincelle.* | Blitz, Leuchten des Blitzes, des Feuers; Funke.

pt چاك ČAK u. چك ČEK. Sbst. u. Adj. *action de déchirer; déchirure, fissure; déchiré, mis en pièces.* | das Zerreissen; Riss, Schlitz, Spalte; zerrissen. — ETMEK. *déchirer, fendre, mettre en pièces.* zerreissen, zerspalten, schlitzen, zerfleischen. چاك چاك oder چاك چاك *très-déchiré, très-brisé; chose déchirée; bruit qu'on entend en déchirant q. ch.; cliquetis (de sabre, etc.).* | sehr zerrissen, auch in übergetragener Bedeutung: bekümmert, betrübt. [Kam. s. v. الصعق]: etwas zerrissenes; Geräusch beim Zerreissen oder Bersten einer Sache; Laut beim Zusammenschlagen zweier Dinge, Klirren, = چاقچاق. — Rel. abstr. und concr. چاكليق und چاكلمك *déchiré, mis en petits morceaux.* | zerrissen, zerstückt.

t چاك ČAŃ. Sbst. *to* چانك SL. زنك وجرس وناقوس *cloche, clochette, timbre d'horologe.* | Glocke, Klingel. چاك چالمق — ČALMAK. *sonner la cloche.* | läuten. — Rel. abstr. چانكلق چاك قله سى *clocher.* | Glockenthurm.

to چاكا ČAKA oder چكه ČEKE. Sbst. LT. رمل و عقب كوش 1. *sable.* | Sand. 2. *le derrière de l'oreille.* | der hintere Theil des Ohres oder der Theil des Kopfes hinter den Ohren.

p چاك دار ČAK-DÂR. Adj. vgl. چاك *déchiré, gercé.* | zerrissen, aufgesprungen (z. B. die Lippen bei Fieberhitze).

p چاكر ČÂKER. Sbst. خدمتكار, كوله, ايشجى, اجير *serviteur; esclave (qui a été pris à la guerre), servante.* | Diener, Dienstbote (männlich und weiblich), Lohndiener, Tagelöhner, Mitknecht; im Kriege gefangener Sclave. چاكريكز ČÂKERIÑIZ. *votre serviteur, c. à. d. moi.* | Ihr Diener, d. i. ich — Rel. abstr. چاكرى ČÂKERÎ. *service, servitude.* | Dienst; Dienstbarkeit. چاكرانه dem Diener zukommend. چاكر پرور Diener haltend, die Diener gut behandelnd. — Rel. abstr. چاكر پرورى Halten von Dienern, Behandlung der Diener. — چاكر نواز wohlwollend gegen die Diener. — Rel. abstr. چاكر نوازى Wohlwollen gegen die Diener.

p چاكسين ČÂ-GUZÎN. Adj. u. Sbst. *qui a choisi un endroit pour demeure.* | der sich einen Ort als Wohnung erwählt, an einem Orte bleibt.

t چاكلق ČAŃLYK. s. چاك.

to چاكليق ČAKLYK u. چكلك ČEKLIK. s. چاك.

p چاكو ČÂKU u. چاكى ČÂKI. s. چكى.

p چاكوچ ČÂKÛČ. vulg. چكوچ oder چكيچ ČEKIČ. Sbst. *marteau.* | Hammer. تيمورجى چكيچى Schmiedehammer.

to چاكه LT. رمل s. چاكا.

p چاليم ČÂ-GÎR auch چگير Sbst. u. Adj. 1. برقوشلاجى *qui prend ou occupe une place, tenant, occupant; pénétrant; rétif (un cheval).* | der einen Platz nimmt, behauptet, einnimmt, durchdringt; vom Pferde: stetig. — OLMAK. *occuper, prendre la place; pénétrer, faire impression.* | einen Platz einnehmen, behaupten, durchdringen, Eindruck machen. (Meninski). — 2., = علوفه [LT. s. v. تيمول u. تيموك] *pension donnée en terres, fief, retraite.* | als Pension gegebenes Land. چاگيردار *qui tient une retraite.* | Pensionnär, der solches Land besitzt.

to چال ČAL. Adj. u. Sbst. LT. قيرو تيموق ونشن تيموقو واسمى كه موى SL. ويسج دوخت الى سرمع باشد وشترتجه *tête-grise, vieillard; couleur mêlée, rougeâtre, grisâtre; barbe grisâtre ou rougeâtre, cheval ou petit de chameau rougeâtre; lait de chameau mêlé avec de l'eau; racine d'arbre.* | Grau-Kopf, Greis, gemischte Farbe, grau, schimmelfarbig, röthlich; grauer oder röthlicher Bart oder Haar; graues oder röthliches Pferd (Grauschimmel) oder junges Kameel; mit Wasser gemischte Kameelmilch (Burnes, Travels in Bukhara); Baumwurzel. — چالاك s. چال غلغى.

t چال يقه اتمك — چالمق s. چال ČAL YAKA ETMEK. *saisir par le collet.* | am Kragen fassen, fest nehmen.

p چال ČÂL. Sbst. *silo.* | Grube, Getreidegrube.

to چالا ČALA. Sbst. SL. بقولى كيه *sorte d'herbe.* | Name einer Pflanze. — N. pr. SL. طائفه از اتراك Name einer türkischen Völkerschaft.

to چالا ČALA. Sbst. SL. برمكس كه بدام عنكبوت افتد *aile de mouche ou chose mince tombée dans le filet d'une araignée.* | im Netz einer Spinne hängender Fliegenflügel oder anderer kleiner Gegenstand.

to چالاد ČALAD. Sbst. LT. آب و كل *boue, argile.* | mit Wasser gemischte Erde, Schlamm.

to چالاق u. چالاك ČALAK, = چالاكى.

pt چالاك ČALAK u. چالاك ĎALAK. Adj. u. Sbst. *agile, prompt, très-expéditif, voleur, brigand; oiseau qui prend des souris; nom d'une peuplade turque.* | schnell, gewandt, flink, behende, listig; Dieb, Räuber; ein mäusefangender Vogel; Name einer türkischen Völkerschaft. Rel. abstr. *p* چالاكى ČALÂKÎ. Schnelligkeit, Gewandtheit, Schlauheit.

a چالب ĎÂLIB. [ا جلب I.] Adj. جلبجى اولان *qui attire, qui fait attraction.* | anziehend.

to چالپاره ČALPARE oder چلپاره Sbst. = چارپاره *castagnette, cliquette.* | Castagnette.

to چالپاق ČALPAK. Sbst. LT. نان تنك *pain mince.* | dünner Brodkuchen.

to چالپيوزى ČALPYUZU. Sbst. LT. گستاخى *insolence, audace.* | Kühnheit.

p چالپوس s. چاپلوس.

to چالت ČALT. Adj. SL. جست وچالاك *agile, leste, prompt.* | schnell, flink.

to چالجى ČALYĞY u. چالغجى ČALYĞY. Sbst. [v. چالمق] *qui frappe, qui bat du briquet; qui joue d'un instrument; voleur.* | einer der schlägt, Feuer anschlägt; ein Instrument spielt; Dieb. ساز چالجى Musikant.

a چالس ĎÂLIS. [جلس I.] Adj. *qui s'assied, sédentaire; qui tient compagnie à q. qn.* | sitzend, sich setzend, sesshaft; der bei einem andern sitzt, ihm Gesellschaft leistet. — Pl. جلاس ĎULLÂS.

pt چالش ČALYŠ. Sbst. [v. چالشمق] 1. = جنك جدال *guerre, combat.* | Schlacht, Treffen. 2. *action de se balancer en marchant.* | affectirter Gang oder Haltung des Körpers. 3. s. چالپش *turc.* | Rossschweif.

t چالشق ČALYŠYK. Sbst. جهد, جد, سعى *p* مخنس LL. *application, effort.* | Fleiss, Anstrengung. s. چالشقان.

t چالشقان oder چالشغان ČALYŠKAN, = چالشقانجى ČALYŠĞY. Adj. u. Sbst. *qui se donne de la peine, laborieux, industrieux.* | sich mühend, arbeitsam, thätig.

t چالشمق ČALYŠMAK. s. چالمق Deriv.

a چالع ĎÂLI'. [ا جلع I.] Adj. *effronté, impudent, obscène.* | frech, unverschämt.

to چالغ ČALYG. Sbst. [v. چالمق] *cheval rétif.* | stetiges, unbändiges Pferd, vgl. چالق.

t چالغو ČALGY und چلغو oder چالقو auch چالغى und چالقى Sbst. LL. ساز *instrument de musique; son d'instrument.* | musikalisches Instrument; Klang eines musikalischen Instruments. — ČALMAK. *jouer d'un instrument.* | ein Instrument spielen. s. چالمق.

t چالغوجى ČALGYĞY u. چالغجى Sbst. *p* سازنده *musicien.* | Musikant.

a چالف ĎÂLIF. [جلف I.] Adj. u. Sbst. *qui écorche, qui enlève la peau ou l'écorce; qui enlève et réduit tout à rien, année stérile, mortalité universelle, peste, épidémie.* | die Haut oder Schale abziehend, abschindend, alles wegreissend; Hungerjahr; allgemeine Sterblichkeit, Pest.

a چالفه ĎÂLIFE. Sbst. *blessure, coup qui enlève la peau.* | Verwundung, Abschindung der Haut.

t چالق ČALYK. Adj. [v. چالمق] *frappé, blessé; crevé, fendu; balafré; rayé, effacé; effaçure; infirme, sot.* | geschlagen, verwundet; geplatzt, gespalten, zerschnitten; der eine Schmarre hat (Meninski); ausgestrichen, ausgelöscht; etwas ausgestrichenes; gebrechlich, albern. (Redhouse: cracked, half-witted, crazy). چالق قوشى *pivoine (oiseau).* | Blutfink, Dompfaff.

آل چالق آت [oder الچالق] EL-ČALYK AT. *cheval rétif, cheval trotteur.* | ein stetiges, widerspenstiges, mit den Vorderfüssen schlagendes, unbändiges, ausgelassenes, sich bäumendes Pferd. [Meninski. ات ... بلا ... زمانده اوركلت وويموب ساجرمه وقالقيه oder ننه چالار, اشمس تركيز Q. nach Manhe; ... صفة للفرس الا ... توى آكرى يوليرى چالق — [الدهس كثير اللعب يوروب كتمك] *faire des zigzags (en marchant).* | ruckweise hin und her, oder im Zickzack gehen, einen ungleichen Gang gehen.

Kam. s. v. قارشق تحمور چالسق ,النعقم الهمرجة ,چالق تورپلق Kam. s. v.

t چالقالنمق ÇALKALANMAK auch چالقه لنمق oder چالقلنمق ÇALKLANMAK. Intensiv von چالقامق s. d. Flgde. Deriv. II.

t چالقامق ÇALKAMAK, auch چالقمق u. چالقلامق Vb. act. Aor. چالقار ÇALKAR. *remuer, agiter, secouer (particulièrement des choses liquides), rincer.* | rühren, schütteln, hin und her werfen (insbes. von Flüssigkeiten), spülen, ausspülen. صو ایله چالقمق چالقیوب یقامق mit Wasser spülen. — Deriv. I. چالقاتمق ÇALKATMAK. Vb. caus. = چالقمق — II. چالقانمق ÇALKANMAK. Vb. refl. pass. Aor. چالقانور ÇALKANYR u. intens. چالقالنمق *être agité, etc., se débattre, se remuer.* | gerührt werden, hin und her geworfen werden (z. B. die Wellen vom Winde, der Schlauch beim Buttern u. s. w.); sich heftig hin und her bewegen, geschüttelt, gespült werden. دکزده چالقانمق auf dem Meere umhertreiben.

t چالقمه ÇALKMA. Sbst. *choc, coup.* | Stoss, vgl. d. Flgde.

t چالقانتی ÇALKANTY. Sbst. *agitation; rinçure.* | Schütteleung; Spülwasser.

t o چالق ÇALK. Sbst. LT. — *poussière.* | Staub. چالق اوینی ÇALK OJUNU. Name eines Spieles, bei dem ein rundes Holz getrieben wird. vgl. چلك.

t چالم ÇALYM. Sbst. Abstr. v. چالمق s. d. چالم اوزی ÇALYM-ÖZÜ, = قلیجك اوزی *tranchant (du sabre, etc.)* | Schneide eines Säbels u. dgl.) Kam. s. v. الطعب ,الخرطار ,النحریمة ,الضرب u. öfter.

t o چالمه ÇALMA und چالمه Sbst. LT. دستار SL. توتو دستار و توبی از مشربه که سلاطین از بلغار دوختند دروقت سواری بسر نهند زنین بلغار و بسا آب خورند *turban; vase à boire fait de cuir.* | Turban, Kopfbund; Trinkgefäss von Leder.

t چالمق ÇALMAK, auch چلمق Vb. act. Aor. چالار u. چلار ÇALAR. Imperat. چال ÇAL u. چل = *p* زدن ,نواختن ,دزدیدن *frapper légèrement, toucher, battre; pousser, jeter, remuer, jouer d'un instrument; voler, dérober.* Vb. intr. *être de couleur incertaine* | schlagen, leicht berühren, stossen, klopfen, umrühren (mit Löffel oder Quirl), auf etwas treffen oder werfen, streichen; ein Instrument spielen (mit der Hand oder dem Munde); stehlen; als Intrans. spielen (von Farben). ال چالمق *applaudir.* | mit den Händen klatschen, Beifall klatschen. قپو چالمق an die Thür klopfen. اوروب چالمق mit Stössen oder Schlägen antreiben. قلیجله چالمق mit dem Säbel hauen. چالیله چالوب کسمك mit einem Schlage abhauen. [Kam. s. v. الحرطبة]. یره چالمق zu Boden schlagen, niederwerfen. یوغورد چالمق Jugurt rühren. طاول چالمق die Trommel rühren. بورو چالمق چاك چالمق läuten. بورو die Trompete blasen. اغز ایله چالمق mit dem Munde spielen [ein Instrument Kam. s. v. علو چالمق ,الصغور] Strahlen werfen. [Kam. s. v. الوقر] یره کونش چالمق ,یوزی چهره das Gesicht bräunen [von der Sonne Kam. s. v. الشفه اسیلدی چالوب ,الصنع ,الصعد] versengen [von der Hitze. Kam. s. v. اسی یا صوغوق چالمغله رنکندینی تغییر ایتمك ,اللفح] durch Einwirkung der Hitze oder Kälte die Farbe verändern [Kam. s. v. الشهب]. بیاضه چالار قان in Weiss spielendes (weiss schimmerndes) Blut [= صاری الی البیاض Kam. s. v. الکلب]. قزل چالار ins Röthliche schimmernd. تکلمده عجم لسنی چالمق beim Sprechen Fremdwörter einmischen [Kam. s. v. الارتضاخ]. سود چالش چوجق ki ein Kind bei dem die Milch schlecht angeschlagen hat und das nicht gedeiht [Kam. s. v. المهدری]. چالار ساعتی ÇALAR-SA'ATY. *pendule.* | Schlag-Uhr, Wand-Uhr. ایو اویقو چالدم ich habe einen guten Schlaf geschlafen. ایو نشان چالدك du hast ein gutes Stück Weges gegangen. اولنق ,اولقه s. اولقه چالمق. — Deriv. I. چالشمق ÇALYŠMAK. Vb. recipr. Aor. چالشور ÇALYŠYR, = *p* کوشیدن *s'attacher à q. ch., s'efforcer, se donner de la peine, travailler, tâcher, tendre à.* | sich an etwas machen, sich mühen, arbeiten, sich beschäftigen, streben. چالشوب چبالمق sich bei der Arbeit regen. — II. چالشدرمق ÇALYŠDYRMAK. Vb. recipr. caus. *faire travailler, etc.* | arbeiten lassen, streben lassen u. s. w. — III. چالنمق ÇALYNMAK. Vb. refl. pass. Aor. چالنور ÇALYNYR. *être frappé, etc.* | geschlagen u. s. w. werden. یلدرم چالنمش vom Blitze getroffen.

چالو s. چالق.

a جالوت ĠÂLÛT. N. pr. Goliath.

a جالوت ĠÂLÛT. [Rad. جلا] Sbst. *la captivité des enfants d'Israel.* | die Gefangenschaft der Israeliten.

t o چاله ÇALA. Sbst. LT. مشكها و چوبها که با شمر بندند برای گذشتن از آب aus Holzstücken und Schläuchen gebautes Floss.

t o چاله جوجی LT. *p* سنوازنده ,جانکوجی.

a جالی ĠÂLÎ. [جلی I.] Adj. u. Sbst. 1. براق ,اوالیج ,جلالو *brillant, poli, qui a du lustre.* | glänzend. 2. *qui exile; exilé.* einer der in die Verbannung treibt; ein Verbannter.

t چالی ÇALY und چالو Sbst. *ronce.* | Strauch, Dornstrauch. چالی چیری ÇALY ČYRY. *broussailles.* | Gestrüpp, Reisig, Bündel von Stroh, Reisern u. s. w. um Feuer anzuzünden. چالی قوشی Ç. KUŠU. *roitelet.* der Zaunkönig. Rel. abstr. چالیلق Dorngebüsch, Dornhecke.

t o چالیماء oder چالی توبی SL. چالی که آب اندره کل شده باشد Kothpfütze, kothiger Ort, Schlammpfütze.

چالیجی s. چالجی.

t o چالیش ÇALYŠ, oder شالیش Sbst. *drapeau dont la tête est surmontée d'une touffe de crins, tenu d'un gouverneur de province; l'avant-garde des troupes, les éclaireurs.* | Fahne mit einem Büschel von Rosshaaren an der Spitze; Rossschweif eines Statthalters; Vortrab des Heeres, Plänkler. vgl. Quatremère; histoire des Mamlouks d'Egypte. Tom. 1. Pag. 225 sq.

a جالیة ĠÂLIJET. Adj. u. Sbst. *exil, captivité en pays étranger; les captifs eux-mêmes; capitation.* | Verbannung, Gefangenschaft in fremdem Lande; die Gefangenen selbst; Kopfgeld oder Abgabe welche die Gefangenen zahlen müssen.

t چالیلامق ÇALYLAMAK oder چالیلمق Vb. act. *entourer d'une haie de ronces.* | mit einer Hecke von Sträuchern umgeben.

t o چاقمق SL. آتش زدن Feuer ausschlagen, s. چاقمق.

p t جام ĠÂM. vulg. ĠAM, auch جم ĠÂMR. Sbst. *bocal (de verre, de cristal ou de métal), verre, vitre, miroir, télescope.* | Becher; Trinkglas; Glas; Fensterglas, Spiegel, Fernglas. جامجی ĠÂMIJY. *verrier, vitrier.* | Glaser, Glashändler.

t چام ÇAM. Sbst. *p* ناژ و صنوبر *pin, sapin.* | Tanne, Fichte, Kiefer. یوکسك چام JÜKSEK-ČAM. *cèdre.* | die Zeder. چام ساقزی Ç. SAKYZY. *résine.* | Harz. چام فستقی Ç. FISTYGY. *pomme de pin.* | Tannenzapfen. Rel. concr. چاملو ÇAMLY. چاملو طاغ Fichtenberg. Rel. abstr. چاملق ÇAMLYK. Fichtenwald.

t چماشر oder چاماشر ÇAMAŠYR Sbst. [Tahrif v. *p* جامه شوی] *linge.* Wäsche, Leibwäsche; das Waschen. — ETMEK die Wäsche haben (im Hause). چماشرجی ÇAMAŠYRGY. *blanchisseur.* | Wäscher. چماشرجی قاری Ç. KARY. *blanchisseuse.* | Wäscherin. چماشرجی حقی Ç.-HAKKY. *blanchissage.* | Wascherlohn. چماشر یقامق die Wäsche spülen, Linnen waschen.

t چامباز ÇAMBAZ. Sbst. s. جانباز.

t جام s. جامجی.

a جامح ĠÂMIH. [جمح I.] Adj. u. Sbst. *rétif; cheval rétif.* | stetig, unbändig; wildes Pferd.

a جامد ĠÂMID, Plur. جوامد ĠEWÂMID. [جمد I.] Adj. u. Sbst. [Gegentheil v. جاری] *non liquide, ayant de la consistance, épaissi, épais, fixe, ferme, solide, gelé; corporel, concret, inanimé, insensible, privé de sentiment et de croissance.* | nicht flüssig, verdichtet, dick, fest, geronnen, gefroren, körperlich, concret, unbelebt, unorganisch, ohne Empfindung oder Wachsthum. — Gramm. [Gegentheil von مشتق] *nom primitif, verbe qui n'est usité qu'à un seul temps.* | Nomen das von keinem Verbalstamme abgeleitet ist; Verbum das nur in einer Zeitform gebraucht wird. الجوامد *règne fossile.* | die unorganischen Wesen, das Mineralreich.

p جامه دان ĠÂMEDÂN s. جامه.

a جامع ĠÂMI'. [جمع I.] Adj. u. Sbst. Pl. جوامع ĠEWÂMI'. *qui renferme en soi, qui contient, qui réunit, qui a de la capacité, qui embrasse tout; grand, universel, concis,* substantiel; qui forme une collection, un recueil, etc, collecteur ou compilateur; grande mosquée. | enthaltend, in sich vereinigend, umfassend, in sich begreifend, zusammenfassend; gross, allgemein, zusammengedrängt, bündig, wesentlich; sammelnd, Sammler (von Schriften); allumfassendes Sammelwerk; grosse öffentliche oder geweihte Moschee. Rhet. Vereinigungspunkt beider Seiten der Metapher. v. Mehren. Rhetor. S. 34. الکلام الجامع الکلام zusammenfassende Rede, Summa (der Lehre) v. Mehren. S. 129. جامع الکلم bündige Rede, die viel mit wenig Worten ausdrückt. جوامع الکلم der Koran. جامع التواریخ Sammelwerk der Geschichten, d. i. allgemeine Weltgeschichte.

a جامعی ĠAMI'Î. Rel. concr. des Vorherghdn. Fem. جامعیه ĠÂMI'IJET, — تبعیه *universalité, collection, réunion.* | Allgemeinheit, Zusammenfassung, Vereinigung.

t o جامغور ĠAMGUR. Sbst. شلغم *rave.* Rübe.

p جاموغل ĠÂMUĠL. Sbst. حرامزاده, نا خلف BK. *bâtard, fils illégitime, dégénéré, pervers.* | Bastard, ausgearteter, verworfener Mensch.

p جامکده ĠÂMEGDH oder جامکده s. جامه s. v. جامه کن

p جامکی ĠÂMEKÎ. Sbst. vgl. جامه *étoffe suffisante pour faire un vêtement; un morceau d'étoffe de coton; mèche; ce qu'on donne à q. qu. pour se procurer des vêtements; traitement, gages, solde, appointement.* | Stück Zeug zu einem Kleide; Stück Baumwollenstoff; Docht, Lunte; Kleidergeld, Lohn; Gehalt, Besoldung.

p a جامکیه ĠÂMEKIJE. Sbst. vgl. d. Vhgde. *gages, appointements.* | Kleidergeld, Gehalt, Besoldung.

t o جاملانلیغ s. d. Flgnde.

t o جاملانمق ĠAMLANMAK. Vb. act. SL. بکراه حرف زدن *parler à contre cœur.* | ungern oder mit Widerwillen sprechen.

t جامور ĠAMUR oder جمور Sbst. بالچق p a طین, گل *boue, bourbe, fange, argile, limon.* | Koth, dicker Schlamm, Mörtel, Lehm. — Rel. concr. جامورلو *boueux.* | schlammig. — Rel. abstr. جامورلق *fange.* Kothloch, Schlammpfütze.

t جامورلامق ĠAMURLAMAK. Vb. act. *couvrir de boue, etc.* | mit Koth, Schlamm u. dgl. bedecken. vgl. d. Vhgde.

a جاموش ĠÂMÛŠ, auch vulg. جاموش ĠAMUŠ and ĠAMYŠ. Sbst. [Tahrif. v. گاومیش] صو صغیری *buffle.* | Büffel.

t جاموس ĠAMUS. Sbst. Tahrif. v. a شموس *cheval rétif.* | widerspenstiges Pferd, das den Reiter nicht aufsteigen lässt. Kam. s. v. الشمس.

p جامه s. جام.

p جامه ĠÂME. Sbst. *pièce d'étoffe, vêtement, habit, couverture, enveloppe.* | Stück Zeug; Kleid, Gewand, Decke, Hülle.

جامه دان ĠAME-DÂN auch جامه دانه und جامه دان vulg. جمدان ĠEMDÂN oder جامه خانه ĠAME-ĦÂNE. *coffre ou armoire à serrer les vêtements, valise, porte-manteau.* | Kleiderkasten oder Kleiderschrank, Truhe, Mantelsack. جامه شوی ĠAME-ŠÛI. vulg. جامشیر *action de blanchir; blanchisseur; linge.* das Waschen; Wäscher; Wäsche. جامه کن ĠÂME-KÂN auch ارکده — جامکه ĠÂME-GÂH oder جامکاه a *garde-robe, salle dans les bains où l'on ôte ses vêtements, salle ouverte dans les maisons qui sert d'antichambre, de salle à manger, etc.* | Kleiderzimmer in den Badehäusern, wo man sich aus- und ankleidet; offenes Zimmer, das zugleich als Vorzimmer und Speisezimmer dient.

p a جامی ĠÂMI. Sbst. قصیده، غزل، شعر *morceau de poésie (qui excède neuf vers); poëme.* | Gedicht, Stück in gereimter Rede (von mehr als neun Versen). جامه گوی od. جامه دان *éloquent, poète.* | Schönredner, Dichter, — جامکوی oder جامه دان

p جان ĠÂN. Sbst. a روح, نفس. Plur. جانان ĠÂNÂN u. جانلر ĠÂNLAR. *âme, esprit, vie; la propre existence; un individu, une personne; les armes.* | Seele, Geist, Leben, Lebenskraft, Muth; das eigene Selbst; eine Seele, Person. — die Waffen. Rel. concr. جانلو ĠANLY. *doué d'âme, de vie, vivant, vif, etc.* beseelt, belebt, lebhaft. جانلو قسمی *le genre des êtres vivants.* | die beseelten Wesen [Kam. s. v. الرئد]. ایکی جانلو IKI-ĠANLY. *ayant deux âmes, femme enceinte.* | zwei Seelen oder doppeltes Leben habend, d. i. schwangere Frau. — جانسز ĠANSYZ. *sans âme, privé de vie, inanimé, lâche.* | ohne Leben, leblos, unbeseelt; muthlos, feig. جان آتمق Ġ. ATMAK. *prodiguer, négliger sa vie, donner sa vie pour q. qu., aspirer à une chose.* | das Leben hinwerfen, für nichts achten; für eine Sache oder Person sein Leben lassen; nach etwas streben, — Ġ. WERMEK. جان اوینتمق Ġ. OINATMAK oder جانیله اوینامق ĠÂNILE OINAMAK. *exposer sa vie.* | mit dem Leben spielen, sein Leben wagen. جان بایلمسی Ġ.-BAYLMASY. *défaillance.* | Ohnmacht. جان چکشمک Ġ. ÇEKIŠMEK. *agoniser.* | mit dem Tode ringen. جان ویرمک Ġ. WERMEK. *donner la vie, vivifier; donner sa vie, rendre l'âme; donner son cœur, désirer ardemment, s'adonner, se dévouer à q. ch., embrasser une chose de tout son cœur.* | Leben geben, beleben; das Leben aufgeben, sterben; sein Leben für etwas hingeben, heftig wünschen, sich einer Sache ganz widmen. اولده صلحه جانلر ویردی Anfangs wünschte er den Frieden sehnlichst. جان تسلیم ایتمک *rendre l'âme.* | das Leben aufgeben, sterben. جان دوردوسی Ġ. DURDUSY. *homme irrésolu.* | ein unschlüssiger Mensch. جانم Ġ ANYM. [— الملائك شئک ایکول Kam. s. v. ...] *mon âme, moi même; mon cher! ma bien-aimée!* | meine Seele, ich selbst; mein Lieber! mein Liebchen (Zärtlichkeitswort). جان آزار Ġ. IZÂR. *oppresseur, cruel, tyran.* | Bedränger; quälend, grausam. جان آزاری Ġ. IZÂRI. *cruauté.* | Grausamkeit. جان افزا Ġ.-EFZÂ oder جانفزا Ġ.-FEZÂ. *qui augmente, qui récrée l'esprit.* | das Leben mehrend, belebend, erquickend, erheiternd, ergötzlich, anmuthig. جان آور Ġ.-ÂWER, — جانور *animé, animal.* | belebt, beseelt; Thier. جانباز Ġ.-BAZ oder جانباز ĠÂNBÂZ. *qui joue sa vie, danseur de corde, bateleur, piqueur; marchand de chevaux, maquignon.* | der mit dem Leben spielt, Wagehals, Seiltänzer, Pferdebändiger, Pferdehändler. جانبخش Ġ.-BAĦŠ. *qui donne de la vie, qui récrée le cœur ou l'esprit.* | Leben gebend, erquickend, belebend, — Ġ.-BEĦŠ. جانخراش Ġ.-ĦIRÂŠ. *qui blesse le cœur.* | die Seele verwundend, schmerzlich. جاندار ĠÂNDÂR. *animé, animal; qui possède une âme; qui garde la vie, qui porte les armes du prince, écuyer.* | Leben habend, belebt; Thier; das Leben bewahrend, der Waffenträger des Fürsten (cf. de Sacy, Chrest. Arabe II. pag. 178. Quatremère, Histoire des Sultans Mamlouks, Tome I. pag. 14). جانداری *vivacité; vivification; action de garder la vie.* | Lebhaftigkeit, Belebung, Bewahrung des Lebens. جانربا Ġ.-RUBÂ. *ravissant.* | die Seele hinreissend, entzückend. جانسپار Ġ.-SIPÂR. *qui recommande son âme, qui s'expose aux dangers, dévoué* | das Leben hingebend, sich widmend, sich ergebend. شهریار محافظه سنده جان سپار اولدیلر sie widmeten sich ganz der Bewachung des Königs. جانسپاری Ġ.-SIPÂRI. *exposition, abandon de la vie.* | Hingabe des Lebens. جانسپارانه ĠÂN-SIPÂRÂNE. mit vollständiger Hingabe. جانستان Ġ.-SITÂN. *qui prend, qui arrache la vie, qui tue.* das Leben zerstörend (z.B. Gift); tödtend, tödtlich. جانسوز Ġ.-SÛZ. *qui brûle, qui enflamme l'âme.* | das Herz entflammend, herzbrennend, quälend. جانشکار Ġ.-ŠIKÂR. *qui fait la chasse de l'âme; l'ange de la mort; la bien-aimée.* | die Seele erjagend oder erbeutend; der Todesengel; die Geliebte. جانفرسا Ġ.-FERSÂ. *affligeant, pénible.* | die Seele aufreibend oder zermalmend, bekümmernd, betrübend. جانفشان Ġ.-FIŠÂN. *prêt à se sacrifier, zélé.* | sich selbst aufopfernd, eifrig. جانفشانی *zèle.* Selbstaufopferung, Eifer. جانکاه Ġ.-KÂH. *attristant.* | das Leben verringernd, betrübend. — ĠÂN-GÂH *dangereux.* | gefährlich. جانگذار Ġ.-GUZÂR. *qui pénètre l'âme.* | die Seele durchdringend. جانگزا Ġ.-GEZÂ. *malsain, nuisible.* | dem Leben schadend, schädlich. جانکش Ġ.-KEŠ. *obstiné.* | streitsüchtig, halsstarrig. جانگیر ĠÂN-GIR. *qui prend l'âme, l'ange de la mort.* | die Seele nehmend, der Todesengel. بی جان BI-ĠÂN. *sans âme, inanimé.* | entseelt, leblos. بیجان — جاندن بیجان آمدن. اتمک *tuer.* | tödten. جاندن بیزار اولمق *être las de vivre, agoniser.* | des Lebens überdrüssig sein, in den letzten Zügen sein. جانی باشنه صچرادی die Seele stieg ihm zu Kopfe, d. i. er war erstaunt, betroffen. جان اغزنه گلدی die Seele kam in seinen Mund, d. i. er wollte den Geist aufgeben. نه جانی واردر wie kann er den Muth haben zu . . (mit dem Dativ des Objects). جانی یوقدر er wagt es nicht, hat nicht den Muth dazu. جانم صیقلدی ich bin ganz niedergedrückt, bekümmert, ärgerlich.

a جان ĠÂNN. Sbst. Collectiv. v. جن *démons.* | Dämonen.

t جنق s. u. جناق.

t o جناق ĆANAK und جاناق ĠANAK. Sbst. SL. رکاب و نام طایفه 1. *étrier.* | Steigbügel. 2. Name einer Völkerschaft.

p جانان ĠÂNÂN Sbst. u. Adj., = Fem. arab. جانانه ĠÂNÂNE. *amant, amante, la bien-aimée.* | geliebt; der oder die Geliebte. — 2. Plur. v. جان.

a جانب ĠÂNIB. [جنب I.] Sbst. طرف *t* یان *côté, flanc, direction; respect, majesté.* Seite, Richtung; Achtung; Würde, Majestät [حضرة ــ]. جانبندن *de sa part.* | in seinem Auftrage. — Dual. جانبین ĠÂNIBEIN. *les deux côtés, les deux parties.* | die beiden Seiten, beiden Theile. — Adv. جانبا ĠÂNIBEN. *vers.* | gegen. — هر جانبدن von allen Seiten. جانب همایوندن von allerhöchster Stelle. لین الجانب wohlwollend, gnädig.

p جانباز s. جان.

a p جانبدار ĠÂNIB-DÂR. Adj. und Sbst. *adhérent, aide, partial.* | der zur Seite steht, Anhänger, Beistand; der eines andern Parthei nimmt, partheiisch. — Rel. abstr. جانبداری *adhérence, partialité.* | Anhang, Partheinahme.

a p جانبی ĠÂNIBÎ. Adj. *latéral, étranger.* | zur Seite stehend; fremd.

t جانته s. چنته.

a جانح ĠÂNIH. [جنح I.] Adj. u. Sbst. *qui penche vers . . . , homme de mauvaise conduite.* | der zu einer Sache (insbes. einem Fehler) Neigung hat, sich zum Schlechten neigt.

t چانته ĆANTA oder چنته Sbst. *sac à provision, havresac.* | طغرجق, تخیه Ranzen, Futtersack. عسکر چانته‌سی Tornister des Soldaten. آوجی چانته‌سی Jagdtasche.

t o چانغو und چانغوجی dialektisch für چالغوجی u. چالغو.

t o چانقاله Sbst. SL. زمین درز و نبشیه یعنی ناهموار *terrain ou sol inégal.* | unebener Boden (wie in einem Thale, einem Walde.)

t جانفس ĠANFES. vulg. ĠAMFES. Sbst. [Tahrif v. جنفس] بوقلمون *étoffe changeante, taffetas.* | ein schillernder Stoff, Wandeltaffet. Kam. s. v. البوقلمون. (Redhouse: plain silk stuff, gros de Naples).

t o چانق SL. تیرکی روی شوا *obscurcissement du ciel.* | Verfinsterung des Himmels.

t o چانقال SL. چنکال *griffe, poignée.* | Klaue, Faust.

t چانقردی ĆANKYRDY. Sbst. *tintement.* | Klingen. لکن چانقردیسی das Tönen oder Klingen eines Beckens. Kam. s. v. الراقب.

t o چانقی ĆANKY auch چنقی, چانقی v. Sbst. SL. u. LT. مصلحت, چنسقی *consultation, délibération.* | Berathung.

t o چانله s. چاله.

t o چانکله s. چنکلا.

t جانلانمق ĠANLANMAK. Vb. refl. v. جان. Aor. جانلانور ĠANLANYR. *se vivifier, vivre.* | sich beleben, Leben erhalten, lebhaft werden, leben.

t o جانلیق ĠANLYK, = جانلو ĠANLY. s. جان.

p جانوار ĠÂNAWÂR oder جانور ĠÂNWER. Sbst. حیوان *animal; bête féroce; porc, sanglier.* | Thier (im Allgemeinen), insbes. wildes, schädliches oder hässliches Thier, Schwein, Eber; in übergetr. Bedeutung, dummer Mensch. Demin. جانورجك.

p جانه ĠÂNE. Sbst. حیوان باوروسی. بچه *petit d'animal.* | kleines oder junges Thier.

p چانه ĆÂNE oder چنه ĆENE. Sbst. *t* چکه, صقاق, چنه سی, خمیر یومغی, سوز, *menton, mâchoire; double menton; boule de pâte; mot, parole, loquacité.* | Kinn, Kinnlade; das Weiche unter dem Kinn, Unterkehle; Teigklumpen; in übergetr. Bedeut. Wort; Geschwätz, Geschwätzigkeit. اله چانه‌سی تسرزه *bavard.* | ein geschwätziger Mensch. Kam. s. v. البیداری, الممکار u. öfter.

p جانی ĠÂNI. Adj. عزیز, سوكلی, جانلی *cher, chéri.* | werthgeschätzt, von Herzen lieb.

a جانی ĠÂNÎ. [جنا I.] Adj. u. Sbst. صوچ و قباحت صاحبی اولان *pécheur, criminel, coupable.* | der sich etwas zu Schulden kommen lässt, schuldig, sündhaft; Verbrecher.

t o جاو ĠAW. 1. Sbst. SL. محرق یاشند یعنی دشمن *celui qui trouble, ennemi.* Störer, Störenfried, Feind. 2. N. pr. Name einer Stadt, dreissig Tagereisen von Khanbalyk oder Pekin. SL.

t o چاو ĆAW. Sbst. 1. *bruit, clameur, renommée.* | Stimme, Lärm; Ruf, Gerücht. — ETMEK. *faire courir le bruit, divulguer.* چاو چاوتمق ein Gerücht verbreiten. vgl. برانمق. — چاو چاو ĆAW-ĆAW. *gazouillement des oiseaux.* | Gezwitscher der Vögel. — 2. SL. مقبول صاحب ناموس *homme de réputation.* | berühmter Mann. — 3. کاغدی که بجای پول خرج میکنند اسم پادشاه بر آن نقش کرده بودند SL. u. FW. *bon du trésor.* | eine Art Papiergeld. — 4. N. pr. نام طایفه از ترکمان Name einer türkmenischen Völkerschaft.

t o چاوجی ĆAWĠY. SL. یمقول یاسنة یا *talon.* | Ferse (?)

p جاوید ĠÂWÎD, auch جاوید, جاودان, جاوید, جاویدان, جاودانه Adj. *éternel.* | ewig. جاویدان خرد das Buch Hoscheng's. (Chrestom. orientale. Pag. 41.) — Rel. abstr. جاودانی und جاویدانلق *éternité.* | Ewigkeit, ewige Dauer.

t چاودار ĆAWDAR auch چالدار ĆALDAR. Sbst. *seigle.* | Roggen. چاودار اتمکی *pain noir.* | Schwarzbrod.

t o und جاورنه, جاورمه Sbst. SL. محوطه دیوار است و سرا پرده که بر در خیمه و خانه کشند *enclos, grand rideau devant la porte.* | Umhegung; grosser Vorhang an der Thür.

t o چاورتکه und چاورتکی Sbst. = ملخ LT. چکرکه *sauterelle.* | Heuschrecke.

p جاورسه ĠÂWERSE. Sbst. *sorte de millet dont on prépare un boisson; grosse perle que l'on met à certains intervalles entre les perles plus petites.* | eine Art Hirse aus welcher ein gegohrenes Getränk bereitet wird; grosse Perle (die zwischen einer Anzahl kleinerer gereiht ist).

t o چاورمك s. چورمك ĆEWIRMEK.

t o چاوروك s. چورك ĆEWREK.

p t چاوش ĆAUŠ oder چاووش ĆAWŠ. Sbst. *huissier de chambre, appariteur; chef d'une troupe; sergent-major.* | Herold, Hofmarschal; Amtsfrohn oder Amtsvoigt; Führer einer Schaar; nach der neuen Heeresanordnung: Feldwebel. چاوش باشی oder چاوشلر کتخداسی *chef des huissiers.* | oberster Staatsbote; Oberfeldwebel. (Redhouse. the chief pursuivant, herald or messenger of state, now in some respects a minister of justice). چاوش قوشی *huppe.* | Wiedehopf.

t o چاولانمق ĆAWLANMAK. Vb. refl. [vgl. چاو] *se répandre un bruit, faire la réputation de q. qn., être en réputation.* | sich verbreiten (ein Gerücht); berühmt oder bekannt werden, einen Namen erhalten.

t o جاولی SL. بیرۂ یاشند Gerichtes oder Sieb (?). vgl. جاولی.

t o چاولی ĆAWLY. Sbst. LT. چوزه و شاهین *poulet, faucon de chasse.* | Hühnchen; Jagdfalke.

p جاولی Sbst. *crible.* | eine Art Getreidesieb. BK.

p جاوید s. جاوید.

p t جاه ĠÂH, auch *a* جاهة vgl. جاه Sbst. *place, office, dignité, magnificence, puissance; prospérité; corpulence.* | Platz, Amt, Würde, Ehre, Macht, Glück, Wohlergehen; Dicke, Corpulenz. — Rel. concr. جاهلو = ضخامتلو *corpulent.* | wohlbeleibt. — عالی جاه oder عالیجاه 'ÂLI-ĠÂH. *qui occupe un rang, élevé en dignité.* | vornehm, von hohem Range.

p چاه ĆÂH. Sbst. *puits, fosse.* | Brunnen, Grube, tiefes Loch. چاه کن ĆÂH-KEN. *homme perfide.* | der eine Grube gräbt, in übergetr. Bedeutung: ein böser, hinterlistiger Mensch. چاه زنخدان *fossette du menton.* | Grübchen am Kinn. چاه دلو *verseau du zodiaque.* | der Wassermann (Himmelszeichen.)

a جاهد ĠÂHID. [جهد I.] Adj. u. Sbst. *qui travaille avec assiduité, qui fait des efforts, studieux, diligent, laborieux.* | eifrig arbeitend, sich anstrengend, fleissig, arbeitsam.

p چاهسار ĆÂH-SÂR oder چاهسر ĆAH-SER. Sbst. قویسی چوق اولان محل *lieu où il y a beaucoup de puits.* | Ort wo sich viele Brunnen oder Gruben finden. vgl. چاه.

a جاخص ĠÂHIZ [جخص I.] Adj. und Sbst. *fin, rusé, doué d'un esprit vif.* | fein, witzig, schlau.

a جاهل ĠÂHIL. [جهل I.] Adj. u. Sbst. Gegentheil v. عاقل *qui ne sait, ne connait pas, qui n'a pas d'expérience, ignorant, insensé, sot, fou; idolâtre.* | nicht wissend, unerfahren, unwissend, dumm, unverständig, unsinnig; Narr; unwissend in Dingen der Religion; Heide, Götzendiener. — Rel. abstr. جاهللك = جاهلیه

a جاهلیة ĠÂHILIJET. Sbst. *ignorance, spéc. des choses nécessaires au salut; l'état de l'idolâtrie avant la venue de Mahomet.* Unwissenheit, insbes. in Dingen der Religion; das altarabische Heidenthum in der Zeit vor Mohammed.

a جاهی ĠÂHÎ oder جاهی [جهی I.] Adj. *ouvert, patent.* | offen. جاهیا ĠAHIEN. Adv. *ouvertement, publiquement.* | offen, öffentlich.

p جای ĠÂI. Sbst., = جا *lieu, endroit.* Ort, Stelle. جای نشین Nachfolger, Stellvertreter. جای مند der an einer Stelle bleibt, träge. جای اشتباه zweifelhafte Stelle. جای قرار Standort, Station, Wohnung.

t a چای ÇAI. Sbst. LT. علبواج *milan (oiseau).* | Weihe, vgl. چایلاق

t چای ÇAI. Sbst. LT. رود خنه *lit d'un fleuve; fleuve, rivière.* | Flussbett; Fluss. چای بار oder چیسار ÇAISAR. LT. باران ریزه *bruine.* | gelinder oder feiner Regen. چای دولی oder چای یری Flussbett.

p چای ÇAI. Sbst. *thé.* | Thee (Pflanze, Blatt und Aufguss). چای اغاجی der Theestrauch. چای اکه *sauge.* | Salbei.

t a چایقا ÇAIKA. LT. مضمضه بکن *rince-toi la bouche.* | spüle Dir den Mund aus!

t a چایان ÇAJAN. Sbst. SL. عقرب و برومی جاروری که قرار پا بشد *scorpion; mille-pieds.* | Scorpion; Tausendfuss.

a جایب ĠÂIBE, richtiger جائبة [جاب I.] Sbst. *a* خبر *p* پیغام *nouvelle qui se répand.* | Neuigkeit.

a جاید ĠÂID richtiger جائد [جاد I.] Adj. u. Sbst. *qui arrose abondamment; pluie abondante; bienfaisant, libéral.* | reichlich bewässernd, reichlicher Regen; wohlthätig, freigebig.

t چایدرمق ÇAJDYRMAK. Vb. act. *déconseiller.* | abrathen, von etwas abreden, einem etwas ausreden.

a جایر ĠÂIR richtiger جائر [جار I.] Adj. u. Sbst. *qui dévie, qui s'écarte; injuste, tyran, oppresseur.* | der vom rechten Wege abkommt; ausschweift; ungerecht, Tyrann, Bedrücker.

t چایر ÇAJYR. Sbst. *pré, prairie, champ.* | Wiese, Weideland, Feld. چایر قوشی *alouette.* | Lerche. چایر پنیری eine Art frischer Käse von geringer Qualität. بیکلکه چایری die zum kaiserlichen Staatsschatz gehörigen Wiesen. — Rel. abstr. چایرلق Wiesenland. — Rel. concr. چایرلو an Wiesen reich.

t جایران ĠAIRAN. Sbst. *a* غزال *gazelle.* | die Gazelle.

t چایر چایر ÇAJYR-ÇAJYR. Adj. *flambant, qui brûle en pétillant.* | lodernd, mit Geprassel brennend (Redhouse: (to burn) vehemently with flame and a crackling noise).

t چایری ÇAJYRY. Adj. *vert de pré.* | grasegrün.

a جایز ĠÂIZ, richtiger جائز [جاز I.] Adj. *permis, licite, toléré, qui peut être admis, qui peut être employé.* | erlaubt, gestattet, geduldet, thunlich, zulässig; möglich, nicht unumgänglich nöthig. غیر جایز *illicite* unerlaubt.

a جایزه ĠÂIZET. Sbst. Pl. جوائز ĠEWÂIZ. *don, cadeau honoraire, bienfait, faveur.* | Geschenk, Ehrensold, Gunstbezeugung, Gnadenerweisung. — Plur. *vers, poèmes ou proverbes souvent employés ou cités.* | oft citirte oder allgemein bekannte Sinnsprüche, Verse, Sprüchwörter u. dgl.

a جایع ĠÂI', richtiger جائع [جاع I.] Adj. u. Sbst. *ayant faim.* | hungernd.

t a چایقامق ÇAIKAMAK und چایقاتمق ÇAIKATMAK. Vb. act. SL. چسبانیدن و بسرشیم زدن *faire s'attacher, faire adhérer, joindre.* | fest zusammenfügen, verbinden. — Rel. abstr. چایقاتلیمق und چایقاتلیق

t a چایقانمق ÇAIKANMAK und چایقالمق oder چایقالق Vb. intr. SL. جنبیدن و حرکت کردن آب و شوا و شعله *se mouvoir, s'agiter, être agité, ondoyer, trembler, s'ébranler.* | bewegt werden, sich bewegen, wallen, zittern (vom Wasser, Luft, Flamme). — Rel. abstr. چایقانمقلیق

t a چایقون ÇAIKUN. Sbst. جنبش آب و شوا SL. *mouvement, agitation (des flots, de l'air).* | Bewegung (des Wassers, der Luft).

p جایگاه ĠÂI-GÂH u. جایگه Sbst. *habitation, domicile, séjour.* | Wohnort, Aufenthaltsort.

p جایگیر ĠÂI-GIR. Adj. *qui prend place, qui se fixe.* | stattfindend, Platz nehmend, sich an einer Stelle festsetzend. قلبده جایگیر اولمش حقد im Herzen eingewurzelter Groll. Kam. s. v. الدائ — vgl. جاگیر

a جایل ĠÂIL, richtiger جائل [جال I.] *qui tourne, tourne en cercle.* | sich herumdrehend, im Kreise herumgehend.

t چایلاق ÇAILAK. Sbst. علبواج *milan (oiseau).* | Weihe. vgl. چیلاق u. چای

t چایلاس SL. رنك دیو بود *une sorte de démon.* | eine Art Dämonen.

t a چایماق ÇAIMAK. Sbst. تیره شدن شوای *obscurcissement de l'air.* | Verfinsterung der Luft.

t a چایناماق s. چیکنمك

a جائی ĠÂÎ. [جاء I.] Adj. *qui vient, qui arrive.* | kommend, ankommend, eintreffend.

p جای s. جا u. جای

t جب ĠEB. Sbst. Tahrif v. *a* جیب *poche, sac, bourse.* | Tasche, Sack, Beutel. جب همایون *cassette de l'empereur.* | die Privatkasse des Kaisers.

a جب ĠUBB. Sbst. درین قویو *puits profond, fosse; cachot.* | tiefer Brunnen, Grube, Loch; Gefängniss.

t چپ ÇEP. Verstärkungspartikel s. d. Gramm. *t* چپ چوره ÇEP-ÇEWRE. *tout à l'entour.* | ganz herum.

p چپ ÇEP u. چپ ÇEB. Sbst. u. Adj. Gegentheil v. راست *le gauche, côté gauche; faux, trompeur, dissonant, dissonance, fausseté (d'un instrument).* | linke Seite oder Hand, links; falsch, trügerisch; falscher Ton, verstimmt (ein Instrument). چپ وراست links und rechts. چپ دادن *écarter, se débarrasser de q. qu. ou de q. ch., négliger, tromper.* | links lassen, leicht wegtreiben, auf die Seite schieben, entfernen, beseitigen, vernachlässigen, verwerfen, täuschen, hintergehen. چپ شدن links abweichen, überh. abweichen, sich nach einer Seite hin neigen. چپ انداز linkisch; falsch, der falsch (falsche Töne) spielt; Betrüger. — Adv. چپ اندازانه trügerisch.

t جابه s. جبا

t جبا ĠEBA u. vulg. ĠABBA, auch جبه Sbst. u. Adv. *don, présent; en présent, gratis.* | Geschenk; als Geschenk, umsonst. — ETMEK. *donner en présent, pour rien* | schenken, verschenken, umsonst geben.

a p جباء ĠEBÂ. Sbst. باج وخراج *tribut.* Abgabe.

a جباب ĠIBÂB. Sbst. Pl. v. جبّ

a جبابره ĠEBÂBIRET. Sbst. Pl. v. جبّار

a جبّار ĠEBBÂR. Adj. u. Sbst. [Fem. جبّاره ĠEBBÂRET. — Pl. جبّارون ĠEBBÂRÛN u. جبابره ĠEBÂBIRET] *fort, grand, robuste, puissant, fier, altier, orgueilleux, impitoyable; géant, oppresseur, tyran; le tout-puissant, Dieu; — Orion (constellation).* | stark, gross, mächtig, stolz; unbarmherzig, hart, grausam, Riese, Bedrücker, Tyrann, Zwingherr; der Mächtige, Allmächtige; Sternbild des Orion.

p چپار ÇAPAR. Adj. u. Sbst. ایکی رنکلو الاجه *de deux couleurs; cheval gris moucheté; colombe verte à taches noires.* | zweifarbig, bunt; graues und scheckiges Pferd; die grüne und schwarz gesprengelte Taube.

t چپارز ÇAPARYZ. Adj., = پچارز متداخل، مختلط، کوچ، چپرشك [Kam. s. v. التشبّع جب] *entortillé, compliqué, difficile, pénible.* | verwickelt, schwierig. یل صاغه صوله اوینارق چپارز اسمك rechts und links umschlagend, auf verwickelte Weise wehen (vom Winde). Kam. s. v. الارتث — طبیعتی چپارز ein von Natur schwer zu enträthselnder, moralisch schlechter Mensch [Kam. s. v. العسیر]. — Rel. abstr. چپارزلق ÇAPARYZLYK, = کوجلك [Kam. s. v. العسری], *difficulté.* | Schwierigkeit. بر آدمه چتینلك ایتمك و چپارزلقله معامله قلمق einem Schwierigkeiten machen [Kam. s. v. المعاسرة]. صاغلورکن رام اولمیوب چپارزلق ایدن ناقه eine Kameelkuh die beim Melken nicht gehorcht und

Schwierigkeit macht [Kam. s. v. اللفوت]. — Rel. concr. چپارزلو ČAPARYZLY. كلامى چپارزلو سويمبوب آچق و شاشراراق ايمك ohne in der Rede schwierig oder verwickelt zu sein, sich deutlich ausdrücken. [Kam. s. v. آت ..] اياقلرى آغر آغر چپارزلو .[الافصلح نامنتظم حركت ايتديره رك طولاشقلو سكرتمك die Füsse schwerfällig und nicht mit der regelmässigen Bewegung setzen und im Zickzack gehen [Kam. s. v. التحريك].

t چپارزلنمق ČAPARYZLANMAK. Vb. intr. *être difficile, être pénible.* | schwierig sein. Kam. s. v. الاستعسار.

t چپاق ČAPAK u. چپوق Sbst. *chassie.* | Augenschleim. — Rel. concr. چپقلو ČAPAKLY. *chassieux.* | triefig (vom Auge).

t چپقلنمق ČAPAKLANMAK. Vb. intr. *avoir les yeux chassieux.* | triefige Augen haben.

a جبال ĞIBÂL. Sbst. Pl. v. جبل

t جبالامق ČABALAMAK. s. چبالامق

t جپالامق ČAPALAMAK. s. چپالامق

a t جباللى ĞEBÂLI. N. pr. *faubourg de Constantinople habité principalement par des juifs.* | das Judenviertel in Constantinopel. (eigentl. tributpflichtig).

a جبان ĞABÂN. [Rad. جبن] Adj. = قورققى بى زهرۀ ، جبين *peureux, lâche, timide.* | furchtsam, feige.

a جبّان ĞABBÂN. Adj. u. Sbst. 1. Intensiv des Vhgdn. *très-peureux; grand poltron.* | sehr furchtsam; ein Furchtsamer. 2. = جبّانه *terrain plein d'élévations, vaste plaine, désert, cimetière.* | Stück Land mit vielen Erhöhungen, Wüste, Todtenstätte.

t چبان ČYBÂN u. چبن ČYBAN. Sbst. *apostème, ulcère, abcès, clou, bouton.* | Beule, Geschwür, Blüthchen auf der Haut. قعلو چبن *furoncle, flegmon.* | Blutgeschwür. يكتلك چبانى *signe au visage, marque sur le front (des jeunes garçons et filles).* | Blüthchen auf der Haut, an der Stirn, bei jungen Leuten. = بثر Kam. s. v. البعدة.

p چپان ČAPÂN oder چپّن ČAPPAN. Adj. اسكى و مندرس BK. *vieux, usé.* | alt, veraltet (altes Kleid). — Rel. concr. چپانى ČAPÂNI u. ČAPPÂNI. اسكيلى اوسنى بلشى يوريرده و پوپرشان BK. alt, ganz durch Alter verdorben. vgl. *t o* چاپان

a جبانة ĞEBÂNET. Sbst. قورققلق *peur, manque de courage, lâcheté.* | Furcht, Furchtsamkeit, Feigheit.

a جباه ĞIBÂH. Sbst. Pl. v. جبهه

a جبايت ĞIBÂJET u. جباوة ĞIBÂWET. Sbst. *perception d'impôts, de tribut, de la dîme; fonction de percepteur des fondations pieuses.* | Einnahme der Steuern, des Zehnten u. dgl., Amt und Obliegenheiten des Einnehmers der Gelder frommer Stiftungen. vgl. جابى

a جبّه ĞUBBET, vulg. جبّه ĞÜPPE. Sbst. *robe ou petite pelisse à manches courtes.* | eine Art Unterkleid oder Hausrock mit kurzen Aermeln.

t جبّه جك ĞYBBEĞYK. Sbst. Demin. v. جبّه

p چپچله ČEPČELE. Sbst. *endroit boueux, glissade; traîneau, glissoir, balançoire.* | schlüpfriger Ort wo man ausgleitet; Rutschbahn, Eisbahn, Schlitten, Gleitbrett, Schaukel. s. چپچله BK.

t o چپ چوره ČEP-ČEWRE. s. چوره چپ u. s. w.

p جبه خانه ĞEBHÂNE. Sbst. *magasin à poudre.* | Pulvermagazin, Pulvervorrath. vgl. جبه خانه

p جبر ĞEBR. Sbst. *action de forcer, de contraindre à q. ch.; force, contrainte; violence, vexation; exclusion du libre arbitre; action de panser, de bander et remettre (un os cassé); réunion de plusieurs parties en un seul corps; action de ramener les parties au tout, les fractions à un nombre complet; algèbre.* | Zwang, Gewalt, Gewaltanwendung, Gewaltthat, Bedrückung, Plackerei, Einrenkung oder Einrichtung und Verbindung eines verrenkten oder gebrochenen Gliedes; Zusammenfügung der einzelnen Theile oder der Bruchtheile zu einem Ganzen; Einrichtung der Brüche; Algebra [auch جبر و مقابله]. — ETMEK. *forcer, vexer; panser, bander* | zwingen, Gewalt anwenden, bedrücken; einrenken. جبر ايله اخذ ايلمك mit Gewalt nehmen. — Adv. جبرا ĞEBREN. *par force.* | mit Gewalt, gezwungener Weise, nothgedrungen. — Adj. جبرى ĞEBRÎ. *forcé, qui n'est pas volontaire.* | gezwungen, unfreiwillig.

p چپر ČEPER u. چپر Sbst. *claie, clayonnage, enclos; cercle formé d'hommes ou de bêtes* | Hürde, Hütte von Flechtwerk, Schutzwehr von Flechtwerk; Umkreis; eingezäunter Ort; von Menschen oder Thieren gebildeter Ring oder Kreis beim Lagern.

t o چپره ČAPAR s. چپر

t o چپره ČEBER. Adj. klug. بر باغچه شى چپر كشى بار ايردى Abulg. 12.

t چپراز ČAPRAS u. چپراز Sbst. [vielleicht Tahrif v. چپ و راست links und rechts] *p* چپراس *bouton en forme de petite boule avec houppes, boutonnières en brandebourgs d'or; grosse ceinture de métal que portaient, dans le corps des janissaires, les caporaux ou KARAKOLLUKČY, et dont ils menaçaient et frappaient les soldats mutins.* Bianchi. | Knopfborten, Schnurenbesatz an einem Uniformrocke; Gürtel der ehemaligen KARAKOLLUKČY. — Pl. چپرازلر ČAPRAZLAR. *les carrés de l'échiquier* | die Vierecke eines Damenbrets.

a جبرائيل ĞEBRÂÏL oder جبريل ĞEBRÎL. N. pr. *l'archange Gabriel* | der Erzengel Gabriel.

t چپرشق s. چپرشك

a جبروت ĞEBERÛT oder ĞEBRÛT. Sbst. *orgueil; la toute-puissance de Dieu; le règne céleste.* | Stolz; die göttliche Allmacht; das Reich Gottes, die überirdische Welt; Welt oder Sphäre der göttlichen Allmacht. (Redhouse: god's quality of beeing the irresistible Ruler and Constrainer.

a جبره s. جبيره

t چپره ČEBRE. Sbst. *marc.* | ausgequetschte Frucht. اوزوم چپرمسى *marc de raisins.* | Weintrebern.

t چپرشك ČAPRAŠYK oder چپرشق Adj. u. Sbst., = چپراز *embrouillé, compliqué, confus, en désordre, difficile, pénible, toute chose embrouillée.* | verwickelt, verwirrt, in Unordnung; schwierig; etwas verwickeltes. بورغلى و چپرشك سوزلر sich widersprechende Reden, leere Ausflüchte. چپرشك و مشوش يازمق unordentlich schreiben. چپرشك خويلو بد زندكلى كمسنه ein Mann von schwierigem Charakter, mit dem schwer auszukommen. — Kam. an vielen Stellen — Rel. abstr. چپرشقلق ČAPRAŠYKLYK. *confusion, désordre, embarras.* | Verwickelung, Verwirrung, Hinderniss. Kam. s. v. الوتيرة.

t چپرشقلنمك ČAPRAŠYKLANMAK und چپرشكلنمك Vb. refl. *s'embrouiller, être embarrassé.* | sich verwickeln, z. B. in seiner Rede. Kam. s. v. التنوتر.

a جبرى ĞEBRÎ. s. جبر

a جبريات ĞEBRIJJÂT. Sbst. Pl. علم جبر مسئلهلرى *problèmes d'algèbre.* | algebraische Fragen.

a جبريه ĞEBRIJJET. Sbst. *nom d'une secte.* | Name einer muhammedanischen Secte, welche die absolute Unfreiheit des menschlichen Willens behaupten; Gegner der KADARIJE.

a جبريل s. جبرائيل

a جبس ĞIBS u. جبسين ĞIBSÎN. Sbst. آلچى *gypse, plâtre.* | Gyps, Mörtel.

p چسبيدن s. چسپيدن

t چبش ČEBIŠ oder چپش ČEPIŠ und ČEPÜŠ auch چپچ ČEPIČ u. چپش [Tahrif v. *a* كبش] Sbst. توقلو، تيكه *agneau, chevreau.* | Lamm, Böckchen, insbes. ein einjähriges. قره چپچ KARA-ČEPIČ. *jeu de colin maillard.* | Blindekuh-Spiel.

t چپشب ČYPŠEB. Sbst. *souliers brodés des femmes.* | gestickte Hauspantoffel der Frauen.

p جبغوت ĞABGUT, ĞEBGUT. Sbst. *bourre pour remplir des coussins, etc., bourre-lanice; couverture ouatée.* | Baumwollenwerch u. dgl. zu Wattirung von Kissen, Bettdecken u. dgl. alte wattirte Decke.

t چپوق s. چبوق

t چپق s. چبق

t o چپقان ČYPKAN. Sbst. I.T. تنبل *sorte de tambour.* | eine Art Trommel.

p t چپكن ČEPKEN oder چپ كن Sbst. *manteau court semblable au dolman.* | eine Art kurzer Mantel, ähnlich dem Ueberwurf der Husaren.

a جبل ĞEBEL. Sbst. *t* طاغ *p* كوه Pl. جبال ĞIBÂL u. جبللر ĞEBELLER. *mont, mon-*

tagne, chaîne de montagnes. | Berg, Gebirge, Bergkette.

p جپل ĆEPEL. Adj. *laid, vilain, sale.* | hässlich, schlecht, schmutzig, ekelhaft. جپل بپل صوقلغى — علتى schlechte (venerische) Krankheit. جپل ارض schlechter Boden. جپل عادت schlechte Angewohnheit.

t جپلاتمق ĆYPLATMAK, auch جبلاتمق Vb. act. = ĆYPLAK ETMEK. *rendre nu, dépouiller, déshabiller, peler, écorcher.* ausziehen, entblössen, abschälen. Kam. s. v. أنتقشر

t جپلاق ĆYPLAK, auch جبلاق Adj. *a* عريان *p* برهنه *nu, dépouillé.* | nackt, bloss, kahl. جپلاق چرپلاق ĆYPLAK-ĆYRLAK. nackt und kahl. — Rel. abstr. جپلاقلق ĆYPLAKLYK. *nudité.* | Nacktheit.

a جبلّت ĞIBILLET. [Rad. جبل] Sbst. *nature, naturel, qualité innée, constitution, complexion du corps.* | Natur einer Sache oder Person, angeborene Eigenschaft des Charakters, Leibesbeschaffenheit.

t جبلّقوم ĆYBELLEKUM. Sbst. *améthyste (pierre).* | der Amethyst.

p جپلك ĆEPLEK, ĆIPLEK. Adj. vgl. جپل *sale, souillé, impur, indécent, taché.* | unrein, unschicklich, unerlaubt; fleckig, schmutzig.

t جپللنمك ĆEPELLENMEK. Vb. intr. s. جپل *être laid, se souiller, avoir les yeux chassieux.* | hässlich sein; sich besudeln, beflecken, triefige Augen haben.

t جبلو s. جبلو

p جبلوس s. جلوس

a جبلّه ĞIBLE. Sbst., = جبلّت *naturel, caractère.* | Natur, Naturel, Charakter. جبلّه أصليه das ursprüngliche Naturell, der angeborene Charakter.

a جبلّى ĞIBILLI. Adj. Fem. جبلّيه *inné, donné par la nature.* | natürlich, angeboren. امراض جبلّيه angeborne Krankheiten.

a جبلى ĞEBELI. Adj. Fem. جبليه ĞEBELIJET. *montagneux, montagnard, sauvage, rebelle.* | gebirgisch, Bergbewohner; wildwachsend, wild, rebellisch.

t جبمق s. جبترمق s. جيمق

a جبن ĞUBN, ĞUBUN. Sbst. 1. قورقاقلق *pusillanimité, manque de courage.* | Furchtsamkeit, Feigheit. — 2. پنير *fromage.* | Käse [auch جبن].

t o جبن ĆIBIN und جبن ĆIPIN. Sbst. LT. *p* مگس *mouche, cousin (insecte).* | Fliege, Mücke.

p t جپن ĆAPAN. Adj. u. Sbst. [Partic. v. چاپمق] *qui va vite, qui fait une incursion, qui pille.* | schnell laufend, der einen Einfall macht, Plünderer.

p t جبندارلق ĞIBINDÂRLYK. جبندلق u. جبندلك s. d. Flgde.

t جبنلك ĆIBINLIK und جپنلك ĆIPINLIK. Sbst. 1. سنكلك، پشه خانه *cousinière, moustiquaire.* Vorhang oder kleines Zelt dessen man sich bedient um sich vor Insecten zu schützen, Muskitennetz. — 2. *a* حجله *chambre nuptiale.* | Brautgemach, Brautkammer. LL.

t o جبو s. جبوه

a جبورت ĞEBŪRET. Sbst. *orgueil.* Stolz.

t جبوق ĆYBUK, ĆUBUK oder جبق Sbst. *baguette, barreau de métal, etc., tuyau de pipe, pipe; raie (sur une étoffe)* | Stab, Stock (von Holz, Metall u. s.), Rohr, Pfeifenrohr, Tabakspfeife; Streifen (auf einem gewebten Stoffe). تفنك جبوغى Ladestock. أصمه جبقلرى Weinreben. تمر جبوقلرى Eisen-Gitter. — Rel. concr. جبوقلى ĆYBUKLY, ĆUBUKLU. *rayé.* | gestreift; als N. pr. Name eines Dorfes an der asiatischen Seite des Bosporus. آقلو قرءلو جبوقلى و قتلى نسج اولان schwarz und weissstreifig gewebt. — Deminut. جبوقجق ĆYBUKĆYK u. جبقجق ĆYBUĆYK.

t جبوقلمق ĆYBUKLAMAK. Vb. act. *battre avec une baguette; épousseter avec un bâton; faire passer par les baguettes; rayer.* | mit dem Stocke schlagen, ausklopfen, Spiessruthen laufen lassen; streifig machen.

a جبّه ĞUBBET, s. جبّت

p جبه ĞEBE. Sbst. [nicht zu verwechseln mit جبهه] *cuirasse, toute armure de fer.* | Harnisch, Rüstung von Eisen. جبه بشلق *casque.* | Helm. جبه پوش *cuirassé, cuirassier.* | mit Harnisch bedeckt, geharnischt. جبه خانه ĞEBE-ḪÂNE. *arsenal militaire, convoi de munitions, magasin à poudre.* | Zeughaus, Munition, Pulvermagazin und Pulvervorrath, = جبخانه. — Rel. concr. جبهلو ĞEBELI. *cuirassé; cuirassier.* | geharnischt, geharnischter Mann, Lehnsmiliz, Kriegsleute welche die Lehnsträger stellen. Zeitschr. d. D. M. G. Bd. XVI. S. 271 (Redhouse: a kind of irregular horse patrol).

t جبهجى ĞEBEĞI. Sbst. *fourbisseur, cuirassier; ci-devant: intendant des poudrières et arsenaux militaires.* | Zeugschmidt, Geharnischter; früher: Aufseher der grossherrlichen Pulvermühlen und Kriegsarsenale der Land-Armee, auch ĞEBEĞI-BAŠY betitelt.

a جبهه ĞEBHE. Sbst., = جبين *t* آلن *p* پيشانى *front.* | Stirn. جبهه سا ĞEBHE-SÂ und جبين سلى = جبهه سى

t جبيج ĆEBIĆ. Sbst., = جبش

a جبيره ĞEBIRE. vulg. جبيره ĆEBIRE. Sbst. *bandage; bracelet.* | Schiene (zum Einschienen gebrochener Glieder); Armband (als Schmuck).

p t جبيلمك ĆEPILEN. Vb. intr. [Denom. v. چپ] *aller à gauche; éviter q. qn. ou q. ch.* | zur linken Seite ausweichen oder abweichen, sich zur linken Seite neigen; zur Seite gehen, ausweichen; einer Person oder Sache aus dem Wege gehen, sie vermeiden.

a جبين ĞEBIN. 1. Sbst., = جبهه *front.* | Stirn. Dualis. جبينان ĞEBINÂN. *les deux extrémités du front entre les sourcils et les cheveux.* | die beiden Seiten der Stirn. جبين سا Ğ.-SÂ oder جبين سلى Ğ.-SÂI u. جبين فرسا Ğ.-FERSÂ. *qui se prosterne.* | der sich mit der Stirn auf den Boden niederwirft. — 2. Adj. u. Sbst. قورقاق *lâche, poltron.* | furchtsam, Feigling.

p جبين ĆEPIN. Sbst. سكون جبوغندن اورلمش دوصى سبد BK. *panier d'osier.* | Weidenkorb.

t o جت ĆET. N. pr. SL. قومى آنده قورمليه كه اديشكرا عريب زاده نامنده وكنز ايشلق اشغال خسيسه بيشد *les Bohémiens.* | die Zigeuner (?) vgl. Zeitschrift der deutsch. morgenl. Gesellsch. III. S. 326.

t o جت ĆAT. Sbst. *combat, guerre.* | Treffen, Krieg, Kampf. (Abuška). vgl. چات

t o جت ĆET. Sbst. SL. ب جيم عجمى كنار *bord.* | Rand.

t جت ĆYT. *flic! flac!* | Klatsch, Klitsch. Hindoglu.

t جت ĆIT u. جيت Sbst. *haie.* | Hecke, Zaun.

p جيت s. جت

t جتاره ĆETÂRE. Sbst. *espèce d'étoffe rayée.* | eine Art gestreiften Zeuges. Kam. s. v. السيراء

t جتال ĆATAL. Sbst. u. Adj. *fourche, hoyau à deux dents, fourchette; fourchu; équivoque.* | Gabel, Zweizack; gabelförmig gespalten; doppelsinnig, zweideutig. جتال طرنقلو حيوان ein Thier mit gespaltenem Hufe (bisulcus). جتال يول Weg der sich in zwei Strassen theilt. جتال جتال جوقى دالليو بوداقلو in viele Aeste und Zweige getheilt (ein Baum u. dgl.) جتال جتال شوايه اغلان غبار aufsteigender Staub der sich in der Luft theilt. [Kam. s. v. التفتحه] جتال سوز zweideutiger Ausdruck. جتال كورمك doppelt sehen. [Kam. s. v. التشمير] — Demin. جتالجق ĆATALĆYK. *petite fourchette.* | kleine Gabel.

t جتاللشمق ĆATALLAŠMAK u. جتاللشمق Vb. recipr. *se ramifier (un arbre); se compliquer, être compliqué (une affaire, etc.).* | sich verzweigen, nach verschiedenen Seiten hin theilen; schwierig und verwickelt sein oder werden. Redhouse: to become intricate or complicated (any question or business).

t جتاللنمق ĆATALLANMAK. Vb. refl. pass. *devenir fourchu, se fourcher.* | sich gabelförmig theilen, sich spalten. سس جتاللنمق überschnappen (von der Stimme, Kam. s. v. البّحة] مسئله جتاللندى die Frage hat sich getheilt, ist zweifelhaft, unentschieden. — vgl. d. Flgde.

p جتر ĆATR, ĆITR u. شتر ŠITR. Sbst. [جتره u. شتر] شمسيه، خيمه، جتر *tente, rideau, voile, parasol.* Zelt, Vorhang, Schleier, Sonnenschirm. Redhouse: a tent, a veil, a veil. (Quatremère hist. des Mongols. I. S. 206 n. 57. Histoire des Mamlouks I. 134.)

t جترلمق ĆATYRDAMAK, ĆYTYRDAMAK u. جترلدى ĆATYRDY, ĆYTYRDY. s. جاتردامق u. جاتردى

t جتق s. جتنق

t جتنك s. جتلك

t جاتلاق s. جتلاق

t o چتلاقوج ČATLAKUǦ oder چتلاغوج ČATLAGUǦ. Sbst. = حبة الخضراء چتلنبك SL. بارترخن *fruit du térébinthe.* | Frucht der Terebinthe. BK. s. v. بن

t چتلاقلق und Deriv. s. چتلاقلق

t چتلاقلی ČATLAKY. Adj. *compliqué, entrelacé, embrouillé (arbres, broussailles, etc.); plein de détours (un vallon).* | verwickelt, verschlungen, untereinander verwachsen (von Bäumen, Sträuchern u. s. w.) vielfach verzweigt, voller Umwege (ein enges Thal). Kam. an vielen Stellen.

چتلقلق Deriv. s. چتلاقلق

t چتلمك ČITLEMEK. Vb. act. [v. چت ČIT] *environner d'une haie, clore.* | mit einer Hecke umgeben, einzäunen.

t چتلمبك ČETLEMBEK u. چتلمبج ČETLEMBIǦ. Sbst. *fruit du térébinthe.* | Frucht des Terebinthenbaumes. چتلمبك اغاجی *térébinthe.* | die Terebinthe [auch = ازاد درخت Cypresse.]

t چتله ČETELE. Sbst. *taille (marque des boulangers, bouchers, etc.)* | Kerbholz, Kerbstock (beim Verkauf auf Borg oder wöchentliche Zahlung).

t چتمك ČITMEK. Vb. intr. قزانمق *gagner.* gewinnen. Hindoglu.

t چتمه ČITME. Sbst. *dentelle écrue.* | eine Art gelbe Spitze. چتمه‌لو كوملك mit Spitzen besetztes Badehemd.

t چتوك ČETUK. s. چتنك

t چته ČETE. Sbst. غارت و تالان SL. *excursion pour faire du butin, pillage.* | Raubzug. چته‌جی ČETEǦI. *soldat qui prend part à une telle excursion.* | Raubzügler.

t چتنك ČETIK. Sbst. 1. auch چدیك . جدك . چتك *sorte de bottine (des femmes).* eine Art leichter Stiefel der Frauen zum Ausgehen. = ثلاك oder ایلك. Kam. s. v. خف 2. auch چتسك und چتوك *chat.* | Katze. چتنك اوتی Katzenkraut, = كدی اوتی BK. s. v. كربه

t چتین ČETIN oder چتن Adj. *difficile.* | schwierig. چتین خویلولق ČAHUILULUK. *opiniâtreté.* | Eigensinn, Halsstarrigkeit. — Rel. abstr. چتینلك ČETINLIK. *difficulté.* | Schwierigkeit. بر آدمه چتینلك ایتمك einem Schwierigkeiten machen. Kam. s. v. البعاز

a جثام ǦUSÂM. [Rad. جثم] Sbst. كابوس. اغرباصمه *cauchemar.* | Alpdrücken.

a جثمان ǦUSMÂN. [Rad. جثم] Sbst. = جثه *corps, masse, objet d'un certain volume qu'on voit de loin.* | Körper, ein Gegenstand den man in der Ferne sieht ohne noch genau seine Gestalt zu erkennen.

a جثه ǦUSSET. [Rad. جث] Sbst. وجود . تن . بدن . قالب . شخص *corps, stature, taille et volume du corps; port, habitude du corps.* | Körper, Statur, Haltung, Grösse des Körpers. — Rel. concr. جثه‌لو ǦUSSELÜ, خرد جثه‌لو — بدنلو *petit de taille.* | klein von Statur. ایری جثه‌لو بومبوجثه‌لو *corpulent, grand, lourd.* | gross, plump. — Rel. abstr. جثه‌لك ǦUSSELIK. = حقیرالجثه‌لك Hässlichkeit, Plumpheit der Gestalt.

a p جثه‌دار ǦUSSE-DÂR. Adj. = جثه‌لو. بوی اولان بیوك *grand.* | gross.

a جثوم ǦUSÛM. [جثم I.] Sbst. *action de rester à la même place, sans bouger.* | unbewegliches an einer Stelle fest sitzen oder liegen.

p چچ ČEČ und چچ ČEG. Sbst. 1. بیبا . غربیل BK. *van, crible.* | Wurfschwinge zum Reinigen des Getreides; Getreidesieb. 2., = t o چچ *tas de grains.* | Kornerhaufen. Kam. s. v. الصبرة ,الصبیرة u. öfter.

t o چچ ČIČ. LT. بری (?)

t o چچن u. چچن SL. عاقل وفرزانه *intelligent, érudit.* | klug, unterrichtet.

t o چچاووت SL. طایفه از اوزبکیه usbekische Völkerschaft.

t o چچمی s. چچاع

t o چچك ČIČEK. LT. شیرین *doux, agréable.* | süss, angenehm.

t چچك ČIČEK, auch چیچك und t o چیچاك Sbst. 1. *fleur; bouton, petite vérole.* | Blume, Blüthe; Blüthchen, Blatter, Pocke. چچك چیقارمق *fleurir; avoir la petite vérole.* | Blüthen treiben, blühen; die Blattern haben. صو چچكی der grüne Schimmel auf stehendem Wasser. گون چچكی GÜNÇ. oder گون باقان چچكی *le ČIČEK. tournesol.* | die Sonnenblume, Sonnenrose. — 2. in übergetr. Bedeutung: *espiègle, finaud.* | kleiner Schelm (etwa wie das deutsche Früchtchen). بو چلبی نه ایمش چچكدر was für ein Früchtchen ist dieses Herrchen. — Rel. abstr. چچكلك ČIČEKLIK. *parterre de fleurs.* | Blumenbeet. — Rel. concr. چچكلو ČIČEKLÜ.

t چچكلنمك ČIČEKLENMEK. Vb. intr. *fleurir.* | blühen.

t o چچلاق ČIČLAK. LT. انكشت خرد *petit doigt.* | kleiner Finger.

t o چچن ČIČEN. LT. مسافرت *voyage.* | Reise.

t o چچه ČIČE. Sbst. SL. ترسمرقند بمعنی عمه و در خوارزم همشیره بزرك *tante; sœur aînée.* | Tante; ältere Schwester.

t o چچق ČIČUK oder چچق Sbst. = قیرمه چقلیق *queue de mouton rôtie.* | gebratener Schwanz von einem Schafe. LT. u. SL.

a جحاس ǦIHÂS. [جحس III.] Sbst. *action de se serrer, se presser, presse dans la foule; action de repousser, chercher à éloigner q. qn. de q. ch.; action d'en venir aux mains.* | Gedränge; Wegdrängen, Wegstossen; Handgemenge.

a جحد ǦAHD und جحود ǦUHÛD. Sbst. بلدیكی انكار ایلمك *action de nier une chose que l'on sait vraie.* | Verläugnung. — Gramm. *nier absolument.* | absolute Verneinung.

a جحر ǦUHR und جحران ǦUHRÂN, Sbst. *tout lieu de retraite pour les reptiles et les bêtes sauvages.* | Versteck wilder Thiere, Schlangen u. s. w.

a جحس ǦAHS. Sbst. كیدرمك , طرملامق . تقل ایلك . حیله و خدعه ایلك *action d'égratigner, d'ôter avec les ongles, de gratter; action de combattre, d'en venir aux mains; ruse, stratagème.* | Kratzen; Handgemein werden; Hinterlist.

a جحف ǦAHF. Sbst. صویمق , قیومق . قبوغی صویمق *action de peler, dépouiller de l'écorce ou de la peau.* | Abschälen, Abbalgen.

a جحود ǦUHÛD s. جحد

a جحیم ǦAHÎM [Rad. جحم] Sbst. *feu violent; feu de l'enfer.* | heftig brennendes Feuer; Feuer der Hölle.

a جحیمی ǦAHÎMÎ. Adj. *infernal.* | höllisch.

t o چخ ČAH. Sbst. SL. تعمیه نباشد از شاخهای نازك چدار باشد و بدان نرو غیره نمایند *claie, clayonnage.* | Geflecht von dünnen Zweigen.

p چخ ǦAH u. چخ [Rad. v. چخیدن] als Sbst. Concret. = جنك‌جو و ستیزه‌كار SL. *homme guerrier, courageux, querelleur, opiniâtre.* | ein kriegerischer Mann, Raufbold, ein Hartnäckiger.

p چخ ČAH. Sbst. غلاف *fourreau d'une épée; gaine d'un couteau.* | Scheide (eines Säbels, Messers u. dgl.). BK.

t چخرمق ČYHARMAK. Dial. für چقارمق s. چقمق Deriv.

a n چخشیره ČAHŠÎRE s. چاقشیر

a جخف ǦAHF. Sbst. *action de se vanter, de s'attribuer des mérites que l'on n'a pas.* | Grosssprecherei, Prahlerei.

t چخمق ČYHMAK u. چخمق ČAHMAK, Dial. für چقمق u. چقمق

p جخیدن ǦAHÎDEN oder چخیدن Vb. act. [Rad. چخ] *s'efforcer, s'opiniâtrer, lutter.* | sich anstrengen, hartnäckig auf etwas bestehen; kämpfen.

a جخیف ǦAHÎF. [Rad. جخف] Adj. u. Sbst. متكبر، خودبین *vantard.* | Grosssprecher.

a جد ǦEDD. Sbst. بیوك بابا، ددە *grand-père, aïeul, ancêtre.* | Grossvater, Ahn. — Pl. اجداد EǦDÂD u. جدود ǦUDÛD. جد اعلی ǦEDD-I A'LÂ. Urahn einer Familie. ابا عن جد oder جدا بجد von Vater auf Sohn, von Geschlecht zu Geschlecht vererbt. — 2. *dignité, gloire, honneurs; bonheur, chance, sort, fortune, destin.* | Würde, Ruhm, Ehren; Glück, was einem bestimmt ist.

a جد ǦIDD. Sbst. چالشمق . چالشوب جد = جهد = كرچكلك ایشلمك Gegentheil von شوق *action de s'efforcer, application, effort, zèle, assiduité; sérieux.* | Anstrengung, Fleiss, Eifer bei einer Sache; Ernst. جد وجهد ایلمك

mit Ernst und Eifer. — Adv. جدًا ĠIDDEN, — بجدّ BIĠIDD. *au sérieux, sérieusement, expressément.* | ernstlich, mit Ernst, ausdrücklich. — Adj. جدّى ĠIDDI. *sérieux, réel.* | ernstlich, wirklich zur Sache gehörig, nicht zum Spass.

p جدا ĠUDA. Adj. u. Adv. باشقه اولان, آيرو *separé, éloigné, divisé* | getrennt, geschieden, fern von dem andern. — ETYMEN. *séparer, diviser.* | trennen, scheiden. جدا نظرلون weit aus den Augen. جدا قلمق weit abkommen von . . ., sich weit verlaufen. جدا اقلنمش einer der weit von den Seinigen getrennt ist. — Rel. abstr. جدائى ĠUDAÏ. *t* جدالق ĠUDALYK. *séparation, distinction.* | Trennung, Scheidung. — Adv. جداگانه ĠUDAGANE. *à part, séparément.* | bei Seite, besonders, auf geschiedene Weise.

a جدار ĠIDAR. Sbst. حيطه, ديوار *mur, muraille.* | Mauer, Wand. — Pl. جدر ĠUDR u. ĠUDUR.

p جدار ĠIDAR u. ĠEDAR. Sbst. *entraves pour lier les pieds des chevaux, etc.* | Strick oder Fussschlinge für Pferde, Esel u. dgl. BK. vgl. چچ

p جداگانه s. جدا

a جدال ĠIDAL. [جدل III.] Sbst. شدتله مخاصمه ايله, غوغا ايله *action de se disputer, querelle; action d'exercer la polémique, disputation; action de se battre, combat, guerre.* | Streit, Disputation, Kampf, Krieg. — ETYMEN. *se disputer, combattre.* | streiten, kämpfen. — vgl. جدل

pt جدالق s. جدا

a جداء s. جداء

to جدامغ ĠYDAMAG. Sbst. SL. نسنه كوسفند *queue de mouton.* | Schafschwanz.

to جدامق ĠYDAMAK oder جيدامق SL. تحمّل كوترمك Vb. intr. *supporter, souffrir.* | erdulden, ertragen. بو اهانتى كا جدالى بيلمدن da er diesen Schimpf nicht ertragen konnte. Abulg. S. 134.

a جداول ĠEDAWIL. Sbst. Pl. v. جدول

p جدائى ĠUDAÏ s. جدا

a جدّة ĠEDDE. Pl. جدّات ĠUDDET. Sbst. [Fem. v. جدّ] بيوك انا *grand-mère, aïeule.* | Grossmutter, Ahne. جدّه صاحبه Mutter des Vaters. جدّه فاسده Mutter der Mutter.

a جدّه ĠUDDE. Sbst. راه, طريق, يول *route; ligne, raie.* | Weg; Linie, Streifen.

a جدث ĠEDES. Sbst. مزار, قبر *tombeau, sépulcre.* | Grab, Grabmal. — Pl. اجداث EĠDAS.

a جدر ĠEDER. Sbst. قبارجق, چيچك *vérole, variole, pustule.* | Blatter, Pocke, Blüthchen.

a جدر ĠEDR. Sbst., = جدار *mur, muraille.* | Mauer, Wand.

a جدر ĠUDR. Pl. v. جدار

a جدرا ĠUDERA oder جدران ĠUDRAN. Pl. v. جدر

to جدرق ĠUDRUK. LT. مشت *poing.* | Faust.

a جدرى ĠEDERI, ĠUDRI u. ĠEDERI. Sbst. چيچك علتى *petite vérole; marque laissée par la petite vérole.* | Pockenkrankheit, Pockennarbe. جدرى بقرى oder بقريّه — Ġ. BAKARIJE. *vaccine, virus de vaccine.* | Kuhpocken, Kuhpockenlymphe.

a جدع ĠAD'. Sbst. كسمك, برعضوى *action de mutiler; mutilation, amputation; action de mettre en prison.* | Verstümmelung (an Ohren, Nase); Ablösung oder Amputation eines Gliedes; Einkerkerung.

a جدع ĠEDA'. Sbst. *ne pas croître (en parlant d'un enfant rachitique).* | das nicht wachsen, Misswachs (eines kränklichen Kindes).

a جدعت ĠEDE'ET. Sbst. *moignon ce qui reste d'un membre mutilé.* Stummel von einem abgeschnittenen Gliede.

t جدك ĠEDIK s. چنيك

a جدل ĠEDEL. Sbst. *altercation, dispute.* | Zank, Streit. — ETYMEN. *disputer.* | streiten (mit Worten) — Logik: Beweise durch Schlüsse die auf allgemein gültigen Obersätzen beruhen, Beweisführung; die Topik des Aristoteles; علم جدل Dialektik, Polemik. de Sacy, Anthol. Gramm. 472.

a جدم ĠEDEM s. جذم

pa جدوار ĠEDWAR. Sbst., = زدوار *zedoaire.* | Zittwerwurzel (curcuma zedoaria).

a جدود ĠUDUD. Sbst. Pl. v. جدّ

a جدودة ĠUDUDET. Sbst. Pl. v. جدّ

a جدور ĠUDUR s. جدر

a جدول ĠEDWEL. [Rad. جدل] Sbst. Pl. جداول ĠEDAWIL. 1. صو يولى, نهر صغير *ruisseau, rigole.* | kleiner Bach, Riesel, Graben (in Gärten, Wiesen u. s. w.) بر باغچه دن بر باغچه يه آقان جدول ein Bächlein das aus einem Garten in einen andern fliesst. — 2. in übergetr. Bedeut.: *ligne, lignage d'un livre de comptes, d'un registre; table de calcul; colonne dans un livre.* | Linie, Tafel oder Tabelle mit Linien, Rechentafel, Rubrik oder Columne in einer Rechnung oder in einem Buche, mathematische oder statistische Tafel. جدول تختنى Ġ.-TAHTASY. *règle (à tirer des lignes).* | Lineal, Linienbrett.

a جدى ĠEDI. Sbst. كچى اوغلاغى *chevreau, bouc; capricorne (constellation).* | Böckchen; der Steinbock (am Himmel).

a جدى ĠUDEJ. Sbst. Demin. d. Vbgdn. *l'étoile polaire.* | der Polarstern.

a جدى ĠIDDI s. جدّ

a جديد ĠEDID. [Rad. جدّ] Adj. يكى *neuf, nouveau, récent.* | neu, frisch. — Dual. الجديدان ELĠEDIDAN. *le jour et la nuit.* | die beiden immer neuen Zeiten, Tag und Nacht.

a جديره ĠEDIR. [Rad. جدر] Adj. 1. = لايق سزاوار شايان اولان, جدور *convenable, apte, digne de . . ., propre à.* | ziemend, passend. — 2. [Denom. v. جدر Pocke] *affecté de la petite vérole.* | pockenkrank.

t جديك s. چنيك

a جذام ĠUZAM. vulg. ĠUDAM. Sbst. *éléphantiasis.* | Elephantiasis. جذام خانه *léproserie.* | Lazareth für Aussätzige. — Rel. abstr. جذاملق ĠUDAMLYK.

a جذب ĠEZB. Sbst. چكمك, كندويه چكمك *action de tirer, d'attirer; attraction.* | das Ziehen, Anziehen; Anziehung. — ETYMEN. *attirer.* | anziehen.

a جذبه ĠEZBET. Sbst. *attraction, entraînement, force d'attraction.* | Anziehung (mit Gewalt); Anziehungskraft. — Pl. جذبات ĠEZBÂT. *attractions, allèchements, attraits.* | Anziehungen, Reize.

a جذر ĠEZR. vulg. ĠEDR oder ĠIDR. Pl. جذور ĠUZUR. Sbst. 1. اصل, بيخ, كوك *racine, origine.* | Wurzel, Ursprung. — Arithm. Wurzel-Zahl. جذر مربع Ġ. MURE'BA. *racine carrée.* | Quadratwurzel. جذر مكعب Ġ.-MUKA''EB. Cubikwurzel. جذر دردنجى DÖRDÜNĠI Ġ. Biquadratwurzel. جذر تام ĠEZR-I TÂMM reine Wurzel. جذر اصم Ġ. AZAMM. irrationale Wurzel. — 2. *reflux de la mer.* | die Ebbe, s. جزر

a جذل ĠIZL. Pl. اجذال EĠZÂL u. جذول ĠUZÛL. Sbst. كتوك *tronc d'arbre dont on a coupé les branches, chicot d'arbre.* | Baumsturzel, im Boden zurückgebliebene Wurzel.

a جذل ĠEZIL. Adj. *gai, joyeux, content.* | heiter, fröhlich, zufrieden. — Pl. جذلان ĠEZLÂN.

a جذم ĠEZM. Sbst. كسمك, قطع ايله *action de couper, de mutiler un membre; retranchement, amputation.* | Abschneidung, Verstümmelung, Ablösung eines Gliedes. — ETYMEN. *couper, amputer.* | beschneiden, amputiren. — als Concret., = جذل *chicot d'arbre.* | Baumsturzel.

a جذمه ĠEZMET. vulg. ĠEZMAT. جذمه Sbst. ال كسمش *moignon d'une main coupée.* | Stummel einer abgeschnittenen Hand. — Pl. جذمات ĠEZEMÂT und جذملر ĠEZMELER.

a جذوب ĠEZÛB. Adj. جلب ايدنجى اولان *attirant, charmant.* | anziehend, reizend.

a جذور ĠUZÛR. Sbst. Pl. v. جذر

a جذول ĠUZÛL. Sbst. Pl. v. جذل

a جذيم ĠEZIM. [Rad. جذم] Adj. قطع اولنمش اولان, كسمش *mutilé, amputé.* verstümmelt, verstutzt, amputirt.

a جر ĠERR. Sbst. چكمك *action de tirer, traîner, étendre; traction, attraction.* | Ziehen, Schleppen, Ausdehnung, Herbeiziehung. جرّ كلام ايله *s'étendre en discours.* | seine Rede ausdehnen. جرّ اثقال ĠERR-I ESKÂL. *mécanique.* | Lastenziehung, die Mechanik. — Gramm. ein arab. Wort von dem vorhergehenden im

Genitiv regieren lassen und ihm den Endvocal KESRA geben; der Genitiv, vgl. d. arab. Gramm.

t a جره ĠER. Sbst. 1. *enfant, garçon.* | Kind, Knabe, Bursche. — 2. *messager, courrier.* | Bote, Eilbote. vgl. جبار

p جرم ĠER. Sbst. *fissure; fosse.* | Spalte; Graben (bei Belagerungen).

p جرم ĠUR. Sbst. *selle de cheval.* | Sattel. BK.

t a جسره ĠUR. Sbst., — p جرّه ĠURRE. SL. نرينه هر جانورى و نرينه بز و باز سفيد *le mâle de tout animal, bouc, faucon mâle.* | das Männchen jedes Thieres, Bock, das weisse Falken-Männchen.

t جر ĆYR. Verstärkungspartikel. جرجيلاق ĆYR-ĆYPLAK. *tout nu.* | ganz nackt.

p جرا ĠERÂ. Sbst. [Verkürzung v. جرايه] وظيفه و علوفه *solde, traitement; dépense quotidienne.* | Bezahlung; tägliche Ausgaben.

p چرا ĆIRÂ. Conj. *pourquoi? dans quel but?* | warum? بى چون و چرا der ohne Wie und Warum, d. i. Gott.

p چرا ĆERÂ. Sbst. اوتلامق، حيوانلرك اوت يمه *action de paître, de pâturer.* | das Weiden, als Concret. *pâturage, prairie.* | Weide. — ETMEK, — KERDEN. *mener paître.* | weiden lassen, auf die Weide treiben. چرا جا ĆE-ĠÂ, چرا خوار ĆE-ḪAR. چرا زار und چرا خوار ĆE-ZÂR, Weideplatz.

t چرا ĆYRA. Sbst. LL. s پيريق p سلراق *bois résineux.* | Kienholz, Kienstück. چرا اغاجى *pin sauvage.* | Kienbaum.

a جراب ĠURÂB. s. جوراب

a جراب ĠIRÂB. Sbst. خلته، طغارجق *petit sac; besace; scrotum.* | Säckchen (von Leder), Lederranzen für Reisen; Hodensack.

a جراءة ĠERÂET oder جرأة ĠIR'AT oder ĠURET. auch جرأت u. جرات [جرأ I.] Sbst. شجاعت، يكيتلك، يوكلرلك *courage, bravoure, audace, présomption.* | Muth, Tapferkeit, Verwegenheit, Kühnheit. — ETMEK. *oser.* | wagen. — Rel. concr. جرأتلو oder جراتلو *courageux, audacieux.* | kühn, verwegen.

a t جراتلنمك ĠERATLENMEK. Vb. intr. *être courageux, oser.* | muthig, tapfer, beherzt sein; wagen. — Deriv. جراتلنديرمك ĠERATLENDIRMEK. — Vb. caus. *rendre courageux, exciter, animer, faire oser.* | muthig u. s. w. machen, Muth einsprechen, antreiben, anspornen, wagen lassen. Kam.

a جراح ĠIRÂH. Sbst. Pl. v. جرح u. جراحة

a جرّاح ĠERRÂH. [Rad. جرح] Sbst. *chirurgien.* | Feldscheer, Wundarzt.

a جراحة ĠIRÂHET. Sbst. *blessure, plaie; pus, matière.* | Wunde, offene Stelle; Eiter der aus der Wunde fliesst.

a جراحى ĠERRÂHÎ. Adj. u. Sbst. *chirurgical, chirurgien.* | chirurgisch, Wundarzt.

a جراد ĠERÂD. Sbst. coll. چكركه *sauterelle.* | Heuschrecke. Nom. unit. جرادة ĠERÂDE.

a جرّار ĠERRÂR. I. [Rad. جرّ] Adj. und Sbst. *qui tire, traîne à soi; attirant; qui emporte, emmène (p. ex. du butin, des prisonniers, etc.); courageux, valeureux, importun; soldat valeureux, mendiant importun;* — جرّارة *armée nombreuse (qui avance, qui traîne à sa suite des hommes de service et des bagages).* | an sich ziehend, anziehend, reizend; mit sich schleppend, fortführend (z. B. Beute, Gefangene u. s. w.); muthig, tapfer, ungestüm, zudringlich; tapferer Soldat, zudringlicher Bettler; zahlreiches Heer (mit grossem Gefolge) anrückendes oder davonziehendes Heer, auch جرّارة ĠERRÂRET. — زلف جرار ZULF-I Ġ. reizende Locke. — Rel. abstr. جرارلق ĠERRARLYK. *action de mendier, mendicité.* | Bettelei. جرارلق ايتمك *mendier.* | betteln.

— 2. [Denom. v. جرة] *potier.* | Töpfer.

a جرار ĠIRÂR. Sbst. Pl. v. جرة

p چراسيا ĆERÂSIÂ. Sbst., — قراسيا *cerise.* | Kirsche.

p چراغ ĆYRÂĠ. Sbst. auch چروك *mèche allumée, flambeau, lumière, lanterne, lustre; guide, client, protégé, élève, apprenti.* | angezündeter Docht, Leuchte, Fackel, Lampe, Laterne, Licht; Führer (der auf dem Wege leuchtet); Pflegling, Lehrling, Schüler, Lehrbursche, Schützling, Günstling (der wie eine Lampe gepflegt wird). چراغ پف Ć. PUF oder چراغ سوندران Ć. SONDERAN. Lichtauslöscher (Benennung solcher Religionsgemeinschaften deren Ceremonien den Moslemen unbekannt sind). Pl. چراغان ĆYRÂĠÂN, als Singular *illumination.* | Illumination.

p چراغپا ĆYRÂĠ-PÂ, oder چراغپايه ĆYRÂĠ-PÂJE. *candélabre, chandelier; cheval qui se cabre.* | Gestell mit Leuchter; bäumendes Pferd.

p چراغپرست ĆYRÂĠ-PEREST. Sbst. *papillon de nuit.* | Nachtschmetterling, Motte (die um das Licht fliegt).

p چراغ شيروان ĆYRÂĠ-ŠERWÂN. Sbst. *lanterne.* | Laterne (Glas und Gehäuse).

p چراغدان ĆYRÂĠ-DÂN. Sbst. *chandelier, candélabre.* | Leuchter.

p چراغك ĆYRÂĠEK. Sbst. *mouche luisante.* | Leuchtkäfer.

p t چراق s. چراغ

t چراغمه ĆYRAĠMA. Sbst. Taerif v. چراغپا *chandelier, candélabre.* | Leuchter.

t a چراك LT. s. چوراك

p چراگاه ĆERÂ-GÂH u. چراگه Sbst. *pâturage, prairie.* | Weideplatz, Wiese. s. چرا

p چراگر ĆERÂ-GER. Sbst. *animal au pâturage.* | weidendes Thier.

p چرام ĆERÂM u. چرامين ĆERÂMIN. Sbst. علف ، اوتلاق ، چراكاه *pâturage.* | Weide, Futter.

p چرامسوز ĆYRÂMÛZ. Sbst. *flambeau, torche.* | Fackel, Leuchte (zu nächtlichen Fischfang). بالق اوولرنده چرامسوزى Kam. s. v. قنار

t a چرامغ ĆYRAMYĠ. SL. يعنى منسوب بشكل چرى *de même taille.* | gleichgestaltet.

p چرام s. چرامين

p چرانيدن ĆERÂNIDEN oder چرانيدن ĆERÂNIDEN. Vb. caus. [v. چريدن] اوتلاتمق *faire paître.* | weiden lassen, auf die Weide treiben.

t a چراى ĆYRAI. SL. چهره وشكل رخسار *visage, forme des joues.* | Gesicht, Form oder Ansehen der Wange.

a جرايحى ĠERÂIḤÎ. Sbst. *chirurgien.* | Wundarzt.

a جرايت ĠERÂJET. [Rad. جرى] Sbst. 1. نسولرلك كنچ وكوزل اولمق *jeunesse et beauté d'une femme.* | jugendliche Schönheit (einer Frau oder Mädchens). — 2. وكالت ووكيل اولمق *administration des biens d'un autre.* | Verwaltung der Angelegenheiten eines Andern, Stellvertretung.

a جراية ĠIRÂJET. Sbst. *paye, gages, ce qui se paye par jour à q. qn.* | fortlaufende Bezahlung, laufende Einkünfte. — جمكيه

a جرائد ĠERÂÏD. Sbst. Pl. v. جريدة

a جرائم ĠERÂÏM. Sbst. Pl. v. جريمة

a جرائم ĠERÂÏM. Sbst. Pl. v. جرم

a جرب ĠERED. Sbst. اويوز *gale.* | Räude.

p چرب ĆERB u. چرب Adj. u. Sbst. [Rad. v. چربيدن] غالب وراجح ، يانغلو ، سمز اولمق *gras, visqueux; souple, corpulent, fort, robuste; obésité.* | fett, glatt, geschmeidig, dick, stark, plump; Fettigkeit. چرب بيلسو *gras, corpulent.* | fett, corpulent. چرب دست *habile, adroit.* | dessen Hand glatt oder geschmeidig, d. i. geschickt; چرب زبان *flatteur; éloquent.* | dessen Zunge glatt, Schmeichler, Wohlredner. چرب زبانى Schmeichelrede, Schmeichelei.

t چرپاجى ĆYRPOY s. چرپلاجى

p a جربز ĠURBUZ. Adj., — گربز *astucieux, ingénieux.* | pfiffig, witzig.

a t جربزه ĠURBEZE. Sbst. *finesse, pointe; adresse et promptitude à la réponse.* | Pfiffigkeit, Witz, Gewandheit zu Antworten, immer eine Antwort bereit haben.

p چربش ĆERBIŠ. Adj. u. Sbst., — چروش *gras; obésité.* | Fett; Fettigkeit. vgl. چرب

t چرپمك ĆYRPMEK u. چرپمق ĆYRPMAK. Vb. act. Aor. چرپر ĆYRPER, ĆYRPAR. 1. *marquer le bois par le cordeau rouge* (ĆYRPY). | das Zimmerholz mit der rothen Schnur [چرپى] zeichnen. — 2. *blanchir (la cire ou la toile au soleil).* | Wachs oder Leinen in der Sonne bleichen; walken, waschen.

a p جربناك ĠERBNÂK. Adj. *galeux.* | räudig.

p چربى ĆERBÎ. Sbst. [Abstr. v. چرب] *obésité, mollesse, facilité; acquisition de biens terrestres.* | Fettheit, Weichheit, Geschmeidigkeit, Leichtigkeit, Erwerbung irdischer Güter.

t چرپى ĆIRPI, ĆYRPY. Sbst. a تره معمار *cordeau du charpentier; ligne droite.* | Messschnur, die rothe Schnur der Zimmerleute (zum Zeichnen des Holzes); gerade Linie.

t چرپيجى oder چرپاجى ĆIRPIĠI, ĆYRPYĠY. Sbst. *qui blanchit, blanchisseur.* | Bleicher, Walker. vgl. چربمق — Rel. abstr. چربجیلك oder چربلجیلك Bleicherei, Bleicherhandwerk.

p چربیدن ČERBIDEN. Vb. intr. [Rad. چرب] *être gras, être fort, plus fort que ...* | fett sein, stark sein, stärker sein als ...., mehr vermögen als ...

a جرّة ĠERRET. Sbst. Pl. جرار ĠIRĀR. *jarre, cruche.* | irdener Krug.

t چرتلق s. چرتلوی

t o چرتلاق ČYRTLAK. Sbst. 1., = چرلاق *grillon.* | Heimchen, Grille. — 2. الا قرغا *geai.* | Holzhäher, Elster.

t چرتلاقلامق ČYRTLAKLAMAK. Vb. intr. *grésillonner* | zirpen.

t چرتمق ČYRTMAK. Vb. intr. (alt) *se vanter.* | prahlen. چرتلوی ČYRTAWY. *qui se vante, bavard* | prahlend, schwatzend, Schwätzer.

t چرتی بوغا ČYRTY-BOGA. Sbst. *martin-pêcheur (oiseau)* | der Tauchkönig.

a جرثومة ĠURSŪMET. Sbst. بیخ . جذر . کوکه . اصل *racine.* | Wurzel.

t o جرجر ĠERĠER. Sbst. SL. آلتی که بدان خرمن خرد کنند *rouleau à monder.* | Dreschwalze.

p t جرجره ĠIRĠIR. Sbst. چرلاق *grillon.* | Heimchen, Grille. — 2. *chant du grillon.* | Zirpen der Grille.

t o چرچره ČYRČYR. Sbst. SL. آلتی که بدان پنبه را از غوزه جدا کنند در لغه جغل رو چرچره چکوری شبیه بملخ در ترکستان در علفزار صدا کند 1. *grillon.* | Heimchen, Grille. — 2. *carde (?).* | Werkzeug zum Reinigen der Baumwolle von den Schalen. — vgl. *t o* چرچره

t o چرچرك ČÜČEREK auch چرچرك ČÜČEREK und چورچك Sbst. LT. u. SL. افسانه *conte fabuleux.* | Mährchen.

t چرچرك ČERČEREK und چرچرك ČERČEREK. Sbst., = چرلاق . چرچر *grillon.* | Heimchen.

t چرچرك ČÜRČEREK. چورچك ČÜRČEK. Sbst. LT. s. لوقمه *bouchée.* | Bissen, Gericht zum Kosten. — vgl. چرچرك

t چرچوه ČERČIWE auch چرشوه Sbst. Tahrif. v. چهارچوب oder چارچوبه *châssis (de fenêtre, de papier).* | Rahmen, Fensterrahmen, Papierfenster. چرچوه کاغدی č. KAGYDY. *papier brouillard, papier d'enveloppe.* | Fensterpapier, überh. schlechte Papiersorte.

t چرچوهجی ČERČIWEĠI. Sbst. *faiseur de châssis.* | Rahmenmacher.

t چرچوهلمك ČERČIWELEMEK. Vb. act. *faire des châssis, garnir les croisées avec du papier (au lieu de verre).* | Rahmen machen, die Fensterrahmen mit Papier beziehen (anstatt der Glasscheiben).

t چرچی ČERČI. Sbst. بیلهور *marchand ambulant, colporteur.* | wandernder Tabulettkrämer, Hausirer, Kleinkrämer. — Rel. abstr. چرچیلك ČERČILIK. *état de marchand ambulant.* | Kleinhandel, Einzelverkauf.

a جرح ĠERH. Sbst. 1. یاره . یارهلمق *action de blesser; blessure.* | Verwundung. — ETMEK. *blesser.* | verwunden. — 2. *action de réfuter, d'accuser de mensonge, de récuser qn. comme faux témoin* Widerlegung, der Lüge oder des falschen Zeugnisses beschuldigen, als falschen Zeugen zurückweisen.

a جرح ĠURH. Sbst. زخم . یاره *blessure, plaie.* | Wunde. — Pl. جروح ĠURŪH u. اجراح EĠRĀH. Nom. unit. جرحه ĠURHET.

p چرخ ČARH oder چرغ Sbst. شاهین *faucon.* | Edelfalke.

p چرخ ČARH. Sbst. *roue, rotation, tour à tourner, dévidoir, machine, presse, arbalète, tournebroche, etc.; sphère céleste, le firmament, le ciel, le monde entier, la fortune; qui tourne, égaré.* | alles was sich im Kreise dreht, Rad, Scheibe, kreisförmige Bewegung, Kreislauf, Kreis, Maschine zum Drehen oder mit Räderwerk, Drechselbank, Drehscheibe des Töpfers, Spinnrad, Presse, drehbare Kanone | = منجنیق oder زنبورك ; vgl. چرخه |, Armbrust; der Himmel, Sternenhimmel; die Welt, das Glück, Schicksal, einer der im Kreise herumgeht, in der Irre geht; kreisförmiger Ausschnitt am Kleide, Randeinfassung am Hemde oder am Kaftan, auch das Hemd oder der Kaftan selbst. [vgl. *t o* چرخ فلك | چارق sphère céleste; fleur de passion, grenadille; cheval de frise, (pièce de bois hérissée de longues pointes: دولتیمزك ویباده عسکری سواری هجومندن حفظ ایله ایچون استعمال اولنور بر نوع سپر BK] | Himmelskreis; Passionsblume; spanische Reiter. چرخ ایتمك s. چرخده *tourner* | drechseln. چرخلر طقمی *rouage* | Räderwerk. چرخ تسته *banc de tourneur.* | Drechselbank (mit neuen Verbesserungen). — Rel. abstr. چرخلو ČARHLY, vulg. چرقلو ČARKLY. *muni de roues.* | mit Rädern versehen.

p چرخاب ČARH-ĀB. Sbst., = گرداب *tourbillon d'eau.* | Wasserstrudel.

p چرخزن ČARH-ZEN. Sbst. *qui se tourne; danseur; homme égaré; qui tourne.* | der sich im Kreise dreht; Tänzer; der im Kreise oder in der Irre umhergeht, einer der dreht, Drechsler, Spinner u. a.

t چرخلامق ČARHLAMAK. Vb. act., = چرخده ایشلمك *travailler au tour, tourner.* | mit dem Rade arbeiten, drehen, drechseln, schleifen u. s. w. اوستره چرخلامق das Rasiermesser schleifen. — Deriv. چرخلنمق ČARHLANMAK. Vb. pass. Kam. s. v. التشبیك

p چرخه ČARHA. Sbst., = چرخ *qui se tourne autour, roue, etc.; action de se tourner, de circuler.* | alles was sich dreht, das sich drehen, Rad u. s. w., herumschweifen. چرخه چرخه Druckerpresse. — vgl. چرخ und چرخ

a جرد ĠIRID. s. جرید

p چرد ČERED. s. چرده

t چردك ČARDAK. s. چارطاق

a جردة ĠURDET. [Rad. جرد] Sbst. *expédition militaire; escorte militaire des pèlerins.* | Kriegszug; bewaffnete Bedeckung der Pilgercarawane. جرده بکی ĠURDE BEGI, = امیر الحج Anführer der Pilgercarawane.

p چرده ČERDE und چرده oder چرد ČERD. Sbst. صاری رنکلو آت *cheval bai.* | hellbraunes Pferd, Falbe.

a جرز ĠURZ. Sbst. *p* کورز / طوپوز *massue.* | Keule. — Pl. اجراز EĠRĀZ u. جرزلر ĠURZLER.

t چرز ČEREZ. Sbst. *confitures servies au dessert.* | Süssigkeiten die als Dessert in kleinen Tellern gereicht werden.

t چرزلنمك ČEREZLENMEK. Vb. intr. *prendre un peu du dessert ou des confitures.* | vom Confekt oder dem Dessert zulangen.

a جرس ĠERES. Sbst. چاك . چكردانی *cloche, clochette, sonnette.* | Glocke, Klingel, Schelle. — Pl. اجراس EĠRĀS u. جرسلر ĠERESLER.

p چرس ČERES. Sbst. *aumône en vivres qu'on donne aux derviches mendiants.* | Almosen (in Nahrungsmitteln) welches man den bettelnden Derwischen giebt.

p چرسدان ČERESDĀN. Sbst., = کشکول *besace des derviches mendiants.* | Bettelsack der Derwische.

p چرست ČERIST auch چرسست ČERESSET. چرست ČERIST u. ČIRIST. Sbst. *claquements des dents.* | Zähneklappen.

t o چرش ČARRAŠ. Sbst. SL. آواز شکستن چوب *craquement* | Krachen (wenn man Holz zerbricht).

p t چرس ČIRIŠ oder چریش Sbst., = *p* سریش Tahrif. v. شراس *poix de cordonnier, etc. colle forte, glu.* | eine Art Kleister; Schusterpech, Kleister-Pulver. — Kam. s. v. الشراس . الشرط — چرس اوتی č.-OTU. *asphodèle.* | die Pflanze aus deren Wurzel das Kleister-Pulver bereitet wird, Goldwurz, = پیرواق LL.

t چرشلمك ČIRIŠLEMEK. Vb. act. *coller.* | leimen.

t چرشوه s. چرچوه

a جرع ĠER'. Sbst. صو یوتمق . ایچمك *action d'avaler une gorgée.* | das Schlucken, Hinterschlucken. — ETMEK. *avaler une gorgée.* | schlucken, hinterschlucken.

a جرعة ĠUR'A. Sbst. *gorgée, ce qu'on boit d'un trait; lie et ce qui reste au fond d'un verre.* | Schluck, Trunk, ein Zug; Bodensatz, was im Glase zurückbleibt.

p چرغ ČARG. Sbst., = چرخ . صقر . چاقر . شاهین *faucon.* | Falke, Edelfalke.

t چرغید ČYRGYD. Sbst. Tahrif v. [illegible] *action de tordre* | fest drehen (einen Strick u. dgl.) [illegible] LL. s. v. [illegible]

t o چرغلانلق ČYRGALANLY. SL. [illegible] N. pr. Name eines Vergnügungsortes oder einer Promenade in Herat.

t o چرغمق ČYRGAMAK u. [illegible] Vb. intr. SL. عیش و نشاط کردن *s'adon-*

ner aux plaisirs, s'amuser. | sich belustigen, sich die Zeit vertreiben.

p چرغان ČERGĀN. Sbst. طغرای، نشان پادشاه chiffre du souverain. | Namenszug des Herrschers.

to چرغیشی ČYRGATMYŠY. Sbst. عیش و عشرت SL. plaisir, divertissement. | Vergnügen, Belustigung.

جرف ĞERF. Sbst. action d'enlever, d'emporter tout (en balayant) | das Wegreissen, Wegfegen.

جرف ĞURF. Sbst. berge, bord rongé par l'eau. | hoher, überhängender Uferrand.

t چرق ČYRYK. Sbst. pièce de 3 kreutzer de convention. | Dreikreuzer. Hindoglu.

p چرم s. چرق

t چرخه ČARKA auch چسارقه u. چرخه Sbst. in Zusammensetzung: چرخه جنکی ČARKA-ĞENGI. escarmouche; course, incursion. | Scharmützel, Streifzug.

t چرخه‌جی ČARKAĞY auch چرقه‌جی، چرخه‌جی، چارقه‌جی escarmoucheur, vedette, soldat de l'avant-garde. | Scharmützler, Soldat des Vordertreffens, Vortrupp (gewöhnlich im Plural). چرخه جیلر غوغاسی escarmouche. | Scharmützel. — Rel. abstr. چرخه جیلك u. چرخه جیلق escarmouche. | Scharmützel. — ... ETMEK escarmoucher, conduire l'avant-garde, battre l'estrade. | scharmützeln, den Vortrupp führen, einen Streifzug machen.

t چرقالشمق ČARKALAŠMAK. Vb. recipr., — چسرقه جیلق ایتمك escarmoucher, etc. | scharmützeln u. s. w.

چرم s. v. چرکلو u. چرکلو

t چرك ČÜRÜK. LT. پوسیده pourri. | verfault, faul. s. چوروك

to چرك ČIRIK. s. چیرك

p t چرك ČIRK oder چرك Sbst. saleté crasse, ordure, pus, matière. | dicke Unreinigkeit, Schmutz, Unflath, Jauche, Materie aus einer eiternden Wunde, Tabaksaft in der Pfeife u. dgl. قولاق چرکی crasse d'oreilles. | Ohrenschmalz. چرك آلود sale. | schmutzig, verunreinigt. — Rel. concr. چرکلو ČIRKLÜ.

p چرکاب ČIRK-ĀB. Sbst. eau sale, amas d'ordures, lavure. | Schmutzwasser, Schmutz, Unflath, zum Waschen gebrauchtes Wasser. — 2. ČIRGEF. Abzucht, Gosse (Redh. a sink, a drain).

to چرکین LT. جوان علم‌دان wissbegieriger, Kenntniss oder Unterricht annehmender Jüngling.

to چرکداش SL. صاحب خیمه و خرکاه compagnon de tente. | Zeltgenosse, vgl. چرك

to چرکینده SL. هم مسلك و هم‌قطار faisant partie de la même file. | zu einer und derselben Reihe gehörig.

p چرگاه ČERGĀH. s. چرکه

p t چرکس ČERKES. Sbst. circassien. | Tscherkesse. — Rel. abstr. چرکسلك ČERKESLIK. Circassie. | Tscherkessien.

t چرکسلك ČERKESLIK oder چرکلك ČERKELIK. Sbst. économie, frugalité, parcimonie. | Sparsamkeit.

to چرکسی Sbst. SL. نوعی از خفتان و پیکان مخروطی 1. sorte de vêtement. | eine Art Rock. — 2. bout conique de flèche. | konische Pfeilspitze.

t چرکلمك ČIRKLEMEK. Vb. act. salir, souiller. | beschmutzen. — Deriv. چرکلنمك ČIRKLENMEK. Vb. refl. pass. se salir, être sali. | sich beschmutzen, schmutzig werden oder sein. — vgl. چرکنمك

to چرکمك LT. فکر کردن penser, réfléchir, méditer. | denken, nachdenken.

p t چرکین ČIRKIN u. چرکین ČARKIN oder چیرکین ČIRKIN. Adj. u. Sbst. sale, malpropre, difforme, laid; chose sale, malpropre, laide. | schmutzig, hässlich; etwas unreines hässliches, ekelhaftes, z. B. eine eiternde Wunde. — Rel. abstr. چرکینلك ČIRKINLIK oder چرکینلك vilenie, saleté, laideur, difformité; qualité qui inspire de l'aversion, de la répugnance. | Unflath, Schmutz, Hässlichkeit; Widerlichkeit, Ekelhaftigkeit, = کراهت

t چرکینسمك ČIRKINSIMEK. Vb. intr., — استقباح، چرکین صایمق trouver laid, abhorrer, détester. | hässlich oder schlecht finden, verabscheuen.

t چرکینلمك ČIRKINLEMEK oder چرکینمك Vb. act. rendre laid. | hässlich machen. — Deriv. I. چرکینلتمك ČIRKINLETMEK. — Vb. caus., — چرکنمك — II. چرکینلنمك ČIRKINLENMEK. Vb. pass. refl. devenir laid. | hässlich werden.

p چرکه ĞERGEH oder چرگاه ČERGĀH. Sbst. حلقه cercle (formé d'hommes ou de bêtes), cercle que forment les chasseurs pour rabattre le gibier. | von Menschen oder Thieren gebildeter Ring oder Kreis (beim Lagern); Kreis den die Jäger bilden (beim Treibjagen); Abuška. Schar, Pracht, Gepränge.

t چرکه ČERGE. Sbst. a قسره LL. petite tente. | kleines Zelt. vgl. چرك

t چرکه‌لنمك ČERGELENMEK. Vb. refl. camper, dresser le camp. | sich lagern (im Kreise), das Lager aufschlagen. BK. s. v. چیر

t چرلاق ČYRLAK, auch چرلق u. چرلق oder چرلیجق vollständiger: چرلاق بوجکی Sbst., = چرچر SL. چیرلاق grillon. | Heimchen, Grille. vgl. چیرچیر

t چرلدامق ČYRYLDAMAK. Vb. intr. couler à grand bruit (une cascade). | rauschen (von fliessendem Wasser; stärker als چاغلامق).

to چرمق LT. طالب کردن demander. | fragen, verlangen.

to چرمق LT. چاغلامق s. منادی کردن

to چرمق LT. پیچیدن courber, tordre. | drehen, krümmen. vgl. چیرمق

t چرلامق ČYRLAMAK. Vb. intr., = چیرلنمك gringotter, fredonner; crier; petiller sur le feu. | zwitschern, zirpen (Vögel, das Heimchen u. s. w.), knistern (Speisen über dem Feuer), schreien, rufen. Abulg. 120.

to چرلیق ČYRLYK. s. چرلاق

a جرم ĞERM. Sbst. قطع، کسمك، قرقمق، کناه ایشلمك 1. action de couper, de retrancher, de tondre. | das Schneiden, Abschneiden, Abscheeren. — 2. action de commettre un crime | Begehen eines Verbrechens, einer Sünde, vgl. das Figde.

a جرم ĞURM. Sbst. صوچ، قباحت، کناه crime, délit, péché, faute. | Verbrechen, Vergehen, Sünde, Schuld. — بنم جرمم نه‌در was bin ich Schuld daran? جرمسز ĞURMSIZ. sans faute, innocent. | ohne Schuld, unschuldig. — Rel. concret. جرملو ĞURMLÜ, coupable. | schuldig.

a جرم ĞEREM oder ĞERAM, in Zusammensetzung mit لا. — لاجرم LĀ-ĞEREM, sans doute, certainement, ainsi, par conséquent. | sicher, ohne Zweifel; allerdings, also, folglich.

a جرم ĞIRM. Sbst. جسم، وجود، جسد corps, substance; corps céleste. | Körper, Substanz, etwas Festes; Himmelskörper. جرم ثقیل un corps solide. | ein fester Körper. جرم مایع un fluide. | ein flüssiger Körper. جرم ماهتاب le disque de la lune. | die Mondscheibe, Vollmond. — Pl. اجرام EĞRĀM. les corps célestes. | die Himmelskörper.

t چرم ČYRM. Sbst. SL. برومی شراره آتش étincelle. | Feuerfunke.

p چرم ČERM. Sbst. مشین، دری peau tannée, cuir. | Haut, Leder. چرم دان Č.-DĀN. sac de cuir, portefeuille du courrier. | Ledersack, Beutel, Felleisen. چرم شیر Č.-ŠĪR. fouet. | Peitsche. چرمکر Č.-GER. tanneur. | Gerber.

to چرمامق ČYRMAMAK. SL. s. چرمق LT. Vb. act. پیچیدن tordre, fléchir, courber. | drehen, krümmen, biegen. — Deriv. 1. چرمالشمق ČYRMALAŠMAK. Vb. recipr. se courber. | sich krümmen. — Imperat. چرماش SL. بیچ و خم biege dich, bücke dich. — II. چرمالمق ČYRMALMAK. Vb. pass. u. — III. چرمنمق ČYRMANMAK u. چرمانمق Vb. refl. پیچیده شدن être courbé, se courber. | gebogen werden oder sein, sich biegen. — IV. چرماتمق ČYRMATMAK. Vb. caus. — V. چرمشدرمق ČYRMAŠTYRMAK Vb. recipr. caus. faire se courber. | biegen lassen, beugen.

a p جرمانه ĞURMĀNE. Sbst. = جریمه peine, punition. | Strafe. Q. poena, mulcta. جریمه سیمه کورا جرمانه آلسلار Ali Schir.

to چرمق u. چرمق LT. پوسیدن s. چورومك u. پژمرده شدن

a p جرمناك ĞURMNĀK. Adj. قباحتلو، صوچلو coupable, accusé. | schuldig, beschuldigt. — Rel. abstr. جرمناکی ĞURM-NĀKĪ u. جرمناکلق ĞURM-NĀKLYK. état d'une personne accusée et coupable. | Schuld.

t جرموق ĠARMUK. Sbst. مست اوزره p. سرموزه — t. پانتوفله pantoufle, bottine. | Pantoffel, Ueberschuh. — Kam. s. v. سرموزه BK. s. v. الموزج

p جرمه ČERME u. جرمه Sbst. آت، تموری قیرآت. بیاض قیرآت cheval, cheval rouan. | Pferd, spec. Schimmel, Rothschimmel.

p جرمینه ČERMINE. Sbst. گوسله vgl. جرمینه دوز چرم cordouan. | feines Leder. جرمینه دوز cordonnier. | Schuhmacher.

p چرند ČEREND. Sbst. — چراگاه pâturage. | Weide.

p t چرنده ČERENDE. Sbst. animal au pâturage. | weidendes, grasendes Thier.

t چرنق ČYRNAK. Sbst. — طرنق griffe. | Klaue, Kralle.

t چرنیق ČYRNYK. s. چرنیق.

p چرنگ ČERENG, u. چرنگ ČIRENK. Sbst. son (des cloches, etc.); écho; bruit; nouvelle. | Schall, Widerhall, Lärm, Neuigkeit.

p چرنگیدن ČERENGÎDEN, ČIRENKÎDEN. Vb. intr. produire un son, retentir. | klingen, ertönen.

t چرنیق ČYRNYK u. ČARNYK u. چرنق Sbst. p. سنبك، قایق petit bâteau, nacelle. | Kahn, Nachen. — Kam. s. v. آسنبوق.

t جروف ĠURÛF. Sbst. scorie. | Schlacken von Metall. (Redhouse).

t چروك ČÜRÜK. s. چوروك.

p چروك ČARÜK u. ČARWAK. Sbst. اتمك pain. | Brod; insbes. Brod, welches man auf der Reise mit sich führt oder in die Suppe brockt. BK.

p چرویدن ČEREWÎDEN. Vb. act. t. چاره قوشمق، سگرتمك. عون و مدد استمك، آرامق chercher un remède; chercher ou attendre ou espérer du secours; courir. | Abhülfe oder Hülfe suchen, erwarten oder hoffen; laufen. BK.

t چروییش ČÜRÜJIŠ. Sbst. Abstr. v. چوریمك putréfaction. | das Faulen.

p چرویش ČERWÎŠ. Adj. u. Sbst., — چربش gras, graisse; obésité. | fett, fettig, ölig; Fettigkeit, Fett [vgl. یاغلق].

p t جره ĠÜRRE. Sbst. vgl. t جره ĠUR. 1. طوغان ارککی faucon. | Falke (männl. Geschlechtes). — 2. سهم، تیر، اوق flèche. | Pfeil. — 3. Adj. agile, prompt. | schnell. جره باز ĠÜRRE-BÂZ. faucon blanc; prompt, agile. | der weisse Falke; schnell.

p t جره خوار ĠERR-ḪOR oder جره خور Sbst. sujet, paysan, ouvrier tenu de travailler aux réparations de la forteresse la plus voisine, mais exempt, pour cela, de toute autre charge publique (Bianchi). | zum Festungsbau oder Schanzarbeit verpflichteter Frohnbauer. — Rel. abstr. جره خورلق ĠERR-ḪORLYK. l'obligation ou le travail imposé au ĠERR-ḪOR. | Frohndienst zu Festungsbau.

t چری ČERI. [verkürzt aus چریك] Sbst. عسکر milice; soldat. | Miliz, Soldat. ینگی چری JEÑI-ČERI. nouvelle milice, janissaire. | neue Miliz; Janitschar. چری باشی capitaine; intendant des bohémiens ou égyptiens; choucas. | Hauptmann; Oberhaupt der Zigeuner; die Dohle [الاقرغه].

a جری ĠERÎ. Adj. courageux, hardi. | muthig, tapfer, kühn. جری الجنان ĠERÎ-UL-ĠENÂN. sehr tapfer.

a جریان ĠEREJÂN. [اجری .1] Sbst. action de couler. | das Fliessen. — ETMEK. couler, provenir, arriver, avoir lieu, se passer; avoir cours, s'exécuter, être en exécution (p. ex. un ordre). | fliessen, hervorkommen, im Gange oder im Umlauf sein; stattfinden, sich ereignen, vorgehen; in Ausführung sein oder ausgeführt, befolgt werden. قضا جریانی ein Befehl der eben so zur Ausführung gebracht wird wie das unabänderliche Schicksal.

a جریب ĠERÎB. Sbst. Pl. اجربه EĠRIBE. جربان ĠURBÂN u. جرائب ĠERÂ'IB. champ cultivé, arpent (mesure de superficie). | bebautes Feld, ein Flächenmaass, etwa ein Acker Landes, oder Morgen Landes. SL. [جریب — مساحت و شصت ذراع در شصت ذراع 60 aunes carrées. | 60 Ellen in's Quadrat.

a جریت ĠÜR'ET. s. جرأت.

a جریث ĠIRRÎS. Sbst. مارماهی، یلان بالغی anguille. | Aal.

a جریح ĠERÎḤ. [Rad. جرح] Sbst. — زخمدار اولان. مجروح blessé. | verwundet.

a جرید ĠERÎD. vulg. جرد ĠIRID auch جلد ĠILID. Sbst. branche de palmier dépouillée de ses feuilles; bâton dont on se sert comme de javelot dans un certain jeu gymnastique à cheval. | Palmenstock, Stock den man beim Dscherîdspiel (einem gymnastischen Spiel zu Pferde) auf den Gegner schleudert, der ihn auffängt und wieder zurückschleudert. جرید اوینامق oder جرید اوینامق Dscherîd spielen.

p چریدن ČERÎDEN. Vb. intr. اوتلامق paître. | weiden.

a جریده ĠERÎDE. Sbst. دفتر. کتاب [Nomen unit. v. جرید] rouleau sur lequel on écrit, livre de recette et de dépense, registre ou table d'un livre. | Rolle auf die man schreibt, Buch der Einnahmen und Ausgaben; Buch (der Kaufleute); Register oder Inhaltsverzeichniss eines Buches. — Pl. جرائد ĠERÂID.

t جریدجی ĠERÎDĠI. Sbst. qui fait des javelots; qui lance ou sait bien lancer le javelot. | Dscherîdverfertiger; Dscherîdwerfer.

a جریره ĠERÎRET. [Rad. جر] Sbst. ذنب. قباحت. تقصیر péché, faute, crime, délit, perfidie. | Sünde, Fehler, Verbrechen, Vergehen, Treulosigkeit. — Pl. جرائر ĠERÂIR.

t چریش s. چیریش.

t چریق ČARYK. s. چارق.

t چریك Adj. creux. | hohl. چریك اغاج ein hohler Baum. Abulg. S. 12.

t p چریك ČERIK oder چرك und چریك Sbst. a. عسکر p. لشکر armée, troupe, troupe auxiliaire. | Heer, Truppe, Hülfsheer. — Rel. abstr. چریکلك — سپاهیگری

t p چریکچی ČERIKČI. Sbst. لشکری soldat. | Soldat.

t چریکلمك ČERIKLEMEK. Vb. act. SL. لشکرکشی کردن commander une armée. | ein Heer führen.

t p چریکلیق LT. خوب رو و خوش شکل beau. | schön.

a جریم ĠERÎM u. جریمه ĠERÎME. Sbst. 1. — جرم crime. | Verbrechen. جریمه تصلحی — قباحتلو criminel. | Verbrecher. — 2. peine, châtiment; amende. | Strafe, Züchtigung; Geldstrafe, Strafgeld.

t جریمه‌لمك ĠERIMELEMEK. Vb. act. faire payer une amende. | einem eine Geldstrafe bezahlen lassen.

t p جزّ Sbst. LT. کباب rôti | Braten.

t p جزّ Sbst. 1. LT. بریان بریدن گردن. 2. SL. ابزار epices, assaisonnement. | Würze u. s. w. die man zu den Speisen thut. — 2. SL. بشقه آبی جدانی که از ریختن و چکیدن روغن از کباب بتابه بر خیزد Pfanne zum Untersetzen um das aus dem Braten träufelnde Fett aufzufangen.

p جز ĠÜZ. Sbst. u. Adv. a. غیر différence; excepté, hormis, entre. | Unterschied; ausgenommen, ausser. vgl. die pers. Gramm.

a جزء ĠÜZ auch جزو u. جزو [Rad. جزأ] Sbst. — Pl. اجزاء EĠZÂ. partie, portion, parcelle, membre d'un corps, quelque chose; section du Coran; volume, tome d'un livre; cahier (de 20 pages d'un manuscrit, ou une feuille d'un livre imprimé). petit livre, abécédaire. | Theil, Etwas von einer Sache, Band oder Abtheilung eines Buches, eine von den dreissig Abtheilungen des Koran, Heft oder Lage (Papierlage gewöhnlich von 10 Blättern oder 20 Seiten in einem Manuscript, oder ein Bogen in einem gedruckten Buche); kleines Buch, Fibel. — Metr. pied d'un vers. | Versfuss. ذکر جزو واراده کل Nennung des Theiles für das Ganze. جزء لا یتجزا ein Theil der nicht mehr getheilt werden kann, untheilbare Grösse, einfache Substanz.

p جز ČEZ. Sbst. حمدونه، میمون singe. | Affe. BK.

p جز ČIZ, — جز از.

t p جز ČYZ. Sbst. 1. بوجکی چیرجیر grillon. | Heimchen. — 2. آری قوشی oiseau qui mange les abeilles. | ein Vogel der die Bienen frisst (Merops apiaster).

a جزا ĠEZÂ. Sbst. rétribution, récompense, châtiment mérité. | Vergeltung, Lohn, verdiente Strafe. جزا ویرمك récompenser. | vergelten (mit dem Dativ). جزاسین ویرمك einen strafen wie er es verdient. الله جزاسنی ویرسون Gott strafe Dich! جزاسن بولمق seine Strafe finden, gestraft werden. — جزالنمق — سیئاته جزا حسنات جزا الماز Böses wird nicht mit Gutem vergolten. جزاء الشرط Nachsatz eines conditionalen oder hypothetischen Satzes.

a جزار ǴEZZÂR. Sbst. قصاب . دوه قصابی *boucher.* | Kameelschlächter, Schlächter überhaupt.

a جزالت ǴEZÂLET. [Rad. جزل] Sbst. عقللو و خوب رای . بيوك و عظيم اولق و نيك انديشلى اولق *grandeur; esprit, éloquence, sagacité, pénétration.* | Grösse, Grossartigkeit; Reichlichkeit; Geistesreichthum; Fülle der Gedanken und des Ausdrucks (dictio copiosa); Geist, Scharfsinnigkeit, guten Rath wissen.

a t جزالنمق ǴEZALANMAK u. جزالنمك Vb. refl. — جزا بولمق *être récompensé, être puni.* | seinen Lohn erhalten, bestraft werden. — Deriv. جزالندرمق ǴEZALANDYRMAK. Vb. caus. *faire récompenser ou punir q. qn.* | belohnen oder bestrafen lassen.

a جزائر ǴEZÂIR. Sbst. Pl. v. جزيره; als Nom. propr. Algier. — Rel. concr. جزائرلو ǴEZÂÏRLY. *algérien, d'Alger.* | aus Algier.

a جزائل ǴEZÂIL. Adj. Pl. v. جزيل

a p جزبند ǴUZ-BAND, — جزدان

a p جزخوان ǴUZ-ḪAN. Sbst. *qui lit l'abécédaire, qui commence à apprendre à lire.* | Fibel-Leser, der anfängt lesen zu lernen. vgl. جزو

a p جزدان ǴUZ-DÂN vulg. ǴUDAN. Sbst. — جزبند *portefeuille (pour y mettre les cahiers ou feuilles d'un livre non relié).* | Mappe oder Kapsel in welche man die einzelnen Hefte oder Bogen eines ungebundenen Buches legt.

a جزر ǴEZR, auch جذر Sbst. *marée descendante, reflux de la mer.* | die Ebbe. جزر و مد ǴEZR U MEDD. Ebbe und Fluth.

a جزع ǴEZA'. Sbst. جزع . صبرسزلق . دلتنکلك *action de s'impatienter; impatience, plainte, pleurs, cris de détresse.* | Ungeduld, Klage, Weinen, Klageruf.

a جزع ǴEZ' und ǴIZ'. Sbst. *perle fausse, perle de Venise.* | Glasperle, und — عين الهر *onyx, œil de chat (pierre précieuse).* | Onyx, Katzenauge (Edelstein).

t o جزغ ǴYZYḠ. Sbst. LT. خط *ligne, trait.* | Linie, Strich. vgl. d. Figude.

t جزق ǴYZYK. Sbst. *trait.* | Strich. جزق مزق ǴYZYK-MYZYK. *griffonnage.* | Gekritzel. جزق مزق ايلمك *griffonner.* | kritzeln. (Hindoglu).

t جزكلنمك ǴIZGILNMEK. Vb. intr. *se mouvoir en lignes, en traits.* | sich strichförmig bewegen. ترسنه لك جوزسنى جزكلنمك [جوزسنده] *voler autour.* | herumfliegen. Kam. s. v. الطور u. الحوران

t جزكى ǴIZGI, auch جزكى u. جزكى Sbst. *a* خط *ligne, trait, raie.* | Linie, Strich, Streifen, Linie oder Zug im Handteller, an der Stirn u. s. w. طوغرى جزكى *ligne droite.* | gerade Linie. جزكى چكجك پركال *compas, tire-ligne.* | Zirkel, Reissfeder.

t جزكى ǴEZGI. Sbst. *chaîne (d'un tissu).* | Werfte (eines Gewebes) oder Kette.

t جزلامق ǴYZLAMAK u. جزلمق Vb. intr. — جزيلداشمق *chanter comme le grillon, grésillonner.* | zirpen, wie das Heimchen. vgl. جز

t o جزغوج ǴYZYLGUǴ. Sbst. LT. سرطان *écrevisse.* | Krebs.

t جزلمك ǴIZILMEK und جزلمق s. جزمك Deriv.

a جزم ǴEZM. Sbst. كسمك . قطع ايلمك *action de couper, de décider; coupure, amputation; conclusion, résolution, détermination.* | das Abschneiden; Entscheiden. — Gramm. das Zeichen der Vocallosigkeit oder des Schlusses der Silbe. Term. techn. *décision apodictique.* | apodiktisches Urtheil, apodiktische Behauptung; apodiktische Gewissheit. — ETMEK. — *p* جزمى كردن *couper; décider, prendre une résolution, se déterminer.* | abschneiden; entscheiden, beschliessen, sich entscheiden, schliessen, folgern. جزم و تصميم ايلمك einen Bescheid geben. — Adv. جزما ǴEZMEN. *explicitement, résolument, d'une manière apodictique.* | ausdrücklich, mit apodiktischer Bestimmtheit.

t جزم ǴIZIM. Sbst. دلم *tranche.* | Schnitt in die Länge, Ausschnitt, Stück, Streifen. جزم جزم كسمك *couper en tranches.* | in Stücken zerschneiden.

t جزمك ǴIZMEK, auch جزمك u. جزمك Vb. act. Aor. جزر ǴIZER. *tracer des lignes, des sillons, etc., marquer avec des lignes; tracer, dessiner; effacer, barrer.* | Linien oder Striche machen, Furchen, Streifen u. s. w. ziehen, Striche einritzen; zeichnen, durchstreichen (Geschriebenes). يازدى جزدى er schrieb und strich wieder aus. — Deriv. جزلمك ǴIZILMEK u. جزلمق Vb. pass. refl. *être rayé, se fendre.* | gestreift sein; Ritzen oder Risse bekommen. — vgl. جزى

t جزمه ǴIZME u. چزمه Sbst. *botte, bottine.* | Stiefel. جزمه ايله تنوره كيرمك der mit Stiefeln in den Tannur tritt, d. i. ein Tölpel.

a جزو ǴÜZW oder جزو s. جزء

a جزوع ǴEZÛ'. [Rad. جزع] Adj. und Sbst. صبرسز اولان *impatient.* | ungeduldig.

t جزوه ǴEZWE. Sbst. *petite cafetière.* | kleine Kaffeekanne.

a جزوى ǴÜZWI oder جزئى ǴÜZI. Adj. *partiel; petit, peu considérable, de peu d'importance.* | partiell, sich nur auf einen Theil beziehend; klein, unbedeutend, unwichtig. كلى و جزئى *en gros et en détail, généralement, totalement.* | im Ganzen und im Einzelnen, im Allgemeinen. اختيار جزئى *le libre arbitre des hommes, en tant qu'il n'est pas général aux autres.* | der beschränkte menschliche freie Wille. جزئى لنعمانى ... das an und für sich selbst Unbedeutende. ... جزئى الاضافى das im Verhältniss zu einem andern, relativ Unbedeutende. — Fem. جزئيه ǴUZ'IJE. — ارادۀ جزئيه der sich nur auf einen Theil der menschlichen Handlungen beziehende menschliche Wille [im Gegensatze zu ارادۀ كليه der absolute Wille Gottes]. — Pl. جزئيات ǴUZIÂT oder جزئيات *choses partielles; spécialités, sciences spéciales; petites choses, minuties, bagatelles.* | theilweise Dinge, Theile, Specialitäten, specielle Wissenschaften; Kleinigkeiten.

a t جزوجه ǴÜZWIǴE oder جزئجه ǴÜZIǴE. Adv. *en petite partie, un petit peu, tant soit peu.* | zu kleinem Theile, ein klein wenig, noch so wenig.

a جزى ǴÜZI. Sbst. vgl. جزء *particule, peu* | Theilchen, ein wenig. — جزئجه ǴÜZIǴE, — جزوجه

t جزى ǴIZI oder چيزى Sbst. *ligne, sillon, rigole.* | Linie, Furche, kleiner Graben. جزى جزمك *tracer, tirer une ligne, etc.* | eine Linie u. s. w. ziehen.

t جزى ǴEZI. Sbst. *chaîne (des tissus).* | Werfte des Gewebes. Hindoglu.

a جزيه ǴIZJET. Sbst. خراج . ويركو *capitation, tribut (des sujets non musulmans).* | Kopfsteuer, Schutzsteuer der nicht muhammedanischen Unterthanen; auch Zoll für eingehende Waaren. جزيه دار Ǵ. DÂR. *percepteur du Ǵ.* | Einnehmer der Ǵ. — جزيه دار قوناغى Ǵ.-DÂR KONAǴY. Zollhaus. جزيه كذار Ǵ.-GÜZÂR. *qui est obligé de payer le Ǵ.; tributaire.* | steuerpflichtig. — Pl. جزا oder جزى ǴIZÂ.

a t جزئجه ǴÜZIǴE s. جزى

a جزيره ǴEZIRET. Sbst. اطه *île, presqu'île.* | Insel, Halbinsel, als Nom. propr. Mesopotamien. — Pl. جزائر ǴEZÂIR.

a جزيل ǴEZIL. [Rad. جزل] Adj. *grand, abondant, beaucoup.* | gross, viel, reichlich.

p جس Rad. v. جستن

t o جس LT. خروس s. جاج

a جسارة ǴESÂRET. [جسر I.] Sbst. *action d'oser; audace, hardiesse, courage, bravoure.* | das Wagen; Kühnheit, Beherztheit, Muth, Tapferkeit, Furchtlosigkeit. جسارتله ǴESÂRETILE. *audacieusement.* | kühn, furchtlos. — ETMEK. *oser.* | wagen, den Muth zu einer Sache haben, kühn angreifen. — Rel. concr. جسارتلو ǴESÂRETLÜ. *audacieux.* | furchtlos.

t جسار ǴASAR s. جاسار

a جسام ǴISÂM, Adj. u. Sbst. Pl. v. جسيم

a جسامت ǴESÂMET. [جسم I.] Sbst. بيوكلك *état d'être gros, corpulent; corpulence; importance d'une affaire.* | gross und dick sein, Beleibtheit, Grösse des Körpers, des Umfangs; Grösse oder Wichtigkeit eines Geschäfts.

p جسپان ǴESPÂN u. جسپان ǴESPÎN. Adj. vgl. جسپيدن *qui s'attache, visqueux; qui s'adapte, convenable.* | anhaftend, anklebend, klebrig; sich anpassend, passend, geziemend, schicklich. بر آدمى بر نسنه لايق و جسپان ايلمك einen zu einer Sache geschickt oder für eine Sache passend oder würdig machen. — Rel. abstr. جسپانى ǴESPÂNI. *cohésion.* | das Festhalten, Zusammenhangen.

p جسپاندن ǴESPÂNDEN, Vb. caus. v. جسپيدن

p چسپیدن ČASPIDEN. Vb. intr., — چسپیدن *se coller, s'attacher; convenir, incliner, être disposé à . . .* | sich anfügen, an einer Sache fest halten, ankleben; zu etwas passen; Neigung, Lust haben zu.

p چست ČUST. Adj. چالاك . چستیك *prompt, agile.* | schnell, flink, beweglich. — Rel. abstr. چستلك ČUSTLIK und چستی ČUSTI. *agilité, promptitude, vélocité, vitesse, hâte.* | Schnelligkeit, Beweglichkeit, Eile, Eilfertigkeit. — Rel. concr. چستلو ČUSTLU, = چست

p جستان ǴESTĀN. Adj. u. Sbst [Partic. v. جستن] *qui saute, sautant.* springend.

p چستان ČIST-ĀN. Sbst. *énigme.* | Räthsel (eigentl. was ist das?).

p جستن ǴESTEN. [Rad. جه] Vb. intr. صچرامق . قورتلمق *sauter, courir vite, s'évader, fuir, se sauver, se délivrer; palpiter.* | springen, schnell laufen, fliehen, entfliehen; sich bewegen, zittern. جستن دل Herzklopfen. جستن از بیرون *singultus.* جستن کلو herausspringen, entkommen. vgl. برجستن. —

p جستن ǴUSTEN [Rad. جو u. جوی] آرامق . آراشدرمق . تلاجسس اتمك *chercher, rechercher avec soin, s'informer.* | suchen, nachforschen, sich erkundigen. جست وجو ǴUST U ǴŪ, auch جستجوی . جستجو . جتسوجو *recherche.* | Nachforschung, Erkundigung.

p جسته ǴESTE Sbst. الاهم . صچرایش . *saut, pas, degré* | Sprung, Schritt, Stufe, Grad. جسته جسته Schritt für Schritt, nach und nach, in einzelnen Raten, — آزر آزر . درجه درجه Kam. s. v. التفجیم . التجوم

p چسته ČESTE. Sbst. نغمه و آهنك *voix suave, harmonie.* | angenehme Stimme, Harmonie. — 2 = پوست كفل . سغری *sorte de cuir.* | eine Art Leder.

p چستی s. چست

a جسد ǴESED. Sbst. وجود . بدن . تن *corps (d'homme ou d'animal); substance corporelle.* Körper; Leib. — Pl. اجساد EǴSĀD. — Rel. concr. جسدلو ǴESEDLŪ. *ayant un corps, corporel.* | mit Körper begabt, körperlich, leiblich.

a جسدی ǴESEDĪ. Adj. *corporel.* | körperlich, leiblich.

a جسر ǴISR. Sbst. *pont, digue pour retenir l'eau, haute-chaussée.* | Brücke, Damm zum Abhalten des Wassers, Hochweg oder Dammweg (durch einen Sumpf), Viadukt. — Plur. جسور ǴUSŪR.

a جسم ǴISM. Sbst. جسد . وجود . تن *corps (en général, en chimie, en physique et en géométrie); substance.* | Körper im Allgemeinen, in Bezug auf Gestalt und Grösse, mathematischer Körper, chemische Substanz. — Pl. جسوم ǴUSŪM und اجسام EǴSĀM. — الجسم التعلیمی *corps aux trois dimensions.* | der mathematische Körper (nach Höhe, Breite und Länge betrachtet); stereometrische Figur (zur Erläuterung beim Unterrichte). برکیمسه ایله جسم و جان اولمق mit einem Herz und eine Seele sein. معلوم الاسم معدوم الجسم was nur dem Namen nach existirt, ohne körperliche Existenz, ein Gedachtes, Vorstellung.

a جسما ǴISMEN. Adv. جسمنه نظراً *matériellement.* | materiell, in Bezug auf den Körper.

a جسمانی ǴISMĀNĪ. Adj. مادّی *de corps; corporel, matériel.* | von Körper; körperlich, materiell. — Gegentheil v. روحانی

a جسمانیة ǴISMĀNIJET. Sbst. مادّیة . جسم اولمق *matérialité.* | Körperlichkeit.

t چسمك ČISMEK und جسمك ǴISMEK. Vb. intr. *bruiner.* | gelinde regnen, nieseln.

t چسنتی ČISINTI, auch چسندی und جسنتی Sbst. *bruine.* | gelinder Regen, Staubregen. vgl. چسمك u. چسی

a جسور ǴASŪR. [Rad. جسر] Adj. یوركلو . جسارتلو *hardi, courageux, brave et vaillant, audacieux.* | beherzt, muthig, tapfer, kühn, verwegen.

a جسور ǴUSŪR. Sbst. Pl. v. جسر

p جسور ǴESWER. Sbst. und Adj. طوغری و شموار اولان اغاج و هرنکه اغاج کبی طوغری اولا *bâton droit, tout ce qui est droit comme un bâton.* | gerader Stecken, alles was gerade ist, wie ein Stecken.

t چسی ČIST. Sbst., = چسنتی *bruine.* Staubregen. Sudi comment. in Gulist. ed Constantinop. Pag. 207. lin. 9.

a جسیم ǴESĪM. Adj. اولو . بیوك *grand, gros, volumineux, corpulent, important.* gross, sehr gross, wohlbeleibt, corpulent, gewichtig, wichtig.

جش ǴAŠ. Sbst. کوز بوجغی *sorte d'amulette contre le mauvais œil* | kleines Glastäfelchen von der Farbe des Türkis, dessen man sich zur Abwehr des bösen Blicks als Amulet bedient, oder auch als Siegelringstein dem Türkis substituirt.

t o چش ČAŠ. s. چاچ

p چش ČAŠ [Rad. v. چشیدن]

t چشانك ČAŠANK. Sbst. *arme à feu, arquebuse.* | ein Schiessgewehr, Büchse oder dergleichen zum Scheibenschiessen. (?)

p چشانیدن ČAŠĀNIDEN. Vb. caus. v. چشیدن *faire goûter; boire à la santé.* | kosten lassen; auf Jemandes Wohl trinken.

p چشش ČAŠIŠ. Sbst. *action de goûter; goût.* | Kosten, Geschmack.

p چشم ČEŠM. Sbst. *a* عین . کوز *œil.* | Auge. چشم زخمی Č. ZAHMI. *influence du mauvais œil; malheur.* schädliche Einwirkung des bösen Blickes; Unglück. چشم خانه Č.-HĀNE. *orbite de l'œil.* Augenhöhle. مردم چشم MERDUM-I Č. *prunelle, pupille.* | Augapfel, Augenstern. چشم داشتن Č. DĀŠTEN. *attendre, espérer.* | erwarten, hoffen. چشم کشته Č.-GEŠTE. *louche.* | schielängig. چشم زن Č.-ZEN s. چشمیزك

p چشمك ČEŠMEK. Sbst. 1. Demin. des Vhgdn. *œillade; lunettes.* | Augenwink, verstohlener Blick; Brille. — 2., = چشمیزك

p چشمه ČEŠME Sbst. عین . بیکار *source, fontaine; trou d'une aiguille.* | Quelle, Brunnen (mit Röhrbahn u. s. w.), Brunnenhaus; Nadelöhr. چشمه لولهسی Č. LULESI. *robinet d'une fontaine.* | Röhre an einem Wasserbehälter, Hahn. چشمه سار Č. SĀR. Ort wo es viele Brunnen giebt. چشمه تیغ — آب تیغ Glanz des Schwertes. چشمه زن s. d. Folgde.

p چشمیزك ČEŠMIZEK, auch چشمزن ČEŠM-ZEN, چشم زن ČEŠMI-ZEN, چشمك ČEŠMEK, چشم ČEŠUM u. چشمین ČEŠMIN. Sbst. *a* جسمیزج *les pépins d'un fruit,* (Hindoglu ČEŠMIZEN: *semence de l'épine noire*). | Körner einer Frucht [des بقم nach andern des اولو دکن] die bei Augenkrankheiten als Heilmittel gebraucht werden.

p جشن ǴAŠN. Sbst. *repas, festin, noces.* | Gelage, Schmaus, Hochzeitsschmaus.

p چشنه ČAŠNE, Sbst. Sl. طعمه , طعم انداق *mets (pour goûter).* | Speise, Gericht (zum Kosten).

t چشنه ČAŠNE. Sbst. Sl. طنبور بسوره [vielleicht zu lesen طنبور]

p چشنده ČAŠENDE. Adj. u. Sbst. طادیجی *qui goûte; dégustateur.* | kostend; Koster. vgl. چشنه کیر

p چشنی ČAŠNI. s. چاشنی

t چشیت ČAŠIT oder چشید Sbst. موسطره . اورنك . بنیت . نوع . کونه *manière, façon, genre, espèce; échantillon.* | Art, Sorte; Muster, Probestück. — Kam. s. v. المثب . اللون . النموذج

p چشیدن ČAŠIDEN. Vb. act. طاتمق . *goûter.* | kosten. Partic. چشیده ČAŠIDE. طاتلمش اولان u. طاتمش اولان *qui a goûté; ce qui a été goûté.* | kostend, gekostet, gekostet habend.

p جشیر ǴEŠIR u. جشیره Sbst. جولاه *tisserand.* | Weber.

a جصّ ǴASS u. ǴESS. Sbst. کیرج . آلچی . اهك *chaux, gypse, plâtre.* | Gyps, Mörtel, Kalk.

a جصّاص ǴASSĀS. Sbst. بادنجی . کیرججی . صواجی *plâtrier, qui prépare ou vend du gypse, badigeonneur.* | Kalk-, Gyps- und Mörtelbereiter oder Verkäufer, Mauertüncher.

t جعا ǴE'A. [Tahrif v. *a* جعه] Sbst. بیرا . ارپه صویی *bière.* | Bier.

a جعالة ǴI'ĀLET. [Rad. جعل] Sbst. *salaire, récompense; cadeau qu'on fait au juge pour le corrompre.* | Lohn; Geschenk oder Zahlung für geleistete Dienste; Geschenk das als Bestechung gegeben wird.

a جعد ǴA'D. Sbst. *cheveux crépus, boucle de cheveux, tresse.* | krauses Haar, Locke, Zopf.

a جعر ǴA'R. Sbst. *fiente d'animaux.* | Mist von Thieren.

a جعل ǴA'L. Sbst. *action de placer, de poser, de mettre, d'établir; action de* rendre, de faire. | das Setzen, Legen, Stellen, Festsetzen; zu etwas machen.

a جعلی ǴA'LIJ. Adj. fait, contrefait, émilé. | gemacht, nachgemacht, unecht.

t o جغ s. جنغ

t o جغ LT. آتبرلنه

p جغو ČYG u. چغی Sbst. écran, paravent. | Vorsatz-Schirm, spanische Wand.

t جغا ČYGA u. جغه s. جغالی

t o جغال ČYGAL. LT. شغال chacal. Schakal.

p جغاله ČAGALE. Sbst. fruit vert, amande verte. | unreife Frucht, grüne Mandel. جغاله اغاجی č. AGAǴY. amandier. | Mandelbaum.

p جغانه ČAGANE s. جغانه

t جغت ČYGYT. Sbst. lentilles | Linsen. Hindoglu.

t o جغتای ČAGATAĪ جغاتای ČAKATAĪ. N. pr. ölü نسل الوسی او مغل و نسلو پسر ییلنکی جنکیزخان

p جغد ČYGD u. جغد Sbst. بایقوش bibou. | der Uhu. بوغو قوشی

t o جغداول s. جغداول

t o جغرات ǴUGRĀT. Sbst. سقرات a بوغرت p جغراط ماست lait aigre préparé d'une manière particulière. | auf besondere Weise bereitete saure Milch.

gr جغرافیا ǴAGRAFIA. Sbst. géographie. | Erdbeschreibung.

t جغرتمه ČYGYRTMA. Sbst. fifre, flageolet. Pfeife, kleine Flöte.

t جغرق s. جغرق

t جغرمق ČYGYRMAK. Vb. act. Aor. چغرر ČYGYRYR. appeler q. qn. | einen rufen. vgl. چاغرمق

t o جغرمق u. جکرمق LT. برآوزمق جاغرمق u. جیقرمق vgl. و ایضا ترباق کرمق

t جغز ǴYGAZ, — جق Deminutivpartikel am Ende der Wörter. s. d. Grammatik.

t جغشدی ČAGYŠTY. Sbst. آوازلانلق بانی شی bruit, cliquetis. | Geklirr, Geklapper, Klirren der Waffen, des Frauengeschmeides u. dgl. vgl. چاغرمق. Kam. s. v. الوسواس u. الشخشخه u. öfter.

t جغل ČOGYL. s. جاغل

t جغل ČYGAL, auch جوغل u. چاقل Sbst. p جوشن cuirasse, barde. | Panzer, Pferdeharnisch.

p جغل ČUGUL u. جغلخور ČUGULHOR. Sbst. BK. کوغیجی و غماز و جغلشبر و خواجه ایلسان اولان intrigant, détracteur, calomniateur, rapporteur. | Verläumder, Zuträger. — Rel. abstr. جغلخوری ČUGULHORĪ. médisance. | Klatscherei, Verläumdung.

t جغلتی ǴYGYLTY, ǴAGYLTY, s. جاغلتی

t جغلمق ČAGLAMAK. 1. mesurer. | messen. — 2. murmurer. | murmeln. s. جاغلامق

t جغله ČYGLA. Sbst. [Tahrif v. p جغاله] amande; bouton d'habit. | Mandel; Knopf.

t o جغمر ČAGMAR. LT. بخیل avare. geizig.

t o جغمق ČAGMAK u. جغمق LT. کربلدن s. چاقمق

t o جغن ČAGAN. LT. شکال Schakal.

t جغنمق ČYGNAMAK u. جغنلمق Vb. act. fouler aux pieds. | zertreten. Deriv. جغناتمق ČYGNATMAK. Vb. caus. faire fouler. | zertreten lassen.

t o جغنمق ČAGYNMAK und جقنمق ČAKYNMAK. Vb. refl. حذر کرمك و ترسیدن se garder, craindre. | sich hüten, fürchten.

p t جغنه s. جغنه

p جغول ČUGUL. سرچه قوشی moineau. | Sperling.

t جغه ǴYGA oder ǴAGA, auch جیغا Sbst. crête, aigrette, panache. | Federbusch, Hahnenfeder. جغالی oder باش جغه سی panache. | Federbusch.

t جغیت s. جغیت

t جغیر ČYGYR. Sbst. جاده دن آیرلش یول که جاده و طاریقه sentier qui aboutit à la route. | Seitenweg, schmaler Fusspfad. Kam. s. v. الترقه

a جف ǴEFF. Sbst. ایچی بوش اولان نسنه chose creuse en dedans; dent creuse. | etwas hohles; hohler Zahn.

a جفا ǴEFĀ. Sbst. action de traiter q. qn. avec dureté, cruauté, tort, injustice, vexation, faire un mauvais usage de q. ch.; abus. | Misshandlung, harte grausame Behandlung, Bedrückung, Unrecht gegen Jemand; Missbrauch einer Sache. — ETMEK u. WERMEK. vexer, tourmenter, maltraiter. | plagen, quälen, misshandeln. جفا کار ǴEFĀ-KIĀR, qui fait tort, homme injuste, cruel. | Bedrücker, der einem Unrecht thut, ungerechter, grausamer Mensch. جفاکش ǴEFĀ-KEŠ. qui endure de l'oppression, etc. | der Unrecht leidet, der Bedrückte. جفا پیشه کشی Erduldung des Unrechts. جفا پیشه s. جفا پیشه

a جفاخ ǴEFFĀH. [Rad. جفخ] Adj. u. Sbst. خود بین متکبر اولان très-orgueilleux. | stolz, ein Stolzer.

a جفاف ǴEFĀF. Sbst. s. جفوف

a جفان ǴIFĀN. Sbst. Pl. v. جفنه

p جفت ǴUFT. Sbst. u. Adj. اشر وزوج اولان [Gegentheil v. a فرد oder t تك] paire, couple, couple d'époux; époux, mari ou femme. | Paar, Pärchen; Gatte, Mann und Weib. سارا که عمزاده سی و جفتی اولان Sara die seine Base und Gattin war. Alī Schīr. جفت بولسدی rem habuit cum muliere. Abulg. 37. Q. — Als Adj. pair. | gleich.

t جفت ČIFT. Tahrif d. Vhgndn. paire, couple, etc., paire de boeufs (employés au labourage), champs, terre de labour; nombre pair. | Paar u. s. w.; ein Joch Ackerstiere; Juchert, Stück Land oder Feld (soviel ein Joch Ochsen in einem Tage bearbeiten); Zweizahl, gerade Zahl. تك و جفت اوینمق gleich und ungleich spielen. برابر اولمق — جفت اولمق être de pair. | gleich sein. جفت سورمك labourer. | das Joch Ackerstiere führen, d. i. den Acker bestellen. — جفت حیوانی č. ḤAYVĀNY oder جفت اوکوزی č. ÖKIZI. boeuf de labour. | Ackerstier. — Rel. abstr. جفتلك ČIFTLIK ferme, maison de campagne, métairie. | Landgut, Landhaus, Gutshaus.

p جفت ČEFT u. جفته ČEFTE. Sbst. دیو آلخك قنة مقتلیه تخته بوش جاردار cloison, clôture en bois. | Holzverschlag, Holzgerüst u. s. w.

t جفتجی ČIFTČI. Sbst. laboureur, cultivateur. | Pflüger, Ackerbauer. — Rel. abstr. جفتجیلك ČIFTČILIK. labourage, agriculture. | Ackerbau.

t جفتلشمك ČIFTLEŠMEK. Vb. recipr. تشمیق s'accoupler. | sich paaren, sich begatten. Kam. s. v. التعاظل

t جفتلشمك ČIFTLEŠMEK. Vb. recipr., — d. Vhgndn. — Deriv. جفتلشدرمك ČIFTLEŠDIRMEK, — کشلیمق faire s'accoupler. | sich paaren oder begatten lassen (das Männchen zum Weibchen führen). Kam. s. v. الاسفاد

t جفتلنمك ČIFTLENMEK. Vb. pass. refl. — اش اولمق être accouplé, être mariés ensemble. | gepaart sein, zusammen verheirathet sein. — Deriv. جفتلندرمك ČIFTLENDIRMEK. Vb. refl. caus., — کروشمك faire accoupler, faire se marier ensemble. | paaren lassen, sich zusammen verheirathen lassen.

p جفتن ǴEFTEN, ǴUFTEN. Vb. intr. incliner, pencher vers; désirer. | sich neigen zu, verlangen nach.

p جفتن ǴEFTEN. Vb. intr. comprendre, concevoir. | begreifen.

p جفته ǴEFTE. Adj. courbé, incliné. | gebogen, geneigt. s. جفتن

t جفته ČIFTE. Sbst. une paire de . . | ein Paar, Männchen und Weibchen, oder ein Paar, d. i. zwei Dinge die zusammen gehören, z. B. zwei Ruder, zwei Läufe eines Doppelgewehres, zwei Buckel an der Stirn eines Pferdes [Kam. s. v. الاغنجعة] u. s. w. بر جفته BIR-ČIFTE. bateau à deux rames, = ایکی bateau Boot mit zwei Rudern. ایکی جفته IKI-č. bateau à deux paires de rames. | Boot mit zwei Paar Rudern. جفته تفنك č. TÜFENK. fusil à double canon. | doppelläufiges Gewehr. جفته اتمق č. ATMAK. ruer des pieds de derrière. | mit beiden Hinterfüssen zugleich ausschlagen. — Rel. concr. جفتهلو oder جفتلی ČIFTELI. hypocrite; cheval mal marqué, obstiné. | doppelzüngig, zweischneidig, falsch, unzuverlässig (von Menschen); (von Pferden) mit zwei Buckeln an der Stirn [Kam. s. v. الاغنجعة], d. i. mit schlechten Zeichen, stätig, hartnäckig, das sich gegen den Zaum sträubt.

a جفر ǴEFR. Sbst. sorte de divination. | besondere Art Wahrsagung, Wahrsagekunst.

a جفری ǴEFRĪ. Adj. qui s'enfonce dans cette sorte de divination. | der sich in diese Art von Wahrsagung vertieft, sich damit eingehend beschäftigt.

p چقسیدن čEPSÎDEN s. چسپیدن

a جفن ĞEFN. [Pl. اجفان EĞFÂN und جفنلر ĞEFENLER.] Sbst. *t* کرپك *paupière.* | Augenlid. — 2. اوزم اغاجی . اصمه کتوکی *cep de vigne.* | Weinrebe, Weinstock.

t چفوت ČUFUT u. چفود Sbst. Tahrif v. یهود *juif, homme méprisable.* | Jude; verächtlicher, schmutziger Kerl.

a جفوف ĞUFÛF u. جفاف ĞEFÂF. [Rad. جف] Sbst. *se sécher, devenir sec, aride.* | trocken werden.

t چق ČAK, ČYK, s. چاق

t چق ČAK. LT. زخم تسجیر Treffen des Pfeiles, vgl. چاق

t چق ČYK, — جکز . جك . جغز Deminutivpartikel am Ende der Wörter. s. d. Gramm.

t چق ČOK u. *t a* چق s. چوق

t چقاچق s. چاق

t چقار ČYKAR, چقارتمق ČYKARTMAK, چقارمق ČYKARMAK, چقارلمق ČYKARYLMAK, s. چقمق

t چقال ČAKAL. Sbst., = شغال *chacal.* | der Schakal.

t چقچقه ČAKČAKA. Sbst., — چکاچکه — دکرمن چقچقه سی *tic-tac du moulin.* | das Geklapper einer Mühle.

t a چقچقی ČAKČAKY, Sbst. *nom d'un instrument de musique.* | Name eines musikalischen Instruments.

t چقرا ČAKYR s. چقر

t چقرتمق ČYKARTMAK s. چقمق

t چقرجی ČAKYRĞY s. چقرجی

t چقرق ČYKRYK u. چقریق Sbst. *tour à tourner; rouet; roue, dévidoir.* | Drehrad (der Drechsler, Töpfer u. dgl.), Spinnrad, Brunnenrad oder Wasserrad. Kam. s. v. ایکره

t چقرقجی ČYKRYKĞY. Sbst. *tourneur.* | Dreher, Drechsler.

t a چقریق ČAKYRMAK s. چقمق

t چقرمق ČYKARMAK s. چقمق

t چقش ČYKYŠ. Sbst. v. چقمق *action de sortir, de s'élever, de monter, etc.* | das Hervor- oder Herauskommen, sich erheben, Aufschneiden, Prahlen, Emporsteigen. vgl. چقمق. — ETMEK. *réprimander q. qu.* | einen schelten, tadeln.

t چقشقی ČAKŠAGY oder ČYKŠAGY. Sbst. *toupie, sabot.* | Kreisel, Schnurre (Spielzeug für Kinder). Kam. s. v. الخذروف . الخرارة . البلعة

t چقشمق ČYKYŠMAK s. چقمق

t چقشیر ČAKŠYR, s. چقشیر

t چقق ČYKYK, auch چقیق u. چقوق Adj. [چقمق] *ce qui ressort, qui est sorti de sa place; détaché, disloqué, luxé; crevé, fendu, saillant.* | hervorkommend, herausgegangen (aus seiner Stelle), hervorspringend, hervortretend (aus der geraden Linie); verrenkt (ein Glied); geborsten, gesprungen, was einen Riss hat. چقق اولمق verrenkt sein. قیرق و چیقق صارمق gebrochenes und auseinandergegangenes umbinden.

t چقلاجی ČYKYKĞY, Sbst. *chirurgien (qui remet les membres disloqués); raccommodeur de poterie.* | Chirurg (der verrenkte Glieder einrichtet); Topfbinder.

t چقل ČAKYL. Sbst. *caillou, gravier.* | Kiesel, Sand. s. چاقل

t چقلداق ČAKYLDAK. Sbst. *claquet.* | Klapper. s. چاقلداق

t چقلق ČYKLYK. Sbst. بشلی قوش *mésange (oiseau).* | Meise.

t چقلوس ČAKALOS u. چقلوز ČAKALOZ. Sbst. *petit canon, pierrier.* | kleine Kanone, Drehbasse.

t چقماز ČYKMAZ. Partic. d. Vb. neg. v. چقمامق *qui ne sort pas, qui n'a pas d'issue.* | was nicht herausgeht, keinen Ausgang hat. اوته سی چقماز صوقاق oder چقماز یول *impasse, cul-de-sac.* | Sackgasse.

t چقمق ČAKMAK. s. چاقمق

t چقمق ČYKMAK, auch چیقمق Vb. intr. Aor. چقار ČYKAR. — Imperat. چق ČYK oder چیق *sortir, provenir, émaner, paraître (un livre, une ordonnance), se présenter, naître, se lever, pousser, devenir, résulter; se disloquer; partir; monter; coûter.* | heraus- oder hinausgehen (-kommen, -fahren, -fliessen u. s. w.); aus seiner Stelle kommen oder gehen, sich losmachen, sich verschieben, sich verrenken; zum Vorschein kommen, sichtbar werden, erscheinen, in die Oeffentlichkeit treten (z. B. ein Buch, ein Befehl); aufgehen (die Sonne, Sterne, die Saat); durchbrechen (z. B. ein neuer Zahn); sich zeigen, sich erweisen, sich ergeben aus . ., sich herausstellen; steigen, aufsteigen, einen Berg besteigen, emporkommen, sich erheben; im Preise steigen, sich belaufen auf . ., bezahlt sein oder werden, kosten; abreisen, aufbrechen, absegeln; aufkommen, in Gebrauch kommen; aus einer Sache werden, aus etwas entstehen, entspringen, zu etwas werden, überh. werden, sein. چقه کلمك *se présenter, survenir inopinément.* | plötzlich zum Vorschein kommen, hervorkommen. چقه بیلمك *être en état de sortir, de provenir, de produire.* | hervorkommen können, hervorbringen können. بهاسی چقمق *hausser en prix.* | im Preise steigen. پاره سی چقمق *perdre son argent, supporter les frais.* | Geld verlieren, die Kosten davon tragen, zahlen müssen. چسوقه پاره سی چقدی *cela lui a coûté beaucoup d'argent.* | es hat ihm viel gekostet, ist ihm theuer zu stehen gekommen. باشندن چقمق *perdre la tête, perdre la vie; être obstiné, s'emporter (un cheval).* | den Kopf verlieren, das Leben verlieren; nicht gehorchen, widerspänstig sein; durchgehen (von Pferden). باشندن چقه یازدی *il a failli lui en coûter la vie.* | es hätte ihm beinahe das Leben gekostet. باشه چقمق *finir.* | durchführen, aus Ende kommen. بورجلرندن چقمق *payer ses dettes.* | aus den Schulden kommen. یولدن چقمق *perdre sa route, s'égarer; se fourvoyer dans le raisonnement.* | vom Wege abkommen, sich verirren, sich verlieren, sich in Ausflüchten, Reden u. dgl. verlieren. یوقارو چقمق *monter en haut.* | in die Höhe kommen, steigen. صاحب چقمق *se faire passer pour le maître de q. ch., prendre le parti de q. qn.* | sich als Besitzer einer Sache, als Herr oder Beschützer benehmen; eine Sache (etwas Gefundenes u. dgl.) als sein Eigenthum in Anspruch nehmen; für Jemand Partei nehmen, ihn in Schutz nehmen. اوق یایدن چقدقدن صکره *dès que la flèche est partie, c. à. d. après coup.* | sobald der Pfeil abgeschossen, d. i. sobald die Sache geschehen, sogleich. آدی فنا چقمشدر *il a une mauvaise réputation.* | er ist in schlechten Ruf gekommen, steht in schlechtem Rufe. — Deriv. I. چقلمق ČYKYLMAK, Vb. pass. چقلمسی اولان طاغ ein Berg der bestiegen werden kann. Kam. s. v. آلمصعود — II. چقارمق ČYKARMAK u. چقرمق Vb. caus. Aor. چقارر ČYKARYR. — Imper. چقار *faire sortir, etc.; mettre dehors; extraire, tirer; dépenser (de l'argent).* | heraus- oder hinaus- u. s. w. bringen (treiben, senden, stossen, werfen, ziehen u. s. w.), vertreiben, verstossen, herausgeben, von sich geben, ausgeben (z. B. Geld), sich erbrechen; heraus bringen, ausdenken, ausfindig machen, entziffern, eine Aufgabe lösen; steigen lassen, aufsteigen lassen, besteigen lassen; Zweige treiben; herauskommen lassen, in Gebrauch bringen, erfinden. باش چقارمق *élever la tête.* | den Kopf erheben. باشندن چقارمق *ôter de la tête (une idée), dissuader, tourner la tête à q. qn.; rendre obstiné.* | einem etwas aus dem Kopfe treiben, etwas ausreden; einem den Kopf verdrehen; ungehorsam oder widerspenstig machen. چیچك چقارمق *avoir la petite vérole.* | Pocken haben (vig. treiben). آقچه چقارمق *dépenser de l'argent.* | Geld ausgeben. آقچه سنی چقارمق *faire dépenser de l'argent.* | einen in Unkosten setzen. چقمقدن آتش چقارمق Funken geben (der Feuerstahl). دل چقارمق *tirer la langue.* | die Zunge ausstrecken. لکه چقارمق *enlever une tache.* | einen Fleck reinigen. میدانه چقارمق oder ظاهره چقارمق *rendre public.* | an die Oeffentlichkeit bringen. اسی چقاران حرارة eine in Schweiss treibende Hitze. غزایه چقارمق *envoyer en expédition.* | ins Feld senden. عقلدن چقارمق *oublier.* | aus dem Geiste bringen, vergessen. صدا چقارمق *produire un son, résonner.* | einen Schall hervorbringen, klingen. تازه فلیز چقارمق frische Zweige treiben. اکر چقارمق *desseller, ôter la selle.* | absatteln. کوز چقارمق *arracher l'œil à q. qn.* | ein Auge ausreissen. چکوب چقارمق herausziehen, herausreissen. فعله چقارمق *mettre à exécution.* | zur Ausführung bringen. فعله چقاریلمه جغنی سویلمك سوز ئسنه دی sprechen was nicht zur Ausführung kommt. شاروب چقارمق Vergrabenes ausscharren. قلیج چقارمق *tirer l'épée.* | das Schwerd ziehen. — III. چقارلمق ČYKARYLMAK. Vb. caus. pass. *être mis dehors, etc.* | herausgebracht werden u. s. w. فعله چقارلمق *être ex-*

compli, *être exécuté*. | ins Werk gesetzt werden, zur Thatsache gemacht oder verwirklicht werden oder sein. [Kam. s. v. اليمّة] — چقلروب تقع اوليمق = اخلاع gewaltsam von seiner Stelle gestossen werden. — IV. چقشمق Čykyšmak. Vb. recipr. Aor چقشير Čykyšyr. *se produire, se faire voir mutuellement, se montrer l'un à l'autre son courage ou son adresse, rivaliser, être en émulation, chercher à se surpasser les uns les autres*; es mit einem aufnehmen, es einer dem andern hervorzuthun suchen, einander gleichzuthun oder zu übertreffen suchen, wetteifern, concurrieren; sich hervorthun, seinen Muth, Geschicklichkeit u. s. w. zeigen; sich sondern, vergleichen bei Erbschaften. Kam. s. v. التسابق — V. چقشمامق Čykyšmamak. Vb. recipr. neg. es einem andern nicht gleichthun, oder nicht gleichthun können, sicht mit ihm aufnehmen.

t ο چقمقلو Čakmakly s. چقمق.

t چقمه Čykma. Sbst. Abstr. v. چقمق *qui est issu, originaire*. | das Hervorgehen, das hervorgegangene, entsprungene aus. سرايدن — چقمه oder اندرون دن چقمه *originaire du sérail*. | aus dem Serail hervorgegangen. يكى چقمه Jeŋi čykma. *nouvelle mode*. neue Mode.

t چقن Čykyn u. چقين Sbst. *a* صرّة, *p* كيسه LI. *sorte de sac, de bourse en toile, havre-sac; sachet; rouleau d'argent*. | Beutel, Sack von Leinwand oder Musselin; Kräutersäckchen, Geldrolle.

t چقور Čukur. Sbst. *trou, fosse, fossé, excavation; ravin, vallon*. | Loch, Vertiefung, Grube, Höhle; Schlucht, Thal. ثقا چقوری *fossette*. | Grübchen im Nacken. قولتق چقورلرى *aisselles*. die Achselhöhlen. گوز چقورلرى *orbites*. | die Augenhöhlen. — Rel. abstr. چقورلق Čukurluk. *profondeur*. | Tiefe. — Rel. concr. چقورلو Čukurlu. *inégal, raboteux*. | uneben, hügelig, hie und da vertieft oder eingedrückt (eine Fläche). چقورجه Čukurdža. Adj. *creux, profond*. | vertieft, ausgehöhlt, tief. = آلچق.

t چقورلتمق Čukurlatmak. Vb. act. *perforer, creuser*. ein Loch machen, aushöhlen.

t چقورلنمق Čukurlanmak. Vb. refl. pass. *devenir ou être creux; former un creux ou un enfoncement, se creuser*. | hohl werden oder sein; eine Höhlung oder Vertiefung bilden, sich höhlen.

it. چقولاته Čokolata. Sbst. *chocolat*. | Schokolade. چقولاته ابريقى č. ybryky. *chocolatière*. | Schokoladenkanne. چوقولاتهجى Čokolatadžy. *chocolatier*. Schokoladenverkäufer.

t چقه Čyka. s. چقمق.

t چقين Čykyn. Sbst. s. چقن.

t ο چك Ček u. چك Ček. Sbst. *a* صك كره و عقده SI. قاضى و حاكملك حجتى و سجلات و بروات و ترجيع *nœud, arrêt du juge, décision écrite et revêtue de signature, pièce authentique; lot, part, sort*. | Knoten; schriftlich ausgefertigte gerichtliche Entscheidung; Loos, Antheil.

p چك Ček. Sbst. قطره = چكنده *goutte*. Tropfen, vgl. چكمدن.

t چك Čik oder چك Čik u. چكر Diminutivpartikel, — چق s. d. Gramm.

t چك Čik. Sbst., — چك *rosée, bruine*. | Thau, Nebel.

t چك Čik. Sbst., — چك *bœuf*. | Ochs.

t چك Čig. Adj., — چيك *cru*. | roh, ungekocht.

t چكان Čiŋ. s. چين.

p چك Čük. s. چوك.

p t چكاو Čaga u. چكاو Sbst. *alouette*. | die Lerche.

p t چكنچك Čakačak. s. چاق.

p چكاد Čekäd. Sbst. *sommet, cime (de la tête, d'une montagne)*. | Gipfel, Scheitel.

p چكاله Čekäle. Sbst. قطره = چكه *goutte*. | Tropfen.

p چكان Čekän. Partic. v. چكيدن.

p چكانيدن Čekänıden u. چكانيدن Čekäniden. Vb. caus. v. چكيدن *distiller*. | tröpfeln lassen, destillieren.

t چكه s. چكترمه.

t چكترمه Čekterme auch چكدرمه Sbst. *petite galère, galiote*. | kleines Segelschiff mit einem Maste und drei bis vier Mann Bedienung, das bei Windstille gerudert wird. vgl. چكدرى.

t چكيچ Čekič u. چكيچ Sbst., — چاكوچ *marteau*. | Hammer.

t چكچاك Čakačak. s. چاق.

t چكچك Čekčik (mot imitatif). اكا يوز غروش چكچك و بيرمشلر *il lui donna cent piastres espèces sonnantes*. | er gab ihm hundert Piaster in klingender Münze. vgl. چكرمك, چكين.

t چكچكلمك Čekičlemek. Vb. act. [vgl. چكيچ] *battre avec le marteau, marteler*. | hämmern. — Deriv. چكچكلنمك Čekičlenmek. Vb. pass.

t چكدرى Čekdiri u. چكديرى Sbst. *grande galère*. | grosse Galeere. قورصان چكدريسى Kursan čekdirisi. *galiote*. | leichte Galeere. — vgl. چكترمه.

t چكدرى‌جى Čekdiridži. Sbst. *galérien*. | Galeerenruderer.

t چكدم Čekdim oder Čikdim. Sbst. *plante médicinale*. | Name einer Pflanze die als Arzneimittel gebraucht wird und die fett machen soll. چكدم چايى Kam. s. v. اوكسوز اوغلان چكدمى — عنز Kam. s. v. اللعبة البربرية in Aegypten تربيلى genannt.

t چكده Čekde. Sbst. LT. ساجد *jujube*. | die Brustbeere.

p چكر Džiger (spr. Džijer oder Džier). Sbst. دل, كبد, بلغر *les parties intérieures du corps, l'intérieur de q. ch., fressure, poumon, foie, cœur; au figur. compassion, colère; tort, dommage*. | die innern Theile des menschlichen und thierischen Körpers, überh. das Innere oder Mittele einer Sache, Geschlinke, Lunge, Leber, Herz; in übergetr. Bedeut. Mitleid, Erbarmen; Muth, Zorn; Unrecht, Schaden. آق جكر Ak dž. *poumon*. | Lunge. قره جكر Kara dž. *foie*. | Leber. آق و قره جكر *fressure*. | Geschlinke. جكرك پرده‌سى Džigeriŋ perdesi. *membrane du foie*. | das Häutchen an der Leber. جكر گوشه dž. köše. *lobe du foie, angle du cœur (terme de caresse), mignon, enfant chéri*. | Herzblättchen, Herzwinkel, Liebling (als Zärtlichkeitsausdruck). جكرم Džigerim oder جكر گوشه‌م Džiger köšem. *mon cœur, mon cher (en parlant aux enfants)*. | mein Herzchen (zu Kindern). جكر دوز dž. döz. *qui blesse le cœur, médisant*. | das Herz oder das Innere durchstechend, verletzend, kränkend. جكر سوزى sözü einer der kränkende Reden führt. جكر سوز dž. söz. *qui brûle le cœur, irritant*. | das Herz entzündend, beleidigend, erzürnend. جكر صوجوغى dž. sudžugu. *boudin de foie*. | Leberwurst.

t چكراو Čÿŋrau oder چكراو Čÿŋrav. s. چكرداق.

t چكرامق Čÿŋramak oder چكردامق Čÿŋrdamak. Vb. act. *sonner (la cloche)*. | schellen, klingeln.

t جكرجى Džigerdži. Sbst. *qui vend des fressures*. | Geschlinkeverkäufer.

t چكرداق Čÿŋrdak auch چينغرداق, چكغراق, چكرداق, چكرق, چنغراق. Sbst. *a* زنكله *p* زناغه LI. *grelot, sonnette*. | Klingel, Schelle.

t چكردامق Čÿŋrdamak. s. چكرامق.

t چكردك Čekirdek. Sbst. *noyau, pepin; grain (poids)*. | Kern (einer Frucht), Samenkorn; Gran (Gewicht). — Rel. concr. چكردكلو Čekirdekli.

t چكردكلنمك Čekirdeklenmek. Vb. intr. *se former en noyau, en grains*. | Kerne oder Körner ansetzen, sich zum Kerne bilden. Kam. s. v. التنوير.

t چكردى Čÿŋrdy. Sbst., — چكرمه Sbst. *son clair et aigu*. | heller oder scharfer Ton, Klang der Metalle, Saiten, Schwirren der Bogensehne u. s. w. Kam. s. v. الشذارة.

t چكرق Čÿŋryk und چكغراق s. چكرداق.

t ο چكرجه Čÿŋrdže. [كتى فارسى] Sbst. LT. *a* دونده *coureur, courrier*. | Läufer, Eilbote.

t چكرگه Čekirge. Sbst. *a* جراد *p* ملخ *sauterelle*. | Heuschrecke. كوكچه چكركسى — اوجاق چكركسى *grillon*. | Heimchen, auch die essbare Heuschrecke. چكركه قوشى *a* زرزور صغرجق قوشى *étourneau*. | der Staar. Kam. چكركه ايشى Name eines wohlriechenden Essenz [طيب] oder eines wohlriechenden Baumes. *a* رجسل التحيسر *p* سرو تركستانى Kam. s. v. الورنب.

t ο چكرمق s. چقرمق.

t چكرمك Čÿŋyrmak u. چكرمك Čÿŋirmek. Vb. intr. *sonner, produire un son clair ou aigu*. scharf klingen (von Metallen); schwirren (von der Bogensehne). vgl. چكردى Kam.

p t چكره ÇEKRE. Sbst. صو طملهسى وسرپنتى BK. goutte, mince jet d'eau. | Tropfen, dünner Wasserstrahl (wie aus einer Spritze).

t چكيلمك ÇEKINMEK oder ÇEKÜNMEK, auch چكيلنمك Vb. intr. p گرديدن tourner, se tourner; avoir des vertiges. | sich drehen, drehend sein, Schwindel haben. باش چكيلمه علتى vertige. | Schwindel.

t چكش ÇEKIŠ u. چكيش Sbst. a جدال tiraillement; querelle, dispute. | Reissen, Zerren, Zanken. vgl. چكمك

p چكش ÇEKIŠ. Sbst. action de dégoutter, couler goutte à goutte. | das Tropfen, tropfenweise fliessen. vgl. چكيدن

t چكشمك u. چكشدرمك s. چكمك Deriv.

t چكشجى ÇEKIŠÇI. Sbst. querelleur. | Zänker, vgl. چكمك

t چكلمز ÇEKILMEZ. [Pass. neg. v. چكمك] Adj. insupportable. | unerträglich, unausstehlich.

t چكلمك ÇEKILMEK s. چكمك Deriv.

t چكلمك ČIŇLEMEK. Vb. intr. LL. a طنين . اَوازِ داسون كوش p طنين sonner (des métaux), tinter, bourdonner (les oreilles). | klingen, tönen. قولاق چكلر das Ohr tönt.

t چكمجه ÇEKMEǴE oder چكمجه Sbst. tiroir, boîte, commode, secrétaire (meuble), écritoire; pont-levis | Schublade, Schubkasten, Kasten (in einem Tische, Kommode u. dgl.), Schreibepult, Kommode, Secretär (Möbel), Ziehbrücke.

t چكمجهجى ÇEKMEǴEǴI. Sbst. menuisier. | Tischler, Schreiner.

t چكمك ÇEKMEK to چكمك Vb. act. Aor. چكر ÇEKER. p كشيدن LT. a جذب . جلب tirer, traîner, étendre, couvrir (p. ex. du bois avec du cuir), attirer, retirer; essuyer; porter, transporter; souffrir, éprouver. | ziehen, zerren, reissen, rupfen; an sich ziehen, heranziehen; einen Gegenstand über einen andern ziehen, wischen, abwischen; in die Länge ziehen, ausdehnen; zurückziehen; überziehen (z. B. ein Holz mit Leder); ziehen (von einem Zugpflaster); schleppen, tragen, ertragen, erdulden, leiden. چكوب كتورمك herbeiziehen, herbeischleppen. اورى چكمك ENERI Ç. demander, convoiter. | verlangen, gelüsten. vgl. آرزو — امك چكمك EMEK Ç. avoir de la peine. | Mühe haben. اذيت چكمك EZIET Ç. Unrecht erdulden [Passiv. v. اذيت ويرمك]. ضرر چكمك supporter un dommage. | Schaden erleiden. اچلغى چكمك AČLYGY Ç. Hunger leiden. تتون چكمك TUTUN Ç. priser du tabac. | Tabak schnupfen. آواز چكمك ÂWÂZ Ç. filer des sons, moduler. | die Stimme ziehen, mit Modulation der Stimme lesen, recitiren. ال چكمك EL Ç. retirer la main, ne plus s'occuper d'une chose. | die Hand zurückziehen, nicht mehr mit einer Sache zu thun haben (mit dem Ablativ der Sache). يول خرجلرينى چكمك supporter les frais de voyage. | die Reisekosten tragen. كوجلك چكمك éprouver des difficultés. | Schwierigkeiten haben. قيتلق چكمك souffrir du manque de provisions. | Mangel an Lebensmitteln leiden. كورك چكمك ramer. | das Ruder führen, rudern. بند چكمك porter des entraves, être entravé. | Fesseln tragen. ماتم چكمك geindre, porter le deuil. | wehklagen, trauern. ندامت چكمك se repentir. | bereuen. عسكر چكمك commander une armée. | ein Heer führen. قليچ چكمك tirer le sabre. | den Säbel ziehen. صوق چكمك avoir froid. | frieren. آد چكمك calomnier, blâmer. | einen lästern, verunglimpfen, tadeln. ارككى ديشى يه چكمك accoupler (des animaux). | das Männchen zum Weibchen ziehen, d. i. begatten [auch einfach چكمك]. لجام چكمك tirer la bride. | den Zügel anziehen. پيشكش چكمك porter des présents. | Geschenke bringen. — Deriv. I. چكتورمك ÇEKTÜRMEK oder چكدرمك ÇEKTIRMEK und چكدرمك Vb. caus. faire tirer, laisser tirer ou porter. | ziehen lassen, schleppen lassen, tragen lassen u. s. w. — II. چكشمك ÇEKIŠMEK. Vb. recipr. Aor. چكشور ÇEKIŠIR. LL. مجاذبه . جدال . ممانعه se tirer etc. les uns les autres, se disputer, gronder, lutter | einander ziehen, zerren oder zausen, sich zanken, streiten, schelten. جان چكشمك agoniser. | im Todeskampfe sein. جان چكشمه agonie. | Todeskampf. — III. چكشدرمك ÇEKIŠTÜRMEK. Vb. recipr. caus. faire se disputer, etc. | einander zerren lassen, sich zanken lassen, Zank und Streit bewirken oder zulassen. — IV. چكلمك ÇEKILMEK oder چكيلمك Vb. pass. refl. Aor. چكلور ÇEKILIR. انجذاب être tiré, traîné, étendu, porté, supporté, etc; être supportable; se retirer, se rétrécir; s'abstenir de q. ch. | gezogen, geschleppt u. s. w. werden, getragen oder ertragen werden, sich ertragen lassen, erträglich sein; sich zurückziehen; vom Wasser: sich verlaufen; aufhören, verschwinden; von Tuch u. dgl.: sich zusammenziehen, einlaufen, zusammenschrumpfen; sich entziehen, sich einer Sache enthalten; begattet werden (von Thieren). كيرو چكلمك zurückbleiben, sich verspätigen. چكيلوب بوزلمك einschrumpfen, zusammenschrumpfen. چكيلوب قصالمق sich zusammenziehen, kürzer werden. — V. چكمهمك ÇEKMEMEK und چكمهمك Vb. neg. — VI. چكهممك ÇEKEMEMEK. Vb. imposs. ne pouvoir supporter; haïr. | nicht ertragen können, nicht leiden können, hassen. بنى چكهميور BENI ÇEKEMEJOR. er kann mich nicht leiden, hat einen Groll gegen mich. — VII. چكنمك ÇEKINMEK. Vb. refl. Aor. چكنور ÇEKINIR. to چكنمق LT. حذر كردن se tirer, se retirer, se refuser à une chose; être sur ses gardes, éviter q. ch. | sich ziehen; sich zurückziehen, sich etwas versagen; abgeneigt sein, keine Lust zu etwas haben, etwas nicht gern thun, Anstand nehmen, sich weigern, Bedenken tragen, sich fürchten, sich sträuben, nicht daran wollen, sich scheuen oder schämen etwas zu thun oder etwas frei herauszusagen. — LL. استهواء . شوق . تشوق . شغف a آرزولق — p آرزو كردن désirer. | wünschen.

t چكنمك ÇEŇEMEK. s. چينمك

t o چكمن ÇEKMEN oder چكمان ÇEKMÂN. Sbst., — p چسبان SL. پانتلون sorte de vêtement, long pantalon. | eine Art Oberkleid, langes Beinkleid. Abušḱa.

t o چكمه ÇEKME. Sbst. a موزه SL. botte. | Stiefel.

t چكن ÇEKON. Adv. sur soi-même. | auf sich selbst. چكنه قويمق prendre sur soi. | auf sich nehmen, vgl. كين VON.

p چكندر ÇEKÜNDÜR. u. چوكندر Sbst., — پنجار betterave. | Runkelrübe.

t چكنمك ÇEKINMEK s. چكمك Deriv. VII.

t چكنمك ÇEKENMEK (spr. ČEJENMEK oder ČEJNEMEK.) Vb. act. vgl. چينمك fouler aux pieds. | treten, stampfen. Kam. s. v. الوطء.

اللتمعيط . الرجم Partic. چكنيان Kam. s. v. التقيمس . الوكز Gerund. چكنيدره s. v. التقيمس

Deriv. — I. چكنتمك Vb. caus. Kam. s. v. الايطاء. — II. چكنلمك oder چكنمك Vb. pass. Kam. s. v. الوطئة . الكالحره . الاتقلاء . الانتفاء — III. چكنممك Vb. pass. neg. Kam. s. v. الهلوان.

p چكو ÇEKÜ. Sbst. [Abkürz. v. چكوچ] baguette ou tout autre objet avec lequel on frappe la caisse ou les cordes d'un instrument de musique, archet de violon, baguette du tambour. | Plektrum, Hämmerchen, Schlägel womit man die Saiten eines Instruments schlägt oder reisst; Violinbogen; Trommelschlägel.

to چكوچ ÇEKÜÇ und چكوش ÇEKÜŠ. Sbst., — چاكوچ vulg. چكيچ marteau. | Hammer [Spitzhammer zum Schärfen des Mühlsteines t ديشملى BK.]

p چكون Sbst. membre viril. | das männliche Glied. Sudi. Comm. zu Gulistan. Pag. ۳۱۲ Ex. 13.

p چكونكى ČIGÜNEGI Sbst. Abstr. d. Folgenden. برنسنه نك نه ترلو مه جود ويه وقوع كيفيت و حقيقت چيوى . اولديغى حالت qualité, manière d'être, état, situation. | das Wie oder Was einer Sache, Beschaffenheit, Qualität, Art zu sein, Umstände, Lage.

p چكونه ČIGÜNE. Zusammenziehung von چه كونه de quelle manière? comment? | auf welche Weise? wie?

t چكه ÇEKE s. تورلو

p چكه ÇEKE. Sbst. قطره goutte d'un liquide. | Tropfen. vgl. چكيدن

t چكه ÇEŇE. Sbst. a قسمة . فقم . لحى p زنخدان vgl. چانه mâchoire inférieure, menton. چكه يورمق اوپاوسمق oder چكه چالمق babiller, bavarder beaucoup. | viel sprechen, schwatzen. چكه تملى bavard. | Schwätzer. چكه بارش ايتمك heftig mit Worten streiten.

(Redh. (to have a chiTrace) to dispute tenaciously with any one.)

t چكلجه mittelgross (?) القعب المتجلس دوزلمش اسرى و قالميسن و قزللى چمنكه و ثوابطه يمه ديمنور على قول چككلجه و اورلنجه اولانه Kam.

t چكى ČEKI. Sbst. *balance pour peser du bois, des pierres, etc., poids de 180 OKA.* | Wage zum Abwiegen von Holz, Steinen u. s. w., Gewicht von 180 Oka. (Redh. a horse-load, a weight of 180 okkas or about 500 Lbs. كه انكله ايلمه اولنور وطاش چكرنوع قبانى در ماا ت ككيله و ككسنفور و ككرستونن. دروهى وزنى بشد كه مساوى چهل SL. حقه بشد هر حقه چهار عد درهم چكى نلشى او هو درهمى چهار دانك مثقال der Stein welcher als Gewicht auf die Wage gelegt wird. Kam. s. v. سانجه الميزان

t چكيت ČEKIT. Sbst. *graine du cotonnier.* | Kern oder Samenkorn der Baumwolle. Kam. s. v. الكحيسفوج. الحلج

t چكيج ČEKIĞ s. چكج

t چكيجى ČEKIĞI. Sbst. v. چكمك *qui tire, traine, attire, etc.* | der Ziehende. ديش چكيجى Zahnausreisser.

p چكيدن ČEKIDEN. Vb. intr. u. act. تمملق *tomber goutte à goutte, distiller.* | tropfen, tröpfeln, träufeln. — Part. چكيده ČEKIDE, als Sbst. *goutte.* | Tropfen.

t چكش s. چكيش

t چكيلمك ČEKILEMEK. Vb. act. v. چكى *peser par* ČEKI, *peser le bois, etc.* | nach ČEKI abwägen, Holz oder andere schwere Lasten wiegen.

t چكيلجى ČEKILĞI. Sbst. *peseur ou vendeur de bois, etc.* | der Holz oder andere schwere Lasten nach dem ČEKI abwiegt oder verkauft.

t a چكين ČEKIN. Sbst. LT. شلماي *sorte de millet.* | eine Art Hirse. — SL. دانجلي سياه كوچك در مثال شلتوك زار ديمر وسد وتم كمو دارد

a جلّ ĞELLE. (3 Pf.) *il (Dieu) est grand.* | Er (Gott) ist gross. الله عزّ وجلّ *Dieu qui est puissant et grand.* Gott der Mächtige und Hochgepriesene. الله جلّ وعلى *Dieu glorieux et élevé.* | Gott der Gepriesene, Erhabene.

a جلّ ĞULL. Pl. جلال ĞILÂL. Sbst. 1. *t* جول *p* يوشش ستور *couverture de cheval, housse, carparaçon; voile.* | Pferdedecke, Decke, Schleier. — 2. بر نسنه نك جوغى و اكثريسى *totalité; meilleure partie, partie principale de q. ch.* | das Ganze; der vorzüglichste oder grösste Theil einer Sache, Hauptsache.

t جل ČIL oder چيل 1. Sbst. الاجلاى ابرش *Èpre, tache de rousseur.* | Hautflecken, Sommersprossen, Ausschlag. — Adj. *picoté, lépreux, marqué de petite vérole, roux, brillant et neuf (se dit de la monnaie).* | gesprenkelt, sommersprossig, blatternarbig, mit Ausschlag behaftet, rothhaarig | Kam. s. v. اصعر |, blank, funkelnd (von neu geprägtem Gelde). جل اقچه *des aspres* | kleines (blankes) Geld. جل آت oder einfach جل *cheval rubicen.* | Rothschimmel. جل قوشى oder einfach جل *perdrix grise, gelinotte de bois, francolin.* | das kleine graue Rebhuhn, überh. Rebhuhn, Haselhuhn. تميمو — Rel. concr. جللو ČILLY. *qui a des taches de rousseur.* | sommersprossig.

p جل ČIL s. چهل

a جلا ĞELÂ u. ĞILÂ Sbst. مصيقل وبارلق قيمق 1. *action de rendre brillant, de polir; polissure, éclat, splendeur.* | eigentl. abdecken, aufdecken; Rost, Schmutz u. dgl. von einer Sache abnehmen, abputzen, glatt und glänzend machen; Glanz, Helle. — 2. بر كمسنه سوركون ايلك، وطننن اوزه اولمق *action de bannir, d'exiler, état de bannissement, exil.* | von einem Lande abheben, d. i. wegziehen oder wegschicken; landesflüchtig sein, Verbannung (activ und intransitiv). — Rel. concr. جلالى ĞELALY. *exilé; séditieux, rebelle.* | landesflüchtig, aufrührerisch. جلالى اولمق *se soulever, s'insurger.* | sich empören.

t جلاب ČELAB und چلب ČELEB (alt.) Sbst. *maître, Dieu.* | Herr, Gott. vgl. جلب

a جلاب ĞELLÂB. [Rad. جلب] Sbst. *marchand d'esclaves.* | Sclavenhändler [der die Sclaven aus fremden Ländern einführt; vgl. اجلاب]

p a جلاب ĞULÂB u. *t* جلاب ČALAB. Sbst. [Tahrif v. گلاب GÜLÂB. Rosenwasser] *potion faite avec de l'eau et quelque sirop et qui sert comme purgatif (de là le mot JULEP).* | Ein Trank von Fruchtsaft, der als Purganz gegeben wird.

p a جلاب ĞILÂB. Sbst. [Tahrif v. گلاب GILAB] *eau trouble.* | trübes Wasser.

a جلابيب ĞELÂBIB. Sbst. Pl. v. جلباب

a جلاجل ĞELÂĞIL. Sbst. Pl. v. جلجل

t جلاجه ČALAĞA. جلاجه باتمق mit der Gerberlohe bearbeiten (?) Kam. الاستطار... درى بى دباغتة طوتوب صوب خشيجة جلاجه باتمق

a جلاد ĞILÂD. [Rad. جلد III.] Sbst. سلاحله دوكشمك. جكلمشه *action de se battre au sabre avec q. qn.; faire du bruit avec des armes.* | sich mit einem schlagen, mit den Waffen klirren.

p جلاد ĞELLÂD. [Rad. جلد] Sbst. *bourreau.* | der Henker. جلاد اوطهسى die Henkerkammer im kaiserlichen Palaste.

a p جلاداده ĞILÂ-DÂDE. Adj. compos. *brillant, resplendissant, lisse.* | glänzend, geglättet, polirt. vgl. جلا

a جلادت ĞELÂDET. [Rad. جلد] Sbst. جسمى و دلير و بهادر اولمق *être endurci, endurcissement; dureté, sévérité, hardiesse, courage, bravoure, agilité, sévérité de la justice et de la police.* | Abgehärtetsein der Haut, des Körpers u. s. w., Härte, Strenge, Kühnheit, Muth, Unerschrockenheit, Schnelligkeit, schnelle Justiz. — Rel. concr. جلادتلو ĞELÂDETLI. *endurci, courageux, hardi, robuste.* | muthig, kühn, verwegen, stark. جلادتماب s. ماب

t جلار ČALAR s. چالق

a جلاس ĞILÂS. [جلس III.] Sbst. بريله ارقداش اولوب اوطورمق *action d'être assis en compagnie de q. qn., tenir compagnie à q. qn.* | Beisammensitzen (in Gesellschaft mit einem andern).

a جلاس ĞULLÂS. Pl. v. جلس

a جلاع ĞILÂ'. [جلع III.] Sbst. قمارده يسخود عشيلرده غوغاسه طوتلمق *action de se disputer avec q. qn. (au jeu, etc.).* | in Streit gerathen (beim Spiele oder in Gesellschaft).

a جلافة ĞELÂFET. [جلف I.] Sbst. بر كمسنه قبا و تعلان و بكشقسر اولمق *action de se montrer impoli envers q. qn., grossièreté.* | Grobheit oder Ungeschliffenheit im Benehmen gegen andere.

p جلاك ĞELÂK. Adj., = جالاك *très-actif, très-expéditif.* | schnell, behende.

a p جلاكار ĞILÂ-KÂR oder جلاگر ĞILÂ-GER. Sbst. comp. مصقلهجى *polisseur.* | Glätter, Polirer. جلاگرسيم ĞILÂGER-I-SIM. Silberpolirer.

a جلال ĞELÂL. [جلّ I.] Sbst. اولولق، عظمت، بزركى، سياحت *grandeur, magnificence, gloire, majesté de Dieu.* Grösse, Grossartigkeit, Ruhm; Majestät Gottes. Redhouse: a great passion. ذو الجلال *Dieu.* | der Herr der Grösse, d. i. Gott. — Rel. abstr. جلاللق ĞELALLYK. *sublimité, grandeur.* | Erhabenheit, Grossartigkeit.

a جلالت ĞELÂLET. [جلّ I.] Sbst., = جلال *grandeur (de l'homme), sublimité, majesté.* | Grösse (von Menschen), Erhabenheit, Majestät (Ehrentitel von Kaisern und Königen). جلالتكو ĞELALETKIÂR. Ew. Majestät.

t جلاللنمق ĞELALLANMAK. [Denom. v. جلال] Vb. intr. *être en colère.* | in heftige Gemüthsbewegung, Zorn, Eifer gerathen (oder sein). Redhouse: to be in a great passion.

t جلالمق ČALAMAK. [Denom. v. جلا] Vb. act., = جلا ويرمك، جلا ايلك *donner du lustre, polir.* | glänzend machen, glätten.

a t جلاى ČILAKY s. جلاه

a p جلالتمند ĞELÂLMEND. Adj. جلال و عظمت اشيمر اولان *glorieux, magnifique.* | grossartig, prächtig.

p جلانكر ĞILINGER. Sbst. vulg. ČILINGER, *serrurier, cloutier.* Schlosser, Nagelschmied.

t جلاو ĞILEW s. جيلاو

p جلاه ĞULLAH, auch جلاه, جولاه, جولها, جلها, جلّه Sbst. *tisserand.* | Weber. — Rel. abstr. جلاهلق oder جوهاتلق *tissage.* | Weberei.

p جلاهك GULLÂHEK u. جولاهك Sbst. Demin. des Vhgdn. *araignée.* | die Spinne.

t o جلاپوت GELLÂP. LT. تلم آلوسي ارجهنشي وارينك تمير

a جلائل GELÂIL. Pl. v. جليله *affaires de grande importance.* | grosse, wichtige Dinge, Begebenheiten, u. s. w.

t جلبين s. جلابين

a جلب GELB. Sbst. كتلو طرفنه چكمك ,آخر كلمسي ,كتورمك *action d'attirer, attraction.* | Herbeiziehung. — ETMEK *attirer, traîner, tirer, amener, apporter, importer, faire venir de loin, réunir, lier.* | herbeiziehen, anziehen, herbeibringen, kommen lassen, aus der Ferne einführen (v. Waaren, Sclaven u. s. w.); vereinigen, verbinden. قلوبي جلب ايتمك ... *se concilier les cœurs.* | die Herzen gewinnen. بركيمسنه يي كندو طرفنه جلب ايتمك einen auf seine Seite bringen. محبتني طرفنه ... جلب ايتمك sich Jemandes Liebe erwerben.

a جلب GELEB. Sbst. *t* بركلمك ,سورو ,سوريلوب كتوريلن مواشي و سبايا *marchandise qu'on transporte, qu'on porte ou conduit au marché, (p ex. bestiaux, esclaves, etc.).* eingeführte oder zu Markte gebrachte Waaren, Sklaven, Thiere u. s. w. جلبدار GELEB-DÂR. Heerdenhalter. جلب كشان GELEB KEŠÂN. Heerdenführer. — Pl. اجلاب EGLÂB. — 2. = جلاب *marchand d'esclaves.* | Sclavenhändler. — 3. s. جلبة

t چلاب ČELEB oder چلاب ČELÂB (alt). Adj. u. Sbst. *mou, tendre, petit; précieux, noble; animal tendre, cochon de lait; personnage noble, seigneur, Dieu.* | zart, weich, klein; kleines zartes Thier, Saugferkel; zarter oder vornehmer Herr; Gott. شركم قونقه انو سويلرسه اغرلسه چلب جلز وعلالي اغرلمه *quicunque hospitem comiter alloquitur et honorat, eum Deus O. M. honorat* اتكي اتاكي اغرلاغل حرمت قلغل كم چلب رضاسي اوچندر اناشم چلب خشمدر *patrem matremque honora et revereri, id enim gratiam Dei meret; ira vero patris matrisque ira Dei est.* Fleischer, in: Catalogus libror. mss. qui in bibl. Senatoria civ. Lipsiens. asservantur. Pag. 427. not. چلب اقچه ČELEB AKČA. — زيوف اقچه *petite monnaie, fausse monnaie.* | klein Geld, falsches Geld. — vgl. چلبي

p جلب GELEB. Sbst. فاحشه زن ,قحبه ونابكار *femme débauchée.* | schlechtes Frauenzimmer.

p جلب GELEB und جلپ ČELEP. Sbst. 1. سنج *les cymbales.* | Becken. 2. *perturbation, sédition, tumulte.* | Lärm, Aufstand. vgl. *a* جلبة

a جلباب GILBÂB. Sbst. فراجه ,ياشمق ,چندانلق ,چادر ورداء وقميص ومعجر نوعندن بر اورتي *châle ou manteau qui couvre tout le corps; cousinière.* | eine Art Ueberwurf oder Mantel der Frauen; Insektenvorhang.

p جلبسه ĞILBISE. Sbst. *espèce de lézard.* eine Art Eidechse.

a جلبان ĞULBÂN. Sbst. بورچق ,مرجمك *lentille (légume); vesce.* | Linse; Wicke.

t چلپالانمق ČELPALANMAK. Vb. refl., = چلپالانمق *être agité, se remuer.* | bewegt oder geschüttelt werden, sich bewegen.

t جلبور ĞILBUR oder جلبور und جلبير Sbst. 1. كم قايشي *rêne, bride, longe.* Zaum, Zügel. Kam. s. v. المقط — 2. يمورطه لي *des œufs au beurre noir (Hindoglu).* Eier mit Butter, Rührei.

a جلبة ĞELEBET, oder جلب Sbst. غوغا ,آنابنه كوني ,غرور و فرياد *cris, bruit mêlé et confus, tumulte.* | Lärm, wildes Geschrei, Aufruhr.

t o جلبه Sbst. FW. شبكه دام ,بشد و توبرا تمير كوينه *filet; sac à provision.* | Netz; Futtersack.

a جلبة ĞULBET. Sbst. 1. *peau mince qui couvre la plaie en voie de guérison.* | Häutchen auf einer heilenden Wunde. — 2. *année stérile; calamité.* | unfruchtbares Jahr; Noth.

t چلبي ČELEBI. Sbst. [Verlängerung v. چلب] *maître, seigneur (spéc. grec ou européen).* — autrefois: *prince du sang.* | Herr; früher ein Prinz von Geblüt, jetzt gewöhnl. ein vornehmer Grieche oder Europäer. — davon als Adj. *poli, bien élevé, noble, qui sait vivre.* | fein, gebildet, höflich, adelig. — Rel. abstr. چلبيلك ČELEBILIK. *civilité, honnêteté, urbanité.* | Artigkeit, Höflichkeit, Bildung.

t چلتبن s. چلتين

t چلتك ČELTIK. Sbst. *p* شلتوك ,پرنج ,شلتوك ,تيوتملتي ,چلتمك ,پرنج اكلدكاري ير پرنج LL. *riz (plante); endroit où l'on sème du riz.* | Reis (als Pflanze), Reis mit der Schale, Reisfeld. — früher: die Pachtung für die kaiserlichen Reisfelder von Philippopoli, Tatar-bazari etc. v. Hammer d. osm. Reichs Staatsverf. II. 159.

چلتكجي ČELTIKĞI. Sbst. *cultivateur de riz.* | Reisbauer.

t چلتيبن ČELTIBAN oder چنتيان ČINTIJÂN. Sbst. *caleçon des femmes.* | Frauenunterbeinkleid.

a جلاجل ĞULĞUL [*p* ĞELĞEL.] Pl. جلاجل ĞELÂĞIL. Sbst. *clochettes ou petits ronds en cuivre qu'on suspend au cou des bêtes de somme, etc. ou autour d'un tambour de basque.* | Schellen oder kleine runde Metallstücke die man den Thieren an den Hals hängt; runde Metallstücke am Rande der Handtrommel. = جول

a جلجلان ĞULĞULÂN. Sbst. كشنش ,ياشوب سوسم تخمي *coriandre, graine de sésame.* | Koriandersamen.

a جلد ĞELD. Sbst. دكنجي ايله اورمق *action de fouetter.* | das Peitschen, körperliche Strafe.

a p جلد ĞELD. Adj. بسكر و چلالتلو اولان *endurci, fort, prompt, agile, expéditif.* abgehärtet, stark, schnell, flink. جلد بار ĞELD-BÂR. *prompt, agile.* | schnell, flink. جلد قدم ĞELD KADEM. schnell auf den Füssen. جلد مزاج schnell zum Zorn geneigt. Rel. abstr. *p* جلدي ĞELDI. *vîtesse.* | Schnelligkeit.

a جلد ĞILD. Pl. اجلاد EĞLÂD u. جلود ĞULÛD. Sbst. حيوان درسي ,كتنب قبي ,كتب قطعسي *cuir, peau; reliure d'un livre; tome, volume.* | Leder, Haut eines Thieres; Einband eines Buches, ein gebundenes Buch; Band eines Buches.

a جلد ĞELED oder ĞELED. Sbst. قوت زور شدت وقليل و بهادر اولق *dureté, force, rigueur, fermeté.* | Härte, Festigkeit, Stärke, Kraft.

a جلد ĞILD s. جليد

p t جلدار ĞULDAH oder جلدار ČULDÂR. auch جولدار u. جوتتار Sbst. *housse de laine à longs poils.* | eine Art Flanschdecke.

t جلدار ĞILDÂR. Sbst., = چاودار *seigle.* | Roggen.

t جلدجي ĞILDĞI (ĞILĞI). Sbst., = مجلد *relieur.* | Buchbinder.

t چلديرمق ČILDYRMAK. Vb. intr. Aor. چلدير ČILDYRIR. *a* تجنن *être ou devenir fou.* | von Sinnen sein, den Verstand verlieren. چلديرمشميسن ČILDYRMYŠ-MYSYN. bist du toll?

t جلدلمك ĞILDLEMEK. Vb. act. *relier un livre.* | ein Buch binden. — Deriv. جلدلتمك ĞILDLETMEK. Vb. caus. *faire relier.* | binden lassen, zum Buchbinder geben.

t جلدو ČILDU. جلدو ,جلدو ,جولدو u. جلادوي Sbst. بخشش انعام وصله بيندرن باشلدكدر كه بعض لساني نعلند FW. *don, faveur, récompense.* | Geschenk, Gunstbeweis, Belohnung (für Tapferkeit u. s. w.).

a جلس ĞILS. Sbst. ارقداش ,همنشين = جليس qui est assis avec *q. qu., compagnon, familier, ami.* | der bei einem sitzt, Gesellschafter, Freund.

a جلسة ĞULESÂ. Pl. v. جليس

a جلسة ĞELSET. Pl. جلسات [End. جلس] Sbst. *séance.* einmaliges Niedersitzen, Sitzung, geselliges Beisammensitzen.

a جلسة ĞILSET. Sbst. *manière de s'asseoir.* Art und Weise zu sitzen.

t o جلغي LT. قيوا بورك *grand javelot.* grosse Lanze oder Spiess.

t جلغو s. جلغي u. جلغو

a جلف ĞELF. Sbst. *action d'ôter la peau de q. ch., d'écorcher, de déraciner.* | Abschälung, Abziehen der Haut, vollständig wegnehmen, ausrotten.

a جلف ĞILF. Pl. اجلاف EĞLÂF. Adj. u. Sbst., = جليف *grossier, rustre, sot, imbécile, vil.* grob, ungeschliffen, dumm, schlecht, gemein.

t جلق ĞALK. Sbst. vollständiger جلق كرلسمت *p* استنا ,خضخضة LL. *a* خضخضة ,صميمقي كرلو *masturbation, onanisme.* | Selbstbefleckung.

t جلق ĞYLK. Adj. *gâté (un œuf).* | verdarben, faulig (von Eiern); als Sbst. *œuf gâté.* | fauliges Ei.

t چلقاتمق ÇALKATMAK, چالقلمق ÇALKALANMAK, چالقمق ÇALKMAK s. چالقمق

t چلقلنمق ÇYLKLANMAK. Vb. intr. *se gâter (un œuf).* | faulig werden (ein Ei).

t چالقی ÇALKY. Sbst., = جیغر *petit sentier.* | schmaler Fussteig (auf einer Wiese). Kam. s. v. الشراك

t o چلك ÇELEK. Sbst. 1. LT. کوزه چوبین vgl. چلتك *vase de bois, seau.* | hölzernes Gefäss, Eimer, Fass. | ÇÖMLEK, ÇILK. BK. کاچه دراز Schöpflöffel zum Herausnehmen aus dem Kochtopfe | — 2. *la première et plus grande plume de l'aile* die gröste Feder am Flügel (Bianchi).

t چلك ÇELIK, auch ÇÖLIK u. چلیك Sbst. *p* پولاد *acier.* | Stahl. — چلك چومق اویونی Name eines Spieles der Kinder, = *a* مقلی . قلی oder قلسة *p* الاوره Kam. BK vgl. چالك

t چلك ÇILEK. Sbst. *fraise (fruit), capron.* | Erdbeere. چلك فیدانی Erdbeerstock. آغاج چلکی AGAČ-ČILEGI *framboise.* | Himbeere.

p چلکه ÇELGÄH auch چلك u. چلکه Sbst. *territoire.* | Gebiet.

t چل s. چللو

p چلم ČILIM s. چیلم

a جلمد ĞELMED. Sbst. یاوز وشدید آدم . قیا *roche, pierre; homme dur.* | Fels, Stein; hartherziger Mensch. — Pl. جلامد ĞELÂMID.

t o چلمق ÇALAMAK. LT. چالمق s. نواختن

t o چلمق ÇYLMAK. LT. طلبیدن *désirer, demander.* | verlangen.

t چلمك ÇELMEK. Vb. act. Aor. چلر ÇELER. 1. *pousser avec le pied, donner un coup de pied.* | mit dem Fusse stossen, fortstossen. — 2. *changer d'avis.* | seine Meinung ändern, sich anders besinnen.

t o چلمه LT. سرکین بز وگوسپند که در راه جمع شود چاتی بر بندد *tas de crottin de chèvre et de mouton, qui barre la route.* | Mist von Ziegen und Schafen, der den Weg versperrt.

p a جلنار ĞULNÂR. Sbst. Tahrif v. گلنار *fleur du grenadier.* | Granatblüthe.

p a جلنجبین ĞULENGIBIN. Sbst. Tahrif v. گل انگبین *conserve de rose préparée avec du miel.* | Teig von Rosenblättern und Honig.

p a جلنسرین ĞULNESRIN. Sbst. Tahrif v. گل نسرین *fleur d'églantier.* | die Hain-Rose, wilde Rose.

t چلنك ÇELENK. Sbst. *seau.* | Eimer. vgl. چلك

t چلنك ÇELENK oder ÇYLENK, auch چلنگ ÇYLNK. Sbst. *sorte de décoration militaire, portée en aigrette.* | eine Art militärische Auszeichnung für Tapferkeit, die an der Kopfbedeckung getragen wird.

p t چلنکر ÇILINGER oder چلنگیر ÇILINGIR. Tahrif v. چلانگر

p جلو ĞELEW oder ĞILEW. Sbst. *a* عنان *rênes.* | Zügel.

a جلواز ĞILWÂZ. Sbst. شرطی *sbire, homme de la garde urbaine.* | Häscher, Scharwächter.

a جلوه ĞILWET (ĞELWET, ĞÜLWET) vulg. ĞILWE. [Rad. جلا] Sbst. *éclat, beauté, charme, grâce, apparition d'un objet brillant ou d'une personne parée; parure d'une fiancée; cérémonie de la levée du voile d'une jeune mariée; démarche et prétention de la beauté, coquetterie, caresse, geste amoureux; fard.* | Glanz, Schönheit, Reiz, Lieblichkeit, Liebkosung, Koketterie, verliebtes Benehmen, Schmeichelei; deutliches Erscheinen, Klarheit; Erscheinen eines glänzenden Gegenstandes oder einer geputzten Person; Brautschmuck, Ceremonie der Entschleierung einer Braut; Schminke. — ETMEK, — KERDEN. *apparaître; faire paraître.* | erscheinen, sich zeigen; erscheinen lassen. جلوه گاه ĞI. GÂH. *lit nuptial, chambre nuptiale.* | Brautbett, Brautgemach. جلوه گر ĞI.-GER. *qui déploie ses grâces, fait voir ses charmes, resplendissant, orné.* | seine Reize entfaltend, glänzend, schön, geschmückt. جلوه گری *coquetterie, caresse.* | Entfaltung der Reize, Koketterie, Liebkosungen. — Theol. myst. Völliges Aufgeben des menschlichen Individuums in Gott.

a جلود ĞULÛD. [جلد I.] Sbst. 1. *valeur, courage, agilité.* | Stärke, Muth, Gewandheit. — 2. Pl. v. جلد ĞILD.

t چلوس ÇULÛS. Sbst. (n. gr. τζουλοῦφι) *gland, houppe.* | Troddel, Quaste.

a جلوس ĞULÛS. [جلس I.] Sbst. تخته جلوس *action de s'asseoir sur le trône, avènement au trône.* | das sich setzen oder sitzen; insbes. Thronbesteigung, Regierungsantritt. — ETMEK. *monter sur le trône.* | den Thron besteigen, die Regierung antreten. جلوس نامه ĞI. NÂME. *diplôme de notification de l'avènement au trône.* | Urkunde der Thronbesteigung.

a جلوسی ĞULÛSII. Adj. *qui a rapport à l'avènement au trône.* | auf die Thronbesteigung bezüglich.

p جلاه s. جلاه

t چله ÇILE und چلّه Sbst. یای کریشی *corde.* | Schnur, Bogenschnur. یای چله سی ... چله کچورمك oder کچیروب قورمق *bander l'arc.* | den Bogen spannen.

p چله ÇILLE u. چلّه ÇILLE. Sbst. چهل روز قرق گون چکلن صیقنتی *une quarantaine de jours, de carême, d'exercices ascétiques, etc., les quarante jours les plus froids de l'hiver; les quarante jours qui suivent l'accouchement d'une femme.* | Zeitraum von vierzig Tagen, insbes. vierzigtägiges Fasten, vierzig Tage ascetischer Uebungen (als Noviziat oder als Sühne); überhaupt: Fasten, Leiden, Dulden, Noth; die vierzig kältesten Tage des Winters; die ersten vierzig Tage nach der Entbindung.

t چله ÇELE. Sbst. [Tahrif v. *p* کله] *tête d'animal abattu.* | Kopf eines geschlachteten Thieres.

a جلی ĞELI. Adj. واضح روشن آچیق ایشکار اولان *brillant, resplendissant, clair, évident, manifeste; (en parlant de la voix) clair, haut.* | glänzend, klar, deutlich, offenbar; von der Stimme: hell, laut, als Sbst. *sorte d'écriture.* | eine Art Schrift, ähnlich dem taʿwisi. — Femin جلیه ĞELIJET, als Sbst. *chose claire et évidente, nouvelle vraie et certaine* etwas deutliches, klares; ausgemachte Sache, wahre Begebenheit.

a جلیب ĞELIB. [Rad. جلب] Sbst. *esclave exposé en vente.* | zum Verkauf gebrachter Sclave. — Pl. جلبی ĞELBÂ und جلباء ĞULEBÂ. — Fem. جلیبه ĞELIBET.

p چلیپا ÇALIPÂ. Sbst. (chaldäisch צליבא) *croix.* | das Kreuz.

a جلید ĞELID. [Rad. جلد] Adj. und Sbst. 1. چست و بهادر اولان *dur, ferme, fort, vaillant, courageux.* | hart, fest, tapfer, muthig. — 2. *p* شبنم قراغی — FW. ده زمهریر و نکی از بیدرتشلی چشم پشند *rosée, gelée blanche.* | Thau, Reif; Benennung eines Häutchens im Auge, an dem die ĞELIDIJE heftet; vgl. d. Fgde.

a جلیدیه ĞELIDIJET. Sbst. کوز بکیکنده اولان صو eine Feuchtigkeit im Auge, humor cristallinus (?).

a جلیس ĞELIS [Rad. جلس] Adj. u. Sbst. Pl. جلساء ĞULESÂ. *qui est assis auprès de q. qn., convive, compagnon, confident, camarade, collègue.* | bei einem sitzend, Gesellschaft leistend, Beisitzer, Genosse, Vertrauter. — Theol. myst. *le corps humain.* der Körper (als beständiger Begleiter der Seele).

t o چلیق ÇYLYK. SL. چرك چشم Augenschmutz. — Rel. abstr. u. concr. چلیقی نیز SL. کور یعنی چرك چشم blind; Blindheit.

p t چلیپه s. چلك

a جلیل ĞELIL. [Rad. جلّ] Adj. اولو . بزرگ . عظیم *grand, sublime, illustre.* | gross, erhaben, herrlich, erlaucht. آستان جلیل البرهان *la sublime porte.* | die hohe Pforte. — Plur. اجلّه EĞILLET u. جلّه Fem. جلیله ĞELILET. جلائل ĞELÂIL. *chose d'importance.* | wichtige Sache, grosse Begebenheit. جلائل دلائل ایله durch grosse (d. i. überzeugende) Beweise.

t چلیمسز ÇELIMSIZ und چلمسز Adj. خفیف . بدنی قلیل اللحم . آریق . نحیف . اللحم ... *maigre, mince.* | mager, schmächtig. Kam. an vielen Stellen. — Adv. چلیمسزجه Kam.

t چلین ÇYLAJN (ÇILLIN, ĞYLAJN, ĞÜLEJN) Postpos., = کبی *comme, semblable, à l'instar.* | gleich, wie, ähnlich. بنچلین BENČILEJN, = بنم کبی *comme moi.* | wie ich.

p جم ĞEM. 1. N. pr. *nom d'un grand roi des Perses.* | Name eines persischen Königs, = Dschemschid, auch Alexander der Grosse und Salomon. جم جاه *aussi élevé que Djem.* | so erhaben wie Dschem. — 2. Sbst. *grand roi.* | grosser König. — 3. *essence, nature.* | Wesen, Natur einer Sache, = *a* ذات. — 4. Adj. *pur, innocent.* | rein, unschuldig.

p ĠEM. Rad. v. جمیدن. جم

a جمّ ĠEMM. Sbst. u. Adj. جوق اولق. اولچیکی بشلو اولچمک. ازدحام. علبملق *état d'être abondant, être complet, être au comble; action de combler; foule, multitude; exubérant, abondant, nombreux, complet* | Ueberfluss, grosse Menge, Fülle; Auffüllung über das Mass; Haufen, Gedränge. جمّ غفیر ĠEMM-I ĠAFÎR. eine ganze, grosse Menge Adv. جمّاً ĠEMMEN. *en foule, en grand nombre.* | in Menge, in grosser Anzahl, überreichlich.

a جماح ĠIMÂḤ. [جمح I.] Sbst. سرکش اولق *opiniâtreté, être rétif.* | Widerspenstigkeit, Halsstarrigkeit (von einem Pferde, einer Frau die gegen den Willen des Mannes in ihre Familie zurückkehrt). vgl. جموح

a جماد ĠEMÂD. [Rad. جمد] Sbst. نسنه ذی حیات اولان *corps inanimé et inorganique; fossile.* | unbelebter und unorganischer Körper (wie Steine, Metalle u. s. w.), Mineral. — Pl. جمادات ĠEMÂDÂT. *le règne fossile.* | das Mineralreich, = جوامد vgl. جامد

a جمادی ĠEMÂDÎ. Adj. *inanimé et inorganique.* | unbelebt und unorganisch.

a جمادی ĠUMÂDÎ oder ĠUMÂDÂ. vulg. جمازی ĠEMÂZI. Sbst. *nom des 5me et 6me mois de l'année lunaire.* | Name des fünften und sechsten Monats des mohammedanischen Jahres. جمادی الاولی ĠUMÂDÂ-'L-ÛLÂ. vulg. جمازی الاوّل ĠEMÂZI-ÛL-EWWEL. Abk. جا u. جـ der erste *ê*. جمادی الاخری ĠUMÂDÂ-'L-UḪRÂ. vulg جماذ الآخر ĠEMAZI-ÛL-AḪYR. Abk. ـبر u. ـبر der zweite *ê*. vgl. Zeitschr. der D. M. G. VIII. 589.

a جماع ĠEMÂ'. Sbst. جمعیت *tout le peuple, la foule.* | die Menge, das Volk. Adv. جماعاً ĠEMÂ'EN. *en foule, tout, tant qu'ils sont* | in Menge, insgesammt.

a جمار ĠIMÂR. Sbst. Pl. v. جمرة

a جمّار ĠUMMÂR. Sbst. *cœur du palmier.* | die obere Spitze des Palmbaums, d. i. die zarten, einem Kohlkopf ähnlichen Blätter, die nicht abgeschnitten werden dürfen, weil dann der Baum eingeht.

a جمّاز ĠEMMÂZ. Adj. u. Sbst. جمازه کیدر اولان دوه ارککی *qui marche vite; dromadaire.* | schnell schreitend; schnell gehendes Kameel, Dromedar. Femin. جمّازة ĠEMMÂZE.

a p جمّازوان ĠEMMÂZEWÂN. Sbst. دوهجی *chamelier, conducteur de dromadaires.* | Kameelführer.

t جمازی ĠYMAZY. Adj., = قرمزی *cramoisi.* | kirschroth. جمازی چوقه Ç.OḲA *drap de couleur cramoisie.* | rothes Tuch

p جمّاش ĠEMMÂŠ. Adj. u. Sbst. FW. شوخ وشوخی وفریبندکی و مستی پیشه و بمعنی آرایش و عربده تیز قسمت *lascif, impudent; impudence; ivresse; déception;* *ornement.* | unverschämt, Unverschämtheit; Trunkenheit; Täuschung; Schmuck.

a جمّاش ĠEMMÂŠ. [Rad. جمش] Sbst. FW. تراشنده موی سر وعشق بازی کننده زلیرست. زلباز. زندوست. بشمد در پنهان *qui se rase la tête; qui fait l'amour en cachette; qui court après les femmes.* | der sich den Kopf rasiert; der Liebständelei treibt, den Weibern nachläuft, Liebschaften unterhält.

t جماشیر ĠAMAŠYR v. چماشیر

a جماع ĠIMÂ'. [جمع III.] Sbst. جفتلشمک. تعلق تناسل لجماع *action de s'accoupler pour la génération; coït.* | geschlechtliche Beiwohnung.

a جماعت ĠEMÂ'ET. Sbst. بسر ارابه کلوب طوپلانمش اولان انسان. جمله سی و قبول واحده تعلّق اولان عما و جماعه و جمعیّت جماعت *troupe d'hommes, réunion, rassemblement, assemblée, société, foule, multitude, corps de troupes, communauté, congrégation.* | Vereinigung von Menschen an einem Orte, Gesellschaft, Menge, Truppe, Gemeinschaft, Gemeinde. جماعت المسلمین oder جماعت اهل الاسلام *la communauté des fidèles.* | die Gemeinde der Gläubigen. جماعت باشی *président d'une assemblée.* | Vorsitzender einer Versammlung

p t جماق u. جوماق ĠUMAḲ. Sbst. *massue.* | Keule.

a جمال ĠEMÂL. [Rad. جمل] Sbst. خوبلق. دلکشلق. کوزللک *beauté.* | Schönheit. جمال اوینی *ê*. OJUNU, *espèce de jeu, de déguisement ou d'imitation de figures humaines.* | eine Art Spiel (Verkleidung u. dgl.). Bianchi.

a جمال ĠUMMÂL. Adj پك كوزل اولان *très-beau.* | sehr schön.

a جمال ĠIMÂL. Sbst. Pl. v. جمل

a جمّال ĠEMMÂL. Sbst. دوهجی *chamelier.* | Kameeltreiber.

a جمان ĠUMÂN. Sbst. collect. — [Nom. unit. جمانة] *perles; ceinture enrichie de perles ou de verroteries, etc.* | Perlen; Perlenschmuck, mit Perlen u. dgl. besetzter Gürtel.

p جمانیدن ĠEMÂNIDEN. Vb. caus. v. جمیدن

a جماهیر ĠEMÂHÎR. Sbst. Pl. v. جمهور

it. جمبالو ĠYMBALO. Sbst. (cimbalo). *clavecin, piano-forte.* | Klavier, Pianoforte

t جمجاق ĠAMĠAḲ, auch جمجیق, جمجه, جمجق, جمجمه *écuelle de bois, coupe à boire* | hölzerner Napf oder Schale zum Trinken. vgl. جمجمه

t o جمجان ĠUMDAN. Sbst. FW. جوجمر *chemise.* | Hemd. vgl. بمغولی بیراشنی بکشد

t o جمجقوه ĠAMĠUḲOA Sbst. برنوع قمچی زنشد که انلی قمچی اورولور *fouet.* | eine Art Peitsche: Schnur aus welcher die Peitsche geflochten wird.

a جمجم ĠUMĠUM. Sbst. بشاق جمجمی. ضجد, دولش چسن *crâne; écuelle ou coupe de bois.* | Hirnschale; hölzerne Schale zum Trinken. — Pl. جماجم ĠEMÂĠIM und جماجم ĠEMÂĠIM.

p t جمجمه ĠAMĠA oder ĠUMĠA, auch جمجاق, جومجه Sbst., = *écuelle de bois.* | hölzerner Napf, Trinkschale. Sudi, Comm. zu Gulist. ed. Constant. P. 175. lin. 6 جمجه ترکیجه جمجق دیدکلیدر که بوزاجیلر استعمال ایدرلر کمجه دینیلر کفکیر کبی که بتی آش. LT. اقترا ایدرلر قاشق *t* = خورند و کذا فی سعدی *cuillère (de bois).* | Löffel (von Holz). vgl. جومجه u. جومچر

t o جمجه ĠUMĠE. SL. جمنی با تلاق *place où une assemblée a lieu.* | Ort, wo eine Versammlung oder Zusammenkunft stattfindet.

a جموح ĠEMÛḤ. Sbst. آت سرکش اولق *action de s'emporter (d'un cheval), être rétif.* | das Durchgehen eines Pferdes, wild sein, den Reiter nicht aufsteigen lassen.

a جمود ĠEMÛD. Sbst. طوکمق *action de s'épaissir.* | Verdichtung. vgl. جمود

a جمد ĠEMD u. ĠUMUD. Sbst. دوکسلجه ارض *sol élevé et dur.* | hoher und fester Boden, hochgelegene Stelle. — Pl. اجماد EĠMÂD. *places fortes.* | feste Plätze.

t o جمدک ĠIMDEK. Sbst. LT. جمدکك *griffe.* | Kralle.

t جمدك ĠIMDIK und جمدیك Sbst. *action de pincer, pinçon, pincement* | Kneifen (mit den Fingern).

t جمدکلمك ĠIMDIKLEMEK und جمدلمك ĠIMDILEMEK. Vb. act. *pincer.* | kneifen (mit den Fingern).

t o جمدو Sbst. LT. مورچه kleine Ameise, damascirte Klinge (?).

t o جمدیماق ĠYMDYMAḲ. Sbst. SL. برنیم موطلی *petite plume.* | zarte Vogelfeder oder Vogelfedern.

t جمدیمك ĠIMDIMEK. *t o* جیدیمك SL. Vb. act. Aor. جمدر ĠIMDIR. بو انکشتن نشکنج کرفتن. کوبلك *pincer.* | kneifen (mit den Fingern).

a جمرة ĠEMRE. Sbst. Pl. جمر ĠEMR, ĠEMR u. جمرات ĠEMERÂT, — 1. آتشك کوز اول بیره قریب قوا وعمو و ازهلاد بسر فارسیه اسی آتشك بشلادقلری موسمر که اوج جمره در اول شواسه بعده صوینه و بعده ارضه دیشر *braise allumée, charbon ardent; anthrax (Medic.); chaleur de l'air au commencement du printemps, chaleur vitale.* | glühende Kohle; Karfunkel; die warme Luft oder die drei Einströmungen der Lebenswärme im Anfange des Frühlings, die erste, welche die Luft erwärmt, dreissig Tage vor dem Frühlingsaequinoctium, die zweite, sieben Tage später, welche das Wasser erwärmt, die dritte, sechzehn Tage vor dem Aequinoctium, welche die Erde erwärmt. — Theol. myst. انجم الثلث Wesen, Naturanlage und Gewohnheiten des Menschen. جمرۂ حسیه die in der Luft fliegenden Spinngewebe, = [illegible] Kam. s. v. [illegible]. — 2. *cérémonie observée à la vallée de Muna et qui consiste à jeter des cailloux.* | das Kieselwerfen im Thale Muna, bei der Wallfahrt.

t چمرك ĆEMREK. Adj. *retroussé.* | aufgeschürzt, = [illegible] Kam. s. v. [illegible] Adv. [illegible] ibid s. v. [illegible]

t چمرلمك ĆEMREMEK. [illegible] Vb. act. [illegible] Kam. *retrousser la robe.* | aufschürzen (das Kleid). s. v. [illegible] Deriv. چمرنمك ĆEMRENMEK. u. [illegible] Vb. refl. [illegible] Kam. *se retrousser, se disposer à faire une chose.* sich aufschürzen, sich zu einem Geschäft schürzen, d. i. bereit machen, an die Sache gehen.

t جمري GEMRI (auch GÜMRI, ĞEMRI). Adj. u. Sbst. *pauvre, vil, ignoble, ladre, mesquin.* Pl. *la populace.* Q. | arm, niedrig, schlecht, gemein, knauserig, geizig. Pl. das schlechte, niedere Volk, Janhagel. [illegible] Ali Schir. Q. Pl. arab. [illegible] GÜMIRE Raschid eddin Hist des Mongoles ed. Quatremère I. 226 not. 68. — Rel. abstr. جمريلك GEMRILIK *ladrerie, lésinerie.* | Knauserei. — ETMEK *lésiner.* | knausern.

t [illegible] s. [illegible]

p جمشيد ĞEMŠID. N. pr. *nom d'un roi des Perses.* Name eines Königs der alten Perser, Sohnes des [illegible]

t جمشير ĆIMŠIR. Sbst. *buis.* | Buchsbaum.

a جمع ĞEM'. Sbst. [illegible] *action de rassembler, d'accumuler, de ramasser, de réunir; collection; foule, multitude.* | Versammlung, Zusammenhäufung, Sammlung, Hinzufügung; Vereinigung, Menge. Gramm. *le nombre pluriel.* | der Plural (vgl. d. arab. Gramm.). — Arithm. die Addition — Rhetor. die Zusammenfassung v. Mehren S. 108 110. — Theol. myst. [illegible] Vereinigung der Vereinigung, d. i. das vollständige sich Versenken in Gott. [illegible] Sammlung des Zerstreutseins, der Anfang zur geistigen Sammlung. — Plur. جموع ĞUMÛ'. *troupes.* | Truppen. — ETMEK. *rassembler, réunir, ajouter, faire addition.* | versammeln, vereinigen, hinzufügen; addiren. — OLMAK (refl) *se rassembler, etc.* | sich versammeln, zusammenkommen. OLUNMAK (pass) *être rassemblé, etc.* versammelt, zusammengebracht, addirt u. s. w. werden.

a جمعه ĞUM'A. Sbst. *réunion; vendredi.* Versammlung; der Freitag, vollständiger [illegible] [illegible] Versammlungstag. [illegible] *samedi.* | Sonnabend.

ep جمعدان ĞAM'ADAN. Sbst. *valise.* Mantelsack, Reisesack.

at جمعلنمق ĞAM'ALANMAK. Vb. refl. *se rassembler, se réunir.* | sich vereinigen. — Gramm. *se laisser former en pluriel.* | sich als Plural bilden lassen, den Plural bilden, die Pluralform annehmen. — Deriv. جمعلندرمق ĞAM'ALANDYRMAK. Vb. caus. *former un nom ou un verbe en pluriel.* | den Plural eines Wortes bilden.

a جمعيت ĞEM'IJJET. Sbst. *réunion, rassemblement; recueillement d'esprit.* | Versammlung, Gesellschaft; Sammlung des Geistes [Gegentheil von [illegible]]. — Theol. myst. das Streben in der Gottheit zu leben, sich in Gott zu versenken.

ap جمعيتگاه ĞEM'IJJET-GÂH. Sbst. *lieu de réunion, de rassemblement.* | Versammlungsort.

ta جمق ĞUMAK. Sbst. LT. [illegible] *énigme.* | Räthsel.

p چمغادار ĆUMAĞDAR s. [illegible]

t چمقره Sbst. *arrosoir.* | Giesskanne (der Gärtner, von Blech). Kam. s. v. [illegible]

t [illegible] Vb. act. = [illegible] *foirer, chier.* | dünn scheissen (von Vögeln u. dgl.), den Dreck ausspritzen. Kam. s. v. [illegible] u. öfter.

t چمك ĆIMMEK und چممك Vb. intr. [illegible] *entrer dans l'eau pour se laver, se baigner.* | in's Wasser gehen um sich zu waschen, untertauchen, sich baden.

a جمل ĞEMEL. Sbst. [illegible] *chameau mâle.* | vollständig ausgewachsenes, männliches Kameel. — Pl. جمال ĞIMÂL.

a جمل ĞUMEL. Pl. v. جمله.

a جمل ĞUMMEL. Sbst. *corde, cordage.* | Tau, Schiffstau.

ta جملاقه SL. [illegible] *rideau; voile.* | Vorhang; Schleier.

a جمله ĞUMLE. Sbst. *somme, totalité, réunion, universalité; tous; grande quantité; phrase, proposition; catégorie, classe.* | Summe, das Ganze, Allgemeinheit, alle zusammen; grosse Menge; Paragraph, Kategorie, Klasse. — Gramm. der Satz, Phrase. — [illegible] EL-ĞUMLE. *tous, tout le monde.* | alle, jedermann. — Adv. *généralement, totalement, en somme.* | im Allgemeinen, im Ganzen. [illegible] FIL-Ğ. *en un mot, bref, entre autres choses.* | mit einem Worte, kurz, unter andern. [illegible] EZ Ğ. und [illegible] MIN Ğ. oder [illegible] BU ĞUMLEDEN. *de cette (la dite) classe ou catégorie; entre autres.* | von der (angeführten) Art, von dieser Klasse oder Kategorie, unter Anderem. بو جمله ايله BU Ğ. ILE. *avec tout cela, néanmoins.* | bei alledem, ungeachtet. جملهسي ĞUMLESI. *eux tous, le tout.* | alle von ihnen, das Ganze. — Adv. جملةً ĞUMLETEN. *entièrement, en tout, sans exception.* | gänzlich, im Ganzen, ohne Ausnahme. — Rel. abstr. *p* جملكي ĞUMLEGI oder جملي ĞUMLEJI. *universalité, totalité; tous.* | Allgemeinheit, Gesammtheit; alle zusammen.

t [illegible] s. [illegible]

p چمن ĆEMEN. Sbst. [illegible] *prairie, verger, jardin, lieu ombragé.* | Wiese, Garten (mit Rasen, Bäumen oder Blumen), schattiger Ort. — Hindoglu: *fenu grec (plante).* | Bockshorn چمن [illegible] ĆEMENOTU u. [illegible] ĆEMENIJI. — [illegible] *jardinier.* | Gärtner. چمنزار ĆEMENZÂR und چمنستان ĆEMENISTÂN. *lieu de verdure, prairie.* | Wiese. چمنزيب ĆEMEN-ZIB. *qui embellit la prairie.* | die Wiese zierend. چمن صفه ĆEMEN-SOFFA. *banc, tapis de verdure.* | Rasenteppich. — Rel. abstr. چمنلك ĆEMENLIK. *lieu de verdure.* | Wiese.

t چمن ĆEMEN. Sbst. Tahrif v. *a* كمون *cumin.* | Kümmel.

a جموح ĞEMÛḤ. [Rad. جمح] Adj. *rétif, opiniâtre.* | widerspenstig, eigensinnig (von Pferden).

a جمود ĞEMÛD. [جمد I.] Sbst. [illegible] *action de s'épaissir, de geler, s'endurcir; se figer, se prendre, être dur; dureté du cœur; lâcheté.* | das Gerinnen, hart und fest werden, sich verdicken, sich verhärten; in moral. Beziehung: hartherzig werden oder sein; Hartherzigkeit; Mangel an Eifer zu einer Sache.

a جمودت ĞEMÛDET. Sbst. *dureté.* | Härte.

a جموع ĞUMÛ'. Sbst. Pl. v. جمع.

a جمهور ĞUMHUR. Sbst. *multitude, peuple; l'état, république.* | die Menge, das Volk; der Staat; Republik. امور جمهور öffentliche Angelegenheiten.

a جمهوريت ĞUMHURIJJET. Sbst. *constitution républicaine ou démagogique; république.* | republikanische, demagogische Staatsform; Republik.

t جميعاً ĞUMIJEN. Tahrif v. [illegible] *tous ensemble.* | alle zusammen.

t جميلدامق ĞYMILDAMAK. Vb. intr. [illegible] *se mouvoir, s'agiter, marcher en se dandinant, marcher avec fierté.* | sich bewegen, sich beim Gehen drehen und wenden, stolz einherschreiten.

a جميع ĞEMÎ'. Adj. u. Sbst. *réuni, rassemblé; tout, tout entier; foule, troupe, armée.* | vereint; alles, ganz; Menge, Truppe, Heer. — Adv. جميعاً ĞEMÎ'AN. *ensemble, entièrement, tous à la fois.* | zusammen, ganz, alle auf einmal.

a جميعت ĞEMÎ'ET. s. جمعيت *réunion.* | Vereinigung, Versammlung.

ap جميعتگاه ĞEMÎ'ET-GÂH. Sbst. *lieu de réunion.* | Versammlungsort, Sammelplatz.

a جميل ĞEMÎL. Fem جميله ĞEMÎLE. Adj. [illegible] *beau, joli; décent; bon, bienfaisant.* | schön, hübsch, anständig; wohlthuend. [illegible] *belles qualités.* | gute Eigenschaften. Pl. جميلات ĞEMÎLÂT. *bonnes choses, bonnes œuvres; bienfait.* | gute Dinge, gute Werke, Wohlthat.

a جن ĞINN. Sbst. collect. v. Singul. جني ĞINNI. *génies, démons (bons et mauvais).* | Genien, Dämonen (gute und böse, die zwischen den Engeln und den Menschen in der Mitte stehen und aus Feuer geschaffen sind). جنس [illegible] die Rasse der Genien. [illegible] die Genien spielen darin mit Kugeln, d. i. der Ort ist ein Tummelplatz der Genien, ist ganz öde. — Rel. concr.

جنلو ĠINNLÜ u. جنّی ĠINNÎ. *appartenant aux génies; extraordinaire, merveilleux, démoniaque, furieux, frénétique, enragé.* | dämonisch, ausserordentlich, wunderbar, besessen, wüthend.

a جناب ĠENÂB. Sbst. سرای و خانه . حضرت . بر مقام بولندیغی محل . حوالیسی vgl. جناب *cour ou enceinte de la maison; maison avec ses dépendances; place où se trouve q. qn.; place, rang, dignité de q. qn.; (sert comme terme de respect ou de politesse).* | Umgebung des Hauses; Haus und Hof; Ort wo sich jemand befindet, Stelle die jemand einnimmt; — dient als Ausdruck der Hochachtung in allen Graden, im Sinne von Wohlgeboren bis zur Majestät Gottes und wird, wenn von Gott oder mohammedanischen Würdenträgern die Rede ist, dem Worte vorgesetzt, wenn von nicht mohammedanischen Würden die Rede, dem Worte oder Namen nachgesetzt und mit dem Pronom. posses. der 3. Person verbunden, welches je nach dem Range im Singular oder Plural gesetzt wird. جناب حق ĠENÂBI HAKK die Majestät Gottes. جناب مسبب الاسباب die Majestät der Grundursache aller Wesen. جناب رسالتپناهی Seine Heiligkeit, die Zuflucht des Apostolates (d. i. der Prophet Mohammed). ایلچی نك جنابلری Sr. Excellenz der Gesandte. — In der Anrede, wie جناب شریفکز Eure Hoheit u. dgl. ist dieser Ausdruck nur bei den Armeniern gebräuchlich.

a جنابة ĠENÂBET. Sbst. انزال منی سببیله ایکی مقعد اوزرینه *impureté légale; par écoulement de la semence.* | Befleckung durch Samenergiessung; als Interjection: *homme vil! souillé! impur!* | schmutziger, unreiner Kerl! جرم و جنابت ĠURM U ĠENÂBET. *péché et impureté; amende.* | Sünde und Befleckung; Straf- und Sühnegeld. Rel. abstr. جنابتلك ĠENÂBETLIK = جنابة

a جنات ĠENNÂT. Sbst. Pl. v. جنّة

a جناح ĠENÂH. Sbst. قناد *aile (d'oiseau, d'armée), nageoire.* | Flügel (eines Vogels, eines Heeres); Flossfeder. Dual. جناحین ĠENÂHÂN u. Cas. obl. جناحین ĠENÂHEJN. *les deux ailes; les épaules.* | die beiden Flügel; die Achseln. جناح بعوضه *aile de moucheron, c. à d. un rien.* | Mückenflügel, d. i. ein sehr Geringes, so viel als Nichts.

pa جناح ĠENÂH. Sbst. = *p* گناه *péché, crime.* | Sünde, Verbrechen.

a جنادل ĠENÂDIL. Sbst. Pl. v. جندل *les cataractes (spéc. du Nil).* | die Wasserfälle des Nil.

a جنّار ĠINNÂR. Sbst. = جلنار *fleur du grenadier.* | die rothe Granatblüthe.

p جنار ĠINÂR. Sbst. *platane.* | Platane, Sycamore. Rel. abstr. جنارلق ĠINÂRLYK. Platanenhain.

a جنازة ĠENÂZE. Sbst. *brancard; homme mort, cadavre; funérailles.* | Todtenbahre; Leiche; Leichenbegängniss.

a جناس ĠINÂS. Sbst. *homogénéité; assonance, paronomasie, calembour.* | Homogeneität, Assonanz. Rhetor. Paronomasie, Wortspiel, = تجنیس vgl. v. Mehren, Rhetor. d. Arab. S. 154.

a جنافیر ĠENÂFÎR. Sbst. Pl. v. جنفور

to جناق ĠANAK. 1. Sbst. رکاب . ولنه طلیقه *étrier.* | Steigbügel. 2. Nom. propr. Name eines Volkes.

p جناق ĠANAK. گرده نشکه تلمی . بغش . *(pl.)* اسب *pain rond; arçon.* | eine Art rundes Brod oder Kuchen; der vordere Sattelbogen.

t جناق ĠANAK oder جنق Sbst. *a* قصعة . *p* کاسه . کرده . قدح *plat, écuelle, coupe, crâne.* | Schüssel, Schale, Hirnschale [vollständiger گمی جناغی (ایش جنقی) GEMI ĠANAGY. *hune.* | Mastkorb. جناق قلعه سی ĠANAKKALASY. Namen eines der Dardanellenschlösser. — Rel. abstr. جناقلق ĠANAKLYK *hune.* | das Mars oder der Mastkorb. (Redhouse: the top (scaffold aloft on board ship, round the foot of the topmast): [پرووه — ایش جنقلغی] or the fore-top; گرانده جناقلغی the main-top.)

to جناق ĠYNAK u. ĠYNYK, auch جنق

u. جنیق ĠENAG u. ĠINAG. Sbst. کلبده ایلی و اسعد رکاب LT u. SL. *genouillère de la selle; courroies d'étriers.* | Sattelklappe, Leder vorn am Sattel. Sattelriemen, Satteldecke; Riemen am Steigbügel.

a جنان ĠENÂN. Sbst. یورك . کوکل . قلب *coeur; amant.* | Herz; der Geliebte. — Fem. جنانة ĠENÂNET. *amante.* | die Geliebte.

جنان ایل جان جگر جنان erst das eigene Selbst, dann der Geliebte.

a جنان ĠINÂN. Sbst. Pl. v. جنّة

p جنان ĠUN-ÂN = چون آن . اویله . شویله . بویله . بو وجهله *comme cela, de cette manière, tel, tellement.* | wie dies, so, ebenso (wie dieses) vgl. جنین

a جنایة ĠINÂJET. [Rad. جنی] Sbst. ذنب . جرم . بر کمسه حقنده تعدی *délit, méfait, crime, offense; amende.* | Beleidigung, Beschädigung jemandes, Verbrechen, Gewaltthat, Schandthat gegen jemand; Geldstrafe für ein Vergehen. — ETMEK, *faire tort à q. qn.; commettre un crime.* | sich gegen jemand vergehen, sich etwas zu Schulden kommen lassen.

ap جنایتکار ĠINÂJET KÂR. Sbst. تعدی و قباحت صاحبی ظالم *qui fait tort à q. qn.; qui fait violence, violateur.* | der sich gegen jemand vergeht, eine Gewaltthat begeht.

a جنب ĠENB. vulg. ĠEMB. Pl. جنوب ĠENÛB, ĠUNÛB u. *t* جنبلر ĠENBLER اجناب *côté, plage, partie.* | Seite, = یان . طرف Gegend = ناحیه — als Adv. *auprès de, près, chez.* | nahe bei. ذات الجنب ZÂT ÛL ĠENB. vulg. ذات الجنب SATLYĠAN *pleurésie.* | Seitenstechen.

a جنب ĠUNUB. Sbst. *souillé par l'écoulement de la semence.* | befleckt durch Samenausfluss vgl. جنابة

to جنباق Sbst. LT. دانه *grain.* | Korn, Stück (J).

p جنبان ĠUMBÂN. [Partic. v. جنبیدن] Adj. *mobile, remuant, turbulent.* | beweglich, unruhig. — Rel. abstr. جنبانی ĠUMBÂNÎ u. جنبانلق ĠUMBANLYK. *inquiétude.* | Unruhe, Beweglichkeit.

p جنبانیدن Vb. caus. v. جنبیدن

p جنبد ĠUMBED, u. جنبده ĠUMBEDET. Sbst. = قبه . کمر . کنبد *voûte, arche.* | Wölbung, Bogen, Schwibbogen.

pt جنبر ĠEMBER. Sbst. *cercle, cerceau; carcan; lien frontal, bandeau, mouchoir de tête; sorte de bateau;* | Reifen; Halsband (eines Gefangenen); Bande; Stirnband, Kopfband [*a* عصبه LL.] oder Kopftuch, welches bis zu den Füssen hinabreicht; eine Art Fahrzeug [= ونق *n. gr.* ...] جنبوری . جنبری auch جنبر کمیکی u. جنبر دوش *clavicule.* | das Schlüsselbein.

t جنبز ĠIMBIZ, auch جنبیس oder جنبیز auch جنبیستره ĠIMBISTERE (*n. gr.* τζιμπίδα, τζιμπίδιον) Sbst. *a* منقاش . ملقط *pincette.* Kleine Zange (zum Ausreissen der Haare).

p جنبش ĠUMBIŠ. Sbst. vgl. جنبیدن *mouvement, agitation, divertissement.* | Bewegung, Regung, Spiel, Scherz. — ETMEK. *mouvoir; se trémousser, se divertir.* | bewegen, hüpfen, herumspringen, sich belustigen. — Rel. concr. جنبشلو ĠUMBIŠLI *alerte.* | beweglich, munter.

p جنبل ĠUMBUL. Sbst. *mendiant.* | Bettler. — Rel. abst. جنبلی ĠUMBULÎ. *pauvreté; mendicité.* | Armuth; Bettelei.

to جنبلو LT. آلاجه *tacheté, moucheté (de blanc et noir).* | schwarz und weiss gesprenkelt.

p جنبیدن ĠUMBIDEN. Vb. intr. حرکت . دبرنمك . قیملدنمق . *se mouvoir, s'agiter.* | sich bewegen, sich regen, zappeln.

a جنّات oder جنّة ĠENNET. Pl. جنّات ĠENNÂT, und جنان ĠINÂN. Sbst. *jardin, paradis.* | Garten, Paradies. — اهل جنّت EHLI-I ĠENNET. *habitants du ciel.* | die Seligen.

جنت مکان ĠENNET-MEKÂN *feu, défunt (se dit d'un souverain).* | hochselig (von Herrschern).

— Rel. جنتلو ĠENNETLI. *habitant du paradis.* | selig. — Rel. Abstr. جنتلك ĠENNETLIK. *état des bien-heureux.* | Seligkeit.

a جنّة ĠINNET. Sbst. 1. collect. = جن *démons, génies.* | Dämonen, Genien. — 2. Femin. v. جنّی = پری *fée.* | weiblicher Dämon, Fee. — 3. *folie, manie, furie.* | Wahnsinn, Besessenheit.

t جنتشمك ĠINTÜŠMEK. Vb. act. *examiner, s'informer avec le plus grand soin.* | genau untersuchen. Bianchi.

t جنتك ĠENTIK. Adj. u. Sbst. = کدك . کدیك *entaillé; cran, coche.* | gekerbt, Kerbe (Redh. notched; a notch.)

t چنتمك ČENTMEK. Vb. act. = کرتمك Aor چنتر ČENTER. *faire des entailles.* | kerben. (Redh. to notch).

t چنتمه ČENTE. s. چانته

t چنتیان ČINTIĀN. s. چانتیان

t o جنجقلق ČYNČANAK. Sbst. SL. کوچك پارمق *petit doigt.* | der kleine Finger. SL.

a جنح ĞENH. Sbst. سایه . حمایه pro*tection, abri, refuge.* | Schutz.

p o جنحه ĞANHA. Sbst. = جنایت *péché, crime.* | Vergehen. جنحه کارانه *criminel.* | Verbrecher.

a جند ĞEND. vulg. ĞIND. Sbst. اردو . عسکر . عسکری *armée, corps de troupes, soldats* (collect.). | Heer, Heeresabtheilung, Soldaten. — Pl. اجناد ĞINĀD, جندلر ĞINDLER u. جنود ĞENŪD.

p چند ČEND [— چه اند]. Pron. indef. u. Adv. برقاچ . نه مقدار . نه قدر *combien? quelques uns, plusieurs.* | wieviel? einige (weniger als zehn). هر چند HER ČEND. wie viele auch; wie sehr auch, obgleich. هر چند که jedesmal dass . . . تنی چند TENI ČEND. Einige. چند گاه Č. GĀH. einige mal, manchmal. چندان ČENDĀN = نه قدر . اولقدر . شوقدر *autant, tant, plusieurs, plus, jusqu'à un certain point.* | so viel, so gross, mehr, bis zu einem gewissen Grade, gewissermassen. نه چندان NE Č. *pas tant, pas grand chose.* nicht so viel, nicht viel. چندانکه Č. KI. *toutes les fois que; encore que.* | jedesmal, so oft als, allemal. چندانکی ČENDĀNKI. *autant, tout autant.* | ebensoviel. چندی ČENDI. *quelque, quelqu'un; quantité.* | irgend eines; etwas. چندین ČENDIN. *tant, autant.* | so viel.

t o چنداول LT. s. چنداول . سکه قوی

p a جندر ĞENDER. s. جندره

p a جندره ĞENDERE u. جندره ČENDERE. Sbst. بوزلمش نسنه یی دوزلتمك . جلا ویرمك . *a* *p* تخته جندره ملوبه LL. Kam. *action de lisser, d'aplanir, de donner le politure; retouche d'une écriture effacée, d'un dessein etc.; presse, pressoir.* | Glättung, Auffrischung verblichener Schrift, Farbe oder Zeichnung u. dgl.; als Concret. Presse (zum Glätten und Glänzendmachen der Stoffe, Papier u. s. w.), Buchbinderpresse; als N. pr. Name eines Dorfes bei Constantinopel.

t جندرهجی ĞENDEREĞI. Sbst. *qui fait des presses, qui se sert des presses, polisseur.* | Pressenmacher, Presser, Glätter. = جلاکر

a جندل ĞENDEL. Sbst. طاشلق محل . اوری طاش *contrée pierreuse; grande pierre.* | steiniger Ort (Gegend); grosser Stein.

p چندال ČANDAL. Sbst. *bois de sandal.* | Sandelholz.

t جندی ĞINDI. Sbst. v. *a* جند *bon cavalier; un des cavaliers qui jouent au Djerid.* | guter Reiter (Cavallerist); ein Dscheridspieler.

fr. جنرال ĞENERAL. Sbst. میرلوا *général (d'une puissance chrétienne).* | General (einer europäischen, christlichen Macht).

a جنس ĞINS. *genre, espèce, sorte, classe, catégorie, race, famille, lignage.* | Geschlecht, Art, Gattung, Klasse, Race, Familie, Abkunft, Stamm; als Adj. *de race.* | von guter Abkunft. — Gramm. das Geschlecht. شو جنس allerlei. — Pl. اجناس EĞNĀS und جنوس ĞUNŪS. *biens, meubles, marchandises.* | Güter, bewegliches Besitzthum, Handelsgut, Waaren. اجناس مختلفه allerlei Arten von Besitz. اجناس اقوام allerlei Art, allerlei Volk. اجناس اقچه allerlei Geld, d. i. fremde oder alte Geldsorten die keinen Cours haben. چوقه اجناسی verschiedene Arten Tuch. — Log. جنس الاجناس Gattungsbegriff. اسماء الاجناس Gattungsnamen.

a p جنستان ĞINNISTĀN. Sbst. جنلرك ملکتی *le monde des démons.* | Reich der Dämonen, Feenwelt.

a جنسی ĞINSI. Adj. v. جنس *générique.* | zum Geschlecht, zur Gattung u. s. w. gehörig, die Gattung bezeichnend.

a جنسیت ĞINSIJJET. Sbst. برجنس اولمق *origine commune, même genre.* | gemeinschaftliches Geschlecht, gleicher Ursprung.

t چنغله s. چنغل

t o چنغمق LT. s. برآمدن . چنغمق

a جنف ĞENEF. Sbst. طوغری یولدن صاپمق *action de dévier de la voie droite, égarement; injustice.* | Abkommen vom rechten Wege, Verirrung, Fehltritt, Ungerechtigkeit.

t چنق s. چنغل

t چنقراق s. چقراق

p جنك ĞENK. Sbst. غوغا . محاربه *guerre, bataille, rencontre, combat.* | Krieg, Kampf, Schlacht, Treffen. جنك ابی ĞENGI IČ. *guerre intestine.* | Bürgerkrieg. جنك شمشیر ĞENG-I ŠEMŠIR. *duel.* | Zweikampf. جنك آزموده Ğ. ĀZMŪDE. *expérimenté en guerre.* | kriegserfahren, im Kampfe geübt (ein Heer). جنك جو Ğ. ĞŪ. *qui cherche ou désire la guerre.* | kampfbegierig. جنك آور Ğ. ĀWER. *belliqueux, guerrier.* | kriegerisch, tapfer; Kämpfer, Krieger. جنك ولایتی Ğ. WILĀJETI. Kriegsprovinz; Name einer Provinz in Kleinasien, eines Theiles des alten Cappadociens.

p چنك ČENK. 1. Adj. *courbé, crochu.* | krumm, hakenförmig. — 2. Sbst. *croc; griffe; poing; sorte de harpe.* | Haken; Kralle; Klaue; Faust; eine Art Harfe.

t جنك ĞINK. Sbst. *recueil de chansons ou d'autres poésies.* | Liedersammlung.

p جنکاور ĞENGĀW. — جنك آور s. جنك

p چنگال ČENGĀL u. چنگاله ČENGĀLE. Sbst. طرناق . پنجه *griffe, poing.* | Kralle, Faust.

p چنکال ČENKĀL. Sbst. طبله . بونه *a* شدف *but en point auquel on vise.* | Ziel beim Bogenschiessen. LL.

p چنگانه ČINGĀNE. Sbst. *Bohémien.* | Zigeuner.

p جنکاه ĞENGĀH [aus جنكگاه zusammenges.]. Sbst. *champ de bataille.* | Schlachtfeld. — Kam. s. v. الجرجة . المدالث

t جنککجك ĞINKÖĞIK. Sbst. *jeton.* | Rechenpfennig.

t جنکجی ĞENGĞI. Sbst. *guerrier, combattant, soldat.* | Krieger, Kämpfer, Soldat.

t o چنکرو LT. s. کنده

t o چنکز ČINGIZ u. چنگیز N. pr. *Tengiskhan.* | Dschingiskhan.

p چنگل ČENGEL u. چنکل ČENGEL. Sbst. 1. *croc, crochet.* | Haken, Widerhaken (von Holz oder Eisen). — Rel. concr. چنکللو ČENGELLŪ. *crochu.* | widerhakig. — 2. *forêt, bois, désert.* | Walddickicht, insbes. von Sträuchern und kleinen Bäumen, Wildniss, Wüste.

p چنکلستان ČENGELISTĀN u. Sbst. اغاجلق سازلق اورمانلق محل = چنکل

p t چنکلشمك ČENGELŠMEK. Vb. recipr. *se battre, se faire la guerre les uns les autres.* | sich schlagen, sich bekriegen.

p t چنکللمك ČENGELLEMEK. Vb. act. *accrocher, suspendre au crochet, faire subir le supplice du croc.* | anhaken, an den Haken hängen, auf Haken spiessen (als Leibesstrafe).

t o چنکه ČINKE. Sbst. *ronde (danse).* | Reigentanz (insbes. bei Hochzeiten). SL.

p جنکی ĞENGI. Adj. u. Sbst. v. جنك 1. غوغاجی . جنکجی *homme belliqueux, guerrier; tapageur, querelleur.* | ein kriegerischer, Krieger, Streitsüchtiger. — 2. *cheval vif, ardent.* | muthiges Ross, Kriegsross. جنکی حربی چالمق ĞENGI HARBI ČALMAK. *donner l'alarme, pousser le cri de guerre.* | das Kriegsgeschrei erheben.

p چنکی ČENGI. Sbst. چنك چالیجی . رقاص . اوینایان *joueur ou joueuse de harpe; danseur, danseuse publique, danse de jeunes garçons.* | Harfenspieler, Harfenspielerin; Tänzer (Knabe), öffentliche Tänzerin; ein Tanz der von Knaben getanzt wird.

t جنکیز s. چنکز

t جنلو ĞINNLŪ s. جن

a جنون ĞUNŪN. s. جنون

p جنواو — چون او *comme lui.* | wie er.

a جنوب ĞENŪB. [Rad. جنب] Sbst. قبله طرفی *sud, vent du sud.* | Süden. Südwind. جنوبی ĞENŪBI Adj. *méridional, du sud.* | südlich, mittäglich. Als Sbst. *journée très-chaude.* | heisser Tag.

a t جنوبتلك ĞUNŪBETLIK. Sbst. *masturbation.* | Selbstbefleckung. vgl. جنابة

a جنوبی s. جنوب

a جنوح ĞUNŪH. [Rad. جنح] Sbst. میل ایلمك *action de se pencher, de s'incliner, attitude penchée.* | das sich neigen, gebückte Stellung.

a جنود ĞUNŪD. Sbst. Pl. v. جند

a جنوس ĞUNŪS. Sbst. Pl. v. جنس

a جنوف ǴUNÛF. [جنف I.] Sbst. طوغرى يولدن صاپمق *action de dévier de la voie droite, de s'écarter.* | Abweichen vom geraden Weg, Verirrung.

a جنون ǴUNÛN. [Denom. v. جنّ] Sbst. دلورمك *folie, fureur, être possédé d'un démon.* | Thorheit, Wahnsinn, Besessenheit. جنون الشباب ǴUNÛN-UŠ-ŠEBÂB. Thorheit oder Ungestüm der Jugend. — Rel. abstr. جنونلق ǴUNUNLUK. *frenésie.* | Tollsucht.

p جنه ČENE s. چنه

p جنه ČINE u. چندان ČINE-DÂN s. چينه

a جنى ǴENÎ. [Rad. جنى] Sbst. und Adj. دوشرلمش ميوه *fruit cueilli; arraché de l'arbre, cueilli récemment, frais.* | gepflückte Frucht; gepflückt, bes. frisch gepflückt, frisch.

a جنّى ǴINNÎ (von dem latein. genius) Sbst. Singular zu جنّ — *démon, génie, fée.* | Dämon (guter und böser, männlicher und weiblicher). — als Adj. *appartenant aux démons; merveilleux.* | dämonisch; wunderbar.

a جنيب ǴENÎB. Sbst. يدكك حيوان Femin. جنيبه ǴENÎBET. — Plural جناب ǴINÂB und جنائب ǴENÂIB. *animal (cheval, etc.) mené en main, cheval de main, cheval de parade.* | ein Thier welches man an der Hand führt, Handpferd, Paradepferd. جنيبت كش ǴENÎBET-KEŠ. *écuyer.* | Stallmeister, = ميرآخور

p چيده ČÎDEH. Adj., = چيده *cueilli.* | gepflückt. s. چيدن

a جنيس ǴENÎS. [Denom. v. جنس] Adj. قارشيق اولميوب لحسل . ئجنسندن اولان عموى اولان *appartenant au même genre, à la même espèce qu'un autre, homogène; qui est de pure race.* | gleichartig, von gleicher Abkunft mit einem andern, von guter oder reiner Abkunft, reiner Rasse.

a جنين ǴENÎN. [Rad. جنّ] Adj. und Sbst. رحمده اولان ولد *ce qui est caché au fond; embryon, fœtus.* | in der Tiefe versteckt; Embryo. — Pl. اجنّه EǴINNET u. اجنّن EǴNÜN.

p چنين ČENÎN. Adv., = چون اين vgl. چنان *de cette manière, tel, tellement.* | auf eben diese Weise, ebenso (wie jenes).

t جوُ Sbst. LT. روغن *graisse.* | Fett, Fettigkeit.

p جو ǴEW. Sbst. دانه ارپه *orge, grain d'orge; un grain.* | Gerste, Gerstenkorn, ein Körnchen. جو دكلو ǴEW DEǴLŪ. *autant qu'un grain d'orge.* | so viel wie ein Gerstenkorn, d. i. sehr wenig. جوجو ǴEW-ǴEW oder جوبجو ǴEW-BEǴEW. *pièce à pièce, morceau à morceau* = پاره پاره، ذره ذره، دانه دانه Körnchen um Körnchen, Stück für Stück, eines nach dem andern. جو فروش گندم نما der Gerste verkauft und Roggen zeigt, d. i. ein schlauer Betrüger.

p جو ǴÜ. Sbst., = جغ *joug* | Joch.

p جو ǴÜ. Sbst., = جوى *fleuve, rivière* | Fluss.

p جو ǴÜ. Rad. v. جستن in Zusammensetzungen: *qui cherche, qui désire.* | suchend, strebend nach, begierig. جنگ جو kampfbegierig.

a جوّ ǴEWW. Sbst. يرايله گوك آراسى *l'espace entre le ciel et la terre; vaste plaine.* | der leere Luftraum; Atmosphäre; weite Ebene.

t جو ČIW. Sbst. *cri du moineau.* | Zirpen eines kleinen Vogels. جوجو ايتمك ČIW ČIW ETMEK. *crier, pépier.* | piepen.

p چو ČÜ. Adv. كبى *comme, ainsi, pareillement.* | wie, gleich. s. چون

a جواب ǴEWÂB. [Rad. جوب] Sbst. *réponse, réplique.* | Antwort, Widerrede — ETMEK. — WERMEK. — DÂDEN. *répondre.* | antworten. بى جواب BÎ Ǵ. *sans réponse.* | ohne Antwort, schweigend. حاضر جواب *prêt à répondre.* | zur Antwort bereit, nicht um Antwort verlegen. جواب قطعى oder قطع جواب *réponse catégorique.* | bestimmte Antwort. — Rel. abstr. جوابلق ǴEWABLYK. Kam. s. v. البلاده

a p جوابده ǴEWÂB-DIH. Adj. u. Sbst. جواب ويريجى اولان . جواب ويرن *qui répond.* | der Antwortende, Widersprechende.

a t جوابلشمق ǴEWÂBLAŠMAK Vb. recipr. = *a* تجاوب *se répondre les uns aux autres.* | einander antworten.

a p جوابنامه ǴEWÂB-NÂME. Sbst. *lettre de réponse.* | Antwortschreiben.

t جواغ ǴAWAǴ und جواغ Sbst. LT. سايه *ombre.* | Schatten.

a جواد ǴEWÂD. [Rad. جود] Adj. und Sbst., = اجود *libéral, généreux.* | freigebig, edelmüthig. — Pl. جود ǴÜWÜD. جوداء ǴÜWEDÂ. *cheval de race.* | edles Ross.

a جوادّ ǴEWÂDD. Sbst. Pl. v. جادّه

a جوادب ǴEWÂDIB. [Pl. v. جادبه Rad. جدب] Sbst. خشك سال وقحط *sécheresse.* | Trockenheit, Dürre, Unfruchtbarkeit.

a جواذب ǴEWÂZIB. Sbst. Pl. v. جاذبه

a جوار ǴIWÂR. [جور III. Denom.] 1. Sbst. قوڭشو اولمق . قوڭشولق *être voisin de q. qu., voisinage, proximité.* | benachbart sein, Nachbarschaft. — 2. Adj. همسايه قريب *voisin, proche.* | benachbart, nahe.

a جوار ǴEWÂR. Sbst., = d. Vbgdn.

a جوارح ǴEWÂRIḤ. Sbst. Pl. v. جارحه

a جوارش ǴUWÂRIŠ. Sbst. *p* گوارش — Pl. جوارشات ǴUWÂRIŠÂT. *médicament qu'on prend pour la digestion.* | eine Arznei zur Beförderung der Verdauung oder zur Stärkung des Magens. Kam. s. v. الهاضمه

a جوارى ǴEWÂRÎ. Sbst. Pl. v. جاريه

a جواز ǴEWÂZ. [Rad. جاز] Sbst. روا اولمق . رخصت . جائز اولمق *être permis.* | Zulässigkeit, Erlaubtsein. — جواز گوسترمك und جواز ويرمك *permettre.* | erlauben.

a جواسر ǴEWÂSIR. Sbst. Pl. v. جسر

a جواسيس ǴEWÂSÎS. Sbst. Pl. v. جاسوس

a جواشن ǴEWÂŠIN. Sbst. Pl. v. جوشن

p جوال ǴUWÂL, u. جوال ČUWAL. Sbst. *a* جوالق *sac (à blé).* | Sack (von grober Leinwand), Getreidesack. بر جوال بغداى ein Sack Getreide.

a جوّال ǴAWWÂL. [Rad. جال] Adj. *qui tourne continuellement; qui voyage beaucoup de tout côté, vagabond.* | sich beständig drehend; Länderdurchstreifer; Herumtreiber.

a جوالب ǴEWÂLIB. Pl. v. جالبه s. جلب

p جوالدوز ǴUWÂL-DÛZ, und جوالدوز vulg. Č.-DIZ. Sbst. *grande aiguille à coudre des sacs.* | Packnadel.

a جوالق ǴUWÂLYK. Sbst. *p* گواله = جوال *grand sac à blé.* | Getreidesack.

a جوامح ǴEWÂMIḤ. Sbst. Pl. v. جامح

a جوامد ǴEWÂMID. Sbst. Pl. v. جامد

a جوامع ǴEWÂMIʿ. Sbst. Pl. v. جامع

a جوامك ǴEWÂMIK. Sbst. Pl. v. جامكيه

a جواميس ǴEWÂMÎS. Sbst. Pl. v. جاموس

p جوان ǴEWÂN oder ǴÜWÂN. Adj. und Sbst. كنج اولان *jeune, adolescent, jeune homme.* | jung, jugendlich, Jüngling. — Pl. جوانان ǴEWÂNÂN, u. جوانلر ǴEWANLAR. — Rel. abstr. جوانى ǴEWÂNÎ und جوانلق ǴEWANLYK. *jeunesse.* | Jugend. جوانلق كنجلك *l'âge de l'adolescence.* | Jugendalter, Altersklasse der Jugend.

p a جوانانه ǴEWÂNÂNE. Adv. *comme un jeune homme, courageusement.* | nach Art der Jugend, muthig, kühn.

a جوانب ǴEWÂNIB. Sbst. Pl. v. جانب

p جوانبخت ǴEWÂN-BAḪT. Adj. *dont le bonheur est jeune, heureux.* | dessen Glücksstern jung, d. i. im Aufsteigen begriffen, ein Glücklicher.

t a جوانغار ǴEWANGAR, oder جوانغار LT. Sbst. (mongolisch) FW. دست چپ و طرف صول ال *main gauche, côté gauche, aile gauche de l'armée.* | linke Hand, linke Seite, linker Heeresflügel; Gegentheil v. برانغار

p جوانمرد ǴEWÂNMERD. vulg. ǴÖMERD. Adj. *libéral, généreux, brave, courageux.* | freigebig, edelmüthig, muthig. — Rel. abstr. جوانمردى ǴEWÂNMERDÎ, und جوانمردلك ǴEWANMERDLIK, vulg. ǴÖMERDLIK. *libéralité, bravoure.* | Freigebigkeit, Edelmuth, Muth.

p جوانى ǴEWÂNÎ s. جوان

a جواهر ǴEWÂHIR. Sbst. Pl. v. جوهر *pierres précieuses, perles.* | Edelsteine, Perlen; im Türk. als Singular: Juwel; davon der Plur. جواهرات ǴEWÂHIRÂT.

a t جواهرجى ǴEWÂHIRǴÎ. Sbst. قويومجى *joaillier.* Juwelier. — Rel. abstr. جواهرجيلق ǴEWAHIRǴILYK. *joaillerie, bijouterie.* | Juwelierkunst, Juwelenhandel.

a جواهرى ǴEWÂHIRÎ. Sbst. = جواهرجى

t جواڭره ÖEWÂLE. Sbst. Pl. v. جوالق

t o چوب LT. [بتفخيم ضمة جيم فارسي] متاب *pénitence.* | Bekehrung, Busse. (?)

t o چوپ ÇOP. Adj. SL. موافق، شايسته *droit, vrai, sincère, digne, convenable.* | gerade, gleich, eben; wahr; geziemend, schicklich, anständig. سوز چوپ ثور die Rede ist wahr. Ali Schir.

p چوب ÇOB vulg. چوپ ÇOP. Sbst. خشب، اوتون، اغاچ *bois (coupé et non coupé, sec et vert), pièce de bois, bâton, baguette; tige; fétu; éclat, copeau; balayure, ordure.* | Holz, Holzstück, Balken, Stock, Stäbchen, Zauberstab, Stiel oder Stengel; Halm; Splitter, Spänchen; Auskehricht, Unrath. *t* چوبپاره ÇOB-PÂRE. *copeau, éclat de bois.* | Span, Splitter von Holz, Holzstück. چوب تازه Ç. TÂZE. *bois vert.* | grünes Holz. چوب خشک *bois sec.* | dürres Holz. خرما صالقمنك چوبى *la tige d'une grappe.* | Stiel oder Stengel einer Dattel-traube. چوب چین oder چوب چینی Ç. ÇIN oder Ç. ÇINÎ *esquine.* | Chinawurzel. چوب سرخ *bois du Brésil.* | Brasilienholz [بقم —]. چوب قمش *ambre jaune.* | Bernstein (wörtl. Splitter-Anzieher). هنر چوب اشغال در Talent ist unter Unrath, d. i. wo man es am wenigsten sucht. — Rel. concr. چوبلو ÇOBLU. *qui a une tige.* | einen Stiel oder Stengel habend. چوبلو تشلاق Kam. s. v. الكمروم — Rel. abstr. چوبلق ÇOBLUK u. ÇOPLUK. *broussailles; tas d'ordure; mare.* | Gestrüpp; Schutthaufen; Kothpfütze, Schlammloch, Mistpfütze, Unrathgrube. — Demin. چوبجك ÇOPÇYGYZ. *éclat, fétu.* | Hölzchen, Splitter, Hälmchen.

t o چوبجه Sbst. LT. چقر *faucon mâle.* | Falke (männlichen Geschlechts).

p چوبان ÇOBAN, auch شبان ŠUBÂN. Sbst. *berger, pâtre; qui a soin de q. ch., protecteur; rustre.* | Schäfer, Hirt; Beschützer; bäurischer Mensch, Tölpel. چوبان يولى *petit sentier dans une montagne.* | schmaler Fusssteig im Gebirge. چوبان دكنكى *houlette; nom de plante.* | Schäferstab; Name einer Pflanze. [a عرعر Kam.] چوبان طاغرجغى [LI. بطباط، عصى الراعي] oder چوبان چنتهسى *besace du berger, nom de plante.* | Hirtentasche; Name einer Pflanze. [a محمدات البيضا] چوبان سوزنكى [LI. چوبان طاراغى] *p* بلشكى Name einer Pflanze, LI. چوبان طاراغى *(peigne du berger) nom de plante.* | Schäferkamm; Name einer Pflanze oder Frucht. [Kam. s. v. شقرة العجوز] چوبان الدانه‌جى ÇOBAN-ALDANKÿY oder چوبان الدانجى *nom d'oiseau.* | Hirtentäuscher, Name eines Vogels [LI. *p* شبانفريب a مكاء Kam. s. v. انقيض]. چوبان بوروسى *cornet du bouvier.* | Horn des Hirten. چوبان ايلى چوبانلر *pasteurs ambulants, sans domicile fixe.* | wandernde Hirten ohne festen Wohnsitz. — Rel. abstr. چوبانلق ÇOBANLYK, — *p* چوبانى ÇOBÂNÎ. *occupation de berger, vie de berger.* | Hirtenleben, Beschäftigung, Pflicht u. s. w. des Hirten.

p t چوبدار s. چوب

p چوبدار s. چوبدار

t چوب s. چوبچغوز

t o چوبچغوز Sbst. *nom d'un oiseau, moineau.* | Name eines Vogels, Sperling. (Abuška)

t چوبچى ÇÖPÇI. Sbst. [vgl. چوب] *baueur, vidangeur.* | Kehrer, Schutträumer.

p چوبخوار ÇOB-ḤAR. Sbst. اغاج قورتى *perce-bois.* | Holzwurm.

p چوبدار ÇOB-DÂR. Sbst. *huissier qui annonce et introduit les visiteurs.* | Stabhalter, ein Diener am Hofe der persischen Könige der die fremden Gesandten einführt, Diener in den Häusern der Vornehmen der die ankommenden Besucher anmeldet.

p چوبدست ÇOB-DEST. Sbst. *bâton que l'on porte à la main; baguette pointue pour exciter les ânes à la marche.* | Stock den man in der Hand trägt; spitzes Stöckchen zum Antreiben der Esel.

t چوپر ÇOPUR u. چوپور Adj. u. Sbst. 1. *marque sur la peau.* | Narbe, Pockennarbe. Kam. s. v. جدب. — 2. *tacheté; qui a la figure couverte de taches de rousseur, marqué de petite vérole.* | gesprenkelt, sommersprossig, blatternarbig. — 3. *antilope (?).* | die Antilope (von der Farbe so genannt). Kam. .... العلب حيوان بر نوع كيكدر اوزون وعلى ايكنكلرى قركلدر چوپور تعبير اولنور وجه تسميه كمكلرى اكثر و تويى شنلكه صنعاى ممكلر و جمعلرى قيل اولور و تويلرى توق — SL. تركوتى *p* چوپر = چوپور

t چوپره ÇÜBRA und چوبره ÇÜBRE. Sbst. *hyssope (plante).* | Ysop.

t o چوپسوك ÇÜBREK. Sbst. LT. پارچه [Demin. v. چوپ] *morceau.* | Stück.

t o چوپرومق ÇOPRUMAK. Vb. intr. u. act. *être droit; marcher en ligne l'un après l'autre.* | gerade sein; in gerader Reihe hintereinander gehen, aufeinander folgen. — Rel. abstr. چوپرومقلق Deriv. I. چوپرولمق Vb. pass. — Rel. abstr. چوپرولمقلق — II. چوپرشمق Vb. recipr. — Rel. abstr. چوپرشمقلق SL. اربى قمر دراز شدن — III. چوپرتمق Vb. caus. [متعديست] SL.

p چوبك ÇOBEK. Sbst. [Demin. v. چوب] *petit morceau de bois, bâton, baguette.* | Hölzchen, Stäbchen, Stöckchen (womit die Saiten eines Instruments u. s. w. geschlagen werden); Trommelschlägel.

t o چوپلمك ÇÖPLEMEK. Vb. act. vgl. چوپ *balayer; rassembler (en balayant ou pièce à pièce); rendre sale (par des balayures).* | auskehren, fegen; auf einen Haufen zusammenkehren; Stück für Stück zusammenlesen; durch Unrath, Kehricht u. s. w. verunreinigen.

t چوبلق und چوبلك s. چوب

t چوپمان ÇOPMAN. Sbst. *habillement de femme fort léger* (Bianchi). | eine Art leichte Kleidung der Frauen.

t o چوپتوغان ÇOPTUGAN. Sbst. *jujube.* | Brustbeere (ziziphum).

t o چوپور Sbst. SL. موى بز و گوسفند و جنگل درخت *poil de chèvre ou laine de brebis.* | Haar von Ziegen oder Wolle von Schafen. — 2. *massif d'arbres.* | Baumdickicht.

t چوپور s. چوپور

t o چوبوق s. چوبوق

t o چوپولمق Vb. intr. SL. پوسيده شدن *pourrir.* | faulen. — Rel. abstr. چوپولمقلق *putréfaction.* | Fäulniss. [Vielleicht zu lesen: — پوشيده ش verdeckt, verhüllt sein].

p چوبى ÇOBÎ u. چوبين ÇOBIN. Adj. *de bois, en bois; boiseux, ligneux.* | hölzern, holzig.

t o چوبت SL. بيش بخلوى نساشد [vielleicht بيش نهلرى]

t چوتسره ÇOTRA. Sbst. SL. مشهور گوزه *p* تلتله a اغاجدن، بردق در *cruche ou bouteille de bois.* | hölzerner Krug oder Flasche.

t o چوتسه LT. بتفخيم ضمة جيم وقابله لنى قرشيت وشى وقى از زالو قرزان

t o چوتور LT. يعنى خسرك *nez camus.* | Stumpfnase, stumpfnäsig (?).

t o چوتور على LT. جل *housse.* | Pferdedecke.

t o چوچاق SL. ظرف سفالين *vase de terre.* | thönernes Gefäss.

t چوجق ÖOJUK und چوجوق ... Sbst. *enfant, garçon; petit d'animal, petit cochon.* | Kind, Knabe, Bursche, Kellner; kleines Thier, Ferkel. — Rel. abstr. چوجقلق ÇOCUKLUK. *enfance, années de l'enfance, âge de la petitesse (d'un animal); enfantillage.* | Kindheit, Jugend (von Menschen und Thieren); Kinderei.

t o چوچقه ÇÜKA. s. چوچوق

t o چوچوچ ÖÜÖÜ und چوچى Adv. und Nom. propr. SL. بمقولبغتى لكه ونام يسر كوچك چنكزخان *subitement, à l'improviste.* | plötzlich, unerwartet. — Name des jüngsten Sohnes Dschingiskhans.

t o چوچوتمك ÖÖÖÜTMEK. Vb. act. [vgl. چوچوك] *rendre doux, agréable.* | süss, angenehm machen. — Rel. abstr. چوچوتمكلك SL. شيرين كردن

t o چوچورقانمق ÖÖÖÜRGENMEK. Vb. intr. SL. مزه دريافتن مستفيد لذت چيرى شدن *trouver q. ch. doux et agréable.* | Geschmack finden, etwas süss und angenehm finden.

t o چوچوق LT. بچه خوك *petit cochon.* | Ferkel, auch چوچقه بلاسى ÇÜKA BALASY. vgl. چوچق

t o چوچوك ÖÖÖÜK. Adj. SL. شيرين *doux, agréable.* | süss, angenehm, mild. — Rel. abstr. چوچوكلك — *p* شيرينى *douceur.* | Süssigkeit.

t o چوچون ÇÜÇUN, ÖÖÇUN auch جوجون Sbst. LT. مسافرت *voyage, voyageur, étranger.* | Reise; ein Reisender, Fremder.

t چوجه ÖÜGE. Sbst. a قصير، نماش *p* زال، خوسف *nain, petit animal.* | Zwerg, kleiner dicker Mensch; kleines Thier. *t* چوجه بلورى *petit d'animal, petit oiseau, poussin.* |

das Kleine eines Thieres, eines Vogels, Küchlein. vgl. چوز

p چوچه ČČE. Sbst. اوقلاغی *cylindre, rouleau.* | Walze (der Bäcker), Nudelholz. LL.

t چوجی ČIWČI. Sbst. *poussin* | Küchlein. vgl. چوجه

t چوچجه ČOČKA. Sbst., — چوجوق SL. بچه خوك *petit cochon.* | Ferkel.

t چوچ s. چوچ

t چوخه ČOHA. Sbst., — چوقه *drap.* | Tuch.

t چوق ČOK. Adv., — *t* چوق *beaucoup, très, trop.* | viel, sehr.

p چوخه ČOHA. Sbst., — چوقه. چوخه

t چوذ LT. منحوس *infortuné, malheureux.* | unglücklich.

a چود ČEWD. Sbst. چوق ياغمور *pluie abondante.* | reichlicher oder starker Regen.

a چود ČŪD. Sbst. جوانمردلك . كرم *libéralité, bonté, bienfaisance.* | Freigebigkeit, Güte, Wohlthätigkeit. جودی s. جود

t چوید ČEWID. s. چوید

a چودا ČEWEDĀ. Pl. v. جواد

pt چودار ČAWDAR, auch جاودار ČAWDAR u. Sbst. vgl. چودار *seigle.* | Roggen. — LL. کندکوان . دیوکندم *p* . علس . قیمه nach Kam. Tahrif. v. *a* شیلم *ivraie.* | Trespe.

a چودت ČEWDET. Sbst. *bonté, excellence.* | Güte, Vortrefflichkeit.

t چوردیرمك ČEWDIRMEK. Vb. intr. *être en délire.* | nicht bei Sinnen sein. سن چوردیرك SEN ČEWDIRDIŇ MI. *es-tu en délire; es-tu fou?* | bist du toll?

t چوکدرمك s. چوکدرمك

a چومی ČEWIMI. Adj. چوق بول اولان *très-copieux, libéral, abondant (une pluie).* | sehr reichlich gebend, reichlich fallend (ein Regen).

a جودی ČŪDI. N. pr. auch جود طاغی *montagne au nord de la Mésopotamie, le mont Ararat.* | Gebirge im Norden von Mesopotamien, der Ararat.

a جور ČEWR. Sbst. ستم . ظلم *injustice, violence, oppression, tyrannie.* | Ungerechtigkeit, Gewaltthätigkeit, Bedrückung, Tyrannei. — ETMEK. *être injuste, faire tort, vexer.* | ungerecht sein, bedrücken. جورپیشه ČEWR-PĪŠE. *injuste, tyran, cruel.* | ein Ungerechter, Grausamer, Tyrann.

p جور ČŪR. Sbst. طولو طولو اولان قدح *coupe toute remplie.* | ganz volle Trinkschale oder Becher.

t چور ČŪR. ČOR. SL. یعنی بسکه کسا وبقلم و حقیقت و اجتماع *ensemble.* | zusammen, übereinstimmend.

t چور ČOR. ČOR. Sbst. collect. *petits morceaux de bois, épines.* | kleine Holzstückchen, Splitter, Schnitzel, Dornen. — Rel. abstr.

چورلق ČORLUK. *lieu plein d'épines.* | Ort voll Splitter oder Dornen. vgl. چور چوب

t چوراق LT. s. خواش . چوره

t چوراب ČORAB. Sbst. *a* جورب *p* کورب *bas, chaussette.* | Strumpf, Socke.

t چوراق ČORAK. Sbst. u. Adj. Tahrif. v. *p* شوره *a* سبخة *terre ferrugineuse ou saline, marécageux.* | eisenhaltiger oder salziger Boden; sumpfig, salzig, brakisch (vom Wasser). — Rel. abstr. چوراقلق ČORAKLYK. *marécage.* Sumpf, Sumpfland, Salzwüste.

t چوربا ČORBA, auch چوربا u. چوربه ČÖRBE. Sbst. *soupe, potage, bouillon.* | Suppe, Brühe.

t چوربا LT. s. بچه خوك . چوربه

t چورباجی ČORBADŸ, auch چورباجی Sbst. *qui fait ou distribue la soupe; maître ou intendant de la maison, propriétaire d'une boutique; mangeur de soupe, c. à d. homme riche; autrefois le colonel d'un régiment de janissaires.* | Suppenmacher, Suppenvertheiler, Suppenesser, d. i. ein Reicher, Wohlhabender; Hausmeister; Inhaber eines Ladens; früher: Oberster eines Janitscharenregiments. قونلق چورباجیسی *shirr, homme de la garde urbaine.* | Scharwächter.

a جورب ČEWREB u. ČÖREB. s. چوراب

t چورپه ČÖRPE, auch چوربا u. چوربه Sbst. LT. بچه خوك *petit cochon.* | Ferkel.

a p جورپیشه ČEWR-PĪŠE. s. جور

a جورت ČEWRET. Sbst. Pl. v. جائر

t چورکه ČERKE oder چورکا Sbst. *grillon, sauterelle.* | Heimchen, Heuschrecke.

t چورمه ČÜRME. Sbst. SL. شربی کدکلش ویمعقر از دهن اوست ملست ابرای کند *bouteille dont on se sert pour préparer du lait aigre.* | ein Gefäss welches unten breiter als an der Mündung und worin man sauere Milch bereitet.

t چوروتمك ČÜRÜTMEK. Vb. caus. v. چورومك

t چوروتن ČÜRTEN. Sbst. SL. بروسی نوودان یعنی میزاب *conduit d'eau; gouttière.* | Dachrinne.

t چورچك ČÜRČEK. Sbst. افسانه . حکایت *conte fabuleux.* | Erzählung, Mährchen. SL. LT. VL. vgl. چرچك

t چورچوب ČÖRČÖP. Sbst. collect. *a* خشاشه *p* قلای *éclats de bois, brins, fétus.* | Schnitzel, Splitter, allerlei kleine Stücke Holz, Stroh u. dgl. LL. عش الغلیك دالبلی — چورچوپلی تلدلقلی یوانه دیمفور wird ihr von Baumzweigen oder Strohhalmen gebautes Nest genannt. Kam. s. v. آشوکر

t چورچوك ČÜRDÜK. Sbst. SL. زوفه *hysope (plante).* | Ysop.

t چورش s. چورش

t چورك ČEWIRIK. *t* چاوروك Sbst. LT. *action de se tourner; tourbillon d'eau, gouffre.* | das Drehen; Strudel. — als Adj. *rond.* | rund. vgl. چورمك

t چورك ČÖREK oder ČEWREK. Sbst. *a* سکاروج شریدة *p* *sorte de gateaux, petit pain (fait avec du beurre); disque.* | eine Art Kuchen oder Butterwecken; in übergetr. Bedeut. runde Scheibe. کونش چورکی *le disque du soleil.* | die Sonnenscheibe. — قرص خورشید oder جرم شمس Sudi zu Gulistan. S. 83. چورك اوتی Č. OTU. *nielle.* | Schwarzkümmel, Raden. *a* حبة السوداء . شونیز *p* . بوکنه سیاه دانه . سیاه دانه LL. u. Kam.

t چوروك ČÜRÜK, auch چوروك . چورك Adj. u. Sbst. *pourri, corrompu, fané, flétri; usé; vain; pourriture.* | faulig, verdorben; verwelkt, verwittert, vertrocknet; abgenutzt; dumm, albern. Redhouse: vain or stupid (reasoning). چوروك ات Č. ET. *chair morte.* | wildes Fleisch in einer Wunde, einer Quetschung. چوروك آغاج verwittertes Holz Kam. s. v. آرخمسقوت — آلپی چوروك dessen Faden abgenutzt, d. i. auf den man sich nicht verlassen kann, — عهد وقوی سست

اولان Kam. s. v. الرث

t چوروکلش Partic. v. چوروکلمك

t چوروکمك ČÜRÖKMEK, — چوروکلشمك — SL. سیاه وسوخته ونیمچه ونرکشته *brûlé, roussi, brûlé.* | schwarz, verbrannt, verdorrt, versengt, verdreht, verwickelt, vertrocknet. s. d. figd.

t چوروکتمك ČÜRÜKTMEK. Vb. act. SL. سوخته و ذیم بحجیسی و تنك و آتش وقوی پوست و موو امثال آن *brûler, roussir, brunir.* | versengen, zusammenschrumpfen machen, zusammenziehen (von Hitze, Feuer, Luft) — Rel. abstr. چوروکتملك — Deriv. I. چوروکلمك ČÜRÖKLMEK. Vb. refl. pass. SL. نیمچه شدن ودرهم کشیده شدن — و سیاه و سوخته شدن از شعله آتش

II. چورکلنمك Vb. pass. — چوروکمك LT. نیمچه شدن

t چوروکجی ČÖREKČI oder ČEWREKČI Sbst. [s. چورك] Weckenbäcker

t چوروکلنمك ČEWIRILENMEK. Vb. refl. *se contourner.* | sich zusammenwinden, zusammenringeln (wie eine Schlange) Kam. s. v. التجنی

t چوروکوك ČÜRÜK. Adj. *brûlé, roussi.* | verbrannt, versengt.

t چوری s. چوره

t چورمك s. چورمك

t چوروکنق LT. یکسر داد کردن zusammen über Ungerechtigkeit klagen, nach Gerechtigkeit schreien.

t چورمك ČEWIRMEK, auch چوریرمك . چورمك . چوروتمك Vb. act. Aor. چویرر u. ČEWIRIR. *tourner, retourner, contourner, environner, enfermer, envelopper; renverser; changer en..* drehen, umdrehen, umkehren, zurückkehren, umstürzen, umwenden, einen Gegenstand um einen andern drehen, umgeben, umlegen, umschliessen, umhüllen; verdrehen, verkehren, verwandeln. یوز چورمك *détourner la face; se révolter*, das Gesicht abwenden, sich vom Gehorsam abwenden, sich empören. بر شیئك آخر قلبی باش اوزرینه چورمك eine Sache umdrehen ... ein Gefäss umstürzen. ... das Innere nach aussen wenden. ... herumwenden, herumdrehen. ... über einander wälzen. — Deriv. ... ČEWIRILMEK u. ... Vb. pass. refl. *se tourner, être tourné, etc., s'enfermer* | sich drehen, gedreht werden u. s. w., sich einschliessen. ... = انعكاس sich abwenden; den Rücken kehren. ... mit Steinen umlegte Hürde.

t ... چورمك ČÜRMEK, s. چورمك

t ... ČEWREN. Sbst. *saucisson de mouton.* | eine Art Wurst von Schaffleisch, besonders der weicheren und inneren Theile. — ... ČEWRENǦI, *apprêteur de saucissons.* | Würstelmacher.

t ... u. ... ČEWIRINTI. Sbst. *action de se tourner; ce qui est tourné, tourbillon; rebut du grain vanné.* | das Drehen, Drehung (von einem Strudel), Kam. s. v. ... u. öfter) das Gedrehte, was durch Drehung entsteht, das Schlechte was in einem Siebe zurückbleibt, Abfall, Spreu. LL. ...

t ... s. چورنجی

t ... LT ...

t ... s. چوروك

t ... ČÜRÜMEKLIK. Sbst. Abstr. v. چورمك SL.

t ... ČÜRÜMEK, auch ... LT. ... Vb. intr. Aor. ... ČÜRÜR, u. ... *pourrir, se corrompre, se faner, être usé, rapé (un vêtement).* | faulen, verwesen, verwittern, verwelken, verderben, sich abnutzen. ... sich abtragen (ein Kleid) Kam. s. v. ... u. öfter. — Deriv. I. ... ČÜRÜTMEK. Vb. caus. *faire ou laisser pourrir, etc.* | faulen u. s. w. lassen, Fäulniss bewirken. — II. ... ČÜRÜŠMEK. Vb. refl. recipr. SL. ... *se corrompre.* | verderben, = چوروك

t ... ČEWRE. Adj. ... *p* ... *maigre, mince, faible.* | mager, dünn, schwach. Kam. s. v. ... u. ff.

t ... ČEWRE. Sbst. *tour, contour, enceinte, circuit, circonférence; — mouchoir de mousseline.* | Kreis, Umkreis, Umgebung, Umfang; — Umschlagetuch (Redhouse: a muslin handkerchief). *t* ... ČEP-ČEWRE, auch ... u. ... ČEPE-ČEWRE. *tout à l'entour.* | rings herum. ... oder ... oder ... *cerner, entourer, assiéger* | umzingeln, belagern. ... *voler autour de q. ch.* | um etwas herum fliegen. ... *aller autour, environner* | herumgehen, umgeben.

t a ... und ... ČURA. LT. ... SL. ... *serviteur, domestique; les confidents.* | Diener; die Vertrauten.

t a ... SL. ... Sbst. ... zwei zu einander passende Dinge, ein zu einander passendes Paar Dinge.

t a ... ČÜRI und ... Sbst. LT. ... SL. ... *fille, servante.* | Magd, Mädchen.

t p ... ČEWREIĀN. Sbst. *circuit, enceinte.* | Umkreis. Adv. ... ČEWREIĀNE, *à l'entour* | herum.

p t ... ČEWRIŠ, = ...

t ... s. ...

a p ... ǦEWZ, vulg. ǦEWIZ oder KOZ [vgl. ...] Sbst. *p* ... — Pl. *a* ... ǦEWĀZ. *noix; le milieu, le cœur d'une chose.* | Nuss, Wallnuss; der Kern oder die Mitte einer Sache. ... oder ... — *a*. ǦEWWA, auch ... *noix muscade.* | Muskatnuss. ... oder ... *coco.* | Kokosnuss, = ...

t ... ǦÜZ. türkische Schreibart für *a* ... *cahier.* | Heft.

t ... ǦEZ. Sbst. ... *membrane réticulaire, tapissée de graisse qui entoure les intestins.* Netzhaut, Fetthaut um die Eingeweide. Kam. ...

a ... ǦEWZA, oder ... vollst. ... Sbst. *les gémeaux.* | Sternbild der Zwillinge.

t a ... ČÜZEEN. Adj. *p* ... *t* ... *mou, relâché, lâche* | weich, schlaff. VL. laxus, mollis, languidus, enervatus. Ali Schir.

t a ... ČÜZEKEMEK. Vb. intr. *p* ... *t* ... *être ou devenir mou, lâche.* | weich oder schlaff werden. VL. laxari, languidum, remissum fieri. Ali Schir.

t a ... LT. ... *brûler.* | verbrennen. v. ...

t a ... LT. ... *être à moitié brûlé.* | halb verbrannt sein.

t a ... und Rel. abstr. ... SL. ... s. d. Figde.

t ... ČÖZMEK. Vb. act. Aor. ... ČÖZER, = ... Gegentheil von ... *dénouer, délier, défaire.* | auf- oder abbinden, auflösen (z. B. einen Knoten), losbinden, aufknöpfen, einreissen. — Deriv. I. ... ČÖZDÜRMEK. Vb. caus. *faire dénouer, etc.* | aufbinden u. s. w. lassen. — II. ... ČÖZÜLMEK. Vb. pass. refl. — Aor. ... ČÖZÜLÜR. *être dénoué, etc., se défaire, se délier, se détordre, se découdre, s'effiler* | aufgebunden u. s. w. werden; sich auflösen, auseinanderfallen, sich aufdröseln, zerschmelzen. ... BUZLARIN ČÖZÜLMESI. *dégel.* | Thauwetter.

t ... ČÖZÜNTI. Sbst. ... *ce qui est défait, détordu, effilé.* | Aufgelöstes, Auseinandergegangenes, Aufgetröseltes.

t a ... ČÜZAK. LT. ... *éloigné, écarté.* | weit entfernt, entlegen.

p ... ČEWZIDEN. Vb. intr. ... *éprouver de la tristesse.* | traurig, betrübt sein, Kummer haben.

p ... ǦÜǦ auch ... und ... Sbst. ... *petit d'animal (d'oiseau), poussin.* | das Kleine oder Junge (Thier, Vogel), Küchlein.

a ... ǦEWSĀN. [... I.] Sbst. *action de chercher avec grand soin, de fouiller.* | Durchsuchung, Durchstöberung.

t ... ǦUSTLAMAK und ... Vb. act. [von *p* ...] *rechercher, prendre des informations.* | untersuchen. AHTERI s. v. ...

p ... ǦUŠ. I [Bad. v. ...] *ébullition, agitation violente, effervescence.* | Aufwallen, Aufbrausen, heftige Bewegung. — ETMEK. *entrer en effervescence, bouillir, s'agiter (comme les flots de la mer).* | aufwallen, aufbrausen, in heftige Bewegung gerathen oder in heftiger Bewegung sein (wie die Wogen des Meeres) — ... vor Zorn in innere Erregung gerathen. — 2. Sbst. *concr.*, — ... *anneau.* | Ring, Panzerring.

p ... ǦÜŠĀN. Partic. v. ... — OLMAK, *bouillonner, être en agitation.* | wallen, in heftiger Bewegung sein. vgl. d. Vbgl.

t a ... ČOGHUM (uigurisch). Sbst. *mûrier.* | Maulbeerbaum.

p ... ǦÖŠIŠ. Sbst. *ébullition, coction, agitation violente.* | Wallung (beim Kochen), Aufwallung, heftige Bewegung.

p t ... ǦOŠKUN oder ... Adj. *qui est en ébullition, en chaleur, en effervescence, qui déborde (un fleuve, etc.).* | wallend, kochend, heiss, in Aufregung; überkochend, überfluthend (ein Fluss), voll, hoch (Wasser). ... *être en chaleur, entrer en rut.* | in Hitze sein, in Brunst gerathen. — ... aus dem Boden hervorsprudeln lassen. Kam. s. v. ...

t a ... ČÜŠKEŘ. Sbst. SL. ... *éternument.* | das Niesen.

t a ... ČÜŠKÜRMEK. Vb. intr. ... *éternuer.* | niesen. — Rel. abstr. ...

t ... ǦOŠMAK und ... — *p* ... Vb. intr. *bouillonner.* | wallen. ... ǦOŠMA, *effervescence.* | Aufwallung. vgl. *p* جوش

p جوشن ĠEWŠEN Sbst. جسمه. زره *cuirasse ou cotte de mailles.* | Panzer oder Harnisch (von Ringen und Schuppen). جوشن پوش Ġ.-PÛŠ oder جوشن ور Ġ.-WER. mit solchem Panzer bedeckt. جوشن دوز Ġ.-DÛZ. Panzerverfertiger.

p جوشیدن ĠÛŠÎDEN. Vb. intr vgl. جوش *bouillir, bouillonner, être en effervescence, s'échauffer, être en colère.* | aufwallen, sich erhitzen, zornig werden oder sein. جوشیده مغز Ġ.-MAĠZ *courroucé; intelligent.* | erzürnt; einsichtig, klug. [BK. خشمناك u. هوشیار]

p جوشیر ĠEWŠÎR s. جوشیره ĠEWŠÎRE. Sbst. 1. جلاه *tisserand.* | Weber. — 2. اریه جوربلسی Gerstenbrei BK.

p جوشش s. جوشیدن

a جوع ĠU', Sbst. اجلق *faim.* | Hunger. جوع الکلب ĠU'-UL-KELB. *faim canine.* | Heisshunger.

p جوغ ĠÛĠ auch جغ. جوق. جسق Sbst. SL. در وقت زراعت بر گردن گاو نهند BK بایتی — اغلجدرکه یوغرتدن یاغ چقارلر joug. | Joch (das den Ackerstieren aufgelegt wird; ein Holz womit bei Bereitung des Jugurt die fettigen Theile abgeschöpft werden.

t جوغ ČOĠ, Sbst. SL. اخگر ومشکلە کلاه که قلمقیه دارند *charbon ardent, chaleur; sorte de bonnet que portent les Kalmuks.* | glühende Kohle; Hitze; Mütze der Kalmüken. vgl. جوق

t جوغاسا LT. بچه درنده *petit d'une bête féroce.* | das Kleine eines wilden Thieres.

t جوغه ČOĠA جوغه (alt). Sbst. = کولکه *ombre.* | Schatten.

t جوغاتر Sbst. LT. حرارت آفتاب *chaleur du soleil.* | Sonnenhitze vgl. جوغ

t جوغلمق ČOĠALMAK und جوغلمق Vb. intr. Aor. جوغالیور ČOĠALYR [v. جوق] = *a* تکثر *s'augmenter, se multiplier, croître; être augmenté.* | sich mehren, sich vergrössern, wachsen; vermehrt werden. — Deriv. جوغالتمق ČOĠALTMAK u. جوغلتمق Vb. caus. = *a* تکثیر *multiplier, augmenter.* | vermehren, vergrössern. سوزی طانویه جوغالتمق *embrouiller le discours.* | viele Worte machen. — خلط کلام ایتمك Kam. s. v. الهرج

t جوغان ČOĠAN, auch جوکن ČÜKEN. Sbst. 1. LL. *a* حرض. *p* اشنان. کنشتو *saponaire (plante et racine).* | Seifenkraut, Seifenwurzel. Kam. s. v. الحرض. الخراض — 2. الو زرد و الو که تازه بسته شده باشد *abricot jaune.* | gelbe Aprikose. SL.

t جوغان ČOĠAN. Sbst. آفتاب گاه *endroit exposé aux rayons du soleil.* | von der Sonne beschienene Stelle, sonniges Plätzchen.

t جوغرة ČOĠRAK. SL. تمام باشد *complet.* | vollständig, ganz.

t جوغلا ČOĠLA. LT. بتاب s. d. folgd.

t جوغلتمق ČOĠLATMAK. Vb. act. LT. تاب دادن [vgl. جوغ] *causer de la chaleur, enflammer.* | Hitze bewirken, entzünden. — Deriv. جوغلنمق ČOĠLANMAK. Vb. pass. تاب خوردن LT. *souffrir de la chaleur, être enflammé.* | sich entzünden, Hitze erdulden, entzündet werden.

t جوغورجوق ČOĠURĠUK, ČUĠURĠUK. Sbst. SL. نام پرنده کوچك Name eines kleinen Vogels.

t جوغول ČOĠUL. LT. غماز [بضم جیم فارسی وغین معجمه] *délateur, traître.* | Angeber, Verräther. vgl. *p* چغل

t جوغا ČOĠA. s. جوق u. جوغا

t جوغی ČOĠY. s. جوق

a جوف ĠEWF. Sbst. بر نسنه نك اورته سی *creux, cavité; le creux ou le milieu de q. ch., l'intérieur de q. ch., la partie principale, les intestins, le ventre; terrain uni et bas.* | Höhlung, das Hohle oder Innere einer Sache; das Mittele oder der Hauptheil einer Sache [als Gegensatz v. اوج Kam. s. v. الاصهب — اوجلری قیزیل و جوفلری آق] deren obere Spitzen roth und deren mittlerer Theil weiss ist (von Haaren und Federn)]; Eingeweide; Bauch; niederes Flachland.

a جوفی ĠEWFÎ. — Fem. جوفیه ĠEWFÎJET. — Adj. u. Sbst. قوولی *creux et spacieux en dedans; l'intérieur de q. ch.* | hohl und weit im Innern; das Innere. اجزاء جوفیه die inneren Theile des menschlichen Körpers.

a جوفیت ĠEWFÎJET. Sbst. قوولق *concavité.* | Höhlung, das hohle Innere.

t جوق ČOK. Sbst. SL. مشکلە کلاه قلمقیه و تعیین القاب ولاة قلمقی را در نامجات سلاطین بشی جوقلو نویسند vgl. جوغ *bonnet que portent les Kalmuks.* | Kopfbedeckung der Kalmüken. — BAŠY ČOKLYE, Ehrentitel, den die kalmükischen Statthalter in den Schreiben ihrer Oberherren erhalten.

t جوق ČOK. Sbst. *action de creuser.* | ein Loch machen. vgl. جقور

t جوق ČOK, u. چق Sbst., Adj. und Adv. *multitude, majorité, la plupart, le plus grand nombre; nombreux, grand, long (p. ex. le temps); beaucoup, trop.* | das Viel oder Gross; Menge, Vielheit, Mehrheit, Mehrzahl; viel, zahlreich, gross, lang (von der Zeit). جوق سویلر ČOK-SÖJLER. *bavard.* | Vielsprecher, Schwätzer. بر سقمسی جوق ein Ort, wo es viele Fischer giebt. جوقدن ČOKDAN. *depuis longtemps.* | seit langer Zeit. جوقدنکی oder جوقدنکی *qui existe depuis longtemps, ancien.* | was von langer Zeit her ist, alt, veraltet. جوقدنکی شی eine längst vergangene Sache. جوق یاشه ČOK JAŠA. *vivez longtemps, vivat!* | er lebe lange! جوغه کلمك *multiplier, faire beaucoup.* | mehren, vielmachen. طعامی جوغه کلمك *manger beaucoup.* | viel essen [Kam. s. v. اری. [السنخ. التکشو. الکشأ. النرعب] جوغه طوت nimm das Wenige für viel, d. i. nimm vorlieb mit dem Wenigen das ich geben kann. جوغی الا ĠOKU *la plupart, le plus grand nombre.* | die Mehrzahl. جوقجه ČOKĠA. *assez longtemps.* | ziemlich lange. — Rel. abstr. جوقلق ČOKLUK. *multitude, abondance.* | grosse Menge, Ueberfluss; — als Adv. (nur mit dem Vb. negat.) *souvent, très, oft, häufig, sehr.* جوقلق اچلمزدی er war sehr verschlossen (nicht leicht zu durchschauen). جوقلق شی Č. ŠEI. *comme c'est grand et beau!* | wie gross, wie herrlich!

t جوقنا LT. کراز

t جوقال ČOKAL. auch جقل. جغل Sbst. SL. بر کستوان اسب جوشن *cuirasse, barde.* | Panzer; Harnisch eines Pferdes. — جوقال اورمق oder جوقال کیدرمك بر کستوان زدن *barder un cheval.* | ein Pferd mit dem Harnisch bedecken. — Rel. concr. جوقاللو *bardé.* | mit dem Harnisch bedeckt.

t جوقالوق SL. s. زهد شدن جوغلق

t جوقامق ČOKAMAK, u. جوقوشمق Sbst. SL. ČOKUŠMAK. SL. کاویدن و گرد کردن *ramasser, se rassembler.* — Deriv. جوقولماق Vb. pass. SL. کاویده شدن و گرد کردن — vgl. جوقماق

t جوقور ČUKUR. s. جقور

t جوقرامق ČOKRAMAK. Vb. intr. [verwandt mit جاغلمق] *p* خروشیدن *crier, faire un bruit confus en bouillant ou en bouillonnant.* | schreien, ein dumpfes Geräusch von sich geben (wie der Topf oder der Kessel über dem Feuer); Sudi, Comm. zu Golistan. S. 503. جوقرامق مثلا جوملك وقزن وغیریسی انفر جوقرادیغی کبی جوقرادق [als Erklärung von خروشیدن]

t جوقسنمق ČOKSUNMAK. Vb. intr. *a* استکثار Aq. *trouver q. ch. grand ou nombreux.* | für gross oder für viel halten. Kam. s. v. الاستبلة

t جوقشمق ČOKUŠMAK. Vb. act. *becqueter, picoter.* | picken (mit dem Schnabel), viell. *se becqueter.* sich Stösse mit den Schnäbeln geben.

t جوقلوق s. جوق

t جوقلوق Sbst. SL. پوستین سمور سنجاب که جمع کرده از آن پوستین دوزند *peau d'écureuil noir ou gri.* | Fell des schwarzen oder grauen Eichhörnchen, Vek.

t جوقم LT. گرز *massue.* | Keule. vgl. d. Folgde.

t جوقمار SL. گرز و عمود *massue.* | Keule.

t جوقمق ČOKMAK. Vb. act. 1. *rassembler.* | versammeln. — 2. *creuser un fossé ou un trou.* | eine Grube oder ein Loch machen (graben oder stampfen). vgl. جوقلمق

t *a* جوقه ČOKA (ČOQA). Sbst. *drap.* | Tuch. جوقه اطه سی Č. ADASY. die Insel Cerigo. کوجك جوقه اطلسی KÜČÜK Č. A. Cerigotto.

t جوقەجى ČOKAĠY (ČOQAĠY). Sbst. *fabricant, ou marchand de drap.* | Tuchmacher, Tuchhändler. — Rel. abstr. جوقەجیلق ČOKAĠYLYK.

tp چوقه‌دار ĆOKADÁR (ĆOḲADAR). Sbst. *valet de chambre, laquais.* | Kammerdiener, Lakei. چوقه‌دار باشی Ć. BAŠY. oberster Kammerdiener im kaiserl. Palaste.

to چوقور LT. شقیقه *ravin, vallon.* | Schlucht, Thal. vgl. d. Flgde.

to چوقور ĆUKUR, auch چوقر، چوقیر Sbst. u. Adj. 1., = چقور SL. کواك *fosse, excavation; creux, profond.* | Grube, Höhlung, Loch; vertieft, ausgehöhlt, tief. — 2. vgl. چوق *beaucoup.* | viel.

t چوك ĆEWIK. s. چویك

t چوك ĆÖG. Sbst. [s. چوكمك] *génuflexion, salutation profonde.* | Kniebeugung, tiefe Verbeugung.

pt چوك ĆÖK u. چك Sbst. *membre viril.* | das männliche Glied (bes. von Kindern). — Demin. چككجك ĆÖGDŽIGEŽ.

to چوكا LT. سینه شتر *poitrail du chameau.* | Brust des Kamels. [vgl. چوكمك]

to چوكاری ĆUGARI. Sbst. Name einer Getreideart.

to چوكك SL. s. ترد ولای چوكك

to چوكلمك SL. الیزا تیشی ککه دوغ، چوكلمك، چوكشندك gekochte und distillirte sauere Milch. vgl. چوكلك

p چوكان ĆEWGÂN. Sbst. چوكن ĆEWKEN. *bâton recourbé, crosse, raquette.* | Krummstab, Hackenstock, Schlägel oder Kolben beim Ballspiel, Trommelschlägel, Paukenschlägel, Haken dessen man sich bedient um beim Dschirid-spiel das Dschirid vom Boden aufzuheben. چوكاندار Ć.-DÂR. der Vorspieler beim Ballspiel. vgl. de Sacy Chrest. arabe I. Pag. 504. چوكانی ĆEWGÂNÎ. zum Ballspiel gehörig.

t چوكدرمك ĆÖKDÜRMEK u. چوكدرمك Vb. act. [LL. چوكدرمك = جنج، طرسلمه] *p* کمیزردن *pisser en l'air ou avec force.* | den Urin mit Gewalt herausspritzen. Kam. s. v. التحلیج، التسمیه، التحلیج u. a. Deriv. چوكدردمك ĆÖKDÜRDÜRMEK. Vb. neg.

t چوكر ĆÖGÜR. چوكور Sbst. سازی بلشد که انرا جنك کوینك SL. *sorte de guitarre ou de harpe.* | eine Art Guitarre oder Harfe.

t چوكرتمك، چوكرمك und چوكدرمك s. چوكمك Deriv.

t چوكش ĆÖKIŠ. Sbst. [Abstr. v. چوكمك] *génuflexion.* | Kniebeugung.

t چوكك ĆÖKÜK. Adj. u. Sbst. [v. چوكمك] *enfoncé, déprimé, comprimé; camus; affaissement; sédiment, lie.* | eingesenkt, eingedrückt; stumpfnäsig; eingeknickt; Einsenkung; Bodensatz. چوكك ارقه و چوكك بلی ein eingedrückter, d. i. hohler Rücken. Kam. s. v. القسأ. — Rel. abstr. چوككلك ĆÖKÜKLIK = بكلق، صنقلق *état ou qualité d'être enfoncé, fracturé.* | das eingedrückt, eingeknickt u. s. w. sein. Kam. s. v. الوقر

t چوكلك ĆÖKLIK oder ĆÖKELIK. Sbst. = قره قروت *lait aigre préparé d'une manière particulière.* | eine Art Jogurt oder sauere Milch. Kam. s. v. الاکیلج. — vgl. *to* چوكلمك

t چوكمك ĆÖKMEK, auch چكمك Vb. intr. Aor. چوكر ĆÖKER. *s'enfoncer, s'affaisser, s'écrouler, tomber, se rasseoir, s'agenouiller; couler à fond, former un sédiment, s'attacher (la rouille, etc.).* | sinken, niedersinken, einsinken, einfallen, zusammenfallen, fallen; untersinken (z. B. als Bodensatz), sich auf etwas lagern, sich ansetzen [Staub, Rost u. dgl. Kam. s. v. النقعة]. چوكوب یقلمق oder سوكیلوب چوكمك zusammenstürzen [ein Gebäude. Kam. s. v. الاجلخاخ]. دیز چوكمك das Knie beugen, niederknieen. لحیه چوكمك zu Boden sinken. اوردلری چوكمكدر seine Wangen sind eingefallen [vor Alter, Kam. s. v. کیجه قرانكولغی چوكوب بتمشی. [الوانف] die Finsterniss der Nacht ist hereingebrochen, = تبارکت الظلمة [Kam. s. v. الاتمرار]. — Deriv. 1. چوكرتمك ĆÖKÜRTMEK. Vb. caus. Aor. چوكردر ĆÖKÜRDÜR. *enfoncer, etc.* | einsenken, u. s. w. بر شیئی مرکزنده کیرسی کبی یرلشدروب چوكدرمك *raffermir.* eine Sache in der Mitte gehörig fest machen (einschlagen) [Kam. e. t الترطمد]. دوه‌یی چوكرتمك *faire agenouiller un chameau.* | ein Kameel niederknieen lassen. — II. چوكرتمك ĆÖKÜRTMEK. Vb. caus. دوه‌یی چوكرتمك Kam. s. v. الستصحیح Zeitschr. der D. M. G. Bd. 11. S. 177. Bn. 8. — III. چوكرلمك ĆÖKÜRILMEK. Vb. pass. refl. دوه چوكرلمك niederknieen gemacht werden (ein Kameel). Kam. s. v. الدج

t چوكن ĆEWKEN. s. چوكان

t چوكن ĆÖGEN. s. چوكلن

p چكندر s. چوكندر

t چوكنتی ĆÖKINDI. Sbst. [v. چوكمك] *sédiment.* | Bodensatz. Kam.

to چوكوچ Sbst. = چكیج *marteau.* | Hammer.

t چوكور s. چوكورا

to چوكه LT. کوت سینه شتر die Brust des Kameels, auf die es sich legt.

to چوكنبوری LT. اشمال

t چوكی ĆÖKI. چوكی میرزا Titel der Prinzen in Khorasan.

t چول ĆUL, auch جول DŽUL. Sbst. 1. Tahrif. v. *a* جل *housse, couverture de cheval; haillon, vêtement négligé.* | Pferdedecke von grobem Wollenzeug; Lappen, schlechtes Kleid. — 2. لحیه عنكبوت *toile d'araignée.* | Spinngewebe. — Rel. coner. چوللو *caparaçonné.* | mit der Decke bedeckt. — چوللنمش

t چول ĆÖL. Sbst. بیابان *désert.* | Wüste, unfruchtbares Land oder Gegend. — Rel. abstr. چوللك ĆÖLLIK. Verödung, Wüstenei.

a جول DŽÛL. Sbst. چقورك ایجندن اطرافی قلدرم دیواری *parois intérieur d'un puits, d'une fosse, etc.* | die Mauerbekleidung der Wände eines Brunnens, eines Grabes u. dgl.

t چول ĆEWIL. (mot imitatif.) — ETMEK. *pépier.* | piepen. — vgl. چولدمك

t چولا ĆULA. Sbst. Name eines Vogels

t چولاق ĆULAK. Sbst. *a* اشل *manchot, estropié; au fig. avare.* | ein Einhändiger, Einarmiger, Krüppel; in übergetr. Bedeut. Geizhals. — Rel. abstr. چولاقلق ĆULAKLYK. *faiblesse dans les mains.* | Verstümmelung oder Schwäche an den Händen [wie کوترملك an den Füssen. Kam. s. v. الکسحة].

to جولان LT. زنجیر وراست 1. *chaine.* | Kette. — 2. *droit, vrai.* | recht, wahr.

a جولان DŽEWELÂN. [جال I.] Sbst. طولاشمق، طولانمه *action d'aller autour, de tourner autour; course autour d'un point, sur la périphérie du cercle; circulation; agitation; promenade, exercice militaire.* schnelle Kreisbewegung, Kreislauf, Umlauf (z. B. in der Rennbahn, oder des Blutes); flinke Bewegung (im Freien), Einübung der Truppen. — ETMEK. *circuler, se mouvoir.* | umlaufen, sich bewegen.

ap جولانكاه DŽEWELÂN-GÂH. Sbst. تعلیمكاه، میدان، محل حركت *cercle dans lequel on se meut, cirque, place d'exercice.* | Kreis in dem man sich bewegt; Rennbahn, Exercierplatz. Sudi, Comment. z. Gulistan, S. 126.

p جولاه DŽULÂH, und Demin. جولاهه DŽULÂHEH. s. حلاج

to چولبان ĆULBAN. LT. oder چولپان ĆULPAN. SL. und VL. Sbst. ستاره صبح *l'étoile du matin, la planète Vénus.* | der Morgenstern, der Planet Venus.

t چولپا ĆOLPA. Sbst. *massacre; massif.*

چولپا آشچی *fricasseur* (Hindoglu).

t چولپه ĆÖLPE, oder چولپك ĆÖLPEK. Adj. *a* عاجز، ضعیف *faible, lâche, sot.* | schwach, schlaff, dumm, schlecht.

t چولتار u. چولدار s. چلدار — یلان — Satteldecke. Kam. s. v. التشلب چولتاری

p جولخ DŽÛLAḪ, und *a* جولق Sbst. بلاس، چول BK. *étoffe grossière en laine.* | grober Wollenstoff, Flausch.

p جولخی DŽÛLAḪÎ, u. *a* جولقی Sbst. قلندری *moine, derviche.* | Mönch, Derwisch (eigentl. der ein Kleid von DŽÛLAḪ trägt).

t چولدار s. چولتار

t چولدمك ĆIWILDEMEK. Vb. intr. چولتمك، فیسلدمق [vgl. چول ĆEWIL.] *gazouiller; murmurer, marmotter, parler bas à l'oreille.* | zwitschern, flüstern, murmeln, summen, leise ins Ohr reden.

t چولدی ĆIWILDI. Sbst. (vgl. d. Vhghde.) *chuchotement.* | Geflüster, Gemurmel.

t چولشمق ĆIWILYŠMAK. Vb. recipr. *chuchoter.* | einander zuflüstern.

to چولدرو s. چلدرو

t چولغامق ĆOLGAMAK, u. چولغمق SL. u. LT. بیاجیلمق *tordre; se contourner.* | drehen, winden, sich zusammenziehen. —

Deriv. چولغامق ČULGAMAK. — Vb. refl. چوركلك vgl. پيچيده شدن.

t چوالق LT. s. چولق شل

t چولك ČULEK. Sbst. *tourbillon.* | Strudel صو چولكي Wasserstrudel, = كرداب Sudi Comm. zu Gulist. S. 187, Z. 16.

t چوللامق ČULLAMAK. Vb. act. [Denom. v. چول] *couvrir d'une housse etc.* | mit einer Decke u. dgl. bedecken. — Deriv. چوللنمق ČULLANMAK. Vb. pass. u. refl. — Partic. چوللو = چوللنمش

t چوللك ČULLIK, s. چول ČUL.

t چولمك ČÖLMEK, und چولمكجي ČÖLMEKĞI. s. چومك ČÖMLEK u. f.

p چولنا ČULNA. s. جلا

t o چوم ČUM, ČUM. Postpos. LT. = همه لفظی باشد که از برای مبالغه بمعنی جمع و تمام آید *tout, tous, tout-à-fait.* | alles, alle, ganz.

t o چوم Imperat. v. چومنق

t چوما ČUMA. Sbst. بومرچق *la peste.* | die Pest. (Hindoglu).

t چومار ČUMAR. Sbst. قيون يونلسز قوزي *espèce de moutons qui n'ont pas de cornes.* | eine Art Schafe die keine Hörner haben. Kam. s. v. الاجم

t چوماق ČUMAK, auch چومق u. چماق *massue (de bois ou de fer), verge de fer; grande cuiller de cuisine.* | Keule von Holz oder Eisen, eiserner Stab; grosser Küchenlöffel oder Schöpflöffel. — چوماقدار Č-DÂR. *porte-massue, massier.* | Keulenträger. Quatremère Hist. des mamlouks. I. 158. not.

t o چومالمق SL. = در سر پا نشستن s. چومك

t o چومله ČUMALA. Sbst. SL. كلوبند زنان *collier des femmes.* | Halsband der Frauen.

t o چومجار ČUMĞAR. Sbst. SL. پيراهن *chemise, vêtement.* | Hemd, Kleid.

t o چومجاره Sbst. SL. قشق بزرك كه از چوب و مس باشد grosser Löffel aus Holz oder Kupfer. vgl. das Figde. und چمچه

t چومچه ČÜMČE. Sbst. كمچه *grande cuiller.* | grosser Löffel, Vorlegelöffel. Kam. s. v. المغرفة , المخلب vgl. چمچه und چومچ

p چومرد ČÖMERD. چومردی , چومردلق s. جوانمرد

t o چومك s. چومرمق

t o چومنى Sbst. LT. مفتری *menteur, calomniateur.* | Lügner, Verleumder.

t چوملك ČÖMLEK und چولمك ČÖLMEK. Sbst. *pot de terre, marmite.* | irdener Topf, Kochtopf. چناق چوملك ČANAK ČÖMLEK. Töpfe und Pfannen, d. i. allerlei Geräth. چوملك ديبي oder چوملك دبی der Rest im Topfe.

t چوملكجي ČÖMLEKĞI, oder چولمكجي ČÖLMEKĞI. *potier.* | Töpfer.

t چوملمك ČÖMÜLMEK. Vb. intr. Aor. چوملور ČÖMÜLÜR. *s'accroupir, se blottir.* | sich zusammenkauern, niederkauern, in kauernder Stellung sitzen, vom Hunde: Kam. s. v. الاقعاء , von Menschen: Kam. s. v. التبج , المستوفز

t o چومق ČUMMAK. Vb. intr. LT. بزير آب SL. غوطه خوردن و غرق شدن فرو رفتن *être plongé, submerger, se noyer.* | versinken, untersinken. — Deriv. چومورمق ČUMURMAK oder چومرمق Vb. caus. LT. بزير آب فرو رفتن متعدّست SL. غرق كردن *plonger, noyer.* | versenken.

t o چوموره غى ČUMURGAL. SL. آب بازی و بمعنی بآب فرو برو das Untertauchen im Wasser; Imperativ v. چومورمق

t o چومچ ČUMČ. LT. u. چومچ SL. Sbst. نوعی از كفكير باشد از ديك بخلاف چمچه طعام كشند Vorlegelöffel. vgl. چمچه

t o چوموشتنو N. pr. SL. خطائی اروغی از اوزبكيه

p چون ČÜN und چو ČÜ. Adv. *comme, comment; lorsque, pendant que, dès que, aussitôt que, tant que, parce que, après que.* | wie? wie; so wie, als, sobald als, nachdem. چون و چرا ČÜN U ČIRÂ. *pourquoi?* | wie und warum? بى چون و چرا Gott. s. چونكه — بيچون u. چرا ČÜNKI, vulg. ČÜNKÜ. *puisque, parce que.* | weil. چون بى چونكه *dieu.* | wie ohne weil. d. i. Gott. چونين ČÜNIN. *ainsi, de cette manière.* | so, auf diese Weise. چونانك — چنان s. چونان = چنانكه *de même que, de quelque manière que ce soit.* | wie auch, wie es immer sei.

p چون چرا ČÜN-ČIRÂ. Sbst. compos. (wie? warum?) *altercation, contestation.* | Gezänk, Streit (mit Worten).

t o چونجورغه ČUNČURGA. Sbst. LT. چمچيغه vgl. سر قمچى

t o چونغ LT. چونغ — بسيار چوق

t o چونغار ČUNGAR, und چونغر ČUNGAR. *côté gauche, aile gauche.* | linke Seite, linker Heeresflügel. s. جوانغار

t o چونقايمق ČUNKAIMAK. *se blottir.* | kauern (?).

t o چونقايشه ČUNKAIŠMA. SL. بعزم دزدى در كوشه پرسر دو پا نشستن in kauernder Stellung auf der Lauer liegen.

p t چونك ČUNK. Sbst. SL. مجموعه نظم *recueil de poésies.* | Gedichtsammlung. vgl. جنك

t o چونك ČUNK. Sbst. شتر بزرگ كش و درك كشتى و بلغة اوزبكيه موى و پشم را كويند Lastkameel oder beladenes Kameel, grosses Schiff. — usbekisch: Haar, Wolle.

t چونمق ČUNMAK. Vb. intr. = كونشه چومق *se mettre au soleil.* | sich sonnen. Meninski.

t o چونلى SL. جوز چين كوچك eine kleine chinesische Nussart.

t o چونه ČUNE. Sbst. *côté gauche, aile gauche.* | linke Seite, linker Heeresflügel. vgl. چونغار , چونغر

p چونى s. چون

a جوهر ĞEWHER. Sbst. *p* كوهر vgl. جواهر *pierre précieuse, perle, bijou; éclat, le brillant d'une arme, damasquinure; veine (dans le bois), point diacritique d'une lettre, lettre écrite avec des points diacritiques; essence, substance.* | Edelstein, Juwel, Perle; Sand von edlen Erzen; die schwarzen Punkte auf hell polirtem Metall, Damascirung eines Säbels, die Adern im Holze; diakritische Punkte der Buchstaben oder Buchstaben mit diakritischen Punkten; Wesen, Substanz. Rel. concr. جوهرلو ĞEWHERLI. *brillant, resplendissant; damasquiné.* | glänzend; damascirt. جوهر طلب G. TALAB. *qui cherche des pierres fines; pêcheur de perles.* | der Edelsteine sucht; Perlenfischer. جوهر فروش G. FURÛŠ. *joaillier,* Juwelier. جوهر علوى ĞEWHER-I 'ULWÎ. *le ciel.* | der Himmel. جوهر فرد ĞEWHER-I FERD. *atome.* | untheilbarer Körper, Atom.

a جوهره ĞEWHERET. Sbst. Nom. unit. v. جوهر *un bijou.* | ein Juwel.

a p جوهردار ĞEWHER-DÂR. Adj. = جوهرلو

a p جوهری ĞEWHERÎ. Adj. und Sbst. *substantiel, essentiel; joaillier.* | wesentlich; Juwelier.

p جوى ĞEWÎ. Sbst. Nom. unit. v. جو *un grain (d'orge).* | ein Korn (Gerste). زر جوى ĞEWÎ ZER. *un grain d'or.* | ein Goldkörnchen.

p جوى ĞÛÎ, = جو Rad. v. جستن *qui veut, cherche, désire.* | suchend, verlangend. نيك جوى NÎK ĞÛÎ. *qui veut le bien de q. qn.* | wohlwollend. جهان جوى ĞIHÂN-ĞÛÎ. *qui recherche les choses du monde.* | weltlich gesinnt.

p جوى ĞÛÎ. Sbst. = *t* چاى *fleuve, rivière.* | Fluss.

t چوى ČIWI, oder چيوى Sbst. *clou, cheville.* | Nagel, Zwecke, Holzstift. زره چوياری Nägel oder Zwecken zu einem Panzer چوى صوقمق Zwecken einschlagen.

p جويا ĞÛJÂ u. جويان ĞÛJÂN. Partic. v. جستن

p جويانيدن ĞÛJÂNÎDEN. Vb. caus. v. جستن oder جويانيدن = *t* آختارمق *faire rechercher.* | ausforschen lassen.

p جويبار ĞÛIBÂR. Sbst. *fleuve, rivière.* | Fluss.

p جويچه ĞÛJČE. Sbst. Demin. v. جوى *petite rivière.* | Flüsschen, Bach.

t o چويچوغ LT. كنجشك و چراغ و ديكدان *passereau; flambeau; trépied.* | kleiner Vogel; Leuchte; Dreifuss.

t چويت ČIWID, auch چويد u. چيويت Sbst. *p* نيل *indigo.* | Indigo.

t چويرمك s. چورمك

t چویریندی ČEWIRINDI — چورندی

t چویك ČEWIK oder چوك Adj. ، ایملی ، چابوق LL. سریع ، خفیف *léger; prompt, agile, vite; défectueux.* | leicht; schnell, flink; eilfertig, leichthin, fehlerhaft. — Rel. abstr.

چویكلك ČEWIKLIK, — ینیلك *a* خفّه *p* سبكی *légèreté, agilité, vitesse.* | Leichtigkeit, Flinkheit, Schnelligkeit. چویك قارنلو *mince.* | schlank (nicht dickbäuchig). Kam. s. v. اهضم

p چوگان ČÜǴÂN, — چوكان

t چویلامك ČIWILAMEK. Vb. act. vgl. چوی *attacher avec des chevilles, clouer.* | mit Zwecken befestigen, annageln, anpflöcken.

t *o* چوچمق ČUǴMAK, Vb. act. Sl. برطرف وناپود كرمك *faire disparaître.* | verschwinden lassen.

t *o* چوچمق ČUǴMAK. Vb. intr. Sl. گرم شدن warm werden.

p جوین ǴEWÎN, oder جوینه ǴEWÎNE. Adj. اربه‌دن ، عبارت اولان *d'orge.* | von Gerste. جوین نان NÂN-I Ǵ. *pain d'orge.* | Gerstenbrod.

p جوینده ǴÜJENDE. Partic. v. جستن

p جوینه ǴÜJNE, oder جوینده ǴÜJNDE. Adj. u. Sbst. *aquatique; oiseau aquatique.* | auf dem Flusse oder dem Wasser lebend; Wasservogel.

p جوئی ǴÜJI. Sbst. *demande, prière.* | Gesuch, Bitte.

p جویدن ǴÜJIDEN. 1. = جستن *chercher etc.* | suchen u. s. w. — 2. Denom. v. جوی (Fluss) *faire couler l'eau.* | fliessen lassen.

t *o* چوین ČÜJN. Sl. آهنی نا پخته nicht gereinigtes oder nicht gehärtetes Eisen.

t *o* چه ČA, ČE, auch چا ، جا ، جه Postpos. تا ، دك *p* [ursprünglich Sbst. = مقدار ، مقدار ، قسمت ، قسمت Sl.] *jusque, à, jusqu'à; même.* | bis, bis zu; sogar. — mit vorhergehendem Dativ. طاغه چه bis an den Berg. گوملكه‌جه ییراقش — كوملكلاچه bis auf das Hemd, sogar das Hemd. — Im Westtürkischen bezeichnet es eine Beziehung, Art und Weise, und dient zur Bildung von Adverbien und nach Adjectiven zur Bezeichnung des geringeren Grades einer Eigenschaft. آدمجه *à la manière d'homme, c. à. d. humain.* | nach menschlicher Weise, menschlich. عربجه *à l'arabe.* | arabisch. تركجه *à la turque.* | türkisch. اوصولجه *suivant la cour, c. à d. en forme, officiellement.* | höfisch, förmlich. بنجه *suivant moi, à mon avis.* بیوكجه *pas très-grand.* | nicht eben sehr gross. آقجه *un peu blanc; argent.* | weisslich; Silber. یوكسكجه *pas trop haut.* | nicht allzuhoch. اندن یوكسكجه *un peu plus haut que lui.* | etwas höher als er. آخشام قرانكلقجه etwas oder bald nach Dunkelwerden. Kam. s. v. ... طوغوردقدنصكره — بنات بحر bald nach dem Gebähren. Kam. s. v. اتضمّع

— نیم چه = چه نه *p* تا چند *plusieurs.* | einige.

t چه ČEH (slavisch) Sbst. *Bohème; Bohémien* | Böhmen; Böhme, Czech. چه مملكتی das Königreich Böhmen. Adj. Rel. چهلو böhmisch, czechisch.

t چه ČIH. Sbst. = چك ، چیك *p* شبنم *a* طلّ *rosée.* | Thau.

p چه ČAH. Sbst. = چاه *puits* | Brunnen.

p چه ČE. Deminutivpartikel am Ende der Wörter. s. d. pers. Gramm.

p چه ČI. Pronom. interrog. *quoi! quelle espèce de?* | was? was für ein?

a جهابذه ǴEHÂBIZE. Sbst. Pl. v. جهبذ

a جهات ǴIHÂT. Sbst. Pl. v. جهت

a جهاد ǴIHÂD. Sbst. *effort; guerre contre les infidèles.* | Anstrengung; Krieg gegen die Ungläubigen.

a جهار ǴIHÂR. Sbst. *publicité, notoriété.* | Oeffentlichkeit, bekannt sein. — Adv. جهارا ǴIHÂREN. *ouvertement, au grand jour, publiquement.* | offen, öffentlich, ohne Hehl.

p چهار ČEHÂR. zusammengez. چار ČAR. Adj. num. card. درت *quatre.* | vier. درت چهار DÖRT-ČEHAR. alle vier (beim Würfelspiel). چهار بالش Č.-BALYŠ. *trône.* | Thron. چهار پا Č.-PÂ. vulg. ČARWA. *quadrupède, monture.* | vierfüssig; Reitthier. چهارپادار oder چارپادار ČARWADAR. *qui loue des montures.* | Pferdevermiether. چهار پاره Č.-PÂRE, = چارپاره *castagnette.* چهار روزه Č.-RÛZE. *qui ne dure que quatre jours; passager, périssable.* | viertägig, was nur vier Tage, d. i. kurze Zeit dauert, vergänglich. چهارسو Č.-SÛ, = چارشو *marché.* | Markt. چهار شنبه Č.-ŠEMBE, *mercredi.* | Mittwoch. چهار علم Č. 'ALEM, oder چهار یار Č.-JÂR. *les quatre premiers califes.* | die vier ersten Khalifen (Abubekr, Omar, Osman und Ali). چهار كانه Č.-GÂNE. *quatruple.* | vierfach. چهار گوشه Č.-GÛŠE. *quadrangulaire.* | viereckig.

p چهاردهم ČEHÂR-DEHÜM. Adj. num. ord. اون دردنجی *quatorzième.* | d. vierzehnte.

p چهارم ČEHÂRUM. Adj. num. ord. دردنجی *quatrième.* | d. vierte.

a جهارة ǴEHÂRET. [جهر I.] Sbst. *état d'être grand, de paraître grand; d'être sonore et retentissant.* | das gross, dick, stark sein, gross erscheinen, laut oder stark klingen.

a جهاز ǴIHÂZ, auch جهیز ǴEHIZ, vulg. ČEHIZ. Sbst. *trousseau de la nouvelle mariée, dot; provisions et ustensiles de voyage; objets nécessaires pour l'enterrement.* | Aussteuer oder Mitgabe der Braut, Abfindungssumme bei der Ehescheidung; Reisevorräthe; Gegenstände die zur Beerdigung nothwendig sind, Ausstattung des Todten.

a *t* جهازلامق ǴEHIZLEMEK. Vb. act. *faire une dot.* | ausstatten, — جهاز اتمك

a جهّال ǴÜHHÂL. Sbst. Pl. v. جاهل

a جهالة ǴEHÂLET. [جهل I.] Sbst. *ignorance.* | Unwissenheit, Unkenntniss.

a جهامة ǴEHÂMET, u. جهومة ǴUHÛMET. [جهم I.] Sbst. *expression dure ou désagréable du visage, air rébarbatif.* | finsterer, abstossender Ausdruck des Gesichts; einem ein finsteres Gesicht machen.

p جهان ǴIHÂN. Sbst. عالم ظاهر ، دنیا *le monde.* | die Welt, sichtbare, irdische Welt. ایكی جهان *ce monde et l'éternité.* | die Welt und die Ewigkeit. جهان آرا Ǵ.-ÂRÂ und جهان آرای Ǵ.-ÂRÂJ. *qui orne le monde.* | die Welt zierend. جهان آرائی Ǵ.-ÂRÂÎ. *ornement du monde.* | Zierde der Welt. جهان افروز Ǵ.-EFRÛZ. *qui éclaire le monde.* | die Welt erleuchtend. جهان افروزی Ǵ.-EFRÛZÎ. *splendeur du monde.* | Glanz der Welt. جهان بان Ǵ.-BÂN. *protecteur du monde, Dieu, monarque.* | Weltbeschützer, Gott, Herrscher. جهان بانی Ǵ.-BÂNÎ. *monarchie; monarchique.* | Weltherrschaft; eines Herrschers würdig. جهان بین Ǵ.-BÎN. *qui voit ou regarde le monde; l'œil, voyageur.* | die Welt sehend; das Auge; ein Reisender. جهان پناه Ǵ.-PENÂ. *asile du monde; monarque.* | Weltzuflucht; Herrscher. جهان تاب Ǵ.-TÂB. s. تاب. — جهان دار Ǵ.-DÂR. *possesseur du monde; monarque.* | die Welt habend oder besitzend; Herrscher. جهان داری oder جهانداراق *monarchie, empire.* | Herrschaft, Reich. جهان دیده Ǵ.-DÎDE. *qui a vu le monde, expérimenté.* | der die Welt gesehen hat, erfahren. جهان دیدكی *expérience.* | Erfahrung, Weltkenntniss. جهان روا Ǵ.-REWÂ. *qui se passe dans le monde, permis, convenable.* | weltüblich, erlaubt, geziemend. جهانسالار Ǵ.-SÂLAR. *préposé du monde, monarque.* | Weltvorsteher, Herrscher. جهانستان Ǵ.-SITÂN. *qui prend le monde, conquérant.* | die Welt einnehmend, Eroberer. جهانسوز Ǵ.-SÛZ. *qui enflamme le monde.* | die Welt entzündend. جهانكشا Ǵ.-KUŠÂ. *qui conquiert le monde, conquérant.* | Welteroberer. جهانكرد Ǵ.-GERD. *qui fait le tour du monde, voyageur.* | die Welt umkreisend, Reisender. جهانگیر Ǵ.-GÎR. *qui occupe le monde, monarque.* | die Welt ergreifend, Herrscher. جهان مطاع Ǵ.-MUTÂ'. *celui auquel obéit le monde.* | dem die Welt gehorcht (Herrscher, Befehl). جهان نما Ǵ.-NÜMÂ. *cosmographie.* | Weltbeschreibung. — Rel. concr. جهانی ǴIHÂNÎ. *mondain.* | weltlich. — Pl. جهانیان ǴIHÂNIJÂN. *les mortels.* | die Weltlichen, d. i. die Sterblichen.

جهان ČEHÂN. Partic. v. جهیدن. tropfend. vgl. چكان

p جهانیدن ǴEHÂNIDEN. Vb. caus. v. جهیدن

a جهبذ ǴIHBIZ. Sbst. u. Adj. *bon connaisseur, intelligent.* | guter Kenner, einsichtsvoll. Pl. جهابذه

a جهة ǴIHET, ǴEHET oder جهت Sbst. [Rad. وجه] *direction, côté; contrée, plage, région, égard, rapport; manière, façon; cause, raison.* | Richtung, Seite, Gegend; Beziehung, Rücksicht; Art und Weise; Ursache, Grund. اولدوغی جهتدن *attendu qu'il a été.* | in

Rücksicht darauf dass gewesen. عدد جهتندن an Zahl, der Zahl nach.

a جهد ǴEHD, ǴAHD. Sbst. *effort, assiduité, application.* | Anstrengung. — ETMEK. *s'efforcer.* | sich anstrengen. — Adv. جهداً ǴEHDEN. *avec assiduité.* | angestrengt, eifrig.

a جهر ǴEHR. Sbst. *action de parler à haute voix.* | laut und gerade heraus sagen. — Adv. جهراً ǴEHREN. *clairement, à haute voix.* | deutlich, laut, mit lauter Stimme.

p جهر ǴEHR, ǴIHR. Sbst. *forme, figure, visage.* | Gestalt, Gesicht, Ansehen.

a جهرا ǴÜHERĀ. Pl. v. جهير

a جهرة ǴEHRET. Sbst. *chose publique.* | etwas öffentliches, allgemein bekanntes. — Adv. جهرةً ǴEHRETEN. *publiquement, ouvertement.* | öffentlich, offen heraus.

p جهره ǴEHRE. Sbst. *dévidoir, bobine.* | Weife, Spule.

p جهره ǴEHRE. Sbst. يوز . صورت *visage, mine; teint du visage.* | Gesicht, Antlitz, Miene; Gesichtsfarbe. چهره بوزلمق *changer de couleur, pâlir.* | die Farbe verändern, blass werden. چهره كوسترمك einem ein Gesicht zeigen, insbes. eine finstere Miene machen. چهره پرداز Ǵ.-PERDĀZ. *peintre, portraiteur.* | der ein Gesicht zeichnet, Porträtmaler. چهره خراش Ǵ. HARĀŠ. *qui blesse le visage.* | das Gesicht verwundend (z. B. ein Schlag). چهره كشا Ǵ.-KUŠĀ. *qui montre le visage; peintre,* = Ǵ. PERDĀZ. | der das Gesicht offen zeigt, sein Gesicht sehen lässt (eine Frau, die den Schleier lüftet); der ein Gesicht zeichnet, Maler. چهره كشائى das Zeigen des Gesichts; Gemälde, Malerei. چهره نمود Ǵ.-NUMŪD. *qui a montré le visage.* | der sein Gesicht gezeigt hat. بدچهره BED-Ǵ. *laid de visage.* | hässlich von Gesicht. نەدر بو چهره was soll dies Gesicht, diese Miene bedeuten? — Rel. concr. چهره‌لو ǴEHRELI. — اولو چهره‌لو *qui a le visage d'un mort.* | mit todtenähnlichem Gesicht, leichenblass.

a جهرى ǴEHRI. Adj. *public, manifeste.* | öffentlich.

p چهرى ǴEHRI. Sbst. oder اسب چهرى *cheval rubican.* | Schimmel, Stichelschimmel.

t چهرى ǴEHRI. Sbst. *graine jaune.* | Gelbbeere, Frucht des Kreuzbeerstrauchs.

a جهل ǴEHL. Sbst. بلمزلك [Gegentheil vom علم] *ignorance* | das Nichtwissen, Unkunde, Unkenntniss, Unwissenheit.

p چهل ǴIHIL, ǴIHEL. auch چل ǴIL. Adj. num. card. قرق *quarante.* | vierzig. چهلمنار oder چهلمنار ǴILMINĀR. die vierzig Thürme; Name der Ruinen von Istakhar. چهلپا ǴEHIL-PĀ. *scolopendre.* | Tausendfuss.

a جهلا ǴÜHELĀ. und جهلة ǴEHELET. Pl. v. جاهل

p چهلم ǴIHLUM. Adj. num. ord. قرقنجى *quarantième* | d. vierzigste.

a جهنم ǴEHENNEM. Sbst. طامو . توزخ *l'enfer.* | die Hölle. جهنم اول sei verflucht. — Rel. abstr. und concr. جهنملك ǴEHENNEMLIK. جهنملو ǴEHENNEMLI u. *p* جهنمى ǴEHENNEMI. *qui regarde l'enfer, infernal, damné.* | höllisch, verdammt. جهنملو ايلمك *damner, excommunier.* | verdammen, verfluchen, = اقروسلمق

a جهود ǴAHŪD. u. جهيد ǴEHID. Adj. *qui s'efforce, laborieux, zélé.* | der sich anstrengt, arbeitsam, eifrig.

p جهود ǴÜHŪD. Sbst. چفوت *juif.* | Jude. — Nom. unit. جهودى ǴÜHŪDI. — Pl. جهودان ǴÜHŪDĀN. — Adv. جهودانه ǴÜHŪDĀNE. jüdisch. — Rel. abstr. جهودى ǴÜHŪDI, und جهودلك — جهودلك jüdisches Wesen.

a جهول ǴEHŪL. Adj. intens. v. جاهل *très-ignorant.* | sehr unwissend.

a جهوم ǴEHŪM. [Rd. جهم] Adj. *faible, débile, impuissant.* | schwach.

a جهومه s. جهلة

a جهيد s. جهود ǴAHŪD.

p جهيدن ǴEHIDEN. Vb. act. صچرامق *sauter.* | springen. Partic. جهنده ǴEHENDE. *qui saute.* | springend, gesprungen.

p جهيدن ǴEHIDEN = چكيدن

a جهيدى ǴÜHEIDA. Sbst. جهد . چالشمق ، غيرت ايتمك *action de s'efforcer, effort, travail, application, étude.* | Anstrengung, angestrengte Arbeit (körperliche und geistige), Fleiss.

a جهير ǴEHIR. Adj. und Sbst. Pl. جهرا ǴÜHERĀ. *qui parle à haute voix, qui a une voix sonore; qui attire les regards, beau, remarquable.* | was öffentlich erscheint, die Blicke auf sich zieht; schön, merkwürdig; was laut klingt, laut spricht.

p جهيره ǴEHIRE. Sbst. = چهره *visage.* | Gesicht.

a p جهيز ǴEHIZ. vulg. جهاز ǴEHIZ. Sbst. كلينك لوازمات و تدارك . جهاز *trousseau d'une nouvelle mariée.* | Aussteuer der Braut.

t جى ǴI und چى ČI. Partikel am Ende der Worte, bezeichnet die Person, welche mit einer Sache zu thun hat, eine Sache fertigt oder verkauft. s. d. Gramm.

a جيئة ǴIET und جيئة [1. جاء | جيء] Sbst. كلمك . ورود . وصول *action de venir, d'arriver, de se joindre à q. ch.; venue, descente.* | das Kommen, Anlangen, mit einer Sache zusammentreffen; Ankunft.

a جياد ǴIĀD. Sbst. Plur. v. جواد *chevaux de race.* | edle Rosse.

a جياع ǴIĀ'. Pl. v. جائع

a جياف ǴEJJĀF. [Rad. جيف med. ى] *fossoyeur qui dépouille les cadavres* | Leichenplünderer.

t جيان ČIAN. Sbst. *reptile; mille-pieds; lézard; to. scorpion.* | Gewürm; Tausendfuss; Assel, = قرق اياق LL. Kam s. v. الشبث . die grosse grüne Eidechse, Kupfereidechse, Meninski. *to* — عقرب SL. Scorpion, Sternbild des Scorpion [vgl. چيان]. چيان اوتو .

ć. OTU. Name einer Pflanze. LL. بسبايج *polypodium.*

to جيجان ČIJAN. Sbst. LT. عمه *tante.* | Vaterschwester (die unverheirathet im Hause ihres Bruders lebt); im Tartarischen auch: Neffe und Nichte von Seiten der Frau; Geschwister von verschiedenen Frauen oder aus verschiedener Ehe.

t چيان كوك ČYANGÜK. Sbst. *serpentine (plante)* | Schlangenkraut.

to جيب ČIB, und جيب ČIB. Sbst. LT. خندق *fossé.* | Graben. Abulgazi. S. 150. 162.

a جيب ǴEIB. vulg. ǴEB. Sbst. *p* گريبان *t* يقا *col d'une chemise, etc., poche.* | Busen (des Kleides), Tasche. vgl. — جب — Geometr. Sinus des Kreises. تمام جيب TEMĀM-I Ǵ. Cosinus. — Adj. جيبى ǴEIBI. *qui a rapport au sinus* | zum Sinus gehörig. نسبت جيبيه NISBET-I ǴEIBIJE. Logarithmus des Sinus. نسبت جيبيه تمامه Logarithmus des Cosinus.

to جيباء ČIBA, oder جيبه Sbst. LT. جمد = *p* بكنز

to چاو s. چاى بدر — چيتاره

to چيان ČIBAN. Sbst. LT. كژدم Scorpion [vielleicht ein Druckfehler für چيان].

to چيبار ČAIPAR, und چيپور ČAIPUR. Sbst. جاده . يول و شوسه *grand chemin, chaussée.* | Strasse, Landstrasse.

to چيبروق LT. بى سليقه شدن *être impoli* | ungebildet oder unhöflich sein (?)

to چپقلبش LT. ازدحام وكشمكش *foule, tumulte.* | Gedränge, Lärm einer Volksmenge.

to چيقون Sbst. LT. صاعقه و تاختن و يلك و ييرلان *foudre, tempête; incursion.* | Blitz, Unwetter; Einfall (des Feindes). vgl. چابقون

to جيبكم ǴIBKEM SL. لگام اسب *bride, frein.* | Zaum, Zügel.

a جيبى ǴEIBI. s. جيب ǴEIB.

to چيبين ČIBIN. Sbst. *mouche.* | Fliege = چبن

t چيت ČIT. Sbst. = چت *haie.* Hecke, Hürde von Rohrgeflecht. Kam. s. v. الحظيرة auch das Rohr oder Holz, aus dem die Hecke gebaut wird. Kam. s. v. الكوارة

to جيت Sbst. 1. LT. [بنلى قرشت] چين بيشانى اسب *ride sur le front d'un cheval* | Falte an der Stirn eines Pferdes. — 2. SL. يلغه كنشقلر كنار *côté, bord.* | Seite, Rand; was nicht zu einer Sache selbst gehört. [*pars, latus.* Abulgazi. 28. مفعول] دورتى ئيتك تاريخى جيتنى سلبكه ديرلر

to چمتلامق ČYTLAMAK. Vb. act. SL. ايا سر انکشتن ايکش کرفتن *prendre une aiguille avec les doigts.* | einen Stachel u. dgl. mit den Fingerspitzen fassen.

to چمتلامه s. چتلمه

to چمتشون ČYTUN. Sbst. SL. شخص ترشرو وقبضه چنکيز خان، يلوه شيطان، اسمی *qui fait mauvaise mine; poignée de l'épée de Djingiskhan; le diable.* | der ein böses Gesicht macht; Griff am Säbel Tschingis-khans; böser Dämon, Teufel.

to چمجمن ČYČAN. LT. دانا vgl. چچان

to چمچقان ČYČKAN. Sbst. سچان *souris.* | Maus. Ferhad. VI.

t چمجک s. چمچکلنمك und چمجك

to چمجه ǴIǴE. Sbst. خاله *tante.* | Mutterschwester.

t جزکی ǴIǴI. Sbst. *jouet d'enfant.* | hübsches Kinderspielzeug جججلو مججيلو ǴIǴILY WIǴILY. *joli.* | hübsch, niedlich.

to ججيجغ ǴIǴYG. s. ججمق

p جمحون ǴEJHŪN. N. pr. *la rivière Oxus* | der Fluss Amudarja (der Oxus der Alten), der Iran von Turan trennt.

a جيد ǴID. Sbst. عنق، گردن، بيون *cou.* | der Hals.

a جيد ǴAJJID. [Rad. جود] Adj. *bon.* | gut.

to چمدار ČYDAR. Sbst. LT. بند يلی • اسب که در سه بنی اسب بندند *p* چدار

to چمدامق s. چدامق

p چيدن ČIDEN. [Rad. چين] Vb. act. اورتلدوب جمع، دوشرمك، ديشمك *cueillir; élire, choisir.* | zusammenbringen; Früchte lesen, pflücken, auslesen. — Partic. چيده ČIDE, und چينده ČINIDE.

p چيره s. چهره

to چمرا ČYRA, auch چيرا und چيراى Sbst. چهره *visage, joue, teint du visage.* | Gesicht, Wange, Gesichtsfarbe. — Rel. abstr. und concr. چيرالمق ČYRAYLYK. LT. خوبرو وخوش شکل

a جيران ǴIRĀN, und جيرة ǴIRET. Sbst. Pl. v. جار *voisins.* | Nachbarn.

t چيران ČEIRAN, vulg. چيلان ČEILAN. Sbst. LT. اهو وجکاره *gazelle.* | Gazelle. *to.* als Adj. *fauve.* | rothgelb, röthlich, braunroth.

to چمرچمر ČIRČIR. Sbst. *instrument avec lequel on monde le coton.* | Werkzeug zum Reinigen der Baumwolle. Kam. s. v. المحلاج. vgl. چرچر

t چمرك ČEIREK. s. چاريك

to چمرکلو Sbst. LT. جوان قابل و دانا *jeune homme de talent et bien instruit.* | fähiger und unterrichteter Jüngling. vgl. چمرکسيز

to چمرلمك oder چمرمك Vb. act. und intr. = چورمك *tourner, etc., se tourner,* drehen, wenden, sich abwenden, umwinden, u. s. w.; s. چورمك u. چرمك

to چمرمك = چوروك *pourrir.* | faulen.

to چمرو ČIRU. Sbst. = *t* چرى *armée.* | Heer.

to چمرو LT. اسب سرنك *cheval bigarré.* | buntes oder dreifarbig gefleckten Pferd.

p چمره ČIRE, und چمر ČIR. Adj. und Sbst. *fort, vaillant, courageux, victorieux.* | stark, tapfer, muthig, siegreich. چيره دست ČIRE-DEST. *qui se hâte, prompt.* | eilfertig, schnell bei der Hand. — Rel. abstr. چيره کی ČIREGI, oder چيرکی *courage, force, vaillance.* | Muth.

to چمرى ČIRI. Adj. = *p* چيره *courageux; agile.* | schnell, muthig (von Pferden).

to چمرب ČIRIB. Sbst. *poignée.* | Handvoll.

to چمرنك s. چرنك

to چمرنکسز ČIRINKSIZ. LT. ناقابل Gegentheil von چمرکلو

p چمز ČIZ. Sbst. نسنه *chose quelconque, quelque chose, qui existe.* | Etwas, irgend etwas, was ist. نا چيز NĀ-ČIZ. *un rien, qui n'est rien.* | ein Nichts. — Demin. چيزك ČIZEK. *un petit peu.* | ein klein weniges.

a جيزة ǴIZE. Sbst. جانب، طرف، ناحيه *côté, plage.* | Seite, Gegend.

t چمرق s. چرق

t چمرکمك s. چورکمك

t چمرکی s. چرکی

t چمرمك s. چرمك

t چمرنه s. چرنه

to چمرنی ČYZNYK. LT. راه بدرسك [vielleicht راه بر رسك]

t چمرنمك ČIZINMEK. Vb. intr. LL.

a جوله کشتن، کرديدن *p* = دور، جول *se tourner.* | sich drehen.

p چمرو ČIZŪ, und چيزو ČIZĪ. Sbst. ييوك اوقلی کرپی *hérisson.* | Igel.

p چيزبوك ČIZE-BŪK. Sbst. سبب باعث باعث موجب اولان *cause, motif.* | Ursache, Grund, Beweggrund. خالق = چيزبوك کر الاسباب *Dieu.* | der Urheber der Ursachen, d. i. Gott.

t چمرى s. چرى

to چمزلك ČIZILEK. Sbst. LT. سلنج *sauterelle.* | Heuschrecke.

p چيست ČIST. چه است = چيست *qu'est-ce?* | was ist es? چيستان ČIST-ĀN. = *t* اولدر که *qu'est cela?* | was ist das? Als Sbst. *énigme.* | Räthsel. — 2. = ماهيت *qualité ou état d'une chose.* | Eigenschaft und Wesen einer Sache.

p جيستن ǴISTEN = جستن ǴESTEN.

t چيستنی ČISINTI. s. چسنتی

a جيش ǴAIŠ. Sbst. لشکر *armée.* | Heer. Plur. جيوش ǴUJŪŠ.

t چيش ČIŠ. Sbst. *pissement, besoin naturel.* | natürliches Bedürfniss, Ausleerung (Stuhl oder Urin). — ETMEK. *pisser, évacuer le ventre.* | den Urin lassen, zu Stuhle gehen. بيوك چيش BÜJÜK Č. *évacuation des excréments.* | Ausleerung durch Stuhl. کوچوك چيش KÜČÜK Č. *pissement.* | Urinlassen.

to چمشك ČIŠEK. باچه خرکوش *petit de lièvre.* | Häschen.

to چمشمك ČIŠMEK. Vb. act. *dénouer.* | aufbinden. — Deriv. I. چيشونمك ČIŠUNMEK. Vb. refl. *se déshabiller.* | sich entkleiden. — II. چيشوندرمك Vb. refl. caus. *déshabiller.* | entkleiden.

to چيغ ČYG. Sbst. فرياد و فغان *cri, pleurs.* | Schrei, Weinen. SL.

t چيغ ČYG. Sbst. *avalanche.* | Lawine. Redhouse.

to چيغ ČYG. Sbst. = *p* چغ *paravent, écran.* | Versatzschirm. SL. BK.

t چيغه ČYGA, und چغه s. چغه

to چيغان ČYGAN. Sbst. SL. مفلس بی نشان *pauvre.* | ein Armer. vgl. چيغانی

to چيغان ČYGAN. Sbst. SL. خاله زاده *cousin.* | Sohn der Mutterschwester.

to چيغاول ČYGAWUL. Sbst. *collier de faucon et d'épervier.* | seidenes Band, welches man dem Falken und Sperber um den Hals legt. LT.

to چيغانی ČYGAJ. Sbst. LT. فقيری *pauvreté.* | Armuth. vgl. چيغان

t چيغت ČYGYT, oder چيغيت u. چغت Sbst. 1. *lentilles.* | Linsen. — 2. = *a* کلف, *p* سمس, Kam. und BK. *taches de rousseur.* | Hautflecken und Sommersprossen.

t چيغر ČYGYR. s. چغر

t چيغر ǴYGYR. Sbst. SL. برفی که نسيم بران وزيده سخت شود بوستنی که بران آتش رسيده بهم کشته Schnee, der nach dem Thauwinde eine harte Oberfläche erhalten; Haut, deren Oberfläche durch Hitze verhärtet ist.

to چيغردق ČYGRYK. LT. چرخ حلاجی s. چغرق

t چيغلان ǴYGLAN. Sbst. *collier de faucon.* | Halsband oder Riemen, der dem Falken um den Hals gelegt wird. SL. vgl. چيغاول und چغلو

t چيغين ČYGYN. Sbst. SL. بروجی لقه و کربلسی که بروی جيوی بسته سرش را کره کشند *enveloppe (de drap).* | ein Tuch, in welches man etwas bindet und die Zipfel zusammenknüpft, vulg. Bocke.

a جيفه ǴIFET. Sbst. und Adj. لاشه، مردار Plur. جيف ǴIJEF. *cadavre; puant, impur.* | verwesender Leichnam, Aas; unrein, stinkend. جيفه خوار Aasfressend.

to چيقان ČYKAN. Sbst. LT. شنبل *tumeur, abcès, clou.* | etwas hervortretendes, Beule, Geschwulst [Partic. v. چيقمق]

to چيقچيب ČYKČYB. Sbst. LT. زيرنرمهٔ کوش و کوشهٔ کمان *cavité de l'oreille.* | Einschnitt oder Vertiefung hinter dem Ohrläppchen; Kerbe am Bogen, in dem die Sehne befestigt wird.

t چمقریق ČIMRYK. s. چقریق

t o چمقمق ČYMAK. Sbst. und Vb. s. چقمق und چخمق

it. چمقولاته ČYKOLATA, s. چقولاته

t o چمقیش ČYKYŠ. Sbst. LT. بلندلك *hauteur, élévation.* | Höhe, Anhöhe.

t o چمقیلداق ČYKYLDAK. LT. Sbst. چقلداق ، چوب آسه

t چیك ČIG, oder چك auch چیغ Adj. پشمامش ، خام *cru.* | roh, ungekocht, nicht gar. چیك قومق roh lassen, nicht gar kochen. Kam. s. v. — ، الانباء ČIGČE. *à demi cru.* | halb roh. — Rel. abstr. چیكلك *crudité.* | das Rohsein.

t چیك ČIG. Sbst. = چه *rosée.* | Thau.

t چیك ČIŠ. s. چیش

t o چیكده ČIGDE. Sbst. LT. سنجد *jujube rouge.* | die rothe Brustbeere.

t چیكدم ČIGDEM (vulg. ČIĞDEN), auch چكدم und چكدن Sbst. (armenisch) SL. یبان لاله‌سی *nom d'une fleur sauvage.* | Name einer Waldblume, eine Art wildes Vergissmeinnicht.

t o چیكده ČIGDE. Sbst. *chemise en étoffe de laine.* | wollenes Hemd oder Kamisol.

t o چكمه s. چیكمه

t o چیكمن ČIGMEN. Sbst. *sorte de vêtement.* | ein Kleidungsstück, Rock. Abulg. 124.

t o چیكوتكه‌ی oder چكوتكه‌ی Sbst. = چكرکه SL. ملخ بشد *sauterelle.* | Heuschrecke.

t o چیكیت ČIGIT. Sbst. Q. = دانه (?) *graine.* | Samenkorn. ملوق چیكیتلكی Ali Schir. Q.

t o چیكیلك ČIGILIK. Sbst. *nom d'un fruit ou d'une baie.* | Name einer Frucht oder Beere. چیكیلك ثمره‌سی كه در آن دالنهای رنوه باشد چوبی توت رسیده آن سرخ و تیره و ترش و شیرین و كیاه آن بقدر سیر سیر قولی كونید SL.

t o چیكین ČIKIN, auch چكین ، چكمن und چكن Sbst. 1. SL. سوزه و كیاهها و بوتها كه از ابریشم دوزند *broderie en soie représentant des fleurs etc.* | seidene Stickereien, die Laub u. dgl. darstellen. — 2. *épaule.* | Schulter, vgl. چكن

t o چیل ČYL, und چل — *t* چیل u. چل Bildungssilbe zu Bildung von Denominativen, Adjectiven und Substantiven.

t چیل ČYL. SL. هرزه كردار *musard, fou.* | eitle oder unnütze Dinge treibend, närrisch [Rad. v. چلدرمق].

t چیل ČYL. s. چل

a چیل ČIL. Sbst. قبیله و صنف *nation, peuple.* | Nation, Volk. وطائفه و قوم

t o چیلاپچه ČYLAPČA, und چیلاپچی Sbst. LT. طشت *grande écuelle.* | grosse Schüssel, Napf.

t چیلاق ČAILAK. s. چیلاق

t o چیلاق ČYLAK. Adj. SL. زود و سریع *vite, prompt, agile.* | schnell.

t o چیلاممق ČYLAMAK. Vb. act. SL. بمعنی خواستن و طلب كردن و راندن *chasser, poursuivre, chercher, désirer.* | treiben, jagen, verfolgen, suchen, wünschen.

t o چیلان ČYLAN. Sbst. LT. عناب *jujube rouge.* | rothe Brustbeere.

t چیلان ĞEILAN. und چیلان Sbst. = چیران *gazelle.* | Gazelle.

t o چیلاو ČYLAW, oder چیلاو auch چلاو Sbst. عنان اسب *bride.* | Zügel, Halfter. — Rel. concr. چیلاولو Abulg. 153. ult.

t چیلای ČILAI, auch چیلای ، چلای ، چلاو ، چلاین ، چیلاین Postpos. = *t* چیلاین ، چیلاو comme. | wie. انی فرزند چیلای اسراب ihn wie einen Sohn erziehend. Ali Schir. انی چیلاین = مثل آن *comme lui.* | wie er.

t o چیلاییشی SL. بمعنی راندن s. چیلاممق

t چیلاده = چیلاه

t چیلدیرمق ČYLDYRMAK. s. چلدرمق

t o چیلغو ČYLGU, oder چلغو Sbst. علاقه كردن قوش ، SL. s. چیغلان

t o چیلغین ČYLGYN, oder چلغین Adj. und Sbst. بروبی دیوانه *fou, insensé.* | närrisch, wahnsinnig. vgl. چلدرمق

t o چیلقاوه ČYLKAWA, oder چلقاوه Sbst. SL. حیوانی بقدر گربه كه از پوست آن پوستین دوزند ein Thier von der Grösse einer Katze, aus dessen Fell man Pelze macht.

t o چیلك ČILK. LT. نشانه *signe, marque.* | Zeichen.

t چیلك s. چلك

t o چیلده SL. راندن وتند و بوی جستن *action de chasser, de rechercher.* | das Treiben, Jagen, suchend umherlaufen, vgl. چیلاممق

t o چیلوه = چیلاه

t چیم ĞIM. Sbst. *nom de la lettre* ج Name des Buchstabens 4, s. ج und ج

t چیم ČIM. Sbst. *gazon.* | Rasen, Rasenplatz.

t o چیمق ČYMAK. Vb. act. auch چموب آلمق *assembler, recueillir.* | zusammen bringen, einsammeln.

t چین ČIN, oder چش ČIŠ, und چك چیمله Partic. nur in Zusammens.: چیش صباح ČIŠ SABAH. *de grand matin, à temps.* | früh morgens, bei Zeiten.

p چین ČIN. Rad. von چیدن 1. in Zusammensetzung: *qui cueille, rassemble, etc.: cueilli, rassemblé.* | zusammenbringend u. s. w.: gepflückt, zusammengebracht u. s. w. — 2. als Sbst. *pli, ride: boucle de cheveux.* | Falte, Runzel; Locke, Lockenring.

p چین ČIN. Nom propr. s. صین la *Chine.* | China. چین و ماچین China und Cochinchina.

t چین ČIN. Adj. راست ، كرچك *droit, vrai, sincère.* | recht, wahr, aufrichtig. چین سویلمامك nicht die Wahrheit sprechen. Sudi zu Gulist. 255. — Rel. abstr. چین لیغ *vérité.* | Wahrheit. Abulgazi. 37.

t o چین ČAIN (?) LT. فضله *le reste, résidu.* | Ueberrest, Ueberbleibsel.

t o چینی LT. s. چوبین آتش خانه

t o چیناق LT. s. چیمق قیاسی ایكن

t o چیناق LT. كاو *vache.* | Kuh.

p چیناه ČINI, = چین ČIN. 1.

t چینگاق ČAINAK. Sbst. Tahrif. von چنگال *griffes (d'un oiseau de proie, etc.).* | Krallen (eines Raubvogels, einer Katze u. s. w.) Kam. s. v. الظفر ، الخلب ، المخلب

t o چینمك ČINEMEK. s. ساچیلمق und چكنمك ، چینمك

p t چینیر ČINEER. Sbst. *règle de tisserand.* | Streckruthe der Weber, zum Ausspannen der Fäden zu beiden Seiten des Aufzuges. Kam. s. v. الامدة ، جولاهه چینیر تعبیر اولنان آلت كه ایكی طرفنده بوله ایكی جانبنی طوتوب آتدن عبارتدر

t o چینداول ČINDAWUL. Sbst. = چنداول

t o چیننده LT. غبار *poussière.* | Staub.

t چینكل ČINKIL. Sbst. *petite partie d'une grappe attachée à une autre plus grande.* eine kleine Traube, die an einer grösseren hängt. Kam. s. v. العسقبة

t چینیمتك ČINIMTIK, oder ČINIMTIK, und چینیمتی ČINIMTI. Sbst. v. چینمك *bouchée: un peu de nourriture.* | ein Gekautes, d. i. ein Bissen; eine kaum nothdürftige Mahlzeit. Kam. s. v. البلغة ، العلق ، النحوة und öfter.

t o چیمق Vb. intr. LT. قیاس كردن *conclure par analogie, tirer une conclusion.* | aus der Analogie schliessen, folgern.

t o چینمق LT. پیمودن و خائیدن 1. *mesurer.* messen. SL. ساچیلمق = چینمك = *p* 2. *mâcher.* | kauen, = dem Folgenden.

t o چینمق LT. جاویدن *mâcher.* | kauen.

t چینمك ČEINEMEK oder ČINEMEK. auch چكنمك Vb. act. Aor. چینر ČINER. *mâcher; fouler, ruiner.* | kauen; zertreten, zerdrücken, verderben. آیاق آلتنده چینمك *fouler aux pieds.* | mit Füssen treten.

p چینه ČINE. Sbst. قوش یمی *graines ou nourriture pour les oiseaux; appât.* | Körner, Vogelfutter, Lockspeise.

p چینەدان ĆINE-DÂN. Sbst. *le gésier des oiseaux.* | Kropf der Vögel.

pt چینی ĆINI. Adj. und Sbst. *de Chine; porcelaine de Chine; carreaux de poêle* | chinesisch; chinesisches Porzellan, überh. Porzellan (Tassen, Teller, u. dgl.); Ofenkacheln.

to چیورکه ĆIWIRKE. Sbst. = چکرکه *sauterelle.* | Heuschrecke.

to چیورمك ĆIWIRMEK. Vb. act. und چیورلمك Vb. pass. s. چورمك ĆEWIRMEK.

to چیوروك ĆIWIRÜK. Sbst. Sl. 1. چیچ و خم که در راه‌ها بود *courbure du chemin.* | Drehung oder Windung des Weges. — 2. بروبی گرداب *tourbillon.* | Strudel. s. چورك.

to چیورولی oder چیوروك auch چیوروولی Sbst. = چاورمه *enclos, etc.* | Umhegung u. s. w., s. چاورت.

a چیوش ĆIWÛŠ. Sbst. Pl. v. جمش.

to چیون ĆIWÜN. Sbst. *assemblée.* | Versammlung, Zusammenkunft.

p چیوه ĆIWE, vulg. چیوا ĆIWA. Sbst. *vif-argent.* | Quecksilber.

t چیوی ĆIWI. Sbst. s. چوی *clou, cheville.* | Nagel, Zwecke, Holzstift.

to چیویتمك ĆIWITMEK. Sl. اشقنه‌کوی و شقشق *bavarder.* | Unsinn sprechen, faseln.

a جیئت ĆIIET. [Rad. جاء] Sbst. وصول, ورود *t* گلش *venue, arrivée.* | das Kommen, Ankunft.

ح

ح ḤÂ-I-MUHMELE oder حای حطی ḤÂ-I-ḤUṬṬI, das unpunktirte ḤÂ oder ḤÂ des Wortes ḤUṬṬI, — im Türkischen oft für ه gesetzt. *sixième lettre de l'alphabet arabe, huitième de l'alphabet persan et turc: prononciation H fortement aspiré. — valeur numérique 8; abréviation de* جمادی الاخری | sechster Buchstabe des arabischen, achter des persisch-türkischen Alphabets; Aussprache wie ein tief, ohne raspelndes Geräusch, aus der Kehle gehobnes H; Zahlwerth in Chronogrammen 8; Abkürzung des Monatsnamens ĆUMÂDA-L-OḪRA, = ج.

حا *Abréviation de* جمادی الاولی | Abkürzung des Monatsnamens ĆUMÂDA-L-ÛLA, = جا.

a حاء ḤÂ. Sbst. *nom de la lettre* ح | Name des Buchstabens ḤÂ.

a حاتم ḤÂTIM, vulg. ḤATEM [Rad. حتم] Sbst. حاکم, قاضی *juge.* | Richter. حاتم طائی Ḥ. ṬÂÏ. *nom d'un héros arabe, célèbre par sa générosité.* | Name eines durch Freigebigkeit berühmten arabischen Helden. حاتم شیم Ḥ. ŠIJEM. *du caractère de Hatem, c. à d. libéral.* | vom Charakter Hatems, d. i. freigebig. — Adj. rel. حاتمی ḤÂTEMI. *libéral, généreux.* | hatemisch, d. i. freigebig, edel.

a حاج ḤÂĞĞ, oder حاجی ḤÂĞÎ [Rad. حج] Sbst. *pèlerin.* | Pilger. — Plur. حجاج ḤAĞĞÂĞ, حجیج ḤUĞĞÂĞ, — ḤUĞĞ. — vgl. حاجی.

t حاج ḤAČ (armenisch). Sbst. چلیپا, استوروس *croix, signe de la croix, crucifix.* | Kreuz, Zeichen des Kreuzes, Kruzifix. — ETMEK *faire le signe de la croix* | das Zeichen des Kreuzes machen. حاجه گرمك ḤAČE GERMEK. *crucifier.* | kreuzigen.

a حاجات ḤÂĞÂT. Sbst. Pl. v. حاجه.

a حاجب ḤÂĞIB. [Rad. حجب] Sbst. *qui cache, qui dérobe aux yeux; voile, rideau, portière; gardien de l'entrée, chambellan.* | der oder das Verbergende, den Blicken entziehende; Schleier; Vorhang, Thürvorhang; Wächter des Eingangs, Thürhüter, Kämmerer (bei den Khalifen in Bagdad, Aegypten und Spanien der erste Minister). حاجب العین Ḥ. ÜL-'AIN. *paupière.* | Augenlid. حاجب بار ḤÂĞIB-I-BÂR, oder Ḥ.-BÂRI. der Engel Gabriel (wörtl. der Kämmerer des Schöpfers). — Plur. حجاب ḤUĞĞÂB, حجبه ḤAĞABET, und حواجب.

a حاجت ḤÂĞAT. [Rad. حوج] Sbst. گرك *nécessité, besoin.* | Nothwendigkeit, Bedürfniss, Noth, Mangel, Armuth. وقت حاجتده *en temps de nécessité, en cas de besoin.* | zur Zeit der Noth, wenn es nöthig ist. نه حاجت NE ḤÂĞAT. *quel besoin? à quoi bon?* | eig. was bedarf es (der Sache)? wozu? نه حاجتم NE ḤÂĞATYM *que m'importe?* | was kümmert mich das? حاجتم دکل *cela ne me regarde pas.* | das kümmert mich nicht, geht mich nichts an. اکا حاجت یوق *ce n'est pas nécessaire.* | dazu ist kein Bedürfniss. حاجت گتورمك oder حاجته وارمق oder — — auch حاجتنی حاجته وارمق *faire ses besoins.* | seine Nothdurft verrichten (euphemistisch). برنسنه ئك حاجتنی اولمق *se soucier de…* | sich kümmern um … — Pl. حاجات ḤÂĞÂT, حوائج ḤAWÂIĞ.

a حاجه ḤÂĞĞAT. Sbst. Fem. v. حاج *pèlerine; se dit par politesse d'une dame qu'on n'appelle pas par son nom.* | Pilgerin; höfliche Bezeichnung einer Frau, die man nicht mit Namen nennen will. — Plur. حواج ḤAWÂĞĞ.

ap حاجتمند ḤÂĞET-MENÎ. Adj. *qui a besoin, nécessiteux.* | der Noth hat, bedürftig.

a حاجر ḤÂĞYR, und حاجور ḤÂĞÛR [Rad. حجر] Sbst. *toute chose qui sépare, comme une cloison, un mur, une digue.* | Scheidewand, Mauer, hoher Damm.

a حاجی ḤÂĞĞÎ. vgl. حاج Sbst. *Hadji, qui a fait le pèlerinage à la Mecque.* | Pilger, der die Wallfahrt nach Mekka gemacht hat. vgl. آجی — حاجیلر بیرامی Fest, welches nach Rückkehr der Pilgerkarawane gefeiert wird. حاجی ییه *bilboquet.* | ein Kinderspielzeug (eine Art Federball oder Stehauf). حاجیلر یولی *la voie lactée.* | die Milchstrasse. حاجی اولی *mandragore.* | Allraunwurzel. حاجی بکتشی s. بکتشی.

a حاد ḤÂDD. [Rad. حد] Adj. کسکین, سرت, اکشی, سیوری *aigu, tranchant, pointu; aigre, d'un goût fort.* | scharf, spitz; scharf-, starkschmeckend. مثلث حاد الزوایا MÜŠELLES-I-ḤÂDD-ÜZ-ZEWÂJÂ. ein spitzwinkliges Dreieck.

a حاده ḤÂDDE. Sbst. Fem. des Vbgdu. Mathem. *angle pointu.* | spitzer Winkel, vollständiger: زاویهٔ حاده.

to حاده s. حاد.

a حادث ḤÂDIS. [Rad. حدث] Adj. und Sbst. یکی شی — Gegentheil von قدیم — *ce dont l'existence a commencé ou commence dans le cours du temps, qui n'a pas existé d'éternité; qui arrive, se passe; récent, nouveau; jeune homme; chose neuve, accident, nouvelle.* | was im Laufe der Zeit zu sein begonnen hat oder beginnt, zeitlich, nicht von Ewigkeit her bestehend; vorfallend, sich ereignend; neu; Jüngling; etwas Neues, Neuigkeit, Vorfall. — OLMAK. *arriver, se passer, être nouveau.* | sich ereignen, vorkommen, entstehen; neu sein.

a حادثه ḤÂDISET. Adj. und Sbst. — Fem. des Vbgdu. u. Nom. unit. *événement; accident, malheur; nouvelle, avis.* | Vorkommniss, Vorfall; übler Zufall, Unglücksfall; Nachricht, Zeitung. — Pl. حادثات ḤÂDISÂT, und حوادث ḤAWÂDIS; letzteres im Türkischen als Singular gebräuchlich: بر حوادث *une nouvelle, un événement.* | eine Neuigkeit, ein Ereigniss.

a حادی ḤÂDÎ. [Rad. حدو] Sbst. *chamelier qui fait marcher le chameau en* chantant. | Kameeltreiber, der das Kameel durch Gesang antreibt. — Pl. حداة ḤUDÂT.

a حادی عشر ḤÂDI-'AŠAR. Num. ord. اون برنجی *le onzième.* | der elfte.

a حاذق ḤÂZYK [Rad. حذق] Adj. زيرك *intelligent, expérimenté, ingénieux, habile.* | einsichtig, erfahren, geschickt, scharfsinnig, witzig. طبيب حاذق *médecin habile* | ein geschickter Arzt.

a حارّ ḤÂRR. [Rad. حرّ] Adj. اسی . صيجاق اولان *chaud.* | warm, heiss. — Fem. حارّة ḤÂRRE. ميا حارّة MIJAH-I Ḥ. heisse Quellen. منطقة حارّة die heisse Zone.

a f حاره ḤÂRA. Sbst. *place d'une ville, grande rue* | Platz, Strasse in einer Stadt. — Pl. حارات ḤÂRÂT.

a حارث ḤÂRIS. [Rad. حرث] Sbst. چفتجی . ايكينجی *laboureur, cultivateur.* | Ackerbauer.

t حارحار ḤAR-ḤAR. — حارحار صولوق oder حارحار ايتك *haleter, respirer avec peine.* | keuchen.

a حارس ḤÂRIS. [Rad. حرس] Sbst. كوزتجی . بكجی . حافظ *gardien, défenseur, commandant d'une ville, protecteur.* | Wächter, Beschützer, Vertheidiger, Befehlshaber einer Garnison.

a حارص ḤÂRIS. [Rad. حرص] Adj. und Sbst. حرصلو *avide, désireux, ambitieux.* | gierig, begierig, ehrgeizig. منصبه حارص اولمق nach einem Amte streben.

fr حارطوج ḤARTYǦ, od. خرطوج Sbst. *cartouche, gargousse.* | Kardusse, Patrone. حارطوج صندوقی Kardusenkasten (auf einem Schiffe).

a حارق ḤÂRYK. [Rad. حرق] Adj. *brûlant, ardent* | brennend.

t حاروين ḤARUN. s. حرون.

p حاره ḤÂRE. s. حاره.

a حازم ḤÂZIM. [Rad. حزم] Adj. u. Sbst. *prudent, circonspect; résolu; homme d'un caractère ferme.* | klug, vorsichtig; entschlossen, von festem Charakter. — Pl. حزمة ḤAZAMET.

a حاسب ḤÂSIB. [Rad. حسب] Sbst. *arithméticien.* | ein Rechner.

a حاسّ ḤÂSS. [Rad. حسّ] Adj. *qui sent, s'aperçoit.* | empfindend, wahrnehmend.

a حاسّه ḤÂSSE. Sbst. حسّ , مدركه *faculté de sentir, sens* | Empfindungsvermögen, Sinn. ذو الحاسّه mit Sinnen oder Empfindung begabt. حاسّه مكانی *sensorium.* | Sitz der Empfindung im Gehirn. حاسّهٔ عامّه das allgemeine Empfindungsvermögen. — Pl. حواسّ ḤAWÂSS.

a حاسد ḤÂSID. [Rad. حسد] Adj. u. Sbst. *envieux.* | neidisch, Neider. Pl. حسّاد ḤUSSÂD, حسدة ḤASADE u. حسّد ḤUSSED.

a حاسر ḤÂSIR. [Rad. حسر] Adj. und Sbst. *nu, désarmé.* | nackt, ohne Waffen (Helm und Panzer). — Pl. حسّار ḤUSSÂR.

a حاسم ḤÂSIM. [Rad. حسم] Adj. und Sbst. *qui retranche, extirpe.* | der abschneidet, gänzlich wegschafft, ausrottet.

a حاسّی ḤÂSSÎ. Adj. [v. حسّ] حسّ ايله دويلر *sensible, sensitif, sensuel.* | sinnlich, empfindend, empfindlich. — Rel. abstr. حاسّيلك ḤÂSSÎLIK. *sensibilité.* | Empfindsamkeit. — Rel. concr. حاسّيلی ḤÂSSÎLÎ. *sensuel.* | sinnlich.

a حاسّيًا ḤÂSSIJEN. Adv. *sensiblement.* | empfindlich.

a حاشا ḤÂŠÂ, oder حاشی [Rad. حشی] Interj. negat. vollständiger حاشا تعالی Ḥ. TE'ÂLÂ. *Dieu garde! que cela ne soit pas!* | Gott bewahre! das sei ja nicht! حاشا ديمك *refuser.* | verweigern. حاشاكم oder حاشا حضورڭزه *avec votre permission.* | mit Ihrer Erlaubniss.

a حاشر ḤÂŠIR. [Rad. حشر] Adj. und Sbst. *qui rassemble, réunit.* | der zusammenhäuft, zusammenbringt.

t حاشلامق ḤAŠLAMAK, s. خشلامق.

a حاشی s. حاشا.

a حاشيه ḤÂŠIJE. [Rad. حشی] Sbst. *bord (d'un habit), marge; glose marginale; postscriptum.* | Rand, Saum; Randglosse; Nachschrift zu einem Briefe. — Pl. حواشی ḤAWÂŠÎ. — Rel. concr. حاشيه‌لو ḤÂŠIJELÛ.

a حاصر ḤÂSYR. [Rad. حصر] Adj. und Sbst. *qui entoure, assiége.* | umschliessend, belagernd. s. حصر — Medic. *astringent.* | zusammenziehendes Heilmittel. = قابض.

a حاصل ḤÂSYL. [Rad. حصل] Adj. und Sbst. *qui arrive, qui a lieu; produit, production, fruit, récolte; profit, résultat.* | vorkommend, stattfindend, hervorgebracht; das Hervorgebrachte, Produkt, Frucht, Feldfrüchte, Ernte; Ergebniss, Resultat, Gewinn von einer Sache. — OLMAK. *provenir, résulter.* | vorkommen, hervorgehen, sich ergeben aus. — ETMEK. *acquérir, recueillir.* | erlangen, erwerben, zusammenbringen. بی حاصل BI ḤÂSYL, oder حاصلسز ḤASYLSYZ. *sans produit, sans résultat, inutile; stérile.* | ohne Erfolg, unnütz; unfruchtbar. حاصل ضرب ḤASYL-I-ZARB. *produit de multiplication.* | Produkt (bei Multiplication). حاصل كلام Ḥ.-I-KELÂM, oder الحاصل EL-Ḥ. *en un mot, bref.* | der sich aus den Worten ergebende Sinn, d. i. kurz, mit einem Worte. حاصل معنی Ḥ.-I-MI'NA. der wesentliche Sinn, kurz zusammengefasst. — Gramm. حاصل مصدر Ḥ.-I-MASDAR. *le nom verbal.* | das Verbalnomen, insofern es den Sinn des Infinitivs darstellt. — Pl. حاصلات ḤÂSYLÂT und حواصل ḤAWÂSYL. *produits du sol.* | Erzeugnisse des Bodens. Ertrag des Landes.

a حاصنه ḤÂSYNA. [Rad. حصن] Sbst. *femme chaste et vertueuse.* | tugendsame Frau.

a حاضر ḤÂZYR. [Rad. حضر] Adj. und Sbst. Pl. حضّار ḤUZZÂR. *présent; situé tout près de . . ., prêt, préparé, prompt.* | zugegen, nahe, bereit, fertig. — als Sbst. concr. *celui qui est présent, argent comptant.* | der oder das Anwesende; baares oder bereitliegendes Geld. — OLMAK. *être présent, être prêt.* | zugegen sein, bereit sein. حاضر جواب Ḥ. DŽEWÂB. *homme prompt à repartir.* | der immer eine Antwort bereit hat. — Gramm. *la deuxième personne.* | die zweite Person (eigentlich der Anwesende, als Gegensatz von غائب). امر حاضر EMR-I Ḥ. die zweite Person des Imperativs eines activen Verbum. — Rel. abstr. حاضرلق ḤAZYRLYK. *disposition, promptitude, préparatif.* | Bereitschaft, Vorbereitung.

a t حاضرجه ḤAZYRDŽA. Adj. und Adv. *présent, dispos, prompt; promptement.* | zugegen, bereit.

a t حاضرلامق ḤAZYRLAMAK. Vb. act. = حاضر ايتمك *apprêter, préparer.* | bereiten, zubereiten, in Bereitschaft setzen. — Deriv. حاضرلانمق ḤAZYRLANMAK. — Vb. refl. pass. = حاضر اولمق *s'apprêter, se disposer; être prêt.* | sich bereiten, sich bereit halten.

a حاضنه ḤÂZYNA. [Rad. حضن] Sbst. *nourrice.* | Amme.

a حاطم ḤÂTYM. Partic. v. حطم.

a حافّه ḤÂFFET, vulg. حافه ḤÂFET [Rad. حفّ] Sbst. كنار *bord, marge, côté.* | Rand, Seite. — Plur. حافّات ḤAFFÂT. — Dual حافّتين ḤÂFFETEIN. *les deux côtés, les deux parties.* | die beiden Seiten, beide Theile.

a حافد ḤÂFID. [Rad. حفد] Sbst. = اوغلنك اوغلی . طورون . حفيد *petit-fils* | Enkel. — Pl. احفاد AḤFÂD.

a حافره ḤÂFIRET. [Rad. حفر] Sbst. بر نسنه‌نك اوّل و خلقت اولاسی *premier état de q. ch., nature, naturel ou caractère inné.* | das ursprüngliche oder angeborne Wesen einer Sache oder Person.

a حافظ ḤÂFYZ. [Rad. حفظ] Adj. und Sbst. صقلاجی *qui garde, conserve q. ch.; gardien, intendant, gouverneur, conservateur (se dit de Dieu); qui sait par cœur, spéc. qui sait par cœur le Koran.* | bewachend, bewahrend; Wächter, Verwalter, Statthalter; der Bewahrer, d. i. Gott; der etwas im Gedächtniss bewahrt, insbes. der den Koran auswendig weiss. حافظ كتب ḤAFYZ-I KUTUB. Bibliothekar.

a حافظه ḤAFYZA und ḤÂFIZE. Adj. und Sbst. Fem. des Vhgdn. *mémoire.* | das Gedächtniss. Vollständiger قوت حافظه KUWWET-I-ḤÂFIZE, die bewahrende Kraft.

a حافل ḤÂFYL. [Rad. حفل] Adj. پك طولو اولان *très-plein.* | sehr voll. — Fem. حافله ḤÂFILE. پك سودلو اولان *qui abonde en lait.* | milchreich.

a حاكم ḤÂKIM. [Rad. حكم] Adj. und

Sbst. داور، والى، ضابط، حكم ايلايجى qui juge, décide; juge, arbitre, magistrat, gouverneur d'une ville ou d'une province; souverain, prince. | richtend, entscheidend; Richter, Schiedsrichter; obrigkeitliche Person; Statthalter oder Befehlshaber, Fürst حاكم الوقت H.-UL-WAKT. le prince actuel, le prince d'alors | der in jetziger Zeit, oder in damaliger Zeit regierende Fürst. حاكم مطلق H.-I-MUTLAK. le juge absolu, c. à d. Dieu. der absolute Richter, d. i. Gott. — OLMAK. — حاكم اولمق être arbitre; dominer, commander. | entscheiden, richten; herrschen.

a p حاكمانه HÂKIMÂNE. Adv. en juge, en maître, magistralement, royalement. | als Richter, richterlich, obrigkeitlich, fürstlich (z. B. eine Entscheidung, Handlung, Ausspruch u. s. w.)

a حاكمه HÂKIME. Sbst. Fem. v. حاكم, princesse, souveraine. | Fürstin.

a حاكى HÂKÎ. [Rad. حكى] Adj. und Sbst. حكايت ايلايجى qui raconte, narrateur. | erzählend, Erzähler.

a حال HÂL. Sbst. état, condition, situation, position, disposition, circonstance, manière d'être, le temps présent, le mois courant, etc. Zustand, Lage, Umstände, in denen sich eine Sache oder Person befindet, Weise, Wesen. Befinden; die gegenwärtige Zeit, der laufende Monat, die laufende Woche. — Gramm. le présent; terme circonstanciel | das Präsens; Umstandsausdruck. — vgl. die arab. Gramm. — Theol. myst. [Pl. حالات HÂLÂT.] extase. | der vorübergehende Zustand der inneren Begeisterung. vgl. وجد. — Pl. احوال AHWÂL, und حالات HÂLÂT. circonstances, affaires. Zustände, Lagen, Angelegenheiten, Geschäfte. — در حال DER HÂL. sur le champ, immédiatement. | auf der Stelle, sogleich. بهر حال BEHER H. oder بهمه حال BEHEMME H. en tout cas. | auf jeden Fall, unter allen Umständen. نه حال اولدى NE H. OLDI. qu'est-ce qui est arrivé. | was giebt es? was ist vorgefallen? t حالنده اولمق être à son aise. | in seinem Zustande sein, d. i. sich wohlbefinden, mit seiner Lage zufrieden sein, weder sich selbst noch Andern Anlass zu Beunruhigung geben. سلامتله حالكه كيت geh ruhig deiner Wege. لسان حال LISÂN-I HÂL. das durch sein Wesen oder für sich selbst sprechen eines unbelebten Gegenstandes. — Rel. abstr. حالك HALLYK. — بد حاللق oder پریشان حاللق Uebelbefinden, unglückliche Umstände, schlechte Verhältnisse.

a حالا HÂLEN, vulg. HALA. Adv. actuellement, présentement, maintenant. | gegenwärtig, jetzt eben.

t حالا HALA. Sbst. Tahrif. v. a خاله tante. | Mutterschwester.

a حالت HÂLET. vulg. حاله HÂLE. Sbst. Nom. unit. von حال état, qualité; chose. | Zustand, Eigenschaft; Sache, Ding (ganz unbestimmt), das Ding, euphemistisch für Abtritt. — Pl. حالات HÂLÂT.

t حالته HALTA. auch حلتا collier de chevaux, de brebis, de chiens, etc. | Halsband für Thiere.

t حالاشمق HALLAŠMAK. Vb. recipr. a p حالاشمق LL. s'informer les uns des autres; délibérer. | sich nach einander erkundigen; sich berathen.

a حالى HÂLÎ. [Rad. حلى] Adj. orné; geschmückt. — Fem. حاليه HÂLIE. femme ornée, parée d'ornements. | geputzte Frau.

t حالى HALY. Sbst. auch خالى und قلى Sbst. grand et gros tapis. | grosser und grober Teppich.

a حالى HÂLÎ. Adj. und Sbst. von حال qui a rapport à l'état; présent, actuel; le temps présent. | zuständlich, gegenwärtig; die Gegenwart. — Adv. حاليا HÂLIEN. actuellement, présentement. | gegenwärtig, jetzt, = حالا HÂLEN.

حامه Tahrif. v. خامه.

a حامد HÂMID. [Rad. حمد] Adj. und Sbst. مدح ايلايجى qui loue, louangeur. | lobend, ein Lobender. vgl. — حمد.

a حامض HÂMYZ. [Rad. حمض] Adj. ترش، اكشى، ekši, aigre, acide, amer, salé. | sauer, bitter, salzig. vgl. حموضه.

a حامل HÂMIL. [Rad. حمل] Adj. und Sbst. كوتوريجى qui porte, porteur. | tragend; Träger, Lastträger. حامل وحى H.-I-WAHJ. der Träger der Offenbarung, d. i. der Engel Gabriel. — vgl. حمل.

a حامله HÂMILE. Adj. und Sbst. Fem. des Vhgdn. enceinte, grosse; femme enceinte. | schwanger, trächtig; schwangere Frau. — Rel. abstr. حامله لك HÂMILELIK. état de grossesse. | Schwangerschaft.

a حامى HÂMÎ. [Rad. حمى] Adj. und Sbst. صاقلايجى، قوريجى qui protége, protecteur, défenseur. | beschützend; Beschützer, Vertheidiger. — Pl. حماة HUMÂT.

a حانث HÂNIS. Partic. von حنث.

a حانوت HÂNÛT. Sbst. دكان boutique, taverne. | Bude, Laden, Weinhaus. — Plural حوانيت HAWÂNÎT.

t o حاو LT. p آرى (?)

t حاو HAW. auch خاو HAW. Sbst. چوقه توپى poil du drap. | Noppe oder Scheerwolle des Tuches, die obere Seite des Sammtes. — Rel. concr. حاولى und خاولى wollig, feinhaarig. — Als Sbst. Handtuch, v. خاولى.

t حاوخانه HAWÇ-HANE. Sbst. compos. office, garde-manger. | Speisekammer.

a حاوى HÂWÎ. [Rad. حوى] Adj. جامع، شامل، محيط qui rassemble, contient. | zusammenbringend, enthaltend. — vgl. حواء.

t حاويار HAWJAR. Sbst. caviar. | Kaviar.

a حاج HÂÇ. [Rad. حوج] Adj. und Sbst. لازم اولان نسنه، محتاج اولنان ce qui manque, ce dont on a besoin. | das Fehlende, Nothwendige, dessen man bedarf.

a حائد HÂID. [Rad. حيد] Adj. und Sbst. صاپيجى، دونيجى qui se détourne. abbiegend. — vgl. حائد HAID. — a p حائلگاه HAID-GÂH. Sbst. محل قونيجى، قوناق lieu où l'on fait halte, station, auberge. | Ort, wo man vom Wege abbiegt, d. i. absteigt, Halt macht; Station, Herberge.

a حائر HÂIR. [Rad. حير] Adj. u. Sbst. شاشقين qui s'étonne, erstaunend — vgl. حيرة.

a حائز HÂIZ. [Rad. حوز] Adj. u. Sbst. مالك اولان qui possède q. ch. besitzend — vgl. حيازة und حوز.

t حائزران HAIZERÂN. Sbst. Tahrif v. خيزران oder خزران bambou. | Bambus.

a حائض HÂIZ. [Rad. حيض med. ى] Sbst. vulg. حائضه HÂIZE. Fem. femme qui a ses règles. | Frau im Zustande der monatlichen Reinigung.

a حائط HÂIT. [Rad. حوط] Sbst. دیوار، حوالى، بدن mur, muraille, clôture, enceinte. | Mauer, Wand, Ringmauer, Umhegung.

a حائك HÂIK. [Rad. حوك] Sbst. tisserand. | Weber.

a حائل HÂIL. [Rad. حول] Adj. u. Sbst. qui cache, dérobe à la vue; voile, rideau. | verhüllend; Schleier, Vorhang, Hülle. — OLMAK. couvrir. | Hülle sein, d. i. verhüllen, bedecken. حائل دكل n. manifeste. | unverhüllt, offen, deutlich.

a حب HABB. Sbst. collect. grain, graine; baie; pilule. | Korn; Beere, überh. runde und rundliche Frucht; Pille. — Plur. حبوب HUBÛB, und حبان HUBBÂN. — حب العزيز HABB-UL-'AZÎZ, oder حب الملك HABB-UL-LAZÎZ, vulg. ABDÛ'LAZÎZ. souchet. | Erdmandel (?). حب المعده Magenpille. حب السلاطين HABB-I-SALÂTÎN, vulg. ABDISELATIN. Ricinussamen.

a حب HUBB und HIBB. Sbst. سوكى، دوستلق amour, affection, amitié. | Liebe, Zuneigung, Freundschaft. حب الوطن H.-UL-WATAN. amour de la patrie. | Vaterlandsliebe. حب النفس amour de soi-même, égoïsme. | Selbstliebe.

a حبا HIBÂ. [Rad. حبو] Sbst. don, présent. | Geschenk.

a حباب HABÂB, u. HUBÂB. Sbst. collect. und حبابه HABÂBE. Nom. unit. bulle d'eau, vessie. | Wasserbläschen, Schaumbläschen.

a حبات HABBÂT. Sbst. Pl. v. حبه.

a حبار HIBÂR und HABÂR. [Rad. حبر] Sbst. اثر، نشانه marque, signe, vestige, trace. | Zeichen, Spur. — Pl. حبارات HABÂRÂT.

a حبارى HUBÂRÂ. Sbst. طوى outarde. | Trappe.

t حبراز HABRAZ. Tahrif v. خبراز.

a حبال HIBÂL. Sbst. Pl. v. حبل.

a حبال HABBÂL. [Rad. حبل] Sbst. ايپجى، حلاطجى cordier. | Seiler.

a حباله HIBÂLE. Sbst. آلداتمه، دوزاق، آغ وتوزاق *filet, piége.* | Netz, Schlinge. — Plur. حبائل HABÂIL. حبائل الموت die Schlingen des Todes. حبائل الشيطان die Schlingen des Teufels, bildl. die Frauen.

a حبان HÖBBAN. Sbst. Pl. v. حب

a حبائل HABÂIL. Sbst. Pl. v. حباله

a حبه HABBET. vulg. HABBA. Sbst. Nom. unit. v. حب. — Pl. حبات HABBÂT. بك قليل برمقدار، منقور، دانق *un grain, une baie, une obole, une petite partie d'une chose, petite chose, un rien, petit poids,* — ¼ DANYK. | ein Korn, eine Beere, Theilchen, kleines Geldstück, ein Gran, = ¼ DANYK.; ein kleines Ding, Kleinigkeit, so viel wie nichts. ولا حبه *absolument rien.* | nicht ein Körnchen, d. i. gar nichts. بر حبه يه دكمز *il ne vaut pas une obole.* | es ist keinen Heller werth. حبهء سبحه HABBE-I TESBIH. *grain de chapelet* | ein Kügelchen des Rosenkranzes. حبهء القلب *le grain noir qu'on croit former le milieu du cœur; pensée intime; péché originel.* | das schwarze Korn (angeblich) in der Mitte des Herzens; innerster Gedanke; das ursprünglich Böse in der Natur des Menschen. حبه قبه ايلك ein Körnchen zur Kuppel machen, = aus einer Mücke einen Elephanten machen.

a حبت HÜBBET. [Rad. حب] Sbst. *amour.* | Liebe. — Adv. HÜBBETEN. *par amour de . . .* | aus Liebe zu . . . حبة لله HÜBBETEN LILLÂH. *pour l'amour de Dieu.* | um Gottes Willen, = حسبة لله

a حبذا HABBAZÂ. Interj. *bravo!* | gut! schön!

a حبر HABR oder HIBR Sbst. *savant, docteur, scribe (se dit des docteurs juifs).* | Schriftgelehrter (jüdischer).

a حبر HIBR. Sbst. مركب *encre.* | Dinte.

a حبس HABS. Sbst. آليقويش *action de retenir, d'arrêter; prison.* | das Festhalten, Anhalten; Gefängniss, Haft. — ETMEK *retenir, arrêter, emprisonner.* | zurückhalten, anhalten, festhalten, einsperren; den Athem anhalten; das Geld zurückhalten, sparen. گوز حبسی policeiliche Aufsicht, Stadtarrest.

a حبس HUBS. Sbst. وقف *legs pieux.* fromme Stiftung, Grundstück, dessen Ertrag zu frommen Zwecken bestimmt ist. — Plur. احباس AHBÂS.

a حبش HABEŠ. N. pr. *Abyssinie, Abyssiniens.* | Abyssinien, Abyssinier.

a حبشی HABEŠÎ. Adj. und Sbst. *abyssin; domestique, fille née d'un père blanc et d'une mère noire; teint du visage qui tient le milieu entre noir et blanc* | abyssinisch; Abyssinier; Diener im Hause; ein Mädchen, deren Vater ein Weisser und deren Mutter eine Schwarze; zwischen schwarz und weiss die Mitte haltende Gesichtsfarbe.

a حبل HABL. Sbst. ایپ *corde, câble* | Strick, Seil, Tau. — Pl. حبال HIBÂL.

a حبلی HUBLÂ. [Rad. حبل] Sbst. *femme enceinte.* | schwangere Frau.

a حبوب HUBÛB. Sbst. Plur. von حب *grains.* Körner. Nom. unit. حبوبه HUBÛBA. *bubon de peste* | Pestbeule. — davon der Pl. حبوبات HUBÛBÂT. *légumes secs, céréales.* | Körner für die Aussaat; Getreidefrüchte, Hülsenfrüchte. حبوبات ناظری HUBÛBÂT NÂZYRY. Aufseher über die kaiserlichen Getreidevorräthe.

a حبور HUBÛR. [Rad. حبر] Sbst. سونچ *joie, allégresse.* | Freude, Heiterkeit.

a حبه s. حبه.

a حبيب HABÎB. [Rad. حب] Adj. und Sbst. سوکیلو *aimé; ami chéri.* | geliebt; der Geliebte, Freund. حبيب الله HABÎB-ULLÂH. *le bien-aimé de Dieu, Mahomet.* | der Freund Gottes, d. i. der Prophet Mohammed. — Fem. حبيبه HABÎBE.

a حبيس HABÎS. [Rad. حبس] Sbst. vgl. حبس HUBS. *chose destinée à quelque usage pieux; ermite.* | zu frommen Zwecken bestimmte Sache; Klausner.

a حتف HATF. Sbst. *la mort.* | der Tod. حتف انفه HATF-ENFIHI. *mort naturelle.* | natürlicher Tod. — Pl. حتوف HUTÛF.

a حتم HATM. Sbst. امر، حكم *arrêt, ordre, édit.* | Befehl, Erlass. — Plur. حتوم HUTÛM.

a حتى HATTA. Adv. *même,* sogar, selbst. — Im Uebrigen vgl. die arabische Grammatik.

a حث HASS. Sbst. اغرا، تورتمك، قشقيرتمق *action de pousser, d'exciter q. qn. contre un autre; excitation, instigation, stimulation.* | Antreibung, Anregung, Aufhetzung.

a حثوث HASÛS, und حثيث HASÎS. Adj. *excité, stimulé; vite, prompt.* | angetrieben, erregt; schnell, geschwind.

a حج HAĞĞ, HIĞĞ. Sbst. *le pèlerinage à la Mecque.* | die Wallfahrt nach Mekka. حجه وارمق HAĞĞE WARMAK. *aller en pèlerinage.* | die Wallfahrt vollziehen. امير الحج EMÎR ÜL-HAĞĞ. *le commandant de la caravane des pèlerins.* | Anführer der Pilgerkarawane.

t حج HAĞ. s. حاج.

a حجا HIĞÂ. [Rad. حجا] Sbst. *esprit, intelligence; énigme.* | Geist, Einsicht; Räthsel.

a حجاب HIĞÂB. [Rad. حجب] Sbst. پرده، عار، *voile, rideau; amulette, préservatif; honte, pudeur.* | Vorhang; Amulett als Verwahrungsmittel; Scham, Bescheidenheit. — ETMEK. — ČEKMEK. *avoir honte, rougir.* | sich schämen. بی حجاب BÎ-H. *sans honte.* schamlos, frech, unbescheiden. — Pl. احجبه AHĞÂB, und حجب HUĞUB.

a حجاب HIĞĞÂB. Sbst. Pl. v. حاجب

a حجابت HIĞÂBET. Sbst. *charge du* HÂĞIB. | Dienst des HÂĞIB. s. حاجب

a حجاج HIĞÂĞ. [حج III.] Sbst. *action de disputer; argumentation, disputation.* | das Streiten mit Gründen, Disputation.

a حجاج HAĞĞÂĞ. Adj. u. Sbst. 1. معاند، ايله حجتلشيجی *qui dispute avec véhémence, disputeur.* | der heftig streitet, disputirt. — 2. (eigentlich Nom. propr. des durch Grausamkeit berüchtigten Statthalters von Irak, unter dem Khalifen Abd-ul-melik) ظالم، بی مرحمت، غدار، سفاك *homme cruel, injuste, tyran.* | ein Grausamer, Ungerechter, Unbarmherziger, Tyrann.

a حجاج HUĞĞÂĞ. Sbst. Pl. v. حاج

a حجار HIĞÂR, und حجاره HIĞÂRET. Sbst. Pl. v. حجر

a حجال HIĞÂL. Sbst. Pl. v. حجله

a حجام HIĞÂM. [حجم] Sbst. *muselière.* | Maulkorb, Beisskorb (ein Strick, der dem Thiere um das Maul gebunden wird).

a حجام HAĞĞÂM. Sbst. = حجامتجی *scarificateur.* | Schröpfer.

a حجامت HIĞÂMET. [Rad. حجم] Sbst. *emploi des ventouses, scarification.* | das Schröpfen. حجامت شيشهسی H.-ŠIŠESI. *ventouse.* | Schröpfkopf. — ETMEK. *mettre des ventouses, scarifier.* | schröpfen.

a t حجامتجی HIĞÂMETĞI. Sbst. *scarificateur.* | Schröpfer.

t حجلو s. حجلو.

a حجب HUĞUB. Sbst. Pl. v. حجاب

a حجبه HAĞEBET. Sbst. Pl. v. حاجب

a حجه HIĞĞET, u. HÖĞĞET. Sbst. Nom. unit. v. حج *pèlerinage à la Mecque.* | Wallfahrt nach Mekka. ذی الحجه vulg. ذو الحجه ZI-L-HIĞĞE. *douzième mois de l'année lunaire.* | Name des zwölften Monats des mohammedanischen Mondjahres.

a حجت HÖĞĞET. Sbst. امر، صك، برهان، منشور *argument, preuve; sentence du juge, acte authentique, certificat, acte d'un contrat; ordre, décret; dispute, altercation.* | Argument, Beweis; schriftliches Beweisstück, Document, Eigenthumsurkunde, Contrakt; gerichtlich ausgefertigtes Urtheil; schriftlicher Befehl; Disputation, Wortstreit. — ETMEK. *décider, décréter, prouver, démontrer.* | entscheiden, beweisen. وكالت حجتی *procuration juridique, plein pouvoir.* | gerichtliche Vollmacht. — Pl. حجج HOĞAĞ.

a t حجتلشمك HÖĞĞETLEŠMEK. Vb. recipr. *plaider l'un contre l'autre; produire des arguments l'un contre l'autre, disputer.* | mit einander vor dem Richter processiren; Beweisgründe gegen einander anführen, disputiren, streiten.

a حجج HOĞAĞ. Sbst. Pl. v. حجت

a حجر HAĞR. Sbst. منع ايلك، قوملق

action d'empêcher, de défendre, d'interdire; empêchement, réclusion; action de garder; garde, conservation | Verhinderung, Untersagung, nicht zulassen; Obhut, Erhaltung. — Jurispr. interdiction prononcée contre une personne mineure ou imbécile ou prodigue, etc. | Anordnung, durch welche einer minorennen oder verstandesschwachen oder verschwenderischen Person die Verfügung über ihr Vermögen entzogen wird. — als Concret, chose interdite ou défendue. | etwas Verbotenes, Verwehrtes.

a حجر HIĠR. Sbst. chose interdite ou défendue, sein, giron; mur, muraille. | etwas Verbotenes; Busen; Mauer. — Pl. احجار EHĠAR, und حجار HIĠAR, Mauern, Steindämme. — حجر الكعبة ein Theil der Mauer an der südlichen Seite des Tempels zu Mekka, auch حطيم genannt.

a حجور HUĠŪR. Sbst. action d'empêcher. | Verhinderung. — HIĠR.

a حجر HAĠER. Sbst. طاش pierre; digue. | Stein; Steindamm. — Alchem. pierre philosophale. | der Stein der Weisen. حجر الاسود H. EL-ESWED, der schwarze Stein im Tempel zu Mecka.

a حجرات HUĠRĀT. Sbst. Pl. v. حجرة

a حجران HUĠRĀN. [حجر I.] Sbst. منع ايتمك، توتمق action d'empêcher, d'interdire. | Verhinderung, Untersagung.

a حجرة HAĠRET. Sbst. آغوش، قوجاق sein, giron. | Busen.

a حجرة HUĠRET, HUĠRE. Sbst. اوطه petite chambre, cabinet, cellule; niche. | Kämmerchen, Kabinet, Zelle; Nische in der Wand. — Pl. حجر HUĠER, u. حجرات HUĠERĀT.

a حجلة HAĠELET. [Rad. حجل] Sbst. chambre nuptiale. | Brautkammer. ap. حجله كاه Sbst. — حجله

a حجم HAĠM. Sbst. état d'être protubérant; élévation à la surface d'un corps, tumeur; épaisseur, volume. | das rund Hervorstehen, rund hervorstehende Erhöhung an der Oberfläche eines Körpers, Buckel u. dgl.; Dicke. — بى حجم BÎ-H. qui n'est pas protubérant, plat. | nicht hervorstehend, flach. طوبراق بى حجم اوزن خاتون eine Frau mit flacher Brust. — 2. action de mettre des ventouses, scarifier. | Schröpfen. vgl. حجامة

a حجى HIĠĀ. Sbst. s. حجا

a حد HADD. Sbst. منع، ستور، عدت، نهايت، طرف، كنار action d'assigner des limites; borne, terme, limite, frontière, barrière qui s'oppose au progrès; district; degré; sphère ou place de chacun; pouvoir ou faculté de faire q. ch.; extrémité, bout; point ou degré jusqu'où l'on parvient, but qu'on se propose; pointe, tranchant; châtiment; définition. | Begrenzung; Grenze, Schranke; Bezirk, Bereich; Grad, Stufe; Wirkungskreis, Kraftbereich, Möglichkeitssphäre; Platz der einem zukommt; äusserstes Ende, Spitze, Schneide; Punkt, zu dem etwas vordringt, Grad, den etwas erreicht. — Jurispr. Strafe, Züchtigung, insbes. die gesetzliche Züchtigung von 80 Hieben. — Log. Definition. — Astron. das Bereich eines der zwölf Bilder des Thierkreises, ca. $^1/_{12}$ der Ekliptik oder 30 Grad. — Plur. حدود HUDŪD. — حدن زياده HADDEN ZIJĀDE, oder حدن طشره H. TAŠRA. au-delà des bornes, excessif | übermässig. —

حدمى سوز HADDYM SÖZ. c'est au dessus de mes forces. | das ist nicht mein Bereich, d. i. geht über meine Kräfte, ich darf nicht, kann nicht. — حدينى بلورم HADDYNY BILÜRIM. je sais ce qu'il me faut. | ich kenne meine Stellung, weiss, was mir ziemt. حد ذاتنده HADDI ZATYNDA en vérité. | in der That.

حدى و عدى يوقدر HADDY WE 'ADDY JOKTUR. c'est incommensurable, innombrable, es ist unbegrenzt und unzählbar. نه حدى واركه NE HADDY WAR KI welche Macht (oder Recht) hat er dazu. بى حد BÎ HADD, oder حدسز HADDSYZ incombrable, immense. | grenzenlos, zahllos. فى حدود FI HUDŪD. dans l'intérieur d'un espace; pendant le cours d'un temps | innerhalb (von Raum und Zeit). vgl. Zeitschr. der D. M. G., V. 60. VIII. 555. IX. 823. 850.

a حداب HIDĀB. Sbst. Pl. v. حدب

a حدا HUDĀT. Sbst. Pl. v. حادى

a حداث HIDĀS. [حدث III.] Sbst. action de converser, de s'entretenir; conversation. | Unterhaltung.

a حداثة HADĀSET. [Rad. حدث] Sbst. nouveauté d'une chose; jeunesse. | Neuheit; Jugend.

a حداد HIDĀD. [Rad. حد] Sbst. ماتم، قره ياس deuil; vêtement de deuil. | Trauer, Trauerkleidung. مدت الاحداد Trauerzeit.

a حداد HADDĀD. [Rad. حد] Sbst. تيمورجى، زندانجى، قپوجى forgeron; geôlier; portier. | Grobschmied; Kerkermeister; Thürhüter.

a حدائق HADĀIK. Sbst. Pl. v. حديقة

a حداق HIDĀK. Sbst. Pl. v. حدقة

a حدب HADEB. Sbst. élévation, terre élevée; bosse, convexité du dos. | Erhöhung, Buckel. Nom. unit. حدبة HADEBET.

a حدة HIDDET. [Rad. حد] Sbst. زور، غضب، طارغينلق، كسكينلك tranchant, l'aigu (de la lame); violence, véhémence, force, colère, emportement, impétuosité. | Schärfe; Heftigkeit, Gewalt, Hitze, Zorn. Ekforu. حدته كلمك se mettre en colère. | in Zorn gerathen. حدتله HIDDETILE. impétueusement, violemment. | heftig. — Rel. Concr. حدتلو HIDDETLI. impétueux, violent, emporté. | heftig, zornig, hitzig.

a حدة HIDDET, vulg. HIDDE, auch حدة HADDE. Sbst. Ll. ملكده، پرمق، شمشك، تل چکمه filière (pour filer les métaux). | Zieheisen (der Nadler, Drahtzieher). — Redhouse: a wire-drawer's gauge; a rolling machine for making wire, bars, plates, etc. of metal. حدة خانه H. HANE a rolling-mill house. — حدة دن كچمك HIDDEDEN GEČMEK. passer par la filière. | durch das Eisen ziehen.

a حدتلنمك HIDDETLENMEK. Vb. refl. s'emporter, se mettre en colère. | in Zorn gerathen, heftig werden, — HIDDETE GELMEK.

a حدث HADES. Sbst. chose nouvelle, accident, cas fortuit, changement du sort; tout immondice qui met l'homme dans l'impureté légale. | etwas Neues, Begebenheit, Zufall, Wechselfall; zufällige Verunreinigung, die eine Abwaschung erfordert. — ETMEK. einen Zufall haben, sich verunreinigen, — حدثلنمك. — Pl. حدثات HADESĀT. und احداث AHDĀS.

a حدثان HIDSĀN. [Rad. حدث] Sbst. nouveauté d'une chose, apparition. | Neuheit einer Sache, Erscheinung, zum Vorschein kommen.

a حدثان HADESĀN. Sbst. accidents qui mettent l'homme dans l'impureté légale; changement du sort, apparition d'une chose. | Zufall [in euphemistischem Sinne, — حدث]; Erscheinung, zum Vorschein kommen.

a حدثلنمك HADESLENMEK. Vb. intr. نعوظ s'embrener, se souiller. | einem etwas begegnen, sich verunreinigen.

a حدر HADR. Sbst. ايندرمك، اينديرمك، احاطه ايلمك، چويرمك، كچرمك action de descendre, de faire descendre; action de hâter, d'accélérer; action d'entourer de q. ch. | herabsteigen, herablassen, Beeilung; Umwindung, eine Sache mit einer andern umgeben.

a حدر HADAR. Sbst. ايشى اولان يار، نشيب، چقور descente, pente, penchant, vallon. | Abhang, Vertiefung, Thal.

a حدس HADS. Sbst. ظن و تخمين ايلمك action de supposer, de conjecturer. | Vermuthung (z. B. über den Sinn eines Wortes oder einer dunklen Stelle).

a حدقة HADAKA. Sbst. كوز بيكى prunelle, pupille de l'œil. | Augapfel, Augenstern. — Plur. احداق AHDĀK, حداق HYDĀK, und حدق HADAK.

a حدوث HUDŪS. [حدث I.] Sbst. صكره دن پيدا اولمق être nouveau; provenir, arriver pendant le cours du temps; être temporel. | das im Laufe der Zeit Beginnen, Entstehen, Stattfinden, sich ereignen, das Neusein einer Sache. — ETMEK. arriver, survenir, avoir lieu. | sich ereignen, vorkommen.

a حدوره HADŪRA. Sbst. descente, pente rapide. | steiler Abhang. vgl. حدر

a حدوره HUDŪR. [حدر I.] Sbst. action de descendre. | das Herabsteigen. vgl. حدر

a حديث HADIS. [Rad. حدث] Adj. u. Sbst. يكى شى nouveau, récent; nouvelle, relation d'un fait, etc., tradition concernant les paroles ou les faits du prophète. | neu; Neuigkeit, Nachricht, Erzählung einer Begebenheit; Ueberlieferung der Aussprüche und Handlungen Mohammeds. — Pl. احاديث EHĀDIS.

a حديد HADID. [Rad. حدّ] 1. Adj. *tranchant, aigu, pointu; violent; contigu, limitrophe.* | scharf, spitz; heftig; angrenzend. — 2. Sbst. تمور *fer.* | Eisen.

a حديده HADIDE. Sbst. Nom. unit. des Vkgda. تمور آلت vgl. حديد *fer; instrument de fer.* | ein Eisen; Werkzeug von Eisen.

a حديدى HADIDI. Adj. v. حديد *de fer.* | eisern.

a حديقه HADIKAT. Sbst. باغچه *jardin.* | Garten.

t حديم HADIM. Sbst. Tahrif. v. خادم *eunuque.* | ein Verschnittener.

a حذا HIZÂ. Sbst. *vis à vis.* | das Gegenüber, die Richtung. حذاسنده HIZÂSINDE. *en face de lui.* | ihm gegenüber. بر حذاده BIR HIZÂDE. in einer und derselben Richtung, d. i. nicht von der geraden Linie abweichend.

a حذار HIZÂR. [حذر III.] Sbst. صاقنمق *action de se garder; précaution.* | das sich in Acht nehmen, Vorsicht.

a حذاق HUZZÂK. Sbst. Pl. v. حاذق.

a حذاقت HIZÂKAT. [حذق I.] Sbst. = حذق , زیرکلك , مهارت *sagacité, habileté (d'un médecin); action d'apprendre par cœur le Koran.* | Scharfsinn, Geschick (eines Arztes); vollständiges Auswendiglernen des Korans.

a حذر HAZAR oder HIZR. Sbst. صاقنمق *action de se garder, de se préserver; précaution.* | das sich hüten, sich bewahren; Vorsicht. — ETMEK, oder DER U. OLMAK, oder U. ČEKER-OLMAK. *être sur ses gardes, éviter q. ch.* | sich in Acht nehmen, eine Sache vermeiden, ausweichen.

a حذف HAZF. Sbst. رمسى , محو , اسقاط , ترك *action de retrancher, d'ôter q. ch.; abréviation.* | das Abnehmen von einer Sache, Verkürzung. — Gramm. Elision, Synkope, Aphäresis.

a حذور HAZÛR. Adj. u. Sbst. صاقنيجى *qui se garde, précautionneux.* | sich hütend, ein Vorsichtiger. — OLMAK, = HAZAR ETMEK.

a حر HARR. Sbst. سيجاقلق اولق *chaleur.* | Hitze, Wärme.

a حر HURR. Adj. und Sbst. آزاد *libre, non esclave, né de parents libres; pur, bon, vertueux.* | frei, nicht Sclave, freigeboren; ein Freier; rein, gut, tugendhaft. — Plur. احرار AHRÂR. — Fem. حرة HURRET. — Pl. حرائر HARÂIR.

a حراب HIRÂB. Sbst. = حرب *guerre.* | Krieg. — Pl. حرابات HIRÂBÂT. — Nom. unit. حرابة HIRÂBET.

a حراث HERRÂS. [Rad. حرث] Sbst. چفتجى *laboureur.* | Ackerbauer, Pflüger.

a حراثت HIRÂSET. Sbst. چفتجيلك *labourage, agriculture.* | Pflügung, Ackerbau.

a حراج HARAĞ. Sbst. Tahrif. v. خراج.

a حرار HARÂR. [حر I.] Sbst. آزادلق اولمق *condition libre, état d'être libre ou de bonne famille, état d'être affranchi.* | freier Stand, freie Geburt, frei gelassen sein.

t حرار HARÂR, auch غرار Sbst. *rapatelle, toile de crin.* | rosshärenes Zeug.

a حرارت HARÂRET. [حر I.] Sbst. *chaleur, fièvre; soif brûlante; colère, passion.* | Hitze, Fieber, brennender Durst, Zorn, Leidenschaft.

a t حرارتلنمق HARARATLANMAK. Vb. refl. *s'enflammer, se mettre en colère.* | heiss werden, sich erhitzen, hitzig oder zornig werden. — عشقله in Liebe entbrennen.

a حراس HURRÂS. Sbst. Pl. v. حارس.

a حراست HIRÂSET. I. [حرس I.] Sbst. قورومق , حفظ *action de défendre; garde, défense, protection.* | Beschützung, Bewachung, Bewahrung. — ETMEK. *garder, protéger; administrer, gouverner.* | bewahren, beschützen, verwalten. — 2. Tahrif. v. حراثت *agriculture, labourage.* | Ackerbau.

a حراش HIRÂŠ. [حرش III.] Sbst. قيردروب طوتشديرمق *action d'exciter les uns contre les autres.* | Anhetzung.

a حرافت HARÂFET. [Rad. حرف] Sbst. *le goût piquant d'un mets.* | saurer Geschmack einer Speise. — Rel. concr. حرافتلو HARAFETLÜ. *piquant, aigre.* | sauer.

a حرافيش HARÂFÎŠ. Sbst. Pl. v. حرفوش.

a حراق HARRÂK. [Rad. حرق] Sbst. ياقيجى , طوتوشديرجى *incendiaire, brûleur.* | Brandstifter, Mordbrenner.

a حراقه HARRÂKA. Sbst. آتش كسبى , طوتوشديرجى آتش ايله مشغول اولان كمسنه لك محل *amadou, etc. pour incendier; brûlot; foyer, four.* Feuerschwamm, Zunder; Brander, Feuerschiff; Feuerstätte (z. B. eines Schmiedes).

a حراقه HURÂKA. Sbst. قو *matière combustible, amadou, etc.* | brennbarer Stoff, Zunder, Schwamm etc.

a حرام HARÂM. [Rad. حرم] Adj. und Sbst. *ce qui est interdit par la loi; chose défendue, sacrée, impure.* | gesetzlich verboten, ungesetzlich; verbotene Sache oder Handlung; geheiligter Gegenstand (dessen Gebrauch verboten ist); als unrein verbotene Sache. — ETMEK. *interdire.* | untersagen. حرام مال u MÂL. *bien mal acquis.* | unrechtes Gut. بيت الحرام BEIT-ÜL-H. *le temple de la Mecque.* | die Kaba. بلد الحرام BELED-ÜL-H. *la Mecque et son territoire.* | das heilige Gebiet von Mekka. — Rel. abstr. حراملق HARÂMLYK.

a p حرامزاده HARÂM-ZÂDE. Sbst. ولد زنا , روسپى اوغلى [Gegentheil von حلالزاده] *fils illégitime, bâtard; vaurien, fourbe.* | illegitimer Sohn, Bastard; Taugenichts, Schurke. — Rel. abstr. حرامزادهلك HARÂM-ZÂDELIK. *naissance illégitime; fourberie.* | illegitime Geburt; Schlechtigkeit, Schurkerei. حرامزادهلكله *avec fourberie, astucieusement.* | schlechter oder hinterlistiger, schurkischer Weise.

a p حرامكار HARÂM-KIR. Sbst. زنباز , زانى , زناكار *adultère; fornicateur, débauché.* | Ehebrecher, schlechter Mensch.

a حرامى HARÂMÎ. Sbst. v. حرام *brigand, voleur.* | Räuber, Dieb. — Rel. abstr. حراميلك HARÂMILIK. *brigandage, vol.* | Räuberei, Diebstahl.

a حرائر HARÂIR. Sbst. Plur. von حرة HURRET.

a حرب HARB. Sbst. جنك *guerre, combat.* | Krieg, Kampf, Schlacht. آلت حرب ALET-I H. *armes.* | Waffen. حرب ايله آلمق einen Platz mit den Waffen nehmen (Gegens. zu ويره ايله auf Capitulation). اعلان حرب I'LAN-I H. *déclaration de guerre.* | Kriegserklärung. دار الحرب DÂR-ÜL-H. *pays des infidèles.* | Kriegsland, d. i. alles Land, das nicht den Bekennern Mohammeds unterworfen ist, — Gegentheil v. دار الاسلام — دار التحيت. — Adv. حرباً HARBEN. *à main armée, par force.* | mit bewaffneter Hand, mit Gewalt.

a حربا HIRBÂ. Sbst. قيركلوى *caméléon.* | das Kamäleon.

a حربه HARBA, HARBAT u. HARAKA. Sbst. *lance courte, hallebarde, baïonnette.* | Hellebarde, Bajonnett, vollst. تفنك حربهسى.

a t حربهجى HARBAǴY. Sbst. *hallebardier.* | Hellebardier.

a p حربگاه HARB-GÂH. Sbst. حرب وقوع بولان محل *théâtre de la guerre, champ de bataille, terre hostile.* | Kriegsschauplatz, Schlachtfeld, Feindesland.

a حربى HARBÎ. Fem. حربيه. — Adj. u. Sbst. v. حرب *qui appartient à la guerre, à l'ennemi; soldat ennemi.* | zum Kriege gehörend; feindlich; feindlicher Soldat. حربى — كفار حربى oder allein حربى *ceux qui ne sont pas sujets des musulmans, qui ne payent pas de capitation; les nations de l'Europe qui n'ont pas de traités avec la Porte.* | die Nichtmohammedaner, die keine Kopfsteuer (ǴIZIEH) bezahlen; die europäischen Nationen, welche keine Verträge mit der Pforte haben. حربى چالمق U. ČALMAK. *sonner l'alarme.* | zum Kampfe blasen. مهمات حربيه MUHIMMÂT-I H. *affaires de la guerre.* | Kriegsangelegenheiten.

t حربى HARBY. Sbst. Tahrif. v. حربه *baguette.* | der Ladestock (vulgär).

a t حربجه HARBǴE. Adv. زورايله *par force, avec un peu plus de force; hostilement.* | mit Gewalt; etwas stärker; feindlich.

t حربلى HYRBYLY. Sbst. سيپاهى صارغى *turban que portaient autrefois les sipahi ou cavaliers.* | eine Art Turban, den früher die Sipahi oder Reiter trugen.

a حرث HARS. Sbst. تارلا سوروب اكمك ايشى *action de labourer, de cultiver la terre.* | Bestellung des Ackers.

a حرثى HARSÎ, u. Fem. حرثيه HARSIJE. Adj. *qui appartient à l'agriculture.* | zum Ackerbau gehörig. محصولات حرثيه *produits de l'agriculture.* | Erzeugnisse des Ackerbaues.

a حرد HIRD. Sbst. قاطلر بوجكى *eine kleine Muschel oder Schnecke, Kaurimuschel,* die zu Stickereien an Gürteln u. dgl. verwandt wird.

a حرورية HARURIJET, s. حرورية

a حرز HIRZ. Sbst. *tout ce qui sert pour se garantir, lieu fortifié, asile, amulette, talisman, etc.* | Schutzmittel oder Schutzwehr, Zufluchtsort, befestigter Ort; Amulet, Talisman u. dgl.

a حرز HARZ. Sbst. حفظ وصقلمق ايتمك, اورتمك *action de garder, de garantir; action de défendre.* | das Schützen, Beschützung (eines Andern)

a حرس HARS. Sbst., = dem Vbrghndn.

a حرص HYRS. Sbst. طلب وآرزو *avidité.* | heftiger Wunsch, Begierde, Verlangen nach. حرص جاه oder حرص منصب *ambition.* | Ehrgeiz. حرص ايلمك آسلنمك *convoiter.* | gelüsten. — Adv. حرصا HYRSAN *avidement, avec ardeur ou passion.* | gierig, leidenschaftlich. — Rel. concr. حرصلو HYRSLY.

a حرض HARAZ. Sbst. *altération, corruption.* | Verschlechterung des Zustandes oder der Lage (einer Person, in körperlicher und geistiger Beziehung).

a حرف HARF. Sbst. 1. Pl. حروف HURÛF. *lettre de l'alphabet, consonne; particule; mot.* | Buchstabe des Alphabets, Consonant; Partikel, einzelnes Wort. حرف عطف H.-I-ATF. Conjunction. حرف بحرف H.-BEH. *mot à mot, littéralement.* | buchstäblich, Wort für Wort. حرف آتمق H. ATMAK. *tenir des propos offensants.* | anstössige Reden führen. حرف انداز H. ENDÂZ. *calomniateur.* | Lästerer. حرف گير H.-GIR. *critique, censeur, chicaneur.* | Kritiker, Tadler, Wortklauber, Sophist, Spötter. — Rel. abstr. حرف اندازى und حرف گيرى — 2. Pl. احرف AHRUF. *manière, façon.* | Manier, Art und Weise.

a حرفة HIRFET. Sbst. Pl. حرف HIRIF. *métier, corps d'artisans; dextérité.* | Handwerk, Gewerbe; Zunft, Gewerke. = حرف — Geschicklichkeit. اهل حرفه EHL-I H. *artisan.* | Handwerker.

a حرفوش HARFÛŠ. Sbst. — Pl. حرافش HARÂFIŠ und حرفوشه HARAFIŠE. *homme de la plus basse classe.* | Mensch von der niedrigsten Klasse.

a حرق HARK. Sbst. يانمق, يانديرمق *action de brûler; brûlement, combustion; épurement au moyen du feu.* | Verbrennung; Brennen; Läuterung durch Feuer. — Theol. myst. die Läuterung der Seele, d. i. der Zustand, welcher dem völligen Aufgehen der Seele in der Gottheit vorangeht. — ETMEK. *brûler.* | verbrennen (activ).

a حرقت HURKAT. Sbst. يانغين, يالقين *brûlement, flamme, feu, incendie; ardeur.* | Brennen, Flamme, Lohe; Feuersbrunst; Hitze.

a حرك HERIK. Adj. *vif, alerte.* | beweglich, munter, flink.

a حركت HAREKET [Rad. حرك] Sbst. سكون Gegentheil von. قيميلتى, قيملدانمه *mouvement, motion, action, manière d'agir, conduite, procédé.* | Bewegung, Thätigkeit, Handlung, Handlungsweise, Verfahren, Benehmen, Aufführung. — Gramm. *voyelle.* | Vokal (Laut und Zeichen). — ETMEK. *mouvoir, se mouvoir, agir.* | bewegen; sich bewegen, handeln, thätig sein. حركت اوزره اولمق *se mouvoir, agir.* | sich bewegen, handeln. حركته گلمك *se mettre en mouvement, s'efforcer.* | sich in Bewegung setzen, sich anstrengen. حركته گتورمك *mettre en mouvement, provoquer.* | in Bewegung bringen. حركت ارض H.-I-ARZ. *tremblement de terre.* | Erdbeben. — Rel. concr. حركتلو HAREKETLI, *qui a du mouvement.* | beweglich.

a t حركتلنمك HAREKETLENMEK. Vb. refl. *se mouvoir.* | sich bewegen.

a حرم HAREM. Sbst. Pl. احرام EHRÂM, und حرم HURUM. *chose sacrée; lieu sacré; gynécée; les femmes de la famille; une femme ou maîtresse; enceinte sacrée du temple à la Mecque.* | eine geheiligte Sache; Ort, den zu betreten den Profanen oder nicht dazu Gehörigen nicht gestattet ist; Frauenzimmer; die Frauen der Familie; eine Frau oder Concubine; das geheiligte Gebiet des Tempels in Mekka. حرم همايون H.-I-HUMÂJÛN [auch حرم سراى H.-SERÂJ, und allein حرم] *la résidence de l'empereur.* | der kaiserliche Palast (in seiner ganzen Ausdehnung). حرم آغالرى H. AGALARY, oder اشهر حرم EŠHUR-I-HURUM. *les quatre mois dans lesquels il est défendu de porter des armes.* | die vier heiligen Monate, in denen untersagt ist Waffen zu tragen. — ETMEK, und — KERDEN. *consacrer.* | weihen. — Dual. حرمان HARAMÂN, und Cas. obl. حرمين HARAMEIN. *les deux villes saintes.* | die heiligen Städte Mecka und Medinah.

a حرمات HURUMÂT. Sbst. Pl. v. حرمه.

a حرمان HIRMÂN [حرم I.] Sbst. نوميدلك, محروم اولمق *action de repousser, de défendre; refus; frustration, déception, échec éprouvé, malheur de celui à qui rien ne réussit.* | Verwehrung; Beraubung; Täuschung, getäuschte Hoffnung, Misslingen, Unglück dessen, dem alles misslingt.

a حرمين HARAMEIN v. حرم.

t حرمنده HARMANDA. قاطرجى *muletier.* | Maulthiertreiber.

a حرمت HURMET. Sbst. حرامليق *ce qui est défendu; état d'être défendu; illégalité; respect, honneur; ce qu'on donne en plus.* | das Verbotene; das Unerlaubtsein, Gesetzwidrigkeit; das in Ehren halten, Achtung vor einer Person oder Sache; das, was in Ehren gehalten wird, Ehre, guter Name; Zugabe. — ETMEK. *respecter, honorer.* | respectiren, achten, in Ehren halten. — Rel. concr. حرمتلو HURMETLI. *respectable, honoré.* | achtungswerth, geschätzt.

a t حرمتجك HURMETǴIK. Sbst. Dem. des Vbgdn. *le peu qu'on donne en plus outre le poids ou la mesure.* | kleine Zugabe beim Einkauf.

t حروانى HARWANY. Sbst. *sorte de vêtement.* | eine Art Mantel. (Redhouse: a half, three-quarter or circle cloak.)

a حروب HURÛB. Sbst. Pl. v. حرب.

a حرور HURÛR, und حرورة HURÛRET. Sbst. صيجاقلق *chaleur, ardeur.* | Wärme, Hitze.

a حروريت HARÛRIJET, oder حرية Sbst. آزادلك, حرار — حرية *liberté, naissance libre.* | Freiheit, freier Stand, freie Geburt.

a حروص HURÛZ. [حرض I.] Sbst. *amaigrissement, état maladif, faiblesse.* | Abmagerung, Kränklichkeit, Schwächlichkeit.

a حروضت HURÛZAT. [حرض I.] Sbst. *état d'être mauvais, gâté.* | schlecht, verdorben, gering sein.

a حروف HURÛF. Sbst. Pl. v. حرف.

a t حرون HARÛN, auch حارون Adj. *obstiné, refractaire (un cheval).* | eigensinnig, widerspenstig, stättig (ein Pferd). — Rel. abstr. حرونلق HARUNLUK, und حرونى HARÛNI. *opiniâtreté.* | Halsstarrigkeit.

a حرى HARI. Adj. لايق *apte, digne de..., convenable, propre à..., qui mérite que.* | einer Sache werth, werth dass..., passend, angemessen, würdig.

a حرية HURRIJET. Sbst. *liberté, état d'homme libre.* | Freiheit, = حريرلق.

a حريد HERID. [Rad. حرد] Adj. يالكز, يالكز قالان *solitaire, seul, unique.* | vereinzelt, alleinstehend.

a حرير HARIR [Rad. حر] 1. Adj. صيجاق *chaud, échauffé.* | warm, heiss, erhitzt. — 2. ابريشم *soie, étoffe de soie.* | Seide, Seidenstoff.

a حريرى HARIRI. Sbst. *marchand ou fabricant d'étoffes de soie; sorte de papier lissé.* | Seidenhändler, Seidenweber; eine Art feines Papier. — Tahrif. v. حريره HARIRE, *bouillie.* | Brei.

a حريس HARIS. [Rad. حرس] Adj. = حريصلو *avide.* | gierig.

a حريض HARIZ. [Rad. حرض] Adj. *malade, fatigué, faible.* | krank, müde, schwach.

a حريف HERIF. [Rad. حرف] Sbst. *compagnon, camarade du même métier; confrère; homme.* | Genosse, Zunftgenosse, Kamerad; Kerl. — Adv. حريفانه HERIFÂNE, *en camarade.* | kameradschaftlich. — Demin. حريفجك HERIFǴIK. *petit homme.* | Kerlchen.

a حريف HIRRIF. [Rad. حرف] Adj. *aigre, piquant (au goût).* | scharf von Geschmack.

a حريفيت HIRRIFIJET. Sbst. *aigreur, acrimonie.* | Schärfe des Geschmacks. — Rel. concr. حريفيتلو HIRRIFIJETLI. *aigre.* | scharf von Geschmack.

a حريق HARIK, HARYK. [Rad. حرق] Adj. und Sbst. *brûlé, incendié.* | verbrannt, vom Feuer ergriffen; Feuersbrunst. يانغين حريق طلومبه سى *pompe à incendie.* | Feuerspritze.

a حريم HARIM. Adj. u. Sbst. = حرم, احرام und محرم *sacré, sanctuaire; vêtement des pèlerins; compagnon, ami.* | geheiligt, geweiht; Heiligthum; das Pilgerkleid; Genosse, Freund.

a حز HAZZ. Sbst. كسمك, كرتك, قرتيق, قرتيلمق *action de tailler, taille, coche.* | das Schneiden, Einschneiden; Einschnitt, Kerbe.

pt حزار كتخسى HEZÂR TAQYASY. Sbst.

cartelle, madrier. | Einlegebrett, Bohle Hindogiu.

a حزام HIZÂM. [Rad. حزم] Sbst. قولان، چوجوق بغداغی sangle; maillot. | Gurt; Windel.

a حزامت HIZÂMET s. حزم

a حزب HIZB. Sbst. troupe d'hommes, cohorte; secte; une des 120 sections du Coran. | Abtheilung; Heeresabtheilung, ein Haufe Menschen; Sekte; einer der 120 Abschnitte des Korans. — Pl. أحزاب AHZÂB. parties, partisans, alliés | Abtheilungen u. s. w., Parteigänger, Anhänger, Verbündete.

a حزم HAZM, u. حزامت HIZÂMET. Sbst. résolution, considération, circonspection, précaution, jugement ferme. | Entschlossenheit, Ueberlegung, Besonnenheit, Umsicht, Vorsicht, Klugheit, sicheres Urtheil. — ETMEK. se résoudre, considérer. | sich entschliessen, überlegen. vgl. حزام

a حزن HUZN. Sbst. كدرلو اولمق، ملال، اندوهناك اولمق tristesse, affliction, mélancolie. | Traurigkeit, Betrübniss, Qual. bildl. = پیره puce | Floh (als Quäler). — Plur. أحزان AHZÂN. afflictions. | Betrübnisse, Verdriesslichkeiten, Aergernisse. — Rel. concr. حزنلو HUZNLÜ. triste. | traurig.

a حزن HAZIN. Adj. und Sbst. = حزین

a حزيران HAZÎRÂN. Sbst. le mois de Juillet. | der Monat Juli des syrisch-römischen Jahres.

a حزين HAZÎN. [Rad. حزن] Adj. und Sbst. ملول، حزنلو triste, affligé, mélancolique. | traurig; ein Trauriger, Betrübter.

a حس HISS, und HASS. Sbst. Plur. احساس AHSÂS, = دویغلق action et faculté de sentir, d'apercevoir, d'entendre; perception par les sens, sensation; sens; instinct des animaux. | das Fühlen, Empfinden, Hören, Riechen, Schmecken, Sehen; Wahrnehmung durch die Sinne; Sinn; Instinkt der Thiere. — ETMEK. sentir, s'apercevoir. | fühlen, wahrnehmen, empfinden; instinktmässig wissen. سرعت حسّى oder حسّه لیرلکی sensibilité. | Empfindlichkeit. حسّ مشترك la faculté de l'esprit humain, qui reçoit d'abord toutes les impressions des sens extérieurs; sens commun. | die Fähigkeit des menschlichen Geistes, alle Eindrücke durch die äusseren Sinne wahrzunehmen, das allgemeine Empfindungsvermögen (omnium specierum sensibus externis perceptarum receptaculum. Fleischer. Catal. Bibl. Senat. Lips. p. 503.), der gesunde Menschenverstand. — Rel. concr. حسّلو HISSLI u. HASSLY. = حسّی

a حساب HISÂB. [حسب I.] Sbst. دفتر، صايمق action de calculer; calcul, arithmétique; compte. | das Rechnen; Berechnung, Rechenkunst [vollst. علم حساب 'ILM-I H.], Rechnung (geschriebene). — ETMEK. compter, calculer. zählen, rechnen. — TUTMAK. tenir un compte. | Rechnung führen. — WERMEK oder — DÂDEN. rendre compte. | Rechnung oder Rechenschaft ablegen. — GÖRMEK régler un compte. | eine Rechnung nachrechnen, eine Rechnung bezahlen. حسابه کلمز HISÂBE GELMEZ, oder حسابسز HISÂBSYZ. innombrable. | zahllos. حساب کتاب H.-KITÂB. livre de compte, compte par écrit. | Rechnungsbuch, schriftliche Berechnung.

a حسابت HISÂBET. [حسب I.] Sbst. حساب ايلمك، صايمق action de compter, de calculer; fonction d'un calculateur, estimation. | das Zählen, Rechnen; Amt eines Calculators; Schätzung.

a t حسابجی HISÂBĞY. Sbst., = حسابدار qui rend compte; arithméticien. der Rechnung ablegt; Rechner.

a p حسابکار HISÂBKÂR. Sbst. دفتردار teneur de livres. | Buchhalter.

a t حسابلشمق HISÂBLAŠMAK, und حسابلشمك Nom. recipr. compter ensemble mit einander rechnen, gegenseitig die Rechnung abschliessen.

a p حسابنویش HISÂBNEWIŠ. Sbst., = حسابکار Rechnungsschreiber, Buchhalter.

a حساد HUSSÂD. Sbst. Pl. v. حاسد

a حسادت HASÂDET. [حسد I.] Sbst. قسقانمق. حسد ایلك action d'envier; envie. Beneidung, Neid.

a حسّار HUSSÂR. Sbst. Pl. v. حاسر

a حسّاس HASSÂS. Adj. sensible, sensitif. | mit sinnlicher Empfindung begabt.

a حسام HUSÂM. Sbst. کسکین قلیچ cimeterre tranchant. | scharfer Säbel.

a حسان HISÂN. Pl. v. حسن HASAN.

a حسب HASB. Sbst. صایمق = حساب action de compter, de calculer. | das Zählen, Rechnen.

a حسب HASAB, HASEB, verkürzt HASB. Sbst. شئ، مقدار، اقتضا، نوع ce qui suffit; portion, lot, quantité, nombre, mesure, valeur; valeur individuelle, mérite personnel, rang, noblesse; conformité. | das Genügende; Theil, der einem zukommt, Antheil; Maass, Zahl, Werth; persönlicher Werth, Verdienst; Gemässheit. حسب الامر H. ÜL-EMR, oder حسب الاشارة H. ÜL-IŠÂRE, oder حسب المأمور H. ÜL-MEEMÛR, oder حسب فرمان HASEB-I FERMÂN. conformément à l'ordre. | in Gemässheit des Befehls, gemäss der Anweisung. بحسب الاقتضا BI H.-IL-IKTIZÂ. selon la nécessité. | der Nothwendigkeit gemäss. حسبیله HASB-ILE, oder HASEB-ILE. en raison de. | aus dem Grunde, weil. حسبحال ایلك HASBIHÂL ETMEK, einem über sein Befinden, Umstände u. s. w. Mittheilung machen, einem seine Noth klagen. — حسب ونسب HASEB U NESEB. persönlicher Werth und edle Herkunft.

a حسبان HISBÂN. [حسب I.] Sbst. ظنّ ایلك action de penser, de croire; opinion, conjecture. | das Meinen, Glauben; Meinung, Vermuthung.

a حسبان HUSBÂN. [حسب I.] Sbst. حساب ایلك action de compter, de calculer. | Berechnung. ● 2. جزا، عقوبت prise, châtiment. | Strafe.

a حسبت HISBET. [Rad. حسب] Sbst. رأی وتدبیر، اجر وثواب l'action de compter sur la récompense de Dieu, récompense divine; conseil, avis; fonction du MUHTESIB. | das Rechnen auf die göttliche Vergeltung; göttliche Vergeltung; Einsicht, Rath; Amt des Marktmeisters.

a حسبة لله HISBETEN LILLÂH, und abgekürz. HISBETEN. en comptant sur la récompense de Dieu. | in Rechnung auf Gottes Lohn.

a t حسبحال HASB-I-HÂL. s. حسب

a حسد HASED. Sbst. قسقانمق action d'envier; envie, malveillance. | Beneidung; Neid, Missgunst. — ETMEK, und — ČEKMEK. être envieux. | neidisch sein, einen beneiden.

a t حسدجی HASEDĞI. Sbst. envieux. | Neider, = حاسد und حسود

a حسدة HASEDET. Pl. v. حاسد

a حسرة HASRET. [Rad. حسر] Sbst. حسرات — Plur. ییشیمه. ترنج والتو HASERÂT. soupir, regret, repentir. | Seufzer, Seufzen; Bedauern, Schmerz über Verlornes, Reue. — ETMEK, — ČEKMEK, — JEMEK. regretter, se repentir. | bedauern, bereuen.

a p حسرتزده HASRET-ZEDE, u. حسرتکش HASRET-KEŠ. Sbst. qui regrette, se repent. | einer, der Bedauern oder Reue empfindet.

t حسرتلنمك HASRETLENMEK. Vb. refl., = HASRET ČEKMEK.

a حسم HASM. Sbst. کسمك action de couper, de retrancher, d'extirper. | das Abschneiden, Ausschneiden, gänzlich wegschaffen, ausrotten.

a حسن HASAN. Adj. ایو، کوزل beau, joli; bon. | schön, hübsch; gut. حسن وجهله HASAN WEĞHILE. d'une jolie manière. | auf eine schöne Weise. — Fem. حسنة HASENE. حسنه اخلاق gute Charaktereigenschaften.

a حسن HUSN. Sbst. ایولك، کوزللك [Gegentheil von قبح] beauté, grâce, élégance, bonne qualité, bon état d'une chose; habileté, adresse à faire q. ch. | Schönheit, Anmuth, Annehmlichkeit; gute Eigenschaft oder guter Zustand einer Sache; Güte einer Sache; Geschicklichkeit. حسن اختیار oder حسن ارادت la propre volonté, le libre arbitre. | freie Wahl, freier Wille. حسن تعبیر belle manière de s'exprimer. | schöne Ausdrucksweise. حسن خلق bon naturel, bon caractère. | guter Charakter. حسن معامله beau procédé. | schönes oder gutes Verfahren. حسن ظن bonne opinion. | gute Meinung von einer Sache. حسن خط belle écriture. | schöne Handschrift. حسن ویرمك — قومق oder حسنه کتورمك embellir. | verschönern.

a حسناء HASNA. Sbst. کوزل عورت belle, jolie femme. | schöne Frau.

a حسنه ḤUSNA, s. حسنى

a حسنه ḤASENET. 1. Adj. Femin. von حسن. — 2. Sbst. ايولك *bonne action, bonne œuvre, bienfait; fondation pieuse.* | gute That, gutes Werk, Wohlthat; fromme Stiftung. — Pl. حسنات ḤASENĀT.

a حسنى ḤUSNA. 1. Adj. Femin. von احسن *très-beau.* | sehr schön. اسماء حسنى die 99 Namen Gottes. — 2. Sbst. كوزللك , ايو عمل *ce qui est beau et bon: bonne qualité, bonne action, bonne œuvre, bienfait; bien suprême.* | alles, was schön und gut; gute Eigenschaft, gutes Werk, schöne Handlung; Schönheit, Tugend; Güte; Wohlthat; höchstes Gut. — Dual. حسنيان ḤUSNEJĀN, vulg. Cas. obl. حسنيين ḤUSNEJEJN. *les deux belles choses, c. à d. la victoire et le martyre.* | die beiden schönen Dinge, d. i. Sieg und Märtyrerthum. — Pl. حسنيات ḤUSNEJĀT, vulg.

حسنيات ḤUSNIJJĀT. *bonnes qualités du caractère.* | gute Charaktereigenschaften.

a حسو ḤASW. Sbst. *action de humer.* | das Schlürfen, Einschlürfung.

a حسوه ḤASWET. Sbst. Nom. unit. *un trait (en humant).* | ein Zug beim Trinken, eine Einschlürfung.

a حسود ḤASŪD. Adj. u. Sbst. *envieux* | neidisch; ein Neider.

a حسوده ḤUSŪD. Sbst., s. حسد

a حسّى ḤISSĪ u. ḤASSĪ. Adj., محسوس, [Gegentheil v. عقلى] *sensuel; sensible.* | sinnlich, was durch die Sinne wahrgenommen wird; was durch die Sinne wahrnimmt. — Rel. abstr. حسّيلك ḤISSILIK, u. ḤASSILIK *sensibilité.* | Empfindlichkeit.

a حسيب ḤASĪB. Adj. u. Sbst. حسب صاحبى اولان *qui a du mérite personnel.* | persönlich achtungswerth; der persönliches Verdienst besitzt.

a حسير ḤASĪR. Adj. u. Sbst., = حسرت حسرة s. چكن

a حشرا ḤUŠĀRĀ. Sbst. Pl. v. حشرة

t حشارى ḤAŠARY. s. حشرى

a حشاش ḤUŠĀŠ, und حشاشه ḤUŠĀŠET. [Rad. حش] Sbst. *le dernier souffle d'un mourant.* | der letzte Lebensrest eines Sterbenden.

a حشاشش ḤAŠĀŠIŠ. Sbst. Pl. v. حشيش

t حشخش ḤAŠḪAŠ. Sbst. Tahrif. von خشخاش p كوكنار LL. *pavot.* | Mohn.

a حشد ḤAŠD. Sbst. طوپلامق , برکمك , كمك تر طوپلمق *action de réunir, d'assembler; de former un corps de troupes; assemblée, réunion.* | versammeln; Truppen zusammenziehen; Versammlung, Zusammenkunft, Zusammenhäufung.

a حشر ḤAŠR. Sbst. بعث , جمع ايلمك *action de rassembler: spéc. le genre humain au dernier jour; résurrection.* | Versammlung, insbes. des Menschengeschlechts am jüngsten Tage; Auferweckung der Todten. يوم الحشر der jüngste Tag.

a حشرات ḤAŠERĀT. [Rad. حشر] Sbst. collect. (Pl. des Vigunda) *petits animaux, insectes, reptiles; la canaille.* | kleine Thiere, Insekten, Gewürm; Ungeziefer; allerlei zusammengelaufenes Volk, Gesindel.

at حشريلك ḤAŠARLYK. Sbst. (Rel. abstr. des Folgenden für ḤAŠARYLYK eigentlich Regen, Gewimmel) *vivacité, allégresse, gaîté, pétulance; plaisanterie.* | Munterkeit, Ausgelassenheit, Scherzhaftigkeit, Fröhlichkeit, Spielerei. Sudi. Comm. zu Gulist. S. 41. 122. برطرفدن اويناشلق = حشريلك طريقيله in munterer, scherzhafter Weise. Sudi. l. c. 254.

at حشرى ḤAŠARY, und حشارى Adj. und Sbst. [Denom. v. حشرات eigentl. was sich regt.] جلاد , چلغان *lustic, gaillard.* | munter, scherzhaft, ausgelassen (von einem Hengste.) Kam. s. v. العلكد , العفضد , القب , العشنق

t حشلامق ḤAŠLAMAK, und حشلامق auch حشلمق Vb. act. Aor. حشلار ḤAŠLAR. *passer à l'eau bouillante, échauder; mettre à rafraîchir dans le puits ou dans la glace.* | brühen, mit heissem Wasser begiessen; mit Eis abkühlen. حشلامه ḤAŠLAMA, und حشلمه *bouilli, viande bouillie.* | gekochtes Fleisch. — Deriv. حشلانمق ḤAŠLANMAK. Vb. pass.

a حشم ḤAŠM. Sbst. 1. اوتاندرمق , شرمسار ايتمك *action de faire rougir q. qu.* Erröthen machen, Beschämung. — 2. اوتانمق — حشمه ḤIŠMET. *pudeur, honte.* | das Erröthen vor Scham.

a حشم ḤAŠAM. Sbst. 1. طارلمق *action de se mettre en colère.* | das Zornigwerden. — 2. قزدرمق *action de mettre q. qu. en colère.* | einen erzürnen.

a حشم ḤAŠEM. Sbst. collect. Plur. احشام AḤŠĀM. *suite, domestiques, clients.* | Gefolge; Dienerschaft, Clienten. حشم قشمن Nomade. Kam. s. v. الاحشام und oft.

a حشمت ḤAŠMET, und ḤAŠEMET. Sbst. *suite, entourage nombreux, pompe, magnificence, majesté.* | grosses Gefolge, zahlreiche Umgebung, Pracht, Grossartigkeit, Majestät. حشمت آل عثمن die Majestät des Hauses Osman. — Rel. concr. حشمتلو ḤAŠMETLY. *magnifique, majestueux.* prächtig, majestätisch.

a حشمت ḤIŠMET. Sbst. s. حشم , اوتانمق , اوتانوب , ادب *pudeur, honte, timidité, respect.* | Erröthung, sich schämen, Schüchternheit; Ehrfurcht, Hochachtung.

a حشو ḤAŠW. Sbst. *action de remplir, de bourrer.* | Anfüllung, Ausstopfung. — als Concret. — *bourre pour remplir des coussins, etc., doublure d'un habit; — hommes de la classe inférieure.* | Ausfüllung eines Kissens u. dgl.; Futter oder Wattirung eines Kleides; gemeines Volk. — Metr. was zwischen dem ersten und dem letzten Fusse eines Verses steht. — Adj. rel. حشوى ḤAŠWĪ. Plur. حشويات Flickwörter, Lückenbüsser, überflüssig eingeschobene Worte.

a حشوه ḤIŠWET und ḤAŠWET. [Rad. حشو] Sbst. *viscères, intestins; gens de basse condition.* | Eingeweide; niederes Volk.

a حشويات ḤAŠWIJJĀT. s. حشو

t حشه ḤAŠA. Sbst. *a* قشه , قشم LL. *couverture en cuir qu'on met sur la selle.* | lederne Satteldecke.

a حشى ḤAŠĀ und حشا Sbst. *viscères.* Eingeweide (Lunge, Nieren, Leber). — Plur. احشا AḤŠĀ.

a حشيه ḤAŠIJJET. [Rad. حشو] Sbst. مندر , دوشك *coussin, matelas; bourre; faux seins ou fausses fesses des femmes.* | Kissen, Matratze; Ausstopfung; Busenkissen oder Hüftenkissen der Frauen.

a حشيش ḤAŠĪŠ. Sbst. قورى اوتلق , ابرز , بنك *herbe sèche, foin; électuaire fait de la poudre des feuilles du chanvre.* | getrocknete Kräuter, Heu; ein Präparat von den Blättern der Hanfpflanze, welches eine Art geistiger Exaltation hervorbringt.

a حشيشه ḤAŠĪŠE. Sbst. Nom. unit. des Vigunda. *une herbe ou une fleur sèche.* | eine vertrocknete Pflanze oder Blume.

a حشيف ḤAŠĪF. [Rad. حشف] Adj. und Sbst. اسكى تياب *usé; vêtement usé.* | alt und abgetragen; ein altes Kleid.

a حشيم ḤAŠĪM. [Rad. حشم] Adj. und Sbst. اوتانجاق , اوتانور اولان *qui a honte, timide.* | schüchtern, ein Schüchterner.

a حصات ḤAṢĀT, oder حصاة [Nom. unit. von حصى] Sbst. *caillou; calcul, pierre dans la vessie.* | Kiesel, kleiner Stein; Blasenstein. حصات علتى *lithiasis.* | die Steinkrankheit.

a حصاد ḤAṢĀD. [Rad. حصد] Sbst. *action de moissonner ou de faucher; moisson.* | das Mähen (Getreide oder Heu); Ernte, Erntezeit. — bildl. *la mort.* | der Tod.

a حصاد ḤAṢṢĀD. Sbst. *moissonneur.* | Schnitter.

a حصار ḤIṢĀR. [حصر III.] Sbst. *action de cerner; siège, blocus.* | Umzingelung, Belagerung. — ETMEK, = تحاصره ايلك *assiéger.* | belagern. — Als Concret. *muraille d'une ville; fort, citadelle.* | Ringmauer einer Stadt; Festung. — Rel. concr. حصارلو ḤIṢĀRLY. *habitant d'une ville fortifiée; soldat de la garnison d'une ville ou d'une forteresse.* | Bewohner oder Soldat in einer Festung.

a حصار ḤUṢṢĀR. Sbst. Plur. v. حاصر *assiégeants.* | Belagerer.

at حصارجى ḤIṢĀRDŽI. Sbst. *qui travaille aux fortifications.* | Arbeiter am Festungsbau.

a حصاص ḤIṢĀṢ. [Denom. von حصه] Sbst. پايلاشمق *action d'assigner à q. qu. une quote-part; distribution.* | Anweisung eines Antheils; Zutheilung, Vertheilung.

a حصافت ḤIṢĀFET. [Rad. حصف] Sbst. *jugement ferme et solide.* | festes und richtiges Urtheil.

a حصالة HUSÂLE. [Rad. حصل] Sbst. *balle (pellicule séparée du grain).* | Spreu, Unrath.

a حصان HASÂN. Sbst. عفتلو خاتون *femme chaste et vertueuse; épouse légitime.* | tugendhafte, keusche, ehrsame Frau; die rechtmässige Gattin. — Pl. حصن HUSUN, und حصانات HASÂNÂT. — Nom. unit. حصانة HASÂNET.

a حصان HISÂN, auch حصن Sbst. آیغر آت *cheval entier, étalon.* | Hengst.

a حصانة HASÂNET. [حصن I.] Sbst. خاتون . بناء يه ضرب اولق . قوتلو اولق تحرملی برشیء اوزره اولق *état d'être fort ou fortifié, d'être invincible; fermeté, fortification; chasteté et vertu d'une femme.* | Festigkeit, Uneinnehmbarkeit einer Festung; Keuschheit und Tugend einer Frau.

a حصائد HASÂID. Sbst. Pl. v. حصيدة

a حصائل HASÂIL. Sbst. Pl. v. حصيلة

a حصبة HASABA, vulg. HASBA. Sbst. قیزامق *rougeole (maladie).* | die Rötheln od. Masern. — Plur. حصبات HASABÂT. *pétéchies.* | Fieberflecken. — Relat. concr. حصبه لو HASBALY. *qui a la rougeole.* | an den Masern krank. حصبه لو حمى u. HUMMÂ. *fièvre pétéchiale.* | das Fleckfieber.

a حصة HISSE, und HYSSA. [Rad. حص] Sbst. بهره . پای *portion, quote-part, lot.* | Theil, Antheil. — Plur. حصص HYSSAS. حصة القصة HYSSAT-UL-KYSSA, oder قصه دن حصه KYSSADAN HYSSA. *résultat de l'histoire, affabulation.* | Nutzanwendung einer Erzählung. عمرمدن حصه م اولمغله da mir nun nichts weiter blieb, als mein Leben. حصه صاحبی *participant; actionnaire.* | Theilhaber; Actionär — حصه دار

a p حصه بخش HISSE-BAHŠ. Sbst. *distributeur.* | Vertheiler, Zutheiler.

a p حصه دار HISSE-DÂR. Adj. und Sbst. *participant.* | theilhaftig, Theilhaber. — OLMAK. *participer, prendre part.* | theilnehmen, Theil haben. — ETMEK. *faire participer; communiquer.* | theilnehmen lassen, mittheilen. شرکت حصه داری ŠIRKET HISSEDÂRI (oder allein HISSEDÂR). *actionnaire.* | Actionär. — Rel. abstr. حصه دارلق HYSSADARLYK, *p* حصه داری HISSEDÂRÎ. *participation.* | Theilhaben, Mitgeniessung. *a p* حصه گیر HISSE-GÎR. *qui prend part.* | Theilnehmer — حصه دار

a t حصه لشمك HISSELEŠMEK, und تحاصص Vb. recipr. — *a* حصه لشمق *se partager . . . , se communiquer,* | unter einander theilen, einander theilnehmen lassen, einander mittheilen.

a حصاد HASÂD. Sbst. اکین وچایر بچمه *action de moissonner, moisson, récolte.* | Schneiden des Getreides, Ernte.

a حصر HASR. Sbst. *action de borner, de limiter, de resserrer dans une certaine étendue, entourer, cerner, assiéger, bloquer étroitement, restreindre, retenir, prendre, saisir.* | Beschränkung, Einschränkung in bestimmte oder enge Grenzen; Belagerung, Zurückhaltung, Ergreifen, Nehmen, Festhalten. حصر نظر ایلمك *fixer le regard sur q. ch.* — حصر ذهن ایتمك *fixer l'attention sur q. ch.* | seine Aufmerksamkeit auf eine Sache heften. بر کلمه نك معنا سنی حصر و تخصیص ایتمك *déterminer le sens d'un mot.* | den Sinn eines Wortes genau bestimmen — تقیید

a حصر HASAR. Sbst. *serrement, angoisse, difficulté de parler, langue embarrassée; avarice* | Beklemmung, Angst, Beengung der Sprache; Geiz. — OLMAK. *être embarrassé (dans sa parole, etc.).* | eingeengt, beengt sein, gehindert sein, z. B. im Ausdrucke. Kam. s. v. الاستغلاق ، البخل ، الارتاج .

t حصرا HASYR. Sbst. ant. Tahrif. v. *a* حصیر I.L. *natte.* | Matte.

a حصص HISAS. Sbst. Pl. v. حصة

a حصن HISN. Sbst. حصار . قلعه *lieu fortifié, forteresse, citadelle.* | befestigter Ort, Festung. Pl. حصون HUSÛN.

a حصن HUSN. Sbst. خاتون عفتلو پرهیزکارلق . اولمق *chasteté, vertu (d'une femme).* | Keuschheit (einer Frau).

a حصناء HASNÂ. Adj. und Sbst. اهل عفت اولان خاتون *femme chaste* | tugendhafte Frau.

a حصول HUSÛL. [حصل I.] Sbst. وجوده کلمك ، حاصل اولمق . *action de provenir, d'arriver (un événement), d'avoir lieu; réalisation.* | das Vorkommen, Stattfinden, Eintreten einer Sache; Verwirklichung. حصول بولمق oder حصوله کلمك *naître, se réaliser, s'accomplir* | entstehen, vorkommen, eintreten, sich verwirklichen, gelingen. حصوله کتورمك *faire naître, produire, faire réussir, obtenir* | hervorbringen, gelingen lassen; erlangen. حصول مرام *accomplissement d'un désir.* | Erfüllung oder Erreichung eines Wunsches.

a p حصول پذیر HUSÛL-PEZIR. Adj. *qui a lieu, qui s'accomplit, qui réussit.* | stattfindend, gelingend. — Rel. abstr. حصول پذیری HUSÛLPEZIRI. *réussite.* | das Gelingen.

a حصون HUSÛN. Sbst. Pl. v. حصن HISN.

a حصید HASÎD. [Rad. حصد] Adj. *moissonné, fauché; enlevé, détruit* | gemäht; bildl.: weggenommen, zerstört. vgl. حصاد . — Fem. حصیدة HASIDE, auch als Sbst. *récolte, grains récoltés.* | eingeerndtetes Getreide.

a حصیر HASÎR. [Rad. حصر] Adj. غم و غصه لو ، تنك اولان *serré, étroit, qui éprouve de l'angoisse; triste, affligé.* gedrängt, dicht, beengt, bedrängt, betrübt. — 2. Sbst. — بوریه *natte (de jonc ou de roseaux).* | dichtes Geflecht (von Rohr u. dgl.), Matte. حصیر سوپورکه u. SEPÛRKE. *balai de roseaux.* | Rohrbesen. حصیر اوتی u. OTU. — سازلق . قندره . قوغه لق Name verschiedener Arten Rohr, Schilf, die Papyruspflanze.

a t حصیرجی HASYRDŽY. Sbst. *a* بواری *nattier.* | Mattenflechter, Korbflechter.

a حصیف HASÎF. [Rad. حصف] Adj. رأیی متین و عقلی کسکین اولان *doué d'un jugement solide.* | fest, entschieden, scharf im Urtheil.

a حصیله HASÎLE. [Rad. حصل] Sbst. بقیه . قالنتی *résidu, restes.* | Ueberrest, Ueberbleibsel.

a حصین HASÎN. [Rad. حصن] Adj. u. Sbst. قلعه . محکم و متین اولان ، ضرب اولان *fortifié; forteresse; prison d'état.* | befestigt, fest; Festung; Staatsgefängniss.

a حض HAZZ und HUZZ. Sbst. قندرمق . حث و تحریض ایتمك *action de pousser, de stimuler; excitation, instigation.* | Antreibung, Anhetzung. — 2. *ce qui pousse, qui excite, aiguillon.* | das Antreibende; Stachel.

a حضار HUZZÂR. Pl. v. حاضر

a حضارة HAZÂRET. [Rad. حضر] Sbst. حاضر اولمق *présence (d'une personne ou d'une chose).* | Gegenwart, das Zugegensein.

a حضانة HAZÂNET. [حضن I.] Sbst. *action d'élever ou de soigner un enfant.* | Aufziehung, Pflege und Unterhalt eines Kindes.

a حضایا HAZÂJÂ. Pl. v. حضیة s. حظیة

a حضر HAZAR. Sbst. مقیم اولمق [Gegentheil von سفر] *action de ne pas être en voyage ou en campagne, état de paix et de repos.* | das zu Hause oder daheim sein, nicht auf der Reise oder im Felde sein; in Ruhe und Friede sein. سفر و حضرده im Felde und zu Hause, in Krieg und Frieden. — Adj. relat. حضری HAZARII. *qui n'est pas en voyage ou à la campagne, domicilié, ayant une demeure fixe.* | zu Hause, nicht auf der Reise oder im Felde; ansässig [Gegentheil von بدوی].

a حضرة HAZRET. Sbst. Pl. حضرات HAZARÂT, und حضرتلر *présence; résidence, lieu de résidence; prince résident; majesté, excellence* [sert comme terme de respect, — جناب]. | Gegenwart; Residenz, Hauptstadt, fürstliches Schloss; residirender Fürst; Majestät, Excellenz u. s. w., dient wie DžENÂB als Ausdruck der Hochachtung, in verschiedenen Graden, und steht vor dem Namen oder dem Worte im Singular, nach dem Worte im Plural mit dem Suffix der 3ten Person des Pronom. possess. حضرت حق HAZRAT-HAKK, حضرت خدا HAZRAT-I-HUDÂ, oder حق تعالی حضرتلری HAKK TE'ÂLÂ HAZRATLARY. *la majesté de Dieu.* | die Majestät Gottes, oder die göttliche Majestät. حضرت زبور HAZRAT-I-ZEBÛR. der heilige Psalter. ملائکه کرام حضراتی die heiligen Engel. پادشاه حضرتلری Se. Majestät der Kaiser. پاشا حضرتلری Se. Excellenz der Pascha. — In der Anrede, mit dem Suffix der zweiten Person. حضرتك

HAZRATŸNÏZ [wie das arabische حضرتكم] wird es nur von den Armeniern gebraucht.

a حضن HAZN. Sbst. *action de prendre dans ses bras, entourer de ses bras, étreindre*; an die Brust, zwischen die Arme nehmen.

a حضن HIZN. Sbst. جنب . قوجق 1. *sein.* | die ganze Brust zwischen den beiden Armen. — Pl. حضون HUZÛN. — 2. *côté, flanc.* | Seite. — Pl. احضان IHZÂN.

a حضور HUZÛR. [Rad. حضر] Sbst. 1 *présence.* Gegenwart, Zugegensein. حضورکزده *en votre présence.* | in Ihrer Gegenwart, vor Euren Augen. حضوره کلمك zur Gegenwart, d. i. zum Vorschein kommen. — 2. — استراحت . مستريح اولق *tranquillité, bien-être, repos.* | Ruhe, Behaglichkeit, Seelenruhe. — ETMEK. *se reposer, vivre tranquillement, agréablement.* | ausruhen, ruhig und angenehm, behaglich und bequem leben. عيب امّا حضور در *c'est honteux mais commode* | es ist eine Schande, aber bequem حضور ايله اوتور sitze ruhig! — Rel. concr. حضورلو HUZÛRLU. — Adv. حضورلوجه HUZÛRLUDJA. — Rel. abstr. حضورلق HUZÛRLUK, und p حضوری HUZÛRI. — بی حضور BI-HUZÛR. *sans repos, inquiété, offensé, indigné.* | ohne Ruhe, beunruhigt, beleidigt, gestört. — Rel. abstr. بی حضورلق BI-HUZÛRLUK, u. p بی حضوری BI-HUZÛRI. *inquiétude, offense, colère.* | Unruhe, Beleidigung, Aufregung, Zorn. بزم حضورمزه بی حضوری وار er ist gegen uns aufgebracht.

t حضية HAZIJJET. Tahrif. v. حظية

a حضيض HAZÎZ, vulg. HADIZ. [Rad. حضض] Sbst. حضيض احضّة IHIZZE und حضض HUZAZ. [Gegentheil v. اوج] *le bas, extrémité inférieure.* | das Unten, unterste Ende, der niedrigste Punkt. — Astron. — حضيض الشمس *apogée, aphélie.* | grösste Entfernung eines Planeten von der Sonne; tiefster (von der Erde entferntester) Stand eines Sternes.

a حطّ HATT. Sbst. انسکی . انسمك . اشاغی الدیرمك *action de descendre, s'abaisser, de jeter ou de mettre à terre; penchant d'une montagne.* | herab oder herniedersteigen; sich senken; erniedrigen, herabbringen, niederwerfen; Senkung, Abhang eines Berges. — Im Schachspiel: eine besondere Art, dem Gegner eine Figur zu geben.

a حطّاب HATTÂB. [Rad. حطب] Sbst. اودونجی . اودون بازرکانی . اوطونجی *bucheron; marchand de bois à brûler.* | Holzhauer; Händler mit Brennholz.

a حطام HUTÂM. [Rad. حطم] Sbst. *choses fragiles et périssables.* | zerbrechliche, vergängliche Dinge. حطام دنیا *les vanités de ce monde.* | die vergänglichen Dinge dieser Welt.

a حطامه HUTÂMA. Sbst. Nom. unit. des Vhgdn *chose fragile et périssable* | leicht zerbrechliche, vergängliche Sache

a حطب HATAB. Sbst. اودون *bois à brûler).* | Brennholz — Pl. احطاب AHTÂB, und احطب

a حطم HATM. Sbst. قيرمق . اوفالمق *briser, casser, rompre quelque chose de dur et de sec.* | etwas Hartes und Trockenes zerbrechen.

t حطمان HATMAN oder حطنوان HATWAN. Sbst. (polnisch) *hetman; maréchal de la diète de Pologne; titre des chefs des cosaques; titre des gouverneurs de plusieurs provinces de l'ancien empire de la Crimée.* | Hetman; Titel der Kosakenhäuptlinge; Marschall des polnischen Reichstags; — im krimischen Reiche: Titel des Gouverneurs einiger Provinzen an der Grenze gegen Polen.

a حطمة HUTAMA. Sbst. *l'enfer.* | die Hölle (eine der sieben Abstufungen der Hölle). Koran. Sur. 104.

a حطوط HUTÛT. Intransitivum v. حطّ s. oben

a حظوة v. حظوة

a حطيب HATIB. [Rad. حطب] Adj. *boisé, qui abonde en bois.* | holzreich, reich bewaldet.

a حطيبه HATIBA. Sbst. Fem. des Vhgdn. اورمانلق اوزلی ، اودونلق *bois, forêt.* | Gehölz, Waldung.

a حطيم HATÎM. s. حجر الكعبه s. v. حجر

a حظّ HAZZ. Sbst. *lot, portion, sort, chance; bonheur; plaisir, jouissance, félicité, contentement, goût.* | Loos, Theil, Antheil, glückliches Loos, Glück, Vergnügen, Genuss, Gefallen an einer Sache. — Als Concret. *l'objet dont on se réjouit.* | der Gegenstand, an dem man Gefallen hat. — Plur. حظوظ HUZÛZ. — ETMEK *se réjouir; avoir du goût pour . . .* | Lust haben, Gefallen finden an . . . بونکله پك حظ ایلدیم *j'en suis bien aise.* | das ist mir sehr lieb. تکلفات رسمیه دن حظ ایتمز er ist kein Freund von grossen Umständen. کتمکه حظك واری hast du Lust zu gehen? حظ نفس HAZZ-I-NEFS. *plaisir sensuel.* | sinnliches Vergnügen. — Adj. rel. حظّی HAZZI. *heureux, fortuné* | glücklich, s. حظيظ.

a حظلة HIZLET. s. حظوة

a حظر HAZR. Sbst. منع . قوريمق . حجر ايتمك *action de prohiber, de défendre.* | Verwehrung, Verbot.

a حظوة HAZWET, u. حظّت HIZZET. [Rad. حظا] Sbst. قدر . عزت . مكنت . اعتبار *faveur, estime, considération, honneur dont on jouit.* | Gunst, Achtung, Ehre, die man geniesst.

a حظوظ HUZÛZ. Sbst. Pl. v. حظ

a حظی HAZÎ. [Rad. حظا] Adj. *favori, favorisé, considéré, estimé.* | angesehen, geehrt.

a حظی HAZÎZ. [Rad. حظّ] Adj. *heureux, fortuné,* | glücklich.

a حظية HAZIJJET, vulg. حضية [Rad. حظی] Sbst. کچیسی اولان زوجه . زیاده سودوکی جاریه *épouse ou maîtresse favorite.* | die vom Manne vorgezogene Gattin oder Beischläferin.

a حظيرة HAZÎRE. [Rad. حظر] Sbst. اغیل *haie, enclos.* | Umgebung, Einhegung, Gehege. حظيرة القدس die heilige Umhegung, d. i. das Paradies.

a حفاظ HIFÂZ. [حفظ III.] Sbst. صاقلامق . حفظ ایلك *action de garder, de protéger, de défendre.* | Beschützung, Bewahrung.

a حفاظ HUFFÂZ. Sbst. Pl. v. حافظ

a حفاوة HAFÂWET. [Rad. حفا] Sbst. الحاح و ابرام ايلمك *action d'accabler q. qu. de questions incessantes, importunité d'un questionneur.* | Eifriges Fragen.

a حفاوة HIFÂWET, und حفاية HIFÂJET. [Rad. حفا] Sbst. بیوك جوش نوازش . و اكرام ايله قارشولمق *action de recevoir q. qu. avec grandes démonstrations de joie; de témoigner à q. qu. des tendresses.* | einen Besuch mit grosser Freude aufnehmen.

a حفائر HAFÂIR. Sbst. Pl. v. حفيرة

a حفائظ HAFÂIZ. Sbst. Pl. v. حفيظة

a حفدة HAFEDET. Sbst. Pl. v. حافد und حفيد

a حفر HAFR. Sbst. قازمق . چقور ایتمك *action de creuser, de faire un trou.* | das Graben, ein Loch machen, ein Grab machen. — ETMEK. *creuser.* | graben, ausgraben.

a حفر HUFAR, HUFER. Sbst. Pl. des Figdn.

a حفرة HUFRAT, HUFRET. Sbst. قازلمش چقور *trou creusé en terre, fosse, fossé; tertre.* | in die Erde gegrabenes Loch, Graben, Grab; Grabhügel.

a حفض HAFZ. Sbst. 1. اکوب بوکمك *action de courber.* | Krümmung, krumm machen, biegen. — 2. اللدن براقیویرمك *action de laisser tomber de la main, de laisser derrière soi.* | fallen lassen aus der Hand, hinter sich lassen. — 3. falsche Schreibart für خفض der Genitiv in der arabischen Declination.

a حفظ HIFZ. Sbst. صاقلامق . ایوجه *action de garder, de protéger; action d'apprendre par cœur; garde, défense, protection, conservation, préservation, mémoire.* | Bewahrung, Bewachung, Beschützung, Auswendiglernen; Gedächtniss. — ETMEK. *conserver, garder; retenir dans la mémoire* | bewahren, behalten; im Gedächtnisse behalten, sich merken. ولايتی حفظ ایلك eine Provinz vertheidigen. حفظه ویرمك zur Aufbewahrung übergeben. — Adv. حفظا HIFZEN. *en garde, en défense, en préservation.* | auf der Hut vor . . .

a حفظة HAFEZET. Sbst von حافظ *gardiens; garnison; anges gardiens.* | Wächter, Beschützer; Besatzung; Schutzengel.

a حفيظة HIFZET. Sbst. غیرت . غضب . حفیظه ایتمك *ardeur, zèle* | Eifer. —

a حفنه HÜTNE und HAFNET. Sbst. poignée. | Handvoll.

a حفو HUFÜ. [Rad. حفو] Sbst. بخرت اوزره اولمق ، بركمك action de se réunir, se rassembler. | Vereinigung, sich sammeln; Zusammenfluss von Menschen.

a حفى HAFIY. [Rad. حفى] Adj. und Sbst. — حفاوة vgl. حفوة — qui reçoit q. qn. avec tous les honneurs; qui questionne beaucoup sur la santé de q. qn.; qui accable de questions incessantes; qui connaît une chose ou une science à fond. | der einen Besuch mit grosser Freude und Ehrenbezeugung aufnimmt; der sich angelegentlich nach jemandes Befinden erkündigt; der sich durch Fragen lästig macht; der eine Sache gründlich kennt.

a حفيد HAFID. Sbst., = حافد petit fils, descendant. | Enkel, Nachkomme. — Pl. احفاد AHFÂD.

a حفيره HAFÎRE, und حفيرت HAFÎRET. Sbst. [Rad. حفر] fosse. | Grube, Grab. — Pl. حفائر HAFÂIR.

a حفيظ HAFÎZ. Adj. und Sbst. Intensiv. v. حافظ qui retient, qui a de la mémoire; administrateur, gouverneur. | bewahrend, behaltend, im Gedächtniss behaltend; Bewahrer, Verwalter, Statthalter.

a حفيظه HAFÎZE. Sbst., = حفظه ardeur, colère, zèle. | Eifer, Zorn.

a حفيل HAFÎL. [Rad. حفل] Adj. und Sbst. appliqué, studieux; application, soin, zèle. | eifrig bei einer Sache; Eifer, Sorgfalt. — 2. nombreux, abondant; foule, multitude. | zahlreich; Menge. جمع حفيل troupe nombreuse. | grosse Schaar.

a حفيله HAFÎLE. Sbst. troupe. | Schaar.

a حق HAKK, vulg. HAK. Sbst. und Adj. Pl. حقوق HUKÛK. droit, ce qui est dû, juste, équitable; devoir, obligation; le juste, raison, justice, observation exacte des devoirs de la religion; certitude, vérité, l'être éternel sans changement, c. à d. Dieu. | Gewissheit, Wahrheit, Gerechtigkeit; Recht; was einem zukommt, recht und billig; Pflicht, Verbindlichkeit; das ewige, unveränderliche Wesen, d. i. Gott vgl. حق الله — تعالى HAKK ALLÂH, dieu! dieu! (exclamation). | Gott! Gott! (als Ausruf). حق الله HAKK-ULLAH — حقوق الله HUKÛK-ULLAH les lois divines. die göttlichen, d. i. von Gott gegebenen Gesetze, entgegengesetzt den حقوق الناس menschliche Satzungen. حق اوزره H. ÜZRE. selon le droit, la justice. | dem Rechte gemäss, von Rechtswegen. دين حق DIN-I HAKK. la vraie religion. die wahre Religion. دينك حقيچون um der Wahrheit der Religion willen. حق بين H. BÎN. qui connaît la vérité et agit selon la vérité. | der die Wahrheit kennt und darnach handelt. حق پرست H. PERÊST. vrai serviteur de dieu. | der der Wahrheit, d. i. der Gott in Wahrheit dient. حق پسند H. PESEND. der an der Wahrheit Gefallen findet; mit Gott zufrieden. حق جو H-GÛ. der die Wahrheit sucht; nach wahrer Erkenntniss strebt. حق دار H.-DÂR. der das Recht hat. حق شناس H. ŠINÂS. der die Wahrheit kennt, Gott kennt und sich ihm ergiebt; für Wohlthaten erkenntlich, dankbar. حق شناسى H. ŠINÂSÎ, oder حقشناسلق HAKŠINASLYK. Erkenntlichkeit, Dankbarkeit, Hingabe an Gott, Gottergebenheit. حق طراز H. TYRÂZ. der der Wahrheit gemäss spricht oder handelt. حق گذار H. GÜZÂR. der nach Recht und Billigkeit handelt. حق گذين H. GÜZÎN. der sich ausschliesslich an die Wahrheit hält. حق گوى H. GÛJ. der die Wahrheit spricht. — بحق BEHAKK. Adv. justement, avec justice; Präpos. pour, par (manière d'affirmer ou de conjurer). mit Recht; bei (als Schwur- oder Beschwörungsformel.) بحق النبى و آله bei dem Propheten und seinem Geschlecht! — فى حق Präpos. par rapport à. | in Beziehung auf, rücksichtlich. حقسز HAKSYZ. sans raison, injuste | ohne Recht, ungerecht, unbillig. حقدر HAKDYR. c'est vrai, c'est juste, c'est la pure vérité. | es ist wahr, es ist die reine Wahrheit. حقمدر HAKKYMDYR. c'est mon droit, il m'est dû. | das ist mein Recht, kommt mir zu. حقلى وار HAKLŸ WAR. vous avez raison. | Du hast recht. حق انكدر H. ANYŇDYR. er hat recht. حقى در HAKKY DYR. cela lui est dû. | das ist sein Recht, kommt ihm von Rechtswegen zu. حق ذاتنده H. ZÂTYNDA. réellement. | in der That, wirklich. حقمده HAKKYMDA. envers moi. | in Hinsicht auf mich, in Rücksicht meiner. حقكزده HAKKYŇYZDA. sur votre compte, en votre faveur, envers vous. | um Ihretwillen, in Rücksicht auf Sie. حقسزى حقمزى ايدك حق ايلك oder احقاق حقمزى ايدك rendez-nous justice. | lassen Sie uns Recht widerfahren. برينك حقندن كلمك jemandem sein Recht, verdiente Belohnung oder verdiente Bestrafung angedeihen lassen, = p ازحق كسى كذشتن — Adv. حقا HAKKAN, oder بالحق und بالتحقيق en vérité, en effet, vraiment, véritablement. | wahrlich, wirklich, in der That. حقا كه HAKKAN KI. il est vrai que. | es ist wahr dass.

a حقارت HAKÂRET. [حقر] Sbst. خوار خوارلق ، ذليل اولمق abaissement, déclin, mépris, condition vile ou méprisable. | Erniedrigung, Geringschätzung, Verachtung, verachtet sein, niedrige Stellung. — ETMEK. dédaigner, avilir q. qn. | einem verächtlich begegnen, einen erniedrigen, beleidigen, geringschätzen.

a حقاق HIKÂK [حق III.] Sbst. 1. دعوا ايتمك ، تخاصم ايتمك action de disputer avec q. qn. de son droit; de contester q. ch. à q. qn. | mit einem rechten, einem etwas streitig machen. — 2. Pl. v. حقه

a حقاق HAKKÂK. Sbst. حقهجى ، قوطوجى fabriquant ou vendeur de boîtes. | Büchschen- oder Schachtelmacher.

a حقال HIKÂL. [حقل III.] Sbst. achat ou vente des céréales avant leur maturité. | Kauf oder Verkauf der Feldfrüchte auf dem Halme, oder Tausch des noch nicht reifen Getreides gegen reifes und gereinigtes; Pachtvertrag, nach welchem ein Antheil des Ertrages (gewöhnl. ein Dritttheil) anstatt des Pachtzinses gegeben wird.

a حقانى HAKKÂNÎ. [Rad. حق] Adj. vrai, sincère, désintéressé. | wahr, recht, aufrichtig, uneigennützig; göttlich.

a حقانيت HAKKÂNIJET. Sbst. justice, loyauté, équité, amour vrai, charité parfaite. | Gerechtigkeit, Rechtlichkeit, Billigkeit, ächte Menschenliebe حقانيت ايله حركت ايلك gerecht und billig verfahren على وجه الحقانيه billiger Weise. — Rel. concr. حقانيتلو HAKKANIJETLI. juste, loyal. | gerecht, rechtlich, billig. — حقانيتسز HAKKANIJETSIZ. injuste. ungerecht, unbillig. — Rel. abstr. حقانيتسزلك HAKKÂNIJETSIZLIK. injustice. | Ungerechtigkeit, Unbilligkeit.

a حقائق HAKÂIK. Pl. v. حقيقت

a حقه HAKKA. Sbst. droit qu'on a à q. ch. ou sur q. ch.; vérité. | Recht zu oder an einer Sache; Wahrheit.

a حقه HUKKA, vulg. HOKKA. Sbst. Plur. حقق HUKAK, und حقاق HIKÂK. petite boîte, vase pour conserver des aromates, etc., capsule, écritoire; espèce de pipe ou de narguilé. | Büchschen, Nardenbüchschen, Kapsel, Schachtel, Futteral, Dintenbüchschen oder Schreibzeug; eine Art persischer Tabakspfeife. اغزى حقه بكزر sein Mund gleicht einem Nardenbüchschen. — Demin. حقهجق HOKADYK.

a p حقه باز HOKKA-BÂZ. Sbst. شعبده باز joueur de gobelets, escamoteur. | Taschenspieler, Gaukler. — Rel. abstr. حقه بازلق HOKKA-BÂZLYK. tour de passe-passe, escamotage, tromperie. | Taschenspielerei, Gaukelei, Täuschung.

a p حقهكر HOKKA-GER. Sbst. = t حقهجى fabricant de boîtes. | Büchschenmacher.

a حقد HYKD. Sbst. malveillance, haine, rancune. | Hass, Groll, Feindschaft. ارباب حقد les malveillants. | die Grollenden. — Plur احقاد AHKÂD, und حقود HUKÛD.

a حقر HAKR. Sbst. = حقارت

a t حقسز HAKSYZ. s. حق

a p حقشناس HAKŠINÂS. حقشناسلق und حق شناسى s. حق

a t حقلمق HAKLAMAK. Vb. act. = حقنى ويرمك rendre justice à q. qn.; faire donner à q. qn. q. ch. sous prétexte de quelque droit; faire exiger q. ch. sous prétexte d'un droit, payer à q. qn. l'amende (à tort ou à droit). | sein Recht auf etwas geltend machen, einem sein Recht widerfahren lassen; — Meninski, mit Auflagen, Zins und Frohndiensten plagen, mit Geld strafen. — Deriv. حقلاشمق HAKLAŠMAK. Vb. recipr. und refl. se faire droit à soi-même; faire les contes ensembl-

s'accorder, s'ajuster ensemble | sich selbst zu seinem Rechte verhelfen, sich mit einem andern vergleichen.

a حقنة HUKNAT. vulg. HOKNA, Sbst. Pl. حقن HUKEN. *lavement; seringue.* Klistir; Klistirspritze, Injektionsspritze, — شرنقه، حقنه صالمق *donner un lavement.* ein Klistir geben.

a حقود HAKÛD. [Rad. حقد] Adj. پك كينه‌لو، ولان *très-malveillant* sehr boshaft.

a حقود HUKÛD. Sbst. Plur. v. حقد HYKD.

a حقوق HUKÛK. Sbst. Pl. v. حق

a t حقه HOKKA, und حقه‌جی HOKKADŸK. v. حقه

a حقيبه HAKÎBET. [Rad. حقب] Sbst. توشه‌دان *sac à provisions, besace.* | Mantelsack, Quersack (hinter dem Sattel). — Plur. حقائب HAKÂIB.

a حقير HAKÎR. [Rad. حقر] Adj. خوار، ذليل *vil, humble, méprisé, pauvre.* | schlecht, gering, verachtet, arm. بن حقير BEN H. oder بو حقير BU H. *moi le vil ou ce vil, c. à d. moi.* | ich Geringer oder dieser Geringe, d. i. ich. حقير المقدار *de peu de valeur.* | von geringem Werthe. — طوتمق — كورمك — داشتن H. DÂŠTEN. *mépriser, faire peu cas de q. ch.* | gering achten, verachten.

a حقيق HAKÎK. [Rad. حق] Adj. *vrai, véritable; digne de q. ch.* | wahr, wahrhaft; einer Sache werth. — Adv. حقيقا HAKÎKAN, oder فى الحقيق FI-L-HAKÎK. *en vérité, vraiment, réellement.* | wahrlich, wirklich.

a حقيقة HAKÎKAT. Sbst. Plur. حقائق HAKÂIK. *vérité, vraie nature ou qualité d'une chose; chose vraie; droiture, sincérité.* | Wahrheit, Wirklichkeit, wahres Wesen oder wahre Beschaffenheit einer Sache, Echtheit, Realität; wahre Sache, wahre Begebenheit, Geschichte, Wahrhaftigkeit, Rechtschaffenheit. حقيقت حال بو در كه die Sache ist die, dass . . . حقيقت عرفيه *chose notoire.* | allbekannte Sache. علوم حقائق die speculativen (philosophischen und theologischen) Wissenschaften. — Rhetor. *sens propre, signification propre, non métaphorique.* | der eigentliche Sinn, der eigentliche, nicht bildliche Ausdruck (Gegentheil von مجاز v. Mehren. Rhetor. d. Arab. S. 75, 79). — Theol. myst. eine der sieben Stufen der sufischen Gotteserkenntniss. — حقيقت الحقائق Realität der Realitäten, d. i. die Gottheit selbst; das In-Gott-Sein des Menschen, die höchste Stufe der sufischen Erkenntniss. — Adv. حقيقة HAKÎKATEN, = حقيقت در ، بحقيقه *p* ، فى الحقيقه *a en vérité, véritablement, en effet, réellement.* | in Wahrheit, wahrlich, wirklich. — Rel. concr. حقيقتلو HAKÎKATLY. *vrai, véritable, sincère, droit.* | wahr, aufrichtig, treu. Gegentheil حقيقتسز *faux.* | falsch, unwahr, unächt.

a p حقيقت شناس HAKÎKE-ŠINÂS. Adj. *qui connaît la vérité de q. ch.* | von der Wahrheit unterrichtet.

a حقيقى HAKÎKÎ. Adj.; Fem. حقيقيه HAKÎKÎJET. *vrai, véritable, réel.* | wahr, ächt, nicht falsch; dessen Inneres dem Aeusseren, dessen Ende dem Anfange entspricht.

a حك HAKK. Sbst. قازيمق ، قشيمق ، تراشيدن *p* قازمق *action de gratter, de racler, d'effacer en raclant, de frotter, de creuser, de graver.* | Kratzen, überhaupt mit einem scharfen Instrumente etwas an der Oberfläche wegnehmen, abreiben, abschaben, geschriebenes ausradieren, ein Petschaft u. dgl. stechen.

a حكاك HAKKÂK. [Rad. حك] Sbst. جواهرجى *graveur, lapidaire, qui fait des amulettes.* | Petschaftstecher, Steinschneider, Steinpolierer, Amuletverfertiger.

a حكاكه HIKÂKE. [Rad. حك] Sbst. قازنتى *raclure, ratissure.* | Abschabsel, was beim Schaben oder Reiben abfällt.

a حكام HUKKÂM. Sbst. Pl. v. حاكم

a حكايه HIKÂJET. [حكى I.] Sbst. Pl. حكايات HIKÂJÂT. روايت *action de rendre une chose telle qu'elle est, soit par le moyen de l'action, soit par la parole; imitation, représentation, action de raconter; relation, récit, histoire, conte, anecdote.* | Darstellung, Wiedergabe einer Sache, wie sie ist (körperlich oder bildlich, wie z. B. der Spiegel ein Bild, oder durch Worte) Erzählung, Geschichte (wahre oder erdichtete). — ETMEK. *raconter, faire récit.* | erzählen. حكايه مبنى — مبنى على الحكايه *fondé sur l'histoire, faisant allusion à l'histoire.* | historisch begründet. على طريق الحكايه *historiquement.* | geschichtlich. Gramm. Nachahmung, Wiedergabe der Worte eines andern, oder einer Erzählung mit den eigenen Worten des Erzählers (oratio directa; imperfectum historicum). vgl. die arab. Gramm.

a t حكايه‌جى HIKAJEDJI. Sbst. *a* مداح *conteur de contes.* | Geschichtenerzähler.

a حكلة HUKLET. [Rad. حكل] Sbst. دل طوتلغى ، طوتلمه *bégayement.* | Stottern, Stammeln.

a حكم HAKEM. Sbst. *juge, arbitre.* | Richter, Schiedsrichter. — ETMEK. *constituer ou reconnaître q. qn. pour arbitre, pour juge, pour maître.* | einen als Schiedsrichter, als Richter oder als Herrn anerkennen, wählen, oder einsetzen.

a حكم HIKEM. Sbst. Pl. v. حكمة

a حكم HUKM. vulg. HÜKÜM. Sbst. Pl. احكام AHKÂM. *action de prononcer une sentence; de prédire q. ch. d'après les astres, jugement, sentence, commandement, gouvernement, ordre, loi, règle; influence des étoiles.* | Aussprechen eines Urtheils, einer Meinung, einer Behauptung; bes. Aussage des Sterndeuters, astrologische Vorhersagung, Urtheil, Behauptung, Vernunfturtheil, Entscheidung, Rechtsspruch; Satzung, Gesetz, Befehl, Vorschrift, vorgeschriebener Gebrauch, allgemeine Lebensregel; Vorbedeutung, Einfluss der Gestirne. — Term. techn. Kategorie, Klasse von Personen und Dingen, von denen Ein und dasselbe gilt. — ETMEK. *juger, ordonner, gouverner.* | urtheilen, behaupten, befehlen, regieren. بر ولايته حكم ايلمك einer Provinz vorstehen. حكم و حكومت ايلمك *exercer un pouvoir absolu* | volle Gewalt ausüben. — OLUNMAK. *être jugé, être prononcé comme sentence.* | beurtheilt werden, als Behauptung aufgestellt werden. — WERMEK. das Urtheil abgeben. — WERILMEK. durch Urtheil zugesprochen werden. — حكمى كچمك als Gesetz gelten. بحكم BE-HUKM. *selon* | gemäss, jenach. بحكم آنكه *parce que.* | deshalb, weil. بحكم ضرورت *par nécessité.* | wie die Nothwendigkeit erfordert. — احكام ولادت AHKÂM-I WILÂDET. vorgeschriebene Gebräuche bei der Geburt eines Kindes. بوناز s. حكم بوناز

a حكمى HUKMÎ. Sbst. Pl. v. حكمه

a حكمة HAKEMET. Sbst. حلقه آغزلق

كم ، كمى ، ٠٠٠ SYW. *mors, martingale qui entoure les deux mâchoires d'un cheval.* Gebiss, Zaum. — 2. قدر و منزلت *rang, dignité.* Rang, Ansehen.

a حكمة HIKMET. Sbst. *sagesse, savoir, science, philosophie; sens intime, valeur d'une expression; mystère; raison inconnue ou but inconnu; la volonté inconcevable de Dieu.* | Weisheit (göttliche und menschliche), Wissen, Wissenschaft, Kenntniss, Philosophie; das geheime oder innere Wesen einer Sache; der dem menschlichen Verstande verborgene Grund oder Ursache oder verborgene Zweck; Gottes unbegreiflicher Wille. علم حكمت 'ILM-I H. *philosophie, physique, art médical.* | Philosophie, Naturwissenschaft, Arzneikunst. حكمت الاهى oder الاهيه — *sagesse divine; raison surnaturelle, mystère de Dieu; métaphysique.* | göttliche Weisheit; übernatürliche Ursache, Ursache, die Gott allein bekannt ist. — als Adv. حكمة الله HIKMETA-'LLAH. Gott weiss, warum. حكمت طبيعيه *raison naturelle; physique.* | natürliche Ursache; Physik. بونده بر حكمت در *il y a q. ch. de mystérieux là-dedans.* | in dieser Sache waltet ein Geheimniss ob. حكمت بونده در كه der unbekannte Grund oder Ursache oder Zweck davon ist, dass . . . حكمتى الخفى HIKMEIÛM. *ce dont le but est caché dans la sagesse divine, miraculeux.* | in Gottes verborgener Weisheit begründet, wunderbar. اهل حكمت EHLI H. Weiser, Philosoph; Arzt.

a p حكمت پيشه HIKMET-PÎŠE. Sbst. حكيم ، اهل حكمت ولان *sage, philosophe, médecin.* | ein Weiser, Philosoph, Arzt.

a p حكمدار HUKM-DÂR. Sbst. پادشاه *souverain.* | Herrscher, Befehlshaber. vgl. حكم — Rel. abstr. حكمدارلق HUKM-DÂRLYK.

a p حكمران HUKM-RÂN. Sbst. حكمدار ، حكمى جارى ولان پادشاه *souverain.* Herrscher.

a p حكمرانى HUKM-RÂNÎ. 1. Sbst. *souveraineté* | Herrschaft. — 2. Adj. *ce qui con-*

rient au souverain. | dem Herrscher zukommend, oberherrlich.

a p حكمكش HÜKM-KEŠ. Adj. *obéissant.* | dem Befehle gehorchend, dem Befehle gemäss handelnd.

a p حكمنامه HÜKM-NÂME. Sbst. *ordre écrit.* | schriftlicher Befehl.

a حكومة HUKÛMET. [Rad. حكم] Sbst. *exercice du pouvoir de gouverneur ou de juge, autorité, gouvernement; jugement; empire, juridiction, état.* | Ausübung der richterlichen Gewalt, Amt oder Stellung eines Richters, Statthalters u. s. w., Herrschaft, Ansehen; Urtheil; Machtbezirk eines Herrschers, Richters u. s. w., Reich, Staat. بر ولايتده حكومت ايتمك *gouverner un pays.* | in einer Provinz den Oberbefehl haben, eine Provinz verwalten. تحت حكومتكزده اولانلر *vos sujets.* | die unter eurem Befehl stehenden; eure Unterthanen. حكومت روم مغله انتقال ايلدى *l'empire des Grecs passa aux Mongols.* | die Herrschaft der Griechen ging auf die Mongolen über. حكومتكاه — مركز حكومت HUKÛMET-GÂH *chef-lieu du gouvernement, résidence du prince.* | Sitz der Herrschaft, Hauptstadt, Hauptort der Provinz, Residenz des Fürsten. حكومتران HUKÛMET-RÂN. — حكمران *souverain.* | Herrscher.

a حكيم HEKÎM. [Rad. حكم] Adj. und Sbst. *sage (p. ex. un juge), savant (dans les sciences naturelles et exactes), philosophe, médecin.* | weise (scharfsinnig und gerecht entscheidend, von einem Richter); ein Gelehrter (insbes. in den Naturwissenschaften und exakten Wissenschaften bewandert), Philosoph, Arzt. حكيم باشى H. BAŠY. *le premier médecin de la cour.* | Oberarzt des kaiserlichen Hofes. حكيم مطلق H. MUTLAK. *Dieu.* | der Allweise, d. i. Gott. — Rel. abstr. حكيملك HEKIMLIK. *l'art médical.* | die Arzneikunst.

a p حكيمانه HEKIMÂNE. Adv. *sagement, comme un savant ou un médecin etc., d'une manière sage.* | weise, wie einem Gelehrten, Arzte u. s. w. geziemt.

a حلّ HALL. Sbst. اچوق . چوزمك . [Gegentheil von عقد] *action de dénouer, de défaire, de dissoudre, de décomposer, de faire l'analyse chimique, de dégeler, de résoudre une difficulté; dissolution, analyse, résolution d'un corps dans ses principes; explication, exposition.* | Auflösung (eines Knotens, eines Stoffes, einer Schwierigkeit); Zerlegung eines Zusammengesetzten in seine Theile, chemische Zersetzung, Analyse; Verdünnung mit Wasser; Zerschmelzung; Erklärung, Auseinandersetzung. — ETMEK. *dénouer, défaire, expliquer, etc.* | auflösen, aufbinden, zersetzen, verdünnen, einer Schwierigkeit abhelfen; erklären. حلّ الجمد *dégel.* | das Aufthauen des Eises. حلّ المسائل Lösung schwieriger Fragen, oder schwieriger Lehrsätze. — 2 s. حلول

t حلات HALAT, oder حلاط Sbst. *cable, cordage.* | Tau, Strick, Tauwerk eines Schiffes.

t حلاتجى HALATGY, oder حلاطجى Sbst. *cordier.* | Seiler.

a حلّاج HALLÂG, vulg. حلاج HALAG [Rad. حلج] Sbst. يموق آتيجى *cardeur de coton.* | Krämpler. حلاج يايى H. JAJ. *instrument pour carder.* | Werkzeug (Bogen) zum Krämpeln. — Rel. abstr. حلاجلق HALAGLYK. Krämpelei.

a حلاجة HILÂGET. Sbst. حلاجلق صنعتى *cardage, métier de monder le coton, métier du cardeur.* | Krämpelei, Reinigung der Baumwolle.

a t حلاجلامق HALAGLAMAK. Vb. act. *carder, monder le coton.* | krämpeln, die Baumwolle reinigen. — Deriv. حلاجلنمق HALAGLANMAK. — Vb. pass. *être cardé.* | gekrämpelt sein oder werden. حلاجلنمش يموق gekrämpelte Baumwolle.

t حلاط HALAT, s. حلات

a حلاف HILÂF. [حلف III.] Sbst. *action de se lier avec q. qu. par des serments.* | sich mit Jemand durch Eid verbinden.

a حلال HALÂL, vulg. HELÂL [Rad. حلّ] Adj. und Sbst. [Gegentheil von حرام] جايز . مباح اولان *permis, légitime; chose licite, action permise, légitime ou louable; propriété, possession légitime; époux ou épouse légitime.* | erlaubt, gesetzlich, was man thun oder gebrauchen kann, ohne sich einer Sünde schuldig zu machen, gesetzliche oder löbliche Handlung; rechtmässiges Eigenthum, rechtmässiger Besitz; rechtmässiger Gatte oder Gattin. حلال مال *bien légitime.* | rechtmässiges Eigenthum. — ETMEK. *rendre légitime; permettre; pardonner* | als gesetzlich oder erlaubt erklären; erlauben; verzeihen. — Jurispr. *renoncer formellement à q. ch.* | seine Ansprüche auf eine Sache aufgeben, mit den Worten. حلال اولسون d. i. es sei Dein gesetzliches Eigenthum. بالحلال BIL-HELÂL. *légitimement.* auf gesetzliche Weise. — Rel. abstr. حلاللق HALALLYK, *légitimité; mariage légitime; pardon que l'on demande à q. qu.* | Legitimität; rechtmässige Ehe; Verzeihung oder Verlaub, um den man bittet. حلاللغه آلمق HALALLYGA ALMAK. zur rechtmässigen Gattin nehmen. شاه بر برلرين حلاللق دلدى der König hat alle (von ihm beleidigten Vezire) um Verzeihung. KYRK WEZIR.

a حلالة HELÂLET. Sbst. ايكنجى قوجه سندن بوشنوب اسكى برنجى قوجه سنه تكرار نكلح اولنمش خاتون eine Frau, die nach Auflösung der Ehe mit dem zweiten Manne sich wieder mit dem ersten verheirathet.

a p حلالزاده HELÂLZÂDE. Sbst. [Gegentheil von حرامزاده] *fils légitime; honnête homme.* | rechtmässiger Sohn; ehrlicher Mann. — Rel. abstr. حلالزادهلك HELÂL-ZÂDELIK *légitimité, honnêteté.* | eheliche Geburt, Eigenschaft eines ehrlichen Mannes. حلالزادهلغه وارمق *légitimer.* | legitimiren.

a t حلاللشمق HALALLAŠMAK. Vb. recipr. *se pardonner les uns aux autres; se congédier les uns des autres (en allant en voyage, au combat, etc.), se tenir quittes à la fin d'une société de commerce.* | einander gegenseitig verzeihen, bes. beim Abschiednehmen, bei Antritt einer langen Reise, vor einer Schlacht u. s. w., sich von einander verabschieden; sich geschäftlich trennen und Abrechnung halten.

a t حلاللق HALALLYK, s. حلال Rel. abstr.

a p حلالى HALÂLI. Sbst. *état d'être permis.* | das Erlaubtsein, nicht verboten sein, = حلاللق

t حلالى HALALY, oder شلالى Sbst. *espèce d'étoffe légère de soie et de coton (Bianchi); garniture de tombac (Hindoglu).* | Ein leichtes Gewebe von Seide und Baumwolle; Zierrath von Tombak.

a حلاوة HALÂWET. [حلى I.] Sbst. طتلولق *douceur, état de ce qui est doux et agréable au goût.* | Süssigkeit, Wohlgeschmack. — WERMEK. *dulcifier.* | versüssen. بر نسنه نك حلاوتنى بولمق *sentir la douceur de q. ch. au goût.* | eine Sache wohlschmeckend finden. — Rel. concr. حلاوتلو HALAWETLÜ. *doux, sucré.* | süss. حلاوتلو سوزلر H. SÖZLER. süsse Worte.

a p حلاوتبخش HALAWET-BAHŠ. Adj. *qui donne de la douceur, qui dulcifie.* | Süssigkeit und Wohlgeschmack gebend.

a حلايل HALÂIL. Sbst. Pl. v. حليلة

a حلب HALB. Sbst. *action de traire.* | das Melken.

a حلب HALEB. Sbst. تازه صاغلمش سود *lait frais.* | frisch gemolkene Milch. — 2 Nom. prop. Aleppo.

a حلّة HALLET. Sbst. *chaudière.* | grosser mettallener Kessel.

a حلّة HILLE. [Rad. حلّ] Sbst. محلّ . قونوش . جايكاه *auberge, habitation, séjour.* | Herberge, Wohnort.

a حلّة HULLET. [Rad. حلّ] Sbst. ازار . چادر *manteau.* | Mantel, Staatsmantel, Deckmantel. In übergetrag. Bedeutung خاتون طلاق ثلثه ايله طلاق اولنمغله زوجه جديدن وارمسى حلال اولمق اوزره وارديغى اطلاق اولنمسى اقتضا ايدن زوج آخر der Mann, mit dem eine drei Mal Geschiedene sich verheirathen muss, um nach Auflösung der Ehe mit diesem den ersten Mann wieder heirathen zu können.

t حلته HALTA s. حالطه

a حلتيت HILTÎT. Sbst. شيطان بوقى *assa fœtida.* | Teufelsdreck. حلتيت اعجمى *laserpitium.* | Laserkraut. = بلدرغان

a حلج HALG. Sbst. يموغى چكيب تعيير ايتمك يعنى دانه سنى چيقارمق *action de monder le coton, de carder.* | Reinigung der Baumwolle von den Samenkörnern, Krämpeln.

a حلزون HALEZÛN, vulg. HALZÛN. Sbst. صومكلو بوجك *limaçon.* | Schnecke.

a حلف HALF. Sbst. يمين ايتمك . آند ايچمك *action de faire serment.* | Schwören.

a حلفاء HULEFÂ. Sbst. Pl. v. حليف

a حلق HALK. Sbst. *t* بوغاز *p* كلو *gosier.* | Schlund, Kehle. — Adj. relat. حلقى

HALKI, *guttural*. | zur Kehle gehörig. — Fem. حلقيّة HALKIJE. *son guttural, lettre gutturale.* | Kehllaut, Kehlbuchstabe.

a حلق HALK. Sbst. ترانش ايتمك *action de raser.* | das Rasieren. vgl. تحليق

a حلقه HALKA, vulg. HALKA. [Rad. حلق] Sbst. 1. HALKA, *anneau, roue.* Ring (insbes. von Metall), Glied einer Kette. Rad. — 2 HALKA *cercle, réunion d'hommes, assemblée.* | Kreis, Gesellschaft. حلقه حلقه *en anneaux (comme le serpent).* | geringelt (wie eine Schlange). حلقه بند H. BEND, *qui arrange ou fait des anneaux.* | der Ringe zusammenfügt oder macht. حلقه بكوش *esclave.* | der einen Ring am Ohre trägt, d. i. ein Sklave. سودلو حلقه SÜDLÜ H. *gimblette.* | Bretzel.

a t حلقه‌جى HALKADSY, und حلقجى Sbst. *qui fait des anneaux; qui fait ou vend des gimblettes.* | Ringmacher; Bretzelbäcker, Bretzelverkäufer.

a t حلقه‌لمق HALKALAMAK. Vb. act. *faire des anneaux, attacher à l'aide d'un anneau ou d'anneaux.* | Ringe machen, mit Ringen befestigen, einen Ring (z. B. einem Thiere den Nasenring) anlegen. Kam.

a حلقوم HALKÛM. Sbst. Plur. حلاقيم HALÂKÎM بوغاز. حلق *gosier, geule.* Schlund, Rachen. راحت الحلقوم RÂHAT UL-HALKÛM, vulg. RAHATLUKUM [راحت‌لقم] Name einer süssen Speise von feinem Mehl mit Zucker, Mandeln und verschiedenen Gewürzen.

a حلقى HALKII. s. حلق

a حلم HILM. Sbst. *raison mûre, esprit mûr; douceur de caractère, longanimité, clémence, patience.* | Reife des Geistes, ausgebildete Vernunft; Besonnenheit, Milde, Langmuth, Geduld.

a حلم HULM, vulg. HÜLÜM. Sbst. دوش آرزو. توش *songe, rêve, pollution nocturne, puberté.* | Traum, nächtliche Samenergiessung, Pubertät.

a حلمه HALEMET, Sbst. ممه *teton, tétin du pis.* | Brustwarze, Saugwarze.

a حلو HALU. 1. Adj. *doux, sucré.* | süss. — 2. Sbst. p HULU, vulg. HÜHU, *sorte de pêche très-douce.* | eine Art sehr süsser und saftiger Pfirsich.

a حلوا HALWÂ. [Rad. حلا] Sbst. *nom de différentes espèces de pâte sucrée.* | Name verschiedener Arten süsser Speisen, gewöhnlich von feinem Weizenmehl mit Sesam (sesamum orientale), sowohl Oel als Mehl, Honig oder Zucker. اون حلواسى UN-HALWASY, Halwa von Mehl. كتان حلواسى KETEN-HALWASY, *= p* پشماك a شعرمانيه, eine Art Fadenzucker. مأمونيه حلواسى eine nach dem Khalifen Mamun genannte süsse Speise. قدرت حلواسى KUDRET-HALWASY, *manne.* | das natürliche Manna, wörtl. Allmachtssüssigkeit. — Rel. abstr. حلوالق HALWALYK, *douceur; pourboire, épingle.* | Süssigkeit; kleines Geschenk an Geld, [= بخشش], Trinkgeld, Nadelgeld.

a t حلواجى HALWADSY. Sbst. *vendeur de* HALWA. | Halwaverkäufer, Zuckerbäcker. — Rel. abstr. حلواجيلق HALWADSYLYK. Zuckerbäckerei.

a حلوان HULWÂN. [Rad. حلا] Sbst. تتلو اولمق *état d'être doux et agréable; douceur, cadeau, présent.* | Süssigkeit, süss und wohlschmeckend sein; Geschenk.

a حلوانى HALWANI. s. حلواجى

a حلول HULÛL. [Rad. حل 1.] Sbst. كيرمك, اينوب قونمق, تزول ايتمك, ظهور ايتمك, وقوع بولمق, طلوع *action de descendre dans un endroit, de faire halte, de s'arrêter, d'arriver, d'entrer, de pénétrer, de paraître; descente, arrivée au terme; pénétration, incorporation (de Dieu dans un homme).* | das Herabsteigen, sich herablassen, hineingehen in einen Ort (wie die Seele in den Körper); anhalten, Halt machen, einkehren; ankommen, an's Ziel gelangen; näherkommen, z. B. die Zeit; Einbrechen der Nacht; zur Erscheinung kommen; Eindringung eines Körpers in einen andern, Durchdringung, Verbindung einer Materie mit einer andern; Incorporation, d. i. zur Erscheinung kommen oder Einwohnung der Gottheit in einem menschlichen oder thierischen Körper.

a حلولى HULÛLII. Sbst. Pl. حلوليون HULÛLIJÛN, *qui croit à l'incorporation de Dieu.* | der an die Incorporation der Gottheit glaubt.

a حلوم HULÛM. Sbst. Plur. von حلم HILM.

a حلوى HALWI, = حلوا Pl. حلويات HALWAJÂT, und حلاوى HALÂWI.

a حلى HALJ. Sbst. دوزكون *ornement, parure de femmes.* | Schmuck (bes. der Frauen), Geschmeide. — Pl. حلى HULI.

a حلى HILJ. Sbst. Pl. v. حليه

a حلى HALIJ. Adj. كوزل دونمش ديقلو اولان *orné, paré.* | geschmückt.

a حليه HILJET. Sbst. دوزكون. پيرايه *ornement (d'un sabre à la poignée etc.) parure, extérieur et qualités qui ornent l'homme.* | Zierrath, Verzierung (an einem Säbel an Griff und Scheide); Schmuck, Kleinod, Zierde, zierende Eigenschaft, Beschaffenheit des Körpers. حليهٔ نبى Beschreibung der körperlichen Beschaffenheiten des Propheten. — Pl. حلى HILA. حليات HILJÂT. حليه‌لر HILJETLER, und حليتلر HILJATLAR.

a حليف HALIF. [Rad. حلف] Sbst. *conjuré, confédéré.* | ein durch Eid Gebundener, Verschworener, Mitverschworener.

a حليق HALIK. [Rad. حلق] Adj. *rasé.* | rasirt, geschoren (vom Kopfe).

a حليل HALIL. [Rad. حل] Sbst. زوج, *mari, époux.* | Ehemann.

a حليله HALILE. Sbst. Fem. des Vorig. 1. زوجه. نكاحلو قارى *épouse, femme légitime.* | Ehefrau. — 2. = هليله *myrobolan.* | indische Pflaume.

a حليم HALIM. [Rad. حلم] Adj. *d'une raison mûre, doux, patient, bon, débonnaire (un des surnoms de Dieu).* | von reifer Vernunft; besonnen, mild, sanftmüthig, geduldig, langmüthig (ein Beiname Gottes).

a حليملنمك HALIMLENMEK. Vb. refl. = a تحلم *être doux, se montrer doux et patient.* | sich sanftmüthig erweisen, Langmuth oder Milde zeigen. Kamus.

a حمى HIMI. [Rad. حمى] Sbst. *enclos dont l'entrée est défendue; tout ce qui est défendu par Dieu ou la loi.* | Gehege, abgeschlossener Bezirk; alles von Gott oder durch die Gesetze Verbotene.

a حمى HUMMI, und حمى [Rad. حم] Sbst. *fièvre ardente.* | das hitzige Fieber. — Pl. حميات HUMMAJÂT.

a حمى HUMÂT. Pl. v. حامى

a حما HAMÂ. Sbst. Pl. حموات HAMEWÂT, *belle-mère.* | Schwiegermutter. — N. pr. Stadt in Syrien.

a حمار HIMÂR. Sbst. اشك *âne.* | Esel. حمار وحشى HIMÂR-I-WAHŠÎ, *onagre.* | der wilde Esel.

a حمارى HIMÂRII. Adj. اشكه متعلق اولان *de la nature d'un âne, en âne.* | eselhaft.

a حماسه HAMÂSET. [Rad. حمس] Sbst. جسارت. شجاعت. بهادرلق *courage, bravoure.* | Muth, Tapferkeit.

a حماقت HAMÂKET. [Rad. حمق 1.] Sbst. بونلق, اوكوز اولمق, عقلسز اولمق *bêtise, sottise, stupidité, folie.* | Dummheit, Thorheit.

a حمال HAMMÂL, vulg. HÂMAL. [Rad. حمل] Sbst. يوكجى *portefaix.* | Lastträger. — Rel. abstr. بركير حمالى BEHGIR HAMMALY, der die Lasten mit Packpferden befördert. سيرق حمالى SYRYK HAMMALY, der die Last mit Stangen trägt (zwei oder mehrere zusammen). حماللق HAMMALLYK, *salaire qu'on donne au portefaix.* | Trägerlohn.

a حمائل HIMÂIL. Sbst. حمالك ايشى *profession de portefaix.* | Gewerbe des Lastträgers. — 2. *ceinturon, baudrier.* | Säbelgurt, Wehrgehänge, vgl. حمايل HEMÂIL.

a حماله HAMMÂLET. Sbst. Fem. von حمال *porteuse.* | Trägerin.

a حماليه HAMMÂLIJE. Sbst. حماللق *port, salaire qu'on donne au portefaix.* | Trägerlohn.

a حمام HAMÂM. [Rad. حم vgl. حمه HUMMET. 2.] Sbst. كوكرجين. قومرى *pigeon, colombe, tourterelle.* | Taube. — Nom. unit. حمامه HAMÂMET.

a حمام HIMÂM. [Rad. حم *destiner.* | bestimmen. vgl. حمه 3.] Sbst. موت. اجل *mort, terme de la vie.* | der Tod.

a حمام HAMMÂM, vulg. HAMAM. [Rad. حم *chauffer.* | heitzen. vgl. حمه 1.] Sbst. *bain.* | Bad. حمامده بولوب حمامه

روحنى قفصى جسمك اوچرديلر ilsz im Bade findend, liessen sie die Taube seines Geistes in das Gefilde des Todes fliegen, d. i. tödteten ihn. حمام اوتى حمام ناطورى Badeaufseher. حمام بوجكى = a نوره eine Art Depilatorium. قلدرش = a بنت وردان Name eines Insekts.

حمى = حمّة natürliche heisse Quelle, eigentl. Allmachtsbad, auch حمام خدائى Gottesbad.

a t حمامجى HAMMAMGY. Sbst. = a حمّامى HAMMAMI. maître baigneur. | Badewärter, Badehalter. حماجى قادين baigneuse. | Badewärterin.

a حمايت HIMAJET. [حمى I.] Sbst. صيانت ، قورومه ، صقنمق action de défendre, de protéger; de préserver, défense, protection. Beschützung, Bewahrung vor Uebel.

a t حمايەجى HIMAJEGI. Sbst. = حامى protecteur, défenseur. | Beschützer.

a حمائد HAMAID. Sbst. Pl. v. حميدە

a حمائل HAMAIL. Sbst. Pl. v. حمالة oder حميلة im Türk. als Singular gebräuchlich. ceinturon, baudrier; amulette qu'on porte au bras. | Säbelgurt, Wehrgehänge; ein am Arme getragenes Amulet u. dgl. — Adj. Rel. حمائلى en ceinturon. | kreuzweise über Brust und Rücken, wie ein Säbelgehänge. Kam. s. v. وشح

a حمّت HAMMET. [Rad. حمم] Sbst. ينغد ، قپليجه ، ايليجه source d'eau thermale. | heisse Quelle.

a حمّة HUMMET. [Rad. حمم] Sbst. 1. chaleur excessive, intensité de chaleur, fièvre, ardeur, ferveur. | grosse Hitze; Fieber; Inbrunst. — 2. couleur brûlée entre le noir et le rouge, ou vert tirant sur le noir. | schwarzbraun, grünlich schwarz (Farbe der Tauben). — 3. Pl. حمم HUMEM ce qui est décrété par Dieu, arrêts du ciel, sort. | Schicksal.

a حمد HAMD. Sbst. اوكمك action de louer avec action de grâces; éloge, remercîment; grâce, bonté, clémence | das mit Dank verbundene Loben, Lob mit Danksagung. Güte. الحمد لله EL-HAMDU LILLÂH, oder الحمد Dieu soit loué | Gott sei Lob! بحمد الله BI-HAMDI LILLAH. par la grâce de Dieu. | durch Gottes Gnade. حمد اولسون Dieu merci. | Gott sei Dank! — ETMEK. louer et remercier. | loben und danken. — als Adv. حمدا HAMDEN. Dieu soit loué! fort bien! courage! | Gott sei Lob! sehr gut! nur Muth! حمدا ثم حمدا Dank (Lob) und nochmals Dank!

a t حمدجى HUMEDGY. Sbst. louangeur immodéré, grand admirateur. | der übermässiges Lob spendet, grosser Bewunderer einer Sache.

a حمدلة HAMDELE. Sbst. action de prononcer ou de répéter les mots EL HAMD LILLAH. | Aussprechen und Wiederholen der Worte الحمد لله (Gott danken oder loben). — als Conc. seconde partie de l'introduction d'un écrit où l'on rend grâces à Dieu, après le BESMELE. | die Danksagung, d. i. der zweite Theil der Vorrede, der dem BESMELE folgt.

a حمر HAMR. Sbst. action de gratter, d'ôter l'épiderme. | abschaben, abkratzen. — ETMEK. écorcher. | die Haut abziehen, abschinden.

a حمراء HAMRÂ. 1. Adj. Fem. von احمر rouge. | roth. — 2. Sbst. collect. = حمر qui ont les cheveux rouges, c. à d. étrangers, non arabes | die Rothhaarigen, d. i. Fremde, Nicht-Araber.

a حمرة HUMRET. Sbst. قرمزيلق ، قزلرنكى ، قزللق couleur rouge, rougeur, érésipèle. | rothe Farbe, Röthe; rother Fleck auf der Haut, Rothlauf; Erröthen (vor Scham, Verlegenheit u. s. w.). حمرت شفة rougeur des lèvres. Röthe der Lippen. حمرتى كوزلرك rougeur des yeux. Entzündung der Augen. سمكه قشور ايسلرى حمرت rougeur du ciel. | Röthe des Himmels (Abendroth, Morgenroth).

a حمق HUMK. Sbst. حماقة — عقلسزلق stupidité, brutalité, déraison, aveuglement de la passion. Dummheit, Unvernunft, Brutalität, blinde Leidenschaftlichkeit.

a حمقاء HAMKÂ. Adj. Fem. v. احمق stupide. | dumm.

a حمل HAML. Sbst. قيلمس ، ثمر ، يوكلنمك . تحمّل — Pl. حمول HIMIL, und احمال AHMIL. action de porter, de supporter, de produire des fruits; action de charger, d'imposer un fardeau, d'attribuer, d'imputer à q. qn. q. ch.; de penser de supposer; fruit, grossesse. | das Tragen, auf sich haben (z. B. ein Kleid, Waffen u. s. w.), ertragen, Früchte tragen; beladen, auflegen, beimessen, Schuld geben; meinen, dafür halten; Frucht; Zustand des Tragens, Schwangerschaft, Trächtigkeit, Leibesfrucht. — ETMEK. porter, charger. | tragen, beladen. وضع حمل اتمك mettre bas, enfanter. | die Last ablegen, gebären.

a حمل HIML. Sbst. يوك charge, fardeau. | Last.

a حمل HAMEL. Sbst. بره ، قوزى agneau, bélier; spec. signe du bélier. | Lamm, Widder; insbes. Sternbild des Widders. لسان الحمل plantain (plante). | Wegerich.

a حملة HAMLET. vulg. HAMLA. Sbst. [Nom. unit. v. حمل] choc, charge, attaque. | einmaliges Aufheben einer Last, Angriff, ein Zug, Ruck, Stoss u. dgl., z. B. beim Rudern.

a t حملەجى HAMLAGY. Sbst. le vogue avant, premier rameur. | der Vorruderer auf einem Ruderschiff.

a حموّة HUMUWWET. Sbst. ardeur, ferveur. | Hitze.

a حموضة HUMÛZET. [Rad. حمض] Sbst. اكشيلك acreté, piquant, goût aigre. | Säure. — Rel. conc. حموضتلو HUMUZETLÜ. aigre. | sauer.

a حمول HAMÛL. Adj. und Sbst. حلم وتحمل صاحبى اولان supportant, patient. | ertragend, geduldig, sanftmüthig.

a حمولة HAMÛLE. Sbst. يوك ، يوكى كمى يوكى charge, fardeau, cargaison. | Last, Ladung, Schiffsladung, Fracht.

a حمى HAMMY. = حمّا

a حمّى HUMMÂ. [Rad. حمى] Sbst. قزغنلق شدت وحدت vehémence, violence, impétuosité, emportement. | Heftigkeit, Hitze.

a حميّة HAMIJJET. [Rad. حمى] Sbst. zèle, ardeur; sentiment d'honneur; honte. | Hitze, Eifer; starkes Ehrgefühl; moralische Entrüstung über etwas Unehrenhaftes. — Rel. conc. حميتلو HAMIJJETLI.

a حميميّت HAMMIJJET. Sbst. = حمية HAMMET.

a حمية HIMJET. [Rad. حمى] Sbst. chose défendue; abstinence. | Verbotenes; Enthaltung (von Verbotenem), Mässigkeit, Diät.

a حميد HAMID. [Rad. حمد] Adj. محمود ، اوكلمش ، محمود loué, louable, très-digne de louange; Dieu. | gelobt, löblich, sehr lobenswerth; Gott. — Fem. حميدة HAMIDE. — اوصاف حميدە lobenswerthe Eigenschaften; — als Sbst. action louable. | lobenswerthe Handlung. — Pl. حمائد HAMÂID.

a حمير HAMIR. [Rad. حمر] Adj. قوى vigoureux, ferme. | kräftig, fest.

a حميلة HAMILE. [Rad. حمل] Sbst. ceinturon. | Säbelgurt. vgl. حمائل

a حميم HAMÎM. Sbst. = حمّة source d'eau thermale. | heisse Quelle. — Nom. unit. حميمة HAMIME.

a حنّا HINNA, u. حنّاء vulg. حنا HYNA. Sbst. قنا henna, poudre préparée des feuilles de la Lawsonia inermis. | Hennakraut oder Pulver, dessen man sich zum Färben der Fingernägel, auch der Mähnen der Pferde und des Bartes bedient und welches von den Blättern der Lawsonia inermis bereitet wird. — Rel. conc. حنالو HYNALY. teint avec du henna; marchand de henna. | mit Henna gefärbt; Hennahändler.

a حناطة HINÂTE. [Rad. حنط] Sbst. 1. vgl. تحنيط embaumement des morts, art d'embaumer. | Einbalsamirung der Todten. — 2. بغداى حبوباتجيلق حبوبى commerce des grains. | Getreidehandel.

a حنان HANÂN. [Rad. حن] Sbst. pitié, compassion. | Erbarmen.

a حنّان HANNÂN. Sbst. le très-miséricordieux, Dieu. | der Allbarmherzige.

a حناية HINÂJET. [Rad. حنى] Sbst. اكريلك ، چارپقلق courbure, cambrure, sinuosité. | Krümmung, Biegung, Krümme.

a حنث HINS. Sbst. آند بوزمه parjure; crime; péché. | Meineid; Verbrechen.

a حنجرة HANǴARET, und حنجور HANǴÛR, Sbst. حشكنلك p خرخره — Pl. حناجر larynx. | Luftröhrenkopf; Luftröhre, Kehle.

t حنجقرق HYNǴKYRYK, u. حنجقرمق HYNǴKYRMAK. s. اخچقرق u. اخچقرمق

t a حمدانی Sbst. *bête de somme* | Lastthier. Abulg. 118. حمدانکلرینی بغلاب

t حمدا HANDA. Adv., = قندا *etc.* | wo.

a حنطة HINTA. Sbst. کندم *p* بغدای *blé, froment.* | Weizen.

a حنظل HANZAL. Sbst. collect. ابوجهل *coloquinte* | die Koloquinte. — Nom. unit. حنظلة HANZALE.

a حنفا HUNEFĀ. Pl. v. حنیف

a حنفی HANEFIJ. Sbst. *hanéfite, musulman du rite d'Abu Hanifa, musulman orthodoxe.* | Hanefit. Rechtgläubiger. مذهب حنفی Ritus des Abu Hanifa.

a حنق HANAK. Sbst. اوغیلمش *colère violente.* | heftiger Zorn.

t a حنه HANA. Sbst. I.T. قربوس زین *partie proéminente de la selle, bout de l'arçon.* | Sattelknopf oder Sattelbogen.

a حنوط HINŪT, u. حناط HINĀT. Sbst. *aromates divers pour embaumer les morts.* | Specereien zu Einbalsamirung der Todten.

a حنث HANIS. [Rad. حنث] Adj. u. Sbst. آند بوزیجی *parjure.* | meineidig, ein Meineidiger.

a حنیف HANIF. [Rad. حنف] Adj. u. Sbst. دین اسلامده پك صاحیحو ثابت اولان *orthodoxe, vrai croyant.* | rechtgläubig, aufrichtiger Bekenner des Islam. — Pl. حنفا HUNEFĀ.

a حنین HANIN. [حن I.] Sbst. الحمله *(originairement pousser un cri perçant, se dit d'une chamelle qui témoigne sa tendresse pour son petit); action de gémir; gémissement, lamentation; affection vive et tendre, compassion.* | urspr. vom Kameel, mit scharfer, schrillender Stimme schreien, zum Ausdruck der Sehnsucht nach seinen Jungen, des Schmerzes über die Trennung von ihnen; Seufzen, Klagen; zärtliche Liebe; Mitleid. حنین ایله mit klagender Stimme. حنین ایدوب اوزنه nach etwas seufzen, heftig begehren.

a حوائج HAWĀĠ. Pl. v. حاجة

a حواجب HAWĀĠIB. Pl. v. حاجب

a حوادث HAWĀDIS. Pl. v. حادثة

t p حوارده HOWARDA, u. حوارده HOWARDA. Sbst. *vagabond, vaurien.* | Vagabund, Taugenichts.

a حواری HAWĀRI. Sbst. Pl. v. حوری

a حواری HAWĀRIJ. Sbst. *aide ou compagnon d'un prophète, apôtre, missionnaire.* | Gehülfe und Genosse eines Propheten. Apostel, Glaubensbote. — Pl. حواریون HAWĀRIJŪN.

a حواس HAWĀSS. Pl. v. حاسة

a حواشی HAWĀŠĪ. Sbst. Pl. v. حاشیة HĀŠIJET. *clients.* | Gefolge, Diener, Klienten.

a حواصل HAWĀSYL. Sbst. Pl. v. حاصل und حوصلة

a حواضن HAWĀZYN. Sbst. Plur. von حاضنة

a حوافل HAWĀFYL. Sbst. Pl. v. حوفلة

a حواله HAWĀLE, u. HEWĀLE. [Rad. حول] Sbst. *action de brandir, de lancer q. ch. (p. ex. un javelot etc.), élan, branle; ce qu'on lance, javelot; éminence (qui domine une forteresse), commission, transmission, caution, transfert (d'une créance etc.), assignation, mandat; personne chargée d'une commission, mandataire.* | das Schwingen, Aufschwung z. B. einer Waffe, [Kam. s. v. الشقوع] überragende Anhöhe [Kam. s. v. المناظر] das was man schwingt [Kam. s. v. المخلخه], Wurfgeschoss; Schwung, Uebertragung (eines Rechts, einer Forderung, eines Geschäfts auf einen andern), Beauftragung, Anweisung; Uebernahme eines Geschäfts oder einer Schuld, Bürgschaft. [vgl. حال und حویل]; der Beauftragte, Bevollmächtigte, Mandatar; حواله تذکرسی H. TEZKERESI, oder نامه — oder — کاغدی — geschriebene Zahlungsanweisung. — ETMEK *charger, assigner, transmettre.* | überweisen, beauftragen, anweisen, einem ein Geschäft anvertrauen.

a حوالی HAWĀLI. Sbst. بر محلك اطرافی *les environs, alentours, circuit.* | Umgebung eines Ortes, Umkreis. وجوار اول حوالیلرده *dans ce circuit, tout près d'ici.* | hier herum, hier in der Nähe.

a حوان HAWĀN. Sbst. Taarif v. هاون *mortier.* | Mörser.

a حوانیت HAWĀNIT. Sbst. Plur. von حانوت

a حوایت HIWĀJET. [حوی I.] Sbst. جمع ایدوب طوپلامق . حوی اولمق *action de réunir, de rassembler; action de conserver, de garder; action de comprendre, d'embrasser.* | das Zusammenbringen, Aufbewahren, in sich fassen, enthalten.

a حوائج HAWĀIĠ. Sbst. Pl. v. حاجة

a حوائض HAWĀIZ. Sbst. Plur. von حائضة

t حوب حوب HUP-HUP. (mot imitatif). حوب حوب سیچرامق *sauter.* | hüpfen, springen.

t حوپه HOPPA, oder حپه Sbst. *étourdi, petit-maître.* | Stutzer, Geck.

a حوت HŪT. Sbst. بالق *poisson, signe des poissons.* | Fisch, Sternbild der Fische.

t a حوجه HÖKE. Sbst. مثل *conte.* | Erzählung.

a حور HAWWER. [Rad. حار] Sbst. *peuplier (arbre).* | Pappel. حور رومی *peuplier noir.* | Schwarzpappel.

a p حور HŪR. Sbst. [eigentlich Plural v. احور Fem. حوراء s. u.; im Pers. als Singul. gebräuchlich, — Pl. حوران HŪRĀN. [حوری] *nymphe du paradis.* | Jungfrau des Paradieses. حور پیکر H.-PEJKER, schön wie eine Paradiesesjungfrau. حور زاد H.-ZĀDE, von einer Paradiesesjungfrau entsprossen. حور عین HŪR-I-AIN, oder حور العین *nymphe aux yeux noirs.* | schwarzäugige Paradiesesjungfrau.

a حوراء HAURĀ. Fem. v. احور *qui a les yeux grands d'un beau noir; nymphe du paradis.* | eine die schöne und grosse schwarze Augen hat, Nymphe des Paradieses.

a p حوران HŪRĀN. Sbst. Pl. v. حور

t حوروز HAWRUZ. Sbst. *a* مستوسله *p* کومیدان I.I. *pot de nuit.* | Nachttopf, Nachtstuhl.

t حوره HAWRA. Sbst. *synagogue des juifs.* | jüdische Synagoge.

a p حوری HŪRI. Sbst. Nom. unit. v. حور

a حوز HAWZ, und حیازت HIJĀZET. Sbst. مالك . کندو نفسنه احذ و ضم وجمع ایله اولمق *action de prendre exclusivement pour soi, de rassembler, de comprendre, de posséder parfaitement.* | das Für sich nehmen, in Besitz nehmen, vollständiges Besitzen, einer Sache Herr und Meister sein.

a حوز HAWZ. Sbst. (eigentl. Concretum des Vorhergehenden) *environs, contour.* | die nächste angrenzende Umgebung eines Orts. حوز جامع *tout contre la mosquée.* | in der unmittelbaren Nähe der Moschee.

a حوزه HAWZA. Sbst. طرف . قسم . بلده نك مجموع فضا و نواحیسی . ناحیه *côté; espace compris entre certaines limites, contrée, contour; centre du pays; réunion, assemblée.* | Seite; Umgebung, Einfassung, in bestimmte Grenzen eingeschlossener Raum, der Bezirk, das Gebiet. حوزه اسلام HAWZA-I-ISLAM. Bezirk, Gebiet des Islam, d. i. die gesammten islamischen Länder.

a حوصله HAWSELE. [Rad. حصل] Sbst. قوشلك قورساغی *gésier des oiseaux, poitrine; au fig. capacité, faculté de comprendre.* | Kropf der Vögel; Brust. bildl. das Vermögen, eine Sache in sich zu fassen, zu enthalten, oder zu fassen (z. B. von einem Gefäss); geistige Fähigkeit, zu begreifen und zu behalten, Fassungskraft. حوصله تحمل هضم ایده میوب da der Kropf seiner Geduld nicht verdauen konnte, d. i. da er die Geduld verlor. سروروموز حوصله تعبیرلن بیرونلدر unsere Freude ist ausserhalb, d. i. geht über die Fassungskraft des Ausdrucks, d. i. ist unbeschreiblich. بی حوصله BI-HAWSELE. *impatient.* | ungeduldig. — vgl. تنك حوصله

a حوض HAWZ, vulg. HAWUZ. Sbst. — Pl. حیاض HIJĀZ, und احواض AHWĀZ, *réservoir d'eau, bassin, étang, citerne.* | Wasserbehälter, Teich, Cisterne. حوض ماهی H.-MĀHI. *constellation des poissons.* | Sternbild der Fische. چفته حوض ČIFTE HAWUZ die beiden grossen Wasserbehälter, nahe dem grossen Bend bei dem Dorfe Belgrad. — Rel. CORR. حوضلو HAWUZLU.

t حوطاس HUTAS. Sbst. Tarif von قوطاس oder قطاس eine Art Verzierung, Quaste u. dgl. von Rosshaar.

a حوقل HAUKAL. [Deriv. von حوقلة s. d. Folgde.] Adj. und Sbst. *très-âgé, faible.* | schwach, altersschwach, sehr alt. — Fem. حوقلة HAUKALE.

a حوقله HAUKALE *action de dire les mots:* لا حول ولا قوة الا بالله *pour exprimer le sentiment de sa faiblesse vis-à-vis de Dieu.* | Aussprechen der Worte LÂ HAULA etc., als Ausdruck seiner Schwäche, Gott gegenüber | davon حوقل s. d. Vbgde |.

a p حوقله كو HAUKALE-GÛ. Adj. u Sbst. *qui parle comme un vieillard; faible, très-âgé.* | der immer die Worte LA HAULA etc. im Munde führt, wie ein Alter; altersschwach.

a حول HAWL Sbst. Plur. حوول HUWÛL und احوال AHWÂL. 1. بر حالدن بشقه *action de changer, change, changement, mutation* | Veränderung, Tausch, Wechsel. — 2. als Concret. سال . يبل *an, année* | das Jahr. — 3. قوة . قدرة . مكنة *force, puissance.* | Macht.

a حول HAWLA Adv. *autour, aux environs.* | um, herum.

t حوللامق HAWLAMAK Vb. intr. Aor. حوللار HAWLAR. *aboyer, hurler (se dit d'un chien): se jeter à l'improviste sur q. qu.* | bellen, heulen, wie ein tollender Hund auf einen einstürzen.

t حوولان HAWLAN. Sbst. Tahrif. von *a* خولان LL. *a* حضض . حضض *p* سولان . كلان Name eines Arzneimittels (succus Lycii).

a حولان HAWALÂN und HAULÂN. [Rad. حال] Sbst. *changement du sort, événement extraordinaire.* | Glückswechsel; ausserordentliche Begebenheit.

t حولو HAWLY, auch حاولو richtiger حولو Sbst. [Rel. concr. v. حول] *essuie-main, serviette.* | Handtuch.

gr حولو HAWLY, und حولى vulg. AWLY und AWLI. Sbst. (αὐλή). *pourtour d'une maison, cour; cour ou palais du prince.* | Umkreis des Hauses, Hof; Hof oder Palast des Fürsten Abulg. 121. 159. آلك حولو ILK H. *avant-cour.* | Vorhof.

a حومة HAWMET. [Rad. حام] Sbst. *grande masse.* | grosse Masse. حومة البحر = دريانك اكين يري *le vaste de la mer.* | die grosse Wassermasse des Meeres.

t حولي HUNI, auch خولي Sbst. *entonnoir.* | Trichter.

t حوتك HAWUT. Sbst. *p* قوتله *a* قتب *bât.* | Packsattel.

t حويزار HAWJAR. s. حويز

a حي HAJJ. Adj. und Sbst. زنده . ديرى . مسيح ولان [Gegentheil von ميت] *vivant, vif; un des surnoms de Dieu.* | lebend, lebendig; der Lebende, d. i. Gott.

a حي HAJJ. [Rad. حوى] Sbst. قبيله *tribu, branche d'une tribu; village d'Arabes.* | Stamm oder Abtheilung eines Stammes; Araberdorf.

a حي HAJJE. Interj. *venez ici!* | herbei! حي على الصلوة HAJJE ALA-S-SALÂT. herbei zum Gebet! (Ruf des Muezzin).

a حيا HAJÂ. [Rad. حي I.] Sbst. شرمسارلق . شرم *p* اوتانمه . اوتنغچ *honte, pudeur, timidité, modestie.* | Bescheidenheit, Schüchternheit, Ehrbarkeit. بی حيا BI-HAJÂ, oder حياسز HAJÂSYZ. *effronté, impudent.* | unverschämt, frech. حياكار HAJÂ-KÂR *qui a honte, timide.* | verschämt, schüchtern.

t حيات HAJAT, und حيات Sbst. حولى . فناء البيت *entrée de la maison, galerie extérieure, portique, avant-cour.* | Vorhof, Vorhalle, Hofraum.

a حيات HAJÂT, und حيوة [Rad. حي] Sbst. جانلولق . زندكى etc. | Leben, Lebenszeit. آب حيات ÂB-I-H. die Quelle des Lebenswassers. حيات اولسون H. OLSUN. es sei Leben! (Redensart beim Zutrinken).

a p حيات بخش HAJÂT-BAHŠ. Adj. und Sbst. *qui donne de la vie, vivifiant.* | der Leben giebt, belebend.

a حيازه HIJÂZE s. حوز

t حيازل HAJAZYL. Sbst. Tahrif. von ايازل s. حمل القثاء

t حيازنجى s. ايازنجى

a حياص HIJÂS. Sbst. Pl. v. حوص

a حياض HIJÂS. [حوض III.] Sbst. حمام كبيره *bain.* | Bad.

a حياطه HIJÂTE. [Denom. von حائط] Sbst. بر قسنه يه تحوط اولق ولى حفظ و حمايت ايله *action d'entourer, de ceindre une chose d'une autre comme d'un mur; action de garder.* | Umgebung, Einhegung, Einschliessung, Bewahrung. — als Concret. *rayon, enceinte (d'une forteresse).* | Festungskreis.

a حياك HAJJÂK. [Rad. حاك] Sbst. = حائك *tisserand.* | Weber. — Rel. abstr. حياكلك HAJJAKLYK. *tisseranderie.* | Weberei.

a حياكه HIJÂKET. Sbst. = حياكلك

a حيه HAJJET. [Rad. حوى] Sbst. *p* مار . ييلان *serpent; constellation du dragon.* | Schlange, Sternbild des Drachen.

t ... HAIF. Sbst. LT. *fête.* | Fest.

a حيث HAJS. Adv. جايده . قنده . قنعى *là où, à l'endroit où; quand, lorsque, puisque.* | wo, dort wo; wann, als, da, weil. vgl. die arab. Gramm.

a حيثيت HAJSIJJET. Sbst. von حيث *localité, situation; modalité, rapport, égard; rang, état.* | das Wo, Oertlichkeit, Lage, Modalität; Rücksicht, Hinsicht; Stellung, Rang. بو حيثيتجه من هذه الحيثية *sous ce rapport.* | in dieser Beziehung. ارباب حيثيت *hommes distingués.* | Leute, die eine Stellung einnehmen.

a حيد HAJD. [حاد I.] Sbst. ميل . دونمك *action de dévier, de s'écarter de la ligne droite.* | Abbiegung, Abweichung von der geraden Richtung. vgl. حيدوده

a حيدر HAIDAR, HEJDER. Sbst. 1. ارسلان *lion.* | Löwe. — 2. *surnom du calife Ali.* | Beiname des Khalifen Ali.

t حيدود HAJDUD. Sbst. (ungarisch hajdut). *soldat hongrois à pied; brigand.* | Heiduck; Räuber. — Collect. *bande de voleurs.* | Raubgesindel, Räuberbande. نظم الشلدا حيدود eine organisirte Räuberbande.

a حيدوده HAIDÛDE. [Rad. حاد] Sbst. ميل . دونمك *action de dévier.* | Abbiegung, Abweichung. vgl. حيد

t حيده HAJDA s. هايده

t حيدهلمق HAJDALAMAK s. هايدهلمق

t حيدامق HAJDAMAK. Vb. act. *conduire un troupeau de moutons, de boeufs, etc.* | eine Heerde Vieh treiben. (Bianchi).

t حيدامق HAJDAMAK. Sbst. *nom de certains cosaques rebelles de Pologne, contre lesquels cette république faisait sans cesse marcher des troupes* (Bianchi). | die Haidamaken-Kosaken.

a حيره HAIR, und حيرت HAJRET [حار I.] Sbst. سرگشته . ونق و صلق اونمق . تشكيك *action de s'étonner, étonnement, stupéfaction, stupeur, confusion, trouble d'esprit.* | Betroffenheit, Verwirrung, Rathlosigkeit. حيرته دوشمك HAJRETE DÜŠMEK. *tomber dans la stupeur, s'étonner.* | in Staunen gerathen. حيرته براقمق u. WERMEK, od. حيرت ويرمك HAJRETE BRAKMAK. *plonger dans la stupeur, frapper d'étonnement.* | in Staunen setzen. حيرت انكيز HAJRET-ENGIZ. *étonnant.* | erstaunlich, Staunen erregend.

a حيران HAJRÂN Adj. Plur. حيارى HAJÂRA. Fem. حيرى HAJRÂ. *stupéfait, étonné, frappé.* | betroffen, verwirrt, rathlos. — OLMAK oder — KALMAK. *rester stupéfait.* | erstaunen. — Rel. abstr. حيرانلق HAJRANLYK *p* حيرانى HAJRÂNI *étonnement, surprise.* | Erstaunen, Ueberraschung.

a حيز HAJJIZ vulg. حيز HAIZ. Sbst. حول . ميدان . جهة . مكان *espace, lieu qui entoure et renferme; aire; cour.* | Raum, einschliessender und enthaltender Ort; Hofraum, Hof. استيجانكز حيز قبولده واقع اولمشدر weil eure Bitte an den Ort des Annehmens gelangt, d. i. erhört worden ist. حيز ظهوره كلمك an den Ort des Erscheinens kommen, d. i. erscheinen.

p حيز HIZ. Sbst. BK. مفعول و مخنث و نامرد *garçon qui s'abandonne aux hommes.* Cinäde; Knabe, der sich Männern hingiebt. — Rel. abstr. حيزى HIZI. päderastische Hingabe.

a حيض HAIZ. Sbst. آيلق *menstrues.* Menstruation. — GÖRMEK. *avoir les menstrues.* | die Menstruation haben.

a حيطان HITÂN. Sbst. Plur. v. حائط

a حيطه HITA, und HAJTA [حاط I.] Sbst. 1. = حمايه *action de garder, sans précaution.* | Bewahrung, Fürsorge. — 2. Concret. *aire, cour, enclos, contour, place,* ...

eingeschlossener Raum, Bereich, Hofraum, Platz, Ort. — حيفنه تصرفه ادخال ايلديلر sie gingen in die Bewahrung des Besitzes, oder in den Hof des Besitzes ein, d. i. gingen in den Besitz über.

a حيف HAJF. [حاف I.] Sbst. جور، تعدى، ظلم، عدوان، تعسف، حق، ظلم، جفا، 1. Sbst. *mal, tort, dommage, injustice, violence, vexation.* | Unrecht, Uebel, Schaden, Ungerechtigkeit, Gewalt, Bedrückung. — ETMEK. *faire tort à q. qu.* einem Unrecht thun, ihn bedrücken. حيفني آلمق *se venger d'une injustice.* | sich rächen (wegen eines erlittenen Unrechts). — 2. Interj. auch حيفا HAJFA. eig. *o tort! o injustice (qu'on me fait)! C'est dommage! hélas! au secours! pardon!* | o über das Unrecht (das man mir thut)! Schade! leider! Hülfe! Gnade!

t حيقيرمق HAJKYRMAK, auch چاغيرمق Vb. intr. Aor. حيقيرر HAJKYRYR. *crier, appeler.* | schreien, rufen. — Deriv. حيقيرشمق HAJKYRYŠMAK. Vb. recipr. *s'appeler les uns les autres* | einander anschreien, einander zurufen.

t حيقيرجى HAJKYRYDŽY. Sbst. *crieur.* Schreier, Rufer.

a حيل HAJL. Sbst. قوت، قدرت، قوه، مكنت، *force, puissance.* | Stärke, Kraft, Macht.

a حيل HIJEL. Pl. v. حيله

a p حيلاز HAJLAZ. Adj. und Sbst. تنبل، اوشن، *fainéant.* | müssig, Müssiggänger. — OLMAK. *fainéanter* | müssig gehen. — Rel. abstr. حيلازلق HAJLAZLYK. *fainéantise.* | Müssiggang.

t حيلازلانمق HAJLAZLANMAK. Vb. intr., = حيلاز اولمق *fainéanter.* | müssig gehen.

t حيلامق HAJLAMAK. Vb. intr., = شاشمق

a حيله HILET, vulg. HILE. [Rad. حال] Sbst. 1. زينت، بزك، *ornement, parure.* Schmuck (Sadi, Comm. zu Gulist. P. 17.). — 2. مكر و فريب *ruse, astuce, fraude, stratagème.* | List, Betrug, Täuschung. حيله ايله *frauduleusement.* | mit List, listiger Weise. — ETMEK. *tromper.* | täuschen.

a p حيله باز HILE-BAZ. Adj. u. Sbst., = حيله بند HILE-BEND, حيله ساز HILESAZ, حيله كار HILEKÄR, حيله فروش HILE-FURUŠ *astucieux, rusé.* | ein Schlauer, Listiger, Betrüger, Schuft. — Rel. abstr. حيله بازى HILEBAZI, und *t* حيله بازلق HILEBAZLYK. *fourberie, imposture.* | Betrügerei, Schurkerei.

a حين HIN. Sbst. زمان، وقت، مدت، *temps, espace de temps, époque, saison, heure, moment, temps opportun.* | Zeit, Zeitraum, kurze und unbestimmte Zeit, Augenblick, die rechte Zeit. — als Adv. *quand.* | wann. — Plur. احيان AHJAN. احيانى كچرمك *passer le temps.* | die Zeit hinbringen.

a حينئذ HINEN. Adv. *quelquefois, de temps en temps.* | zuweilen, von Zeit zu Zeit.

a حينئذ HINE-IZIN. Adv. *alors.* | damals.

a حيوان HAJWAN. [Rad. حى] Sbst. حيات، جانلو نسنه، جسم *vie; être animé, animal; bête de somme; homme bête, rustre.* | Leben; belebtes Wesen, Thier, Lastthier; dummer Mensch, Tölpel. — Pl. حيوانات HAJWANÄT. حيات ، تب حيات = تب حيوان — Rel. abstr. حيوانلق HAJWANLYK. *brutalité, bêtise, stupidité, rusticité.* | Thierheit, Dummheit, Tölpelhaftigkeit.

a حيوانى HAJWANI. Adj. *brutal, d'animal; sensuel.* | thierisch, viehisch; sinnlich.

a حيوانيت HAJWANIJET. Sbst. — حيوانلق *stupidité, rusticité.* | Dummheit; Tölpelhaftigkeit.

a حيوة HAJÄT. s. حيات *vie.* | Leben. — Adj. rel. حيوى HAJÄWI. *qui a rapport à la vie.* | auf das Leben bezüglich.

t حيوه HAJWA. Interj. I.T. بيى *beau! schön!*

www.ingramcontent.com/pod-product-compliance
Lightning Source LLC
Chambersburg PA
CBHW031350290326
41932CB00044B/868

* 9 7 8 3 3 3 7 3 1 0 3 5 6 *